D1755895

Limper/Musiol
Handbuch des Fachanwalts Urheber- und Medienrecht

Limper/Musiol

Handbuch des Fachanwalts Urheber- und Medienrecht

Herausgegeben von

Josef Limper
Rechtsanwalt, Wülfing Zeuner Rechel, Köln

Christian Musiol
Rechtsanwalt, Loschelder Rechtsanwälte, Köln

Carl Heymanns Verlag 2011

Zitiervorschlag: FA-UMR/*Bearbeiter* Kap. 4 Rn. 25

Bibliografische Information der Deutschen Nationalbibliothek

Die Deutsche Nationalbibliothek verzeichnet diese Publikation in der Deutschen National-bibliografie; detaillierte bibliografische Daten sind im Internet über http://dnb.d-nb.de abrufbar.

ISBN 978-3-452-27431-1

www.wolterskluwer.de

Alle Rechte vorbehalten.
© 2011 Wolters Kluwer Deutschland GmbH, Luxemburger Straße 449, 50939 Köln.
Carl Heymanns – eine Marke von Wolters Kluwer Deutschland GmbH.

Das Werk einschließlich aller seiner Teile ist urheberrechtlich geschützt. Jede Verwertung außerhalb der engen Grenzen des Urheberrechtsgesetzes ist ohne Zustimmung des Verlages unzulässig und strafbar. Das gilt insbesondere für Vervielfältigungen, Übersetzungen, Mikroverfilmungen und die Einspeicherung und Verarbeitung in elektronischen Systemen.

Verlag, Herausgeber und Autoren übernehmen keine Haftung für inhaltliche oder drucktechnische Fehler.

Umschlagskonzeption: Martina Busch, Grafikdesign, Fürstenfeldbruck
Satz: TypoScript GmbH, München
Druck und Verarbeitung: Wilhelm & Adam OHG, Heusenstamm

⊚ Gedruckt auf säurefreiem, alterungsbeständigem und chlorfreiem Papier

Vorwort

Wer sich bislang mit der vielschichtigen Materie des Urheber- und Medienrechts beschäftigte, konnte verschiedene Kommentierungen zu den jeweiligen Gesetzen (UrhG; VerlagsG etc.) heranziehen oder aber auf zum Teil recht umfangreiche Darstellungen bestimmter Bereiche des Urheber- und Medienrechts zurückgreifen.

Eine Gesamtdarstellung des Urheber- und Medienrechts, die sowohl einen Überblick über die darin enthaltenen unterschiedlichen Rechtsgebiete verschafft als auch eine praktische Hilfestellung für die anwaltliche Tätigkeit am konkreten Mandat gibt, fehlte jedoch. Diese Lücke soll das »Handbuch des Fachanwalts Urheber- und Medienrecht« schließen. Besonders liegt uns am Herzen, dass die Erläuterungen für die anwaltliche Praxis unmittelbar nutzbar sind. Dies insbesondere auch dann, wenn der Leser in dem betreffenden Gebiet über keine oder nur geringe praktische Erfahrung verfügt.

Der Aufbau des Werkes orientiert sich an den Inhalten, die nach § 14j FAO vorgesehen sind und bildet die für den Erwerb des Fachanwaltstitels erforderlichen Inhalte ab. Gleichzeitig sind mit den Kapiteln »Urheberrecht in der Insolvenz«, »Unternehmenstransaktionen im Medienbereich«, »Künstlersozialversicherungsrecht« oder »Formatschutz« weitere Bereiche angesprochen, die in diesem Fächerkanon nicht enthalten, in der Praxis aber von hoher Relevanz sind. Die einzelnen Branchen, die sich der Erstellung und der Nutzung gegebenenfalls urheberrechtlich geschützter Inhalte widmen, werden in eigenen Kapiteln behandelt. Die Darstellung des materiellen Rechts wird durch vielfältige Praxistipps und Formulierungshilfen ergänzt.

Das Autorenteam setzt sich aus versierten Praktikern (Rechtsanwälte, Syndikusanwälte, Richter und Hochschullehrer) zusammen, die auf den jeweils bearbeiteten Bereich spezialisiert sind. Wir freuen uns, wenn dieses Werk dazu beiträgt, die tägliche Arbeit zu erleichtern. Für Anregungen und Verbesserungsvorschläge sind wir dankbar. Abschließend dürfen wir dem Verlag und unserer Lektorin, Frau Assessorin Ilka Reimann, für die engagierte Umsetzung des Projektes danken.

Das Werk befindet sich auf dem Stand September 2010.

Köln, im Oktober 2010

Josef Limper
Christian Musiol

Bearbeiterverzeichnis

Bahram Aghamiri
Rechtsanwalt, Fachanwalt für Arbeitsrecht, Partner Wülfing Zeuner Rechel, Hamburg

Frank Oliver Banasch
Rechtsanwalt, Leiter Recht, Prokurist, Stage Entertainment GmbH, Hamburg

Dr. Viola Bensinger
Rechtsanwältin, Partnerin Olswang LLP, Berlin

Axel Burkart
Rechtsanwalt, Fachanwalt für gewerblichen Rechtsschutz, Partner Wülfing Zeuner Rechel, Hamburg

Dirk Büch
Richter am Landgericht Köln

Rainer Dresen
Rechtsanwalt, Justiziar, Verlagsgruppe Random House GmbH, München

Dr. Florian Drücke, Maître en Droit
Rechtsanwalt, Geschäftsführer Bundesverband Musikindustrie e.V., Berlin

Joachim Ebhardt, mag. iur., lic. en droit
Rechtsanwalt, Justiziariat, Westdeutscher Rundfunk, Köln

Alexander Ferwer
Rechtsanwalt, Head of Legal Affairs, Ziegler Film Berlin Köln München

Dagmar Frese
Rechtsanwältin, Justiziarin, Bavaria Film GmbH, München

Thomas Gardemann
Justiziariat Deutsche Welle, Bonn

Dr. Tilo Gerlach
Rechtsanwalt, Geschäftsführer GVL, Berlin; Lehrbeauftragter an der Humboldt-Universität Berlin

Katharina Görder
Justiziarin, Künstlersozialkasse, Wilhelmshaven

Dr. Detlef Grimm
Rechtsanwalt, Fachanwalt für Arbeitsrecht, Partner Loschelder Rechtsanwälte, Köln

Prof. Dr. Lambert Grosskopf, LL.M. Eur.
Rechtsanwalt, Fachanwalt für Urheber- und Medienrecht sowie für Informationstechnologierecht, Partner Corax Rechtsanwälte, Bremen; Lehrbeauftragter an der Universität Bremen und der Hochschule Bremen

Dr. Manfred Hecker
Rechtsanwalt, Fachanwalt für Urheber- und Medienrecht, Partner CBH Rechtsanwälte, Köln

Bearbeiterverzeichnis

Dr. Verena Hoene, LL.M.
Rechtsanwältin, Fachanwältin für gewerblichen Rechtsschutz, Partnerin Heuking Kühn Lüer Wojtek, Köln; Lehrbeauftragte an der Europa Fachhochschule Fresenius in Köln

Dr. Johannes Holzer
Regierungsdirektor, Deutsches Patent- und Markenamt, Leiter des Referats – Staatsaufsicht über Verwertungsgesellschaften II, München

Alexandra Hülbach
Rechtsanwältin, Ressortleiterin Business & Legal Affairs Mediengruppe RTL Deutschland GmbH, Köln; Lehrbeauftragte an der Kölner Forschungsstelle für Medienrecht (Fachhochschule Köln)

Dr. Brigitte Joppich, LL.M.
Rechtsanwältin, Director Legal Affairs, GRUNDY Light Entertainment GmbH, Köln

Robert Kirchmaier
Leitender Regierungsdirektor, Direktion der Bayerischen Staatsgemäldesammlungen, München

Josef Limper
Rechtsanwalt, Fachanwalt für Urheber- und Medienrecht sowie für Steuerrecht, Partner Wülfing Zeuner Rechel, Köln; Lehrbeauftragter an der Kölner Forschungsstelle für Medienrecht (Fachhochschule Köln) sowie an der Macromedia Hochschule für Medien und Kommunikation in München

Prof. Dr. Peter Lutz
Rechtsanwalt, Fachanwalt für Urheber- und Medienrecht, SNP Schlawien Naab Partnerschaft, München; Honorarprofessor an der Universität Nürnberg-Erlangen

Dr. Roger Mann
Rechtsanwalt, Fachanwalt für Urheber- und Medienrecht, Partner Damm & Mann, Hamburg; Lehrbeauftragter an der Georg-August-Universität Göttingen

Berthold Meyer
Rechtsanwalt, Director Business Affairs, EMI Music Germany, Köln

Christian Musiol
Rechtsanwalt, Fachanwalt für Urheber- und Medienrecht, Partner Loschelder Rechtsanwälte, Köln

Prof. Dr. Karl-Nikolaus Peifer
Universität zu Köln, Direktor des Instituts für Medienrecht und Kommunikationsrecht, Köln

Bolko Rachow
Vorsitzender Richter am Landgericht Hamburg

Sabine Richly
Justiziarin, VG Wort, München

Prof. Dr. Christian Russ
Rechtsanwalt und Notar, Fuhrmann Wallenfels, Wiesbaden; Lehrbeauftragter an der Johannes-Gutenberg-Universität in Mainz und an der Fachhochschule in Wiesbaden

Dr. Anke Schierholz
Justiziarin, VG Bild-Kunst, Bonn

Anne Nina Schmid
Rechtsanwältin, Justiziarin, Verlagsgruppe Random House GmbH, München

Prof. Dr. Elmar Schuhmacher
Rechtsanwalt, Fachanwalt für Urheber- und Medienrecht, Partner Lungerich Lenz Schuhmacher, Köln; Lehrbeauftragter der Rheinischen Fachhochschule Köln

Prof. Dr. Rolf Schwartmann
Leiter der Kölner Forschungsstelle für Medienrecht (Fachhochschule Köln)

Dr. Caroline Vedder
Rechtsanwältin, stv. Bereichsleiterin Business & Legal Affairs, Mediengruppe RTL Deutschland GmbH, Köln

Dr. Martin Viefhues
Rechtsanwalt, Fachanwalt für gewerblichen Rechtsschutz, Geschäftsführer Jonas Rechtsanwaltsgesellschaft mbH

Simone von Bentivegni
Rechtsanwältin, Leiterin Justiziariat, VOX Television GmbH, Köln

Dr. Silke von Lewinski
Referatsleiterin, Max-Planck-Institut für Geistiges Eigentum, Wettbewerbs- und Steuerrecht, München; Adjunct Professor, Franklin Pierce Law Center, Concord, N.H., USA

Stefan Wohlgemuth
Rechtsanwalt, Abteilungsleiter, GEMA Generaldirektion, Berlin

Stephan Wrona, LL.M.
Justiziar, Unitymedia Gruppe, Köln; Lehrbeauftragter an der Kölner Forschungsstelle für Medienrecht (Fachhochschule Köln)

Inhaltsübersicht

Vorwort V
Bearbeiterverzeichnis VII
Inhaltsverzeichnis XIII
Literaturverzeichnis XXIII
Abkürzungsverzeichnis XXXIII

Teil 1	Einführung	1
Kapitel 1	Überblick und Zusammenhänge des öffentlich-rechtlichen Medienrechts	3
Kapitel 2	Überblick und Zusammenhänge des privaten Medienrechts	15
Teil 2	Urheberrecht	27
Kapitel 3	Grundlagen und Systematik des Urheberrechts	29
Kapitel 4	Filmrecht	263
Kapitel 5	Musikrecht	331
Kapitel 6	Verlagsrecht	413
Kapitel 7	Recht der bildenden Kunst und der Bühne	511
Teil 3	Presse- & Rundfunkrecht	565
Kapitel 8	Äußerungsrecht	567
Kapitel 9	Rundfunkrecht	765
Kapitel 10	Telekommunikations- und Telemedienrecht	857
Teil 4	Verwandte Rechtsgebiete	905
Kapitel 11	Verwertungsgesellschaften	907
Kapitel 12	Filmförderungsrecht	945
Kapitel 13	Recht der Kulturveranstaltungen	971
Kapitel 14	Arbeitsrecht	1015
Kapitel 15	Künstlersozialversicherungsrecht	1083
Kapitel 16	Schutz von Werktiteln und Marken	1117
Kapitel 17	Wettbewerbsrechtliche und werberechtliche Bezüge des Urheber- und Medienrechts	1173
Kapitel 18	Piraterie & Urheberstrafrecht: Rechtsdurchsetzung im Internet – aktuelle Möglichkeiten und Herausforderungen für Rechteinhaber	1243
Kapitel 19	Unternehmenstransaktionen im Medienbereich	1269
Kapitel 20	Urheberrecht in der Insolvenz	1373
Teil 5	Verfahrensrecht	1399
Kapitel 21	Urheberrechtliche Verletzungsansprüche und ihre zivilrechtliche Durchsetzung	1401

Stichwortverzeichnis 1471

Inhaltsverzeichnis

Vorwort	V
Bearbeiterverzeichnis	VII
Inhaltsübersicht	XI
Literaturverzeichnis	XXIII
Abkürzungsverzeichnis	XXXIII

Teil 1	Einführung	1
Kapitel 1	Überblick und Zusammenhänge des öffentlich-rechtlichen Medienrechts *(Rolf Schwartmann)*	3
	A. Öffentlich-rechtliches Medienrecht in der anwaltlichen Praxis	4
	I. Rundfunk	4
	II. Presse	10
	III. Filmfreiheit	11
	IV. Telemedien	11
	V. Telekommunikation	12
	B. Brauchen wir »Internetrecht«?	12
Kapitel 2	Überblick und Zusammenhänge des privaten Medienrechts *(Karl-Nikolaus Peifer)*	15
	A. Worum geht es?	15
	I. Privates und öffentliches Medienrecht	15
	II. Überblick über die Aufgaben des privaten Medienrechts	16
	B. Medienprivatrecht: Entwicklung und Allgemeiner Teil	17
	I. Entwicklung des Medienprivatrechts	17
	II. Allgemeiner Teil des Medienrechts: Eigentumsschutz und Verhaltensregeln	18
	III. Besonderes Medienrecht: Medienspezifische Verhaltenspflichten	22
Teil 2	Urheberrecht	27
Kapitel 3	Grundlagen und Systematik des Urheberrechts *(Manfred Hecker/Dirk Büch/Peter Lutz/Lambert Grosskopf/Silke v. Lewinski)*	29
	A. Gegenstand des Urheberrechts – Voraussetzungen für das Entstehen urheberrechtlichen Schutzes *(Manfred Hecker)*	35
	I. Der urheberrechtliche Werkbegriff	35
	II. Einzelne Werkarten	39
	III. Abhängige Schöpfungen	55
	IV. Entstehung des urheberrechtlichen Schutzes	59
	V. Geschützte Personen	60
	B. Inhalt des Urheberrechts (§§ 11, 12 ff. UrhG)	63
	I. Urheberpersönlichkeitsrechte	64
	II. Verwertungsrechte	68
	III. Sonstige Rechte des Urhebers	76
	C. Leistungsschutzrechte inkl. Datenbank *(Dirk Büch)*	79
	I. Allgemeines	79
	II. Rechte der Verfasser bestimmter Ausgaben (§§ 70 f. UrhG)	81
	III. Recht des Lichtbildners (§ 72 UrhG)	84
	IV. Recht des ausübenden Künstlers (§§ 73 ff. UrhG)	92
	V. Recht des Tonträgerherstellers (§ 85 UrhG)	110
	VI. Schutz des Sendeunternehmens (§ 87 UrhG)	116
	VII. Schutz des Datenbankherstellers (§§ 87a ff. UrhG)	119
	D. Allgemeine Bestimmungen des Urhebervertragsrechts *(Peter Lutz)*	131
	I. Übertragung von Rechten	131
	II. Regelungen zur Rechtseinräumung	144

Inhaltsverzeichnis

III.	Die Vergütung der Urheber	165
IV.	Kollektive Vereinbarungen über die Vergütung	174
V.	Urheber in Arbeits- oder Dienstverhältnissen	179

E. Schranken des Urheberrechts *(Lambert Grosskopf)* 185
    I. Sozialbindung des Urheberrechts 185
    II. Auslegungsregeln/Drei-Stufen-Test 186
    III. Digital Rights Management (DRM) als Ersatz des Urheberrechts 190
    IV. Unterschiedliche Intensität der Schranken 190
    V. Ausschluss 191
    VI. Ersatzlose Aufhebung von ausschließlichen Verwertungsrechten 191
    VII. Verwertungsgesellschaftspflichtigkeit 192
    VIII. Einzelne Schrankenbestimmungen 192
    IX. Wiedergabe von Werken an elektronischen Leseplätzen in öffentlichen Bibliotheken, Museen und Archiven (§ 52b UrhG) 212
    X. Vervielfältigungen zum privaten und sonstigen eigenen Gebrauch (§ 53 UrhG) 216
    XI. Ausnahmen von der Vervielfältigungsfreiheit 223
    XII. Sonstige Vervielfältigungsverbote (§ 53 Abs. 7 UrhG) 224
    XIII. Sonstige Schranken (§§ 55–60 UrhG) 225

F. Grenzüberschreitende Bezüge *(Silke v. Lewinski)* 226
    I. Überblick über die Fragestellungen 226
    II. Internationales Privatrecht 226
    III. Fremdenrecht 234
    IV. Internationale Abkommen 239
    V. Europäisches Recht 253

Kapitel 4 Filmrecht
(Alexander Ferwer/Dagmar Frese) 263

A. Einleitung *(Alexander Ferwer)* 266
B. Filmurheberrecht 267
    I. §§ 88, 89 UrhG 267
    II. § 93 Abs. 2 UrhG 267
C. Verträge in der Stoffentwicklung 268
    I. Optionsvertrag 268
    II. Letter of Intent und Deal Memo 270
    III. Verfilmungsvertrag 270
    IV. Gestattungsvertrag in Bezug auf Persönlichkeitsrechte 275
    V. Drehbuchvertrag 276
D. Mitwirkendenverträge in der Produktion 282
    I. Stabvertrag 282
    II. Werk-/Dienstleistungsverträge 287
    III. Darstellervertrag 288
    IV. Musikverträge 291
    V. Motivvertrag 297
E. Produktionsverträge *(Dagmar Frese)* 298
    I. Produktions- und Finanzierungsmodelle 298
    II. Vertragsgegenstand von Auftrags- und Co-Produktionen 304
    III. Vertragliche Regelungen der Produktionsdurchführung 305
    IV. Vertragliche Regelungen der Finanzierung 309
    V. Rechteumfang 314
    VI. Filmversicherung 316
    VII. Preise und Fördermittel 317
    VIII. Nennungsverpflichtung 317
    IX. Sonstiges 318
F. Verwertungsverträge 320
    I. Auswertungsformen 320
    II. Vertragsgegenstand von Verleih- und Vertriebsvertrag 322
    III. Rechteumfang 322
    IV. Vertragslaufzeit 324
    V. Vergütung und Erlöse 324
    VI. Material 327

		VII. Nennungsverpflichtung	327
		VIII. Auswertung	327
		IX. Sonstiges	328

Kapitel 5 Musikrecht
(Josef Limper/Berthold Meyer) 331

- A. Einleitung 334
- B. Musikurheber- und Verlagsrecht 335
  - I. Rechte am Musikwerk und Rechte der Musikurheber 335
  - II. Übersicht über die Vertragsbeziehungen 346
  - III. Berechtigungsvertrag zwischen GEMA und Urheber sowie Musikverlag .. 347
  - IV. Autorenexklusivvertrag zwischen Urheber und Verlag 350
  - V. Editions-/Co-Verlagsvertrag zwischen Verlag und Verlag ... 357
  - VI. Administrationsvertrag 362
- C. Tonträgerverträge 362
  - I. Leistungsschutzrechte 362
  - II. Übersicht über die Vertragsbeziehungen und wesentlichen Regelungsinhalte 363
  - III. Künstlervertrag 366
  - IV. Produzentenvertrag 395
  - V. Bandübernahmevertrag 399
  - VI. Vertriebsvertrag 404

Kapitel 6 Verlagsrecht
(Rainer Dresen/Anne Nina Schmid) 413

- A. Allgemeines 416
  - I. Gesetzliche Regelung des Verlagsrechts 416
  - II. Gesetzlicher Begriff des Verlagsrechts 416
  - III. Gegenstand des VerlG 417
  - IV. Territorialer Anwendungsbereich des VerlG 417
  - V. Rechtsnatur des Verlagsvertrages 418
- B. Besonderheiten des Verlagsvertrages 419
  - I. Parteien des Verlagsvertrages 419
  - II. Gegenstand des Verlagsvertrages 419
  - III. Die Pflichten des Verfassers aus dem Verlagsvertrag 422
  - IV. Pflichten des Verlegers aus dem Verlagsvertrag 440
  - V. Beendigung des Verlagsvertrages 469
  - VI. Form des Verlagsvertrages 474
  - VII. Abgrenzung des Verlagsvertrages von anderen Regelungen im Verlagsbereich 476
  - VIII. Insolvenz des Verlegers 479
  - IX. Insolvenz des Verfassers 480
- C. Typische Verträge und ihre Parteien im Buchverlagsbereich 480
  - I. Verlagsvertrag 480
  - II. Kunstverlagsvertrag 481
  - III. Illustratoren-/Fotografenvertrag 481
  - IV. Mehr-Autoren-Vertrag 484
  - V. Ghostwritervertrag 484
  - VI. Bestellvertrag, § 47 VerlG 485
  - VII. Übersetzervertrag 486
  - VIII. Herausgebervertrag 487
  - IX. Lizenzvertrag 488
  - X. Verfilmungsvertrag 490
  - XI. Buch zum Film 490
  - XII. Hörbuchvertrag 491
  - XIII. Model Release Vereinbarung 493
- D. Vertragsgestaltung in der Praxis 493
  - I. Vertragsparteien 493
  - II. Wesentliche Elemente des Verlagsvertrages 494
- E. Checkliste für Verlagsverträge 507

Inhaltsverzeichnis

Kapitel 7 Recht der bildenden Kunst und der Bühne
(Robert Kirchmaier) 511
- A. Einführung 513
- B. Der Beginn von Kunst und Recht 514
  - I. Kunstfreiheit 514
  - II. Kunst im Sinne des Rechts 515
  - III. Rechtliche Schranken der Kunstfreiheit 515
- C. Der Erwerb von Kunst 515
  - I. Rechtsgeschäftlicher Erwerb 515
  - II. Erwerb von Gesetzes wegen 523
- D. Die zeitweise Überlassung von Kunst 524
  - I. Leihgaben zu Ausstellungen 524
  - II. Dauerleihgaben 533
- E. Die Verwertung von Kunst 535
  - I. Verwertung in körperlicher Form 535
  - II. Verwertung in unkörperlicher Form 536
  - III. Beschränkungen des Künstlers 536
- F. Der Verlust von Kunst 540
  - I. Rechtsgeschäftlicher Verlust 540
  - II. Gesetzlicher Verlust 543
  - III. Untergang 544
- G. Die Versicherung von Kunst 545
  - I. Kommerzielle Versicherung 546
  - II. Staatsgarantie 552
- H. Kunstsachverständige und Expertisen 556
  - I. Bedeutung für den Kunsthandel 556
  - II. Kunstsachverständige 556
  - III. Gutachten und Expertisen 557
  - IV. Haftung gegenüber dem Vertragspartner 558
  - V. Haftung gegenüber Dritten 559
- I. Der Kulturgüterschutz 559
  - I. Zielsetzung 559
  - II. Rechtsgrundlagen 559
- J. Bühne 561
  - I. Bühnenverlagsvertrag für wortdramatische Werke 561
  - II. Aufführungsvertrag 562
  - III. Regie-Vertrag für Gastregisseure 563
  - IV. Normalvertrag (NV) Bühne 564

Teil 3 Presse- & Rundfunkrecht 565

Kapitel 8 Äußerungsrecht
(Joachim Ebhardt/Christian Musiol/Roger Mann) 567
- A. Verfassungsrechtliche Rahmenbedingungen – konfligierende Grundrechtspositionen *(Joachim Ebhardt)* 570
  - I. Grundrechte des sich Äußernden 570
  - II. Grundrechte Dritter – Das Allgemeine Persönlichkeitsrecht 575
  - III. Vorgehen bei der Prüfung, insbesondere der Abwägung 596
- B. Verhältnis zu anderen Rechtsordnungen und Rechtsgebieten 599
  - I. Europarechtliche Bezüge 599
  - II. Äußerungsrecht und Wettbewerbsrecht 600
  - III. Äußerungsrecht und Datenschutzrecht 605
- C. Rechtsfragen im Recherchestadium 606
  - I. Grundsatz: Bindung an Recht und Gesetz 606
  - II. Rechtsvorschriften zum Schutz des Staates und der Allgemeinheit . 608
  - III. Verletzung individueller Rechtsgüter 609
  - IV. Sonderrechte der Medien und ihrer Vertreter 625

D.	Rechtsfragen bei der Berichterstattung	627
	I. Wortberichterstattung	627
	II. Bildberichterstattung	649
	III. Sonderfälle	676
E.	Äußerungsrechtliche Ansprüche und ihre Durchsetzung *(Christian Musiol)*	683
	I. Übersicht und strategische Überlegungen	683
	II. Unterlassungsanspruch	685
	III. Gegendarstellung	704
	IV. Berichtigung	716
	V. Schadenersatz und Bereicherungsausgleich	725
	VI. Geldentschädigung	725
	VII. Kostenerstattung	728
	VIII. Reaktionsmöglichkeiten der Medien	729
F.	Recht der Anzeige *(Roger Mann)*	731
	I. Der Anzeigenvertrag	731
	II. Wettbewerbsrechtliche Schranken	735
G.	Pressevertriebsrecht – Preisbindung – Abo-Werbung	742
	I. Verfassungsrechtliche Grundlagen	742
	II. System des Pressevertriebs	742
	III. Preisbindung	749
	IV. Wettbewerbsrechtliche Rahmenbedingungen für den Pressevertrieb	753
	V. Einzelhandels-Marketing	762

Kapitel 9 Rundfunkrecht
(Thomas Gardemann/Simone v. Bentivegni/Alexandra Hülbach) 765

- A. Öffentlich-rechtlicher Rundfunk *(Thomas Gardemann)* 768
  - I. Entstehungsgeschichte 768
  - II. Rechtsgrundlagen 768
  - III. Finanzierung 781
  - IV. Organisation der öffentlich-rechtlichen Rundfunkanstalten 785
  - V. Programmauftrag der öffentlich-rechtlichen Rundfunkanstalten 788
  - VI. Leistungsschutzrechte der Sendeunternehmen 797
- B. Privater Rundfunk 798
  - I. Das duale System heute *(Simone v. Bentivegni)* 798
  - II. Rechtliche Voraussetzungen für die Veranstaltung von privatem Rundfunk 800
  - III. Regulierung privaten Rundfunks 806
  - IV. Die Gestaltung (nationaler und internationaler) Film- und Fernsehlizenzverträge *(Alexandra Hülbach)* 818

Kapitel 10 Telekommunikations- und Telemedienrecht
(Stephan Wrona/Axel Burkart) 857

- A. Einführung 858
  - I. Konvergente Kommunikationsmärkte *(Stephan Wrona)* 858
  - II. Grundlagen des Telekommunikationsrechts 859
  - III. Grundlagen des Telemedienrechts *(Axel Burkart)* 864
- B. Marktregulierung im Telekommunikationsgesetz 866
  - I. Wettbewerbsrechtliche Marktregulierung durch die BNetzA 866
  - II. Spezielle Ressourcen der Telekommunikation 870
- C. Kunden- und Endnutzerschutz *(Stephan Wrona)* 880
  - I. Begrifflichkeiten des Telekommunikationsvertragsrechts 880
  - II. Einordnung der Dienste 881
  - III. Telekommunikationskundenschutz 881
- D. Sicherheit und Datenschutz *(Axel Burkart)* 882
  - I. Einleitung 882
  - II. Grundprinzipien des Datenschutzes 882
  - III. Bereichsspezifischer Datenschutz: §§ 91–107 TKG 886
  - IV. Bereichsspezifischer Datenschutz: §§ 11–15a TMG 890

Inhaltsverzeichnis

E. Verantwortlichkeit für Telemediendienste 892
  I. Einleitung 892
  II. Allgemeine Grundsätze § 7 TMG 894
  III. Durchleitung von Informationen § 8 TMG 897
  IV. Zwischenspeicherung zur beschleunigten Übermittlung von Informationen § 9 TMG 898
  V. Speicherung von fremden Informationen § 10 TMG 899
  VI. Impressumspflicht 900

Teil 4   Verwandte Rechtsgebiete 905
Kapitel 11 Verwertungsgesellschaften
(Anke Schierholz/Stefan Wohlgemuth/Tilo Gerlach/Sabine Richly) 907
  A. Einleitung *(Anke Schierholz)* 909
    I. Geschichte 909
    II. Definition 909
    III. Rechtlicher Rahmen: das Urheberrechtswahrnehmungsgesetz 910
    IV. Verwertungsgesellschaften und europäisches Recht 912
    V. Individuelle und kollektive Rechtewahrnehmung und verwertungsgesellschaftspflichtige Vergütungsansprüche 913
    VI. Der Wahrnehmungsvertrag 915
    VII. Inkassozusammenschlüsse der Verwertungsgesellschaften 916
    VIII. Internationale Rechteverwaltung 917
    IX. Verteilung der Vergütungen 918
  B. Die Gesellschaft für musikalische Aufführungs- und mechanische Vervielfältigungsrechte – GEMA *(Stefan Wohlgemuth)* 920
    I. Historische Entwicklung der Entstehung von musikalischen Verwertungsgesellschaften 920
    II. Die GEMA heute 922
    III. Weitere wichtige Beteiligungen der GEMA 929
    IV. GEMA-Repräsentanz in internationalen Organisationen 930
    V. Hinweise 931
  C. Gesellschaft zur Verwertung von Leistungsschutzrechten mbH – GVL *(Tilo Gerlach)* 931
    I. Name, Adresse, Geschäftsführung 931
    II. Repertoire/Berechtigte 931
    III. Verteilung 935
    IV. Rechtsform und Gremien 936
    V. Zahlen (2009) 936
  D. VG WORT *(Sabine Richly)* 936
    I. Rechtsform und Gremien 937
    II. Repertoire/Berechtigte 938
    III. Umsatz 939
    IV. Soziale und kulturelle Einrichtungen der VG WORT 940
  E. VG Bild-Kunst *(Anke Schierholz)* 940
    I. Rechtsform und Gremien 941
    II. Repertoire/Berechtigte 941
    III. Umsatz 942
    IV. Sozial- und Kulturwerke der VG Bild-Kunst 943

Kapitel 12 Filmförderungsrecht
(Viola Bensinger) 945
  A. Einleitung: Öffentliche Filmförderung 946
    I. Warum Filmförderung? 946
    II. Arten und rechtlicher Rahmen der Filmförderung in Deutschland ... 947
    III. Der europarechtliche Rahmen 948
  B. Deutsche Filmförderung auf Bundesebene 951
    I. Förderung durch die FFA aufgrund des FFG 951
    II. Förderung durch den BKM, insbesondere: DFFF 958

	C. Filmförderung durch die deutschen Bundesländer	961
	I. Allgemeines	961
	II. Unterschiede zur FFG-Förderung	961
	D. Förderung auf Europa-Ebene	962
	I. MEDIA-Programm	962
	II. Eurimages	964
	E. Die Förderung von Koproduktionen	964
	I. Förderung von Koproduktionen nach dem FFG	964
	II. Das Europäische Übereinkommen über die Gemeinschaftsproduktion von Kinofilmen	966
	III. Förderung von Koproduktionen aus dem DFFF	967
	IV. Förderung von Koproduktionen durch Eurimages	967
	F. Einzelfragen	968
	I. Hersteller	968
	II. Sicherheiten	968
Kapitel 13	**Recht der Kulturveranstaltungen** *(Frank Oliver Banasch)*	971
	A. Einführung	972
	I. Arten von Kulturveranstaltungen	972
	II. Rechtliche Rollenverteilung in der Veranstaltungsbranche	974
	III. Rechtsbeziehungen und Vertragsverhältnisse	977
	B. Rechtliche Aspekte der Kreation und Konzeption einer Veranstaltung	986
	I. Buch – Handlung – Ablauf	986
	II. Musik	988
	III. Künstlerische Elemente/Ausstattung	990
	IV. Urheberrechtliche Vorgaben bei Lizenzproduktionen	991
	C. Rechtliche Aspekte der Organisation und Durchführung einer Veranstaltung	992
	I. Behördliche Anforderungen	992
	II. Verwertungsgesellschaften	997
	III. Künstlersozialversicherung	999
	IV. Veranstalterhaftung	1002
	D. Rechtliche Aspekte der Vermarktung einer Veranstaltung	1006
	I. Werbung und Marketing	1006
	II. Verkaufen, Vermarkten und Verwerten	1010
Kapitel 14	**Arbeitsrecht** *(Bahram Aghamiri/Detlef Grimm)*	1015
	A. Bedeutung des Arbeitsrechts für Medienunternehmen *(Bahram Aghamiri)*	1017
	I. Grundsätzliche Definition und Aufgabe des Arbeitsrechts	1017
	II. Rechtsquellen	1017
	III. Das Arbeitsrecht in der Medienbranche	1018
	B. Anbahnung des Arbeitsverhältnisses	1018
	I. Ausschreibung	1018
	II. Fragerecht des Arbeitgebers	1019
	III. Erstattung von Vorstellungskosten	1020
	IV. Verwahrung und Rücksendung der Bewerbungsunterlagen	1020
	C. Begründung des Arbeitsverhältnisses	1020
	I. Abschluss eines Arbeitsvertrages	1020
	II. Statusklage – Gerichtliche Feststellung der Arbeitnehmereigenschaft	1033
	D. Inhaltliche Ausgestaltung des Arbeitsverhältnisses	1039
	I. Hauptpflichten des Arbeitnehmers	1039
	II. Nebenpflichten des Arbeitnehmers	1039
	III. Direktionsrecht	1041
	IV. Befristung	1042
	V. Arbeitszeit und Jugendarbeitsschutz	1047
	VI. Urheberrechte des Arbeitnehmers	1048
	E. Beendigung des Arbeitsverhältnisses	1056
	I. Aufhebungsvertrag/Abwicklungsvertrag	1056
	II. Kündigung	1056

F. Betriebliche Mitbestimmung im Tendenzunternehmen *(Detlef Grimm)* 1058
    I. Privilegierung des § 118 Abs. 1 Nr. 2 BetrVG 1058
    II. Organisation der Betriebsverfassungsorgane 1063
    III. Soziale Angelegenheiten 1063
    IV. Personelle Angelegenheiten 1064
    V. Wirtschaftliche Angelegenheiten 1067
    VI. Sondervorschriften für die Presse (Redaktionsstatuten) 1068
    VII. Mitwirkung nach Bundes- und Landespersonalvertretungsrecht, insbesondere im öffentlich-rechtlichen Rundfunk 1068

G. Unternehmerische Mitbestimmung im Unternehmen und Konzern 1069
    I. Mitbestimmungsgesetz 1069
    II. Drittelbeteiligungsgesetz 1070

H. Tarifvertragsrecht 1070
    I. Allgemeine Grundsätze 1070
    II. Tarifbindung und OT-Mitgliedschaft 1071
    III. Sonderfall Inbezugnahmeklausel 1071
    IV. Unternehmens- und Haustarifvertrag 1072
    V. Allgemeinverbindlicherklärung nach § 5 TVG 1072
    VI. Tarifsozialpläne 1073
    VII. Übersicht über Tarifverträge 1073

I. Arbeitskampfrecht im Tendenzbetrieb 1075
    I. Rechtsgrundlagen 1075
    II. Streik 1075
    III. Aussperrung 1078
    IV. Andere und moderne Arbeitskampfformen 1079

Kapitel 15 Künstlersozialversicherungsrecht
(Katharina Görder) 1083

A. Entstehungsgeschichte und Systematik des Gesetzes 1084
B. Die Praxis des Künstlersozialversicherungsgesetzes 1089
    I. Die Versicherungspflichtigen 1089
    II. Die Künstlersozialabgabe 1107
    III. Ausgleichsvereinigungen, § 32 KSVG 1114

Kapitel 16 Schutz von Werktiteln und Marken
(Verena Hoene/Martin Viefhues) 1117

A. Werktitel *(Verena Hoene)* 1119
    I. Einleitung 1119
    II. Funktion des Werktitelschutzes 1119
    III. Schutzbereich des § 5 Abs. 3 MarkenG 1120
    IV. Ansprüche aus dem Werktitelrecht 1127
    V. Vorverlagerung der Priorität – Die Titelschutzanzeige 1141
    VI. Der Titel als Vermögensgegenstand 1143
    VII. Flankierender Rechtsschutz 1144

B. Marken *(Martin Viefhues)* 1145
    I. Einleitung 1145
    II. Entstehung der Marke 1153
    III. Erhaltung der Marke 1164
    IV. Verteidigung der Marke 1165

Kapitel 17 Wettbewerbsrechtliche und werberechtliche Bezüge des Urheber- und Medienrechts
(Christian Russ/Brigitte Joppich) 1173

A. Urheberrecht und Werbung *(Christian Russ)* 1175
    I. Werbung als Schutzgegenstand des Urheberrechts 1175
    II. Verwendung geschützter Werke in der Werbung 1183

B. Persönlichkeitsrecht und Werbung 1187
    I. Schutz ideeller Interessen 1187
    II. Schutz vermögenswerter Interessen 1187
    III. Abgrenzung der Werbung zur Information 1187

		C. Lauterkeitsrecht der Medien	1188
		I. Überblick	1188
		II. Medienrelevante Tatbestände des UWG	1191
	D.	Kartellrechtliche Bezüge des Medienrechts	1219
		I. Bedeutung des Medienkartellrechts	1219
		II. Die Preisbindung von Büchern, Zeitungen und Zeitschriften	1224
	E.	Formatschutz *(Brigitte Joppich)*	1228
		I. Schutzfähigkeit von Fernsehformaten	1228
		II. Wettbewerbsrechtlicher Formatschutz	1234
		III. Praktischer Formatschutz	1239
		IV. Mediation und Schiedsgerichtsbarkeit	1241

Kapitel 18 Piraterie & Urheberstrafrecht: Rechtsdurchsetzung im Internet – aktuelle Möglichkeiten und Herausforderungen für Rechteinhaber *(Florian Drücke)* 1243

	A.	Die strafrechtliche Sanktionierung von Urheberrechtsverletzungen	1245
		I. Die einschlägigen Normen	1245
		II. Das Verfahren	1246
		III. Aktuelle Hürden im Strafverfahren	1246
	B.	Die zivilrechtliche Durchsetzung von Urheber- und Leistungsschutzrechten	1249
		I. Die Ansprüche des Rechteinhabers	1249
		II. Die Durchsetzung der Ansprüche	1251
		III. Geltendmachung von Ansprüchen gegenüber Host-Providern	1265
		IV. Die unmittelbare Inanspruchnahme von Access-Providern	1267
	C.	Ausblick	1267

Kapitel 19 Unternehmenstransaktionen im Medienbereich *(Elmar Schuhmacher/Caroline Vedder)* 1269

	A.	Einführung	1271
	B.	Unternehmenskauf im Medienbereich	1271
		I. Die Beteiligten des Unternehmenserwerbs, ihre Motive und Interessen	1272
		II. Grundsätzliche Überlegungen zur Strukturierung des Unternehmenserwerbs	1273
		III. Die Rolle des anwaltlichen Beraters	1274
		IV. Die vorvertraglichen Phasen, ihre Ausgestaltung und Bedeutung	1275
		V. Due Diligence als wichtigste Vorstufe zum Abschluss des Kaufvertrags	1290
		VI. Der Unternehmenskaufvertrag in der Praxis	1304
		VII. Transaktionsbegleitende Verträge	1350
		VIII. Kartellrechtliche und medienkonzentrationsrechtliche Rahmenbedingungen	1351
		IX. Arbeitsrechtliche Fragestellungen	1358
		X. Die Haftung des Erwerbers	1362
		XI. Besondere Arten und Situationen des Unternehmenskaufs	1366

Kapitel 20 Urheberrecht in der Insolvenz *(Johannes Holzer)* 1373

	A.	Einführung	1374
	B.	Insolvenz des Urhebers (Lizenzgebers)	1374
		I. Wirkungen der Verfahrenseröffnung	1374
		II. Umfang der Insolvenzmasse	1375
		III. Die Behandlung von Lizenzen in der Insolvenz des Urhebers und Lizenzgebers	1378
	C.	Insolvenz des Inhabers von Nutzungsrechten (Lizenznehmers)	1394
		I. Die Insolvenz im Regelfall	1394
		II. Sonderregelungen für die Insolvenz des Verlegers	1396

Inhaltsverzeichnis

Teil 5	Verfahrensrecht	1399
Kapitel 21	Urheberrechtliche Verletzungsansprüche und ihre zivilrechtliche Durchsetzung	
	(Bolko Rachow)	1401
	A. Einführung	1404
	B. Die Verletzungsansprüche	1404
	I. Die Ansprüche in der Übersicht	1404
	II. Die gemeinsamen Voraussetzungen der Ansprüche	1406
	III. Der Unterlassungsanspruch	1418
	IV. Der Beseitigungsanspruch	1422
	V. Der materielle Schadensersatzanspruch	1422
	VI. Der immaterielle Schadensersatzanspruch	1429
	VII. Anspruch auf Bereicherungsausgleich	1430
	VIII. Auskunft und Rechnungslegung	1431
	IX. Der Anspruch auf Vorlage und Besichtigung	1441
	X. Vernichtung, Überlassung, Rückruf, Entfernung	1446
	XI. Sicherung von Schadensersatzansprüchen	1452
	XII. Urteilsbekanntmachung	1453
	XIII. Anspruch auf Aufwendungsersatz/Abmahnkosten	1454
	XIV. Umgehung technischer Schutzvorrichtungen	1458
	C. Durchsetzung der Verletzungsansprüche	1461
	I. Vorgerichtliche Maßnahmen	1461
	II. Gerichtliche Geltendmachung	1462
Stichwortverzeichnis	....	1471

Literaturverzeichnis

Ahrens/Bornkamm/Gloy/ Starck/v. Ungern-Sternberg (Hrsg.)	Festschrift für Willi Erdmann, 2002
Andryk	Das Buchprüfungsrecht der Kreativen im gewerblichen Rechtsschutz und Urheberrecht, 2. Aufl. 2007
Andryk	Musikrechts-Lexikon, 2000
Armbrüster	Privatversicherungsrecht, Handbuch des Museumsrechts Bd. 2, 1993
Baierle	Der Musikverlag: Geschichten, Aufgaben, Medien und neue Herausforderungen, 2009
Bamberger/Roth (Hrsg.)	Kommentar zum BGB, 2. Aufl. 2008
Baronikians	Der Schutz des Werktitels, 2008
Baumbach/Hopt	Handelsgesetzbuch, 34. Aufl. 2010
Baur/Jacobs/Lieb/Müller Graff (Hrsg.)	Festschrift für Ralf Vieregge, 1995
Bayerische Staatsgemäldesammlungen (Hrsg.)	Das andere Rubensbuch. Reinhold Baumstark zum Abschied, 2009 (zit. FS Baumstark)
Bechtold (Hrsg.)	Kartellgesetz, Kommentar, 5. Aufl. 2008
Beck/Depré	Praxis der Insolvenz, 2. Aufl. 2010
Beck'scher Kommentar zum Rundfunkrecht	herausgegeben von Hahn/Vesting, 2. Aufl. 2008
Beck'scher Online-Kommentar Arbeitsrecht	herausgegeben von Rolfs/Giesen/Kreikebohm/Udsching (zit.: BeckOK-ArbR)
Beck'scher Online-Kommentar zum BGB	herausgegeben von Bamberger/Roth (zit.: BeckOK-BGB)
Beck'scher TKG-Kommentar	herausgegeben von Geppert/Piepenbrock/Schütz/Schuster, 3. Aufl. 2006
Behrens/de Lazzer (Hrsg.)	Recht, Steuern, Versicherungen für den Kunstmarkt, 1994
Beier/Götting/Lehmann/ Moufang, Rainer	Urhebervertragsrecht, Festgabe für Gerhard Schricker zum 60. Geburtstag, 1995
Beisel/Klumpp	Der Unternehmenskauf, 6. Aufl. 2009
Berens/Brauner/Strauch (Hrsg.)	Due Diligence bei Unternehmensakquisitionen, 3. Aufl. 2008
Berger/Ebke/Elsing/ Grossfeld/Kühne	Festschrift für Otto Sandrock, 2000
Berger/Wündisch (Hrsg.)	Urhebervertragsrecht, Handbuch, 2008
Beyer	Ausstellungsrecht und Ausstellungsvergütung, 2000
Boecken/Joussen	Teilzeit- und Befristungsgesetz, Handkommentar, 2007
Bonner Kommentar zum GG	Loseblattsammlung, herausgegeben von Dolzer/Kahl/Waldhoff
Boos	Kulturgut als Gegenstand des grenzüberschreitenden Leihverkehrs, 2006
Börner	Der Vertrag zwischen Verlag und Pressegrossisten, 1981
Brehm	Filmrecht, 2. Aufl. 2008

Literaturverzeichnis

Brox/Walker	Allgemeines Schuldrecht, 34. Aufl. 2010
Budde	Das Rückrufsrecht des Urhebers wegen Nichtausübung in der Musik, 1997
Bumiller/Winkler	Freiwillige Gerichtsbarkeit, Kommentar, 8. Aufl. 2006
Burmester	Deep Time: Ausstellen als Risiko und Notwendigkeit, in: Huber/Locher/Schulte (Hrsg.), Kunst des Ausstellens, 2002, S. 71
Büscher/Dittmer/Schiwy (Hrsg.)	Gewerblicher Rechtsschutz Urheberrecht Medienrecht, 2008
Büttner	Umfang und Grenzen der Dritthaftung von Experten, 2006
Calliess	Grenzüberschreitende Verbraucherverträge, 2006
Carl/Güttler/Siehr	Kunstdiebstahl vor Gericht, 2001
Damm/Rehbock	Widerruf, Unterlassung und Schadensersatz in den Medien, 3. Aufl. 2008
Danzl/Graninger (Hrsg.)	Festschrift für Robert Dittrich, 2000
Däubler/Hjort/Hummel/Wolmerath	Arbeitsrecht, Individualarbeitsrecht mit kollektivrechtlichen Bezügen, Handkommentar, 2008 (zit.: HK-ArbR/Bearbeiter)
Deutsch/Ellerbrock	Titelschutz, 2. Aufl. 2004
Dittrich (Hrsg.)	Festschrift 50 Jahre UrhG, 1986
Dörner/Luczak/Wildschütz (Hrsg.)	Handbuch des Fachanwalts Arbeitsrecht, 8. Aufl. 2009
Dörr/Kreile/Cole (Hrsg.)	Handbuch Medienrecht – Recht der elektronischen Massenmedien, 2008
Dörr/Schwartmann	Medienrecht, 2006
Dreier/Schulze	Urheberrechtsgesetz, Kommentar, 3. Aufl. 2008
Drexl	Internationales Immaterialgüterrecht in: Rebmann u.a. (Hrsg.), Münchener Kommentar, BGB, Band 11, 4. Aufl. 2006
Dreyer/Kotthoff/Meckel (Hrsg.)	Urheberrecht, Heidelberger Kommentar, 2. Aufl. 2009
Dümling	Musik hat ihren Wert – 100 Jahre musikalische Verwertungsgesellschaft in Deutschland, 2003
Dünnwald/Gerlach	Schutz des ausübenden Künstlers, Kommentar zu §§ 73–83 UrhG, 2008
Ebert	Risikomanagement kompakt, 2006
Ebling/Schulze	Kunstrecht, 2007
Ek/von Hoyenberg	Unternehmenskauf und -verkauf, 2007
Ekey/Klippel-Eisfeld	Markenrecht, 2003
Erdmann/Rojahn/Sosnitza	Handbuch des Fachanwalts Gewerblicher Rechtsschutz, 2008 (zit.: FA-GewRS/Bearbeiter)
ErfK/Bearbeiter	siehe Müller-Glöge/Preis/Schmidt
Etzel	Gemeinschaftskommentar zum Kündigungsschutzgesetz und zu sonstigen kündigungsschutzrechtlichen Vorschriften, 9. Aufl. 2009
Fechner	Medienrecht, 11. Aufl. 2010
Fechner/Mayer	Medienrecht – Vorschriftensammlung, 6. Aufl. 2010
Fezer	Lauterkeitsrecht: UWG Kommentar zum Gesetz gegen den unlauteren Wettbewerb (UWG), 2. Aufl. 2010
Fezer	Markenrecht, Kommentar, 4. Aufl. 2009

Literaturverzeichnis

Fiedler/Turner	Bibliographie zum Recht des Internationalen Kulturgüterschutzes/ Bibliography on the Law of the International Protection of Cultural Property, 2003
Finke/Brachmann/ Nordhausen	Künstlersozialversicherungsgesetz, 4. Aufl. 2009
Fischer/Reich	Der Künstler und sein Recht. Ein Handbuch für die Praxis, 2. Aufl. 2007
Fohrbeck/Wiesand	Der Autorenreport, 1972
Fohrbeck/Wiesand	Der Künstlerreport. Musikschaffende – Darsteller/Realisatoren – Bildende Künstler/Designer, 1975
Franz	Zivilrechtliche Probleme des Kulturgüteraustausches, 1996
Franzen/Wallenfels/Russ	Preisbindungsgesetz. Die Preisbindung des Buchhandels, 5. Aufl. 2006
Frey/Rudolph	Rechtsgutachten zur »Evaluierung des Haftungsregimes für Host- und Access-Provider im Bereich der Telemedien, 2008
Fromm/Nordemann	Urheberrecht, Kommentar, 10. Aufl. 2008 (zit.: Fromm/Nordemann/ Bearbeiter)
Funke/Müller	Handbuch zum Eventrecht, 3. Aufl. 2009
Ganea/Heath/Schricker (Hrsg.)	Festschrift für Adolf Dietz, 2001
Gärtner	Versicherungsfragen im Museumsbereich, Handbuch des Museumsrechts Bd. 10, 2002
Geigel	Der Haftpflichtprozess, 25. Aufl. 2008
Geimer/Schütze	Europäisches Zivilverfahrensrecht, 3. Aufl. 2010
Geimer/Schütze	Internationaler Rechtsverkehr in Zivil- und Handelssachen, Loseblatt
Gerlach	Die Haftung für fehlerhafte Kunstexpertisen, 1998
Glaus/Studer	Kunstrecht, 2003
Gola/Schomerus	Bundesdatenschutzgesetz, Kommentar, 9.Aufl. 2007
Gorscak	Der Verlagsvertrag über U-Musik, Baden-Baden 2003
Götting/Nordemann	Handkommentar zum UWG, 2009 (zit.: Götting/Nordemann/Bearbeiter)
Götting/Schertz/Seitz (Hrsg.)	Handbuch des Persönlichkeitsrechts, 2008 (zit.: Götting/Schertz/Seitz/ Bearbeiter)
Graf-Schlicker	InsO, Kommentar zur Insolvenzordnung, 2. Aufl. 2010
Grohmann	Leistungsstörungen im Musikverlagsvertrag, 2006
Grunsky/Stürner/Walter/ Wolf (Hrsg.)	Festschrift für Fritz Baur, 1981
Güllemann	Veranstaltungsmanagement und Recht, 5. Aufl. 2009
Gundel/Heermann/Leible (Hrsg.)	Konvergenz der Medien-Konvergenz des Rechts?, 2009
Haberstumpf	Handbuch des Urheberrechts, 2. Aufl. 2000
Haberstumpf/Hintermeier	Einführung in das Verlagsrecht, 1985
Haellmigk	Die Leihe in der französischen, englischen und deutschen Rechtsordnung. Unter besonderer Berücksichtigung der Kunstleihe, 2009
Hahn/Vesting	Beck'scher Kommentar zum Rundfunkrecht, 2. Aufl. 2008
Harder	Vortrag zum Eventrecht, abrufbar unter www.raharder.de

Literaturverzeichnis

Harte-Bavendamm/ Henning-Bodewig	UWG Kommentar, 2. Aufl. 2009 (zit.: Harte/Henning/Bearbeiter)
Hartmann	Lost Art – Ziele und Möglichkeiten eines Internetportals, in: Koordinierungsstelle für Kulturgutverluste, Im Labyrinth des Rechts? Wege zum Kulturgüterschutz 2007, S. 59
Hartstein/Ring/Kreile/ Dörr/Stettner	Kommentar zum Jugendmedienschutz-Staatsvertrag, Band III, Stand 2005
Hartstein/Ring/Kreile/ Dörr/Stettner	Kommentar zum Rundfunkstaatsvertrag, Band I und II, Stand 2010
Hasselblatt	Münchner Anwaltshandbuch Gewerblicher Rechtsschutz, 3. Aufl. 2009 (zit.: Hasselblatt/Bearbeiter)
Heckmann	juris Praxiskommentar Internetrecht, 2. Aufl. 2009
Heermann/Hirsch (Hrsg.)	Münchner Kommentar zum Lauterkeitsrecht, 2006
Heinkelein	Der Schutz der Urheber von Fernsehshows und Fernsehshowformaten, 2004
Herrmann/Lausen	Rundfunkrecht, 2. Aufl. 2004
Hettler/Stratz/Hörtnagl (Hrsg.)	Beck'sches Mandatshandbuch Unternehmenskauf, 2004
Heun	Handbuch Telekommunikationsrecht, 2. Aufl. 2007
Hillig	Urheber- und Verlagsrecht, 10. Aufl. 2003
Hilty/Drexl/Nordemann (Hrsg.)	Festschrift für Ulrich Loewenheim zum 75. Geburtstag, 2009
Hipp	Schutz von Kulturgütern in Deutschland, 2001
Hoeren/Holznagel/Ernst- schneider (Hrsg.)	Handbuch Kunst und Recht, Frankfurt a.M. 2008
Hoeren/Sieber	Handbuch MultiMediaRecht, Teil 6.1
Holzapfel/Pöllath	Unternehmenskauf in Recht- und Praxis, 13. Aufl. 2008
Holzer	Entscheidungsträger im Insolvenzverfahren, 3. Aufl. 2004
Homann	Praxishandbuch Filmrecht, 3. Aufl. 2009
Homann	Praxishandbuch Musikrecht, 2007
Huber/Locher/Schulte	Kunst des Ausstellens, 2002
Hucko	Zweiter Korb, 2007
Hüffer	Aktiengesetz, Kommentar, 9. Aufl. 2010
Immenga/Mestmäcker	GWB, Kommentar zum Kartellgesetz, 3. Aufl. 2001
Ingendaay	Künstlerverträge. Vertragspraxis und Inhaltskontrolle von Tonträgerproduktionsverträgen nach deutschem und US-amerikanischem Recht, 2008
Ingerl/Rohnke	Markengesetz, Kommentar, 2. Aufl. 2003
Ipsen	Presse-Grosso im Verfassungsrahmen, 1980
Jacobs/Papier/Schuster	Festschrift für Peter Raue, 2006
Jaeger/Henckel	Insolvenzordnung; InsO, Großkommentar, Bd. 1, 2004
Jaeger/Metzger	Open Source Software. Rechtliche Rahmenbedingungen der Freien Software, 2. Aufl. 2006

Jayme	Das Freie Geleit für Kunstwerke, 2001
Jayme/Hausmann	Internationales Privat- und Verfahrensrecht, 14. Aufl. 2008
Kauert	Das Leistungsschutzrecht des Verlegers, 2008
Kaufmann	Die Personenmarke, 2005
Keller/Plassmann/von Falck (Hrsg.)	Festschrift für Winfried Tilmann, 2003
Kilian/Heussen	Computerrechts-Handbuch, 2009
Knott/Mielke	Unternehmenskauf, 3. Aufl. 2008
Kodal/Krämer	Straßenrecht, 6. Aufl. 1999
Köhler/Bornkamm	Gesetz gegen den unlauteren Wettbewerb, Kommentar, 28. Aufl. 2010
Kreile/Becker/Riesenhuber (Hrsg.)	Recht und Praxis der GEMA – Handbuch und Kommentar, 2. Aufl. 2008
Kreutzer	Das Modell des deutschen Urheberrechts und Regelungsalternativen, 2008
Kroppholler	Europäisches Zivilprozessrecht, 8. Aufl. 2005
Kübler/Prütting/Bork/Pape	Insolvenzordnung, Kommentar, Loseblatt, Stand: 8/2010
Kühl	Der internationale Leihverkehr der Museen, 2004
Kurz	Praxishandbuch Theaterrecht, 1999
Küttner	Personalbuch 2010, 17. Aufl. 2010
Lange	Marken- und Kennzeichenrecht, 2006
Larenz	Methodenlehre der Rechtswissenschaft, 6. Aufl. 1991
Laufersweiler/Schmidt-Rögnitz	Der Erwerb von Museumsgut, Handbuch des Museumsrechts Bd. 3, 1994
Lausen	Der Rechtsschutz von Sendeformaten, 1998
Lehmann/Meents	Handbuch des Fachanwalts Informationstechnologierecht, 2008 (zit. FA IT-Recht/Bearbeiter)
Lehment	Das Fotografieren von Kunstgegenständen, 2008
Lensing	Die Ausstellungsversicherung unter besonderer Berücksichtigung des Messewesens, 1991
Lerche	GEMA Jahrbuch 1997/98
Leupold/Glossner	Münchener Anwaltshandbuch IT-Recht, 2008
Liebs	Der Unternehmenskauf, 2. Aufl. 2003
Locher	Das Recht der bildenden Kunst, 1970
Loewenheim	Handbuch des Urheberrechts, 2. Aufl. 2010 (zit.: Loewenheim/Bearbeiter)
Löffler	Der Verfassungsauftrag der Publizistik in: Festschrift für Emil Dovifat, 1960
Löffler	Presserecht, Kommentar, 5. Aufl. 2006
Löffler/Ricker	Handbuch des Presserechts, 5. Aufl. 2005
Mäger	Die Abtretung urheberrechtlicher Vergütungsansprüche in Verwertungsverträgen, 2000
Maydell/Ruland/Becker	Sozialrechtshandbuch (SRH), 4. Aufl. 2008
Mayer/Kroiß (Hrsg.)	Rechtsanwaltsvergütungsgesetz, 4. Aufl. 2009
Meinel/Heyn/Herms	Teilzeit- und Befristungsgesetz: TzBfG, Kommentar 3. Aufl. 2009

Literaturverzeichnis

Melichar	Die Wahrnehmung von Urheberrechten durch Verwertungsgesellschaften – am Beispiel der VG WORT, 1983
Mercker	Die Katalogbildfreiheit, 2006
Mestmäcker/Schulze	Kommentar zum deutschen Urheberrecht, Loseblattsammlung
Möhring/Nicolini (Hrsg.)	Urheberrechtsgesetz, Kommentar, 2. Aufl. 2000 (zit.: Möhring/Nicolini/Bearbeiter)
Moser/Scheuermann (Hrsg.)	Handbuch der Musikwirtschaft, 6. Aufl. 2003
Mosimann/Renold/Raschèr	Kultur Kunst Recht, 2009
Müller-Glöge/Preis/Schmidt (Hrsg.)	Erfurter Kommentar zum Arbeitsrecht, 10. Aufl. 2010 (zit.: ErfK/Bearbeiter)
Münchener Handbuch zum Arbeitsrecht	Gesamtwerk in zwei Bänden, 2009
Münchener Kommentar zum Bürgerlichen Gesetzbuch	herausgegeben von Rebmann/Säcker/Rixecker, 5. Auflage 2006 ff. (zit.: MüKo-BGB/Bearbeiter)
Münchener Kommentar zum Handelsgesetzbuch	herausgegeben von Karsten Schmidt, 2. Aufl. 2009 (zit.: MüKo-HGB/Bearbeiter)
Münchener Kommentar zur Insolvenzordnung	herausgegeben von Kirchhof/Lwowski/Stürner, 2. Aufl. 2008 (zit.: MüKo-InsO/Bearbeiter)
Nauert/Black	Fine Arts Insurance – A Handbook for Art Museums, 1979
Nißl	Die Haftung des Experten für Vermögensschäden, 1971
Nordemann/Vinck/Hertin/Meyer	International Copyright and Neighbouring Rights Law, 1990
Odendahl	Kulturgüterrecht (Vorschriftensammlung), 2006
Odendahl	Kulturgüterschutz, 2005
Olenhusen, v.	Der Journalist im Arbeits- und Medienrecht, 2008
Palandt	Kommentar zum Bürgerlichen Gesetzbuch, 69. Aufl. 2010 (zit.: Palandt/Bearbeiter)
Palmer	Art Loans, 1997
Paschke	Medienrecht, 3. Aufl. 2009
Paschke/Berlit/Meyer	Hamburger Kommentar, Gesamtes Medienrecht, 2008 (zit.: Hamburger Kommentar/Bearbeiter)
Passman	All You Need To Know About the Music Business, 7. Aufl. 2009
Peters	Fernseh- und Filmproduktion, Rechtshandbuch, 2003
Petersen	Medienrecht, 2. Aufl. 2005
Picker	Praxis des Kunstrechts, 1990
Pieroth/Schlink	Grundrechte-Staatsrecht II, 25. Aufl. 2009
Piper/Ohly/Sosnitza	Gesetz gegen den unlauteren Wettbewerb, Kommentar, 5. Aufl. 2010
Prehn	Versicherung in Museen und Ausstellungen, Heft 26 der Materialien aus dem Institut für Museumskunde, Berlin, 1989
Prinz/Peters	Medienrecht, 1999
Rath-Glawatz/Engels/Dietrich	Das Recht der Anzeige, 3. Aufl. 2006

Rehbinder	Urheberrecht, 16. Aufl. 2010
Reinbothe/v. Lewinski	The WIPO Treaties 1996, 2002
Ricketson/Ginsburg	International Copyright and Neighbouring Rights; The Berne Convention and Beyond, 2006
Riesenhuber	Die Auslegung und Kontrolle des Wahrnehmungsvertrages, 2004
Riesenhuber (Hrsg.)	Wahrnehmungsrecht in Polen, Deutschland und Europa, 2006
Rietschel	Internationale Vorgaben zum Kulturgüterschutz und ihre Umsetzung in Deutschland. Das KGÜAG – Meilenstein oder nur fauler Kompromiss in der Geschichte des deutschen Kulturgüterschutzes?, Berlin 2009
Rodriguez/von Rothkirch/ Heinz (Hrg.)	www.musikverkaufen.de. Die digitale Musikwirtschaft, 2007
Sachs	Verfassungsrecht II – Grundrechte
Schack	Kunst und Recht, 2. Aufl. 2010
Schack	Urheber- und Urhebervertragsrecht, 4. Aufl. 2007
Schack/Schmidt (Hrsg.)	Rechtsfragen der internationalen Museumspraxis, 2006
Schaffeld/Hörle	Das Arbeitsrecht der Presse, 2. Aufl. 2007
Scherenberg	Lizenzverträge in der Insolvenz des Lizenzgebers unter besonderer Berücksichtigung des Wahlrechts des Insolvenzverwalters nach § 103 Abs. 1 InsO, 2005
Schertz	Merchandising. Rechtsgrundlagen und Praxis, 1997
Schiwy/Schütz/Dörr	Medienrecht, Lexikon für Praxis und Wissenschaft, 5. Aufl. 2010
Schlink/Poscher	Gutachten zu den Verfassungsfragen der Reform des Urhebervertragsrechts, abrufbar unter www.urheberrecht.org
Schneider	Handbuch des EDV-Rechts, 4. Aufl. 2009
Schoen/Baresel-Brand	Im Labyrinth des Rechts? Wege zum Kulturgüterschutz, 2007
Schramm	Studienbrief Ticketing, 2006
Schricker	Urheberrecht, Kommentar, 3. Aufl. 2006 (zit.: Schricker/Bearbeiter)
Schricker	Verlagsrecht, Kommentar, 3. Aufl. 2001
Schunke	Das Bearbeitungsrecht in der Musik und dessen Wahrnehmung durch die GEMA, 2008
Schütz	Kommunikationsrecht, 2005
Schwartmann	Beteiligung von Presseunternehmen am Rundfunk in Nordrhein-Westfalen – Rechtsgutachten zur Novellierung des § 33 Abs. 3 LMG NRW, 2010
Schwartmann	Praxishandbuch Medien, IT- und Urheberrecht, 2008 (zit.: Schwartmann/Bearbeiter Praxishandbuch)
Schwartmann/Krautscheid	Fesseln für die Vielfalt? Das Medienkonzentrationsrecht auf dem Prüfstand, 2009
Schwarz/Peschel-Mehner	Recht im Internet, 2010
Schwenzer	Die Rechte des Produzenten, 1998
Seitz/Schmidt	Der Gegendarstellungsanspruch, 4. Aufl. 2010
Sieber/Nolde	Sperrverfügungen im Internet – Nationale Rechtsdurchsetzung im globalen Cyberspace?, 2008
Siefarth	US-Amerikanisches Filmurheberrecht, 1991

Literaturverzeichnis

Siehr	Was ist eine Fälschung? Rechtsfolgen des Handels mit gefälschten Kunstwerken, 2008
Sievers	TzBfG, Kommentar zum Teilzeit- und Befristungsgesetz, 3. Aufl. 2010
Söbbing	IT/IP-Rechte im Unternehmenskauf, 2010
Soehring	Presserecht, 4. Aufl. 2010
Spindler (Hrsg.)	Vertragsrecht der Telekommunikationsanbieter, 2000
Spindler/Schmitz/Geis	TDG-Kommentar: Teledienstegesetz, Teledienstedatenschutzgesetz, Signaturgesetz, 2004
Spindler/Schuster	Recht der elektronischen Medien, 2008
Stadler	Haftung für Informationen im Internet, 2. Aufl. 2005
Staudinger/Peters/Jacoby	Kommentar zum Bürgerlichen Gesetzbuch, Buch 2: Recht der Schuldverhältnisse, §§ 631–651 (Werkvertragsrecht), Neubearbeitung 2008
Staudt	Die Rechteübertragungen im Berechtigungsvertrag der GEMA, 2006
Stieper	Rechtfertigung, Rechtsnatur und Disponibilität der Schranken des Urheberrechts, 2009
Streinz	Internationaler Schutz von Museumsgut, Handbuch des Museumsrechts Bd. 4, 1998
Ströbele/Hacker	Markengesetz, Kommentar, 8. Aufl. 2009
Teplitzky	Wettbewerbliche Ansprüche und Verfahren, 9. Aufl. 2007
Thorn	Internationaler Kulturgüterschutz nach der UNIDROIT-Konvention, 2005
Turner	Das Restitutionsrecht des Staates nach illegaler Ausfuhr von Kulturgütern, 2002
Ulmer	Lehrbuch des Urheberrechts, 3. Aufl. 1980
v. Brühl	Marktmacht von Kunstexperten als Rechtsproblem, 2008
v. Einem	Verwertungsgesellschaften im deutschen und internationalen Musikrecht, Köln 2007
v. Gamm	Urheberrechtsgesetz, 1968
v. Hartlieb/Schwarz	Handbuch des Film-, Fernseh-, und Videorechts, 4. Aufl. 2004
v. Lewinski	International Copyright Law and Policy, Oxford 2008
v. Mangoldt/Klein/Starck	GG, Kommentar, 6. Aufl.
v. Westfalen/Grote/Pohle	Der Telefondienstvertrag, 2000
v. Wulffen/Krasney (Hrsg.)	Festschrift 50 Jahre Bundessozialgericht, 2004
Ventroni	Das Filmherstellungsrecht, 2001
Walter, M.(Hrsg.)	Europäisches Urheberrecht, 2001
Walter, M./v. Lewinski (Hrsg.)	European Copyright Law: A Commentary, 2010
Walter, R./Grüber	Anwalts-Handbuch-Wettbewerbspraxis, 1998
Wanckel	Foto- und Bildrecht, 3. Aufl. 2009
Wandtke (Hrsg.)	Medienrecht, Praxishandbuch, 2008
Wandtke/Bullinger	Praxiskommentar zum Urheberrecht, 3. Aufl. 2009
Wegener	Musik & Recht, 2003
Wegner/Wallenfels/Kaboth	Recht im Verlag, 2004
Weiß	Der Künstlerexklusivvertrag, 2009

Wenzel	Das Recht der Wort- und Bildberichterstattung, 5. Aufl. 2003 (zit.: Wenzel/Bearbeiter)
Wiedemann	Lizenzen und Lizenzverträge in der Insolvenz, 2006
Wilson	Government Indemnity Schemes: The National Heritage Act 1980, in: Institute of Art and Law (Hrsg.), Art Loans and Exhibitions, 1996
Wimmer	Frankfurter Kommentar zur Insolvenzordnung, 5. Aufl. 2009 (zit.: FK-InsO/Bearbeiter)
Wimmer/Dauernheim/ Wagner/Gietl	Handbuch des Fachanwalts Insolvenzrecht, 4. Aufl. 2010 (zit.: FA-InsO/Bearbeiter)
Woebcken	Vortrag Filmstandort Deutschland – der deutsche Film, Branchenhearing Filmwirtschaft am 12.3.2009 in Potsdam/Babelsberg, www.bmwi.de
Zöller	Zivilprozessordnung, Kommentar zur ZPO, 28. Aufl. 2010 (zit.: Zöller/Bearbeiter)
Zollner/Fitzner (Hrsg.)	Festschrift für Wilhelm Nordemann, 1999

Abkürzungsverzeichnis

a.A.	anderer Ansicht
a.a.O.	am angegebenen Ort
a.E.	am Ende
a.F.	alte(r) Fassung
a.M.	anderer Meinung
abgedr.	abgedruckt in
ABl.	Amtsblatt der Europäischen Gemeinschaft
abl.	ablehnend
Abs.	Absatz
abw.	abweichend
AcP	Archiv für die civilistische Praxis
AEUV	Vertrag über die Arbeitsweise der Europäischen Union
AfP	Archiv für Presserecht
AG	Amtsgericht; Aktiengesellschaft
AGB	Allgemeine Geschäftsbedingungen
AGG	Allgemeines Gleichbehandlungsgesetz
AIPPI	Association Internationale pour la Protection de la Propriété Industrielle
AJP	Aktuelle Juristische Praxis
AktG	Aktiengesetz
allg.M.	allgemeine Meinung
ALM	Arbeitsgemeinschaft der Landesmedienanstalten in der Bundesrepublik Deutschland
Alt.	Alternative
Anh.	Anhang
Anm.	Anmerkung
AnwBl.	Anwaltsblatt des Deutschen Anwaltvereins
AO	Abgabenordnung
APR	Arbeitsgemeinschaft Privater Rundfunk
A&R	Artist & Repertoire
Art.	Artikel
Assets	Vermögensgegenstände
Aufl.	Auflage
ausf.	ausführlich
AVMD-Richtlinie	Richtlinie über Audiovisuelle Mediendienste
AVS	Altersverifikationssystem
Az.	Aktenzeichen
B2B/B-to-B	Business-to-Business
B2C/B-to-C	Business-to-Consumer
BAG	Bundesarbeitsgericht
BAnz.	Bundesanzeiger
Basket	Bagatellgrenze
BayObLG	Bayerisches Oberstes Landesgericht
BayVBl.	Bayrisches Verwaltungsblatt
BB	Betriebs-Berater
BBG	Bundesbeamtengesetz
Bd.	Band
BDSG	Bundesdatenschutzgesetz
BDZV	Bundesverband Deutscher Zeitungsverleger
Begr.	Begründung
betr.	betreffend
BetrVG	Betriebsverfassungsgesetz
BGB	Bürgerliches Gesetzbuch
BGB-InfoV	Verordnung über Informationspflichten nach bürgerlichem Recht
BGBl.	Bundesgesetzblatt
BGH	Bundesgerichtshof
BGHSt	Entscheidungssammlung des Bundesgerichtshofs in Strafsachen
BGHZ	Entscheidungssammlung des Bundesgerichtshofs in Zivilsachen
Binding Offer	Erwerbsangebot

Abkürzungsverzeichnis

BKartA	Bundeskartellamt
BMF	Bundesministerium der Finanzen
BMG	Benelux-Markengesetz
BMJ	Bundesministerium der Justiz
BND	Bundesnachrichtendienst
BPatG	Bundespatentgericht
BPatGE	Entscheidungssammlung des Bundespatentgerichts (Band, Seite)
BPjM	Bundesprüfstelle für jugendgefährdende Medien
BPS	Bundesprüfstelle
BRAO	Bundesrechtsanwaltsordnung
BRD	Bundesrepublik Deutschland
BR-Drs.	Bundesrats-Drucksache
break up-Fee	Vertragsstrafe für den Fall des Abbruchs von Vertragsverhandlungen
BRRG	Beamtenrechtsrahmengesetz
Bsp.	Beispiel
BT-Drs.	Bundestags-Drucksache
BuchPrG	Buchpreisbindungsgesetz
Buchst.	Buchstabe(n)
BVerfG	Bundesverfassungsgericht
BVerfGE	Amtliche Entscheidungssammlung des Bundesverfassungsgerichts (Band, Seite)
BVerfGG	Bundesverfassungsgerichtsgesetz
BVerwG	Bundesverwaltungsgericht
bzgl.	bezüglich
bzw.	beziehungsweise
ca.	circa
Call-Option	einseitiges Erwerbsrecht zugunsten des Käufers
Cap	Haftungsobergrenze
Chain of Title	Rechtekette
Change of Control	Änderung der Mehrheitsverhältnisse an einer Gesellschaft
Closing	dinglicher Vollzug
Closing Accounts	Abrechnungsbilanz
Closing Conditions	Vollzugsbedingungen
CMMV	Clearingstelle Multimedia für Verwertungsgesellschaften von Urheber- und Leistungsschutzrechten GmbH
Controlled Auction	kontrolliertes Auktionsverfahren
Covenants	Versprechen
CR	Computer und Recht (Zeitschrift)
d.h.	das heißt
Data Room	tatsächlicher oder virtueller Datenraum, der die Unterlagen für eine Due Diligence enthält
Data Room Procedures	Richtlinien für die Benutzung eines Data Rooms
DB	Der Betrieb
DCF-Verfahren	Discounted Cash Flow-Verfahren, wonach der Unternehmenswert anhand des zukünftigen und abgezinsten Cash Flows des Unternehmens ermittelt wird
De minimis-Klausel	Bagatellgrenzen-Klausel
DENIC eG	Deutsches Network Information Center (eingetragene Genossenschaft)
ders.	derselbe
DGRI	Deutsche Gesellschaft für Recht und Informatik
dies.	dieselbe/n
DIHK	Deutscher Industrie- und Handelskammertag
Dilution protection	Verwässerungsschutz
DIN	Deutsches Institut für Normung
Disclaimer	Haftungsausschlüsse/-beschränkungen
Diss.	Dissertation
DL	Dienstleistung(en)
DLM	Direktorenkonferenz der Landesmedienanstalten; Dienstleistungsmarke
DPMA	Deutsches Patent- und Markenamt
Drag along-right	Mitverkaufspflicht
DRiG	Deutsches Richtergesetz
DtZ	Deutsch-Deutsche Rechts-Zeitschrift (Beilage zur NJW)

DuD	Datenschutz und Datensicherheit
Due Diligence	»gebührende Sorgfalt«, d.h. Prüfung des Gegenstands einer Transaktion
Due Diligence Report	Zusammenfassung der Ergebnisse der Due Diligence-Prüfung
Due Diligence Request List	Anforderungsliste für die Durchführung einer Due Diligence
DVBl.	Deutsches Verwaltungsblatt
DVO	Durchführungsverordnung
DZWir	Deutsche Zeitung für Wirtschaftsrecht
E	(Gesetzes-)Entwurf
e.V.	eingetragener Verein
EB	Empfangsbekenntnis
EBIT	Earnings before Interest and Taxes
EBITDA	Earnings before Interest, Taxes, Depreciation and Amortisation
EBRG	Gesetz über europäische Betriebsräte
EBU	European Broadcasting Union (Europäische Rundfunk-Union)
EFTA	European Free Trade Association
EG	Vertrag zur Gründung der Europäischen Gemeinschaft
EGBGB	Einführungsgesetz zum Bürgerlichen Gesetzbuch
EGG	Elektronischer Geschäftsverkehrgesetz
EG-Kommission	Kommission der Europäischen Gemeinschaften (Europäische Kommission)
EGMR	Europäischer Gerichtshof für Menschenrechte
Einf.	Einführung
Einl.	Einleitung
EK-DSRL	Europäische Datenschutzrichtlinie für die elektronische Kommunikation
EKMR	Europäische Kommission für Menschenrechte
E-Musik	Ernste Musik
entspr.	entsprechend
Entw.	Entwurf
Equity	Eigenkapital
Erwgrd.	Erwägungsgrund
EStG	Einkommensteuergesetz
etc.	et cetera
EU	Vertrag über die Europäische Union (EU-Vertrag); Europäische Union
EuG	Gericht erster Instanz der Europäischen Union
EuGH	Gerichtshof der Europäischen Union
EuGH Slg	Sammlung der Rechtsprechung des Europäischen Gerichtshofs
EuGVÜ	Europäisches Gerichtsstands- und Vollstreckungsübereinkommen (jetzt EuGVVO)
EuGVVO	Verordnung (EG) Nr. 44/2001 des Rates über die gerichtliche Zuständigkeit und die Anerkennung und Vollstreckung von Entscheidungen in Zivil- und Handelssachen
EuRAG	Gesetz über die Tätigkeit europäischer Rechtsanwälte
EU-Tabakwerbe-richtlinie	Richtlinie 2003/33/EG des Europäischen Parlaments und des Rates vom 26.5.2003 zur Angleichung der Rechts- und Verwaltungsvorschriften der Mitgliedstaaten über Werbung und Sponsoring zugunsten von Tabakerzeugnissen
EuZW	Europäische Zeitschrift für Wirtschaftsrecht
EVP	Endverbraucherpreis
evtl.	eventuell
EWG	Europäische Wirtschaftsgemeinschaft
EWiR	Entscheidungen zum Wirtschaftsrecht
EWR	Abkommen über den europäischen Wirtschaftsraum
EWS	Europäisches Wirtschafts- und Steuerrecht
Exit	Ausstieg
f., ff.	folgende, fortfolgende
FernsehRL	Richtlinie des Rates zur Koordinierung bestimmter Rechts- und Verwaltungsvorschriften der Mitgliedstaaten über die Ausübung der Fernsehtätigkeit (Fernsehrichtlinie)

Abkürzungsverzeichnis

FFA	Filmförderungsanstalt
FFG	Filmförderungsgesetz
FGG	Gesetz über Angelegenheiten der freiwilligen Gerichtsbarkeit
FKVO	Fusionskontrollverordnung
Fn.	Fußnote
FS	Festschrift
FSF	Freiwillige Selbstkontrolle Fernsehen
FSK	Freiwillige Selbstkontrolle der Filmwirtschaft
FSM	Freiwillige Selbstkontrolle Multimedia-Diensteanbieter
FÜG	Fernsehsignalübertragungsgesetz
GATT	General Agreement on Tariffs and Trade
GAusfO	Gemeinsame Ausführungsordnung zum Madrider Abkommen über die internationale Registrierung von Marken und zum Protokoll zu diesem Abkommen
GbR	Gesellschaft bürgerlichen Rechts
GebrMG	Gebrauchsmustergesetz
GebVerz	Gebührenverzeichnis
gem.	gemäß
GEMA	Gesellschaft für musikalische Aufführungs- und mechanische Vervielfältigungsrechte
GeschmMG	Geschmacksmustergesetz
GG	Grundgesetz für die Bundesrepublik Deutschland
ggf.	gegebenenfalls
ggü.	gegenüber
gHA	geographische Herkunftsangabe
GjSM	Gesetz über die Verbreitung jugendgefährdender Schriften und Medieninhalte
GKG	Gerichtskostengesetz
glA	gleicher Ansicht
GmbH	Gesellschaft mit beschränkter Haftung
GmbHG	Gesetz betreffend die Gesellschaften mit beschränkter Haftung
GmS-OGB	Gemeinsamer Senat der obersten Gerichtshöfe des Bundes
GMV	Gemeinschaftsmarkenverordnung
GoB	Grundsätze ordnungsgemäßer Buchführung
grdl.	grundlegend
grds.	grundsätzlich
GRUR	Gewerblicher Rechtsschutz und Urheberrecht (Zeitschrift)
GRUR Int.	Gewerblicher Rechtsschutz und Urheberrecht Internationaler Teil (Zeitschrift)
GRURPrax	Gewerblicher Rechtsschutz und Urheberrecht, Praxis im Immaterialgüter- und Wettbewerbsrecht (Zeitschrift)
GRUR-RR	Gewerblicher Rechtsschutz und Urheberrecht, Rechtsprechungs-Report (Zeitschrift)
GTA	Genfer Tonträgerabkommen
GVG	Gerichtsverfassungsgesetz
GVL	Gesellschaft zur Verwertung von Leistungsschutzrechten
GWB	Gesetz gegen Wettbewerbsbeschränkungen (Kartellgesetz)
GWFF	Gesellschaft zur Wahrnehmung von Film und Fernsehrechten
h.L.	herrschende Lehre
h.M.	herrschende Meinung
HABM	Harmonisierungsamt für den Binnenmarkt (Marken, Muster und Modelle)
HAP	Händlerabgabepreis
Hdb.	Handbuch
Heads of Agreement	siehe MOU
Heads of Terms	siehe MOU
HGB	Handelsgesetzbuch
HMA	Haager Musterabkommen

HR	Handelsregister; Human Resources
Hrsg.	Herausgeber
Hs.	Halbsatz
i.d.F.	in der Fassung
i.d.R.	in der Regel
i.d.S.	in diesem Sinne
i.E.	im Ergebnis
i.H.v.	in Höhe von
i.S.d.	im Sinne des
i.S.v.	im Sinne von
i.V.m.	in Verbindung mit
ICANN	Internet Corporation for Assigned Names and Numbers
IFPI	Internationale Vereinigung der fonografischen Industrie
IFRS	International Financial Reporting Standards
IHK	Industrie- und Handelskammer
IMRV	Verordnung über die internationale Registrierung von Fabrik- oder Handelsmarken
Indicative Offer	erstes unverbindliches Angebot
IndProp	Industrial Property and Copyright
inkl.	inklusive
insb.	insbesondere
InsO	Insolvenzordnung
Instructions to proceed	siehe MOU
int.	international
IR-Marke	international registrierte Marke
IuKDG	Informations- und Kommunikationsdienstegesetz
JMStV	Jugendmedienschutz-Staatsvertrag
JÖSchG	Gesetz zum Schutze der Jugend in der Öffentlichkeit
JSS	Satzung zur Gewährleistung des Jugendschutzes in digital verbreiteten Programmen des privaten Fernsehens (Jugendschutzsatzung)
JurBüro	Das juristische Büro (Zeitschrift)
JuSchG	Jugendschutzgesetz
JuSchRiL	Gemeinsame Richtlinien der Landesmedienanstalten zur Gewährleistung des Schutzes der Menschenwürde und des Jugendschutzes (Jugendschutzrichtlinien)
JVKostO	Gesetz über Kosten im Bereich der Justizverwaltung (Justizverwaltungskostenordung)
K&R	Kommunikation & Recht (Zeitschrift)
Kap.	Kapitel
KDLM	Konferenz der Direktoren der Landesmedienanstalten
KEF	Kommission zur Ermittlung des Finanzbedarfs der Rundfunkanstalten
KEK	Kommission zur Ermittlung der Konzentration im Medienbereich
KfH	Kammer für Handelssachen
KG	Kammergericht (Berlin); Kommanditgesellschaft
KJHG	Kinder- und Jugendhilfegesetz
KJM	Kommission für Jugendmedienschutz
KO	Konkursordnung
KostO	Kostenordnung
krit.	kritisch
KStG	Körperschaftsteuergesetz
KUG	Gesetz betreffend das Urheberrecht an Werken der bildenden Künste und der Fotografie (Kunsturhebergesetz)
KUR	Kunst und Recht. Journal für Kunstrecht, Urheberrecht und Kulturpolitik
LAN	Local Area Network
LBO	Leveraged Buy-Out, d.h. mit Fremdkapital finanzierter Erwerb, für dessen Rückzahlung Vermögenswerte des Zielunternehmens eingesetzt werden
LG	Landgericht

Abkürzungsverzeichnis

LNTS	League of Nations Treaty Series
LOI	Letter of Intent, d.h. schriftliche Absichtserklärung
LPG	Landespressegesetz
LRG	Landesrundfunkgesetz
LS	Leitsatz
lSp	linke Spalte
LUA	Lissabonner Ursprungsabkommen
LUG	Gesetz betreffend das Urheberrecht an Werken der Literatur und der Tonkunst
M & A	»Mergers and Acquisitions«, d.h. Fusionierungen (»Mergers«) und Übernahmen (»Acquisitions«)
m.w.N.	mit weiteren Nachweisen
MA	Der Markenartikel (Zeitschrift)
MAC-Klauseln	Material-Adverse-Change-Klauseln
MarkenG	Markengesetz
MarkenR	Zeitschrift für deutsches, europäisches und internationales Kennzeichenrecht
MarkenRL	Markenrichtlinie
MarkenV	Markenverordnung
MBI	Management Buy-In, d.h. Erwerb der Zielgesellschaft durch fremdes Management
MBO	Management Buy-Out, d.h. Erwerb durch Management der Zielgesellschaft
MD	Magazindienst, Entscheidungen zum Recht des unlauteren Wettbewerbs, Hrsg.: Verband Sozialer Wettbewerb e.V.
MDR	Monatsschrift für Deutsches Recht
MDStV	Mediendienste-Staatsvertrag
MHA	Madrider Herkunftsabkommen
Milestones	zeitliche Fixpunkte im Ablauf einer Transaktion
Mitt.	Mitteilungen der deutschen Patentanwälte (Zeitschrift)
MMA	Madrider Markenabkommen
MMR	Multimedia und Recht (Zeitschrift)
MoMiG	Gesetz zur Modernisierung des GmbH-Rechts und zur Bekämpfung von Missbräuchen
MOU	Memorandum of Understanding, d.h. üblicherweise Fixierung einzelner Punkte einer beabsichtigten Transaktion
Multiple	Multiplikator
MuR	Medien und Recht (Zeitschrift)
MWSt.	Mehrwertsteuer
n.F.	neue(r) Fassung
Nachw.	Nachweis
NDA	Non Disclosure Agreement, d.h. Geheimhaltungsvereinbarung
NJW	Neue Juristische Wochenschrift
NJW-CoR	NJW Computerreport
NJWE-WettbR	NJW-Entscheidungsdienst zum Wettbewerbsrecht
NJW-RR	Neue Juristische Wochenschrift Rechtsprechungsreport
Nr.	Nummer
o.	oben
o.ä.	oder ähnliche
ÖBl.	Österreichische Blätter für gewerblichen Rechtsschutz
OFD	Oberfinanzdirektion
Offering Memorandum	Beschreibung des Zielunternehmens
OGH	Oberster Gerichtshof
OHG	offene Handelsgesellschaft
OLG	Oberlandesgericht
OMPI	Organisation Mondiale de la Propriété Intellectuelle
Option	vertraglich begründetes Recht einer Partei, durch einseitige Erklärung den Erwerb von einer anderen Partei herbeiführen zu können
öOGH	Österreichischer Oberster Gerichtshof
OWiG	Gesetz über Ordnungswidrigkeiten

P2P	Peer-to-Peer (von Nutzer zu Nutzer)
PartGG	Gesetz über Partnerschaftsgesellschaften
PatG	Patentgesetz
PIBD	Propriété Industrielle Bulletin Documentaire
pma	post mortem auctoris
PMMA	Protokoll zum Madrider Abkommen über die internationale Registrierung von Marken
Post-Merger-Phase	Zeitraum nach Wirksamkeit der Übernahmetransaktion
Präs.	Präsident
Pricing	Kaufpreisbestimmung
Private Equity	nicht börsennotiertes, d.h. privates Eigenkapital
PrPG	Gesetz zur Stärkung des Schutzes des geistigen Eigentums und zur Bekämpfung der Produktpiraterie
Punktuation	siehe MOU
Put-Option	einseitiges Erwerbsrecht zugunsten des Verkäufers
RBerG	Rechtsberatungsgesetz
RBÜ	Revidierte Berner Übereinkunft zum Schutz von Werken der Literatur und Kunst
Rdn.	Randnummer innerhalb dieses Werkes
RegE	Regierungsentwurf
RegTP	Regulierungsbehörde für Telekommunikation und Post
RFinStV	Rundfunkfinanzierungsstaatsvertrag
RG	Reichsgericht
RGBl.	Reichsgesetzblatt
RGebStV	Rundfunkgebührenstaatsvertrag
RGZ	Entscheidungssammlung des Reichsgerichts in Zivilsachen
RiW (AWD)	Recht der internationalen Wirtschaft
RL	Richtlinie (EG bzw. EU)
Rn.	Randnummer in anderen Veröffentlichungen
Rom-Abkommen	Internationales Abkommen über den Schutz der ausübenden Künstler, der Hersteller von Tonträgern und der Sendeunternehmen
RPA	Reichspatentamt
RPflG	Rechtspflegergesetz
Rs.	Rechtssache
rSp	rechte Spalte
Rspr.	Rechtsprechung
RStV	Rundfunkstaatsvertrag
RStV-ÄndStV	Staatsvertrag zur Änderung rundfunkrechtlicher Staatsverträge
s.	siehe
S.	Seite; Satz
s.a.	siehe auch
s.o.	siehe oben
s.u.	siehe unten
SchweizBG	Schweizerisches Bundesgericht
Shares	gesellschaftsrechtliche Beteiligungen
sic!	Zeitschrift für Immaterialgüter-, Informations- und Wettbewerbsrecht (Schweiz)
Side Letter	Nebenvereinbarung
SigG	Signaturgesetz
Signing	Unterzeichnung
SigV	Signaturverordnung
SJZ	Schweizerische Juristenzeitung
Slg	Sammlung
SMi	Schweizerische Mitteilungen über Immaterialgüterrecht
SMS	Short Message Service
SNG	Satellite News Gathering, d.h. Satellitenübertragungsfahrzeug
sog.	so genannt(e)
SPIO	Spitzenorganisation der Filmwirtschaft
st.	ständig(e)
StGB	Strafgesetzbuch

Abkürzungsverzeichnis

StPO	Strafprozessordnung
stPr	ständige Praxis
str.	strittig
Tag along-right	Mitverkaufsrecht
TDDSG	Teledienstedatenschutzgesetz
TDG	Gesetz über die Nutzung von Telediensten (Teledienstegesetz)
TDSV	Telekommunikationsdienstunternehmen-Datenschutzverordnung
Termsheet	siehe MOU
TKG	Telekommunikationsgesetz
TKÜV	Telekommunikations-Überwachungsverordnung
TKV	Telekommunikations-Kundenschutzverordnung
TMG	Telemediengesetz
TMR	Telekommunikations- u. Medienrecht
Transitional Agreements	Übergangsvereinbarungen
TRIP	Trade Related Aspects of Intellectual Property Rights (Übereinkommen über handelsbezogene Aspekte der Rechte des geistigen Eigentums)
TVG	Tarifvertragsgesetz
TzBfG	Gesetz über Teilzeitarbeit und befristete Arbeitsverträge (Teilzeit- und Befristungsgesetz – TzBfG)
u.	unten
u.a.	unter anderem
u.U.	unter Umständen
UAbs	Unterabsatz
UFITA	Archiv für Urheber-, Film-, Funk- und Theaterrecht
ÜG	Überleitungsgesetz
UKlAG	Unterlassungsklagengesetz
U-Musik	Unterhaltungsmusik
unzutr.	unzutreffend
UrheberR	Urheberrecht
UrhG	Gesetz über Urheberrecht und verwandte Schutzrechte (Urheberrechtsgesetz)
UrhGÄndG	Gesetz zur Änderung des Urheberrechtsgesetzes
Urt.	Urteil
USK	Unterhaltungssoftware Selbstkontrolle
usw.	und so weiter
UWG	Gesetz gegen den unlauteren Wettbewerb
v.	von/vom
VAT	Value Added Tax
Vendor Due Diligence	vom Verkäufer durchgeführte Due Diligence
Venture Capital	Wagniskapital
VerlG	Gesetz über das Verlagsrecht (Verlagsgesetz)
VersG	Versammlungsgesetz
Verz.	Verzeichnis
VerzWDL	Verzeichnis der Waren und Dienstleistungen
VFF	Verwertungsgesellschaft der Film- und Fernsehproduzenten
VG	Verwaltungsgericht
VGF	Verwertungsgesellschaft für Nutzungsrechte an Filmwerken
VGH	Verwaltungsgerichtshof
vgl.	vergleiche
Vinkulierung	Beschränkung der Verfügung über Kapitalgesellschaftsanteile in Abhängigkeit von Zustimmungen
VO	Verordnung
VStGB	Völkerstrafgesetzbuch
VwGO	Verwaltungsgerichtsordnung
VwKostG	Verwaltungskostengesetz
VwVfG	Verwaltungsverfahrensgesetz
VwZG	Verwaltungszustellungsgesetz
WahrnG	Gesetz über die Wahrnehmung von Urheberrechten und verwandten Schutzrechten (Urheberrechtswahrnehmungsgesetz)

WahrnV	Wahrnehmungsverordnung
WbzG	Gesetz zum Schutz der Warenbezeichnungen
WCT	WIPO Copyright Treaty
WIPO	World Intellectual Property Organization
WM	Wertpapier-Mitteilungen
WpHG	Wertpapierhandelsgesetz
WPPT	WIPO Performances and Phonogram Treaty
WpÜG	Wertpapiererwerbs- und Übernahmegesetz
WRP	Wettbewerb in Recht und Praxis (Zeitschrift)
WTO	World Trade Organisation
WUA	Welturheberrechtsabkommen
WuW	Wirtschaft und Wettbewerb
WuW/E	Wirtschaft und Wettbewerb, Entscheidungssammlung zum Kartellrecht
WZG	Warenzeichengesetz
z.B.	zum Beispiel
z.T.	zum Teil
z.Zt.	zur Zeit
ZHR	Zeitschrift für das gesamte Handels- und Wirtschaftsrecht
Ziff.	Ziffer
ZiP	Zeitschrift für Wirtschaftsrecht
ZLR	Zeitschrift für das gesamte Lebensmittelrecht
ZollKV	Zollkostenverordnung
ZPO	Zivilprozessordnung
ZRP	Zeitschrift für Rechtspolitik
ZS	Zivilsenat
ZUM	Zeitschrift für Urheber- und Medienrecht
ZUM-RD	Zeitschrift für Urheber- und Medienrecht Rechtsprechungs-Dienst
zutr.	zutreffend

**Teil 1
Einführung**

Teil 1:
Einführung

Kapitel 1
Überblick und Zusammenhänge des öffentlich-rechtlichen Medienrechts

Übersicht Rdn.

A. Öffentlich-rechtliches Medienrecht in der anwaltlichen Praxis	4
I. Rundfunk	5
1. Begriff	5
2. Rundfunkfreiheit	6
a) Träger der Rundfunkfreiheit	8
b) Strukturprinzipien der Rundfunkfreiheit	9
aa) Staatsfreiheit	10
bb) Pluralismus	11
cc) Programmfreiheit	12
3. Regulierung	13
a) Öffentlich-rechtlicher Rundfunk	14
aa) Rundfunk-/Fernsehrat	15
bb) Verwaltungsrat	16
b) Privater Rundfunk	17
aa) Landesmedienanstalten	18
bb) Sicherung der Meinungsvielfalt	19
(1) Bundesweites Fernsehen	20
(2) Landesweiter, regionaler und lokaler Rundfunk	21
4. Finanzierung	22
II. Presse	23
1. Pressefreiheit	23
2. Regulierung	25
a) Pressegesetze	25
b) Freiwillige Selbstkontrolle	27
III. Filmfreiheit	30
IV. Telemedien	33
1. Begriff und Abgrenzung	33
a) Verfassungsrechtliche Abgrenzung	34
b) Einfachgesetzliche Abgrenzung	35
2. Regulierung	36
V. Telekommunikation	38
1. Begriff und Abgrenzung	38
2. Regulierung	39
B. Brauchen wir »Internetrecht«?	40

Medienrecht wird als Oberbegriff aller damit verbundenen gesetzlichen Regelungen und richterlichen Vorgaben verstanden. Deshalb hat sich bislang keine allgemeine Definition dieses Begriffes durchgesetzt. Es ist auch keine Rechtsdisziplin im systematischen Sinne, sondern eine Querschnittsmaterie, mit Teilbereichen im öffentlichen, im Zivil- und im Strafrecht.[1] Im Zentrum steht nicht die Verwendung eines Mediums, sondern das im Zusammenhang mit der Verwendung des Mediums spezifische Rechtsproblem. Umfasst wird zum einen der individuelle Rechtsbereich von Medienschaffenden und Nutzern, zum anderen der institutionelle Rahmen für die Schaffung von Medienangeboten und die Rolle des Staates dabei.[2]

Der Anwalt im Medienrecht muss mit den Anforderungen dieser Querschnittsmaterie vertraut sein. Die Mandatsbearbeitung erfordert detaillierte Kenntnisse und Fähigkeiten aus den unterschiedlichen Bereichen des Medienrechts. Fragen des Jugend- oder Daten-

---
1 *Dörr/Schwartmann* Medienrecht, Rn. 25 ff.; *Schiwy/Schütz/Dörr* Medienrecht, S. 360 ff.
2 *Dörr/Kreile/Cole* Handbuch Medienrecht, S. 1 ff.

schutzes[3] oder die Betreuung des Beteiligungsvorhabens von Presseunternehmen an Rundfunkveranstaltern,[4] setzen ebenso wie ein regulierungsbezogenes telekommunikationsrechtliches Mandat, Kompetenzen im öffentlichen Medienrecht voraus.

3 Die verfassungsrechtliche Grundlage für das Recht der Medien bilden die so genannten Kommunikationsfreiheiten: Meinungs- und Informationsfreiheit gem. Art. 5 Abs. 1 Satz 1 GG, sowie Rundfunk-, Presse und Filmfreiheit gem. Art. 5 Abs. 1 Satz 2 GG. Ferner sind auch Aspekte der Kunstfreiheit gem. Art. 5 Abs. 3 GG und des Fernmeldegeheimnisses gem. Art. 10 Abs. 1 GG zu berücksichtigen. Mit Blick auf diese verfassungsmäßig garantierten Kommunikationsfreiheiten, leistet die massenmediale Verbreitung von Meinungen einen entscheidenden Beitrag zur öffentlichen Willensbildung und ist somit »für die Funktionsfähigkeit der Demokratie schlechthin konstituierend«.[5] Daraus hat das Bundesverfassungsgericht den Verfassungsauftrag an den Staat abgeleitet, geeignete und konkrete gesetzliche Rahmenbedingungen zur Entfaltung der Grundrechte zu schaffen.[6] Zwar sind Grundrechte in erster Linie subjektive Abwehrrechte der Bürger gegen den Staat.[7] Damit die Kommunikationsgrundrechte aber ihre volle Funktion und Bedeutung für die Demokratie entfalten können, genügt die Verankerung im Grundgesetz alleine nicht.[8]

A. Öffentlich-rechtliches Medienrecht in der anwaltlichen Praxis

4 Auch wenn es im heutigen Medienrecht, nicht zuletzt durch die zunehmende inhaltliche und technische Konvergenz, schwierig geworden ist, die Mediengattungen faktisch eindeutig von einander abzugrenzen, ist es unumgänglich die medialen Erscheinungsformen mit ihren jeweiligen rechtlichen Besonderheiten zu erfassen. Im Folgenden werden sowohl die traditionellen Medien, als auch die sog. neuen Medien mit ihren individuellen Spezifikationen aufgezeigt und voneinander abgegrenzt.

I. Rundfunk

1. Begriff

5 Neben dem durch die Rechtsprechung des Bundesverfassungsgerichts geprägten,[9] verfassungsrechtlichen Rundfunkbegriff, der Fernsehen und Hörfunk umfasst, wird Rundfunk

---

3 Vgl. dazu die Einführung und Zusammenstellung relevanter Texte bei *Schwartmann/Lamprecht-Weißenborn* Datenschutzrecht, 2010.
4 Vgl.: http://www.ftd.de/it-medien/medien-internet/:kauf-von-fernsehsender-rheinische-post-nutzt-mediengesetz-fuer-tv-zukauf/50119059.html.
5 BVerfGE 20, 56, 97 f.; 35, 202, 221 f.
6 BVerfGE 57, 295, 319 ff.; vgl. im Detail auch: *Degenhart* in: Bonner Kommentar, Art. 5 Rn. 623 ff.
7 *Pieroth/Schlink* Grundrechte- Staatsrecht II, S. 16 ff. *Sachs* Verfassungsrecht II – Grundrechte, S. 34 ff.
8 *Dörr/Schwartmann* Rn. 87; *Schiwy/Schütz/Dörr* S. 362/363.
9 1. Rundfunkurteil: BVerfGE 12, 205 (1961),
    2. Rundfunkurteil: BVerfGE 31, 314 (1971),
    3. Rundfunkurteil: BVerfGE 57, 295 (1981),
    4. Rundfunkurteil: BVerfGE 73, 118 (1986),
    5. Rundfunkentscheidung: BVerfGE 74, 297 (1987),
    6. Rundfunkurteil: BVerfGE 83, 238 (1991),
    7. Rundfunkentscheidung: BVerfGE 87, 181 (1992),
    8. Rundfunkurteil: BVerfGE 90, 60 (1994),
    9. Rundfunkurteil: BVerfGE 92, 203 (1995),
   10. Rundfunkurteil: BVerfGE 97, 228 (1998),
   11. Rundfunkentscheidung: BVerfGE 97, 298 (1998),
   12. Rundfunkurteil: BVerfGE 119, 181 (2007),
   13. Rundfunkurteil: BVerfGE 121, 30 (2008).

einfachgesetzlich in § 2 Abs. 1 Rundfunkstaatsvertrag (RStV) definiert. Demnach ist Rundfunk ein linearer Informations- und Kommunikationsdienst. Er ist für die Allgemeinheit und zum zeitgleichen Empfang bestimmte Veranstaltung und Verbreitung von Angeboten in Bewegtbild oder Ton entlang eines Sendeplans unter Benutzung elektromagnetischer Schwingungen.

2. Rundfunkfreiheit

Die Rundfunkfreiheit ist in Art. 5 Abs. 1 Satz 2 GG normiert und wie kaum ein anderes Grundrecht durch die Rechtsprechung des Bundesverfassungsgerichts geprägt. In den sog. Rundfunkentscheidungen[10] wurden unter anderem die Grundsätze der dualen Rundfunkordnung, der Grundversorgungsauftrag des öffentlich-rechtlichen Rundfunks und die Anforderungen an einen unabhängigen und vielfältigen Rundfunk festgeschrieben.

Die Rundfunkfreiheit gilt als »der Meinungsbildung in ihrem subjektiv- und objektivrechtlichen Elementen dienende Freiheit«.[11] Aus diesem dienenden Charakter ergibt sich nicht nur die Funktion als Abwehrgrundrecht gegen staatlichen Einfluss, sondern gleichfalls auch die Verpflichtung des Gesetzgebers zur Schaffung einer positiven Rundfunkordnung. Die Informationsfreiheit des Bürgers ist zu garantieren, indem ein Rahmen geschaffen wird, der die Ausgewogenheit, Neutralität und Tendenzfreiheit des Gesamtangebots des Rundfunks sicherstellt.[12]

a) Träger der Rundfunkfreiheit

Obwohl die Grundrechte als Abwehrrechte der Bürger gegen den Staat konzipiert sind und sich staatliche Einrichtungen grundsätzlich nicht auf einen Grundrechtsschutz berufen können, hat das Bundesverfassungsgericht den öffentlich-rechtlichen Rundfunkanstalten dieses Grundrecht neben den privaten Rundfunkveranstaltern ausdrücklich zugeordnet.[13]

b) Strukturprinzipien der Rundfunkfreiheit

Der Kern der Rundfunkfreiheit wird durch deren zentrale Strukturprinzipien geprägt. Diese wesentlichen Prinzipien sind die Staatsfreiheit, das Pluralismusgebot und die Programmfreiheit.[14]

aa) Staatsfreiheit

Die Staatsfreiheit steht, neben den Grundsätzen des Pluralismus und der Programmfreiheit, als wesentliches Strukturprinzip, im Zentrum der Rundfunkfreiheit. Der Rundfunk muss, um seiner konstituierenden Funktion für die Demokratie gerecht werden zu können, frei von staatlichem Einfluss sein. Daher ist eine Mitwirkung, Instrumentalisierung oder gar Beherrschung an der publizistischen Funktion, der Programmgestaltung oder an sonstigen Belangen des Rundfunks von staatlicher Seite unzulässig.[15] Der Staat darf nicht Rundfunkveranstalter sein. Es wird jedoch als zulässig erachtet, dass ein gewisser Anteil bei den Kontrollorganen des Rundfunks durch Repräsentanten des Staates wahrgenom-

---

10 Vgl. dazu Fn. 9.
11 BVerfGE 57, 295, 320.
12 Vgl. BVerfGE 73, 118, 152 ff.; *Dörr/Schwartmann* Rn. 171.
13 Vgl. BVerfGE 21, 362, 373; 31, 314, 322; 57, 295, 319.
14 Vgl. *Dörr/Schwartmann* Rn. 173 ff.
15 Vgl. BVerfGE 12, 205, 263; 83, 238, 330.

men wird.[16] Virulent wurde diese Frage zuletzt bei der Vertragsverlängerung des ZDF-Chefredakteurs zu. Die von der Intendanz begrüßte Verlängerung lehnte der ZDF-Verwaltungsrat ab, der unter anderem mit hochrangigen Politikern besetzt ist. Der Entscheidung des Gremiums wurde die Kritik entgegengebracht, dass sie politisch motiviert gewesen sei.[17] Der Chefredakteur galt als keinem politischen Lager zugehörig, gerade wegen dieser Unabhängigkeit soll sich der Verwaltungsrat für eine Neubesetzung dieser Personalie ausgesprochen haben. Von Seiten des Verwaltungsrates wurde die Entscheidung mit dem Rückgang der Quoten der ZDF- Informationssendungen begründet.[18]

bb) Pluralismus

11 Die Ausgestaltung der positiven Rundfunkordnung muss sowohl im privaten als auch im öffentlich-rechtlichen Bereich den Erfordernissen der Meinungsvielfalt und der Ausgewogenheit gerecht werden, also dem Pluralismusgebot entsprechen.[19] Dem öffentlich-rechtlichen Rundfunk wird dabei vom Bundesverfassungsgericht eine entscheidende Rolle zugewiesen.[20] Dennoch wird im dualen System auch dem privaten Rundfunk ein nicht unwesentlicher Beitrag zur Sicherung von Breite und Vielfalt des Programmangebots zugemessen.[21] Diesen Beitrag haben die Länder als Rundfunkgesetzgeber sicherzustellen.[22] Wesentlicher Aspekt ist das Gebot zur Verhinderung vorherrschender Meinungsmacht. Das Bundesverfassungsgericht hält im Fall des Rundfunks den wirtschaftlichen Wettbewerb zur Pluralismussicherung nicht für ausreichend.[23] Daher ist es Aufgabe des Gesetzgebers »Meinungsmonopole«, die nicht mit wirtschaftlichen Monopolen gleichzusetzen sind, zu verhindern.[24]

cc) Programmfreiheit

12 Die Programmfreiheit garantiert den Schutz der Kerntätigkeit eines Rundfunkveranstalters.[25] Durch die Gewährleistung der Programmfreiheit wird sichergestellt, dass Auswahl, Inhalt und Ausgestaltung, sowie Umfang und Anzahl der Angebote, ohne staatliche und jede sonstige fremde Einflussnahme erfolgen und somit die diesbezügliche Verantwortung und Entscheidungsgewalt allein beim Veranstalter liegt.

3. Regulierung

13 Seit 1984 existiert in Deutschland das duale Rundfunksystem bestehend aus öffentlich-rechtlichem und privatem Rundfunk. Seine Besonderheit besteht darin, dass öffentlich-rechtlicher und privater Rundfunk nicht zusammenhanglos nebeneinander bestehen, sondern einander verfassungsrechtlich bedingen. Nur wenn und weil der öffentlich-rechtliche Rundfunk seinem gebührenfinanzierten und für eine ausgewogene Meinungs-

---

16 Vgl. etwa § 20 Abs. 1 Satz 3 WDR-G in Bezug auf die Zusammensetzung des Verwaltungsrat beim Westdeutschen Rundfunk. Nach § 15 Abs. 2 WDRG werden bis zu 13 der 47 Mitglieder des Rundfunkrates vom Landtag gewählt.
17 Vgl. dazu: Offener Brief von 35 Staatsrechtslehrern, die die Entscheidung als »offenkundigen Versuch, den Einfluss der Parteipolitik zu stärken« verstehen. Abrufbar unter: http://www.faz.net/s/Rub510A2EDA82CA4A8482E6C38BC79C4911/Doc_EF661F8EF700742C58F6D9535A24ECFEA_ATpl_Ecommon_Sspezial.html?rss_feuilleton.
18 Vgl. *Dörr* K&R 2009, 555, 556.
19 Vgl. BVerfGE 57, 295, 320, 323; *Schwartmann* Beteiligung von Presseunternehmen am Rundfunk in Nordrhein-Westfalen – Rechtsgutachten zur Novellierung des § 33 Abs. 3 LMG NRW, 2009, S. 56.
20 Vgl. BVerfG MMR 2007, 770, 772 f.
21 Vgl. BVerfG MMR 2007, 770, 772; BVerfGE 74, 297, 331 f.; 114, 371, 387 f.
22 Vgl. BVerfGE 57, 295, 320, 324; Dörr ZWeR 2004, 159, 164.
23 Vgl. BVerfGE 57, 295, 324; 83, 238, 296 f.
24 Vgl. *Dörr/Schwartmann* Rn. 202a ff.
25 Vgl. BVerfGE 87, 181, 201; 90, 60, 91 f.

bildung elementaren Grundversorgungsauftrag nachkommt, sind die privaten Veranstalter frei ein »populäres« Programm zu veranstalten, dass sich neben dem Zuschauer vor allem am Werbekunden orientieren muss, weil es sich wirtschaftlich selbst tragen muss. Da beide Säulen unterschiedlichen Anforderungen ausgesetzt sind, unterscheidet sich dementsprechend auch die Regulierung.

a) Öffentlich-rechtlicher Rundfunk

Als Anstalten bzw. Körperschaft des öffentlichen Rechts unterliegen die öffentlich-rechtlichen Rundfunkanstalten der staatlichen Aufsicht. Das Gebot der Staatsferne verbietet jedoch, dass der Staat diese Aufsicht selbst ausübt. Daher ist der öffentlich-rechtliche Rundfunk durch ein binnenplurales Regulierungsmodell geprägt, das in den Gesetzen bzw. Staatsverträgen der einzelnen Rundfunkanstalten festgeschrieben ist.

14

aa) Rundfunk-/Fernsehrat

Wichtigstes Aufsichtsgremium der öffentlich-rechtlichen Rundfunkanstalten sind die Rundfunkräte bzw. beim ZDF der Fernsehrat, als Interessenvertretung der Allgemeinheit. Der Rundfunkrat ist stets plural mit Vertretern aus verschiedenen gesellschaftlich relevanten Gruppen besetzt. Seine zentrale Aufgabe ist die Programmaufsicht durch präventive Beratung der Intendanz, sowie repressive Kontrolle bezüglich der Einhaltung von Programmrichtlinien. Weitere Aufgaben sind die Wahl der Intendanz und der Mitglieder des Verwaltungsrates, sowie das Recht eine grundlegende Anstaltsordnung, etwa durch Satzungen, Geschäftsordnungen und Programmrichtlinien, zu beschließen. Ferner ist der Rundfunkrat für die Entscheidung über den Haushalts- und Wirtschaftsplan und die Entlastung der Intendanz zuständig. Zu einer der aktuell wichtigsten Aufgaben der Rundfunkräte gehören die sog. Drei-Stufen-Tests. Seit dem 12. Rundfunkänderungsstaatsvertrag sind die öffentlich-rechtlichen Rundfunkanstalten verpflichtet, die Vereinbarkeit ihrer Online-Angebote mit dem Grundversorgungsauftrag durch formalisierte Verfahren sicherzustellen. Grundlage war der sog. Beihilfekompromiss der Europäischen Kommission aus dem Jahr 2007,[26] wonach die Finanzierung über Rundfunkgebühren nur dann mit europäischem Beihilferecht vereinbar ist, wenn diese Gebühren auch nur für vom Grundversorgungsauftrag gedeckte Tätigkeiten verwendet würden. Die Rundfunkräte haben dabei zu prüfen, ob ein Angebot den demokratischen, sozialen und kulturellen Bedürfnissen der Gesellschaft entspricht, in welchem Umfang es in qualitativer Hinsicht zum publizistischen Wettbewerb beiträgt und welcher finanzielle Aufwand dafür erforderlich ist.[27]

15

bb) Verwaltungsrat

Zweites Aufsichtsgremium der öffentlich-rechtlichen Rundfunkanstalten ist der Verwaltungsrat, dessen wesentliche Aufgabe die Überwachung der Intendanz in allen Bereich außerhalb der Programmgestaltung ist. Je nach Rundfunkgesetz Staatsvertrag werden dem Verwaltungsrat bestimmte Befugnisse im Bereich der Geschäftsführung der Anstalt zugesprochen, wie etwa die Zustimmung zum Abschluss bestimmter Rechtsgeschäfte der Intendanz.

16

b) Privater Rundfunk

Private Rundunkanstalten bedürfen nach dem Rundfunkstaatsvertrag bzw. der Landesmediengesetze zur Veranstaltung von Rundfunk einer Zulassung durch die zuständige Landesmedienanstalt.

17

---

26 K (2007) 1761 endg.
27 Vgl. im Einzelnen: *Huber* ZUM 2010, 201.

1. Kapitel   Überblick und Zusammenhänge des öffentlich-rechtlichen Medienrechts

aa) Landesmedienanstalten

18   Die Landesmedienanstalten unterliegen ebenso wie die öffentlich-rechtlichen Rundfunkanstalten, aufgrund des Grundsatzes der Staatsferne, nur einer begrenzten staatlichen Kontrolle. Kernaufgabe der Landesmedienanstalten, die als Anstalten des öffentlichen Rechts organisiert sind, ist die Lizenzierung und Überwachung der privaten Rundfunkveranstalter.

bb) Sicherung der Meinungsvielfalt

19   Ein Schwerpunkt bei der Aufsicht über den privaten Rundfunk ist die Sicherung der Meinungsvielfalt. Dies ergibt sich aus dem Gebot zur Verhinderung vorherrschender Meinungsmacht.[28]

(1) Bundesweites Fernsehen

20   Im Bereich des bundesweiten Fernsehens erfolgt diese Sicherung über das sog. Zuschaueranteilsmodell nach §§ 25 ff. Rundfunkstaatsvertrag (RStV). Demnach darf ein bundesweiter Fernsehveranstalter im Jahresdurchschnitt nicht mehr als 30 bzw. 25 Prozent Zuschaueranteile auf sich vereinen. Sollte ein Veranstalter mehr Zuschaueranteile erreichen, kann er durch vielfaltsichernde Maßnahmen, wie Sendezeiten für unabhängige Dritte oder einen Programmbeirat einen Bonus von bis zu 5% zugesprochen bekommen. Zur Durchführung einer bundeseinheitlichen Konzentrationskontrolle wurde die Kommission zur Ermittlung der Konzentration im Medienbereich (KEK) eingerichtet. Sie ist Beschlussorgan und zugleich Vermittlungsinstanz für alle Landesmedienanstalten. Die KEK setzt sich aus sechs Sachverständigen des Rundfunk- und Wirtschaftsrechts und sechs gesetzlichen Vertretern der Landesmedienanstalten zusammen. Insbesondere die Versagung des Beteiligungsbegehrens der Axel-Springer-AG an der ProSiebenSat.1 Media AG durch die KEK im Jahr 2006 wurde in der Öffentlichkeit wahrgenommen. In dem Verfahren[29] hat die KEK einen Vergleich der Meinungsmacht von Pro7/Sat.1 auf dem Fernsehmarkt und den Aktivitäten der Axel Springer AG auf verschiedenen Printmärkten vorgenommen. Im Ergebnis kam man zu dem Schluss, dass ein Zusammenschluss von Pro7/Sat.1 und der Axel Springer AG eine Meinungsrelevanz zur Folge hätte, die mit der eines Unternehmens gleichzusetzen wäre, das einen Zuschaueranteil von weit über 40% auf sich vereine. Folglich läge man deutlich über den Grenzwerten des Rundfunkstaatsvertrages, wonach eine Übernahme aus konzentrationsrechtlicher Sicht zu versagen war.[30]

(2) Landesweiter, regionaler und lokaler Rundfunk

21   Da das Modell des RStV nicht unumstritten ist, entscheiden sich die Länder teilweise für andere Wege. Die Sicherung der Meinungsvielfalt gestaltet sich insbesondere im Bereich des lokalen bzw. regionalen Rundfunks besonders schwierig, da in diesen Verbreitungsgebieten regelmäßig Presseunternehmen mit erheblicher Marktmacht Einfluss auf die öffentliche Meinungsbildung ausüben. Es besteht die Gefahr sog. Doppelmonopole.[31] Die Landesgesetzgeber haben sicherzustellen, dass es auch bei einer Beteiligung eines

---

28   Vgl. oben Rdn. 11.
29   Abrufbar unter: http://www.kek-online.de/kek/verfahren/kek293prosieben-sat1.pdf.
30   Vgl. dazu im Einzelnen: *Gounalakis/Zagouras* NJW 2006, 1624; *Schwartmann* Legal Tribune Online, 2010, abrufbar unter: http://www.lto.de/de/html/nachrichten/653/Wann-ist-ein-Markt-ein-Markt/. Gegen diese Entscheidung ist die Revision beim BVerwG (Az. 6 C 16.09) anhängig. Im parallelen kartellrechtlichen Verfahren hat der BGH am 8.6.2010 das kartellrechtliche Verbot der Fusion bestätigt. Dazu *Schwartmann* http://www.lto.de/de/html/nachrichten/653/Wann-ist-ein-Markt-ein-Markt/.
31   Vgl. BVerfGE 73, 118, 175.

Presseunternehmens am Rundfunk niemals zu vorherrschender Meinungsmacht in dem jeweiligen Verbreitungsgebiet kommt.[32] Jüngstes Beispiel für eine besondere Landesregelung ist NRW. Dort wurden die entsprechenden Normen des Landesmediengesetzes Ende 2009 umfassend novelliert.[33] Der Gesetzgeber hat in §§ 33 ff. LMG die Möglichkeit geschaffen, dass Presseunternehmen sich am Rundfunk beteiligen bzw. diesen sogar veranstalten können und trotzdem die Meinungsvielfalt sichergestellt ist. Das Gesetz schreibt Unternehmen mit erheblicher Marktmacht, die sich am Rundfunk beteiligen wollen, vielfaltsichernde Maßnahmen, wie die Errichtung eines Programmbeirates oder die Aufnahme von Drittsendezeiten vor und verringert so die Einflussmöglichkeit des Presseunternehmens. Welche Maßnahme ein Unternehmen ergreift, bleibt aufgrund der Substituierbarkeit der Wirksamkeit den Unternehmen überlassen. Ferner entfallen die Maßnahmen gänzlich, sobald Meinungsvielfalt durch Außenpluralität sichergestellt wurde.[34] Dieses Regelungswerk bietet einen rechtssicheren und trotzdem flexiblen Rahmen, der der Dynamik der Medienmärkte Rechnung trägt und sowohl die verfassungsrechtlichen aber auch die wirtschaftlichen Interessenlagen angemessen berücksichtigt. Dass dadurch auch den Anforderungen an die Praktikabilität genüge getan wurde, zeigen erste Zukäufe im Bereich des lokalen Rundfunks.[35]

4. Finanzierung

Während sich der private Rundfunk ausschließlich über Werbeeinnahmen finanzieren muss, erfolgt die Finanzierung des öffentlich-rechtlichen Rundfunks im Wesentlichen über Rundfunkgebühren. Damit soll sichergestellt werden, dass die öffentlich-rechtlichen Rundfunkanstalten den Anforderungen des Grundversorgungsauftrags nachkommen und dabei staatsfrei und unabhängig von wettbewerblichen und kommerziellen Erwägungen agieren können.[36] Im Jahr 2007 haben die Rundfunkanstalten insgesamt etwa 7,1 Mrd. € an Rundfunkgebühren eingenommen.[37] Neben der Gebührenfinanzierung, kann sich der öffentlich-rechtliche Rundfunk noch aus anderen Quellen, wie insbesondere Erträge aus Werbung und Sponsoring finanzieren.[38] Die Einnahmen aus anderweitigen Finanzierungsquellen der öffentlich-rechtlichen Rundfunkanstalten beliefen sich im Jahr 2007 auf etwa 1,1 Mrd. €.[39] Aktuell wird die Finanzierung über Rundfunkgebühren reformiert. Mit dem 15. Rundfunkänderungsstaatsvertrag soll zur Gebührenperiode ab 2013 die Rundfunkgebühr durch eine Haushaltsabgabe ersetzt werden.[40] Die Grundlage für eine Zahlungspflicht sind danach nicht die zum Empfang bereitgehalten Rundfunkgeräte, sondern alle Haushalte und Betriebsstätte in Deutschland. Die Höhe der Abgabe soll der aktuellen Rundfunkgebühr in Höhe von 17,98 € entsprechen. Ziel der Reform war es, ein zukunftsfähiges Modell zu finden, das von der Bevölkerung

22

---

32 BVerfGE 57, 295, 324; 73, 118, 160.
33 Vgl. *Krautscheid* MMR 2010, 1; *Kocks/Senft* AfP 2010, 336 ff.; *Ricke* MMR 2010, X.
34 Im Detail vgl. hierzu *Schwartmann* Beteiligung von Presseunternehmen am Rundfunk in Nordrhein-Westfalen – Rechtsgutachten zur Novellierung des § 33 Abs. 3 LMG NRW, 2009, S. 174 ff.; *Schwartmann* ZUM 2009, 842.
35 Vgl. dazu: http://www.ftd.de/it-medien/medien-internet/:kauf-von-fernsehsender-rheinische-post-nutzt-mediengesetz-fuer-tv-zukauf/50119059.html.
36 Vgl. BVerfGE 90, 60, 89; *Dörr/Schwartmann* Rn. 212 ff.
37 16. KEF-Bericht, Dezember 2007, Tz. 306 ff.
38 Vgl. BVerfGE 83, 238, 303 f.; im Einzelnen vgl.: Schwartmann/*Schwartmann* Praxishandbuch Medienrecht, 2. Abschn. Rn. 137.
39 Vgl. 16. KEF-Bericht, Dezember 2007, Tz. 342 ff.
40 Der Vorschlag zu einer Haushaltsabgabe entstammt einem Gutachten des Steuerrechtlers Paul Kirchhof im Auftrag der öffentlich-rechtlichen Rundfunkanstalten, abrufbar unter: http://www.ard.de/intern/standpunkte/-/id=1454042/property=download/nid=8236/5envxa/Gutachten+zur+Rundfunkfinanzierung.pdf.

II. Presse

1. Pressefreiheit

23 Die Bedeutung der Pressefreiheit erklärt sich durch ihre Aufgabe im Zusammenhang mit der Befriedigung des Informationsinteresses der Bürger. Sie ermöglicht dem Bürger einen kritischen Blick auf die staatlichen Instanzen.[42] Es ist sowohl die individuelle, als auch die institutionelle Freiheit der Presse geschützt. Der Einzelne darf also seine Tätigkeit in diesem Bereich ohne staatliche Beeinflussung ausüben und die freie Presse als Institution steht ebenfalls unter dem Schutz der Verfassung.

24 Der Schutzgegenstand der Pressefreiheit ist umfassend, er »reicht von der Beschaffung der Informationen bis zur Verbreitung der Nachrichten und Meinungen«.[43]

2. Regulierung

a) Pressegesetze

25 Durch die Landespressegesetze werden gewisse Vorgaben an die Ausübung der Presse gemacht. Sie unterscheiden sich im Detail, orientieren sich aber im Wesentlichen an einem Mustergesetz zum Pressegesetz.[44]

26 Wesentlich ist dabei insbesondere, dass der Zugang zum Pressewesen zulassungsfrei ist. Ferner werden die journalistischen Sorgfaltspflichten definiert und die Trennung von redaktionellem Teil und Werbung verpflichtend festgeschrieben.

b) Freiwillige Selbstkontrolle

27 Die deutsche Presse hat mit dem Presserat 1956 eine Organisation der freiwilligen Selbstkontrolle zur Vermeidung eines Bundespressegesetzes und zum Schutz der Pressefreiheit und Wahrung des Ansehens der Presse gegründet.

28 Mit dem Pressekodex[45] hat sich die deutsche Presse selbst eine Verpflichtung zur Einhaltung gewisser journalistischer Grundsätze auferlegt.

29 Verstößt ein Presseunternehmen in Print- oder Onlinemedien gegen diesen Kodex, ist es jedermann möglich, eine Beschwerde beim Presserat einzureichen. Mit einem Hinweis, einer Missbilligung oder einer zu veröffentlichenden Rüge reagiert der Presserat sodann auf begründete Eingaben.

---

41 Aus diesem Grund wird vorgeschlagen, dass der öffentlich-rechtliche Rundfunk künftig auf Werbung und Sponsoring verzichtet, um nicht mit den Privaten um Quoten und Werbereichweiten konkurrieren zu müssen. Dieser Ansatz wurde aber vorerst vertagt, da die so entstehenden Einnahmeausfälle dem Ziel einer Beitragsstabilität widersprechen würden. Vgl. Pressemitteilung der Rundfunkkommission der Länder, abrufbar unter: http://www.vprt.de/get_asset_file.php?mid=19&file=o_document_20100610091253_pm_2010_06_09_RhPf_neues_Rundfunkfinanzierungsmodell.pdf. Vgl. FK 23/2010, S. 14, 15.
42 *Löffler* Der Verfassungsauftrag der Publizistik, in: FS für Emil Dovifat, S. 197–201.
43 Vgl. BVerfGE 20, 162, 176.
44 Vgl. detailliert dazu: *Schiwy/Schütz/Dörr* S. 449 ff.
45 Abrufbar unter: www.presserat.info.

III. Filmfreiheit

Ebenso wie Rundfunksendungen können auch Filme Meinungen und Informationen enthalten, die zur Meinungsbildung der Öffentlichkeit beitragen. Daher wird auch die Filmfreiheit über Art. 5 Abs. 1 GG geschützt. **30**

Unter einem Film versteht man die für die Allgemeinheit geeignete und bestimmte Produktion und Verbreitung von Darbietungen aller Art in Form von bewegten Bildern regelmäßig mit begleitenden Tonfolgen auf einem geeigneten Bild-Ton-Träger.[46] **31**

Im Gegensatz zur Rundfunkfreiheit, die als dienende Freiheit institutionalisiert ist, ist die Filmfreiheit ein klassisches Abwehrrecht.[47] Besondere Bedeutung im Rahmen der Filmfreiheit kommt dem Zensurverbot zu, wonach der Staat keinen Einfluss auf Inhalt und Gestaltung des Films im Rahmen einer Vorzensur nehmen darf. Eine Nachzensur kann zur Gewährleistung rechtlicher Vorgaben, etwa dem Jugendschutz, im Einzelfall zulässig sein. **32**

IV. Telemedien

1. Begriff und Abgrenzung

Den bis zum 9. Rundfunkänderungsstaatsvertrag als Multimediadienste bezeichneten Telemedien kommt in Zeiten der technischen Konvergenz eine immer größere Bedeutung zu. Inhalte werden zunehmend über denselben Transportweg verbreitet. Dies führt dazu, dass die Grenze zwischen den einzelnen Mediengattungen stetig fließender wird. **33**

a) Verfassungsrechtliche Abgrenzung

Ein verfassungsrechtlicher Telemedienbegriff existiert nicht. Bestehende Angebote müssen entweder dem Rundfunk- oder dem Pressebegriff zugeordnet werden. Da Telemedien insbesondere in Bezug auf die Suggestivkraft[48] dem Rundfunk näher stehen als der Presse, liegt es nahe, die Telemedien dem verfassungsrechtlichen Rundfunkbegriff zu unterwerfen.[49] **34**

b) Einfachgesetzliche Abgrenzung

Einfachgesetzlich unterscheidet der Rundfunkstaatsvertrag zwischen Rundfunk und Telemedien. Durch den 12. Rundfunkänderungsstaatsvertrag wurde diese Abgrenzung deutlich vereinfacht. Unterscheidungskriterium ist fortan, ob es sich um ein lineares oder nicht lineares Angebot handelt. Rundfunk ist linear, darunter versteht man eine Punkt-zu-Mehrpunkt-Übertragung, wobei der einzelne Rezipient keinen Einfluss auf den Beginn oder das Ende der Übertragung nehmen kann. Telemedien hingegen sind nicht **35**

---

46 Vgl. *Degenhart* Art. 5 Rn. 904, 900.
47 Vgl. *Sachs* Grundrechte, B5 Rn. 52.
48 Vgl. dazu BVerfG MMR 2007, 770, 771.
49 So schon BVerfGE 73, 297, 351 f. für die »rundfunkähnlichen Kommunikationsdienste« (Ton- und Bewegtbilddienste auf Abruf). Dazu *Dörr/Schwartmann* Rn. 260.
Für diese Ansicht spricht auch das weite, dynamische und entwicklungsoffene Verständnis des Rundfunkbegriffsdurch das BVerfG (vgl. BVerfGE 83, 238, 299 f.; vgl. auch *Hartstein/Ring/Kreile/Dörr/Stettner* RStV, § 11 Rn. 3; Schwartmann/*Schwartmann* Praxishandbuch Medienrecht, 2. Abschn. Rn. 99 f. m.w.N.)
Teilweise wird vertreten, dass die Pressefreiheit gegenüber der Rundfunkfreiheit ein Auffanggrundrecht darstelle. Da für Telemedien nicht die rundfunktypische Sondersituation bestehe, seien sie also grundsätzlich der Pressefreiheit zuzuordnen (Spindler/Schuster/*Fink* Erster Teil, Abschn. C Rn. 32; ähnlich auch *Möllers* AfP 2008, 241 ff.).

linear, also sog. Abrufdienste, diese werden im Punkt-zu-Punkt übertragen und der Rezipient bestimmt über Anfang und Ende.[50]

2. Regulierung

36 Telemedien werden einfachgesetzlich doppelt reguliert. Sowohl im Telemediengesetz als auch im Rundfunkstaatsvertrag finden sich entsprechende Regelungen. Inhaltliche Belange unterliegen dabei grundsätzlich der Regulierung des Rundfunkstaatsvertrags, die technischen Aspekte werden über das Telemediengesetz reguliert. Wesentliches Merkmal bei der Regulierung ist, dass Telemedien, im Gegensatz zum Rundfunk grundsätzlich sowohl zulassungs- als auch anmeldefrei sind.

37 Während das Telemediengesetz in erster Linie die Verantwortlichkeit für Telemedienangebote regelt, macht der Rundfunkstaatsvertrag außerdem inhaltlich beschränkende Vorgaben für journalistisch-redaktionell gestaltete Angebote. Darüber hinaus finden sich Regelungen zum Jugendschutz im Jugendmedienschutzstaatsvertrag.

V. Telekommunikation

1. Begriff und Abgrenzung

38 Telekommunikation[51] fällt gem. Art. 73 Nr. 7 GG unter die ausschließliche Gesetzgebungskompetenz des Bundes, der davon im Rahmen des Telekommunikationsgesetzes Gebrauch gemacht hat. Im Rahmen des Telekommunikationsrechts, das in erster Linie die technische Seite der Kommunikation betrifft, ist auch das Fernmeldegeheimnis gem. Art. 10 GG von erheblicher Bedeutung. Obwohl das Telekommunikationsrecht klassischerweise vom Medienrecht im engeren Sinne dadurch unterschieden wird, dass es die technischen Belange der Kommunikation betritt, darf nicht übersehen werden, dass durch den Einfluss auf technische Aspekte mittelbar auch ein erheblicher Einfluss auf die inhaltliche Ebene ausgeübt wird. Die Konvergenz führt überdies zu einer vermehrten Verflechtung von technischen und inhaltlichen Belangen. Daher nähern sich auch in der Rechtsordnung Regelungen zu technischen und inhaltlichen Aspekte zunehmend einander an und korrespondieren miteinander.

2. Regulierung

39 Nach Art. 87f Abs. 2 GG obliegt die Regulierung im Bereich der Telekommunikation dem Bund und erfolgt daher über die Bundesnetzagentur. Die hauptsächlich im Telekommunikationsgesetz geregelte Regulierung der Telekommunikation verfolgt in erster Linie das Ziel, einen funktionierenden Wettbewerb sicherzustellen.[52] Wettbewerber soll insbesondere vor strukturellen Nachteilen bewahrt werden, die daraus resultieren, dass die Telekommunikation über lange Jahre ein staatliches Monopol war. Daher liegt ein Schwerpunkt der Regulierung auf der Markt- (§§ 9 ff. TKG), Zugangs- (§§ 16 ff. TKG) und Entgeltregulierung (§§ 27 ff. TKG).

B. Brauchen wir »Internetrecht«?

40 Bei der Auseinandersetzung mit den Folgen einer immer weiter zunehmenden Digitalisierung, ist die Frage nach dem Umgang mit dem Internet nicht nur unter gesellschafts-

---

50 Vgl. im Einzelnen: *Hartstein/Ring/Kreile/Dörr/Stettner* RStV, § 2 Rn. 21 ff.
51 Vgl. BVerfGE 12, 205; 28, 66; 46, 120.
52 Spindler/Schuster/*Müller* Zehnter Teil Rn. 1 ff.; *Dörr/Schwartmann* Rn. 301 m.w.N.

politischen und medienpädagogischen Aspekten relevant. Auch in Bezug auf die rechtlichen Wertungen, sind die Besonderheiten des Netzes zu überprüfen. Die derzeitige Erfassung und Bewertung von Handlungen in der virtuellen Welt basiert auf den Wahrnehmungen der analogen Welt und legt dasselbe Unrechtsbewusstsein oder –verständnis zugrunde.

Viel diskutiert wird daher, ob das Internet einer eigenen Rechtsordnung bedarf. Mit der Forderung nach einem NetGB wird der Ansatz verfolgt, ein einheitliches Gesetz zu schaffen, dass alle Normen mit Netzbezug vereinen soll. Darin soll etwa der Anspruch auf Zugang zum Netz, der Schutz der Daten und der digitalen Persönlichkeit, der Kinder- und Jugendschutz, der Verbraucherschutz bei Geschäften im Internet und schließlich das Urheberrecht in der digitalen Welt geregelt werden.[53] Ob mit der bloßen Zusammenfassung der relevanten Normen in einem Gesetz den Besonderheiten des Internets genüge getan wird, ist aber fraglich, da der Regelungsgegenstand nicht fassbar und unspezifisch ist. Aber auch wenn eine spezielle Internetrechtsordnung verzichtbar erscheint, kann der Staat das Internet nicht nur auf beschrittenen Wegen regeln. Dazu weist es zu viele Besonderheiten auf. Das Internet ist schnell, Recht hingegen braucht in der Entwicklung, Geltendmachung und Durchsetzung Zeit. Ferner ist das Internet global und nicht wie die Rechtsordnung regional begrenzt. Zudem müssen das Netz und seine Wirkmechanismen und Wirkmacht erst verstanden werden, um mit seinen Möglichkeiten, seiner Dynamik und seinen Gefahren umgehen zu lernen. Angesichts der neuen Möglichkeiten entwickeln Unternehmen Geschäftsmodelle, um von den neuen Chancen profitieren zu können. Dafür bedarf es durchaus neuer rechtlicher Grundlagen. Aktuell wird dies etwa an der Forderung eines Leistungsschutzrechts für Verleger deutlich, mit dem die Presseunternehmen ihren finanziellen und organisatorischen Aufwand vor der vergütungsfreien Übernahme durch Dritte – in der Regel via Internet – schützen wollen.[54] Gleichwohl muss der Gesetzgeber darauf achten, nicht nur reaktiv Impulsen nachzukommen und das Recht der Realität des Nutzerverhaltens anpassen.[55] Immer wieder wird auch die Frage diskutiert, ob das herkömmliche Medienkonzentrationsrecht angesichts der Meinungsmacht neuer Spieler im Internet – zu denken ist etwa an Suchmaschinenbetreiber – vorherrschende Meinungsmacht erlangen, indem sie Informationen bündeln und steuern. Hier steht die wissenschaftliche Diskussion erst am Anfang und vor einer großen Herausforderung.[56]

---

53 Vgl. *Zypries* K&R 06/2010, 1.
54 Vgl. dazu im Einzelnen: *Frey* MMR 2010, 291.
55 Vgl. dazu etwa die Diskussion über Kulturflatrates oder das Absehen von einer Rundfunklizenz für Internetradios gem. § 20b RStV.
56 Zu diesen Fragen: *Schwartmann*, Die Beteiligung von Presseunternehmen am Rundfunk, 2010, S. 39f. und passim *Schwartmann/Krautscheid*, Fesseln für die Vielfalt? Das Medienkonzentrationsrecht auf dem Prüfstand, 2009.

Kapitel 2
Überblick und Zusammenhänge des privaten Medienrechts

Übersicht   Rdn.

A. **Worum geht es?** 1
  I. Privates und öffentliches Medienrecht 1
 II. Überblick über die Aufgaben des privaten Medienrechts 3
    1. Individueller und kollektiver Rechtsgüter- und Interessensschutz 3
    2. Transaktionsregeln: Vertragsrecht, Steuer- und Finanzierungsrecht 4
    3. Individualschutz: Persönlichkeitsschutz und Geistiges Eigentum 5
    4. Kollektiver Güterschutz: Jugend, Verbraucher, abhängig Beschäftigte 6

B. **Medienprivatrecht: Entwicklung und Allgemeiner Teil** 7
  I. Entwicklung des Medienprivatrechts 7
 II. Allgemeiner Teil des Medienrechts: Eigentumsschutz und Verhaltensregeln 9
    1. Geistiges Eigentum und Leistungsschutz 9
    2. Persönlichkeitsschutz und Äußerungsrecht 14
       a) Bildnisverbreitungen und KUG 15
       b) Ehre und Ansehen 17
       c) Individualität (Schutz gegen gravierende, nicht ehrverletzende Unwahrheiten) ... 18
       d) Privatsphäre 19
       e) Besonderheiten bei den Sanktionen 20
III. Besonderes Medienrecht: Medienspezifische Verhaltenspflichten 22
    1. Durchsetzung von Ansprüchen durch das Medienzivilrecht 22
    2. Besondere Regeln für die Presse 24
    3. Besondere Regeln für das Medium Buch 26
    4. Besondere Regeln für das Medium Rundfunk 27
    5. Besondere Regelungen für das Internet 28

A. Worum geht es?

I. Privates und öffentliches Medienrecht

Medien sind Einrichtungen zur Übermittlung von geistigen Inhalten, die über eine Distanz an die Allgemeinheit gerichtet werden. Medien sind die Kommunikationsmittel selbst, wie Buch, Film, Presse und Rundfunk. Medien sind aber auch diejenigen Unternehmen, Anstalten oder Individuen, welche Kommunikationsmittel verantworten und zum Transport von geistigen Äußerungen einsetzen. Medienschaffende vermitteln nicht nur Meinung, sie »machen« auch Meinung. Medienrecht betrifft eine Fülle von Sonderregeln, die sich querschnittartig durch alle Bereiche des Privatrechts, des Öffentlichen und des Strafrechts ziehen. Nicht zum Medienrecht im klassischen Sinne gehört das Recht der Kommunikationstechnik und der Kommunikationswege (Postrecht, Telekommunikationsrecht). Diese Abgrenzung wird aber zunehmend löchrig.   1

Zum Medienrecht gehören alle Rechtssätze, die sich mit der Vermittlung von geistigen Inhalten in Wort, Bild und Ton befassen (inhaltebezogene Regelungen, z.B. Werbeverbote). Diese unterscheiden sich in ihrer Regelungsdichte von denjenigen Vorschriften, die sich mit dem Handel körperlicher Waren oder nicht meinungsrelevanter Informationen befassen. Zum Medienrecht gehören überdies diejenigen Regelungen, die sich an Medienschaffende als Adressaten richten (subjektbezogene Regelungen), denn medienrechtliche Normen erzeugen häufig besondere Pflichten, welche die Adressaten nur deswegen treffen, weil sie geistige Inhalte über Distanz kommunizieren (z.B. Impressumpflicht).   2

II. Überblick über die Aufgaben des privaten Medienrechts

1. Individueller und kollektiver Rechtsgüter- und Interessensschutz

3 Das Medienrecht hat nicht nur auf den Handel einer Dienstleistung bezogene, sondern vielfältige ordnungspolitische Aufgaben: Es soll die individuelle und kollektive Meinungsbildung unterstützen und dafür sorgen, dass kulturelle, bildende und erzieherische Inhalte angemessen bereitgestellt und finanziert werden. Als eine seiner wichtigsten Aufgaben gilt es, die demokratiestärkende Funktion der Medien zu befördern. Sie erfordert es, Vielfalt, Freiheit und Unabhängigkeit der Medien durch rechtliche Regeln abzusichern. Hierfür steht vornehmlich das öffentliche Medienrecht, insbesondere das Medienverfassungsrecht. Seine Regelungen wirken über die offenen Generalklauseln des Bürgerlichen Rechts und die Schutzpflicht des Staates gegenüber »Medienopfern« aber in erheblichem Maße auch auf das private Medienrecht ein. Grundrechte sind in beinahe jedem medienzivilrechtlichen Fall von Bedeutung. So kann sich etwa die Frage stellen, ob ein Bundesland verpflichtet ist, persönlichkeitsbeeinträchtigende Äußerungen in einer Theaterinszenierung zu unterlassen, wenn es Träger eines Theaters ist.[1] Die Antwort muss berücksichtigen, dass ein von der öffentlichen Hand finanziertes Unternehmen auch Träger von Grundrechten sein kann, die es im Privatrecht und mit zivilrechtlichen Mitteln (Kunstfreiheit als Schranke des Persönlichkeitsschutzes) verteidigen darf.

2. Transaktionsregeln: Vertragsrecht, Steuer- und Finanzierungsrecht

4 Medien sind aber auch gewöhnliche Dienstleistungen. Sie vermitteln Inhalte zur Unterhaltung und kommunizieren Werbebotschaften. Das private Medienrecht hat hierbei die Aufgabe, zunächst Transaktionen zu erleichtern und abzusichern, also die Beschaffung von Informationen zu ermöglichen. Da es um unkörperliche Güter geht, erfordert dies eine Fülle von Sonderregeln im Vertrags- und Rechtemanagement, aber auch im Steuer- und Finanzierungsrecht. Unkörperliche Güter unterliegen überdies besonderen Regeln in Zwangsvollstreckung und Insolvenz, die den Zugriff der Gläubiger beschränken oder erschweren können (z.B. §§ 112–119 UrhG).

3. Individualschutz: Persönlichkeitsschutz und Geistiges Eigentum

5 Das private Medienrecht hat traditionell die Aufgabe, Rechtsgüter im Verhältnis der Privaten zueinander zu schützen. Darunter fällt zunächst der Schutz von Persönlichkeitsinteressen gegen verletzende Äußerungen über die §§ 823 ff. BGB (Äußerungsrecht), der Schutz von geistigem Eigentum gegen unerlaubte Verwendung oder Aneignung über das Urheberrecht, schließlich der Schutz von Kennzeichen und Marken gegen Verwechslungsgefahren, Rufbeeinträchtigung oder Rufausbeutung durch Markenrecht und Werktitelschutz. Das private Medienrecht hat eine Fülle von privilegierenden Sonderregeln im Haftungsrecht ausgebildet, die im Ergebnis beabsichtigen, die abschreckende Wirkung von übermäßigen Haftungsrisiken zu bändigen (unten Rdn. 30), so dass die meinungsbildende Funktion der Medien nicht leidet.[2] Diese Haftungsprivilegierungen spielen keine solch große Rolle im Urheber- und Markenrecht, sind aber auch dort noch spürbar.

4. Kollektiver Güterschutz: Jugend, Verbraucher, abhängig Beschäftigte

6 Mit den Mitteln des Medienprivatrechts werden schließlich die Interessen bestimmter Nutzergruppen geschützt, etwa die Interessen von Jugendlichen und Kindern gegen

---

[1] LG Dresden AfP 2005, 83, 85 – Sabine Christiansen: Die Berufung auf die Kunstfreiheit wurde in diesem Fall sogar dem Land, also einem Träger hoheitlicher Gewalt, zugestanden.
[2] Beispiel BVerfG NJW 1995, 3303 (Verbot einer Auslegung, von der eine »abschreckende Wirkung« für die Meinungsfreiheit ausgeht); *Gerda Müller* VersR 2000, 797, 802.

Werbung oder entwicklungsbeeinträchtigende Inhalte durch die Vorschriften des Jugendschutzgesetzes und des Jugendmedienstaatsvertrages (JMStV). Hinzu kommt ein Schutz der Interessen von Verbrauchern gegen irreführende Angebote, getarnte oder aufdringliche Werbung durch die Normen des UWG (Wettbewerbsrecht). Bei der Produktion von Medien sorgen Arbeitsrecht und Künstlersozialversicherungsrecht für eine materielle Absicherung der in weisungsabhängiger Beschäftigung an der Produktion Beteiligten. Mittelbar werden durch alle diese Normen Interessen der Allgemeinheit geschützt (Jugendschutz, Lauterkeit des Wettbewerbs, Schutz des Schwächeren). Der Transmissionsriemen in Form eines subjektiven Klagerechts für die Durchsetzung dieser Interessen ist zumeist die lauterkeitsrechtliche Unterlassungsklage nach § 8 Abs. 1 UWG.

B. Medienprivatrecht: Entwicklung und Allgemeiner Teil

I. Entwicklung des Medienprivatrechts

Zum privaten Medienrecht gehörten schon immer Verhaltensverbote und Eigentumsschutzregeln. Die Verhaltensverbote befassen sich insbesondere mit dem Schutz von Medienopfern gegen Berichterstattung, zunächst in Presse, Buch, Ton- und Bilddokument sowie Theaterinszenierungen, später in Fernsehen und Hörfunk und heute im Internet. Die Verhaltensregeln waren stets Reaktionen auf typische Bedrohungen, die sich mit der Besonderheit des Mediums verbanden. Das private Medienrecht hinkt der Entwicklung der Medienmärkte allerdings oft hinterher. Die Verhaltensregeln orientieren sich daher an den jeweils alten Medien, die sich vom Druck- und Vorführungszeitalter über das Sendezeitalter zum vernetzten und mobilen Zeitalter elektronischer Medien weiterentwickelt haben. 7

Medienprivatrechtliche Fälle haben ihren Schwerpunkt in der Abwägung zwischen Äußerungsinteressen des Mediums und Abwehrinteressen des Betroffenen. Dabei spielt oft eine streitentscheidende Rolle, ob eine beeinträchtigende Äußerung in einem Massenkommunikationsmittel vor einem Millionenpublikum[3] oder in einem begrenzten Chatroom oder einer wenig besuchten Meinungsplattform im Internet erfolgt.[4] Der Umstand, dass im Internet Angebote kaum einmal vollständig gelöscht werden können, zudem über Suchmaschinen leicht und bequem erreichbar sind, hat in den Gerichtsentscheidungen noch keine besondere Bedeutung erlangt.[5] Wichtig ist dies bei der Zurverfügungstellung von älteren Nachrichten in Zeitungs- oder sonstigen Onlinearchiven, etwa über Straftäter. Viele Gerichte betonen, dass für die Zulässigkeit nur entscheidend ist, ob der Bericht in der Vergangenheit zulässigerweise verbreitet werden durfte, nicht dagegen, wie er in der Gegenwart und in der vernetzten Welt des Internet wirkt.[6] 8

---

3 LG Hannover ZUM 2006, 574, 576 (Beleidigung eines Zuschauers durch den Moderator in der Fernsehlive-Show »Wetten dass …?«); OLG Frankfurt/M. MMR 2008, 182, 183 (obiter).
4 OLG Koblenz ZUM-RD 2007, 522, 523 (beleidigender Eintrag in einem Internetforum durch Äußerungsinteressen gedeckt).
5 BGH NJW 2009, 2888 – spickmich.de (abwertende Lehrerbewertung auf einem leicht einsehbaren Schülerportal im Internet durch Äußerungsfreiheiten gedeckt).
6 LG Berlin AfP 2001, 337; KG AfP 2006, 561; OLG Köln AfP 2007, 126; LG München I ZUM-RD 2008, 34; anders OLG Hamburg ZUM-RD 2008, 69; OLG Frankfurt/M. MMR 2008, 182, 183.

II. Allgemeiner Teil des Medienrechts: Eigentumsschutz und Verhaltensregeln

1. Geistiges Eigentum und Leistungsschutz

9   Das private Medienrecht besteht aus Verhaltensregeln und Eigentumsregeln. Eigentumsregeln betreffen den Schutz von Content. Contentschutz bewirkt das Urheberrecht, das einerseits Werke, andererseits Vermittlungsleistungen (Verwandte Schutzrechte: Künstlerische Darbietungen, Lichtbilder, Tonträger, Filmträger, Sendeleistungen) schützt. Weitere Eigentumsregeln betreffen Kennzeichen, wie eingetragene oder benutzte Marken, Firmenbezeichnungen, Logos, Slogans und Werktitel (§§ 4, 5, 14, 15 MarkenG).

10 Für den Praktiker ist bedeutsam, dass die Regeln des Urheberrechts einen Inhalt mehrfach mit Rechten Dritter überlagern können. Die Studioaufnahme eines Musikers betrifft mehrere Rechte: Zunächst betroffen sind die Urheberrechte des Komponisten und Textdichters (§ 2 Abs. 1 Nr. 1 bzw. Nr. 2 UrhG). Wenn Komponist und Textdichter auseinanderfallen, wird durch die Verbindung ihrer Beiträge auch eine besondere (vertragliche) Bindung zwischen diesen Beteiligten ausgelöst (§ 9 UrhG). Der Musiker, der die Aufnahme einspielt, erwirbt als ausübender Künstler eigene Schutzrechte, die allerdings weniger weit greifen als die der Urheber (§§ 73–78 UrhG). An dem eingespielten Masterband erwirbt über dies derjenige ein Leistungsschutzrecht, der die Aufnahme in eigener Verantwortung organisiert und finanziert, also der Tonträgerhersteller (§ 85 UrhG). Soll die Aufnahme gesendet werden, ist ein weiteres Schutzrecht betroffen (§ 87 UrhG). Die Contentproduktion erfordert also Abwicklungsvereinbarungen über sämtliche der hier geschilderten Rechtsverhältnisse. Oft gelingt die Abwicklung der Werkvermittlung nur über die Inanspruchnahme der Tätigkeit von Urheberverwertungsgesellschaften (im konkreten Fall wären dies zumindest die GEMA und die GVL).

11 Medienordnungsrechtliche Gesichtspunkte spielen bei Produktions- und Abwicklungsregeln noch keine besondere Rolle. Das Medienprivatrecht und seine Vorschriften sind dort noch weitgehend unter sich. Allerdings können je nach Bedeutung und Typus der später veröffentlichten Information gesetzliche Schranken zugunsten der Nutzer oder nachschöpfender Personen eine Rolle spielen (§§ 44a ff. UrhG bzw. § 24 UrhG). Die Rechte privater Nutzer zur Anfertigung von (auch digitalen) Kopien von dem produzierten Band (§ 53 Abs. 1 Satz 1 UrhG) müssen bereits bei der Produktion kalkulatorisch berücksichtigt werden, denn sie können den Absatz des Trägers beeinträchtigen. Bei nur in digitaler Form vorhandenem Content (MP3-Dateien) kann die Möglichkeit zur Privatkopie gar so bedeutsam sein, dass es sich empfiehlt, bereits bei der Produktion über digitale Schutzmechanismen (Digitales Rechtemanagement – DRM) nachzudenken. Solche Schutzsysteme sind eigenständig gegen Umgehungen geschützt durch §§ 95a ff. UrhG. Allerdings müssen auch hier bestimmte Schrankenbestimmungen noch durchsetzbar bleiben (§ 95b UrhG).

12 Auf der Schnittstelle zwischen einem auf Eigentumsschutz setzenden Urheberrecht und einem auf freien Zugang setzenden Informationsrecht befinden sich Modelle der »offenen Quelle« (»open source«) und der »kreativen Gemeinschaft« (»creative commons«). Open Source spielt für die Entwicklung von Softwareprogrammen mit offenen Schnittstellen für Bearbeiter oder Anschlusstools seit den 1990er Jahren eine bedeutende Rolle (»Linux«, »Mozilla«). Das Urheberrecht ist hier nicht außen vor, es wird vielmehr als Instrument benutzt, um über vertragliche Lösungen, also ein Lizenzmanagement, dafür zu sorgen, dass ein auf Offenheit setzendes System nicht wieder verschlossen wird. Der durch die Nutzung eingegangene Lizenzvertrag sieht mithin vor, dass Nutzer bestimmte Handlungen vornehmen dürfen. Wenn sie die Bestimmungen der Lizenz verletzen (z.B. weil sie ein nur für nicht-kommerzielle Nutzungen geöffnetes System kommerziell einsetzen), verlieren sie allerdings die Nutzungserlaubnis und werden damit zum Urheber-

rechtsverletzer.[7] Entscheidend für den Praktiker bei der Begleitung solcher Modelle ist es, mit den Entwicklern genaue Regelungen darüber zu entwerfen, welche Nutzungshandlungen gestattet werden sollen und hierfür ein Lizenzmodell zu entwickeln. Im praktischen Einsatz befindet sich bereits eine Fülle solcher Modelle, an die Anschluss gesucht werden kann.

Creative Commons hat sich aus diesem Geist heraus entwickelt.[8] Es ist ein Publikationsmodell insbesondere für wissenschaftliche Inhalte geworden, das von Wissenschaftlern und Universitäten genutzt wird. Auch hier liegt das medienrechtliche Grundproblem für die Praxis in der passgenauen Formulierung der Lizenzvereinbarung. Hinzu kommt allerdings noch, dass viele von Wissenschaftlern produzierte Inhalte bereits in Lizenzsysteme eingebunden sind, insbesondere wenn die produzierten Inhalte bereits einem Verlag angeboten wurden. Das Urhebervertragsrecht stellt nur wenige Mittel bereit, um eine offene Parallelveröffentlichung ohne Zustimmung des Verlages durchzusetzen (vgl. § 38 UrhG). Entscheidend wird hier mithin eine Verhandlung mit dem Verlag, der die ausschließlichen Nutzungsrechte besitzt. Nur gelegentlich kann eine einfache Erlaubnis zur Nutzung eines Inhalts auch von Verwertungsgesellschaften, wie der VG Wort oder der VG Bild/Kunst bereitgestellt werden, denn die Verwertungsgesellschaften unterstützen Open Content-Modelle aufgrund ihrer Satzungsziele nicht.

2. Persönlichkeitsschutz und Äußerungsrecht

Manche der medienzivilrechtlichen Verhaltensregeln betreffen alle Medien, andere beziehen sich auf bestimmte Medientypen. Das Äußerungsrecht (Persönlichkeitsschutz) betrifft alle Mediengattungen, es gehört daher zum »Allgemeinen Teil« des Medienprivatrechts. Darunter fallen insbesondere die §§ 823 ff. BGB, §§ 22 ff. des Kunsturhebergesetzes (KUG) und das BDSG. Ein Schutz gegen Ehrverletzungen, falsche Tatsachenbehauptungen, ungenehmigte Bildnisverbreitungen, Tondokumente oder die Nutzung personenbezogener Daten besteht unterschiedslos in allen Medien. Lediglich die Intensität der Verletzung mag in Einzelfällen die Abwägung mit Äußerungsinteressen beeinflussen (oben Rdn. 8).

a) Bildnisverbreitungen und KUG

Das Äußerungsrecht und seine Regeln betreffen einen der ältesten Äste des Medienzivilrechts. Noch im 19. Jahrhundert hat das Zivilrecht diesen Bereich äußerst stiefmütterlich behandelt. Der Schutz persönlicher Interessen gegen die Veröffentlichung von privaten, ehrverletzenden oder verfälschenden Äußerungen wurde allein durch obrigkeitliche Zensur oder durch die Normen des Strafrechts bewirkt. Mit der Kodifikation des Urheberrechts im 19. Jahrhundert wurde erstmals ein Schutz des Rechts am eigenen Bild gewährt. Diese frühe Kodifikation mit ihren eher entlegenen Normen in §§ 22 ff. Kunsturhebergesetz von 1907 (KUG) bildet die Basis für einen in der heutigen Praxis äußerst wichtigen und wirksamen Schutz gegen jede ungenehmigte Bildnisveröffentlichung.

Das Schutzsystem ist einfach gestrickt. Es gilt für jede Mediengattung, also auch im Internet. Jede Verbreitung (nicht aber die Anfertigung) eines die Person erkennbar machenden Bildnisses (Foto, Karikatur, Doppelgänger in der Werbung) muss von dem Betroffenen genehmigt werden (§ 22 KUG: Einwilligungsprinzip – opt-in-System). Aus-

---

7 Hierzu LG München I MMR 2004, 693 = GRUR-RR 2004, 350 – GPL-Verstoß, m. Anm. *Till Kreutzer* ZUM 2004, 861 und *Jaeger/Metzger* Open Source Software. Rechtliche Rahmenbedingungen der Freien Software, 2. Aufl. 2006; vgl. auch www.ifross.de.
8 *Pflüger/Ertmann* E-Publishing und Open-Access – Konsequenzen für das Urheberrecht im Hochschulbereich, ZUM 2004, 436-443.

genommen hiervon sind auf einer zweiten Stufe Fotos von zeitgeschichtlicher Bedeutung, Bilder, die Personen nur als Beiwerk oder als Teil einer Versammlung zeigen sowie künstlerische Bildnisse (§ 23 Abs. 1 KUG). Auch ihrer Verbreitung muss jedoch gesondert zugestimmt werden, wenn die Art der Veröffentlichung berechtigte Interessen des Abgebildeten verletzt. Das ist insbesondere der Fall, wenn nach § 23 KUG privilegierte Fotos zu Werbezwecken verwendet werden.[9] Das Rechtsgebiet hat in den letzten Jahren stürmische Veränderungen erlebt, die vor allem die Bildnisse Prominenter betreffen. Eine Fülle von Sonderregeln ist hier seit einer Entscheidung des Europäischen Gerichtshofs für Menschenrechte aus dem Jahr 2004[10] entwickelt worden.[11] Keine Privilegien bestehen regelmäßig für Privatpersonen. Hier ist die Einwilligung zwingend. Ein gewaltiges Feld für den Rechtsanwender bieten soziale Netzwerke, bei denen Fotos häufig durch Dritte und ohne Einwilligung der Betroffenen eingestellt werden. Diese Welle ist noch nicht einmal ansatzweise bei den Gerichten angekommen.[12]

b) Ehre und Ansehen

17 Mit der Anerkennung des allgemeinen Persönlichkeitsrechts als sonstiges Rechte im Sinne des § 823 Abs. 1 BGB im Jahr 1954,[13] wurde zügig klar, dass auch Ehre und Ansehen nicht mehr nur durch die §§ 185 bis 187 StGB, sondern auch durch das Zivilrecht geschützt werden.[14] Geschützt sind das persönliche Ehrgefühl und die Reputation in den Augen der Anderen nunmehr auch durch § 823 Abs. 1. Das hat für die Praxis zur Folge, dass der Nachweis einer vorsätzlichen Ehrverletzung nicht mehr erbracht werden muss, Fahrlässigkeit genügt für den Schadensersatzanspruch. Für den Unterlassungsanspruch muss nicht einmal Verschulden nachgewiesen werden, denn er gründet sich auf § 1004 Abs. 1 Satz 2 BGB analog in Verbindung mit § 823 Abs. 1 BGB.[15] In der Praxis der Gerichte spielen Ehrverletzungen durchaus noch eine beachtliche Rolle. Allerdings ist der Schutz gegenüber reinen Werturteilen durch die grundrechtlich geschützte Meinungsfreiheit mittlerweile so stark eingeschränkt, dass vielfach nur noch Formalbeleidigungen und Schmähkritiken klar abwehrbar sind.[16] Eine große Rolle spielen allerdings unrichtige Tatsachenbehauptungen, seien sie auch scheinbar noch so banal, wie es etwa eine durch eine Presseagentur übermittelte Äußerung war, die den Eindruck vermittelte, dass ein Bundeskanzler sich die Haare färben lasse.[17] In solchen Fällen konzentriert sich die praktische Arbeit darauf zu ermitteln, ob derjenige, der die Behauptung aufstellt oder übermittelt, sorgfältig bei der Recherche gehandelt hat (pressemäßige Sorgfalt). Diese Sorgfaltsanforderung ist bei Medienschaffenden, insbesondere bei Massenkommunikati-

---

9   Leitentscheidung BGHZ 143, 214 = GRUR 2000, 709 – Marlene Dietrich.
10 EGMR NJW 2004, 2647 – Caroline von Hannover/Deutschland (Verbreitung diverser, private Situationen in der Öffentlichkeit abbildenden Fotos der monegassischen Prinzessin in Illustrierten).
11 Den Stand der Rechtsprechung in diesem Bereich markieren BGHZ 131, 332, 342 – Caroline I; BGH NJW 2004, 762; 766 – Luftbildaufnahmen von Ferienvillen; BGHZ 171, 275 – abgestuftes Schutzkonzept; BGHZ 158, 218, 222 – Begleitperson; BGH NJW 2005, 594 – Rivalin; BVerfGE 101, 361, 391 – Prominentenfotos; BVerfG NJW 2008, 1793; BGH GRUR 2010, 173 – Fotos von Kindern Prominenter.
12 Vgl. aber LG Kiel NJW 2007, 1002 (private Nacktfotos der früheren Freundin im Internet mit Adresse und Telefonnummer); LG Köln K&R 2009, 820 (Namensuchdienst); LG Berlin MMR 2008, 758 (Foto auf Homepage eines Fotografen ohne Einwilligung des Abgebildeten).
13 BGHZ 13, 334 – Schachtbriefe.
14 BGHZ 26, 349 – Herrenreiter.
15 Vgl. LG Lübeck AfP 1996, 406 mit BVerfG NJW 2003, 1855 (unrichtige Unterstellung eines ehrverletzenden Verhaltens gegenüber einem Bürgermeister anlässlich eines Brandanschlages auf ein Ausländerwohnheim in Lübeck).
16 Beispiel OLG Saarbrücken NJW-RR 2003, 176 (unzufriedener Ex-Mandant bezeichnet seinen Rechtsanwalt in Schreiben an dritte Personen als »arglistigen Täuscher«, »uneinsichtigen dummen Tölpel«, »Lügner« und »Prozessbetrüger«).
17 Vgl. BVerfG 2004, 589.

onsmitteln, höher als bei Privatpersonen.[18] Prozessual von besonderer Bedeutung ist bei solchen Prozessen auch die genaue Formulierung des Unterlassungsanspruchs (§ 253 Abs. 2 Nr. 2 ZPO), denn jeder Fall hängt im Medienrecht von einer Einzelfallabwägung ab. Die Besonderheiten eines solchen Falles über den Einzelfall hinaus zu generalisieren, stellt sich als ausgesprochen anspruchsvolle Aufgabe dar.[19]

c) Individualität (Schutz gegen gravierende, nicht ehrverletzende Unwahrheiten)

Unwahre Tatsachenbehauptungen sind nicht nur angreifbar, wenn sie ehrverletzend sind. Sofern sie das Persönlichkeitsbild des Betroffenen in einem oder mehreren gewichtigen Punkten verfälschen oder verzerren, kann Unterlassung und Schadensersatzersatz auf Basis des § 823 Abs. 1 BGB begehrt werden. Klassische Felder sind die Abwehr von Fehldarstellungen in Film, Buch und Theaterinszenierungen.[20] Regelmäßig spielen verfassungsrechtliche Aspekte hierbei in der Abwägung eine gewichtige Rolle, denn die genannten Medien sind oft durch besondere Freiheitsrechte, wie die Kunstfreiheit, die Presse- oder Rundfunkfreiheit privilegiert. Solche Abwägungen werden übrigens auch nötig, wenn Bewertungen über Lehrer und Professoren über das Internet verbreitet werden, auch wenn damit zwangsläufig eine Übermittlung personenbezogener Daten verbunden ist.[21]

18

d) Privatsphäre

Eine wichtige Schranke für das Äußerungsrecht ist das Recht der Person, »allein gelassen zu werden«. Es begrenzt Äußerungen, Bild- und Namensberichterstattungen, die eine Person ohne deren Willen in die Öffentlichkeit zerren. In der Regel erforderlich ist für eine mediale Berichterstattung ein Informationsinteresse der Allgemeinheit, das bei Privatpersonen fehlen wird. Insbesondere die bloße Unterhaltung des Publikums durch die plakative Herausstellung von Peinlichkeiten, aber auch menschlichem Normalverhalten befriedigt regelmäßig kein berechtigtes Informationsinteresse.[22] Wichtige Fälle bei Massenmedien betreffen die Berichterstattung über Strafverfahren unter Identifizierung des Täters. Hierfür haben die Gerichte eine Fülle von Sonderregeln ausgearbeitet, die streng danach entscheiden, ob sich das Verfahren im Stadium der Ermittlung, der Verhandlung oder der bereits vorliegenden Verurteilung (bzw. des Freispruchs) befindet. Die Abwägung zwischen dem Informationsinteresse der Öffentlichkeit und dem Schutzinteresse des Betroffenen ändert sich hiernach.[23]

19

e) Besonderheiten bei den Sanktionen

Im Äußerungsrecht gibt es eine Fülle von Besonderheiten, die von dem herkömmlichen Sanktionensystem des Zivilrechts abweichen. So kann die gegen den Willen des Betroffe-

20

---

18 BVerfGE 85, 1, 21 ff. – Kritische Bayer-Aktionäre.
19 BGH GRUR 2008, 446 – »kerngleiche« Berichterstattung; GRUR 2009, 1091 Tz. 5 – Wilde Frisur des Andrea Casiraghi; GRUR 2010, 173 – Kinder eines ehemaligen Fußballprofis m. Anm. *Peifer*.
20 Aktuelle Fälle BVerfG GRUR 2007, 1085 – Esra (Roman); NJW 2009, 3576 – Der Kannibale von Rotenburg (Film); LG Berlin ZUM-RD 2009, 667 (Rundfunkdokumentation mit heimlichen Filmaufnahmen in einer Arztpraxis); OLG Hamm AfP 2006, 261 (Theater: einstweilige Verfügung gegen die Aufführung des Theaterstücks »Ehrensache«).
21 BGH NJW 2009, 2888 – spickmich.de.
22 Potentiell prozessträchtig sind Veröffentlichungen im Internet, aber auch Unterhaltungssendungen im Fernsehen, vgl. etwa LG Berlin ZUM 2005, 567 (Stefan Raab zeigt in TV-Total das Bild einer Mutter, die eine Schultüte in der Hand trägt und kommentiert es mit den Worten, die Dealer tarnten sich heute immer besser).
23 Aktuelle Fälle: BGHZ 178, 213 (Strafvollzug an einem Schauspieler); BGH GRUR 2007, 350 – Klinik-Geschäftsführer (identifizierende Berichterstattung außerhalb eines Strafverfahrens); BGH NJW 2006, 599 – Autobahnraser (Verkehrsverstoß eines Prominenten).

nen erfolgte kommerzielle Nutzung seiner Persönlichkeitsattribute zu einem Vermögensschaden in Form einer entgangenen Lizenzgebühr führen, die sowohl nach § 249 BGB, als auch über das Recht der ungerechtfertigten Bereicherung abgeschöpft werden kann.[24] Dieser Ersatzanspruch ist auch vererblich.[25] Zudem können auch die Angehörigen von verstorbenen Prominenten diese Art von Ersatzanspruch geltend machen.[26] Bei schwerwiegenden Persönlichkeitsverletzungen wird eine Geldentschädigung über § 823 Abs. 1 BGB in Verbindung mit Art. 1 Abs. 1, 2 Abs. 1 GG auch gezahlt, wenn kein Vermögensschaden angefallen ist (Rechtsfortbildung zu § 253 BGB).[27]

21 Dem Unterlassungsanspruch unterliegen nicht nur Täter und Gehilfen (§ 830 Abs. 1 Satz 1, Abs. 2 BGB), sondern auch jeder, der mit seinem Tun die Störungsquelle beherrscht und eine zumutbare Möglichkeit hätte, die Störung zu vermeiden (sog. »Störerhaftung«).[28] So haftet etwa der Betreiber eines Meinungsforums im Internet für die Verbreitung rechtsverletzender Äußerungen in diesem Forum auch, wenn ihm die Identität des Äußernden bekannt ist und er insoweit auf dessen primäre Verantwortlichkeit verweisen kann.[29] Die Haftungserleichterungen des § 10 TMG (Telemediengesetz) gelten nicht, soweit Unterlassung begehrt wird. Als weitere Besonderheit erfasst der Beseitigungsanspruch für rechtsverletzende Äußerungen (§ 1004 Abs. 1 Satz 1 BGB analog) nicht nur die Löschung einer Äußerung durch Widerruf, sondern kann auch zu einer Richtigstellung durch ergänzende Klarstellungen verpflichten. Alle diese Besonderheiten hängen damit zusammen, dass Medien dem Verletzungstatbestand durch ihr Verbreitungspotential eine neue und gravierendere Dimension verleihen. Auch diese Besonderheiten gelten für alle Medien.

III. Besonderes Medienrecht: Medienspezifische Verhaltenspflichten

1. Durchsetzung von Ansprüchen durch das Medienzivilrecht

22 Einige Verhaltensregeln betreffen nur bestimmte Medien. Hier wird es für die Rechtsanwendung wichtig, die Regelungsmaterie exakt zu lokalisieren. Das private Medienrecht erstreckt sich nämlich über eine Fülle von Spezialvorschriften, die medienspezifische Pflichten aufstellen. So unterscheiden sich die Informationspflichten, die ein Anbieter zu beachten hat, je nachdem, ob er ein Presseprodukt, ein Internetangebot (Telemedium) oder eine Rundfunksendung betreibt. Die Frage, wie bei persönlichkeitsrechtsbeeinträchtigenden Tatsachenbehauptungen eine Gegendarstellung durchgesetzt werden kann, hängt davon ab, ob der Anspruch gegen ein Presseunternehmen, gegen einen journalistisch-redaktionelle Angebote bereitstellenden Internetdienstleister, gegen eine Rundfunkanstalt oder gegen ein privates Rundfunksendeunternehmen durchzusetzen ist. Im ersten Fall gelten die Landespressegesetze, im zweiten § 58 des RStV i.V.m. dem jeweiligen Landesmediengesetz, im dritten Fall die für die jeweilige Rundfunkanstalt geltenden Landesanstaltsgesetze oder der ZDF-Staatsvertrag (für das Gemeinschaftsprogramm der ARD-Anstalten gilt der ARD-Staatsvertrag), bei privaten Anbietern wiederum die Landesmediengesetze des jeweiligen Bundeslandes, in dem der Sender zugelassen wurde.

23 Eine wirksame Anspruchsgrundlage, um auch im Medienzivilrecht den Schutz von Allgemeininteressen durchzusetzen, bietet das Lauterkeitsrecht. Der Unterlassungsanspruch

---

24 BGH NJW 2000, 2195, 2201; zusammenfassend (mit Kritik) *Peifer* GRUR 2002, 495.
25 Vgl. BGHZ 169, 193 = GRUR 2007, 168, 169 – Klaus-Kinski.de.
26 BGH GRUR 2000, 715 – Der blaue Engel.
27 BGHZ 160, 298 = GRUR 2005, 179, 180 – Tochter von Caroline von Hannover.
28 Hauptsächlich entwickelt im Gewerblichen Rechtsschutz und Urheberrecht, vgl. BGHZ 158, 236 = GRUR 2004, 860 – Internet-Versteigerung.
29 BGH GRUR 2007, 724, 726.

aus § 8 Abs. 1 UWG kann eingesetzt werden, wenn Rechtsvorschriften verletzt werden, die dem Schutz von Allgemeininteressen dienen. Hierunter fallen ohne weiteres die Pflichten des Jugend(medien)schutzrechts, z.B. zur Kennzeichnung von Trägermedien mit Altersangaben oder zur Sperrung von Angeboten, die jugendgefährdend sind. Hierzu zählen ebenso die Anbieterpflichten für elektronische Handelsgeschäfte nach §§ 312c, 312d BGB in Verbindung mit der BGB-Informationsverordnung, aber auch die Pflichten zur Kennzeichnung von kommerziellen Angeboten nach dem Telemedienrecht oder zur deutlichen Trennung von Werbung und Programm (Schleichwerbeverbot).

2. Besondere Regeln für die Presse

Für die Presse gelten die Vorschriften der Landespressegesetze.[30] Bundesrechtliche Spezialvorschriften finden sich hier – mit Ausnahme der Verfassungsgarantie in Art. 5 Abs. 1 Satz 2 GG – nicht. Sie sind auch nicht zu erwarten, da der Bundesgesetzgeber im Zuge der Föderalismusreform 2006 die Rahmenkompetenz für die Presse verloren hat. Grundsätzlich gelten die Pressegesetze für alle auf Trägermedien verkörperten Inhalte, die ein gewisses, wenn auch geringes Meinungsbildungspotential enthalten. Unter den einfachgesetzlichen Pressebegriff fallen nicht nur Zeitungen und Zeitschriften, Bücher und Plakate, sondern auch CDs, Schallplatten, Filmkassetten und DVDs. Ausgenommen sind sog. »harmlose« Druckschriften (Formulare, Preislisten, Werbedrucksachen, Familienanzeigen, Geschäftsberichte) und unverkörperte Medien, also auch die sog. elektronische Presse (umstr.).[31]

24

Zivilrechtlich von Bedeutung sind die Regeln über den äußerungsrechtlichen Gegendarstellungsanspruch, den Informationsanspruch der Presse gegen Behörden, den Inhalt der Impressumpflicht, die Pflicht zur Auswahl und Benennung eines verantwortlichen Redakteurs, die Pflicht zur Kennzeichnung kommerzieller Veröffentlichungen sowie die in manchen Bundesländern bestehende Pflicht, in regelmäßigen Abständen die Inhaber- und Beteiligungsverhältnisse des Verlags und seine Rechtsbeziehungen zu verbundenen Unternehmen offen zu legen. Eine große Rolle spielt gerade im Äußerungsrecht die Möglichkeit von jedermann, eine Beschwerde beim Deutschen Presserat einzulegen. Die Presse unterhält mit ihm ein Selbstkontrollorgan, dessen Inanspruchnahme die gerichtliche Auseinandersetzung allerdings weder präkludiert noch verhindert.[32]

25

3. Besondere Regeln für das Medium Buch

Buchveröffentlichungen fallen unter die Landespressegesetze, weil sie »Druckschriften« bzw. verkörperte Medien sind. Einige Vorschriften der Landespressegesetze sind allerdings nur auf periodische Druckwerke beschränkt (so z.B. die besondere Impressumpflicht und das Gegendarstellungsverlangen). Zivilrechtlich von Bedeutung für Buchveröffentlichungen ist das Verlagsgesetz, das dispositive Vertragsbestimmungen für die Einräumung urheberrechtlicher Nutzungsrechte bereithält, zudem Pflichten im Verlagsgeschäft regelt. Ergänzend gelten hierfür die §§ 31 ff. UrhG, die insbesondere ins Spiel kommen, wenn zusätzlich zu den Papierrechten auch elektronische Nutzungsrechte eingeräumt werden sollen. Zivilrechtlich von Bedeutung kann die Buchpreisbindung für Verlagsprodukte nach dem Buchpreisbindungsgesetz sein. Ein Verstoß gegen die Buchpreisbindung kann über den dort geregelten Unterlassungs- und Schadensersatzanspruch (§ 9 mit § 3 Buchpreisbindungsgesetz) Relevanz erlangen, etwa wenn originalverpackte

26

---

30 Abgedruckt z.B. in *Löffler* Presserecht; gute Synopse bei *Fechner/Mayer* Medienrecht.
31 Vgl. einerseits Löffler/*Bullinger* § 1 LPG Rn. 68; andererseits Spindler/Schuster/*Waldenberger* Presserecht Rn. 3 f. (S. 424).
32 Einzelheiten http://www.presserat.info/beschwerde.0.html.

Rezensionsexemplare über eine Internetplattform vertrieben werden.[33] Eine missbräuchliche Handhabung der Buchpreisbindung durch Verlage kann über §§ 32 ff. GWB im Kartellverfahren, Relevanz erhalten.[34]

4. Besondere Regeln für das Medium Rundfunk

27 Rundfunkanstalten werden durch die Vorschriften des RStV und die Anstaltsgesetze der Bundesländer reguliert. Soweit Rundfunkanstalten Persönlichkeitsrechte beeinträchtigen, gelten die allgemeinen zivilrechtlichen Grundsätze der §§ 823 ff. BGB. Gegendarstellungsrechte sind spezialgesetzlich in den Anstaltsgesetzen der Länder (z.B. § 9 WDR-Gesetz) geregelt. Von besonderer Bedeutung sind die Regeln über Werbezeiten, Werbeunterbrechungen und das Verbot von Schleichwerbung und Produktplatzierung. Diese Regeln sind von den Zivilgerichten in der Vergangenheit als marktbezogene Verhaltensvorschriften angesehen worden. Verstöße sind daher grundsätzlich über §§ 8 Abs. 1, 9 mit §§ 3, 4 Nr. 11 UWG angreifbar.[35] Das betrifft insbesondere die mögliche Klage von durch solche Verstöße betroffenen privaten Konkurrenten, gilt aber selbstverständlich auch für diese Privaten selbst, wenn sie Werbevorschriften des RStV verletzen. Noch nicht von den Gerichten geprüft wurde die Frage, ob die Vorschriften über Gewinnspielsendungen (Informationspflichten, Mäßigungspflichten bei der Moderation, vgl. §§ 8a, 9b RStV) auch über das Lauterkeitsrecht von Konkurrenten oder Verbänden durchgesetzt werden können. Es dürfte aber kaum zu bezweifeln sein, dass auch diese Vorschriften Marktverhaltensnormen im Sinne des § 4 Nr. 11 UWG sind.[36] Privilegiert werden die Rundfunkanstalten und -unternehmen durch das ihnen zustehende Recht auf (entgeltliche) Kurzberichterstattung bei bestimmten Großveranstaltungen (§ 5 RStV).

5. Besondere Regelungen für das Internet

28 Das Internet als Übertragungsweg, aber auch als selbständiges Medium ist im Medienrecht noch nicht klar erfasst, jedenfalls nicht klar abgrenzbar gegenüber den sonstigen Medien. Ursache ist die Konvergenz der Übertragungswege und der Dienstleistungen sowie Medienformate im Netz. Zu einer Konvergenz des Rechts ist es noch nicht gekommen. Das Recht unterscheidet herkömmlich noch nach einer Negativauslese: Verkörperte Trägermedien fallen unter das Presserecht, unverkörperte elektronische Inhalte unter das Rundfunkrecht im eigentlichen Sinne, wenn sie eine gewisse Breiten- und Suggestivwirkung haben, was insbesondere auf Live-Sendungen und lineare Angebote als Teil eines vom Sender arrangierten und zeitlich vorgegebenen Sendeschemas zutrifft. Allein im Internet, zeit- und ortsunabhängig zur Verfügung gestellte Inhalte, die journalistisch-redaktionell gestaltet sind (nicht-lineare Angebote), fallen unter die Sondervorschriften der §§ 54 ff. RStV. Sonstige Angebote im Netz (insbesondere elektronische Dienstleistungen, wie etwa Handelsplattformen, Videotheken, Datenbankangebote) werden ebenfalls als Telemedien bezeichnet, da ihnen aber die journalistisch-redaktionelle Gestaltung fehlt, gelten sie als weniger meinungsbildend unter werden daher nur unter wirtschaftsrechtlichen Gesichtspunkten durch das Telemediengesetz geregelt.

29 Für die elektronischen Medien, die nicht Rundfunk im engeren Sinne darstellen, gibt es keine Erleichterungen im Hinblick auf die Pflicht zur Veröffentlichung einer Gegendarstellung (§ 58 RStV: nur bei journalistisch-redaktionellen Angeboten, nicht etwa bei Internet-

---

33 OLG Frankfurt NJW 2004, 2098.
34 BGH GRUR 2006, 773, 774 – Probeabonnement.
35 BGHZ 110, 284 = GRUR 1990, 611, 613 – Werbung im Programm (Schleichwerbung im ZDF); BGH GRUR 1992, 518 – Ereignis-Sponsorwerbung (Einblendung eines unzulässigen Sponsorhinweises).
36 Vgl. zur Anwendbarkeit des UWG in solchen Fällen BGH GRUR 2002, 1003 – Gewinnspiel im Radio (dort unlauteres Anlocken nach dem heutigen § 4 Nr. 1 UWG geprüft und verneint).

Auktionsplattformen), die Impressumpflicht und die Anbieterkennzeichnung (§§ 5, 6 TMG). Kommerzielle Angebote sind auch hier zu kennzeichnen. Schleichwerbung ist verboten, Werbung und redaktionelle Angebote sind zu trennen. Wesentlich großzügiger sind allerdings die Regelungen für die Werbung. Werbezeitkontingente gibt es nicht. Werbung und Redaktionelles darf auf einer Angebotsseite platziert werden, muss allerdings äußerlich (räumlich) getrennt werden. Mitlaufende Werbebänder oder die Aufteilung des Internetbildschirms sind bei Netzangeboten daher nicht verboten, bei Rundfunkangeboten enthält § 7 RStV für solche Gestaltungen recht akribische Anforderungen.

Es zeigt sich an dieser abgestuften Regulierung, dass der Gesetzgeber ursprünglich im Sinne hatte, die elektronischen vernetzten Dienste zu fördern, um ihre schnelle Durchsetzung zu ermöglichen und ihren zügigen Markterfolg zu erleichtern. Wichtigstes Mittel in diesem Zusammenhang sollten die Haftungserleichterungen der §§ 7-11 TMG sein. Hiernach sollen bloße Zugangs- und Routingdienstleister im Grundsatz gar nicht und Hostingdienste für fremde Inhalte nur haften, wenn sie von einem rechtsverletzenden Inhalt Kenntnis erlangen und ihn nicht unverzüglich entfernen (»notice and take down«). Generelle Überwachungspflichten soll es hingegen nicht geben. Unberührt bleibt die Haftung für Anbieter eigener Inhalte. Die Rechtsprechung hat dieses System der Haftungserleichterung allerdings mit wichtigen Ausnahmen versehen. So gilt es nicht für den Unterlassungs- und Beseitigungsanspruch,[37] für einen vorbeugenden Unterlassungsanspruch und die Störerhaftung.[38] Eigene Inhalte liegen auch vor, wenn der Diensteanbieter sie sich zu eigen gemacht hat, was zum Teil bereits daraus gefolgert wurde, dass er sich von den Angeboten nicht ernsthaft distanziert hat.[39] Jedenfalls unterstützende Handlungen, wie etwa das Hinzufügen der eigenen Marke zu einem fremden Inhalt, führen dazu, dass ein eigenes Angebot vorliegt.[40] Bislang unangetastet blieb allerdings der Grundsatz, dass für Links (auch für solche auf tieferliegende Seiten eines Hauptangebotes, sog. Deep-Links) ebenso wenig gehaftet wird wie für das nicht unterbundene »Abtasten« (»Crawling«) eines frei im Netz stehenden Inhalts durch Suchmaschinen.[41]

---

37 BGHZ 158, 236 – Rolex.
38 BGH GRUR 2007, 708 – Internet-Versteigerung II.
39 OLG Köln MMR 2002, 548 – Steffi Graf-Fotomontage.
40 BGH GRUR 2010, 616 – marions.kochbuch.de.
41 Das Suchmaschinencrawling kann technisch dadurch gesperrt werden, dass die eigenen Angebote mit robot.txt-Dateien oder no-index-Metatags versehen werden. Das kann verhindern, dass diese Dateien von Suchmaschinen indexiert werden, vgl. http://www.google.com/support/webmasters/bin/answer.py?hl=de&answer=156412.

**Teil 2
Urheberrecht**

Kapitel 3
Grundlagen und Systematik des Urheberrechts

Übersicht Rdn.

A. Gegenstand des Urheberrechts – Voraussetzungen für das Entstehen urheberrechtlichen Schutzes 1
I. Der urheberrechtliche Werkbegriff 3
   1. Ergebnis eines Schaffensprozesses 4
   2. Wahrnehmbare Form 6
   3. Individualität 8
   4. Schöpfungshöhe/Gestaltungshöhe 13
   5. Werkbegriff als Rechtsbegriff 15
   6. Für den Werkschutz unbeachtliche Kriterien 19
      a) Veröffentlichung/Erscheinen 19
      b) Herstellungsaufwand 20
      c) Umfang des Werkes 21
      d) Gebrauchszweck 22
      e) Rechtswidrigkeit des Inhalts des Werkes 23
   7. Nicht schutzfähige Elemente 24
   8. Werkteile und Vorstufen des Werkes 25
II. Einzelne Werkarten 26
   1. Sprachwerke (§ 2 Abs. 1 Nr. 1 UrhG) 27
   2. Werke der Musik (§ 2 Abs. 1 Nr. 2 UrhG) 48
   3. Pantomimische Werke einschließlich Werke der Tanzkunst (§ 2 Abs. 1 Nr. 3 UrhG) .. 56
   4. Werke der bildenden Künste (§ 2 Abs. 1 Nr. 4 UrhG) 61
   5. Lichtbildwerke (§ 2 Abs. 1 Nr. 5 UrhG) 82
   6. Filmwerke (§ 2 Abs. 1 Nr. 6 UrhG) 89
   7. Wissenschaftliche und technische Darstellungen (§ 2 Abs. 1 Nr. 7 UrhG) 108
III. Abhängige Schöpfungen 115
   1. Bearbeitungen (§ 3 UrhG) 115
   2. Sammelwerke/Datenbankwerke (§ 4 UrhG) 121
   3. Freie Benutzung (§ 24 UrhG) 127
IV. Entstehung des urheberrechtlichen Schutzes 132
V. Geschützte Personen 135
   1. Urheber (§ 7 UrhG) 135
   2. Miturheber (§ 8 UrhG) 142
   3. Urheber verbundener Werke (§ 9 UrhG) 149

B. Inhalt des Urheberrechts (§§ 11, 12 ff. UrhG) 152
I. Urheberpersönlichkeitsrechte 155
   1. Veröffentlichungsrecht (§ 12 UrhG) 159
   2. Recht auf Anerkennung der Urheberschaft (§ 13 Satz 1 UrhG) 160
   3. Recht auf Bestimmung der Urheberbezeichnung (§ 13 Satz 2 UrhG) 164
   4. Entstellung des Werkes (§ 14 UrhG) 167
   5. Zugangsrecht (§ 25 UrhG) 176
II. Verwertungsrechte 179
   1. Verwertung in körperlicher Form 182
      a) Vervielfältigungsrecht (§§ 15 Abs. 1 Nr. 1, 16 UrhG) 182
      b) Verbreitungsrecht (§§ 15 Abs. 1 Nr. 2, 17 UrhG) 189
      c) Vermietrecht 196
      d) Ausstellungsrecht (§§ 15 Abs. 1 Nr. 3, 18 UrhG) 198
   2. Verwertung in unkörperlicher Form 201
      a) Recht der öffentlichen Wiedergabe (§ 15 Abs. 2), insbesondere Vortrags-, Aufführungs- und Vorführungsrecht (§§ 15 Abs. 2 Satz 2 Nr. 1, 19 UrhG) 201
         aa) Öffentliche Wiedergabe 201
         bb) Vortrags- und Aufführungsrecht 204
         cc) Vorführungsrecht (§ 19 Abs. 4 UrhG) 210
      b) Recht der öffentlichen Zugänglichmachung (§§ 15 Abs. 2 Satz 2 Nr. 2, 19a UrhG) .. 212
      c) Senderecht (§§ 15 Abs. 2 Satz 2 Nr. 3, 20, 20a, 20b UrhG) 214

3. Kapitel Grundlagen und Systematik des Urheberrechts

	Rdn.
d) Zweitverwertungsrechte	216
aa) Recht der Wiedergabe durch Bild- oder Tonträger (§§ 15 Abs. 2 Satz 2 Nr. 4, 21 UrhG)	217
bb) Recht der Wiedergabe von Funksendungen und Recht der öffentlichen Zugänglichmachung (§§ 15 Abs. 2 Satz 2 Nr. 5, 22 UrhG)	218
III. Sonstige Rechte des Urhebers	219
1. Folgerecht (§ 26 UrhG)	219
2. Vergütung für Vermietung und Verleihen (§ 27 UrhG)	235
C. Leistungsschutzrechte inkl. Datenbank	**245**
I. Allgemeines	245
II. Rechte der Verfasser bestimmter Ausgaben (§ 70f UrhG)	252
1. Wissenschaftliche Ausgaben	252
2. Nachgelassene Werke	262
III. Recht des Lichtbildners (§ 72 UrhG)	270
1. Schutzgegenstand	270
2. Schutzumfang	275
3. Rechteinhaber	283
4. Praktische Hinweise	287
IV. Recht des ausübenden Künstlers (§§ 73 ff. UrhG)	298
1. Schutzgegenstand	298
a) Werk oder Ausdrucksform der Volkskunst	298
b) Darbietung	303
2. Schutzumfang und Rechteinhaber	309
a) Allgemeines	309
b) Anerkennung als ausübender Künstler	310
c) Beeinträchtigung der Darbietung	318
d) Nutzungsrechte des ausübenden Künstlers	326
e) Mehrere Künstler	352
f) Schutz des Veranstalters	362
g) Dauer und Schranken der Rechte des ausübenden Künstlers und des Veranstalters	370
3. Praktische Hinweise	379
V. Recht des Tonträgerherstellers (§ 85 UrhG)	386
1. Schutzgegenstand	386
2. Schutzumfang	394
3. Rechteinhaber	403
4. Praktische Hinweise	410
VI. Schutz des Sendeunternehmens (§ 87 UrhG)	412
1. Schutzgegenstand	412
2. Schutzumfang	416
3. Rechteinhaber	427
VII. Schutz des Datenbankherstellers (§§ 87a ff. UrhG)	428
1. Schutzgegenstand	428
a) Sammlung von unabhängigen Elementen	430
b) Abrufbarkeit der einzelnen Elemente	432
c) Wesentliche Investition	433
2. Schutzumfang	437
a) Schutz der Datenbank als Ganzes	445
b) Schutz von wesentlichen Teilen der Datenbank	446
c) Schutz vor wiederholter und systematischer Nutzung	449
3. Rechteinhaber	457
4. Praktische Hinweise	462
D. Allgemeine Bestimmungen des Urhebervertragsrechts	**465**
I. Übertragung von Rechten	465
1. Einleitung	465
2. Urheberrecht als Gegenstand des Nachlasses	467
a) Vererbung	467
b) Stellung der Erben	470
c) Erbauseinandersetzung	474
3. Verwandte Schutzrechte als Gegenstand des Nachlasses	475

	Rdn.
4. Übertragung des Urheberrechts	477
a) Unübertragbarkeit des Urheberrechts	477
b) Abtretbarkeit	481
c) Verzichtbarkeit	482
5. Nutzungsrechte	485
a) Verwertungsrechte und Nutzungsrechte	485
b) Entstehung der Nutzungsrechte	488
c) Arten der Nutzungsrechte	489
aa) Begriff des Nutzungsrechts	489
bb) Einfache und ausschließliche Nutzungsrechte	492
cc) Beschränkung von Nutzungsrechten	503
6. Vergütungsansprüche als Gegenstand des Rechtsverkehrs	518
7. Persönlichkeitsrechtliche Befugnisse als Gegenstand des Rechtsverkehrs	522
II. Regelungen zur Rechtseinräumung	529
1. Einleitung	529
2. Das Abstraktionsprinzip	533
a) Einräumung von Nutzungsrechten	533
b) Weiterübertragungen von Nutzungsrechten	534
c) Verfügung über Vervielfältigungsstücke	535
3. Zweckübertragungslehre	536
a) Interessenlage und Anwendungsbereich	536
b) Auslegungsregel	540
c) Bestimmung des Vertragszwecks	543
d) Ergänzende Auslegungsregel für Rechtseinräumungen	544
e) Ergänzende Auslegungsregel für die Einräumung des Vervielfältigungsrechts	545
f) Ergänzende Auslegungsregel für die Einräumung des Rechts der öffentlichen Wiedergabe	546
g) Ergänzende Auslegungsregel für die Einräumung des Rechts zur Nutzung in einer Sammlung	547
h) Ergänzende Auslegungsregel für die Übertragung des Eigentums	551
4. Weiterübertragung von Nutzungsrechten	556
a) Interessenlage	556
b) Zustimmungserfordernis	558
c) Rechtsqualität der Zustimmung	559
d) Pflicht zur Zustimmung?	561
e) Zustimmungserfordernis bei Unternehmenskauf	563
f) Zustimmungserfordernis bei Sammelwerken	565
g) Kein Zustimmungserfordernis bei Verfilmung	566
h) Kein Zustimmungserfordernis zur Rechtswahrnehmung	567
i) Kein Rückfall der Rechte späterer Stufen	569
j) Haftung des Veräußerers	570
5. Gutgläubiger Erwerb	571
6. Verträge über künftige Werke	572
7. Rechte an unbekannten Nutzungsarten	580
a) bisherige Rechtslage	580
b) unbekannte Nutzungsart	581
c) Besonderheiten bei der Rechtseinräumung	584
d) Widerrufsrecht	586
e) Übergangsregel für Verträge vor dem 1.1.2008	591
8. Das Rückrufsrecht wegen Nichtausübung	593
a) Interessenlage	593
b) Anwendbarkeit	595
c) Voraussetzungen	597
d) Erklärung und Erstattung der Aufwendungen	602
9. Rückrufsrecht wegen gewandelter Überzeugung	605
a) Interessenlage	605
b) Anwendungsbereich	606
c) Voraussetzungen	607
d) Folge des wirksamen Rückrufs	611
e) Konkurrierende Bestimmungen	614

		Rdn.

III. Die Vergütung der Urheber ... 616
   1. Einleitung ... 616
   2. Anwendbarkeit der Regelung ... 621
      a) Zeitliche Anwendbarkeit ... 621
      b) Sachlicher Anwendungsbereich ... 622
      c) Internationaler Anwendungsbereich ... 625
   3. Die angemessene Vergütung ... 627
      a) Bestimmung der angemessenen Vergütung ... 627
      b) Vorrang von Tarifverträgen und gemeinsamen Vergütungsregeln ... 628
      c) Bestimmung der angemessen Vergütung im Einzelfall ... 631
   4. Weitere Beteiligung (»Fairnessausgleich«) ... 644
      a) Interessenlage ... 644
      b) Anspruchsberechtigte und Anspruchsverpflichtete ... 647
      c) Voraussetzung ... 649
      d) Höhe des Anspruchs ... 652
      e) unverzichtbar ... 653
IV. Kollektive Vereinbarungen über die Vergütung ... 654
   1. Normverträge ... 655
   2. Tarifverträge ... 657
   3. Gemeinsame Vergütungsregeln ... 659
      a) Einleitung ... 659
      b) Unwiderlegliche Bestimmung der angemessenen Vergütung ... 663
      c) Partner der gemeinsamen Vergütungsregeln ... 664
      d) Inhalt der gemeinsamen Vergütungsregeln ... 668
      e) Schlichtungsverfahren für gemeinsame Vergütungsregeln ... 670
V. Urheber in Arbeits- oder Dienstverhältnissen ... 675
   1. Allgemeines ... 675
   2. Arbeits- und Dienstverhältnisse ... 679
   3. Werke der Arbeitnehmer und Dienstverpflichteten ... 684
   4. Einschränkung der allgemeinen Regelungen ... 686
   5. Besondere Bestimmungen für Software-Ingenieure ... 698

E. Schranken des Urheberrechts ... 701
I. Sozialbindung des Urheberrechts ... 701
II. Auslegungsregeln/Drei-Stufen-Test ... 705
III. Digital Rights Management (DRM) als Ersatz des Urheberrechts ... 713
IV. Unterschiedliche Intensität der Schranken ... 715
V. Ausschluss ... 716
VI. Ersatzlose Aufhebung von ausschließlichen Verwertungsrechten ... 717
VII. Verwertungsgesellschaftspflichtigkeit ... 719
VIII. Einzelne Schrankenbestimmungen ... 720
   1. Vorübergehende Vervielfältigungen (§ 44a UrhG) ... 720
   2. Rechtspflege und öffentliche Sicherheit (§ 45 UrhG) ... 726
      a) Herstellung einzelner Vervielfältigungsstücke zur Verwendung in bestimmten Verfahren (Abs. 1) ... 728
      b) Vervielfältigung von Bildnissen für Zwecke der Rechtspflege und der öffentlichen Sicherheit (Abs. 2) ... 733
      c) Verbreitung, öffentliche Ausstellung und öffentliche Wiedergabe (Abs. 3) ... 734
   3. Behinderte Menschen (§ 45a UrhG) ... 735
   4. Sammlungen für Kirchen-, Schul- und Unterrichtsgebrauch (§ 46 UrhG) ... 741
      a) Aufnahme nur von Teilen von Werken, Sprachwerken oder Werken der Musik von geringem Umfang ... 744
      b) Öffentliche Zugänglichmachung ... 746
      c) Werke der Musik ... 747
      d) Mitteilung an den Urheber ... 748
      e) Vergütung ... 749
      f) Verbotsrecht wegen gewandelter Überzeugung ... 750
   5. Schulfunksendungen (§ 47 UrhG) ... 753
   6. Öffentliche Reden (§ 48 UrhG) ... 760
   7. Zeitungsartikel und Rundfunkkommentare (§ 49 UrhG) ... 766
   8. Berichterstattung über Tagesereignisse (§ 50 UrhG) ... 780

		Rdn.

9. Zitierfreiheit (§ 51 UrhG) 789
   a) Wissenschaftliches Großzitat (§ 51 Abs. 1 UrhG) 794
   b) Kleinzitat (§ 51 Nr. 2 UrhG) 796
   c) Musikwerke (§ 51 Nr. 3 UrhG) 798
10. Öffentliche Wiedergaben (§ 52 UrhG) 799
11. Öffentliche Zugänglichmachung für Unterricht und Forschung (§ 52a UrhG) ... 805
    a) Veranschaulichung im Unterricht (§ 52a Abs. 1 Nr. 1) 806
    b) Eigene wissenschaftliche Forschung (§ 52a Abs. 1 Nr. 2) 809
    c) Ausnahmen 810
    d) Vergütung 812
    e) Befristung 813
IX. Wiedergabe von Werken an elektronischen Leseplätzen in öffentlichen Bibliotheken, Museen und Archiven (§ 52b UrhG) 814
    1. Werke aus dem Bestand 816
    2. Öffentlich zugängliche Bibliotheken, Museen und Archive 819
    3. Kein unmittelbar oder mittelbar wirtschaftlicher oder Erwerbszweck ... 821
    4. Ausschließlich in den Räumen der Einrichtung 822
    5. Eigens eingerichtete elektronische Leseplätze 823
    6. Forschung und private Studien 825
    7. Keine entgegenstehenden vertraglichen Regelungen 826
    8. Angemessene Vergütung 828
    9. Nachfolgende Nutzungen 829
X. Vervielfältigungen zum privaten und sonstigen eigenen Gebrauch (§ 53 UrhG) ... 830
    1. Historische Entwicklung 830
    2. Vervielfältigungen zum privaten Gebrauch (§ 53 Abs. 1 UrhG) 841
    3. Offensichtlich rechtswidrig hergestellte Vorlage 843
    4. Offensichtlich rechtswidrig öffentlich zugänglich gemachte Vorlage ... 844
    5. Vervielfältigung durch Dritte für den Berechtigten 845
    6. Vervielfältigung zum sonstigen eigenen Gebrauch (§ 53 Abs. 2 UrhG) .. 848
    7. Vervielfältigung für eigenen wissenschaftlichen Gebrauch (§ 53 Abs. 2 Satz 1 Nr. 1 UrhG) 852
    8. Vervielfältigung zur Aufnahme in ein eigenes Archiv (§ 53 Abs. 2 Satz 1 Nr. 2 UrhG) ... 853
    9. Vervielfältigung eines durch Funk gesendeten Werkes (§ 53 Abs. 2 Satz 1 Nr. 3 UrhG) .. 856
    10. Vervielfältigung zum sonstigen eigenen Gebrauch (§ 53 Abs. 2 Satz 1 Nr. 4 UrhG) 858
    11. Vervielfältigung zum Unterrichts- und Prüfungsgebrauch (§ 53 Abs. 3 UrhG) 859
XI. Ausnahmen der Vervielfältigungsfreiheit 862
    1. Verbot der Vervielfältigung von Noten sowie ganzer Bücher und Zeitschriften (§ 53 Abs. 4 UrhG) 862
    2. Verbot der Vervielfältigung von Datenbankwerken (§ 53 Abs. 5 UrhG) .. 863
    3. Verbot der Weitergabe und öffentlichen Wiedergabe (§ 53 Abs. 6 UrhG) . 864
XII. Sonstige Vervielfältigungsverbote (§ 53 Abs. 7 UrhG) 865
    1. Vergütungsansprüche (§§ 54a ff. UrhG) 867
    2. Kopienversand auf Bestellung (§ 53a UrhG) 868
XIII. Sonstige Schranken (§§ 55–60 UrhG) 872

F. **Grenzüberschreitende Bezüge** 873
I.   Überblick über die Fragestellungen 873
II. Internationales Privatrecht 876
     1. Urheberrecht und verwandte Schutzrechte: Schutzlandprinzip 876
        a) Grundlagen 876
        b) Reichweite des Schutzlandprinzips 881
        c) Verhältnis zu allgemeinen IPR-Regeln 882
        d) Lokalisierung der Verletzungshandlung 884
     2. Vertragsrecht im Urheber- und Leistungsschutzrecht 889
        a) Rechtsgrundlagen 889
        b) Vertragsstatut 893
           aa) Geltungsbereich 893
           bb) Bestimmung des Vertragsstatuts 895
               (1) Rechtswahl 895
               (2) Objektive Anknüpfung 898

3. Kapitel Grundlagen und Systematik des Urheberrechts

	Rdn.
cc) Zwingende Regelungen	900
(1) Allgemeines	900
(2) Urhebervertragsrechtliche Eingriffsnormen	901
III. Fremdenrecht	904
1. Überblick	904
2. Die unterschiedlichen Regelungen	906
a) Deutsche und gleichgestellte Berechtigte	906
aa) Urheber	906
bb) Leistungsschutzberechtigte	909
b) Ausländer	911
aa) Urheber	911
bb) Leistungsschutzberechtigte	917
(1) Ausübende Künstler und Veranstalter	917
(2) Tonträgerhersteller, Filmhersteller, Sendeunternehmen	920
(3) Wissenschaftliche Ausgaben, Lichtbilder, nachgelassene Werke	922
(4) Datenbankhersteller	923
IV. Internationale Abkommen	924
1. Einführung	924
a) Bedeutung der internationalen Abkommen	924
b) Überblick	926
c) Verhältnis der Internationalen Abkommen untereinander	931
d) Innerstaatliche Anwendbarkeit	935
e) Schutzprinzipien und Anwendungsbereich der internationalen Abkommen	937
2. Der Inhalt der einzelnen internationalen Abkommen	943
a) Internationale Abkommen im Urheberrecht	943
aa) Berner Übereinkunft	943
(1) Sachlicher, persönlicher, zeitlicher und räumlicher Anwendungsbereich	943
(2) Inländergrundsatz: Inhalt und Ausnahmen	947
(3) Mindestrechte und Schranken	951
(4) Weitere Bestimmungen	957
bb) Welturheberrechtsabkommen	958
cc) TRIPS-Übereinkommen	960
(1) Anwendungsbereich	960
(2) Inländergrundsatz, Mindestrechte, Formalitätenverbot und Meistbegünstigungsklausel	961
dd) WCT	965
(1) Anwendungsbereich	965
(2) Inländergrundsatz, Mindestrechte und Formalitätenverbot	966
b) Internationale Verträge im Bereich der verwandten Schutzrechte	969
aa) Rom-Konvention	969
(1) Anwendungsbereich	969
(2) Inländergrundsatz, Mindestrechte und Formalitätenverbot	971
(3) Weitere Vorschriften	975
bb) TRIPS-Übereinkommen	976
(1) Anwendungsbereich	976
(2) Inländergrundsatz, Mindestrechte und Formalitätenverbot; Meistbegünstigung	977
(3) Weitere Vorschriften	979
cc) WPPT	980
(1) Anwendungsbereich	980
(2) Inländergrundsatz, Mindestrechte und Formalitätenverbot	981
V. Europäisches Recht	986
1. Primärrecht	986
a) Freier Waren- und Dienstleistungsverkehr	987
b) Wettbewerbsrecht	990
c) Nichtdiskriminierung	991
2. Sekundärrecht	992
a) Hintergrund und Rechtsgrundlage der Harmonisierung	992
b) Rechtsinstrumente	993
c) Auslegung des Gemeinschaftsrechts	994
d) Mögliche Folgen der fehlenden oder unrichtigen Richtlinienumsetzung	997

A. Gegenstand des Urheberrechts – Voraussetzungen zum Entstehen urheberrechtl. Schutzes

	Rdn.
e) Überblick über die Richtlinien	1002
f) Kurzdarstellung der Richtlinien	1003
aa) Computerprogramm-Richtlinie	1003
bb) Datenbank-Richtlinie	1004
cc) Vermiet-Richtlinie	1007
dd) Satelliten- und Kabelrichtlinie	1009
ee) Schutzdauerrichtlinie	1011
ff) Folgerechtsrichtlinie	1014
gg) Informationsgesellschafts-Richtlinie	1015
hh) Durchsetzungsrichtlinie	1019

A. Gegenstand des Urheberrechts – Voraussetzungen für das Entstehen urheberrechtlichen Schutzes

»Die Urheber von Werken der Literatur, Wissenschaft und Kunst genießen für ihre Werke Schutz nach Maßgabe dieses Gesetzes.« **1**

§ 1 UrhG ist gewissermaßen die Präambel des Urheberrechtsgesetzes.[1] Sie beschreibt in allgemein gehaltener Weise den Schutzgegenstand des Urheberrechts. Nach der amtlichen Begründung[2] soll durch die Formulierung herausgestellt werden, dass die Person des Urhebers im Vordergrund dieser gesetzlichen Regelungen steht. Als weiteren zentralen Begriff nennt § 1 UrhG außerdem das »Werk«. Welche Voraussetzungen müssen erfüllt sein, damit man von einem urheberrechtlich schutzfähigen *Werk* sprechen kann? Was ist ein Werk der Literatur, Wissenschaft und Kunst? Wer ist Urheber und genießt somit Schutz nach Maßgabe des UrhG? Diese Fragen gilt es im Folgenden zunächst zu klären. **2**

I. Der urheberrechtliche Werkbegriff

Um urheberrechtlichen Schutz genießen zu können, muss sich die betreffende Leistung zunächst einer der Kategorien »Literatur«, »Wissenschaft« oder »Kunst« zuordnen lassen. Diese Kriterien alleine reichen jedoch für die Begründung des Werkschutzes noch nicht aus. § 2 Abs. 2 UrhG bestimmt ergänzend, dass Werke im Sinne des UrhG nur »persönliche geistige Schöpfungen« sein können. **3**

1. Ergebnis eines Schaffensprozesses

Aus dem Merkmal der »persönlichen geistigen Schöpfung« ist zunächst abzuleiten, dass es sich bei einem Werk um eine menschliche Leistung handeln muss. Urheberrechtlicher Schutz scheidet somit z.B. für von Tieren gemalte Bilder von vornherein aus. Dem Merkmal »persönlich« steht es allerdings nicht entgegen, wenn der Urheber sich bei der Erstellung seines Werkes (technischer oder sonstiger) Hilfsmittel bedient. Nach herrschender Meinung ist es dann auch unschädlich, wenn die Zuhilfenahme etwa eines Computers dazu führt, dass der Urheber die Ergebnisse seines Schaffensprozesses nicht vollständig vorausbestimmen kann. Es genügt vielmehr, dass es sich bei dem Anteil, den der Mensch gestaltet hat, um eine persönliche geistige Schöpfung im Sinne des § 2 Abs. 2 UrhG handelt.[3] So ist selbst ein mittels Computerprogramm hergestelltes Bild grundsätzlich auch dann urheberrechtsschutzfähig, wenn das Programm in einer vom Künstler vorbestimmten Phase der **4**

---

[1] Dreier/*Schulze* § 1 Rn. 1.
[2] Begr. RegE UrhG, BT-Drs. IV/270, S. 37.
[3] Enger *Schricker* § 2 Rn. 13: wenn »das Ergebnis durch entsprechende Anweisungen an die Maschine eindeutig geplant und festgelegt« wird.

3. Kapitel Grundlagen und Systematik des Urheberrechts

Bilderstellung auf einen Zufallsgenerator zurückgreift, der das Arbeitsergebnis wesentlich bestimmt. Für reine Zufallsergebnisse scheidet Urheberschutz allerdings aus. Diese sind nicht Ausdruck des schöpferischen Willens des Urhebers.[4]

5 Auf die Einsichtsfähigkeit des Urhebers kommt es nicht an. Das bedeutet, dass ein minderjähriges Kind, aber ebenso auch ein Volltrunkener, ein Mensch in Trance oder ein geistig Behinderter[5] Schöpfer eines urheberrechtlich geschützten Werkes sein kann.

2. Wahrnehmbare Form

6 Das Werk muss eine wahrnehmbare Form haben, das heißt es muss für Dritte mit menschlichen Sinnen wahrnehmbar sein.[6] Die »Fertigstellung vor dem geistigen Auge des Urhebers«[7] ist deshalb nicht ausreichend, weil es an der Wahrnehmbarkeit für andere fehlt. Der Vortrag des Werkes in unkörperlicher Form ist jedoch ausreichend für die Entstehung urheberrechtlichen Schutzes (Beispiele: Improvisationen auf einem Musikinstrument oder eine aus dem Stegreif gehaltene Rede).[8]

7 Die Voraussetzung der Wahrnehmbarkeit darf nicht mit der – etwa im US-amerikanischen »Copyright Law« geforderten[9] – Verkörperung in einem Medium verwechselt werden. Eine solche Voraussetzung kennt das UrhG nicht; das Urheberrecht entsteht vielmehr kraft Gesetzes im Zeitpunkt des Realakts der Werkschöpfung,[10] ohne dass irgendwelche formalen Voraussetzungen berücksichtigt werden müssten. Der Urheber muss insbesondere keine Registrierung seines Werkes herbeiführen oder sein Werk mit einem ©-Vermerk versehen (beides ist zwar möglich, aber keine Voraussetzung für die Schutzentstehung).

3. Individualität

8 Das Werk ist ein

»durch den menschlichen Geist geprägtes Produkt, das die Persönlichkeit des Urhebers widerspiegelt.«[11]

9 Ein Werk ist nur dann gegeben, wenn ein Mensch eine individuelle geistige Leistung erbracht hat. Weitere Voraussetzung für den urheberrechtlichen Schutz ist also die *Individualität* des Werkes.[12] Nach der Rechtsprechung muss das Werk »schöpferische Eigentümlichkeit« bzw. eine »eigenschöpferische Gestaltung«[13] aufweisen. Eine solche fehlt etwa bei rein handwerklichen Leistungen.

10 Individualität des Werkes bedeutet nicht, dass das Werk das Merkmal absoluter Neuheit erfüllen müsste. Gefordert wird vielmehr, dass der Urheber durch einen Schöpfungsprozess zu einem individuellen Ergebnis gelangt. Der Schöpfungsprozess muss also zu einem für den Urheber neuen Ergebnis führen (sog. »subjektive Neuheit«).[14] Entschei-

---

4 Dreier/*Schulze* § 2 Rn. 8; Fromm/*Nordemann* § 2 Rn. 25.
5 Dreier/*Schulze* § 2 Rn. 10.
6 Dreier/*Schulze* § 2 Rn. 13.
7 Wandtke/Bullinger/*Bullinger* § 2 Rn. 19.
8 Dreier/*Schulze* § 2 Rn. 13.
9 U.S. Code, Title 17, § 102 (a): »Copyright protection subsists, in accordance with this title, in original works of authorship fixed in any tangible medium of expression […] from which it can be perceived«.
10 Dreyer/*Kotthoff*/Meckel § 2 Rn. 20.
11 Wandtke/Bullinger/*Bullinger* § 2 Rn. 21.
12 Dreier/*Schulze* § 2 Rn. 18.
13 BGH GRUR 2004, 855, 857 – Hundefigur; GRUR 1994, 206, 287 – Alcolix; GRUR 1985, 1041, 1047 – Inkassoprogramm.
14 Fromm/*Nordemann* § 2 Rn. 26; Wandtke/Bullinger/*Bullinger* § 2 Rn. 22.

A. Gegenstand des Urheberrechts – Voraussetzungen zum Entstehen urheberrechtl. Schutzes

dend ist die individuelle Formgestaltung. Dabei ist es unerheblich, ob das Werk von einem professionellen Künstler geschaffen wurde oder von einem Laien. Auch Letztere können »schöpferisch eigentümliche« Werke schaffen.

Wer demgegenüber lediglich auf bereits vorbestehende Ausdrucksformen zurückgreift, ohne dass das von ihm Geschaffene als Ausdruck seiner schöpferischen Persönlichkeit anzusehen ist, erwirbt mangels Individualität keinen Urheberschutz. 11

Das Merkmal der Individualität des Werkes muss zum Zeitpunkt der Werkschöpfung gegeben sein. Dieser Zeitpunkt ist für die Entstehung des urheberrechtlichen Schutzes allein maßgeblich. Denkbar ist zwar, dass durch eine Kunstentwicklung zu einem späteren Zeitpunkt so viele vergleichbare Gestaltungen existieren, dass das Werk nicht mehr als individuelle Schöpfung anzusehen wäre. Das ist aber für den urheberrechtlichen Schutz unbeachtlich. Besteht das Merkmal der Individualität zum Zeitpunkt der Werkschöpfung und kommt dem Werk daher urheberrechtlicher Schutz zu, bleibt dieser Schutz für die gesamte Schutzdauer bestehen. Spätere Entwicklungen ändern daran nichts mehr. 12

4. Schöpfungshöhe/Gestaltungshöhe

Die Rechtsordnung will einfache Alltagserzeugnisse,[15] auch wenn diese individuell gestaltet sind, vom »kostbaren« urheberrechtlichen Werkschutz ausnehmen. Als zusätzliches Korrektiv dient daher das Merkmal der Schöpfungs- bzw. Gestaltungshöhe. Das heißt, dass das Werk einen bestimmten Mindestgrad an Individualität erfüllen muss.[16] Für einen Roman, bei dem die schöpferische Persönlichkeit des Schriftstellers zum Ausdruck gelangt und der damit einen hohen Grad an Individualität besitzt, wird man dieses Merkmal in aller Regel ohne weiteres bejahen können. Abgesprochen wurde die erforderliche Schöpfungshöhe hingegen einfachen Anwaltsschriftsätzen, in denen lediglich die herkömmlichen juristischen Formulierungsmuster verwendet wurden.[17] 13

Eine Ausnahme besteht in diesem Zusammenhang für Computerprogramme. Hier reicht es aus, dass das Programm überhaupt Ergebnis eines individuellen Schöpfungsprozesses ist. Ein bestimmter Grad an Individualität wird jedoch nicht verlangt, ästhetische Anforderungen werden nicht gestellt. Der Gesetzgeber war zu einer solchen von den früheren Grundsätzen abweichenden Regelung bei Computerprogrammen verpflichtet, weil Art. 1 Abs. 3 der Richtlinie 91/250/EWG des Rates vom 14.5.1991 über den Rechtsschutz von Computerprogrammen in nationales Recht umzusetzen war (§§ 69a ff. UrhG). An dem Erfordernis der Gestaltungshöhe für alle anderen Werkarten ändert sich durch diese europarechtlich geforderte Bereichsausnahme[18] jedoch nichts. 14

5. Werkbegriff als Rechtsbegriff

Ob eine persönliche geistige Schöpfung im Sinne des § 2 Abs. 2 UrhG – also ein Werk – vorliegt, ist vom Gericht als Rechtsfrage zu entscheiden. Der Werkbegriff des Urheberrechts ist ein Rechtsbegriff, d.h. eine kunst- oder literaturwissenschaftliche Auslegung scheidet aus. Das schließt die Einholung eines Sachverständigengutachtens als Entscheidungsgrundlage 15

---

15 Z.B. banale Handy-Logos, OLG Hamburg ZUM 2004, 386; Wandtke/Bullinger/*Bullinger* § 2 Rn. 23 a.E.
16 *Fromm/Nordemann* § 2 Rn. 31 ff.; dagegen spricht auch nicht die Entscheidung EuGH GRUR 2009, 1041 – Infopaq/DDF.
17 Vgl. hierzu BGH GRUR 1986, 739, 741 – Anwaltsschriftsatz; *Fromm/Nordemann* § 2 Rn. 71 m.w.N.
18 S.a. Art. 6 der Richtlinie 2006/116/EG über die Schutzdauer des Urheberrechts und bestimmter verwandter Schutzrechte sowie Art. 3 Abs. 1 der Richtlinie 96/9/EG über den rechtlichen Schutz von Datenbanken; hierzu *Fromm/Nordemann* § 2 Rn. 32, 75.

für das Gericht freilich nicht aus.[19] Die Beurteilung eines Werkes durch das Gericht muss objektiv erfolgen, die persönlichen Einstellungen der Richter zu bestimmten künstlerischen Strömungen oder Ausdrucksformen haben außen vor zu bleiben.[20]

16 Der Maßstab zur Beurteilung ist

»die Auffassung der mit literarischen und künstlerischen Werken einigermaßen vertrauten und hierfür aufgeschlossenen Verkehrskreise.«[21]

17 Bei Werken der bildenden Kunst ist nach der Rechtsprechung entscheidend,

»ob der den Formensinn ansprechende Gehalt, der in dem Erzeugnis seine Verwirklichung gefunden hat, ausreicht, dass nach dem im Leben herrschenden Anschauungen von Kunst gesprochen werden kann«.[22]

18 Maßgeblich ist hier wiederum der Zeitpunkt der Werkschöpfung.

6. Für den Werkschutz unbeachtliche Kriterien

a) Veröffentlichung/Erscheinen

19 Die Entstehung des Urheberrechtsschutzes ist nicht an die Voraussetzung geknüpft, dass das Werk veröffentlicht oder erschienen[23] sein müsste. Auch unveröffentlichte und nicht erschienene Werke sind urheberrechtlich geschützt. Veröffentlichung und Erscheinen wirken sich aber auf Inhalt und Umfang des Urheberrechts aus[24] (zu den Begriffen Veröffentlichung und Erscheinen siehe § 6 UrhG).

b) Herstellungsaufwand

20 Ob für die Schöpfung des Werkes ein hoher oder lediglich ein geringer Herstellungsaufwand erforderlich war, ist unmaßgeblich.[25]

c) Umfang des Werkes

21 Unbeachtlich ist auch der Umfang des Werkes. Schutz kann zum Beispiel einem mehrere hundert Seiten starken Roman ebenso zukommen wie etwa einem phantasievollen Werktitel, einem originellen Werbetext oder sogar einem Anagramm.[26] Entscheidend ist, ob hinreichender Gestaltungsspielraum besteht, damit auch für eine nur kurze Äußerung die geforderte Gestaltungshöhe erreicht werden kann.

---

19 Dreier/*Schulze* § 2 Rn. 59.
20 *Fromm/Nordemann* § 2 Rn. 16, 17.
21 BGH GRUR 1972, 143, 144 – Biografie: ein Spiel; GRUR 1981, 267, 268 – Dirlada; Wandtke/Bullinger/*Bullinger* § 2 Rn. 6.
22 BGH GRUR 1961, 635, 638 – Stahlrohrstuhl; Wandtke/Bullinger/*Bullinger* § 2 Rn. 6; dazu, ob eine solche Abstufung (heute noch) gerechtfertigt ist, s.u. Rdn. 61-81.
23 Zu den Begriffen »Veröffentlichung« (d.h. wenn das Werk mit Zustimmung des Berechtigten der Öffentlichkeit zugänglich gemacht worden ist) und »Erscheinen« (d.h. wenn mit Zustimmung des Berechtigten Vervielfältigungsstücke des Werkes nach ihrer Herstellung in genügender Anzahl der Öffentlichkeit angeboten oder in Verkehr gebracht worden sind) siehe § 6 UrhG; zum Begriff des »Erscheinens« zuletzt BGH GRUR 2009, 942 – Motezuma.
24 Zum Beispiel verliert der Urheber mit der Veröffentlichung seines Werkes das Ausstellungsrecht (§§ 12 Abs. 2, 18 UrhG); Zitate sind nach Veröffentlichung eines Werkes in weiterem Umfang zulässig (vgl. § 51 Nr. 2 UrhG), nach Erscheinen in noch weiterem (§ 51 Nr. 1 und Nr. 3 UrhG); sie außerdem §§ 52 Abs. 1 Satz 1, 52a Abs. 1 UrhG, 51 Nr. 1 und Nr. 3 UrhG, 52 Abs. 2 UrhG, ferner die Regelung des § 42a UrhG zugunsten der Hersteller von Tonträgern.
25 Dreier/*Schulze* § 2 Rn. 53.
26 Z.B. »Folterhilda«, »Nero Magenhirn«, »Bob Eifelgosse«, »Ali Machtarsch«, KG GRUR 1971, 368 – Buchstabenschütteln; *Fromm/Nordemann* § 2 Rn. 69.

d) Gebrauchszweck

Ein urheberrechtlich schutzfähiges Werk kann auch dann gegeben sein, wenn es einem 22
Gebrauchszweck dient. Das ergibt sich bereits aus der Regelung des § 2 Abs. 1 Nr. 4
UrhG, die den Schutz für Werke der angewandten Kunst ausdrücklich vorsieht.

e) Rechtswidrigkeit des Inhalts des Werkes

Ein Werk ist auch dann urheberrechtlich schutzfähig, wenn sein Inhalt rechtswidrig (z.B. 23
beleidigend oder volksverhetzend) ist.[27] Die Rechtswidrigkeit kann sich auch daraus
ergeben, dass – wie etwa beim Graffiti[28] – Eigentumsrechte Dritter beeinträchtigt werden. Der Urheber kann in derartigen Fällen allerdings in der Ausübung seines Urheberrechts beschränkt sein. Darüber hinaus kann er sich durch die Werkerstellung (z.B. wenn
sie mit einer Beschädigung fremden Eigentums einhergeht), die Werkveröffentlichung
oder sonstige Werknutzung möglicherweise strafbar machen.

7. Nicht schutzfähige Elemente

Als Werk urheberrechtlich schutzfähig ist stets nur eine konkrete Formgestaltung. Nur 24
für diese wird urheberrechtlicher Schutz gewährt. Der Vorgang der Werkschöpfung
selbst ist nicht schutzfähig. Dritten müssen nämlich die der Werkschöpfung zugrunde
liegenden Gestaltungsmöglichkeiten erhalten bleiben. Das Urheberrecht begründet keine
Monopolisierung bestimmter Ausdrucksmittel. Schutz nach dem UrhG scheidet daher
aus für eine Werkgattung als solche, für Methoden und Konzepte, für den Stil (die
Manier) eines bildenden Künstlers, ferner für Informationen und Fakten. Bei wissenschaftlichen Arbeiten ist ebenfalls nur die konkrete Darstellung geschützt. Die wissenschaftliche Lehre und die der Arbeit zugrunde liegenden wissenschaftlichen Erkenntnisse
bleiben frei.[29] Auch bei Spielregeln oder Kochrezepten ist in aller Regel nur die von dem
Urheber im Einzelfall gewählte Formulierung geschützt. Nicht dem Urheberrechtsschutz zugänglich ist außerdem die Idee zu einem Film bzw. ein bestimmter Filmstoff.
Auch hier ist lediglich die Bearbeitung einer bereits gestalteten Idee schutzfähig.

8. Werkteile und Vorstufen des Werkes

Das Werk muss nicht vollendet sein, um schutzfähig zu sein. Auch unvollendete Werke 25
können über urheberrechtlichen Schutz verfügen, ebenso Teile eines Werkes. Voraussetzung ist, dass auch das unvollendete Werk bzw. die jeweiligen Teile eines Werkes die
Voraussetzungen des § 2 Abs. 2 UrhG erfüllen.[30]

II. Einzelne Werkarten

§ 2 Abs. 1 UrhG enthält einen Katalog von Werkarten, die dem Urheberrechtsschutz 26
zugänglich sind. Der Katalog ist offen formuliert – was sich aus dem der Aufzählung
vorangestellten Wort »insbesondere« ergibt –, damit neu hinzutretende Werkarten, die

---

27 Wandtke/Bullinger/*Bullinger* § 2 Rn. 31; *Dreyer/Kotthoff/Meckel* § 2 Rn. 98.
28 Entfernung nach h.M. zulässig, vgl. Wandtke/Bullinger/*Bullinger* § 2 Rn. 32.
29 Vom – zeitlich begrenzten – patentrechtlichen Monopolschutz einmal abgesehen; *Fromm/Nordemann*
§ 2 Rn. 43.
30 BGH GRUR 2008, 1081, 1082 – Musical Starlights; *Fromm/Nordemann* § 2 Rn. 51; *Dreyer/Kotthoff/
Meckel* § 2 Rn. 100.

dem Bereich Literatur, Wissenschaft und Kunst zugerechnet werden können, nicht schutzlos bleiben.[31]

1. Sprachwerke (§ 2 Abs. 1 Nr. 1 UrhG)

27 Sprachwerke sind solche persönlichen geistigen Schöpfungen, deren Inhalt durch eine Sprache als Ausdrucksmittel geäußert wird.[32] Der Begriff »Sprache« ist ein offener Begriff. Nach der Rechtsprechung ist eine Sprache dadurch gekennzeichnet, dass »die verwendeten Ausdrucksmittel eine einheitliche, Dritten sinnlich wahrnehmbare Formgestaltung aufweisen«.[33] Charakteristikum für die Sprache ist ein bestimmtes System von Mitteilungssymbolen, die denjenigen, die der Sprache mächtig sind, den Austausch von Information ermöglichen.[34] Das kann durch Worte geschehen, aber auch durch verschlüsselte Buchstaben, Zahlen, Formeln oder mathematische Zeichen.[35] Auch ausgestorbene Sprachen, Kunstsprachen, Zeichensprache, Gebärdensprache oder Flaggensignale kommen als Ausdrucksmittel für ein Sprachwerk im Sinne von § 2 Abs. 1 Nr. 1 UrhG in Betracht. Auch bei Sprachwerken gilt der Grundsatz, dass es nicht auf die schriftliche Fixierung ankommt, sondern lediglich auf das sprachliche Ausdrucksmittel.

28 Bei den Sprachwerken ist die Besonderheit zu beachten, dass nicht ausschließlich die individuelle sprachliche Form, sondern grundsätzlich auch der Inhalt des Sprachwerke schutzfähig ist, jedenfalls soweit er auf einer persönlichen geistigen Schöpfung des Autors beruht (z.B. die Geschichte eines Romans, die der Phantasie des Autors entsprungen ist).[36] Urheberrechtlicher Schutz ist zudem auch möglich für die Ausgestaltung der einzelnen Charaktere von Kunstfiguren sowie deren Einbeziehung in das Handlungsgefüge der Erzählung.[37]

29 Nicht dem Urheberrechtsschutz zugänglich ist demgegenüber eine Geschichte, die der Autor der Realität entnommen hat, oder die Biografie eines Menschen als solche, da sie ebenfalls auf Tatsachenstoff beruht. Schutz besteht hier nur in Bezug auf die konkrete Art und Weise der schriftlichen Darstellung der realen Geschichte bzw. der Biografie. Die Geschichte selbst bleibt demgegenüber gemeinfrei. Daraus ergibt sich auch, dass Dritte aus solchen urheberrechtlich geschützten Werken die gemeinfreien Bestandteile entnehmen und frei verwenden dürfen.

30 In § 2 Abs. 1 Nr. 1 UrhG werden als Beispiele für Sprachwerke genannt:
- Schriftwerke,
- Reden und
- Computerprogramme.

---

31 *Fromm/Nordemann* § 2 Rn. 11: »nicht erschöpfender Beispielkatalog«. Siehe Mulitmediawerk, das Elemente verschiedener herkömmlicher Werkarten enthält; wenn Anordnung, Abfolge und Zusammenstellung der einzelnen Elemente eine persönliche geistige Schöpfung ist, dann besteht Urheberrechtsschutz (LG München I MMR 2005, 267 – Urheberrechtsabgabe für Computerhardware).
32 GRUR 1959, 251 – Einheitsfahrschein; GRUR 1961, 85, 87 – Pfiffikusdose; GRUR 1963, 633, 634 – Rechenschieber; BGH GRUR 1985, 1041, 1046 – Inkassoprogramm.
33 OLG Frankfurt GRUR 1983, 753, 755 – Pengo; WRP 1984, 79, 83 – Donkey Kong Junior II.
34 OLG Düsseldorf GRUR 1990, 263, 265 – Automatenspielplan.
35 BGHZ 94, 276; Dreier/*Schulze* § 2 Rn. 81.
36 *Fromm/Nordemann* § 2 Rn. 58, 57.
37 BGH GRUR 1999, 984, 987- Laras Tochter; *Fromm/Nordemann* § 2 Rn. 57.

Darunter fallen insbesondere folgende Arten sprachlicher Erzeugnisse: 31

Zeitungsartikel[38] und **Beiträge in Zeitschriften**, aber auch **Zeitungsanzeigen**, sofern sie 32
aufgrund ihrer sprachlichen und optischen Gestaltung als persönliche geistige Schöpfung
angesehen werden können.[39]

In Bezug auf **Rundfunk-** und **Fernsehprogramme, Lesungen, Dialoge, Ankündigun-** 33
gen oder **Interviews** kommt es ebenfalls darauf an, ob die Anforderungen an eine persönliche geistige Schöpfung erfüllt sind, was im wesentlichen von der sprachlichen Qualität oder Originalität abhängt.

Briefe, Schriftsätze, Gebrauchsanleitungen, Merkblätter und andere sprachliche 34
Äußerungen des täglichen Lebens sind nach der Rechtsprechung nur dann schutzfähig,
wenn sie »Phantasie und Gestaltungskraft« aufweisen.[40] Ein **Wanderführer**[41] erfüllt diese
Voraussetzung, wenn gerade die Beschreibung der vorgeschlagenen Routen die individuelle Prägung des Werks ausmacht, z.B. durch Hintergrundinformationen zu naturkundlichen oder kulturhistorischen Besonderheiten nebst Schilderungen des Landschaftseindrucks.

Für **Formulare, Tabellen** oder **Vordrucke** hat die frühere Rechtsprechung[42] die Schutz- 35
fähigkeit bejaht, wenn für die Erstellung der entsprechenden Texte besondere
Wirtschafts- bzw. Rechtskenntnisse oder geschäftliche Erfahrungen bzw. Gewandtheit
erforderlich waren. Nach zutreffender Ansicht sind solche Sachtexte allerdings nicht
urheberrechtlich geschützt, sofern die besonderen Kenntnisse des Texterstellers nicht in
einer individuellen Form der Darstellung zum Ausdruck kommen. Das bedeutet nicht,
dass solche Texte ohne jeden rechtlichen Schutz bleiben und frei von Dritten übernommen werden dürfen. In Betracht kommt hierfür der ergänzende wettbewerbsrechtliche
Leistungsschutz nach §§ 3 Abs. 1, 4 Ziff. 9 UWG.[43] Für **Werbeunterlagen, Preislisten,**
Kundenrundschreiben und **Merkblätter** gelten die gleichen Grundsätze.[44]

Der Formulierung von **Allgemeinen Geschäftsbedingungen** kann urheberrechtlicher 36
Schutz zuzuerkennen sein, wenn sie sich von dem in der jeweiligen Branche Üblichen
deutlich abhebt. Nicht schutzfähig sind jedoch auch hier – wie im Falle normaler
Anwaltsschriftsätze[45] – juristische Standardformulierungen, die in vergleichbarer Form
immer wiederkehren.

Nicht-amtlichen Leitsätzen hat die Rechtsprechung ebenfalls grundsätzlich eine urhe- 37
berrechtliche Schutzfähigkeit als Sprachwerke zuerkannt. Es handelt sich hier aber um
eine Bearbeitung der jeweils zugrunde liegenden Gerichtsentscheidung (§ 3 UrhG). Bei
der Formulierung von Leitsätzen besteht daher von vornherein kein sonderlich großer

---

38 Der EuGH (in GRUR 2009, 1041, Rn. 30 ff., 48) hat in einer aktuellen Entscheidung einem aus elf
    Worten bestehenden Auszug aus einem Zeitungsartikel Werkcharakter zuerkannt.
39 OLG München NJW-RR 1994, 1258.
40 BGH GRUR 1986, 739, 741 – Anwaltsschriftsatz; GRUR 1987, 166 – AOK-Merkblatt; GRUR 1993,
    34, 36 – Bedienungsanweisung; LG Berlin ZUM 2005, 842, 843 – Host-Providing-Mustervertrag;
    OLG Nürnberg GRUR 2002, 607 – Stufenaufklärung nach Weissauer; BGHZ 31, 308, 311 – Alte
    Herren (Schutz verneint); KG GRUR-RR 2002, 313 – Das Leben, dieser Augenblick; LG Berlin
    ZUM-RD 2007, 423, 424; KG GRUR 1973, 603, 604 – Hauptmann-Tagebücher; BGHZ 249, 255 –
    Cosima Wagner. Ein Anspruch gegen Veröffentlichung oder Entstellung privater Briefe oder Tagebücher kann darüber hinaus auf das allgemeine Persönlichkeitsrecht gestützt werden; s.a. Wandtke/Bullinger/*Bullinger* § 2 Rn. 56.
41 OLG Köln ZUM-RD 2003, 537.
42 RGZ 121, 357, 361 – Rechentabellen; RGZ 143, 412, 416 – Buchhaltungsformulare; Wandtke/Bullinger/*Bullinger* § 2 Rn. 62.
43 BGH GRUR 1972, 127 – Formulare.
44 BGH GRUR 1987, 166 – AOK-Merkblatt.
45 LG München I GRUR 1991, 50, 51 – Geschäftsbedingungen.

Gestaltungsspielraum, weshalb aus Sicht der Rechtsprechung schon ein relativ geringes Maß an schöpferischer Leistung ausreichend sein soll.[46]

38 Die **Gerichtsentscheidungen** selbst sind als amtliche Werke gemäß § 5 Abs. 1 UrhG gemeinfrei. Auch Gesetze, Verordnungen und amtliche Erlasse sind gemäß § 5 Abs. 1 UrhG vom Urheberrechtsschutz ausgenommen. Einen Sonderfall stellen die so genannten **nicht-amtlichen technischen Normenwerke** dar (z.B. DIN-Normen, VDE-Vorschriften, VDS-Vorschriften, VOB). Hierbei handelt es sich in der Regel um persönliche geistige Schöpfungen.[47] Die Rechtsprechung hatte diesen privaten Normwerken dennoch unter Verweis auf § 5 UrhG den Urheberrechtsschutz versagt. Die Normen seien von ihrer Funktion her als amtlichen Werken gleichgestellte Sprachwerke aufzufassen.[48] § 5 Abs. 3 UrhG stellt jedoch nunmehr klar, dass das Urheberrecht an privaten Normwerken bestehen bleibt, auch wenn Gesetze auf sie verweisen.

39 Anders als private Normenwerke wie z.B. DIN-Normen erfüllen **Dienstanweisungen** die Anforderungen an eine persönliche geistige Schöpfung in aller Regel nicht. Sie sind für gewöhnlich sachbezogen und knapp gefasst und lassen praktisch keinen Spielraum für eine individuelle sprachliche Gestaltung.[49]

40 **Spielregeln** können als Sprachwerk urheberrechtlich geschützt sein. Meist bezieht sich der Schutz jedoch lediglich auf die konkrete sprachliche Ausgestaltung, nicht auf den Ablauf des beschriebenen Spiels selbst, also den Inhalt der Spielregeln.[50]

41 Auch **Werbeaussagen** können grundsätzlich als Sprachwerke geschützt sein. In der Praxis ist dies jedoch selten der Fall, denn meist fehlt es an der geforderten Schöpfungshöhe. Zu berücksichtigen ist, dass im Bereich der Werbung ein erhebliches Freihaltebedürfnis besteht, weil die absolute Zahl an knappen, treffenden Werbeaussagen für eine bestimmte Produktgattung von vornherein begrenzt ist. Die Gewährung urheberrechtlichen Schutzes für einen Anbieter führt in einem solchen Fall schnell zu einer Behinderung der übrigen Wettbewerber. Die Schöpfungshöhe darf daher in diesem Bereich nicht zu niedrig angesetzt werden.[51] Eher in der älteren Rechtsprechung finden sich Entscheidungen, in denen für bemerkenswerte Slogans urheberrechtlicher Schutz gewährt wurde.[52] Die neuere Rechtsprechung hingegen verneint überwiegend den Schutz für Werbeslogans.

42 **Lexika** und **Wörterbücher** sind dem urheberrechtlichen Schutz als Sprachwerk zugänglich, weil die in ihnen jeweils enthaltenen Informationen auf einer individuellen Auswahl des Urhebers beruhen. Der Schutz bezieht sich jedoch auch hier nicht auf den Inhalt der Informationen selbst.[53] Gleiches gilt für wissenschaftliche Register oder Apparate. Auch diese können als Sprachwerk geschützt sein. Demgegenüber sind **Fernsprechbücher**, **Branchenverzeichnisse** und **Adressbücher** grundsätzlich nicht urheberrechtlich geschützt, da die in ihnen enthaltenen Informationen frei sind und eine individuelle Auswahl oft bereits deshalb ausscheidet, weil diese Art der Publikationen auf Vollständigkeit

---

46 BGH GRUR 1992, 382 – Leitsätze; OLG Köln GRUR 1989, 821 – Entscheidungsleitsätze.
47 BGH GRUR 1984, 117 – VOB/C.
48 BGH GRUR 1990, 1003 – DIN-Normen.
49 Wandtke/Bullinger/*Bullinger* § 2 Rn. 64.
50 Das kann nur ausnahmsweise dann einmal anders sein, wenn es sich um einen ganz überdurchschnittlich phantasievollen Spielablauf handelt, der selbständig schutzfähig ist, Dreier/*Schulze* § 2 Rn. 104. Siehe aber OLG Düsseldorf GRUR 1990, 263, 265 – Automatenspielplan (Schutz bejaht).
51 OLG Braunschweig GRUR 1955, 205, 206 – Hamburg geht zu E ...; OLG Stuttgart GRUR 1956, 481, 482 – Jacobi; OLG Düsseldorf GRUR 1978, 640, 641 – fahr,n auf der Autobahn; OLG Frankfurt GRUR 1987, 44 – WM-Slogan; LG München I ZUM 2001, 722, 724 – Find your own Arena.
52 »Biegsam wie ein Frühlingsfalter bin ich im Forma Büstenhalter«, OLG Köln GRUR 1934, 758; »Ein Himmelbett im Handgepäck«, OLG Düsseldorf BB 1964, 447.
53 BGH GRUR 1987, 704 – Warenzeichen-Lexika; LG Berlin AfP 1994, 62, 63.

angelegt sind. Die Rechtsprechung hat ausnahmsweise urheberrechtlichen Schutz gewährt für eine Gestaltung, die sich von der sonst üblichen Art der Darstellung deutlich abhob.[54]

Die **Programmabfolge** von Rundfunk- oder Fernsehanstalten ist nicht als Sprachwerk geschützt. Es kann aber ein Sammelwerk vorliegen (§ 4 UrhG), wenn nicht schlicht eine chronologische Programmabfolge gewählt wurde, sondern die Übersicht auf individuelle Weise gestaltet ist.   43

In aller Regel ebenfalls nicht als Sprachwerk schutzfähig sind **Buch-, Zeitschriften-, Bühnen-, Sende- und sonstige Titel**. Die Rechtsprechung hat urheberrechtlichen Schutz z.B. abgelehnt für die Titel »Sherlock Holmes«, »Der 7. Sinn« und »Verschenktexte«. Hier greift aber der Werktitelschutz gemäß § 5 Abs. 3 i.V.m. § 15 MarkenG ein. Auch der Titelschutz nach dem MarkenG setzt – wie das Urheberrecht – keine Registrierung voraus. Schutz entsteht durch die Benutzung des Titels. Es kommt dabei nicht darauf an, ob das mit dem Titel versehene Werk urheberrechtlich geschützt ist. Voraussetzung ist, dass der Titel ein Mindestmaß an Unterscheidungskraft aufweist, wobei wegen des unterschiedlich großen Gestaltungsspielraums bei den verschiedenen Werkarten zum Teil nur äußerst geringe Anforderungen gestellt werden, insbesondere im Bereich der Printmedien.[55]   44

Der Titelschutz entsteht in dem Zeitpunkt, in dem der Titel für ein Werk im geschäftlichen Verkehr benutzt wird. Auch Vorbereitungshandlungen wie z.B. die Bewerbung des Werkes können bereits eine Benutzungshandlung darstellen. In der Praxis von besonderer Bedeutung ist in diesem Zusammenhang die so genannte **Titelschutzanzeige** in einem hierfür vorgesehenen Printmedium (insbesondere »Titelschutzanzeiger«, »Börsenblatt des deutschen Buchhandels«, »Der Software Titel«). Die Titelschutzanzeige begründet dabei selbst noch keine Benutzungshandlung. Durch sie kann aber der für den Beginn des Schutzes maßgebliche Zeitpunkt vorverlegt werden – vorausgesetzt das Werk erscheint dann auch innerhalb angemessener Frist unter dem angezeigten Titel. Welche Frist angemessen ist, hängt von den Umständen des Einzelfalles ab. Als allgemeiner Richtwert kann eine Frist von sechs Monaten angesehen werden.[56]   45

Sonderstellung Computerprogramme: Einen Fremdkörper in der Aufzählung der Sprachwerke nach § 2 Abs. 1 Nr. 1 UrhG bilden die Computerprogramme. In Umsetzung der Richtlinie Nr. 91/250/EWG vom 14.5.1991 wurden die den Schutz für Computerprogramme regelnden §§ 69a ff. UrhG eingefügt. § 69a Abs. 3 UrhG bestimmt insbesondere, dass für Computerprogramme das Erfordernis der Schöpfungshöhe nicht erfüllt sein muss. Auch der so genannten »kleinen Münze« der nicht vollkommen banalen Programme kommt somit urheberrechtlicher Schutz zu. Allerdings gilt auch hierfür die Voraussetzung, dass es sich um eine individuelle schöpferische Leistung handelt. Das bedeutet, dass von vornherein ein entsprechender Gestaltungsspielraum bestehen muss.[57]   46

Computerprogramme sind einerseits als Software, andererseits auch als integrierte Hardware geschützt. Der Schutz greift ein für alle Entstehungsphasen. Auch der nur maschinenlesbare Objektcode ist vom urheberrechtlichen Schutz erfasst. Das Arbeitsergebnis, welches auf dem Computerbildschirm erscheint, ist hingegen nicht als Computerpro-   47

---

54 OLG HH ZUM 1989, 43 – Gelbe Seiten; Schutz verneint dagegen in BGH GRUR 1999, 923, 924 – Tele-Info-CD; OLG Frankfurt CR 1997, 275, 276 – D-Info 2.0; möglicherweise ist die Übernahme als Ausbeutung fremder Leistung nach § 4 UWG wettbewerbswidrig, OLG Karlsruhe CR 1997, 149; LG Hamburg CR 1997, 21 – D-Info 2.0.
55 BGH GRUR 2002, 176 – Auto Magazin; BGH GRUR 1992, 547 – Hamburger Morgenpost; s.a. *Hasselblatt* § 36 Rn. 159 m.w.N.
56 Siehe hierzu *Hasselblatt* § 36 Rn. 159-161.
57 OLG München CR 2000, 429, 430; Wandtke/Bullinger/*Grützmacher* § 69a) Rn. 34.

gramm geschützt.[58] Auch die einem Computerprogramm zugrunde liegenden Ideen und Grundsätze sind vom Urheberrechtsschutz ausgenommen (§ 69a Abs. 2 Satz 2 UrhG).

2. Werke der Musik (§ 2 Abs. 1 Nr. 2 UrhG)

48 Bei einem Werk der Musik handelt es sich um eine komponierte Folge von Tönen, die dem Hörer ein akustisches Erlebnis vermittelt.[59] Abzugrenzen ist das Musikwerk von bloßen Geräuschen oder akustischen Signalen. Solchen Erkennungs- oder Pausenzeichen kommt kein urheberrechtlicher Schutz zu (in Frage kommt jedoch evtl. Schutz als Hörmarke, § 3 Abs. 1 MarkenG).

49 Typische Beispiele für Musikwerke sind Oper, Operette, Symphonie, Kammermusik, Lied, Jazz, Popmusik, Schlager, Filmmusik oder freie Improvisationen. Vor dem Hintergrund der zunehmenden Komplexität und Länge sind mittlerweile auch Handyklingeltöne als schutzfähige Musikwerke anerkannt.[60] Der Begriff des Musikwerks ist weit auszulegen.[61] Auf die Art der Erzeugung der Tonfolgen kommt es nicht an. Ob die Töne von der menschlichen Stimme, Musikinstrumenten, auf elektronischem Weg oder durch andere Schallquellen hervorgerufen werden, spielt keine Rolle. Auch eine individuelle Kombination von Naturgeräuschen[62] kann ein Musikwerk sein. Ob ein Musikwerk gegeben ist oder nicht, hängt ferner auch nicht von der Einhaltung bestimmter Tontheorien oder Lehren ab.[63] Die Theorien oder Lehren selbst sind im Übrigen nicht als Musikwerk schutzfähig.

50 Ein Musikwerk ist eine persönliche geistige Schöpfung, wenn eine individuelle Komposition vorliegt. Die schöpferische Leistung kann dabei in der Gestaltung der Melodie, dem Aufbau der Tonfolgen, der Rhythmisierung, der Instrumentierung und der Orchestrierung liegen.[64] Eine musikalische Einheit ist auch als solche schutzfähig, wenn ihr die entsprechende Individualität innewohnt. Das gilt zum Beispiel für ein musikalisches Thema oder einen bestimmten Rhythmus. Ein musikalisches Motiv wird kaum jemals die Schwelle zur Urheberrechtsschutzfähigkeit überschreiten, ein einzelner Akkord für sich genommen nie.

51 Nicht maßgeblich ist für die Beurteilung der Schutzfähigkeit, ob dem Werk künstlerische Bedeutung beizumessen ist.[65] Nach Ansicht der Rechtsprechung des Bundesgerichtshofs darf die Gestaltungshöhe bei der Beurteilung eines Werkes der Musik nicht zu hoch angesetzt werden. Die Rechtsprechung stellt »auf die Auffassung der mit Musik vertrauten und hierfür aufgeschlossenen Verkehrskreise ab«.[66]

52 Der Kompositionsvorgang muss vom Menschen gesteuert worden sein, damit eine persönliche geistige Schöpfung gegeben ist. Musik, die unter Zuhilfenahme eines Zufallsge-

---

58 OLG Düsseldorf CR 2000, 184 – Framing; OLG Hamburg ZUM 2001, 519, 521 – Faxkarte; OLG Hamm MMR 2005, 106; LG Mannheim NJW-RR 1994, 1007; LG Frankfurt CR 2007, 424; LG Düsseldorf ZUM 2007, 559, 563; ebenso die herrschende Literaturmeinung, Nachweise bei Wandtke/Bullinger/*Grützmacher* § 69a Rn. 14; a.A. OLG Karlsruhe GRUR 1994, 726, 729 – Bildschirmmasken.
59 Möhring/Nicolini/*Ahlberg* § 2 Rn. 11, 12; *Schack* Rn. 215.
60 BGH NJW 2009, 774 – Klingeltöne für Mobiltelefone; LG Hamburg ZUM 2005, 483; LG Hamburg ZUM 2005, 485, 486; OLG Hamburg ZUM 2002, 480 – Handyklingeltöne.
61 Wandtke/Bullinger/*Bullinger* § 2 Rn. 68.
62 *Schack* Rn. 215.
63 Möhring/Nicolini/*Ahlberg* § 2 Rn. 11.
64 BGH GRUR 1991, 533, 535 – Brown Girl II; BGH GRUR 1968, 321, 324 – Haselnuss; OLG München ZUM 1992, 202, 203; LG Hamburg ZUM 2001, 443, 444 – Klingelton für Handys.
65 BGH GRUR 1991, 533 – Brown Girl II; GRUR 1988, 810, 811 – Fantasy; GRUR 1988, 812, 814 – Ein bisschen Frieden; GRUR 1981, 267, 268 – Dirlada; GRUR 1968, 321, 325 – Haselnuss.
66 BGH GRUR 1981, 267, 268 – Dirlada; GRUR 1988, 811 – Fantasy; LG München I ZUM 2003, 245, 247.

nerators zustande kommt, ist daher kein urheberrechtlich schutzfähiges Werk.[67] Der Urheber kann jedoch auf technische Hilfsmittel zurückgreifen. So führt die Verwendung der MIDI-Technik nicht zu einem Ausschluss der Urheberschutzfähigkeit. Voraussetzung ist allerdings wiederum, dass das musikalische Ergebnis vom Menschen gesteuert wurde.

Schutz »entsteht mit der Äußerung der Schöpfung«.[68] Diese kann in der Niederlegung des Musikstückes in Noten oder auf einem Tonträger liegen, sie kann aber auch, etwa bei Improvisationen, in der bloßen Darbietung geschehen.[69] Die Fixierung des Musikstücks ist keine Schutzvoraussetzung. 53

Nicht urheberrechtlich geschützt ist ein bestimmter Sound.[70] Durch das so genannte Sound-Sampling geschaffene Werke sind urheberrechtlich schutzfähig, wenn und soweit die Kombination der benutzten Tonfolgen eine persönliche geistige Schöpfung darstellt. 54

In § 24 Abs. 2 UrhG ist der Grundsatz des absoluten (oder »starren«) Melodienschutzes festgelegt. Dritten ist es untersagt, eine Melodie erkennbar einem anderen Werk zu entnehmen und einem neuen Werk zugrunde zu legen. Unter der »Melodie« ist nach der Rechtsprechung eine Tonfolge zu verstehen, die dem Werk eine individuelle Prägung verleiht. Dabei ist der Umfang der übernommenen Tonfolge nicht von Bedeutung. Eine unzulässige Übernahme kann bereits in einem, vier oder sieben Takten bestehen.[71] 55

3. Pantomimische Werke einschließlich Werke der Tanzkunst (§ 2 Abs. 1 Nr. 3 UrhG)

Ausdrucksmittel eines pantomimischen Werkes ist die Körpersprache. Es wird ein gedanklicher Inhalt mittels Bewegung, Mimik und Gebärden zum Ausdruck gebracht.[72] Schutz besteht jeweils – bei Vorliegen der Voraussetzungen einer persönlichen geistigen Schöpfung – für die konkrete Abfolge dieser Elemente. Kein Schutz besteht für die einzelnen pantomimischen Bewegungsmuster, denn diese sind frei. 56

Werke der Tanzkunst sind choreographische Werke mit oder ohne Musik,[73] »tänzerische Kompositionen, die als Raum- und Bewegungschoreographien rhythmisch, metrisch und tempogebend gestaltet und für das Auge objektiv wahrnehmbar sind«.[74] Sie reichen über die bloßen Bewegungen, Schritte, Gebärden und die Tanztechnik hinaus.[75] Auch bei den Werken der Tanzkunst gilt nämlich, dass die einzelnen Tanzschritte, Drehungen, Sprünge, die Sprache des Tanzes an sich, die Gestaltungsformen des Volkstanzes, die Lehre des klassischen Balletts und des modernen Tanzes gemeinfrei sind. Ein urheberrechtlich schutzfähiges Werk entsteht durch die individuelle Kombination der tänzerischen Gestaltungselemente. Eine Fixierung des Werkes ist auch bei Werken der Tanzkunst nicht (mehr) erforderlich. 57

Sportliche und akrobatische Bewegungsabläufe sind nicht urheberrechtlich geschützt. Ihnen fehlt ein Gedankeninhalt, der die sportliche oder akrobatische Leistung zu einer persönlichen geistigen Schöpfung werden ließe. Solche Bewegungsabläufe bringen keine 58

---

67 Die Einbeziehung von Zufallselementen ist aber unschädlich, soweit eigenschöpferische Handlungen das Werk prägen.
68 Wandtke/Bullinger/*Bullinger* § 2 Rn. 69; LG München I GRUR Int. 1993, 82, 83 – Duo Gismonti-Vasconcelos.
69 LG München I GRUR Int. 1993, 82 – Duo Gismonti-Vasconcelos.
70 Probleme können sich allerdings aus § 85 Abs. 1 Satz 1 UrhG aufgrund des Rechts des Tonträgerherstellers ergeben, wenn das Sample von einem Tonträger entnommen wurde.
71 BGH, NJW 2009, 770-773 – Metall auf Metall, m.w.H.
72 LG München I, GRUR 1979, 852, 853 – Godspell; LG Essen UFITA 18 (1954), 243, 247 f.
73 Wandtke/Bullinger/*Bullinger* § 2 Rn. 74.
74 Wandtke/Bullinger/*Bullinger* § 2 Rn. 74; *Rannow/Wandtke* S. 40, 44.
75 LG Essen UFITA 18 (1954), 243, 247 f.

künstlerischen Formgebungen zum Ausdruck.[76] Sportveranstaltungen werden daher vom Schutzbereich des UrhG nicht erfasst. Etwas anderes gilt nur dann, wenn zu der akrobatischen Darbietung eine künstlerisch-tänzerische Komponente hinzukommt, die vor oder neben den sportlichen Aspekt tritt. In einem solchen Fall kann Urheberrechtsschutz in Betracht kommen.[77]

59 Bei der Darbietung eines Schauspielers handelt es sich ebenfalls nicht um ein Werk nach § 2 Abs. 1 Nr. 3 UrhG. Dem Schauspieler stehen für seine darstellerische Leistung aber die Rechte des ausübenden Künstlers aus §§ 73 ff. UrhG zu.

60 Ob dem Theaterregisseur für seine Regieleistung urheberrechtlicher Werkschutz zukommen soll, ist umstritten. Nach der früher herrschenden Ansicht schafft der Regisseur kein eigenständiges Werk, sondern setzt nur ein fremdes Werk um.[78] Die mittlerweile herrschende Literaturmeinung will ihm aber wegen der »von dem Regisseur zu treffenden künstlerisch-ästhetischen Entscheidungen über die konkrete Form der Darstellung«[79] ein Urheberrecht jedenfalls dann zubilligen, wenn seine inszenatorisch-künstlerische Leistung gegenüber anderen, eher »werktreuen« Regieleistungen die für den Urheberrechtsschutz geforderte Individualität aufweist.

4. Werke der bildenden Künste (§ 2 Abs. 1 Nr. 4 UrhG)

61 Werke der bildenden Kunst sind »zwei- oder dreidimensionale Gestaltungen, die ihren ästhetischen Gehalt durch Ausdrucksmittel wie Farbe, Linie, Fläche, Raumkörper und Oberfläche zum Ausdruck bringen«.[80] Rein handwerkliche Leistungen werden von § 2 Abs. 1 Nr. 4 UrhG nicht erfasst.

62 Werke der bildenden Kunst im engeren Sinne sind solche, die den Kunstformen Bildhauerei/Plastik, Malerei/Zeichnung und Grafik zuzuordnen sind. Bei diesen Kunstformen setzt der Urheber (sofern er nicht lediglich das Werk eines anderen kopiert) seine Vorstellungen in die zweidimensionale Ebene bzw. plastische Form um. Dieser Vorgang stellt in aller Regel eine schöpferische Leistung dar. Das Vorliegen einer persönlichen geistigen Schöpfung wird bei Werken der bildenden Kunst im engeren Sinne daher meist zu bejahen sein.

63 Es ist schwierig, den Kunstbegriff im Bereich der bildenden Kunst zu definieren. Nach Ansicht des Bundesgerichtshofs ist ein Werk der bildenden Kunst

»eine persönliche geistige Schöpfung, die mit Darlegungsmitteln der Kunst durch formgebende Tätigkeit hervorgebracht ist und deren ästhetischer Gehalt einen solchen Grad erreicht hat, dass nach den im Leben herrschenden Anschauungen noch von Kunst gesprochen werden kann«.[81]

---

76 *Wandtke* ZUM 1991, 115, 118.
77 BGH GRUR 1960, 604 – Eisrevue I; BGH GRUR 1960, 606 – Eisrevue II.
78 OLG Koblenz UFITA 70 (1974), 331 – Liebeshändel in Chioggia; OLG Frankfurt GRUR 1976, 199 – Götterdämmerung; *Depenheuer* ZUM 1997, 734; offen gelassen in BGH GRUR 1971, 35, 37 – Maske in Blau.
79 Wandtke/Bullinger/*Bullinger* § 2 Rn. 55; s.a. *Grunert* ZUM 2001, 210, 213 ff. m.w.N.; LG Frankfurt UFITA 77 (1976), 278 – Götterdämmerung; LG Leipzig ZUM 2000, 331 ff. – Csárdásfürstin, siehe aber OLG Dresden ZUM 2000, 955 ff. – Csárdásfürstin.
80 Wandtke/Bullinger/*Bullinger* § 2 Rn. 81.
81 St. Rspr., BGH GRUR 1957, 391, 393 – Ledigenheim; GRUR 1959, 289, 290 – Rosenthal-Vase; GRUR 1972, 38, 39 – Vasenleuchter; GRUR 1974, 669, 671 – Tierfiguren; GRUR 1979, 332, 336 – Brombeerleuchte; KG ZUM 2001, 590, 591 – Gartenanlage; OLG Köln, Urt. v. 14.10.2009, 6 U 115/09 – Weißbierglas mit Fußballkugel.

A. Gegenstand des Urheberrechts – Voraussetzungen zum Entstehen urheberrechtl. Schutzes

Diese »tautologische Umschreibung«[82] ist indes für die Rechtspraxis nur schlecht handhabbar. Abzustellen ist auch bei Werken der bildenden Kunst auf die individuelle Gestaltung des Werkes. Bei einem Werk der bildenden Kunst will der Urheber mit künstlerischen Mitteln auf die Sinne des Betrachters einwirken.[83] Nicht zum Schutzbereich gehören alltägliche, banale und vorbekannte Gestaltungen, denen es an Individualität und Aussagegehalt fehlt.[84]

64

Kategorien wie »schön«, »hässlich«, »künstlerisch wertvoll« oder »geschmacklos« spielen bei der Beurteilung des Werkschutzes keine Rolle. Ebenso unbeachtlich ist, aus welchem Werkstoff die Herstellung erfolgt ist. Werke der bildenden Kunst können auch aus vergänglichem Material bestehen (bekanntestes Beispiel: Beuys, Fettecke; aber auch Schokolade, Marzipan, Schnee und Eis etc.).

65

Die bildende Kunst im Sinne des § 2 Abs. 1 Nr. 4 UrhG ist auch nicht auf die klassischen Ausdrucksmittel beschränkt. Auch »neue« Medien wie Video, Performance, Computerkunst oder Installationen[85] können zur Schöpfung von Werken der bildenden Kunst herangezogen werden. Beim Einsatz eines Computers ist zu beachten, dass der Urheber das Werk durch individuelle Steuerung der bildnerischen oder klanglichen Elemente geschaffen haben muss, um urheberrechtlichen Schutz zu erlangen. Bei einer reinen Programmanwendung fehlt es an den Voraussetzungen für eine persönliche geistige Schöpfung, weil die schöpferische Leistung nicht von einem Menschen erbracht wurde.

66

Bei der so genannten konkreten Kunst bzw. »minimal art« geht es dem Künstler gerade darum, Formen und Farben streng zu reduzieren. Ob für solche Kunstwerke Urheberrechtsschutz eingreifen soll, ist umstritten.[86] Allerdings hat auch der Urheber eines in Form und Farbe reduzierten Werkes hinreichenden Spielraum für eine individuelle Schöpfung. So kann er die Farbnuance, die Oberflächenstruktur, die Pigmenteigenschaft, das Bildformat etc. bestimmen. Die künstlerische Entscheidung hierüber kann dann zu einer persönlichen geistigen Schöpfung führen, wenn das Werk ein Mindestmaß an Individualität aufweist und sich von den Gegenständen des täglichen Lebens abhebt. Der Schutzumfang für ein Werk der »minimal art« ist jedoch meist gering und beschränkt sich auf die konkrete Kombination der von dem Urheber eingebrachten schöpferischen Elemente.[87]

67

Bei der modernen Kunst ist zu differenzieren: werden vorgefundene Gegenstände aus dem Trivialbereich künstlerisch verarbeitet, z.B. indem sie – wie bei der Kunst Jeff Koons, – im Maßstab verändert und in Edelstahl gegossen werden, so ist eine persönliche geistige Schöpfung zu bejahen. Das Transponieren in ein neues Material und die Maßstabsveränderung sind künstlerische Entscheidungen, die dem Werk Individualität verleihen. Die Gegenstände werden aus dem Trivialbereich in eine neue Bedeutungsebene überführt.

68

Anders liegt der Fall bei reinen »ready-mades«, also um vorgefundene Gegenstände, die unverändert als »Kunstwerke« präsentiert werden. Hier scheidet urheberrechtlicher Schutz aus, weil die Präsentation allein noch keine persönliche geistige Schöpfung begründen kann. Über die kunsthistorische Bedeutung solcher »Kunstwerke« ist durch die Versagung urheberrechtlichen Schutzes nichts ausgesagt.

69

---

82 *Schack* Rn. 225.
83 Wandtke/Bullinger/*Bullinger* § 2 Rn. 84.
84 OLG Hamburg ZUM 2004, 386 – Handy-Logos.
85 Z.B. sind Installationen, die laufende Texte auf Leuchttafeln zeigen, Werke der bildenden Kunst, nicht Sprachwerke; vgl. hierzu *Wandtke/Bullinger* § 2 Rn. 92.
86 *Schricker* § 2 Rn. 148; *Dreier/Schulze* § 2, 154.
87 Wandtke/Bullinger/*Bullinger* § 2 Rn. 88.

70 Ein solcher Gegenstand kann aber durch Einbindung in weitere Elemente zu einem Teil eines Kunstwerks werden, z.B. durch Verbindung mit anderen Gegenständen oder Einbeziehung in eine Performance. Diese Einbindung führt aber nicht dazu, dass der betreffende Gegenstand für sich eigenständigen Urheberrechtsschutz erlangt. So gewinnt ein landläufiger Stuhl keinen eigenen Urheberrechtsschutz, weil er im Rahmen einer Beuys-Performance von dem Künstler als »Schlachtbock« genutzt wurde. Erfährt der Beuys-Stuhl allerdings durch diesen Einsatz eine erkennbare Veränderung (z.B. im vorigen Beispiel durch Beschädigungen oder den Verbleib von Blutresten) kann er auch ein eigenständiges Urheberrecht erlangen, wenn der Künstler selbst dieses Ergebnis nicht lediglich als Zufallsergebnis ansieht. Wird ein solcher Gegenstand indes unverändert aus der Gesamtheit des Kunstwerkes herausgelöst, verliert er seinen Schutz als Bestandteil des Gesamtkunstwerkes.

71 Werke der bildenden Kunst können z.B. auch Tätowierungen oder Masken[88] (auch Totenmasken)[89] sein, ebenso Bühnenbilder.[90] Auch Trivialfiguren können Schutz als Werke der bildenden Kunst genießen,[91] ebenso Comicfiguren und Comicgeschichten. Einzelne Comicfiguren können, wenn die entsprechenden Schutzvoraussetzungen erfüllt sind, zudem mit ihren charakteristischen Merkmalen geschützt sein. Der Urheber kann dann gegen solche Werke Dritter vorgehen, welche die Figuren in einem anderen Sach- oder Sinnzusammenhang darstellen, sie in eine neue Handlung einbauen oder aus einem anderen Blickwinkel zeigen.[92] Gegen comictypische Überzeichnungen kann der Urheber des Ursprungswerks jedoch nicht vorgehen. Diese sind vom urheberrechtlichen Schutz nicht umfasst.[93]

72 Dass auch Entwürfe geschützt sind, folgt bereits aus den allgemeinen Grundsätzen. § 2 Abs. 2 Nr. 4 UrhG, der die Entwürfe von Werken der bildenden Kunst explizit nennt, dient also nur der Klarstellung.

73 **Werke der angewandten Kunst**: Dem Schutz als Werk der bildenden Kunst gemäß § 2 Abs. 1 Nr. 4 UrhG steht nicht entgegen, dass das Werk über den ästhetischen Gehalt hinaus auch einen Gebrauchszweck besitzt. Die Werke der angewandten Kunst – d.h. die bestimmten Aufgaben dienen, zugleich aber künstlerisch gestaltet sind[94] – sind in § 2 Abs. 1 Nr. 4 UrhG explizit genannt. Sofern sie eine persönliche geistige Schöpfung darstellen, sind auch die Werke der angewandten Kunst nach § 2 Abs. 1 Nr. 4 UrhG geschützt. Die Anforderungen, welche die Rechtsprechung an das Vorliegen einer persönlichen geistigen Schöpfung stellt, sind jedoch bei Werken der angewandten Kunst höher als bei Werken der reinen Kunst.[95] Dies hängt damit zusammen, dass zwischen UrhG und GeschMG ehedem ein Stufenverhältnis bestanden hat. Jedenfalls seit der Novelle des GeschMG lässt sich dieses Stufenverhältnis jedoch nicht mehr schlüssig begründen. Das GeschMG verlangt die Merkmale Neuheit und Eigenart und hat somit gänzlich andere Schutzvoraussetzungen als das UrhG. Auch die neuere Rechtsprechung

---

[88] *Reimer* Anm. zu BGH GRUR 1974, 672, 674 – Celestina.
[89] KG GRUR 1981, 742 – Totenmaske.
[90] BGH GRUR 86, 458 – Oberammergauer Passionsspiele.
[91] Z.B. Mecki Igel (naive Darstellung eines Igels mit menschlichen Zügen) – BGH GRUR 1958, 500 – Mecki-Igel; GRUR 1960, 251 – Mecki-Igel II).
[92] BGH GRUR 1995, 47, 48 – Rosaroter Elefant; GRUR 1994, 191 – Asterix-Persiflagen; GRUR 1994, 206 – Alcolix; OLG Hamburg ZUM 1989, 305, 306 – Schlümpfe-Parodie.
[93] BGH GRUR 2004, 855 – Hundefigur.
[94] Z.B. Juwelier- und Goldschmiedearbeiten, Figuren, Vasen, Möbel, Teppiche. Die Grenze ist nicht immer einfach zu ziehen, so können etwa Vasen oder Keramiken auch in erster Linie Kunstobjekte darstellen.
[95] BGH GRUR 2004, 941 – Metallbett, GRUR 1995, 581, 582 – Silberdistel; KG ZUM 2005, 230; LG Hamburg GRUR-RR 2005, 106, 109 – SED-Emblem; siehe dazu auch BVerfG GRUR 2005, 410 – Laufendes Auge.

A. Gegenstand des Urheberrechts – Voraussetzungen zum Entstehen urheberrechtl. Schutzes

hat jedoch an dem Stufenverhältnis – bislang noch – festgehalten. Nach zutreffender Ansicht[96] ist der strengere Maßstab für Werke der angewandten Kunst nicht aufrechtzuerhalten. Auch Designgegenstände müssen bei Vorliegen einer individuellen Gestaltung Schutz nach dem UrhG erhalten. Zu berücksichtigen ist dabei freilich, dass naheliegende Gestaltungsmerkmale nicht monopolisiert werden dürfen.

Konsequenz der (noch vorherrschenden) Ansicht in der Rechtsprechung ist, dass Designgegenständen in der Vergangenheit nur ausnahmsweise urheberrechtlicher Schutz zuerkannt wurde: 74

Für Möbel, Lampen, Sitze und Regale hat die Rechtsprechung urheberrechtlichen Schutz zuweilen gewährt.[97] Die Rechtsprechung hat hierbei die Voraussetzung aufgestellt, dass die Form des zu schützenden Musters oder Erzeugnisses nicht nur durch seine technische Funktion, sondern auch durch seine ästhetische Gestaltung geprägt sein muss. 75

In Bezug auf Modeschöpfungen wurde urheberrechtlicher Schutz nur ausnahmsweise und nur dann bejaht, wenn die Gestaltung besonders ausgefallen war.[98] Für Schmuckstücke, Textil- und Papiergestaltungen wurde vereinzelt urheberrechtlicher Schutz angenommen.[99] 76

Für Schriftzeichen hat die Rechtsprechung den Werkcharakter verneint;[100] ebenso für Musiknoten.[101] Banknoten und Briefmarken können als Werke der angewandten Kunst nach § 2 Nr. 4 schutzfähig sein.[102] Das Gleiche gilt für Homepage-Gestaltungen, wobei allerdings vorausgesetzt wird, dass die Webseite künstlerisch-ästhetisch gestaltet ist und nicht der reine Gebrauchszweck der Seite im Vordergrund steht.[103] 77

Auch Handy-Logos sind urheberrechtlichem Schutz als Werk der bildenden Kunst grundsätzlich zugänglich.[104] Für alltägliche, vorbekannte, einfache Darstellungen, die keinerlei individuelle Züge tragen bzw. keine Aussagekraft besitzen, kommt Schutz nach dem UrhG jedoch nicht in Betracht.[105] Dasselbe gilt für Werbegrafik, bei der schlichte Alltagsgrafik von vornherein aus dem Schutzbereich des Urheberrechts ausscheidet. 78

Werke der Baukunst zählen zu den Werken der bildenden Kunst. Als Werke der Baukunst werden auch reine Zweckbauten (wie Fabrikgebäude, Brücken) geschützt, wenn 79

---

96 Siehe hierzu insbesondere *Zentek* WRP 2010, 73 ff. m.w.N.; *Fromm/Nordemann* § 2 Rn. 146 ff.
97 BGH GRUR 1972, 38, 39 – Vasenleuchter; GRUR 1979, 332, 336 – Brombeerleuchte; OLG Düsseldorf GRUR 1954, 417 – Knickfaltlampe; OLG Düsseldorf GRUR 1993, 903, 906 – Bauhausleuchte; OLG Hamburg ZUM 1999, 481 – Bauhaus-Glasleuchte; KG ZUM 2005, 820, 821 – Wagenfeld Tischleuchte; BGH GRUR 1987, 903 – Le Corbusier Möbel; GRUR 1961, 635, 637 – Stahlrohrstuhl I; GRUR 1974, 740, 741 – Sessel; KG GRUR 1996, 968 – Möbel-Nachbildungen; OLG Hamburg, Urt. v. 21.8.2002, 5 U 217/01 – Tripp-Trapp-Stuhl; OLG Düsseldorf ZUM-RD 2002, 419 – Breuer-Hocker.
98 BGH GRUR 1984, 453 – Hemdblusenkleid; GRUR 1973, 478, 479 – Modeneuheit; BGHZ 16, 4, 6 – Mantelmodell; LG Leipzig ZUM 2002, 315, 316 – Hirschgewand; Schutz verneint in BGH GRUR 1983, 377, 378 – Brombeermuster; GRUR 1967, 315, 316 – skai-cubana; zum wettbewerbsrechtlichen Leistungsschutz und zum geschmacksmusterrechtlichen Schutz von Modeerzeugnissen siehe BGH WRP 2006, 75 – Jeans I; BGH GRUR 1998, 477, 478 – Trachtenjanker.
99 Wandtke/Bullinger/*Bullinger* § 2 Rn. 101.
100 BGHZ 22, 209 – Europapost.
101 BGH GRUR 1986, 895 – Notenstichbilder.
102 LG München I GRUR 1987, 436 – Briefmarke; zu Banknoten: *Häde* ZUM 1991, 536, 539; *Fromm/Nordemann* § 2 Rn. 156.
103 OLG Hamm GRUR-RR 2005, 73, 74 – Web-Grafiken; OLG Düsseldorf MMR 1999, 729, 732 – Frames.
104 »Jeder Gegenstand, der einen das ästhetische Empfinden ansprechenden Gehalt durch die Gestaltung von Flächen, Körpern oder Räumen ausdrückt« (Wandtke/Bullinger/*Bullinger* § 2 Rn. 105); OLG Hamburg ZUM 2004, 386 – Handy-Logos; OLG Naumburg ZUM 2005, 759, 760.
105 OLG Naumburg ZUM 2005, 759, 760.

ihre Errichtung nicht lediglich handwerkliche Routineleistungen erfordert.[106] Außerdem fallen Raumausstattungen sowie Werke der Gartenarchitektur in den Schutzbereich.

80 Auch bei Bauwerken gilt, dass der Gebrauchszweck den Urheberrechtsschutz nicht ausschließt. Schutzfähig sind auch einzelne Teile eines Bauwerks, z.B. der Erdgeschossgrundriss oder die Fassadengestaltung.[107] Voraussetzung ist, dass der entsprechende Bauwerksteil für sich genommen die erforderliche Individualität aufweist.

81 Die schöpferische Leistung des Architekten kann im Übrigen auch in einer Zuordnung der Baukörper zueinander oder in der Einbettung in die Landschaft begründet liegen.[108]

5. Lichtbildwerke (§ 2 Abs. 1 Nr. 5 UrhG)

82 Lichtbildwerke sind Fotografien, die eine persönliche geistige Schöpfung des Urhebers darstellen. Das sind solche Fotografien, die sich »durch künstlerische Gestaltungskraft«, »durch eine inhaltliche Aussage« auszeichnen.[109] Ein Lichtbildwerk bildet die Wirklichkeit nicht einfach ab. Der Schöpfer eines Lichtbildwerks verleiht der im Bild festgehaltenen Umgebung – dem eingefangenen Motiv – vielmehr eine individuelle Akzentuierung. Eine künstlerische Bildgestaltung kann sich etwa durch die Wahl des Bildausschnitts, die Belichtungsdauer, die Licht-Schatten-Modulation (Verteilung von Licht und Schatten), die Wahl der Kontraste und/oder der Brennweite des Objektivs oder die Entscheidung über die Tiefeschärfe durch Wahl einer Blende ergeben, ferner durch die Bestimmung des Aufnahmeformats – was eine unterschiedliche Bildauflösung zur Folge hat – oder die Auswahl bestimmter Aufnahmematerialien. Bei der herkömmlichen chemischen Fotografie eröffnen sich dem Fotografen im Rahmen der Fotoentwicklung zusätzliche Möglichkeiten, in schöpferisch-gestalterischer Weise auf die Bildgestaltung Einfluss zu nehmen. Eine künstlerische Gestaltung kann außerdem durch nachträgliche Bildbearbeitung mittels Fotomontage oder Retuschieren[110] gegeben sein. Dies gilt im Übrigen auch dann, wenn Fotomaterialien bearbeitet werden, denen es zunächst an der Werkqualität fehlt.[111]

83 Die künstlerische Fotografie ist abzugrenzen von den einfachen Lichtbildern. Die Abgrenzung zwischen einem Lichtbildwerk und einem einfachen Lichtbild ist in der Praxis häufig nicht einfach, weil die Bandbreite der Gestaltungsmöglichkeiten – verglichen mit anderen Kunstformen wie etwa der Malerei – eingeschränkt und eine individuelle schöpferische Leitung vergleichsweise schwieriger zu erreichen ist. Mit Ausnahme der Schutzfrist sind auf einfache Lichtbilder gemäß § 72 UrhG jedoch ohnehin die Vorschriften, die für Lichtbildwerke gelten, entsprechend anzuwenden. Wesentlicher Unterschied ist, dass für einfache Lichtbilder die Schutzdauer lediglich 50 Jahre beträgt (§ 72 Abs. 3 UrhG), nicht 70 Jahre *post mortem auctoris* (wie dies für Werke im Sinne des § 2 Abs. 2 UrhG gilt).

84 Kein geeignetes Kriterium für die Abgrenzung zwischen Lichtbildwerk und einfachem Lichtbild ist es, ob ein professioneller Fotograf oder ein Amateur die Aufnahme hergestellt hat. Wie bei den sonstigen Werkarten auch, knüpft das UrhG auch bei den Lichtbildwerken den Schutz nicht an die professionelle Stellung des Urhebers.[112] Ebenso ungeeignet zur Abgrenzung ist der Zweck, zu dem die Aufnahme gefertigt wurde. Auch bei

---

106 Siehe hierzu BGH GRUR 2008, 984 – St. Gottfried.
107 BGH GRUR 1988, 533 – Vorentwurf II; BGH GRUR 2008, 984 – St. Gottfried; GRUR 2009, 1046 – Kranhäuser.
108 BGHZ 24, 55, 61 ff.
109 *Schack* Rn. 239.
110 OLG Koblenz GRUR 87, 435 – Verfremdete Fotos.
111 *A. Nordemann* Die künstlerische Fotografie als urheberrechtlich geschütztes Werk, München 1992, S. 135.
112 *Dreier/Schulze* § 2 Rn. 193; *Fromm/Nordemann* § 2 Rn. 198.

Urlaubsbildern, wissenschaftlichen Fotografien oder der Bildberichterstattung über Tagesereignisse kann es sich um Lichtbildwerke handeln.[113]

Reproduktionsfotografien von zweidimensionalen Gegenständen kommt wegen des nur recht geringen Gestaltungsspielraums urheberrechtlicher Schutz in der Regel nicht zu.[114] Anders verhält es sich bei solchen reproduzierenden Fotografien, die dreidimensionale Objekte abbilden: hier ist der Gestaltungsspielraum erheblich größer.[115] **85**

Zur Herstellung eines Lichtbild(werk)s kommen neben der klassischen (chemischen) Fotografie, bei der strahlungsempfindliche Schichten so verändert werden, dass eine Abbildung entsteht,[116] alle Verfahren der Bildaufzeichnung in Betracht, die Bilder mittels strahlender Energie erzeugen.[117] Es ist hier eine weite Auslegung geboten. Maßgeblich ist, dass die Wiedergabe eines Motivs durch ein technisches Hilfsmittel erfolgt, das Gegenstände durch Strahlen abbildet.[118] Auch mittels digitaler Fotografie angefertigte Bilder können Lichtbildwerke sein. **86**

Einzelne Fernsehbilder können, ungeachtet der unterschiedlichen Art der Herstellung, als Lichtbildwerk geschützt sein,[119] ebenso Standbilder aus einem Filmwerk (*screenshot*)[120] und, bei Vorliegen der entsprechenden individuellen Gestaltung, auch Videobilder. **87**

Ausschließlich digital am Computer angefertigte Bilder sind demgegenüber nicht als Lichtbildwerk schutzfähig, da sie nicht mittels strahlender Energie hergestellt wurden.[121] Demgegenüber können digital aufgenommene Lichtbilder durch digitale Nachbearbeitung am Computer Werkeigenschaft erlangen. **88**

6. Filmwerke (§ 2 Abs. 1 Nr. 6 UrhG)

Filmwerke »bestehen aus einer Bild- oder Bildtonfolge, die dem Betrachter den Eindruck von der Wiedergabe eines bewegten Geschehensablaufs vermittelt«.[122] Charakteristisches Merkmal ist die Einheit von bewegtem Bild und Ton. **89**

Ein Filmwerk ist nicht lediglich die Aufzeichnung einer Aufführung des Drehbuchs,[123] sondern ein völlig eigenständiges, neues Werk, das mit den Dreharbeiten entsteht und mit dem fertigen Schnitt vollendet ist. Das Filmwerk ist ein einheitliches Gesamtkunstwerk, keine Werkverbindung von Drehbuch, Filmmusik und den weiteren dem Filmwerk zugrunde liegenden Schöpfungen. Diese vorbestehenden Werke – neben Drehbuch und Filmmusik z.B. auch Roman, Exposé und Treatment – bleiben von dem Filmwerk unabhängig als rechtlich selbständige Werke geschützt (§ 89 Abs. 3 UrhG). Das gilt selbst dann, wenn die jeweiligen Urheber sie eigens für den Film geschaffen haben. Die Filmmusik bleibt Werk der Musik, das Drehbuch bleibt Sprachwerk, Komponist und Drehbuchautor werden nicht Urheber des Filmwerkes. **90**

---

113 Nordemann/Heise ZUM 2001, 128, 136; Dreier/Schulze § 2 Rn. 193; Schricker § 2 Rn. 179.
114 OLG Düsseldorf, GRUR 1997, 49, 51 – Beuys-Fotografien; Fotokopien und andere fotomechanische Vervielfältigungen sind keine Lichtbildwerke: OLG Köln GRUR 1987, 42, 43 – Lichtbildkopien.
115 Wandtke/Bullinger/*Bullinger* § 2 Rn. 119: Lichtmodulation, Auswahl der Perspektive, Beeinflussung der Tiefenschärfe.
116 Wandtke/Bullinger/*Bullinger* § 2 Rn. 113.
117 OLG Köln GRUR 1987, 435 – Verfremdete Fotos.
118 BGH GRUR 2000, 317, 318 – Werbefotos.
119 BGHZ 37, 1, 6 – AKI.
120 LG Berlin ZUM 2000, 513 – Screenshots.
121 OLG Hamm ZUM 2004, 927, 928; *Schack* Rn. 239 a.E.; a.A. Dreier/*Schulze* § 2 Rn. 200.
122 Wandtke/Bullinger/*Bullinger* § 2 Rn. 120.
123 Verfilmung ist allerdings Bearbeitung (insbesondere) des Drehbuchs.

91 Zur Herstellung eines Filmwerks werden in der Regel fotografische Aufnahmetechniken verwendet. Aber auch Bildfolgen, die auf andere Weise geschaffen wurden, können Filmwerke sein (z.B. Zeichentrickfilme).[124] Es kommt nicht auf die Aufnahmetechnik oder die Verwendung eines bestimmten Speichermediums an. Maßgeblich ist der Eindruck bei der Betrachtung des Werkes.[125]

92 Die gebotene weite Auslegung ergibt sich aus der Bestimmung des § 2 Abs. 1 Nr. 6 UrhG, der auch Werke in den Schutzbereich einbezieht, die *ähnlich* wie Filmwerke geschaffen werden.

93 Auch bei Filmwerken ist, dem allgemein geltenden Grundsatz gemäß, eine körperliche Fixierung nicht erforderlich, damit das Werk urheberrechtlichen Schutz erhält (z.B. ist eine Videoinstallation, bei welcher der übertragene Film ohne Aufzeichnung verloren geht, als Filmwerk schutzfähig). Auch bei – nicht parallel zur Ausstrahlung auf Datenträger aufgezeichneten – TV-Live-Sendungen handelt es sind um Filmwerke.[126]

94 Kommt es zu einer Fixierung des Filmwerkes, ist zu differenzieren: urheberrechtlicher Schutz kommt der geistigen Schöpfung zu, nicht dem körperlichen Gegenstand, auf dem das Filmwerk aufgenommen ist. Für den Filmträger (Filmrollen, Videokassetten, DVD, CD, Magnetband etc.) besteht jedoch ein Leistungsschutzrecht des Filmherstellers (siehe hierzu § 94 UrhG).

95 Auch bei den Filmwerken gilt es – analog zu den Lichtbildwerken und den einfachen Lichtbildern – zu unterscheiden zwischen Filmwerken und Bildfolgen ohne Werkqualität. Letztere sind als Laufbilder ebenfalls in gewissem Umfang (wenn auch nicht als »Werk«) geschützt (§ 95 UrhG). Wie bei Lichtbildwerken und einfachen Lichtbildern ist auch bei Filmwerken und Laufbildern die Abgrenzung in der Praxis oft schwierig.

96 Kein Filmwerk ist jedenfalls bei bloßer Aneinanderreihung von Einzelbildern gegeben (z.B. bei einer Dia-Vorführung). In einem solchen Fall scheidet auch der Laufbilder-Schutz aus.

97 **Einzelne Arten von Filmen**: Regelmäßig als Filmwerk geschützt sind Spielfilme. Die Abstraktion bei der Umsetzung einer Handlung und der dramaturgische Aufbau führen in aller Regel zu einer persönlichen geistigen Schöpfung des Filmregisseurs. Gleiches gilt für Zeichentrickfilme. Auch Dokumentarfilme sind, insbesondere wegen der individuellen Gestaltung des Tatsachenstoffs und der Bildfolgen, als Filmwerk schutzfähig. Das gilt allerdings nicht für kurze Filmdokumentationen, die allein Informationszwecken dienen.[127]

98 Bei Aufzeichnungen von Shows, Interviews u.ä. ist zu differenzieren nach dem Grad der Individualität des Films. Der Einsatz bildnerischer und graphischer Gestaltungsmittel (Beleuchtung, Kameraführung etc.) kann dazu führen, dass solchen Aufzeichnungen Schutz als Filmwerk zukommt.

99 Sportfilme sind jedenfalls dann als Filmwerke schutzfähig, wenn es sich um »auf hohem künstlerischen Niveau« gestaltete Filme handelt, »die durch die Wahl des Standorts, der Ausschnitte und Bewegungsabläufe die abgebildete sportliche Aktion künstlerisch mit Mitteln des Films übersetzen«.[128] Schutzfähig sind in diesem Sinne auch die aufwendig gestalteten Aufzeichnungen aktueller Sportereignisse (z.B. der Spiele der Fußball-Bundesliga), da diese nicht lediglich der reinen Informationsvermittlung dienen, sondern sich

---

[124] Wandtke/Bullinger/*Bullinger* § 2 Rn. 120.
[125] Wandtke/Bullinger/*Bullinger* § 2 Rn. 120.
[126] *Schricker* § 2 Rn. 181; Dreier/*Schulze* § 2 Rn. 205; BGHZ 37, 1, 6 – AKI.
[127] *Hoeren* GRUR 1992, 145; BGHZ 9, 262 – Lied der Wildbahn.
[128] Wandtke/Bullinger/*Bullinger* § 2 Rn. 123.

darüber hinaus durch eine ästhetische Gestaltung auszeichnen. Durch Schnittregie, Nahaufnahmen, Zeitlupen, Wiederholungen und die Auswahl einzelner Spielsequenzen besteht hinreichender Spielraum für eine individuelle Werkschöpfung.

Die Urheber von Werbefilmen (Werbespots) wählen häufig ausgefallene filmerische Gestaltungen, damit sich den Werbekunden der Spot einprägt, indem er eine bestimmte Botschaft, ein Gefühl oder eine Stimmung vermittelt. Solchermaßen individuell gestaltete Werbefilme sind als Filmwerke schutzfähig. Dass Werbespots meist nur sehr kurz sind, steht der Schutzfähigkeit nicht entgegen. **100**

Sendeformate (Fernsehshowkonzeptionen) als solche sind grundsätzlich nicht urheberrechtlich schutzfähig.[129] Mit Sendeformat wird das Grundkonzept einer Fernsehshow bezeichnet, einschließlich der charakteristischen Gestaltungsmerkmale, die in jeder Folge der Show wiederkehren, was beim Publikum zu einem Wiedererkennungseffekt führen soll. Zu den Merkmalen zählen z.B. das Logo, der Titel, die Idee, der Ablauf der Show, bestimmte Mitwirkende wie Moderatoren, die Art und Weise der Moderation, bestimmte Begriffe oder Slogans, der Einsatz von Erkennungsmelodien und farblichen Signalen, bestimmte Bühnendekorationen und sonstige Ausstattungen.[130] Der Bundesgerichtshof hat in seiner Leitentscheidung *Sendeformat* zwar das Vorliegen einer schöpferischen Leistung bejaht, aber ausgeführt, dass diese nicht urheberrechtlich schutzfähig sei, weil das Format eine vom Inhalt losgelöste Anleitung zur Formgestaltung gleichartiger Stoffe darstellt.[131] Nach der vom I. Zivilsenat in der Entscheidung vertretenen Ansicht kann Gegenstand des Urheberschutzes nur das Ergebnis der schöpferischen Formung eines Stoffs sein. Die dieser schöpferischen Form zugrunde liegende Konzeption ist demgegenüber als der konkreten Gestaltung vorgelagerte Phase nicht geschützt.[132] Das Format ist daher als noch nicht ausgestaltete und geformte Vorstufe zu der einzelnen Show anzusehen (und damit ebenso wenig schutzfähig wie eine bestimmte Gestaltungsart bei Werken der bildenden Kunst). Es besteht ansonsten die Gefahr, dass durch die Monopolisierung eines bestimmten Grundkonzepts der Spielraum zur Ausgestaltung einer bestimmten Idee zu stark eingeengt wird. Auch Dritte müssen jedoch die Möglichkeit zu einer eigenen Umsetzung eines bestimmten Konzepts haben. **101**

Diese Ansicht des BGH ist in der Literatur stark umstritten.[133] **102**

In Einzelfällen erkennt auch die Rechtsprechung Formatschutz zu, jedenfalls dann, wenn das Format mit den gestalterischen Elementen – wie etwa den Einsatz von bestimmten Charakteren und Kostümen, regelmäßig wiederkehrenden Personen, bestimmten Redeweisen, Bühnenausstattungen oder Spielregeln – untrennbar in Verbindung gebracht wird.[134] Urheberrechtsschutz kommt darüber hinaus auch in Betracht, wenn das Showformat nicht lediglich aus einem Grundkonzept besteht, sondern eine von dem Urheber ausgedachte fiktive Welt mit Phantasiefiguren beinhaltet.[135] **103**

Unabhängig davon, dass Schutzfähigkeit für ein Sendeformat nach Ansicht der Rechtsprechung im Grundsatz nicht besteht, können die einzelnen Folgen einer Show jeweils als Filmwerk urheberrechtlichen Schutz genießen, individuell-schöpferisch gestaltete Logos einer Show sind als Werke der angewandten Kunst schutzfähig, die Erkennungsmelodie kann als Musikwerk geschützt sein etc. **104**

---

129 BGH GRUR 2003, 876 – Sendeformat; OLG Hamburg ZUM 1996, 245 – Goldmillion.
130 Vgl. hierzu Wandtke/Bullinger/*Bullinger* § 2 Rn. 124.
131 BGH GRUR 2003, 876 – Sendeformat.
132 BGH GRUR 2003, 876 – Sendeformat; OLG Hamburg ZUM 1996, 245 – Goldmillion.
133 A.A. z.B. *Schwarz* in FS Reinhardt, S. 203, 220 f.; *v. Have/Eickmeier* ZUM 1994, 269, 272 f.
134 OLG Frankfurt ZUM 2005, 477, 480 – TV Total; OLG München ZUM 1999, 244, 247 – Augenblix; LG München I ZUM-RD 2002, 17, 19 f.; *Dreier/Schulze* § 2 Rn. 216.
135 Vgl. hierzu Wandtke/Bullinger/*Bullinger* § 2 Rn. 127.

105 Ebenfalls als Filmwerke geschützt sind nach mittlerweile allgemeiner Auffassung Computerspiele, die sich heutzutage durch ein außerordentlich hohes gestalterisches Niveau auszeichnen. Aufgrund der figurativen Darstellung der Spielfiguren, der Szenenabläufe und Raumbilder sind die Voraussetzungen an eine persönliche geistige Schöpfung bei einem modernen Computerspiel in der Regel ohne weiteres erfüllt. Unbeachtlich ist dabei, dass die Bildfolge von dem Nutzer des Computerspiels gesteuert und so je nach Spielverlauf die konkrete Abfolge der Bilder immer wieder neu bestimmt wird. Die Varianten der verschiedenen Spielabläufe sind jedoch begrenzt, und es ist stets der Programmgestalter, der den Rahmen der möglichen Spielzüge vorab festgelegt hat. Das führt im Ergebnis dazu, dass der Urheber schöpferisch-gestaltend tätig wird, nicht der Spieler.

106 Einzelbilder des Computerspiels können Werke der bildenden Kunst sein. Gleiches gilt für die in dem Computerspiel erscheinenden Figuren, die – wie Comicfiguren auch – nach § 2 Abs. 1 Nr. 4 UrhG geschützt sein können.[136]

107 Das dem Computerspiel zugrunde liegende Programm (die Software) ist nach § 69a UrhG geschützt. Für Filmwerke gelten zudem die Sonderbestimmungen des Dritten Teils des UrhG (§§ 88 bis 94 UrhG) – dazu unten Kapitel 4.

7. Wissenschaftliche und technische Darstellungen (§ 2 Abs. 1 Nr. 7 UrhG)

108 Wissenschaftliche und technische Darstellungen sind »Darstellungen, die der Wissensvermittlung in den Bereichen Wissenschaft und Technik dienen«. Sie sollen »Informationen über den wissenschaftlichen oder technischen Gegenstand vermitteln, mit dem sie sich befassen«.[137]

109 Die Vorschrift zählt beispielhaft folgende Varianten auf: Zeichnungen, Pläne, Karten, Skizzen, Tabellen, plastische Darstellungen. Weitere im Gesetz nicht ausdrücklich genannte Beispiele sind:
– Benutzeroberflächen von Computerprogrammen
– Landkarten, Stadtpläne, wenn sie gestalterische Merkmale beinhalten[138]
– Bebauungspläne
– Konstruktions-, Aufriss-, technische Zeichnungen
– 3-D-Modelle, Schaubilder
– Medizinische, biologische oder mathematische Modelldarstellungen
– Piktogramme oder Bildzeichen
– Tabellen/Formulare, wenn sie individuelle graphische Gestaltung aufweisen und diese gegenüber den sprachlichen Elementen im Vordergrund steht
– Preisrätsel wie Kreuzwort- oder Silbenrätsel
– Medizinische Statistiken
– Reproduktionsfotographien

110 Die Formulierung »wissenschaftlicher und technischer Art« ist weit auszulegen.[139] Die Darstellung kann sich daher auch auf einfachste wissenschaftliche oder technische Erkenntnisse beziehen. Entscheidende Voraussetzung für die Schutzfähigkeit nach § 2 Abs. 1 Nr. 7 UrhG ist, dass die Darstellung durch ihre individuelle Gestaltung selbst eine persönliche geistige Schöpfung bildet. Die Rechtsprechung hat hierfür die Formel entwi-

---

136 *G. Schulze* ZUM 1997, 77, 78; *Schricker* § 2 Rn. 184.
137 Wandtke/Bullinger/*Bullinger* § 2 Rn. 131.
138 BGH GRUR 1988, 33, 35 – Topographische Landeskarten; GRUR 1987, 360, 361 – Werbepläne; GRUR 1965, 45, 46 – Stadtplan; OLG Frankfurt GRUR 1988, 816 – Stadtpläne.
139 OLG München GRUR 1992, 510 – Rätsel; BGH GRUR 1979, 464, 465 – Flughafenpläne; GRUR 1993, 34, 35 – Bedienungsanweisung; GRUR 1998, 916, 917 – Stadtplanwerk; OLG Hamburg GRUR-RR 2004, 285, 287 – Markentechnik; *Fromm/Nordemann* § 2 Rn. 210; *Schricker* § 2 Rn. 192.

ckelt, dass die Darstellung »individuelle, sich vom alltäglichen Schaffen abhebende Geistestätigkeit zum Ausdruck bringen« muß, wobei »ein geringes Maß an individueller Prägung ausreicht«.[140] Die Rechtsprechung berücksichtigt dabei, dass der in Bezug auf wissenschaftliche und technische Darstellungen bestehende Gestaltungsspielraum von vornherein nur relativ gering ist. Die Kehrseite der geringen Anforderungen, welche die Rechtsprechung an die Gestaltungshöhe stellt, ist demgegenüber, dass das Werk auch nur einen relativ geringen Schutzumfang besitzt.

Schutzgegenstand der Vorschrift ist die (zwei- oder dreidimensionale) Abbildung eines Gegenstandes. Auf den abgebildeten Gegenstand bzw. den wissenschaftlichen oder technischen Inhalt erstreckt sich der urheberrechtliche Schutz nicht.[141] 111

Darstellungen im Sinne des § 2 Abs. 1 Nr. 7 UrhG sind abzugrenzen von Werken der bildenden Kunst. Die Abgrenzung erfolgt anhand des Darstellungszwecks. Während Werke der bildenden Kunst der reinen Anschauung dienen (den Zweck also in sich tragen), sollen wissenschaftliche/technische Darstellungen bestimmte Informationen vermitteln. Eine exakte Abgrenzung ist auch hier schwierig.[142] 112

Da lediglich die Form der Darstellung geschützt ist, nicht der dargestellte Inhalt, besteht nach dem UrhG auch kein Schutz vor dem technischen Nachbau einer geschützten Darstellung. Die Ausführung des dargestellten Inhalts ist nicht urheberrechtsverletzend. Deshalb ist die Unterscheidung zwischen technischen Darstellungen und Entwürfen zu Werken der bildenden Kunst oder Baukunst (Nr. 4) durchaus bedeutsam. Entwürfe tragen – anders als die technischen Darstellungen – das urheberrechtlich geschützte Werk in sich, d.h. »sie enthalten die Information über ein geplantes Hauptwerk«.[143] 113

Auch im Zusammenhang mit der Vorschrift des § 2 Abs. 1 Nr. 7 UrhG ist klarzustellen, dass die Anwendung einer bestimmten Technik oder Darstellungsmethode dem Urheberrechtsschutz nicht zugänglich ist. Techniken und Methoden sind (außerhalb von immaterialgüterrechtlichem Schutz nach dem PatG oder dem GebrMG) gemeinfrei. 114

III. Abhängige Schöpfungen

1. Bearbeitungen (§ 3 UrhG)

Ein urheberrechtlich geschütztes (bzw. schutzfähiges) vorbestehendes Werk kann von Dritten bearbeitet werden. § 3 Satz 1 UrhG nennt als den typischen Fall einer urheberrechtlichen Bearbeitung die Übersetzung, worunter nicht nur die Übertragung in eine andere Sprache,[144] sondern auch in eine andere Kunstform (z.B. Romanverfilmung) zu verstehen ist. Voraussetzung einer Bearbeitung ist, dass sich der Bearbeiter in das vorbestehende Werk hineindenkt und es in eigenschöpferischer Weise umgestaltet. Auch die schöpferische Leistung des Bearbeiters ist schutzwürdig. § 3 Satz UrhG gewährt daher demjenigen, der auf der Grundlage eines vorbestehenden Werks eine individuelle geistige Leistung erbringt, ein selbständiges Bearbeiterurheberrecht (»wie selbständige Werke geschützt«). Das Bearbeiterurheberrecht bezieht sich lediglich auf die eigenen schöpferi- 115

---

140 BGH WRP 2005, 1173, 1176 – Karten-Grundsubstanz.
141 BGH NJW 1979, 1548, 1549 – Flughafenpläne; NJW 1986, 1045 – Elektrodenfabrik; OLG Hamburg GRUR-RR 2004, 285, 287 – Markentechnik; KG ZUM-RD 2001, 84, 87 – Memokartei.
142 Die Architekturzeichnung in einem Architekturbuch mit wissenschaftlichem Inhalt ist nach einer Ansicht (Wandtke/Bullinger/*Bullinger* § 2 Rn. 133) Werk der bildenden Kunst, nach a.A. (*Schricker* § 2 Rn. 192) technische Darstellung.
143 Wandtke/Bullinger/*Bullinger* § 2 Rn. 136; *Schricker* § 2 Rn. 194; Dreier/*Schulze* § 2 Rn. 231; *Reimer* GRUR 1980, 572, 580.
144 BGH NJW 2000, 140 – Comic-Übersetzungen II; OLG Zweibrücken GRUR 1997, 363 – Jüdische Friedhöfe.

schen Beiträge des Bearbeiters. Am Originalwerk erwirbt der Bearbeiter demgegenüber keine Rechte.

116 Von der Ausnahme des § 3 Satz 2 UrhG abgesehen, gilt auch für den Bearbeiter die Schutzschwelle des § 2 Abs. 2 UrhG, das heißt der Beitrag des Bearbeiters muss für sich genommen eine persönliche geistige Schöpfung, eine individuelle schöpferische Leistung sein.

117 Das bearbeitete Werk ist somit letztlich sowohl von der Individualität des Bearbeiters, als auch von der des Urhebers des Originalwerks geprägt. Das Originalwerk scheint im Falle einer urheberrechtlichen Bearbeitung »mit seinen Wesenszügen und Eigenheiten durch«.[145]

118 Voraussetzung, dass man von einer urheberrechtlich schutzfähigen Bearbeitung sprechen kann, ist jedoch, dass überhaupt ein Gestaltungsspielraum besteht, der dem Bearbeiter eine eigene individuelle Schöpfung erst ermöglicht. Bei der Übersetzung eines einfachen Gebrauchstexts (wie zum Beispiel einer Speisekarte) oder der Transponierung eines urheberrechtlich geschützten Musikstücks in eine andere Tonart sind die jeweiligen Ergebnisse der Umgestaltung mit dem Urwerk – abgesehen von der durch den Transpositionszweck zwingend vorgegebenen Veränderung – deckungsgleich, unabhängig davon, wer die Umgestaltung vornimmt. Ein Bearbeiterurheberrecht entsteht in solchen Fällen nicht, ebensowenig wie im Falle rein aufführungsbedingter Werkkürzungen oder -anpassungen bzw. Textrevisionen[146] oder durch das Hinzufügen von Fingersätzen, Verzierungen oder Begleitstimmen.[147] Typische Beispiele für eine schöpferische Umgestaltung in Form einer urheberrechtlichen Bearbeitung sind demgegenüber das Verfassen des Drehbuchs nach einem Roman oder die Erstellung des Klavierauszugs eines Orchesterwerks.

119 § 3 UrhG bestimmt zwar, dass das Urheberrecht des Urhebers des zugrundeliegenden Werks und das Urheberrecht des Bearbeiters unabhängig voneinander bestehen. Zu beachten ist jedoch zusätzlich die Regelung des § 23 UrhG, nach welcher der Bearbeiter sein – in der Entstehung von dem Originalwerk abhängiges – Werk nur mit Zustimmung des Urhebers des Originalwerks verwerten darf. In gleicher Weise ist auch der Urheber des Originalwerks nicht befugt, die Werkbearbeitung ohne Zustimmung des Bearbeiters zu verwerten.

120 Eine Sonderbestimmung stellt § 3 Satz 2 UrhG dar, der 1985 in das UrhG eingefügt wurde und den Interessen der Volksmusik-Branche Rechnung tragen sollte.[148] Hintergrund der gesetzgeberischen Klarstellung war die Tatsache, dass die Volksmusikveranstalter nach der GEMA-Tarifgestaltung regelmäßig nicht nur die Gagen für die Musiker zu zahlen hatten, sondern darüber hinaus auch noch GEMA-Lizenzgebühren für (vermeintliche) Bearbeitungen gemeinfreier Volksmusikstücke. Problematisch ist allerdings, dass § 3 Satz 2 UrhG dem Wortlaut nach nicht auf diese Bereichsausnahme beschränkt ist. Die Vorschrift ist deswegen dahingehend auszulegen, dass das Erfordernis einer besonderen Bearbeitungshöhe nur für gemeinfreie Werke der Volksmusik gilt. Dieser Regelungszweck ist über den Wortlaut hinaus in die Vorschrift hineinzulesen. Zu begründen ist das Erfordernis einer erhöhten Schutzschwelle mit dem Interesse daran, dass Volksmusik frei verfügbar bleiben und deren Weiterentwicklung nicht beeinträchtigt

---

145 BGH GRUR 1972, 143, 144 – Biografie: ein Spiel.
146 OLG München Schulze OLGZ 7, 5.
147 BGH GRUR 1972, 143 m.w.N.
148 § 3 UrhG lautet: »Übersetzungen und andere Bearbeitungen eines Werkes, die persönliche geistige Schöpfungen des Bearbeiters sind, werden unbeschadet des Urheberrechts am bearbeiteten Werk wie selbständige Werke geschützt. Die nur unwesentliche Bearbeitung eines nicht geschützten Werkes der Musik wird nicht als selbständiges Werk geschützt.«

werden soll. Unwesentlich ist die Bearbeitung eines Volksmusikstücks so lange wie ein unbefangener Hörer das Stück für das originale Volkslied hält. Erst wenn das Volksmusikstück »unüberhörbar von der Individualität [des Bearbeiters] geprägt ist«, kommt Urheberschutz für den Bearbeiter in Betracht.[149]

2. Sammelwerke/Datenbankwerke (§ 4 UrhG)

Bei einem Sammelwerk handelt es sich um die Zusammenfassung mehrerer Werke oder anderer Elemente (die nicht notwendig urheberrechtlich geschützt sein müssen)[150] zu einer nach individuellen Ordnungsvorstellungen geformten Einheit. Für eine solche Einheit wird nach § 4 Abs. 1 UrhG Schutz gewährt. Die eigenschöpferische Leistung, die den Schutz des Sammelwerkes rechtfertigt, liegt in der Auslese/Anordnung der Elemente zu einem individuell gestalteten Ganzen.[151] Beispiele für Sammelwerke sind Lexika, Handbücher, Anthologien, Festschriften, Bildbände oder Gesetzes- und Entscheidungssammlungen. Auch für Tageszeitungen und Zeitschriften kommt Schutz nach § 4 Abs. 1 UrhG in Betracht.[152] Sofern lediglich Daten aneinandergereiht werden, scheidet ein Schutz als Sammelwerk hingegen aus, ebenso für eine bloße Aneinanderreihung von Werken, etwa für die Gesamtausgabe aller Werke eines Autors, da in solchen Fällen ein individuelles Auswahlkriterium fehlt.

121

Das Sammelwerk tritt als eigenes Schutzobjekt neben die einzelnen Teile, die in ihm enthalten sind. Die in einem Sammelwerk enthaltenen Beiträge gehen in dem Sammelwerk nicht vollständig auf, sondern behalten ihren eigenständigen Charakter. Daher sind die Urheber einzelner von einem Sammelwerk umfasster vorbestehender Werke auch keine Miturheber im Sinne des § 8 UrhG. Alleiniger Urheber des Sammelwerkes ist vielmehr derjenige, nach dessen individuellen Ordnungsvorstellungen das Sammelwerk angeordnet wurde. Soweit das Sammelwerk urheberrechtlich geschützte Werke beinhaltet, darf der Urheber des Sammelwerks sein Werk nur mit der Zustimmung der Urheber der geschützten Beiträge verwerten.

122

Datenbankwerke: Für die Zusammenstellung bloßer Fakten (im Gegensatz zu »Beiträgen«) war es lange Zeit nicht möglich, urheberrechtlichen Schutz für ein Sammelwerk zu erlangen.[153] Eine Änderung dieser Rechtslage führte die Richtlinie 96/9/EG des Europäischen Parlaments und des Rates vom 11.3.1996 über den rechtlichen Schutz von Datenbanken (EG-Datenbank-Richtlinie) herbei, die 1998 in nationales Recht umgesetzt wurde. Ein Sammelwerk kann nunmehr auch durch die Auswahl und Anordnung von »Daten oder anderen unabhängigen Elementen« (§ 4 Abs. 1 UrhG) gegeben sein.[154] Somit kann, nach Maßgabe der Bestimmungen der Datenbank-Richtlinie, nunmehr auch einer reinen Datensammlung Schutz nach § 4 Abs. 1 UrhG zukommen. Voraussetzung ist jedoch auch hier, dass überhaupt ein Spielraum für eine individuell geprägte Anordnung der Daten besteht. Eine auf Vollständigkeit angelegte Datensammlung scheidet somit aus dem Schutzbereich des § 4 Abs. 1 UrhG aus. Gerade solchen – inhaltlich kompletten – Datenbanken kann jedoch ein erheblicher wirtschaftlicher Wert zukommen. Dem ist auf andere Weise Rechnung zu tragen. Dass kein Schutz als Datenbankwerk besteht, bedeutet nicht, dass solche Datensammlungen rechtlich ungeschützt bleiben. Einerseits kann Schutz für die wirtschaftlich-unternehmerische Leistung über das Recht am Unterneh-

123

---

149 Schack Rn. 273.
150 BGH GRUR 1992, 382, 384 – Leitsätze.
151 BGH GRUR 1972, 143; BGH GRUR 1982, 37, 39 – WK-Dokumentation.
152 OLG Frankfurt GRUR 1986, 242 – Gesetzessammlung; OLG Düsseldorf NJW-RR 1998, 116, 117 – Veranlagungshandbuch; Schutz für Zusammenstellung verneint in OLG München NJW 1997, 1931 – Gesetzessammlung auf CD-ROM; OLG Hamburg GRUR 2000, 319, 320 – Börsendaten.
153 Siehe z.B. KG NJW-RR 1996, 1066 – Poldok.
154 BGH NJW 2008, 755 – Gedichttitelliste I.

men bestehen.[155] Zum anderen sehen die §§ 87a ff. UrhG, durch die Art. 7 der EG-Datenbank-Richtlinie in nationales Recht umgesetzt wurde, einen sui-generis-Schutz des Datenbankhersteller vor. Die Schutzdauer beträgt 15 Jahre (§ 87d UrhG).

124 Datenbanken im Sinne der genannten Vorschriften sind Sammlungen voneinander unabhängiger Elemente, die systematisch oder methodisch angeordnet und einzeln zugänglich sind,[156] nicht also bloße Ansammlungen ungeordneter digitalisierter Daten. Datenbanken werden heutzutage in aller Regel im Wege der elektronischen Datenverarbeitung erstellt. Auch nicht elektronische Datenbanken sind jedoch dem Schutz nach §§ 87a ff. UrhG zugänglich. Die genannten Vorschriften zielen darauf ab, das Amortisationsinteresse des Datenbankherstellers vor einer unbefugten Übernahme wesentlicher Teile seiner Datenbank zu schützen.[157]

125 Schutzvoraussetzung ist eine »wesentliche Investition« (§ 87a Abs. 1 UrhG) bei der Beschaffung, Überprüfung oder Darstellung der Daten. Wesentlich muss die Investition »in quantitativer oder qualitativer Hinsicht« sein (Art. 7 Datenbank-Richtlinie). Zu berücksichtigen ist in diesem Zusammenhang, dass der Datenbankinhalt – aus gutem Grund – urheberschutzfrei ist. Ein Ausschließlichkeitsrecht auch für die *Zusammenstellung* solcher Daten sollte vor diesem Hintergrund nicht allzu leicht erworben werden können. Es wird daher gefordert, einen strengen Maßstab an das Merkmal der »Wesentlichkeit« der getätigten Investition anzulegen, um so unerwünschten Monopolisierungstendenzen von vornherein wirksam entgegenzuwirken.[158]

126 Schutz wird gewährt vor der Übernahme wesentlicher Teile, was im Umkehrschluss bedeutet, dass *unwesentliche* Teile von Dritten übernommen werden dürfen.[159]

3. Freie Benutzung (§ 24 UrhG)

127 Neben der urheberrechtlichen Bearbeitung im Sinne des § 3 UrhG besteht durch die freie Benutzung eine weitere Möglichkeit, dass ein Dritter ein vorbestehendes Werk zum Ausgangspunkt seiner eigenen schöpferischen Tätigkeit heranzieht. Bei der freien Benutzung im Sinne des § 24 UrhG findet jedoch keine Umgestaltung des Originalwerks statt, sondern dieses wird nur als Anregung für die Schaffung eines neuen eigenständigen Werkes benutzt. Das neue Werk ist somit zwar in seiner Entstehung von dem benutzten Werk abhängig, anders als eine Bearbeitung aber rechtlich unabhängig. Im Gegensatz zur abhängigen Bearbeitung, darf der Urheber sein in freier Benutzung geschaffenes Werk daher veröffentlichen und verwerten, ohne dass es hierfür der Zustimmung des Urhebers des Originalwerks bedürfte.

128 Zwischen freier und unfreier Benutzung zu unterscheiden, fällt in der Praxis oft nicht leicht. Denn der Schöpfer des neuen Werks hat eben erkennbar auf ein fremdes vorbestehendes Werk zurückgegriffen, nicht lediglich auf freie Elemente, Formen und Ideen. Nach der Rechtsprechung des Bundesgerichtshofs ist eine Benutzung (nur) dann als frei

---

155 BGH GRUR 1968, 329 – Der kleine Tierfreund.
156 Art. 1 Abs. 2 der Richtlinie 96/9/EG vom 11.3.1996 über den rechtlichen Schutz von Datenbanken; EuGH ZUM-RD 2005, 1, 5; EuGH GRUR 2005, 244, 247 – BHB-Pferdewetten; EuGH GRUR 2005, 252, 253 – Fixtures-Fußballspielpläne I und GRUR 2005, 254, 255 – Fixtures-Fußballspielpläne II; OLG Nürnberg GRUR 2002, 607 – Stufenaufklärung nach Weissauer.
157 Vgl. Erwägungsgrund (40) der Richtlinie 96/9/EG; Aufwendungen für den Erwerb einer fertigen Datenbank können keine Rechte als Datenbankhersteller begründen, BGH GRUR 2009, 852 – Elektronischer Zolltarif. Das Leistungsschutzrecht des Datenbankherstellers und das Urheberrecht des Schöpfers können nebeneinander bestehen, BGH GRUR 2007, 688 – Gedichttitelliste II.
158 *Sosnitza* CR 2001, 693, 696.
159 BGH GRUR 2003, 958, 962 – Paperboy; EuGH, Urt. v. 9.10.2008, Rs. 301/17; die Entnahme setzt physisches Kopieren voraus.

A. Gegenstand des Urheberrechts – Voraussetzungen zum Entstehen urheberrechtl. Schutzes

anzusehen, wenn »angesichts der Eigenart des neuen Werkes die entlehnten eigenpersönlichen Züge des geschützten älteren Werkes verblassen«.[160]

Während bei der unfreien Bearbeitung die Wesenszüge und Eigenheiten des Originalwerks nach wie vor durchscheinen, treten sie bei der freien Benutzung völlig in den Hintergrund. Anders gewendet: Originalwerk und Bearbeitung haben denselben Kern, das in freier Benutzung geschaffene hat einen anderen, neuen[161] Kern. Je stärker ausgeprägt die individuellen schöpferischen Züge des Originalwerks sind, umso weniger wahrscheinlich ist, dass sie im Rahmen der abhängigen Schöpfung vollständig verblassen. Sind die eigenschöpferischen Züge des Originalwerks hingegen nur schwach ausgeprägt, ist der für eine freie Benutzung geforderte Abstand umso eher zu bejahen.[162]

129

Problematisch ist es oft, wenn ein Dritter innerhalb ein und derselben Kunstgattung ein Werk in freier Benutzung schaffen möchte. Hier besteht regelmäßig die Gefahr, dass es zu einer Ausbeutung fremder Werke kommt, insbesondere dann, wenn sich der Schöpfer des abhängigen Werks ersichtlich an den Erfolg des Ursprungswerks anhängen will. Die Anforderungen sind in diesem Bereich besonders streng. So wird man davon auszugehen haben, dass ein »zweiter Aufguss von Sprachwerken«,[163] insbesondere die Fortsetzung fremder Romane, unfreie Bearbeitung und nicht freie Benutzung ist. Die Schwelle zur unfreien Bearbeitung ist jedoch dann nicht überschritten, wenn der Autor eines Sprachwerks etwa nur auf die Romanfiguren eines vorbestehenden Werks anspielt, ohne (neben dem Namen) deren Charakterisierung oder Teile des Inhalts zu übernehmen.

130

Die freie Benutzung einer fremden urheberrechtlich geschützten Melodie ist gemäß § 24 Abs. 2 UrhG ausgeschlossen (sog. »starrer Melodienschutz«). Eine Melodie definiert die Rechtsprechung als »herauslösbare charakteristische« bzw. »in sich geschlossene und geordnete Tonfolge«.[164] Den starren Melodienschutz hatten Komponisten und Musikverleger schon in der gesetzlichen Regelung, die dem UrhG voranging, durchgesetzt (§ 13 Abs. 2 LUG). Die Bestimmung wurde auch im UrhG beibehalten, weil der Gesetzgeber befürchtete, dass ansonsten eine »Ausbeutung von Melodien unter dem Deckmantel der freien Benutzung«[165] die Folge wäre. Für den Bereich der Popmusik ist dies sicher zutreffend. In Bezug auf den Bereich der E-Musik wird der starre Melodienschutz dagegen durchaus kritisch gesehen.[166]

131

IV. Entstehung des urheberrechtlichen Schutzes

Das Urheberrecht entsteht *ex lege* im Zeitpunkt der Werkschöpfung. Die Entstehung des Urheberrechts ist an keine formalen Voraussetzungen gebunden, insbesondere ist keine Fixierung des Werkes erforderlich. Auch die Kennzeichnung mit einem Copyright-Vermerk ist keine Schutzvoraussetzung.

132

Die Schutzdauer für urheberrechtlich geschützte Werke im Sinne des § 2 Abs. 1 UrhG (einschließlich der Computerprogramme) beträgt gemäß § 64 UrhG 70 Jahre[167] *post mor-*

133

---

160 BGHZ 122, 53, 60 m.w.N.
161 *Schack* Rn. 274; BGH GRUR 1991, 533, 534 – Brown Girl II; GRUR 1981, 267, 269 – Dirlada.
162 BGH GRUR 2000, 703, 706 – Mattscheibe.
163 KG GRUR 1926, 441 – Alt-Heidelberg – Jung-Heidelberg; OLG Karlsruhe GRUR 1957, 395, 396 – Trotzkopf; *Schack* Rn. 276 m.w.N.
164 BGH GRUR 1988, 810, 811 – Fantasy; OLG München ZUM 2000, 408, 409 – Superstring.
165 BT-Drs. IV/3401, S. 3.
166 Darauf, dass Pablo Sarasate unter Geltung des § 24 Abs. 2 UrhG das Stück »Carmen-Fantasie« nicht hätte veröffentlichen dürfen, und dass die gesamte Gattung der Variationen über ein fremdes Thema auf Variationen über ein gemeinfreies Thema beschränkt wären, weist *Schack* (Rn. 277) hin.
167 Neben dem urheberrechtlichen *Werk*schutz sieht das UrhG auch noch die sog. *verwandten Schutzrechte* vor; hierfür sind jeweils abweichende Schutzfristen zu beachten.

ten auctoris, d.h. gerechnet ab dem Tod des Urhebers. Die Berechnung der Schutzdauer erfolgt gemäß § 69 UrhG, so dass maßgeblich jeweils das Ende des Todesjahres des Urhebers ist und die Schutzfrist mit Ablauf des 70. Kalenderjahres endet.

134 Für die mit dem Urheberrecht verwandten Schutzrechte gelten abweichende Fristen. Diese sind den jeweiligen Sondervorschriften zu den einzelnen verwandten Schutzrechten zu entnehmen.

V. Geschützte Personen

1. Urheber (§ 7 UrhG)

135 § 7 UrhG enthält eine der zentralen Aussagen des Urheberrechts:

»Urheber ist der Schöpfer des Werkes«.

136 Das UrhG folgt also dem Schöpferprinzip, das heißt das Urheberrecht entsteht mit dem Schöpfungsakt in der natürlichen Person, die das Werk geschaffen hat und der allein die Anerkennung und der Lohn für ihre schöpferische Leistung gebühren.[168] Das Urheberrecht ist, wie sich der Vorschrift des § 7 UrhG entnehmen lässt, als höchstpersönliches Recht ausgestaltet und stellt nicht lediglich ein Wirtschaftsgut dar.[169] Aus § 7 UrhG folgt auch, dass das UrhG juristische Personen als Urheber von vornherein ausschließt. Diese können allenfalls Inhaber abgeleiteter Nutzungsrechte sein.

137 Das dem deutschen Urheberrecht zugrundeliegende Schöpferprinzip führt dazu, dass auch der Arbeitgeber für Werke, die sein Arbeitnehmer geschaffen hat, kein Urheberrecht erwirbt. Dass der Arbeitnehmer für die von ihm erbrachten Arbeitsleistungen finanziell entlohnt wird, ändert nichts daran, dass die individuelle geistige Schöpfung vom Arbeitnehmer und nicht vom Arbeitgeber erbracht wurde. Urheber und somit Inhaber des Urheberrechts ist daher der Arbeitnehmer. Der Arbeitgeber muss sich gemäß § 43 UrhG die Nutzungsrechte an dem von dem Arbeitnehmer im Rahmen des Arbeitsverhältnisses geschaffenen Werk vertraglich einräumen lassen. Auch der Auftraggeber eines auf Bestellung geschaffenen Werkes wird nicht selbst Urheber und ist somit in gleichem Maße wie ein Arbeitgeber auf den derivativen Erwerb von Nutzungsrechten zu verweisen. Dabei liegt im Streitfall die Darlegungs- und Beweislast für die vertragliche Nutzungsrechtseinräumung beim Arbeitgeber bzw. Auftraggeber.

138 Eine Bereichsausnahme ist in § 69b UrhG für im Rahmen eines Arbeitsverhältnisses geschaffene Computerprogramme bestimmt, der eine *cessio legis* »aller vermögensrechtlichen Befugnisse an dem Computerprogramm« vorsieht. Die Vorschrift ist abdingbar, d.h. der Arbeitnehmer kann mit dem Arbeitgeber abweichende vertragliche Vereinbarungen treffen. Hier läge im Streitfall die Darlegungs- und Beweislast jedoch auf Seiten des Arbeitnehmers.

139 Das geltende Schöpferprinzip schließt auch aus, dass ein Werk in Stellvertretung geschaffen wird. Das Urheberrecht entsteht kraft Gesetzes in der Person, die das Werk schafft. Es handelt sich bei der Werkschöpfung um einen Realakt, der rechtsgeschäftlich nicht steuerbar ist. Wer ein Auftragswerk schreibt, malt oder komponiert, ohne nach außen als Urheber in Erscheinung zu treten, bleibt dennoch Urheber. Möglich ist jedoch, dass der Auftraggeber sich vom Werkschöpfer sämtliche Nutzungsrechte übertragen lässt.

---

168 *Schack* Rn. 300; Wandtke/Bullinger/*Thum* § 7 Rn. 8.
169 Einen grundlegend verschiedenen Ansatz verfolgt etwa das US-amerikanische »Copyright Law«, das erlaubt, bei von Arbeitnehmern geschaffenen Werken (»works made for hire«) das Urheberrecht originär in der (ggf. juristischen) Person des Arbeitgebers entstehen zu lassen.

A. Gegenstand des Urheberrechts – Voraussetzungen zum Entstehen urheberrechtl. Schutzes

Die Entstehung des Urheberrechts ist nicht davon abhängig, dass auf dem Werk eine Urheberbezeichnung angebracht wird. Eine Urheberbezeichnung ist aber selbstverständlich *möglich*. Deren Rechtswirkungen sind in § 10 UrhG genannt, der eine widerlegliche gesetzliche Vermutung im Sinne des § 292 ZPO für die Urheberstellung desjenigen vorsieht, der »auf den Vervielfältigungsstücken eines erschienenen Werkes oder auf dem Original eines Werkes der bildenden Künste in der üblichen Weise als Urheber bezeichnet ist«. Widerlegt werden kann die Urhebervermutung nur durch den Beweis des Gegenteils. § 10 UrhG ordnet eine echte Beweislastumkehr an.[170]

140

Die Urhebervermutung in § 10 UrhG bezieht sich einzig und allein auf die *Person* des Urhebers, nicht etwa auch darauf, dass es sich bei dem mit der Urheberbezeichnung versehenen Gegenstand um ein urheberrechtlich schutzfähiges Werk handelt. Auch in Bezug auf den *Zeitpunkt* der Werkschöpfung besteht aufgrund § 10 UrhG keine gesetzliche Vermutung. Um im Streitfall den Nachweis führen zu können, dass ein bestimmtes Werk zu einem bestimmten Zeitpunkt bereits vorgelegen hat, kann es sich empfehlen, eine notarielle Prioritätserklärung abzugeben und ein Exemplar des Werkes zu hinterlegen.[171]

141

2. Miturheber (§ 8 UrhG)

Gemeinsame Schöpfung: Miturheberschaft ist dann gegeben, wenn mehrere Personen durch ihr gemeinsames Schaffen an der Vollendung eines Werkes schöpferisch beteiligt waren. Dabei kommt es nicht darauf an, zu welchem Zeitpunkt oder in welchem Umfang die jeweiligen Beteiligten ihre Beiträge geleistet haben. Es kommt nur darauf an, dass die einzelnen Beiträge schöpferisch sind im Sinne des § 2 Abs. 2 UrhG. Ein Kennzeichen dafür, dass mehrere Personen als Miturheber zusammenwirken, ist, dass jeder Beteiligte seinen schöpferischen Beitrag einer Gesamtidee unterordnet.[172] Miturheberschaft entsteht dann kraft Gesetzes, d.h. einer rechtsgeschäftlichen Vereinbarung bedarf es nicht.

142

Ein im Wege der Miturheberschaft geschaffenes Werk ist nur dann gegeben, wenn sich die einzelnen Beiträge, welche die Miturheber beigesteuert haben, für sich genommen nicht jeweils separat wirtschaftlich verwerten lassen (§ 8 Abs. 1 UrhG). Eine separate wirtschaftliche Verwertbarkeit fehlt zum Beispiel bei den Kommentierungen verschiedener Autoren zu einzelnen Paragraphen eines juristischen Kommentars[173] oder bei einem von verschiedenen Autoren verfassten Fachanwaltshandbuch, das in seiner Gesamtheit eine Rechtsmaterie umfassend darstellt. Demgegenüber ist z.B. eine Festschrift, die eine Vielzahl von Einzelbeiträgen enthält, welche jeweils auch gesondert als Aufsatz publiziert werden können, nicht als ein in Miturheberschaft geschaffenes, sondern als Sammelwerk (s.u.) anzusehen. Die Unterscheidbarkeit der einzelnen Beiträge ist hingegen kein maßgebliches Kriterium.

143

Miturheberschaft ist für gewöhnlich nur dann anzunehmen, wenn die einzelnen Mitwirkenden ihre schöpferischen Beiträge innerhalb derselben Werkart geleistet haben.[174] Werden unterschiedliche Werkarten miteinander verbunden – z.B. Text und Melodie zu einem Lied oder Text und Grafik zu einem Cartoon –, ist in aller Regel von einer geson-

144

---

170 BGH GRUR 1991, 456, 457 – Goggolore; BGHZ 123 208, 212 f. – Buchhaltungsprogramm; nach BGH GRUR 2009, 1046, 1048 – Kranhäuser ist für die Vermutung nach § 10 Abs. 1 UrhG ausreichend, dass ein Architekt auf Vervielfältigungsstücken eines erschienenen Werks (in dem besagten Fall: einem Workshop-Entwurf) als Architekt genannt ist; die Vermutung gilt auch gegenüber Miturhebern.
171 *Hasselblatt* § 44 Rn. 15.
172 BGH GRUR 2009, 1046 – Kranhäuser; RGZ 82, 333, 336 – Fassaden; OLG Düsseldorf ZUM 2004, 71, 73 – Kopf-Skulptur.
173 *Schricker* § 8 Rn. 6.
174 *Fromm/Nordemann* § 8 Rn. 12.

derten Verwertbarkeit auszugehen. Das gilt selbst dann, wenn die beiden Bestandteile in der Vorstellung des Publikums zu einer Einheit verschmolzen sind.[175] Eine getrennte Verwertung des Textes einerseits und der Musik bzw. der Grafik andererseits bleibt unabhängig davon dennoch möglich.

145 Abzugrenzen ist die Miturheberschaft von der Erstellung eines Sammelwerks. Während bei ersterem die einzelnen Beiträge unselbständige Teile eines (von Miturhebern geschaffenen) einheitlichen Werkes darstellen, handelt es sich bei letzterem um die Zusammenfassung mehrerer selbständiger Werke, wobei die Verfasser der in dem Sammelwerk zusammengefassten Beiträge untereinander keine urheberrechtlichen Verbindungen haben. Die Miturheberschaft ist ferner abzugrenzen von der Bearbeitung eines bestehenden Werkes (s. dazu oben Rdn. 27-47) und von der Werkverbindung (s. dazu unten Rdn. 56-60).

146 Miturheberschaft setzt schöpferisches Zusammenwirken der Beteiligten voraus. Daher ist ein bloßer Gehilfe[176] (z.B. wer ein Register erstellt, technische Zeichnungen für einen Architekten vornimmt oder bei der handwerklichen Ausführung von Werken der bildenden Kunst mitwirkt) kein Miturheber, ebensowenig derjenige, der zur Schaffung des Werkes lediglich anregt, und auch nicht der Auftraggeber, der nur Anweisungen erteilt oder nicht urheberschutzfähige Ideen beisteuert. Ebenfalls nicht Miturheber ist, wer lediglich vorbereitend Material gesammelt oder Forschungsergebnisse erarbeitet hat, solange er nicht an deren sprachlicher oder zeichnerischer Gestaltung – die letztlich das urheberrechtlich schutzfähige Werk darstellen – mitgewirkt hat.

147 Die Miturheber schaffen gemeinsam ein Werk, an dem auch nur ein einziges (unteilbares) Urheberrecht besteht. Die Miturheber bilden eine Rechtsgemeinschaft. Nach § 8 Abs. 2 UrhG ist eine gesamthänderische Bindung angeordnet. Diese bezieht sich dem Wortlaut nach jedoch nur auf das Veröffentlichungsrecht und auf die Verwertungsrechte. Auf das Urheberpersönlichkeitsrecht bezieht sich die gesamthänderische Bindung demgegenüber nicht. Im Ergebnis handelt es sich bei dem Zusammenschluss der Miturheber demnach nicht um eine klassische Gesamthandsgemeinschaft, bei der das Recht nur allen Mitberechtigten in ihrer gesamthänderischen Verbundenheit zusteht, sondern um eine urheberrechtlich modifizierte Gesamthandsgemeinschaft.[177] Für Veröffentlichung und Verwertung des Werks ist eine einstimmige Entscheidung aller Miturheber erforderlich, wobei die einzelnen Miturheber ihre jeweilige Einwilligung nicht treuwidrig verweigern dürfen. In der Ausübung derjenigen persönlichkeitsrechtlichen Befugnisse, die allein einen Miturheber selbst berühren, ist der einzelne Miturheber hingegen frei. Ein Miturheber kann also zum Beispiel sein Recht auf Anerkennung seiner Miturheberschaft gemäß § 13 Satz UrhG gegenüber den anderen Miturhebern ausüben oder von seinem Zugangsrecht nach § 25 UrhG Gebrauch machen. Hierfür ist die Zustimmung der übrigen Miturheber nicht erforderlich.

148 Hinsichtlich der Nutzungserträge bestimmt § 8 Abs. 3 UrhG, dass diese »nach dem Umfang ihrer Mitwirkung an der Schöpfung des Werkes« an die Miturheber verteilt werden. Dabei handelt es sich allerdings um eine in der Praxis nur schwer umsetzbare Vorgabe, weil der Umfang der Mitwirkung einen nicht sicher bestimmbaren Maßstab bildet. Jedenfalls im Rahmen der Beweislast wird man daher auf die Regel des § 742 BGB – gleiche Anteile – zurückzugreifen haben.[178]

---

175 Z.B. Asterixhefte, vgl. *Schack* Rn. 316.
176 Zu Hilfstätigkeiten vgl. BGH GRUR 1985, 529 – Happening.
177 *Schricker* § 8 Rn. 10; Wandtke/Bullinger/*Thum* § 8 Rn. 22.
178 *Fromm/Nordemann* § 8 Rn. 26.

3. Urheber verbundener Werke (§ 9 UrhG)

Der Zusammenschluss der Miturheber erfolgt kraft Gesetzes, die Rechtsgemeinschaft wird von § 8 UrhG angeordnet. Anders verhält es sich, wenn mehrere selbständige Werke zur gemeinsamen Verwertung verbunden werden (z.B. wenn ein Buch illustriert wird oder ein Musikwerk und ein Sprachwerk zu einem Lied/einer Oper verbunden werden). Es entsteht in einem solchen Fall kein neues eigenes Werk mit eigener Schutzfrist, sondern eine bloße Werkverbindung. Diese beruht stets auf einer rechtsgeschäftlichen Vereinbarung der jeweiligen Alleinurheber der verbundenen Werke. Die verbundenen Werke bleiben rechtlich selbständig. Die einzelnen Urheber sind daher urheberrechtlich nicht daran gehindert – wenn jedoch möglicherweise vertraglich –, ihre jeweiligen Werke auch anderweitig zu verwerten (ein Libretto kann beispielsweise mehrfach vertont, der Text eines Comics mit einer anderen Grafik kombiniert werden etc.). 149

Anders als die von Gesetzes wegen entstehende Miturheberschaft kann die auf vertraglicher Abrede basierende Werkverbindung grundsätzlich jederzeit wieder aufgehoben werden. Die Urheber, die sich zum Zwecke der Verbindung der von ihnen geschaffenen Werke zusammenschließen, bilden eine Gesellschaft bürgerlichen Rechts nach §§ 705 ff. BGB. Der Gesellschaftsvertrag ist somit aus wichtigem Grund jederzeit kündbar (§ 723 Abs. 1 Satz 2 BGB), ansonsten nur dann, wenn nach der vertraglichen Vereinbarung die Gesellschaft auf unbestimmte Zeit bestehen bleiben soll (§ 723 Abs. 1 Satz 1, Abs. 2 BGB). Sofern eine ausdrückliche vertragliche Bestimmung hierzu fehlt, sollte der Gesellschaftsvertrag im Zweifelsfall dahingehend ausgelegt werden, dass eine Laufzeit von unbestimmter Dauer vereinbart wurde, nicht dass die Laufzeit befristet sein soll (etwa bis zum Ablauf der gesetzlichen Schutzfrist für eines der für die Werkverbindung herangezogenen Werke). Die Folge wäre nämlich sonst, dass die Werkverbindung nur aus wichtigem Grund aufgehoben werden könnte und die einzelnen Urheber und ihre Erben über mehrere Generationen hinweg vertraglich gebunden wären.[179] Das würde aber in vielen Fällen zu einer nicht gewünschten und unzumutbaren Beeinträchtigung führen. 150

Nach § 9 UrhG dürfen die Urheber der miteinander verbundenen Werke die Erteilung der Einwilligung zu »Veröffentlichung, Verwertung und Änderung der verbundenen Werke« nicht treuwidrig verweigern. Eine solche Pflicht ergibt sich jedoch in aller Regel bereits aus der vertraglichen Vereinbarung. § 9 UrhG wird aus diesem Grund für überflüssig gehalten.[180] 151

B. Inhalt des Urheberrechts (§§ 11, 12 ff. UrhG)

Zwei Interessen des Urhebers werden vom Urheberrecht geschützt: da das Werk einen persönlich-geistigen Gehalt aufweist, der Ausdruck der Persönlichkeit des Urhebers ist, schützt das Urheberrecht einerseits das Interesse des Urhebers, über seine Persönlichkeit bestimmen zu können, z.B. dadurch, dass das Werk bzw. die einzelnen Werkexemplare mit seinem Namen gekennzeichnet werden oder das Werk nicht in anderer Form als vom Urheber geschaffen der Öffentlichkeit präsentiert wird. Andererseits wird auch das wirtschaftliche Interesse des Urhebers geschützt, also sein Interesse, das Werk zu Geld zu machen. Der urheberrechtliche Schutz weist damit sowohl vermögensrechtliche als auch persönlichkeitsrechtliche Bestandteile auf und räumt dem Urheber zum einen urheberpersönlichkeitsrechtliche Befugnisse (Recht des Urhebers auf Namensnennung, Bestimmung des Veröffentlichungszeitpunktes, Integritätsschutz etc.), zum anderen vermögensrechtliche Befugnisse (Verwertungsrechte) ein. 152

---

179 *Von Gamm* § 9 Rn. 12; *Schack* Rn. 332; a.A. *Ulmer* 198, *Schricker* § 9 Rn. 12.
180 So *Schack* Rn. 327.

153 Über das Verhältnis von vermögensrechtlichen und persönlichkeitsrechtlichen Komponenten wurde in der Rechtlehre lange Zeit gestritten. Es standen sich zwei Theorien gegenüber: die dualistische und die monistische Theorie (vertreten insbesondere von *Eugen Ulmer*). Die dualistische Theorie besagte, dass es sich bei dem Persönlichkeitsrecht und dem Vermögensrecht um zwei unterschiedliche Rechte des Urhebers handelt. Demgegenüber stellt das Urheberrecht nach der monistischen Theorie, die dem UrhG zugrunde liegt, ein einheitliches Recht dar, bei dem persönlichkeits- und vermögensrechtliche Befugnisse untrennbar miteinander verwoben sind.[181] Nach Ulmer erscheinen die Persönlichkeits- und Vermögensinteressen »wie bei einem Baum, als die Wurzeln des Urheberrechts, und dieses selbst als der einheitliche Stamm. Die urheberrechtlichen Befugnisse aber sind den Ästen und Zweigen vergleichbar, die aus dem Stamm erwachsen. Sie ziehen die Kraft bald aus beiden, bald ganz oder vorwiegend aus einer der Wurzeln.«[182] Persönlichkeits- und Vermögensinteressen des Urhebers sind also sozusagen »Wurzeln desselben Baumes«.

154 Für das Urheberrecht besteht folglich auch eine einheitliche Schutzfrist von 70 Jahren *post mortem auctoris*,[183] d.h. es gelten keine unterschiedlichen Schutzfristen für Vermögensrecht und Urheberpersönlichkeitsrecht.

I. Urheberpersönlichkeitsrechte

155 In der Gesetzessystematik des UrhG sind die urheberpersönlichkeitsrechtlichen Befugnisse den Verwertungsrechten vorangestellt (§§ 12-14 UrhG). Dies unterstreicht die herausgehobene Stellung des Urheberpersönlichkeitsrechts, die auch in § 11 Satz 1 UrhG zum Ausdruck kommt, nach dem das Urheberrecht den Urheber »in seinen geistigen und persönlichen Beziehungen zum Werk« schützt. Das Urheberpersönlichkeitsrecht bewahrt »das geistige Band, das den Urheber mit seinem Werk als einem manifestierten Teil seiner Persönlichkeit verbindet«.[184] Die ideellen Interessen des Urhebers können unterschiedlicher Natur sein, d.h. geistiger oder persönlicher Art:

156 Bei den – eher objektbezogenen – geistigen Interessen geht es dem Urheber vorwiegend darum, die Unversehrtheit seines Werkes gewahrt zu sehen, während die persönlichen Interessen mehr auf das Ansehen und die Ehre des Urhebers als Schöpfer des Werkes abzielen. In Deutschland waren diese Schutzziele schon vor Erlass des UrhG 1965 anerkannt: so hat das Reichsgericht das Verbot, ein Wandgemälde zu entstellen, auf das Urheberpersönlichkeitsrecht des Urhebers gestützt.[185] Auch das Veröffentlichungsrecht war bereits vor 1965 anerkannt.

157 Die wichtigsten persönlichkeitsrechtlichen Befugnisse sind in §§ 12-14 UrhG einzeln aufgeführt:
– das Recht auf Anerkennung der Urheberschaft;
– das Recht auf Bestimmung der Urheberbezeichnung;
– der Integritätsschutz.

158 Ebenfalls persönlichkeitsrechtlichen Gehalt haben die Regelungen zu den Rückrufsrechten: § 34 Abs. 3 Satz 2 (Rückruf bei wesentlicher Beteiligungsänderung), § 41 (Rückruf wegen Nicht- oder nur unzureichender Ausübung), § 42 UrhG (Rückruf wegen gewandelter Überzeugung). Auch die Regelung hinsichtlich der Einwilligung für den Fall einer

---

181 Wandtke/Bullinger/*Bullinger* § 11 Rn. 1, 2.
182 *Ulmer* S. 116.
183 Anders als bspw. in Spanien, Polen, Italien und Frankreich, wo ein ewiges *droit moral* vorgesehen ist.
184 *Schack* Rn. 353.
185 RGZ 79, 397 – Felseneiland mit Sirenen.

Zwangsvollstreckung in das Urheberrecht (§§ 113 ff. UrhG) hat einen urheberpersönlichkeitsrechtlichen Einschlag.

1. Veröffentlichungsrecht (§ 12 UrhG)

Mit der Veröffentlichung wird das Werk zum Gegenstand des Rechtsverkehrs. Die veröffentlichte Form wird vom Publikum dem Urheber zugeschrieben. Es ist daher für den Urheber eine wesentliche Frage, ob und wann und in welcher Form er sein Werk veröffentlicht sehen will. Dieses Recht zur (Erst-)Veröffentlichung räumt § 12 UrhG dem Urheber ein. § 12 UrhG bezieht sich dabei nur auf die erste Veröffentlichung eines Werkes. Gegen spätere Veröffentlichungen, die von ihm nicht autorisiert wurden, kann der Urheber nicht aus § 12 UrhG vorgehen, sondern allenfalls aus §§ 15 ff., 97 UrhG wegen Verletzung der ihm zustehenden Verwertungsrechte.

159

2. Recht auf Anerkennung der Urheberschaft (§ 13 Satz 1 UrhG)

Der Urheber hat ein Interesse daran, dass seine persönliche geistige Schöpfung von der Öffentlichkeit auch mit seinem Namen in Verbindung gebracht wird. Denn nur so kann der Urheber beim Publikum einen guten Ruf erwerben. § 13 Satz 1 UrhG gewährt dem Urheber aus diesem Grund ein Abwehrrecht, mit dem er zweierlei erreichen kann:
- er kann sich einerseits gegen die Anmaßung der Urheberschaft durch einen Dritten zur Wehr setzen sowie
- andererseits dagegen, dass sein Werk fälschlicherweise einem Dritten zugeschrieben wird.[186]

160

Das Abwehrrecht des § 13 Satz 1 UrhG wird ergänzt durch § 63 UrhG, der die Pflicht zur Quellenangabe begründet (z.B. bei Zitaten aus einem fremden Werk).

161

Weil nur natürliche Personen als Urheber in Betracht kommen, kann juristischen Personen der Anspruch auf Anerkennung der Urheberschaft nicht zustehen.[187]

162

Der Urheber kann auf das ihm zustehende Recht aus § 13 Satz 1 UrhG nur schuldrechtlich verzichten,[188] und auch das lediglich in zeitlich begrenztem Umfang (analog § 41 Abs. 4 Satz 2 UrhG für 5 Jahre). Das ist zum Beispiel dann relevant, wenn ein Urheber für einen Dritten als Ghostwriter tätig ist. Auch wenn der temporäre Verzicht auf das Recht für zulässig gehalten wird, sieht die herrschende Meinung die Anmaßung der Urheberschaft durch den Auftraggeber dennoch als rechtswidrig an und begründet dies damit, dass eine Übertragung des Rechts auf Anerkennung der Urheberschaft auf Dritte rechtlich nicht möglich sei.

163

3. Recht auf Bestimmung der Urheberbezeichnung (§ 13 Satz 2 UrhG)

Die Entscheidung, ob und gegebenenfalls wie der Urheber sein Werk mit einer Urheberbezeichnung kennzeichnen will, steht nach § 13 Satz 2 UrhG ebenfalls dem Urheber selbst zu. Es muss sich bei der Urheberbezeichnung nicht um den echten Namen des Urhebers handeln. Auch die Wahl eines Pseudonyms ist möglich. Ebenso bleibt es dem Urheber unbenommen, *keine* Urheberbezeichnung zu wählen und anonym zu bleiben.[189] Der Urheber schafft dadurch kein Präjudiz. Von seinem Recht nach § 13 Satz 1 UrhG kann er dennoch später noch Gebrauch zu machen.

164

---

186 Dagegen ist das allgemeine Persönlichkeitsrecht einschlägig, wenn dem Urheber fälschlich ein Werk zugeschrieben wird, das nicht von ihm stammt.
187 OLG Frankfurt/M. NJW 1991, 1839.
188 OLG München ZUM 2003, 964, 967 – Pumuckl-Illustrationen.
189 Die presserechtliche Pflicht, in Druckwerken eine für den Inhalt verantwortliche Person anzugeben (vgl. z.B. § 8 PresseG NW), bleibt hiervon unberührt.

165 § 13 Satz 2 UrhG bezieht sich sowohl auf Werke, die nur unkörperlich wiedergegeben werden, als auch auf das Werkoriginal sowie auf jedes einzelne Vervielfältigungsstück eines Werks.[190] Hinsichtlich Werken der bildenden Kunst wird der Schutz aus § 13 Satz 2 UrhG ergänzt und erweitert durch die strafrechtliche Bestimmung des § 107 Abs. 1 Nr. 1 UrhG: wer auf dem Original eines Werks der bildenden Kunst die (zutreffende) Urheberbezeichnung ohne Einwilligung des Urhebers anbringt, wird mit Freiheitsstrafe bis zu drei Jahren oder Geldstrafe bestraft.

166 Für die Urheberbezeichnung greifen keine branchenüblichen Einschränkungen ein. Das Namensnennungsrecht steht also etwa auch einem Architekten hinsichtlich des von ihm entworfenen Bauwerks zu.[191] Insbesondere scheidet eine Analogie zu § 63 Abs. 2 UrhG aus.[192] Im Zweifel ist ein Namensnennungsrecht des Urhebers zu bejahen.[193]

4. Entstellung des Werkes (§ 14 UrhG)

167 § 14 i.V.m § 97 UrhG ermöglicht es dem Urheber, einer Entstellung seines Werkes entgegenzutreten. Der urheberpersönlichkeitsrechtlichen Stoßrichtung folgend, schützt § 14 UrhG nicht das Werk an sich, sondern das geistige oder persönliche Interesse des Urhebers an der Integrität seines Werkes.[194] Das Werk soll der Öffentlichkeit so präsentiert werden, wie es der Urheber geschaffen hat.

168 Bei der Anwendung des § 14 UrhG ist eine dreistufige Tatbestandsprüfung durchzuführen:[195]
– Ist objektiv eine Entstellung des Werkes oder eine andere Beeinträchtigung des Werkes gegeben?
– Ist diese geeignet, ideelle Interessen des Urhebers zu gefährden?
– Erweisen sich diese Interessen nach Abwägung der gegenläufigen Interessen Dritter als berechtigt?

169 Typische Fälle einer Werkentstellung sind Verstümmelungen,[196] die Kürzung von Sprachwerken[197] oder Filmen,[198] Hinzufügungen[199] oder tendenzverändernde Umgestaltungen.[200] Auch dadurch, dass ein Werk in unveränderter Form in einen unpassenden Kontext gestellt oder in ein anderes Kunstwerk integriert wird, kann es zu einer Beeinträchtigung kommen,[201] jedenfalls dann, wenn das Werk der Lächerlichkeit preisgegeben wird oder der neue Kontext die ursprüngliche Aussage des Werkes diskreditiert. Die gravierendste Form der Beeinträchtigung ist die Zerstörung des Werks. Durch sie werden die Interessen des Urhebers endgültig vereitelt.

---

190 BGH ZUM 1995, 40, 42 – Namensnennungsrecht des Architekten.
191 BGH ZUM 1995, 40 – Namensnennungsrecht des Architekten; zu branchenspezifischen Verkehrsgepflogenheiten s. Wandtke/Bullinger/*Bullinger* § 13 Rn. 25.
192 BGH ZUM 1995, 40 (gegen *Rehbinder* ZUM 1991, 220).
193 OLG München GRUR 1969, 146 f. – Bundeswehrplakat.
194 Wandtke/Bullinger/*Bullinger* § 14 Rn. 1.
195 *Schricker* § 14 Rn. 18.
196 BGH GRUR 1971, 525 – Petite Jacqueline; RGZ 79, 397 – Felseneiland mit Sirenen.
197 RGZ 102, 134, 141 f. – Strindberg-Übersetzungen.
198 OLG Frankfurt am Main GRUR 1989, 203, 205 – Wüstenflug; KG GRUR 2004, 497, 498 – Schlacht um Berlin.
199 BGH GRUR 1971, 35, 39 – Maske in Blau.
200 GRUR 1954, 80, 81 – Politische Horoskope; OLG München NJW 1996, 135 – »Herrenmagazin«.
201 BGH NJW 2009, 774 – Klingeltöne für Mobiltelefone: es genügt nach Ansicht des BGH, dass durch die Form und Art der Werkwiedergabe und -nutzung Urheberinteressen beeinträchtigt werden können; durch die Nutzung als Klingelton werde das Musikwerk nicht als sinnlich-klangliches Erlebnis, sondern als »oft störender« Signalton wahrgenommen.

Wird das Werk lediglich kritisiert, ist keine Beeinträchtigung im Sinne des § 14 UrhG **170**
gegeben. Das gilt selbst dann, wenn die Kritik besonders harsch oder abwertend ist.

Eignung zur Interessengefährdung: Die Eignung zur Interessengefährdung wird durch **171**
die Feststellung einer objektiven Beeinträchtigung indiziert. Keine Indizwirkung besteht
dann, wenn der Urheber gegenüber dem Nutzungsrechtsinhaber einer Werkveränderung
nach § 39 Abs. 1 UrhG zugestimmt hat, oder wenn er dem Dritten ein Bearbeitungsrecht
eingeräumt hat. Ein solches tatbestandsausschließendes Einverständnis ist aber dann
nicht anzunehmen, wenn der Nutzungsrechtsinhaber oder der Bearbeiter solche Eingriffe vornimmt, die der Urheber schlechterdings nicht vorhersehen konnte oder die so
gravierend und einschneidend sind, dass sie den Kern des unverzichtbaren Urheberpersönlichkeitsrechts berühren.

Ob die Entstellung oder Beeinträchtigung eine Interessengefährdung begründet, ist nach **172**
objektiven Kriterien zu bemessen. Subjektiv mag ein besonders empfindlicher Urheber
seine Interessen bereits bei einem nur leichten Eingriff berührt sehen. Auf das subjektive
Empfinden des einzelnen Urhebers kommt es aber nicht an.[202]

Ob bereits solche Beeinträchtigungen und Entstellungen im Sinne von § 14 UrhG rele- **173**
vant sind, die sich nur in der Privatsphäre ereignen, oder ob die Beeinträchtigung des
Werkes in der Öffentlichkeit geschehen, d.h. von Dritten wahrgenommen werden muss,
ist streitig.[203] § 14 UrhG zielt jedoch nicht auf den absoluten Schutz eines Werkes ab,
sondern soll die Interessenbeeinträchtigung des Urhebers verhindern. Auch nach § 23
Satz 1 UrhG ist nicht die Bearbeitung als solche unzulässig, sondern nur die Veröffentlichung und Verwertung der Bearbeitung ohne Zustimmung des Urhebers des Originalwerks. Entsprechend wird man auch für § 14 UrhG fordern müssen, dass das entstellte
Werk Dritten, die mit dem Besitzer nicht persönlich verbunden sind, zur Kenntnis gelangen muss. Denn erst dann, wenn die Entstellung an die Öffentlichkeit dringt, besteht
überhaupt die Möglichkeit, dass das Ansehen des Urhebers in den Augen Dritter in Mitleidenschaft gezogen wird. Was der Besitzer in seiner Privatsphäre mit dem Werkexemplar anstellt, »geht niemanden etwas an«.[204] Auszunehmen von diesem Grundsatz ist
allerdings der Fall der Zerstörung eines Werkoriginals. Die Zerstörung vereitelt die Interessen des Urhebers endgültig. Es wird daher in der jüngeren Literatur – entgegen der
Ansicht der Rechtsprechung – gefordert, dass der Eigentümer ein Originalwerk nicht
zerstören darf, ohne dass es zuvor dem Urheber zur Rücknahme angeboten worden ist.
Der Urheber soll in einem solchen Fall dem Eigentümer des Originals den Materialwert
zu ersetzen haben.[205] Die Pflicht, dem Urheber das Werk anzubieten, wird aus dem
Grundsatz der unzulässigen Rechtsausübung (§ 242 BGB) hergeleitet. Unzulässig ist die
Rechtsausübung deswegen, weil den schutzwürdigen Interessen des Urhebers keine solchen schutzwürdigen Interessen des Eigentümers (an der Zerstörung eines fremden Werkes) gegenüberstehen.

»Berechtigte« Interessen des Urhebers: Der dem Urheber durch § 14 UrhG gewährte **174**
Integritätsschutz ist nicht absolut. Geschützt werden nur die »berechtigten« Interessen
des Urhebers. Um festzustellen, ob berechtigte Interessen des Urhebers tangiert sind, ist
das Integritätsinteresse des Urhebers gegen das Verwertungsinteresse des Nutzungsberechtigten abzuwägen. Im Rahmen dieser Abwägung ist zu ermitteln, ob eine konkrete
Beeinträchtigung vom Urheber hinzunehmen ist oder unterbunden werden kann. Fol-

---

202 BGH GRUR 1982, 107, 110 – Kirchen-Innenraumgestaltung; LG München I ZUM-RD 2000, 308,
310 – Rundfunkmäßige Nutzung von Werken der bildenden Kunst; *Fromm/Nordemann* § 14 Rn. 10.
203 *Ulmer* S. 219, *Schricker* § 14 Rn. 16; a.A. *von Gamm* § 14 Rn. 13.
204 So *Schack* Rn. 388.
205 *Schricker* § 14 Rn. 38a m.w.N.

gende Kriterien sind im Rahmen der Abwägung zu berücksichtigen:[206]
- der Gebrauchszweck des Werkes;
- Ausmaß und Notwendigkeit der Änderungen;
- das finanzielle Risiko des Verwerters;
- der künstlerische Rang des Werkes.

175 Ein anderer Maßstab gilt bei Filmwerken: für diesen Bereich beschränkt § 93 Abs. 1 UrhG den dem Urheber des Filmwerks sowie den Inhabern verwandter Schutzrechte gewährten Integritätsschutz auf »gröbliche Entstellungen« und »andere gröbliche Beeinträchtigungen« ihrer jeweiligen Werke oder Leistungen.

5. Zugangsrecht (§ 25 UrhG)

176 Starke persönlichkeitsrechtliche Züge trägt auch das Zugangsrecht aus § 25 UrhG. Auf § 25 UrhG kann sich der Urheber stützen, um vom Besitzer des Originals oder eines Vervielfältigungsstückes des Werks zu verlangen, dass dieser ihm das Original oder das Vervielfältigungsstück zugänglich macht, wenn und soweit dies zur Fertigung von Vervielfältigungsstücken erforderlich ist und keine berechtigten Interessen des Besitzers entgegenstehen. Auf das Zugangsrecht kann der Urheber insbesondere dann angewiesen sein, wenn er das Original eines Werks der bildenden Kunst oder ein Originalmanuskript veräußert hat. Der Besitzer schuldet dem Urheber lediglich die Zugänglichmachung. Zur Herausgabe an den Urheber ist er nicht verpflichtet, § 25 Abs. 2 UrhG.

177 Berechtigte Interessen des Besitzers, die er dem Verlangen des Urhebers auf Zugänglichmachung entgegenhalten kann, wären beispielsweise dann gegeben, wenn die Gefahr besteht, dass der Kunstgegenstand bei dem Vervielfältigungsvorgang beschädigt werden könnte.[207] Auch persönlichkeitsrechtliche Gründe können einer Zugänglichmachung entgegenstehen, zum Beispiel dann, wenn es sich bei dem Werk um ein Portrait des Besitzers handelt, das der Urheber auf Bestellung angefertigt hat.[208]

178 Mit der Geltendmachung des Rechts nach § 25 UrhG entsteht zwischen dem Urheber und dem Besitzer des Werkexemplars ein gesetzliches Schuldverhältnis. Eine Verpflichtung des Besitzers zur Durchführung von Erhaltungsmaßnahmen vor diesem Zeitpunkt ergibt sich jedenfalls nicht aus § 25 UrhG[209] (möglicherweise aber gemäß § 14 UrhG i.V.m. § 242 BGB oder nach denkmalschutzrechtlichen Vorschriften).[210]

II. Verwertungsrechte

179 Der Urheber kann in sehr weitem Umfang über sein Werk verfügen und andere von der Nutzung seines Werkes ausschließen. § 15 Abs. 1, Abs. 2 UrhG gewährt dem Urheber

»das ausschließliche Recht, sein Werk in körperlicher Form zu verwerten« und »in unkörperlicher Form öffentlich wiederzugeben«.

180 Die Aufzählung der einzelnen Verwertungsrechte in § 15 UrhG hat nur beispielhaften Charakter, wie sich aus dem Wort »insbesondere« ergibt. Beim Auftreten neuer Verwertungsformen sind diese also unmittelbar von dem Ausschließlichkeitsrecht erfasst, ohne dass es hierzu eigens einer gesetzgeberischen Klarstellung bedürfte. Mit der Aufzählung der einzelnen Verwertungsrechte bringt der Gesetzgeber zum Ausdruck, dass dem Urhe-

---

206 BGHZ 55, 1, 3 – Maske in Blau.
207 KG GRUR 1983, 507, 509 – Totenmaske II.
208 Amtl. Begründung UFITA 45 (1965), 267; Wandtke/Bullinger/*Bullinger* § 25 Rn. 15.
209 RegE BT-Drs. IV/270, S. 52.
210 Siehe hierzu *Schack* Rn. 399.

ber für jede Erweiterung der Öffentlichkeit eine erneute Gelegenheit für eine Entlohnung eingeräumt werden soll.[211]

Manche der einzeln aufgeführten Verwertungsrechte sehen eine Beschränkung ihrer jeweiligen Anwendbarkeit vor. Aus der Systematik der §§ 16-22 UrhG folgt, dass die jeweiligen Verwertungsrechte sich wechselseitig inhaltlich begrenzen. Das bedeutet, dass eine inhaltliche Beschränkung sich auch nicht durch einen Rückgriff auf die Generalklausel »aushebeln« lässt.[212] Beispielsweise bestimmt § 18 UrhG, dass dem Urheber ein Ausstellungsrecht nur für unveröffentlichte Werke zukommt. Das bedeutet zugleich, dass der Urheber ein Ausstellungsrecht für *veröffentlichte* Werke für sich im Ergebnis auch nicht aus § 15 Abs. 1 UrhG herleiten kann. **181**

1. Verwertung in körperlicher Form

a) Vervielfältigungsrecht (§§ 15 Abs. 1 Nr. 1, 16 UrhG)

Zweifellos das wichtigste der Rechte zur Verwertung in körperlicher Form ist das Vervielfältigungsrecht. Unter einer Vervielfältigung ist eine körperliche Festlegung zu verstehen, die es ermöglicht, das Werk mit den menschlichen Sinnen wahrzunehmen. Unschädlich ist dabei, wenn die Wahrnehmung nur mithilfe technischer Einrichtungen erfolgen kann. **182**

Es kommt nicht darauf an, in welcher Anzahl und auf welche Art die Vervielfältigung vorgenommen wird. Unmaßgeblich ist ferner, ob für die Vervielfältigung das Original oder ein Vervielfältigungsstück herangezogen wurde, ob die Kopie dauerhaft ist oder die Vervielfältigung nur vorübergehend erfolgt, und die Vervielfältigung mit einer Verkleinerung, Vergrößerung oder Bearbeitung des Werkes einhergeht. So ist etwa die Ausführung eines Bauwerks eine Vervielfältigung des Entwurfs (§ 2 Abs. 1 Nr. 4 UrhG).[213] Auch wenn ein urheberrechtlich geschütztes Werk fotografiert wird, handelt es sich um eine Vervielfältigung des Werks. Ein dreidimensionales Werk kann also zweidimensional vervielfältigt werden, ebenso wie ein zweidimensionales Werk dreidimensional vervielfältigt werden kann.[214] **183**

Da es auf die Dauerhaftigkeit der Vervielfältigung nicht ankommt, liegt deshalb auch eine nach §§ 15 Abs. 1 Nr. 1, 16 relevante Nutzungshandlung vor, wenn ein Werk in digitaler Form auf Magnetbändern, Disketten oder auf einer Computer-Festplatte gespeichert wird. Auch die nur vorübergehende Speicherung im Arbeitsspeicher eines Computers ist Vervielfältigung im Rechtssinn.[215] Für Computerprogramme ist dies in § 69c Nr. 1 UrhG ausdrücklich geregelt: § 69d Abs. 1 UrhG stellt sicher, dass die bestimmungsgemäße Benutzung des Computerprogramms durch einen Berechtigten keine zustimmungsbedürftige Handlung ist, der Rechtsinhaber den mit der Benutzung des Programms einhergehenden Vervielfältigungsvorgang somit nicht unterbinden kann. **184**

Der technische Vorgang unterscheidet sich auch bei den auf elektronischem Weg übermittelten Werken nicht. Auch hier ist die Werknutzung am Bildschirm nicht ohne eine Vervielfältigung im Arbeitsspeicher möglich. Im Ergebnis ist daher auch die über einen Arbeitsspeicher laufende Werknutzung – einschließlich des Browsing – als Vervielfältigungs- und somit als eine grundsätzlich zustimmungspflichtige Verwertungshandlung anzusehen. Dasselbe gilt für die Zwischenspeicherung im Computer-Cache oder auf **185**

---

211 *Fromm/Nordemann* § 15 Rn. 6.
212 RegE BT-Drs. IV/270, S. 46.
213 BGHZ 24, 55, 69 – Ledigenheim.
214 BGHZ 144, 232, 235 – Parfumflakon.
215 Übersicht bei Wandtke/Bullinger/*Grützmacher* § 69c Rn. 7.

Proxy-Cache-Servern des Internet Service Providers. Eine Freistellung nach § 44a UrhG kommt nur für solche vorübergehenden Vervielfältigungshandlungen in Betracht, die »keine eigenständige wirtschaftliche Bedeutung haben« und im Zuge einer bloßen Durchleitung oder einer rechtmäßigen Nutzung geschehen. Rechtmäßig ist die Nutzung jedoch nur, wenn der Urheber zuvor die entsprechenden Vervielfältigungsrechte eingeräumt hat oder das Gesetz bestimmte Nutzungen für zustimmungsfrei erklärt (wie z.B. bei einer Vervielfältigung zum privaten Gebrauch, § 53 UrhG).

186 Die Wiedergabe von Bildern in verkleinerter Form im Rahmen der Bildersuchfunktion einer Suchmaschine (sog. »thumbnails«) stellt nach der aktuellen Rechtsprechung des Bundesgerichtshofs keinen rechtswidrigen Eingriff in das Vervielfältigungsrecht des Urhebers bzw. in dessen Recht auf öffentliche Zugänglichmachung dar.[216] Der BGH hat in dem genannten Urteil maßgeblich darauf abgestellt, dass die Klägerin technische Maßnahmen hätte ergreifen können, um die Abbildungen ihrer Werke von der Suche und der Anzeige durch Bildersuchmaschinen (in dem entschiedenen Fall: Google) in Form von Vorschaubildern auszunehmen.

187 Keine Vervielfältigungshandlung ist demgegenüber gegeben bei einer Verweisung auf die Webseiten Dritter durch Anbringung von Hyperlinks. Diese erleichtern lediglich die spätere Vervielfältigung durch den Nutzer.[217]

188 Durch § 16 Abs. 2 UrhG ist klargestellt, dass jede Aufnahme eines Werkes auf einem Bild- oder Tonträger, einschließlich der Erstaufnahme,[218] eine Vervielfältigung des Werkes darstellt. Das gilt erst recht für die Vervielfältigung eines solchen Bild- oder Tonträgers.

b) Verbreitungsrecht (§§ 15 Abs. 1 Nr. 2, 17 UrhG)

189 Neben dem Vervielfältigungsrecht des § 16 UrhG ist in § 17 UrhG ein selbständiges Verbreitungsrecht vorgesehen. § 17 UrhG führt zwei unterschiedliche Verbreitungshandlungen auf: das Inverkehrbringen und das öffentliche Anbieten von Werkexemplaren. Die Begriffe sind weit auszulegen: davon erfasst ist nicht nur die Veräußerung, sondern jede Form der Besitzüberlassung von Werkexemplaren, also auch die Vermietung von Filmkopien oder von Aufführungsmaterial durch einen Musikverlag oder durch Konzertveranstalter.[219] Auch wer Konstruktionszeichnungen an einen potentiellen Auftraggeber weitergibt, bringt sie in Verkehr,[220] ebenso wer Hotelzimmer mit Corbusier-Möbeln ausstattet.[221]

190 Das Verbreiten ist dem Wortlaut des § 17 UrhG nach nicht nur auf das erstmalige Inverkehrbringen beschränkt. Jedoch ist die Vorschrift dahingehend auszulegen, dass nur das erste Inverkehrbringen erfasst wird. Denn wenn dem Urheber auch für ein weiteres Inverkehrbringen ein Ausschließlichkeitsrecht zustünde, könnte er den Handel mit den Vervielfältigungsstücken seines Werkes in unzumutbarer Weise stören.

---

216 BGH, Urt. v. 29.4.2010, I ZR 68/08; Vorinstanz OLG Jena GRUR-RR 2008, 223.
217 BGH GRUR 2003, 958 – Paperboy.
218 BGH GRUR 1982, 102, 103 – Masterbänder.
219 BGH GRUR 1972, 141, 142 – Konzertveranstalter; nicht ausreichend ist jedoch, wenn Nachbildungen urheberrechtlich geschützter Modelle von Möbeln der Öffentlichkeit lediglich zum Gebrauch zugänglich gemacht werden, ohne dass es zu einer Eigentumsübertragung kommt: BGH NJW 2009, 2960, 2961 – Le Corbusier-Möbel II im Anschluss an EuGH GRUR 2008, 604, 605 – Peek & Cloppenburg KG/Cassina Spa; anders wird das Angebot an deutsche Kunden beurteilt, solche Möbelstücke in Italien zu erwerben, vgl. hierzu BGH GRUR 2007, 871, 873 – Wagenfeld-Leuchte; LG Hamburg GRUR-RR 2009, 212, 214 – Bauhaus-Klassiker.
220 BGH GRUR 1985, 129, 130 – Elektrodenfabrik.
221 KG GRUR 1996, 968, 969 – Möbel-Nachbildungen.

B. Inhalt des Urheberrechts (§§ 11, 12 ff. UrhG)

Die Verkehrsfähigkeit der Werkexemplare sichert § 17 Abs. 2 UrhG,[222] der die Erschöpfung des Verbreitungsrechts vorsieht. Hintergrund dieser Regelung ist der Schutz der Freiheit des Warenverkehrs. Es handelt sich um eine allgemeine und international übliche Rechtsregel.[223] Die Erschöpfung bezieht sich nur auf die Verbreitung körperlicher Werkexemplare, nicht hingegen auf das Recht der unkörperlichen öffentlichen Wiedergabe, auf das Vervielfältigungsrecht,[224] das Recht der öffentlichen Zugänglichmachung oder das Senderecht.[225]

In der Praxis werden Vervielfältigungs- und Verbreitungsrecht oft demselben Verwerter eingeräumt.[226] Das ist jedoch nicht zwingend. Das Verbreitungsrecht ermöglicht es dem Urheber, die Verbreitung der Vervielfältigungsstücke in gewissem Umfang zu steuern, indem er nur ein eingeschränktes Verbreitungsrecht vergibt. Die häufigste Form der Einschränkung ist die räumliche Aufspaltung des Verbreitungsgebiets. In Bezug auf Computerprogramme ist die Vorschrift des § 69c Nr. 3 Satz 2 UrhG zu beachten, wonach Vertriebsbeschränkungen, welche die Verbreitung von Updates oder von so genannten OEM-Versionen nur in Kombination mit der zugehörigen Hardware erlauben, nicht urheberrechtlich, sondern ausschließlich schuldrechtlich wirken.[227]

Auch soweit im Ausland Vervielfältigungsstücke rechtmäßig hergestellt wurden, kann deren Verbreitung im Inland über § 17 UrhG verhindert werden. Zu beachten ist in diesem Zusammenhang allerdings, dass dann, wenn ein Werk in einem EU-/EWR-Staat rechtmäßig in den Verkehr gebracht wurde, in Bezug auf dieses Werk eine EU/EWR-weite Erschöpfung eintritt. Gegen das Inverkehrbringen solcher Vervielfältigungsstücke kann der Urheber nicht nach § 17 UrhG vorgehen. Stünde dem Urheber diese Möglichkeit offen, wäre dies als Verstoß gegen Art. 34, 36 AUEV zu werten. Eine Abschottung nationaler Märkte innerhalb des gemeinsamen Binnenmarktes soll nämlich gerade vermieden werden.[228]

Zumutbar ist der Eintritt der Erschöpfung für den Urheber jedoch nur dann, wenn er beim erstmaligen Inverkehrbringen der Werkexemplare ausreichend Gelegenheit hatte, eine Vergütung für die Einräumung des Verbreitungsrechts auszuhandeln, die auch spätere Veräußerungsvorgänge berücksichtigt. § 17 Abs. 2 UrhG (ebenso wie § 69c Nr. 3 Satz 2 UrhG) stellt daher eine Reihe von Voraussetzungen für den Eintritt der Erschöpfung auf:
– das erstmalige Inverkehrbringen der Werkexemplare muss »mit Zustimmung des zur Verbreitung Berechtigten«, also rechtmäßig, erfolgt sein;
– das Inverkehrbringen muss »im Wege der Veräußerung« erfolgt sein.

»Veräußerung« bedeutet die endgültige Überlassung der Werkexemplare zur freien Verfügung, gleich ob aufgrund eines Kauf-, Schenkungs- oder anderen Schuldvertrages.[229] Eine bloß vorübergehende Überlassung, z.B. die Vermietung von Filmkopien oder Notenmaterial, stellt keine Veräußerung dar.[230] Keine Veräußerung im eigentlichen Sinne

191

192

193

194

195

---

222 Für Computerprogramme siehe § 69c Nr. 3 Satz 2 UrhG.
223 In den USA: »*first sale doctrine*«.
224 BGHZ 112, 264, 277 – Betriebssystem.
225 BGHZ 11, 135, 144 – Schallplatten-Lautsprecherübertragung.
226 Belgien und Frankreich kamen bisher ohne Verbreitungsrecht aus.
227 BGHZ 145, 7 – OEM-Version.
228 Ein Problem stellen die unterschiedlichen Sätze der Verwertungsgesellschaften der einzelnen Mitgliedstaaten dar.
229 BGH ZUM 2005, 475, 476 – Atlanta; nicht ausreichend ist nach BGH NJW 2009, 3722, 3728 – Tripp-Trapp-Stuhl, dass der Berechtigte nach Verletzung seines Verbreitungsrechts Schadensersatz geltend macht und ihn entgegennimmt; hierin liegt keine Zustimmung des Berechtigten, die eine Erschöpfung zur Folge hätte.
230 *Fromm/Nordemann* § 17 Rn. 29.

ist die endgültig gewollte Entäußerung aufgedrängter Kunstwerke (z.B. Graffiti an Häuserwänden oder der Berliner Mauer). Diese Entäußerung ist aber einer Veräußerung im Sinne von § 17 Abs. 2 UrhG gleichzustellen.[231]

c) Vermietrecht

196 Bei der Vermietung handelt es sich um einen Unterfall der Verbreitung. Das Vermietrecht stellt insoweit eine Besonderheit dar, als es von der Erschöpfung ausgenommen ist (§ 17 Abs. 2; § 69c Nr. 3 Satz 2 UrhG), das heißt der Urheber geht des Vermietrechts nicht dadurch verlustig, dass die Vervielfältigungsstücke mit seiner Zustimmung im Wege einer Veräußerung in den Verkehr gebracht wurden. Zu beachten sind in diesem Zusammenhang jedoch die Einschränkungen des § 17 Abs. 3 Satz 2 UrhG, der besagt, dass die Überlassung
- von Bauwerken,
- Werken der angewandten Kunst sowie
- Werken, die im Rahmen eines Arbeits- oder Dienstverhältnisses überlassen werden,

nicht als Vermietung gilt.

197 Keine Voraussetzung für eine Vermietung im Sinne des § 17 Abs. 3 UrhG ist – anders als bei § 535 Abs. 2 BGB – das Merkmal der Entgeltlichkeit. Ausreichend ist, dass die Gebrauchsüberlassung *mittelbar* Erwerbszwecken dient (§ 17 Abs. 3 Satz 1 UrhG). Hintergrund dieser Gesetzesfassung ist, dass auch die Überlassung von (vor allem) Videos und CDs an »nur« Mitgliedsbeiträge zahlende Club-Mitglieder erfasst werden soll. Auch der Verkauf von Exemplaren eines urheberrechtlich geschützten Werkes (z.B. Videos) mit der Zusage, sie bei Nichtgefallen zu einem bestimmten Preis wieder zurückzunehmen, ist wirtschaftlich gesehen Vermietung.[232] Gleiches gilt für den Kauf auf Probe, der ebenfalls im Sinne des Urheberrechts als Vermietung anzusehen ist.[233]

d) Ausstellungsrecht (§§ 15 Abs. 1 Nr. 3, 18 UrhG)

198 Der Unterschied zwischen einer Verbreitung im Sinne des § 17 Abs. 1 UrhG und der Ausstellung eines Werks nach § 18 UrhG liegt darin, dass das Werk bei einer Ausstellung der Öffentlichkeit nicht *angeboten*, sondern lediglich *zur Schau gestellt* wird. Das Ausstellungsrecht des § 18 UrhG ist von vornherein auf einige wenige Werkarten beschränkt. Es greift nur ein für:
- unveröffentlichte Werke der bildenden Künste und
- unveröffentlichte Lichtbildwerke.

199 Das Ausstellungsrecht erlischt mit der Veröffentlichung (vgl. zum Begriff der Veröffentlichung § 6 Abs. 1 UrhG).

200 Streng genommen handelt es sich bei § 18 UrhG nicht um ein echtes Verwertungsrecht, sondern um eine zusätzliche Absicherung des Veröffentlichungsrechts[234] in § 12 Abs. 1 UrhG. Der Grund, weshalb der Gesetzgeber die Vorschrift auf unveröffentlichte Werke beschränkt hat, war die Absicht, den Kunsthandel möglichst nicht zu behindern.[235] Vor diesem Hintergrund ist auch § 44 Abs. 2 UrhG zu sehen, der das Ausstellungsrecht des Urhebers in noch weitergehendem Umfang einschränkt: sofern der Urheber das Original eines Werkes der bildenden Kunst oder eines Lichtbildwerks veräußert, ohne sich das

---

231 A.A. BGHZ 129, 66, 73 – Mauer-Bilder.
232 BGH GRUR 1989, 417, 419 – Kauf mit Rückgaberecht.
233 BGH GRUR 2001, 1036, 1037 – Kauf auf Probe.
234 *Ulmer* S. 229, 241 f.
235 RegE BT-Drs. IV/270, S. 48.

B. Inhalt des Urheberrechts (§§ 11, 12 ff. UrhG)

Ausstellungsrecht ausdrücklich vorzubehalten, ist der Erwerber berechtigt, auch ein unveröffentlichtes Werk öffentlich auszustellen. § 18 UrhG kommt damit in der Praxis nur geringe Bedeutung zu.

2. Verwertung in unkörperlicher Form

a) Recht der öffentlichen Wiedergabe (§ 15 Abs. 2), insbesondere Vortrags-, Aufführungs- und Vorführungsrecht (§§ 15 Abs. 2 Satz 2 Nr. 1, 19 UrhG)

aa) Öffentliche Wiedergabe

Die in § 15 Abs. 2 UrhG genannten Rechte, welche die Verwertung des Werks in unkörperlicher Form zum Gegenstand haben, setzen die »Öffentlichkeit« der Wiedergabe voraus. Eine entsprechende Legaldefinition findet sich in § 15 Abs. 3 Satz 1, Satz 2 UrhG: »öffentlich« ist die Wiedergabe dann, wenn sie für eine Mehrzahl von Personen bestimmt ist, es sei denn, dass diese untereinander oder mit dem Verwerter persönlich verbunden sind. Abzustellen ist also nicht auf die Anzahl der Personen, sondern auf das Merkmal der persönlichen Beziehungen. Das bedeutet, dass eine Wiedergabe vor lediglich zwei Personen bereits öffentlich sein kann,[236] während die Wiedergabe vor einer aus möglicherweise über hundert Personen bestehenden Hochzeitsgesellschaft nichtöffentlich sein kann (vorausgesetzt, das Merkmal der persönlichen Beziehungen in § 15 Abs. 3 Satz 2 UrhG ist für jeden einzelnen Hochzeitsgast erfüllt). **201**

Eine persönliche Beziehung im Sinne der genannten Vorschrift hat die Rechtsprechung verneint für die Bewohner eines Altersheims oder Insassen einer Vollzugsanstalt bei Wiedergabe eines Werks in Gemeinschaftsräumen,[237] bei größeren Betriebsfeiern,[238] Hochschulvorlesungen[239] und Veranstaltungen, zu denen auch Gäste Zutritt haben.[240] **202**

Öffentlich (und damit GEMA-pflichtig) ist im Übrigen auch die Wiedergabe von Rundfunksendungen in Wartezimmern und Frisiersalons. **203**

bb) Vortrags- und Aufführungsrecht

Das von § 19 Abs. 1 und Abs. 2 UrhG erfasste Vortrags- und Aufführungsrecht ist das Recht, ein Sprachwerk bzw. ein Musikwerk »durch persönliche Darbietung öffentlich zu Gehör zu bringen.« Von dem Vorführungs-, dem Übermittlungs- und dem Senderecht, bei denen die Wiedergabe mittels technischer Einrichtungen erfolgt, unterscheidet sich das Vortrags- und Aufführungsrecht dadurch, dass eine persönliche Darbietung vor einem anwesenden Publikum erfolgt.[241] Hieran fehlt es beim gemeinsamen Singen der Teilnehmer eines Gottesdienstes.[242] **204**

Das Vortragsrecht des § 19 Abs. 1 UrhG bezieht sich nur auf veröffentlichte oder unveröffentlichte Sprachwerke. **205**

Das Aufführungsrecht des § 19 Abs. 2 UrhG differenziert zwischen
- der konzertmäßigen Aufführung eines Musikwerks und
- der bühnenmäßigen Aufführung eines Musik-, dramatischen oder sonstigen Werkes. **206**

---

236 BGH GRUR 1996, 875, 876 f. – Zweibettzimmer im Krankenhaus.
237 BGH GRUR 1975, 33, 34 – Alters-Wohnheim; BGH GRUR 1984, 734, 735 – Vollzugsanstalten.
238 BGH GRUR 1955, 549 – Betriebsfeiern.
239 OLG Koblenz NJW-RR 1987, 699, 700.
240 BGH GRUR 1961, 97, 99 – Sportheim; BGH GRUR 1960, 338, 339 – Tanzstundenabschlussbälle.
241 *Fromm/Nordemann* § 19 Rn. 1.
242 RegE BT-Drs. 10/837, S. 15 f.; BVerfGE 49, 382, 400 ff.

207 In diesem Zusammenhang haben sich die Termini »kleine Aufführungsrechte« und »große Aufführungsrechte« eingebürgert. Die kleinen Aufführungsrechte, welche die konzertmäßige Aufführung eines Musikwerks betreffen, werden von der GEMA wahrgenommen. Die großen Rechte der bühnenmäßigen Aufführungen vergeben in der Regel die Bühnenverlage oder die Urheber selbst. Die Differenzierung zwischen konzertmäßiger und bühnenmäßiger Aufführung hat aber nicht nur praktische, sondern auch rechtliche Bedeutung: so gelten manche Schranken des Urheberrechts zwar für konzertmäßige Aufführungen, nicht hingegen für bühnenmäßige Aufführungen (vgl. beispielhaft § 52 Abs. 3 UrhG).

208 Charakterisierendes Merkmal einer bühnenmäßigen Aufführung ist das »bewegte Spiel im Raum«,[243] wodurch Auge und Ohr gleichermaßen angesprochen werden (typische Beispiele: Darbietungen von Schauspielern oder Balletttänzern, auch von Puppenspielern).

209 Das Vortrags- und das Aufführungsrecht umfassen auch das Recht, die Aufführungen und Vorträge außerhalb des Veranstaltungsraumes durch technische Einrichtungen öffentlich wahrnehmbar zu machen (§ 19 Abs. 3 UrhG). Es handelt sich dabei um ein weiteres selbständiges Verwertungsrecht,[244] wie sich im Rückschluss aus der Vorschrift des § 37 Abs. 3 UrhG ergibt, die besagt, dass bei einer Übertragung des Rechts zur öffentlichen Wiedergabe im Zweifel das Recht der öffentlichen Wahrnehmbarmachung außerhalb des Veranstaltungsraumes **nicht** mit eingeräumt wird. Lautsprecherverstärkungen und Bildschirmübertragungen innerhalb des Veranstaltungsraumes selbst werden von § 19 UrhG nicht erfasst (arg. ex § 19 Abs. 3 UrhG).

cc) Vorführungsrecht (§ 19 Abs. 4 UrhG)

210 Das Vorführungsrecht ist vom Aufführungsrecht zu unterscheiden. Anders als bei einer Aufführung erfolgt keine persönliche Darbietung, vielmehr werden bei einer Vorführung insbesondere Film- und Lichtbildwerke (aber auch Werke der bildenden Kunst oder Darstellungen im Sinne des § 2 Abs. 1 Nr. 7 UrhG) durch technische Einrichtungen öffentlich wahrnehmbar gemacht, indem sie zweidimensional auf eine Fläche projiziert und dadurch der Öffentlichkeit zugänglich gemacht werden.[245] Die Art der Präsentation (zweidimensional) unterscheidet die Vorführung von der Ausstellung nach § 18, welche die öffentliche Zurschaustellung *körperlicher* Werkexemplare betrifft.

211 Nicht vom Vorführungsrecht erfasst sind gemäß § 19 Abs. 4 Satz 2 UrhG Funksendungen, für die eine separate Regelung in §§ 20, 22 UrhG getroffen ist. Das Unterscheidungsmerkmal ist hier, dass das Werk bei einer Vorführung einem anwesenden Publikum wahrnehmbar gemacht wird;[246] das Senderecht knüpft demgegenüber an die vorgelagerte Tätigkeit des Zugänglichmachens an, verlangt also keine gemeinsame Wahrnehmung in der Öffentlichkeit.[247]

b) Recht der öffentlichen Zugänglichmachung (§§ 15 Abs. 2 Satz 2 Nr. 2, 19a UrhG)

212 § 19a UrhG wurde im Zuge der Novelle des UrhG am 13.9.2003 neu eingefügt. Die Vorschrift setzt Art. 8 WCT in nationales Recht um. Hintergrund der Aufnahme von § 19a UrhG in den Regelungskanon des Urheberrechts war, dass die Online-Nutzungsvorgänge unter die bisherigen Verwertungsrechte nicht sachgerecht subsumiert werden

---

243 BGHZ 142, 388, 397 – Musical-Gala.
244 Darauf, dass es sich streng genommen um ein Zweitverwertungsrecht handelt, das systematisch zutreffend bei den §§ 21, 22 UrhG zu verorten gewesen wäre, weist *Schack* (Rn. 448) hin.
245 BGHZ 123, 149 – Verteileranlagen; Wandtke/Bullinger/*Ehrhardt* § 19 Rn. 51.
246 BGHZ 123, 149, 152 – Verteileranlagen.
247 BGHZ 123, 149 – Verteileranlagen; *Schack* Rn. 449.

konnten. Eine Funksendung geht alleine vom Sendeunternehmen aus und erreicht zeitgleich eine breite Öffentlichkeit. Die Online-Nutzung geschieht demgegenüber durch individuellen Abruf des einzelnen Nutzers. Der Werkgenuss erfolgt also nicht gleichzeitig mit anderen, sondern zeitversetzt. Die zustimmungsbedürftige Verwertungshandlung ist die Bereitstellung des Werks zum Abruf durch die Öffentlichkeit.[248] In dem Zeitpunkt, in dem der Content Provider die auf seinem Zentralrechner gespeicherten Daten freischaltet, ist der urheberrechtsrelevante Vorgang des § 19a UrhG beendet. Gleichgültig ist dabei, ob und wie häufig die Daten in der Folge tatsächlich abgerufen werden.

Bei einer rechtmäßigen Nutzung eines Werkes auf digitalem Weg werden unselbständige Vervielfältigungshandlungen, die sich aus technischen Gründen während der Übermittlung ereignen, von dem Übermittlungsrecht erfasst (§ 44a UrhG). Sofern weitere Vervielfältigungshandlungen erfolgen, die der Übermittlung vor- oder nachgelagert sind, fallen diese unter § 16 UrhG. **213**

c) Senderecht (§§ 15 Abs. 2 Satz 2 Nr. 3, 20, 20a, 20b UrhG)

Unter einer »Sendung« im Sinne der oben genannten Vorschriften ist eine an die Öffentlichkeit gerichtete Übertragung von Werken durch elektromagnetische Wellen auf drahtlosem oder drahtgebundenem Weg zu verstehen[249] (typische Beispiele für drahtlos übertragene Sendungen: Hörfunk-, Fernseh-, Videotextsendungen; Beispiele für Drahtfunk: Kabelfernsehen, Rundfunkvermittlungs- und Verteileranlagen). **214**

Die urheberrechtlich relevante und somit erlaubnispflichtige Verwertungshandlung ist in diesen Fällen das *Ausstrahlen* der Rundfunksendung. Urheberrechtlich nicht erfasst wird der *Empfang* der Sendungen, d.h. der Werkgenuss durch die Zuschauer bzw. Zuhörer. Unerheblich ist nach herrschender Ansicht, ob die Sendung über einen terrestrischen Sender oder über einen Satelliten erfolgt. Es kommt allein darauf an, dass die Sendung unmittelbar der Öffentlichkeit zugänglich gemacht wird.[250] Ebenfalls unerheblich ist, ob das Sendegut zuvor auf einem Bild- oder Tonträger fixiert wurde. Auch für Livesendungen urheberrechtlich geschützter Werke ist die Zustimmung des Urhebers erforderlich.[251] Bei Livesendungen greifen die Sendeunternehmen häufig auf die Möglichkeit zurück, die Sendung zunächst aufzuzeichnen und dann mit minimaler zeitlicher Verzögerung »quasi-live« auszustrahlen. Für solche Konstellationen können die Sendeunternehmen ein Recht aus § 55 UrhG für sich herleiten, das Werk vorübergehend auf Bild- oder Tonträger zu übertragen.[252] **215**

d) Zweitverwertungsrechte

Bei den Zweitverwertungsrechten sind jeweils zwei Wiedergabeformen hintereinandergeschaltet. **216**

aa) Recht der Wiedergabe durch Bild- oder Tonträger (§§ 15 Abs. 2 Satz 2 Nr. 4, 21 UrhG)

§ 21 UrhG betrifft das Recht, Vorträge und Aufführungen eines Werkes (§ 19 Abs. 1, Abs. 2 UrhG) mittels Bild- oder Tonträger öffentlich wahrnehmbar zu machen. Typische Beispiele hierfür sind etwa das Abspielen von Schallplatten in Gaststätten (Musicbox) oder die Hintergrundmusik vom Band in einem Kaufhaus. Eine solche öffentliche Wahr- **217**

---

248 Keine öffentliche Zugänglichmachung im Fall der Werkvermittlung im Wege eines »Internet-Videorecorders«: BGH NJW 2009, 3511, 3514 – Internet-Videorecorder.
249 Wandtke/Bullinger/*Ehrhardt* §§ 20-20b Rn. 10.
250 H.M., Nachweise bei *Schack* Rn. 452.
251 BGHZ 37, 1, 7 – AKI.
252 Wandtke/Bullinger/*Lüft* § 55 Rn. 1, 3.

nehmbarmachung erweitert den Nutzerkreis erheblich Durch den Verkauf eines Vervielfältigungsstückes des Werkes ist diese Erweiterung auf zahlreiche weitere Nutzer wirtschaftlich noch nicht erfasst und abgegolten.

bb) Recht der Wiedergabe von Funksendungen und Recht der öffentlichen Zugänglichmachung (§§ 15 Abs. 2 Satz 2 Nr. 5, 22 UrhG)

218 § 22 UrhG erfasst die Konstellation der Wiedergabe einer Sendung bzw. einer öffentlichen Zugänglichmachung, ohne dass derjenige, der die Sendung öffentlich wahrnehmbar macht, selbst sendet oder öffentlich zugänglich macht. Hierunter fällt beispielsweise das Laufenlassen eines Radios in einer Arztpraxis[253] oder einem Kaufhaus, des Fernsehgeräts in einer Kneipe, ebenso die Projektion einer Fernsehsendung auf eine Kinoleinwand. Der von § 22 UrhG erfasste Vorgang schließt an eine Funksendung bzw. öffentliche Zugänglichmachung des Werkes an. Für die Wiedergabe ist die Zustimmung der Senderechtsinhaber erforderlich. Von § 22 erfasst ist nicht nur die zeitgleiche Wiedergabe der Rundfunksendung, sondern auch die öffentliche Wiedergabe von Videoaufzeichnungen dieser Sendung.[254] Soweit für die Wiedergabe ein Vervielfältigungsstück des Werkes selbst und nicht der Funksendung verwendet wird, ist kein Fall des § 22 UrhG gegeben. Einschlägig ist dann vielmehr das Vorführungsrecht des § 19 Abs. 4 UrhG. An der Zustimmungsbedürftigkeit ändert sich dadurch freilich nichts.

III. Sonstige Rechte des Urhebers

1. Folgerecht (§ 26 UrhG)

219 § 26 UrhG sieht für den Urheber von Werken der bildenden Kunst einen Vergütungsanspruch besonderer Art vor. Wenn der Künstler ein von ihm geschaffenes Werk zu einem günstigen Preis veräußert, würde es dem Gerechtigkeitsgefühl widerstreben, wenn etwaige Wertsteigerungen allein dem Werk-Eigentümer zugute kommen sollten. Der deutsche Gesetzgeber hat daher in das UrhG von 1965 die Regelung eines Folgerechts aufgenommen. Andere EU-Mitgliedstaaten gewähren den Urhebern von Werken der bildenden Kunst kein Folgerecht – darunter Großbritannien, was erklärt, weshalb London ein beliebter Standort für den Kunsthandel ist. Der Folgerechtsanspruch hing in der Vergangenheit wegen des Territorialitätsgrundsatzes vom Land der Veräußerung ab.[255] Durch die Richtlinie 2001/84/EG des Europäischen Parlaments und des Rates vom 27.9.2001 über das Folgerecht des Urhebers des Originals eines Kunstwerks (Folgerechts-Richtlinie) ist das Folgerecht nunmehr EU-weit harmonisiert (allerdings wurde in Art. 8 der Richtlinie für diejenigen Staaten, die bislang noch kein Folgerecht angewendet hatten, eine verlängerte Umsetzungsfrist bis 1.1.2010 eingeräumt).

220 Anspruchsinhaber ist der Urheber bzw. sein Rechtsnachfolger. Folgerechtspflichtig ist der Veräußerer des Werkoriginals. Veräußerer ist auch der Kommissionär.[256]

221 Folgerechtspflichtig ist die Veräußerung von Originalwerken der bildenden Kunst im engeren Sinne (vgl. hierzu oben Rdn. 61-81) und von Lichtbildwerk-Originalen. Werke der Baukunst und der angewandten Kunst sind gemäß § 26 Abs. 8 UrhG vom Anwendungsbereich des Folgerechts ausgeschlossen.

---

253 LG Leipzig NJW-RR 1999, 551, 552 – Hintergrundmusik in Arztpraxis.
254 OLG Frankfurt am Main GRUR 1989, 203, 204 – Wüstenflug.
255 BGH GRUR Int. 1994, 1044 – Folgerecht bei Auslandsbezug.
256 BGH GRUR 2008, 989 – Sammlung Ahlers; BGHZ 56, 256, 258 – Urheberfolgerecht; OLG München GRUR 1979, 641, 642 – Kommissionsverkauf; ausreichend ist dabei bereits die Aufnahme des Kunstwerks in einen Katalog oder in Ausstellungen, BGH GRUR 2008, 989 – Sammlung Ahlers.

Originale sind vom Urheber eigenhändig geschaffene Verkörperungen eines Werkes.[257] **222**
Auch Werkexemplare, die unter Aufsicht und mit Billigung des Urhebers geschaffen wurden, erfüllen die Voraussetzungen an ein Original im Sinne des § 26 UrhG. Das Gleiche gilt für Auflagenwerke, bei denen der Urheber nur die Urform geschaffen hat, die Druckgrafiken und Abgüsse aber von Helfern nach seinem Willen hergestellt wurden.[258] Entscheidend ist in diesem Zusammenhang, dass die Gehilfen lediglich technische Hilfe geleistet haben dürfen.

Bei Lichtbildwerken kommt es darauf an, ob die Abzüge auf Weisung des Künstlers hergestellt und von ihm autorisiert wurden.[259] **223**

Abgüsse, Drucke oder Abzüge, die nach dem Tod des Urhebers entstanden sind, sind **224** folglich keine Originale im Sinne des § 26 UrhG, denn der Urheber konnte den Herstellungsprozess nicht mehr überwachen oder autorisieren.

Obwohl der Signatur des Urhebers bei der Bestimmung der Originaleigenschaft einer- **225** seits eine Indizwirkung zukommt, können andererseits auch unsignierte Werke Originalwerke sein, wenn sie den Anforderungen an ein Werkoriginal entsprechen.

Weiterveräußerung im Sinne des § 26 UrhG ist jede Veräußerung nach der Erstveräuße- **226** rung (auch wenn jene unentgeltlich erfolgt war).[260]

Weitere Voraussetzung ist, dass bei der Weiterveräußerung ein Kunsthändler oder Ver- **227** steigerer beteiligt war. Dabei ist gleichgültig, ob der Vermittler auf Seiten des Veräußerers oder auf Seiten des Erwerbers[261] auftritt. *Kunsthändler* ist jede Person, die den An- und Verkauf von Kunstwerken gewerblich betreibt (Agenten, Antiquare, Galeristen, Kaufhäuser etc.).[262] Die Person muss nicht hauptamtlich Kunsthändler sein. Der Begriff ist – zugunsten des Urhebers – weit auszulegen, um die Umgehung des Folgerechts zu erschweren.[263]

Versteigerer ist jede Person, die ein Werk gegen Meistgebot veräußert. Nicht entschei- **228** dend ist, dass der Versteigerer gewerblich handelt oder der Vorschrift des § 34c GewO unterfällt.[264] Als Mitwirkungshandlung ist bereits ein Nachweis des betreffenden Werks oder dessen Ausstellung anzusehen. Vermittlung liegt weiter vor, wenn ein Werk von einem Kunsthändler in Kommission auf Rechnung und im Namen des Eigentümers verkauft wird. Aus alledem folgt, dass für Geschäfte unter Privaten das Folgerecht nicht greift.

Der Urheber hat gemäß § 26 Abs. 2 Satz 1 UrhG Anspruch auf einen Anteil an dem **229** (Brutto-) Veräußerungserlös in Höhe von:
- 4% für den Teil des Veräußerungserlöses bis zu 50.000 €
- 3% für den Teil des Veräußerungserlöses von 50.000,01 bis 200.000 €
- 1% für den Teil des Veräußerungserlöses von 200.000,01 bis 350.000 €
- 0,5% für den Teil des Veräußerungserlöses von 350.000,01 bis 500.000 €
- 0,25% für den Teil des Veräußerungserlöses über 500.000 €.

---

257 Wandtke/Bullinger/*Bullinger* § 26 Rn. 7.
258 Dreier/*Schulze* § 26 Rn. 10; *Fromm/Nordemann* § 26 Rn. 10.
259 Wandtke/Bullinger/*Bullinger* § 26 Rn. 10 m.w.N.
260 AG Bremervörde, NJW 1990, 2005 – Bauernhaus am Moorkanal.
261 OLG Frankfurt am Main ZUM 2005, 653, 655 – Folgerechts-Auskunftsanspruch; umfasst ist von dem Begriff der »Weiterveräußerung« nicht nur das dingliche Verfügungsgeschäft, sondern das gesamte, aus Verpflichtungs- und Verfügungsgeschäft bestehende Veräußerungsgeschäft, BGH GRUR 2008, 989 – Sammlung Ahlers.
262 *Schricker* § 26 Rn. 33; Wandtke/Bullinger/*Bullinger* § 26 Rn. 13.
263 OLG Frankfurt am Main ZUM 2005, 653, 655 – Folgerechts-Auskunftsanspruch.
264 Wandtke/Bullinger/*Bullinger* § 26 Rn. 13; *Fromm/Nordemann* § 26 Rn. 23.

230 Der Gesamtbetrag der Folgerechtsvergütung aus einer Weiterveräußerung beträgt maximal 12.500 €, § 26 Abs. 2 Satz 2 UrhG. Werden mehrere Werke desselben Urhebers bei einem Anlass veräußert, so kann der Höchstbetrag der Beteiligung des Urhebers mehrfach anfallen.

231 Für Werke mit einem Verkaufserlös von weniger als 400 € entfällt eine Vergütungspflicht, § 26 Abs. 1 Satz 4 UrhG.

232 Der Anspruch entsteht mit Fälligkeit des Kaufpreises des Originalwerks.[265] Sofern der Veräußerer eine Privatperson ist, haftet der als Erwerber oder Vermittler an der Veräußerung beteiligte Kunsthändler oder Versteigerer neben dem Veräußerer als Gesamtschuldner. Im Innenverhältnis ist allerdings allein der Veräußerer zur Zahlung der Folgerechtsvergütung verpflichtet, § 26 Abs. 1 Satz 2 UrhG.

233 Das Folgerecht ist gemäß § 26 Abs. 3 Satz 1 UrhG unveräußerlich. Der Urheber kann auf seinen Anteil im Voraus nicht verzichten, § 26 Abs. 3 Satz 2 UrhG. Nach dem Tode des Urhebers stehen auch die Rechte aus dem Folgerecht dem Rechtsnachfolger zu, § 30 UrhG.

234 Erfolgt die Veräußerung aus einer inländischen Sammlung durch einen ausländischen Versteigerer, so ist die Veräußerung folgerechtsfrei.[266]

2. Vergütung für Vermietung und Verleihen (§ 27 UrhG)

235 § 27 UrhG wurde in Umsetzung der Richtlinie 92/100/EWG des Europäischen Parlaments und des Rates vom 19.11.1992 zum Vermietrecht und zum Verleihrecht sowie zu bestimmten dem Urheberrecht verwandten Schutzrechten im Bereich des geistigen Eigentums (Vermiet- und Verleih-Richtlinie, ersetzt durch Richtlinie 2006/115/EG vom 12.12.2006) in das UrhG eingefügt; die Vorschrift enthält zwei unterschiedlich gestaltete Tatbestände, die lediglich die Rechtsfolge gemeinsam haben, dass der Urheber für bestimmte Nutzungsformen, die er nicht untersagen kann, eine gesetzliche Vergütung erhält.

236 § 27 Abs. 1 UrhG gewährt dem Urheber einen Anspruch auf eine angemessene Vergütung gegen den Vermieter eines Bild- und Tonträgers. Für andere Werkarten gilt § 27 Abs. 1 UrhG nicht. Der Grund hierfür ist nach der amtlichen Begründung, dass andere Medien in der Praxis nicht so häufig vermietet würden. Ob dieser Erwägungsgrund heutzutage noch seine Berechtigung hat, ist zu bezweifeln, weil jedenfalls auch Computerspiele mittlerweile massenhaft Gegenstand der Vermietung sind. Der Begriff der Vermietung ist in § 17 Abs. 3 UrhG legaldefiniert.

237 Voraussetzung für die Anwendbarkeit des § 27 Abs. 1 UrhG ist, dass der Urheber dem Tonträger- oder Filmhersteller das Vermietrecht nach § 17 UrhG eingeräumt hat, was in der Praxis regelmäßig der Fall ist (für Filmwerke besteht eine gesetzliche Vermutung nach §§ 88, 89, 92 UrhG). Die Vorschrift beinhaltet einen systematischen Bruch, denn normalerweise ist es Sache des Urhebers, seine Vergütungsansprüche vertraglich bei der Einräumung von Nutzungsrechten zu regeln. Dann besteht allerdings ein Anspruch nur gegen den Vertragspartner. Hier aber ist gesetzlich vorgesehen, dass dem Urheber ein Anspruch unmittelbar gegen den Vermieter zustehen soll. Hierin wird ein Eingriff in die urhebervertragliche Gestaltungsfreiheit gesehen,[267] der sich jedoch dadurch rechtfertigen lässt, dass der Urheber gegen das Verhandlungsübergewicht des Produzenten geschützt

---

265 Dreier/*Schulze* § 26 Rn. 18.
266 BGHZ 126, 252, 258 – Folgerecht bei Auslandsbezug – zustimmend die h.L., siehe Wandtke/Bullinger/*Bullinger* § 26 Rn. 15.
267 Wandtke/Bullinger/*Heerma* § 27 Rn. 4.

werden muss. Der Urheber eines auf Bild- oder Tonträger fixierten Werkes verfügt nach Sicht des Gesetzgebers in aller Regel nicht über die Verhandlungsmacht, eine Beteiligung am Erlös aus der Vermietung durchzusetzen.

Hat der Urheber sich das Vermietrecht vorbehalten, gilt allein § 17 Abs. 2 UrhG. **238**

Der Anspruch nach § 27 Abs. 1 UrhG ist gemäß Satz 2 unverzichtbar und kann gemäß Satz 3 im Voraus nur an eine Verwertungsgesellschaft abgetreten werden. Die gesetzgeberische Erwägung hierfür war wiederum der Schutz des Urhebers vor der Verhandlungsübermacht der Hersteller der Bild- und Tonträger. **239**

§ 27 Abs. 2 UrhG schafft einen Ausgleich dafür, dass der Urheber das Verleihen (d.h. die keinen Erwerbszwecken dienende Gebrauchsüberlassung, § 27 Abs. 2 Satz 2 1. Hs. UrhG) von rechtmäßig in den Verkehr gebrachten Werkstücken – anders als das Vermieten – nicht verhindern kann.[268] Als Ausgleich erhält der Urheber einen Anspruch auf eine angemessene Vergütung, wenn der Verleih durch eine der Öffentlichkeit zugängliche Einrichtung erfolgt (sog. »Bibliotheksgroschen«).[269] Wegen des Interesses der Allgemeinheit an einem freien Zugang zu Informationen wird dem Urheber das Verbotsrecht versagt. Er ist deshalb an den wirtschaftlich bedeutenden Nutzungen seines Werks in angemessenem Umfang zu beteiligen. **240**

Das private Verleihen von Werkstücken ist nach Erschöpfung des Verbreitungsrechts nicht vergütungspflichtig. **241**

Anders als Abs. 1 gilt Abs. 2 für alle Werkarten. Ausgenommen sind nur die Nutzungsformen, die § 17 Abs. 3 Satz 2 UrhG nicht als Vermietung behandelt und in Bezug auf die sich daher das Verbreitungsrecht erschöpft, § 27 Abs. 2 Satz 2 letzter Hs. UrhG. Die Überlassung von Bauwerken, Werken der angewandten Kunst und die Überlassung im Rahmen von Arbeits- oder Dienstverhältnissen ist dem Urheber nach Erschöpfung des Verbreitungsrechts daher auch nach § 27 Abs. 2 UrhG nicht zu vergüten. **242**

Der Vergütungsanspruch des § 27 UrhG entsteht nur dann, wenn der Verleih durch eine der Öffentlichkeit zugängliche Einrichtung erfolgt. Der Verleih durch Privatbibliotheken ist nicht vergütungspflichtig. **243**

Beide Ansprüche können nicht durch den Urheber selbst, sondern nur durch eine Verwertungsgesellschaft geltend gemacht werden. Ansprüche aus § 27 UrhG stellen keine Verwertungsrechte im Sinne des § 15 UrhG dar, sondern besondere, aus dem Urheberrecht fließende vermögensrechtliche Ansprüche eigener Art.[270] **244**

C. Leistungsschutzrechte inkl. Datenbank

I. Allgemeines

Die verwandten Schutzrechte der §§ 70 ff. UrhG ergänzen die urheberrechtlichen Schutzbestimmungen, die jeweils eine eigenschöpferische Leistung (§ 2 Abs. 2 UrhG) voraussetzen. Im Rahmen der sonstigen Schutzrechte werden dabei solche Leistungen geschützt, bei denen keine Schöpfungshöhe vorausgesetzt wird, die aber der schöpferischen Leistung des Urhebers ähnlich sind oder im Zusammenhang mit den Werken der Urheber erbracht werden. Da somit Leistungen geschützt werden, die mangels Schöpfungshöhe **245**

---

268 BGH NJW 1999, 1953, 1959 – Kopienversanddienst.
269 Vgl. Wandtke/Bullinger/*Heerma* § 27 Rn. 9.
270 LG Oldenburg GRUR 1996, 487, 488 – Videothek-Treffpunkt.

keine eigenschöpferischen Werke im Sinne des Urheberrechts darstellen, werden die sonstigen Schutzrechte auch als Leistungsschutzrechte bezeichnet.[271]

246 Im Rahmen der Rechte der Verfasser wissenschaftlicher Ausgaben (§ 70 UrhG) und zugunsten des Herstellers von Lichtbildern (§ 72 UrhG) werden solche Leistungen geschützt, die den Werkleistungen und einer schöpferischen Tätigkeit nahe kommen. Hieraus ergibt sich auch, dass für die vorgenannten Schutzrechte mit Ausnahme der verkürzten Schutzfristen die für Werke im Sinne des Urheberrechts anwendbaren Vorschriften kraft ausdrücklicher gesetzlicher Regelung heranzuziehen sind. Auch der ausübende Künstler wird geschützt, da er, wenn auch nur nachschaffend und folglich nicht als eigene schöpferische Leistung, eine künstlerische Tätigkeit ausführt.[272]

247 Bei den Rechten der Tonträgerhersteller (§ 85 UrhG), den Rechten des Sendeunternehmens (§ 87 UrhG), den Rechten des Datenbankherstellers (§ 87a UrhG) und dem Schutz des Filmherstellers (§ 94 UrhG) bzw. dem Schutz von Laufbildern (§ 95 UrhG) ist eine der Werkleistung nahekommende Tätigkeit zwar nicht ersichtlich. Da jedoch für die Herstellung der vorgenannten Produkte ein erheblicher technischer, organisatorischer und/oder nicht zuletzt auch finanzieller Aufwand erforderlich ist, der nur über die eigene Nutzung oder den Verkauf der entstandenen Rechte ausgeglichen werden kann, ist im Urheberrecht ein eigenes Leistungsschutzrecht geschaffen worden, um so einen Anreiz für die entsprechende Leistung zu schaffen und den Rechteinhabern die Möglichkeit der Kompensation zu erhalten.[273] Durch das Schaffen des entsprechenden Anreizes kann daher letztlich die kulturelle Vielfalt gesteigert bzw. erhalten werden.

248 Leistungsschutz- und andere Urheberrechte können nebeneinander bestehen, müssen aber nicht zwangsläufig dem gleichen Rechtsträger bzw. -inhaber zugeordnet werden. Dies ergibt sich daraus, dass im Rahmen der »sonstigen Schutzrechte« wie dargelegt andere Schutzgegenstände umfasst werden, die sich nicht in der eigenschöpferischen Leistung manifestieren. Deutlich wird dies beispielsweise, wenn die Produktion einer Musik-CD näher betrachtet wird. In der Regel wird eine Komposition für den Komponisten als Werk der Musik geschützt sein, während für den Hersteller der entsprechenden Aufnahme ein Recht als Tonträgerhersteller besteht. Auch der ausübende Künstler, der das Musikstück im Studio einsingt, ist Inhaber eines entsprechenden Rechtes. Die vorgenannten Rechte sind strikt voneinander zu trennen. Zwar ist es denkbar, dass sie in derselben Person entstehen. Dies stellt in der Praxis jedoch eher einen Ausnahmefall dar. So ist – um bei dem vorgenannten Beispiel zu bleiben – der Komponist nur selten auch der Hersteller des entsprechenden Tonträgers gemäß § 85 UrhG. Diese Aufgabe wird vielmehr ein Musikverlag übernehmen. Wird jedoch ein Musiker als Komponist seiner eigenen Musik tätig und ist er auch selbst Hersteller des Tonträgers, so liegen alle diese Rechte bei dieser Person.

249 Die Rechte, die im Rahmen der unterschiedlichen Schutzgegenstände entstehen, können auch unterschiedliche Schicksale nehmen und an verschiedene Personen übertragen werden. Dies führt dazu, dass der Komponist und Musiker, dessen Werke in einem Tonstudio durch einen Produzenten aufgenommen wurden, zwar seine Werke weiter aufführen darf, wenn keine anderweitige vertragliche Regelung mit dem Hersteller des Tonträgers besteht. Will er allerdings die Aufnahme vervielfältigen und verbreiten, so muss er zuvor die entsprechenden Nutzungsrechte von dem Tonträgerhersteller erwerben. Der Tonträgerhersteller auf der anderen Seite kann ebenfalls die Tonträger nur verwerten, wenn ihm von dem Komponisten entsprechende Rechte eingeräumt werden.[274]

---

271 Schricker/*Schricker* Einl. Rn. 27.
272 Möhring/Nicolini/*Ahlberg* Einl. Rn. 65.
273 Möhring/Nicolini/*Ahlberg* Einl. Rn. 68.
274 Dreier/*Schulze* § 85 Rn. 19.

C. Leistungsschutzrechte inkl. Datenbank

> **Praxistipp:** 250
> Da häufig eigenschöpferische Werke und Leistungsschutzrechte zusammentreffen (für die zulässige Produktion eines Musikalbums müssen die Rechte des Komponisten als Urheber, die Rechte des Sängers als ausübenden Künstler und die Rechte des Tonträgerhersteller eingeholt werden), sollten sich Anspruchsteller immer darüber im Klaren sein, was Gegenstand der eigenen geltend gemachten Rechte ist. Nur so kann der Streitgegenstand festgelegt werden. Auch angesichts der unterschiedlichen Schutzvoraussetzungen und des unterschiedlichen Schutzumfanges muss der Anspruch exakt unter die richtige Anspruchsgrundlage subsumiert werden. Werden die verschiedenen Rechte vermischt, läuft der Anspruchsteller Gefahr, entweder irrelevanten Sachverhalt vorzutragen oder »am Thema vorbei« zu schreiben.

Im Folgenden wird auf die Rechte der Verfasser bestimmter Ausgaben (dazu unter 251 Rdn. 252 ff.), die Rechte des Lichtbildners (dazu unter Rdn. 270 ff.), der ausübenden Künstler (dazu unter Rdn. 298 ff.), des Tonträgerherstellers (dazu unter Rdn. 386 ff.), den Schutz des Sendeunternehmens (dazu unter Rdn. 412 ff.) und des Datenbankherstellers (dazu unter Rdn. 428 ff.) näher eingegangen werden. Hinsichtlich des Schutzes des Filmherstellers wird auf Kapitel 4 verwiesen.

II. Rechte der Verfasser bestimmter Ausgaben (§§ 70 f. UrhG)

1. Wissenschaftliche Ausgaben

Durch die Regelung des § 70 UrhG wird derjenige geschützt, der im Rahmen einer wis- 252 senschaftlichen Aufarbeitung einen fremden Text rekonstruiert. Wenn diese Tätigkeit keine eigenschöpferischen Elemente enthält, weil der Schwerpunkt auf der Rekonstruktion des Werkes eines anderen liegt, kommt ein Schutz des Verfassers als Schöpfer eines Werkes nicht in Betracht. Es wird dabei allerdings zu berücksichtigen sein, dass bei Sprachwerken bereits die »kleine Münze« geschützt ist, so dass durch die Zusätze wie z.B. ein Vor- oder Nachwort bereits ein Sprachwerk entstehen kann, dessen Verfasser als Urheber eines Sprachwerkes geschützt wird.[275] In dem vorstehend genannten Fall ist das Kammergericht davon ausgegangen, dass bereits geringe eigenschöpferische Leistungen einen Schutz des Urhebers begründen können. Dies sei anzunehmen, weil der dortige Anspruchsteller die Texte Schoppenhauers überarbeitet habe, indem er Streichungen vorgenommen und andere Textteile ergänzt bzw. insbesondere modernisiert habe. Auch das Hinzufügen von Anmerkungen und Kommentierungen sowie das Schaffen eines Registers und eines Vor- bzw. Nachwortes sei insofern zu berücksichtigen.

Wenn eine eigenschöpferische Leistung nicht angenommen werden kann, kann der 253 Schutz aufgrund des Leistungsschutzrechtes gemäß § 70 UrhG entstehen, da die wissenschaftliche Leistung geschützt wird. Denn die Erarbeitung einer Ausgabe im Sinne des § 70 UrhG erfordert häufig einen erheblichen Aufwand, der nur durch einen Schutz eine Kompensationsmöglichkeit eröffnet.[276]

Voraussetzung für einen Schutz nach § 70 UrhG ist, dass die Werke oder Texte, die 254 Gegenstand der Ausgabe sind, urheberrechtlich nicht geschützt werden. Dass ein solcher Schutz nicht besteht, kann darauf beruhen, dass die Schutzfrist abgelaufen ist oder die Werke bzw. Texte gemeinfrei sind. Auch amtliche Werke (§ 5 UrhG) können unter die Vorschrift des § 70 UrhG fallen. Grundsätzlich können alle Werkarten zum Gegenstand einer wissenschaftlichen Ausgabe im Sinne des § 70 UrhG gemacht werden.

---

275 KG Berlin GRUR 1991, 596 – »Schopenhauer-Ausgabe«.
276 Fromm/*Nordemann* § 70 Rn. 1.

255 Die »Ausgabe« im Sinne des § 70 UrhG besteht in dem wissenschaftlichen Arbeitsergebnis, das manifestiert sein muss, da anderenfalls ein Schutzgegenstand nicht festgestellt werden kann. Insoweit kommt insbesondere das Manuskript des Wissenschaftlers in Betracht. Aber auch jede andere Form der Festlegung beispielsweise in digitaler Form (CD-ROM) ist für die Annahme einer Festlegung ausreichend. Eine Veröffentlichung der wissenschaftlichen Ausgabe ist nicht erforderlich.

256 Die Ausgabe muss jedoch auf einer wissenschaftlich sichtenden Tätigkeit beruhen und sich wesentlich von den bisher bekannten Ausgaben der Werke unterscheiden. Dies hat der Bundesgerichtshof in einem Fall angenommen, als ein Autor einen Prozess des Reichsgerichts aus dem Jahr 1930 im Wesentlichen anhand von Zeitungsberichten, die teilweise widersprüchlich waren und unterschiedlichen politischen Strömungen zugeordnet werden konnten, rekonstruierte.[277] Denn es sei erforderlich gewesen, die Zeitungsberichte zu vergleichen und das umfangreiche Material kritisch zu sichten. Nur so sei es möglich gewesen, die Fehlerquellen in den verkürzten, veränderten oder politisch gefärbten Zeitungsberichten auszuschalten. Darüber hinaus habe das vorhandene Material nach Wahrscheinlichkeits- und Häufigkeitsgesichtspunkten klassifiziert werden müssen. Einige Aussagen seien nur durch eine quellenübergreifende Tätigkeit zu rekonstruieren gewesen. Durch die sichtende, ordnende und abwägende Tätigkeit habe der Wissenschaftler unter Verwendung wissenschaftlicher Methoden den Prozessablauf durch die Kombination verschiedener Zeitungszitate mosaikartig zusammengesetzt und der Öffentlichkeit zugänglich gemacht. Diese Rekonstruktion sei gemäß § 70 Abs. 1 UrhG geschützt.

257 Auch die umfassende Begründung des Bundesgerichtshofes macht deutlich, dass Ausgaben, die nicht auf einer wissenschaftlich sichtenden Tätigkeit beruhen, sondern lediglich aufgefunden wurden, nicht durch die Vorschrift des § 70 UrhG geschützt werden. Insoweit können die Voraussetzungen für einen Schutz nach § 71 UrhG geprüft werden.

258 Liegt eine wissenschaftliche Ausgabe im Sinne des § 70 UrhG vor, wird diese entsprechend der Verweisung in § 70 Abs. 1 UrhG auf die für Urheber von Werken geltenden Vorschriften wie ein eigenschöpferisches Werk geschützt. Hiervon umfasst ist auch der Schutz des Urheberpersönlichkeitsrechts.[278] Vor diesem Hintergrund hat der Bundesgerichtshof ohne weitere Begründung angenommen, dass dem aus § 70 UrhG Berechtigten ein Anspruch auf Namensnennung gemäß § 13 Satz 2 UrhG zusteht.[279]

259 Der Schutz umfasst dabei nicht das Originalwerk sondern nur die konkrete wissenschaftliche Ausgabe. Das für die Erstellung der wissenschaftlichen Ausgabe verwandte Material ist folglich nicht geschützt, sondern der Schutz umfasst nur das Ergebnis der wissenschaftlichen Tätigkeit.[280] Vor diesem Hintergrund kann jeder Dritte ohne die Rechte des Verfassers einer wissenschaftlichen Ausgabe zu verletzen auf der Basis des Originalwerks tätig werden und eine eigene wissenschaftliche Ausgabe schaffen.

260 Wie sich aus der Verweisung auf die für Urheber geltenden Vorschriften ergibt, kann entsprechend dem Schöpferprinzip nur eine natürliche Person Verfasser einer wissenschaftlichen Ausgabe im Sinne des § 70 UrhG sein. Dies ist gemäß § 70 Abs. 2 UrhG die Person, die die zugrundeliegende wissenschaftliche Leistung erbracht hat. Der Verfasser kann Dritten – entsprechend dem Urheber – Nutzungsrechte an dem Werk einräumen. Haben mehrere Personen die wissenschaftliche Ausgabe gemeinsam erarbeitet, so sind diese entsprechend § 8 UrhG als Miturheber anzusehen.[281]

---

277 BGH GRUR 1975, 667 – »Reichswehrprozess«.
278 Wandtke/Bullinger/*Thum* § 70 Rn. 18.
279 BGH GRUR 1978, 360 – Hegel-Archiv.
280 Fromm/*Nordemann* § 70 Rn. 18.
281 OLG Karlsruhe GRUR 1984, 812 – »Egerlandbuch«.

Gemäß § 70 Abs. 3 Satz 1 UrhG erlischt das Recht des Verfassers einer wissenschaftlichen **261** Ausgabe nach 25 Jahren nach dem Erscheinen der Ausgabe, jedoch bereits 25 Jahre nach der Herstellung, wenn die Ausgabe nicht innerhalb dieser Frist erschienen ist. Folgerichtig kann die Schutzfrist bis zu 50 Jahre betragen, wenn die wissenschaftliche Ausgabe kurz vor Ablauf der 25-jährigen Frist seit Herstellung erscheint.

2. Nachgelassene Werke

Die Vorschrift des § 71 UrhG gewährt demjenigen, der nach Erlöschen des Urheberrechtes **262** erlaubterweise ein bislang nicht erschienenes Werk erscheinen lässt, ein Leistungsschutzrecht. Hierdurch wird der Schutz des § 70 UrhG ergänzt, da lediglich aufgefundene und nicht wissenschaftlich bearbeitete Werke somit ebenfalls dem Leistungsschutzrecht unterfallen können. Denn auch das Auffinden eines alten Werkes kann einen nicht unerheblichen Arbeits- oder Kostenaufwand begründen, dem wiederum nur durch den entsprechenden Schutz eine Kompensationsmöglichkeit gegenübersteht.

Gemäß § 71 UrhG muss ein bislang weder im Ausland noch im Inland erschienenes Werk **263** erscheinen oder öffentlich wiedergegeben werden. Ein Werk ist erschienen bzw. erscheint, wenn gemäß § 6 Abs. 2 UrhG mit Zustimmung des Berechtigten Vervielfältigungsstücke des Werkes nach ihrer Herstellung in genügender Anzahl der Öffentlichkeit angeboten oder in Verkehr gebracht werden. Die Anzahl der Werkstücke ist dabei nicht entscheidend, wenn das zu erwartende – auch geringe – Publikumsinteresse abgedeckt werden kann. Auch der Ort des Erscheinens ist dabei nicht relevant. Insbesondere entsteht der Schutz des § 71 UrhG auch, wenn das Erscheinen im EU-Ausland erfolgt.[282] Der Schutz des § 71 UrhG dürfte jedoch nicht entstehen, wenn das zugrundeliegende Werk lediglich als verschollen galt. So hat der Bundesgerichtshof angenommen, dass die als verschollen geltende Oper »Montezuma« des Komponisten Antonio Vivaldi, uraufgeführt 1733, die aufgefunden und veröffentlicht wurde, kein Leistungsschutzrecht begründet.[283] Es sei zu berücksichtigen, dass das Leistungsschutzrecht des § 71 UrhG dem Herausgeber eine Entschädigung dafür gewähre, dass das Auffinden und die Herausgabe eines bisher unbekannten oder nur durch mündliche Überlieferung bekannten Werkes oft einen erheblichen Aufwand an Arbeit und Kosten erfordere. Darüber hinaus solle das Schutzrecht eine Belohnung und ein Anreiz für die Herausgabe des Werkes sein, die der Allgemeinheit dessen bleibenden Besitz vermittelte. Zwar könne mit dieser Begründung die Herausgabe eines als verschollen angesehenen Werkes geschützt werden. Angesichts des eindeutigen Wortlautes des Gesetzes käme eine entsprechende Auslegung dennoch nicht in Betracht. Hierbei müsse auch berücksichtigt werden, dass die Vorschrift des § 71 UrhG bereits eine Ausnahme vom Grundsatz der Benutzerfreiheit gemeinfreier Werke darstelle.

> **Praxistipp:** **264**
> Die Beweislast für das Nichterscheinen trägt derjenige, der Ansprüche aufgrund von § 71 UrhG geltend macht. Jedoch kann sich derjenige, der sich auf das Nichterscheinen beruft, zunächst angesichts der problematischen Darlegung einer negativen Tatsache darauf beschränken zu behaupten, das Werk sei nicht erschienen. Sodann hat die Gegenseite die Umstände darzulegen, die für ein vorheriges Erscheinen des Werkes sprechen. Lediglich diese Umstände muss der Anspruchsteller sodann widerlegen.[284] Eine Veröffentlichung (§ 6 Abs. 1 UrhG) steht dem Erscheinen eines Werkes dabei nicht gleich.

---

282 Wandtke/Bullinger/*Thum* § 71 Rn. 7.
283 BGH GRUR 2009, 942 – Montezuma.
284 BGH GRUR 2009, 942 – Montezuma.

265 Schutzgegenstand des § 71 UrhG kann dabei nur eine eigenpersönliche Schöpfung, also ein Werk im Sinne des § 2 UrhG sein. Die Werkart ist dabei nicht entscheidend.

266 Weitere Voraussetzung für den Schutz nach § 71 UrhG ist, dass das Urheberrecht erloschen ist. Dies ist dann der Fall, wenn ein Werk beispielsweise durch Ablauf der Schutzfrist gemeinfrei geworden ist. Der Ablauf der Schutzfrist wird dabei vermutet, wenn der Urheber einer Sage, eines Volksliedes ö.ä. unbekannt ist.[285] Durch die Formulierung, dass die Vorschrift auch für Werke gilt, die im Geltungsbereich des Urhebergesetzes niemals geschützt waren, wird klargestellt, dass auch Werke ausländischer Künstler, die aufgrund fremdenrechtlicher Bestimmungen keinen Schutz innerhalb des Geltungsbereiches des Urheberrechtes erlangt haben, durch § 71 UrhG geschützt werden können.

267 Inhaber des Rechtes eines nachgelassenen Werkes ist die Person, die das Erscheinen veranlasst hat. Dies wird im Regelfall der Herausgeber des Werkes sein. Nicht relevant ist dabei jedoch, ob der Herausgeber eine natürliche oder eine juristische Person ist. Im Fall der öffentlichen Wiedergabe ist Rechteinhaber derjenige, der diese veranlasst hat. Da die Entstehung des Rechtes voraussetzt, dass das Erscheinen bzw. die öffentliche Wiedergabe berechtigt erfolgt, ist grundsätzlich die Einwilligung des Eigentümers der Verkörperung des Werkes erforderlich.[286]

268 Das Leistungsschutzrecht des § 71 UrhG gewährt dem Rechteinhaber die gleichen vermögensrechtlichen Positionen, die einem Urheber zustehen. Dementsprechend hat der Inhaber des Rechtes auch die einem Urheber zustehenden Vergütungsansprüche im Falle einer Verwertung des Werkes. Da jedoch eine eigenschöpferische Tätigkeit nicht erforderlich ist, stehen dem Rechteinhaber nicht die dem Urheber eines Werkes zustehenden Urheberpersönlichkeitsrechte zu. Auch kann das Recht des § 71 UrhG anders als das Urheberrecht gemäß § 71 Abs. 2 UrhG vollständig übertragen werden.

269 Die Schutzdauer des Rechtes an einem nachgelassenen Werk beträgt gemäß § 71 Abs. 3 UrhG 25 Jahre. Die Schutzfrist knüpft an das Erscheinen des Werkes oder die erste öffentliche Wiedergabe an, wenn diese vor dem Erscheinen erfolgt ist. Eine Anknüpfung an die Herstellung entsprechend § 70 UrhG ist nicht erforderlich, da das Recht des § 71 UrhG erst mit dem Erscheinen oder der öffentlichen Wiedergabe entsteht.

III. Recht des Lichtbildners (§ 72 UrhG)

1. Schutzgegenstand

270 Der Schutzgegenstand des § 72 UrhG ist die rein technische Leistung bei der Fotografie, die keine besonderen Fähigkeiten des Lichtbildners voraussetzt.[287] Der Schutzgegenstand wird durch die Vorschrift des § 72 UrhG ausdrücklich auf Erzeugnisse erstreckt, die ähnlich wie Lichtbilder hergestellt werden. Jedenfalls werden aufgrund dieser Erweiterung Fotos, die mit einer Digitalkamera hergestellt wurden, vom Schutzumfang ebenso erfasst wie Lichtbilder, die mittels Infrarot- oder Röntgenstrahlen entstanden sind. Durch diese Vorschrift werden alle Erzeugnisse erfasst, die unter Benutzung strahlender Energie hergestellt werden.[288]

271 Nicht vom Schutzumfang umfasst sind dagegen nach herrschender Meinung Computerbilder, die mittels Software geschaffen wurden.[289] Wie dargestellt soll die persönliche

---
285 Möhring/Nicolini/*Kroitzsch* § 71 Rn. 20.
286 Wandtke/Bullinger/*Thum* § 71 Rn. 35.
287 Fromm/*Nordemann* § 72 Rn. 1; Dreier/*Schulze* § 72 Rn. 1.
288 Dreier/*Schulze* § 72 Rn. 6.
289 Schricker/*Vogel* § 72 Rn. 21; Wandtke/Bullinger/*Thum* § 72 Rn. 18; a.A. Dreier/*Schulze* § 72 Rn. 7.

Leistung des Lichtbildners geschützt werden, die im Einsatz fotografischer Technik liegt. Eine fotografische Technik, bei der das Lichtbild mittels strahlender Energie erzeugt wird, wird bei der Erzeugung eines Bildes durch ein Computerprogramm jedoch nicht benutzt. Vielmehr bringt das Programm die Grafik selbstständig hervor. Das Programm kann jedoch – unabhängig von der Frage, ob dieses selbst aus anderen Gründen Schutz genießt – nicht Schutzgegenstand des § 72 UrhG sein.[290] Das Computerprogramm kann jedoch ohne weiteres selbst als solches geschützt sein. Dementsprechend kann auch insoweit eine Urheberrechtsverletzung in Betracht kommen.

Ebenfalls nicht vom Schutz des § 72 UrhG umfasst sind technische Reproduktionen wie Fotokopien, auch wenn diese unter die o.g. Definition des Schutzgegenstandes fallen würden.[291] Dies wird damit begründet, dass ein Mindestmaß an geistiger Leistung für das Erreichen des Lichtbildschutzes gegeben sein muss. Eine Schöpfung ist jedoch nicht erforderlich. Selbst diese geringe geistige Leistung kann bei einer Fotokopie nicht angenommen werden. Es wird darüber hinaus gefordert, dass originär ein Urbild geschaffen wird. Nur so kann die Zuordnung zu einer bestimmten Person erfolgen.[292] Allerdings führt die Einschränkung, dass eine geistige Leistung gefordert wird, nicht dazu, dass einfache Knipsbilder wie das Familienfoto am Strand oder mit einfachsten Mitteln hergestellte Werbe- oder Produktfotografien nicht geschützt sind. Vielmehr wird bei diesen Bildern die geistige Leistung ohne weiteres angenommen.[293] Auch das mit Hilfe eines Elektronenmikroskops angefertigte Lichtbild dürfte dem Schutz des § 72 UrhG ebenso unterfallen wie automatisch erzeugte Satellitenfotos.

272

Praxistipp:
Da Lichtbilder ohne weiteres für die Person des Lichtbildners geschützt sind, erübrigt sich – anders als bei Leistungen, die einen eigenschöpferischen Charakter haben müssen – in den meisten Fällen die Darstellung der notwendigen Schöpfungshöhe. Der Schriftsatz sollte daher nicht mit unnötigen Ausführungen zu einem möglicherweise vorliegenden Lichtbildwerk überfrachtet werden. Um dennoch den angenommenen Werkcharakter eines Lichtbildwerkes im Sinne des § 2 Abs. 1 Nr. 5 UrhG zu unterstreichen, könnte wie folgt formuliert werden: Das aus dem Antrag ersichtliche Lichtbild stellt ein Lichtbildwerk im Sinne des § 2 Abs. 1 Nr. 5, Abs. 2 UrhG dar. Sollte die hierfür notwendige Schöpfungshöhe entgegen der hier vertretenen Auffassung nicht angenommen werden, so genießt das streitgegenständliche Lichtbild unabhängig von der Schöpfungshöhe jedenfalls Schutz gemäß § 72 UrhG.

273

Nicht als Lichtbild im Sinne des § 72 UrhG geschützt ist das Ergebnis einer digitalen Bildbearbeitung. Denn durch diese wird lediglich eine Vervielfältigung im Rahmen einer Bearbeitung vorgenommen. Ein neues Lichtbild entsteht jedoch nicht, da das Ergebnis der Bearbeitung selbst weder ein originäres Lichtbild darstellt noch wie ein Lichtbild hergestellt wurde.[294] Denn für die Herstellung wird keine strahlende Energie verwandt.

274

2. Schutzumfang

Der Schutz des Lichtbildes entspricht aufgrund der Verweisung durch § 72 Abs. 1 UrhG dem Schutz des Lichtbildwerkes. Damit stehen dem Lichtbildner die Rechte der §§ 15 ff.

275

---

290 OLG Hamm GRUR-RR 2005, 73.
291 Dreier/*Schulze* § 72 Rn. 10; Fromm/*Nordemann* § 72 Rn. 9.
292 Wandtke/Bullinger/*Thum* § 72 Rn. 11.
293 BGH GRUR 2000, 317 – Werbefotos; BGH GRUR 1993, 34 – Bedienungsanweisung; BGH NJW-RR 1990, 1061.
294 Wandtke/Bullinger/*Thum* § 72 Rn. 65; a.A. Dreier/*Schulze* § 72 Rn. 8.

UrhG in vollem Umfang zu. Aber auch der Schutz des Urheberpersönlichkeitsrechts wird durch die Verweisung erfasst. So hat der Lichtbildner das Recht auf Namensnennung bzw. kann selbige untersagen. Wird das Urheberpersönlichkeitsrecht schwerwiegend verletzt, so kann dem Urheber ein Anspruch auf Zahlung eines immateriellen Schadensersatzes zustehen.

276 Der Schutzumfang bei einem lediglich gemäß § 72 UrhG geschützten Lichtbild ist jedoch gering. Insbesondere begründet § 72 UrhG keinen Motivschutz oder sonstigen Schutz vor einer nachschaffenden Fotografie.[295] Dies ergibt sich bereits aus der Definition des Schutzgegenstandes. Denn die Vorschrift des § 72 UrhG schützt die technische Leistung, die bei der Anfertigung eines Lichtbildes mit gleichem Motiv gerade nicht übernommen wird. Etwas anderes kann freilich dann anzunehmen sein, wenn das Lichtbild als Lichtbildwerk (§ 2 Abs. 1 Nr. 5, Abs. 2 UrhG) anzusehen ist. In diesem Fall sind die eigenschöpferischen Elemente des Lichtbildwerkes geschützt, was – im Falle einer Übernahme – die Abgrenzung zwischen einer unzulässigen Bearbeitung (§ 23 UrhG) oder einer freien Benutzung (§ 24 UrhG) erforderlich machen kann.[296] Das Oberlandesgericht Hamburg hatte in dem vorgenannten Fall zu entscheiden, ob ein Aktfoto des Fotografen Helmut Newton durch einen Maler in urheberrechtswidriger Weise übernommen worden war. Unstreitig war dabei, dass das Lichtbild Newtons Grundlage des Gemäldes war. Hier nahm das Oberlandesgericht Hamburg dennoch mit ausführlicher Begründung eine freie Benutzung (§ 24 UrhG) an, da sich bei einer die Übereinstimmungen berücksichtigenden Gesamtschau feststellen ließe, dass der Maler ein eigenständiges neues Werk geschaffen habe. In der Entscheidung des Oberlandesgerichts Hamburg wird deutlich, dass die Annahme eines Lichtbildwerkes und die damit verbundene weitere Prüfung erforderlich sein können, wenn das Motiv übernommen wird. Hätte das Oberlandesgericht Hamburg bereits die Werkeigenschaft eines Lichtbildwerkes abgelehnt, wäre die weitere Prüfung der freien Bearbeitung obsolet gewesen.

277 Auch Teile von Lichtbildern sind grundsätzlich geschützt.[297] Der Schutzumfang kann dabei aufgrund der Erschöpfung (§ 17 Abs. 2 UrhG) eingeschränkt werden. Erschöpfung hinsichtlich eines Lichtbildes kann jedoch nur hinsichtlich der jeweiligen verkörperten Kopie des Lichtbildes angenommen werden, wenn diese mit Zustimmung des zur Verbreitung Berechtigten im Gebiet der Europäischen Union oder eines anderen Vertragsstaates des Abkommens über den Europäischen Wirtschaftsraum im Wege der Veräußerung in Verkehr gebracht worden ist. Demzufolge kann beispielsweise die mit Zustimmung des Fotografen erstellte das Konterfei eines Schauspielers wiedergebende Autogrammkarte ohne die Verletzung von Urheberrechten veräußert werden. Dennoch muss der Veräußernde, wenn er durch den Fotografen in Anspruch genommen wird, die Erschöpfung darlegen und beweisen.

278 **Praxistipp:**

Kein Fall der Erschöpfung ist anzunehmen, wenn diese – wie beispielsweise bei einem urheberrechtlich geschützten Parfümflacon[298] – lediglich hinsichtlich des abgelichteten Gegenstandes angenommen werden kann. In dem vorgenannten Fall betonte der Bundesgerichtshof, dass ein urheberrechtlich geschützter Parfumflacon in einem Verkaufsprospekt ohne Zustimmung des Berechtigten abgebildet werden dürfe, da Erschöpfung gemäß § 17 Abs. 2 UrhG eingetreten sei. Diese umfasse auch eine werbliche Ankündigung mit einem entsprechenden Lichtbild des Flacons, soweit

---

295 Dreier/*Schulze* § 72 Rn. 14; Schricker/*Vogel* § 72 Rn. 27.
296 OLG Hamburg NJW 1996, 1153 – »Power of Blue«.
297 Dreier/*Schulze* § 72 Rn. 15.
298 BGH GRUR 2001, 51 – Parfumflacon.

C. Leistungsschutzrechte inkl. Datenbank

> diese im Zusammenhang mit dem Weitervertrieb stehe und sich im Rahmen dessen halte, was für einen solchen Vertrieb üblich sei. Streitgegenstand des durch den Bundesgerichtshof zu entscheidenden Falls war jedoch der urheberrechtliche Schutz des Parfümflacons und nicht der Schutz des Lichtbildes, das den Flacon zeigte. Dementsprechend dürfte ein Verkäufer ein weiteres Lichtbild des gleichen Flacons fertigen, ohne die Rechte des Lichtbildners des ursprünglichen Produktfotos zu verletzen. Das ursprüngliche Produktfoto kann er dennoch nur nach der Einräumung der entsprechenden Nutzungsrechte für seine Zwecke nutzen.

Auch durch die Nutzung so genannter »thumbnails« im Internet wird in die Rechte des Lichtbildners eingegriffen. Als »thumbnails« werden Verkleinerungen eines Lichtbildes ggf. unter starker Reduzierung der Pixelzahl verstanden. Nach Auffassung des OLG Jena stellt die Verkleinerung eine sonstige Umgestaltung im Sinne des § 23 UrhG dar, die grundsätzlich unzulässig ist.[299] Darüber hinaus hat das OLG Jena auch angenommen, dass die Anzeige von »thumbnails« im Rahmen von Ergebnissen einer Bildersuchmaschine von einer konkludenten Einwilligung des Berechtigten durch das Einstellen in das Internet nicht umfasst sei. Es sei jedoch rechtsmissbräuchlich im Sinne des § 242 BGB, Unterlassungsansprüche geltend zu machen, wenn die Suchmaschine durch eine entsprechend optimierte Programmierung des Internetauftritts angelockt worden sei. **279**

Der Lichtbildschutz wird durch die Schrankenbestimmungen des Urheberrechts (§§ 45 ff. UrhG) begrenzt. Hier ist insbesondere § 60 UrhG zu nennen, der es dem Besteller des Lichtbildes erlaubt, das Lichtbild durch ein Lichtbild (Bild vom Bild) zu vervielfältigen oder vervielfältigen zu lassen. Die Vervielfältigungsstücke dürfen gemäß § 60 Abs. 1 Satz 2 unentgeltlich verbreitet werden. Dieses Recht steht gemäß § 60 Abs. 2 UrhG auch den Abgebildeten bzw. dessen Angehörigen zu, wenn der Abgebildete verstorben ist. Folgerichtig ist es nach § 60 Abs. 1 UrhG beispielsweise zulässig, die von einem bestellten Fotografen hergestellten Hochzeitslichtbilder abzufotografieren, um der Hochzeitsgesellschaft auf diese Weise Abzüge zukommen zu lassen. Die Lichtbilder müssen dabei allerdings unentgeltlich weitergegeben, also verschenkt werden. Da die Vorschrift des § 60 UrhG wie alle Ausnahmevorschriften eng auszulegen ist, kommt eine Erweiterung des Anwendungsbereiches auf das Öffentlich-Zugänglichmachen nicht in Betracht.[300] Auch kann die Vorschrift des § 60 UrhG durch eine entsprechende vertragliche Regelung abbedungen werden. **280**

Für die Privilegierung des § 50 UrhG hat der Bundesgerichtshof ausdrücklich entschieden, dass die Veröffentlichung eines Lichtbildes in einer Wochenzeitschrift, das die Moderatorin Verona Feldbusch mit einem blauen Auge, Pflaster und einem Verband zeigt, als Tagesereignis angesehen werden kann.[301] Hierbei sei ein Tagesereignis im Sinne des § 50 UrhG anzunehmen, wenn sich Verona Feldbusch mit dem Vorwurf, ihr (damaliger) Ehemann Dieter Bohlen habe sie geschlagen, in einer bestimmten Art und Weise an die »Bild«-Zeitung gewandt habe. Das Foto sei – wie für die Privilegierung erforderlich – durch die mit dem Lichtbild versehene Berichterstattung auch im Verlauf der Vorgänge, über die berichtet worden war, wahrnehmbar geworden. **281**

Die Schutzdauer des Rechts des Lichtbildners beträgt anders als bei einem Lichtbildwerk gemäß § 72 Abs. 3 UrhG 50 Jahre. Sie beginnt mit dem Erscheinen des Lichtbildes oder mit dem Zeitpunkt der ersten erlaubten öffentlichen Wiedergabe. Wenn das Lichtbild nicht innerhalb von 50 Jahren erschienen oder in erlaubter Weise öffentlich wiedergegeben worden ist, endet die Frist 50 Jahre nach der Herstellung. **282**

---

299 OLG Jena GRUR-RR 2008, 223 – Thumbnails.
300 OLG Köln GRUR 2004, 499 – Portraitfoto im Internet.
301 BGH GRUR 2002, 1050 – Zeitungsbericht als Tagesereignis.

3. Rechteinhaber

283 Inhaber der Rechte an einem Lichtbild ist gemäß § 72 UrhG der Lichtbildner. Als Lichtbildner ist die Person anzusehen, die den Auslöser betätigt bzw. Ausschnitt und Blickwinkel wählt sowie die Einstellungen der Kamera vornimmt. Auch hier gilt das aus § 7 UrhG ersichtliche Schöpferprinzip, so dass nur eine natürliche Person als Lichtbildner in Betracht kommt. Folglich ist nicht Lichtbildner, wer seine Kamera verleiht und eine andere Person um die Fertigung einer Aufnahme beispielsweise eines Urlaubsbildes der eigenen Person bittet. In diesem Fall wird die häufig unbekannte dritte Person als Urheber anzusehen sein. Wird eine Aufnahme durch Selbstauslöser oder in einem Passbildautomaten angefertigt, ist als Lichtbildner anzusehen, wer die Voraussetzungen der Aufnahme schafft.[302] Das Gleiche dürfte für Satellitenfotos oder andere automatisch erstellte Lichtbilder gelten.

284 Problematisch ist die Frage, ob eine Miturheberschaft bei Lichtbildern, die keine Lichtbildwerke darstellen, möglich ist. Dies erscheint nur dann denkbar, wenn die technische Leistung durch mehrere Personen erbracht wird, beispielsweise wenn eine Aufnahme mittels eines Elektronenmikroskops erstellt und die hiermit verbundene Kamera von mehreren Personen gleichzeitig hinsichtlich der Einstellungen pp. bedient wird.[303] In diesem Fall finden die Regeln der Miturheberschaft (§ 8 UrhG) Anwendung.

285 Die Nutzungsrechte hinsichtlich des jeweiligen Lichtbildes kann der Lichtbildner vertraglich in entsprechender Anwendung der §§ 31 ff. UrhG übertragen. Der angestellte Fotograf räumt dabei im Rahmen des § 43 UrhG regelmäßig ausdrücklich oder konkludent seinem Arbeitgeber die Nutzungsrechte an dem Lichtbild ein.[304] Problematisch kann die Frage der Rechteinhaberschaft bei Lichtbildern insbesondere dann sein, wenn beispielsweise ein angestellter Bauleiter Aufnahmen von den Tätigkeiten der Baufirma anfertigt. Denn in diesem Fall muss festgestellt werden, ob die Aufnahmen im Rahmen des Arbeitsverhältnisses entstanden sind oder lediglich bei Gelegenheit der Tätigkeit angefertigt wurden. Ort und Zeit der Aufnahme können als Abgrenzungskriterium hierfür nicht herangezogen werden.[305] Denn auch ein abhängig Beschäftigter kann während der Arbeitszeit freie Werke schaffen. Es wird daher in diesem Fall zu differenzieren sein, ob der Bauleiter die Aufnahmen auf Weisung oder sonst im Rahmen seiner betrieblichen Tätigkeit schuf. Dies kann anhand des Beispiels des angestellten Bauleiters verdeutlicht werden. Bei Aufnahmen, die zu Zwecken des Beweises von zusätzlichen Arbeiten oder zur Dokumentation von Schäden entstanden sind, dürften vor diesem Hintergrund der Baufirma die Rechte an den Lichtbildern zustehen. Denn diese Tätigkeit dürfte ohne weiteres von der betrieblichen Tätigkeit des Bauleiters erfasst sein. Wenn der Bauleiter jedoch die vermeintliche Schönheit der Baugeräte ablichtet, müsste die Baufirma darlegen, dass dies auf besondere Anweisung geschah. Eine solche Anweisung dürfte z.B. dann anzunehmen sein, wenn der Geschäftsführer die Bauleiter zuvor aufgefordert hatte, entsprechende Lichtbilder für die Erstellung einer Internetseite zu schaffen und sodann der Firma zu übergeben.

286 Die Darlegungs- und Beweislast für die Stellung des Lichtbildners liegt grundsätzlich bei dem Rechteinhaber. Sie kann jedoch gemäß § 10 Abs. 1 UrhG erleichtert werden. Denn die Vermutung des § 10 UrhG ist aufgrund der allgemeinen Verweisung in § 72 Abs. 1 UrhG uneingeschränkt anwendbar. Daher ist zu vermuten, dass die in üblicher Weise auf einem erschienen Werk als Lichtbildner bezeichnete Person auch der Berechtigte ist. Die

---

302 Schricker/*Vogel* § 72 Rn. 35.
303 Schricker/*Vogel* § 72 Rn. 35.
304 Schricker/*Vogel* § 72 Rn. 51.
305 Schricker/*Rojahn* § 43 Rn. 23.

übliche Bezeichnung kann dabei auf dem Lichtbild selbst erfolgen. Bei Übergabe einer Foto-CD kann ein entsprechender Vermerk auf der Hülle ausreichend sein. Wird eine Fotosammlung als Kartenset herausgegeben, so kann die Bezeichnung in einem Begleitheft auch die Vermutungswirkung des § 10 UrhG begründen.

4. Praktische Hinweise

Nach Maßgabe der Ausführungen unter Ziff. 1. bis 3. muss der Anspruchsteller darlegen, entweder selbst Lichtbildner zu sein oder die ausschließlichen Nutzungsrechte an dem Lichtbild erworben zu haben. Letzteres gilt insbesondere für juristische Personen, da diese aufgrund des Schöpferprinzips nicht selbst Urheber eines Lichtbildes sein können. Dabei ist – wie auch hinsichtlich der in § 2 UrhG genannten Rechte – eine vollständige Rechtekette darzulegen und im Bestreitensfall durch den Anspruchsteller zu beweisen. Grundsätzlich ist ein Bestreiten der Urheberschaft und/oder der Rechtekette mit Nichtwissen möglich, da die Fertigung des Lichtbildes und die entsprechende Rechteübertragung meist nicht Gegenstand der Wahrnehmung des Anspruchsgegners gewesen sein wird. Gerade im Rahmen einer vergleichsweisen Regelung kann es sich für beide Seiten anbieten, eine Freistellungsvereinbarung in den Vergleich für den Fall aufzunehmen, dass der Anspruchsgegner wegen des gleichen Lichtbildes durch einen Dritten in Anspruch genommen wird. Denn dem redlichen Rechteinhaber drohen hierdurch keinerlei Nachteile, während der Verletzer die Sicherheit gewinnt, dass er durch eine dritte Person jedenfalls nicht ohne Regressmöglichkeiten in Anspruch genommen werden kann. **287**

Hinsichtlich der Passivlegitimation ergeben sich für den Schutz des Lichtbildes keine Besonderheiten. Im Rahmen des Schutzes von Lichtbildern hat der Bundesgerichtshof jedoch eine wesentliche Entscheidung zu der Frage getroffen, unter welchen Umständen sich ein Internetportalbetreiber Lichtbilder zu Eigen macht und daher unmittelbar als Täter haftet.[306] In dem vorgenannten Fall hatte der Bundesgerichtshof zu entscheiden, ob der Betreiber einer Internetseite lediglich eine Aktionsplattform für einen fremden Marktplatz bietet oder die inhaltliche Verantwortung für die Internetseite nach außen sichtbar übernahm. Die Annahme, dass eine inhaltliche Verantwortung übernommen worden sei, hat der Bundesgerichtshof damit begründet, dass auf der Plattform, auf der Kochrezepte und die zugehörigen Lichtbilder veröffentlicht wurden, auf die inhaltliche Kontrolle der Rezepte hingewiesen werde, die Rezepte mit einem Emblem des Betreibers der Homepage versehen würden und der Seitenbetreiber von seinen Nutzern das Einverständnis verlange, alle zur Verfügung gestellten Rezepte und Bilder beliebig vervielfältigen zu dürfen. **288**

Bei der Geltendmachung eines Unterlassungs- und Schadensersatzanspruchs hinsichtlich eines im Internet genutzten Lichtbildes könnte insgesamt wie folgt formuliert werden: **289**

▶ **Formulierungsbeispiel:** **290**

> Der Anspruch des Klägers gegen den Beklagten auf Unterlassung und Schadensersatz besteht gemäß §§ 97, 72 UrhG, da der Kläger zur Geltendmachung der entsprechenden Rechte berechtigt ist und der Beklagte die urheberrechtlich geschützten Lichtbilder nutzte, ohne die hierfür erforderlichen Nutzungsrechte zu besitzen. Durch die widerrechtliche Nutzung ist die für den Unterlassungsanspruch erforderliche Wiederholungsgefahr indiziert.
> Der Kläger ist als Lichtbildner aktivlegitimiert, die entsprechenden Ansprüche geltend zu machen. (Alt.: Dem Kläger stehen die ausschließlichen Nutzungsrechte an dem Lichtbild zu, da ihm diese durch den Urheber Herrn xy eingeräumt wurden. Dies

---

306 BGH GRUR 2010, 616 – marions-kochbuch.de.

ergibt sich aus dem schriftlichen Vertrag vom ... bzw. der ausdrücklichen mündlichen Vereinbarung.) Es sollte ein Beweisangebot folgen. Die streitgegenständlichen Lichtbilder stellen Lichtbildwerke dar. Für den Fall, dass die Werkeigenschaft entgegen der hier vertretenen Auffassung nicht angenommen werden sollte, sind die streitgegenständlichen Lichtbilder jedenfalls durch § 72 UrhG geschützt, ohne dass es auf die Schöpfungshöhe ankommt. Der Beklagte hat die Lichtbilder öffentlich zugänglich gemacht (§ 19a UrhG), indem er die Lichtbilder auf seine Internetseite einstellte. Hierdurch vervielfältige der Beklagte die Lichtbilder auch (§ 16 UrhG). Es folgt wiederum ein Beweisangebot, das in der Vorlage eines Ausdruckes der entsprechenden Internetseiten bestehen könnte. Hierzu war der Beklagte nicht berechtigt, da ihm keine Nutzungsrechte eingeräumt wurden. Hier kann ggf. erneut – unter Verwahrung gegen die Beweislast, denn diese liegt beim demjenigen, der die Bilder nutzte – ein Beweisangebot eingefügt werden. Soweit neben dem verschuldensunabhängigen Unterlassungsanspruch auch Schadensersatz geltend gemacht werden soll, könnte ergänzt werden, dass der Beklagte schuldhaft (§ 276 BGB) handelte, da er sich als Verwerter nicht lückenlos und umfassend nach den Rechten erkundigt hat. Die Wiederholungsgefahr ist durch die Erstbegehung indiziert.

291 Bei der Berechnung des Schadensersatzes stehen drei Möglichkeiten zur Auswahl. So kann der Verletze den durch die Nutzung der Lichtbilder entstandenen Gewinn abschöpfen, er kann seinen konkreten Schaden berechnen oder er kann einen Schaden auf der Basis der Lizenzanalogie geltend machen.[307] Hierfür kann er – wie bei allen Ansprüchen gegen einen Verletzer – zunächst Auskunftsansprüche geltend machen, wenn er selbst keine Kenntnis von dem Umfang der Nutzung hat. Gerade bei der Nutzung von Lichtbildern bietet sich die Geltendmachung von Schadensersatzansprüchen auf der Basis einer Lizenzanalogie an. Die Höhe der angemessenen Lizenz kann dabei gemäß § 287 ZPO durch das erkennende Gericht geschätzt werden. Diese Schätzung wird in den meisten Fällen auf die MFM-Bildhonorare zurückgehen können. Denn zahlreiche Gerichte haben anerkannt, dass diese den für Urheberrechtsverletzungen im Bereich von Lichtbildern branchenüblichen Tarif darstellen.[308] Soweit hiergegen teilweise eingewandt wird, der Bundesgerichtshof[309] lehne die Anwendung der MFM als Basis einer Schätzung grundsätzlich ab, dürfte dies auf einer unzutreffenden Interpretation der vorgenannten Entscheidung beruhen. Richtig ist zwar, dass die MFM-Bildhonorare bei Verletzungshandlungen im Bereich des Lichtbildschutzes nicht unreflektiert zugrunde gelegt werden dürfen, sondern die jeweiligen Umstände des Einzelfalls mit einbezogen werden müssen, der Bundesgerichtshof hatte jedoch über einen besonders gelagerten Fall zu entscheiden, da in diesem Fall zwischen den Parteien des Rechtsstreits ein Manteltarifvertrag existierte, der weitaus geringere Vergütungen vorsah als die MFM-Bildhonorare.

292 **Praxistipp:**

Nennen Sie grundsätzlich den genauen Tarif, der nach den MFM einschlägig ist. Da für die Berechnung der Höhe der angemessenen Lizenz auch die Nutzungsdauer von Bedeutung ist, muss auch diese – soweit bereits ermittelt – angegeben werden. Da bei zahlreichen Gerichten die MFM nicht zu den dort zur Verfügung stehenden Arbeitsmitteln gehören, erscheint es ratsam, zumindest den einschlägigen Tarif als Auszug ebenfalls einzureichen.

---

307 BGH GRUR 1973, 663 – Wählamt.
308 OLG Düsseldorf GRUR-RR 2006, 393; Brandenburgisches OLG GRUR-RR 2009, 413; für eine zurückhaltende Anwendung: OLG Hamburg MMR 2010, 196.
309 BGH GRUR 2006, 136 – Pressefotos.

Wenn der Lichtbildner nicht genannt wird, so dürfte dieser in vielen Fällen einen Auf- 293
schlag von 100% auf die zu zahlende Lizenz verlangen können.[310] Dieser Anspruch beinhaltet sowohl Elemente, die dem Urheberpersönlichkeitsrecht zugeordnet werden können, als auch solche, die einen materiellen Schaden begründen. Denn durch die Namensnennung kann der Fotograf weitere Aufträge generieren und daher bei Nennung seines Namens nur geringere Lizenzgebühren fordern. Vor diesem Hintergrund wird die Verdoppelung der Lizenzgebühr aufgrund der Nutzung eines fremden Produktfotos bei eBay von den Gerichten teilweise jedenfalls dann abgelehnt, wenn diese nicht durch einen professionellen Fotografen entstanden sind. Denn die Möglichkeit, durch entsprechende Lichtbilder Aufträge für einen Fotografen zu gewinnen, tritt im Fall einer durch den Verkäufer selbst angefertigten Produktfotografie vollständig in den Hintergrund.

▶ **Wichtig:** 294

Da es sich um einen Anspruch auch aufgrund des Urheberpersönlichkeitsrechts (§ 13 UrhG) handelt, erscheint fraglich, ob dieser nur dem Lichtbildner selbst oder dem Inhaber der ausschließlichen Nutzungsrechte zusteht. Wenn also nicht der Lichtbildner selbst die entsprechenden Ansprüche geltend macht, könnte es ratsam sein, dass der Lichtbildner dem Inhaber der ausschließlichen Nutzungsrechte auch alle (materiellen und immateriellen) Ansprüche hinsichtlich der Verletzung des Urheberpersönlichkeitsrechts ausdrücklich abtritt. So ist die Einordnung der Ansprüche aufgrund der fehlenden Nennung nicht mehr erheblich.

Wohl unzutreffend dürfte es sein, wenn bei der Verdoppelung der Ansprüche von einem 295
Verletzerzuschlag gesprochen wird. Denn – anders als bei der Rechtsprechung des Bundesgerichtshofes bezüglich der GEMA – wird ein solcher in der Rechtsprechung hinsichtlich der Rechte an Lichtbildern nicht anerkannt. Wird damit allein aufgrund der Verletzung das doppelte Honorar verlangt, dürfte eine Klage insoweit keine Aussicht auf Erfolg haben.

Bei der Berechnung der Schadensersatzansprüche kann wie folgt formuliert werden. Der 296
Beispieldarstellung liegt dabei die Nutzung eines Lichtbildes auf der Internetseite einer Firma zu Werbezwecken für einen Zeitraum von 2 Jahren zugrunde:

▶ **Formulierungsbeispiel:** 297

Als Schadensersatz wird der angemessene Lizenzbetrag geltend gemacht. Dieser beläuft sich unter Berücksichtigung der Honorarempfehlungen der MFM-Bildhonorare auf 780 €. Dabei sind die MFM-Bildhonorare für die Berechnung der angemessenen Lizenz heranzuziehen, da Streitgegenstand die unberechtigte gewerbliche Verwendung von Lichtbildern eines professionellen Fotografen durch den Beklagten zu Werbezwecken ist. Für diesen Bereich sind die MFM-Bildhonorare geschaffen worden. Sie enthalten auch einen speziellen Tarif für die – hier vorliegende – Einblendung von Lichtbildern im Internet (Werbung/PR/Corporate Publishing). Soweit der Beklagte vorträgt, das durch den Kläger für den Auftrag erzielte Stundenhonorar von 60 € pro Stunde bei einer Arbeitszeit von 1,5 Stunden sei als Obergrenze für eine angemessene Lizenz anzusehen, ist dem nicht zu folgen. Denn wie sich bereits aus der Rechnung ergibt, wird das Honorar für das Tätigwerden des Fotografen auf Stundenbasis geschuldet. Es wurde nicht vereinbart, dass das Honorar auf der Basis des Stundenlohns die Übertragung der Nutzungsrechte für werbliche Zwecke enthält. (Ggf. kann insoweit ein Beweisangebot unter Verwahrung gegen die Beweislast erfolgen.) Zugrunde zu legen ist in zeitlicher Hinsicht für die Nutzung im Internet der Tarif für eine Nutzung von mehr als einem Jahr. Denn der Beklagte hatte das Lichtbild für

---

310 OLG Düsseldorf GRUR-RR 2006, 393.

einen Zeitraum von 2 Jahren auf seiner für Werbezwecke erstellten Internetseite eingestellt. Die Nutzungsdauer ist dabei zwischen den Parteien unstreitig (alternativ müsste hier ein Beweisangebot hinsichtlich der Nutzungsdauer folgen). Aus den MFM-Bildhonoraren ergibt sich damit für die Nutzung bis zu einem Jahr ein Betrag in Höhe von 260 € zzgl. eines Aufschlages von 50 % für die weitere Nutzung über diesen Zeitraum hinaus. Damit ist ein Betrag in Höhe von 390 € für die Nutzung von zwei Jahren angemessen. Es wird angeregt, die Höhe der Lizenz gemäß § 287 ZPO durch die erkennende Kammer zu schätzen. Äußerst hilfsweise kann Beweis für die Höhe der angemessenen Lizenz mittels Sachverständigengutachten angetreten werden.

Der Betrag von 390 € ist aufgrund der Nichtnennung des Klägers als Urheber zu verdoppeln, so dass insgesamt einen Betrag in Höhe von 780 € für die streitgegenständliche Nutzung angemessen ist.

IV. Recht des ausübenden Künstlers (§§ 73 ff. UrhG)

1. Schutzgegenstand

a) Werk oder Ausdrucksform der Volkskunst

298 Der ausübende Künstler im Sinne des § 73 UrhG soll durch die Vorschriften der §§ 73 ff. UrhG für seine persönliche Leistung geschützt werden. Grund für den Schutz ist zum Einen der Schutz des Persönlichkeitsrechts des Künstlers und seiner finanziellen Interessen. Zum Anderen soll jedoch durch den Schutz auch ein Anreiz für den Künstler geschaffen werden, entsprechende Darbietungen der Allgemeinheit vorzuführen.

299 Aus der Definition des § 73 UrhG ergibt sich, wer ausübender Künstler im Sinne des Urheberrechtes ist. Gegenstand des Schutzes eines ausübenden Künstlers ist dabei nur die Darbietung eines Werkes oder einer Ausdrucksform der Volkskunst. Nicht vom Schutz umfasst sind folglich solche Darbietungen, die nicht auf ein Werk zurückgehen, wie dies häufig bei artistischen Darbietungen oder Vorführungen eines Zauberkünstlers anzunehmen sein wird.[311] Insoweit ist allerdings durchaus Vorsicht geboten, da auch artistische Aufführungen Werke im Sinne des Urheberrechts sein können. So hat das Oberlandesgericht Köln angenommen, dass kontorsionistische Darbietungen, bei denen sich die Tänzerinnen bzw. ihre Körper extrem verbiegen, als Werke der Tanzkunst im Sinne des § 2 Abs. 1 Ziff. 3 UrhG geschützt sein können.[312] Die erforderliche Schöpfungshöhe könne sich allerdings nur dann ergeben, wenn die Darbietung über die bloß akrobatische Leistung hinausgehe, da auch schwierige akrobatische Leistungen nicht geschützt seien. Vielmehr müsse neben die akrobatische (Höchst-) Leistung, der ein sportlicher bzw. gymnastischer Aspekt zugrunde liege, auch ein künstlerisch-tänzerisches Element treten, um die Schöpfungshöhe anzunehmen.

300 Es ist jedoch nicht erforderlich, dass die vorgeführte Darbietung tatsächlich die gemäß § 2 Abs. 2 UrhG erforderliche Schöpfungshöhe erreicht. Es wird vielmehr als ausreichend anzusehen sein, wenn die Darbietung ihrer Art nach einem Werk im Sinne des § 2 Abs. 1 UrhG zugeordnet werden kann. Dies ergibt sich schon daraus, dass der Schutzgegenstand der Rechte des ausübenden Künstlers nicht die Rechte an dem Werk sind, das er aufführt. Geschützt ist vielmehr die Darbietung als solche. Hieraus folgt, dass es für den Schutz des ausübenden Künstlers nicht erforderlich ist, dass das der Darbietung zugrundeliegende Werk selbst noch Schutz genießt. Vielmehr wird auch die Aufführung eines Theaterstücks, das nach Ablauf der Schutzfrist gemeinfrei geworden ist, genauso geschützt wie die Darbietung eines nicht urheberrechtlich geschützten Teils eines Wer-

---

311 Schricker/*Krüger* § 73 Rn. 10.
312 OLG Köln GRUR-RR 2007, 263 – Arabeske.

kes.³¹³ Auch eine Improvisation kann den Schutz der §§ 73 ff. UrhG genießen, da die vorherige Niederlegung des Werkes nicht erforderlich ist.

Da die Werke nach dem Wortlaut des § 73 UrhG aufgeführt, gesungen oder auf andere 301 Weise dargeboten werden müssen, kommt ein Schutz der Darstellung der in § 2 Abs. 1 Ziff. 4–7 UrhG genannten Werken (Werke der Kunst, Lichtbild- oder Filmwerke bzw. Darstellungen wissenschaftlicher Art) nicht in Betracht.³¹⁴ Zwar ist eine Vorführung der vorgenannten Werke grundsätzlich möglich; es handelt sich jedoch nicht um eine persönliche Vorführung oder Aufführung, die den Schutz der §§ 73 ff. UrhG begründen kann.

Neben der Darbietung eines Werkes wird auch die Aufführung einer Ausdrucksform der 302 Volkskunst geschützt. Hierunter fällt die Folklore, bei der traditionelle Tänze oder Musik aufgeführt werden. Häufig wird die entsprechende Darstellung bereits einem Werk im Sinne des § 2 Abs. 1 Ziff. 1–3 UrhG zugeordnet werden können, so dass die praktische Bedeutung der Ergänzung eher gering sein dürfte.

b) Darbietung

Geschützt wird die Darbietung durch einen ausübenden Künstler. Dabei wird der Begriff 303 der Darbietung bereits in der Vorschrift des § 73 UrhG selbst als Oberbegriff für die weiteren in § 73 UrhG genannten Formen der Vorführung genannt. Eine Darbietung setzt voraus, dass das Werk für Dritte vorgeführt wird. Nicht als Darbietung anzusehen ist daher der Gesang bei der morgendlichen Dusche oder einer Schulklasse auf dem Wandertag. Denn diese Art der Darstellung ist nicht für Dritte bestimmt, sondern soll jedenfalls in den meisten Fällen nur dem Eigengebrauch dienen.³¹⁵

Nach der herrschenden Meinung fällt auch die mittelbare Darbietung eines Werkes unter 304 die Vorschrift des § 73 UrhG. Als mittelbare Darbietung ist jede Darbietung anzusehen, die lediglich für den späteren Gebrauch aufgezeichnet wird. Der Schutz dieser Darbietung ergibt sich daraus, dass lediglich die private Aufführung, die nicht für die Öffentlichkeit bestimmt ist, von dem Leistungsschutz ausgeschlossen werden soll. Folgerichtig ist auch die Darbietung durch einen Studiokünstler geschützt, auch wenn dieser tatsächlich persönlich nie unmittelbar vor der Öffentlichkeit eine Darbietung vorführt.³¹⁶

Eine Darbietung im Sinne des Leistungsschutzrechtes setzt voraus, dass eine Interpreta- 305 tion des Werkes durch den Künstler vorgenommen wird, da das Moment des Künstlerischen dem Begriff des ausübenden Künstlers wesensimmanent ist.³¹⁷ Dieses künstlerische Moment ist, wie der Bundesgerichtshof in dem vorgenannten Fall ausdrücklich betont, bei einem Nachrichtensprecher nicht vorhanden, so dass ein solcher nicht als ausübender Künstler anzusehen ist. Eine entsprechende Interpretation kann nur dann angenommen werden, wenn in der Darbietung ein künstlerischer Eigenwert zutage tritt. An diesen künstlerischen Eigenwert sind indes keine hohen Anforderungen zu stellen.³¹⁸ So kann beispielsweise die Leistung eines Synchronsprechers gemäß § 73 UrhG geschützt sein,³¹⁹ wenn dieser den entsprechenden Text nicht lediglich abliest, sondern den handelnden Personen durch die Betonung pp. eigene Charakterzüge zukommen lässt. Nicht als ausübende Künstler dürften hingegen die Darsteller von Pornofilmen geschützt sein, da diese lediglich real handeln und kein Werk vorführen.³²⁰ Dies gilt jedenfalls für die Teile des Films, die keine vorgegebenen Handlungsteile enthalten.

---

313 Schricker/*Krüger* § 73 Rn. 12.
314 *Dreier*/Schulze § 73 Rn. 8.
315 *Dreier*/Schulze § 73 Rn. 10.
316 Schricker/*Krüger* § 73 Rn. 16.
317 BGH GRUR 1981, 419 – Quizmaster.
318 Schricker/*Krüger* § 73 Rn. 25.
319 BGH GRUR 1984, 119 – Synchronisationssprecher.
320 *Dreier*/Schulze § 73 Rn. 12.

306 Ebenfalls nicht als Darbietung gemäß §73 UrhG sind solche Handlungen anzusehen, die sich nicht auf die Interpretation des Dargebotenen unmittelbar auswirken, wie dies beispielsweise bei einem Tonmeister der Fall sein kann.[321]

307 Vor diesem Hintergrund ist auch die Mitwirkung an einer Darbietung zu sehen. Auch diese muss – um in den Schutzbereich des §73 UrhG zu fallen – ausdrücklich eine künstlerische sein, die sich in der Werkinterpretation auswirkt. Dabei sind bereits geringe Einflüsse auf die Interpretation als ausreichend anzusehen.[322] Der Tonmeister dürfte daher dann als ausübender Künstler angesehen werden können, wenn er durch seine Einstellungen den für den Zuschauer entstehenden Eindruck der Darbietung beeinflusst.[323] In der vorgenannten Entscheidung hatte das Oberlandesgericht Köln zu prüfen, ob einem Tonmeister, der lediglich solche Aufgaben erfüllt, die für den Livezuschauer nicht wahrnehmbar, aber die für die Aufnahme und Reproduktion von Bedeutung sind, die Schutzrechte des ausübenden Künstlers auf der Basis einer Mitwirkung zustehen können. Dies hat das Oberlandesgericht Köln mit der zutreffenden Begründung verneint, der Schutzgegenstand des §73 UrhG sei die Darbietung als solche, nicht aber deren Konservierung oder spätere Wiedergabe. Daher komme es auf die künstlerischen Fähigkeiten des Tonmeisters in diesem Fall nicht an.

308 Es ist folgerichtig auch zu unterscheiden zwischen der rein technischen Leistung auf der einen Seite und der künstlerischen Leistung auf der anderen Seite. Die Tätigkeit eines Souffleurs kann somit keine Leistungsschutzrechte begründen. Das gleiche gilt für die Tätigkeit eines Beleuchters. Der Regisseur oder der Dirigent, der selbst unmittelbar Einfluss auf die künstlerische Darbietung nimmt, indem er konkrete Handlungsanweisungen gibt, die die Art der Wiedergabe und damit auch die künstlerische Darbietung betreffen, ist hingegen als künstlerisch Mitwirkender ohne weiteres geschützt.[324]

2. Schutzumfang und Rechteinhaber

a) Allgemeines

309 Der Umfang des Schutzes des ausübenden Künstlers ist in den Vorschriften der §§74ff. UrhG geregelt. §74 UrhG regelt das Recht des ausübenden Künstlers auf Anerkennung und Namensnennung. Damit wird neben dem Persönlichkeitsrecht auch das materielle Interesse des ausübenden Künstlers geschützt, der durch die Nennung insbesondere seines Künstlernamens Bekanntheit erlangen kann, was die Möglichkeit weiterer Aufträge oder Buchungen eröffnet. Der ausübende Künstler wird auch vor Beeinträchtigungen der Darbietung geschützt, §74 UrhG. Darüber hinaus werden die dem ausübenden Künstler zustehenden Nutzungsrechte und ihre Übertragbarkeit in den §§77 bis 79 UrhG normiert. Das in §§73ff. UrhG geregelte Schutzrecht wird durch §81 UrhG auf den Schutz des Veranstalters erweitert. In §82f. UrhG sind Dauer und Schranken des Schutzrechts aufgenommen.

b) Anerkennung als ausübender Künstler

310 Durch die Vorschrift des §74 UrhG legt der Gesetzgeber fest, dass der ausübende Künstler ein Recht auf Anerkennung seiner Leistung und Namensnennung erhält. Dieses Recht gleicht dem Anspruch des Urhebers aus §13 UrhG. Dabei wird davon ausgegangen, dass das Recht auf Anerkennung durch das Recht auf Namensnennung durchgesetzt werden kann, da durch die Nennung des (Künstler-) Namens auch sichergestellt wird,

---

321 BGH GRUR 1983, 22- Tonmeister.
322 Schricker/*Krüger* §73 Rn. 27.
323 OLG Köln GRUR 1984, 345 – Tonmeister II.
324 OLG Dresden NJW 2001, 622.

C. Leistungsschutzrechte inkl. Datenbank

dass es sich um eine authentische Darbietung des genannten Künstlers handelt.[325] Durch § 74 Abs. 1 UrhG wird auch ein Abwehrrecht des ausübenden Künstlers normiert, wenn sich ein Dritter die entsprechende Stellung anmaßt oder die Stellung des Künstlers bestreitet.[326] Aus dem Recht auf Anerkennung ergibt sich auch das Recht des ausübenden Künstlers, nicht oder nicht mehr mit seinem Werk in Verbindung gebracht, also nicht genannt zu werden. Insoweit hat er auch das Recht, anonym zu bleiben. Die vorgenannten Rechte kann der ausübende Künstler über die Vorschrift des § 97 UrhG durchsetzen.

Im Rahmen des Rechts auf Namensnennung gemäß § 74 Abs. 1 Satz 2 UrhG obliegt dem Künstler auch die Entscheidung, in welcher Form er genannt werden möchte. Damit steht es dem Künstler frei, seinen bürgerlichen Namen anzugeben oder aber mit einem Künstlernamen bezeichnet zu werden.[327] Dies ist für den Künstler von entscheidender Bedeutung, da Künstler in zahlreichen Fällen lediglich unter ihrem Künstlernamen Bekanntheit genießen, während der bürgerliche Name weitgehend unbekannt ist. Würde der Künstler daher mit seinem bürgerlichen Namen genannt, bestünde die nicht unerhebliche Gefahr, dass eine Zuordnung zu der unter dem Künstlernamen bekannten Person nicht oder nur unter erschwerten Bedingungen stattfindet. Dies kann aber für die Auswertung der Leistung von entscheidender Bedeutung sein. Auf die Frage, ob dabei eine körperliche Verwertung der Darbietung beispielsweise in Form des Verkaufs einer DVD erfolgt oder eine unkörperliche Verwertung stattfindet, kommt es nicht an.[328]   **311**

Da es sich um Urheberpersönlichkeitsrechte und somit um höchstpersönliche Rechte handelt, sind diese grundsätzlich nicht übertragbar. Dennoch dürften wohl Ausnahmen zugelassen werden, soweit nicht der Kernbereich des Persönlichkeitsrechts betroffen ist.[329] Daher geht die Literatur (a.a.O.) zutreffend davon aus, dass ein Verzicht auf die Namensnennung unter besonderen Umständen vereinbart werden kann. Die Branchenübung kann jedoch für sich betrachtet einen solchen Verzicht nicht begründen. Ein Verzicht kann allenfalls angenommen werden, wenn eine entsprechende vertragliche Regelung konkludent zustande gekommen ist und der Kernbereich des Rechts nicht betroffen wird.   **312**

Bereits im Rahmen der Vorschrift des § 74 Abs. 2 UrhG erfährt das Recht auf Namensnennung jedoch eine Einschränkung, wenn mehrere ausübende Künstler eine Darbietung erbracht haben. Hintergrund dieser Bestimmung ist, dass der Aufwand bei Nennung jeden Künstlers unverhältnismäßig wäre. So ist beispielsweise die Nennung aller Mitglieder der Fischer-Chöre auf einer CD kaum denkbar. Der dort zur Verfügung stehende Platz würde kaum ausreichen. Das gleiche gilt, wenn ein großes Orchester in einer Fernsehsendung auftritt. Würden alle Mitglieder des Orchesters als ausübende Künstler namentlich benannt werden müssen, wäre ein wesentlicher Teil der Sendezeit allein hierfür verbraucht. Vor diesem Hintergrund normiert die Vorschrift des § 74 Abs. 2 UrhG, dass nur ein Anspruch auf Nennung des Namens der Künstlergruppe besteht. Hierdurch wird den entsprechenden Interessen bei der Auswertung und Nutzung einer Darbietung eines ausübenden Künstlers hinreichend Rechnung getragen. Durch die in § 74 Abs. 2 UrhG normierte Ausnahme wird das Recht auf Anerkennung als ausübender Künstler nicht eingeschränkt, da insoweit die praktischen Probleme nicht bestehen. Der einzelne ausübende Künstler hat vor diesem Hintergrund die Möglichkeit, selbst Abwehransprüche geltend zu machen, soweit sein Recht auf Anerkennung betroffen ist.[330]   **313**

Durch § 74 Abs. 2 Satz 2, 3 UrhG wird die Ausübung des Rechts auf Namensnennung im Verhältnis von Dritten zu einer Künstlergruppe geregelt. Hierdurch kann insbesondere   **314**

---

325 Schricker/*Vogel* § 74 Rn. 13.
326 *Dreier*/*Schulze* § 74 Rn. 5.
327 Schricker/*Vogel* § 74 Rn. 16.
328 Wandtke/Bullinger/*Thum* § 74 Rn. 9.
329 Schricker/*Vogel* § 74 Rn. 19.
330 Wandtke/Bullinger/*Büscher* § 74 Rn. 23.

der Verwerter von entsprechenden Darbietungen die notwendige Rechtssicherheit erlangen, indem er sich an einen von den Künstlern gewählten Vorstand wendet. Dieser ist berichtigt, die Gruppe alleine zu vertreten. Für die Wahl des Vorstandes können die Vorschriften des Vereinsrechts herangezogen werden.[331] Für den Fall, dass eine Gruppe keinen Vorstand hat, sieht § 74 Abs. 2 Satz 3 UrhG vor, dass das Recht auf Namensnennung nur durch den Leiter der Gruppe geltend gemacht werden kann. Als Leiter kann dabei beispielsweise ein dauerhaft für ein Orchester tätiger Dirigent oder Chorleiter in Betracht kommen. Ist auch kein Leiter der Gruppe ersichtlich, wie dies insbesondere bei Gruppen der Fall sein kann, die sich nur vorübergehend, beispielsweise für einen Auftritt bei einer besonderen Veranstaltung zusammengefunden haben, kann das Recht nur durch einen von der Gruppe zu wählenden Vertreter geltend gemacht werden. Ob insoweit eine Mehrheitsentscheidung der Gruppe ausreichend ist, ist bislang unentschieden. Nach *Büscher* spricht hierfür allerdings das Rücksichtnahmegebot des § 75 UrhG.[332] Der Vorstand, Leiter oder gewählte Vertreter kann sodann im Rahmen der Prozessstandschaft gegen Verstöße gerichtlich vorgehen.[333]

315 **Praxistipp:**

Bei der Geltendmachung von Ansprüchen von Gruppen ausübender Künstler dürfte – soweit kein Vorstand oder Leiter festzustellen ist – zunächst ein Vertreter zu wählen sein, der berechtigt ist, das Recht auf Namensnennung durchzusetzen. Anderenfalls besteht die Gefahr, dass eine mögliche Klage abgewiesen wird, weil das einzelne Gruppenmitglied zur Geltendmachung der vorgenannten Rechte nicht ermächtigt wurde.

316 Da der Gesetzgeber bereits mit der Vorschrift des § 80 Abs. 1 UrhG a.F. die Rechte des ausübenden Künstlers, der im Rahmen einer Gruppe auftritt, nicht über Gebühr einschränken wollte, hat er das Recht auf Namensnennung nicht auf alle Fälle der gemeinsamen Darbietungen bezogen. Vielmehr eröffnet § 74 Abs. 2 Satz 4 UrhG dem ausübenden Künstler ein Recht auf persönliche Nennung, wenn ein besonderes Interesse vorliegt. Ein solches Interesse ist anzunehmen, wenn die Leistung des einzelnen sich von der Leistung der Gruppe abhebt. Dies wird im Allgemeinen bei einem Solokünstler oder einem Dirigenten anzunehmen sein. Die Prüfung, ob ein besonderes Interesse auf Nennung für den jeweiligen Künstler besteht, ist im Rahmen des Einzelfalls zu prüfen und festzustellen.[334]

317 Durch den ausdrücklichen Verweis in § 74 Abs. 3 UrhG auf die Vorschrift des § 10 UrhG wird die erhebliche Bedeutung der Rechts auf Namensnennung nochmals unterstrichen. Denn durch die entsprechende Urheberbezeichnung kann auch die in § 10 UrhG festgeschriebene Vermutungswirkung begründet werden.

c) Beeinträchtigung der Darbietung

318 Der ausübende Künstler hat nach § 75 UrhG das Recht, eine Entstellung oder eine Beeinträchtigung seiner Darbietung zu verbieten, wenn diese geeignet ist, das Ansehen oder den Ruf des ausübenden Künstlers zu gefährden. Hierbei handelt es sich wie auch bei dem Anspruch auf Anerkennung und Namensnennung (§ 74 UrhG) um einen Anspruch, der auf dem Persönlichkeitsrecht des ausübenden Künstlers beruht. Der Anspruch ist folgerichtig nicht übertragbar und der Künstler kann auf ihn nicht wirksam verzichten.[335]

---

331 OLG Frankfurt GRUR 1985, 380 – »Operneröffnung«.
332 Wandtke/Bullinger/*Büscher* § 74 Rn. 27.
333 BGH GRUR 1993, 550 – The Doors; BGH GRUR 2005, 502 – Götterdämmerung.
334 Wandte/Bullinger/*Büscher* § 74 Rn. 29.
335 Schricker/*Vogel* § 75 Rn. 7.

C. Leistungsschutzrechte inkl. Datenbank

Dennoch werden Vereinbarungen über die Änderung der künstlerischen Darbietung als zulässig angesehen, solange der Kern des Persönlichkeitsrechts erhalten bleibt.[336] Auch kann ein Dritter gegen Verstöße im Rahmen einer gewillkürten Prozessstandschaft vorgehen, wenn er ein eigenes Interesse an der Geltendmachung der Ansprüche hat.[337]

Im Rahmen des § 75 UrhG wird das persönliche Verhältnis des ausübenden Künstlers zu seiner Darbietung geschützt. Hieraus folgt, dass eine Gefährdung des Rufes des Künstlers die Anwendbarkeit des § 75 UrhG nicht begründet, wenn diese nicht auf einen Angriff gegen sein Werk zurückgeht und umgekehrt.[338] 319

Für die Prüfung des Anwendungsbereiches der Vorschrift des § 75 UrhG nimmt die Literatur und Rechtsprechung[339] einhellig folgendes Prüfungsschema an: 320
- Beeinträchtigung oder Entstellung
- Eignung der Gefährdung des Rufes des ausübenden Künstlers
- Abwägung der gegenseitigen Interessen

Wenn eine Beeinträchtigung oder Entstellung angenommen wird, so liegt hierin ein Indiz für die Gefährdung des Rufes. Insoweit gelten die gleichen Grundsätze, die gemäß § 14 UrhG für den Urheber eines Werkes im Sinne des § 2 UrhG gelten. 321

Für die Frage, wann eine Beeinträchtigung oder Entstellung anzunehmen ist, hat sich eine gewisse Kasuistik entwickelt. Entscheidend für die Annahme einer Beeinträchtigung ist jeweils, dass diese dem Künstler selbst zugerechnet wird. Eine Entstellung, die geeignet ist, den Ruf des ausübenden Künstlers zu gefährden, hat das Oberlandesgericht München für den Fall angenommen, dass ein Konzertmitschnitt von schlechter Qualität erfolgte. Dies sei anzunehmen, da die Gefahr bestünde, dass die festgestellten Mängel der Aufnahme nicht nur auf die fehlerhafte Technik sondern auch auf eine schlechte künstlerische Leistung der Künstler zurückgeführt werden könnten.[340] Eine Entstellung wird vor diesem Hintergrund immer dann vorliegen, wenn die Darbietung des ausübenden Künstlers verschlechtert oder verfälscht wird. Dies kann auch bei Live-Auftritten der Fall sein. Dabei ist nicht auf die Sicht des ausübenden Künstlers sondern auf die des Durchschnittsbetrachters abzustellen.[341] 322

Neben der vorstehend genannten direkten Beeinträchtigung kann der Ruf des ausübenden Künstlers auch durch indirekte Beeinträchtigungen gefährdet werden. Dies kann angenommen werden, wenn das dargebotene Werk in einen anderen Kontext gestellt wird, als dies zunächst vereinbart war. Der Bundesgerichtshof hat angenommen, dass eine Gefährdung des Rufes eines ausübenden Künstlers gegeben sein kann, wenn – ohne entsprechende vertragliche Absprache – die Darbietung des Künstlers als Werbebeigabe (Koppelungsverkauf) für Schokolade eingesetzt wird.[342] Entsprechend dürfte auch die Nutzung eines Musikstückes für eine Werbung einen Verstoß begründen können.[343] 323

Im Rahmen der auf der dritten Stufe zu treffenden Abwägung der Interessen des ausübenden Künstlers und des Verwerters sind die gegenseitigen Interessen zu berücksichtigen. Dabei ist auf der einen Seite das ideelle und materielle Interesse des Künstlers in die Abwägung einzubeziehen. Auf der anderen Seite sind jedoch auch die materiellen Interessen des Verwerters zu berücksichtigen. Entscheidende Kriterien sind dabei das Maß 324

---

336 Wandtke/Bullinger/*Büscher* § 75 Rn. 5.
337 BGH GRUR 1971, 35 – »Maske in Blau«.
338 Schricker/*Vogel* § 75 Rn. 8.
339 Schricker/*Vogel* § 75 Rn. 22.
340 BGH GRUR 1987, 814 – Zauberflöte; OLG München NJW-RR 1992, 742.
341 Wandtke/Bullinger/*Büscher* § 75 Rn. 6.
342 BGH GRUR 1979, 637 – »White Christmas«.
343 *Dreier*/Schulze § 75 Rn. 12.

der Beeinträchtigung des Rufes und der wirtschaftlichen Interessen des Künstlers sowie vertragliche Vereinbarungen zwischen den Parteien und der Umfang der Aufwendungen des Verwerters. Die Beweislast für die Eignung zur Beeinträchtigung liegt dabei bei dem Künstler.

325 Die Vorschrift des § 75 Satz 2 UrhG trägt dem Umstand Rechnung, dass die Interessen mehrerer Künstler, die gemeinsam ein Werk dargeboten haben, nicht zwangsläufig gleich sind. So kann ein Künstler gerade ein Interesse haben, das gemeinsam aufgenommene Musikstück auch für Kopplungsgeschäfte zu verwenden, weil er sich hieraus zusätzliche Einnahmen verspricht, während ein anderer Künstler der selben Gruppe diese Form der Vermarktung generell ablehnt. In diesem Fall haben die Künstler bei der Ausübung des Rechtes aus § 75 UrhG aufeinander angemessene Rücksicht zu nehmen. Auch insoweit ist eine Abwägung der gegenseitigen Interessen vorzunehmen. Umstritten ist dabei, ob im Rahmen der Abwägung der gegenseitigen Interessen dem Persönlichkeitsrecht des Künstlers generell der Vorrang gebührt[344] oder alle gegenseitigen Interessen angemessen ausgeglichen werden müssen.[345]

d) Nutzungsrechte des ausübenden Künstlers

326 Die Nutzungsrechte, die nach dem Urheberrecht dem ausübenden Künstler zustehen, ergeben sich aus §§ 77, 78 UrhG. Durch die vorstehend genannten Regelungen wird sichergestellt, dass der ausübende Künstler selbst die Kontrolle über den Umfang der Verwertungshandlung erhält und so auch entsprechende Vergütungsansprüche geltend machen kann. Insoweit entstehen in der Person des ausübenden Künstlers die ausschließlichen Verwertungsrechte.

327 § 77 Abs. 1 UrhG beinhaltet das ausdrücklich ausschließliche Recht, die Darbietung erstmalig festzulegen. Auf die Mittel der Festlegung kommt es dabei nicht an. So wird auch die Aufnahme der Übertragung einer Live-Darbietung, die zuvor nicht festgelegt war, als Aufnahme im Sinne des § 77 Abs. 1 UrhG anzusehen sein.[346] Denn nach der Ratio der Vorschrift soll jede Aufnahme, durch die die Darbietung des ausübenden Künstlers wiederholt wahrnehmbar gemacht wird, von der Einwilligung des Künstlers abhängen. Dies gilt sogar für private Aufnahmen.[347] Nicht ausreichend dürfte es allerdings sein, wenn nicht die Darbietung als solche aufgenommen wird, sondern beispielsweise lediglich ein Lichtbild des ausübenden Künstlers.

328 **Praxistipp:**
Soweit ein Lichtbild von einem ausübenden Künstler angefertigt und genutzt wird, ist immer an den durch §§ 22 ff. KUG gewährten Schutz zu denken, auch wenn § 77 UrhG nicht einschlägig ist.

329 Durch die Vorschrift des § 77 Abs. 2 UrhG wird festgelegt, dass dem ausübenden Künstler auch das Recht zusteht, den Bild- oder Tonträger, auf dem seine Darbietung aufgenommen worden ist, zu vervielfältigen und zu verbreiten. Dabei entspricht der in § 77 Abs. 2 UrhG verwandte Begriff des Vervielfältigens dem des § 16 UrhG. Nicht entscheidend ist für die Vervielfältigung die Frage, zu welchem Zweck sie erfolgt.[348] Auch auf die Frage, ob die Vervielfältigung durch eine unmittelbare Kopie einer CD oder DVD erfolgt oder eine Funk- oder Fernsehsendung aufgezeichnet wird, kommt es nicht an.

---

344 Schricker/*Vogel* § 75 Rn. 34.
345 *Dreier*/Schulze § 75 Rn. 13.
346 Schricker/*Krüger* § 77 Rn. 6.
347 *Dreier*/Schulze § 77 Rn. 4.
348 Wandtke/Bullinger/*Büscher* § 77 Rn. 5.

C. Leistungsschutzrechte inkl. Datenbank

Eine Verbreitungshandlung wird angenommen, wenn eine Fixierung der Darbietung in körperlicher Form verwertet wird. Damit entspricht das Verbreitungsrecht dem für den Urheber eines Werkes in § 17 UrhG normierten Recht. Von dem Recht des Verbreitens ist auch das Recht umfasst, eine Erstfixierung oder Vervielfältigung einer solchen zu vermieten. Jedoch ist auch die Erschöpfungsregelung des § 17 Abs. 2 UrhG anwendbar.[349] Somit wird auch in Bezug auf den ausübenden Künstler sichergestellt, dass ein einmal im Gebiet der Europäischen Union mit Zustimmung eines zur Verbreitung Berechtigten in Verkehr gebrachtes Vervielfältigungsstück auch weiter verbreitet werden darf, wenn nicht eine Vermietung erfolgt. Durch § 77 Abs. 2 Satz 2 UrhG ist sichergestellt, dass der ausübende Künstler auch im Fall der berechtigten Vermietung der Vervielfältigungsstücke einen Anspruch gegen den jeweiligen Vermieter erlangen kann. Denn auch insoweit erfolgt eine Gleichstellung des ausübenden Künstlers und des Urhebers eines Werkes. Auf den entsprechenden Anspruch kann gemäß § 27 Abs. 1 Satz 2 UrhG nicht verzichtet werden und der Anspruch kann im Voraus nur an eine Verwertungsgesellschaft abgetreten werden. **330**

Die Rechte des ausübenden Künstlers hinsichtlich der öffentlichen Wiedergabe werden in § 78 UrhG normiert. Danach stehen dem ausübenden Künstler die ausschließlichen Rechte zu, die Darbietung entsprechend § 19a UrhG öffentlich zugänglich zu machen (§ 78 Abs. 1 Nr. 1 UrhG), sie zu senden (§ 78 Abs. 1 Nr. 2 UrhG) oder in einen Raum zu übertragen, in dem die Darbietung nicht stattfindet (§ 78 Abs. 1 Nr. 3 UrhG). **331**

Durch die Aufnahme des § 19a UrhG in die Vorschrift des § 78 Abs. 1 Nr. 1 UrhG wird der ausübende Künstler insoweit dem Urheber, dem Veranstalter, dem Sendeunternehmen und dem Tonträgerhersteller gleichgestellt.[350] Inhaltlich entspricht das Recht des öffentlichen Zugänglichmachens in vollem Umfang dem des § 19a UrhG, so dass insoweit auf die entsprechenden Ausführungen verwiesen werden kann. **332**

Das Senderecht steht dem ausübenden Künstler gemäß § 78 Abs. 1 Nr. 2 UrhG ebenfalls zu. Das Recht wird jedoch ausdrücklich beschränkt. Denn wenn die Darbietung erlaubterweise auf Bild- oder Tonträger aufgenommen wurde, die zulässigerweise erschienen oder öffentlich zugänglich waren, besteht kein Verbotsanspruch des ausübenden Künstlers.[351] Das Recht des Sendens entspricht dem Recht des Urhebers aus § 20 UrhG. Dementsprechend ist unter dem Senderecht das Recht zu verstehen, das Werk durch Funk wie Ton- und Fernsehrundfunk, Satellitenrundfunk, Kabelfunk oder ähnliche technische Mittel der Öffentlichkeit zugänglich zu machen. Das Senderecht ist dabei unabhängig von der Frage, ob es sich um eine erstmalige Sendung oder um eine Weitersendung handelt. Das Senden ist dadurch geprägt, dass Endnutzer das Werk durch die Sendung gleichzeitig empfangen können, auch wenn sie sich nicht an dem gleichen Ort befinden. **333**

Das Recht, eine Darbietung außerhalb des Raumes, in dem die Darbietung stattfindet, durch Bildschirm, Lautsprecher oder eine ähnliche Einrichtung öffentlich wahrnehmbar zu machen, steht ebenfalls dem ausübenden Künstler zu, § 78 Abs. 1 Nr. 3 UrhG. Diese Vorschrift ist nur anwendbar, wenn es sich um eine Livedarbietung handelt. Denn im Falle einer öffentlichen Wahrnehmbarmachung einer Aufnahme oder einer Sendung sind die Vorschriften des § 78 Abs. 1 Nr. 1, 2 UrhG anzuwenden.[352] Ein Eingriff in das Recht könnte vorliegen, wenn die Darbietung eines Sängers auf einem Konzert nicht lediglich über die im Konzertsaal aufgestellten Lautsprecher übertragen wird, sondern auch Bild- und Tonaufnahmen in die Eingangshalle übertragen werden. Durch diese Vorschrift wird **334**

---

[349] Schricker/*Krüger* § 77 Rn. 13.
[350] *Dreier*/Schulze § 78 Rn. 4.
[351] *Dreier*/Schulze § 78 Rn. 5.
[352] *Dreier*/Schulze § 78 Rn. 7.

sichergestellt, dass der ausübende Künstler eine weitgehende Kontrolle über seine Darbietung erhält.

335 Ein Öffentlich-Wahrnehmbar-Machen ist anzunehmen, wenn die Wiedergabe sich an mehrere Personen richtet. Dieser Personenkreis muss dabei zumindest theoretisch die Chance haben, die Darbietung gemeinsam am gleichen Ort wahrzunehmen.[353] Für die Anwendung des § 78 Abs. 1 Nr. 3 UrhG nicht entscheidend ist dagegen, ob die Darbietung selbst öffentlich wahrnehmbar gemacht wurde. Dementsprechend liegt auch dann ein Eingriff in das Recht des ausübenden Künstlers vor, wenn beispielsweise die Probe vor dem Konzert, die in einem vollständig leeren Konzertsaal stattfindet, im bereits mit den Besuchern gefüllten Eingangsbereich zu sehen und zu hören ist. Als Raum im Sinne des Gesetzes ist dabei nicht lediglich ein geschlossener Raum anzusehen. Vielmehr kann auch eine Aufführung unter freiem Himmel die Anwendung begründen.

336 Die Vorschrift des § 78 Abs. 2 UrhG entspricht dem Grundsatz, einen ausübenden Künstler an der Verwertung seiner Darbietung auch in finanzieller Hinsicht teilhaben zu lassen. In § 78 Abs. 2 Nr. 1 UrhG wird dazu normiert, dass der Künstler im Falle einer Sendung, die zulässigerweise erfolgt, Vergütungsansprüche erlangt. Die praktische Bedeutung dieser Vorschrift liegt dabei auf der Hand. Denn aus ihr ergibt sich, dass der ausübende Künstler im Falle von Radio- oder Fernsehsendungen (z.B. durch Musikvideos) einen Anspruch auf Zahlung einer angemessenen Vergütung erhält. Das Gleiche gilt für Dienste, bei denen Musik zum Abruf über on-Demand abgerufen werden können. Aufgrund dieser Entgelte erhält die Gesellschaft zur Verwertung von Leistungsschutzrechten (GVL) den größten Teil ihrer Einnahmen.[354] Die Ansprüche des ausübenden Künstlers gemäß § 78 Abs. 2 Nr. 1 UrhG sind von einer Verwertungsgesellschaft wahrzunehmen. Die Wahrnehmung erfolgt derzeit in der Bundesrepublik Deutschland ausschließlich durch die GVL.

337 Allerdings wird das Recht des Künstlers durch die Vorschrift des § 86 UrhG beschränkt. Durch die Vorschrift des § 86 UrhG erlangt der Tonträgerhersteller im Falle einer erlaubten Nutzung eines Tonträgers einen Anspruch gegen den ausübenden Künstler, an der Vergütung des § 78 Abs. 2 UrhG beteiligt zu werden.[355]

338 Voraussetzung für die Anwendung des § 78 Abs. 2 Nr. 1 UrhG ist zunächst, dass die Sendung erlaubterweise erfolgt. Ob bereits die Erteilung einer Genehmigung zur Vermietung oder zum Verleih ausreichend ist, die vorgenannte Vorschrift anzuwenden, ist umstritten.[356] Dies wird mit der Begründung angenommen, auch durch die Vermietung könne eine der Sendung vergleichbare Verbreitung erfolgen.

339 **Praxistipp:**

> Erfolgt die Sendung nicht in erlaubter Weise, weil die Aufzeichnung unzulässig war oder die Aufnahme nicht erschienen ist oder zulässigerweise öffentlich zugänglich gemacht wurde, so hat der ausübende Künstler keinen Vergütungsanspruch. Ihm steht in diesem Fall lediglich der in § 78 Abs. 1 Nr. 2 UrhG normierte Verbotsanspruch zu.[357]

340 Die Vorschrift des § 78 Abs. 2 Nr. 2 UrhG räumt dem ausübenden Künstler ein Beteiligungsrecht für den Fall ein, dass die Darbietung mittels Bild- oder Tonträger öffentlich

---

353 Wandtke/Bullinger/*Büscher* § 78 Rn. 11.
354 *Dreier*/Schulze § 78 Rn. 15.
355 Zu den Einzelheiten s. Rdn. 396 ff..
356 Zum Meinungsstand: s. *Dreier*/Schulze § 78 Rn. 13.
357 Wandtke/Bullinger/*Büscher* § 78 Rn. 16.

C. Leistungsschutzrechte inkl. Datenbank

wahrnehmbar gemacht wird. Einen Unterlassungsanspruch hat der Künstler im Falle einer entsprechenden Verwertung allerdings nicht. Hierdurch wird ein gewisser Ausgleich der Interessen geschaffen, da der Künstler nicht in die Lage versetzt werden soll, zum Nachteil des eigentlichen Urhebers die weitere Verwendung zu beschränken. Die praktische Bedeutung dürfte allerdings weit hinter der Vorschrift des § 78 Abs. 2 Nr. 1 UrhG zurückstehen, da das öffentliche Wahrnehmbarmachen voraussetzt, dass die Darbietung mehreren Personen am gleichen Ort vorgeführt wird.

Durch § 78 Abs. 2 Nr. 3 UrhG erhält der Künstler einen Vergütungsanspruch, der auf einer Zweitwiedergabe beruht. Der Unterschied zu § 78 Abs. 2 Nr. 1 UrhG besteht darin, dass § 78 Abs. 2 Nr. 1 UrhG einen Anspruch aufgrund der erlaubten Sendung zubilligt, während § 78 Abs. 2 Nr. 3 UrhG die auf einer Sendung oder öffentlichen Zugänglichmachung beruhende öffentliche Wahrnehmbarmachung umfasst.[358] Eine solche läge beispielsweise vor, wenn ein Musikkonzert, das im Fernsehen live übertrage wird, für die Öffentlichkeit im Rahmen eines »Public Viewing« wahrnehmbar gemacht wird. Dabei kann die Erstverwertung auch auf dem Öffentlich-Zugänglichmachen (§ 19a UrhG) beruhen. Das Recht weist zahlreiche Parallelen zur Zweiwiedergabe gemäß § 22 UrhG auf. **341**

Wenn die Sendung der Darbietung bereits rechtswidrig erfolgte, kann zwar die Vorschrift des § 78 Abs. 2 Nr. 3 UrhG nicht angewandt werden. Jedoch besteht entsprechend § 96 Abs. 2 UrhG ein Unterlassungsanspruch, der auch Schadensersatzansprüche nach § 97 UrhG auslösen kann.[359] **342**

Ein Verzicht auf die in § 78 Abs. 2 UrhG festgelegten Vergütungsansprüche kann gemäß § 78 Abs. 3 UrhG nicht im Voraus erfolgen. Auch können die Ansprüche gemäß § 78 Abs. 3 Satz 2 UrhG lediglich an eine Verwertungsgesellschaft abgetreten werden. Aufgrund dieser Vorschrift wird der ggf. wirtschaftlich schwächere Künstler vor nachteiligen Vertragsschlüssen geschützt. **343**

In § 78 Abs. 4 UrhG wird die Vorschrift des § 20b UrhG für entsprechend anwendbar erklärt. Somit stehen auch dem ausübenden Künstler Ansprüche aufgrund der Kabelweitersendung zu. Diese Rechte können nur von einer Verwertungsgesellschaft geltend gemacht machen. Auch auf diesen Anspruch kann ein ausübender Künstler im Voraus nicht wirksam verzichten. **344**

Die Verkehrsfähigkeit der Rechte der ausübenden Künstler ergibt sich aus § 79 UrhG. Denn § 79 UrhG normiert die Einräumung von Nutzungsrechten durch den ausübenden Künstler. Durch die Neuregelung der Leistungsschutzrechte haben die ausübenden Künstler ein Ausschließlichkeitsrecht erhalten. Dieses Ausschließlichkeitsrecht begründet eine dingliche Rechtsposition.[360] Folglich werden auch insoweit die ausübenden Künstler den Urhebern gleichgestellt. **345**

Wie sich aus § 79 Abs. 1 UrhG ergib, kann der ausübenden Künstler alle ihm zustehenden Ausschließlichkeitsrechte und Vergütungsansprüche ohne Einschränkung übertragen. Die Übertragbarkeit wird jedoch durch die Regelung des § 79 Abs. 1 Satz 2 UrhG eingeschränkt, da ausdrücklich die Vorschriften der §§ 78 Abs. 3 und 4 UrhG unberührt bleiben, so dass ein Verzicht oder eine Abtretung der gesetzlichen Vergütungsansprüche im Voraus (Ausnahme: Abtretung an eine Verwertungsgesellschaft) weiterhin nicht in Betracht kommt. **346**

---

358 Wandtke/Bullinger/*Büscher* § 78 Rn. 27.
359 *Dreier*/Schulze § 78 Rn. 20.
360 Wandtke/Bullinger/*Büscher* § 79 Rn. 1.

347 Die Möglichkeit, Dritten Nutzungsrechte einräumen zu können, ergibt sich aus § 79 Abs. 2 Satz 1 UrhG. Ausdrücklich geht die Vorschrift davon aus, dass der ausübende Künstler sowohl einfache als auch ausschließliche Nutzungsrechte einräumen kann. Die Übertragung der ausschließlichen Nutzungsrechte führt dazu, dass dem Rechteinhaber jedenfalls nach der herrschenden Meinung eine dingliche Rechtsposition zukommt. Damit stehen dem Rechteinhaber sowohl die Rechte zur Nutzung als auch die negativen Rechte wie beispielsweise der Unterlassungsanspruch zu.[361] Eine Sonderregelung besteht gemäß § 92 UrhG i.V.m. § 90 UrhG, soweit der ausübenden Künstler bei der Herstellung eines Filmwerkes mitgewirkt hat. Hierdurch wird wiederum der Filmhersteller vor Verfügungen des ausübenden Künstlers geschützt, damit dieser seinerseits möglichst ungehindert eine Verwertung des Films erreichen kann.

348 Gemäß § 79 Abs. 2 UrhG sind einzelne Bestimmungen aus dem Urhebervertragsrechts anwendbar. Daher sind die Vorschriften der §§ 31, 32–32b, 33–42 und 43 UrhG auch bei den Verträgen, die mit einem ausübenden Künstlers abgeschlossen werden, zu berücksichtigen. Da die rechtlichen Grundlagen der vertraglichen Vereinbarungen eines ausübenden Künstlers vollständig denen eines Urhebers entsprechen, kann auf die Ausführungen zum Urhebervertragsrecht insgesamt Bezug genommen werden. Demzufolge ist auch für den ausübenden Künstler bei der Auslegung von Vertragsinhalten die Zweckübertragungstheorie einzubeziehen.[362] Auch der ausübende Künstler überträgt im Zweifel nur die Rechte, die zur Erreichung des Zwecks des Übertragungsvertrages erforderlich sind. Die Rechtsprechung geht allerdings davon aus, dass die Übertragung von umfassenden ausschließlichen Nutzungsrechten an einem für ein Musikalbum dargebotenen Stücken auch dazu führt, dass der Erwerber der entsprechenden Rechte berechtigt ist, einzelne Titel als Auskopplungen für einen Sampler zu verwenden.[363] Die Verwendung der Darbietung zu Werbezwecken stellt jedoch eine eigenständige Verwertung dar, die im Zweifel gesondert vereinbart werden muss.[364]

349 Besondere Bedeutung kommt dabei dem Verweis auf die Vorschrift des § 43 UrhG zu. Wie auch bei Urhebern ist grundsätzlich auf die entsprechende vertragliche Regelung zurückzugreifen. Wenn eine Rechteeinräumung und ihr Umfang ausdrücklich vertraglich geregelt sind, bestimmt sich ohne weiteres auch der Umfang der Rechtsübertragung durch den in einem Arbeits- oder Dienstverhältnis stehenden ausübenden Künstler nach dieser Regelung. Ist die Regelung jedoch auslegungsbedürftig, so ist auch im Rahmen des Arbeitsverhältnisses für den ausübenden Künstler die Zweckübertragungslehre heranzuziehen.[365] Hieraus dürfte zu folgern sein, dass der angestellte ausübende Künstler seinem Arbeitgeber im Grundsatz stillschweigend die Rechte an der Darbietung überträgt, die für die zu erwartende Auswertung erforderlich sind.

350 Der Bundesgerichtshof hat angenommen, dass durch einen ausübenden Künstler im Rahmen eines Theaterengagements nicht auch das Recht übertragen wird, die Darbietung aufzunehmen und später die Aufnahme erneut zu nutzen.[366] Dies hat der Bundesgerichtshof damit begründet, dass die Zweitauswertung und Aufzeichnung nicht Gegenstand der dort streitgegenständlichen Opernaufführung war, für die der Künstler engagiert wurde. Hieraus dürfte umgekehrt zu schließen sein, dass auch der Opernsänger dann stillschweigend dem Arbeitgeber oder Dienstherren entsprechende Rechte einräumt, wenn von vorne herein und für alle Beteiligten erkennbar feststeht, dass die vereinbarten Darbietungen im Fernsehen übertragen werden sollen.

---

361 Wandtke/Bullinger/*Büscher* § 79 Rn. 5.
362 *Dreier*/Schulze § 79 Rn. 7.
363 OLG Frankfurt GRUR 1995, 215 – »Springtoifel«.
364 OLG Hamburg GRUR 1991, 599 – »Rundfunkwerbung«.
365 Schricker/*Rojahn* § 79 Rn. 21.
366 BGH GRUR 1960, 614 – Figaros Hochzeit.

C. Leistungsschutzrechte inkl. Datenbank

Vor diesem Hintergrund ist auch ohne weiteres davon auszugehen, dass der ausübende 351
Künstler, der für ein Rundfunkorchester tätig ist, seinem Arbeitgeber Rechte zur Aufzeichnung und Sendung einräumt.[367] Für den ausübenden Künstler im Zusammenhang mit einem Film gilt die Sonderregelung des § 92 UrhG.

e) Mehrere Künstler

Da ausübende Künstler häufig gemeinsam als Künstlergruppen ihre Darbietung erbringen, können sich hieraus Schwierigkeiten im Innen- und Außenverhältnis ergeben. Dieses Spannungsfeld wird durch die Vorschrift des § 80 UrhG geregelt. Hierbei ist zu berücksichtigen, dass zum einen im Innenverhältnis die Möglichkeit eines Einzelnen vermieden werden soll, die Auswertung gegen den Willen der Mehrheit der Gruppe zu verhindern. Zum Anderen soll durch die Vertretungsregelung des § 80 Abs. 2 UrhG Rechtssicherheit geschaffen werden. 352

Voraussetzung für die Anwendung des § 80 UrhG ist zunächst, dass die Darbietung durch 353
mehrere ausübende Künstler erbracht wird, ohne dass sich ihre Anteile gesondert verwerten lassen. Dies ist ohne weiteres anzunehmen, wenn ein Orchester gemeinsam ein Konzert spielt oder mehrere Schauspieler in einem Theaterstück gemeinsam auftreten. Ist in ein Konzert jedoch eine Soloeinlage eingebettet, so kann diese durchaus auch für sich betrachtet verwertbar sein. Die Vorschrift des § 80 UrhG kommt dann folglich nicht zur Anwendung.[368]

Der ausübende Künstler, der sich auf die Vorschrift des § 80 UrhG beruft, muss selbst 354
eine Darbietung erbracht haben. Dabei ist der Umfang der Beteiligung nicht entscheidend. Jedoch muss die Beteiligung an der Darbietung selbst eine künstlerische Leistung darstellen.[369]

Ist eine Darbietung nur einheitlich verwertbar, führt dies aufgrund der gesetzlichen 355
Regelung des § 80 Abs. 1 UrhG zur Bildung einer Gesamthandgemeinschaft.[370] Entsprechend dürfte die Verwaltung der Rechte im Grundsatz nur durch einstimmige Beschlüsse möglich sein. Um auch den persönlichkeitsrechtlichen Belangen der ausübenden Künstler gerecht zu werden, normiert § 80 Abs. 1 Satz 2 UrhG den Grundsatz der gegenseitigen Rücksichtnahme. Inhaltlich ist die Regelung mit der Vorschrift des § 8 Abs. 2 Satz 2 UrhG vergleichbar. Das Zustimmungserfordernis eines einzelnen Künstlers aus der Gruppe darf entsprechend dem Wortlaut des Gesetzes nicht wider Treu und Glauben verweigert werden. Dabei ist eine Interessenabwägung vorzunehmen. Hierbei sind alle Interessen der beteiligten ausübenden Künstler zu berücksichtigen. Dies können auf der einen Seite die finanziellen Interessen sein, die für eine möglichst umfassende Auswertung sprechen. Hiergegen können aber auf der anderen Seite auch die persönlichkeitsrechtlichen Interessen des ausübenden Künstlers sprechen.[371]

> **Praxistipp:** 356
> Sollte für die weitere Verwertung die Einwilligung eines einzelnen Künstlers aus der Gruppe erforderlich sein und ist dieser ohne nachvollziehbare Erklärung nicht bereit, die Einwilligung zu erteilen, sollte erwogen werden, ob die übrigen Mitglieder seiner Gruppe ihn gerichtlich auf Erteilung der Einwilligung in Anspruch nehmen.[372]

---

367 Schricker/*Rojahn* § 79 Rn. 24.
368 Schricker/*Krüger* § 80 Rn. 4.
369 Wandtke/Bullinger/*Büscher* § 80 Rn. 5.
370 *Dreier*/Schulze § 80 Rn. 3.
371 Schricker/Krüger § 80 Rn. 6.
372 Wandtke/Bullinger/*Büscher* § 80 Rn. 10.

357 Die Durchsetzung der Ansprüche einer Künstlergruppe kann ggf. problematisch sein. Dem wirkt die Vorschrift des § 80 Abs. 1. Satz 2 UrhG entgegen, indem auf die auch für Urheber geltenden Vorschriften des § 8 Abs. 2 Satz 3, Abs. 3 und 4 UrhG verwiesen wird. Aufgrund der Verweisung ist jeder der Gruppe angehörende Künstler berechtigt, Ansprüche aus der Verletzung der Rechte geltend zu machen, die der Künstlergruppe zustehen, wenn ein Vorstand, Leiter oder Vertreter nicht gewählt werden kann (§ 80 Abs. 2 UrhG). Eine Zustimmung der übrigen Beteiligten ist in diesem Fall nicht erforderlich. Der Schutz der weiteren beteiligten ausübenden Künstler wird dadurch erreicht, dass der einzelne lediglich berechtigt ist, die Leistung an alle Gruppenmitglieder zu fordern. Ist jedoch ein Vorstand oder Leiter der Gruppe bestimmt, so ist nur dieser gemäß § 80 Abs. 2 UrhG berechtigt, die entsprechenden Ansprüche geltend zu machen.[373] Aus der vorstehend genannten Entscheidung des Bundesgerichtshofes ergibt sich auch, dass die Behauptung des ausübenden Künstlers, es sei kein Vorstand oder Leiter vorhanden, dazu führt, dass die Gegenseite das Gegenteil zu beweisen hat.

358 Durch die Vorschrift des § 80 Abs. 2 UrhG wird der Anwendungsspielraum des § 80 Abs. 1 UrhG im Außenverhältnis jedoch weiter eingeschränkt. Denn aus dem Verweis auf die Vorschrift des § 74 Abs. 2 Satz 3 UrhG wird deutlich, dass grundsätzlich für die Geltendmachung der Rechte ein Vorstand oder Leiter zu wählen ist. Nur wenn diese Möglichkeit ausscheidet, kommt die Vorschrift des § 80 Abs. 1 UrhG im Außenverhältnis zur Anwendung.[374]

359 **Praxistipp:**

Wenn ein ausübender Künstler als Teil einer Gruppe Ansprüche der Gruppe aufgrund einer gemeinsamen Darbietung geltend machen möchte, so muss versucht werden, einen Vorstand oder Leiter der Gruppe zu wählen. Nur dieser kann sodann die entsprechenden Ansprüche geltend machen. Macht der ausübende Künstler die Ansprüche zur Leistung an die Gruppe geltend, ohne vorzutragen, dass ein Vorstand oder Leiter nicht vorhanden ist und die Wahl eines Vorstandes und damit ein Vorgehen dieses Vorstandes in gesetzlicher Prozessstandschaft nicht möglich war, so läuft er Gefahr, dass die Klage wegen des Vorrangs der Vorschrift des § 80 Abs. 2 UrhG abgewiesen wird.

360 Die Vorschrift des § 80 Abs. 2 UrhG verweist auf die Bestimmungen des § 74 Abs. 2 Satz 2 und 3 UrhG. Der Vorstand oder Leiter einer Künstlergruppe kann folgerichtig im Rahmen der gesetzlichen Prozessstandschaft die Rechte der Gruppe geltend machen. Darüber hinaus werden die einzelnen Mitglieder einer Künstlergruppe von der Prozessführung ausgeschlossen. Hierdurch soll vermieden werden, dass ein einzelner ausübender Künstler an einer gemeinsamen Darbietung durch seinen Widerspruch die Verwertung insgesamt verhindern kann. Zum anderen soll aus Gründen der Rechtssicherheit und der Praktikabilität, insbesondere in Bezug auf die Verwertung von Darbietungen größerer, organisierter Künstlergruppen, eine einheitliche Wahrnehmung der Leistungsschutzrechte aller mitwirkenden Künstler durch wenige Repräsentanten des Ensembles Dritten gegenüber erfolgen.[375] Wie der Bundesgerichtshof in der vorstehend genannten Entscheidung ausdrücklich ausgeführt hat, soll dies auch gelten, wenn die Mitglieder der Künstlergruppe häufig wechseln oder der Vorstand ausgetauscht wurde. Daher kann der aktuelle Vorstand einer Künstlergruppe auch solche Ansprüche geltend machen, die vor seiner Amtszeit entstanden sind.

---

373 BGH GRUR 1993, 550 – The Doors.
374 Schricker/*Krüger* § 80 Rn. 7.
375 BGH GRUR 2005, 502 – Götterdämmerung.

Auch wenn die Verweisung sich lediglich auf die sich aus §§ 77, 78 UrhG ergebenden Rechte bezieht, wird angenommen, dass die vorstehenden Ausführungen auch für die weiteren Ansprüche wie beispielsweise solche aus §§ 32, 32 a UrhG gelten sollen, so dass auch diese Ansprüche lediglich durch den Vorstand oder Leiter der Künstlergruppe geltend gemacht werden können.[376]

f) Schutz des Veranstalters

Auch die Leistung des Veranstalters, die mit dessen unternehmerischem Aufwand in organisatorischer und wirtschaftlicher Hinsicht begründet wird, ist gemäß § 81 UrhG als geschütztes Leistungsschutzrecht anzusehen. So soll sichergestellt werden, dass auch dem Veranstalter für den vorstehend genannten Aufwand Kompensationsmöglichkeiten zustehen. Inhaber der Ansprüche des § 81 UrhG können dabei auch juristische Personen sein, da nicht die persönliche Leistung geschützt wird.[377] Da der Schutzgegenstand die organisatorische und wirtschaftliche Leistung des Veranstalters ist, kann der Veranstalter – ohne auf die Rechte des ausübenden Künstlers zurückgreifen zu müssen, aus eigenem Recht gegen mögliche Verletzer vorgehen.[378] Allerdings muss es sich bei dem Veranstalter um ein gewerbliches Unternehmen handeln, das durch die Veranstaltung Einnahmen erzielen möchte. Eine Gewinnerzielungsabsicht ist hingegen nicht Voraussetzung, so dass auch bei Veranstaltern von Benefizveranstaltungen die entsprechenden Rechte entstehen.[379]

Voraussetzung für den Schutz des § 81 UrhG ist jedoch, dass der Veranstaltung die Darbietung eines oder mehrerer ausübender Künstler zugrunde liegt. Es muss folglich ein Werk oder eine Ausdrucksform der Volkskunst Gegenstand der Darbietung sein. Eine Sportveranstaltung wird daher nicht von § 81 UrhG umfasst.

> **Praxistipp:**
>
> Wenn bei einer (Sport-) Veranstaltung für den Veranstalter die Rechte nach § 81 UrhG nicht entstehen, weil der Gegenstand der Darbietung kein Werk oder keine Ausdrucksform der Volkskunst ist, kann sich der Veranstalter jedoch ggf. auf sein Hausrecht berufen und hieraus Ansprüche herleiten.[380]

Da lediglich die Veranstaltung der Darbietung als solche geschützt ist, kommt ein Schutz nur in Betracht, wenn die Veranstaltung der Darbietung als solche erfolgt. Dementsprechend fallen nur Live-Aufführungen unter die Vorschrift des § 81 UrhG. Werden lediglich Filme vorgeführt oder Tonträger abgespielt, scheidet der Schutz des Veranstalters nach § 81 UrhG von vorne herein aus. Auch muss die Darbietung im Rahmen einer öffentlichen Veranstaltung erfolgt sein, da dem Künstler bei nichtöffentlichen Veranstaltungen die Entscheidungsbefugnis über die Veröffentlichung alleine zusteht.[381]

Veranstalter ist, wer in organisatorischer und finanzieller Hinsicht für die Darbietung verantwortlich ist.[382] Dies ist anhand von Indizien wie beispielsweise die Frage der Anmietung der Räumlichkeiten oder den Vertragsschlüssen mit den ausübenden Künstlern zu prüfen.[383] Letztlich kann aber nur anhand des Einzelfalls entschieden werden,

---

376 Schricker/*Krüger* § 80 Rn. 11.
377 Schricker/*Vogel* § 81 Rn. 7.
378 OLG München ZUM 1997, 144.
379 *Dreier*/Schulze § 81 Rn. 4.
380 OLG Hamburg GRUR-RR 2007, 181 – Slowakischer Fußball.
381 *Dreier*/Schulze § 81 Rn. 3.
382 OLG München GRUR 1979, 152 – »Travestiten Show«.
383 Weitere Beispiele in: Fromm/Nordemann/*Schäfer* § 81 Rn. 15.

wer Veranstalter ist. Denn es wird auch zu berücksichtigen sein, dass beispielsweise der Vermieter eines Saales ebenso wenig als Veranstalter anzusehen sein dürfte, wie eine Firma, die im Auftrag eines Dritten das Programm zusammenstellt, wenn nicht jeweils weitere Faktoren für die Veranstaltereigenschaft sprechen.

367 Die Rechte der §§ 77 Abs. 1 und 2 Satz 1, 78 Abs. 1 UrhG stehen gemäß der Vorschrift des § 81 UrhG folgerichtig dem Veranstalter neben dem ausübenden Künstler zu. Der Veranstalter kann die Vervielfältigung und Verbreitung der von ihm veranstalteten Darbietung – auch gegen den Willen des ausübenden Künstlers – untersagen.[384] Im vorstehend genannten Fall hatte das Oberlandesgericht München zu entscheiden, ob einem Veranstalter eines Konzertes von Michael Jackson gegenüber Dritten die Rechte des § 81 UrhG zustehen, wenn dieser im Verhältnis zu dem Künstler auf die entsprechenden Rechte verzichtet hat. Einen solchen Verzicht gegenüber Dritten hat das Oberlandesgericht München nicht angenommen. Um insoweit unbillige Ergebnisse zu vermeiden, dürfte die Ausübung des Rechts des Veranstalters jedoch unter dem Vorbehalt von Treu und Glauben stehen. Das Gleiche dürfte für die Ausübung der Rechte des ausübenden Künstlers gelten.[385]

368 Die Vergütungsansprüche nach § 77 Abs. 2 Satz 2 sowie § 78 Abs. 2 UrhG stehen dem Veranstalter jedoch nicht zu. Das Gleiche gilt für Ansprüche, die auf den Schutz des Persönlichkeitsrechts des ausübenden Künstlers zurückgehen.[386]

369 **Praxistipp:**
Die Vergütungsansprüche des Veranstalters wie auch die des ausübenden Künstlers hinsichtlich der Zweitverwertung können gleichermaßen von der GVL als Verwertungsgesellschaft wahrgenommen werden. Eine entsprechende Rechteeinräumung an die GVL kann daher in Betracht gezogen werden.

g) Dauer und Schranken der Rechte des ausübenden Künstlers und des Veranstalters

370 Die Schutzfrist der Rechte des ausübenden Künstlers und der Veranstalters ergibt sich aus § 82 UrhG. Wenn die Darbietung des ausübenden Künstlers in zulässiger Weise auf einem Bild- oder Tonträger aufgenommen wurde, so erlöschen die in § 77 UrhG (Vervielfältigung und Verbreitung) und § 78 UrhG (öffentliche Wiedergabe) bezeichneten Rechte des ausübenden Künstlers in 50 Jahren. Die Frist beginnt gemäß § 82 Satz 1 UrhG mit der ersten erlaubten öffentlichen Wiedergabe (§ 78 UrhG) oder mit dem Erscheinen des Bild- oder Tonträgers. Hierbei ist auf den früheren der beiden vorgenannten Zeitpunkte abzustellen. Gemäß § 82 Satz 2 UrhG ist jedoch auf den Zeitpunkt der Darbietung abzustellen, wenn die Aufnahme nicht innerhalb der Schutzfrist öffentlich wiedergegeben worden oder erschienen ist.

371 Erfolgte die Aufnahme jedoch rechtswidrig, ist wohl davon auszugehen, dass die sich aus § 96 UrhG ergebenden Unterlassungsansprüche nicht von der Schutzfrist abhängig sind.[387]

372 Der Zeitpunkt des Erscheinens bestimmt sich nach der Vorschrift des § 6 Abs. 2 Satz 1 UrhG, der der öffentlichen Wiedergabe nach § 15 Abs. 2 und 3 UrhG.[388] Die Frist ist entsprechend der ausdrücklichen Verweisung des § 82 Satz 3 UrhG nach § 69 UrhG zu

---

384 OLG München ZUM 1997, 144.
385 Schricker/*Vogel* § 81 Rn. 30.
386 *Dreier*/Schulze § 81 Rn. 7.
387 Schricker/*Vogel* § 82 Rn. 2.
388 *Dreier*/Schulze § 82 Rn. 5.

berechnen. Demnach beginnt die Schutzfrist mit dem Ablauf des Jahres, in dem der Bild- oder Tonträger erstmals berechtigt öffentlich wiedergegeben worden und erschienen ist. Da der wettbewerbliche Leistungsschutz die durch den Gesetzgeber getroffene Wertung, dass die Nutzung eines Werkes nach Ablauf der Schutzfrist frei ist, nicht unterlaufen werden darf, geht der Bundesgerichtshof in ständiger Rechtsprechung davon aus, dass der wettbewerbliche Leistungsschutz gegenüber dem Urheberrecht subsidiär ist.[389] Wettbewerblicher Leistungsschutz kann daher nur zur Anwendung kommen, wenn weitere Umstände hinzukommen, die nicht das Leistungsschutzrecht als solches betreffen und die das Verhalten als unlauter erscheinen lassen.[390]

Gemäß § 82 UrhG geltend die vorstehend genannten Grundsätze für die Berechnung der Schutzfrist des Veranstalters ebenfalls. Jedoch beträgt die Schutzfrist lediglich 25 Jahre. Dementsprechend erlöschen die Rechte des Veranstalters nach 25 Jahren ab dem Zeitpunkt der Darbietung, wenn die Darbietung nicht erschienen oder öffentlich wahrnehmbar gemacht wurde. 373

Wie die Urheberrechte nicht schrankenlos gewährleistet werden, sind auch die Rechte des ausübenden Künstlers und des Veranstalters gesetzlich festgelegten Schranken unterworfen. § 83 UrhG normiert ausdrücklich, dass die Schranken, die für Urheber eines Werkes anzuwenden sind (§§ 44a bis 63 UrhG), auch für ausübende Künstler und Veranstalter Berücksichtigung finden müssen. Hinsichtlich der einzelnen Schranken kann dabei im Wesentlichen auf die Ausführungen in Rdn. 701 ff. verwiesen werden. 374

> **Praxistipp:** 375
> Die wirtschaftliche Bedeutung der vorstehend genannten Regelungen sollte nicht verkannt werden. Denn aus dem Verweis auf die Schrankenregelung ergibt sich auch die – unter Umstände nicht unerhebliche – Vergütung, die ein ausübender Künstler für die erlaubte Nutzung seiner Werke erlangen kann. Da die Ansprüche gemäß § 54h Abs. 1 UrhG nur durch eine Verwertungsgesellschaft (für die ausübenden Künstler und Veranstalter die GLV) geltend gemacht werden können, sollte der Abschluss eines entsprechenden Wahrnehmungsvertrages grundsätzlich für jeden ausübenden Künstler oder Veranstalter in Erwägung gezogen werden.

Einem ausübenden Künstler oder Veranstalter stehen als wirtschaftlich bedeutendste Position[391] gemäß § 54 Abs. 1 UrhG Vergütungsansprüche für die private Überspielung zu, die diese aufgrund der Abgabe der Hersteller von Speichermedien (sog. Leerkassettenabgabe) oder Geräten, die für ein Vervielfältigen verwandt werden (so genannte Geräteabgabe), erhalten kann. Es können aber auch weitere Vergütungsansprüche bestehen, die sich beispielsweise aus der Nutzung im Rahmen einer Schulfunksendung ergeben (§ 47 UrhG).[392] 376

Es sind jedoch nicht alle zulässigen Handlungen durch die Beschränkung der Rechte des ausübenden Künstlers und Veranstalters vergütungspflichtig. Praxisrelevant ist dabei insbesondere die Berichterstattung über Tagesereignisse (§ 50 UrhG) oder die grundsätzlich zulässige Nutzung im Rahmen eines gerichtlichen Verfahrens (§ 45 UrhG). 377

Neben den Schrankenregelungen der §§ 44a ff. UrhG nimmt die Vorschrift des § 83 UrhG auch Bezug auf die Regelungen hinsichtlich der Persönlichkeitsrechte der ausübenden 378

---

389 BGH GRUR 1992, 697 – »Alf«.
390 *Dreier*/Schulze § 82 Rn. 7.
391 Schricker/*Vogel* § 83 Rn. 7 unter Hinweis auf die Umsätze der GVL im Jahr 2004.
392 Weitere Beispiele: s. Schricker/*Vogel* § 83 Rn. 8.

Künstler (§§ 62, 63 UrhG). Diese sind neben den Vorschriften der §§ 74, 75 UrhG anwendbar.[393]

3. Praktische Hinweise

379 Angesichts der unterschiedlichen Schutzrechte, die einem ausübenden Künstler zustehen, sind zahlreiche mögliche Fallkonstellationen denkbar, in denen die Rechte eines ausübenden Künstlers verletzt werden. Daher können hier nur einige Formulierungsbeispiele für ausgewählte Fälle dargestellt werden.

380 Hinsichtlich der Geltendmachung eines Unterlassungsanspruchs aufgrund der Vervielfältigung und Verbreitung der Aufnahme einer Darbietung wegen fehlender Namensnennung des Dirigenten könnte wie folgt formuliert werden:

381 ▶ **Formulierungsbeispiel:**

Die Beklagte hat durch die Vervielfältigung und Verbreitung der Aufnahmen des ABC-Orchesters, ohne den Kläger namentlich zu nennen, die Urheberpersönlichkeitsrechte des Klägers verletzt. Daher steht dem Kläger ein Unterlassungsanspruch gegen die Beklagte gemäß § 97 UrhG zu. Denn der Kläger hat einen Anspruch, als ausübender Künstler namentlich genannt zu werden, § 74 UrhG. Der Kläger war bei der streitgegenständlichen Aufnahme als Dirigent des ABC-Orchesters tätig (Es sollte ein Beweisangebot folgen). Es wurden Werke des Komponisten Mozart eingespielt, so dass der Kläger an der Darbietung eines Werkes der Musik beteiligt war. Dabei spielt es keine Rolle, dass die Aufnahme lediglich im Studio gefertigt wurde. Denn die Aufnahme war zur Veröffentlichung bestimmt. Auch diese Form der mittelbaren Darbietung wird durch die Vorschriften der §§ 73 ff. UrhG geschützt. Der Kläger ist auch berechtigt, die entsprechenden Ansprüche geltend zu machen. Denn der Kläger stützt seine Ansprüche auf die Vorschrift des § 74 Abs. 2 UrhG, da er ein besonderes Interesse an der Nennung seines Namens als Dirigent geltend machen kann. Dass das Orchester selbst ggf. nur einen Anspruch auf Nennung des Namens der Gruppe hat, spielt indes keine Rolle, da die Vorschrift des § 74 Abs. 2 UrhG gerade auf die persönliche Nennung des Klägers gerichtet ist. Hieraus folgt, dass der Kläger diese auch selbstständig geltend machen kann. Darüber hinaus ist auch ein besonderes Interesse des Klägers an der Nennung seines Namens anzunehmen. Denn er hat als Dirigent entscheidend die künstlerische Leistung des übrigen Orchesters geprägt und mitgestaltet. Auch die weiteren Umstände des Einzelfalls bestätigen das besondere Interesse des Klägers. Denn letztlich geht die gesamte auf der CD veröffentlichte Aufnahme der Stücke von Mozart auf die auch in musikalischer Hinsicht leidende Tätigkeit des Klägers zurück. Ohne dessen Mitwirkung hätten die Musikstücke, die Gegenstand der Darbietung geworden sind, nicht in dieser Form eingespielt werden können. Da die Beklagte die Aufnahmen nutzte, indem sie diese vervielfältigte und verbreitete, ist auch die erforderliche Wiederholungsgefahr gegeben. Auf den durch die Beklagte produzierten CDs befindet sich lediglich der Name des Orchesters. Eine besondere Aufführung des Namens des Klägers ist weder dem beigefügten Booklet noch dem Cover zu entnehmen (Booklet und Cover sollten als Anlage in Kopie eingereicht werden), obwohl der Beklagten keine Rechte dahingehend eingeräumt wurden, die Nennung des Namens des Klägers zu unterlassen. Vielmehr unterblieb eine vertragliche Regelung dieser Frage, so dass der Kläger entsprechend der gesetzlichen Regelung auf die Nennung seines Namens bestehen kann.

---

[393] Dreier/*Schulze* § 84 Rn. 4.

C. Leistungsschutzrechte inkl. Datenbank

Wird ein illegaler Mitschnitt eines Konzertes in schlechter Qualität durch die Beklagte hergestellt und vertrieben, so könnte ein Unterlassungsanspruch mit folgender Begründung geltend gemacht werden: **382**

▶ **Formulierungsbeispiel:** **383**

Die Kläger sind die Mitglieder der weltweit bekannten deutschen Band ABC. Als solche haben die Kläger einen Anspruch auf Unterlassung der Vervielfältigung und des Vertriebes der streitgegenständlichen Aufnahmen gemäß §§ 97, 75 UrhG, die von einem unbekannten Dritten auf dem Konzert der Kläger in Köln am 14.5.2010 mitgeschnitten wurden. Durch die Vervielfältigung und Verbreitung der aus dem Antrag ersichtlichen Aufnahmen wird die Darbietung der Kläger in erheblichem Umfang entstellt. Die Entstellung ergibt sich daraus, dass die Aufnahme von extrem schlechter Qualität ist (Beweis: Inaugenscheinnahme der streitgegenständlichen Aufnahme durch Abspielen, Sachverständigengutachten). Bei der Aufnahme lässt sich nicht feststellen, welche Instrumente überhaupt von den Klägern bei der Darbietung genutzt wurden. Auch sind so erhebliche Nebengeräusche vorhanden, dass die Darbietung insgesamt laienhaft klingt. Das professionelle Können der Kläger kommt dabei nicht annähernd zur Geltung. Durch diese erhebliche Entstellung der Darbietung der Kläger besteht die Gefahr, dass die Mängel der Aufnahme nicht nur auf schlechte bzw. fehlerhafte Technik zurückgeführt werden, sondern auch auf eine schlechte künstlerische Leistung der Kläger. Der maßgebliche Durchschnittsbetrachter kann nämlich während des Hörens der Aufnahme nicht zwischen den Mängeln der Aufnahme und den Mängeln der Darbietung als solcher unterscheiden. Auch die gebotene Interessenabwägung führt dazu, dass das Interesse der Kläger das der Beklagten bei weitem übersteigt. Denn durch den Vertrieb der Aufnahme in schlechter Qualität kann der Ruf der Kläger in erheblichem Umfang leiden, so dass ihre künstlerische Qualifikation insgesamt in Frage gestellt werden könnte. Hierdurch kann der Absatz von weiteren Tonträgern der Kläger erheblich zurückgehen. Das Interesse der Beklagten hingegen, die qualitativ minderwertigen Aufnahmen weiter zu vertreiben, tritt dahinter zurück. Die für einen Unterlassungsanspruch erforderliche Wiederholungsgefahr ist durch die Erstbegehung indiziert. Denn die Beklagte vervielfältigte und verbreitete die streitgegenständlichen qualitativ minderwertigen Aufnahmen, indem sie die als Anlage eingereichte CD herstellen und in den Verkehr bringen ließ.

Wenn die Darbietung einer Künstlergruppe öffentlich zugänglich gemacht wird, ohne dass entsprechende Rechte eingeräumt wurden, könnte im Hinblick auf einen Unterlassungs-, Auskunfts- und Schadensersatzanspruch wie folgt formuliert werden: **384**

▶ **Formulierungsbeispiel:** **385**

Der Kläger macht als Vorstand der Gruppe ABC einen Unterlassungsanspruch gegen die Beklagte gemäß § 97 UrhG geltend. Der Kläger ist dabei gemäß §§ 80 Abs. 2, 74 Abs. 2 Satz 2 und 3 UrhG berechtigt, den Unterlassungsanspruch im Wege der gesetzlichen Prozessstandschaft geltend zu machen. Denn der Kläger wurde nachträglich zum Vorstand der Gruppe gewählt. Die Wahl des Klägers zum Vorstand der Gruppe erfolgte am 14.4.2010 im Rahmen einer Zusammenkunft aller mitwirkenden Musiker in deren Probenraum in der Bonner Straße in Köln einstimmig (Beweis: Zeugen). Der Kläger hat auch einen Anspruch auf Unterlassung, da die Beklagte die Aufnahme einer Darbietung der Künstlergruppe ABC vom 14.5.2010 (insoweit ist darauf zu achten, dass die Schutzfrist nicht abgelaufen ist) öffentlich zugänglich machte, ohne die hierfür erforderlichen Rechte zu besitzen. Die streitgegenständlichen Aufnahmen stellen Darbietungen im Sinne des urheberrechtlichen Leistungsschutzes des ausübenden Künstlers dar. Denn es wurden von der Künstlergruppe ABC Werke der Musik dargeboten (Beweis: Vorlage des Tonträges als Anlage). Die Darbietung erfolgte auch öffentlich, da die streitgegenständlichen Aufnahmen im Rahmen eines Konzertes der Gruppe entstanden. Die Beklagte machte die Aufnahmen öffentlich zugänglich im Sinne des § 19a UrhG. Denn die Beklagte nutzte die streitgegenständliche Aufnahme der Darbietung zur Illustration ihrer Homepage, ohne dass sie überhaupt Rechte an der Aufnahme hatte. Vielmehr hat die Beklagte die Aufnahme offensichtlich illegal vervielfältigt. Das Recht des öffentlichen Zugänglichmachens steht dabei gemäß § 78 Abs. 1 Nr. 1 UrhG den ausübenden Künstlern zu. Die für den Unterlassungsanspruch obligatorische Wiederholungsgefahr ist dabei durch die Erstbegehung der Beklagten indiziert. Da der Gruppe ABC auch Schadensersatzansprüche zustehen, die der Kläger ebenfalls im Wege der gesetzlichen Prozessstandschaft geltend macht, besteht auch der geltend gemachte Auskunftsanspruch. Denn der Kläger ist ohne die Auskunft über die Dauer der Nutzung der Darbietung auf der Homepage der Beklagten nicht in der Lage, die Ansprüche der Gruppe zu berechnen. Da die Verletzungshandlung schuldhaft erfolgte, stehen der Gruppe auch Schadensersatzansprüche zu. Da diese – wie vorstehend dargelegt – ohne die Auskunftserteilung nicht abschließend beziffert werden können, ist der Anspruch auf Feststellung einer Schadensersatzpflicht zulässig und begründet.

V. Recht des Tonträgerherstellers (§ 85 UrhG)

1. Schutzgegenstand

386 Durch die Vorschrift des § 85 UrhG wird dem Hersteller eines Tonträgers aufgrund seiner Leistung, die zwar nicht künstlerisch ist, aber in wirtschaftlicher, technischer oder organisatorischer Hinsicht von Bedeutung sein kann, ein eigenes Leistungsschutzrecht zugestanden. Denn gerade der Hersteller eines Tonträgers geht das Risiko ein, dass seine Leistung, die zum Vertrieb des Tonträgers auch im Interesse des Urhebers und/oder Künstlers erforderlich ist, durch Dritte ohne großen technischen Aufwand genutzt werden kann und auch genutzt wird.[394] Dies zeigt sich gerade vor dem Hintergrund der aktuellen Diskussion über Filesharing-Verfahren besonders deutlich. Denn im Rahmen des Filesharing wird deutlich, mit welchen einfachen Mitteln in kurzer Zeit eine weltweite Vervielfältigung der Tonträger ohne weiteres möglich ist.

387 Der Schutz des Tonträgerherstellers geht dabei weiter als der Schutz des Urhebers oder ausübenden Künstlers. Denn durch die Vorschrift des § 85 UrhG wird nicht nur der Tonträgerhersteller geschützt, der ein Werk oder eine Darbietung eines ausübenden Künstlers hergestellt hat.[395] So kann beispielsweise auch die Aufnahme eines plätschernden Baches vom Recht des Tonträgerherstellers umfasst sein.

388 Ein Tonträger im Sinne des § 85 UrhG ist nach der Legaldefinition gemäß § 16 Abs. 2 UrhG die Übertragung des Werkes auf Vorrichtungen zur wiederholbaren Wiedergabe von Tonfolgen. Entscheidend ist dabei, dass die Tonfolgen in gleicher Form wiederholt abgespielt werden können. Dies kann angenommen werden, wenn die Tonfolge auf dem Medium (beispielsweise Schallplatte oder CD) körperlich fixiert wurde. Nicht entscheidend ist der Zweck der ersten Festlegung. Daher sind auch solche Vorrichtungen als Tonträger anzusehen, die nicht unmittelbar für die Weitergabe an Dritte oder zur Vervielfältigung bestimmt sind.[396] Auch auf die Art der Aufnahme kommt es nicht an. So können von Walzen, die für Drehorgeln bestimmt sind, bis hin zur Fixierung einer digitalen Auf-

---

394 Schricker/*Vogel* § 85 Rn. 8.
395 Schricker/*Vogel* § 85 Rn. 10.
396 BGH GRUR 1982, 102 – Masterbänder.

nahme auf der Festplatte alle wiederholbaren Festlegungen der Tonfolge als Tonträger im Sinne des Urhebergesetzes angesehen werden.³⁹⁷

Die Frage, ob eine Aufnahme rechtmäßig erfolgt ist, ist hingegen für den Schutz des § 85 UrhG nicht relevant. Wer demnach illegal ein Konzert mitschneidet, kann vor diesem Hintergrund den Schutz als Hersteller dieses Tonträgers genießen, auch wenn er selbst eine Verwertung nicht vornehmen darf, da dem die Rechte des ausübenden Künstlers und ggf. auch die Urheberrechte an den dargebotenen Werken entgegen stehen. Umstritten ist dabei, ob nach Ablauf der Schutzfristen des ausübenden Künstlers und des Urhebers eine Verwertung der illegal hergestellten Aufnahmen stattfinden darf. Dies lehnt Vogel mit der Begründung ab, dass insoweit § 96 UrhG einschlägig sei.³⁹⁸

389

Geschützt ist jedoch nur die erste Festlegung der Tonfolge. Nicht geschützt wird die Vervielfältigung einer Aufnahme. Dabei ist allerdings zu berücksichtigen, dass die Festlegung von einer gewissen Dauer sein muss. Hieraus folgt, dass das Einstellen der Tonfolge in einen digitalen Zwischenspeicher wie den Arbeitsspeicher eines Computers wohl nicht ausreichend sein dürfte, eine erste Festlegung anzunehmen. Wird die Tonfolge jedoch auf der Festplatte gespeichert, so dürfte hierin die erste Festlegung zu sehen sein. Dementsprechend ist das Erstellen einer CD oder DVD aufgrund der zuvor erfolgten Festlegung auf Festplatte lediglich eine Vervielfältigung und keine erste Festlegung.³⁹⁹

390

Vor diesem Hintergrund ist auch eine technische Verbesserung einer Aufnahme mit Mitteln der modernen Technik nach wohl herrschender Meinung keine Aufnahme, die den Schutz des § 85 UrhG begründen kann.⁴⁰⁰ Der herrschenden Meinung ist wohl auch beizutreten, da der Gesetzgeber einen Schutz des Bearbeiters anders als § 3 UrhG für den Tonträgerhersteller gerade nicht vorsieht.⁴⁰¹

391

Erheblich schwieriger zu beantworten ist die Frage, ob die vorstehenden Ausführungen auch für ein Remix gelten. Denn in diesem Fall sind die einzelnen Teile der Aufnahme bereits vor dem Remix fixiert worden. In der konkreten Zusammenstellung wird die Tonfolge jedoch erstmals festgehalten. Schulze spricht sich vor diesem Hintergrund dafür aus, dass insoweit ein Recht des Tonträgerherstellers entstehen kann.⁴⁰² Hier dürfte die Entwicklung der Rechtsprechung abzuwarten sein.

392

Der tatsächlich durch den Tonträgerhersteller zur Erlangung des Schutzes zu fordernde Aufwand wird durch das Gesetz nicht bestimmt. Jedenfalls dürfte dieser nicht als hoch anzusehen sein, da eine nicht gewerbliche Amateuraufnahme ebenso geschützt sein dürfte wie die Aufnahmen durch ein professionelles Tonstudio.⁴⁰³ Wer jedoch eine Live-Sendung beispielsweise aus dem Radio mitschneidet, dürfte dennoch keine Rechte entsprechend § 85 UrhG erlangen, da nach dem Sinn und Zweck des Leistungsschutzrechtes kein eigenes Herstellerrecht entstehen dürfte.⁴⁰⁴

393

2. Schutzumfang

Da der Schutzgegenstand die Leistung des Tonträgerherstellers ist, kommt ein Schutz gegen Nachahmungen nicht in Betracht. Vielmehr kann ein weiterer Tonträgerhersteller

394

---

397 Dreier/*Schulze* § 85 Rn. 17.
398 Schricker/*Vogel* § 85 Rn. 40; a.A. Dreier/*Schulze* § 85 Rn. 19, der insoweit darauf abstellen will, ob die der Aufnahme zugrundeliegenden Leistungen noch Schutz genießen.
399 Fromm/Nordemann/*Boddien* § 85 Rn. 18.
400 Dreier/*Schulze* § 85 Rn. 21; a.A.: Wandtke/Bullinger/*Schaefer* § 85 Rn. 16.
401 Schricker/*Vogel* § 85 Rn. 25.
402 Dreier/*Schulze* § 85 Rn. 22; a.A. auch insoweit: Schricker/*Vogel* § 85 Rn. 25.
403 Dreier/*Schulze* § 85 Rn. 24.
404 Fromm/Nordemann/*Boddien* § 85 Rn. 26.

jederzeit die gleiche Darbietung selbst aufzeichnen und somit eigene Rechte als Tonträgerhersteller erlangen, solange es sich um eine erste Festlegung der konkreten Aufnahme der Tonfolge handelt.[405]

395 Entgegen der Auffassung des Oberlandesgerichts Hamburg[406] ist der Schutzbereich der §§ 85 ff. UrhG auch auf kleinste Elemente, die einem Tonträger entnommen wurden, zu beziehen. Dies ergibt sich daraus, dass der Schutzzweck, nämlich der wirtschaftliche Wert der Vervielfältigungsmöglichkeit auch bei kleinsten Entnahmen beeinträchtigt wird. Der Bundesgerichtshof geht insoweit zutreffend davon aus, dass die durch § 85 UrhG geschützte wirtschaftliche, organisatorische und technische Leistung des Tonträgerherstellers für den gesamten Tonträger erbracht werde. Auch die Entnahme von zwei Takten aus einem anderen Tonträger könne daher die Rechte des Tonträgerherstellers der ersten Aufnahme verletzen. Dies ergebe sich daraus, dass es keinen Teil des Tonträgers gebe, auf den nicht ein Teil dieses Aufwandes entfiele und der daher nicht geschützt wäre. Denn die für die Aufnahme erforderlichen Mittel müssten auch für den kleinsten Teil der Aufnahme genauso bereitgestellt werden wie für die gesamte Aufnahme. Selbst der kleinste Teil der Aufnahme verdanke seine Festlegung der unternehmerischen Leistung des Herstellers.[407]

396 Die dem Hersteller eines Tonträgers zustehenden Rechte ergeben sich aus §§ 85, 86 UrhG. Der Katalog der aufgezählten Rechte ist abschließend. Gemäß § 85 Abs. 1 Satz 1 UrhG stehen dem Tonträgerhersteller die ausschließlichen Nutzungsrechte zu, den Tonträger zu vervielfältigen, zu verbreiten und öffentlich zugänglich zu machen. Insoweit kann auf die für den Urheber eines Werkes geltenden Vorschriften der §§ 16, 17 und 19a UrhG Bezug genommen werden. Da die vorstehend genannten Rechte abschließend aufgezählt sind, steht dem Tonträgerhersteller kein Verbotsanspruch hinsichtlich des Senderechtes zu. Dies wird jedoch durch die Beteiligungsrechte des § 86 UrhG kompensiert.[408]

397 **Praxistipp:**

Da einem Tonträgerhersteller keine Unterlassungsansprüche hinsichtlich des Senderechtes zustehen, kann der Tonträgerhersteller die Nutzung von ihm hergestellter CDs, die ein Radiosender legal erworben hat, nicht unterbinden. Ihm stehen jedoch die Beteiligungsrechte des § 86 UrhG zu.

398 Auch kann der Tonträgerhersteller die Nutzung des Tonträgers für eine öffentliche Wiedergabe nicht unterbinden. Hierunter fällt insbesondere das Abspielen des Tonträgers in Diskotheken oder Ladenlokalen. Darüber hinaus erhält der Tonträgerhersteller keinen eigenen Anspruch auf Zahlung einer angemessenen Vergütung gegen den Nutzer. Vielmehr gesteht der Gesetzgeber durch die Vorschrift des § 86 UrhG dem Tonträgerhersteller einen Beteiligungsanspruch hinsichtlich der Vergütungsansprüche des ausübenden Künstlers zu. Hiermit wollte der Gesetzgeber die Nutzung von auf Tonträgern festgehaltenen Darbietungen vereinfachen.[409] Voraussetzung für einen entsprechenden Beteiligungsanspruch ist allerdings, dass eine Darbietung öffentlich wiedergegeben wird. Folgerichtig ist Voraussetzung für den Beteiligungsanspruch, dass einem ausübenden Künstler ein entsprechender Vergütungsanspruch zusteht, da anderenfalls eine Beteiligung nicht in Betracht kommt. Dies wäre beispielsweise bei der Aufnahme von Geräuschen eines plätschernden Baches nicht der Fall.

---

405 Dreier/*Schulze* § 85 Rn. 20.
406 OLG Hamburg ZUM 1991, 549.
407 BGH GRUR 2009, 403 – Metall auf Metall.
408 Dreier/*Schulze* § 85 Rn. 30.
409 Möhring/Nicolini/*Kroitzsch* § 86 Rn. 1.

C. Leistungsschutzrechte inkl. Datenbank

> **Praxistipp:** 399
> Die Wahrnehmung der aus § 86 UrhG für den Tonträgerhersteller ersichtlichen Rechte erfolgt durch die GVL. Diese nimmt auch die Rechte der ausübenden Künstler war. Die Höhe der Beteiligung wird daher in der Praxis durch die Aufschlüsselung der GVL im Rahmen ihrer Satzung festgelegt. Der Abschluss eines Wahrnehmungsvertrages durch den Tonträgerhersteller mit der GVL erscheint daher nahezu unumgänglich.

Hinsichtlich des Verbreitungsrechts ist der Grundsatz der Erschöpfung zu berücksichtigen, soweit nicht die Vermietung des Tonträgers in Rede steht.[410] Auch das Recht, den hergestellten Tonträger zu vermieten, steht dem Tonträgerhersteller zu. Der Bundesgerichtshof hatte zu entscheiden, ob ein »Kauf auf Probe« unter das Vermietrecht des § 17 UrhG fällt.[411] Dem lag zugrunde, dass die Beklagte ihren Kunden anbot, eine CD zum üblichen Kaufpreis zu erwerben und – wenn diese unbeschädigt ist – binnen 4 Tagen an die Beklagte zurückzugeben. Die Beklagte hatte argumentiert, dass die Erschöpfung hinsichtlich des jeweiligen Tonträgers eingetreten sei und der vorgenannte »Kauf auf Probe« daher keine Rechte des Tonträgerherstellers verletze. Dieser Argumentation ist der Bundesgerichtshof zu Recht nicht gefolgt. Denn das Vermietrecht ist von der Erschöpfung gemäß § 17 Abs. 2 UrhG nicht erfasst. Auch stellt der »Kauf auf Probe« eine Vermietung im Sinne des § 17 Abs. 3 UrhG dar. Nach § 17 Abs. 3 UrhG ist eine Vermietung anzunehmen, wenn eine zeitlich begrenzte Gebrauchsüberlassung zu Erwerbszwecken erfolgt. Ob eine Vermietung vorliege, entscheide nicht die Definition des § 535 BGB. Vielmehr müsse eine wirtschaftliche Betrachtungsweise zugrundegelegt werden, da das Vermietrecht den Zweck habe, dem Rechteinhaber eine angemessene Beteiligung an den gezogenen Nutzungen zu sichern. Vor diesem Hintergrund sei von einer zeitlich begrenzten Gebrauchsüberlassung bereits dann auszugehen, wenn die Möglichkeit bestehe, den Gegenstand innerhalb einer bestimmten Zeit zurückzugeben. Eine Rückgabepflicht sei für die Annahme einer Vermietung im Sinne des Urheberrechts nicht erforderlich. 400

Besondere Bedeutung kommt dem Recht des öffentlichen Zugänglichmachens zu. Dieses Recht wird insbesondere durch das massenhafte Filesharing in erheblichem Umfang verletzt. Angesichts der erheblichen Schäden, die durch illegales Filesharing verursacht werden können, erscheint es naheliegend, dass die Tonträgerhersteller sich in erheblichem Umfang gegen die rechtswidrigen Nutzungen zur Wehr setzen. Dies macht es erforderlich, zunächst den Verletzer zu ermitteln. Der Verletzer kann durch die Feststellung der dynamischen IP-Adresse des Internetzugangs ermittelt werden, über den rechtswidrig Werke zum Download angeboten werden. Nach Ermittlung der IP-Adresse wird der Internetzugangsprovider – nach gerichtlicher Genehmigung gemäß § 101 Abs. 9 UrhG – Auskunft über den Inhaber des Internetzugangs zu erteilen haben. Dieser kann sodann auf Unterlassung in Anspruch genommen werden. Vorsicht ist geboten, wenn Schadensersatzansprüche geltend gemacht werden. Zwar kann die Haftung des Internetzugangsinhabers als Störer in Betracht kommen, so dass nicht in allen Fällen der Beweis geführt werden muss, dass der Inhaber des Anschlusses selbst Täter oder Teilnehmer der Verletzungshandlung ist. Dies gilt jedoch wohl nicht für Schadensersatzansprüche. Hinsichtlich des Bereichs des Filesharing wird insgesamt auf Teil 4 Kapitel 17 Bezug genommen. 401

Das Recht des Tonträgerherstellers erlischt 50 Jahre nach dem Erscheinen des Tonträgers, § 85 Abs. 3 UrhG. Ist der Tonträger nicht erschienen, so erlischt das Recht 50 Jahre nach der erlaubten öffentlichen Wiedergabe, anderenfalls 50 Jahren nach Herstellung. 402

---

410 Schricker/Vogel § 85 Rn. 44.
411 BGH GRUR 2001, 1036 – Kauf auf Probe.

3. Rechteinhaber

403 Bereits nach dem Wortlaut des § 85 Abs. 1 Satz 3 UrhG können die Rechte des Tonträgerherstellers nicht lediglich einer natürlichen Person zustehen. Das Schöpferprinzip gilt nicht. Vielmehr können die Rechte eines Tonträgerherstellers originär auch in einem Unternehmen entstehen.

404 Hersteller eines Tonträgers im Sinne des Urheberrechtes ist dabei nicht zwingend die Plattenfirma, die das fertige Album herausgibt. Voraussetzung für die Einordnung als Tonträgerhersteller ist, dass eine juristische oder natürliche Person die wirtschaftliche und organisatorische Verantwortung für die Herstellung einer Aufnahme übernommen hat. Hierbei ist insbesondere zu berücksichtigen, wer die für die Produktion erforderlichen Verträge abgeschlossen bzw. die Programmauswahl bestimmt hat und wer das Finanzierungs- und Auswertungsrisiko trägt.[412]

405 Wenn ein ausübender Künstler selbst die vorgenannten Voraussetzungen erfüllt, so ist er als Tonträgerhersteller anzusehen. Er wird dennoch im Regelfall, wie auch kleinere Label, die nicht über hinreichende Marketing- oder Vertriebsstrukturen verfügen, die Auswertung des Tonträgers nicht selbst übernehmen. Vielmehr werden die dem Tonträgerhersteller zustehenden Rechte im Rahmen eines Bandübernahmevertrages an ein anderes Label übertragen, das sodann die entsprechenden Rechte wahrnehmen kann.[413] Dass eine Übertragung der erforderlichen ggf. auch ausschließlichen Nutzungsrechte möglich ist, hat der Gesetzgeber durch die Vorschrift des § 85 Abs. 2 Satz 1 UrhG klargestellt. Wie sich aus der Verweisung des § 85 Abs. 2 Satz 2 UrhG ergibt, sind für den Tonträgerhersteller auch die Vorschriften anwendbar, die für vertragliche Vereinbarungen mit Urhebern gelten. Dies gilt allerdings nur, soweit die Ansprüche nicht auf das Urheberpersönlichkeitsrecht zurückgehen, da dem Tonträgerhersteller keinerlei Persönlichkeitsrechte zustehen. Dies ergibt sich daraus, dass lediglich auf die Vorschriften der §§ 31, 33 und 38 UrhG verwiesen wird.

406 Wenn eine Rundfunkanstalt im Rahmen einer Live-Sendung einen Tonträger herstellt, so kann auch die Rundfunkanstalt Tonträgerhersteller sein.[414] Nicht entscheidend ist, welchen Zweck die Aufnahme verfolgt. Der Bundesgerichtshof hatte darüber zu befinden, ob auch ein Sendeunternehmen, das in erster Linie zum Zweck der späteren Sendung produzierte, Tonträgerhersteller ist.[415] Dies bejahte der Bundesgerichtshof mit der Begründung, dass der Begriff des Tonträgerherstellers einheitlich zu verstehen sei. Ein Anhaltspunkt für die von vornherein bestehende Zweckbestimmung ließe sich dem Gesetz nicht entnehmen.

407 **Praxistipp:**

Da der ausübende Künstler und der Tonträgerhersteller für eine umfassende Auswertung auf die jeweils dem anderen zustehenden Rechte angewiesen sind, empfiehlt es sich, die entsprechenden Rechtsverhältnisse vorab vertraglich zu regeln und festzulegen, wem welche Rechte zustehen sollen. So wird der ausübende Künstler dem Tonträgerhersteller regelmäßig die zur Auswertung notwendigen Rechte einräumen und sich darüber hinaus verpflichten, den gleichen Titel nicht oder jedenfalls für eine bestimmten Zeitraum nicht für einen Dritten aufzunehmen bzw. aufnehmen zu lassen.[416]

---

412 OLG Hamburg ZUM 2005, 749 – staytuned.
413 Hinsichtlich der weiteren Begriffe s. Wandtke/Bullinger/*Schaefer* § 85 Rn. 8.
414 Wandtke/Bullinger/*Schaefer* § 85 Rn. 17.
415 BGH GRUR 1999, 577 – Sendeunternehmen als Tonträgerhersteller.
416 Wandtke/Bullinger/*Schaefer* § 85 Rn. 26.

Aufgrund der ausdrücklichen Verweisung auf § 10 Abs. 1 UrhG kann sich der Tonträgerhersteller ohne weiteres auf die entsprechenden Vermutungen beziehen, § 85 Abs. 4 UrhG. Die erhebliche praktische Relevanz dieser Verweisung wird dadurch deutlich, dass in vielen Fällen die Tonträgerhersteller die Verfolgung der Produktpiraterie übernehmen. Rechte können jedoch nur geltend gemacht werden, wenn der jeweilige Rechteinhaber auch aktivlegitimiert ist. Den entsprechenden Nachweis kann er ohne weiteres durch den Verweis auf § 10 Abs. 1 UrhG führen, wenn er auf der Hülle einer CD bzw. der CD selbst als Tonträgerhersteller genannt ist. Insoweit dürfte allerdings lediglich der ©-Vermerk Rechte begründen können, die auf die Inhaberschaft eines ausschließlichen Nutzungsrechtes hindeuten. Entsprechende Rückschlüsse aus dem -Vermerk dürften hingegen nicht in Betracht kommen, da dieser bereits nach seiner Definition nicht zwingend den Rechteinhaber im Sinne des § 85 UrhG ausweist.[417] Die entsprechende Vermutung kann im Rahmen von einstweiligen Verfügungsverfahren für die Glaubhaftmachung der Aktivlegitimation herangezogen werden. Ist somit eine Plattenfirma als Tonträgerhersteller auf der CD-Hülle oder der CD aufgeführt und macht diese im Eilverfahren Unterlassungsansprüche geltend, so wird der Anspruchsgegner die entsprechende Vermutung zu widerlegen haben. Dies wird in den meisten Fällen im Eilverfahren kaum möglich sein. Das Bestreiten der Aktivlegitimation mit Nichtwissen ist in diesen Fällen jedenfalls nicht erheblich.

408

Die Verweisung des § 85 Abs. 4 UrhG bezieht sich darüber hinaus auch auf die Schrankenregelungen des Urhebergesetzes (§§ 44a ff. UrhG).

409

4. Praktische Hinweise

Werden die ausschließlichen Nutzungsrechte an einem hergestellten Tonträger verletzt, indem die Darbietungen über das Internet angeboten werden, und sollen hinsichtlich dieser Verletzungshandlung Unterlassungsansprüche geltend gemacht werden, so könnte wie folgt formuliert werden:

410

▶ **Formulierungsbeispiel:**

411

Der Kläger hat einen Anspruch auf Unterlassung der Nutzung der aus dem Antrag ersichtlichen Musikstücke gemäß §§ 97 Abs. 1, 85, 19a UrhG. Die Aktivlegitimation des Klägers ergibt sich aus abgeleitetem Recht. Denn Hersteller ist die Firma XY-Tonträgerproduktion GmbH. Diese ist Herstellerin des Masterbandes der streitgegenständlichen Darbietung und damit Tonträgerherstellerin im Sinne des Urheberrechtes. Denn sie hat die wirtschaftliche und organisatorische Verantwortung für die Produktion getragen. Insbesondere hat die Firma XY-Tonträgerproduktion GmbH das Tonstudio angemietet und auch die weiteren für die Produktion des Tonträgers erforderlichen Kosten getragen. (Hier sollte Beweis angetreten werden. Sollten entsprechende schriftliche Verträge vorhanden sein, kann es sich anbieten, diese vorzulegen, um auf diese Weise auch im Falle des Bestreitens einer Beweisaufnahme zu entgehen. Anderenfalls können insoweit auch Zeugen benannt werden.) Auch die organisatorische Verantwortung lag bei der genannten Firma. Denn diese hat die Zeitpunkte der Aufnahme bestimmt und die erforderlichen Personen wie den Tonmeister engagiert (Beweis: Verträge oder Zeugen). Die der Firma XY-Tonträgerproduktion GmbH vor diesem Hintergrund zustehenden ausschließlichen Nutzungsrechte übertrug diese im Rahmen eines Bandübernahmevertrages an die Klägerin (Beweis: Vorlage des Bandübernahmevertrages). Die Klägerin ist daher berechtigt, den streitgegenständlichen Unterlassungsanspruch gegen die Beklagte geltend zu machen. Der Unterlassungsanspruch ist gegeben, da die Beklagte die streitgegenständlichen Aufnahmen öffentlich

---

417 BGH GRUR 2003, 228 – P-Vermerk.

zugänglich machte. Insbesondere ist der Kläger nicht lediglich auf den Beteiligungsanspruch nach §§ 86 i.V.m. 78 Abs. 2 UrhG zu verweisen. Denn die Beklagte machte die Titel öffentlich zugänglich im Sinne des § 86 UrhG. Entgegen der Auffassung der Beklagten stellt die Nutzung der Aufnahmen keine zulässige Drittauswertung des Tonträgers dar. In tatsächlicher Hinsicht liegt dem folgender Sachverhalt zugrunde: Die Beklagte bietet ein Abonnement an, bei dem Tonaufnahmen – unter anderem auch die streitgegenständlichen – im so genannten Streaming-Verfahren für Dritte, die ein entgeltliches Abonnement für den Musikdienst der Beklagten abgeschlossen haben, sich ein Musikprogramm nach eigenen Wünschen zusammenstellen können. Dieses Musikprogramm kann von dem jeweiligen Nutzer zu einer beliebigen Zeit und einem beliebigen Ort über das Internet abgerufen werden (Beweis: Vorlage der Werbung der Beklagten als Anlage). Dieser Vorgang stellt ein öffentliches Zugänglichmachen im Sinne des § 19a UrhG dar, so dass der Kläger nicht auf den Beteiligungsanspruch verwiesen werden kann, der für Zweit- und Drittauswertungen beispielsweise für Sendungen besteht. Die Vorschrift des § 19a UrhG erfordert es dabei nicht, dass die Musikaufnahmen durch das Herunterladen in den Besitz des Nutzers gelangen. Vielmehr muss dem Rezipienten der Verwertungshandlung nach der Nutzung im Rahmen des § 19a UrhG nichts verbleiben. Auch auf eine Erschöpfung kann sich die Beklagte dabei nicht berufen. Zwar mag sie den Tonträger rechtmäßig erworben haben. Hierdurch ist jedoch nur das Verbreitungsrecht erschöpft. Die weiteren in §§ 85, 86 UrhG genannten Rechte sind von der Erschöpfung nicht betroffen. Da der Beklagten folglich keine Nutzungsrechte für das genannte öffentliche Zugänglichmachen zustehen, verletzte sie die dem Kläger ausschließlich zustehenden Nutzungsrechte. Die für die Unterlassungsverpflichtung obligatorische Wiederholungsgefahr ist daher indiziert.[418]

VI. Schutz des Sendeunternehmens (§ 87 UrhG)

1. Schutzgegenstand

412 Durch die Vorschrift des § 87 UrhG wird dem Sendeunternehmen ein Leistungsschutzrecht eingeräumt. Dem Sendeunternehmen steht das ausschließliche Recht zu, seine Funksendung weiterzusenden und öffentlich zugänglich zu machen (§ 87 Abs. 1 Nr. 1 UrhG), seine Funksendung aufzuzeichnen, zu vervielfältigen, zu verbreiten (§ 87 Abs. 1 Nr. 2 UrhG) und die Sendung öffentlich gegen Entgelt wahrnehmbar zu machen (§ 87 Abs. 1 Nr. 3 UrhG). Durch die Vorschrift soll es dem Sendeunternehmen ermöglicht werden, die möglichen Verwertungshandlungen auf den jeweiligen Stufen zu kontrollieren, auch wenn mehrere Verwertungshandlungen hintereinander erfolgen.[419] Der Schutz soll nach Auffassung des Gesetzgebers erfolgen, um eine Kompensation der Kosten zu ermöglichen, die durch die Versorgung mit einem Rundfunkprogramm entstehen. Hierdurch werden mittelbar auch alle beteiligten Urheber und ausübenden Künstler geschützt, deren Werke bzw. Darbietungen zum Gegenstand der Rundfunksendungen gemacht werden.[420] Durch die Ausweitung der Rechte auch auf das Recht des öffentlichen Zugänglichmachens wird der Schutz angesichts der wachsenden Bedeutung des Internets, in dem ausgestrahlte Sendungen in zunehmendem Maß von den Sendern im Nachhinein zum Abruf bereit gestellt werden, vervollständigt.

413 Geschützt wird dabei jedes Unternehmen, das auf Dauer und unmittelbar an die Öffentlichkeit gerichtet in eigener Verantwortung eine Sendetätigkeit ausübt, ohne dass die

---

418 Dem Formulierungsbeispiel liegt teilweise das Urteil des OLG Hamburg vom 25.7.2008, 5 U 52/07 zugrunde.
419 Wandtke/Bullinger/*Ehrhardt* § 87 Rn. 1.
420 Wandtke/Bullinger/*Ehrhardt* § 87 Rn. 7.

Rechtsform entscheidend wäre.[421] Wird die vorstehend beschriebene Sendetätigkeit ausgeführt, wird der Schutz auch dann gewährt, wenn eine öffentlich-rechtliche Erlaubnis zur Sendung nicht vorliegt und beispielsweise ein Piratensender tätig wird.

Geschützt ist jede Sendung, die die vorstehend genannten Voraussetzungen erfüllt. Nicht entscheidend ist daher, ob der Sendung selbst Werkqualität zukommt. Daher sind alle Inhalt, auch Dauerwerbesendungen in gleichem Maß geschützt. **414**

Da das Recht des Sendeunternehmens ein Leistungsschutzrecht ist, das die Investition schützen soll, entsteht es unmittelbar bei der juristischen oder natürlichen Person, die die entsprechende Investition erbringt. Wie auch das Recht des Tonträgerherstellers kann das Recht des Sendeunternehmens folgerichtig auch bei einer juristischen Person originär entstehen. Entscheidend ist alleine die Frage, ob der Sender die Sendung in eigener Verantwortung gestaltet hat. Geschützt werden dabei auch die Programme, die verschlüsselt gesendet werden, wie dies beispielsweise bei dem Fernsehsender »Sky« (vormals Premiere) der Fall ist. Problematisch kann die Frage, wer Sendeunternehmen ist, allenfalls dann sein, wenn – wie gerade bei öffentlich-rechtlichen Programmen häufig – das Sendeunternehmen nicht klar erkennbar ist. So ist beispielsweise die ARD lediglich eine Arbeitsgemeinschaft der jeweiligen Landesrundfunkanstalten und daher nicht Sendeunternehmen.[422] Auch nicht als Sendeunternehmen können solche Personen angesehen werden, die nicht selbst eine Sendung vornehmen. Der Produzent einer Sendung ist daher nicht zwingend auch das Sendeunternehmen. Auch das Unternehmen, das als Kabelunternehmen die Sendungen lediglich weiterleitet und so die technischen Voraussetzungen für den Empfang schafft, ist nicht als Sendeunternehmen anzusehen. **415**

2. Schutzumfang

In das Recht des Sendeunternehmens wird eingegriffen, wenn in die in § 87 Abs. 1 UrhG genannten Rechte (Weiterzusendung, öffentlich Zugänglichmachen, Aufzeichnung, Vervielfältigung, Verbreitung oder das entgeltliche öffentlich Wahrnehmbarmachen) eingegriffen wird. Hinsichtlich der einzelnen Begriffe kann auf die Ausführungen zum Recht des Urhebers eines Werkes Bezug genommen werden. **416**

In das Recht, eine Sendung weiterzusenden, wird eingegriffen, wenn ein Kabelnetzbetreiber eine Sendung weiterleitet. Denn das Recht des Weitersendens bezieht sich auf jede – als Sendung anzusehende – öffentliche Wiedergabe eines geschützten Werkes im Wege der Kabelübertragung.[423] Nicht entscheidend dürfte dabei die Frage sein, ob die ursprüngliche Sendung für das Verbreitungsgebiet bestimmt war. Zwar hat ein Teil der Literatur ursprünglich angenommen, dass für den vorgesehenen Versorgungsbereich eine allgemeine Freigabe auch für die Kabelweitersendung erteilt würde. Dieser Auffassung folgt der Bundesgerichtshof jedoch nicht.[424] **417**

In das Recht des Sendeunternehmens kann auch dann eingegriffen werden, wenn über eine Verteileranlage eine Weiterleitung erfolgt. Der Bundesgerichtshof hatte den Fall zu entscheiden, ob eine Rechtsverletzung vorliegt, wenn eine Justizvollzugsanstalt über eigene Verteileranlagen von einer Zentrale zu Anschlussstellen in Hafträumen Hörfunk und Fernsehsendungen weiterleitet. Der Bundesgerichtshof hat eine Weitersendung mit der Begründung angenommen, dass diese Weiterleitung selbst den Tatbestand des § 20 UrhG erfülle und daher auch bei kleineren Verteilernetzen grundsätzlich anwendbar sei. Auf Übertragungsvorgänge zwischen einzelnen Orten, an denen Publikum an der Veran- **418**

---

421 Fromm/Nordemann/*Boddien* § 87 Rn. 12, 14.
422 Vertiefend hierzu auch hinsichtlich weiterer Sender: Wandtke/Bullinger/*Ehrhardt* § 85 Rn. 11.
423 BGH GRUR 2000, 699 – »Kabelweitersendung«.
424 BGH GRUR 2000, 699 – »Kabelweitersendung«.

staltung teilnehme, bezögen sich §§ 19 Abs. 3 und 21 Satz 1 UrhG nicht. Diese Frage werde vielmehr allein nach § 20 UrhG beurteilt. Dabei falle auch die zeitgleiche Übertragung der Sendung unter das Senderecht.[425] Wie der Bundesgerichtshof jedoch in der vorstehend genannten Entscheidung betont, kann nicht jede Nutzung einer Verteileranlage in die Rechte des Sendeunternehmens eingreifen. Vielmehr kann ein solcher Eingriff nur angenommen werden, wenn die mit funktechnischen Mittel durchgeführte Werkübermittlung als öffentliche Wiedergabe bezeichnet werden kann. Dies kann letztlich nur wertend ermittelt werden. Vor diesem Hintergrund war eine Weitersendung anzunehmen, die Vergütungsansprüche gegen das die Justizvollzugsanstalt betreibende Land begründeten. Anders dürfte jedoch der Fall zu bewerten sein, wenn lediglich eine kleinere Hausverteileranlage betrieben wird.

419 Hinsichtlich des Rechts des Vervielfältigens (§ 16 UrhG) und des Verbreitens (§ 17 UrhG) sowie des öffentlichen Zugänglichmachens (§ 19a UrhG) kann auf die Ausführungen zum Schutz des Urhebers eines Werkes verwiesen werden.

420 Bei dem Angebot eines digitalen Videorekorders dürfte zwar das Recht der Weitersendung nicht betroffen sein, wenn die Sendung nach der Aufnahme nicht einer Mehrzahl von Mitgliedern der Öffentlichkeit zugänglich gemacht wird.[426] Jedoch stellt die Bereitstellung eines Online-Videorekorders, wie der Bundesgerichtshof in der vorgenannten Entscheidung klarstellt, jedenfalls eine Vervielfältigungshandlung (§ 16 UrhG) dar, die grundsätzlich ebenfalls lediglich dem Sendeunternehmen zusteht. Fraglich war allerdings, ob diese Vervielfältigung gemäß § 53 UrhG privilegiert sein kann. Dies ist nach der vorgenannten Entscheidung des Bundesgerichtshofes jedenfalls dann nicht der Fall, wenn die Bereitstellung des Online-Videorecorders nicht unentgeltlich erfolgt, wie dies in der Schrankenregelung des § 53 Abs. 1 Satz 2 UrhG vorausgesetzt wird.

421 Das Recht des entgeltlichen öffentlich Wahrnehmbarmachens steht gemäß § 87 Abs. 1 Nr. 3 UrhG allein dem Sendeunternehmen zu. Dabei dürfte nicht entscheidend sein, ob lediglich das Bild oder der Ton entgeltlich wiedergegeben wird. Wird beispielsweise im Rahmen eines Public-Viewing lediglich das jeweilige Bild einer Sendung verwandt, während der Ton durch einen eigenen Kommentator ersetzt wird, so stellt dies einen Eingriff in die Rechte des Sendeunternehmens dar. Wird in einer Gaststätte, die keinen Eintritt verlangt, ein frei empfangbares Fußballspiel gezeigt, so liegt hierin wohl kein Eingriff in die Rechte des Sendeunternehmens. Zwar profitiert die Gaststätte mittelbar ggf. durch steigende Besucherzahlen und erhöhten Umsatz. Dies dürfte jedoch kein Entgelt im Sinne des § 87 Abs. 1 Nr. 3 UrhG darstellen.[427] Dies könnte bei einer von einem Dritten gesponserten Veranstaltung anders zu beurteilen sein.[428]

422 Der Bundesgerichtshof hat angenommen, dass ein Eingriff in das Senderecht auch dann vorliegt, wenn eine Firma gezielt damit wirbt, dass mit der von ihr vertriebenen Ware eine Umgehung von Schutzvorrichtungen und damit ein urheberrechtswidriger Eingriff in das Senderecht möglich sei.[429] Eine Urheberrechtsverletzung durch die dortige Beklagte sei anzunehmen, da die Beklagte eine Software zur Verfügung stelle und damit werbe, dass Pay-TV Programme mithilfe der Software in Peer-to-Peer Netzwerke unverschlüsselt eingestellt werden könnten. Die Beklagte sei jedenfalls als Störerin hinsichtlich dieser Urheberrechtsverletzungen anzusehen.

---

425 BGH GRUR 1994, 45 – »Verteileranlagen«.
426 BGH ZUM 2009, 765 – Online-Videorekorder.
427 Wandtke/Bullinger/*Ehrhardt* § 87 Rn. 23.
428 Zum Meinungsstand: s. Wandtke/Bullinger/*Ehrhardt* § 87 Rn. 23.
429 BGH GRUR 2009, 841 – Cybersky.

Gemäß § 87 Abs. 3 UrhG erlischt das Recht des Sendeunternehmens 50 Jahre nach der **423** ersten Funksendung. Wird eine Sendung wiederholt, ohne dass Änderungen vorgenommen wurden, so dürfte hierdurch nach der herrschenden Meinung kein neuerliches Leistungsschutzrecht entstehen.

Auch das Recht des Sendeunternehmens unterliegt – wie in § 87 Abs. 4 UrhG ausdrücklich festgelegt – den allgemeinen Schrankenregelungen des Urheberrechtes. Damit ist insbesondere die Nutzung eines privaten Videorekorders gemäß § 53 Abs. 1 Satz 1 UrhG ohne weiteres zulässig. **424**

Wie das Oberlandesgericht Köln entschieden hat, kann ein Eingriff in das Verbreitungsrecht des Sendeunternehmens gemäß §§ 50, 51 UrhG zulässig sein.[430] Im vorgenannten Fall machte ein privater Fernsehsender geltend, dass das wiederholte Zeigen eines Zusammenbruches eines Kandidaten einer Casting-Show vor laufenden Kameras im Rahmen des Programms eines konkurrierenden Fernsehsenders unzulässig sei. Das Oberlandesgericht Köln nahm an, dass angesichts der Diskussion über die Sendung ein Tagesereignis anzunehmen sei, das aufgrund seiner kurz nach der Ausstrahlung erfolgten Darstellung auch die erforderliche Aktualität aufweise. Der zulässige Umfang sei dabei trotz der mehrfachen Wiederholungen eingehalten. **425**

Eine Besonderheit besteht im Rahmen des Senderechtes, da ein Sendeunternehmen gemäß § 87 Abs. 5 UrhG verpflichtet ist, mit einem Kabelunternehmen einen Vertrag über die Kabelweitersendung im Sinne des § 20b Abs. 1 Satz 1 UrhG zu angemessenen Konditionen abzuschließen, sofern nicht sachliche Gründe gegen einen solchen sprechen. **426**

3. Rechteinhaber

Wie bereits unter Ziff. 1. ausgeführt, entstehen die Rechte bei der juristischen oder natürlichen Person, das die Sendetätigkeit in eigener Verantwortung ausführt. In § 87 Abs. 2 UrhG ist ausdrücklich aufgenommen worden, das das Recht des Sendeunternehmens übertragbar ist. Die nicht das Urheberpersönlichkeitsrecht schützenden Vorschriften der §§ 31, 33 und 38 UrhG sind – wie § 87 Abs. 2 Satz 3 UrhG anordnet – entsprechend anzuwenden. **427**

VII. Schutz des Datenbankherstellers (§§ 87a ff. UrhG)

1. Schutzgegenstand

Schutzgegenstand der Datenbank im Sinne des § 87a UrhG ist die nicht notwendig finanzielle Investition in die Erstellung einer solchen. Eine schöpferische Leistung ist hierfür nicht erforderlich. Die Datenbank im Sinne des § 87a UrhG definiert sich nach dem Wortlaut des Gesetztes als »Sammlung von Werken, Daten oder anderen unabhängigen Elementen, die systematisch oder methodisch angeordnet und einzeln mit Hilfe elektronischer Mittel oder auf andere Weise zugänglich sind und deren Beschaffung, Überprüfung oder Darstellung eine nach Art oder Umfang wesentliche Investition erfordert«. Damit sind die einzelnen Tatbestandsmerkmale durch das Gesetz klar umrissen. Der Schutz der §§ 87a ff. UrhG ist nicht auf elektronische Datenbanken beschränkt, sondern erfasst auch Datensammlungen, die auf andere Weise – etwa in einem Buch – zusammengestellt sind.[431] **428**

Abzugrenzen von der Datenbank ist das Datenbankwerk im Sinne des § 4 UrhG. Zwar setzt auch das Datenbankwerk im Sinne des § 4 Abs. 2 UrhG voraus, dass Daten oder **429**

---

430 OLG Köln GRUR-RR 2010, 151.
431 BGH GRUR 1999, 923 – Tele-Info-CD.

andere unabhängige Elemente systematisch oder methodisch angeordnet und mit Hilfe elektronischer Mittel oder auf anderer Weise zugänglich sind. Für die Annahme eines Datenbankwerkes ist jedoch darüber hinaus erforderlich, dass aufgrund der Auswahl oder Anordnung der Elemente eine persönliche geistige Schöpfung vorliegt. Folgerichtig ist bei dem Datenbankwerk auch die persönliche Schöpfungsleistung geschützt, während der Schutz der Datenbank im Sinne des § 87a UrhG die Möglichkeit der Amortisation der wesentlichen Investitionen gewährleisten soll.[432] Vor diesem Hintergrund ist es durchaus denkbar, dass ein Datenbankwerk (§ 4 Abs. 2 UrhG) auch als eine Datenbank im Sinne des § 87a UrhG anzusehen ist und umgekehrt.

a) Sammlung von unabhängigen Elementen

430 Der Schutzgegenstand setzt zunächst voraus, dass eine Sammlung von Daten oder anderen Elementen vorhanden sein muss, die voneinander »unabhängig« sind. Die Unabhängigkeit der Daten wird dabei angenommen, wenn die Daten oder Elemente voneinander getrennt werden und auch außerhalb der Datenbank isoliert noch von Bedeutung sein können. Anders ausgedrückt müssen sich die Elemente einer Sammlung voneinander trennen lassen, ohne dass der Wert ihres informativen, literarischen, künstlerischen, musikalischen oder sonstigen Inhalts dadurch beeinträchtigt wird.[433] An dieses Erfordernis werden von der Rechtsprechung keine erheblichen Anforderungen gestellt. So hat der Bundesgerichtshof es bereits als ausreichend angesehen, dass ein bestimmtes Musikstück mit einem Platz auf einer Chart-Liste angegeben wird, da diese Information für sich genommen einen Aussagegehalt habe und es dazu nicht der Kenntnis der weiteren Elemente und ihrer Inhalte bedürfe.[434] Durch das Merkmal der Unabhängigkeit soll – wie bereits der EuGH[435] ausgeführt hat – eine Abgrenzung des Schutzbereichs der Datenbank zu anderen Werken ermöglicht werden, da diese beispielsweise mit Hilfe der Digitaltechnik unbegrenzt in Einzelteile zerlegt werden könnten. Demzufolge ist die Unabhängigkeit nicht anzunehmen, wenn die einzelnen Elemente – wie beispielsweis die einzelnen Bilder eines Films – in einem einheitlichen Schaffensprozess entstanden sind.[436]

431 Für die Frage, ob die einzelnen Elemente auch isoliert von Bedeutung sind, darf jedoch auch keine zu weitgehende Aufspaltung der Inhalte vorgenommen werden. Vielmehr müssen vernünftige Informationseinheiten erhalten bleiben.[437] Anderenfalls liefe der Schutz der Datenbank leer, was sich auch an der Tele-Info-CD Entscheidung des Bundesgerichtshofes[438] zeigt. Hier wurde auch eine alphabetisch geordnete Sammlung von Telefonteilnehmern als Datenbank im Sinne des § 87a UrhG angesehen. Auch wurden nicht die einzelnen Daten wie die Telefonnummer isoliert betrachtet, da den einzelnen Nummern für den Nutzer der Datenbank nur durch die Zuordnung der Telefonnummern zu bestimmten Anschlussinhabern Bedeutung zukommt.

b) Abrufbarkeit der einzelnen Elemente

432 Die jeweiligen Elemente der Datenbank müssen »einzeln mit Hilfe elektronischer Mittel oder auf andere Weise zugänglich« sein, § 87a UrhG. Einzeln zugänglich ist ein Element, wenn es isoliert aus der Datenbank abgerufen werden kann; bei elektronischen Datenbanken kommt es darauf an, ob die vorgesehenen Nutzungsmöglichkeiten dem Nutzer

---

432 Wandtke/Bullinger/*Marquardt* § 4 Rn. 11.
433 EuGH GRUR 2005, 254 – Fixtures-Fußballspielpläne II; *Dreier*/Schulze § 87a Rn. 6.
434 BGH GRUR 2005, 857 – Hit Bilanz.
435 EuGH GRUR 2005, 254 – Fixtures-Fußballspielpläne II.
436 Fromm/Nordemann/*Czychowski* § 87a Rn. 9.
437 Wandtke/Bullinger/*Thum* § 87a Rn. 12.
438 BGH GRUR 1999, 923 – Tele-Info-CD.

einen einzelnen Zugriff auf die unabhängigen Elemente ermöglichen. Diese Schutzvoraussetzung ist erfüllt, wenn die einzelnen Elemente der Datenbank beispielsweise chronologisch sortiert sind und daher nach der Reihenfolge ihres Einganges abgerufen werden können.[439] Auch die alphabetische Anordnung der Daten in einem Telefonbuch führt zur Annahme der isolierten Abrufbarkeit.[440] Insgesamt ist folglich davon auszugehen, dass die Daten systematisch angeordnet sind, wenn eine wie auch immer geartete Gliederung nach logischen oder sachlichen Zusammenhängen besteht,[441] also grundlegende systematische Ordnungsprinzipien wie die alphabetische, numerische, geografische oder chronologische Anordnung oder eine Kombination dieser Prinzipien genutzt wird. Durch dieses Tatbestandsmerkmal hat der Gesetzgeber klargestellt, dass zufällige Anordnungen von Daten jedenfalls nicht als Datenbank im Sinne des § 87a UrhG geschützt werden.[442] »Methodische« Anordnung bedeutet daher jedwede planmäßige Strukturierung, die auf den Zweck der Anordnung schließen lässt.[443]

c) Wesentliche Investition

Als »wesentliche Investitionen« im Sinne des § 87a UrhG werden Aufwendungen angesehen, die für die Darstellungen des Datenbankinhaltes erforderlich sind. Auch die Kosten für den Erwerb des hierfür erforderlichen Computerprogramms zählen zu den Investitionen.[444] Abzugrenzen und nicht zu den Kosten des Datenbankherstellers gehören hingegen solche Ausgaben, die für die Generierung also Erhebung der Daten entstanden sind. Diese Kosten stellen Kosten einer vorgelagerten Tätigkeit dar, weil nicht die in der Datenbank enthaltenen Daten, also der Inhalt der Datenbank, sondern die Datenbank selbst Schutzgegenstand der §§ 87a ff. UrhG ist.[445] Dies kann anhand des folgenden Beispiels verdeutlicht werden. Wenn eine Firma, die bestimmte Produkte aus dem Bereich der Heimtextilien über das Internet veräußert, eine Internetplattform entwickelt, auf der auch die jeweiligen Maße der Produkte angegeben sind, so können die Kosten, die für das Ausmessen der Produkte entstanden sind, nicht als Kosten der Datenbank angesehen werden. Durch das Ausmessen werden die Daten erst generiert. Werden die Daten hingegen durch Mitarbeiter der Firma in die Datenbank händisch eingegeben, so sind die Lohnkosten hierfür im Rahmen der Investition zu berücksichtigen. Das Oberlandesgericht Hamburg hat vor diesem Hintergrund angenommen, dass auch die Darstellung in einer Onlineplattform für Autoverkäufe eingestellter Fahrzeugdaten eine wesentliche Investition begründen könne.[446] Problematisch war hier, dass die eigentlichen Daten von den jeweiligen Verkäufern eingegeben wurden, die über die Onlineplattform der Anspruchstellerin ihre Fahrzeuge zum Verkauf anboten. Somit konnte nicht festgestellt werden, dass die Eingabe oder Kontrolle dieser Daten eine wesentliche Investition erforderte. Das Oberlandesgericht Hamburg nahm an, dass eine wesentliche Investition jedoch im Rahmen der Darstellung der Daten getätigt worden sei. Insoweit seien die Kosten von jährlich ca. zwei Millionen €, die für das Schaffen der technischen Voraussetzungen der Datenbank erforderlich gewesen seien (z.B. Kosten für Server und Internetzugänge), die Kosten für die Wartung und den Erhalt der Datenbank und die Sicherstellung der Zugriffsmöglichkeiten durch Mitarbeiter als wesentliche Investitionen anzusehen. Daher könne das Vorliegen einer Datenbank angenommen werden.

433

Die quantitativen Anforderungen an die Investition werden von der Rechtsprechung allgemein als gering angesehen, da lediglich solche Datensammlungen durch den Schutz der

434

---

439 OLG Köln MMR 2009, 191.
440 BGH in GRUR 1999, 923 – Tele-Info-CD.
441 Fromm/Nordemann/*Czychowski* § 87a Rn. 11; Schricker/*Vogel* § 87a Rn. 6.
442 Wandtke/Bullinger/*Thum* § 87a Rn. 24.
443 *Dreier*/Schulze § 87a Rn. 7.
444 OLG Köln MMR 2009, 191.
445 EuGH GRUR 2005, 244 – BHB-Pferdewetten.
446 OLG Hamburg GRUR-RR 2009, 293 – Autobingooo.

§§ 87a ff. UrhG nicht erfasst sein sollen, bei denen nur kleinste Investitionen getätigt wurden. Die Rechtsprechung geht dabei davon aus, dass durch die Aufnahme der Wesentlichkeit in den Tatbestand des § 87a UrhG ein angemessener Ausgleich zwischen dem freien Zugang zu Informationen und dem Schutz des Datenbankherstellers geschaffen werden soll.[447]

435 **Praxistipp:**

Der Anspruchsteller, der sich auf den Schutz der Datenbank beruft, muss darlegen und ggf. auch beweisen, dass für die Konzeption der Datenbank, die Erstellung, Betreuung und/oder Weiterentwicklung Kosten entstanden sind. Diese Kosten sollten möglichst exakt dargestellt werden. Wenn eine Rechnung für die Erstellung der Konzeption durch eine dritte Firma vorhanden ist, kann diese vorgelegt werden. Hier könnte auch die Arbeitszeit des jeweiligen Mitarbeiters für das Einpflegen und Kontrollieren der Daten und die hierfür entstanden Kosten angegeben werden. Bereits eine Summe von wenigen Tausend € kann so die Annahme der Wesentlichkeit begründen.[448]

436 Durch die Regelungen der §§ 87a ff. UrhG wird die Investition des Datenbankherstellers geschützt. Der Schutz ist gemäß § 87d UrhG auf die Dauer von 15 Jahren beschränkt. Durch die Investition, die in die Pflege einer Datenbank investiert wird, kann durch die Regelungen des Leistungsschutzrechtes die Schutzdauer verlängert werden, wenn die Datenbank wesentlich verändert wird. Denn die wesentlich geänderte Datenbank gilt als neue Datenbank, wenn die Änderung wiederum eine wesentliche Investition erfordert, § 87a Abs. 1 Satz 2 UrhG.

2. Schutzumfang

437 In § 87b UrhG ist der Schutzumfang durch den Gesetzgeber festgelegt. Gegenstand des Rechts des Datenbankherstellers ist das Vervielfältigungsrecht im Sinne des § 16 UrhG, das Verbreitungsrechte gemäß § 17 UrhG und das Recht der öffentlichen Wiedergabe bzw. das Recht des öffentlichen Zugänglichmachens (§§ 15 Abs. 1, 19, 19a UrhG). Durch die ausdrückliche Bezugnahme in § 87b Abs. 2 UrhG auf die Vorschrift des § 17 Abs. 2 UrhG kann jedoch auch Erschöpfung eintreten. Erschöpfung kann angenommen werden, wenn beispielsweise eine Sammlung von allen Verlagen und denen ihnen zugeordneten Zeitschriften als CD veräußert wird. Jedoch ist von der Erschöpfung lediglich das jeweilige Werkstück – also die CD in ihrer körperlichen Form – umfasst.

438 Das Vervielfältigungsrecht umfasst dabei jedes Recht des Datenbankherstellers, die Datenbank zu übertragen. Eine solche Vervielfältigung kann angenommen werden, wenn die Datenbank oder wesentliche Teile auf ein anderes Medium übertragen werden. Ein Vervielfältigen kann in dem Überspielen der Datenbank auf eine DVD oder Festplatte ebenso liegen wie in der Übertragung der Datenbank auf einen Mikrofiche oder dem Erstellen einer Fotokopie.[449] Sogar die vorübergehende Übertragung der Datenbank z.B. durch das Herunterladen in den Arbeits- oder Zwischenspeicher eines Computers stellt dabei eine Vervielfältigung dar, auch wenn die Daten zeitnah gelöscht werden sollen.[450] Denn durch das Herunterladen wird die Datenbank zumindest temporär in den Speicher des auslesenden Computers geladen. Dies stellt bereits eine Vervielfältigung dar. Diese Handlung wird dann von der üblichen Auswertung umfasst sein, wenn für die Nutzung

---

447 OLG Köln ZUM 2009, 578.
448 OLG Köln ZUM 2009, 578.
449 BGH GRUR 2009, 852 – Elektronischer Zolltarif; Wandtke/Bullinger/*Thum* § 87b Rn. 35.
450 OLG Köln MMR 2007, 443 – DWD-Wetterdienst.

der Datenbank eine solche Vervielfältigung erforderlich ist, die in dem Einlesen in den Arbeitsspeicher des Computers bestehen kann.[451]

> **Praxistipp:** **439**
>
> Eine Vervielfältigung einer Online-Datenbank als Ganzes kann bereits dann angenommen werden, wenn der Nutzer diese vollständig in den Speicher seines Computers einliest, um diese entgegen der üblichen Nutzung auszuwerten.

Nicht relevant ist die Frage, wie die Übernahme erfolgt. Insbesondere ist nicht die Übernahme der Daten durch ein physisches Kopieren notwendig, um eine Vervielfältigung anzunehmen. Vielmehr kann die Übernahme auch auf andere Weise erfolgen.[452] So hatte der Bundesgerichtshof nach Vorlage an den Europäischen Gerichtshof über die Frage zu entscheiden, ob eine Verletzung der Schutzrechte des Datenbankherstellers vorliegt, wenn zwar ein wesentlicher Teil der Gedichte aus einer Gedichtsammlung (98 %) übernommen wird, die eigentlichen Gedichttexte aber aus eigenem digitalisiertem Material des möglichen Verletzers entnommen wurden. Dem lag zugrunde, dass der mögliche Verletzer hinsichtlich jedes einzelnen Gedichts entschieden hat, ob dies in die zu erstellende Gedichtsammlung aufgenommen wird und dieses dann der eigenen digitalen Sammlung entnahm, so dass er nicht auf die Datenbank des Anspruchstellers zurückgreifen musste. Entsprechend der Entscheidung über die vorgelegte Frage hat sodann auch der Bundesgerichtshof angenommen, dass die Art der Übertragung für die Übernahme nicht relevant ist. Dementsprechend dürfte eine Datenbank auch davor geschützt sein, dass ein Dritter diese beispielsweise abtippen lässt. **440**

Für das Verbreitungsrecht kann im Wesentlichen der Verbreitungsbegriff des § 17 Abs. 1 UrhG zugrunde gelegt werden. Das Verbreitungsrecht umfasst dementsprechend das Recht des Inverkehrbringens ebenso wie das Recht, Vervielfältigungsstücke in der Öffentlichkeit anzubieten. Die praktische Bedeutung des Verbreitungsrechts ist nicht erheblich, da auch das Verbreitungsrecht im Sinne des § 87b Abs. 1 UrhG ausschließlich das In-Verkehr-Bringen körperlicher Vervielfältigungsstücke erfasst, eine weitere Vervielfältigung jedoch ausschließt.[453] In dem vorgenannten Fall hatte der Bundesgerichtshof zu entscheiden, ob Erschöpfung eingetreten ist, wenn die in einer Datenbank zusammengefassten Ergebnisse von Marktstudien mittels Ausdrucken oder auf CD an Kunden übergeben und diese Ergebnisse später in einer Zeitschrift veröffentlicht wurden. Dies hatte das OLG München mit der Begründung angenommen, durch das In-Verkehr-Bringen der Daten in körperlicher Form sei die Erschöpfung hinsichtlich der Werkstücke also der Datenbank als solches eingetreten.[454] Diese Auffassung lehnte der Bundesgerichtshof jedoch mit der Begründung ab, dass sich die Erschöpfung nur auf das Verbreitungsrecht bezieht und die Anspruchsgegnerin durch die Nutzung in der Zeitschrift auch eine Vervielfältigung vorgenommen hat. **441**

Das Recht der öffentlichen Wiedergabe beinhaltet jede Form öffentlicher Verfügbarmachung. Davon umfasst sind die in §§ 19 ff. UrhG beschriebenen Rechte. Jedenfalls unter den Begriff der öffentlichen Wiedergabe fällt damit auch das öffentliche Zugänglichmachen gemäß § 19a UrhG. Dies dürfte – neben der Vervielfältigung – das am häufigsten verletzte Recht des Datenbankherstellers betreffen. **442**

---

451 BGH GRUR 2009, 852 – Elektronischer Zolltarif.
452 EUGH GRUR 2008, 1077 – Directmedia Publishing; BGH NJW 2010, 778 – Gedichtliste II.
453 EuGH GRUR 2005, 244 – BHB-Pferdewetten; BGH GRUR 2005, 940 – Marktstudien.
454 OLG München GRUR-RR 2002, 89 – GfK Daten.

443 Entgegen § 17 Abs. 1 UrhG ist nach der herrschenden Meinung das Verleihrecht von den Rechten des Datenbankherstellers nicht umfasst.[455]

444 Geschützt wird die Datenbank vor einer Übernahme als Ganzes oder von wesentlichen Teilen. Der Schutz wird erweitert, indem auch die wiederholte und systematische Übernahme, die insgesamt wesentliche Teile der Datenbank betreffen muss, als eine nur dem Rechteinhaber zustehende Handlung normiert wird (§ 87b Abs. 1 Satz 2 UrhG).

a) Schutz der Datenbank als Ganzes

445 Gemäß § 87b Abs. 1 Satz 1 UrhG steht dem Datenbankhersteller das ausschließliche Recht zu, die Datenbank als Ganzes zu nutzen, also beispielsweise zu vervielfältigen oder öffentlich wiederzugeben.

b) Schutz von wesentlichen Teilen der Datenbank

446 Eine rechtswidrige Nutzung liegt jedoch gemäß § 87b Abs. 1 Satz 1 UrhG bereits dann vor, wenn ein nach Art oder Umfang wesentlicher Teil der Datenbank übernommen wird. Dem liegt die Erwägung zugrunde, dass der Schutz der Datenbank den Schutz der notwendigen Investition beinhaltet. Dieser Schutz soll auch dann eingreifen, wenn ein in qualitativer oder quantitativer Hinsicht wesentlicher Teil der Datenbank übernommen wurde, da nur so die Investition des Datenbankherstellers hinreichend geschützt werden kann. Dabei bezieht sich die Übernahme in quantitativer Hinsicht auf das entnommene Datenvolumen der Datenbank im Verhältnis zur gesamten Datenbank. Denn mit der Nutzung eines erheblichen Teils der Daten wird auch eine proportional zum Gesamtvolumen erhebliche Investition gefährdet. Jedoch kann auch die Entnahme eines quantitativ kleinen Teils die Investition wesentlich gefährden, wenn dieser Teil der Datenbank nur durch eine wesentliche Investition für die Beschaffung, Überprüfung oder Darstellung der Daten generiert werden konnte. Ein unwesentlicher Teil der Datenbank ist daher nur dann anzunehmen, wenn der entnommene Teil weder in quantitativer Hinsicht noch in qualitativer Hinsicht einen wesentlichen Teil der Datenbank ausmacht.[456]

447 Vor diesem Hintergrund geht der Bundesgerichtshof davon aus, dass die im Verhältnis zur Gesamtdatenmenge entnommenen Daten, die nur auf den Änderungen der Daten eines Zolltarifes zurückgehen, dann wesentlich sind, wenn für das Einstellen der geänderten Daten in die Datenbank eine wesentliche Investition erforderlich war. Dabei sei es verfehlt, die für die Änderungen aufgewendeten Kosten in das Verhältnis zu der Gesamtzahl aktualisierter Versionen zu setzen und daraus einen entsprechenden Aufwand pro Änderungsversion zu ermitteln. Dieses Verständnis liefe auf eine quantitative Betrachtung hinaus, um die es bei der Frage der qualitativen Wesentlichkeit nicht gehe.[457]

448 Das Oberlandesgericht Hamburg hatte zu entscheiden, ob die Übernahme eines wesentlichen Teils angenommen werden könne, wenn ein Softwarehersteller eine Software vertreibt, mithilfe derer die Nutzer dieser Software Datensätze aus verschiedenen Online-Autoverkaufsplattformen auslesen und nutzen können.[458] Dabei konnte eine Übernahme eines wesentlichen Teils durch den einzelnen Nutzer der Software nicht festgestellt werden. Nach der rechtlichen Bewertung durch das Oberlandesgericht Hamburg könne nicht auf die Übernahmen durch alle Nutzer der Software der Anspruchsgegnerin in ihrer Gesamtheit abgestellt werden. Denn die Anspruchsgegnerin könne allenfalls als Gehilfin oder Störerin angesehen werden. Da jedoch der eigentliche Nutzer der Software

---

455 Vertiefend: Wandtke/Bullinger/*Thum* § 87b Rn. 46.
456 EuGH GRUR 2005, 244 – BHB-Pferdewetten.
457 BGH GRUR 2009, 852 – Elektronischer Zolltarif.
458 OLG Hamburg GRUR-RR 2009, 293 – Autobingooo.

selbst keine Urheberrechtsverletzung begehe, könne eine Haftung der Softwareherstellerin wegen des Akzessorietätserfordernisses nicht begründet werden. Mit anderen Worten war die Übernahme eines wesentlichen Teils der Datenbank nicht anzunehmen, da der einzelne Nutzer der Software der Anspruchsgegnerin keine Urheberrechtsverletzung beging und daher keine Haupttat vorlag, die eine Haftung als Gehilfin begründen konnte. Etwas anderes könne nur dann gelten, wenn der Anspruchsgegner die Daten zunächst selbst entnommen und sodann den eigenen Kunden zur Verfügung gestellt habe.[459]

c) Schutz vor wiederholter und systematischer Nutzung

Zuletzt kann eine rechtswidrige Nutzung gemäß § 87b Abs. 1 Satz 2 UrhG auch dann vorliegen, wenn eine Vervielfältigung oder öffentliche Wiedergabe von nach Art und Umfang unwesentlichen Teilen der Datenbank vorliegt, diese aber wiederholt und systematisch erfolgt und einer normalen Auswertung der Datenbank zuwiderläuft oder die berechtigten Interessen des Datenbankherstellers unzumutbar beeinträchtigt. **449**

Häufig wird eine wiederholte und systematische Auswertungshandlung anzunehmen sein, wenn die Auswertung auf einem geschäftlichen Konzept beruht. Bietet beispielsweise ein Internethändler Produkte aus dem Bereich der Unterhaltungselektronik an und erstellt er für die Präsentation der Produkte eine Datenbank, in der neben dem Preis der Produkte auch Beschreibungen und Zusammenfassungen von Testergebnissen verwertet werden, so kann – eine wesentliche Investition vorausgesetzt – hierin eine Datenbank liegen. Übernimmt ein konkurrierender Unternehmer regelmäßig die Inhalte hinsichtlich einzelner Produkte aus der Datenbank und unterbietet er nach Auswertung die Preise des Datenbankherstellers, so ist ohne weiteres von einer wiederholten und systematischen Übernahme auszugehen. Eine solche wiederholte und systematische Auswertung hat das Oberlandesgericht Köln in dem oben genannten Fall angenommen, als in einem Bewertungsportal einer Vielzahl von Zahnärzten angeboten wurde, Bewertungen aus einem anderen Portal zu übernehmen. **450**

Eine wiederholte und systematische Auswertung alleine ist jedoch nach der Rechtsprechung des Europäischen Gerichtshofes[460] nicht ausreichend, um einen Verstoß gegen die in § 87b Abs. 1 Satz 2 UrhG normierten Rechte anzunehmen. Dies liegt darin begründet, dass nach der entsprechenden Regelung in Art. 7 Abs. 5 der Datenbankrichtlinie (Richtlinie 96/9/EG des Europäischen Parlamentes und des Rates vom 11.3.1996) auch für die Annahme einer systematischen und wiederholten Auswertung die Summe der entnommenen Daten die Wesentlichkeitsgrenze überschreiten muss. Durch die Vorschrift des § 87b Abs. 1 Satz 2 UrhG soll nur eine Umgehung der vorgenannten Alternativen verhindert werden. Eine solche kann jedoch nur angenommen werden, wenn die in der Kumulation der übernommenen Elemente liegende Auswertung ein so erhebliches Ausmaß erreicht, dass wiederum die Investitionen des Datenbankherstellers schwerwiegend beeinträchtigt sind.[461] Dies verkennt das Oberlandesgericht Hamburg, wenn es ohne weitere Begründung davon ausgeht, dass auch die wiederholte und systematische Übernahme bereits zur Begründung einer Verletzung der Rechte des Datenbankherstellers ausreicht.[462] **451**

---

459 OLG Hamburg, Urt. v. 20.2.2008, 5 U 161/07 – Abschlagsdaten.
460 EuGH GRUR 2005, 244 – BHB-Pferdewetten.
461 OLG Köln ZUM-RD 2003, 421; OLG Dresden ZUM 2001, 595.
462 OLG Hamburg, Urt. v. 20.2.2008, 5 U 161/07 – Abschlagsdaten.

452 | **Praxistipp:**
>
> Wenn eine wiederholte und systematische Auswertung vorgenommen wird, muss zusätzlich – auch wenn dies dem Gesetz selbst nicht unmittelbar entnommen werden kann – die Menge der wiederholt und systematisch genutzten Daten die Wesentlichkeitsgrenze überschreiten. Anderenfalls liegt kein Eingriff in den Schutzbereich der Norm vor. Wenn eine wiederholte und systematische Übernahme vorgetragen wird, dürfte es erforderlich sein, auch das Überschreiten der Wesentlichkeitsgrenze in der Kumulation der übernommenen Elemente darzustellen und einen entsprechenden Beweis anzutreten.

453 Der Schutz des Datenbankherstellers wird durch die spezielle Schrankenregelung des § 87c UrhG begrenzt. Da die spezielle Regelung des § 87c UrhG den allgemeinen Schrankenregelungen der §§ 44a ff. UrhG vorgeht, sind die allgemeinen Schrankenregelungen für Datenbanken nach herrschender Meinung nicht anwendbar.[463] § 87a Abs. 1 UrhG erlaubt jedoch lediglich Vervielfältigungen zu den im Einzelnen aufgezählten Zwecken. Folgerichtig sind andere Handlungen, die in die Rechte des Datenbankherstellers eingreifen, nicht von der Schrankenregelung des § 87c Abs. 1 UrhG umfasst. Da § 87a Abs. 1 UrhG ausdrücklich lediglich die Vervielfältigung eines »nach Art oder Umfang wesentlichen Teils« der Datenbank umfasst, kann die Vervielfältigung der gesamten Datenbank nicht gemäß § 87a Abs. 1 UrhG zulässig sein. Da das Vervielfältigen eines unwesentlichen Teils der Datenbank nur ausnahmsweise unzulässig ist, bedurfte es insoweit keiner besonderen Regelung.

454 Die Vorschrift des § 87c UrhG ist aufgrund einer richtlinienkonformen Auslegung wohl dahingehend zu beschränken, dass sich die Vorschrift lediglich auf bereits veröffentlichte Datenbanken bezieht.[464]

455 Im Rahmen von § 87c Abs. 1 Satz 1 Nr. 1 UrhG wird die Vervielfältigung lediglich für den privaten Gebrauch zugelassen und auch nur dann, wenn es sich bei der Datenbank nicht um eine elektronische Datenbank handelt. Diese Beschränkung auf nicht elektronische Datenbanken erfolgte, da die Gefahr einer Weiterverbreitung bei einer elektronischen Datenbank deutlich höher ist. Entscheidend für die Frage, ob eine elektronische Datenbank vorliegt, ist allein die Qualifikation der ursprünglichen Datenbank. Auf die Frage, ob die Vervielfältigungen selbst elektronischer Natur sind, kommt es folglich nicht an. Daher ist das elektronische Vervielfältigen von wesentlichen Teilen einer nicht elektronischen Datenbank zulässig.[465] Als privater Gebrauch ist die Verwendung der Datenbank für eigene Bedürfnisse des Nutzers zu verstehen, solange dieser keine gewerblichen Zwecke verfolgt. Kein privater Gebrauch ist anzunehmen, wenn die Vervielfältigung durch Angehörige der freien Berufe oder Behörden pp. vorgenommen wird.

456 Durch die Vorschrift des § 87c Abs. 1 Satz 1 Nr. 2 UrhG wird die Vervielfältigung zum eigenen wissenschaftlichen Gebrauch zugelassen, wenn der wissenschaftliche Zweck nicht gewerblich ist.

3. Rechteinhaber

457 Inhaber der Rechte an einer Datenbank ist, wie § 87a Abs. 2 UrhG ausdrücklich normiert, derjenige, der die aus § 87a Abs. 1 UrhG ersichtliche wesentliche Investition vorgenommen hat. Hieraus ergibt sich, dass das Schöpferprinzip des § 7 UrhG nicht gilt. Viel-

---

463 *Dreier*/Schulze § 87c Rn. 1.
464 Wandtke/Bullinger/*Thum* § 87c Rn. 7.
465 BGH GRUR 2006, 493 – Briefmarkenkatalog auf CD-Rom.

mehr kann auch eine juristische Person die Investition tragen und so unmittelbar als Hersteller und Rechteinhaber anzusehen sein. Dabei ist davon auszugehen, dass nur derjenige als Hersteller anzusehen ist, der auch am Gewinn und Verlust unmittelbar beteiligt ist. Nicht Hersteller einer Datenbank ist jedoch derjenige, der lediglich eine fertige Datenbank erwirbt. Denn nur die dem Aufbau einer Datenbank im Sinne des § 87a UrhG gewidmeten Investitionen werden durch den Schutzzweck erfasst.[466] Wenn eine dritte Person daher im Auftrag und auf Kosten einer anderen Person eine Datenbank herstellt, so wird der Auftragnehmer nicht Hersteller der Datenbank. Auch eine Person, die lediglich im Auftrag eines Arbeitgebers Daten einpflegt und hierfür durch ihren Arbeitslohn vergütet wird, wird mangels eigener Investition nicht Datenbankhersteller. Wenn jedoch eine Person die Daten eingibt, ohne hierfür eine Kompensation zu erhalten, so kann auch diese Person Datenbankhersteller sein. Denn auch die Investition von eigenem Zeitaufwand wird im Rahmen der Datenbank nach § 87a Abs. 1 UrhG geschützt.[467]

> **Praxistipp:** 458
> Anders als beispielsweise bei Lichtbildern entsteht das Recht bei der (auch juristischen) Person, die die Investition tätigt, originär. Es bedarf daher anders als beim angestellten Urheber eines Werkes oder beim Lichtbildner im Sinne des § 72 UrhG keiner besonderen Übertragung der Nutzungsrechte an die die Investition tragende (juristische) Person.

Zu beachten ist, dass nur die unmittelbare Übernahme des Investitionsrisikos die Herstellereigenschaft begründet. Zwar ist nicht Hersteller einer Datenbank, wer eine bereits fertiggestellte Datenbank (ggf. gegen Entgelt) auswertet. Jedoch kann das Recht des Datenbankherstellers übertragen werden. Denn persönlichkeitsrechtliche Elemente schützt das Recht des Datenbankherstellers nicht.[468] Auch können Dritten nach den allgemeinen Grundsätzen die entsprechenden Nutzungsrechte eingeräumt worden sein. Umgekehrt verliert der Dritte nicht seine Eigenschaft als Hersteller der Datenbank, wenn er einer dritten Person die Nutzungsrechte zur Auswertung einräumt. 459

Problematisch kann der Fall jedoch dann sein, wenn die durch das Leistungsschutzrecht geschützte Datenbank auch ein Datenbankwerk im Sinne des § 4 Abs. 2 UrhG ist. Denn dann können Ansprüche des Urhebers der Datenbank sowie des Inhabers des Leistungsschutzrechtes nach § 87a UrhG nebeneinander bestehen. Die genannten Rechte haben unterschiedliche Schutzgegenstände. Während auf der einen Seite das Urheberrecht des Schöpfers an dem Datenbankwerk gemäß § 4 Abs. 2 UrhG als Ergebnis einer persönlichen geistigen Schöpfung durch Auswahl und Anordnung der Inhalte entstehen kann, hat das unternehmensbezogene Datenbankherstellerrecht auf der anderen Seite die Datenbank im Sinne des § 87a UrhG als Ergebnis ihrer Investitionsleistung zum Gegenstand. Ein Anspruch der Inhaber der jeweiligen Rechte als Gesamtgläubiger scheidet dabei aus.[469] Dies illustriert der vorgenannte Fall, den der Bundesgerichtshof zu entscheiden hatte. Ein Professor machte als Kläger zu 2. Rechte an einem Datenbankwerk, nämlich der Sammlung von Gedichten aus den Jahren 1720 bis 1933 geltend. Insoweit nahm der Bundesgerichtshof das Vorliegen eines Datenbankwerkes an. Darüber hinaus machte die Universität, für die der Kläger zu 2. tätig war, als Klägerin zu 1. Rechte an der Datenbank im Sinne des § 87a UrhG geltend. Die für die Zusammenstellung der Kosten der Datenbank erforderlichen Investitionen in Höhe von 34.900 € hatte die Klägerin zu 1. 460

---

466 BGH GRUR 2009, 852 – Elektronischer Zolltarif.
467 Fromm/Nordemann/*Czychowski* § 87a Rn. 14.
468 BGH GRUR 2009, 852 – Elektronischer Zolltarif.
469 BGH GRUR 2007, 685 – Gedichtliste I.

getragen. Die Kläger beantragten u.a., festzustellen, dass die Beklagte als Verletzter verpflichtet sei, den Klägern den Schaden zur gesamten Hand zu ersetzen. Der Bundesgerichtshof stellte letztlich hinsichtlich beider Kläger fest, dass die Beklagte zur Leistung eines Schadensersatzes verpflichtet ist.[470] Die Auffassung, dass jedoch beide Kläger einen Anspruch als Gesamtgläubiger haben könnten, lehnte der Bundesgerichtshof ausdrücklich ab. Dies begründete er ausdrücklich mit den unterschiedlichen Schutzgegenständen des Datenbankwerkes und der durch Leistungsschutzrechte geschützten Datenbank.

461 Ebenso wie bei allen anderen Leitungsschutzrechten kann dem möglichen Rechteinhaber die Vermutung des § 10 Abs. 1 UrhG zugutekommen. Ist also der Hersteller einer Datenbank auf dem Original oder einem Vervielfältigungsstück als Rechteinhaber bezeichnet, wird seine Rechtsstellung vermutet.

4. Praktische Hinweise

462 Gerade bei der Datenbank erscheint es problematisch, im Rahmen einer klageweisen Geltendmachung insbesondere eines Unterlassungsanspruchs einen im Sinne des § 253 Abs. 2 Nr. 2 ZPO ausreichend konkret gefassten Antrag zu formulieren. Denn nach § 253 Abs. 2 Nr. 2 ZPO müssen ein Unterlassungsantrag und eine nach § 313 Abs. 1 Nr. 4 ZPO darauf beruhende Verurteilung so deutlich gefasst sein, dass der Streitgegenstand und der Umfang der Prüfungs- und Entscheidungsbefugnis des Gerichts klar umrissen sind, so dass sich der Beklagte deshalb erschöpfend verteidigen kann und im Ergebnis nicht dem Vollstreckungsgericht die Entscheidung darüber überlassen bleibt, was dem Beklagten verboten ist.[471] Dies wirft in der Praxis erhebliche Schwierigkeiten auf, wenn die streitgegenständliche Datenbank sich ständig verändert und durch die Aufnahme neuer Daten angepasst wird. Da der Unterlassungsantrag in die Zukunft gerichtet ist, muss es im Rahmen der Bestimmtheit des Antrages folglich als ausreichend angesehen werden, eine bestimmte möglichst genau zu bezeichnende Datenbank in den Unterlassungsantrag aufzunehmen. Dabei müssen die einzelnen Elemente der Datenbank anders als ggf. bei einer Computersoftware nach der hier vertretenen Auffassung nicht zum Gegenstand des Antrages bzw. des Tenors gemacht werden. Würde lediglich auf die derzeit existierenden Datensätze einer ständig wachsenden Datenbank Bezug genommen, könnte ein hinreichender Schutz des Datenbankherstellers nicht erreicht werden.[472] In derartigen Fällen ist eine Verallgemeinerung in der Antragsformulierung sowie im Tenor eines Urteils – im Unterschied zu einer Software oder ggf. einer Datenbank, die nicht ständig ergänzt und erweitert wird – zulässig und nach hiesiger Auffassung sogar geboten.[473]

463 Im Falle der Geltendmachung eines Unterlassungsanspruchs hinsichtlich einer Datenbank könnte wie folgt formuliert werden:

464 ▶ **Formulierungsbeispiel:**

Die Klägerin als XY GmbH hat gegen die Beklagte einen Anspruch auf Unterlassung der Vervielfältigung der aus dem Antrag ersichtlichen Datenbank der Klägerin gemäß § 97 UrhG.
Die streitgegenständliche Datenbank ist gemäß § 87a UrhG geschützt. Denn es handelt sich um eine Sammlung von Daten, die systematisch und methodisch angeordnet und einzeln mit Hilfe elektronischer Mittel zugänglich sind und deren Darstellung eine wesentliche Investition erforderte.

---

470 BGH NJW 2010, 778 – Gedichtliste II.
471 BGH GRUR 2000, 438 – Gesetzeswiederholende Unterlassungsanträge.
472 LG Köln MMR 2008, 418.
473 Schricker/*Wild* § 97 Rn. 98.

C. Leistungsschutzrechte inkl. Datenbank

Die streitgegenständliche Datenbank beinhaltet eine Sammlung von unabhängigen Elementen. Denn sie enthält die technischen Details und Beschreibungen aller Produkte, die die Klägerin im Bereich des Autoersatzteilemarktes anbietet. Die Unabhängigkeit der Daten ist dabei gegeben, da die Daten voneinander getrennt werden und auch außerhalb der Datenbank isoliert noch von Bedeutung sein können. Dieses Tatbestandsmerkmal ist erfüllt, da die technischen Details, die beispielsweise für den Einbau eines Kabelbaums und die Beurteilung der Frage, ob dieser für die Nutzung der vom Kunden jeweils gewünschten Zwecke die notwendigen Anforderungen erfüllt, nicht ihren informativen Charakter verlieren. Vielmehr ist der berechtigte Nutzer der Datenbank gerade daran interessiert, die dem einzelnen Bauteil zugeordneten technischen Daten zu erfahren. Vor diesem Hintergrund hat die in dem jeweiligen Datensatz enthaltene Information für sich genommen einen Aussagegehalt, ohne dass es dazu der Kenntnis der weiteren Elemente und ihrer Inhalte der Datenbank bedarf. Hierbei ist auch zu berücksichtigen, dass die Rechtsprechung an das Kriterium der Unabhängigkeit ohnehin keine hohen Anforderungen stellt.

Die Elemente der Datenbank der Klägerin sind auch einzeln mit Hilfe elektronischer Mittel gemäß § 87a UrhG zugänglich. Denn die dem jeweiligen Autoersatzteil zuzuordnenden technischen Daten und Beschreibungen sind systematisch angeordnet. Sie können darüber hinaus isoliert aus der Datenbank abgerufen werden. Die systematische Anordnung ergibt sich daraus, dass die einzelnen Ersatzteile zunächst den jeweiligen Fahrzeugtypen zugeordnet werden. In einer weiteren Gliederungsebene werden die Ersatzteile einzelnen Baugruppen, wie dem Motor, dem Getriebe, der Karosserie oder weiteren Punkten zugeordnet. So kann der berechtigte Nutzer der Datenbank ohne großen Aufwand und insbesondere ohne die genaue technische Bezeichnung des Ersatzteils kennen zu müssen das von ihm benötigte Ersatzteil in der Datenbank finden und die erforderlichen Beschreibungen abrufen. Darüber hinaus kann der Kunde in der elektronischen Datenbank auch nach Schlagworten suchen, um so ebenfalls auf diese Weise den von ihm benötigten Datensatz abrufen zu können. Da lediglich die zufällige Datensammlung von einem Schutz im Rahmen des Leistungsschutzrechtes ausgeschlossen werden soll, ist die Voraussetzung einer systematischen Anordnung und einzelnen Abrufbarkeit ohne weiteres erfüllt.

Für die Erstellung der Datenbank hat die Klägerin eine wesentliche Investition getätigt. Insgesamt enthält die Datenbank etwa 120.000 Ersatzteile für PKW verschiedener Typen. Die Klägerin hat dabei für jedes Ersatzteil, das sie vom jeweiligen Hersteller bezieht, ein Datenblatt erstellt. Dieses enthält die technischen Angaben, die das Ersatzteil beschreiben. Da die Daten jedoch lediglich für einen ausgebildeten Automechaniker verständlich sind, die Klägerin sich jedoch im Rahmen ihres Internethandels in erster Linie an autobegeisterte Laien wendet, lässt die Klägerin die Daten von 5 festangestellten Mitarbeitern in die Datenbank eingeben. Aufgabe des jeweiligen Mitarbeiters ist dabei nicht lediglich das bloße Abtippen der Daten. Vielmehr werden die Daten in eine für den Laien verständliche Sprache »übersetzt« und die einzelnen Angaben, die von Hersteller zu Hersteller variieren, dem in der Datenbank der Klägerin standardisierten Format angepasst. Darüber hinaus werden von den Mitarbeitern der Klägerin kurze Tipps für den Einbau und die bei Einbau häufig möglichen Fehlerquellen aufgezeigt. (Es folgt ein Beweisangebot, in dem beispielsweise die einpflegenden Mitarbeiter oder der für die Personaleinteilung zuständige Mitarbeiter als Zeuge benannt werden.) Die vorgenannten Mitarbeiter sind ausschließlich mit der Bearbeitung und Eingabe der genannten Daten beschäftigt. Andere Tätigkeiten führen diese Mitarbeiter der Klägerin nicht aus. (Beweis wie vor.) Die Kosten, die bei der Beklagten für einen entsprechenden Mitarbeiter entstehen, belaufen sich auf 3.500 € pro Monat. Dies entspricht dem Bruttoverdienst der einpflegenden Mitarbeiter zzgl. der

Lohnnebenkosten. (Hier kann Beweis durch Zeugnis des Sachbearbeiters der Personalabteilung angeboten werden. Es kommt aber auch die Vorlage der Lohnbescheinigungen in Betracht.) Darüber hinaus hat die Klägerin für das Erstellen der Software, auf der die Datenbank beruht, an die Firma ABC-Softwareentwicklung AG einen Betrag in Höhe von 45.000 € bezahlt. (Beweis: Vorlage der Rechnung als Anlage.) Auch dieser Betrag ist für die Annahme einer wesentlichen Investition zu berücksichtigen.

Da die vorgenannten Kosten alleine von der Klägerin getragen wurden und diese damit das Risiko der Auswertung in vollem Umfang trägt, ist die Klägerin als Datenbankherstellerin anzusehen und zur Geltendmachung der streitgegenständlichen Unterlassungsansprüche aktivlegitimiert.

Diese Rechte hat die Beklagt verletzt, indem sie wesentliche Teile der Datenbank der Klägerin ohne Genehmigung der Klägerin entgegen § 87b UrhG vervielfältigte und öffentlich wiedergab. Zwar hat sich die Beklagte auf den Verkauf von Ersatzteilen für deutsche Automarken spezialisiert, so dass sie nicht die gesamte Datenbank für den Verkauf und das Bewerben ihrer Produkte einsetzt. Sie hat jedoch ca. 40.000 Datensätze unverändert übernommen und nutzt diese, um ihren eigenen Kunden über ihre Homepage das Heraussuchen des jeweils passenden Ersatzteiles zu ermöglichen. So kann ein Kunde der Beklagten nach den gleichen Kriterien nach einem Ersatzteil suchen und erhält auch die wortgleichen Tipps für den Einbau. Um nachzuweisen, dass die Daten unmittelbar aus der Datenbank der Klägerin übernommen wurden, hat die Klägerin bei 25 wenig nachgefragten Ersatzteilen bewusst einige Tippfehler einpflegen lassen. Hierbei handelt es sich um folgende Tippfehler. (Es folgt eine Aufzählung der Tippfehler sowie ein Beweisantritt für das bewusste Einfügen der Fehler.) Auch diese Tippfehler sind von der Beklagten vollständig übernommen worden. Dies ergibt sich aus den als Anlage beigefügten Screenshots, die der Internetseite der Beklagten für das jeweilige Ersatzteil entstammen. (Beweis: Screenshots als Anlage.) Dies lässt alleine den Schluss darauf zu, dass die Datensätze auf elektronischem Weg kopiert und automatisiert in die Datenbank der Beklagten unter Verletzung der Rechte der Klägerin genutzt wurden. Dass auch die Übernahme von 40.000 Datensätzen aus der Datenbank der Klägerin einen wesentlichen Teil der Datenbank beinhaltet, ergibt sich bereits aus der Quantität der Übernahme. Die widerrechtliche Nutzung umfasst darüber hinaus auch einen qualitativ wesentlichen Teil der Datenbank. Denn auch für das Erstellen der einzelnen Datensätze für die Ersatzteile der PKW deutscher Hersteller war ein erheblicher finanzieller und personeller Aufwand erforderlich. Letztlich gleicht die Beklagte auch die Datensätze regelmäßig mit den neu eingegebenen oder veränderten Datensätzen der Klägerin ab, um sodann selbst die Änderungen für ihre Datenbank zu nutzen. Dies stellt eine wiederholte und systematische Nutzung der Datenbank dar, die den Interessen der Klägerin zuwiderläuft. Denn die Datenbank wurde für die Nutzung durch Kunden der Klägerin geschaffen, nicht aber um einem Konkurrenten der Klägerin vereinfachten Zugang zu dem Internetersatzteilemarkt zu ermöglichen. Angesichts des dargelegten Umfangs der übernommenen Daten ist auch davon auszugehen, dass die übernommenen Daten in ihrer Kumulation einen wesentlichen Teil der Datenbank ausmachen.

Die für den Unterlassungsanspruch erforderliche Wiederholungsgefahr ist durch die Erstbegehung indiziert.

D. Allgemeine Bestimmungen des Urhebervertragsrechts

I. Übertragung von Rechten

1. Einleitung

Durch das Urheberrecht werden sowohl persönlichkeitsrechtliche Interessen als auch das **465** Interesse an der wirtschaftlichen Verwertung des Urhebers geschützt. Da beide Sphären des Urheberrechts untrennbar miteinander verbunden sind, ist das Urheberrecht **nicht vollständig übertragbar** (§ 29 Abs. 1 Hs. 1 UrhG). Dem Urheber verbleibt auch dann, wenn er einem Interessenten alle Nutzungsrechte einräumt, der **Kern einzelner Verwertungsrechte**. Gleiches gilt, wenn der Urheber Dritten die Ausübung einzelner persönlichkeitsrechtlicher Befugnisse gestattet. Da das Urheberrecht über den Tod des Urhebers hinaus besteht (§ 64 UrhG), ist es insgesamt vererblich und in diesem Zusammenhang auch übertragbar (§§ 28 ff. UrhG).

Der Ausschluss der vollständigen Übertragbarkeit der Urheberrechte gilt grundsätzlich **466** für alle Werkarten, einschließlich der Computerprogramme (§§ 2 Abs. 1 Nr. 1, 69a UrhG) sowie wissenschaftlicher Ausgaben (§ 70 UrhG) und der Lichtbilder (§ 72 UrhG). Ausnahmen bestehen jedoch für die Leistungsschutzrechte der ausübenden Künstler (§ 73 UrhG) und für andere verwandte Schutzrechte, die keine persönlichkeitsrechtliche Komponente aufweisen, also insbesondere für die Ausgaben nachgelassener Werke (§ 71 UrhG), den Schutz des Veranstalters (§ 81 UrhG), die Rechte des Tonträgerherstellers (§ 85 UrhG), des Sendeunternehmers (§ 87 UrhG), des Datenbankherstellers (§ 87a UrhG), des Filmherstellers (§ 94 Abs. 2 UrhG) und des Herstellers von Laufbildern (§ 95 UrhG).

2. Urheberrecht als Gegenstand des Nachlasses

a) Vererbung

Das Urheberrecht ist vererblich (§ 28 Abs. 1 UrhG). Der Rechtsnachfolger des Urhebers **467** erwirbt mit dem Tod sämtliche Rechte des Urhebers (§ 30 UrhG). Die Vererbung richtet sich nach den allgemeinen erbrechtlichen Bestimmungen des BGB. Der Urheber kann über seine Rechte testamentarisch verfügen (§§ 2064 ff. BGB) oder einen Erbvertrag (§§ 2274 ff. BGB) schließen; bei der Auslegung der Verfügung sind die urheberrechtlichen Grundsätze, insbesondere die Zweckübertragungslehre (§ 31 Abs. 5 UrhG), zu beachten.[474] Verfügt der Urheber nicht, so tritt die gesetzliche Erbfolge (§§ 1922 ff. BGB) ein.

Der Urheber ist in der Bestimmung des Erben frei; während das Urheberrecht immer **468** nur natürlichen Personen erwachsen kann, kann Erbe auch eine juristische Person sein.[475] So kann der Urheber seine Rechte z.B. einer Stiftung vermachen und dieser vorgeben, auf welche Weise sein Werk verwaltet werden soll. Werden Vereine und Stiftungen als Erben eingesetzt, so wird im Fall der Liquidation der satzungsmäßig angeordnete Vermögensanfall (§§ 88 Satz 1, 45 Abs. 1 BGB) analog einem Erbfall (§ 28 UrhG) zu behandeln sein und bei allen anderen juristischen Personen das Liquidationsverfahren erst mit der Gemeinfreiheit der Werke enden.[476]

Der Urheber kann den Erben die Rechte an jeweils einzelnen Werken zuwenden, aber **469** auch einzelne Verwertungsrechte an einzelnen Werken.[477]

---

474 Dreier/*Schulze* § 28 Rn. 9.
475 *Schricker* § 28 Rn. 4; Fromm/Nordemann/*J. B. Nordemann* § 8 Rn. 7.
476 Loewenheim/*A. Nordenmann* § 23 Rn. 18 f.
477 *Schricker* § 30 Rn. 1; a.A. Loewenheim/*A. Nordemann* § 23 Rn. 21.

b) Stellung der Erben

470 Der Erbe erwirbt mit dem Anfall der Erbschaft die **gleiche Stellung** wie der Erblasser selbst (§ 30 UrhG). Er wird Inhaber des Urheberpersönlichkeitsrechts[478] ebenso wie Inhaber der Verwertungsrechte und aller sonstigen vermögensrechtlichen Positionen, bezogen auf die ihm zugedachten Werke. Das Urheberpersönlichkeitsrecht wird mitvererbt und endet erst mit der Gemeinfreiheit des Werkes. Es geht auf den Erben über, obwohl die Rechte zur Ausübung des postmortalen Persönlichkeitsschutzes auf die nahen Angehörigen übergehen (§ 22 KUG).[479]

471 Grundsätzlich ist der Erbe berechtigt frei über die Nutzung der Rechte zu entscheiden, es sei denn, der Erblasser hat die Handlungsfreiheit des Erben durch Auflagen (§§ 2192 ff. BGB) beschränkt, Anordnungen gegenüber dem Testamentsvollstrecker (§§ 2192 ff. BGB) oder für die Stiftungsverwaltung (§ 80 BGB) getroffen. Zur Sicherung der Vorstellungen des Urhebers kann dieser die Rechte einem **Treuhänder anvertrauen**, der dann im Rahmen der Bestimmungen des Treuhandverhältnisses über die Verwertung der Rechte entscheiden kann, ohne dass sich die Erben den einzelnen Handlungen widersetzen können.[480]

472 Will der Urheber sicherstellen, dass seine Auflagen bei der Verwertung der Rechte beachtet werden, so kann er eine **Testamentsvollstreckung** anordnen. Für diesen Fall gilt die 30jährige Beschränkung der Testamentsvollstreckung gemäß § 2210 BGB nicht (§ 28 Abs. 2 UrhG). Wenn der Urheber sicherstellen will, dass eine Testamentsvollstreckung bis zum Ende der Schutzfrist andauert, so kann er die Testamentsvollstreckung für die Dauer der Schutzfrist verfügen, muss allerdings sicherstellen, dass jeweils ein Nachfolge auch in die Testamentsvollstreckung eintritt (§§ 2225 ff. BGB).

473 Hat ein Urheber zu Lebzeiten Verfügungen über seine Rechte getroffen, so sind seine Erben hieran gebunden.[481] Die vom Urheber selbst eingeräumten Nutzungsrechte, zum Beispiel das Verlagsrecht, **verbleiben** bei dem **Erwerber**, ebenso wie der jeweilige Vertragspartner eines schuldrechtlichen Vertrages seine Rechtsposition weiterhin behält.[482] Der Erbe ist an die Entscheidungen des Urhebers bezüglich des Rückrufsrechts wegen gewandelter Überzeugungen (§ 42 UrhG) und des Einwilligungsrechts in die Änderungen von Sprachwerken für die Nutzung für den Kirchen-, Schul- und Unterrichtsgebrauch (§ 64 Abs. 4 Satz 2 UrhG) sowie der Gestattungen der Zwangsvollstreckung (§§ 115, 116 UrhG) gebunden. Ansonsten kann der Erbe das Urheberrecht und das Urheberpersönlichkeitsrecht weitgehend nach eigenen Interessen und Vorstellungen ausüben.[483]

c) Erbauseinandersetzung

474 Sind mehrere Personen zu Erben berufen, so bilden sie eine **Miterbengemeinschaft** (§§ 2032 ff. BGB) als Inhaber des Urheberrechts, nicht aber eine Miturheberschaft, da die Erben das Werk nicht gemeinsam geschaffen haben, sondern nur Inhaber der Rechte werden. Der Erblasser kann die Rechte an einzelnen Werken oder an allen Werken im Wege des Vorausvermächtnisses Dritten zuwenden, Teilungsanordnungen treffen sowie

---

478 BVerfG GRUR 2006, 1049, 1050 – Werbekampagne mit blauem Engel; BGH GRUR 2000, 709, 711 – Marlene Dietrich; *Schricker* § 30 Rn. 5.
479 BGH GRUR 2000, 709 – Marlene Dietrich; MüKo-BGB/*Schwerdtner* § 12 Rn. 193 ff.
480 BGH GRUR 1955, 201, 204 – Cosima Wagner.
481 OLG Düsseldorf GRUR 1991, 759, 760 – Armutsgelübde.
482 *Schricker* § 28 Rn. 3, 7.
483 BGH GRUR 1989, 106, 107 – Oberammergauer Passionsspiele II; *Ulmer* § 82 III; a.A. *Schack* Rn. 577, der eine Bindung an die Interessen des Urhebers, allerdings ohne Erzwingbarkeit sieht; *Schricker* Vor § 12 f. Rn. 31.

jede andere Bestimmung treffen, die seiner Auffassung nach seinem Werk am besten gerecht wird.[484] Erben mehrere gemeinschaftlich, so sind sie berechtigt, im Rahmen der **Erbauseinandersetzung** die **Rechte vollständig** auf einen oder mehrere Miterben zu **übertragen** (§ 29 Abs. 1 Hs. 2 UrhG). Andere Übertragungen des Urheberrechts, außer unter Miterben, schließt das Gesetz aus.[485]

3. Verwandte Schutzrechte als Gegenstand des Nachlasses

Die Leistungsschutzrechte an wissenschaftlichen Ausgaben (§ 70 Abs. 1 UrhG), an Lichtbildern und Erzeugnissen, die ähnlich wie Lichtbilder hergestellt werden (§ 72 Abs. 1 UrhG), sind ebenso vererblich. Die sonstigen verwandten Schutzrechte, d.h. Rechte an Ausgaben nachgelassener Werke (§ 71 UrhG), des Filmherstellers (§ 94 Abs. 2 UrhG), des Herstellers von Laufbildern (§ 95 UrhG), des Tonträgerherstellers (§ 85 Abs. 2 UrhG), des Sendeunternehmers (§ 87 Abs. 2 UrhG), des Veranstalters (§ 81 UrhG) und des Datenbankherstellers (§ 87a UrhG), unterliegen den erbrechtlichen Bestimmungen des Bürgerlichen Gesetzbuches, sofern der Inhaber eine natürliche Person ist. 475

Die Verwertungsrechte des ausübenden Künstlers (§§ 73 ff. UrhG) gehen im Falle des Todes des Künstlers nach den erbrechtlichen Vorschriften auf die Erben über. Die Ansprüche auf Anerkennung der Leistung (§ 74 UrhG) und die Rechte des Entstellungsschutzes (§ 75 UrhG) gehen, soweit sie nicht ohnehin mit dem Tod erlöschen, nicht auf die Erben, sondern auf die Angehörigen über (§ 76 UrhG). Mit dem Tod des ausübenden Künstlers kann also die Rechtszuständigkeit für die persönlichkeitsrechtlichen Belange einerseits und die Verwertungsrechte andererseits auseinander fallen. 476

4. Übertragung des Urheberrechts

a) Unübertragbarkeit des Urheberrechts

Das Urheberrecht ist grundsätzlich **nicht übertragbar** (§ 29 Abs. 1 Hs. 1 UrhG). Es kann also weder als Ganzes noch in seinen Teilen wie einzelne Verwertungsrechte auf Dritte übertragen werden. Die Unübertragbarkeit des Urheberrechts als Ganzes oder in Teilen ist die Folge der monistischen Auffassung des Rechts, wonach das Urheberpersönlichkeitsrecht und die Verwertungsrechte eine gemeinsame, einheitliche Wurzel haben. 477

Im Gegensatz zu der gesetzlichen Regelung, die bis zum Erlass des Urheberrechtsgesetzes im Jahr 1965 galt (§ 137 UrhG),[486] oder manch anderer Rechtsordnungen[487] ist die Übertragung des Urheberrechts als Ganzes oder von einzelnen Verwertungsrechten (z.B. des Vervielfältigungsrechts, § 16 UrhG, oder des Verbreitungsrechts, § 17 UrhG) nicht möglich. Unter der Geltung der alten Rechtslage (§ 8 Abs. 2 LUG, § 10 Abs. 3 KUG) bestand Einigkeit darüber, dass ein urheberpersönlichkeitsrechtlicher Kern stets unübertragbar bleibt.[488] Durch den gänzlichen Ausschluss der Übertragbarkeit in der Neufassung des Urheberrechts gelang es, Schwierigkeiten, die bei der Abgrenzung der übertragbaren von den nicht übertragbaren Befugnissen entstanden waren, zu beseitigen. 478

---

484 *Ulmer* § 81 II 1.
485 Die Rückübertragung vom Vermächtnisnehmer auf den Miterben dürfte nicht wirksam möglich sein (*Schricker* § 29 Rn. 14).
486 Verträge, die vor dem 1.1.1966 unter Berücksichtigung von § 10 KUG und § 8 LUG abgeschlossen wurden, bleiben weiterhin wirksam (§ 132 Abs. 1 Satz 1 UrhG).
487 Die Wirksamkeit der Rechtsübertragung wird nach dem Recht des Schutzlandes beurteilt. Amerikanische Verträge, die häufig eine solche weitgehende Übertragung vorsehen, werden regelmäßig dahingehend ausgelegt, dass die erforderlichen ausschließlichen Nutzungsrechte damit eingeräumt wurden (Schricker/*Katzenberger* Vor §§ 120 ff. Rn. 1519).
488 *Von Gamm* § 29 Rn. 1.

479 Der Urheber kann Dritten die **aus den jeweiligen Verwertungsrechten abgeleitete Nutzungsrechte einräumen**. Damit gestattet der Urheber den Berechtigten, das Werk auf einzelne oder mehrere Nutzungsarten zu nutzen. Die Nutzungsrechte sind gegenüber den Verwertungsrechten selbständig, haben jedoch einen von den Verwertungsrechten abgeleiteten Inhalt. Das Tochterrecht Nutzungsrecht entsteht mit der konstitutiven Rechtseinräumung. So kann der Urheber einem Verleger das Recht zur Vervielfältigung und Verbreitung als Hardcover oder als Hörbuch, einem Theater das Aufführungsrecht oder einer Rundfunkanstalt das Senderecht einräumen. Die Einräumung solcher Nutzungsrechte ist dann eine Beschränkung oder Belastung[489] des Verwertungsrechts. Das Nutzungsrecht löst sich also – bildlich gesprochen aus dem Verwertungsrecht heraus.

480 Auch wenn der Urheber Dritten die Nutzung seines Werkes auf eine bestimmte Art gestattet, verbleibt **dem Urheber** ein persönlichkeitsrechtlicher und/oder verwertungsrechtlicher **Kern**, der ihn berechtigt, gegen die Verletzung seiner Rechte neben dem Erwerber des ausschließlichen Rechts vorzugehen; der Urheber bleibt also für den Verletzungsprozess aktivlegitimiert.[490]

b) Abtretbarkeit

481 Dem Urheber stehen eine Reihe von gesetzlichen Vergütungsansprüchen, z.B. aus dem Vermieten und Verleihen (§ 27 Abs. Satz 1 UrhG) oder die Vervielfältigung zum eigenen Gebrauch (§§ 53 f. UrhG), zu. Diese Ansprüche kann er abtreten. Bezüglich der Abtretungen, die seit 1.7.2002 vorgenommen wurden, sieht das Gesetz allerdings vor, dass die Vergütungsansprüche aus den Schranken des Urheberrechts (§§ 44a ff. UrhG) im Voraus nur an eine Verwertungsgesellschaft abgetreten werden können und dass ein Verzicht auf diese Ansprüche im Voraus unwirksam ist (§§ 63a, 20b Abs. 2, 26 Abs. 5, 27 Abs. 2, 32b, 32c UrhG).

c) Verzichtbarkeit

482 Im Hinblick auf die Unübertragbarkeit des Urheberrechts im ganzen ist es auch nicht verzichtbar,[491] ausgenommen der Verzicht des Miturhebers zugunsten eines anderen Miturhebers (§ 8 Abs. 4 UrhG) oder der Verzicht auf bereits entstandene Ansprüche (§ 63a Satz 1 UrhG e contrario), sei es im Wege des Erlassvertrages (§ 397 BGB) oder des prozessualen Verzichts (§ 306 ZPO).

483 Der Verzicht auf künftig entstehende Rechte dürfte nicht wirksam sein; die Verbreitung von »Public Domain Software« oder »Shareware« stellt sich eher als die Einräumung eines einfachen Nutzungsrechtes an jedermann dar.[492]

484 Die Urheberpersönlichkeitsrechte sind im Kern unverzichtbar,[493] da § 39 UrhG nur bestimmte Rechtsgeschäfte darüber zulässt. Demgegenüber ist der Verzicht auf das Nennungsrecht, das Erstveröffentlichungsrecht und sogar auf das Entstellungsverbot, sofern nur einzelne vorhersehbare und in ihrer Bedeutung überblickbare Eingriffe gestattet sind, zulässig.[494] Solche Vereinbarungen werden an Hand der Zweckübertragungslehre nach ihrem Zweck und ihrer Reichweite auszulegen sein.[495]

---

489 *Rehbinder* Rn. 542.
490 BGHZ 118, 394 – Alf; BGH GRUR Int. 1999, 884 – Laras Tochter.
491 BGH GRUR 1995, 673, 674 – Mauer-Bilder; *Schricker* § 29 Rn. 15.
492 Schricker/*Loewenheim* § 69c Rn. 3 f.
493 BGH NJW 2009, 774, 775 – Klingeltöne für Mobiltelefone.
494 OLG München GRUR-RR 2004, 33, 34 – Pumuckl-Illustrationen.
495 *Schricker* § 29 Rn. 18 f.

5. Nutzungsrechte

a) Verwertungsrechte und Nutzungsrechte

»Der Urheber kann einem anderen das Recht einräumen, das Werk auf einzelne oder alle Nutzungsarten zu nutzen (Nutzungsrechte)« (§ 31 Abs. 1 Satz 1 UrhG). Die Verwertungsrechte (§§ 15 ff. UrhG) entstehen ausschließlich und stets in der Person des Urhebers. Das Gesetz nennt in §§ 15 ff. UrhG einzelne Verwertungsrechte, die allein dem Urheber zustehen; sie sind Bestandteil des **all umfassenden wirtschaftlichen Verwertungsrechts** des Urhebers. Dies bedeutet, dass dem Urheber auch die weiteren – nicht benannten – Verwertungsrechte zustehen. 485

Die **Nutzungsrechte** haben einen von den Verwertungsrechten abgeleiteten Inhalt. Nur sie können **Gegenstand des Rechtsverkehrs** sein. Mit Nutzungsrechten meint das Gesetz in §§ 31 ff. UrhG die Rechte zur Nutzung des Werkes auf die jeweils konkrete Nutzungsart. Eine Nutzungsart ist eine konkrete technisch und wirtschaftlich eigenständige Verwendungsform eines Werkes,[496] also eine bestimmte Art und Weise der wirtschaftlichen Nutzung eines Werkes, wie die Vervielfältigung und Verbreitung in Buchform, auf DVD, als Element eines Sammelwerkes usw. Regelmäßig ist der Urheber selbst nicht in der Lage, alle oder einen Großteil der ihm erwachsenden Rechte zu nutzen; daher sieht das Gesetz für die Nutzungsrechte die Übertragbarkeit vor. 486

Daneben kann der Urheber Dritten die Nutzung auch durch eine Nutzungserlaubnis in der Form einer schuldrechtlichen Gestattung ermöglichen.[497] Die Rechtsposition wirkt nicht gegenüber Dritten und kann auch nicht weiter übertragen werden. Eine Schuldrechtliche Gestattung ist nur in Ausnahmefällen anzunehmen. 487

b) Entstehung der Nutzungsrechte

Mit der **Einräumung des Nutzungsrechts**, also mit der Gestattung, das Werk auf eine konkret beschriebene Art zu nutzen, entsteht in der Person des dadurch Berechtigten das Nutzungsrecht. Das Nutzungsrecht wird also durch die konstitutive Rechtseinräumung begründet.[498] **Endet** diese Berechtigung, beispielsweise aufgrund des Ablaufs der vereinbarten Zeit oder aufgrund einer Kündigung, so bedarf es keiner eigenen Vereinbarung über die Rückübertragung des Nutzungsrechts zwischen Nutzer und Urheber, sondern das **Recht fällt** ohne weiteres an den Urheber **zurück** (§ 9 Abs. 1 VerlG, § 40 Abs. 3 UrhG).[499] 488

c) Arten der Nutzungsrechte

aa) Begriff des Nutzungsrechts

Allein der Urheber entscheidet darüber, welche Nutzungsrechte er einem Nutzer des Werkes einräumt. Das Gesetz gestattet ihm, die Nutzungsrechte als **einfache** oder **ausschließliche** Rechte sowie **räumlich, zeitlich** oder **inhaltlich beschränkt** einzuräumen (§ 31 Abs. 1 UrhG). Der Urheber kann also aus dem umfassenden Verwertungsrecht einzelne Nutzungsrechte »herausschneiden« und diese gesondert einzelnen Nutzern einräumen. Im Unterschied zum Sachenrecht, bei dem hinsichtlich der sachenrechtlichen Verfügungsmöglichkeiten ein Typenzwang besteht, kann der Urheber seine Verwer- 489

---

[496] BGHZ 95, 274 – Gema-Vermutung I; BGH GRUR 2005, 937, 939 – Zauberberg; GRUR 1997, 215, 217 – Klimbim; *Schricker* § 31 Rn. 7.
[497] *Schricker* Vor §§ 28 ff. Rn. 25.
[498] H.M. *Schricker* Vor §§ 28 ff. Rn. 43 m.w.N.
[499] *Schricker* Vor §§ 28 ff. Rn. 61; Möhring/Nicolini/*Spautz* § 31 Rn. 14; *Ulmer* S. 390; *Kraßer* GRUR Int. 1973, 230, 235; a.A. *Schack* Rn. 525 f.; *v. Gamm* Einf. Rn. 70; *Wente/Härle* GRUR 1997, 96, 98.

tungsrechte fast beliebig aufspalten und so jeweils für die wirtschaftlich erfolgreichste Nutzung seiner Rechte Sorge tragen. Als **Nutzungsart** ist »**jede konkrete, technisch und wirtschaftlich eigenständige Verwertungsform des Werkes**« anerkannt.[500] Da sich die wirtschaftlich und technisch eigenständige Verwertungsform nach den Anschauungen des Verkehrs richtet, entscheidet dieser letztlich über die jeweilige Existenz eigenständiger Nutzungsrechte.

490 Die Rechtsprechung hat bislang eine Reihe von eigenständigen Nutzungsarten anerkannt, so beispielsweise das Recht zur Vervielfältigung und Verbreitung eines Werkes als Hardcover- oder Taschenbuchausgabe,[501] die Buchgemeinschaftsausgabe,[502] die Verwendung eines Musikwerkes in einer Werbesendung,[503] die Videozweitauswertung von Spielfilmen[504] oder zur Eigenwerbung,[505] die unterschiedlichen Verwertungen, welche die Mittelstandsgemeinschaft Fotomarketing (MFM) in ihrem Honorarempfehlungen[506] anführt, für Filme die Kino-, Fernseh- oder Videoauswertung[507] und für Software den Vertrieb als OEM-Software gemeinsam mit Hardware sowie den isolierten Vertrieb.[508]

491 Der Urheber kann also über ein **Bündel an Nutzungsrechten** verfügen. Die Anzahl der möglichen Nutzungsarten unterscheidet sich nach der Natur eines Werkes. So lässt sich ein Roman nicht nur als Buch vervielfältigen und verbreiten, er lässt sich auch übersetzen, verfilmen, vorlesen o. Ä., während die Verfilmung einer technischen Zeichnung oder einer Landkarte schwer vorstellbar erscheint. Die technische und wirtschaftliche Entwicklung führte dazu und wird auch in Zukunft dazu führen, dass neue Nutzungsarten entstehen.

bb) Einfache und ausschließliche Nutzungsrechte

492 Nutzungsrechte können als einfache oder ausschließliche Rechte eingeräumt werden (§ 31 Abs. 2 u. 3 UrhG). Beide Rechtsformen haben **dinglichen** (gegenständlichen) Charakter, wie sich aus dem für beide Rechtsformen festgelegten **Sukzessionsschutz** (§ 33 UrhG) ergibt. Der Schutz stellt sicher, dass derjenige, der zunächst ein einfaches Nutzungsrecht erworben hat, Inhaber dieses einfachen Nutzungsrechtes bleibt, wenn später das ausschließliche Nutzungsrecht an einen anderen vergeben wird.[509]

493 Der Inhaber des ausschließlichen oder eines nichtausschließlichen Rechts kann das jeweilige Recht unter den Voraussetzungen des § 34 UrhG auch **vollständig**, also translativ, an andere **übertragen**.

494 Das **einfache** Nutzungsrecht berechtigt den Inhaber, das Werk **auf die erlaubte Art** zu nutzen ohne dass eine Nutzung durch andere ausgeschlossen ist (§ 31 Abs. 2 UrhG). Es können also mehrere nebeneinander das Werk auf die erlaubte Art nutzen. Dem Recht fehlt es an Exklusivität. Der Inhaber ist sowohl gegenüber dem Urheber als auch gegenüber dessen Rechtsnachfolger und schließlich auch gegenüber einem späteren Rechtserwerber des ausschließlichen Rechts zur Nutzung des Werkes auf die betreffende Art berechtigt (§ 33 UrhG).

---

500 Siehe Rdn. 486.
501 BGH GRUR 1992, 310 – Taschenbuchlizenz.
502 BGH GRUR 1959, 200 – Der Heiligenhof.
503 OLG Hamburg GRUR 1991, 599 – Rundfunkwerbung.
504 BGH GRUR 1994, 41 – Videozweitauswertung II.
505 OLG München GRUR-RR 2007, 139, 140 – Fernsehwerbespots.
506 ZUM 1999, 695; *J. B. Nordemann* ZUM 1999, 642.
507 BGH GRUR 1991, 133, 136 – Videozweitauswertung; GRUR 1976, 382, 384 – Kaviar.
508 KG GRUR 1996, 974, 973; offen gelassen BGH GRUR 2001, 153, 154 – OEM-Version.
509 *Schricker* Vor §§ 28 ff. Rn. 49; Dreier/*Schulze* § 31 Rn. 56; Loewenheim/*J. B. Nordemann* § 25 Rn. 1 m.w.N.

D. Allgemeine Bestimmungen des Urhebervertragsrechts

Dem Inhaber eines einfachen Rechtes steht ein **positives Benutzungsrecht** zu, das auch gegenüber Dritten Wirksamkeit entfaltet. Ihm wird für den Fall der späteren Einräumung eines ausschließlichen Rechts **Bestandsschutz** gewährt (§ 33 UrhG). Auch er muss im Hinblick auf Investitionen, die er zur Verwertung des Rechts getätigt hat, geschützt werden. Damit ist auch das einfache Nutzungsrecht ein gegenständliches Recht.[510] **495**

Gestattet also ein Verlag als Inhaber eines ausschließlichen Nutzungsrechts einem anderen Verlag den teilweisen Abdruck des Werkes in einer Anthologie und ruft der Autor das Hauptrecht zurück, so bleibt der Inhaber des Abdruckrechts weiterhin berechtigt, den Teil des Werkes abzudrucken, soweit sich der Umfang des Abdruckrechts mit dem Umfang der primären Rechtseinräumung deckt.[511] **496**

Der Inhaber eines einfachen Nutzungsrechts ist nur zur positiven Nutzung befugt; ihm stehen **keine Abwehrbefugnisse** (negatives Verbotsrecht) gegen die unberechtigte Nutzung durch Dritte zu.[512] Allerdings kann er im Wege der gewillkürten Prozessstandschaft gegen die Verletzung des Urheberrechts seines Rechtegebers vorgehen, da ihm ein eigenes wirtschaftliches Interesse daran zuzurechnen ist, dass die Rechte nicht durch Dritte verletzt werden.[513] **497**

Der Urheber kann Dritten ein **ausschließliches Nutzungsrecht** einräumen. Das ausschließliche Nutzungsrecht berechtigt den Inhaber, das Werk unter Ausschluss aller anderen Personen auf die ihm erlaubte Art zu nutzen und Nutzungsrechte einzuräumen (§§ 31 Abs. 1 Satz 2, 31 Abs. 3 Satz 1 UrhG). Es ist ein **Exklusivrecht**, denn es gewährt dem Inhaber das alleinige Recht zur Nutzung des Werkes auf die darin bezeichnete Art. Weder der Urheber noch sonstige Dritte dürfen das Werk auf diese Art und Weise nutzen. Damit gewährt das ausschließliche Nutzungsrecht seinem Inhaber ein **positives Benutzungsrecht** und ein **negatives Verbotsrecht**. Das Verbotsrecht umfasst nicht nur das Recht, Dritten die Nutzung in der vereinbarten Form zu untersagen, sondern auch das Recht, gegen Dritte vorzugehen, die das Werk in geänderter oder bearbeiteter Form nutzen, wenn und soweit dadurch dessen Auswertung beeinträchtigt wird. Dies gilt selbst dann, wenn der Rechtsinhaber selbst nicht zur entsprechenden Änderung oder Bearbeitung berechtigt ist.[514] **498**

Das ausschließliche Nutzungsrecht kann auch in der Form der **eingeschränkten Ausschließlichkeit** vergeben werden, und zwar indem sich der Urheber neben dem Rechtsinhaber die Nutzung des Werkes vorbehält (§ 31 Abs. 3 Satz 2 UrhG). **499**

Der Inhaber des ausschließlichen Nutzungsrechts ist berechtigt, Dritten **weitere Nutzungsrechte einzuräumen** (§ 35 UrhG). Diese weitere Rechtseinräumung bedarf grundsätzlich der Zustimmung des Urhebers, die dieser nicht wider Treu und Glauben verweigern darf. Keiner Zustimmung bedarf es, wenn die Übertragung zum Zwecke der Wahrnehmung der Belange des Urhebers, beispielsweise durch eine Verwertungsgesellschaft oder durch einen Bühnenverlag, erfolgt. **500**

Auch wenn der Urheber einem Dritten das ausschließliche Recht eingeräumt hat, bleibt er selbst berechtigt, Dritte, die das Werk auf gleiche Art und Weise wie das bereits eingeräumte ausschließliche Nutzungsrecht nutzen, also das Urheberrecht verletzen, auf Unterlassung, Auskunft, Rechnungslegung und Schadensersatz in Anspruch zu nehmen, wenn durch die Rechtsverletzung seine eigenen Interessen beeinträchtigt werden. Dies **501**

---

510 *Ulmer* § 85 III; *Schack* Rn. 540; *Schricker* Vor §§ 28 ff. Rn. 49; *Dreier/Schulze* § 31 Rn. 16.
511 BGH GRUR 2009, 946, 947 – Reifen-Progressiv.
512 BGH GRUR 1959, 200, 201 – Heiligenhof.
513 BGH GRUR 1959, 200, 201 – Heiligenhof; GRUR 1981, 652 – Stühle und Tische.
514 BGH GRUR 1957, 614, 616 – Ferien vom Ich; ZUM 1999, 644, 645 – Laras Tochter; *Ulmer* § 85 II.

kann beispielsweise durch die Reduktion des ihm zustehenden Absatzhonorars der Fall sein.[515]

502 Neben der oben bereits erwähnten eingeschränkten Ausschließlichkeit kann das Exklusivrecht mit **schuldrechtlicher Wirkung beschränkt** werden. Erwirbt beispielsweise ein Sender das ausschließliche und übertragbare Senderecht an einem Film für ein bestimmtes Sendegebiet, dann übernimmt er die zusätzliche Pflicht, das Recht nur bestimmten anderen Sendern mit Sitz im Sendegebiet weiter zu übertragen. Diese schuldrechtliche Verpflichtung gilt nur gegenüber dem ersten Erwerber des Senderechts, nicht jedoch gegenüber einem anderen Sender, der sein Recht von dem ersten Vertragspartner ableitet.[516]

cc) Beschränkung von Nutzungsrechten

503 Die ausschließlichen und einfachen **Nutzungsrechte** können **räumlich, zeitlich** oder **inhaltlich beschränkt** (§ 31 Abs. 1 UrhG) eingeräumt werden. Dadurch soll neben der Zweckübertragungslehre sichergestellt werden, dass der Urheber angemessen an der wirtschaftlichen Nutzung seiner Rechte beteiligt wird (§ 11 Satz 2 UrhG). Durch die räumliche, zeitliche und inhaltliche Beschränkung wird konstitutiv der Teilausschnitt eines oder mehrerer Verwertungsrechte als Nutzungsrecht festgelegt. Zwar hat der Urheber tendenziell das Interesse seine Rechte möglichst stark aufzuspalten, um dadurch die Chancen einer ertragreichen Verwertung zu erhöhen, jedoch hat die Allgemeinheit ein Interesse daran, dass keine unübersichtliche Rechtslage entsteht. Daher sind schuldrechtliche Beschränkungen weitgehend möglich, während ausschließliche Rechte nur insoweit beschränkt werden können, als die sich durch die Beschränkungen ergebende **Nutzungsart** nach der **Verkehrsauffassung** hinreichend **klar abgrenzbar** ist sowie **wirtschaftlich-technisch** als **einheitlich** und **selbständig** angesehen wird.[517]

504 Auch wenn eine dingliche Wirkung der Aufspaltung der Nutzungsrechte nicht möglich ist, so ergibt sich daraus gleichwohl eine schuldrechtliche Verpflichtung für den Vertragspartner, das Werk nicht auf die vertraglich ausgeschlossene Form zu nutzen. Die Grenzen einer solchen schuldrechtlichen Aufspaltung sind die Sittenwidrigkeit (§ 138 Abs. 1 BGB) und das Diskriminierungsverbot (§ 20 GWB).[518]

505 Grundsätzlich können **Nutzungsrechte zeitlich beschränkt** eingeräumt werden. Bis Anfang der 1980er Jahre war es im Verlagsgeschäft üblich, dass das Verlagsrecht für die Dauer des Urheberrechts, also zeitlich unbeschränkt, eingeräumt wurde. Mittlerweile ist jedoch eine zeitliche Beschränkung von Nutzungsrechten üblich geworden.[519] Die zeitliche Beschränkung kann sich aus der ausdrücklichen Beschränkung auf eine bestimmte Zeitspanne oder auch indirekt durch die Beschränkung auf eine bestimmte Anzahl von Vervielfältigungsstücken, Erst- und Wiederholungssendungen,[520] Aufführungen eines Bühnenstückes oder durch die Einräumung eines Kündigungsrechtes ergeben. Gemäß § 38 Abs. 1 UrhG erwirbt der Verleger einer periodisch erscheinenden Sammlung das ausschließliche Abdruckrecht an einem Beitrag für den Zeitraum eines Jahres. Danach darf der Urheber sein Werk anderweitig publizieren, es sei denn, es ist etwas anderes verein-

---

515 BGH GRUR 1992, 697, 698 – Alf; ZUM 1998, 934, 936 – Bruce Springsteen and his band; Dreier/Schulze § 31 Rn. 59; Schricker Vor §§ 28 ff. Rn. 48.
516 OLG München GRUR 1996, 972 – Accatone.
517 BGH GRUR 1992, 310, 311 – Taschenbuchlizenz; GRUR 2001, 153, 154 – OEM-Version; GRUR 2003, 416, 418 – CPU-Klausel; Ulmer § 84 I, § 108 IV; Rehbinder Rn. 567 f.; Schack Rn. 545; Schricker Vor §§ 28 ff. Rn. 52; Dreier/Schulze § 31 Rn. 9.
518 BGH GRUR 2003, 416, 416 – CPU-Klausel.
519 BGHZ 5, 116, 121 – Parkstraße 13 für das Verfilmungsrecht; Schricker Vor § 28 ff. Rn. 53; Dreier/Schulze § 31 Rn. 34 ff.
520 KG GRUR 1986, 536 – Kinderoper.

D. Allgemeine Bestimmungen des Urhebervertragsrechts

bart. Der Urheber, der einem anderen das Verfilmungsrecht eingeräumt hat, ist im Zweifel zehn Jahre nach Einräumung zur Wiederverfilmung berechtigt (§ 88 Abs. 2 UrhG).

Neben der Möglichkeit einer zeitlichen Beschränkung kann der Urheber das Nutzungsrecht auch **räumlich** beschränkt einräumen. Nutzungsrechte werden räumlich beschränkt für die Nutzung in einem bestimmten **Land** eingeräumt. Dies bedeutet, dass die Rechtseinräumung mangels anderer Absprachen auf das Gebiet der Bundesrepublik Deutschland beschränkt ist. So erwirbt der Verleger das Recht zur Vervielfältigung und Verbreitung eines Werkes für das Gebiet der Bundesrepublik Deutschland, wenn nicht ausdrücklich andere oder weitere Territorien genannt sind oder sich etwas anderes aus dem Vertragszweck ergibt. Lizenzen zur Herstellung von Schallplatten werden nur territorial für das jeweilige Gebiet vergeben.[521] Jede weitere Nutzung in anderen Ländern bedarf der ausdrücklichen Benennung. Die örtlich beschränkte Einräumung von Nutzungsrechten, beispielsweise durch ausdrückliche Bezeichnung der Länder oder Ländergruppen oder auch der Sprachräume,[522] ist im internationalen Lizenzverkehr nicht unüblich. 506

Eine dingliche Beschränkung des **Verbreitungsrechts innerhalb der Bundesrepublik Deutschland** ist indessen im Interesse der Rechtsklarheit und -sicherheit **nicht möglich**, weil eine solche Beschränkung durch den Erschöpfungsgrundsatz (§ 17 Abs. 2 UrhG) umgangen werden könnte.[523] Demgegenüber wäre eine schuldrechtliche Beschränkung wirksam. Die räumlich beschränkte Vergabe des Verbreitungsrechts für jeweils gesonderte Staatsgebiete ist zulässig und üblich. Die **europaweite Erschöpfung** (§ 17 Abs. 3 UrhG) führt dazu, dass alle einmal mit Zustimmung des Urheberberechtigten in einem Staat der EU in den Verkehr gebrachten Vervielfältigungsstücke unbeschränkt in allen anderen EU-Ländern weiterverbreitet werden können. Eine Begrenzung des Verbreitungsrechts auf bestimmte EU-Länder lässt sich damit nicht durchsetzen.[524] Trotzdem ist eine Beschränkung des Verbreitungsrechts auf einzelne Mitgliedsstaaten rechtlich wirksam. Nur in diesen Ländern darf dann das erstmalige Inverkehrsetzen stattfinden; die weitere Verbreitung ist dann unbeschränkt zulässig. 507

Demgegenüber ist die **territoriale Beschränkung anderer Nutzungsrechte** als des Verbreitungsrechts, sowohl auf bestimmte Bereiche in der Bundesrepublik Deutschland als auch auf bestimmte sonstige Gebiete, zulässig. So kann das Vervielfältigungsrecht örtlich beschränkt vergeben werden, wobei es nicht auf den Ort der körperlichen Vervielfältigung ankommt, sondern darauf, wo der Auftraggeber seinen Sitz hat. Lässt also der Tonträgerhersteller die DVD in einem Presswerk außerhalb des räumlichen Bereichs des Vervielfältigungsrechts herstellen, so erfolgt dies gleichwohl ohne Verletzung der Urheberrechte. Auch andere Nutzungsrechte können innerhalb der Bundesrepublik Deutschland räumlich beschränkt werden. So kann beispielsweise das Aufführungsrecht einem Theaterunternehmen nur für eine bestimmte Stadt oder einen bestimmten Bezirk gewährt werden. Filmverleiher können das Verleihrecht auf Städte und Regionen innerhalb der Bundesrepublik beschränken, ebenso wie Sendeunternehmen für einen begrenzten Versorgungsbereich Senderechte erwerben können.[525] Die Wiedervereinigung Deutschlands hat im Übrigen nichts an der territorialen Beschränkung von Nutzungsrechten geändert. Es fand keine automatische Erstreckung statt.[526] Vielmehr war über eine Anpassung der Verträge im Hinblick auf die Lehre vom Wegfall der Geschäftsgrundlage zu diskutieren.[527] 508

---

521 BGH GRUR 1988, 373, 375 – Schallplattenimport III.
522 BGH GRUR 1986, 736, 738 – Schallplattenvermietung.
523 *Ulmer* § 103 II 2; *Schricker* Vor §§ 28 ff. Rn. 54; *Dreier/Schulze* § 31 Rn. 9.
524 BGH GRUR 2003, 699, 702 – Eterna.
525 Wandtke/Bullinger/*Grunat* § 31 Rn. 10.
526 BGH GRUR 2003, 699 – Eterna.
527 BGH GRUR 2001, 826 – Barfuß im Bett.

509 Schließlich gestattet § 31 UrhG dem Urheber die **inhaltliche Beschränkung** des Nutzungsrechts. So können sich aus einzelnen Beschränkungen der in § 15 UrhG erwähnten Verwertungsformen sowie aus deren Kombinationen einzelne Nutzungsarten ergeben, an denen jeweils Nutzungsrechte eingeräumt werden können. Denkbar ist zunächst die inhaltlich Beschränkung auf den Inhalt einer oder mehrerer Verwertungsrechte, wie sie in §§ 15 ff. UrhG genannt sind. Das Vervielfältigungsrecht (§ 16 UrhG), das Verbreitungsrecht mit und ohne dem Vermietrecht (§ 17 UrhG) oder das Ausstellungsrecht (§ 18 UrhG) usw. kann also gesondert eingeräumt werden. Daneben und wohl auch weit häufiger ist die Beschränkung des Nutzungsrechts auf einzelne Nutzungsarten.

510 Solche eigenständigen Nutzungsarten können sich aus den unterschiedlichen **Vertriebswegen**, aus den unterschiedlichen **Arten der Werkvermittlung** und aus der unterschiedlichen **Art und Aufmachung** sowie **Ausstattung** der Werkexemplare ergeben. So wird **im Verlagswesen** der Vertriebsweg über den Sortimentsbuchhandel einerseits und die Buchclubausgabe andererseits,[528] nicht jedoch über Kaffeefilialgeschäfte,[529] voneinander getrennt. Die Ausstattung der Vervielfältigungsstücke kann zu unterschiedlichen Nutzungsrechten führen, wie dies bei Taschenbuch-, Hardcover-[530] und anderen Sonderausgaben im Verlagswesen der Fall ist. Ein bestimmter Preis kann eine Nutzungsart jedoch nicht bestimmen.[531] Die Nutzung von Büchern als so genannte E-Books ist eine eigenständige Nutzungsart im Vergleich zur Printversion.[532] Auch Einzel- und Gesamtausgaben sind voneinander verschiedene Nutzungsarten.

511 Der Vertrieb eines **Computerprogramms** kann nicht in eine Fachhandelsversion, die ohne PC verkauft wird, und in eine billigere Version, die ausdrücklich nur zusammen mit einem PC verkauft wird, aufgespalten werden.[533] Keine eigenständige Nutzungsart ist das Reselling von Testversionen.[534]

512 Die Nutzung eines Werkes der **Musik** durch die Vervielfältigung und Verbreitung von Langspielplatten und CDs ist eine eigenständige Nutzungsart,[535] ebenso wie deren Nutzung für eine Werbesendung,[536] zur Ankündigung eines Fernsehprogramms[537] oder als Hany-Klingelton.[538]

513 Auch die **Art der Werkvermittlung** führt zu unterschiedlichen inhaltlichen Beschränkungen. So ist die Auswertung eines **Films** als Kinofilm eine andere Nutzungsart als die des Fernsehfilms.[539] Die Wiederverfilmung unterscheidet sich von der Erstverfilmung[540] ebenso wie die Videozweitauswertung[541] und die Vermietung von Videokassetten,[542] aber auch die Nutzung des Fernsehfilms zu Werbezwecken.[543] Ebenso sind die Ausstrahlung

---

528 BGH GRUR 1959, 200, 202 – Der Heiligenhof.
529 BGH GRUR 1990, 669, 672 – Bibelreduktion.
530 BGH GRUR 1992, 310, 311 – Taschenbuchlizenz.
531 BGH GRUR 1992, 310 – Taschenbuchlizenz.
532 *G. Schulze* ZUM 2000, 432, 439; *Schmaus* ZUM 2002, 167, 170.
533 KG GRUR 1996, 974, 975 – OEM-Version; offen gelassen BGH GRUR 2001, 153, 154 – OEM-Version.
534 OLG Düsseldorf MMR 1998, 417.
535 Bejahend: OLG Hamburg GRUR-RR 2002, 153, 156 – Der grüne Tisch; KG GRUR 2003, 1038 – Klaus Kinsky-Rezitationen; Fromm/Nordemann/*Hertin* §§ 31/32 Rn. 18.
536 OLG Hamburg GRUR 1991, 599, 600 – Rundfunkwerbung; BGH GRUR 2010, 62 – Nutzung von Musik für Werbezwecke.
537 OLG München ZUM 1997, 275, 279.
538 OLG Hamburg GRUR 2006, 323, 325 – Handyklingeltöne II.
539 BGH GRUR 1976, 382, 384 – Kaviar; BGH GRUR 1969, 364, 366 – Fernsehauswertung.
540 BGH GRUR 1957, 614, 616 – Ferien vom Ich.
541 BGH GRUR 1991, 133, 136 – Videozweitauswertung.
542 BGH GRUR 1987, 37, 39 – Videolizenzvertrag.
543 OLG Frankfurt GRUR 1989, 203 – Wüstenflug.

über den Direktsatelliten sowie die Kabelweitersendung andere Nutzungsarten im Vergleich zur Fernsehsendung.[544] Demgegenüber ist die Nutzung alter Filme auf DVD keine eigenständige (und auch keine neue) Nutzungsart im Vergleich zur Videokassette.[545]

Ob die **Digitalisierung** eines Werkes eine gesonderte Nutzungsart ist oder nicht, ist streitig. Die Digitalisierung eines Werkes schafft neue Anwendungsmöglichkeiten. Die neuen Anwendungsmöglichkeiten sprechen dafür, dass es sich um eine besondere Nutzungsart handelt.[546] Für die neue Nutzungsart spricht auch, dass durch die digitale Vervielfältigung meist weitere Nutzungen erschlossen werden. Ebenso streitig ist, ob Compact-Discs (also CDs) gesonderte Nutzungsarten im Vergleich zu herkömmlichen Schallplatten sind.[547] Die Nutzung einer CD-ROM stellt eine selbständige Nutzungsart dar.[548] 514

Auch die verschiedensten **Online-Nutzungen** sind jeweils gesonderte Nutzungsarten, da sie dem Recht der öffentlichen Zugänglichmachung als gesondertes Verwertungsrecht gemäß § 19a UrhG zuzuordnen sind. Demgemäß sind Video-on-Demand- und sonstige On-Demand-Dienste eigenständige (und neue) Nutzungsarten.[549] Im Bereich des Internets sind noch weitere selbständige Nutzungsarten zu verzeichnen. So ist die Digitalisierung eines Fernsehmagazinbeitrags und dessen öffentliche Zugänglichmachung im Internet als gesonderte Nutzungsart betrachtet worden.[550] 515

Eine selbständige Nutzungsart stellt auch die Verwertung in **multimedialer Form** dar, wenn und soweit sich dadurch der Gesamteindruck des Werkes ändert und eine Werkverbindung stattfindet oder ähnliche Maßnahmen[551] erfolgen. Wird auf einer Homepage ein Link gesetzt, der auf ein vollständiges anderes Werk verweist, so ist auch dieses als gesonderte Nutzungsart betrachtet worden.[552] Wird ein im Internet aufscheinendes Werk mit Hilfe eines Suchdienstes und dessen Deeplink auffindbar gemacht, so ist dies jedoch keine gesonderte Nutzungsart.[553] 516

Mit jeder neuen technisch und wirtschaftlich selbständigen Nutzungsart entstehen für den Urheber **neue Nutzungsrechte** und damit auch neue Möglichkeiten, seine Verwertungsrechte in besonderer Form als Nutzungsarten Dritten einzuräumen. 517

6. Vergütungsansprüche als Gegenstand des Rechtsverkehrs

Neben den Nutzungsrechten können auch die Vergütungsansprüche Gegenstand des Rechtsverkehrs sein. 518

Die urheberrechtlichen Befugnisse sind z.T. beschränkt auf gesetzlich festgesetzte Vergütungs-ansprüche, wie das beispielsweise für das Folgerecht (§ 26 UrhG) oder für das Ver- 519

---

544 BGH GRUR 1997, 215, 217 – Klimbim; GRUR 2005, 48, 50 – Man spricht Deutsch; ZUM 2005, 317, 320 – Kehraus.
545 BGH GRUR 2008, 319 Rn. 24 – Alpensinfonie.
546 *Dreier/Schulze* § 31 Rn. 46; einschränkend BGH GRUR 2002, 248, 252 – Spiegel-CD-ROM.
547 Bejahend: OLG Hamburg GRUR-RR 2002, 153, 156 – Der grüne Tisch; KG GRUR 2003, 1038 – Klaus Kinsky-Rezitationen; Fromm/Nordemann/*Hertin* §§ 31/32 Rn. 18; offen gelassen: BGH GRUR 2003, 234, 236 – EROC III.
548 BGH GRUR 2002, 248, 251 – Spiegel-CD-ROM.
549 OLG München ZUM 1998, 413, 415; OLG München GRUR 2001, 499, 502 – MIDI-Files; *G. Schulze* ZUM 2000, 432, 442 ff.
550 OLG Hamburg ZUM 2002, 833, 835.
551 *Hoeren* CR 1995, 710, 714; *J. Kreile/Westphal* GRUR 1996, 254.
552 OLG Hamburg ZUM 2001, 512, 514; LG Köln ZUM 2001, 714, 716 – DerPoet.de; *G. Schulze* FS für Erdmann, 2002, S. 173, 176; *Schack* MMR 2001, 9, 14; einschränkend OLG Braunschweig MMR 2001, 608, 610 – FTP-Explorer.
553 BGH GRUR 2003, 958, 963 – Paperboy.

mieten und Verleihen (§ 27 UrhG) der Fall ist. Daneben steht dem Urheber im Bereich der Schranken des Urheberrechts eine Vergütung für die erlaubnisfreie, zulässige Nutzung zu. Es sei verwiesen auf die Werknutzung in Sammlungen für den Kirchen-, Schul- oder Unterrichtsgebrauch (§ 46 UrhG), die zulässige Übernahme von Zeitungsartikeln und Rundfunkkommentaren (§ 49 UrhG), die vergütungspflichtige öffentliche Wiedergabe (§ 52 UrhG) und den Vergütungsanspruch im Zusammenhang mit den Vervielfältigungsrechten (§§ 54 ff. UrhG), aber auch die öffentliche Zugänglichmachung für Unterricht und Forschung (§ 52a UrhG) sowie auf das Bereitstellen von Leseplätzen durch Bibliotheken (§ 53a UrhG). Bei diesen Vergütungsansprüchen handelt es sich um schuldrechtliche Geldforderungen.[554]

520 Der Urheber kann auf diese Vergütungsansprüche **nicht verzichten**; er kann sie im Voraus **nur an Verwertungsgesellschaften** oder **Verleger**, die sie durch eine Verwertungsgesellschaft wahrnehmen lassen,[555] abtreten (§ 63a UrhG, §§ 398 ff. BGB). Die Unverzichtbarkeit und die Beschränkung der Abtretbarkeit der Vergütungsansprüche sind in das Urhebervertragsrecht eingefügt, wodurch der Anspruch des Urhebers auf angemessene Vergütung auch außerhalb der individuellen Verwertung der Rechte sichergestellt ist.

521 Da der einzelne Rechtsinhaber nicht in der Lage ist, die häufig massenhafte Inanspruchnahme der urheberrechtlichen Schranken zu kontrollieren und die dadurch entstehenden Vergütungen individuell zu vereinbaren und einzuziehen, ist die diesbezügliche **Rechtswahrnehmung** durch das Gesetz **verwertungsgesellschaftspflichtig**. Die Verwertungsgesellschaften nehmen die Rechte treuhänderisch für die Urheber wahr und stellen sicher, dass die eingehenden Erlöse willkürfrei und angemessen verteilt werden (Verteilungspläne, § 7 UrhWG). Im Hinblick auf die Verpflichtung der Verwertungsgesellschaft, mit allen Rechtsinhabern aus ihrem Tätigkeitsbereich einen Wahrnehmungsvertrag zu schließen (Wahrnehmungszwang, § 6 UrhWG), und im Hinblick auf die Verpflichtung, mit allen interessierten Rechtenutzern einen Lizenzvertrag zu angemessenen Bedingungen zu schließen (Abschlusszwang, § 11 UrhWG), ist sichergestellt, dass sowohl der Rechtsinhaber als auch die Verwerter in angemessenem Umfang von der gesetzlichen Beschränkung des Urheberrechts profitieren.

7. Persönlichkeitsrechtliche Befugnisse als Gegenstand des Rechtsverkehrs

522 Auch die Ausübung urheberpersönlichkeitsrechtlicher Befugnisse kann Gegenstand des Rechtsverkehrs sein,[556] obwohl das Urheberpersönlichkeitsrecht ebenso wie das Urheberrecht selbst grundsätzlich unübertragbar und unverzichtbar ist. Manche **Urheberpersönlichkeitsrechte im weiteren Sinne,** wie das Rückrufsrecht wegen gewandelter Überzeugung (§ 42 UrhG), sind schon wegen der persönlichen konkreten Ausgestaltung **kein geeigneter Gegenstand** des **Rechtsverkehrs**. Das gleiche gilt für das Urheberpersönlichkeitsrecht im engeren Sinne einschließlich der in den §§ 12 ff. UrhG ausdrücklich geltenden Befugnisse. Es kann aber die Notwendigkeit bestehen, dass die Urheber die **Ausübung der persönlichkeitsrechtlichen Befugnisse** anderen übertragen. Insbesondere im Zusammenhang mit der Einräumung von Nutzungsrechten kann es erforderlich sein, dem Werknutzer die Ausübung von Urheberpersönlichkeitsrechten zu überlassen oder

---

554 *Ulmer* § 88 I.
555 Vgl. zum Anlass der Ergänzung durch die Novelle des Jahres 2007: *Dreier/Schulze* § 63a Rn. 13; *Hucko* Zweiter Korb, 2007, S. 131 f.
556 Bei dem Hinweis auf die zulässigen Rechtsgeschäfte in § 29 Abs. 2 UrhG handelt es sich um ein Redaktionsversehen aus der Entstehungsgeschichte der Norm. § 29 Abs. 2 UrhG ist so zu verstehen, dass die nach § 39 UrhG und die nach der Rechtsprechung zulässigen Rechtsgeschäfte weiterhin möglich bleiben (vgl. *Schricker* Vor §§ 28 ff. Rn. 28 m.w.N.).

persönlichkeitsrechtliche Befugnisse des Urhebers zu beschränken.[557] Dies gilt beispielsweise für die Erstveröffentlichung oder die erste Inhaltsmitteilung (§ 12 UrhG), die mancher Urheber seinem Verwerter mit der erstmaligen Einräumung eines Nutzungsrechts überlässt.

Da das Urheberpersönlichkeitsrecht in erster Linie dem Schutze des Urhebers dient, muss dieser die Möglichkeit haben, die Wahrnehmung in seinem Interesse und zu seinem Schutz Dritten einzuräumen. Das Urheberpersönlichkeitsrecht soll den Urheber ja nicht behindern, sondern schützen. Demgemäß kann der Urheber Dritte (§ 185 Abs. 2 BGB) widerruflich ermächtigen, Verfügungen über persönlichkeitsrechtliche Befugnisse im eigenen Namen vorzunehmen oder Dritten eine gerichtliche Durchsetzung der Rechte im Wege der gewillkürten Prozessstandschaft gestatten. Neben der Gestattung der Wahrnehmung kann der Urheber auf etwaige Ansprüche auf Schadensersatz oder Schmerzensgeld im Zusammenhang mit der Verletzung des Urheberpersönlichkeitsrechts verzichten oder diese auch erlassen (§ 397 BGB). Schließlich kann der Urheber Dritten einzelne Maßnahmen gestatten oder sich verpflichten, keine Einwendungen zu erheben (pactum de petendo). **523**

So sieht § 39 Abs. 1 UrhG vor, dass der **Verwerter** eines Werkes die dem Urheber nach **Treu und Glauben zumutbaren Änderungen** am Werk vornehmen darf. Was dem Urheber zugemutet werden darf, kann **auch vertraglich** festgelegt werden. Einem Verleger kann gestattet werden, anlässlich der Neuauflage eines Werkes selbst Änderungen am Werk vorzunehmen oder Dritte damit zu beauftragen und dadurch das Werk den neuesten technischen Erkenntnissen, wirtschaftlichen Entwicklungen oder gesetzlichen Bestimmungen anzupassen, sofern der Urheber seinerseits die weitere Überarbeitung eingestellt hat. Der Autor kann dem Bühnenverleger das Recht gewähren, Zusätze, Kürzungen und sonstige Änderungen vorzunehmen. Gerade das Änderungsverbot bedarf in der modernen Medienproduktion einer differenzierten Betrachtungsweise. Ist der literarische oder musikalische Schöpfungsprozess im Wesentlichen auf eine Person und deren Schöpfung zugeschnitten, so tritt die Handschrift eines einzelnen Schöpfers bei modernen audiovisuellen Produktionen oder bei Softwareprogrammen zurück. Ist die Schöpfung im Wesentlichen auf die Person des Urhebers zugeschnitten, braucht der Schöpfer Eingriffe in sein Werkergebnis weniger dulden, als bei ergebnis- und funktionsorientierten Produkten wie Computerprogrammen, Datenbanken o.Ä. In letzteren Fällen werden vertragliche Einschränkungen des Änderungsrechts zulässigerweise vereinbart werden können, während dies im übrigen eher nicht möglich ist. In jedem Fall verbleibt aber dem Urheber das Recht, Entstellungen eines Werkes zu verbieten. **524**

Soweit im Zusammenhang mit dem Urheberpersönlichkeitsrecht **Vereinbarungen** getroffen werden, ist zu gewährleisten, dass der Urheber den **Umfang der Befugnisse,** die er anderen einräumt, auch **erkennt**. Der Urheber muss den Umfang seiner Gestattung und die Tragweite der Vereinbarung über die Ausübung der Urheberpersönlichkeitsrechte erkennen können. Dabei sind natürlich Art, Zweck und Niveau des betroffenen Werkes,[558] aber auch die Branchenüblichkeit und insbesondere der Vertragszweck, zu berücksichtigen. **525**

Die gemäß § 39 Abs. 1 UrhG zulässige Änderung eines Werkes dürfte entsprechend für andere Urheberpersönlichkeitsrechte anzuwenden sein. So ist es möglich, **Vereinbarungen über das Nennungsrecht** zu treffen. Der Autor kann dem Verleger das Recht zur Veröffentlichung und zur ersten Inhaltsmitteilung überlassen, wobei dem Urheber zum **526**

---

557 *Rehbinder* Rn. 299, 320; *Ulmer* § 89 I; *Forkel* S. 178 ff.; *Schricker* Verlagsrecht § 8 Rn. 3; Wandtke/Bullinger/*Grunert* Vor §§ 31 ff. Rn. 34 ff.
558 *Ulmer* § 89 III 3.

Schutze seiner Interessen ein Rückrufsrecht wegen gewandelter Überzeugung verbleiben muss. Schließlich erfahren die Urheberpersönlichkeitsrechte und die Persönlichkeitsrechte der ausübenden Künstler bei Filmwerken und bei Laufbildern eine gesetzliche Einschränkung (§ 93 UrhG).

527 Zusätzliche **Gestattungen** im Zusammenhang mit den Urheberpersönlichkeitsrechten sind inhaltlich an die **Grenzen der Sittenwidrigkeit** (§ 138 Abs. 1 BGB) gebunden. Durch sie darf der Kernbereich der Urheberpersönlichkeitsrechte nicht verletzt werden, wie z.B. durch den Ausschluss der Ausübung des Rückrufsrechts wegen gewandelter Überzeugung. Die Sittenwidrigkeit kann sich aus einer Knebelung ergeben, aber auch aus der zu langen Dauer der Bindung. Zu beachten ist jedoch in diesem Zusammenhang, dass es sich um Dauerschuldverhältnisse handelt, die aus wichtigem Grund kündbar sind (§ 314 BGB).

528 Umfang und Tragweite der Gestattung sind anhand des Vertrages und dessen Auslegung zu ermitteln. Dabei spielt es eine Rolle, ob dem Vertragspartner gleichzeitig die Nutzungsrechte und wenn ja, in welchem Umfang und zu welchem Zweck, eingeräumt wurden. Die Überwachung und Einhaltung der Urheberpersönlichkeitsrechte nach dem Tod kann der Urheber auch einem Treuhänder übertragen, der allerdings dann, wenn er in schwerwiegender Form gegen die Interessen und Intentionen des Urhebers verstößt, durch die Erben gekündigt werden kann.

II. Regelungen zur Rechtseinräumung

1. Einleitung

529 Urheber geschützter Werke stehen in den vielfältigsten Beziehungen zu den Werknutzern, so wie auch die Werknutzer untereinander mannigfache wirtschaftliche und damit auch vertragliche Beziehungen knüpfen können.

530 Das Urheberrechtsgesetz enthält einzelne Vorschriften, die beim Abschluss einer Vereinbarung für die Nutzung von Werken zu beachten sind. Neben den zu erörternden speziellen Regelungen des Urhebervertragsrechts erfolgt die Einräumung der Nutzungsrechte nach den Vorschriften des BGB, insbesondere denen des Allgemeinen Teils sowie des Allgemeinen und Besonderen Schuldrechts.

531 Das Verpflichtungsgeschäft kann jeder im BGB geregelten Vereinbarung entsprechen. Als Verpflichtungsgeschäft kommen also in Frage: Kauf, Miete, Pacht, Dienst- oder Werkvertrag und Schenkung, aber auch der Gesellschafts- oder Geschäftsbesorgungsvertrag sowie Verträge eigener Art. Gesetzlich geregelt sind nur der Verlags- und der Bestellvertrag als typische Urheberrechtsverträge im Verlagsgesetz.

532 Die im BGB geregelten Vertragstypen erfahren allerdings im Urheberrechtsverkehr Modifikationen und Änderungen. Die Bestimmungen sind insofern nicht anwendbar und/oder zu ändern, soweit der spezifisch urheberrechtliche Vertragsgegenstand, also der geistige und nicht der körperliche Vertragsgegenstand oder die besondere Interessenlage, insbesondere die Urheberpersönlichkeitsrechte, eine Änderung erforderlich machen.

2. Das Abstraktionsprinzip

a) Einräumung von Nutzungsrechten

533 Im Urheberrecht gilt das Abstraktionsprinzip nach den allgemeinen Grundsätzen nicht im Verhältnis zwischen dem Urheber und dem Verwerter. Im deutschen Privatrecht wird zwischen dem Verpflichtungsgeschäft einerseits und dem Verfügungsgeschäft andere-

seits unterschieden. Durch das Verpflichtungsgeschäft legen die Partner eines Vertrages ihre gegenseitigen Rechte und Pflichten fest. So kann sich der Urheber verpflichten, einem Werknutzer die Nutzung des Werkes zu gestatten, während sich der Nutzer verpflichtet, dem Urheber eine Vergütung zu bezahlen. Durch das Verfügungsgeschäft ändert sich die Rechtszuständigkeit, also die Inhaberschaft eines bestimmten Nutzungsrechtes. Würde man von der Geltung des Abstraktionsprinzips ausgehen, so würde jeder urheberrechtliche Vertrag in zwei Geschäfte aufzuspalten sein, mit der Folge, dass immer dann, wenn ein der Verfügung zugrunde liegendes Verpflichtungsgeschäft unwirksam wird, ein gesondertes Verfügungsgeschäft über die Rückübertragung der Rechte zustande kommen müsste. Für den Bereich des Verlagsvertrages sieht das Gesetz das automatische Erlöschen des Verlagsrechts (§ 9 VerlG) vor. Bei anderen Urheberrechtsverträgen müsste der Urheber eine gesonderte Vereinbarung über die Rückübertragung schließen. Der Berechtigte hätte hierauf einen Anspruch aus § 812 Abs. 1 BGB, der gegebenenfalls prozessual durchgesetzt werden müsste (§ 794 ZPO). Das Urhebervertragsrecht sieht nicht nur in § 9 Abs. 1 VerlG eine Verbindung der Rechtseinräumung mit dem schuldrechtlichen Verlagsvertrag vor, sondern in ähnlicher Form liegt auch gemäß § 40 Abs. 3 UrhG für den Fall der Beendigung des Kausalgeschäfts eine Unwirksamkeit des Verfügungsgeschäfts vor. Im Unterschied zum Allgemeinen Sachenrecht, das hinsichtlich der Verfügungsgeschäfte einen Numerus clausus der Rechte vorsieht, erlangen urheberrechtliche Verfügungen erst durch die Feststellungen im Verpflichtungsvertrag ihre spezifischen Konturen; der genaue Umfang der Rechtseinräumung erschließt sich nur aus dem Verpflichtungsgeschäft. Schließlich liegt dem Urheberrecht der Gedanke zugrunde, dass die Rechte tendenziell beim Urheber verbleiben (§ 34 Abs. 5 UrhG). Es ist damit von einer kausalen Bindung des Verfügungsgeschäfts an das Verpflichtungsgeschäft auszugehen. Erlischt das Verpflichtungsgeschäft, aus welchen Gründen auch immer, so fallen die davon betroffenen Rechte automatisch an den Urheber zurück.[559]

b) Weiterübertragungen von Nutzungsrechten

Obwohl das tragende Argument für die Nichtanwendbarkeit des **Abstraktionsprinzips** im Verhältnis zwischen dem Urheber und dem Werknutzer **bei der Übertragung** eines bereits abgespaltenen Nutzungsrechts **von einem Nutzer auf den anderen Nutzer** nicht greift, ist von einem automatischen Rückfall auszugehen.[560] Lediglich in Ausnahmefällen ist die Geltung des Abstraktionsprinzips anzunehmen.[561]

534

c) Verfügung über Vervielfältigungsstücke

Vom urheberrechtlichen Verfügungsgeschäft über die Rechte ist die **Verfügung über das Original** oder ein Vervielfältigungsstück zu unterscheiden. Will der Verleger das Eigentum am Manuskript erwerben, der Sammler das Bild des Malers oder der Filmliebhaber die DVD ausleihen, so müssen sich der Verfasser des Manuskripts mit dem Verleger, der Urheber des Bildes mit dem Sammler oder der Filmverleiher mit dem Filmliebhaber über den Eigentums- bzw. Besitzübergang einigen. Hier gelten die allgemeinen Vorschriften des Privatrechts. Mit dieser Einigung und Übertragung des Besitzes bzw. dem Erwerb des Eigentums ist grundsätzlich die Berechtigung zur urheberrechtlichen Nutzung des

535

---

559 BGHZ 27, 90 –Die Privatsekretärin (für eingeschränkte Anwendung des Abstraktionsprinzips); OLG Karlsruhe GRUR-RR 2007, 199 – L-Popmusiker; *Schricker* Vor §§ 28 ff. Rn. 59 f.; Dreier/ *Schulze* § 31 Rn. 18 jeweils m.w.N.; a.A. *Schack* Rn. 525; *Rehbinder* Rn. 322, der allerdings regelmäßig eine stillschweigende Bedingung annimmt; differenzierend: *Srocke* GRUR 2008, 867.
560 OLG München ZUM-RD 1997, 551, 554; OLG Nürnberg ZUM-RD 2003, 260, 263; *Schricker* Vor §§ 28 Rn. 61; Dreier/*Schulze* § 31 Rn. 19; a.A. *Wente/Härle* GRUR 1997, 96. *Ulmer* § 92 I; *Schricker* VerlG, § 28 Rn. 4.
561 BGHZ 27, 90, 99 – Die Privatsekretärin.

Werkes verbunden. Der Inhaber ist berechtigt, das Buch sooft er will zu lesen, den Film sooft er will abzuspielen und sich solange er will an dem Bild zu erfreuen (§ 44 Abs. 1 UrhG). Aus der Einräumung des Nutzungsrechts folgt aber kein Recht zum Besitz, sofern nicht die Ausübung des Rechts den Besitz eines Werkstücks oder gar das Eigentum an dem Original bzw. Vervielfältigungsstück voraussetzt. Auch aus dem Eigentum des Originals folgt nur das Ausstellungsrecht (§ 44 Abs. 2 UrhG), soweit es der Urheber bei Veräußerung des Originals nicht ausgeschlossen hat.[562]

3. Zweckübertragungslehre

a) Interessenlage und Anwendungsbereich

536 Beim Abschluss von Verträgen über Nutzungsrechte stehen sich einerseits das Interesse des Urhebers, möglichst wenige Rechte aus der Hand zu geben, um bei künftigen Rechtseinräumungen erneut eine Vergütung vereinbaren zu können, andererseits das Interesse des Verwerters, in möglichst umfangreicher Form die Rechte zu erwerben, gegenüber. Diesen Interessenkonflikt löst die von der Lehre und Rechtsprechung[563] entwickelte Zweckübertragungslehre. Wenn bei der Einräumung von Nutzungsrechten die Nutzungsarten nicht ausdrücklich einzeln bezeichnet sind, bestimmt sich nach dem von beiden Parteien zugrunde gelegten Vertragszweck, auf welche Nutzungsarten sich die Einräumung erstrecken soll (§ 31 Abs. 5 UrhG).

537 Die von *Goldbaum*[564] entwickelte und später von der Rechtsprechung[565] anerkannte **Zweckübertragungslehre** geht von dem urheberrechtlichen **Leitgedanken** aus, nämlich der **Tendenz des Rechts, so weit wie möglich beim Urheber zu verbleiben.**[566] Der Urheber überträgt im Zweifel nur diejenigen Rechte, die zur Erreichung des mit der Verfügung angestrebten Zwecks erforderlich sind. Dadurch wird sichergestellt, dass der Urheber so weit wie möglich an den wirtschaftlichen Früchten seines Schaffens beteiligt wird (§ 11 Satz 2 UrhG). Durch die sich daraus ergebende **Spezifizierungslast** zu Lasten des Verwerters wird erreicht, dass der Urheber Umfang und Tragweite der von ihm getroffenen Verfügung erkennt. Das Urheberrecht hat also die Tendenz »so weit wie möglich beim Urheber zurückzubleiben«.[567]

538 § 31 Abs. 5 UrhG enthält nicht nur eine Auslegungsregel für den Inhalt und Umfang einer Rechtseinräumung, sondern auch für die Fragen, ob ein Nutzungsrecht eingeräumt wird, ob es sich um ein einfaches oder ausschließliches Nutzungsrecht handelt, wie weit Verbots- und Nutzungsrecht reichen sowie welchen Einschränkungen das Nutzungsrecht unterliegt (§ 31 Abs. 5 Satz 2 UrhG).

539 Ergänzt wird die Zweckübertragungslehre (§ 31 Abs. 5 UrhG) durch Auslegungsregeln in § 37 UrhG und § 38 UrhG über den Umfang bestimmter Rechtseinräumungen, in § 44 UrhG über den Umfang einer Rechtseinräumung im Zusammenhang mit der Veräußerung eines Originals eines Werkstücks sowie durch spezielle Auslegungsregeln bei der Einräumung des Verfilmungsrechts in den §§ 88 ff. UrhG.

---

562 BGH GRUR 1971, 483 – Filmverleih.
563 BGH GRUR 1998, 681 – Comic-Übersetzungen I; GRUR 1999, 707 – Kopienversanddienst; GRUR 2002, 248 – Spiegel-CD-ROM.
564 Urheberrecht und Urhebervertragsrecht, 1927, S. 75 ff.
565 RGZ 118, 282.
566 BGH GRUR 1984, 119, 121 – Synchronisationssprecher; GRUR 1996, 121, 122 – Pauschale Rechtseinräumung; GRUR 2003, 234, 236 – EROC III; *Rehbinder* Rn. 574, eigentlich besser Vertragszwecktheorie, da es sich um eine Anwendung der teleologischen Auslegungsmethode handelt; *Ulmer* § 84 III.
567 BGH ZUM 1998, 497, 500 – Comic-Übersetzungen; *Ulmer* § 84 IV.

D. Allgemeine Bestimmungen des Urhebervertragsrechts

b) Auslegungsregel

Die Zweckübertragungslehre führt zu einer **Spezifizierungslast** für den Erwerber von Nutzungsrechten. Will der Erwerber von Nutzungsrechten mehr Rechte erwerben, als nach dem ursprünglichen Vertragszweck erforderlich, so obliegt es ihm, für eine Vertragsformulierung zu sorgen, durch die die weiteren zu erwerbenden Nutzungsrechte im Einzelnen bezeichnet sind. Im Hinblick auf die Beweislast des Verwerters, der dann, wenn er sich auf die Innehabung einzelner Rechte beruft, konkret darlegen und beweisen muss, dass er diese im behaupteten Umfang erworben hat,[568] führt dies zu einer quasi Schriftformerfordernis, da der Beweis wohl kaum anders als durch die Vorlage einer Urkunde zu erbringen ist.[569] Man spricht daher von einer »Formvorschrift mit abgeschwächter Sanktionierung«. 540

Die Zweckübertragungsregel ist eine **Auslegungsregel**; sie ist eine spezifische Ausgestaltung der **teleologischen Auslegungsmethode**.[570] Manche meinen, dass es sich um eine Norm mit eigenem Regelungsgehalt handelt.[571] § 31 Abs. 5 UrhG bestimme den Umfang und Inhalt der Nutzungsrechte nur unter besonderen Voraussetzungen abweichend von vertragliche Vereinbarungen.[572] Die Einräumung von Nutzungsrechten, die mit dem Vertragszweck nichts zu tun haben, ist möglicherweise unwirksam.[573] Der BGH stellt bei einer Überprüfung der Wirksamkeit einer pauschalen Nutzungsrechtseinräumung auf den Vertragszweck ab, beschränkt dabei aber gleichwohl den Umfang der Rechtseinräumung nach dem Zweck, selbst wenn der Wortlaut der vertraglichen Regelung eindeutig ist.[574] 541

Die Zweckübertragungslehre ist sowohl für den Rechtsverkehr zwischen Urhebern und Verwertern als auch für den Rechtsverkehr zwischen Verwertern untereinander anwendbar.[575] Sie ist ferner anwendbar auf die verwandten Schutzrechte,[576] die Auslegung von Wahrnehmungsverträgen,[577] die Abtretung von Vergütungsansprüchen,[578] die Einräumung urheberpersönlichkeitsrechtlicher Befugnisse,[579] die Bestimmung des Umfangs eines negativen Verbotsrechts und die mit der Eigentumsübertragung verbundenen Nutzungsrechtseinräumung.[580] 542

c) Bestimmung des Vertragszwecks

Zur **Bestimmung des Vertragszwecks** kommt es auf den **Wortlaut der Vereinbarung** und den anlässlich des Vertragsschlusses für beide Parteien erkennbaren, gegebenenfalls von einem Vertragspartner verfolgten und vom anderen akzeptierten Vertragszweck an.[581] **Begleitumstände** und das schlüssige Verhalten der Parteien können eine Rolle spielen, ebenso wie die Höhe der Vergütung ein Indiz sein kann.[582] Besondere Bedeutung hat die **Branchenübung**, also das, was die beiden Vertragspartner im Übrigen geregelt haben oder was andere vergleichbare Vertragspartner in vergleichbaren Fällen vereinbaren.[583] 543

---

568 BGH GRUR 1996, 121, 123 – Pauschale Rechtseinräumung.
569 *Schricker* § 31 Rn. 34.
570 BGH ZUM 1998, 497, 500 – Comic-Übersetzungen; *Rehbinder* Rn. 574.
571 *Götting* FS *Schricker* 1995, S. 53, 72; *Donle* S. 90 ff.
572 *Donle* S. 98.
573 *Donle* S. 270 f.; *Haberstumpf* Rn. 404; a.A. BGH GRUR 1984, 45, 48 – Honorarbedingungen: Sendevertrag.
574 BGH GRUR 1996, 121, 122 – Pauschale Rechtseinräumung.
575 BGH GRUR 1960, 197, 199 – Keine Ferien für den lieben Gott.
576 BGH GRUR 1984, 119, 121 – Synchronisationssprecher.
577 BGH GRUR 2000, 228, 229 – Musical-Gala.
578 OLG Köln GRUR 1980, 913, 915 – Presseschau CN.
579 BGH GRUR 1977, 551, 554 – Textdichteranmeldung.
580 OLG München GRUR 1984, 516, 517 – Tierabbildungen.
581 BGH GRUR 1974, 786, 787 – Kassettenfilm; Dreier/*Schulze* § 31 Rn. 121.
582 BGH GRUR 1986, 885, 886 – METAXA.
583 BGH GRUR 1996, 121, 122 – Pauschale Rechtseinräumung; GRUR 1984, 528, 529 – Bestellvertrag.

Schließlich gilt im Hinblick auf den Schutzzweck der Zweckübertragungslehre, dass die Zweckbestimmung im Zweifel zugunsten des Urhebers vorzunehmen ist. Im Zweifel wird also die Rechtseinräumung eher eingeschränkt ausgelegt.[584]

d) Ergänzende Auslegungsregel für Rechtseinräumungen

544 Der Anwendung der ergänzenden Auslegungsregel des § 37 UrhG müssen die allgemeine Auslegung des Vertrages und die nach der Zweckübertragungsregelung vorausgehen. Bestimmt der Vertragszweck, dass die Einräumung des Bearbeitungsrechts erforderlich ist, so ist für die Anwendung der Auslegungsregel des § 37 UrhG kein Raum mehr.[585] § 37 Abs. 1 UrhG bestimmt zunächst, dass derjenige, der einem anderen **ein Nutzungsrecht an einem Werk einräumt, sich im Zweifel das Recht** zur Einwilligung zur **Veröffentlichung oder Verwertung einer Bearbeitung vorbehält**. Diese Vorschrift betont also, dass das Bearbeitungsrecht ein eigenständiges Recht ist, unabhängig von der in § 23 UrhG vorgesehenen Einwilligung des Urhebers des Originalwerks in die Veröffentlichung und Verwertung. Wird einem Dritten ein Bearbeitungsrecht eingeräumt, so ist dieser zur einmaligen Bearbeitung, also zur Herstellung einer Bearbeitungsfassung, berechtigt, nicht aber zu mehreren Bearbeitungen.[586]

e) Ergänzende Auslegungsregel für die Einräumung des Vervielfältigungsrechts

545 Dem Urheber steht das Vervielfältigungsrecht zu (§ 16 UrhG). Das Vervielfältigungsrecht umfasst jegliche Art der körperlichen Festlegung, also die drucktechnische Vervielfältigung ebenso wie die Vervielfältigung auf Bild- und Tonträgern. Räumt er einem anderen das **Vervielfältigungsrecht** ein, ist davon **im Zweifel nicht das Recht, das Werk auf Bild- oder Tonträgern zu vervielfältigen**, umfasst (§ 37 Abs. 2 UrhG). Der vorrangig zu berücksichtigende Vertragszweck kann im Einzelnen zu anderen Ergebnissen führen, wenn – wie bei der Musik – regelmäßig nur die Vervielfältigung auf Tonträgern stattfindet, nicht jedoch auf Papier in Form von Noten oder wenn beispielsweise wissenschaftliche Aufsätze nicht mehr in Form einer Printzeitschrift, sondern nur noch als Online-Zeitschrift, publiziert werden. Hat der Urheber das Recht zur Vervielfältigung auf bestimmte Bild- und Tonträger eingeräumt, so verbleibt dem Urheber das Recht, das Werk auf andere eigenständige Nutzungsarten zu verwerten. Will ein Interessent allerdings einen Tonträger mit einem Werk der Musik vervielfältigen, das bereits durch einen anderen Tonträgerhersteller vervielfältigt wird, so hat er einen Anspruch auf Abschluss eines Lizenzvertrages zu angemessenen Bedingungen für die gleiche Nutzungsart (§ 42a UrhG).

f) Ergänzende Auslegungsregel für die Einräumung des Rechts der öffentlichen Wiedergabe

546 Schließlich sieht § 37 Abs. 3 UrhG eine Beschränkung des positiven Nutzungsrechtes für denjenigen vor, der das Recht zur öffentlichen Wiedergabe (§ 19 UrhG) hat. Dieser benötigt nämlich im Zweifel das besondere Nutzungsrecht zur Wiedergabe eines Werkes außerhalb der Veranstaltung durch Bildschirmlautsprecher und ähnliche technische Einrichtungen.

---

[584] Eine Fülle von Einzelfällen und Beispielen aus der Rechtsprechung findet sich bspw. bei Dreier/*Schulze* § 31 Rn. 128 ff.
[585] BGH GRUR 1986, 458, 459 – Oberammergauer Passionsspiele; *Schricker* § 37 Rn. 4.
[586] *Dreier*/Schulze § 37 Rn. 12.

g) Ergänzende Auslegungsregel für die Einräumung des Rechts zur Nutzung in einer Sammlung

Für **Beiträge in Sammlungen** bestehen ergänzende Auslegungsregeln zur Zwecküber- 547
tragungsregel des § 31 Abs. 5 UrhG.[587] § 38 UrhG dient der Klärung des **Umfangs der Rechtseinräumung im Zeitungs- und Zeitschriftenbereich**. Er soll für Zeitschriften und Zeitungsbeiträge, wo häufig Rechte nur mündlich oder konkludent eingeräumt werden, Klarheit über die Rechtsposition schaffen. Soweit keine Tarifverträge für die Klärung des Umfangs der Rechtseinräumung sorgen, hat die Bestimmung große praktische Bedeutung für die Ermittlung des Inhalts des gegenständlichen Nutzungsrechts und auch der schuldrechtlichen Verträge.

Bei **Zeitungen, Zeitschriften** und anderen vergleichbaren, **periodisch** erscheinenden 548
Sammlungen, wie Kalendern oder Almanachen erwirbt der Verleger oder Herausgeber **im Zweifelsfall das ausschließliche Nutzungsrecht** zur Vervielfältigung und Verbreitung, wobei der Urheber das Werk nach Ablauf **eines Jahres** seit dem Erscheinen der jeweiligen Ausgabe anderweitig vervielfältigen und verbreiten darf, sofern nichts anderes vereinbart ist. Da häufig die Rechtseinräumung stillschweigend mit der Druckfreigabeerklärung[588] oder durch die kommentarlose Übermittlung eines Beitrages an die Redaktion erfolgt, stellt § 38 Abs. 1 UrhG sicher, dass der Verwerter zunächst für die Dauer eines Jahres ein Exklusivrecht hat und anschließend, nach Ablauf eines Jahres seit Erscheinen, ein nicht ausschließliches Recht.

Für **nicht periodische Sammlungen**, also beispielsweise Festschriften, Kunstmappen und 549
Ausstellungskataloge oder Sammlungen von Musik-CDs oder Film-DVDs, bestimmt das Gesetz, dass dann, wenn der Urheber für die Überlassung des Rechtes keinen Anspruch auf eine Vergütung hat, spätestens mit Ablauf eines **Jahres** nach Erscheinen sich das ausschließliche Recht ebenso zu einem **nicht ausschließlichen Recht** wandelt.

Demgegenüber soll der Verleger und Herausgeber einer **Zeitung** an den ihm überlasse- 550
nen Beiträgen im Zweifelsfall nur ein einfaches Nutzungsrecht erhalten, es sei denn, es wird etwas anderes vereinbart. Wird ein ausschließliches Nutzungsrecht eingeräumt, so ist, wenn keine andere ausdrückliche Vereinbarung geschlossen wurde, der Urheber unverzüglich nach Erscheinen der jeweiligen Zeitung zur anderen Nutzung berechtigt (§ 38 Abs. 3 UrhG).

h) Ergänzende Auslegungsregel für die Übertragung des Eigentums

Das Eigentum an einem Original oder einem Vervielfältigungsstück eines Werkes 551
gewährt seinem Inhaber umfassende Rechte, soweit er nicht die Rechte anderer verletzt (§§ 903 ff. BGB). Diese Rechte kollidieren zum Teil mit den Urheberrechten am Werk. Der Interessenausgleich wird durch verschiedene Vorschriften[589] geschaffen. Für den Bereich des Urhebervertragsrechts soll § 44 UrhG das Spannungsverhältnis auflösen. Das Gesetz bekräftigt zunächst den Unterschied zwischen dem **Sacheigentum einerseits** und dem **geistigen Eigentum andererseits**, indem es als Auslegungsregel bestimmt, dass die **Veräußerung des Originals** eines Werkes im Einzelnen **nicht gleichzeitig die Einräumung eines Nutzungsrechts bedeutet**. Freilich bestimmt diese Auslegungsregel im

---

587 § 38 UrhG ist z.T. die spezielle Vorschrift zur Bestimmung, ob ein ausschließliches oder nicht ausschließliches Recht vorliegt, wohingegen sich der Inhalt des Rechts unter Anwendung von § 31 Abs. 5 UrhG ergibt. Ferner sind die §§ 41, 43 ff. VerlG anzuwenden.
588 OLG Köln GRUR 2000, 414, 416 – GRUR/GRUR-Int.
589 Das Integritätsinteresse wird durch die änderungsrechtlichen Vorschriften der §§ 14, 39, 62 UrhG, das persönlichkeitsrechtliche Interesse durch das Zugangsrecht (§ 25 UrhG), die vermögensrechtlichen Interessen werden durch die Vergütungsansprüche gemäß §§ 26, 27 UrhG geschützt.

Kern nichts anderes als die Zweckübertragungslehre (§ 31 Abs. 5 UrhG). Wird nämlich mit der Veräußerung eines Werkstückes gleichzeitig bezweckt, dem Erwerber die Vervielfältigung und Verbreitung des Werkes zu ermöglichen, so ergibt sich die Rechtseinräumung nach dem Zweck des Vertrages. Ergibt sich aus der Veräußerung des Originals oder eines Werkstückes hingegen nicht der Zweck einer Nutzung, so werden auch auf der Grundlage des § 31 Abs. 5 UrhG keine Rechte eingeräumt.[590]

552 Hat jemand ein Werkexemplar, so darf er es lesen, hören, betrachten oder das Werk auf sonstige Art und Weise genießen. Er darf es jedoch nicht verwerten, er darf beispielsweise die Skulptur nicht fotografieren und die Fotografie in einem Bildband abdrucken oder als Postkarten publizieren oder ins Internet stellen. Nur wenn sich aus der Vereinbarung oder aus dem Zweck des Vertrages die Einräumung eines Nutzungsrechts ergibt, darf der Erwerber das Werk auf die so bezeichnete Art nutzen. So darf der Tonträgerhersteller, der Masterbänder von Musikaufnahmen herstellt, diese im Zweifel auch zur Herstellung von Tonträgern benutzen, da dies der Zweck der Masterbänder ist. Der Fotograf bleibt aber Inhaber der Rechte an dem von ihm verkauften Foto. Der Besitzer einer Filmkopie ist zur öffentlichen Vorführung des Films nicht berechtigt;[591] ohne Zustimmung des Bildhauers des Originals darf niemand Abgüsse herstellen.[592] Mit der Ablieferung von Fotoabzügen verbleiben dem Fotografen die urheberrechtlichen Ansprüche,[593] ebenso wie die letztwillige Zuwendung von Zeichnungen, Entwürfen und Skizzen sowie Modellen keine Einräumung eines Nutzungsrechts[594] darstellt.

553 Umgekehrt bedeutet aber auch die **Rechtseinräumung im Zweifel keine Übertragung des Eigentums**. Räumt der Illustrator dem Verleger die Rechte zur Vervielfältigung und Verbreitung seiner Illustrationen ein und überlässt ihm gleichzeitig zur Herstellung der Vervielfältigungsstücke Originale, so wird der Verleger damit nicht Eigentümer der Originale.[595] Räumt der Fotograf einem Dritten das Recht zum Abdruck der Fotografie ein und überlässt ihm hierzu Fotomaterialien, so sind die Materialien zurückzugeben.[596] Will ein Nachrichtenmagazin Fotoauszüge in ein eigenes Archiv aufnehmen, um sie später erneut zu verwenden, so hat der Fotograf sowohl Anspruch auf ein Entgelt für die weitere Nutzung als auch für die Einstellung in das Archiv,[597] da Fotoabzüge regelmäßig nur teilweise überlassen werden. Auch der Verleger hat spätestens nach Beendigung des Verlagsvertrages das Originalmanuskript herauszugeben, sofern er sich das Eigentum nicht vorbehalten hat (§ 27 VerlG).[598]

554 Wenn § 44 Abs. 1 UrhG eine geringe praktische Relevanz zugeordnet wird, so ist § 44 Abs. 2 UrhG doch von höherer Bedeutung. Mit dem **Erwerb des Eigentums am Original** eines Werkes der bildenden Künste oder eines Lichtbildwerkes soll der Erwerber gleichzeitig berechtigt sein, das **Werk öffentlich auszustellen**, selbst dann, wenn es noch nicht veröffentlicht ist. Dies soll nur dann nicht gelten, wenn das Ausstellungsrecht beim Erwerb ausgeschlossen wurde. Diese Ausstellungsberechtigung hängt vom Eigentum (§ 903 BGB) ab. Da es sich um eine Ausnahmevorschrift handelt, ist sie eng auszulegen und bezieht sich nur auf die Originale von Werken der bildenden Künste und Lichtbild-

---

590 BGH, Urt. v. 27.9.1995, GRUR 1996, 121 – Pauschale Rechtseinräumung m.w.N.; WRP 2007, 986 – Archivfotos; Schricker/*Vogel* § 44 Rn. 6 m.w.N.
591 BGH GRUR 1971, 481, 483 – Filmverleih.
592 KG ZUM 1987, 293, 295.
593 OLG Hamburg GRUR 1989, 912, 914 – Spiegel-Fotos.
594 OLG Frankfurt ZUM-RD 1997, 486, 489 – Macintosh-Entwürfe.
595 OLG München GRUR 1984, 516, 517 – Tierabbildungen; OLG Hamburg GRUR 1980, 909, 911 f. – Gebrauchsgrafik für Werbezwecke.
596 BGH ZUM 2002, 141, 142 – Bildagentur.
597 OLG Hamburg GRUR 1989, 912, 914 – Spiegel-Fotos.
598 BGH GRUR 1999, 579, 580 – Hunger und Durst; OLG München ZUM 2000, 66, 68.

werke, nicht allerdings auf andere Werke, wie Notenhandschriften oder handschriftliche Manuskripte von Romanen des Urhebers. Zu den **Originalen** gehören alle Werke, die in den beteiligten Kunstkreisen als Originale gelten.[599] Darunter zählen Unikate, Skizzen und Entwürfe, also Werke in den unterschiedlichsten Bearbeitungs- und Entwicklungsstufen, ebenso wie Abzüge von Druckgrafiken und Abgüsse von Plastiken.[600] Voraussetzung bei grafischen Vervielfältigungen, Abgüssen o. Ä. ist, dass die Vervielfältigungsstücke unter Mitwirkung des Urhebers erstellt wurden, wie das beispielsweise bei nummerierten Exemplaren der Fall ist oder wenn die Signatur oder der Gießerstempel angebracht sind. Auch die vom Künstler selbst hergestellten Druckvorlagen, wie Kupferstiche, Holzschnitte oder Steindrucke zählen dazu.

Zu den besonderen Regelungen der Zweckübertragungslehre für die Filmwerke vgl. §§ 88 ff. UrhG.

555

4. Weiterübertragung von Nutzungsrechten

a) Interessenlage

Hat der Urheber einem anderen ein Nutzungsrecht, sei es ein ausschließliches oder ein nicht ausschließliches, eingeräumt oder auch schuldrechtlich die Nutzung gestattet, so kann der andere diese Berechtigung unter bestimmten Voraussetzungen abtreten (§§ 398 ff. BGB). Der Nutzer hat ein Interesse daran, den wirtschaftlichen Wert des Rechtes dadurch zu realisieren, dass er anderen ganz oder teilweise die Nutzung dieses Rechtes ermöglicht. So kann der Filmproduzent das ihm eingeräumte Verfilmungsrecht auf einen anderen Filmproduzenten weiter übertragen; der Filmproduzent kann dem Verleiher das Verleihrecht einräumen. Der Verleger erwirbt durch den Verlagsvertrages häufig nicht nur das Verlagsrecht für die Hardcover-Ausgabe, sondern auch das Recht, andere Buchausgaben zu veranstalten, Vorabdrucke und Nachabdrucke zu genehmigen, das Werk als Hörbuch zu bearbeiten, zu vervielfältigen, zu verbreiten usw. Regelmäßig ist der Verleger nicht in der Lage, all diese ihm eingeräumten Nutzungen selbst wahrzunehmen, so dass er die entsprechenden Rechte Dritten einräumen muss.

556

Durch die Weiterübertragung der Rechte können wesentliche Interessen der Urheber beeinträchtigt werden. Der Urheber befürchtet möglicherweise, dass durch die Änderungen im Zuge der Werknutzung sein guter Ruf beeinträchtigt wird, die Vergütungsansprüche nicht sichergestellt sind, spätere Nutzungen erschwert werden oder das Werk in einer Umgebung genutzt wird, die der Reputation des Urhebers oder des Werkes widerspricht.

557

b) Zustimmungserfordernis

Zur Sicherstellung der Interessen des Urhebers ist die (translative) **Weiterübertragung** und die (konstitutive) **Einräumung** eines **Nutzungsrechts von der Zustimmung des Urhebers abhängig** (§§ 34, 35 UrhG). Der Urheber, aber auch sein Rechtsnachfolger (§ 30 UrhG), hat damit die Möglichkeit, auf die Auswahl derjenigen Personen, die Rechte an dem Werk nutzen, Einfluss zu nehmen. **Zustimmungsbedürftig** ist das **Verfügungsgeschäft**, nicht jedoch das Kausalgeschäft.[601] Da es bei einem Zustimmungserfordernis für die Übertragung bzw. Einräumung von Nutzungsrechten im Wesentlichen um den Schutz der Urheberpersönlichkeitsrechte geht, ist die Vorschrift nur auf diejenigen verwandten Schutzrechte anzuwenden, die ebenso wie das Urheberrecht persönlichkeitsrechtliche Züge tragen, also die Rechte an wissenschaftlichen Ausgaben (§ 70 UrhG), Lichtbildern (§ 72 UrhG), Computerprogrammen (§ 69a Abs. 4 UrhG) und die Rechte

558

---

599 Schricker/Vogel § 44 Rn. 21.
600 Dreier/Schulze § 44 Rn. 17.
601 Schricker § 34 Rn. 5, § 35 Rn. 6.

der ausübende Künstler (§ 79 UrhG). Das Zustimmungserfordernis gilt hingegen nicht für die anderen Leistungsschutzrechte, bei denen es im Wesentlichen um den Schutz organisatorischer und finanzieller Leistungen im Zusammenhang mit der Werkvermittlung geht, wie beim Tonträgerherstellerrecht (§ 85 UrhG), beim Recht des Herausgebers nachgelassener Werke (§ 71 UrhG), des Veranstalters (§ 81 UrhG), des Sendeunternehmers (§ 87 UrhG), des Datenbankherstellers (§ 87a UrhG) und des Filmherstellers (§ 94 UrhG). Das Zustimmungserfordernis gilt auch für die Weiterübertragung urheberpersönlichkeitsrechtlicher Befugnisse, soweit dies überhaupt zulässig ist, also beispielsweise für die Werkänderung, Bearbeitung, Werkverbindung sowie auszugsweise Nutzung des Werkes.[602]

c) Rechtsqualität der Zustimmung

559   Die Zustimmung ist eine **empfangsbedürftige Willenserklärung**[603] und kann vor dem Geschäft als Einwilligung (§ 183 BGB) oder nachträglich als Genehmigung (§ 185 BGB), ausdrücklich oder stillschweigend erklärt werden. So ist die Übersendung des korrigierten Manuskripts an den Lizenznehmer des Verlegers als Zustimmung zu werten. Häufig erklärt der Urheber seine Einwilligung zur Abtretung einzelner Nutzungsrechte bereits im Verwertungsvertrag. Eine solche Erklärung ist dann wirksam, wenn sie unzweideutig in der Vertragsformulierung zum Ausdruck kommt. Häufig wird in Verträgen das Zustimmungsrecht abbedungen. Solche Klauseln sind allerdings als vorformulierte AGB unwirksam (§ 307 Abs. 2 BGB).[604] Die Einwilligung ist bis zur Ausführung des Geschäftes jederzeit widerruflich, da sie in erster Linie dem Schutz der persönlichkeitsrechtlichen Interessen des Urhebers dient.

560   Der Urheber kann jedoch auch die Abtretung der Rechte ausschließen (§ 137 BGB). Damit ist jede entgegenstehende Verfügung unwirksam.[605]

d) Pflicht zur Zustimmung?

561   Die Interessen des Nutzungsberechtigten an der Weiterübertragung oder Einräumung von Nutzungsrechten wird dadurch geschützt, dass der Urheber seine **Zustimmung nicht wider Treu und Glauben verweigern** darf. Es sind die einander gegenüberstehenden Interessen abzuwägen,[606] wobei davon auszugehen ist, dass der Urheber in der Regel nicht zuzustimmen braucht. Eine grundlose Versagung der Zustimmung verstößt gegen Glauben. Der Urheber muss begründete Bedenken gegen den Erwerber erheben, zum Beispiel wegen dessen weltanschaulicher Tendenz, seiner Reputation im Geschäftsleben, seiner Erfahrungen, seinem Geschäftszuschnitt, seinem Ruf und seinem Wesen.[607] Grundsätzlich müssen schwerwiegende Interessen des Nutzers denen des Urhebers entgegenstehen, so dass dem Nutzer eine Blockierung der Übertragung nicht zugemutet werden kann.

562   Demgemäß entspricht es dem **Leitbild des Urheberrechts**, dass eine Weiterübertragung oder Rechtseinräumung **nur mit Zustimmung** des Urhebers[608] wirksam ist. Erfolgt die Weiterübertragung ohne Zustimmung des Urhebers, ist die Verfügung schwebend unwirksam. Die fehlende Zustimmung kann durch die nachträgliche Genehmigung des Urhebers rückwirkend geheilt werden (§§ 182 ff. BGB).

---

602   *Schricker* § 34 Rn. 5.
603   BGH GRUR 1984, 528 – Bestellvertrag.
604   BGH GRUR 1984, 45 – Honorarbedingungen: Sendevertrag; *Schricker* § 34 Rn. 12; *Dreier*/Schulze § 34 Rn. 51.
605   BGH GRUR 1987, 37, 39 – Videolizenzvertrag.
606   Fromm/Nordemann/*Hertin* § 34 Rn. 10.
607   *Schricker* Verlagsrecht § 28 Rn. 13.
608   BGH GRUR 1984, 45 – Honorarbedingungen: Sendevertrag.

e) Zustimmungserfordernis bei Unternehmenskauf

Bei der **Veräußerung** oder der **Teilveräußerung eines Unternehmens** bedarf es keiner Zustimmung. Beabsichtigt ein Verleger, sein gesamtes Verlagsgeschäft oder einen objektiv abgrenzbaren Bereich seines Unternehmens, beispielsweise eine Ratgeberreihe oder den Reiseführerbereich, zu veräußern, so bedarf es dazu **nicht der Zustimmung** der Urheber (§ 34 Abs. 3 Satz 1 UrhG). Die Interessen der Urheber werden aber durch ein **Rückrufsrecht** gewahrt, falls dem **Urheber** nach Treu und Glauben die Ausübung des Nutzungsrechts durch den Erwerber **nicht zuzumuten** ist. Der Urheber muss solche Umstände vortragen, die berechtigte Zweifel an dem Entstehen der erforderlichen Vertrauensgrundlage aufkommen lassen. Hierzu gehören abschätzige Äußerungen des Erwerbers gegenüber dem Urheber oder dessen Werk, unterschiedliche weltanschauliche oder ideologische Einstellungen, fehlende fachliche Qualifikationen und andere Umstände, die eine gedeihliche Zusammenarbeit voraussetzt.[609] Es bedarf auch hier der Abwägung beiderseitiger Interessen. Das gleiche gilt, wenn sich eine **wesentliche Änderung** der **Beteiligungsverhältnisse** ergibt. 563

Für die Ausübung des Rückrufsrechts hat der Urheber **keine Frist** zu wahren. Der Urheber muss aber innerhalb einer angemessenen Überlegungsfrist sein Rückrufsrecht ausüben (§ 314 BGB). Es ist zu empfehlen, die Urheber rechtzeitig über das Geschäft zu informieren und sie aufzufordern eine Erklärung über den Rückruf bzw. dessen Nichtausübung abzugeben. Eine Überlegungsfrist von einem Monat nach Kenntnis der relevanten Umstände, wie sie auch dem Dienstverpflichteten bei einem Betriebsübergang eingeräumt wird (§ 613a Abs. 5 BGB), scheint angemessen zu sein. Im Übrigen ist natürlich die Verjährungsfrist (§§ 195, 199 BGB) zu beachten. 564

f) Zustimmungserfordernis bei Sammelwerken

Für **Sammelwerke** genügt allerdings zur Übertragung des Nutzungsrechts die Zustimmung des Urhebers des Sammelwerkes, also des Herausgebers (§ 34 Abs. 2 UrhG). Es ist nämlich dem Herausgeber oder dem Verleger des Sammelwerkes nicht zuzumuten, sämtliche Urheber der im Sammelwerk aufgenommenen Werke gesondert um die Zustimmung zu bitten. Mag es bei einer Gedichtanthologie, mit wenigen Gedichten weniger Verfassern noch denkbar sein, so wäre dies beispielsweise für den Herausgeber einer Zeitschrift nur schwer zu realisieren. Allerdings kann der Herausgeber nur insoweit über die Rechte der Beitragsverfasser verfügen, als er sie selbst von den Beitragsverfassern erworben hat.[610] Waren diese nur mit der Vervielfältigung und Verbreitung in der Printversion einer Zeitschrift einverstanden, so kann der Urheber des Sammelwerkes insgesamt nicht seine Zustimmung zu einer Vervielfältigung und Verbreitung auf CD-ROM bzw. DVD oder in Form einer Online-Version erteilen. 565

g) Kein Zustimmungserfordernis bei Verfilmung

Auch die Abtretung des **Verfilmungsrechtes** (§ 88 UrhG) oder der Rechte am **Filmwerk** (§ 89 UrhG) bedarf keiner Zustimmung der jeweiligen Rechtsinhaber und ihrer Nachfolger (§ 90 UrhG).[611] 566

h) Kein Zustimmungserfordernis zur Rechtswahrnehmung

Der **Zustimmung** bedarf es **nicht**, wenn das ausschließliche Nutzungsrecht zur **Wahrnehmung der Belange** des Urhebers eingeräumt wird (§ 35 Abs. 1 Satz 2 UrhG). Dies 567

---

609 *Nordemann* § 34 Rn. 4; *Dreier*/Schulze § 34 Rn. 37.
610 *Ulmer* § 86 I 3 b.
611 *Ulmer* § 86 I 3 c.

betrifft vor allen Dingen die Verwertungsgesellschaften, die im Hinblick auf den Kontrahierungszwang (§ 11 UrhWG) jedermann zu angemessenen Bedingungen Nutzungsrechte einräumen müssen. Die Verwertungsgesellschaften räumen regelmäßig nur einfache Nutzungsrechte ein; hierzu bedarf es nicht der Zustimmung der Urheber.[612]

568 Auch Bühnenverlage nehmen die Rechte wahr; im Gegensatz zu Verwertungsgesellschaften vergeben sie auch ausschließliche Aufführungsrechte.[613] Soweit die Musikverlage, wie üblich, zur Verwertung der Werke im Ausland ausländische Verleger einschalten, ist die Einräumung von ausschließlichen Rechten an diese Subverleger ohne Zustimmung des Urhebers zulässig, denn auch sie erfolgt zum Zwecke der Wahrnehmung.[614] Im Buchverlagswesen kann die Wahrnehmung der so genannten Nebenrechte durch den Verleger ohne Zustimmung erfolgen, wenn der Verleger insofern in fremdnützigem Interesse tätig wird.[615]

i) Kein Rückfall der Rechte späterer Stufen

569 Nach einer sehr starken Meinung sind die Rechte späterer Stufen abhängig von den Rechten früherer Stufen. Fallen diese Rechte weg, so fehlt gleichzeitig die Basis für die spätere Rechtseinräumung mit der Folge, dass auch der spätere Rechtserwerber seine Rechte verliert.[616] Die Auffassung übersieht allerdings, dass die Abtretung der Rechte regelmäßig der Zustimmung der Urheber bedarf. Der Urheber war also mit der weiteren Einräumung eines Rechtes einverstanden. Der Erwerber der Rechte hat regelmäßig im Vertrauen auf den Bestand des Rechtserwerbes Investitionen getätigt. Diese wären verloren, würde er automatisch die Rechte verlieren. Zwar hätte der Erwerber im Hinblick auf die Rechtsverschaffungsverpflichtung des Veräußerers einen Schadensersatzanspruch gegen den Veräußerer, doch müsste der Erwerber auch insofern das Insolvenzrisiko tragen. Es scheint daher interessengerechter, anzunehmen, dass bei Wegfall des zugrunde liegenden Vertrages der Urheber anstelle des Veräußerers Vertragspartner des Lizenzvertrages wird. Diesem Wechsel des Vertragspartners muss wiederum der Rechtserwerber zustimmen. Verweigert er die Zustimmung, hat er selbst über den Fortfall der Rechte entschieden. Der unbefriedigenden Situation für den Rechtserwerber, der keinen Einfluss auf den Fortbestand der Grundlage hat, kann am besten durch den Abschluss geeigneter Vereinbarungen entgegengewirkt werden. So kann in einem Verlagsvertrag festgehalten werden, dass dieser auch über seine Beendigung hinaus teilweise Bestand hat, soweit der Verleger seine Rechte Dritten übertragen oder eingeräumt hat.[617]

j) Haftung des Veräußerers

570 Die Weiterübertragung der Rechte der Beitragsverfasser eines Sammelwerkes oder im Rahmen der Gesamt- bzw. Teilveräußerung eines Unternehmens führt zu einer kumulativen **Haftung des Erwerbers** der Rechte **neben** derjenigen des **Veräußerers**, wenn der Urheber der Weiterübertragung nicht ausdrücklich zugestimmt hat (§ 31 Abs. 4 UrhG). Auch aus diesem Grunde empfiehlt es sich, die Urheber zu informieren und um deren Zustimmung zu bitten. Zum Schutze der urheberpersönlichkeitsrechtlichen Interessen des Urhebers, ebenso wie zum Schutz seiner wirtschaftlichen Interessen im Zusammenhang mit der Verwertung eines Werkes, sind der vertragliche Ausschluss und/oder die Beschränkung des Rückrufrechtes bzw. der gesamtschuldnerischen Haftung nicht wirksam (§ 34 Abs. 5 Satz 1 UrhG).

---

612 LG Köln ZUM 1998, 168, 169.
613 *Schricker* § 35 Rn. 10.
614 BGH GRUR 1964, 326 – Subverleger.
615 A.A. *Schricker* § 35 Rn. 10.
616 *Schricker* § 34 Rn. 22, § 35 Rn. 11; *Ulmer* § 108 IV 2; *Dreier*/Schulze § 35 Rn. 16, jeweils m.w.N.; a.A. *Sieger* FuR 1983, 580 ff.; *Sieger* UFITA 82 (1978) 287; *Haberstumpf* Rn. 418.
617 BGH GRUR 2009, 946, Tz. 14 – Reifen Progressiv; *Ulmer* § 108 IV 2.

5. Gutgläubiger Erwerb

Die Regelungen der §§ 929 ff. BGB sehen die Möglichkeit des gutgläubigen Erwerbs des Eigentums vor, weil beim Eigentum von Mobilien der Besitz (§ 903 BGB) eine Gutglaubenswirkung entfaltet; gleiches gilt bei Geschäften über Grundstücke für den jeweiligen Grundbuchbestand (§ 892 BGB). Ein solch einfacher, für jedermann ohne weiteres nachvollziehbarer Tatbestand, auf den sich ein guter Glaube beziehen kann, existiert für den Bereich des Urheberrechts nicht. Demgemäß gibt es **keinen gutgläubigen Rechtserwerb.**[618] Der mögliche Erwerber eines Rechtes muss sich daher sorgfältig vergewissern, ob der Veräußerer tatsächlich Inhaber der von ihm angebotenen Rechte ist. Der Veräußerer kann nur diejenigen Rechte abtreten, die er selbst innehat. Ist beispielsweise das Recht zeitlich beschränkt, kann der Erwerber keine Rechte, die zeitlich darüber hinausgehen, erwerben. Erwirbt der Filmverleiher die Rechte beschränkt zur Auswertung in den Kinos der Bundesrepublik Deutschland, so ist er nicht berechtigt, die Filmvorführung in den Kinos der Republik Österreich zu gestatten.

571

6. Verträge über künftige Werke

Häufig möchte sich ein Verwerter die Rechte an künftigen Werken eines Urhebers sichern. Er will so die Investition in die Verwertung des zunächst erworbenen Rechts absichern. Der Urheber möchte aber eine angemessene Vergütung auch für spätere Werke sicherstellen und sich möglicherweise nicht längerfristig binden.

572

Die Vertragspartner können zur langfristigen Bindung einen **Vorvertrag**[619] schließen, durch den sich die Vertragspartner verpflichten, zu einem späteren Zeitpunkt einen Hauptvertrag über die Nutzung künftiger Werke zu festgelegten Bedingungen zu schließen. Anstelle eines Vorvertrages ist auch ein **Optionsvertrag möglich**, bei dem einer der Vertragspartner das Recht eingeräumt erhält, durch einseitige Erklärung ein vollständig ausgehandeltes Vertragsverhältnis zum Entstehen zu bringen, oder auch ein Optionsvertrag im weiteren Sinne, der beide Vertragspartner verpflichtet, über die Nutzungsrechtseinräumung zu verhandeln, bevor ein Vertragsschluss mit Dritten zustande kommt. Auch die Verwertungsgesellschaften sehen üblicherweise in ihren Wahrnehmungsverträgen vor, dass sie die Rechte am gesamten Repertoire der von ihnen betreuten Urheber wahrnehmen. Sie erwerben daher im Wege der Vorausabtretung die Rechte an künftigen Werken und auch die künftig »frei« werdenden Rechte. Durch solche Verträge verpflichtet sich der Urheber, die Rechte an seinem künftigen Schaffen einer Verwertungsgesellschaft zu übertragen. Nicht nur, weil dadurch die Gefahr besteht, dass der Urheber sein Schaffen zu günstig aus der Hand gibt, sondern auch, weil die damit begründete Bindung seine gesamte künftige Arbeitskraft betrifft, ist ein besonderer Schutz erforderlich.[620]

573

Die Wirksamkeit solcher **Verpflichtungsgeschäfte,** ausgenommen Arbeits- oder Dienstverhältnisse, setzt daher die Beachtung der **Schriftform** voraus (§ 40 Abs. 1 Satz 1 UrhG); alle anderen Geschäfte über Urhebernutzungsrechte, ausgenommen von Geschäften über Rechte an unbekannten Nutzungsarten, bedürfen nicht der Beachtung einer bestimmten Form. Die Verfügung über Rechte (§§ 398 ff. BGB) ist stets formfrei wirksam. Da Verpflichtungs- und Verfügungsgeschäft üblicherweise innerhalb einer zusammengefassten Vereinbarung abgeschlossen werden, führt dies mittelbar auch zum Schriftformerfordernis für die Verfügung über Rechte an künftigen Werken.[621]

574

---

618 BGHZ 5, 119 – Parkstraße 13; KG ZUM 1997, 397 – Franz Hessel.
619 *Ulmer* § 94 I.
620 Gemäß § 311b Abs. 2 BGB sind Verfügungen über das künftige Vermögen nichtig.
621 *Ulmer* § 94 III 1.

575 Das Schriftformerfordernis besteht allerdings nur dann, wenn sich der Urheber selbst, nicht ein etwaiger Erwerber von Nutzungsrechten, verpflichtet, die Rechte an künftigen Werken zu übertragen. Lizenzverträgen in denen sich ein Nutzer verpflichtet, Rechte an künftigen Werken einem anderen Nutzer einzuräumen, sind ebenso formfrei wirksam.

576 Zu den **künftigen Werken** gehören all diejenigen Werke, die der Urheber für noch **nicht druckreif** hält,[622] also für die der Urheber das Erstveröffentlichungsrecht (§ 12 UrhG) noch nicht ausüben möchte. Das Schriftformerfordernis besteht allerdings nur hinsichtlich derjenigen künftigen Werke, die entweder nicht näher bestimmt sind oder nur der Gattung nach festliegen. Ist ein Werk bereits individualisiert, weil beispielsweise der Titel, der Werkplan, eine Skizze oder sonstige Beschreibungen bereits vorliegen, ist das Werk näher bestimmt.[623] Steht für ein Werk allerdings nur fest, dass es ein Roman, ein Schauspiel oder eine Zeichnung ist, dann ist es nur der Gattung nach bestimmt.

577 Verträge über künftige Werke können von beiden Vertragspartnern **nach Ablauf von fünf Jahren** seit dem Vertragsschluss **gekündigt** werden. Sie können das Verpflichtungsgeschäft mit einer Frist von sechs Monaten, welche vertraglich verkürzt werden kann, beenden (§ 40 Abs. 1 Satz 2 UrhG). Auf das Kündigungsrecht kann nicht verzichtet werden (§ 41 Abs. 2 Satz 1 UrhG). Andere vertragliche oder gesetzliche Kündigungsrechte bleiben von diesem Kündigungsrecht unberührt (§ 41 Abs. 2 Satz 2 UrhG). Dies gilt insbesondere für das Recht zur außerordentlichen Kündigung (§ 314 BGB).[624]

578 Mit der Beendigung des schuldrechtlichen Vertrages fallen die gegenseitigen Verpflichtungen mit ex-nunc-Wirkung weg. Die Vereinbarung ist dann nach den Grundsätzen der ungerechtfertigten Bereicherung rückabzuwickeln. Hat der Verwerter eine Optionsvergütung bezahlt, so verbleibt diese dem Urheber.[625] Hat er jedoch Vorschüsse oder ein Garantiehonorar für die Nutzung des künftigen Werkes geleistet, so sind diese zurückzuzahlen.[626]

579 **Mit Kündigung** des Vertrages **fallen die Nutzungsrechte** an den künftigen Werken, ohne dass es einer weiteren Erklärung bedarf, ex nunc zurück an den Urheber, soweit die Werke noch nicht abgeliefert wurden (§ 40 Abs. 3 UrhG). Die Ablieferung ist die körperliche Übergabe eines Werkexemplars zum Zwecke der Vertragserfüllung[627] oder auch die Möglichkeit des Erwerbers, sich das Werk durch Herunterladen vom Netz selbst zu verschaffen.[628]

7. Rechte an unbekannten Nutzungsarten

a) bisherige Rechtslage

580 Die Möglichkeit, Verträge über zum Zeitpunkt des Vertragsschlusses unbekannte Nutzungsarten zu schließen, hat sich in den vergangenen fünf Jahrzehnten mehrfach gewandelt. Bis zum Inkrafttreten des Urheberrechtsgesetzes am 1.1.1966 waren Verträge, die auch eine Einräumung der Rechte an noch nicht bekannten Nutzungsarten vorsahen, wirksam. Vom 1.1.1966 bis zum 31.12.2007 war die Einräumung von Nutzungsrechten für noch nicht bekannte Nutzungsarten sowie Verpflichtungen hierzu unwirksam (§ 31 Abs. 4 UrhG a.F.). Seit 2008 ist die Einräumung von Nutzungsrechten an bei Vertragsschluss noch nicht bekannten Nutzungsarten sowie Verpflichtungen dazu in Schriftform wirksam (§ 31a Abs. 1 Satz 1 UrhG).

---

622 BGHZ 9, 237, 241 – Gaunerroman.
623 OLG Schleswig ZUM 1995, 867, 874 – Werner.
624 *Ulmer* § 94 II 2.
625 *Schricker* § 40 Rn. 16.
626 Dreier/*Schulze* § 40 Rn. 23.
627 BGH GRUR 1966, 390, 391 – Werbefilm; GRUR 2001, 764, 765 – Musikproduktionsvertrag.
628 *Dreier*/Schulze § 40 Rn. 26.

b) unbekannte Nutzungsart

Unter Nutzungsart sind nicht die Verwertungsformen im Sinne der §§ 15 ff. UrhG **581** gemeint, sondern die nach der **Verkehrsauffassung hinreichend klar abgrenzbare, wirtschaftlich-technisch** als **einheitlich** und **selbständig** erscheinende **Nutzungsmöglichkeit eines Werkes**.[629] **Bekannt** sind solche Nutzungsarten, die zur Zeit des Vertragsschlusses nicht nur hinsichtlich ihrer **technischen Möglichkeiten** bekannt sind, sondern auch **wirtschaftlich bedeutsam verwertet** werden.[630] Es muss sich ein neuer Markt mit weiteren Verkehrskreisen bilden.[631] Da die Vorschrift den Schutz des Urhebers im Auge hat, muss die wirtschaftliche Tragweite der technischen neuen Nutzungsart aus der Sicht des durchschnittlichen Urhebers,[632] nicht aber aus der Sicht der konkreten Vertragspartner, die besonders technikaffin oder -avers sein können, erkennbar und einschätzbar sein.[633]

Die Bestimmung über die Unwirksamkeit der Einräumung von Nutzungsrechten unbe- **582** kannter Nutzungsarten soll nicht dem technischen Fortschritt und der Substitution der Technik durch neue Techniken entgegenstehen. **Keine neue Nutzungsart** ist daher anzunehmen, wenn sich die Nutzungsmöglichkeit lediglich technisch ändert, sich aus der Sicht des Endverbrauchers aber nichts verändert. Der Ersatz alter Techniken durch neue Techniken führt nicht zu einer neuen Nutzungsart. So sind Musik-DVDs und CDs aus der Sicht des Verbrauchers im Vergleich zur herkömmlichen Vinylplatte oder Videokassette lediglich eine Substitution alter durch neue Technik. Tatsächlich hat auch der »alte Schallplattenspieler« ausgedient und ist in den meisten Haushalten durch einen CD- oder DVD-Player ersetzt worden.[634] Es ist nicht Aufgabe des Urheberrechts, den technischen Fortschritt der Werknutzung durch neuere, selbständig lizenzierbare Nutzungshandlungen zu behindern. Voraussetzung für eine neue Nutzungsart im Vergleich zu einer alten ist, dass sich aus Sicht des Endverbrauchers entscheidend neue Nutzungsmöglichkeiten ergeben.

So hat der BGH[635] die Rechte für den »gefunkten Film« als fernsehmäßige Nutzung eines **583** Filmes interpretiert und als schon im Jahr 1939 bekannt angesehen. Werbe- und Satellitenfernsehen sind keine neuen Nutzungsarten, sondern nur technische Fortschritte aus der Sicht des Verbrauchers.[636] Demgegenüber sind Pay-TV und Pay-per-View selbständige Nutzungsarten und wohl seit den 1990er-Jahren als bekannt anzusehen.[637] Die Videozweitauswertung von Kinofilmen wurde als selbständige Nutzungsart angesehen, die bis zum Jahr 1968 unbekannt war.[638] Als Massengeschäft wurde die Videozweitauswertung ab 1977 oder erst ab ca. 1980[639] bekannt.[640] Von der technischen Möglichkeit

---

629 *Schricker* § 31 Rn. 26; BGH, GRUR 1992, 310, 311 – Taschenbuchlizenz; GRUR 1997, 215, 217 – Klimbim.
630 BGH GRUR 1986, 62, 65 – GEMA-Vermutung I; GRUR 1991, 133, 136 – Videozweitauswertung; GRUR 2003, 2234, 235 – EROC III; OLG Hamburg ZUM 2002, 297, 304.
631 BGH GRUR 1986, 62, 65 – GEMA-Vermutung I; GRUR 1997, 215, 217 – Klimbim; *Castendyck* ZUM 2002, 332, 338.
632 *Schricker* § 31 Rn. 27; Dreier/*Schulze* § 31 Rn. 66, jeweils m.w.N.; a.A. *von Gamm* § 31 Rn. 15, der auf objektive Umstände abstellt.
633 BGH GRUR 1986, 62 – GEMA-Vermutung I; MMR 2005, 839 – Der Zauberberg.
634 BGH MMR 2005, 839 – Der Zauberberg; a.A. *Katzenberger* GRUR Int. 2003, 889; *Reber* GRUR 1998, 792.
635 GRUR 1982, 727 – Altverträge.
636 BGH GRUR 1997, 215 – Klimbim mit krit. Anm. *Loewenheim*.
637 *Ernst* GRUR 1997, 592, 596; a.A. KG ZUM-RD 2000, 384, 386, das keine neue Nutzungsart annimmt.
638 BGH GRUR 1991, 133, 135 – Videozweitauswertung.
639 *Schricker* § 31 Rn. 30.
640 BGH GRUR 1995, 212, 213 – Videozweitauswertung III; Dreier/*Schulze* § 31 Rn. 92.

konnte wohl bereits im Jahr 1972 ausgegangen werden.[641] Musikvideos sind seit Anfang der 1980er-Jahre bekannt. Compact Discs (CDs) wurden im März 1979 vorgestellt und gelangten 1983 auf den Markt. Im Vergleich zu bisherigen Tonträgern handelt es sich hierbei um eine neue Nutzungsart.[642] CD-ROM-Ausgaben von Zeitschriften haben als selbständige Nutzungsart.[643] zu gelten, die seit Mitte der 90er-Jahre bekannt ist.[644] Die Veröffentlichung von Zeitungen im Internet[645] und die Nutzung von Musikwerken als Handy-Klingeltöne sind seit 1999 bekannt.[646] Demgegenüber sind DVDs keine neuen Nutzungsarten im Vergleich zu der herkömmlichen Videokassette.[647] Bekannt sind DVDs etwa ab 1999.[648] Die Nutzung des Internets stellt eine eigene Nutzungsart dar, die ab 1995 als bekannt gelten kann.[649]

c) Besonderheiten bei der Rechtseinräumung

584 Zum Schutz der Rechte und Interessen des Urhebers sieht das Gesetz zunächst die **Schriftform** für Vereinbarungen über Rechte an unbekannten Nutzungsarten vor (§ 31a Abs. 1 Satz 1 UrhG). Durch die Schriftform soll der Urheber gewarnt werden und sich Gedanken über die Tragweite seiner Entscheidung machen. Der Warnfunktion der Schriftform bedarf es nicht, wenn der Urheber ein einfaches Nutzungsrecht für jedermann unentgeltlich einräumt. In der Open-Source- und Open-Content-Bewegung will gerade der Urheber jedermann die Nutzung und zum Teil auch die Bearbeitung seiner Werke gestatten. Für solche öffentliche Lizenzen, wie Wikipedia oder Linux, bedarf es daher keiner Schriftform (§ 31a Abs. 1 Satz 2 UrhG).

585 Vereinbarungen über die Rechte an unbekannten Nutzungsarten können von der Natur der Sache her nicht die einzelnen Nutzungsarten gesondert bezeichnen. Denn dann wären sie ja nicht mehr unbekannt. Regelmäßig ist also eine **pauschale Rechtseinräumung** dahingehend, dass der Urheber auch die Rechte an unbekannten Nutzungsarten dem Verwerter einräumt oder dass die Vereinbarung auch Nutzungsrechte an erst künftig entstehenden Technologien erfasst,[650] als solche wirksam. Die Zweckübertragungslehre (§ 31 Abs. 5 UrhG) und die daraus folgende Substantiierungslast finden also keine Anwendung.

d) Widerrufsrecht

586 Das Gesetz gewährt dem Urheber ein **Widerrufsrecht** bis zum Ablauf von drei Monaten, nachdem der Nutzer die beabsichtigte Aufnahme der neuen Nutzungsart dem Urheber an die ihm zuletzt bekannte Anschrift übersandte (§ 31a Abs. 1 Satz 4 UrhG). Der Urheber kann jederzeit seine Entscheidung über die Einräumung aller oder auch einzelner Rechte an unbekannten Nutzungsarten revidieren. Der Widerruf setzt keinen Grund voraus. Der Nutzer muss aber nicht die Adresse des Urhebers ermitteln, sondern er kann sich auf die

---

641 OLG München GRUR 1994, 115, 116 – Audiovisuelle Verfahren.
642 Dreier/*Schulze* § 31 Rn. 94; *Schricker* § 31 Rn. 30a; OLG Düsseldorf, ZUM 2001, 164; Loewenheim/ *J. B. Nordemann* § 26 Rn. 40 f.
643 BGH GRUR 2002, 248, 251 – Spiegel-CD-ROM.
644 Wandtke/Bullinger/*Grunert* § 31 Rn. 54.
645 OLG Hamburg ZUM 2000, 870, 873.
646 OLG Hamburg GRUR-RR 2002, 249, 251 – Handy-Klingeltöne.
647 OLG München ZUM 2002, 922, 927 – Der Zauberberg; BGH MMR 2005, 839 – Der Zauberberg; a.A. *Katzenberger* GRUR-Int. 2003, 889; *Reber* GRUR 1998, 792.
648 Wandtke/Bullinger/*Kunert* § 31 Rn. 67.
649 OLG Hamburg ZUM 2000, 870 – digitas; OLG München GRUR-RR 2004, 33, 34 – Pumuckl-Illustrationen.
650 OLG München ZUM 2000, 61, 66 – Paul Verhoeven; Begr. RegE, nach *Hucko* Zweiter Korb, S. 82; zur Wirksamkeit nach § 305c BGB: *Wille* GRUR 2009, 470.

ihm zuletzt bekannte Anschrift verlassen. Allerdings meint der Gesetzgeber,[651] dass eine Nachfrage bei der entsprechenden Verwertungsgesellschaft erforderlich ist. Da die Verwertungsgesellschaften die Adressen der von ihnen vertretenen Urheber jeweils bekannt geben müssen, ist dieser Aufwand durchaus zumutbar und nachvollziehbar.

Die Widerrufserklärung ist eine formfreie Willenserklärung (Gestaltungserklärung). Mit ihrem Zugang fallen die Rechte ex nunc an den Urheber zurück.[652] **587**

Das **Widerrufsrecht** des Urhebers **entfällt**, wenn sich die Vertragspartner über eine **Vergütung geeinigt** haben (§ 31a Abs. 2 UrhG). Es entfällt ferner mit dem Tod des Urhebers (§ 31a Abs. 2 Satz 3 UrhG). In Arbeits- und Dienstverhältnissen besteht es nicht hinsichtlich solcher Werke, die im Wege der Erfüllung der Dienstverpflichtung geschaffen wurden.[653] **588**

Der Interessenausgleich wäre unvollständig, könnten bei Werken, die von mehreren erstellt oder zu einer Gesamtheit zusammengefasst wurden, einzelne Urheber willkürlich das Widerrufsrecht ausüben und so die Verwertung insgesamt behindern. In diesen Fällen darf das **Widerrufsrecht nicht wider Treu und Glauben** ausgeübt werden (§ 31 Abs. 3 UrhG). Sachliche Gründe können in diesem Zusammenhang nur die Verletzung von Persönlichkeitsrechten sein. **589**

Für die Einräumung von Rechten an unbekannten Nutzungsarten für das **Verfilmungsrecht** und für **Rechte am Filmwerk** genügt die **Schriftform**. Ein Widerrufsrecht steht den beteiligten Urhebern nicht zu (§§ 88 Abs. 1 Satz 2, 89 Abs. 1 Satz 2 UrhG). Der Anspruch auf eine **angemessene Vergütung** bleibt aber auch für diese Urheber bestehen. Damit wird insbesondere den Interessen der Filmwirtschaft, die regelmäßig die Rechte von einer Vielzahl von Beteiligten berücksichtigen muss, ebenso wie den Interessen der Konsumenten, Filme auch auf den möglichst neuen Nutzungsarten verfügbar zu haben, Rechnung getragen. **590**

e) Übergangsregel für Verträge vor dem 1.1.2008

Hat ein Urheber zwischen dem 1.1.1966 und dem 1.1.2008 einem Verwerter **alle wesentlichen Nutzungsrechte ausschließlich, sowie räumlich und zeitlich unbegrenzt** eingeräumt, so gelten die zum Zeitpunkte des Vertragsschlusses unbekannten Nutzungsrechte als dem anderen ebenfalls eingeräumt, sofern der Urheber nicht widerspricht (§ 137 Abs. 1 Satz 1 UrhG). Wesentlich sind die Rechte, die zu einer umfassenden Verwertung nach dem jeweiligen Vertragszweck notwendig sind. So wird bei der Verwertung eines Werkes als Buchausgabe zu fordern sein, dass der Verleger neben dem Hardcover-Recht auch das Taschenbuchrecht, das Buchgemeinschaftsrecht und das Recht zur Veranstaltung einer Sonderausgabe sowie die Drucknebenrechte erworben haben muss. Der Filmproduzent müsste das Verfilmungsrecht sowie das Recht zur Verwertung als Kino-, Fernseh- und Videofilm erworben haben. Hat der Verwerter nur für einen eingeschränkten Verwertungszweck, also z.B. die Buchausgabe oder die Verfilmung, die Rechte erworben, so wird er nur diejenigen unbekannten Nutzungsrechte, die im Zusammenhang mit diesem Verwertungszweck stehen, aufgrund der Fiktion erwerben können. Demnach wird der Verleger das Recht zur Veranstaltung einer E-Book-Ausgabe oder eines Hörbuches erwerben können, während der Filmproduzent beispielsweise die On-Demand-Rechte oder die Rechte für Mobile-TV erwirbt. **591**

---

651 RegE, *Hucko* S. 85.
652 *Berger* GRUR 2005, 907, 909; Fromm/Nordemann/*J. B. Nordeman* § 31a Rn. 59; a.A. *Schulze* UFITA 2007, 641, 651 f.
653 Fromm/Nordemann/*J. B. Nordemann* § 31a Rn. 18.

592 Zur Sicherung der Interessen der Urheber sieht das Gesetz ein **Widerrufsrecht** vor, das hinsichtlich der bis zum 1.1.2008 bekannt gewordenen Nutzungsarten innerhalb eines Jahres auszuüben war und im Übrigen innerhalb von drei Monaten nach Mitteilung über die beabsichtigte Nutzungsaufnahme auszuüben ist.

8. Das Rückrufsrecht wegen Nichtausübung

a) Interessenlage

593 Mit der Übertragung von Rechten verfolgt der Urheber regelmäßig das Ziel, durch die Nutzung bekannt zu werden und finanzielle Erfolge zu erzielen. Der Erwerber der Rechte strebt häufig eine umfassende Rechteeinräumung an, um eine koordinierte Verwertung der einzelnen Nutzungsrechte betreiben zu können. Den Interessen des Urhebers bekannt zu werden und durch die Verwertung Einnahmen zu erzielen wird aber nicht Folge geleistet, wenn der Nutzer untätig bleibt. Zum Schutze dieser sowohl persönlichkeitsrechtlichen als auch wirtschaftlichen Belange räumt das Urheberrecht dem Urheber ein Rückrufsrecht wegen Nichtausübung ein (§ 41 UrhG). Dabei handelt es sich um ein **Gestaltungsrecht**, das durch eine empfangsbedürftige Willenserklärung ausgeübt wird.

594 Neben dem Rückrufsrecht wegen Nichtausübung stehen dem Urheber andere gesetzliche Vorschriften zur Verfügung, die ihm die Lösung von einem Vertrag ermöglichen, wenn der Rechtsinhaber keine ausreichenden Verwertungsbemühungen zeigt (§ 41 Abs. 7 UrhG).[654] Die Gestaltungsrechte und Ansprüche stehen gleichwertig nebeneinander. Für den Verlagsvertrag ist insbesondere auf die Spezialregelungen im Verlagsbereich gemäß den §§ 17, 30, 32, 45 VerlG hinzuweisen, aber auch auf die gesetzlichen Vorschriften zum Verzug (§§ 320 ff. BGB), das Recht zur Kündigung aus wichtigem Grund gemäß § 314 BGB[655] und auf den Anspruch auf Vertragsanpassung nach den Regeln über den Wegfall der Geschäftsgrundlage gemäß § 313 BGB.[656]

b) Anwendbarkeit

595 Das Rückrufsrecht steht den **Urhebern sämtlicher Werkarten** zu. Lediglich für den Bereich der Verfilmung sind die Urheber vorbestehender Werke nur bis zum Beginn der Dreharbeiten zur Ausübung der Rechte berechtigt (§ 90 UrhG); nach diesem Zeitpunkt hat der Schutz der Investitionen Vorrang vor dem Interesse des Urhebers, seine Rechte wegen einer vorangegangenen Nichtausübung zurückzurufen. Der Urheber ist berechtigt, nicht nur gegenüber seinem Vertragspartner, sondern gegenüber **jedem Inhaber** eines **ausschließlichen** Nutzungsrechts, einzelne oder alle ausschließlichen **Rechte** zurückzurufen, wenn dieser sie unzureichend oder gar nicht ausübt. Dem Inhaber eines ausschließlichen Nutzungsrechts obliegt dadurch einer **Ausübungslast**,[657] die ihn dazu zwingt, sich um die ausreichende Ausübung zu bemühen,[658] will er nicht den Rückruf und damit den Verlust der Rechte riskieren

596 Eine Ausübungspflicht ergibt sich aus § 41 UrhG nicht. Sie kann nur Gegenstand eines Vertrages, beispielsweise eines Verlagsvertrages (§ 1 VerlG) sein.

---

654 OLG München ZUM 2008, 154.
655 BGH GRUR 1973, 328, 330 – Musikverleger II; GRUR 1982, 41, 45 – Musikverleger III.
656 BGH GRUR 1990, 1005 – Salomé.
657 *Ulmer* § 87 II 1.
658 BGH GRUR 1970, 40 – Musikverleger.

c) Voraussetzungen

Voraussetzung für die Ausübung des Rückrufsrechts wegen Nichtausübung ist, dass der Rechtsinhaber das ausschließliche Nutzungsrecht überhaupt nicht oder nur **unzureichend ausübt** und dadurch eine **erhebliche Verletzung** berechtigter Interessen des **Urhebers** eintritt. Weitere Voraussetzung ist, dass die Nicht-Ausübung des Rechts nicht auf **Umstände** zurückzuführen sein darf, deren **Behebung dem Urheber zumutbar** ist. Schließlich setzt die Ausübung des Rückrufsrechts voraus, dass die vorgesehene **Wartefrist** abgelaufen ist und dem Verwerter eine angemessene Nachfrist zur Ausübung gesetzt wurde.

Ob der Nutzer das ihm eingeräumte, ausschließliche Nutzungsrecht **zureichend ausübt** oder nicht, ist anhand des **Vertragszwecks**, der **Branchengepflogenheiten** und einer **Interessenabwägung**[659] zu ermitteln. Ebenso sind die technischen Neuerungen und veränderten Branchengepflogenheiten und die sich daraus ergebenden Chance und Risiken in die Abwägung einzubeziehen,[660] so für das Verlagswesen die Möglichkeiten des Printing-on-Demand oder für alle Nutzer die Werbung und der Vertrieb durch das Internet. Die unzureichende Ausübung des Nutzungsrechts indiziert die Verletzung der berechtigten Interessen des Urhebers.[661] Das Gesetz lässt aber nicht allein die Verletzung der Interessen des Urhebers genügen, Voraussetzung ist vielmehr, dass dessen **Interessen erheblich** beeinträchtigt werden.[662] Es sollen also geringfügige Interessenverletzungen ausgeschlossen sein, so, wenn beispielsweise bei Werken von geringer eigenpersönlicher Prägung die Verwertung von Anfang an nicht in großem Umfang zu erwarten gewesen ist und der Urheber, beispielsweise durch eine Pauschalvergütung, keine Verletzung seiner persönlichen Interessen erfährt.

Ist die fehlende Verwertbarkeit auf Umstände zurückzuführen, deren **Behebung** dem Urheber **zuzumuten** ist, so entfällt dessen Rückrufsrecht. Der Urheber eines wissenschaftlichen Werkes muss dieses jeweils zu geeigneten Zeitpunkten an die neuesten wissenschaftlichen Erkenntnisse anpassen und aktualisieren. Ist das Werk von vertragswidriger Beschaffenheit, kann der Urheber das Rückrufsrecht erst ausüben, wenn er das Werk entsprechend korrigiert und abgeliefert hat. Nicht verpflichtet ist der Urheber dagegen, das Werk einem etwaig geänderten Publikumsgeschmack anzupassen.[663]

Das Gesetz räumt dem Inhaber eines ausschließlichen Nutzungsrechts grundsätzlich ausreichend Zeit ein, um von dem Werk Gebrauch zu machen. Die **Wartefrist** (§ 41 Abs. 2 UrhG) beträgt **zwei Jahre** ab der Einräumung oder der Übertragung des ausschließlichen Nutzungsrechts bzw. spätestens ab der Ablieferung des Werkes. Wenn es sich um einen Beitrag für eine Zeitung handelt, beträgt die Frist nur drei Monate, bei einem Beitrag für eine Zeitschrift, die monatlich oder in kürzeren Abständen erscheint, sechs Monate und bei Zeitschriften, die in längeren Zeitabschnitten erscheinen, ein Jahr. Um den Urheber nicht durch eine Verlängerung der Wartefrist unbillig in der anderweitigen Verwertung seines Werkes für den Fall der nicht zureichenden Verwertung zu behindern, kann die Wartefrist vertraglich maximal auf fünf Jahre verlängert werden (§ 41 Abs. 4 UrhG).

Vor Ausübung des Rückrufsrechts ist dem Inhaber des Nutzungsrechts die Ausübung mit einer **angemessenen Nachfrist** anzukündigen (§ 41 Abs. 3 UrhG). Damit erhält der

---

659 OLG München ZUM-RD 1997, 451, 452 – Fix und Foxi; *Schricker* § 41 Rn. 14; *Dreier*/Schulze § 41 Rn. 15.
660 BGH GRUR 1988, 303 – Sonnengesang.
661 BGH GRUR 1970, 40 – Musikverleger.
662 *Ulmer* § 87 II 2 a.
663 *Dreier*/Schulze § 41 Rn. 21.

Inhaber des ausschließlichen Nutzungsrechts eine letzte Chance, die erforderlichen Maßnahmen zu ergreifen, um die zureichende Nutzung des Werkes sicherzustellen. Die dem Nutzer zu setzende Frist ist unter Berücksichtigung der Branchen-Usancen und der individuellen vertraglichen Konstellation, aber nicht unter Berücksichtigung etwaiger Nachlässigkeiten des Rechtsinhabers, zu bestimmen. Es ist die objektive und durchschnittliche Zeit zur Vorbereitung und Nutzung in der entsprechenden Nutzungsart zu berücksichtigen. Beim Druck von Noten und Büchern dürfte dies ein halbes Jahr sein, bei Funksendungen, Schallplattenaufnahmen und Konzertaufführungen dürfte ein Vierteljahr ausreichend sein. Verfilmungen beanspruchen in der Regel ein Jahr; Bühnenaufführungen sind innerhalb eines Jahres zu erreichen.[664] Sollte im Einzelfall eine Frist zu kurz bemessen sein, wird eine angemessene Frist in Lauf gesetzt. Einer Nachfrist bedarf es nicht, wenn der Nutzungsberechtigte die Nutzung verweigert oder wenn ihm die Nutzung unmöglich wurde.

d) Erklärung und Erstattung der Aufwendungen

602 Nach Ablauf der angemessenen Nachfrist ist der Rückruf durch eine formlose ausdrückliche Erklärung des Rückrufs auszuüben. Bei Miturheberschaft (§ 8 UrhG) oder bei Urheberschaft verbundener Werke (§ 9 UrhG) muss der Rückruf gemeinschaftlich durch alle Urheber erfolgen. Mit **Zugang** (§ 130 BGB) der Erklärung fallen die Rechte automatisch an den Urheber zurück. Diese Erklärung ist eine **einseitige, empfangsbedürftige Willenserklärung**. Hat der Verwerter mehrere Nutzungsrechte an einem Werk erworben, so kann der Urheber bei Vorliegen der Voraussetzungen im Übrigen den Rückruf auf einzelne Nutzungsrechte beschränken.[665] Hat beispielsweise ein Verleger neben den Rechten zur Veranstaltung unterschiedlicher Buchausgaben auch die Übersetzungsrechte für alle Sprachen erworben, so können die Rechte zur Übersetzung in einzelne Sprachen oder auch zur Veranstaltung einer Taschenbuchausgabe, zurückgerufen werden. Der schuldrechtliche Vertrag ist mit ex-nunc-Wirkung aufgelöst (§ 41 Abs. 5 UrhG).[666] Werden die Rechte nur teilweise zurückgerufen, verbleibt es bei der Wirksamkeit des Verpflichtungsgeschäftes hinsichtlich der verbleibenden Nutzungsrechte (§ 139 BGB).

603 Im Einzelfall können schutzwürdige Interessen des Nutzungsberechtigten bestehen, so dass diesem im Hinblick auf die beabsichtigte Nutzung bereits gemachten **Aufwendungen** durch den Urheber **zu erstatten** sind. Solche Entschädigungen sind jedoch nur dann zu leisten, wenn Billigkeitsgründe dies gebieten (§ 41 Abs. 6 UrhG). Da aber regelmäßig der Nutzungsberechtigte sowohl während der Wartefrist, als auch während der Dauer der Nachfristsetzung die Chance hatte, das Recht angemessen auszuüben, dürfte meist kein Entschädigungsanspruch in Betracht kommen.[667]

604 Mit dem Zugang der Rückrufserklärung fallen die Rechte an den Urheber zurück und zwar auch dann, wenn der Rückruf gegenüber einem Sublizenznehmer erklärt wurde (§ 41 Abs. 5 UrhG). Der Zugrundeliegende Vertrag wird ebenso ex nunc aufgelöst.[668] Unberührt bleiben jedoch die Rechte, die der betroffenen Nutzer an Dritte weiterübertragen oder eingeräumt hat.[669]

---

664 *Dreier*/Schulze § 41 Rn. 27.
665 OLG München ZUM 2008, 154, 155.
666 *Schricker* § 41 Rn. 24.
667 OLG München ZUM-RD 1997, 451, 453 – Fix und Foxi; *Dreier*/Schulze § 41 Rn. 38.
668 Dreier/*Schulze* § 41 Rn. 37.
669 BGH GRUR 2009, 946; *Pahlow* GRUR 2010, 112.

9. Rückrufsrecht wegen gewandelter Überzeugung

a) Interessenlage

Mit dem Rückrufsrecht wegen gewandelter Überzeugung (§ 42 UrhG) sollen in erster Linie persönlichkeitsrechtliche Interessen des Urhebers geschützt werden.[670] Der Urheber kann damit die weitere Nutzung des Werkes unterbinden, wenn es seinen Überzeugungen nicht mehr entspricht und ihm daher die Verwertung nicht mehr zumutbar ist. Dass auch finanzielle Aspekte eine Rolle spielen können, ändert am persönlichkeitsrechtlichen Charakter der Vorschrift nichts. Durch das Veröffentlichungsrecht (§ 12 Abs. 1 UrhG) wird dem Urheber die Entscheidung über das Ob und Wie der Erstveröffentlichung seines Werkes eingeräumt; § 42 UrhG gewährt dem Urheber die Möglichkeit, eine begonnene Verwertung für die weitere Zukunft zu unterbinden.[671]

b) Anwendungsbereich

Da das Recht in ganz besonderem Maße die persönlichen ideellen Interessen des Urhebers schützt, steht es **dem Urheber allein** und nur in ganz eng umgrenztem Umfang seinen Rechtsnachfolgern zu, nämlich dann, wenn der Urheber selbst zum Rückruf berechtigt gewesen wäre und er an der Erklärung des Rückrufs gehindert war oder den Rückruf letztwillig verfügte (§ 42 Abs. 1 Satz 2 UrhG). Der Rückruf kann bezüglich **aller Werkarten** erklärt werden und sich auf **alle** Arten von **Nutzungsrechten**, also sowohl auf ausschließliche als auch nicht ausschließliche Rechte, einschließlich schuldrechtlicher Gestattungen, beziehen. Der Rückruf kann **gegenüber jedem Inhaber** eines Nutzungsrechts erklärt werden, ohne auf den ursprünglichen Vertragspartner des Urhebers begrenzt zu sein.[672] Der Rückruf kann jederzeit erklärt werden; er ist allerdings hinsichtlich des Filmherstellungsrechts auf den Zeitraum bis zu Beginn der Dreharbeiten beschränkt (§ 90 UrhG) um die Investitionen des Filmherstellers zu schützen. Diejenigen Exemplare, welche bereits in den Verkehr gesetzt wurden,[673] sind von dem Rückruf nicht betroffen; sie dürfen unbeschränkt weiterverbreitet werden. Der Urheber kann sich nicht gegen die freie Nutzung seiner Werke, die die Schrankenregelungen (§§ 44a ff. UrhG) ermöglichen, wehren, wenn dafür Exemplare, die bereits verbreitet wurden, Verwendung finden. So ist insbesondere das Zitatrecht (§ 51 UrhG) nicht beschränkbar; ausgenommen hiervon ist die Nutzung seines Werkes in Sammlungen für den Kirchen-, Schul- und Unterrichtsgebrauch (§ 46 UrhG), ebenso wie die Herstellung eines weiteren Tonträgers (§ 42a UrhG).

c) Voraussetzungen

Der Urheber, der den Rückruf ausüben will, benötigt hierfür einen **Rückrufsgrund**, nämlich die **gewandelte Überzeugung** (§ 42 Abs. 1 Satz 1 UrhG). Zu dem Begriff der gewandelten Überzeugung zählen nicht nur die wissenschaftlichen, politischen, religiösen und weltanschaulichen Überzeugungen,[674] sondern auch die künstlerischen und ästhetischen Ansichten.[675] Bei wissenschaftlichen Werken im weitesten Sinne ist der Überzeugungswandel leicht darzulegen, denn er kann anhand der neuesten wissenschaftlichen Erkenntnisse und/oder anhand der wirtschaftlichen und historischen Entwicklung dargelegt werden. Demgegenüber dürfte es schwierig sein, bei Werken, die in erster Linie das ästhetische Gefühl ansprechen, die Überzeugung des Künstlers aufzuzeigen. Dieses

---

670 *Rauda* GRUR 2010, 22.
671 *Schack* Rn. 319; *Rehbinder* Rn. 317.
672 *Schricker* VerlG, § 35 Rn. 27.
673 OLG Celle NJW 2000, 1579 – Dissertationsexemplar.
674 *Rehbinder* Rn. 317.
675 Schricker/*Dietz* § 42 Rn. 23; *Dreier/Schulze* § 42 Rn. 16.

subjektiv geprägte Moment des Überzeugungswandels wird ausgeglichen durch die anhand **objektiver** Maßstäbe zu überprüfende **Unzumutbarkeit**.[676] Die nachträgliche Unzufriedenheit alleine genügt dafür nicht, vielmehr müssen die ideellen Interessen des Urhebers ganz wesentliche beeinträchtigt sein.

608 Regelmäßig wird man von dem Urheber auch fordern können, dass er zuvor mit seinem Vertragspartner über weniger einschneidende Maßnahmen, beispielsweise die anonyme Publikation oder die entsprechende Änderung eines Werkes, verhandelt. Nur wenn diese Mittel die urheberpersönlichkeitsrechtlichen Interessen nicht in gleichem Maße schützen, dürfte die Unzumutbarkeit zu bejahen sein. Da der **Nutzer** des Rechts durch den Anspruch auf **angemessene Entschädigung**, dessen Sicherung (§ 42 Abs. 3 UrhG) und die Wiederanbietungspflicht (§ 42 Abs. 4 UrhG) weitgehend gegen eine missbräuchliche Anwendung der Vorschrift geschützt ist, sollten die Anforderungen an die Darlegung des Überzeugungswandels nicht überzogen werden.[677] Dies gebietet nicht zuletzt die verfassungsrechtliche Absicherung des Rechts in Art. 2 Abs. 1 GG.[678]

609 Weitere Voraussetzung des Rückrufes ist die Zahlung einer **angemessenen Entschädigung** (§ 42 Abs. 3 UrhG). Bis zur Zahlung oder Sicherstellung (§ 232 BGB) ist der Rückruf schwebend unwirksam (§ 42 Abs. 3 Satz 3 UrhG). Dem Nutzungsrechtsinhaber ist vom Urheber ein Ausgleich für die Vermögenseinbußen zu gewähren. Der Gesetzgeber hat eine angemessene Entschädigung vorgesehen, nicht nur eine billige. Dies bedeutet, dass dem Nutzungsinhaber regelmäßig seine **tatsächlichen Aufwendungen** zu erstatten sind.[679] Hierzu zählen im Verlagswesen die Kosten des Drucks und der Werbung, im Bühnenwesen die der Inszenierung und der Werbung. Gemeinkosten können nicht Berücksichtigung finden, da sie dem jeweiligen Werk nicht zugeordnet werden können.

610 Die Aufwendungen, die der Urheber zu erstatten hat, sind die tatsächlichen Aufwendungen, abzüglich der gegebenenfalls gezogenen Nutzungen. Da der Urheber keine Kenntnis von den Aufwendungen und Einnahmen des Nutzungsrechtsinhabers hat, verpflichtet das Gesetz den Nutzungsrechtsinhaber, **binnen drei Monaten Rechnung legen**. Kommt der Nutzungsrechtsinhaber dieser Verpflichtung nicht nach, weil er versucht, dadurch das Wirksamwerden des Rückrufes hinauszuzögern, so wird der Rückruf nach Fristablauf auch ohne Zahlung einer angemessenen Entschädigung bzw. deren Sicherstellung wirksam (§ 42 Abs. 3 und 4 UrhG).

d) Folge des wirksamen Rückrufs

611 Das Rückrufsrecht wegen gewandelter Überzeugungen ist ein Gestaltungsrecht, das durch **formlose, einseitige, empfangsbedürftige Willenserklärung** ausgeübt wird.

612 Mit **Zugang** der **Erklärung** des **Rückrufes und Zahlung/**Sicherstellung der Entschädigung bzw. Fristablauf erlischt das Nutzungsrecht **ex nunc** und fällt dem Urheber zu, ohne dass es einer weiteren Vereinbarung bedarf (§ 42 Abs. 5 i.V.m. § 41 Abs. 5 UrhG). Auch die schuldrechtliche Vereinbarung erlischt ex nunc. Im Hinblick auf die starke persönlichkeitsrechtliche Ausgestaltung ist davon auszugehen, dass gleichzeitig Tochter- und Enkelrechte an den Urheber zurückfallen.[680] Mit Wirksamwerden des Rückrufes ist das Verpflichtungsgeschäft weiterhin der Rechtsgrund für die Verpflichtung zur Zahlung

---

676 Fromm/Nordemann/*J. B. Nordemann* § 42 Rn. 6.
677 Schricker/*Dietz* § 42 Rn. 24.
678 *Dreier*/Schulze § 42 Rn. 17.
679 Schricker/*Dietz* § 42 Rn. 29; *Schricker* § 35 Rn. 27; *Dreier*/Schulze § 42 Rn. 23.
680 *Schricker* § 35 Rn. 11; *Schricker* VerlG, § 28 Rn. 27, *Pahlow* GRUR 2010, 112.

der Entschädigung, aber auch für die Verpflichtung des Urhebers, gegebenenfalls dem Nutzer das Werk wieder zur Nutzung anzubieten.[681]

Um die Inhaber der Nutzungsrechte vor einem im Wesentlichen wirtschaftlich motivierten Rückruf zu schützen, ist der Urheber verpflichtet, falls er das Werk nach erfolgtem Rückruf erneut verwerten lassen will, dieses zunächst den bisherigen Inhabern des Nutzungsrechts anzubieten. Diese haben also eine quasi gesetzliche Option (§ 42 Abs. 4 UrhG).[682] 613

e) Konkurrierende Bestimmungen

Neben dem urheberrechtlichen Rückrufsrecht (§§ 42 Abs. 5, 41 Abs. 7 UrhG) enthält § 12 VerlG ein Änderungsrecht für den Verfasser bis zur Beendigung des Vervielfältigungsvorganges und § 35 VerlG ein Rücktrittsrecht des Verfassers wegen veränderter Umstände, das dieser bis zum Beginn der Vervielfältigung ausüben kann. Das **Änderungsrecht gemäß § 12 VerlG** ist regelmäßig an die Erstattung der zusätzlichen Kosten des Verlegers geknüpft. Diese Kosten dürften aber meist geringer als die Entschädigungspflicht gemäß § 42 Abs. 3 UrhG sein. Bedeutung hat dies insbesondere bei einer Neuauflage, weil dann der Verfasser sein Werk unbeschränkt anpassen kann. Das **verlagsrechtliche Rücktrittsrecht** ist nur bei Änderung von nicht voraussehbaren, äußeren Umständen gegeben.[683] Der verlagsrechtlichen Vorschrift fehlt also der persönlichkeitsrechtliche Charakter des urheberrechtlichen Rückrufsrechts. Die Ausübung dieses Rechts ist unter Umständen für den Verfasser günstiger, weil er keine Entschädigung zu leisten hat, sondern nur die Aufwendungen, insbesondere Druckkosten erstatten muss. Der reine Aufwendungsersatz gemäß § 35 Abs. 2 Satz 1 VerlG umfasst nicht die Beträge der angemessenen Entschädigung gemäß § 42 Abs. 3 UrhG. Schließlich fehlt es an der Wiederanbietungsverpflichtung. 614

Subsidiär kann der Urheber sich natürlich bei Erfüllung der weiteren Voraussetzungen auf die Vertragsänderung nach den **Regeln über den Wegfall der Geschäftsgrundlage** (§ 313 BGB) berufen, aber auch das Vertragsverhältnis aus **wichtigem Grund** (§ 314 BGB) kündigen.[684] Beide Rechte können jedoch nicht nebeneinander geltend gemacht werden. Im Zweifel ist aber davon auszugehen, dass der Urheber das für ihn günstigere Gestaltungsmittel wählen wollte und gewählt hat.[685] 615

III. Die Vergütung der Urheber

1. Einleitung

Die Urheber und Inhaber verwandter Schutzrechte sind regelmäßig nicht nur kreativ tätig, um durch die Publikation ihrer Werke Bekanntheit oder Berühmtheit zu erlangen oder andere nicht monetäre Zwecke zu verfolgen, sondern zumeist auch, um durch ihr Schaffen ganz oder teilweise ihren Lebensunterhalt zu verdienen und zu finanzieren. Demgemäß ist die Rechtsprechung bereits seit dem Reichsgericht[686] von dem Grundsatz ausgegangen, **den Urheber »tunlichst an dem wirtschaftlichen Nutzen zu beteiligen, der aus seinem Werk gezogen wird«.**[687] Dieser Grundsatz ist ein wesentliches Motiv der 616

---

681 *Ulmer* § 87 III 3; *Rehbinder* Rn. 317.
682 BGH GRUR 1957, 387 – Clemens Laar.
683 *Schricker* VerlG, § 35 Rn. 27.
684 *Ulmer* § 110 IV.
685 *Ulmer* § 110 III 2 a.
686 RGZ 118, 282 – Musikantenmädel; 123, 312 – Wilhelm Busch; 153, 1 – Schallplattensendung.
687 BGHZ 11, 135, 143 – Lautsprecherübertragung; BGH GRUR 1974, 786 – Kassettenfilm; GRUR 1995, 673 – Mauer-Bilder.

EU-Richtlinien.[688] Der in diesem Gedanken zum Ausdruck kommende **Beteiligungsgrundsatz** hat maßgebliche Bedeutung bei der Auslegung des Urheberrechts.

617 Bis zum Inkrafttreten des Gesetzes zur Stärkung der vertraglichen Stellung von Urhebern und ausübenden Künstlern[689] am 1.7.2002 gab es im Urheberrecht selbst **keine Regelung eines Vergütungsanspruches**, sondern nur einen Vertragsänderungsanspruch (§ 36 UrhG a.F.). Lediglich in § 22 VerlG war die Selbstverständlichkeit, dass der Verleger dem Autor das vereinbarte Honorar zu zahlen hat, festgehalten worden. Grundlage der Vergütungsansprüche war damit die Privatautonomie (Art. 2 Abs. 1 GG). Der Gesetzgeber überließ es den beteiligten Vertragspartnern, die Vergütung auszuhandeln. Im Übrigen blieb es bei den allgemeinen Schutzbestimmungen der Generalklauseln (§§ 134, 138, 242 BGB) sowie in wenigen Ausnahmefällen bei der Angemessenheitskontrolle der Geschäftsbedingungen (§§ 305 ff. BGB). **Mit der Urheberrechtsnovelle** des Jahres 2002 wurde zum Schutze der kreativ Schaffenden unter anderem der **Anspruch auf eine angemessene Vergütung** (§ 32 UrhG), einschließlich entsprechender Nachforderungsrechte (§ 32a UrhG), in das Gesetz aufgenommen.

618 Die auch verfassungsrechtlich gebotene wirtschaftliche Beteiligung des Urhebers an den Früchten seines Schaffens wird durch den Anspruch auf eine angemessene Vergütung für die Nutzung des Werkes sichergestellt. Der Schutz des Urhebers, also die **Teilhabe am wirtschaftlichen Erfolg**, gehört daher zum **gesetzlichen Leitbild** des Urheberrechtsgesetzes (§ 11 Satz 2 UrhG). Ausgehend von der Annahme, dass die kreativ-schöpferisch Tätigen im Verhältnis zu den Verwertern wirtschaftlich und organisatorisch die Unterlegenen sind, wurde gefolgert, dass sich dadurch kein angemessenes Entgelt für die Nutzungsrechte am Markt einpendeln kann.[690] Als Beispiel wies der Gesetzgeber insbesondere auf die Übersetzer hin. In der Gesetzesbegründung wurde auch auf den vielfachen Abschluss von Buy-out-Verträgen verwiesen. Die Vertragsfreiheit dürfe nicht zum Diktat einzelner weniger Verwerter führen. Die dem Sozialstaat verpflichtete Verfassung zwingt den Gesetzgeber, in all jenen Fällen, in denen das Versagen des Marktes zu einer gestörten Vertragsparität führt, in die Vertragsfreiheit einzugreifen.

619 Der Gesetzgeber nahm den Anspruch auf **angemessene Vergütung** in den §§ 32, 32a, 32b, 36, 36a, 75 UrhG auf. Er hat in § 32 UrhG den Anspruch auf eine angemessene Vergütung näher geregelt. In Ergänzung zu diesem Anspruch sieht § 32a UrhG einen Anspruch auf eine **weitere Beteiligung** an den Erlösen des Werkes vor. Diesen individualrechtlichen Ansprüchen stellt der Gesetzgeber die kollektivrechtlichen Regelungen der gemeinsamen Vergütungsregeln zur Feststellung der angemessenen Vergütung zur Seite.

620 Die individualvertragliche Regelung beinhaltet eine **objektive Inhaltskontrolle**[691] des Vertrages. Sie begründet einen Vertragsänderungsanspruch. In § 32 Abs. 1 Satz 1 UrhG wiederholt das Gesetz die Selbstverständlichkeit, dass der Urheber Anspruch auf die vertraglich vereinbarte Vergütung hat. In Satz 2 ist wortgleich zu § 22 VerlG festgehalten, dass der Urheber dann, wenn keine Vergütung vereinbart ist, einen Anspruch auf eine angemessene Vergütung hat. Satz 3 räumt dem Urheber einen Anspruch auf Vertragsanpassung dahingehend ein, dass der Urheber einen Anspruch auf eine angemessene Vergütung hat. In § 32a UrhG findet sich ein weiterer Anspruch auf Vertragsanpassung, wenn

---

688 *Erdmann* GRUR 2002, 923 m.w.N.; Richtlinie 93/98/EWG zur Schutzdauer sowie bestimmten verwandten Schutzrechten, Erwägungsgrund 10; Richtlinie 2001/29/EG zur Harmonisierung bestimmter Aspekte des Urheberrechts und der verwandten Schutzrechte in der Informationsgesellschaft, Erwägungsgrund 10.
689 BGBl. I 2002, S. 1155.
690 *Däubler-Gmelin* GRUR 2000, 764.
691 *Erdmann* GRUR 2002, 923, 925.

D. Allgemeine Bestimmungen des Urhebervertragsrechts

die Bedingungen der Nutzungsrechtseinräumung zu einem auffälligen Missverhältnis von Gegenleistung und Erträgnissen führen.

2. Anwendbarkeit der Regelung

a) Zeitliche Anwendbarkeit

Die neue Regelung gemäß §§ 32 ff. UrhG ist auf all jene Verträge anwendbar, die seit dem Inkrafttreten des Gesetzes am 1.7.2002 abgeschlossen worden sind. Wurde ein Vertrag zwischen dem 1.6.2001 und dem 30.6.2002 geschlossen, so findet § 32 UrhG dann Anwendung, wenn von dem eingeräumten Recht nach dem 30.6.2002 Gebrauch gemacht wurde. Für die übrigen Vereinbarungen verbleibt es bei der Anwendbarkeit des bis zum 1.7.2002 geltenden Rechts (§ 132 Abs. 3 UrhG). Der Anspruch auf eine weitere Beteiligung (§ 32a UrhG) findet auf solche Sachverhalte, die nach dem 30.6.2002 entstanden sind, Anwendung.   **621**

b) Sachlicher Anwendungsbereich

Der **Anspruch** auf eine **angemessene Vergütung** entsteht bei Einräumung oder Übertragung von Nutzungsrechten an einem Werk und sonstigen urheberrechtlich relevanten Gestattungen der Nutzung, also auch bei Abschluss eines Optionsvertrages. Der Anspruch ist nicht auf Wahrnehmungsverträge nach dem Urheberwahrnehmungsgesetz anzuwenden, da die Tarife der Verwertungsgesellschaften, ebenso wie die Verteilungspläne, jeweils zu genehmigen sind und gegebenenfalls der schiedsrichterlichen Angemessenheitskontrolle unterliegen. Im Übrigen sind Wahrnehmungsverträge keine gegenseitigen Verträge.   **622**

Der Anspruch auf eine angemessene Vergütung steht **jedem Urheber** (§ 7 UrhG), also auch dem Miturheber (§ 8 UrhG), dem Bearbeiter (§ 3 UrhG), ebenso wie dem Herausgeber von Sammelwerken (§ 4 UrhG) und dem Schöpfer von Computerprogrammen[692] (§ 69a UrhG) zu. Auch die **Verfasser wissenschaftlicher Ausgaben** (§ 70 Abs. 1 UrhG), die **Lichtbildner** (§ 72 UrhG) und die **ausübenden Künstler** (§ 79 Abs. 2 UrhG) und deren Rechtsnachfolger (§ 30 UrhG) können sich auf die entsprechenden Ansprüche berufen. Andere Leistungsschutzberechtigte haben jedoch keine Ansprüche aus §§ 32 ff. UrhG. Ob und inwieweit die Vorschriften der §§ 32 und 32a UrhG auch zugunsten von Arbeitnehmerurhebern anzuwenden sind, ist umstritten. Gegen die Anwendung spricht die Abgeltungstheorie, wonach durch die Vergütung sämtliche Leistungen, sofern sie das Ergebnis der geschuldeten Tätigkeit sind, vollständig abgegolten werden. Nur wenn sich ein auffälliges Missverhältnis zwischen dem Arbeitslohn und dem Ergebnis der schöpferischen Leistung zeigt, kann ein Anspruch auf weitere Beteiligung (§ 32a UrhG) in Betracht kommen. Die Inhaber abgeleiteter Rechte, wie der Verleger oder andere Rechtserwerber, können sich nicht auf die Ansprüche beziehen. Es fehlt auch an der entsprechenden Schutzbedürftigkeit der Verwerter, die ihre Rechte weiter übertragen.   **623**

Der **Anspruch** richtet sich **gegen den Vertragspartner** des Urhebers, nicht gegen den Nutzer des Werkes. Der Nutzer des Werkes, der nicht Vertragspartner des Urhebers ist, beispielsweise der Subverleger oder sonstige Lizenznehmer, kann zwar auf weitere Beteiligung (§ 32a UrhG) in Anspruch genommen werden, nicht aber auf angemessene Vergütung. Sollte im Einzelnen die im Rahmen des Verlagsvertrages oder mit dem Lizenznehmer vereinbarte Vergütung unangemessen niedrig sein, um so die Beteiligung des Urhebers gering zu halten, wird dies als Umgehungsgeschäft (§ 32 Abs. 3 Satz 1 UrhG)   **624**

---

692 *Dreier*/Schulze § 69b Rn. 10.

einzustufen sein[693] und einen Anspruch des Urhebers auf eine höhere Vergütung gegenüber seinem Vertragspartner rechtfertigen. Unabhängig davon kann eine solche Vorgehensweise das Vertrauensverhältnis so schwerwiegend zerstören, dass eine Kündigung aus wichtigem Grund (§ 314 BGB) gerechtfertigt ist.

c) Internationaler Anwendungsbereich

625 Die Ansprüche auf angemessene Vergütung (§ 32 UrhG) und auf eine weitere Beteiligung (§ 32a UrhG) sind **zwingendes** Recht, können also von den Vertragspartnern nicht abbedungen werden (§ 32b Satz 1 UrhG). Denkbar ist allerdings, dass eine Umgehung der Vorschriften dadurch versucht wird, dass der Urheber die Rechte einem im Ausland sitzenden Verwerter einräumt, ohne diesem Verwerter eine Ausübungspflicht aufzuerlegen, und dass dieser Verwerter seinerseits Verträge mit den im Inland sitzenden tatsächlichen Verwertern abschließt. Durch eine solche Konstruktion könnte das jeweilige ausländische Recht am Sitz des Verwerters zur Anwendung kommen und damit die dem Urheber nach dem UrhG zugedachte Wohltat ausgehebelt werden.[694] Die Partner eines urheberrechtlichen Verwertungsvertrages können ausländisches Recht zur Grundlage ihres Vertrages machen, wenn ein Auslandsbezug besteht (Art. 27 Abs. 3 EGBGB). Neben Art. 27 EGBGB, der die Abwahl des deutschen Rechtes für solche Verträge ausschließt, die ausschließlich Inlandsbezug haben, regelt § 32b Nr. 1 UrhG, dass auf Verträge mit Inlandsbezug stets §§ 32, 32a UrhG anwendbar bleiben. Ist nach Art. 27 Abs. 3 EGBGB im Hinblick auf die Auslandsberührung eine Rechtswahl möglich, so werden hiervon aber die Ansprüche auf eine angemessene Vergütung und weitere Beteiligung gemäß §§ 32, 32a UrhG nicht betroffen (§ 32b UrhG). Der Gesetzgeber sorgt also dafür, dass seine Vorschriften über die Sicherung der angemessenen Vergütung für die Urheber auch für den Fall der versuchten Flucht ins Ausland weiterhin Gültigkeit behalten.

626 Neben der willkürlichen Rechtswahl sieht § 32b Nr. 2 UrhG vor, dass immer dann, wenn **maßgebliche Nutzungshandlungen** in der **Bundesrepublik Deutschland** stattfinden, der jeweilige Urheber Vergütungsregelungen für sich in Anspruch nehmen kann, ohne dass es auf die Rechtswahl ankommt. Dies ist beispielsweise der Fall, wenn der im Ausland ansässige Rechteinhaber berechtigt ist, in der Bundesrepublik Deutschland ein Werk zu nutzen und zu verbreiten.[695]

3. Die angemessene Vergütung

a) Bestimmung der angemessenen Vergütung

627 Große Schwierigkeiten bereitet die Feststellung der angemessene Vergütung. Der Gesetzgeber knüpft bei dem Begriff der angemessenen Vergütung an § 22 Abs. 2 VerlG und § 632 Abs. 2 BGB und bürgerlichrechtliche Normen des Unterhaltsrechts an. Trotz der Anknüpfung an diese gesetzlichen Vorschriften erhellt sich jedoch der Begriff nicht ohne weiteres.

b) Vorrang von Tarifverträgen und gemeinsamen Vergütungsregeln

628 Zunächst gilt, dass **vorrangig tarifvertragliche Regelungen** gemäß § 32 Abs. 4 UrhG und § 36 Abs. 1 Satz 3 UrhG die Höhe der Vergütung bestimmen, wenn der Sachverhalt in den sachlichen und persönlichen Geltungsbereich eines Tarifvertrages fällt. Ist das nicht der Fall, ist zu prüfen, ob **gemeinsame Vergütungsregeln** (§ 32 Abs. 2 Satz 1 UrhG) vorliegen, die Geltung für die vertragsgegenständliche Nutzungsrechtseinräu-

---

693 Loewenheim/*von Becker* § 29 Rn. 53; Dreier/*Schulze* § 32 Rn. 78 f.
694 Amtl. Begr. UFITA 2002, 573.
695 BT-Drs. 14/8058, S. 48.

mung beanspruchen könnten. Wenn solche nicht gegeben sind, ist im **Einzelfall individuell** die Höhe der angemessenen Vergütung zu bestimmen.

Für **gemeinsame Vergütungsregeln** wird **unwiderleglich vermutet** (§ 32 Abs. 2 Satz 1 UrhG), dass die **Vergütung angemessen** ist. Die Anwendung einer gemeinsamen Vergütungsregel setzt voraus, dass diese wirksam, insbesondere durch repräsentative, unabhängige und hierzu ermächtigte Verbände auf Seiten der Urheber und der Werknutzer, zustande gekommen ist und die Werknutzung in den Regelungsbereich der gemeinsamen Vergütungsregeln fällt. Existieren für bestimmte Bereiche unterschiedliche Vergütungsregeln, so hat diejenige gemeinsame Vergütungsregel den Vorrang, die von einem Verband abgeschlossen wurde, deren Mitglieder sowohl der Urheber als auch der Werknutzer sind. Wenn nur einer der beiden Vertragspartner Mitglied einer der beiden vertragsschließenden Verbände ist oder keiner und sich widersprechende gemeinsame Vergütungsregeln vorliegen, gilt die gemeinsame Vergütungsregel als angemessener Rahmen für die Findung der individuell angemessenen Vergütung.[696] Fraglich ist dabei natürlich, ob Außenseiter in Vergütungsregeln Dritter ohne weiteres mit einbezogen werden können.[697] Im Hinblick auf die Koalitionsfreiheit (Art. 9 GG) bestehen erhebliche Bedenken. Auch würde der Standard zweier Verbände zur Mindestvergütung einer Branche werden.

629

Bislang sind gemeinsame Vergütungsregeln für belletristische Werke in deutscher Sprache zwischen dem Verband deutscher Schriftsteller und einigen Verlegern vereinbart worden. Zwischen dem Deutschen Journalistenverband (DJV) und dem Bundesverband der Zeitungsverleger werden Verhandlungen über gemeinsame Vergütungsregeln geführt.

630

c) Bestimmung der angemessen Vergütung im Einzelfall

Liegen weder Tarifvertrag noch gemeinsame Vergütungsregeln vor, ist die angemessene Vergütung im Sinne von § 32 UrhG für den Einzelfall zu ermitteln. Es ist dabei Sache des Urhebers, konkret darzulegen und zu beweisen, dass die vereinbarte Vergütung unangemessen ist und welche Vergütung angemessen ist. Dabei kann es aber nicht darum gehen fixe Beträge zu ermitteln; es kann nur ein Rahmen festgestellt werden, der die angemessene Vergütung umfasst.[698] Das Gericht kann unter Würdigung aller Umstände des Einzelfalles und nach freier Überzeugung und billigem Ermessen die angemessene Vergütung schätzen (§ 287 Abs. 1 ZPO).[699]

631

Bei der Ermittlung der angemessenen Vergütung ist auf den **Zeitpunkt des Vertragsschlusses**[700] abzustellen und ex ante eine **Prognose**[701] **über die Entwicklung** für die Vertragsdauer anzustellen. Wegen eines nach Vertragsschluss eintretenden Missverhältnisses zwischen den Erträgen und Vorteilen aus der Nutzung des Werkes und der vereinbarten Gegenleistung, das erst bei einer ex-post-Betrachtung erkennbar wird, kann nur nach § 32a Abs. 1 UrhG eine Einwilligung in die Änderung des Vertrages beansprucht werden. Eine Vergütung ist angemessen, wenn sie im Zeitpunkt des Vertragsschlusses dem entspricht, was im Geschäftsverkehr nach **Art** und **Umfang der eingeräumten Nutzungsmöglichkeit**, insbesondere nach **Dauer und Zeitpunkt** der Nutzung, unter Berücksichtigung aller Umstände **üblicher- und redlicherweise** zu leisten ist (§ 32 Abs. 2 Satz 2 UrhG).

632

---

696 Dreier/*Schulze* § 32 Rn. 35.
697 *Schricker* § 32 Rn. 28; *Schricker* GRUR 2002, 737; a.A. *Erdmann* GRUR 2002, 923 jeweils m.w.N.
698 BGH ZUM 2010, 48 Rn. 61 – Talking to Addison.
699 BGH ZUM 2010, 48 Rn. 13, 33 – Talking to Addison; GRUR 2009, 319 – Zementkartell.
700 *Schack* GRUR 2002, 853; *Erdmann* GRUR 2002, 923; *Dreier*/Schulze § 32 Rn. 44 m.w.N.
701 *Jacobs* NJW 2002, 1905.

633 Ausgangspunkt ist die **Branchenübung**, die dann auf **Redlichkeit** hin zu untersuchen ist. Damit ist also die Verkehrssitte, d.h. die in dem Verkehr tatsächlich herrschende Übung, zu ermitteln. Im Streitfall kann die Branchenübung durch eine Beweisaufnahme festgestellt werden.[702] Was jedoch üblich ist, ist nicht notwendigerweise auch redlich.[703] Die **Redlichkeit** ist ein **rechtlich normatives Kriterium**.[704] Eine Vergütung ist nur dann redlich, wenn sie die Interessen des Urhebers neben den Interessen des Verwerters gleichberechtigt berücksichtig.[705] Die Interessen des Urhebers sind grundsätzlich nur dann ausreichend gewahrt, wenn er an jeder wirtschaftlichen Nutzung angemessen beteiligt ist.[706]

634 Bei der Festsetzung der angemessenen Vergütung nach billigem Ermessen sind alle zum Zeitpunkt des Vertragsschlusses erkennbaren Umstände des Einzelfalls zu berücksichtigen. Das Gesetz nennt beispielhaft Art und Umfang der eingeräumten Nutzungsmöglichkeit, insbesondere Dauer und Zeitpunkt der Nutzung (§ 32 UrhG). In Betracht zu ziehen sind weiterhin die Marktverhältnisse, Investitionen, Risikotragung, Kosten, die Zahl der hergestellten Werkstücke oder öffentlichen Wiedergaben oder die Höhe der zu erzielenden Einnahmen. Darüber hinaus können weitere Umstände zu beachten sein, wie die Struktur und Größe des Verwerters, die geringe Verkaufserwartung, das Vorliegen eines Erstlingswerkes, die beschränkte Möglichkeit der Rechteverwertung, der außergewöhnliche Lektoratsaufwand, die Notwendigkeit umfangreicher Lizenzeinholung, der niedrige Endverkaufspreis, genre-spezifische Entstehungs- und Marktbedingungen, ferner ein besonders hoher Aufwand bei Herstellung, Werbung, Marketing, Vertrieb oder bei wissenschaftlichen Gesamtausgaben.[707] Diese besonderen Umstände können sich auf die Bemessung der angemessenen Vergütung allerdings unmittelbar nur insoweit auswirken, als sie die Dauer oder den Umfang der Verwertung beeinflussen.

635 Bei einer fortlaufenden Nutzung des Werkes wird dem Beteiligungsgrundsatz am besten durch eine erfolgsabhängige Vergütung, **Absatzvergütung**, entsprochen.[708] Nutzt ein Verwerter das Werk durch den Vertrieb von Vervielfältigungsstücken, entspricht es dem Beteiligungsgrundsatz am ehesten, die Vergütung des Urhebers mit dem Absatz der Vervielfältigungsstücke zu verknüpfen und an die Zahl und den Preis der verkauften Exemplare zu binden, da die Leistung des Urhebers durch den Verkauf eines jeden einzelnen Exemplars wirtschaftlich genutzt wird.

636 Auch ein **Pauschalhonorar** kann der Redlichkeit entsprechen, wenn es bei objektiver Betrachtung zum Zeitpunkt des Vertragsschlusses eine angemessene Beteiligung am voraussichtlichen Gesamtertrag der Nutzung gewährleistet.[709] Auch eine Kombination von Pauschalvergütung und Absatzvergütung kann angemessen sein; dabei besteht eine Wechselwirkung, sodass eine höhere Pauschalvergütung eine niedrigere Absatzvergütung ausgleichen kann und umgekehrt. Ist eine Nutzung auf Dauer angelegt, birgt die Pauschalvergütung die Gefahr, dass der Urheber nur für die anfängliche und nicht für die spätere Nutzung des Werkes eine angemessene Vergütung erhält.

637 Eine vom Umfang der Nutzung des Werkes unabhängige **Pauschalvergütung** ist grundsätzlich **unangemessen**, wenn der Nutzer eine **zeitlich unbeschränkte und inhaltlich umfassendes Nutzungsrecht** erworben hat, da der Urheber nicht ausreichend an den

---

702 *Erdmann* GRUR 2002, 923.
703 BGH GRUR 2002, 602, 804 – Musikfragmente; ZUM 2010, 48 Rn. 22 – Talking to Addison.
704 *Erdmann* GRUR 2002, 923.
705 *Schricker* § 32 Rn. 31; Dreier/*Schulze* § 32 Rn. 50.
706 Vgl. Zum Nachfolgenden die Grundsatzentscheidung des BGH ZUM 2010, 48 Rn. 23 –Talking to Addison; sowie ZUM-Rd 2010, 8 ff., 16 ff., 62 ff., 255 ff.
707 BGH ZUM 2010, 48 Rn. 54 – Talking to Addison.
708 BGH ZUM 2010, 48 Rn. 23 – Talking to Addison; GRUR 2005, 148, 151 – Oceano Mare.
709 BGH ZUM 2010, 48 Rn. 23 – Talking to Addison; *Schricker* § 32 Rn. 35.

Chancen einer erfolgreichen Verwertung beteiligt wird. Dieser Mangel wird nicht ausreichend durch den Anspruch auf weitere Beteiligung (§ 32a UrhG) ausgeglichen, da dieser ein vom Urheber darzulegendes und nachzuweisendes Missverhältnis von Leistung und Gegenleistung voraussetzt. Der Nutzer kann sich in diesem Zusammenhang auch nicht auf seine Absicht, das Werk nicht umfassend zu verwerten, berufen, da es allein auf die objektive Betrachtung zum Zeitpunkt des Vertragsschlusses ankommt und nicht prognostiziert werden kann, ob das Werk bis zum Ende des Nutzungsrechts nur so genutzt wird, dass das Pauschalhonorar eine angemessen Vergütung darstellt.[710] Das Interesse des Nutzers, nicht durch periodische Abrechnungen belastet zu werden, überwiegt das Interesse des Urhebers an einer Beteiligung nicht,[711] zumal diese auch den Vorteil hat, Streitigkeiten über eine weitere Beteiligung (§ 32a UrhG) weitgehend überflüssig zu machen.

Die **wirtschaftliche Situation des Verwerters** ist zwar bei der Bemessung der Absatzvergütung zu berücksichtigen, rechtfertigt aber nicht, dem Urheber das angemessene Entgelt für die Nutzung des Werkes vorzuenthalten. **638**

Die angemessenen Vergütung hängt in erster Linie vom **Ausmaß der Nutzung** des Werkes ab. Der **Arbeitsaufwand** für die Erstellung des Werkes kann daher bei der Bestimmung nicht unmittelbar berücksichtigt werden. Die Höhe des angemessenen Seitenhonorars für die Übersetzung belletristischer Werke ist vom Arbeitsaufwand abhängig; allerdings kann ein zu geringes Seitenhonorar durch ein höheres Absatzhonorar und jeweils auch umgekehrt, ausgeglichen werden. **639**

Zur Ermittlung der angemessenen Vergütung können in **derselben Branche** oder in anderen Branchen für vergleichbare Werknutzungen nach redlicher Übung geleistete Vergütungen als Vergleichsmaßstab herangezogen werden. Daher kann für die Bestimmung der Vergütung von Übersetzern die Vergütungsregel für Autoren als Vergleichsmaßstab zu Grunde gelegt werden. Zwischen Autoren und Übersetzern einerseits und den Verlagen anderseits sind die Interessenlagen vergleichbar. Eine deutliche Herabsetzung der Vergütung wird durch den geringeren **schöpferischen Gehalt** der nachschaffenden Leistung der Übersetzer und die geringere **wirtschaftliche Bedeutung** gerechtfertigt. Eine Reduktion ist auch im Hinblick auf ein Seitenhonorar, das als Garantiehonorar dem Übersetzer verbleibt, gerechtfertigt. Während der Autor das **Verwertungsrisiko** trägt, übernimmt der Übersetzer durch dieses Seitenhonorar kein Verwertungsrisiko. Dies rechtfertigt eine Reduktion der Vergütung für Übersetzer belletristischer Werke auf ein Fünftel der Vergütung der Autoren; ebenso ist es gerechtfertigt keine ansteigende Vergütungsstaffel festzusetzen, da die Übersetzer weniger als Autoren zum Verkaufserfolg des Buches beitragen und der Gewinnanteil des Verlages insofern zur Quersubventionierung der nicht erfolgreichen Titel dienen kann. Den Übersetzern ist auch ein hälftiger Anteil an den Nebenrechtserlösen des Verlages nach Abzug der Vergütungen für andere Rechtsinhaber zuzubilligen, soweit von den Leistungen des Übersetzers Gebrauch gemacht wurde.[712] **640**

Die Praxis vereinbart bei einer Nutzung über einen längeren Zeitraum eine prozentuale Beteiligung am Erfolg. Für die deutschsprachigen Belletristik ist eine 8 bis 10 %ige Beteiligung am Ladenpreis für jedes verkaufte, bezahlte und nicht remittierte Hardcover-Exemplar und eine Beteiligung von 5 % für Taschenbücher üblich[713] und angemessen, wie sich aus den gemeinsamen Vergütungsregeln ergibt, die zwischen dem Verband Deut- **641**

---

710 BGH ZUM 2010, 48 Rn. 27 – Talking to Addison.
711 BGH ZUM 2010, 48 Rn. 29 – Talking to Addison; *Reber* GRUR 2003, 393, 395.
712 BGH ZUM 2010, 48 Rn. 33 – Talking to Addison.
713 Schricker/*Wild* § 97 Rn. 60 ff. m.w.N.

scher Schriftsteller und einzelnen Verlagen belletristischer Werke[714] festgelegt wurden. Daneben existieren Feststellungen der Branchenübung, wie die Bildhonorare der Mittelstandsgemeinschaft Fotomarketing[715] oder die Regelsammlung Verlage (Vertrieb/Bühnen).[716] In der Literatur werden die verschiedensten Sätze angegeben. So wird insbesondere für die E-Book-Nutzung im Hinblick darauf, dass keine Druckkosten entstehen und auf die günstigen Vertriebskosten, eine angemessene Vergütung in Höhe von 20 % angenommen.[717]

642 Das Ergebnis der Interessenabwägung kann auch sein, dass **kein Honorar angemessen** ist, beispielsweise bei Dissertationen[718] oder sonstigen wissenschaftlichen Werken oder auch ehrenamtlichen Leistungen für wohltätige Zwecke.

643 Der Nutzer kann sich nicht auf eine Vereinbarung, die zu einer Abweichung zum Nachteil des Urhebers führt berufen (§ 32 Abs. 3 Satz 1 UrhG); gleiches gilt für Umgehungsgeschäfte (§ 32 Abs. 3 Satz 2 UrhG). Demgegenüber ist es ausdrücklich zulässig, unentgeltlich einfache Nutzungsrechte für jedermann einzuräumen (§§ 32 Abs. 3 Satz 3, 32a Abs. 3 Satz 3 UrhG).

4. Weitere Beteiligung (»Fairnessausgleich«)

a) Interessenlage

644 Bei Abschluss der Vergütungsvereinbarung wird manchmal der tatsächlich später eintretende Erfolg nicht zutreffend eingeschätzt. Es kann zu einem Missverhältnis zwischen Leistung und Gegenleistung kommen.

645 Das Urheberrechtsgesetz des Jahres 1965 schuf hierzu den so genannten »**Bestsellerparagrafen**« (§ 36 UrhG a.F.), der im Falle eines **unerwarteten, groben Missverhältnisses** zwischen den **Erträgnissen** aus der Nutzung des Werkes einerseits und der hierfür bezahlten **Honorare** andererseits dem Urheber einen Anspruch auf **Vertragsanpassung** dahingehend einräumte, dass dieser angemessen an den Erträgnissen beteiligt wurde. Diese Vorschrift stellte sich als besonderer Fall der Lehre vom Wegfall der Geschäftsgrundlage dar.[719] Die Vorschrift erwies sich als reformbedürftig, weil zum einen die Anforderungen an das grobe Missverhältnis sehr hoch waren und zum anderen der Erfolg unerwartet sein musste. Mit der Urheberrechtsreform hat daher der Gesetzgeber den Anspruch auf eine weitere Beteiligung neu in § 32a UrhG geregelt,[720] für ältere Sachverhalte gilt aber noch § 36 UrhG a.F. (§ 132 Abs. 5 UrhG).

646 War der »Bestsellerparagraf« (§ 36 UrhG a.F.) ein Anwendungsfall der Lehre vom Wegfall der Geschäftsgrundlage, ist die neue Regelung des Anspruchs auf weitere Beteiligung, der so genannte »**Fairnessausgleich**«, oder Anspruch auf weitere Beteiligung als **Inhaltskontrolle des Vertrages** über die Einräumung oder Übertragung von Nutzungsrechten ausgestaltet.[721] Es soll eine Äquivalenzstörung ausgeräumt werden und dem Urheber in jedem Fall eine angemessene Beteiligung an den Erträgen zukommen, unabhängig davon,

---

714 *Hillig* S. 113.
715 Zu beziehen über Bundesverband der Pressebildagenturen; BGH GRUR 2006, 136 – Pressefotos, es bestehen aber erhebliche Bedenken gegen die Üblichkeit angesichts der z.T. kostenlos und z.T. äußerst günstig über Internetplattformen zu beziehender, qualitativ guter Fotografien.
716 Zu beziehen über Dramatiker Union e.V., Berlin.
717 Dreier/*Schulze* § 32 Rn. 48.
718 *Schricker* § 32 Rn. 36.
719 BGH GRUR 1991, 901, 902 – Horoskopkalender; BGH GRUR 2002, 153, 155 – Kinderhörspiele.
720 Für Verträge vor dem 1.7.2002 und für Sachverhalte bis zum 28.3.2002 gilt die alte Regelung (§ 132 Abs. 5 UrhG) und im Übrigen die neue Regelung.
721 Dreier/*Schulze* § 32a Rn. 8 m.w.N.; *Schwab* ZUM 2005, 212.

ob das Missverhältnis zu erwarten war oder nicht.[722] Der Feststellung der Äquivalenzstörung liegt eine ex-post-Betrachtung des Sachverhalts zurunde.

b) Anspruchsberechtigte und Anspruchsverpflichtete

Der Anspruch auf Fairnessausgleich gewährt dem **Urheber** (§ 32a UrhG) und dessen **Rechtsnachfolger** (§ 30 UrhG), einschließlich dem Urheber vorbestehender Werke, ebenso wie dem **Lichtbildner**, dem **Verfasser wissenschaftlicher Ausgaben** (§ 70 UrhG) und dem **ausübenden Künstler** (§ 73 UrhG), nicht hingegen dem Filmurheber und dem Inhaber eines abgeleiteten Nutzungsrechts, einen Anspruch auf Vertragsanpassung. Auf die **Art der vertraglichen Beziehungen** zwischen schöpferisch Tätigen und Verwertern kommt es nicht an; Grundlage kann ein besonderer urheberrechtlicher Nutzungsvertrag, ein Arbeitsverhältnis,[723] Auftragswerk[724] oder ein Bestellvertrag[725] sein.

647

Der Anspruch besteht zunächst gegenüber dem Vertragspartner, der das Werk entsprechend genutzt hat. Hat der erste Erwerber das Nutzungsrecht an einen Dritten weiter übertragen oder einem Dritten Rechte eingeräumt und ergibt sich das auffällige Missverhältnis zu den Erträgen oder Vorteilen des Dritten, dann haftet der Dritte dem Urheber gegenüber mittelbar unter Berücksichtigung der vertraglichen Beziehungen in der Lizenzkette (§ 32a Abs. 2 UrhG), also unter Berücksichtigung seiner Leistungen an seinen Rechtegeber. Damit können sich aus Lizenzketten mehrere Teilansprüche ergeben.[726] Der Lizenznehmer hat also ein Interesse daran, dass der Urheber von diesem direkten Vertragspartner eine angemessene Vergütung für die Nutzung des Lizenzrechts erhält.

648

c) Voraussetzung

Voraussetzung ist zunächst ein **Missverhältnis** zwischen **Gegenleistung** und **den Erträgen und Vorteilen** aus der Nutzung des Werkes. Es werden also die Leistungen für die Rechtseinräumung den Erträgen des Urhebers gegenübergestellt. Zu den zu berücksichtigenden Gegenleistungen des Werknutzers gehören die vereinbarte Vergütung und jede sonstige Leistung oder Unterstützung im Hinblick auf die Rechtseinräumung; andere Gegenleistungen, die sich nicht auf die Rechtseinräumung beziehen, sollen unberücksichtigt bleiben.[727] Diesen Leistungen sind die Erträgnisse aus der Nutzung des Werkes gegenüberzustellen, also die Bruttoeinnahmen des Verwerters ohne Berücksichtigung der für den Vertrieb und die Verwertung erforderlichen Kosten (Herstellungs- oder Vertriebskosten), aber auch andere wirtschaftliche Vorteile, die beispielsweise aus der innerbetrieblichen Nutzung eines Werkes oder im Zusammenhang mit der Nutzung des Werkes für die Werbung dem Rechtsinhaber erwachsen. Ergibt sich unter Berücksichtigung der gesamten gegenseitigen Beziehungen ein auffälliges Missverhältnis von Gegenleistung und Erträgen, dann besteht ein Anspruch auf Fairnessausgleich. Im Rahmen der Prüfung der Gesamtbeziehung sind auch solche Aufwendungen des Verwerters zu berücksichtigen, die dieser für andere Werke desselben Urhebers gemacht hat. Hat der Verleger den jungen Autor durch die Publikation mehrerer Werke erst bekannt gemacht und anfäng-

649

---

722 Dreier/*Schulze* § 32a Rn. 4, 8; a.A. *Schricker* § 32a Rn. 6, der auch die Neufassung der Lehre vom Wegfall der Geschäftsgrundlage zuordnet und zwar den Wegfall der objektiven Geschäftsgrundlage. Dies ändert jedoch nichts an dem Erfordernis der Unerwartetheit, die gerade durch § 32a UrhG nicht mehr gefordert wird.
723 BGH GRUR 2002, 149, 152 – Wetterführungspläne.
724 OLG Nürnberg OLGZ 130.
725 BGH ZUM 1998, 497, 51 – Comic-Übersetzungen.
726 Dreier/*Schulze* § 32a Rn. 50 ff.
727 LG München I ZUM 2009, 794.

3. Kapitel Grundlagen und Systematik des Urheberrechts

lich erhebliche Verluste erlitten, so ist dieser Sachverhalt bei der Ermittlung des Missverhältnisses für künftige Gewinne zu berücksichtigen.[728]

650 Bei der Gegenüberstellung der jeweiligen Leistungen ist festzustellen, ob die vereinbarte Vergütung und die Leistungen zugunsten des Urhebers in einem **auffälligen** Missverhältnis im Vergleich zu den Erträgnissen und Vorteilen des Verwerters stehen. Ein grobes, also über das Auffällige hinausgehendes Missverhältnis ist beispielsweise für die Vergütung eines Illustrators, der nur 1/3 des ansonsten üblichen Beteiligungshonorars erhielt, bejaht worden.[729] Demgegenüber wird man für den Fairnessparagrafen deutlich geringere Anforderungen an das auffällige Missverhältnis stellen. Regelmäßig wird das **auffällige Missverhältnis** dann zu bejahen sein, wenn das **tatsächlich bezahlte Honorar** lediglich **die Hälfte der angemessenen Vergütung** betrug. Andere wollen die Grenze für das auffällige Missverhältnis noch deutlicher herabsenken und eine Unterschreitung des üblichen Honorars von 20 % bereits genügen lassen.[730]

651 Häufig kann der Inhaber des Anspruchs nicht feststellen, ob die Voraussetzungen des Anspruchs gegeben sind. Dem Urheber steht daher ein **vorbereitender Auskunftsanspruch** hinsichtlich aller erforderlicher Angaben zur Beurteilung eines Anspruchs aus § 32a UrhG zu. Voraussetzung für den Auskunftsanspruch ist der Nachweis greifbarer Tatsachen, die das Vorliegen des auffälligen Missverhältnisses als gegeben erschein lassen.[731]

d) Höhe des Anspruchs

652 Ist auf diese Art und Weise festgestellt worden, dass ein auffälliges Missverhältnis bestand, hat der Urheber **Anspruch** auf eine **angemessene Beteiligung**; der Urheber ist also so zu stellen, dass nicht nur das Missverhältnis entfällt, sondern er eine angemessene Beteiligung erhält.[732]

e) unverzichtbar

653 Die Ansprüche aus dem Fairnessparagrafen sind **im Voraus nicht verzichtbar**. Die Anwartschaften daraus unterliegen nicht der Zwangsvollstreckung; eine Verfügung über die Anwartschaften ist unwirksam (§ 32a Abs. 3 UrhG). Damit ist der Anspruch sowohl unverzichtbar als auch unpfändbar. Allenfalls dann, wenn ein Tarifvertrag oder gemeinsame Vergütungsregelungen bestehen, die ausdrücklich eine Regelung über eine weitere Beteiligung enthalten, kann der Anspruch aus dem Fairnessparagrafen (§ 32a Abs. 4 UrhG) entfallen.

IV. Kollektive Vereinbarungen über die Vergütung

654 Urheberverbände einerseits und Verwerterverbänden andererseits versuchen für typische Problemlagen eine einheitliche Handhabung zu erarbeiten. Häufig geben diese Normen die Verkehrssitte wieder. Solche Vereinbarungen finden sich zum einen als gesetzlich nicht geregelte »**Normverträge**« und zum anderen als gesetzlich geregelte **Tarifverträge** oder **gemeinsame Vergütungsregeln** wieder.

---

728 OLG München ZUM 2003, 970, 974.
729 BGH GRUR 1991, 901, 903 – Horoskopkalender.
730 Vgl. hierzu: Dreier/*Schulze* § 32a Rn. 37 m.w.N.
731 OLG München GRUR-RR 2008, 37; LG München I ZUM 2009, 794.
732 BGH GRUR 2002, 153, 155 – Kinderhörspiele; OLG München ZUM 2003, 970, 972.

D. Allgemeine Bestimmungen des Urhebervertragsrechts

1. Normverträge

In der urheberrechtlichen Vertragspraxis haben sich für bestimmte Bereiche so genannte **655**
»**Normverträge**« entwickelt. Dabei handelt sich meist um Vereinbarungen zwischen
Verbänden, die ihren Mitgliedern bestimmte Regelungen für die Zusammenarbeit vorschlagen sollen.[733] Diese existieren beispielsweise zwischen dem Börsenverein des Deutschen Buchhandels und dem Verband deutscher Schriftsteller (VS) in den IG-Medien (heute: ver.di), als ausgehandelte »Normverträge für den Abschluss von **Verlagsverträgen** für belletristische Werke« (1999)[734] und als »Normvertrag für den Abschluss von **Übersetzerverträgen**« (1992)[735] für die Vereinbarung zur Übersetzung belletristischer Werke. Daneben hat der Börsenverein des Deutschen Buchhandels mit dem Hochschulverband die »Vertragsnormen bei **wissenschaftlichen Verlagswerken**«[736] erarbeitet. Ähnliche Regelungen enthält die »Regelsammlung Verlage/Bühnen« für die Zusammenarbeit der Bühnenverlage und Theaterunternehmen.

Normverträge haben den Charakter eines Vertragsmusters oder von Empfehlungen, so **656**
dass sie erst aufgrund eines Individualvertrages Rechtswirksamkeit erlangen. Die Vereinbarungen können aber auch die Verkehrssitte wiedergeben (§ 157 BGB).

2. Tarifverträge

Neben den oben erwähnten Normverträgen werden auch urheberrechtliche Fragen in **657**
Tarifverträgen für Arbeitnehmer und arbeitnehmerähnliche Personen, nämlich solche freiberufliche Personen, die ein Drittel ihres Einkommens von einem Auftraggeber beziehen (§ 12a TVG), geregelt. So existieren beispielsweise ein Tarifvertrag für arbeitnehmerähnliche freie Journalisten und Journalistinnen,[737] Tarifverträge für Redakteure und Redakteurinnen an Tageszeitungen[738] oder ein Tarifvertrag über die Urheberrechte arbeitnehmerähnlicher Personen des WDR[739] neben einer Reihe weiterer Tarifverträge. Tarifverträge sind **kollektive Vereinbarungen** zwischen den Tarifvertragsparteien, also zwischen einem Arbeitgeberverband oder einem einzelnen Arbeitgeber auf der einen Seite und einer Gewerkschaft auf der anderen Seite. Die darin aufgestellten Regelungen gelten grundsätzlich unmittelbar und zwingend (§§ 3 Abs. 1, 4 Abs. 2 TVG), so dass eine Abweichung zum Nachteil des Arbeitnehmers unwirksam ist. Dies gilt nur für die **tarifgebundenen Personen,** also die Mitglieder der Tarifvertragsparteien, es sei denn, dass im Einzelfall der Tarifvertrag für allgemein verbindlich erklärt wurde oder die Normen eines Tarifvertrages in die Absprachen eines Arbeitsvertrages einbezogen werden.

In den Tarifverträgen werden Mindestbestimmungen verbindlich festgelegt. Es besteht **658**
kein Bedarf, die angemessene Vergütung in gemeinsamen Vergütungsregeln zu erarbeiten. Die Vergütungsregeln der Tarifverträge beziehen sich zumeist auf die Arbeitsleistung und nicht auf die Werkverwertung; sie sind zeitraumbezogen, z.B. durch die Vereinbarung eines Monatsbetrages. Sie haben also in erster Linie die Tätigkeit im Auge, nicht die Vergütung für die Werknutzung.

---

733 BGH GRUR 1996, 763, 764 – Salome II.
734 *Hillig* S. 90 ff.
735 *Hillig* S. 105 ff.
736 *Hillig* S. 121 ff.
737 *Hillig* S. 148 ff.
738 *Hillig* S. 162 ff.
739 *Hillig* S. 181 ff.

3. Kapitel Grundlagen und Systematik des Urheberrechts

3. Gemeinsame Vergütungsregeln

a) Einleitung

659 Der Gesetzgeber der Urheberrechtsreform des Jahres 2002 verfolgte das Ziel, sicherzustellen, dass der Urheber, die ausübenden Künstler (§ 79 UrhG), die Lichtbildner (§ 72 UrhG) und die Verfasser wissenschaftlicher Ausgaben (§ 70 UrhG) eine angemessene Vergütung für ihre Werke erhalten. Daher hat er unter anderem am Anspruch auf angemessene Vergütung (§ 32 UrhG) festgehalten und eine neue Art kollektivvertraglicher Regelungen,[740] die einem Tarifvertrag nachgebildet sind, geschaffen: Die gemeinsamen Vergütungsregeln.[741]

660 In gemeinsamen Vergütungsregeln soll von den **Vereinigungen von Urhebern** einerseits und den **Vereinigungen der Werknutzer** oder **einzelnen Werknutzern** andererseits die Gegenleistung für Rechtseinräumungen, welche eine angemessene Vergütung darstellt, allgemein festgelegt werden. Sind solche gemeinsamen Vergütungsregeln wirksam vereinbart worden, dann gilt in dem Bereich, für den sie Geltung in Anspruch nehmen wollen und können, der jeweilige Inhalt **unwiderleglich** als angemessene Vergütung (§ 32 Abs. 2 Satz 1 UrhG).

661 Gemeinsame Vergütungsregeln sind also das Ergebnis eines konsensorientierten Verfahrens unter Nutzung des branchenspezifischen Know-hows. Sie stellen den kooperativ durch die beteiligten Urheber und ausübenden Künstler einerseits und die Werknutzer andererseits entwickelten Maßstab der angemessenen Vergütung[742] dar. Sie **dienen** damit in der Rechtspraxis der **Auslegung des unbestimmten Rechtsbegriffs** der »angemessenen Vergütung«.[743] Die allgemeinen Vergütungsregeln entfalten keinen Verpflichtungscharakter für die Beteiligten, begründen keine Ansprüche für die Mitglieder der beteiligten Verbände und enthalten auch keine vollstreckbaren Verpflichtungen. Gemeinsame Vergütungsregeln haben, anders als Tarifverträge, keinen normativen,[744] sondern **normausfüllenden Charakter**. Im Hinblick auf ihren normausfüllenden Charakter sind gemeinsame Vergütungsregeln keiner AGB-Kontrolle zugänglich.[745] Kartellrechtlich betrachtet sind Vergütungsregeln etwas anderes als Vergütungsvereinbarungen. Sie enthalten weder eine Vergütungsvereinbarung noch stellen sie abgestimmte Verhaltensweisen oder Preisempfehlungen dar (§§ 1, 2 Abs. 2, 22 GWB, Art. 81 Abs. 1 lit. a) EGV).[746]

662 Um die verfassungsrechtlichen Bedenken im Hinblick auf die negative Koalitionsfreiheit (Art. 9 Abs. 3 GG) und die allgemeine Handlungsfreiheit (Art. 2 Abs. 1 GG) zu berücksichtigen, kann der von einer Schlichtungsstelle gemachte Einigungsvorschlag ohne jegliche Begründung widerrufen werden. Fraglich ist allerdings, ob allgemein anerkannt wird, dass ein von einer Schlichtungsstelle einmal erarbeiteter Einigungsvorschlag eine Indizwirkung hinsichtlich der Bestimmung der angemessenen Vergütung haben kann und soll.[747]

---

740 Schricker/*Dietz* § 36 Rn. 19 ff. m.w.N.; *Schricker* MMR 2000, 713, 714 – »die geplante Neuregelung verlässt eingefahrene Gleise«; *Schack* GRUR 2002, 853 – »Systemsprengende Neuerung«.
741 Das Gesetz war im Vorfeld stark umstritten. Gegner und Befürworter des Konzepts führten eine intensive, z.T. auch ideologisch geprägte Auseinandersetzung (vgl. Schricker/*Dietz* § 36 Rn. 1 ff. m.w.N.).
742 Schlink/*Poscher* S. 27.
743 Schlink/*Poscher* S. 30 f., Schricker/*Dietz*, § 26 Rn. 27.
744 Schlink/*Poscher* S. 37; a.A. *Hertin* MMR 2003, 16.
745 *Schmidt* ZUM 2002, 781; a.A. *Ory* AfP 2002, 93, 103.
746 Schricker/*Dietz* § 36 Rn. 26; Schlink/*Poscher* S. 67; a.A. Begründung des Regierungsentwurfs in UFITA 2002, S. 507; *Schmidt* ZUM 2002, 781; *Schack* GRUR 2002, 853, die die Vorschrift als lex specialis betrachten; Dreier/*Schulze* § 36 Rn. 3; *Wandtke*/Bullinger/*Grunert* § 36 Rn. 3 sehen in § 36 eine ausdrückliche Freistellung vom Kartellverbot.
747 *Erdmann* GRUR 2002, 923; Begründung der Empfehlung des Rechtsausschusses UFITA 2002 II, 574; Schricker/*Dietz* § 36 Rn. 35 m.w.N.; Dreier/Schulze § 36 Rn. 2, 34.

b) Unwiderlegliche Bestimmung der angemessenen Vergütung

Gemeinsame Vergütungsregeln legen die angemessene Vergütung nicht nur unwiderleglich für die an den gemeinsamen Vergütungsregeln beteiligten Parteien fest, sondern **allgemein für andere Werke**, die denjenigen, die Gegenstand der gemeinsamen Vergütungsregel sind, entsprechen.[748] Damit haben wirksam vereinbarte, gemeinsame Vergütungsregelungen **Drittwirkung** und erhebliche Auswirkungen auf die jeweilige Branche. Sie gelten also auch für die »Außenseiter«, also für jene Urheber oder ausübenden Künstler bzw. Werknutzer oder Nutzer von Darbietungen ausübender Künstler, die nicht selbst Mitglieder einer die Vergütungsregeln aufstellenden Vereinigung sind.[749]

663

c) Partner der gemeinsamen Vergütungsregeln

Die gemeinsamen Vergütungsregeln werden auf Seiten Kreativer durch Vereinigungen von Urhebern oder ausübenden Künstlern (§ 79 Abs. 2 Satz 2 UrhG) oder auch von Verfassern wissenschaftlicher Ausgaben (§ 70 Abs. 1 UrhG) oder Lichtbildnern (§ 72 Abs. 1 UrhG) erarbeitet, während auf Seiten der Werknutzer Vereinigungen der Werknutzer, aber auch einzelne Werknutzer, beteiligt sein können. Auf die Rechtsform der beteiligten Vereinigungen kommt es nicht an. Voraussetzung ist eine mitgliedschaftliche Willensbildung. Die Vereinigungen müssen **repräsentativ**, **unabhängig** und **zur Aufstellung** gemeinsamer Vergütungsregeln **ermächtigt** sein (§ 36 Abs. 2 UrhG). Das Merkmal der Repräsentativität hat sowohl einen quantitativen als auch einen qualitativen Aspekt. Dies bedeutet, dass die Anzahl der Mitglieder, deren Größe und Marktbedeutung ein erhebliches wirtschaftliches Gewicht haben müssen.[750] Die Anzahl der Mitglieder der entsprechenden Branche kann im Vergleich zur Gesamtzahl der Mitglieder, aber auch im Verhältnis zu anderen Vereinigungen, die auf gleichem Gebiet tätig sind, sowie schließlich auch im Verhältnis zur regionalen Verteilung von Bedeutung sein. Darüber hinaus sollen ihre Mitglieder auch hinsichtlich anderer Kriterien, wie Erfahrung, Alter, Ansehen, wirtschaftlicher Bedeutung o.Ä.[751] die jeweiligen Partner angemessen repräsentieren.

664

Die an der Verhandlung beteiligten Vereinigungen müssen **unabhängig**, also **gegnerfrei** sein.[752] Sie dürfen nicht sowohl Urheber als auch Werknutzer vertreten. Die Unabhängigkeit erfordert keine eigene Organisation mit Verwaltung und Geschäftsstelle. Vereinigungen können sich der Dienstleistungen bestehender Organisationen bedienen. Die Unabhängigkeit ist nicht dadurch gefährdet, dass der Geschäftsführer eines Werknutzers gleichzeitig kreativ tätig ist und als solcher in der Vereinigung aktiv ist. Demgegenüber fehlt es an der Unabhängigkeit, wenn Mitglieder mit entgegenstehenden Interessen vertreten werden.

665

Schließlich müssen die Verbände **zum Abschluss** der gemeinsamen Vergütungsregeln **ermächtigt** sein. Eine solche Ermächtigung kann sich entweder aus der Satzung, dem Gesellschaftsvertrag oder auch aus einzelnen vereinsrechtlich wirksamen Beschlüssen ergeben. Der Beschluss ist nicht beliebig widerrufbar.[753]

666

Ob die drei genannten Voraussetzungen vorliegen, kann im Zivilprozess, in dem über die Anwendbarkeit gemeinsamer Vergütungsregeln als Maßstab für die angemessene Vergütung gestritten wird, geprüft werden.[754] Eine Überprüfung ist auch im Rahmen des

667

---

748 Dreier/*Schulze* § 32 Rn. 30 ff.
749 *Erdmann* GRUR 2002, 922; *Jakobs* NJW 2002, 1905; Schricker/*Dietz* § 36 Rn. 45; Dreier/*Schulze* § 36 Rn. 16 und § 32 Rn. 36.
750 *Erdmann* GRUR 2002, 923.
751 Loewenheim/*von Becker* § 29 Rn. 73 f.
752 *Thüsing* GRUR 2002, 203.
753 Schricker/*Dietz* § 36 Rn. 59; Dreier/*Schulze* § 36 Rn. 24.
754 Dreier/*Schulze* § 32 Rn. 31 und § 36 Rn. 16.

Schlichtungsverfahrens zulässig, sofern die Schlichtungsstelle feststellen soll, dass die Voraussetzungen ganz offensichtlich nicht gegeben sind.[755]

d) Inhalt der gemeinsamen Vergütungsregeln

668 Die zwischen den Beteiligten auszuhandelnden gemeinsamen Vergütungsregeln haben die angemessene Vergütung für den jeweiligen Bereich zu bestimmen. Gegenstand der gemeinsamen Vergütungsregeln können daher **alle Fragen und Gesichtspunkte** sein, die bei der **Findung und Bestimmung der angemessenen Vergütung** für die Einräumung eines Nutzungsrechts, die Nutzung eines Werkes oder die Darbietung eines ausübenden Künstlers, eine Rolle spielen können. Es ist die jeweilige konkrete Werkart und die konkrete Nutzung festzulegen, wobei alle Kriterien angewendet werden können. Es können die Besonderheiten der Werkerstellung und Werkverwertung Berücksichtigung finden. Die Leistung und die Gegenleistung ist festzulegen insbesondere Zahlungsart (Beteiligungs-, Pauschal-, Zusatz- oder Wiederholungshonorar, Auftrags- oder Grund- und Nutzungshonorar), Vergütungsrahmen, Zahlungsmodi (Vorschüsse, Garantien, Fälligkeit), Abrechnungs- und Auskunftsverpflichtungen, Kostenerstattungen usw. Die Parteien können auch bestimmen, ob und gegebenenfalls welche weitere Beteiligung (§ 32a Abs. 4 UrhG) zu gewähren ist.

669 Die Regelungen sollen die Struktur und Größe der Verwerter, die Besonderheiten der jeweiligen Märkte und alle sonstigen branchenüblichen Umstände berücksichtigen. Gegenstand können auch urhebervertragsrechtliche Fragen, die nichts mit der Vergütung zu tun haben, sein, beispielsweise die Dauer, Kündigungsmöglichkeiten oder urheberpersönlichkeitsrechtliche Fragen. Gegenstand der gemeinsamen Vergütungsregeln kann auch die Dauer der Vergütungsregeln selbst sein oder die Fragen unter welchen Umständen und mit welcher Methode eine Beendigung durch einen der Beteiligten herbeigeführt werden kann.

e) Schlichtungsverfahren für gemeinsame Vergütungsregeln

670 Die Vertragspartner können zunächst im Verhandlungsweg eine Einigung über gemeinsame Vergütungsregeln erzielen. Gelingt es nicht, sieht das Gesetz ein **Schlichtungsverfahren** vor. Dieses Verfahren vor einer speziell zu gründenden **Schlichtungsstelle** (§§ 36 Abs. 3 und 4, 36a UrhG) soll branchenbezogene Kompetenz und Sachverstand für den Einigungsvorschlag nutzbar machen. Das Verfahren enthält Elemente des Schiedsstellenverfahrens nach §§ 14 ff. UrhWG, des Schiedsgerichtsverfahrens nach §§ 1027 ff. BetrVG und des Verfahrens vor Einigungsstellen gemäß §§ 67 f. BetrVG.

671 Das Schiedsstellenverfahren kann von den Parteien vereinbart werden (§ 36 Abs. 3 Satz 1 UrhG) oder unter bestimmten Voraussetzungen von einer Partei erzwungen werden (§ 36 Abs. 3 Satz 2 UrhG). Kommen Verhandlungen über den Abschluss gemeinsamer Vergütungsregeln gar nicht zustande oder stocken diese Verhandlungen, so kann ein Vertragspartner den anderen zu einem Verfahren vor der Schlichtungsstelle zwingen. Das Verfahren setzt ein **schriftliches Verlangen** einer Partei voraus; Voraussetzung ist, dass die andere Partei nicht binnen drei Monaten, nachdem eine Partei die schriftliche Aufnahme von Verhandlungen verlangt hat, in Verhandlungen über gemeinsame Vergütungsregeln eingetreten ist (§ 36 Abs. 3 Satz 2 Nr. 1 UrhG). Gelingt es innerhalb eines Jahres nach dem schriftlichen Verlangen nicht, ein Ergebnis zu erzielen, so kann ebenso von einer der Parteien das Verfahren vor der Schlichtungsstelle (§ 36 Abs. 3 Satz 2 Nr. 2 UrhG) eingeleitet werden. Schließlich kann eine Partei das Verfahren vor der Schlichtungsstelle betreiben, **wenn** die Verhandlungen endgültig für **gescheitert erklärt** wurden.

---

755 KG ZUM 2005, 229.

Voraussetzung hierfür wird wohl, im Hinblick auf die Dreimonatsfrist gemäß § 36 Abs. 3 Satz 2 Nr. 1 UrhG, ein dreimonatiger Verhandlungsstillstand sein.

Die Schlichtungsstelle muss den Parteien einen begründeten **Einigungsvorschlag** über den Inhalt der gemeinsamen Vergütungsregeln unterbreiten. Dieser gilt ohne weiteres als angenommen, wenn nicht innerhalb von drei Monaten nach Empfang des Vorschlages schriftlich widersprochen wird (§ 36 Abs. 4 UrhG). 672

Die Schlichtungsstelle wird jeweils auf Antrag der Parteien errichtet. Sie besteht aus einer jeweils gleichen Anzahl von Beisitzern, die von den beteiligten Parteien bestellt werden, und einem unparteiischen Vorsitzenden, auf dessen Person sich beide Parteien einigen sollen. Können sich die beiden Parteien nicht auf die Person des Vorsitzenden und/oder auf die Anzahl der Beisitzer einigen, so bestimmt das zuständige Oberlandesgericht (§ 1062 ZPO) die Anzahl der Beisitzer und den Vorsitzenden (§ 36a Abs. 3 UrhG) durch unanfechtbaren Beschluss. Das Verfahren wird durch das schriftliche Verlangen mit einem Vorschlag für gemeinsame Vergütungsregeln eingeleitet (§ 36a Abs. 4 UrhG). Das Gesetz enthält keine Verfahrensvorschriften. Die Parteien können Einzelheiten vereinbaren (§ 36a Abs. 7 UrhG). Das Gesetz bestimmt lediglich, dass der Einigungsvorschlag nach mündlicher Beratung der beteiligten Schlichter mit Mehrheit der Schlichter verabschiedet wird. Können sich die von den Parteien benannten Schlichter nicht auf einen Einigungsvorschlag einigen, so wirkt der Vorsitzende an der Entscheidung und Stimmabgabe mit (§ 36a Abs. 5 UrhG). 673

Von den **Kosten des Schlichtungsverfahrens** tragen die Parteien jeweils ihre eigenen Kosten und die Kosten der von ihnen bestellten Beisitzer, während die sonstigen Kosten, also die des Vorsitzenden sowie etwaige Sachverständigenkosten und Zeugengebühren o.Ä., von den Parteien gesamtschuldnerisch zu tragen sind (§ 36 Abs. 6 UrhG). 674

V. Urheber in Arbeits- oder Dienstverhältnissen

1. Allgemeines

Die Person des freischaffenden Künstlers tritt in der modernen, **arbeitsteiligen Wirtschaft** und bei der zunehmenden Bedeutung der Freizeit- und Mediengesellschaft, mehr und mehr zurück hinter angestellten Kreativen. Urheberrechtlich geschützte Werke, wie Computersoftware oder Datenbanken, aber auch Multimediaprodukte, entstehen in Unternehmen, die die organisatorischen und finanziellen Voraussetzungen für die Tätigkeit in einer arbeitsteiligen Gruppe bieten und das damit verbundene unternehmerische Risiko tragen können. Gerade die Massenware ist ein Schöpfungsergebnis, das überwiegend im Rahmen eines Anstellungsverhältnisses entsteht. Die sachenrechtliche Zuordnung des Arbeitsergebnisses zu dem jeweiligen Arbeitgeber ist durch §§ 950, 855 BGB eindeutig geregelt; die Zuordnung des urheberrechtlich geschützten Werkes bedarf besonderer Vorschriften. Ausgehend von dem auch in Arbeits- und Dienstverhältnissen geltenden **Schöpferprinzip** (§ 7 UrhG) müssen dem Arbeitgeber oder Dienstherrn die jeweils erforderlichen **Nutzungsrechte übertragen** werden; er muss über alle Rechtspositionen verfügen die ihm eine wirtschaftliche Verwertung des Arbeitsergebnisses ermöglichen. 675

Hierzu bestimmt § 43 UrhG, dass die Vorschriften über die Nutzungsrechtseinräumung gemäß §§ 31 ff. UrhG auch dann anzuwenden sind, wenn der Urheber das Werk in Erfüllung seiner Verpflichtung aus einem Arbeits- oder Dienstverhältnis geschaffen hat, soweit sich aus dem Inhalt oder Wesen des Arbeits- oder Dienstverhältnisses nichts anderes ergibt. Nur für Computersoftware sieht § 69b UrhG vor, dass die vermögensrechtlichen Befugnisse mangels entgegenstehender anderer Absprachen dem Arbeitgeber bzw. Dienstherrn zustehen. 676

677 Die Regelung des § 43 UrhG bezweckt eine Erleichterung der Rechtseinräumung dadurch, dass sich die Notwendigkeit einer Nutzungsrechtseinräumung bereits »aus dem Inhalt oder dem Wesen des Arbeits- oder Dienstverhältnisses« ergeben kann. § 43 UrhG ist keine Schutzvorschrift für Arbeitnehmerurheber, sondern schränkt deren Rechtspositionen ein.

678 Obwohl die Regelung etwas nebulös ist, lässt sie doch erkennen, dass der angestellte Urheber, der in sicheren Einkommensverhältnissen lebt, nicht in gleichem Maße schutzbedürftig ist wie der freie Urheber, der eines Mindestmaßes an sozialem und wirtschaftlichem Schutz bedarf. Die Sicherung einer angemessenen Vergütung für die Nutzung des Werkes (§ 11 Satz 2 UrhG), die auch zur Existenzsicherung des Urhebers dient, kann, wenn die Urheber aufgrund seiner arbeitsvertraglichen Absicherung weniger schutzbedürftig ist, zurücktreten.

2. Arbeits- und Dienstverhältnisse

679 Arbeits- und Dienstverhältnisse i.S.d. § 43 UrhG sind **Arbeitsverhältnisse** im Sinne des **Arbeitsrechts.** Betroffen sind diejenigen Personen, die in einem Arbeitsverhältnis (§ 611 BGB), also insbesondere als abhängige und weisungsgebundene Beschäftigte, tätig sind. **Nicht** betroffen sind **Selbständige**, die beispielsweise auf der Grundlage eines Werkvertrages (§ 631 BGB), eines Auftrages (§ 662 BGB), eines Verlagsvertrages (§ 1 VerlG) oder eines Bestellvertrages (§ 59 VerlG) tätig sind. Das entscheidende Abgrenzungskriterium ist die **abhängige** und **weisungsgebundene Tätigkeit** des Arbeitnehmers. Einen feststehenden Begriff gibt es dazu weder im Gesetz noch in der Rechtsprechung. Die Rechtsprechung stellt die persönlichen Abhängigkeit meist auf Grund von **Indizien** fest, wie insbesondere der Weisungsabhängigkeit, der Bestimmung von Ort und Zeit der Arbeitsleistung, der Eingliederung in eine betriebliche Organisation, der Zurverfügungstellung von Arbeitsgeräten, Urlaubsregelungen und auch des Abführens von Lohnsteuer und Sozialversicherungsbeiträgen.[756] Bei kreativ künstlerischen Leistungen ist die Weisungsgebundenheit stark eingeschränkt. Es ist Sache des Journalisten oder Redakteurs, einen Beitrag zu recherchieren und einen Beitrag darüber zu verfassen. Der Architekt oder Designer kann verschiedenste Lösungen für ein Problem finden.[757] Trotz der eingeschränkten Weisungsgebundenheit bleibt die Abhängigkeit dieser Kreativen bestehen. Zum anderen wird die Nutzungsrechtseinräumung für Dienstverhältnisse erleichtert, also für öffentlich-rechtliche Dienstverhältnisse, wie die von Beamten, Richtern, Soldaten usw.[758]

680 Die Vorschrift ist nicht auf die Mitwirkung **arbeitnehmerähnlicher Personen** oder freier Mitarbeiter anzuwenden. Unter arbeitnehmerähnlichen Personen (§ 12a TVG) werden diejenigen Personen verstanden, die zwar nicht weisungsgebunden, aber wirtschaftlich abhängig und ähnlich schutzbedürftig wie Arbeitnehmer sind.[759] Freie Mitarbeiter sind regelmäßig arbeits- und sozialrechtlich als Selbständige einzustufen und fallen, auch bei regelmäßiger Mitwirkung beim Auftraggeber, nicht unter diese Erleichterungen. Sie können die Schutzvorschriften der §§ 31 ff. UrhG geltend machen.

681 Trotz ihrer organschaftlichen Funktion sind auch **Geschäftsführer** und Vorstände juristischer Personen als Arbeitnehmer im Sinne von §§ 42, 69b UrhG zu qualifizieren.

---

[756] Schricker/Rojahn § 43 z. 14; BAG ZUM-RD 2000, 462; NJW 1998, 3661; BGH NJW 1999, 648, 649.
[757] Wandtke/Bullinger § 43 Rn. 7 f.
[758] Schricker/Rojahn § 43 Rn. 10, 19 f.; Wandtke/Bullinger § 43 Rn. 14; Schack Rn. 981; a.A. Fromm/Nordemann/Vinck § 43 Rn. 2; Rehbinder Rn. 166.
[759] Von Olenhusen GRUR 2002, 11; Schricker/Rojahn § 43 Rn. 13; Schack Rn. 981; a.A. Fromm/Nordemann/Vinck § 43 Rn. 2.

Unter **Dienstverhältnissen** versteht das Gesetz die öffentlich-rechtlichen Dienstverhältnisse der **Beamten, die durch Ernennung begründet** werden (§ 5 Abs. 1 BRRG). Zu diesen Beamten zählen Professoren sowie wissenschaftliches und künstlerisches Personal von Hochschulen, auf die §§ 43, 69b UrhG grundsätzlich anwendbar bleiben; doch sind die Werke dieses Personenkreises regelmäßig frei, da es nicht zu den Dienstpflichten gehört, schöpferische Leistungen zu erbringen.[760] 682

Wird ein Arbeitnehmer oder ein Dienstverpflichteter in seiner Freizeit, ohne Zusammenhang mit seinen arbeitsrechtlichen oder dienstrechtlichen Pflichten, kreativ tätig, so fallen die so entstandenen Werke nicht unter die Sondervorschriften der §§ 43, 69b UrhG. 683

3. Werke der Arbeitnehmer und Dienstverpflichteten

Die Regelung über die Einräumung von Nutzungsrechten bezieht sich nur auf diejenigen Werke, die die Arbeitnehmer oder Dienstverpflichteten in **Erfüllung ihrer arbeits- oder dienstvertraglichen Verpflichtungen** erstellen. Die vor Beginn des Arbeitsverhältnisses geschaffen Werke[761] gehören also ebenso wenig dazu, wie die nach Beendigung des Arbeits- bzw. Dienstverhältnisses entstandenen. Auch die außervertraglichen, nichtdienstlichen Werke fallen nicht hierunter. Der Umfang der arbeits- oder dienstvertragliche Verpflichtung wird auf der Grundlage der arbeitsrechtlichen Regelungen (Tarifvertrag, Anstellungsvertrag) ermittelt oder an Hand der betrieblichen Funktion, der Berufsausbildung, dem ausgeübten Berufsbild und schließlich auch anhand der Verwendbarkeit des Werkes für den Arbeitgeber.[762] Nur solche Werke der Dienstverpflichteten fallen unter die Erleichterung des § 43 UrhG, die dem Aufgabenbereich des Beamten, also der konkret zugewiesenen Funktion, zuzurechnen sind.[763] Da die Hochschulprofessoren frei und eigenverantwortlich über ihre Forschung entscheiden, fehlt es an einer dienstlich übertragenen Funktion. Für deren wissenschaftliche Veröffentlichungen kommt § 43 UrhG also nicht zur Anwendung.[764] 684

Schafft ein Arbeitnehmer oder Dienstverpflichteter **während** seiner **Freizeit** unter Einsatz seiner privaten Mittel ein Werk, das in engem Zusammenhang mit seinen Pflichten aus dem Arbeits- oder Dienstverhältnis steht, so kann der Arbeitgeber oder Dienstberechtigte **nicht auf die Rechte** an diesem Werk **zugreifen**. Der Arbeitnehmer oder Dienstverpflichtete ist nicht einmal verpflichtet, die Rechte zur Nutzung anzubieten.[765] Allerdings unterliegen der Arbeitnehmer und Dienstberechtigte einer Treuepflicht, die zu einem Verwertungsverbot führen kann, wenn die Verwertung des Werkes in unmittelbarer Konkurrenz zu dem von seinem Arbeitgeber geschaffenen Werk treten könnte. Eine Anbietungsverpflichtung an den Arbeitgeber wird allerdings dann anzunehmen sein, wenn der Mitarbeiter freiwillig während seiner Arbeitszeit oder mit Mitteln des Arbeitgebers oder Dienstherrn ein Werk schafft, das im Bezug zu seinen arbeits- und dienstrechtlichen Pflichten steht. In diesem Fall wird er seinen Dienstherrn oder Arbeitgeber die Nutzung des Werkes anbieten müssen, weil er das Werk unter Einsatz der Mittel des Arbeitgebers geschaffen hat. Freilich wird er dabei nicht leer ausgehen, sondern einen gesonderten Vergütungsanspruch haben.[766] 685

---

760 BGH GRUR 1991, 523 – Grabungsmaterialien; Schricker/Rojahn § 43 Rn. 131.
761 BGH GRUR 1985, 129 – Elektrodenfabrik.
762 BGH GRUR 1985, 129 – Elektrodenfabrik; GRUR 1974, 480, 482 – Hummelrechte.
763 BGH GRUR 1972, 713 – Im Rhythmus der Jahrhunderte; Schricker/Rojahn § 43 Rn. 28 f.
764 BGH NJW 1991, 1480 – Grabungsmaterialien.
765 Schricker/Rojahn § 43 Rn. 100 ff.
766 OLG München ZUM-RD 2000, 8 – TESY-M 2.

4. Einschränkung der allgemeinen Regelungen

686 Durch § 43 UrhG werden die allgemeinen urhebervertraglichen Regelungen durch den **Inhalt oder Wesen** des Arbeits- oder Dienstverhältnisses **eingeschränkt**. Es ist auf die individuellen arbeitsvertraglichen Vereinbarungen sowie die ergänzenden kollektivvertraglichen Regelungen abzustellen.[767] Dem Wesen eines Arbeitsverhältnisses entspricht es, dass es sich um einen Vertrag handelt, aufgrund dessen der Arbeitnehmer Lohn für die geleistete Arbeit erhält und der Arbeitgeber das Arbeitsergebnis im eigenen Interesse verwerten kann. Für Dienstverhältnisse ist insbesondere auf die hergebrachten Grundsätze des Berufsbeamtentums (Art. 33 Abs. 5 GG) und auf die damit verbundenen Treue- und Fürsorgepflichten sowie die Alimentationspflicht abzustellen.

687 Sowohl dem Wesen des Arbeitsverhältnisses als auch des Dienstverhältnisses entspricht es, dass die Verwertung und Nutzung des Arbeitsergebnisses sowie das Ergebnis der Dienstleistung dem Arbeitgeber bzw. Dienstherrn zur Nutzung zusteht. Nur wenn sich aus den arbeitsrechtlichen und den sonstigen gesetzlichen Bestimmungen keine klare Regelung der Nutzungseinräumung ergibt oder die Bestimmungen gar nichts zur Rechtseinräumung besagen, kommen die Vorschriften der §§ 43, 69b UrhG zur Anwendung.

688 Ist über den Zweck der Rechtseinräumung keine Bestimmung getroffen worden, so verbleiben die Nutzungsrechte beim Urheber, soweit sich nicht aus Inhalt und Wesen des Arbeits- oder Dienstverhältnisses etwas anderes ergibt (§ 31 Abs. 5 UrhG). Mit der Übergabe eines Werkes ist der Arbeitnehmer gleichzeitig damit einverstanden, dass der Arbeitgeber das Werk auf **alle diejenigen Nutzungsarten nutzt**, die seinen **betrieblichen Zwecken** entsprechen.[768] Entscheidend kommt es auf den **Betriebszweck** im Zeitpunkt des Rechtsübergangs an, weil dieser dem Arbeitnehmer bekannt ist und insoweit auf einen beiderseitigen Parteiwillen geschlossen werden kann.[769] **Änderungen des Betriebszwecks,** die sich durch technische und sonstige Entwicklung ergeben, sollte der Umfang der Rechtseinräumung berücksichtigen,[770] nicht aber Erweiterungen des Geschäftsfeldes auf neue Unternehmungen, da sich darauf der Arbeitnehmer nicht einstellen kann. Der Arbeitgeber oder der Dienstherr wird im Übrigen auch nach Beendigung des Dienstverhältnisses noch zur Nutzung berechtigt sein.

689 Der Lektor eines Verlages, der ein Buch in urheberrechtlich geschützter Form bearbeitet, räumt dem Verleger all jene Rechte an der entstehenden Bearbeitung ein, die der Verleger benötigt, um das Werk entsprechend der Rechtseinräumung des Autors zu nutzen. Der Zeichentrickfilmproduzent erwirbt das Recht, Rechte an Originalzeichnungen weiter zu übertragen.[771] Ebenso ist der Programmaustausch der Rundfunkanstalten untereinander der Normalfall der öffentlich-rechtlichen Sender in Deutschland, sodass sich deren Rechte auch darauf erstrecken.[772]

690 Soweit in Tarifverträgen Rechtseinräumungsklauseln zugunsten des Arbeitgebers enthalten und diese Klauseln auslegungsbedürftig sind, ist auch hier die Zweckübertragungslehre des § 31 Abs. 5 UrhG unter Berücksichtigung von Inhalt und Wesen des Arbeitsvertrages anzuwenden.

691 Die Einräumung von Nutzungsrechten an **künftigen Werken** (§ 40 UrhG) bedarf in Arbeits- und Dienstverhältnissen nicht der Schriftform. Auch dann, wenn sich die Ver-

---

[767] Schricker/*Rojahn* § 43 Rn. 33 ff.
[768] *Schack* Rn. 983; Schricker/*Rojahn* § 43 Rn. 21 ff.; BGH GRUR 1978, 244 – Ratgeber für Tierheilkunde.
[769] BGH GRUR 1998, 680 – Comic-Übersetzung; *Schricker* §§ 31, 32 Rn. 40 f.
[770] Schricker/*Rojahn* § 43 Rn. 54.
[771] Loewenheim/*A. Nordemann* § 63 Rn. 34.
[772] OLG Hamburg GRUR 1977, 556 – Zwischen Marx und Rothschild.

pflichtung zur Einräumung von Nutzungsrechten nicht ausdrücklich aus den arbeits- oder dienstrechtlichen Regelungen ergibt, ist sie stillschweigend Bestandteil der Pflicht.[773] Dabei handelt es sich regelmäßig um eine Vorausverfügung über Rechte an künftig entstehenden Werken. Die Rechte gehen bei Übergabe des Werkes, also der Arbeitsleistung, auf den Arbeitgeber oder Dienstherrn über. Einer gesonderten Warnung des Arbeitnehmers oder Dienstverpflichteten durch das Schriftformerfordernis wird durch den Abschluss des Arbeitsvertrages bereits regelmäßig genüge getan. Im Hinblick auf die arbeitsvertraglichen Kündigungsrechte (§§ 621 ff. BGB) bedarf es auch nicht eines gesonderten Kündigungsrechts, wie es § 40 UrhG vorsieht.

692 Gehört die Übertragung eingeräumter Nutzungsrechte oder die Einräumung einfacher Nutzungsrechte an Dritte zum **Betriebszweck**, so bedarf es hierfür auch keiner Zustimmung.[774] Umgekehrt hat aber der Arbeitnehmer oder Dienstverpflichtete, wenn er seinerseits die ihm verbliebenen Rechte Dritten einräumen möchte, die sich aus seiner **Treuepflicht** sowie gegebenenfalls aus einem Wettbewerbsverbot ergebenden Beschränkungen zu beachten.

693 Der Arbeitnehmer wird regelmäßig **keine gesonderte Vergütung** für die Rechtseinräumung fordern können, da es ja zu seinen arbeitsvertraglichen Verpflichtungen zählt, gegebenenfalls auch urheberrechtlich geschützte Leistungsergebnisse zu erstellen.[775] Allerdings hat er Anspruch auf eine angemessene Vergütung (§ 32 UrhG), wenn seine Vergütung nicht durch einen Tarifvertrag festgelegt ist (§ 32 Abs. 4 UrhG). Ein Anspruch auf weitere Beteiligung ist daneben denkbar, sofern die Vergütung nicht tarifvertraglich geregelt ist (§ 32a Abs. 4 UrhG).

694 Dem Urheber stehen die **urheberpersönlichkeitsrechtlichen Befugnisse** zu. Er muss Einschränkungen, die sich aus betrieblichen oder dienstlichen Belangen ergeben, hinnehmen. Der Urheber wird weitergehende Einschränkungen hinnehmen müssen, je geringer die Schöpfungshöhe des Werkes ist.

695 Das **Erstveröffentlichungsrecht** (§ 12 UrhG) ist dem Arbeitgeber oder Dienstherrn zur Ausübung zu überlassen.[776] Da der Arbeitgeber oder Dienstherr zu seinem eigenen Zwecke das Dienstergebnis nutzen kann und soll, muss er auch darüber entscheiden, wann es eine entsprechende Verwertungsreife erreicht hat. Das Nennungsrecht (§ 13 UrhG) ist zu berücksichtigen.[777] Wann und unter welchen Voraussetzungen auf die Namensnennung verzichtet werden kann, ist nach der Branchenüblichkeit zu bestimmen.

696 Der Urheber hat auch **Änderungen seines Werkes** (§§ 14, 39 UrhG) hinzunehmen, wenn dies nach Abwägung der Interessen zumutbar ist. Regelmäßig wird das Interesse des Urhebers an der Werkintegrität hinter den Interessen des Arbeitgebers an der Erreichung des Betriebszwecks zurückzutreten haben. Der Arbeitgeber trägt das Betriebsrisiko und soll daher die erforderlichen Entscheidungen auch über die Änderung des Werkes treffen können. Die Grenze der Änderungsbefugnis ist durch das Entstellungsverbot gegeben. Wird durch eine Änderung Charakter und Wesen eines Werkes geändert, so braucht der Urheber dies ebenso wenig zu dulden wie Änderungen, die nur Geschmacksfragen betreffen.[778]

---

773 BGH GRUR 1974, 480 – Hummelfiguren.
774 Schricker/*Rojahn* § 43 Rn. 37.
775 *Dreier*/Schulze § 43 Rn. 30; BGH GRUR 2001, 155 – Wetterführungspläne I; GRUR 2002, 149 – Wetterführungspläne II.
776 *Dreier*/Schulze § 43 Rn. 35.
777 BGH GRUR 1978, 360 – Hegel-Archiv.
778 Loewenheim/*A. Nordemann* § 63 Rn. 35.

697 Das **Rückrufsrecht wegen Nichtausübung** (§ 41 UrhG) ist nur zulässig, wenn der Arbeitgeber oder Dienstberechtigte keinerlei Interesse an der Verwertung zeigt und keine Konkurrenz droht.[779] Demgegenüber ist das Rückrufsrecht wegen gewandelter Überzeugung gemäß § 42 UrhG bzw. wegen Unternehmensveräußerung (§ 34 Abs. 2 Satz 2, 3 UrhG) nur bei einer schwerwiegenden Beeinträchtigung der Interessen des Urhebers nicht ausgeschlossen.[780] Auch dem Angestellten oder verbeamteten Urheber steht das Zugangsrecht gemäß § 25 UrhG zu.[781]

5. Besondere Bestimmungen für Software-Ingenieure

698 Für den Urheber, der im Arbeits- oder Dienstverhältnis ein Computerprogramm schafft, enthält § 69b UrhG gesonderte Regelungen. Auch hier verbleibt es bei dem Schöpferprinzip, allerdings ist der Arbeitgeber ausschließlich zur Ausübung aller vermögensrechtlichen Befugnisse an den Computerprogrammen berechtigt, sofern nichts anderes vereinbart wurde. Erstellt der Urheber in Erfüllung seines Vertrages oder fertigt er im engeren, inneren Zusammenhang mit seinen arbeitsrechtlichen Pflichten ein Computerprogramm an,[782] so steht dem Arbeitgeber mangels anderer Vereinbarungen das umfassende Recht zur Verwertung des Computerprogramms zu. Dieses Recht ist sachlich, räumlich und zeitlich nicht beschränkt.[783] Insofern findet die Zweckübertragungslehre keine Anwendung.[784] Der Arbeitgeber ist ebenso zur Bearbeitung des Programms berechtigt und kann die Nutzungsrechte an Dritte weiter übertragen, ohne hierfür die Zustimmung des Urhebers (§§ 34, 35 UrhG) einholen zu müssen. Diese Berechtigung dauert über die Beendigung des Arbeits- oder Dienstverhältnisses hinaus an.

699 Die **urheberpersönlichkeitsrechtlichen Befugnisse** am Computerprogramm sind nicht von der Übertragung betroffen. Der Schöpfer des Computerprogramms muss aber Einschränkungen, die sich aus dem Zweck der Zuordnung zu dem Arbeitgeber ergeben, hinnehmen. Der Urheber kann das Recht auf Namensnennung dann nicht durchsetzen, wenn der Arbeitgeber ein berechtigtes Interesse daran hat, das Programm nur unter seinem Namen zu vermarkten.[785] Änderungen, insbesondere die Weiterentwicklung und Anpassung des Programms, muss der Urheber dem Arbeitgeber allein überlassen.[786]

700 Der angestellte Softwareingenieur hat grundsätzlich **keinen Anspruch** auf eine **gesonderte Vergütung** für die Erstellung des Werkes. Erhält er aber keine angemessene Vergütung, kann er den Korrekturanspruch nach § 32 UrhG geltend machen.[787] Auch ein Anspruch auf weitere Beteiligung nach § 32a UrhG besteht grundsätzlich für den angestellten Urheber von Computerprogrammen.

---

779 *Dreier*/Schulze § 43 Rn. 38.
780 *Dreier*/Schulze § 43 Rn. 38.
781 Schricker/*Rojahn* § 43 Rn. 97.
782 OLG München CR 2000, 429; *Dreier*/Schulze § 69b Rn. 8; Schricker/*Loewenheim* § 69b Rn. 6.
783 *Sack* UFITA, 121 (1993) 15.
784 BGH GRUR 2001, 155 – Wetterführungspläne; *Dreier*/Schulze § 69b Rn. 9; Schricker/*Loewenheim* § 69b Rn. 12.
785 *Dreier*/Schulze § 69b Rn. 3; Schricker/*Loewenheim* § 69b Rn. 14.
786 *Dreier*/Schulze § 69b Rn. 3; Schricker/*Loewenheim* § 69b Rn. 14.
787 *Dreier*/Schulze § 69b Rn. 32; Schricker/*Loewenheim* § 69b Rn. 16 m.w.N.

E. Schranken des Urheberrechts

I. Sozialbindung des Urheberrechts

Das Urheberrecht schützt den Urheber als Werkschöpfer in seinen ideellen Beziehungen zum Werk und in der Nutzung seines Werkes. Es gewährleistet neben den Urheberpersönlichkeitsrechten mit seinen in §§ 12 ff. UrhG aufgeführten Einzelbefugnissen durch die §§ 15 ff. UrhG ausschließliche Verwertungsrechte, die es dem Urheber erlauben, das Werk unter Ausschluss Dritter zu nutzen. Diese umfassende Rechteeinräumung wird aber nicht grenzenlos gewährt, sondern zum Schutz der Meinungs-, Presse- und Rundfunk-, Kunst- und Wissenschaftsfreiheit, aber auch der Informationsfreiheit in Bezug auf bestimmte Nutzungen wieder beschränkt, wobei sich die Beschränkungen teilweise nur auf ein einzelnes Verwertungsrecht wie etwa das Vervielfältigungsrecht beziehen oder sämtliche Nutzungen in körperlicher wie auch unkörperlicher Form erlauben. Die zunächst umfassend gewährten Ausschließlichkeitsrechte stehen dem Urheber nur in den vom Gesetzgeber gezogenen Grenzen zu, wobei diese Grenzen nicht nur im sechsten Abschnitt des UrhG geregelt sind. Neben den dort in den §§ 44a bis 63a UrhG aufgeführten Schranken gehören auch der Erschöpfungsgrundsatz der §§ 17 Abs. 2[788] und 69c Nr. 3 Satz 2 UrhG[789] als wichtigste Schranke des Verbreitungsrechts sowie die freie Benutzung nach § 24 Abs. 1 UrhG[790] und die besonderen Schranken für das sui-generis Recht des Datenbankherstellers in § 87c UrhG[791] und für Computerprogramme in §§ 69d, 69e UrhG[792] zu den Beschränkungen. Um eine Schranke handelt es sich auch bei der mit § 60 UrhG vergleichbaren Vorschrift des § 44 Abs. 2 UrhG, nach der ein Eigentümer eines vorbehaltlos veräußerten Originals eines Werkes der bildenden Kunst[793] oder eines Lichtbildwerkes entgegen § 18 UrhG grundsätzlich berechtigt ist, das Werk öffentlich auszustellen.

Die in den §§ 44a ff. UrhG enthaltenen Schranken können danach unterschieden werden, ob sie die Werknutzung vom jeweiligen Verwertungsrecht ganz freistellen, wie etwa bei Zitaten (§ 51 UrhG), oder als Ausgleich für die erlaubte Nutzung einen Vergütungsanspruch des Urhebers vorsehen, der regelmäßig nur durch eine Verwertungsgesellschaft geltend gemacht werden kann (§ 63a UrhG).[794] Für diejenigen Schranken mit einer Vergütungspflicht hat sich die Bezeichnung »gesetzliche Lizenz« eingebürgert.[795] Von diesen Lizenzen sind die Zwangslizenzen zugunsten der Tonträgerhersteller in § 42a UrhG[796] und der Verleger privater Normwerke[797] in § 5 Abs. 3 UrhG[798] zu unterscheiden, die den Berechtigten einem Abschlusszwang unterwerfen, also die Nutzung nicht erlaubnisfrei stellen, sondern von dem Abschluss eines Lizenzvertrages abhängig machen.[799] Die Nut-

---

[788] Siehe oben Rdn. 191 ff.
[789] Siehe oben Rdn. 192.
[790] Siehe oben Rdn. 127 ff.
[791] Siehe oben Rdn. 453 ff.
[792] Siehe oben Rdn. 184.
[793] Nach dem Tode des Urhebers hergestellte Abgüsse sind keine Originale, siehe KG ZUM 1987, 293 – Barlach.
[794] Siehe etwa §§ 45a Abs. 2, 46 Abs. 4, 49 Abs. 1 Satz 2, 52 Abs. 1 Satz 2, Abs. 2 Satz 2 und § 52a Abs. 4 Satz 1 UrhG.
[795] *Stieper* Rechtfertigung, Rechtsnatur und Disponibilität der Schranken des Urheberrechts, Tübingen 2009, 139 ff.
[796] Siehe oben/unten Rdn. 545.
[797] BGH GRUR 1990, 1003 – DIN-Normen; OLG Köln ZUM-RD 1998, 110 – Urheberrechtsschutz für technische Regelwerke von Arbeitskreisen einer Forschungsgesellschaft; *v. Ungern-Sternberg* GRUR 1997, 766.
[798] Siehe oben Rdn. 38.
[799] *Stieper* GRUR 2003, 398.

zung ohne Einwilligung stellt eine rechtswidrige Urheberrechtsverletzung dar, weil ansonsten die Zwangslizenz zur gesetzlichen Lizenz mutierte, was angesichts der ausdrücklichen Unterscheidung des Gesetzgebers zwischen Zwangs- und gesetzlicher Lizenz unzulässig wäre.[800]

703 Das UrhG enthält gesetzliche Lizenzen und somit gesetzliche Vergütungsansprüche in den Fällen der
- § 45a (Behinderte Menschen);
- § 46 (Sammlungen für Kirchen-, Schul- und Unterrichtsgebrauch);
- § 47 Abs. 2 (Aufnahmen von Schulfunksendungen, die am Ende des Schuljahres nicht gelöscht werden);
- § 49 Abs. 1 (Nachdruck und öffentliche Wiedergabe von Rundfunkkommentaren und Artikeln);
- § 52 (privilegierte öffentliche Wiedergaben);
- § 52a (öffentliche Zugänglichmachung für Unterricht und Forschung);
- § 52b (Wiedergabe von Werken an elektronischen Leseplätzen in öffentlichen Bibliotheken, Museen und Archiven);
- §§ 53 i.V.m. 54 ff. UrhG (Vervielfältigungen zum privaten und sonstigen Gebrauch);
- § 53a Kopienversand auf Bestellung.

704 Wesentlich ist, dass die Vergütungsansprüche stets dem Urheber zustehen und nicht dem Inhaber abgeleiteter Nutzungsrechte, weshalb die Einräumung von einfachen oder ausschließlichen Nutzungsrechten nicht auch gleichzeitig die Übertragung der gesetzlichen Vergütungsansprüche umfasst. Auf gesetzliche Vergütungsansprüche kann der Urheber im Voraus nicht verzichten und sie im Voraus nur an eine Verwertungsgesellschaft oder einen Verleger abtreten, der aber Mitglied einer Verwertungsgesellschaft sein muss, die gleichzeitig Verleger- und Urheberinteressen wahrnimmt, wodurch eine komplette Abtretung aller Vergütungsansprüche aus den Schranken möglich ist (siehe § 63a UrhG).[801] Nach ihrem Entstehen können die Vergütungsansprüche jedoch wie jede Forderung abgetreten und auch auf sie verzichtet werden.[802]

II. Auslegungsregeln/Drei-Stufen-Test

705 In der Schrankenziehung ist der Gesetzgeber nicht frei. Der Gesetzgeber steht nach den Vorgaben des BVerfG bei der Erfüllung des ihm in Art. 14 Abs. 1 Satz 2 GG erteilten Auftrags, Inhalt und Schranken der Immaterialgüter zu bestimmen, vor der Aufgabe, nicht nur die Individualbelange des Urhebers zu sichern, sondern auch den individuellen Berechtigungen und Befugnissen die im Interesse des Gemeinwohls erforderlichen Grenzen zu ziehen.[803] Dabei ist grundlegend zu beachten, dass mit der Veröffentlichung ein Werk nicht mehr allein seinem Urheber zur Verfügung steht. Vielmehr tritt es bestimmungsgemäß in den gesellschaftlichen Raum und kann damit zu einem eigenständigen, das kulturelle und geistige Bild der Zeit mitbestimmenden Faktor werden. Es löst sich mit der Zeit von der privatrechtlichen Verfügbarkeit, wird geistiges und kulturelles Allgemeingut, das ihrerseits Grundlage für weiteres Werkschaffen ist.[804]

706 Wo Interessen der Rechteinhaber und der Allgemeinheit in Konflikt geraten, sind die Interessen in ein Gleichgewicht zu bringen und insbesondere Bildung, Forschung und Zugang zu Informationen sicherzustellen. Diesem Interessenausgleich zuwider läuft

---

800 BGHZ 148, 221 – Spiegel CD-ROM.
801 *Hoeren* MMR 2007, 615.
802 Wandtke/*Bullinger* § 63a Rn. 6.
803 BVerfGE 49, 382, 394 – Kirchenmusik.
804 BVerfG NJW 2001, 598 – Germania 3.

daher auch eine Verlängerung von Schutzfristen, wie sie aktuell für Tonaufnahmen von 50 Jahren um 45 Jahre auf 95 Jahre im Gespräch ist.[805] Verlängerte Schutzfristen konterkarieren das Innovationsprinzip, da sie keinen Anreiz dafür geben, Neues unter Verwendung des Bestehenden und Bekannten zu schaffen und das Neue der Allgemeinheit zugänglich zu machen.[806] Lange Schutzfristen prämieren das Ausruhen auf dem Bestehenden und erhöhen den Anteil an verwaisten Werken, das heißt Werken, die zwar noch urheberrechtlich geschützt sind, deren Rechteinhaber aber nicht ermittelt oder ausfindig gemacht werden können. Ungeklärte Urheberrechte bei verwaisten Werken behindern nicht nur die Verbreitung dieser wertvollen Inhalte, sondern verhindern auch, dass auf diesen Werken ein neuer schöpferischer Prozess aufsetzt.[807]

Dem Urheber muss auch nicht jede denkbare Verwertungsmöglichkeit vom Gesetzgeber zugewiesen werden, sondern nur sein verfassungsrechtlich garantierten Anspruch auf angemessene Verwertung seiner schöpferischen Leistung mit den schutzwürdigen Interessen der Allgemeinheit in ein ausgewogenes Verhältnis gebracht werden.[808] Die Beschränkungen müssen zur Förderung eines schutzwürdigen Interesses der Allgemeinheit geeignet, erforderlich und angemessen sein, weshalb eine übermäßige Einschränkung nicht zu rechtfertigen wäre.[809] Es muss im Einzelfall eine umfassende Güter- und Interessenabwägung vorgenommen und die Belange der Urheber und Verwerter der Werke, aber auch der Nutzer und der Allgemeinheit in einen angemessenen Ausgleich gebracht werden.[810] Aus diesen Vorgaben schlossen Rechtsprechung[811] und Literatur[812] eine grundsätzlich enge Auslegung der Schranken. In neuerer Zeit wird aber unter Berufung auf die Informationsfreiheit der Nutzer eine grundsätzlich weite Auslegung der Schrankenbestimmungen gefordert.[813]

Das Gebot der engen Auslegung urheberrechtlicher Schrankenbestimmungen wird aus der systematischen Stellung der Schranken als Ausnahmen von den umfassenden Verwertungsrechten des Urhebers begründet. Als Ausnahmebestimmungen müssten die Schranken ihrem Wesen nach eng ausgelegt werden, weshalb sie auch einer analogen Anwendung grundsätzlich nicht zugänglich seien.[814] Es ist jedoch bereits fraglich, ob die Schrankenbestimmungen Ausnahmen von dem Grundsatz einer möglichst weitgehenden Beteiligung des Urhebers an der Verwertung seines Werkes sind oder das Ausschließlichkeitsrecht des Urhebers eine Ausnahme von der grundsätzlichen Freiheit der Nutzung fremder Ideen ist. Ob also »Inseln der Freiheit in einem Meer der Exklusivität« vorhanden sind oder umgekehrt,[815] wofür schon § 1 UrhG spricht, da es dort heißt »*Die Urheber von Werken der Literatur, Wissenschaft und Kunst genießen für ihre Werke Schutz nach Maßgabe dieses Gesetzes*«, aber auch § 2 Abs. 2 UrhG, nach dem die Form

---

805 KOM/2008/0464 endg.
806 Siehe auch die Bedenken gegen eine Schutzfristenverlängerung im »Joined Academic Statement on the Proposed Copyright Term Extension for Sound Recordings« unter www.cippm.org.uk/downloads/Term Statement 27_10_08.pdf.
807 *Schulze* ZUM 2009, 93.
808 BVerfGE 81, 208, 220 – Bob Dylan.
809 BVerfGE 79, 29, 40 – Vollzugsanstalten.
810 BVerfGE 31, 229 – Kirchen- und Schulgebrauch.
811 BGHZ 50, 147 – Kandinsky I; 87, 126 – Zoll- und Finanzschulen; 123, 149 – Verteilanlagen; 144, 232 – Parfumflakon.
812 Wandtke/Bullinger/*Lüft* Vor § 44a ff. Rn. 1; Schricker/*Melchiar* Vor §§ 44a ff. Rn. 15; Fromm/*Nordemann* Vor § 44a ff. Rn. 7.
813 *Hoeren* MMR 2000, 4; *Kreutzer* Das Modell des deutschen Urheberrechts und Regelungsalternativen, Baden-Baden 2008; OLG Düsseldorf NJW-RR 2002, 1049 – Umfang der Softwarelizenz.
814 Wandtke/Bullinger/*Lüft* Vor § 44a ff. Rn. 1; Schricker/*Melchiar* Vor §§ 44a ff. Rn. 15; Fromm/*Nordemann* Vor § 44a ff. Rn. 7.
815 Siehe zu dieser Metapher *Kröger* MMR 2002, 20; *Geiger* GRUR Int 2004, 818.

geschützt ist, nicht der Inhalt, aber die Form nur dann, wenn sie Individualität besitzt.[816] Es kann also argumentiert werden, dass die Schranken als Inhaltsbestimmungen auf gleicher Stufe stehen mit den in den §§ 16 ff. UrhG enthaltenen Verwertungsrechten, weil das Urheberrecht nicht einseitig den Schutz des Urhebers bezweckt, sondern mit den Schranken auch gerade anderen als den Urheberinteressen Rechnung trägt und die Schranken den Schutzumfang der Verwertungsrechte des Urhebers im Interesse der Allgemeinheit begrenzen.[817] Dann kann aber nicht ohne Beachtung der den jeweiligen Schranken und Verwertungsrechten zugrundeliegenden gesetzgeberischen Wertentscheidungen entschieden werden, ob in jedem Einzelfall die Schranken eng und die Verwertungsrechte weit auszulegen sind. Zumal das BVerfG betont, dass der verfassungsrechtlich garantierten Freiheit und das Gebot einer sozialgerechten Eigentumsordnung gleichermaßen Rechnung zu tragen ist und die schutzwürdigen Interessen aller Beteiligten in ein ausgewogenes Verhältnis zu bringen sind.[818] Werden aber Regelungsgrund und Zweck der jeweiligen Bestimmungen herangezogen, dann können besondere Umstände im Einzelfall durch eine extensive Auslegung oder bei Vorliegen einer planwidrigen Regelungslücke auch eine analoge Anwendung der jeweiligen Bestimmung zulässig sein. Auch bei der analogen Anwendung handelt es sich um eine Gesetzesanwendung,[819] weshalb erst bei einem mangels Vergleichbarkeit zu regelnden Sachverhalt die Grenze richterlicher Rechtsfortbildung erreicht ist.[820]

709 Dem entspricht auch die neuere Rechtsprechung des BGH, der zwar im Ausgangspunkt weiterhin an einer engen Auslegung von Schrankenbestimmungen festhält, aber betont, dass mit den Schrankenbestimmungen das Ausschließlichkeitsrecht des Urhebers begrenzt werde, das ihm zwar »*möglichst uneingeschränkt*« zukomme, aber eben nur »möglichst« bzw. wie der BGH es später ausdrückt, nur »*nicht übermäßig beschränkt werden*« dürfe.[821] Zudem müsse bei der Auslegung beachtet werden, welche Zweck der Gesetzgeber mit der fraglichen Schrankenbestimmung verfolgt habe, was im Einzelfall auch eine großzügigere, dem Informations- und Nutzungsinteresse der Allgemeinheit Rechnung tragenden Interpretation der Schranke erforderlich machen könne.[822] Der BGH öffnet damit ein Einfallstor für eine einzelfallorientierte Interessenabwägung.[823] Vom BGH wurden bereits durch extensive Auslegung elektronische Pressespiegel in § 49 UrhG einbezogen. An die Stelle von privilegierten analogen Pressespiegeln waren elektronische Pressespiegel getreten, weshalb geprüft werden musste, ob der zugunsten der Urheber geltende Beteiligungsgrundsatz und der mit der Schranke verfolgte Zweck auch auf elektronische Pressespiegel ausgedehnt werden kann, zumal die Anwendung der Schranke den Urheber günstiger durch den Vergütungsanspruch stellt als bei der Geltung des Ausschließlichkeitsrechts.[824]

710 Es besteht für den BGH sogar kein generelles Analogieverbot, selbst bei der Vorschrift des § 5 Abs. 1 UrhG nicht, die sicherlich Ausnahmecharakter besitzt, weil sie amtliche Werke generell vom Urheberrechtsschutz ausnimmt. Auch wenn sich nach Ansicht des

---

816 Siehe oben Rdn. 8 ff.
817 *Stieper* S. 11 ff.
818 BVerfGE 100, 226, 240 – Denkmalschutz.
819 *Larenz* Methodenlehre, S. 336.
820 BGH GRUR 2007, 500, 501 f. – Sächsischer Ausschreibungsdienst.
821 BGHZ 150, 6, 8 – Verhüllter Reichstag; BGHZ 151, 300 – elektronischer Pressespiegel; BGH GRUR 2002, 1050 – Zeitungsbericht als Tagesereignis; GRUR 2005, 670 – WirtschaftsWoche.
822 BGHZ 151, 300 – Elektronischer Pressespiegel; BGH GRUR 2003, 1035 – Hundertwasser-Haus I; GRUR 2005, 670 – WirtschaftsWoche; siehe auch den Vorlagebeschluss des BGH GRUR 2007, 500 – Sächsischer Ausschreibungsdienst.
823 *Hoeren* Happy birthday to you – Urheberrechtliche Fragen rund um ein Geburtstagsständchen, in: Berger/Ebke/Elsing/Grossfeld/Kühne, FS für Otto Sandrock, Heidelberg 2000, 357.
824 BGHZ 151, 300 – Elektronischer Pressespiegel.

E. Schranken des Urheberrechts

BGH der dem Datenbankhersteller dienende suis-generis Schutz grundsätzlich vom Schutz des Datenbankwerkes unterscheidet, ist für den BGH »*kein vernünftiger Grund für eine unterschiedliche Behandlung der beiden Schutzgegenstände ersichtlich, wenn es um Datenbanken geht, deren Erstellung einem amtliche Zweck dient*«. Der BGH möchte deshalb in analoger Anwendung auch amtliche Datenbanken vom Urheberrechtsschutz gemäß § 5 UrhG ausnehmen, obwohl diese Bestimmung nur auf Datenbankwerke (§ 4 UrhG), aber nicht auf Datenbanken (§ 87a Abs. 1 UrhG) Bezug nimmt.[825] Auch beim Kopierversanddienst wurde in analoger Anwendung der §§ 27 Abs. 2 und 3, 49 Abs. 1 und 54a Abs. 2 UrhG i.V.m. § 54h Abs. 1 UrhG ein verwertungsgesellschaftspflichtiger Anspruch des Urhebers auf Zahlung einer angemessenen Vergütung bejaht, wobei jedoch zur Begründung auf Art. 9 Abs. 2 RBÜ, Art. 9, 13 TRIPS, Art. 14 GG und den urheberrechtlichen Grundsatz zurückgegriffen wurde, nach dem der Urheber tunlichst angemessen an dem wirtschaftlichen Nutzen seines Werkes zu beteiligen ist.[826] Geboten erachtet hat der BGH schließlich auch eine erweiternde Auslegung des Zitatrechts (§ 51 Nr. 2 UrhG) bei Filmzitaten.[827]

Diese Rechtsprechung entspricht dem Drei-Stufen-Test in Art. 5 Abs. 5 der Multimedia-Richtlinie, nach dem Beschränkungen   **711**
1. nur in bestimmten Sonderfällen angewandt werden dürfen, in denen
2. die normale Verwertung des Werkes oder des sonstigen Schutzgegenstandes nicht beeinträchtigt wird und
3. die berechtigten Interessen des Rechtsinhabers nicht ungebührlich verletzt werden.[828]

Die Auslegung einer Schrankenbestimmung darf nach dem Drei-Stufen-Test nicht dazu **712** führen, dass die zugelassene Nutzung die normale Auswertung des Werkes oder die berechtigten Interessen des Urhebers unzumutbar beeinträchtigt.[829] Diese Voraussetzungen gehen aber nicht über die von der Rechtsprechung angewandten allgemeinen Abwägungs- und Verhältnismäßigkeitsgrundsätze hinaus, weshalb praktisch keine Fälle denkbar sind, bei denen eine Auslegung der Schrankenbestimmungen zu einem verhältnismäßigen Eingriff in das Grundrecht aus Art. 14 GG führt, zugleich aber einen Verstoß gegen Art. 5 Abs. 5 der Multimedia-Richtlinie darstellt.[830] Auch bei der Anwendung des Drei-Stufen-Tests des Art. 5 Abs. 5 der Multimedia-Richtlinie dürfen aber nicht nur die Interessen der Urheber, sondern müssen – ebenso wie beim Drei-Stufen-Test im Bereich der gewerblichen Schutzrechte (Art. 17, Art. 26 Abs. 2 und Art. 30 TRIPS) – auch Drittinteressen berücksichtigt werden. Schließlich sind die drei Stufen gemeinsam und als Ganzes zu prüfen sowie nach ihrem Sinn und Zweck auszulegen, damit sie nicht den Effekt haben, unangemessene Einschränkungen des Wettbewerbs herbeizuführen, insbesondere nicht auf Sekundärmärkten, wenn eine angemessene Vergütung gewährleistet ist.[831]

---

825 Vorlagebeschluss BGH GRUR 2007, 500, 501 f. – Sächsischer Ausschreibungsdienst.
826 BGHZ 141, 13 – Kopienversanddienst.
827 BGHZ 99, 162 – Filmzitat.
828 Siehe auch Art. 13 TRIPS-Abkommen, Art. 10 Abs. 1 WIPO Copyright Treaty [WCT] und Art. 16 Abs. 2 WIPO Phonograms and Performances Treaty [WPPT].
829 BGHZ 134, 250, 263 – CB-Infobank I.
830 Im RefE zum 2. Korb (RefE v. 22.3.2006, 42) wurde die Frage, ob der Drei-Stufen-Test ausdrücklich in das Gesetz zu übernehmen sei, verneint, da der Drei-Stufen-Test nach Ansicht der Regierung bei der Formulierung der Schrankenregelungen des UrhG berücksichtigt worden sei und die Rechtsprechung den Test als entscheidenden Maßstab bei den einschlägigen Vorschriften des UrhG anwende.
831 Declaration on a balanced interpretation of the »Three-Step Test« in Copyright Law« – http://www.ip.mpg.de/ww/de/pub/aktuelles/declaration_on_the_three_step_/declaration.cfm; zur Koexistenz des Drei-Stufen-Test und Kartellrecht siehe EuGH GRUR Int 1995, 490 – Magill; GRUR 2004, 542 – MS/Health.

III. Digital Rights Management (DRM) als Ersatz des Urheberrechts

713 Der Einsatz der Digitaltechnologie schafft die Möglichkeit, jedermann auf vertraglicher Basis individuelle Nutzungsrechte einzuräumen und deren Einhaltung technisch zu kontrollieren. Die Einführung von DRM-Systemen macht aber weder urheberrechtliche Ausschließlichkeitsrechte noch Schrankenbestimmungen entbehrlich, da eine Vielzahl von Werken nicht digital verbreitet werden (können) und es nicht gerechtfertigt ist, den Rechteinhabern die Verfügungsmacht über die Werke auch im Hinblick auf solche Nutzungen zuzugestehen, die von einer Schranke des Urheberrechts erfasst werden. Besteht der Grund für die zulässige Nutzung fremder Werke darin, dass die Nutzung einen größeren Nutzen für die Allgemeinheit hervorbringt als der einzelne Nutzer daraus ziehen kann, muss auch im Anwendungsbereich von DRM-Systemen eine Beschränkung der Ausschließlichkeitsrechte erfolgen, wie dies etwa bereits durch § 95b Abs. 1 Ziffer 2 UrhG für Behinderte geschehen ist, aber auch bei der Schranke des § 53 Abs. 1 UrhG, die dazu dient, einer breiten Nutzerschicht die Teilnahme am Kulturleben zu ermöglichen. Vergessen werden dürfen auch nicht die Interessen der Urheber in der Schöpfungsphase, in der sie sich mit vorbestehenden Werken auseinandersetzen, also auf das Können und die Erfahrung ihrer Vorgänger zugreifen müssen.[832] Die Schranken kommen Urhebern daher selber am meisten zu Nutze.[833]

714 Bis zur Einführung der ergänzenden Bestimmungen zum Schutz technischer Maßnahmen in §§ 95a ff. UrhG konnte die Frage, ob die Beschränkungen des Urheberrechts den Nutzern eigene Rechte gewähren oder ob sie nur die Berücksichtigung berechtigter Interessen der Allgemeinheit darstellen, eindeutig beantwortet werden, dass in der Regel nur berechtigte Interessen der Allgemeinheit die ausschließlichen Nutzungsrechte beschränken. § 95b UrhG gewährt den Begünstigten nun jedoch erstmals einen Anspruch gegen den Rechteinhaber, wenn er nicht die notwendigen Mittel zur Verfügung stellt, um die privilegierten Nutzungen vorzunehmen können.[834] Es kann somit erstmals auch von einem »subjektiven Recht auf Nutzung« oder der Einführung der anglo-amerikanischen fair-use-Doktrin in das Urheberrecht gesprochen werden, also eines durchsetzbaren Anspruches auf privilegierte Nutzung von urheberrechtlich geschützten Werken. Aber auch die Berücksichtigung von spezifischen wirtschaftlichen Interessen bei den Regelungen über die Vervielfältigung und öffentliche Wiedergabe (§ 56 UrhG),[835] die freie Vervielfältigung, Verbreitung und öffentliche Wiedergabe von Werken, die unwesentliches Beiwerk sind (§ 59 UrhG)[836] und die freie Vervielfältigung von Bildnissen (§ 60 UrhG)[837] sprechen dafür, dass ausschließliche Verwertungsrechte nicht nur durch das Allgemeininteresse beschränkt werden (können).

IV. Unterschiedliche Intensität der Schranken

715 Mit den Regelungen der §§ 5, 44 a bis 63 UrhG sowie den speziellen Schrankenregelungen in den §§ 69d, 69e und 87c UrhG hat der Gesetzgeber unterschiedliche Grenzen gezogen und den ausschließlichen Verwertungsrechten des Urhebers unterschiedliche Schranken gesetzt.

---

832 BGHZ 126, 313 – Museumskatalog; BGH GRUR 1986, 59 – Geistchristentum; BGHZ 50, 147 – Kandinsky I.
833 *Geiger* GRUR Int 2008, 464.
834 Siehe Kap. 21 Rdn. 232 ff.
835 Siehe unten Rdn. 872.
836 Siehe Kap. 7 Rdn. 98 ff.
837 Siehe oben Rdn. 177.

V. Ausschluss

Der gravierendste Eingriff in ausschließliche Verwertungsrechte erfolgt bei amtlichen 716
Werke (§ 5 UrhG),[838] die vollkommen vom Urheberrechtsschutz ausgenommen sind.
Nur sonstigen amtlichen Werken i.S.v. § 5 Abs. 2 UrhG verbleibt ein urheberpersönlichkeitsrechtlicher Rest in Form des Änderungsverbotes (§ 62 UrhG) und dem Gebot der Quellenangabe (§ 63 UrhG), wenn sie aus einem Amt herrühren und im amtlichen Interesse zur allgemeinen Kenntnisnahme veröffentlicht wurden, wie z.B. die amtlichen Telefonbücher vor der Privatisierung der Deutschen Bundespost.[839] Ausgenommen vom Urheberrechtsschutz sind bei gerichtlichen Entscheidungen der gesamte Entscheidungstext einschließlich Begründung und amtlichem Leitsatz. Beschränkt sich ein Gericht bei der Begründung einer einstweiligen Verfügung auf einen Verweis auf den Schriftsatz des Antragstellers, so wird dieser Schriftsatz Teil der Entscheidungsbegründung und damit gemeinfrei.[840]

VI. Ersatzlose Aufhebung von ausschließlichen Verwertungsrechten

Die ersatzlose Aufhebung ist der schwerste Eingriff in ausschließliche Verwertungs- 717
rechte. Als »freie Werknutzung« sind vergütungs- und zustimmungsfrei
- die flüchtige oder begleitende Vervielfältigungen ohne eigenständige wirtschaftliche Bedeutung in Netzwerken (§ 44a UrhG);
- die Herstellung einzelner Vervielfältigungstücke von Werken zur Verwendung in gerichtlichen Verfahren (§ 45 UrhG);
- die Herstellung einzelner Vervielfältigungsstücke von Werken, die innerhalb einer Schulfunksendung gesendet werden, durch Übertragung der Werke auf Bild- oder Tonträger (§ 47 UrhG);
- die Vervielfältigung und Verbreitung von Reden über Tagesfragen zur Erleichterung der Berichterstattung in Druckschriften (§ 48 UrhG);
- die Herstellung von Pressespiegel (§ 49 UrhG) und
- die Berichterstattung über Tagesereignisse (§ 50 UrhG);
- sowie das Zitieren (§ 51 UrhG)

erlaubt.

Teilweise gestattet sind 718
- die Herstellung einzelner Vervielfältigungsstücke von Werken für behinderte Menschen ohne Erwerbszweck (§ 45a UrhG);
- die öffentliche Wiedergabe eines veröffentlichten Werkes in privilegierten Veranstaltungen (§ 52 UrhG);
- die öffentliche Zugänglichmachung für Unterricht und Forschung in privilegierten Einrichtungen (§ 52a UrhG);
- die Wiedergabe von Werken an elektronischen Leseplätzen in öffentlichen Bibliotheken, Museen und Archiven (§ 52b UrhG);
- Vervielfältigungen zum privaten und sonstigen eigenen Gebrauch (§ 53 UrhG);
- der Kopienversand auf Bestellung (§ 53a UrhG);
- Vervielfältigung durch Sendeunternehmen (§ 55 UrhG);
- Vervielfältigung und öffentliche Wiedergabe in privilegierten Geschäftsbetrieben (§ 56 UrhG);

---

838 *Zentner* ZGE 2009, 94.
839 BGHZ 141, 329, 336 – Tele-Info-CD.
840 LG Köln, Urt. v. 7.7.2010, 28 O 721/09 – Anwaltsschriftsatz als Bestandteil einer einstweiligen Verfügung.

- die Verwendung eines Werkes als unwesentliches Beiwerk (§ 57 UrhG);
- die Verwendung von Werken in Ausstellungen, öffentlichem Verkauf und öffentlich zugänglichen Einrichtungen (§ 58 UrhG);
- die Ausnutzung der Panoramafreiheit (§ 59 UrhG);
- Vervielfältigung und Verbreitung von eigenen Bildnissen (§ 60 UrhG).

VII. Verwertungsgesellschaftspflichtigkeit

719 Die Verwertungsgesellschaftspflichtigkeit ist die schwächste Form des Eingriffs in ausschließliche Verwertungsrechte und hat das Ziel, das Ausschließlichkeitsrecht zwar aufrecht zu erhalten, jedoch Außenseitern der Geltendmachung des Verbotsrechts auszuschließen und auf einen Anspruch auf angemessene Vergütung zu verweisen. Die Verwertungsgesellschaftspflichtigkeit des Ausschließlichkeitsrechts ist nur in § 20b UrhG für die zeitgleiche, unveränderte Kabelweiterleitung enthalten.[841] Der Urheber kann zwar weiterhin die Entscheidung darüber treffen, ob er Kabelweitersenderechte vergeben möchte. § 20b UrhG bindet jedoch sowohl die Ausübung des Verbotsrechts als auch die Durchsetzung der Vergütungsansprüche an die Wahrnehmung durch Verwertungsgesellschaften oder alternativ durch Sendeunternehmen in Bezug auf deren Sendungen unter Einschluss der ihnen von Urhebern und Leistungsschutzberechtigten übertragen Rechte.[842] Damit bleibt dem Urheber im Ergebnis keine Möglichkeit mehr, das Verbotsrecht selbst auszuüben. Zulässig sind allerdings Vereinbarungen der Kabelweitersendevergütung in Betriebsvereinbarungen, Tarifverträgen und auch in Gemeinsamen Vergütungsregeln nach § 36 UrhG mit Sendeunternehmen oder Tonträger- bzw. Filmherstellern, deren Angemessenheit unwiderleglich vermutet wird.[843]

VIII. Einzelne Schrankenbestimmungen

1. Vorübergehende Vervielfältigungen (§ 44a UrhG)

720 Bei der Übertragung von Informationen in Netzwerken – wie dem Internet – und auch bei der rechtmäßigen Nutzung von Werken sind aus technischen Gründen Festlegungen erforderlich, die nach der weiten Fassung des Vervielfältigungsbegriffs in § 16 UrhG rechtlich als Vervielfältigungen zu qualifizieren sind und damit dem Einwilligungsvorbehalt des Urhebers unterliegen. Diesen Festlegungen kommt jedoch keine eigenständige wirtschaftliche Bedeutung aus der Sicht der Urheber zu, da es sich um flüchtige oder begleitende Nutzungen handelt. In Umsetzung der Multimedia-Richtlinie wurden diese flüchtigen oder begleitenden Nutzungen vom Einwilligungsvorbehalt ausgenommen, sofern die vorübergehenden Vervielfältigungen Teil eines integralen und wesentlichen Teils eines technischen Verfahrens sind und ihr Zweck allein darin besteht, ein Werk in einem Netz zwischen Dritten und Vermittlern zu übertragen (§ 44a Nr. 1 UrhG) oder eine rechtmäßige Nutzung zu ermöglichen (§ 44a Nr. 2).

721 Vorübergehende Vervielfältigungshandlungen sind Speichervorgänge, die nicht von längerer Dauer, i.e. flüchtig oder begleitend sind, wie etwa bei der Speicherung eines Werkes im Arbeitsspeicher eines Rechners, in dem das Werk im weiteren Verlauf der Arbeitssitzung überschrieben bzw. beim Abschalten des Rechners gelöscht wird.[844] Auch das Caching, bei dem »*eine zeitlich begrenzte Zwischenspeicherung der bereits aufgerufenen Netzinhalte auf dem Server des Anbieters (erfolgt), um so einen schnelleren Zugriff der*

---

841 Siehe unten Rdn. 1010.
842 OLG Dresden GRUR 2003, 601 – Kontrahierungszwang.
843 Wandtke/Bullinger/*Ehrhardt* § 20b Rn. 27.
844 KG GRUR-RR 2004, 228 – Ausschnittdienst.

E. Schranken des Urheberrechts

Nutzer auf diese Netzinhalte bei erneutem Abruf zu gewährleisten und zugleich das Netz zu entlasten« sowie *»die ständigen Speichervorgänge auf den Datenspeichern (Servern) der Zugangsvermittler ... über die ein Nutzer Werke und Schutzgegenstände weltweit abrufen kann, und ohne die eine Übermittlung an den Nutzer nicht möglich ist«*, ist flüchtig oder begleitend, auch wenn die Speicherung nicht nur von sehr kurzer Dauer ist.[845]

Urheberrechtsfrei sind jedoch nur Vervielfältigungen, die im Zuge einer digitalen Werknutzung aus allein technischen Gründen stattfinden. Die Vervielfältigungen müssen wesentlicher Bestandteil des technischen Verfahrens sein und dürfen nicht auf einer anderen selbständigen technischen Grundlage oder auf einem zusätzlichen Programmfeature – wie etwa Suchmaschinenangebote – beruhen.[846] **722**

Die Vervielfältigungen müssen zudem auch noch einem der beiden unter den § 44a Nrn. 1 und 2 UrhG genannten Zwecken dienen: **723**

Der erste privilegierte Zweck ist die Übertragung in einem Netz zwischen Dritten durch einen Vermittler (Nr. 1), wobei jedoch nur der Vermittler freigestellt ist, wenn er keine Veränderung der übermittelten Daten vornimmt und technische Vorkehrungen zur Sammlung von Nutzungsdaten nicht beeinträchtigt, nicht jedoch der Absender und/oder Empfänger.[847] Erfasst werden nur alle vorübergehenden Vervielfältigungshandlungen, die im Zuge einer Online-Übertragung als deren integraler Bestandteil anfallen (Client- oder Proxy-Caching). Auch das Streaming fällt unter § 44a UrhG, bei dem Daten ab Übertragungsbeginn audiovisuell wiedergegeben und nur temporär zum Ausgleich von Empfangsengpässen zwischengespeichert werden.[848]

Zweiter von § 44a Nr. 2 UrhG privilegierter Zweck ist die rechtmäßige Nutzung eines Werkes oder sonstigen Schutzgegenstandes, was etwa stets der Fall ist bei der berechtigten Ausführung eines Computerprogramms. Wer jedoch ein fremdes urheberrechtlich geschütztes Werk nutzt, ohne hierzu vertraglich (konkludent oder ausdrücklich) oder im Rahmen einer Schrankenbestimmung berechtigt zu sein, kann sich auf diese Ausnahmebestimmung nicht berufen.[849] **724**

Schließlich dürfen die vorübergehenden Vervielfältigungshandlungen keine eigenständige wirtschaftliche Bedeutung haben, d.h. keine neue, eigenständige Nutzungsmöglichkeit eröffnen.[850] Das Laden von gebraucht erworbener Software in den Arbeitsspeicher eines Rechners erfüllt deshalb nicht das Merkmal »keine eigenständige wirtschaftliche Bedeutung«, da die Lizenzen gerade zur Nutzung der Software erworben werden.[851] Urheberrechtsfrei sind nur das Caching, Browsing, Streaming und die Festlegungen im Arbeitsspeicher, nicht jedoch der Download und das spätere Löschen, da es hierbei bereits an der flüchtigen oder begleitenden Festlegung fehlt und diese Vorgänge auch nicht integraler und wesentlicher Teil eines technischen Verfahrens sind.[852] **725**

---

845 Amtl. Begr., BT-Drs. 15/38, 20.
846 BGH MMR 2010, 475 – Vorschaubilder.
847 KG GRUR-RR 2004, 228 – Ausschüttdienst.
848 *Schack* GRUR 2007, 639.
849 BGH MMR 2010, 475 – Vorschaubilder.
850 BGH GRUR 2009, 845 – Internet-Videorecorder; KG GRUR-RR 2004, 228 – Ausschüttdienst.
851 LG München I MMR 2007, 328 – Handel mit gebrauchten Softwarelizenzen.
852 Die Speicherung kann aber durch § 53 UrhG gerechtfertigt sein, siehe LG München I MMR 2003, 197 – Framing.

2. Rechtspflege und öffentliche Sicherheit (§ 45 UrhG)

726 Rechtspflege und Verwaltung benötigen Vervielfältigungsstücke geschützter Werke im Rahmen der Durchführung der von ihnen betriebenen Verfahren, deren Vervielfältigung der Urheber nicht verbieten und auch nicht von der Zahlung einer Vergütung abhängig machen soll. Im Interesse der Rechtspflege und öffentlichen Sicherheit sind nicht nur das Vervielfältigungsrecht (§ 16 UrhG), sondern auch das Recht der Verbreitung (§ 17 UrhG), der öffentlichen Ausstellung (18 UrhG) und der öffentlichen Wiedergabe (§§ 19 ff. UrhG), also alle körperlichen und unkörperlichen Verwertungsarten beschränkt. Sogar das urheberpersönlichkeitsrechtliche Erstveröffentlichungsrecht (§ 12 UrhG) ist eingeschränkt.[853] Auch eine Quellenangabe ist bei der Nutzung für Zwecke der Rechtspflege und der öffentlichen Sicherheit nicht erforderlich, sondern nur in Verfahren vor einem Gericht, einem Schiedsgericht oder einer Behörde (§ 63 Abs. 1 UrhG). Beachtet werden muss bei jeglicher Nutzung aber das Änderungsverbot des § 62 UrhG.

727 Die Beschränkungen sind gerechtfertigt, da ein Werk von der Rechtspflege und Verwaltung nicht um seiner selbst willen, sondern als Beweis- und sonstiges Hilfsmittel für eine zu treffende Entscheidung genutzt wird.[854] Vergleichbare Schrankenbestimmungen enthalten § 87c Abs. 2 UrhG für Datenbanken und § 24 KUG für das Recht am eigenen Bild.

a) Herstellung einzelner Vervielfältigungsstücke zur Verwendung in bestimmten Verfahren (Abs. 1)

728 Die erlaubnis- und vergütungsfreie Herstellung von Vervielfältigungsstücken ist nur zur Verwendung in einem Verfahren zulässig, das vor einem Gericht, einem Schiedsgericht oder einer Behörde stattfindet. Gedeckt sind auch vor Beginn des Verfahrens liegende Vorbereitungshandlungen,[855] wozu aber nicht Abmahnungen gehören, da Abmahnungen vor der Einleitung eines gerichtliches Verfahrens ausgesprochen werden (§ 97a Abs. 1 Satz 1 UrhG) und es keine Verpflichtung zur Abmahnung gibt.[856] Unterbleibt jedoch ein förmliches, nach außen gerichtetes Verfahren sind Vervielfältigungshandlung gerichtlicher, schiedsgerichtlicher oder behördlicher Stellen unzulässig und es liegt eine rückwirkende Rechtswidrigkeit vor, wenn sich die Beteiligten nicht auf eine andere Schranke berufen können, etwa auf eine zulässige Vervielfältigung zum privaten und sonstigen eigenen Gebrauch (§ 53 UrhG).

729 Privilegiert ist jeder am Verfahren Beteiligte, also nicht nur das Gericht, das Schiedsgericht oder die Behörde, sondern auch die Parteien, Prozessbevollmächtigte und Sachverständige. Auch ist eine gesonderte Anordnung der das Verfahren durchführenden Stelle nicht erforderlich.[857] Es dürfen jedoch nur einzelne Vervielfältigungsstücke hergestellt werden und diese nicht an Dritte weitergegeben werden, etwa an die Presse.[858] Eine Verpflichtung zur Vernichtung der Vervielfältigungsstücke bei Beendigung des Verfahrens besteht nicht wegen der gebotenen Akten-Aufbewahrung.

730 Nicht privilegiert sind administrative Verfahren, die keine Schiedsabrede der Verfahrensbeteiligten voraussetzen, wie bei der am 24.10.1989 verabschiedeten Uniform Domainname Dispute Resolution Policy (UDRP) der Internet Corporation for Assigned Names

---

853 OLG Frankfurt ZUM-RD 1999, 379 – Verwendung unveröffentlichter Werke in gerichtlichen Verfahren; a.A. Dreier/Schulze/*Dreier* § 45 Rn. 6; Schricker/*Melchiar* § 45 Rn. 5.
854 Amtl. Begr., BT-Drs. IV/270, 101.
855 LG Düsseldorf GRUR-RR 2007, 194 – Nachweis einer Patentverletzung durch Vervielfältigung einer Seminarpräsentation.
856 Wandtke/Bullinger/*Lüft* § 45 Rn. 3.
857 Amtl. Begr., BT-Drs. IV/270, 101.
858 *Massen* ZUM 2003, 830; a.A. LG Hamburg ZUM-RD 1999, 208 – unveröffentlichter Anwaltsschriftsatz als Dokument zur Aufarbeitung der politischen und historischen DDR-Vergangenheit.

and Numbers (ICANN) oder etwa der Alternative Dispute Resolution (ADR) nach § 22 der Verordnung (EG) Nr. 874/2004 zur Einführung der (dot)eu Top-Level-Domain. Die Anwendbarkeit der UDRP und der ADR wird sichergestellt durch ihre vertragliche Einbeziehung über die Registrierungsbedingungen der Registrare, die das Verfahren auch bewusst nicht als Schiedsverfahren im Sinne von Art. 2 UNÜ[859] bzw. § 1031 ZPO konzipiert haben, weil eine solche AGB-Klausel weder mit dem Transparenzgebot der EG-Klauselrichtlinie[860] vereinbar wäre, noch einer Inhaltskontrolle standhalten würde, weil Klauseln nach Nr. 1 q des Anhangs zu Art. 3 Abs. 3 der Richtlinie unwirksam sind, die das Klagerecht eines Verbrauchers durch exklusiven Verweis auf ein alternatives Streitschlichtungssystem beschränken, das nicht den Anforderungen an ein Schiedsverfahren entspricht.[861]

731 Nach den Informationsfreiheitsgesetzen des Bundes und der Länder hat jeder gegenüber Behörden einen Anspruch auf Zugang zu amtlichen Informationen in grundsätzlicher Abkehr vom Amtsgeheimnis und der Begrenzung von Auskünften aus Ansprüchen auf Akteneinsicht durch am Verfahren Beteiligter. Die Informationen können durch eine Auskunft gegeben oder durch Akteneinsicht gewährt, aber auch »in sonstiger Weise« zur Verfügung gestellt werden, also etwa durch Vervielfältigung von Dokumenten.[862] Bei einem Antrag auf Informationszugang, der sich auf ein Werk richtet, das in den amtlichen Informationen einer Behörde enthalten ist, handelt es sich um ein Verfahren, das vor einer Behörde stattfindet, weshalb § 45 Abs. 1 UrhG grundsätzlich Anwendung findet, wenn innerhalb des Verfahrens Vervielfältigungsstücke hergestellt werden. Nach § 6 Satz 1 IFG und vergleichbaren Regelungen auf Länderebene besteht ein Anspruch auf Informationszugang aber nicht, soweit der Schutz geistigen Eigentums entgegensteht, weshalb sich ein Antragsteller nicht auf § 45 UrhG berufen kann, da die von ihm gewünschten Vervielfältigungsstücke nicht zur Verwendung in dem Verfahren hergestellt würden, sondern Ziel des Verfahrens sind.[863] § 6 Satz 1 IFG ist aber unbeachtlich, soweit lediglich Einsichtnahme in bestimmte in einer Behördenakte befindliche Dokumente begehrt wird oder der Antragsteller lediglich handschriftliche Notizen zu dem Inhalt des Dokuments fertigen will (§ 7 Abs. 4 IFG), da dann Unterlagen aus den Akten nicht vervielfältigt werden.[864]

732 Landesmediengesetze verpflichten Rundfunkveranstalter ihre Sendungen zu Zwecken der Rundfunkaufsicht ständig aufzuzeichnen und die Aufzeichnungen unter bestimmten Voraussetzungen der Landesmedienanstalt vorzulegen. Bei der Aufzeichnung ist noch kein Verfahren eröffnet, weshalb die Aufzeichnungen nicht von § 45 UrhG gedeckt sind. § 55 UrhG erlaubt zwar den Sendeunternehmen sog. ephemeren Aufnahmen, jedoch sind sie binnen eines Monats nach der Sendung zu löschen, wenn sie nicht wegen ihres außergewöhnlichen dokumentarischen Charakter in ein amtliches Archiv aufgenommen werden. Die Landesmediengesetze statuieren aber eine Aufbewahrungspflicht von sechs Wochen[865] bis zu 3 Monaten,[866] weshalb die über eine Monat hinausreichende Pflicht zur

---

859 UN-Übereinkommen über die Anerkennung und Vollstreckung ausländischer Schiedssprüche vom 10.6.1958, BGBl. 1961 II, S. 122. *Jayme/Hausmann* Internationales Privat- und Verfahrensrecht, 14. Aufl., München 2008, Nr. 240.
860 Richtlinie 93/13/EWG des Rates vom 5.4.1993 über mißbräuchliche Klauseln in Verbraucherverträgen, ABl. EG Nr. L 95 vom 21.4.1993, S. 29.
861 *Calliess* Grenzüberschreitende Verbraucherverträge, Tübingen 2006, 267.
862 *Rossi* DVBl. 2010, 554.
863 VG Braunschweig ZUM 2008, 254 – Urheberrechtsschutz und Anspruch nach dem Informationsfreiheitsgesetz.
864 VG Frankfurt NVwZ 2008, 1384 – Informationsanspruch gegenüber der BaFin.
865 Etwa § 8 Abs. 1 BadWürttLMedienG; § 9 BayMG; § 20 Abs. 2 NMedienG.
866 § 43 Abs. 1 LMG NRW.

Aufbewahrung nicht von § 55 UrhG gedeckt ist,[867] auch wenn die generelle Pflicht der Rundfunkveranstalter zur Aufzeichnung und Aufbewahrung zu Zwecken der Rundfunkaufsicht verfassungskonform ist.[868]

b) Vervielfältigung von Bildnissen für Zwecke der Rechtspflege und der öffentlichen Sicherheit (Abs. 2)

733 Durch § 45 Abs. 2 UrhG werden Gerichte und Behörden privilegiert – nicht jedoch Schiedsgerichte – eine Vielzahl von Vervielfältigung von Abbildungen von identifizierbaren Personen für Zwecke der Rechtspflege und der öffentlichen Sicherheit herzustellen (z.B. für Steckbriefe). Rechtspflege ist die Tätigkeit der Gerichte und einzelner Behörden wie etwa der Staatsanwaltschaften. Unter öffentlicher Sicherheit ist die Unversehrtheit der Rechtsordnung und der grundlegenden Einrichtungen des Staates sowie von Gesundheit, Ehre, Freiheit und Vermögen seiner Bürger zu verstehen. Jede behördliche Aufgabe rechtfertigt folglich nicht die Bildnisvervielfältigung. § 24 KUG enthält eine parallellaufende Regelung, damit sich auch die Abgebildeten nicht gegen eine Vervielfältigung ihrer Abbildung zum Zwecke der Rechtspflege und der öffentlichen Sicherheit wehren können.[869]

c) Verbreitung, öffentliche Ausstellung und öffentliche Wiedergabe (Abs. 3)

734 Nach § 45 Abs. 3 UrhG sind unter den gleichen Voraussetzungen wie die Vervielfältigung der Werke auch die Verbreitung, öffentliche Ausstellung und öffentliche Wiedergabe dieser Werke zulässig, wie etwa die Ausstrahlung von Fahndungsfotos durch Fernsehsender und deren öffentliche Zugänglichmachung (§ 19a UrhG).

3. Behinderte Menschen (§ 45a UrhG)

735 Mit dem in Umsetzung der Multimedia-Richtlinie neu eingeführten § 45a UrhG wurde erstmals eine Schranke zugunsten physisch oder kognitiv beeinträchtigter Menschen geschaffen.[870] Nach Erwägungsgrund 43 der Multimedia-Richtlinie sollen die Mitgliedstaaten alle erforderlichen Maßnahmen ergreifen, um für Personen mit Behinderungen, die ihnen die Nutzung der Werke selbst erschweren, den Zugang zu diesen Werken zu erleichtern. § 45a UrhG erlaubt deshalb die Vervielfältigung eines Werkes (§ 16 UrhG) und dessen körperliche Verbreitung (§ 17 UrhG) an Menschen, die aufgrund einer körperlichen oder geistigen Beeinträchtigung nicht in der Lage sind, ein Werk in einem bereits verfügbaren Format sinnlich wahrzunehmen. § 45a UrhG erfasst alle urheberrechtsschutzfähigen Werke i.S.d. § 2 UrhG einschließlich der selbständig geschützten Bearbeitungen (§ 3 UrhG). Über die Verweisungsvorschriften der §§ 72 Abs. 1, 83, 85 Abs. 4, 87 Abs. 4, 94 Abs. 4 und 95 UrhG werden Lichtbilder, Leistungsschutzrechte der ausübenden Künstler, Sendeunternehmen und Filmhersteller sowie Laufbilder einbezogen.

736 Der deutsche Gesetzgeber hat trotz der grundsätzlichen Möglichkeit nach Art. 5 Abs. 3b der Multimedia-Richtlinie die öffentliche Wiedergabe (§ 15 Abs. 2 UrhG) nicht privilegiert, weshalb ein public-viewing von gesondert aufbereiteten Werken für behinderte

---

867 A.A. Dreier/Schulze/*Dreier* § 55 Rn. 2.
868 BVerfGE 95, 220 – Herausgabe von Aufzeichnungen durch private Rundfunkveranstalter an Landesmedienanstalt.
869 OLG Frankfurt NJW 1971, 47 – Aktenzeichen XY – ungelöst.
870 Durch § 45a UrhG wird der Entschließung des Rates »eAccessability« – Verbesserung des Zugangs von Menschen mit Behinderungen zur Wissensgesellschaft vom 6.2.2003« Rechnung getragen (Abl. Nr. C 39, 5). Nach Nr. II. 2 d) der Entschließung soll sichergestellt werden, dass das Urheberrecht im Einklang mit der Multimediarichtlinie Ausnahmen vorsieht, um »die Verbreitung geschützter Unterlagen in zugänglichen Formaten zur Nutzung durch Menschen mit Behinderungen (zu) erlauben«.

Menschen nicht einwilligungsfrei gestellt ist. Eine öffentliche Zugänglichmachung von Werken für Behinderte ist deshalb auch nur unter den Voraussetzungen des § 52a Abs. 1 UrhG möglich, weshalb Werke Behinderten nicht vollständig zugänglich gemacht werden dürfen, sondern nur Teile eines Werkes, Werke geringen Umfangs und einzelnen Beiträgen aus Zeitungen und Zeitschriften.[871]

Die Vervielfältigung und Verbreitung sind nur zulässig, wenn sie zur Ermöglichung des Zugangs der behinderten Menschen zum Werk erforderlich sind. Dies ist nicht mehr der Fall, wenn das Werk in einer für den Begünstigten wahrnehmbaren Art zu einem der nicht wahrnehmbaren Art entsprechenden Preis bereits verfügbar ist und sich die verfügbare Form für die konkret vorgesehene Nutzung eignet.[872] Sollte ein Sehbehinderter im Rahmen seines Literaturstudiums Zugang zu einem Buch benötigen, das zwar zu einem vergleichbaren Preis als Hörbuch verfügbar ist, mit dem aber nicht den Erfordernissen einer wissenschaftlichen Zitierweise genügt werden kann, so steht das Werk nicht zu einem der nicht wahrnehmbaren Art entsprechenden Preis zur Verfügung.[873] **737**

Stellt der Behinderte selber eine Vervielfältigung her oder lässt er einen Dritten nach seinen Weisungen eine Kopie herstellen, so macht er von der Schranke nach § 53 Abs. 1 UrhG Gebrauch. Hauptanwendungsfall des § 45a UrhG ist deshalb die Tätigkeit der Blindenbüchereien bei der Herstellung von Blindenschriftausgaben (Braille) und Hörbüchern sowie die Audiodeskription von Filmen für Sehbehinderte und Untertitelung von Filmen für Gehörlose.[874] **738**

Die Nutzung darf nicht Erwerbszwecken dienen. Eine Vervielfältigung und Verbreitung dient dann keinem Erwerbszweck, wenn sie weder unmittelbar oder mittelbar die betrieblichen oder gewerblichen Interessen des Behinderten fördert. Die Absicht der Gewinnerzielung ist nicht maßgebend; vielmehr genügt es, dass die Nutzung objektiv auch einem gewerblichen Zweck dient, der hinter den anderen Zwecken nicht als völlig nebensächlich zurücktritt.[875] **739**

Nach § 45a Abs. 2 UrhG ist dem Urheber für die Vervielfältigung und Verbreitung eine angemessene Vergütung zu zahlen, wenn nicht lediglich einzelne Vervielfältigungsstücke hergestellt werden,[876] da bei der Einzelvervielfältigung regelmäßig Geräte und Medien genutzt werden, die ohnehin einer urheberrechtlichen Vergütung nach den §§ 54, 54a UrhG unterliegen.[877] Werden mehr als einzelne Vervielfältigungsstücke hergestellt, steht dem Urheber eine angemessene Vergütung zu, die nach § 45 Abs. 2 Satz 2 UrhG, wie auch die Ansprüche auf Geräte- und Betreibervergütung nach § 54a Abs. 1 UrhG, nur durch eine Verwertungsgesellschaft geltend gemacht werden können. Nicht vergütungsfrei ist auch das Vermieten und Verleihen von Einzelvervielfältigungsstücke. **740**

4. Sammlungen für Kirchen-, Schul- und Unterrichtsgebrauch (§ 46 UrhG)

§ 46 UrhG ermöglicht Verlegern ohne Zustimmung des Urhebers die Vervielfältigung und Verbreitung und seit der Novelle 2003 auch die öffentliche Zugänglichmachung im Sinne des § 19a UrhG von Werken und Werkteilen im Rahmen von Sammlungen im Interesse des Kirchen-, Schul- und Unterrichtsgebrauchs, wobei § 46 Abs. 2 UrhG für **741**

---

871 Siehe unten Rdn. 805 ff.
872 Amtl. Begr., BT-Drs. 15/38, 20.
873 Amtl. Begr., BT-Drs. 15/38, 20.
874 Siehe Kap. 21 Rdn. 227 ff. zur Durchsetzung der Schranke gegenüber technischen Maßnahmen zum Schutz eines Werkes i.S.d. § 95a UrhG.
875 BGHZ 17, 376 – Betriebsfeier; BGH GRUR 1961, 97– Sportheim.
876 Entspricht der Regelung des § 53 Abs. 1 und Abs. 2 UrhG.
877 Amtl. Begr., BT-Drs. 15/38, 20.

Musikwerke engere Grenzen zieht. § 46 UrhG hat nach § 95b Abs. 1 Nr. 3 UrhG Vorrang vor technischen Schutzmaßnahmen.[878]

742 Die Sammlung i.S.d. § 46 Abs. 1 UrhG entspricht der Sammlung i.S.d. § 4 Abs. 1 UrhG: es muss sich um eine Zusammenstellung mehrerer Werke handeln, die jedoch keine persönliche geistige Schöpfung, also kein Sammelwerk sein muss. Bei der Sammlung kann es sich um Bücher, CDs, CD-ROMs, Diaserien, Tonbandkassetten[879] oder Videokassetten etc. handeln. Die Sammlung darf ihrer objektiven Beschaffenheit (Ausstattung, Einband, Druckqualität, Gestaltung von Titel und Titelseite) nach nur ausschließlich für die privilegierten Zwecke bestimmt sein[880] und nicht jedermann zum Kauf angeboten werden.[881] Zusätzlich muss nach § 46 Abs. 1 Satz 3 UrhG in den Vervielfältigungsstücken und bei der öffentlichen Zugänglichmachung deutlich angegeben werden, zu welchem Zweck die Sammlung bestimmt ist, wobei z.B. ausreichend ist anzugeben, »Liedsammlung für Schulen« statt »nur für den Musikunterricht in Schulen«.[882]

743 Sekundärliteratur, die als Lehrmaterialien dem Lehrer Stoff und Anregungen für die Behandlung eines Werkes im Unterricht geben, soll nicht nach § 46 UrhG privilegiert sein, wenn vorbestehende Werke einer größeren Anzahl nicht in sie aufgenommen werden, sondern nur der wesentliche Inhalt oder eine Beschreibung der Werke. Solche Literatur soll aber nach § 24 UrhG zulässig sein, auch wenn Bestandteile und formbildende Elemente des Originals übernommen werden, wie Gang der Handlung, Charakteristik und Rollenverteilung der handelnden Personen und den Örtlichkeiten.[883] Wird jedoch die Nutzung urheberrechtlich geschützter Werke nach § 46 UrhG nur in engen Grenzen ermöglicht, wenn sie im Wege der Vervielfältigung und nicht auch in Form von Sekundärliteratur erfolgt, kann ein Verleger von Sekundärliteratur eine schöpferische Leistung in Anspruch nehmen, ohne dass dafür eine Vergütung zu zahlen ist.

a) Aufnahme nur von Teilen von Werken, Sprachwerken oder Werken der Musik von geringem Umfang

744 In privilegierte Sammlungen dürfen grundsätzlich nur Teile von Werken aufgenommen werden. Ob die Entlehnung eines Teils eines Werkes vorliegt, ist quantitativ im Hinblick auf das benutzte Werk festzustellen. Es muss sich um einen beschränkten Teil eines Werkes handeln, durch dessen Übernahme die dem Urheber zustehenden Verwertungsmöglichkeiten des Gesamtwerkes nicht beeinträchtigt werden, wie z.B. bei einem einzelnes Kapitel eines Buches. Ausnahmsweise dürfen nach § 46 Abs. 1 Satz 1 UrhG seit der Novelle 2003 vollständige Sprachwerke oder Werke der Musik entlehnt werden, wenn sie von geringem Umfang sind. Werke geringen Umfangs können Aufsätze, Lieder, kleinere Novellen[884] sowie Gedichte[885] sein. In geringem Umfang ist auch die Aufnahme von ganzen Werken der bildenden Künste oder einzelner Lichtbildwerke bzw. über § 72 Abs. 1 UrhG auch einzelner Lichtbilder zulässig.

745 § 46 Abs. 1 UrhG erlaubt in der seit der Novelle 2003 geltenden Fassung die Übernahme von Teilen von Werken, von Sprachwerken oder Werken der Musik von jeweils geringem

---

878 Siehe Kap. 21 Rdn. 277 ff.
879 LG Frankfurt GRUR 1979, 155 – Tonbandkassetten.
880 BGH GRUR 1972, 432 – Schulbuch.
881 BGHZ 114, 368 – Liedersammlung; OLG Frankfurt GRUR 1994, 116 – Städel.
882 BGHZ 114, 368 – Liedersammlung.
883 KG ZUM 2003, 60 – Zulässige Verwendung von »Harry-Potter«-Inhalten für Lehrmaterialien; a.A. LG Hamburg NJW 2004, 610 – Unfreie Bearbeitung des Romans »Harry Potter« durch Lehrerhandbuch; *Loewenheim* ZUM 2004, 89.
884 RGZ 80, 78 – Englische und französische Schriftsteller der neueren Zeit.
885 BGH GRUR 1972, 432 – Schulbuch.

Umfang nicht mehr erst nach deren Erscheinen i.S.d. § 6 Abs. 2 UrhG, sondern bereits nach deren Veröffentlichung im Sinne des § 6 Abs. 1 UrhG. Eine vorherige Verbreitung körperlicher Werkstücke ist nicht mehr erforderlich, ausreichend ist auch die bloße Einstellung der Werke in ausschließlich digitale Online-Medien oder die Ausstrahlung im Fernsehen.[886]

b) Öffentliche Zugänglichmachung

Nach § 46 Abs. 1 Satz 2 UrhG ist die öffentliche Zugänglichmachung (§ 19a UrhG) jedoch nur mit Einwilligung des Berechtigten zulässig, wenn es sich um Werke handelt, die für den Unterricht an Schulen bestimmt sind.[887] Diese Beschränkung soll Eingriffe in den Primärmarkt der Schulbuchverlage verhindern.[888]

746

c) Werke der Musik

Nach § 46 Abs. 2 UrhG gilt die Privilegierung im Hinblick auf die Werke der Musik nicht zugunsten von Sammlungen zur Verwendung in Musikschulen, also für Schulen, deren Hauptzweck der Musikunterricht ist. Musikwerke dürfen nur für Sammlungen zur Verwendung im Musikunterricht an allgemeinbildenden Schulen entlehnt werden, die aber seit 2003 nicht mehr zur Vor- und Nachbereitung des Musikunterricht an diesen Schulen verwendet werden dürfen.[889]

747

d) Mitteilung an den Urheber

Mit der Vervielfältigung oder der öffentlichen Zugänglichmachung darf erst begonnen werden, wenn dem Urheber oder, wenn sein Wohnort oder Aufenthaltsort unbekannt ist, dem Inhaber des ausschließlichen Nutzungsrechts die Verwendungsabsicht mit eingeschriebenen Brief mitgeteilt wurde und eine 2-Wochen-Frist verstrichen ist (§ 46 Abs. 3 UrhG). Mit dieser Wartefrist soll dem Urheber die Möglichkeit gegeben werden, sein Rückrufrecht wegen gewandelter Überzeugung vor der Verwertung auszuüben. Es kommt nur auf die Absendung, jedoch nicht auf den Zugang der Mitteilung an. Die Mitteilung muss alle für die Überprüfung der Voraussetzungen des § 46 UrhG wesentlichen Punkte, insbesondere Angaben über den Autoren und den Verlag der Sammlung, das übernommene Werk oder den übernommene Werkteil, der Umfang der Sammlung sowie die Anzahl der insgesamt übernommenen Werke oder Werkteile und die Auflage der Sammlung enthalten. Unterbleibt die Mitteilung, liegt eine Urheberrechtsverletzung vor, aber nur dann, wenn der Urheber sein Verbotsrecht nach § 46 Abs. 5 hätte ausüben können.[890]

748

e) Vergütung

Nach der Entscheidung des BVerfG zum Kirchen- und Schulgebrauch[891] wurde im Rahmen der Urheberrechtsnovelle 1972 der § 46 Abs. 4 UrhG eingefügt, nach dem für die Vervielfältigung und Verbreitung eines Werks oder Werkteiles im Rahmen einer privilegierten Sammlung dem Urheber eine angemessene Vergütung zu zahlen ist. Durch den zwischen VG WORT, die VG Musikedition, die GVL und dem VdS Bildungsmedien e.V. geschlossenen Gesamtvertrag nach § 12 UrhWahrnG ist der Streit beendet, ob dem Urheber oder dem Inhaber des eingeschränkten Nutzungsrechts die Vergütung zusteht. Der Wortlaut des Abs. 4 legt jedoch nahe, da das Urheberrecht der Schranke des § 46 UrhG

749

---

886 Amtl. Begr., BT-Drs. 15/38, 20.
887 Siehe unten Rdn. 805 ff. (§ 52a UrhG).
888 Amtl. Begr., BT-Drs. 16/1828, 17.
889 A.A. *von Bernuth* GRUR Int 2002, 567.
890 *v. Gamm*, Urhebergesetz, § 46 Rn. 49; a.A. *Dreier*/Schulze § 46 Rn. 19.
891 BVerfGE 31, 229 – Kirchen- und Schulgebrauch.

von Anfang an unterliegt und der Berechtigte Nutzungsrechte von Anfang an nur belastet erwerben kann, dass dem Urheber und nicht einem Nutzungsberechtigten die Vergütungsansprüche zustehen, zumal der Urheber auf diesen Vergütungsanspruch nach § 63a UrhG auch nicht im Voraus verzichten, sondern ihn nur an eine Verwertungsgesellschaft abtreten kann.

f) Verbotsrecht wegen gewandelter Überzeugung

750 Nach § 46 Abs. 5 UrhG hat der Urheber als Ausprägung des Urheberpersönlichkeitsrechts die Möglichkeit, die Vervielfältigung und Verbreitung seiner Werke in einer privilegierten Sammlung zu verbieten, wenn ihm die Verwertung des Werkes aufgrund gewandelter Überzeugung nicht mehr zugemutet werden kann und er ein bestehendes Nutzungsrecht aus diesem Grunde bereits zurückgerufen hat. Für den Fall, dass keine Nutzungsverträge mehr bestehen, kann der Urheber durch die Ausübung seines Verbotsrechts nach § 46 Abs. 5 UrhG erklären, dass das Werk seiner Überzeugung nicht mehr entspricht und ihm deshalb die Verwertung des Werkes nicht mehr zugemutet werden kann.

751 Das Verbotsrecht steht grundsätzlich nur dem Urheber selbst, nicht aber dessen Rechtsnachfolgern zu, da § 46 Abs. 5 auf § 42 UrhG verweist. Es sei denn, der Rechtsnachfolger weist nach, dass die Voraussetzungen für das Verbotsrecht in der Person des Urhebers vor dessen Tode erfüllt waren und er nur an der Rückruferklärung gehindert war oder einen Rückruf letztwillig verfügt hat.

752 Durch die Verweisung auf § 136 Abs. 1 und Abs. 2 UrhG wird klargestellt, dass die vor Kenntnis des Verlegers der Sammlung von dem durch den Urheber ausgesprochenen Verbot fertiggestellten oder noch nicht vollendeten Vervielfältigungsstücke sowohl fertiggestellt, als auch verbreitet werden dürfen. Fertiggestellte und auch verbreitete Werkexemplare sind nicht Gegenstand des Verbotsrechts. Sie können nicht herausverlangt werden.[892]

5. Schulfunksendungen (§ 47 UrhG)

753 Im Interesse der Schulausbildung und Jugenderziehung erlaubt § 47 UrhG Schulen und Einrichtungen der Lehrerbildung und der Lehrerfortbildung Schulfunksendungen nicht nur zum Zeitpunkt der Ausstrahlung wiederzugeben, sondern die Wiedergabe vor allem nach den Erfordernissen des Stundenplanes auf einen anderen Zeitpunkt zu verschieben[893] und die dazu erforderlichen Vervielfältigungen zustimmungs- und vergütungsfrei herzustellen.[894] Auch Heime der Jugendhilfe und die staatlichen Landesbildstellen oder vergleichbare Einrichtungen in öffentlicher Trägerschaft sind privilegiert.

754 Staatliche Landesbildstellen und vergleichbare Einrichtungen in öffentlicher Trägerschaft sind Institutionen, die Schulen bei der Beschaffung von Anschauungsmaterial für den Unterricht unterstützen. Die Aufnahme dieser Institutionen in den Kreis der Privilegierten ist die Folge eines Urteils des BGH, durch das die Vervielfältigung von Schulfunksendungen durch die Landesbildstelle unter Inanspruchnahme der Arbeitsbänder des Bayerischen Rundfunks untersagt worden war.[895]

755 Privilegiert sind staatliche oder anerkannte allgemeinbildende Schulen, Berufs- und Sonderschulen. Zu den Einrichtungen der Lehrerbildung und der Lehrerfortbildung gehören öffentlich-rechtliche oder privatrechtliche Lehrerseminare und pädagogische Hochschu-

---

892 OLG Celle ZUM 2000, 325 – Dissertationsexemplare.
893 BVerfGE 31, 270 – Schulfunksendungen.
894 Amtl. Begr., BT-Drs. IV/270, 101.
895 BGH GRUR 1985, 874 – Schulfunksendung.

len. Privilegiert sind auch Kurse, Seminare und Vorlesungen an Universitäten, soweit diese nicht der wissenschaftlichen, sondern der pädagogischen Ausbildung dienen.

»Heime der Jugendhilfe« sind Institutionen der Erziehungs- und Eingliederungshilfe gemäß § 27 SGB VIII sowie die Einrichtungen zum Schutz von Kindern und Jugendlichen gemäß § 45 SGB VIII und Jugendstrafanstalten, soweit in ihnen Unterricht durchgeführt wird. 756

Die Schulen und die genannten Institutionen dürfen die hergestellten Bild- und Tonträger ausschließlich im Unterricht verwendet werden und müssen sie spätestens am Ende des auf die Übertragung folgenden Schuljahres vernichten, wenn nicht eine angemessene Vergütung gezahlt wird (§ 47 Abs. 2 UrhG). Jede andere Verwendung ist unzulässig, wie etwa eine öffentliche Wiedergabe (§ 15 Abs. 2 UrhG). 757

Nur die privilegierten Institutionen, also nicht von ihnen beauftragte Dritte, sind berechtigt, einzelne Vervielfältigungsstücke von Werken, die innerhalb einer Schulfunksendung gesendet wurden, durch Übertragung der Werke auf Bild- oder Tonträger herzustellen. Die Verwendung von durch einen Lehrer privat hergestellten Mitschnitten im Unterricht ist daher nicht zulässig, selbst wenn die Lehrenden als Beauftragte der Schule angesehen werden.[896] 758

Schulfunksendungen sind Sendungen, die von der ausstrahlenden Rundfunkanstalt für den Unterricht an Schulen produziert wurden[897] und im Rahmen des Senderechts des § 20 UrhG öffentlich wiedergegebenen wurden.[898] Online abrufbare Informationen stehen Schulfunksendungen nicht gleich, obwohl in Erwägung des rundfunkrechtlichen Drei-Stufen-Tests der §§ 11d ff. RStV, der eine überwiegende Löschung von Telemedienangeboten der öffentlich-rechtlichen Rundfunkanstalten zur Folge hat bzw. nur noch eine zeitlich begrenzte Zugriffsmöglichkeit auf bestimmte Inhalte eröffnet, inzwischen auch die Notwendigkeit der Aufzeichnung von Telemedienangeboten besteht.[899] Keine Schulfunksendungen sind Sendungen mit einem allgemein unterrichtenden Inhalt (Sprachkurse), Sendungen zum Selbststudium (Telekolleg) und Sendungen, die nicht für die Verwendung im Unterricht konzipiert wurden, auch wenn sie im Unterricht als Anschauungsmaterial verwendet werden können (Magazinsendungen, journalistische Beiträge, Filmausschnitte, zeitgeschichtliche Dokumentationen oder populärwissenschaftliche Sendungen). 759

6. Öffentliche Reden (§ 48 UrhG)

Im Interesse der Informationsfreiheit ist nach § 48 UrhG zulässig die vergütungsfreie Vervielfältigung, Verbreitung durch bestimmte Medien sowie öffentliche Wiedergabe von Reden zu tagesaktuellen Fragen sowie von Reden, die vor staatlichen, kommunalen oder kirchlichen Organen gehalten wurden. 760

Es ist gestattet die wortgetreue Vervielfältigung, Verbreitung und öffentliche Wiedergabe von tatsächlich vorgetragenen Reden über Tagesfragen, die bei öffentlichen Versammlungen gehalten oder i.S.v. § 19a oder § 20 UrhG öffentlich wiedergegeben wurden. Reden dürfen nur in der tatsächlich gehaltenen Form wiedergegeben werden und nicht Redemanuskripte, wenn die Rede von der Vorlage abweicht (»es gilt das gesprochene Wort«). 761

---

896 Siehe unten Rdn. 859 (§ 53 Abs. 3 Nr. 1 UrhG).
897 A.A. *Dreier*/Schulze § 47 Rn. 4: nur Schulfunksendungen, die als solche bezeichnet sind; noch enger Schricker/*Melichar* § 47 Rn. 10: Sendungen müssen didaktisch auf den Unterricht als solchen zugeschnitten sein.
898 BVerfGE 31, 270 – Schulfunksendungen.
899 Siehe zum rundfunkrechtlichen Drei-Stufen-Test: *Huber* ZUM 2010, 201 und siehe Kap. 1 Rdn. 15.

762 Tagesfragen sind alle aktuellen politischen, wirtschaftlichen, gesellschaftlichen und kulturelle Themen. Auch ein vergangenes Ereignis kann erneut aktuell werden, wenn es wieder Gegenstand der öffentlichen Auseinandersetzung wird und dadurch abermals das Interesse erregt wird.[900] Befasst sich nur ein Teil einer Rede mit Tagesfragen, ist nur dieser Teil verwertbar.

763 Die Reden über Tagesfragen dürfen – auch in Auszügen (§ 62 Abs. 2 UrhG) – nur in Zeitungen, Zeitschriften sowie in anderen Druckschriften oder sonstigen Datenträgern, die im Wesentlichen den Tagesinteressen Rechnung tragen, vervielfältigt und verbreitet werden. Ausgeschlossen sind daher Medien, die vorrangig Archivzwecken dienen.

764 § 48 UrhG schränkt nicht das Hausrecht des Veranstalters ein und auch nicht das Recht, den Mitschnitt von Reden in öffentlichen Verhandlungen kommunaler Organe[901] oder Ton- und Filmaufnahmen während Gerichtsverhandlungen zu untersagen und nur das Mitstenografieren zu erlauben (§ 169 Satz 2 GVG), worunter auch das Twittern aus Gerichtsverhandlungen fällt.[902]

765 Nach § 48 Abs. 2 dürfen Reden, die bei öffentlichen Verhandlungen vor staatlichen, kommunalen oder kirchlichen Organen gehalten wurden, nicht in Form von Sammlungen vervielfältigt und verbreitet werden, die überwiegend Reden desselben Urhebers enthalten.

7. Zeitungsartikel und Rundfunkkommentare (§ 49 UrhG)

766 Die Verbreitung einzelner Rundfunkkommentare oder einzelner Artikel aus Zeitungen und Informationsblätter ist im Interesse der schnellen unmittelbaren Informationsverarbeitung gegen eine angemessene Vergütung zulässig, wenn sie politische, wirtschaftliche oder religiöse Tagesfragen betreffen.[903]

767 Rundfunkkommentare sind i.S.d. § 20 UrhG gesendete Sprachwerke, die als Meinungsäußerung anzusehen sind. Sprachwerke, die online zum Abruf zur Verfügung gestellt werden, fallen nicht unter Rundfunkkommentare, da sie nicht gesendet werden (§ 19a UrhG). Unerheblich ist, ob die Meinungsäußerung auf eine Frage hin (Talkshow) oder ohne einen solchen Anlass stattfindet.[904]

768 Einzelne Artikel aus Zeitungen und anderen lediglich Tagesinteressen dienenden Informationsblättern sind eigenständige Ausführung, die den Umfang einer bloßen Tatsachenübermittlung übersteigen. Artikel können nur Sprachwerke i.S.d. § 2 Abs. 1 Nr. 1 UrhG sein. Andere Werkarten – wie etwa Lichtbilder, Grafiken etc. – dürfen nach § 49 UrhG nicht allein verbreitet werden, aber seit der Novelle 2007 zusammen mit dem Artikel, wenn sie im Zusammenhang mit dem Artikel veröffentlicht wurden.

769 Die Artikel müssen in Zeitungen oder anderen lediglich Tagesinteressen dienenden Informationsblättern i.S.d. § 6 Abs. 2 UrhG erschienen sein. Zeitungen sind die der Übermittlung von Tagesneuigkeiten dienenden, regelmäßig täglich oder mehrfach wöchentlich erscheinenden Tageszeitungen, die ohne Beschränkung auf ein bestimmtes sachliches Gebiet informieren.[905] Periodika, die wöchentlich erscheinen, haben ihren Schwerpunkt eher bei der aktuellen Berichterstattung, als 14-tägig oder monatlich erscheinende Titel.

---

900 OLG Stuttgart NJW-RR 1986, 220 – Urheberschutz bei Berichterstattung über Tagesereignisse; a.A. Wandtke/Bullinger/*Lüft* § 48 Rn. 2: Tagesfragen sind aktuelle Ereignisse, die kurz vor der Rede stattgefunden haben.
901 BVerfG NJW 1991, 118 – Untersagung des Mitschnitts der öffentlichen Gemeinderatssitzung durch Pressevertreter.
902 *Krieg* K&R 2009, 673.
903 BGH GRUR 2005, 670 – WirtschaftsWoche; BGHZ 151, 300 – Elektronischer Pressespiegel.
904 A.A. Möhring/Nicolini/*Engels* § 49 Rn. 5: Kommentare umfassen keine Zwie- oder Wechselgespräche.
905 BGH GRUR 2005, 670 – Wirtschaftswoche.

»Wirtschaftswoche« und »DM« sind damit ebenso wie »Der Spiegel« oder »FOCUS« unter dem Begriff der Zeitung i.S.d. § 49 UrhG einzuordnen.[906] Andere lediglich Tagesinteressen dienende Informationsblätter sind Nachrichtendienste, Mitteilungsblätter von Verbänden oder regelmäßig erscheinende Wirtschaftsbriefe.[907]

Gerichtlich nicht geklärt ist, ob online verfügbare Informationsquellen als Informationsblatt i.S.d. § 49 UrhG anzusehen sind. Nach dem Wortlaut der Vorschrift dürfte eine Einbeziehung nicht stattfinden, da Blatt eine flächige Schicht eines festen biegsamen Stoffes beschreibt. Nach dem BGH ist bei der Auslegung der Schrankenbestimmungen jedoch nicht zwingend am Wortlaut festzuhalten, sondern zu fragen, ob mit Rücksicht auf die neuen technischen Möglichkeiten auch eine Schrankenbestimmung ausnahmsweise extensiv ausgelegt werden kann und ob der Zweck der Regelung auch im Einzelfall für eine solche extensive Auslegung spricht.[908] Zudem findet eine übermäßige Beeinträchtigung der Urheber nicht statt, wenn online verfügbare Informationsquellen einbezogen werden, da diesen dann ein Vergütungsanspruch zusteht.[909] 770

Nicht übernommen werden dürfen Artikel mit kulturellem, wissenschaftlichem oder auch nur unterhaltendem Inhalt, sondern nur Artikel und Rundfunkkommentare, die politische, wirtschaftliche oder religiöse Tagesfragen betreffen. Tagesfragen sind die aktuellen tagesgebundenen Themen, nicht jedoch Berichte über ein Ereignis, das schon länger zurückliegt, es sei denn, es ist immer noch aktuell oder wieder aktuell.[910] 771

Ist der Nachdruck und die öffentliche Wiedergabe von Artikeln oder Rundfunkkommentaren mit einem Vorbehalt nach § 49 Abs. 1 Satz 1 UrhG – wie etwa »Nachdruck verboten« – versehen, ist die Verwendung unzulässig. Der Artikel oder der Kommentar muss selbst mit dem Vorbehalt versehen sein, eine Angabe im Impressum oder auf der Titelseite einer Zeitschrift oder vom Rundfunkkommentar getrennt reicht nicht aus.[911] 772

Artikel oder Rundfunkkommentare dürfen in Zeitungen und anderen Informationsblättern dieser Art vervielfältigt und verbreitet werden. Die aufnehmenden Informationsblätter müssen im Gegensatz zur als Quelle in Betracht kommenden Informationsblätter nicht i.S.d. § 6 Abs. 2 UrhG erschienen sein. Auch herkömmliche Pressespiegel in Papierform, die aus einer Vielzahl von Kopien von Presseausschnitten bestehen und für einen beschränkten Personenkreis – Angestellten eines Unternehmens – bestimmt sind und nur für interne Zwecke verwendet werden, sind daher »*Informationsblätter dieser Art*«, weshalb die Übernahme und Vervielfältigung von Artikel in solche Pressespiegel zulässig ist.[912] Eine Vervielfältigung und Verbreitung im Rahmen von nichterscheinenden Pressespiegeln belastet die Urheber auch deutlich weniger als durch die zulässige Verbreitung im Rahmen von Zeitungen in großer Auflagenhöhe, zumal auch die in § 49 Abs. 1 UrhG vorgesehene Vergütungspflicht gerade auf solche Pressespiegel zielt.[913] 773

Seit der Pressespiegel-Entscheidung des BGH ist nicht mehr strittig, ob unter Bezugnahme auf § 49 Abs. 1 UrhG elektronische Pressespiegel hergestellt werden dürfen. Der verfassungsrechtlich verankerte Beteiligungsgrundsatz des Urhebers (§ 14 Abs. 1 GG) auf der einen Seite und der mit der Schrankenregelung verfolgte Zweck auf der anderen Seite 774

---

906 OLG München ZUM 2003, 571 – Rudolf der Eroberer.
907 BGHZ 151, 300 – Elektronischer Pressespiegel.
908 BGHZ 151, 300 – Elektronischer Pressespiegel.
909 Wandtke/Bullinger/*Lüft* § 49 Rn. 8.
910 OLG Stuttgart NJW-RR 1986, 220 – Urheberschutz bei Berichterstattung über Tagesereignisse.
911 KG ZUM-RD 2004, 401 – Digitaler Pressespiegel; *Hoeren* GRUR 2002, 1022; a.A. *Wild* AfP 1989, 701.
912 OLG München NJW-RR 1992, 749 – Erstellung eines Medienspiegels für Mitarbeiter.
913 BGHZ 151, 300 – Elektronischer Pressespiegel.

erlaubten nach Ansicht des BGH eine weitergehende Auslegung des § 49 Abs. 1 UrhG, weshalb elektronische Pressespiegel zulässig sind, wenn sie
- nur betriebs- oder behördenintern verbreitet werden (In-House-Pressespiegel),
- als Faksimile in gif, tif, jpeg oder Bitmap-Dateien graphisch dargestellt, also nicht indizierbar sind, damit dem Nutzer nicht die Möglichkeit eröffnet wird, ein durchsuchbares Archiv zu erstellen und
- nicht entgeltliche an Dritte verbreitet werden.

775 Werden diese Voraussetzungen eingehalten, sei die Gefahr für die Rechte der Urheber nicht größer als bei dem Versenden von Pressespiegeln in herkömmlicher Form.[914]

776 Inzwischen haben die VG WORT und die von Presseverlagen gegründete PMG Presse-Monitor Deutschland GmbH & Co. KG ein Kooperationsabkommen geschlossen,[915] in denen drei verschiedene Arten von elektronischen Pressespiegeln unterschieden werden:
- PMG-digital, der von der PMG entsprechend den Vorgaben des Nutzers gefertigt und versandt wird;
- PMG-Rechtekauf, der vom Nutzer selbst ohne Formatbeschränkungen erstellt wird und eine Volltextrecherche ermöglicht;
- VG WORT § 49 UrhG, der vom Nutzer selbst entsprechend den Vorgaben des BGH erstellt wird und dessen Vergütung nach Wahl des Nutzers entweder an die VG WORT oder an die PME als Inkassobevollmächtigte abzuführen ist.[916]

777 Für die Vervielfältigung, Verbreitung und öffentliche Wiedergabe steht dem Urheber, nicht den Verlagen, eine angemessene Vergütung zu. Die Vergütungsansprüche der Autoren gehen nicht generell auf die Verlage über,[917] sondern nur, wenn die Autoren den Anspruch unter den Voraussetzungen des § 63a UrhG zusammen mit dem Verlagsrecht an die Verleger abgetreten haben.[918]

778 Seit der Einführung der Verwertungsgesellschaftpflicht mit der Novelle 1985 ist der Tarif der VG WORT ein Anhaltspunkt für die Angemessenheit der Vergütung. Die Vergütungspflicht ist jedoch nach § 49 Abs. 1 Satz 2 letzter Halbsatz UrhG wegen der Tradition, dass Presseorgane regelmässig Kommentare aus anderen Presseorganen nachdruckten, ohne dass hierfür Honorare verlangt werden, ausgeschlossen, wenn es sich bei den übernommenen Werken um eine Vervielfältigung, Verbreitung oder öffentliche Wiedergabe kurzer Auszüge aus mehreren Kommentaren oder Artikeln in Form einer Übersicht handelt.

779 § 49 Abs. 2 UrhG erlaubt ohne Angabe der Quelle (§ 63 Abs. 1 und 3 UrhG) die vergütungsfreie Vervielfältigung, Verbreitung und öffentliche Wiedergabe von vermischten Nachrichten tatsächlichen Inhalts und von Tagesneuigkeiten, die durch Presse oder Funk veröffentlicht worden sind. Die Regelung hat mehr deklaratorischen Charakter, da Nachrichten tatsächlichen Inhalts und Tagesneuigkeiten in der Regel mangels schöpferischer Leistung keine Werke i.S.d. § 2 UrhG sind, es sei denn, das geforderte Verlegerleistungsschutzrecht wird eingeführt,[919] obwohl Schutz gegen die unmittelbare Leistungsübernahme bereits §§ 3, 4 Nr. 9 UWG bietet.[920]

---

914 BGHZ 151, 300 – Elektronischer Pressespiegel.
915 Die PMG ist keine Verwertungsgesellschaft i.S.d. UrhWahrnG: BayVGH ZUM 2003, 78.
916 *Mempel* KommJur 2008, 241.
917 OLG München NJW-RR 1992, 749 – Erstellung eines Medienspiegels für Mitarbeiter.
918 Siehe oben Rdn. 481 (§ 63a UrhG).
919 *Frey* MMR 2010, 291; *Kauert* Das Leistungsschutzrecht des Verlegers, 2008.
920 BGH GRUR 1988, 308 – Informationsdienst.

8. Berichterstattung über Tagesereignisse (§ 50 UrhG)

780 Zur Erleichterung einer anschaulichen Berichterstattung über Tagesereignisse schränkt § 50 UrhG die Verwertungsrechte des Urhebers zugunsten aktueller Rundfunk-, Fernseh- und Presseberichterstattung ein und erlaubt im gebotenen Umfang die vergütungsfreie Vervielfältigung, Verbreitung und öffentliche Wiedergabe von Werken, die im Zusammenhang mit Tagesereignissen wahrnehmbar werden.

781 Privilegiert ist die wirklichkeitsgetreue, sachliche Schilderung einer tatsächlichen Begebenheit, aus deren Anlass geschützte Werke i.S.d. § 2 UrhG oder Leistungen ausübender Künstler (§§ 73, 83 UrhG), Fotografen (§ 72 Abs. 1 UrhG), Veranstalter (§ 81 UrhG), Tonträgerhersteller (§ 85 UrhG), Sendeunternehmen (§ 87 UrhG) oder Filmproduzenten (§§ 94, 95 UrhG) wahrnehmbar werden. Auch eine Reportage, die Hintergründe einbezieht, wertet und kommentiert, ist als Berichterstattung anzusehen, wenn die Information über die tatsächlichen Vorgänge im Vordergrund steht.[921] Seit der Novelle 2003 privilegiert § 50 UrhG nicht mehr nur die Bild- und Tonberichterstattung, sondern entsprechend der Regelung in § 48 Abs. 1 Nr. 1 UrhG auch andere Druckschriften oder sonstige Datenträger, die im Wesentlichen den Tagesinteressen Rechnung tragen. Die Privilegierung erfasst folglich auch Nachrichtendienste von Presseagenturen und Branchendienste sowie die Berichterstattung in digitalen Offline- und Online-Medien.[922]

782 Die Aktualität bezieht sich nur auf Ereignisse, bei denen es der Öffentlichkeit auf zeitnahe Berichterstattung ankommt[923] und die für die Öffentlichkeit von allgemeinem Interesse sind, auch wenn es sich um einen banalen oder trivialen Vorgang handeln, wie etwa eine Auseinandersetzung eines bekannten Ehepaars aus der Show-Branche.[924] Bei einer monatlich erscheinenden Zeitschrift ist der Bericht über eine Theaterpremiere noch aktuell, auch wenn die nächste Ausgabe erst im Monat nach der Premiere erscheint, während eine Berichterstattung über dieselbe Premiere im Radio mehrere Tage später schon nicht mehr aktuell ist.[925] Eine TV-Dokumentation über das Leben von Grizzlybären ist per se kein »Tagesereignis«,[926] ebensowenig ist dies eine Jahresdokumentation in Buchform, auch wenn sie Tagesereignisse dokumentiert.[927]

783 Die Rechtmäßigkeit einer Bildveröffentlichung kann auch bei größerem zeitlichem Abstand zum Tagesereignis gegeben sein, wenn das Ereignis wieder Gegenstand einer Auseinandersetzung wird.[928] Auch noch bevorstehende Ereignisse können aktuell sein.[929]

784 Es dürfen nur Werke zur Berichterstattung vervielfältigt, verbreitet und öffentlich wiedergegeben werden, die im Verlauf der Vorgänge, über die berichtet wird, wahrnehmbar werden.[930] Unzulässig ist daher nach § 50 UrhG etwa die Abbildung eines Werkes im Rahmen des Berichts über die Schenkung einer Kunstsammlung, wenn das abgebildete Werk nicht ausgestellt wurde und nicht tatsächlich wahrnehmbar war.[931] Eine nur bruchstückhafte Werkabbildung ist jedoch nicht erforderlich,[932] aber Gegenstand der aktuellen Berichter-

---

921 BGH GRUR 2002, 1050 – Zeitungsbericht als Tagesereignis.
922 OLG Köln GRUR-RR 2005, 105 – Elektronischer Fernsehprogrammführer.
923 BGHZ 154, 260 – TV-Total.
924 BGH GRUR 2002, 1050 – Zeitungsbericht als Tagesereignis.
925 LG Hamburg GRUR 1989, 991 – Neonrevier.
926 BGHZ 154, 260 – TV-Total.
927 LG Hamburg GRUR 1989, 991 – Neonrevier.
928 OLG Stuttgart NJW-RR 1986, 220 – Urheberschutz bei Berichterstattung über Tagesereignisse.
929 OLG Köln GRUR-RR 2005, 105 – Elektronischer Fernsehprogrammführer.
930 A.A. OLG Köln ZUM 2010, 367 – Zusammenbruch bei Bohlen.
931 BGHZ 85, 1 – Presseberichterstattung und Kunstwerkwiedergabe I.
932 BGH GRUR 2002, 1050 – Zeitungsbericht als Tagesereignis.

stattung darf nicht das Werk selbst[933] oder wesentliche Teile des Werkes sein.[934] Ein Tagesereignis i.S. des § 50 UrhG ist aber nicht nur ein Ereignis, bei dem das Bild zufällig wahrnehmbar wird, sondern auch ein Ereignis, in dessen Mittelpunkt das oder die Werke stehen, wie z.B. eine Ausstellungseröffnung. Dann darf eines der ausgestellten Bilder oder Fotografien bei der Berichterstattung nach § 50 UrhG veröffentlicht werden.[935]

785 Programmbegleitendes Material der Fernsehsender soll nicht ohne ihre Zustimmung für einen im Internet oder einem Digitalreceiver betriebenen elektronischen Programmführer übernommen werden, obwohl zumindest Teile des Tagesprogramms sicherlich auch ein aktuelles Ereignis sein können.[936]

786 Auch das nachträgliche Hinzufügen oder Einblenden von Werken ist nicht mit der Authentizität vereinbar, jedoch können Archivbilder von ausgestellten Werken verwandt werden, jedoch tritt dann an die Stelle des Rechts aus § 50 das Zitatrecht aus § 51 UrhG.[937]

787 Die am Tag der Erstveröffentlichung durch § 50 UrhG gegebene Privilegierung eines in einem Onlinearchiv wiedergegebenen urheberrechtlich geschützten Werks erlischt nicht durch Zeitablauf, so dass solche Artikel dauerhaft in solchen Onlinearchiven abgelegt werden können.[938]

788 Durch § 50 UrhG werden nicht die Urheberpersönlichkeitsrechte der Urheber eingeschränkt. Bei der Berichterstattung sind daher das Erstveröffentlichungsrecht (§ 12 UrhG), das Namensnennungsrecht (§ 13), das Änderungsrecht (§ 62 UrhG) und die Verpflichtung zur Quellenangabe (§ 63 UrhG) zu beachten.

9. Zitierfreiheit (§ 51 UrhG)

789 § 51 UrhG erlaubt die vergütungsfreie Übernahme von einzelnen Werken insgesamt (Großzitat), Teilen von Werken (Kleinzitat) und Teilen eines Musikwerkes (Musikzitat) im Interesse der geistigen Auseinandersetzung und ist analog auch auf Filmwerke[939] anzuwenden. Die Zitierfreiheit dient dem allgemeinen kulturellen und wissenschaftlichen Fortschritt, da jeder Urheber bei seinem Schaffen auf den kulturellen Leistungen seiner Vorgänger aufbauen können muss.[940] Die Übernahme von gemeinfreien Werken oder nicht schutzfähigen Werkteilen ist stets gestattet.[941]

790 Das Zitatrecht setzt immer einen bestimmten Zitatzweck voraus. Zulässig ist das Zitat nur in dem durch den Zweck gebotenen Umfang.[942] Das Zitat darf nur aus erschienenen bzw. veröffentlichten Werken entnommen und muss immer in ein selbständiges Werk aufgenommen werden.[943] Ist das Zitat zulässig, sind sowohl das Vervielfältigungsrecht

---

933 BGHZ 85, 1 – Presseberichterstattung und Kunstwerkwiedergabe I.
934 OLG Frankfurt/Main GRUR 1985, 380 – Operneröffnung – 40minütige Übertragung.
935 BGHZ 85, 1 – Presseberichterstattung und Kunstwerkwiedergabe I.
936 OLG Dresden ZUM 2010, 363; LG Köln ZUM-RD 2010, 283; *Castendyck* ZUM 2008, 916; a.A. OLG Köln GRUR-RR 2005, 105 – Zulässigkeit der Verwendung einzelner Lichtbilder aus Fernsehsendung ohne Gestattung des Senders.
937 A.A. OLG Köln ZUM 2010, 367 – Zusammenbruch bei Bohlen.
938 LG Braunschweig AfP 2009, 527 – dauerhafte Speicherung eines nach § 50 UrhG in einem Presseartikel veröffentlichten Werks.
939 BGHZ 99, 162 – Filmzitat.
940 BGHZ 126, 313 – Museumskatalog; BGH GRUR 1986, 59 – Geistchristentum; BGHZ 50, 147 – Kandinsky I.
941 BGHZ 28, 234 – Verkehrskinderlied.
942 LG München I AfP 1994, 326 – Bildzitate von 19 Fotos von Helmut Newton in einem Artikel von Alice Schwarzer in der Zeitschrift »Emma« sind nicht geboten, sondern nur 9 Fotos, um die von Schwarzer als sexistisch bewerteten Frauenabbildungen von Newton zu veranschaulichen.
943 BGHZ 154, 260 – TV-Total.

(§ 16 UrhG), das Verbreitungsrecht (§ 17 UrhG) und das Recht der öffentlichen Wiedergabe (§§ 19 ff. UrhG) eingeschränkt. Zu beachten ist jedoch das Änderungsverbot (§ 62 UrhG), das aber die Übersetzung von Zitaten und die Übertragung musikalischer Werke in eine andere Tonart oder Stimmlage zulässt, sofern der Zitatzweck dies erfordert (§ 62 Abs. 2 UrhG) und das allgemeine Persönlichkeitsrecht beachtet wird, da das Grundrecht der Meinungsfreiheit nicht das unrichtige Zitat schützt.[944] Zulässig ist aber statt in direkter in indirekter Rede zu zitieren[945] oder den Satzbau umzustellen.[946]

Nach dem Zitatzweck muss das zitierte Werk zur Erläuterung des Inhalts des aufnehmenden – nicht des zitierten – Werkes entlehnt werden, also als Belegstelle oder Erörterungsgrundlage für selbständige Ausführungen dienen und eine innere Verbindung zu den eigenen Gedanken herstellen.[947] Es darf nicht nur der Ausschmückung dienen,[948] als Blickfang ohne Belegfunktion verwendet werden[949] oder eigene Ausführungen des Autors ersetzen[950] bzw. im Internet öffentlich zu Zwecken der Vorlesungsvor- und -nachbereitung zugänglich gemacht werden.[951] Jedoch kann ein Bildzitat Mittelpunkt eines Textes sein, wenn er ohne das Zitat nicht verständlich ist.[952]

791

Die Kunstfreiheit des Art. 5 Abs. 3 Satz 1 GG verlangt jedoch, bei der Auslegung und Anwendung der §§ 1 Nr. 2 UrhG die innere Verbindung der zitierten Stellen mit den Gedanken und Überlegungen des Zitierenden über die bloße Belegfunktion hinaus auch als Mittel künstlerischen Ausdrucks und künstlerischer Gestaltung anzuerkennen und damit dieser Vorschrift für Kunstwerke zu einem Anwendungsbereich zu verhelfen, der weiter ist als bei anderen, nichtkünstlerischen Sprachwerken.[953] Bei Sprachwerken kann das Zitat deshalb auch als Motto verwendet werden.[954] Nicht durch § 51 Nr. 2 UrhG privilegiert ist jedoch die bloße Übernahme komischer TV-Ausschnitte mit einigen erklärenden Hinweisen, die keine neue schöpferische Leistung darstellen und keine geistige Auseinandersetzung mit dem übernommenen Beitrag beinhalten,[955] aber die Übernahme eines Filmausschnitts als Beleg für den Grund der Vergabe eines Preises.[956]

792

Durch den Umfang eines Zitats darf die Verwertung des Werks durch den Urheber nicht unzumutbar beeinträchtigt werden, also das Zitat nicht dazu führen, dass die Werke des Urhebers nicht mehr erworben werden und das zitierende Werk an deren Stelle tritt.[957] Zudem muss es sich bei dem zitierenden Werk um ein urheberrechtlich schutzfähiges Werk i.S.d. §§ 1, 2 Abs. 1 und 2 UrhG handeln,[958] da nur derjenige, der selbst schöpferisch tätig ist, durch das Zitatrecht privilegiert wird.[959] Wird das Zitat hinweg gedacht, muss ein schutzfähiges Werk verbleiben,[960] weshalb die Erstellung einer reinen Zitaten-

793

---

944 BVerfG GRUR 1980, 1087 – Heinrich Böll.
945 LG Stuttgart UFITA 23 [1957], 244 – Buchbesprechung.
946 OLG Hamburg GRUR 1970, 38 – Heintje.
947 BGHZ 99, 162 – Filmzitat; BGH GRUR 1987, 34 – Liedtextwiedergabe I.
948 BGHZ 50, 147 – Kandinsky I.
949 OLG Hamburg ZUM-RD 2004, 75 – Schutzfähigkeit von wissenschaftlichen Werken; OLG Hamburg GRUR-RR 2003, 33 – Maschinenmensch.
950 OLG München ZUM 1998, 417 – Brechttexte im Werk eines anderen Autors.
951 LG München I ZUM 2005, 407 – Karl Valentin.
952 BGHZ 126, 313 – Museumskatalog.
953 BVerfG GRUR 2001, 149 – Grenzen der Zitierfreiheit.
954 OLG München NJOZ 2010, 674 – Typisch München!.
955 BGHZ 154, 260 – TV-Total.
956 AG Köln ZUM 2003, 78 – Raab der Woche; Poll ZUM 2004, 511.
957 BGHZ 99, 162 – Filmzitat; BGH GRUR 1986, 59 – Geistchristentum; BGHZ 50, 147 – Kandinsky I.
958 OLG München ZUM 2003, 571 – Rudolf der Eroberer.
959 KG GRUR-RR 2002, 313 – Übernahme nicht genehmigter Zitate aus Tagebüchern und Briefen in eine Biografie.
960 BGHZ 126, 313 – Museumskatalog.

sammlung⁹⁶¹ und auch eine kommentarlose Zusammenstellung von Leitsätzen gerichtlicher Entscheidungen nicht privilegiert ist.⁹⁶²

a) Wissenschaftliches Großzitat (§ 51 Abs. 1 UrhG)

794 § 51 Abs. 1 UrhG erlaubt die Aufnahme einzelner ganzer Werke in ein selbständiges wissenschaftliches Werk (Großzitat). Wissenschaftliche Werke sind Werke, die nach Rahmen, Form und Gehalt durch einen eigenen geistigen Gehalt die Wissenschaft durch Vermittlung von Erkenntnissen fördern wollen und der Belehrung dienen,⁹⁶³ auch wenn sie eine populärwissenschaftliche Aufmachung haben⁹⁶⁴ oder auf einer Homepage veröffentlicht werden.⁹⁶⁵ Auch die Entlehnung von Lichtbilder und Laufbilder ist über die Verweisungsvorschriften der §§ 72 Abs. 1, 94 Abs. 4 UrhG privilegiert.

795 Das Zitat nach § 51 Nr. 1 UrhG ist jedoch nur zur Erläuterung des Inhalts des zitierenden Werkes zulässig (insoweit enger als § 51 Nr. 2 und 3 UrhG).⁹⁶⁶ Das Werk, in welches das Zitat aufgenommen ist, muss also nicht nur wissenschaftlich sein, sondern das Zitat muss gerade dessen Inhalt erläutern, wobei es jedoch unerheblich ist, welcher Gattung das zitierende wissenschaftliche Werk angehört (Sprachwerk, Filmwerke, Fernsehsendungen, CD-ROM, Homepage etc.).

b) Kleinzitat (§ 51 Nr. 2 UrhG)

796 Beim Kleinzitat sind im Rahmen des Zitatzwecks nur das Anführen von Stellen eines Werkes in einem Sprachwerk zulässig, jedoch können bei Beachtung des Zitatzwecks im Gegensatz zu § 51 Nr. 3 UrhG auch eine Vielzahl von Stellen aus einem Werk übernommen werden. Das zitierte Werk muss – anders als in § 51 Nr. 1 und 3 UrhG – nicht i.S.d. § 6 Abs. 2 UrhG erschienen sein, eine Veröffentlichung i.S.d. § 6 Abs. 1 UrhG reicht aus. Der sachliche Umfang der in zulässiger Weise zitierbaren kleinen Ausschnitte wird durch das Verhältnis des Zitats zum benutzten Gesamtwerk und durch den konkreten Zitatzweck des zitierenden Werkes bestimmt.⁹⁶⁷ Im Einzelfall ist durch § 51 Nr. 2 UrhG aber auch das sog. große Kleinzitat bei der Wiedergabe von Werken der bildenden Kunst, Lichtbildwerken, Lichtbildern und wissenschaftlichen und technischen Darstellungen privilegiert, da bei diesen die ganze Darstellung übernommen werden muss, um dem Zitatzweck gerecht werden zu können.⁹⁶⁸

797 Nach dem Wortlaut des § 51 Nr. 2 UrhG dürfen im Rahmen des Zitatzwecks Stellen von Werken nur in einem selbständigen Sprachwerk angeführt werden. Das Zitatrecht nach § 51 Nr. 2 UrhG wird jedoch von der Rechtsprechung auch analog auf Filmwerke angewendet mit der Begründung, die Zitierfreiheit diene dem Interesse des allgemeinen kulturellen und wirtschaftlichen Fortschritts und es sei nicht ersichtlich, dass ein Filmwerk anders zu behandeln sein soll als ein Sprachwerk in Form eines Hörspiels, eines Bühnenschauspiels oder ähnlichen Werken.⁹⁶⁹ Nicht zitiert werden darf dagegen in Laufbildern i.S.d. § 95 UrhG, da es sich bei ihnen nicht um Werke handelt.

---

961 BGH GRUR 1973, 216– Handbuch moderner Zitate.
962 BGHZ 116, 136 – Leitsätze.
963 LG Berlin GRUR 1962, 207 – Maifeiern.
964 KG GRUR 1970, 616 – Eintänzer; a.A. *Leinveber* GRUR 1969, 130.
965 *Kendzuir* K&R 2006, 433.
966 LG München I ZUM 2005, 407 – Karl Valentin.
967 BGH GRUR 1986, 59 – Geistchristentum.
968 LG Berlin GRUR 2000, 797– Screenshots.
969 BGHZ 99, 162 – Filmzitat; OLG Frankfurt/Main ZUM 2005, 477 – TV Total; OLG Köln GRUR 1994, 47 – Filmausschnitt; *Vinck* Die Zulässigkeit von Filmzitaten in den unterschiedlichen europäischen Urheberrechtsordnungen, FS W. Schwarz 1988, 107; *Schulz* ZUM 1998, 221.

c) Musikwerke (§ 51 Nr. 3 UrhG)

§ 51 Nr. 3 UrhG erlaubt die Aufnahme einzelner Stellen eines erschienenen Musikwerks **798**
i.S.d. § 6 Abs. 2 UrhG in einem anderen selbständigen Musikwerk unter Beachtung des
§ 24 Abs. 2 UrhG (Musikzitat). Die entnommene Melodie darf daher nicht dem zitierenden Werk zugrunde gelegt werden (Variationen über das entnommene Thema).[970] Als Zitatzweck i.S.d. § 51 Nr. 3 UrhG kommen deshalb nur die Parodie, die Erinnerung an einen anderen Komponisten oder die Herstellung einer Assoziation zu örtlichen und zeitlichen Begebenheiten in Betracht.[971]

10. Öffentliche Wiedergaben (§ 52 UrhG)

Nach § 52 UrhG ist die öffentliche Wiedergabe urheberrechtlich geschützter Werke bei **799**
bestimmten Veranstaltungen zugelassen, wofür dem Urheber teilweise ein Anspruch auf angemessene Vergütung zusteht. Unzulässig nach § 52 Abs. 3 UrhG sind aber die öffentliche bühnenmäßige Aufführung und die Funksendungen eines Werkes, die öffentliche Zugänglichmachung nach § 19a UrhG[972] sowie die öffentliche Vorführungen eines Filmwerkes, aber nicht die Wahrnehmbarkeitsmachung eines Filmwerkes i.S.d. §§ 21, 22 UrhG. Unter den Begriff der Funksendung fällt auch die Übertragung geschützter Werke über anstaltseigene Verteileranlagen in Hafträume[973] oder in Patientenzimmer.[974]

Die Wiedergabe darf keinem unmittelbaren oder mittelbaren Erwerbszweck des Veran- **800**
stalters dienen, also nicht dessen betriebliche und gewerbliche Interessen fördern. Die Privilegierung entfällt bereits, wenn die Veranstaltung auch einem Erwerbszweck dient, wenn dieser nicht hinter anderen Zwecken zurücktritt,[975] weshalb auch gemeinnützige[976] oder staatliche[977] Institutionen einem Erwerbszwecken nachgehen können.

Für die öffentliche Wiedergabe darf kein Entgelt verlangt werden,[978] auch keine Kur- **801**
taxe.[979] Mitgliedsbeiträge für Vereine oder übliche Entgelte für Waren und Dienstleistungen, die aus Anlass der Wiedergabe angeboten oder erbracht werden, bleiben jedoch unberücksichtigt, wie Getränkeverkauf oder Garderobe.[980] Auch darf im Falle des Vortrags oder der Aufführung den ausübenden Künstlern keine besondere Vergütung bis auf die Erstattung von Reisekosten oder die Bereitstellung von Speisen und Getränken bezahlt, da dann dem Veranstalter auch zuzumuten ist, mit den Urhebern eine Vereinbarung über deren Honorierung zu treffen.[981] Jedoch ist die Zahlung eines regelmäßigen Gehaltes an einen angestellten ausübenden Künstler unschädlich für die Privilegierung wie auch Zahlungen an Techniker oder Hilfspersonen, wenn sie unabhängig von der Wiedergabe gezahlt werden.

---

970 Zum Melodienschutz siehe oben Rdn. 131 (§ 24 UrhG).
971 *Hertin* GRUR 1989, 159.
972 AG Charlottenburg GRUR-RR 2004, 132 – Einstellen eines Zeitungsartikels in Diskussionsforum im Internet.
973 BGHZ 123, 149 – Verteilanlagen.
974 BGH GRUR 1994, 797 – Verteileranlagen im Krankenhaus.
975 BGHZ 17, 376 – Betriebsfeiern.
976 BGH GRUR 1966, 97 – Sportheim.
977 BGHZ 58, 262 – Landesversicherungsanstalt; BGHZ 87, 126 – Zoll- und Finanzschulen.
978 BGHZ 19, 227 – Gastwirt.
979 RGSt 43, 189.
980 Wandtke/Bullinger/*Lüft* § 52 Rn. 7.
981 Wandtke/Bullinger/*Lüft* § 52 Rn. 8.

802 Nach § 52 Abs. 1 Satz 2 UrhG steht dem Urheber für die öffentliche Wiedergabe eine angemessene Vergütung zu, es sei denn, es handelt sich um
- Einzelveranstaltungen der Jugendhilfe i.S.d. §§ 69 und 75 SGB VIII,
- Veranstaltungen der in § 28 Abs. 2 SGB I aufgezählten Träger der Sozialhilfe im Rahmen der §§ 9 und 28 SGB I;
- Veranstaltungen der Altenpflege im Sinne des § 75 BSHG,
- Veranstaltungen der freien Wohlfahrtspflege i.S.v. § 10 BSHG (Kirchen und Religionsgemeinschaften und der Verbände der freien Wohlfahrtspflege, nicht jedoch der privaten Vereine),
- Veranstaltungen der Gefangenenbetreuung[982] sowie
- Veranstaltungen der Schulen, soweit sie nicht allein der Unterhaltung dienen (Schulfeste) und auch nicht Veranstaltungen der Hochschulen.[983]

803 Privilegiert sind die Veranstaltungen aber nur, wenn sie nach ihrer sozialen und erzieherischen Zweckbestimmung nur einem abgegrenzten Kreis von Personen zugänglich sind, also den Betreuten und Personen, die in persönlichen Beziehungen zu den Betreuten stehen.[984]

804 Folge der Entscheidung des BVerfG zur Kirchenmusik[985] ist nach § 52 Abs. 2 die öffentliche Wiedergabe eines i.S.d. § 6 Abs. 2 UrhG erschienenen Werkes auch bei einem Gottesdienst oder einer kirchlichen Feier der Kirchen oder Religionsgemeinschaften gegen Zahlung einer Vergütung in angemessener Höhe zulässig. Streitig ist, ob aufgrund des Fehlens von passiven Zuhörern der Gemeindegesang, der im Rahmen von Gottesdiensten stattfindet, unter den Begriff der öffentlichen Aufführung nach § 19 Abs. 2 UrhG einzuordnen und nach § 52 Abs. 2 vergütungspflichtig ist.[986]

11. Öffentliche Zugänglichmachung für Unterricht und Forschung (§ 52a UrhG)

805 Im Interesse der Informationsfreiheit erlaubt der in der Entstehungsgeschichte heftig umstrittene § 52a UrhG zugunsten des Unterrichts an den Schulen, Hochschulen, nichtgewerblichen Einrichtungen der Aus- und Weiterbildung sowie an Einrichtungen der Berufsbildung das vergütungspflichtige öffentliche Zugänglichmachen von Werkteilen, Werken geringen Umfangs sowie einzelnen Beiträgen aus Zeitungen oder Zeitschriften i.S.d. § 19a UrhG für einen jeweils abgegrenzten Kreis von Personen. Ausdrücklich zugelassen ist durch § 52a Abs. 3 UrhG auch die Herstellung der zur öffentlichen Zugänglichmachung erforderlichen Vervielfältigungen.

a) Veranschaulichung im Unterricht (§ 52a Abs. 1 Nr. 1)

806 Ziel des § 52a Abs. 1 Nr. 1 UrhG ist es, einem Lehrenden zu ermöglichen, den Lernenden nicht mehr Kopien von Werkteilen, Werken geringen Umfangs oder einzelnen Beiträgen aus Zeitungen oder Zeitschriften zu verteilen, sondern den Lernenden diese Unterrichtsmaterialien auf Bildschirmen zugänglich zu machen.

807 Die Zugänglichmachung der Werke bzw. der Werkteile darf nur im Unterricht für den abgegrenzten Kreis von Unterrichtsteilnehmern stattfinden, muss durch den Unterrichtszweck geboten und zur Verfolgung nicht kommerzieller Zwecke gerechtfertigt sein. Zugreifen dürfen folglich nur der Lehrende und die Lernenden. Ein Zugriff von Lernenden außerhalb des Unterrichts zur Vor- oder Nachbereitung ist nach dem Wortlaut (»im

---

[982] § 52 Abs. 1 Satz 3 UrhG ist verfassungsgemäß, soweit die Vergütungspflicht für Veranstaltungen der Gefangenenbetreuung entfällt; BVerfG NJW 1989, 193 – Gefangenenbetreuung.
[983] OLG Koblenz NJW-RR 1987, 699 – Öffentliche Wiedergabe im Hochschulbereich.
[984] LG München ZUM-RD 1997, 146 – Musiknutzung in Alten- und Servicezentren.
[985] BVerfG GRUR 1980, 44.
[986] Schricker/*Melchiar* § 52 Rn. 42 f.; *Dreier*/Schulze § 52 Rn. 10.

Unterricht«) unzulässig, aber nach Auffassung des Bundesrates geboten,[987] wofür auch spricht, dass es sich bei einem Zugänglichmachen allein während der Unterrichtszeit um ein Wahrnehmbarmachen i.S.v. § 22 UrhG und nicht um ein öffentliches Zugänglichmachen i.S.v. § 19a UrhG handelt.[988] Das Angebot darf aber ausschließlich für einen bestimmt abgrenzbaren Kreis von Unterrichtsteilnehmern und einzelne Unterrichtseinheiten abrufbar sein, was geeignete technische Vorkehrungen wie Zugangscodes und an die Unterrichtseinheit gebundene zeitliche Limitierungen voraussetzt.[989]

Eine Vorratsspeicherung für die Zugänglichmachung ist nicht zulässig, weshalb jeweils nur die kleinen Teile, Werke von geringem Umfang oder einzelne Beiträge die tatsächlich unmittelbar für den Schulunterricht benötigt werden, gespeichert werden dürfen. Hätte der Gesetzgeber eine Vorratsspeicherung ermöglichen wollen, hätte er eine mit § 47 Abs. 2 UrhG vergleichbare Regelung treffen müssen, nach der Schulfunksendungen nicht sofort, sondern erst zum Ende des auf die Sendung folgenden Schuljahres gelöscht werden müssen.[990] **808**

b) Eigene wissenschaftliche Forschung (§ 52a Abs. 1 Nr. 2)

Auch die öffentliche Zugänglichmachung zu Zwecken der eigenen wissenschaftlichen Forschung ist durch § 52a Abs. 1 Nr. 2 UrhG privilegiert. Die öffentliche Zugänglichmachung der Werke bzw. der Werkteile darf nur für einen bestimmt abgegrenzten Kreis von Personen für deren eigene wissenschaftliche Forschung erfolgen. Nach der Begründung »*ist der zugelassene Kreis durch konkrete und nach dem jeweiligen Stand der Technik wirksame Vorkehrungen ausschließlich auf Personen einzugrenzen, die das Angebot für eigene wissenschaftliche Zwecke abrufen*«.[991] Gemeint sind einzelne Arbeitsgruppen, deren Zugang durch organisatorische und technische Maßnahmen gesteuert werden muss, weshalb es nicht zulässig ist, Werke in das Intranet einer Universität einzustellen, das sämtlichen Forschern die Nutzung des Werkes ermöglicht.[992] Die Vorhaltung von hochschulinternen Zeitschriften-Datenbanken auf Abruf ist folglich nicht von § 52a UrhG gedeckt, sondern bedarf einer vertraglichen Gestattung durch die Berechtigten.[993] **809**

c) Ausnahmen

§ 52a Abs. 2 Satz 1 UrhG bestimmt in der ersten Bereichsausnahme, dass Werke, die für den Unterricht an Schulen bestimmt sind, stets nur mit Einwilligung des Berechtigten öffentlich zugänglich gemacht werden dürfen. Die zweite Ausnahme für Filmwerke (§ 52a Abs. 2 Satz 2 UrhG) stellt auf die für den Film typische Verwertungskaskade ab und lässt die öffentliche Zugänglichmachung für Unterrichtszwecke und für die eigene wissenschaftliche Forschung erst 2 Jahre nach Beginn der Kinoauswertung eines Filmwerkes in Deutschland zu. Erfolgt die Verwertung eines Filmwerkes ausschließlich über DVD oder im Fernsehen, ist die Anwendung von § 52a UrhG nach dem Wortlaut dauerhaft ausgeschlossen, obwohl die weit überwiegende Mehrzahl von Filmwerken niemals im Kino ausgewertet wird. Da der Rechtsausschuss die Regelung für den Film typischen Staffelung der Auswertung für notwendig, zugleich aber auch für ausreichend erachtete,[994] steht die Regelung einer großzügigeren, dem Informations- und Nutzungsinte- **810**

---

987 BR-Drs. 684/1/02, S. 4.
988 *Dreier*/Schulze § 52a Rn. 6.
989 *Haupt* ZUM 2004, 104.
990 *Haupt* ZUM 2004, 104.
991 Amtl. Begr., BT-Drs. 15/538.
992 Amtl. Begr., BT-Drs. 15/538.
993 *Haupt* ZUM 2004, 104.
994 Amtl. Begr., BT-Drs. 15/837, 34.

resse Rechnung tragenden Interpretation offen,[995] zumal die Anwendung der Schranke auch auf nur über DVD und Fernsehen verbreitete Filmwerke den Urheber günstiger durch den Vergütungsanspruch stellt als bei der Geltung des Ausschließlichkeitsrechts.[996] Bei Fernsehfilmen muss daher entsprechend auf die Erstausstrahlung und bei nur auf DVD veröffentlichten Filmwerken auf den Verleihstart zur Berechnung der zweijährigen Frist abgestellt werden.[997]

811 Von der Beschränkung sind Laufbilder nicht betroffen, also Interviewsendungen und Nachrichtenbeiträgen über Sport, Politik, Kultur oder Naturereignisse,[998] Film- und Fernsehaufzeichnungen und Live-Übertragungen von Darbietungen ausübender Künstler (Oper, Theater, Konzert) und von Show- und Galaveranstaltungen, solange sie unter Einsatz filmischer Mittel auch unter Berücksichtigung der kleinen Münze keinen eigenschöpferischen Charakter erreichen.[999] Dokumentarfilme, Reportagen und längere Fernsehfeatures weisen demgegenüber häufig filmisch gestalterische Elemente auf, die zu einem Werkcharakter führen,[1000] weshalb auch bei ihnen die zweijährige Sperrfrist zu beachten ist.

d) Vergütung

812 Die ursprünglich als vergütungsfrei vorgesehene öffentliche Zugänglichmachung für Unterrichtszwecke wurde im Gesetzgebungsverfahren fallengelassen und die Pflicht zur Zahlung einer angemessenen Vergütung in § 52a Abs. 4 UrhG für die öffentliche Zugänglichmachung festgelegt, aber nicht für die Vervielfältigungsstücke die für die öffentliche Zugänglichmachung erforderlich sind (§ 52a Abs. 3 UrhG). Der Anspruch auf Zahlung der angemessenen Vergütung kann nach § 52a Abs. 4 Satz 2 UrhG nur durch eine Verwertungsgesellschaft geltend gemacht werden.

e) Befristung

813 Der ursprünglich befristete Geltungszeitraum von § 52a UrhG bis zum 31.12.2006 wurde zunächst um zwei Jahre bis zum 31.12.2008 und nochmals um fünf Jahre bis zum 31.12.2013 verlängert (§ 137k UrhG). Die ursprünglichen Befristungen hatten sich als zu knapp für eine effektive Evaluierung der Vorschrift erwiesen.[1001]

IX. Wiedergabe von Werken an elektronischen Leseplätzen in öffentlichen Bibliotheken, Museen und Archiven (§ 52b UrhG)

814 Die umstrittene Einführung des § 52b UrhG soll nach dem Willen des Gesetzgebers eine digitale Nutzung von urheberrechtlich geschützten Werken an elektronischen Leseplätzen in öffentlich zugänglichen Bibliotheken, Museen und Archiven ermöglichen. Dadurch soll dem Bildungsauftrag der öffentlichen Einrichtungen Rechnung getragen und die Medienkompetenz der Bevölkerung gefördert werden.[1002] Bei der Zugänglichmachung sind 8 Bedingungen zu beachten:

---

995 BGHZ 151, 300 – Elektronischer Pressespiegel; BGH GRUR 2003, 1035 – Hundertwasser-Haus I; GRUR 2005, 670 – WirtschaftsWoche; siehe auch den Vorlagebeschluss des BGH GRUR 2007, 500, 501 f. – Sächsischer Ausschreibungsdienst.
996 BGHZ 151, 300 – Elektronischer Pressespiegel.
997 A.A. Wandtke/Bullinger/*Jani* § 53a Rn. 19.
998 OLG München ZUM-RD 1997, 290 – Box-Classics; LG Berlin GRUR 1962, 207 – Maifeier.
999 Amtl. Begr., BT-Drs. IV/270, 101.
1000 LG München I ZUM 1993, 370 – Triumph des Willens; *Hoeren* GRUR 1992, 145.
1001 *Hoeren* MMR 2007, 615; krit. *Gounalakis* NJW 2007, 36, der die Befristung für rechtspolitisches Theater hält.
1002 Amtl. Begr., BT-Drs. 16/1828, 26.

E. Schranken des Urheberrechts

Es dürfen
- nur Werke aus dem Bestand
- in öffentlich zugänglichen Bibliotheken, Museen und Archiven,
- die keinen unmittelbar oder mittelbar wirtschaftlichen oder Erwerbszweck verfolgen,
- ausschließlich in den Räumen der jeweiligen Einrichtung
- an eigens dafür eingerichteten elektronischen Leseplätzen
- zur Forschung und für private Studien

zugänglich gemacht werden,
- soweit dem keine vertraglichen Regelungen entgegenstehen und
- eine angemessene Vergütung gezahlt wird.

Zusätzlich hat die Rechtsprechung noch das weitere Kriterium 815
- lesen ja, digital kopieren nein

hinzugefügt.[1003]

1. Werke aus dem Bestand

§ 52b UrhG ist ausnahmslos auf alle Werke i.S.v. § 2 UrhG anwendbar, also auch auf 816
Werke für den Unterrichtsgebrauch, da § 52b UrhG anders als etwa § 52a UrhG keine
Bereichsausnahme enthält. Jedoch muss es sich um veröffentlichte Werke aus dem physischen Bestand der privilegierten Einrichtung handeln (Satz 1) und die Zahl der gleichzeitig zugänglich gemachten Exemplare darf die Zahl der in der Einrichtung verfügbaren
Präsenzexemplare nicht übersteigen (Satz 2). Die Bindung an den Bestand soll verhindern, dass die Einrichtungen Werke in geringer Stückzahl erwerben, digitalisieren und an
beliebig vielen Leseplätzen zur Verfügung stellen. Jedoch gilt die Beschränkung nur
grundsätzlich. In Ausnahmefällen soll es möglich sein, eine zeitgleiche Nutzung pro
Bestandsexemplar an maximal vier elektronischen Leseplätzen zu ermöglichen.[1004] Auch
bei vergriffenen Werken greift die Ausnahmeregel, jedoch ohne die vom Gesetzgeber
beschriebene Obergrenze von vier Exemplaren bei noch verfügbaren Werken,[1005] da die
privilegierten Einrichtungen elektronische Leseplätze bei vergriffenen Werken nicht zur
Einsparung zusätzlicher Werkexemplare nutzen können.[1006]

Filmwerke können an elektronischen Leseplätzen ohne zeitliche Einschränkung zugäng- 817
lich gemacht werden, da § 52b UrhG keine § 52a Abs. 2 Satz 2 UrhG entsprechende
Sperrfrist enthält, wonach Filmwerke erst nach Ablauf einer 2 Jahres Frist nach Beginn
der üblichen Auswertung für Unterrichtszwecke und für die eigene wissenschaftliche
Forschung öffentlich zugänglich gemacht werden dürfen.

Computerprogramme fallen als Werke i.S.d. § 2 Abs. 1 Nr. 1 UrhG in den Anwendungs- 818
bereich des § 52b UrhG. Jedoch finden nach § 69a Abs. 4 UrhG auf Computerprogramme
die für Sprachwerke geltenden Bestimmungen nur beschränkt Anwendung, insbesondere
bedarf nach § 69c Abs. 1 Nr. 1 UrhG die dauerhafte oder vorübergehende Vervielfältigung
eines Computerprogramms der Zustimmung des Rechteinhabers. Nur die Erstellung
einer Sicherungskopie ist nach § 69d Abs. 2 UrhG erlaubt, was eine Nutzung von Computerprogrammen an elektronischen Leseplätzen ausschließt.

1003 OLG Frankfurt a.M. GRUR-RR 2010, 1 – Digitalisierung von Werken aus Verlagsprogramm in Bibliothek.
1004 Amtl. Begr., BT-Drs. 16/5939, 44.
1005 A.A. Wandtke/Bullinger/*Jani* § 52b Rn. 30.
1006 Amtl. Begr., BT-Drs. 16/1828, 40.

2. Öffentlich zugängliche Bibliotheken, Museen und Archive

819 § 52b UrhG begünstigt nur öffentlich zugängliche Bibliotheken, Museen und Archive.[1007] Öffentlich zugänglich sind Bibliotheken, wenn sie jedermann offen stehen, weshalb nicht nur wissenschaftliche Bibliotheken Leseplätze einrichten dürfen, sondern ebenso Stadtbibliotheken. Auch Schulbibliotheken sollen nach Auffassung der Bundesregierung öffentlich zugänglich sein, weil sie der Gesamtheit der Lehrer und Schüler einer Schule offen stehen.[1008] Hierfür spricht auch Art. 5 Abs. 3 lit. n) i.V.m. Abs. 2 lit. c) der Multimedia-Richtlinie, auf der § 52b UrhG fußt. Dort wird nur von Bildungseinrichtungen gesprochen, weshalb bei der richtlinien-konformen Auslegung auch Bibliotheken in Privatschulen, Fortbildungsstätten der gewerblichen Wirtschaft, der Gewerkschaften und Kirchen Leseplätze einrichten können, wenn sie öffentlich zugänglich sind.[1009]

820 Archive und Museen müssen nicht öffentlich zugänglich sein, da Art. 5 Abs. 2c) der Multimedia-Richtlinie das Kriterium »öffentlich zugänglich« nur auf Bibliotheken bezieht.[1010]

3. Kein unmittelbar oder mittelbar wirtschaftlicher oder Erwerbszweck

821 Nach dem Wortlaut von § 52b UrhG dürfen nur Archive keinen wirtschaftlichen Zweck oder Erwerbszweck verfolgen. Ob sich die Einschränkung auch auf Bibliotheken und Museen beziehen soll, ist weder der amtlichen Begründung,[1011] noch Art. 5 Abs. 3 n) i.V.m. Art. 5 Abs. 2c) der Multimedia-Richtlinie zu entnehmen und auch noch nicht gerichtlich geklärt.

4. Ausschließlich in den Räumen der Einrichtung

822 Die Leseplätze müssen sich in den Räumen der Einrichtung befinden, weshalb auf die Werke über ein Intranet zwar innerhalb der Einrichtung zugegriffen werden darf, aber der Zugang per Webinterface oder über einen VPN-Zugang von außerhalb der jeweiligen Einrichtung unzulässig ist.[1012] Zu den Räumen einer Einrichtung gehören alle Zweigstellen, etwa Instituts-, Departments- oder Zweigbibliotheken.[1013] Unzulässig ist aber eine gemeinsame Werknutzung an Leseplätzen eines Bibliotheksverbundes.[1014]

5. Eigens eingerichtete elektronische Leseplätze

823 Die öffentliche Zugänglichmachung der Werke darf nur an eigens dafür eingerichteten elektronischen Leseplätzen ermöglicht werden, weshalb fraglich ist, ob es sich um Stand-alone-Geräte handeln muss. In Erwägung, dass Werke in großem Umfang nicht auf jeder Festplatte eines Desktop-Rechners abgespeichert werden können, muss eine Einbindung in das Intranet der Einrichtungen möglich sein, wenn gleichzeitig sichergestellt ist, dass auf die zugänglich gemachten Werke nicht von außerhalb der Bibliothek zugegriffen werden kann.[1015]

1007 Siehe auch oben Rdn. 235 ff. (§ 27 Abs. 2 UrhG).
1008 Amtl. Begr., BT-Drs. 16/1828, 48.
1009 *Spindler* NJW 2008, 9, 13; a.A. *Berger* GRUR 2007, 754; Wandtke/Bullinger/*Jani* § 52b Rn. 10.
1010 *Spindler* NJW 2008, 9, 13; a.A. *Dreier*/Schulze § 52b Rn. 3.
1011 Die Gesetzesbegründung erwähnt nur »nichtkommerzielle Archive«; BT-Drs. 16/1828, 26.
1012 Amtl. Begr., BT-Drs. 16/1828, 26; *Heckmann/Weber* GRUR Int. 2006, 995, 996; *Spindler* NJW 2008, 9, 13.
1013 *Steinhauer* ZGE 2010, 55, 58; a.A. Wandtke/Bullinger/*Jani* § 52b Rn. 15; wohl auch *Hoeren* MMR 2007, 615, 617: »Je nach Gebäudesituation kann die Schranke ... äußerst unterschiedliche Reichweiten entfalten.«.
1014 Wandtke/Bullinger/*Jani* § 52b Rn. 15.
1015 A.A. *Spindler* NJW 2008, 9, 13; Dreier/Schulze/*Dreier* § 52b Rn. 10.

Für den Leseplatz dürfen die Werke in durchsuchbarer Form angeboten werden, da § 52b **824**
UrhG keine Einschränkung wie etwa § 53a UrhG enthält, wonach der digitale Versand
von Werkteilen ausschließlich als graphische Datei erfolgen darf.[1016]

6. Forschung und private Studien

Zugänglich gemacht werden dürfen Werke nur zur Forschung und für private Zwecke, **825**
weshalb es nicht auf den Zweck der Einrichtung, sondern auf die subjektiven Zwecke der
Nutzer ankommt. Erfolgt die Nutzung zu anderen als zu Forschungs- oder privaten
Zwecken, müsste der Zugriff sofort unterbunden werden, obwohl der Zweck einer Nutzung von den Einrichtungen kaum nachgeprüft werden können.

7. Keine entgegenstehenden vertraglichen Regelungen

Die Zugänglichmachung eines Werkes an Leseplätzen ist ausgeschlossen, wenn ihr ver- **826**
tragliche Regelungen entgegenstehen. Es muss aber eine vertragliche Vereinbarung tatsächlich geschlossen sein, da die Zugänglichmachung nicht bereits durch ein Angebot der
Rechteinhaber zu angemessenen Bedingungen wie bei § 53a UrhG unbefugt wird.[1017] Es
genügt auch nicht ein einseitiges Angebot der Rechteinhaber, jedoch ist die Einschränkung von Nutzungsrechten durch AGB möglich.[1018]

Die Bedingung wird für Bibliotheken bei verwaisten Werken keine praktische Relevanz **827**
erlangen, weil es den Rechteinhabern nicht möglich ist, die elektronischen Nutzungsrechte vom Urheber nachträglich zu lizenzieren, um den Bibliotheken dann ein vertragliches Angebot zur Nutzung der Werke an Leseplätzen zu unterbreiten.[1019]

8. Angemessene Vergütung

Die Nutzung geschützter Werke an Leseplätzen ist zustimmungs-, nicht jedoch vergü- **828**
tungsfrei. Es ist für die öffentliche Zugänglichmachung eine angemessene Vergütung zu
zahlen. Die Angemessenheit ist danach zu beurteilen, was nach § 13 WahrnG üblicher-
und redlicherweise nach den einschlägigen Tarifen der Verwertungsgesellschaften verlangt werden kann, zumal der Vergütungsanspruch aus § 52b UrhG auch nur von einer
Verwertungsgesellschaft geltend gemacht werden kann.

9. Nachfolgende Nutzungen

§ 52b UrhG regelt allein das Zugänglichmachen von Werken an elektronischen Leseplät- **829**
zen durch die privilegierten Einrichtungen, aber nicht, wie die berechtigten Nutzer mit
den zugänglich gemachten Werken umgehen dürfen. Die berechtigten Nutzer dürfen die
auch öffentlich zugänglich gemachten Werke genauso nutzen wie die Präsenzexemplare,
wenn die Nutzung zu Forschungs- oder privaten Zwecken i.S.d. § 53 UrhG erfolgt, weshalb die Leseplätze die Möglichkeit eröffnen dürfen, die Werke auszudrucken oder auf
USB-Sticks zu speichern.[1020] Lässt doch § 53 Abs. 1 Satz 1 UrhG die Kopie auf beliebigen
Trägern zu. Das LG Frankfurt[1021] hält hingegen nur die analoge Vervielfältigung für

---

1016 *Steinhauer* ZGE 2010, 55, 57.
1017 Amtl. Begr., BT-Drs. 16/1828, 26; *Hoeren* MMR 2007, 615, 617; *Spindler* NJW 2008, 9, 13; a.A. *Berger* GRUR 2007, 754, 756; *Dreier*/Schulze § 52b Rn. 12.
1018 BGH GRUR 1984, 45 – Honorarbedingungen: Sendevertrag; KG, Urt. v. 26.3.2010, 5 U 66/09, nicht rechtskräftig (LG Berlin), BeckRS 2010, 12966.
1019 *Spindler/Heckmann* GRURInt 2008, 271.
1020 A.A. LG Frankfurt a.M. GRUR-RR 2009, 330 – Digitalisierte Werke aus Verlagsprogramm in Bibliothek; Wandtke/Bullinger/*Jani* § 52b Rn. 26.
1021 LG Frankfurt a.M. GRUR-RR 2009, 330 – Digitalisierte Werke aus Verlagsprogramm in Biblio-thek.

zulässig mit der Begründung eine Arbeit mit längeren Texten erfordere die Möglichkeit, in Kopien zentrale Passagen des Textes zu markieren und diese in Auszügen auch aus der Bibliothek zum weitergehenden Studium mitzunehmen. Unabhängig von der bestehenden Möglichkeit mit Handscannern in Bibliotheken digitale Kopien herzustellen, spricht weder die Entstehungsgeschichte, noch die Gesetzessystematik für eine derartige Auslegung. Durch § 52b UrhG soll nach der Gesetzesbegründung zwar verhindert werden, dass die Einrichtungen Leseplätze zur Einsparung zusätzlicher Präsenzexemplare nutzen,[1022] aber andererseits auch dem öffentlichen Bildungsauftrag der Einrichtungen Rechnung getragen, zugleich ein Schritt zur Förderung der Medienkompetenz der Bevölkerung unternommen und gewährleistet werden, dass die Nutzer der durch § 52b UrhG privilegierten Einrichtungen deren Bestände an elektronischen Leseplätzen in gleicher Weise wie in analoger Form nutzen können.[1023] Schließlich regelt § 52b ebenso wie bspw. § 52a UrhG (Öffentliche Zugänglichmachung für Unterricht und Forschung) nicht, wie die berechtigten Nutzer mit den zugänglich gemachten Werken zu verfahren haben, vielmehr ergeben sich deren Befugnisse jeweils aus § 53 UrhG.

X. Vervielfältigungen zum privaten und sonstigen eigenen Gebrauch (§ 53 UrhG)

1. Historische Entwicklung

830   Vervielfältigungen für den eigenen Gebrauch erlaubten bereits die Vorläufer des UrhG. Nach § 15 Abs. 2 LUG 1901 waren Vervielfältigungen zulässig, sofern sie nicht den Zweck hatten, »*aus dem Werk Einnahmen zu erzielen*«. § 18 Abs. 1 KUG 1907 gestattete, Vervielfältigungen herzustellen, wenn sie »*unentgeltlich bewirkt*« wurden. Der historische Gesetzgeber hatte hierbei an Abschriften per Hand oder Schreibmaschine gedacht, die in der Praxis aber so gut wie keine Rolle spielten. Private Vervielfältigungen von Musikaufnahmen wurden erst durch die in den 1950er Jahren entwickelten Magnettonbandgeräte möglich, die sowohl Überspielungen von Schallplatten wie von Rundfunksendungen ermöglichten. Wenig später kamen die ersten Fotokopiergeräte auf den Markt, die zunächst nur im gewerblichen Bereich eingesetzt wurden. Der BGH befasste sich 1955 mit zwei grundlegende Entscheidungen mit der wachsenden Bedeutung dieser analogen Vervielfältigungstechniken:

831   In der Grundig-Reporter-Entscheidung[1024] stellte der BGH fest, dass derartige Vervielfältigungen zwar unter den Wortlaut des § 15 Abs. 2 LUG fallen, aber »*ihrer Natur nach geeignet* (seien), *mit den mit einer Urhebergebühr belasteten Schallplatten in ernstlichen Wettbewerb zu treten*«. Der BGH reduzierte die Schranke daher teleologisch auf solche privaten Vervielfältigungen, die keine ins Gewicht fallenden Beeinträchtigungen der wirtschaftlichen Interessen des Urhebers mit sich bringen und entschied zugunsten der GEMA, die das Verbot der Vervielfältigung von Musikwerke mit Hilfe von Tonbandgeräten gefordert hatte.

832   Eine zweite Entscheidung des BGH[1025] betraf Fotokopien von wissenschaftlichen Beiträgen in Zeitschriften durch ein Unternehmen für Mitarbeiter. Der BGH ließ im Ergebnis die Frage offen, ob diese Art der Vervielfältigung noch unter den Ausnahmetatbestand des § 15 Abs. 2 LUG fällt, weil bereits keine Vervielfältigung »*zum persönlichen Gebrauch*« vorlag. Eine Vervielfältigung erfolge nur dann zum persönlichen Gebrauch, wenn der Gebrauch überwiegend persönlichen Bedürfnissen dient, was aber nicht bei Mitarbeitern eines Unternehmens im Interesse des Unternehmens der Fall sei.

1022   Amtl. Begr., BT-Drs. 16/1828, 40.
1023   Amtl. Begr., BT-Drs. 16/1828, 26.
1024   BGHZ 17, 266 – Grundig-Reporter.
1025   BGHZ 18, 44 – Fotokopie.

E. Schranken des Urheberrechts

Die Reformarbeiten zum Urheberrecht zu Beginn der 1960er Jahre standen unter dem Eindruck der sich verbreitenden – nach der BGH-Rechtsprechung unzulässigen – privaten Vervielfältigungen im Musikbereich, die die GEMA durch zivil- und strafrechtliche Verfahren gegen die Käufer von Tonbandgeräten, aber auch Händler einzudämmen versuchte. Von den Händlern verlangte GEMA, die Käufer zur Vorlage ihrer Personalausweise aufzufordern und Name und Anschrift der GEMA zu melden. Auch der Gesetzgeber erkannte die Tendenz, dass sich die bisher »*ausschließlich im gewerblichen Bereich praktizierten und damit dem Urheberrecht unterworfenen Vervielfältigungsverfahren*«[1026] zunehmend in den privaten Bereich verlagerten. Diese in der Begründung des ersten Entwurfs des UrhG enthaltene Formulierung lässt erkennen, dass der Gesetzgeber davon ausging, dass der private Bereich – im Gegensatz zum gewerblichen Bereich – nicht von Ansprüchen des Urhebers erfasst werde, obwohl der BGH in der Grundig-Reporter-Entscheidung vorgegeben hatte, dass es keinen Grundsatz der Urheberrechtsfreiheit der Privatsphäre gibt. 833

Der vom BGH in der Grundig-Reporter-Entscheidung zugunsten der Urheber vorgenommenen Interessenabwägung zwischen dem durch Art. 14 GG geschützten Interesse des Urhebers an der Kontrolle ihrer Werke, d.h. der ausschließlichen Zuordnung aller wirtschaftlichen Auswertungsmöglichkeiten einerseits, und dem Schutz der Privatsphäre der Nutzer vor Eingriffen Dritter andererseits, schloss sich der Gesetzgeber dann zwar grundsätzlich an, schwächte das Verbotsrecht aber zu einem Anspruch auf angemessene Vergütung ab. Ausschlaggebend für diesen Schritt war nicht etwa die Anerkennung des heute teilweise in den Vordergrund gestellten Grundrechts auf freie Nutzung urheberrechtlich geschützter Werke und Leistungen (Informationsfreiheit, Art. 5 GG), sondern die Überlegung, dass das Verbotsrecht in der Praxis wegen fehlender Kontrollmöglichkeiten nicht durchsetzbar ist.[1027] Eine wirksame Überprüfung könne nach der Gesetzesbegründung nur durchgeführt werden, wenn es den Kontrolleuren der GEMA gestattet sei, die Wohnung jedes Einzelnen zu überprüfen, ob ein Tonbandgerät zur Aufnahme von urheberrechtlich geschützten Werken oder »*lediglich zu Diktierzwecken, zur Kontrolle (der) Stimme oder vielleicht nur zur Aufzeichnung der ersten Sprechversuche (der) Kinder*« verwendet wird. Eine solche Kontrolle widerspräche dem Grundsatz der Unverletzlichkeit der Wohnung (Art. 13 GG). Folglich könnten Übertretungen eines Verbots nur durch Zufall oder durch Denunziation bekannt werden. Zu dieser Bewertung kam schließlich auch der BGH in seinem Personalausweis-Urteil vom Mai 1964.[1028] 834

Das entscheidende Motiv des Gesetzgebers war es also nicht, den Privatbereich als solchen vor der Verfolgung von Urheberrechtsverletzungen freizustellen. Hätte der Gesetzgeber dies gewollt, so hätte er einfach jede Vervielfältigung im privaten Bereich vom Verbotsrecht ausnehmen können. Vielmehr ging es neben dem Kontrollproblem darum, den Gerätebesitzern bestimmte, ausschließlich dem privaten Gebrauch dienende Nutzungshandlungen zu ermöglichen und somit ihrem Interesse am Zugang zu den Kulturgütern Rechnung zu tragen, was insbesondere in der Freistellung des Mitschnitts von Rundfunksendungen zum Ausdruck kommt. Rechtstechnisch erfolgte dies durch Einführung einer gesetzlichen Lizenz. 835

Der Vergütungsanspruch, der nur durch eine Verwertungsgesellschaft geltend gemacht werden kann (nunmehr in §§ 54 ff. UrhG geregelt) richtet sich aber nicht unmittelbar gegen die Nutzer, sondern gegen die Hersteller und Importeure der Aufnahmegeräte. Grund für diese Regelung war die vom BGH in der Personalausweis-Entscheidung[1029] 836

1026 Amtl. Begr. IV/270, 101.
1027 Amtl. Begr. IV/270, 101.
1028 BGHZ 42, 118 – Personalausweise.
1029 BGHZ 42, 118 – Personalausweise.

getroffene Feststellung, dass die Gerätehersteller als Störer i.S.v. § 1004 BGB bzw. als Teilnehmer an einer unerlaubten Handlung anzusehen sind und dass die durch den Urheber ermächtigte Verwertungsgesellschaft berechtigt ist, dem Gerätehersteller den Vertrieb seiner Geräte nur unter der Voraussetzung zu gestatten, wenn ein angemessenes Pauschalhonorar gezahlt wird. Das Bundesverfassungsgericht hat die Verfassungsmäßigkeit dieser Lösung bestätigt und die Forderung der Gerätehersteller, die Urhebervergütung den privaten Benutzern der Tonbandgeräte als den unmittelbaren Nutznießern der gesetzlichen Regelung aufzuerlegen, wegen des damit unweigerlich verbundenen Eingriffs in das Grundrecht aus Art. 13 GG zurückgewiesen.[1030]

837 Durch das Urheberrechtsänderungsgesetz von 1985[1031] wurde der Vergütungsanspruch erweitert um die Leerkassettenabgabe sowie ergänzt um die Vergütungspflicht für reprographische Vervielfältigungen (§ 54a UrhG). Die Vergütungshöhe wurde in § 54d UrhG und der Anlage hierzu gesetzlich festgelegt. Die bislang in § 54 UrhG a.F. enthaltene Regelung zum »*eigenen Gebrauch*« findet sich nunmehr in § 53 Abs. 1 UrhG. Die Formulierung »*zum persönlichen Gebrauch*« in § 53 Abs. 1 wurde geändert in »*zum privaten Gebrauch*«, ohne dass der Gesetzgeber damit eine inhaltliche Änderung bezweckte.

838 Durch das 2. Urheberrechtsänderungsgesetz von 1993,[1032] das der Umsetzung der Computerprogramm-Richtlinie von 1991 diente, wurde die Vervielfältigung von Computerprogrammen in den §§ 69c – 69e UrhG geregelt. Diese Vorschriften enthalten kein explizites Verbot der privaten Vervielfältigung von Computerprogrammen. Nach der amtlichen Begründung soll sich die Unzulässigkeit der Vervielfältigung zu privaten Zwecken aus § 69c Abs. 1 Satz 1 i.V.m. § 69a Abs. 4 UrhG ergeben. Die in § 69d Abs. 2 UrhG enthaltene Erlaubnis der Herstellung einer Sicherungskopie steht mit § 53 Abs. 1 UrhG nicht auf einer Stufe, denn sie richtet sich nicht an beliebige Privatpersonen, sondern nur an denjenigen, der zur Benutzung des Programms durch entsprechende Lizenzerteilung befugt ist. Gestattet ist auch nur der Ersatz des ursprünglichen, rechtmäßig erworbenen Trägers durch eine Sicherungskopie, deren Herstellung deshalb auch keinen Vergütungsanspruch auslöst.

839 Durch das IuKDG von 1997[1033] eingeführt wurde schliesslich in Umsetzung der Datenbankrichtlinie ein Verbot der Vervielfältigung von Datenbankwerken i.S.v. § 4 Abs. 2 UrhG in § 53 Abs. 5 UrhG, die weder zum privaten Gebrauch (§ 53 Abs. 1) noch zum sonstigen eigenen Gebrauch (§ 53 Abs. 2) vervielfältigt werden dürfen.

840 Durch das Gesetz zur Regelung des Urheberrechts in der Informationsgesellschaft vom 10.9.2003,[1034] durch das die Multimedia-Richtlinie von 2001 (teilweise) umgesetzt wurde, wurde an der Grundstruktur der gesetzlichen Regelung nichts geändert. Die einzelnen Regelungen wurden der Vorgabe des Art. 5 Abs. 2 und 3 der Richtlinie angepasst sowie eine Reihe redaktioneller Änderungen vorgenommen. Die wichtigste materiell-rechtliche Änderung ergibt sich lediglich aus der Gesetzesbegründung: Während des Gesetzgebungsverfahrens war streitig geworden, ob § 53 UrhG, der sich auf analoge Privatkopien bezieht, auf digitale Kopien anwendbar ist, die wegen ihrer 1:1 Qualität vielfach also »Klone« bezeichnet werden. Die von der Multimedia-Richtlinie den EU-Mitgliedstaaten zugestandene Möglichkeit, die Privatkopieregelung auf den analogen Bereich zu beschränken, d.h. beim digitalen Kopien zum Verbotsrecht zurückzukehren, ist aber

---

1030 BVerfGE 31, 255 – Tonbandvervielfältigung.
1031 BGBl. I, S. 1137.
1032 BGBl. I, S. 910.
1033 BGBl. I, S. 1870.
1034 BGBl. I, S. 1774.

nicht vorgenommen worden. Wichtigste Änderung ist die Einführung der Vorschriften zum Schutz technischer Maßnahmen vor Umgehung (§§ 95a, 95d UrhG).[1035]

2. Vervielfältigungen zum privaten Gebrauch (§ 53 Abs. 1 UrhG)

§ 53 Abs. 1 UrhG erlaubt die Herstellung einzelner Vervielfältigungen von Werken aller **841** Art (mit Ausnahme von Computerprogrammen und Datenbankwerken) zum privaten Gebrauch. Entscheidend wird auf den Zweck der Vervielfältigung zur Befriedigung persönlicher Bedürfnisse abgestellt. Wenn sie zugleich auch kommerziellen Zwecken dient, greift die Privilegierung nicht ein.[1036] Ein privater Gebrauch kann lediglich bei natürlichen Personen gegeben sein, weshalb eine Privilegierung nach § 53 Abs. UrhG bei juristischen Personen nicht in Betracht kommt. Juristische Personen können sich nur die Privilegierung des sonstigen Gebrauchs nach § 53 Abs. 2 UrhG berufen.[1037] Nicht unter den Begriff des privaten Gebrauchs fällt die Herstellung von Kopien zu beruflichen Zwecken oder für die Ausbildung, wie etwa das Kopieren von Ausbildungsskripten durch Referendare.[1038]

Die zulässigen Anzahl von Vervielfältigungen legen weder § 53 Abs. 1 UrhG, noch der **842** BGH fest, der aber eine Anzahl von mehr als sieben Vervielfältigungsstücken für unzulässig hielt,[1039] wozu er aber nur durch den Klageantrag bewegt wurde.[1040] Ausschlaggebend ist deshalb der jeweils mit der Herstellung der Vervielfältigungsstücke verfolgte Zweck. Zulässig kann daher im Einzelfall nur die Herstellung von ein oder zwei Vervielfältigungsstücken sein, aber auch von fünf oder zehn Vervielfältigungsstücken.[1041]

3. Offensichtlich rechtswidrig hergestellte Vorlage

Die Vervielfältigungsfreiheit zum privaten Gebrauch gilt nur, soweit nicht offensichtlich **843** rechtswidrig hergestellte Werkstücke als Kopiervorlage verwendet werden. Durch das Tatbestandsmerkmal »*offensichtlich*« ist die Grenzziehung zwischen legaler und illegaler Kopie erheblich erschwert, weil hierdurch auf ein subjektives Merkmal abgestellt wird, i.E die Erkennbarkeit der Rechtswidrigkeit für den Nutzer bzw. die Vorwerfbarkeit der Unkenntnis. Inwieweit dieses Merkmal objektivierbar ist i.S.v. Kennenmüssen ist höchst streitig.[1042] Offensichtlich rechtswidrig hergestellt sind Vervielfältigungsstücke dann, wenn die Möglichkeit einer Erlaubnis durch den Rechtsinhaber sowie einer irgend gearteten Privilegierung aller Wahrscheinlichkeit nach ausgeschlossen werden kann. Jedoch setzt § 53 Abs. 1 UrhG nicht das Eigentum an dem vervielfältigten Werkstück voraus, weshalb auch ein fremdes Werkstück vervielfältigt werden kann.[1043]

4. Offensichtlich rechtswidrig öffentlich zugänglich gemachte Vorlage

Nach dem Zweiten Gesetz zur Regelung des Urheberrechts in der Informationsgesell- **844** schaft vom 26.10.2007[1044] ist eine Privatkopie auch dann unzulässig, wenn sie von einer offensichtlich rechtswidrig öffentlich zugänglich gemachten Vorlage angefertigt wird. Hierdurch wurde die Regelungslücke bei der Nutzung von Peer-to-Peer-Netzwerken

---

1035 Siehe Kap. 21 Rdn. 227 ff.
1036 BGH GRUR 1978, 474 – Vervielfältigungsstücke; BGH GRUR 1993, 899 – Dia Duplikate.
1037 BGHZ 134, 250 – CB-Infobank I.
1038 BGH GRUR 1984, 54 – Kopierläden.
1039 BGH GRUR 1978, 474 – Vervielfältigungsstücke.
1040 Wandtke/Bullinger/*Lüft* § 53 Rn. 13.
1041 Wandtke/Bullinger/*Lüft* § 53 Rn. 13; Schricker/*Loewenheim* § 53 Rn. 14; a.A. *Schack* ZUM 2002, 497.
1042 Schricker/*Loewenheim* § 53 Rn. 14c.
1043 BGHZ 134, 250 – CB-Infobank I; offengelassen in BGH GRUR 1993, 899 – Dia Duplikate.
1044 BGBl. I, S. 2513.

geschlossen werden, da Teilnehmer an einem solchen Netzwerk sich darauf berufen konnten, beim Herunterladen eines Werkes sei nicht ersichtlich, ob die Vorlage offensichtlich rechtswidrig hergestellt wurde.[1045]

5. Vervielfältigung durch Dritte für den Berechtigten

845 Die Vervielfältigung muss nicht eigenhändig von dem durch § 53 Abs. 1 Satz 1 Berechtigten, sondern kann auch durch Dritte vorgenommen werden, sofern dies unentgeltlich geschieht oder wenn es sich um Vervielfältigungen auf Papier oder einem ähnlichen Träger durch reprographische Verfahren handelt. Generelle Voraussetzung für die Zulässigkeit der Herstellung der Vervielfältigungsstücke durch einen Dritten ist im Übrigen, dass sich die Tätigkeit des Dritten auf den technischen Vorgang der Vervielfältigung beschränkt und dass er sich im Rahmen einer konkreten Anweisung zur Herstellung der Vervielfältigungen des Berechtigten hält.[1046]

846 Nicht zulässig ist es daher das Mitschneiden von im Fernsehen ausgestrahlter Dokumentarfilme durch ein Unternehmen, um anschließend einzelnen Auftraggebern eine Auswahl aus dem aufgezeichneten Bestand zu ermöglichen.[1047] Im Rahmen des Zulässigen hält sich aber eine öffentliche Bibliothek, die auf Bestellungen von Kunden zum privaten Gebrauch, die vorher in einem online verbreiteten Katalog unterrichtet wurden, Vervielfältigungsstücke von Zeitschriftenbeiträgen fertigt und diese per Telefax übersendet.[1048] Um die finanzielle Beteiligung des Urhebers an der Werkverwertung sicherzustellen, steht diesem in analoger Anwendung der §§ 27 Abs. 2 und 3, 49 sowie 54a Abs. 2 i.V.m. 54h Abs. 1 UrhG ein Anspruch auf angemessene Vergütung zu, der nur durch eine Verwertungsgesellschaft geltend gemacht werden kann.

847 Die entgeltliche Herstellung von Vervielfältigungsstücken durch einen Dritten ist durch § 53 Abs. 1 Satz 2 nur dann erlaubt, wenn es sich um Vervielfältigungen auf Papier oder einem ähnlichen Träger mittels beliebiger fotomechanischer Verfahren oder anderer Verfahren mit ähnlicher Wirkung handelt. Digitale Kopien durch Dritte sind nur zulässig, wenn sie unentgeltlich erfolgen. Daher fällt weder der Betrieb von CD-Kopierautomaten, die öffentlich zugänglich sind und mit denen Kopien entgeltlich hergestellt werden können,[1049] noch die entgeltliche Vervielfältigung mithilfe eines digitalen Videorecorders unter das Privileg.[1050] Jedoch liegt im bloßen Aufstellen von Kopiergeräten kein zulässiges Herstellen von Vervielfältigungen durch Dritte. Hersteller ist vielmehr der Benutzer der Kopiergeräte.[1051]

6. Vervielfältigung zum sonstigen eigenen Gebrauch (§ 53 Abs. 2 UrhG)

848 § 53 Abs. 2 UrhG erlaubt die Vervielfältigung für den sonstigen eigenen Gebrauch in einer Vielzahl von Fällen. Der eigene Gebrauch ist dadurch gekennzeichnet, dass jemand Vervielfältigungen zur eigenen Verwendung und nicht zur Weitergabe an Dritte herstellt bzw. herstellen lässt.[1052] Ebenso wie beim privaten Gebrauch dürfen auch in den Fällen des § 53 Abs. 2 UrhG nur einzelne Vervielfältigungsstücke hergestellt werden. Im Gegensatz zum privaten Gebrauch kann der eigene Gebrauch auch beruflichen oder erwerbs-

---

1045 *Hoeren* MMR 2007, 615.
1046 BGHZ 134, 250 – CB-Infobank I; BGH GRUR 1997, 464 – CB-Infobank II, BGHZ 141, 13 – Kopienversanddienst.
1047 KG GRUR 2000, 49 – Mitschnitt-Einzelangebot.
1048 BGHZ 141, 13 – Kopienversanddienst.
1049 OLG München GRUR-RR 2003, 365 – Aufstellen von CD-Brennern in Ladengeschäften.
1050 BGH GRUR 2009, 845 – Internet-Videorecorder.
1051 OLG München GRUR-RR 2003, 365 – Aufstellen von CD-Brennern in Ladengeschäften.
1052 Amtl. Begründung zur Novelle 1985, BT-Drs. 10/837, 9.

wirtschaftlichen Zwecken dienen,[1053] abgesehen von der Aufnahme in ein eigenes Archiv (§ 53 Abs. 2 Satz 1 Nr. 2 UrhG), da das Archiv keinem unmittelbaren oder mittelbaren wirtschaftlichen oder Erwerbszweck verfolgen darf.

Anders als der private Gebrauch kann der eigene Gebrauch i.S.d. § 53 Abs. 2 UrhG nicht nur durch natürliche Personen, sondern auch durch juristische Personen, Gesellschaften, Körperschaften usw. ausgeübt werden. Eigener Gebrauch i.S.d. Abs. 2 ist vor allem der betriebs- bzw. behördeninterne Gebrauch durch Bibliotheken, Unternehmen, Behörden, Hochschulen, Schulen.[1054] **849**

Eigener Gebrauch liegt dann nicht vor, wenn die hergestellten Vervielfältigungsstücke an Dritte weitergegeben werden sollen oder wenn sie zwar im Unternehmen oder der Behörde verbleiben sollen, dort aber durch Dritte benutzt werden können oder zur Herstellung weiterer für Dritte bestimmter Vervielfältigungsstücke etwa im Rahmen eines Auskunftsverlangen nach den Informationsfreiheitsgesetzen dienen sollen.[1055] Auch die Einspeicherung, Bearbeitung und Ausgabe von Dokumenten oder sonstigen Werken in Datenbanken durch für Dritte tätig werdende Dokumentations- und Recherchedienste stellt keinen eigenen Gebrauch dar.[1056] **850**

Die Vervielfältigung nach § 53 Abs. 2 UrhG ist nur zulässig, wenn einer der in Satz 1 Nr. 1–4 genannten Fälle vorliegt, wobei sich die einzelnen Gebrauchszwecke auch überschneiden können: **851**

7. Vervielfältigung für eigenen wissenschaftlichen Gebrauch (§ 53 Abs. 2 Satz 1 Nr. 1 UrhG)

Um die wissenschaftliche Forschungstätigkeit nicht zu behindern, besteht Kopierfreiheit zum eigenen wissenschaftlichen Gebrauch, »*wenn und soweit die Vervielfältigung zu diesem Zweck geboten ist*«. Wissenschaft ist nicht nur das, was an Universitäten und Hochschulen gelehrt wird. Wissenschaftlicher Gebrauch kann auch dann vorliegen, wenn ein Anwalt für einen Schriftsatz bestimmte Textvorlagen kopiert, um den aktuellen Stand der Diskussion zu einer Streitfrage zu dokumentieren. Die Benutzung eines eigenen Werkstücks ist nicht erforderlich. Es muss sich aber immer um eigenen wissenschaftlichen Gebrauch handeln, d.h. § 53 Abs. 2 Satz 1 Nr. 1 ist nicht anwendbar, wenn die Vervielfältigungen durch Dritte benutzt werden sollen. **852**

8. Vervielfältigung zur Aufnahme in ein eigenes Archiv (§ 53 Abs. 2 Satz 1 Nr. 2 UrhG)

Zulässig ist die Herstellung von einzelnen Vervielfältigungsstücken eines Werkes »*zur Aufnahme in ein eigenes Archiv, wenn und soweit die Vervielfältigung durch diesen Zweck geboten ist*« und – insoweit abweichend von den weiteren Alternativen des § 53 UrhG – ein eigenes, im Eigentum des Archivbetreibers stehendes Werkexemplar als Vorlage verwendet wird.[1057] Außerdem darf nur eine Vervielfältigung auf Papier oder einem ähnlichen Träger mittels beliebiger fotomechanischer Verfahren oder ähnlicher Verfahren vorgenommen werden (Nr. 1) oder eine ausschließlich analoge Nutzung stattfinden (Nr. 2) oder das Archiv im öffentlichen Interesse tätig sein und keinen unmittelbar oder mittelbar wirtschaftlichen oder Erwerbszweck verfolgen (Nr. 3).[1058] Gewerbliche Archive sind folglich anders als etwa gemeinnützige Stiftungen nicht privilegiert. **853**

1053 BGH GRUR 1978, 474 – Vervielfältigungsstücke; BGH GRUR 1993, 899 – Dia-Duplikate.
1054 Vgl. aber für den Unterricht § 53 Abs. 3 Nr. 1, für Prüfungen Abs. 3 Nr. 2 UrhG.
1055 VG Frankfurt NVwZ 2008, 1384 – Informationsanspruch gegenüber der BaFin.
1056 BGHZ 134, 250 – CB-Infobank I; BGH GRUR 1997, 464 – CB-Infobank II.
1057 BGHZ 134, 250 – CB-Infobank I.
1058 Amtl. Begr., BT-Drs. 15/38, 21.

854 Sinn der Vorschrift ist es, den Bibliotheken zu ermöglichen, ihre Bestände auf Mikrofilm abzubilden, um Raum zu sparen oder die Filme an einen vor Katastrophen sicheren Ort aufzubewahren. Den Bibliotheken soll auch die Möglichkeit gegeben werden, ihre Bestände zu erweitern.[1059] Ein Archiv ist eine unter sachlichen Gesichtspunkten geordnete Sammlung vorhandener Werke aller Art zum internen Gebrauch.[1060] Dieser interne Gebrauch ist überschritten, wenn die archivierten Vervielfältigungsstücke auch zur Verwendung durch außenstehende Dritte bestimmt sind. Der BGH hat jedoch auch ein elektronisches Pressearchiv, das ein Unternehmen zur Benutzung durch eine Mehrzahl von Mitarbeitern einrichtet, als nicht durch Satz 1 Nr. 2 gedeckt angesehen.[1061]

855 Die Aufnahme in ein eigenes Archiv setzt weiterhin generell die Benutzung eines eigenen Werkstücks als Vorlage voraus. Ein eigenes Werkstück stellt eine im Internet zugängliche Gedichteliste nicht dar, sondern nur eine von den Berechtigten erworbene CD oder DVD mit der Gedichteliste.[1062]

9. Vervielfältigung eines durch Funk gesendeten Werkes (§ 53 Abs. 2 Satz 1 Nr. 3 UrhG)

856 Vervielfältigung »*eines durch Funk gesendeten Werkes zur eigenen Unterrichtung über Tagesfragen*« sind erlaubt, jedoch nicht öffentlich zugänglich gemachte Inhalte. Im Zuge der Umsetzung der Multimedia-Richtlinie wurde Abs. 2 Satz 3 aufgenommen. Danach sind Vervielfältigungen nach Abs. 2 Satz 1 Nr. 3 nur noch zulässig, wenn die Vervielfältigung auf Papier oder einem ähnlichen Träger mittels beliebiger fotomechanischer Verfahren oder anderer Verfahren mit ähnlicher Wirkung vorgenommen werden oder ausschließlich eine analoge Nutzung stattfindet. Eine Aufnahme eines gesendeten Werkes zur Unterrichtung über Tagesfragen darf daher nicht auf digitalen Datenträgern erfolgen.

857 Die praktische Relevanz der Vorschrift beschränkt sich auf die Vervielfältigung zu beruflichen und gewerblichen Zwecken, da der Mitschnitt von Funksendungen zum privaten Gebrauch von § 53 Abs. 1 erfasst wird.

10. Vervielfältigung zum sonstigen eigenen Gebrauch (§ 53 Abs. 2 Satz 1 Nr. 4 UrhG)

858 »*Kleine Teile eines erschienenen Werks*« sowie wie einzelne Beiträge dürfen vervielfältigt werden, die in Zeitungen oder Zeitschriften erschienen sind (Ziffer a), ebenso wie komplette Werke, die mindestens seit 2 Jahren vergriffen sein müssen (Ziffer b). Nach OLG Karlsruhe wird die in Ziffer a. genannte Grenze nicht überschritten, wenn 10% vervielfältigt werden.[1063] Vergriffen ist ein Werk, wenn es nicht mehr über die allgemeinen Vertriebswege zu erhalten ist. Unerheblich ist, ob es noch antiquarisch bezogen werden kann.[1064]

11. Vervielfältigung zum Unterrichts- und Prüfungsgebrauch (§ 53 Abs. 3 UrhG)

859 Die Herstellung von »*Vervielfältigungstücken von kleinen Teilen eines Werkes, von Werken von geringem Umfang oder von einzelnen Beiträgen, die in Zeitungen oder Zeitschriften erschienen sind oder nach § 19a UrhG öffentlich zugänglich gemacht worden sind*« können vervielfältigt werden zum eigenen Gebrauch für Schul- und Unterrichtszwecke in der hierfür erforderlichen Anzahl. Erfasst sind alle allgemeinbildenden Schu-

---

1059 Amtl. Begr., BT-Drs. IV/270, 101.
1060 BGHZ 134, 250 – CB-Infobank I.
1061 GRUR 1999, 325 – Elektronische Pressearchive; zu der ganz ähnlichen Argumentation des BGH im analogen Bereich siehe BGHZ 141, 13 – Kopienversanddienst.
1062 BGHZ 172, 268 – Gedichttitelliste I.
1063 OLG Karlsruhe GRUR 1987, 818 – Referendarkurs.
1064 A.A. Fromm/*Nordemann* § 53 Rn. 9.

len, auch Berufs- und Sonderschulen, nicht aber Universitäten, wie sich im Umkehrschluss aus § 53 Abs. 3 Nr. 3 UrhG ergibt. Hierzu zählen auch staatliche Stellen für die Referendarsausbildung nach Abschluss eines Hochschulstudiums.[1065] Zulässig ist die Vervielfältigung nur für den Unterrichtszweck. Hieraus ergibt sich auch die zulässige Anzahl der Vervielfältigungen. Eine Vervielfältigung für andere Zwecke, etwa für die Vorbereitung der Lehrer, ist nicht durch § 53 Abs. 3 Nr. 1 UrhG gedeckt.

Streitig ist, ob nach § 53 Abs. 3 Nr. 1 UrhG unter den dort genannten Voraussetzungen auch Teile aus Schulbüchern kopiert werden dürfen. Nach Auffassung der Schulbuchverleger liegt hier ein Redaktionsversehen des Gesetzgebers vor, weil § 52a Abs. 2 Satz 1 UrhG die öffentliche Zugänglichmachung von Teilen von Schulbüchern an die vorherige Zustimmung des Rechteinhabers bindet. Zwischen der elektronischen Zugänglichmachung nach § 19a UrhG und der herkömmlichen Vervielfältigung durch reprographische Verfahren bestehen aber erhebliche Unterschiede (Kosten, Vergütung nach § 54a UrhG). 860

Ferner ist nach § 53 Abs. 3 Nr. 2 UrhG die Herstellung von Vervielfältigungen für staatliche Prüfungen und Prüfungen in den aufgeführten Institutionen zulässig, wenn die Vervielfältigung hierfür geboten ist. Zusätzlich zu den in § 53 Abs. 3 Nr. 1 UrhG genannten Institutionen sind auch die Hochschulen privilegiert, da Prüfungsmaterialien im Gegensatz zu Lehrmaterial nicht von den Studenten beschafft werden kann. 861

XI. Ausnahmen von der Vervielfältigungsfreiheit

1. Verbot der Vervielfältigung von Noten sowie ganzer Bücher und Zeitschriften (§ 53 Abs. 4 UrhG)

§ 53 Abs. 4 UrhG schränkt die Vervielfältigung von Notenmaterial sowie von ganzen oder im wesentlichen ganzen Büchern und Zeitschriften ein, die – soweit die Vervielfältigung nicht durch Abschreiben vorgenommen wird – nur mit Einwilligung des Rechteinhabers zulässig ist, es sei denn, es geht um die Aufnahme in ein eigenes Archiv oder die Verwendung zum eigenen Gebrauch. Zum eigenen Gebrauch dürfen diese Werke nur vervielfältigt werden, wenn sie seit wenigstens zwei Jahren vergriffen sind. Was unter »*im wesentlichen ganzen Büchern bzw. Zeitschriften*« zu verstehen ist, ist streitig. Die Grenze dürfte bei 80% liegen und bei 90% jedenfalls überschritten sein.[1066] 862

2. Verbot der Vervielfältigung von Datenbankwerken (§ 53 Abs. 5 UrhG)

Unzulässig ist die Vervielfältigung elektronischer, im Gegensatz zu analogen Datenbankwerke zum privaten Gebrauch, zur Aufnahme in ein eigenes Archiv, zur Unterrichtung von Tagesfragen oder dem sonstigen eigenen Gebrauch.[1067] Zulässig ist die Vervielfältigung zum eigenen wissenschaftlichen Gebrauch i.S.d. § 53 Abs. 2 Satz 1 Nr. 1 und zur Verwendung im Schulunterricht sowie in den Ausbildungseinrichtungen (§ 53 Abs. 3 Nr. 1 UrhG), wenn dieser jeweils nicht zu gewerblichen Zwecken erfolgt. 863

3. Verbot der Weitergabe und öffentlichen Wiedergabe (§ 53 Abs. 6 UrhG)

Nach § 53 Abs. 6 UrhG ist die Verbreitung i.S.v. § 17 UrhG also das Angebot an die Öffentlichkeit und das Inverkehrbringen der nach § 53 Abs. 1 bis 4 UrhG in zulässiger Weise hergestellten Vervielfältigungsstücke unzulässig. Falls schon die Herstellung des Vervielfältigungsstückes zum Zweck der Weitergabe an Dritte erfolgt ist, liegt schon eine 864

1065 OLG Karlsruhe GRUR 1987, 818 – Referendarkurs.
1066 Wandtke/Bullinger/*Lüft* § 53 Rn. 42.
1067 OLG Hamburg GRUR 2001, 831 – Roche Lexikon Medizin.

rechtswidrige Vervielfältigung vor. Wird dagegen eine zunächst in zulässiger Weise für den privaten Gebrauch i.S.v. § 53 Abs. 1 Satz 1 UrhG hergestellte Kopie später an einen Dritten weitergegeben, liegt ein Verstoß gegen §§ 53 Abs. 6 i.V.m. 17 UrhG vor. Bereits das Angebot an Dritte, diesen die Vervielfältigungsstücke zukommen zu lassen, begründet den Verbotsanspruch. Auch die Verwendung der in zulässiger Weise hergestellten Vervielfältigungsstücke zur öffentlichen Wiedergabe i.S.d. § 15 Abs. 2 UrhG einschließlich der öffentlichen Zugänglichmachung nach § 19a UrhG ist unzulässig.[1068]

XII. Sonstige Vervielfältigungsverbote (§ 53 Abs. 7 UrhG)

865 Das Verbot der Aufnahme öffentlicher Vorträge, Aufführungen oder Vorführungen eines Werkes auf Bild- und Tonträger erfasst nur die unmittelbare Aufnahme (Erstfixierung) im Theater, Konzertsaal etc., nicht die Aufnahme von Rundfunkübertragungen der Aufführung oder Vorführung.

866 Das Verbot der Ausführung von Plänen und Entwürfen zu Werken der bildenden Kunst, sowie des Nachbaus von Werken der bildenden Kunst, sowie des Nachbaus von Werken der Baukunst bezieht sich nur auf die Ausführung, nicht auf die Vervielfältigung der Pläne, Entwürfe oder des fertigen Werkes.

1. Vergütungsansprüche (§§ 54a ff. UrhG)

867 Für Vervielfältigungen zum privaten oder sonstigen eigenen Gebrauch gemäß § 53 Abs. 1 bis 3 UrhG steht den Urhebern ein Anspruch auf Vergütung zu. Die Vergütung wird nicht unmittelbar bei den Berechtigten, sondern von den Herstellern, Händlern und Importeuren von Vervielfältigungsgeräten und Speichermedien sowie in bestimmten Fällen auch von denjenigen erhoben, die Vervielfältigungsgeräte betreiben. Für die Bemessung der angemessenen Vergütungshöhe ist nach § 54a UrhG das Maß der tatsächlichen Nutzung ausschlaggebend, wobei auch zu berücksichtigen ist, ob Werke durch technische Schutzmaßnahmen nach § 95a UrhG geschützt sind. Zudem darf die zugunsten von Urhebern und Rechteinhabern erhobene Abgabe nicht unterschiedslos auf Unternehmen und Freiberufler angewandt werden, da diese die Geräte und Datenträger eindeutig zu anderen Zwecken als dem des privaten Gebrauchs erwerben.[1069]

2. Kopienversand auf Bestellung (§ 53a UrhG)

868 Mit § 53a UrhG wurde die Kopierversanddienst-Entscheidung des BGH[1070] zur begrenzten Zulässigkeit des Kopienversands durch öffentliche Bibliotheken ins UrhG aufgenommen (Abs. 1) und der vom BGH seinerzeit noch im Wege der Analogie zu §§ 27 Abs. 2 und 3, 49 Abs. 1 und 54a Abs. 2 i.V.m. 54h Abs. 1 a.F. begründete Vergütungsanspruch festgeschrieben (Abs. 2). Versandt werden dürfen nur einzelne in Zeitungen und Zeitschriften erschienene Beiträge sowie kleine Teile eines erschienenen Werkes an nach § 53 UrhG privilegierte Besteller. Für die Vervielfältigung und Übermittlung ist dem Urheber eine angemessene Vergütung zu zahlen. Der Anspruch kann nur durch eine Verwertungsgesellschaft geltend gemacht werden.

869 Für den Versand von Kopien in sonstiger elektronischer Form, nicht hingegen für den Versand per Post und Telefax gelten mehrere Einschränkungen: Es dürfen Kopien nur als Faksimile in gif, tif, jpeg oder Bitmap-Dateien versandt werden, die nicht indizierbar

---

1068 BGHZ 134, 250 – CB-Infobank I.
1069 Schlussanträge der Generalanwältin *Trstenjak* in der Rs. C-467/08 – Sociedad General de Autores y Editores (SGAE)/PADAWAN S. L.
1070 BGHZ 141, 13 – Kopienversanddienst.

sind, damit dem Besteller nicht die Möglichkeit eröffnet wird, ein durchsuchbares Archiv zu erstellen.[1071] Die digitale Kopie muss zur Veranschaulichung des Unterrichts oder für die wissenschaftliche Forschung dienen, weshalb ein Kopienversand für die private Nutzung i.S.d. § 53 Abs. 1 UrhG nicht möglich ist. Zudem darf es kein offensichtlich digitales Verlagsangebot zu angemessenen Bedingungen geben. Angemessen sind Bedingungen, die im Geschäftsverkehr üblicher- und redlicherweise zu leisten sind.[1072] Dabei ist zu berücksichtigen, dass der Besteller, der beispielsweise nur einen einzelnen Beitrag einer Fachzeitschrift lesen möchte, nicht andere, von ihm nicht benötigte Zeitschriftenbeiträge im Paket oder ein umfangreicheres Abonnement erwerben muss, sondern dass die Beiträge oder Werkteile im von ihm gewünschten Umfang zur Verfügung stehen.[1073] Das Angebot muss für die Bibliotheken aber offensichtlich erkennbar sein, weshalb sie davon entlastet werden, Online-Angebote umfassend überprüfen zu müssen, ehe sie Kopien in digitaler Form versenden.

Sowohl für den Versand von Vervielfältigungen per Post und Telefax als auch für den digitalen Kopienversand darf die Bibliothek eine Vergütung verlangen, die über die reine Erstattung von Kosten hinausgeht. § 53a UrhG enthält keine Beschränkung, wonach der Kopienversand nur als unentgeltliche Leistung erbracht werden darf.

§ 53a UrhG beschränkt nicht das Recht der öffentlichen Zugänglichmachung aus § 19a UrhG, weshalb die Bibliotheken die für den Kopienversand gemachten Vervielfältigungen nicht in eine Datenbank einstellen dürfen.[1074]

XIII. Sonstige Schranken (§§ 55–60 UrhG)

Privilegiert sind weiterhin nach
- § 55 UrhG die sog. ephemeren Aufnahmen der Sendeunternehmen, die binnen eines Monats nach der Sendung zu löschen sind, wenn sie nicht wegen ihres außergewöhnlichen dokumentarischen Charakter in ein amtliches Archiv aufgenommen werden;
- § 55a UrhG die Vervielfältigung von elektronischen Datenbanken beim Laden in den Arbeitsspeicher oder beim sonstigen Speichern auf digitale Datenträger durch den Berechtigten,
- § 56 UrhG der Hersteller und Händler von Geräten zur Herstellung oder zur Wiedergabe von Bild- oder Tonträgern, zum Empfang von Funksendungen oder zur elektronischen Datenverarbeitung (sog. Ladenklausel);[1075]
- § 57 UrhG die zufällige Nutzung von Werken als unwesentliches Beiwerk,[1076]
- § 58 UrhG die Herausgabe illustrierter analoger oder digitaler Ausstellungs- und Verkaufskataloge (sog. Katalogbildfreiheit);[1077]
- § 59 UrhG die Ausnutzung der Panoramafreiheit bei der Abbildung von zeitlich unbefristeten Werkpräsentation an öffentlichen Wegen, Straßen oder Plätzen;[1078]
- § 60 UrhG die Vervielfältigung von auf Bestellung angefertigter Personenabbildungen.[1079]

1071 Amtl. Begr., BT-Drs. 16/1828, 27.
1072 Amtl. Begr., BT-Drs. 16/5939, 45.
1073 Amtl. Begr., BT-Drs. 16/1828, 27 f.
1074 Amtl. Begr., BT-Drs. 16/1828, 27.
1075 AG Charlottenburg Schulze AGZ 16.
1076 OLG München NJW 1989, 404 – Abdruck von Kunstwerken in Werbeprospekten.
1077 BGHZ 144, 232 – Parfumflakon.
1078 BGHZ 150, 6 – Verhüllter Reichstag; BGH GRUR 2003, 1035 – Hundertwasserhaus; LG Frankenthal NJW 2005, 607 – Grassofa; LG Mannheim GRUR 1997, 364 – Freiburger Holbein-Pferd.
1079 OLG Köln GRUR 2004, 499 – Portraitfoto im Internet; OLG Karlsruhe ZUM 1994, 737 – Musikgruppe S.

F. Grenzüberschreitende Bezüge

I. Überblick über die Fragestellungen

873 Während es bei urheberrechtlichen und leistungsschutzrechtlichen Sachverhalten schon immer grenzüberschreitende Bezüge gegeben hat, sind sie insbesondere durch Nutzungen im Internet vermehrt aufgetreten. So kann z.B. ein Verkauf von geschützten Werken aus dem Inland in das Ausland oder umgekehrt erfolgen; auch eine Sendung kann aus einem Land in ein anderes erfolgen. Internetnutzungen sind dagegen durch die weltweite Vernetzung regelmäßig grenzüberschreitend. Die Ausführungen in diesem Beitrag erstrecken sich im Übrigen auf Fälle, in denen ausländische Urheber oder Leistungsschutzberechtigte bzw. Werke und andere Schutzgegenstände, die z.B. aufgrund einer Erstveröffentlichung im Ausland als »ausländisch« gelten, betroffen sind.

874 Liegt ein streitiger Sachverhalt mit grenzüberschreitenden Bezügen vor, so dass mehrere Rechtsordnungen berührt sind, so sind zunächst Fragen des Verfahrensrechtes, insbesondere des internationalen Zivilprozessrechts, zu klären (diese sind jedoch nicht Gegenstand dieses Beitrags).[1080] Ein in Deutschland angerufenes Gericht wendet hierzu grundsätzlich die in Deutschland geltenden Verfahrensregeln (lex fori) an, um über seine Zuständigkeit oder Unzuständigkeit zu entscheiden; für Fälle, die EU-Angehörige betreffen, ist dabei die EU-Verordnung Nr. 44/2001, und hier insbesondere deren Art. 5 Nr. 3 für unerlaubte Handlungen, zu beachten.[1081] Ist nach den einschlägigen Regeln ein deutsches Gericht für den gegebenen grenzüberschreitenden Fall zuständig, muss es entscheiden, nach welchem materiellen Recht der Sachverhalt zu entscheiden ist. Diese Weichenstellung erfolgt aufgrund des internationalen Privatrechts (IPR); das Gericht wendet zunächst das IPR der lex fori, also in Deutschland deutsches IPR an.

875 Ist aufgrund des deutschen IPR oder aufgrund einer Rückverweisung aus ausländischem IPR deutsches Sachrecht anwendbar, so ist nach dem deutschen Fremdenrecht zu entscheiden, ob etwa ein ausländischer Urheber oder Leistungsschutzberechtigter nach den fremdenrechtlichen Bestimmungen der §§ 120 ff. UrhG für Verwertungen in Deutschland geschützt ist. Diese fremdenrechtlichen Bestimmungen enthalten auch Verweise auf die in Deutschland geltenden internationalen Abkommen, deren Inhalt im 4. Kapitel dieses Beitrags dargestellt werden. Da Deutschland als Mitglied der Europäischen Union auch die relevanten Regelungen des EU-Rechts achten muss, werden in einem 5. Kapitel sowohl das Primärrecht der EU wie auch das Sekundärrecht, also die Richtlinien, die in deutsches Recht umgesetzt sind und ebenfalls Regeln des Sachrechts darstellen, kurz behandelt.

II. Internationales Privatrecht

1. Urheberrecht und verwandte Schutzrechte: Schutzlandprinzip

a) Grundlagen

876 Das deutsche IPR knüpft alle urheberrechtlichen und leistungsschutzrechtlichen Fragen mit Ausnahme des Vertragsrechts in diesen Gebieten[1082] an das Recht des Schutzlands an. Im IPR spricht man diesbezüglich vom Urheberrechtsstatut in Abgrenzung zum Ver-

---

1080 Siehe dazu z.B. Loewenheim/*M. Walter* § 58 Rn. 120-135, 165-199.
1081 Verordnung Nr. 44/2001 des Rates vom 22.12.2000 über die gerichtliche Zuständigkeit und die Anerkennung und Vollstreckung von Entscheidungen in Zivil- und Handelssachen, ABl. L 12 vom 16.1.2001, S. 1, zuletzt geändert durch Verordnung (EG) Nr. 280/2009, ABl. L 93 vom 7.4.2009, S. 13. Siehe dazu z.B. Loewenheim/*M. Walter* § 58 Rn. 165-199.
1082 Zum Vertragsrecht im Bereich des Urheber- und Leistungsschutzrechts siehe unten Rdn. 889 ff.

tragsstatut. Obwohl diese Regel nicht ausdrücklich im EGBGB wiedergegeben ist, geht die Rechtsprechung und die herrschende Lehre vom Schutzlandprinzip aus.[1083] Insbesondere hat der deutsche Gesetzgeber im Rahmen der IPR-Reform zu außervertraglichen Schuldverhältnissen und Sachen im Jahre 1999[1084] mit dem ausdrücklichen Hinweis auf »die allgemeine Geltung des Schutzlandprinzips« bewusst keine besonderen Vorschriften bezüglich der Verletzung von Urheberrechten in das EGBGB vorgesehen.[1085]

Das Schutzlandprinzip wird meist aus dem Territorialitätsprinzip und den auch für Deutschland verbindlichen internationalrechtlichen Bestimmungen über die Inländerbehandlung hergeleitet. 877

Nach dem Territorialitätsprinzip, das dem internationalen Urheberrecht zugrunde liegt, ist die Wirkung nationaler Gesetze im Bereich des Urheberrechts und der verwandten Schutzrechte auf das Gebiet der jeweils gesetzgebenden Staaten beschränkt. Folglich gilt ein Urheberrecht oder verwandtes Schutzrecht, das sich auf deutsches Recht begründet, nur für Handlungen in Deutschland, kann also auch nur durch eine inländische Handlung verletzt werden. Weltweit bedeutet das Territorialitätsprinzip[1086] daher, dass die jeweiligen nationalen Rechte nebeneinander bestehen; anders als nach dem Universalitätsprinzip, das sich nicht durchgesetzt hat, erstreckt sich ihre Wirkung nicht auf das Ausland. Nach dem Universalitätsprinzip wäre das Recht des Ursprungslands des Werkes weltweit auf die Verwertung dieses Werkes anzuwenden.[1087] 878

Der Inländergrundsatz der internationalen Konventionen, insbesondere des Art. 5 Abs. 2 Satz 2 der Revidierten Berner Übereinkunft (RBÜ), bestimmt, dass sich der Umfang des Schutzes und die dem Urheber zur Wahrung seiner Rechte zustehenden Rechtsbehelfe nur nach den Vorschriften desjenigen Landes bestimmen, in dem der Schutz beansprucht wird. In dieser Regelung wird z.T. eine kollisionsrechtliche Verweisung auf das Schutzlandrecht gesehen.[1088] Diese Regelung sollte dahingehend verstanden werden, dass das Recht desjenigen Landes Anwendung findet, für das (anstatt »in dem«) der Schutz beansprucht wird.[1089] 879

Für das europäische Recht ist das Schutzlandprinzip ausdrücklich in Art. 8 Abs. 1/Erwägungsgrund 26 der Verordnung (EG) Nr. 864/2007 vom 11.7.2007 über das auf außervertragliche Schuldverhältnisse anzuwendende Recht (»Rom II«) für Verletzungen von Rechten des geistigen Eigentums kodifiziert worden.[1090] Sie trat am 9.1.2009 in Kraft und gilt für alle schadensbegründenden Ereignisse, die nach diesem Datum eintreten. 880

1083 Für die Rechtsprechung, siehe folgende Beispiele von vielen: BGH GRUR 1993, 697 – ALF; GRUR 1994, 144 – Folgerecht bei Auslandsbezug; MMR 1998, 35 m. Anm. *Schricker* – Spielbankaffaire; GRUR 2003, 328 – Sender Felsberg; GRUR 2007, 691 – Staatsgeschenk; für die Literatur z.B. Schricker/*Katzenberger* Vor §§ 120 ff. Rn. 124, 124; *Dreier*/Schulze Vor §§ 120 ff. Rn. 28; Fromm/Nordemann/*Nordemann-Schiffel* Vor § 120 Rn. 2, 59; MüKo/*Drexl* Rn. 7-8.
1084 Gesetz v. 21.5.1999, BGBl I., S. 1026.
1085 BT-Drs. 14/343, S. 10.
1086 Zu diesem Prinzip siehe z.B. Loewenheim/*M. Walter* § 58 Rn. 9-19; Schricker/*Katzenberger* Vor §§ 120 ff. Rn. 120-121; *Dreier*/Schulze Vor §§ 120 ff. Rn. 28; Fromm/Nordemann/*Nordemann-Schiffel* Vor § 120 Rn. 59.
1087 Zum Universalitätsprinzip, siehe z.B. *Spindler* IPrax 2003, 413-414; Loewenheim/*M. Walter* § 58 Rn. 6.
1088 Z.B. BGHZ 118, 395, 397 – ALF.
1089 Siehe z.B. Schwarz/Peschel-Mehner/*Dreier*/Buhrow/Würfel Rn. 15; so auch ausdrücklich in Art. 8 Abs. 1 der Rom II-Verordnung (siehe unten Rdn. 882).
1090 ABl. EG L 199/40 vom 31.7.2007; siehe dazu Loewenheim/*M. Walter* § 58 Rn. 48-59.

b) Reichweite des Schutzlandprinzips

881 Das Schutzlandprinzip wird nach ganz h.M. auf alle urheber- und leistungsschutzrechtlichen Fragen außer auf das Vertragsrecht angewendet. Folglich bestimmt es über den möglichen Schutzgegenstand (einschließlich der Kategorien schutzfähiger Werke und Leistungen), die Schutzvoraussetzungen (z.B. die Kriterien der »persönlichen geistigen Schöpfung« für ein Werk),[1091] die fremdenrechtliche und konventionsrechtliche Schutzberechtigung,[1092] die Urheberschaft und erste Inhaberschaft dieser Rechte,[1093] den Inhalt und Umfang des Schutzes (einschließlich des Bestehens gesetzlicher Vergütungsansprüche und der Schranken bzw. der Erschöpfung des Verbreitungsrechts),[1094] das Erlöschen des Schutzes (die Schutzdauer),[1095] die Übertragbarkeit urheber- und leistungsschutzrechtlicher Befugnisse,[1096] die Aktivlegitimation im Falle der vertraglichen Nutzungsrechtseinräumung,[1097] und die Verletzungsfolgen aller Art, wie etwa negatorische Ansprüche, Schadensersatz, Herausgabe der Bereicherung, bis hin zu strafrechtlichen Rechtsfolgen.[1098]

c) Verhältnis zu allgemeinen IPR-Regeln

882 In Bezug auf Urheberrechtsverletzungen, also unerlaubte Handlungen, könnte sich eine Diskrepanz zwischen dem Schutzlandprinzip und den allgemeinen IPR-Regeln für unerlaubte Handlungen ergeben. Nach Art. 40 Abs. 1 EGBGB ist auf Ansprüche aus unerlaubten Handlungen das Recht des Staates anwendbar, in dem der Ersatzpflichtige gehandelt hat, jedoch kann der Verletzte verlangen, dass statt dessen das Recht desjenigen Staates angewandt wird, in dem der Erfolg eingetreten ist. Nach dem Schutzlandprinzip ist das Recht desjenigen Landes anwendbar, in dem die rechtsverletzende Handlung stattgefunden hat. Falls jedoch ein Schaden in einem anderen Land, z.B. dem Land des Wohnsitzes des Urhebers oder eines anderen Rechtsinhabers eingetreten ist, also der Erfolgsort ein anderer als der Handlungsort ist, so erlaubt das Schutzlandprinzip die wahlweise Anwendung des Rechts des Erfolgsortes nicht; vielmehr ist Art. 40 Abs. 1 Satz 2 EGBGB hier nicht anwendbar, sondern nur das Schutzlandprinzip,[1099] wie in Art. 8(1) der Rom II-Verordnung bekräftigt.[1100]

883 Auch im Verhältnis zu Art. 40 Abs. 2 EGBGB, der bei Rechtsverletzungen ausnahmsweise erlaubt, das Recht des gemeinsamen gewöhnlichen Aufenthalts bzw. des gemeinsamen Orts der Hauptverwaltung oder Niederlassung des Ersatzpflichtigen und des Verletzten anzuwenden, findet wegen des Vorrangs des Schutzlandprinzips auf Verletzungen von Urheberrechten und verwandten Schutzrechten keine Anwendung.[1101] Auch die Auflockerungen des Deliktsstatuts nach Art. 41 EGBGB aufgrund einer »wesentlich

---

1091 Siehe z.B. BGHZ 118, 394, 396-397 – ALF.
1092 Siehe z.B. BGHZ 118, 396 – ALF.
1093 Siehe z.B. BGHZ 136, 380, 387 – Spielbankaffaire.
1094 BGHZ 126, 252, 256-257 – Folgerecht bei Auslandsbezug.
1095 Siehe BGHZ 70, 268, 271 – Buster Keaton-Filme; dies gilt nur, soweit nicht der konventionsrechtliche Schutzfristenvergleich mit der Folge anzuwenden ist, dass das Recht des Ursprungslandes anzuwenden ist, siehe dazu unten Rdn. 948 und BGHZ 95, 229, 235 – Puccini sowie BGH GRUR 2000, 1020, 1921 – La Bohème.
1096 BGHZ 136, 380, 387-388 – Spielbankaffaire.
1097 BGHZ 118, 394, 397-398 – ALF.
1098 BGHZ 118, 394, 398 – ALF; BGHZ 136, 380, 385 – Spielbankaffaire; BGH, Urt. v. 3.3.2004, GRUR 2004, 421, 422-423 – Tonträgerpiraterie durch CD-Export. Siehe die Bestätigung in Art. 13 der Rom II-Verordnung.
1099 BGHZ 136, 380, 386 – Spielbankaffaire; siehe auch BGHZ 152, 317, 322 – Sender Felsberg.
1100 Siehe z.B. Loewenheim/*M. Walter* § 58 Rn. 54.
1101 Schricker/*Katzenberger* Vor 220 ff., Rn. 134 m.w.N.

engeren Verbindung« sind nach h.M. nicht anwendbar.[1102] Schließlich sind anders als nach Art. 42 EGBGB in Bezug auf Inhalt und Schranken des Urheberrechts bzw. auf Urheberrechtsverletzungen keine vertraglichen Rechtswahlvereinbarungen zulässig.[1103] Dies ist inzwischen auch in Art. 8 Abs. 3 der Rom II-Verordnung niedergelegt.[1104]

d) Lokalisierung der Verletzungshandlung

884 Bei grenzüberschreitenden Verletzungshandlungen stellt sich die Frage, ob die in Deutschland vorgenommenen Teilhandlungen hier als Rechtsverletzungen zu qualifizieren sind. Ist das deutsche Recht Schutzland, so gilt für die einzelnen Rechte folgendes: Da Vervielfältigungen für sich genommen nicht grenzüberschreitend stattfinden und da das Vervielfältigungsrecht ein selbständiges Recht darstellt, ist es im Land der Vervielfältigung selbst dann verletzt, wenn die Vervielfältigung zu dem Zweck vorgenommen wird, die Vervielfältigungsstücke in das Ausland zu exportieren, um sie dort zu verwerten.[1105]

885 Das deutsche Verbreitungsrecht umfasst sowohl den Import als auch den Export. Selbst wenn eine grenzüberschreitende Verbreitung aus dem oder in das Ausland erfolgt und damit ein Teil des Verbreitungsaktes im Ausland stattfindet, findet die Verletzungshandlung (auch) in Deutschland statt.[1106] Wird allerdings rechtsverletzende Ware nur im Transitwege durch Deutschland geführt, so ist (nach allerdings umstrittener Meinung) das deutsche Verbreitungsrecht hier nicht verletzt.[1107] Der Import ist nur dem ausländischen Exporteur zuzurechnen, jedoch nicht dem inländischen Importeur – es sei denn, dieser nimmt anschließend eine Weiterverbreitung vor und verletzt dadurch das inländische Verbreitungsrecht.[1108]

886 Im Falle der grenzüberschreitenden Sendung geht die bisher herrschende Meinung sowie Rechtsprechung von der Anwendbarkeit nur des Rechts des Ausstrahlungslandes aus.[1109] Demgegenüber wird jedoch auch die sog. Bogsch-Theorie in der Literatur und durch deutsche Instanzgerichte stark vertreten, derzufolge grenzüberschreitende Sendungen auch in den bestimmungsgemäßen Empfangsländern die Senderechte verletzen.[1110] Für europäische Satellitensendungen hat die Satelliten- und Kabelrichtlinie[1111] die Handlung der öffentlichen Wiedergabe über Satellit rechtlich in dem Mitgliedstaat lokalisiert, in dem die programmtragenden Signale unter der Kontrolle des Sendeunternehmens und auf dessen Verantwortung in eine ununterbrochene Kommunikationskette eingegeben werden, die zum Satelliten und zurück zur Erde führt. Demnach findet die Satellitensendung bzw. die Verletzung des Senderechts nicht in den Mitgliedstaaten statt, in denen die so ausgesandten Signale empfangen werden können. Diese Regelung ist in § 20a des deutschen Urheberrechtsgesetzes umgesetzt worden.

1102 Loewenheim/*M. Walter* Rn. 30.
1103 BGHZ 118, 394, 397-398 – ALF; BGHZ 137, 380, 386 – Spielbankaffaire.
1104 Loewenheim/*M. Walter* Rn. 31, vermutet, dass dieser ausdrückliche Ausschluss nur auf das Sachrecht im engeren Sinne, nicht aber auf folgende Rechtsverletzung beziehen dürfte.
1105 BGH GRUR 2004, 421, 424 – Tonträgerpiraterie durch CD-Export.
1106 Siehe z.B. BGH GRUR 2004, 421, 424-425 – Tonträgerpiraterie durch CD-Export; BGH GRUR 1965, 323, 325 – Cavalleria Rusticana, zum Export bzw. Import.
1107 Schricker/*Katzenberger* Vor §§ 120 ff. Rn. 139 m.w.N.
1108 BGH GRUR 1981, 587 – Schallplattenimport; GRUR 1993, 550 – The Doors. Zur Frage der Qualifikation, die sich in diesen Fällen, anders als bei anderen Nutzungshandlungen, stellt, siehe z.B. Loewenheim/*M. Walter* § 58 Rn. 61, 81–83.
1109 Siehe z.B. BGHZ 152, 317, 322 f. – Sender Felsberg, sowie die Nachweise zu den unterschiedlichen Meinungen in der Literatur bei Schricker/*Katzenberger* Vor §§ 120 f. Rn. 141.
1110 Siehe dazu Schricker/*Katzenberger* Vor §§ 120 ff. Rn.141; Schwarz/Peschel-Mehner/*Dreier/Buhrow/Würfel* Rn. 36–37.
1111 Siehe dazu unten Rdn. 1009 ff.

887 Schwieriger ist die Lokalisierung der urheberrechtsrelevanten Handlung im Fall der Online-Nutzung von Werken und anderen Schutzgegenständen, da hier nicht nur die lokalisierbaren Vervielfältigungshandlungen in Frage stehen, sondern auch die grenzüberschreitende Zugänglichmachung, die nach zutreffender Auffassung die Übertragung erfasst. Da die internationalen Verträge, die das Online-Zugänglichmachungsrecht als Mindestrecht festgelegt haben (WIPO Copyright Treaty/WCT und WIPO Performances and Phonograms Treaty (WPPT) sowie die diese z.T. umsetzende EU-Richtlinie zur Informationsgesellschaft die Frage der Lokalisierung der Online-Handlungen nicht regelt, und auch sonst keine bindenden Vorschriften zu dieser Frage bestehen, ist die Frage nach der Lokalisierung der Online-Handlungen noch nicht eindeutig gelöst; in der Literatur werden unterschiedliche Meinungen vertreten.[1112] Als Anknüpfungspunkte werden für den gesamten Vorgang insbesondere diskutiert: der Standort des Rechners, von dem aus die Inhalte eingespeist wurden; der Standort des Servers, der für das Herauf- oder Herunterladen verwendet wird; der Wohnsitz oder die Niederlassung des Beklagten oder auch des Serverbetreibers sowie alle Orte, von denen aus auf den Inhalt online zugegriffen werden kann.[1113]

888 In Bezug auf das Folgerecht greift nach höchstrichterlicher Rechtsprechung eine Vorbereitungshandlung in Deutschland, wie etwa die Beauftragung eines ausländischen Auktionators und Spediteurs von Deutschland aus, allein für die Anwendung des deutschen Rechtes nicht aus, wenn die Veräußerung, die den Vergütungsanspruch aus dem Folgerecht auslöst, komplett im Ausland stattfindet.[1114] Allerdings ist deutsches Recht anwendbar, wenn zwar die Übereignung im Ausland stattgefunden hat, jedoch der Kaufvertrag (auch wenn nur teilweise) in Deutschland abgeschlossen wurde.[1115]

2. Vertragsrecht im Urheber- und Leistungsschutzrecht

a) Rechtsgrundlagen

889 Anders als auf Fragen des Urheberrechts oder der verwandten Schutzrechte selbst, also etwa den Inhalt und Umfang der Rechte,[1116] findet auf Fragen, die Verträge über das Urheberrecht oder verwandte Schutzrechte betreffen, nicht das Schutzlandprinzip Anwendung, sondern das allgemein auf vertragliche Schuldverhältnisse anwendbare Recht.[1117] Das Vertragsstatut wird also relevant, wenn Verträge über Urheberrechte und verwandte Schutzrecht einen Auslandsbezug vorweisen, wie z.B. bei unterschiedlicher Nationalität der Vertragsparteien, oder wenn letztere ihren Wohnsitz, gewöhnlichen Aufenthalt oder Sitz in verschiedenen Staaten haben, wie auch dann, wenn der Vertrag Rechte in mehreren Staaten erfasst. Das Schutzlandprinzip findet nur auf Vorfragen, insbesondere die Frage, ob das Urheberrecht überhaupt übertragbar ist, Anwendung.[1118]

890 Ob eine Sachfrage eine solche des Urheberrechts oder des Vertragsrechts ist, bzw. ob der Sachverhalt nach dem Recht des Urheberrechtsstatuts oder des Vertragsstatuts zu beurteilen ist, ist eine Frage der Qualifikation, die die Gerichte vorab klären müssen. Der Sachverhalt muss also zunächst als ein solcher qualifiziert werden, der entweder das

---

1112 Siehe z.B. Schricker/*Katzenberger* Vor §§ 120 ff. Rn. 145; siehe auch LG Hamburg GRUR-RR 2004, 313, 314-315 – Thumbnails.
1113 Für eine Diskussion der Problematik siehe z.B. Schwarz/Peschel-Mehner/*Dreier/Buhrow/Würfel* Rn. 41-46.
1114 BGHZ 126, 252, 256 f. – Folgerecht bei Auslandsbezug.
1115 OLG Frankfurt/M. GRUR 2005, 1034, 1035-1036 – Folgerechtsauskunft.
1116 Siehe dazu oben Rdn. 876 ff.
1117 Insbesondere Art. 27-37 EGBGB für Altverträge und die ROM I-VO für Neuverträge, siehe dazu unten Rdn. 892.
1118 Siehe dazu schon oben Rdn. 881. Siehe auch differenzierend Loewenheim/*M. Walter* § 57 Rn. 203.

Urheberrecht und die verwandten Schutzrechte selbst betrifft, oder den Vertrag. Um diese Frage zu beantworten, muss man jedoch auf den Inhalt des Rechts im jeweiligen Schutzland zurückgreifen. Daher wird die Qualifikation im Urheberrecht, abweichend vom allgemeinen IPR, grundsätzlich nicht nach der lex fori vorgenommen, sondern nach dem anwendbaren Recht des Schutzlandes (Qualifikation »lege causae«). Die Qualifikation findet nur dann nach dem deutschen Recht als dem Recht des angerufenen Gerichts statt, wenn der Fall nach deutschem Recht gar keinen Bezug zum Urheberrecht hat. Auch wenn diese »unselbständige Anknüpfung« für das Urheberrecht und die verwandten Schutzrechte nicht kodifiziert ist, ist sie doch anerkannt.[1119]

Ob das Schutzlandprinzip auch auf die mit Urheberrechtsverträgen einhergehenden Verfügungsgeschäfte Anwendung findet, ist umstritten. Während das allgemeine IPR-Schrifttum weitgehend der sog. Spaltungstheorie folgt, derzufolge das Verpflichtungsgeschäft nach dem Vertragsstatut und das Verfügungsgeschäft nach dem Recht des Schutzlandes zu beurteilen ist, sprechen sich die Vertreter der Urheberrechtsliteratur mehrheitlich für die Einheitstheorie aus, derzufolge das Verpflichtungs- und das Verfügungsgeschäft den für Schuldverträge geltenden Regeln für das Vertragsstatut unterliegen. Der Einheitstheorie folgen auch die Gerichte mehrheitlich.[1120] 891

Die bis zum 17.12.2009 geltenden Bestimmungen der Art. 27-37 EGBGB (die das EVÜ integriert haben)[1121] wurden durch das deutsche Gesetz zur Anpassung der Vorschriften des internationalen Privatrechts an die Verordnung (EG) Nr. 593/2008 vom 25.6.2009[1122] aufgehoben, da vom 18.12.2009 an statt dessen die Europäische Rom I-Verordnung gilt.[1123] Die Rom I-Verordnung ist gemäß ihrem Art. 28 auf alle Verträge anwendbar, die nach dem 17.12.2009, also dem Tag ihres Inkrafttretens, geschlossen worden sind und werden. Auf alle zuvor abgeschlossenen Verträge finden weiterhin die Art. 27-37 EGBGB und das EVÜ Anwendung; daher werden sie im folgenden auch noch berücksichtigt. Die Rom I-Verordnung ist, wie jede EG-Verordnung, in allen Mitgliedstaaten unmittelbar anwendbar; innerhalb ihres Anwendungsbereichs hat sie Vorrang vor dem EGBGB.[1124] Erwähnenswert ist, dass sie nicht nur auf Sachverhalte, die innerhalb der EU lokalisiert sind, Anwendung findet, sondern universell anzuwenden ist (Art. 2). 892

b) Vertragsstatut

aa) Geltungsbereich

Das Vertragsstatut gilt insbesondere für Fragen des Zustandekommens bzw. der Einigung und der Wirksamkeit des Vertrags, für Fragen der Vertragsauslegung, der Leistungsstörungen, insb. Erfüllung oder Nichterfüllung der vertraglichen Verpflichtungen und ihrer Rechtsfolgen, für das Erlöschen einschließlich der Verjährung der Verpflich- 893

1119 Schwarz/Peschel-Mehner/*Dreier/Buhrow/Würfel* Rn. 32.
1120 Siehe z.B. OLG Frankfurt/M. GRUR 1998, 141/142 – Macintosh-Entwürfe; OLG München ZUM 2003, 141, 143 – Spielbankaffaire II. Siehe auch Loewenheim/*M. Walter* § 57 Rn. 200.
1121 Art. 27 Abs. 1 EGBGB; Loewenheim/*M. Walter* § 57 Rn. 152, Zum EVÜ (dem EWG-Übereinkommen von Rom über das auf vertragliche Schuldverhältnisse anzuwendende Recht vom 19.6.1980), siehe ibid, Rn. 140-141.
1122 BGBl. I 2009, S. 1574.
1123 VO (EG) Nr. 593/2008 des Europäischen Parlaments und des Rates vom 17.6.2008 über das auf vertragliche Schuldverhältnisse anzuwendende Recht (Rom I), ABl. 2008, L 177/6; sie trat am 17.12.2009 in Kraft.
1124 Siehe dazu auch die Amtl. Begr. zum deutschen Gesetz (siehe Rdn. 892), BT-Drs. 16./12104, S. 8.

tungen, und des Fristablauf, für die Nichtigkeit eines Vertrags und deren Folgen, und für gesetzliche Vermutungen sowie die Beweislast.[1125]

894 Ein Vertrag ist wie bisher nach Art. 11 EGBGB formgültig, wenn er entweder der Geschäftsform oder der Ortsform entspricht (Art. 11 Abs. 1 Rom I-Verordnung).[1126] Diese alternative Anknüpfung gilt nach h.M. auch für Urheberrechtsverträge.[1127]

bb) Bestimmung des Vertragsstatuts

(1) Rechtswahl

895 In den meisten Fällen der Praxis werden die Parteien das auf den Vertrag anwendbare Recht frei wählen. Die Möglichkeit der freien Rechtswahl galt nicht nur nach dem bisherigen Art. 27 EGBGB, sondern gilt ebenso nach Art. 3 der Rom I-Verordnung.[1128] Die Parteien können das anwendbare Recht ausdrücklich oder stillschweigend vereinbaren. In letzterem Fall muss man aus anderen Vertragsbestimmungen oder den Umständen auf die Rechtswahl schließen; nach Art. 3 Abs. 1 Rom I-Verordnung muss dieser Schluss eindeutig sein. Sie kann sich auf den gesamten Vertrag oder auf einzelne Teile beziehen; auch ist eine Rechtswahl noch nach Vertragsschluss möglich bzw. kann jederzeit geändert werden.[1129]

896 Die Rechtswahlvereinbarung ist ein kollisionsrechtlich separat zu beurteilender Verweisungsvertrag. Daher kann sie selbst dann gültig sein, wenn der Hauptvertrag nach dem anwendbaren Recht nichtig ist, wie in Art. 3 Abs. 5 Rom I-Verordnung klargestellt ist.[1130]

897 Sogar bei einem rein deutschen Sachverhalt können die Parteien die Anwendung eines ausländischen Rechtes wählen, jedoch dadurch, oder zusätzlich durch die Vereinbarung der Zuständigkeit eines Gerichts eines anderen Staates, nicht den zwingenden Bestimmungen des deutschen Rechts entgehen.[1131] Umgekehrt gilt ebenfalls, dass bei Wahl des deutschen Rechtes für einen Sachverhalt, der nur mit einer ausländischen Rechtsordnung verbunden ist, die zwingenden Bestimmungen dieses (objektiv verwiesenen) ausländischen Rechts neben den ansonsten anwendbaren deutschen Bestimmungen zu respektieren sind.[1132]

(2) Objektive Anknüpfung

898 In den vermutlich wenigen Fällen, in denen die Parteien keine Rechtswahl getroffen haben, wird das Vertragsstatut objektiv angeknüpft.[1133] Gemäß Art. 28 Abs. 1 Satz 1 EGBGB gilt das Recht des Staates, mit dem der Vertrag die engste Verbindung aufweist. Im Zweifel, also wenn sich aus den Umständen nichts anderes ergibt,[1134] besteht gemäß dem EGBGB die engste Verbindung mit dem Staat, in dem die Partei, die die charakteristische Leistung erbringt, zur Zeit des Vertragsschlusses ihren gewöhnlichen Aufenthalt

---

1125 Siehe Art. 32 EGBGB/Art. 12 Rom I-Verordnung; gemäß Abs. 2 ist allerdings für Erfüllungsmodalitäten das Recht am Erfüllungsort zu berücksichtigen. Siehe zum Geltungsbereich des Vertragsstatuts auch Loewenheim/*M. Walter* § 57 Rn. 196-199.
1126 Für Distanzgeschäfte bzw. solche, die durch einen Vertreter abgeschlossen werden, siehe Art. 11 Abs. 2 und 3 EGBGB bzw. Art. 11 Abs. 2 Rom I-Verordnung.
1127 Loewenheim/*M. Walter* § 57 Rn. 192.
1128 Siehe auch Loewenheim/*M. Walter* § 57 Rn. 148-153.
1129 Art. 27 Abs. 1 Sätze 2, 3, Abs. 2 Satz 1 EGBGB; Art. 3 Abs. 1, 2 Rom I-Verordnung.
1130 Siehe auch Loewenheim/*M. Walter* § 57 Rn. 151.
1131 Art. 27 Abs. 3 EGBGB, Art. 3 Abs. 3 Rom I-Verordnung, der allerdings nicht auf eine Gerichtsstandvereinbarung Bezug nimmt; siehe auch Loewenheim/*M. Walter* § 57 Rn. 149.
1132 Loewenheim/*M. Walter* § 57 Rn. 149.
1133 Art. 28 EGBGB; Art. 4 Rom I-Verordnung. Siehe ausführlich Loewenheim/*M. Walter* § 57 Rn. 156-162 (allgemein), 163-170 (zum EVÜ/EGBGB) und 171-172 (Rom I-Verordnung).
1134 Art. 28 Abs. 5 EGBGB.

(bzw., bei juristischen Personen, ihre Hauptverwaltung) hat.[1135] Auch nach Art. 4 Abs. 2 der Rom I-Verordnung ist der gewöhnliche Aufenthalt der Partei, die die charakteristische Leistung erbringt, maßgeblich,[1136] es sei denn, eine engere Verbindung besteht zu einem anderen Staat (Art. 4 Abs. 3 Rom I-Verordnung).

Gemäß der h.M. erbringt der Verwerter, also der Erwerber von Nutzungsrechten, die charakteristische Leistung, wenn er eine Verwertungspflicht übernommen hat, oder ein ausschließliches Nutzungsrecht erworben und damit eine Ausübungslast übernommen hat.[1137] Wenn der Verwerter allerdings nur eine Geldleistungspflicht übernommen hat und der Urheber zur Rechtseinräumung verpflichtet ist bzw. sie vornimmt, dann erbringt der Urheber die charakteristische Leistung. Im Ergebnis wird mangels Rechtswahl also in der Praxis meist das Recht des Landes anzuwenden sein, in dem der Verleger oder andere Verwerter seinen Sitz bzw. seine Hauptniederlassung hat.[1138] **899**

cc) Zwingende Regelungen

(1) Allgemeines

Wenn auf einen Vertrag aufgrund des Vertragsstatuts ausländisches Recht anzuwenden ist, so gelten für diesen Vertrag grundsätzlich selbst die zwingenden Regelungen deutschen Vertragsrechts nicht. Allerdings gibt es zu diesem Grundsatz Ausnahmen in Form von Eingriffsnormen (»international zwingenden Normen«) aufgrund von Art. 34 EGBGB[1139] und Art. 9 Abs. 1 Rom I-Verordnung. Eingriffsnormen dienen grundsätzlich[1140] dem öffentlichen Interesse und verlangen daher ihre unmittelbare Anwendbarkeit und damit einen Eingriff in private Vertragsverhältnisse. Während inländische Eingriffsnormen jedenfalls zu berücksichtigen sind, kann auch ausländischen Eingriffsnormen Wirkung verliehen werden.[1141] **900**

(2) Urhebervertragsrechtliche Eingriffsnormen

So sind gemäß § 32b UrhG die §§ 32 und 32a UrhG über die angemessene Vergütung und den sog., neuen Bestsellerparagraphen zwingend zugunsten des Urhebers (und gemäß § 79 Abs. 2 Satz 2 UrhG, zugunsten des ausübenden Künstlers) anzuwenden – und zwar dann, wenn mangels Rechtswahl auf einen Vertrag deutsches Recht anzuwenden wäre oder der Vertrag maßgebliche Nutzungshandlungen in Deutschland zum Gegenstand hat.[1142] **901**

Darüber hinaus wird z.T. vertreten, dass weitere zwingende Bestimmungen des deutschen Urhebervertragsrechts einer zwingenden Sonderanknüpfung unterliegen, soweit sie dem Schutz der schwächeren Vertragspartei dienen, so wie im Falle der Verbraucher- **902**

1135 Art. 28 Abs. 2 Satz 1 EGBGB.
1136 Es sei denn, man wendet Art. 4 Abs. 1b) (Dienstleistungsverträge) an, siehe Loewenheim/*M. Walter* § 57 Rn. 175.
1137 Siehe z.B. BGH GRUR 2001, 1134, 1136 – Lepo Sumera.
1138 Siehe z.B. BGH GRUR 2001, 1134, 1136 – Lepo Sumera; BGH GRUR 1980, 227, 230 – Monumenta Germaniae Historica; siehe auch Schricker/Katzenberger Vor §§ 120 ff. Rn. 158.
1139 Siehe allerdings zu Streitfragen in der Literatur zu Art. 34 EGBGB Loewenheim/*M. Walter* § 57 Rn. 180.
1140 Dazu, wie Art. EGBGB in Bezug auf Privatinteressen bzw. das Gemeinwohlinteresse zu verstehen ist, siehe z.B. Loewenheim/*M. Walter* § 57 Rn. 180, 185 (dort auch zur analogen Anwendung der Vorschrift).
1141 Art. 9 Abs. 3 Rom I-Verordnung, der dafür Bedingungen vorsieht; bzgl. Art. 34 EGBGB hatte Deutschland allerdings einen Vorbehalt aufgrund Art. 22 Abs. 1 lit. 1 EVÜ eingelegt, sodass er auf deutsche Eingriffsnormen beschränkt ist, siehe dazu auch Loewenheim/*M. Walter* § 57 Rn. 182.
1142 Zu diesen Vorschriften, siehe z.B. Loewenheim/*M. Walter* § 57 Rn. 187-190; Schricker/*Katzenberger* § 32b Rn. 33-35.

verträge (Art. 29 EGBGB), der allgemeinen Geschäftsbedingungen (Art. 29a EGBGB), und der Arbeitsverträge (Art. 30 EGBGB)[1143] – und zwar dann, wenn eine enge Inlandsbeziehung, wie gemäß § 32b UrhG, vorliegt. Solche Bestimmungen könnten insbesondere diejenige zur Zweckübertragungslehre (Art. 31 Abs. 5 UrhG), und die §§ 40-42 UrhG (Verträge über künftige Werke; Rückrufsrechte) sein.[1144] Zu solchen Vorschriften werden z.T. auch §§ 69d Abs. 2 und 3, und 69e i.V.m. 69g Abs. 2 (Computerprogramme), § 87e (Datenbankverträge), Verträge über unverzichtbare Vergütungsansprüche (§§ 20b Abs. 2 Satz 2, 27 Abs. 1 Satz 2 UrhG) und Verträge über Urheberpersönlichkeitsrechte gezählt.[1145]

903 Schließlich kann ein Verstoß gegen den deutschen Ordre Public (Art. 6 EGBGB, Art. 21 Rom I-Verordnung) vorliegen, wenn im Einzelfall die Anwendung des zuständigen ausländischen Rechts zu einem Ergebnis führt, das mit wesentlichen Grundsätzen des deutschen Rechts, insbesondere mit den Grundrechten, offensichtlich unvereinbar ist. In diesem Falle ist die ausländische Norm nicht anzuwenden.

III. Fremdenrecht

1. Überblick

904 Hat die Prüfung aufgrund des IPR ergeben, dass deutsches Sachrecht anwendbar ist, so ist auch deutsches Fremdenrecht als Teil des Sachrechts anwendbar. Nationale Gesetzgeber tendieren allgemein, vorbehaltlich internationaler Verpflichtungen gegenüber Drittstaaten dazu, ausländische Urheber und ausländische Leistungsschutzberechtigte nicht zu schützen, es sei denn, sie sind mit dem Inland durch bestimmte Anknüpfungspunkte verbunden. Nationales Fremdenrecht befasst sich mit dieser Frage und bestimmt also, ob ausländische Urheber und Leistungsschutzberechtigte für ihre Werke und Leistungen bzgl. der Verwertung in Deutschland geschützt sind bzw. unter welchen Bedingungen dies der Fall ist.

905 Die Regeln des deutschen Fremdenrechts befinden sich in den §§ 120-128 UrhG und regeln den persönlichen Anwendungsbereich des Urheberrechtsgesetzes. §§ 120-123 betreffen Urheber, während §§ 124-128 UrhG die verwandten Schutzrechte betreffen. In beiden Bereichen werden einerseits deutsche und gleichgestellte Staatsangehörige und Unternehmen, sowie andererseits Ausländer erfasst.

2. Die unterschiedlichen Regelungen

a) Deutsche und gleichgestellte Berechtigte

aa) Urheber

906 Es ist nicht überraschend, dass Urheber deutscher Staatsangehörigkeit vom Anwendungsbereich des deutschen UrhG erfasst sind (§ 120 Abs. 1 Satz 1 UrhG). Hervorzuheben ist, dass dieser Schutz unabhängig davon besteht, wo deren Werke erschienen sind, ob sie veröffentlicht sind oder nicht, und wo sie geschaffen worden sind (einschließlich im Ausland).[1146] Hat ein deutscher Urheber zusätzlich eine oder mehrere andere Staatsangehörigkeiten, so genießt er dennoch den vollständigen Schutz als deutscher Urheber.

1143 Art. 8 Abs. 1 Rom I-Verordnung bzgl. der Rechtswahl; siehe auch Loewenheim/*M. Walter* § 57 Rn. 153.
1144 Siehe dazu ausführlich Schricker/*Katzenberger* Vor §§ 120 ff., Rn. 166-167. Siehe auch, etwas zurückhaltender insb. im Hinblick auf den engeren Ansatz (»öffentliches Interesse«) des Art. 9 Abs. 1 Rom I-Verordnung Loewenheim/*M. Walter* § 57 Rn. 186.
1145 Schwarz/Peschel-Mehner/*Dreier/Buhrow/Würfel* Rn. 29.
1146 Schricker/*Katzenberger* § 120 Rn. 2.

Wird der Urheber erst Deutscher, nachdem er bestimmte Werke geschaffen hat, so ist er für die künftige Verwertung der z.Zt. des Staatsangehörigkeitserwerbs bestehenden Werke auch als Deutscher nach dem Urheberrechtsgesetz geschützt.[1147] Verliert der Urheber umgekehrt die deutsche Staatsangehörigkeit, so bleibt er dennoch in Bezug auf die Werke, die er als Deutscher geschaffen hat, geschützt.[1148] Werden Werke in Miturheberschaft geschaffen, so sind sie vom Anwendungsbereich des deutschen Urheberrechtsgesetzes erfasst, wenn nur ein Miturheber Deutscher ist.[1149]

Auch Angehörige der ehemaligen DDR sind Deutsche i.S.v. § 120 Abs. 1 UrhG und waren dies gemäß westdeutscher Auffassung schon immer.[1150] Obwohl in der Vergangenheit zwischen der BRD und der DDR internationale Beziehungen aufgrund der Revidierten Berner Übereinkunft bestanden, wie die BRD 1974 anerkannt hatte, ist daher im Verhältnis zu Angehörigen der ehemaligen DDR § 121 Abs. 4 UrhG mit seinem Verweis auf die RBÜ nicht anzuwenden.[1151]

907

Den deutschen Staatsangehörigen sind die folgenden vier Gruppen von Urhebern gleichgestellt: (1) Deutsche i.S.v. Art. 116 Abs. 1 GG;[1152] hiermit sind die ehemaligen Flüchtlinge und Vertriebenen deutscher Volkszugehörigkeit nach dem Bundesvertriebenengesetz erfasst;[1153] (2) Staatsangehörige eines anderen Mitgliedstaats der Europäischen Union (EU) oder eines anderen Vertragsstaats des Europäischen Wirtschaftsraums (EWR);[1154] (3) Staatenlose mit gewöhnlichem Aufenthalt in Deutschland;[1155] und (4) ausländische Flüchtlinge mit gewöhnlichem Aufenthalt in Deutschland.[1156] Die Berechtigung der Urheber aus der EU und dem EWR gründet sich unmittelbar auf das europäische Diskriminierungsverbot und wurde in § 120 Abs. 2 Nr. 2 UrhG nur klargestellt.[1157]

908

bb) Leistungsschutzberechtigte

Leistungsschutzberechtigte sind nach denselben Grundsätzen wie Urheber geschützt. Insbesondere werden ausübende Künstler mit deutscher Staatsangehörigkeit für die Verwertung ihrer Darbietungen in Deutschland selbst dann geschützt, wenn diese Darbietungen im Ausland stattgefunden haben.[1158] Auch Künstler, die entsprechend der Regelung für Urheber deutschen Staatsangehörigen gleichgestellt sind, werden vom Geltungsbereich des UrhG erfasst.[1159]

909

Soweit andere Leistungsschutzberechtigte Unternehmen sind, ist anstelle der Staatsangehörigkeit ein Sitz in Deutschland oder in einem anderen EU- oder EWR-Staat notwendig.[1160] Allerdings enthält § 87b UrhG für den Leistungsschutz von Datenbankherstel-

910

1147 BGH GRUR 1973, 602 – Kandinsky III. Allerdings sieht § 136 UrhG einen Vertrauensschutz für Dritte vor, die von der früheren Schutzlosigkeit ausgehen, siehe Schricker/*Katzenberger* § 120 Rn. 18.
1148 BGH GRUR 1982, 308, 310 – Kunsthändler.
1149 § 120 Abs. 1 Satz 2 UrhG.
1150 Siehe BVerfGE 36, 1/29.
1151 Schricker/*Katzenberger* § 120 Rn. 14.
1152 § 120 Abs. 2 Nr. 1 UrhG.
1153 Gesetz über die Angelegenheiten der Vertriebenen und Flüchtlinge vom 19.5.1953, BGBl. I S. 201, siehe dort § 1 zur Definition des »Vertriebenen«. Siehe auch Schricker/*Katzenberger* § 120 Rn. 16.
1154 § 120 Abs. 2 Nr. 2 UrhG.
1155 § 122 Abs. 1 UrhG.
1156 § 123 UrhG.
1157 Zu der einschlägigen, in Bezug auf ausübende Künstler ergangenen Entscheidung des Europäischen Gerichtshofs von 1993, siehe unten Rdn. 991; siehe dort auch zu einer Folgeentscheidung über Werke, deren Urheber vor dem Inkrafttreten des Diskriminierungsverbots verstorben ist.
1158 § 125 Abs. 1 Satz 1 UrhG. Zum Veranstalterschutz, siehe unten Rdn. 919.
1159 § 125 Abs. 1 Satz 2 und Abs. 5 Satz 2 i.V.m. § 120 Abs. 2 bzw. §§ 122, 123 UrhG.
1160 §§ 126 Abs. 1, 127 Abs. 1, 127a Abs. 1, 128 Abs. 1 UrhG.

lern, die juristische Personen sind, eine Sonderregelung: Hiernach unterliegt der Schutz von juristischen Personen, die zwar nach deutschem Recht oder dem Recht eines anderen EU- oder EWR-Staat gegründet wurden, jedoch keinen Sitz in Deutschland haben, bestimmten Bedingungen.[1161] Diese Bestimmung setzt Art. 11 Abs. 2 der Datenbankrichtlinie um.[1162] Für wissenschaftliche Ausgaben und Lichtbilder verweist § 124 UrhG auf die Regelung für das Urheberrecht in §§ 120–123 UrhG; für nachgelassene Werke (§ 71 UrhG) gibt es keine fremdenrechtliche Regelung.[1163]

b) Ausländer

aa) Urheber

911 Ausländische Urheber sind alle, die nicht von den o.g. Regeln erfasst sind, also nicht deutsche Staatsangehörige bzw. diesen Gleichgestellte sind. Ausländische Urheber i.S.v. § 121 UrhG sind demnach insbesondere nicht Angehörige von EU- oder EWR-Staaten. Anders als für Deutsche und ihnen Gleichgestellte sieht § 121 UrhG verschiedene Bedingungen vor, die ein ausländischer Urheber erfüllen muss, um den Schutz des deutschen Gesetzes für die Verwertung seiner Werke in Deutschland zu erlangen; einen bedingungslosen Schutz sieht das deutsche Recht nur in Bezug auf die urheberpersönlichkeitsrechtlichen Befugnisse ausländischer Urheber nach § 12-14 UrhG vor.[1164]

912 In Bezug auf ihre Verwertungsrechte sind ausländische Urheber insbesondere für diejenigen Werke geschützt, die erstmals in Deutschland erschienen sind, sei es im Original oder in einer Übersetzung.[1165] Es genügt allerdings, wenn die Werke zwar zuerst im Ausland, jedoch innerhalb von 30 Tagen nach dem ersten Erscheinen im Ausland auch in Deutschland erschienen sind. Diese 30 Tages-Regelung gilt allerdings nur für Werke, die seit dem Inkrafttreten des Urheberrechtsgesetzes am 1.1.1966 erschienen sind, da sie zuvor noch nicht bestand; für vor diesem Datum erschienene Werke ist demgemäß das frühere Recht anzuwenden.[1166] Gemäß § 121 Abs. 3 UrhG kann der Bundesjustizminister den Schutz nach § 121 Abs. 1 UrhG im Wege der Retorsion unbeschränkten, wenn im Verhältnis zu einem Drittland keine Gegenseitigkeit besteht, jedoch hat er davon bisher keinen Gebrauch gemacht.

913 Zusätzlich zum Anknüpfungspunkt des erstmaligen Erscheinens in Deutschland sieht § 121 Abs. 2 UrhG für Werke der bildenden Künste den Anknüpfungspunkt einer festen Verbindung mit einem inländischen Grundstück vor. Eine feste Verbindung wird nicht nur angenommen, wenn z.B. ein Werk so mit einem Grundstück oder Gebäude verbunden ist, dass es zerstört oder verändert werden müsste, um entfernt zu werden, sondern auch bei einer dauerhaften Verbindung, wie etwas bei aufgestellten Statuen oder eingebauten Kirchenfenstern.[1167]

914 § 121 Abs. 4 Satz 1 UrhG verweist im Übrigen auf die internationalen Verträge, die für Deutschland verbindlich sind. Die wichtigsten internationalen Abkommen im Bereich des Urheberrechts sind die Revidierte Berner Übereinkunft, das TRIPS-Übereinkommen, und der WIPO Copyright Treaty. Da die allermeisten Staaten der Welt zumindest einem dieser Abkommen angehören, stellt der Verweis auf diese Abkommen die prak-

---

1161 § 127a Abs. 2 UrhG.
1162 Siehe zu dieser Richtlinie unten Rdn. 1004 ff.
1163 Siehe zu § 71 UrhG unten Rdn. 922.
1164 § 121 Abs. 6 UrhG.
1165 § 121 Abs. 1 UrhG; »Erscheinen« ist i.S.v. § 6 Abs. 2 UrhG zu verstehen.
1166 §§ 55 LUG 1901, 51 Abs. 2 KUG 1907, siehe BGHZ 1995, 229, 233 – Puccini.
1167 Schricker/*Katzenberger* § 121 Rn. 8.

tisch wichtigste Bestimmung zum Schutz ausländischer Urheber bzw. ihrer Werke in Deutschland dar.[1168]

Aus den Worten »im Übrigen« in dieser Vorschrift ergibt sich, dass alle Anknüpfungspunkte in § 121 UrhG separat angewendet werden können, so dass ein ausländischer Urheber, der die Bedingungen des Abs. 1 nicht erfüllt, jedoch nach den internationalen Abkommen erfasst ist (oder umgekehrt), in Deutschland für seine Werke geschützt ist.[1169]

915

§ 121 Abs. 5 UrhG bezieht sich auf die nach der Revidierten Berner Übereinkunft zulässige materielle Gegenseitigkeit. Demnach ist der Schutz des Folgerechts in Abweichung von Abs. 1 und 2 einem Angehörigen eines ausländischen Staates nur dann zu gewähren, wenn dieser Staat selbst das Folgerecht gewährt. Wenn dieser Staat der RBÜ (bzw. dem TRIPS-Übereinkommen und dem WCT, die deren Regelungen einschließen) angehört, so ist eine Bekanntmachung i.S.v. § 121 Abs. 5 UrhG nicht notwendig, sondern die Bedingung der Gegenseitigkeit nach Art. 14ter der RBÜ erfüllt, sodass dem ausländischen Urheber das Folgerecht zu gewähren ist.[1170]

916

bb) Leistungsschutzberechtigte

(1) Ausübende Künstler und Veranstalter

Ausländische ausübende Künstler – also solche, die weder die deutsche Staatsangehörigkeit haben, noch diesen gleichgestellt sind[1171] – genießen so wie Urheber den persönlichkeitsrechtlichen Schutz,[1172] ohne weitere Bedingungen erfüllen zu müssen. Das gleiche gilt für die Ansprüche nach §§ 77 Abs. 1, 78 Abs. 1 Nr. 2 und 3 UrhG, die auch einen persönlichkeitsrechtlichen Einschlag haben.[1173] Für den Genuss der anderen Rechte nach deutschem Recht müssen ausländische Künstler allerdings bestimmte Bedingungen erfüllen, um deren Schutz für die Verwertung in Deutschland zu genießen. Insbesondere sind sie geschützt, wenn sie ihre Darbietung im Inland vornehmen;[1174] sind ihre Darbietungen allerdings erlaubterweise auf Bild- oder Tonträgern erschienen,[1175] oder sind sie gesendet worden,[1176] dann sind sie gemäß § 125 Abs. 3 und 4 nur geschützt, wenn die Bild- oder Tonträger erstmals (oder innerhalb von 30 Tagen nach ihrem ersten Erscheinen im Ausland)[1177] in Deutschland erschienen sind bzw. wenn die Sendung in Deutschland ausgestrahlt wurde. Das erste Erscheinen und die erste Sendung in Deutschland sind darüber hinaus Anknüpfungspunkte auch für ausländische Darbietungen von ausländischen ausübenden Künstlern.

917

Wie im Urheberrecht enthält auch § 125 UrhG für ausübende Künstler einen Verweis auf die internationalen Abkommen, an die Deutschland gebunden ist.[1178] Die wichtigsten einschlägigen internationalen Abkommen sind die Rom-Konvention von 1961, das TRIPS-Übereinkommen, und der WPPT; allerdings sehen diese für audiovisuelle Künstler nur einen rudimentären Schutz vor.[1179] Zudem ist für ausländische Künstler der Vergleich der Schutzfristen nach § 125 Abs. 7 UrhG zu beachten, demzufolge sich die

918

1168 Zu diesem Abkommen im Einzelnen siehe unten Rdn. 928.
1169 BHGZ 93, 229, 231 – Puccini.
1170 Siehe insb. Schricker/*Katzenberger* § 121 Rn. 18.
1171 Zur Gleichstellung siehe oben Rdn. 906 ff.
1172 §§ 74, 75 UrhG.
1173 § 125 Abs. 6 UrhG.
1174 § 125 Abs. 2 UrhG.
1175 § 125 Abs. 3 UrhG.
1176 § 125 Abs. 4 UrhG.
1177 Siehe zu dieser 30 Tage-Regelung bei Urhebern oben Rdn. 912.
1178 § 125 Abs. 5 Satz 1 UrhG.
1179 Zu diesen Abkommen und ihrem Inhalt siehe unten Rdn. 960 ff. und 980 ff.

3. Kapitel Grundlagen und Systematik des Urheberrechts

Schutzdauer zugunsten ausländischer Künstler nach derjenigen bemisst, die im Land ihrer Staatsangehörigkeit gewährt wird, wobei sie. Der Schutz für Ausländer in Deutschland kann also nie länger sein als nach deutschem Recht. Diese Bestimmung setzt Art. 7 Abs. 2 der Schutzdauerrichtlinie um.[1180]

919 Der Schutz von ausländischen Veranstaltern ist nicht klar geregelt; einerseits verweist § 125 UrhG auf die §§ 71–83, also auch auf § 81 UrhG zum Veranstalterschutz; andererseits bezieht sich § 125 UrhG im Titel und im Text nur auf »ausübende Künstler« bzw. »Darbietungen«. Letzteres wird in der Literatur als Redaktionsversehen mit dem Ergebnis verstanden, dass § 125 UrhG auch auf Veranstalter anzuwenden ist.[1181] Internationale Abkommen zum Leistungsschutz von Veranstaltern gibt es nicht.

(2) Tonträgerhersteller, Filmhersteller, Sendeunternehmen

920 Die Regelungen für diese drei Gruppen von Leistungsschutzberechtigten sind vergleichbar: Jeweils muss entweder ein Anknüpfungspunkt an das deutsche Recht dadurch gegeben sein, dass die wesentliche Leistung der Veröffentlichung in Deutschland erfolgt ist. Insbesondere sind ausländische Tonträger- und Filmhersteller dann geschützt, wenn ihre Tonträger bzw. Filme erstmals (bzw. innerhalb von 30 Tagen nach dem ersten Erscheinen im Ausland) in Deutschland erschienen sind.[1182] Für Sendeunternehmen gilt dementsprechend, dass ihre Sendung in Deutschland ausgestrahlt worden ist.[1183] Ebenfalls aufgrund der Schutzdauerrichtlinie ist auch für diese drei Schutzberechtigten der Schutzfristenvergleich vorgesehen.[1184]

921 Darüber hinaus verweist das deutsche Gesetz wiederum auf die anwendbaren internationalen Abkommen. Die wichtigsten sind für Tonträgerhersteller und Sendeunternehmen die Rom-Konvention 1961 und das TRIPS-Übereinkommen; nur für Tonträgerhersteller gilt zusätzlich der WPPT.[1185] Für Filmhersteller gibt es kein internationales Abkommen; insbesondere findet die RBÜ auf das Leistungsschutzrecht der Filmhersteller keine Anwendung.

(3) Wissenschaftliche Ausgaben, Lichtbilder, nachgelassene Werke

922 Der materiellrechtliche Schutz dieser drei Leistungen bestimmt sich weitgehend nach demjenigen des Urheberrechts. Auch die fremdenrechtlichen Bestimmungen in § 124 UrhG verweisen daher auf die Regelungen zum Urheberrecht, nämlich auf §§ 120-123 UrhG.[1186] Ausgaben nachgelassener Werke unterliegen nach dem Willen des Gesetzgebers keinen fremdenrechtlichen Beschränkungen.[1187] Dies bedeutet, dass solche Ausgaben unabhängig davon geschützt sind, ob sie von Deutschen, gleichgestellten oder ausländischen Personen vorgenommen worden sind.

(4) Datenbankhersteller

923 Ausländische Datenbankhersteller genießen den Schutz der §§ 87a ff. UrhG gemäß Art. 127a Abs. 3 UrhG nur dann, wenn sich Deutschland aufgrund eines internationalen Abkommens zu einem solchen Schutz verpflichtet hat oder wenn sich eine solche Ver-

---

1180 Zu dieser Richtlinie siehe unten Rdn. 1011 ff.
1181 Schricker/Katzenberger § 125 Rn. 18 m.w.N.
1182 §§ 126 Abs. 2 Satz 1, 128 Abs. 2 UrhG.
1183 § 127 Abs. 2 Satz 1 UrhG.
1184 §§ 126 Abs. 2 Satz 2, 127 Abs. 2 Satz 2, 128 Abs. 2 UrhG; zum Schutzfristenvergleich nach der Richtlinie siehe unten, Rdn. 1013.
1185 Zu diesen Abkommen siehe unten Rdn. 980 ff.
1186 Zu diesen Regelungen siehe oben Rdn. 906 ff.; siehe auch den Verweis in § 124 UrhG.
1187 Schricker/Katzenberger § 124 Rn. 4.

pflichtung aufgrund von Vereinbarungen der Europäischen Gemeinschaft/EU mit Drittstaaten ergibt. Solche internationalen Abkommen bestehen allerdings noch nicht, jedoch hat die Europäische Gemeinschaft insbesondere mit der Insel Jersey ein solches Abkommen abgeschlossen.

IV. Internationale Abkommen

1. Einführung

a) Bedeutung der internationalen Abkommen

Gäbe es keine internationalen Abkommen im Urheberrecht und für die verwandten Schutzrechte, so würden die nationalen Gesetzgeber den innerstaatlichen Schutz mit großer Wahrscheinlichkeit weitgehend auf die eigenen Staatsangehörigen beschränken oder allenfalls noch auf ausländische Staatsangehörige, die bestimmte Anknüpfungspunkte, wie z.B. die Erstveröffentlichung im Inland erfüllen, erstrecken. Die grundsätzliche Tendenz, den Inlandsschutz nur sehr beschränkt auch ausländischen Staatsangehörigen zu gewähren, herrschte schon vor der Entstehung der ersten internationalen Abkommen vor. Diese für die Urheber und Inhaber verwandter Schutzrechte unbefriedigende Situation konnte nur durch den Abschluss internationaler Abkommen verbessert werden, durch die sich die teilnehmenden Staaten verpflichteten, einen näher bestimmten Schutz auch international zu gewährleisten. **924**

Angesichts der Tatsache, dass Ausländer die Voraussetzungen der fremdenrechtlichen Bestimmungen oft nicht erfüllen dürften, stellen die internationalen Abkommen die de facto wichtigste Grundlage für den Schutz ausländischer Staatsangehöriger (die nicht gleichzeitig einem EU- oder EWR-Mitgliedstaat angehören) dar. Die §§ 121 Abs. 4, 125 Abs. 5, 126 Abs. 3, 127 Abs. 3, 127a Abs. 3 und 128 Abs. 2 UrhG sind die Einstiegsnormen für die für die BRD geltenden internationalen Abkommen über Urheberrecht und verwandte Schutzrechte. Zum Schutz der Filmhersteller und der Datenbankhersteller gemäß dem sui generis-Recht bestehen allerdings noch keine internationalen Abkommen. Auch der Schutz der audiovisuellen ausübenden Künstler in den bestehenden Abkommen ist nur rudimentär ausgestaltet. **925**

b) Überblick

Im Bereich des Urheberrechts ist die Berner Konvention zum Schutz von Werken der Literatur und Kunst von 1886 die bedeutendste internationale Konvention; sie wurde etwa alle 20 Jahre, und zuletzt im Jahre 1971 revidiert. Sie wird auch als Berner Übereinkunft oder, seit ihrer ersten Revision 1908, als Revidierte Berner Übereinkunft (RBÜ), bezeichnet. Obwohl sie zuletzt vor mehr als 30 Jahren revidiert wurde, kann sie immer noch als die bedeutendste Urheberrechtskonvention bezeichnet werden, da die nachfolgenden internationalen Abkommen auf ihr aufbauen. Dagegen hat das Welturheberrechtsabkommen (WUA) von 1952 mit Revision von 1971 heute weitgehend an Bedeutung verloren. **926**

Nach 1971 unternahm die für die Berner Übereinkunft zuständige WIPO[1188] keinen Versuch mehr, sie zu revidieren, auch wenn dies zur Anpassung an neue technische Entwicklungen notwendig gewesen wäre. Dieser Mangel an Initiative mag in der notwendigen Einstimmigkeit und der Schwierigkeit, diese angesichts des Nord-Südkonflikts (der sich schon 1971 gezeigt hatte) zu erzielen, begründet gewesen sein. Er war ein Grund dafür, dass die Industriestaaten einen anderen Weg suchten, das internationale Urheberrecht zu modernisieren. Das Ergebnis ihrer Bemühungen war die Einbeziehung des Urheber- **927**

1188 World Intellectual Property Organisation/Weltorganisation für Geistiges Eigentum in Genf.

rechts und der verwandten Schutzrechte (wie auch anderer Rechte des geistigen Eigentums) in die Verhandlungen der Uruguay-Runde des GATT, die 1994 in der Annahme des TRIPS-Übereinkommens im Rahmen der neu gegründeten Welthandelsorganisation mündeten. Das TRIPS-Übereinkommen ist eines der vielen Abkommen, die für alle WTO-Mitgliedstaaten obligatorisch sind. Der Einbezug des geistigen Eigentums in das internationale Handelsrecht stellte eine grundlegende Neuerung dar.

928 Schließlich konnte nur zwei Jahre nach dem TRIPS-Übereinkommen nochmals ein großer Fortschritt im internationalen Urheberrecht im Rahmen der WIPO durch die Annahme des WIPO Copyright Treaty (WCT)[1189] erzielt werden. Abgesehen von diesen, wichtigsten internationalen Abkommen im Urheberrecht gibt es eine Reihe anderer wichtiger, einschließlich bilateraler Verträge, auf die angesichts des beschränkten Umfangs dieses Beitrags hier nur hingewiesen werden soll.[1190]

929 Von erheblicher Bedeutung ist dabei das deutsch-amerikanische Abkommen von 1892, weil es im Prinzip uneingeschränkte Inländerbehandlung vorsieht.

930 Im Bereich der verwandten Schutzrechte kommt der Rom-Konvention von 1961, auch »Rom-Abkommen« genannt,[1191] eine ähnlich grundlegende Bedeutung wie der Berner Konvention im Urheberrecht zu, da auch sie in gewisser Weise als Grundlage für die nachfolgenden Abkommen gedient hat. Sie umfasst die Rechte der ausübenden Künstler, Tonträgerhersteller und Sendeunternehmen. Dagegen hat sowohl das Genfer Tonträgerabkommen von 1971[1192] als auch das Brüsseler Satellitenabkommen von 1974[1193] einen sehr viel engeren Anwendungsbereich: Sie dienen dem Schutz der Tonträgerhersteller gegen Tonträgerpiraterie und dem Schutz der Sendeunternehmen gegen die unerlaubte Weiterverbreitung von Satellitensendungen. Das oben erwähnte TRIPS-Übereinkommen von 1994 folgt im Bereich der verwandten Schutzrechte weitgehend den Vorgaben der Rom-Konvention. Ähnlich wie im Bereich des Urheberrechts (WCT) konnte die WIPO auch bei den verwandten Schutzrechten durch die Annahme des WIPO Performances and Phonograms Treaty (WPPT)[1194] in 1996 einen großen Fortschritt erzielen. Allerdings umfasst dieses Abkommen nur die ausübenden Künstler und Tonträgerhersteller, nicht jedoch auch Sendeunternehmen.

c) Verhältnis der Internationalen Abkommen untereinander

931 Alle genannten Abkommen sind selbständige, voneinander unabhängige internationale Verträge mit separater Mitgliedschaft und Organisation. Eine klare Abgrenzung ergibt sich aufgrund der unterschiedlichen Regelungsmaterien: Einerseits des Urheberrechts (RBÜ, WUA, TRIPS (das allerdings auch verwandte Schutzrechte umfasst) und WCT) und andererseits unterschiedlicher verwandter Schutzrechte (Rom-Konvention, TRIPS (zusätzlich zum Urheberrecht), WPPT sowie Genfer Tonträgerabkommen und Brüsseler Satellitenabkommen). Im Übrigen regeln die Verträge generell selbst ihr Verhältnis zu anderen relevanten Verträgen. Insbesondere kann das Welturheberrechtsabkommen in den Beziehungen zwischen Mitgliedern der RBÜ nicht auf Werke angewendet werden,

---

1189 WIPO-Urheberrechtsvertrag v. 20.12.1996, in Kraft getreten am 6.3.2002.
1190 Siehe hierzu insbesondere Schricker/*Katzenberger* Vor §§ 120 ff. Rn. 39, 68–74.
1191 Internationales Abkommen über den Schutz der ausübenden Künstler, der Hersteller von Tonträgern und der Sendeunternehmen v. 26.10.1961.
1192 Übereinkommen zum Schutz der Hersteller von Tonträgern gegen die unerlaubte Vervielfältigung ihrer Tonträger v. 29.10.1971.
1193 Übereinkommen über die Verbreitung der durch Satelliten übertragenen programmtragenden Signale v. 21.5.1974.
1194 WIPO-Vertrag über Darbietungen und Tonträger v. 20.12.1996, in Kraft getreten am 20.5.2002.

deren Ursprungsland ein Land der RBÜ ist;[1195] da heute die meisten Staaten der Welt Mitglieder der RBÜ sind, ist das WUA daher kaum mehr anwendbar.[1196]

Im Verhältnis von Mitgliedstaaten der RBÜ untereinander ist zu beachten, dass es noch einige wenige Mitgliedstaaten gibt, die nur durch die Fassung der Revision von Rom 1928 bzw. derjenigen von Brüssel 1948 gebunden sind; im Verhältnis zwischen einem RBÜ-Mitglied, das der Fassung von 1971 angehört und einem Mitglied, das der Fassung von 1928 (1948) angehört, ist nur die Fassung von 1928 (1948) gültig.[1197] 932

Art. 2 Abs. 2 des TRIPS-Übereinkommens lässt ausdrücklich die Bestimmungen der RBÜ und des Rom-Abkommens unberührt. Eine ähnliche Bestimmung ist in Art. 1 Abs. 3 WCT in Bezug auf die Bestimmungen der RBÜ, und in Art. 1 Abs. 1 WPPT in Bezug auf die Bestimmungen der Rom-Konvention vorgesehen. Im Übrigen bestätigen Art. 1 Abs. 1 Satz 2 WCT und Art. 1 Abs. 3 WPPT die Selbständigkeit des WCT und des WPPT und lassen ausdrücklich die Rechte und Pflichten aus anderen Verträgen unberührt. Da also demnach die anderen Verträge weiter Gültigkeit haben, wird man im Verhältnis unter ihnen im Falle eines Konfliktes nach den allgemeinen völkerrechtlichen Regeln *lex posterior* und *lex specialis* entscheiden müssen, welche Bestimmung im Einzelnen vorgeht. Oft dürften jedoch keine Konflikte auftreten, da die internationalen Abkommen in diesem Bereich versucht haben, aufeinander aufzubauen. Explizite Regelungen zum Verhältnis zu anderen Verträgen sind im Genfer Tonträgerabkommen und Brüsseler Satellitenabkommen nicht enthalten, so dass hier wiederum die allgemeinen völkerrechtlichen Regeln gelten. 933

Gemäß seinem Art. 1 Abs. 1 Satz 1 stellt der WCT ein Sonderabkommen i.S.d. Art. 20 der RBÜ dar; dies hat zur Folge, dass die Bedingungen des Art. 20 RBÜ erfüllt und bei der Auslegung des WCT berücksichtigt werden müssen: Der WCT darf demgemäß nicht so ausgelegt werden, dass er zu einem geringeren Rechtsschutz als nach der RBÜ, oder zu einem der RBÜ zuwiderlaufenden Ergebnis führt. 934

d) Innerstaatliche Anwendbarkeit

Die innerstaatliche Anwendbarkeit von internationalen Verträgen wird grundsätzlich nach dem jeweiligen nationalen Verfassungsrecht bestimmt. Nach Art. 59 Abs. 2, 86 GG ist in Deutschland ein Zustimmungsgesetz notwendig; der Streit, ob hierdurch das internationale Recht transformiert wird oder als solches auf nationaler Ebene Geltung erlangt, ist selten von Bedeutung, da das internationale Recht nach seiner Überführung in das nationale Recht den gleichen Rang wie andere Gesetze einnimmt.[1198] Folglich könnte ein nationales Gesetz, das der Überführung des internationalen Abkommens in nationales Recht folgt, nach der Regelung *lex posterior* den Inhalt des internationalen Rechts in der ins nationale Recht überführten Form ändern. 935

Sowohl bei der erstmaligen Überführung als auch bei einer nachfolgenden Gesetzesänderung ist es denkbar, dass eine internationalrechtliche Bestimmung nicht korrekt übernommen wird. In diesem Falle ist das nationale Gesetz, so weit möglich, konventionskonform auszulegen. Soweit dies allerdings nicht möglich ist, bleibt das nationale Gesetz gültig, auch wenn es dem internationalen Recht widerspricht und daher eine Verletzung des internationalen Rechts vorliegt. 936

1195 Art. XVII Abs. 2 mit Zusatzerklärung zu Art. XVII WUA.
1196 Derzeit sind nur Laos und Kambodscha allein Mitgliedstaaten des WUA, nicht jedoch der RBÜ.
1197 *Nordemann/Vinck/Hertin/Meyer* Art. 32 BC Rn. 1.
1198 Nur die allgemeinen Regeln des Völkerrechts gehen den Gesetzen vor, Art. 25 Satz 2 GG.

e) Schutzprinzipien und Anwendungsbereich der internationalen Abkommen

937 Die wichtigsten internationalen Abkommen (RBÜ, WUA, Rom-Konvention, TRIPS-Übereinkommen, WCT und WPPT) gründen sich auf die folgenden Prinzipien: Inländerbehandlung, Mindestrechte und Formalitätenverbot. Diese drei Prinzipien sind in den internationalen Konventionen zum Urheberrecht einerseits und zu den verwandten Schutzrechten andererseits unterschiedlich ausgestaltet, wie im Detail noch gezeigt wird. Im Zusammenhang mit der Anwendung dieser Prinzipien sind die Bestimmungen zum persönlichen, sachlichen und zeitlichen Anwendungsbereich der jeweiligen Abkommen zu beachten.

938 Da sich schon bei den Verhandlungen zur Berner Konvention 1886 zeigte, dass der zunächst vorgeschlagene Weg eines einheitlichen Rechtes, das das nationale Recht in diesem Gebiet ersetzen sollte, nicht realistisch war, beließ man es bei der auf das jeweilige nationale Territorium beschränkten Geltung der Urheberrechtsgesetze, verpflichtete jedoch die beteiligten Staaten, näher bestimmte ausländische Werke im Inland ebenso wie die Werke von Inländern zu behandeln und schuf damit den Inländerbehandlungsgrundsatz, auch genannt Inländergrundsatz, Inländergleichbehandlungsgrundsatz oder Assimilationsgrundsatz.

939 Da die Gleichbehandlung allein jedoch noch keinen ausreichenden Schutzstandard garantierte, fügte man dem Inländergrundsatz den Grundsatz der Mindestrechte bei, um inhaltlich einen gewissen Mindestschutzstandard in allen Vertragsstaaten zugunsten von ausländischen Werken zu garantieren. Dieser Grundsatz erstreckt sich nicht nur auf den Inhalt der zu gewährenden Rechte, sondern auch auf andere Mindeststandards, wie z.B. die Schutzdauer.

940 Schließlich wurde zunächst in der RBÜ der Grundsatz des Formalitätenverbots eingeführt, demzufolge kein Mitgliedstaat die Erfüllung von Formalitäten als konstitutive Voraussetzung für die Anerkennung des Urheberrechtsschutzes verlangen darf; dieser Grundsatz wurde im Bereich der verwandten Schutzrechte erst nur in beschränkter Form aufgenommen.

941 Diese Schutzprinzipien verpflichten die nationalen Gesetzgeber nur im Hinblick auf ausländische Werke und andere Schutzgegenstände, so dass sich die Inländer grundsätzlich nicht darauf berufen können, wie u.a. aus den Einstiegsnormen für die internationalen Verträge (§ 121 Abs. 4 UrhG etc.) ersichtlich ist. Da nationale Gesetzgeber jedoch inländische Werke und andere Schutzgegenstände regelmäßig nicht schlechter stellen möchten als ausländische, sind bisher die internationalen Standards regelmäßig auch in das nationale Recht zugunsten der Inländer aufgenommen worden.

942 Bevor diese Prinzipien zugunsten von ausländischen Werken und anderen Schutzgegenständen angewendet werden können, müssen jedoch regelmäßig der persönliche, sachliche und zeitliche Anwendungsbereich eröffnet sein. In Bezug auf den persönlichen Anwendungsbereich legen die jeweiligen Konventionen so genannte Anknüpfungspunkte fest, die jeweils im Urheberrecht und bei den verwandten Schutzrechten unterschiedlich sind. Auch der sachliche Anwendungsbereich – die Bestimmung der geschützten Werke, etc. – sowie der zeitliche Anwendungsbereich richtet sich nach den jeweiligen Konventionen. Insbesondere im Hinblick auf die Anknüpfungspunkte verweisen die jüngeren Verträge – TRIPS, WCT und WPPT – auf die RBÜ und die Rom-Konvention.

2. Der Inhalt der einzelnen internationalen Abkommen

a) Internationale Abkommen im Urheberrecht

aa) Berner Übereinkunft

(1) Sachlicher, persönlicher, zeitlicher und räumlicher Anwendungsbereich

Der Schutz der RBÜ gemäß den Grundsätzen der Inländerbehandlung, Mindestrechte (Art. 5 Abs. 1 RBÜ) und des Formalitätenverbots (Art. 5 Abs. 2 RBÜ) ist nur unter den folgenden Voraussetzungen zu gewähren: Zunächst muss der persönliche Anwendungsbereich eröffnet sein. »Urheber« nach Art. 5 Abs. 1 RBÜ sind nur solche, die einen der Anknüpfungspunkte nach Art. 3 und 4 RBÜ erfüllen, nämlich, für veröffentlichte und unveröffentlichte Werke, die Nationalität eines Verbandslandes (RBÜ-Mitgliedstaates), der gewöhnliche Aufenthalt in einem solchen Land,[1199] oder die Erstveröffentlichung in einem Verbandsland bzw. die Veröffentlichung in einem Verbandsland innerhalb von 30 Tagen nach der Erstveröffentlichung in einem verbandsfremden Land.[1200] Die in Art. 3 Abs. 3 definierte Veröffentlichung liegt insbesondere dann nicht vor, wenn das Werk nur aufgeführt, gesendet oder anderweitig wiedergegeben bzw. ausgestellt wurde. Für Filmwerke, Werke der Baukunst und Werke der graphischen und plastischen Künste, die Bestandteil eines in einem Verbandsland gelegenen Grundstücks sind, gelten zusätzliche Anknüpfungspunkte nach Art. 4 RBÜ.

943

Erfüllt ein Urheber einen dieser Anknüpfungspunkte nach Art. 3 oder 4 RBÜ, so muss auch sein Werk nach der Berner Übereinkunft geschützt sein (sachlicher Anwendungsbereich). Art. 2 und 2bis RBÜ, der eine sehr weite allgemeine Definition und eine Liste von Beispielen enthält, ist hier heranzuziehen; im Einzelfall kann die Auslegung dieser Vorschrift schwierig sein. Im Zusammenhang mit den geschützten Werken ist auch zu beachten, dass es den Verbandsländern erlaubt ist, den Schutz von einer materiellen Festlegung abhängig zu machen,[1201] amtliche Werke und deren Übersetzungen sowie politische Reden und Reden in Gerichtsverhandlungen vom Schutz auszunehmen, und Werke der angewandten Kunst nur durch Sondergesetze zu Mustern und Modellen zu schützen.[1202] Zusätzlich stellt Art. 2 Abs. 8 RBÜ klar, dass die RBÜ keine Tagesneuigkeiten etc. schützt. Sie legt allerdings keinen bestimmten Originalitätsstandard oder andere Mindestvoraussetzungen für die Schutzfähigkeit eines Werkes nieder.

944

Ein Urheber ist für solche Werke allerdings nur geschützt, soweit der zeitliche Anwendungsbereich der RBÜ eröffnet ist. Gemäß Art. 18 RBÜ erfasst die Konvention grundsätzlich alle Werke, die bei ihrem Inkrafttreten, oder zur Zeit des Beitritts eines Landes oder des Verzichts auf einen Vorbehalt[1203] noch nicht infolge des Ablaufs der Schutzdauer im Ursprungsland[1204] Gemeingut geworden sind. Allerdings darf die Schutzfrist im Schutzland noch nicht abgelaufen sein.[1205] Der Grundsatz ist also, dass noch geschützte Werke vom zeitlichen Anwendungsbereich der Konvention erfasst sind; im Einzelnen kann die Anwendung dieser Vorschrift jedoch schwierige Probleme bereiten.

945

Ausser diesen drei Anwendungsbereichen muss auch der räumliche Anwendungsbereich eröffnet sein. Der Urheber kann den Schutz der Inländerbehandlung und der Mindestrechte nach Art. 5 Abs. 1 RBÜ in allen Verbandsländern beanspruchen, die nicht gleich-

946

1199 Art. 3 Abs. 1 lit. a, Abs. 2 RBÜ.
1200 Art. 3 Abs. 1 lit. b und Abs. 4 RBÜ.
1201 Art. 2 Abs. 2 RBÜ; diese Voraussetzung findet sich meist in Ländern, die dem Copyright-System zugehören.
1202 Art. 2 Abs. 4, Art. 2bis Abs. 1 und Art. 2 Abs. 7 RBÜ.
1203 Art. 18 Abs. 4 RBÜ.
1204 Zum Ursprungsland siehe Art. 5 Abs. 4 RBÜ und den folgenden Text.
1205 Art. 18 Abs. 2 RBÜ.

zeitig Ursprungsland des Werkes sind. Das Ursprungsland ist in Art. 5 Abs. 4 für verschiedene Fälle definiert; es ist insbesondere das Verbandsland der ersten Veröffentlichung. Wenn der Urheber Schutz in einem Verbandsland begehrt, das das Ursprungsland des Werkes ist – so etwa, wenn ein Schweizer Urheber sein Werk in Deutschland erstveröffentlicht hat und in Deutschland Schutz begehrt -, so kann er nur den Schutz nach den innerstaatlichen deutschen Rechtsvorschriften sowie die Gleichbehandlung mit inländischen Urhebern beanspruchen, nicht jedoch die Mindestrechte und das Formalitätenverbot. Da die meisten Staaten jedoch die Mindestrechte auch zugunsten der Inländer in das inländische Recht übernommen haben, werden sich aus dieser grundsätzlichen Nichtanwendbarkeit der RBÜ im Ursprungsland meist keine Nachteile ergeben.[1206]

(2) Inländergrundsatz: Inhalt und Ausnahmen

947 Nach Art. 5 Abs. 1 RBÜ können Urheber die Rechte, »die die einschlägigen Gesetze den inländischen Urhebern gegenwärtig gewähren oder in Zukunft gewähren werden«, beanspruchen. Jede Änderung des nationalen Urheberrechtsschutzes wirkt sich also automatisch auf den Inhalt der Inländerbehandlung aus. Im Einzelnen kann es fraglich sein, was unter den »einschlägigen Gesetzen« zu verstehen ist. Gemäß dem Zweck der RBÜ sind hierunter alle Rechtsvorschriften zu verstehen, die den Schutz des Urhebers in Bezug auf seine Geisteswerke betreffen; unerheblich ist, ob sich die jeweiligen Vorschriften im Urheberrechtsgesetz oder außerhalb, etwa in einem Bibliotheksgesetz, befinden.

948 Die RBÜ sieht fünf Ausnahmen vom Inländergrundsatz vor, deren wichtigste der sog. Schutzfristenvergleich in Art. 7 Abs. 8 RBÜ ist. Demnach genießt z.B. ein Werk, in dessen Ursprungsland die Schutzdauer 50 Jahre p.m.a. währt, in einem Schutzland mit 70jähriger Dauer nur dann die vollen 70 Jahre, wenn Letzteres Land dies so ausdrücklich bestimmt. Für die EU gilt allerdings aufgrund der Schutzfristenrichtlinie 1993, dass der Schutzfristenvergleich im Verhältnis zu Werken aus Drittstaaten anzuwenden ist. Daher hat Deutschland, wie auch die anderen EU-Mitgliedstaaten, diese Möglichkeit des Art. 7 Abs. 8 RBÜ nicht mehr, sondern darf ein Werk aus einem Ursprungsland mit 50jähriger Dauer das Werk nur noch für 50 Jahre p.m.a. schützen.

949 Eine weitere Ausnahme vom Inländergrundsatz betrifft den Schutz von Werken der angewandten Kunst: Soweit ein Verbandsland, in dem Schutz begehrt wird, sowohl einen Sonderschutz als Muster und Modell als auch Urheberrechtsschutz für Werke der angewandten Kunst vorsieht, kann es den Urheberrechtsschutz für ausländische Werke, die im Ursprungsland nur als Muster und Modelle geschützt sind, verwehren.[1207] Darüber hinaus sind Staaten, die das Folgerecht vorsehen, nur verpflichtet, diesen Schutz zu gewähren, sofern die Heimatgesetzgebung des Urhebers ein Folgerecht anerkennt;[1208] »Heimatgesetzgebung« wird hier meist als Ursprungsland verstanden.[1209]

950 Eine Ausnahme vom Inländergrundsatz, die bisher nie angewendet werden musste, ist Art. 6 Abs. 1 RBÜ, der es einem Verbandsland erlaubt, Werke aus einem verbandsfremden Land nur insoweit zu schützen, wie die dem Verbandsland angehörenden Urheber im verbandsfremden Land geschützt werden; wenn ein Verbandsland von dieser Möglichkeit Gebrauch macht, können die anderen Verbandsländer ihren Schutz gegenüber Werken aus dem verbandsfremden Land entsprechend beschränken. Schließlich erlaubt auch Art. 30 Abs. 2 lit. b Satz 2 RBÜ i.V.m. dem für Entwicklungsländer geltenden

---

1206 Der Schutz im Ursprungsland ist in Art. 5 Abs. 3 RBÜ geregelt.
1207 Art. 2 Abs. 7 Satz 2 RBÜ.
1208 Art. 14ter Abs. 2 RBÜ.
1209 Z.B. *Nordemann/Vinck/Hertin/Meyer* Art. 14ter BC Rn. 3.

F. Grenzüberschreitende Bezüge

Anhang der RBÜ eine Ausnahme vom Inländergrundsatz, wenn ein Entwicklungsland von dem möglichen Vorbehalt bezüglich des Übersetzungsrechts Gebrauch macht.

(3) Mindestrechte und Schranken

Wenn die o.g. Voraussetzungen des Art. 5 Abs. 1 einschließlich des zeitlichen Anwendungsbereichs erfüllt sind, kann der Urheber aufgrund dieser Vorschrift die »in dieser Übereinkunft besonders gewährten Rechte« beanspruchen. Damit sind die Mindestrechte gemeint, die die folgenden Rechte umfassen: Im Rahmen der Urheberpersönlichkeitsrechte sind das Recht an der Urheberschaft (einschließlich des Rechtes, den Urhebernamen zu benutzen, ein Pseudonym zu benutzen oder anonym zu bleiben) und das Werkintegritätsrecht nach den Voraussetzungen des Art. 6bis RBÜ geschützt. Wie bei allen Mindestrechten, kann das nationale Recht weitergehende Rechte bzw. einen weiterreichenden Schutz vorsehen, so dass z.B. nach nationalem Recht eine Rufschädigung nicht vorausgesetzt werden muss.

951

Die wirtschaftlichen Mindestrechte umfassen das Vervielfältigungsrecht, das sehr weit formuliert ist (»auf welche Art und in welcher Form« die Vervielfältigung vorgenommen wird),[1210] die Rechte der Übersetzung und Bearbeitung,[1211] das Recht der Verbreitung – allerdings nur in Bezug auf Filmwerke und vorbestehende Werke, die für die Filmherstellung filmisch bearbeitet und vervielfältigt wurden[1212] sowie, im Bereich der unkörperlichen Verwertung, die Rechte der öffentlichen Aufführung und des öffentlichen Vortrags in Bezug auf dramatische, dramatisch-musikalische, musikalische und literarische Werke, sowie die öffentliche Wiedergabe solcher Aufführungen und Vorträge durch Mittel wie z.B. das öffentliche Abspielen einer CD,[1213] die öffentliche Übertragung solcher Aufführungen und Vorträge, einschließlich der originären Kabelsendung[1214] sowie, in Bezug auf alle Werkarten, die drahtlose Sendung (oder andere drahtlose öffentliche Wiedergabe, die keine Aufführung etc. ist), die Weitersendung und Kabelweiterleitung einer drahtlosen Sendung durch ein anderes Sendeunternehmen und die öffentliche Wiedergabe des gesendeten Werkes durch Lautsprecher und andere Vorrichtungen zur Übertragung von Zeichen, Tönen und Bildern.[1215] Rechte der Bearbeitung, Vervielfältigung, öffentlichen Vorführung und Übertragung mittels Draht an die Öffentlichkeit sind separat auch für vorbestehende Werke und Filmwerke vorgesehen.[1216] Das Folgerecht nach Art. 14ter RBÜ ist kein Mindestrecht, sondern wurde nur aufgenommen, um die Ausnahme vom Inländergrundsatz niederlegen zu können.

952

Der Mindestumfang der genannten wirtschaftlichen Rechte ist allerdings nur insoweit garantiert, als nicht die nach der RBÜ erlaubten Schranken eingreifen. Im internationalen Kontext dürfen Schranken nur insoweit vorgesehen werden, als sie durch die RBÜ erlaubt sind und insbesondere die dort niedergelegten Voraussetzungen erfüllen; Verbandsländer können jedoch auch keine Schranken vorsehen, oder engere Schranken formulieren. Die RBÜ legt also den Rahmen fest, innerhalb dessen Schranken zulässig sind, hindert die Verbandsländer jedoch nicht, engere Schranken vorzusehen.

953

1210 Art. 9 Abs. 1, Abs. 3 RBÜ.
1211 Art. 8, 12 RBÜ.
1212 Art. 14 Abs. 1 Nr. 1., Art. 14bis Abs. 1 Satz 2 RBÜ. Außerdem ist Art. 16 Abs. 2 RBÜ zur Beschlagnahme von rechtsverletzenden Werkstücken, die aus dem Ausland, in dem das Werk nicht geschützt ist, eingeführt werden, zu beachten.
1213 Art. 11 Abs. 1 Nr. 1., Art. 11ter Abs. 1 Nr. 1. RBÜ.
1214 Art. 11 Abs. 1 Nr. 2. und Art. 11ter Abs. 1 Nr. 2. RBÜ.
1215 Art. 11bis Abs. 1 RBÜ.
1216 Art. 14 Abs. 1, Art. 14bis Abs. 1 Satz 2 RBÜ.

954 Im Einzelnen müssen Schranken des Vervielfältigungsrechts im Allgemeinen den drei Bedingungen des Art. 9(2) RBÜ entsprechen; diese drei Bedingungen wurden im Rahmen der TRIPS-Verhandlungen als »Dreistufentest« bezeichnet und haben sich als solche inzwischen nicht nur allgemein im Urheberrecht (TRIPS, WCT), sondern auch bei den verwandten Schutzrechten (insbesondere WPPT) durchgesetzt. Spezifischere Schranken betreffen die Zitate,[1217] die Benutzung von Werken zu Zwecken des Unterrichts[1218] und die Informationsfreiheit im eigentlichen Sinne, nämlich insbesondere im Zusammenhang mit der Berichterstattung über Tagesereignisse und der Nutzung öffentlicher Vorträge, Ansprachen und dergleichen.[1219] Die klassische Schranke der ephemeren Vervielfältigung zugunsten von Sendeunternehmen ist in Art. 11bis Abs. 3 Satz 2, 3 RBÜ vorgesehen.

955 Außerdem erlauben Art. 11bis Abs. 2 RBÜ für Senderechte und andere in Art. 11bis Abs. 1 RBÜ erfasste Mindestrechte, sowie Art. 13 RBÜ in Bezug auf das mechanische Vervielfältigungsrecht die Einführung von Zwangslizenzen, sofern das Urheberpersönlichkeitsrecht gewahrt bleibt und der Urheber einen Anspruch auf angemessene Vergütung erhält.

956 Jenseits dieser ausdrücklich genannten Schranken umfasst die RBÜ auch zwei Arten von so genannten impliziten Schranken, die aufgrund von Vereinbarungen der Verbandsländer bei den Revisionskonferenzen von Brüssel und Stockholm zum Bestandteil des Rechts der RBÜ geworden sind, selbst wenn sie nicht ausdrücklich festgelegt sind. Es handelt sich erstens um die Erlaubnis, die Schranken der Art. 2bis Abs. 2, 9 Abs. 2, 10 und 10bis RBÜ auch auf das Übersetzungsrecht anzuwenden, das in diesen Artikeln nicht genannt ist. Zweitens handelt es sich um so genannte *de minimis*-Schranken, deren Eigenschaft in ihrer mangelnden oder fehlenden wirtschaftlichen Bedeutung für den Urheber besteht; Beispiele, die hierfür bei den Revisionskonferenzen in Brüssel und Stockholm genannt wurden, sind so vielfältig, dass man sie nicht unter einem Oberbegriff zusammenfassen kann, so wie Aufführungen von Militärkapellen, Aufführungen anlässlich von nationalen Feiertagen, etc.[1220]

(4) Weitere Bestimmungen

957 Weitere nennenswerte Bestimmungen sind Art. 7, 7bis RBÜ zur Mindestschutzdauer, Bestimmungen zum Bereich des Filmurheberrechts (Art. 14, 14bis RBÜ) und Bestimmungen, die der Durchsetzung des Schutzes dienen sollen (Art. 15 und 16 RBÜ). Art. 17 RBÜ stellt klar, dass die RBÜ die Verbandsländer nicht in ihrem Recht beeinträchtigt, insbesondere Maßnahmen der Zensur vorzunehmen. Schließlich enthalten Art. 21 RBÜ und der Anhang Sondervorschriften zugunsten von Entwicklungsländern, die jedoch bisher kaum angewendet worden sind. In Bezug auf die Streitbeilegung zwischen Staaten ist Art. 33 RBÜ zu erwähnen, der die Verbandsländer grundsätzlich dem Statut des Internationalen Gerichtshofs unterwirft; dieser musste jedoch noch nie einen Streitfall nach der RBÜ entscheiden. Für die konventionskonforme Auslegung kann es im Übrigen im Hinblick auf die RBÜ wichtig sein zu wissen, dass bei Streitigkeiten über die Auslegung der verschiedenen Sprachfassungen allein der französische Text maßgebend ist.[1221]

bb) Welturheberrechtsabkommen

958 Angesichts der heute sehr geringen Bedeutung des WUA sollen hier nur einige wenige Bemerkungen gemacht werden. Der Inländergrundsatz und die Mindestrechte werden

---

1217 Art. 10 Abs. 1 RBÜ.
1218 Art. 10 Abs. 2 RBÜ.
1219 Art. 10bis und 2bis Abs. 2 RBÜ.
1220 So. z.B. *Ricketson/Ginsburg* Rn. 13.79.
1221 Art. 37 Abs. 1 lit.c RBÜ.

gemäß den Voraussetzungen des Art. II WUA gewährt; Formalitäten können jedoch als Voraussetzung für den Urheberrechtsschutz gemäß Art. III WUA verlangt werden. Die Mindeststandards sind geringer als nach der RBÜ: Insbesondere sind keine Urheberpersönlichkeitsrechte vorgesehen, im Bereich der wirtschaftlichen Rechte ausdrücklich nur diejenigen der Vervielfältigung, öffentlichen Aufführung, Rundfunksendung und Übersetzung nebst deren Veröffentlichung,[1222] und die Mindestschutzdauer liegt, abgesehen von Sondervorschriften, bei nur 25 Jahren p.m.a.[1223] Ähnlich wie in der RBÜ sind auch hier Sondervorschriften für Entwicklungsländer vorgesehen.[1224]

Das WUA wurde 1952 insbesondere zu dem Zweck angenommen, denjenigen Staaten ein internationales Abkommen anzubieten, die die höheren Standards der RBÜ nicht akzeptieren wollten, wie insbesondere die USA und die UdSSR; für die dem Copyright-System angehörenden USA war es zunächst unmöglich, insbesondere das Formalitätenverbot, die Urheberpersönlichkeitsrechte und die 50jährige Schutzdauer der RBÜ zu akzeptieren.[1225] 1971 wurde das WUA im Sinne der genannten ausschließlichen Rechte und zugunsten der Entwicklungsländer revidiert. **959**

cc) TRIPS-Übereinkommen

(1) Anwendungsbereich

Der Schutz des TRIPS-Übereinkommens ist »Angehörigen der anderen Mitglieder« zu gewähren,[1226] die durch eine Bezugnahme auf die Anknüpfungspunkte insbesondere der RBÜ und des Rom-Abkommens definiert sind.[1227] Die Anknüpfungspunkte der Art. 3, 4 RBÜ sind also für Urheber im Rahmen des TRIPS-Übereinkommens so anzuwenden, als ob alle WTO-Mitglieder auch RBÜ-Mitglieder wären; eine aktuelle RBÜ-Mitgliedschaft ist jedoch nicht notwendig. Der sachliche Anwendungsbereich ergibt sich über Art. 9 Abs. 1 Satz 1 TRIPS-Übereinkommen, der u.a. auf Art. 2, 2bis RBÜ zum Werkschutz verweist, sowie aus Art. 10 TRIPS-Übereinkommen, der ausdrücklich auch Computerprogramme und Datenbanken erfasst. Der zeitliche und räumliche Anwendungsbereich ergibt sich ebenfalls aus dem Verweis in Art. 9 Abs. 1 Satz 1 TRIPS-Übereinkommen auf die materiellen Vorschriften der RBÜ, einschließlich ihres Art. 18 und Art. 5 (1), (4) RBÜ bzgl. des Schutzes in Mitgliedstaaten, die nicht Ursprungsland sind. Deutschland muss also einem Werk aus einem WTO-Mitgliedstaat, das nicht Ursprungsland ist, Schutz aufgrund des TRIPS-Übereinkommens gewähren. **960**

(2) Inländergrundsatz, Mindestrechte, Formalitätenverbot und Meistbegünstigungsklausel

Ist der Anwendungsbereich des TRIPS-Übereinkommens eröffnet, so gelten dessen Inländergrundsatz, Mindestrechte, Formalitätenverbot und Meistbegünstigungsklausel. Der Inländergrundsatz gilt vorbehaltlich der Ausnahmen, die schon in der RBÜ vorgesehen sind und im Rahmen von TRIPS entsprechend anzuwenden sind.[1228] **961**

Die Mindestrechte des TRIPS-Übereinkommens sind zunächst dieselben, die in der RBÜ vorgesehen sind,[1229] allerdings mit Ausnahme der Urheberpersönlichkeitsrechte und der **962**

1222 Art. IVbis, V WUA.
1223 Art. IV WUA.
1224 Art. V^{bis}-Art. V^{quater}.
1225 Die USA sind der RBÜ 1989 beigetreten.
1226 Siehe Art. 3 Abs. 1 Satz 1, Art. 1 Abs. 3 Satz 1 TRIPS-Übereinkommen zum Inländergrundsatz und den Mindestrechten.
1227 Art. 1 Abs. 3 Satz 2 TRIPS-Übereinkommen.
1228 Art. 3 Abs. 1 Satz 1 TRIPS-Übereinkommen; siehe auch oben Rdn. 948.
1229 Art. 9 Abs. 1 Satz 1 TRIPS-Übereinkommen.

daraus abgeleiteten Rechte.[1230] Zusätzlich ist für Urheber nur das Vermietrecht nach Art. 11 vorgesehen worden, das nur für Computerprogramme und, unter bestimmten Bedingungen, Filmwerke zu gewähren ist; ob auch eine Verpflichtung in Bezug auf Werke, die auf Tonträgern aufgenommen sind, besteht, ist umstritten.[1231] Für die erlaubte Beschränkung der Mindestrechte ist in Art. 13 TRIPS-Übereinkommen der Dreistufentest in Bezug auf alle Mindestrechte eingeführt worden; er gilt unmittelbar für das Vermietrecht sowie als eine zweite Prüfungsstufe auch in Bezug auf die Schranken der RBÜ, die über Art. 9 Abs. 1 Satz 1 TRIPS-Übereinkommen zunächst Anwendung finden. Ein zusätzlicher Mindeststandard ist Art. 12 TRIPS-Übereinkommen, der eine Mindestschutzdauer insbesondere für Fälle der ersten Rechtsinhaberschaft von juristischen Personen im anglo-amerikanischen Bereich vorsieht.

963 Das Formalitätenverbot ist ebenfalls in Art. 9 Abs. 1 Satz 1 TRIPS-Übereinkommen i.V.m. Art. 5 Abs. 2 RBÜ erfasst. Die Meistbegünstigungsklausel, ein Standardelement von internationalen Handelsverträgen, ist im Bereich des Urheberrechts weitgehend unanwendbar gemacht worden.[1232]

964 In Bezug auf die materiellen Urheberrechtsvorschriften sind also insbesondere die Berner Vorschriften (mit Ausnahme der Urheberpersönlichkeitsrechte) übernommen worden,[1233] ergänzt durch die wenigen zusätzlichen, oben genannten weiteren Standards. Der wesentliche Fortschritt des TRIPS-Übereinkommens im Urheberrecht besteht vielmehr in Teil III über die Durchsetzung der Rechte (Art. 41-61) sowie in der Verfügbarkeit eines effizienten Streitbeilegungsmechanismus zwischen Staaten (Art. 64 TRIPS-Übereinkommen i.V.m. dem neuen Dispute Settlement Understanding).[1234]

dd) WCT

(1) Anwendungsbereich

965 Auch der WCT übernimmt den persönlichen, sachlichen, zeitlichen und räumlichen Anwendungsbereich aus der RBÜ, durch einen Verweis auf die analog anzuwendenden Art. 2-6 RBÜ und auf Art. 1-21 und den Anhang der RBÜ, einschließlich Art. 18 zur zeitlichen Anwendbarkeit.[1235] Der sachliche Anwendungsbereich ist auch hier, wie im TRIPS-Übereinkommen, auf Computerprogramme und Datenbanken erweitert (soweit man hierin nicht eine Klarstellung sehen möchte).[1236]

(2) Inländergrundsatz, Mindestrechte und Formalitätenverbot

966 Sind die Anwendungsbereiche eröffnet, so finden die drei Grundsätze im Rahmen des WCT Anwendung. Der Inländergrundsatz gilt vorbehaltlich der Ausnahmen, die schon in der RBÜ vorgesehen sind und im Rahmen des WCT entsprechend anzuwenden sind.[1237] Insbesondere sind die Ausnahmen vom Inländergrundsatz nach der RBÜ sind über Art. 1 Abs. 4 WCT und, z.T., Art. 3 WCT, im Rahmen des WCT anzuwenden.

1230 Art. 9 Abs. 1 Satz 2 TRIPS-Übereinkommen.
1231 Art. 14 Abs. 4 TRIPS-Übereinkommen ist mit den Worten »sonstige Inhaber der Rechte an Tonträgern« unklar, siehe dazu auch *Reinbothe/v. Lewinski* Art. 7 WCT Rn. 12.
1232 Art. 4 TRIPS-Übereinkommen (insbesondere Satz 2(b)); siehe dazu auch *v. Lewinski* Int. Copyright Law and Policy, 10.40–10.49.
1233 Art. 9 Abs. 1 TRIPS Übereinkommen, der Art. 1-21 und den Anhang der RBÜ als TRIPS-Verpflichtung integriert. Dieser Ansatz wurde daher auch »Berne-plus-approach« genannt.
1234 Siehe dazu z.B. *v. Lewinski* Int. Copyright Law and Policy, 10.103–10.113 und 10.114–10.132.
1235 Art. 3 WCT, 1 Abs. 4 WCT.
1236 Art. 4, 5 WCT.
1237 Art. 3 WCT; siehe auch oben Rdn. 948.

Wie im TRIPS-Übereinkommen werden auch im WCT die gesamten materiellen Vor- 967
schriften der RBÜ (Art. 1-21 und Anhang) als WCT-Verpflichtungen übernommen, und
damit auch alle Mindestrechte und die zugehörigen Schranken nach der RBÜ. Zusätzlich
sieht der WCT für Urheber ein ausschließliches Verbreitungsrecht im Wege der Eigentumsübertragung vor; die Regelung der Erschöpfung (Verbot oder Erlaubnis der internationalen Erschöpfung) ist den Vertragsparteien überlassen. Aufgrund von EU-Richtlinien
ist Deutschland jedoch verpflichtet, die internationale Erschöpfung im Verhältnis zu EU-
und EWR-Drittländern zu verbieten. Auch ein ausschließliches Vermietrecht, allerdings
nur für Computerprogramme und, unter bestimmten Bedingungen, Filmwerke und auf
Tonträgern aufgenommene Werke ist vorgesehen.[1238]

Sehr wichtig ist das Recht der öffentlichen Wiedergabe, das nicht nur die fragmentarische 968
Regelung der RBÜ in Bezug auf die herkömmlichen Arten der Wiedergabe ergänzen soll,
sondern auch das für die Internetnutzungen wesentliche Recht der öffentlichen Zugänglichmachung (»making available«, Art. 8 WCT) enthält, das in § 19a UrhG niedergelegt
ist. Wie im TRIPS-Übereinkommen wird auch im WCT der Drei-Stufen-Test als
äußerste Beschränkung für mögliche Schranken der WCT-Rechte, sowie als zusätzlicher
Prüfungsmaßstab für Schranken nach der (über Art. 1 Abs. 4 WCT anzuwendenden)
RBÜ festgelegt.[1239] Im Übrigen dürfen WCT-Vertragsparteien die nur 25jährige Schutzdauer für Werke der Fotografie nach Art. 7 Abs. 4 RBÜ nicht mehr anwenden, so dass die
allgemeine Mindestdauer nach Art. 7 Abs. 1 RBÜ Anwendung findet. Art. 11 und 12 zum
Schutz gegen die Umgehung technischer Maßnahmen und zu Informationen über die
Rechtewahrnehmung sind inzwischen in §§ 95a ff. und den diesbezüglichen Vorschriften
im UrhG umgesetzt. Anders als das TRIPS-Übereinkommen enthält Art. 14 Abs. 2 WCT
nur eine allgemeine Vorschrift zur Rechtsdurchsetzung und bietet keinen eigenständigen
Streitbeilegungsmechanismus an.

b) Internationale Verträge im Bereich der verwandten Schutzrechte

aa) Rom-Konvention

(1) Anwendungsbereich

Der persönliche Anwendungsbereich ist getrennt für ausübende Künstler, Tonträgerher- 969
steller und Sendeunternehmen in Art. 4-6 Rom-Konvention geregelt, nämlich, bei ausübenden Künstlern, die Darbietung in einem anderen Vertragsstaat, die Aufnahme der
Darbietung auf einem nach Art. 5 geschützten Tonträger oder die Sendung einer nicht
festgelegten Darbietung, wenn das Sendeunternehmen nach Art. 6 geschützt ist.[1240] Zu
Erläuterung des sachlichen Anwendungsbereiches enthält Art. 3 Rom-Konvention Definitionen des ausübenden Künstlers, des Herstellers von Tonträgern (und von Tonträgern
selbst) und von Funksendungen.[1241]

In Bezug auf audiovisuelle ausübende Künstler ist allerdings festzuhalten, dass ihr Min- 970
destschutz nach der Konvention (und damit, abhängig von der Interpretation des Art. 2
Abs. 2, auch die Verpflichtung zur Inländerbehandlung)[1242] wegfällt, sobald der ausübende Künstler seine Zustimmung zur Einfügung seiner Darbietung in einen Bildträger
oder Bild- und Tonträger erteilt hat. Audiovisuelle Darbietungen sind insoweit also nicht

---

1238 Art. 6 und 7 WCT zum Verbreitungs- und Vermietrecht; siehe auch z.B. v. *Lewinski* Int. Copyright
 Law and Policy, 17.59–17.66 und 17.67–17.71.
1239 Art. 10 WCT.
1240 Für die weiteren Details siehe den Text der Vorschriften in Art. 4-6 Rom-Konvention. und, z.B. v.
 Lewinski Int. Copyright Law and Policy, 6.01–6.25, mit Beispielen.
1241 Art. 3 lit. a, c, b, f. Rom-Konvention.
1242 Siehe dazu unten Rdn. 971.

geschützt.[1243] Der zeitliche Anwendungsbereich ist enger als im internationalen Urheberrecht: Solche Darbietungen oder Sendungen, die stattgefunden haben, bevor die Rom-Konvention für den beitretenden Staat in Kraft getreten ist, sowie Tonträger, die vor diesem Zeitpunkt festgelegt worden sind, müssen nicht geschützt werden.[1244]

(2) Inländergrundsatz, Mindestrechte und Formalitätenverbot

971 Die Inländerbehandlung ist in Art. 2 Abs. 1 Rom-Konvention definiert und soll gemäß seinem Abs. 2 »nach Maßgabe« der Mindestrechte gewährt werden. Aus dieser zuletzt genannten Formulierung ist z.T. geschlossen worden, dass die Inländerbehandlung nur bis zur Höhe der Mindeststandards gewährt werden muss, so dass jegliche Vorschriften, die im nationalen Recht über den Mindeststandard hinausgehen, nicht unter den Inländerbehandlungsgrundsatz fallen. Demnach müßten z.B. einem ausländischen Tonträger nicht mehr Rechte in Deutschland gewährt werden, als die in der Rom-Konvention festgelegten Mindestrechte, also das Vervielfältigungsrecht und das Zweitverwertungsrecht nach Art. 12 (wobei Vorbehalte nach Art. 16 zu berücksichtigen wären). Es scheint, dass die Vertragsstaaten in letzter Zeit dieser Auffassung folgen; die Frage, ob die Verpflichtung der Inländerbehandlung durch die Mindeststandards begrenzt ist oder nicht, ist allerdings umstritten.[1245] Ausnahmen zum Inländergrundsatz sind in Art. 16 Abs. 1 lit. a Nr. iv und lit. b Rom-Konvention niedergelegt; sie betreffen die Reziprozität in Fällen zulässiger Vorbehalte nach Art. 12 und 13 lit. d Rom-Konvention. Deutschland hat von der Möglichkeit der Reziprozität im Falle von Art. 12 Rom-Konvention Gebrauch gemacht.[1246]

972 Die Mindeststandards sind im Vergleich zu den heute in nationalen Rechten (einschließlich des deutschen) vorherrschenden Standards gering: Ausübende Künstler müssen die Möglichkeit haben, die Live-Sendung und öffentliche Wiedergabe einer nicht festgelegten oder schon gesendeten Darbietung, sowie die Festlegung und, unter bestimmten Bedingungen, die Vervielfältigung zu untersagen.[1247] Darüber steht ihnen zusammen mit Tonträgerherstellern ein Vergütungsanspruch für die Zweitnutzung von Handelstonträgern zur Sendung und öffentlichen Wiedergabe nach Art. 12 Rom-Konvention zu, der allerdings verschiedenen Vorbehalten nach Art. 16 lit. a Rom-Konvention unterliegt.

973 Tonträgerhersteller genießen über diesen Vergütungsanspruch hinaus nur ein ausschließliches Vervielfältigungsrecht,[1248] und Sendeunternehmen die ausschließlichen Rechte der Weitersendung, Festlegung, Vervielfältigung (unter bestimmten Bedingungen) und, in einem sehr spezifischen Kontext, der öffentlichen Wiedergabe.[1249] Schranken dürfen gemäß Art. 15 Abs. 1 Rom-Konvention in vier bestimmten Fällen vorgesehen werden; zusätzlich sind solche Schranken erlaubt, die im nationalen Recht für Rechte der Urheber vorgesehen sind (Art. 15 Abs. 2 Rom-Konvention). Die Mindestschutzdauer beträgt nur 20 Jahre (Art. 14 Rom-Konvention).

974 Es besteht kein Formalitätenverbot, jedoch schränkt Art. 11 Rom-Konvention die für Tonträger erlaubten Formalitäten ein, so dass kein Vertragsstaat eine anderweitige Formalität als die in Art. 11 Rom-Konvention beschriebene verlangen darf.

1243 Art. 19 Rom-Konvention.
1244 Art. 20 Abs. 2 Rom-Konvention.
1245 Nachweise bei Schricker/*Katzenberger* Vor §§ 120 ff. Rn. 79; *v. Lewinski* Int. Copyright Law and Policy, 7.34–7.40.
1246 Schricker/*Katzenberger* Vor §§ 120 ff. Rn. 82.
1247 Art. 7 Abs. 1 Rom-Konvention.
1248 Art. 10 Rom-Konvention.
1249 Art. 13 Rom-Konvention; siehe z.B. *v. Lewinski* Int Copyright Law and Policy, 6.64–6.66.

(3) Weitere Vorschriften

Ähnlich wie die RBÜ verweist Art. 30 Rom-Konvention auf den Internationalen Gerichtshof zur Beilegung von Streitigkeiten; anders als nach der RBÜ sind die englische, französische und spanische Fassung in gleicher Weise maßgebend.[1250]

bb) TRIPS-Übereinkommen

(1) Anwendungsbereich

Wie im Urheberrecht verweist Art. 1 Abs. 3 Satz 2 TRIPS-Übereinkommen auf die zuvor existierenden Anknüpfungspunkte, nämlich, im Fall der verwandten Schutzrechte, auf diejenigen gemäß Art. 4-6 Rom-Konvention.[1251] Der sachliche Anwendungsbereich ist nicht definiert, ergibt sich aber aus Art. 14 Abs. 1-3 TRIPS-Übereinkommen, der ausübende Künstler, Tonträgerhersteller und Sendeunternehmen erfasst. Audiovisuelle ausübende Künstler sind allerdings nur in Bezug auf ihre Live-Darbietungen geschützt; Art. 14 Abs. 1 Satz 1 TRIPS-Übereinkommen beschränkt den Schutz ansonsten auf Festlegungen auf einem Tonträger. In Bezug auf Sendeunternehmen ist es sehr fraglich, ob überhaupt eine wirkliche Verpflichtung zu deren Schutz besteht, da Art. 14 Abs. 3 Satz 2 TRIPS-Übereinkommen die Verpflichtung nach Satz 1 aufzuheben scheint.[1252] Der zeitliche Anwendungsbereich ist gegenüber der Rom-Konvention auf alle zur Zeit des Beitritts bzw. Inkrafttretens existierenden und geschützten Darbietungen, Tonträger und Sendungen nach der Maßgabe des analog anzuwendenden Art. 18 RBÜ erweitert worden.[1253]

(2) Inländergrundsatz, Mindestrechte und Formalitätenverbot; Meistbegünstigung

Die Reichweite des Inländergrundsatzes ist für die verwandten Schutzrechte in Art. 3(1) Satz 2 TRIPS-Übereinkommen auf die Mindestrechte beschränkt; ein Staat, der einen weiterreichenden Schutz vorsieht, muss diesen also nicht im Wege der Inländerbehandlung gewähren. Damit ist der Inländerbehandlung ihre eigene Bedeutung genommen. Diese Regelung entspricht dem Wunsch der Mehrheit der Staaten, die mehr Schutzgegenstände importieren als exportieren, den Abfluss von Vergütungen ins Ausland zu verringern. Ausnahmen zum Inländergrundsatz sind in gleichem Maße wie nach der Rom-Konvention erlaubt.[1254] Die Mindestrechte, die für ausübende Künstler, Tonträgerhersteller und Sendeunternehmen in Art. 14 Abs. 1, Abs. 2 bzw. Abs. 3 TRIPS-Übereinkommen vorgesehen sind, entsprechen weitgehend denjenigen der Rom-Konvention; als zusätzliches Mindestrecht ist nur das Vermietrecht für Hersteller von Tonträgern und, möglicherweise, ausübenden Künstlern[1255] in Art. 14 Abs. 4 TRIPS-Übereinkommen vorgesehen. Ein höherer Schutzstandard im Vergleich zur Rom-Konvention ist auch die 50jährige Schutzdauer für ausübende Künstler und Tonträgerhersteller. Im Übrigen wird insbesondere für die Schranken, aber auch Bedingungen und Vorbehalte, auf die Vorschriften der Rom-Konvention verwiesen.[1256] Ein Formalitätenverbot ist im TRIPS-Übereinkommen nicht vorgesehen; vielmehr folgt das Übereinkommen auch in dieser Hinsicht der Rom-Konvention und verweist indirekt in Art. 14 Abs. 6 Satz 1 TRIPS-Übereinkommen auf Art. 11 Rom-Konvention.

1250 Art. 33 Abs. 1 Rom-Konvention.
1251 Siehe auch Satz 3 in diesem Zusammenhang.
1252 Siehe dazu *v. Lewinski* Int. Copyright Law and Policy, 10.96–1099.
1253 Art. 14 Abs. 6 Satz 2 TRIPS-Übereinkommen.
1254 Art. 3 Abs. 1 Satz 1 TRIPS-Übereinkommen.
1255 In Bezug auf die ausübenden Künstler ist dies umstritten.
1256 Art. 14 Abs. 6 Satz 1 TRIPS-Übereinkommen.

978 Wie im Zusammenhang mit dem Urheberrecht ist auch hier versucht worden, die Anwendbarkeit der Meistbegünstigungsklausel weitgehend auszuschließen.[1257]

(3) Weitere Vorschriften

979 Wie im Urheberrecht sind auch hier die Durchsetzungsvorschriften der Art. 41-61 TRIPS-Übereinkommen sowie die Möglichkeiten der Streitbeilegung zwischen Staaten aufgrund von Art. 64 TRIPS-Übereinkommen und dem Dispute Settlement Understanding von besonderer Bedeutung.

cc) WPPT

(1) Anwendungsbereich

980 In Bezug auf den persönlichen Anwendungsbereich verweist Art. 3 Abs. 2 WPPT auf die Anknüpfungspunkte der Rom-Konvention, die also auch in diesem Vertrag analog anzuwenden sind. Hervorzuheben ist, dass der WPPT allerdings nur ausübende Künstler und Tonträgerhersteller erfasst. Auch enthält er seine eigenen Definitionen zur Beschreibung des sachlichen Anwendungsbereiches in seinem Art. 2. Diese Definitionen bauen grundsätzlich auf denen der Rom-Konvention auf, enthalten jedoch auch Ergänzungen und Abweichungen. Der zeitliche Anwendungsbereich ist wie im TRIPS-Übereinkommen und wie im internationalen Urheberrecht weit gefasst und bestimmt sich nach dem analog anzuwenden Art. 18 RBÜ (Art. 22 WPPT, mit einer Ausnahme in Bezug auf das Künstlerpersönlichkeitsrecht).

(2) Inländergrundsatz, Mindestrechte und Formalitätenverbot

981 Ähnlich wie im TRIPS-Übereinkommen, jedoch noch deutlicher, ist die Reichweite des Inländergrundsatzes auf die Mindestrechte des WPPT beschränkt, und zwar in der Weise, dass nur die aufgeführten ausschließlichen Rechte und der Vergütungsanspruch für Zweitnutzungen nach Art. 15 WPPT dem Inländergrundsatz unterfallen. Damit sind insbesondere gesetzliche Vergütungsansprüche etwa für die private Vervielfältigung nicht erfasst, sodass die entsprechende Vergütung nicht für ausländische Darbietungen und Tonträger gezahlt werden muss.[1258] Eine Ausnahme vom Inländergrundsatz ist ähnlich wie in der Rom-Konvention in Bezug auf Fälle gewährt, in denen ein Staat von den Vorbehaltsmöglichkeiten in Bezug auf den Vergütungsanspruch für Zweitnutzungen Gebrauch macht.

982 Die Mindestrechte des WPPT gehen weit über diejenigen der Rom-Konvention und des TRIPS-Übereinkommens hinaus. Sie umfassen für ausübende Künstler ein Nennungsrecht und Integritätsrecht nach dem Muster der Urheberpersönlichkeitsrechte nach Art. 6bis RBÜ,[1259] ausschließliche Rechte der Livesendung und öffentlichen Wiedergabe sowie der Festlegung[1260] und, ebenso wie für Tonträgerhersteller, die ausschließlichen Rechte der Vervielfältigung, Verbreitung, Vermietung und Zugänglichmachung.[1261] Die letztgenannten Rechte sind parallel zu denen im WCT ausgestaltet. In Bezug auf die Benutzung von Handelstonträgern zur Sendung, Weitersendung dieser Sendung, öffentlichen Wiedergabe in direkter und indirekter Form steht beiden Gruppen von Rechtsinha-

---

1257 Siehe insbesondere Art. 4 Satz 2 lit. b, c TRIPS-Übereinkommen.
1258 So z.B. *Reinbothe/v. Lewinski* Art. 4 WPPT Rn. 13.
1259 Art. 5 WPPT.
1260 Art. 6 WPPT.
1261 Art. 7-10 sowie 11-14 WPPT.

bern ein Vergütungsanspruch ähnlich wie nach der Rom-Konvention zu, zu dem jedoch Vorbehalte eingelegt werden können.[1262]

Schranken dürfen vorgesehen werden, soweit sie gleicher Art wie die Schranken nach nationalem Urheberrecht sind und dem Drei-Stufen-Test entsprechen.[1263] Die Schutzdauer beträgt wie im TRIPS-Übereinkommen 50 Jahre, für Tonträgerhersteller ist sie insofern länger, als sie nach der Veröffentlichung zu berechnen ist, sobald eine Veröffentlichung stattgefunden hat. Wie im WCT sind Verpflichtungen in Bezug auf technische Schutzmaßnahmen und Informationen über die Rechtewahrnehmung eingeführt worden.[1264] 983

Zum ersten Mal im internationalen Recht verbietet Art. 20 WPPT das Erfordernis jeglicher Förmlichkeiten in Bezug auf Tonträger. 984

Ebenfalls wie im WPPT ist nur eine sehr allgemeine Bestimmung zur Durchsetzung von Rechten vorgesehen; ein besonderer Streitbeilegungsmechanismus fehlt. 985

V. Europäisches Recht

1. Primärrecht

Im europäischen Primärrecht, insbesondere in dem uns hier interessierenden AEUV-Vertrag,[1265] finden sich die Begriffe »Urheberrecht« und »verwandte Schutzrechte« nicht. Der AEUV ist dennoch in verschiedener Hinsicht auf das Urheberrecht und die verwandten Schutzrechte anwendbar, nämlich im Bereich des freien Waren- und Dienstleistungsverkehrs, des Wettbewerbsrechts und der Nicht-Diskriminierung. 986

a) Freier Waren- und Dienstleistungsverkehr

Art. 34 AEUV (Ex-Art 28 EG-V) legt den Grundsatz des freien Warenverkehrs, also eine der vier Grundfreiheiten des EG-V nieder; er wird ergänzt durch Art. 36 AEUV (Ex-Art 30 EG-V) zu Ausnahmen von diesem Grundsatz. Urheberrecht und verwandte Schutzrechte können bei unterschiedlicher Ausgestaltung in den Mitgliedstaaten eine den Handel mit Waren beschränkende Wirkung haben. So konnte z.B. vor der Harmonisierung der Urheber eines Werkes, dessen Schutzfrist in einem Land schon abgelaufen war und das in diesem Land ohne seine Zustimmung rechtmäßig auf dem Markt war, die Einfuhr oder zumindest die Verbreitung bzw. anderweitige Verwertung in einem anderen Land verbieten, in dem die Schutzfrist noch nicht abgelaufen war. Die Regelung der längeren Schutzfrist stellte also ein Handelshindernis dar. Nach Art. 36 AEUV (Ex-Art 30 EG-V) kann ein solches aus Gründen des gewerblichen und kommerziellen Eigentums gerechtfertigt sein, es sei denn, es stellt nach Art. 36 Satz 2 AEUV (Ex-Art 30 Satz 2 EG-V) eine willkürliche Diskriminierung oder eine verschleierte Beschränkung des Handels zwischen den Mitgliedstaaten dar. 987

Der EuGH hat in seiner langjährigen Rechtsprechung das Urheberrecht und die verwandten Schutzrechte grundsätzlich als »kommerzielles Eigentum« angesehen und die Abgrenzung zwischen unerlaubter und gerechtfertigter Handelsbeschränkung anhand der Kriterien »Bestand/Ausübung« sowie später auch des »spezifischen Gegenstands des Schutzrechts« vorgenommen. Nationale Regelungen, die den Bestand des Rechts oder 988

1262 Art. 15 WPPT.
1263 Art. 16 WPPT.
1264 Art. 18, 19 WPPT.
1265 Im Folgenden werden jeweils auch die Vorschriften des bis 30.11.2009 geltenden EG-V genannt; wo der Textzusammenhang es erfordert (etwa bei EuGH-Urteilen zu bestimmten Vorschriften), werden primär diejenigen des EG-V genannt.

den spezifischen Schutzgegenstand betreffen, sollen bestehen bleiben können, selbst wenn sie Handelshindernisse darstellen. Dagegen soll es möglich sein, Regelungen, die allein die Ausübung (und nicht den Bestand) eines Rechts betreffen, aufgrund des EG-Rechts einzuschränken. Nationale Regelungen in Bezug auf Schutzfristen, das ausschließliche Vermietrecht und die Kabelweiterleitung von Sendungen wurden vom EuGH trotz ihrer handelshemmenden Wirkung als nach Art. 36 AEUV (Ex-Art 30 EG-V) gerechtfertigt angesehen.[1266]

989 Dagegen hat der EuGH entschieden, dass das ausschließliche Verbreitungsrecht nur einmal in der gesamten EG (EU) ausgeübt werden dürfe und eine Aufspaltung der Märkte aufgrund des Verbreitungsrechts nicht zulässig sei. Er formulierte in diesem Zusammenhang den gemeinschaftsrechtlichen (unionsrechtlichen) Erschöpfungsgrundsatz, demzufolge das Verbreitungsrecht in Bezug auf ein Vervielfältigungsstück eines Werkes oder eines anderen Schutzgegenstandes dann in der gesamten Gemeinschaft (Union) erschöpft ist, wenn das Vervielfältigungsstück vom Rechtsinhaber oder mit dessen Zustimmung in einem Mitgliedstaat erstmals in Verkehr gebracht worden ist. Nach diesem ersten Inverkehrbringen soll es also frei in der gesamten Gemeinschaft (Union) zirkulieren können.[1267]

b) Wettbewerbsrecht

990 Art. 101, 102 AEUV (Ex-Art 81, 82 EG-V) über Kartelle und andere wettbewerbsbehindernde Vereinbarungen sowie über den Missbrauch einer marktbeherrschenden Stellung finden grundsätzlich auch im Bereich des geistigen Eigentums Anwendung. Insbesondere verbietet Art. 101 AEUV (Ex-Art 81 EG-V) nach der EuGH-Rechtsprechung ausschließliche, »geschlossene« Lizenzverträge, also solche, bei denen sich der Lizenzgeber nicht nur verpflichtet, dem Lizenznehmer für ein bestimmtes Gebiet eine Lizenz unter Ausschluss jeglicher Dritter, einschließlich seiner selbst zu gewähren (dies wäre eine erlaubte, »offene« ausschließliche Lizenz), sondern zusätzlich, den Lizenznehmern für andere Gebiete vertragliche Exportverbote aufzuerlegen und so Parallelimporte zu verhindern.[1268] Art. 82 EG-V (Art. 102 AEUV) wurde bisher in Sonderfällen auf die Verweigerung der Lizenzvergabe angewendet.[1269] Sowohl Art. 81 (Art. 101 AEUV) als auch Art. 82 EG-V (Art. 102 AEUV) sind ansonsten insbesondere auf Gegenseitigkeitsverträge zwischen Verwertungsgesellschaften bzw. deren Verträge mit Rechtsinhabern und Nutzern angewandt worden.[1270]

1266 EuGH, Urt. v. 24.1.1989, C-341/87 – EMI/Patricia; EuGH, Urt. v. 17.5.1988, C-158/86 – Warner Brothers; EuGH, Urt. v. 18.3.1980, C-62/79 – Coditel I; im letzteren Fall hat der EuGH diese Grundsätze auf den freien Dienstleistungsverkehr (hier: Kabelweiterleitung) angewandt.
1267 Insbesondere EuGH, Urt. v. 8.6.1971, C-78/70 – Deutsche Grammophon; EuGH, Urt. v. 20.1.1981, C-55/80 und C-57/80 – Gebührendifferenz II. Aufgrund des EWR-Abkommens gilt dies auch für Staatsangehörige von EWR-Mitgliedstaaten (Island, Liechtenstein und Norwegen).
1268 Die maßgebliche Entscheidung betraf zwar nicht das Urheberrecht oder die verwandten Schutzrechte, wird aber allgemein als auch für diese Gebiete gültig angesehen, EuGH, Urt. v. 8.6.1992, C-258/78 – Maissaatgut.
1269 Zum Fall »Magill« siehe die Kommissionsentscheidung v. 21.12.1988, ABl. EG L 78/1988; Gericht Erster Instanz, Urt. v. 10.7.1991, T-69/89, CMLR 1991, 745; EuGH, Urt. v. 6.4.1995, C-241/91 P und C-242/91 P; »IMS Health«, Gericht Erster Instanz, Urt. v. 10.8.2001, GRUR Int. 2002, 67; siehe auch Schricker/*Schricker* Einl. 47.
1270 Siehe z.B. die Kommissionsentscheidungen v. 2.6.1971, ABl. EG L 134/1971, und v. 6.7.1972, ABl. EG L 166/1972 – GEMA; EuGH, Urt. v. 2.3.1983, C-7/82 – GVL; EuGH, Urt. v. 9.4.1987, C-402/85 – Basset/SACEM; EuGH, Urt. v. 13.7.1989, C-395/87 – SACEM; siehe auch Schricker/*Schricker* Einl. 47 für weitere Hinweise.

c) Nichtdiskriminierung

In seiner berühmten Entscheidung »Phil Collins« hat der EuGH klargestellt, dass Ex-Art 12 EG-V (Art. 18 AEUV) zum Verbot der Diskriminierung von Angehörigen der EG-Mitgliedstaaten aus Gründen der Staatsangehörigkeit auch im Bereich des Urheberrechts und der verwandten Schutzrechte zu beachten ist; er hat die Anwendbarkeit des Diskriminierungsverbots später im Fall »Ricordi« für den Fall bestätigt, dass der Urheber schon vor Inkrafttreten des EWG-Vertrags verstorben ist.[1271] Daher mussten bestimmte fremdenrechtliche Vorschriften des deutschen Urheberrechtsgesetzes geändert werden. Insbesondere sind Staatsangehörige eines anderen Mitgliedstaates der EU nun ausdrücklich nach § 120 Abs. 2 Nr. 2 UrhG deutschen Staatsangehörigen gleichgestellt.[1272]

991

2. Sekundärrecht

a) Hintergrund und Rechtsgrundlage der Harmonisierung

Nicht zuletzt für die Auslegung von Sekundärrecht, das in nationales Recht umgesetzt worden ist, ist es wichtig zu wissen, welchen Zwecken die Harmonisierung im Bereich des Urheberrechts und der verwandten Schutzrechte dient. Wie man aus den bisher vorhandenen und benutzten Kompetenzgrundlagen für Richtlinien in diesem Bereich ersehen kann, dienen die Richtlinien im Urheberrecht und bei den verwandten Schutzrechten der Vollendung des Binnenmarktes, der nach Art. 26 Abs. 2 AEUV (Ex-Art 14 Abs. 2 EG-V) als ein »Raum ohne Binnengrenzen, in dem der freie Verkehr von Waren, Personen, Dienstleistungen und Kapital gemäß den Bestimmungen dieses Vertrages gewährleistet ist ...« zu bezeichnen ist. Handelsschranken, die nach Art. 36 AEUV (Ex-Art 30 EG-V) gerechtfertigt sind, können nur im Wege der Rechtsangleichung beseitigt werden. So lässt z.B. eine gemeinschaftsweite einheitliche Schutzfrist die Möglichkeit eines Handelshindernisses erst gar nicht entstehen.[1273] Die mit der nationalen Gesetzgebung im Urheberrecht und zu den verwandten Schutzrechten bezweckten Ziele sind also im EG-Sekundärrecht allenfalls zweitrangig zu beachten.

992

b) Rechtsinstrumente

Während Art. 288 AEUV (Ex-Art 249 EG-V) drei verschiedene, bindende Rechtssetzungsinstrumente vorsieht – die Entscheidung, Verordnung und Richtlinie -, hat sich die EG bisher zum Zwecke der Harmonisierung des Urheberrechts und der verwandten Schutzrechte nur der Richtlinie bedient. Deren Vorteile liegen darin, dass sie die Mitgliedstaaten, an die sie gerichtet ist, nur bezüglich des zu erreichenden Zieles bindet, ihnen jedoch die Form und Mittel der Umsetzung in nationales Recht überlässt. In einem durch so grundlegende Unterschiede der nationalen Rechtsordnungen gekennzeichneten Bereich wie dem des Urheberrechts und der verwandten Schutzrechte stellt die Richtlinie das beste, weil flexibelste Instrument dar, um konsensfähige Lösungen zu erreichen. Eine Entscheidung wäre demgegenüber für punktuelle Regelungen, wie z.B. die Verpflichtung der Mitgliedstaaten, einem bestimmten internationalen Vertrag beizutreten, geeignet. Die Verordnung als ein unmittelbar anwendbares Rechtsinstrument mit allgemeiner Geltung

993

1271 EuGH, Urt. v. 20.10.1993, GRUR Int. 1994, 53; EuGH, Urt. v. 6.6.2002, GRUR 2002, 689. Zum Thema siehe auch Walter/v. Lewinski/Walter/Riede 2.01–2.0.18.
1272 Siehe auch für die verwandten Schutzrechte Verweise auf diese Vorschrift in §§ 125 Abs. 1 Satz 2, 126 Abs. 1 Satz 2, 127a Abs. 1 Satz 2 und 128 Abs. 1 Satz 2 UrhG; aufgrund des EWR-Abkommens gilt dies auch für Staatsangehörige von EWR-Mitgliedstaaten (Island, Liechtenstein und Norwegen).
1273 Siehe Art. 114 AEUV (Ex-Art 95 EG-V) als Kompetenzgrundlage für den freien Warenverkehr und Art. 53 i.V.m. Art. 62 AEUV (Ex-Art 47 Abs. 2 i.V.m. 55 EG-V) in Bezug auf den freien Dienstleistungsverkehr.

und Verbindlichkeit in allen ihren Teilen erscheint angesichts der unterschiedlichen Traditionen in den Mitgliedstaaten im Urheberrecht und bei den verwandten Schutzrechten unrealistisch.

c) Auslegung des Gemeinschaftsrechts

994 Das nationale Recht ist gemeinschaftsrechtskonform, insbesondere richtlinienkonform auszulegen; diese Verpflichtung nationaler Gerichte ist vom EuGH unter Bezugnahme auf Art. 10 EG-V (Art. 4 Abs. 3 UAbs. 2 und 3 EUV) herausgearbeitet worden.[1274] Die letztgültige Bestimmung von Inhalt und Tragweite des Gemeinschaftsrechts obliegt dem Europäischen Gerichtshof.[1275] Das Gemeinschaftsrecht selbst enthält keine Vorschriften zur anzuwendenden Auslegungsmethode. Der EuGH hat kein umfassendes System der Auslegungsmethoden entwickelt, sondern nur in einzelnen Urteilen auf die jeweils angewandten Methoden Bezug genommen. Die Rechtswissenschaft ist aufgrund von Analysen der EuGH-Rechtsprechung zu den folgenden Ergebnissen gekommen: Weitgehend ist man sich einig, dass die Auslegungsmethoden des Völkerrechts[1276] nicht auf das Gemeinschaftsrecht anwendbar sind. Auch nationale Auslegungsmethoden sind nicht ohne weiteres auf das Gemeinschaftsrecht anwendbar.

995 Eine Besonderheit bei der Auslegung nach dem Wortlaut ist die Gleichwertigkeit aller verbindlichen Sprachfassungen, die im Zweifel alle miteinander verglichen werden müssen. Im Gemeinschaftsrecht verwendete Begriffe müssen nicht unbedingt denselben Gehalt wie die entsprechenden Rechtsbegriffe im nationalen Recht haben. Der EuGH wendet auch die systematische Auslegungsmethode an. Neben dieser ist allerdings die teleologische Auslegung die wichtigste Methode in der Praxis des EuGH. Im Einzelfall hat der EuGH sogar ein Vertragsziel höher bewertet als den Wortlaut, und den eindeutigen Wortlaut einer Bestimmung berichtigend i.S.d. Vertragsziele ausgelegt.[1277] Das Sekundärrecht muss jedenfalls im Einklang mit dem höherrangigen Unionsrecht und insbesondere mit dessen Zielen ausgelegt werden. Die Ziele von Richtlinien selbst ergeben sich insbesondere aus deren Erwägungsgründen.

996 Die subjektiv-historische Auslegungsmethode ist vom EuGH im Rahmen des Sekundärrechts insoweit angewendet worden, als die Materialien, wie z.B. Vorentwürfe, veröffentlicht bzw. jedermann zugänglich waren. Seitdem Protokolle und Protokollerklärungen in bestimmten Grenzen und unter bestimmten Bedingungen grundsätzlich veröffentlicht werden, können sie eine (wenn auch beschränkte) Rolle bei der Auslegung spielen.[1278]

d) Mögliche Folgen der fehlenden oder unrichtigen Richtlinienumsetzung

997 Wird eine Richtlinie nicht zu dem angegebenen Umsetzungszeitpunkt umgesetzt oder geschieht dies unvollständig, so leitet die Kommission meist ein Verletzungsverfahren nach Art. 258 AEUV (Ex-Art 226 EG-V) ein. Die Mitgliedstaaten, denen diese Möglichkeit auch offen steht, machen davon äußerst selten Gebrauch.[1279] Dieses Verfahren kann in der Verhängung von Zwangsgeld in nicht unbeträchtlicher Höhe durch den EuGH enden.[1280]

1274 Siehe insbesondere EuGH, Urt. v. 10.4.1984, C-14/83 – Von Colson/Kamann und EuGH, Urt. v. 13.11.1990, C-106/89 – Marleasing.
1275 Art. 267 AEUV (Ex-Art 220 EG-V).
1276 Siehe Art. 31 ff. Wiener Vertragsrechtsübereinkommen.
1277 Beispiele bei *Schmidt* RabelsZ 1995, 576.
1278 *Dreher* EuZW 1996, 487, 494. Siehe auch Walter/v. Lewinski/*v. Lewinski* 1.0.51.
1279 Art. 259 AEUV (Ex-Art 227 EG-V).
1280 Art. 260 Abs. 2 AEUV (Ex-Art 228 Abs. 2 EG-V).

F. Grenzüberschreitende Bezüge

Abgesehen von diesen auf Kommissions- bzw. Regierungsebene bestehenden Möglichkeiten stellt sich dem einzelnen Bürger die Frage, ob und inwieweit ihm individueller Rechtsschutz für den Fall zusteht, dass sein Staat gegen Gemeinschaftsrecht verstoßen hat, indem er z.B. eine Richtlinie nicht fristgemäß umgesetzt hat. Hier kommen insbesondere die unmittelbare Anwendbarkeit und die Schadensersatzklage gegen den eigenen Staat wegen fehlerhafter Amtsführung in Frage.

998

Soweit Gemeinschaftsrecht unmittelbar anwendbar ist, können sich Unionsbürger vor den nationalen Gerichten darauf berufen. Richtlinien sind grundsätzlich an die einzelnen Mitgliedstaaten gerichtet und daher zunächst dahingehend interpretiert worden, dass sie nicht unmittelbar anwendbar sind. In den 70er Jahren begann der EuGH jedoch, auch anderen Rechtsakten als Verordnungen in einzelnen Fällen unmittelbare Wirkung zuzusprechen. Inzwischen hat der EuGH die unmittelbare Anwendbarkeit von Richtlinien in ständiger Rechtsprechung unter den folgenden Bedingungen anerkannt: (1) Die Umsetzungsfrist muss bereits abgelaufen sein; (2) die Richtlinienbestimmungen, auf die sich die Bürger berufen möchten, müssen klar, präzise und unbedingt sein bzw. einen self-executing Charakter haben, also ihrem Wesen nach geeignet sein, unmittelbare Wirkung zu entfalten; (3) den Mitgliedstaaten darf in Bezug auf die geltend gemachte Bestimmung kein Ermessensspielraum zustehen und (4) es muss sich um einen Fall handeln, in dem sich ein Bürger gegenüber seinem Mitgliedstaat oder einer staatlichen Stelle, wie z.B. einer Behörde, oder gegenüber einer dem Staat bzw. dessen Aufsicht unterliegenden oder mit besonderen Rechten ausgestatteten Einrichtung auf eine Richtlinie beruft. Demzufolge ist die unmittelbare Wirkung von Richtlinien im Verhältnis von Privaten untereinander zumindest derzeit noch ausgeschlossen.[1281]

999

Unter den folgenden unionsrechtlichen Voraussetzungen kann nach der Rechtsprechung des EuGH auch ein Staatshaftungsanspruch des einzelnen Unionsbürgers wegen unionsrechtswidrigen Verhaltens eines Mitgliedstaates, z.B. im Falle der nicht fristgemäßen Richtlinienumsetzung, gegen den Mitgliedstaat bestehen:[1282] (1) Die Richtlinie muss die Verleihung von Rechten an Einzelne bezwecken. (2) Der Inhalt dieser Rechte muss auf der Grundlage der Richtlinie bestimmt werden können und schließlich muss (3) die Nichtumsetzung der Richtlinie durch den Mitgliedstaat für den erlittenen Schaden ursächlich sein. Fragen der gerichtlichen Zuständigkeit, des Haftungssubjekts, der Höhe der Entschädigung und der Verjährung des Anspruchs sind jedoch grundsätzlich nach nationalem Recht zu beurteilen. Gemäß dem EuGH darf eine Klage aufgrund des Unionsrechts jedenfalls nicht ungünstiger sein als eine solche aufgrund nationalen Rechts; auch dürfen die nationalen Regelungen die Geltendmachung des Entschädigungsanspruchs durch den Berechtigten nicht unmöglich oder unangemessen schwierig gestalten.[1283] Da die unionsrechtliche Staatshaftung eine objektive Unrechtshaftung ist und dem Unionsrecht Vorrang zukommt, sind eventuelle Verschuldensvoraussetzungen nach nationalem Staatshaftungsrecht nicht zu beachten.

1000

Soweit in einem anhängigen Rechtsstreit unklar ist, ob eine umgesetzte Richtlinienbestimmung richtlinienkonform ist, ist der EuGH im Wege des Vorlageverfahrens anzurufen (Art. 267 AEUV [Ex-Art 234 EG-V]).

1001

1281 Siehe insbesondere EuGH, Urt. v. 10.4.1984, C-14/83 – Von Colson/Kamann; EuGH, Urt. v. 26.2.1986, C-152/84 – Marshall; EuGH, Urt. v. 14.7.1994, C-14.7.1994 – Dori/Recreb.
1282 Siehe z.B. EuGH, Urt. v. 18.11.1991, C-6/90 und C-9/90 – Francovich I, die später in mehreren Urteilen bestätigt und vertieft wurde.
1283 *Smith* ECLR 1992, 129.

e) Überblick über die Richtlinien

1002 Zwischen 1991 und 2004 sind alle bisher für das Urheberrecht und die verwandten Schutzrechte maßgeblichen Richtlinien angenommen worden. Zwei Richtlinien betreffen Schutzgegenstände, nämlich die Computerprogramm-Richtlinie und die Datenbank-Richtlinie.[1284] Andere betreffen verschiedene Rechte, nämlich die Vermietrichtlinie (zum Vermiet- und Verleihrecht sowie grundlegenden Rechten im Bereich der verwandten Schutzrechte), die Satelliten- und Kabelrichtlinie (zur Regelung sehr spezifischer Probleme in diesem Bereich), die Folgerechtsrichtlinie und die Richtlinie zum Urheberrecht und den verwandten Schutzrechten in der Informationsgesellschaft (sie setzt einige Aspekte des WCT und des WPPT auf europäischer Ebene um – insbesondere die Rechte der Vervielfältigung, Verbreitung und öffentlichen Wiedergabe bzw. Zugänglichmachung sowie flankierende Maßnahmen zur Durchsetzung der Rechte im digitalen Umfeld, nämlich Verpflichtungen zu technischen Maßnahmen und Informationen zur Rechtewahrnehmung).[1285] Schließlich sind die Richtlinien zur Schutzdauer des Urheberrechts und der verwandten Schutzrechte[1286] sowie, für das gesamte Gebiet des geistigen Eigentums, zur Durchsetzung der Rechte zu nennen.[1287]

f) Kurzdarstellung der Richtlinien

aa) Computerprogramm-Richtlinie

1003 Die Computerprogramm-Richtlinie bezweckte u.a., den Schutz von Computerprogrammen als literarische Werke festzulegen, die Schutzvoraussetzungen einheitlich zu bestimmen (und damit einen Mittelweg zwischen der extrem niedrigen Schutzschwelle im Vereinigten Königreich und der damals sehr hoch angesetzten Schwelle in Deutschland zu finden),[1288] und weitere Aspekte in Bezug auf Computerprogramme einheitlich zu regeln, insbesondere die vorzusehenden Rechte und Schranken. In Deutschland ist diese Richtli-

---

1284 Richtlinie des Rates vom 14.5.1991 über den Rechtsschutz von Computerprogrammen (91/250/EWG), ABl. EG L 122/42 v. 17.5.1991; (kodifizierte Fassung: Richtlinie des Europäischen Parlaments und des Rates vom 23.4.2009 (2009/24/EG), ABl. EG L 111/16 v. 5.5.2009). Richtlinie 96/9/EG des Europäischen Parlaments und des Rates vom 11.3.1996 über den rechtlichen Schutz von Datenbanken, ABl. EG L 77/20.
1285 Richtlinie 92/100/EWG des Rates vom 19.11.1992 zum Vermietrecht und Verleihrecht sowie zu bestimmten dem Urheberrecht verwandten Schutzrechten im Bereich des geistigen Eigentums, ABl. L 346/61 v. 27.11.1992 (konsolidierte Fassung: Richtlinie 2006/115/EG, ABl. L 376/28); Richtlinie 93/83/EWG des Rates vom 27.9.1993 zur Koordinierung bestimmter urheber- und leistungsschutzrechtlicher Vorschriften betreffend Satellitenrundfunk- und Kabelweiterleitung, ABl. EG L 248/15 v. 6.10.1993; Richtlinie 2001/84/EG des Europäischen Parlaments und des Rates vom 27.9.2001 über das Folgerecht des Urhebers des Originals eines Kunstwerks, Abl. EG L 272/32 vom 13.10.2001 sowie Richtlinie 2001/29/EG des Europäischen Parlaments und des Rates vom 22.5.2001 zur Harmonisierung bestimmter Aspekte des Urheberrechts und der verwandten Schutzrechte in der Informationsgesellschaft, ABl. L 167/10 vom 22.6.2001.
1286 Richtlinie 93/98/EWG des Rates v. 29.10.1993 zur Harmonisierung der Schutzdauer des Urheberrechts und bestimmter verwandter Schutzrechte, ABl. L 290/9 v. 24.11.1993 (konsolidierte Fassung: Richtlinie 2006/116/EG, ABl. L 372/12). Siehe hierzu auch den Vorschlag für eine Richtlinie des Europäischen Parlaments und des Rates zur Änderung der Richtlinie 2006/116/EG über die Schutzdauer des Urheberrechts und bestimmter verwandter Schutzrechte vom 16.7.2008, KOM(2008) 0464; siehe auch die mehrheitlich geäußerte Kritik an diesem Vorschlag bzw. an der dort vorgeschlagenen Schutzverlängerung zugunsten von Tonträgerherstellern und ausübenden Künstlern, z.B. *Klass* ZUM 2008, 663; *dies.* ZUM 2008, 828.
1287 Richtlinie 2004/48/EG des Europäischen Parlaments und des Rates v. 29.4.2004 zur Durchsetzung der Rechte des geistigen Eigentums, ABl. L 195/16 v. 2.6.2004 (Korrigendum zu ABl. L 157/45 vom 30.4.2004).
1288 Die »Inkassoprogramm«-Entscheidung des BGH hatte gefordert, dass Computerprogramme das Schaffen eines Durchschnittsprogrammierers erheblich übersteigen, BGH, Urt. v. 9.5.1985, GRUR 1985, 1041, 1047.

nie primär im Achten Abschnitt von Teil 1 (§§ 69a-69g UrhG) sowie in der Übergangsvorschrift § 137d UrhG umgesetzt worden. Auch die Rechtsprechung ist den Vorgaben der Richtlinie gefolgt und hat die besonders hohen Schutzvoraussetzungen der »Inkasso-Programm«-Entscheidung nicht mehr angewendet.[1289]

bb) Datenbank-Richtlinie

Die Datenbank-Richtlinie harmonisiert einerseits den Schutz von urheberrechtlichen Datenbanken, der im Prinzip ein Sammelwerksschutz ist und neben Sammlungen von Werken auch Sammlungen von Daten umfasst. Hier sind neben dem Schutzgegenstand und den Schutzvoraussetzungen (die denjenigen für Computerprogramme entsprechen) die Rechte und Schranken harmonisiert. 1004

Die Besonderheit der Datenbankrichtlinie ist jedoch das neu geschaffene Schutzrecht *sui generis*, das als Investitionsschutzrecht oder auch Leistungsschutzrecht verstanden werden kann und eingeführt wurde, um insbesondere Investitionen in Datenbanken zu fördern, die mangels (schöpferischer) Auswahl oder Anordnung nicht urheberrechtlich schutzfähig sind; das Schutzrecht gilt jedoch für alle Datenbanken, bei denen für die Beschaffung, Überprüfung oder Darstellung des Inhalts eine in qualitativer oder quantitativer Hinsicht wesentliche Investition erforderlich ist, unabhängig von der Schutzfähigkeit nach Urheberrecht. Die Richtlinie regelt alle Aspekte dieses Schutzes, einschließlich der Beschreibung des Schutzgegenstandes, der Rechte und Schranken, und der Rechte und Pflichten des rechtmäßigen Benutzers sowie die Schutzdauer und Anknüpfungspunkte. 1005

Der urheberrechtliche Schutz ist in Deutschland insbesondere durch den neuen § 4 Abs. 2 UrhG zum Datenbankwerk als ein Sonderfall des Sammelwerks sowie in §§ 23 Satz 2, 53 Abs. 5, 55a und 63 Abs. 1 Satz 2 UrhG umgesetzt worden; das *sui generis*-Recht ist separat als ein verwandtes Schutzrecht im Sechsten Abschnitt von Teil 2 (§§ 87a-87e UrhG) zusammengefasst umgesetzt worden. Die Übergansvorschrift ist § 137g UrhG. 1006

cc) Vermiet-Richtlinie

Zur Umsetzung der Vermietrichtlinie musste der zuvor bestehende Vergütungsanspruch für das Vermieten in ein ausschließliches Recht umgewandelt werden und auch ausübenden Künstlern, Tonträgerherstellern und Filmherstellern zuerkannt werden. Dies wurde durch die Ausnahme der Vermietung von der Erschöpfung des Verbreitungsrechts in § 17 Abs. 2 UrhG erreicht. Der Vergütungsanspruch lebt jedoch in abgewandelter Form aufgrund von Art. 4 Vermietrichtlinie weiter: nachdem das ausschließliche Vermietrecht an einem Bild- oder Tonträger dem Tonträger- oder Filmhersteller eingeräumt worden ist, muss der Vermieter dem Urheber (und ausübenden Künstler) eine angemessene Vergütung für die Vermietung zahlen.[1290] Dieser Vergütungsanspruch, der verwertungsgesellschaftenpflichtig ist, bezweckt es, dem Urheber und ausübenden Künstler in seiner typischerweise schwächeren Position im Individualvertrag mit dem Verwerter eine – mittels der Verwertungsgesellschaft und der Unverzichtbarkeit des Vergütungsanspruchs – gestärkte Position zu verleihen, damit diese tatsächlich eine angemessene Vergütung erhalten können. Diese Regelung wurde später als Vorbild für die Kabelweitersendung genutzt (§ 20b Abs. 2 UrhG). Im Übrigen wurde die Definition der Vermietung von Art. 1 Abs. 2 der Richtlinie in § 17 Abs. 3 Satz 1 UrhG übernommen. 1007

1289 BGH GRUR 1994, 39 – Buchhaltungsprogramm, und Schricker/*Loewenheim* § 69a Rn. 17.
1290 §§ 27 Abs. 1, 77 Abs. 2 Satz 2 UrhG.

1008 Die Bibliothekstantieme wurde, obwohl nicht zwingend notwendig, auf ausübende Künstler, Tonträgerhersteller und Filmhersteller erstreckt und die Definition des Verleihens in § 27 Abs. 2 Satz 2 UrhG eingefügt. Die folgenden Rechte waren schon weitgehend[1291] im deutschen Recht enthalten und mussten nicht mehr umgesetzt werden: die Rechte der Aufzeichnung für ausübende Künstler und Sendeunternehmen, der drahtlosen Live-Sendung und öffentlichen Wiedergabe für ausübende Künstler, das ausschließliche Weitersende- und Wiedergaberecht der Sendeunternehmen, der Vergütungsanspruch für die Zweitnutzung von Handelstonträgern zugunsten von ausübenden Künstlern und Tonträgerherstellern, sowie die ausschließlichen Rechte der Vervielfältigung und Verbreitung für ausübende Künstler, Tonträgerhersteller, Filmhersteller und Sendeunternehmen.[1292] Übergansregelungen sind in § 137e UrhG enthalten.

dd) Satelliten- und Kabelrichtlinie

1009 Die Satelliten- und Kabelrichtlinie bezweckte in ihrem Kapitel über Satellitenrundfunk insbesondere, den Urhebern einheitlich ein ausschließliches Satellitensenderecht zuzuerkennen und den Ort, an dem die öffentliche Wiedergabe über Satellit stattfindet, zu definieren. Zuvor war umstritten gewesen, ob auf die Satellitensendung nach der Bogsch-Theorie das Recht aller Empfangsländer, oder nur das Recht des aussendenden Landes anzuwenden ist. Die Richtlinie hat sich für die zweitgenannte Alternative entschieden und dies in der Definition des Art. 1 Abs. 2 lit. b der Satelliten- und Kabelrichtlinie niedergelegt, der in § 20a Abs. 3 UrhG umgesetzt ist.[1293] Es handelt sich jedoch nicht um die Regelung des anwendbaren Rechts, sondern nur um die Bestimmung des Ortes, an dem die maßgebliche Handlung stattfindet.

1010 In Bezug auf die Kabelweiterleitung war das Hauptproblem, sicherzustellen, dass ein einzelner Urheber die Kabelweiterleitung von einem in einen anderen Mitgliedstaat nicht aufgrund seines ausschließlichen Rechtes verhindern kann. Ein solcher Fall war vom EuGH aufgrund des Primärrechts als zulässig anerkannt worden.[1294] Es oblag der Richtlinie, den freien Dienstleistungsverkehr der Kabelweiterleitung zu garantieren. Da eine Zwangslizenz schon ein paar Jahre zuvor diskutiert, jedoch abgelehnt worden war, wurde die Lösung der Verwertungsgesellschaftspflicht für das ausschließliche Kabelweiterleitungsrecht gefunden: Sie belässt den Rechtsinhabern das ausschließliche Recht, verhindert jedoch das Verbot der Kabelweiterleitung durch einen einzelnen Urheber. Daneben ist es auch den Sendeunternehmen erlaubt, die Rechte an ihren eigenen Sendungen unabhängig von Verwertungsgesellschaften geltend zu machen.[1295] Diese Regelungen sind in § 20b UrhG umgesetzt.[1296] Die Übergansregelungen finden sich in § 137h UrhG.

ee) Schutzdauerrichtlinie

1011 Die Schutzdauerrichtlinie harmonisiert die Schutzdauer des Urheberrechts und der wichtigsten verwandten Schutzrechte. Die Dauer beträgt im Urheberrecht siebzig Jahre,[1297] bei den Rechten der ausübenden Künstler, Tonträgerhersteller, Filmhersteller und Sendeunternehmen fünfzig Jahre.[1298] Wer ein Werk posthum und nach Ablauf der Schutzfrist

---

1291 Für Details siehe v. Lewinski ZUM 1995, 442, 448.
1292 Art. 6-9 VermietRL.
1293 Siehe für weitere Aspekte, die zur Satellitensendung in das deutsche Recht umgesetzt wurden, § 20a UrhG.
1294 Siehe die »Coditel«-Entscheidung, EuGH v. 18.3.1980 – »Coditel I«, Slg. 1980, 881.
1295 Art. 9 der Richtlinie zur Verwertungsgesellschaftspflicht und Art. 10 zum Recht der Sendeunternehmen in Bezug auf eigene Sendungen.
1296 Siehe auch die Übergangsregelung in § 137h UrhG.
1297 Art. 1 und 2 der Richtlinie.
1298 Art. 3 der Richtlinie.

erlaubterweise erstmals veröffentlicht oder erstmals öffentlich wiedergibt erhält einen Schutz von fünfundzwanzig Jahren, und das verwandte Schutzrecht von wissenschaftlichen Herausgebern gemeinfreier Werke darf nicht länger als dreißig Jahre dauern.[1299] Weitere Schutzfristen sind in dieser Richtlinie nicht harmonisiert.[1300]

Die Berechnung der Schutzdauer erfolgt im Urheberrecht bei der allgemeinen und den besonderen Schutzfristen (Miturheber, anonyme und pseudonyme Werke, die im deutschen Urheberrecht nicht geregelten Kollektivwerke, Lieferungswerke, und Filmwerke) nach Regeln, die denen der Berner Konvention entsprechen (soweit sie dort überhaupt geregelt sind).[1301] Eine nennenswerte Besonderheit – ein notwendiger Kompromiss zwischen den Mitgliedstaaten – betrifft Filmwerke, für die die Schutzfrist nach dem Tode des Längstlebenden der folgenden vier Personen berechnet wird: Hauptregisseur, Drehbuchurheber, Urheber der Dialoge und Komponist der speziell für den Film komponierten Musik – und dies unabhängig davon, ob diese Personen nach dem jeweiligen nationalen Recht als Film-Miturheber anerkannt sind. Die Berechnung der Schutzfrist für die verwandten Schutzrechte ist in den oben angegebenen Vorschriften geregelt.[1302] Die Fristberechnung für Tonträgerhersteller wurde in Anpassung an den WPPT in der Informationsgesellschaftsrichtlinie geändert.[1303]

1012

Im Übrigen ist Art. 7 der Richtlinie nennenswert, da er die materielle Gegenseitigkeit (den Schutzfristenvergleich) verbindlich vorschreibt, auch wenn dessen Zulässigkeit für die verwandten Schutzrechte zweifelhaft ist und die Richtlinie daher die internationalen Verpflichtungen der Mitgliedstaaten ausdrücklich unbeschadet lässt. Im deutschen Recht sind die Vorschriften der Richtlinie in den §§ 64–69, 82, 85 Abs. 3, 87 Abs. 3, 94 Abs. 3,70 Abs. 3 and 71 Abs. 3 UrhG sowie in den Übergangsvorschriften 137f und 137j Abs. 2–4 UrhG berücksichtigt.

1013

ff) Folgerechtsrichtlinie

Die Folgerechtsrichtlinie harmonisiert zu einem gewissen Grad die verschiedenen Aspekte dieses Rechtes, einschließlich der erfassten Werke und der Vergütung (insbesondere Mindestbetrag und Prozentsätze) und legt in Übereinstimmung mit Art. 14ter Abs. 2 RBÜ die Reziprozität im Verhältnis zu Werken aus Drittländern fest. Insgesamt bedeutet die Umsetzung der Richtlinie in das deutsche Recht eine Reduzierung des Schutzes, da z.B. ein Maximalbetrag pro Veräußerung eingeführt werden musste.[1304]

1014

gg) Informationsgesellschafts-Richtlinie

Schließlich stellt die Informationsgesellschafts-Richtlinie in Übereinstimmung mit dem WCT und dem WPPT klar, dass auch vorübergehende Vervielfältigungen vom Vervielfältigungsrecht erfasst sind, wie nun auch in § 16 Abs. 1 UrhG ausdrücklich niedergelegt ist. Sie harmonisiert die Rechte der öffentlichen Wiedergabe und öffentlichen Zugänglichmachung i.S.d. WCT und des WPPT; das Recht der Zugänglichmachung wurde ausdrücklich in §§ 19a, 78 Abs. 1 Satz 1, 86, 87 Abs. 1 Satz 1 und 94 Abs. 1 Satz 1 UrhG übernommen. In Bezug auf das Verbreitungsrecht für Urheber[1305] ist Art. 4 Abs. 2 der Richtlinie im Hinblick auf das Verbot der internationalen Erschöpfung bedeutsam. Dieser Vor-

1015

1299 Art. 4 und 5 der Richtlinie.
1300 Siehe aber für den sui-generis Schutz von Datenbanken oben, Rdn. 1005.
1301 Für Einzelheiten, siehe Art. 1 Abs. 2 bis Abs. 5 und Art. 2 Abs. 2 der Richtlinie.
1302 Siehe Rdn. 1011.
1303 Art. 10 Abs. 2 der Informationsgesellschafts-Richtlinie (Angaben zu dieser Richtlinie Rdn. 1015).
1304 *Pfennig* ZUM 2002, 195; Schricker/*Katzenberger* § 26 Rn. 53, 54.
1305 Dasjenige für verwandte Schutzrechtsinhaber ist schon in Art. 9 VermietRL harmonisiert.

schrift entspricht schon § 17 Abs. 2 UrhG.[1306] In einer allseits kritisierten Entscheidung hat der EuGH festgestellt, dass das Verbreitungsrecht nach Art. 4 dieser Richtlinie nur Formen der Verbreitung durch Eigentumsübertragung erfasst;[1307] welche Schlüsse allerdings daraus zu ziehen sind, und ob nationale Gesetzgeber insbesondere weiterhin andere Verbreitungsformen (auch außer der Vermietung und dem Verleih) vorsehen dürfen, ist fraglich. Vieles spricht dafür, dass letzteres weiterhin erlaubt ist.[1308]

1016 Eine Neuerung für alle Mitgliedstaaten stellt die zwingende Ausnahme von bestimmten, vorübergehenden Vervielfältigungshandlungen vom Vervielfältigungsrecht nach Art. 5 Abs. 1 der Richtlinie dar. Sie wurde in den neuen § 44a UrhG übernommen. Im Übrigen stellen die Schranken nach Art. 5 Abs. 2–5 der Richtlinie den äußeren Rahmen dar, innerhalb dessen der nationale Gesetzgeber Schranken in Bezug auf die Rechte der Vervielfältigung, öffentlichen Wiedergabe (einschließlich Zugänglichmachung) und Verbreitung vorsehen darf. Zur Anpassung an die dort im Detail aufgeführten Bedingungen wurde eine Reihe von Schranken im deutschen Recht im Rahmen der Umsetzung der Richtlinie geändert.[1309]

1017 Im Rahmen einer Entscheidung zur teilweisen Vervielfältigung hat der EuGH die Werkkriterien »eigene geistige Schöpfung« auf die dort erfassten Schriftwerke angewandt.[1310] Fraglich ist, ob darin eine Harmonisierung des Werkbegriffs auch für andere Werke als für Computerprogramme, Datenbanken und Werke der Fotografie (für die der Richtliniengeber diese Kriterien ausdrücklich harmonisiert hat) zu ersehen ist, oder nur eine Mindestharmonisierung in dem Sinne, dass höhere Schutzanforderungen (wie etwa für Werke der angewandten Kunst im deutschen Recht) zulässig sind,[1311] oder ob wegen einer Kompetenzüberschreitung im Verhältnis zu den Rechtsetzungsorganen keine solche Harmonisierung stattgefunden hat, sondern nur festgestellt wurde, dass ein Werkteil auch schutzfähig sein kann, nämlich dann, wenn es die jeweiligen nationalen Kriterien für den Werkschutz erfüllt.[1312]

1018 Schließlich mussten die Vorschriften der Richtlinie zum Schutz von technischen Maßnahmen und von Informationen für die Rechtewahrnehmung, die die entsprechenden Vorschriften des WCT und WPPT umsetzen,[1313] in das deutsche Recht umgesetzt werden; dies ist insbesondere in §§ 95a-95d, 108b ff. UrhG erfolgt. § 137j UrhG enthält die Übergangsregelung zur Umsetzung dieser Richtlinie.

hh) Durchsetzungsrichtlinie

1019 Die in Deutschland aufgrund des Gesetzes vom 7.1.2008 umgesetzte Durchsetzungsrichtlinie enthält im Wesentlichen den durch das WTO/TRIPS-Übereinkommen vorgeschriebenen Standard und wird im Bereich des Urheberrechts nur kleinere Änderungen erfordert.[1314]

1306 Schricker/*Loewenheim* § 17 Rn. 54.
1307 EuGH GRUR Int. 2008, 593.
1308 Siehe dazu z.B. Hilty/Drexl/Nordemann/*v. Lewinski* 175, 178–188. Kritisch zur dem EuGH folgenden BGH-Entscheidung: *Schulze* GRUR 2009, 812.
1309 *v. Lewinski* RIDA 2004, Bd., 202, Satz 10.
1310 EuGH GRUR 2010, 1041.
1311 *v. Ungern-Sternberg* GRUR 2010, 273.
1312 *Schulze* GRUR 2009, 1019, 1021.
1313 Art. 11, 12 WCT und Art. 18, 19 WPPT sowie Art. 6 und 7 der InformationsgesellschaftsRL.
1314 Siehe im Einzelnen Walter/v. Lewinski/*v. Lewinski* 1337–1339.

Kapitel 4
Filmrecht

Übersicht Rdn.

A. Einleitung 1
B. Filmurheberrecht 3
I. §§ 88, 89 UrhG 4
II. § 93 Abs. 2 UrhG 6
C. Verträge in der Stoffentwicklung 9
I. Optionsvertrag 10
    1. Unechte oder qualifizierte Option 11
    2. Gegenstand der Option 14
    3. Optionszeit, Verlängerung 15
    4. Optionsvergütung 16
    5. Optionsausübung 17
    6. Befugnisse während der Optionszeit 18
II. Letter of Intent und Deal Memo 19
III. Verfilmungsvertrag 23
    1. Rechtsnatur 24
    2. Vertragspartner – Autor oder Verlag 25
    3. Rechteeinräumung 26
        a) Verfilmung 28
        b) Auswertung 32
        c) Weiterübertragung der Rechte 35
        d) Rechterückruf 36
        e) Rechtegarantie 39
    4. Vergütung 40
        a) Pauschalhonorar 41
        b) Auswertungsbeteiligungen 42
        c) Fälligkeit 45
        d) §§ 32, 32a UrhG 48
    5. Nennung 50
IV. Gestattungsvertrag in Bezug auf Persönlichkeitsrechte 51
    1. Rechtsnatur und Umfang 52
    2. Vertragspartner 55
    3. Grenzen des Gestattungsvertrags 56
    4. Widerruf 57
V. Drehbuchvertrag 58
    1. Rechtsnatur 59
    2. Vertragspartner 60
    3. Werkerstellung 61
        a) Umfang 61
        b) Lieferung 62
        c) Nachbesserungen und Abnahme 63
    4. Vergütungsmodelle 66
        a) Wiederholungshonorare 67
        b) Buy-Out 68
        c) §§ 32, 32 a UrhG 69
        d) Besteuerung § 50a EStG 71
        e) Pensionskasse 72
    5. Rechteeinräumung 73
    6. Nennung 77
    7. Vorzeitige Vertragsbeendigung 78
        a) Rücktritt 79
        b) Kündigung 80
        c) Austauschklausel 81
        d) Rechtsfolgen 82

4. Kapitel Filmrecht

	Rdn.
8. Sonderverträge	83
9. Vorstufen	86
D. Mitwirkendenverträge in der Produktion	**89**
I. Stabvertrag	90
1. Befristete Anstellung	91
2. Manteltarifvertrag für Film- und Fernsehschaffende	95
a) Arbeitszeitregelung	97
b) Zeitkonto	98
c) Urlaub	99
3. Gagentarifvertrag	100
4. Abweichende Vertragsgestaltung	101
a) Pauschalverträge	102
b) Übertarifliche Gagen	103
5. Sonderregelungen für Produktionsleiter und Regisseure	104
a) Produktionsleiter	105
b) Regisseur	106
6. Rechteeinräumung	111
7. Besteuerung ausländischer Filmschaffender	112
II. Werk-/Dienstleistungsverträge	113
1. Abgrenzung zum Arbeitsvertrag	113
2. Rechteeinräumung	115
3. Besteuerung ausländischer freier Mitwirkender	116
III. Darstellervertrag	117
1. Vertragsgestaltung	118
a) Vertragszeit	119
b) Sperrzeitenregelung	121
c) Vor- und Nachbereitungsarbeiten	122
d) Rechteeinräumung	123
e) Vergütung	124
f) Weitere Vertragspflichten	125
g) Nennung	126
h) Auflösende Bedingung	127
2. Weisungsrecht des Produzenten	128
3. Ausfallversicherung	129
4. Steuerliche Behandlung ausländischer Darsteller	130
5. Exkurs Komparsen	131
IV. Musikverträge	132
1. Filmmusikvertrag (Auftragskomposition und -produktion)	133
a) Kompositionsvertrag	135
aa) Erstellung der Komposition	135
bb) Rechteeinräumung	136
cc) Inverlagsnahme	141
dd) Besonderheiten bei GEMA-Mitgliedschaft des Komponisten	142
b) Musikproduktionsvertrag	146
aa) Herstellung der Musikaufnahme	146
bb) Rechteeinräumung	147
cc) Besonderheiten bei GVL-Mitgliedschaft des Tonträgerherstellers	152
c) Vergütung	153
d) Nennung	156
2. Musiklizenzvertrag (bestehende Musiken)	157
V. Motivvertrag	161
E. Produktionsverträge	**165**
I. Produktions- und Finanzierungsmodelle	165
1. Auftragsproduktion	166
a) Begriffsbestimmung	166
b) ARD-Eckpunktepapier	167
2. Co-Produktion	170
a) Begriffsbestimmung	170
b) Internationale-Co-Produktionsabkommen	171
c) Film-/Fernsehabkommen mit der FFA	173

	Rdn.
3. Exkurs: Co-Finanzierung	174
4. Lizenzvertrag/Sublizenzvertrag/Presale	175
5. Exkurs: Finanzierungsverträge in der Stoffentwicklung/Produktionsvorbereitung	176
a) Entwicklungsvertrag/Produktionsvorbereitungsvertrag	176
b) ARD-Eckpunktepapier	182
c) Co-Entwicklungsvertrag	184
II. Vertragsgegenstand von Auftrags- und Co-Produktionen	189
1. Kenndaten der Produktion	189
2. Material	190
III. Vertragliche Regelungen der Produktionsdurchführung	191
1. Auftragsproduktion	191
a) Einzelne Leistungen	191
aa) Drehbuchentwicklung	191
bb) Sonstige Leistungen	192
b) Zustimmungs-, Letztentscheidungs- bzw. Abnahmerecht des Senders	194
c) Trennungsgebot und Verbot der Schleichwerbung und Produktplatzierung	196
2. Co-Produktion	198
a) Herstellung	198
aa) Drehbuchentwicklung	198
bb) Sonstige Leistungen	199
cc) Filmförderung	203
b) Mitspracherechte der Co-Produzenten	204
c) Verbot der Schleichwerbung und entsprechender Praktiken	207
IV. Vertragliche Regelungen der Finanzierung	208
1. Auftragsproduktion	208
a) Festpreis	208
b) Fälligkeit der Vergütung	209
c) (Bank-/Konzern-)Bürgschaft	210
d) Beistellungen des Senders	211
e) Wiederholungshonorare	212
f) Pensionskassen- und Künstlersozialkassenbeiträgen	213
g) Verwertungserlöse	214
h) Erlösbeteiligung	215
i) Exkurs: ARD-Eckpunktepapier	216
2. Co-Produktion	218
a) Finanzierungsbeiträge/Co-Produktionsanteile	218
b) Betriebsstättenproblematik	220
c) Über-/Unterschreitungskosten	221
d) Produzenten-Erlöse	223
aa) Getrennte Auswertung	224
bb) Gemeinsame Auswertung	225
cc) Exkurs: Erlösbeteiligung Dritter	228
e) Production greenlight	229
V. Rechteumfang	231
1. Auftragsproduktion	231
a) Rechte	231
b) Ausnahmen	236
2. Co-Produktion	238
a) Rechte	238
b) Rechtezuweisung	239
aa) Aufteilung	239
bb) EU-Kabel- und Satellitenrichtlinie	242
cc) Geo-Blocking	243
dd) Lizenzzeit	244
VI. Filmversicherung	247
VII. Preise und Fördermittel	248
VIII. Nennungsverpflichtung	249
1. Auftragsproduktion	249
2. Co-Produktion	252

4. Kapitel Filmrecht

	Rdn.
IX. Sonstiges	253
1. Auftragsproduktion	253
a) Kündigung/Rücktritt	253
b) Auswertungspflicht	255
c) Exkurs: ARD-Eckpunkte-Papier	256
d) Option	257
2. Co-Produktion	258
a) Dauer der Co-Produktionsgemeinschaft	258
b) Ausscheiden aus der Co-Produktion	259
c) Anwendbares Recht	262
F. Verwertungsverträge	263
I. Auswertungsformen	263
1. Allgemeines	263
2. Verleih	264
3. (Welt-)Vertrieb	265
4. Exkurs: Sales Agent/Agenturvertrag	266
5. Exkurs: Außerfilmische Auswertungen	267
a) Merchandising	270
b) Buch zum Film	271
c) Soundtrack	272
II. Vertragsgegenstand von Verleih- und Vertriebsvertrag	273
III. Rechteumfang	274
1. Rechteeinräumung	274
2. Einschränkungen	281
IV. Vertragslaufzeit	284
V. Vergütung und Erlöse	287
1. Vergütungsart	287
a) Minimumgarantie	288
b) Festpreis	289
c) Erlösbeteiligung	290
2. Verleih-/Vertriebsprovision und Verleih-/Vertriebsvorkosten	293
3. Cross-Collateralization/Querverrechenbarkeit	299
4. Abrechnung	300
VI. Material	301
VII. Nennungsverpflichtung	304
VIII. Auswertung	305
1. Auswertungspflicht	305
2. Kinoauswertung	306
3. Weitere Bedingungen	307
IX. Sonstiges	308
1. Erstes Zugriffsrecht/Option auf weiteren Rechteerwerb	308
2. Vorzeitige Vertragsbeendigung	309

A. Einleitung

1 Die Filmwirtschaft in Deutschland (Film-/TV-/Videoherstellung, Filmverleih, Videogrammanbieter, Kinos sowie selbständige Bühnenkünstler) erwirtschaftete im Jahr 2008 einen Umsatz von etwa 7,6 Mrd. €. Davon entfielen ca. 3 Mrd. auf das Produktionsvolumen aus Film-, Fernseh- und Videoherstellung. Das Produktionsvolumen für Fernsehen betrug dabei etwa 2,2 Mrd. €, das Produktionsvolumen für Kino ca. 700 Mio. €.[1] Im Jahr 2008 waren in der Film-, Fernseh- und Videoherstellung 31.978 Erwerbstätige beschäftigt, in der Filmwirtschaft insgesamt 56.238 Erwerbstätige. Die Filmwirtschaft ist geprägt durch ein Klein- und Mittelstandsunternehmertum (mit einem jährlichen Unter-

---

[1] *Woebcken* Filmstandort Deutschland, Branchenhearing Filmwirtschaft, S.11, abrufbar unter: www.bmwi.de.

nehmensumsatz von jeweils bis zu 50 Mio. €), das etwa zwei Drittel der Unternehmen der gesamten Filmwirtschaft ausmacht (bezogen auf das Jahr 2008).[2]

Hauptaugenmerk dieses Kapitels liegt auf der Vertragsgestaltung in der Filmbranche. 2

B. Filmurheberrecht

Für die Filmwirtschaft als Arbeitsmarkt und Wirtschaftszweig in Deutschland ist das 3 Urhebergesetz (UrhG) neben vielen anderen relevanten gesetzlichen Bestimmungen von elementarer Bedeutung, insbesondere für die Vertragsgestaltung in der Branche. Das Urhebergesetz enthält in den §§ 88–94 filmspezifische Regelungen. Die jüngsten Urheberrechtsreformen der letzten Jahre insbesondere der sog. »Korb 1« und »Korb 2« sahen u.a. für diese Vorschriften zahlreiche Neuerungen vor und haben die Regelungen den aktuellen Marktbedingungen angenähert.[3]

I. §§ 88, 89 UrhG

Die §§ 88, 89 UrhG regeln in erster Linie den Rechteerwerb durch den Produzenten. § 88 4 UrhG bezieht sich dabei auf bestehende Werke, die der Produzent als Vorlage für den Film verwenden möchte, die aber auch getrennt vom Film verwertbar sind. Innerhalb der Werke nach § 88 UrhG wird unterschieden zwischen sog. vorbestehenden Werken wie z.B. Romanen, Bühnenstücken, bestehende Musiken und sog. bestehenden filmbestimmten Werken wie z.B. Drehbuch, Kulissen und Filmmusik (soweit eigens für den Film hergestellt).[4] § 89 UrhG bezieht sich auf Rechte, die erst durch die Herstellung des Films entstehen und nicht davon losgelöst verwertbar sind. Dazu können u.a. die Rechte des Regisseurs, Kameramanns und Cutters zählen.[5]

Der Umfang der im Zweifel nach Gesetz einzuräumenden Rechte bezieht sich sowohl 5 bei § 88 als auch § 89 UrhG auf alle **bekannten und unbekannten Nutzungsarten**.[6] Ausgenommen sind allerdings **außerfilmische Nutzungen** wie z.B. Merchandising, das Buch zum Film und Computerspiele; die Rechte für diese Nutzungsarten müssen ausdrücklich, gesondert erworben werden.[7] Bei Werken nach § 88 UrhG unterliegen zudem die Rechte zur Wiederverfilmung gem. § 88 Abs. 2 UrhG dem gesonderten, ausdrücklichen Rechteerwerb. Die von §§ 88, 89 UrhG erfassten Rechte erwirbt der Produzent im Zweifel ausschließlich sowie zeitlich und räumlich unbeschränkt.[8] Hinsichtlich des Verfilmungsrechts im Rahmen des § 88 UrhG können sich Einschränkungen aus § 88 Abs. 2 UrhG ergeben. Die Widerrufsrechte der Urheber nach § 31a UrhG bzgl. unbekannter Nutzungsarten sind für Werke nach den §§ 88, 89 UrhG ausgeschlossen.

II. § 93 Abs. 2 UrhG

Die Einschränkung der Nennungsverpflichtung gegenüber ausübenden Künstlern ist als 6 Ausnahmevorschrift eng auszulegen. Ab wann die Voraussetzung dafür vorliegt, nämlich dass ein erheblicher Aufwand mit der Nennung des einzelnen ausübenden Künstlers ver-

---

2 Forschungsbericht Nr. 577 des Bundesministeriums für Wirtschaft und Technologie abrufbar unter: www.bmwi.de.
3 Siehe dazu näher Fromm/*Nordemann* Einleitung Rn. 31-34.
4 Dreier/*Schulze* § 88 Rn. 5.
5 Fromm/*Nordemann* § 89 Rn. 13, 16.
6 Dreier/*Schulze* § 88 Rn. 2; § 89 Rn. 32.
7 Dreier/*Schulze* § 88 Rn. 54; § 89 Rn. 33.
8 Fromm/*Nordemann* § 88 Rn. 44 ff.; Dreier/*Schulze* § 89 Rn. 27.

bunden ist, unterliegt letztlich der Abwägung des Einzelfalls, wobei die Branchenübung Beachtung findet.[9] Danach sind i.d.R. zumindest Hauptdarsteller zu nennen.[10]

7 Im Übrigen bedürfen die filmspezifischen Vorschriften des UrhG hier keiner weiteren Erläuterung, da sich ihre wesentlichen Punkte aus dem Gesetzestext selbst ergeben.

8 Die (filmspezifischen) gesetzlichen Bestimmungen werden soweit zulässig in der Praxis durch vertragliche Regelungen ergänzt und/oder abgeändert. Im Folgenden werden daher typische Verträge im Zusammenhang mit der Herstellung und Auswertung eines Films, unter Berücksichtigung einzelner branchenspezifischer Eckpunkte und für den Filmbereich praxisrelevanter Aspekte dargestellt.

C. Verträge in der Stoffentwicklung

9 In der Phase der Stoffentwicklung werden rechtlich bereits die wesentlichen Weichen für die spätere Herstellung und Auswertung einer Produktion gestellt. Der Produzent muss darauf achten, dass in den Verträgen mit den Rechteinhabern, deren Werke er für einen Film nutzen möchte (z.B. Roman oder Drehbuch), die notwendigen Rechte und Befugnisse für sämtliche beabsichtigten Herstellungsformate (z.B. Kino- und/oder Fernsehfilm), Auswertungsformen (DVD, Video on Demand, das Buch zum Film etc.) und Märkte (In- und Ausland, heimat- und fremdsprachlich) umfassend geklärt werden.

I. Optionsvertrag

10 Bevor der Produzent mit der Realisierung des Projekts beginnt, hat er viele verschiedene Punkte zu klären. Ganz wesentlicher Aspekt ist z.B. die Finanzierung der Produktion. Möchte der Produzent verhindern, dass ein bestimmter Fremdstoff (z.B. Roman), auf dem der Film basieren soll, in dieser Zeit einem anderen Produzenten angeboten wird, stellt der Optionsvertrag einen gern genutzten Vertragstypen dafür dar. Der Optionsvertrag bietet dem Produzenten zugleich die Möglichkeit, die mit dem Erwerb der Rechte an dem Fremdstoff verbundenen finanziellen Verpflichtungen nicht sofort und in voller Höhe eingehen zu müssen.

1. Unechte oder qualifizierte Option

11 Der Optionsvertrag kann entweder als sog. unechte oder qualifizierte Option ausgestaltet werden.

12 Bei der **qualifizierten Option** wird dem Optionsvertrag ein umfänglich verhandelter Vertrag (z.B. Verfilmungsvertrag)[11] angehängt. Mit Ausübung der Option tritt dieser dann unmittelbar in Kraft. Durch eine qualifizierte Option erhält der Produzent eine gewisse Sicherheit auf den Abschluss des z.B. Verfilmungsvertrags.

13 Bei der **unechten Option** werden dagegen entweder keine oder nur wenige Eckdaten des künftigen Verfilmungsvertrags im Optionsvertrag festgehalten. Sämtliche Punkte des Verfilmungsvertrags bzw. diejenigen, die noch nicht im Optionsvertrag geregelt sind, müssen dann während der Optionszeit bzw. mit Ausübung der Option verhandelt werden. Erst wenn sich die Parteien geeinigt haben, kommt der Verfilmungsvertrag zustande. Die unechte Option zugunsten des Produzenten gewährleistet ihm in vielen Fällen nicht viel mehr als eine exklusive Verhandlungsposition mit seinem Vertragspart-

---

9 Fromm/*Nordemann* § 93 Rn. 28.
10 Dreier/*Schulze* § 93 Rn. 19.
11 Siehe Rdn. 23-50.

ner. Sie hat jedoch gegenüber der qualifizierten Option den in der Praxis sehr geschätzten Vorteil, dass sie schnell und ohne die häufig langwierigen und schwierigen Verhandlungen über die Parameter des Verfilmungsvertrags abgeschlossen werden kann.

2. Gegenstand der Option

Zunächst ist das Werk, an dessen Rechten der Produzent interessiert ist und die er später erwerben möchte, genau zu bezeichnen. Bei einem Roman gehören dazu in jedem Fall der Verfasser und der herausgebende Verlag, ggf. auch Auflage und Veröffentlichungsdatum. Je nachdem ob es sich um eine qualifizierte oder unechte Option handeln soll, ist die Bezugnahme auf den ausgehandelten Vertrag (z.B. Verfilmungsvertrag) oder die Aufnahme bereits festgelegter Eckdaten für den späteren Verfilmungsvertrag erforderlich. Von großer Bedeutung ist in beiden Fällen die Festlegung einer **exklusiven Option** durch die Verpflichtung des Vertragspartners, das Werk während der festgelegten Optionszeit bzw. deren Verlängerung keinem Dritten anbieten zu dürfen. Im Einzelfall wird diese Verpflichtung des Vertragspartners mit einer angemessenen Vertragsstrafe belegt.

3. Optionszeit, Verlängerung

Bei der Festlegung der Optionszeit ist zu berücksichtigen, wie viel Zeit der Produzent benötigt, um die für den Beginn der Realisierung des Projekts notwendigen Voraussetzungen klären zu können. In der Praxis werden typischer Weise Optionszeiträume zwischen 12 und 24 Monaten vereinbart. Ob Verlängerungsmöglichkeiten vorgesehen werden von z.B. 2 mal 6 Monaten, ist Verhandlungssache und hängt u.a. von der Länge des ersten vereinbarten Optionszeitraums ab. Die Optionszeit kann entweder ab einem festen Datum oder ab beidseitiger Unterzeichnung des Optionsvertrags beginnen.

4. Optionsvergütung

Die Höhe der Optionsvergütung ist Verhandlungssache der Vertragspartner. Nicht selten orientieren sich die Parteien jedoch an 5 bis 10 % des späteren Verfilmungshonorars, soweit dieses bereits feststeht. Für die Gebühr, die für die erste Optionszeit gezahlt wird, wird in den meisten Fällen vereinbart, dass sie zu 100% auf das Verfilmungshonorar anrechenbar ist. Dabei sollte klar zum Ausdruck kommen, auf welche der dann im Rahmen des Verfilmungsvertrags zu leistenden Raten die Anrechnung in jeweils welcher Höhe erfolgt. Die Optionsverlängerungsgebühr ist dann zumeist nicht oder nur zu einem geringeren Anteil verrechenbar.

5. Optionsausübung

Für den Produzenten sinnvoll ist alleine die einseitig zu seinen Gunsten ausgestaltete Option. Im Zweifel muss er die fristgerechte Ausübung der Option nachweisen können. Daher empfiehlt sich, die Optionsausübung an die Schriftform zu knüpfen. Im Zusammenhang mit der Optionsausübung sollten auch die gewünschten Rechtsfolgen geregelt werden, wie z.B. das unmittelbare Inkrafttreten des als Vertragsgegenstand einbezogenen Verfilmungsvertrags.

6. Befugnisse während der Optionszeit

Mit Abschluss des Optionsvertrags stehen dem Produzenten ohne weitere Regelung zunächst keine weiteren Befugnisse hinsichtlich des vertragsgegenständlichen Werkes zu. Wünscht der Produzent bereits während der Optionszeit z.B. auf Grundlage des

Romans ein Exposé o.ä. erstellen zu lassen,[12] um es einem Sender vorlegen zu können, muss all dies ausdrücklich vereinbart werden. In der Folge sollte dann aber auch geregelt werden, wie mit den während der Optionszeit durch den Produzenten hergestellten Materialien zu verfahren ist, wenn es nicht zur Optionsausübung kommt.

II. Letter of Intent und Deal Memo

19 »Letter of Intent« und »Deal Memo« sind branchenübliche vertragliche Instrumente, um Absichten, Absprachen und erste Verhandlungen über das künftige Zusammenwirken bei einer Produktion und einer damit verbundenen künftigen vertraglichen Vereinbarung festzuhalten, ohne den eigentlichen Vertrag jedoch abzuschließen bzw. abschließen zu wollen. Ausgestaltung, Formulierungen und die damit verbundenen Rechtsfolgen sowohl des Letter of Intent als auch des Deal Memo sind von Fall zu Fall sehr unterschiedlich und werden in der Branche sehr uneinheitlich gehandhabt. Beide Begriffe finden keine Definition im deutschen Recht. Welche Bindungswirkung oder Ansprüche letztlich nach der deutschen Rechtsordnung damit einhergehen, lässt sich nur über ihre Einordnung in eines der nach deutschem Recht bekannten Rechtsinstitute feststellen, vorausgesetzt deutsches Recht wurde für anwendbar erklärt.

20 Handelt es sich um eine bloße **Absichtserklärung** im Sinne einer rechtlich nicht verbindlichen Fixierung von Verhandlungspositionen, kann hieraus noch kein Anspruch auf Abschluss des beabsichtigten Vertrags hergeleitet werden.[13] Allerdings können unter bestimmten Voraussetzungen bei grundlosem Abbruch von Vertragsverhandlungen Schadensersatzansprüche (gerichtet auf die Erstattung des negativen Interesses gem. §§ 311 Abs. 2, 280 Abs. 1 BGB) entstehen.[14] Sind in der Absichtserklärung Exklusivitäts- und Vertraulichkeitsregelungen enthalten, sind diese an sich rechtlich durchsetzbar und können bei Verstoß dagegen ebenfalls Schadensersatzansprüche begründen.[15]

21 Wird der **verbindliche Vorvertrag** gewählt, kann daraus auf Abschluss des Hauptvertrags geklagt werden kann, soweit der Vorvertrag die wesentlichen Verpflichtungen des Hauptvertrags konkret und ausreichend bestimmt regelt und der Bindungswillen der Parteien zum Ausdruck kommt.[16]

22 Für das Abfassen eines Letter of Intents oder Deal Memos ist es daher wichtig, sich über die vorgenannten Kriterien und Voraussetzungen klar zu werden und sie unabhängig von der Benennung (welche für die rechtliche Verbindlichkeit irrelevant ist) als Letter of Intent oder Deal Memo entsprechend eindeutig zu regeln. Wichtig ist dabei auch, den Bindungswillen oder eben gar den Nicht-Bindungswillen eindeutig aufzunehmen und das anzuwendende Recht festzulegen.

III. Verfilmungsvertrag

23 Mit dem Verfilmungsvertrag sichert sich der Produzent die Rechte an einem der Produktion zugrunde liegenden meist literarischen Werk. Hier kommen in erster Linie Romane und fertig gestellte Drehbücher aber auch Comics und Sachbücher in Betracht. Nachfolgend wird schwerpunktmäßig der Verfilmungsvertrag über einen Roman behandelt.

---

12 Dies stellt eine Bearbeitung i.S.v. § 23 UrhG dar.
13 Palandt/*Ellenberger* Einf. v. § 145 Rn. 18.
14 Palandt/*Grüneberg* § 311 Rn. 30 ff.
15 v. Hartlieb/Schwarz/*Reber* Hdb. FilmR, 91. Kap. Rn. 11.
16 Palandt/*Ellenberger* Einf. v. § 145 Rn. 19 ff.

C. Verträge in der Stoffentwicklung

1. Rechtsnatur

Die Rechtsnatur des gängigen Verfilmungsvertrags ist ein Lizenzvertrag eigener Art als Mischform aus urheberrechtlichen Regelungen (insbesondere §§ 31 ff., 88, 90 UrhG) und den Vorschriften über den Rechtskauf (§§ 453, 398 ff. BGB).[17] Auch wenn grundsätzlich kein Schriftformerfordernis für den Verfilmungsvertrag besteht, empfiehlt sich die Schriftform allein bereits zum Zwecke des Rechtenachweises. Werden dagegen Nutzungsrechte an einem künftigen Werk eingeräumt, gilt die Schriftformerfordernis aus § 40 UrhG. 24

2. Vertragspartner – Autor oder Verlag

Vertragspartner des Produzenten ist meistens entweder der Verlag, in dem der Roman erschienen ist, oder aber der Autor des Romans selbst. Dies hängt von der Gestaltung und dem Umfang des zwischen Autor und Verlag bestehenden Verlagsvertrages ab.[18] 25

3. Rechteeinräumung

Von den Vertragspartnern wird in vielen Fällen bei den Vertragsverhandlungen diskutiert, ob die Einräumung der Rechte unter die aufschiebende Bedingung der vollständigen Zahlung der vereinbarten Vergütung gestellt wird. Soweit Erfolgbeteiligungen für Autor oder Verlag vereinbart werden oder Teile eines Buy-Outs erst nach Vertragsschluss zahlbar sind, ist eine solche Regelung nicht mit den branchenüblichen Verpflichtungen, die der Produzent eingehen muss, vereinbar. Zu Finanzierungszwecken aber auch gegenüber Sendern wird der Produzent immer wieder verpflichtet, über die nach dem Verfilmungsvertrag ihm übertragenen Rechte vor vollständiger Zahlung der im Verfilmungsvertrag vorgesehenen Honorare verfügen zu können oder zumindest Erklärungen abzugeben, die Rechte bedingungslos erworben zu haben. 26

Die Rechteeinräumung im Verfilmungsvertrag regelt im Wesentlichen zwei große Bereiche, nämlich die **Verfilmung** und die **Auswertung**. 27

a) Verfilmung

In der Regel wird dem Produzenten das **Verfilmungsrecht als ausschließliches Nutzungsrecht** einräumt. Dann unterliegt es häufig der **inhaltlichen Beschränkung**, dass eine bestimmte Form der Verfilmung (z.B. Kino- oder Fernsehfilm, Ein-/Zwei- oder Mehrteiler) festgelegt wird und der Originalfilm in einer bestimmten Sprachfassung herzustellen ist. Bei Beschränkung z.B. auf die Verfilmung in deutscher Sprache, sollte unter Auswertungsgesichtspunkten jedoch ausdrücklich das Recht zur jeweils fremdsprachigen Synchronisation, Untertitelung und Herstellung von Voice-Over-Fassungen geregelt werden. 28

Soweit eine **zeitliche Beschränkung** des exklusiven Verfilmungsrechts vereinbart wird, sollte diese aus Sicht des Produzenten nicht weniger als 15 Jahre betragen, da eine zweite Verfilmung durch Dritte den Wert des eigenen Films in der Regel schmälert. Wird eine Befristung vereinbart, empfiehlt sich eine klarstellende Regelung, dass die Auswertung der fristgerecht hergestellten Produktion durch den Produzenten davon unberührt bleibt, d.h. der Produzent dazu zeitlich unbeschränkt berechtigt bleibt. 29

Verbleiben die **Wiederverfilmungsrechte** mangels ausdrücklicher Übertragung auf den Produzenten beim Autor bzw. Verlag,[19] sind diese allerdings verpflichtet, sich während 30

---

17 *Brehm* FilmR, IV.4.4.1.
18 Zum Verlagsvertrag siehe auch Kap. 6.
19 Siehe Rdn. 5.

der Dauer einer exklusiv vereinbarten Lizenzzeit für das Verfilmungsrecht der Vergabe der Wiederverfilmungsrechte an Dritte bzw. deren Auswertung zu enthalten.[20] Im Zweifel gilt diese Enthaltungspflicht für zehn Jahre ab Abschluss des Verfilmungsvertrags.[21]

31 Daneben kann sich der Produzent ebenfalls die sog. **Weiterentwicklungsrechte** einräumen lassen, wodurch er berechtigt wird, unter Verwendung des Romans über seine Originalverfilmung hinaus ein Prequel, Sequel oder Spin-Off herzustellen. Unter einem **Prequel** versteht man die Vorgeschichte zum Inhalt eines Werkes, unter einem **Sequel** die Fortsetzung des Werkes und unter einem **Spin-Off** ein neues Handlungsgeschehen basierend auf Nebenhandlungen/-figuren des Altwerkes.

b) Auswertung

32 Die Einräumung der Auswertungsrechte bezieht sich primär auf die nach dem Verfilmungsrecht hergestellte Produktion und muss sämtliche gewünschten **filmische und außerfilmische Auswertungsarten** abdecken. Allerdings kann bei den nichtfilmischen Nebenrechtsauswertungen, wie z.B. Merchandising und dem Drucknebenrecht, durchaus auch der Roman an sich betroffen sein, wenn Originaltextstellen bei der Auswertung dieser Rechte verwendet werden. Dies ist bei der Rechteübertragung zu berücksichtigen, wobei in solchen Fällen eine Begrenzung auf eine bestimmte Anzahl von Wörtern des Romantextes durchaus vorkommt

33 In Bezug auf die **Titelrechte** werden häufig ebenfalls **inhaltliche Beschränkungen** in den Vertrag aufgenommen. Dabei handelt es sich z.B. um Bestimmungen, inwieweit die Betitelung des Films gleichlautend mit dem Romantitel sein muss oder davon abweichen darf. Daneben wird nicht selten auch die Befugnis des Verlags vereinbart, einen vom Romantitel ggf. abweichenden Filmtitel für Neuauflagen des Romans nutzen zu dürfen. Hierbei spielen Crossvermarktungsstrategien eine wichtige Rolle, welche mit entsprechenden Abstimmungserfordernissen für beide Vertragsparteien zur Erreichung von Auswertungssynergien in den Vertrag einfließen können.

34 Will sich der Produzent die exklusive Auswertung seiner Produktion auf noch nicht bekannte Nutzungsarten sichern, muss er dieses im Verfilmungsvertrag gem. § 31a Abs. 1 Satz 1 UrhG schriftlich vereinbaren.

c) Weiterübertragung der Rechte

35 § 90 UrhG sieht für den Filmbereich eine Ausnahme vom Zustimmungserfordernis des Urhebers gem. § 34 UrhG zur Weiterübertragung der dem Filmhersteller übertragenen Rechte nach Drehbeginn vor. Vor Drehbeginn ist die Zustimmung des Urhebers jedoch uneingeschränkt erforderlich sowie für nicht-filmische Auswertungsrechte auch nach Drehbeginn.[22] Vor diesem Hintergrund sollte im Verfilmungsvertrag ausdrücklich eine generelle Befugnis des Produzenten zur Weiterübertragung der ihm eingeräumten Rechte geregelt sein, und zwar einschließlich für die Zeit vor und nach Drehbeginn als auch für filmische sowie nicht-filmische Rechte, zumal der Produzent bereits häufig vor Drehbeginn verpflichtet ist, Rechte auf seine Vertragspartner (z.B. Co-Produzenten und Sender) zu übertragen. Eine solche generelle Befugnis zugunsten des Produzenten wird dann im Hinblick auf das Verfilmungsrecht häufig wiederum dahingehend eingeschränkt, dass die Verfilmung nicht alleine durch einen anderen Produzenten erfolgen darf.

---

20 Wandtke/Bullinger/*Manegold* § 88 Rn. 62.
21 § 88 Abs. 2 Satz 2 UrhG.
22 Dreier/*Schulze* § 90 Rn. 7, 11.

d) Rechterückruf

Zwar ist der Produzent, soweit dies nicht ausdrücklich vertraglich geregelt ist, nicht zur Verfilmung des Romans verpflichtet, dem Autor steht jedoch im Falle der Nichtverfilmung das **Rückrufsrecht aus § 41 UrhG** (bis Drehbeginn und danach auch für nicht-filmische Nutzungsrechte)[23] zu. In Verfilmungsverträgen wird häufig von der Möglichkeit Gebrauch gemacht, die Frist, in der der Produzent mit dem Dreh begonnen haben muss, von den gesetzlich vorgesehenen zwei Jahren auf die gemäß § 41 Abs. 4 Satz 2 UrhG maximal zulässigen fünf Jahre auszudehnen. In der Regel hat der Autor dem Produzenten vor dem endgültigen Rückruf gemäß § 41 Abs. 3 Satz 1 UrhG noch eine Nachfrist zu setzen. In Verfilmungsverträgen wird eine Nachfrist von sechs bis zwölf Monaten für angemessen erachtet.[24] 36

Das unverzichtbare gesetzliche Rückrufsrecht steht ausschließlich dem Autor als Urheber zu. Lässt sich der Verlag, soweit er Vertragspartner des Produzenten ist, daneben jedoch ein weiteres **vertragliches Rückrufsrecht** einräumen, empfiehlt sich, dass der Verlag dem Produzenten garantiert, erstens mit dem Autor als Vertragspartner des Verlags vereinbart zu haben, dass der Rückruf für z.B. fünf Jahre und unter Berücksichtigung einer bestimmten Nachfrist ausgeschlossen ist und zweitens dass das Rückrufsrecht des Verlags entsprechend den mit dem Autor vereinbarten Fristen ausgestaltet wird. Damit werden zwei unterschiedliche Rückrufsfristen durch Verlag und Autor vermieden. 37

Soll der Vertragspartner des Produzenten nach erfolgreichem Rückruf nicht nur über die Rechte am Roman selbst verfügen dürfen, sondern ggf. auch über bereits durch den Produzenten erstellte Materialien (z.B. Drehbücher) werden dafür häufig sog. **Turnaround-Klauseln** verwendet. Diese Klauseln sehen vor, dass der Romanautor oder Verlag über die Rechte an z.B. dem Drehbuch verfügen kann und dem Produzenten dafür eine gewisse Abstandssumme zahlt und der Produzent darüber hinaus ggf. prozentual an Weiterverkaufserlösen zu beteiligen ist.[25] 38

e) Rechtegarantie

Standard in Verfilmungsverträgen ist eine Garantie gegenüber dem Produzenten, dass die Rechte an dem Roman frei von Rechten Dritter sind, der Vertragspartner zu Verfügung darüber berechtigt ist und der Produzent diesbezüglich von Ansprüchen Dritter freigestellt wird. Dies sollte sich auch auf eventuell betroffene Persönlichkeitsrechte Dritter beziehen, da es ansonsten für den Produzenten schnell zu rechtlichen und finanziellen Hürden kommen kann. 39

4. Vergütung

Das zu zahlende Honorar im Rahmen eines Verfilmungsvertrags orientiert sich hinsichtlich der Vergütungsart und -höhe an vielen verschieden Kriterien, wie z.B. Verkaufszahlen des Romans, Bekanntheit des Autors, Umfang der eingeräumten Auswertungsmöglichkeiten usw. und ist daher überwiegend Verhandlungssache. 40

a) Pauschalhonorar

Gängigste Form der Vergütung für die Verfilmung eines Romans ist eine Pauschalzahlung. Ein Pauschalhonorar kann entweder eine Fixsumme oder eine sich an den Filmherstellungskosten prozentual zu bemessende Summe sein. Soweit eine prozentuale Budget- 41

---

23 Dreier/*Schulze* § 90 Rn. 15.
24 Dreier/*Schulze* § 41 Rn. 27.
25 Ergänzend siehe *Brehm* FilmR, IV.4.4.4.

beteiligung vereinbart wird, finden sich häufig nach unten und oben begrenzende Minimum- und Maximumbeträge.

b) Auswertungsbeteiligungen

42 Das Pauschalhonorar wird häufig in Verfilmungsverträgen »Buy-Out« genannt. Als Buy-Out bezeichnet man i.d.R. eine vollständige Rechteabgeltung. Trotz der Bezeichnung des Pauschalhonorars als Buy-Out, werden je nach Höhe des Pauschalhonorars darüber hinaus sehr häufig prozentuale Erlösbeteiligungen z.B. **Produzentennettoerlösbeteiligungen** vorgesehen. Dabei ist es wichtig, die Erlöse, an denen der Vertragspartner beteiligt werden soll, genau zu definieren. Dabei sind eventuell vorrangige Rückzahlungsverpflichtungen des Produzenten, vorabzugsfähige Kosten usw. zu berücksichtigen. Bei der Höhe der prozentualen Beteiligung des Vertragspartners, muss der Produzent beachten, welche anderen Erlösbeteiligungsberechtigte es ggf. noch geben wird (z.B. Regisseur, Drehbuchautor). Die Erlösbeteiligungsregelungen beziehen sich regelmäßig auf einzelne Auswertungsarten (wie z.B. DVD, Merchandising).

43 Eine weitere Vergütungsvariante ist im Kinobereich der sog. **Zuschauereskalator**. Hier werden bei Erreichen einer bestimmten Zuschauerzahl ausgehandelte zusätzliche Summen an den Vertragspartner gezahlt (z.B. € 10.000 bei Erreichen von 1 Mio. Zuschauern und jeweils weiter € 10.000 von je weiteren 0,75 Mio. Zuschauern, maximal jedoch € 50.000). Dabei ist für den Produzenten zu bedenken, dass er für sich selbst entsprechend funktionierende Beteiligungsmodelle mit seinen Vertragspartnern (z.B. Verleih) vereinbart.

44 Von der Möglichkeit der sog. **Wiederholungshonorarzahlungen**,[26] die es beim öffentlich-rechtlichen Fernsehen gibt, wird zumindest bei Romanen als Verfilmungsgrundlage immer weniger Gebrauch gemacht.

c) Fälligkeit

45 Das Buy-Out wird häufig in zwei Raten zu je 50% bei Vertragsschluss und am ersten Drehtag fällig gestellt. Für die zweite Rate des Buy-Outs wird zusätzlich in vielen Fällen eine Spätestens-Zahlungsfrist von z.B. 36 Monaten nach Vertragsschluss vereinbart, soweit in dieser Zeit nicht mit dem Dreh begonnen wird.

46 Um Lücken im Cashflow beim Produzenten zu vermeiden, sollten Produzentennettoerlösbeteiligungen grundsätzlich erst nach Eingang der Erlöse beim Produzenten und erfolgter Abrechnung gegenüber dem Vertragspartner fällig werden. Für die Abrechnung werden bestimmte Termine z.B. zweimal jährlich jeweils zu einem bestimmten Stichtag festgelegt.

47 Für alle Fälle gilt, dass eine Rechnung, die den gesetzlichen Bestimmungen insbesondere denen des UStG zu entsprechen hat, weitere Fälligkeitsvoraussetzung sein muss. Im Falle von Erlösbeteiligungen kann die Rechnungsstellung durch den Vertragspartner noch an einen bestimmten Zeitpunkt nach erfolgter Abrechnung durch den Produzenten, z.B. frühestens vier Wochen nach Abrechnung, geknüpft werden.

d) §§ 32, 32a UrhG

48 Ob ein Verfilmungshonorar einer angemessenen Vergütung im Sinne des § 32 UrhG entspricht, kann mangels gemeinsamer Vergütungsregelungen gemäß § 36 UrhG im Zweifel für den Einzelfall nur gerichtlich geklärt werden. Dem Anspruch aus § 32 UrhG kann der Produzent jedoch nur dann ausgesetzt werden, wenn der Autor sein direkter Vertragspartner ist.

---

26 Siehe Rdn. 67.

C. Verträge in der Stoffentwicklung

Eine Freistellung des Produzenten durch den Verlag im Hinblick auf einen Anspruch des Autors aus § 32a UrhG ist interessengerecht, soweit zugunsten des Verlags Erlös- bzw. Erfolgsbeteiligungen vereinbart sind, da der Produzent keinen Einfluss auf die Verteilung der Vergütung zwischen Verlag und Autor hat. Die Freistellung des Produzenten ist entsprechend des prozentualen Erlösanteils, der dem Verlag zusteht, zu bemessen.[27] 49

5. Nennung

Die Nennung des Autors, Verlags sowie Titels des Romans ist im Interesse aller Beteiligten möglichst genau und umfassend zu regeln. Bei einer Senderbeteiligung ist ein Letztentscheidungsrecht zugunsten des Senders ratsam. Einige Sender lehnen die Nennung des Verlags im Vor- oder Abspann aus wettbewerbsrechtlichen Gründen ab. 50

IV. Gestattungsvertrag in Bezug auf Persönlichkeitsrechte

Für die Herstellung von sog. Doku-Dramen, Biopics o.ä. ist in der Regel die Verwendung einer Reihe persönlicher Daten und Fakten der darin vorkommenden Personen notwendig und gewollt. Der Schutz der Persönlichkeitsrechte ist jedoch sehr weitreichend und die Ausnahmen dazu beurteilen sich nach dem jeweiligen Einzelfall und unterliegen der Abwägung widerstreitender Interessen.[28] Bei einem unerlaubten Eingriff in die Persönlichkeitsrechte können die Berechtigten Ansprüche aus dem allgemeinen Persönlichkeitsrecht (§ 823 BGB), dem Namensrecht (§ 12 BGB) und dem Bildnisschutz (§ 22 KUG) geltend machen. Um sich dieser Gefahr als Produzent nicht auszusetzen, kann sich im genau zu prüfenden Einzelfall der Abschluss eines Gestattungsvertrags mit den Betroffenen empfehlen. 51

1. Rechtsnatur und Umfang

Bei dem Gestattungsvertrag handelt es sich zunächst um eine **Einverständniserklärung** gegenüber dem Produzenten zur Verwendung bestimmter persönlicher Daten wie z.B. Namen, Bildnisse, Einzelheiten aus Berufs- und Privatleben. Sowohl persönliche Merkmale, welche in den Film einfließen, als auch deren Verwendungsumfang sind so konkret und umfassend wie möglich im Vertrag zu bezeichnen. Möchte der Produzent z.B. neben dem Film noch Merchandisingprodukte mit den persönlichen Elementen des Betroffenen veröffentlichen, ist dies ausdrücklich durch den Betroffenen zu gestatten. Mit der Einverständniserklärung sollte gleichfalls klarstellend die Verpflichtung des Betroffenen verbunden werden, sich ihm ggf. zustehender Abwehr- und Schadensersatzansprüche im Zusammenhang mit der Verfilmung und Auswertung seiner persönlichen Daten zu enthalten. 52

Da die Einverständniserklärung an sich mit dem verbunden Anspruchsverzicht einen rein schuldrechtlichen Charakter hat, entfaltet sie keine Wirkung gegenüber Dritten.[29] Für den Produzenten ist es daher ratsam, mit dem Betroffenen im Rahmen des Gestattungsvertrags eine **Exklusivitätsvereinbarung** zu treffen. Danach muss sich der Betroffene verpflichten, für einen bestimmten Zeitraum nicht an Produktionen anderer Produzenten mitzuwirken bzw. nicht die Verwendung seiner persönlichen Daten dafür zu gestatten. Allerdings ist auch diese Exklusivvereinbarung wiederum schuldrechtlicher Natur und damit ohne Drittwirkung. 53

---

27 Zur Urhebervergütung gem. §§ 32, 32a UrhG siehe auch Kap. 3 Rdn. 622 ff., sowie zur Angemessenheit von Pauschalvergütungen siehe Rdn. 69-70.
28 Wesentliche Rspr. dazu mit filmischen Wertungen: BVerfG BVerfGE 30, 173 – Mephisto; BGH BGHZ 50, 133 – Mephisto; NJW 2005, 2844. – Esra; OLG Hamburg ZUM 2007, 483.
29 Palandt/*Ellenberger* § 12 Rn. 20.

54 Neben der eigentlichen Einverständniserklärung werden mit dem Betroffenen sehr oft Vereinbarungen getroffen, wonach der Betroffene dem Produzenten z.B. zu Informationsgesprächen oder Interviews zur Verfügung steht und/oder dem Produzenten Tagebücher, Fotos, Briefe etc. überlässt. Auch diese Materialien sollten so konkret wie möglich im Gestattungsvertrag bezeichnet werden. Da es sich um urheberrechtlich oder nach urheberrechtlich verwandten Schutzrechten geschützte Werke/Leistungen handeln kann, muss sich der Produzent sämtliche gewünschten Nutzungsrechte daran – am besten exklusiv – einräumen lassen. Die (exklusive) Rechteeinräumung hat dingliche Wirkung, die gegenüber Dritten durchsetzbar ist.

2. Vertragspartner

55 Bei lebenden Personen muss der Betroffene selbst Vertragspartner des Gestattungsvertrags sein, bei verstorbenen Personen die Angehörigen (nicht die Erben, soweit nicht vermögensrechtliche Bestandteile der Persönlichkeitsrechte betroffen sind). Darüber hinaus hat der Produzent zu beachten, dass, wenn durch den Film und die geplante Auswertung neben dem Vertragspartner weitere Personen in ihren Persönlichkeitsrechten betroffen sind wie z.B. Vertraute, Angehörige und Kollegen des Vertragspartners, auch für sie die Erforderlichkeit zum Abschluss eines Gestattungsvertrags zu prüfen ist.

3. Grenzen des Gestattungsvertrags

56 Die Grenzen der Nutzung von persönlichen Daten und Materialien dürfte sich trotz Gestattungsvertrag aus dem Schutz vor unwürdiger Entstellung sowie aus dem absoluten Schutz der Intimsphäre[30] ergeben.

4. Widerruf

57 Da es sich beim Gestattungsvertrag um ein Dauerschuldrechtsverhältnis handelt, kann das gesetzliche Kündigungsrecht aus wichtigem Grunde (§ 314 BGB) nicht ausgeschlossen werden.[31]

V. Drehbuchvertrag

58 Der Drehbuchvertrag entspricht in großen Teilen dem Verfilmungsvertrag.[32] Allerdings tritt als weitere wesentliche Hauptleistungspflicht die Herstellung eines Werkes, des Drehbuchs, wie es vom Produzenten beauftragt wird, hinzu. Im Folgenden werden schwerpunktmäßig die für die Drehbucherstellung notwendigen Regelungen aufgezeigt und solche, die vom Verfilmungsvertrag abweichen bzw. ergänzend hinzutreten.

1. Rechtsnatur

59 Da der Drehbuchvertrag neben der Einräumung der Rechte am Werk wie beim Verfilmungsvertrag die Drehbucherstellung zum Gegenstand hat, enthält der Drehbuchvertrag in weiten Teilen neben lizenzrechtlichen auch **werkvertragliche Regelungen** gem. den §§ 631 ff. BGB.

---

30 Palandt/*Sprau* § 823 Rn. 96.
31 Palandt/*Ellenberger* § 12 Rn. 20.
32 Vgl. Rdn. 23-50.

C. Verträge in der Stoffentwicklung

2. Vertragspartner

Hauptsächlich stehen sich der Drehbuchautor und Produzent als Vertragspartner gegen- 60
über. Dabei wird der Autor zumeist durch eine Agentur oder einen Verlag vertreten.

3. Werkerstellung

a) Umfang

Zielsetzung eines Drehbuchvertrags ist die Herstellung eines sog. drehfertigen Dreh- 61
buchs, d.h. dem Produzenten soll mit Fertigstellung ein Drehbuch vorliegen, das Grundlage für die Verfilmung sein kann. Im Regelfall erfolgt dies durch die Erstellung mehrerer aufeinander folgender Fassungen des Drehbuchs. Die erste vom Autor zu liefernde Fassung kann auf verschiedensten Grundlagen beruhen, z.B. einem Roman, einer nur besprochenen Idee aber auch Vorstufen zu einem Drehbuch wie Exposé und/oder Treatment. In einigen Fällen existieren auch schon Fassungen des eigentlichen Drehbuchs.

b) Lieferung

Es können für die Lieferung einzelner Fassungen feste Termine vereinbart werden. Dies 62
empfiehlt sich zumindest hinsichtlich der ersten zu liefernden Fassung als auch hinsichtlich der endgültigen, d.h. abnahmefähigen Fassung. In der Praxis wird die Lieferung der einzelnen Fassungen jedoch häufig nach gesonderter Terminabsprache vereinbart, welche dann im Einzelnen schriftlich festzuhalten ist.

c) Nachbesserungen und Abnahme

Bis zur Abnahme des Drehbuchs im Sinne des § 640 Abs. 1 BGB durch den Produzenten 63
wird der Autor mehrere Fassungen entwickeln und abliefern, entsprechend den in Drehbuchbesprechungen zwischen Produzent und Autor (ggf. auch mit Regie und Redaktion eines beteiligten Senders) besprochenen inhaltlichen, dramaturgischen und formalen Kriterien. Da diese in der Regel zum Großteil nicht von vornherein vertraglich vereinbart werden, sollten sie dann zumindest jeweils als Vertragsergänzung schriftlich in einem Protokoll festgehalten werden. Nach Ablieferung einer einzelnen Fassung wird der Produzent dem Autor mitteilen, ob er die Kriterien für erfüllt hält oder nicht. Hierfür wird häufig eine Frist vereinbart, in der sich der Produzent entsprechend schriftlich zu äußern hat sowie eine weitere Frist, innerhalb derer der Autor die nachgebesserte Fassung erneut abliefern muss. Liegt am Ende der Entwicklung eine Fassung des Drehbuchs vor, die im Sinne der Drehfertigkeit sämtliche vereinbarten inhaltlichen, dramaturgischen und formalen Kriterien erfüllt, ist der Produzent zu Abnahme des Drehbuchs verpflichtet. In der Regel ist es jedoch schwierig, diese Punkte objektiv zu beurteilen. Daher empfiehlt es sich für den Produzenten als Auftraggeber zu vereinbaren, dass er die Abnahmeentscheidung nach »billigem Ermessen« treffen darf.

Der Autor ist berechtigt, dem Produzenten nach Ablieferung der letzten Drehbuchfas- 64
sung eine Frist (von meist 4 bis 6 Wochen) zu setzen, innerhalb derer der Produzent die Abnahme zu erklären hat. Äußert sich der Produzent nicht fristgerecht, gilt das Werk als abgenommen (vgl. § 640 Abs. 1 Satz 3 BGB).

Von Bedeutung für den Produzenten ist die vertragliche Vereinbarung, nach Abnahme 65
des Drehbuchs ein sog. **Polish** (geringfügige Überarbeitung der letzten Fassung) vom Autor ohne weitere Vergütung verlangen sowie die letzte Fassung z.B. durch den Regisseur bearbeiten lassen zu können.

4. Vergütungsmodelle

66 Mit dem Honorar für den Drehbuchautor wird sowohl dessen Leistung im Rahmen der Drehbucherstellung als auch die Einräumung der Rechte an dem Drehbuch vergütet.

a) Wiederholungshonorare

67 Wird eine Produktion im Auftrag eines öffentlich-rechtlichen Senders hergestellt, werden für den Autor nicht selten Wiederholungshonorare vereinbart. In diesem Fall erhält der Autor vom Produzenten eine Basisvergütung, die regelmäßig in Raten bei Vertragsschluss, Lieferung einzelner Fassungen und Abnahme des Drehbuchs fällig wird. Entsprechend bestimmter Regelwerke (Wiederholungshonorarrichtlinien, Regelsammlung)[33] zahlt der Sender darüber hinaus für bestimmte Wiederholungen und Auswertungen der Produktion auf Basis eines bestimmten Grundbetrags, der nicht zwingend der durch den Produzenten gezahlten Basisvergütung entsprechen muss, einen prozentualen Vergütungssatz (z.B. für eine Wiederholung X, Y% vom Grundbetrag Z).

b) Buy-Out

68 Alternativ zu den Wiederholungshonoraren werden sehr häufig Buy-Out-Vergütungen vereinbart – für Drehbuchautoren zunehmend auch bei öffentlich-rechtlichen Sendern. Das Buy-Out-Honorar für Drehbuchautoren wird in mehrere Raten aufgeteilt: die ersten 50% wiederum in Raten, z.B. fällig bei Vertragsschluss, Lieferung einzelner Fassungen und Abnahme des Drehbuchs, die zweiten 50% meist fällig am ersten Drehtag. Beim Drehbuchvertrag besteht darüber hinaus genau wie beim Verfilmungsvertrag die Möglichkeit, für den Autor eine **Produzentennettoerlösbeteiligung** vorzusehen.[34]

c) §§ 32, 32 a UrhG

69 In der Praxis stellt sich häufig die Frage, in wieweit Buy-Out-Honorare für Drehbuchautoren vor dem Hintergrund der §§ 32, 32a UrhG[35] möglich sind. Der BGH hat dazu in einer Entscheidung zu Übersetzerhonoraren entschieden, dass Pauschalvergütungen nicht von vornherein im Sinne von § 32 UrhG unangemessen sind.[36] Dies setzt jedoch voraus, dass die Pauschalvergütung aus **ex-ante Sicht** zum Zeitpunkt des Vertragsschlusses dem Drehbuchautor eine angemessene Beteiligung am voraussichtlichen Gesamtnutzungsertrag seines Werks gewährleistet, entsprechend des dem Produzenten eingeräumten Rechteumfangs.[37]

70 Auch aus **ex-post Sicht** ist unter Berücksichtigung der konkreten Umstände des Einzelfalls zu beurteilen, ob die vereinbarte Pauschalvergütung in einem auffälligen Missverhältnis zu den Erträgen und Vorteilen aus der Nutzung des Werkes im Sinne des § 32a UrhG führt.[38] Zwar ist danach bei einem großen Erfolg des Filmwerkes lt. Rechtssprechung ein »struktureller Konflikt« zwischen einer Buy-Out-Vergütung für den Urheber und den Erträgen und Vorteilen des Verwerters nicht auszuschließen.[39] Im Hinblick auf § 32a UrhG stellt eine Pauschalvergütung jedoch nicht per se eine Benachteiligung des Drehbuchautors dar.

---

33 Siehe Rdn. 83-85.
34 Zu den Vergütungsarten siehe Rdn. 41-44; zur Fälligkeit der Vergütung siehe Rdn. 45-47.
35 Zu §§ 32, 32a UrhG siehe auch Kap. 3 Rdn. 622 ff.
36 BGH GRUR 2009, 1148; so auch KG Berlin ZUM 2010, 346.
37 BGH GRUR 2009, 1148.
38 So KG Berlin ZUM 2010, 346, 350.
39 Vgl. KG Berlin ZUM 2010, 346, 350.

d) Besteuerung § 50a EStG

Für ausländische Drehbuchautoren, die sich nicht länger als 6 Monate in Deutschland aufhalten und keinen deutschen Wohnsitz haben, gilt für die Besteuerung ihre Honorars § 50a EStG. Danach ist die Vergütung in Deutschland pauschal zu versteuern. Ausnahmen für eine Freistellung können jedoch beantragt werden. Bestehen mit dem Heimatstaat des Drehbuchautors Doppelbesteuerungsabkommen, kann die in Deutschland abgeführte Steuer auf die Steuerlast im Ausland ggf. angerechnet werden. 71

e) Pensionskasse

Ist der Produzent Mitglied der Pensionskassen für freie Mitarbeiter, führt er bei Durchführung einer Auftragsproduktion[40] für öffentlich-rechtliche Sendeanstalten die entsprechenden Beitragssätze ab.[41] 72

5. Rechteeinräumung

Entsprechend den Ausführungen zum Verfilmungsvertrag ist auch beim Drehbuchvertrag die Rechteeinräumung an den Produzenten so umfassend zu gestalten, dass sämtliche gewünschten Nutzungsarten, die Dauer der Rechteeinräumung sowie deren Exklusivität bzw. Nicht-Exklusivität ausdrücklich geregelt werden. Beschränkungen in der Rechteeinräumung gegenüber dem Produzenten sind wie beim Verfilmungsvertrag Verhandlungssache (wobei der Umfang der Rechte insbesondere bei einer Auftragsproduktion durch die Produktionsverträge vorgegeben wird).[42] In der Praxis zeigen sich diesbezüglich immer wieder Unterschiede, je nach dem ob der Autor eine Idee an den Produzenten herangetragen hat, z.B. in Form eines Exposés o.ä., oder das Drehbuch auf einer Produzentenidee basieren soll. 73

Hält der Produzent bei einer **Stoffvorlage des Autors** Rechte, zu deren Auswertung die Mitarbeit eines Autoren erforderlich ist, wie u.a. bei Wiederverfilmungen, Weiterentwicklungen, Druckerzeugnissen (Roman, Buch zum Film etc.), Bühnenstücken behalten sich die Autoren häufig ein **Erstanbietungsrecht** im Hinblick auf diese Mitarbeit vor. Solche Erstanbietungsrechte können zeitlich begrenzt werden, z.B. auf eine bestimmte Zeit nach Erstausstrahlung. Aus Produzentensicht ist darauf zu achten, dass ihm durch solche Erstanbietungsrechte nicht die Auswertung dieser Rechte unmöglich wird, soweit er sich mit dem Autor nicht über die Zusammenarbeit einigen kann. Um zu interessengerechten Ergebnissen zu kommen, können für solche Fälle **einmalige Entschädigungshonorare** oder **Erlösbeteiligungen** zugunsten des Autors für die jeweilige Nutzungsart vereinbart werden, soweit der Produzent dann frei ist, andere Autoren zu beauftragen. Ebenfalls sind je nach Auftragskonstellation des Produzenten und dessen Vertragsgestaltung mit Dritten **Letztentscheidungsrechte** von Sendern und anderen Vertragspartnern des Produzenten über die Mitarbeit des Autors vorzusehen. Es empfiehlt sich zudem die beabsichtigten Beschränkungen der Rechteeinräumung im Vorfeld mit einem eventuell in die Produktion involvierten Sender abzustimmen. Teilweise werden solche Einschränkungen von den Sendern oder deren Einkaufsgesellschaften abgelehnt, insbesondere wenn es sich um einen originären Filmstoff, d.h. ohne fremde literarische Vorlage handelt. 74

Bei einer **produzenteneigenen Stoffidee** werden in aller Regel sämtliche bekannten und unbekannten Nutzungsarten exklusiv und unbeschränkt übertragen. 75

---

40 Zum Begriff der Auftragsproduktion siehe Rdn. 166.
41 Zur Erstattung der Beiträge durch den Sender vgl. Rdn. 213.
42 Siehe Rdn. 231-235.

76 Im Übrigen wird auf die Ausführungen dazu bei der Rechteeinräumung im Rahmen des Verfilmungsvertrags verwiesen, insbesondere hinsichtlich der Weiterübertragung und des Rückrufs der Rechte sowie der Rechtegarantieklausel.[43]

6. Nennung

77 Das Recht des Urhebers auf Nennung gem. § 13 UrhG ist Ausfluss des Urheberpersönlichkeitsrechts und daher im Kern unverzichtbar.[44] Es umfasst das Recht zu bestimmen, wie die Urheberschaft zu benennen ist (vgl. § 13 Satz 2 UrhG), allerdings nicht, wo die Nennung im Film zu erfolgen hat.[45] Anstelle einer vertraglich vereinbarten Pflicht zur »branchenüblichen Nennung« werden vor diesem Hintergrund teilweise auch sehr genaue Regelungen vereinbart, wie der Drehbuchautor zu nennen ist (z.B. bürgerlicher oder Künstlername), bei welchen Verwertungen (z.B. filmischen Auswertungen, Pressematerialien) und wo (z.B. Vor- und/oder Abspann). Insbesondere bei Auftragsproduktionen muss das Letztentscheidungsrecht dem Sender vorbehalten werden. Ein vertraglicher Ausübungsverzicht des Autors auf sein Nennungsrecht kann allenfalls einen vorübergehenden Charakter haben, da zumindest ein Rückruf analog § 41 Abs. 4 Satz 2 UrhG gestattet wird, wenn ein berechtigtes Interesse des Autors besteht.[46]

7. Vorzeitige Vertragsbeendigung

78 Gemäß Werkvertragsrecht bestehen für den Produzenten grundsätzlich zwei Möglichkeiten zur vorzeitigen Vertragsbeendigung: Der Rücktritt vom Vertrag gem. §§ 634, 636, 323, 326 Abs. 5 BGB, sowie die Kündigung des Vertrags gem. § 649 BGB. Daneben können die Vertragsparteien weitere vertragliche Vereinbarungen treffen, die zur vorzeitigen Vertragsbeendigung berechtigen, z.B. eine sog. Austauschklausel.[47]

a) Rücktritt

79 Das gesetzlich vorgesehene Rücktrittsrecht setzt eine mangelhafte Leistung des Drehbuchautors sowie letztlich eine missglückte oder dem Produzenten unzumutbare Nacherfüllung voraus. Gesetzliche Rechtsfolge des Rücktritts ist gem. § 346 BGB die Rückabwicklung des Vertrags.

b) Kündigung

80 Von dem gesetzlichen Kündigungsrecht kann der Produzent jederzeit ohne Angabe von Gründen Gebrauch machen. Nach Gesetz steht dem Autor dann allerdings die volle, vereinbarte Vergütung zu. »Er muss sich jedoch dasjenige anrechnen lassen, was er infolge der Aufhebung des Vertrags an Aufwendungen erspart oder durch anderweitige Verwendung seiner Arbeitskraft erwirbt oder zu erwerben böswillig unterlässt« (vgl. § 649 Satz 2 BGB). In Drehbuchverträgen finden sich häufig Klauseln, die diese Rechtsfolgen modifizieren.[48]

c) Austauschklausel

81 In den Stoffentwicklungs- bzw. Produktionsverträgen zwischen Sender und Produzent finden sich gelegentlich Klauseln, die vorsehen, dass auf Wunsch des Senders der Autor

---

43 Siehe Rdn. 26-39.
44 Dreier/Schulze § 13 Rn. 1, 24.
45 OLG München ZUM-RD 2008, 131 – Pumuckl-Illustrationen II.
46 OLG München ZUM 2003, 964, 967 – Pumuckl-Darstellung.
47 Siehe Rdn. 81.
48 Siehe Rdn. 82.

jederzeit ausgetauscht werden kann. Daher empfiehlt es sich für den Produzenten, eine entsprechende Austauschklausel in den Drehbuchvertrag mit dem Autor z.B. als Sonderkündigungsrecht aufzunehmen. Die zwischen Sender und Produzent geregelten Austauschklauseln sehen meist eine Kostenneutralität für den Sender im Falle des Autorenaustausches vor. Dies sollte der Produzent bei evtl. Entschädigungsregelungen zugunsten des Autors einkalkulieren.

d) Rechtsfolgen

In allen Fällen der vorzeitigen Vertragsbeendigung sollte aus Produzentensicht geregelt sein, dass die Rechte am Drehbuch in dem gemäß Drehbuchvertrag vereinbarten Umfang beim Produzenten verbleiben und der Produzent zur Bearbeitung, Weiterentwicklung und Auswertung der bis dahin vom Autor erbrachten Leistungsergebnisse sowie der Produktion uneingeschränkt befugt bleibt. Als Gegenleistung wird dem Autor häufig ein Anspruch auf die bis dahin fällige Vergütung sowie zusätzlich eine angemessene Abfindung zugesagt. Je nach Zeitpunkt der vorzeitigen Vertragsbeendigung und dem damit verbundenen Entwicklungsstadium wird sich die Angemessenheit der Abfindung unterschiedlich beurteilen. Dies gilt auch für den Umstand, in welchem Maße von den Leistungen des Autors der Produzent schließlich Gebrauch macht. Daher werden oft offene Abfindungsklauseln vereinbart, die unter Berücksichtigung vorgenannter Kriterien die Bestimmung der Abfindungshöhe aus ex-post Sicht regeln. Darüber hinaus sind die Nennungsansprüche und ggf. die Teilhabe an weiteren Vergütungen wie bspw. Wiederholungshonorare zu regeln. 82

8. Sonderverträge

Wird der Autor durch eine Agentur vertreten, die Mitglied im Verband der Deutschen Bühnenverleger ist, und wird die Produktion für einen öffentlich-rechtlichen Sender hergestellt, legen die sog. **Regelsammlung** und **Dreiecksverträge** bestimmte Honorarsätze, den Umfang der einzuräumenden Rechte, die Rechtsfolgen bei vorzeitiger Vertragsbeendigung und vieles mehr fest. Sie finden im Verhältnis zwischen Autor und Produzent Berücksichtigung. 83

Handelt es sich namentlich um eine ZDF-Produktion und finden Regelsammlung bzw. Dreiecksverträge keine Anwendung, wird der Produzent vom Sender in der Regel verpflichtet, mit dem Autor **senderspezifische Vertragszusätze** abzuschießen, die ebenfalls besondere Regelungen z.B. zum Umfang der Rechteeinräumung vorsehen. 84

Steht bei Abschluss des Drehbuchvertrags die Anwendung der Sonderverträge noch nicht eindeutig fest, sind entsprechende Öffnungsklauseln vorzusehen, die die nachträgliche und vorrangige Anwendung der Sonderverträge ermöglichen. 85

9. Vorstufen

Der Drehbuchentwicklung vorangestellt sind häufig Vorstufen wie Exposé und Treatment. Die vertraglichen Regelungen im Rahmen eines Entwicklungsvertrags für diese Vorstufen sind mit denen des Drehbuchvertrags vergleichbar, so dass auf die Ausführungen zum Drehbuchvertrag verwiesen werden kann. 86

Beim **Exposé** handelt es sich um ein Papier von meist 3-10 Seiten, das die Filmidee konzeptionell umreisst. Das **Treatment** enthält auf ca. 15-40 Seiten eine erste Ausarbeitung von Personen, Handlungssträngen und Schauplätzen des Films, sowie gelegentlich auch Dialogbeispiele. 87

88 Exposé- und Treatmentverträge enthalten meist Regelungen zur Entwicklung der jeweils folgenden Werkstufe. Die Ausgestaltung dieser Klauseln hängt maßgeblich vom Bindungswillen des Produzenten gegenüber dem Autor ab. Dabei reicht die Bandbreite der möglichen Regelungen von 1. einer **einseitigen qualifizierten bzw. einseitigen unechten Option** zugunsten des Produzenten auf Abschluss eines Entwicklungsvertrags für die Folgestufe über 2. eine **Erstanbietungspflicht** des Produzenten gegenüber dem Autor zur Entwicklung der Folgestufe bis hin zu 3. einer **bedingten oder unbedingten Auftragspflicht** des Produzenten gegenüber dem Autor. Als Bedingung für eine solche Auftragspflicht für die folgende Werkstufe kommen die Abnahme der Werkvorstufe, die Zustimmung eines Senders o.ä. in Betracht.

D. Mitwirkendenverträge in der Produktion

89 An der Herstellung der Produktion wirken zumeist eine große Anzahl von Personen die sog. Filmschaffenden mit. Dabei handelt es sich um Schauspieler, Regisseure, Kameraleute, Produktionsleiter, Beleuchter, Kostümbildner, Ausstatter, Fahrer etc. Mit all diesen Personen schließt der Produzent Verträge ab, die zum einen die Mitwirkung an der Produktion, d.h. die Tätigkeit des Einzelnen, als auch die Rechteeinräumung regeln. Bei der Rechteeinräumung handelt es sich um einen lizenzvertraglichen Bestandteil eigener Art.[49] Die Rechtsnatur des Vertragsbestandteils, der die Tätigkeit des Mitwirkenden regelt, hängt von vielen verschiedenen Faktoren ab. Im Folgenden werden die Dienstverträge in Form des Arbeitsvertrags sowie die Werkverträge mit Filmschaffenden näher erläutert, stellen sie doch die gängigsten Vertragstypen mit den Mitwirkenden dar.

I. Stabvertrag

90 Mit den meisten Filmschaffenden werden befristete **Arbeitsverträge** für die Mitwirkung an einer bestimmten Produktion abgeschlossen (im Folgenden »Stabvertrag« genannt). Dass die Form des Arbeitsvertrags Anwendung findet, ergibt sich aus der **Weisungsgebundenheit** der meisten Mitwirkenden[50] sowie deren **Eingliederung in den Betrieb** des Produzenten. Ausnahmen dazu gibt es für Filmschaffende nur vereinzelt.[51] Die Gestaltung des Stabvertrags als befristeter Arbeitsvertrag unterliegt in der Regel sowohl Bestimmungen aus dem Individual- als auch aus dem Kollektivarbeitsrecht.

1. Befristete Anstellung

91 Der Bedarf des Produzenten an der Arbeitsleistung des einzelnen Mitwirkenden ist zumeist nur auf die jeweilige Produktion beschränkt und bemisst sich z.B. anhand der Drehzeit für den Film. Der Produzent hat nach dem einschlägigen Teilzeitbefristungsgesetz (TzBfG) grundsätzlich zwei Möglichkeiten, den Arbeitsvertrag vor diesem Hintergrund zu befristen.

92 Wählt der Produzent die **Sachgrundbefristung**, wird meist § 14 Abs. 1 Nr. 1 TzBfG Anwendung finden, da der Bedarf an der Arbeitsleistung nur vorübergehend besteht. Sieht der Vertrag in diesen Fällen kein festes Beendigungsdatum der Vertragslaufzeit vor, ist zu beachten, dass das Arbeitsverhältnis gem. § 15 Nr. 2 TzBfG erst zwei Wochen nach Zugang einer schriftlichen Mitteilung des Produzenten über die Erreichung des Befristungszwecks (z.B. Abschluss der Dreharbeiten) beim Vertragspartner endet. Gleiches gilt, wenn sich die Zweckerreichung, also das Ende der Dreharbeiten, über ein vertrag-

---

49 V. Hartlieb/Schwarz/*Reber* Hdb. FilmR, Kap. 94 Rn. 4.
50 Palandt/*Weidenkaff* Einf. von § 611 Rn. 7.
51 Siehe dazu näher Rdn. 113.

lich vorgesehenes, voraussichtliches Beendigungsdatum hinaus verschiebt. Unterbleibt in diesem Fall die fristgerechte Mitteilung über die Zweckerreichung und über das Ende des Arbeitsverhältnisses und bleibt der Mitwirkende über das im Vertrag vorgesehene Beendigungsdatum hinaus tätig, wandelt sich das befristete Arbeitsverhältnis in ein unbefristetes Arbeitsverhältnis.

Die rein **zeitliche Befristung** des Arbeitsverhältnisses ohne Sachgrund gem. § 14 Abs. 2 TzBfG kommt nur in Betracht, wenn zwischen Produzent und Mitwirkendem nicht zuvor bereits ein befristetes oder unbefristetes Arbeitsverhältnis bestanden hat. Eine Verlängerung setzt voraus, dass diese vor Erreichen des ursprünglich vorgesehenen Beendigungsdatums schriftlich vereinbart wird. Zudem darf ein rein zeitlich befristeter Arbeitsvertrag maximal dreimal und nur bis zu einer Gesamtdauer von 2 Jahren verlängert werden. 93

Der befristete Stabvertrag bedarf immer der **Schriftform** (vgl. § 14 Abs. 4 TzBfG) und zwar unabhängig davon, ob die Befristung mit oder ohne Sachgrund erfolgt. Wird die Schriftform nicht eingehalten, gilt gem. § 16 TzBfG ein unbefristeter Arbeitsvertrag als geschlossen. Entsprechendes gilt, wenn der Mitwirkende vor Abschluss des schriftlichen Stabvertrags und dem darin vorgesehen Beginn bzw. über das vorgesehene Ende hinaus für den Produzenten tätig wird. 94

2. Manteltarifvertrag für Film- und Fernsehschaffende

Neben den zahlreichen gesetzlichen Vorschriften orientiert sich die Gestaltung zahlreicher Stabverträge an dem **Tarifvertrag für auf Produktionsdauer beschäftigte Film- und Fernsehschaffende TV FFS vom 26.10.2009**[52] (im Folgenden »TV FFS«) mit seinem Manteltarifvertrag (Ziffer I. TV FFS), Gagentarifvertrag (Ziffer II. TV FFS) und dem Tarifvertrag für Kleindarsteller (Ziffer III. TV FFS). 95

Sind Produzent und sein Vertragspartner beide Mitglieder in den Berufsverbänden, die Tarifpartner sind, ist die Anwendung des TV FFS zwingend. Dies gilt nicht, soweit entweder der Produzent bei seinem Verband als nicht-tarifgebunden geführt wird oder eine Vertragspartei nicht Mitglied in einem dieser Berufsverbände ist. Soweit dann keine zwingende Anwendung des TV FFS gegeben ist, kann die Anwendung allerdings individualvertraglich vereinbart werden. Von den gesetzlichen Vorschriften im Arbeitsrecht, welche häufig dem Produktionsalltag und den Besonderheiten in der Film- und Fernsehbranche nicht gerecht werden und von denen individualvertraglich nicht abgewichen werden darf, enthält der TV FFS zahlreiche Ausnahmen. 96

a) Arbeitszeitregelung

§ 3 ArbZG sieht vor, dass Arbeitnehmer maximal 8 Stunden täglich und lediglich in Ausnahmen bis zu 10 Stunden am Tag arbeiten dürfen, wenn ein gewisser Durchschnitt dann die Regelarbeitszeit von 8 Stunden nicht überschreitet. Mit 8 Stunden Arbeitszeit pro Tag kommen die wenigsten Produktionen aus. Gem. § 7 ArbZG können Abweichungen davon allerdings nur durch einen Tarifvertrag geregelt werden und nicht individualvertraglich, z.B. durch den Stabvertrag. Bei Anwendung des Tarifvertrags können bspw. 10 Stunden als tägliche Arbeitszeit im Stabvertrag vereinbart und darüber hinaus Mehrarbeit gem. Ziffer I.5.4 TV FFS angeordnet werden. Zu beachten ist jedoch auch die tarifvertraglich vorgesehene Höchstarbeitszeitgrenze von 13 Stunden am Tag, von der nur unter besonderen Voraussetzungen abgewichen werden darf,[53] sowie die Zustimmungspflicht des Filmschaffenden zu Arbeitszeiten über die 12. Stunde hinaus.[54] Daneben sind 97

---

52 Abrufbar unter: www.produzentenallianz.de.
53 Vgl. Ziffer I.6 TV FFS.
54 Vgl. Ziffer I.5.4.1 TV FFS.

4. Kapitel Filmrecht

die Regelungen zu Nacht-, Sonn- und Feiertagsarbeit wie zu Pausen und Ruhezeiten zu beachten. Zwingend bleibt jedoch die Pflicht des Produzenten gem. § 16 ArbZG einen Nachweis über die Arbeitszeiten des Filmschaffenden zu führen, die durch den Tarifvertrag noch ergänzt wird.[55]

b) Zeitkonto

98 Fällt Mehrarbeit über 12 Stunden am Tag oder 50 Stunden in der Woche an, werden die Mehrarbeitsstunden in einem Zeitkonto erfasst.[56] Mit Auflösung des Zeitkontos erhält der Filmschaffende zusätzliche Sozialversicherungstage sowie die Vergütung seiner Mehrarbeit zzgl. der Mehrarbeitszuschläge. Hat der Filmschaffende eine unmittelbare Anschlussbeschäftigung, wird das Zeitkonto lediglich ausgezahlt und die Verlängerung der Beschäftigungszeit entfällt.

c) Urlaub

99 Der Tarifvertrag enthält auch vom Bundesurlaubsgesetz abweichende Vorschriften.[57]

3. Gagentarifvertrag

100 Wird der Manteltarifvertrag angewendet, ist gleichfalls der Gagentarifvertrag zu berücksichtigen.[58] Die dort aufgeführten Gagen sind Mindestgagen. Mit diesen Gagen sind bis zu 50 Wochenstunden bei einer 5-Tage-Woche abgegolten,[59] wobei bei ungleicher Verteilung auf die einzelnen Tage ggf. Zuschläge ab einer bestimmten Tagesstundenzahl zu beachten sind.[60]

4. Abweichende Vertragsgestaltung

101 Findet der Tarifvertrag zwingend Anwendung oder wird er individualvertraglich zur Anwendung gebracht, stellt sich bei der Vertraggestaltung dem Produzenten häufig die Frage, ob er mit dem Stabvertrag von dem Tarifvertrag in einzelnen Punkten abweichen darf. Hier gilt die Faustregel, dass Abweichungen nur insoweit zulässig sind, als sie den Filmschaffenden im Vergleich zum Tarifvertrag nicht schlechter stellen. Unzulässig wäre z.B. der individualvertragliche Ausschluss der tariflichen Zuschläge für Mehrarbeit oder des Zeitkontos bei gleichzeitiger Anwendung der tarifvertraglich zulässigen Erweiterung der Arbeitszeiten gegenüber § 3 ArbZG. Dies dürfte im Falle einer arbeitsrechtlichen Auseinandersetzung zwischen Produzent und Filmschaffendem dazu führen, dass sich der Produzent auch nicht auf die für ihn günstigeren Arbeitszeitregelungen des Tarifvertrags berufen kann, sondern sich an den gesetzlichen Vorschriften des ArbZG messen lassen muss. Der Produzent kann also nicht nur vereinzelt die Bestimmungen des Tarifvertrags anwenden, sondern es gilt das Prinzip »Alles oder Nichts«. Ist der Filmschaffende mindestens sechs zusammenhänge Monate oder für drei Filme in einem Jahr bei dem gleichen Produzenten angestellt, können jedoch Abweichungen im Rahmen der gesetzlichen Bestimmungen im Stabvertrag vereinbart werden.

---

55 Siehe Ziffer I.5.4.2 und Ziffer I.5.4.2.2 TV FFS.
56 Vgl. Ziffer I.5.4.2.1 TV FFS, sowie die Anlage Zeitkonto zum Manteltarifvertrag des TV FFS.
57 Siehe Ziffer I.14 TV FFS.
58 Ziffer II. TV FFS.
59 Ziffer I.5.3.1 TV FFS.
60 Vgl. Ziffer I.5.4.3.3 TV FFS.

D. Mitwirkendenverträge in der Produktion

a) Pauschalverträge

102 Nicht selten sehen Stabverträge **Pauschalvergütungen** vor. Diese sind entweder als Gesamtpauschalvergütung für die gesamte Vertragslaufzeit des Mitwirkenden oder aber als pauschale Tages- oder Wochengagen ausgestaltet. In diesem Zusammenhang wird eine bestimmte Anzahl an zu leistenden Arbeitsstunden festgelegt, z.B. 12 Stunden täglich oder 60 Stunden in der Woche. Die Zulässigkeit solcher Pauschalverträge ist tarifvertraglich nicht ausdrücklich geregelt. Soweit der Filmschaffende dadurch im Vergleich zur Anwendung des Tarifvertrags besser gestellt ist, dürfte im Umkehrschluss aus den Ziffern I.5.3.4 und I.18 TV FFS nichts dagegen sprechen. Eine Besserstellung kann jedoch nur dann erreicht werden, wenn die Pauschalgagen übertariflich sind und letztlich über der dem Filmschaffenden nach Tarifvertrag zustehenden Vergütung einschließlich der tariflichen Zuschläge für die tatsächlich geleisteten Arbeitsstunden liegen. Zu beachten ist, dass die durch Pauschalverträge faktische Anrechnung eines übertariflichen Gagenbestandteils auf anfallende Mehrarbeitszuschläge nur erlaubt ist, wenn dies ausdrücklich so im Stabvertrag festgelegt wird.[61] Daneben ist zu berücksichtigen, dass Pauschalverträge nicht von den anderen gesetzlichen und tariflichen Verpflichtungen entbinden. So hat der Produzent z.B. auch Arbeitszeitnachweise und Zeitkonten zu führen und Zustimmungsvorbehalte und Obergrenzen bei Mehrarbeit zu berücksichtigen.

b) Übertarifliche Gagen

103 Auch bei nicht pauschalierten Vergütungen werden in der Praxis übertarifliche Gagen gezahlt.[62]

5. Sonderregelungen für Produktionsleiter und Regisseure

104 Die Stabverträge der einzelnen Filmschaffenden unterscheiden sich größtenteils hinsichtlich der Tätigkeitsbeschreibung, Vergütung und Vertragslaufzeit. Für Produktionsleiter und Regisseure sind jedoch noch zahlreiche weitere Sonderregelungen im Vergleich zu den anderen Filmschaffenden erforderlich.

a) Produktionsleiter

105 Produktionsleiter haben häufig eine einem leitenden Angestellten ähnliche Funktion mit entsprechenden Rechten und Pflichten. Diese sollten möglichst umfassend in seinem Vertrag geregelt werden. Dazu zählen u.a.:
- Vollmachten zur Verhandlung und/oder zum Abschluss von Verträgen
- Budgetverantwortung
- Weisungsbefugnisse
- Überwachung und Durchführung von Arbeitsschutzmaßnahmen
- Einhaltung von arbeits- bzw. tarifrechtlichen Vorschriften, z.B. auch des AGG.

b) Regisseur

106 Der Aufgabenkatalog eines Regisseurs kann wie folgt aussehen:
- Vorbereitung der Produktion, insbesondere Mitarbeit bei der Erstellung des Drehplans
- Einrichtung des Drehbuchs (szenische Auflösung sowie Analyse des Szenenaufwandes)

---

61 Vgl. Ziffer I.5.3.4 TV FFS.
62 Zur Verrechnung des übertariflichen Gagenanteils siehe entsprechend Rdn. 102.

- Motivsuche, Casting in Abstimmung mit dem Produzenten, wobei die Letztentscheidung beim Produzenten liegt
- Führung der Darsteller, Durchführung der Dreharbeiten sowie Ausmustern des Materials
- Mischung, Leitung des Schnitts, Farbabstimmung in Zusammenarbeit mit dem Kameramann sowie Leitung der Postproduktion, Musikauswahl (in Abstimmung mit dem Produzenten) und Betreuung der Endfertigungsarbeiten inkl. eventueller Nachdreharbeiten bis zur endgültigen Fertigstellung der Produktion
- Koordination und Zusammenschnitt des für die Produktion verwendeten Archivmaterials; für die Verwendung von Archiv-/Fremdmaterial ist die vorherige, ausdrückliche Genehmigung vom Produzenten erforderlich und der Regisseur hat dafür Sorge zu tragen, dass über das verwendete Fremd- und Archivmaterial eine vollständige Quellenangabe/Schnittliste mit Timecode an den Produzenten abgeliefert wird.

107 In den meisten Fällen wird dem Regisseur die **künstlerische Verantwortung** für den Film übertragen, teilweise mit Abstimmungspflichten gegenüber dem Produzenten sowie einem Letztentscheidungsrecht zugunsten des Produzenten und/oder des beteiligten Senders (wichtig insbesondere bei Auftragsproduktionen). Nicht zu unterschätzen ist die Frage, wem das Recht zum **Final-Cut**, d.h. die Entscheidung über die letzte Schnittfassung, zusteht, da diese für die Verwertung bestimmt ist.[63]

108 Die **organisatorische und wirtschaftliche Hoheit** sollte in jedem Fall dem Produzenten zustehen. In diesem Zusammenhang werden in den Vertrag mit dem Regisseur einige wesentliche Punkte aufgenommen, die er einzuhalten hat und von denen ohne vorherige Zustimmung des Produzenten nicht abgewichen werden darf:
- Drehbuch in der Fassung vom X
- Drehplan vom X
- maximale Anzahl der Drehtage X
- tägliche Arbeitszeit der Mitwirkenden von maximal X Stunden
- Drehverhältnis X:X
- FSK/FSF X

109 Außerdem sollten verbindliche Daten bzw. Zeiträume zumindest für die Dreharbeiten, Rohschnittabnahme, Mischung und Endabnahme festgelegt werden. Die Arbeit des Regisseurs sollte erst mit der endgültigen Abnahme des Films enden.

110 Die Vergütung des Regisseurs ist nicht im Gagentarifvertrag geregelt. Sie ist frei verhandelbar und kann sich aus einer Basisvergütung mit Wiederholungshonoraren[64] zusammensetzen oder es kann ein Buy-Out[65] vereinbart werden. Daneben kommen auch weiter Vergütungsbestandteile, wie z.B. prozentuale Produzentennettoerlösbeteiligungen[66] oder Erfolgseskalatoren[67] an Zuschauer- und/oder Verkaufszahlen in Betracht. Im Übrigen finden die Grundsätze der angemessenen Vergütung und des Bestsellerfalls aus den §§ 32, 32a UrhG Anwendung.[68]

6. Rechteeinräumung

111 Mit den Filmschaffenden sollte eine umfassende Rechteeinräumung gegenüber dem Produzenten vereinbart werden. Wird keine Rechteübertragung im Arbeitsvertrag geregelt,

---

63 Vertiefend hierzu: *Homann* Hdb. FilmR, B.III.2.2.2.2.
64 Siehe Rdn. 44.
65 Siehe Rdn. 41.
66 Siehe Rdn. 42.
67 Siehe Rdn. 43.
68 Zur Vergütung von Urhebern gem. §§ 32, 32a UrhG siehe auch Kap. 3 Rdn. 622 ff.

gelten die Grundsätze aus § 88 oder § 89 UrhG i.V.m. § 43 UrhG, wonach sich der Umfang der Rechteeinräumung auch auf den betrieblichen Zweck des Arbeitgebers bezieht.[69] § 43 UrhG erlaubt dem Arbeitgeber, die Vorschriften der §§ 31–44 UrhG arbeitsvertraglich zu modifizieren.

7. Besteuerung ausländischer Filmschaffender

Für ausländische Arbeitnehmer, die keinen Wohnsitz in Deutschland haben und sich weniger als 6 Monate in Deutschland aufhalten, gilt zunächst § 39d EStG. Danach sind ausländische Arbeitnehmer nach Steuerklasse 1 steuerpflichtig. Es können jedoch andere Steuerklassen beim Betriebsstättenfinanzamt durch den Arbeitnehmer beantragt werden. Bestehen Doppelbesteuerungsabkommen mit dem Heimatland, kann die in Deutschland abgeführte Steuer ggf. auf die Steuern im Heimatstaat des Arbeitnehmers angerechnet werden. Ausnahmen bestehen, soweit es sich um eine künstlerische Tätigkeit handelt und der ausländische Arbeitnehmer nicht länger als 3 Monate in Deutschland bleibt. Dann kann die Steuer auf Antrag pauschaliert werden. 112

II. Werk-/Dienstleistungsverträge

1. Abgrenzung zum Arbeitsvertrag

Soweit an der Produktion Mitwirkende nicht als Arbeitnehmer einzustufen sind, werden die mit ihnen abzuschließenden Verträge in der Regel als Werk- oder Dienstleistungsverträge einzustufen sein. Voraussetzung dafür, dass der Mitwirkende nicht als Arbeitnehmer gilt, ist, dass der Mitwirkende nicht in den Betrieb des Produzenten eingegliedert oder diesem gegenüber nicht weisungsgebunden ist. Die Einstufung des Mitwirkenden als Selbstständiger oder als Arbeitnehmer ist für den Produzenten oft sehr schwierig und kann im Falle einer falschen Beurteilung nachteilige Folgen für den Produzenten haben. Stellt sich erst im Nachhinein heraus, dass die Tätigkeit des Mitwirkenden einem Angestelltenverhältnis entspricht, wurde aber ein Werk- oder Dienstleistungsvertrag abgeschlossen, ist der Produzent zur Nachzahlung der Sozialversicherungsbeiträge verpflichtet und zwar je nach Zeitpunkt der Feststellung ggf. sowohl des Arbeitgeber- als auch des Arbeitnehmeranteils. Empfehlenswert ist daher in Zweifelsfällen die Beantragung einer Bescheinigung über die Sozialversicherungsbefreiung bei der Deutschen Rentenversicherung Bund bezogen auf die konkrete Tätigkeit des Mitwirkenden im Rahmen der vertragsgegenständlichen Produktion. Diese Befreiung wird in der Praxis i.d.R. jedoch nur für einige wenige Tätigkeiten von Filmschaffenden erteilt, z.B. unter bestimmten Voraussetzungen für Regisseure. 113

Darüber hinaus muss sich der Produzent im Falle des Abschlusses eines Werk- oder Dienstleistungsvertrags mit einem Mitwirkenden vor der Gefahr der Scheinselbständigkeit des Vertragspartners schützen. Hierzu sollte er sich z.B. andere Auftragsverhältnisse des Mitwirkenden nachweisen lassen. 114

2. Rechteeinräumung

Auch im Rahmen von Werk- und Dienstleistungsverträgen ist eine umfassende Rechteeinräumung des Mitwirkenden gegenüber dem Produzenten erforderlich. Wird keine Rechteübertragung ausdrücklich geregelt gelten die Grundsätze aus § 88 oder § 89 UrhG. 115

---

69 *Dreier*/Schulze § 43 Rn. 20.

3. Besteuerung ausländischer freier Mitwirkender

116 Die Besteuerung der Honorare selbständiger freier Mitwirkender an einer Produktion richten sich wie beim Drehbuchautor nach § 50a EStG.[70]

III. Darstellervertrag

117 In aller Regel gelten Darsteller als Arbeitnehmer (u.a. wegen der Weisungsgebundenheit gegenüber dem Produzenten). Im Folgenden werden daher die wesentlichen Eckpunkte eines Arbeitsvertrags mit einem Schauspieler erörtert. Zunächst ist festzustellen, dass Schauspieler auch in den persönlichen Anwendungsbereich des TV FFS fallen.[71] Die hierzu dargelegten Grundsätze[72] sind daher bei Schauspielerverträgen ebenfalls anwendbar.

1. Vertragsgestaltung

118 Für die Gestaltung von Arbeitsverträgen mit Darstellern ist neben den gesetzlichen Bestimmungen und dem TV FFS die »**Übereinkunft zwischen Bundesverband der Film- und Fernsehschauspieler e.V. (BFFS) und Bundesverband Deutscher Fernsehproduzenten e.V. (BV) zur Frage der Sozialversicherungspflicht von Film- und Fernsehschauspielern**« (im Folgenden »ÜFFS« genannt) in der finalen Version vom 28.12.2007, ergänzt am 13.4.2008, wichtiger Anhaltspunkt.[73]

a) Vertragszeit

119 Da der Bedarf des Produzenten an der Darbietung des Schauspielers auf die jeweilige Produktion begrenzt ist, werden die Verträge mit den Schauspielern befristet abgeschlossen.[74] Wendet man die Grundsätze der ÜFFS an, ist bei der Festlegung der Vertragslaufzeit (= sozialversicherungspflichtige Beschäftigungszeit) zwischen 3 Kategorien von Schauspielern zu unterscheiden:

Kategorie 1 – Schauspieler, die dem Produzenten für einen bestimmten Zeitraum (z.B. die gesamte Drehzeit) exklusiv zur Verfügung stehen sollen. Die Vertragslaufzeit bemisst sich in diesem Fall anhand dieses gesamten Exklusivzeitraumes.

Kategorie 2 – Schauspieler, die zwar nur an bestimmten Drehtagen mitwirken, darüber hinaus dem Produzenten aber an zusätzlichen Tagen prioritär zur Verfügung stehen müssen. Bei der Bemessung der Vertragslaufzeit müssen sowohl die Drehtage als auch die Zeiten der Prioritätsbindung berücksichtigt werden.

Kategorie 3 – Schauspieler, die ausschließlich für die einzelnen Drehtage verpflichtet werden, ohne an anderen Tagen einer Prioritäts- oder sonstigen Bindung gegenüber dem Produzenten zu unterliegen. Die Vertragslaufzeit wird anhand der Drehtage und den sich aus einer sog. Zusatzleistungsformel[75] ergebenden Zusatzleistungstagen berechnet. Leistet der Schauspieler z.B. 15 Drehtage, beträgt die Anzahl der Zusatzleistungstage 7.[76]

---

70 Vgl. Rdn. 71.
71 Vgl. Ziffer I.1.3 TV FFS.
72 Siehe Rdn. 95-99.
73 Siehe dazu Niederschrift der Spitzenverbände der Sozialversicherer vom 7./8.5.2008, TOP 1, mit Anlage 1 und 2; abrufbar unter: www.deutsche-rentenversicherung-bund.de.
74 Vgl. befristete Arbeitsverträge mit Filmschaffenden, Rdn. 91-94.
75 Abrufbar unter: www.deutsche-rentenversicherung-bund.de.
76 Vgl. Ziffer 3.a ÜFFS.

D. Mitwirkendenverträge in der Produktion

Die sich aus der Zusatzleistungsformel ergebende Beschäftigungszeit gilt für alle 3 Kategorien als Mindestvertragslaufzeit. Soweit die Vertragslaufzeiten kürzer bemessen sind, verlängern sie sich entsprechend. Für Kategorie 1 und 2 gelten ansonsten die vorgenannten Kriterien.

b) Sperrzeitenregelung

Gängige Klauseln in Schauspielerverträgen sind die sog. Sperrzeitenregelungen. Sperrtage sind solche Tage, an denen der Schauspieler dem Produzenten definitiv nicht zu Verfügung steht, z.B. wegen eines anderen Engagements. Sperrzeiten erfordern vom Produzenten ein hohes Maß an organisatorischem Aufwand, da je nach Rolle des Schauspielers davon die Einsatzmöglichkeit anderer Schauspieler und die Drehplanung abhängen. Sperrtage sollten daher sehr restriktiv gehandhabt werden und möglichst bereits bei Vertragsschluss feststehen. Soweit der Vertrag dem Schauspieler die Möglichkeit einräumt, nach Vertragsschluss Sperrzeiten anzumelden, sind die Voraussetzungen für diese Anmeldung sehr genau zu regeln und ggf. Widerspruchsmöglichkeiten des Produzenten vorzusehen. Sperrzeiten zählen nicht zur Vertragslaufzeit.[77]

c) Vor- und Nachbereitungsarbeiten

Für den Produzenten wichtig ist die Verpflichtung des Schauspielers, für Vor- und Nachbereitungsarbeiten zur Verfügung zu stehen. Dazu zählen z.B. Kostümprobe, Maskenprobe, Leseprobe, szenische Vorprobe, Regiebesprechung, Fototermine, Spezialtraining, Pressearbeit, Werbemaßnahmen und Nachsynchronisation. Unter Berücksichtigung der ÜFFS können diese Zusatzleistungen nur innerhalb der Vertragslaufzeit abgefordert werden. Möchte der Produzent dazu außerhalb der vorgesehenen Vertragslaufzeit auf den Schauspieler zurück greifen, ist dafür eine gesonderte Vereinbarung notwendig. Soweit möglich sollten Vor- und Nachbereitungsarbeiten terminlich fixiert werden.

d) Rechteeinräumung

Gem. §§ 73 ff. UrhG ist der Schauspieler **Leistungsschutzberechtigter**. Soweit in dem Vertrag zwischen Schauspieler und Produzenten keine ausdrückliche Rechteeinräumung vorgenommen wird, ist der Produzent gem. § 92 Abs. 1 UrhG zur Nutzung der Leistungsschutzrechte des Schauspielers berechtigt. Aus Sicht des Produzenten empfiehlt es sich jedoch, eine umfassendere Rechteeinräumung vertraglich vorzusehen, um die Leistungen des Schauspielers bspw. auch außerhalb des Films verwerten zu können. Aus dem Schutz des allgemeinen Persönlichkeitsrechts sowie aus dem Bildnisschutz gem. §§ 22, 23 KUG folgt zudem, dass der Produzent z.B. zu **produktionsfremden Werbemaßnahmen** oder **Merchandising** mit Aufnahmen des Schauspielers nur mit Einwilligung des Schauspielers berechtigt ist. Diese sollte vertraglich vereinbart werden. Aus dem allgemeinen Persönlichkeitsrecht des Schauspielers ergibt sich ebenfalls, dass ohne dessen Zustimmung eine **Nachsynchronisation** durch Dritte zumindest in der Sprache, in der der Schauspieler gespielt hat, nicht zulässig ist.[78] In der Regel wird der Schauspieler dies auch vertraglich nicht gestatten. Der Produzent sollte sich ausdrücklich das Recht zur fremdsprachigen Synchronisation durch Dritte im Darstellervertrag einräumen lassen.

e) Vergütung

Üblich in Schauspielerverträgen sind entweder Pauschalgagen für die gesamte Drehzeit oder aber Tagesgagen pro Drehtag. Da die Vergütung der Schauspieler nicht im Gagenta-

---

77 Vgl. Ziffer 3.c ÜFFS.
78 OLG München UFITA 28, 342.

rifvertrag geregelt ist, ist sie frei verhandelbar. Die Grundsätze der §§ 32, 32a UrhG[79] finden über § 79 Abs. 2 Satz 2 UrhG Anwendung. Die vertraglichen Vergütungsregelungen sollten klarstellen, ob darin Zusatzleistungen wie z.B. Proben, Pressetermine und Synchronisationsarbeiten enthalten sind und bei Gesamtpauschalgagen, ob und in welcher Höhe z.B. zusätzliche Drehtage zu entlohnen sind.

f) Weitere Vertragspflichten

125 Typisch in Schauspielerverträgen ist die Untersagung von Sportarten mit gesteigertem Unfallrisiko wie bspw. Skifahren, Bergsteigen, Motorradfahren und Fallschirmspringen. Außerdem sind oft Klauseln enthalten, die dem Schauspieler auferlegen, zum Zwecke der Kontinuität seiner Rolle sein äußeres Erscheinungsbild (Frisur etc.) unverändert zu lassen. Nicht unüblich sind bei namhaften Schauspielern zudem Regelungen über Mindeststandards bei Reisen, z.B. Business-Class bei Interkontinentalflügen oder X-Sterne-Kategorie bei Hotelübernachtungen.

g) Nennung

126 Vor dem Hintergrund von § 93 Abs. 2 UrhG[80] wird die Nennung des jeweiligen Schauspielers häufig vertraglich geregelt, dies gilt insbesondere für Haupt- und Nebendarsteller und bekannte Schauspieler. Insbesondere bei Auftragsproduktionen ist ein Sendervorbehalt diesbezüglich vorzusehen.

h) Auflösende Bedingung

127 Von der Rechtssprechung wird bei einem längerfristigen Schauspielervertrag im Rahmen einer Fernsehserie eine vertraglich vorgesehene auflösende Bedingung als zulässig betrachtet, wenn sie daran anknüpft, dass die Rolle aus rein künstlerischen Gründen entfällt, d.h. heraus geschrieben wird (z.B. wegen des Zuschauergeschmacks). Eine solche auflösende Bedingung stellt keine Umgehung des gesetzlichen Kündigungsschutzes für den Schauspieler als Arbeitnehmer dar.[81]

2. Weisungsrecht des Produzenten

128 Viele Arbeitsverträge mit Schauspielern sehen vor, dass der Produzent berechtigt ist, dem Schauspieler eine Rolle zuzuweisen oder den Schauspieler nach Belieben umbesetzen zu können. Bekannte und namhafte Schauspieler lassen sich dagegen oft nur für eine bestimmte, vertraglich festgelegte Rolle verpflichten und versuchen die Zulassung bzw. den Ausschluss bestimmter Szenen (Liebesszenen, Nacktaufnahmen) möglichst genau zu regeln. Es kann jedoch durchaus vorkommen, dass das Drehbuch während der Dreharbeiten umgeschrieben werden muss und sich Szenen und Rollen ändern. Ist der Schauspieler für eine bestimmte Rolle engagiert, stellt sich dem Produzenten in einem solchen Falle die Frage, inwieweit er aufgrund seines Weisungsrechts als Arbeitgeber gegenüber dem Schauspieler solche Änderungen durchsetzen kann. Hierzu hatte das BAG folgenden Fall zu entscheiden: Nach Drehbeginn wurde durch eine Drehbuchänderung die Rolle »J«, die ursprünglich als die 54-jährige Schwägerin und Freundin der der Rolle »A« ausgestaltet war, in die 60-jährige Mutter der Rolle »A« umgeschrieben. Die Schauspielern, die für die Rolle »J« engagiert war, weigerte sich die 60-jährige Mutter zu spielen und verlangte dennoch die vereinbarte Vergütung. Das BAG entschied, dass das Weisungsrecht des Produzenten die Änderung der Rolle umfasse, da nur geringe Änderun-

---

[79] Zur Vergütung von ausübenden Künstlern gem. §§ 32, 32a UrhG siehe auch Kap. 3 Rdn. 622 ff.
[80] Vgl. Rdn. 6-8.
[81] BAG ZUM 2003, 882.

gen in Text und Handlung vorgenommen worden seien und der Kern der Rolle erhalten geblieben sei. Die Schauspielerin hätte die Rollenänderung hinnehmen müssen. Ihr Anspruch auf die volle Vergütung wurde abgelehnt.[82]

3. Ausfallversicherung

Insbesondere für Hauptdarsteller schließt der Produzent in aller Regel eine sog. Ausfallversicherung ab, die den plötzlichen Ausfall des Schauspielers z.B. wegen Krankheit, Unfall oder Tod versichert. Zum Abschluss der Ausfallversicherung kann die Mitwirkung des Schauspielers bspw. durch die Erfordernis einer ärztlichen Untersuchung notwendig sein. Entsprechende vertragliche Verpflichtungen des Darstellers sind daher ratsam. Die Wirksamkeit des Darstellervertrags sollte zudem unter die **aufschiebende Bedingung** gestellt werden, dass der Schauspieler diesen Pflichten, soweit erforderlich, nachkommt und die Ausfallversicherung auch letztlich abgeschlossen wird.

129

4. Steuerliche Behandlung ausländischer Darsteller

Da die Leistung des Schauspielers als künstlerische Tätigkeit gewertet werden kann, ist eine Pauschalierung der Lohnsteuer möglich, soweit sich der ausländische Schauspieler ohne deutschen Wohnsitz nicht länger als 3 Monate in Deutschland aufhält.[83] Hält sich der Schauspieler länger als 3 aber nicht länger als 6 Monate in Deutschland auf gilt § 39d EStG.[84]

130

5. Exkurs Komparsen

Für die Beschäftigung von Kleindarstellern werden gerne sehr kurze Verträge verwendet. Diese beinhalten im Wesentlichen die persönlichen Daten des Kleindarstellers, seinen Status z.B. als Rentner, Beamter, Arbeitssuchender, Student etc., die Pflicht des Kleindarstellers zur Vorlage der entsprechenden Nachweise und eine Rechteeinräumung. Findet der TV FFS Anwendung,[85] gelten die Bestimmungen des Tarifvertrags für Kleindarsteller.[86]

131

IV. Musikverträge

Bei der Verwendung von Musik im Film eröffnen sich dem Produzenten grundsätzlich zwei Möglichkeiten: 1. Er lässt neue, eigens für den Film geschaffene Musik komponieren und aufnehmen und/oder 2. Er nutzt bereits bestehende Musiken.

132

1. Filmmusikvertrag (Auftragskomposition und -produktion)

Soweit der Produzent eigens für seinen Film Musik komponieren und aufnehmen lässt, hat er mehrere Schritte vertraglich zu regeln. Er muss einen Komponisten beauftragen, eine Komposition und ggf. den Musiktext zu erstellen. Dazu bedient sich der Produzent eines Kompositionsvertrags. Als nächster Schritt erfolgt die Aufnahme der Komposition mit Musikern und ggf. Sängern. Die Musikaufnahme wird über einen Musikproduktionsvertrag geregelt. In der Praxis übernimmt in vielen Fällen der Komponist als Tonträgerhersteller ebenfalls die Musikproduktion. Ansonsten beauftragt der Produzent einen Dritten damit. Ist der Komponist gleichzeitig der Tonträgerhersteller, werden Kompositions- und Musikproduktionsvertrag gerne in einem Vertragsformular als sog. Filmmu-

133

---

[82] BAG NJW 2008, 780.
[83] Vgl. Rdn. 112.
[84] Vgl. Rdn. 112.
[85] Siehe Rdn. 96.
[86] Vgl. Ziffer III. TV FFS.

sikvertrag abgeschlossen. In der Praxis gibt es kaum einheitliche Regelungen für solche Filmmusikverträge. Der Filmmusikvertrag enthält sowohl werkvertragliche als auch urheberlizenzvertragliche Elemente.

134 Im Folgenden werden wichtige, praxisrelevante Punkte, die der Filmmusikvertrag enthalten sollte, aufgezeigt. Dies erfolgt zur Übersichtlichkeit getrennt nach Kompositions- und Musikproduktionsvertrag.

a) Kompositionsvertrag

aa) Erstellung der Komposition

135 Die werkvertraglichen Elemente des Kompositionsvertrags regeln die Erstellung der Komposition und ggf. des Textes. Komposition und Musiktext sollten als das zu erstellende Werk so konkret wie möglich hinsichtlich Länge, Umfang und Stilrichtung sowie bzgl. der Sprachfassungen des Textes definiert werden. Es empfiehlt sich daher, darüber hinausgehende Abstimmungsvereinbarungen zwischen Produzent und Komponist vorzusehen. Denn je nach Entwicklungsstand des Films zum Zeitpunkt der Beauftragung des Komponisten stehen ggf. maßgebliche Kriterien für die Komposition noch nicht fest. Ebenfalls wichtig ist die Festlegung eines Zeitplanes mit Lieferterminen. Auch das Prozedere für Nachbesserungen bzw. Überarbeitungen und Abnahme sollte vertraglich geregelt sein. Häufig sind noch weitere Nebenleistungspflichten des Komponisten vorgesehen, wie z.B. die Teilnahme an den Musikaufnahmeterminen oder an Besprechungen mit Produzent, Regisseur und anderen Mitwirkenden. Hinsichtlich möglicher Regelungen zur vorzeitigen Vertragsbeendigung kann auf die entsprechenden Ausführungen zum Drehbuchvertrag verwiesen werden.[87]

bb) Rechteeinräumung

136 Komposition und Musiktexte, die für einen Film neu hergestellt werden, stellen in der Regel urheberrechtlich geschützte Musikwerke dar, da generell an den Schutz von Musikwerken geringe Anforderungen zu stellen sind.[88] Bei der Rechteeinräumung ist zwischen den Filmherstellungsrechten und den Auswertungsrechten an den Musikwerken zu unterscheiden.

137 Das **Filmherstellungsrecht**, ist das Recht zur Verbindung der Musikwerke mit anderen Werken zur Herstellung eines Films, häufig auch »synchronization right« oder kurz »sync right« genannt. Dieses Filmherstellungsrecht sollte sich der Produzent exklusiv sowie zeitlich, inhaltlich und räumlich uneingeschränkt vom Komponisten übertragen lassen. Möchte der Produzent das Musikwerk auch für eine andere als die vertragsgegenständliche Filmproduktion benutzen, muss dies wegen § 88 Abs. 2 UrhG ausdrücklich im Vertrag geregelt werden. Für eine **Zweitauswertung** der hergestellten vertragsgegenständlichen Filmproduktion, mit der keine wesentliche Bearbeitung der Produktion oder gar die Herstellung eines neues Werkes verbunden ist, muss der Produzent die Filmherstellungsrechte allerdings nicht erneut oder gesondert erwerben. Der BGH hat dies für den Fall der Videozweitauswertung eines Kinofilms entschieden, da es sich lediglich um die Überführung des hergestellten Films in eine andere Auswertungsart handele.[89] In der Praxis bestehen hinsichtlich der Frage, ob für die Zweitauswertung der erneute Erwerb der Filmherstellungsrechte erforderlich ist, dennoch immer wieder Zweifel. Nicht zuletzt vor diesem Hintergrund empfiehlt es sich, die Einräumung des Herstellungsrechtes für sämtliche vertraglich vereinbarten Zweitauswertungen ausdrücklich zu regeln.

---

87 Siehe Rdn. 78-82.
88 Dreier/*Schulze* § 2 Rn. 139.
89 BGH GRUR 1994, 41.

D. Mitwirkendenverträge in der Produktion

Neben dem Filmherstellungsrecht muss sich der Produzent die für seine geplante Auswertungskette erforderlichen bzw. umfassenden **Auswertungsrechte** (z.B. für TV, DVD, Kino, Tonträger, Video-On-Demand) einräumen lassen und zwar möglichst exklusiv sowie zeitlich, inhaltlich und räumlich uneingeschränkt. 138

Von erheblicher Bedeutung ist gleichfalls die Übertragung des **Bearbeitungsrechts** auf den Produzenten. In diesem Zusammenhang muss die Befugnis des Produzenten geregelt sein, die Musik ändern, austauschen und kürzen zu dürfen. Gerade vor dem Hintergrund verschiedener Auswertungswege und unterschiedlicher Lizenzgebiete kann dieses Bearbeitungsrecht für den Produzenten im Laufe der Auswertung der Produktion wichtig werden. Vom Bearbeitungsrecht des Produzenten bleibt der Schutz des Komponisten vor gröblicher Entstellung aus § 93 UrhG unberührt.[90] 139

Ebenfalls sollten die vertraglichen Regelungen zur Rechteeinräumung die Garantie des Komponisten enthalten, dass die Komposition frei von Rechten Dritter und der Komponist zu vertragsgegenständlichen Rechteeinräumung uneingeschränkt berechtigt ist. Diese Rechtegarantie ist nicht zuletzt wegen des nicht seltenen Falls einer Exklusivbindung des Komponisten an einen Musikverlag oder an ein Musiklabel (soweit der Komponist auch ausübender Künstler ist) sehr wichtig. Es muss für den Produzenten sichergestellt sein, dass sich der Komponist nicht exklusiv an einen Verlag oder Label gebunden hat und im Rahmen dieser Bindung die ausschließlichen Rechte an seinen künftigen Werken/Leistungen nicht an den Verlag/das Label abgetreten hat. 140

cc) Inverlagsnahme

In einigen Fällen sehen Kompositionsverträge die Abtretung der Musikverlagsrechte des Komponisten an einen bestimmten Musikverlag vor. Damit die Inverlagsnahme nicht aufgrund bestimmter Gegebenheiten als unwirksam einzustufen ist,[91] empfiehlt sich, dass der Komponist direkt mit dem Musikverlag einen gesonderten Musikverlagsvertrag abschließt.[92] 141

dd) Besonderheiten bei GEMA-Mitgliedschaft des Komponisten

Ist der Komponist Mitglied der GEMA, überträgt er der GEMA mit dem sog. **GEMA-Berechtigungsvertrag** sowohl das Filmherstellungsrecht als auch zahlreiche der Auswertungsrechte an seinen Werken.[93] Das Filmherstellungsrecht wird der GEMA jedoch gem. § 1 i) Ziffer 1 des Berechtigungsvertrags unter der auflösenden Bedingung des »Rückrufs« durch den Komponisten übertragen. Eine Ausnahme gilt gem. § 1 i) Ziffer 3 des Berechtigungsvertrags für reine Eigen- und Auftragsproduktionen der Fernsehsender. In diesen Fällen werden die Filmherstellungsrechte der GEMA zur Wahrnehmung ohne auflösende Bedingung übertragen. Ferner kann der Komponist einzelne Nutzungsrechte von der Übertragung auf die GEMA ausnehmen bzw. kündigen (vgl. § 16 des Berechtigungsvertrags). Einzelne Werke können dagegen nicht vom Berechtigungsvertrag ausgeschlossen werden. 142

Soweit die GEMA die Rechte des Komponisten wahrnimmt, werden diese Rechte dem Produzenten von der GEMA lediglich nicht-exklusiv eingeräumt. Möchte sich der Pro- 143

---

90 Zur Bearbeitung von Filmmusiken siehe OLG Hamburg GRUR 1997, 822; OLG München ZUM 1992, 307.
91 Vgl. hierzu z.B. OLG Zweibrücken ZUM 2001, 346.
92 Zum Vertragsverhältnis zwischen Komponist und Musikverlag siehe auch Kap. 5 Rdn. 85 ff. »Autorenexklusivverträge«.
93 Zum Umfang der Rechteeinräumung vgl. GEMA-Berechtigungsvertrag i.d.F. vom 12.3.2010; abrufbar unter: www.gema.de.

duzent das exklusive Filmherstellungsrecht an der von ihm beauftragen Komposition sichern, ist Voraussetzung, dass der Komponist von seinem Rückrufsrecht gegenüber der GEMA Gebrauch gemacht hat (soweit es sich nicht um eine Auftragsproduktion eines Senders handelt).

144 Bei **Auftragsproduktionen** erwerben die Fernsehsender bestimmte von der GEMA wahrgenommene Rechte – insbesondere das Filmherstellungsrecht – direkt[94] (z.B. über sog. Senderpauschalverträge). Die von der GEMA wahrgenommenen Rechte sind daher von der Rechteübertragung des Produzenten auf den Sender auszunehmen. Werden einzelne Rechte nicht von der GEMA wahrgenommen, muss der Produzent diese Rechte zwecks Übertragung auf den Sender vom Komponisten selbst erwerben. Die Regelungen zur Rechteeinräumung zwischen Produzent und Komponist werden daher auch bei Auftragsproduktionen häufig umfassend und unbeschränkt sowie exklusiv gestaltet,[95] damit nicht einzelne Rechte unberücksichtigt bleiben, die der Produzent dem Sender übertragen muss. Dies gilt auch hinsichtlich der Einwilligung des Komponisten zu Zweitauswertungen.[96]

145 Bei allen **anderen als Auftrags- oder Eigenproduktionen, z.B. Co-Produktionen** muss der Produzent die für die Herstellung und Auswertung seines Films erforderlichen Rechte von der GEMA, soweit sie von dieser wahrgenommen werden, und im Übrigen vom Komponisten erwerben.[97]

b) Musikproduktionsvertrag

aa) Herstellung der Musikaufnahme

146 Zur Herstellung der Musikaufnahme auf Grundlage der vom Produzenten in Auftrag gegebenen Komposition bedient sich der Produzent eines sog. Tonträgerherstellers. Viele Filmmusikkomponisten führen die Herstellung der Musikaufnahmen selbst durch und fungieren dann zugleich als Tonträgerhersteller. Dafür reicht bei Fernsehfilmen häufig der eigene PC oder der Komponist hat ein eigenes Aufnahmestudio. Der Tonträgerhersteller leitet die Durchführung der Musikproduktion (d.h. Instrumentierung und Aufnahme) und überwacht als musikalischer Leiter dabei die sonstigen mitwirkenden Künstler wie Musiker und Sänger und/oder das Orchester. In dem Musikproduktionsvertrag ist ein genauer Zeitplan für die Herstellung, Lieferung und Abnahme der Aufnahme sowie das Abnahmeprozedere zu regeln. Die abzuliefernden Materialien sind möglichst genau zu definieren, z.B. auf welchem Medium die Aufnahme dem Produzenten zu liefern ist und welche technische Qualität die Aufnahme erfüllen soll. Der Musikproduktionsvertrag regelt zudem die Teilnahmepflicht des Vertragspartners an Terminen zur Filmtonmischung sowie die Pflicht zur nachträglichen Überarbeitung und Änderung der Aufnahme, ähnlich wie im Kompositionsvertrag. Ebenfalls essentieller Punkt des Musikproduktionsvertrags ist der Umfang der für die Musikaufnahme zu engagierenden Musiker und Sänger. Dies wird in den meisten Fällen eine Budgetfrage sein. Nicht selten wird zwischen Produzent und Tonträgerhersteller ein Komplettpreis für die gesamte Herstellung der Musikaufnahme ausgemacht, der alle Leistungen einschließlich Musikstudiomiete, Musikern, Material etc. umfasst. Dabei sollte klargestellt werden, ob von dem Komplettpreis ebenfalls evtl. Mehrkosten abgedeckt sind oder wer sie in welchem Verhältnis unter welchen Voraussetzungen zu tragen hat. Wird keine Pauschale vereinbart sollte eine genaue Regelung über den Kostenrahmen und die Kostentragung im Detail getroffen werden.

---

94 Siehe dazu auch Kap. 5.
95 Siehe Rdn. 136-140.
96 Siehe Rdn. 137.
97 Siehe Rdn. 136-143.

D. Mitwirkendenverträge in der Produktion

bb) Rechteeinräumung

Der Produzent muss sicherstellen, dass ihm die Rechte aller an der Musikaufnahme Beteiligten eingeräumt werden. Dies umfasst die Rechte des Tonträgerherstellers und der mitwirkenden Künstler. In beiden Fällen handelt es sich um **Leistungsschutzrechte** der vorgenannten Personen. Nimmt der Tonträgerhersteller die an der Musikaufnahme beteiligten Musiker und Sänger selbst unter Vertrag, muss der Tonträgerhersteller mit der vertraglichen Einräumung der Rechte nicht nur seine eigenen Leistungsschutzrechte nach §§ 85 f. UrhG sondern gleichfalls die Rechte der an der Aufnahme beteiligten ausübenden Künstler aus §§ 73 ff. UrhG auf den Produzenten übertragen; ein Fall wie er recht häufig in der Praxis vorkommt. In diesem Zusammenhang ist eine entsprechende Nachweis- und Vorlagepflicht für den Tonträgerhersteller gegenüber dem Produzenten hinsichtlich der einzelnen Künstlerverträge sinnvoll. Allerdings sollte dadurch keine Freistellung des Tonträgerherstellers im Falle der Geltendmachung von Ansprüchen durch die beteiligten Künstler gegenüber dem Produzenten verbunden sein. Neben der Nachweis- und Vorlagepflicht für den Tonträgerhersteller ist eine darüber hinaus gehende Rechtegarantie des Tonträgerherstellers ratsam. Sie sollte umfassen, dass sämtliche mit dem Musikproduktionsvertrag auf den Produzenten übertragenen Rechte durch den Tonträgerhersteller insbesondere von an der Musikaufnahme beteiligten Dritten eingeholt wurden und er zur Übertragung dieser Rechte auf den Produzenten berechtigt ist. In diesem Zusammenhang hat der Tonträgerhersteller den Produzenten von sämtlichen Ansprüchen Dritter freizustellen. 147

Auch bei den Leistungsschutzrechten an der Musikaufnahme ist wie bei der Komposition zwischen **Herstellungs- und Auswertungsrechten** zu unterscheiden.[98] Das Filmherstellungsrecht hinsichtlich der Musikaufnahme, welches zur Erstverbindung der Musikaufnahme mit dem Film berechtigt, wird in der Praxis gerne als »Master-use right« bezeichnet. 148

Im Übrigen richtet sich die Rechteeinräumung und Rechtegarantie in Bezug auf die Musikaufnahme nach den gleichen Grundsätzen wie die Rechteeinräumung und Rechtegarantie hinsichtlich der Komposition.[99] Der Tonträgerhersteller sollte dem Produzenten jedoch darüber hinaus vertraglich garantieren, ausschließlich eigens für den vertragsgegenständlichen Film geschaffene und (soweit er gleichzeitig Komponist der Musik ist) nur von ihm selbst komponierte Originalmusik für die Musikaufnahme zu verwenden. 149

Gängig ist daneben die Übertragung des Eigentums an den Aufnahmematerialien auf den Produzenten. 150

Ist der Tonträgerhersteller gleichzeitig Komponist der aufzunehmenden Musik und wird ein einziger Filmmusikvertrags (sowohl für die Komposition als auch die Musikaufnahme) abgeschlossen, ist zu berücksichtigen, dass es sich bei der Rechteeinräumung um eine kombinierte Übertragung von urheber- und leistungsschutzrechtlichen Nutzungsrechten handelt. 151

cc) Besonderheiten bei GVL-Mitgliedschaft des Tonträgerherstellers

Als Mitglied der GVL schließt der Tonträgerhersteller einen **Wahrnehmungsvertrag**[100] mit der GVL ab, woraus sich hinsichtlich der Leistungsschutzrechte an der Musikaufnahme eine strukturell ähnliche Rechtesituation für den Produzenten wie bei der Wahrnehmung der Urheberrechte an einer Komposition durch die GEMA ergibt. Allerdings 152

---

98 Siehe Rdn. 136-138.
99 Siehe Rdn. 136-140.
100 Abrufbar unter: www.gvl.de.

nimmt die GVL hinsichtlich des Filmherstellungsrechts gem. §1 Ziffer 6. a) und c) GVL-Wahrnehmungsvertrag für Tonträgerhersteller lediglich das Recht zur Herstellung einzelner Vervielfältigungsstücke von Tonträgern zu Sendezwecken im Rahmen der Senderpauschalverträge oder zum Zwecke der nichtgewerblichen Herstellung und Auswertung eines Films wahr. Eine Rückrufmöglichkeit für diese Herstellungsrechte, wie sie z.T. für den Komponisten gegenüber der GEMA besteht, gibt es hier nicht.[101]

c) Vergütung

153   Die Vergütung für Komponist und Tonträgerhersteller im Rahmen einer für den Film vom Produzenten beauftragten Musikkomposition und Musikaufnahme ist grundsätzlich frei verhandelbar. In der Praxis richtet sich die Höhe des Komponistenhonorars häufig nach dessen Bekanntheitsgrad und Filmographie. Bei der Vergütung des Tonträgerherstellers spielt regelmäßig u.a. der Aufwand der Aufnahme, z.B. am PC oder mit Orchester im Tonstudio, eine maßgebende Rolle. Da all diese Faktoren je nach Filmproduktion sehr unterschiedlich sein können, gibt es keine festen Vergütungssätze. Allerdings sind in Bezug auf den Komponisten und die ausübenden Künstler (Musiker, Sänger etc.) die Vorschriften über angemessene Vergütung gemäß §32 UrhG und zur Bestsellervergütung nach §32a UrhG zu beachten. Hier gelten die allgemeinen Grundsätze.[102] Dem Tonträgerhersteller an sich stehen die Ansprüche aus §§32, 32a UrhG nicht zu, da er weder Urheber noch ausübender Künstler ist. Auch falls er gleichzeitig Komponist ist, erwachsen ihm für seine Tätigkeit als Tonträgerhersteller keine Ansprüche aus den §§32, 32a UrhG. Er kann diese Ansprüche nur als Urheber in Bezug auf seine Komposition geltend machen.

154   Bei den Vergütungen ist hinsichtlich der Umsatzsteuer zu unterscheiden zwischen einerseits den Kreativleistungen und der Rechteeinräumung, die mit dem ermäßigten Umsatzsteuersatz belegt werden, und andererseits den übrigen Musikproduktionsleistungen und den dafür anfallenden Kosten, die dem vollen Umsatzsteuersatz unterliegen.[103]

155   Soweit der Produzent Rechte von der GEMA und/oder GVL einholen muss, gelten festgelegte Vergütungssätze.[104]

d) Nennung

156   Sowohl der Komponist als auch die an der Musikaufnahme beteiligten ausübenden Künstler haben einen gesetzlichen Nennungsanspruch, wobei dieser für die ausübenden Künstler gem. §93 Abs. 2 UrhG eingeschränkt werden kann. Dem Tonträgerhersteller steht ein solcher nicht zu.

2. Musiklizenzvertrag (bestehende Musiken)

157   Neben der Möglichkeit, eigens für den Film neue Musik komponieren und aufnehmen zu lassen, greifen Produzenten nicht selten auf bereits bestehende Musiken, die sie in den Film einspielen, zurück. Auch dabei ist wie bei Originalfilmmusiken zwischen den beiden Ebenen a. Komposition (sowie ggf. dem Musiktext) und b. Aufnahme zu unterscheiden. Soweit es sich bei Komposition und Text um urheberrechtlich geschützte Werke handelt und an der Musikaufnahme Leistungsschutzrechte bestehen, muss der Produzent die für sein Vorhaben jeweils erforderlichen Rechte erwerben. Auch bei bestehenden Musiken ist zwischen den Filmherstellungsrechten und Auswertungsrechten zum einen

---

101   Ausführlich zur Rechtewahrnehmung durch die GVL vgl. auch Kap. 11 Rdn. 109 ff.
102   Siehe dazu auch allgemein Kap. 3.
103   Vgl. §12 Abs. 1 und Abs. 2 Nr. 7 lit. c) UStG.
104   Vgl. §13 UrhWG.

an der Komposition und ggf. dem Text (Urheberrechte) zum anderen an der Musikaufnahme (Leistungsschutzrechte) zu differenzieren. Zum Erwerb dieser Rechte wird sich der Produzent verschiedener Lizenzverträge bedienen, die sich ohne werkvertragliche Elemente rein auf die Rechtelizenz beschränken. Für Komposition und ggf. Musiktext ist der Komponist oder dessen Verlag der richtige Verhandlungspartner, soweit die Rechte nicht von der GEMA wahrgenommen werden. Bzgl. der Musikaufnahme muss sich der Produzent mit dem Musiklabel verständigen, bis auf die Rechte, die von der GVL wahrgenommen werden. In der Praxis kommt es jedoch auch durchaus vor, dass ein Musiklabel und –verlag ein und der selben Unternehmensgruppe angehören, so dass sich der Produzent nur einem Verhandlungspartner gegenüber sieht. Hinsichtlich der jeweiligen vertraglichen Rechteeinräumung kann im Wesentlichen auf die Ausführungen zur Rechteeinräumung bei Originalfilmmusiken verwiesen werden.[105] Im Folgenden werden daher nur kurz die wichtigsten Abweichungen dargelegt.

Wichtigster Unterschied zur Rechteeinräumung bei vom Produzenten selbst beauftragten Filmmusiken dürfte sein, dass der Produzent die Rechte an bestehenden Musiken generell nicht exklusiv übertragen bekommt. Darüber hinaus sind in der Praxis je nach Budget des Produzenten Einschränkungen gängig, die das Lizenzgebiet, die Lizenzzeit und die Auswertungsarten betreffen.[106] **158**

Hinsichtlich der Wahrnehmung von Rechten durch die GEMA bestehen keine Unterschiede zu Originalmusiken.[107] Allerdings ist es bei bestehenden Musiken unwahrscheinlich, dass ein Komponist/Verlag dem Produzenten das exklusive Filmherstellungsrecht überträgt, soweit er es gegenüber der GEMA zurück gerufen oder gekündigt hat. **159**

Auch die Wahrnehmung von Rechten durch die GVL bei bestehenden Musiken unterscheidet sich nicht zu der Situation bei einer vom Produzenten selbst beauftragten Musikaufnahme. **160**

V. Motivvertrag

Filmmotive können Gebäude von außen, Räumlichkeiten in Gebäuden, Straßen, Plätze und Örtlichkeiten wie Parks, Wälder oder Strände sein. Die Durchführung von Dreharbeiten an diesen Motiven können verschiedene Rechtspositionen beeinträchtigen, die der Produzent zu klären hat. **161**

Öffentliche Straßen und Plätze dürfen entsprechend ihrem Widmungszweck zum öffentlichen Verkehr von jedermann genutzt werden. Dreharbeiten stellen jedoch regelmäßig nach den einschlägigen Verwaltungsvorschriften eine Sondernutzung außerhalb des Widmungszwecks dar, für die es einer entsprechenden Genehmigung bedarf.[108] Drehgenehmigungen sind bei der für die Örtlichkeit zuständigen Behörde zu beantragen. **162**

Bei Außenaufnahmen von Gebäuden können u.a. je nach Art des Bauwerkes Urheberrechte tangiert sein. Wichtigste Ausnahmevorschrift ist in diesem Zusammenhang § 59 UrhG. Danach ist das Filmen der Außenansicht eines Gebäudes von frei zugänglichen Örtlichkeiten aus ohne Hilfsmittel (wie Leitern o.ä.) urheberrechtlich zulässig.[109] Liegen die Voraussetzungen des § 59 UrhG vor, sollen nach der Rechtsprechung daneben auch **163**

---

105 Siehe Rdn. 136-140; 142-145 (für Komposition und Text), sowie Rdn. 147-152 (für Aufnahme).
106 Musiklabels und –verlage haben nicht selten festgelegte Lizenzpreise, wobei diese letztlich Verhandlungssache sind.
107 Siehe Rdn. 142-145.
108 Z.B. für NRW vgl. §§ 14, 18 Abs. 1 StrWG NRW.
109 *Dreier*/Schulze § 59 Rn. 4.

die Abwehransprüche des Eigentümers des Gebäudes aus § 1004 BGB zurückstehen.[110] Liegen die Voraussetzungen des § 59 UrhG nicht vor, hat der Produzent die entsprechenden Einwilligungen aller Rechteinhaber (z.B. Architekten, Bauherren, Eigentümer) einzuholen.

164 Für **Innenaufnahmen in Gebäuden** gilt § 59 UrhG nicht, womit auch das aus § 1004 BGB abgeleitete Hausrecht dadurch nicht beschränkt wird. Für Innenaufnahmen hat der Produzent daher die Erlaubnis vom Inhaber des Hausrechts einzuholen. Dies gilt sowohl für Gebäude in Privat- als auch im öffentlichen Eigentum. Zu diesem Zweck schließt der Produzent in aller Regel einen Motivvertrag ab. Mit dem Motivvertrag muss der Produzent sicherstellen, dass er das Gebäude bereits für Vorbereitungsmaßnahmen wie Proben betreten kann, es ihm für die Dreharbeiten zur Verfügung steht, aber auch für die Zeit des Rückbaus von Filmequipment und Requisiten. Wichtig für den Produzenten ist es ebenfalls, die Möglichkeit zu eventuell notwendigen Nachdreharbeiten und Verschiebungen der Dreharbeiten vorzusehen. Je nach dem, um was für eine Räumlichkeit es sich handelt, muss geregelt werden, ob und wann in den Zeiten der Nutzung durch das Filmteam andere Personen Zugang haben. Zudem sollte vereinbart sein, dass dem Produzenten ausreichend Wasser und Strom zu Verfügung steht. Bei der Vergütung ist klar zu regeln, welche Leistungen davon abgedeckt werden, wie z.B. Nutzung der Räume, Wasser- und Stromverbrauch, Nutzung sanitärer Anlagen im Gebäude, Parkplätze, Personal, Reinigung usw. Soweit es sich bei den Räumlichkeiten um Geschäftsräume handelt, sollte die vereinbarte Vergütung auch den eventuellen Nutzungsausfall umfassen. Pauschalvergütungen können sich entweder nach Drehtagen bemessen oder als Gesamtpauschale ausgestaltet sein. In der Praxis empfehlen sich zudem Übergabeprotokolle bei Übernahme und Rückgabe der Räumlichkeiten, sowie für den Produzenten der Abschluss einer Haftpflichtversicherung. Neben den Regelungen über die Nutzung der Räume sollten Motivverträge die Verpflichtung des Vertragspartners enthalten, den Produzenten von Schäden, die durch die Verletzung von Rechten Dritter (z.B. Urheberrechten) entstehen, freizustellen und dem Produzenten evtl. bestehende filmische oder außerfilmische Nutzungsrechte einzuräumen. Soweit sich in den Räumlichkeiten z.B. urheberrechtlich geschützte Werke, wie etwa Skulpturen oder Gemälde, befinden, die Bestandteil der Filmaufnahmen werden, sollte der Produzent die Rechtesituation an diesen Gegenständen vorab klären. Denn ist der jeweilige Rechteinhaber nicht zugleich Vertragspartner des Motivvertrags, kann sich der Produzent trotz Freistellung von Ansprüchen Dritter durch seinen Vertragspartner u.a. Unterlassungsansprüchen des Inhabers der Rechte an diesen Gegenständen ausgesetzt sehen.

E. Produktionsverträge

I. Produktions- und Finanzierungsmodelle

165 Die Finanzierung des zu realisierenden Filmprojektes bestimmt die Vertragsart, Vertragsgestaltung und die Vertragspartner des abzuschließenden Produktionsvertrages. Im Folgenden werden die bei Realisierung eines Films typischerweise in Betracht kommenden Produktions- bzw. Finanzierungsmodelle kurz dargestellt und einzelne Punkte aus den maßgeblichen Verträgen in den sich anschließenden Ausführungen erörtert.

---

110 BGH NJW 1989, 2251 – Friesenhaus.

E. Produktionsverträge

1. Auftragsproduktion
a) Begriffsbestimmung

Beauftragt ein öffentlich-rechtlicher oder privatrechtlicher Sender ein selbständiges Filmproduktionsunternehmen auf Basis eines festgelegten und vom Sender finanzierten Budgets mit der gesamten Herstellung eines Films einschließlich des Erwerbs der für die Herstellung und Auswertung erforderlichen Rechte, handelt es sich um eine Auftragsproduktion. Die Auftragsproduktion ist dadurch gekennzeichnet, dass der Produzent die Herstellung der Produktion eigenverantwortlich als Filmhersteller im Sinne des § 94 UrhG durchführt und die maßgeblichen Verträge, insbesondere mit den urheber- und leistungsschutzberechtigten Mitwirkenden, im eigenen Namen und auf eigene Rechnung schließt. Für etwaig anfallende Überschreitungskosten und die Fertigstellung der Produktion hat der Produzent einzustehen. Der Sender als Auftraggeber lässt sich für die Gesamtfinanzierung des Films die Rechte des Produzenten gemäß § 94 UrhG und sämtliche vom Produzenten erworbenen Rechte am Film sowie die Eigentumsrechte am Filmmaterial übertragen. Der zwischen Sender und Produzent abzuschließende Auftragsproduktionsvertrag ist ein Mischvertrag, der insbesondere Elemente des Werkvertrages i.S.d. §§ 631 ff. BGB und des Werklieferungsvertrages nach § 651 BGB enthält.

166

b) ARD-Eckpunktepapier

Bei voll finanzierten Auftragsproduktionen der ARD-Landesrundfunkanstalten (einschließlich Degeto Film GmbH)[111] sind ab dem 1.1.2010 für eine vorläufige Dauer bis zum 31.12.2013 die **Eckpunkte für ausgewogene Vertragsbedingungen für Produktionen im Auftrag der ARD-Landesrundfunkanstalten**[112] zu berücksichtigen. Die ARD-Landesrundfunkanstalten und die Allianz Deutscher Produzenten – Film & Fernsehen e.V.[113] haben Eckpunkte für ausgewogene Vertragsbedingungen bei voll finanzierten Auftragsproduktionen (Genre: Fiktion und Unterhaltung)[114] verhandelt. Die im Einzelnen verhandelten Punkte betreffen unter anderem die nachstehenden Punkte:[115] Erlösbeteiligung des Produzenten, Regelung zur Verwertung nicht genutzter Rechte, Aufnahme ergänzender Kalkulationsposten, Bürgschafts- und Entwicklungskosten, Zahlungsplan, Produzentenbindung und wirtschaftliche Zuordnung von Unterhaltungsformaten. Wenn bei einer kalkulierten Auftragsproduktion der vom Sender zu zahlende Festpreis niedriger ist als das kalkulierte Budget, kann sich der Produzent an der Finanzierung der Produktion beteiligen, wobei ein Rückbehalt limitierter Rechte zugunsten des Produzenten verhandelt werden kann. In diesem Fall handelt es sich um eine sog. teilfinanzierte Auftragsproduktion, auf die das ARD-Eckpunktepapier keine Anwendung findet.

167

Ob für diese Vertragsgrundsätze einheitliche Vertragsmuster verwendet werden können, wird derzeit von der ARD und der Allianz Deutscher Produzenten geprüft. Solange noch kein einheitliches Vertragsmuster vorliegt, sind die relevanten Punkte durch ausdrückliche Regelung und einen zusätzlichen allgemeinen Verweis auf das ARD-Eckpunktepapier zum Vertragsgegenstand zu machen.

168

Entsprechende Rahmenbedingungen sollen auch bei Auftragsproduktionen mit dem Zweiten Deutschen Fernsehen (ZDF) umgesetzt werden, mit dem die Allianz Deutscher Produzenten momentan in Verhandlung steht.

169

---

111 Im Folgenden »ARD« genannt.
112 In der Schlussfassung vom 8.12.2009, unterzeichnet am 12.1.2010; im Folgenden »ARD-Eckpunktepapier« genannt. Zum Download unter www.produzentenallianz.de.
113 Im Folgenden »Allianz Deutscher Produzenten« genannt.
114 Über das Genre Dokumentation wird derzeit verhandelt.
115 Einzelne Punkte in den Rdn. 182, 183, 216, 217, 256 näher erörtert.

2. Co-Produktion

a) Begriffsbestimmung

170 Eine Co-Produktion[116] liegt vor, wenn mindestens zwei Partner einen Film gemeinsam realisieren. Beteiligte Partner einer Co-Produktion können ein Filmproduzent bzw. Filmproduktionsunternehmen, Senderunternehmen oder Dritte sein. Maßgebliches Kriterium für eine Co-Produktion ist die gemeinsame Finanzierung des Films, bei internationalen Co-Produktionen bspw. durch den Zugang zu nationalen Förderungssystemen. Der Zweck einer Co-Produktion ist die gemeinsame Herstellung eines Films. Im Rahmen des Herstellungsprozesses werden die Co-Produzenten üblicherweise mit der Durchführung bestimmter Aufgaben betraut und erhalten Mitspracherechte.[117] Ungeachtet der in der Vertragspraxis vielfach in die Co-Produktionsverträge ausdrücklich aufgenommenen Bestimmung, dass durch den Vertrag keine Gesellschaft begründet werden soll, handelt es sich bei einer Co-Produktion in der Regel um eine Gesellschaft bürgerlichen Rechts gemäß §§ 705 ff. BGB. Die Bestimmungen der §§ 705 ff. BGB werden im Hinblick auf das Innenverhältnis der Gesellschaft in der Praxis zum Teil durch vertragliche Regelungen abbedungen. Dies betrifft vor allem die Geschäftsführungsbefugnis, die Kontrollrechte und die Gewinn- und Verlustverteilung. Die Eigentumsrechte an dem Filmmaterial, die Nutzungsrechte am Film sowie die aus der Auswertung des Films generierten Erlöse stehen den Co-Produzenten in der Regel gemeinsam zu.

b) Internationale-Co-Produktionsabkommen

171 Deutschland unterhält mit einer Vielzahl von Staaten **bilaterale** Filmabkommen.[118] Daneben besteht das **multilaterale** *Europäische Übereinkommen vom 2.10.1992 über die Gemeinschaftsproduktionen von Kinofilmen*. Ziel der Abkommen ist die Gewährung der **so genannten Inländerbehandlung**, wonach der Film in den am Abkommen beteiligten Staaten als nationaler Film anerkannt und nach Maßgabe der nationalen Gesetze behandelt und finanziell gefördert wird. Die Anwendbarkeit einzelner Abkommen auf die Co-Produktion kann bestimmte Parameter zur Voraussetzung haben, wie z.B. finanzielle Mindest- bzw. Höchstbeteiligung der Co-Produzenten, Beteiligung der Co-Produzenten an der Ausführung und Auswertung, Verpflichtung von Mitwirkenden bestimmter Staatsangehörigkeiten.

172 Die Voraussetzungen der Förderungsfähigkeit internationaler Co-Produktionen nach dem Filmförderungsgesetz (FFG) sind in §§ 16, 16a, 17, 17a FFG bestimmt. Für die Länderförderungen sind keine besonderen Anforderungen normiert.

c) Film-/Fernsehabkommen mit der FFA

173 Wird die Herstellung eines nach FFG geförderten Films unter Beteiligung eines privaten oder öffentlichen Senders **auf Grundlage der jeweiligen Film-/Fernsehabkommen mit der Filmförderungsanstalt (FFA)**[119] bzw. der entsprechenden Allgemeinen Bedingungen

---

116 Oder auch als Gemeinschaftsproduktion bezeichnet.
117 Zur Frage, wem das Leistungsschutzrecht nach § 94 UrhG zusteht, siehe Fn. 142.
118 Bestehende Abkommen bzw. an den Abkommen beteiligte Staaten sind unter www.bundesregierung.de aufgelistet. Vorgesehen ist auch ein *trilaterales* Abkommen zwischen Deutschland, Schweiz und Österreich.
119 Abkommen zwischen der ARD/ZDF und der FFA sowie Abkommen zwischen privaten Sendeunternehmen bzw. dem Verband privater Rundfunk und Telemedien e.V. (VPRT) und FFA. Letzteres ist zum Zeitpunkt der Beitragserstellung ausgelaufen. Das neue Abkommen 2010 zwischen VPRT und FFA ist fast unterschriftsreif verhandelt. Siehe geltende Fassungen unter www.ffa.de.

und Vereinbarungen[120] realisiert, gelten gewisse Beschränkungen. Das in der Praxis relevantere Film-/Fernsehabkommen zwischen ARD/ZDF und FFA bestimmt unter anderem folgende Eckdaten: Die Festlegung der Nutzungsphase der Free-TV-Rechte durch die Fernsehanstalt auf fünf Jahre mit einer Verlängerungsoption von drei Jahren, die Zuteilung der Pay-TV-Rechte und Pay-Video-on-Demand-Rechte an den Produzenten unter gewissen Voraussetzungen, die Festlegung von Auswertungsfristen und der Reihenfolge der Nutzung.

3. Exkurs: Co-Finanzierung

Im Gegensatz zum Co-Produzenten beschränkt sich der Beitrag des Co-Finanziers im Rahmen einer Co-Produktion in der Regel auf die anteilige Finanzierung des Films. Der Co-Finanzier hat weder so weitreichende Einflussmöglichkeiten wie der Co-Produzent im Rahmen des Herstellungsprozesses noch stehen ihm Rechte am Film zu. Für die anteilige Finanzierung können dem Co-Finanzier bspw. eine Erlösbeteiligung an der Auswertung des Films oder bestimmte Nutzungsrechte zur Auswertung eingeräumt werden. **174**

4. Lizenzvertrag/Sublizenzvertrag/Presale

Die dem Urheberrecht systemfremde Terminologie »Lizenz« wird in der Praxis häufig für die Einräumung von einfachen oder ausschließlichen, sowie räumlich, zeitlich und inhaltlich (un-) beschränkten Nutzungsrechten auf der ersten Stufe sowie insbesondere die Übertragung der abgeleiteten Rechte auf der zweiten und jeder weiteren Stufe[121] sowie für sonstige Rechteeinräumungen (z.B. Einwilligung zur Verbreitung und Veröffentlichung von Bildnissen nach § 22 KUG, Gestattung der Namensnutzung nach § 12 BGB) verwendet.[122] Bei Rechteübertragungen des derivativen Nutzungsberechtigten an Dritte ab der zweiten Stufen ist »umgangssprachlich« auch von Sublizenzen die Rede. (Bsp.: (Sub-) Lizenzverkäufe an Dritte können etwa durch den Verleih/Vertrieb[123] im Rahmen ihrer Verleih-/Vertriebstätigkeit getätigt werden.) Dementsprechend werden im Sprachgebrauch diejenigen, die Rechte einräumen, als Lizenzgeber, und diejenigen, die Rechte erwerben als Lizenznehmer bezeichnet.[124] Der Begriff Lizenzvertrag wird in der Praxis folglich auch für eine Vielzahl von Verträgen benutzt (Bsp: Verleih-, Vertriebsvertrag, bei welchen der Filmproduzent als Inhaber der Nutzungsrechte am Film[125] dem Verleih/Vertrieb bestimmte Nutzungsrechte zur zeitlich und räumlich eingeschränkten Auswertung überträgt). Werden einzelne Nutzungsrechte vom Produzenten zum Zwecke der Finanzierung der Gesamtproduktionskosten (idealtypisch im Vorfeld der Herstellung des Films) an einen Dritten übertragen und ist die für die Rechteübertragung geschuldete Vergütung somit Finanzierungsbestandteil, wird der Verkauf der Rechte vielfach als Presale bezeichnet (Bsp.: Verkauf der TV-Rechte durch den Produzenten an einen ausländischen TV-Sender zur zeitlich und räumlich begrenzten Nutzung). Der Lizenzvertrag ist rechtlich als Nutzungsvertrag eigener Art zu qualifizieren, auf den die Vorschriften des Kauf-, Miet-, Pacht- und Werkvertragsrechts anwendbar sein können.[126] **175**

---

120 Allgemeine Bedingungen zu Film-/Fernsehgemeinschaftsproduktionen ARD/ZDF aus dem Jahr 2002 und 2009 sowie Vereinbarung zwischen VPRT-Free-TV-Sendern und Produzentenverbänden. Siehe unter www.ffa.de.
121 Siehe §§ 31, 34, 35 UrhG.
122 Vgl. Dreier/*Schulze* § 31 Rn. 4; *Schricker* Vor § 28 Rn. 21.
123 Siehe Begriffsbestimmungen Rdn. 264, 265.
124 Vgl. Dreier/*Schulze* § 31 Rn. 4.
125 Vgl. §§ 31, 34, 77, 78, 79, 94 UrhG.
126 Vgl. Dreier/*Schulze* vor § 31 Rn. 6.

5. Exkurs: Finanzierungsverträge in der Stoffentwicklung/Produktionsvorbereitung

a) Entwicklungsvertrag/Produktionsvorbereitungsvertrag

176 Nicht selten wird der Produzent von einem Sender bereits im Rahmen eines Entwicklungs-/Produktionsvorbereitungsvertrages mit der Entwicklung eines drehfertigen Drehbuchs (oder bei einer beabsichtigten Serie mit einer bestimmten Anzahl von Drehbüchern) und ggf. der Erbringung bestimmter Produktionsvorbereitungen, wie z.B. Recherchen für die Drehbucherstellung, Motivrecherchen, Casting einzelner Rollen, auf Basis eines vom Sender festgelegten Festpreises beauftragt. Der Vorteil eines Entwicklungs-/Produktionsvorbereitungsvertrages für den Filmproduzenten ist die (anteilige) Vorfinanzierung der Entwicklungskosten durch den Sender. Da sich der Sender im Gegenzug die Nutzungsrechte am Drehbuch sowie etwaige sonstige Rechte übertragen lässt, hat der Produzent jedoch zu berücksichtigen, dass die Entscheidung über die Weiterentwicklung und Realisierung des Stoffes mit Abschluss eines Entwicklungs-/Produktionsvorbereitungsvertrages allein beim Sender liegt. Ist dem Produzenten also an der filmischen Umsetzung des Stoffes gelegen, ist im Vertrag für den Fall der Nichtweiterentwicklung und -realisierung des Projekts eine **Rückkaufsklausel** vorzusehen.

177 ▶ Formulierungsbeispiel:

> Werden die nach diesem Vertrag eingeräumten Rechte nicht innerhalb von ... Monaten/Jahren ab Ablieferung der letzten Werkfassung weiterentwickelt oder sonst genutzt, besteht für den Produzenten die Möglichkeit, gegen Rückzahlung des geleisteten Betrages gemäß Ziffer ... die dem Sender übertragenen Nutzungsrechte zurück zu erwerben.

178 Entscheidet sich der Sender für die Weiterentwicklung oder Realisierung des Stoffes, so erteilt er den Auftrag zur Weiterentwicklung oder Herstellung des Films in der Praxis auch meistens dem Filmproduzenten, der mit der Stoffentwicklung beauftragt war. Auch wenn die Sender sich eher selten darauf einlassen, kann der Produzent versuchen, eine entsprechende **Produzentenbindung** vertraglich abzusichern.

179 ▶ Formulierungsbeispiel:

> Im Falle der Weiterentwicklung und/oder Realisierung des Drehbuchs/der Drehbücher verpflichtet sich der Sender, dies(e) nur mit dem Produzenten gemeinsam zu entwickeln bzw. zu realisieren.

180 Wird der Entwicklungs-/Produktionsvorbereitungsvertrag im Vorfeld einer beabsichtigten Co-Produktion mit einem Sender geschlossen, sollte der Produzent versuchen, die Rückübertragung (ggf. anteilig seiner Finanzierung) der Nutzungsrechte am Drehbuch im Rahmen des Co-Produktionsvertrages zu verhandeln, um die (anteiligen) Rechte an den Weiterentwicklungs- (Bsp.: Sequel, Prequel) und Wiederverfilmungsrechten sicherzustellen. Die Verpflichtung zur Rückübertragung kann dem Sender ggf. bereits im Entwicklungs-/Produktionsvorbereitungsvertrag auferlegt werden.

181 ▶ Formulierungsbeispiel:

> Soweit die Rechte am Drehbuch bereits mit Entwicklungsvertrag vom Produzenten auf den Sender übertragen worden sind, werden diese vom Sender auf den Produzenten (im Umfang seines Finanzierungsanteils) zurück übertragen, sofern er diese nicht für die Auswertung der ihm übertragenen Auswertungsrechte benötigt.

b) ARD-Eckpunktepapier

Findet das ARD-Eckpunktepapier auf die beabsichtigte Produktion Anwendung, hat der Produzent im Falle der Nichtrealisierung der Produktion ein Vorrecht, die etwaig im Rahmen eines Entwicklungs-/Produktionsvorbereitungsvertrages übertragenen Stoffrechte und weiteren Entwicklungsarbeiten gegen Erstattung der von der Sendeanstalt bereits bezahlten Kosten zu erwerben. Ebenso sieht das ARD-Eckpunktepapier vor, dass der Produzent mit der Realisierung einer Produktion zu beauftragen ist, soweit er Stoff und Format entwickelt und an den Sender herangetragen hat (**Produzentenbindung**). Im Rahmen der Verhandlung des Entwicklungs-/Produktionsvorbereitungsvertrages können vorstehende Punkte ggf. bereits durch Bezugnahme auf das ARD-Eckpunktepapier vertragsgegenständlich gemacht werden. 182

Der Vollständigkeit halber sei noch auf die im ARD-Eckpunktepapier getroffene Regelung zu **Unterhaltungsformaten** hingewiesen. Danach steht das Format an einer Unterhaltungssendung wirtschaftlich dem Sender und/oder Auftragsproduzenten in dem Umfang zu, wie er die Entwicklungskosten (mit-) trägt. Steht das Unterhaltungsformat beiden Parteien zu, ist der Sender bei Realisierung zur Auftragsvergabe an den Produzenten verpflichtet; bei Verwertung des Formats sind die Erlöse zwischen den Parteien aufzuteilen. 183

c) Co-Entwicklungsvertrag

Zu einem frühen Stadium sind Fragen der Finanzierung, Aufgabenverteilung und sonstige Parameter der beabsichtigten Co-Produktion noch ungeklärt. Es besteht die Möglichkeit, die **Durchführung und Finanzierung der Stoffentwicklung** bereits vor Abschluss eines Co-Produktionsvertrages im Rahmen eines Co-Entwicklungsvertrages festzulegen. Unabhängig davon können Aspekte der Stoffentwicklung neben bereits feststehenden und beabsichtigten Eckdaten der Co-Produktion auch Gegenstand eines Deal Memos sein, das durch einen ausführlichen Co-Produktionsvertrag zu einem späteren Zeitpunkt ersetzt wird. 184

Die **Einbringung der Stoffrechte** ist ein wesentlicher Punkt im Co-Entwicklungsvertrag. Entweder hat ein Partner die Rechte an einem Stoff (Bsp.: Exposé, Drehbuch oder Verfilmungsrechte an einem Roman) bereits erworben und bringt diese in die Co-Entwicklungsgemeinschaft ein oder die Parteien treffen eine Regelung darüber, wer diese erwirbt. Dies wird oftmals der Partner sein, dem die (federführende) Durchführung der Stoffentwicklung obliegt. Um Rechtsunsicherheiten zu vermeiden, sollte der **Rechteumfang** der erworbenen bzw. zu erwerbenden Stoffrechte im Rahmen eines Rechtekatalogs festgehalten werden. Sofern Weiterentwicklungs- (Bsp: Sequel, Prequel) und Wiederverfilmungsrechte erworben wurden, ist zudem zu klären, ob diese ebenfalls in die Co-Entwicklungsgemeinschaft eingebracht werden oder bei einem (bspw. dem majoritär finanzierenden) Partner verbleiben. 185

Liegt die **künstlerische Federführung** der Drehbuchentwicklung und etwaiger weiterer Entwicklungsvorbereitungen (bspw. Cast einiger Rollen) bei einem Produzenten, ist die Einräumung von **Mitbestimmungsrechten** (Bsp.: Zustimmungsvorbehalt zu den einzelnen Werkstufen oder zur drehfertigen Fassung) für die anderen Produzenten ein wichtiger Punkt, um etwaige Mitspracherechte ihrer Finanzierungspartner (Bsp.: Co-Produktion mit einem Sender) gewährleisten zu können. 186

Regelungsbedürftig ist ebenfalls die Frage der Finanzierung bzw. der Erstattung der Entwicklungs- und gegebenenfalls Produktionsvorbereitungskosten der einzelnen Produzenten aus dem Budget, sofern diese nicht durch Mittel Dritter (bspw. Entwicklungsvertrag mit einem Sender, Fördermittel) finanziert werden. 187

188 Idealtypisch treffen die Parteien auch für den Fall der Nicht-Realisierung (weil bspw. keine Einigung über wesentliche Punkte wie z.B. die Finanzierung zustande kommt) eine Absprache über die Verteilung der entstandenen und nicht finanzierten Kosten sowie über den Verbleib der Rechte. Nicht selten behält sich einer der Partner für diesen Fall das Recht vor, die Stoffrechte gegen Erstattung der Entwicklungskosten zu erwerben und die Weiterentwicklung und Finanzierung des Projekts mit Dritten zu realisieren.

II. Vertragsgegenstand von Auftrags- und Co-Produktionen

1. Kenndaten der Produktion

189 Zu Anfang eines jeden Vertrages werden die Kenndaten der Produktion bestimmt. Diese sind für die Herstellung und Fertigstellung des Films maßgeblich und zum Teil für einen Sender und Co-Produzenten auch ausschlaggebend, sich an der Produktion zu beteiligen (Bsp.: Drehbuchautor, Regisseur, Budget). Folgende Merkmale können bei einer TV-Produktion (Film oder Serie) bzw. Spielfilm typischerweise festgelegt werden: Genre, Titel, Länge des Films, Anzahl der Folgen, Herstellungskosten, Herstellungsmaterial, Drehbuchautor, Regisseur, Kamera, Hauptdarsteller, Schnitt, Sprache, FSK[127]/Einsetzbarkeit, Drehorte, Drehbeginn, Drehende, Rohschnittabnahme und Ablieferungstermine. Im Falle einer Änderung der vorstehenden Merkmale bedarf es der Zustimmung des auftraggebenden Senders bzw. der Co-Produzenten.

2. Material

190 Das herzustellende und zu liefernde Material wird vertraglich im Einzelnen festgelegt – bei Co-Produktionen entsprechend den Vorgaben von Verleih/Vertrieb, beteiligten Sendern und/oder sonstigen Lizenznehmern – und hat den technischen Qualitätsanforderungen des Senders[128] bzw. bei Co-Produktionen des Verleihs/Vertriebs, der beteiligten Sender oder sonstiger Lizenznehmer zu entsprechen. Hierzu gehören neben dem Filmmaterial auch Stab- und Besetzungsliste, Musikliste, Dialogliste, Titelliste, Pressematerial wie z.B. Pressetexte, Synopsen der Produktion, Standfotos, Interviews mit Darstellern, bei Kinofilmen zusätzlich Electronic Press Kit (EPK), Trailer, FSK-Freigabe. Im Rahmen einer Co-Produktion wird das fertig gestellte Filmmaterial in der Regel bei einem zwischen den Co-Produzenten abzustimmenden **Kopierwerk** auf den Namen der Co-Produzenten eingelagert. Ggf. stellen die Co-Produzenten vertraglich sicher, dass sie eine unwiderrufliche und von dem Kopierwerk gegengezeichnete **Ziehungsgenehmigung** erhalten, die sie berechtigt, jederzeit und uneingeschränkten Zugang zu allen eingelagerten Materialien des vertragsgegenständlichen Films zu haben und auf eigene Kosten Vervielfältigungsstücke herstellen zu lassen. Das **Eigentum am Filmmaterial** einschließlich des Dekorations-, Ausstattungsmaterials, der Requisiten und Kostüme geht bei Auftragsproduktionen auf den Sender über.[129] Bei Co-Produktionen steht das Eigentum an sämtlichem Material den Co-Produzenten gemeinsam zu, und zwar regelmäßig im Verhältnis ihrer Finanzierungsanteils.

---

[127] Freiwillige Prüfung des Films durch die Freiwillige Selbstkontrolle der Filmwirtschaft (FSK).
[128] Es gelten die jeweiligen technischen Richtlinien der Sender. Die Sender behalten sich ein technisches Abnahmerecht vor.
[129] Einige auftraggebende Sender lassen sich zur Sicherung ihrer Vorauszahlungen Eigentum an dem zur Herstellung der Produktion zu verwendenden Material übertragen.

III. Vertragliche Regelungen der Produktionsdurchführung

1. Auftragsproduktion

a) Einzelne Leistungen

aa) Drehbuchentwicklung

Die Drehbuchentwicklung gehört zu den Hauptleistungspflichten des Produzenten und erfolgt in enger Abstimmung mit dem Sender bzw. der verantwortlichen Redaktion. Der Sender behält sich bezüglich der drehfertigen Fassung (teilweise auch der einzelnen vorhergehenden Werkstufen) ein **Abnahmerecht** vor. In der Praxis ist die Drehbuchentwicklung zum Zeitpunkt des Abschlusses des Produktionsvertrages meistens abgeschlossen; entweder weil das Drehbuch bereits im Vorfeld ohne vertragliche Grundlage, aber im Hinblick auf die zu realisierende Produktion erstellt wurde, oder auf Basis eines Entwicklungs-/Produktionsvorbereitungsvertrages. Zudem ist zu berücksichtigen, dass die der Produktion vorausgehende Kalkulationserstellung und -verhandlung nur auf Basis eines kalkulationsfähigen Drehbuchs erfolgen kann. 191

bb) Sonstige Leistungen

Zu den sonstigen vom Produzenten zu erbringenden Leistungen gehören alle für die Produktionsdurchführung und -fertigstellung erforderlichen Tätigkeiten in künstlerischer, organisatorischer, administrativer, finanzieller und technischer Hinsicht. Dies sind neben der erwähnten Kalkulationserstellung insbesondere die Erstellung des Produktions- und Drehplans, der Abschluss von Versicherungen,[130] die Auswahl und Verpflichtung[131] von Stab und Cast, die Beschaffung von Ausstattungsgegenständen wie Kostüme und Requisiten, die Filmbuchhaltung, die Durchführung der Dreharbeiten und Postproduktion des Films, ggf. die publizistische Propagierung des Films, sofern der Sender dies nicht selbst übernimmt oder eine externe Agentur damit beauftragt. 192

Der Produzent hat bzgl. seiner Leistungspflichten eine Informations- und Dokumentationspflicht dem Sender gegenüber. So stellt der Sender z.B. vertraglich sicher, dass er täglich die Dispo für den nächsten Drehtag sowie die Tagesberichte und Muster des abgedrehten Drehtages erhält, um über den Produktionsfortschritt informiert zu sein. 193

b) Zustimmungs-, Letztentscheidungs- bzw. Abnahmerecht des Senders

Der Filmproduzent hat den Film in enger Zusammenarbeit mit dem Sender herzustellen. Die Prüfung und Abnahme des Films hat durch den Sender zu erfolgen. Etwaige Änderungswünsche des Senders hat der Produzent bei der Herstellung des Films zu berücksichtigen.[132] Die vom Sender vorbehaltenen Zustimmungs-, Letztentscheidungs- bzw. Abnahmerechte betreffen unter anderem die Herstellungs- und Produktionstechnik, die Auswahl der Hauptdarsteller und Schlüsselpositionen des Stabs, den Roh- und ggf. Feinschnitt, die Auswahl des Komponisten und der Musik und Tonmischung. 194

Die Letztentscheidungs- bzw. Abnahmerechte des Senders hat der Produzent vor allem bei der Vertragserstellung mit dem Drehbuchautor, Regisseur, Komponisten und Cutter entsprechend zu berücksichtigen.[133] 195

---

130 Siehe Rdn. 247.
131 Siehe Rdn. 89-131.
132 Passus aus Detego-Vertrag.
133 Siehe auch Rdn. 63, 107, 135.

c) Trennungsgebot und Verbot der Schleichwerbung und Produktplatzierung

196 Der Produzent hat bei Herstellung der Produktion das **Gebot der Trennung von Werbung und Programm** und das **Verbot der Schleichwerbung, Themenplatzierung und vergleichbarer Praktiken** nach Maßgabe des Rundfunkstaatsvertrages[134] zu beachten und die entsprechenden Richtlinien[135] bzw. Vorschriften der privaten Rundfunkanstalten[136] einzuhalten.

197 In den vorgenannten Richtlinien bzw. Vertragsbestimmungen sind u.a. die europäischen Vorgaben[137] bzw. die Vorgaben des 13. Rundfunkänderungsstaatsvertrages umgesetzt, unter welchen Voraussetzungen, in welchen Formaten und in welchem Umfang[138] (entgeltliche bzw. unentgeltliche) **Produktplatzierung im Sinne des Rundfunkstaatsvertrages** ausnahmsweise für öffentlich-rechtliche und private Rundfunkveranstalter zulässig ist. Für den Fall der beabsichtigten Produktplatzierung (teilweise auch für den Fall der Produktionshilfe) behalten sich die auftraggebenden Sender einen Zustimmungsvorbehalt vor.

2. Co-Produktion

a) Herstellung

aa) Drehbuchentwicklung

198 Ist das Drehbuch noch nicht – ggf. im Rahmen eines Co-Entwicklungsvertrages – erstellt, sind im Co-Produktionsvertrag die bereits besprochenen[139] Aspekte für die Drehbucherstellung einschließlich Umfang des Rechteerwerbs und der Rechteeinbringung in die Co-Produktion zu berücksichtigen.

bb) Sonstige Leistungen

199 Des weiteren ist im Co-Produktionsvertrag im Einzelnen festzulegen, welchem Produzenten die Durchführung der Produktion obliegt. Haben die Co-Produzenten die Herstellung der Produktion nach einem Work-split aufgeteilt (Bsp.: Finanzierungsfragen einschließlich Controlling, d.h. Überwachung des Cash-Flows, Erstellung und Überprüfung der Kostenstände einschließlich des Schlusskostenstandes sind Produzent A zugewiesen. Die künstlerische Durchführung, d.h. Drehbuchentwicklung, Auswahl der Darsteller, der Motive, Umsetzung des Drehbuchs in Zusammenarbeit mit Regisseur und beteiligten Sender sowie die Durchführung der Produktion einschließlich Vorbereitung, Dreh und Postproduktion obliegt Co-Produzenten B.), sind die Produzenten im Innenverhältnis zueinander in den ihnen gemäß Work-Split zugewiesenen Bereichen auch regelmäßig für die vertragsgemäße Durchführung und Fertigstellung der Produktion verantwortlich. Ebenso kann ein einzelner Produzent als **federführender Produzent** mit der Produktionsdurchführung und Fertigstellung betraut werden. Bei internationalen

---

[134] 13. Rundfunkänderungsstaatsvertrag in Kraft seit 1.4.2010.
[135] ARD Richtlinie für Werbung, Sponsoring, Gewinnspiele und Produktionshilfe in der Fassung vom 12.3.2010; ZDF Richtlinie für Werbung, Sponsoring, Gewinnspiele und Produktionshilfe vom 12.3.2010.
[136] Unter Berücksichtigung der Gemeinsamen Richtlinie der Landesmedienanstalten für die Werbung, die Produktplatzierung, das Sponsoring und das Teleshopping im Fernsehen in der Fassung vom 23.2.2010.
[137] Richtlinie 2007/65/EG vom 11.12.2007 (Richtlinie über audiovisuelle Mediendienste).
[138] Siehe im Einzelnen Ziffer 9.2 ff. der ARD und ZDF Richtlinie und Ziffer 4, u.a. der Gemeinsamen Richtlinie der Landesmedienanstalten (u.a. Kennzeichnungspflicht durch ein »P« zu Beginn und Ende einer Sendung sowie einen Schriftzug z.B. »unterstützt durch Produktionshilfe/Produktplatzierunng«).
[139] Siehe Rdn. 184 ff.

Co-Produktionen wird die Federführung für die Dreharbeiten in den verschiedenen Ländern meistens dem dort ansässigen Produzenten übertragen.

Die Realisierung der Produktion erfolgt regelmäßig auf Grundlage der folgenden Dokumente, die als Anlagen zum Vertrag vertragsgegenständlich gemacht werden: Drehbuch, Kalkulation, Finanzierungsplan, Cash-Flow-Plan, Produktionsplan, Drehplan, Stab- und Besetzungsliste und ggf. technische Richtlinien eines Senders. Der (jeweils) federführende Produzent wird die anderen Co-Produzenten über wesentliche Vorgänge, Maßnahmen und Entscheidungen laufend informieren (bspw. durch tägliche Dispos sowie Muster und Tagesberichte). Darüber hinaus hat er sämtliche Unterlagen (z.B. Verträge, Belege) für einen Rechtenachweis und die abschließende Prüfung durch beteiligte Förderinstitute aufzubewahren. Regelmäßig haben die Co-Produzenten auch ein Zugangsrecht zu den Drehorten sowie ein Einsichtsrecht[140] in sämtliche Unterlagen im Zusammenhang mit der Produktion. Die Presse- und Öffentlichkeitsarbeit ist unter den Co-Produzenten abzustimmen bzw. erfolgt getrennt nach den den Co-Produzenten jeweils zustehenden Auswertungsrechten bzw. Territorien. 200

Ein im Zusammenhang mit der Produktionsdurchführung relevanter Punkt ist die Regelung über die **Geschäftsführungs- und Vertretungsbefugnis**. In der Praxis ist es üblich, dass der bzw. jeder federführende Produzent kraft vertraglicher Regelung[141] berechtigt und verpflichtet ist, die im Rahmen seines Verantwortungsbereichs relevanten **Verträge im eigenen Namen und auf eigene Rechnung abzuschließen** und die Rechte in die Co-Produktion einzubringen. Daneben besteht aber auch die Möglichkeit, dass Verträge mit Dritten von den Co-Produzenten gemeinsam oder vom federführenden Produzenten im Namen und auf Rechnung der Co-Produzenten oder im eigenen Namen und auf Rechnung der Co-Produzenten abgeschlossen werden.[142] 201

Bzgl. der Mitwirkendenverträge ist sicherzustellen, dass arbeits-, sozialversicherungs-, tarifvertragliche[143] und sonstige relevante Bestimmungen beachtet werden. Darüber hinaus sollte ausdrücklich klargestellt werden, dass mit Dritten keine Erlösbeteiligung oder Rückführung von zurückgestellten Gagen an/aus den den Co-Produzenten gemeinsam zustehenden Erlösen ohne Zustimmung der anderen Co-Produzenten vereinbart werden. 202

cc) Filmförderung

Nationale (Filmförderung des Bundes und der Länder) **und supra-nationale Filmförderungen** spielen eine beachtliche Rolle bei der Filmfinanzierung von Co-Produktionen.[144] Die nachstehenden Punkte werden regelmäßig zwischen den Co-Produzenten bei beabsichtigter Inanspruchnahme von Fördermitteln festgelegt: Die Beantragung einzelner Filmförderungen, die Abrufung von Fördermitteln, die Einrichtung eines bzw. mehrerer eigenständiger Produktionskonten, die Erstellung eines Endkostenstandes ggf. unter Nachweis der erforderlichen Ländereffekte nach Fertigstellung der Produktion zur Überprüfung durch die beteiligten Filmförderinstitutionen sowie die Abrechnung gegenüber den Fördergremien, u.a. Die Parteien verpflichten sich außerdem untereinander, die jeweiligen Kriterien der einschlägigen Fördergesetze einschließlich der Richtlinien und sonstigen Bestimmungen bei Herstellung und Auswertung der Produktion einzuhalten 203

---

140 Vgl. § 716 BGB.
141 Vgl. §§ 709, 714 BGB.
142 Zur Frage, wann eine Außen- bzw. Innengesellschaft vorliegt und wer als Filmhersteller i.S.v. § 94 UrhG anzusehen ist, siehe *Homann* S. 239; v. Hartlieb/Schwarz/*Schwarz*/*Reber* Kap. 83 Rn. 8; Dreier/*Schulze* § 94 Rn. 10.
143 Siehe auch Rdn. 117 ff. für die Bundesrepublik Deutschland relevanten Bestimmungen.
144 Siehe auch Kap. 12.

(Bsp.: bei FFA geförderten Filmen vor allem die **Grundsätze sparsamer Wirtschaftsführung**,[145] Erbringung von Ländereffekten durch wirtschaftliche Aspekte wie z.B. Verpflichtung von Mitwirkenden des betreffenden Landes, Nennungsverpflichtungen, Rückzahlungsbedingungen etc.).

b) Mitspracherechte der Co-Produzenten

204 In der Regel treffen die Parteien wesentliche Entscheidungen im Zusammenhang mit der Entwicklung, Herstellung und Auswertung der Produktion gemeinsam, wobei für den Fall von Meinungsverschiedenheiten ein **Letztentscheidungsrecht** eines Co-Produzenten (meistens des majoritären oder federführenden Produzenten) bestimmt werden kann.

205 Die Co-Produzenten können sich jedoch auch **Kontroll- und Mitbestimmungsrechte** in Form von Abnahmerechten für wichtige Produktionsgrundlagen und -schritte vorbehalten. Dies kann auch insofern relevant sein, um Dritten (z.B. co-produzierender Sender, Verleih/Vertrieb) zugesicherte Mitspracherechte (bspw. Auswahl bei Stab und Besetzung, Rohschnittabnahme) gewährleisten zu können. Folgende Produktionsgrundlagen und -schritte einschließlich jeder Änderung unterliegen häufig dem Abnahmerecht aller Co-Produzenten: Drehbuchautor, drehfertige Drehbuchfassung, Kalkulation, Finanzierungsplan, Cash-Flow-Plan, Produktionsplan, Drehplan, Materialliste, Regisseur, Besetzung der Schlüsselpositionen des Casts und Stabs, Roh- und Feinschnitt, Musik, Komponist, Mischung, Nennungen, Rückfluss-/Gewinnverteilungsplan, Weltvertriebsvertrag (sofern eine gemeinsame Auswertung vorgesehen ist). Für den Fall, dass die Co-Produzenten bei Meinungsverschiedenheiten über die Rohschnittfassung keinen Konsens herbeiführen können, sollte insbesondere bei internationalen Co-Produktionen eine Konfliktlösung vorgesehen sein. Meistens werden die Co-Produzenten in diesem Fall berechtigt sein, ihre eigenen Rohschnittfassungen in den ihnen zugewiesenen Territorien zu erstellen. Für die den Co-Produzenten gemeinsam zustehenden Territorien wird dann die Schnittfassung des majoritär finanzierenden Co-Produzenten verwendet. Bei nationalen Co-Produktionen kann der Konflikt über das Ergebnis von Meinungsforschungsumfragen zu lösen sein.

206 Vor allem für die vorgesehenen Abstimmungs- bzw. Zustimmungspflichten ist jeweils ein Ansprechpartner im Vertrag zu benennen, von welchem eine entsprechende Stellungnahme innerhalb eines festgelegten Zeitrahmens zu erfolgen hat.

c) Verbot der Schleichwerbung und entsprechender Praktiken

207 Auch im Rahmen einer Realisierung einer Co-Produktion unter Beteiligung eines Senders oder im Rahmen einer Co-Produktion mit einem Sender wird dem Produzenten in der Regel die Verpflichtung auferlegt, das **Verbot der Programmbeeinflussung** und **der Schleichwerbung sowie entsprechender Praktiken** gemäß den gesetzlichen und vertraglichen Bestimmungen zu beachten.[146] Ist abweichend vom generellen Verbot **Produktplatzierung** ausnahmsweise erlaubt,[147] bedarf diese ebenso wie bei Auftragsproduktionen zwingend der Zustimmung der beteiligten Fernsehsender.

---

[145] Siehe §§ 26 Abs. 2 Nr. 2, 29 Abs. 1 Nr. 3, 37 Abs. 1 Nr. 2, 63 Abs. 1 FFG; siehe auch Richtlinie für Referenzfilmförderung sowie Richtlinie für Projektfilmförderung; siehe auch Rdn. 294.
[146] Siehe auch Rdn. 196, 197.
[147] Siehe auch Ziffer 9.2.1 der ARD und ZDF Richtlinie.

E. Produktionsverträge

IV. Vertragliche Regelungen der Finanzierung

1. Auftragsproduktion

a) Festpreis

Auftragsproduktionen werden vom auftraggebenden Sender voll finanziert. Der im Einzelfall vom Sender für die Auftragsproduktion zu zahlende Festpreis ist im Vorhinein zwischen Sender und Auftragsproduzent auf Basis einer vom Produzenten zu erstellenden Kalkulation der Herstellungskosten zu verhandeln. Neben den kalkulierten sog. **Nettofertigungskosten** des Films, zu denen unter anderem die Vergütung der Mitwirkenden, Beschaffung von Requisiten, Rechteabgeltung zählen, sind in der Kalkulation ebenso **Handlungskosten** in Höhe von 6% und ein **kalkulierter Gewinn** des Produzenten in Höhe von 7% bis 7,5% vorgesehen (Nettofertigungskosten plus Handlungskosten und Gewinn werden als sog. **Nettoherstellungskosten** bezeichnet).[148] Etwaige bei Realisierung des Films entstehende **Überschreitungskosten** hat der Produzent zu tragen. Hiervon ausgenommen sind Mehrkosten, die auf Sonderwünsche des Senders zurückgehen.

208

b) Fälligkeit der Vergütung

Da der Kapitalmittelfluss der Produktion vom Produzenten – regelmäßig durch Vorfinanzierung – sichergestellt werden muss, sind die Fälligkeiten der einzelnen Raten des vom Sender zu zahlenden Festpreises wichtige für den Produzenten zu kalkulierende Posten. In den Produktionsverträgen finden sich hierzu Margen in ungefähr nachstehender Größenordnung (prozentuale Höhe bezieht sich auf die Gesamtvergütung): 10% bis 25% bei Vertragsschluss; 25% bis 50% bei Drehbeginn; 25% bis 30% bei Rohschnittabnahme und 15% bis 25% nach Ablieferung und Abnahme des gesamten Materials.

209

c) (Bank-/Konzern-)Bürgschaft

Der Sender verlangt für die Vorauszahlung des Festpreises bzw. der einzelnen Raten und der Absicherung etwaiger Rückzahlungsansprüche Sicherheiten in Form einer (Bank-/Konzern-) Bürgschaft oder einer Fertigstellungsgarantie.[149] Die Bürgschaften haben mindestens eine Zahlungsrate zu besichern und werden wie auch die Fertigstellungsgarantie in der Regel nach Rohschnittabnahme oder Fertigstellung der Produktion und redaktioneller und technischer Abnahme des vertragsgemäß zu liefernden Materials zurückgegeben. Im Rahmen einer Fertigstellungsgarantie garantiert bspw. ein anderes Produktionsunternehmen die Fertigstellung der Produktion und Ablieferung des geschuldeten Materials, sofern der Produzent seine vertraglichen Verpflichtungen nicht erfüllt.[150]

210

d) Beistellungen des Senders

Die Sender übernehmen zusätzlich zu der Festpreisvergütung vielfach Leistungen, die sie der Produktion (unentgeltlich) beistellen. Hierbei handelt es sich z.B. um für die Produktionsdurchführung notwendige Versicherungen wie Negativ-, Ausfall-, Requisiten-, Produktionskassen-, Geräte-, Filmproduktionshaftpflichtversicherung, oder die für den Film zu komponierende Musik (Auftragskomposition).

211

---

148 Sog. Gesamtherstellungskosten sind die Nettoherstellungskosten plus MwSt.
149 Siehe auch Fn. 129.
150 Zur Fertigstellungsgarantie siehe v. Hartlieb/Schwarz/*Schwarz* Kap. 149.

e) Wiederholungshonorare

212 Bei Auftragsproduktionen für eine öffentlich-rechtliche Fernsehanstalt wird in der Praxis oftmals die Zahlung von Wiederholungshonoraren für den Drehbuchautor oder Regisseur[151] im Produktionsvertrag oder bereits im Entwicklungs-/Produktionsvorbereitungsvertrag vereinbart. Die öffentlich-rechtliche Sendeanstalt verpflichtet sich, Wiederholungshonorare auf Basis eines festzulegenden Grundhonorars und der senderüblichen Vergütungssätze an den Autor bzw. Regisseur zu zahlen.

f) Pensionskassen- und Künstlersozialkassenbeiträgen

213 Für den Fall, dass der Auftragsproduzent Anstaltsmitglied der Pensionskasse für freie Mitarbeiter der deutschen Rundfunkanstalten ist und die Produktion im Auftrag einer öffentlich-rechtlichen Rundfunkanstalt durchführt, können die vom Produzenten zugunsten von der Pensionskasse angehörigen Mitarbeitern gewährten Beitragsbeteiligungen auf Basis der in der Kalkulation genehmigten Vergütungssätze vom Sender auch außerhalb des Festpreises auf Nachweis erstattet werden. Ebenso kann sich der Sender bereit erklären, die vom Produzenten nach Künstlersozialversicherungsgesetz[152] erbrachten Abgaben neben dem vereinbarten Festpreis zu erstatten, sofern die Abgaben auf Basis der in der Kalkulation anerkannten Vergütungssätze berechnet und abgeführt werden. Andernfalls sind die vorgenannten Leistungen mit dem Festpreis abgegolten.

g) Verwertungserlöse

214 Die Sender lassen sich eine 50%ige Beteiligung[153] an den Vergütungsansprüchen des Produzenten insbesondere aus §§ 20b Abs. 2, 27 Abs. 2, 54 Abs. 1 i.V.m. 94 Abs. 4 UrhG einräumen und verpflichten den Produzenten, die **Verwertungsgesellschaft der Film- und Fernsehproduzenten mbH (VFF)**[154] mit der Wahrnehmung dieser Vergütungsansprüche zu beauftragen. Die VFF vertritt die Rechte für den Bereich der Eigen- und Auftragsproduktionen von öffentlich-rechtlichen und privaten Rundfunkanstalten sowie die Leistungsschutzrechte gemäß § 94 UrhG der Produzenten von Fernseh- und Filmwerken, die im Wege der Auftragsproduktion hergestellt werden.[155]

h) Erlösbeteiligung

215 Einzelne Sender räumen dem Produzenten auch bei vollfinanzierten Auftragsproduktionen eine Erlösbeteiligung für einzelne Auswertungsrechte im In- und Ausland ein.

i) Exkurs: ARD-Eckpunktepapier

216 Findet das ARD-Eckpunktepapier auf die zu realisierende Auftragsproduktion Anwendung, wird der Produzent grundsätzlich mit 50%[156] an sämtlichen Nettoerlösen[157] aus

---

151 Siehe Rdn. 67, 110.
152 Siehe auch Kap. 15.
153 Entsprechend den Verteilungsplänen der VFF.
154 Nicht zu verwechseln mit der Verwertungsgesellschaft für Nutzungsrechte an Filmwerken mbH (VGF), die die Rechte der deutschen und ausländischen Kinofilmproduzenten, Produzenten anderer Filmwerke sowie Regisseure von Spielfilmen wahrnimmt. Wahrgenommen werden insbesondere der Anspruch auf die Leerkassetten- und Geräteabgabe gemäß §§ 54, 54a, 54d UrhG, ferner die Vergütungen für Kabelweitersendungen und für das Vermieten und Verleihen von Videokassetten gemäß § 27 UrhG.
155 V. Hartlieb/Schwarz/*Müller-Ernstberger* Kap. 271 Rn. 2.
156 ARD behält sich eine Anpassung vor, sofern das ZDF im Rahmen der laufenden Verhandlungen nur eine geringere Beteiligung zugesteht.
157 Definition der Nettoerlöse und der abzugsfähigen Positionen werden derzeit noch verhandelt.

E. Produktionsverträge

inländischen Auswertungen von Pay TV, Kino, DVD und kommerziellen On Demand Angeboten sowie Auslandsverwertungen des Senders beteiligt. Der im Eckpunktepapier gegenständliche Zahlungsplan sieht vor, dass 90% der an den Produzenten zu zahlenden Vergütung spätestens mit Rohschnittabnahme vorausbezahlt werden sollen. Die Fälligkeiten der einzelnen Raten sind wie folgt vorgesehen: 20% bei Vertragsschluss; 40% bei Drehbeginn; 20% bei Drehende; 10% bei Rohschnittabnahme; 10% bei Endabnahme. Darüber hinaus können abweichende Ratenzahlungen einzelvertraglich vereinbart werden, um produktionsspezifische Mehrbelastungen bzw. den Cash-Flow des Produzenten zu berücksichtigen.

Die nachzuweisenden Kosten für die beizubringende Bürgschaft sind für im Rahmen des ARD-Eckpunktepapiers realisierte Auftragsproduktionsproduktionen nunmehr erstattungsfähig und keine Kalkulationsposten.[158] **217**

2. Co-Produktion

a) Finanzierungsbeiträge/Co-Produktionsanteile

Das kalkulierte und von allen Co-Produzenten abgenommene Budget der Co-Produktion kann durch Lizenzen aus Vorabverkäufen einzelner Auswertungsrechte, Verleih- und/oder Vertriebsgarantien,[159] Förderdarlehen, Förderzuschüsse und Referenzmittel,[160] Beiträge eines weiteren hinzugezogenen Co-Produzenten, Einbringung von Bar-, Sach- und Eigenmittel, Rückstellung[161] von Gagen und Producer Fee, Investoren, etc. finanziert werden. Die Finanzierungsanteile werden den einzelnen Co-Produzenten als Finanzierungsbeitrag zugeordnet und in einem Finanzierungsplan zusammengefasst. Die Bereitstellung der von den Co-Produzenten zu erbringenden finanziellen Mittel wird in einem Cash-Flow Plan entsprechend den Produktionserfordernissen festgelegt. Handelt es sich um eine internationale Co-Produktion mit Co-Produktionspartnern aus Ländern mit unterschiedlichen Währungseinheiten, wird neben der maßgeblichen Währung auch der Umrechnungskurs im Vertrag bestimmt. **218**

Die Höhe der Finanzierungsbeiträge der Co-Produzenten im Verhältnis zu den Gesamtherstellungskosten bestimmt regelmäßig die **Co-Produktionsquote** der einzelnen Co-Produzenten an dem Film, die sich vorbehaltlich abweichender Vereinbarungen auf alle Rechte, Eigentumspositionen, Erlösbeteiligungen, etc. bezieht. Ebenso können die Parteien die im Budget kalkulierten und finanzierten Positionen Fertigungsgemeinkosten (HU), Producer Fee und Überschreitungsreserve nach der Anteilsquote verteilen. Der nach Maßgabe der Förderregularien für Projektfilmförderung erforderliche Eigenanteil[162] wird von den Co-Produzenten ebenfalls häufig im Verhältnis ihrer Co-Produktionsquote getragen. **219**

b) Betriebsstättenproblematik

Bei einer internationalen Co-Produktion ist von den Produzenten zu beachten, dass die Co-Produktion zu Betriebsstätten[163] des ausländischen Co-Produzenten in Deutschland und des deutschen Co-Produzenten am Sitz des ausländischen Co-Produzenten führen **220**

---

[158] Welche zusätzlichen Kalkulationsposten daneben im Rahmen der Kalkulation anerkannt werden und inwiefern auch der Mantel- und Gagentarifvertrag für die Kalkulation bestimmt ist, ist im Einzelnen dem Eckpunktepapier zu entnehmen.
[159] Siehe Rdn. 288.
[160] Siehe auch Kap. 12.
[161] D.h. erst zu einem späteren Zeitpunkt, typischerweise mit Gewinneingang, (zum Teil) auszubezahlende Vergütungen.
[162] Siehe § 34 FFG und § 33 der Richtlinie für Projektfilmförderung.
[163] Siehe § 12 AO.

können. Das kann für den ausländischen Partner zu einer ungewollten Versteuerung in Deutschland und für den deutschen Co-Produzenten über § 2a EStG zu einem Verrechnungsverbot mit anderen positiven Einkünften im Inland führen.[164] Auf diese Weise ist der deutsche Co-Produzent verpflichtet, die Einnahmen für die Auswertung des Films im Inland zu versteuern, während die Herstellungskosten nicht steuermindernd angesetzt werden können.[165]

c) Über-/Unterschreitungskosten

221 Für den Fall, dass Überschreitungskosten des kalkulierten und finanzierten Budgets anfallen, sehen die Co-Produktionsverträge idealtypisch detaillierte Regelungen der Kostenübernahme bzw. -verteilung vor. Führen die Co-Produzenten die Durchführung der ihnen zugewiesenen Aufgaben jeweils als ausführende Produzenten aus, werden in der Praxis oftmals vertragliche Regelungen getroffen, nach denen das Überschreitungsrisiko ggf. vorrangig durch die bei Kinofilmen in der Kalkulation vorgesehene Überschreitungsreserve abzudecken ist und jeder Produzent nach Ausschöpfung der Überschreitungsreserve die für seinen Verantwortungsbereich angefallenen Überschreitungskosten selbst trägt. Liegt die Federführung der Produktionsdurchführung bei nur einem Produzenten, kann er verpflichtet sein, die Überschreitungskosten ggf. nach Inanspruchnahme der Überschreitungsreserve selbst zu tragen. Ebenso ist es möglich, Überschreitungskosten entsprechend der Co-Produktionsquote oder nach einem einzelvertraglich zu vereinbarenden Verteilungsplan zu finanzieren (bspw. durch Rückstellung der Producer-Fee, Einbringung von Barmitteln). Ist ein Sender als Co-Produzent beteiligt, ist die anteilige Finanzierung von Überschreitungskosten des Senders regelmäßig ausgeschlossen. Im Falle der Unterschreitung des Budgets werden die Co-Produktionsbeiträge üblicherweise anteilig herabgesetzt.

222 Der von den Parteien bzw. im Falle einer geförderten Produktion der von den beteiligten Filmförderinstitutionen anerkannte Endkostenstand gilt als Nachweis der Verwendung der Finanzierungsbeiträge.

d) Produzenten-Erlöse

223 Wie die aus der Auswertung des Vertragsfilms erzielten Gewinne unter den Co-Produzenten vorbehaltlich vorrangig zu berücksichtigender Rückführungen und Beteiligungen (Bsp: Förderdarlehen, Erlösbeteiligung Dritter) verteilt werden, unterliegt der Abrede der Parteien.

aa) Getrennte Auswertung

224 Erfolgt die Auswertung des Films durch die Co-Produzenten getrennt nach Territorien oder getrennt nach Nutzungsrechten/-arten in demselben Territorium, stehen die hieraus erzielten Erlöse dem jeweiligen Produzenten in der Regel – vorbehaltlich vorrangiger Rückführungsansprüche Dritter (bspw.: aus gewährten Förderdarlehen, Rückstellungen) – ausschließlich zu.

bb) Gemeinsame Auswertung

225 Bei einer gemeinsamen Auswertung des Films oder der verbleibenden, den einzelnen Co-Produzenten nicht exklusiv zustehenden Rechte (s.o.) durch einen Verleih/Vertrieb wer-

---

164 v. Hartlieb/Schwarz/*Schwarz* Kap. 146 Rn. 15.
165 v. Hartlieb/Schwarz/ *Schwarz/U.Reber* Kap. 83 Rn. 25.

den die generierten Erlöse häufig nach einem der Co-Produktionsquote entsprechenden prozentualen Schlüssel ggf. unter Berücksichtigung vorrangiger Ausschüttungen verteilt.

Idealtypisch werden die Erlöse und sonstigen für die Gewinnausschüttung und Auswertung durch einen Verleih/Vertrieb relevanten Eckdaten wie insbesondere die Höhe der Verleih-/Vertriebsprovision[166] (inklusive oder exklusive Unterprovisionen) und die Vorkosten[167] im Co-Produktionsvertrag genau definiert bzw. bestimmt. Zudem ist in Abstimmung mit allen Co-Produzenten ein **Rückfluss- und Gewinnverteilungsplan** aufzustellen, der die vor Gewinnausschüttung an die Produzenten vorrangige Rückführung etwaiger Fördermittel und sonstiger Positionen wie z.B. der Herstellungskosten einschließlich Überschreitungskosten, sonstiger Finanzierungsbeiträge, der eingebrachten Barmittel, der Rückstellungen, etc. nach einer festgelegten Rangfolge ausweist. 226

Die Gewinne werden durch den mit der Auswertung beauftragten Verleih/Vertrieb entweder anteilig an die Co-Produzenten entsprechend des Verteilungsplans oder nur an einen Co-Produzenten ausgeschüttet, der die Erlöse mit den übrigen Co-Produzenten abrechnet. Bei internationalen Co-Produktionen kann es aufgrund fehlender Kontrollmöglichkeiten und aus Sicherheitsgründen geboten oder aufgrund förderrechtlicher Bestimmungen (wie z.B. der Eurimages) erforderlich sein, einen **Collection Agent** auf Grundlage eines Collection Agreement mit dem Inkasso der Filmverwertungserlöse und der Abrechnung gemäß Recoupmentplan zu beauftragen. 227

cc) Exkurs: Erlösbeteiligung Dritter

Die Beteiligung Dritter einschließlich etwaiger Rückstellungen an den Auswertungserlösen der Produktion ist unter den Zustimmungsvorbehalt der übrigen Co-Produzenten zu stellen, sofern der Gewinn aller Co-Produzenten betroffen ist. Hingegen wird der Gewinn der übrigen Co-Produzenten nicht geschmälert, wenn Dritten eine Beteiligung an den dem jeweiligen Co-Produzenten ausschließlich zustehenden Erlösen – d.h. aus Erlösen gemäß seiner prozentualen Beteiligung oder aus der Auswertung der ihm exklusiv zustehenden Territorien oder Verwertungsarten – gewährt wird. 228

e) Production greenlight

In den meisten Fällen ist zum Zeitpunkt des Vertragsabschlusses des Co-Produktionsvertrages die Finanzierung der beabsichtigten Co-Produktion noch nicht geschlossen. Um zu vermeiden, ggf. von Dritten in Anspruch genommen zu werden, weil bspw. der Film aufgrund der fehlenden finanziellen Mittel nicht fertig gestellt werden kann, ist der Beginn der Produktion oder auch die Wirksamkeit des Co-Produktionsvertrages unter den Vorbehalt der geschlossenen Finanzierung zu stellen. 229

▶ **Formulierungsbeispiel:** 230

Zwischen den Parteien besteht Einvernehmen, dass der Beginn der Hauptproduktion das Vorliegen einer geschlossenen Finanzierung auf Basis eines von allen Co-Produzenten abgenommenen Finanzierungsplans voraussetzt.

---

166 Siehe Rdn. 293 ff.
167 Siehe Rdn. 296 ff.

V. Rechteumfang

1. Auftragsproduktion

a) Rechte

231 Der auftraggebende Sender lässt sich sämtliche Rechte zur ausschließlichen, zeitlich, räumlich und inhaltlich unbeschränkten Verwertung der Produktion vom Produzenten übertragen. Das sind insbesondere die Rechte des Produzenten gemäß § 94 UrhG, die Rechte der an der Filmherstellung mitwirkenden Urheber und Künstler nach §§ 89, 92, 15 ff., 73 ff. UrhG (z.B. Regisseur, Cutter, Darsteller, Szenenbildner) und die Rechte der Urheber der vorbestehenden Werke nach §§ 88, 89 Abs. 3, 15 ff. UrhG (bspw. Autor, Filmkomponist). Im Rahmen der Rechteübertragung wird regelmäßig auf einen Rechtekatalog Bezug genommen, der eine Aufzählung von filmischen und außerfilmischen Auswertungs- und Nutzungsrechte enthält. Der Rechteerwerb des Senders umfasst häufig die exklusiven, zeitlich, räumlich und inhaltlich unbeschränkten Verfilmungs-, Weiterentwicklungs-, Bearbeitungs-, Titel- sowie Auswertungsrechte an dem zugrundeliegenden Drehbuch.[168]

232 Da die Rechteeinräumung auch das **Titelverwendungsrecht** des Vertragsfilms umfasst, hat der Produzent, sobald der zu verwendende Titel der Produktion in Abstimmung mit dem Sender feststeht, zu prüfen, ob keine die Verwertung verhindernde Priorität Dritter durch Verwendung desselben oder eines verwechslungsfähigen Titels besteht.[169] Zur Sicherung des Titelschutzes wird er üblicherweise eine Titelschutzeintragung veranlassen.[170]

233 Der Produzent hat bei der Vertragsgestaltung darauf zu achten, dass Verträge mit Dritten einen ebenso umfassenden Rechteerwerb wie der Produktionsvertrag vorsehen. Daher sind die Rechteklauseln in der Vertragspraxis so zu formulieren, dass alle in Betracht kommenden (bspw. Nutzungsrechte an etwaigen Urheberrechten von Darstellern, allgemeine Persönlichkeitsrechte) geschützten Rechte von der Rechteeinräumung umfasst sind.

234 Werden in dem Film urheberrechtlich geschützte Beiträge Dritter, z.B. vorbestehende Musikwerke[171] oder Klammerteile aus anderen Produktionen verwendet, sind diese Rechte grundsätzlich entsprechend der Rechteübertragung zu erwerben.

235 Der Produzent hat für den Bestand der übertragenen Rechte eine **Garantiehaftung** zu übernehmen. Daneben umfasst die Garantieerklärung regelmäßig die Beachtung der Jugendschutzbestimmungen und die Einsetzbarkeit des Vertragsfilms zur Hauptsendezeit (d.h. von 20 bis 22 Uhr in der Bundesrepublik Deutschland; entsprechend einer FSK 12-Einstufung). Durch Vorlage einzelner Verträge hat der Produzent die zu gewährleistenden Rechte auf Verlangen des Senders nachzuweisen.

b) Ausnahmen

236 Von den vom Produzenten zu übertragenden und gewährleistenden Rechten ausgenommen sind die von der Gesellschaft für musikalische Aufführungs- und Vervielfältigungsrechte (**GEMA**) und der Gesellschaft zur Verwertung von Leistungsschutzrechten mbH

---

168 Siehe auch Rdn. 30 ff.
169 Beachte in diesem Zusammenhang auch OLG München ZUM 2009, 654: Titelrechte im Falle der Wiederverfilmung eines gemeinfreien Romans.
170 Siehe auch Kap. 16.
171 Siehe Rdn. 157.

(GVL) verwalteten Rechte an der in der Produktion enthaltenen Musik.[172] Daneben können vom Erwerb des Produzenten auch die von der **VG Bild Kunst** wahrgenommenen Rechte ausgenommen sein.

Die vom Sender beigestellten Leistungen sowie etwaige weitere Einschränkungen sind ausdrücklich von der Rechteübertragung und -garantie auszunehmen. Weitere Ausnahmen bzw. Einschränkungen können sich z.B. aus der nur eingeschränkten Rechteeinräumung der zugrundeliegenden Romanvorlage oder eines Darstellervertrages ergeben. Hier ist es für den Produzenten empfehlenswert, sich frühzeitig mit dem Sender abzustimmen, um eine entsprechende Einschränkung durchzusetzen. 237

2. Co-Produktion

a) Rechte

Der Umfang der für Herstellung und Auswertung erforderlichen Rechte sollte in einem **Rechtekatalog** festgehalten werden. Sämtliche von den Co-Produzenten für die Produktion originär oder ableitend erworbenen Rechte einschließlich der für den Film komponierten und lizenzierten Musik[173] gehen mit Vertragsschluss des Co-Produktionsvertrages bzw. mit Erwerb oder Entstehung des Rechts auf die Co-Produktion über. Die Co-Produzenten haben eine **Garantie** über den erforderlichen Rechteerwerb zu übernehmen und die zum Nachweis der Rechtekette erforderlichen Dokumente auf Anforderung vorzulegen. Im Falle der Beteiligung eines Senders muss ebenso wie bei einer Auftragsproduktion die Produktion meistens für eine Ausstrahlung in der Hauptsendezeit geeignet sein. 238

b) Rechtezuweisung

aa) Aufteilung

Im Falle der getrennten Auswertung[174] können den einzelnen Co-Produzenten zeitlich und inhaltlich uneingeschränkte Rechte zur umfassenden Auswertung der Produktion in allen Medien und in bestimmten Sprachfassungen für ein festgelegtes Exklusivterritorium oder einzelne Nutzungsrechte/-arten zur zeitlich (un-)begrenzten und territorial begrenzten Auswertung in einzelnen Sprachfassungen exklusiv übertragen werden. 239

So erfolgt bei internationalen Co-Produktionen eine Zuteilung der Nutzungsrechte einschließlich der Sprachfassungen häufig nach den Herkunftsländern bzw. Sprachgebieten der Co-Produzenten. (Bsp.: Dem deutschen Produzenten stehen die Auswertungsrechte der Produktion in der deutschsprachigen Fassung in den deutschsprachigen Territorien Bundesrepublik Deutschland, Österreich, Schweiz, Südtirol, Liechtenstein und Luxemburg zu. Die Rechte des italienischen Produzenten umfassen sämtliche Auswertungsrechte in Italien, San Marino, Vatikan, italienischsprachige Schweiz in der italienischen Sprachfassung. Und der französische Co-Produzent ist berechtigt, die Produktion in der französischen Sprachfassung in Frankreich, Monaco einschließlich der französischen Überseegebiete auszuwerten.) Auch bei einer nationalen Co-Produktion können die Auswertungsrechte unter den Co-Produzenten nach Verwertungsarten und Gebieten aufgeteilt werden. (Bsp.: Der beteiligte Sender wertet üblicherweise die Senderechte inklusive einiger Nebenrechte im Inland aus; der Produzent ist daneben zur Auswertung der übrigen Nebenrechte im Inland sowie aller Rechte im Ausland berechtigt.) 240

---

172 Siehe Rdn. 144.
173 Siehe Rdn. 136 ff.; Rdn. 147 ff.; Rdn. 157.
174 Siehe Rdn. 224.

241 Die Rechte, die nicht an die Co-Produzenten zur exklusiven Verwertung übertragen wurden, stehen den Co-Produzenten in der Regel gemeinsam im Verhältnis der Co-Produktionsquote zu.

bb) EU-Kabel- und Satellitenrichtlinie

242 Sofern unter den Co-Produzenten eine territoriale Aufteilung der Auswertungsrechte an der Produktion innerhalb der Europäischen Union erfolgen soll, ist die Kabel- und Satellitenrichtlinie der EU bzw. sind die §§ 20a, 20b UrhG zu beachten.[175] Danach ist eine territoriale Abgrenzung der unvermeidbaren grenzüberschreitenden Satellitensendung und Kabelweitersendung in Europa nicht möglich. Vertragsrechtlich hat die Regelung zur Folge, dass ausschließliche Satellitensenderechte innerhalb der Gemeinschaft und der EU und des Europäischen Wirtschaftsraums nicht mehr mit dinglicher Wirkung territorial getrennt vergeben werden können. In Betracht kommen allenfalls noch Vereinbarungen mit rein schuldrechtlicher Wirkung, die lediglich die Parteien binden.[176] So können bspw. Abreden dahingehend getroffen werden, dass die Satellitenrechte in verschiedenen Sprachfassungen, codiert oder nach Ablauf festgelegter Sperrfristen ausgewertet werden.

cc) Geo-Blocking

243 Ein weiterer vertragsrelevanter Punkt ist der Einsatz von technischen Maßnahmen bei der Auswertung von Online-Rechten, die die Auswertung auf die jeweiligen Gebiete der Co-Produzenten begrenzt (sog. Geo-Blocking).

dd) Lizenzzeit

244 Die einem Co-Produzenten zustehenden Auswertungsrechte an der Produktion können durch Vertragsbestimmungen oder Förderregularien zeitlich beschränkt bzw. eingeschränkt sein.

245 So können die Parteien Absprachen über die **zeitliche Reihenfolge der Auswertung** treffen und sog. **holdbacks** festlegen, wonach die Auswertung bestimmter Nutzungsrechte erst ab einem konkreten Zeitpunkt zulässig ist. Dies erlaubt den einzelnen Co-Produzenten eine bestmögliche Auswertung der einzelnen Verwertungsrechte/-arten.

246 Für den Fall der Inanspruchnahme von Fördermitteln der FFA können bspw. die Senderechte nur zeitlich begrenzt bis fünf, im Einzelfall bis sieben Jahre vergeben werden.[177] Ebenso sind **Sperrfristen** für die Auswertung einzelner Nutzungsrechte festgelegt.[178]

VI. Filmversicherung

247 Zur Abdeckung evtl. Schadensfälle werden für produktionstypische Risiken Filmversicherungen abgeschlossen. Hierbei handelt es sich insbesondere um Filmhaftpflichtversicherungen für Personen- und Sachschäden, Personen- und Sachausfall-, Feuer-, Requisiten- und Filmmaterialversicherung. Neben den Regelungen des VVG finden die jeweils geltenden allgemeinen Vertragsbedingungen für die Versicherungen Anwendung. Sofern der auftraggebende Sender die Versicherungsleistungen der Produktion nicht beistellt,

---

175 Richtlinie 93/83/EWG vom 27.9.1993 zur Koordinierung bestimmter urheber- und leistungsschutzrechtlicher Vorschriften betreffend Satellitenrundfunk und Kabelweiterleitung; entsprechende Umsetzung in deutsches Recht in §§ 20a, 20b UrhG.
176 *Dreier*/Schulze § 20a Rn. 3.
177 Vgl. § 3 Abs. 2 Ziffer 14 der Richtlinie für Projektfilmförderung, § 6 Abs. 3 und 4 der Richtlinie für Referenzfilmförderung. Siehe auch Rdn. 285.
178 Siehe § 20 FFG.

hat der Produzent den Versicherungsschutz zu übernehmen und nachzuweisen. Im Rahmen einer Co-Produktion wird in der Regel der jeweilige Co-Produzent, der mit der Durchführung von Dreharbeiten betraut ist, verpflichtet, die Filmherstellung gegen die Schadensrisiken in dem erforderlichen Umfang abzusichern. Die anderen Produzenten werden in die Versicherungen in der Weise ausdrücklich einbezogen, als sie unmittelbaren Versicherungsschutz genießen. Der Abschluss einer Errors & Omissions-Versicherung (E&O), die Schadensersatzansprüche Dritter wegen Mängeln in der Rechtekette abdeckt, ist vor allem bei nationalen Co-Produktionen aus Kostengründen in der Praxis eher selten.

VII. Preise und Fördermittel

Ein weiterer Regelungsgegenstand in Co-Produktionsverträgen ist die Bestimmung über die Verteilung von Prämien, Preisen und Auszeichnungen. Hinsichtlich der personengebundenen Prämien, Preise und Auszeichnungen wird im Vertrag in der Regel eine Klarstellung getroffen, dass diese der ausgezeichneten Person zustehen (Bsp.: Regiepreis für den Regisseur, Darstellerpreis für den Darsteller). Bei internationalen Co-Produktionen ist eine Vereinbarung üblich, nach der nationale Preise und sonstige Mittel dem jeweiligen nationalen Partner zustehen. Geldpreise, neu generierte Referenzmittel und Erfolgsdarlehen können sowohl bei internationalen als auch bei nationalen Co-Produktionen ebenso zunächst zur Rückdeckung der entsprechend in die Finanzierung eingebrachten Mittel pro rata pari passu verwendet werden und den Co-Produzenten danach gemäß der Anteilsquote zugeteilt werden. Im Rahmen einer Co-Produktion mit einem Sender vereinbaren die Parteien häufig, die Preise, etc. in eine neue gemeinsam zu realisierende Co-Produktion einzubringen.

VIII. Nennungsverpflichtung

1. Auftragsproduktion

Im Falle einer Auftragsproduktion behält sich der Sender ein Letztentscheidungsrecht bezüglich des »Ob« und »Wie« der im Vor- und Abspann aufgeführten Mitwirkenden bzw. Urheber- und Leistungsschutzberechtigten vor. Das Letztentscheidungsrecht des Senders sollte in Verträgen mit Nennungsberechtigten entsprechende Berücksichtigung finden.

▶ **Formulierungsbeispiel:**

> Es erfolgt die branchenübliche Nennung des Vertragspartners. Vertragspartner ist bekannt, dass im Rahmen der Auswertung der TV-Rechte den Sendern die Entscheidung über Länge und Form der Nennung vorbehalten bleibt.

Daneben wird dem Produzenten die Verpflichtung auferlegt, den Sender mit einer vorgegebenen Nennung in den Vor- und/oder Abspann aufzunehmen.

2. Co-Produktion

Grundsätzlich vereinbaren die Parteien, die Nennung eines jeden Co-Produzenten im Vor- und/oder Abspann (je nachdem wo und in welcher Form auch die anderen Co-Produzenten stehen) bei sämtlichen Verwertungen der Produktion sowie auf Plakaten und PR- und Werbematerialien zu platzieren. Bei internationalen Co-Produktionen werden oftmals Regelungen getroffen, nach denen jeder Partner für das ihm zustehende Exklusivterritorium zur vorrangigen Platzierung der eigenen Nennung berechtigt ist (d.h. der jeweilige Produzent wird an erster Stelle genannt, auch wenn er die Produktion nicht majoritär finanziert hat.). Daneben hat er die Nennungen der anderen Co-Produzenten und die sonstigen auferlegten vertraglichen und gesetzlichen Nennungsverpflichtungen – einschließlich der beteiligten Förderinstitutionen – zu beachten. Im Falle der gemeinsamen Auswertung (bspw. durch einen Weltvertrieb) werden die Nennungen der Co-Produzenten sowie die sonstigen im Vor- und Abspann zu integrierenden Nennungen im Einzelnen zwischen den Parteien festgelegt. Bei Auswertung der TV-Rechte sind wie bei Auftragsproduktionen die jeweiligen Richtlinien des ausstrahlenden Senders zu berücksichtigen, nach denen die Entscheidung über Länge und Form der Nennung dem Sender vorbehalten bleibt.

IX. Sonstiges

1. Auftragsproduktion

a) Kündigung/Rücktritt

253 Für den Fall der – in der Praxis selten ausgeübten – Kündigung des Senders nach § 649 BGB werden dem Produzenten die bis dahin im Rahmen der genehmigten Kalkulation entstandenen Aufwendungen vom Sender erstattet. Zusätzlich steht dieser für die Abwicklung bestehender Verbindlichkeiten ein. Die (anteiligen) Ansprüche des Produzenten auf Handlungskosten und Gewinnzuschlag bleiben bestehen. Die an den Sender übertragenen Rechte verbleiben beim Sender und er ist berechtigt, die Herausgabe sämtlichen Materials und sonstiger Produktionsunterlagen zu verlangen.

254 Daneben behält sich der auftraggebende Sender ein Rücktritts- und jederzeitiges Kündigungsrecht vor, falls der Produzent gegen Vertragsbestimmungen verstößt, zahlungsunfähig wird, ein Insolvenzverfahren über sein Vermögen eröffnet wird oder die Forderung des Produzenten gegen den Sender gepfändet wird und der Produzent die Aufhebung der Zwangsvollstreckungsmaßnahmen innerhalb einer vom Sender gesetzten Frist nicht herbeiführt.

b) Auswertungspflicht

255 Eine Auswertungspflicht des Senders besteht nicht, was durch entsprechende Regelung in den meisten Senderverträgen klargestellt wird.

c) Exkurs: ARD-Eckpunkte-Papier

256 Wird die hergestellte Produktion oder werden einzelne Auswertungsrechte neben dem Free-TV-Senderecht nicht innerhalb eines Zeitraumes von fünf Jahren[179] von der Sendeanstalt genutzt, ist der Produzent bei Geltung des ARD-Eckpunkte-Papiers nach gesonderter Vereinbarung mit der Sendeanstalt zur Auswertung nicht genutzter Rechte gegen eine Beteiligung des Senders in Höhe von 50% an den eingehenden Erlösen berechtigt. Bei einer etwaigen Verwertung der Senderechte durch den Produzenten behält sich der Sender ein nicht-exklusives Senderecht (einschließlich 7-Day-Catch-Up-Nutzung und Ausschnittsverwertung) für alle Dritten Programme, das Gemeinschaftsprogramm sowie für Programme, an denen er beteiligt ist, vor.

d) Option

257 Handelt es sich bei der in Auftrag gegebenen Produktion um eine Serie bzw. Staffel einer Serie oder (Fernseh-) Reihe, lassen sich die Sender oftmals eine unentgeltliche und befristete

---

179 Dies gilt für alle Produktionen, die ab dem 1.3.2008 hergestellt worden sind.

Option auf die Entwicklung und Herstellung einer fortführenden Staffel oder Reihe zu gleicher oder noch zu verhandelnder Vergütung und ansonsten zu den Bedingungen des bereits abgeschlossenen Produktionsvertrages einräumen. Der Produzent hat insofern durch entsprechende vertragliche Vereinbarung sicherzustellen, dass die Hauptdarsteller und ggf. Drehbuchautoren für eine weitere Staffel bzw. Reihe zur Verfügung stehen.

2. Co-Produktion

a) Dauer der Co-Produktionsgemeinschaft

Da mit Fertigstellung des Films der Gesellschaftszweck erreicht ist,[180] nämlich die gemeinschaftliche Herstellung des Films, wird dementsprechend im Co-Produktionsvertrag explizit festgehalten, dass die Co-Produktion mit Herstellung der Null- bzw. Sendekopie der Produktion endet. Mit Auflösung der Co-Produktion werden die entstandenen Vermögenswerte unter den Co-Produzenten verteilt oder stehen den Co-Produzenten gemäß der Co-Produktionsquote als Bruchteilsvermögen zu. **258**

b) Ausscheiden aus der Co-Produktion

Die Übertragung eines Co-Produktionsanteils auf Dritte ohne Zustimmung der anderen Co-Produzenten wird üblicherweise explizit ausgeschlossen. **259**

Die Parteien legen im Einzelnen fest, in welchen Fällen ein Co-Produzent auch vor Auflösung aus der Co-Produktion ausscheidet. Typischerweise ist ein Kündigungsrecht für den Fall vorgesehen, dass ein Co-Produzent wesentliche Pflichten verletzt (bspw. erbringt er seinen geschuldeten Finanzierungsbeitrag oder sonstige wesentliche Leistungen nicht). Ebenso wird das Ausscheiden eines Co-Produzenten für den Fall der Insolvenz vereinbart.[181] **260**

Die Co-Produktion wird im Falle des Ausscheidens eines Co-Produzenten dann regelmäßig nicht aufgelöst,[182] sondern von den anderen Partnern übernommen, ohne dass eine Auseinandersetzung zwischen den Partnern stattfindet. Der ausscheidende Co-Produzent wird bspw. in Höhe seines geleisteten Beitrags zum Zeitpunkt seines Ausscheidens oder an den ihm nach Co-Produktionsvertrag zustehenden Erlösen – ggf. nach Rückdeckung vorrangiger Positionen -abgefunden.[183] Den verbleibenden Co-Produzenten stehen jegliche Rechte und Vermögenswerte an der Produktion alleine zu. **261**

c) Anwendbares Recht

Üblicherweise legen die Parteien fest, welcher **Rechtsordnung** der Co-Produktionsvertrag unterliegen soll. Dies wird bei internationalen Co-Produktionen meistens die Rechtsordnung des Staates des majoritären Co-Produzenten sein. Daneben treffen die Partner eine **Gerichtsstandsvereinbarung** bzw. bei internationalen Co-Produktionen häufig auch eine **Schiedsvereinbarung**, im Rahmen derer ggf. das Schiedsgericht oder der Schiedsort, die Anzahl der Schiedsrichter, etc. bereits festgelegt werden. **262**

---

180 Vgl. § 726 BGB.
181 Vgl. § 736 BGB.
182 Vgl. § 728 Abs. 2 BGB.
183 Vgl. § 738 BGB.

F. Verwertungsverträge

I. Auswertungsformen

1. Allgemeines

263 Der Zweck von Verwertungsverträgen, d.h. von Verleih- und Vertriebsverträgen, ist naturgemäß die finanzielle Verwertung des fertig gestellten Films. Da den Co-Produzenten und dem auftraggebenden Sender in der Regel die Expertise der Verleih-/Vertriebstätigkeit fehlt (Bsp.: Verträge mit Filmtheatern, Auswertungsbedingungen im Ausland – ausgenommen einzelne Vorabverkäufe oder Direktverträge mit Dritten durch den Produzenten bzw. die inländische Free-TV-Auswertung durch den Sender) werden üblicherweise Verleih- und Vertriebsunternehmen mit der Auswertung beauftragt (die meisten Sender haben eigene Vertriebstöchter). Verwertungsverträge können jedoch auch für die Finanzierung eines Films von Bedeutung sein. Werden die Auswertungsrechte des Films vorab gegen einen pauschale Abgeltung oder eine Minimumgarantie[184] verkauft, deren Zahlung ggf. teilweise bereits zum Zeitpunkt der Produktion fällig wird, wird die Vergütung in den meisten Fällen auch Bestandteil der Finanzierung sein. Nachstehend werden einzelne vertragsrelevante Aspekte von Verleih-/Vertriebsverträgen dargestellt.

2. Verleih

264 Nach allgemeinem Verständnis spricht man von Verleih, sofern es vor allem um die Kino-Auswertung neben der Auswertung etwaiger weiterer Auswertungsrechte (wie z.B. Videogramm-, Abruf-, Free- und/oder Pay-TV-Rechte) in der Bundesrepublik Deutschland sowie ggf. in den deutschsprachigen Territorien Österreich, Schweiz, Alto Adige, Liechtenstein und Luxemburg geht. Daher kommt eine Verleihtätigkeit nur bei Kinofilmproduktionen in Betracht.

3. (Welt-)Vertrieb

265 Die internationale Auswertung des Films erfolgt durch einen Weltvertrieb. Die deutschsprachigen Gebiete[185] und ggf. einzelne Gebiete und Auswertungsrechte, die Vertragsgegenstand separater vom Produzenten geschlossener Verträge (z.B. Presale, Co-Produktionsvertrag) sind, sind in der Regel von der Vertriebstätigkeit des Weltvertriebs ausgenommen. Die Auswertung einzelner Nutzungsrechte im In- und auch Ausland wird ebenfalls als Vertrieb bezeichnet (Bsp.: Vertriebstätigkeit umfasst die Videogrammauswertung im deutschsprachigen Raum).

4. Exkurs: Sales Agent/Agenturvertrag

266 Im Rahmen eines Agenturvertrags werden dem beauftragten Agenten (Sales Agent) im Gegensatz zum Vertriebsvertrag keine Nutzungsrechte zur Auswertung übertragen. Der Sales Agent vermittelt lediglich bestimmte Nutzungsrechte im Namen und auf Rechnung seines Auftraggebers an einen (Welt-) Vertrieb. Bei dem Agenturvertrag handelt es sich in der Regel um einen Dienstvertrag, auf den die Vorschriften der §§ 611 ff. BGB Anwendung finden.

5. Exkurs: Außerfilmische Auswertungen

267 In der Praxis werden bei Kinoproduktionen und TV-Produktionen, vor allem bei erfolgreichen oder lang laufenden Serien oder Reihen, häufig Soundtracks der Filmmusik und

---

184 Siehe Rdn. 288.
185 Siehe oben Rdn. 240.

Bücher zum Film veröffentlicht sowie Merchandisingartikel zum Film herausgebracht. Bei Kinofilmen erfolgt dies meistens parallel oder zeitnah zur Kinoauswertung, um gemeinsame Werbe- und Marketingaktivitäten und gegenseitige Werbeeffekte nutzen zu können.

Die Merchandising-, Soundtrack- sowie Drucknebenrechte zählen zu den außerfilmischen Auswertungsrechten[186] und fallen somit nicht unter die Auslegungsregeln der §§ 88, 89, 92 UrhG.[187] Möchte der Produzent den Film in den vorgenannten außerfilmischen Medien auswerten, muss er darauf achten, sich die Rechte von den Urhebern vorbestehender Werke, Filmurhebern und ausübenden Künstlern ausdrücklich einräumen zu lassen. 268

Im Folgenden wird kurz auf die vorgenannten typischen außerfilmischen Auswertungsformen eingegangen: 269

a) Merchandising

Im Rahmen der Merchandisingauswertung werden Waren und Dienstleistungen (Spiele, Kleidung, Geschenkartikel, etc.) vertrieben, die Elemente aus dem Film (z.B. Filmtitel, Marken, Bildnisse von bekannten Stars, Figuren, Design) verwenden. Vertragsgegenstand des zum Zwecke der Merchandisingauswertung abzuschließenden Agenturvertrages zwischen Produzent oder Verleih und einer Merchandisingagentur sind die ausschließlichen Rechte zum Vertrieb bestimmter Waren- und Dienstleistungen unter Verwendung konkreter Filmelemente. Betroffen sein können dadurch neben den Urheber- und Leistungsschutzrechten auch allgemeine Persönlichkeitsrechte, Markenrechte, das Recht am eigenen Bild, Titelrechte etc., was durch entsprechende Regelungen im Agenturvertrag berücksichtigt wird (z.B. schuldrechtliche Gestattungsbestimmungen im Falle der Verwendung persönlichkeitsrechtlicher Elemente). Der Produzent hat hierbei die sich aus Verträgen mit Dritten in Bezug auf die Merchandisingrechte/-auswertung ergebenden Einschränkungen (insbesondere aus Darstellerverträgen) zu berücksichtigen. Als Gegenleistung für die Rechteübertragung erhält der Vertragspartner in der Regel einen konkret zu vereinbarenden Prozentsatz des Händlerverkaufspreises pro verkauftem Artikel sowie ggf. eine nicht rückzahlbare, aber verrechenbare Vorauszahlung auf die prozentuale Beteiligung. 270

b) Buch zum Film

Der Vollständigkeit halber[188] sei das »Buch zum Film« aufgeführt, das die Wiedergabe oder Nacherzählung des ggf. bearbeiteten Inhalts des Films, Schilderung von Produktionsvorgängen oder photographische oder gemalte Abbildungen des Films oder ähnliches zum Inhalt hat. Hier sei nur darauf hingewiesen, dass vom Produzenten bei der Herstellung und Veröffentlichung zu beachtende Einschränkungen sich wiederum vor allem aus Darstellerverträgen (z.B. Abnahmevorbehalte im Hinblick auf die Verwertung von Fotos) oder aus dem Verfilmungsvertrag eines etwaigen der Verfilmung zugrunde liegenden Romans ergeben (bspw. kann das Recht zur Auswertung in Buchform auf produktionsbezogene Formate beschränkt sein, die nicht die auf dem Roman basierenden Drehbücher zum Gegenstand haben) können. 271

---

186 Dreier/*Schulze* § 88 Rn. 54, § 92 Rn. 18.
187 Siehe auch Rdn. 4, 5.
188 Siehe auch Kap. 6.

c) Soundtrack

272 Gegenstand des zwischen Produzent oder Verleih und Plattenfirma abzuschließenden Soundtrackvertrages (auch als Bandübernahmevertrag bezeichnet) ist die Übertragung der exklusiven (hinsichtlich der für den Film komponierten und produzierten Filmmusik) bzw. nicht exklusiven (bzgl. der vom Produzenten erworbenen Fremdtitel) Leistungsschutzrechte an den Musikaufnahmen. Die Nutzung des Filmtitels sowie die Nutzung von bereits erstelltem Artwork werden ggf. ebenfalls eingeräumt. Der Vertragspartner erhält üblicherweise eine prozentuale Umsatzbeteiligung auf Basis des Händlerabgabepreises an den Tonträgerverkäufen sowie ggf. eine Vorauszahlung, die mit der Verkaufsbeteiligung verrechenbar ist.[189]

II. Vertragsgegenstand von Verleih- und Vertriebsvertrag

273 Die Merkmale des Vertragsfilms[190] werden zu Anfang eines Verleih-/Vertriebsvertrages ebenso wie in Produktionsverträgen zusammengefasst. Diese sind ebenso wie bei Auftrags- und Co-Produktionen ausschlaggebende Kriterien, die Verleih-/Vertriebstätigkeit zu übernehmen und die Produktion ggf. mitzufinanzieren. Insofern werden die Merkmale teilweise auch als garantierte Eigenschaften in den Vertrag übernommen. Jede diesbezügliche Änderung bedarf der vorherigen Zustimmung von Verleih/Vertrieb.

III. Rechteumfang

1. Rechteeinräumung

274 Der Rechteumfang der an den Verleih/Vertrieb einzuräumenden oder zu übertragenden ausschließlichen Rechte am Vertragsfilm ist – u.a. aufgrund zurückbehaltener und bereits vergebener Rechte an Dritte – meist gegenständlich, örtlich und zeitlich begrenzt und wird in den Verleih- und Vertriebsverträgen durch Bestimmung der Auswertungsgebiete und Auswertungsrechte sowie der Sprachfassungen (synchronisiert, untertitelt und/oder voice-over) spezifiziert. Zu dem im Vertrag festgelegten Territorium gehören in der Regel auch Transportmittel (z.B. Flugzeuge, Schiffe), maritime Installationen, militärische Einrichtungen, Kulturinstitutionen, etc., die unter der Flagge des jeweiligen Territoriums betrieben werden.

275 Hinsichtlich der territorialen Begrenzung des Lizenzgebietes ist der **Erschöpfungsgrundsatz**[191] zu beachten, wonach eine europaweite Weiterverbreitung[192] von in der Europäischen Union durch Veräußerung in den Verkehr gebrachter Vervielfältigungsstücke des Vertragsfilms zulässig ist. Möchte der Produzent also verhindern, dass bspw. Videogramme in der deutschen bzw. einer anderen Sprachfassung in deutschsprachige Gebiete importiert werden, kann er dies nicht durch eine räumliche, sondern nur durch eine inhaltliche Einschränkung erreichen, indem er die deutsche bzw. die jeweilige andere Sprachfassung von der Rechteeinräumung ausnimmt.

276 Durch entsprechende Bestimmung im Vertrag wird häufig auch klargestellt, dass die territorial eingeschränkte Rechteeinräumung/-übertragung vorbehaltlich der einschlägigen Vorschriften gilt.[193]

---

189 Siehe auch Kap. 5.
190 Siehe im Einzelnen Rdn. 189.
191 Siehe § 17 Abs. 2 UrhG und Art. 23 ff. EG-Vertrag.
192 Mit Ausnahme der Vermietung.
193 Siehe auch EU-Kabel- und Satellitenrichtlinie Rdn. 242.

F. Verwertungsverträge

▶ **Formulierungsbeispiel:**

Die Parteien sind sich darüber einig, dass der Beschränkung der Verbreitung/Auswertung der Filmproduktion auf das Lizenzgebiet Art. 101 AEUV entgegenstehen kann und dass insbesondere die Verbreitung/Auswertung der (nicht) ...-sprachigen Fassung der Filmproduktion im Sinne dieser Zusatzvereinbarung durch Dritte im Lizenzgebiet nicht verhindert werden kann und dies keine Verletzung von vertraglichen Verpflichtungen der Parteien darstellt. Entsprechendes gilt für sog. unvermeidbare Overspills.

Außerdem ist zu bedenken, dass eine räumliche Abgrenzung mehrsprachiger Länder (bspw. Schweiz, Südtirol) nicht möglich ist. Die Abgrenzung erfolgt über die Vergabe verschiedener Sprachfassungen, sofern die Rechte nicht einheitlich wahrgenommen werden.

Im Interesse des Produzenten bzw. Dritter sollte der Verleih/Vertrieb ausdrücklich dazu verpflichtet werden, durch technische Maßnahmen dafür Sorge zu tragen, dass die Auswertung der Abruf/Online-Rechte durch den Verleih/Vertrieb und seine Sublizenznehmer auf das Vertragsgebiet beschränkt bleibt (sog. **Geo-Blocking**). Wertet ein im Vertragsverhältnis mit dem Produzenten stehender Sender die **7-day-catch-up Rechte**[194] ohne Einsatz von Geo-Blocking aus, sollte dem Verleih/Vertrieb dies ebenso zur Kenntnisnahme auferlegt werden.

Für die Rechte, die der Verleih/Vertrieb zur vertragsgemäßen Auswertung benötig, hat der Produzent einzustehen. Die Garantie bezieht sich auf sämtliche Urheber-, Leistungsschutz- und sonstigen Rechte, Einwilligungen, etc. einschließlich vorbestehender lizenzierter Werke. Daneben verlangt der Verleih/Vertrieb meistens auch eine Garantie, dass für den Film eine bestimmte FSK-Freigabe (Bsp.: FSK 6 oder FSK ohne Altersbeschränkung) erlangt werden kann. Andernfalls kann der Produzent verpflichtet sein, eine der garantierten FSK-Freigabe entsprechende Schnittfassung zu erstellen. Der Verleih/Vertrieb behält sich das Recht vor, die zum Nachweis der Rechtekette erforderlichen Dokumente anfordern zu können.

2. Einschränkungen

Bestehende Rechteeinschränkungen bzw. Auswertungsbeschränkungen des Vertragsfilms sind im Vertrag genau zu definieren. Diese können sich insbesondere aus nur eingeschränkt erworbenem Rechteumfang vorbestehender Musiktitel (bspw. kann eine ausschnittsweise Verwertung des mit der Musik unterlegten Films im Wege des Abrufsrechts oder das Recht, die Musik zur Bewerbung der Produktion zu verwerten, untersagt sein), einem vorrangigen Bearbeitungsrecht des Regisseurs (z.B. für verkürzte Schnittfassungen aufgrund von Zensurbestimmungen in bestimmten Territorien, Erstellung einer bestimmten Schnittfassung für FSK-Zwecke) oder einem Zustimmungsvorbehalt des Regisseurs (bspw. unterschiedliche, verkürzte Schnittfassung, Austausch der Musik), vorrangigem Synchronisationsrecht bzgl. fremdsprachiger Fassungen eines Darstellers, Ausstrahlungsbeschränkungen, Erstausstrahlungsrechten, Zustimmungsvorbehalten (z.B. zur Verwendung von Fotografien, Artwork-Materialien, Interviews) ergeben. Da der Produzent dem Verleih/Vertrieb meistens nicht nur die zur Auswertung erforderlichen Rechte an dem Film, sondern ggf. darüber hinaus an sonstigen Materialien im Zusammenhang mit dem Film, wie z.B. unterschiedlichen Schnittfassungen, Bonus Material (Bsp.: Making of), Trailern, Marketingmaterialien, etc. einräumt, sind etwaig bestehende Beschränkungen diesbezüglich ebenfalls explizit im Vertrag zu vermerken.

---

194 Unentgeltliche öffentliche Zugänglichmachung im Wege des Streamings innerhalb eines Zeitraums von 7 Tagen nach einer jeden Ausstrahlung.

282 Von der Rechteeinräumung und -garantie ausgenommen sind die von GEMA und GVL oder entsprechenden Verwertungsgesellschaften wahrgenommenen Rechte.

283 Zur Klarstellung sind auch die vom Produzenten zurückbehaltenen bzw. anderweitig vergebenen Rechte, wozu häufig die Druckneben-, Merchandising-, Tonträger- (v.a. Hörspiel-, Soundtrack-) sowie auch die Wiederverfilmungs- und Weiterentwicklungsrechte zählen, aufzuführen.

IV. Vertragslaufzeit

284 Die Laufzeit der zur Auswertung übertragenen Nutzungsrechte unterliegt der Absprache der Parteien. In der Praxis ist ein Zeitraum von 5 bis 15 Jahren üblich. In der Regel beginnt die Vertragslaufzeit mit Verfügbarkeit des jeweiligen Rechts nach Ablauf einer etwaigen vertraglichen oder gesetzlichen Sperrfrist[195] oder mit vollständiger Lieferung und Abnahme des vertragsgemäß zu liefernden Materials. Die Berücksichtigung etwaiger vertraglicher oder gesetzlicher Sperrfristen ist dem Verleih/Vertrieb zwingend aufzuerlegen.

285 Werden dem Verleih auch die TV-Nutzungsrechte übertragen, ist bei geförderten Produktionen jedoch ein Rechterückfall der Fernsehrechte nach in der Regel 5 Jahren nach FFG sicherzustellen.[196]

286 Leistet der Verleih/Vertrieb eine Minimumgarantie,[197] kann er sich eine Verlängerungsoption für den Fall vorbehalten, dass die Minimumgarantie nach Ablauf der Vertragslaufzeit durch die Auswertung des Films nicht refinanziert ist.[198] Teilweise kann der Verleih/Vertrieb bei entsprechender vertraglicher Vereinbarung auch zu Sublizenzvergaben berechtigt sein, die die festgelegte Vertragslaufzeit um einen bestimmten Zeitraum überschreiten. Im Falle der Videogrammauswertung durch den Verleih/Vertrieb kann es ihm gestattet sein, etwaige Restposten an DVDs, etc. für einen festgelegten Zeitraum nach Ablauf der Lizenzzeit nicht exklusiv abzuverkaufen. Es sollte jedoch im Interesse des Produzenten sichergestellt werden, dass der Verkaufspreis nicht unter dem Einstandspreis liegt.

V. Vergütung und Erlöse

1. Vergütungsart

287 Der Produzent erhält regelmäßig als Gegenleistung für die an den Verleih/Vertrieb zu übertragenden Auswertungsrechte eine Vergütung in Form einer prozentualen Erlösbeteiligung an den beim Verleih/Vertrieb eingehenden Erlösen aus der Auswertung des Films (**sog. Produzentenanteil**). Die Höhe des Produzentenanteils ist im Falle von nach FFG geförderten Filmprojekten grundsätzlich von dem zulässigen Höchstsatz der vorab in Abzug zu bringenden Verleih-/Vertriebsprovision für die Verleih-/Vertriebstätigkeit abhängig.[199] Andernfalls sowie für den Fall der Rückführung aller Fördergelder unterliegt die Höhe des Produzentenanteils der Vereinbarung der Parteien. Als Vorschuss auf die Erlösbeteiligung kann die Leistung einer Minimumgarantie vereinbart werden. In der Praxis eher selten wird die Zahlung eines Festpreises anstelle einer Erlösbeteiligung und etwaigen Minimumgarantie bestimmt.

---

195 Siehe Rdn. 246.
196 Siehe Fn. 177.
197 Siehe Kap. 4 Rdn. 288.
198 Siehe auch Fn. 177.
199 Siehe §§ 27 ff. der Richtlinie für Projektfilmförderung und §§ 20 ff. der Richtlinie für Referenzfilmförderung zum FFG.

a) Minimumgarantie

Die Minimumgarantie ist eine der Höhe nach zu verhandelnde Vorauszahlung des Verleihs/Vertriebs auf den Produzentenanteil der generierten Erlösen aus der Auswertung der vertragsgegenständlichen Rechte. Die Minimumgarantie ist nicht rückzahlbar, jedoch mit dem Produzentenanteil voll verrechenbar. Häufig wird bestimmt, dass der Verleih/Vertrieb berechtigt ist, die Garantie bis zu ihrer Rückführung zu einem festgelegten Prozentsatz zu verzinsen. 288

b) Festpreis

Mit der Zahlung eines Festpreises, in der Praxis auch als Lizenzgebühr bezeichnet, wird die Rechteübertragung des Produzenten pauschal abgegolten. Eine darüber hinaus gehende Erlösbeteiligung erfolgt dann nicht mehr. Es kann auch eine pauschale Abgeltung einzelner Territorien neben der Abgeltung der übrigen Territorien über eine Minimumgarantie und Erlösbeteiligung erfolgen. 289

c) Erlösbeteiligung

Berechnungsgrundlage für den Produzentenanteil sind in der Regel sämtliche durch die Auswertung des Vertragsfilms erzielten Zahlungseingänge abzüglich der Mehrwertsteuer. Von den vorgenannten sog. Netto-Erlösen wird in der Praxis meistens zunächst die Verleihprovision[200] einbehalten. Die verbleibenden Einnahmen – der sog. Produzentenanteil – werden dann bis zur vollständigen Rückdeckung der Verleihvorkosten und einer etwaig gezahlten Minimumgarantie vom Verleih verrechnet.[201] Nach vollständiger Rückführung der Verleihvorkosten und der Minimumgarantie wird der Produzentenanteil an den Produzenten ausgeschüttet. Haben die Parteien einen **sog. Korridor** für die Kinoauswertung und ggf. weiterer Auswertungsformen vereinbart, wird der Produzent in Höhe eines bestimmten Prozentsatzes an den Einnahmen der jeweiligen Auswertung beteiligt, ohne dass Vorkosten vorab in Abzug gebracht werden. 290

Statt vorgenanntem Abrechnungsmodell können die Parteien (für einzelne Auswertungsrechte wie z.B. Videogrammauswertung) vereinbaren, sämtliche Erlöse aus der jeweiligen Auswertung ohne Vorabzug nach einem bestimmten Prozentsatz aufzuteilen. Vorkosten werden dann grundsätzlich vom Verleih getragen. 291

Bei Auswertung der Produktion durch einen (Welt-)Vertrieb werden üblicherweise vorab ebenfalls Mehrwertsteuer, Vertriebsprovision und Vertriebsvorkosten sowie die vollständige Rückführung einer etwaig gezahlten Minimumgarantie in Abzug gebracht werden, bevor erstmalig ein Anspruch des Produzenten auf den Produzentenanteil besteht. 292

2. Verleih-/Vertriebsprovision und Verleih-/Vertriebsvorkosten

Mit der Verleih-/Vertriebsprovision – auch als Verleih-/Vertriebsspesen bezeichnet – werden die allgemeinen Kosten der Verleih-/Vertriebstätigkeit gedeckt. 293

Im Falle der Inanspruchnahme von Fördermitteln nach FFG sind die Verleih-/Vertriebsspesen gemäß den **Grundsätzen sparsamer Wirtschaftsführung**[202] der Höhe nach begrenzt. So liegt z.B. im Falle der Projektfilmförderung die Höchstgrenze der Verleihspesen bei 35 v.H. der Verleiheinnahmen und die Höchstgrenze der Vertriebsspesen für europäische und außereuropäische Länder bei 30 v.H. der tatsächlich eingegangen Erlöse, solange aus dem übrigen Anteil der Verleih- bzw. Vertriebseinnahmen (Produzentenan- 294

---

200 Siehe Rdn. 293 ff.
201 Siehe auch Richtlinien zum FFG, in denen die Verrechnung entsprechend vorgesehen ist.
202 Siehe Rdn. 203, Fn. 145.

teil) Förderdarlehen zurückbezahlt werden. Sublizenzierungen berechtigen nicht zum nochmaligen Ansetzen von Verleih-/Vertriebsspesen.[203]

295 Für den Verleih/Vertrieb nicht geförderter Projekte können davon abweichende Provisionen vereinbart werden.

296 Verleih-/Vertriebsvorkosten sind die von dem Verleih/Vertrieb zur Vorbereitung der Verwertung des Vertragsfilms aufzuwendenden Kosten.

297 Bei geförderten Filmprojekten nach FFG sind die abzugsfähigen Vorkosten nach den Grundsätzen sparsamer Wirtschaftsführung abschließend festgelegt.[204] Zu den Verleihkosten zählen z.B. Kosten der Kopien des Hauptfilms und Werbevorspannfilms zzgl. Verpackung, Transport vom Kopierwerk zu den Verleihfilialen, Gebühren der FSK, SPIO[205] Abgabe, Kopienversicherung, Werbematerial, Kosten von Marketing-/Promotionagenturen, Rechtsverfolgung ggü. filmbezogenen Ansprüchen. Vertriebskosten sind u.a. Materialkosten, Untertitelungskosten, Synchronisationskosten, Transportkosten. In der Praxis empfiehlt es sich, auch im Falle von nicht geförderten Filmproduktionen die abzugsfähigen Kosten im Vertrag abschließend aufzuführen oder auf die nach den Vorschriften des FFG und der dazugehörigen Richtlinien abzugsfähigen Kosten ausdrücklich zu verweisen.

298 Ansonsten unterliegt es der Vereinbarung der Parteien, ob die Vorkosten der Kinoauswertung bspw. auf einen der Höhe nach festgelegten Betrag limitiert werden sollen. Eine Überschreitung der begrenzten Vorkosten setzt dann die Zustimmung des Produzenten voraus.

3. Cross-Collateralization/Querverrechenbarkeit

299 Produzent und Verleih können vereinbaren, dass der Verleih berechtigt ist, die nicht refinanzierten Vorkosten der Kinoauswertung mit den Produzentenanteilen aus den Einnahmen anderer dem Verleih übertragener Auswertungsrechte (z.B. Videogrammrechte) zu verrechnen (Querverrechenbarkeit/Cross-Collateralization).

4. Abrechnung

300 Die Abrechnungsmodalitäten werden im Regelfall in den Verleih-/Vertriebsverträgen im Einzelnen festgelegt. Die Abrechnung des Produzentenanteils durch den Verleih erfolgt während der ersten 6 bis 9 Monate nach Kinostart meistens monatlich, im Anschluss daran für weitere 2 Jahre vierteljährlich und danach kalenderhalbjährlich. Der (Welt-)Vertrieb rechnet in der Regel in kalenderhalbjährlichen Abständen ab. Die in der Abrechnung genau aufzuschlüsselnden Erlöse einschließlich der Vorkosten sind dem Produzenten regelmäßig innerhalb eines bestimmten Zeitraums auszuzahlen und unterliegen grundsätzlich den anwendbaren Steuerregelungen und den entsprechenden Abzügen (v.a. Quellensteuer). Häufig wird auch eine Genehmigungsfiktion geregelt, nach der die Abrechnungen als unwiderruflich genehmigt gelten, sofern der Produzent nicht innerhalb eines bestimmten Zeitraums widerspricht. Typischerweise erhält der Produzent ein branchenübliches Bucheinsichtsrecht.

---

203 Siehe Fn. 199.
204 Siehe §§ 16, 28 Richtlinien für die Projektfilmförderung und §§ 8, 21 Richtlinie für die Referenzfilmförderung der FFA.
205 Spitzenorganisation der Filmwirtschaft e.V. (SPIO).

VI. Material

Wie auch in Produktionsverträgen ist der Umfang des herzustellenden bzw. zu liefernden Materials detailliert festzulegen. Neben dem eigentlichen Filmmaterial sind vom Produzenten u.a. Musiklisten, ggf. FSK-Gutachten, Dialoglisten, Inhaltsangaben, Vor-/Abspannliste, Kopie des deutschen Ursprungszeugnis, Werbe- und Covermaterial wie z.B. Pressematerial, Fotos, EPK, Darstellerinterviews, Artwork, Synchronfassungen zur Verfügung zu stellen. Der Produzent hat für die mangelfreie und einwandfreie Qualität und fristgerechte Lieferung des Materials einzustehen.

301

Da dem Verleih/Vertrieb das Material in der Regel nur leihweise zur Verfügung gestellt wird, sollte eine Bestimmung über den Verbleib des Materials nach Ablauf der Vertragslaufzeit in den Vertrag aufgenommen werden. Entweder kann der Verleih/Vertrieb sämtliches Material wieder an den Produzenten zurücksenden oder es besteht die Möglichkeit, den Verleih/Vertrieb zu verpflichten, sämtliches Material zu vernichten und hierüber einen Nachweis zu erbringen. Bzgl. des vom Verleih/Vertrieb hergestellten Materials (bspw. Artwork, bearbeitete Fassungen) sollte ebenfalls eine Abrede getroffen werden, wem das Eigentum zusteht bzw. inwiefern der Produzent zur Nutzung berechtigt ist, vor allem wenn die Herstellungskosten als Vorkosten in Abzug gebracht wurden.

302

Sofern das Originalmaterial bei einem Kopierwerk eingelagert ist, stellt der Produzent dem Verleih/Vertrieb im Regelfall außerdem eine unwiderrufliche und vom Kopierwerk gegenbestätigte **Ziehungsgenehmigung** für den Film zur Verfügung, die als Anlage zum Vertrag vertragsgegenständlich gemacht wird. Die Ziehungsgenehmigung hat dahin zu lauten, dass bei dem Kopierwerk technisch einwandfreies Original- und Negativmaterial eingelagert ist, von dem der Verleih/Vertrieb oder dessen Sublizenznehmer jederzeit auf eigene Kosten innerhalb der Vertragslaufzeit Kopien ziehen lassen können, ohne dass ihnen Zurückbehaltungs- oder sonstige Leistungsverweigerungsrechte entgegengehalten werden können.

303

VII. Nennungsverpflichtung

Typischerweise verpflichtet sich der Verleih/Vertrieb, die vom Produzenten mitgeteilten gesetzlichen und vertraglichen Nennungsverpflichtungen bei der Gestaltung von Vor- und Abspann sowie des Werbematerials und des Artworks unter Berücksichtigung der im Vertragsgebiet bestehenden Usancen zu berücksichtigen. Ebenso behält sich der Verleih/Vertrieb das Recht vor, seinen Namen und sein Logo wie auch die seiner Lizenznehmer in sämtliche Filmmaterialien aufzuführen.

304

VIII. Auswertung

1. Auswertungspflicht

Hat sich der Verleih/Vertrieb zur Auswertung des Vertragsfilms nicht ausdrücklich verpflichtet, kann eine **Auswertungspflicht** des Verleihs/Vertriebs bei vereinbarter prozentualer Beteiligung des Produzenten an den generierten Erlösen[206] des Verleihs/Vertriebs jedoch angenommen werden.[207] Der Umstand, dass die Vorkosten letztlich vom Produzenten zu tragen sind, kann zusätzlich für eine Auswertungspflicht sprechen.[208] In der Gestaltung seines Verleih-/Vertriebskonzeptes, d.h. der Art und Weise, des Umfangs und

305

---

206 Im Gegensatz zur einmaligen pauschalen Vergütung.
207 Siehe BGH ZUM 2003, 135, 136.
208 Vgl. BGH ZUM 2003, 135, 137.

Zeitpunktes der Verleih-/Vertriebstätigkeit, ist der Verleih/Vertrieb frei, sofern die Parteien nichts Abweichendes vereinbaren.[209] Er ist nicht zu einer bestmöglichen Auswertung verpflichtet, sondern nur dazu, alle zumutbaren Anstrengungen für eine erfolgreiche Filmauswertung zu unternehmen.[210]

2. Kinoauswertung

306 In der Regel behält sich der Produzent Mitspracherechte bei der Kinoauswertung des Vertragfilms vor, indem sich die Parteien vorab auf konkrete Eckdaten in Bezug auf den Kinostart und die Art und Weise der Auswertung einigen. Dies sind typischerweise Festivalteilnahme, Marketingkonzept, Umfang (Kooperation mit Dritten wie z.B. Sender und Verlag des verfilmten Romans, Medialeistungen, Anzeigen, Trailer, u.a.) und Mindestbudget der Werbemaßnahmen, Starttermin,[211] Verleihvorkosten-Startbudget, Mindestkopienanzahl,[212] Gestaltung des Kinoplakats und Premierenvorführung. Die getroffenen Vereinbarungen sind durch entsprechende vertragliche Bestimmungen sicherzustellen.

3. Weitere Bedingungen

307 Weitere mögliche Rahmenbedingungen für die gesamte Verleih-/Vertriebstätigkeit können durch verbindliche Absprachen über zustimmungspflichtige Sublizenzierungen, Festivalteilnahmen einschließlich der Kosten und über Mindestbedingungen für Sublizenzen vor allem für sog. key-territories (Bsp.: Mindestverkaufspreis durch Festlegung bspw. eines Minimum- oder Durchschnittspreises; Verbot, den Vertragsfilm im Rahmen eines Paketverkaufs, d.h. im Paket neben anderen Filmen zu veräußern, um einen Wertverlust zu vermeiden und eine eindeutige Erlöszuordnung sicherzustellen) festgelegt werden.

IX. Sonstiges

1. Erstes Zugriffsrecht/Option auf weiteren Rechteerwerb

308 Sofern der Verleih/Vertrieb ein Interesse hat, die Vertragslaufzeit der übertragenen Auswertungsrechte verlängern zu können oder das Vertriebsmandat an der nächsten Produktion des Produzenten (z.B. zweite Staffel einer Serie, darauffolgender Film einer Reihe) zu erhalten, hat er dies durch eine entsprechende Option oder ein erstes Zugriffsrecht im Vertrag sicherzustellen (z.B. first call and last refusal).

2. Vorzeitige Vertragsbeendigung

309 Typischerweise schließen die Parteien die ordentliche Kündigung aus, behalten sich jedoch bei Vorliegen eines wichtigen Grundes das Recht zur außerordentlichen Kündigung vor, wobei in der Praxis für diesen Fall der Rechterückfall meistens ausdrücklich ausgeschlossen[213] wird.

---

209 Siehe auch Rdn. 306, 307.
210 Siehe BGH ZUM 2003, 135, 137.
211 Bei gewährten Zuwendungen des DFFF muss die Kinoauswertung in Deutschland innerhalb eines Jahres nach Fertigstellung nachgewiesen werden, siehe § 6 Abs. 4 Richtlinie des BKM (DFFF).
212 Siehe auch § 6 Abs. 1 und 2 der Richtlinie des BKM (DFFF).
213 Unabhängig der strittigen Frage, ob bei Beendigung des Vertrages das Kausalitäts- oder Abstraktionsprinzip gilt, wonach die Rechte bei Beendigung des Vertrages automatisch zurückfallen bzw. ggf. nur ein Rückübertragungsanspruch besteht.

F. Verwertungsverträge

Daneben sehen die Verträge für den Fall des Zahlungsverzugs, der Vermögensverschlechterung oder der Insolvenz[214] der Parteien vielfach Kündigungsklauseln oder Rechtsfolgen über den Rechterückfall bzw. den Fortbestand der Rechte vor, die aufgrund der bestehenden Gesetzeslage[215] und der umstrittenen Rechtsansichten[216] sowie der unterschiedlich gelagerten Interessen – des Produzenten als Lizenzgeber einerseits und des Verleihs/Vertriebs als Lizenznehmer andererseits – unterschiedlich ausgestaltet sein können.

310

---

214 Siehe auch Kap. 20.
215 Siehe insbesondere das in § 103 InsO geregelte Wahlrecht des Insolvenzverwalters auf Erfüllung oder Nichterfüllung im Falle nicht vollständiger Vertragserfüllung zur Zeit der Eröffnung des Insolvenzverfahren über das Vermögen einer Partei und die in § 112 festgelegte Kündigungssperre im Falle der Lizenznehmerinsolvenz nach Antrag auf Eröffnung des Insolvenzverfahrens. Siehe auch § 119 InsO.
216 Schicksal der Nutzungsrechte bzw. Rechterückfall oder Fortbestand der Rechte sowie auch der Sublizenzen bei Nichterfüllungswahl des Insolvenzverwalters nach § 103 InsO und bei Vertragsbeendigung ist umstritten.

Kapitel 5
Musikrecht

Übersicht

Rdn.

A. Einleitung 1
B. **Musikurheber- und Verlagsrecht** 6
 I. Rechte am Musikwerk und Rechte der Musikurheber 7
    1. Das Musikwerk 7
    2. Urheber und Miturheber 14
    3. Das Urheberrecht 18
    4. Rechtewahrnehmung 22
       a) Individuelle Rechtewahrnehmung 26
       b) Kollektive Rechtewahrnehmung (Massennutzung, GEMA) .. 34
       c) Grenzfälle zwischen individueller und kollektiver Rechtewahrnehmung 43
          aa) Alpensinfonieentscheidung (BGH, Urt. v. 19.1.2006, I ZR 5/03) .. 46
          bb) Nutzung von Musikwerken zu Werbezwecken (BGH, Urt. v. 10.6.2009, I ZR 226/06) 51
          cc) Klingeltonentscheidung (BGH, Urt. v. 18.12.2008, I ZR 23/06) 62
 II. Übersicht über die Vertragsbeziehungen 67
 III. Berechtigungsvertrag zwischen GEMA und Urheber sowie Musikverlag 71
    1. Grundlagen des Berechtigungsvertrages 71
    2. Regelungen des Berechtigungsvertrages und seine Auswirkungen ... 75
       a) Rechteumfang 75
       b) Vorbestehende und künftige Werke 77
       c) Exklusivität 78
       d) Besonderheit Filmsynchronisationsrecht etc. 79
    3. Ausschüttungen 83
 IV. Autorenexklusivvertrag zwischen Urheber und Verlag 85
    1. Vertragsgegenstand 85
    2. Rechteübertragung 90
       a) Inhaltliche Rechteübertragung 91
       b) Zeitliche Rechteübertragung 93
       c) Örtliche Rechteübertragung 95
    3. Rechtegarantie und Freistellung 99
    4. GEMA-Mitgliedschaft 102
    5. Leistungen und Verpflichtungen des Musikverlages 104
    6. Leistungen und Verpflichtungen des Musikurhebers 106
    7. Vertragsdauer und Auswertungsdauer 107
    8. Erlösteilung 111
    9. Vorschuss, Darlehen, Zessionen 117
    10. Beendigung des Autorenexklusivvertrages 121
    11. Abrechnung, Buchführung, Steuer, Sonstiges 125
 V. Editions-/Co-Verlagsvertrag zwischen Verlag und Verlag 126
    1. Vertragsgegenstand 127
       a) Editionsvertrag 127
       b) Co-Verlagsvertrag 128
    2. Rechte und Pflichten von Musikverlag und Editionär/Co-Verleger .. 132
    3. Kosten und Einnahmeteilung 137
    4. Vorschuss, Zessionen (Global- und Titelzessionen) 142
    5. Verbleib der Musikwerke bei Beendigung des Editionsvertrages/Co-Verlagsvertrages 143
       a) Editionsvertrag 143
       b) Co-Verlagsvertrag 146
 VI. Administrationsvertrag 147

C. **Tonträgerverträge** 150
 I. Leistungsschutzrechte 150
 II. Übersicht über die Vertragsbeziehungen und wesentlichen Regelungsinhalte .. 158
    1. Rollen und Vertragstypen 158
    2. Verträge des Musikproduzenten 163

5. Kapitel Musikrecht

	Rdn.
3. Wesentliche Inhalte der Tonträgerverträge	164
4. Schematische Übersicht über die Tonträgerverträge	168
III. Künstlervertrag	170
1. Rollen – Abgrenzungen	170
2. Rechtsnatur	177
3. Inhaltskontrolle	179
a) Vertragsfreiheit	179
b) Rechtsinstitute der Inhaltskontrolle	180
aa) Anspruch auf angemessene Vergütung (§ 32, 32 a, 79 Abs. 2 Satz 2 UrhG)	180
bb) Allgemeine Geschäftsbedingungen (§§ 305 ff. BGB)	181
cc) Sittenwidrigkeit (§ 138 Abs. 1 BGB)	187
4. Produktion – Mitwirkung	190
a) Vertragsproduktionen	190
b) Durchführung der Produktion	192
5. Rechteübertragung	193
a) Übersicht	193
b) Generalklausel vs. Rechtekatalog	196
c) Vervielfältigung, Verbreitung	201
d) Bearbeitung, Entstellung	204
e) Öffentliche Wiedergabe, Sendung (+ Vergütungsansprüche)	207
f) Öffentliche Zugänglichmachung, Online-Verwertung	210
g) Synchronisationsrecht	215
h) Sonstige, unbekannte Nutzungsarten	217
i) Namensrechte	219
j) Bildrechte	222
k) Internet-Domains	224
l) Merchandising + Werbung, Sponsoring	225
aa) Merchandising	225
bb) Werbekooperationen	230
cc) Websitekommerzialisierung	234
m) Auswertungsterritorium/-dauer	236
n) Weiterübertragung der Rechte – Vertragsübertragung	237
o) Gewährleistungsklausel	239
6. Exklusivbindungen	240
a) Persönliche Exklusivität	240
aa) Inhalt/Rechtsnatur	240
bb) Ausnahmen/Freistellungen	242
cc) Territorium	243
b) Titelexklusivität	244
7. Werbung, Promotion	248
8. Auswertung	251
a) Auswertungsmodalitäten	251
b) Auswertungspflicht des Tonträgerherstellers?	255
9. Vergütung	261
a) Abrechnungsbasis	261
aa) Begriff	261
bb) Händlerabgabepreis	262
cc) Nettodetailverkaufspreis	264
dd) Großhandelspreis	266
ee) Abzüge	267
ff) Nettoerlös	268
b) Abrechnungsmenge	271
c) Formatpauschale	275
d) Höhe der Umsatzbeteiligung	280
aa) Basislizenz	280
bb) Lizenzerhöhungen	287
cc) Reduzierungen	288
e) Beteiligung an Pauschalerlösen, bei Vergabe von Lizenzen	291
f) Anteilsbildung	293

	Rdn.

g) Abrechnungen 296
    aa) Abrechnungsturnus 296
    bb) Retourenreserven 298
    cc) Auskunftsanspruch 300
    dd) Buchprüfungsrecht 301
    ee) Verjährung 306
h) Steuern 308
i) Vorauszahlungen 310
j) Verrechnung von Umsatzbeteiligungen 317
    aa) Vorauszahlung 317
    bb) Querverrechnung 318
    cc) Produktionskosten der Tonaufnahmen 320
    dd) Videoproduktionskosten 322
    ee) Toursupport 325
    ff) Remixes 327
10. Vertragslaufzeit 328
    a) Vertragsdauer 328
    b) Zeiträume/Optionen 329
    c) Laufzeit der einzelnen Vertragsperioden 332
    d) Beendigungsmöglichkeiten: 336
        aa) Ordentliche Kündigung 336
        bb) Kündigung aus § 40 UrhG 337
        cc) Kündigungsrecht aus § 314 BGB 338
        dd) Kündigungsrecht aus § 624 BGB 339
        ee) Kündigungsrecht aus § 627 BGB 340
        ff) § 138 BGB 341
11. Verlagsklausel 342
    a) Einräumung von Verlagsrechten 342
    b) Controlled Compositions Clause 346
12. »360-Grad-Deals« 348
    a) Ansatz 348
        aa) Gegenstand der Beteiligungsverpflichtung des Künstlers . 354
        bb) Gegenleistungen der Tonträgerunternehmen 355
IV. Produzentenvertrag 356
  1. Begriff des Produzenten 356
    a) Künstlerischer Produzent 357
    b) Wirtschaftlicher Produzent 360
  2. Gegenstand und Rechtsnatur des Produzentenvertrages 362
  3. Produktion 364
    a) Durchführung 364
    b) Kosten der Produktion 365
  4. Rechteübertragung 366
  5. Exklusivbindung 367
  6. »Clearing« 368
  7. Vergütung 370
  8. Vertragsdauer 372
  9. Remix-Vertrag 373
V. Bandübernahmevertrag 378
  1. Beteiligte – Gegenstand – Rechtsnatur 378
  2. Produktion – Lieferumfang 384
  3. Rechteeinräumung 389
    a) Rechteübertragung/-einräumung 389
    b) Auswertungsdauer 391
    c) Auswertungsterritorium 392
  4. Exklusivbindungen/Künstlerpflichten 394
  5. Vergütung 399
    a) Umsatzbeteiligung 399
    b) Vorauszahlung 402
    c) GVL-Einnahmen 403
    d) Verrechnung 404
  6. Vertragslaufzeit/Optionen 405

	Rdn.
7. Künstlerbrief	408
8. Besonderheiten bei 360-Grad-Deals	412
a) Multiple Rights	413
b) Beteiligung an Künstlereinnahmen	416
c) Management	418
VI. Vertriebsvertrag	419
1. Rollen – Gegenstand	419
2. Exklusivität des Vertriebsrechts	423
a) Vertriebsgebiet	424
b) Vertriebswege	425
3. Leistungen des Produzenten	428
a) Lieferung der Ware	428
b) Disposition	430
c) Marketing/Promotion	434
d) Informationen	436
e) Rechtliche Garantien	437
4. Leistungen der Vertriebsfirma	439
a) Herstellung der Tonträger	439
b) Lagerhaltung	441
c) Vertriebsaktivitäten	443
d) Verkaufsabwicklung	444
5. Vergütung/Abrechnung	445
a) Preisgestaltung	445
b) Vergütung der Vertriebsfirma	446
c) Abrechnung	452
6. Retouren	454
a) Vernichtung/Lagerrückführung	454
b) Retourenvergütung	457
c) Retourenreserve/Negativabrechnungen	459
d) Lagerbestandsverzeichnis – Schlussabrechnung	461
7. Vertragsdauer und -beendigung	463
8. Upstream	465
9. Digitalvertriebsvertrag	468

A. Einleitung

1 In der fachanwaltlichen Praxis wird der Anwalt im Bereich der »Musik« nicht mit rein urheberrechtlichen Problematiken konfrontiert, sondern hat zumeist allgemein mit rechtlichen Aspekten des »Musikgeschäfts« bzw. der »Musikwirtschaft« zu tun.

2 Konkret berät er die Hauptakteure dieses Wirtschaftsbereichs: **Kreative** (seien es Komponisten/Textdichter und/oder ausübende Musikkünstler, Musikproduzenten), **Verwerter** (Musikverlage, Tonträgerunternehmen, Vertriebsfirmen, Konzertveranstalter, Merchandisingfirmen, Filmproduzenten, Rundfunksender, Internetportale, Verwertungsgesellschaften und Markenartikler) oder **Mittler** (Manager, Agenten, Promotion- und Werbeagenturen), die sowohl in rechtlichen als auch in wirtschaftlichen Abhängigkeiten zu einander stehen.

3 Das immer breiter werdende Spektrum der Akteure reflektiert die Veränderung am »Markt«: während früher das Geschäft mit Tonträgern den Schwerpunkt der Musikwirtschaft bildete, sind die Umsätze der Tonträgerunternehmen in den letzten 10 Jahren ständig zurückgegangen (um über 40 % seit 1999). Die Musiknutzung hat aber im gleichen Zeitraum um über 200 % zugenommen. Bereiche der Musikwirtschaft wie das Verlagsgeschäft sind stabil geblieben oder haben wie das Tournee- und **Livegeschäft** stark zugelegt. Auch der Bereich des Marketings und der Werbung für Drittprodukte stellt mittlerweile für die o.g. Beteiligten einen wichtigen Bereich der kommerziellen Musikverwertung dar. Durch das Internet als vielfältige Kommunikations- und Vertriebsplattform sind neue Verwertungsarten hinzugekommen und so haben sich neue Marktstrukturen (auch für die verschiedenen geschäftlichen »Möglichkeiten« des einzelnen Künstlers) ergeben.

Dennoch werden auch die »neuen« **konvergierenden** Musikverwertungen und die hierfür erforderlichen Regelungsansätze am besten mit den klassischen »Vertragsmodellen« im Musikverlags- und Tonträgergeschäft abgebildet. 4

Die Darstellung im folgenden Beitrag konzentriert sich daher auf die klassischen und typischen Rechts- und Vertragsbeziehungen im Musikverlags- und Tonträgerbereich. Dabei kommt die theoretisch-didaktische Vertiefung der Grundlagen des Musikurheberrechts nicht zu kurz und insbesondere wird ihre Relevanz für die anwaltlichen Gestaltungs- und Konfliktregelungsaufgaben aufgezeigt. 5

B. Musikurheber- und Verlagsrecht

Bevor unter Rdn. 150 ff. die Verwertung von Tonaufnahmen im Rahmen von Tonträgerverträgen behandelt wird, soll nun nachfolgend die Verwertung der den Tonaufnahmen zugrunde liegenden Musikwerke, deren Schaffung und die typischen Vertragsbeziehungen dargestellt werden. 6

I. Rechte am Musikwerk und Rechte der Musikurheber

1. Das Musikwerk

Ausgangspunkt für die in Ziffer III. und IV. dargestellten Vertragsverhältnisse ist das **Musikwerk**. Das Musikwerk ist in § 2 Abs. 1 Nr. 2 UrhG geschützt. Hierzu muss das Musikwerk durch die menschlich-gestaltende Tätigkeit des Urhebers[1] eine schöpferische Individualität aufweisen, um als persönlich geistige Schöpfung urheberrechtlichen Schutz genießen zu können.[2] Diese Individualität kann im Werk in unterschiedlichem Umfang zum Tragen kommen, was mit dem Begriff Gestaltungshöhe umschrieben wird.[3] 7

Für das Musikwerk heißt das konkret, dass es eine individuell gestaltete **Tonfolge** besitzen muss, um als persönliche geistige Schöpfung urheberrechtlichen Schutz zu erlangen. Die Gestaltungshöhe dieser Schöpfung wird durch die Tondauer, die Lautstärke und die Klangfarbe bestimmt.[4] Aus der Komposition dieser vorgenannten Elemente entsteht sodann in Kombination mit dem »Rhythmus« und den verschiedenen Tonhöhen als Äußerung einer individuellen ästhetischen Ausdruckskraft die hörbar wahrnehmbare Komposition.[5] 8

Es gibt aber auch Fälle, in denen sich eine individuelle Eigentümlichkeit und somit der Werkcharakter eines Musikwerkes auf den ersten Blick nicht erkennen lassen.[6] Insbesondere im Bereich der Pop- und Schlagermusik, in der teilweise simpelste Melodien und Texte verwendet werden, liegt das Vorliegen einer individuellen und eigentümlichen Schöpfung nicht ohne weiteres auf der Hand. Für die Anerkennung einer schöpferischen Eigentümlichkeit von Musikwerken müssen laut der Rechtsprechung keine besonders 9

---

1 Näher hierzu unter Rdn. 14-17.
2 *Dreyer*/Kotthoff/Meckel § 2 Rn. 16, 17.
3 Fromm/*Nordemann* § 2 Rn. 131.
4 Loewenheim/*Loewenheim* § 9 Rn. 62.
5 *Dreyer*/Kotthoff/Meckel § 2 Rn. 110.
6 Vgl. in Bezug auf Sprachwerke/eine einzelne Liedzeile auch OLG Hamburg, Beschl. v. 26.4.2010, 5 U 160/08.

hohen Kriterien erfüllt sein.[7] Vielmehr reicht es aus, dass die formgebende Tätigkeit des Komponisten einen nur geringen Schöpfungsgrad aufweist, ohne dass es dabei auf dessen künstlerische Leistung ankommt.[8] Insoweit ist insbesondere für den musikalischen Bereich der Schutz der so genannten »**kleinen Münze**« bekannt, wonach noch diejenigen geistigen Schöpfungen als noch soeben schützenswerte Werke angesehen werden, die an der untersten Grenze der Schutzfähigkeit liegen.[9]

10 Wie dargestellt genießen bereits einfachste Melodien urheberrechtlichen Schutz. Das Gleiche gilt auch für kleinste Tonfetzen, deren Verwertung, z.B. im Rahmen des sog. **Sampling**, also der Digitalisierung von Tonfetzen und deren Nutzung als Klangquellen, urheberrechtlich relevant sein kann.[10]

11 Ein solches urheberrechtlich geschütztes Musikwerk kann beispielsweise in Druckform auf Notenpapier wiedergegeben werden. Ferner kann das Werk auch mit Hilfe von interpretierenden Musikern akustisch wahrnehmbar gemacht werden, wobei eine solche akustische Wahrnehmbarmachung wiederum als Musikaufnahme auf Tonträgern gespeichert und beliebig oft wiedergegeben werden kann. Als Beispiele sind hierfür die **Aufführung** des Musikwerkes im Rahmen eines Konzerts durch Musiker, sowie die Aufnahme dieses Konzerts auf einem beliebig oft abspielbaren Tonträger, zu nennen. Eben die Fixierungen der Musikaufnahme auf Tonträgern, deren massenhafte **Vervielfältigung**, mit der gleichzeitig auch eine Vervielfältigung des entsprechenden Musikwerkes einhergeht, sowie wie weitere Verwertungsformern wie zum Beispiel die Möglichkeit der Aufführung von Musikwerken stellen die Grundvoraussetzung für das Wirtschaften der Musikindustrie dar.

12 Neben dem Musikwerk als »reine« Tonfolge in Form einer Komposition kann ein **Liedtext** als Sprachwerk gemäß § 2 Abs. Nr. 1 UrhG hinzutreten. Im Regelfall passiert dies immer dann, wenn unter ein Musikwerk eines Komponisten (somit einer Komposition) ein bestimmter Liedtext eines Textdichters gelegt wird, so dass dann ein verbundenes Werke im Sinne von § 9 UrhG vorliegt.[11]

13 Diese **Werkverbindung** zwischen Musikwerk und Sprachwerk, also von Komposition und Text lässt die einzelnen verbundenen Werke rechtlich selbstständig bleiben.[12] In Abgrenzung zur Miturheberschaft wird eine Werkverbindung grundsätzlich immer dann angenommen, wenn die einzelnen Werke unterschiedlichen Werkarten angehören.[13] Somit sind rechtlich weder der Komponist, noch der Textdichter gehindert, ihr jeweiliges Werk auch anderweitig zu verwerten bzw. isoliert vom anderen Werk weiter zu nutzen. Damit jedoch nicht einer der Urheber die Veröffentlichung, Verwertung und Änderung der verbundenen Werke verweigern kann, bestimmt § 9 UrhG, dass der Urheber des einen Werkes seine Einwilligung in Verwertungshandlungen wider Treu und Glauben nicht verweigern darf.

2. Urheber und Miturheber

14 Schafft ein Komponist das Musikwerk allein, ist er alleiniger Schöpfer und somit Allein-Urheber des Musikwerkes. Jedoch können am Zustandekommen dieses Musikwerkes auch mehrere Urheber beteiligt sein. In den Fällen, in denen mehrere Beteiligte an dem

---

7 Möhring/Nicolini/*Ahlberg* Einl. Rn. 22.
8 BGH GRUR 1981, 267, 268 – Dirlada; BGH NJW 1989 387, 388 – Ein bisschen Frieden; BGH NJW-RR 1991, 812, 812 – Brown Girl II.
9 Möhring/Nicolini/*Ahlberg* Einl. Rn. 21.
10 BGH MMR 2009, 253 – Metall auf Metall.
11 Näher hierzu unter Rdn. 17, 24.
12 *Schack* Rn. 291.
13 Vgl. auch Fromm/*Nordemann* § 9 Rn. 8, 9.

Zustandekommen des Musikwerkes beteiligt sind, sind diese als so genannte **Miturheber** im Sinne des § 8 UrhG anzusehen.

Neben dem ursprünglichen Urheber ist der Bearbeiter, wenn seine Bearbeitung des Ursprungswerkes urheberrechtlichen Schutz i.S.d. § 2 Abs. 2 Nr. 2 genießt, ebenfalls als Urheber anzusehen. Ferner kann auch **Arrangeuren**[14] insbesondere durch ihre Orchestrierung, die dem Musikwerk eine bestimmte akustisch wahrnehmbare Gestalt verleihen, urheberrechtlicher Schutz zukommen.

Die Miturheber stellen gemäß § 8 Abs. 2 UrhG eine **Gesamthandsgemeinschaft** dar mit der Folge, dass die Miturheber über die Verwertung etc. ihres gemeinsam geschaffenen Werkes nur einstimmig (§§ 709, 714 BGB) entscheiden können.

Gemäß § 8 Abs. 3 UrhG gebühren den Miturhebern die Erträge aus der Nutzung eines Musikwerkes stets nach ihrem Anteil an der Schöpfung. Dabei ist der Gesamtumfang der Mitarbeit der jeweiligen Miturheber zugrunde zu legen.[15] Dies ist dann auch im Rahmen der Anmeldung der Werke bei der GEMA maßgeblich, da der exakte Umfang der Beteiligung der Miturheber anzugeben ist. Ist dagegen keine Vereinbarung über den Umfang der Miturheberschaft getroffen worden und lassen sich die Anteile der Miturheber nicht ermitteln, so wird man die Miturheber im Zweifel nach Kopfteilen an den Erlösen teilhaben lassen.[16]

In Abgrenzung zur Miturheberschaft und ausgehend davon, dass in der Regel eine Werkverbindung zwischen Komposition und Text vorliegt, sind die jeweiligen Urheber der einzelnen Werke als »mehrere Urheber« anzusehen, die in Folge der Verbindung eine **Gesellschaft bürgerlichen Rechts** i.S.d. §§ 705 ff. BGB darstellen.[17] Hiervon ausgehend kann es sich bei Vorliegen einer Autoren- (Künstler-)gruppe anbieten, entsprechende gesellschaftsrechtliche Regelungen für die Mit-Urheberschaft als auch für den Fall der Verbindung von allein von einem Urheber geschaffenen Werke in einem GbR- Vertrag aufzunehmen.

3. Das Urheberrecht

Das Urheberrecht hat zwei Komponenten inne. Während die **Verwertungsrechte** dem Urheber die finanzielle Entlohnung für sein kreatives Schaffen sichern, schützt das Urheberpersönlichkeitsrecht die ideelle Beziehung des Urhebers zu seinem Werk.

Das **Urheberpersönlichkeitsrecht** regelt diejenigen Rechtsbeziehungen des Urhebers zu seinem Werk, bei denen die geistigen und persönlichen Beziehungen des Urhebers zu seinem Werk im Vordergrund stehen (vgl. § 11 Satz 1 UrhG).[18] Beispielsweise sind diese auch bei Musikwerken insbesondere das Veröffentlichungsrecht (§ 12 UrhG), das Recht auf Anerkennung der Urheberschaft (§ 13 UrhG)[19] und der in § 23 UrhG normierte Schutz des Urhebers gegen die Bearbeitung und Umgestaltung zu nennen.

Bei Musikwerken ist in diesem Zusammenhang regelmäßig in der Praxis die Beurteilung schwierig, ob eine zulässige, d.h. ohne Einwilligung des Urhebers gem. § 23 UrhG mögliche **Cover-Version** oder ob eine die Einwilligung erfordernde Bearbeitung vorliegt. In jedem Fall ist von einer Cover-Version auszugehen, wenn das Ursprungs- Musikwerk

---

14 Loewenheim/*Czychowski* § 9 Rn. 76, ausführlich hierzu *Schunke* Kap. 3 IV 2 c, wobei Arrangeuren regelmäßig die Rolle eines Bearbeiters des Ursprungsmusikwerkes zukommt.
15 Fromm/*Nordemann* § 8 Rn. 28.
16 *Homann* Kap. A 2.2.
17 *Schack* Rn. 293.
18 Möhring/Nicolini/*Kroitzsch* § 11 Rn. 1.
19 Fromm/Nordemann/*Dustmann* Vor. § 12 Rn. 3.

identisch wiedergegeben wird, so dass in diesem Fall nur die bei der GEMA einzuholenden Vervielfältigungsrechte betroffen sind und deren Einräumung in § 11 UrhWG geregelt ist. Die Wiedergabe des Ursprungs-Musikwerkes lediglich in einer anderen Tonart könnte gegebenenfalls im Einzelfall noch nicht als eine Bearbeitung im Sinne von § 23 UrhG angesehen werden,[20] sobald jedoch der klangliche Charakter der Tonfolgen merklich vom Ursprungs-Musikwerk abweicht, z.B. anderer Musikstil, das Tempo der Tonfolgen verändert wird oder weitere Tonfolgen hinzugefügt werden, bedarf es der Zustimmung zu (vorgenannten) Bearbeitungen.[21]

21 Die Verwertungsrechte haben dagegen die Aufgabe, dem Urheber eine **angemessene Vergütung** zu sichern (vgl. § 11 Satz 2 UrhG), indem sie dem Urheber das alleinige und somit ausschließliche Recht geben, sein Werk in dem durch ihn bestimmten Umfang zu nutzen und andere von der Nutzung auszuschließen.[22] Hierdurch wird dem Musikurheber auch die Möglichkeit gegeben, Dritten Nutzungsrechte einräumen (§ 31 UrhG) und dafür wiederum eine angemessene Vergütung durch die Nutzer zu erhalten (§ 32 UrhG). Insoweit schaffen die Verwertungsrechte dem Urheber die rechtliche Grundlage dafür, Art und Umfang der Nutzung seines Musikwerkes zu überwachen und diese von der Zahlung einer Vergütung abhängig zu machen.[23]

4. Rechtewahrnehmung

22 Die Rechte an einem aus Musik- und **Sprachwerk** verbundenen Werk werden zum Teil individuell und zum Teil kollektiv wahrgenommen. In diesem Zusammenhang ist der jeweilige Vertragsgegenstand, auf den sich die individuelle und kollektive Rechtewahrnehmung bezieht, herauszuarbeiten. Wie dargestellt,[24] stellt das einer Musikaufnahme zugrunde liegende Werk im Regelfall eine Werkverbindung zwischen »Musikwerk« und eine »Sprachwerk« dar, wobei sich der jeweilige Schutz gemäß § 2 Nr. 2 bzw. Nr. 1 UrhG ergibt.

23 Hiervon ausgehend ist im Hinblick auf die Verwertung und Nutzung von Musik- und Sprachwerken folgendes zu beachten:

Der **GEMA**-Berechtigungsvertrag[25] bezieht sich nach § 1a) (u.a.) des Berechtigungsvertrages auf »Werke der Tonkunst mit und ohne Text« und somit nicht auf das trotz Werkverbindung eigenständig gebliebene Sprachwerk (Liedtext), so dass die GEMA[26] am Sprachwerk auch keine Rechte kollektiv gegenüber Verwertern wahrnehmen kann.

24 Im Gegensatz hierzu umfasst der **Autorenexklusivvertrag**[27] in der Regel neben dem Musikwerk (mit und ohne Text) auch das Sprachwerk, den Liedtext an sich. Insofern findet sich in Autorenexklusivverträgen regelmäßig die Formulierung: »Werke der Tonkunst mit/ohne Text sowie Texte allein«.

25 Insofern können Rechte an einem Sprachwerk (Text allein) als eigenständiges Werk lediglich individuell wahrgenommen werden, so dass beispielsweise die Übersetzung eines Liedtextes sowie der Abdruck eines Liedtextes in einem **Songbook** losgelöst von dem Musikwerk, somit rein vertragsgegenständlich nicht von der GEMA, sondern individuell

---

20 Vgl. Fromm/Nordemann/*Dustmann* § 3 Rn. 32.
21 *Dreyer*/Kotthoff/Meckel § 3 Rn. 31.
22 Loewenheim/*Loewenheim* § 19 Rn. 1.
23 Fromm/Nordemann/*Dustmann* § 15 Rn. 2.
24 Näher hierzu unter Rdn. 12.
25 Näher hierzu unter Rdn. 71–84.
26 Näher hierzu unter Rdn. 37–42 und Kap. 11 Rdn. 47 ff.
27 Näher hierzu unter Rdn. 85–125.

vom Musikverlag[28] bzw. vom Urheber – sollte ein Vertrag zwischen Urheber und Musikverlag nicht bestehen – wahrgenommen wird.

Ausgehend hiervon ist weiter bei der Rechtewahrnehmung zwischen individueller und kollektiver Rechtewahrnehmung zu unterscheiden.

a) Individuelle Rechtewahrnehmung

Unter »**individuelle** Rechtewahrnehmung« ist zu verstehen, dass bestimmte Rechte vom jeweiligen Rechteinhaber selbst und damit individuell, anstatt kollektiv für sämtliche Rechteinhaber durch eine Verwertungsgesellschaft, wahrgenommen werden. Es handelt sich insoweit um Rechte, bezüglich derer der einzelne Rechteinhaber in der Lage ist, die Verwertung durch Nutzer zu kontrollieren und dementsprechend selbst die diesbezügliche Rechtevergabe vorzunehmen und die Vergütung hierfür zu verhandeln.[29]

26

Gegenstand der individuellen Rechtewahrnehmung sind daher diejenigen Rechte, welche einen urheberpersönlichkeitsrechtlichen Bezug zum Musikwerk, wie beispielsweise Bearbeitungsrechte bzw. Fälle der **Werkentstellung** oder sonstigen Werkbeeinträchtigung (vgl. §§ 14 und 39 UrhG), haben, und die Rechte, die nicht gemäß dem GEMA-Berechtigungsvertrag von der GEMA im Rahmen der kollektiven Wahrnehmung wahrgenommen werden, sowie die Rechte am separaten Sprachwerk.

27

Denn andernfalls wäre die GEMA auch im Hinblick auf diejenigen Rechte, die urheberpersönlichkeitsrechtliche Bezüge aufweisen, aufgrund ihres **Abschlusszwangs** gemäß § 11 WahrnG verpflichtet, diesbezüglich an Nutzer entsprechende Lizenzrechte zu vergeben. Insofern ist es sachgerechter, dass dem Rechteinhaber z.B. weiterhin die Entscheidung obliegt, ob er in eine Bearbeitung seines Werkes einwilligt oder nicht.

28

Zu den Rechten, die der individuellen Rechtewahrnehmung (durch den Musikurheber/Musikverlag) unterliegen, zählen somit insbesondere die Vergabe von Bearbeitungsgenehmigungen, z.B. für die Verwendung eines Musikwerks für einen **Werbespot** oder zur Klingeltonnutzung oder z.B. das Filmsynchronisationsrecht (Verbindung des Musikwerks mit einem Film), wobei das regelmäßig zunächst auf die GEMA übertragene Filmsynchronisationsrecht erst nach einem zuvor erfolgten Rechterückruf wieder individuell durch den Musikurheber oder den Musikverlag wahrgenommen wird.[30]

29

Hinsichtlich dieser Rechte, die von der individuellen Rechtewahrnehmung erfasst sind, fungiert der Musikverlag im Rahmen der diesbezüglichen Rechtevergabe in der Praxis regelmäßig als Ansprechpartner für Nutzer von Musikwerken.

Exkurs: Der Musikverlag

30

Die Hauptaufgabe des **Musikverlages** bestand ursprünglich im klassischen Notendruck, wobei heutzutage das Aufgabenspektrum eines Musikverlags wesentlich vielfältiger geworden ist und der Notendruck und das diesbezügliche Verlagsrecht insbesondere im Bereich der Unterhaltungsmusik eine eher untergeordnete Rolle spielt. Insofern kann eine Unterteilung von Musikverlagen in E-Musikverlage (solche der ernsten/klassischen Musik) und in U-Musikverlage (solche der Unterhaltungsmusik) vorgenommen werden. Dies ist insbesondere im Hinblick auf die Ausschüttungen der Tantiemen durch die GEMA von Bedeutung, da regelmäßig die Urheber von E-Musik verhältnismäßig höhere Anteile an den zu verteilenden Tantiemen erhalten als die Urheber von U-Musik. Der

---

28 Näher hierzu unter Rdn. 30-33.
29 Beier/Götting/Lehmann/Moufang/*Vogel* Teil 1 C I 1.
30 Auf die Besonderheiten bei der Wahrnehmung des Filmsynchronisationsrechts wird gesondert bei der Darstellung der Regelungen des Berechtigungsvertrages unter Rdn. 79-82 eingegangen.

Grund hierfür ist, dass die GEMA der E-Musik grundsätzlich eine höhere kulturelle Bedeutung beimisst, mit der Folge, dass an die Urheber der E-Musik regelmäßig höhere Tantiemen ausgeschüttet als mit der E-Musik eingenommen werden.[31]

31 Hiervon ausgehend kann die Hauptaufgabe eines Musikverlags nunmehr dahingehend abstrakt beschrieben werden, dass er sich für die Verwertung und den Schutz der Werke einsetzt; ein Musikverlag wird sich daher, selbst wenn das Vervielfältigungsrecht durch die GEMA und nicht den Musikverlag wahrgenommen wird, zuvor dafür einsetzen, dass die Werke für Tonaufnahmen genutzt werden und somit auf Tonträger vervielfältigt werden. Eine Kernaufgabe der Musikverlage besteht somit darin, die Auswertung der Musikwerke durch die Förderung einer möglichst häufigen Aufführung, Sendung, Verbreitung etc. der Musikwerke zu optimieren. Um insoweit auch eine umfassende Auswertung der Musikwerke im Ausland zu gewährleisten, schließen Musikverlage regelmäßig sog. Subverlagsverträge mit ausländischen Musikverlagen ab.[32]

32 Darüber hinaus sind weitere Aufgaben des Musikverlages in der **Administration** der Musikwerke, das heißt z.B. der Anmeldung von Musikwerken bei der GEMA und die Kontrolle und Abrechnung der eingehenden Lizenzentgelte, zu sehen. Des Weiteren setzt sich der Musikverlag, hier ausgehend von der entsprechenden Rechteübertragung auf ihn und nicht auf die GEMA, beispielhaft für eine Auswertung im Filmbereich (Synchronisation als Verbindung mit einem Film) oder im Rahmen von Werbung (Verwendung für einen Werbespot) ein.[33]

Somit spielen bei der Verwertung von Nutzungsrechten an Musikwerken sowie im Hinblick auf die urheberpersönlichkeitsrechtlichen Bezüge Musikverlage im Rahmen der Rechtewahrnehmung eine maßgebliche Rolle.

33 Der Musikverlag schließt neben dem regelmäßigen Abschluss des Berechtigungs-/**Wahrnehmungsvertrages** (nachfolgend einheitlich Berechtigungsvertrag) mit der GEMA zudem insbesondere im Hinblick auf Musikwerke Verträge mit den Urhebern, so zum Beispiel einen Autorenexklusivvertrag,[34] in welchem entsprechende Rechte auf den Musikverlag übertragen werden.

b) Kollektive Rechtewahrnehmung (Massennutzung, GEMA)

34 Unter der kollektiven Rechtewahrnehmung sind diejenigen Verwertungsvorgänge zu verstehen, in denen die GEMA, insbesondere ausgehend von den bestehenden Berechtigungsverträgen, die ihr eingeräumten Nutzungsrechte für eine Vielzahl von Nutzungen teils durch festgeschriebene Lizenzentgelte und teils durch individuell ausgehandelte Vereinbarungen mit Nutzern, wie z.B. den Fernsehsendern, einräumt.[35] Insbesondere im Rahmen der massenhaften Nutzung eines Musikwerkes ist eine individuelle Rechtevergabe und Kontrolle durch den jeweiligen Rechteinhaber kaum durchführbar. In diesem Zusammenhang wird bei der kollektiven Rechtewahrnehmung ferner zwischen der **gewillkürten Rechtewahrnehmung** durch die GEMA aufgrund des Abschlusses von Berechtigungsverträgen und der gesetzlichen, für die GEMA **obligatorischen Rechtewahrnehmung** unterschieden. Insofern ergibt sich die gesetzliche, d.h. obligatorische, kollektive Rechtewahrnehmung durch die GEMA z.B. aus den §§ 20b Abs. 1 Satz 1, 27 Abs. 3, 45a Abs. 2 Satz 2, 49 Abs. 1 Satz 3, 52a Abs. 4 Satz 2, 54h Abs. 1 UrhG, u.a. auch hinsichtlich der Geltendmachung bestimmter gesetzlicher Vergütungsansprüche.

---

31 Vgl. Moser/Scheuermann/*Kreile/Becker* 687, 689.
32 *Baierle* Teil 2 D VII 1 a.
33 Näher hierzu unter Rdn. 79-82, 51-61, 91.
34 Näher hierzu Rdn. 85-125.
35 Beier/Götting/Lehmann/Moufang/*Vogel* Teil 1 C I 1.

B. Musikurheber- und Verlagsrecht

Über den GEMA-Berechtigungsvertrag[36] werden konkrete, in diesem Vertrag von der GEMA vorgegebene Rechte von dem jeweiligen Musikurheber der GEMA als Exklusivrechte zur **treuhänderischen** (kollektiven) **Wahrnehmung** und Weiterübertragung an Dritte übertragen; insbesondere sind dies das Vervielfältigungsrecht, das Senderecht, das Recht zur öffentlichen Aufführung sowie das Recht zur Nutzung in den neuen Medien.

In diesem Zusammenhang ist noch darauf hinzuweisen, dass die im Rahmen des GEMA-Berechtigungsvertrages der GEMA von den Berechtigten übertragenen Rechte auch als sog. »**kleine Rechte**« bezeichnet werden, während als Pendant hierzu für die individuell durch die Musikverlage oder Urheber selbst wahrgenommenen Rechte der Begriff »**große Rechte**« gebraucht wird.[37]

Exkurs: Die GEMA

Die **GEMA**[38] ist eine Verwertungsgesellschaft, die sich durch den GEMA-Berechtigungsvertag Verwertungsrechte an Musikwerken zur treuhänderischen Wahrnehmung übertragen lässt und für Nutzungen der Musikwerke Lizenzentgelte einzieht und an die Inhaber der Verwertungsrechte ausschüttet. Die vorgenannte treuhänderische Wahrnehmung durch die GEMA bedeutet insofern, dass der Berechtigte zwar Rechteinhaber bleibt, allerdings die GEMA grundsätzlich berechtigt ist, an Nutzer einzelne einfache (Nutzungs-) Rechte ohne jeweilige Zustimmung durch den Rechteinhaber zu vergeben.

Um den Sinn und Zweck der Einrichtung GEMA verständlich zu machen, ist die Betrachtung der Nutzungssituation geboten:

Wie bereits dargestellt, sind der Urheber und der Verlag als Berechtigte im Hinblick auf eine Reihe von urheberrechtlichen Nutzungsrechten/Verwertungsrechten, die einer massenhaften Nutzung wie zum Beispiel im Rahmen von Konzerten und Hörfunksendungen unterliegen, nicht in der Lage, sämtliche solche Nutzungen zu erfassen, zu kontrollieren und einzeln durch Lizenzvergabe zu erlauben. So ist es für Urheber und Verlag insbesondere nicht möglich, infolge der Unüberschaubarkeit aller getätigten Nutzungshandlungen die jeweilige Nutzung von Musikwerken durch Rundfunkanstalten, Veranstalter, Unterhaltungsbetriebe etc. nachzuhalten, so dass diese Aufgabe von der GEMA übernommen wird.

Dementsprechend ermöglicht und fördert die GEMA die Massennutzung urheberrechtlich geschützter Musikwerke durch die Lizenzeinräumung an die Verwerter und schüttet die von diesen eingenommenen Entgelte aufgrund eines festgelegten **Verteilungsschlüssels**[39] an die Berechtigten aus, wobei die GEMA naturgemäß dann erst tätig wird, wenn ein Musikwerk bereits ausgewertet wird, z.B. weil es bereits auf Tonträgern vertrieben oder im Radio gespielt wird.

Zugleich nimmt die GEMA somit eine **Mittlerfunktion** zwischen den Berechtigten und den Verwertern ein, indem sie beispielsweise gemäß § 10 UrhWG verpflichtet ist, Verwertern auf schriftliches Verlangen Auskunft über ihre Rechtewahrnehmung zu geben.

Die GEMA ist aufgrund des in § 11 Abs. 1 UrhWG normierten **Kontrahierungszwanges** weiter verpflichtet, jedermann auf Verlangen die von ihr wahrgenommenen Nutzungsrechte zu angemessenen Konditionen zur Verfügung zu stellen.[40] Hierbei tritt die

---

36 Hierzu ausführlich unter Rdn. 71-84.
37 Kreile/Becker/Riesenhuber/*Staudt* Kap. 10 Rn. 37.
38 Näher hierzu Kap. 11 Rdn. 47 ff.
39 Näher hierzu Rdn. 83-84.
40 *Staudt* § 1 I 1; Wandtke/*Schunke* Kap. 3 Rn. 33.

GEMA im Regelfall nicht nur für den einzelnen Urheber auf, sondern macht Rechte aller Urheber gegenüber Verwerten als kollektive Rechtewahrnehmung[41] geltend.

42 Hierdurch verliert zwar der Urheber einerseits bezüglich der der GEMA eingeräumten Nutzungsrechte die Kontrolle darüber, von wem das Musikwerk genutzt werden darf oder nicht.[42] Andererseits hat die GEMA jedoch zur Sicherung der angemessenen Entlohnung der Kreativen für die Einräumung von Nutzungsrechten an den Musikwerken einheitliche **Tarife** aufzustellen (§ 13 UrhWG).

c) Grenzfälle zwischen individueller und kollektiver Rechtewahrnehmung

43 Wie aufgezeigt, besteht somit ein sog. Mischsystem aus individueller und kollektiver Rechtewahrnehmung, weshalb es in der Praxis regelmäßig zu Überschneidungen und Abgrenzungsfragen kommt, die auch Gegenstand von Rechtsstreitigkeiten zwischen Musikverlagen,. Nutzern und/oder der GEMA sind. Vor diesem Hintergrund kam es auch in jüngster Vergangenheit zu Rechtsstreitigkeiten hinsichtlich des Wahrnehmungsumfangs z.B. im Bereich der Verwertung von Musikwerken im Werbebereich(siehe bb)) und als Klingeltöne (siehe cc)).

44 Anhand der nachfolgenden drei BGH-Entscheidungen soll veranschaulicht werden, dass die (streitige) Frage auftreten kann, ob die konkrete Verwertung eines Musikwerks neben kollektiven Rechtewahrnehmung durch die GEMA in Erteilung der jeweiligen GEMA-Lizenz auch noch daneben die **Einwilligung** des Musikverlages/Musikurhebers (individuelle Rechtewahrnehmung) erfordert, mit der möglichen zusätzlichen Folge, dass auch eine entsprechende Vergütung für die Einwilligung gefordert wird. Rechte für bestimmte Verwertungshandlungen müssen daher sowohl bei der GEMA als auch bei dem Musikurheber bzw. Musikverlag eingeholt werden.

45 Es kann daher Grenzfälle geben, in denen sich im Rahmen der Rechtewahrnehmung nicht klar trennen lässt, ob diese individuell durch den Urheber bzw. Musikverlag oder kollektiv durch die GEMA erfolgt oder aber eine individuelle und kollektive Wahrnehmung von Rechten nebeneinander stattfindet.

aa) Alpensinfonieentscheidung (BGH, Urt. v. 19.1.2006, I ZR 5/03)

46 Gegenstand dieser Entscheidung war eine Filmaufzeichnung eines Konzerts, in dessen Rahmen das Musikwerk »**Alpensinfonie**« des Komponisten Richard Strauss aufgeführt wurde. Dieses Konzert wurde im Programm eines Fernsehsenders der ARD live übertragen und gleichzeitig aufgezeichnet. Im Anschluss daran erfolgte u.a. hiervon eine Produktion für weitere, spätere TV-Ausstrahlungen sowie die Produktion einer DVD. Der Musikverlag, der mit der GEMA einen Berechtigungsvertrag hinsichtlich der Wahrnehmung von Urheberrechten an dem Musikwerk »Alpensinfonie« abgeschlossen hatte, genehmigte die Herstellung des Films und der DVD sowie deren Auswertung nicht.

47 In dem anschließenden Rechtsstreit stellte sich sodann die angesprochene Rechtsproblematik, ob die für die Filmaufzeichnung des Musikwerkes »Alpensinfonie« und deren **DVD-Verwertung** etc. erforderlichen Rechte allein kollektiv durch die GEMA wahrgenommen werden und daher alle erforderlichen Nutzungsrechte, wie z.B. das Vervielfältigungsrecht, von der GEMA erworben werden konnten, oder ob (auch) individuell durch den Musikverlag wahrgenommene Rechte, wie z.B. das Bearbeitungsrecht oder Filmsynchronisationsrecht, betroffen sind.

---

41 Näher hierzu Rdn. 34-36.
42 Wandtke/*Schunke* Kap. 3 § 1 Rn. 33.

Denn im Hinblick auf das **Filmsynchronisationsrecht** ist auszuführen, dass dieses Recht zwar der GEMA im Rahmen des Berechtigungsvertrages zur treuhänderischen Wahrnehmung übertragen wird, dies jedoch lediglich auflösend bedingt, das heißt, es unterliegt wieder der individuellen Rechtewahrnehmung durch den Musikverlag oder Musikurheber, sobald dieser gegenüber der GEMA erklärt, dass er dieses Recht selbst wahrnehmen möchte.[43]

48

Der Musikverlag war insoweit der Ansicht, die GEMA hätte zwar durch den seinerzeit abgeschlossenen Berechtigungsvertrag die **Herstellungsrechte** zur Nutzung des Musikwerkes im Rahmen der Filmaufzeichnung und für die Fernsehproduktion eingeräumt bekommen, jedoch sei diese Rechteeinräumung von seiner Einwilligung abhängig gewesen.[44] Insoweit sah der Musikverlag bereits schon die Herstellung der Filmaufnahmen als rechtswidrig an.

49

Diesbezüglich befand der BGH in dem o.g. Urteil jedoch, dass die Verbindung eines Musikwerks mit dem Bildteil eines Films bei unveränderter Übernahme der Musik nur eine Vervielfältigung des Musikwerkes darstelle. Dementsprechend führte der BGH in seiner Urteilsbegründung ferner aus, dass die Filmaufzeichnung des Musikwerks »Alpensinfonie« und die anschließende Auswertung auf DVD auch keine Bearbeitung darstelle, solange das Musikwerk notengetreu und in unveränderter Form auf der DVD wiedergegeben wird. Damit verneinte der BGH eine Verletzung des durch den Musikverlag individuell wahrgenommenen Filmsynchronisations- und **Bearbeitungsrechts**.

50

bb) Nutzung von Musikwerken zu Werbezwecken (BGH, Urt. v. 10.6.2009, I ZR 226/06)

Im Rahmen seiner Entscheidung zur Nutzung von Musikwerken zu Werbezwecken vom 10.6.2009[45] hatte sich der BGH ebenfalls mit der aufgezeigten Abgrenzung zwischen individueller und kollektiver Rechtewahrnehmung, dieses Mal in Bezug auf die Nutzung von Musikwerken zu Werbezwecken, zu beschäftigen.

51

Gegen die von der GEMA behauptete auch kollektive Rechtewahrnehmung im Bereich der Nutzung von Musikwerken zu Werbezwecken klagte eine Werbeagentur, die mit Musik unterlegte Werbespots zwar mit Zustimmung der Urhebers produzierte, jedoch ohne Zustimmung der GEMA unter anderem auf ihrer Homepage zur Eigenwerbung öffentlich zugänglich machte.

52

Nach der bis zu diesem Urteil langjährigen Praxis erfolgte die Wahrnehmung von Urheberrechten im Werbebereich grundsätzlich **zweistufig**: Auf der ersten Stufe des Lizenzmodells wurde das Recht zur Werknutzung zu Werbezwecken grundsätzlich der Entscheidung des Musikurhebers selbst unterstellt, weil die Verwendung des Musikwerks für Werbezwecke regelmäßig das Urheberpersönlichkeitsrecht berührt. Somit war zunächst die Einwilligung zur Nutzung des Musikwerks zu Werbezwecken von den Musikurhebern/Musikverlagen einzuholen. Auf der zweiten Stufe erfolgte jedoch die kollektive Wahrnehmung durch die GEMA für die weitere Verwertung der mit der Einwilligung der Musikurheber hergestellten Werbung im Hinblick auf die erforderlichen Nutzungsreche, d.h. die Vervielfältigungs- und Senderechte etc. der für die Werbung verwendeten Musikwerke.[46]

53

Der BGH stellte im Rahmen dieser Entscheidung klar, dass die Nutzung von Musikwerken zu Werbezwecken eine **eigenständige Nutzungsart** sei, welche jedoch im Berechti-

54

---

43 Näher hierzu Rdn. 80.
44 BGH GRUR 2006, 319, 320 – Alpensinfonie.
45 BGH GRUR 2010, 62 – Nutzung von Musikwerken zu Werbezwecken.
46 *Limper* IPRB 2010, 30, 30.

gungsvertrag nicht ausdrücklich genannt werde (vgl. § 1 lit. h Berechtigungsvertrag). Überdies sei sogar die Zustimmung der GEMA zur Herstellung von Werbespots ausdrücklich ausgenommen und dem Urheber vorbehalten (vgl. § 1 lit. k Abs. 1 Berechtigungsvertrag).[47]

55 Aufgrund der Tatsache, dass die Nutzungsart der Verwendung von Musikwerken zu Werbezwecken nicht ausdrücklich im Berechtigungsvertrag geregelt sei, bestimme der **Vertragszweck** nach § 31 Abs. 5 UrhG, ob ein Nutzungsrecht eingeräumt werde.[48] Eine kollektive Wahrnehmung sei jedoch nur dort geboten, wo dem Musikurheber zum einen die individuelle Wahrnehmung seiner Verwertungsrechte nicht möglich sei, während ihm auf der anderen Seite diejenigen Rechte verbleiben sollen, die er selbst verwerten könne und möchte, was bei der Nutzung von Musikwerken zu Werbezwecken der Fall sei.[49]

56 Im Rahmen dessen führte der BGH weiter aus, dass es im Interesse der Musikurheber läge, das Entgelt für die Werknutzung zu Werbezwecken individuell aushandeln zu können und nicht an die Tarifbestimmungen oder Verteilerschlüssel der GEMA gebunden zu sein.[50] Insoweit erfolge die Rechtewahrnehmung im Bereich der Nutzung von Musikwerken zu Werbezwecken ausschließlich individuell durch den Musikurheber oder den Musikverlag selbst.

57 Im Nachgang zu dem o.g. BGH-Urteil vom 10.6.2009 ist die GEMA zunächst an ihre Mitglieder wegen einer Genehmigung der in der Vergangenheit vorgenommenen Lizenzierungen herangetreten. Auf der außerordentlichen Mitgliederversammlung vom 12.3.2010 haben sich die GEMA-Mitglieder sodann darauf verständigt, dass hinsichtlich der Nutzung von Musikwerken zu Werbezwecken eine individuelle Rechtewahrnehmung durch die Rechteinhaber einerseits und eine kollektive Rechtewahrnehmung durch die GEMA andererseits erfolgen soll.

58 Dementsprechend erfährt der GEMA-Berechtigungsvertrag eine **Neufassung**, mit der auf das o.g. BGH-Urteil zur Nutzung von Musikwerken zu Werbezwecken reagiert wird.

59 Gemäß Absatz 1 der Neufassung von § 1 k) des Berechtigungsvertrags verbleibt das Recht, im jeweiligen Einzelfall Dritten die Zustimmung zur Verwertung eines Musikwerks zu Werbezwecken zu erteilen oder eine solche Benutzung zu verbieten, beim Rechteinhaber (also Musikurheber oder Musikverlag).[51] Die GEMA entscheidet somit nicht über die Frage, ob ein Musikwerk überhaupt für die Vermittlung von Werbebotschaften oder zur Bewerbung von Waren und Dienstleistungen etc. genutzt werden darf.

60 Gemäß Absatz 2 der Neufassung von § 1 k) des Berechtigungsvertrags überträgt der Musikurheber oder Musikverlag der GEMA die in § 1a) bis h) und l) des Berechtigungsvertrags genannten Rechte, so z.B. die Rechte zur Sendung, Vervielfältigung und öffentlichen Zugänglichmachung des Musikwerkes, jeweils auch zu Werbezwecken. Diese Übertragung zu Werbezwecken erfolgt – und dies ist z.B. beim Filmsynchronisationsrecht ebenso ausgestaltet[52] – unter einer auflösenden Bedingung.[53] Danach fallen die der

---

47 BGH GRUR 2010, 62, 64 – Nutzung von Musikwerken zu Werbezwecken.
48 BGH GRUR 2010, 62, 63 – Nutzung von Musikwerken zu Werbezwecken.
49 BGH GRUR 2010, 62, 64 – Nutzung von Musikwerken zu Werbezwecken.
50 Vgl. auch *Ventroni* 9. Teil § 3 C VIII.
51 Pressemeldung der GEMA vom 12.3.2010, Außerordentliche Mitgliederversammlung beschließt über Rechtewahrnehmung für die Verwendung von Musik zu Werbezwecken: http://www.gema.de/presse/pressemitteilungen/pressemitteilung/browse/3/?tx_ttnews[tt_news]=895&tx_ttnews[backPid]=73&cHash=da6c27b37d.
52 Näher hierzu Rdn. 80.
53 Pressemeldung der GEMA vom 12.3.2010, Außerordentliche Mitgliederversammlung beschließt über Rechtewahrnehmung für die Verwendung von Musik zu Werbezwecken: http://www.gema.de/presse/pressemitteilungen/pressemitteilung/browse/3/?tx_ttnews[tt_news]=895&tx_ttnews[backPid]=73&cHash=da6c27b37d.

GEMA übertragenen Rechte an den Rechteinhaber zurück, sobald dieser im Einzelfall eine Benutzung des Musikwerkes zu Werbezwecken ablehnt und dies der GEMA schriftlich mitteilt (Rechterückfall).

Für die Nutzer von Musikwerken bedeutet dies, dass sie – sofern die Neufassung von 61 § 1 k) des Berechtigungsvertrags bereits zur Anwendung gelangt – die in § 1a) bis h) und l) des Berechtigungsvertrags genannten Rechte zu Werbezwecken von der GEMA erwerben können. Für den Fall, dass ein Rechteinhaber im konkreten Einzelfall von der vorgenannten auflösenden Bedingung Gebrauch macht und die Verwertung seines Musikwerkes zu Werbezwecken untersagt und dies der GEMA anzeigt, kann sich der jeweilige Verwerter sodann auch nicht mehr auf eine vorherige Lizenzierung der erforderlichen Rechte durch die GEMA berufen. In diesem Fall bedarf es somit einer **Bearbeitungsgenehmigung** im Sinne individueller Rechtewahrnehmung durch den Musikverlag oder den Musikurheber, wenn ein Musikwerk im Rahmen von Werbung genutzt werden soll.

cc) Klingeltonentscheidung (BGH, Urt. v. 18.12.2008, I ZR 23/06)

Im Zuge seiner »**Klingeltonentscheidung**« vom 18.12.2008 hat der BGH (I ZR 23/06) 62 die Problematik der individuellen und kollektiven Rechtewahrnehmung bei der Nutzung eines Musikwerkes als Klingelton[54] geklärt.

Kernfrage war, ob für die Nutzung eines Musikwerkes als Klingelton der Erwerb ent- 63 sprechender Rechte von der GEMA, ausgehend vom Berechtigungsvertrag in seiner jeweiligen Fassung,[55] im Rahmen der kollektiven Rechtewahrnehmung ausreicht, oder ob vielmehr zusätzlich auch an die Musikurheber bzw. Musikverlage heranzutreten und von ihnen z.B. das Bearbeitungsrecht einzuholen ist.

Bis zu der o.g. Entscheidung des BGH wurde die Ansicht[56] vertreten, dass im Falle der Nut- 64 zung eines Musikwerkes als Klingelton die Einholung der Lizenz für diese Nutzung von der GEMA allein nicht ausreichend war. Da im Rahmen der Nutzung eines Musikwerks als Klingelton auch Rechte mit urheberpersönlichkeitsrechtlichem Bezug – aufgrund der erforderlichen **digitalen Bearbeitung** und Kürzung des Musikwerks durch Nutzung von Einzelpassagen – tangiert werden,[57] sollte stets zusätzlich die Einwilligung des Musikurhebers bzw. des Musikverlages und somit eine zweistufige Lizenzierung erforderlich sein.[58]

Der BGH stellte in seiner o.g. Entscheidung klar, dass »in der Verwendung eines (…) 65 Musikwerkes als Klingelton (…) eine Entstellung oder andere Beeinträchtigung des Werkes i.S. § 14 UrhG (zu sehen ist), die geeignet ist, die berechtigten und persönlichen Interessen des Urhebers an dem Werk zu gefährden«. Jedoch war der BGH im Hinblick auf Klingeltöne dennoch der Ansicht, dass trotz der Entstellung des Musikwerkes im Rahmen der Herstellung als Klingeltöne, auf Grundlage der Berechtigungsverträge ab dem Jahre 2002, eine Einholung einer zusätzlichen Einwilligung des Urhebers zumindest dann entbehrlich ist, »wenn das Musikwerk in einer Art und Weise zum Klingelton umgestaltet worden ist, die bei der Einräumung der Nutzungsrechte üblich und vorhersehbar war«. Hierzu gehört demnach auch die Tatsache, »dass die Nutzung eines Musik-

---

54 Sowohl die Nutzung eines Musikwerkes als polyphone bzw. »Realtone-« Klingeltöne und als »Ringbacktones«, als auch dessen Nutzung als monophone Klingeltöne war rechtlich umstritten, hierzu näher v. *Einem* Teil 4.
55 Zwar war die Nutzung eines Musikwerkes als Klingelton in den Berechtigungsverträgen von 1996 und davor als noch nicht bekannte Nutzungsart nicht geregelt. Jedoch wurde diese Nutzungsart bereits im Jahre 2002 in den GEMA-Berechtigungsvertrag mit aufgenommen (§ 1 lit. h Abs. 4 Berechtigungsvertrag).
56 v. *Einem* Teil 4 B III.
57 v. *Einem* Teil 4 B III.
58 v. *Einem* Teil 4 C VI; OLG Hamburg, Urt. v. 23.7.2008, 5 U 159/06.

werkes als Ruftonmelodie dessen Kürzung und digitale Bearbeitung bzw. Umgestaltung erfordert«, zumal die Übertragung dieses Nutzungsrechts an dem Musikwerk durch die ab dem Jahre 2002 geschlossenen Berechtigungsverträge der GEMA nach Ansicht des BGH grundsätzlich uneingeschränkt geschieht.

66 Insoweit nimmt die GEMA die Wahrnehmung der Rechte für die Nutzung von Musikwerken für die Herstellung und die Verwertung von Klingeltönen grundsätzlich kollektiv wahr, wobei auch dieses Urteil zeigt, dass eine Beeinträchtigung des **Urheberpersönlichkeitsrechts** – hier bei der Nutzung eines Musikwerks als Klingelton – gegeben sein kann, so dass auch individuelle Rechte vom Musikverlag/Musikurheber eingeholt werden müssen.

II. Übersicht über die Vertragsbeziehungen

67 Ausgehend von den im Musikverlagsbereich Beteiligten und der Differenzierung zwischen der individuellen und kollektiven Rechtewahrnehmung wird nun unter Rdn. 71 ff. der Berechtigungsvertrag einerseits zwischen dem Urheber und der GEMA und andererseits zwischen dem Musikverlag und der GEMA erörtert.

68 Sodann folgt unter Rdn. 85 ff. die Darstellung der Vertragsverhältnisse **(Musik-)Verlagsverträge** zwischen dem Urheber und dem Musikverlag, typischerweise am Beispiel des Autorenexklusiv- und des Einzeltitelvertrages.

69 Die möglichen Vertragsbeziehungen zwischen zwei oder mehreren Musikverlagen werden in Form des Editionsvertrages, Co-Verlagsvertrages, Administrationsvertrages sowie Subverlagsvertrages unter Rdn. 126 ff. erörtert.

70 Mit der nachfolgenden grafischen Darstellung sollen die jeweiligen Vertragsbeziehungen im Musikverlagsbereich veranschaulicht werden:

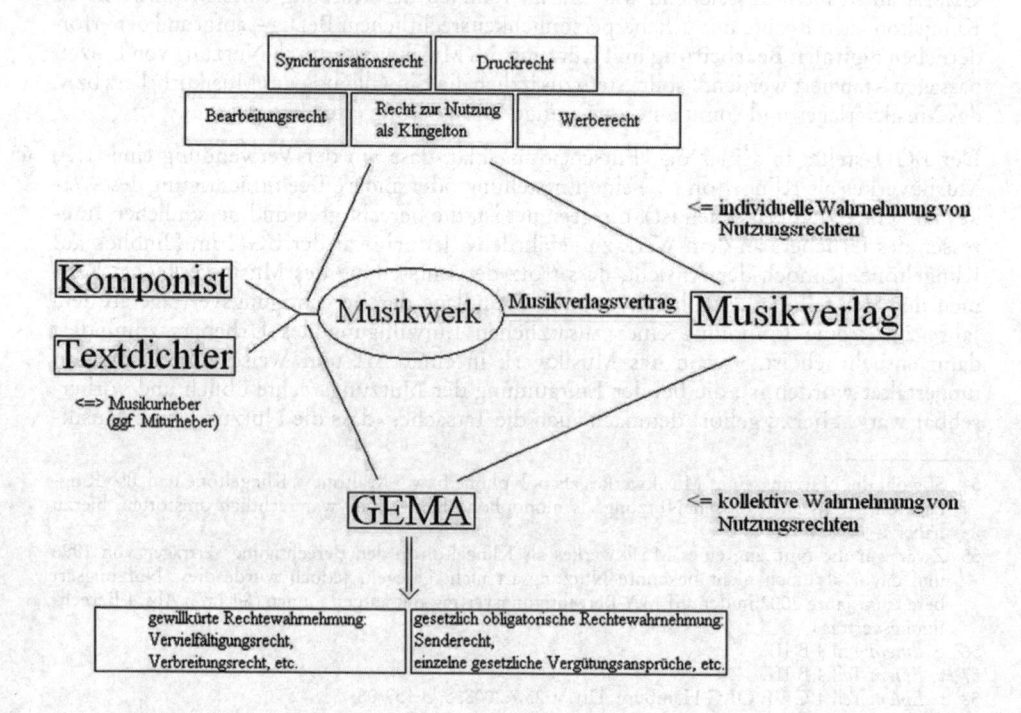

III. Berechtigungsvertrag zwischen GEMA und Urheber sowie Musikverlag

1. Grundlagen des Berechtigungsvertrages

Voraussetzung für die kollektive Rechtewahrnehmung durch die GEMA ist, dass die Musikurheber und/oder Musikverlage entsprechende Rechte an den Musikwerken gemäß § 31 Abs. 1 UrhG der GEMA einräumen. Hierzu schließt die GEMA mit dem Musikurheber und/oder dem Musikverlag den so genannten Berechtigungsvertrag ab, durch den die GEMA schuldrechtlich zur **treuhänderischen Wahrnehmung** der ihr übertragenen Rechte berechtigt und verpflichtet wird.[59] Die GEMA ist zum Abschluss des Wahrnehmungsvertrages gemäß § 6 UrhWG mit »jedem«, der Inhaber von Rechten ist, die dem Tätigkeitsbereich der GEMA unterfallen und deren Wahrnehmung er durch die GEMA wünscht, verpflichtet.[60]

Von der Rechtsnatur her handelt es sich bei dem Berechtigungsvertrag um einen **urheberrechtlichen Nutzungsvertrag eigener Art**, der als Formularvertrag der AGB-Kontrolle gemäß §§ 305 ff. BGB unterliegt.[61] Weiterhin werden die Regelungen des Wahrnehmungsvertrages nach den §§ 133, 157 BGB und dem § 31 Abs. 5 UrhG im Hinblick auf die Zweckübertragungslehre ausgelegt, wobei bei der Auslegung die Eigenheiten des standardisierten Wahrnehmungsvertrages zu beachten sind. Die, gegenüber den §§ 133, 157 BGB vorrangige **Zweckübertragungsvorschrift** des § 31 Abs. 5 UrhG – wonach im Zweifel generell so viele Nutzungsrechte beim Urheber verbleiben sollen, wie möglich[62] – erfährt durch die treuhänderische Stellung der GEMA insoweit eine Veränderung, als dass die von der GEMA verfolgten Interessen zur Gewährleistung einer effektiven kollektiven Rechtewahrnehmung mit in die Auslegung einzubeziehen sind.[63]

Grundsätzlich wird der Berechtigungsvertrag für die Dauer von 6 Jahren abgeschlossen, wobei er sich um jeweils 6 weitere Jahre verlängert, sofern er nicht ein Jahr vor Ablauf schriftlich gekündigt wird (§ 10 GEMA-Berechtigungsvertrag). Im Falle einer wirksamen Kündigung des Berechtigungsvertrages fallen sodann sämtliche der GEMA eingeräumten Nutzungsrechte ohne weiteres an den Urheber zurück (§ 11 GEMA-Berechtigungsvertrag).

Die GEMA ist mit ausländischen Verwertungsgesellschaften, auch Schwestergesellschaften genannt, mittels abgeschlossener **Gegenseitigkeitsverträge** verbunden.

2. Regelungen des Berechtigungsvertrages und seine Auswirkungen

a) Rechteumfang

Wesentlicher Grundsatz des GEMA-Berechtigungsvertrages ist, dass dieser, insbesondere im Hinblick auf die der GEMA zum Zwecke der kollektiven Rechtewahrnehmung zu übertragenen Rechte, nicht verhandelbar ist, sondern vom Musikurheber oder Musikverlag so abzuschließen ist, wie ihn die GEMA in jeweils aktuellen Fassung vorlegt. Insofern gilt das sog. »**Alles-oder-Nichts-Prinzip**«, d.h., der Musikurheber/Musikverlag hat bei Abschluss des Berechtigungsvertrages nicht die Möglichkeit, bestimmte Rechte in dem Berechtigungsvertrag aus der Rechteübertragung auf die GEMA herauszunehmen.[64] Möchte der Musikurheber/Musikverlag dagegen bestimmte Rechte der GEMA nicht übertragen, so bleibt ihm nur die Möglichkeit, auf die kollektive Wahrnehmung seiner Rechte durch die GEMA zu verzichten, was sich jedoch regelmäßig infolge der oben auf-

---

59 Wandtke/*Schunke* Kap. 3 § 1 Rn. 58.
60 Kreile/Becker/Riesenhuber/*Staudt* Kap. 10 Rn. 9.
61 V. Einem Teil 3 A IV 1.
62 Loewenheim/*Nordemann* § 60 Rn. 5.
63 *Staudt* § 3 I 2.
64 Kreile/Becker/Riesenhuber/*Staudt* Kap. 10 Rn. 41.

gezeigten praktischen Schwierigkeiten[65] einer Wahrnehmung von Rechten, die an sich kollektiv wahrgenommen werden, in Eigenregie als wirtschaftlich nachteilhaft erweisen dürfte.

76 Welche Nutzungsrechte im Einzelnen an die GEMA übertragen werden, ist in dem umfangreichen Katalog in § 1 des GEMA-Berechtigungsvertrages festgelegt.[66] Aufgrund der stetigen Veränderung der Technik und somit der laufend neu entstehenden Nutzungsarten, sowie aufgrund erforderlicher Anpassungen infolge der Fortbildung des Rechts durch die Gesetzgebung und Rechtsprechung, ist es auf Seiten der GEMA immer wieder erforderlich, den GEMA-Berechtigungsvertrag an die geänderten Rechts- und Lebensverhältnisse anzupassen.[67]

b) Vorbestehende und künftige Werke

77 Die Rechteübertragung auf die GEMA gemäß § 1 GEMA-Berechtigungsvertrag bezieht sich im Rahmen der kollektiven Rechtewahrnehmung, neben alle bereits entstandenen Musikwerken, im Wege der sog. **Vorausverfügung** auch auf alle künftigen Werke des Musikurhebers, § 40 Abs. 1 UrhG.[68] Dabei muss der Musikurheber mit Abschluss des Berechtigungsvertrages auch sämtliche Nutzungsrechte an den, noch vor Vertragsschluss geschaffenen Musikwerken (so genannte Altwerke/»**Backkatalog**«) exklusiv an die GEMA übertragen, sofern diese Rechte nicht bereits einem Dritten zustehen.[69] Häufig ist der Musikurheber allerdings bereits GEMA- Mitglied und so werden Rechte bezüglich der bisher geschaffenen Musikwerke unproblematisch der GEMA zur Wahrnehmung übertragen. Schließt der Musikurheber sodann einen Vertrag mit einem Musikverlag, auch bezüglich der bereits existierenden Musikwerke, hat der Musikverlag die entsprechenden GEMA-Rechte, die er sich im Rahmen einer vollumfänglichen Rechteeinräumung vertraglich einräumen lässt, regelmäßig freizugeben, so dass diejenigen Rechte, die kollektiv durch die GEMA wahrgenommen werden, mit Abschluss des Vertrages mit dem Musikverlag bei der GEMA verbleiben.

c) Exklusivität

78 Ferner erfolgt die Rechteübertragung an die GEMA ausschließlich und räumlich unbeschränkt (§ 1 GEMA-Berechtigungsvertrag).[70] Im Rahmen dessen werden wiederum die der GEMA eingeräumten Rechte aufgrund deren ausschließlichen Übertragung gemäß § 31 Abs. 3 UrhG als **einfache Nutzungsrechte** an die Nutzer weiter übertragen. Vielmehr ist Folge der exklusiven Rechteübertragung auf die GEMA zum Zwecke der kollektiven Rechtewahrnehmung, dass ein Musikurheber, der ggf. seine eigenen Werke auch selbst als ausübender Künstler aufführt, selbst eine eigene Lizenz bei der GEMA zur Nutzung seines Musikwerkes im Hinblick auf das Aufführungsrecht einholen muss.[71]

d) Besonderheit Filmsynchronisationsrecht etc.

79 In Bezug auf das, mit dem Berechtigungsvertrag (§ 1 lit. i GEMA-Berechtigungsvertrag) der GEMA übertragene sog. **Filmsynchronisationsrecht**[72] besteht – als Ausnahme zum

---

65 Vgl. Rdn. 38.
66 Im Einzelnen siehe GEMA-Berechtigungsvertrag in der Fassung vom 26./27.6.2007: http://www.gema.de/fileadmin/inhaltsdateien/urheber/formulare/gema_berechtigungsvertrag.pdf.
67 Näher hierzu Rdn. 57-61, 63.
68 *Staudt* § 4 II 2 b.
69 Kreile/Becker/Riesenhuber/*Staudt* Kap. 10 Rn. 43.
70 *Homann* Kap. A 2.3.1.3.
71 Schwartmann/*Waldhausen* Kap. 3.24 Rn. 65.
72 Näher hierzu Kap. 4 Rdn. 132 ff.

Alles-oder-Nichts-Prinzip – die Besonderheit, dass es sich hier um eines derjenigen Nutzungsrechte handelt, das an die GEMA von vorn herein nur unter einer auflösenden Bedingung i.S.d. § 158 Abs. 2 BGB, § 1 lit. i Abs. 1 Satz 2 GEMA-Berechtigungsvertrag) übertragen wird. Das Filmsynchronisationsrecht ist das Recht zur Benutzung des Musikwerks, um es mit einem Filmwerk zu verbinden.

Möchte der Musikurheber oder Musikverlag das Filmsynchronisationsrecht selbst wahrnehmen und teilt er dies der GEMA mit, tritt die auflösende Bedingung ein und das Filmsynchronisationsrecht fällt infolge des **Rückrufs** an den Musikurheber oder Musikverlag zurück. Die Rechteübertragung an die GEMA zur kollektiven Wahrnehmung des Filmsynchronisationsrechts kommt sodann im Nachhinein nicht zustande.[73] Der Grund für diese Rückrufmöglichkeit liegt zum einen in der Kollision des Filmsynchronisationsrechtes mit dem Urheberpersönlichkeitsrecht und zum anderen ist dieses Recht mit wirtschaftlichen Interessen des Musikurhebers verbunden.[74] Wird die Verwertung eines Musikwerks in einem Film angestrebt, so wird regelmäßig auf Seiten der Musikurheber und Musikverlage ein Interesse daran bestehen, die Lizenzbedingungen mit den Filmherstellern individuell auszuhandeln, um somit gegebenenfalls erheblich höhere Vergütungen auszuhandeln, als dies im GEMA-Verteilungsplan vorgesehen ist.[75]

80

Nach dem Urteil des BGH zur Nutzung von Musikwerken zu Werbezwecken gelten die vorgenannten Ausführungen auch für Übertragung der jeweiligen Rechte auf die GEMA zur kollektiven Wahrnehmung, bezüglich derer die GEMA grundsätzlich Rechte zur Verwertung zu Werbezwecken vergeben kann. Auch dieses Recht überträgt der Musikurheber oder Musikverlag in der Neufassung des Berechtigungsvertrages nur unter einer auflösenden Bedingung mit der Möglichkeit eines Rückrufs.[76]

81

Ausgenommen von der Möglichkeit eines Rückrufs des Filmsynchronisationsrechts sind jedoch Fernseheigen- und Auftragsproduktionen der Fernsehsender für eigene Sendezwecke (§ 1 lit. i Abs. 3 GEMA-Berechtigungsvertrag). Hier nimmt die GEMA das Filmsynchronisationsrecht wahr, ohne dass die Ausübung eines etwaigen Rückrufrechts durch den Rechteinhaber in Betracht kommt, so dass sich die Fernsehsender in dieser Fallkonstellation, deren Abgrenzung im Hinblick auf die Produktionsart der Sendung im Einzelfall Schwierigkeiten bereiten kann, ausschließlich an die GEMA zur Einholung des Filmsynchronisationsrechts etc. wenden müssen (sog. **Sendeprivileg**).[77]

82

3. Ausschüttungen

Die Ausschüttung an die GEMA-Mitglieder der von den Verwertern eingenommenen Lizenzerlöse erfolgt aufgrund des GEMA-**Verteilungsplans**, der jährlich auf der GEMA-Hauptversammlung stets neu beschlossen wird. Der GEMA-Verteilungsplan, auf den der Berechtigungsvertrag Bezug nimmt,[78] kann dabei entweder dem jährlich erscheinenden GEMA-Jahrbuch oder der GEMA-Homepage (www.gema.de) entnommen werden.

83

Für verschiedene Nutzungsarten sind unterschiedliche Verteilungsschlüssel vorgesehen. Für das **mechanische Vervielfältigungsrecht** ist beispielsweise eine Verteilung im Verhältnis von jeweils 30 % für den Komponisten und dem Texter, sowie 40 % für den Musikverlag.[79] Ferner ist das Verhältnis der Verteilung entsprechend quotiert, sofern am

84

---

73 *Staudt* § 15 II 1 e; vgl. auch *Grohmann* B I 1 c cc.
74 Kreile/Becker/Riesenhuber/*Staudt* Kap. 10 Rn. 259.
75 *Staudt* § 15 II 1 e.
76 Näher hierzu unter Rdn. 57-61.
77 *Homann* Kap. A 2.3.2.10.
78 *Mäger* Teil 1 C I 3.
79 Kreile/Becker/Riesenhuber/*Müller* Kap. 11.2 Rn. 140.

Zustandekommen und an der Verwertung des Werkes noch mehrere Beteiligte (z.B. Übersetzer des Textes, Bearbeiter, Subverlag etc.) mitgewirkt haben. Da im Hinblick auf die Verteilung der Lizenzerlöse eine Vielzahl von mannigfaltigen Konstellationen in Betracht kommt, wird im Einzelnen auf die jeweils aktuellen GEMA-Verteilungspläne verwiesen.[80]

IV. Autorenexklusivvertrag zwischen Urheber und Verlag

1. Vertragsgegenstand

85 Gegenstand des Autorenexklusivvertrages ist die Zusammenarbeit des Musikurhebers und des Musikverlages auf dem Gebiet der Publikation und der Verwertung von Musikwerken (als Kompositionen mit und ohne Text, sowie Texte allein, sowie Bearbeitung geschützter und freier Musikwerke). Hierzu verpflichtet sich der Musikurheber regelmäßig, dem Musikverlag seine zukünftig entstehenden Musikwerke, wobei auch über die Einbeziehung der bereits bestehenden Musikwerke verhandelt wird, zur verlegerischen Auswertung zu liefern.

86 Diesbezüglich wird der Musikurheber in der Regel im Rahmen einer sog. **persönlichen Exklusivität** an den Musikverlag gebunden, d.h. alle von ihm in der Vertragslaufzeit geschaffenen Musikwerke fallen unter den abgeschlossenen Autoren*exklusiv*vertrag und können (nur) von diesem Musikverlag verlegt werden.[81] Ferner besteht jedoch auch die Möglichkeit, den Vertrag projektbezogen auszugestalten, das heißt, der einzelne Musikurheber bindet sich lediglich in Bezug auf ein bestimmtes Projekt, z.B. der Sänger einer Musikgruppe mit seinem Soloprojekt, an den Musikverlag.

87 Im Hinblick auf die vertragsgegenständlichen Musikwerke (»zukünftig entstehenden Musikwerke«) verpflichtet sich der Musikurheber regelmäßig eine bestimmte Anzahl an Musikwerken zu 100 % dem Musikverlag zur verlegerischen Auswertung in einer bestimmten **Zeit(/Vertrags-)periode** (ein Teil (oft 1/3) der gesamten Vertragslaufzeit) einzubringen (Mindestablieferungsverpflichtung).[82] Ein Musikwerk zu 100 % meint ein vollständiges Musikwerk bestehend aus Komposition (50 %) und Text (50 %) oder eine für sich stehende Komposition ohne Text (100 %) z.B. rein instrumentales Elektronik-Stück, wobei Anteile eines Musikurhebers zur Erreichung der Anzahl der »Musikwerke zu 100 %« addiert werden; z.B. stellen zwei Texte –verbunden mit einer jeweiligen Komposition eines anderen Urhebers- auch ein Musikwerk zu 100 % dar.

88 Regelmäßig ist allerdings die Mindestablieferungsverpflichtung nur dann erfüllt, wenn die geschuldete Anzahl der vertragsgegenständlichen Musikwerke in der jeweiligen Zeitperiode durch aktive, flächendeckend im Handel gelistete, sog. Major-Tonträgerhersteller veröffentlicht worden sind; dies wird auch als qualifizierte Mindestablieferungsverpflichtung bezeichnet.[83] Für den Fall der Nichterfüllung der **(qualifizierten) Mindestablieferungsverpflichtung** wird in Autorenexklusivverträgen regelmäßig bestimmt, dass sich die jeweilige Zeitperiode bis zur Erfüllung der Mindestablieferungsverpflichtung entsprechend verlängert. Weitere Zeitperioden verschieben sich dementsprechend nach hinten.

89 Im Gegensatz zum Autorenexklusivvertrag bezieht sich der sog. **Einzeltitelvertrag** nur auf die Übertragung von Rechten an einem bestimmten Musikwerk; in einem Autorenexklusivvertrag wird regelmäßig vereinbart, dass über jedes Musikwerk ein gesonderter Einzeltitelvertrag abgeschlossen, wobei die Möglichkeit besteht, mehrere Musikwerke z.B. eines Albums in dem (Einzel-) Titelvertrag zusammen aufzuführen.

---

80 Hierzu auch unter Rdn. 113–116.
81 *Gorscak* Kap. 4 C III; *Baierle* Teil 2 D III 1.
82 Moser/Scheuermann/*Lichte* S. 1067, 1081.
83 Vgl. *Homann* Kap. E 1.2.2.

2. Rechteübertragung

Eine der »Kernklauseln« des Autorenexklusivvertrages ist die »Rechteübertragung«, mit der geregelt wird, welche Rechte der Musikurheber dem Musikverlag in welchem Umfang einräumt, wobei als wesentlicher Grundsatz zu beachten ist, dass der Inhalt und Umfang der Rechteübertragung durch den Musikurheber – im Gegensatz zum GEMA-Berechtigungsvertrag – verhandelbar ist. Insofern ist der Musikverlag daran interessiert, die urheberrechtlichen Nutzungsrechte zur ausschließlichen, inhaltlich, zeitlich und örtlich unbeschränkten Auswertung, auf Dritte übertragbar, eingeräumt zu bekommen.

90

a) Inhaltliche Rechteübertragung

Zum typischen Umfang der Rechteübertragung auf den Musikverlag in inhaltlicher Hinsicht gehören insbesondere das

91

- »Noten-/bzw. Druckrecht«, das auch als Verlagsrecht bezeichnet wird,[84] also das Recht zur Vervielfältigung und Verbreitung von Noten.
- mechanische Vervielfältigungsrecht, d.h., insbesondere auch das Recht, Vervielfältigungsstücke der vertragsgegenständlichen Werke herzustellen, gleichviel, in welchem Verfahren und in welcher Zahl, und das Recht, das Original oder Vervielfältigungsstücke der Werke der Öffentlichkeit anzubieten oder in Verkehr zu bringen.
- das Aufführungs- und Senderecht, d.h. unter anderem das Recht, die vertragsgegenständlichen Werke durch persönliche Darbietungen oder durch technische Einrichtungen wahrnehmbar zu machen und durch analoge wie auch digitale Ausstrahlung von Funksendungen der Öffentlichkeit zugänglich zu machen.
- das Filmsynchronisationsrecht, d.h. insbesondere das Recht, die vertragsgegenständlichen Werke z.B. zur Herstellung von Filmwerken zu verwenden,[85] ggf. nach vorheriger Zustimmung des Urhebers.
- das Werberecht, d.h. insbesondere das Recht, die vertragsgegenständlichen Werke zu Werbezwecken zu nutzen bzw. eine solche Nutzung Dritten zu gestatten, wobei hier ggf. die vorherige Zustimmung vom Urheber einzuholen ist.
- das Multimedia-, Datenbank- und Telekommunikationsrecht, d.h. unter anderem das Recht, die vertragsgegenständlichen Werke in analoge und/oder digitale elektronische Datenbanken, Datennetze, mobile Plattformen und Telefondienste einzuspeisen, abzuspeichern, zu verbreiten und einem beschränkten oder unbeschränkten Nutzerkreis zur Verfügung zu stellen.
- das Bühnenaufführungsrecht, d.h. das Recht, die Benutzung der vertragsgegenständlichen Werke als/zum Bühnenstück zu erlauben und/oder dieses zu verwerten.
- das Bearbeitungsrecht, d.h. insbesondere das Recht, unwesentliche Änderungen der vertragsgegenständlichen Werke vorzunehmen, somit Änderungen, Bearbeitungen und Kürzungen vorzunehmen, die im Zusammenhang mit Instrumentierungen, Chorsätzen, Aufbereitungen zum Zwecke der Nutzung in den Datennetzen erforderlich sind. Soweit jedoch der künstlerische Gehalt der Werke wesentlich berührt wird, bedarf eine Änderung, Bearbeitung oder Kürzung regelmäßig der vorherigen Zustimmung des Urhebers.
- sonstige Rechte, z.B. der Anspruch auf Vergütung aus der Vermietung von Vervielfältigungsstücken und die Ansprüche einschließlich der Vergütungen in Bezug auf Bild- und/oder Tonträger für Schulsendungen (§ 47 UrhG) sowie in Bezug auf Vervielfältigungen zum persönlichen und sonstigen Gebrauch (§§ 53, 54, 54a – 54h UrhG).
- das Subverlagsrecht, d.h., die zuvor genannten Rechte auch im Ausland zu verlegen und entsprechende Subverlagsverträge abzuschließen und den jeweiligen Subverlag zu autorisieren, Subtexte erstellen zu lassen.

---

84 Näher hierzu Rdn. 30.
85 Näher hierzu unter Rdn. 79-82.

92 Ferner ist der Musikverlag nach dem Autorenexklusivvertrag regelmäßig berechtigt, den Vertrag als solchen sowie einzelne, ihm übertragene Rechte auf exklusiver und/oder nicht-exklusiver Basis auf Dritte weiterzuübertragen; ggfs. sind im Hinblick auf einige Nutzungsrechte, wie z.B. das Werberecht und das Filmsynchronisationsrecht, Zustimmungsvorbehalte des Musikurhebers in den Autorenexklusivvertrag aufzunehmen.

b) Zeitliche Rechteübertragung

93 Der Musikverlag ist daran interessiert, die vorgenannten Rechte über einen langen Zeitraum auswerten zu können, gerne wohl über den gesamten Zeitraum der gesetzlichen Schutzfrist gem. §64 UrhG, somit bis 70 Jahre nach dem Tod des Urhebers/post mortem auctoris (**copyright lifetime**).

94 Der Musikurheber ist dagegen daran interessiert, dem Musikverlag die Rechte nicht unbeschränkt einzuräumen, sondern nur für einen gewissen Zeitraum (ggfs. 5, 10, 20 Jahre), um dann mit Ablauf dieser Auswertungsdauer wieder selbst als Rechteinhaber Rechte vergeben zu können.

c) Örtliche Rechteübertragung

95 Im Hinblick auf die örtliche Rechteeinräumung wird in entsprechenden Vertragsentwürfen eine **weltweite Geltung** vorgeschlagen, wobei der Musikurheber versuchen kann, die Rechte diesbezüglich auf einige Territorien zu beschränken, um sie in andere Territorien an dritte Musikverlage vergeben zu können. Dies hat oftmals damit zu tun, dass – trotz einer Subverlagsklausel – es nicht auf der Hand liegt, warum der Vertragspartner vor Ort auch in einem entfernten Territorium die Verwertung der Musikwerke fördern kann.

96 Allerdings sei im Hinblick auf die örtliche sowie zeitliche Beschränkung der Rechteeinräumung ausgeführt, dass dies wohl auch sodann Einfluss auf die Höhe eines eventuell auf die Lizenzentgelte des Musikurhebers gezahlten Vorschusses hat, da ja der Musikverlag sodann gegebenenfalls zum einen nur eine gewisse Auswertungsdauer eingeräumt bekommt und zudem gegebenenfalls auch auf ein/mehrere Territorien beschränkt ist.

97 Ist der Musikurheber bereits GEMA-Mitglied so beschränkt sich die Rechteübertragung auf den Musikverlag auf diejenigen Nutzungsrechte, die nicht schon bereits an die GEMA zur kollektiven Rechtewahrnehmung übertagen wurden.[86]

98 Ferner enthalten Autorenexklusivverträge regelmäßig eine sog. Freigabeklausel. In der Praxis sind überwiegend sowohl sämtliche Musikurheber als auch nahezu sämtliche Musikverlage Mitglied der GEMA. Häufig ist die Situation anzutreffen, dass die an den Musikverlag zu übertragenden Nutzungsrechte bereits vor Abschluss des Musikverlagsvertrages durch den Musikurheber an die GEMA übertragen worden sind. Da die Rechteübertragung an die GEMA jedoch ausschließlich erfolgt (siehe § 1 GEMA-Berechtigungsvertrag), können diese zur kollektiven Wahrnehmung übertragenen Rechte somit nicht mehr an den Musikverlag – auch nicht als einfache Nutzungsrechte – übertragen werden. Insoweit geht die Übertragung der bereits durch den Musikurheber an die GEMA übertragenen Nutzungsrechte an den Musikverlag ins Leere. Für den umgekehrten Fall, dass der Musikurheber erst den Autorenexklusivvertrag abschließt und demzufolge dem Musikverlag sämtliche Rechte überträgt und erst später den Berechtigungsvertrag mit der GEMA abschließt, sehen die Autorenexklusivverträge jedoch regelmäßig eine sog. **Freigabeklausel** vor. Diese Klausel besagt, dass der Musikverlag auf die Rechteeinräumung nach dem Autorenexklusivvertrag verzichtet, soweit die entsprechenden Rechte später zur individuellen Rechtewahrnehmung der GEMA übertragen werden.

---

86 Näher hierzu Rdn. 27.

Denn insoweit ist zu bedenken, dass der Berechtigungsvertrag vorsieht, dass der Musikurheber neben alle zukünftig geschaffenen Musikwerken auch alle bereits entstandenen Altwerke (sog. Backkatalog) mit Abschluss des Berechtigungsvertrag zur kollektiven Rechtewahrnehmung durch die GEMA einbringt und der Berechtigungsvertrag nicht verhandelbar ist.[87]

3. Rechtegarantie und Freistellung

Wie typischerweise in jedem Lizenzvertrag findet sich auch in den Verträgen zwischen Musikverlag und Musikurheber eine entsprechende **Rechtegarantie- und Freistellungsklausel**. 99

Danach steht der Musikurheber dafür ein, dass er zum Zeitpunkt des Vertragsschlusses durch keine anderweitige Bindung daran gehindert ist, den Vertrag zu erfüllen; er steht insbesondere dafür ein, dass wegen anderweitig bestehender Vertragsbindungen von dritter Seite keine Ansprüche an die unter diesen Vertrag fallenden vertragsgegenständlichen Werken erhoben werden. 100

Weiter leistet der Musikurheber dafür Gewähr, dass durch die von ihm geschaffenen, vertragsgegenständlichen Werke keine Rechte Dritter verletzt werden und stellt den Musikverlag von entsprechenden Ansprüchen frei, die von Dritten geltend gemacht werden, und hält den Musikverlag auch für alle aus einem solchen Anlass entstehenden Aufwendungen und sonstigen Folgen schadlos. 101

4. GEMA-Mitgliedschaft

Ausgehend von der kollektiven Rechtewahrnehmung bestätigt der Musikverlag und der Musikurheber, dass sie beide Mitglied der GEMA sind. Wäre zum Beispiel der Musikurheber dies nicht, würde die GEMA seine Rechte sodann nicht wahrnehmen, so dass Ansprüche, die dem Musikurheber gegen die GEMA zustehen, nicht an den Musikverlag abtretbar wären, der sich mit dieser Abtretung einen Vorschuss sichern möchte. 102

Insofern ist eine Regelung üblich, wonach der Musikverlag für den Fall der **Kündigung** der GEMA-Mitgliedschaft bzw. des Ausschlusses des Musikurhebers aus der GEMA berechtigt ist, den Vertrag ohne Einhaltung einer Frist zu kündigen, wobei sodann sämtliche unter den Vertrag von Musikverlag geleisteten und noch nicht zurückgeführten Zahlungen sofort zur Rückführung fällig sind. 103

5. Leistungen und Verpflichtungen des Musikverlages

Durch Abschluss des Autorenexklusivvertrages verpflichtet sich der Musikverlag im Allgemeinen die Verwertung des in seinen Katalog aufgenommenen Musikwerkes zu fördern. Besonders im Bereich der Unterhaltungsmusik kommt dieser Verpflichtung besonderes Gewicht zu, weil der Musikverleger in der Regel über Verbindungen zu den entsprechenden Personenkreisen verfügt, um z.B. Aufführungen des Musikwerkes möglich zu machen und/oder, um das Musikwerk für Rundfunksendungen zu vermitteln oder Tonträgeraufnahmen anzubahnen.[88] Allerdings hat die Förderungspflicht des Musikverlages eine Einschränkung durch die Rechtsprechung dahingehend erfahren, dass ein Musikverlag nicht verpflichtet sein soll, dass er den Bestand aller Unterhaltungsmusik während der gesamten **Schutzdauer** fortlaufend dadurch fördert, dass er die Musikwerke bzw. die jeweiligen Musikaufnahmen zum Verkauf anbietet, sie an die großen Musikver- 104

---

87 Hierzu näher unter Rdn. 77.
88 *Nordemann* ZUM 1988 389, 390.

braucher wie z.B. Rundfunk- und Fernsehanstalten, Schallplattenhersteller verteilt und die Werke auf andere Weise propagiert.[89]

105 Allerdings sind dies nur Beispiele des doch eher unbestimmten Rechtsbegriffes »Förderung der Verwertung«, so dass der Musikurheber oft nur auf das Geschäftsmodell eines Musikverlages (auch der Musikverlag möchte wirtschaftlich arbeiten) vertrauen kann, da konkrete Verpflichtungen in der Regel wegen ihres beispielhaften Charakters nicht aufgenommen werden. Dem Musikurheber bleibt im Falle der **Untätigkeit** des Musikverlags sodann auch die Möglichkeit, Rechte gem. § 41 UrhG geltend zu machen.

6. Leistungen und Verpflichtungen des Musikurhebers

106 Ausgehend vom dargestellten[90] Vertragsgegenstand finden sich regelmäßig, um den im Synallagma stehenden Vertragspflichten der Parteien gerecht zu werden, nochmals unter dem Punkt »Pflichten des Musikurhebers« die bereits genannte qualifizierte Mindestablieferungsverpflichtung sowie weitere formelle, zur administrativen Durchführung der vertragserforderlichen Verpflichtungen.[91]

7. Vertragsdauer und Auswertungsdauer

107 Wie bereits oben[92] getan ist zwischen **Vertragsdauer** und Auswertungsdauer zu unterscheiden.

108 Die Vertragsdauer regelt, für welchen Zeitraum der Musikurheber persönlich exklusiv an den Musikverlag gebunden sein soll. In diesem Zeitfenster hat er dem Musikverlag eine entsprechend zu bestimmende Anzahl von Musikwerken zu liefern und die diesbezüglichen Rechte dem Musikverlag einzuräumen.

109 Regelmäßig möchte der Musikverlag den Musikurheber nicht nur kurz an sich binden, sondern typischerweise teilt sich die Vertragsdauer in mehrere (oft drei) Vertragsperioden auf, von der jeweils eine Vertragsperiode mindestens einen Zeitraum von einem Jahr andauert, mindestens aber bis zur Erfüllung der qualifizierten Mindesteinbringungsverpflichtung (z.B. 10–12 Werke zu 100 %) läuft; ggfs. lässt sich der Musikverlag zu dem noch eine/mehrere **Optionen** zur Verlängerung des Vertrages um eine/mehrere Vertragsperiode(n) einräumen. Allerdings ist hierbei § 40 Abs. 1 UrhG zu beachten, wonach dem Musikurheber mit Ablauf von fünf Jahren ein Kündigungsrecht zusteht.

110 Im Gegensatz zur Vertragsdauer bestimmt die **Auswertungsdauer**, für welchen Zeitraum der Musikverlag berechtigt ist, die vom Musikurheber eingebrachten Musikwerke zu verlegen/auszuwerten.

8. Erlösteilung

111 Im Rahmen des Autorenexklusivvertrages wird die Erlösteilung regelmäßig nach einzelnen, unterschiedlichen Verwertungen des Musikwerkes ausgestaltet, so insbesondere zwischen Erlösen aus der kollektiven Rechtewahrnehmung durch die GEMA und Erlösen, die unmittelbar durch die individuelle Rechtewahrnehmung des Musikverlages erzielt werden. Dementsprechend vereinbaren die Vertragsparteien häufig differenzierte Erlösaufteilungen, – z.B. hinsichtlich der Erlöse der durch eine Verwertungsgesellschaft wahrgenommenen Rechte, der Erlöse aus der Verwertung der Synchronisationsrechte,

---

89 BGH GRUR 1970, 40, 42 – Musikverleger I.
90 Näher hierzu Rdn. 85-89.
91 Hierzu ausführlich *Baierle* Teil 2 D III 2.
92 Näher hierzu Rdn. 93-94.

der Erlöse aus der Verwertung des (Ab-) Druckrechts, der Erlöse aus der Verwertung im Werbebereich etc.

An den Erlösen aus der individuellen Rechtewahrnehmung durch den Musikverlag wird der Musikurheber üblicherweise in Höhe von 50 % (das vom Musikverlag selbst ausgeübte Noten-/Druckrecht bildet hier eine Ausnahme, da der Musikurheber hier oft nur mit 10 % vom Verkaufspreis beteiligt ist) beteiligt, wobei auch dies regelmäßig im Rahmen des Autorenexklusivvertrages Verhandlungssache ist und durchaus Abweichungen, z.B. auch für den Fall, dass der Musikverlag entsprechende Vorleistungen/Investitionen erbringt oder eine Partei eine Rechtevergabe akquiriert hat, vereinbart werden können. **112**

Die Erlösteilung der kollektiven Rechtewahrnehmung richtet sich meistens nur nach dem GEMA-Verteilungsplan.[93] **113**

Der GEMA-**Verteilungsplan** besteht aus drei Teilen, wobei der Verteilungsplan A die Verteilung der Erlöse aus dem Aufführungs- und Senderecht, der Verteilungsplan B die Verteilung der Erlöse aus dem mechanischen Vervielfältigungsrecht und der Verteilungsplan C die Verteilung der Erlöse aus der Musiknutzung im Internet betrifft.[94] Ausgehend vom Grundsatz »**Vorrang des Verteilungsplans**« erfolgt die Verteilung der Erlöse durch die GEMA unabhängig von etwaigen individuellen Vereinbarungen zwischen dem Musikurheber und dem Musikverlag im Autorenexklusiv- oder Einzeltitelvertrag, allerdings ist es möglich, dass der Musikurheber neben seinem Anteil noch am Verlagsanteil beteiligt wird, sog. **Refundierung**.[95] **114**

Auf den Musikverlag entfällt nämlich ein sog. Verlagsanteil, d.h., er erhält von der GEMA gemäß dem Verteilungsplan direkt eine Quote und somit einen festen Anteil an den Tantiemen ausbezahlt. Sind zwei Musikurheber (z.B. ein Komponist und ein Textdichter) sowie ein Musikverlag an einem Musikwerk »beteiligt«, erhalten sie beispielsweise 5/12 (Komponist), 3/12 (Textdichter) und 4/12 (Musikverlag) der Erlöse aus der Aufführung und Sendung des Musikwerkes. Bei den Erlösen aus dem mechanischen Vervielfältigungsrecht beträgt das Verhältnis 30 % (Komponist), 30 % (Textdichter) und 40% (Musikverlag). **115**

Sofern die Erlösverteilung die Einnahmen aus der Vergabe von **Subverlagsrechten** betrifft, ist folgendes zu beachten: Berechtigte aus Subverlagsrechten sind der Subverlag und/oder Suburheber, wie z.B. Übersetzer. Häufig findet sich in Autorenexklusivverträgen hierzu eine Regelung, die eine Beteiligung aller Subberechtigten von bis zu höchstens 50 % der Erlöse aus der Verwertung der Subverlagsrechte vorsieht.[96] Zugunsten des ursprünglichen Musikurhebers dürfte im Hinblick auf mögliche Subverlagsverträge eine Klausel zu verhandeln sein, die vorsieht, dass die Berechnung des Anteils des Originalverlags an der Quelle der Einnahmen beim Haupt-Subverlag (»at source«) und nicht – nach Abzug der Anteile der Subberechtigten – an den Einnahmen »seines« Musikverlags **116**

---

93 Näheres siehe GEMA-Verteilungsplan in der Fassung vom 23./24.6.2009, erschienen im GEMA-Jahrbuch 2009/2010 S. 279: http://www.gema.de/fileadmin/inhaltsdateien/presse/Publikationen/Jahrbuecher/Jahrbuch_09_10/GEMA_Jahrb_09_10.pdf.
94 Auch der GEMA-Verteilungsplan unterliegt wie der Berechtigungsvertrag laufenden Anpassungen, die teilweise Ausfluss hierzu ergangener Rechtsprechung sind. So hatte z.B. das KG Berlin (Urt. v. 8.7.2009, 2 U 4/05 Kart) einen Beschluss der GEMA-Mitgliederversammlung für nichtig erklärt, nach dem der Koeffizient 3, der bei der Verteilung im Aufführungs- und Senderecht ursprünglich für alle Formen der Fernsehwerbung galt, nun nur noch für Werbespots (Wirtschaftswerbung) gelten und der Koeffizient für »Musik in sonstigen Werbefilmen« auf den Wert 1 herabgestuft werden sollte. Für die Vergangenheit ist daher in der Folge die Verteilung durch die GEMA zu korrigieren, soweit sie nach der nichtigen Koeffizientenregelung erfolgte, und für die Zukunft sind die gerichtlichen Vorgaben bzgl. der Verteilung entsprechend umzusetzen.
95 Beier/Götting/Lehmann/Moufang/*Rossbach/Joos* Teil 2 C II 2 d.
96 *Homann* Kap. E 1.1.6.

(»at receipts«) zu erfolgen hat, um so bei einer Kette von Subverlagsrechtevergaben an Sub-Subverlage etc. eine Reduzierung des Anteils des Original-Musikurhebers zu vermeiden;[97] es soll durch die »at source- Reglung« geregelt werden, dass der Haupt-Subverlag aus seiner vertraglich festgelegten Subbeteiligung die anderen »Unter-(Sub-)-Subverlage« bezahlen muss.[98]

9. Vorschuss, Darlehen, Zessionen

117 In der Praxis enthalten regelmäßig auch Autorenexklusivverträge die Zahlung eines Vorschusses (synonym mit dem Begriff **Vorschuss** sind auch die Begriffe Vorauszahlung und zinsloses Darlehen gebräuchlich)[99] durch den Musikverlag an den Musikurheber, wobei ein solcher Vorschuss zwar nicht rückzahlbar, jedoch mit dem Anteil des Musikurhebers an den Erlösen aus der Verwertung seiner Musikwerke verrechenbar ist. Bei bedeutsamen und erfolgreichen Musikurhebern können teilweise auch sog. »**Signing-Fees**« ohne Rückzahlbarkeit und ohne Verrechenbarkeit ausgehandelt werden.

118 Zur Sicherheit für den vom Musikverlag an den Musikurheber zu leistenden Vorschuss ist dieser erst mit Abgabe einer den Formerfordernissen der GEMA entsprechenden, erstrangigen **Globalzession**serklärung zu Gunsten des Musikverlages in Höhe des Vorschussbetrages und Eingang des entsprechenden Bestätigungsschreibens der GEMA fällig. Der Autor tritt mit Unterzeichnung der Globalzessionserklärung alle ihm als Musikurheber zustehenden Ansprüche auf Auszahlung von Auswertungserlösen, die über die GEMA oder über eine Verwertungsgesellschaft gezahlt werden, an den Musikverlag bis zur Höhe des geleisteten Vorschusses ab. Dabei umfasst die Globalzessionserklärung auch solche Auswertungserlösansprüche, die nicht aus der Verwertung vertragsgegenständlicher Werke entstanden, sondern auf andere, nicht vertragsgegenständliche Werke des Musikurhebers bezogen sind. Die Globalzessionserklärung bleibt auch nach Beendigung des Autorenexklusivvertrages zu Gunsten des Musikverlages bestehen, solange bis der Vorschussbetrag vom Musikurheber vollständig abgedeckt werden konnte. Mit Einspielung des Vorschusses erhält der Musikurheber oftmals einen weiteren Vorschuss als sog. »**Rolling Advance**«; sollte insbesondere aufgrund der Erfüllung der (qualifizierten) Mindestablieferungsverpflichtung eine Vertragsperiode abgelaufen/erfüllt sein und eine weitere Vertragsperiode dadurch in Gang gesetzt werden, ist aus Sicht des Musikurhebers zu verhandeln, dass auch dann ein weiterer Vorschuss für die neue Vertragsperiode zu zahlen ist, selbst wenn eine vollständige Rückführung des zuvor geleisteten Vorschusses noch nicht verzeichnet werden konnte. Des Weiteren wird ausgehend von der Klausel, dass sich eine Vertragsperiode bis zur Erfüllung der qualifizierten Mindestablieferungsverpflichtung verlängert, vom Musikverlag auch gewünscht sein, dass die Vertragsdauer, sollte die geleistete Vorschusszahlung nicht abgedeckt sein, automatisch bis zum Ende des Kalenderhalbjahres verlängert, in dem der Vorschuss vollständig abgedeckt ist.

119 Auch ist es nicht unüblich, dass gerade bei noch unbekannten Musikurhebern und für den Fall von in diesem Zusammenhang ggfs. hohen Vorschüssen geregelt werden soll, dass für den Fall, dass der Musikurheber seiner qualifizierten Mindestablieferungsverpflichtung innerhalb der Vertragsdauer nicht nachgekommen ist, der Verlag berechtigt ist mit Ablauf der Vertragsperiode, für welche die Mindestablieferungsverpflichtung abgegeben wurde, die geleistete Vorauszahlung derartig anteilig zurückzufordern, dass die Gesamtvorauszahlung für eine entsprechende Vertragsperiode mit der Mindestablieferungsverpflichtung korrespondiert, wobei derjenige Prozentsatz, der sich bei Errechnung

---

97 *Homann* Kap. E 1.1.6.
98 *Baierle* Zweiter Teil, D., VII, 3.c).
99 Dies allerdings wohl nur deswegen, um die Zahlungen steuerrechtlich einzuordnen zu versuchen.

der Nichterfüllung der Mindestablieferungsverpflichtung ergibt, dem Betrag entspricht, der von dem geleisteten Vorschuss durch den Musikurheber zurückzuzahlen ist.

Das Pendant zur Globalzession ist die **Singular-/Titelzession**, die auf den Anteil des Musikurhebers an den Erlösen aus der Verwertung bestimmter Musikwerke beschränkt ist, wobei die Singularzession nach der derzeitigen Praxis der GEMA allein auf die Erlöse aus der Verwertung der mechanischen Rechte beschränkt ist.[100]

10. Beendigung des Autorenexklusivvertrages

Ebenfalls in Autorenexklusivverträgen regelmäßig vorzufinden sind, da eine feste Vertragsdauer vereinbart wurde, die eine »ordentliche« Kündigung nicht zulässt, Klauseln zu vertraglichen Kündigungs- und Rücktrittsmöglichkeiten und zum Rückruf von Rechten, wobei auch hier gilt, dass deren konkrete Ausgestaltung Verhandlungssache ist.

Gesetzlich können Autorenexklusivverträge, die im Hinblick auf künftige Werke nach § 40 Abs. 1 Satz 1 UrhG der **schriftlichen Form** bedürfen, gemäß § 40 Abs. 1 Satz 2 UrhG unter Beachtung der Kündigungsfrist in § 40 Abs. 1 Satz 3 UrhG gekündigt werden.

§ 41 UrhG sieht zudem die Möglichkeit des Rückrufs von Nutzungsrechten wegen Nicht- oder Schlechtausübung vor, z.B. im Falle des Nichterzielens bestimmter Mindesterlöse. Einzelheiten zur Vorliegen einer Nicht- oder Schlechtausübung im Sinne von § 41 UrhG sowie zur angemessenen **Nachfrist**, die dem Musikverlag gemäß § 41 Abs. 3 UrhG zu setzen ist, können vor Abschluss des Autorenexklusivvertrages ausgehandelt werden, wobei eine Nachfrist von sechs Monaten regelmäßig angemessen sein dürfte.[101]

Ferner kann nach den Vorschriften des Verlagsgesetzes, §§ 17, 30, 32, 35, 36 Abs. 3 VerlG, ein Rücktritt in Betracht kommen. Sofern der Musikverlag das Recht hat, eine neue Auflage zu veranstalten, hiervon jedoch keinen oder nur unzureichenden Gebrauch im Hinblick auf die dem Musikverlag eingeräumten Nutzungsrechte macht, besteht für den Musikurheber die Möglichkeit, gemäß § 17 Satz 3 VerlG vom Vertrag zurückzutreten.

11. Abrechnung, Buchführung, Steuer, Sonstiges

Regelungen zur Abrechnung der Erlöse, Buchprüfungsmöglichkeiten des Musikurhebers, Zahlungsbedingungen und steuerliche Regelungen zur Umsatzsteuerpflicht des Musikurhebers sowie zu steuerlichen Tatbeständen mit Auslandsbezug, Vollmachterteilungen im Hinblick auf die unzulässige Verwendung der vertragsgegenständlichen Werke durch Dritte sowie eine salvatorische Klausel sind ebenfalls Bestandteil in einem solchen Vertrag.

V. Editions-/Co-Verlagsvertrag zwischen Verlag und Verlag

Der sog. Co-Verlagsvertrag regelt die Vertragsbeziehungen zwischen zwei Verlagen, während der Editionsvertrag das Verhältnis zwischen einem Verlag und einem Editionär, der in der Regel einen Musikverlag nicht betreibt, zum Gegenstand hat.

---

100 Moser/Scheuermann/*Lichte* S. 1067, 1080.
101 Fromm/*Nordemann* § 41 Rn. 31; hierzu ausführlich *Budde* § 5 V 1.

5. Kapitel Musikrecht

1. Vertragsgegenstand

a) Editionsvertrag

127 Gegenstand des Editionsvertrages ist regelmäßig die zeitlich (in der Praxis häufig auf drei Jahre) begrenzte Kooperation eines Musikverlages mit einem Musikurheber,[102] der jedoch hier die Rolle eines Verlegers einnimmt, auf dem Gebiet der gemeinsamen verlegerischen Auswertung von Werken. Hiermit verfolgen Musikverlage oftmals das Ziel, einen Musikurheber auf diese Weise länger und enger an sich zu binden und den Bereich des A&R (**Artist & Repertoire**) nach außen auf eine szene- und musikaffine Person zu verlagern. Der Musikurheber soll nämlich zusammen mit dem Verlag dritte Musikurheber suchen und diese im Rahmen von (Autorenexklusiv-) Verträgen an die Edition zu binden. Vertragsgegenständlich einbezogen in die Edition werden zudem regelmäßig sämtliche Werke, die der Musikurheber im Rahmen eines ebenfalls geschlossenen (Autorenexklusiv-) Vertrags schafft. Die Edition stellt eine Art Verlag im Verlag dar, bei der der Musikurheber die Stellung eines Mitverlegers erhält und die Edition zudem bei der GEMA angemeldet wird.[103] Für den Musikurheber als faktischer »Co-Verleger« ist diese Stellung wirtschaftlich vorteilhaft, da er –im Hinblick auf seine Musikwerke- neben seinem Anteil als Musikurheber auch eine Beteiligung am Verlagsanteil erfährt, wie dies sonst im Rahmen von Autorenexklusivverträgen nur über Refundierungsvereinbarungen erreicht wird.[104] Zudem ist er bezüglich Dritt-Musikwerke der Edition faktisch Verleger und somit entsprechend beteiligt.

b) Co-Verlagsvertrag

128 Im Rahmen eines Co-Verlags[105] schließen sich zwei oder mehr Musikverlage zum Zwecke der **gemeinsamen Verwertung** von Musikwerken zusammen. Die Einzelheiten der Zusammenarbeit und Kooperation der Musikverlage werden im Co-Verlagsvertrag geregelt. Die Gründe für den Abschluss eines Co-Verlagsvertrages sind vielschichtig:

129 • Eine Konstellation ist, dass ein wirtschaftlich starker Musikverlag eine Zusammenarbeit mit einem kleinen Musikverlag, ggfs. auch eine als Musikverlag firmierende Einzelperson (**Musikurhebereigenverlag**), insbesondere zum Zwecke der Ausgliederung des A&R-Bereichs, eingeht. Hierbei ist in Abgrenzung zur Edition wesentlich, dass die Rechte der im Rahmen von Autorenexklusivverträgen eingebrachten Werke bei Konstrukt »Co-Verlag«, anders als bei der Edition, auf beide Musikverlage verteilt sind, d.h., der wirtschaftlich schwächere/kleine Musikverlag ist ebenfalls neben dem wirtschaftlich starken Musikverlag Rechteinhaber. Sofern im Co-Verlagsvertrag ausgehend von der Zahlung eines Vorschusses an den Co- Verleger keine entsprechende Zessionserklärung zulasten des wirtschaftlich schwächeren Musikverlages enthalten ist, erhalten beide Co-Verlage direkt die jeweiligen GEMA-Ausschüttungen, anders als bei der Edition, da dort stets die Abrechnung der Einnahmen über die Edition erfolgt. Somit haben beide Musikverlage beim Co-Verlag selbständige Ansprüche gegenüber der GEMA.

130 • Sofern beispielsweise ein Musikurheber vertraglich an einen Musikverlag gebunden ist, jedoch sodann ein anderer Musikverlag ebenfalls an der Verwertung der Musikwerke beteiligt werden soll, ist eine Kooperation der beiden Musikverlage im Wege des Co-Verlags angezeigt, wobei sodann beide Musikverlage jeweils entsprechende Rechte an den betreffenden Musikwerken halten. Es wird somit, anders als bei der Edition, kein »eigen-

---

102 Editionsverträge werden jedoch nicht nur mit einem Musikurheber geschlossen, sondern Vertragspartner als Editionär kann z.B. auch ein Produzent oder Manager sein.
103 Vgl. *Baierle* Teil 2 D IV 1.
104 Näher hierzu Rdn. 114.
105 Vgl. ausführlich *Baierle* Teil 2 D VI.

ständiger Verlag« gegründet, auf den entsprechende Rechte an bestimmten Musikwerken – wie dies bei der Edition der Fall ist – zum Zwecke der Auswertung übertragen würden; stattdessen sind die entsprechenden Verlage jeweils auch Inhaber an den Rechten der jeweiligen, co-verlegten Musikwerke.

- Eine andere Konstellation ist z.B., dass an einem Werk mehrere Musikurheber beteiligt sind, die jedoch durch Autorenexklusivverträge mit verschiedenen Musikverlagen vertraglich verbunden sind, weshalb sodann eine **Kooperation** der beteiligten Musikverlage vereinbart wird.[106]

131

2. Rechte und Pflichten von Musikverlag und Editionär/Co-Verleger

Die Edition wie auch der Co-Verlag stellen wohl grundsätzlich eine GbR im Sinne der §§ 705 ff. BGB dar, so dass der Musikurheber bzw. der jeweilige Musikverlag beim Co-Verlag die Stellung eines Mitgesellschafters innehat.[107] Im Hinblick auf die Geschäftsführung dürfte zu empfehlen sein, in den Editionsvertrag bzw. Co-Verlagsvertrag eine Regelung aufzunehmen, wem die **Federführung** obliegt, insbesondere, ob im Rahmen der Edition der Musikverlag oder der Musikurheber in seiner Eigenschaft als Verleger für die Rechtevergabe im Sinne der individuellen Rechtewahrnehmung zuständig ist bzw. welcher Musikverlag nach dem Co-Verlagsvertrag in sämtlichen Angelegenheiten hinsichtlich der Verwertung der Werke und bezüglich administrativer Aufgaben etc. federführend ist.[108]

132

Der Musikurheber als »Editionär« verpflichtet sich regelmäßig im Editionsvertrag, für die Dauer der Edition exklusiv dem Musikverlag zur Verfügung zu stehen und sämtliche künftigen, während der Vertragslaufzeit ihm zur **Inverlagnahme** zur Verfügung stehenden Werke, zur gemeinsamen verlegerischen Auswertung in die Edition zu vermitteln.

133

Editionsverträge enthalten somit auch für den Editionär eine **Mindestablieferungsverpflichtung**, so dass der Editionär eine festgelegte Anzahl an Werken der Edition zur gemeinsamen verlegerischen Auswertung in einer bestimmten Zeit(/Vertrags-)periode einzubringen hat.[109] Anderseits erhält der Musikurheber als Mitgesellschafter weitergehende Mitspracherechte im Hinblick auf wirtschaftliche Entscheidungen hinsichtlich der Edition.

134

Die Federführung in sämtlichen die in Verlag genommenen Werke betreffenden Angelegenheiten sowie die **Vertretungsmacht im Außenverhältnis** stehen regelmäßig dem Musikverlag zu. Administrative Aufgaben in Bezug auf die Verlegung der Werke nimmt ebenfalls der Musikverlag wahr. Zudem ist die Edition regelmäßig bei der GEMA anzumelden.

135

Beim Co-Verlag obliegt regelmäßig einem der beiden bzw. einem von mehreren Musikverlage(n) die Federführung mit den üblichen Rechten und Pflichten eines Musikverlages, so insbesondere die Rechtevergabe hinsichtlich der individuell durch den Co-Verlag wahrgenommenen Rechte. Sofern die einzelnen durch den Co-Verlagsvertrag verbundenen Musikverlage über Subverlagspartner verfügen, kann eine Berechtigung dahingehend getroffen werden, dass jeder einzelne Musikverlag seinen Anteil als Co-Verleger über die **Subverlagspartner** selbst auswertet.[110]

136

---

106 Vgl. Moser/Scheuermann/*Lichte* S. 1067, 1085.
107 Loewenheim/*Czychowski* § 68 Rn. 76, 83.
108 Vgl. Moser/Scheuermann/*Lichte* S. 1067, 1085; und ausführlich zum Co-Verlagsvertrag *Baierle* Teil 2 D VI 2, 3.
109 *Homann* Kap. E 1.3.4.
110 Beier/Götting/Lehmann/Moufang/*Rossbach*/*Joos* Teil 2 C II 4 b.

3. Kosten und Einnahmeteilung

137 Im Hinblick auf die Verteilung der Einnahmen, aber auch die Aufteilung der Kosten und etwaigen Verlustes ist regelmäßig die Aufnahme entsprechender Regelungen in den Editionsvertrag/Co-Verlagsvertrag zu empfehlen; die Einzelheiten sind grundsätzlich frei verhandelbar. Denn andernfalls gelten, gerade unter Annahme des Bestehens einer GbR, diesbezüglich die gesetzlichen Regelungen der §§ 705 ff. BGB.

138 Infolge seiner Stellung als Mitverleger ist der Musikurheber als Editionär im Rahmen eines Editionsvertrages über seinen üblichen im Rahmen des Autorenexklusivvertrages geregelten Anteil als Musikurheber (auch sog. **Autorenanteil**), der sich lediglich auf seine Musikwerke bezieht, hinaus auch nach einem vertraglich festgelegten Schlüssel (z.B. im Verhältnis 50:50) am **Verlagsanteil** prozentual beteiligt.[111]

139 Dagegen kann im Hinblick auf die Kosten vereinbart werden, dass solche Kosten, z.B. Druckkosten oder Kosten für Anzeigen und sonstige Werbemaßnahmen zur Förderung der in die Edition aufgenommenen bzw. co-verlegten Werke, durch den Musikverlag bzw. den wirtschaftlichen stärkeren Co-Verlag zu tragen sind und insofern eine Verrechnung mit den dem Editionär bzw. dem wirtschaftlich schwächeren Co-Verlag zustehenden Verlagseinnahmen aus der gemeinsamen verlegerischen Auswertung von Werken im Rahmen der Edition nicht erfolgt.

140 Auch beim Co-Verlagsvertrag sollten entsprechende Regelungen in den Vertrag zur Verteilung der Einnahmen und Tragung der Kostenlast bzw. etwaiger Verluste getroffen werden. Häufig ist eine Teilung der Einnahmen, wie z.B. der von der GEMA ausgeschütteten Verlagsanteils, und der Kosten/Verluste angezeigt, wobei zugunsten des Musikverlages, der im Rahmen des Co-Verlags mit der Geschäftsführung beauftragt ist, eine Erstattung der ihm entstandenen Kosten aus der Geschäftsführung zu erfolgen hat.[112]

141 Gegenüber der Edition bietet somit das Konstrukt »Co-Verlag« im Hinblick auf die schuldrechtlichen Vergütungsansprüche in Bezug auf den jeweiligen Schuldner ausgehend von der eigenen Rechteinhaberschaft der beteiligten Verlage eine höhere Sicherheit, da er den beteiligten Co-Verlagen jeweils einen eigenen Anspruch gegenüber den Schuldnern/Verwertern wie z.B. der GEMA gibt, währenddessen es sich für den Editionär als nachteilhaft darstellen könnte, dass hier stets die Abrechnung der Einnahmen über die Edition erfolgt und der Editionär an sich folglich keinen eigenen selbständigen Anspruch gegenüber der GEMA etc. besitzt.

4. Vorschuss, Zessionen (Global- und Titelzessionen)

142 Auch im Rahmen des Editions-/Co-Verlagsvertrages ist die Vereinbarung eines Vorschusses zugunsten des Editionärs bzw. des wirtschaftlich schwächeren Co-Verlages im Hinblick auf die aus der Rechteverwertung zu erzielenden Einnahmen aus dem Verlagsanteil üblich,[113] wobei auch hier Einzelheiten wie die Höhe, **(Quer-) Verrechenbarkeit** und ggf. **Rückzahlbarkeit** auszuhandeln und vertraglich zu vereinbaren sind. Zur Absicherung des Vorschusses wird ebenfalls die (vorherige) Abgabe einer den Formerfordernissen der GEMA entsprechenden, erstrangigen **Abtretungserklärung** in Höhe des Vorschusses gefordert werden.

---

111 Vgl. Loewenheim/*Czychowski* § 68 Rn. 76, 77.
112 *Baierle* Teil 2 D VI 2.
113 Vgl. auch *Homann* Kap. E 1.3.3.

5. Verbleib der Musikwerke bei Beendigung des Editionsvertrages/Co-Verlagsvertrages

a) Editionsvertrag

In der Praxis wird die Zusammenarbeit zwischen dem Musikverlag und dem Editionär regelmäßig -zeitlich befristet- für einige Jahre vereinbart, d.h. in dieser Zeit bindet sich der Editionär **persönlich exklusiv** als Verleger an den Musikverlag.

Hinsichtlich des Verbleibs der Werke nach **Beendigung** der Edition sind grundsätzlich vier Konstellationen[114] anzutreffen, die vertraglich im Editionsvertrag vereinbart werden können, wobei jedoch zu beachten ist, dass die möglichen Konstellationen nach Ende der Edition auch abhängig von der gemäß des jeweiligen Autorenexklusivvertrages mit dem Musikurheber/ggfs. Editionär in zeitlicher Hinsicht getroffenen Rechteeinräumung sein kann:

- In Betracht kommt die vollständige Übernahme aller Rechte im Rahmen einer Abwicklungsgesellschaft durch den Musikverlag, d.h. nach Ablauf der Vertragsdauer stehen sämtliche Werke für die Dauer der gesetzlichen Schutzfrist, wobei diesbezüglich die hinsichtlich der Einräumung der Rechte im Autorenexklusivvertrag vereinbarte Auswertungsdauer zu berücksichtigen ist, dem Verlag zu, wobei dieser weiterhin den Editionär an den Erlösen nach einem zuvor festgelegten Verteilungsschlüssel zu beteiligen hat.
- Alle eingebrachten Werke stehen dem Musikverlag zu, und dies ohne weitere Beteiligung des Editionärs, was sich dann anbietet, wenn vom Musikverlag geleistete Vorschüsse in einer bestimmten Zeit nicht refinanziert werden konnten.
- Im umgekehrten Fall fallen sämtliche in die Edition eingebrachten Werke an den Editionär, der die Werke in die Edition eingebracht hat, wieder zurück, ohne dass der Musikverlag hieran noch wirtschaftlich beteiligt wäre.
- Schließlich kann eine genaue Ermittlung des wirtschaftlichen Wertes der einzelnen Werke und der Rechte angezeigt sein, wobei sodann eine Aufteilung unter den Vertragspartner anhand ihrer jeweiligen Editionsanteile erfolgt. Wer das erste und damit meistens wirtschaftlich bedeutendste Werk auswählen darf, wird in der Praxis oftmals ausgelost, wobei hierzu eine entsprechende Regelung hinsichtlich des **Erstzugriffsrechts** in den Editionsvertrag verhandelt werden kann.

Welche Ausgestaltung zum Tragen kommt, hängt in der Praxis davon ab, welche wirtschaftliche Bedeutung den Werken zukommt, ob z.B. Vorschüsse an den Editionär gezahlt werden. Des Weiteren gilt es bei der vertraglichen Ausgestaltung des Editionsvertrages zu bedenken, eine Regelung aufzunehmen, wie mit etwaigen Subverlagsrechten nach Beendigung der Edition zu verfahren ist. So sollten nach Beendigung der Edition auf den Musikurheber zurückfallende Rechte lastenfrei von Subverlagsrechten sein, weshalb entsprechende Verträge mit Subverlagen nicht über die Vertragslaufzeit der Edition hinaus geschlossen werden sollten.[115]

b) Co-Verlagsvertrag

Da beim Co-Verlagsvertrag die beteiligten Co-Verlag jeweils Inhaber an den Rechten der jeweiligen, co-verlegten Musikwerken sind, ist ihnen nach den Beendigung der Zusammenarbeit im Rahmen des Co-Verlages grundsätzlich unbenommen, jeweils separat im Rahmen der entsprechenden Auswertungsdauer die jeweiligen Werke und hieran eingeräumten Rechte selbst auszuwerten. Nach dem Ende der Vertragsdauer kann jedoch vereinbart werden, dass die mit dem Co-Verlagsvertrages eingegangene Kooperation zwi-

---

114 Vgl. auch Moser/Scheuermann/*Lichte* S. 1067, 1084.
115 Vgl. *Baierle* Teil 2 D IV 5 f.

schen Musikverlagen fortgesetzt wird und einem der beiden Musikverlage, ggf. dem während der Vertragsdauer federführenden Verlag, z.B. die **Inkasso-Befugnis** zusteht.

VI. Administrationsvertrag

147 Gegenstand des **Administrationsvertrages**[116] ist die Übernahme administrativer Aufgaben, wie z.B. die Anmeldung von Musikwerken bei der GEMA, die Kontrolle und Abrechnung der eingehenden Lizenzentgelte, das Inkasso, die Buchführung etc., durch einen Musikverlag (»Administrator«) von einem anderen, administrierten Musikverlag. Der Administrator übernimmt somit im Sinne eines Geschäftsbesorgungsvertrages die Geschäfte des administrierten Musikverlages.

148 Der Abschluss eines Administrationsvertrages bietet sich somit insbesondere für kleinere Musikverlage bzw. Musikurhebereigenverlage an, die zwar gute Beziehungen besitzen und daher in der Lage sind, Rechte an Musikwerken zu erwerben, die jedoch nicht über eine ausreichende verlegerische Infrastruktur verfügen und daher aufgrund der administrativen Zusammenarbeit mit einem Administrator nicht erst noch eine eigene, hinreichende Organisation zur Erfüllung administrativer Aufgaben aufbauen müssen. Andererseits eröffnet der Abschluss eines Administrationsvertrages für Musikverlage ein weiteres, wirtschaftlich interessantes Geschäftsmodell, bei dem auf die bereits aufgebauten Strukturen und Einrichtungen wie Büro- und Lagerräume, Personal etc. zurückgegriffen werden kann.

149 Sofern einem Musikverlag Werke übertragen wurden und er mit dessen Rechtevergabe betraut ist, er jedoch z.B. als Musikurhebereigenverlag nicht über eine ausreichende verlegerische Infrastruktur verfügt, bietet sich der Abschluss eines Administrationsvertrages an. An den durch den administrierten Musikverlag eingebrachten Werken ist der Administrator verlegerisch nicht beteiligt, d.h., nach Beendigung des Administrationsvertrages verbleiben keine Werke und Rechte an Werken bei dem administrierenden Musikverlag. Der Administrator erhält jedoch für seine Tätigkeiten eine prozentuale Beteiligung an den erzielten Erlösen, die sog. **Administrationsgebühr**, die regelmäßig zwischen 5 % und 15 % liegt.

C. Tonträgerverträge

I. Leistungsschutzrechte

150 **Urheberrechte** gewähren dem Urheber eigentumsähnliche absolute **Ausschließlichkeitsrechte**,[117] die sowohl eine vermögensrechtliche als auch eine persönlichkeitsrechtliche Seite aufweisen.

151 Historisch war dieser Schutz zunächst beschränkt auf die Schöpfer urheberrechtlich geschützter Werke. Ende des **19. Jahrhunderts** kamen technische Möglichkeiten auf, Gesang und Instrumentalspiel auf Walzen, Scheiden oder Platten aufzunehmen. Diese Träger konnte man zudem vervielfältigen und auf entsprechenden Wiedergabegeräten abspielen und damit die Aufnahmen für jedermann anhörbar machen. Die künstlerische Wiedergabeleistung wurde auf diesem Wege zum Handelsobjekt.

152 Daraus ergab sich das Bedürfnis, auch die Leistungen der Interpreten und der Hersteller dieser Aufnahmen rechtlich zu schützen.[118]

---

116 Vgl. auch *Baierle* Teil 2 D V.
117 Positives Nutzungsrecht und negatives Verbotsrecht, Vergütungsansprüche.
118 *Dünnwald/Gerlach* Einl. zu §§ 1, 2, Rn. 1 – mit einer ausführlichen rechtsgeschichtlichen Darstellung zum künstlerischen Leistungsschutz.

C. Tonträgerverträge

Erstmals enthielt das Urheberrechtsgesetz von 1965 als »verwandte Schutzrechte« **153** gesetzliche Regelungen über den Schutz:
- **ausübender Künstler**;[119] dieser Schutz umfasst auch Persönlichkeitsrechte (zumindest ansatzweise),
- **gewerblicher technisch-organisatorischer Leistungen**,[120] bei denen kein Persönlichkeitsschutz vorgesehen ist.

Während den Urhebern in §§ 15–23 UrhG umfassende Einwilligungsrechte zustehen, ist die **154** Rechtsstellung der Interpreten wesentlich schwächer. Von der **Einwilligung des Künstlers** abhängig sind nur die in §§ 77, 78 I UrhG aufgeführten Verwertungshandlungen:
- Fixierung der Darbietung auf einen Bild- und Tonträger, d.h. heimliche Mitschnitte seiner Leistungen muss der Künstler nicht hinnehmen,
- Vervielfältigung und Verbreitung der Trägermedien,
- sowie die Funksendung und öffentliche Zugänglichmachung der Darbietung und ihre Übertragung in einen anderen als den Aufführungsraum.

Über die Einwilligungsrechte können zumindest mittelbar auch **persönlichkeitsrechtli-** **155** **che Interessen** durchgesetzt werden.[121]

Im Unterschied zu §§ 21, 22 UrhG sind die **Zweitverwertungsrechte** in § 78 II UrhG **156** nicht als Verbotsrechte, sondern als bloße Vergütungsansprüche ausgestaltet, um nicht die Verwertungsinteressen der Urheber zu gefährden. Auch ein Bearbeitungsrecht (§ 23 UrhG) steht dem ausübenden Künstler nicht zu.

Das Leistungsschutzrecht des Künstlers unterliegt den **Schranken** der §§ 44a ff. UrhG,[122] **157** die auch für Urheber gelten.

II. Übersicht über die Vertragsbeziehungen und wesentlichen Regelungsinhalte

1. Rollen und Vertragstypen

Wer Tonaufnahmen mit Musikdarbietungen herstellen und wirtschaftlich verwerten will (als **158** wirtschaftlicher und organisatorischer Produzent = »**Musikproduzent**«), muss sich von den ausübenden **Musikkünstlern** und von den ggf. beauftragten **künstlerischen Produzenten** entsprechende Rechte einräumen lassen (**Künstlervertrag, Produzentenvertrag**).

Musikproduzent ist in der Regel ein **Tonträgerunternehmen** mit eigenem Vertrieb, häufig **159** aber auch eine **unabhängiger Produzent** oder eine spezielle **Musikproduktionsfirma**.

Die Verwertung erfolgt, indem der Musikproduzent die Produktion an ein Tonträgerunterneh- **160** men lizenziert (per **Bandübernahme-** oder **Tonträgerlizenzvertrag**) oder selbst Tonträger herstellt (bzw. herstellen lässt) und über eine Vertriebsfirma vertreiben lässt (per **Vertriebsvertrag**) und für Marketing und Promotion sorgt. Das Tonträgerunternehmen verwertet die Aufnahmen unmittelbar, indem es Tonträger herstellt und selbst vertreibt oder Dritten Verwertungsrechte einräumt. Gelegentlich sind Künstler selbst in der Lage, die fertige Produktion herzustellen und per Bandübernahmevertrag oder Vertriebsvertrag zu verwerten. In diesem Fall fallen die Rollen des Künstlers und Musikproduzenten zusammen.

---

119 »Kreative« = Künstler, die ein Werk durch ihre Interpretation erst »zum Leben erwecken und damit gleichzeitig eine schutzwürdige schöpferische Leistung erbringen«, BVerfGE, GRUR 1990, 183, 184 – Vermietungsvorbehalt.
120 Veranstalter, Tonträgerhersteller, Sendeunternehmen, Filmhersteller.
121 *Schack* 279, Rn. 611.
122 Allerdings keine Zwangslizenz gem. § 42a UrhG zugunsten der Hersteller von Tonträgern.

5. Kapitel Musikrecht

161 Wenn bei den Aufnahmen urheberrechtlich geschützte Werke dargeboten werden, muss der Hersteller/Verwerter zusätzlich noch die Nutzungsrechte der **Komponisten** und Textdichter klären. Dazu wendet sich der Verwerter in der Regel ausschließlich an die **GEMA**, von der diese Rechte wahrgenommen werden.[123]

162 Im Folgenden konzentriert sich die Darstellung allein auf die Verträge, die sich auf die Rechte der ausübenden Künstler und der Tonträgerhersteller beziehen (»**Tonträgerverträge**«).

2. Verträge des Musikproduzenten

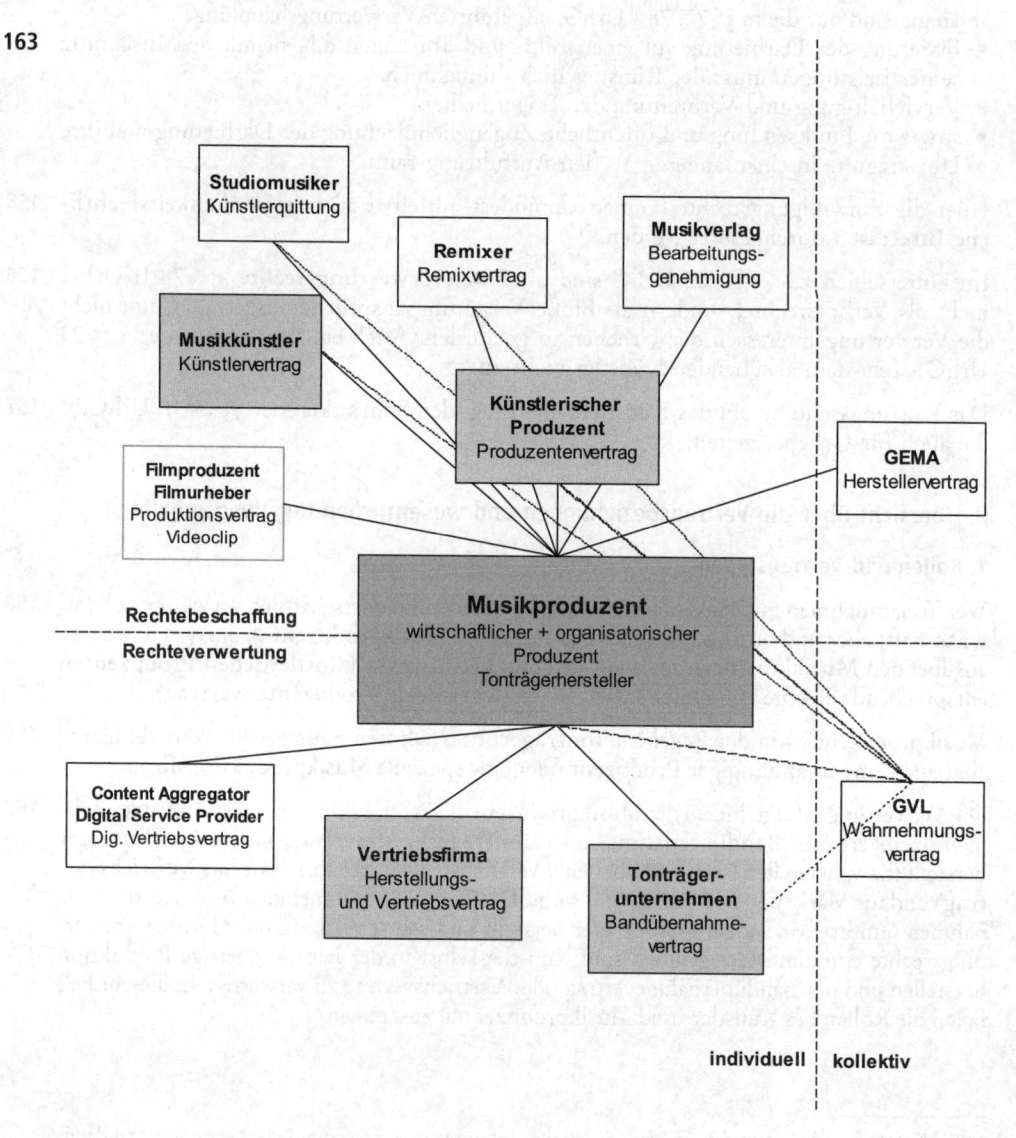

163

```
Studiomusiker
Künstlerquittung

Remixer
Remixvertrag

Musikverlag
Bearbeitungs-
genehmigung

Musikkünstler
Künstlervertrag

Künstlerischer
Produzent
Produzentenvertrag

GEMA
Herstellervertrag

Filmproduzent
Filmurheber
Produktionsvertrag
Videoclip

Rechtebeschaffung
-----------------
Rechteverwertung

Musikproduzent
wirtschaftlicher + organisatorischer
Produzent
Tonträgerhersteller

Content Aggregator
Digital Service Provider
Dig. Vertriebsvertrag

Vertriebsfirma
Herstellungs-
und Vertriebsvertrag

Tonträger-
unternehmen
Bandübernahme-
vertrag

GVL
Wahrnehmungs-
vertrag

individuell | kollektiv
```

---

123 Siehe oben Rdn. 37.

3. Wesentliche Inhalte der Tonträgerverträge

Im Kern geht es in allen Tonträgerverträgen um die **Einräumung von Rechten** an den Leistungen der ausübenden Künstler.   164

Fast alle Verträge enthalten »Enthaltungspflichten«, alles zu unterlassen, was den Vertragszweck gefährden oder die wirtschaftliche Verwertung der Aufnahmen wesentlich erschweren würde (»**Exklusivbindungen**«).   165

Hinsichtlich der **Vergütungsstruktur** bestehen zwischen den Verträgen in den meisten Fällen keine erheblichen Unterschiede. Die wesentlichen Berechtigten werden an den Verwertungserlösen beteiligt, d.h. solange die Aufnahmen ausgewertet werden, erhalten sie eine Lizenzbeteiligung. Die Höhe der Beteiligung ist je nach Vertragstypus unterschiedlich und reflektiert die Verteilung des wirtschaftlichen Risikos innerhalb der unterschiedlichen »Rollenkonstellationen«.   166

Gemeinsam ist den Verträge ein zumeist beachtlicher Umfang und ein hohes Maß an **Komplexität**.[124] Das hängt einerseits mit bestimmten Grundprinzipien des deutschen Urhebervertragsrechts zusammen,[125] andererseits mit dem Einfluss der anglo-amerikanischen Vertragskultur, der für fast alle Bereiche des »Entertainment« prägend ist. Hinzu kommt, dass die Verträge heutzutage neue und zusätzliche Regelungen zu Bereichen aufweisen, die erst in den letzten Jahren an Marktbedeutung gewonnen haben.[126]   167

4. Schematische Übersicht über die Tonträgerverträge[127]

	Künstlervertrag	Produzentenvertrag	Bandübernahmevertrag	Vertriebsvertrag	168
Vertragspartner	Künstler ./. wirtschaftlicher Produzent (»Musikproduzent« bzw. Tonträgerunternehmen	künstlerischer Produzent ./. Tonträgerunternehmen	Musikproduzent ./. Tonträgerunternehmen	Musikproduzent ./. Vertriebsfirma bzw. Tonträgerunternehmen	
Vertragsgegenstand	Herstellung und Verwertung von Musikaufnahmen	Herstellung von Musikaufnahmen	Verwertung von Musikaufnahmen	Vertrieb von Tonträgern	
Rechtsübertragung	Künstlerrechte an den Musikaufnahmen	künstlerische Produzentenrechte an der Aufnahme; ggf. Tonträgerherstellerrecht	Tonträgerherstellerrecht + sonstige Verwertungsrechte an der Aufnahme	Recht zum Vertrieb der Tonträger	
Exklusivität der Rechtseinräumung	immer	immer	in der Regel	in der Regel	
Vertragsgebiet	Welt	Welt	nach Vereinbarung	nach Vereinbarung	

---

124 Moser/Scheuermann/*Gilbert* S. 1093 f.
125 Rechteklausel und »Zweckübertragungslehre«.
126 Z.B. Regelungen zu Künstlerwebsites, Beteiligungen der Musikproduzenten an bestimmten Einnahmen des Künstlers, zusätzliche Rechteeinräumungen: Merchandising, Werbevermarktung.
127 In Anlehnung an die Übersicht bei *Wegener* S. 147 f.

	Künstlervertrag	Produzenten-vertrag	Bandübernahme-vertrag	Vertriebsvertrag
Persönliche Exklusivität	immer	fast nie	in der Regel (für den Künstler der Aufnahme)	nein
Titelexklusivität	fast immer	sehr häufig	fast immer	nein
Produktionskosten der Musikaufnahmen	trägt Musikproduzent bzw. Tonträgerunternehmen	trägt Tonträgerunternehmen	trägt Musikproduzent	trägt Musikproduzent
Dauer der Rechtübertragung	für gesetzliche Schutzfrist	für gesetzliche Schutzfrist	Maximum: gesetzliche Schutzfrist, Minimum nach Vereinbarung (selten weniger als 5 Jahre)	nach Vereinbarung
Vergütung	für Künstler: ca. 8% vom Händlerabgabepreis	ca. 3% vom Händlerabgabepreis	ca. 20% vom Händlerabgabepreis	ca. 80% vom Händlerabgabepreis

169 Nach dieser Übersicht über die verschiedenen Vertragskonstellationen folgt eine detaillierte Darstellung der üblichen Regelungen im sog. »**Künstlervertrag**«. Die Erläuterungen zu den übrigen Vertragstypen beschränken sich auf die Abweichungen zum Künstlervertrag und die jeweiligen Besonderheiten.

III. Künstlervertrag

1. Rollen – Abgrenzungen

170 Der Künstlervertrag regelt die rechtsgeschäftlichen Beziehungen zwischen einem **ausübenden Musikkünstler** (in der Regel »Exklusivkünstler«) – Instrumentalist, Sänger etc.[128] und einer anderen Partei, die eine Musikaufnahme herstellt: in der Regel ein wirtschaftlicher und organisatorischer Produzent bzw. Tonträgerhersteller (im Folgenden als »**Musikproduzent**« bezeichnet).[129] »Musikproduzent« kann ein kleines (»Indie«) oder großes (»Major«) Tonträgerunternehmen sein – aber auch ein freier Produzent.

171 Wesentlicher **Vertragsgegenstand** ist die Herstellung und Verwertung von Tonaufnahmen mit musikalischen Darbietungen des Künstlers. Die Hauptleistung des Musikkünstlers besteht in seiner **Mitwirkung** bei der Ton- oder Bildtonträgerproduktion; der Übertragung seiner Rechte an seinen Darbietungen und der Einhaltung bestimmter **Exklusivbindungen** über einen bestimmten Zeitraum. Es gibt aber auch Künstlerverträge (z.B. mit Studiomusikern), die keine längerfristige Bindung aufweisen und sich nur auf eine konkrete Aufnahme beschränken (**Titelvertrag, Künstlerquittung**).[130]

---

128 In den USA gibt es die Variante des sog. »Loan-Out-Deals«, bei denen eine Firma des Künstlers, die »Services« des Künstlers zur Herstellung von Tonaufnahmen an einen Produzenten bzw. ein Tonträgerunternehmen »ausleihen«.
129 Vertragsmuster sind abgedruckt bei *Scheuermann/Gilbert/Westerhoff/Deubzer* in Moser/Scheuermann, S. 1119 ff; *Wegener* S. 219 ff.
130 Siehe *Dünnwald/Gerlach* § 77 Rn. 17.

C. Tonträgerverträge

172 Mit einem »**Solovertrag**« wird ein einzelner ausübender Künstler verpflichtet, der in der Regel auch nur als Einzelkünstler (ggf. mit wechselnden Begleitmusiker) seine Darbietungen erbringt. Der Vertrag kann aber auch mit einer Personenmehrheit in Form einer festen **Künstlergruppe** abgeschlossen werden.

173 Die **Leistung des Musikproduzenten** konzentriert sich auf die Herstellung der Produktion und die wirtschaftliche Verwertung der Musikaufnahmen. Er trägt auch die Kosten der gesamten Produktion (Studiokosten etc.)

174 Für die Verwertungen leistet der Musikproduzent **Vergütungen** an den Musikkünstler – in der Regel als prozentuale Beteiligung an den Einnahmen aus den Verwertungen.

175 Tonträgerunternehmen schließend heutzutage anteilsmäßig erheblich **weniger direkte Künstlerverträge** ab als in früheren Zeiten:
- die Produktionskosten sind nicht verrechenbar, daher erfordert Profitabilität mehr Verkäufe,[131]
- das Tonträgerunternehmen muss die Produktion organisieren, betreuen – dazu fehlen oft die internen Ressourcen,
- in bestimmten Genres sind Künstler keine reinen Interpreten: sondern Singer/Songwriter, Singer/Producer, verfügen über eigene Studios oder wollen den Aufnahmeprozess selbst unter Kontrolle behalten,
- der tendenzielle Rückgang der Studiokosten ermöglicht Künstlern, eigene Produktionen herzustellen.

176 Häufiger werden Künstlerverträge noch abgeschlossen in den Bereich: Schlager, Volksmusik, Klassik,

2. Rechtsnatur

177 Beim Künstlervertrag handelt es um einen **urheberrechtlichen Verwertungsvertrag eigener Art**, der Elemente mehrerer gesetzlicher Vertragstypen enthält. Für die Einräumung der urheberrechtlichen Nutzungsrechte gelten **kaufrechtliche und pachtrechtliche** Vorschriften.[132] Die übrigen Leistungen des Künstlers (Mitwirkung bei der Produktion, Unterstützung der Promotion etc.) sind **Dienstleistungen**.

178 Dabei ist der Künstler in der Regel echter Selbständiger. In seltenen Ausnahmefällen kann der Künstler bei entsprechender Ausgestaltung des Vertrages[133] als **Arbeitnehmer** des Produzenten einzustufen sein.[134] Aber auch wenn ein Künstler nach den Kriterien der Arbeitnehmerdefinition als Selbständiger einzustufen ist, kann er im Einzelfall vom

---

131 Allerdings ist der Gewinn bei hohen Verkaufzahlen größer, da die Umsatzbeteiligungen in Vergleich zu anderen Verwertungsverträgen niedriger liegen.
132 Schricker/*Schricker* §§ 31 Rn. 14; *Weiß* S. 75.
133 Starkes vertragliches Weisungsrecht des wirtschaftlichen Produzenten im Hinblick auf Durchführung, Zeit, Dauer und Ort der Tätigkeit und entsprechende Handhabung beim Vertragsvollzug; Kriterium: Eingliederung in die Arbeitsorganisation des Produzenten.
134 Dazu im Einzelnen: *Weiß* S. 79-119; *Ingendaay* S. 50 ff; Die Folgen wären gravierend: alle Arbeitnehmerschutzgesetze wären anwendbar (Kündigungsschutz, Urlaubsgesetz, Entgeltfortzahlung etc.), die Tätigkeit wäre sozialversicherungspflichtig, das Steuerrecht wäre betroffen, für Rechtsstreitigkeiten wären die Arbeitsgerichte zuständig, die Laufzeitregelungen der Künstlerverträge unterlägen u.U. dem TzBfG.

Produzenten wirtschaftlich abhängig und sozial schutzbedürftig sein und damit als »**arbeitnehmerähnliche Person**« angesehen werden.[135]

3. Inhaltskontrolle

a) Vertragsfreiheit

179 Grundsätzlich gilt im Bereich des Urhebervertragsrechts **Privatautonomie** im Sinne von **Vertragsfreiheit**, die auch das Recht umfasst, »ungünstige« Verträge abzuschließen. Grenzen setzen aber die Grundprinzipien der Rechts- und Sittenordnung. Außerdem muss der Einzelne auch tatsächlich selbstbestimmt handeln können. Das ist aber nicht der Fall, wenn er in geschäftlichen Angelegenheiten unerfahren oder sozial schwach ist und wenn dadurch die Verhandlungsparität erheblich gestört wird. Um Missbrauch der Privatautonomie entgegenzuwirken und ein Mindestmaß an »**Verhandlungsgerechtigkeit**« sicherzustellen, hat der Gesetzgeber für eine Reihe von Fällen die Möglichkeit zur Inhaltskontrolle vorgesehen«.[136]

b) Rechtsinstitute der Inhaltskontrolle

aa) Anspruch auf angemessene Vergütung (§ 32, 32 a, 79 Abs. 2 Satz 2 UrhG)[137]

180 Wenn der Künstlervertrag keine Vergütungsregelung enthält, gilt eine »angemessene Vergütung« als vereinbart. Ist die tatsächlich vereinbarte Vergütung nicht »angemessen«, hat der Künstler einen Anpassungsanspruch.

bb) Allgemeine Geschäftsbedingungen (§§ 305 ff. BGB)

181 Für »formularmäßige« Künstlerverträge kommt eine Inhaltskontrolle nach §§ 305 ff. BGB in Betracht. **Formularverträge** sind in der Tonträgerbranche häufig anzutreffen, da sowohl die Rechteklauseln als auch die Vergütungsregelungen innerhalb eines Unternehmens so weit wie möglich »standardisiert« werden, damit der spätere Verwaltungsaufwand bei der Abrechnung und dem Rechte-Management möglichst gering bleibt.

182 Die §§ 305 ff. BGB sind nicht anwendbar, wenn die Vertragsbedingungen zwischen den Parteien im Einzelnen ausgehandelt worden sind. Eine reine Erläuterung des Umfang und der Bedeutung der Klausel reicht dazu nicht aus, auch wenn der Künstler dabei anwaltlich beraten wurde. Der Verwender des Standardvertrages muss ernsthaft bereit sein, über den Vertragsinhalt zu verhandeln und es muss auch zu wirklichen Verhandlungen gekommen sein.[138] Das gilt auch nur »soweit« (§ 305 Abs. 1 Satz 3 BGB) verhandelt worden ist. Die übrigen Klauseln werden weiterhin als AGB behandelt.

183 Da in »Newcomer«-Verträgen selten wirklichen Verhandlungen in diesem Sinne stattfinden, dürfen in der Praxis große Teile der Regelungen in Künstlerverträgen der AGB-Inhaltskontrolle unterliegen.

184 Während »**Überraschungsklauseln**« (mit Überrumpelungs- oder »Übertölpelungseffekt«) gem. § 305c Abs. 1 BGB in der Praxis selten vorkommen dürften, liegt der Schwerpunkt der Inhaltskontrolle auf § 307 BGB. Danach sind AGBs unwirksam, wenn sie den Vertragspartner unangemessen benachteiligen. Das ist im Zweifel gegeben, wenn die

---

135 *Weiß* S. 122–135; Folge: Zuständigkeit der Arbeitsgerichte für Streitigkeiten, Anwendung von § 12a TVG.
136 *Ingendaay* S. 54.
137 Gilt sowohl bei Nutzungsrechtseinräumungen wie auch bei Rechteübertragung: Erst-Recht-Schluss; *Ingendaay* S. 54; zum personellen, zeitlichen und räumlichen Anwendungsbereich ausführlich: *Ingendaay* S. 55–58;) siehe dazu auch Rdn. 261 ff.
138 *Ingendaay* S. 85 m.w.N.

Abweichungen mit wesentlichen Leitbildern des dispositiven Rechts unvereinbar sind oder wenn wesentliche Rechte und Pflichten, die sich aus der Natur des Vertrages ergeben, so eingeschränkt werden, dass die Erreichung des Vertragszwecks gefährdet ist.[139]

Im Urheberrechtsgesetz enthalt in den §§ 31 ff. UrhG eine Reihe von gesetzlichen Leitbildern, die auch auf Künstler anwendbar sind. **185**

Besondere Bedeutung kommt dem **Transparenzgebot** (§ 307 Abs. 1 Satz 2 BGB) zu, das insbesondere in der Fallgruppe: »**Verschleierung**« Kontrollmaßstab der zum Teil hochkomplexen Abrechnungsregelungen in den Künstlerverträgen sein kann. Eine Verschleierung kann gegeben sein, wenn einzelne Teile einer zusammenhängenden Regelung an versteckten Stellen stehen oder schwer miteinander in Zusammenhang zu bringen sind.[140]

Sind einzelne Klauseln unwirksam, bleiben die übrigen Regelungen des Vertrages gem. § 306 Abs. 1 BGB wirksam. Gem. § 306 Abs. 2 BGB gelten alternativ oder ergänzend die gesetzlichen Bestimmungen. Bei unwirksamen Vergütungsregelungen in Künstlerverträgen kommt § 32 Abs. 1 Satz 2 UrhG zur Anwendung.[141] **186**

cc) Sittenwidrigkeit (§ 138 Abs. 1 BGB)

Ein Künstlervertrag kann in der **Gesamtbetrachtung** seiner Klauseln, die in ihrem Zusammenwirken eine Partei über Gebühr belasten, als sittenwidrig eingestuft wird. Dabei spielen Aspekte des Missverhältnisses von Leistung und Gegenleistung und des knebelnden Charakters von Regelungen eine Rolle. Eine einzelne ungünstige vertragliche Regelung führt isoliert betrachtet oft noch nicht zur Sittenwidrigkeit des Vertrages. Aber eine Vielzahl solcher Regelungen und eine Kombination wirtschaftlich ungünstiger Regelungen mit langer Laufzeit und einseitiger Dispositionsbefugnis des Produzenten kann das Urteil im Einzelfall durchaus begründen.[142] **187**

Ein nach § 138 BGB sittenwidriger Vertrag ist nichtig. Davon wird in der Regel das gesamte Rechtsgeschäft erfasst. Wegen der eingeschränkten Geltung des Abstraktionsprinzips im Urheberrecht[143] führt die Nichtigkeit des Künstlervertrages auch zur Unwirksamkeit der vorgenommenen Rechteeinräumungen und -übertragungen (ex tunc).[144] **188**

Im Hinblick auf die **Vergütungsregelungen** ist § 32 Abs. 1 Satz 3 im Verhältnis zu § 138 BGB lex specialis. Wegen einer sittenwidrig niedrigen Vergütung ist ein Künstlervertrag also nicht nichtig.[145] **189**

4. Produktion – Mitwirkung

a) Vertragsproduktionen

Kernpunkt des Künstlervertrages ist die Verpflichtung des Künstlers, dem Musikproduzenten für die Erbringung der im Vertrag nach Art und Umfang näher definierten musi- **190**

---

139 *Ingendaay* S. 87.
140 *Ingendaay* S. 91; Abrechnungsbasis beträgt pauschal weniger als 100% (= Abweichung vom Üblichen ohne sinnvolle Begründung; *Ingendaay* S. 182; als Beispiele für Verstöße gegen das Transparenzgebot werden angeführt: zu hohe Komplexität der Abrechnungsregelungen; *Ingendaay* S. 170; hohe Technikabzüge für CDs: *Ingendaay* S. 180 f.; *Weiß* S. 381 f.; Reduzierungen, die sachlich nicht gerechtfertigt sind: *Weiß* S. 383 f.
141 Allerdings mit großen praktischen Problemen bei der Bestimmung der »angemessenen Vergütung«.
142 *Ingendaay* S. 93 f.
143 *Ingendaay* S. 95 m.w.N.
144 *Ingendaay* S. 96.
145 *Ingendaay* S. 96.

kalischen Darbietungen zur Verfügung zu stehen. Der Musikproduzent verpflichtet sich, die Aufnahmen auch tatsächlich zu produzieren.[146]

191 Der **Produktionsumfang** wird zumeist relativ genau festgelegt und orientiert sich an den marktüblichen Tonträgerkonfigurationen: z.B.: Aufnahmen ausreichend für eine Single (also 2.3 verschiedene Titel), Aufnahmen ausreichend für ein Album (12–15 Titel). Zusätzlich wird ein »**Produktionstakt**« festgelegt: z.B. ein Album/eine Single pro Vertragsjahr.

b) Durchführung der Produktion

192 Ob darüber hinaus die genauen Einzelheiten der Produktion und ihrer Durchführung geregelt wird, handhabt die Praxis sehr unterschiedlich: Es gibt Verträge, die einseitige **Direktionsrechte** des Produzenten im Hinblick auf die Auswahl der aufzunehmenden Titel, die Art der Interpretation, die Auswahl des künstlerischen Produzenten vorsehen und detaillierte Regelungen enthalten.[147] Andere Verträge verweisen pauschal darauf, dass solche inhaltlichen Entscheidungen **einvernehmlich** zwischen den Vertragsparteien getroffen werden, da die »Leistungsbeschreibungen« zur künstlerischen Darbietung ohnehin nicht »vollstreckt« werden können und Differenzen zu diesen Punkten nur zur Steigerung der Produktionskosten beitragen.

5. Rechteübertragung

a) Übersicht

193 Der Künstler überträgt dem Produzenten üblicherweise alle für eine umfassende Verwertung erforderlichen **Leistungsschutzrechte**, die dem Künstler an der von ihm erbrachten musikalischen Darbietung zustehen.

194 Hinzu kommen »**Neben**«-**Rechteeinräumungen**, die für eine umfassende wirtschaftliche Verwertung der Aufnahmen in den üblichen Verwertungsformen erforderlich sind:
- Befugnis zur Nutzung des Namens, Fotos des Künstlers zur Bewerbung und Verwertung der Vertragsaufnahmen,
- Domainrechte.

195 Häufig werden in aktuellen Künstlerverträgen zusätzlich weitere Rechte eingeräumt, die nicht unmittelbar mit der Verwertung der Vertragsaufnahmen zusammenhängen, dem Tonträgerproduzenten aber zusätzliche Einnahmequellen zur Refinanzierungen seiner Investitionen im Zusammenhang mit dem Künstlervertrag erschließen (»**360-Grad-Deals**«):
- Merchandisingrechte,
- Beteiligungsansprüche an Einnahmen des Künstlers aus seiner übrigen künstlerischen Tätigkeit.[148]

b) Generalklausel vs. Rechtekatalog

196 Die Künstlerverträge enthalten in der Regel eine **pauschalen Rechteübertragungsklausel**.[149] Der ausübende Künstler überträgt damit sämtliche ihm aus den §§ 77 und 78 UrhG zustehenden Verwertungs- und Vergütungsrechte[150] an den Musikproduzenten. Anders

---

146 *Weiß* S. 52.
147 Einseitige Direktionsrechte begegnen Wirksamkeitsbedenken (wg. Verstoßes gegen §§ 307 und 138 BGB): *Weiß* S. 138.
148 Siehe dazu Rdn. 348 ff.
149 Klauselbeispiele bei *Weiß* S. 189; *Ingendaay* S. 110.
150 Soweit sich nicht aus § 78 Abs. 1 Satz 2 i.V.m. § 78 Abs. 3 und 4 Einschränkungen ergeben.

als bei Urheberrechten ist eine vollständige Übertragung der Verwertungsrechte im Bereich der Leistungsschutzrechte möglich (§ 79 Abs. 1 UrhG). Diese Rechtsübertragung wirkt »translativ«: der ausübende Künstler löst sich von seinem Verwertungsrecht völlig und das Recht geht auf den Tonträgerproduzenten über.[151]

197 Obwohl mit der Pauschalklausel alle Rechte vollständig übertragen werden und damit implizit auch alle Nutzungsrechte gem. § 31 UrhG eingeräumt sind,[152] tendiert die Praxis dazu, umfangreiche und detaillierte Kataloge mit konkret bezeichneten Verwertungsrechten, Nutzungsrechten und Nutzungsarten anzufügen.

198 Bei der Gestaltung von Verträgen sollten allerdings zur Vermeidung von Unklarheiten die Begriffe »Leistungsschutzrecht«, »Verwertungsrecht«, »Nutzungsrecht« sowie die Übertragung und Einräumung von Rechten deutlich unterschieden und bewusst verwendet werden. Bei »vermischtem« Gebrauch der Begriffe wird es schwierig, zu bestimmen, ob von den Parteien eine Rechtsübertragung oder lediglich eine Einräumung von Nutzungsrechten gewollt war.[153]

199 Wenn man bei der konkreten Auslegung eines Künstlervertrags zu dem Ergebnis kommt, dass keine Übertragung der Verwertungsrechte vorliegt, sondern lediglich Nutzungsrechte eingeräumt werden, kommt der Auflistung wegen § 31 Abs. 5 UrhG allerdings große Bedeutung zu.

200 Auch wenn die dingliche Rechteeinräumung unbeschränkt erfolgt, gesteht der Musikproduzent dem Künstler auf schuldrechtlicher Ebene oft für bestimmte Verwertungen **Zustimmungsrechte** zu oder es werden zumindest **Abstimmungs- oder Konsultationspflichten** geregelt. Diese schuldrechtlichen Einschränkungen sind je nach Anspruch und Status des Künstlers mehr oder weniger umfangreich.

c) Vervielfältigung, Verbreitung

201 Wichtigste Rechteinräumung im Rahmen von Künstlerverträgen ist die Befugnis des Musikproduzenten, die Darbietungen des Künstlers auf Bild- oder Tonträger aufzunehmen und die Aufnahmen zu **vervielfältigen** und zu **verbreiten** (§§ 77 Abs. 1 und Abs. 2 UrhG).

202 In den detaillierten Rechtekatalogen werden oft noch akribisch alle möglichen technischen **Formate** für solche Bild- oder Tonträger aufgelistet. Hintergrund der Auflistung ist die (vage) Befürchtung, dass Rechte für nicht aufgeführte Formate auch nicht eingeräumt sind.

203 Durch die Neufassung von § 79 Abs. 2 Satz 2 und die Aufhebung des früheren § 31 Abs. 4 UrhG[154] ist klargestellt, dass die vollständige Abtretung der Verwertungsrechte des Künstlers auch **unbekannte Nutzungen** umfassen kann und dass auch ausdrückliche

---

151 *Dreier*/Schulze § 79 Rn. 2; *Dünnwald*/Gerlach § 79 Rn. 6 m.w.N. zur dogmatischen Kritik an dieser Übertragungsmöglichkeit.
152 Nur sehr selten werden im Rahmen von Künstlerverträge lediglich zeitlich und/oder örtlich eingeschränkte Verwertungsrechte an den Leistungsschutzrechten eingeräumt: *Weiß* S. 187.
153 Oft werden besonders in älteren Verträgen die Begriffe »Einräumung« und »Übertragung« gleichbedeutend und nicht einheitlich gebraucht, »die Leistungsschutzrechte aus §§ 74 ff. UrhG a.F.« übertragen oder »Verwertungsrechte« eingeräumt; *Ingendaay* S. 110; vor der Urheberrechtsnovellierung 2003 sah § 78 UrhG a.F. lediglich die Abtretung der Einwilligungs- und Verwertungsrechte des Künstlers vor; die Rechtsnatur dieser Abtretung war umstritten: *Ingendaay* S. 110 m.w.N.
154 Unwirksamkeit der Einräumung von Nutzungsrechten für unbekannte Nutzungsarten.

Rechteinräumungen für beim Vertragsabschluss unbekannte Nutzungsarten im Grundsatz wirksam sind, soweit sich keine Unwirksamkeit aus anderen Gründen ergibt.[155]

d) Bearbeitung, Entstellung

204 Dem Musikproduzenten wird in der Regel umfassend erlaubt, die hergestellten Aufnahmen zu **bearbeiten**.[156] Häufige Bearbeitungsformen sind: **Kopplungen**,[157] **Remixes**,[158] **Sampling**.[159]

205 Grundsätzlich kann ein **Änderungsvorbehalt** gem. § 79 Abs. 2 Satz 2 UrhG i.V.m. § 39 Abs. 1 UrhG wirksam vereinbart werden.

206 Ein allgemeines Recht im Sinne von § 23 UrhG, Bearbeitungen seiner Darbietungen zu verbieten, steht dem Künstler nicht zu. Allerdings setzt § 75 UrhG eine Grenze: »**Entstellungen**« (= unmittelbare Eingriffe in die Substanz der Darbietung)[160] oder andere Beeinträchtigungen der Darbietung,[161] die geeignet sind, das Ansehen oder den Ruf des ausübenden Künstlers zu gefährden, sind nicht erlaubt.

e) Öffentliche Wiedergabe, Sendung (+ Vergütungsansprüche)

207 Auch wenn die praktische Relevanz dieser Rechteeinräumung wegen § 78 Abs. 1 Nr. 2 (Zwangslizenz für die Sendung von erschienenen Tonträgern) nicht allzu groß ist,[162] wird dieses Recht zumeist in die Rechtekataloge aufgenommen.[163]

208 Oft lassen sich die Musikproduzenten auch die gesetzlichen **Vergütungsansprüche** der Künstler für erlaubnisfreie aber vergütungspflichtige Nutzungen durch Dritte abtreten, deren wichtigster Fall die »Sendevergütung« ist. Eine Vorausabtretung solcher Ansprüche ist gem. §§ 20b Abs. 2, 27 Abs. 1, 63a i.V.m. §§ 83, 77 Abs. 2, 78 Abs. 3, 4 UrhG nur an Verwertungsgesellschaften möglich. Entsprechende Klauseln sind daher unter Umständen gem. § 134 BGB nichtig.[164]

---

155 Zur Frage, ob es sich bei CD-Auswertungen (erstmals im März 1979 vorgeführt und ab 1983 am Markt) neue Nutzungarten handelt: pro neue Nutzungsart: Dreier/Schulze zu § 31a Rn. 47: Verträge, die vor 1983 abgeschlossen sind und in denen mechanische Vervielfältigungsrechte zur Herstellung von Tonträgern eingeräumt worden sind, bedürfen vertraglicher Ergänzung, wenn CDs mit umfasst werden sollen. a.A. OLG Hamburg ZUM 2002, 29 ff.; BGH, Urt. v. 10.10.2002, I ZR 16/00 und I ZR 180/00.
156 *Weiß* S. 216.
157 Nach OLG Frankfurt GRUR 1995, 215 – Springtoifel – eine eigenständige Nutzungsform; wegen der relative großen Marktbedeutung wird Kopplungsnutzung auch bei nicht ausdrücklicher Erwähnung vom Vertragszweck eines Künstlervertrages umfasst sein: *Ingendaay* S. 114 f.
158 *Ingendaay* S. 115.
159 *Ingendaay* S. 115.
160 *Dünnwald/Gerlach* § 75 Rn. 7; Anerkannte »Entstellungen« an Musikdarbietungen sind in der Rechtsprechung und Literatur kaum zu finden. Allerdings stellt jede Bearbeitung einer Tonaufnahme in der Regel auch eine Vervielfältigung im Sinne der §§ 16, 77 Abs. 2 UrhG und kann, soweit es sich um eine selbständige Nutzungsart handelt, Gegenstand gesonderter Rechteeinräumung sein, siehe *Ingendaay* S. 114.
161 Beispiele bei *Dreier/Schulze* § 75 Rn. 11 m.w.N.; *Dünnwald/Gerlach* § 75 Rn. 9–11.
162 Verleiht dem Tonträgerproduzenten nur eine »erstverwertbare« Rechtsposition für die Sendung von Aufnahmen, die vorher noch nicht auf Tonträgern erschienen sind.
163 Bedeutung hat die Rechteeinräumung für den Musikproduzenten als Tonträgerhersteller, wenn er mit der GVL Wahrnehmungsverträge abschließt.
164 Wirksam ist die Klausel nur, wenn ein entsprechender »Verwertungsgesellschaftsvorbehalt« angefügt wird.

Die Interessen des Musikproduzenten werden dadurch berücksichtigt, dass ihm als Tonträgerhersteller entweder eigene gesetzliche Vergütungsansprüche zustehen (§§ 44a ff. UrhG) oder er an den Vergütungen des Künstlers beteiligt wird (§ 86 UrhG).[165] **209**

f) Öffentliche Zugänglichmachung, Online-Verwertung

Um die Vertragsaufnahmen auch über die neuen »**digitalen**« **Vertriebswege** (per Anbietung zum Download, Streaming, Klingelton) verwerten zu können, muss der Musikproduzent vom Künstler das Recht erwerben, die Darbietungen des Künstlers öffentlich zugänglich zu machen (§ 78 Abs. 1 Nr. 1 i.V.m. § 19a UrhG). **210**

Digitale »**Online-Dienste**«, die Musikinhalte zum Abruf anbieten, sind technisch (wie überhaupt das »Internet« als Nutzungsform) seit 1995 bekannt,[166] wirtschaftlich relevant aber frühestens seit 2000.[167] Handy-Klingeltöne sind seit 2000 eine hinreichend absehbare neue Nutzungsart.[168] **211**

Bei Verträgen, die vor Bekanntwerden dieser Nutzungsarten abgeschlossen worden sind, stellt sich die Frage, ob die Musikproduzenten entsprechende »Online-Verwertung« der Vertragsaufnahmen vornehmen können. **212**

Während es bei Nutzungsrechte an Urheberrechten für die Beurteilung entscheidend darauf ankommt, ob der jeweilige Vertrag vor dem 1.1.2008 abgeschlossen worden ist,[169] waren im Bereich der Leistungsschutzrechte auch schon vor Streichung des § 31 Abs. 4 UrhG Regelungen über zukünftige Nutzungsarten grundsätzlich zulässig.[170] Wenn in einem Vertrag, in dem Online-Rechte nicht ausdrücklich erwähnt werden und der vor Bekanntwerden dieser Nutzungsarten abgeschlossen worden ist, **213**

- ausdrücklich eine Übertragung aller Verwertungsrechte des Künstlers erfolgt,
- und/oder die Übertragung auch ausdrücklich künftige Nutzungsrechte umfasst,
- und auch der Vertragszweck (der natürlich im Einzelfall bestimmt werden muss) auf eine ausschließliche und umfassende Auswertung durch den Tonträgerproduzent abzielt,

wird man davon ausgehen können, dass dem Musikproduzenten **Online-Verwertungsrechte** zustehen.[171]

In der Praxis treten hier relativ wenige **Konflikte** zwischen Künstlern und Verwertern auf. Das hängt auch damit zusammen, dass der Künstler hauptsächlich an einer angemessener Vergütung interessiert ist, weil er selbst keine eigenen Verwertungen vornehmen kann: der Künstler verfügt ja nicht über die Tonträgerherstellerrechte und die Rechte der künstlerischen Produzenten. **214**

g) Synchronisationsrecht

Der Musikproduzent lässt sich das Recht einräumen, die Tonaufnahmen mit Bildern zu verbinden. Dabei kann es sich um Musikvideos, Werbespots oder auch Spielfilme han- **215**

---

165 Der Interessenausgleich zwischen Künstlern und Tonträgerherstellern erfolgt für die von der GVL wahrgenommenen Ansprüche im Rahmen der gemeinsam festgelegten Verteilungspläne für die Einnahmen.
166 Telekom Versuch »Music On Demand« per ISDN.
167 Bzw. seit Marktstart von Apples »iTunes« 2002.
168 Dreier/*Schulze* § 31a Rn. 55.
169 Wegen § 31a UrhG und der Anwendung der Übergangsregelung § 137l UrhG.
170 BGH, Urt. v. 10.10.2002, I ZR 180/00 und I ZR 16/00.
171 Wegen der aus § 31 Abs. 5 UrhG folgenden »Spezifizierungslast« empfiehlt *Weiß* S. 231, den Vertragszweck möglichst genau zu definieren und zur Bestimmung auch »potenzielle Nutzungsvisionen« zu umschreiben.

deln. Die Auswertung solcher Bildtonträger stellt eine von der Tonträgerauswertung abgrenzbare Nutzungsart dar. Betroffen ist das vom Vervielfältigungsrecht aus § 77 Abs. 2 UrhG umfasste Filmeinblendungsrecht des ausübenden Künstlers[172] und ggf. sein Recht auf Leistungsintegrität (§ 75 UrhG) sowie persönlichkeitsrechtliche Belange (insbesondere bei Werbenutzung).

216 Oft vereinbart der Künstler mit dem Musikproduzenten, dass solche Filmeinblendungen der vorherigen Zustimmung des Künstlers bedürfen.[173]

h) Sonstige, unbekannte Nutzungsarten

217 In Künstlerverträgen kann wirksam vereinbart werden,[174] dass sich die Rechteübertragung auch auf Nutzungsarten bezieht, die zum Zeitpunkt des Vertragsschlusses noch nicht bekannt waren.[175] Gelegentlich werden solche Rechteeinräumungen auch nur als Option geregelt.

218 Wenn die Verwertungsrechte des Künstlers im Ganzen auf den Musikproduzenten übertragen worden sind, ist der Produzent im Zweifel zu sämtlichen neuen Nutzungen berechtigt, die vom übertragenen Nutzungsrecht umfasst sind. Probleme ergeben sich allenfalls, wenn zu einem späteren Zeitpunkt ein neues Verwertungsrecht des Künstlers gesetzlich geregelt wird (z.B. § 19a UrhG) und der Vertrag lediglich eine Optionsregelung[176] für neue Nutzungsrechte vorsieht. Sofern die neuen Rechte zum Zeitpunkt des Vertragsabschlusses nicht ausreichend spezifiziert sind, erfolgt dann wohl eine Begrenzung auf den Vertragszweck.[177]

i) Namensrechte

219 Üblicherweise räumt der Künstler dem Musikproduzenten für die Laufzeit des Künstlervertrages ein ausschließliches Nutzungsrecht an seinem Künstlernamen[178] ein.

220 Bei einer pauschalen Rechteeinräumung ergibt sich aus der Zweckübertragungsregel, dass der Musikproduzent den Künstlernamen nur zur Werbung für vertragsgegenständliche Produkte verwenden darauf.

221 Oft sehen die Verträge allerdings spezifische Regelungen für weitergehende Nutzungen vor.[179] Hinzuweisen ist in diesem Zusammenhang auch auf § 74 UrhG,[180] wonach der ausübende Künstler das Recht hat, in Bezug auf seine Darbietung zu bestimmen, ob und mit welchem Namen er genannt wird. In welchem Umfang das Namensnennungsrecht vertraglicher Dispositionsfreiheit unterliegt, ist unklar. Vertretbar erscheint, dass die konkrete Ausgestaltung des Namensnennungsrecht (ähnlich wie die Formulierung eines (P) oder (C)-Vermerks) im Künstlervertrag geregelt werden kann.

---

172 *Ingendaay* S. 113.
173 »Standardfälle« wie Nutzung der Aufnahmen für die Karaoke-Computerspiele »SingStar« oder »Guitar Hero«) oder Nutzung für sog. »user generated content« (bei solchen Filmeinblendungen kann naturgemäß die vorherige Zustimmung nicht eingeholt werden) sind oft von den Zustimmungserfordernissen ausgenommen.
174 2002 wurde § 79 Abs. 2 Satz 2 UrhG so gefasst, dass kein Verweis mehr auf § 31 Abs. 4 UrhG a.F. enthalten war; § 31 Abs. 4 UrhG wurde 2008 ganz gestrichen; siehe auch BGH, Urt. v. 10.10.2002, I ZR 180/00 und I ZR 16/00.
175 *Weiß* S. 229 ff.
176 *Ingendaay* S. 119.
177 *Ingendaay* S. 119.
178 Allgemein zum Namensrecht siehe *Dünnwald/Gerlach* Vor § 74 Rn. 18.
179 Exklusivrechte am Künstlernamen, die über die Vertragslaufzeit hinausgehen, dürften unwirksam sein – *Ingendaay* S. 146 f.
180 Erst seit 2003 im UrhG, siehe *Dünnwald/Gerlach* § 74 Rn. 2.

j) Bildrechte

Im Künstlervertrag erteilt der Künstler dem Musikproduzenten die Einwilligung, sein 222
Bild für die Laufzeit des Vertrages zur Bewerbung der vertraglichen Aufnahmen zu
benutzen. Eine solche Einwilligung ist gemäß § 22 Abs. 1 Nr. 1 KUG erforderlich.[181]

Sollen die Bilder weitergehend genutzt werden, beispielsweise für die Gestaltung von 223
Merchandisingprodukten, ist hierfür eine ausdrückliche Abrede und unter Umständen
auch eine gesonderte Vergütung des Künstlers erforderlich.[182]

k) Internet-Domains

Damit er das Internet als Vermarktungsplattform nutzen kann, möchte der Musikprodu- 224
zent in der Regel eine Website mit dem Namen des Künstlers als Internet-Adresse
(Domain Name) betreiben. Künstlerverträge enthalten daher oft die Regelung, dass für
die Dauer der Laufzeit des Vertrages dem Musikproduzenten der Name des Künstlers
zur Bezeichnung von Domains ausschließlich zustehen soll.[183]

l) Merchandising + Werbung, Sponsoring

aa) Merchandising

»**Merchandising**« kann definiert werden als die umfassende, neben die jeweilige primäre 225
Verwertung tretende sekundäre Vermarktung der Persönlichkeit des Künstlers, seines
Namens, seines Signets, seines Logos, von Ausstattung Elementen, Designs und Bildern
(der Vertragsaufnahmen) außerhalb ihrer eigentlichen Vermarktung durch den Berechtigten
selbst oder durch Einräumung von Rechten und sonstigen Besitzständen an Dritte
zur wirtschaftlichen Verwertung zum Zweck des Absatzes von Waren und Dienstleistungen
einschließlich der Verkaufsförderung und Werbung.[184]

Merchandising hat im Bereich der Musikverwertung in den letzten Jahren erheblich an 226
wirtschaftlicher Bedeutung zugenommen.[185] Während die klassischen »**Fanartikel**« (Textilien,
Geschirr, Poster, Kalender, Bücher) mit Bildern, Schriftzügen oder Logos der
Musikkünstler früher hauptsächlich bei Konzertauftritte verkauft (»**Tourmerchandising**«)
oder über spezialisierte Mailorder vertrieben wurden, haben mittlerweile auch
die Tonträgerunternehmen diesen Marktbereich entdeckt, eigene Merchandisingabteilungen
gegründet oder bestehende Merchandisingfirmen gekauft und integriert. Zunehmend
gehen daher die Musikproduzenten dazu über, in den Künstlerverträgen auch »Merchandisingrechte«
zu erwerben, um entsprechende Verwertungen vornehmen oder solche
Rechte an Dritte weiterlizenzieren zu können.

Rechtlich handelt es sich dabei um ein **Paket von Rechten** aus verschiedenen gesetzli- 227
chen Bereichen (Urheberrecht, Markenrecht, Geschmacksmusterrecht, Namensrecht,
Recht am eigenen Bild; wirtschaftliches Persönlichkeitsrecht als Teilaspekt des allgemeinen
Persönlichkeitsrechts).[186]

---

181 *Ingendaay* S. 147 f.; allgemein zum Bildnisrecht: *Dünnwald/Gerlach* Vor § 74 UrhG Rn. 19.
182 *Ingendaay* S. 148.
183 Eine entsprechende zeitliche unbeschränkte Regelung dürfte unwirksam sein, *Ingendaay* S. 148 f.; *Weiß* fordert selbst für die Nutzungsmöglichkeit während der Vertragslaufzeit eine gesonderte Vergütung für den Künstler; *Weiß* S. 270.
184 *Schertz* ZUM 2003, 6312.
185 Moser/Scheuermann/*Glueck* S. 431 ff.
186 *Ingendaay* S. 154; Moser/Scheuermann/*Schmidt* S. 1250.

228 Dabei geht es zumeist um folgende **Verwertungsformen**:
- »**Promo-Merchandising**«: Verteilung von Fotos, Autogrammkarten, Abbildungen, Aufklebern, Textilien, Tassen etc. als Werbehilfsmittel zur Absatzförderung der Ton- oder Bildtonaufnahmen, die an Händler, Kunden, etc. kostenlos abgegeben werden,[187]
- Herstellung und kommerzieller Vertrieb von Fotos, Abbildungen, Künstlernamen, Logo des Künstlers als »**Fanartikel**«; sei es im Zusammenhang (als »Zugabe« oder im Bundle) mit den Ton- oder Bildtonaufnahmen oder als eigenständiges Produkt; sowohl in »physischer« Form als auch unkörperlich (Bildschirmschoner, Klingeltöne,[188] Ansagen des Künstlers (für die Mailbox etc.),[189]
- Vergabe von **Merchandising-Lizenzrechten an Dritte** zur Verbindung der »Marke« (Namen, Abbildung, Logo) des Künstlers mit bereits existierenden (Marken-)Produkten (z.B. Bekleidung. Food, Schreibwaren). In diesem Bereich soll das positive Image des Künstlers für die Vermarktung des jeweiligen Produktes genutzt werden.

229 Neben der direkten Einräumung von Merchandisingrechten,[190] finden sich in den Verträgen auch **optionale Regelungen**.[191] Wenn dem Künstler die Merchandisingrechte verbleiben, lassen sich Musikproduzenten/Tonträgerunternehmen in jüngster Zeit häufig **Beteiligungsansprüche** an den entsprechenden Erlösen des Künstler aus der Verwertung des Merchandising einräumen.[192]

bb) Werbekooperationen

230 Auch reine **Werbepartnerschaften** oder -**kooperationen** zwischen Künstler und Marken-Herstellern oder Firmen werden oft noch unter den Begriff des Merchandising gefasst[193] und im Rahmen der Merchandisingklauseln in Künstlerverträgen geregelt. In solchen Fällen werden nicht nur Produkte mit den Kennzeichen des Künstlers versehen, sondern ganze »Kommunikationspakete« geschnürt, die Waren und Lizenzthema miteinander verknüpfen (z.B. Werbekampagnen von Volkswagen mit den Künstlergruppen »Rolling Stone« oder »Pink Floyd«).

231 Ähnliche Kooperationen gibt es auch im Zusammenhang mit **Imagekampagnen für Unternehmen**. Oft wird hier die Synch-Nutzung eines Tonaufnahme zur Unterlegung eines Werbespots mit der Mitwirkung des Künstlers im Spot oder sonstigen Leistungen des Künstlers kombiniert.

232 Umgekehrt hat auch die gezielte **Platzierung von Tonaufnahmen** in TV-Werbespots von Markenartiklern oder in Programm-Trailern von TV-Sendern oft positive Wirkung für den Verkauf der Tonträger oder allgemein für die Etablierung eines Künstlers am Markt.

233 Schließlich versuchen Markenartikler auch durch allgemeine **Förderung von Nachwuchskünstlern**, ihr Image in musikaffinen Zielgruppen zu fördern.[194]

---

187 Ähnliche Klausel mit rechtlicher Wirksamkeitsprüfung bei *Weiß* S. 242 f.
188 Dabei handelt es sich insofern um Merchandisingprodukte, als sie dem »Fan-Branding« des Mobiltelefons dienen.
189 Gelegentlich als »digitales Merchandising« bezeichnet.
190 Klauselbeispiel und Prüfung der rechtlichen Wirksamkeit solcher Regelungen im Rahmen von Künstlerverträgen: *Weiß* S. 252 ff. – Kriterien: angemessene Vergütung, angemessene Laufzeit.
191 Sei es als reine Erstverhandlungsoptions oder bereits als konkret ausverhandelte optionale Rechteeinräumung und Vergütung; *Weiß* S. 254 ff.
192 Siehe Rdn. 348 ff.
193 Berger/Wündisch/*Freitag* S. 905.
194 Z.B. »Volkswagen Sound Foundation«, »Jägermeister«.

cc) Websitekommerzialisierung

Die Tonträgerfirmen gehen zunehmend dazu über, ihre Internet-Websites mit künstlerbezogenen Inhalten durch allgemeine **Internetwerbung** (Bannerwerbung, Vorspannwerbung beim Abspielen von Hörbeispielen und Videoclips, sog. »Pre-, Post-Rolls«) zu refinanzieren. 234

Künstlerverträge räumen den Musikproduzenten/Tonträgerunternehmen gelegentlich solche Rechte ein und regeln Zustimmungserfordernisse und Vergütungen für solche Nutzungen. Um »Imageschäden« zu vermeiden und ggf. auch Kollisionen zwischen den Merchandisinginteressen und Sponsoren des Tonträgerunternehmens mit den eigenen persönlichen Werbeengagements des Künstlers zu verhindern,[195] wird der Künstler gesteigerten Wert auf Mitsprache legen und versuchen, insbesondere die Gestaltung der Merchandisingprodukten, und jede Vereinbarung zu Werbenutzungen oder Werbekooperation von seiner vorherigen **Zustimmung** abhängig zu machen. 235

m) Auswertungsterritorium/-dauer

Da der Tonträgerproduzent alle Kosten übernimmt und das Investitionsrisiko trägt, wird er sich in der Regel vom Künstler **weltweite**[196] und **zeitlich unbefristete** Rechte (bzw. Rechte für die gesetzliche Schutzfrist gem. § 82 UrhG) an den Vertragsaufnahmen einräumen lassen.[197] 236

n) Weiterübertragung der Rechte – Vertragsübertragung

In den allermeisten Künstlerexklusivverträgen wird der Musikproduzent in genereller Art und Weise ermächtigt, die ihm eingeräumten **Nutzungsrechte an Dritte zu übertragen** und Dritten konstitutiv weitere Nutzungsrechte einzuräumen.[198] Urheberrechtlich sind solche Klauseln als Verzicht der Zustimmungserfordernisse aus §§ 34 Abs. UrhG bzw. 35 Abs. 1 UrhG einzustufen. Solche Regelungen kann der Musikproduzent mit dem Künstler rechtlich wirksam vereinbaren.[199] 237

Von der Möglichkeit, Dritten Nutzungsrechte einzuräumen, sind Regelungen zu unterscheiden, wonach der Produzent berechtigt ist, den gesamten Künstlervertrag auf Dritte zu übertragen.[200] Auch gegen solche Klausel bestehen keine rechtlichen Bedenken, wenn es sich um Individualvereinbarungen handelt.[201] 238

o) Gewährleistungsklausel

Die Künstlerverträge enthalten im Hinblick auf die Rechteinräumungen und die Regelungen zur Exklusivbindung oft (verschuldensunabhängige) Garantieklauseln mit entsprechenden Freistellungs- und Schadensersatzansprüchen.[202] 239

---

195 Berger/Wündisch/*Freitag* S. 915 – Rn. 66.
196 In US-amerikanischen Verträgen gerne auch fürs »Universe«.
197 Das liegt im Rahmen des Vertragszwecks von Künstlerverträgen und wirft keine rechtlichen Bedenken auf, *Weiß* S. 210.
198 *Weiß* S. 222 f.
199 *Weiß* S. 229.
200 Künstler versuchen, hier Einschränkungen zu verhandeln und zumindest Zustimmungserfordernisse für die »willkürliche« Übertragung auf Dritte zu erreichen, soweit es sich nicht auf Übertragungen auf konzernverbundene Tonträgerunternehmen oder Erwerber/Übernehmer des Tonträgerunternehmens handelt. Anderseits gibt es bei den meisten großen Tonträgerunternehmen interne Richtlinien, die die Dispositionsbefugnis zu solchen Regelungen beschränken.
201 *Weiß* S. 287 f. hält solche Klauseln für unwirksam, wenn der Künstlervertrag als AGB einzustufen ist oder wenn es sich um ein Arbeitsverhältnis/arbeitnehmerähnliches Verhältnis handelt.
202 Moser/Scheuermann/*Gilbert* S. 1125 f.

6. Exklusivbindungen

a) Persönliche Exklusivität

aa) Inhalt/Rechtsnatur

240 In jedem Künstlerexklusivvertrag wird die »**persönliche Exklusivität**« des Künstlers geregelt. Darunter versteht man die Verpflichtung des Künstlers, während der vereinbarten Vertragsdauer ausschließlich dem Musikproduzenten für die Herstellung von Tonaufnahmen zur Verfügung zu stehen und ggf. hergestellte Aufnahmen ausschließlich diesem Vertragspartner zur exklusiven Verwertung zu überlassen.[203]

Die Exklusivbindung kann an die **Person des Künstlers** geknüpft sein oder lediglich für die Mitwirkung bei einem bestimmten »**Projekt**« gelten.[204]

241 Es handelt es um ein **Wettbewerbsverbot**[205] zum Schutz des Musikproduzenten und soll diesem bestmögliche Verwertung der Aufnahmen und Amortisierung seiner Investitionen in die Produktion sicherstellen.[206]

bb) Ausnahmen/Freistellungen

242 Von dieser Exklusivbindung werden oft bestimmte Tätigkeiten allgemein ausgenommen (z.B. Tätigkeit als Studiomusiker, künstlerischer Produzent, »feat. Artist«, Live-Aufnahmen zu Sendezwecken) oder ein Einzelfall vereinbart (»**Freistellung**«). Je nach Status und »Marktwert« des Künstlers und ggf. »Aufwertung« einer fremden Aufnahme durch die Mitwirkung des Künstlers verlangt der Tonträgerproduzent für die Freistellung eine Umsatzbeteiligung an den Verwertungserlösen der freigestellten Aufnahme (»**Override**«).

cc) Territorium

243 Die Exklusivbindung besteht im Regelfall (auch wenn ausdrücklich keine Beziehung zu einem bestimmten Territorium hergestellt wird) **universell**. Möglich ist aber auch eine **territoriale Beschränkung** der persönlichen Exklusivität, wenn etwa der Künstler in verschiedenen Ländern seine künstlerische Leistung in verschiedenen Sprachen erbringt und diese Rollen kommerziell klar abgegrenzt werden können.[207]

b) Titelexklusivität

244 In den Künstlerverträgen wird fast immer geregelt, dass die Künstler die musikalischen Werke (also die »Titel«), die im Rahmen des Vertrages aufgenommen worden sind, auch nach Ende der Vertragslaufzeit für einen bestimmten Zeitraum nicht neu aufnehmen und verwerten darf. Der Musikproduzent will damit verhindern, dass der Künstler die Aufnahmen nach Vertragsende u.U. in gleicher und mit den »Originalen« verwechselungsfähiger Qualität neu einspielt und am Verwertungsmarkt mit ihm konkurriert.

245 Der Zeitraum dieser sog. »**Titelexklusivität**« ist unterschiedlich lang, kann zwischen drei und fünfzehn Jahre betragen. Zumeist beginnt die Frist mit dem Ende der Vertragslaufzeit:[208]

---

203 *Weiß* S. 289.
204 *Ingendaay* S. 124; hauptsächlich bei sog. »Dance«-Projekten.
205 *Weiß* S. 150.
206 Zur rechtlichen Zulässigkeit allgemein: *Weiß* S. 160; *Ingendaay* S. 125 ff., der auch eine Prüfung unter kartellrechtlichen Aspekten vornimmt.
207 Bei Künstlern auf Superstar-Level sind auch mehrere parallele Künstlerverträge für verschieden Territories (oft North-America + Rest der Welt) denkbar; solche Deals haben spezifische Vor- und Nachteile, *Passman* S. 150.
208 *Ingendaay* S. 136; *Weiß* S. 161; andere Anknüpfungspunke sind denkbar: Zeitpunkt der Herstellung/Veröffentlichung der Aufnahmen.

Auch diese Exklusivbindung begründet im rechtlichen Sinne eine **Wettbewerbsverbot**,[209] 246
das aber in der Regel zum Schutz der berechtigten wirtschaftlichen Interessen des Musikproduzenten erforderlich ist und daher bei angemessener Laufzeit auch rechtlich unbedenklich erscheint.[210]

Wenn der Künstler gegen die Exklusivbindungen verstößt, kann der Musikproduzent 247
seinen Unterlassungsanspruch im Wege der **Unterlassungsklage** oder des einstweiligen Rechtsschutzes geltend machen.[211] Außerdem entstehen u.U. **Schadensersatzansprüche**.[212] Als weitere Sicherung enthalten viele Verträge noch antizipierte Rechtabtretungen im Hinblick auf die Aufnahmen, die unter Verstoß gegen die Exklusivverpflichtungen hergestellt worden sind.[213]

7. Werbung, Promotion

Üblicherweise sehen die Künstlerverträge vor, dass sich der Künstler für Werbe- und 248
Promotionaktionen (z.B. Presse- und Fototerminen, Rundfunk und Fernsehauftritte, Interviews, Musikvideoproduktionen) unentgeltlich zur Verfügung stellt.[214]

Aufgrund vertraglicher **Treuepflichten** ist der Tonträgerproduzent angehalten, branchen- 249
übliche Werbe- und Promotionmaßnahmen zu unternehmen. von daher ist auch die unentgeltliche Teilnahmepflicht des Künstlers als vertragliche Nebenpflicht rechtlich unbedenklich, soweit sie sich auf die Werbung für vertragsgegenständliche Produkte beschränkt.[215]

Bei solchen Promotionsauftritten übernimmt in der Regel der Tonträgerproduzent die 250
Kosten des Künstlers für Anreise Übernachtung und Spesen. Dafür vereinnahmt er Gagenzahlungen Dritter, soweit dies zur Deckung der Ausgaben erforderlich ist.

8. Auswertung

a) Auswertungsmodalitäten

Zumeist regeln die Verträge, dass allein der Musikproduzent darüber entscheidet, in wel- 251
cher **Art und Weise** die Aufnahmen **verwertet** werden. Dazu gehören z.B. die Entscheidung über den Veröffentlichungszeitpunkt, die Auswahl des »Labels«, die Festlegung des Abgabepreises, die Gestaltung das Covers und des Artworks, die Festlegung des Tracklistings, die Nutzung der Aufnahmen auf Kopplungstonträgern, die Entscheidung über Einzeltrack-Angebote für die Download-Verwertung etc.[216]

Solche Regelungen stellen vertragliche Ausgestaltungen der **allgemeinen Verwertungs-** 252
befugnis dar und beschränken zumeist nicht die Einräumung der zu Grunde liegenden Rechte.

Soweit es um kostenrelevante Faktoren der Verwertung geht, leuchtet ein, dass dem Pro- 253
duzenten die alleinige Entscheidungsbefugnis zukommt, da er ja auch das Produktions- und Kostenrisiko trägt.[217]

---

209 *Weiß* S. 163; *Ingendaay* S. 137.
210 *Weiß* S. 185 sieht diese Grenze bei einer längeren Bindung als 5 Jahre überschritten.
211 *Ingendaay* S. 143 f.
212 BGH, Urt. v. 6.6.2002, IZR 79/00 – Titelexklusivität.
213 Solche Vorabtretungen sind erst durch die 1995 erfolgte Neufassung der §§ 75, 78 UrhG möglich und werden auch als zulässig angesehen; *Ingendaay* S. 144.
214 *Ingendaay* S. 145.
215 *Ingendaay* S. 145; *Weiß* S. 236 ff. haben Wirksamkeitsbedenken, falls solche Klauseln »uneingeschränkte« Mitwirkungspflichten statuieren.
216 *Weiß* S. 93 f.
217 *Ingendaay* S. 157.

254 Eine ausgewogene Vertragsgestaltung berücksichtigt den Status und das »**Kontrollbedürfnis**« des Künstlers und gesteht ihm u.U. weitgehende Mitspracherechte (insbesondere in »kreativen« Punkten) zu.

b) Auswertungspflicht des Tonträgerherstellers?

255 Da bei der Auswertung der Aufnahmen für das Tonträgerunternehmen **wirtschaftliche Interessen** im Vordergrund stehen, kann es im Einzelfall sinnvoll erscheinen, aufgrund einer Trendwende auf dem schnelllebigen Musikmarkt von einer Veröffentlichung der Aufnahmen abzusehen, um weitere Kosten einzusparen.[218]

256 Das Urheber- bzw. Urhebervertragsrecht regelt keine **allgemeine Auswertungspflicht**. Eine solche ergibt sich für den Tonträgerhersteller auch nicht aus § 85 Abs. 1 Satz 1 UrhG (ausschließliches Tonträgerherstellerrecht).[219]

257 Eine ausdrückliche Regelung in Bezug auf eine Auswertungsverpflichtung findet sich nur in wenigen Künstlerverträgen,[220] allerdings kann eine solche Pflicht auch **stillschweigend vereinbart** worden sein. Sie ergibt sich oft im Wege ergänzender Vertragsauslegung gemäß §§ 133, 157 BGB aus folgenden Indizien:
- Vereinbarung von **Umsatzbeteiligungen** als Vergütung;[221]
- Festlegung eines **Mindestproduktionsumfangs** (impliziert die Absicht der Vertragsparteien, dass einvernehmliche produzierte Aufnahmen auch verwertet werden),[222]
- Begründung **persönlicher Exklusivität** in Verbindung mit Exklusivität der Rechteeinräumung (insbesondere, weil die Laufzeit oft an die Veröffentlichung gekoppelt ist und bei Nicht-Veröffentlichung der Künstler Wettbewerbsverboten unterliegt, ohne Vergütungen zu erhalten,[223]
- Bestimmung, nach welcher allein der Tonträgerhersteller über Art und Weise und Umfang der Verwertung entscheidet.[224]

258 Entsprechend ist der Umfang der Pflicht zu bestimmen.[225]

259 Kommt der Tonträgerhersteller seiner Auswertungspflicht nicht nach, kann der Künstler in entsprechender Anwendung der §§ 32, 30 VerlagG vom Vertrag zurücktreten, den Erfüllungsanspruch durchsetzen oder Schadensersatz wegen Nichterfüllung verlangen.[226] Außerdem kommt eine Kündigung aus wichtigem Grund in Betracht, die in entsprechender Anwendung von § 9 VerlG zu einem Erlöschen der Nutzungsrechte des Tonträgerherstellers führt.[227]

260 Regelungen in Künstlerverträgen, wonach eine Auswertungspflicht der Tonträgerunternehmen ausdrücklich ausgeschlossen wird, können Wirksamkeitsbedenken begegnen.[228]

---

218 *Ingendaay* S. 157.
219 *Weiß* S. 231 m w.N.
220 *Weiß* S. 231; *Ingendaay* S. 158.
221 *Weiß* S. 231; *Ingendaay* S. 158, 161.
222 *Ingendaay* S. 160, *Weiß* S. 231.
223 *Weiß* S. 232; *Ingendaay* S. 161; *Schwenzer* S. 246.
224 *Ingendaay* S. 162; *Schwenzer* S. 245 f.
225 Ein freier Produzent wird u.U. nur das werbende Bemühen um den Abschluss einer Vereinbarung mit einem Tonträgerunternehmen schulden; für den Fall des Scheiterns wird dem Künstler oft ein Kündigungsrecht zugestanden; *Ingendaay* S. 164.
226 *Weiß* S. 231 f.
227 *Weiß* S. 233; *Ingendaay* S. 165 f.
228 *Ingendaay* S. 166 f.; zur Verpflichtung zu Auslandsveröffentlichungen siehe Moser/Scheuermann/ *Gilbert/Moser* S. 1101.

9. Vergütung

a) Abrechnungsbasis

aa) Begriff

Als »**Abrechnungsbasis**« wird der Preis oder die Einnahme bezeichnet, auf die sich die Umsatzbeteiligung des Künstlers für die Verwertung der Aufnahme bezieht.

261

bb) Händlerabgabepreis

Gängigste Preisbasis ist der **Händlerabgabepreis** (»**HAP**«).[229] HAP ist der Preis, den der Einzelhändler für den Tonträger an das Tonträgerunternehmen oder die Vertriebsfirma lt. Preisliste bezahlt (in der Regel ohne Umsatzsteuer).

262

Auch Verkäufe im digitalen Vertrieb (Downloads, Streamings) werden heute zumindest von den größeren Tonträgerunternehmen auf der Basis ihrer Listenabgabepreise an die Digitalen Service Provider (»**DSP**«) (z.B. iTunes, Musicload etc.) abgerechnet. Für die verschiedenen Verwertungsformen (Downloads, Streams, Klingeltöne etc.) bestehen zumeist spezifische Preislisten.

263

cc) Nettodetailverkaufspreis

Nettodetailverkaufspreis ist der **Endkonsumentenpreis** (Endverbraucherpreis, EVP, »retail price«) abzüglich der gesetzlichen Umsatzsteuer. Da Tonträgerverkäufe nicht der Preisbindung unterliegen, hat das Tonträgerunternehmen vom tatsächlichen Abgabepreis an den Kunden keine Kenntnis. Regelungen, die diese Preisbasis in Bezug nehmen, finden sind daher allenfalls in alten Künstlerverträgen, die zu Zeiten abgeschlossen wurden, als für Tonträger noch Abgabepreise empfohlen wurden bzw. Preisbindungen bestanden.[230]

264

Diese Preisbasis hat in aktuellen Verträgen allenfalls noch Bedeutung für Verkäufe außerhalb des Handelsvertriebs (z.B. Eigenpressungen von Clubs oder Mailorder-Vertrieben oder Eigenverkäufe des Tonträgerunternehmens direkt an Konsumenten). Hier erhalten die Tonträgerunternehmen oft Umsatzbeteiligungen, die sich aus den vorher angegebenen Endkundenpreisen berechnen.

265

dd) Großhandelspreis

Auch Großhandelspreise haben als Abrechnungsbasis nur noch historische Bedeutung. Definiert war der Großhandelspreis üblicherweise als die Hälfte des Nettodetailpreises.[231]

266

ee) Abzüge

Von den »preisbezogenen« Abrechnungsbasen werden in der Regel noch »**Formatpauschalen**« und **Rabatte** abgezogen, so dass die Umsatzbeteiligung eigentlich nur auf den effektiven Erlös (»**net realised price**«) gezahlt wird.

267

ff) Nettoerlös

Für Verwertungsformen, die nicht auf der Grundlage von Preislisten vergütet werden, bezieht sich die Umsatzbeteiligung meist auf die **tatsächlichen Nettoeinnahmen** des

268

---

229 *Weiß* S. 351.
230 Nach Abschaffung der Preisbindung für Tonträger im Jahre 1972 wurden die Spannen zwischen Listenpreisen und Endkundenpreisen im Wege der Konsumforschung ermittelt und vom Bundesverband der Phonographischen Industrie entsprechende Umrechnungsfaktoren (»Mark Up«, »Uplift«) veröffentlicht.
231 *Ingendaay* S. 179; *Moser/Scheuermann* S. 1109.

Verwerters. Das ist insbesondere der Fall bei Vergütungen für die Vergabe von Filmeinblendungsrechten (Synch-Rechte, »Master Use License«).

269 Freie Produzenten verwenden ihren Nettoerlös oft als alleinige Abrechnungsbasis für alle Verwertungen. Der Künstler soll einen gewissen Anteil an den Einnahmen erhalten, die der Produzent durch die Verwertung der Aufnahmen – also insbesondere durch den Abschluss von Bandübernahmeverträgen mit Tonträgerunternehmen – erzielt. Bei Abschluss des Künstlervertrages stehen die wirtschaftlichen Konditionen für die Bandübernahmeverträge meist noch nicht fest. Abweichungen in den Abrechnungsparametern von Bandübernahme- und Künstlervertrag werden so vermieden. Der Produzent erspart sich u.U. komplizierte Umrechnungen.

270 Anderseits hat der Künstler bei solchen »dynamischen Verweisungen« überhaupt keinen Einfluss auf die effektive Höhe.[232] Der Künstler muss daher darauf achten, dass die »Nettoeinnahmen« genau definiert werden und von den Erträgen nicht erst Kosten für Produktion, Promotion und Vertrieb abgezogen werden. Dieses wirtschaftliche Risiko hat der Verwerter zu tragen, nicht der Künstler.[233]

b) Abrechnungsmenge

271 Die Tonträgerunternehmen zahlen den Künstlern Umsatzbeteiligungen nur für tatsächliche und endgültige Verwertungen der Vertragsaufnahmen. Eine Abrechnung auf der Basis aller gepressten und ins Lager gestellten Tonträger oder allein auf der Grundlage der ausgelieferten Menge entspricht daher nicht der Branchenübung.[234]

272 Von der Abrechnungsmenge ausgenommen werden zunächst Einheiten, die vom Handel **nicht bezahlt** (z.B. wegen eingetretener Insolvenz) oder ohne Bezahlung (bzw. gegen Erstattung des Kaufpreises) zurückgeschickt worden sind (»**Retouren**«).[235]

273 Nicht abgerechnet werden außerdem Tonträger, die als **Belegexemplare** (z.B. an den Künstler), Rezensions- (Fachzeitschriften, sonstige Medien) oder »**Bemusterungen**« (Abgabe an Radiosender, um »Airplay« zu erreichen) verteilt werden.

274 Schließlich wird die »net sales«-Menge noch um die tatsächlich gewährten Rabatte vermindert. »Echte« **Naturalrabatte** (Beispiel: 100 geliefert, 90 berechnet) kommen in der Praxis sehr selten vor. Die **Rechnungsrabatte** (einschl. Jahresboni) und Skonti werden von den Abrechnungssystemen in Naturalrabatte »umgewandelt«, indem die Rabattquote von der abrechnungspflichtigen Menge abgezogen wird. (Beispiel 100 Stück werden mit 20% Rabatt verkauft: gegenüber dem Künstler werden 80 Verkäufe abgerechnet). Die »Umwandlung« wird vorgenommen, damit in den Abrechnungen die Rabattierung gegenüber einzelnen Händler nicht offen gelegt werden muss. Außerdem würde der Umfang der Abrechnungen vervielfacht, wenn sämtliche Netto-Abgabepreise aufgelistet werden müssten.[236]

c) Formatpauschale

275 Üblicherweise wird die Preisbasis noch um einen sog. »Taschen-« bzw. »Technik-« oder (noch neutraler formuliert:) »**Format**«-**Abzug** vermindert.

---

[232] Da solche Klauseln nicht der Ermöglichung der Abrechnung, sondern lediglich der Erleichterung dienen, sind sie nach Auffassung von *Weiß* S. 385 f. wegen Verstoßes gegen das Transparenzgebot unwirksam; u.U. auch Indiz für Sittenwidrigkeit des Vertrages.
[233] *Ingendaay* S. 179 m.w.N.
[234] *Moser/Scheuermann* S. 1114, *Weiß* S. 355, *Ingendaay* S. 181.
[235] Um große optische Präsenz von Ware in der Auslage zu erhalten, gewähren die Tonträgerunternehmen großzügige Rückgabemöglichkeiten.
[236] *Moser/Scheuermann* S. 1114 f.

Ursprünglich sollte damit erreicht werden, dass der Künstler die Umsatzbeteiligung nur 276
auf seine Leistung (also die eingeräumten Rechte) und nicht auf die »materiellen«
Bestandteile des verkauften Tonträgers (Kosten der Pressung des Tonträgern, des Drucks
des Booklets) erhält.

Bei deutlich gesunkenen **Herstellungskosten** für die Trägermedien ist die angemessene 277
Relation zwischen den tatsächlichen Kosten und der Höhe der vereinbarten Abzüge
nicht immer darstellbar.[237]

Auch beim **digitalen Vertrieb** von Tonaufnahmen, bei denen kein »materieller« Träger 278
hergestellt werden muss, wenden die meisten Tonträgerunternehmen Formatabzüge an.
Als Begründung wird angeführt, dass auch für die Aufbereitung von Musik zum kommerziellen
Download-Produkt (Umwandlung der Aufnahmen in unterschiedliche technische
Formate, Betrieb von »Lieferservern, Aufbereitung der Metadaten)[238] und für die
Abrechnungen (oft sehr kleine Beträge pro Abrechnungsvorgang) Kosten entstehen, die
vergleichsweise in der Größenordnung von »Herstellungskosten« liegen.[239]

In der Praxis haben sich die pauschalen Abzüge zu einem eigenständigen Kalkulations- 279
posten entwickelt, der im Rahmen der Verhandlungen zwischen Künstlern und Musikproduzenten/Tonträgerunternehmen
auch offen so bezeichnet und nicht mehr mit
nachweisbaren Kosten gerechtfertigt wird. Entscheidend ist allein die »**Nettoumsatzbeteiligungsrate**«.

d) Höhe der Umsatzbeteiligung

aa) Basislizenz

Die Höhe der »Basisumsatzbeteiligungsrate« (häufig auch »**Basislizenz**« genannt)[240] ist 280
einer der wichtigsten Verhandlungspunkte beim Abschluss eines Künstlervertrages.[241]
Basislizenz bezeichnet den Prozentsatz der Preisbasis, die für Verwertungsarten ohne
Reduzierung anwendbar ist.

Letztlich hängt die Rate vom Marktwert des Künstlers ab, der wesentlich seine »Ver- 281
handlungsmacht« bestimmt. Für die konkrete Bestimmung kommt es noch auf andere
Faktoren wie: Höhe der Vorauszahlung, Laufzeit des Vertrages, Einbeziehung von 360-
Grad-Elementen an.

Moser/Scheuermann geben im Handbuch der Musikwirtschaft 2003 an, dass sich die 282
Beteiligungsraten seit Anfang der 1990er Jahre deutlich erhöht hätten und nennen als
aktuellen Richtwerte für Künstlerverträge 7% bis 12% vom HAP. Ingendaay hat durch
Umfragen bei 25 Independent-Labels Spannen von 5% bis 18% vom HAP ermittelt.
Freie Produzenten gaben eine durchschnittliche Rate von 8% an.[242]

Da sich der Tonträgermarkt in der Folgezeit nicht positiv entwickelt hat, und viele Ton- 283
trägerunternehmen erheblich selektiver »signen«, kann man davon ausgehen, dass sich
das »Preisniveau« von 2003 kaum verändert hat.

---

237 Was im Rahmen der Inhaltskontrolle »nicht verhandelter Klauseln« gem. §§ 305 ff. BGB Bedenken
im Hinblick auf das Transparenzgebot aus § 307 Abs. 1 Satz 2 BGB aufwirft; *Ingendaay* S. 180; *Weiß*
S. 355, 381 f.
238 Rodriguez/v. Rothkirch/Heinz/*Rose* S. 118.
239 *Ingendaay* S. 175 hält einen »Verpackungsabzug« bei Online-Verkäufen wegen der beträchtlichen
Ersparnis des Verwerters für ungerechtfertigt.
240 *Moser/Scheuermann* S. 1112.
241 *Weiß* S. 357.
242 *Ingendaay* S. 171.

284 Nur Künstler, die bereits erfolgreiche Tonträgerveröffentlichungen vorweisen können und entsprechenden Bekanntheitsgrad haben, dürften deutlich über dem genannten Niveau liegen.

285 Rechtlicher Maßstab für die Höhe der Umsatzbeteiligung ist § 32 UrhG, wonach der Künstler einen Anspruch auf »angemessene« Vergütung hat. Rechtsprechung gibt es zu dieser Problematik nur wenig. Der BGH sah 1982 eine (umgerechnete) Rate von 3,6% auf den HAP als unterste Grenze an.[243] Das OLG Karlsruhe[244] stufte eine Beteiligung in Höhe von 5% (Vertrag aus 1998) als »grenzwertig« im Hinblick auf die Branchenübung ein.

286 Häufig werden für verschiedene Grundverwertungsformen unterschiedliche Basislizenzsätze definiert, die nicht als »Reduzierungen« verstanden werden sollen. Unterschiedliche Basisraten gelten oft für Auslandsverwertungen und für Bildtonträger. Gelegentlich wird zwischen Basisraten für trägerbezogene Verwertungen und Verwertungen im Digitalvertrieb unterschieden – insbesondere, wenn im Vertrag reine »Nettoraten« aufgeführt werden und keine »Formatpauschalen« abgezogen werden.

bb) Lizenzerhöhungen

287 Gelegentlich findet man in Künstlerverträgen Regelungen, wonach sich die Basislizenzrate des Künstlers unter bestimmten Umständen erhöht.[245] Bei **Mengenstaffelungen** erhöht sich die Basislizenz für Verkäufe, die eine bestimmte Menge überschreiten. Bei einer **zeitlichen Staffelung** erhöht sich die Basisumsatzbeteiligung von Vertragsperiode zu Vertragsperiode.

cc) Reduzierungen

288 Die Höhe der Basisumsatzbeteiligung ist allein noch nicht der Maßstab für die effektiv an den Künstler gezahlten Vergütungen für die Verwertungen. Üblicherweise enthalten die Künstlerverträge noch eine Reihe von »**Lizenzreduzierungen**« für bestimmte Vertriebswege oder Vermarktungsarten.

289 Am meisten verbreitet sind Reduzierungen für:
- Verkäufe im **Ausland,** Verkäufe über Lizenznehmen (da die Tonträgerunternehmen einen ausländischen Lizenznehmer einschalten, fließen ihnen nur Lizenzerlöse zu, nicht der vollständige Verkaufsumsatz): Reduzierung auf drei Viertel bis zwei Drittel der Inlandsraten, bezogen auf die Abgabepreise im Ausland,
- Verkäufe über **Vertriebswege außerhalb des Tonträgerhandels**: Club, Mailorder zu speziellen Konditionen, Vertrieb von »Premiums«[246] (Begründung: geringere Abgabepreise, Verhältnis von Fixkosten für Fertigung, Erstellung von Artworks, Vertrieb zum Abgabepreis lässt Marge der Tonträgerunternehmen sinken);[247] Reduzierung auf zwei Drittel,

---

243 BGH GRUR 1989, 198, 201 – »Künstlerverträge«.
244 OLG Karlsruhe ZUM 2003, 785 ff.
245 *Weiß* S. 360.
246 = Tonträger, die Kombination mit andere Waren vertrieben werden (als Zugabe), *Passman* S. 182; der Begriff wird aber auch für Sonderauflagen gebraucht, die im Kundenauftrag für Vertriebswege außerhalb des normalen Handelsvertriebs (sog. »non traditional outlets«) hergestellt werden (z.B. über den Lebensmitteleinzelhandel, Tankstellen etc.).
247 *Weiß* S. 365.

- Verkäufe mit Preisen unterhalb der Hochpreiskategorie (»**Full Price**«)[248] in der mittleren Preiskategorie (»**Mid Price**«)[249] oder der unteren Preiskategorie (»**Budget Price**«)[250]; »Begründung für die Reduzierung ist hier wiederum die geringere »Profitmarge«; für Midpriceverkäufe gelten oft Reduzierungen der Basisraten auf drei Viertel bis zwei Drittel, für Verkäufe in der Budgetkategorie auf zwei Drittel bis auf die Hälfte,[251]
- **TV und/oder funkbeworbenen** Veröffentlichungen (»**TV-Break**«):[252] die Künstler werden an den Kosten für besonders aufwändige Funk- und Fernsehwerbung der Tonträger beteiligt, indem die Umsatzbeteiligungen für Verkäufe auf zwei Drittel oder drei Viertes der »Basisraten« reduziert werden. Dahinter steht der Ansatz, dass durch die Werbung mehr Verkäufe generiert werden, die den Effekt der Reduzierung wieder ausgleichen.[253]

Die Verträge sehen oft vor, dass die verschiedenen »Reduzierungstatbestände« nicht kumulativ angewendet werden können, sondern jeweils nur die höchste Reduzierung eingreift:[254] Verbot der »**Mehrfachreduzierung**«. 290

e) Beteiligung an Pauschalerlösen, bei Vergabe von Lizenzen

Als »Pauschalerlöse« werden Einnahmen bezeichnet, die pauschal für eine unbestimmte Anzahl von Nutzungen eingenommen werden. Solche Einnahmen werden z.B. für die Vergabe von Filmeinblendungsrechten zur Herstellung von Filmen oder Werbespots erzielt. Für eine pauschale Summe[255] wird ein Bündel von Rechten eingeräumt (Filmherstellungsrecht, Vervielfältigung von Kinokopien, Vervielfältigung auf Home-Video-Datenträgern) und pauschal gegen eine einmalige Zahlung abgegolten. 291

Die Beteiligung der Künstler (einschließlich evtl. Beteiligungen anderer Berechtigter) an Erlösen aus Filmeinblendungsrechten liegt üblicherweise zwischen 25% und 50%, bei anderen Pauschalerlösen in Höhe der Basislizenz.[256] 292

f) Anteilsbildung

Die oben angegebenen Umsatzbeteiligungen gelten üblicherweise für Solokünstler und **Künstlergruppen** gleichermaßen, d.h. eine Gruppe mit vielen Mitgliedern erhält keine höhere Umsatzbeteiligung als ein Einzelkünstler. Die Aufteilung der Erlöse ist eine Frage des Innenverhältnisses.[257] 293

Die Beteiligung des Hauptkünstlers vermindert sich im Verhältnis der Anzahl der Beteiligten, wenn Aufnahmen zusammen mit anderen Künstlern (z.B. »featured artists«) auf- 294

---

248 Gilt für die Erstveröffentlichung von neuen Aufnahmen.
249 Üblicherweise werden die Grenzen der Kategorien bei 75% (Beginn des Midprice) und 50% des Hochpreises angesetzt, in manchen Verträgen werden die Abgrenzungen aber auch anders definiert; so beginnt der Midprice in manchen US-amerikanischen Verträge schon bei 85% des Fullprice *Passman* S. 178.
250 Gilt für den »älteren« sog. »Katalog«.
251 »Verhandlungsstarke« Künstler werden gelegentlich Zustimmungsrechte für die Umstufung in tiefere Preiskategorien – zumindest für einen bestimmten Zeitraum nach Erstveröffentlichung – erreichen, um so Transparenz im Hinblick auf die Konsequenzen für die Umsatzbeteiligungen zu erzielen; *Passman* S. 179.
252 *Moser/Scheuermann* S. 1112.
253 Mitunter werden solche Reduzierungen eingeschränkt: abhängig von bestimmtem Mindestbudget, zeitliche Befristung, Begrenzung auf 50% »Recoupment« der Webeaufwendungen durch die Reduzierung; *Weiß* S. 363; Empfehlungen für Künstler im Hinblick auf solche Beschränkungen finden sich bei *Passman* S. 175.
254 *Weiß* S. 366 mit Klauselbeispielen.
255 ... die sich am Produktionsbudget oder am Mediabudget der Werbung orientiert.
256 *Ingendaay* S. 176.
257 *Ingendaay* S. 172.

genommen werden, die nicht Partei des Künstlervertrages sind und ebenfalls für ihre Mitwirkung Umsatzbeteiligungen erhalten (»**Duettklausel**«).

295 Wenn Auswertungskonfigurationen (z.B. Compilations) Aufnahmen des Vertragskünstlers und andere Aufnahmen enthalten (sog. »Mischkopplungen«) bestimmt sich die Umsatzbeteiligung des Künstlers »titelanteilig« (»**pro rata titulis**«). Im Bereich des klassischen Repertoires sind auch zeitanteilige Abrechnungen üblich.

g) Abrechnungen

aa) Abrechnungsturnus

296 Es entspricht der allgemeinen Branchenübung, dass die Umsatzbeteiligungen der Künstler nur **zweimal pro Kalenderjahr** zu festen Stichtagen abgerechnet werden.[258] Für die Erstellung der Abrechnungen werden den Tonträgerunternehmen zumeist zusätzliche Fristen von 60 bis 90 Tagen eingeräumt,[259] so dass die Verkäufe des ersten Kalenderhalbjahres bis Ende September, die des 2. Kalenderhalbjahres bis Ende März des folgenden Jahres zur Abrechnung fällig sind.[260]

297 **Auslandsverkäufe** und Umsatzbeteiligungen, die aus der Lizenzierung an Dritte resultieren, werden dem Künstler erst dann zugerechnet, wenn das abrechnende Unternehmen seinerseits die Abrechnungen vom Dritten bzw. ausländischen Vertriebspartner erhalten hat. Da auch für solche »Intercompany«-Abrechnungen Takte von drei oder sechs Monaten gelten, erhält der Künstler die Beteiligungen für Auslandsverkäufe oft erst ein Jahr später.

bb) Retourenreserven

298 Zum Abrechnungsstichtag steht oft noch nicht abschließend fest, in welchem Umfang die angefallenen Verkäufe später storniert und die Tonträger retourniert werden. Während man früher dieses Retourenrisiko pauschal bemessen hat und z.B. nur 90% der ausgelieferten Tonträger abgerechnet hat, werden heutzutage bei der Abrechnung Rückstellung in Form vom sog. »Retourenreserven« gebildet. Die zu erwartende Retourenmenge wird vorübergehend von der Abrechnung ausgenommen. Derartige Rückstellungen werden auf der Grundlage von Erfahrungssätzen pauschal im Umfang von 10 bis 35% der abrechnungspflichtigen Mengen[261] oder zur Vereinfachung auf die abgerechneten Umsatzbeteiligungen gebildet.[262]

299 Stellt sich in den folgenden Abrechnungsperiode heraus, dass weniger Retouren eingegangen sind, als bei der Rückstellung angenommen, wird die Reserve entsprechend »aufgelöst« und der Künstler erhält eine Gutschrift.[263] Ausgezahlte Umsatzbeteiligungen sind im Fall von negativen Retourenbilanzen in der Regel nicht rückzahlbar.

---

258 *Weiß* S. 374 ff.
259 *Ingendaay* S. 183.
260 Bei kürzeren Abrechnungsintervallen würde die Berücksichtigung von Retouren erheblich komplizierter; die Tonträgerunternehmen rechtfertigen die langen Intervalle auch mit den hohen Aufwand der Abrechnungen, der sich durch die digitale Distribution mit vielen kleinen Abrechnungsbeträgen noch steigert.
261 *Andryk* S. 222.
262 Selbst bei Downloadverkäufen werden gelegentlich »Retouren« ausgewiesen: es kommt vor, dass die Übertragungen an den Kunden technisch nicht erfolgreich war und deshalb Kundenzahlungen storniert werden.
263 *Weiß* S. 355 f.

cc) Auskunftsanspruch

Wird mit dem Künstler als Vergütungsmodell eine Umsatzbeteiligung vereinbar, hat er einen Anspruch gegen den Musikproduzenten auf **Auskunftserteilung** über die erzielten Einnahmen. Da die Höhe der Beteiligung der in der Regel nicht allein aus der Auskunft abgeleitet werden kann, muss der Produzent im Sinne einer **geordneten Rechnungslegung** (§§ 242, 259, 260 BGB) dem Künstler eine geordnete Aufstellung der einschlägigen Positiv- und Negativpositionen des Saldos übermitteln.[264]

300

dd) Buchprüfungsrecht

Dem Künstler steht kein allgemeines gesetzliches **Buchprüfungsrecht** im Hinblick auf die Abrechnungen zu. Während ältere Verträge in der Regel keine Buchprüfungsklausel enthalten oder lediglich einen Anspruch auf Prüfung und Testierung durch die Buchprüfungsgesellschaft des Verwerters begründen, enthalten aktuelle Künstlerverträge überwiegend vertraglich eingeräumte Buchprüfungsrechte. Danach kann der Künstler unter bestimmten Voraussetzungen und bezogen auf einen bestimmten Abrechnungszeitraum,[265] die »Bücher« des Verwerter durch einen qualifizierten Buchprüfer untersuchen lassen.[266]

301

Im Rahmen einer Buchprüfung wird eine vom Verwerter vorgelegte oder trotz Fälligkeit unterlassene Abrechnung der Vergütungsansprüche anhand von Belegen sowie anderer Informationsquellen auf Richtigkeit und Vollständigkeit überprüft, um die tatsächlich geschuldete mit der geleisteten Zahlung zu vergleichen.[267]

302

Üblicherweise wird auch geregelt, dass der Verwerter die angemessen **Kosten der Buchprüfung** übernimmt, wenn Abweichungen in bestimmtem Umfang (meist 5–10%) nachgewiesen werden.

303

Eine **Verwirkung von Buchprüfungsansprüchen** wird unter den Gesichtspunkten der **Genehmigungsfiktion** sowie des Zeitablaufs diskutiert. Die Verwirkung setzt voraus, dass der Berechtigte durch sein Verhalten den Eindruck erweckt hat, er wolle sein Recht nicht mehr geltend machen, der Verpflichtete sich darauf eingerichtet hat und ihm die verspätete Inanspruchnahme nicht mehr zugemutet werden kann.[268] Verwirkung durch **Zeitablauf** wird man erst nach Ende der steuer- und handelsrechtlichen Aufbewahrungsfristen (meist zehn Jahre) annehmen können. Erst dann ist davon auszugehen, dass der Verwerter sich darauf eingerichtet hat.[269]

304

Klauseln, wonach die Abrechnungen als genehmigt gelten sollen, wenn ihnen nicht innerhalb eines bestimmten Zeitraums ausdrücklich widersprochen worden ist, können gegen § 307 verstoßen, wenn sie als Allgemeine Geschäftsbedingung verwendet worden sind.[270]

305

---

264 *Ingendaay* S. 184.
265 In aller Regel werden Einschränkungen in zeitlicher (z.B. nur einmal in zwei Jahren), personeller (nur durch Personen, die zur Berufsverschwiegenheit verpflichtet sind), räumlicher (nur Inlandsverkäufe) und sachlicher Hinsicht vereinbart.
266 Klauselbeispiele bei *Andryk* S. 127, 266 ff.
267 *Andryk* S. 29.
268 *Andryk* S. 134 mit Rechtsprechungsnachweisen.
269 *Andryk* S. 134 f., der allerdings über die steuerrechtlichen Anforderungen hinaus die Pflicht zur Aufbewahrung andauern lässt, solange noch Vergütungsansprüche zu erwarten sind.
270 Anders wohl *Ingendaay* S. 185, der solchen Klauseln als Verkürzung der Verjährungsfristen versteht und Fristverkürzungen auf ein Jahr selbst in AGBs für zulässig hält.

ee) Verjährung

306 Klauseln, die Abweichungen von den gesetzlichen Verjährungsregelungen vorsehen, dürften ebenfalls nach § 307 BGB unwirksam sein.

307 Im Hinblick auf die Verjährung ist streitig, ob der Buchprüfungsanspruch mit dem Hauptanspruch auf Vergütung verjährt oder gesondert zu betrachten ist.[271] Verjährt er mit dem Hauptanspruch, beträgt die Frist drei Jahre ab Kenntnis (§§ 196, 199 Abs. 1 Nr. 2 BGB) bzw. unabhängig von der Kenntnis zehn Jahre (§ 199 Abs. 3 Nr. 1 BGB).

h) Steuern

308 Zu beachten ist, dass die Einkünfte ausländischer Künstler, die in Deutschland beschränkt steuerpflichtig sind, aus Künstlerverträgen der **Abzugssteuer** gem. § 50a **EStG** unterliegen. Danach muss der Verwerter die Steuer an das Finanzamt abführen. Falls Doppelbesteuerungsabkommen zwischen dem Heimatland des Künstlers und Deutschland bestehen, kann der Abzug ganz (oder zumindest teilweise) vermieden werden, wenn der Künstler vorher einen **Freistellungsbescheid** vom Bundeszentralamt für Steuern erhalten hat. Wenn die Abführung erfolgt ist, kann der Künstler beim Bundeszentralamt Erstattung der Steuern beantragen.[272]

309 In den Künstlerverträgen mit ausländischen Künstlern wird in der Regel klargestellt, dass die Vergütung »brutto« (also vor Steuern) zu verstehen ist und der Musikproduzent/das Tonträgerunternehmen den abzuführenden Steuerbetrag von der Vergütung des Künstlers abziehen kann. Für die abgeführte Steuer stellt der Verwerter eine spezielle Bestätigung aus.

i) Vorauszahlungen

310 Häufig zahlen die Musikproduzenten/Tonträgerunternehmen dem Künstler einen Vorschuss (»**Vorauszahlung**«) auf seine Umsatzbeteiligungen an den Tonträgerverwertungen.[273]

311 Die Höhe der Vorauszahlung wird individuell verhandelt, hängt entscheidend vom Marktwert des Künstler und insbesondere bei etablierten Künstlern von der Verkaufserwartung für die Tonträger ab.[274]

312 Die Vorauszahlungen können auf die einzelnen Vertragsperiode (EUR … für das 1. Vertragsjahr) oder auf die einzelnen Bestandteile des Produktionsvolumens bezogen sein (EUR … für die 1. Single, EUR … für das 1. Album).

313 Für **Optionsperioden** sind die Vorauszahlungen oft nicht »fix«, sondern in Abhängigkeit zu den tatsächlich angefallenen Umsatzbeteiligungen für die bereits veröffentlichten Aufnahmen definiert,[275] oft mit Beschränkungen nach unten (»Minimum«) und oben (»Maximum«).

314 Hinsichtlich der **Fälligkeit** wird an den Vertragsschluss, an die Abnahme der Vertragsaufnahme oder erst an die Veröffentlichung geknüpft, teilweise wird die Vorauszahlung auch entsprechend aufgeteilt:

---

271 *Andryk* S. 136 f.
272 Einzelheiten kann man einem Merkblatt des Bundeszentralamtes entnehmen: http://www.bzst.bund.de/003_menue_links/007_abzugsteuerentlastung/073_kuenstler_sportler_KUSE/722_merkblatt/index.html.
273 *Moser/Scheuermann* S. 1091, 1116 f.; *Weiß* S. 367 f.
274 *Ingendaay* S. 187.
275 *Ingendaay* S. 187, oft zwischen 50 – und 75% der eingespielten Umsatzbeteiligungen.

In aller Regel sind Vorauszahlungen nicht **rückzahlbar**, falls sie später nicht durch entsprechend angefallene Umsatzbeteiligungen ausgeglichen (»recouped«) werden.[276] Sie sind auch zumeist in der Form »**garantiert**«, dass künftige Vorschüsse für weitere Optionsperioden nicht um noch zu verrechnende Summen gekürzt werden, also z.B. die Vorauszahlungshöhe für die 2. Vertragsperiode nicht um die ggf. noch bestehende Unterdeckung aus der 1. Vertragsperiode gemindert wird.[277]

315

Die Vereinbarung einer Vorauszahlung ist rechtlich im Hinblick auf **§ 32 Abs. 1 Satz 3 UrhG** nicht zwingend erforderlich, wenn der Produzent einer Auswertungsverpflichtung unterliegt. Absolute Newcomer erhalten u.U. keinen Vorschuss.[278]

316

j) Verrechnung von Umsatzbeteiligungen

aa) Vorauszahlung

Die geleisteten Vorauszahlungen sind gegen die anfallenden Umsatzbeteiligungen vollständig verrechenbar; d.h. Umsatzbeteiligungen werden erst ausgezahlt, wenn der Vorschuss »recouped« ist. Nur sehr etablierte Künstler werden beim Vertragsschluss erreichen, dass Zahlungen nicht verrechnet werden können. Solche Pauschalvergütungen werden als »Signing Fee« bezeichnet.

317

bb) Querverrechnung

Üblicherweise besteht im Künstlervertrag **Gesamt- oder »Querverrechenbarkeit«** zwischen allen vom Musikproduzenten gezahlten Vorauszahlungen und allen Umsatzbeteiligungen des Künstlervertrages.[279] Für die gesamte Laufzeit des Vertrages wird also nur ein Künstlerkonto gebildet, auf das als Belastung alle Vorschüsse (und sonstigen verrechenbaren Positionen, siehe unten) gebucht werden, als Gutschriften alle anfallenden Umsatzbeteiligungen.[280]

318

Die Musikproduzenten erreichen so eine breitere Risikostreuung, indem beispielsweise ein »Flop« durch ein vorangehendes oder nachfolgendes »Hitalbum« wirtschaftlich ausgeglichen werden kann.[281]

319

cc) Produktionskosten der Tonaufnahmen

Zum Wesen des Künstlervertrages als Auswertungsvertrag mit der Übertragung aller Rechte des Künstlers gehört im Gegenzug, dass der Musikproduzent die typischen Risiken einer solchen Auswertung trägt. Dazu gehört auf jeden Fall das **Produktionskostenrisiko**, dass er nicht per Verrechnungsmöglichkeit auf den Künstler abwälzen kann.[282]

320

---

276 *Weiß* S. 370; *Ingendaay* S. 187f; Rückzahlungsansprüche können sich allerdings aus anderen Gründen ergeben; z.B. bei vorzeitiger Vertragsbeendigung, Nichterfüllung etc.
277 *Ingendaay* S. 187.
278 *Ingendaay* S. 189 nimmt einen Vorschussanspruch an, wenn die Auswertungsverpflichtung ausdrücklich ausgeschlossen wird: 50% der Tantiemenansprüche, die im Fall einer Auswertung mit einiger Wahrscheinlichkeit zu erwarten wären, seien angemessen.
279 *Weiß* S. 369.
280 *Ingendaay* S. 185 f.
281 *Ingendaay* S. 186; hält diese Praxis nicht per se für sittenwidrig, Querverrechenbarkeit unter unterschiedlichen Vertragsperioden oder gar unterschiedlichen Verträgen sei aber in die gebotene Würdigung der gesamten Umstände einzubeziehen und könne in Kombination mit weiteren einseitig belastenden Regelungen zur Sittenwidrigkeit des Vertrages führen.
282 *Weiß* S. 370 f.

321 Klauseln, die dennoch Produktionskosten für die Aufnahmen gegen Umsatzbeteiligungen verrechenbar stellen[283] und bei denen die Umsatzbeteiligung für die Künstler niedrig ausfallen, hat der BGH in einer Leitentscheidung 1989 (»**Hubert-Kah-Urteil**«) als sittenwidrig eingestuft.[284]

dd) Videoproduktionskosten

322 Der BGH hat nicht nur die Überwälzung der Kosten für die Produktion gem. § 138 Abs. 1 BGB für unwirksam gehalten, sondern auch die Belastung des Künstlers mit den Kosten für die Bewerbung der Vertragsaufnahmen. Klauseln, die eine solche vollständige Verrechenbarkeit von Werbekosten vorsehen, sind daher in der Praxis nicht anzutreffen.

323 Allerdings werden z.T. Kosten für besonders kostenintensive Werbeformen verrechenbar gestellt. Das betrifft häufig die Produktionskosten für **Musikvideoclips**, die in der Vergangenheit häufig mit großem Kosteneinsatz für die Ausstrahlung auf den Musik-TV-Sendern hergestellt wurden. In den Künstlerexklusivverträgen war es üblich, bis zu 50% dieser Kosten gegen Umsatzbeteiligungen der Künstler zu verrechnen.[285]

324 Heutzutage werden für die Herstellung von Videoclips (die zumeist nur noch auf Internet-Plattformen eingesetzt werden) deutlich geringere Budgets eingesetzt. In vielen Verträgen ist die Verrechnungsquote auf 30-25% der Kosten gesunken.[286] Etablierte Künstler werden auch erreichen, dass sie vor der Produktion (und der entsprechenden Verrechnung) über die Kostenbudgets informiert werden oder dass sogar ihre Zustimmung erforderlich ist.[287]

ee) Toursupport

325 »Toursupport«-Zahlungen sind finanzielle Zuwendungen des Musikproduzenten an den Künstler oder einen Dritten, die zur **Mitfinanzierung einer kommerziellen Tournee** des Künstlers dienen. Selten werden dem Künstler freie Budgets zur Verfügung gestellt. Häufiger werden bestimmte Kostenpositionen übernommen (Anschaffung von Musikinstrumente oder PA-Equipment; Miete des »Nightliners« = Transport- und Übernachtungsbus für die Künstler; »Buy-On-Fee« für Newcomer = Vergütung, die der etablierte Künstler bzw. sein Tourneeveranstalter von der Vorgruppe für diese Mitwirkungsmöglichkeit fordert). Bei Newcomern übernimmt der Musikproduzente unter Umständen auch gegenüber dem Tournee-Veranstalter eine »Ausfallgarantie«, für den Fall, dass die Ticketverkäufe die Kosten der Tournee nicht decken.

326 Häufig sehen die Künstlerverträge vor, dass geleisteter »Toursupport« zur Hälfte oder gar vollständig gegen Umsatzbeteiligungen verrechenbar ist. Da solche Kostenübernahmen in der Regel mit dem Künstler abgestimmt und ihm nicht »aufgedrängt« werden, ergeben sich im Hinblick auf die Transparenzregeln keine rechtlichen Bedenken.

---

283 ... die eigentlich nur noch in Verträgen zwischen Künstlern und freien Produzenten auftauchen; *Ingendaay* S. 104.

284 BGH GRUR 1989, 198, 200 f. – »Hubert-Kah-Urteil«; anders zu beurteilen, sind die in der US-amerikanischen Vertragspraxis anzutreffenden »Recording Fund-Agreements«, der verrechenbare Recording-Fund umfasst die Produktionskosten und die Vorauszahlung für den Künstler; die Umsatzbeteiligung sollte in einem solchen Fall aber auch deutlich höher liegen, als in Deutschland marktüblich ist; siehe dazu auch *Ingendaay* S. 270.

285 *Weiß* S. 373.

286 *Ingendaay* S. 153: Promotionskosten müsse eigentlich das Tonträgerunternehmen tragen; wegen der kommerziellen Verwertung der Videoclips gehörten die Herstellungskosten zu den allgemeinen Produktionskosten; höhere Verrechnungsquoten könnten zu einem Anpassungsanspruch des Künstlers aus § 32 Abs. 1 Satz 3 UrhG führen.

287 Solche Regelungen könnten auch im Hinblick auf das Transparenzgebot aus § 307 Abs. 1 S. 2 BGB erforderlich sein, da die Höhe der Kosten und der Effekt der Verrechnung für den Künstler im Zeitpunkt des Vertragsabschlusses überhaupt nicht abschätzbar seien: *Ingendaay* S. 154.

C. Tonträgerverträge

ff) Remixes

Gelegentlich ist in Künstlerverträgen geregelt, dass die Produktionskosten für die Herstellung von Remixes zum Teil gegen die Umsatzbeteiligungen des Künstlers verrechenbar sind. Soweit solche Kosten nicht mit ausdrücklicher Zustimmung des Künstlers verrechnet werden, begegnen solche Klauseln rechtlichen Bedenken.[288]

327

10. Vertragslaufzeit

a) Vertragsdauer

Zunächst ist begrifflich zu trennen zwischen

- der **Auswertungsdauer** = Dauer der Rechteinräumung[289]
- und der **Vertragsdauer** = Zeitraum, für den sich die Parteien zur Zusammenarbeit verpflichten und für den der Künstler persönlich exklusiv gebunden ist.[290]

328

b) Zeiträume/Optionen

Nur bei etablierten Künstlern wird die **erste Vertragsperiode** mehrjährig sein.[291] Bei den meisten Künstlerverträgen ist die Laufzeit zunächst auf eine relativ kurze Grundlaufzeit (meist ein Vertragsjahr) beschränkt. Daran schließen sich ein bis drei **Optionen** für den Musikproduzenten an, die Vertragsdauer für jeweils ein weiteres Jahr zu verlängern.[292] Die **Optionen** sind »qualifiziert« ausgestaltet: d.h. dem Musikproduzenten wird das Recht eingeräumt, durch einseitige Willenserklärung den Vertrag zu vorher festgelegten Bedingungen zu verlängern.[293]

329

Der Produzent kann so sein finanzielles Risiko steuern, indem der Vertrag nicht fortgeführt wird, wenn sich der Markterfolg nicht eingestellt und sich die Investitionen nicht gelohnt haben. Anderseits kann er die Anfangsinvestition auch langfristig schützen, indem er die Optionen ausübt.

330

Das Fehlen einer »**Optionspauschale**« (= Vergütung, die an den Künstler gezahlt wird, wenn die Option nicht ausgeübt wird) führt nicht zur Unredlichkeit der Regelung im Sinne von § 32 UrhG, da die Einräumung der Optionen auf Vertragsverlängerung durch die Umsatzbeteiligungen aus den vorangegangenen Vertragsperioden mit abgegolten werden.[294]

331

c) Laufzeit der einzelnen Vertragsperioden

Ein **Vertragsjahr** muss nicht einem Kalenderjahr entsprechen. Oft wird in den Verträgen die Dauer eines Vertragsjahres durch produktions- oder veröffentlichungsbezogene Faktoren verlängert.[295]

332

Bei **produktionsbezogenen Regelungen** endet die Vertragslaufzeit z.B. neun Monate nach Beendigung der letzten nach dem Vertrag vorgesehenen Produktion. Der Zeitraum

333

---

288 Transparenzgebot: Kosten sind für Künstler nicht vorhersehbar und kontrollierbar; Remix-Kosten gehören zu den Produktionskosten, die im Rahmen exklusiver Künstlerverträge der Musikproduzent zu tragen hat.
289 Siehe Rdn. 236.
290 *Weiß* S. 289.
291 *Ingendaay* S. 189.
292 *Weiß* S. 290 f.
293 Im Unterschied zu »einfachen« Optionen, die lediglich eine Anbietungspflicht begründen; *Ingendaay* S. 190; *Weiß* S. 329; Rechtliche Bedenken grundsätzlicher Art gegen qualifizierte Optionsrechte auf Vertragsverlängerungen bestehen nach überwiegender Ansicht nicht: *Weiß* S. 344–346 n.w.N.
294 *Ingendaay* S. 194, der sich inhaltlich insbesondere mit der »Clemens Laar«-Entscheidung des BGH BGHZ 22, 347 ff. auseinandersetzt.
295 … wobei eine einheitliche Branchenübung nicht festgestellt werden kann; *Weiß* S. 291.

ist bestimmbar, wenn im Vertrag ein bestimmter Produktionsumfang für einen bestimmten Zeitraum festgelegt wird (also z.B. ein Album pro Vertragsjahr), außerdem zusätzlich noch das Ende »absolut«, ohne Bezugnahme auf den Produktionszeitpunkt definiert wird.[296] Die Verträge sollten außerdem Regelungen für den Fall enthalten, dass in der Vertragsperiode keine Produktion oder Veröffentlichung erfolgt.

334 Oft wird als zeitlicher Bezugspunkt für die Laufzeit auch die **Veröffentlichung** der Aufnahmen der jeweiligen Vertragsperiode gewählt (z.B.: »... dauert bis neun Monate nach Veröffentlichung des Albums der X. Vertragsperiode«). Durch solche Regelungen soll sichergestellt werden, dass die persönliche Exklusivbindung des Künstlers auch noch eine gewisse Zeit nach einer Veröffentlichung besteht, weil die meisten Tonträgerverkäufe in der Regel innerhalb der ersten Monaten nach einer Veröffentlichung erzielt werden.[297] Wenn allerdings im Vertrag keine ausdrückliche Produktions- und Veröffentlichungsverpflichtung vorgesehen ist, wird die Laufzeit der Periode nur über die Festlegung einer Höchstdauer hinreichend genau festgelegt.[298]

335 Die Optionen für die nächste Vertragsperiode müssen zumeist innerhalb der Laufzeit der noch laufenden Periode ausgeübt werden: also z.B. bis 6 Monate nach Veröffentlichung der Single bzw. 9 Monate nach Veröffentlichung des Albums.

d) Beendigungsmöglichkeiten:
aa) Ordentliche Kündigung

336 Sind die Faktoren für die Laufzeit eines Künstlervertrages nicht genau bestimmt und auch nicht bestimmbar, ist die Befristungsregelung unwirksam und der Vertrag gilt als auf unbestimmte Zeit geschlossen. Folglich kann er durch ordentliche Kündigung jederzeit beendet werden.

bb) Kündigung aus § 40 UrhG

337 Gem. § 79 Abs. 2 Satz 2 UrhG findet § 40 UrhG auch Anwendung, wenn sich ein ausübender Künstler zur Einräumung von Nutzungsrechten an zukünftigen Darbietungen verpflichtet, was regelmäßig im Rahmen von Künstlerverträgen erfolgt. Dem Künstler – aber auch dem Musikproduzenten/dem Tonträgerunternehmen! – steht daher nach Ablauf von fünf Jahren seit Abschluss des Künstlervertrages ein Kündigungsrecht aus § 40 Abs. 1 Satz 2 UrhG zu, das vertraglich nicht ausgeschlossen werden kann. Dies gilt auch, wenn sich die **fünfjährige Laufzeit** erst durch die Ausübung von Optionen ergibt.[299] Die Kündigung beendet den schuldrechtlichen Vertrag ex nunc. Bereits eingeräumte Rechte an bereits hergestellten Aufnahmen bleiben unberührt.[300] Bereits auf künftige Produktionen gezahlte Vorauszahlungen müssen zurückgezahlt werden.

cc) Kündigungsrecht aus § 314 BGB

338 Das Recht zur Kündigung aus »wichtigem Grund« ist auch für Künstlerverträge anwendbar. Ein wichtiger Grund erfordert die Zerstörung des Vertrauensverhältnis-

---

296 *Ingendaay* S. 196.
297 *Weiß* S. 292 f.
298 *Ingendaay* S. 198; hat bei einem schwer durchschaubaren Regelungszusammenhang von Produktionsverpflichtung und Laufzeit Bedenken im Hinblick auf das Transparenzgebot und fordert klare und zusammenhängende Formulierungen; *Ingendaay* S. 200.
299 *Ingendaay* S. 202 f. m.w.N.
300 *Ingendaay* S. 203.

ses und ggf. eine vorherige Abmahnung.³⁰¹ Infolge einer Kündigung nach § 314 BGB entfallen die schuldrechtlichen Bindungen des Künstlers, die eingeräumten Rechte fallen automatisch (analog § 9 VerlG) ex nunc an den Künstler zurück (d.h. die Tonträger können vom Tonträgerunternehmen nicht weiter vertrieben werden).³⁰²

dd) Kündigungsrecht aus § 624 BGB

Das Dienstvertragsrecht ist ergänzend auch auf Künstlerverträge anwendbar.³⁰³ Allerdings hat die Rechtsprechung die Anwendung von § 624 BGB abgelehnt, wenn bei Abschluss des Vertrages noch nicht feststeht, dass er für einen längeren Zeitraum als fünf Jahre gelten soll, insbesondere wenn die Verlängerungsmöglichkeiten in Form von Optionsrechten des Tonträgerunternehmens eingeräumt sind.³⁰⁴

339

ee) Kündigungsrecht aus § 627 BGB

Überwiegend wird angenommen, dass ein Künstler keine »Dienste höherer Art« im Sinne der Vorschrift erbringt und daher § 627 BGB nicht auf Künstlerverträge anwendbar ist.³⁰⁵

340

ff) § 138 BGB

Da dem Künstler bei langfristigen Verträgen die unabdingbaren Kündigungsmöglichkeiten aus § 40 UrhG und ggf. § 624 BGB verbleiben, dürften auch **Laufzeiten, die über fünf Jahre hinausgehen**, keine Knebelungswirkung im Sinne von § 138 BGB entfalten.³⁰⁶ Allerdings kann sich aus der **Gesamtschau** im Einzelfall (insbesondere im Hinblick auf die Transparenz) auch im Hinblick auf die Laufzeitregelungen eine andere Beurteilung ergeben.³⁰⁷

341

11. Verlagsklausel

a) Einräumung von Verlagsrechten

Häufig ist der Musikproduzent, der den Künstler unter Vertrag nimmt, mit einem Verlagsunternehmen verbunden (betreibt z.B. eine »Edition«).³⁰⁸ Dementsprechend finden sich manchmal in den Künstlerverträgen Klauseln, wonach sich der komponierende Künstler verpflichtet, einem vom Produzenten bestimmten Verleger die Verlagsrechte einzuräumen.³⁰⁹ Auf diese Art und Weise wird der Produzent per Verlagsanteil an den GEMA-Einnahmen des Singer-Songwriters beteiligt und senkt so sein Refinanzierungsrisiko für die Produktionen.³¹⁰

342

Der Künstler kann eine solche Klausel nur akzeptieren, solange er über die entsprechenden Urheberrechte an den musikalischen Werken nicht bereits einen Verlagsvertrag abgeschlossen hat.

343

---

301 *Ingendaay* S. 204; ausführliche Darstellung von wichtigen Gründen in Tonträgerverträgen: *Schwenzer* S. 279 ff.
302 *Ingendaay* S. 204 f.
303 Soweit es sich nicht um Arbeitnehmer oder arbeitnehmerähnliche Personen handelt, für die § 15 Abs. 4 TzBfG gilt: *Ingendaay* S. 205.
304 *Ingendaay* S. 206 m.w.N.
305 *Ingendaay* S. 209 f. m.w.N.
306 *Ingendaay* S. 215.
307 *Weiß* S. 327 f.
308 Siehe dazu oben Rdn. 127 ff.
309 *Fischer/Reich* S. 220, Rn. 80; gelegentlich findet man auch Klauseln, die dem Musikproduzenten das Verlagsrecht direkt einräumen: *Ingendaay* S. 120 zitiert eine solche Klausel.
310 *Weiß* S. 271.

344 Da der Musikverlag, mit dem der Verlagsvertrag abgeschlossen werden soll, in der Regel nicht Vertragspartei des Künstlervertrages ist und auch der Verlag nicht unmittelbar gegenüber dem Künstler berechtigt werden soll, begründen solche Klauseln einen unechten **einseitig bindenden Vorvertrag zugunsten Dritter**.[311]

345 Als allgemeine Geschäftsbedingungen werden solche Klauseln als unwirksam betrachtet, soweit der Verlag nicht konkret bestimmt wird, ansonsten sollen sie rechtlich unbedenklich sein.[312]

b) Controlled Compositions Clause

346 In US-amerikanischen Künstlerverträge ist es branchenüblich, für »**Controlled compositions**« (= Künstler ist auch Urheber der musikalischen Werke, die der Aufnahme zu Grunde liegen) in Abweichung von den geltenden gesetzlichen Regelungen für die Vergütung der mechanischen Vervielfältigungs- und Verbreitungsrechten (sog. »compulsory rate« bzw. »statutory rate«) geringere Entgelte zu vereinbaren.[313] Dabei wird sowohl die Lizenzrate gesenkt (üblicherweise auf 75–80% der »minimum statutory rate«) und einige weitere gesetzliche Regelungen zur Berechnung der Lizenzvergütung modifiziert (Anzahl der vergütungspflichtigen Tracks pro Single und Album etc.).

347 Für den Fall, dass Verwertungen der Vertragsaufnahmen in den USA vorgenommen werden sollen, finden sich solche Klauseln gelegentlich auch in deutschen Künstlerverträgen. Da diese Klauseln sehr selten individuell verhandelt werden und in der Regel in ihrer finanziellen Auswirkung weder vom Künstler noch vom Musikproduzenten vollständig erfasst werden, erheben sich Wirksamkeitsbedenken im Hinblick auf **Transparenzgebot** und Verbot »überraschender Klauseln«.

12. »360-Grad-Deals«

a) Ansatz

348 Während die Tonträgerunternehmen in der Vergangenheit bei substanziellen Kostensteigerungen (z.B. Presskosten am Anfang der CD-Ära, hohe Produktionskosten für Promotionvideoclips) mit der Einführung neuer Technikabzüge oder Verrechenbarkeiten der Kosten reagiert haben, versuchen sie im Zuge des dramatischen Umsatzrückgangs am Tonträgermarkt in den letzten Jahren, ihre Einnahmebasis zu verbreitern, indem sie an Einnahme-»Strömen« des Künstlers außerhalb der Tonträgerverwertung partizipieren wollen. Dieser Ansatz wird oft als »**360-Grad-Modell**« bezeichnet (im Sinne eines vollständigen Kreises mit allen Winkelgraden).

349 Die Unternehmen weiten ihre Aktivitäten auf andere Bereiche der Musikwirtschaft aus, gründen eigene Management-/Merchandising-/Booking-Abteilungen oder -Firmen und wollen vom Künstler einen größeren Rechtumfang als bei den traditionellen Künstlerverträgen erwerben: Merchandisingrechte, Werbevermarktungsrechte, Verlagsrechte (gelegentlich als »**multiple rights deals**« bzw. »**active interest**«[314] bezeichnet«).

350 Im Wege des »**passive interest**«[315] versuchen Musikproduzent/Tonträgerunternehmen vom Künstler finanzielle Beteiligungen an seinen Einnahmen aus künstlerischen »non-record-activities« zu bekommen: z.B. an seinen GEMA-Einnahmen oder Verlags-Refun-

---

311 *Weiß* S. 273.
312 *Weiß* S. 280; *Ingendaay* S. 122 f.
313 *Ingendaay* S. 314 f., *Wegener* S. 188.
314 *Passman* S. 98.
315 *Passman* S. 98.

dierungen, Gagen für Live-Auftritte, Einnahmen aus Merchandising oder sonstigen Vermarktungen des Persönlichkeitsrechts (Werbung, Sponsoring etc.).[316]

Insbesondere bei »**Newcomern**« gehen Tonträgerunternehmen davon aus, dass sie bei »Aufbau« des Künstlers erhebliche **Investitionen** tätigen, um den Künstler bekannt zu machen und ihn am Markt zu etablieren: Faktoren, die den »Markencharakter und -wert« des Künstlers ausmachen und ihm erst ermöglichen, Einnahmen aus seiner künstlerischen Tätigkeit auch außerdem der Tonträgervermarktung zu erzielen.[317] 351

Da schon der Ansatz sehr unterschiedlich ausfallen kann, sind die Details solcher »Deals« in der Praxis sehr verschieden gestaltet. Standards und »Branchenübungen« – auch zu den Beteiligungssätzen – haben sich erkennbar noch nicht entwickelt. In den USA sollen Raten zwischen 10% bis 35% (auf »net income«) üblich sein.[318] 352

Die rechtlichen Grenzen der Deals[319] sind ebenfalls noch nicht ausgelotet. 353

aa) Gegenstand der Beteiligungsverpflichtung des Künstlers

Die Musikproduzenten/Tonträgerunternehmen wollen tendenziell auf die »Bruttoeinnahmen« abstellen, weil nur diese Einnahmebasis leicht nachvollziehbar ist und keine Abgrenzung zu berechtigten Kosten im Einzelfall erfordert. Für die Künstler wird bei diesem Ansatz allerdings ihr »Kuchen« immer kleiner. Bei hohen Kosten müssen sie unter Umständen Beteiligungen zahlen, obwohl ihnen gar kein »Profit« geblieben ist.[320] In der Praxis werden daher zumeist bestimmte Kosten als »Abzugspositionen« anerkannt oder das »Brutto-/Nettoproblem« bei der Bemessung der Höhe der Beteiligung berücksichtigt.[321] 354

bb) Gegenleistungen der Tonträgerunternehmen

Aus Sicht des Tonträgerunternehmens reichen schon die »normalen Bemühungen« zur Marketablierung des Künstler als Gegenleistung für den Beteiligungsanspruch aus. Je nach »Verhandlungsmacht« des Künstlers sind aber durchaus zusätzliche Gegenleistungen denkbar: z.B. Erhöhung der Umsatzbeteiligung, höhere Vorschüsse, Verpflichtung zu einem bestimmten oder zu speziellen Marketingleistungen, Zahlung von Toursupport, Verzicht auf die Verrechnung von Videoproduktionskosten. 355

IV. Produzentenvertrag

1. Begriff des Produzenten

Der Begriff des »**Produzenten**« wird in der Praxis nicht einheitlich gebraucht und für verschiedene Rollen und Aufgaben verwendet. Unterschieden werden kann nach dem Schwerpunkt der Tätigkeit des Produzenten.[322] 356

---

316 Bekannt geworden sind auch Ansätze, mit dem Künstler zusammen ein Firma zu gründen, auf die umfassend alle 360°-Rechte übertragen werden und über die alle Einnahmen aus der Verwertung der Rechte laufen; *Passman* S. 99.
317 Laut *Passman* S. 95 laufen sie dabei allerdings Gefahr, dass Künstler von vorneherein das »self-release-model« verfolgen, ihre Produktionen selbst herstellen und auch die Tonträger selbst vermarkten, ggf. nur Vertriebsverträge abschließen.
318 *Passman* S. 96.
319 Z.B. im Hinblick auf die Sittenwidrigkeit, insbesondere im Zusammenspiel mehrerer Verträge.
320 Zur Definition des »net income« siehe *Passman* S. 96 f.
321 *Passman* S. 97 f.
322 Ausführlich zum Begriff: *Schwenzer* S. 18 ff., zu Definitionen aus der Praxis, S. 26 ff. und zur Bedeutung im Popmusikgeschäft, S. 25 ff.

a) Künstlerischer Produzent

357 »Künstlerischer Produzent« bezeichnet eine »kreative« Rolle und umfasst die klangliche Gestaltung einer Produktion im Sinne der Musikregie bzw. »Soundgestaltung«[323] und künstlerischer Einflussnahme auf die Darbietung. Der Produzent wirkt im Sinne von §§ 73 ff. UrhG an einer Darbietung künstlerisch mit und erwirbt damit ebenfalls Leistungsschutzrechte als ausübender Künstler.

358 Oft erbringt der künstlerische Produzent im Rahmen einer Produktion zusätzliche Leistungen als ausübender Musiker.[324]

359 Der künstlerische Produzent ist abzugrenzen vom **Tonmeister** und sonstigem **Studiopersonal**. Sie wirken an der Produktion zwar technisch aber in der Regel nicht künstlerisch mit und erwerben keine Leistungsschutzrechte.[325]

b) Wirtschaftlicher Produzent

360 Ein »**wirtschaftlich und organisatorischer Produzent**« initiiert die Produktion, indem er die Künstler unter Vertrag nimmt, für die Aufnahmen die Budgets plant, die Studios bucht, ggf. Begleitmusiker und Studiopersonal verpflichtet und letztlich alle Kosten der Produktion übernimmt. Ihm stehen anschließend umfassende Rechte an den hergestellten Aufnahmen zu. Die Leistung des wirtschaftlich-/organisatorischen Produzenten unterliegt dem Schutz des Leistungsschutzrechts des **Tonträgerherstellers** (§ 85 Abs. 1 UrhG). Typischerweise übernimmt ein solchermaßen tätiger Produzent auch die Rolle des Vermittlers und Anbieters für die Vermarktung der Aufnahme.

361 Oft ist der Produzenten auch in einer Doppelrolle: **Organisator/kreativer Gestalter** auf Produktionsebene und **Vermittler der Vermarktung**.[326]

2. Gegenstand und Rechtsnatur des Produzentenvertrages

362 Im Rahmen eines »**Produzentenvertrages**« beauftragt ein wirtschaftlicher Produzent (Musikproduzent, Tonträgerunternehmen) einen künstlerischen Produzenten mit der **Durchführung** einer **Ton- oder Bildtonträgerproduktion mit einem oder mehreren Künstlern**.[327] Ein solcher Vertrag kann auch als »Künstlervertrag des ausschließlich künstlerischen Produzenten« (Klang-, Musik- Tonregisseurs) oder als »Producervertrag«[328] bezeichnet werden.[329]

363 Diese Beauftragung kann dem Werkvertragsrecht zugeordnet werden.[330]

3. Produktion

a) Durchführung

364 Die Durchführung der Produktion und die Inhalte der Aufnahmen werden in den Verträgen zumeist nicht sehr ausführlich geregelt. Dazu werden in der Regel Absprachen mit den Auftraggeber getroffen. Da es sich um Auftragsproduktionen handelt, behält sich der Auftraggeber ein Letztentscheidungsrecht in allen wirtschaftlichen und kreativen Fragen vor.

---

323 *Schwenzer* S. 84 ff., 106 f.
324 *Dünnwald/Gerlach* § 73 Rn. 37.
325 *Schwenzer* S. 21 f., 35 f.
326 *Schwenzer* S. 29, 135 f.
327 *Schwenzer* S. 209.
328 *Dünnwald/Gerlach* § 77 Rn. 17; § 73 Rn. 37.
329 Beispielverträge finde man bei *Moser/Scheuermann* S. 1140 ff.; *Wegener* S. 250 ff.
330 Was Relevanz für die Abnahme und für evtl. Leistungsstörungen hat.

b) Kosten der Produktion

Die Kosten der Produktion trägt der Auftraggeber. Heutzutage werden meist **pauschale Produktionsbudgets** (also letztlich »Festpreise«) vereinbart, die der Produzent nicht überschreiten darf, bzw. deren Überschreitung er selbst zu tragen hat. In dem Budget sind alle entstehenden Kosten (Studio-, Mieten, Personal, Honorare für Studiomusiker, ggf. Unterbringung und Verpflegung der Musiker und des Künstlers, Mischung) enthalten. Geregelt wird auch, wer das »**Mastering**« übernimmt, das oft von externen Spezialisten geleistet wird und u.U. erhebliche Kosten verursachet. 365

4. Rechteübertragung

Die Rechteklausel im Produzentenvertrag ähnelt den entsprechenden Regelungen in Künstlerverträgen. Die Rechtsübertragung bezieht sich auf die beim Produzenten »originär« entstandenen **Leistungsschutzrechte** im Hinblick auf seine künstlerische Mitwirkung bei der Produktion der Aufnahmen. Nebenrechte werden allenfalls im Hinblick auf die Namensnennung des Produzenten bei der Auswertung geregelt. 366

5. Exklusivbindung

Der Produzent wird nicht persönlich exklusiv gebunden, allerdings finden sich in fast allen Verträgen Regelungen über eine mehr oder weniger lange **Titelexklusivität**.[331] Der Zeitraum ist meist kürzer als in Künstlerverträgen. 367

6. »Clearing«

Die Rechte der an der Aufnahme beteiligten Künstler und Studiomusiker erwirbt der wirtschaftliche Produzent/Tonträgerhersteller in der Regel nicht vom Produzenten, sondern direkt vom Künstler per **Künstlervertrag** oder **Künstlerquittung**. Zu den vertraglichen Obliegenheiten des Produzenten gehört aber zumeist, für die Unterzeichnung der Künstlerquittungen zu sorgen und sicherzustellen (und dafür zu haften), dass der Auftraggeber von allen beteiligten Rechteinhabern die entsprechenden Rechte übertragen bekommt. 368

Oft sehen die Verträge vor, dass der Produzent auch evtl. erforderliche **Bearbeitungsgenehmigung** vom Urheber bzw. Musikverlag einholt bzw. sich bestätigen lässt,[332] dass der Verlag die produzierte Version als nicht genehmigungspflichtige »Cover-Version« einstuft. Ähnliches gilt für den Fall, dass der Produzent für die Herstellung der Aufnahmen sog. »**Samples**«[333] verwendet. Hier muss er sowohl die leistungsschutzrechtlichen Aspekte regeln,[334] als auch »Verlagsklärungen« im Hinblick auf die Rechte der musikalischen Urheber vornehmen.[335] 369

7. Vergütung

Die Vergütungsregeln sind strukturell ähnlich gestaltet wie in Künstlerverträgen. »Namhafte« künstlerische Produzenten erhalten **Umsatzbeteiligungen** an den Verwertungserlösen. Die Basisraten liegen üblicherweise zwischen 2% und 5% vom Händlerabgabepreis. Reine **Pauschalvergütungen** werden eher sind selten vereinbart. 370

---

331 Siehe oben Rdn. 244.
332 Zum Bearbeitungsrecht: *Schwenzer* S. 190 f., Bearbeitungsgenehmigung: S. 203 f.
333 Dazu umfassend: *Wegener* S. 329 ff.
334 Tonträgerherstellerrechte bzw. Künstlerrechte an dem Teil der »fremden« Aufnahme, die »gesampled« worden ist; *Wegener* S. 350 ff. – mit einen Muster für einen »Sample-Clearance-Vertrag«.
335 *Wegener* S. 341.

371 Ob der Produzent auf die Umsatzbeteiligungen eine **Vorauszahlung** erhält, hängt von seinem Markstatus, vom Aufwand der Produktion und von der Verkaufserwartung der Tonträger ab. Bei einem Künstler-»Newcomer« mit unsicheren Marktchancen oder einer mehrwöchigen Produktionsphase wird der Produzent selten auf die Vorauszahlung als »Minimumhonorar« verzichten; bei einer langjährigen stabilen Verkaufshistorie wird kein Vorschuss gefordert.[336]

8. Vertragsdauer

372 Produzentenverträge werden in der Regel nur für die Dauer der Produktion geschlossen. Möglich ist aber auch, dass der Vertrag Optionen auf weitere Produktionen enthält.

9. Remix-Vertrag

373 Der »Remix«-Vertrag ist ein spezieller Produzentenvertrag. Der »Remixer«[337] wird beauftragt, einer bestehenden Tonaufnahme durch spezielle Bearbeitung eine »neue Form« oder ein »neues Klangbild« zu geben.[338]

374 Was der »Remixer« dabei mit der Aufnahme macht, ist höchst individuell und Ausdruck des besonderen persönlichen Stils. Nicht selten wird die ursprüngliche Aufnahmen völlig zerlegt und mit neu hinzugefügten Klangeffekten, neu aufgenommenen Instrumentalspuren und starker klanglicher Veränderung wieder zusammengefügt. Dabei kann die Aufnahme eine veränderte »Songstruktur«, neue Instrumente und ggf. einen anderen Rhythmus bekommen, wobei das Original in der Regel wiedererkennbar bleiben soll.[339] Der Auftraggeber überlässt dem Remixer zumeist die Mehrspurbänder der Originalaufnahmen bzw. die Produktionselemente (»Parts«).

375 Der Vertrag enthält die üblichen **Rechteübertragungsklauseln** im Hinblick auf Rechte des Remixers in seiner Rolle als ausübenden Künstler und künstlerischer Produzent. Da die Herstellung des Remixes oft über ein reines Arrangement hinausgeht und mit einer Bearbeitung des musikalischen Werkes einhergeht, sollte geregelt werden, wer für die ggf. erforderliche Bearbeitungsgenehmigung der Urheber bzw. des Musikverlages zuständig ist.[340]

376 Die **Vergütung** erfolgt überwiegend pauschal. Die Höhe der Pauschalsumme hängt von der Bekanntheit des Remixers ab und kann durchaus höhere Größenordnungen erreichen, wenn der »Markenwert« des Remixer-Zusatzes höher ist als der Status der Originalaufnahme.

377 Prominenten Remixer erhalten u.U. auch eine Umsatzbeteiligung, die bis zur Hälfte der Beteiligung des »normalen« Auftragsproduzenten betragen kann: also zwischen 0,5% und 3% des Händlerabgabepreises liegt. Oft fällt eine Umsatzbeteiligung erst an, wenn der Remix als »A-Track« einer Veröffentlichung genutzt und insbesondere als Radio-Version eingesetzt wird.[341]

---

336 Zur Vorschusshöhe in US-amerikanischen Produzentenverträgen siehe *Passman* S. 124 f.
337 Zur Geschichte des Remix siehe *Wegener* S. 373.
338 *Wegener* S. 380; siehe auch Moser/Scheuermann/*Zimmermann* S. 1198 ff.; *Schwenzer* S. 99 f.; Dreier/Schulze § 85 Rn. 22.
339 *Wegener* S. 374, Beispiele für Remix-Verträge finden sich bei: *Wegener* S. 391 ff.
340 Siehe dazu *Schwenzer* S. 129.
341 *Wegener* S. 389.

V. Bandübernahmevertrag

1. Beteiligte – Gegenstand – Rechtsnatur

Im Rahmen eines Bandübernahmevertrages[342] übernimmt« ein Tonträgerunternehmen eine fertige Musikproduktion in Form eines (Ton-)-»Bandes« zur exklusiven und umfassenden Verwertung. 378

Vertragspartei ist auf Seiten des »Gebers« ein **wirtschaftlicher Produzent** (im Vertrag oft als »Lizenzgeber« oder »Produzent« bezeichnet) und auf Seiten des »Übernehmers« ein »Label« bzw. **Tonträgerunternehmen**, das in der Regel über einen eigenen Vertrieb verfügt. Wirtschaftlicher Produzent ist heutzutage häufig auch der Künstler selbst. 379

Dem Bandübernahmevertrag sind Künstler- und Produzentenverlag vorgelagert, die der wirtschaftliche Produzent abgeschlossen hat, um alle Rechte an der Produktion zu erwerben, so dass er die Aufnahmen verwerten kann. 380

Auch beim Bandübernahmevertrag handelt es sich um einen **urheberrechtlichen Verwertungsvertrag eigener Art.** Im Hinblick auf die urheberrechtlichen Nutzungsrechte gelten **kaufrechtliche und pachtrechtliche** Vorschriften. Die Verpflichtung, eine vertraglich vereinbarte Aufnahme herzustellen und abzuliefern, kann dem **Werkvertragsrecht** zugeordnet werden. 381

Der Bandübernahmevertrag ist zunächst abzugrenzen gegen **reine Lizenzverträge**, bei denen nur urheberrechtliche Nutzungsrechte an einer bestehenden Aufnahme eingeräumt werden. Im Unterschied dazu wird im Bandübernahmevertrag in der Regel der mitwirkende Hauptkünstler exklusiv während der Vertragslaufzeit gebunden, insofern sind künstlervertragliche Bindungen zugunsten des Tonträgerunternehmens enthalten.[343] Bandübernahmeverträge werden oft auch bereits abgeschlossen, bevor die erste Produktion überhaupt fertig gestellt ist und enthalten oft Optionen auf weitere Produktionen mit dem Künstler, weisen also Elemente von **Auftragsproduktionen** auf. 382

Während sich die Verträge üblicherweise auf die Aufnahmen mit einem bestimmten Künstler beschränken, sind auch Gestaltungen möglich, wonach Produktionen mit einer unbestimmten Vielzahl unterschiedlicher Künstler Gegenstand sind. Solche **»Labeldeals«** umfassen oft alle Produktionen einer bestimmten Produktionsfirma oder eines einzelnen wirtschaftlichen Produzenten während eines bestimmten Zeitraums. 383

2. Produktion – Lieferumfang

In den Bandübernahmeverträgen wird zumeist der Umfang der »Übernahme« in quantitativer (Anzahl der Aufnahmen, Anzahl der Remixes und Versionen, Halbplaybackband etc.) und qualitativer Hinsicht (Künstler, Genre, Sprachfassung, Art der genutzten musikalischen Werke, künstlerischer Produzent) genau festgelegt. 384

Wenn der Auftragsproduktionscharakter im Vordergrund steht, behält sich das Tonträgerunternehmen vor, im Rahmen der Produktion die **Auswahl der aufzunehmenden musikalischen Werke** zu bestimmen, inhaltliche Weisungen zu erteilen und bei der Abnahme künstlerische und kommerzielle Aspekte zu berücksichtigen. 385

Sinnvoll ist auch, das **Ablieferungsdatum** zu regeln, um bei ggf. auftretenden Leistungsstörungen eine zeitliche Referenz zu haben. 386

---

342 Musterverträge finden sich bei Moser/Scheuermann/*Deubzer* S. 1158 ff. und *Wegener* S. 230 ff.
343 ... die zumeist auch per Künstlerbrief direkt vom Künstler gegenüber dem Tonträgerunternehmen bestätigt werden, siehe dazu Rdn. 408.

387 Diese Vorgaben gelten sowohl für die »festen Produktionen«, die im Rahmen der Grundlaufzeit des Vertrages hergestellt werden, als auch für die **optionalen Aufnahmen**, die der Produzent aufnimmt, nachdem das Tonträgerunternehmen die entsprechenden Optionsrechte ausgeübt hat.

388 Der Lizenzgeber/Produzent organisiert die Produktion und trägt die **Produktionskosten**.

3. Rechteeinräumung

a) Rechteübertragung/-einräumung

389 Der Lizenzgeber des Bandübernahmevertrages ist verpflichtet, dem Tonträgerunternehmen die **Rechte aller Mitwirkender** (Künstler, künstlerischer Produzent, Studiomusiker) sowie die bei ihm selbst entstandenen **Tonträgerherstellerrechte** einzuräumen.

390 Allerdings ist **vollständige Übertragung** der Rechte (wie bei Künstlerverträgen üblich) in den Bandübernahmeverträgen aktueller Prägung zumeist nicht vorgesehen. Häufig räumt der Lizenzgeber dem Tonträgerunternehmen vielmehr nur einzeln aufgelistete **Nutzungsrechte** ein. Bei entsprechendem Status des Künstlers oder des Lizenzgebers sind in vergleichbarem Umfang Abstimmungs- und Zustimmungserfordernisse geregelt.

b) Auswertungsdauer

391 Die Auswertungsdauer für die Vertragsaufnahmen ist in Bandübernahmeverträgen oft **zeitlich begrenzt**. Damit sich die Investitionskosten auch über eine »Katalog«-Verwertung der Aufnahmen amortisieren, sind die Tonträgerunternehmen aber zumeist nicht bereit, kürzere Laufzeiten als fünf bis sieben Jahren zu akzeptieren. Damit überhaupt ein »**Katalog**« gebildet werden kann, sehen die Verträge meist vor, dass die Auswertungsdauer aller Aufnahmen, die im Rahmen des Vertrages übernommen werden, einheitlich lang ist. Die Frist beginnt daher erst bei Ende der Vertragslaufzeit, was bei einem Vertrag mit langer Laufzeit für die ersten Aufnahmen eine erhebliche Verlängerung der Auswertungsdauer bedeutet.

c) Auswertungsterritorium

392 Während das Interesse der Verwerter dahin geht, möglichst weltweite Auswertungsrechte zu erhalten, versuchen die Lizenzgeber, das Auswertungsgebiet zumindest auf solche **Territorien zu beschränken**, in denen der Verwerter eine Auswertung und Veröffentlichung sicherstellen kann.

393 Da die Verwerter selten explizite Verwertungsverpflichtungen für ausländische Territorien übernehmen, sehen viele Verträge vor, dass die **Rechte** für einzelne Territorien an den Lizenzgeber **zurückfallen** (oder zumindest kündbar sind), wenn innerhalb bestimmter Fristen keine Veröffentlichung erfolgt ist. Im Rahmen solcher Klauseln wird auch geregelt werden, ob sich der Rechterückfall auf sämtliche Vertriebsformen bezieht[344] und auch die Folgeproduktionen umfasst.

4. Exklusivbindungen/Künstlerpflichten

394 In der Regel »enthält« der Bandübernahmevertrag einen **Künstlervertrag**, indem das Tonträgerunternehmen die gleichen Anforderungen an den Rechteerwerb und die Exklusivbindung des Künstlers stellt, die im Rahmen von Künstlerverträgen üblich sind. Inso-

---

344 Oft behalten sich die Tonträgerunternehmen digitale Vertriebsrechte vor.

fern enthalten die Bandübernahmeverträge die gleichen Regelungen, die zur persönlichen Exklusivbindung und zur Titelexklusivität bei Künstlerverträgen gelten.[345]

Der Produzent muss diese Bindungen wiederum in seinem Künstlervertrag mit dem Künstler vereinbaren. Er versichert gegenüber dem Tonträgerunternehmen, dass er die Künstler entsprechend unter Vertrag genommen hat. 395

Für den **Künstler** gelten ansonsten die gleichen Mitwirkungspflichten wie im Künstlervertrag: er wirkt bei den Aufnahmen mit und soll an Promotionaktivitäten teilnehmen. 396

Die Exklusivbindung gilt auch im Verhältnis zum **Musikproduzenten**: er darf während der Frist keine andere Aufnahmen mit dem Künstler herstellen oder herstellen lassen. Die Titelexklusivität gilt sowohl für den Künstler als auch für den künstlerischen Produzenten und den Musikproduzenten selbst.[346] 397

Wenn das Auswertungsterritorium des Bandübernahmevertrages beschränkt ist, finden sich oft auch **territoriale Beschränkungen** der Exklusivbindungen (d.h. Künstler und Musikproduzent können außerhalb des Vertragsgebiet in solchen Fällen auch andere Aufnahmen einspielen und verwerten). 398

5. Vergütung

a) Umsatzbeteiligung

Im Gegenzug zur Einräumung der Verwertungsrechte erhält der Musikproduzent eine Beteiligung an den Verwertungserlösen des Tonträgerunternehmens. Die Vergütungsregelungen ähneln strukturell den oben dargestellten Klauseln in Künstlerverträgen. 399

Die Umsatzbeteiligungen sind dabei »**all in**«, d.h. sie decken auch die Beteiligungsansprüche der mitwirkenden Künstler und der künstlerischen Produzenten ab. Deren Vergütungen zahlt der Produzent aus der Beteiligung, die er vom Tonträgerunternehmen erhält. 400

Zum Ausgleich dafür, dass der Produzent die Produktionskosten selbst trägt und zusätzliche Rechte (Tonträgerherstellerrecht) einbringt, sind die Umsatzbeteiligungsraten höher als die Addition von Künstler- und Produzentenraten. Die Basisrate liegt zumeist im Bereich zwischen 16 % und 24 % vom Händlerabgabepreis.[347] 401

b) Vorauszahlung

Die Höhe der **Vorauszahlung** wird im Einzelfall verhandelt. Aus Sicht des Produzenten sollte die Vorauszahlung zumindest die gesamten angefallenen Produktionskosten decken und ihm ermöglichen, ggf. im Innenverhältnis angemessene Vorschüsse an die beteiligten Künstler und künstlerischen Produzenten zu zahlen.[348] 402

c) GVL-Einnahmen

Da sich die Tonträgerunternehmen im Rahmen der Bandübernahmeverträge die Tonträgerherstellerrechte des Produzenten abtreten lassen und auch exklusive Senderechte 403

---

345 Siehe oben Rdn. 240 ff.
346 Siehe oben Rdn. 244.
347 Gelegentlich werden auch sog. »Profit-Split«-Deals vereinbart: der kalkulatorische oder tatsächliche Gewinn wird nach Abzug der Kosten beider Parteien zwischen Produzent und Tonträgerunternehmen aufgeteilt: Solche Ansätze können sowohl dem Risikomanagement des Tonträgerunternehmens dienen oder dem Lizenzgeber bei hoher Verkaufserwartung eine höhere Vergütung sichern.
348 Gelegentlich decken aber auch die Vorschüsse nicht die angefallenen Kosten und der Produzent trägt das wirtschaftliche Verwertungsrisiko mit.

erwerben, beanspruchen sie in der Regel 100% des Tonträgerherstelleranteils aus den GVL-Verteilungsplänen der GVL-Wahrnehmung.[349]

d) Verrechnung

404 Im Hinblick auf die Verrechenbarkeit weisen die Bandübernahmeverträge die gleichen Mechanismen auf, die oben für die Künstlerverträge beschrieben worden sind. Die Umsatzbeteiligungen sind gegen die **Vorauszahlungen** verrechenbar. Darüber hinaus sind die Tonträgerunternehmen bestrebt, bestimmte andere Kosten »verrechenbar« zu stellen und bei entsprechend hohen Verkäufen vom wirtschaftlichen Produzenten »mitbezahlen« zu lassen. Wegen der höheren Basisumsatzbeteiligungen sind die Quoten der Verrechenbarkeit zumeist höher als in Künstlerverträgen:

- Produktionskosten für **Remixes**: 50 % bis 100 %,
- **Toursupport**: 50 % bis 100 %
- Kosten »überverhältnismäßiger« **TV-Kampagnen**: bis zu 50%; auch die Reduzierung der Umsatzbeteiligung im Wege des »TV-Breaks« ist u.U. höher als bei Künstlern.

6. Vertragslaufzeit/Optionen

405 Auch bei Bandübernahmeverträgen ist zu unterscheiden zwischen der **Vertragslaufzeit** und der **Auswertungsdauer** der »übernommenen« Aufnahmen.

406 Da es beim Bandübernahmevertrag in der Regel um Aufnahmen eines bestimmten Künstlers geht, ist die Laufzeit ähnlich strukturiert wie bei den Künstlerverträgen und bestimmt die Zeiträume für die **Exklusivbindung des Künstlers** und die **Produktionsverpflichtungen** des Musikproduzenten. Der »Produktionsbezug« der Vertrages bedingt, dass die einzelnen Perioden fast immer sowohl durch einen Zeitraum sowie einen bestimmten Lieferumfang bestimmt werden und zumeist bis einige Monate nach Veröffentlichung des Tonträgers der jeweiligen Vertragsperiode dauern.[350]

407 Die **Optionen** auf die nächste Periode kann in der Regel bis zum Ende der laufenden Vertragsperiode ausgeübt werden.[351] Gelegentlich sehen Bandübernahmeverträge vor, dass der Musikproduzent vor Ende der Optionsfrist **Demo-Aufnahmen** in einem vorher vereinbarten Umfang vorlegt, die einen Eindruck von der künftigen Produktion vermitteln sollen, um dem Tonträgerunternehmen eine Entscheidungsgrundlage für die Ausübung der Option zu geben.

7. Künstlerbrief

408 Für das Tonträgerunternehmen besteht im Rahmen von Bandübernahmeverträgen das Risiko, dass der Produzent/Lizenzgeber vom Künstler nicht alle **Rechte** erworben hat, die er weiter überträgt. Außerdem kann der **Künstlervertrag** zwischen Künstler und Produzenten ganz oder teilweise **unwirksam** sein, in der Laufzeit dem Bandübernahmevertrag nicht entsprechen oder vom Künstler wirksam beendet werden.

---

349 Während früher eine Zurechnung des GVL-Tonträgerherstelleranteils allein auf »Label-Code«-Ebene erfolgte und eine genaue Aufteilung der Einnahmen für die Sendung von erschienenen Tonträgern nicht möglich war, bietet die GVL mit ihrem »Trisys«-System seit einiger Zeit auch die Option einer trackbasierten Abrechnung, die eine genaue Aufschlüsselung der Sendevergütungen ermöglicht.
350 Zusätzlich enthalten die Klauseln meist Regelungen, wie die Frist bestimmt wird, wenn der Tonträger vom Tonträgerunternehmen nicht veröffentlicht wird.
351 Gelegentlich sind die Fristen auch kürzer.

Um sich hier abzusichern, fordern die Tonträgerunternehmen eine direkte vertragliche Erklärung des Künstlers, üblicherweise »Künstlerbrief« genannt.[352]

Im **Künstlerbrief** versichert der Künstler gegenüber dem Tonträgerunternehmen, dass er dem Produzenten die zur Erfüllung des Bandübernahmevertrages notwendigen Rechte eingeräumt und sich auch entsprechender Exklusivbindungen unterworfen hat. Für den Fall, dass der Künstlervertrag unwirksam ist oder endet, räumt der Künstler dem Tonträgerunternehmen die Rechte direkt ein und gewährt ihm eine Erstverhandlungsoption oder bereits genauer gefasste Optionsrechte auf einen direkten Künstlervertrag mit dem Tonträgerunternehmen.

Zumeist wird in den Künstlerbriefen pauschal auf die Pflichten des Künstlers aus dem Bandübernahmevertrag verwiesen. Da dem Künstler in den seltensten Fällen der gesamte Bandübernahmevertrag offen gelegt wird, sind solche Regelung im Hinblick auf das »Transparenzgebot« problematisch und nur dann hinreichend bestimmt, wenn die »Künstlerpflichten« das Bandübernahmevertrages im Künstlerbrief genauer beschrieben werden.

8. Besonderheiten bei 360-Grad-Deals

Auch Bandübernahmeverträge enthalten heute Elemente von »360-Grad-Deals«.[353]

a) Multiple Rights

Von der Vertragskonstruktion einfach sind »Multiple-Rights-Deals«, bei denen der Umfang der eingeräumten Rechte über die »klassischen« Tonträgerauswertung hinaus gehen und z.B. Merchandisingrechte oder Werbe-/Sponsoringrechte in Bezug auf den Künstler umfassen.

Im ersten Schritt muss der Musikproduzent entsprechende Rechte **vom Künstler erwerben**, um sie dann an das Tonträgerunternehmen weiter zu übertragen. Zur Sicherheit wird das Tonträgerunternehmen eine Bestätigung des Künstlers im Künstlerbrief fordern.

Alternativ kann das Tonträgerunternehmen eine **separate Vereinbarung mit dem Künstler** abschließen, in der diese Verwertungen und die notwendigen Rechteeinräumungen geregelt werden.[354]

b) Beteiligung an Künstlereinnahmen

Schwieriger ist die vertragliche Ausgestaltung von Beteiligungsansprüchen an den »sonstigen« Einnahmen des Künstlers aus seiner künstlerischen Betätigung. Bei einer **separaten Vereinbarung mit dem Künstler** stellt sich die Frage nach der **Gegenleistung** des Tonträgerunternehmens. Aus Sicht des Tonträgerunternehmens ist hier oft schon die »allgemeine Förderung der Karriere« des Künstler durch die Promotion- und Marketingaktivitäten, die bei der Verwertung der Tonaufnahmen erbracht werden, ausreichend. Ob dies im rechtlichen Konfliktfall um die Wirksamkeit einer solchen Vereinbarung ausreicht, ist noch nicht klar.[355]

Wenn die Beteiligungsansprüche in den Bandübernahmevertrag einbezogen werden, wird die Leistung der Beteiligung zur Verpflichtung des Musikproduzenten. Folglich muss er

---

352 In anglo-amerikanischen Verträgen als »Inducement Letter« oder »Artist Guarantee Letter« bezeichnet.
353 Siehe oben unter Rdn. 348.
354 Allerdings entfällt dann die Möglichkeit, die Vergütungen des Künstlers im Rahmen der Bandübernahmeverträge zu verrechnen.
355 Gerichtsentscheidungen zu dieser Problematik sind bislang nicht bekannt.

mit dem Künstler gleichermaßen einen passenden »360-Grad-Deal« abschließen.[356] In solchen Konstellationen sollte besonders sorgfältig auf die Festlegung der »**Preisbasis**« für den Beteiligungsanspruch geachtet werden: Sind es die Einnahmen des Künstlers »an der Quelle« – oder nach Abzug des Beteiligungsanspruchs des Musikproduzenten oder seines Managements? Auch ist die Überprüfung der Abrechnungsgrundlagen schwierig. Im Rahmen des Künstlerbriefes sollte zumindest ein direkte Prüfungsmöglichkeit der Unterlagen des Künstlers vereinbart werden.

c) Management

418 Die Tonträgerunternehmen werden mittlerweile auch im Bereich des Künstlermanagements aktiv und richten dazu eigene Abteilungen ein oder gründen Tochterfirmen (oder übernehmen bestehende Managementfirmen). In finanzieller Hinsicht bietet es sich an, mit den Künstlern **Managementverträge** abzuschließen und auf diesem Wege Beteiligungen an den weiteren Einnahmen der Künstler zu erzielen. Allerdings muss das Tonträgerunternehmen in diesem Fall auch die üblichen Leistungen eines Managements erbringen.[357]

VI. Vertriebsvertrag

1. Rollen – Gegenstand

419 Vertriebsverträge regeln die **Herstellung**, den **Vertrieb** und/oder die **Warenverteilung** von Tonträgern bzw. Bildtonträgern.[358] **Vertragsparteien** sind auf der einen Seite **Musikproduzenten**, die umfassende Verwertungsrechte an einer Ton- oder Bildtonaufnahme besitzen und unter eigenem Label veröffentlichen wollen und auf der anderen Seite **Vertriebsfirmen** (sei es eine spezialisierte unabhängige Vertriebsfirma oder die Vertriebsabteilung eines Tonträgerunternehmens).

420 Im Unterschied zu einem Bandübernahmevertrag erhält der Musikproduzent keine Umsatzbeteiligung an den Verkaufserlösen des Verwerters, sondern ihm steht im Prinzip der gesamte **Verkaufserlös** zu, von der die Vertriebsfirma ja nach Umfang ihrer Leistung eine bestimmte Kommission und bestimmte verauslagte Kosten abziehen kann. Allerdings trägt der Musikproduzent in diesem Fall neben den Produktionskosten für die Herstellung der Aufnahmen auch alle anfallenden Marketing- und Promotionkosten.

421 Während sich die »klassischen« Vertriebsverträge auf »physische« Tonträger und den Vertrieb solcher Trägermedien beziehen, haben sich auch mit den »**Aggregatorverträgen**« im Bereich des »digitalen« Vertriebs der Online-Verwertungen spezielle Vertragstypen entwickelt.[359]

422 Der Vertrieb kann sich auf einen einzelnen Ton-/Bildtonträger beziehen aber auch den gesamten bestehenden und künftigen **Katalog eines Labels** zum Gegenstand haben.

---

356 ... was er unter Umständen bereits aus finanziellem Eigeninteresse getan hat; eventuell hat er auch einen gesonderten Managementvertrages mit dem Künstler abgeschlossen, der ihm einen bestimmten Anteil an allen Einnahmen des Künstlers sichert.
357 In rechtlicher Hinsicht können sich allerdings Wirksamkeitsbedenken ergeben, wenn der Vertrag auch die Vertretung der »Tonträgerbelange« des Künstlers umfasst.
358 Moser/Scheuermann/*Kornmeier* S. 1203; ausführliche Musterverträge sind abgedruckt bei Moser/Scheuermann/*Kornmeier* S. 1224 ff. und *Wegener* S. 240 ff.
359 Rodriguez/von Rothkirch/Heinz/*Lazimbat* S. 145 ff.

2. Exklusivität des Vertriebsrechts

Der Vertriebsfirma werden für die Vertragstonträger **exklusive Vertriebsrechte** für ein bestimmtes Vertragsgebiet eingeräumt.[360] 423

a) Vertriebsgebiet

Die Vertriebsrechte beziehen sich auf ein bestimmtes **Vertriebsgebiet**.[361] Der Vertriebsfirma verzichtet darauf, Aufträge in Ländern zu akquirieren, die nicht zum Vertragsgebiet gehören und Aufträge aus »exterritorialen« Ländern zu erfüllen. Der Musikproduzenten entfaltet im Vertragsgebiet selbst oder über Dritte keine Vertriebsaktivitäten.[362] 424

b) Vertriebswege

In der Regel kann die Vertriebsfirma die Vertragstonträger über alle ihr zur Verfügung stehenden **Vertriebswege** vertreiben. Allerdings sind hier Einschränkungen und Ausnahmen möglich: etwa für Vertriebswege, die die Vertriebsfirma nicht optimal bedienen kann oder die sich der Musikproduzent selbst vorbehalten will (z.B. Konzertverkauf). 425

Oft enthalten die Verträge auch spezielle Regelungen für den **Online-Vertrieb**, der von der Vertriebsfirma of nicht zu »Vertriebskonditionen«, sondern auf niedrigerer Lizenzbasis wahrgenommen wird. 426

Tonträgerunternehmen möchten zumeist auch **Kopplungsrechte** (Nutzung einzelner Aufnahmen der Vertriebstonträger für Kopplungen/Compilations) auf Lizenzbasis erwerben. 427

3. Leistungen des Produzenten

a) Lieferung der Ware

Falls der Produzent nicht die Vertriebsfirma mit der Herstellung der Tonträger beauftragt, stellt er die **Ware** der Vertriebsfirma zur Verfügung. Die Verträge enthalten Regelungen über den **Lieferort**, das Transportrisiko, die Kosten des Transports, Lieferart/Verpackung und ggf. besondere Anforderungen an die Gestaltung der Produkte. 428

Klarzustellen sind die **Eigentumsverhältnisse an der Ware**: regelmäßig bleibt der Produzent Eigentümer der Ware. Der Vertrieb durch die Vertriebsfirma erfolgt auf Kommissionsbasis. Erst mit dem Verkauf und der Auslieferung an den Handel geht das Eigentum auf den Händler über. 429

b) Disposition

Ordnet der Vertriebsvertrag der Vertriebsfirma die Entscheidungsbefugnis zu, wann und wie viele Tonträger ins Lager eingestellt werden, muss diese aufgrund der vorliegenden (oder prognostizierten) Bestellungen aus dem Handel rechtzeitig beim Produzenten 430

---

360 Im urheberrechtlichen Sinne, handelt es sich um die Einräumung des Verbreitungsrechts gem. § 85 Abs. 1 UrhG.
361 Dabei sind die Regelungen zum freien Warenverkehr innerhalb der EU zu beachten: das Verbreitungsrecht lässt sich mit dinglicher Wirkung innerhalb der EMI räumlich nicht aufspalten, allerdings kann die Erstverbreitung schuldrechtlich geregelt werden: Dreier/*Schulze* § 85 UrhG Rn. 36, § 17 UrhG Rn. 19; die Weiterverbreitung unterliegt dem EU-weit geltenden Erschöpfungsgrundsatz gem. § 17 Abs. 2 UrhG.
362 Tonträgerunternehmen haben aufgrund ihrer internen Konzernstruktur oft Schwierigkeiten, länderübergreifende Vertriebsverträge anzubieten. Bei entsprechender Bereitschaft des Musikproduzenten werden daher gelegentlich Vertriebsverträge für das Inland mit »normalen« Lizenzverträgen für die Auslandsverwertung kombiniert.

Ware in ausreichender Menge ordern. Der Produzent muss wiederum die Tonträger entsprechend fertigen lassen und liefern.

431 Hat der Produzent die **Dispositionshoheit**, muss er über ausreichende Informationen über den Bestellumfang und den Lagerbestand verfügen, um die erforderlichen Mengen einschätzen zu können. Die Verträger enthalten Klauseln zum entsprechenden Informationsaustausch.

432 Meist erfolgt die Disposition »in Absprache«, dabei wird das Interesse an einer hohen »Handelspräsenz« und schneller Belieferung von Bestellungen bei hoher Nachfrage gegen das Retourenrisiko (bei zu großem »Shipment«) und die Kosten der Lagerhaltung und ggf. Vernichtung von Retouren und Überbeständen abgewogen.

433 Zur Dispositionshoheit gehört auch die Entscheidung über den **Veröffentlichungszeitpunkt**.

c) Marketing/Promotion

434 Marketing und Promotion für die Tonträger **obliegt** nach der üblichen Aufgabenverteilung dem **Produzenten**. Er muss dafür auch die **Kosten** tragen. Falls der Vertriebsvertrag »Investitionsrisiken« für die Vertriebsfirma mit sich bringt (etwa durch Mindestabnahmen, Garantiesummen oder Vorauszahlungen auf den Erlösanteil des Produzenten) werden Vertriebsverträge auch spezifische Regelungen über die entsprechenden Pflichten des Produzenten enthalten; etwa, indem bestimmte Mindestbudgets für das Marketing vorgesehen sind.[363]

435 Möglich ist auch, dass der Produzent die Vertriebsfirma mit der Durchführung bestimmter Marketing- und Promotionmaßnahmen (z.B. TV-Werbung, Handelsmarketing, TV- und Rundfunkpromotion) beauftragt und der Vertriebsfirma dafür Vergütungen zahlt, bzw. Kosten erstattet.[364]

d) Informationen

436 Damit die Vertriebsfirma ihre Vertriebsaktivitäten durchführen kann (und sich der Vertriebsvertrag auf größere Kataloge bezieht), muss der Produzent regelmäßig **Verkaufsunterlagen** über seine neuen Veröffentlichungen, Musterexemplare, Presseinformationen über den Künstler und seine Tourneen etc. übersenden.[365]

e) Rechtliche Garantien

437 Der Vertrieb lässt sich vom Produzenten garantieren, dass dieser sämtliche erforderlichen Rechte für die Vervielfältigung und den Vertrieb im Vertriebsgebiet ordnungsgemäß erworben hat (also insbesondere die **Tonträgerhersteller- und Künstlerrechte** geklärt sind). Falls der Produzent die Tonträger herstellt, umfasst die Garantie auch die Zusicherung, dass die **Urheberrechtsgebühren** an die zuständige Verwertungsgesellschaft gezahlt worden ist.

438 Außerdem haftet der Produzent gegenüber der Vertriebsfirma für den **Inhalt der Tonträger** unter allen sonstigen rechtlichen Gesichtspunkten (Jugendschutz, Strafgesetze,

---

363 Moser/Scheuermann/*Kornmeier* S. 1216 f.
364 Gelegentlich bieten Vertriebsfirmen solche Leistungen auch im »Paket« gegen einen Zuschlag von 3 bis 5 Prozentpunkten (bezogen auf den Händlerabgabepreis) auf die Vertriebsvergütung an; *Passman* S. 200.
365 Moser/Scheuermann/*Kornmeier* S. 1215.

4. Leistungen der Vertriebsfirma

a) Herstellung der Tonträger

Oft bieten die Vertriebsfirmen an, die **Herstellung**/Pressung der Tonträger zu übernehmen. Dazu wird meist eine separate Vereinbarung getroffen, in der u.a. folgende Punkte geregelt werden: Herstellungspreis, Fertigungsqualität, Ausstattung, Liefertermine, technische Anforderungen an die vom Produzenten zu liefernden Master.[367]

439

Klargestellt wird auch, wer für die Entrichtung der mechanischen Vervielfältigungsgebühren an die **Verwertungsgesellschaften** zuständig ist[368] und wann eventuelle Erstattungen fällig werden.[369]

440

b) Lagerhaltung

Die Vertriebsfirma errichtet und unterhält ein **Lager** für die Produkte des Produzenten, sorgt für ausreichende Kapazität, übernimmt die Kosten der Lagerhaltung und trägt in der Regel auch das »**Lagerrisiko**«. Dazu wird der Vertriebsfirma meist auferlegt, den physischen Bestand des Lagers zu versichern.

441

Für den Fall von Abweichungen zwischen den Liefermengen, Auflieferungen und Lagerbeständen (sog. »**Lagerschwund**«) wird meist eine gewisse »Schwundquote« vereinbart (0,5–3 %). Innerhalb der Quote wird für die Diskrepanzen kein Ersatz geleistet. Die fehlenden Tonträger werden auch nicht wie verkaufte Einheiten behandelt. Für Fehlmengen, die die »Schwundquote« übersteigen, wird oft der Schadensersatz auf die Herstellungskosten zzgl. bereits angefallener GEMA-Vergütungen begrenzt.

442

c) Vertriebsaktivitäten

Die Vertriebsfirma verpflichtet sich üblicherweise dazu, die Vertriebstonträger in ihre **Verkaufsunterlagen** (einschl. Phononet) aufzunehmen, den Handel entsprechend zu informieren, Aufträge über die verschiedenen Kontaktwege der Vertriebsfirma zu akquirieren, Verkaufsstatistiken an den Produzenten zu übermitteln etc.

443

d) Verkaufsabwicklung

Die Vertriebsfirma übernimmt die **Abwicklung der akquirierten Aufträge**. Dazu gehören u.a.[370] die Entgegennahme der Aufträge, Prüfung der Kreditwürdigkeit der Kunden, Versand und Auslieferung der Bestellungen, Fakturierung der Rechnungen, Inkasso, Bearbeitung von Reklamationen und Abwicklung von Retouren.

444

5. Vergütung/Abrechnung

a) Preisgestaltung

Den **Abgabepreis** der Tonträger an den Handel kann die Vertriebsfirma in der Regel eigenständig festlegen. Produzent und Vertriebsfirma werden sich aber bei der Einord-

445

---

366 Moser/Scheuermann/*Kornmeier* S. 1223.
367 Moser/Scheuermann/*Kornmeier* S. 1209.
368 Zumeist der Hersteller, der die Kosten an den Produzenten weiterbelastet.
369 Bereits bei der Herstellung oder erst, wenn die Ware das Lager verlässt; Letzteres ist mit der GEMA im Rahmen der sog. »Ifpi-Industrieverträge« vereinbart.
370 Moser/Scheuermann/*Kornmeier* S. 1217.

nung der einzelnen Vertriebsprodukte in die **Preissystematik** (Hoch-, Mid- oder Budget-Preis) abstimmen – ebenso beim Wechsel eines Produkts von einer in die andere Preiskategorie. Im Hinblick auf die Gewährung von **Rabatten** wird zumeist »Gleichbehandlung« zu den übrigen Produkten der Vertriebsfirma vereinbart.

b) Vergütung der Vertriebsfirma

446 Für die Vergütung der Vertriebsaktivitäten der Vertriebsfirma gibt es am Markt unterschiedliche Modelle:

447 • **Einkaufs-/Verkaufspreis-Differenz**: Die Vertriebsfirma kauft die Ware zu einem festgelegten Preis beim Produzenten ein und verdient die Differenz zum tatsächlichen Abgabepreis an den Handel.[371]

448 • **Stückvergütung**: Der Vertrieb erhält für jeden vertriebenen Tonträger eine vorher vertraglich in der Höhe festgelegte Vergütung.

449 • **Vertriebskommission** (»Distribution Fee«): Die Vertriebsleistung wird mit einem bestimmten Prozentsatz vom Verkaufserlös vergütet. Der Prozentsatz schwankt in der Praxis je nach Umfang der Leistungen des Vertriebs, Marktstärke des Produzenten, Umfang des Vertriebskatalogs zwischen 10% und 30%. Vertraglich klarzustellen ist, ob sich der Prozentsatz auf den Listenabgabepreis oder den tatsächlichen Abgabepreis (= Listenpreis nach Abzug von Rabatten, Skonti etc.) bezieht. Da der Vertriebsfirmen für jede Auslieferung eines Tonträgers bestimmte fixe Kosten entstehen, wird gelegentlich auch ein Mindestbetrag für die Vertriebskommission vereinbart.

450 Die Vertriebsfirma hat ihre Leistung erbracht, wenn der Tonträger an den Handel ausgeliefert worden ist. Das gilt unabhängig davon, ob der Tonträger später wieder retourniert wird. Deshalb beziehen sich in den meisten Vertriebsverträge die Vergütungen für die Vertriebsfirma auf die **»Brutto«-Verkäufe** (»Gross-Sales«) und nicht auf die retourenbereinigten **»Net-Sales«**. Fällt die Kommission nur auf Netto-Verkäufe an, wird die Vertriebsfirma für das **»Retouren-Handling«** (Entgegennahme der Retouren, Gutschrift für den Handel, separate Einlagerung der Retouren, spezielle Meldung an den Produzenten, ggf. Vernichtung der Ware) eine zusätzliche pauschale Vergütung pro Stück verlangen.

451 Für **Zusatzleistungen** des Vertriebs im Bereich der Promotion oder des Marketing werden entweder Einzelpreise vereinbart (z.B. für den Versand von Tonträgern im Rahmen der Bemusterung) oder der Vertrieb erhält einen prozentualen Anteil an den durchgeleiteten Budgets (z.B. für die Schaltung von TV-Werbung) als »Handling Fee«.

c) Abrechnung

452 Bei der Festlegung der Abrechnungsintervalle werden beide Parteien ihren Cash-Flow im Auge behalten. Die Vertriebsfirma ist bestrebt, den Buchungsaufwand angemessen zu halten. Daher werden **monatliche Abrechnungen** eher selten vereinbart. Üblicher sind dreimonatige oder noch längere Intervalle, damit wegen der heutzutage immer später eintreffenden Retouren keine Rückbelastungen auftreten.

453 Grundlage für die Abrechnungen sind die vom Vertrieb an den Handel verkauften und ausgelieferten Tonträger. In den Vertriebsverträgen wird festgelegt, welche **Angaben und Daten** die Abrechnungen enthalten sollen. Zum Teil benötigt der Produzent detaillierte Angaben, um seine Abrechnungen gegenüber Künstlern und Lizenzgebern ordnungsgemäß erstellen zu können. Meist enthalten die Verträge auch **Buchprüfungsklauseln**.

---

371 Vorteil: einfache Abrechnung, hohe Transparenz für den Produzenten; Nachteile: Vertriebsfirma muss Lagerbestand vorfinanzieren; hohe Retourenzahlen führen zu hohen Rückforderungen; zoll- und steuerrechtliche Probleme, wenn Produzent, Lager-/Vertriebsfirma und Abnehmer nicht im gleichen Land ansässig sind.

6. Retouren

a) Vernichtung/Lagerrückführung

Da der Produzent die Herstellung der Tonträger bezahlt hat, wird er Wert darauf legen, dass retournierte Ware, die noch in verkaufsfähigem Zustand ist, für den erneuten Verkauf **wieder eingelagert** wird. Auf Seiten des Vertriebs ist allerdings die Prüfung, ob Retouren verkaufsfähig sind, mit hohem »manuellem« Aufwand[372] verbunden, so dass viele Vertriebsfirmen üblicherweise alle Retouren vernichten. 454

Als Kompromiss einigt man sich oft darauf, dass die Vertriebsfirma die Retouren sammelt und gesondert lagert. In bestimmten Intervallen werden die gesamten Tonträger dem Produzenten zur Abholung angeboten. Wenn er sie nicht abholt, kann die Vertriebsfirma die Retouren endgültig auf Kosten des Produzenten vernichten. 455

Ähnlich verfährt man mit »**Überbeständen**« (= Lagerbestände mit nur noch geringen Verkaufszahlen) oder **Restbeständen**, die nach Katalogstreichungen im Lager verbleiben. 456

b) Retourenvergütung

Die **Retourenvergütung** wird unterschiedlich ausgestaltet: entweder verdient die Vertriebsfirma ihre Vertriebskommission bereits endgültig mit der Auslieferung und übernimmt im Rahmen dieser Vergütung auch das Retourenhandling oder die Vertriebsfirma erhält für Retouren keine Vertriebskommission, dafür aber eine feste Gebühr für das Handling. 457

Wenn Retouren ins Lager zurückgestellt und erneut ausgeliefert werden, verdient die Vertriebsfirma ihre Kommission noch einmal. 458

c) Retourenreserve/Negativabrechnungen

Üblicherweise bilden die Vertriebsfirmen für die zu erwartenden Retouren in der Abrechnung »Reserven« (also Rückstellungen). In den Verträgen wird geregelt, wie hoch die **Retourenreserve** sein kann und zu welchen Stichtagen sie aufgelöst werden muss bzw. neu gebildet werden kann.[373] 459

Wenn in einer Abrechnungsperiode ein negativer Saldo festgestellt wird (d.h. die Zahl der Retouren übersteigt die Zahl der ausgelieferten Tonträger) kommt es zu einer Rückforderung der Vertriebsfirma gegen den Produzenten. Anders als bei den übrigen Tonträgerverträgen sind bei Vertriebsverträgen »**Negativabrechnungen**« mit Rückzahlungsverpflichtungen üblich. 460

d) Lagerbestandsverzeichnis – Schlussabrechnung

Ist der Vertrag beendet, muss der Vertrieb innerhalb einer kurzen Frist ein **Lagerbestandsverzeichnis** erstellen und übermitteln. Dem Produzenten obliegt es dann, zu entscheiden, ob die Restlagerbestände zurückgeliefert, an ein anderes Lager weiter geliefert oder vernichtet werden sollen. In der Regel erfolgt dies auf Kosten des Produzenten.[374] 461

Die meisten Verträgen sehen vor, dass innerhalb eines bestimmten Zeitraums nach Beendigung des Vertrages noch Retouren aus dem Handel an den Produzenten weiterbelastet und zurückgegeben werden können. Die Frist orientiert sich zumeist an den Retourenfristen, die dem Handel gewährt werden (vier bis sechs Monate), damit der Vertrieb die 462

---

372 Erfordert ggf. Sichtung, technische Prüfung zur Abgrenzung von Defekten, neue Verpackung.
373 Moser/Scheuermann/*Kornmeier* S. 1221.
374 Moser/Scheuermann/*Kornmeier* S. 1222.

Tonträger nicht zu früh »streicht« und dem Handel zu kurze Fristen für die Retournierung setzt. In der Folge wären die Tonträger u.U. längere Zeit lang im Handel vergriffen.

7. Vertragsdauer und -beendigung

463 Die Vertriebsrechte werden zumeist für eine bestimmte **fixe Laufzeit** (zumindest ein Jahr, selten länger als fünf Jahre) eingeräumt. Oft gilt, dass sich die Verträge anschließend jeweils um einen bestimmten Zeitraum verlängern, wenn der Vertrag nicht von einer Partei gekündigt wird.

464 Gelegentlich werden **Sonderkündigungsrechte** für den Fall vereinbart, dass auf Seiten des Vertriebs bestimmte Verkaufszahlen nicht erreicht werden oder der Produzent nicht genügend Marketingaufwand betrieben hat.

8. Upstream

465 Im Zuge des Marktrückgangs im Tonträgermarkt, der auch mit einer Reihe von Insolvenzen im Bereich des »Indie«-Vertriebs einhergegangen ist, haben die größeren Tonträgerunternehmen ihre reinen Vertriebsaktivitäten verstärkt und bieten Künstlergruppen, die ihr Marketing selbst betreiben wollen, gelegentlich als **Alternative zu Bandübernahmeverträgen** Vertriebsverträge an.

466 Allerdings versuchen die Tonträgerunternehmen dabei oft, sich »**Umschaltmöglichkeiten**« zu sichern und Vertriebsverträge unter gewissen Umständen in klassische Künstler/Produzenten- oder Bandübernahmeverträge umzuwandeln.[375] Als »Umschaltkriterium« werden oft bestimmten Verkaufszahlen oder sonstige Indikatoren für den Markterfolg (z.B. Chartplatzierungen) definiert.

467 Die Konditionen für den Deal, der nach dem sog. »**Upstream**« gilt, sollten bereits bei Abschluss des Vertriebsvertrages zwischen den Parteien vereinbart werden. Der **Vorteil** für das Tonträgerunternehmen liegt darin, dass es durch den Upstream eigene Repertoirerechte erwirbt und bei hohem Markterfolg erheblich höhere Gewinnmargen erzielen kann. Für den Produzenten/das Label ergibt sich ein **Zeitgewinn**: wenn die Veröffentlichung erfolgreich ist, muss er keinen neuen Deal suchen/verhandeln, sondern das Tonträgerunternehmen arbeitet unmittelbar – nun mit höherem Promotion- und Marketingdruck – weiter. Nachteilig dürfte allerdings sein, dass die Konditionen für den »upgetreamten« Deal bereits zu einem Zeitpunkt festgelegt worden sind, als sich der Erfolg noch nicht eingestellt hatte.[376]

9. Digitalvertriebsvertrag

468 Da die wenigsten Produzenten und kleineren Labels in der Lage sind, ihre Tonaufnahmen für die unterschiedlichen digitalen Online-Shops selbst aufzubereiten und auszuliefern, haben sich auch in diesem Marktbereich spezielle Vertriebsfirmen gebildet. Auf diese Weise können Repertoires »gebündelt« werden, um gegenüber den Online-Shops bessere Konditionen zu erreichen.

469 Der Produzent schließt mit dem Digitalvertrieb einen **Rahmenlizenzvertrag**, der ihm das Recht einräumt, die Veröffentlichungen des Produzenten an eine Vielzahl von digitalen Händlern (die im stationären Internet oder als mobile Service Provider an Endkunden vertreiben) weiter zu lizenzieren.[377] Die **Rechteeinräumung** ist im Hinblick auf die

---

375 »...to upstream the artist, meaning the deal miraculousy transforms from a distribution deal into a production deal with the major label«, *Passman* S. 201.
376 *Passman* hat dementsprechend auch Zweifel, ob sich das Modell für die Künstler auszahlt, S. 202.
377 Rodriguez/v. Rothkirch/Heinz/*Lazimbat* S. 147.

Verwertungsformen und Vertriebswege umfassend und umfasst neben klassischem »a la carte« Download auch alle Formen des Streaming und der Klingeltonverwertung.

Das Label liefert dem Digitalvertrag den eigentlichen Inhalt (»**Content**«, »Assets«: Audio- oder audiovisuelle Dateien), Abbildungen zum Inhalt (Frontcover, Screenshots aus audiovisuellen Produktionen) und **Metadaten**.[378] 470

Der Digitalvertrieb bereitet nach der Einspeisung in seine Datenbank die Audio- und Videodateien in die verschiedenen Auslieferungsformate auf und versendet sie zusammen mit den Metadaten an die digitalen Händler. Manche Digitalvertriebe bieten darüber hinaus noch Dienste im sog. »**Online-Retail-Marketing**« an. Damit soll eine möglichst gute Platzierung der Neuveröffentlichungen in den digitalen Stores erreicht werden. 471

Der Vertrieb erhält von den Online-Shops Abrechnungen über die Verkäufe, fasst sie in einer einheitlichen **Abrechnung** gegenüber dem Produzenten/Label zusammen, nimmt die entsprechenden Zahlungen entgegen und leitet den Anteil des Produzenten weiter. 472

Als **Vergütung/Vertriebsgebühr** erhält der Vertrieb im Regelfall einen prozentualen Anteil an den von den digitalen Händlern gezahlten Lizenzbeträgen (bzw. am digitalen Händlerabgabepreisen des Vertriebs), der je nach Leistung des Vertriebs und »Verhandlungsmacht« des Labels zwischen einstelligen Prozentbeträgen und 50% liegen kann.[379] 473

---

378 = datenförmige und strukturierte Informationen über die Aufnahme eines musikalischen Werks; im Einzelnen: *Rodriguez*/v. Rothkirch/Heinz/Rodriguez, 33; z.B.: ISRC, Künstler, Titel, Version, Dauer, Album, Titelnummer, Komponist, Texter, Veröffentlichungsdatum, Label (Code), P-Vermerk.
379 Rodriguez/v. Rothkirch/Heinz/*Lazimbat* S. 153 f.

Kapitel 6
Verlagsrecht

Übersicht   Rdn.

A. **Allgemeines** 1
   I. Gesetzliche Regelung des Verlagsrechts 1
  II. Gesetzlicher Begriff des Verlagsrechts 5
 III. Gegenstand des VerlG 7
 IV. Territorialer Anwendungsbereich des VerlG 9
  V. Rechtsnatur des Verlagsvertrages 13

B. **Besonderheiten des Verlagsvertrages** 18
   I. Parteien des Verlagsvertrages 18
  II. Gegenstand des Verlagsvertrages 19
     1. Werke der Literatur und Tonkunst 20
     2. Vervielfältigung und Verbreitung; drucktechnische Betrachtungsweise 22
        a) Gedrucktes Buch 24
        b) Print on Demand (PoD) 25
        c) E-Book 26
           aa) E-Book-Nutzungsmöglichkeiten 29
           bb) Argumente contra Einbeziehung in das VerlG 30
           cc) Argumente pro Einbeziehung in das VerlG 31
        d) Sonstige Vervielfältigungen 32
 III. Die Pflichten des Verfassers aus dem Verlagsvertrag 33
     1. Pflicht zur rechtzeitigen Manuskriptablieferung 34
        a) Wer muss das Manuskript herstellen? 34
        b) Wann ist die Manuskriptablieferung rechtzeitig? 35
        c) Rechtsbehelfe bei verspäteter Manuskriptabgabe; Rücktrittsrecht (§ 30 VerlG) 38
           aa) Fristsetzung 41
           bb) Fristdauer 42
           cc) Verzicht auf Fristsetzung 44
           dd) Rücktrittserklärung 47
           ee) Folgen des Rücktritts 50
           ff) Teilweise Vertragsaufrechterhaltung 53
           gg) Weitere Rechte 54
     2. Pflicht zur ordnungsgemäßen Manuskriptablieferung 59
        a) Ausdrückliche Vereinbarung über den Inhalt 61
        b) Äußere Beschaffenheit 66
        c) Kein Verstoß gegen ein gesetzliches Verbot oder die guten Sitten 68
        d) Sonstige Anforderungen an Manuskripte 76
        e) Rechtsfolgen bei Vorliegen eines nicht vertragsgemäßen Manuskripts 78
        f) Erfüllungsort für die Manuskriptabgabe 87
        g) Manuskriptablieferung und -abnahme 90
        h) Eigentum am Manuskript 95
        i) Haftung für unverlangt eingesandte Manuskripte 99
     3. Verschaffung des Verlagsrechts als weitere Hauptpflicht des Verfassers 101
        a) Einigung 103
        b) Rechtsverschaffung 104
        c) Benutzungsrecht 107
        d) Umfang des eingeräumten Verlagsrechts 108
           aa) Zweckübertragungsregel 108
           bb) Vertragspraxis 110
           cc) hilfsweise mangels vertraglicher Regelung: Zweckbestimmung 113
        e) Anerkannte Nutzungsarten im Verlagsbereich 116
        f) Verletzung der Pflicht zur Verschaffung des Verlagsrechts 118
     4. Enthaltungspflicht und Wettbewerbsverbot des Verfassers 121
        a) Die Enthaltungspflicht 121
        b) Wettbewerbsverbot 127
        c) Veranstaltung einer E-Book-Ausgabe als Wettbewerbshandlung? 129
        d) Verletzung 130

6. Kapitel Verlagsrecht

	Rdn.
IV. Pflichten des Verlegers aus dem Verlagsvertrag	131
1. Vervielfältigung	132
a) Ausstattung	133
aa) Titel	138
bb) Urheberbenennung	150
cc) Copyrightvermerk und Impressum-Angaben	161
b) Beginn der Vervielfältigung	168
c) Rechtsbehelfe des Verfassers	174
d) Anzahl der Exemplare	178
2. Änderungsrecht und -pflichten am Text aus Sicht des Verlegers sowie des Autors	185
a) aus Sicht des Verlegers	185
b) aus Sicht des Autors	188
3. Korrekturpflicht	193
4. Recht des Verlegers zur Veranstaltung von Neuauflagen	197
5. Verbreitung	201
a) Verbreitungshandlungen	202
b) Werbepflicht	206
c) Beginn der Verbreitung	210
6. Recht und Pflicht zur Preisfestsetzung	211
a) Allgemeines	211
b) Pflicht zur Preisfestsetzung	215
c) Pflicht zur Preisbeachtung	217
d) Folgen eines Rechtsverstoßes	218
e) Preisbindung für E-Books	219
7. Verramschung und Makulierung	226
a) Verramschen	226
b) Makulierung	227
c) Rechtsbehelfe	229
8. Auswertung der »Nebenrechte«	231
9. Honorarzahlungspflicht	237
a) Allgemeines	237
b) Arten der Vergütung	243
aa) Beteiligung	244
bb) Pauschalzahlung	248
cc) (Garantie-)Vorschuss	251
c) Angemessene Vergütung im Gesetz	253
d) Angemessene Vergütung in der Praxis	261
aa) deutschsprachige Belletristik	261
bb) Kinderbücher	263
cc) wissenschaftlicher Bereich	264
dd) weitere gemeinsame Vergütungsregeln	265
ee) Auseinandersetzung um gemeinsame Vergütungsregeln für Übersetzer	266
ff) Urteil zur Angemessenheit der Übersetzervergütung durch den Bundesgerichtshof	274
10. Abrechnung	284
11. Gewährung von Prüfungsrechten	289
V. Beendigung des Verlagsvertrages	292
1. Auflagenbegrenzung	292
2. Zeitablauf	293
3. Untergang des Werkes	294
4. Tod des Verfassers	298
5. Rücktritt wegen veränderter Umstände	302
6. Ordentliche Kündigung	304
7. Kündigung aus wichtigem Grund (§ 314 BGB)	308
8. Vertragsaufhebung	310
9. Rücktritt gemäß § 17 VerlG	311
10. Vertragsanpassung/Wegfall der Geschäftsgrundlage/Zweckfortfall	314
11. Fairnessausgleich	318
12. Rückrufsrecht bei Unternehmensverkauf	319
13. Kündigungsrecht bei künftigen Werken	320
14. Rückrufsrecht wegen Nichtausübung	321
15. Rückrufsrecht wegen gewandelter Überzeugung	322

		Rdn.
VI.	Form des Verlagsvertrages	323
	1. Allgemeines	323
	2. Allgemeine Geschäftsbedingungen	324
VII.	Abgrenzung des Verlagsvertrages von anderen Regelungen im Verlagsbereich	333
	1. Übernahme typischer verlagsrechtlicher Pflichten als Voraussetzung für einen Verlagsvertrag	333
	2. Verwendete Begrifflichkeit ist irrelevant	335
	3. Indizien für die Annahme eines Verlagsvertrages	336
	4. Abgrenzung des Verlagsvertrages vom Bestellvertrag	339
	5. Abgrenzung des Verlagsvertrages vom Dienst-/Anstellungsvertrag	340
	6. Abgrenzung des Verlagsvertrages vom Lizenzvertrag	342
	7. Abgrenzung des Verlagsvertrages vom Kommissionsverlagsvertrag	343
	8. Abgrenzung des Verlagsvertrages vom Kaufvertrag	345
	9. Abgrenzung des Verlagsvertrages vom Gesellschaftsvertrag	346
VIII.	Insolvenz des Verlegers	349
IX.	Insolvenz des Verfassers	355
C.	**Typische Verträge und ihre Parteien im Buchverlagsbereich**	356
I.	Verlagsvertrag	358
II.	Kunstverlagsvertrag	362
III.	Illustratoren-/Fotografenvertrag	363
IV.	Mehr-Autoren-Vertrag	377
V.	Ghostwritervertrag	380
VI.	Bestellvertrag, § 47 VerlG	388
VII.	Übersetzervertrag	391
VIII.	Herausgebervertrag	399
IX.	Lizenzvertrag	405
X.	Verfilmungsvertrag	417
XI.	Buch zum Film	419
XII.	Hörbuchvertrag	421
	1. Textrechte	423
	2. Sprecher	426
XIII.	Model Release Vereinbarung	431
D.	**Vertragsgestaltung in der Praxis**	435
I.	Vertragsparteien	437
II.	Wesentliche Elemente des Verlagesvertrags	442
	1. Vertragsgegenstand	442
	2. Honorierung	449
	a) Vergütungsvarianten	449
	b) Absatzhonorare	454
	c) Abrechnungsbasis	462
	d) Lizenzerlöse	465
	e) Fälligkeit	467
	f) Abrechnung	468
	g) Bucheinsichtsrecht	470
	3. Rechtseinräumung	471
	a) Exklusivität	473
	b) Vertragsdauer/Laufzeit	474
	c) Sprache	479
	d) Auflagen	480
	e) Territorium	481
	f) Rechtekatalog	483
	g) Manuskriptablieferung	504
	h) Rechtegarantie-Klausel	508
	i) Sonstige Vereinbarungen	509
	j) Konkurrenzschutzklausel/Wettbewerbsverbot	511
E.	**Checkliste für Verlagsverträge**	513

A. Allgemeines

I. Gesetzliche Regelung des Verlagsrechts

1 Im **Gesetz über das Verlagsrecht** (nachfolgend VerlagsG) vom 19.6.1901 hat die besondere Ausgestaltung eines schuldrechtlichen Vertrages, der Verlagsvertrag, in einem eigenen Gesetz und nicht etwa im Recht der Schuldverhältnisse des BGB eine eigenständige Regelung gefunden.[1]

2 In der **Gesetzbegründung**[2] zum VerlG, das bald seinen hundertzehnjährigen Geburtstag feiern darf, wird darauf hingewiesen, »dass es sachlich kein wesentlich neues Recht schaffen, sondern nur das in Übung befindliche Recht, wie es durch die Wissenschaft und die Rechtsprechung auf Grund der Gepflogenheiten des hoch angesehenen Verlagsgewerbes sich ausgebildet habe, feststellen, bestimmte Streitfragen entscheiden und die einzelnen Vorschriften mit den Grundsätzen des BGB in Einklang bringen solle.« Diesem Anspruch wird das VerlG schon lange nicht mehr gerecht. Die meisten seiner Vorschriften mögen im Jahr 1901 dem Stand der Zeit entsprochen haben. Mittlerweile jedoch sind viele der nie vom Gesetzgeber angepassten Vorschriften **von der Verlagspraxis längst überholt**; nicht wenige Normen haben kaum mehr als historische Bedeutung. Den sich im Laufe der Jahrzehnte verändernden Marktgegebenheiten hat die Verlagsbranche nicht durch den Ruf nach dem Gesetzgeber, sondern durch Anpassung seiner Verlagsvertragsmuster Rechnung getragen.

3 Aus diesem Grund bestimmen sich aktuell die verlagsrechtlichen Standards eher nach einer Vielzahl verschiedener Verlagsverträge, zu der auch der zwischen dem Börsenverein des Deutschen Buchhandels e.V. und dem Verband deutscher Schriftsteller einvernehmlich für den Buchverlagsbereich des Romans und des erzählenden Sachbuchs vereinbarte »Normvertrag für den Abschluss von Verlagsverträgen[3]«, gehört, als nach den Normen des VerlG. Daneben gibt es noch weitere Normverträge, den "Normvertrag über den Abschluss von Übersetzerverträgen«[4] in der Fassung vom 11.5.1992 sowie die »Vertragsnormen für wissenschaftliche Verlagswerke« (Fassung 2000),[5] welche Gegenstand einer Vereinbarung zwischen dem Börsenverein des deutschen Buchhandels und dem Deutschen Hochschulverband sind.

4 Obwohl in der aktuellen Verlagspraxis deshalb eher selten auf Regelungen des VerlG Rückgriff genommen wird, ist die **Kenntnis des VerlG** für den Praktiker des Verlagsrechts **unumgänglich**. Dessen Struktur und Regelungsgegenstände schimmern weiterhin in der Vertragspraxis auf und die subsidiär stets anwendbaren Vorschriften des VerlG würden im Falle ihrer Anwendbarkeit aufgrund von Vertragslücken nicht selten zu völlig praxisfremden Lösungen führen.

II. Gesetzlicher Begriff des Verlagsrechts

5 Der in der Gesetzesbezeichnung »Gesetz über das Verlagsrecht« vorkommende **Begriff des Verlagsrechts** hat begrifflich **zwei Bedeutungen**. Man unterscheidet ein Verlagsrecht im **objektiven** Sinne und ein Verlagsrecht im **subjektiven** Sinne.

6 Unter **Verlagsrecht im objektiven Sinne** versteht man die im Verlagsgesetz enthaltenen Rechtsnormen. Diese sind, dies gilt selbst für die wichtige Regelung des § 1, grundsätz-

---

[1] *Schricker* VerlG, Einl. Rn. 8.
[2] Siehe 26 RGBl. I 1901.
[3] Normvertrag für den Abschluss von Verlagsverträgen v. 19.10.1978 i.d.F. v. 1.4.1999.
[4] *Hillig* S. 90 ff., im Folgenden kurz "Normübersetzervertrag".
[5] *Hillig* S. 103 ff., im Folgenden kurz "Verlagsvertrag über ein wissenschaftliches Werk".

lich dispositiv, ausgenommen der Regelung über die Insolvenz des Verlegers (§ 36 VerlG) sowie die Regelung über gemeinfreie Werke des § 39 VerlG.[6] Vom Verlagsrecht im objektiven Sinne ist das **Verlagsrecht im subjektiven Sinne** (§ 8 VerlG) zu unterscheiden. So bezeichnet man das aus dem Urheberrecht abgeleitete Nutzungsrecht des Verlegers zur Vervielfältigung und Verbreitung des Werkes.[7] Deshalb hört man in der Praxis nicht wenige Verleger die Lektoren fragen »Haben wir denn an jenem Text überhaupt das Verlagsrecht?« Das Verlagsrecht im subjektiven Sinne kann somit als ein durch Dritte gesondert wirtschaftlich verwertbarer Ausschnitt des dem Urheber zustehenden Urheberrechts verstanden werden.

III. Gegenstand des VerlG

Das VerlG regelt nach § 1 VerlG den Sachverhalt, dass der **Verfasser** – nicht etwa jeglichen urheberrechtlichen, sondern nur – eines **Werkes der Literatur oder Tonkunst** sich mittels eines Verlagsvertrages verpflichten kann, dem **Verleger** das Werk zur **Vervielfältigung und Verbreitung** auf eigene Rechnung zu überlassen. Der Verleger ist dann im Gegenzug verpflichtet, das Werk zu vervielfältigen und zu verbreiten.   7

Hieraus ergibt sich, dass der Verlagsvertrag eine **werkvertragsähnliche Komponente** enthält, wonach der Verfasser, also der Urheber, verpflichtet ist, ein Manuskript zu erstellen und an den Verleger abzuliefern und diesem die Rechte zur Vervielfältigung und Verbreitung daran einzuräumen, wohingegen der Verleger sich zu dessen Vervielfältigung und Verbreitung auf eigene Rechnung (»verlegen« kommt deshalb vom Begriff »vorlegen«, also vorleisten) verpflichtet.   8

IV. Territorialer Anwendungsbereich des VerlG

Wenn eine verlagsrechtliche Beziehung nicht nur Deutschland betrifft, stellt sich die Frage, welches territoriale Recht anwendbar ist. Für die Bestimmung des Vertragsstatutes ist auch hier wie stets zunächst der **Parteiwille**, also insbesondere eine Rechtswahlklausel maßgebend (**Art. 27 EGBGB**). Der Parteiwille kann sich aber auch konkludent oder sogar aus den Umständen des Falles ergeben (Art. 27 Abs. 1 Satz 2 EGBGB).   9

Fehlt es an einer Rechtswahl durch die Parteien eines Vertrages, so ist auch hier das Recht desjenigen Staates anzuwenden, mit dem der Vertrag die engsten Verbindungen aufweist (**Art. 28 Abs. 1 EGBGB**). Dies wird für denjenigen Staat vermutet, in dem die Partei, die die **charakteristische Leistung** zu erbringen hat, zum Zeitpunkt des Vertragsschlusses ihren gewöhnlichen Aufenthalt bzw. die Hauptverwaltung oder Hauptniederlassung hatte.[8]   10

Bei **Verlagsverträgen** wird angenommen, dass die charakteristische Leistung dort erbracht wird, wo der **Verleger** seinen **Sitz** hat. Dieser erbringt mit Vervielfältigung und Verbreitung des Werkes die charakteristische Leistung, worunter nicht die Leistung des Verfassers, die Rechtseinräumung und Manuskriptablieferung, gezählt wird, da diese nur die Voraussetzung für die Verlegerleistung schafft.[9] Ähnliches gilt für **Lizenzverträge**,[10] bei denen der Lizenznehmer eine **Ausübungsverpflichtung** übernommen.   11

---

6 *Schricker* VerlG, § 1 Rn. 3.
7 *Schricker* VerlG, § 1 Rn. 4; *Schack* Rn. 997.
8 BGH GRUR 1980, 227 – Monumenta Germaniae Historica.
9 *Schricker/Katzenberger* Vor §§ 120 ff. Rn. 157; MüKo-BGB/*Martiny*, 3. Aufl., Art. 28 EGBGB Rn. 264; BGH GRUR 2001, 1134 – Lepo Sumera, jeweils m.w.N.
10 Anders BGH GRUR 1960, 447 – Comics, wonach es auf eine Ausübungslast nicht ankommt.

12 ▶ **Fälle aus der Verlagspraxis:**

> Auf einen **Autorenvertrag** zwischen einem deutschen Autor und einem Schweizer Verlag ist Schweizer Recht anwendbar.
> Auf einen **Lizenzvertrag** zwischen dem Schweizer Verlag jenes Autors, der nur die Hardcoverrechte verwertet, und einem deutschen Verlag, der von jenem Verlag die Taschenbuchrechte lizenziert, ist deutsches Verlagsrecht anwendbar.

V. Rechtsnatur des Verlagsvertrages

13 Der Verlagsvertrag ist ein urheberrechtlicher, schuldrechtlicher **Vertrag sui generis**. Für dessen Auslegung sind neben dem VerlG auch die Grundsätze des UrhG und des Allgemeinen Schuldrechts, BGB und HGB, sowie die allgemeinen Grundsätzen der Gesetzes- und Vertragsauslegung anzuwenden. Dabei ist insbesondere auf den Zweck des einzelnen Rechtssatzes sowie auf die Abwägung und Wertung der beiderseitigen Interessen abzustellen.

14 In Ausprägung des allgemeinen zivilrechtlichen Trennungsprinzips stellt der Verlagsvertrag auch eine besondere Form eines Verfügungsgeschäfts, nämlich eine urheberrechtliche Nutzungsrechtsgestattung, dar.[11]

15 Die meisten Verlagsverträge der Praxis sind Standardverträge. Dies führt zu der Frage, inwieweit die Regelungen zu den allgemeinen Geschäftsbedingungen (§§ 305 ff. BGB) zur Anwendung kommen. Voraussetzung für eine Kontrolle, insbesondere auf der Grundlage der Generalklausel des § 307 BGB, ist, dass die Allgemeinen Geschäftsbedingungen **wirksam einbezogen** wurden (§ 305 Abs. 2 und 3 BGB), sie **nicht überraschend** sind (§ 305c Abs. 1 BGB) und im konkreten Fall keine vorrangige, individuelle Vereinbarung (§ 305b BGB) getroffen wurde. Die Urheber sind regelmäßig als **Unternehmer** (§ 14 Abs. 1 BGB)[12] einzustufen, so dass die Einbeziehung der AGBs die vertragliche Verhandlung regelmäßig erleichtert (§ 310 Abs. 1 Satz 1 BGB).[13]

16 Die Vertragsformulierungen sind zu allererst an der **Generalklausel des § 307 BGB** zu messen (§ 310 Abs. 1 BGB). Demnach liegt eine unangemessene Benachteiligung vor, wenn von einem »**wesentlichen Grundgedanken der gesetzlichen Regelung**« abgewichen wird. Nach Meinung von Schricker kommt dem **Verlagsgesetz** für Verlagsverträge die Rolle eines **Leitbildes** zu.[14] Aus den bereits genannten Gründen kann man aber die Auffassung vertreten, dass einem durch die Entwicklung der Verlagspraxis in weiten Teilen überholten Gesetz eine derartige Funktion nicht mehr zukommen kann, wobei man hier sehr auf den Einzelfall abstellen wird müssen.

17 Bei den Normverträgen handelt es sich um keine Leitbilder, sie haben lediglich die Funktion unverbindlicher Empfehlungen, die allenfalls zur **Ermittlung der Verkehrssitte hilfreich**[15] sind.

---

11 *Schricker* VerlG, § 1 Rn. 5.
12 *Palandt/Heinrichs* § 14 Rn. 2.
13 *Palandt/Heinrichs* § 305 Rn. 50 ff.
14 *Schricker* VerlG, Einl. Rn. 15.
15 BGHZ 22, 347, 357.

B. Besonderheiten des Verlagsvertrages

I. Parteien des Verlagsvertrages

Die Parteien des Verlagsvertrages sind auf der einen Seite der **Verfasser,** also der Urheber eines Werkes, und auf der anderen Seite der **Verleger.** An Stelle eines Verfassers kann ein Verlag aber auch mit einem anderen Verlag abschließen, der dann als **Verlaggeber** bezeichnet wird. Dieser Begriff wird zwar in der Verlagspraxis nicht verwendet. Die Fallgestaltung hingegen kommt regelmäßig vor, etwa wenn ein reiner Hardcoververlag Nutzungsrechte an einer Taschenbuchverwertung, die ihm trotz fehlender eigener Verwertungsmöglichkeiten von dem Autor eingeräumt wurden, mit dessen Zustimmung einem Taschenbuchverlag zu dessen Nutzung überlässt, also im Verlagsvokabular lizenziert. Auch darauf ist das VerlG anwendbar, § 48 VerlG.

18

II. Gegenstand des Verlagsvertrages

Gegenstand eines Verlagsvertrages ist die **Verpflichtung** des Verlegers **zur Vervielfältigung und Verbreitung** eines vom Verfasser erstellten Werkes der Literatur oder Tonkunst auf eigene Rechnung.

19

1. Werke der Literatur und Tonkunst

Objekt eines Verlagsvertrages können lediglich Werke der Literatur oder Tonkunst sein. In der Terminologie des § 2 Abs. 1 UrhG[16] gehören demnach hierzu die Gegenstände: **Sprachwerke wie Schriftwerke, Reden,** also insbesondere Gedichte, Romane, Novellen, Bühnenwerke aller Art, wissenschaftliche Abhandlungen, Vorträge, politische Reden, Predigten, Zeitschriften, Zeitungsartikel, Nachschlagewerke, Kochbücher und Rezeptsammlungen, Kataloge, Ratgeber usw. Ferner gehören hierzu **Werke der Musik, pantomimische Werke,** einschließlich Werke der **Tanzkunst,**[17] sowie **Darstellungen wissenschaftlicher oder technischer Art,** wie Zeichnungen, Pläne, Skizzen und Tabellen.

20

Negativ beschrieben sind **keine Werke** im Sinne des VerlG solche **der bildenden Kunst, Lichtbildwerke** und Lichtbilder.[18] Sprachwerke, die einen Bildanteil haben, gehören gleichwohl zu denjenigen, die Gegenstand eines Verlagsvertrages sein können, sofern der sprachliche Anteil dabei überwiegt.

21

2. Vervielfältigung und Verbreitung; drucktechnische Betrachtungsweise

Nicht alle der in § 16 UrhG aufgezählten Vervielfältigungsformen stellen eine Vervielfältigung nach dem VerlG dar. Nur die Herstellung **körperlicher Vervielfältigungsstücke, die mit den Augen oder dem Tastsinn wahrnehmbar** sind,[19] also regelmäßig die **drucktechnische** Vervielfältigung, ist eine solche des VerlG. Gegenstand ist ferner die Herstellung mehrerer Exemplare zum Zwecke des Vertriebes, wobei es auf die spezifische Herstellungstechnik (z.B. Druck, Fotokopie) nicht ankommt. Nicht zur Vervielfältigung im Sinne des Verlagsrechtes zählt die Herstellung mehrerer Filmkopien, die Tonträgerproduktion usw.

22

Die Verbreitung umfasst alle vom Verbreitungsrecht gemäß § 17 UrhG vorgesehenen Berechtigungen bezüglich der hergestellten Vervielfältigungsstücke.

23

---

16 *Ulmer* § 101 I 3.
17 *Schricker* VerlG, § 1 Rn. 33.
18 *Ulmer* § 101 I 3.
19 *Schricker* VerlG, § 1 Rn. 51; *Ulmer* § 101 I 4.

a) Gedrucktes Buch

24 Dies ist der gesetzlich vorausgesetzte, seit Jahrhunderten praktizierte Normalfall der drucktechnischen Vervielfältigung, auf den das VerlG anwendbar ist.

b) Print on Demand (PoD)

25 Das Verlagsgesetz ist auch auf den technischen Vorgang des »Print on Demand« anwendbar.[20] Technische Fortschritte im Druckbereich erlauben mittlerweile auch die kostendeckende Herstellung von Minimalauflagen, so dass auch Bücher in kleinen Mengen »auf Bestellung«, also »on demand« gedruckt werden können, die früher nicht kostendeckend hätten publiziert worden können. Auch im PoD-Verfahren wird im klassischen Sinne ein Buch, allerdings in kleinen und kleinsten Auflagen, gedruckt. Dies betrifft vor allem Bücher der sog. »Backlist«, also Bücher, deren Verwertungszyklus eher am Ende angekommen ist, die gleichwohl noch in kleinerem Umfang nachgefragt werden, sog. »long tail«. Autoren, die sonst keinen Verlag finden, verlegen sich oft ausschließlich auf den verlagsunabhängigen Weg des PoD-Verlegens im Selbstvertrieb. Dies entspricht der Situation im Musikverlagswesen, wo seit jeher auf Bestellung produziert wurde.[21]

c) E-Book

26 Der E-Book-Markt in den **USA** erwirtschaftet mittlerweile **Umsätze im dreistelligen Millionen-Dollarbereich**, was aber vor allem den im Vergleich zu den Print-Ausgaben deutlich ermäßigten E-Book-Preisen geschuldet ist: Im April 2010 kosteten neun der Top 15-Bestseller in den USA lediglich 9,99 Dollar, die restlichen nicht mehr als 12,99 Dollar,[22] wohingegen die Hardcover-Preise üblicherweise zwischen 15 und 20 Dollar betragen. Im ersten Halbjahr 2010 haben sich die Verkäufe der digitalen Bücher im Jahresvergleich verdreifacht. Im Juni 2010 kamen zumindest beim Marktführer Amazon auf 100 abgesetzte Hardcover-Ausgaben 180 elektronische Bücher.[23] Dabei waren kostenlos angebotene E-Books – zum Beispiel solche Titel, bei denen die Urheberrechte ausgelaufen sind – nicht mitgezählt worden. Zum Jahresbeginn 2010 hatte Amazon Schätzungen zufolge 90 Prozent Marktanteil. Schon Ende Juni verkündete dann aber der Konkurrent Barnes & Noble, der mit dem Nook einen eigenen E-Reader vertreibt, man habe inzwischen 20 Prozent Marktanteil gewonnen. Im Februar 2010 hatte ein Analyst der Credit Suisse prognostiziert, Amazon werde noch in diesem Jahr auf 72 Prozent Marktanteil fallen, bis zum Jahr 2015 würden es nur noch 35 Prozent sein.[24]

27 In **Deutschland** steht der wirtschaftliche Durchbruch noch bevor, auch weil sich die E-Book-Preise auf Höhe der zuletzt veröffentlichten Print-Preise mit allenfalls leichten Abschlägen von 10–20 % eingependelt haben und damit deutlich höher als in USA sind. Die (allerdings noch bescheidenen) Umsätze der Vorjahre verdoppeln sich aber auch hierzulande jedes Jahr, zum Jahresende 2010 werden alleine im Unterhaltungsbereich wohl zwischen ca. 10.000 Buchtitel als E-Book erhältlich sein. Der zum Teil bereits erfolgte, zum Teil in Kürze zu erwartende Markteintritt der globalen Medienunternehmen Apple (mit den Apple-eigenen Lesegeräten iPhone und iPad), Google (als Lesegerät finden stationäre und mobile Geräte jeder Art Anwendung) und Amazon (ebenfalls mit stationären und mobilen Geräten und zusätzlich mit dem eigenen Lesegerät Kindle) wird dem deutschen E-Book-Markt eine neue Dynamik verleihen. Es bleibt abzuwarten, ob

---

20 *G. Schulze* ZUM 2000, 432, 448; a.A. *Schricker* VerlG, § 1 Rn. 51.
21 BGH GRUR 1988, 303 – Sonnengesang.
22 Börsenblatt 14/2010, S. 18.
23 Pressemeldung Amazon.com vom 19.7.2010.
24 http://www.spiegel.de/netzwelt/gadgets/0,1518,707505,00.html.

die Preise stärker unter Druck geraten werden und wie sich dies auf die Buchpreisbindung auswirkt.

Diese Aussichten haben zu vielfältigen Aktivitäten zwischen den genannten und anderen E-Book-Verwertern, Rechtegebern und Verlagen geführt. Überall werden derzeit Autorenrechte eingeholt und Nutzungsverträge verhandelt. Dies führt zu der Frage, ob die Verwertung mittels E-Books überhaupt dem VerlG unterliegt. 28

aa) E-Book-Nutzungsmöglichkeiten

Während sie in den Anfangstagen dieses Mediums mitunter noch als pdf-Dateien versandt wurden, die der Erwerber dann ausdrucken konnte, werden E-Books heutzutage per Download verschickt und können ausschließlich in elektronischer, als nicht in physisch verkörperter Form an auch anderen Zwecken dienenden Lesegeräten wie Computern, Blackberrys, iPhones oder iPads sowie an speziellen E-Book-Lesegeräten wie Amazons Kindle gelesen werden. Die Lesequalität ist im letzteren Fall dank eInk, einer elektronischen Tinte, die ohne die PC-übliche Hintergrundbeleuchtung auskommt, verblüffend gut und auch in direkter Sonneneinstrahlung möglich. Ein Download schafft auf Wunsch Lesemöglichkeiten auf verschiedenen Geräten desselben Nutzers. Die verschiedenen Geräte sind so synchronisiert, dass der Leser immer auf demselben Stand des eigenen Lesefortschritts ist. Lesegeräte wie der Kindle können dank Mobilfunkanbindung direkt E-Book-Dateien empfangen. Andere Geräte benötigen noch den Umweg über den PC, der über Internet Dateien empfangen kann und dann mittels Kabel auf das Lesegerät spielt. Der Nutzer kann ein elektronisches Buch lesen, vor und zurück blättern, Unterstreichungen und Notizen anbringen, Verknüpfungen herstellen, Begriffe in einem zur Verfügung stehenden Wörterbuch nachschlagen. 29

bb) Argumente contra Einbeziehung in das VerlG

Frühere Auffassungen der Literatur argumentierten stark wörtlich, also vom drucktechnischen Begriff des Verlegens her. Dies schien dann nahe zu legen, dass die Anwendung des Verlagsgesetzes **nicht sachgerecht erscheint.** Der Nutzer ist nicht in der Lage, ein **lesbares Vervielfältigungsstück durch Ausdruck** herzustellen.[25] Auch wenn das E-Book das gedruckte Erzeugnis durch die elektronische Nutzung immer mehr ersetzen kann, soll nach dieser Auslegung das Verlagsgesetz schon deshalb nicht anwendbar sein, weil es an **einem Vervielfältigungsstück fehlt.** 30

cc) Argumente pro Einbeziehung in das VerlG

Dieser Ansicht ist zuzugeben, dass einzelne Vorschriften des VerlG, etwa über die Auflagenhöhe (§ 5 VerlG), Neuauflagen (§ 17 VerlG), Freiexemplare (§ 25 VerlG), auf E-Books nicht anwendbar sind. Der Nutzer eines E-Books ist nicht zu seinem Ausdruck berechtigt. Allerdings ist er daran auch nicht mehr interessiert. Die Verlage, die den genannten E-Book-Plattformen Nutzungsrechte einräumen, tun dies aber stets auf Grundlage von Verlagsverträgen. Entweder enthalten bereits bestehende Verlagsverträge über Printausgaben mit Rechtgebern wie Autoren oder anderen Verlagen neben zahlreichen anderen Rechtseinräumungen auch entsprechende E-Book-Klauseln. Oder es werden diesbezüglich separate Vertragszusätze vereinbart, wodurch dann der Rechtekatalog der Verlagsverträge über Printausgaben lediglich erweitert wird, im Übrigen aber bestehende verlagsvertragliche Regelungen in Bezug genommen werden. Würden hier im Falle von Lücken nur auf den Print-Teil die Regelungen des VerlG entsprechend anwendbar sein, bezüglich des E-Book-Teils aber nicht, könnte dies zu unausgewogenen weil uneinheitlichen Ergebnissen führen. 31

---

25 Zum Ganzen *Kitz* MMR 2001, 727; *G. Schulze* ZUM 2000, 432, 448.

d) Sonstige Vervielfältigungen

32 **Datenträger** wie DVD oder CD-ROMs sind physisch vorhanden und wahrnehmbar. Ähnlich wie bei Printprodukten werden einzelne Vervielfältigungsstücke produziert und vertrieben. Dies macht sie mit den drucktechnisch hergestellten Vervielfältigungsstücken vergleichbar. Auch die Interessenlage dürfte weitgehend identisch sein.[26] Hingegen ist das Verlagsgesetz nicht anzuwenden, auf Formen der **unkörperlichen Verwertung**, wie der Fernseh- oder Rundfunksendung, der Aufführung oder Vorführung,[27] oder sonstige Nutzungen, die **nicht lesbar** sind wie Hörbücher, Verfilmungen, Videokassetten.[28]

III. Die Pflichten des Verfassers aus dem Verlagsvertrag

33 Den Verfasser treffen nach § 1 VerlG zwei Hauptpflichten: Die zur Manuskriptablieferung und die, dem Verleger das Verlagsrecht zu verschaffen.

1. Pflicht zur rechtzeitigen Manuskriptablieferung

a) Wer muss das Manuskript herstellen?

34 Ist das Werk erst **noch herzustellen**, so ist der Verfasser im Zweifel **zur persönlichen Herstellung** des Werkes verpflichtet, wobei er im üblichen und sachdienlichen Umfang Hilfskräfte hinzuziehen kann.[29]

b) Wann ist die Manuskriptablieferung rechtzeitig?

35 Liegt das Manuskript zum Zeitpunkt des Abschlusses des Verlagsvertrages **bereits vor**, so ist der Verfasser **sofort** zu dessen Ablieferung verpflichtet (§ 11 Abs. 1 VerlG). **Ob das Werk vollendet** ist, entscheidet nach § 12 UrhG der **Verfasser**.[30] Dem Verfasser muss ausreichend Zeit verbleiben, das Manuskript sowohl äußerlich (z.B. Schreibfehler) als auch inhaltlich (z.B. neueste wissenschaftliche Entwicklungen) zu überarbeiten. Der Vertrag über ein bereits vollendetes Manuskript wird regelmäßig die stillschweigende **Druckfreigabe** enthalten.[31]

36 Ist das Werk noch **nicht fertiggestellt,** wird das Manuskript also erst **nach Abschluss des Verlagsvertrages** erstellt, so richtet sich die Frist der Ablieferung nach dem **objektiven Zweck**, dem das Werk dienen soll. Ein solcher Zweck ist bei üblichen, eher aktualitätsunabhängigen Romanen und Sachbüchern selten explizit vereinbart oder auch nur feststellbar. Ausnahmefälle wäre etwa ein vorab oder kurz danach erscheinenden Begleitbuch zu einer Bundestagswahl, einem sportlichen Großereignis (wie einer Fußball-Weltmeisterschaft) oder einem Firmenjubiläum. Diese heißen im Verlagsjargon »Steckdosenbücher«, weil sie sozusagen direkt nach einem Medienereignis quasi automatisch erstellt werden (sollen). Falls ein solcher Zweck – wie im Regelfall – nicht ersichtlich ist, richtet sich die Abgabefrist nach dem Zeitraum, innerhalb dessen der Verfasser das Werk bei einer seinen **subjektiven Verhältnissen** entsprechenden Arbeitsleistung herstellen kann. Andere Tätigkeiten des Verfassers werden nur berücksichtigt, wenn sie dem Verleger bei Vertragsschluss bekannt waren oder hätten sein müssen (§ 11 Abs. 2 Satz 2 letzter Hs. VerlG).[32]

---

26 *G. Schulze* ZUM 2000, 432, 448.
27 *Schricker* VerlG, § 1 Rn. 51.
28 *Schricker* VerlG, § 1 Rn. 51; *G. Schulze* ZUM 2000, 432, 448.
29 *Schricker* VerlG, § 11 Rn. 5 m.w.N.
30 *Schricker* VerlG, § 11 Rn. 1 m.w.N.
31 *Schricker* VerlG, § 11 Rn. 4 m.w.N.
32 BGH GRUR 1953, 697.

▶ **Beispiel:**

Ein TV-Star sollte ihre Memoiren schreiben. Der vertraglich vereinbarte Manuskript-Abgabetermin wurde wegen anderweitiger Verpflichtungen der Autorin unmittelbar nach Abschluss des Verlagsvertrages einvernehmlich aufgehoben. Über einen neuen Termin einigten sich die Parteien im weiteren Verlauf aber nie mehr. Die Abgabefrist richtete sich dann gemäß § 11 VerlG nach den sonstigen, dem Verlag bekannten Terminverpflichtungen der Autorin. Da trotz einer jenen anderen Verpflichtungen Sorge tragender Frist nicht abgeliefert wurde, trat der Verlag in diesem Fall nach Fristsetzung wirksam zurück.

c) Rechtsbehelfe bei verspäteter Manuskriptabgabe; Rücktrittsrecht (§ 30 VerlG)

Liefert der Verfasser das Werk nicht fristgemäß ab, so könnte der Verleger den Verfasser wie bei jeder nicht erfüllten vertraglichen Leistung auf **Erfüllung in Anspruch nehmen,** genauer gesagt auf die **Herstellung** des Werkes und auf die **Ablieferung** des bereits hergestellten Werkes.[33] Die Herstellung eines Manuskripts ist eine unvertretbare Handlung im Sinne von § 888 ZPO. Danach kann das Zwangsmittel der Geldstrafe oder Haft angedroht oder vollstreckt werden, wenn die Handlung ausschließlich vom Willen des Schuldners abhängt. Ein derartiges Vorgehen im Verlagsbereich ist jedoch kaum je praktikabel.[34] Zum einen würde dies im sensiblen Verhältnis zwischen Autor und Verlag für große Komplikationen sorgen. Zum anderen könnte der Verfasser aufgrund seines Urheberpersönlichkeitsrechtes das hergestellte Werk mglw. zurückhalten, wenn es nicht gelungen ist oder aus sonstigen Gründen nicht als veröffentlichungsreif angesehen wird.[35]

Im Hinblick auf die Schwierigkeiten einer Erfüllungs- bzw. Herausgabeklage lösen Verlage derartige Fälle üblicherweise mit einem **Rücktritt wegen nicht rechtzeitiger Ablieferung** gemäß § 30 VerlG oder nach den allgemeinen schuldrechtlichen Vorschriften.

Weist das abgelieferte Manuskript **Mängel** auf, so kann der Verleger dem Verfasser eine angemessene Frist zur Mängelbeseitigung bestimmen und nach fruchtlosem Fristablauf vom Verlagsvertrag **zurücktreten** (§§ 31 Abs. 1, 30 VerlG) bzw. Schadensersatz (§ 31 Abs. 2 VerlG) fordern. Der Verleger verliert allerdings das Recht zur Rüge der Mangelhaftigkeit des Manuskripts, wenn er das Manuskript als druckfertig entgegengenommen hat oder wenn es bei Vertragsschluss vorlag und der Verleger es prüfte und trotz der Mängel sich keine Rechte vorbehalten hat (§ 442 Abs. 1 BGB analog).[36]

aa) Fristsetzung

Zunächst muss also der Verleger dem Verfasser eine Frist bestimmen und gleichzeitig erklären, dass er nach fruchtlosem Fristablauf dessen Leistung nicht mehr annehmen werde. Diese Erklärung (§§ 130 ff. BGB), die dem Verfasser **zugehen** muss, muss dem Verfasser **klar vor Augen** führen, **welche Konsequenzen** das weitere Nichtabliefern des Manuskripts haben wird. Allgemeine Erklärungen wie »sich die Ausübung aller Rechte vorzubehalten« oder »gerichtliche Hilfe in Anspruch zu nehmen«, genügen nicht.[37] Regelmäßig wird der Verleger die Frist kurz **nach Ablieferungszeitpunkt** zu setzen haben. Er kann sie jedoch bereits vor den Ablieferungszeitpunkt setzen, wenn das Fristende erst nach dem Ablieferungszeitpunkt liegt (§§ 30 Abs. 1 Satz 2 VerlG). Bei

---

33 *Ulmer* § 102 I 1; *Schricker* VerlG, § 30 Rn. 3.
34 *Schricker* VerlG, § 30 Rn. 7.
35 *Ulmer* § 102 I 1, *Schricker* VerlG, § 30 Rn. 5.
36 LG München I, Schulze, OLGZ 137.
37 Vgl. hierzu Rechtsprechung zur Nachfristsetzung mit Ablehnungsdrohung gemäß § 326 Abs. 1 Satz 1 BGB a.F.; MüKo-BGB/*Emmerich* § 326 Rn. 53 ff.

Annahme der **angemessenen Frist** ist auf die Umstände des jeweiligen Einzelfalles abzustellen müssen. So ist im Zeitungs- und Zeitschriftenverlag die Frist sehr kurz zu bemessen, wenige Tage reichen hier aus, wohingegen im Buchverlag auch mehrere Wochen verstreichen können. Nur im Ausnahmefall bedarf es keiner Fristsetzung,[38] wenn die Mängelbeseitigung unmöglich ist, oder der Verfasser die Mängelbeseitigung verweigert, oder wenn der sofortige Rücktritt vom Vertrag durch ein besonderes Interesse des Verlegers gerechtfertigt ist. Die Fristsetzung kann bereits vor Ablieferung des Werkes erfolgen, wenn sich zeigt, dass das Werk nicht von vertragsgemäßer Beschaffenheit bei Ablieferung sein wird. In diesem Fall ist allerdings die Frist so zu bemessen, dass sie erst nach dem Ablieferungstermin endet (§§ 31, 30 VerlG).

bb) Fristdauer

42 Die **Frist** muss so **bemessen** sein, dass der Verfasser ein begonnenes Werk fertig stellen kann. Der Zeitraum ist dabei unter Abwägung der **Interessen** beider Partner nach Treu und Glauben mit Rücksicht auf die besonderen Umstände und Verkehrssitte jeweils besonders zu bestimmen. Ist im Einzelfall die Frist zu lang, so gilt diese als angemessen. Ist sie allerdings zu kurz, so beginnt eine angemessene Frist.[39] Es kann wohl für die Aufforderung genügen, dem Verfasser eine »angemessene« Frist zur Ablieferung zu setzen.[40] Aus Beweisgründen sollte jedoch stets darauf gedrungen werden, dass eine genaue Frist von Wochen oder von Tagen oder ein Fristende bestimmt werden. Sollte der Verfasser der Auffassung sein, dass die Frist unangemessen kurz ist, so sollte er den Verleger darauf aufmerksam machen, so dass sein Schweigen nicht als stillschweigende Billigung gesehen werden könnte.

43 Um Streitigkeiten über die angemessene Frist zu vermeiden, sehen die Verlagsverträge häufig eine **Vereinbarung** über eine angemessene Nachfrist vor.[41]

cc) Verzicht auf Fristsetzung

44 Im Ausnahmefall darf der Verleger **ohne Fristsetzung** vom Vertrag zurücktreten, wenn die rechtzeitige **Herstellung** des Werkes **nicht mehr möglich** ist oder, wenn der sofortige Rücktritt durch ein **besonderes Interesse** des Verlegers gerechtfertigt ist (§ 30 Abs. 2 VerlG). Solches Interesse des Verlegers kann dadurch gegeben sein, dass bei Nichteinhaltung des Ablieferungstermines die Publikation des Werkes, die anlässlich eines bestimmten Ereignisses erfolgen soll, nicht mehr möglich ist. Gleiches gilt, wenn durch die verspätete Ablieferung eines Manuskriptes der Herausgabezeitpunkt eines Sammelwerkes mit einer Vielzahl von anderen Verfassern, die nicht verspätet abgegeben haben, gehindert wird.[42] Einer Fristsetzung bedarf es nicht, wenn ein fester Ablieferungstermin gesetzt wurde.

45 Nach Ablauf der angemessenen Frist ist der Anspruch des Verlegers auf Ablieferung des Werkes ausgeschlossen (§ 30 Abs. 1 a.E. VerlG).

46 Ferner darf der Rücktritt nicht gemäß § 30 Abs. 3 VerlG ausgeschlossen sein, weil die Verspätung für den Verleger nur einen unerheblichen Nachteil mit sich bringt.

---

38 BGH GRUR 1979, 396 – Herren und Knechte.
39 MüKo-BGB/*Emmerich* § 326 Rn. 78 f.
40 *Schricker* VerlG, § 30 Rn. 14.
41 Z.B. § 6 Abs. 1 Satz 2 Normverlagsvertrag, § 9 Abs. 2 Normübersetzervertrag, § 5 Abs. 1 Satz 2 Verlagsvertrag über ein wissenschaftliches Werk.
42 *Schricker* VerlG, § 30 Rn. 19.

B. Besonderheiten des Verlagsvertrages

dd) Rücktrittserklärung

Schließlich hat der Verleger den Rücktritt **zu erklären.** Die Rücktrittserklärung ist eine **empfangsbedürftige Willenserklärung** (§§ 37 VerlG, 359 BGB). 47

Zu beachten ist, dass nicht nur der Anspruch des Verlegers auf Ablieferung des Manuskripts durch den Fristablauf entfällt, sondern auch der Anspruch des Verfassers auf Vervielfältigung und Verbreitung, wenn der Verleger den Rücktritt nicht erklärt hat. 48

Der Verleger hat für die Rücktrittserklärung keine Frist zu beachten. Der Verfasser kann jedoch dem Verleger eine angemessene **Frist zur Ausübung des Rücktrittsrechts** setzen (§§ 37 VerlG; 350 BGB). Auch ohne eine solche Fristsetzung kann die Verzögerung der Rücktrittserklärung als Verzicht auf die Rücktrittserklärung angesehen werden oder ist von einer Verwirkung des Rücktrittsrechtes auszugehen.[43] 49

ee) Folgen des Rücktritts

Durch die Erklärung des Rücktritts wandelt sich das Verlagsvertragsverhältnis in ein **Rückgewähr-Schuldverhältnis** um (§§ 37 ff. VerlG, 326 ff. BGB). 50

Die Rücktrittserklärung ist eine einseitige, empfangsbedürftige **Willenserklärung** (§§ 349, 130 BGB). Die Erklärung muss **durch alle Berechtigte** erfolgen. Sind mehrere Personen gemeinschaftlich als Verfasser vertraglich verpflichtet, so hat sie gegenüber all diesen Personen zu erfolgen (§ 351 BGB). 51

Durch den Rücktritt vom Verlagsvertrag **vor Ablieferung** des Werkes wird der Verlagsvertrag rückwirkend aufgehoben, so dass ein Rückabwicklungsverhältnis entsteht, das sich als Modifikation des ursprünglichen Vertrages mit dem Ziel der Rückabwicklung darstellt[44] (§ 346 Abs. 1 BGB). Beide Vertragspartner sind verpflichtet, die **empfangenen Leistungen,** Honorare, Druckkostenzuschüsse usw., **zurück** zu gewähren und bezogene Nutzungen herauszugeben.[45] Geldansprüche sind rückwirkend ab dem Zeitpunkt ihres Empfangs zu verzinsen. 52

ff) Teilweise Vertragsaufrechterhaltung

Wird der **Rücktritt** vom Verlagsvertrag erklärt, **nachdem** das Werk ganz oder teilweise **abgeliefert** wurde, hängt es von den Umständen ab, ob der Vertrag **teilweise aufrecht** erhalten bleibt (§ 38 Abs. 1 Satz 1 VerlG). So bleibt im Zweifelsfall der Verlagsvertrag soweit aufrecht erhalten, als er sich auf die **nicht mehr zur Verfügung** des Verlegers stehenden **Abzüge** oder auf **ältere Auflagen** erstreckt. Stellt also der Verfasser einer Loseblatt-Ausgabe eine Ergänzungslieferung nicht rechtzeitig zur Verfügung und erklärt im Hinblick darauf der Verleger den Rücktritt vom Verlagsvertrag, so bleibt der Verlagsvertrag bezüglich des bis dahin erschienenen Grundwerks und der bis dahin erschienenen Ergänzungslieferungen aufrecht erhalten. Insofern steht dem Verfasser auch das **Honorar** zu (§ 38 Abs. 3 VerlG). War ein Werk in Teilen abzuliefern und der Verlagsvertrag hinsichtlich der abgelieferten Teile aufrechterhalten, so ist ein etwaiges Pauschalhonorar entsprechend zu kürzen. 53

gg) Weitere Rechte

Ergänzend zur Rücktrittsregelung gemäß § 30 VerlG kann sich der Verleger auch auf das **Rücktrittsrecht gemäß §§ 323 ff. BGB** beziehen. Da der Gesetzgeber mit Inkrafttreten 54

---

43 *Schricker* VerlG, § 30 Abs. 22.
44 MüKo-BGB/*Jansen* Vor § 346 Rn. 45.
45 *Haberstumpf/Hintermeier* S. 207/208.

des Schuldrechtsmodernisierungsgesetzes die diesbezüglichen Spezialvorschriften des VerlG nicht aufgehoben hat, ist von einer Anspruchskonkurrenz auszugehen.

55 Im Unterschied zur verlagsrechtlichen Rücktrittsregelung setzt der Rücktritt gemäß § 323 der BGB-Reform **nicht mehr die Ankündigung der Leistungsablehnung** voraus, wohingegen §§ 31, 30 VerlG diese noch erfordern. Der Gesetzgeber hat bewusst im Allgemeinen auf dieses Erfordernis verzichtet, weil er der Auffassung war, dass dem Schuldner durch die Fristsetzung bereits in ausreichendem Maße vor Augen geführt wurde, dass mit der Nichterfüllung erhebliche Konsequenzen verbunden sind. Der Verleger dürfte sich also auf § 323 BGB stützen können, wenn er im Einzelfall es verabsäumt hat, die Leistungsablehnung anzukündigen.

56 Will der Verleger neben dem Rücktritt auch Schadensersatz fordern, so kann er sich auf §§ 323, 325 BGB berufen.

57 Neben diesen Ansprüchen steht dem Verleger ein Anspruch auf **Schadensersatz** wegen des Verzuges gemäß §§ 280, 286 BGB zu.

58 Er kann darüber hinaus auch die **Einrede des nicht erfüllten Vertrages** gemäß § 320 BGB erheben, wenn beispielsweise eine Vorschusszahlungspflicht schon zu einem bestimmten Zeitpunkt fällig wird und nicht erst bei Manuskriptablieferung oder einem anderen Ereignis.

2. Pflicht zur ordnungsgemäßen Manuskriptablieferung

59 Der Inhalt des Werkes ist **grundsätzlich Sache des Verfassers.** Beschaffenheit und Güte des Werkes sind deshalb im Normalfall kein Gegenstand, welcher der Kritik des Verlegers zugänglich wäre.[46] Der Verleger soll sich nicht zum inhaltlichen Richter über das Werk aufschwingen dürfen. Dem Urheber steht insofern eine große Gestaltungsfreiheit zu.[47] Es genügt, dass der **vereinbarte Zweckgedanke** und die **tragende Idee** durch das Werk zum Ausdruck gebracht werden. Es kommt insofern nicht auf die Geschmacks- und die Qualitätsvorstellungen des Auftraggebers an.[48] Es ist also Sache des Verlegers, sich vor Abschluss des Verlagsvertrages hinsichtlich der Qualitäten, Leistungsfähigkeit und des sonstigen voraussichtlichen Ausführungen der Arbeiten des Verfassers zu versichern.[49]

60 Er muss aber nicht jeden Manuskriptinhalt akzeptieren, den ihm der Autor zur Veröffentlichung gibt. § 31 VerlG gewährt dem Verleger bei **nicht vertragsgemäßer Beschaffenheit** des Werkes ein **Rücktrittsrecht** gemäß §§ 31, 30 VerlG.

a) Ausdrückliche Vereinbarung über den Inhalt

61 Ein Werk befindet sich vor allem dann nicht in einem vertragsgemäßen Zustand, wenn es den im Verlagsvertrag **festgelegten Vereinbarungen** nicht entspricht. Verleger und Verfasser können im Verlagsvertrag bestimmte Eigenschaften des Werkes festlegen. Dies kommt aber häufig nicht vor; viele Verlagsverträge beziehen sich auf noch nicht geschriebene Werke, vor allem bei bekannten Autoren, von denen man annimmt, dass Sie eine gewisse Manuskriptqualität abliefern. So beziehen sich zum Beispiel Verträge mit Autoren wie John Grisham oder Stephen King lediglich auf »Werk Nummer 23« oder »Nächstes Werk nach Der Gefangene«.

---

46 BGH GRUR 1960, 642 – Drogistenlexikon, OLG Karlsruhe UFITA 92 (1982) 229.
47 BGH GRUR 1956, 234 – Kirchenfenster.
48 KG ZUM-RD 1999, 337, zur Regieleistung bei einem Dokumentarfilm.
49 *Schricker* VerlG, § 31 Rn. 9.

B. Besonderheiten des Verlagsvertrages

62 Es ist aber ratsam, im Normalfall unbekannterer Autoren oder bei Sachbuch-/Ratgeberverträgen zumindest deren **äußere Eigenschaften** wie Umfang des Werkes,[50] Anzahl der Abbildungen, Grafiken o.ä. möglichst genau im Voraus vertraglich zu regeln. Möglich ist aber auch, bestimmte inhaltliche Eigenschaften des Werkes festzulegen, so bei Reihentiteln die vorkommenden Charaktere oder bestimmte Handlungsabläufe. Stets zu vereinbaren ist, wenn den Autor die Pflicht zur Erstellung von Inhaltsübersicht oder Register trifft oder von ihm **Abbildungen** beizubringen sind[51]

63 Die Vereinbarungen über die **Eigenschaften** eines Werkes können sich sowohl **ausdrücklich** aus dem Verlagsvertrag, als auch aus den **Umständen** nach Treu und Glauben ergeben. So kann zur Inhaltsbestimmung auf ein Exposé, eine Gliederung, einen Entwurf oder ähnliche Vorarbeiten verwiesen werden.[52]

64 Bezieht sich der Verlagsvertrag auf einen **Zeitschriftenbeitrag,** so ergeben sich der Umfang des Beitrages aus den üblichen Umfängen der Beiträge der Zeitschrift und die inhaltliche Darstellung aus deren Zielgruppe. Ist der Gegenstand des Verlagsvertrages ein **Schulbuch,** so muss das Manuskript grundsätzlich genehmigungsfähig durch die hierfür zuständige Behörde sein. Eine solche Eigenschaftsfestlegung kann auch die Definition der **Zielgruppe** sein. So kann vertraglich vereinbart werden, dass der Gegenstand des Vertrages ein Lehrbuch für Einsteiger ist oder dass es sich um ein Handbuch für den Praktiker handeln soll. Eine Eigenschaftsfestlegung des Werkes kann auch die Vereinbarung über eine **Überarbeitung** eines wissenschaftlichen Werkes und dessen Anpassung an die neuesten Erkenntnisse für eine Neuauflage sein.

65 Will ein Verleger auf diese Art und Weise festlegen, welches Werk er von seinem Verfasser erhalten möchte, so sollte er, vor allem wenn nicht aufgrund älterer Werke des Autors zu erwarten ist, dass er ein inhaltlich und äußerlich ebensolches, einwandfreies Manuskript erstellen wird, die **Eigenschaften** des Werkes so genau wie möglich definieren. Das erleichtert es, ggfs. die Abweichung des Ist- vom Sollzustand darstellen und gerichtlich durchsetzen zu können.

b) Äußere Beschaffenheit

66 Der Verfasser hat das Werk dem Verleger in einem **für die Vervielfältigung geeigneten Zustand** abzuliefern (§ 10 VerlG).[53] Die Ablieferungsverpflichtung bezieht sich dabei nur auf die **äußere Beschaffenheit** des Manuskriptes, jedoch **nicht auf die Qualität** des Werkes. Das Manuskript ist druckreif, wenn es sich in einem solchen Zustand befindet, der die **Herstellung einer Satzfassung ohne große Rückfragen,** Recherchearbeiten o.ä. ermöglicht. Dies wird regelmäßig dann der Fall sein, wenn ein Sprachwerk **maschinenschriftlich** (also z.B. als Computerausdruck) vorliegt. Ohne besondere vertragliche Vereinbarung wird der Verfasser regelmäßig **nicht verpflichtet sein,** neben einem Ausdruck seines Werkes auch eine CD, DVD oder ähnliche **computerlesbare Fixierung** zu übergeben. Verlagsüblich ist, dass über Schriftart, Schriftgröße etc. klare Absprachen getroffen werden und das Manuskript zum Zwecke leichterer Weiterverarbeitung in Dateiform abgeliefert, also per eMail übersandt, wird.[54]

---

50 OLG Karlsruhe, UFITA 92 (1982) 229; § 4 Abs. 4 Verlagsvertrag über ein wissenschaftliches Werk.
51 § 6 Abs. 1 des Normverlagsvertrages.
52 BGH GRUR 1956, 234 – Kirchenfenster; OLG München, ZUM 1991, 598.
53 BGH GRUR 1960, 642 – Drogistenlexikon.
54 Vgl. § 4 Abs. 6 Verlagsvertrag über ein wissenschaftliches Werk.

> **67 Praxistipp:**
>
> Verlagsverträge sollten genaue Anforderungen an sog. satzreife Dateien aufstellen und dazu in etwa formulieren: Der Autor liefert dem Verlag zum vereinbarten Zeitpunkt ein satzreifes Manuskript. Als satzreif gilt ein Manuskript, wenn es nach technischen Vorgaben des Verlages gemäß Anlage zusammen mit einem Textausdruck (einseitig beschrieben, fortlaufend nummeriert) eingereicht wird. Der Autor behält zur Sicherheit eine mit der Originalfassung übereinstimmende Kopie des Manuskripts in digitaler und in Print-Form, die er dem Verlag unverzüglich zur Verfügung stellt, wenn dessen Exemplar verloren geht. Der Verlag ist nicht zur Rückgabe des übermittelten Manuskripts verpflichtet.

c) Kein Verstoß gegen ein gesetzliches Verbot oder die guten Sitten

68 Ein Werk ist dann nicht vertragsgemäß, wenn es gegen ein **gesetzliches Verbot** oder **gegen die guten Sitten** verstößt (§§ 134, 138 BGB), es sei denn, dass es beim Verlagsschluss gerade auf die das gesetzliche Verbot oder die Sittenwidrigkeit begründenden Umstände ankam. In diesen Fällen ist aber der Verlagsvertrag nichtig,[55] allerdings vermag sich der Verleger darauf nicht zu beziehen.[56] Dem Verleger ist aber die Vertragserfüllung nicht zuzumuten, wenn der Verleger sich **strafrechtlicher Verfolgung** aussetzen würde oder zivilrechtliche **Schadensersatzansprüche** Dritter zu befürchten hätte, wenn er das Werk publizieren würde.[57]

69 Solche Schadensersatzansprüche und daneben auch Unterlassungsansprüche können sich beispielsweise aus der Verletzung des **Wettbewerbsrechtes** ergeben,[58] aber auch durch eine Verletzung der **Urheberrechte** Dritter oder **Persönlichkeitsrechte** Dritter durch das Werk.[59] Da der Verleger in all diesen Fällen selbst auf Unterlassung, Schadensersatz haftet, ist es ihm nicht zuzumuten, solche Werke zu vervielfältigen und zu verbreiten.

70 Insbesondere die Verletzung von Persönlichkeitsrechten stellt ein großes Risiko für Buchverlage dar. Oft genügt schon eine einzige persönlichkeitsrechtsverletzende Textpassage, um ein Buch in Gänze vom Markt nehmen zu müssen, da Schwärzungen oder Neudrucke wirtschaftlich nicht tragbar sind. Zwar lassen sich Verlage von ihren Autoren im Regelfall zusichern, dass deren Texte keine Gefahr von Rechtsverletzungen schaffen. Darauf verlassen sollte man sich als Verlag jedoch nicht, da die Haftung im Außenverhältnis meist die Verlage trifft und ein Vorgehen im Regresswege gegen Autoren oft wirtschaftlich wenig erfolgversprechend ist. Deshalb nimmt die rechtliche Prüfung von Manuskripten einen immer größer werdenden Teil der Praxis von Verlagsjuristen ein. Hierbei sollte aus Verlagssicht folgendes besonders beachtet werden:

71 Jeder kann sich auf den Schutz seines allgemeinen Persönlichkeitsrechts aus **Artikel 1 und 2 Grundgesetz** berufen und dagegen wehren, erkennbar in der Öffentlichkeit beschrieben zu werden. Insbesondere besteht dieser Schutz gegen private oder intime und unwahre Darstellungen, Letzteres nur dann, wenn der Beschriebene dadurch in seinem sozialen Geltungsanspruch verletzt ist, hinzunehmen sind sog. wertneutrale Falschbehauptungen.[60]

---

[55] W. *Nordemann* GRUR 1979, 399.
[56] BGH GRUR 1981, 530 – PAM-Kino; BGH GRUR 1960, 447 – Comics.
[57] BGH GRUR 1979, 396 – Herren und Knechte; OLG München, Magazin Dienst 1996, 998.
[58] OLG München, Magazin 1996, 998 wegen Verstoßes gegen das HWG und § 1 UWG a.F. durch einen Gesundheitsratgeber.
[59] OLG München, NJW 1975, 11 29.
[60] BGH NJW 2006, 609; bestätigt durch BVerfG NJW 2008, 747.

B. Besonderheiten des Verlagsvertrages

> **Beispiel:**
>
> In einer Biographie steht. »Der Sänger S. bevorzugt blaue Schuhe.« In Wirklichkeit trägt er lieber rote Schuhe. Oder »Im Eingangsbereich der Bank hängt eine Fotografie des Firmengründers.« In Wirklichkeit hängt dort ein fotorealistisches Gemälde.

Verstorbene, deren Persönlichkeitsrecht mit den Jahren verblasst, genießen diesen Schutz nur bei groben Lebensbildverzerrungen.[61] 72

Jede Verletzung des Persönlichkeitsrechtes setzt **Erkennbarkeit** voraus. Diese ist dann schon gegeben, wenn ein Betroffener alleine aufgrund der objektiven Sachverhaltsschilderungen befürchten muss, dass sein engeres persönliches Umfeld, also Freunde und Verwandte, aufgrund von im Buch genannten Daten wie Zeiten/Orten/sonstige Lebensumstände darauf schließen können, dass genau eine Person, er bzw. sie nämlich, gemeint sein muss.[62] Auf die Erkennbarkeit durch typische, distanzierte Buchleser kommt es nicht an.

Rechtsfolgen eines Verstoßes gegen das Allgemeine Persönlichkeitsrecht sind Ansprüche der Verletzten gegen Verlag und Autor auf **Unterlassung, Widerruf, Gegendarstellung, Geldentschädigung** bei besonders gravierenden Verletzungen. Die Ansprüche können durchgesetzt werden im Einstweiligen Verfügungsverfahren. Der verbreitende Buchhandel haftet verschuldensunabhängig als Störer nur dann, wenn er nach Kenntnis von einem möglichen Rechtsverstoß nicht tätig wird und rechtsverletzende Inhalte weiterhin verbreitet. Bis dahin besteht keine Prüfungspflicht auf mögliche Rechtsverstöße.[63] 73

> **Praxistipp:** 74
>
> Bei der juristischen Manuskriptprüfung sollte folgendes beachtet werden:
> - bei Nicht-Prominenten Namen/Ort/Aussehen/sonstige individualisierende Fakten verändern
> - ggfs. Vorveröffentlichungen, mit denen die Betroffenen einverstanden waren, recherchieren
> - Nachweisbarkeit der behaupteten Tatsachen sicherstellen
> - Keine direkten Zitate aus Gesprächen verwenden, besser indirekte Rede oder Umschreibungen
> - Werturteile statt Tatsachen verwenden, da hier kein (Un-) Wahrheitsbeweis verlangt werden kann
> - Auch Werturteile dürfen keine unsachliche Kritik darstellen, sonst unzulässige Schmähkritik
> - Bei Straftaten Rehabilitationsinteresse beachten, fragen/prüfen, seit wann Strafe verbüßt ist, wie schwer die Straftat war

Es liegt keine Mangelhaftigkeit des Werkes vor, wenn Autor und Verleger sich darüber bewusst sind, dass das Werk erheblichen brisanten Stoff enthält und das **Risiko der Persönlichkeitsrechtsverletzungen** in sich trägt. In diesem Fall kann sich der Verlag nicht auf Mängel des Manuskripts und Gewährleistungsansprüche berufen[64] und wird dies auch nicht tun, um nicht seinen Ruf im Markt zu gefährden. In solchen Fällen arbeiten Verlag und Autor im Vorfeld meist bereits bei Manuskripterstellung bzw. bei dessen Lektorat eng zusammen und klären alle streitigen Fragen durch gemeinsame Recherche. 75

---

61 BGH NJW 1968, 1773, Mephisto.
62 BVerfG NJW 2004, 3619, Seit Jahren Auffälligkeiten.
63 OLG Frankfurt ZUM-RD 2008, 128 ff; zum Ganzen: Götting/Schertz/Seitz/*Wegner* § 32 Rn. 31.
64 BGH GRUR 1979, 396 – Herren und Knechte; OLG München, ZUM 1992, 147 – Biografien.

d) Sonstige Anforderungen an Manuskripte

76 Ein Werk ist auch dann nicht von vertragsgemäßer Beschaffenheit, wenn es **offensichtlich unvollständig** ist, es sei denn, dass der Verlagsvertrag gerade darauf gerichtet ist. Ist der Gegenstand eines Werkes einem wissenschaftlichen Thema gewidmet, so ist dieses umfassend zu erörtern, wobei es Sache des Verfassers ist, die aus seiner Sicht zutreffenden Schwerpunkte zu bilden.[65]

77 Schließlich darf nicht übersehen werden, dass ein Werk auch **ausgabefähig** sein muss, es muss so beschaffen sein, dass der Verleger es ohne damit in seiner Persönlichkeit oder seinem Verlagsgeschäft Abbruch zu tun, in den Verkehr bringen kann.[66] Wann eine solche Ausgabefähigkeit nun nicht besteht, mag allerdings umstritten sein.[67]

e) Rechtsfolgen bei Vorliegen eines nicht vertragsgemäßen Manuskripts

78 Zunächst steht dem Verleger im Falle der Schlechtleistung ein **Erfüllungsanspruch** zu. Der Verleger könnte also den Autor auf Erfüllung in Anspruch nehmen. Dies kommt aber in der Praxis so gut wie nie vor: Ein Autor, der zum Schreiben gezwungen wird, liefert üblicherweise nichts Taugliches ab. Diese Erkenntnis korreliert auch mit der Rechtslage. Ein derartiger Anspruch wäre nicht vollstreckbar, weil die Herstellung eines literarischen Werkes eine unvertretbare Handlung ist (§ 888 ZPO).

79 Dem Verleger steht jedoch die **Einrede des nicht erfüllten Vertrages** (§ 320 BGB) hinsichtlich eines etwaigen Anspruches auf Honorarauszahlung bei Ablieferung zu.[68]

80 Entspricht das abgelieferte Manuskript nicht der vertragsgemäßen Beschaffenheit, so sollte der Verleger, anstelle auf Erfüllung zu klagen, vom Vertrag **zurücktreten** oder **Schadensersatz wegen Nichterfüllung** verlangen. Voraussetzung ist, dass er dem Verfasser zuvor eine **angemessene Nachfrist**[69] zur Ablieferung eines vertragsgemäßen Manuskriptes mit der Erklärung bestimmt hat, dass er die Annahme der Leistung nach Ablauf der Frist ablehne und die Frist ergebnislos verstrichen ist (§§ 31, 30 VerlG).

81 Die Fristsetzung sollte auch die **Beschreibung der Mängel** enthalten. Demnach ist der Verleger verpflichtet, die Mängel so zu beschreiben, dass der Verfasser die Mängelrügen auch tatsächlich nachvollziehen und dann ggfs. beheben kann.[70] Da es sich bei § 30 VerlG um dispositives Gesetzesrecht handelt, könnte beispielsweise im Verlagsvertrag vorgesehen sein, dass die Mängelrüge auch dann als ordnungsgemäß erhoben gilt, wenn der Verleger die einzelnen Mängel ihrer Natur nach im Allgemeinen beschreibt und sie anhand einzelner Beispiele erörtert sowie zur weiteren mündlichen Erklärung bereit steht.

82 Verstreicht die vom Verleger gesetzte **Frist ergebnislos**, so kann er vom Verlagsvertrag **zurücktreten**, es sei denn, dass der Verleger durch die nicht vertragsgemäße Erfüllung nur einen **unerheblichen Nachteil** erleidet. Ein solch unerheblicher Nachteil dürften Änderungsnotwendigkeiten sein, zu denen der Urheber nach Treu und Glauben seine Zustimmung nicht verweigern könnte (§ 39 Abs. 2 UrhG). Mit Erklärung des Rücktritts entsteht nach allgemeinen schuldrechtlichen Vorschriften ein Rückgewähr-Schuldverhältnis, das den Regelungen des § 346 ff. BGB unterliegt.

83 Anstelle des Rücktritts kann der Verleger in diesem Fall auch **Schadensersatz wegen Nichterfüllung** verlangen, wenn der Verfasser die Beschaffenheitsmängel zu vertreten

---

65 *Schricker* VerlG, § 31 Rn. 5.
66 *Rehbinder* Rn. 345.
67 *Schricker* VerlG, § 31 Rn. 11 f.
68 BGH GRUR 1960, 642 – Drogistenlexikon.
69 Zur Dauer der angemessenen Frist siehe oben Rdn. 41 f.
70 OLG München, ZUM 1992, 147 – Biografie.

hat (§ 276 BGB). Davon wird in der Regel auszugehen sein, denn der Verfasser hat für seine eigene Leistungsfähigkeit einzustehen.

Liefert der Verfasser ein Manuskript von nicht vertragsgemäßer Beschaffenheit, so ist der Verleger grundsätzlich **nicht selbst zur Beseitigung** der Mängel berechtigt, wenn man von der Berechtigung zu Änderungen, zu denen der Verfasser nach Treu und Glauben die Zustimmung nicht verweigern kann (§ 39 Abs. 2 UrhG), absieht. 84

> **Praxistipp:** 85
>
> Vertraglich kann vorgesehen werden, dass der Verleger berechtigt ist, das Manuskript zu bearbeiten, bzw. bearbeiten zu lassen (§§ 3, 23 UrhG), wobei gleichzeitig auch eine angemessene Absprache über die Benennung des Verfassers (§ 13 UrhG) und die in diesem Fall zu bezahlende Vergütung (§§ 21 ff. VerlG, 32 UrhG) zu treffen ist.

Neben den **verlagsrechtlichen Rechtsbehelfen** stehen dem Verleger die allgemeinen schuldrechtlichen Ansprüche gemäß § 323 BGB und § 280 BGB zu. Die Ablieferung eines nicht vertragsgemäßen Manuskriptes stellt nämlich eine Pflichtverletzung i.S.v. § 280 BGB dar. 86

f) Erfüllungsort für die Manuskriptabgabe

Fehlt eine vertragliche Abrede über den **Erfüllungsort**, ist dieser nach den Umständen, insbesondere der Natur des Schuldverhältnisses, zu ermitteln (§ 269 Abs. 1 BGB). 87

Gemäß § 10 VerlG ist der Verfasser zur Ablieferung des Manuskriptes verpflichtet. Diese Pflicht kann er aber regelmäßig nur **am Geschäftssitz des Verlegers** erfüllen. 88

Erfüllungsort für die Ablieferung des Manuskriptes ist regelmäßig der Geschäftssitz des Verlegers (§ 269 Abs. 1 BGB). Von dort aus erfolgen die weiteren Maßnahmen zur Verwertung. Dies aber bedeutet gleichzeitig, dass der Autor das **Risiko der Manuskriptübermittlung** trägt. Im Hinblick auf das Risiko des zufälligen Unterganges des Manuskripts sollte der Verfasser stets eine Zweitschrift des Manuskripts besitzen. Der Verfasser wird regelmäßig aus Treu und Glauben verpflichtet sein, eine Kopie des Manuskriptes aufzubewahren und dieses ggf. dem Verleger zur Vervielfältigung und Verbreitung zur Verfügung zu stellen. Angesichts der Tatsache, dass Manuskripte überwiegend am PC geschrieben und als Datenanhang dem Verlag zugeschickt werden, dürfte dies keine unzumutbare Belastung für den Autor sein.[71] Für die Nichterfüllung dieser Pflicht dürfte der Verfasser gemäß § 280 BGB haften. Viele Verträge sehen eine solche Aufbewahrungspflicht vor.[72] 89

g) Manuskriptablieferung und -abnahme

Die Ablieferung ist die **körperliche Übergabe** des Werkes vom Urheber an den Verleger, also des Manuskriptes oder einer Datenfixierung, etwa per eMail oder per USB-Stick. Mit ihr entsteht nach § 9 VerlG das Verlagsrecht des Verlegers, also das ausschließliche Recht zur Vervielfältigung und Verbreitung. 90

Die **Ablieferung** kann **bereits vor der Einigung** liegen, wenn beispielsweise der Verfasser dem Verleger das Werk zur Prüfung vor Vertragsschluss überlassen hat. Schließlich kann die Ablieferung auch in einzelnen Tranchen oder »Abteilungen« (§ 15 VerlG) erfolgen. 91

---

71 *Schricker* VerlG, § 11 Rn. 11.
72 § 6 Abs. 2 Normverlagsvertrag, § 9 Abs. 5 Normübersetzervertrag, § 4 Abs. 8 Verlagsvertrag über ein wissenschaftliches Werk.

6. Kapitel   Verlagsrecht

92 § 9 VerlG ist **dispositives Recht,** die Parteien können also vertraglich bestimmen, dass bereits **mit der Vollendung** des Werkes die Rechte daran dem Verleger **eingeräumt** werden; es bedarf dann keiner Ablieferung mehr. In diesem Fall kann der Verleger, auch dann, wenn er nicht Besitzer eines Originales oder Vervielfältigungsstückes des Werkes ist, gegen die unberechtigte Vervielfältigung und Verbreitung des Werkes durch Dritte aus eigenem Recht vorgehen (§§ 9 Abs. 2 VerlG, 15, 16, 17, 97 UrhG). Setzt die Entstehung des Verlagsrechtes aber die Ablieferung des Werkes voraus, könnte bei einer unberechtigten Vervielfältigung und Verbreitung durch Dritte nur der Autor gegen den Dritten vorgehen. Der Verleger wird vom Autor auf der Grundlage von Treu und Glauben ein solches Vorgehen verlangen können.

93 Das Verlagsgesetz sieht keine mit der Ablieferung korrelierende "Abnahme" i.S.v. § 640 BGB durch den Verleger vor. Es kann daher **problematisch** sein, **wann und ob** ein Manuskript durch den Verleger als **vertragsgemäß** akzeptiert zu betrachten ist. Allein die **Entgegennahme** des abgelieferten Manuskriptes wird nicht als Erklärung, dass das Manuskript von vertragsgemäßer Beschaffenheit ist, zu interpretieren sein.[73] Der Verleger wird innerhalb eines **angemessenen Zeitraumes** etwaige **Mängel rügen** müssen. Schweigt er nach Ablieferung über einen längeren Zeitraum, so wird dies als Annahme zu interpretieren sein.[74]

94 **Praxistipp:**

Es verbleiben also für die Vertragspartner erhebliche Unsicherheiten, die am besten durch eine **vertraglich zu vereinbarende Abnahme** i.S.v. § 640 BGB beseitigt werden können. Die Parteien können so entweder vereinbaren, dass ein Manuskript als vertragsgemäß gilt, wenn der Verleger nicht innerhalb einer bestimmten Frist nach Ablieferung Mängelrügen erhebt oder, dass die Annahme des Werkes als vertragsgemäß einer besonderen ausdrücklichen Erklärung bedarf.

h) Eigentum am Manuskript

95 Mit der Ablieferung des Manuskripts erwirbt der Verleger **nicht dessen Eigentum,** sondern lediglich den Besitz.[75] Der Verleger hat grundsätzlich das Manuskript **zurückzugeben,** sofern der Verfasser sich dieses vor Beginn der Vervielfältigungsarbeit vorbehalten hat (§ 27 VerlG). Regelmäßig finden sich entsprechende Absprachen über das Eigentum und dessen Verbleib bei dem einen oder anderen Vertragspartner in den Vertragsformularen.[76]

96 Hat sich im Einzelfall der Verfasser die Rückgabe des Manuskriptes nicht gemäß § 27 VerlG vorbehalten, so entsteht **kein schuldrechtlicher Rückgabeanspruch** des Verfassers gegen den Verleger bei Beendigung der Vervielfältigungen **für die Dauer des Vertrages.** Dem Herausgabeanspruch gemäß § 985 BGB kann der Verleger ein Recht am Besitz gemäß § 986 BGB unter Berufung auf § 27 VerlG entgegensetzen. Wenn allerdings die Vertragspartner eine Vereinbarung getroffen haben oder einen **Vorbehalt** machten, ergibt sich regelmäßig nach einer Auslieferung der Vervielfältigungsstücke, dass der Verleger **zur Herausgabe verpflichtet** ist, bzw. sich nicht auf § 986 BGB berufen kann, wenn er kein weiteres schutzwürdiges Interesse an dem künftigen Besitz des Manuskriptes hat.[77] Auch aus den **besonderen Umständen** kann sich eine Rückgabepflicht ergeben, wenn

---

73 *Haberstumpf/Hintermeier* S. 172 f.
74 *Schricker* VerlG, § 31 Rn. 13.
75 BGH GRUR 1969, 551 – Der deutsche Selbstmord; OLG München, GRUR 1984, 516.
76 Vgl. z.B. § 4 Abs. 7 des Verlagsvertrages über ein wissenschaftliches Werk, § 6 Abs. 2 Normverlagsvertrag, § 9 Abs. 5 Normübersetzervertrag.
77 *Ulmer* § 105 III.

beispielsweise der Verfasser Originalvorlagen für Abbildungen ablieferte, die von besonderem, sei es wissenschaftlichen oder künstlerischen, Wert sind.[78]

Zu beachten ist jedoch stets, dass auch bei einem unterlassenen Rückgabevorbehalt der **Verleger nicht Eigentümer** des Manuskriptes wird, es also beispielsweise weder veräußern noch auf sonstige Art und Weise das Eigentum beeinträchtigen darf. Allerdings hat der unterlassende Rückgabevorbehalt nicht die Bedeutung, dass ein unversehrtes Manuskript herauszugeben ist.[79] In der Praxis der Buchverlage wurde das Manuskript früher häufig an den Verfasser zurückgereicht, sobald der Text gesetzt war. Diese Praxis spielt heute kaum mehr eine Rolle, da alle Texte in Dateiform vorliegen. 97

Beim **Kunstverlag** ist allerdings die Rückgabe des Werkes nach Beendigung der Vervielfältigung **die Regel**, da meist Fotografien enthalten sind. Hier sollte umgekehrt ausdrücklich vertraglich die Rückgabeverpflichtung ausgeschlossen werden. Das **Besitzrecht** des Verlegers an der Druckvorlage verbleibt für die **Dauer des Vertrages** beim Verlag, wenn es sich um Druckvorlagen handelt, die der Verfasser gefertigt hat (z.B. Kupferblatt für den Kupferstich, gebranntes Tonoriginal für den Bronzeguss). Nach den Richtlinien des Kunstverlages (§ 23 Abs. 3 Richtl) kann sogar jede Partei nach Herstellung der vertraglich vereinbarten Zahl von Vervielfältigungsstücken die Vernichtung der Druckform verlangen.[80] 98

i) Haftung für unverlangt eingesandte Manuskripte

Häufig werden den Verlagen **unverlangt Manuskripte** eingesandt. Es besteht keine Verpflichtung, die unverlangt eingesandten Manuskripte unverzüglich abzulehnen oder zurückzuschicken. Allerdings soll nach Schricker[81] in derartigen Fällen eine Verwahrungspflicht des Verlegers begründet werden. Der mögliche künftige Autor als Hinterleger im Sinne des Gesetzes kann dann jederzeit die Manuskriptrücknahme verlangen (§ 696 BGB). Der Rückforderungsanspruch des Autors verjährt drei Jahre nach Geltendmachung des Rückgabeverlangens[82] (§§ 695 Satz 2, 199 Abs. 4 BGB). Der Verlag ist **zur Aufbewahrung** der Manuskripte in eigenüblicher Sorgfalt (§§ 690, 277 BGB) **verpflichtet**. Kann das Manuskript nicht zurückgegeben werden, kommt eine Haftung nach §§ 275, 280 BGB wegen Unmöglichkeit in Frage. Die Haftung für Sorgfalt in eigenen Angelegenheiten bedeutet, dass der Verwahrer beweisen muss, dass er sich bei der Verwahrung angeforderter Manuskripte nicht sorgfältiger verhält als bei der Verwahrung unaufgefordert erhaltener Manuskripte, wobei für grobe Fahrlässigkeit stets einzustehen ist.[83] Anderes, nämlich eine Haftung nach den Grundsätzen der culpa in contrahendo, kann sich dann ergeben, wenn eine ständige Geschäftsbeziehung zwischen Verfasser und Verlag besteht oder der Verleger mit dem Hinterleger in Vertragsverhandlungen getreten ist.[84] 99

> **Praxistipp:** 100
>
> Verlage sollten auf ihrer Homepage einen Hinweis wie etwa den folgenden anbringen: »Wir müssen Sie leider darauf hinweisen, dass wir unverlangt eingesandte Manuskripte grundsätzlich nicht zurücksenden können und bitten Sie daher, uns immer nur eine Kopie bzw. einen Ausdruck Ihres Manuskripts zuzusenden. Jegliche Haftung für unverlangt eingesandte Manuskripte ist daher ausgeschlossen.«

---

78 *Haberstumpf/Hintermeier* S. 142.
79 BGH GRUR 1969, 551 – Der deutsche Selbstmord.
80 *Schricker* VerlG, § 27 Rn. 14.
81 *Schricker* VerlG, § 27 Rn. 12.
82 *Palandt* § 695 Rn. 2.
83 OLG Karlsruhe NJW 2008, 925.
84 *Schricker* VerlG, § 27 Rn. 12.

3. Verschaffung des Verlagsrechts als weitere Hauptpflicht des Verfassers

101 Die zweite Kardinalpflicht des Verfassers ist die Verpflichtung zur **Verschaffung des Verlagsrechtes.** Der Verfasser hat in dem Umfang, in welchem er sich selbst der Vervielfältigung und Verbreitung nach dem Verlagsvertrag zu enthalten hat, dem Verleger das **ausschließliche Recht zur Vervielfältigung und Verbreitung (Verlagsrecht) zu verschaffen,** (§ 8 VerlG). Das Verlagsrecht entsteht mit der Ablieferung des Werkes an den Verleger und erlischt mit der Beendigung des Vertragsverhältnisses (§ 9 Abs. 1 VerlG). § 8 VerlG regelt damit die **schuldrechtliche Verpflichtung** des Verfassers.

102 Die Rechtsverschaffung selbst erfolgt, dem **Trennungsprinzip** folgend, durch ein **gesondertes Verfügungsgeschäft.** Das Verfügungsgeschäft ist ein zweigliedriger Tatbestand,[85] der zum einen aus der **Ablieferung** des Werkes an den Verleger und zum anderen aus der **Einigung** der Vertragsparteien über den Rechtsübergang besteht.

a) Einigung

103 Die Einigung über den Rechtsübergang ist eine formlose rechtsgeschäftliche Einigung (§§ 413, 398 BGB). Die schuldrechtliche Einigung über das Verpflichtungsgeschäft einerseits sowie die Einigung des Verfügungsgeschäftes fallen zusammen. Rechtlich sind das Verpflichtungs- und Verfügungsgeschäft jedoch zu trennen. Die Unwirksamkeit eines der beiden Geschäfte führt nicht zur Unwirksamkeit des anderen. So führt die Unwirksamkeit des Verfügungsgeschäftes nicht zur Unwirksamkeit des Verpflichtungsgeschäftes (§ 139 BGB). Allerdings, wenn die schuldrechtliche Verpflichtung unwirksam ist, ist auch das Verfügungsgeschäft unwirksam,[86] weil die schuldrechtliche und sachenrechtliche Einigung zusammenfallen. § 9 Abs. 1 Satz 2 VerlG bestimmt, dass mit der Beendigung des Verlagsvertragsverhältnisses gleichzeitig das Verlagsrecht erlischt. Durch diese Vorschrift ist die Abhängigkeit des Verfügungsgeschäftes von dem wirksamen Grundgeschäft gesetzlich geregelt.

b) Rechtsverschaffung

104 Im **Ausnahmefall** kann dem Verlagsvertrag die Verpflichtung zur Rechtsverschaffung **fehlen.** Dies kann seinen Grund in einer gesetzlichen Regelung haben. So können die Parteien einen Verlagsvertrag auch über ein Werk abschließen, an dem weder ein Urheberrecht (§ 39 Abs. 1 VerlG) noch ein verwandtes Schutzrecht, so bei einem nachgelassenen Werk nach § 71 UrhG besteht.[87] Es kommt dabei nicht darauf an, ob es bei dem Gegenstand dieser Verlagsverträge an der Schutzfähigkeit fehlt (§ 2 Abs. 2 UrhG), ob es sich um amtliche Werke[88] (§ 5 UrhG) oder gemeinfreie Werke (§§ 64 ff. UrhG) handelt.

105 Die Regelung über gemeinfreie Werke als Gegenstand von Verlagsverträgen sieht bestimmte Aufklärungspflichten über anderweitige Vervielfältigung und Verbreitung des Werkes und besondere Regelungen über die Enthaltungspflichten des Verlegers sowie zur Veranstaltung neuer Auflagen vor (§§ 39, 40 VerlG).

106 Die Rechtsverschaffungspflicht kann im Verlagsvertrag auch dann fehlen, wenn die Parteien **ausdrücklich eine solche Verpflichtung ausschließen,** beispielsweise dadurch, dass dem Verleger nur ein einfaches und kein ausschließliches Recht eingeräumt werden soll,[89] oder wenn dem Verleger bekannt ist, dass der Verfasser bereits mit Dritten ein anderwei-

---

85 *Ulmer* § 103 I Nr. 3.
86 *Ulmer* § 103 I 3; *Rehbinder* Rn. 684; *Schricker* VerlG, § 9 Rn. 3.
87 *Ulmer* § 101 III 2.
88 BGH GRUR 1982, 37 – WK-Dokumentation.
89 KG AfP 1997, 919.

B. Besonderheiten des Verlagsvertrages

tiges Verlagsrecht vereinbart hat, sowie schließlich bei Beiträgen für eine Zeitung (§ 38 Abs. 3 UrhG).[90]

c) Benutzungsrecht

Durch die Verschaffung des Verlagsrechtes erwirbt der Verleger ein positives Benutzungsrecht im Umfang des Verlagsrechtes, also im Umfang der Einigung über die Rechtseinräumung. Das positive Benutzungsrecht korrespondiert mit einem negativen Verbotsrecht. Soweit der Schutz des Verlagsrechtes es fordert, kann der Verleger gegen den Verfasser sowie gegen Dritte die Befugnisse ausüben, die zum Schutz des Urheberrechtes durch das Gesetz vorgesehen sind (§ 9 Abs. 2 UrhG).[91] Zu beachten ist, dass das negative Verbotsrecht über das positive Benutzungsrecht hinausgehen kann.

107

d) Umfang des eingeräumten Verlagsrechts

aa) Zweckübertragungsregel

Hinsichtlich des Umfanges der Rechtseinräumung gelten die allgemeinen Regeln des Urhebervertragsrechtes gemäß § 31 ff. UrhG. Insbesondere die **Zweckübertragungsregel** gemäß § 31 Abs. 5 UrhG ist zu beachten. Demnach werden nur die Rechte eingeräumt, die zur Erfüllung des Vertragszwecks unbedingt erforderlich sind. Im Zweifel verbleiben Rechte beim Urheber. Nach der Zweckübertragungslehre sind die dem Verleger einzuräumenden Rechte entweder einzeln zu bezeichnen oder – sofern sie nicht bezeichnet sind – der Verleger erwirbt nur diejenigen Rechte, die nach dem Vertragszweck erforderlich sind (§ 31 Abs. 5 UrhG). Man spricht insofern von einer **Spezifizierungslast** des Nutzers. Da die Zweckübertragungslehre eine **Schutzfunktion** zugunsten des Urhebers hat[92] und den Urheber zum einen die weitestgehende Beteiligung an den Erträgnissen seines Schaffens sicherstellen sowie den Urheber vor übereilter Weitergabe der Rechte bewahren soll, sind die entsprechenden Klauseln in den Verträgen auch entsprechend **verständlich und nachvollziehbar** zu formulieren. Es mögen sich bestimmte Formulierungen als Standard in der Vertragspraxis ergeben haben, doch müssen diese stets den strengen Anforderungen an die Eindeutigkeit[93] entsprechen. Hier helfen klare Begriffe wie beispielsweise das Buchrecht, die Abdruckrechte, Übersetzungsrechte oder Verfilmungsrechte. Stets sollten die **Rechte näher definiert** werden, so dass aufgrund der abstrakten Definition für mögliche Verwertungshandlungen eine Subsumtion möglich ist, und schließlich sollte als Verdeutlichung dessen, was gemeint ist, die Klausel jeweils durch eine **beispielhafte Aufzählung** der möglichen Verwertungsformen ergänzt werden.

108

Die Rechtseinräumung war früher nur wirksam, soweit sie sich auf **bekannte Nutzungsarten** erstreckt (§ 31 Abs. 4 UrhG). Demgemäß hatte auch der Urheber bei einer derart gewählten Formulierung nicht zu befürchten, bei einem plötzlichen Bekanntwerden einer neuen wirtschaftlichen Nutzungsart an den Erträgnissen daraus nicht mehr beteiligt zu sein.[94] Nunmehr ist diese Vorschrift neu gefasst worden, Details hierzu finden sich im urheberrechtlichen Teil.

109

---

90 *Schricker* VerlG, § 8 Rn. 40 m.w.N.
91 *Ulmer* § 103 II und III.
92 Diese Schutzfunktion tritt allerdings in den Hintergrund, seit sie der BGH auch auf die Weiterübertragung anwendet. vgl. BGH GRUR 1960, 197 – keine Ferien für den lieben Gott m.w.N.
93 BGH GRUR 1996, 121 – Pauschale Rechtseinräumung; *Schricker* VerlG, § 8 Rn. 5.
94 Zur Zulässigkeit von Risikogeschäften vgl. BGH GRUR 1995, 252 – Videozweitauswertung III; im Rahmen der anstehenden Novelle zum Urheberrecht wird eine Streichung von § 34 Abs. 4 UrhG erwogen.

bb) Vertragspraxis

110 Nach den Regelungen des VerlG erfüllt der Verfasser seine Verpflichtung zur Rechtsverschaffung schon dann, wenn er dem Verleger das Recht zur drucktechnischen Vervielfältigung (§ 16 UrhG) und Verbreitung (§ 17 UrhG) seines Werkes einräumt, im Übrigen aber die sonstigen Rechte für sich behält.

111 In der Praxis ist jedoch eine **umfangreiche Rechtseinräumung** aller oder eines Großteils der Rechte vom Verfasser auf den Verleger durch ausdrückliche vertragliche Regelung üblich geworden.[95] Verlagsverträge enthalten deshalb aus Sorge, wichtige Nutzungsarten »zu vergessen«, nicht selten mehrseitige Rechteaufzählungen, sog. Rechtskataloge.

112 Früher wurden die Rechte unterteilt in sog. **Hauptrechte und Nebenrechte,** je nachdem, ob der Verlag diese selbst, etwa durch eine im eignen Haus veranstaltete Hardcoverproduktion, oder durch Dritte, etwa durch einen dritten Taschenbuch- oder Hörbuchverlag, ausübt. Häufig werden die weiteren Rechte als so genannte "Nebenrechte" bezeichnet. Dabei unterscheidet man weiter zwischen so genannten **buchnahen** und **buchfernen Nebenrechten,** wobei die buchnahen Rechte diejenigen sind, die das Abdruckrecht oder das Recht zur Veranstaltung einer Hardcover-, Taschenbuch-, Reprint- und sonstigen Sonderausgaben betreffen, und unter den buchfernen Rechten diejenigen zu zählen sind, die nichts mehr mit der drucktechnischen Vervielfältigung und Verbreitung zu tun haben, sondern andere Nutzungsformen als die drucktechnische Vervielfältigung betreffen, also z.B. die Nutzung als Bühnenstück, das Verfilmungsrecht, das Recht zur Herstellung einer Hörbuchfassung o.ä. betreffen. Heute wird diese Unterscheidung in Haupt- und Nebenrechte bei der Gestaltung der vertraglichen Regelungen mehr und mehr aufgegeben, man differenziert nur noch dadurch, ob der Verlag die ihm im Verlagsvertrag eingeräumten Rechte **selbst nutzt** oder – sofern ihm dies gestattet ist und er eine eigene Nutzung nicht vornimmt – ganz oder teilweise **auf Dritte überträgt**.

cc) hilfsweise mangels vertraglicher Regelung: Zweckbestimmung

113 Vereinbaren Verfasser und Verleger nichts miteinander, so ist anhand des **Zweckes des Verlagsvertrages** der Umfang der Rechtseinräumung zu bestimmen. Zunächst kann sich der Vertragszweck **aus dem Vertrag selbst** ergeben, er kann beispielsweise Bestandteil einer Präambel sein oder als Zweckbestimmung der Absprache über die Rechtseinräumung vorangestellt werden. Allerdings ist dabei zu berücksichtigen, dass eine allumfassende Vertragszweckdeklaration nicht geeignet ist, die Spezifizierungslast gemäß § 31 Abs. 5 UrhG auszuhebeln.[96]

114 Der Vertragszweck kann sich zusätzlich auch aus den Umständen ergeben. Der Vertragszweck ist der **von beiden Parteien verfolgte** oder zumindest **akzeptierte Zweck,** nicht jedoch die einseitige Zwecksetzung eines der beiden Vertragspartner. Er muss also zumindest von beiden Teilen als solcher erkannt und in der Art einer subjektiven Geschäftsgrundlage der Vereinbarung zugrunde gelegt werden. Zu berücksichtigen ist bei der Ermittlung des Zweckes, was **verkehrsüblicherweise** nach Treu und Glauben (analog §§ 133, 157 BGB) in Verträgen vergleichbarer Art vereinbart wird.[97] Hinsichtlich des Umfanges der Zweckeinräumung kommt es auf die Üblichkeit **zum Zeitpunkt des Vertragsschlusses** an.[98] Es gilt den zweifelsfrei gemeinsam verfolgten Zweck der Vertrags-

---

[95] Vgl. § 2 Normverlagsvertrag, § 2 Verlagsvertrag über ein wissenschaftliches Werk, § 4 Normübersetzervertrag.
[96] *Schricker* VerlG, § 8 Rn. 5b.
[97] BGH GRUR 1986, 885 – Metaxa.
[98] BGH GRUR 1974, 786 – Kassettenfilm.

partner zu ermitteln.[99] Dabei trägt derjenige, der behauptet, dass ein einzelnes Recht nach dem Vertragszweck eingeräumt worden sei, hierfür die Beweislast.

Da der Vertragszweck eines Verlagsvertrages regelmäßig die drucktechnische Vervielfältigung und Verbreitung des Werkes ist, wird im Rahmen des Verlagsvertrages mangels entgegenstehender Absprachen regelmäßig das ausschließliche Recht zur Vervielfältigung und Verbreitung in einer **normalen Buchausgabe**, also Hardcover-Ausgabe, eingeräumt werden. Der Umfang der Rechtseinräumung umfasst jedenfalls nicht die in § 2 Abs. 2, 3 VerlG genannten Befugnisse des Verfassers und sieht die Begrenzungen gemäß § 4 VerlG vor. Hinsichtlich der Anzahl der Auflagen wird der Verleger regelmäßig nur zu einer Auflage mit 1.000 Exemplaren (§ 5 VerlG) berechtigt sein. 115

e) Anerkannte Nutzungsarten im Verlagsbereich

Hardcover- und **Taschenbuchausgaben bilden** selbstständige Nutzungsarten.[100] Der Buchvertrieb über so genannte Nebenmärkte, etwa Supermärkte oder Tankstellen, stellt keine selbständige Nutzungsart dar.[101] Das vertraglich vorbehaltene Recht zur Veranstaltung »aller Ausgaben« führt regelmäßig zum Recht zur Veranstaltung einer Normalbuchausgabe für den Sortimentsbuchhandel, jedoch nicht zum Recht zur Veranstaltung einer **Buchgemeinschaftsausgabe**.[102] 116

Der Vertrieb eines Buches über eine Buchgemeinschaft stellt eine gesonderte Nutzungsart dar, da in der Buchgemeinschaft nur die mitgliedschaftlich gebundenen Personen Bücher erwerben können[103] 117

f) Verletzung der Pflicht zur Verschaffung des Verlagsrechts

Ist ein Verfasser nicht in der Lage, dem Verleger die ihm vertraglich zugesagten Rechte einzuräumen, so haftet er für die diesbezüglichen Rechtsmängel, es sei denn, er wird im Ausnahmefall von der Leistung frei (§ 275 BGB). Die gegenseitigen Rechte ergeben sich aus den Vorschriften des Leistungsstörungsrechtes des BGB (§§ 280 ff., 323 ff., 311 a BGB). 118

Hat der Verlagsvertrag kaufvertragsähnliche Züge, so kann § 435 BGB und bei werkvertragsähnlicher Interessenlage § 633 BGB ergänzend herangezogen werden. 119

Häufig enthalten Verlagsverträge darüber hinaus gesonderte **Garantievereinbarungen**[104], in denen der Verfasser bestätigt, dass durch sein Werk weder die Rechte Dritter noch das Gesetz verletzt werden und dass er allein über die Rechte verfügen kann sowie keine entgegenstehenden Verfügungen getroffen hat. Solche Klauseln ergänzen die sich aus §§ 8, 9 UrhG ergebende Rechtsverschaffungsverpflichtung und verschaffen dem Verleger im Falle der Verletzung eine zusätzliche vertragliche Anspruchsgrundlage (§§ 241, 311 BGB). 120

---

99 Schricker/*Schricker* §§ 31/32 Rn. 34 m.w.N.; *Schack* Rn. 548; BGH GRUR 1996, 121 – Pauschale Rechtseinräumung.
100 BGH GRUR 1992, 310 – Taschenbuchlizenz; KG GRUR 1991, 596 – Schoppenhauer-Ausgabe.
101 BGH GRUR 1990, 669 – Bibelreproduktion.
102 KG GRUR 1991, 596 – Schappenhauer-Ausgabe; OLG München ZUM 2000, 404.
103 BGH GRUR 1959, 200 – Der Heiligenhof; BGH GRUR 1968, 152 – Angelique.
104 § 6 Verlagsvertrag über ein wissenschaftliches Werk, § 1 Abs. 2 Normverlagsvertrag.

4. Enthaltungspflicht und Wettbewerbsverbot des Verfassers

a) Die Enthaltungspflicht

121 Die Verpflichtung zur Einräumung des Rechtes zur Vervielfältigung und Verbreitung korrespondiert mit einer **Enthaltungspflicht** des Verfassers. Der Verfasser hat sich demnach während der Dauer des Vertragsverhältnisses **jeder Vervielfältigung und Verbreitung** des Werkes zu enthalten, die **einem Dritten** während der Dauer des Urheberrechtes untersagt werden kann (§ 2 Abs. 1 VerlG).

122 Die Enthaltungspflicht des § 2 Abs. 1 VerlG ist ein Ausdruck der dem Verlagsvertrag innewohnenden **Treupflicht des Verfassers,** dem Verleger die ungestörte Auswertung der Rechte zu überlassen. Die Enthaltungspflicht entspricht nicht nur einer schuldrechtlichen Verpflichtung, die sich aus der dinglichen Rechtslage, nämlich der Innehabung des ausschließlichen Rechtes des Verlegers ohnehin ergibt, sondern zeigt ihre Wirkungen auch dann, wenn beispielsweise das Manuskript noch nicht abgeliefert wurde, also das absolute Recht noch nicht beim Verleger entstanden ist (§§ 8, 9 VerlG).[105]

123 Mangels anderweitiger, ausdrücklicher Abreden sieht **§ 2 Abs. 1 VerlG** eine ausdrückliche **Enthaltungsverpflichtung** des Verfassers vor. In § 2 Abs. 2 VerlG wird dem Verfasser eine Reihe von **Rechten vorbehalten,** auch wenn er das Recht zur Vervielfältigung und Verbreitung dem Verleger eingeräumt hat. Hier handelt es sich beispielsweise um das Recht der Übersetzung, Wiedergabe einer Erzählung in dramatischer Form oder als Bühnenwerk, oder die Bearbeitung eines Werkes der Tonkunst, oder die Benutzung eines Schriftwerkes für die Herstellung eines Filmes. In der Praxis werden diese Rechte allerdings im Rahmen der oben erwähnten so genannten Nebenrechte meist auf den Verleger übertragen. Ausdrücklich erwähnt § 2 Abs. 3 UrhG die Gesamtausgabe, zu der der Verfasser nach Ablauf von 20 Jahren befugt ist.

124 In Ergänzung hierzu sehen §§ 37 und 38 sowie § 88 UrhG besondere Auslegungsregeln vor. So verbleibt dem Urheber im Zweifel **das Recht der Einwilligung zur Veröffentlichung** oder der Verwertung einer **Bearbeitung** des Werkes ebenso wie ihm im Zweifel das Recht verbleibt, das Werk auf **Bild- oder Tonträger** zu übertragen (§ 37 Abs. 1 und 2 UrhG).

125 Gestattet der Urheber die **Aufnahme** des Werkes in eine Zeitung oder Zeitschrift oder andere **periodische Sammlung,** so erwirbt der Verleger im Zweifel ein ausschließliches Nutzungsrecht zur Vervielfältigung und Verbreitung, jedoch darf der Urheber nach **Ablauf eines Jahres** seit dem Erscheinen das Werk anderweitig vervielfältigen und verbreiten (§ 38 Abs. 1 UrhG). Erscheint ein Werk in einer nicht periodischen Sammlung, so gilt das gleiche, wenn der Urheber keinen Anspruch auf Vergütung hat (§ 38 Abs. 2 UrhG). Im Fall der Überlassung eines Beitrages für eine **Zeitung** erwirbt der Verleger **nur ein einfaches Nutzungsrecht,** sofern nichts anderes vereinbart ist. Wenn der Urheber ein ausschließliches Nutzungsrecht einräumt, so ist er unverzüglich nach Erscheinen des Beitrages berechtigt, diesen anderweitig zu vervielfältigen und zu verbreiten (§ 38 Abs. 3 UrhG).

126 Ferner sehen besondere Vorschriften für das Recht der Verfilmung Vermutungen über den Umfang der Rechtseinräumung vor (§§ 88 ff. UrhG).

---

105 *Haberstumpf/Hintermeier* § 12 I; *Schricker* VerlG, § 2 Rn. 2.

B. Besonderheiten des Verlagsvertrages

b) Wettbewerbsverbot

Die Enthaltungspflicht des Verfassers wird ergänzt durch ein daneben **bestehendes Wettbewerbsverbot,** das sich auf die vertragliche Treuepflicht des Verfassers stützt.[106] Häufig verpflichten sich die Verfasser ausdrücklich in einer gesonderten Absprache, in keinem anderen Verlag ein Werk erscheinen zu lassen, das mit dem vertragsgegenständlichen Werk in Konkurrenz zu treten geeignet ist.[107] Solche Klauseln sind regelmäßig als wirksam anzusehen, **jedoch einschränkend auszulegen.** Insbesondere ist sicherzustellen, dass der Autor nicht in der Ausübung seiner Arbeitskraft in sittenwidriger Weise geknebelt wird (§ 138 Abs. 1 BGB). So muss dem Fach- oder Ratgeberautor, der häufig nur ein Interessengebiet publizistisch bearbeitet, die Möglichkeit gegeben werden, nicht nur eine Publikation in einem bestimmten Verlag zu veröffentlichen, sondern darüber hinaus weitere Publikationen anderer Art zu dem gleichen Thema in anderen Verlagen zu erstellen.[108] Das OLG München[109] ist der Ansicht, dass die grundgesetzlich geschützte Freiheit des geistigen Schaffens der Betreffenden von einem lebenslangen Wettbewerbsverbot beeinträchtigt wäre und setzt deshalb unter Anwendung von § 307 BGB die **Zulässigkeitsgrenze** zumindest hinsichtlich vertraglich vorformulierter Wettbewerbsverbote auf **fünf Jahre.**

127

Der Bundesgerichtshof[110] geht davon aus, dass auch ohne ausdrückliche vertragliche Vereinbarung ein vertragsimmanentes Wettbewerbsverbot besteht. Der Bundesgerichtshof hat hierzu wörtlich festgehalten »Auch wenn ein Verlagsvertrag dem Verfasser nicht ausdrücklich Wettbewerbsbeschränkungen auferlegt, verletzt der Verfasser in der Regel seine Treuepflicht gegenüber dem Verleger, wenn er während der Dauer des Verlagsvertrages über den gleichen Gegenstand in einem anderen Verlag ein Werk erscheinen lässt, das sich an den gleichen Abnehmerkreis wendet und nach Art und Umfang geeignet ist, dem früheren Werk ernsthaft Konkurrenz zu bereiten.«

128

c) Veranstaltung einer E-Book-Ausgabe als Wettbewerbshandlung?

Im Juli 2010 machte die literarische Agentur Wylie Schlagzeilen. Sie vertritt die Rechte namhafter US-Autoren wie Norman Mailer, Phillip Roth oder John Updike und gab exklusive E-Book-Rechte an den Online-Buchhändler Amazon. US-Verlage wie Random House und Macmillan erklärten, dass dies gegen ihre Verträge mit den Autoren über gedruckte Ausgaben verstoße, auch wenn diese nicht ausdrücklich E-Book-Rechteklauseln enthielten. Auf Druck der Verlage zog die Agentur die Rechte gegenüber Amazon wieder zurück. Ungeklärt ist bislang, ob dadurch gegen Enthaltungs- und/oder immanente Wettbewerbsverbote verstoßen wird. Der japanische Autor Murakami wird in solche Schwierigkeiten nicht kommen: Er veröffentlicht seinen neuesten Roman »A Singing Whale« ausschließlich in elektronischer Form und ausschließlich auf dem Apple-iPad.

129

d) Verletzung

Verletzt der Verfasser seine Enthaltungspflicht bzw. das ihm obliegende Wettbewerbsverbot, so stehen dem Verleger im Verhältnis zum Verfasser Unterlassungs- und Schadensersatzansprüche, sowohl als Folge der **Vertragsverletzung** (§§ 280 ff., 1004 BGB analog)

130

---

106 BGH GRUR 1973, 426 – Medizin-Duden; kritisch dazu *Schricker* VerlG, § 2 Rn. 8; daneben kann sich ein Wettbewerbsverbot aus §§ 3 ff. UWG ergeben, BGHZ 26, 58 – Sherlock Holmes.
107 Vgl. § 7 Abs. 1 Verlagsvertrag über ein wissenschaftliches Werk.
108 *Schricker* VerlG, § 2 Rn. 7 f.; § 7 des Verlagsvertrages über ein wissenschaftliches Werk, abgedruckt bei *Hillig* S. 114 als Beispiel.
109 ZUM 2007, 751 f.
110 NJW 1973, 802 – Medizin-Duden.

als auch, soweit ein dem Verleger eingeräumtes **dingliches Recht** verletzt wurde, aus §§ 97 ff. UrhG zu. Die letzteren Ansprüche kann der Verleger aus dem Gesichtspunkt der **Ausnutzung fremden Vertragsbruches** (§§ 3, 4 Nr. 10 UWG)[111] auch gegen Dritte durchsetzen, die etwa in bewusstem und gewolltem Zusammenwirken mit dem Verfasser die ausschließlichen Nutzungsrechte des Verlages verletzen.

IV. Pflichten des Verlegers aus dem Verlagsvertrag

131 Der Verleger ist zur **zweckentsprechenden und üblichen Vervielfältigung und Verbreitung** des Werkes verpflichtet. Neben diesen Kardinalpflichten obliegt es dem Verleger, den Satz zu korrigieren und den Umbruch dem Verfasser zur Durchsicht vorzulegen, das vereinbarte oder angemessene Honorar zu bezahlen, hierüber abzurechnen und dem Verfasser Freiexemplare zu überlassen.

1. Vervielfältigung

132 Der Verleger ist verpflichtet, das Werk in zweckentsprechender und üblicher Weise zu vervielfältigen. Über die Form und Ausstattung der Abzüge entscheidet der Verleger unter Berücksichtigung der im Verlagshandel herrschenden Übung sowie mit Rücksicht auf den Zweck und Inhalt des Werkes (§ 14 VerlG).

a) Ausstattung

133 Zunächst können Verfasser und Verleger miteinander eine bestimmte **Ausstattung der Buchexemplare vereinbaren.** Eine solche Vereinbarung ist jedoch in der Praxis nicht üblich. Haben Verfasser und Verleger eine solche Vereinbarung nicht getroffen, so ist zunächst das Übliche festzustellen, und dies ist mit dem Zweckentsprechenden zu vergleichen.

134 Dem Verleger räumt das Gesetz insofern einen **weiten Ermessensspielraum** ein. Dieser Ermessensspielraum ist vom Verleger nach Treu und Glauben unter Berücksichtigung der Branchenübung auszuüben.[112] Angesichts der Tatsache, dass der Verleger derjenige ist, der erhebliche Investitionen in die Vervielfältigung des Werkes steckt, muss es auch seiner Entscheidung obliegen, wie und in welcher Form er die besten Chancen zur Verwertung des Werkes sieht. Die **Grenze** des verlegerischen Ermessensspielraumes ist eine denkbare **Beeinträchtigung des Persönlichkeitsrechts des Verfassers** durch eine besonders geringwertige Ausstattung.[113] So muss der Verleger darüber entscheiden, mit welcher Ausstattung, also ob als Hardcover, ob als Taschenbuchausgabe oder etwa als gebundene Lederausgabe, mit welchem Papier, mit welcher Drucktype, mit welchem Druckverfahren, welcher Bindung o.ä. das Werk publiziert werden soll.

135 Der Verleger darf dem Werk ohne Zustimmung des Autors **keine Illustrationen beifügen** oder solche **weglassen.** Diese gehören zum Inhalt des Werkes. Eine Frage der Ausstattung ist auch, ob Prospekte (meist Faltprospekte, sog. Leporellos) beigelegt oder Inserate für andere Bücher oder sonstige Produkte (legendär sind die früher in der Buchmitte von rororo-Taschenbüchern enthaltenen Anzeigen für Pfandobligationen) abgedruckt werden können. Wobei das Beilegen von Prospekten wohl weniger problematisch ist, denn dieses kann regelmäßig der Käufer oder Leser aus dem Buch herausnehmen, so dass weder der Autor in seinem Ansehen noch der Leser in der Nutzung des Werkes beeinträchtigt werden. Anderes gilt hinsichtlich der Inserate. Diese dürften nur dann

---

111 *Köhler*/Bornkamm UWG, 24. Aufl., § 4 Rn. 10, 103 ff.
112 BGH GRUR 1988, 303, 305 – Sonnengesang.
113 *Schricker* VerlG, § 14 Rn. 7.

zulässig sein, soweit es sich um Inserate für verlagseigene, dem betroffenen Autor und werk genretypisch und hinsichtlich der literarischen Güte vergleichbare Werke handelt, allerdings nur am Ende des Werkes. Im Text selbst zwischendurch Werbung zu schalten, dürfte indes nicht zulässig sein.[114]

> **Praxistipp:** 136
>
> Wenn ein Autor keine Werbung in seinen Bücher für andere Bücher wünscht, sollte er dies vertraglich vereinbaren.

Eine Frage der Ausstattung sind auch die **äußere Form und Anbringung des Werktitels** 137 und **der Verfasserangabe.** Der Verfasser entscheidet allein darüber, ob und welche Urheberbezeichnung zu verwenden ist (§ 13 Abs. 2 UrhG),[115] wohingegen der Verleger die Art und Weise des Werktitels, also die konkrete Auswahl des Layouts, der Drucktype usw. bestimmt.

aa) Titel

Der Verfasser hat zudem aufgrund seines Urheberpersönlichkeitsrechts die **Befugnis,** 138 **den Titel** des Werkes **zu bestimmen**[116], dieser Titel kann aber durch den Verleger geändert werden, wenn der Verfasser einer solchen Änderung nicht nach Treu und Glauben widersprechen kann (§ 39 UrhG).

Die Titelwahl selbst ist daher grundsätzlich Sache des Verfassers, nur im eingeschränkten 139 Umfang Sache des Verlegers; es bleibt aber im alleinigen Entscheidungsbereich des Verlegers, die graphische Umsetzung des Titels zu bestimmen. In der Vertragspraxis ist es jedoch häufig so, dass sich der Verleger ein Mitentscheidungsrecht über die Wahl des Titels, in vielen Fällen sogar ein Alleinentscheidungsrecht hinsichtlich des Titels einräumen lässt.[117] Dies erscheint auch angemessen, da der Titel ein sehr bedeutsames **Verkaufsargument** für das Werk darstellt.

> **Praxistipp:** 140
>
> Es sollte im Verlagsvertrag eindeutig geregelt werden, wer das Letztentscheidungsrecht über den Buchtitel hat.

Buchtitel genießen Rechtsschutz nach dem **Markengesetz.** Nach § 5 Absatz 1 MarkenG 141 werden Werktitel als geschäftliche Bezeichnungen geschützt. Nach § 5 Absatz 3 MarkenG sind Werktitel »die Namen oder besonderen Bezeichnungen von Druckschriften, Filmwerken, Tonwerken, Bühnenwerken oder sonstigen vergleichbaren Werken.«

Anders als bei Marken gibt es **kein Register für Buchtitel.** Hier begründet schon die 142 bloße Buchveröffentlichung neuer und origineller Titel den Schutz nach dem Markengesetz. Dadurch fehlt zwar den Verlagen ein gewisses Maß an Rechtssicherheit, weil man vor Veröffentlichung eines Buchs trotz vorheriger Abfrage inoffizieller Verzeichnisse wie zum Beispiel des »Verzeichnisse lieferbarer Bücher (VLB«)[118] des VLB oder der Deutschen Nationalbibliothek[119] nie sicher sein kann, dass es nicht bereits einen prioritätsälteren und verwechslungsfähigen Titel gibt. Ein großer Vorteil jenes Weges zum Titelschutz

---

114 Weitergehend: *Wegner/Wallenfels/Kaboth* S. 90.
115 Z.B. § 11 Abs. 1 Verlagsvertrag über ein wissenschaftliches Werk, § 11 Normübersetzervertrag.
116 Schricker, Verlagsrecht, § 13/39 UrhG Rn. 8.
117 z.B. § 1 Abs. 2 Normverlagsvertrag, § 1 Abs. 2 Verlagsvertrag über ein wissenschaftliches Werk.
118 www.vlb.de.
119 www.d-nb.de/.

im Vergleich zum offiziellen Markenrechtsregister des deutschen Patent- und Markenamts[120] ist aber der Zeitgewinn durch Verzicht auf ein förmliches Verfahren und die Tatsache, dass für den Schutz an sich keine Kosten anfallen.

143 Titel sind nur dann schutzfähig, wenn sie **unterscheidungskräftig** und **nicht freihaltebedürftig** sind. Nicht schutzfähig, da auch zukünftig für alle Verlage verwendbar bleibend sind unterscheidungsschwache, beschreibende Titel oder für alle Nutzer frei zu haltende Gattungsbezeichnungen wie »Kochrezepte« oder »Deutsche Geschichte«.

144 Wenn **Titel geraume Zeit nicht genutzt werden**, also keine Neuauflage erschienen ist, kann erst und nur davon ausgegangen werden, dass Titel wieder frei sind, wenn sich beim durchschnittlichen Leser der Eindruck eingestellt hat, dass das betreffende Buch nicht nur temporär nicht lieferbar ist oder aktualisiert wird, sondern dauerhaft aus dem Programm genommen wurde. Feste Fristen für eine sog. Titelfreigabe gibt es nicht, denn die Leser wissen, dass größere Zeitabstände zwischen einzelnen Auflagen oft keine Seltenheit sind. Allerdings geht der Börsenverein in seinem Merkblatt Titelschutz[121] davon aus, dass eine fünfjährige Nichtbenutzung zur Titelaufgabe führt und der Titel für neue Nutzer frei ist, von denen der erste wider Priorität gegenüber allen weiteren Interessenten gewinnt.

145 **Titelkollisionen**, die zu Unterlassungs- und Schadensersatzansprüchen führen können nicht nur zwischen Büchern sondern auch zwischen Büchern und Filmen oder Fernsehserien bestehen.

146 In der Verlagsbranche, aber auch in der Filmindustrie gibt es das Rechtsinstitut der **Titelschutzanzeige**. Sie werden geschaltet bei www.buchmarkt.de, im »Börsenblatt«[122] oder auch in Publikationen wie dem »Titelschutzanzeiger« oder dem »Titelschutzjournal«. Hierbei handelt es sich nicht um ein Formerfordernis für einen wirksamen Titelschutz, auch bedeutet das Fehlen eines Widerspruchs aus der Branche nach einer Titelschutzanzeige nicht, dass der Titel bedenkenlos benutzt werden kann. Derartige Parallelen zu Rechtsmarken gibt es nicht. Eine solche Anzeige hat nur den Zweck, den Titelschutz schon vor den Zeitpunkt der Buchveröffentlichung zu legen. Dann kann bereits mit dem Buchtitel geworben werden, er kann in den Vorschauen verwendet werden. Voraussetzung für diese Vorverlegung des Schutzes nach dem Markengesetz ist, dass die tatsächliche Buchveröffentlichung nicht später als sechs Monate nach der Titelschutzanzeige erfolgt, da dies üblicherweise die Zeit zwischen Buchidee und Buchveröffentlichung ist und für eine längere Vorverlegung kein Rechtschutzbedürfnis bestehen soll.

147 Wenn also **innerhalb von sechs Monaten** nach einer Titelschutzanzeige ein Titel Gegenstand einer Buchveröffentlichung ist, wurde der Titelschutz schon mit der Anzeige und nicht erst mit der Veröffentlichung begründet. Länger als sechs Monate sollte aber nicht nach einer Titelschutzanzeige zugewartet werden, da der Schutz dann wieder erlischt.

148 Voraussetzung für diese Vorverlegung des Schutzes nach dem Markengesetz auf den Zeitpunkt der Veröffentlichung einer Titelschutzanzeige ist, **dass die tatsächliche Buchveröffentlichung nicht später als sechs Monate nach der Titelschutzanzeige erfolgt**, da dies üblicherweise die Zeit zwischen Buchidee und Buchveröffentlichung ist und für eine längere Vorverlegung kein Rechtschutzbedürfnis bestehen soll. Wenn also innerhalb von sechs Monaten nach einer Titelschutzanzeige ein Titel Gegenstand einer Buchveröffentlichung ist, wurde der Titelschutz schon mit der Anzeige und nicht erst mit der Veröffentlichung begründet. Länger als sechs Monate sollte aber nicht nach einer Titelschutzanzeige zugewartet werden, da der Schutz dann wieder erlischt.

---

120 www.deutsches-patentamt.de/.
121 www.boersenverein.de/de/portal/Titelschutz/158326.
122 www.boersenblatt.net/titelschutzanzeigen.

Rechtsfolgen bei Verstoß gegen Titelschutz sind nach § 15 MarkenG Unterlassungs- und Schadensersatzansprüche, Letztere werden berechnet nach den Grundsätzen der Lizenzanalogie.[123] Neuerdings gewinnt auch die persönliche, **strafrechtliche Verantwortlichkeit** von Verlagsmitarbeitern an Bedeutung. Die Münchner Staatsanwaltschaft führt derzeit ein Strafverfahren gegen einen Verlag, der meinte, dass sich die Titel »Elfenmond« bzw. »Im Schatten des Elfenmondes« ausreichend unterscheiden und dessen Verlagsräume deshalb von der Polizei durchsucht wurden. Dessen Justitiar wurde persönlich wegen gewerbsmäßiger vorsätzlicher Kennzeichenverletzung nach § 143 StGB (Strafandrohung bis zu fünf Jahren) angeklagt und erstinstanzlich freigesprochen.[124]

bb) Urheberbenennung

In vielen Verlagsverträgen oder Lizenzeinkaufsverträgen liest man die Verpflichtung des Verlages:

»Der Verlag ist verpflichtet, den Autor in angemessener Weise als Urheber des Werkes auszuweisen.«

Diese Verpflichtung ergibt sich zwar schon indirekt aus § 13 UrhG, wonach jeder Urheber das **Recht** auf Anerkennung seiner Urheberschaft am Werk hat. Dass sich daraus die **Verlagspflicht** zur Nennung ergibt, folgt jedoch nicht wörtlich aus dem Gesetz, sondern aus dem Urheberpersönlichkeitsrecht auf Anerkennung der Urheberschaft.[125] Insofern ist eine ausdrückliche Vereinbarung nach obigem Wortlaut zur Klarstellung ratsam.

Im Verlagswesen kann der Verleger unter Beachtung der »im Verlagshandel üblichen Form« die konkrete Art der Urheberbenennung festlegen, also bestimmen, wo genau der Urheber genannt wird.[126] Es muss lediglich gewährleistet sein, dass der Urheber seinem Werk eindeutig zugeordnet werden kann. Das Recht auf Anerkennung der Urheberschaft aus § 13 I UrhG schreibt die Namensnennung des **Autors** nicht ausdrücklich im Impressum vor, erforderlich ist lediglich die Kennzeichnung des Buches auf eine Art und Weise, dass Autor und Werk unzweifelhaft in Verbindung zueinander gesetzt werden können und der Name überhaupt erscheint, sofern der Urheber das wünscht.[127]

Bei Büchern steht in der Praxis der **Name des Autors** auf dem Buchcover und der im Buchinneren vor dem eigentlichen Text befindlichen Titelseite. Grundsätzlich genügt auch die Angabe im Impressum, wenn üblicherweise der Urheber nicht auf der Titelseite genannt wird. Insbesondere bei weniger durch die individuelle Autorenleistung, sondern durch konkrete verlagliche oder sich aus der Thematik selbst ergebenden Stoffvorgaben wie zum Beispiel bei Ratgebern oder Wanderführern steht oftmals kein Autorenname auf dem Buchcover. Es gibt Fälle, wo Autoren oder Übersetzer mit dem unter ihrer Mitarbeit produzierten Buch so unzufrieden sind, dass sie ausdrücklich auf Namensnennung verzichten.

Die Nennung von **Übersetzern** wird uneinheitlich gehandhabt: Auf dem Buchcover werden nur besonders renommierte und deshalb als Verkaufsargument einsetzbare Übersetzernamen wie zum Beispiel der von Harry Rowohlt genannt. Üblicherweise werden Übersetzer im Buchinneren auf der vor dem eigentlichen Buchtext befindlichen Titelseite aufgeführt. Zunehmend gehen Verlage dazu über, Übersetzer in Würdigung von deren Beitrag zur deutschsprachigen Veröffentlichung auch auf den Umschlagrückklappen oder

---

123 Zum Ganzen Merkblatt Titelschutz des Börsenvereins, www.boersenverein.de/de/portal/Titelschutz/158326.
124 http://www.boersenblatt.net/372709/.
125 BGH GRUR 1963, 40, 43.
126 *Schricker* VerlG, § 14 Rn. 9; LG München ZUM 1995, 57.
127 Dreier/*Schulze* § 13 Rn. 21.

auf den Buchrücken zu nennen. Ob durch diese Praxis irgendwann einmal eine neue »im Verlagshandel übliche Form« im Sinne des § 14 VerlG begründet und damit ein Rechtsanspruch auf derartige Nennung gesetzt wird, bleibt abzuwarten.

155 **Fotografen und Illustratoren** werden in der Praxis so genannt, dass eine Zuordnung von deren Werken zu ihrer Person möglich ist, also entweder direkt beim Werk (zum Beispiel neben/unter der Fotografie) oder doch so (etwa durch Auflistung der Seiten, wo das jeweilige Foto vorkommt), dass eine eindeutige Zuordnung möglich ist.

156 Ebenfalls aus § 13 UrhG und § 14 VerlG ergibt sich das **Recht des Verlegers**, Drucktypen, Layout sowie sonstige graphische Gestaltung der Urheberbenennung zu bestimmen. Durch die konkrete Ausführung darf aber nicht ein falscher Eindruck hinsichtlich der Rolle mehrerer Beteiligter hervorgerufen werden. Das käme etwa in Betracht, wenn die Namen von gleichrangig am Werk beteiligten **Mitautoren** unterschiedlich groß geschrieben würden und so der Eindruck erweckt würde, der urheberrechtliche Anteil eines Mitautors wäre größer als der des anderen.

157 **Ghostwriter sind** Autoren, die zusammen mit Prominenten ein Buch schreiben, aber nicht nach außen in Erscheinung treten sollen, um den Eindruck zu erwecken, ein Prominenter habe ein bestimmtes Buch selbst geschrieben, während er tatsächlich oft kaum mehr getan hat, als bestimmte Informationen zu liefern. Hinsichtlich der Fragen der Urheberbenennung besteht aufgrund der großen Bedeutung des Rechts auf Urheberbenennung nach § 13 UrhG und § 14 VerlG Einigkeit,[128] dass ein endgültiger Verzicht des »Ghosts« auf seine Urheberschaft nicht möglich ist. Deshalb soll er selbst dann, wenn er im Verlagsvertrag zeitlich unbefristet auf seine namentliche Nennung verzichtet hat, diese Abrede nach Ablauf von fünf Jahren kündigen dürfen.[129] Fünf Jahre deshalb, weil dies eine urheberrechtlich anerkannte Bindungsfrist ist, so zum Beispiel in § 40 UrhG für Optionen und in § 41 UrhG für den Verzicht auf Rückrufsrechte.

158 **Praxistipp:**

Der Ghostwritervertrag sollte in Übereinstimmung mit dem Autorenvertrag des Prominenten, für den der »Ghost« schreibt, stets eine Regelung zu der Frage enthalten, ob der »Ghost« überhaupt, und wenn ja in welcher Relation und Größe zum Namen des angeblichen Autors, genannt wird. Hier gibt es viel denkbaren Abreden. Manche »Ghosts« werden überhaupt nicht genannt, manche nur im Buchinneren, manche in der Danksagung des angeblichen Autors. Mitunter stehen sie aber sogar auf dem Buchcover zusammen mit dem angeblichen Autor, mit oder ohne klarstellendem Hinweis wie etwa »unter Mitarbeit von«.

159 Eine interessante Entscheidung zum Recht des Ghostwriters fällte das Berliner Kammergericht im Jahre 1977.[130] Damals wurde gegen ein Buch des früheren Industriemanagers und nachmaligen Heilpraktikers Manfred Köhnlechner mit dem Argument geklagt, er habe als Autor eines Buchs fungiert, das in Wirklichkeit nicht von ihm, sondern von einem Ghostwriter geschrieben worden war. Da die Leser aber gerade besonderen Wert auf die Urheberschaft Köhnlechners gelegt hätten, läge eine wettbewerbswidrige Irreführung vor. Das Gericht folgte dieser Argumentation, die auch heute noch auf den Großteil der unter Mithilfe und unterbliebener Namensnennung von Ghostwritern zutreffen dürfte, und verurteilte den Verlag zur Unterlassung der weiteren Buchveröffentlichung. Offenbar hat sich seit dem Fall Köhnlechner niemand mehr an der seitdem eher noch

---

128 *Schricker* § 13 Rn. 28; Dreier/*Schulze* § 13 Rn. 31.
129 *Schricker* § 13 Rn. 28; Dreier/*Schulze* § 13 Rn. 31.
130 KG UFITA 80/1977, 368, 374.

zunehmenden Praxis der Veröffentlichung von Büchern unter Nutzung von Ghostwriter-Leistungen mehr gestört. Weitere Entscheidungen jedenfalls wurden nicht bekannt.

Vorsicht ist stets geboten bei der korrekten **Schreibweise** der Urheber. Schon kleinste Rechtschreibfehler können zu einer Verletzung der vorstehenden Vorschriften zur korrekten Urheberbenennung und zu damit einhergehenden Unterlassungs- und Schadensersatzansprüchen führen. **160**

cc) Copyrightvermerk und Impressum-Angaben

In Deutschland ist entgegen verbreiteter Meinung selbst vieler Mitarbeiter von Verlagen zur Entstehung des Urheberrechtsschutzes an einem Buch zugunsten des Autors kein **Copyrightvermerk** nötig. Die stattdessen einzuhaltenden Verpflichtungen zu den **Impressum-Angaben** sind hingegen weitgehend unbekannt. Viele Verlagsverträge enthalten deshalb die Verpflichtung des Verlages: **161**

»Der Verlag ist verpflichtet, bei der Veröffentlichung des Werkes den Copyrightvermerk im Sinne des Welturheberrechtsabkommens anzubringen.«

Diese Formulierung steht sogar in § 12 des sog. Normvertrags, den Mustervertrags-Empfehlungen des Verbandes Deutscher Schriftsteller. Diese Verpflichtung ist rechtlich gesehen aber **überflüssig**. Früher verlangten in der Tat die USA nicht nur die Registrierung und Hinterlegung von Werken beim US Register of Copyrights, sondern machten einen umfassenden Rechtsschutz davon abhängig, dass die Bücher den sog. Copyrightvermerk © enthalten. Das galt aber nur für in USA erscheinende Titel und ist selbst für diese seit 1989 für die Begründung des Rechtsschutzes nicht mehr erforderlich, da seitdem auch die USA der Revidierten Berner Übereinkunft zum Schutz von Werken der Literatur und Kunst (RBÜ) angehören. Das Welturheberrechtsabkommen (WUA) von 1952 diente vor allem der Einbindung der USA und der damaligen UdSSR in das System des internationalen Urheberrechts. Das WUA hat nach dem Beitritt der USA (1989) und Chinas zur RBÜ an Bedeutung verloren, da nach Art. XVII WUA und der dazu ergangenen Zusatzerklärung die RBÜ zwischen zwei Staaten, die sowohl an das WUA als auch an die RBÜ gebunden sind, für Werke, deren Ursprungsland ein RBÜ-Verbandsland ist, Vorrang hat. Seitdem ist der Copyrightvermerk für in USA veröffentlichte Titel nur noch sinnvoll, wenn man im Falle eines vom RBÜ nicht umfassten Plagiatsprozesses Schadensersatz oder Anwaltskosten verlangen möchte. Von Plagiatsprozessen um deutsche Bücher in den USA aber hat noch nie jemand gehört. Deutsche Bücher, die in englischer Sprache gedruckt werden, so etwa Kunstbücher für den Vertrieb in den USA, sollten ein © aufweisen. **162**

Die in Deutschland üblichen **Copyrightvermerke** innerhalb der **Impressum-Angaben** geben deshalb meist weniger Hinweise auf den Urheber, sondern auf den Nutzungsrechtsinhaber und verstehen sich eher als eine branchenübliche Informationshilfe über die sog. Rechtekette denn als eine wie auch immer geartete Pflichtangabe. **163**

In Deutschland verlangen aber die jeweiligen Landespressegesetze bei »Druckwerken«, also auch bei Büchern, dass **Verleger** und **Drucker** mit Namen und Anschrift genannt werden. Die **Gründe** hierfür liege darin, dass nur dann die von einer (persönlichkeits-)rechtsverletzenden Publikation Betroffenen Ansprüche auf Unterlassung, Widerruf und Schadensersatz wirksam durchsetzen können, wenn die für die Veröffentlichung Verantwortlichen eines Druckwerks mit ladungsfähiger Anschrift identifizierbar sind.[131] Darüber hinaus soll der Impressumszwang die strafrechtliche Verfolgung von Pressedelikten[132] **164**

---

131 BGHZ 46, 17, 39.
132 BGH NJW 1997, 2248 f.

sowie die Möglichkeit der gerichtlichen Beschlagnahme und Einziehung von Druckwerken mit strafbarem Inhalt erleichtern.[133]

165 **Verleger** ist jeder Unternehmer, der das Erscheinen und Verbreiten des Druckwerkes bewirkt, unabhängig davon, ob er gegenüber dem Urheber dazu berechtigt ist. Verleger kann eine natürliche oder juristische Person, eine Personenmehrheit oder eine Handelsgesellschaft sein.[134] **Drucker** ist der Inhaber des Druckereibetriebes, egal ob er den Betrieb als Eigentümer, Pächter oder Besitzer führt. Drucker können sowohl natürliche Personen als auch Personengesellschaften oder juristische Personen sein.[135]

166 Für konkreten **Inhalt** des Impressums gibt es keine genauen Vorgaben. Es gilt lediglich der Grundsatz der Klarheit und Eindeutigkeit hinsichtlich des Inhalts der Impressumangaben. Für die **Platzierung** innerhalb des Druckwerks ist ausreichend, dass der Leser die Angaben bei aufmerksamer Durchsicht des Druckwerkes auffindet.[136]

167 Bei **Büchern** gibt es als Branchenbrauch eine eigene Impressumseite. Diese befindet sich entweder am Schluss der vor dem eigentlichen Buchtext befindlichen sog. Titelei, die aus Schmutztitelseite, Frontispizseite, Titelseite und auf deren Rückseite der Impressumseite besteht. Oder aber, meist bei literarischen Texten, auf der letzten Buchseite. Dort enthalten sind dann meist folgende Informationen:
- Angaben zum Originalverlag, ggfs. dessen Copyrightvermerk
- Autor
- Übersetzer
- Fotograf
- Illustrator
- Lektoratsverantwortliche
- Auflagenzahl, Auflagenjahr
- Erscheinungsort
- Jahr der Erstveröffentlichung
- Setzerei
- Druckerei
- Buchbinderei
- Umschlaggestalter
- Papierproduzent
- Papierqualität (ISO, DIN)
- Umwelthinweise (FSC)
- Schriftart
- ISBN
- Internetadresse des Verlages

b) Beginn der Vervielfältigung

168 Der Verleger hat mit der Vervielfältigung zu **beginnen,** sobald ihm das **vollständige Werk vorliegt.** Falls das Werk in einzelnen Tranchen erscheint, ist die Vervielfältigung bei Vorliegen einer Abteilung, die nach ordnungsgemäßer Abfolge zur Herausgabe bestimmt ist, zu beginnen (§ 15 VerlG).

169 Regelmäßig wird in Verlagsverträgen ein **Termin vorgesehen,** zu dem das **Werk erscheinen soll**[137], nicht jedoch muss. In diesem Fall ist der Verleger verpflichtet, mit der Ver-

---
133 BGH NJW 1990, 1992.
134 *Löffler/Ricker* Kap. 13 Rn. 18.
135 *Löffler/Ricker* Kap. 13 Rn. 17.
136 *Löffler/Ricker* Kap. 13 Rn. 9.
137 Z.B. § 5 Abs. 2 Verlagsvertrag über ein wissenschaftliches Werk, § 3 Abs. 5 Normverlagsvertrag.

vielfältigung des ihm rechtzeitig vorliegenden Manuskripts so zu beginnen, damit der ins Auge gefasste Publikationstermin auch eingehalten werden kann.

Wenn der Verfasser auch verpflichtet ist, eine etwa erforderliche Inhaltsübersicht oder Verzeichnisse anzufertigen, so braucht dieses bei der Manuskriptablieferung noch nicht vorzuliegen, da regelmäßig die Inhaltsübersicht und die Registerübersicht erst mit der Umbruchkorrektur vom Verfasser nachgeliefert werden. Denn erst zu diesem Zeitpunkt stehen die entsprechenden Seiten fest. Nur dann, wenn das Werk in Abteilungen erscheint, wenn beispielsweise Ergänzungslieferungen für eine Loseblattausgabe oder einzelne Hefte oder Bände eines großen Kommentars Vertragsgegenstand sind, ist der Verleger bereits bei Zugang einzelner, vollständiger Abteilungen verpflichtet, mit der Vervielfältigung zu beginnen. 170

Eine Sondervorschrift über die Verpflichtung, mit der Vervielfältigung und Verbreitung zu beginnen, sieht § 45 VerlG für **Zeitungen und Zeitschriften** vor. Danach besteht eine Verpflichtung zur Vervielfältigung und Verbreitung nur dann, wenn der Verleger den **Zeitpunkt,** in welchem der Beitrag erscheinen soll, bezeichnet hat. Es genügt somit die widerspruchslose Benennung des Erscheinungszeitpunktes durch den Verleger. 171

Nach dem Wortlaut des § 15 VerlG muss der Verleger mit der Vervielfältigung, also den vorbereiteten Maßnahmen zur Durchführung des Druckes, beginnen. Jedoch ist er nach Treu und Glauben verpflichtet, **die begonnene Vervielfältigung ohne weitere Verzögerung** zu Ende zu führen, um anschließend die Werkexemplare zu verbreiten.[138] 172

Auch dann, wenn der Erscheinungszeitpunkt im Verlagsvertrag nicht ausdrücklich datumsmäßig festgehalten ist, sondern in das Ermessen des Verlegers gestellt wird, **darf der Verleger die Herausgabe nicht unangemessen hinausschieben.** Er hat vielmehr die Interessen des Autors an einer baldigen Publikation seines Werkes, seine absatzwirtschaftlichen Interessen und die sonstigen Gesichtspunkte angemessen gegeneinander abzuwägen. 173

c) Rechtsbehelfe des Verfassers

Verstößt der Verleger gegen die Verpflichtung, nach Ablieferung des Werkes mit der Vervielfältigung zu beginnen, so kann der Verfasser zunächst den Verleger **auf Erfüllung des Vertrages** in Anspruch nehmen. Ein entsprechendes Urteil wird grundsätzlich gemäß § 887 ZPO dadurch vollstreckt, dass der Verfasser auf Antrag durch das Prozessgericht erster Instanz ermächtigt wird, die **Vervielfältigung und Verbreitung durch Dritte auf Kosten des Verlegers ausführen zu lassen.** Setzt die Vervielfältigung eine Einrichtung voraus, über die nur der Verleger verfügt, so folgt die Zwangsvollstreckung gemäß § 888 ZPO durch die Androhung bzw. Festsetzung eines Zwangsgeldes.[139] 174

Beginnt der Verleger nicht nach Ablieferung des Manuskriptes mit der Vervielfältigung, so kann der Verfasser durch eine Mahnung den **Verzug** für den Verleger begründen (§ 286 Abs. 1 BGB) und daraus in der Folge **Schadensersatzansprüche** (§§ 280, 286 BGB) geltend machen. 175

Der Verfasser kann auch gemäß §§ 32, 30 VerlG vom Verlagsvertrag **zurücktreten.** Dieses Rücktrittsrecht besteht unabhängig von den Ansprüchen aus Verzugsschäden (§§ 32, 30 Abs. 4 VerlG). Voraussetzung für den Rücktritt ist die Bestimmung einer **angemessenen Nachfrist,**[140] nach deren **fruchtlosem Ablauf der Rücktritt** erklärt werden kann.[141] 176

---

138 *Junker* GRUR 1988, 793.
139 *Junker* GRUR 1988, 793.
140 OLG München, UFITA 70 (1974) 302.
141 Vgl. oben Rdn. 41.

177 Da es sich bei der Verpflichtung zur Vervielfältigung um eine der Hauptpflichten aus dem Verlagsvertrag handelt, ist darüber hinaus der Verfasser zum **Rücktritt** auch auf der Grundlage der Vorschriften gemäß §§ 323 ff. BGB[142] berechtigt.

d) Anzahl der Exemplare

178 Der Verleger ist verpflichtet, diejenige **Anzahl von Abzügen** herzustellen, die er nach dem Vertrag oder gemäß § 5 VerlG herzustellen **berechtigt** ist. Er hat rechtzeitig dafür Sorge zu tragen, dass der **Bestand nicht vergriffen** wird (§ 16 VerlG). Der **Umfang** der Vervielfältigungsverpflichtung entspricht also der **Berechtigung** des Verlegers. Es kommt zunächst auf die Vereinbarung des Verfassers und des Verlegers über die Anzahl der herzustellenden Exemplare an. Existiert eine solche Vereinbarung nicht, gilt § 5 VerlG. Die Berechtigung des Verlegers erschöpft sich dann in **lediglich einer Auflage**, diese umfasst dann **lediglich 1.000 Exemplare.** Der Verleger kann gegen die vereinbarte Auflagenhöhe also durch deren Überschreitung verstoßen. Ein solcher unberechtigter Nachdruck stellt eine Urheberrechtsverletzung (§§ 97 ff. UrhG) und eine Verletzung des Verlagsvertrages dar.[143]

---

179 **Praxistipp:**

Der Verleger sollte sich angesichts dieser **sehr restriktiven und praxisfremden Vorschrift** stets das Recht vorbehalten, die Anzahl der Exemplare, also die Auflagenhöhe, zu bestimmen und dieses **Recht für alle Auflagen und Ausgaben** zu erwerben.

---

180 Zu beachten ist aber, dass der Verleger auch dann, wenn er **weniger als 1.000 Exemplare** herzustellen beabsichtigt, sich dieses **vor Beginn** der Vervielfältigung dem **Verfasser gegenüber vorbehalten** muss. Wer also eine schwer verkäufliche Habilitationsschrift aus einem eng umgrenzten Wissenschaftsbereich, sollte aus Vorsichtsgründen gegenüber dem Verfasser den entsprechenden Vorbehalt machen. Diese Erklärung ist die Ausübung eines Gestaltungsrechtes und daher eine zugangsbedürftige, einseitige Willenserklärung (§§ 130 ff. BGB). Druckt der Verleger weniger als die Anzahl der Exemplare, zu deren Herstellung er verpflichtet ist, so kann der Verfasser in erster Linie die **Erfüllung** fordern[144] und daneben den Ersatz des **Verzugsschadens** verlangen (§§ 280, 286 BGB). Neben diesen Ansprüchen kann der Verfasser zudem vom Verlagsvertrag unter den Bedingungen der §§ 32, 30 VerlG bzw. alternativ § 323 BGB vom Verlagsvertrag zurücktreten.

181 Der Verleger ist **nicht zur Herstellung** der gesamten Auflage in **einem einzigen Druckvorgang** verpflichtet. Er muss vielmehr dafür Sorge tragen, dass der Bestand nicht vergriffen wird. Die Lieferungen sollten aber jedoch nicht ins Stocken geraten.[145] Damit kann der Verleger im Einzelfall auch die Druckmethode des "printing on demand" verwenden und nur auf jeweils konkrete Anforderungen eines Käufers ein Buchexemplar herstellen. Er wird allerdings den Verlagsvertrag auf seiner Seite erst dann erfüllt haben, wenn er 1.000 Exemplare vervielfältigt und verbreitet hat, abgesehen von dem Fall, in dem der Abverkauf völlig in Stillstand gerät. In diesem Fall wird der Verfasser nicht nach Treu und Glauben die Herstellung der weiteren Exemplare fordern können.[146]

---

142 Vgl. oben Rdn. 47 ff.
143 BGH GRUR 1980, 227 – Monumenta Germaniae Historica.
144 Vgl. hierzu oben 6.1.3.
145 *Schricker* VerlG, § 16 Rn. 8.
146 *Schricker* VerlG, § 16 Rn. 8 m.w.N.

B. Besonderheiten des Verlagsvertrages

Der Verleger ist allerdings berechtigt, über die Anzahl der zulässigen Abzüge hinaus die üblichen **Zuschussexemplare** zu drucken. Zuschussexemplare sind solche Exemplare, die zum Ersatz der im Laufe des Produktions- oder Verbreitungsprozesses beschädigten oder untergegangenen Exemplare dienen. Ferner ist er nach § 25 VerlG berechtigt, in Höhe von 1 % der Auflage, jedoch mindestens 5 und höchstens 15 Exemplare, als honorarfreie **Freiexemplare** zu drucken. Freiexemplare sind solche Exemplare, die als **Besprechungs-**, **Werbe-** oder **Pflichtexemplare** bzw. dem Verfasser als **Belegexemplare** überlassen werden. Nicht zu diesen Freiexemplaren sind allerdings diejenigen Exemplare zu rechnen, die als Rabatt- oder so genannte **Partieexemplare** vom Verleger bei der Abnahme größerer Mengen den Sortimenter zur Verfügung gestellt werden. Es handelt sich insofern um einen Naturalrabatt und damit um verkaufte und bezahlte, also vergütungspflichtige Exemplare. **Vorzugsexemplare** (§ 26 VerlG) sind Exemplare, die der Verlag dem Autor in unbegrenzter Höhe zu den niedrigsten Preisen zur Verfügung stellen muss, die er auch von Dritten Abnehmern verlangt. 182

Die dem Verfasser vom Verleger überlassenen Frei- und Vorzugsexemplare können vom Verfasser **weiterveräußert** werden. Das exklusive Verbreitungsrecht des Verlegers an diesen Exemplaren ist gemäß § 17 Abs. 2 UrhG verbraucht.[147] Sofern der Verfasser diese Exemplare selbst weiter veräußert, hat er allerdings die Regelungen des **Buchpreisbindungsgesetzes** zu beachten. Insbesondere dann, wenn der Verkauf der Bücher gewerbsmäßig an den Letztverbraucher erfolgt, hat auch der Verfasser den vom Verleger festgesetzten Ladenpreis zu beachten (§§ 3, 5 BuchPrG). 183

> **Praxistipp:** 184
> Regelmäßig wird zwischen dem Verleger einerseits und dem Verfasser vereinbart, dass der Verfasser seine Autorenexemplare nur nach ausdrücklicher Zustimmung des Verlegers in Verkehr bringen darf. Auf diese Weise soll der ordnungsgemäße Verlagsvertrieb sichergestellt und Irritationen des Buchhandels vermieden werden.

2. Änderungsrecht und -pflichten am Text aus Sicht des Verlegers sowie des Autors

a) aus Sicht des Verlegers

Der Verleger ist nur in den Fällen berechtigt, anlässlich der Vervielfältigung und Verbreitung des Werkes das Werk und seinen Titel **zu ändern, in denen** der Urheber **seine Einwilligung nicht wider Treu und Glauben versagen** darf (§ 39 Abs. 2 UrhG). Zur Änderung der Urheberbezeichnung ist der Verleger allerdings nicht berechtigt (§ 39 Abs. 1 UrhG). Das Änderungsverbot bezieht sich auf den Inhalt des Werkes, so dass im Regelfall Kürzungen ebenso wie das Beifügen von Zusätzen verboten sind, auch dann, wenn es sich um scheinbar Unwesentliches handelt, wie Widmungen, Motti, Illustrationen u.ä. Gleiches gilt für die äußere Form, also die sprachliche Fassung sowie die Gliederung des Werkes.[148] Der Verleger hat danach grundsätzlich jede Bearbeitung und Umgestaltung eines Werkes zu unterlassen, er kann aber, sofern es sich dabei nicht um die besondere Ausdrucksform eines Verfassers handelt, **Rechtschreibung, Zeichensetzung und Grammatik korrigieren und verbessern.** Regelmäßig ist also die Anpassung an geänderte Rechtschreibregeln vom Verfasser hinzunehmen.[149] Nicht erlaubt ist allerdings die Aufnahme von Abbildungen[150] usw. (§§ 97 ff. UrhG). 185

---

147 *Ulmer* S. 457.
148 *Schricker* VerlG, §§ 13/39 UrhG Rn. 6.
149 *Schricker/Dietz* § 39 Rn. 17.
150 BGH GRUR 1954, 80.

186 Eine Überschreitung der Änderungsbefugnis des Verlegers führt zu einer Urheberrechtsverletzung, wegen derer der Verfasser Unterlassung, Schadensersatz usw. fordern kann.

187 In der Praxis des Buchverlagwesens, aber auch in der Praxis vieler Zeitschriftenverlage, wird dem Urheber der Umbruch zur Korrektur und zur Druckfreigabe ("Imprimatur") überlassen. Damit genehmigen aber gleichzeitig die Verfasser etwaige Abweichungen des Umbruches vom Originalmanuskript. Eine Rechtsverletzung sollte damit nicht eintreten.

b) aus Sicht des Autors

188 Anlässlich der Vervielfältigung einer **neuen Auflage** hat der Verleger dem Verfasser Gelegenheit einzuräumen, von seinem **Änderungsrecht gemäß § 12 VerlG** Gebrauch zu machen. Gemäß § 12 VerlG ist der Verfasser berechtigt, bis zur Beendigung der Vervielfältigung, Änderungen am Werk vorzunehmen. Nur solche Änderungen, die mit dem berechtigten Interesse des Verlegers kollidieren, hat der Verfasser zu unterlassen. Zu den Änderungen ist der Verfasser nicht höchst persönlich verpflichtet (§ 12 Abs. 2 VerlG).

189 Häufig, insbesondere bei wissenschaftlichen Werken, hat der Verleger ein starkes Interesse daran, dass ein Werk für eine neue Auflage auch neu bearbeitet wird und damit dem neuesten Stand der Wissenschaft angepasst wird. Der Verfasser **verpflichtet** sich daher, im Fall einer Neuauflage die **erforderlichen Änderungen** vorzunehmen.[151]

190 Als zusätzliche Klauseln können auch **Fortsetzungsklauseln** vereinbart werden, die dann bestimmen, wer und wie gegebenenfalls, wenn der bisherige Verfasser nicht mehr zur Neubearbeitung in der Lage oder Willens sein sollte, die Neubearbeitung vornehmen darf und kann.[152]

191 **Verletzt der Verleger** seine **Verpflichtung, dem Verfasser Gelegenheit zur Änderung zu geben,** ist dies die **Verletzung des Verlagsvertrages.** Daneben stellt sich diese Verletzung auch als Urheberrechtsverletzung dar, weil § 12 VerlG dem Autor ein Widerrufsrecht hinsichtlich der erteilten Einwilligung zur Vervielfältigung und Verbreitung gewährt. Mit Zugang des Widerrufes wird damit die weitere Werkverwertung rechtswidrig (§ 130 BGB).[153]

192 Unabhängig davon steht dem Urheber das Rückrufsrecht wegen gewandelter Überzeugungen gemäß § 42 UrhG zu.

3. Korrekturpflicht

193 Der Verleger hat für die Korrektur zu sorgen. Einen Abzug hat er rechtzeitig dem Verfasser zur Durchsicht vorzulegen. Der Abzug gilt als genehmigt, wenn der Verfasser ihn nicht binnen einer angemessenen Frist dem Verleger gegenüber beanstandet (§ 20 VerlG). Nach der gesetzlichen Konstruktion ist die **Korrektur** des Satzes eine **vertragliche Nebenpflicht des Verlegers.** Unterlässt er die Vorlage, so ist der Verfasser zum Rücktritt vom Verlagsvertrag oder zum Schadensersatz wegen Nichterfüllung berechtigt (§§ 30, 32 VerlG).[154]

194 Die Übermittlung des **Korrekturabzuges** dient auch dazu, dem Verfasser die Ausübung seines **Änderungsrechtes** (§ 12 VerlG) zu ermöglichen. Der Abzug gilt als genehmigt, wenn er nicht binnen angemessener Frist beanstandet wird. Die Beanstandungen des

---

151 OLG Köln, GRUR 1950, 579; *Schricker* VerlG, § 12 Rn. 13; § 10 Verlagsvertrag über ein wissenschaftliches Werk.
152 § 10 Abs. 4 Verlagsvertrag über ein wissenschaftliches Werk.
153 *Schricker* VerlG, § 12 Rn. 10 m.w.N.
154 *Schricker* VerlG, § 20 Rn. 3.

Korrekturabzuges sind nach den Regeln einer empfangsbedürftigen Willenserklärung (§§ 130 ff. BGB) zu behandeln.[155] Hat der Verfasser sich **nicht binnen angemessener Frist,** die anhand des Umfanges der Korrekturarbeiten, der Berufstätigkeit des Verfassers, Kommunikationsverbindungen usw. (§ 11 Abs. 2 Satz 2 VerlG analog) zu bestimmen ist, gemeldet, so gilt das **Manuskript als genehmigt.** Die Genehmigung bezieht sich nicht nur auf die Druckfähigkeit, sondern auch auf die sonstigen beurteilbaren Eigenschaften (Drucktype, Satzspiegel usw.) sowie etwaige vom Verleger vorgenommenen Änderungen des Werkes, sofern diese nicht überraschend sind.[156]

Regelmäßig übernimmt allerdings der **Verfasser die Korrektur ohne besondere Vergütung**[157]. Meist erhält der Verfasser den Satz zur Korrektur und nach Ausführung der Korrektur den Umbruch zur erneuten Durchsicht. Der Verfasser hat dann innerhalb einer angemessenen oder vereinbarten Frist die Korrektur bzw. Revision auszuführen und den Satz bzw. den Umbruch dem Verleger zurückzuleiten. Der Verfasser kann dabei gleichzeitig die Änderungen am Werk (§ 12 VerlG) ausführen. Der Verfasser hat allerdings für Änderungen, die er nach Beginn der Vervielfältigung vorgenommen hat, **die das übliche Maß übersteigen,** dem Verleger die dadurch **entstandenen Kosten** zu ersetzen (§ 12 Abs. 2 VerlG). Die Kostenerstattungsverpflichtung entsteht dann nicht, wenn die Änderungen auf Umstände zurückzuführen sind, die die Änderungen rechtfertigen (§ 12 Abs. 3 VerlG). In der Verlagspraxis vereinbaren Verleger und Verfasser regelmäßig, dass der Verfasser die Kosten der Änderung dann zu tragen hat, wenn diese **10 % der ursprünglichen Satzkosten** übersteigen und sofern die Änderungen nicht durch fehlerhaften Druck oder durch andere Umstände, die der Verfasser nicht zu vertreten hat, bedingt waren. 195

Auch in diesem Zusammenhang spielt die bereits erwähnte »**Imprimatur**« eine große Rolle, durch die der Verfasser etwaige Abweichungen von seinem Manuskript genehmigt. 196

4. Recht des Verlegers zur Veranstaltung von Neuauflagen

Ein Verleger, der das **Recht** hat, eine **neue Auflage** zu veranstalten, ist **nicht dazu verpflichtet.** Der Verfasser kann ihm zur **Ausübung** aber eine **Frist** setzen (§ 17 VerlG). 197

Erklärt sich der Verlag nach Eingang einer solchen Aufforderung bereit, eine neue Auflage zu veranstalten, so wird dies regelmäßig als Verpflichtung zu verstehen sein, eine neue Auflage zu veranstalten. Problematisch ist in diesen Fällen allerdings die Bestimmung des Inhalts des Verlagsvertrages. 198

> **Praxistipp:** 199
> Es empfiehlt sich, auf eine etwaige Bitte des Verfassers nach Veranstaltung einer neuen Auflage zu antworten, dass man beabsichtigte, eine neue Auflage zu veranstalten, ohne sich jedoch gesondert verpflichten zu wollen. Unter diesen Umständen verbliebe es jedenfalls bei dem ursprünglichen Verlagsvertrag und den dort ausgehandelten Konditionen.

Verweigert der Verleger die neue Auflage, kann der Verfasser neben seinem Rücktrittsrecht nach § 17 VerlG auch das Rückrufsrecht wegen Nichtausübung geltend machen (§ 41 UrhG). Bezüglich der bisherigen Auflage bleibt das Vertragsverhältnis bestehen (§ 38 VerlG). 200

---

155 *Schricker* VerlG, § 20 Rn. 7.
156 *Schricker* VerlG, § 20 Rn. 7.
157 § 8 Normverlagsvertrag, § 9 Verlagsvertrag über ein wissenschaftliches Werk.

5. Verbreitung

201 Neben der Verpflichtung zur Vervielfältigung ist die Verpflichtung **zur zweckentsprechenden und üblichen Verbreitung** die zweite Kardinalpflicht des Verlegers (§§ 1, 14 VerlG).

a) Verbreitungshandlungen

202 Die Verbreitungsverpflichtung des Verlegers richtet sich darauf, dafür zu sorgen, dass die **Vervielfältigungsstücke in den Handel gebracht** werden. Er hat keine darüber hinausgehende Möglichkeit und ist deshalb auch nicht verpflichtet, dafür Sorge zu tragen, dass der Handel seinerseits die eingekauften Bücher an den Endverbraucher weiterverkauft. Der Verleger hat dabei den für den Charakter des jeweiligen Werkes **geeigneten Vertriebsweg** zu wählen. Bei der Auswahl des Vertriebsweges ist dem Verleger aber ein weit reichender Gestaltungsspielraum einzuräumen, weil der Verleger derjenige ist, der zunächst die Investition und die Herstellung der Vervielfältigungsstücke tätigt.

203 Ursprünglich fand der Buchvertrieb fast ausschließlich durch den Verkauf an den buchhändlerischen **Großhandel,** die so genannten **Barsortimenten** und deren Weiterveräußerung an die **Sortimenter,** also die einzelnen Buchhändler, statt. Ein Großteil der gut verkäuflichen und tagesaktuellen Verlagsproduktion wird heute direkt vom Verleger an den Buchhändler geliefert. Barsortimente beziehen eine große, über Tagesaktuelles hinausgehende Anzahl von Büchern von den Verlagen und halten sie auf Lager. Nachbestellungen durch den Buchhandel können dann aufgrund der flächendeckenden Belieferung durch sog. Bücherwagen innerhalb von 24 Stunden sichergestellt werden. Damit nehmen sie den Buchhandlungen einen Teil der kostenintensiven Lagerhaltung ab und sind gegenüber Direktbestellungen bei den Verlagen im Vorteil, weil die Belieferung durch einen Verlag meist drei bis fünf Tage Woche dauert.

204 Neben dem Vertrieb über den klassischen Sortimentsbuchhandel werden manche Bücher, vor allem Billigbücher oder Ratgeber, auch über die so genannten »**Nebenmärkte**«, also branchenfremde Einzelhandelsunternehmen, verkauft. Hierbei handelt es sich um Lebensmitteldiscounter, Baumärkte, Gartenmärkte, Schreibwarengeschäfte, Tankstellen, Zeitschriftenkioske usw.[158] Vom Vertrieb regulär produzierter Buchexemplare über Nebenmärkte ist die Vervielfältigung und Verbreitung von eigens dafür produzierter, preislich verbilligten **Sonderausgaben** für den spezifischen Vertrieb über solche Nebenmärkte[159] zu unterscheiden.

205 Mit Rücksicht auf ihre Vertriebspartner entschließen sich Verleger selten, ihre Produkte ausschließlich oder überwiegend im **Direktverkauf** zu veräußern; dabei kann der Verkauf durch Haustürverkäufer, wie häufig bei großen Lexika und/oder Zeitschriften oder Reisebuchhandel oder mit Hilfe der verschiedensten Direktvertriebsmittel von Abonnentenwerbung durch Zeitschriftenanzeigen bis hin zur Werbung mit Hilfe des Internets (eigener Versandhandel) erfolgen.

---

158 Nach BGH GRUR 1990, 669 – Bibelreproduktion ist der Vertrieb über Kaffeefilialgeschäfte im Vergleich zum Vertrieb zu sonstige Nebenmärkte keine selbständige Nutzungsart.
159 Zeitungstreuebände sind Sonderausgaben, die speziell für Zeitungsverlage zum Vertrieb an deren Abonnenten hergestellt werden.

b) Werbepflicht

Zur Verpflichtung der zweckentsprechenden und üblichen Verbreitung gehört insbesondere auch die **Verpflichtung, angemessene Werbung** zu betreiben.[160] Es ist grundsätzlich **Sache des Verlages** darüber zu entscheiden, **welche Werbemaßnahmen er ergreift**.[161] Zu den Bestandteilen der verlegerischen Werbeverpflichtung gehört die Bekanntmachung in einschlägigen Buchhandels- und sonstigen Handelskreisen. Hierzu zählt insbesondere die Aufnahme der Werke in den **buchhändlerischen Nachschlagwerken,** insbesondere dem Verzeichnis lieferbarer Bücher (VLB) und gegebenenfalls in den Katalogen der Barsortimenter. Die Frage, ob er **Handelsvertreter** – sei es angestellte oder freie – beschäftigt oder sich auf die direkte Werbung mit Hilfe von Werbebriefen, Hauszeitschriften, E-Mails o.ä. verlässt, ist dem Verleger überlassen.

206

Zu den vom Verleger in eigenem Ermessen organisierten Werbemaßnahmen zählt auch die Frage, ob er den Versand von **Leseexemplaren** für die Unterrichtung des Buchhandels und von **Rezensionsexemplaren**,[162] die die Presse zur Vorstellung eines Buches animieren soll, organisiert, des Weiteren die Frage, ob er **Lesereisen des Autors** veranstaltet. **Werbeanzeigen** in Zeitungen oder Zeitschriften sind verhältnismäßig teuer und nur bei Wiederholungsschaltungen einprägsam. Sie erfolgen deshalb nur bei sog. Spitzentiteln. Erforderlich ist aber stets, dass der Verleger sich in adäquater Weise um den Absatz des Werkes bemüht und diese Bemühungen im Zweifel nachweisen kann.

207

Die Publikation von **Auszügen des Werkes,** deren Lesung im Funk oder das Einstellen kleinerer Auszüge auf der eigenen Homepage des Verlages oder des Internetbuchhandels (z.B. "search inside the book", von Amazon) dürfte vom Werbe- und Verbreitungsrecht gedeckt sein. Erst wenn die Werbemaßnahme zum Verzicht des Kunden auf den Erwerb des Buches führen kann, ist das Werberecht überschritten.

208

> **Praxistipp:**
> Es sollte im Verlagsvertrag geregelt sein, welche Werbemaßnahen der Verleger treffen darf und soll.

209

c) Beginn der Verbreitung

Sofern die Partner des Verlagsvertrages nichts anderes festgelegt haben, hat der Verleger mit der Verbreitung **zu beginnen, sobald die Vervielfältigung beendet** ist. Er wird demgemäß die ersten vorbereitenden Handlungen schon vor der Fertigstellung der Vervielfältigungsstücke beginnen. Im Einzelfall, so bei aktualitätsgebundenen Titeln, kann aber der sofortige Beginn der Verbreitung nicht einer zweckentsprechenden Verbreitung entsprechen. So ist die Bewerbung eines Weihnachtstitels während der Sommerferien nicht zweckdienlich. Der Verleger hat also für den Beginn seiner Werbemaßnahmen denjenigen **Zeitpunkt** zu wählen, der eine **möglichst günstige Absatzchance** im Hinblick auf den spezifischen Charakter des Werkes garantiert.[163]

210

---

160 Ausdrücklich in § 8 Abs. 1 Verlagsvertrag über ein wissenschaftliches Werk, § 3 Abs. 2 Normverlagsvertrag.
161 OLG Celle, GRUR 1964, 333.
162 Lese- und Rezensionsexemplare sind grundsätzlich Zuschussexemplare gemäß § 6 VerlG. Es empfiehlt sich aber hierzu eine ausdrückliche Regelung im Vertrag aufzunehmen, insbesondere dort, wo im großen Umfang solche Exemplare abgegeben werden, wie bei Lehrerprüfstücken für Schulbücher.
163 *Schricker* VerlG, § 15 Rn. 10.

6. Recht und Pflicht zur Preisfestsetzung

a) Allgemeines

211 Eine besondere Maßnahme des Vertriebes ist die **Bestimmung des Ladenpreises** (§ 21 VerlG). Danach ist der Verleger berechtigt, den Ladenpreis zu bestimmen.[164] Gemäß § 5 Buchpreisbindungsgesetz ist er hierzu beim Vertrieb von Büchern auch verpflichtet. Die Bestimmung des Ladenpreises obliegt **allein dem Verleger.** Der Verleger wird dabei unter Abwägung der seinerseits dem Werk eingeräumten Verkaufschancen und den Herstellungskosten sowie Vertriebskosten bestrebt sein, einen Preis zu bestimmen, der einen größtmöglichen Erfolg und damit Gewinn des Werkes sicherstellen soll. Der Verfasser hat hierauf keinen Einfluss.[165] Der Verleger ist also allein zur Bestimmung des Ladenpreises ohne Einfluss des Verfassers berechtigt.[166]

212 Der Verleger kann den Ladenpreis nur **herabsetzen,** wenn dadurch **berechtigte Interessen** des Verfassers **nicht verletzt** werden (§ 21 VerlG). Solche berechtigten Interessen können beispielsweise Rufbeeinträchtigung sein, die dazu führt, dass ein anderer Verleger befürchtet, dass die Werke des Verfassers nicht verkäuflich sind. Auch materielle Interessen des Verfassers können durch die Herabsetzung des Ladenpreises verletzt werden.[167] Zu einer **Erhöhung** des Ladenpreises ist der Verleger **nur mit Zustimmung** des Verfassers berechtigt (§ 21 VerlG).

213 In der Verlagspraxis vereinbaren jedoch Verleger und Verfasser, das der Verleger nicht nur den Ladenpreis bei der erstmaligen Publikation bestimmt, sondern auch dessen Änderungen.[168]

214 Dem Buchpreisbindungsgesetz unterliegen Musiknoten, kartografische Produkte sowie sonstige Produkte, die **Bücher,** Musiknoten oder kartografischen Produkte reproduzieren oder substituieren und die unter Würdigung der Gesamtumstände als **überwiegend verlags- oder buchhandelstypisch** anzusehen sind, sowie kombinierte Objekte, bei denen eines der genannten Erzeugnisse die Hauptsache bildet (§ 2 Abs. 1 BuchPrG). Dabei kommt es nicht darauf an, in welcher Sprache die Bücher verfasst sind, denn auch fremdsprachige Bücher, die überwiegend für den Absatz in der Bundesrepublik Deutschland bestimmt sind, fallen in den Anwendungsbereich des BuchPrG.

b) Pflicht zur Preisfestsetzung

215 Derjenige, der Bücher in der Bundesrepublik Deutschland **verlegt oder importiert,** ist **verpflichtet,** einen **Endpreis** (einschließlich Umsatzsteuer) für die Ausgabe eines Buches und für deren Verkauf an den Letztabnehmer **festzusetzen** und in **geeigneter Weise zu veröffentlichen.** Gleiches gilt für denjenigen, der Bücher importiert, wobei dieser den empfohlenen Ladenpreis des Originalverlegers zuzüglich der jeweils geltenden Mehrwertsteuer nicht unterschreiten darf (§ 5 Abs. 1, 2 BuchPrG).

216 Als Preise können festgesetzt werden Serienpreise, Mengenpreise, Subskriptionspreise und Sonderpreise für Institutionen, die bei der Herausgabe einzelner Verlagsobjekte mitgewirkt haben, Sonderpreise für Abonnenten, wenn die Redaktion der Zeitschrift das Buch verfasst oder herausgegeben hat und schließlich Teilzahlungszuschläge.

---

164 *Ulmer* § 105 V 1.
165 Die Deutsche Forschungsgemeinschaft (DFG) hat für Druckkostenzuschüsse jedoch bestimmte Kalkulationsrichtlinien erlassen, ähnliches gilt für den Förderungs- und Beihilfefond der VG-Wort, Abteilung Wissenschaft. vgl. *Schricker* VerlG, § 21 Rn. 3.
166 *Schricker* VerlG, § 21 Rn. 4.
167 *Schricker* VerlG, § 21 Rn. 9.
168 Z.B. § 3 Abs. 4 Normverlagsvertrag, § 8 Abs. 2 Verlagsvertrag über ein wissenschaftliches Werk.

B. Besonderheiten des Verlagsvertrages

c) Pflicht zur Preisbeachtung

Den so bestimmten **Preis** haben gemäß § 5 BuchPrG alle, **die gewerbs- oder geschäfts-** 217
mäßig Bücher an den Letztabnehmer verkaufen, zu beachten. Diese können nur in eng begrenzten Ausnahmen von den Preisen abweichen, und zwar für den Verkauf von Büchern an buchhändlerische Kollegen, an die Autoren des eigenen Verlages, an Lehrer zum Zwecke der Prüfung, einer Verwendung im Unterricht und bei Mängelexemplaren, die verschmutzt oder beschädigt sind oder einen sonstigen Fehler aufweisen und deutlich als Mängelexemplare gekennzeichnet sind (§ 7 Abs. 1 BuchPrG). Darüber hinaus können in eng umgrenzten Rahmen Bibliotheken Preisnachlässe eingeräumt werden. Gleiches gilt für Sammelbestellungen von Büchern für den Schulunterricht (§§ 7 Abs. 2, 3 BuchPrG). Ferner darf der Buchhändler Waren von geringem Wert oder Waren, die im Hinblick auf den Wert des gekauften Buches wirtschaftlich nicht ins Gewicht fallen, zusätzlich abgeben. Hier wird allgemein eine dem alten Rabattgesetz angelehnte Obergrenze von 2 % des Wertes des Buches angenommen (§ 7 Abs. 4 Nr. 1 BuchPrG). Weiterhin darf der Buchhändler geringwertige Kosten der Letztabnehmer für den Besuch der Verkaufsstelle etwa Busfahrkarten) übernehmen (§ 7 Abs. 4 Nr. 2 BuchPrG). Schließlich kann der Buchhändler Versand- oder besondere Beschaffungskosten tragen oder sonstige handelsübliche Nebenleistungen erbringen (§ 7 Abs. 4 Nr. 3, 4 BuchPrG).

d) Folgen eines Rechtsverstoßes

Verstößt im Einzelfall ein Buchhändler gegen die Vorschriften des Buchpreisbindungs- 218
gesetzes, so kann er u.a. von Wettbewerbern oder vom sog. Preisbindungstreuhänder, einem Rechtsanwalt, der von den Verlagen damit beauftragt wurde, die Preisbindung zu betreuen, auf **Unterlassung in Anspruch** genommen werden (§ 9 BuchPrG). Die Unterlassungsansprüche ergeben sich auch aus einem Verstoß gegen das UWG (§§ 3, 4 Nr. 11 UWG).

e) Preisbindung für E-Books

Das Thema E-Books und die dadurch zu erwartenden Veränderungen ihrer bisher eher 219
festgefügten Marktverhältnisse beschäftigt die Verlagsbranche, insbesondere seit Amazon in den USA – und in absehbarer Zeit auch in Deutschland – sein Lesegerät Kindle[169] anbietet und andere Marktteilnehmer wie Sony und insbesondere Apple mit seinem iPad[170] in Deutschland bereits Fuß gefasst haben und zahlreiche weitere Anbieter, wie etwa die Buchhandelskette Thalia mit seinem Reader »Oyo«[171] den Markt in Kürze betreten werden.

Der Börsenverein des Deutschen Buchhandels sprach sich angesichts der inzwischen deutlicher gewordenen Marktverhältnisse und Absatzchancen für eine klare E-Book-Preisbindungspflicht aus. Damit modifizierte er seine ursprüngliche, von ihm und auch dem Preisbindungstreuhänder der Verlage tolerierte Praxis, E-Books preisbindungsrechtlich gleich zu behandeln wie Hörbücher, bei denen allenfalls empfohlene Ladenpreise, jedoch keine gebundenen Preise festgesetzt wurden. Der Börsenverein kündigte an, künftig juristisch gegen Verlage vorzugehen, die keine festen Preise vorgeben und gegen Händler, die festgesetzte Preise unterbieten. Der Preisbindungstreuhänder Professor Russ äußerte sich dazu[172] wie folgt: »Die Verlage würden die Preishoheit verlieren und

---

169 http://video.golem.de/audio-video/1842/amazon-kindle-2-trailer.html.
170 http://www.zdnet.de/business_video_hardware_produkte_die_ibooks_applikation_auf_dem_ipad_story-39002021-41526445-1.htm.
171 http://www.youtube.com/watch?v=6LEGrQHBPy4.
172 http://www.buchmarkt.de/content/39887-wie-ist-das-mit-den-preisen-fuer-e-books-auf-dem-kindle.htm?hilite=-Preisbindung-.

liefen Gefahr, ihre Printverkäufe zu kannibalisieren. Wenn ein Online-Händler seine E-Books zu Kampfpreisen von neun, sechs oder drei € verkauft, bekommt der Verlag Probleme mit einem Hardcover-Preis von 25 €. Der Verlust ließe sich dann auch nicht mit den Einnahmen aus dem E-Book-Verkauf kompensieren: Auch bei 55 oder 60 Prozent Lizenzgebühr bliebe für den Verlag immer nur ein Butterbrot.« bzw.[173] »Verlage wollen auf keinen Fall eine Situation wie in den USA, wo Amazon oder andere große Händler mit Niedrigpreisen für E-Books das Hardcover-Geschäft der Verlage kannibalisieren. Von vielen Verlegern bekomme ich zu hören: Sehen Sie nur zu, dass die Preisbindung von E-Books genauso konsequent durchgesetzt wird wie im Printbereich.« Preisgebunden sind in jedem Fall physische Bücher, ihre Reproduktionen oder Substitute im Sinne von § 2 Absatz 1 Ziffer 3 BuchPrG. Unter Letzteren sind Produkte zu verstehen, die dazu bestimmt sind, herkömmliche, gedruckte Verlagserzeugnisse zu ersetzen, also die auf gedruckte Bücher gerichtete Nachfrage ganz oder teilweise zu befriedigen.

220 Keinen Zweifel an der Preisbindungsfähigkeit von E-Books lässt der Preisbindungstreuhänder in seinem »Arbeitsbericht 2010«.[174] Dort wird die Meinung vertreten, E-Books stellten dann Substitute im Sinne von § 2 Absatz 1 Ziffer 3 BuchPrG dar, wenn es sich dabei um den vollständigen Buchinhalt handelt. Buchausschnitte oder einzelne Kapitel fallen nicht unter das BuchPrG. Dies gelte auch für reine Zugriffberechtigungen auf Online-Datenbanken, die nicht den vollständigen Download kompletter Bücher ermöglichten. Auch die öffentliche Zugänglichmachung von ganzen Büchern im Rahmen wissenschaftlicher Datenbanken unterfalle demnach nicht der Preisbindung, da es hierbei vor allem um ein Rechercheinstrument für Fachkreise zur Auffindung von Informationen in großen Datenmengen gehe und weniger um den Erhalt eines breiten Buchangebots im Sinne des § 1 BuchPrG.

221 Auf den ersten Blick haben E-Books diese Substitutionsfunktion: Wer einen Titel als E-Book liest, kauft das gedruckte Buch dazu vermutlich nicht mehr. Der Bundesgerichtshof hat in einer Entscheidung aus dem Jahr 1997[175] die Substitutsfunktion ausdrücklich nur für körperlich vorliegende CD-ROMs bejaht.

222 Deshalb sollte man gerade auf Grundlage jenes Urteils eine vereinfachende Übertragung der CD-ROM-Entscheidung des BGH auf E-Books und damit eine vorschnelle Annahme des Substitutscharakters von E-Books vermeiden. Zum einen liegen E-Books im Vergleich zu CD-ROMs nicht physisch vor und verfügen noch über zahlreiche multimediale Zusatzfunktionen wie Suchfunktion, Lesezeichen, touchscreen etc. Zum anderen wurden CD-ROMs traditionell wie gedruckte Bücher über den stationären Buchhandel vertrieben, während E-Books übers Internet angeboten werden. Ein weiteres Argument für eine differenzierende Anwendung der BGH-Entscheidung ist, dass es dort lediglich um eine Preisbindungs**fähigkeit** gegangen ist. Deshalb bedarf die Annahme einer Preisbindungs**pflicht** einer besonderen Rechtfertigung, die nur aus den besonderen, mit der Preisbindung verfolgten kulturpolitischen Zielen heraus zu rechtfertigen ist.

223 Dieser schützenswerte, rechtfertigende kulturpolitische Zweck der Buchpreisbindung ist nach § 1 BuchPrG die flächendeckende Versorgung der Bevölkerung mit dem Kulturgut Buch durch Existenz einer großen Anzahl von Verkaufsstellen. Da E-Books aber zumeist nicht in Buchhandlungen angeboten werden, hat der preisbindungsrechtliche Schutz von E-Books unmittelbar keine positive Auswirkung auf Buchläden, sondern vor allem auf die E-Book-Anbieter. Deren Schutz aber scheint kulturpolitisch alles andere als gewünscht. Allerdings ist bei der kulturpolitischen Rechtfertigung zu beachten, dass die

---

173 http://www.boersenblatt.net/356912/.
174 S. 2 ff., zu beziehen über Rechtsanwälte Fuhrmann Wallenfels, Wiesbaden.
175 BGH NJW 1997, 1911, 1913.

Preisbindung von E-Books nicht nur – direkt – deren Anbieter schützen würde, sondern indirekt eben doch die traditionellen Buchhandlungen, da sie bei Geltung einer Preisbindung für E-Books auch künftig eher einem Preiswettbewerb standhalten könnten. Dies sollte ein starkes Argument pro Preisbindung sein.

Gegen die Annahme der Preisbindung für E-Books aber könnte sprechen, dass aufgrund der Internationalität des E-Book-Marktes eine Preisbindung faktisch nur unter Schwierigkeiten gewährleistet werden kann, weil es keinen geschlossenen deutschen Markt gibt. Die Preisbindung nämlich gilt nach § 4 BuchPrG nicht für grenzüberschreitende Verkaufsvorgänge innerhalb der EU. Ausländische Anbieter könnten deshalb möglicherweise ohne großen finanziellen, technischen oder organisatorischen Aufwand E-Books von ausländischen Lagern aus preisbindungsfrei an Kunden in Deutschland verkaufen. Der Justitiar des Börsenvereins des deutschen Buchhandels sieht das BuchPrG offenbar auch in solchen Fällen für anwendbar: 224

>»Es geht nicht darum, grenzüberschreitende Verkäufe zu verhindern, sondern darum, ob für solche Verkäufe bei E-Books nicht von vornherein auch die Vorgaben des deutschen Buchpreisbindungsgesetzes Anwendung finden und Verlage deshalb auch von Anbietern in der EU die Beachtung ihrer Preisvorgaben verlangen können.[176]«

Völlig ungeklärt ist auch die preisbindungsrechtliche Einordnung denkbarer neue elektronischer Verwertungsformen wie Bücher »in the cloud«, also Publikationen, zu denen der Nutzer nur den Zugang gekauft hat, aber nicht das eigentliche Produkt, oder der Verkauf im Bundle, also die Kombination von gedrucktem und E-Book, oder multimediale E-Books, etwa mit Video-Sequenzen versehen Texte. 225

7. Verramschung und Makulierung

a) Verramschen

Das Verramschen einzelner Exemplare, also das **Verkaufen unter Aufhebung des gebundenen Ladenpreises,** ist keine Maßnahme der zweckentsprechenden und üblichen Verbreitung. Der Verkauf der Restauflage an Grossisten, Restebuchhändler, Großantiquariate unter gleichzeitiger Aufhebung der Preisbindung ist nur dann **zulässig, wenn die Restauflage des Werkes unverkäuflich geworden** ist. Regelmäßig setzt die Verramschung voraus, dass der Verleger dem Verfasser die **Verramschungsabsicht mitteilt,** damit dieser die Möglichkeit hat, den unverkäuflichen Rest zum Ramschpreis abzunehmen (§ 26 VerlG). Unterlässt der Verleger den entsprechenden Hinweis, kann der Verfasser Schadensersatz fordern (§§ 280, 281 BGB).[177] Zu beachten ist jedoch, dass die Reduktion des Ladenpreises und die Aufhebung des Ladenpreises bei Büchern **frühestens 18 Monate nach Erscheinen** der ersten Druckauflage des Werkes zulässig ist (§ 8 BuchPrG). 226

b) Makulierung

Ebenso wenig ist die Makulierung **einer Auflage** eine zweckentsprechende und übliche Maßnahme der Verbreitung. Besteht keinerlei Aussicht mehr, auch zu reduzierten oder aufgehobenen Ladenpreisen die Restauflage zu verkaufen, so kann der Verleger diese makulieren, **also zerstören.** Auch in diesem Fall hat der Verleger dem Verfasser vor der Makulierung Mitteilung zu machen und ihm die Gelegenheit zur Übernahme der vorhandenen Bestände einzuräumen.[178] Ein Vergütungsanspruch hinsichtlich der makulierten Exemplare besteht nicht. 227

---

176 www.boersenblatt.net/356912.
177 OLG Hamburg, GRUR 1974, 413 – Weihnachten.
178 OLG Düsseldorf, Schulze, OLGZ 155; *Ulmer* § 105 V 1.

228 Das Verlagsvertragsverhältnis **endet** mit der **Verramschung und/oder Makulierung nicht,** es sei denn, dass eine besondere Absprache hierzu zwischen den Vertragspartnern getroffen wurde. Sind die Rechte allerdings nur für eine bestimmte Zahl von Auflagen oder von Abzügen erteilt worden, so endet mit der Verramschung und/oder Vernichtung der Exemplare das Verlagsvertragsverhältnis (§ 29 Abs. 1 VerlG).

c) Rechtsbehelfe

229 Verstößt der Verleger gegen seine Verpflichtung zur zweckentsprechenden und üblichen Verbreitung, so kann der Verfasser den Verleger auf **Erfüllung** in Anspruch.

230 Daneben stehen dem Verfasser Ansprüche auf Schadensersatz (§§ 280 ff. BGB) zu. Im Einzelfall, wenn der Verleger keinerlei Verbreitungsmaßnahmen ergreift, dürften ihm auch **Rücktrittsrechte** gemäß §§ 32, 30 VerlG, 323 ff. BGB zustehen.

8. Auswertung der »Nebenrechte«

231 Das Verlagsgesetz selbst kennt den Begriff Nebenrechte nicht. Regelmäßig erwerben jedoch Verleger neben dem Recht zur Vervielfältigung und Verbreitung des Werkes als normale Buchausgabe darüber hinausgehende weitere Rechte, die häufig als Nebenrechte bezeichnet werden.[179]

232 Die Auswertung dieser so genannten "Nebenrechte" erfolgt in den meisten Fällen durch die **Vergabe der Rechte an Dritte.** Es werden also entsprechende Lizenzverträge geschlossen.

233 Das Verlagsgesetz enthält keine Bestimmung, kraft derer der Verleger zur Auswertung der Nebenrechte verpflichtet ist. Da dem Urheber für den Fall der unzureichenden Ausübung ausschließlicher Rechte durch den Werknutzer ein Rückrufsrecht wegen Nichtausübung zusteht (§ 41 UrhG), unterliegt der Verleger einer **Ausübungslast.** Regelmäßig wird der Verleger jedoch aus eigenem Interesse alles wirtschaftlich Richtige und Vernünftige unternehmen, um eine Verwertung der Nebenrechte zu erlangen. Dabei wird er darauf achten, dass **durch die Verwertung** seiner Nebenrechte **nicht das Hauptrecht beeinträchtigt** wird. So haben sich beispielsweise Hardcover-, Taschenbuch- und Buchgemeinschaftsverleger im Rahmen des so genannten **Potsdamer Protokolls**[180] darauf geeinigt, dass bestimmte **Zeit-, Ausstattungs- und Preisunterschiede** bei der Publikation **der jeweiligen Ausgaben** beachtet werden sollen. Auf diese Art und Weise wollen die beteiligten Verlagsfirmen die bestmögliche Auswertung belletristischer Werke sicherstellen.

234 Mag es auch im eigenen Interesse des Verlegers sein, die so genannten Nebenrechte möglichst gewinnbringend zu verwerten, so ist er auf der Grundlage von **Treu und Glauben** auch gegenüber dem Verfasser verpflichtet, das **Zumutbare und Übliche** zu tun, um eine entsprechende Verwertung zu erreichen. Vertragliche Vereinbarungen über die Verwertung von Nebenrechten sind nicht ausgeschlossen.[181] Der Verleger wird allerdings regelmäßig nur die Verpflichtung übernehmen können, sich um eine **intensive Verwertung** zu bemühen. Eine Garantie der Auswertung der Rechte durch Dritte wird er nicht übernehmen.

235 Voraussetzung für den Abschluss von Lizenzverträgen ist jeweils die **Zustimmung des Verfassers** (§§ 34 Abs. 1 und 2, 35 UrhG), wobei bei Sammelwerken die Zustimmung des Herausgebers genügt (§ 34 Abs. 2 UrhG), sofern die erforderlichen Rechte beim Verlag

---

179 Vgl. oben Rdn. 112.
180 *Wegner/Wallenfels/Kaboth* S. 386.
181 Vgl. z.B. § 5 Normverlagsvertrag, § 3 Abs. 2 Verlagsvertrag über ein wissenschaftliches Werk.

liegen. Die Zustimmung des Verfassers muss sich dabei immer auf das Verfügungsgeschäft beziehen.[182]

Die **Zustimmung** kann **ausdrücklich, stillschweigend,** sogar durch **schlüssiges Verhalten,** sowohl gegenüber dem Lizenzgeber als auch gegenüber dem Lizenznehmer[183] erklärt werden. Die Zweckübertragungsregel findet dabei Anwendung.[184] Die Zustimmung kann **bereits** allgemein im **Verlagsvertrag** erklärt werden. Darin dürfte kein Verstoß gegen § 307 BGB zu sehen sein, da es seit jeher zur Aufgabe der Verlage gehört hat, selbständig über die Vergabe von Lizenzen zu entscheiden. 236

9. Honorarzahlungspflicht

a) Allgemeines

Die Verpflichtung zur Zahlung einer Vergütung ist **keine im Gegenseitigkeitsverhältnis stehende Verpflichtung** aus dem Verlagsvertrag, wie sich aus der Formulierung von § 1 VerlG ergibt. Es bleibt den Vertragspartnern unbenommen und ist in der Praxis aufgrund vertraglicher Regelungen der Normalfall, dass die Vergütungspflicht zu einer im Gegenseitigkeitsverhältnis stehenden Pflicht gemacht wird. Es handelt sich dabei um eine schuldrechtliche Verpflichtung, auf die die allgemeinen Regeln des Schuldrechts anzuwenden sind. 237

Gesetzliche Regelungen über die Vergütungsverpflichtung des Verfassers befinden sich in § 22 VerlG und daran orientiert in §§ 32 ff. UrhG. Mit Inkrafttreten der Urheberrechtsreform des Jahres 2002 begründete der Gesetzgeber die zwingende Verpflichtung des Werknutzers zur Zahlung einer **angemessenen Vergütung** in das UrhG. Damit wurde der Grundsatz, den **Urheber an den Früchten seines Schaffens zu beteiligen**[185], ins Gesetz aufgenommen und gleichzeitig durch die Erwähnung der Sicherung der Vergütung als Zweck des UrhG in § 11 Satz 2 UrhG bestärkt. 238

Nach § 22 VerlG gilt, dass dann, wenn eine Vergütung vereinbart ist, der Verleger verpflichtet ist, diese dem Verfasser zu bezahlen (§ 22 Abs. 1 Satz 1 VerlG). Die Vergütung gilt als stillschweigend vereinbart, wenn die Überlassung des Werkes den Umständen nach nur gegen eine Vergütung zu erwarten ist (§ 22 Abs. 1 Satz 2 VerlG). 239

Ist die Vergütung der Höhe nach nicht bestimmt, so hat der Verfasser Anspruch auf eine **angemessene Vergütung** (§ 22 Abs. 2 VerlG). Die Verpflichtung zur Zahlung einer Vergütung ist grundsätzlich eine Verpflichtung zur **Zahlung in Geld** (§ 22 Abs. 2 VerlG); die Parteien können aber auch festlegen, dass die Vergütung in Form von Freiexemplaren bezahlt wird. 240

Eine **fast identische Regelung** findet sich in § 32 UrhG. Dessen Abs. 1 Satz 1 bestimmt ebenso wie § 22 Abs. 1 VerlG zunächst eine Selbstverständlichkeit, wonach die **vereinbarte Vergütung** zu bezahlen ist. Ist die Höhe der Vergütung nicht bestimmt, **gilt die angemessene Vergütung als vereinbart** (§ 32 Abs. 1 Satz 2, 42b UrhG). Ist die vereinbarte Vergütung im Einzelfall (ex ante-Betrachtung) nicht angemessen, so – und dies ist verfassungsmäßig nicht unbedenklich wegen möglichen Verstoßes gegen den Grundsatz der Vertragsfreiheit – kann der Verfasser unter Berufung auf § 32 Abs. 1 Satz 3 UrhG die **Anpassung der vertraglich vereinbarten Vergütungsvereinbarung** auf das nunmehr angemessene Maß insofern verlangen, als er zu diesem Zweck einen Anspruch auf ange- 241

---

182 OLG München, ZUM 1996, 420 – Accatone.
183 BGH GRUR 1984, 528 – Bestellvertrag.
184 BGH GRUR 1960, 197 – Keine Ferien für den lieben Gott.
185 BGH GRUR 1995, 673 – Mauer-Bilder; BGHZ 11, 135 – Lautsprecherübertragung; BGHZ 17, 266- Grundig-Reporter.

messene Vergütung hat. Enthält der Vertrag keine Verpflichtung des Verlegers zur Zahlung einer angemessenen Vergütung, so kann der Verfasser eine solche Zahlung auf der Grundlage des § 32 Abs. 1 Satz 2 UrhG geltend machen.[186]

242 Erweist sich später (ex post-Betrachtung) die vereinbarte Vergütung als nicht angemessen, entsteht insbesondere ein auffälliges Missverhältnis zwischen der Vergütung einerseits und den Erträgnissen andererseits, so steht dem Verfasser eine **weitere Beteiligung** zu (§ 32a UrhG) zu.

b) Arten der Vergütung

243 In der Verlagsbranche sind viele verschiedene Arten der Vergütung denkbar und üblich. Es lassen sich grundsätzlich die **erfolgsabhängige, also absatzabhängige Vergütung** von der **Pauschalvergütung** unterscheiden, wobei auch Mischformen in der Praxis zu finden sind. Daneben sind **Garantiezahlung bzw. Vorschusszahlung üblich**. Regelmäßig folgt die Vergütung der Verwertung der so genannten Nebenrechte gesonderten Regelungen. Im Einzelfall ist auch die Erstattung von Kosten denkbar. Welche dieser Vergütungsformen und auch welche Vergütungshöhe im Einzelfall angemessen ist, ist stets gesondert zu ermitteln.

aa) Beteiligung

244 Die Beteiligung des Verfassers am Erfolg des Werkes in Form einer **Umsatzbeteiligung** dürfte in der Praxis die größte Bedeutung haben. Als Anknüpfungspunkt für die **Beteiligung** dient entweder der **Nettoladenpreisumsatz,** also derjenige Umsatz, den das einzelne Werk anlässlich des Verkaufes an den Letztverbraucher erzielt oder der **Verlagsumsatz,** also derjenige Umsatz, den der Verleger anlässlich des Verkaufs des entsprechenden Werkes erzielt (Nettoladenpreis abzüglich Handelsrabatt von ca. 35–50 %). In beiden Fällen kann zwischen dem **Brutto-** und **Netto-Umsatz** unterschieden werden, also der Umsatz inklusive oder exklusive Mehrwertsteuer.[187] Bei der Beteiligung des Autors am Ladenpreisumsatz ist ferner zu prüfen, ob der Autor eine Beteiligung an jedem **verkauften** Exemplar erhält, oder ob er auch teilweise das Insolvenzrisiko des Verlegers mittragen soll und dann eine Absatzbeteiligung an jedem verkauften und bezahlten Exemplar erhält. Der Regelfall ist, dass der Autor nur an dem endgültigen Erfolg des Verlages beteiligt wird, also im Falle der **Remission** der Bücher keine Beteiligung erhält. Alle Buchhändler haben zur Verringerung von deren Lagerrisiko und zur Erhöhung deren Bereitschaft, »unbekannte« Bücher anzukaufen, für eine bestimmte Zeit nach Ankauf eines Buchs das Recht, dieses ohne Angabe von Gründen zurück zu geben, also zu remittieren. Solche Bücher sollen dem Autor gegenüber nicht vergütet werden.

245 Bei der Veräußerung von Büchern an den Letztverbraucher wird stets der vom Verleger festgesetzte Ladenpreis berechnet. (§ 5 BuchPrG). In der Praxis des Buchverlagsgeschäftes wird daher häufig eine Absatzvergütung in der Form der prozentualen Beteiligung am Netto-Ladenverkaufspreis vereinbart.

246 Die erfolgsabhängige Beteiligung des Verfassers kann schließlich auch durch die **absatzabhängige** Vergütung in der Form eines **Pauschalbetrages für jedes verkaufte,** bezahlte und nicht remittierte **Exemplar** erfolgen. In diesem Fall ist die Höhe der Vergütung unabhängig von dem Ladenpreis, welchen der Verleger festsetzt. Eine andere Form dieser Vergütung ist die Form der **auflagenabhängigen** Vergütung; in diesem Fall erhält der

---

186 Dreier/*Schulze* 2 Aufl., § 32 Rn. 24.
187 In der Verlagspraxis wird manchmal der Bruttoumsatz als der Umsatz einschließlich Buchhandelsrabatt und der Nettoumsatz als Umsatz ohne Buchhandelsrabatt, also als reiner Verlagsumsatz verstanden, jeweils abzüglich Umsatzsteuer.

B. Besonderheiten des Verlagsvertrages

Verfasser jeweils einen Pauschalbetrag je Auflage. Dabei wird die Höhe der Auflage im Verlagsvertrag vereinbart. Ist eine solche Vereinbarung nicht getroffen, gilt eine Auflage mit 1.000 Exemplaren (§ 5 VerlG). Die letzten beiden Vergütungsarten sind eher theoretischer Natur und in der Verlagspraxis kaum mehr anzutreffen.

Die erfolgsabhängige Vergütung kann ergänzend auch in der Form einer **Staffelung** vereinbart werden. Dabei werden, je nach Zahl der verkauften Exemplare, aber auch je nach Umsatz, unterschiedliche Prozentzahlen vereinbart. Häufig wird mit ansteigender Auflage ein Ansteigen des Honorarsatzes vereinbart. 247

bb) Pauschalzahlung

Neben der erfolgsabhängigen Vergütung sieht die Praxis häufig eine **Pauschalvergütung** vor. Durch die Pauschalvergütung, dem so genannten "buy out", erhält der Autor eine **einmalige Zahlung** für die Einräumung der Rechte. Sie ist in der Praxis besonders häufig in denjenigen Fällen, in denen es gilt, eine **Vielzahl von Urhebern zu vergüten.** Beispiele hierfür ist die Honorierung der Rechte in einem Sammelwerk, wie einem Lexikon oder einer Gedichtanthologie o.ä. Auch bei der Vergütung von Illustrationen und Fotografien findet sie in der Praxis häufige Anwendung. Ein Pauschalhonorar in diesem Sinne ist auch das **Zeilen-, Spalten-Honorar,** das im Zeitungs- und Zeitschriftenverlagswesen üblich ist, oder das **Seiten-Honorar** für Übersetzungen. 248

Ein Pauschalhonorar ist auch das "**Null-Honorar**", das häufig beim Druck wissenschaftlicher Publikationen, wie Dissertationen, vereinbart wird. In diesen Fällen verpflichtet sich der Autor manchmal auch zur Zahlung und/oder Vermittlung eines **Druckkostenzuschusses.** Ähnlich ist die Situation bei dem so genannten "**Zuschuss-Verlagen**", die auf Kosten ihrer Autoren solche Bücher vervielfältigen, die anderweitig keinen Verlag finden würden. In diesen Fällen übernehmen die Autoren die vollständigen Kosten der Vervielfältigung und Verbreitung. 249

Ein weiterer Honorarbestandteil ist der Anteil des Verfassers an den **Nebenrechtserlösen,** Honorare aus Verwertungen, die der Verlag nicht selbst vornimmt, sondern Dritten über sog. Lizenzverträge gestattet. Dies kommt etwa vor, wenn Verlage keine eigenen Taschenbuch- oder Hörbuchauswertungen realisieren, aber dem Autor gegenüber über diese Rechte verfügen und sie dann darauf spezialisierten Taschenbuch- oder Audioverlagen zu deren eigener Verwertung lizenzieren. Ist für die einzelne Verwertungsform zwar eine Rechtseinräumung, aber keine korrespondierende Vergütungsabsprache im Vertrag enthalten, so könnten die Vereinbarungen über die Beteiligung des Verfassers an der Verwertung der Hauptrechte analog angewandt werden.[188] Es empfiehlt sich aber dringend, in Verlagsverträgen für solche Fälle eine allgemeine Beteiligungsregel aufzunehmen. Verwertet der Verleger die Rechte durch den Abschluss von Lizenzverträgen mit anderen Verlagen oder Verwertern, so wird der Verfasser an den Erlösen regelmäßig beteiligt. Die Beteiligungssätze schwanken zwischen 50 % und 70 %. Mitunter werden unterschiedliche Beteiligungsverhältnisse, je nach den Rechten, aber auch nach Marktmacht des Autors, vereinbart.[189] 250

cc) (Garantie-)Vorschuss

Weiterer Bestandteil der Vergütungsvereinbarung kann die Vereinbarung zur Zahlung einer **Garantie** oder eines **Vorschusses** sein. Regelmäßig werden Garantiehonorare und Vorschusszahlungen für **verrechenbar** mit den übrigen Vergütungsansprüchen aus dem 251

---

188 *Knaak*, in: Urhebervertragsrecht (FS Schricker), S. 279.
189 Loewenheim/*J.B. Nordemann* § 64 Rn. 118; *Wegner/Wallenfels/Kaboth* S. 96.

Verlagsvertrag oder im Ausnahmefall auch mit anderen Verlagsverträgen der Parteien vereinbart.[190] Letzteres ist allerdings nur dann zulässig, wenn dies ausdrücklich in den jeweiligen Verlagsverträgen so vereinbart wurde. Andernfalls wäre eine solche Klausel überraschend i.S.v. § 305c BGB.[191]

252 Eine Vorschusszahlung unterscheidet sich von der Garantiezahlung dadurch, dass über die Vorschusszahlung bei Ende des Verlagsvertrages abgerechnet wird und gegebenenfalls eine Rückzahlungsverpflichtung des Autors besteht.[192] Fast immer werden deshalb Garantien im Rechtssinne bezahlt.

c) Angemessene Vergütung im Gesetz

253 Die Kernfrage der Vergütungsvorschriften der §§ 32 ff. UrhG ist die Bestimmung der Angemessenheit der Vergütung. Das Gesetz gibt dem Anwender nur eine unvollständige Hilfestellung zu deren Ermittlung. Die Bestimmung der **Angemessenheit** erfolgt zunächst auf den **Zeitpunkt des Vertragsschlusses** (§ 32 Abs. 1 Satz 2 UrhG). Es sind also spätere Entwicklungen, beispielsweise ein besonderer Absatzerfolg des Werkes, nicht zu berücksichtigen. Sind solche Erfolge allerdings aufgrund der besonderen Umstände im Einzelfall vorhersehbar, so sind diese bei der Bestimmung einzubeziehen.

254 Die Bestimmung der Angemessenheit hat **aus objektiver Sicht zu erfolgen**; nicht das, was die Vertragspartner für sich als angemessen empfinden, ist der Maßstab der Vergütungspflicht, sondern das objektiv Angemessene. Durch die Novelle sollte ja gerade die vom Gesetzgeber – möglicherweise zu Unrecht – unterstellte strukturelle Unterlegenheit der Urheber unter die Verwerterseite aufgehoben werden. Es müssen daher objektive Überlegungen die Grundlage der Bestimmung der Angemessenheit sein.

255 Das Gesetz bestimmt, das zunächst die **Bestimmung der Tarifverträge angemessen** im Sinne des Gesetzes sind (§ 32 Abs. 4 UrhG). Gedanke dabei ist, dass hier eine strukturelle Unterlegenheit eines der Verhandlungspartner beim Zustandekommen nicht bestand. Liegen also im Einzelfall tarifvertragliche Bestimmungen über die Vergütung vor, so sind diese die angemessenen Vergütungsansprüche. Im Buchverlagsbereich gibt es keine entsprechenden Tarifverträge. Im Zeitschriften- und im Zeitungsverlagsbereich gibt es hierzu einzelne Tarifverträge.

256 Gibt es, wie in den meisten Bereichen des medienschaffens, keine Tarifverträge, kann sich die angemessene Vergütung aus entsprechenden **gemeinsamen Vergütungsregeln** ergeben (§ 32 Abs. 2 Satz 1 UrhG). Die Vergütung, die in gemeinsamen Vergütungsregeln festgelegt ist, gilt aufgrund gesetzlicher Vermutung für den jeweiligen Bereich als angemessen. Voraussetzung ist, dass die Vertragspartner repräsentativ, unabhängig und zum Abschluss ermächtigt waren.[193] Zu prüfen ist allerdings der Anwendungsbereich der einzelnen Vergütungsregeln. Es kommt darauf an, dass sich die Nutzungsarten auch tatsächlich entsprechen.

257 Sind beide Vertragspartner Mitglieder der Parteien der jeweiligen gemeinsamen Vergütungsregel, ist deren Geltung unproblematisch; gleiches dürfte gelten, wenn nur der Verlag Mitglied ist. Verfassungsrechtlich bedenklich[194] ist allerdings die Anwendung der gemeinsamen Vergütungsregeln auf Außenseiter und deren unwiderlegliche Vermutung.

---

190 OLG Frankfurt, NJW 1991, 1489; OLG Karlsruhe, GRUR 1987, 912 – Honorarvorschuss.
191 OLG Frankfurt, NJW 1991, 1489.
192 *Wegner/Wallenfels/Kaboth* S. 98 f.; a.A. *Schricker* VerlG, § 22 Rn. 7, der eine Rückzahlungsverpflichtung nur dann annimmt, wenn dies ausdrücklich im Verlagsvertrag so vereinbart wurde.
193 Dreier/*Schulze* 2. Aufl., § 32 Rn. 31.
194 *Erdmann* GRUR 2002, 923; *Thüsing* GRUR 2002, 203.

B. Besonderheiten des Verlagsvertrages

Nicht geklärt ist, wie zu verfahren ist, wenn sich gemeinsame Vergütungsregeln widersprechen. In diesem Fall wird man von einem Rahmen auszugehen haben. 258

Liegen keine gemeinsamen Vergütungsregeln vor, so ist die **angemessene Vergütung im Einzelfall** zu ermitteln. Als angemessen gilt das, **was üblicher- und redlicherweise** für die jeweilige Nutzung vergütet wird (§ 32 Abs. 2 Satz 2 UrhG). Die Prüfung hat damit in **zwei Schritten**[195] zu erfolgen. Zunächst ist das zu ermitteln, was **üblicherweise** bezahlt wird, anschließend ist zu prüfen, ob die übliche Vergütung **auch redlich** ist. Ist im Einzelfall **keine übliche Vergütung feststellbar,** so ist die redliche Vergütung an Hand **aller Umstände** des Einzelfalles zu ermitteln. Das Gesetz nennt hierzu als **Kriterien** Art und Umfang der eingeräumten Nutzungsrechte, Dauer und Zeitpunkt der Nutzung, also der Nutzungsmöglichkeit.[196] Daneben benennt die Gesetzesbegründung[197] als weitere Kriterien die Marktverhältnisse, Investitionen, Risikotragung, Kosten, Zahl der Werkstücke oder zu erzielende Einnahmen. Da alle Umstände des Einzelfalles zu berücksichtigen sind, kann auch die Bekanntheit des Autors, die Qualität des Werkes, das Renommee des Verlages, die besondere Ausstattung der Vervielfältigungsstücke, die Höhe des Vorschusses[198] in die Ermittlung mit einbezogen werden. Schließlich sind aber auch besondere Anstrengungen des Verlages, wie die Verpflichtung zur Durchführung besonderer Werbe- und PR-Maßnahmen oder die Übernahme besonderer verlegerischer Risiken, zu berücksichtigen. 259

Die Berücksichtung aller dieser Umstände kann auch dazu führen, dass die »**Nullvergütung**« angemessen ist.[199] 260

d) Angemessene Vergütung in der Praxis

aa) deutschsprachige Belletristik

Im Bereich der deutschsprachigen Belletristik besteht zum Stand 2010 die einzige bisher zustande gekommene Gemeinsame Vergütungsregel, die zwischen dem Verband deutscher Schriftsteller (ver.di) einerseits und mehreren Verlagen[200] für die Zeit ab 1.7.2005 auf jeweils bilateraler Basis abgeschlossen wurde.[201] Eine nach einer gemeinsamen Vergütungsregel zwischen Vereinigungen von Urhebern und Vereinigungen von Werknutzern oder einzelnen Werknutzern (§ 36 UrhG) ermittelte Vergütung gilt nach § 32 Abs. 2 UrhG als angemessen. Die Gemeinsame Vergütungsregel im belletristischen Bereich erklärt folgende Honorierung zur angemessenen: Der Regelfall ist ein Honorar von 10 % für jedes verkaufte, bezahlte und nicht remittierte Exemplar einer Hardcoverausgabe für den Verfasser bzw. die beteiligten Urheber, wobei bei beachtlichen Gründen eine Abweichung zulässig ist. Weniger als 8 % ist jedoch nur in ganz außergewöhnlichen Fällen angemessen. Für Taschenbuchausgaben ist ein Staffelhonorar von 5 % bis 20.000, 6 % ab 20.000, 7 % ab 40.000 und 8 % ab 100.000 Exemplaren angemessen. An den buchfernen Nettorechten (Bühnen und Medien) sind die Autoren mit 60 % und im Übrigen mit 50 % zu beteiligen. 261

Im Bereich der **Belletristik** entspricht der Inhalt der Vereinbarung wohl tatsächlich den **üblichen Sätzen.** Insofern beschränkt sich dort die Bedeutung der Vergütungsregel auf die Kodifikation ohnehin bekannter und seit Jahrzehnten angewandter Branchengepflo- 262

---

195 *Erdmann* GRUR 2002, 923.
196 *W. Nordemann*, Das neue Urhebervertragsrecht, S. 73.
197 BT-Drs. 14/8058 S. 43 ff.
198 Loewenheim/*v. Becker* § 29 Rn. 29.
199 Loewenheim/*J.B. Nordemann* § 61 Rn. 9 m.w.N.
200 So z.B. Rowohlt, S. Fischer, Random House.
201 Abrufbar: www.boersenverein.de oder
http://www.bmj.bund.de/files/-/962/GemVerguetungsreg.pdf.

genheiten. Es ist deshalb nicht weiter überraschend, dass von keinem einzigen Fall berichtet wurde, in dem sich ein Autor oder ein Verlag zur Klärung von Honorarfragen sich je auf die Vergütungsregel berufen hätte. Deren **Praxisbedeutung** ist also **gering**.

bb) Kinderbücher

263 Bei den in jener Vergütungsregel ausgenommenen Kinderbüchern dürfte man angesichts der dort üblichen niedrigen Ladenpreise und damit einhergehend »engeren« Kalkulationen eine Autorenvergütung in Höhe von höchstens 5 % vom mehrwertsteuerbereinigten (Netto-) Ladenpreis als angemessen ansehen dürfen, bei **Ratgebern** dürften die Prozentsätze denen bei belletristischen Werken etsprechen, allerdings meist basierend auf dem um den Händlerrabatt bereinigten Nettoladenpreis, so genannter Verlagserlös oder Handelsabgabepreis, HAP. Das sich daraus ergebende relativ gesehen niedrigere Honorar erklärt sich aus dem Umstand, dass dortige Publikationen meist eine geringere Autorenleistung erfordern, werden doch die Inhalte nach einem vom Verlag bis ins Detail ausgearbeiteten Layout, Gliederung und Darstellungsschema erstellt.[202] Allerdings lassen sich all diese Sätze im Gegensatz zur Belletristik nicht branchenüblich feststellen, weshalb es diesbezüglich auch nie zur Aufstellung von Vergütungsregeln kam.[203]

cc) wissenschaftlicher Bereich

264 Für den **wissenschaftlichen Bereich** lassen sich ebenfalls keine üblichen Sätze statistisch ermitteln. Es mag häufig ein Satz von 10 % vom Nettoladenpreis vereinbart werden, dieser kann aber nicht in jedem Fall als üblich angesehen werden, da häufig – durchaus zur Zufriedenheit der andere Zwecke als materiellen Verdienst anstrebenden Autoren – zum einen eine Null-Vergütung gar ein Druckkostenzuschuss vereinbart wird und zum anderen in einzelnen Fällen Kosten mit der Beschaffung von Illustrationen vorhanden sind.[204]

dd) weitere gemeinsame Vergütungsregeln

265 Ob es über die Autorenregelung hinaus zu **weiteren gemeinsamen Vergütungsregeln** kommen wird, ist Stand 2010 und damit immerhin acht Jahre nach Inkrafttreten der gesetzlichen Regelung auch in anderen Bereichen künstlerischen Schaffens nicht mit Sicherheit zu sagen. So werden für die freien Mitarbeiter der **Zeitungsverlage** seit langem ohne Ergebnis Gespräche über eine gemeinsame Vergütungsregel geführt und der Bundesverband Kamera hat den Bundesverband Deutscher **Filmproduzenten** 2009 zur Schlichtung aufgefordert, nachdem dieser erklärt hatte, zur Aufnahme von Verhandlungen über die Aufstellung Gemeinsamer Vergütungsregeln nicht zuständig zu sein.[205]

ee) Auseinandersetzung um gemeinsame Vergütungsregeln für Übersetzer

266 Großen öffentlichen Widerhall fanden die Gespräche, die der **Verband deutscher Schriftsteller** jahrelang mit einzelnen Verlagen über eine gemeinsame Vergütungsregel für Übersetzer – **letztlich erfolglos** – führte. Die Gespräche zur Übersetzervergütung krankten von Anfang an daran, dass die Gesetzesbegründung zur Reform des Urhebervertragsrechts die Übersetzer ausdrücklich als eine Berufsgruppe nannte, deren bisherige Vergütung nicht angemessen sei. In Beschlussempfehlung und Bericht des Rechtsausschusses zum Entwurf eines Gesetzes zur Stärkung der vertraglichen Stellung von Urhe-

---

202 *Ulmer, Mathias,* Der Minister und die Kakteen, Börsenblatt des deutschen Buchhandels 2006, Heft 31, 11.
203 Gutachten *Prof. Homburg,* S. 21 ff., abrufbar unter www.boersenverein.de; *Schricker* GRUR 2002, 737.
204 Loewenheim/*Czychowski* § 65 Rn. 24.
205 GRUR Prax 2009, 7.

B. Besonderheiten des Verlagsvertrages

bern und ausübenden Künstlern[206] mit den Beschlüssen des Rechtsausschusses (6. Ausschuss) vom 23.1.2002[207] hieß es zu § 32 UrhG: »Sofern eine übliche Branchenpraxis feststellbar ist, die nicht der Redlichkeit entspricht, bedarf es einer wertenden Korrektur nach diesem Maßstab. Ein Beispiel hierfür sind etwa die literarischen Übersetzer, die einen unverzichtbaren Beitrag zur Verbreitung fremdsprachlicher Literatur leisten. Ihre in der Branche überwiegend praktizierte Honorierung steht jedoch in keinem angemessenen Verhältnis zu den von ihnen erbrachten Leistungen.«

Damit war kraft Gesetzes die Vermutung ausgesprochen, dass die bis dato jahrzehntelang praktizierte Honorierung der Übersetzer unredlich gewesen sei, ein Verdikt, das die Verleger als ungerecht empfanden und eine Aussage, die beim Übersetzerverband hohe Erwartungen an einer Verbesserung der Honorarsituation weckte. 267

So war es kaum verwunderlich, dass der Übersetzerverband, ermutigt durch die Gesetzesbegründung, im Jahr 2002 sein Angebot an den Börsenverein, Gespräche mit dem Ziel der Aufstellung einer Gemeinsamen Vergütungsregel für Übersetzer zu führen, durch Übersendung eines Honorarvorschlags flankierte, der nichts weniger als eine Verdreifachung der bisherigen Honorierung vorsah.[208] 268

Die innerhalb ver.di im Verband deutscher Schriftsteller organisierten Übersetzer forderten eine Grundvergütung von mindestens von 22,- € bis 34,- € je Normseite (1.800 Anschläge) zuzüglich einer Beteiligung von mindestens 3 % vom mehrwertsteuerbereinigten Ladenpreis sowie schließlich einen Anteil von 60–70 % am Verlagsanteil an den Lizenzerlösen. Die bis dato üblichen vertraglichen Absprachen sahen für Übersetzungen von belletristischen Werken ein regelmäßig pauschales Seitenhonorar zwischen 10- € und 25,- € vor. Eine Beteiligung am Erfolg oder eine Beteiligung an Nebenrechtserlösen wurde nur in Ausnahmefällen vereinbart. Diese neuen Forderungen waren für die Verlage wirtschaftlich nicht tragbar. 269

Der Börsenverein antwortete den Übersetzern, dass er von seinen Mitgliedsverlagen nicht für die Aufstellung gemeinsamer Vergütungsregeln ermächtigt worden sei. Er initiierte die Gründung von Verlegervereinigungen für die Bereiche Belletristik und Sachbuch. Die Verlegervereinigungen legten Ende 2002 ein eigenes, deutlich moderateres Modell für eine angemessene Übersetzervergütung vor. Im Anschluss begannen informelle Gespräche zwischen den Verhandlungsführern der Verlegervereinigungen und den Vertretern der Gewerkschaft ver.di. Im Herbst 2003 wurden die Gespräche zwischen Übersetzern und Verlagen ergebnislos abgebrochen. Die Verlegervereinigungen lösten sich in der Folge wieder auf. ver.di rief daraufhin das Berliner Kammergericht an, um den Börsenverein und die (aufgelösten) Verlegervereinigungen zur Teilnahme an einem Schlichtungsverfahren gemäß § 36 UrhG zu verpflichten. Von dort wurde das Verfahren nach Frankfurt, dem Sitz des Börsenvereins, verwiesen. Hinsichtlich der Verlegervereinigungen wies das Gericht den Antrag von ver.di ab. Das Landgericht Frankfurt entschied 2006, dass der Börsenverein aufgrund seiner Satzung nicht ermächtigt sei, an einem Schlichtungsverfahren zur Aufstellung gemeinsamer Vergütungsregeln für Übersetzer nach § 36 UrhG teilzunehmen. 270

Die in ver.di organisierten Übersetzer forderten in Ermangelung eines verlagsübergreifenden Verhandlungspartners dann 2004 einzelne Verlage auf, jeweils für ihr Haus in Verhandlungen über Gemeinsame Vergütungsregeln einzutreten. Die Verlage stellten in Abrede, dass die Gewerkschaft überhaupt repräsentativ für die Übersetzer sprechen kann, redeten aber außerhalb eines förmlichen Verfahrens nach § 36 UrhG über die 271

---

206 BT-Drs. 14/7564.
207 BT-Drs. 14/8058, S. 18 ff.
208 http://www.literaturuebersetzer.de/download/wissenswertes/Verguetung.pdf.

nächsten Jahre hinweg regelmäßig mit ver.di. Im Frühjahr 2006 vereinbarten ver.di und Vertreter einzelner Verlage, einen neuen Mediationsversuch einzuleiten. Dieser war letztlich nicht erfolgreich, führte aber dazu, dass sich im Januar 2007 zahlreiche deutsche Publikumsverlage bei einer Versammlung in München zugunsten eines Vergütungspakets aussprachen. Sie verpflichteten sich, diese Mindestvergütungsstandards – das sog. »Münchener Modell[209]« – künftig auf breiter Basis anzuwenden. Im Januar 2007 wurde das »Münchner Modell« von ver.di jedoch als unzureichend zurückgewiesen. Weitere sich anschließende Mediationsversuche zwischen den Verlagen und dem Übersetzerverband führten im Juni 2008 zu einem weiteren Kompromissvorschlag, dem sog. »Berliner Modell«. Die Honorarkommission von ver.di stimmte zwar dem »Berliner Modell« zu und beraumte eine außerordentliche Mitgliederversammlung im September zur Entscheidung über den Vorschlag an. Die Versammlung lehnte den Vorschlag aber mit Zwei-Drittel-Mehrheit ab und wählte ihren bisherigen Vorstand ab.

272 Im Kern besteht die Vergütungsregel nach dem »Berliner Modell« aus einer Umsatzbeteiligung für alle Übersetzer von belletristischen Werken und Sachbüchern ab einer verkauften Auflage von 5.000 Exemplaren sowie weiteren Erlösbeteiligungen an Taschenbuch-, Hörbuch- und elektronischen Ausgaben; zusätzlich gibt es eine Beteiligung an sämtlichen Lizenzerlösen. Nach dieser Vergütungsregel erhielte eine weitaus höhere Zahl von Übersetzerinnen und Übersetzern zusätzlich zur Grundvergütung Beteiligungen als nach den bislang ergangenen Gerichtsurteilen. Die Mehrkosten würden zum Teil durch niedrigere Beteiligungshöhen für Bestseller kompensiert; die verbleibenden Kosten müssten von den Verlagen getragen werden.

273 Im Detail sieht das Modell folgendes vor:
- nicht verrechenbare Grundvergütung nach Anzahl der übersetzten Normseiten (im Mittel 17 € beim Hardcover und 13 € beim Taschenbuch).
- Umsatzbeteiligung: »progressiv-degressives« Staffelmodell
- Hardcover: 0,5% vom Netto-Ladenpreis ab 5.001 Exemplare, 0,75% ab 10.001 Exemplare, 1% ab 15.001 Exemplare, 0,5% ab 75.001 Exemplare
- Taschenbuch-Originalausgaben: 0,3% vom Netto-Ladenpreis ab 5.001 Exemplare, 0,45% ab 10.001 Exemplare, 0,6% ab 15.001 Exemplare, 0,3% ab 75.001 Exemplare
- Taschenbuch (mit Ausnahme von Originalausgaben) und Hardcover-Sonderausgaben: 0,25% vom Netto-Ladenpreis ab 10.001 Exemplare, 0,37% ab 20.001 Exemplare, 0,5% ab 30.001 Exemplare, 0,25% ab 75.001 Exemplare
- Hörbuch und elektronische Ausgaben: 0,3% vom Netto-Händlerabgabepreis: 0,25% ab 5.001 Exemplare, 0,37% ab 10.001 Exemplare, 0,5% ab 15.001 Exemplare, 0,25% ab 75.001 Exemplare
- Nebenrechte: Beteiligung am Netto-Verlagsanteil
- 7,5% bei gemeinsamer Verwertung mit Stoffrechten (ab einem Gesamtlizenzerlös von 30.001 €: 5%)
- 50% bei Verwertung der Übersetzung ohne Stoffrechte

ff) Urteil zur Angemessenheit der Übersetzervergütung durch den Bundesgerichtshof

274 Der für das Urheberrecht zuständige I. Zivilsenat des BGH hat am 7.10.2009 auf die Klage einer Übersetzerin zweier für die Verlagsgruppe Random House GmbH erstellter Romane entschieden,[210] dass für Übersetzer literarischer Bücher der gesetzliche Anspruch auf angemessene Vergütung grundsätzlich in Form einer **prozentualen Beteiligung** am Erlös der verkauften Bücher zu gewähren sei.

---

209 http://www.boersenblatt.net/sixcms/media.php/747/%2012-15_04%20MAR%20AG-Pub.pdf.
210 BGH I ZR 38/07; NJW 2010, 771; ZUM 2010, 48, Entscheidungsbesprechung *Wegner* GRUR Prax 2010, 14.

B. Besonderheiten des Verlagsvertrages

Der Bundesgerichtshof hat sich dabei am vorstehend erläuterten »Berliner Modell« orientiert[211] und entschieden, dass der Übersetzer eines literarischen Werkes deshalb zusätzlich am Erlös der verkauften Bücher prozentual zu beteiligen ist. Diese Erfolgsbeteiligung setzt **bei einer verkauften Auflage von 5.000 Exemplaren** des übersetzten Werkes ein und beträgt normalerweise bei **Hardcover-Ausgaben 0,8%** und bei **Taschenbüchern 0,4%** des Nettoladenverkaufspreises. Darüber hinaus kann der Übersetzer – so der Bundesgerichtshof – grundsätzlich **die Hälfte des Nettoerlöses** beanspruchen, den der Verlag dadurch erzielt, dass er **Dritten das Recht zur Nutzung** des übersetzten Werkes einräumt. Dabei ist unter Nettoerlös der Betrag zu verstehen, der nach Abzug der Vergütungen weiterer Rechteinhaber verbleibt und auf die Verwertung der Übersetzung entfällt.

275

Die Übersetzerin erhielt für die beiden streitgegenständlichen Übersetzungen als vereinbartes pauschales Normseitenhonorar rund 15 € für jede Seite des übersetzten Textes. Daraus ergaben sich aufgrund des Umfangs der übersetzten Bücher Honorierungen an die Übersetzerin von 6.734,26 bzw. 5.742,32 €. Die Bücher haben sich 10.264 bzw. 4.943 mal verkauft. Die sich daraus ergebende Vergütung der Autoren betrug 15.339 bzw. 4.090 €. (Damit erhielt die Übersetzerin 44 bzw. sogar 140 % der Autorenvergütung.) Nebenrechtsvergaben, also Lizenzen an Dritte z.B. für Hörbuch- oder Filmverwertungen der übersetzten Bücher, erfolgten nicht.

276

Im einen Fall (Verkaufszahl 10.264) wird eine Vergütung nach den vom BGH nun vorgegebenen Sätzen deshalb nur zu einer **Nachzahlung von 166 €** führen, im anderen Fall wurde mit 4.943 Exemplaren die erforderliche Schwelle von 5.000 Exemplaren nicht erreicht und wird diese voraussichtlich auch nicht mehr erreichen, so dass mit **keiner zusätzlichen Honorierung** zu rechnen ist.

277

Da das Berufungsgericht noch nicht geprüft hatte, ob im konkreten Fall **besondere Umstände** vorliegen, die eine Abweichung von den im Regelfall angemessenen Sätzen rechtfertigen, wurde die Sache an das Oberlandesgericht München zurückverwiesen. Derartige Umstände können die in § 36 UrhG genannten sein: Struktur und Größe des Verwerters, geringe Verkaufserwartung, Erstlingswerk, beschränkte Möglichkeit der Rechteverwertung, außergewöhnlicher Lektoratsaufwand, umfangreiche Lizenzeinholung, niedriger Endverkaufspreis, besonderer Aufwand bei Herstellung, Werbung, Marketing oder Vertrieb.

278

Dort fanden nun am 15.7.2010 vier Verhandlungen statt, bei denen sämtlich festgestellt wurde, dass die in Frage stehenden Normseitenvergütungen nicht zu erhöhen sind, jedoch der Verlag **die Hälfte** des bislang ihm verbliebenen Lizenzerlöses mit den Übersetzern teilen muss. So zumindest hatte das OLG die Aussage des BGH verstanden, ein Übersetzer erhalte künftig die Hälfte des Nettoerlöses. Dabei sei unter Nettoerlös der Betrag zu verstehen, der nach Abzug der Vergütungen weiterer Rechteinhaber verbleibt und der auf die Verwertung der Übersetzung entfalle.

279

Ob dies der BGH wirklich so gemeint hat, also der Übersetzer beinahe die Hälfte des Autors an Nebenrechten verdienen soll und ebenso viel wie sein Verlag, wird im Anschluss an eine weitere BGH-Verhandlung in einem Sammeltermin gegen die Verlage Random House, Ullstein, Hanser und Carlsen am 9.9.2010 im Januar 2011 entschieden.

280

Die betroffenen Verlage haben beim BGH zum Thema Nebenrechte klarzumachen versucht, dass eine hälftige Teilung des gesamten sog. Verlagsanteils wirtschaftlich nicht tragbar ist und diese Auslegung des BGH-Urteils wesentliche Gegebenheiten der Verlagsbranche nicht hinreichend beachtet. Die Einnahmen aus der Nebenrechtsverwertung

281

---

211 http://www.boersenblatt.net/341780/.

sind entgegen des vielleicht fehl zu interpretierenden Begriffes »Nebenrechte« kein unerwarteter »Geldregen«, sondern fester Bestandteil der Mischkalkulation eines Verlages. Gerade (kleinere) Hardcoververlage refinanzieren sich fast ausschließlich über die Einnahmen aus der Lizenzierung der Taschenbuch-Rechte an dritte, externe Taschenbuchverlage. Diese Einnahmen sind dann existentiell, aber dennoch der Definition nach Nebenrechtseinnahmen. Diese Einnahmen sind bei allen Verlagen deshalb von Beginn an wesentlicher Bestandteil der Titelkalkulation und auch elementar bei der Entscheidung, ob ein Recht überhaupt eingeholt werden soll. Der Unterhalt von Lizenzabteilungen der Verlage, deren Aufgabe in der Vergabe von Nebenrechtslizenzen an Dritte besteht, ist personal- und damit kostenintensiv.

282 Wenn der Autor wie bisher bereits mindestens 50 % der Nebenrechtseinnahmen des Verlages erhält und der Übersetzer künftig weitere 25 %, wäre es dem Verlag mit den verbleibenden 25% nicht mehr möglich, seine Unkosten zu decken, geschweige denn etwaige Verluste z.B. aus der vorangegangenen, oft beim Leser erst Tür öffnenden Hardcoververwertung quer zu subventionieren. Dies um so mehr, als zahlreiche Autorenbeteiligungen oft sogar bei 60–70 % liegen und die dem Verlag verbleibenden 40–30 % dann auf 20–15 % schrumpften. Des Weiteren sollte der BGH bei der Frage der angemessenen Nebenrechtsbeteiligung auch berücksichtigen, was er zur Hauptrechtsbeteiligung bereits zutreffend entschieden hat: Dass der im Vergleich zur urheberrechtlichen Leistung der Autoren niedrigere Werkbeitrag der Übersetzer auch in einer niedrigeren Beteiligungshöhe ihren Niederschlag finden muss. Ob sich das Verhältnis auf 1:5 oder 1:10 beläuft, ist letztendlich eine Wertungsfrage.

283 Deshalb ist zu hoffen, dass sich der BGH bei seiner Entscheidung zu den Nebenrechten an das ebenfalls mit der Revision angegriffene Urteil des 29. Senats des OLG München[212] vom 14.12.2006 halten wird. Dort sagte das OLG u.a.:

> »Es besteht auch keine Veranlassung, den Übersetzer an den Erträgen aus der Verwertung des Autorenwerks als solches zu beteiligen. Es ist deshalb ganz grundsätzlich sachgerecht, ausschließlich auf die Verwertung der Nebenrechte gerade an der Übersetzung abzustellen, ohne Bezug auf eine Verwertung der Nebenrechte am Originalwerk zu nehmen. Es hängt dann von den konkreten Umständen des Einzelfalls einer Verwertung von Nebenrechten ab, in welchem Verhältnis die eingeräumten Nutzungen des Originalwerks und des Übersetzerwerks zueinander stehen, falls nicht von vornherein getrennte Nutzungsentgelte vereinbart werden.«

Es bietet sich demnach als handhabbare Lösung für die Verlage an, künftig bei Lizenzvergaben die Autorenrechte und die Übersetzerrechte separat zu lizenzieren und nur die auf die Übersetzung entfallende Honorare zu teilen. Diesen Weg hat der BGH bislang nicht thematisiert und das OLG in seiner Entscheidung vom 15.7.2010 abgelehnt.

10. Abrechnung

284 Bestimmt sich die Vergütung des Verfassers nach dem Absatz, so hat der Verleger jährlich dem Verfasser für das vorangegangene Geschäftsjahr **Rechnung** zu legen (§ 24 VerlG).

285 Für alle Formen der Erfolgsbeteiligung, also für das Absatzhonorar für die Buchausgabe und auch für die Beteiligung an den Lizenzgeschäften, hat der Verfasser Anspruch auf eine **Abrechnung.** Die Abrechnung ist regelmäßig **jährlich** nach Abschluss des jeweilgen **Kalenderjahres** ohne schuldhafte Verzögerung zu erstellen. Dabei ist die **Verkehrssitte**, die eine Abrechnung innerhalb von 60 bis 90 Tagen regelmäßig vorsehen, zu beachten.

286 Die Abrechnung hat alle diejenigen **Tatsachen** anzuführen, die der Verfasser benötigt, um **rechnerische die Richtigkeit der Abrechnung zu überprüfen.** Regelmäßig gehören

---

212 ZUM 2007, 142.

B. Besonderheiten des Verlagsvertrages

daher in die Abrechnung die Anzahl der verkauften Exemplare, der Brutto- und der Nettoladenpreis, der Honorarsatz und das sich danach ergebende Endhonorar. Für den Fall der Abrechnung über Lizenzgeschäfte hat die Abrechnung aufzuzeigen, aus welchem Vertrag und in welcher Höhe Lizenzeinnahmen dem Verleger zugeflossen sind. Hat der Autor eine verrechenbare Vorschusszahlung und/oder Garantieleistung erhalten, ist ferner aufzuführen, ob die Vorschusszahlung oder Garantieleistung reichen würde oder nicht.

Die Abrechnung sollte **schriftlich** erfolgen. 287

Steht das Honorar hinsichtlich seiner Höhe bei der **Ablieferung** des Werkes fest, wie beispielsweise bei Pauschalhonoraren, ist das Honorar mit Ablieferung des Werkes fällig (§ 23 Satz 1 VerlG). Richtet sich die Höhe der Vergütung an dem Umfang des Werkes, also bei Bogen-, Spalten-, Zeilen- oder Seitenhonorar, ist die Vergütung **nach der Vervielfältigung fällig** (§ 23 Satz 2 VerlG), also wenn der **Umfang** des Werkes **genau** feststeht. Haben die Vertragspartner aber ein **Erfolgshonorar** vereinbart, so ist die Vergütung halbjährlich oder **jährlich** auszuzahlen und zwar gemäß der Verkehrssitte (§§ 242, 157 BGB) gleichzeitig mit Übermittlung der Abrechnung. In den gemeinsamen Vergütungsregeln für Autoren belletristischer Werke ist für die Fälligkeit der Honorarabrechnung und Zahlung drei Monate ab dem 31.12. vereinbart worden. Die unpünktliche Abrechnung und Honorarzahlung sowie die falsche oder nicht nachvollziehbare Abrechnung sind die häufigsten Gründe zur Kündigung von Verlagsverträgen aus wichtigem Grund (§ 314 BGB). 288

11. Gewährung von Prüfungsrechten

Haben Verleger und Verfasser ein **Absatzhonorar** vereinbart, so muss der Verleger dem Verfasser die **Einsicht** in seine **Geschäftsbücher** gestatten, soweit dies zur Prüfung erforderlich ist (§ 24 VerlG). Der Verfasser kann demgemäß die Einsicht selbst nehmen, er wird aber auch berechtigt sein, die Einsicht durch einen zur Berufsverschwiegenheit verpflichteten Wirtschaftsprüfer oder vereidigten Buchführer ausführen zu lassen. Erweist sich anlässlich der Überprüfung die **Abrechnung** als **fehlerhaft,** hat damit der Verleger seine Abrechnungsverpflichtung regelmäßig schuldhaft verletzt und dem Autor die dadurch entstandenen **Kosten** zu erstatten. 289

Neben dem Bucheinsichtsrecht ist gegebenenfalls der Verleger zur **eidesstattlichen Versicherung** über die Richtigkeit seiner Abrechnung gemäß §§ 259 ff. BGB verpflichtet. 290

> **Praxistipp:** 291
> In Verträgen sollte vereinbart werden, dass eine Kostentragungspflicht für den Verlag hinsichtlich der Prüfungskosten voraussetzt, dass die Prüfung zu der Feststellung einer Abweichung von mindestens 5 %, in jedem Fall aber 100 € führt. Ansonsten ist zu fürchten, dass die Kosten einer beliebigen Prüfung leicht die Ergebnisse übersteigen.

V. Beendigung des Verlagsvertrages

1. Auflagenbegrenzung

Sieht der Verlagsvertrag eine Begrenzung der **Zahl der Auflage** oder der **Zahl der Abzüge** vor, endet der Verlagsvertrag mit dem Verkauf der Auflagen (§ 29 Abs. 1 VerlG). Das Werk ist vergriffen, wenn kein für den Verkauf bestimmtes Exemplar mehr vorhan- 292 den ist.²¹³ Mit dem Ausverkauf des letzten Exemplars erlöschen die Rechte zur Vervielfältigung und Verbreitung sowie das Verlagsrecht (§ 9 Abs. 1 VerlG), ohne dass es einer weiteren Erklärung und/oder einer Vereinbarung bedarf. Ist der Verfasser im Ungewissen, ob die Auflage ausverkauft ist, hat er hierzu einen Auskunftsanspruch (§ 29 Abs. 2 VerlG).²¹⁴

2. Zeitablauf

293 Wenn der Verlagsvertrag, was bei Bestsellerautoren mittlerweile die Regel ist, für einen bestimmten **Zeitraum** abgeschlossen ist, fällt mit **Ablaufen dieses Zeitraumes** das Recht zur Vervielfältigung und Verbreitung ohne weitere Erklärung, insbesondere ohne gesonderte Rückfallvereinbarung, an den Verfasser zurück (§§ 163, 158 Abs. 2 BGB, 9 Abs. 1 VerlG). Der Verfasser ist dann wieder frei, das Werk anderweitig zu verwerten. Unabhängig davon endet das Vertragsverhältnis mit **Ablauf der urheberrechtlichen Schutzfrist**.²¹⁵

3. Untergang des Werkes

294 Geht ein Werk **nach der Ablieferung** an den Verleger **durch Zufall** unter, so behält der Verfasser den **Anspruch auf Vergütung.** Im Übrigen werden beide Teile von der Verpflichtung zur Leistung frei (§ 33 Abs. 1 VerlG). Einen gesonderten Rechterückfall bedarf es in diesem Fall nicht (§ 9 Abs. 1 VerlG). Der Verleger kann aber vom Verfasser verlangen, dass dieser gegen eine angemessene Vergütung ein wesentlich übereinstimmendes Werk abliefern muss, wenn er aufgrund der Vorarbeiten oder sonstigen Unterlagen dies mit geringer Mühe machen kann. Bietet der Verfasser an, das Werk innerhalb einer angemessenen Frist kostenfrei zu liefern, so bleibt der Verleger verpflichtet, das Werk anstelle des untergegangenen Werkes zu vervielfältigen und zu verbreiten. Beide Vertragspartner können dieses Recht auch dann geltend machen, wenn das Werk nach der Ablieferung in Folge eines Umstandes untergegangen ist, den der andere Teil zu vertreten hat. Dabei steht der Verzug des Verlegers der Ablieferung gleich (§ 33 VerlG). In diesem Fall fallen die Rechte an den Verfasser zurück.

295 Die praktische Bedeutung des § 33 VerlG ist gering. Regelmäßig ist nämlich der Verfasser eines Sprachwerkes nach Treu und Glauben und der Verkehrssitte (§ 242 BGB) **verpflichtet eine Kopie** des von ihm erarbeiteten **Werkes bei sich zu behalten** und dieses unentgeltlich für den Fall des Untergangs beim Verleger dem Verleger zur Verfügung zu stellen.²¹⁶ Bedeutung kann § 33 VerlG im Bereich des Kunstverlages haben, wenn der Künstler sich verpflichtet hat, dem Verleger einen bestimmten Entwurf zur Vervielfältigung auszuhändigen.

296 Neben § 33 VerlG finden die allgemeinen Vorschriften über die Unmöglichkeit (§ 275 ff. BGB) Anwendung.

297 Geht das Werk **vor Ablieferung** unter, ist zu unterscheiden, ob das Werk durch ein anderes **ersetzt werden** kann und dies dem Autor zuzumuten ist oder nicht. Im ersteren Fall tritt eine **leistungsbefreiende Unmöglichkeit** ein, im zweiten Fall muss der Verfasser **abliefern.** Die Rechte des Verlegers im Hinblick auf die Verspätung richten sich nach den allgemeinen Vorschriften (§ 30 VerlG).²¹⁷

---

213 BGH GRUR 1960, 636 – Kommentar.
214 *Schricker* VerlG, § 29 Rn. 12.
215 *Ulmer* § 110 I 1; Die Vertragspartner können aber eine Geltung auch für das gemeinfreie Werk vereinbaren.
216 *Schricker* VerlG, § 10 Rn. 11.
217 *Schricker* VerlG, § 33 Rn. 19.

B. Besonderheiten des Verlagsvertrages

4. Tod des Verfassers

Stirbt der Verfasser **nach Ablieferung** des Manuskriptes, so treten seine **Erben** an dessen Stelle in das Verlagsvertragsverhältnis ein (§ 1922 BGB). Stirbt der Verfasser **nach Fertigstellung,** jedoch **vor Ablieferung** des Manuskriptes, so wird es regelmäßig bei den **Pflichten** aus dem **Verlagsvertrag** bleiben; in diesem Fall haben die Erben das Manuskript herauszugeben.[218]

298

Stirbt der Verfasser **vor Vollendung** seines Werkes, so ist der Verleger **berechtigt,** wenn er einen Teil des Werkes bereits erhalten hat, den **Vertrag** durch eine gegenüber den Erben des Verfassers abzugebende Erklärung hinsichtlich des **Teiles aufrechtzuerhalten** (§ 34 Abs. 1 VerlG). Die Erben können sich Klarheit über die Absichten des Verlegers dadurch verschaffen, dass sie diesem eine angemessene Frist zur Erklärung setzen. Stirbt also der Verfasser, so ist es Sache des Verlegers, darüber zu entscheiden, ob er einen Teil des Werkes publizieren will oder nicht (§ 34 Abs. 2 VerlG). Gleiches gilt dann, wenn die Vollendung des Werkes infolge sonstiger nicht vom Verfasser zu vertretender Umstände (z.B. dauernde Erkrankung) unmöglich wird (§ 34 Abs. 3 VerlG).

299

Der umgekehrte Fall, dass die Erben den Verleger verpflichten wollen, das teilweise erstellte Werk zu vervielfältigen und zu verbreiten, findet keine gesetzliche Grundlage. Hier ist allein der Verleger entscheidungsbefugt.

300

Im Übrigen werden die Vertragspartner von Ihren Leistungspflichten frei (§§ 275 ff., 323 ff. BGB). Etwaige Vorschusszahlungen sind nach den Regeln über die ungerechtfertigte Bereicherung herauszugeben (§§ 812 ff. BGB).

301

5. Rücktritt wegen veränderter Umstände

Bis zu Beginn der Vervielfältigung kann der Verfasser vom Verlagsvertrag **zurücktreten,** wenn sich **neue Umstände** ergeben, die bei dem Vertragsschluss nicht vorauszusehen waren und den Verfasser bei Kenntnis der Sachlage und verständiger Würdigung des Falles von der Herausgabe des Werkes **zurückgehalten** haben würden.[219] Das gleiche Recht steht dem Verfasser zu, wenn der Verleger eine neue Auflage veranstalten will (§ 35 Abs. 1 VerlG). Der Verfasser muss sich allerdings verpflichten, dem Verleger die von diesen geleisteten **Aufwendungen zu erstatten.** Darüber hinaus muss er dann, wenn er das Werk innerhalb eines Jahres seit dem Rücktritt anderweitig verlegt, dem Verleger Schadensersatz wegen Nichterfüllung leisten (§ 35 Satz 2 VerlG).

302

Auf den Rücktritt finden im Übrigen die Vorschriften des §§ 446 ff. BGB Anwendung (§ 37 VerlG).

303

6. Ordentliche Kündigung

Daneben stehen den Vertragspartnern die allgemeinen Rechtsbehelfe zur Vertragsbeendigung zu.

304

Ein Recht zur **ordentlichen Kündigung** sieht das Gesetz nicht vor.

305

Haben die Vertragspartner jedoch ein ordentliches Kündigungsrecht **vertraglich vereinbart,** so kann nach diesen Vorschriften gekündigt werden. Ein ordentliches Kündigungsrecht aufgrund der gesetzlichen Bestimmungen existiert hingegen nicht.

306

Regelmäßig ist bei dem Vorliegen wirtschaftlicher Kündigungsgründe dem Vertragspartner eher zuzumuten, an dem Vertrag festzuhalten und zunächst den Vertragspartner zur

307

---

218 *Schricker* VerlG, § 34 Rn. 11.
219 OLG Köln GRUR 1950, 579, 585; *Ulmer* § 110 II 2.

Erfüllung seiner Pflichten aufzufordern, als die sofortige Beendigung.[220] Im Rahmen der Interessenabwägung ist die **Anzahl der Verstöße**, die **Schwere**, die **Auswirkung der Kündigung** und auch die Frage, ob der Vertragspartner die Vertragsstörung **beseitigen will** und kann, zu berücksichtigen. Es ist anhand der zurückliegenden Vorgänge eine **Prognose** für die Zukunft zu erstellen.[221]

7. Kündigung aus wichtigem Grund (§ 314 BGB)

308 Regelmäßig sehen Verlagsverträge **kein ordentliches Kündigungsrecht** vor. Da Verlagsverträge jedoch regelmäßig Dauerschuldverhältnisse sind, gilt das Recht zur **Kündigung aus wichtigem Grund** (§ 314 BGB).[222] Ein wichtiger Grund liegt vor, wenn es dem Kündigenden unter Berücksichtigung **aller Umstände des Einzelfalles** und unter **Abwägung der Interessen beider Vertragsteile** die **Fortsetzung** des Vertragsverhältnisses bis zur normalen Beendigung **nicht zugemutet** werden kann.[223] Ein solcher Kündigungsgrund kann sowohl aus persönlichen als auch aus wirtschaftlichen Gründen eintreten. Solche Kündigungsgründe können die wiederholte Pflichtverletzung, etwa Beleidigungen gegenüber Verlagsmitarbeitern (Beispiel: »sie sind zur Leitung eines Verlages geeignet wie ein Stemmeisen als Zahnstocher«) sowie im umgekehrten Fall die unpünktliche Honorarzahlung[224] sein. Auf das Verschulden kommt es nicht an.[225] Stets hat jedoch eine sorgfältige Prüfung aller Umstände des Einzelfalles stattzufinden, da die Kündigung die ultima ratio darstellt, wenn eine Lösung der Konflikte auf andere Art nicht mehr möglich ist. Regelmäßig hat der Kündigende seinem Vertragspartner vor der Kündigung eine letzte Abmahnung und Androhung der Kündigung zu setzen.

309 Die Kündigung bedarf zu ihrer Wirksamkeit **keiner Begründung** und **keiner Schriftform,** obgleich es aus Beweiszwecken zu empfehlen ist. Der Kündigung soll **grundsätzlich eine Abmahnung vorausgehen** (§ 314 Abs. 2 BGB). Zu beachten ist, dass die Kündigung bei der Miturheberschaft und bei der Werkverbindung **durch alle Miturheber** oder Urheber der verbundenen Werke zu erfolgen hat.[226] Will der zur Kündigung berechtigte Urheber sein Kündigungsrecht nicht verlieren, so hat er die Kündigung **innerhalb angemessener Frist** ab Kenntnis des Kündigungsgrundes auszusprechen.[227] Die Frist ist so zu bemessen, dass der Kündigungsberechtigte zunächst den **Sachverhalt** vollständig und ordnungsgemäß **ermitteln** kann und dann eine angemessene **Überlegungszeit** über das Ob und insbesondere die Folgen der Kündigung in Anspruch nehmen kann.[228]

8. Vertragsaufhebung

310 Verfasser und Verleger können jederzeit die **Vertragsaufhebung** vereinbaren. Gibt der Verleger einseitig die Rechte zurück und schweigt der Verfasser dazu, so dürfte dies regelmäßig als Vertragsaufhebung zu beurteilen sein. Freilich kann der Verleger nicht einseitig auf die ihm eingeräumten Rechte verzichten, wenn er seine Pflichten aus dem Verlagsvertrag noch nicht vollständig erfüllt hat.

---

220 BGH GRUR 1974, 789 – Hofbräuhauslied.
221 Beispiele für Kündigungsgründe in: Dreier/*Schulze* Vor § 31 Rn. 89 m.w.N.; *Schricker* §§ 31 Rn. 24.
222 *Schricker* VerlG, § 35 Rn. 23 ff. m.w.N.
223 BGH GRUR 1977, 551 – Textdichteranmeldung; Palandt/*Grüneberg* § 314 Rn. 7 ff.; BGH GRUR 1984, 754 – Gesamtdarstellung rheumatischer Krankheiten; OLG München, ZUM 1987, 297; *Schricker* VerlG, § 35 Rn. 24.
224 OLG Köln, GRUR 1986, 679 – unpünktliche Honorarzahlung; OLG Schleswig-Holstein ZUM 1995, 867.
225 BGH GRUR 1977, 551 – Textdichteranmeldung.
226 BGH GRUR 1973, 328 – Musikverleger II, BGH GRUR 1964, 326 – Subverleger.
227 BGH GRUR 1997, 236 – Verlagsverträge.
228 BGH GRUR 1977, 551 – Textdichteranmeldung; BGH GRUR 1997, 236 – Verlagsverträge.

9. Rücktritt gemäß § 17 VerlG

Hat der Verleger das Recht zur Veranstaltung neuer Auflagen, also einer wesentlichen 311
identischen, allenfalls aktualisierten Ausgabe,[229] erworben, so ist er hierzu regelmäßig
nicht verpflichtet (§ 17 Satz 1 VerlG).[230] Es besteht also keine Ausübungspflicht zulasten
des Verlegers.

Der Verfasser kann dem Verleger aber eine angemessene Frist setzen, um eine neue Auf- 312
lage zu veranstalten. Reagiert der Verleger nicht, so kann der Verfasser nach Ablauf einer
angemessenen Frist vom Vertrag **zurücktreten.** Einer Fristbestimmung bedarf es nicht,
wenn der Verleger die Veranstaltung einer neuen Auflage verweigert (§ 17 VerlG).

Mit der Rücktrittserklärung erlischt das Recht des Verlegers, neue Auflagen des Werkes 313
zu veranstalten, bis die Auflage vergriffen ist (§ 27 VerlG). Der Verfasser kann sein Verlagsrecht einem anderen Verleger einräumen.

10. Vertragsanpassung/Wegfall der Geschäftsgrundlage/Zweckfortfall

Grundsätzlich kommen auch die Regeln über die **Störung der Geschäftsgrundlage** 314
gemäß **§ 313 BGB** im Rahmen von Verlags- und Urheberrechtsverträgen zur Anwendung. Danach ist vom Wegfall der Geschäftsgrundlage auszugehen, wenn die nicht zum
Vertragsinhalt erhobenen, aber bei Vertragsschluss zutage getretenen gemeinsamen Vorstellungen beider Vertragsparteien nachträglich entfallen, oder, wenn die einem
Geschäftspartner erkennbaren und von ihm nicht beanstandeten Vorstellungen des anderen Vertragspartners über das Vorhandensein oder den künftigen Eintritt gewisser
Umstände, auf denen sich der Geschäftswille der Parteien aufbaut,[231] nachträglich wegfallen. Die bloßen **Erwartungen** an den **wirtschaftlichen Erfolg** oder ähnliche Umstände,
die in dem Risikobereich einer Partei fallen, gehören **nicht zur Geschäftsgrundlage**.
Ändern sich die äußeren Umstände, so dass eine die **Opfergrenze** überschreitende Äquivalenzstörung eintritt, so ist der Vertrag nach der Lehre vom Wegfall der Geschäftsgrundlage **anzupassen**.

Die Rechtsprechung ist äußerst zurückhaltend und wendet die Regeln nur dann an, wenn 315
untragbare, mit Recht und Gerechtigkeit nicht zu vereinbarende und damit für eine Vertragspartei nicht zumutbare Folgen unabweisbar erscheinen.[232] Regelmäßig werden
strenge Maßstäbe an die Opfergrenze gelegt.[233]

Der Verleger ist allerdings, und dies ist eine besondere Ausprägung des Gedankens des 316
§ 313 BGB, berechtigt, das Vertragsverhältnis zu **kündigen,** wenn nach Abschluss des
Vertrages der **Zweck,** welchem das Werk dienen sollte, **fortfällt;** gleiches gilt, wenn der
Gegenstand des Vertrages ein Beitrag zu einem Sammelwerk ist und das Sammelwerk
nicht erscheint (**§ 18 VerlG**). Die Vorschrift ist ein besonders gesetzlich geregelter Fall
des Wegfalls der objektiven Geschäftsgrundlage. Die allgemeinen Regeln über den Fortfall der Geschäftsgrundlage (§ 313 BGB) bleiben daneben noch anwendbar. Ein solches
Kündigungsrecht besteht also beispielsweise, wenn ein Buch zu einem Sportereignis
erscheinen soll und das Ereignis nicht oder nicht wie geplant (seinerzeit Boykott der
Olympischen Spiele in Moskau) stattfindet. Ähnliches gilt, wenn der Gegenstand des
Verlagsvertrages ein Gesetzeskommentar ist und das Gesetzgebungsvorhaben nach Vertragsschluss nicht realisiert wird.

---

229 BGH GRUR 1960, 346 – Naher Osten.
230 BGH GRUR 1970, 40 – Musikverleger.
231 BGH GRUR 1990, 1005 – Salome, m.w.N.; Palandt/*Grüneberg* § 313 Rn. 2 ff.
232 BGH GRUR 1997, 215 – Klimbim; BGH GRUR 1993, 595 – Hemingway-Serie.
233 BGH GRUR 1996, 763 – Salome II.

317 Übt der Verleger sein **Kündigungsrecht** aus, so hat der Verfasser **Anspruch auf Vergütung** (§ 18 Abs. 1 Hs. 2 VerlG). Haben die Vertragspartner eine Absatzvergütung vereinbart, so ist die Höhe der Vergütung nach dem verständlicherweise zu erwartenden Absatz zu bemessen.[234] Allerdings dürfte es in vielen Fällen schwierig sein, geeignete Schätzungsgrundlagen für den Absatz zu ermitteln. Die Schätzung kann gemäß § 287 ZPO erfolgen. Auf die Zahlungsverpflichtung muss sich der Verfasser allerdings dasjenige anrechnen lassen, was er sich an Aufwendungen erspart hat oder was er sich anderweitig in Verwendung seiner Arbeitskraft hätte erwerben können (§§ 649 BGB analog).[235]

11. Fairnessausgleich

318 Zu beachten ist, dass der ehemaliger Bestsellerparagraf (§ 36 UrhG a.F.) eine besondere gesetzliche Regelung der Lehre vom Wegfall der Geschäftsgrundlage war. Einen ähnlichen Anpassungsanspruch wird den Urhebern jetzt mit dem **Anspruch auf weitere Vergütung** gemäß § 32a UrhG eingeräumt. Zu beachten ist auch der Anspruch auf Anpassung der Vergütungsvereinbarung, so dass der Verfasser unabhängig von § 313 BGB eine angemessene Vergütung durchsetzen kann (§ 32 UrhG).

12. Rückrufsrecht bei Unternehmensverkauf

319 Das Urheberrechtsgesetz räumt dem Urheber ein **Rückrufsrecht** seiner Nutzungsrechte ein, wenn bei der **Gesamt- oder Teilveräußerung eines Unternehmens** die konkrete Ausübung des Nutzungsrechts durch den Erwerber, nicht schon die Übertragung an sich, dem Urheber nach Treu und Glauben nicht mehr zuzumuten ist (§ 34 Abs. 3 UrhG).

13. Kündigungsrecht bei künftigen Werken

320 Hat der Urheber die Rechte an **künftigen** Werken, die **nicht näher** oder nur **der Gattung nach bestimmt** waren, eingeräumt, so kann er spätestens nach Ablauf von 5 Jahren seit Vertragsschluss den Vertrag **kündigen** (§ 40 UrhG).

14. Rückrufsrecht wegen Nichtausübung

321 Übt der Inhaber eines ausschließlichen Nutzungsrechtes dieses nicht zureichend aus, so kann der Urheber es **wegen Nichtausübung** zurückrufen (§ 41 UrhG).

15. Rückrufsrecht wegen gewandelter Überzeugung

322 Entspricht das Werk nicht mehr den Überzeugungen des Urhebers, so kann er dieses wegen seiner **gewandelten Überzeugungen** zurückrufen (§ 42 UrhG).

VI. Form des Verlagsvertrages

1. Allgemeines

323 Das VerlG verlangt für den Abschluss eines Verlagsvertrages keine Beachtung einer bestimmten Form. Allerdings ist wie stets im Rechtsverkehr auch hier eine schriftliche Abfassung aus Beweisgründen zu empfehlen.[236] Demnach kann ein Verlagsvertrag schriftlich, mündlich, oder durch schlüssiges Verhalten geschlossen werden. Ist der Gegenstand des Verlagsvertrages ein künftiges Werk, das nicht näher oder nur der Gat-

---

234 *Schricker* VerlG, § 18 Rn. 8.
235 *Ulmer* § 110 II 2 b; *Schricker* VerlG, § 18 Rn. 8.
236 OLG Karlsruhe, GRUR 1993, 992 – Husserl-Gesamtausgabe.

B. Besonderheiten des Verlagsvertrages

tung nach bestimmt ist, so bedarf der Verlagsvertrag allerdings der Schriftform[237] (§ 40 Abs. 5 UrhG). Dafür sollte eine Urkunde gemeinsam oder jeweils eine Ausfertigung durch den anderen Vertragspartner unterzeichnet werden (§ 126 BGB); ein bloßer Briefwechsel genügt indes dazu nicht. Es genügt jedoch die elektronische Form (§ 126a BGB).

2. Allgemeine Geschäftsbedingungen

Besondere Bedeutung hat die Frage, ob und inwieweit die Regelungen zu den allgemeinen Geschäftsbedingungen (§§ 305 ff. BGB) zur Anwendung kommen. Die Verleger bedienen sich überwiegend vorgefertigter Vertragsmuster, also Formulare. **324**

Zunächst besteht kaum ein Zweifel daran, dass die von den Verwertern genutzten **Formularverträge** regelmäßig der Kontrolle durch die AGB-Vorschriften unterliegen (§ 305 Abs. 1 BGB). Voraussetzung für eine Kontrolle, insbesondere auf der Grundlage der Generalklausel des § 307 BGB, ist, dass die Allgemeinen Geschäftsbedingungen **wirksam einbezogen** wurden (§ 305 Abs. 2 und 3 BGB), sie **nicht überraschend** sind (§ 305c Abs. 1 BGB) und im konkreten Fall keine vorrangige, individuelle Vereinbarung (§ 305b BGB) getroffen wurde. **325**

Die Urheber sind regelmäßig als **Unternehmer** (§ 14 Abs. 1 BGB)[238] einzustufen, so dass die Einbeziehung der AGBs die vertragliche Verhandlung regelmäßig erleichtert (§ 310 Abs. 1 Satz 1 BGB).[239] **326**

Die Klauselverbote der §§ 308, 309 BGB kommen nur in den wenigsten Ausnahmefällen zur Anwendung. Im Wesentlichen sind die Vertragsformulierungen an der **Generalklausel des § 307 BGB** zu messen (§ 310 Abs. 1 BGB). Danach liegt eine unangemessene Benachteiligung vor, wenn im Regelungsvorschlag des Formularvertrages von einem »**wesentlichen Grundgedanken der gesetzlichen Regelung**« abgewichen wird. Es kommt also auf das Leitbild des Gesetzes an. Demgemäß stellt das **Verlagsgesetz** für Verlagsverträge das **Leitbild** dar.[240] Für andere Nutzungsverträge kommt es darauf an, ob dem Urheberrecht eine Leitbildfunktion zuzubilligen ist. Nach der Urheberrechtsreform 2002 ist § 11 Satz 2 UrhG in das Gesetz eingefügt worden, wonach das Urheberrecht auch der »Sicherung einer **angemessenen Vergütung** für die Nutzung des Werkes« dient. Damit sind die urhebervertragsrechtlichen Vorschriften auch als Leitbild durch den Gesetzgeber anerkannt worden.[241] **327**

In der Vertragspraxis werden zumeist Formularverträge verwandt. Darüber hinaus haben sich verschiedene Interessengruppen zusammengefunden und **Musterverträge** erarbeitet, die sie ihren Mitgliedern zur Nutzung empfehlen. **328**

Es handelt sich dabei um den »Normvertrag für den Abschluss von Verlagsverträgen«,[242] in der ab 1.4.1999 gültigen Fassung und den »Normvertrag über den Abschluss von Übersetzerverträgen«[243] in der Fassung vom 11.5.1992, beide abgeschlossen zwischen dem Verband deutscher Schriftsteller (VS) in der IG Medien, jetzt ver.di, und dem Verlegerausschuss sowie um die »Vertragsnormen für wissenschaftliche Verlagswerke« (Fas- **329**

---

237 Bei Formenwirksamkeit (§ 40 UrhG) könnte allerdings ein Vorvertrag oder eine Rahmenvereinbarung gewollt sein (§ 140 BGB).
238 Palandt/*Heinrichs* § 14 Rn. 2.
239 Palandt/*Heinrichs* § 305 Rn. 50 ff.
240 Schricker/*Schricker* Vor §§ 28 Rn. 14; *Schricker* VerlG, Ein. Rn. 15.
241 Schricker/*Schricker* § 11 Rn. 5; Dreier/*Schulze* § 11 Rn. 8.
242 *Hillig* S. 80 ff., im Folgenden kurz "Normverlagsvertrag".
243 *Hillig* S. 90 ff., im Folgenden kurz »Normübersetzervertrag«.

sung 2000),[244] welche Gegenstand einer Vereinbarung zwischen dem Börsenverein des deutschen Buchhandels und dem Deutschen Hochschulverband sind.

330 Es handelt sich dabei um unverbindliche Empfehlungen, die aber im Übrigen zur **Ermittlung der Verkehrssitte hilfreich**[245] sind.

331 Die Formunwirksamkeit kann nur durch Neuvornahme geheilt werden (§ 141 BGB). Denkbar ist aber auch die Neuvornahme durch Ablieferung des Manuskripts, weil jetzt das Werk konkretisiert und der formfreie Vertragsschluss wirksam wird.

332 Enthält der Verlagsvertrag eine Abrede bezüglich künftiger Werke, ohne dass die Form gewahrt wurde, ist in der Regel von einer Teilnichtigkeit auszugehen.

VII. Abgrenzung des Verlagsvertrages von anderen Regelungen im Verlagsbereich

1. Übernahme typischer verlagsrechtlicher Pflichten als Voraussetzung für einen Verlagsvertrag

333 Wie vorstehend aufgeführt besteht die zeitlich vorrangig zu erbringende, typische Leistung eines Verlagsvertrages in der **Verpflichtung des Verfassers**, dem Verleger **ein Werk** der Literatur und Tonkunst zur Vervielfältigung und Verbreitung **zu überlassen**. Zeitlich nachfolgend besteht die diesbezügliche **Auswertungspflicht des Verlegers**, also die Pflicht zur Vervielfältigung und Verbreitung auf eigene Rechnung.[246]

334 **Nicht zum wesentlichen Inhalt** eines Verlagsvertrages gehört nach dem Willen des Gesetzgebers erstaunlicherweise der **Vergütungsanspruch** des Verfassers (§§ 22 Abs. 1 Satz 2 VerlG, 32 UrhG). Zwar gilt ein solches Verfasserhonorar stillschweigend als vereinbart, wenn die Überlassung des Werkes nach den konkreten Umständen nur gegen eine Vergütung zu erwarten war. Eine Hauptleistungspflicht, die einen Verlagsvertrag kennzeichnet und im Gegenseitigkeitsverhältnis (§§ 320 ff. BGB) steht, soll er nicht darstellen. Immerhin, so vorausschauend war der Gesetzgeber, bleibt es den Vertragsparteien unbenommen, das Synallagma ausdrücklich zu regeln.[247] Es widerspricht jedenfalls der langjährigen Vertragspraxis, annehmen zu wollen, dass der Anspruch des Autors auf ein Honorar eine bloße Nebenpflicht des Verlegers darstellt. Ob dies jedoch genügt, um die Vergütungspflicht als Hauptleistungspflicht einzustufen (§§ 157, 242 BGB), musste bisher nie gerichtlich geklärt werden.

2. Verwendete Begrifflichkeit ist irrelevant

335 Die **Bezeichnung** eines Vertrages als »**Verlagsvertrag**« bedeutet nicht immer, dass auch tatsächlich ein solcher geschlossen wurde. Umgekehrt bedeutet das Fehlen dieser Bezeichnung für sich genommen auch nicht, dass es an einem Verlagsvertrag mangelt. Immer wieder wird in der Praxis – wenn dessen Voraussetzungen nicht vorliegen vergeblich – versucht, durch Verwendung z.B. des Begriffes »**Bestellvertrag**« die verlagsrechtlichen Implikation zu umgehen. Vielmehr kommt es auf die Gesamtumstände und insbesondere auf den Regelungszweck der Parteien an.[248] Nur dann, wenn – wie im Regelfall – die beiden Hauptpflichten im synallagmatischen Verhältnis stehen, liegt ein Verlagsvertrag vor.

---

244 *Hillig* S. 103 ff., im Folgenden kurz »Verlagsvertrag über ein wissenschaftliches Werk«.
245 BGHZ 22, 347, 357.
246 *Schricker* VerlG, § 1 Rn. 7; OLG Hamburg, Schulze, OLGZ 152; BGH GRUR 1959, 384 – Postkalender.
247 *Schack* Rn. 994.
248 OLG München, GRUR-RR 2001, 151 – Seide.

3. Indizien für die Annahme eines Verlagsvertrages

Während bei der Frage, ob ein Verfasser die Pflicht zur Manuskriptüberlassung eingegangen ist, kaum Schwierigkeiten aus der Praxis bekannt sind, stellt sich des Öfteren die Frage, ob der Verleger überhaupt eine Pflicht zur **Vervielfältigung und Verbreitung** wirksam übernommen hat. 336

Zunächst kann sich die Übernahme der **Verlegerpflicht zur Vervielfältigung und Verbreitung** ausdrücklich aus dem **Vertragswortlaut**[249] ergeben. Sie kann sich aber auch stillschweigend aus dem Begleitumständen und der Vertragsauslegung nach der **Verkehrssitte** und nach Treu und Glauben ergeben (§§ 133, 157 BGB). Wichtigstes Argument für die Annahme einer Verpflichtung zur Vervielfältigung und Verbreitung ist die vertragliche Regelung einer **Erfolgsbeteiligung** des Verfassers.[250] Abgesehen davon spricht zugunsten einer Auswertungspflicht des Verlegers aber auch das Interesse des Urhebers, durch die Veröffentlichung seines Werks bekannt zu werden. Je höher der künstlerische Rang eines Werkes einzustufen ist, desto eher ist von einem starken Publizitätsinteresse des Verfassers und einer sich daraus ergebenden Auswertungspflicht des Verlegers auszugehen.[251] Eine Auswertungspflicht wird insbesondere auch dann anzunehmen sein, wenn der Verleger das Recht zur Vervielfältigung und Verbreitung aller künftigen Werke des Autors erwirbt.[252] Derartiges kommt aber in der Vertragspraxis selten vor, es mag Autoren geben, die derartige »Rentenverträge« begrüßen würden, kaum je aber werden Verleger bereit sein, das Risiko schwankender künftiger Autorenleistungen alleine zu tragen. 337

Die **Verpflichtung** des Verlegers zur Vervielfältigung und Verbreitung kann ausdrücklich **ausgeschlossen** sein.[253] Bei solchen Klauseln ist sorgfältig zu prüfen, ob es sich nicht um überraschende Klauseln handelt (§ 305c BGB) und ob sie der Inhaltskontrolle (§ 307 BGB) standhalten. Gegen eine solche Auswertungsverpflichtung spricht jedoch die geplante Aufnahme eines Beitrages in einem Reihenwerk und einem lexigraphischen Werk oder sonstigen Sammelwerken.[254] 338

4. Abgrenzung des Verlagsvertrages vom Bestellvertrag

Hierzu nachfolgend Rdn. 388 ff. 339

5. Abgrenzung des Verlagsvertrages vom Dienst-/Anstellungsvertrag

Auch im Rahmen eines Dienst-/Anstellungsvertrages ist es denkbar, dass der Dienstverpflichtete dem Dienstherren Urhebernutzungsrechte an seinem Leistungsergebnis einräumt. Dies ist beispielsweise im Rahmen der Arbeitsverhältnisse von Lektoren und Redakteuren in Buchverlagen oder bei Zeitungs- und Zeitschriftenjournalisten der Fall. (In der Buchverlagspraxis nennt man bei Büchern, die von Lesern vor allem zu Unterhaltungszwecken gelesen werden, – sog. belletristische Romane und erzählende Sachbücher – die inhaltlich verantwortlichen Lektoren, bei eher beruflich genutzten Ratgebern und Fachbüchern ist der Begriff Redakteure gebräuchlich.) 340

---

[249] § 3 Abs. 1, 2 Normverlagsvertrag, § 3 Abs. 1 Verlagsvertrag über ein wissenschaftliches Werk.
[250] *Schricker* VerlG § 1 Rn. 10; BGHZ 13, 115; BGH GRUR 1961, 470 – Mitarbeiterurkunde.
[251] *Ulmer* IV 3.
[252] *Schricker* VerlG, § 1 Rn. 10; BGH GRUR 2005, 168 – Oceano Mare.
[253] § 3 Normübersetzervertrag.
[254] *Schricker* VerlG, § 1 Rn. 9.

341 Anders als beim Bestellvertrag werden dem Dienstverpflichteten üblicherweise nicht die Art der Darstellung und/oder der Inhalt vorgegeben, dieser hat weitgehende Freiheiten in der Darstellung des Themas.[255]

6. Abgrenzung des Verlagsvertrages vom Lizenzvertrag

342 Hierzu nachfolgend Rdn. 405 ff.

7. Abgrenzung des Verlagsvertrages vom Kommissionsverlagsvertrag

343 Übernimmt der Verleger abweichend vom verlagsrechtlichen Normalfall nicht das Risiko der Vervielfältigung und Verbreitung, wird er also auf Rechnung des Verfassers tätig, so liegt ein Kommissionsverlagsvertrag vor. Der Autor trägt dabei Gewinn und Verlust aus der Vervielfältigung und Verbreitung. Der Verleger erhält regelmäßig eine fest vereinbarte Vergütung oder auch eine absatzabhängige Provision.[256] Rechtlich ist von einer Verkaufskommission (§ 383 HGB) auszugehen, wenn der Auftraggeber die Vervielfältigungsstücke bereits hergestellt hat, ansonsten von einer Geschäftsbesorgungskommission[257] (§§ 406 HGB, 675, 631 ff. BGB).

344 Der Kommissionsverlagsvertrag findet in der Praxis seine seriöse Anwendung dann, wenn nicht ein Verlag, sondern eine üblicherweise Anderes betreibende Organisation (z.B. ein wissenschaftliches Institut, Verein, Unternehmen) einen Verleger mit der verlegerischen Betreuung eines Werkes (z.B. ein Buch, Zeitschrift) der Organisation betraut und dabei das finanzielle Risiko trägt. Negativbeispiele für derartige Abläufe sind sog. Vanityverlage (vanity= englisch Eitelkeit). Deren Geschäftsmodell besteht darin, Autoren, deren Werke von den üblichen Verlagen nicht als verkaufsträchtig genug eingestuft werden, unter (Kommissionslager-)Vertrag zu nehmen und hohe Druck- und Verwaltungskosten zu berechnen. Deren Autoren freuen sich, dass ihre Werke zumindest auf die oben beschriebene Weise gedruckt werden und hoffen (meist vergeblich), vielleicht durch ihre eigenen Autorenbemühungen doch noch ein Publikum finden. Die Verlage selbst unternehmen in der Regel keine Verkaufsbemühungen.

8. Abgrenzung des Verlagsvertrages vom Kaufvertrag

345 Hat eine urhebervertragliche Absprache den Zweck, dass der Rechteinhaber einem Dritten seine Rechte vollständig überträgt,[258] beispielsweise im Rahmen der Gesamtveräußerung eines Verlagsgeschäftes oder der Veräußerung einzelner Teile eines Verlagsgeschäftes (§ 34 UrhG) so ist das Kaufrecht (§§ 433 ff., 453 BGB) anzuwenden. In diesem Fall verbleiben die urheberrechtlichen Nutzungsrechte nicht bei dem Rechtsinhaber, er überträgt seine Rechtsposition vielmehr vollständig auf den Erwerber. Derartige Verträge werden ebenso wie Lizenzverträge nicht zwischen Verfasser und Verlag, sondern zwischen zwei Verlagen geschlossen.

9. Abgrenzung des Verlagsvertrages vom Gesellschaftsvertrag

346 Gesellschaftsvertragliche Regelungen sind denkbar zwischen mehreren Verfassern. Die Bildung einer Miturhebergemeinschaft (§ 8 UrhG) zur Erstellung eines gemeinsamen Werkes oder die Verbindung zweier oder mehrerer unabhängiger Werke zur gemeinschaftlichen Verwertung (Werkverbindung, § 9 UrhG) stellt eine BGB-Gesellschaft nach

---

255 BGH GRUR 1978, 244 – Ratgeber Tierheilkunde.
256 *Ulmer, Mathias*, Der Minister und die Kakteen, Börsenblatt des deutschen Buchhandels; *Schricker* VerlG, § 1 Rn. 74 ff.
257 *Baumbach/Hopt* § 383 Rn. 1.
258 Beachte § 29 Abs. 1 UrhG.

§ 705 BGB dar, bei der sich mehrere gemeinschaftlich zur Leistung von Beiträgen verpflichten, um einen Gesellschaftszwecks (§§ 705 ff. BGB) zu erreichen. Bei Streitigkeiten zwischen den Gesellschaftern besteht für den Verlag ein großes Risiko, dass die Buchproduktion erschwert oder verzögert, wenn nicht sogar unmöglich wird, so dass hier entsprechende vertragliche Absprachen für den Fall von Meinungsverschiedenheiten zwischen den Autoren sehr ratsam sind.

Gesellschaftsrechtliche Regelungen können jedoch auch im Verhältnis zwischen Verfasser und Verlag Anwendung finden, wenn der Autor am Reingewinn des Verlegers partizipieren soll. Voraussetzung für einen solchen Ausnahmefall der Verlagspraxis ist, dass der Verfasser und der Verleger das Risiko gemeinschaftlich tragen. Trägt der Verleger das Risiko alleine und ist der Verfasser nur am Gewinn beteiligt, so wird man von einem partiarischen Verlagsvertragsverhältnis auszugehen haben.[259] 347

Ist der Verfasser durch einen Druckkostenzuschuss an den Kosten der Vervielfältigung und Verbreitung beteiligt, so lässt dies allein noch nicht den Schluss auf ein Gesellschaftsvertragsverhältnis zu; zur Vermeidung von Komplikationen sollte im Vertrag jedoch besser eine entsprechende Klarstellung aufgenommen werden.[260] 348

VIII. Insolvenz des Verlegers

Die in § 36 VerlG geregelte Insolvenz des Verlegers ist die einzige zwingende Norm des Verlagsgesetzes. 349

Hat der Verleger zum Zeitpunkt der Eröffnung des Insolvenzverfahrens mit der **Vervielfältigung noch nicht begonnen,** so ist der **Verfasser** berechtigt, vom Vertrag **zurückzutreten** (§ 36 Abs. 3 VerlG), unabhängig davon, ob das Manuskript bereits abgeliefert wurde. Der Verfasser hat es damit allein in der Hand, darüber zu entscheiden, ob das Werk noch in dem in Insolvenz gegangenen Verlag publiziert werden kann, oder ob er über die Rechte anderweitig verfügen will.[261] 350

Hat der Verleger mit der Vervielfältigung noch nicht begonnen, so steht dem **Insolvenzverwalter das Wahlrecht** gemäß § 103 InsO zu. 351

Der Insolvenzverwalter kann also darüber entscheiden, ob er die Erfüllung des Verlagsvertrages verlangen will oder nicht. Dies gilt unabhängig davon, ob das Manuskript des betroffenen Werkes bereits vorliegt oder ob es erst später abzuliefern ist. 352

Entscheidet sich der **Insolvenzverwalter für die Erfüllung** des Vertrages, so sind die Ansprüche des Verfassers aus dem Verlagsvertrag **Masseschulden** (§ 55 Abs. 1 Ziff. 2 InsO). In diesem Fall kann der Insolvenzverwalter die Vervielfältigung und Verbreitung selbst im Rahmen des Unternehmens des Gemeinschuldners vornehmen, er kann die Rechte als Verleger aber auch veräußern. Für die Veräußerung gilt § 34 UrhG.[262] An die Stelle der Insolvenzmasse tritt dann der Erwerber in das Vertragsverhältnis ein. In Abweichung zu § 34 Abs. 4 UrhG haftet die Insolvenzmasse jedoch für einen etwaigen Schaden wie ein Bürge, der auf die Einrede der Vorausklage verzichtet hat, wenn der Erwerber seine Verpflichtungen aus dem Vertragsverhältnis nicht erfüllen würde. 353

Lehnt der Insolvenzverwalter die Vertragserfüllung **ab** oder gibt er keine Erklärung ab, so **erlischt** das **Vertragsverhältnis** und das **Verlagsrecht** fällt an den **Verfasser** zurück (§ 9 Abs. 2 Nr. 1 VerlG). Der Verfasser kann seine Schadenersatzforderung wegen Nichterfüllung 354

---

259 *Ulmer* § 101, V 2.
260 *Schricker* VerlG, § 1 Rn. 73.
261 *Schricker* VerlG, § 36 Rn. 6 ff.
262 Dreier/*Schulze* § 34 Rn. 7.

des Vertrages zur Insolvenzmasse anmelden. Falls der Insolvenzverwalter nicht die Erfüllung des Vertrages wählt, ist er auch nicht berechtigt, die vorhandenen Vervielfältigungsstücke zu verbreiten, er muss diese vernichten. Ebenso wenig kann er weiterhin die Nebenrechte verwerten. In analoger Anwendung von § 33 UrhG dürften die Erwerber von Nebenrechten auch weiterhin Inhaber der entsprechenden Rechte bleiben, sofern der Gemeinschuldner seine Rechtsmacht nicht überschritten hat, wobei dem Verfasser anstelle des Lizenzgebers die Ansprüche auf Lizenzvergütung und Abrechnung zustehen.

IX. Insolvenz des Verfassers

355 Fällt der Verfasser in Insolvenz, so hat der **Insolvenzverwalter** ebenso hinsichtlich der nicht erfüllten Nutzungsrechtsverträge gemäß § 103 InsO ein **Wahlrecht**. Er kann dieses Wahlrecht **jedoch nur mit Einwilligung** des Urhebers ausüben (§ 113 ff. UrhG). Erklärt der Urheber seine Einwilligung, so fallen die vermögensrechtlichen Ansprüche des Verfassers ebenso wie Schadensersatzansprüche in die Masse.[263]

C. Typische Verträge und ihre Parteien im Buchverlagsbereich

356 Die im Buchverlagsbereich anzutreffenden vielschichtigen Beziehungen zwischen Urhebern und Verwertern finden ihren Niederschlag in einer sehr differenzierten Vertragspraxis. In der Vergangenheit haben sich individuelle Vertragstypen herausgebildet, die jeweils eigenen Regeln folgen. Die im Verlagsalltag am häufigsten verwendeten Verträge sind der Verlags- (Autoren-), der Lizenz-, der Übersetzer- sowie der Fotografen- bzw. Illustratorenvertrag.

357 Aufgrund der Gestaltungsfreiheit der Vertragsparteien vermischen sich in einem Vertrag mitunter auch die Elemente der einzelnen Vertragstypen, so z.B. bei einem Herausgebervertrag, der oft ein Rechtsverhältnis begründet, das sich aus Verlags-, Dienst- und Werkvertrag zusammensetzt. Dann ist eine auf den Einzelfall bezogene Entscheidung zu treffen, welche gesetzlichen Regelungen (die des Verlagsrechts oder des Bürgerlichen Rechts) anzuwenden sind.[264]

I. Verlagsvertrag

358 Die Beziehungen zwischen dem Verlag und seinen Autoren werden in der Regel durch Verlagsverträge geregelt. Dabei handelt es sich nach heute h.M. um einen **Vertrag eigener Art** (sui generis), der sich unter keinen der bekannten Vertragstypen des BGB (wie z.B. Kauf-, Werk-, Miet- oder Pachtvertrag) subsumieren lässt. Der Verlagsvertrag ist der Gruppe der **Urheberrechtsverwertungsverträge** zuzuordnen.[265] Seine Besonderheiten werden in einem eigenen, das Urheberrechtsgesetz ergänzenden Gesetz, geregelt: Dem Gesetz über das Verlagsrecht (sog. Verlagsgesetz).

359 Die Einräumung anderer Nutzungsrechte als der typischen Verlagsrechte (wie z.B. Aufführungs- oder Senderechte) ist grundsätzlich ohne Einfluss auf die Einordnung als Verlagsvertrag.[266]

---

263 *Schricker* VerlG, § 36 Rn. 27 m.w.N.
264 *Schricker* VerlG, § 1 Rn. 7.
265 *Schricker* VerlG, § 1 Rn. 11.
266 *Schricker* VerlG § 1 Rn. 7.

Zur Frage, ob ein Verlagsvertrag oder Bestellvertrag vorliegt, vgl. unten Rdn. 388 ff. **360**

Zum Verlagsvertrag im Besonderen vgl. oben Rdn. 33–332. **361**

II. Kunstverlagsvertrag

Will ein Künstler seine Werke wirtschaftlich verwerten, kann dies zum einen durch die **362** Veräußerung des Originals erfolgen, aber auch durch die Herstellung und den Vertrieb von Reproduktionen seines Werkes. Verträge, die losgelöst vom Werkoriginal geschlossen werden, sind dem Bereich des Kunstverlags zuzurechnen,[267] den zugrunde liegenden Vertrag bezeichnet man als Kunstverlagsvertrag.[268] Gegenstand des Kunstverlagsvertrags ist somit üblicherweise die Vervielfältigung und Verbreitung der Reproduktionen von Kunstwerken.[269] Da § 1 Satz 1 VerlG sich explizit nur auf Werke der Literatur und Tonkunst bezieht, werden nach h.M. reine Bildbände, bei denen der Text eine höchstens untergeordnete Rolle spielt, vom Verlagsgesetz nicht erfasst.[270] Allenfalls wenn der Verleger vertraglich zur Vervielfältigung und Verbreitung verpflichtet ist, gelten die Grundsätze des VerlG für einen Kunstverlag analog,[271] bzw. dann, wenn Regelungen des VerlG individuell von den Vertragsparteien als geltend vereinbart wurden.[272] Da auch das UrhG keine Regelungen zu Verträgen betreffend der Nutzung von Kunstwerken durch Verleger enthält,[273] waren 1926 »Richtlinien für Abschluss und Auslegung von Verträgen zwischen bildenden Künstlern und Verlegern« ausgehandelt worden, die zwar seit 1936 nicht mehr verbindlich sind, aber nach wie vor als Orientierungshilfe dienen.[274] Die Regelung dieses Bereichs des Verlagswesens ist damit der Parteivereinbarung überlassen, wobei Vorstellungen des Verlagsgesetzes einen gewissen Einfluss auf die Vorstellungen der Vertragspartner ausüben können,[275] es gelten ansonsten die allgemeinen Bestimmungen des BGB.

III. Illustratoren-/Fotografenvertrag

Neben den reinen Textwerken prägen häufig auch illustrierte Bücher oder reine Bild- **363** bände das Programm eines Verlages und so gut wie jedes Buch hat zumindest eine illustrierte Covergestaltung.

Zur Einholung der Rechte an den in diesem Zusammenhang verwendeten Fotografien **364** (Lichtbilder gem. § 72 UrhG oder Lichtbildwerke gem. § 2 Abs. 1 Nr. 5 UrhG), Illustrationen (Zeichnungen, Gemälde, Stiche, Karikaturen, Skizzen etc.) oder Darstellungen wissenschaftlicher oder technischer Art (Architekturpläne, Grundrisse, Tabellen, Karten etc.) schließt der Verlag mit den jeweiligen Urhebern, aber auch mit Bildagenturen oder Lichtbildnern entsprechende Verträge. Vertragsgegenstand sind in der Regel entweder **bereits vorhandene Bilder** oder erst noch vom beauftragten Vertragspartner für ein Buch, einen Kalender, eine Werbekampagne des Verlags etc. **neu zu erschaffendes Bildmaterial**. In letzterem Fall sollten die gewünschten Eigenschaften des Bildmaterials so genau wie möglich im Vertrag beschrieben werden (Anzahl, Größe, Farbe, zu verwendendes Material, Stil der Zeichnungen, bei Verwendung für Buchcover die Festlegung, an

---

[267] Loewenheim/*G. Schulze* § 70 Rn. 2.
[268] Berger/Wündisch/*Mues* § 30 Rn. 1.
[269] Berger/Wündisch/*Ahrens* § 16 Rn. 27.
[270] Berger/Wündisch/*Krakies* § 17 Rn. 63.
[271] Dreier/*Schulze* Vor § 31 Rn. 250; BGH GRUR 1976, 706, 707 – Serigrafie.
[272] Berger/Wündisch*Mercker* § 29 Rn. 13.
[273] *Schricker* VerlG, § 1 Rn. 88.
[274] Abgedruckt in *Schricker* VerlG, S. 845 ff.
[275] *Schricker* VerlG, § 1 Rn. 1.

welcher Stelle für den Buchtitel/Autorennamen Freiräume gestaltet werden müssen usw.).

365 Inhaltlich unterscheiden sich die Fotografenverträge von den Illustratorenverträgen in den meisten Fällen lediglich durch eine verschiedene Bezeichnung der Parteien, die unterschiedliche Beschreibung und Benennung des Vertragsgegenstands sowie die Abläufe in den einzelnen Ablieferungsstufen (bei Illustrationen wird meist nicht nur ein einziger Ablieferungstermin festgelegt, sondern eine aufeinander abgestimmte Abfolge von Terminen zur Abgabe von Entwürfen und anschließenden Reinzeichnungen, jeweils mit der Möglichkeit des Verlags, nach der Ablieferung Korrekturen zu verlangen, dies mitunter sogar mehrfach).

366 Hinsichtlich der **rechtlichen Einordnung** sind die Gesamtumstände zu beurteilen.

367 Das Verlagsgesetz ist bei Illustrationen und Fotografien grundsätzlich nicht heranzuziehen, da es gem. § 1 VerlG nur auf Werke der Literatur oder Tonkunst anwendbar ist. Es wird jedoch gemeinhin angenommen, dass bei Werken, die sowohl Texte als auch Bilder enthalten, darauf abzustellen ist, ob der Charakter des Werkes wesentlich durch den Text- oder den Bildteil bestimmt wird. Handelt es sich vorwiegend um ein Schriftwerk, welchem zur Ergänzung Illustrationen beigefügt sind, so kommt für das gesamte Werk das Verlagsgesetz in Betracht.[276] Macht der Verleger seinem Vertragspartner konkrete und genau definierte Vorgaben zu den bestellten Bildern, ist hinsichtlich des Vertragsverhältnisses ein Bestellvertrag nach § 47 VerlG anzunehmen.[277]

368 Die **Rechtseinräumung** richtet sich auch hier nach der Zweckübertragungslehre gem. § 31 Abs. 5 UrhG, so dass die einzelnen Nutzungsarten im gewünschten Umfang genau aufzuzählen sind. Um bei gewissen Ausgaben bzw. Verwertungsformen des Buches zu vermeiden, dass sich die Illustratoren-/Fotografenrechte nicht mit den eingeräumten Autorenrechten decken, empfiehlt sich dabei ein auf den jeweiligen Autorenvertrag für das Schriftwerk abgestimmter Rechtekatalog. Bei der Einholung von Fotorechten über Bildagenturen ist auf deren AGBs zu achten, vielfach findet sich dort die Klarstellung, dass zwar die Rechte des Fotografen übertragen werden, die Persönlichkeitsrechte evtl. abgebildeter Personen jedoch vom Verlag selbst zu klären sind.

369 **Praxistipp:**

Auf Grund der besonderen wirtschaftlichen Bedeutung der Bilder für die Fotografen/Illustratoren wird als entsprechendes Entgegenkommen in speziellen Fällen vertraglich vereinbart, dass der Fotograf/Illustrator in Abweichung zur Ausschließlichkeit der Rechtseinräumung einzelne Fotos/Illustrationen nicht-exklusiv an Dritte verkaufen kann, sofern dies nicht in Konkurrenz zu dem mit dem Verlag geschlossenen Vertrag steht und der Verlag nach vorheriger Anfrage eine entsprechende Zustimmung erteilt hat.

370 Die **Vergütung** ist bei Fotografen- und Illustratorenverträgen frei verhandelbar. Je nach Sachverhalt gibt es unterschiedliche Berechnungsmodelle. Bei Auftragsproduktionen für Fotos basiert das Honorar meist auf dem Tagessatz des Fotografen (abhängig von dessen Bekanntheit und dem Umfang der Rechtseinräumung) plus ggf. Nebenkosten für Stylisten, Beleuchter etc. Bei der Erstellung von Foodfotos hingegen wird in der Regel ein Pauschalhonorar pro Bild (inkl. Lebensmittelkosten etc.) gezahlt.

---

276 *Schricker* VerlG, § 1 Rn. 33.
277 BGH GRUR 1985, 378, 379 – Illustrationsvertrag.

Meist verbreitet und wohl durchaus redlich und somit angemessen ist die Pauschalhonorierung,[278] wenngleich bei Projekten, die schon im Vorhinein einen großen Absatz des Buches erwarten lassen, zunehmend unter Hinweis auf § 32 UrhG auch Absatzbeteiligungen verlangt werden.

371

Die **Mittelstandsgemeinschaft Fotomarketing** (**MFM**) als Zusammenschluss von Bildagenturen, Archiven, Fotografen und Bildjournalisten gibt jährlich eine Übersicht der Vergütungen für Bildnutzungsrechte an Fotografien in Form einer kostenpflichtigen Broschüre heraus. Die von der MFM zusammen gestellten Honorarstrukturen unterscheiden nach Veröffentlichungsmedium (Tageszeitungen, Illustrierte, Fachzeitschriften, PR-Fotos, Fernsehen, Bücher, Taschenbuch-Originalausgaben, Enzyklopädien, Schulbücher etc.) sowie nach Abbildungsformat, Auflage, Lizenzgebiet usw. Es ist zu beachten, dass es sich hierbei lediglich um **einseitige Empfehlungen** handelt und diese Vergütungssätze deshalb nicht als allgemein im Verlagsbereich übliche Vergütungen anerkannt werden können.

372

Die Übersichten der MFM werden jedoch in Streitfällen zunehmend von der Rechtsprechung als Orientierungsgröße bei Fragen der Schadensersatzhöhe in Form einer angemessenen fiktiven Lizenzgebühr herangezogen.[279] So ist anerkannt, dass ein **unterlassener Bildquellennachweis** (fehlende Nennung des Urhebers) wie in den Hinweisen der MFM vorgesehen einen 100 % Zuschlag rechtfertigen kann.[280]

373

Die **unberechtigte Nutzung** an sich führt hingegen stets nur zur Nachzahlung einer üblichen Vergütung (die allerdings wiederum den Hinweisen der MFM entnommen werden kann, falls keine höheren/niedrigeren Honorare nachgewiesen werden), nicht aber zu einem 100 %-igen Zuschlag auf die Grundvergütung (außer der Fotograf etc. verweist in seinen AGB ausdrücklich auf diesen in den Empfehlungen der MFM vorgesehenen Zuschlag).[281]

374

Praxistipp:

Für den Verwerter empfiehlt sich eine genaue Prüfung der AGB von Fotografen/Bildagenturen. Häufig wird dort ein pauschalierter Schadensersatz für die Beschädigung, den Verlust oder die verspätete Rückgabe des Bildmaterials an den Urheber verlangt. Die Vereinbarung solcher sog. **Blockierungskosten** wird von der Rechtsprechung grundsätzlich anerkannt, so werden Beträge zwischen 0,50 € und 1,50 € pro Tag und Foto als überwiegend zulässig erachtet, wenn es sich um Originalfotos handelt.[282] Allerdings ziehen die Gerichte auch Grenzen, insbesondere dann, wenn die Strafgebühr in keinem Verhältnis mehr zum Erfüllungsinteresse steht. Unangemessen sei eine Vertragsstrafe dann, wenn sie die Einnahmen, die der Verwender vernünftigerweise während der Verspätungszeit aus dem verliehenen Material erzielen konnte, um ein Vielfaches übersteigt.[283]

375

Neben den genannten Empfehlungen der MFM existieren die von der **Verwertungsgesellschaft (VG) Bild-Kunst** aufgestellten Tarife zur Nutzung von Werken der Bildenden Kunst und der Fotografie. Sie entfalten Wirkung, sofern der jeweilige Urheber eines geschützten Werkes einen Wahrnehmungsvertrag mit der VG Bild-Kunst abgeschlossen

376

---

278 *Wegner* Verlagsrecht 2.C. Rn. 196.
279 *Wegner* 2.C. Rn. 196.
280 LG Berlin ZUM 1998, 673, 674.
281 OLG Hamburg ZUM 2002, 833, 836.
282 *Wanckel* Foto- und Bildrecht Rn. 365.
283 LG Hamburg ZUM 2004, 148, 149.

hat. Die aktuellen Tarife sind z.B. auf der Webseite der VG Bild-Kunst unter www.bildkunst.de einsehbar.

IV. Mehr-Autoren-Vertrag

377 An einem Werk können mehrere Verfasser in unterschiedlicher Art mitwirken. Ihre Vertragsbeziehungen lassen sich gegenüber dem Verleger entweder in getrennten Verträgen oder auch in einem einzigen Vertrag (auf dessen Verfasserseite dann eine Personenmehrheit steht) regeln. Ersteres ist meist bei **Sammelwerken** gem. § 4 Abs. 1 UrhG der Fall, bei denen durch die Sammlung einzelner Werke und deren Auswahl und Anordnung als persönliche geistige Schöpfung ein neues Werk entsteht. Getrennte Verträge mit einem oder mehreren Herausgebern und den Beitrags-Autoren sind hier zweckmäßig und praxisüblich.

378 Wirken mehrere Verfasser jedoch derart zusammen, dass gemeinschaftlich durch die gewollte Zusammenarbeit ein **einheitliches Werk** entsteht, ohne dass sich ihre Anteile gesondert verwerten lassen, so sind sie **Miturheber** des Werkes gem. § 8 Abs. 1 UrhG und bilden eine Gesamthandsgemeinschaft.[284] In diesen Fällen ist es durchaus üblich, nur einen einzigen Vertrag zu schließen, wobei dem Verleger in diesem Falle auf Verfasserseite mehrere Autoren gegenüberstehen. Solche Mehr-Autoren-Verträge können inhaltlich grundsätzlich so gestaltet werden, wie Verträge mit lediglich einem einzigen Autor. Es empfiehlt sich jedoch, auf Besonderheiten der Personenmehrheit auf Autorenseite Rücksicht zu nehmen.

379 **Praxistipp:**

Es sollte vertraglich festgelegt werden, dass Entscheidungen der Miturheber bzgl. Verwertung, Änderung oder sonstiger das Werk betreffender Maßnahmen per **Mehrheitsbeschluss** getroffen werden können.[285] Alternativ, dass jeder der Autoren berechtigt sein soll, gegenüber dem Verlag für und mit Wirkung gegen den/die jeweils anderen Autor/en rechtswirksame Erklärungen, Handlungen etc. abzugeben bzw. vorzunehmen oder vom Verlag entgegen zu nehmen. So lassen sich langwierige Abstimmungsprozesse und ggf. teure Klagen vermeiden, falls ein Miturheber einer jeweiligen Maßnahme nicht zustimmt.

V. Ghostwritervertrag

380 Unter einem Ghostwriter versteht man einen Autor der für eine andere Person schreibt und dabei entweder komplett auf seine eigene Namensnennung verzichtet oder nur eine untergeordnete Namensnennung erfährt. Letzteres z.B. durch eine Erwähnung im Vorwort oder durch den in wesentlich kleinerer Schriftgröße verfassten Zusatz »unter Mitarbeit von« o.ä. auf der Titelseite im Innenteil des Buchs oder, äußerst selten, auf dem Buchcover.

381 Das Werk erscheint dann unter dem Namen der anderen, meist prominenten Person, die aus Mangel an Zeit oder schriftstellerischer Begabung das Werk nicht selbst verfassen kann oder will.

382 Von zentraler Bedeutung für die Vertragsgestaltung ist, wer das Werk tatsächlich geschrieben hat, wer also berechtigt ist, dem Verlag die Nutzungsrechte an dem Werk einzuräumen. Dies ist abhängig vom faktischen Schaffensprozess zu beurteilen und nicht etwa danach, wer letztlich als »Autor« genannt wird. Dabei sind verschiedene Varianten

---

284 Dreier/*Schulze* § 8 Rn. 12.
285 Dreier/*Schulze* § 8 Rn. 19.

denkbar: Verfasst der Ghostwriter das Werk allein, so ist er auch alleiniger Urheber. Erstellt er z.B. die Biografie eines prominenten Namensträgers auf der Grundlage von zahlreichen mit dem Namensträger geführten Gesprächen, so gilt das Werk als gemeinschaftliches Werk, das beide in Miturheberschaft verfasst haben.[286]

Der Rechteerwerb vom Ghostwriter ist deshalb unerlässlich. In der Regel wird der Verlag einen gesonderten Vertrag jeweils mit dem Ghostwriter und mit dem Namensträger abschließen. Denkbar ist jedoch auch, dass allein der Namensträger einen Vertrag mit dem Ghost schließt und dem Verlag dann in einer zweiten Vereinbarung die Rechte weiterleitet. Liegt eine Miturheberschaft zwischen Ghost und Namensträger vor, so kann auch ein Mehr-Autoren-Vertrag mit beiden gemeinschaftlich geschlossen werden. 383

Typische Vertragspflichten des Ghostwriters gegenüber seinem Vertragspartner sind die **Herstellung des Werkes**, der **Verzicht auf** das Recht auf **Anerkennung seiner Urheberschaft** gem. § 13 UrhG, das **Einverständnis mit der Nennung des Namensträgers als »Autor«** und häufig auch **Regelungen zur Zusammenarbeit zwischen Ghost und Namensträger** (wie oft, wo und wie lange steht der Namensträger für Interviews/ Gespräche zur Verfügung, welche Informationen/Dokumente überlässt er dem Ghost usw.). 384

Die Frage, ob ein Urheber auf die Anerkennung seiner Urheberschaft überhaupt verzichten, bzw. inwieweit er diesen Anspruch einschränken kann, ist wegen seiner Zugehörigkeit zum Urheberpersönlichkeitsrecht juristisch sehr umstritten, gleichwohl jedoch allgemein anerkannt.[287] Teilweise wird allerdings vertreten, dass es sich wegen der Unverzichtbarkeit auf das Urheberpersönlichkeitsrecht nicht um einen Verzicht auf das Namensrecht als solches handeln könne, sondern lediglich um einen Verzicht auf seine Ausübung.[288] Oder dass ein Verzicht zumindest für die gesamte Dauer des Urheberrechts nicht angenommen werden kann[289] und derartige Abreden nach 5 Jahren (ähnlich §§ 40 oder 41 UrhG) kündbar oder widerruflich sein sollen.[290] Für dieses Kündigungsrecht gibt es jedoch letztlich keine konkrete gesetzliche Grundlage. 385

Unter Umständen kann die Nennung des Namensgebers als Autor auch irreführend und daher wettbewerbswidrig sein, wenn er das Werk nicht selbst verfasst hat, der Leser aber gerade besonderen Wert darauf legt, dass das Buch auch tatsächlich von dem als »Autor« benannten Verfasser stammt.[291] 386

Von der rechtlichen Einordnung her wird es sich beim Ghostwritervertrag regelmäßig um einen Werk- oder Dienstvertrag handeln. Arbeitet der Ghostwriter nach Vorgaben und Plan eines Bestellers, kann auch § 47 Abs. 1 VerlG (Bestellvertrag) anwendbar sein.[292] 387

VI. Bestellvertrag, § 47 VerlG

Mitunter werden im Verlagsbereich Werke geschaffen, bei deren Schöpfung der Verfasser nicht wie in den ansonsten klassischen Fällen einer Autorenschaft in seiner Gestaltungsfreiheit ungebunden ist, sondern er sich eng an genaue Vorgaben eines Bestellers (meist der Verlag) hinsichtlich der Werkbeschaffenheit zu halten hat. Zu der damit einhergehen- 388

---

286 OLG Köln GRUR 1953, 499, Kronprinzessin Cäcilie.
287 *Wegner* 1.E. Rn. 97.
288 *Rehbinder* ZUM 1991, 220, 227.
289 *Loewenheim/Dietz* § 16 Rn. 80.
290 *Dreier/Schulze* § 13 Rn. 31.
291 KG Berlin UFITA 80/1977, 368, 374 – Manfred Köhnlechner.
292 *Schricker* VerlG, § 42 Rn. 5.

den abweichenden Vertragsgestaltung gehört auch der (verlegerische) Bestellvertrag i.S.v. § 47 VerlG. Ein solcher liegt dann vor, wenn

- der Besteller den Inhalt des Werkes sowie Art und Weise der Behandlung genau vorschreibt oder
- sich die Tätigkeit auf die Mitarbeit an enzyklopädischen Unternehmungen[293] oder
- auf Hilfs- oder Nebenarbeiten für das Werk eines anderen (z.B. die Erstellung eines Sachregisters/Inhaltsverzeichnisses, die Prüfung der Rechtschreibung, Korrekturlesen etc.) oder für ein Sammelwerk beschränkt.

389 Als Rechtsfolge entfällt im Zweifel (wenn sich also aus dem Vertrag bzw. den vertragsbegleitenden Umständen nichts anderes ergibt), die Vervielfältigungs- und Verbreitungspflicht des Verlegers aus § 1 Satz 2 VerlG. Dies entspricht der für den Bestellvertrag typischen Interessenlage, da der Verlag als Auftraggeber eines von ihm initiierten und genau vorgegeben Werkes auch darüber bestimmen können soll, wie und wann und ob überhaupt das Werk veröffentlicht wird.

390 Der Bestellvertrag ist ein nach den Vorschriften des BGB zu beurteilender Vertrag eigener Art.[294] Da keine bestimmte Dienstleistung geschuldet ist, sondern ein fertiges Werk, ist der Bestellvertrag entsprechend seinem Inhalt und Zweck vor allem nach werkvertraglichen Grundsätzen zu beurteilen.[295]

VII. Übersetzervertrag

391 Aus urheberrechtlicher Sicht stellt die Übersetzung eines Werkes eine Bearbeitung desselben dar (§ 3 Satz 1 UrhG) und wird, sofern sie hinreichend individuell ist,[296] wie ein selbstständiges Werk geschützt (§ 3 Satz 1 UrhG). Die Übertragung von Textwerken in eine neue Sprache ist per se zwar zulässig, eine Veröffentlichung der Übersetzung darf anschließend jedoch nur mit Einwilligung des Urhebers des bearbeiteten Werkes erfolgen (§ 23 Satz 1 UrhG). Das Urheberrecht des Bearbeiters ist also eng mit dem Urheberrecht des Originalautors verbunden. Gegenstand von Bearbeitungen i.S.v. § 23 UrhG kann nur ein urheberrechtlich noch geschütztes Werk sein, da gemeinfreie Werke ohnehin von jedem beliebig genutzt werden dürfen.[297]

392 Das Recht nach § 23 Satz 1 UrhG ist ein eigenständiges Nutzungsrecht und kann nach herrschender Meinung eingeräumt und übertragen werden.[298] Üblicherweise räumt der Urheber des Originalwerkes seinem Verlag die Rechte zur Anfertigung einer Übersetzung sowie zu deren Vervielfältigung und Vertrieb ein. Vor allem im Bereich der Belletristik spielen Übersetzungen eine große Rolle, manche Verlagsprogramme bestehen sogar zu 50 % bis 70 % aus übersetzten Titeln.

393 Lässt der Verlag eine Übersetzung anfertigen, so schließt er mit dem jeweiligen Übersetzer einen Übersetzungsvertrag. Gegenstand desselben ist zum einen die Festlegung der Leistungserbringung des Übersetzers (unter Wahrung der Urheberpersönlichkeitsrechte des Urhebers des Originalwerkes), der Vertrag trägt insofern regelmäßig werkvertragliche Züge. Zum anderen werden dem Verlag die Nutzungsrechte an der Übersetzung/

---

293 Unter einer Enzyklopädie versteht man ein Sammelwerk, das entweder das menschliche Wissen in seiner Gesamtheit oder ein weiteres oder engeres Gebiet des Wissens in üblicher – systematischer oder alphabetischer Darstellung behandeln will. Vgl. *Schricker* VerlG, § 47 Rn. 10.
294 *Schricker* VerlG, § 47 Rn. 14.
295 *Schricker* VerlG, § 47 Rn. 14.
296 Dreier/*Schulze* § 23 Rn. 2.
297 Dreier/*Schulze* § 23 Rn. 3.
298 Dreier/*Schulze* § 23 Rn. 10.

Bearbeitung eingeräumt, der Vertrag folgt dabei in der Praxis vom Aufbau her meist der Struktur eines Verlagsvertrags, insbesondere hinsichtlich des Rechtekatalogs.

Von der Rechtsnatur her ist der Übersetzervertrag meist entweder ein typischer Verlagsvertrag i.S.v. § 1 VerlG oder ein Bestellvertrag i.S.v. § 47 VerlG.[299] Dies auch in Abhängigkeit von der urheberrechtlichen Schöpfungshöhe des Ausgangswerkes (handelt es sich um ein literarisches Werk oder um eine technische Gebrauchsanweisung, die übersetzt werden soll?). Der Unterschied in der Rechtsfolge liegt darin, dass den Verleger eine Vervielfältigungs- und Verbreitungspflicht trifft oder nicht. Nach einer durch den BGH[300] bestätigten Entscheidung des OLG München[301] zu einer Romanübersetzung lassen sich Übersetzerverträge nicht von vornherein als Bestellverträge einordnen. Zwar sei der Übersetzer mit der literarischen Vorlage an einen Plan gebunden, in dem ihm der Inhalt des Werkes sowie die Art und Weise der Behandlung vorgeschrieben seien. Eine Vorgabe hinsichtlich der Eigenart des vom Übersetzer zu schaffenden Werkes sei darin jedoch noch nicht zu sehen, weshalb man nicht davon ausgehen könne, dass das Schwergewicht der urheberrechtlichen Leistung, auch literarisch gesehen, beim Besteller liege.

Sofern also die Vervielfältigungs- und Verbreitungspflicht des Verlegers nicht ausdrücklich vertraglich ausgeschlossen ist, wird es sich im Regelfall bei einem Übersetzervertrag um einen Verlagsvertrag handeln.

> **Praxistipp:**
> Ist ein Bestellvertrag ohne Verwertungspflicht gewünscht, empfiehlt es sich zusätzlich für den Verleger, die Vervielfältigungs- und Verbreitungspflicht ausdrücklich vertraglich auszuschließen. Ebenso ist eine Verweisung auf die Vorschriften des VerlG zu vermeiden, da diese Vorschriften auf den Bestellvertrag nicht passen.[302]

Die bloße Bezeichnung eines Vertrags als »Bestellvertrag« reicht jedoch nicht aus, um die Vervielfältigungs- und Verbreitungspflicht auszuschließen.

Zur Übersetzervergütung vgl. oben Rdn. 266 ff., Rdn. 274 ff.

VIII. Herausgebervertrag

Für den Herausgebervertrag gibt es keine gesetzliche Regelung, in Ausprägung der Verlagspraxis enthält er jedoch typischerweise Elemente von Verlags-, Werk- und Dienstvertrag.[303] Der Herausgeber tritt zwischen Verleger und Autor und übernimmt, etwa aufgrund größerer Sachnähe zu einem bestimmten Thema, die konzeptionelle Verantwortung und Betreuung eines Werkes. So wählt er in der Regel geeignete Verfasser für die Werkbeiträge aus, begutachtet und überarbeitet ggf. auch die einzelnen Artikel und nimmt deren Gliederung, Ordnung und Zusammenstellung vor.

Bereits aufgrund dieser eigenschöpferischen Auswahl- und Anordnungsleistung kann dem Herausgeber ein eigenständiges Urheberrecht entstehen.[304] Häufig verfasst der Herausgeber zudem eigene Beiträge für das Werk, wie einzelne Kapitel oder ein Vor-/Nachwort, wodurch auf seiner Seite ebenfalls Urheberrechte entstehen.

---

299 *Wegner* 2.C. Rn. 157, vgl. dort zu den jeweiligen Rechtsfolgen insbesondere auch Rn. 150 ff. und 162 f.
300 BGH, Urt. v. 17.6.2004, I ZR 136/01 – Oceano Mare.
301 OLG München GRUR-RR 2001, 151 – Seide.
302 Von *Becker* ZUM 2001, 378, 380.
303 *Schricker* VerlG, § 1 Rn. 7.
304 *Wegner* 2.C. Rn. 190.

401 Im Herausgebervertrag sollten die einzelnen Aufgaben des Herausgebers geregelt und in einem Rechtekatalog die benötigten Nutzungsrechte dem Verlag eingeräumt werden.

402 Die Einräumung der Nutzungsrechte der einzelnen Autoren (oft auch Beiträger genannt) an den Verlag kann auf zwei Weisen geregelt werden: Entweder schließt der Verlag diesbezüglich direkte Verträge mit den Autoren, oder er lässt sich die Rechte vom Herausgeber übertragen, der seinerseits zuvor entsprechende Vereinbarungen mit den Beiträgern getroffen hat. Vorzugswürdig aus Verlagssicht erscheint aufgrund der größeren Rechtssicherheit und Einheitlichkeit die erste Variante, andernfalls besteht die Gefahr, dass sich der Umfang der jeweiligen Rechtekataloge nicht deckt. Es empfiehlt sich, die Verträge mit den Beiträgern als Bestellvertrag gem. § 47 VerlG auszugestalten, um nicht zur Veröffentlichung einzelner Beiträge verpflichtet zu sein, falls der Herausgeber sich gegen deren Aufnahme entscheidet oder andere Störungen eine Veröffentlichung des Gesamtwerkes verhindern.

403 Ab der zweiten Auflage entfällt nach § 19 VerlG bei Sammelwerken die Veröffentlichungspflicht einzelner Beiträge, um eine Aktualisierung des Werkes zu ermöglichen. Voraussetzung ist, dass der Herausgeber (nicht jedoch der Verfasser des Beitrags) damit einverstanden ist und keine anderweitige vertragliche Regelung getroffen wurde. Die Sammlung muss dabei mindestens aus 3 Beiträgen bestehen, da bei nur 2 Beiträgen die Weglassung eines davon den Übergang vom Sammel- zum Einzelwerk bedeuten würde.[305]

404 Die Vergütung des Herausgebers übernimmt regelmäßig der Verlag, meist in Form eines Garantiehonorars, welches gegen ein Absatzhonorar verrechnet wird. Für die Vergütung der Beiträger gibt es verschiedene Varianten, denkbar ist ebenfalls ein Absatzhonorar, gerade im Bereich von Fachpublikationen oder Projekten mit sehr vielen Autoren ist jedoch eine Pauschalvergütung (buy-out) am häufigsten verbreitet.

IX. Lizenzvertrag

405 Wenn auch der Begriff der Lizenz im UrhG nicht definiert wird, so versteht man im Verlagsbereich unter einer Lizenz[306] die Sekundär- und weitere Nutzung[307] von Rechten. Typischerweise räumt dabei ein Verleger sein »Tochterrecht«, welches er vom Urheber (»Mutterrecht«) ableitet, einem Dritten quasi als »Enkelrecht« ein.[308] Der Verleger wird dabei Lizenzgeber genannt, der Dritte Lizenznehmer. Räumt der Lizenznehmer wiederum einem anderen das Recht ein, das Werk zu nutzen, so spricht man von **Sublizenz**, Subverleger oder Sublizenzvertrag.[309]

406 Wie sich aus § 35, § 31 Abs. 2 UrhG ergibt, kann nur der Inhaber eines **ausschließlichen Nutzungsrechts**, nicht aber derjenige eines einfachen Nutzungsrechts, Lizenzgeber sein.

407 Der Verleger kann als Inhaber der ihm vom Verfasser durch den Verlagsvertrag eingeräumten Nutzungsrechte auf unterschiedliche Weise über diese Rechte verfügen. Neben der konstitutiven **Einräumung** von Nutzungsrechten gem. § 35 UrhG als Lizenz kann er sich auch translativ ganz oder teilweise seiner Rechte durch **Übertragung** gem. § 34

---

305 *Schricker* VerlG, § 19 Rn. 2.
306 Abgeleitet vom lateinischen »licere«, erlaubt sein, etwas dürfen.
307 Es wird überwiegend angenommen, dass die konstitutive Erstübertragung der Rechte durch den Urheberrechtsinhaber nicht als Lizenz bezeichnet werden sollte, um den Begriff nicht zu überdehnen und eine gewisse Unterscheidungsklarheit zu bewahren. Vgl. *Schricker* VerlG, § 28 Rn. 22.
308 *Schricker* VerlG, § 28 Rn. 22.
309 Dreier/*Schulze* § 31 Rn. 4.

C. Typische Verträge und ihre Parteien im Buchverlagsbereich

UrhG begeben.[310] Die Abgrenzung zwischen beiden Gestaltungsmöglichkeiten kann im Einzelfall schwierig sein und ist durch Auslegung zu ermitteln. Eine Übertragung nach § 34 UrhG kommt in Betracht, wenn sich das Geschäft auf die gesamten Nutzungsrechte des Verlegers bezieht.[311] Dies ist im Lizenzgeschäft zwischen Verlegern und anderen Verwertern in der Praxis regelmäßig nicht der Fall. Der Verleger überlässt meist nur einen Teil der ihm vom Verfasser eingeräumten Nutzungsrechte im Wege der Lizenzvergabe Dritten zur Auswertung, so z.B. Rechte für Buchgemeinschafts- oder Taschenbuchausgaben, Rechte zur Verwertung des Werkes als Audio-Ausgabe oder die Rechte zur Übersetzung in andere Sprachen.

Liegt ein auf die Einräumung eines Nutzungsrechts gerichteter Lizenzvertrag vor, so kann das Lizenzrecht einfach oder ausschließlich (exklusiv) sowie räumlich, zeitlich oder inhaltlich beschränkt eingeräumt werden. **408**

Soweit der Lizenzvertrag nicht Verlagsvertrag ist, gilt er als Vertrag eigener Art, der den urhebervertragsrechtlichen Regeln des UrhG untersteht und auf den im Einzelfall je nach seiner Ausgestaltung daneben auch Regelungen aus dem besonderen Teil des Schuldrechts des BGB (insbesondere Elemente des Dienst-, Werk-, Kauf- oder Pachtvertrags) anwendbar sind.[312] **409**

Zudem sind bei der Lizenzerteilung das schuldrechtliche Verpflichtungsgeschäft und die dingliche Verfügung gedanklich auseinander zu halten, werden im Lizenzvertrag jedoch regelmäßig zusammen vorgenommen.[313] **410**

Hinsichtlich der Frage, ob auf einen Lizenzvertrag die Vorschriften des Verlagsvertrages anwendbar sind, ist darauf abzustellen, ob sich der Lizenznehmer gegenüber dem Lizenzgeber zur Vervielfältigung und Verbreitung der Lizenzausgabe verpflichtet.[314] Gemäß § 48 VerlG findet das VerlG zumindest dann Anwendung, »wenn derjenige, welcher mit dem Verleger den Vertrag abschließt, nicht der Verfasser ist«, also auch auf Verlagsverträge zwischen zwei Verlegern im Rahmen einer Lizenz bzgl. des Werkes eines Dritten.[315] **411**

Im Verlagsalltag kommt Lizenzverträgen eine große Bedeutung zu. Der Verleger kann dabei in den diversen Konstellationen sowohl als Lizenznehmer als auch als Lizenzgeber auftreten. Vor allem drei Varianten von Lizenzgeschäften dominieren die Verlagspraxis: **412**
- Der »Lizenzeinkauf« aus dem Ausland, um eine deutsche Lizenz für ein ausländisches Werk zu erhalten.[316] Daneben ist stets der Abschluss eines Übersetzungsvertrags erforderlich.
- Der »Lizenzverkauf« im Inland, wobei der inländische Lizenznehmer vom inländischen Lizenzgeber Rechte erwirbt, die dieser nicht selbst nutzen kann oder will, typischerweise handelt es sich dabei um die Lizenzierung von Rechten zur Veranstaltung einer Buchclub-, Taschenbuch- oder Hörbuchausgabe.
- Der »Lizenzverkauf« ins Ausland durch einen Lizenzgeber, der die sog. Auslandsrechte an einem Buch innehält. Dabei werden einem ausländischen Lizenznehmer Rechte zur Übersetzung eines Buches in eine ausländische Sprache und zum Vertrieb in jener Sprache sowie für die vereinbarten Länder und Nutzungsformen eingeräumt.

---

310 *Schricker* VerlG, § 28 Rn. 22.
311 *Schricker* VerlG, § 28 Rn. 22.
312 BGH GRUR 1960, 447, 448 – Comics.
313 *Schricker* VerlG, § 28 Rn. 23 f.
314 Berger/Wündisch/*Krakies* § 17 Rn. 73.
315 *Schricker* VerlG, § 48 Rn. 2.
316 Laut einer Studie des Börsenvereins des Deutschen Buchhandels brachten 2009 die Verlage in Deutschland 93.124 Neuerscheinungen heraus, davon 11.800 Übersetzungen. Abgerufen am 25.7.2010 unter http://www.boersenblatt.net/373296/template/bb_tpl_branchenzahlen/.

Dresen/Schmid

413 Im Verlagsbereich gewähren die Rechtegeber Lizenzen immer seltener für die gesetzliche Dauer des Urheberrechts gem. § 64 UrhG, vielmehr werden diese zeitlich beschränkt. Je nach Vertragsgegenstand finden sich vertragliche Laufzeiten zwischen 5 und 10 Jahren.

414 Die Vergütung wird bei Lizenzverträgen wie beim Verlagsvertrag individuell vereinbart und ist sowohl vom Erfolg des Autors als auch von der Marktsituation abhängig.

415 Sog. Kleinlizenzen, bei denen eine Abdruckerlaubnis von Textpassagen mit lediglich geringem Umfang (z.B. ein Gedicht oder ein einzelnes Buch-Kapitel) erteilt wird, werden in der Regel mit einem Pauschalbetrag pro lizenzierter Seite vergütet. Wegen des nicht unerheblichen Verwaltungsaufwands, der damit für Verlage einhergeht, wird dabei oft ein Mindestbetrag einer gewissen Höhe festgesetzt.

416 Zahlreiche Verweise auf Vertragsmuster für Lizenzverträge finden sich bei Berger/Wündisch/*Krakies*, Urhebervertragsrecht, § 17 Rn. 76 ff., ebenso sei auf die Musterverträge des Börsenvereins des Deutschen Buchhandels für einen Taschenbuch-Lizenzvertrag sowie ein englischsprachiges Licence Agreement verwiesen.[317]

X. Verfilmungsvertrag

417 Soll ein Film auf einem bereits bestehenden (sog. vorbestehenden) Werk basieren, wie z.B. bei einer Romanverfilmung, so wird der Filmhersteller zunächst die zur Verfilmung benötigten Rechte an diesem Werk erwerben. Rechtsinhaber ist bei fiktionalen Stoffen häufig ein Verlag, der seinerseits vom Autor des Werkes die Verfilmungsrechte eingeräumt bekam, z.B. weil der Autor anders als der Verlag über keine/weniger Kontakte zur Filmbranche verfügt. Aufgrund des zeitintensiven und komplexen Filmproduktionsablaufs wird hierbei fast ausschließlich mit Options- und Verfilmungsverträgen gearbeitet. Durch den vorgeschalteten Optionsvertrag sichert sich die Produktionsgesellschaft die Verfilmungsrechte für eine gewisse Zeit, um zunächst die Produktionsrealisierung klären zu können. Verläuft diese erfolgreich, wird die Verfilmungsoption ausgeübt. Andernfalls verfällt die Option und der Rechtsinhaber kann den Filmstoff erneut anbieten.

418 Ausführlich zum Verfilmungsvertrag vgl. Kap. 4 Rdn. 23–50.

XI. Buch zum Film

419 Parallel zum Erscheinen von Kinofilmen oder erfolgreichen TV-Serien veröffentlichen Buchverlage gelegentlich ein »Buch zum Film«. Im Unterschied zu sog. »making of«-Publikationen, die den Entstehungsprozess einer Filmproduktion durch Fotos, Skizzen, Berichte von Beteiligten usw. dokumentieren, gibt ein Buch zum Film den Handlungsinhalt des Films bzw. der TV-Serie wieder. In der Praxis dominieren zwei Fallgestaltungen: Entweder die Verfilmung basiert auf einem bereits vorbestehenden Werk, wie z.B. einem Roman, oder ein gezielt zu diesem Zweck neu verfasstes Werk, wie z.B. ein Drehbuch, dient dem Film als Grundlage. Ist ein Verlag im ersten Fall Inhaber der Stoffrechte, wird er sich regelmäßig im Verfilmungsvertrag mit der Produktionsfirma die Drucknebenrechte zurück behalten und gleichzeitig eine Kooperation mit dem Filmhersteller eingehen, die es ihm gestattet, das Motiv des Filmplakats als Buchcover zu verwenden und zur Gestaltung eines im Buch enthaltenen Bildteils Szenenbilder (sog. stills) aus dem Film zu nutzen. Der Filmhersteller wird dafür im Gegenzug eine Beteiligung an den Verkaufser-

---

[317] Für Mitglieder abrufbar auf der Webseite des Börsenvereins des Deutschen Buchhandels www.boersenverein.de.

lösen des Buchs erhalten (in der Regel in Form einer prozentualen Beteiligung am Netto-Ladenpreis des Buchs).

In jenen Fällen, in denen die Filmvorlage ein Stoff ist, der noch nicht in Buchform existiert, wird der Verlag sich vom Filmhersteller die entsprechenden Nutzungs- und Bearbeitungsrechte an dem Drehbuch übertragen lassen und einen Autor (evtl. sogar den Drehbuchautor selbst) mittels Autorenvertrag mit der Erstellung einer darauf basierenden Buchfassung beauftragen. Auch hier erfolgt meist eine Kooperation bzgl. der Cover- und Bildteilgestaltung. Die prozentuale Absatzbeteiligung am Netto-Ladenpreis des Buchs wird entsprechend unter den Rechtegebern/Urhebern aufgeteilt. 420

XII. Hörbuchvertrag

Buchverlage streben in der Regel eine umfassende Verwertung der von ihnen veröffentlichten Werke an. Im Bereich des elektronischen Publizierens gehört hierzu auch die Auswertung von Audiorechten in Form von Hörbüchern. Unter einem **Hörbuch** versteht man Sprachaufnahmen aller Art, die allein oder in Kombination mit Musik, evtl. auch Geräuschen[318] sowohl körperlich (in Form von CDs, DVDs oder MP3-CDs, selten nur noch als Kassetten) als auch unkörperlich (im Wege des Downloads via Internet) vervielfältigt und verbreitet werden. Je nachdem, welche Gruppen von Urhebern (wie Autoren, Bearbeiter oder Übersetzer des Textes) oder Leistungsschutzberechtigten (z.B. Sprecher, Musiker, Ton-/Regisseur, Tonträgerhersteller gem. § 85 UrhG, Veranstalter gem. § 81 UrhG) an der Entstehung des Hörbuchs mitwirken und welche vertraglichen Besonderheiten zu beachten sind, lassen sich Hörbücher unter urheberrechtlichen Aspekten in 10 Arten einteilen.[319] Die am häufigsten vorkommenden Varianten sind jedoch die Lesung und das Hörspiel. Bei der **Lesung** (in englischsprachigen Verträgen meist als **audiobook** bezeichnet) wird ein bereits veröffentlichtes Werk durch einen Sprecher im Tonstudio oder auch live bei einer Veranstaltung gelesen und aufgenommen, evtl. noch unter Hinzufügung von Musik. Im Gegensatz dazu wird beim **Hörspiel** (**dramatic audio book/edition**) zur Intensivierung des Hörerlebnisses mit verschiedenen Sprechern für die einzelnen Rollen gearbeitet und das Werk mittels Musik und Geräuschen akustisch inszeniert. 421

Zur Erstellung und Nutzung einer Hörbuchproduktion hat stets ein entsprechender Rechteerwerb stattzufinden. In der Praxis spielen dabei die Verträge mit den Inhabern der Textrechte und den Sprechern die größte Rolle. 422

1. Textrechte

Die Nutzung eines Werkes im Rahmen eines Hörbuchs,[320] also dessen Vertonung, Aufnahme und anschließende Vervielfältigung und Verbreitung via Tonträger oder Download stellt eine eigenständige Nutzungsart dar. Lesung und Hörspiel sind dabei jeweils unterschiedliche Nutzungsarten.[321] Die Einräumung dieser Rechte (sowie der weiter notwendigen Rechte wie dem Bearbeitungs- und Kürzungsrecht, evtl. dem Senderecht, dem Recht zur öffentlichen Wiedergabe, Lizenzvergabe etc.) an den Verlag erfolgt in der Regel im Rahmen der Einbindung in den Rechtekatalog des Autorenvertrags. Betreibt der Verlag ein eigenes Hörbuchlabel, wird er die Rechte vorrangig selbst ausüben, 423

---

318 Wegner/*Haupt* 2.D. Rn. 214.
319 Wegner/*Haupt* 2.D. Rn. 214 ff. unterscheidet wie folgt: Original-Hörbuch, Lesung, Vortrag, Hörspiel, Feature, Collage, Archivaufnahme/Tondokument, CD-ROM/Multimediaprodukt, Soundtrack mit Dialogen, Ergänzung zum Buch.
320 Dreier/*Schulze* § 31 Rn.46.
321 Wegner/*Haupt* 2.D. Rn. 236.

andernfalls an einen Hörbuchverlag lizenzieren. Erfolgt die Rechteeinräumung nicht über den Verlagsvertrag, bedarf es einer gesonderten Regelung im Wege einer Ergänzungsvereinbarung oder eines eigenständigen Hörbuchvertrags.

424 In der Regel erhält der Inhaber der Textrechte für deren Auswertung als Hörbuch keine Absatzbeteiligung auf Basis des Netto-Ladenpreises, sondern eine Beteiligung am **Händlerabgabepreis**. Traditionell fällt diese im Audio-Bereich eher niedrig aus, da regelmäßig noch eine Vielzahl weiterer Beteiligter zu vergüten ist und Hörbücher zudem – abgesehen von einigen Bestsellerausnahmen – im Durchschnitt geringe Umsätze erzielen (Verkaufszahlen zwischen 2000–5000 Tonträger werden selten überschritten).

425 **Praxistipp:**
Sowohl den Urhebern (§ 13 UrhG) als auch den Leistungsschutzberechtigten (§ 74 Abs. 1 UrhG) steht ein Recht auf **Namensnennung** zu. Da verschiedene Möglichkeiten denkbar sind, dem Rechnung zu tragen, empfiehlt sich eine entsprechende vertragliche Regelung. Verbreitet ist die Nennung auf der Hülle des Tonträgers oder dem Tonträger selbst, seltener ist die gesprochene Nennung innerhalb der Audio-Datei.

2. Sprecher

426 Der Wahl des Sprechers kommt bei Audio-Produktionen vermehrt eine maßgebliche Bedeutung zu, da dessen Bekanntheit (meist als Schauspieler) und Qualifikation sich wesentlich auf die Entscheidung zum Kauf des Hörbuchs auswirken können.

427 Mittels eines eigenständigen Sprechervertrags[322] werden die Nutzungsrechte an der Sprecherleistung erworben, wobei größtenteils ähnlichen Grundsätzen wie beim Textrechteinhaber gefolgt wird. Zusätzlich beinhaltet die Vereinbarung jedoch noch die Verpflichtung, die Sprecherleistung zu erbringen. Zeitpunkt, Ort und voraussichtlicher zeitlicher Umfang dieser Leistung werden meist direkt im Vertrag festgelegt.

428 Üblich sind auch Regelungen, wonach der Sprecher sich verpflichtet, die **Sprecherleistung exklusiv** für den Vertragspartner zu erbringen, das Werk also innerhalb eines gewissen Zeitraums nicht für einen Dritten erneut einzulesen. Dies ist vor allem relevant, wenn der zu lesende Text bereits gemeinfrei ist. Kaum Bedeutung kommt dem jedoch zu, wenn der Verlag zugleich Inhaber der exklusiven Textrechte ist.

429 Hörbuch-Sprecher erhalten in der Regel eine einmalige Pauschalvergütung. Verbreitet sind aber auch (z.B. bei Bekanntheit des Sprechers) Beteiligungen in Höhe von 1–2 % an dem vom Verlag durch die Hörbuchverkäufe erzielten Netto-Erlös (gebräuchlich ist auch die Verwendung des Begriffs Händlerabgabepreis), oft verbunden mit einer einmaligen Garantiezahlung, die dann jedoch mit den vorgenannten Absatzerlösen verrechnet wird. Ist der Sprecher gleichzeitig auch der Autor des Textes, erhält er häufig für die Sprecherleistung nur eine Pauschalvergütung und partizipiert stattdessen über seine Vergütung als Autor an den Absätzen des Hörbuchs.

430 Die übrigen an der Produktion beteiligten Leistungsschutzberechtigten werden meist mit einer Pauschalzahlung (**buy-out**) abgegolten, erhalten also keine Absatzbeteiligung. Ob diese Praxis im Hinblick auf § 32 UrhG in einigen Fällen evtl. nicht mehr als angemessen anzusehen ist, bleibt abzuwarten.

---

322 Ein Beispiel für einen Sprechervertrag findet sich bei Haupt Electronic Publishing/*Schmidt* S. 227 ff. Rn. 116.

XIII. Model Release Vereinbarung

Sollen in einem Buch auch Bildnisse von erkennbaren Personen abgebildet werden, so ist zunächst zu prüfen, ob dafür eine Einwilligung der abgebildeten Person erforderlich ist. Falls ja, ist weiter sicherzustellen, dass die Einwilligung[323] (sog. **model-release**) schriftlich vorliegt und vor allem auch im erforderlichen Umfang erteilt wurde. Den Bildverwerter trifft dabei wegen des persönlichkeitsrechtlichen Charakters des Rechts am eigenen Bild eine besondere Sorgfaltspflicht.[324]

> **Praxistipp:**
> Bei **Minderjährigen** müssen die Erziehungsberechtigten die model-release Erklärung unterzeichnen, sofern das Kind geschäftsunfähig ist. Ist das Kind bereits einsichtsfähig und beschränkt geschäftsfähig, ist zusätzlich auch die Einwilligung des Kindes selbst erforderlich. Die Einsichtsfähigkeit wird in der Regel ab einem Alter von 14 Jahren angenommen.[325]

> **Praxistipp:**
> Da für die Auslegung der model-release Erklärung die urheberrechtliche **Zweckübertragungsregel** entsprechend herangezogen werden kann,[326] sollte sie alle erforderlichen/gewollten Verwendungszwecke, das Recht zur Bearbeitung sowie die Laufzeit und ggf. den räumlichen Umfang der Einwilligung klar definieren. Dies gilt insbesondere im Falle einer kommerziellen Nutzung des Bildnisses (z.B. zu Werbezwecken für bestimmte Waren oder Dienstleistungen) und bei Veröffentlichungen mit erotisch-sexuellem Bezug[327] oder herabwürdigendem Kontext.

Von lediglich pauschal formulierten model-release Vereinbarungen ohne Nennung der konkreten Verwendungsformen wird deshalb abgeraten.

D. Vertragsgestaltung in der Praxis

Der Vertragsgestaltung kommt im Buchverlagsbereich eine wesentliche und vor allem wirtschaftliche Bedeutung zu. Einerseits stellt der Erwerb von Nutzungsrechten regelmäßig das zentrale Kapital eines Verlages dar und bringt gleichzeitig weitreichende Investitionsverpflichtungen für den Verlag mit sich. Andererseits wird darin der Honoraranspruch der Autoren begründet, welcher in vielen Fällen die Basis für deren Lebensunterhalt darstellt.

Die zentralen Regelungsgegenstände der typischerweise im Buchverlagsbereich verwendeten Verträge werden nachfolgend praxisorientiert aufgezeigt.

I. Vertragsparteien

Die vorvertraglichen Verhandlungen zu einem neuen Buchprojekt werden im Verlagsbereich regelmäßig auf Buchmessen, Auktionen oder über sonstige geschäftliche Kontakte

---

323 Die Einwilligung ist nach h.M. eine empfangsbedürftige Willenserklärung, für die §§ 104 ff. BGB gelten, vgl. Wandtke/Bullinger/*Fricke* § 22 KUG Rn. 13.
324 *Dreier*/Schulze KUG § 22 Rn. 38.
325 Wandtke/Bullinger/*Fricke* § 22 KUG Rn. 14.
326 Wandtke/Bullinger/*Fricke* § 22 KUG Rn. 16; OLG München, Urt. v. 4.5.2006, ZUM 2006, 936.
327 *Wanckel* Foto- und Bildrecht Rn. 144.

geführt. Dort einigen sich **Verleger/Lektoren** mit den Rechtegebern über die wesentlichen Eckpunkte einer Vereinbarung. Der direkte Kontakt zum Verfasser wird dabei immer seltener, da die überwiegende Anzahl der meist ausländischen Autoren im Sachbuch- und Belletristikbereich von **Literaturagenten** oder ihrem Heimat-Verlag vertreten wird.

438 Literaturagenturen übernehmen dabei nicht nur vermittelnde Aufgaben, sondern führen vertretend für ihre in- und ausländischen Autoren auch die Vertragsverhandlungen, stellen die Vertragsvorlagen und übernehmen in der Folge Administratives wie z.B. Korrespondenz mit dem Verlag, Kontrolle der Honorarabrechnungen und Vertragserfüllungen, Ausübung von Zustimmungsrechten etc. und setzen sich bei übergeordneten Themen in der Branche für die Rechte ihrer Autoren ein.

439 Nach Einigung erfolgt der Vertragsabschluss dann in der Regel zwischen dem Verlag und dem Verfasser selbst. Mitunter steht an Stelle des Verfassers als Rechteinhaber ein anderer Verlag, der den Titel international lizenziert, oder im Inland Rechte vergibt, die er selbst nicht ausüben kann oder will (z.B. Taschenbuch-, Hörbuch-, Film- oder Buchclubrechte). Auf Seiten des Verlags wird nur das rechtsfähige Unternehmen Vertragspartner, nicht jedoch ein etwaiges sog. Imprint, in welchem der Titel erscheint. Unter **Imprint** versteht man in diesem Zusammenhang, vergleichbar den »Labels« in der Musikbranche, den Namen für einen »Verlag im Verlag«, der jedoch keine eigene Rechtsfähigkeit besitzt. So kann das Programm eines Verlags ausgewogen in bestimmte, inhaltlich abgegrenzte Themenbereiche unterteilt werden, um Buchhändler und Endkunden gezielter anzusprechen.

440 Sofern das geplante Buch zudem übersetzt, bebildert, vertont etc. werden soll, schließt der Verlag in der Folge weitere Verträge mit Übersetzern, Fotografen, Illustratoren, Hörbuchsprechern usw.

441 Die **Benennung der Vertragsparteien** ist dabei nicht einheitlich und variiert zwischen den Begriffen Autor, Verfasser, Herausgeber, Beiträger, Rechtegeber, Lizenzgeber oder ganz allgemein Vertragspartner, Fotograf, Übersetzer (bei englischsprachigen Verträgen Author, Proprietor, Licensor etc.) auf der einen Seite und Verlag, Rechtenehmer oder Lizenznehmer (bzw. Publisher oder Licensee) auf der anderen.

II. Wesentliche Elemente des Verlagsvertrages

1. Vertragsgegenstand

442 Zunächst ist das vertragsgegenständliche **Werk** bzw. die vertragsgegenständliche **Leistung** festzulegen. Bei einem Buch geschieht dies in der Regel durch Nennung des Titels und des Autorennamens, sowie durch Angaben zum Umfang wie Seitenanzahl/ Anschläge pro Seite oder auch einer kurzen Genre-Bezeichnung. Enthält das Werk Illustrationen bzw. Fotografien und sollen sie im Honorar enthalten sein, ist dies unbedingt ebenfalls deutlich zu machen.

443 Handelt es sich bei dem Vertragsgegenstand um eine Leistung, wie jener eines Übersetzers, Illustrators, Fotografen, Hörbuchsprechers etc., ist diese zu definieren. Die Parteien legen dabei fest, welches Werk zu übersetzen ist, in welcher Art und in welchem Umfang die Illustrationen anzufertigen sind, wann und wo der Sprecher das Hörbuch einzulesen hat usw.

444 Steht der Titel des Buches zum Zeitpunkt des Vertragsabschlusses noch nicht fest, wird es meist mit »N.N.«[328] (ebenso im Englischen, bzw. auch »Untitled«) oder »Roman nach Roman xy« (xy = Titel des vorhergehenden Werkes des Autors) bezeichnet oder man fügt einer nur vorläufigen Benennung zur Klarstellung den Hinweis »Arbeitstitel« hinzu.

---

328 Lateinisch, Nomen nominandum für »der Name ist noch zu nennen«.

Gerade bei Verträgen mit Bestsellerautoren ist dies häufig der Fall. Möchte der Autor nicht unter seinem echten Namen, sondern unter einem Pseudonym in der Öffentlichkeit auftreten, ist auch dies zu vermerken.

Vor allem ausländische Rechtegeber geben meist vor, innerhalb welcher Frist das Werk vom Verlag zu veröffentlichen ist (z.B. »within 12/18 months after date of Agreement/date of delivery of the translatable manuscript«), mitunter auch, ab welchem Termin das Werk frühestens veröffentlicht werden darf (z.B. nicht vor der englischen Originalausgabe). 445

> **Praxistipp:** 446
>
> Hier ist darauf zu achten, dass die gewünschte Zeitspanne im Einklang mit dem Termin der Manuskriptabgabe und den Veröffentlichungsplänen des Verlags steht. Dies auch unter Beachtung des Umstandes, dass Verlage meist nur in halbjährlichem Turnus ihre Programme veröffentlichen und davor noch ausreichend Zeit für die Vorstellung der Bücher im Buchhandel via Verlagsvorschauen und den Buchhandel besuchender Handelsvertreter einzuplanen ist.

Weitere Vereinbarungen wie z.B. die Erstveröffentlichung des Werkes in einem ganz bestimmten Imprint des Verlages, in einer vorgegebenen Erstausgabeform (z.B. »als Hardcover«) oder die Einstufung des Werkes als sog. **Spitzentitel** auf dem der Werbeschwerpunkt des jeweiligen Verlagsprogramms liegt usw. können ebenfalls vertraglich festgelegt werden. 447

> **Praxistipp:** 448
>
> Sondervereinbarungen, die sich auf bestimmte Informations- bzw. Einwilligungsrechte beziehen, sollten in zeitlicher sowie inhaltlicher Hinsicht so definiert werden, dass ihre Einhaltung für die Parteien ein realistisches Maß an Aufwand nicht überschreitet. Soll z.B. die Verwendbarkeit der angefertigten Übersetzung, die Gestaltung des Covers oder die Auswahl des Hörbuchsprechers von der Zustimmung des Rechtegebers abhängig sein, strafft und erleichtert eine Genehmigungsfiktion für den Fall, dass der Verlag innerhalb einer bestimmten Zeit keine Rückmeldung erhält, die Abläufe. Auch sollte vereinbart werden, dass derartige Zustimmungen nicht ohne triftigen Grund verweigert werden dürfen (z.B. »The consent shall not be unreasonably withheld«).

2. Honorierung

a) Vergütungsvarianten

Üblicherweise wird im Verlagswesen nach dem Prinzip »**Garantievorschuss** gegen **Absatzhonorar** und sonstige Erlöse« vergütet. Der Autor bzw. Lizenzgeber erhält dabei eine Vorschusszahlung (auch: Garantiehonorar, Vorauszahlung, Vorschuss, advance), die er, sofern keine davon abweichende vertragliche Regelung getroffen wurde, auf jeden Fall behalten darf. Hinzu kommt ein verkaufsabhängiges Honorar pro verkauftem Werk (Absatzhonorar, royalties, royalty fee) und üblicherweise auch eine prozentuale Beteiligung an vom Verlag erzielten Lizenzerlösen. Das Absatzhonorar wird dabei vom ersten verkauften Buch an errechnet, läuft jedoch zunächst noch gegen die Garantiesumme. Es findet also so lange eine Verrechnung des Absatzhonorars mit der vorab gezahlten Garantiesumme statt, bis diese »einverdient« ist. Erst anschließend kommt es zu einer Auszahlung der danach erzielten Absatzhonorare an den Autor. Es ist üblich, auch sämtliche sonstigen Beteiligungen des Autors, z.B. an Lizenzerlösen, mit der Garantiesumme zu verrechnen (z.B. »Der Vorschuss stellt ein garantiertes Mindesthonorar dar, das gegen 449 alle Ansprüche des Autors gegen den Verlag, die aus diesem Vertrag entstehen, verrechenbar ist.« oder »This advance payment shall be on account of all monies due under the terms of this Agreement.«). So steigt die Chance, die vom Verlag vorgeleistete Summe schneller zu amortisieren.

450 Handelt es sich um einen **Mehr-Buch-Vertrag** (der Vertrag trifft nicht nur Bestimmungen für ein Werk, sondern gleich für mehrere, die der Autor nacheinander für den Verlag schreibt), sollte dargestellt werden, ob die den einzelnen Büchern zurechenbaren Absatzhonorare auch untereinander verrechenbar sein sollen. Liegt ein **Mehr-Autoren-Vertrag** (mehrere Autoren sind an dem Werk beteiligt) vor, ist zu regeln, in welchem Verhältnis sich die Honorare unter den Autoren aufteilen.

451 Die Höhe des Garantiehonorars und der Absatzbeteiligung hängt von den individuellen Vereinbarungen der Vertragsparteien ab. Kriterien dafür sind unter anderem die Bekanntheit des Autors, der Erfolg seiner vorherigen Werke oder auch die Aktualität oder Medientauglichkeit des im Buch behandelten Themas.

452 Zusätzlich zum Garantiehonorar können **ereignisbezogene Honorare** (Bonus, Escalator) vereinbart werden. Hier erhält der Autor die zusätzliche Summe X für den Fall, dass sein Werk verfilmt oder in einer speziell zu benennenden Büchersendung im Fernsehen besprochen wird, es auf einer Bestseller-Liste (meist Spiegel-Bestsellerliste) erscheint, eine gewisse Anzahl verkaufter Bücher überschritten wird oder sich der Vorschuss innerhalb einer bestimmten Frist einspielt. Für den Verlag ist es dabei unerlässlich, dass auch dieser Bonus mit den Absatzhonoraren verrechenbar ist und die jeweiligen Bedingungen für den Eintritt der Zahlungspflicht genau definiert werden.

453 **Praxistipp:**

Bei **Bestsellerregelungen** sollte eine konkrete Bestsellerliste namentlich genannt sein und angeführt werden, wie lange sich das Werk auf welcher Position befinden muss, um die Bonuszahlung auszulösen (z.B. »durchgehend 4 Wochen auf den Plätzen 1-10 der Spiegel-Bestsellerliste«). Bei einem **filmbezogenen Bonus** kann dieser davon abhängig gemacht werden, dass der Film ein gewisses Maß an Publikumswirkung erreichen muss, z.B. durch Vorgabe einer Mindestzuschauerzahl oder einer Mindestanzahl der Kopien, mit welcher der Film in den Verleih geht.

b) Absatzhonorare

454 Die prozentuale Beteiligung der Autoren in Form von **Absatzhonoraren** bewegt sich im belletristischen Bereich innerhalb relativ einheitlicher Staffeln, nur bei international besonders erfolgreichen Autoren ist dabei noch Raum für Abweichungen nach oben.

455 **Hardcover-Honorare** starten in der Regel mit 8 % für die ersten 10.000 verkauften Werke und staffeln sich anschließend in jeweils weiteren 10.000er Schritten bis auf maximal 12 %. Höhere Beteiligungen werden nur vereinzelt und nur für Autoren weltweiter Bestseller bezahlt. **Taschenbuch-Honorare** beginnen üblicherweise mit 6 % bis 25.000 verkaufte Exemplare des Werkes und steigern sich auf 7 % bis 50.000 bzw. 8 % für alle danach verkauften Werke. Honorare für **Trade-Paperback**-Ausgaben[329] liegen meist zwischen den beiden vorgenannten Staffeln, so dass im Durchschnitt gestaffelt in 10.000er Schritten von 7 % bis zu 11 % vergütet wird. **Sonderausgaben**[330] werden in der Regel mit

---

329 Vgl. Rdn. 483 ff.
330 Vgl. Rdn. 483 ff.

4–5 % durchgehend vergütet. Davon abweichende Prozentsätze oder Staffelungen sind selbstverständlich in allen Bereichen denk- und machbar.

> **Praxistipp:** 456
>
> Hinsichtlich der Honorarhöhe für Autoren belletristischer deutschsprachiger Werke wurde für die Zeit ab 1.7.2005 zwischen dem Verband deutscher Schriftsteller und neun deutschen Verlagen/Verlagsgruppen eine gemeinsame Vergütungsregelung abgeschlossen, vgl. zu den darin enthaltenen Vergütungsvorgaben Rdn. 261 ff.

Honorare für E-Book-Ausgaben sind aufgrund der relativ jungen Nutzungsart und 457 ihrer erst in letzter Zeit durch entsprechende technische Lesegeräte größer gewordenen Attraktivität derzeit noch im Wandel befindlich. Abgerechnet wird momentan vom Netto-Erlös der Verlage (= Endverkaufspreis abzüglich Händlerrabatt und MWSt)[331] mit Sätzen zwischen 20–25 % durchgehend für alle Verkäufe. Nach Absatz- oder Umsatzzahlen gestaffelte Prozentwerte sind hier ebenfalls denkbar, wenn auch bislang noch kaum praktiziert.

Die Honorare für **Hörbucher** liegen im Bereich der körperlichen Auswertung durch 458 Tonträger bei 8–11 % (in 10.000er Schritten), im Bereich der unkörperlichen Auswertung bei Prozentsätzen zwischen 20–25 % pro Download. In der Regel wird bei der Downloadverwertung im Audiobereich »durchgehend« honoriert, also ein einheitlicher Prozentsatz für alle Verkäufe angewendet, unabhängig von der Höhe/Steigerung der Verkaufszahlen. Einige Hörverlage bzw. Downloadplattformen bieten jedoch nach Absatzzahlen gestaffelte Vergütungen an (z.B. 20 % vom Netto-Verlagserlös bis 10.000 Downloads und 25% danach).

Abrechnungsbasis ist sowohl im körperlichen als auch im unkörperlichen Audio-Aus- 459 wertungsbereich der **Netto-Verlagserlös** (gebräuchliche Bezeichnungen sind auch der sog. **HAP** = Händlerabgabepreis bzw. die net receipts). Bei Audio-Downloads wird als Abrechnungsbasis mitunter auch der **Netto-Downloadpreis** verwendet, also der vom Endverbraucher bezahlte Preis für einen Download abzüglich Mehrwertsteuer. In diesem Falle ist der Honorarsatz entsprechend zu reduzieren (Bsp: 10 % vom Netto-Downloadpreis entsprächen bei Annahme eines 50%-igen Rabatts für den Betreiber der Downloadplattform 20 % vom Netto-Verlagserlös).

Hörbuch-Sprecher erhalten in der Regel eine einmalige Pauschalvergütung, oft jedoch 460 auch (z.B. bei Bekanntheit des Sprechers) Beteiligungen in Höhe von 1–2 % vom HAP. Bei mehreren Absatzhonorar-Berechtigten ist der entsprechend der Vorgabe der Kalkulation insgesamt verteilbare Anteil des Absatzhonorars pro rata unter den Mitwirkenden/ Rechteinhabern aufzuteilen.

Generell gilt es bei Hörbüchern zu beachten, dass hier einem relativ hohen Produkti- 461 onsaufwand im Allgemeinen keine enormen Absatzzahlen gegenüberstehen. Die dadurch bedingte enge Kalkulation ermöglicht nur selten Gewinnbeteiligungen für die weiteren an der Produktion Beteiligten (Bearbeiter, Produzent, Hintergrundmusiker etc.), so dass für diese die Vergütung in Form einer Einmalzahlung (oft auch buy-out genannt) die Gebräuchlichste ist.

---

331 Die Mehrwertsteuer beträgt derzeit bei E-Books 19 %, also nicht wie beim Buch 7 %.

c) Abrechnungsbasis

462 **Abrechnungsbasis** für die Absatzhonorare ist bei Büchern der **Netto-Ladenpreis,** also der um die jeweilige gesetzliche Mehrwertsteuer verminderte Ladenverkaufspreis (Netto-Ladenverkaufspreis, (recommended) retail price less VAT, net retail selling price). In Ländern, in denen der Verkauf von Büchern der Preisbindung unterliegt, stellt dies eine für den Autor aufgrund der Einheitlichkeit gut nachvollziehbare Größe dar. Nur vereinzelt finden sich davon abweichende Berechnungsgrundlagen. So z.B. im Ratgeberbereich, wo unter entsprechender Anpassung der Honorarsätze mitunter auf Basis des Netto-Verlagserlöses abgerechnet wird, also dem Erlös, der dem Verlag nach Abzug der (Buch)-Händlerrabatte sowie MWSt. verbleibt.

463 Vergütet wird dabei jedes verkaufte, bezahlte und nicht wieder vom Buchhandel remittierte[332] Exemplar des Werkes.

464 **Praxistipp:**

Der vertragliche Verweis darauf, dass nur die »bezahlten und nicht remittierten Werkexemplare« abrechnungspflichtig sind (und nicht bereits alle »ausgelieferten«), sorgt auch dafür, dass evtl. Risiken des Zahlungsverkehrs zwischen Buchhändler und Verlag nicht einseitig zu Lasten des Verlegers gehen.

d) Lizenzerlöse

465 **Erlöse,** die der Verlag **aus der Vergabe von Lizenzen** der Nutzungsrechte an dem Werk erzielt (z.B. durch Vergabe von Taschenbuch-, Hörbuch-, Film-, Buchclub- oder Auslandslizenzen) und die tatsächlich bei ihm eingehen, werden zwischen Rechtegeber und Verlag fast immer im Verhältnis 60 : 40 geteilt. Nur bei der Vergabe von Filmrechten oder von sog. Vorabdruckrechten (Auszüge des Buches werden bereits vor seiner Veröffentlichung in einer Zeitung etc. abgedruckt) kann sich dieser sog. Split zu Gunsten des Rechtegebers auf 70 : 30 erhöhen. Für Vorabdrucke werden in der Praxis jedoch aufgrund des hohen Werts der dadurch erzielten Werbeeffekte für den Verlag nur noch sehr selten Entgelte von Zeitungen, Magazinen etc. bezahlt.

466 **Praxistipp:**

Zur Vermeidung von Unklarheiten bei der Abrechnung sollte der Begriff der Lizenzerlöse vertraglich genau definiert werden. Welche weiteren Kosten also darf der Verlag vor Teilung der Erlöse abziehen, z.B. Vermittlungskosten von Auslandsagenturen, Gebühren für Bildnachhonorierungen, Skonti, Auslandssteuern für Länder mit denen kein Doppelbesteuerungsabkommen vorliegt usw.

e) Fälligkeit

467 Gemäß § 23 Satz 1 VerlG ist die Vergütung bei der Ablieferung des Werkes zu entrichten. In der Praxis überwiegen jedoch anderweitige vertragliche Vereinbarungen zur Regelung der **Fälligkeit** der Zahlungen. Üblich ist es, den Garantie-Vorschuss in mehreren Raten zu zahlen: Die erste bei Vertragsunterzeichnung, die nächsten bei Manuskript-Abgabe (sofern das Werk dem Verlag nicht bereits vorliegt) und/oder Veröffentlichung des Buches. Erscheint das Werk zunächst als Hardcover, ist die Vereinbarung einer weiteren Rate bei Veröffentlichung des nachfolgenden Taschenbuchs möglich.

---

332 Unter Remission versteht man die Rücksendung bestellter Ware an den Verlag. Grundsätzlich sind Buchhandlungen nur dann zur Rücksendung berechtigt, wenn zuvor ein Remissionsrecht vertraglich vereinbart wurde, was jedoch in der Branche weit verbreitet ist.

f) Abrechnung

Bestimmt sich die Vergütung des Verfassers nach den Absatzzahlen des Werkes, so hat der Verleger dem Verfasser jährlich für das vorangegangene Geschäftsjahr Rechnung zu legen (§ 24 VerlG). Die Abrechnung führt üblicherweise all jene Informationen an, die benötigt werden, um sie rechnerisch auf ihre Korrektheit hin überprüfen zu können. Regelmäßig sind daher die Anzahl der verkauften Exemplare, der Brutto- und Netto-Ladenpreis, der Honorarsatz und das sich daraus ergebende Endhonorar dargelegt, bei Lizenzgeschäften die Information, aus welchem Vertrag und in welcher Höhe dem Verlag Lizenzeinnahmen zugeflossen sind. Ohne anderweitige vertragliche Regelung ist die Verpflichtung zur Rechnungslegung für den Verleger nur eine Nebenpflicht. Kommt ihr der Verlag nicht nach, kann der Verfasser daher in der Regel zunächst nur auf Erfüllung klagen.[333] Häufige bzw. permanente Verstöße gegen Abrechnungs- und Zahlungspflichten können dem Vertragspartner jedoch ein Recht zur außerordentlichen Kündigung geben.[334] **468**

Absatzhonorare und Lizenzerlösbeteiligungen werden, sofern der Vorschuss bereits einverdient ist, branchenüblicherweise jeweils jährlich zum Stichtag 31.12. bzw. halbjährlich zum 30.6./31.12. berechnet und innerhalb der darauf folgenden 3 Monate abgerechnet und ausgezahlt. Verlage behalten dabei oft sog. **Remissionsrückstellungen** ein, wenn abzusehen ist, dass sich wegen zu erwartender Remittenden des Werkes im nächsten Abrechnungszeitraum ein Rückforderungsanspruch des Verlags gegen den Autor ohne gleichzeitige Verrechnungsmöglichkeit ergeben würde. **469**

g) Bucheinsichtsrecht

Soweit es für die Überprüfung der Honorarabrechnungen erforderlich ist, steht dem Rechtegeber gem. § 24 VerlG ein Recht zur **Bucheinsicht** in die dafür relevanten Geschäftsbücher und Unterlagen des Verlags zu. Dies gilt jedoch nur, sofern sich die Vergütung nach dem Absatz bestimmt. Um die Vertraulichkeit von Geschäftszahlen zu wahren, wird oft festgelegt, dass die Prüfung nur durch zur Berufsverschwiegenheit Verpflichtete wie z.B. Steuerberater oder Wirtschaftsprüfer vorgenommen werden darf. Auch zur Kostentragung werden meist Vereinbarungen getroffen, so kann z.B. geregelt werden, dass ab einer gewissen prozentualen bzw. nominalen fehlerhaften Abweichung der Abrechnung zu Lasten des Autors die Kosten der Bucheinsicht vom Verlag zu tragen sind. Die formularmäßige Abbedingung jeglichen Rechts zur Bucheinsicht wird regelmäßig gem. § 307 BGB unwirksam sein,[335] der Rechtegeber kann im Streitfall auf die Regelung des § 259 BGB zurückgreifen. **470**

3. Rechtseinräumung

Kernstück eines jeden Verlagsvertrages ist die Einräumung von Nutzungsrechten an dem Werk zugunsten des Verlags. Bei nicht ausdrücklicher einzelner Bezeichnung der Nutzungsarten bestimmt sich der Umfang der Rechtseinräumung nach dem von beiden Parteien zugrunde gelegten Vertragszweck (**Zweckübertragungstheorie**, § 31 Abs. 5 UrhG). Zur Vermeidung von Unklarheiten empfiehlt es sich deshalb, alle Rechte, die der Verfasser dem Verlag einräumt, explizit im Vertrag zu benennen. Diese Auflistung wird meist als Rechtekatalog bezeichnet. **471**

---

333 *Schricker* VerlG, § 24 Rn. 5.
334 *Wegner* 2.C. Rn. 111.
335 *Schricker* VerlG, § 24 Rn. 1.

472 **Praxistipp:**

Im Allgemeinen wird dem Rechtekatalog ein allgemeiner Satz zu weiteren Vorgaben wie Laufzeit, Territorium, Sprache, Exklusivität, Auflagenanzahl usw. vorangestellt, daran anschließend folgt dann eine Auflistung der einzelnen Nutzungsarten (z.B. »Der Verfasser räumt dem Verlag mit Vertragsunterzeichnung räumlich unbeschränkt und für die Dauer des gesetzlichen Urheberrechts die folgenden ausschließlichen Rechte der Vervielfältigung und Verbreitung des Werkes in der deutschen Sprache für alle Auflagen ein, insbesondere in folgenden Ausgaben: ...«).

a) Exklusivität

473 Wesentlichen Einfluss auf die wirtschaftliche Verwertbarkeit eines Werkes hat der Faktor, ob ein Verlag als einziger das Recht hat, das Werk auf eine bestimmte Art und Weise zu verwerten, oder ob dies neben ihm noch weiteren Personen/Verlagen gestattet ist. In der Praxis werden deshalb so gut wie immer **ausschließliche/exklusive Nutzungsrechte** (exclusive rights) vergeben. Die Einräumung einfacher Nutzungsrechte kommt im Gegensatz dazu im Buchverlags-Bereich nur äußerst selten vor.

b) Vertragsdauer/Laufzeit

474 Deutsche Autoren räumen ihren Verlagen die Nutzungsrechte in der Regel für die Dauer des gesetzlichen Urheberrechts ein.

475 **Praxistipp:**

In Anbetracht der europäischen Bestrebungen zur Verlängerung der Schutzfristen der Leistungsschutzrechte kann es hilfreich sein, in Verträgen mit Leistungsschutzberechtigten eine entsprechende Formulierung zur Schutzfristverlängerung aufzunehmen (z.B. »...für die Dauer des gesetzlichen Urheberrechtsschutzes einschließlich etwaiger Schutzfristenverlängerungen ...«).

476 Lizenzvergaben von Verlag zu Verlag oder Rechtseinräumungen durch ausländische Autoren erfolgen dagegen häufig nur für einen kürzeren Zeitraum. Üblich sind mindestens 6 Jahre bis zu ca. 15 Jahren. In diesen Fällen ist zur Vermeidung von Unklarheiten der Startzeitpunkt genau zu benennen, z.B. das Datum der Unterzeichnung des Vertrags oder der Veröffentlichung des Werkes (»10 years from the date of signature of this Agreement/the date of first publication in the German language«).

477 Vereinzelt werden auch Vertragsklauseln aufgenommen, die die Laufzeit automatisch um einen bestimmten Zeitrahmen verlängern, falls der Vorschuss des Autors zum ursprünglich geplanten Vertragsende noch nicht durch die Verkäufe des Werks wieder eingespielt ist.

478 **Praxistipp:**

Bei zeitlich begrenzten Verträgen ist in der Praxis die Bestimmung einer Ausverkaufsfrist (sell out period) üblich, innerhalb derer der Verlag für weitere 6/12 Monate nach Vertragsende noch vorhandene Lagerbestände nicht-exklusiv abverkaufen kann.

c) Sprache

479 Werden Rechte an einem fremdsprachigen Werk erworben bzw. wird ein deutschsprachiges Werk ins Ausland lizenziert, ist es von besonderer Bedeutung, die Sprache, in der das Werk veröffentlicht werden darf, verbindlich festzulegen (z.B. »in the German language«). Bei deutschen Autorenverträgen ist es üblich, dem Verlag nicht nur die Möglichkeit einer deutschsprachigen Ausgabe einzuräumen, sondern auch das Recht zur Übersetzung in andere Sprachen.

d) Auflagen

Da der Verleger gemäß der gesetzlichen Regelung des § 5 VerlG nur zu einer Auflage in Höhe von 1.000 Exemplaren berechtigt ist, empfiehlt sich dringend eine vertragliche Modifikation, die dem Verleger das Verlagsrecht »**für alle Auflagen**« einräumt. Die häufig anzutreffende Formulierung, die Rechtseinräumung gelte auch »**für alle Ausgaben**« des Werkes, wird im Lichte der Zweckübertragungstheorie des § 31 Abs. 5 UrhG auszulegen und daher bei nicht näherer Bezeichnung der tatsächlich gemeinten Nutzungsarten zu pauschal sein: Ein Verleger würde hier im Zweifel nur das Recht zu einer Normalausgabe im **Sortimentsbuchhandel**[336] erwerben, nicht jedoch auch die Rechte für ein Taschenbuch oder eine Buchgemeinschaftsausgabe.[337]

480

e) Territorium

Deutsche Verlagsverträge werden grundsätzlich ohne räumliche Beschränkung abgeschlossen. Da sich die deutsche Ausgabe eines Buches zudem über die Sprache abgrenzt und damit anderen ausländischen Lizenznehmern in der Regel nicht in die Quere kommt, haben auch ausländische Rechtegeber selten Bedenken, die deutschen Rechte ohne territoriale Beschränkung, also weltweit, zu vergeben (throughout the world, worldwide).

481

> **Praxistipp:**
>
> Ist der ausländische Rechtegeber nicht zu einer weltweiten Rechteeinräumung bereit, so sollten zumindest die Rechte für die »German speaking territories« eingeräumt werden, um eine größere territoriale Verbreitungsmöglichkeit zu erlangen.

482

f) Rechtekatalog

Traditionell hat sich im Verlagsbereich eine Unterscheidung der einzelnen branchenüblichen Nutzungsarten in »Haupt- und Nebenrechte« etabliert. Die Definition dessen, was darunter im Einzelnen verstanden wird, ist jedoch uneinheitlich. Teilweise werden mit dem Begriff »Nebenrechte« jene Nutzungsarten bezeichnet, die neben dem Hauptrecht, also dem verlagstypischen Recht auf Vervielfältigung und Verbreitung eines Buches, bestehen. So z.B. das Verfilmungsrecht, Vortragsrecht, Vertonungsrecht, Senderecht usw.[338] Vermehrt wurden unter »Nebenrechten« jedoch im Laufe der Zeit auch die Rechte zusammen gefasst, die der Verlag nicht selbst ausübte, sondern stattdessen von Lizenznehmern wahrnehmen ließ,[339] die er also an Dritte lizenzierte.

483

Aufgrund der Undeutlichkeit und Missverständlichkeit dieser legal nicht definierten Begriffe wird im Vertragsbereich zunehmend auf deren Verwendung verzichtet. Im Muster-Autorenvertrag des Börsenvereins des Deutschen Buchhandels sowie den Verträgen zahlrei-

484

---

336 Unter Sortimentsbuchhandel versteht man Buchhandlungen, die in einem Ladengeschäft ein vielfältiges Sortiment an Büchern verkaufen. Wesentliche Merkmale sind auch die Beratung durch fachkundiges Personal und die Besorgung nicht vorrätiger Titel. In Deutschland sind Sortimentsbuchhändler die Hauptvertriebspartner der Verlage. Dabei ist ein zunehmender Trend zur Konzentration auf sog. Buchhandelsketten festzustellen.
337 *Schricker* VerlG, § 8 Rn. 5d, KG GRUR 1991, 596, 599.
338 *Schricker* VerlG, § 8 Rn. 5.
339 Berger/Wündisch/*Krakies* § 17 Rn. 132.

cher anderer Verlage/Verlagsgruppen wurde diese Unterscheidung mittlerweile ganz aufgegeben. Wesentlich ist, dass dem Verleger gewisse Nutzungsrechte eingeräumt werden, die er selbst nutzen oder im Wege von Lizenzen zur Ausübung durch Dritte vergeben kann. Diese Unterscheidung sollte im Vertrag klar dargestellt sein, da sie sich vor allem auf die Honorierung des Rechtegebers auswirkt. Bei der Auswertung der Rechte durch den Verlag selbst bezieht sich das Honorar in der Regel auf die Anzahl der verkauften Exemplare, bei Lizenzvergaben an Dritte dagegen auf die beim Verlag eingehenden Lizenzeinnahmen, die nach dem vertraglich festgelegten Schlüssel verteilt werden.

485 In fremdsprachigen Verträgen wird bislang die Unterscheidung in Haupt- und Nebenrechte (subsidiary rights) weiterhin beibehalten.

486 Üblicherweise sind im Rechtekatalog die Nutzungsarten für folgende Ausgaben enthalten:

487 Das Recht zur Veranstaltung von Buchausgaben in Form von Hardcover-, Taschenbuch-, Sonder-, und Buchgemeinschaftsausgaben, sowie das Recht zu deren Vertrieb über die **Vertriebswege** Buchhandel, Mail Order, Internet oder Sondermärkte.

488 Unter **Hardcover**-Büchern (hardback, hardcover edition) versteht man dabei in der Regel gebundene Bücher mit einem festen Einband aus Pappe (und evtl. Überzugsmaterialien wie Leder oder Leinen) mit überstehenden Kanten sowie rundem Buchrücken. Oft haben sie einen Schutzumschlag.

489 **Taschenbücher** (mass market paperback, paperback) sind im Vergleich zum Hardcover preiswertere, kleinformatigere Bücher mit flexiblem, kartoniertem Einband, der fest mit dem Buchblock am Rücken verklebt ist und keine überstehenden Kanten aufweist. Das Buch steht somit direkt auf dem sog. Buchschnitt, also nicht wie beim Hardcover auf dem Einband. Die Bindung ist eine Klebebindung im Gegensatz zur ursprünglichen Fadenheftung beim Hardcover, Schutzumschläge wie beim Hardcover gibt es nicht. Taschenbücher kosten im Handel ungefähr die Hälfte eines Hardcovers. Rentabel sind sie für die Verlage nur bei Erreichen einer relativ hohen Auflage, da zwar die Herstellungskosten etwas unter jenen für ein Hardcover liegen, die sonstigen Kosten jedoch nahezu identisch sind. Früher waren Taschenbücher stets die zeitlich nachgelagerte Zweitverwertung eines erfolgreichen Hardcovers. Mittlerweile werden Taschenbücher jedoch verstärkt auch als sog. Originalausgabe verkauft, also ohne Hardcover-Vorlauf.

490 **Broschuren** (trade paperback) haben ebenfalls einen flexiblen, bedruckten Karteneinband, der fest mit dem nicht gerundeten Buchblock am Rücken verklebt ist und keine überstehenden Kanten aufweist. In dieser Hinsicht haben sie also Übereinstimmung mit Taschenbüchern, unterscheiden sich von ihnen jedoch durch ein größeres Format, eine oftmals hochwertigere Erscheinung und eine niedrigere Auflagenhöhe. Sie sind in dieser Beziehung somit eher mit gebundenen Büchern vergleichbar. Bei sog. Klappenbroschuren weist der Umschlag zusätzlich jeweils eine Klappe am Umschlagdeckel und am Umschlagrückendeckel auf.

491 **Buchclub-/Buchgemeinschaftsausgaben** sind Buchausgaben, die nach entsprechendem Lizenzerwerb von Buchgemeinschaften wie dem Club Bertelsmann oder der Büchergilde Gutenberg hergestellt und exklusiv an ihre Mitglieder vertrieben werden. Im Unterschied zur Originalausgabe haben sie meist einen deutlich niedrigeren Preis, müssen dafür jedoch Unterschiede in der Ausstattung und einen zeitlichen Abstand zum Erscheinen der Originalausgabe aufweisen.[340]

492 Die **Sonderausgabe** (special edition) unterscheidet sich meist durch eine oder mehrere Besonderheiten von der Originalausgabe. Das Buch wird dabei z.B. anlässlich eines Jubi-

---

340 Ausführlicher hierzu *Franzen/Wallenfels/Russ* Preisbindungsgesetz § 5 Rn. 22 ff.

läums des Autors/Verlags oder für einen speziellen Abnehmer in einer hochwertigeren oder einfacheren Ausstattung, einem deutlich anderen Format, in einem abweichenden Vertriebsweg und/oder zu einem höheren oder niedrigeren Preis verkauft. Da sich auch in der Rechtsprechung kaum Aussagekräftiges zur Bestimmung der Sonderausgabe-Kriterien finden lässt, ist zur Vermeidung von Unklarheiten eine vertragliche Definition dessen zu empfehlen, wodurch sich die Sonderausgabe von der Originalausgabe unterscheiden soll.

Aufgrund ihrer zunehmenden wirtschaftlichen Bedeutung finden sich in Rechtekatalogen inzwischen üblicherweise auch folgende Rechte:

Das Recht für **unkörperliche elektronische Ausgaben** (electronic book) zur Verbreitung des Buches durch Online-Abruf und Wiedergabe am Bildschirm oder Lesegerät eines nutzungsberechtigten Lesers z.B. als **E-Book** auf E-Ink-, LCD- oder sonstigen Lesegeräten wie Handy, iPhone, iPad, Palm, Kindle o.ä. für beliebig viele Abrufe und Wiedergaben.

> **Praxistipp:**
>
> Wachsender Beliebtheit erfreuen sich sog. **Apps (applications)**, also Anwendungsprogramme/Software, die es nicht nur ermöglichen, elektronische Bücher auf mobilen Endgeräten lesbar zu machen, sondern die ein Werk auch mit weiteren Medien wie Musik, Filmen (z.B. ein Interview mit dem Schriftsteller, eine Kochdemonstration des Kochbuchautors) oder interaktiven Elementen verbinden können. Diesbezüglich empfiehlt sich neben der Einräumung der unkörperlichen elektronischen Rechte die Einräumung des Rechts, die elektronische Ausgabe des Werkes auch mit anderen Werken, Werkteilen oder sonstigem Material zu (auch) interaktiv nutzbaren elektronischen Werken verbinden und diese dann vervielfältigen und verbreiten zu dürfen. Die Aufnahme allein des Begriffes »App« in den Rechtekatalog ist nicht eindeutig genug, da dies keine Bezeichnung für eine eigene definierbare Nutzungsart darstellt.

Die Einräumung des Rechts für **körperliche elektronische Ausgaben** des Buches z.B. auf Datenträgern wie Diskette, CD-ROM oder DVD ist möglich, wenn auch hauptsächlich nur dann praxisrelevant, wenn der Text des Werkes dem Käufer in Form einer dem Buch beigelegten CD digital zur Verfügung gestellt werden soll (z.B. bei Formularvordrucken, Vertragsmustern etc.).

Sofern es dem Verlag möglich ist, auch eine Audioverwertung des Werkes vorzunehmen, bzw. diese Rechte an entsprechende Geschäftspartner zu lizenzieren, wird ihm zum Zwecke einer umfassenden wirtschaftlichen Verwertung auch das Recht für **körperliche Hörbuchausgaben** (audio book, audio CD/Recording Medium) in Form von CDs, MP3-Datenträger oder im Kinderbereich auch vereinzelt noch auf Kassetten sowie für **unkörperliche Hörbuchausgaben** (downloadable audio recordings, audio download) hauptsächlich via Downloaddienste sowie das Recht zur Auswertung als **Hörfunksendung** (radio reading rights) vertraglich eingeräumt werden. Es empfiehlt sich zudem die Vereinbarung, dass eine **gekürzte Fassung** des Werkes aufgenommen werden darf (abridged reading of the work), da ungekürzte Versionen aufgrund zu großen Umfangs mitunter den wirtschaftlich machbaren Rahmen einer Hörbuchproduktion sprengen.

Viele Verlage haben zudem gute Kontakte zu TV- oder Kinofilmproduktionsfirmen, so dass auch die Einräumung von **Dramatisierungs- und Filmrechten** als Rechte zur Bearbeitung, Herstellung, Aufführung und Auswertung von Bühnen-, Film- und Fernsehproduktionen sowie Hörspielen sehr häufig vorkommt.

499 Weitere geläufige Rechte im Rechtekatalog sind:

Das **Übersetzungsrecht** als Recht, das Werk in andere Sprachen zu übersetzen und diese Sprachfassung nach allen vertragsgegenständlichen Nutzungsarten auszuwerten.

Das **Bearbeitungsrecht** als Recht, das Werk zu ändern, zu kürzen oder zu ergänzen.

500 Das herkömmliche Lektorat eines Textes, also übliche Änderungen bzw. einfache Beifügungen ohne eigenen geistigen Gehalt oder schöpferischen Einfluss auf den Werkinhalt sowie die einfache Streichung/Weglassung von für die Gedankenführung und Formgestaltung unwesentlichen Teilen stellen dagegen regelmäßig keine Bearbeitung in diesem Sinne dar.[341]

501 Das Recht zum **Vorabdruck** (= Abdruck von Auszügen des Werkes vor dessen Veröffentlichung, first serial rights) oder **Nachabdruck** (= Abdruck von Auszügen des Werkes nach dessen Veröffentlichung, second serial rights) in periodischen Druckschriften oder elektronischen Medien.

502 Die Einräumung von Nutzungsrechten für im Zeitpunkt des Vertragsschlusses noch **unbekannte Nutzungsarten** ist seit Aufhebung des § 31 Abs. 4 UrhG[342] zum 1.1.2008 wieder möglich. Da dies gem. § 31a Abs. 1 Satz 1 UrhG grundsätzlich der Schriftform bedarf, empfiehlt sich die Aufnahme einer entsprechenden Formulierung im Vertrag.

503 Auch die Einräumung von **Merchandisingrechten** kann für einen Buchverlag von Bedeutung sein. Eine Legaldefinition gibt es für den Begriff des Merchandisings nicht, auch die Rechtsprechung setzt sich im Allgemeinen nicht näher mit ihm auseinander.[343] Gemeinhin baut das Merchandising im Verlagsbereich im Rahmen einer Sekundärauswertung auf der Popularität eines Buches auf. Unter Verwendung von Vorkommnissen, Namen, Figuren, Abbildungen oder Texten aus dem Buch werden Waren jeglicher Art hergestellt bzw. wird damit für andere Waren oder Dienstleistungen geworben. In der Praxis finden sich deshalb vor allem Merchandisingartikel mit Bezug zu erfolgreichen Kinder- und Jugendbüchern oder zu Büchern, die die Vorlage für Verfilmungen stellten (z.B. Prinzessin Lillifee oder Die wilden Kerle).

g) Manuskriptablieferung

504 Liegt das Werk dem Verlag noch nicht vor, empfiehlt es sich zur Vermeidung späterer Unklarheiten vertraglich ein **Manuskript-Abgabedatum** festzusetzen und auch bereits die Länge der Nachfrist samt anschließender Rücktrittsmöglichkeit für den Verlag im Falle der nicht termingerechten Ablieferung zu bestimmen.

505 **Praxistipp:**

Schwierigkeiten können hierbei auftreten, sofern es sich um einen **Mehr-Buch-Vertrag** (Vertrag über mehrere Werke) handelt und der Autor alle oder einige der Werke erst noch verfassen wird. Denn zum Zeitpunkt des Vertragsabschlusses ist es einem Autor oft noch nicht möglich, bereits für mehrere Werke genaue Abgabetermine zu benennen. Hier kann mit etwas weicheren Formulierungen (z.B. »Verfasser wird Werk 2 innerhalb von 18 Monaten nach dem Abgabetermin für Werk 1 abliefern«) ein Kompromiss gefunden werden. Der Liefertermin für das erste Werk sollte als Bezugsgröße jedoch auf jeden Fall festgelegt werden.

---

341 BGH GRUR 1972, 143, 145 – Biografie: Ein Spiel.
342 § 31 Abs. 4 a.F. UrhG lautete wie folgt: *Die Einräumung von Nutzungsrechten für noch nicht bekannte Nutzungsarten sowie Verpflichtungen hierzu sind unwirksam.*
343 Loewenheim/*Schertz* § 79 Rn. 2.

Ebenfalls wichtig sind Vorgaben bzgl. der Beschaffenheit des Werkes, wie die Festlegung des Umfangs/der Seitenanzahl, die Bestimmung, ob Fotos/Illustrationen im Werk enthalten und vom Autor zu liefern sind, in welchem Format das Manuskript dem Verlag zu übermitteln ist, ob der Verlag das Manuskript nach Fertigstellung des Buches wieder herauszugeben hat oder Eigentümer desselben wird etc. 506

Vielfach erfolgt auch die vertragliche Regelung eines Korrektur-Prozederes, wonach der Verlag dem Autor die ersten Druckabzüge übermittelt, dieser sie unverzüglich honorarfrei korrigiert und mit dem Vermerk »druckfertig« an den Verlag zurücksendet oder alternativ eine Genehmigungsfiktion eintritt, sofern der Autor dem Verlag nicht innerhalb einer bestimmten Zeit entsprechende Rückmeldung gibt. 507

h) Rechtegarantie-Klausel

Von großer Bedeutung sind Garantieklauseln (warranty clause), durch die der Rechtegeber eine Rechtsmängelgewährleistung abgibt. Der Rechtegeber erklärt hier u.a., dass das Werk keine Rechte Dritter, insbesondere keine Persönlichkeitsrechte, verletzt, dass er es nicht bereits anderweitig an Dritte vergeben hat oder er in sonstiger Weise in der Rechtseinräumung beschränkt ist und dass Zitate nur im gesetzlich zulässigen Rahmen (gem. §§ 51, 63 UrhG) verwendet, hinreichend kenntlich gemacht und mit einer Quellenangabe versehen werden. Für den Fall, dass die abgegebenen Versicherungen unzutreffend waren, stellt der Verfasser den Verlag regelmäßig von allen daraus resultierenden Ansprüchen Dritter frei und verpflichtet sich zur Übernahme der Kosten der erforderlichen Rechtsverteidigung. 508

i) Sonstige Vereinbarungen

Die geläufigsten sonstigen Vereinbarungen sind: 509
- Vorgaben ausländischer Rechtegeber hinsichtlich der konkreten Formulierung eines Copyright-Vermerks.
- Bestimmung der Anzahl der **Belegexemplare**, die der Autor/Lizenzgeber/Agent erhält.
- Bestimmung eines **Autorenrabatts**, den der Autor beim Kauf des Werkes zum Eigenbedarf vom Verlag erhält (sog. Autorenprivileg gem. § 7 Abs. 1 Nr. 2 BuchPrG). In der Regel handelt es sich dabei um eine 40 %-ige Ermäßigung vom Brutto-Ladenpreis.
- **Ausschluss des Rückrufsrechts gem. § 41 UrhG** für die gesetzlich zulässige Maximaldauer von 5 Jahren (vgl. § 41 Abs. 4 UrhG).
- Regelungen zu **Ramsch** (Verkauf unter Aufhebung des Ladenpreises) und **Makulierung** (Zerstörung) der Bücher.
Unter Beachtung von § 8 Abs. 1 BuchPrG, wonach die Preisbindung für eine Buchausgabe grundsätzlich frühestens 18 Monate nach deren Erscheinen aufgehoben werden darf, kann ein Verlag den Ladenpreis aufheben bzw. das Werk sogar makulieren. Üblicherweise geschieht dies, wenn kein nennenswerter Absatz des Werkes mehr erreicht wird. Vorgenannte Sperrfrist wird in der Praxis vertraglich häufig auf 24 Monate ausgeweitet. In der Regel wird zudem vereinbart, dass der Autor mit 10 % am Erlös der so verkauften Exemplare beteiligt wird, sofern der Erlös die Herstellungskosten übersteigt. Eingang in die Verträge findet meist auch die schriftliche Niederlegung der Pflicht des Verlegers, den Autor rechtzeitig von einer beabsichtigten Verramschung bzw. Makulierung zu informieren. Dies, damit er gem. § 26 VerlG den unverkäuflichen Rest zum Ramschpreis bei Bedarf selbst übernehmen kann. Üblicherweise wird der Autor dabei verpflichtet, in diesem Falle die Transport- bzw. Auslieferungskosten zu übernehmen.

- Regelung bzgl. der **Abtretung der gesetzlichen Vergütungsansprüche** nach Abschnitt 6 des UrhG gem. **§ 63a UrhG**. Dies ist im Voraus nur zusammen mit der Einräumung des Verlagsrechts an den Verleger möglich.
- Klauseln bzgl. einer **Option auf das nächste Werk des Autors.**

Oftmals besteht der Wunsch des Verlegers, sich auch die Rechte an künftigen, noch nicht geschriebenen Werken eines Autors einräumen zu lassen. Dies vor allem bei Erfolgsautoren oder bei bislang noch unbekannten Verfassern, denen der Durchbruch evtl. erst mit späteren Werken gelingt. Im Hinblick auf § 40 UrhG bedürfen Verträge, durch die sich der Urheber zur Einräumung von Nutzungsrechten an künftigen Werken verpflichtet, stets der Schriftform. § 40 UrhG gilt im Übrigen entgegen der Verwendung des Plurals im Gesetzestext (»künftige Werke«) nach h.M. auch nur für ein einziges Werk.[344] Im Buchbereich wird hier häufig eine **Optionsklausel** gewählt, bei der der Optionsberechtigte (Verlag) durch einseitige Erklärung die Option ausüben und die Nutzungsrechte an dem künftigen Werk zu bereits im Zeitpunkt der Optionsvereinbarung festgelegten Bedingungen erwerben kann. Seltener finden sich sog. **first option Klauseln**, bei denen sich der Autor lediglich verpflichtet, die Nutzungsrechte an einem künftigen Werk zuerst dem Verlag anzubieten, allerdings zu erst später zu vereinbarenden Bedingungen. Erst wenn sich die Parteien anschließend nicht innerhalb einer bestimmten Frist hinsichtlich der Konditionen einig werden, kann der Autor die Rechte einem Dritten anbieten oder darf das Angebot des Verlags überhaupt nur dann ablehnen, wenn ihm ein anderer Verlag ein für ihn noch vorteilhafteres Angebot unterbreitet.

510 Praxistipp:

Die künftigen Werke sind in der Praxis meist noch nicht näher oder nur der Gattung nach bestimmt. Somit steht dem Autor in diesen Fällen gem. § 40 Abs. 1 Satz 2 UrhG nach Ablauf von 5 Jahren nach Vertragsabschluss ein unverzichtbares und zeitlich nicht verlängerbares Kündigungsrecht zu. Da die meisten Autoren mit diesem Kündigungsrecht nicht vertraut sind, hat eine entsprechende Erwähnung des Kündigungsrechts oder eine entsprechende zeitliche Begrenzung der Optionsklausel im Vertrag hier erfahrungsgemäß eine klarstellend positive Wirkung auf den Autor.

▶ Formulierungsbeispiel:

»Der Verfasser räumt dem Verlag die Option ein, sein nächstes Werk ebenfalls beim Verlag zu publizieren und wird dem Verlag das neue Manuskript oder ein Exposé dazu vorlegen. Der Verlag verpflichtet sich, das angebotene Werk innerhalb von 8 Wochen an- oder abzulehnen. Nimmt der Verlag das Werk an, so gelten für die Vertragsparteien die Bestimmungen dieses Vertrags, soweit nichts Abweichendes vereinbart ist. Diese Option kann nur innerhalb von 5 Jahren nach Vertragsabschluss schriftlich ausgeübt werden.«

j) Konkurrenzschutzklausel/Wettbewerbsverbot

511 Vgl. dazu auch oben Rdn. 121 ff.

---

344 Dreier/*Schulze* § 40 Rn. 10.

▶ **Formulierungsbeispiel:** 512

»Der Verfasser wird während der Gültigkeit dieses Vertrags, jedoch längstens für 5 Jahre nach Veröffentlichung des Werkes, nicht an einem Werk mitarbeiten oder ein solches verfassen, welches von der Thematik her mit dem Gegenstand dieses Vertrags konkurrieren könnte. Dies gilt auch, wenn der Verfasser das Konkurrenzwerk unter einem Pseudonym veröffentlichen möchte.«

E. Checkliste für Verlagsverträge

Regelungsgegenstand	Formulierungsbeispiele, Besonderheiten	513
Vertragsparteien		
Vertragspartner richtig bezeichnet in seiner Funktion als (→ siehe rechte Spalte)? Anschrift und ggf. Rechtsform korrekt angegeben?	☐ Autor ☐ Lizenzgeber ☐ Verlag ☐ Lizenznehmer ☐ Übersetzer ☐ Illustrator ☐ Herausgeber	
Rechte		
Soll das Werk in einem bestimmten Imprint erscheinen? Regelung bzgl. der Form der Erstausgabe (z.B. »als Hardcover«) gewünscht?	»Das Werk wird innerhalb des Verlags im Imprint XY erscheinen.« »Das Werk soll zunächst als Hardcover erscheinen.«	
Rechtseinräumung/-übertragung	☐ exklusiv/ausschließlich ☐ für die deutsche Sprache ☐ weltweit ☐ für alle Auflagen & Ausgaben ☐ übertragbar ☐ zeitlich unbegrenzt oder ☐ für die Dauer von X Jahren ab Erscheinen des Werkes/Vertragsdatum/Manuskriptabgabe. In diesem Fall ist die Regelung einer Abverkaufsfrist von 6/12 Monaten nach Vertragsende üblich.	
Rechtegarantie	☐ Berechtigung, Vertrag abzuschließen ☐ Das Werk (inkl. darin enthaltener Texte, Zitate, Fotos, Illustrationen etc.) verletzt keine Rechte Dritter, insb. keine Persönlichkeitsrechte. ☐ Freistellungsvereinbarung für den Fall nicht zutreffender Gewährleistungsangaben	

6. Kapitel Verlagsrecht

Regelungsgegenstand	Formulierungsbeispiele, Besonderheiten
Rechtekatalog	☐ Hardcover-, Taschenbuch-, Buchgemeinschafts-, Sonder-, Anthologie-, Gesamtausgaben. ☐ körperliche und unkörperliche elektronische Ausgabe des Buchs ☐ körperliche und unkörperliche Hörbuchfassung ☐ Unbekannte Nutzungsarten ☐ Übersetzungsrecht ☐ Bearbeitungsrecht, insbesondere zur Verbindung des Werkes mit anderen Werken ☐ Vorabdruck/Nachabdruck ☐ Vortrag, Sendung, Rundfunklesung ☐ Recht, Teile des Werkes zu Werbezwecken unkörperlich auf Datenplattformen einzustellen ☐ Dramatisierungs- und Verfilmungsrecht ☐ Merchandisingrecht
Manuskript/Veröffentlichung	
Liegt das Manuskript bereits vor?	Falls nein: Manuskript-Abgabedatum festsetzen
Rücktrittsmöglichkeit bei nicht fristgerechter Manuskript-Abgabe geregelt?	
Falls ein spätester Veröffentlichungstermin geregelt ist: Passt er zum Zeitplan?	
Satz-Korrektur-Prozedere geregelt?	
Spezialregelungen	
Gibt es eine Regelung bzgl. der Rechte an der zu erstellenden/besorgenden Übersetzung?	Insbesondere ausländischen Rechtegebern kein »copyright« an der deutschen Übersetzung übertragen.
Sind Zustimmungen des Rechtegebers einzuholen? Falls ja, ggf. Genehmigungsfiktion regeln	Bzgl.: ☐ Titel ☐ Übersetzung ☐ Person des Übersetzers ☐ Covergestaltung ☐ Werbung im Buch ☐ bei Vor-/Nachabdruck
Gegenleistung	
Garantiehonorar/Bonuszahlungen verrechenbar mit *allen* Einkünften des Autors aus dem Vertrag (also auch Lizenzerlösbeteiligungen)?	

E. Checkliste für Verlagsverträge

Regelungsgegenstand	Formulierungsbeispiele, Besonderheiten
Fälligkeit der Garantiesumme, bzw. Ratenzahlung	1. Rate bei Unterschrift 2. Rate bei Manuskript-Abnahme 3. Rate bei Veröffentlichung 4. Rate bei VÖ des TB (optional)
Regelung der Absatzhonorare inkl. Staffel für alle Nutzungsarten	
Regelung der Teilung von Lizenzerlösen	☐ in der Regel Autor 60 %, Verlag 40 %, bei Vorabdruckrechten Verhältnis 70 : 30.
Definition der Abrechnungsbasis	☐ Netto-Ladenpreis ☐ Händlerabgabepreis (HAP) ☐ Netto-Verlagserlös ☐ Netto-Downloadpreis ☐ Remissionseinbehalt
Kostenregelung für weitere Aufwendungen getroffen?	☐ im Werk enthaltene Illustrationen, Fotografien, Texte Dritter
Zahlungsempfänger vertraglich benannt?	Agent, Autor, Rechte gebender Verlag
Ist Zahlungsempfänger mehrwertsteuerpflichtig/freistellungsberechtigt?	
Freiexemplare	☐ Autor, Anzahl: ………. ☐ Agentur, Anzahl: ………. ☐ Sonstige, Anzahl: ………….
Verbilligter Kauf für Eigenbedarf des Vertragspartners gewollt/geregelt?	In der Regel Rabatt i.H.v. 40 % vom Brutto-Ladenpreis
Abrechnungsweise, Zahlungsweise	☐ jährlich ☐ halbjährlich
Buchprüfungsrecht	☐ nach Anmeldung ☐ vereidigter Buchprüfer o.ä. ☐ Kostenregelung für den Fall der Abweichung (ab ☐ Mindestsumme oder ab ☐ x % Abweichung)
Sonstiges	
Verramschung	☐ Sperrfrist beachten, sofern vereinbart ☐ Beteiligung des Vertragspartners nur, sofern Erlös Herstellungskosten übersteigt ☐ Absatzhonorar geregelt (pauschaler Prozentsatz) ☐ Pflicht, Vertragspartner Kauf anzubieten?
Sofern Rechterückfall/außerordentliche Vertragsbeendigung geregelt: Heilungsmöglichkeit vorgesehen?	
Ausverkaufsfrist nach Vertragsende geregelt?	
Anwendbares Recht, Gerichtsstand	

Kapitel 7
Recht der bildenden Kunst und der Bühne

Übersicht
Rdn.

A. Einführung 1
B. Der Beginn von Kunst und Recht 4
   I. Kunstfreiheit 4
   II. Kunst im Sinne des Rechts 5
   III. Rechtliche Schranken der Kunstfreiheit 6
C. Der Erwerb von Kunst 7
   I. Rechtsgeschäftlicher Erwerb 7
      1. Werkvertrag 7
         a) Vertragsart 7
         b) Pflichten des Künstlers 9
         c) Pflichten des Bestellers 10
         d) Vertragsgemäßheit des Werkes 11
         e) Verwertungsrechte 12
      2. Kauf 14
         a) Vom Künstler 17
         b) Vom Galeristen 18
         c) Vom Kunsthändler 20
         d) Auktion 23
         e) Internet-Auktion 26
      3. Tausch 27
      4. Schenkung 28
      5. An Steuerzahlung statt – § 224a AO 31
   II. Erwerb von Gesetzes wegen 33
      1. Werkschöpfung 33
      2. Ersitzung 34
      3. Schatzfund 36
D. Die zeitweise Überlassung von Kunst 38
   I. Leihgaben zu Ausstellungen 38
      1. Bedeutung des Kulturgüteraustausches 38
      2. Rechtsgrundlagen 40
         a) International 40
         b) Europa 41
         c) National 42
      3. Soft Law 45
      4. Gesetzliche und vertragliche Ausgestaltung des Leihverhältnisses 47
         a) Leihvertrag als Grundlage 47
         b) Anwendbares Recht 48
         c) Wesentlicher Vertragsinhalt 52
         d) Formerfordernisse 54
      5. Pflichten des Leihgebers 55
         a) Gebrauchsgestattung zum vertraglich vereinbarten Zweck 55
         b) Unentgeltlichkeit 58
         c) Auf Zeit 62
      6. Pflichten des Leihnehmers 64
         a) Sorgfalts-, Obhuts- und Informationspflichten 64
         b) Rückgabe 66
      7. Haftung 71
         a) Leihgeber 71
         b) Leihnehmer 73
   II. Dauerleihgaben 75
      1. Begriff 75
      2. Interessenlage 77

7. Kapitel   Recht der bildenden Kunst und der Bühne

Rdn.

3. Vertragliche Besonderheiten	78
a) Leihzeit	78
b) Unentgeltlichkeit	81
c) Vertragsgestaltung	82
E. Die Verwertung von Kunst	**83**
I. Verwertung in körperlicher Form	85
1. Vervielfältigung und Verbreitung	86
2. Ausstellung	87
II. Verwertung in unkörperlicher Form	88
III. Beschränkungen des Künstlers	89
1. Zitate – § 52 UrhG	90
2. Werke in Ausstellungen, öffentlichem Verkauf und öffentlich zugänglichen Einrichtungen – § 58 UrhG	91
3. Panoramafreiheit – § 59 UrhG	98
4. Gemeinfreie Werke	102
F. Der Verlust von Kunst	**105**
I. Rechtsgeschäftlicher Verlust	106
1. Gutgläubiger Erwerb	106
2. Öffentliche Versteigerung	113
II. Gesetzlicher Verlust	115
1. Ersitzung	115
2. Verwirkung	116
3. Verjährung	117
III. Untergang	119
1. Sacheigentum	119
2. Urheberrecht	122
G. Die Versicherung von Kunst	**124**
I. Kommerzielle Versicherung	127
1. Kunst in privaten Haushalten	127
2. Kommerzielle Kunstversicherung	128
a) Vertragliche Ausgestaltung	129
b) Versicherte Risiken und Gefahren	137
c) Versicherungswert	144
d) Prämie	147
e) Schadensfall und Entschädigung	148
f) Regressverzicht	150
II. Staatsgarantie	151
1. Staatsgarantie in Deutschland	151
a) Auf Bundesebene	152
b) Auf Länderebene	154
2. Staatsgarantien in Europa	157
3. Internationale Staatsgarantien	160
4. Vorteile	161
5. Kritik	163
H. Kunstsachverständige und Expertisen	**167**
I. Bedeutung für den Kunsthandel	167
II. Kunstsachverständige	168
1. Sachverstand kraft beruflichem Herkommen	168
2. Öffentlich bestellte und vereidigte Sachverständige	169
3. Kunstsachverständige und Experten	170
III. Gutachten und Expertisen	172
IV. Haftung gegenüber dem Vertragspartner	177
V. Haftung gegenüber Dritten	178
I. Der Kulturgüterschutz	**179**
I. Zielsetzung	179
II. Rechtsgrundlagen	180
1. International	180
2. Europa	182

	Rdn.
3. National	184
a) Bund	184
b) Länder	187
J. Bühne	188
I. Bühnenverlagsvertrag für wortdramatische Werke	189
1. Vertragsart	189
2. Pflichten des Urhebers	190
3. Pflichten des Bühnenverlags	191
4. Vertragsdauer	192
II. Aufführungsvertrag	193
1. Vertragsart	193
2. Pflicht der Bühne	195
3. Vergütung	196
III. Regie-Vertrag für Gastregisseure	197
1. Vertragsart	197
2. Pflicht des Gastregisseurs	198
IV. Normalvertrag (NV) Bühne	199
1. Vertragsart	199
2. Inhalt	200

A. Einführung

Kunstrecht liegt im Trend. In den USA hat man bereits vor etwa 30 Jahren begonnen, sich mit **Art Law** zu beschäftigen, indem einschlägige Institute an den Universitäten gebildet wurden und entsprechende Schriften erschienen.[1] In Deutschland verstärkt sich seit einiger Zeit das Interesse am Kunstrecht. Über vereinzelte Lehrangebote hinaus ist es aber trotz entsprechender Bemühungen bislang nicht gelungen, Kunstrecht an den **Universitäten** zu institutionalisieren. Der mit einem Kunstrechtssymposium 2005 gestartete Versuch, »an der Bucerius Law School eine Einrichtung zu schaffen, die sich auf Dauer mit der reizvollen und praxisrelevanten Schnittmenge juristischer und künstlerischer Fragestellungen befassen kann«,[2] scheint ohne den erwünschten Erfolg geblieben zu sein. Demgegenüber zeigen Initiativen auf nichtstaatlicher Ebene, dass an der Materie durchaus Interesse besteht, wie beispielsweise die erfolgreiche Gründung und Etablierung des Vereins Institut für Kunst und Recht IFKUR anschaulich belegt.[3]

1

Auch wenn sich das Kunstrecht bislang an den Hochschulen noch nicht mit der gebotenen Anerkennung durchsetzen konnte, so ist ein rasanter Aufschwung auf dem Gebiet der **Fachliteratur** festzustellen.[4] Während es den ersten einschlägigen Werken vorrangig darum ging, Künstlern und mit Kunst befassten Menschen eine Vorstellung davon zu vermitteln, wie ihre Handlungsweisen rechtlich zu bewerten sind,[5] geht es mittlerweile darüber hinaus auch darum, das weltweite Zusammenspiel von Kunst und Recht zu

2

---

1 *Müller-Katzenburg* KUR 2001, 1; *Schack* Kunst und Recht, Vorwort S. VII.
2 *Schack* Rechtsfragen der internationalen Museumspraxis S. 2.
3 Nähere Informationen unter www.ifkur.de.
4 Siehe etwa *Schack* Kunst und Recht; *Schack/Schmidt* Rechtsfragen der internationalen Museumspraxis; *Ebling/Schulze* Kunstrecht; *Glaus/Studer* Kunstrecht; *Hoeren/Holznagel/Ernstschneider* Handbuch Kunst und Recht; *Mosimann/Renold/Raschèr* Kultur, Kunst, Recht. Des Weiteren die von *Schack/Schmidt* herausgegebenen Schriften zum Kunstrecht, die von *Grunewald/Heß/Lynen/Odendahl/Oebbecke/Schweizer/Stolz* herausgegebenen Schriften zum Kunst- und Kulturrecht und die von *Hoeren* herausgegebene Schriftenreihe zum Urheber- und Kunstrecht. Als einschlägige Zeitschrift ist zu nennen die KUR – Kunst und Recht. Journal für Kunstrecht, Urheberrecht und Kulturpolitik (bis 2006 Kunstrecht und Urheberrecht).
5 *Picker*.

betrachten.⁶ »Zentrale Aufgabe des Kunstrechts ist es, Lösungen für grundlegende wie aktuelle Rechtsprobleme zu erarbeiten, die sich im Kunstbereich immer wieder von Neuem stellen, von der Schöpfung bis zur Vermarktung von Kunstgegenständen.«⁷

3 Eine allgemein anerkannte **Definition** des Begriffes Kunstrecht gibt es bislang nicht.⁸ Angesichts der geradezu unendlichen Kreativität und Schöpfungskraft der Künstler und der sich daraus ergebenden ständig neuen Frage- und Problemstellungen erscheint es weder möglich noch ratsam, begriffliche Eingrenzungen zu versuchen. Am ehesten lässt sich Kunstrecht als **Schnittmenge des Aufeinandertreffens und Zueinanderfindens von Kunst und Recht** beschreiben.⁹ Da kreative Menschen auf der ganzen Welt zu finden sind, stellt Kunst ein weltumspannendes Thema dar. Die Berührungspunkte von Kunst und Recht sind dabei so vielgestaltig wie das Leben selbst. Fragen, die die persönliche Lebenssituation eines Künstlers als solchen berühren, sind hierbei ebenso anzutreffen wie Fragen nach dem richtigen Umgang mit Kunst und Kulturgütern. Eine gewisse Nähe des Kunstrechts zum Urheberrecht ergibt sich zwangsläufig daraus, dass das Urheberrecht auf die besondere Beziehung des Künstlers zu seinem Werk abstellt. In anderen Zusammenhängen allerdings, etwa wenn es um den Schutz von (nationalem) Kulturgut oder die Ausleihe von Kulturgütern geht, treten urheberrechtliche Fragestellungen eher in den Hintergrund. Bei gemeinfreien Werken bleiben sie – mit Ausnahme ständig weiter verblassender urheberpersönlichkeitsrechtlicher Aspekte – nahezu gänzlich unberücksichtigt. Auch wenn dies keineswegs zwingend so erforderlich erscheint, ist festzustellen, dass man überwiegend Sachverhalte aus dem Bereich der **Bildenden Kunst** mit dem Kunstrecht in Verbindung bringt. Da es hier enge Zusammenhänge mit der **Fotografie** gibt, lässt sich das Kunstrecht aus urheberrechtlicher Sicht an den Werkkategorien des § 2 Abs. 1 Nr. 4 und 5 UrhG festmachen. Wenn in diesem Kapitel von Bildender Kunst und Bühne die Rede ist, so ist Letztere als Annex zum Kunstrecht zu verstehen.

B. Der Beginn von Kunst und Recht

I. Kunstfreiheit

4 Kunst strebt nach Freiheit. Sie will und soll Neues entdecken, Bestehendes in Frage stellen und zum Nachdenken anregen. Kunst lässt sich nur ungern und schwer in die Schranken verweisen. Das Unfassbare rechtlich greifbar zu machen und in rechtliche Bahnen zu lenken, ohne dabei der Kunst zu nahe zu treten und die sonstigen Interessen aus den Augen zu verlieren, ist wiederum eine Kunst – die Kunst des Rechts, mit der Kunst angemessen umzugehen. Eine allgemein verbindliche »Definition« im Sinne einer klaren »Abgrenzung« der Kunst zur Nicht-Kunst gibt es nicht, sie würde auch dem eigentlichen Wesen der Kunst widersprechen. Aus diesem Grund ist es auch folgerichtig, dass der Kunst in Art. 5 Abs. 3 GG neben Wissenschaft, Forschung und Lehre eine **verfassungsrechtliche Freiheitsgarantie** zuteil wird. Sinn und Aufgabe der Kunstfreiheit bestehen darin, »die auf der Eigengesetzlichkeit der Kunst beruhenden, von ästhetischen Rücksichten bestimmten Prozesse, Verhaltensweisen und Entscheidungen von jeglicher Ingerenz öffentlicher Gewalt freizuhalten«.¹⁰ Darüber hinaus verpflichtet das Grundrecht der Kunstfreiheit den Staat zur Pflege und Förderung der Kunst.¹¹

---

6 *Schack* Kunst und Recht, Vorwort S. VII.
7 *Schack* Rechtsfragen der internationalen Museumspraxis S. 1.
8 *Glaus/Studer* 16; *Müller-Katzenburg* KUR 2001, 1, 7.
9 Ähnlich *Schack* Kunst und Recht, Vorwort S. VII, der von einer »besonders faszinierenden Querschnittsmaterie« spricht.
10 BVerfGE 30, 173, 190 – Mephisto.
11 BVerfGE 81, 108, 116.

II. Kunst im Sinne des Rechts

Auch wenn die Kunst sich einer allgemeinen Definition widersetzt, ist es doch geboten, Kunst rechtsanwendungsfähig zu machen. Das führt zur Umschreibung der Kunst im Sinne des Rechts, deren Ergebnis Kunst als relativer Rechtsbegriff ist.[12] Das BVerfG definiert Kunst im Sinne des Art. 5 Abs. 3 GG als die »freie schöpferische Gestaltung, in der Eindrücke, Erfahrungen, Erlebnisse des Künstlers durch das Medium einer bestimmten Formensprache zur unmittelbaren Anschauung gebracht werden«.[13] Das BVerfG ergänzt diesen Ansatz um weitere Anhaltspunkte, die zur Bejahung von Kunst führen können, nämlich den Vergleich mit formalisierten Werktypen und der Möglichkeit, durch weitergehende Interpretation zu neuen Deutungen zu gelangen.[14] Die Kunstfreiheit garantiert[15] neben der künstlerischen Tätigkeit als solcher (**Werkbereich**) auch die Vermittlung des Ergebnisses kreativen Schaffens an Dritte (**Wirkbereich**).

5

III. Rechtliche Schranken der Kunstfreiheit

Die in Art. 5 Abs. 3 GG garantierte Kunstfreiheit steht nicht unter einem Gesetzesvorbehalt. Allerdings muss sich die Freiheit der Kunst in **verfassungsimmanente Schranken** verweisen lassen.[16] In Konflikt geraten kann Kunst hierbei insbesondere mit dem Grundrecht auf Achtung der Menschenwürde,[17] mit der Garantie fremden Eigentums in Art. 14 GG (z.B. durch Graffiti-Sprayer),[18] mit dem allgemeinen Persönlichkeitsrecht,[19] oder dem Strafrecht.[20]

6

C. Der Erwerb von Kunst

I. Rechtsgeschäftlicher Erwerb

1. Werkvertrag

a) Vertragsart

Wer von einem Künstler ein bestimmtes, erst noch zu schaffendes Kunstwerk erwerben möchte, muss mit dem Künstler handelseins werden. Dabei sind die Fragen des Preises, des Fertigstellungszeitpunktes, der Größe genauso bedeutend wie die des Motivs, welches Gegenstand der künstlerischen Darstellung werden soll. Hier sind der Fantasie keine Grenzen gesetzt. Es kann sich um ein Porträt im klassischen Sinne handeln oder um die originalgetreue wie auch abstrakte Darstellung einer Landschaft oder eines bestimmten Gegenstandes. Es kann auch sein, dass es vorrangig inhaltlich um ein Thema geht, welches der Künstler kreativ umsetzen soll.

7

In all diesen Fällen wird beim Künstler ein Kunstwerk in Auftrag gegeben bzw. bestellt, was rechtlich als Werkvertrag zu qualifizieren ist.[21] Da das Ergebnis bei der Anfertigung künstlerischer Werke in der Regel Unikatcharakter trägt, handelt es sich um die Bestel-

8

---

12 *Schack* Rn. 2.
13 BVerfGE 30, 173, 189 – Mephisto.
14 BVerfGE 67, 213, 226 – Anachronistischer Zug.
15 BVerfGE 30, 173, 189 – Mephisto.
16 Näher dazu *Fischer*/Reich S. 5; *Schack* KUR 2006, 157.
17 BVerfGE 75, 380.
18 BVerfG NJW 1984, 1293, 1294.
19 BVerfGE 119,1 – Esra.
20 BVerfGE 83, 130, 138 – Josefine Mutzenbacher.
21 *Schack* Rn. 443; Loewenheim/*Schulze* § 70 Rn. 41.

lung einer nicht vertretbaren Sache. Das Material, aus dem das Werk geschaffen wird, bringt normalerweise der Künstler bei, es handelt sich auch nur um meist geringwertige Zutaten, die hinter der Werkleistung in ihrer Bedeutung zurücktreten, so dass man von einem **Werklieferungsvertrag** im Sinne von § 651 Satz 3 BGB ausgehen muss, auf den zumindest weit überwiegend Werkvertragsrecht Anwendung findet.[22]

b) Pflichten des Künstlers

9 Der **Künstler**, der durch die Schaffung des neuen Werkes zunächst nach § 950 Satz 1 BGB auch dessen Eigentümer wird,[23] ist aus dem Werkvertrag **verpflichtet**, den **vertragsgemäßen Erfolg herbeizuführen** und dem Besteller das **fertige Werk zu übereignen**. Hierbei ist davon auszugehen, dass der Künstler das Werk höchstpersönlich zu schaffen hat.[24] Dies hindert ihn jedoch nicht daran, sich der Hilfe Dritter – sei es fest angestellter oder freier Mitarbeiter – zu bedienen. Diese werden allerdings aus dem Werkvertrag gegenüber dem Besteller weder berechtigt noch verpflichtet. Inwieweit sich eine urheberrechtliche Berechtigung aus dem Gedanken der Miturheberschaft ergeben kann, hängt ganz wesentlich von der gemeinsamen Planung und Vorgehensweise ab.[25] Vereinbaren Besteller und Künstler ausdrücklich die eigenhändige Ausführung des Werkes durch den Künstler, so kann ein Mangel darin gesehen werden, dass sich der Künstler fremder Hilfe bedient. Allerdings sind auch hier die Umstände des Einzelfalles zu berücksichtigen. So kann auch trotz einer solchen Abrede nicht davon ausgegangen werden, dass ein Künstler eine von ihm entworfene Bronze-Plastik auch noch eigenhändig gießt.[26]

c) Pflichten des Bestellers

10 Der **Besteller** seinerseits ist aus dem Werkvertrag **verpflichtet**, das **Werk** als vertragsgemäß anzuerkennen, **abzunehmen** und den vereinbarten **Preis** dafür **zu bezahlen**. Nimmt der Besteller ein Werk in Kenntnis dessen Mangelhaftigkeit ab, so stehen ihm die Rechte aus § 634 BGB auf Nacherfüllung (Nr. 1) bzw. Rücktritt oder Minderung (Nr. 3) nur zu, wenn er sich diese bei Abnahme ausdrücklich vorbehält (§ 640 Abs. 2 BGB). Darüber hinaus ist der Besteller nach § 642 Abs. 1 BGB zu **erforderlichen Mitwirkungshandlungen** verpflichtet. Dies kann sich insbesondere dann ergeben, wenn der Besteller durch den Künstler porträtiert werden soll und dieser auf die persönliche Anwesenheit des Bestellers Wert legt, sich also nicht mit Fotografien als Vorlagen zufrieden gibt. Stirbt der Besteller vor Fertigstellung des Werkes und wird dadurch seine Mitwirkungshandlung ebenso wie die Herbeiführung des vom Künstler geschuldeten Erfolgs unmöglich, so verbleibt dem Künstler nur ein reduzierter Vergütungsanspruch aus § 645 Abs. 1 Satz 1 BGB.[27] Umgekehrt tritt aufgrund der Höchstpersönlichkeit der vom Künstler geschuldeten Leistung auch bei seinem Tod Unmöglichkeit ein.

d) Vertragsgemäßheit des Werkes

11 Über Kunst lässt sich trefflich streiten. Die Gefahr, dass Künstler und Besteller unterschiedliche Meinungen haben zur Frage der vertragsgemäßen Ausführung des Werkes, ist daher relativ groß. Nicht zuletzt deshalb ist es beiden Parteien dringend anzuraten, die Fragen, auf die es ihnen wesentlich ankommt, im Vorfeld der Bestellung ausführlich zu besprechen, zu klären und das Ergebnis am besten – trotz grundsätzlicher Formfreiheit

---

22 Loewenheim/*Schulze* § 70 Rn. 41 m.w.N.
23 Ebling/Schulze/*Siehr* Teil 2 Rn. 7.
24 *Schack* Rn. 444.
25 Siehe Kap. 3 Rdn. 142; FA-GewRS/*Haberstumpf*, Kap. 7 Rn. 119; *Kirchmaier* FS Baumstark, S. 117.
26 Wie hier Loewenheim/*Schulze* § 70 Rn. 46.
27 *Schack* Rn. 444.

des Werkvertrages – in einer schriftlichen Vertragsform festzuhalten. Sind dann Abweichungen des Ergebnisses festzustellen, etwa weil statt eines Ölgemäldes eine Zeichnung, statt eines kleinformatigen ein unpassend großformatiges Werk, statt einer Bronzefigur eine Gipsfigur abgeliefert wird oder weil eindeutig das vorgegebene inhaltliche Thema verfehlt wird, kann der Nachweis der Mangelhaftigkeit leicht geführt werden. Ansonsten ist der **künstlerischen Gestaltungsfreiheit** ein großer Spielraum einzuräumen. Nur weil das Werk den Geschmack des Bestellers nicht oder nicht zur Gänze trifft, ist das Werk nicht als mangelbehaftet anzusehen. Aus diesem Grund ist dem Besteller nachhaltig zu empfehlen, sich mit der kreativen Heran- und Vorgehensweise des Künstlers im Vorfeld vertraut zu machen, um hier unliebsame Überraschungen zu vermeiden. Umgekehrt muss allerdings ein Künstler seinerseits den Besteller vorab darauf hinweisen, dass er in diesem Fall von seiner für ihn üblichen und bekannten Arbeitsweise abweichen will. So wird es ein Besteller in der Regel sehr schwer haben, dem Künstler einen Mangel des Werkes deshalb vorzuhalten, weil er sich nicht gut getroffen fühlt in einem Porträt. Andererseits darf man sich bei einem ausgewiesenen Porträtmaler darauf verlassen, nicht ohne vorherigen Hinweis von einer Karikatur überrascht zu werden.

e) Verwertungsrechte

Mit der Übertragung des Eigentums durch den Künstler geht das Sacheigentum an dem Werkstück auf den Besteller über. **Ohne ausdrückliche Vereinbarung** erwirbt dieser darüber hinaus grundsätzlich **keine urheberrechtlichen Verwertungsrechte** (§ 44 Abs. 1 UrhG). Eine **Ausnahme** hiervon sieht § 44 Abs. 2 UrhG vor bei Originalwerken der bildenden Künste sowie bei Lichtbildwerken hinsichtlich des **Ausstellungsrechts** aus § 18 UrhG. Dieses sich in der erstmaligen Ausstellung erschöpfende Recht erwirbt der Besteller auch bei bislang unveröffentlichten Werken, es sei denn, der Künstler hätte sich auch dieses Recht bei der Veräußerung ausdrücklich vorbehalten, was in der Praxis – nicht zuletzt mangels entsprechender Kenntnisse auf Seiten der Künstler – sehr selten der Fall ist.[28]

12

Da ein **gutgläubiger Erwerb von urheberrechtlichen Verwertungsbefugnissen ausgeschlossen** ist, muss sich der Erwerber und zugleich Sacheigentümer bei jeder beabsichtigten urheberrechtlich relevanten Nutzungsabsicht das Einverständnis des Künstlers einholen und ihn gegebenenfalls entsprechend vergüten.[29]

13

2. Kauf

Im Gegensatz zur Bestellung eines erst zu fertigenden Werkes liegt ein solches beim Kauf bereits vor und wartet darauf, dass sich ein Abnehmer findet, der es gegen Zahlung eines bestimmten Kaufpreises erwerben möchte. Liegt beim Werkvertrag die Gefahr für den Besteller hauptsächlich in der Enttäuschung seiner Erwartungshaltung hinsichtlich der künstlerischen Qualität des noch zu schaffenden Werkes, so bestehen beim Kauf von Kunst eine Reihe ganz anderer Risiken. Hat der Besteller es unmittelbar und ausschließlich nur mit dem Künstler selbst zu tun, trifft der Kaufinteressierte neben dem Künstler auf einen ganzen Markt, der von unterschiedlichsten (Interessens-)Vertretern gebildet wird. Neben die Geschäftsinteressen von Privatsammlern, Kunsthändlern und Auktionshäusern treten die etwas anders gelagerten Interessen der Galeristen, die junge Künstler etablieren möchten, um daran anschließend an deren Erfolg auch finanziell teilzuhaben. Öffentliche Museen und Sammlungen treten auf diesem Markt auf – wenn auch aufgrund geringer Erwerbungsetats zunehmend zurückhaltender – und versuchen, das eigene

14

---

28 Siehe Kap. 3 Rdn. 554.
29 BGH GRUR 1959, 200, 203 – Heiligenhof; Kap. 3 Rdn. 571; Dreier/*Schulze* § 31 Rn. 24; Fromm/Nordemann/*J.B. Nordemann* § 31 Rn. 42.

Sammlungsprofil zu ergänzen und abzurunden. Die zentralen, sich aus dem Gesamtgeschehen des Kunstmarktes ergebenden Fragen kreisen um die **Problematik der Sach- und Rechtsmängelfreiheit** der auf dem Markt angebotenen Werke.[30]

15 Gemeinsam ist all diesen Konstellationen, dass es beim Kauf von Kunst darum geht, dass sich Käufer und Verkäufer über das Kaufobjekt und den Kaufpreis einig werden und in der Folge dieses dadurch zustande kommenden Verpflichtungsgeschäftes das Werk an den Käufer übereignet und der Kaufpreis an den Verkäufer entrichtet werden. Insbesondere bei der Beteiligung von juristischen Personen ist bei Vertragsschluss besonders darauf zu achten, dass der jeweils für die juristische Person Handelnde **zur Vertretung berechtigt** ist und sich innerhalb seiner Vertretungsbefugnis hält. Bei juristischen Personen des Privatrechts richtet sich die Vertretungsbefugnis nach den Festlegungen in der Satzung oder im Gesellschaftsvertrag. Bei Museen in staatlicher Trägerschaft ergibt sich deren Aufgaben- und Zuständigkeitsbereich regelmäßig aus staats- bzw. verwaltungsorganisationsrechtlichen Vorschriften. Bei kommunalen Einrichtungen ist auf die gesetzlichen Vertretungsregelungen der jeweils geltenden Kommunalordnungen zu achten, welche vielfach eine entsprechende Beschlusslage des Vertretungsgremiums voraussetzen, insbesondere soweit es sich nicht nur um laufende Angelegenheiten ohne grundsätzliche Bedeutung handelt, die für die Kommune keine erheblichen Verpflichtungen erwarten lassen. Liegt ein solcher Beschluss nicht vor und gibt der Erste Bürgermeister dennoch eine entsprechende Erklärung ab, so hängt die Wirksamkeit des Vertrages von der nachträglichen Genehmigung des Vertretungsorgans ab (§ 177 Abs. 1 BGB). Wird sie verweigert, so ist der Vertrag von Anfang an unwirksam und derjenige, der die Erklärung ohne Vertretungsmacht abgegeben hat, haftet nach den Grundsätzen des § 839 BGB wegen Amtspflichtverletzung.[31] Strengere Voraussetzungen sehen die Kommunalordnungen dann vor, wenn es um Erklärungen geht, durch die die Gemeinde verpflichtet werden soll. Soweit es nicht um ständig wiederkehrende Geschäfte des täglichen Lebens geht, die finanziell von unerheblicher Bedeutung sind, ist für solche Erklärungen in der Regel Schriftform vorgeschrieben. Davon wird auszugehen sein, wenn ein kommunales Museum als Käufer von Kunstwerken auftritt. Fehlt es an diesen förmlichen Voraussetzungen, hängt die Wirksamkeit des Vertrages auch in diesem Fall von der nachträglichen formgerechten Genehmigung ab (§ 177 Abs. 1 BGB). Den Ländern fehlt nach Art. 55 EGBGB die Kompetenz zum Erlass von privatrechtlich verbindlichen Formvorschriften, weshalb die gemeinderechtlichen Vorschriften nicht als Formvorschriften im Sinne von § 125 BGB anzusehen sind mit der Folge der Nichtigkeit des Vertrages.[32]

16 Ein **Verstoß gegen gesetzliche Verbote** führt zur Nichtigkeit des Kaufvertrages nach § 134 BGB. Hier können vor allem Exportverbote, wie sie die Vorschriften des Gesetzes zum Schutz deutschen Kulturgutes gegen Abwanderung[33] oder die Verordnung (EG) Nr. 116/2009 des Rates vom 18.12.2008[34] enthalten, eine Bedeutung erlangen. Aber auch die Veräußerung von staatlichem Grundstockvermögen unterhalb des Verkehrswertes kann als Verstoß gegen das gesetzliche Schenkungsverbot zur Nichtigkeit von Verpflichtungs- und Verfügungsgeschäft führen.[35]

---

30 *Berger* KUR 2003, 137.
31 Und nicht als Vertreter ohne Vertretungsmacht nach § 179 Abs. 1 BGB, vgl. BGH NJW 2001, 2626.
32 OLG Celle NJW 2001, 607.
33 Vom 6.8.1955 (BGBl. I S. 501), abgedruckt bei *Odendahl* S. 270, dazu näher unten Rdn. 184.
34 ABl. EG 2009 Nr. L 39/1; Die Vorgängerverordnung (EWG) Nr. 3911/92 des Rates vom 9.12.1992 sowie die Durchführungsverordnung (EWG) Nr. 752/93 vom 30.3.1993 der Kommission sind abgedruckt bei *Odendahl* S. 220, 226, dazu näher unten Rdn. 183.
35 BGHZ 47, 30.

a) Vom Künstler

Beim Kauf eines Kunstwerkes vom Künstler ist zunächst davon auszugehen, dass das Werk **wie besehen gekauft** wird. Sichtbare Mängel in der Beschaffenheit des Werkes sind ebenso wenig wie übliche Alterserscheinungen (Nachdunkeln oder Rissbildungen im Firnis) Sachmängel, die der Käufer nach Vertragsabschluss monieren könnte. Beim Kauf eines Gemäldes vom Künstler selbst wird man davon ausgehen dürfen, dass es von ihm selbst geschaffen wurde. Diese **Originalität des Kunstwerkes** ist ein Umstand, dessen Fehlen einen Sachmangel begründen kann. Demgegenüber ist es den Künstlern ohne weiteres zuzugestehen, bestimmte Motive zur Grundlage mehrerer Werke zu machen und damit die **Einmaligkeit eines Werkes** selbst in Zweifel zu ziehen. Versichert der Künstler allerdings beim Kauf, es handle sich um ein Unikat, so wird er sich hieran auch im Rahmen der üblichen Gepflogenheiten festhalten lassen müssen.[36]

17

b) Vom Galeristen

Häufig arbeiten Künstler mit Galerien zusammen, die sich darum bemühen, den Künstler auf dem Kunstmarkt bekannt zu machen und seine Werke abzusetzen.[37] Neben der exklusiven Zusammenarbeit eines Künstlers mit einer bestimmten Galerie, die ihn offiziell vertritt, ist auch die Erscheinungsform geläufig, dass Künstler ihre Werke verschiedenen Galerien für Verkaufsausstellungen zur Verfügung stellen. Rechtlich wird dies in der Form des Kommissionsverkaufes abgewickelt. Die Galerie erwirbt in der Regel kein Eigentum an den Werken, verkauft diese aber im eigenen Namen als Kommissionär für den Künstler (Kommittenten). Weil dies allermeist gewerbsmäßig stattfindet, liegt ein den §§ 383 ff. HGB unterfallender **Dienstvertrag mit Geschäftsbesorgungscharakter** vor.[38] Der Galerist übernimmt es dabei, den Künstler zu fördern, indem er sich zur Ausstellung seiner Werke verpflichtet, die Kosten für Transport, Versicherung und Werbung übernimmt und um den Absatz der Werke bemüht ist. Für den damit verbundenen finanziellen Aufwand und das darin steckende finanzielle Risiko erhält der Galerist im Erfolgs-, also Verkaufsfalle einen in der Regel zwischen 30–50 % liegenden Anteil des Verkaufserlöses. Künstler und Galerie sind verbunden durch ein rechtlich abgesichertes Treueverhältnis, welches zum einen den Künstler an die Galerie bindet, zum anderen aber vor allem vom Galeristen einen ehrlichen und fairen Umgang mit dem in geschäftlichen Angelegenheiten meist unerfahrenen, der Kunst verschriebenen, jungen Künstler verlangt. Allerdings schützt das deutsche Recht den Künstler in diesem Rechtsverhältnis nur sehr bedingt.[39] Besteht ein exklusives Vertragsverhältnis darf der Künstler am Galeristen vorbei keine Kunstwerke veräußern, weil er ansonsten den Provisionsanteil des Galeristen unzulässig schmälern würde.

18

Beim Kommissionsverkauf kommt der Kaufvertrag zwischen dem Käufer und dem Galeristen als Kommissionär zustande. Die interne Abwicklung zwischen Künstler und Galerie bleibt den Regelungen des Galerievertrages vorbehalten. Zur wirtschaftlichen Teilhabe des Künstlers am weiteren Erfolg seines Kunstwerkes durch das **Folgerecht** (§ 26 UrhG) vgl. oben Kap. 3 Rdn. 219 ff.

19

c) Vom Kunsthändler

Beim Kauf im Kunsthandel stellt sich die Frage der Mängelfreiheit des verkauften Kunstgegenstandes in nochmals anders betonter Weise. Der Kunsthändler hat in der Regel

20

---

36 Loewenheim/*Schulze* § 70 Rn. 13.
37 Ausführlich dazu *Schack* Rn. 645 ff.
38 Loewenheim/*Schulze* § 70 Rn. 16.
39 Ausführlich hierzu *Schack* Rn. 647 ff.

keine jungen Künstler zu betreuen, sondern deckt mit seinem Angebot ein gewisses Spektrum – oftmals alter oder älterer – Kunst ab. Damit verbunden ist die Feststellung, dass im so bezeichneten Kunsthandel mit Ware gehandelt wird, die eine bisweilen beträchtliche Strecke rechtsgeschäftlichen Weges hinter sich gebracht hat. Diese Objekte sind schon durch viele Hände gegangen und haben unterschiedliche rechtliche Schicksale erlitten. Sie haben oft viele Jahre bzw. Jahrhunderte kunstgeschichtlicher Betrachtung und Begleitung hinter sich gebracht und waren in diesen Zeiten je nach vorherrschender Meinung mehr oder weniger als Originale angesehen. Um das Thema **Original und Fälschung** kreisen die rechtlichen Überlegungen auch im Zusammenhang mit der Beurteilung der Mangelfreiheit eines erworbenen Kunstwerkes.[40] Die Ausgangsfrage ist die, ob die Originalität eines Kunstwerkes ein Umstand ist, bei dessen Fehlen dieses als fehlerhaft anzusehen ist.[41] Insbesondere dann, wenn den Parteien und hier vornehmlich dem Käufer erkennbar daran gelegen war, ein originales Gemälde eines bestimmten Malers zu erwerben, wird man davon ausgehen müssen, weil dann die Ist- von der Sollbeschaffenheit an entscheidender Stelle abweicht. Geht man davon aus, dass sämtliche **Wert bildenden Faktoren zur Beschaffenheit der Sache** zählen, anhand derer das Vorliegen eines Mangels zu beurteilen ist, so erweisen sich als relevante **Sachmängel** neben der bereits erwähnten Originalität des Werkes beispielsweise physische Beschädigungen, restauratorische Fehlleistungen,[42] die Echtheit einer Signatur oder die Übereinstimmung eines Werkes mit dem in einem Werkverzeichnis aufgenommenen,[43] sowie die Auswirkungen eigentumsbeschränkender kulturgutschützender Normen des Denkmalschutzrechts oder der Ausfuhrbestimmungen.[44] Keine eigenschaftsrelevanten Kriterien sind hingegen der ohnehin Marktschwankungen unterliegende Marktwert oder die Einschätzung in einer Expertise, die als Meinungsäußerung über den Gegenstand diesen selbst nicht beeinflusst.[45]

21 Abgesehen davon hat der Verkäufer dem Käufer die Sache auch frei von **Rechtsmängeln** zu übereignen. Dies stellt für den seriösen Kunstmarkt insbesondere im Zusammenhang mit dem gutgläubigen Eigentumserwerb vom Nichtberechtigten ein Problem dar. Auch gutgläubig erworbenes Eigentum ist vollwertiges Eigentum, rechtlich gesehen also nicht Eigentum zweiter Klasse, welches als rechtliches Minus gegenüber dem geschuldeten Erfolg und damit als rechtlich mangelhaft zu qualifizieren wäre. Gleichwohl achten die seriösen Beteiligten am Kunstmarkt auf ihren untadeligen geschäftlichen und persönlichen Ruf, dem der lediglich gutgläubige Eigentumserwerb abträglich erscheinen könnte. Diese Überlegungen allein machen den Eigentumserwerb jedoch nicht rechtsmangelhaft. Anders ist die Frage womöglich zu beantworten in den Fällen der so genannten Holocaust Art,[46] in denen Juden während der Nazi-Herrschaft ihr kulturelles Eigentum beschlagnahmt oder sonstwie abgepresst wurde. Nachdem die Eigentumslage in diesen Fällen meistens grundsätzlich zugunsten der heutigen Eigentümer geklärt ist, kommt allerdings kaum ein Rechtsmangel in Betracht. Gleichwohl herrscht hier dem Grunde nach eine breite Überzeugung dahingehend, dass diese Kulturgüter ihren ursprünglichen Eigentümern in der Regel zu Unrecht entzogen bzw. durch kollektiven und individuellen Verfolgungsdruck abgepresst wurden, und deshalb eine gesamtgesellschaftliche Verpflichtung besteht, diese Entziehungsakte rückgängig zu machen. Solange dies nicht geschehen ist, wird man die geschichtliche Vorbelastung, die solche Objekte dem seriö-

---

40 Ausführlich hierzu *Schack* Rn. 375 ff.
41 Für den Regelfall bejahend *Schack* Rn. 382 ff; kritisch *Siehr* S. 18.
42 LG Gießen NJW-RR 1996, 429.
43 BGHZ 63, 369 – Jawlensky.
44 *Schack* Rn. 378.
45 A.A. BGH NJW 1972, 1658 – Rubens; wie hier *Schack* Rn. 384.
46 Zum Begriff siehe Ebling/Schulze/*Siehr* Teil 3 Rn. 92.

sen Kunsthandel quasi entzieht,⁴⁷ wohl aber als Sachmangel anerkennen können.⁴⁸ Voraussetzung wird sein, dass der Verkäufer von der Provenienz weiß oder fahrlässig nichts weiß.

Zur wirtschaftlichen Teilhabe des Künstlers am weiteren Erfolg seines Kunstwerkes durch das **Folgerecht** (§ 26 UrhG) vgl. oben Kap. 3 Rdn. 219 ff. 22

d) Auktion

Der Auktionator handelt wie der Galerist regelmäßig im eigenen Namen als Kommissionär für fremde Rechnung des Einlieferers (Kommittenten). Das BGB enthält in § 156 eine einschlägige Regelung, der zufolge der Vertrag durch den Zuschlag des Versteigerers auf ein entsprechendes Gebot zustande kommt. Der so erzielte Hammerpreis ist die Grundlage für die Berechnung dessen, was der Auktionator erhält: Vom Ersteigerer zwischen 10 und bis zu 25 % Aufgeld und vom Einlieferer bis zu 15 % Abgeld bzw. eine Ausfallprovision, falls kein Zuschlag erfolgt. Die in Deutschland üblicherweise zugrunde gelegten allgemeinen Versteigerungsbedingungen sehen einen weit reichenden Haftungsausschluss des Verkäufers vor und schränken auch den Verbraucherschutz der Teilnehmer an Auktionen ein.⁴⁹ 23

Öffentlichrechtliche Regelungen finden sich in § 34b GewO und der Verordnung über gewerbsmäßige Versteigerungen.⁵⁰ Hinzuweisen ist insbesondere auf die in § 935 Abs. 2 BGB geregelte Durchbrechung des Grundsatzes, dass an gestohlenen, verloren gegangenen oder sonstwie abhanden gekommenen Sachen nicht gutgläubig Eigentum erworben werden kann, für den Fall einer öffentlichen Versteigerung im Sinne von § 383 Abs. 3 BGB. 24

Zur wirtschaftlichen Teilhabe des Künstlers am weiteren Erfolg seines Kunstwerkes durch das **Folgerecht** (§ 26 UrhG) vgl. oben Kap. 3 Rdn. 219 ff. 25

e) Internet-Auktion

Auch wenn das Internet immer mehr auch zur Grundlage rechtsgeschäftlichen Handelns im digitalen Zeitalter wird, hat es sich im Bereich der Kunst bislang noch nicht zu einer nennenswerten Konkurrenz gegenüber den geschilderten Marktteilnehmern entwickeln können. Im Internet findet man zwar bei Auktionen und sonstigen Verkaufsangeboten auch Kunst, jedoch in erster Linie Objekte von wenig herausragender Bedeutung. Gleichwohl ist denjenigen, die Verluste im eigenen Sammlungsbestand zu beklagen haben, die Beobachtung des Internetangebotes durchaus zu empfehlen. Mitunter tauchen in diesen Angeboten nämlich auch gestohlene oder abhanden gekommene Objekte auf. Um hierauf zeitnah reagieren zu können, wird es meist der Einschaltung polizeilicher Ermittlungsbehörden bedürfen, die das fragliche Objekt zunächst bis zur Klärung des grundsätzlich gegebenen Anfangsverdachts der Hehlerei (§ 259 StGB) sicherstellen bzw. beschlagnahmen können. Auch wenn auf diesem Weg unter Umständen rasch eine Sicherstellung erfolgen kann, bleibt jedoch zu bedenken, dass die Herausgabe ein zivilrechtliches Vorgehen bedingt. 26

---

47 So auch *Schack* Rn. 501, ohne allerdings die Konsequenz zu benennen.
48 Für Mangelhaftigkeit auch Ebling/Schulze/*Siehr* Teil 3 Rn. 51, der allerdings für einen Rechtsmangel plädiert.
49 Ausführlich hierzu und kritisch insgesamt *Schack* Rn. 107 ff.
50 Vom 24.4.2003 (BGBl. I S. 547).

3. Tausch

27 Auf den Tausch von Kulturgütern finden die Vorschriften über den Kauf entsprechende Anwendung (§ 480 BGB). Zu achten ist hierbei auf die **wertmäßige Ausgewogenheit** der zum Tausch vorgesehenen Objekte. Insbesondere öffentliche Einrichtungen müssen aus haushalterischen Gründen den Nachweis der Gleichwertigkeit der getauschten Objekte erbringen. Problematisch kann die Situation werden, wenn nach einem Tausch einer der beiden Tauschpartner das eingetauschte Objekt weiterveräußern möchte oder dies bereits getan hat und sich hierbei bzw. anschließend Zweifel an der Provenienz ergeben, es sich insbesondere um so genannte Holocaust Art handelt, deren Rückgabe an die ursprünglichen Eigentümer bzw. deren Rechtsnachfolger heute zu Recht erwartet wird.

4. Schenkung

28 Beim schenkweisen Erwerb von Kulturgut ist der Beschenkte in der glücklichen Lage, dass er dafür keine Gegenleistung erbringen muss, weil die Leistung unentgeltlich erfolgt (§ 516 Abs. 1 BGB). Die Frage der **Unentgeltlichkeit** ist grundsätzlich ähnlich zu beantworten wie bei der Dauerleihgabe.[51] Allerdings ist dabei zu bedenken, dass der Dauerleihnehmer dem Leihgeber insoweit verpflichtet ist, als er die Sache am Ende der Leihzeit unbeschadet zurückzugeben hat, und deshalb der Leihgeber durchaus berechtigt erhaltende Maßnahmen verlangen kann, ohne dadurch die Unentgeltlichkeit der Gebrauchsüberlassung in Frage zu stellen. Versucht der Schenker, die Schenkung an ähnliche Forderungen oder Auflagen zu knüpfen, ist deutlich eher an der Unentgeltlichkeit der Überlassung zu zweifeln. Dies kann sich vor allem im Hinblick auf die steuerliche Geltendmachung einer Schenkung an eine als gemeinnützig im Sinne der Abgabenordnung anerkannte Einrichtung bemerkbar machen. So haftet der Aussteller einer **Zuwendungsbestätigung** gegenüber den Finanzbehörden für die steuerliche Auswirkung der bescheinigten Zuwendung. Wenn gar keine Schenkung vorliegt, weil die Sache entgeltlich überlassen wurde, oder wenn der Wert der Sachleistung zu hoch angesetzt wurde, haftet der Aussteller einer entsprechenden Zuwendungsbestätigung in Höhe des durch diese Bestätigung ausfallenden Steuerbetrages gegenüber dem Finanzamt.

29 Darüber hinaus gilt es zu beachten, dass das bloße **Versprechen** einer schenkweisen Zuwendung zu ihrer rechtlichen Verbindlichkeit nach § 518 Abs. 1 Satz 1 BGB der **notariellen Beurkundung** bedarf.

30 **Praxistipp:**

Insbesondere öffentliche kulturelle Einrichtungen vertrauen nur allzu gerne auf wohlklingende und sicherlich ebenso wohlmeinende Versprechen privater Sammler, irgendwann werde die Privatsammlung ohnehin in öffentlichen Besitz übergeben werden. Vor dem Hintergrund derart freudiger Erwartungen wird alles getan, um den Sammler bei Laune zu halten und die avisierte Schenkung nicht zu gefährden. Diese Situation wird oftmals durch die Überlassung zumindest von Teilen der Sammlung als Dauerleihgabe bekräftigt. Hinzuweisen ist in diesem Zusammenhang darauf, dass die öffentliche Einrichtung weder aus der Dauerleihgabe noch aus einem Schenkungsversprechen einen belastbaren rechtlichen Anspruch auf künftigen Eigentumserwerb erlangt. Will man hier zu einer rechtlich abgesicherten Lösung des vom Sammler so erklärten Willens kommen, muss man ein solches **Schenkungsversprechen notariell beurkunden** lassen.

---

[51] Siehe dazu unten Rdn. 81.

5. An Steuerzahlung statt – § 224a AO

Eine weitere, allerdings nur in Ausnahmefällen praktikable und bislang auch zurückhaltend praktizierte Form, Kulturgut zu erwerben, ist in § 224a AO vorgesehen. Durch **schriftlichen öffentlichrechtlichen Vertrag** zwischen dem Schuldner von Erbschaftsteuer und dem Staat kann zugelassen werden, dass die Steuerschuld an Zahlung statt durch die Eigentumsübertragung an Kunstgegenständen, Kunstsammlungen, wissenschaftlichen Sammlungen, Bibliotheken, Handschriften und Archiven getilgt wird. Der Steuerschuldner hat ein entsprechendes Vertragsangebot an die örtlich zuständige oberste Finanzbehörde des Landes zu richten, dem das Steueraufkommen zusteht. Diese holt die Zustimmung des zu beteiligenden Ressortministeriums ein. Voraussetzung ist, dass **an dem Erwerb** des Kulturgutes wegen seiner Bedeutung für Kunst, Geschichte oder Wissenschaft ein **öffentliches Interesse besteht**. Mit dieser Regelung sollte u.a. erreicht werden, dass bedeutende Privatsammlungen im Erbfall nicht durch die anfallende Erbschaftsteuer zerschlagen werden müssen, sondern in die öffentliche Hand übergehen und dort erhalten werden können. 31

> **Praxistipp:** 32
>
> Nachdem derartige Transaktionen aus unterschiedlichen nachvollziehbaren Gründen, nicht zuletzt dem der Wahrung des Steuergeheimnisses, in der Öffentlichkeit kaum weiter bekannt werden, sollten Privatsammler ebenso wie in Frage kommende öffentliche Einrichtungen entsprechende Hinweise bekommen. Allerdings ist dabei zu berücksichtigen, dass aus fiskalischer Sicht, die die Finanzbehörden regelmäßig einnehmen, mit dieser Lösung der Verzicht auf Einnahmen für den Staatshaushalt verbunden ist gleichzeitig mit einer faktischen Erhöhung der Ausgabebefugnis zugunsten kultureller Einrichtungen, die im Haushaltsgesetz so nicht vorgesehen ist. Vereinfacht gesagt handelt es sich um einen Ankauf mit anderen Mitteln bzw. auf anderen Wegen, und so mag es nicht allzu sehr überraschen, wenn gegenüber der Finanzverwaltung hier mitunter erhöhter Überzeugungsbedarf festzustellen ist.

II. Erwerb von Gesetzes wegen

1. Werkschöpfung

Wie bereits oben gezeigt,[52] erwirbt der Künstler das Eigentum an dem von ihm geschaffenen Kunstwerk. Dieses Eigentum erstreckt sich nach § 950 BGB auch auf die zur Herstellung des Werkes benötigten und verwendeten Stoffe und Zutaten. Allerdings ist dieser Grundsatz auf bewegliche Kunstwerke beschränkt.[53] Bei der Verbindung von beweglichen Sachen mit unbeweglichem Vermögen erwirbt der Grundeigentümer das Eigentum (§ 946 BGB). Deshalb wird der Eigentümer des Hauses, in dem ein Künstler ein Fresko an die Decke malt, auch das Eigentum an dem Fresko, selbst wenn es später wieder abgenommen werden sollte. 33

2. Ersitzung

Wer eine bewegliche Sache **zehn Jahre im Eigenbesitz** hat, erwirbt kraft Gesetzes das Eigentum daran (§ 937 Abs. 1 BGB – Ersitzung). Voraussetzung ist, dass derjenige bei Besitzerlangung guten Glaubens war und dies über zehn Jahre geblieben ist (§ 937 Abs. 2 34

---

[52] Siehe oben Rdn. 9.
[53] Ebling/Schulze/*Siehr* Teil 2 Rn. 4.

BGB). **Gutgläubig**[54] muss der Erwerber sein im Hinblick auf seine eigene Berechtigung, d.h. seine eigene Eigentümerstellung. Bei Besitzerlangung schadet **grob fahrlässige Unkenntnis** der eigenen Berechtigung, im Verlauf der zehnjährigen Ersitzungszeit schadet hingegen nur **positive Kenntnis**, dass ihm das Eigentum nicht zusteht. Dies kann dazu führen, dass ein gutgläubiger Käufer zwar nicht rechtsgeschäftlich Eigentum an einem gestohlenen Gemälde erworben hat – dem steht dauerhaft § 935 Abs. 1 Satz 2 BGB entgegen –, wohl aber nach zehnjährigem gutgläubigem Eigenbesitz kraft Gesetzes Eigentümer wird.

35 In **anderen Ländern** gibt es kürzere wie auch längere Ersitzungsfristen: Österreich (§ 1466 ABGB), Frankreich (Art. 2279 II C.civ.) und Spanien (Art. 1940, 1955 I C.civ) 3 Jahre, Schweiz 30 Jahre für Kulturgüter, ansonsten 5 Jahre (Art. 728 ZGB).[55]

3. Schatzfund

36 Zumindest am Rande erwähnt sei in diesem Zusammenhang auch der gesetzliche Erwerbstatbestand des § 984 BGB, der eine **Aufteilung des Eigentums** beim Schatzfund zwischen dem **Finder** und dem **Eigentümer des Grundstücks**, in dem der Schatz verborgen war, vorsieht. Die Frage, wer als Finder eines Schatzes anzusehen ist, ist bei Zufallsfunden einfach zu beantworten: derjenige, der den Schatz tatsächlich als erster wahrgenommen und entdeckt hat. Handelt es sich jedoch um eine planmäßige und legale Suche nach verborgenen Schätzen, so wird derjenige als Finder anzusehen sein, der die Arbeiten verantwortlich plant, organisiert und überwacht.[56] Während also im einen Fall, in dem der Schatz unvermutet zu Tage gefördert wird, der Baggerfahrer, der ihn zuerst bemerkt hat, als Finder (Mit-)Eigentümer wird, scheidet er im anderen Fall, in dem bei Bauarbeiten mit besonderer Vorsicht herangegangen wird wegen eines zu vermutenden verborgenen Schatzes, aus.[57]

37 Über Art. 73 EGBGB gibt es hier eine Öffnung für **landesrechtliche Sonderregelungen**, die sich gewöhnlich in den Denkmalschutzgesetzen der Bundesländer finden.[58] Weichen die landesgesetzlichen Regelungen von § 984 BGB ab, sehen sie ein so genanntes **Schatzregal** vor. Das bedeutet, dass kraft Gesetzes der Staat bzw. das Land, in dem der Schatz gefunden wurde, Eigentümer des Schatzes ist.

D. Die zeitweise Überlassung von Kunst

I. Leihgaben zu Ausstellungen

1. Bedeutung des Kulturgüteraustausches[59]

38 Auch wenn die internationalen Verkehrsbedingungen weltweites Reisen für die Menschen nahezu problem- und mühelos möglich macht, werden zunehmend auch Kulturgüter auf Reisen geschickt, obwohl nahezu jede Bewegung eines Kulturgutes die Gefahr seiner substanziellen Beeinträchtigung in sich birgt. Einer der maßgeblichen Gründe hierfür dürfte sein, dass Kulturgutaustausch einen sinnvollen und wünschenswerten Bei-

---

54 Zur Frage der Gutgläubigkeit siehe unten Rdn. 106 ff.
55 Näher *Schack* Rn. 512 ff.
56 So auch Ebling/Schulze/*Siehr* Teil 3 Rn. 115.
57 BGHZ 103, 101.
58 Siehe die Aufzählung bei Ebling/Schulze/*Siehr* Teil 3 Rn. 114; Die Denkmalschutzgesetze der Länder sind abgedruckt bei *Odendahl*.
59 Näher dazu Ebling/Schulze/*Kirchmaier* Teil 4 Rn. 146.

trag zur Völkerverständigung leisten kann.[60] Dieser Gedanke ist bereits mehrfach in internationalen Abkommen und nationalen Vorschriften zum Ausdruck gebracht worden und trat auch ganz deutlich während der deutschen EU-Ratspräsidentschaft im Jahr 2007 in zwei Konferenzen zu den Themen »Mobilität von Sammlungen in Europa«[61] und »Vertrauen schaffen – Netzwerke stärken«[62] hervor. Ein entsprechender Action Plan der EU liegt bereits vor.[63]

In den letzten rund 30 Jahren ist das Publikumsinteresse an Sonderausstellungen in den Museen deutlich angestiegen. Die Museen reagieren auf diese Nachfrage, das Ausstellungswesen boomt und erreicht von Jahr zu Jahr neue Rekordergebnisse.[64] 39

2. Rechtsgrundlagen

a) International

Internationale Abkommen machen zwar deutlich, dass ein internationaler Kulturgüteraustausch durch Leihgaben wünschens- und unterstützenswert ist, eine abschließende, Regelung der Fragen, die der internationale Kulturgüteraustausch im Leihverkehr aufwirft, wurde in internationalen Abkommen bislang jedoch nicht getroffen.[65] Das am 22.11.1928 in Paris unterzeichnete Abkommen über internationale Ausstellungen[66] nimmt Kunstausstellungen ausdrücklich aus und gilt hauptsächlich für Präsentationen von technischen Neuerungen, wie sie auf den Weltausstellungen gezeigt werden.[67] 40

b) Europa

Auf europäischer Ebene erlangen neben einigen zollrechtlichen Erleichterungen der Einfuhr zur vorübergehenden Verwendung in das Gebiet der Europäischen Union[68] insbesondere die Verordnung (EG) Nr. 116/2009 vom 18.12.2008[69] über die Ausfuhr von Kulturgütern sowie die Richtlinie 93/7/EWG vom 15.3.1993[70] über die Rückgabe von unrechtmäßig aus dem Hoheitsgebiet eines Mitgliedstaats verbrachten Kulturgütern Bedeutung. Die RL 93/7/EWG wurde durch Artikel 1 des Kulturgutsicherungsgesetzes[71] als so genanntes Kulturgüterrückgabegesetz in nationales Recht umgesetzt. 41

c) National

Der Leihverkehr wird ganz allgemein **auf zivilrechtlicher Grundlage** abgewickelt. Deshalb sind in erster Linie die einschlägigen Vorschriften des BGB heranzuziehen. Im internationalen Leihverkehr kommt den Vorschriften des Internationalen Privatrechts Relevanz zu. 42

---

60 Speziell zur Bedeutung der Museen für den Kulturgüteraustausch vgl. *Franz* S. 29 ff.
61 Vom 15.–17.4.2007 in München.
62 Vom 6.–7.5.2007 in Bremen.
63 Abrufbar unter http://www.ne-mo.org/fileadmin/Dateien/public/topics/Collection_Mobility/Members/Action_Plan_for_the_EU_Promotion.pdf.
64 *Burmester*, Deep Time: Ausstellen als Risiko und Notwendigkeit, in: *Huber/Locher/Schulte* (Hrsg.), Kunst des Ausstellens, 2002, S. 71, 73: »In wohl keiner Zeit fanden so viele Ausstellungen wie heute statt und ihre Zahl scheint, analog zur Bevölkerungsexplosion und zur technischen Machbarkeit, zu steigen«.
65 *Boos* S. 37.
66 LNTS 111, 343.
67 *Boos* S. 37 f.
68 Näher Ebling/Schulze/*Kirchmaier* Teil 4 Rn. 154.
69 ABl. EG L Nr. 39 vom 10.2.2009, S. 1.
70 ABl. EG L Nr. 74 vom 27.3.1993, S. 74; vgl. hierzu *Siehr* KUR 1999, 225; *Boos* S. 75 ff.
71 Gesetz zur Umsetzung von Richtlinien der Europäischen Gemeinschaften über die Rückgabe von unrechtmäßig aus dem Hoheitsgebiet eines Mitgliedstaats verbrachten Kulturgütern und zur Abänderung des Gesetzes zum Schutz deutschen Kulturgutes gegen Abwanderung vom 10.10.1998 (BGBl. I S. 3162).

43 Aus dem **öffentlich-rechtlichen Bereich** ist die seit 22.10.1998 bestehende Möglichkeit, dem ausländischen Leihgeber die Rückgabe seiner Leihgabe rechtsverbindlich zu garantieren zu beachten.[72] Soll eine Leihgabe die Bundesrepublik verlassen, besteht eine Genehmigungspflicht, sobald das auszuleihende Kulturgut in das »Verzeichnis national wertvollen Kulturgutes« eingetragen ist (§ 1 Abs. 4 Satz 1 KultgSchG) bzw. die Eintragung eingeleitet und dieses öffentlich bekannt gemacht ist (§ 4 KultgSchG). Diese Vorschriften gelten auch für die nur vorübergehende Ausfuhr von Kulturgütern.[73] Im öffentlichen und kirchlichen Eigentum stehende Kulturgüter sind nach Maßgabe der §§ 18, 19 KultgSchG grundsätzlich ausgenommen, weil und soweit hier vergleichbare Zustimmungserfordernisse den Sinn und Zweck des Gesetzes gewährleisten.[74]

44 Zu beachten sind darüber hinaus die Regelungen der Denkmalschutzgesetze der Länder, die ihrerseits Genehmigungspflichten für die Entfernung beweglicher Denkmäler von ihren Standorten enthalten.[75]

3. Soft Law

45 Unabhängig von rechtlichen Regelungen gibt es eine eine Reihe von Regelwerken und Standards für den Umgang mit Kulturgütern, die auf berufsethischen und berufsständischen Überlegungen und Verpflichtungen beruhen und als ergänzende Verständnis- und Interpretationshilfen herangezogen werden können. Zu nennen sind der »Code of Ethics for Museums« des International Council of Museums (ICOM),[76] die »Standards für Museen« des Deutschen Museumsbundes[77] sowie die von amerikanischen und britischen Museumsvereinigungen erarbeiteten »Codes of Ethics for Museums« und »Guidelines«.[78]

46 Speziell für die Kurierbegleitung von Kulturguttransporten sind die Richtlinien der US-amerikanischen und der britischen Registrarverbände zu nennen.[79]

4. Gesetzliche und vertragliche Ausgestaltung des Leihverhältnisses

a) Leihvertrag als Grundlage

47 Der Leihverkehr mit Kulturgütern ist eine internationale Erscheinung. Hierfür haben zahlreiche Museen und Ausstellungshäuser vorformulierte Standardverträge in Gebrauch.[80] Der von der Ständigen Konferenz der Kultusminister (KMK) am 5.11.1976 zur Anwendung empfohlene Musterleihvertrag für eine befristete Leihe innerhalb der

---

72 Durch Artikel 2 des Kulturgutsicherungsgesetzes wurde das Gesetz zum Schutz deutschen Kulturgutes gegen Abwanderung (KultgSchG) vom 6.8.1955 durch eine entsprechende Regelung in § 20 ergänzt.
73 *Boos* S. 100; *Hipp* S. 89; *Schack* Rn. 521.
74 Vgl. dazu ausführlich *Hipp* S. 97 ff.
75 Vgl. Art. 10 Abs. 1 Satz 1 BayDSchG; § 15 Abs. 1 Satz 1 Bbg DSchG; § 10 Abs. 1 Nr. 2 BremDSchG; § 11 Abs. 1 Nr. 3 BerlDSchG; §§ 8 Abs. 1 Nr. 3, 15 Abs. 1 Nr. 4 BWDSchG; § 10 Abs. 1 HamDSchG; § 16 Abs. 1 Nr. 2 HessDSchG; § 7 Abs. 1a MVDSchG; § 10 Abs. 1 Nr. 2 NdsDSchG; § 13 Abs. 1 Nr. 4, Abs. 2 RhPfDSchG; § 12 Abs. 1 Nr. 2 SaarlDSchG; § 12 Abs. 1 Nr. 4 SachsDSchG; § 14 Abs. 1 Nr. 4 SachsAnhDSchG; § 9 Abs. 1 Nr. 2 SchlHDSchG; § 13 Abs. 1a ThDSchG.
76 Deutsche Fassung unter http://www.icom-deutschland.de/kodex.htm abrufbar.
77 Abrufbar unter http://www.museumsbund.de.
78 Abrufbar unter http://www.aam-us.org sowie unter http://museumsassociation.org.
79 Abrufbar für die UK Registrars, Group unter http://www.ukrg.org/publications; die amerikanischen Richtlinien sind in deutscher Übersetzung abgedruckt in: *Cordelia Rose*, Courierspeak, 1993, S. 254 ff., zu beziehen über die American Association of Museums unter http://www.aam-us.org.
80 Vgl. hierzu die bei *Franz* S. 179 ff. abgedruckten sowie die von *Boos* und *Kühl* ausgewerteten Vertragsmuster.

Bundesrepublik Deutschland ist zumindest in Teilen in zahlreiche Musterverträge eingeflossen.[81]

b) Anwendbares Recht

Bei internationalen Leihvorgängen stellt sich zunächst die Frage, welchem Recht sie unterstehen. Die hier grundsätzlich bestehende **freie Rechtswahl** nach Art. 27 Abs. 1 EGBGB wird in der Regel der Leihgeber als der tendenziell stärkere Vertragspartner zu seinen Gunsten entscheiden können. Es ist andererseits grundsätzlich nicht ausgeschlossen, das Leihverhältnis der für den Leihnehmer verbindlichen Rechtsordnung zu unterstellen oder eine Rechtswahl zugunsten einer Rechtsordnung zu treffen, zu der der Vertrag keine Beziehungen aufweist. In der Praxis wird von diesen Möglichkeiten jedoch kaum Gebrauch gemacht. 48

> **Praxistipp:** 49
>
> Ein deutliches Indiz für eine **konkludente Rechtswahl** sind **Gerichtsstandsvereinbarungen**, die sich regelmäßig in Standardverträgen finden, weil unterstellt werden kann, dass die Beteiligten davon ausgehen, mit der Gerichtsstandsvereinbarung zugleich eine Wahl zugunsten des am Gerichtsstand geltenden Rechts getroffen zu haben.[82] Verlangt ein Leihgeber eine **Rückgabezusicherung** nach § 20 KultgSchG, so stellt dies ein starkes Indiz dafür dar, dass er bereit ist, die deutsche Rechtsordnung als maßgeblich zu akzeptieren. Er bezieht sich nämlich auf eine dem deutschen Recht entstammende Garantieerklärung und verlangt dadurch die Anwendung deutschen Rechts. Gleiches gilt, wenn eine **deutsche Staatsgarantie** akzeptiert wird.[83]

Besteht ein Vertragspartner auf der Unterzeichnung des Leihvertrags in seiner **Heimatsprache** und betrachtet er nur diesen als verbindlich, stellt dies doch zumindest ein Indiz für eine Wahl des Rechts seines Heimatstaates dar. 50

Treffen die Vertragsparteien weder ausdrücklich noch konkludent eine Rechtswahl, so unterliegt das Vertragsverhältnis dem Recht des Staates, in dem der Leihgeber seinen gewöhnlichen Aufenthalt oder seine Hauptverwaltung hat, weil er die charakteristische Vertragsleistung zu erbringen hat (Art. 28 Abs. 1 Satz 1, Abs. 2 Satz 1 EGBGB). Die charakteristische Leistung beim Leihvertrag ist die Verpflichtung zur Gebrauchsüberlassung der Sache.[84] 51

c) Wesentlicher Vertragsinhalt

Wesensmerkmal der Leihe ist die **unentgeltliche Überlassung** einer Sache **zum Gebrauch auf Zeit**.[85] Der Leihgeber ist zu dieser Hauptleistung verpflichtet, der Leihnehmer schuldet hierfür **keine Gegenleistung**. Deshalb entspricht der Leihvertrag dem Typus des unvollkommen zweiseitig verpflichtenden Vertrages.[86] Aus diesem Grund sind 52

---

81 Sammlung der Beschlüsse der Ständigen Konferenz der Kultusminister der Länder in der Bundesrepublik Deutschland, Band V, Nr. 2122. Dieser Mustervertrag wurde anlässlich einer Empfehlung der KMK vom 17.1.1989 zu Fragen der Haftung und Versicherung von Leihgaben bei Ausstellungen nochmals bestätigt.
82 Wie hier *Boos* S. 131 m.w.N.; ausführlich hierzu *Kühl* S. 30 ff.
83 Wie hier *Boos* S. 131.
84 *Boos* S. 133; *Kühl* S. 47.
85 Palandt/*Weidenkaff* Einf. v. § 598 Rn. 1; MüKo-BGB/*Kollhosser* § 598 Rn. 1; *Gitter* S. 146.
86 Palandt/*Heinrichs* Einf. v. § 320 Rn. 4; *Boos* S. 126.

auf den Leihvertrag die Regelungen der §§ 320 ff. BGB über gegenseitige Verträge **nicht anwendbar**.[87]

53 Die Leihe unterscheidet sich
- von der **Miete** dadurch, dass der Mieter für die Gebrauchsüberlassung eine Gegenleistung schuldet, nämlich den Mietzins (§ 535 Abs. 2 BGB);
- von der **Verwahrung** dadurch, dass der Leihnehmer die geliehene Sache vertragsgemäß gebrauchen darf, während der Verwahrer lediglich dazu berechtigt ist, die Sache für den Hinterleger aufzubewahren (§ 688 BGB);
- von der **Schenkung** dadurch, dass die geliehene Sache im Eigentum und Vermögen des Leihgebers verbleibt und an diesen zurückzugeben ist, während die Schenkung zu einer dauerhaften und endgültigen Vermögensminderung führt.

d) Formerfordernisse

54 Der Leihvertrag ist nach den §§ 598–606 BGB **formlos** möglich. Auch bei langfristigen Leihverträgen bedarf es einer analogen Anwendung des § 518 Abs. 1 BGB nicht, weil die Interessen des Leihgebers durch die Kündigungsmöglichkeiten der §§ 314, 605 BGB hinreichend geschützt sind.[88] Die vertragliche Vereinbarung der **Schriftform** ist jedoch **dringend anzuraten**.[89]

5. Pflichten des Leihgebers

a) Gebrauchsgestattung zum vertraglich vereinbarten Zweck

55 Der Leihgeber hat dem Leihnehmer den Gebrauch der Sache zu gestatten (§ 598 BGB). Dies ist der Fall, wenn er dem Leihnehmer eine zumutbare **Gebrauchsmöglichkeit** verschafft.[90] Der Leihgeber hat insoweit keine Bringschuld, vielmehr liegt beim Leihnehmer eine **Holschuld** (§ 269 BGB).[91]

56 Anders als den Mieter (vgl. § 535 Abs. 1 Satz 2 BGB) trifft den Leihgeber keine gesetzliche Verpflichtung, die Sache instand zu halten oder gegen Störungen Dritter vorzugehen.[92] Die Nutzung der Leihgabe durch den Leihnehmer **zum vertraglich vereinbarten Zweck** und im vertraglich vereinbarten Umfang hat der Leihgeber zu dulden.

57 **Praxistipp:**

Ob die Wiedergabe der Leihgabe im **Ausstellungskatalog** noch als vertragsgemäßer Gebrauch anzusehen ist, sollte im Vertrag gleichermaßen wie die Vervielfältigung und Verbreitung auf **Werbemitteln** (Flyer, Poster, Plakate, Einladungskarten und dgl.) geregelt werden.

b) Unentgeltlichkeit

58 Wesensmerkmal der Leihe ist, dass die Gebrauchsüberlassung unentgeltlich erfolgt (§ 598 BGB). Die Frage der Unentgeltlichkeit ist nach der **objektiven Sachlage** zu beurteilen, wobei sich beide Parteien zudem **subjektiv einig** sein müssen, dass die Gebrauchsüber-

---

[87] Palandt/*Weidenkaff* Einf. v. § 598 Rn. 1; *Haellmigk* S. 66.
[88] MüKo-BGB/*Kollhosser* § 598 Rn. 6; BGHZ 82, 354.
[89] Wie hier *Schack* Rn. 678.
[90] MüKo-BGB/*Kollhosser* § 598 Rn. 11; Palandt/*Weidenkaff* § 598 Rn. 5.
[91] Palandt/*Weidenkaff* § 598 Rn. 6.
[92] MüKo-BGB/*Kollhosser* § 598 Rn. 13.

lassung unentgeltlich erfolgt.[93] Bereits geringfügige **Gegenleistungen des Leihnehmers** sollen ein Leihverhältnis ausschließen und zur Anwendung der Vorschriften über die Miete führen.[94]

> **Praxistipp:** 59
>
> Der Leihnehmer verpflichtet sich im Leihvertrag regelmäßig, sämtliche mit der Ausleihe anfallenden **Kosten** zu übernehmen. Dies sind insbesondere Kosten für
> - Hin- und Rücktransport,
> - sachgerechtes Transport- und Verpackungsmaterial,
> - erforderlichen Versicherungsschutz,
> - Kurierbegleitung durch einen Mitarbeiter des Leihgebers.

Diese Kosten haben keinen Gegenleistungscharakter, sondern sind zwangsläufig mit der Ausleihe verbunden. 60

Darüber hinaus kennt die Vertragspraxis 61
- **Bearbeitungspauschalen** für den mit der Leihanfrage verbundenen, nicht unerheblichen restauratorischen, konservatorischen und administrativen Aufwand – auch hier fehlt der Gegenleistungscharakter.[95]
- den Wunsch des Leihgebers, ein **Freiexemplar des Ausstellungskataloges** zu erhalten, was zwar als Gegenleistung für sein Einverständnis mit der Reproduktion gesehen werden kann, im Grunde aber einer Anstandspflicht entspricht.
- die Notwendigkeit, **Kosten für die restauratorischen Maßnahmen** zu übernehmen, um dadurch die Voraussetzungen für die Ausleihe eines aus konservatorischen Gründen aktuell nicht ausleihfähigen Objektes zu schaffen. Da in einem solchen Fall anders eine Ausleihe nicht möglich wäre, fehlt auch hier der Gegenleistungscharakter.
- **Leihgebühren**, die nicht mehr als pauschalierte Aufwandsentschädigung deklariert werden können und oftmals mehrere Tausend € bzw. Dollar ausmachen. Solche Zahlungen stellen eine echte Gegenleistung für die Überlassung von Leihgaben dar und führen zur Qualifizierung des Rechtsverhältnisses als Mietverhältnis.

c) Auf Zeit

Leihverträge für Ausstellungsleihgaben sind temporär begrenzt auf die Laufzeit der Ausstellung. Hinzu kommt ein zeitlicher Vor- und Nachlauf zur tatsächlichen Laufzeit der Ausstellung von jeweils etwa 3 Wochen, weil die entsprechenden Transportvorbereitungen und Transporte zu berücksichtigen sind. Bei Verlängerung der Ausstellungsdauer und damit auch der Leihzeit ist mit dem Leihgeber Einvernehmen zu erzielen, welches bei vertraglich vereinbarter Schriftform schriftlich herzustellen ist. 62

Darüber hinaus hat der Leihgeber ein **Recht zur außerordentlichen vorzeitigen Kündigung** des Leihvertrages aus § 605 BGB. Von den dort aufgeführten Gründen wird praxisrelevant, wenn der Leihnehmer einen **vertragswidrigen Gebrauch** von der Sache macht, sie unbefugt einem **Dritten überlässt** oder sie durch sorglosen Umgang in ihrem **Bestand gefährdet** (§ 605 Nr. 2 BGB). 63

---

93 Palandt/*Weidenkaff* § 516 Rn. 8; MüKo-BGB/*Kollhosser* § 598 Rn. 13; *Gitter* S. 146; allein auf die subjektive Betrachtung abstellend *Haellmigk* S. 58.
94 Palandt/*Weidenkaff* § 598 Rn. 4; MüKo-BGB/*Kollhosser* § 598 Rn. 13; *Gitter* S. 146.
95 Wie hier *Boos* S. 127.

6. Pflichten des Leihnehmers

a) Sorgfalts-, Obhuts- und Informationspflichten

64 Der Leihnehmer hat mit der Leihgabe so sorgsam umzugehen, dass er sie nach dem Ende der Leihe unversehrt zurückgeben kann. **Gebrauch** bedeutet **nicht Verbrauch**.[96] Veränderungen oder Verschlechterungen, die durch den vertragsmäßigen Gebrauch herbeigeführt werden, hat er hingegen nicht zu vertreten (§ 602 BGB).

65 **Praxistipp:**

In der Praxis übernimmt der Leihnehmer vertraglich eine ganze Reihe von Sorgfaltspflichten. Die oft zu lesende Verpflichtung des Leihnehmers, die Leihgabe mit der gleichen Sorgfalt wie die eigenen Bestände zu behandeln, lässt eine besondere Sachkunde und Professionalität des Leihnehmers im Umgang mit Kulturgut erwarten und bedeutet bei einem professionellen Leihnehmer gerade nicht, dass er Fahrlässigkeit nicht zu vertreten hätte (§ 277 BGB).[97] In der Regel werden im Leihvertrag die **Sorgfalts-, Obhuts- und Informationspflichten konkretisiert**, wie folgt:

- bestimmte klimatische Voraussetzungen zu garantieren (55 % relative Luftfeuchtigkeit +/- 5 %), deren Einhaltung durch entsprechende Aufzeichnungsgeräte permanent zu dokumentieren und dem Leihgeber auf Verlangen nachzuweisen ist;
- bestimmte Beleuchtungsstärken (gemessen am Objekt) nicht zu überschreiten;
- keinerlei Eingriffe an der Leihgabe ohne vorherige Zustimmung des Leihgebers vorzunehmen;
- Film- und Fernsehaufnahmen nur nach vorheriger Einwilligung des Leihgebers und unter der Voraussetzung zu gestatten, dass dadurch keine signifikante Erwärmung des Kunstwerkes oder der Raumtemperatur eintritt;
- mit dem Transport der Leihgabe ausschließlich ein zuverlässiges, auf Kulturguttransporte spezialisiertes Transportunternehmen zu beauftragen.[98]
- unverzügliche Mitteilung etwaiger Beschädigungen oder Veränderungen im Befund der Leihgabe unter Beifügung eines fotografisch dokumentierten Protokolls;
- Unverzügliche Mitteilung eines Verlustes oder Abhandenkommens der Leihgabe;
- Unverzügliche Mitteilung einer drohenden Beschlagnahme, Pfändung oder sonstiger Besitzbeeinträchtigung von dritter Seite;
- Schutz vor drohender Beschlagnahme, Pfändung oder sonstiger Besitzbeeinträchtigung von dritter Seite;
- Unterlassen eigener Restaurierungsmaßnahmen mit Ausnahme von Notmaßnahmen, die eine Vergrößerung des Schadens verhindern;
- Sofortige Einschaltung der Polizei;
- Verhinderung von Fotografieren mit Blitzlicht und Stativ;
- Gewährleistung von 24h-Bewachung.

b) Rückgabe

66 Der Leihnehmer ist verpflichtet, die Sache an den Leihgeber zurückzugeben, wenn die Leihzeit abgelaufen ist (§ 604 Abs. 1 BGB), der Leihnehmer den vertragsgemäßen Gebrauch gemacht hat (§ 604 Abs. 2 Satz 1 BGB) oder dies trotz ausreichender Zeit

---

[96] *Gitter* S. 147; MüKo-BGB/*Kollhosser* § 598 Rn. 7.
[97] Vgl. hierzu *Deutscher Museumsbund*, Standards für Museen, S. 16 »Bewahren«.
[98] Problematisch erscheint es unter Vergaberechtsgesichtspunkten, wenn der Leihgeber dem Leihnehmer ein bestimmtes Kunsttransportunternehmen verbindlich vorgibt, vgl. dazu ausführlich Schack/Schmidt/*Kirchmaier* S. 33, 38.

D. Die zeitweise Überlassung von Kunst

unterlassen hat (§ 604 Abs. 2 Satz 2 BGB) oder wenn der Leihgeber den Leihvertrag wirksam nach § 605 BGB außerordentlich gekündigt hat.

> **Praxistipp:** 67
>
> Ergibt sich aus dem Vertrag weder eine bestimmte Leihzeit noch ein eindeutiger Vertragszweck, kann der Leihgeber die Leihgabe jederzeit zurückfordern (§ 604 Abs. 3 BGB). Umgekehrt ist der Leihnehmer berechtigt, die Leihgabe auch vorzeitig zurückzugeben (§ 271 Abs. 2 BGB).[99]

Die Verpflichtung zur Rückgabe der Leihgabe bedeutet für den Leihnehmer eine Bringschuld. Er muss die Leihgabe auf eigene Kosten und auf eigenes Risiko dem Leihgeber an dessen Wohnsitz bzw. Verwaltungssitz übermitteln.[100] 68

Hinzuweisen ist in diesem Zusammenhang auf das Institut der »**Rechtsverbindlichen Rückgabezusage**«,[101] welches in § 20 KultgSchG geregelt ist. Ausländische Leihgeber müssen dadurch nicht mehr befürchten, dass die Rückkehr ihrer Leihgaben zu Ausstellungen nach Deutschland aufgrund rechtlicher Maßnahmen von dritter Seite erschwert oder gar unmöglich gemacht wird. Die rechtsverbindliche Rückgabezusage wird insbesondere von Leihgebern aus Russland und den USA in Anspruch genommen.[102] Die Zusage wird auf entsprechenden Antrag des Leihnehmers von der zuständigen obersten Landesbehörde im Einvernehmen mit dem Bundesbeauftragten für Angelegenheiten der Kultur und der Medien (BKM)[103] bzw. bei Ausstellungen, die vom Bund oder einer bundesunmittelbaren juristischen Person getragen werden, allein vom BKM erteilt (§ 20 Abs. 1 KultgSchG). Die rechtsverbindliche Rückgabezusage bezieht sich auf ausländisches Kulturgut, welches vorübergehend zu einer Ausstellung im Bundesgebiet ausgeliehen werden soll (§ 20 Abs. 1 KultgSchG). Ausländisches Kulturgut in diesem Sinne umfasst auch Kulturgut deutscher Herkunft, welches sich im Ausland befindet.[104] 69

> **Praxistipp:** 70
>
> Die Rückgabezusage kann nur für Kulturgut gewährt werden, welches sich vorübergehend zu Ausstellungszwecken in der Bundesrepublik Deutschland befindet und solange das Kulturgut sich noch im Ausland befindet. Eine **rückwirkende Rückgabezusage** für Kulturgut, das bereits nach Deutschland eingeführt wurde, scheidet aus.[105] Die Entscheidung über die Erteilung der Zusage steht im pflichtgemäßen Ermessen. Wird eine rechtsverbindliche Rückgabezusage erteilt, so können Dritte eigene Ansprüche auf Herausgabe nicht gerichtlich geltend machen. Entsprechende Klagen sind ebenso wie Arrestverfügungen, Pfändungen und Beschlagnahmen unzulässig (§ 20 Abs. 3 und 4 KultgSchG).

---

99 Palandt/*Weidenkaff* § 604 Rn. 4; MüKo-BGB/*Kollhosser* § 604 Rn. 6.
100 Palandt/*Weidenkaff* § 604 Rn. 1; MüKo-BGB/*Kollhosser* § 604 Rn. 6; *Haellmigk* S. 116; BGH NJW-RR 2002, 1027.
101 Die Zusage ist ausdrücklich unter Gebrauch dieser Worte zu erteilen, § 20 Abs. 2 Satz 1 KultgSchG. In der Literatur spricht man gern vom »Freien Geleit«. Vgl. *Pieroth/Hartmann* NJW 2000, 2129 ff; *Jayme*, Das Freie Geleit für Kunstwerke; *Schoen* NJW 2001, 537 ff; *Hirsch* NJW 2001, 1627; *Kovács* KUR 2005, 169; *Boos* KUR 2005, 161.
102 Vgl. die Ergebnisse der Umfrage beim Bundesbeauftragten für Angelegenheiten der Kultur und der Medien und den zuständigen Landesministerien bei *Boos* S. 236 f.
103 Er wurde durch Nr. IV.1.a des Organisationserlasses des Bundeskanzlers vom 27.10.1998 (BGBl. I S. 3288 – abgedruckt bei *Odendahl* S. 296) zur zuständigen Zentralstelle des Bundes erklärt.
104 Wie hier *Boos* S. 249 f; *Kühl* S. 18; *Jayme* S. 5 f; A. A. *Schoen* S. 541; dagegen *Hirsch* NJW 2001, 1627.
105 Wie hier *Boos* S. 251.

7. Haftung

a) Leihgeber

71 Der Leihgeber ist wegen der Unentgeltlichkeit der Leihe gegenüber dem Leihnehmer in seiner Haftung **privilegiert**.[106] Nach § 599 BGB hat er im Hinblick auf das Erfüllungsinteresse des Leihnehmers nur **Vorsatz** und **grobe Fahrlässigkeit** zu vertreten. Auf sonstige vorvertragliche oder vertragliche Schutzpflichten erstreckt sich die Haftungsprivilegierung nicht.[107] Insoweit verbleibt es beim allgemeinen Haftungsmaßstab des § 276 BGB. Für Sach- und Rechtsmängel der Leihgabe haftet der Leihgeber nach § 600 BGB nur bei arglistigem Verschweigen.

72 **Praxistipp:**

Ein Rechtsmangel kann vorliegen, wenn der Leihgeber ausnahmsweise (vgl. § 44 Abs. 2 UrhG) das **Ausstellungsrecht** vom Urheber nicht erlangt hat und deshalb das Werk ohne Zustimmung des Urhebers nicht öffentlich ausgestellt werden darf.[108] Dieser Mangel im Recht ist für den Leihnehmer auch nicht gutgläubig zu überwinden.[109]

b) Leihnehmer

73 Der Leihnehmer haftet nach den allgemeinen Grundsätzen der §§ 276, 278 BGB für **Vorsatz** und **Fahrlässigkeit**. Für **Zufall** haftet er nach dem Gesetz nur, wenn er mit der Rückgabe der Leihgabe in Verzug ist (§ 287 Satz 2 BGB). Solange er lediglich vertragsmäßigen Gebrauch macht, hat der Leihnehmer Veränderungen oder Verschlechterungen der Leihgabe solange nicht zu vertreten (§ 602 BGB), als sie nicht auf der schuldhaften Verletzung von Sorgfalts- und Obhutspflichten beruhen.

74 **Praxistipp:**

In den Leihverträgen ist oftmals eine **verschuldensunabhängige Haftung des Leihnehmers** unter Einschluss von Zufallsschäden vorgesehen.[110] Das erscheint bedenklich.[111] Auch wenn die §§ 276, 602 BGB grundsätzlich abdingbar sind,[112] überzeugt es nicht, den Leihnehmer verschuldensunabhängig für Schäden an der Leihgabe haften zu lassen, die für ihn nicht vorhersehbar, nicht beherrschbar und damit auch nicht vermeidbar waren, zumal hierfür in der Regel Versicherungsschutz besteht. Soweit sich solche Haftungsregelungen in allgemeinen Geschäftsbedingungen finden, dürften sie nach § 307 Abs. 2 Nr. 1 BGB unwirksam sein.[113]

---

106 Palandt/*Weidenkaff* § 599 Rn. 1; MüKo-BGB/*Kollhosser* § 599 Rn. 1.
107 Str., wie hier Palandt/*Weidenkaff* § 599 Rn. 2; MüKo-BGB/*Kollhosser* § 599 Rn. 3; Differenzierend *Franz* S. 44 ff.
108 Vgl. dazu Mestmäcker/Schulze/*Kirchmaier* § 44 Rn. 12 ff.
109 Dreier/*Schulze* § 31 Rn. 24.
110 Vgl. das Beispiel bei *Franz* S. 209, 210.
111 Ausführlich dazu *Kirchmaier* KUR 2000, 24 sowie Ebling/Schulze/*Kirchmaier* Teil 4 Rn. 215.
112 MüKo-BGB/*Kollhosser* § 602 Rn. 4.
113 *Kirchmaier* KUR 2000, 30 f; sehr kritisch auch *Franz* S. 54 ff.

II. Dauerleihgaben[114]

1. Begriff

Das Gesetz kennt den Begriff »Dauerleihgabe« nicht. Eine exakte Definition, wann von einer Dauerleihgabe auszugehen ist, gibt es ebenso nicht. Gleichwohl hat sich der Begriff im Bereich des Kulturgüteraustausches etabliert.

> **Praxistipp:**
>
> Folgende Kriterien indizieren eine Dauerleihgabe:
> - die Leihzeit ist auf einen bestimmten oder auch unbestimmten längeren Zeitraum angelegt;
> - der Vertrag kann nur zum Vertragsende, ansonsten nur aus wichtigem Grund gekündigt werden;
> - der Gebrauchszweck ist nicht an ein temporäres Ausstellungsprojekt gebunden, sondern zielt auf eine Integration der Leihgabe in den Sammlungsbestand des Leihnehmers ab.

2. Interessenlage[115]

Gerade in Zeiten knapper öffentlicher Kassen, in denen den öffentlichen Einrichtungen kaum mehr Erwerbungsmittel zur Verfügung stehen, treten überwiegend vermögende Privatsammler mit ihren Kunstsammlungen in Erscheinung. Hier bieten sich für die Museen Möglichkeiten, den eigenen Sammlungsbestand zu erweitern, zu arrondieren oder auch nur signifikante Schwerpunkte zu setzen, indem man von diesen Sammlern ganze Sammlungen oder Teile davon längerfristig erhält. Dass Sammler und öffentliche Einrichtungen hierbei ganz unterschiedliche Interessen verfolgen, braucht nicht betont zu werden. Der Ausgleich dieser verschiedenen Interessenlagen bleibt der vertraglichen Ausgestaltung des Dauerleihverhältnisses vorbehalten.

3. Vertragliche Besonderheiten

a) Leihzeit

Dauerleihgaben können für einen **bestimmten** oder auch **unbestimmten Zeitraum** überlassen werden. Wird eine **bestimmte Leihzeit** vereinbart, ist für die Vertragsgestaltung darauf zu achten, dass sinnvolle Zeiträume vereinbart werden. So gibt eine fünf- oder zehnjährige Vertragslaufzeit beiden Parteien die Möglichkeit, das Miteinander auf einer verlässlichen und planbaren Grundlage zu beobachten und zu gestalten. Erweist sich die gemeinsame Arbeitsgrundlage als belastbar, erscheint eine automatische Verlängerung der Leihzeit um denselben Zeitraum erstrebens- und empfehlenswert.

Wird der Vertrag hingegen **auf unbestimmte Zeit** oder **bis auf Weiteres** abgeschlossen, ist es dringend erforderlich, den **Zweck** der Überlassung hinreichend bestimmt festzulegen. Erfolgt weder eine zeitliche Befristung noch eine Zweckbestimmung kann der Leihgeber die Leihgabe grundsätzlich **jederzeit zurückfordern** (§ 604 Abs. 3 BGB). Eine ordentliche oder außerordentliche Kündigung ist dann nicht erforderlich.[116] Umgekehrt kann der Leihgeber die Leihgabe bei fehlender Vereinbarung einer bestimmten Leihzeit so lange nicht zurückfordern, als der vertraglich vereinbarte Zweck noch nicht erreicht ist bzw. erfüllt

---

[114] Ausführlich dazu Ebling/Schulze/*Kirchmaier* Teil 4 Rn. 216 ff; *M. Loschelder* NJW 2010, 705.
[115] Vgl. dazu die lesenswerte Darstellung bei *Raue*; *Maak*, Die Jahre der wilden Sammelwut, FAZ Nr. 156 vom 8.7.2005 S. 35.
[116] Palandt/*Weidenkaff* § 604 Rn. 6; a.A. MüKo-BGB/*Kollhosser* § 604 Rn. 1.

wird.[117] Ob ein Dauerleihverhältnis, welches länger als 30 Jahre andauert, in **entsprechender Anwendung des § 544 Satz 1 BGB** kündbar ist, wird unterschiedlich beurteilt.[118] Man wird den uneigennützig handelnden Leihgeber jedoch nicht schlechter stellen können als den Vermieter, der immerhin für die Gebrauchsüberlassung den Mietzins erhält, und auch ihm eine entsprechende Kündigungsmöglichkeit zugestehen müssen.[119]

80 Auch bei einer Dauerleihgabe hat der Leihgeber ein **außerordentliches Kündigungsrecht aus § 605 BGB**. Durch das Schuldrechtsmodernisierungsgesetz[120] wurde das bislang in dieser Allgemeingültigkeit ungeschriebene außerordentliche Kündigungsrecht bei Dauerschuldverhältnissen nunmehr zudem in § 314 BGB gesetzlich verankert. § 314 BGB lässt bestehende gesetzliche Ausformungen des Kündigungsrechts aus wichtigem Grund als leges speciales unberührt und tritt ergänzend zu diesen hinzu.[121] Voraussetzung des Kündigungsrechts aus § 314 BGB ist das Vorliegen eines wichtigen Kündigungsgrundes, der gegeben ist, sobald aufgrund bestimmter Tatsachen und unter Abwägung der beiderseitigen Interessen verschuldensunabhängig ein Festhalten an dem Vertrag unzumutbar erscheint.

b) Unentgeltlichkeit

81 Bei der Beurteilung der Frage, ob die dauerhafte Überlassung der Leihgabe unentgeltlich erfolgt, also nicht durch eine Gegenleistung des Leihnehmers erkauft wird, tritt die unterschiedliche Interessenlage nochmals deutlich zutage, die in jedem Einzelfall einer sorgsamen Prüfung bedarf.[122] Die meisten Sammler verknüpfen ihre Bereitschaft zur Überlassung ihrer Sammlung als Dauerleihgabe mit konkreten Vorstellungen, die auf Seiten des Leihnehmers regelmäßig zu nicht unbeträchtlichen Aufwendungen führen. Angefangen bei der restauratorischen Betreuung, der wissenschaftlichen Erschließung, der Publikation und der öffentlichkeitswirksamen Präsentation der Leihgaben, gehen die Erwartungen zum Teil bis hin zur Benennung von Ausstellungsräumen nach dem Sammler oder gar zur Errichtung ganzer Ausstellung- bzw. Museumsgebäude.

c) Vertragsgestaltung

82 Gerade bei Dauerleihgaben kommt der Vertragsgestaltung eine **herausragende Bedeutung** zu, weil es um langfristige Entscheidungen und Festlegungen geht, die einer belastbaren gemeinsamen Geschäftsgrundlage bedürfen. Insbesondere folgende Fragen und Punkte sollten vertraglich eindeutig geklärt werden:
- wer über zeitlich befristete Ausleihen an Dritte entscheidet,[123]
- wer die restauratorische und konservatorische Verantwortung übernimmt,
- ob und unter welchen Voraussetzungen der Leihgeber einzelne Objekte zurückziehen kann, gegebenenfalls um sie zu verkaufen,
- ob und unter welchen Voraussetzungen der Leihgeber bei neu erworbenen Objekten deren Übernahme als Dauerleihgaben verlangen kann,
- was dauerhafte Präsentation konkret zu bedeuten hat,
- inwieweit der Leihgeber bei Veränderungen der Präsentation zu beteiligen ist,

---

117 OLG Celle NJW-RR 1994, 1473.
118 Bejahend Palandt/*Weidenkaff* § 544 Rn. 1; Jauernig/*Mansel* § 605 Rn. 1 und MüKo-BGB/*Kollhosser* § 604 Rn. 2; skeptisch *Schack* Rn. 88. Offen gelassen von BGH NJW 1994, 3156, 3158 und OLG Celle NJW-RR 1994, 1473, 1474; Vgl. auch BGH NJW 1993, 1255, 1258 zur – allerdings gesetzlich klar geregelten – Anwendbarkeit auf Pachtverhältnisse (§ 581 BGB).
119 Ausführlich dazu Ebling/Schulze/*Kirchmaier* Teil 4 Rn. 222.
120 Vom 26.11.2001 (BGBl. I S. 3138).
121 Vgl. die Begründung des Regierungsentwurfs (BT-Drs. 14/6040 S. 177).
122 Näher hierzu Ebling/Schulze/*Kirchmaier* Teil 4 Rn. 226 f.
123 Wobei das Leihvertragsverhältnis in der Zwischenzeit als ruhend zu betrachten ist.

- welche Gründe die Parteien als besonders wichtige gegenseitig anerkennen wollen im Hinblick auf eine vorzeitige Vertragsbeendigung,
- inwieweit sich der Leihgeber an den notwendigen Erhaltungskosten beteiligt, insbesondere im Falle vorzeitiger Vertragsbeendigung,
- inwieweit sich der Leihgeber an den sonstigen Investitionskosten (Personal-, Publikations- und Ausstellungskosten) beteiligt, insbesondere im Falle vorzeitiger Vertragsbeendigung,
- inwieweit der Leihgeber an Einnahmen beteiligt wird bzw. werden kann, die aus der Nutzung der Sammlung gewonnen werden,
- wer gegebenenfalls neben dem verantwortlichen Direktor auf Seiten des Leihnehmers zuständiger Ansprechpartner für den Leihgeber ist.

E. Die Verwertung von Kunst

Die Frage nach wirtschaftlichen Verwertungsmöglichkeiten von Kunst und Kulturgütern führt in erster Linie in das **Urheberrecht**. Dort finden sich abschließende Regelungen über die unterschiedlichen Verwertungsarten (§ 15 UrhG), über die Rechte, die dem Urheber dabei zustehen und seine Beteiligung am wirtschaftlichen Erfolg seiner Werke sicherstellen sollen. Gleichzeitig regelt das Urheberrecht auch die Beschränkungen, die der Urheber aus übergeordneten Interessen vor allem der Allgemeinheit hinnehmen muss. Ausgangspunkt der urheberrechtlichen Regelungen ist der Grundsatz, dass die Verwertung seiner Werke ausschließlich dem Urheber vorbehalten ist. Soweit dem Urheber keine gesetzlichen Schranken auferlegt werden, muss jeder, der seine Werke geschäftlich nutzen möchte, sich von ihm hierzu berechtigen lassen. Die Berechtigung kann dabei inhaltlich, zeitlich und örtlich ausschließlich oder nicht exklusiv ausfallen. 83

Darüber hinaus stellen sich für den Markt der Kunstverwerter mit dem Ende des urheberrechtlichen Schutzes eines Werkes und der damit einhergehenden so genannten **Gemeinfreiheit** die Vermarktungsfragen unter ganz anderen Voraussetzungen. Die Verwertung von Kunst findet nicht mit dem Ablauf des Urheberrechts ein Ende, sondern blüht in vielen Fällen danach erst richtig auf. 84

I. Verwertung in körperlicher Form

§ 15 Abs. 1 UrhG zählt als körperliche Verwertungsrechte auf die Rechte auf Vervielfältigung, Verbreitung und Ausstellung. Damit sind die ältesten und nach wie vor wichtigsten Verwertungsrechte bezeichnet. 85

1. Vervielfältigung und Verbreitung

Das Recht auf **Vervielfältigung** ist bei jeglicher **Reproduktion** eines Werkes betroffen. Dabei kommt es weder auf die Technik noch das verwendete Material an. Egal ob ein anderer Maler eine Kopie anfertigen möchte, ob ein Verlag Abbildungen in einen Katalog oder allgemeinen Kunstbildband aufnehmen möchte, ob ein weiterer Künstler das Werk in eine andere Kunstform umsetzen möchte, ob dabei das ursprüngliche Werk maßstabsgetreu oder vergrößert bzw. verkleinert wiedergegeben werden soll – in all den Fällen handelt es sich um Vervielfältigungen des Ausgangswerkes, zu denen das Einverständnis des Urhebers einzuholen ist. Auch die Aufnahme auf Bildträger (Film, Video, Fotografie) oder die Abspeicherung in digitaler Form auf Festplatte, CD oder DVD stellen Vervielfältigungen dar. Mit der Vervielfältigung ist es in der Regel aber nicht getan. Sie ist vielmehr nur der erste notwendige Schritt, auf den die Verbreitung des vervielfältigten Werkes fast zwangsläufig folgt. Die Vervielfältigung dient quasi der sich anschließenden 86

7. Kapitel   Recht der bildenden Kunst und der Bühne

Verbreitung, indem sie erst das Material hervorbringt, welches verbreitet werden soll. Gleichwohl sind Vervielfältigung und Verbreitung unterschiedliche, klar trennbare wirtschaftliche Verwertungsarten. Allerdings erlischt das Verbreitungsrecht mit dem ersten durch den Urheber autorisierten Inverkehrbringen des Originals oder eines Vervielfältigungsstückes. Das Recht ist damit erschöpft. Der Galerist, der die Vermarktung eines Künstlers übernommen hat, muss sich von diesem das Verbreitungsrecht hinsichtlich seiner Werke einräumen lassen.

2. Ausstellung

87   Auch das Ausstellungsrecht erschöpft sich in seiner erstmaligen Ausübung, da es **nur für unveröffentlichte Werke** gilt. Zudem ist es das einzige Verwertungsrecht, welches der Erwerber eines Kunstwerkes automatisch mit erwirbt, solange es sich der Urheber nicht ausdrücklich vorbehalten hat (§ 44 Abs. 2 UrhG). Das Recht hat keine nennenswerte wirtschaftliche Bedeutung erlangt. Die von Zeit zu Zeit wiederkehrende Forderung nach der Einführung einer **Ausstellungsvergütung** ist bislang vom Gesetzgeber nicht aufgegriffen worden.[124] In Österreich wurde die Ausstellungsvergütung kurz nach ihrer Einführung bereits wieder abgeschafft.[125]

II. Verwertung in unkörperlicher Form

88   Die in § 15 Abs. 2 UrhG umschriebenen Erscheinungsformen der öffentlichen Wiedergabe sind im Kunstbereich nur bedingt relevant. Allerdings darf davon ausgegangen werden, dass im digitalen Zeitalter das **Recht der öffentlichen Zugänglichmachung** (§ 19a UrhG) zunehmend Bedeutung erlangt. Allein die Möglichkeit für Museen und Ausstellungshäuser ebenso wie Kunsthandelsfirmen und Auktionshäuser, auch durch Bildinhalte Informationen nach außen zu tragen und damit Interesse zu wecken, zeigt deutlich, dass sich hierdurch neue Wirkungsmöglichkeiten aufgetan haben, die weltweit zunehmend genutzt werden.

III. Beschränkungen des Künstlers

89   Die dem Künstler durch das Urheberrecht zugewiesene ausschließliche Rechtsbefugnis unterliegt gewissen gesetzlichen Beschränkungen. Diese **Schranken des Urheberrechts** sind als Ausnahmeregelungen grundsätzlich **eng auszulegen**. In der Folge seien die für den Kunstbereich wichtigsten angesprochen.

1. Zitate – § 52 UrhG

90   Ebenso wie das wissenschaftliche Wortzitat gibt es auch das **Bildzitat**. § 51 Satz 2 Nr. 1 UrhG gestattet die Abbildung einzelner veröffentlichter Werke zur Erläuterung des Inhalts in einem selbstständigen wissenschaftlichen Werk. Besonders zu beachten ist hierbei die **Belegfunktion der Abbildung**, d.h. die Abbildung muss – wie beim Wortzitat auch – zum Beleg der eignen textlichen wissenschaftlichen Aussage geeignet und bestimmt sein und darf nicht die eigene Aussage ersetzen. Des Weiteren ist die Zulässigkeit von Bildzitaten auf **einzelne Werke** beschränkt. So lässt sich kein Bestands- oder Werkverzeichnis unter Hinweis auf die Zitatfreiheit dadurch illustrieren, dass zum jeweiligen Bild ein entsprechender Text verfasst wird. Der Anwendungsfall des § 51 UrhG im

---

124   Vgl. *Beyer; Bischoff* Weltkunst 1994, 930; *Hilgers* Museumskunde Bd. 60, 1994, 4; *Kühl* KUR 2004, 76; *Nordemann* KUR 1999, 29; zurückhaltend *Kirchmaier* KUR 2004, 73 und Mestmäcker/Schulze/ *Kirchmaier* § 18 Rn. 15.
125   Dazu *Walter* KUR 2000, 45.

Kunstbereich ist im Wesentlichen der kunstwissenschaftlichen Auseinandersetzung vorbehalten.

2. Werke in Ausstellungen, öffentlichem Verkauf und öffentlich zugänglichen Einrichtungen – § 58 UrhG

Die allgemein als **Katalogbildfreiheit** bezeichnete Schrankenregelung erlaubt in ihrer ursprünglichen Fassung zustimmungs- und vergütungsfrei die Vervielfältigung und Verbreitung von öffentlich ausgestellten sowie dazu oder zur Versteigerung bestimmten Werken der bildenden Künste in Ausstellungs- bzw. Auktionskatalogen. Werbemaßnahmen waren nicht privilegiert. Die Abbildung geschützter Werke in Katalogen hatte der BGH gebilligt, solange sie nicht in erster Linie auf die Vermittlung des Werkgenusses als solchen zielte, sondern dem Ausstellungszweck untergeordnet blieb.[126] Der BGH hatte es als noch zulässig angesehen, ein tatsächlich ausgestelltes bzw. angebotenes und im Ausstellungs- oder Auktionskatalog wiedergegebenes Werk auch auf der Titelseite des Kataloges abzudrucken.[127]

91

Im Rahmen der Umsetzung der Multimedia-Richtlinie durch das Gesetz zur Regelung des Urheberrechts in der Informationsgesellschaft vom 10.9.2003[128] wurde der **Umfang der zulässigen Verwertungshandlungen** nicht unerheblich **erweitert** und auf **Lichtbildwerke** erstreckt. Die bislang umstrittene Frage, ob auch Werke der angewandten Kunst unter § 58 UrhG fallen,[129] wurde im Zuge der gesetzlichen Neuerungen nicht geregelt. Ein sachlicher Grund für eine Ungleichbehandlung ist indes nicht erkennbar, die **Werke der angewandten Kunst** werden in § 2 Abs. 1 Nr. 4 UrhG in den Werken der bildenden Künste eingeschlossen und fallen deshalb ebenso wie **Werke der Baukunst** unter § 58 UrhG.[130]

92

> **Praxistipp:**
> Es wird in der Praxis leicht übersehen, dass die Privilegierung des § 58 UrhG sich nicht auf die **Rechte der Fotografen**, die die **Reproduktionsvorlagen** für die entsprechende Nutzung der Werke geschaffen haben, erstreckt.

93

§ 58 UrhG betrifft **Werke, die öffentlich ausgestellt** oder hierzu bzw. **zum öffentlichen Verkauf bestimmt** sind, auch wenn sie zeitweise oder vorübergehend (z.B. an einer von mehreren Ausstellungsstationen) nicht ausgestellt sind oder vom Leihgeber so kurzfristig zurückgezogen wurden, dass sie aus dem Katalog nicht mehr ohne unzumutbaren Aufwand entfernt werden können.[131] § 58 Abs. 1 UrhG gestattet dem Veranstalter die Vervielfältigung, Verbreitung und öffentliche Zugänglichmachung von Werken zur **Werbung, soweit dies zur Förderung der Veranstaltung erforderlich ist**. Die Einschränkung, dass nur das zulässig ist, was zur Förderung der Veranstaltung erforderlich ist, erscheint wenig klar. Die richtlinienkonforme Auslegung ergibt, dass allein Werbemaßnahmen »unter Ausschluss jeglicher anderer kommerzieller Nutzung«[132] als zulässig

94

---

126 BGHZ 126, 313 – Museumskatalog.
127 BGH GRUR 1993, 822, 824 – Katalogbild.
128 BGBl. I S. 1774.
129 Bejahend *Jakobs* FS Vieregge, S. 381, 387; ablehnend Schricker/*Vogel* 2. Aufl., § 58 Rn. 10; offen gelassen von BGH GRUR 2001, 51 – Parfumflakon.
130 Wie hier *Dreier*/Schulze § 58 Rn. 3; *Jakobs* FS Tilmann, S. 49, 56.
131 *Jakobs* FS Tilmann, S. 57.
132 Artikel 5 Abs. 3 lit. j) der (Multimedia-)Richtlinie 2001/29/EG.

anzusehen sind. Allgemein gehaltene Werbebroschüren ohne konkreten Ausstellungs- oder Veranstaltungsbezug fallen nicht unter § 58 Abs. 1 UrhG.[133]

95 **Praxistipp:**

Zulässig ist der Abdruck eines Werkes als Titelbild auf einem Verkaufs- oder Auktionskatalog, in einem Werbeprospekt für die konkrete Veranstaltung, auf Plakaten – solange sie nicht verkauft werden –, auf Einladungs- und Eintrittskarten, Flyern, Aufklebern für Postsendungen, an den Fassaden angebrachten Bannern und Fahnen sowie vergleichbare Werbung im Internet. Auktions- und Verkaufskataloge haben im Gegensatz zu Ausstellungskatalogen zumindest auch werblichen Charakter haben und dürfen demzufolge öffentlich zugänglich gemacht werden. **Nicht zulässig** sind die Herstellung und der Vertrieb von Postkarten, Postern und anderer Souvenir- und Merchandisingartikel wie Tassen, Schirme, T-Shirts, Schals, Tücher, Kalender, Puzzle, Schmuck, Mouse-Pads und dergleichen.[134]

96 Verwertungshandlungen sind mit einer angemessenen Vorlaufzeit während der Dauer der Veranstaltung **bis längstens Veranstaltungsende zulässig.**[135]

97 § 58 Abs. 2 UrhG privilegiert wie bisher die Vervielfältigung und Verbreitung der Werke in **Verzeichnissen**, wobei nunmehr klargestellt ist, dass hierunter Sonderausstellungs- wie auch Bestandskataloge von Museen fallen. Die öffentliche Zugänglichmachung (§ 19a UrhG) ist hiervon nicht erfasst, weshalb diese Publikationen nicht im Internet zum Abruf zur Verfügung gestellt oder in einem internen Netzwerk an Besucher-Terminals zugänglich gemacht werden dürfen.[136] Letzteres ist nur bei einzelnen Werken zu Werbezwecken nach § 58 Abs. 1 UrhG zulässig, weil dort auch die öffentliche Zugänglichmachung erfasst ist.

3. Panoramafreiheit – § 59 UrhG

98 Nach § 59 Abs. 1 Satz 1 UrhG ist es zulässig, Werke, die sich bleibend an öffentlichen Wegen, Straßen oder Plätzen befinden, mit Mitteln der Malerei oder Graphik, durch Lichtbild oder durch Film zu vervielfältigen, zu verbreiten und öffentlich wiederzugeben. Bei Bauwerken erstrecken sich diese Befugnisse nur auf die äußere Ansicht (§ 59 Abs. 1 Satz 2 UrhG). Voraussetzung der so genannten Straßenbild- oder Panoramafreiheit ist, dass sich die genannten Werke **an öffentlichen Wegen, Straßen oder Plätzen** befinden. Die Vorschrift zielt damit auf die Widmung des Werkes – nicht notwendig auch der Wege, Straßen und Plätze – für die Allgemeinheit. Es kommt hierbei auf die **faktische Zugänglichkeit** für die Allgemeinheit an. Auch **Privatwege** und private Parks können dieses Kriterium erfüllen, wenn sie tatsächlich für jedermann frei zugänglich sind oder die fraglichen Werke vom öffentlichen Grund aus frei einsehbar sind.

99 Nicht »an« öffentlichen Wegen, Straßen oder Plätzen befinden sich Werke, die erst durch **Zuhilfenahme besonderer Mittel** (z.B. Leitern zur Überwindung von Hecken oder Zäunen, Fernglas, Teleobjektiv, Flugzeug oder Hubschrauber) und/oder durch die **Einnahme besonderer Aufnahmepositionen bzw. Perspektiven** (z. Bsp. von Balkonen, Dächern, Kirchtürmen) in der konkreten Form sichtbar gemacht werden können.[137]

---

133 Allg. Meinung, vgl. Wandtke/Bullinger/*Lüft* § 58 Rn. 6.
134 Mestmäcker/Schulze/*Kirchmaier* § 58 Rn. 12 m.w.N.
135 H.M., vgl. *Dreier*/Schulze § 58 Rn. 7; für eine weitergehende Abverkaufsprivilegierung im Rahmen des § 58 Abs. 2 UrhG Kirchmaier KUR 2005, 56, 59 und Mestmäcker/Schulze/*Kirchmaier* § 58 Rn. 19.
136 Wandtke/Bullinger/*Lüft* § 58 Rn. 10.
137 Zu Letztgenanntem BGH GRUR 2003, 1035 – Hundertwasserhaus.

Dementsprechend scheiden Verwertungshandlungen bei Werken aus, die sich im Inneren eines – auch öffentlich zugänglichen – Gebäudes befinden. Innenhöfe, Eingangshallen, Treppenhäuser, Prunk- und Festsäle stellen keine durch § 59 UrhG privilegierten Orte dar. Ebenso wenig kann sich auf § 59 UrhG berufen, wer die in öffentlich zugänglichen Museen dauerhaft ausgestellten Kunstwerke vervielfältigen, verbreiten und öffentlich wiedergeben möchte.

Darüber hinaus müssen sich die Werke **bleibend,** d.h. nicht notwendig ewig, aber dauerhaft, an öffentlichen Wegen, Straßen oder Plätzen befinden. Dies ist primär dann anzunehmen, wenn ein Werk von vornherein für die Dauer seines natürlichen Bestehens bzw. seiner natürlichen Existenz an einem solchen Ort bestimmungsgemäß verbleiben soll, wie dies bei kurzlebigen Kunstwerken (Schnee-, Eis- oder Sandplastiken und Pflastermalereien) der Fall ist. Andererseits kann der Erwerber und damit Sacheigentümer nicht durch die Verbleibsregelung des Urhebers zwingend bis zum Untergang des Werkes in seiner Dispositionsfreiheit eingeschränkt werden. Voraussetzung für die Freistellung nach § 59 UrhG ist lediglich, dass der Urheber ursprünglich eine **dauerhafte Verbleibsregelung zugunsten der Allgemeinheit** getroffen hat. Der Sacheigentümer ist hierdurch in seiner Dispositionsfreiheit nicht beschränkt.   100

In den Fällen, in denen der Urheber sein Werk von vornherein nur für einen kurzen Zeitraum im öffentlichen Raum präsentieren will – dies war der Fall beim künstlerischen Projekt **Verhüllter Reichstag** von Christo und Jeanne-Claude – und es andernorts nicht erneut installiert werden kann, wurde dies unterschiedlich beurteilt. Die Ansicht, das Merkmal »bleibend« sei immer dann gegeben, wenn sich ein Kunstwerk für seine natürliche Lebensdauer an einem öffentlichen Ort befinde[138] hat dabei verkannt, dass Christo und Jeanne-Claude beim Verhüllten Reichstag von Anfang an beabsichtigt haben, das Werk nach zwei Wochen wieder abzubauen, es gerade nicht seinem kurz- oder langfristigen Schicksal zu überlassen, es also kein bleibendes, sondern ein widerrufliches Werk darstellen sollte. Dass es dabei unwiederbringlich zerstört wurde und es somit in der Tat für die gesamte Dauer seiner Existenz der Öffentlichkeit zugänglich und gewidmet war, ist in diesem Fall deshalb unmaßgeblich, weil die Künstler von vornherein das Werk nicht dauerhaft aus ihrem Zugriffsbereich entlassen haben und entlassen wollten.[139]   101

4. Gemeinfreie Werke

Nach Ablauf der urheberrechtlichen Schutzfrist spricht man davon, dass ein Werk **gemeinfrei** geworden ist. Der Sacheigentümer unterliegt damit keinerlei urheberrechtlichen Beschränkungen mehr. Das im konkreten Werkstück verkörperte geistige Werk steht allerdings grundsätzlich **der Allgemeinheit frei zur Verfügung**, und zwar auch zu kommerziellen Zwecken. Hier winkt vor allem bei beliebten Kunstwerken und Motiven das große Geld. Stand der Sacheigentümer zu Urheberrechts-Zeiten dem Urheber und seinem ausschließlichen Nutzungsrecht gegenüber, so steht ihm in Nach-Urheberrechts-Zeiten die gesamte Allgemeinheit gegenüber.[140] Soweit der Sacheigentümer sich bislang vom Urheber bzw. dessen Rechtsnachfolger ausschließliche urheberrechtliche Verwertungsrechte hatte einräumen lassen, sind diese mit Ablauf der urheberrechtlichen Schutzfrist nämlich auch erloschen. Der Sacheigentümer kann sich den Verwertungswünschen der Allgemeinheit nur entziehen, wenn er – wozu ihn § 903 BGB berechtigt – alle anderen von der Nutzung   102

---

138 *Weberling* AfP 1996, 34, 35; *Kleinke* AfP 1996, 397; *Pöppelmann* ZUM 1996, 293, 298f; *Griesbeck* NJW 1997, 1133, 1134.
139 So auch der BGH GRUR 2002, 605 – Verhüllter Reichstag und die überwiegende Meinung in der Literatur: *Müller-Katzenburg* NJW 1996, 2341; *Pfennig* ZUM 1996, 658; *Ernst* AfP 1997, 458; *Ernst* ZUM 1998, 475; *Hess* FS Nordemann I, S. 89.
140 Siehe *Beater* JZ 1998, 1101; *Dreier* FS Dietz S. 235; *Kübler* FS Baur S. 51; *Pfennig* KUR 2007, 1.

der Sache ausschließt. Lässt er allerdings zu, dass ein Vervielfältigungsstück autorisiert in den Rechtsverkehr gelangt, so kann er aus seinem Eigentumsrecht heraus eine entsprechende weitere Nutzung grundsätzlich nicht mehr verhindern.[141] In der weiteren Verwendung der erlaubtermaßen benutzten Reproduktionsvorlage liegt nämlich kein Substanzeingriff, vor dem das Eigentumsrecht schützen würde.

103 Zu beachten ist hierbei jedoch, dass bei fotografischen Reproduktionsvorlagen ein wiederum urheberrechtlich geschütztes Recht des Fotografen besteht.[142] Soweit der Sacheigentümer selbst der Fotograf ist oder sich von diesem die ausschließlichen Rechte einräumen lässt, kann er auf dieser Grundlage die Nutzung durch Dritte in eingeschränktem Maß steuern bzw. verhindern.

104 Macht der Eigentümer seine Kunstwerke öffentlich zugänglich, so kann er sich nur auf der Grundlage seines Hausrechts dagegen zur Wehr setzen, dass Dritte hiervon selbst Fotografien anfertigen, die als Vorlage für weitere Verwendungszwecke dienen können. Die Wirksamkeit solcher Maßnahmen (Fotografierverbot bzw. Erlaubnispflicht für Fotografieren) hängt dabei – wie immer – von der Konsequenz ihrer Durchsetzung ab. Inwieweit öffentliche Sammlungen und Museen, zu deren Auftrag auch die Zugänglichmachung der Kunst für die Allgemeinheit zählt, hier restriktiv vorgehen können, ist nicht unumstritten.[143]

F. Der Verlust von Kunst

105 Der nachfolgende Abschnitt beschäftigt sich mit dem Verlust von Kunst bzw. Kulturgütern. Hierbei soll in den ersten beiden Teilen der Frage nach dem rechtlichen Verlust, d.h. dem Verlust des Eigentums an Kunst und Kulturgütern gefragt werden, wobei zwischen rechtsgeschäftlich und gesetzlich bedingten Verlustgründen unterschieden wird. Der dritte Teil schließlich befasst sich mit der Frage nach dem tatsächlichen Verlust von Kunst- und Kulturgütern, der bedingt ist durch deren tatsächlichen Untergang oder entsprechend intensive und weit reichende Eingriffe in die Sachsubstanz.

I. Rechtsgeschäftlicher Verlust

1. Gutgläubiger Erwerb

106 Auch vom Nichtberechtigten kann man rechtsgeschäftlich Eigentum erwerben. Voraussetzung ist allerdings, dass der Erwerber **in gutem Glauben** auf die **Verfügungsberechtigung des Veräußerers vertraut und** hierauf auch berechtigtermaßen **vertrauen darf** (§ 932 Abs. 1 Satz 1 BGB). Der ursprüngliche Eigentümer ist auf schuldrechtliche Ansprüche gegen den unberechtigten Veräußerer verwiesen. Derartige Regelungen finden sich in zahlreichen Rechtsordnungen (Österreich: § 367 ABGB; Schweiz: Art. 934 ZGB; Frankreich: Art. 2279 Code civil; Italien: Art. 1153 Codice civile; Niederlande: Art. 3:86 BW).

107 Neben der Voraussetzung der Gutgläubigkeit gibt es im deutschen Recht eine weitere, nicht unwesentliche Einschränkung. An **gestohlenen** oder **abhanden gekommenen Sachen** ist grundsätzlich[144] **kein gutgläubiger rechtsgeschäftlicher Erwerb** möglich (§ 935 Abs. 1 BGB). Dies sieht beispielsweise das italienische Zivilrecht ganz anders, indem es auch an gestohlenen Sachen gutgläubigen Eigentumserwerb durch Rechtsgeschäft zulässt (Art. 1153 Abs. 1 Codice civile). Andere Rechtsordnungen schieben den

---

141 BGHZ 44, 288 – Apfel-Madonna und *Schack* Rn. 203.
142 *Klophaus* KUR 2007, 95.
143 *Schlingloff* AfP 1992, 112; *Gerauer* GRUR 1988, 672; kritisch *Bullinger* FS Raue S. 379.
144 Zur Ausnahme des Erwerbs im Rahmen einer öffentlichen Versteigerung siehe unten Rdn. 113.

F. Der Verlust von Kunst

gutgläubigen Erwerb an gestohlenen Sachen hinaus und räumen dem berechtigten Eigentümer immerhin noch eine bestimmte Zeit ein, um die Herausgabe verlangen zu können (Schweiz: fünf Jahre nach Art. 714 Abs. 2, 934 Abs. 1 ZGB; Österreich, Frankreich und Niederlande: drei Jahre nach § 1466 ABGB, Art. 2279 Code civil und Art. 3:86 Abs. 3 BW).[145] Mitunter wird dies zum Schutz des gutgläubigen Erwerbers mit einem so genannten Lösungsrecht verbunden.[146] Im angloamerikanischen Rechtskreis ist rechtsgeschäftlicher gutgläubiger Erwerb hingegen ganz ausgeschlossen. Hier ist allerdings der Rechtsgedanke der Verwirkung zu beachten.[147]

Gutgläubig ist der Erwerber, wenn er davon ausgeht, dass der Veräußerer berechtigt ist, ihm das Eigentum zu verschaffen. Grundsätzlich sind Erwerber in ihrem guten Glauben geschützt. Zu ihren Gunsten streitet auch die gesetzliche Eigentumsvermutung des § 1006 BGB zugunsten des letzten Besitzers. Wer vom Inhaber der tatsächlichen Sachherrschaft erwirbt, darf zunächst davon ausgehen, dass dieser verfügungsberechtigt ist. Allein mit dieser subjektiven Betrachtungsweise ließe sich allerdings wohl kaum jemals guter Glaube in Frage stellen. Deshalb bestimmt das Gesetz in § 932 Abs. 2 BGB, dass derjenige, dem bekannt oder infolge grober Fahrlässigkeit unbekannt ist, dass die Sache nicht dem Veräußerer gehört, nicht in gutem Glauben, sondern vielmehr **bösgläubig** handelt. Grobe Fahrlässigkeit ist dann anzunehmen, wenn die im Verkehr erforderliche Sorgfalt in besonders schwerwiegender Weise verletzt wird (§ 276 Abs. 2 BGB). Es kommt also darauf an, ob der Erwerber von der Nichtberechtigung des Veräußerers wusste (positive Kenntnis) oder davon wissen musste (Kennenmüssen). Beweispflichtig hierfür ist, wer sich auf diese Umstände berufen will. Interessant ist hierbei vornehmlich die Frage, was der Erwerber wissen konnte und musste. Welche Sorgfaltsanforderungen an den Erwerber von Kunst- und Kulturgütern zu stellen sind, hängt von den Umständen des Einzelfalles ab. Allgemein wird man verlangen müssen, dass ein Erwerber die am nächsten liegenden Überlegungen anstellt und beispielsweise einen unglaublich günstigen Kaufpreis nicht lediglich als Schnäppchen betrachtet, sondern auch als Anhaltspunkt dafür in Betracht zieht, dass die Eigentumslage womöglich ungeklärt ist. Wer Augen und Ohren verschließt, um so unangenehme Wahrheiten nicht an sich heranzulassen, kann sich nicht auf guten Glauben berufen.

108

Insgesamt wird man bei der Frage der Gut- oder Bösgläubigkeit des Erwerbers zu differenzierten Einschätzungen gelangen müssen. Insbesondere sollte genau betrachtet werden, **wer von wem was unter welchen Umständen zu welchem Preis** erwirbt. Je professioneller die Beteiligten am Kunstmarkt teilnehmen, desto höher werden die Sorgfaltsanforderungen zu formulieren sein. Zu beachten ist, dass es hier für die Frage des gutgläubigen Eigentumserwerbs in erster Linie auf die Person des Erwerbers ankommt. Dass auch den Veräußerer Aufklärungs- und Hinweispflichten treffen können, steht außer Zweifel, ist aber bei deren Verletzung eher eine im Zusammenhang mit der Rückabwicklung solcher Geschäfte zu beachtende Frage. Immerhin hat beispielsweise der österreichische OGH eine Aufklärungspflicht des Kunsthändlers bei nachträglichen Zweifeln an der Echtheit des Kunstgegenstandes jüngst verneint.[148] Tauchen auf dem Kunstmarkt Werke mit unklarer oder ungesicherter Provenienz auf, so ist zu verlangen, dass der Erwerber nachweislich sich um die Klärung der Provenienz bemüht. Bei Kunstwerken etwa, die sich nach den öffentlich zugänglichen Informationen in Werkverzeichnissen oder Katalogen in privaten oder öffentlichen Sammlungen befinden (sollten), ist es geboten zu hinterfragen, warum sie veräußert werden, es sei denn der Veräußerer persön-

109

---

145 Details bei *Schack* Rn. 508.
146 Siehe unten Rdn. 114.
147 Ebling/Schulze/*Siehr* Teil 2 Rn. 12.
148 ÖOGH KUR 2010, 70.

lich ist der Privatsammler oder der Direktor der öffentlichen Sammlung bzw. des Museums. Insbesondere ist in solchen Fällen an geeigneten Stellen nachzufragen, ob das Werk autorisiert im Kunsthandel angeboten wird oder als gestohlen oder sonst wie verlustig gemeldet ist.

> **110** **Praxistipp:**
>
> Die nächstliegende Adresse für eine derartige Anfrage ist der bekannte **Vorbesitzer**. Lässt sich seine Adresse nicht ermitteln oder ist er verstorben und seine Erben sind nicht ausfindig zu machen, ist eine Anfrage beim **Art Loss Register** zielführend. Das ALR ist eine von der Versicherungswirtschaft, dem Kunsthandel und den Auktionshäusern getragene Einrichtung, die als gestohlen gemeldete Kunstwerke registriert.[149] Ein zweites öffentliches Register ist **Lost Art**, eine Datenbank, die von der Koordinierungsstelle Kulturverlust in Magdeburg vornehmlich für die Erfassung von Kulturgutverlusten während und nach dem Zweiten Weltkrieg eingerichtet wurde.[150] Besonders interessant an dieser Datenbank ist, dass sie nicht nur Verlust-, sondern auch Fundmeldungen enthält.[151] Darüber hinaus veröffentlichen die Polizeien von Bund und Ländern im Internet **Fahndungshinweise** zu gestohlenen Kulturgütern. Auch die direkte Nachfrage bei der Polizei kann in begründeten Verdachtsfällen geboten sein. Die Polizei verfügt über ein europaweit vernetztes Informationssystem und kann sehr schnell als gestohlen angezeigte Kulturgüter identifizieren.

111 Insbesondere vom professionellen Kunsthandel wird man auch erwarten können, dass er **veröffentlichte Verlustmeldungen von Museen und Sammlungen** kennt und beachtet. Das führt zur Verpflichtung, bei den betreffenden Häusern direkt nachzufragen und Zweifel an der Identität eines Kunstwerkes zu klären.

> **112** **Praxistipp:**
>
> Es kommt immer wieder vor, dass Kunstwerke unter explizitem Hinweis auf ihre vormalige Zugehörigkeit zu einer öffentlichen Sammlung angeboten werden. Bisweilen werden in diesem Zusammenhang sogar entsprechende Anmerkungen oder Inventarnummern oder -marken auf den Rückseiten der Werke im Auktionskatalog oder auf der Internetseite publiziert. Dieses Vorgehen mag man als dumm oder dreist oder vielleicht auch beides ansehen. Es begründet jedenfalls den dringenden Verdacht, dass es sich um gestohlene oder abhanden gekommene Kulturgüter handelt, schließt Gutgläubigkeit aus und zwingt zur Nachfrage.

2. Öffentliche Versteigerung

113 Die Ausnahme des gutgläubigen Eigentumserwerbs an gestohlenen Sachen erhält wiederum eine Gegenausnahme in § 935 Abs. 2 i.V.m. § 383 Abs. 3 BGB beim Eigentumserwerb an gestohlenen Sachen im Wege einer öffentlichen Versteigerung. Sie betrifft allerdings nur Versteigerungen durch Gerichtsvollzieher (nicht bei gepfändeten Sachen im Rahmen der Zwangsvollstreckung), Notare und gemäß § 34b Abs. 5 GewO öffentlich bestellte Versteigerer. Der Gesetzgeber macht hier eine Ausnahme wegen der besonderen Fachkunde bzw. der Vertrauenswürdigkeit der handelnden Personen kraft Amtes.[152]

---

149 Näheres hierzu unter www.artloss.com.
150 Näheres unter www.lostart.de.
151 Zu den Möglichkeiten näher *Hartmann*.
152 Zu Recht kritisch hierzu *Bischof* KUR 2007, 62; dagegen *Peege* KUR 2007, 211.

Andere Rechtsordnungen, die auch an gestohlenen Sachen gutgläubigen Eigentumserwerb nach einiger Zeit grundsätzlich anerkennen,[153] gewähren dem Erwerber ein so genanntes **Lösungsrecht** gegenüber dem die Herausgabe verlangenden ursprünglichen Eigentümer. Der Erwerber muss dem Herausgabeanspruch nur gegen Erstattung des von ihm entrichteten Kaufpreises entsprechen, so etwa in der Schweiz (Art. 934 Abs. 2 ZGB), Frankreich (Art. 2280 Code civile), Spanien (Art. 464 Abs. 2 Codice civile) und Japan (Art. 194 BGB). 114

II. Gesetzlicher Verlust

1. Ersitzung

Die Ersitzung stellt einen gesetzlichen Tatbestand des Eigentumsüberganges dar. Beim Erwerber führt er zum Eigentumserwerb, beim ursprünglich Berechtigten zum Eigentumsverlust. War der Erwerber zum Zeitpunkt der Inbesitznahme gutgläubig im Hinblick auf seine dadurch erlangte eigene Eigentümerstellung und ist er dies anschließend über einen Zeitraum von zehn Jahren geblieben, so erwirbt er nach Ablauf von zehn Jahren kraft Gesetzes Eigentum. Hinsichtlich seines guten Glaubens schadet dem Erwerber bei Inbesitznahme grob fahrlässige Unkenntnis, im weiteren Verlauf des Ersitzungszeitraumes nur positive Kenntnis von der wahren Eigentumslage. Was dem Erwerber trotz guten Glaubens rechtsgeschäftlich wegen § 935 Abs. 1 Satz 2 BGB versagt bleibt, wird durch die Ersitzung ermöglicht. 115

2. Verwirkung

Insbesondere in den USA, deren Rechtsordnung den gutgläubigen Eigentumserwerb nicht kennt, greift an dessen Stelle das Rechtsinstitut der Verwirkung (so genannte laches).[154] Bei der Verwirkung verliert der Eigentümer seinen Eigentumsherausgabeanspruch dadurch, dass er sich nicht mehr aktiv um die Auffindung und Rückgabe seines Eigentums bemüht. Die Nachweispflicht hierfür obliegt ihm.[155] 116

3. Verjährung[156]

Nach 30 Jahren verjährt der Herausgabeanspruch des Eigentümers (§ 197 Abs. 1 Nr. 1 BGB). Der Besitzer hat damit ein Gegenrecht erworben, welches der Durchsetzung des Eigentümeranspruches wirksam entgegengesetzt werden kann. Erhebt er die Einrede der Verjährung, so lässt sich der Herausgabeanspruch des Eigentümers gerichtlich nicht mehr durchsetzen. Das Gericht ist an die Einrede gebunden. Der ursprüngliche Eigentümer verliert damit zwar nicht rechtlich sein Eigentum, faktisch hingegen ist und bleibt er von seiner Sache ausgeschlossen. Dies gilt auch gegenüber dem bösgläubigen Besitzer. Ein Dieb kann somit zwar niemandem rechtsgeschäftlich Eigentum verschaffen, erwirbt dieses auch nicht selbst durch Ersitzung, kann aber dennoch nach Ablauf der Verjährungsfrist die Herausgabe an den nach wie vor als Eigentümer berechtigten Bestohlenen verweigern.[157] Eigentum und Besitz fallen dadurch auseinander und können erst im Wege der Ersitzung in einer Person wieder zusammenkommen. Gutgläubig kann vom Dieb 117

---

153 Siehe oben Rdn. 107.
154 Siehe zur hierzu und zur Frage der Bedeutung dauerhafter Restitutionsbemühungen deutscher Museen für Rückforderungsklagen in den USA Surrogate‚s Court of the State of New York, County of Nassau KUR 2010, 66.
155 Ebling/Schulze/*Siehr* Teil 2 Rn. 14.
156 Vgl. hierzu den äußerst interessanten Fall City of Gotha and Federal Republic of Germany v. Sotheby's and Cobert Finance S.A. bei *Carl/Güttler/Siehr*.
157 Zu Recht kritisch hierzu Ebling/Schulze/*Siehr* Teil 2 Rn. 15.

nämlich auch kein Dritter rechtsgeschäftlich Eigentum erwerben. Da das Zivilrecht den Dieb auch in seinem Besitz gegenüber dem Eigentümer schützt, kann sich der Eigentümer auch nicht einfach durch Wegnahme seinerseits wieder in den Besitz der ihm gehörenden Sache bringen, ohne dadurch verbotene Eigenmacht auszuüben. Es bleibt zu hoffen, dass Gerichte hier über das Rechtsinstitut der unzulässigen Rechtsausübung zu Korrekturen und vernünftigen Lösungen kommen.[158]

118 Andere Rechtsordnungen gehen hier andere Wege, indem sie entweder die Verjährung von Eigentumsherausgabeansprüchen generell ablehnen (Österreich in §§ 1459 Abs. 1, 1481 ABGB und Schweiz in Art. 127 ZGB) oder es dem Dieb zumindest verwehren, sich auf Verjährung zu berufen (Schotland und England).[159]

III. Untergang

1. Sacheigentum

119 Bislang war die Rede vom Verlust des Eigentums an Kunstwerken. Hierbei geht es um einen Rechtsverlust, der auf der anderen Seite einen Rechtsgewinn nach sich zieht. Möglich ist dies, solange das Kunstwerk als solches erhalten bleibt. Der Diebstahl eines Kunstwerkes kann zwar der erste Schritt in einer langen Reihe von Umständen sein, die womöglich irgendwann zum Eigentumsverlust durch Ersitzung führen. Das Werk als solches ist durch den Diebstahl jedenfalls nicht berührt. Aus diesem Grund sollten Museen auch gestohlene oder abhanden gekommene Bestände zwar öffentlich machen, um guten Glauben bereits im Ansatz zu zerstören, sie sollten jedoch keinesfalls diese Bestände aus ihren Bestands- und Inventarverzeichnissen löschen und damit die Aufgabe des Eigentums dokumentieren.

120 Geht ein Kunstwerk jedoch in seiner Sachsubstanz unter, so bedeutet dies den Verlust der Kunst an sich. Eindeutig liegen die Fälle, in denen ein Kunstwerk aufgrund schädigender Ereignisse unwiederbringlich verloren gegangen ist, z.B. durch ein Feuer. Hier ist von der Sachsubstanz nichts mehr übrig geblieben, was das ehemalige Kunstwerk verkörpern würde bzw. könnte. Liegt hier schuldhaftes Handeln vor, so kann der Eigentümer Schadenersatz aus unerlaubter Handlung (§§ 823 ff. BGB) verlangen. Entsprechende vertragliche Ansprüche können sich ergeben, wenn schuldhafte Vertragspflichtverletzungen zum Untergang des Kunstwerkes geführt haben.

121 Schwierig zu beurteilen kann die Frage sein, ab wann vom Untergang eines Kunstwerkes ausgegangen werden muss. Wenn etwa durch ein Säureattentat die Substanz eines Gemäldes so stark beeinträchtigt wird, dass es zu mehr als der Hälfte zerstört ist, so bleibt es zwar zunächst in diesem jämmerlichen Zustand erhalten. Bei wirtschaftlicher Betrachtungsweise wird es sich in einem solchen Fall allerdings um einen Totalschaden handeln. Museen denken hier indes nicht in wirtschaftlichen Zusammenhängen, sondern sehen ihre eigentliche Aufgabe in der Bewahrung und Erhaltung von Kulturgütern. Sie werden deshalb alles daran setzen, ein derart beeinträchtigtes Kunstwerk zu restaurieren und zu erhalten. Dies führt zu der weiteren interessanten Frage, ab welchem restauratorischen Aufwand davon auszugehen ist, dass das Werk durch die Restaurierung seine Originalität einbüßt. Hierauf lässt sich wohl kaum eine allgemein verbindliche Antwort finden. Hier müssen das Schadensbild im Einzelfall ebenso wie der künstlerische Gehalt der Arbeit und die mit dem Werk verbundene künstlerische Zielsetzung einer Gesamtwürdigung unterzogen werden.

---

158 Ebling/Schulze/*Siehr* Teil 2 Rn. 15 sieht hier das Verbot widersprüchlichen Verhaltens als mögliches Korrektiv.
159 Nachweise bei Ebling/Schulze/*Siehr* Teil 2 Rn. 15.

2. Urheberrecht

Eine weitere Frage leitet über zur urheberrechtlichen Dimension des Problems. Darf der Sacheigentümer das ihm gehörende Kunstwerk zerstören. § 903 BGB gibt ihm die Befugnis, mit seiner Sache zu verfahren, wie es ihm beliebt, sie im Zweifel auch zu zerstören. Weder aus dem allgemeinen Zivilrecht noch aus dem Urheberrecht ergibt sich ein Grundsatz, der den Eigentümer eines Kunstwerkes zu dessen Erhaltung verpflichten würde bzw. könnte. Allein aus öffentlichrechtlichen Vorschriften wie den Denkmalschutzvorschriften ergeben sich womöglich Erhaltungspflichten.

122

§ 14 UrhG schützt den Urheber in seinem berechtigten persönlichen Interesse, dass sein **Werk nicht entstellt oder beeinträchtigt** wird. Deshalb kann er sich gegen eine teilweise Zerstörung seines Werkes erfolgreich zur Wehr setzen. Immerhin verbleibt der Rest des Werkes in einem solchen Fall noch erhalten und wird mit ihm als Werkschöpfer in Verbindung gebracht. Deshalb kann er eine teilweise Beeinträchtigung seines Werkes verbieten oder – für den Fall, dass sein Verbot zu spät kommt und die Beeinträchtigung tatsächlich bereits erfolgt ist – verlangen, dass sein Name mit dem Werk nicht mehr in Verbindung gebracht wird. Die völlige Zerstörung eines Werkes stellt den höchsten Grad an Beeinträchtigung dar, der einem Kunstwerk widerfahren kann. Die Frage, ob der Urheber den Sacheigentümer daran hindern kann, das Kunstwerk völlig zu zerstören, ist höchst umstritten und wird demzufolge unterschiedlich beantwortet. Die Lösungsansätze, die hier zugunsten des Urhebers regulierend eingreifen wollen und zumindest bei bedeutenden Werken eine vorherige Zugangsmöglichkeit im Sinne von § 25 UrhG für den Urheber fordern oder erwarten, dass das Werk dem Urheber zum Materialwert angeboten werden solle, begegnen schwierigen (Be-)Wertungsfragen.[160]

123

G. Die Versicherung von Kunst

Die Versicherung von Kunst und anderen Kulturobjekten dient einer **finanziellen Absicherung des Eigentümers** für den Fall einer Beschädigung oder des Verlustes. Die Absicherung ideeller Interessen lässt sich durch eine Versicherung nicht erreichen. Je weniger ein Kunstobjekt ersetzt werden kann – sei es, weil es sich um ein Unikat handelt, vergleichbare Kunstobjekte auf dem freien Markt nicht mehr gehandelt werden oder der Eigentümer gerade zu diesem Objekt eine besondere ideelle Verbundenheit verspürt –, desto fragwürdiger ist für ihn die Zahlung einer Versicherungsleistung als Kompensation für den erlittenen Verlust. Auch wenn Geld keinen Naturalersatz darstellen kann, wird durch die Versicherungsleistung bei ausreichender Versicherung wenigstens das wirtschaftliche Vermögen des Eigentümers in seinem Bestand erhalten und er damit in die Lage versetzt, über eine Ersatzbeschaffung zu entscheiden oder über sein Vermögen anderweitig zu disponieren.

124

> **Praxistipp:**
>
> In der Praxis findet sich immer wieder das Missverständnis, dass Versicherung gleich bedeutend sei mit Haftung. So steht in Leihverträgen bisweilen, dass der Leihgeber auf die Versicherung seiner Leihgabe verzichte. Dies bedeutet hingegen – entgegen der darin zum Ausdruck kommenden Erwartungshaltung – nicht, dass der Leihnehmer auch nicht für eventuelle Schäden oder den Verlust der Leihgabe einzustehen hätte. Die Haftung des Leihnehmers bestimmt sich nach den Regelungen, die die Parteien im Leihvertrag getroffen haben, ergänzend nach den gesetzlichen Bestimmun-

125

---

160 *Schack* Rn. 179 ff. einerseits und Ebling/Schulze/W. Nordemann Teil 2 Rn. 117 andererseits. Zum Ganzen *Dreier* FS Dietz, S. 235; *Sattler* KUR 2007, 6.

> gen. Ist der Leihgeber damit einverstanden, dass die Leihgabe nicht versichert wird, so bedeutet dies ein Entgegenkommen gegenüber dem Leihnehmer insoweit, als auf dessen wirtschaftliche Leistungskraft vertraut wird, er deshalb keine Versicherung abzuschließen braucht und demzufolge auch nicht mit der Zahlung von Versicherungsprämien belastet wird. Bei staatlichen Institutionen als Leihnehmer kommt dies einer Staatsgarantie gleich, der aber womöglich sogar die haushaltsrechtliche Grundlage fehlen kann.

126 Bemerkenswert ist, dass die **öffentliche Hand** in ihrem Eigentum stehende Kulturgüter in der Regel nicht versichert. Hier greift der haushaltsrechtliche **Grundsatz der Selbst- oder auch Eigenversicherung**. Tatsächlich bedeutet dies, dass für Schäden oder Verluste keine finanzielle Absicherung von dritter Seite besteht. Schäden müssen somit entweder durch eigenes Fachpersonal wie Restauratoren an öffentlichen Museen oder durch den Einsatz von Haushaltsmitteln behoben oder auch so belassen werden. Zerstörte bzw. untergegangene Objekte werden aus den Bestandsverzeichnissen ausgetragen. Verlustig gegangene oder sonst abhanden gekommene Objekte werden weiterhin als Bestand verzeichnet, der unfreiwillige Verlust ist allerdings zur Anzeige zu bringen. Unabhängig vom Grundsatz der Selbstversicherung müssen öffentliche Träger allerdings dann eine Risikoabsicherung anbieten, wenn sie Kunstobjekte entleihen wollen. Dies kann über eine **kommerzielle Versicherungslösung** oder über eine so genannte **Staatsgarantie** geschehen.

I. Kommerzielle Versicherung

1. Kunst in privaten Haushalten

127 Kunst in privaten Haushalten lässt sich grundsätzlich durch eine **Hausratversicherung** gegen die typischen Gefahren der Beschädigung, Zerstörung und Wegnahme absichern.[161] Nicht versichert sind hierbei vorsätzlich selbst herbeigeführte Schäden sowie Schäden, die durch Krieg, kriegsähnliche Ereignisse, Bürgerkrieg, Revolution, innere Unruhen entstehen oder auf Kernenergie, nukleare Strahlung bzw. radioaktive Substanzen zurückzuführen sind.[162] Mitkausalität der Ausschlussgründe ist für den Risikoausschluss ausreichend.[163] Zu beachten ist allerdings, dass durch § 13 VHB 2008 eine Entschädigung für Kunstgegenstände einer Entschädigungsgrenze – in der Regel 10 % der Versicherungssumme – unterliegt, was insbesondere bei wertvollen oder mehreren Kunstgegenständen oftmals nicht ausreichend sein wird. Erhebliche Gefahrerhöhungen sind dem Versicherer vorab anzuzeigen, dessen Zustimmung zum Erhalt des Versicherungsschutzes erforderlich ist. Ohne diese Anzeige wird der Versicherer im Schadensfall entweder leistungsfrei bei vorsätzlicher Pflichtverletzung durch den Versicherungsnehmer oder ist zu entsprechender Leistungskürzung berechtigt bei grob fahrlässiger Pflichtverletzung.[164] Dem Einwand der Unterversicherung lässt sich in gewissem Rahmen durch eine entsprechende Vereinbarung mit dem Versicherer begegnen.[165] Allerdings muss man hier berücksichtigen, dass sich ein Unterversicherungsverzicht nur bei Teilschäden auswirken kann, die unterhalb der Versicherungssumme bleiben.[166] Sobald die in der Hausratversicherung für Kunstgegenstände vorgesehene Beschränkung der Entschädigungsleistung keinen ausrei-

---

161 Vgl. die in A § 1 Nr. 1 der Allgemeinen Hausrat-Versicherungsbedingungen (VHB 2008) aufgeführten Gefahren und Schäden.
162 A § 1 Nr. 2 VHB 2008.
163 Prölss/Martin/*Knappmann* A § 1 VHB 2008 Rn. 8.
164 B § 9 VHB 2008.
165 Siehe auch A § 9 Nr. 3 VHB 2008.
166 Prölss/Martin/*Knappmann* § 13 VHB 2000 Rn. 7.

G. Die Versicherung von Kunst

chenden Versicherungsschutz mehr gewährleisten kann, sollte man auf die speziellen Versicherungsangebote der Kunstversicherung zurückgreifen.

2. Kommerzielle Kunstversicherung[167]

Die Kunstversicherung hat sich aus der Hausrat- und der Transportversicherung entwickelt und stellt mittlerweile eine eigenständige Versicherungsform mit entsprechenden Versicherungsprodukten dar.[168] Als solche ist sie nicht nur für Privatsammler, sondern vor allem auch für Institutionen, die Kunst sammeln oder ent- bzw. verleihen und denen hierfür keine institutionelle Risikoabsicherung zur Verfügung steht, von herausragender Bedeutung. 128

a) Vertragliche Ausgestaltung

Soweit Privatsammler oder öffentliche Einrichtungen ihre eigenen Bestände versichern oder als Leihgeber und Leihnehmer am Austausch von Kulturgütern teilnehmen, erfolgt die Risikoabsicherung in der Regel über einen **Generalvertrag** bzw. eine **Generalpolice** mit einem bestimmten Versicherungsunternehmen. Bei entsprechend großem Versicherungsvolumen beteiligen sich an einem solchen Generalvertrag oftmals mehrere Versicherer und übernehmen anteilig die Risiken. Diese Versicherungsverhältnisse kommen in der Praxis häufig durch die Vermittlung von spezialisierten (Kunst-)Versicherungsmaklern zustande.[169] Diese übernehmen für ihre Kunden die notwendigen Zertifizierungen und Prämienabrechnungen, stehen für Fragen im Zusammenhang mit dem Versicherungsverhältnis unmittelbar zur Verfügung und kümmern sich auch um die Abwicklung von Schadensfällen. Das Versicherungsverhältnis besteht jedoch ausschließlich mit den Versicherungsunternehmen, die letztlich alleiniger Risikoträger sind. 129

Durch den Generalvertrag werden die **Versicherungsbedingungen festgelegt**, die für den Fall der Versicherungsnahme, d.h. der Übernahme des Risikos im Einzelfall für bestimmte Kunstwerke oder Kulturgüter gelten. Im Gegensatz zum bloßen Rahmenvertrag ist der Versicherungsnehmer **zur Abdeckung** seiner Risiken **durch den Generalvertrag verpflichtet**.[170] 130

> **Praxistipp:** 131
>
> Sehr häufig schreibt der Leihgeber im Leihvertrag dem Leihnehmer verbindlich vor, dass das Risiko über die Generalpolice des Leihgebers zu versichern ist. Dies kann vergaberechtlich problematisch sein.[171] Dem Leihnehmer, der auf diese Leihgabe nicht verzichten will oder kann, bleibt allerdings faktisch kaum eine andere Wahl, als dieser Vorgabe zu entsprechen. Für den Leihgeber hat dies den Vorteil, dass die Versicherung zu den ihm bekannten Bedingungen bei einem Versicherungsunternehmen seiner Wahl und seines Vertrauens abgeschlossen wird. Darüber hinaus besteht in der Regel eine Schadenfreiheitsrabattierung bei schadensfreiem Verlauf der Police, die dem Leihgeber als Halter der Police zugute kommt.

Neben den besonderen Vertragsbedingungen verwenden Versicherer häufig **allgemeine Versicherungsbedingungen**, die zum Vertragsinhalt gemacht werden. Zu nennen sind 132

---

167 Siehe *Lensing*.
168 *Armbrüster* KUR 2006, 72; *Gärtner* S. 15 ff; ders. NJW 1991, 2993.
169 Zur wichtigen Frage der Beteiligung des Versicherungsmaklers am Vergabeverfahren vgl. *Gärtner*, Versicherungsfragen im Museumsbereich, S. 96 ff. und *Boesen* VersR 2000, 1063.
170 Vgl. dazu *Armbrüster* KUR 2006, 73 und *Gärtner* S. 90 f.
171 Dazu näher Schack/Schmidt/*Kirchmaier* S. 33, 44 und *Gärtner* S. 91 ff.

hier etwa die **Allgemeinen Bedingungen für die Ausstellungsversicherung** (AVB Ausstellungsversicherung 2008),[172] die **Allgemeinen Versicherungsbedingungen für die Allgefahrenversicherung Kunst** (AVB Kunst 2008),[173] die **Allgemeinen Bedingungen für die Versicherung von Kunstgegenständen im Privatbesitz** (AVB Art. 500–2009)[174] oder die DTV-Güterversicherungsbedingungen (DTV-Güter 2000/2008), die **Besondere Bedingungen für die Versicherung von Ausstellungen und Messen** enthalten.[175]

133 Die einzelnen Kunstwerke oder Kulturgüter erlangen über die **Generalpolice** (so genannte **laufende Versicherung**)[176] Versicherungsschutz durch eine entsprechende **Anmeldung** (Deklarationspflicht), in der die Objekte genau bezeichnet und die Dauer der Leihzeit sowie die einzelnen Versicherungswerte festgehalten werden. Auf der Grundlage der Anmeldung wird das Versicherungszertifikat erstellt, welches als Versicherungsnachweis dient.

134 **Praxistipp:**

Ohne entsprechende Anmeldung besteht grundsätzlich kein Versicherungsschutz (§ 54 Abs. 1 Satz 1 VVG). Unterbleibt eine Anmeldung **versehentlich**, also weder vorsätzlich noch grob fahrlässig, besteht dennoch Versicherungsschutz (§ 54 Abs. 1 Satz 2 VVG). Voraussetzung ist allerdings, dass das Risiko unverzüglich nachgemeldet wird. Das Erfordernis der Nachmeldung besteht auch dann, wenn das Risiko bereits abgeschlossen ist, und zwar unabhängig davon, ob ein Schaden eingetreten ist oder nicht.[177]

135 Nach oben limitiert wird das Risiko durch die Vereinbarung bzw. Festlegung einer **Höchstversicherungssumme**. Über diese hinausgehend kann auf der Grundlage der Generalpolice kein Versicherungsschutz erlangt werden. Sollte der Versicherungsbedarf höher sein, müsste eine Zusatzdeckung beim Versicherer eingeholt werden. Der Versicherer ist hierbei aber nicht an die Konditionen der Generalpolice gebunden.

136 **Praxistipp:**

Um dem möglichen **Einwand** des Versicherers **der Unterversicherung** zu begegnen, der zu einer anteiligen Kürzung der Versicherungsleistung in dem Verhältnis führen würde, das der tatsächlichen Differenz zwischen Höchstversicherungssumme und dem Gesamtwert entspricht (§ 75 VVG), empfiehlt es sich, im Versicherungsvertrag den Einwand der Unterversicherung auszuschließen.[178] Dies schützt den Versicherungsnehmer nämlich insoweit, als im Schadensfalle der gesamte Schaden maximal bis zur Höchstversicherungssumme ersetzt wird. Ist die Höchstversicherungssumme allerdings erheblich zu niedrig angesetzt, verbleibt auch dann ein nicht unbeträchtliches Restrisiko.[179]

---

172 Erhältlich beim Gesamtverband der Deutschen Versicherungswirtschaft e.V. (GDV) unter http://www.tis-gdv.de/tis/bedingungen/avb/sonder/sonder.html.
173 Abrufbar unter http://www.amex-online.de/media/deckungskonzepte/privat/mobilien_kunstvesicherung/4_AVB_Kunst_2008_20080320.pdf.
174 Abrufbar unter http://www.axa-art.de/FileUpload/139-15.pdf.
175 Erhältlich beim Gesamtverband der Deutschen Versicherungswirtschaft e.V. (GDV) unter http://www.tis-gdv.de/tis/bedingungen/avb/ware/2008_W17_ausst_messen.doc; näher hierzu Armbrüster KUR 2006, 103 f.
176 Vgl. §§ 53–58 VVG, in denen diese Versicherungstechnik erstmalig gesetzlich geregelt wurde.
177 Prölls/Martin/*Armbrüster* § 54 Rn. 3.
178 Vgl. Prölls/Martin/*Armbrüster* § 75 Rn. 19.
179 *Behrens/de Lazzer* S. 433; Prölls/Martin/*Armbrüster* § 75 Rn. 16.

b) Versicherte Risiken und Gefahren

Zunächst ist grundsätzlich zwischen zwei unterschiedlichen Risikoarten zu unterscheiden. Das stationäre Risiko, welches ein Kunstwerk an seinem Bestimmungsort betrifft, ist anders einzuschätzen und zu bewerten als das Risiko, welches mit einer Bewegung des Kunstwerkes verbunden ist. Beim stationären Risiko kommt es insbesondere auf die Gebäudesicherheit im Hinblick auf die vorhandenen Sicherungseinrichtungen (Alarmanlage und weitere technische oder auch Sicherungen gegen unbefugte Wegnahme) sowie die klimatischen Rahmenbedingungen an. Kunsttransporte sind mit anderen Risiken verbunden, so dass hier insbesondere auf die richtige Verpackung (klimatisierte Transportkisten), die richtigen Transportmittel (luftgefederte und klimatisierte Spezialtransporter) und –wege (Vermeidung von Krisengebieten, gegebenenfalls Polizeischutz, Beförderung in der Luft anstatt zu Lande oder zu Wasser) sowie auf eine entsprechende Organisation des Transportes (Aufteilung mehrerer Werke auf mehrere Transportmittel, persönliche Transportbegleitung durch Fachpersonal, Stehzeiten der Transportmittel in gesicherter Umgebung) zu achten ist.[180]

137

Die Kunstversicherung bietet in der Regel **Allgefahrendeckung »von-Nagel-zu-Nagel«**[181] für stationäre wie für Transportrisiken. Der Versicherer tritt für alle Gefahren und Schäden ein, soweit sie nicht in den Versicherungsbedingungen bzw. im Versicherungsvertrag wirksam ausgeschlossen wurden.[182]

138

Praxistipp:

Auch wenn die vertraglichen und allgemeinen Versicherungsbedingungen in der Regel vom Versicherer vorgegeben werden, besteht grundsätzlich die Möglichkeit, über einzelne Bedingungen zu verhandeln, sie abzubedingen oder zu ergänzen. Falls ein zu versicherndes Risiko Gegenstand einer Ausschreibung wird, hat der Ausschreibende ohnehin die Möglichkeit, seine Verdingungsunterlagen entsprechend zu gestalten. So sollten in jedem Falle die **Risikoausschlüsse** für Streik und innere Unruhen,[183] für Witterungseinflüsse,[184] für das Abhandenkommen kleinformatiger Gegenstände[185] und Diebstahl, Veruntreuung oder Unterschlagung durch eigene Angestellte[186] nach Möglichkeit abbedungen werden. Gleiches gilt für den Einwand der Unterversicherung.[187] Insbesondere wenn der Leihgeber darauf besteht, dass die Leihgaben über seine Generalpolice auf Kosten des Leihnehmers versichert werden, sollte der Leihnehmer sich vergewissern, dass der Versicherungsschutz der von ihm vertraglich übernommenen Haftung genügt.

139

Gewisse Risiken lassen sich regelmäßig nicht oder nur mit unverhältnismäßig hohem finanziellem Aufwand versichern. Dies sind vor allem die Risiken **Kernenergie**,[188] **Krieg**

140

---

180 Vgl. *Baltes* KUR 2006, 17.
181 D.h. vom ersten Anfassen des Objektes an seinem Herkunftsort bis zum Abschluss der Rückverbringung an diesen.
182 Vgl. *Eppel* KUR 1999, 237.
183 Nr. 2.1.2 AVB Ausstellungsversicherung 2008, B 1.2.13 AVB Kunst 2008.
184 Nr. 2.1.6 AVB Ausstellungsversicherung 2008, B 1.2.2 AVB Kunst 2008, Nr. 3.1 DTV-Güter 2000/2008.
185 Nr. 2.1.7 AVB Ausstellungsversicherung 2008, Nr. 3.2 DTV-Güter 2000/2008.
186 Nr. 2.1.8 AVB Ausstellungsversicherung 2008, B 1.2.10 AVB Kunst 2008, Nr. 3.3 DTV-Güter 2000/2008.
187 Nr. 12 AVB Ausstellungsversicherung 2008.§ 2 Nr. 4 AVB Kunstgegenstände 1988.
188 Nr. 2.1.3 AVB Ausstellungsversicherung 2008, B 1.2.15 AVB Kunst 2008.

und **Bürgerkrieg**[189], **Beschlagnahme, Entziehung** oder sonstige **Eingriffe von hoher Hand**[190] sowie Schäden, die durch **Verderb** oder **Verschleiß** entstehen, d.h. Beschaffenheitsschäden, die durch natürliche Alterung bei bestimmungsgemäßem Umgang eintreten.[191]

141 **Praxistipp:**

Gelegentlich treten nach Kunsttransporten Farbausbrüche auf. Soweit diese auf dem fragilen Zustand eines Gemäldes beruhen, und nicht weitere schädigende Ereignisse als das ordnungsgemäß verlaufene Transportereignis hinzutreten, hat sich kein versichertes Risiko realisiert. Der Transport als solcher wird in einem derartigen Fall nicht als Schadensereignis anerkannt.

142 Schäden, die von einer **Bearbeitung** oder **Restaurierung** herrühren, sind – anders als der bloße Aufenthalt in der Werkstatt bzw. Atelier eines Restaurators – ebenfalls nicht versichert, weil es sich dabei um klassische Berufshaftpflichtrisiken handelt, die nicht Gegenstand einer Kunstversicherung sind.[192] Deshalb wird dem Leihnehmer auch regelmäßig im Leihvertrag untersagt, ohne seine ausdrückliche vorherige Zustimmung des Leihgebers an der Leihgabe Arbeiten durch einen Restaurator durchführen zu lassen.

143 **Terrorrisiken** werden nach wie vor überwiegend nicht ausgeschlossen, obwohl sich hier die Risikolage in den letzten Jahren seit den Anschlägen vom 11.9.2001 deutlich erhöht hat. Die Versicherungswirtschaft hat hierauf reagiert, indem das Terrorrisiko nicht mehr prämienfrei mitversichert ist, sondern nicht unerhebliche Prämien dafür bezahlt werden müssen.

c) Versicherungswert

144 In der Regel **benennt** der Leihgeber den zu versichernden Wert, was von Seiten des Versicherers meist auch akzeptiert wird.[193]

145 **Praxistipp:**

Um sicherzustellen, dass der angegebene Wert im Schadensfall Bestand hat, empfiehlt es sich, den jeweiligen Wert als **feste Taxe** im Sinne von § 76 VVG zu vereinbaren.[194] Will sich der Versicherer im Schadensfall nicht daran festhalten lassen, so hat er zu beweisen, dass die Taxe den wirklichen Versicherungswert zur Zeit des Eintritts des Versicherungsfalls erheblich, d.h. in der Regel mehr als 10 % übersteigt (§ 76 Satz 2 VVG).[195] Gelingt dem Versicherer allerdings dieser Nachweis, so kommt es nach der zwingenden[196] Regelung in § 57 Satz 2 VVG auf die tatsächliche Schadenshöhe an.

---

189 Nr. 2.1.1 AVB Ausstellungsversicherung 2008, B 1.2.12 AVB Kunst 2008, Nr. 3.1a AVB Art. 500-2009.
190 Nr. 2.1.5 AVB Ausstellungsversicherung 2008, B 1.2.11 AVB Kunst 2008, Nr. 3.1a AVB Art. 500-2009.
191 Nr. 2.2.1 AVB Ausstellungsversicherung 2008, B 1.2.1 AVB Kunst 2008, Nr. 3.2b AVB Art. 500-2009.
192 Nr. 2.2.5 AVB Ausstellungsversicherung 2008, B 1.2.6 AVB Kunst 2008, Nr. 3.2d AVB Art. 500-2009.
193 Zur damit verbundenen Problematik vgl. *Gärtner* S. 34 ff. und Ebling/Schulze/*Kirchmaier* Teil 4 Rn. 240.
194 Wie hier *Eppel* KUR 1999, 239, *Müller-Gotthard/Schmit* ZVersWiss 1982, 211, 214, *Armbrüster* KUR 2006, 73, Prölss/Martin/*Armbrüster* § 76 Rn. 3, der diese Vereinbarung insb. in Fällen schwieriger Wertermittlung empfiehlt, wie sie bei Kunstgegenständen vorkommen können; kritisch hingegen *Gärtner* S. 152 ff. und *ders.* NJW 1991, 2997 f.
195 *Armbrüster* KUR 2006, 73 f; Prölss/Martin/*Armbrüster* § 76 Rn. 13; BGH VersR 2001, 749, 750.
196 Prölss/Martin/*Armbrüster* § 76 Rn. 18; *Armbrüster* KUR 2006, 73; *Gärtner* NJW 1991, 2997.

Vor allem bei **Dauerleihgaben** ist es empfehlenswert, die Wertentwicklung zu verfolgen und gegebenenfalls auf eine Anpassung der Versicherungswerte bedacht zu sein, um nicht Gefahr zu laufen, dass der als Taxe vereinbarte Wert hinter dem tatsächlichen Versicherungswert zurückbleibt und als Entschädigungsgrenze einem vollen Wertersatz entgegensteht.[197]

d) Prämie

Die zu zahlende Prämie folgt der Aufteilung der unterschiedlichen Risiken für Transport und stationären Aufenthalt. Die Prämie für das **stationäre Risiko** wird mit einem gewissen Promillewert aus der Versicherungssumme errechnet und ist auf einen Monatszeitraum (pro rata temporis) bezogen. Die Prämie für das **Transportrisiko** wird ebenfalls auf der Grundlage von Promillesätzen aus dem Versicherungswert errechnet, allerdings differenziert nach Objektbeschaffenheit der zu versichernden Objekte (Glas, Keramik, Holz, Stein, Leinwand etc.) und den lokalen Gefahrenzonen (USA, Westeuropa, Osteuropa etc.).[198]

e) Schadensfall und Entschädigung

Im Schadensfalle trifft den Versicherungsnehmer die Obliegenheit, den Schaden unverzüglich dem Versicherer unter möglichst genauer Beschreibung und Dokumentation des Schadens **anzuzeigen**.[199] Im Falle eines Diebstahls oder sonstigen Abhandenkommens ist Strafanzeige zu erstatten und auch hierüber dem Versicherer zu berichten.[200]

Wurde der **benannte Wert** als **feste Taxe** vereinbart, so hat der Versicherer diesen zu ersetzen, wenn das Objekt zerstört oder gestohlen wurde bzw. abhanden gekommen ist. Ansonsten ist der Wert maßgeblich und zu erstatten, den das Objekt beim Eintritt des Versicherungsfalles hatte (Gesundwert).[201] Bei Beschädigung des Objekts geht es um die Erstattung der erforderlichen **Restaurierungskosten** sowie der eingetretenen **Wertminderung**.[202] In Zweifelsfragen wird zwischen den Parteien häufig ein **Sachverständigenverfahren** vereinbart, dessen Ergebnis für beide Seiten bindend ist.[203]

f) Regressverzicht

Es liegt regelmäßig im Interesse aller Beteiligten, dass im Schadensfalle die dafür Verantwortlichen (Mitarbeiter, Beauftragte oder sonstige Dritte wie z.B. Museumsbesucher) nicht in persönlich in Regress genommen werden. Der Versicherer, der hierzu nach § 86 VVG in der Lage wäre, sobald er den Schaden ersetzt, erklärt sich in der Regel mit einem entsprechenden Regressverzicht einverstanden.[204]

---

197 Prölss/Martin/*Armbrüster* § 76 Rn. 16.
198 Zur Frage der unterschiedlichen Prämiensätze für Leihgeber und Leihnehmer näher Ebling/Schulze/*Kirchmaier* Teil 4 Rn. 244.
199 Nr. 9.7 AVB Ausstellungsversicherung 2008, C 1.2.1a AVB Kunst 2008, Nr. 21.1a AVB Art. 500-2009.
200 Nr. 9.8 AVB Ausstellungsversicherung 2008, C 1.2.1d AVB Kunst 2008, Nr. 21.1b AVB Art. 500-2009.
201 *Armbrüster* KUR 2006, 76; § 10 Nr. 1 Satz 1 AVB Kunstgegenstände 1988.
202 Vgl. zu den weiteren Differenzierungen *Armbrüster* KUR 2006, 76 f., 103; *Breidenstein* KUR 2006, 34.
203 Nr. 14 AVB Ausstellungsversicherung 2008, C 2.3 AVB Kunst 2008, Nr. 28 AVB Art. 500-2009.
204 *Armbrüster* KUR 2006, 103; *Gärtner* S. 40 und *ders.* NJW 1991, 3000; Prölss/Martin § 86 Rn. 60.

II. Staatsgarantie

1. Staatsgarantie in Deutschland

151 Der anhaltenden Kürzung der Ausstellungsetats öffentlicher Einrichtungen stehen aufgrund weiter steigender Marktwerte auf dem Kunstmarkt höhere Versicherungsprämien für Ausstellungsleihgaben gegenüber. Diese gegenläufigen Tendenzen befördern seit einigen Jahren nachhaltig den Ruf nach so genannten Staatsgarantien. Immer mehr Staaten ziehen es gegenüber einer entsprechenden finanziellen Ausstattung ihrer kulturellen Einrichtungen vor, den Leihgebern als Sicherheit eine Staatsgarantie anzubieten.[205] Der Gedanke ist nicht neu, sondern lässt sich in Deutschland bis ins Jahr 1918 zurückverfolgen.[206]

a) Auf Bundesebene

152 Eingeführt wurde die **Staatsgarantie auf Bundesebene** nach der 1989 erfolgten Gründung der Kunst- und Ausstellungshalle der Bundesrepublik Deutschland in Bonn im Jahr 1992. Sie erstreckt sich mittlerweile auch auf das Deutsche Historische Museum in Berlin, das Alliiertenmuseum, das Museum Karlshorst, das Haus der Kulturen der Welt sowie das Jüdische Museum, weiterhin die Deutsche Bibliothek in Frankfurt/M. und die Casa di Goethe in Rom. Ihre gesetzliche Grundlage findet sie in einer entsprechenden haushaltsgesetzlichen Ermächtigung des Bundesfinanzministers zur Übernahme von Gewährleistungen im Bereich von Kunst und Kultur zur Deckung des Haftpflichtrisikos gegenüber den Leihgebern.

153 Die Bundesgarantie gewährt **Allgefahrendeckung** ohne Risikoausschlüsse[207] für Leihnahmen »von-Nagel-zu-Nagel«. Sie wird zwar gesamthaft durch die Festlegungen im Bundeshaushalt nach oben begrenzt. Für einzelne Leihnahmen oder Ausstellungsprojekte besteht aber keine generelle Deckungsobergrenze. Zuständig für die Ausstellung des Haftungszertifikats ist der Beauftragte der Bundesregierung für Angelegenheiten der Kultur und der Medien.[208] Im Schadensfalle sieht die Bundesgarantie die Erstattung der erforderlichen Restaurierungskosten, der eingetretenen Wertminderung sowie für den Fall des Verlusts oder der vollständigen Zerstörung der Leihgabe des vorher festgelegten Wertes[209] vor. Schäden sollen innerhalb von sechs Wochen nach erfolgter Einigung zwischen Leihgeber und Leihnehmer reguliert werden.[210]

b) Auf Länderebene

154 Die einzelnen **Bundesländer** führten bis auf das Saarland[211] und den Freistaat Bayern ebenfalls haushaltsgesetzlich verankerte Staatsgarantien ein. Die Bedingungen bieten

---

205 Die Begrifflichkeiten sind nicht einheitlich, man findet auch Bezeichnungen wie Eigenhaftung, Eigendeckung, Eigenversicherung, Selbstdeckung oder Staatsbürgschaft, vgl. *Armbrüster*, Privatversicherungsrecht, S. 91.
206 Vgl. *Schauerte/Frodermann/Zinkmann* Museumskunde Bd. 70 (2005), 97, 101 unter Hinweis auf *F. Deneken*, Über die Beschickung von Ausstellungen aus Museumsbestand, in: *Deutscher Museumsbund* (Hrsg.), Flugschriften II, Hamburg 1918, S. 2, 8.
207 Schäden, die der Leihgeber selbst zu vertreten hat, sind allerdings ausgeschlossen, vgl. Nr. 7 der Haftungsbedingungen und *Kühl* S. 122.
208 Nr. IV.1.a des Organisationserlasses des Bundeskanzlers vom 27.10.1998 (BGBl. I S. 3288), abgedruckt bei *Odendahl* S. 296.
209 Welcher nach Nr. 2 Satz 2 der Haftungsbedingungen »angemessen« sein muss, was vom Leihnehmer zu bestätigen ist.
210 Nr. 7 der Haftungsbedingungen.
211 Das saarländische Haushaltsgesetz 2010 vom 5.5.2010 (ABl. I S. 79) sieht in § 2 Abs. 3 eine unspezifische Ermächtigung zur Übernahme von Gewährleistungen für sonstige Zwecke bis zu einer Höhe von 750.000 € im Einzelfall und bis zu einem maximalen Gesamtbetrag von 30 Mio. € vor. Inwieweit von dieser Ermächtigung im kulturellen Bereich Gebrauch gemacht wird, ist mir nicht bekannt.

zwar ein weitgehend einheitliches Bild, sollten aber in jedem Einzelfall genau geprüft werden. Auch die Landesgarantien sehen eine Allgefahrendeckung auf der Basis »von-Nagel-zu-Nagel« vor, schließen aber häufig bestimmte Risiken aus. Weitgehend übereinstimmend werden allerdings Schäden ausgeschlossen, die vom Leihgeber, seinen Bediensteten oder Erfüllungsgehilfen schuldhaft verursacht werden, wobei einfache Fahrlässigkeit in der Regel unschädlich ist.[212] Besondere Aufmerksamkeit verdienen die Bedingungen des Freistaats Sachsen, die hinter die Haftung der Kunstspedition zurücktreten, sofern nicht im Rahmen einer Ausstellungstournee Transporte durch eigenes Personal durchgeführt werden.[213] Auch die Bedingungen von Schleswig-Holstein[214] bleiben hier in wesentlichen Teilen hinter dem Standard zurück, indem die Haftung für Schadensereignisse höherer Gewalt regelmäßig[215] ausgeschlossen und die Haftung des Landes im Verhältnis zu Dritten, die den Schaden verursacht haben, nachrangig ausgestaltet wird, so dass die Staatsgarantie erst dann in Anspruch genommen werden kann, wenn und soweit keine Befriedigung von Dritten erlangt werden kann.[216] Ebenso wenig haftet das Land, wenn der Leihgeber die Leihgabe selbst transportiert oder selbst einen Dritten mit dem Transport beauftragt.[217]

Im Schadensfalle sehen die Landesgarantien die **Erstattung** der erforderlichen **Restaurierungskosten**,[218] der eingetretenen **Wertminderung** sowie für den Fall des Verlusts oder der vollständigen Zerstörung der Leihgabe des vorher festgelegten **Wertes** vor.

155

Große Unterschiede ergeben sich bei der Frage, bis zu welchen Maxima die Landesgarantien die Gewähr übernehmen. Dies ist in den jeweiligen Haushaltsgesetzen und -plänen geregelt, die deshalb vor dem Akzeptieren einer Landeshaftung in jedem Falle eingesehen werden sollten.

156

2. Staatsgarantien in Europa

Einen relativ aktuellen und umfassenden Überblick über die Gewährung von Staatsgarantien in Europa ergab die im Auftrag der Europäischen Kommission von der Réunion des Musées Nationaux und den Staatlichen Museen zu Berlin-Preußischer Kulturbesitz erarbeitete **Studie Nr. 2003-4879**.[219] Sie zeigt, dass in 17 der untersuchten 31 Staaten Staatsgarantien für Kunstausstellungen gewährt werden.[220] Die bestehenden Staatshaftun-

157

---

212 Exemplarisch hierfür Nr. 3 der Bremischen und Hamburgischen sowie Nr. 8 der Nordrhein-Westfälischen Bedingungen. Die Hessischen Bedingungen beschränken diesen Ausschluss in Nr. 7 Diebstahl, Veruntreuung oder Unterschlagung durch Mitarbeiter oder Erfüllungsgehilfen des Leihgebers.
213 Nr. 4 Satz 2 i.V.m. Nr. 8 der Sächsischen Bedingungen.
214 Bekanntmachung des Ministeriums für Bildung, Wissenschaft, Forschung und Kultur vom 10.2.2003 – III 304, NBL.MBWFK.Schl.-H.– S-2003.
215 Nr. 3.2 Satz 8 der Schleswig-Holsteinischen Bedingungen; Ausnahmen hiervon werden nach Nr. 3.2 Satz 6 und 7 bei Vorliegen eines entsprechenden Votums des Stiftungsrates sowie der Einwilligung des Ministeriums für Finanzen und Energie für Leihgaben an die Stiftung Schleswig-Holsteinische Landesmuseen Schloss Gottorf bei einzelnen Ausstellungsvorhaben mit einem Gesamtwert von mehr als 5 Mio. € bzw. einzelnen Kunstwerken mit einem Wert von mehr als 500.000 € bewilligt.
216 Nr. 3.3 Satz 4 und 5 der Schleswig-Holsteinischen Bedingungen.
217 Nr. 3.3 Satz 3 der Schleswig-Holsteinischen Bedingungen.
218 Die Hessischen Bedingungen behalten in Nr. 5 dem Land das Recht vor, nach vorheriger Absprache mit dem Leihgeber Schäden durch eigene fachkundige Restauratoren beheben zu lassen.
219 Veröffentlicht in englischer Sprache unter http://ec.europa.eu/culture/key-documents/doc915_de.htm; Zusammenfassend *Gille* Museumskunde Bd. 70 (2005), 90.
220 Bulgarien (seit 1999), Dänemark (seit 1984), Deutschland (seit 1992), Finnland (seit 1986), Frankreich (seit 1993), Großbritannien (seit 1980), Italien (seit 1997), Irland (seit 1997), Litauen (seit 2003), die Niederlande (seit 1989), Norwegen (seit 1985), Österreich, Polen (seit 2003), Schweden (seit 1974), Spanien (seit 1988), Tschechien (seit 2000) und Ungarn (seit 1992). *Keine* Staatsgarantie gewähren Belgien, Estland, Griechenland, Island, Lettland, Liechtenstein, Luxemburg, Malta, Portugal, Rumänien, die Slowakei, Slowenien, die Schweiz und Zypern.

gen beschränken sich in der Regel auf die Deckung der Risiken für Leihnahmen zu Sonderausstellungen im eigenen Land. Leihgaben ins Ausland werden von den Garantien Bulgariens, Finnlands, Schwedens und des Norwegischen Außenministeriums[221] eingeschlossen. Dauerleihnahmen können in der Bundesrepublik, Großbritannien, Schweden und Spanien durch die Staatsgarantien gedeckt werden. Für Dauerleihgaben sieht die Staatshaftung des Norwegischen Außenministeriums ebenfalls Deckung vor.

158 Die Staatsgarantien gelten grundsätzlich »von Nagel zu Nagel«.[222] Eine umfassende **Allgefahrendeckung** gewähren die Staatsgarantien der Bundesrepublik, Bulgariens, Italiens und Litauens. Die Risiken von **Krieg** und **nuklearen Katastrophen** werden **ausgeschlossen** von den Staatsgarantien Dänemarks, Frankreichs, Großbritanniens, Ungarns, der Niederlande, Norwegens, Schwedens und Österreichs, wobei die österreichische Staatsgarantie als einzige zusätzlich das **Terror-Risiko** ausschließt. Abgesehen von haushaltsgesetzlichen Begrenzungen gibt es in einigen Ländern festgelegte Mindestversicherungswerte, die erreicht sein müssen, um überhaupt die Staatsgarantie in Anspruch nehmen zu können, wie auch Deckungsobergrenzen.[223] Risiken, die nicht von Staatsgarantien gedeckt werden, sind in der Praxis bei einem kommerziellen Versicherer zu versichern oder erweisen sich als nicht versicherbar.[224]

159 Staatsgarantien ersetzen im »Versicherungsfall« die erforderlichen **Restaurierungskosten**, die eingetretene **Wertminderung** sowie im Falle des Verlusts oder der vollständigen Zerstörung der Leihgabe den vorher festgelegten **Wert**. Eine Reihe von Staatsgarantien enthalten Selbstbehalte für die leihnehmenden Institutionen, die dadurch gezwungen sind, dieses Restrisiko wiederum durch eine kommerzielle Versicherung abzudecken.[225]

3. Internationale Staatsgarantien

160 Die international bedeutendste Staatsgarantie ist die der **Vereinigten Staaten von Amerika**, die im Jahr 1975 durch den **Arts and Artifacts Indemnity Act** bundeseinheitlich für Leihnahmen gesetzlich eingeführt wurde.[226] Mittlerweile erfasst die US-Staatsgarantie auch Leihgaben ins Ausland, solange sie dort Bestandteil einer Ausstellung sind.[227] Die Garantie bietet eine **Allgefahrendeckung** »von-Nagel-zu-Nagel« und ist wertmäßig nach oben begrenzt auf 50 Mio. US-$ pro Objekt, 500 Mio. US-$ pro Ausstellung und seit 2003 auf 8 Mrd. US-$ für alle gleichzeitig gedeckten Ausstellungen.[228] Der den Museen verbleibende Selbstbehalt ist vom Gesamtversicherungswert abhängig und muss kommerziell versichert werden.[229] Die Staatsgarantie wird auf **Antrag** vom Federal Council on the Arts and Humanities bewilligt, sofern die Ausstellung als im nationalen Interesse stehend befunden wird.[230] Erstattet werden **Restaurierungskosten, Wertminderung** und im Falle des Verlusts der festgesetzte **Wert**.

---

221 In Norwegen gibt es zwei unterschiedliche Ausprägungen der Staatshaftung. Leihnahmen, die aus dem Ausland nach Norwegen geliehen werden, fallen in die Zuständigkeit des Norwegischen Kulturministeriums, für Leihgaben ins Ausland ist das Norwegische Außenministerium zuständig, vgl. EU-Studie Nr. 2003-4879 S. 121.
222 Ausnahmen bei Transportrisiken können bei der italienischen und der schwedischen Staatshaftung gemacht werden, wenn die Risiken als zu hoch eingeschätzt werden; Die litauische und die polnische Staatshaftung beschränken sich auf die jeweiligen Staatsgebiete.
223 Einzelheiten hierzu bei Ebling/Schulze/*Kirchmaier* Teil 4 Rn. 253.
224 Eine entsprechende Verpflichtung hierzu gibt es in Finnland, Franreich und Spanien, vgl. *Gille* S. 93.
225 Näheres bei Ebling/Schulze/*Kirchmaier* Teil 4 Rn. 253.
226 Zu den Hintergründen näher Ebling/Schulze/*Kirchmaier* Teil 4 Rn. 254.
227 *Kühl* S. 111.
228 *Kühl* S. 112; *Schauerte/Frodermann/Zinkmann* S. 98.
229 Laut *Behrens/de Lazzer* S. 313 geht der Selbstbehalt pro Ausstellung bis zu 200.000 US-$.
230 Vgl. zum Verfahren eingehend *Kühl* S. 113.

4. Vorteile

Die Vorteile der Staatsgarantie für den **Leihnehmer** sind unschwer erkennbar. Ohne hierfür tatsächlich Prämien zahlen zu müssen, kann er die für die Übernahme der Risiken erforderliche Absicherung anbieten.[231] Das Risiko übernimmt der Staat. Dieser wählt hier einen kostengünstigen bzw. sogar kostenneutralen Weg und trägt damit zugleich den haushaltsrechtlichen Grundsätzen der Wirtschaftlichkeit und Sparsamkeit Rechnung. Dass dies gerade in Zeiten angespannter öffentlicher Haushalte wie gerufen kommt, um trotz fehlender Mittel den kulturellen Bildungs- und Vermittlungsauftrag erfüllen zu können, braucht nicht weiter betont zu werden. Teilweise geht man dabei sogar so weit zu postulieren, auf eine kommerzielle Versicherungsdeckung dürfe ein staatlicher Haftungsträger nur dann »ausweichen, wenn der Leihgeber darauf besteht oder wenn das Haftungsvolumen bei ungünstigem Schadenverlauf seine Finanzkraft überfordert«[232] Dies entspricht einer ausschließlich haushaltsrechtlicher Mittelbewirtschaftung geschuldeten Sichtweise. 161

Der **Leihgeber** wiederum hat von der Staatsgarantie keine besonderen Vorteile zu erwarten, die ihm eine kommerzielle Versicherung nicht ebenso bieten könnte.[233] Dies mag die nach wie vor festzustellende Zurückhaltung erklären, die zumindest bei privaten Leihgebern gegenüber Staatsgarantien festzustellen ist. 162

5. Kritik

Auch wenn die Versicherungswirtschaft sich gegenüber den im Vordringen begriffenen Staatsgarantien derzeit noch überwiegend gelassen zeigt, ist das Institut der Staatsgarantie doch kritisch zu hinterfragen.[234] Neben einer Reihe praktischer Einwände gegen die rein haushaltsrechtlich strukturierte Staatsgarantie, gibt es auch grundlegende Gegenargumente. Das System der Staatsgarantie beruht zum einen auf dem Vertrauen bzw. der Erwartung, dass keine gravierenden Schadenereignisse auftreten, und zum anderen auf der – je nach Schwere des Schadenereignisses mehr oder weniger begründeten – Hoffnung, dass der Staatshaushalt im Falle des Falles die dann benötigten Mittel doch bereitstellen könnte. Immerhin räumen auch die Befürworter der Staatsgarantie haushaltsmäßige Unwägbarkeiten bei Großschadenereignissen ein.[235] 163

Ein grundlegender Einwand gegen die Staatsgarantie ist, dass der Staat sich **wie ein Versicherer geriert**, ohne die dafür nötigen Voraussetzungen zu schaffen. Weder werden in den Haushaltsplänen Ausgabemittel zur Schadensregulierung veranschlagt, noch werden entsprechende Rücklagen gebildet. 164

Dass der Staat sein »Versicherungsprodukt« auf völlig anderer Grundlage und unvergleichlich kostengünstig anbietet, stellt sich auch **unter wettbewerbsrechtlichen Gesichtspunkten** gegenüber der Versicherungswirtschaft als **problematisch** dar. 165

Auf europäischer Ebene erscheint insbesondere fraglich, ob Staatsgarantien als **staatliche Beihilfen** mit dem Gemeinsamen Markt vereinbar sind.[236] Nach Art. 87 Abs. 1 166

---

231 *Armbrüster* KUR 2006, 105.
232 *Reupke* DÖV 1994, 586, 596.
233 Der Hinweis *Reupkes* (DÖV 1994, 586, 587), die kommerzielle Versicherung bedeute für den Leihnehmer eine Belastung mit zahlreichen Obliegenheiten und belasse aufgrund etlicher Ausschlüsse ein nicht unerhebliches Restrisiko bei ihm – und damit, so wird man ergänzen dürfen, auch beim Leihgeber, der auf die Solvenz des Leihnehmers verwiesen ist –, überzeugt nicht.
234 Eingehend dazu Ebling/Schulze/*Kirchmaier* Teil 4 Rn. 257 ff.
235 *Reupke* DÖV 1994, 586, 595.
236 Ausführlich dazu *Kühl* S. 126 ff.

EGV[237] sind staatliche Beihilfen, die durch die Begünstigung bestimmter Unternehmen den Wettbewerb verfälschen oder zu verfälschen drohen, mit dem Gemeinsamen Markt unvereinbar, soweit sie den Handel zwischen Mitgliedstaaten beeinträchtigen. Nach Art. 87 Abs. 3 lit. d EGV können als vereinbar angesehen werden Beihilfen zur Förderung der Kultur und der Erhaltung des kulturellen Erbes, soweit sie die Handels- und Wettbewerbsbedingungen nicht in einer Weise verändern, die dem gemeinsamen Interesse zuwiderläuft. Ob die undifferenzierte staatliche Unterstützung des Ausstellungswesens durch Staatsgarantien – abgesehen von so genannten »De-minimis«-Beihilfen, deren Gesamtsumme über einen Zeitraum von drei Jahren 100.000 € nicht übersteigt und die deshalb nicht unter Art. 87 EGV fallen[238] – mit diesen Anforderungen in Einklang zu bringen ist, erscheint problematisch.

H. Kunstsachverständige und Expertisen

I. Bedeutung für den Kunsthandel

167 Den Fragen nach der **Echtheit**, der **Qualität** und dem **Wert** von Kunstgegenständen kommt auf dem Kunstmarkt herausragende Bedeutung zu. Die drei genannten Kriterien der Bewertung stehen auch zueinander in der vorgenannten Reihenfolge in einem inhaltlichen Zusammenhang. So ist die Frage der Originalität eines Kunstwerkes ausschlaggebend sowohl hinsichtlich seiner kunstgeschichtlichen Bedeutung als auch mit Blick auf die dafür auf dem Kunstmarkt zu erzielenden Preise. Auch die Taxierung des Einstandswertes bei Auktionen hängt maßgeblich hiervon ab.

II. Kunstsachverständige

1. Sachverstand kraft beruflichem Herkommen

168 Bei der Beurteilung von Originalität,[239] Qualität und Wert von Kunstgegenständen ist man auf sachkundiges Wissen angewiesen. Neben dem **Künstler** selbst, der zur Originalität seines Werkes sicherlich Auskunft geben kann, sich zur Qualität und zum Wert aber wohl kaum sachverständig im Sinne unabhängiger Sachkunde wird unbefangen einlassen können, kommen als Sachverständige in Betracht **Kunsthistoriker** und **Restauratoren**, die in Museen angestellt oder freiberuflich tätig sind, durch entsprechendes Fachwissen und Erfahrung qualifizierte **Mitarbeiter** in **Auktionshäusern** oder **Versicherungsunternehmen** sowie **Kunsthändler** und **Galeristen**. Ähnlich wie der Künstler selbst können auch seine **Angehörigen** oder **Erben** sich nur zu bestimmten Fragen unvoreingenommen erklären und werden deshalb über sachliche Auskünfte hinaus in der Regel keine bewertenden Einschätzungen abgeben können, die neutraler Überprüfung standhalten können.[240]

---

237 Konsolidierte Fassung des Vertrags zur Gründung der Europäischen Gemeinschaft in ABl. EG C Nr. 325 vom 24.12.2002, S. 33, gilt nach dem Vertrag von Lissabon vom 13.12.2007 (Abl. EG 2007 C 306, 1) unverändert fort.
238 Art. 2 Abs. 1 der Verordnung (EG) Nr. 69/2001 der Kommission vom 12.1.2001 über die Anwendung der Artikel 87 und 88 EG-Vertrag auf »De-minimis«-Beihilfen, ABl. EG L Nr. 10 vom 13.1.2001, S. 30. Abzustellen ist hierbei auf die eingesparten Versicherungsprämien.
239 Der Begriff »Originalität« ist den Begriffen »Echtheit« und »Authentizität« vorzuziehen, vgl. *Glaus* KUR 2004, 112, 114.
240 So auch *Schack* Rn. 144.

H. Kunstsachverständige und Expertisen

2. Öffentlich bestellte und vereidigte Sachverständige

Neben denjenigen, die aufgrund ihres beruflichen Herkommens und ihrer fachlichen Ausbildung und Erfahrung sachverständige Einschätzungen geben können, kommen die auf der Grundlage von § 36 GewO auf eigenen Antrag durch die zuständigen Industrie- und Handelskammern **öffentlich bestellten Sachverständigen** in Betracht. Die Sachverständigenlisten der Industrie- und Handelskammern enthalten derzeit bundesweit 129 Einträge von Sachverständigen für Kunst und Antiquitäten.[241] Dies zeigt bereits, dass nur verhältnismäßig wenig einschlägiger Sachverstand in Gestalt eines öffentlich bestellten und vereidigten Sachverständigen zur Verfügung steht. Die Bestellung als Sachverständiger setzt neben der **persönlichen Zuverlässigkeit und Unabhängigkeit** den Nachweis **überdurchschnittlicher Fachkenntnisse, praktischer Erfahrungen** und der **Fähigkeit zur Gutachtenerstattung** voraus.[242] Der Sachverständige wird darauf **vereidigt**, die Sachverständigenaufgaben »unabhängig, weisungsfrei, persönlich, gewissenhaft und unparteiisch« sowie nach bestem Wissen und Gewissen zu erfüllen.[243] Mit Vereidigung und Bestellung erhält der Sachverständige seine **Bestellungsurkunde**, einen entsprechenden **Ausweis** und den **Rundstempel**, den nur ein öffentlich bestellter Sachverständiger führen darf.[244] Als öffentlich bestellter Sachverständiger ist er grundsätzlich **zur Erstattung von Gutachten verpflichtet**. Er hat bestimmte **Aufbewahrungs- und Dokumentationspflichten** zu beachten und unterliegt einer berufsbezogenen **Schweigepflicht**. Nach Beendigung der Tätigkeit und Erlöschen der Bestellung hat der Sachverständige die Bestellungsurkunde und den Rundstempel zurückzugeben.

169

3. Kunstsachverständige und Experten

Eine rechtlich verbindliche Bestimmung der Begriffe »Experte« oder »Sachverständiger« gibt es bislang nicht. Der öffentlich bestellte und vereidigte Sachverständige hat diese Bezeichnung bei der Erbringung seiner Sachverständigenleistungen zu führen und genießt hierfür einen gesetzlichen Schutz durch § 132a Abs. 1 Nr. 3 und Abs. 2 StGB sowie die §§ 3, 4 UWG. Die Rechtsprechung geht dann von einem Sachverständigen aus, wenn die Person überdurchschnittliche Fachkenntnisse auf einem speziellen Fachgebiet aufweist und diese persönlich, unabhängig und neutral auf Nachfrage zur Verfügung stellt.[245]

170

Die **Sprachwelt der Kunstfachleute** differenziert zwischen dem **Experten**, der aufgrund seiner besonderen Kennerschaft des Werkes eines Künstlers ein Urteil zur Originalität eines Kunstwerkes abgeben kann, und dem **Kunstsachverständigen**, der aufgrund seines breit angelegten Fachwissens und der Beobachtung des Kunstmarktes eine fundierte Einschätzung zum Wert eines Kunstgegenstandes abgeben kann.[246]

171

III. Gutachten und Expertisen

Je nach Fragestellung kommen bei der Beurteilung von Kunstwerken unterschiedliche Fachleute als Sachverständige in Betracht. Ihre Untersuchungsmethoden weichen zwangsläufig nicht unerheblich voneinander ab.

172

---

241 Siehe unter http://svv.ihk.de/content/home/home.ihk.
242 Vgl. etwa § 3 der Satzung der Industrie- und Handelskammer für München und Oberbayern über die öffentliche Bestellung und Vereidigung von Sachverständigen vom 4.12.2001 (Sachverständigenordnung).
243 § 5 Abs. 1 der Sachverständigenordnung der Industrie- und Handelskammer für München und Oberbayern.
244 Nicht öffentlich bestellte Sachverständige verwenden in der Regel einen eckigen Stempel.
245 Vgl. BGH NJW 1984, 2365.
246 Vgl. hierzu *Karsch* Weltkunst 1987, 125 sowie *Huttenlauch* KUR 2004, 118 f.

173 Zu nennen sind hier zum einen **naturwissenschaftliche Untersuchungen** eines Kunstwerkes, die aufgrund von Röntgenaufnahmen sowie chemischer und physikalischer Analysen von Farbschichten, verwendeten Pigmenten und Bindemitteln Aussagen zulassen u.a. zur Herkunft und zum Alter eines Kunstwerkes. Sie können dazu dienen, behauptete Zuschreibungen zu widerlegen und Fälschungen zu offenbaren. Zur Klärung der Frage der Originalität eines Kunstwerkes, also der Frage, ob bzw. inwieweit ein Werk von einem bestimmten Künstler geschaffen wurde, sind sie nur sehr eingeschränkt geeignet. Solche Untersuchungen werden in der Bundesrepublik vor allem im Doerner Institut an den Bayerischen Staatsgemäldesammlungen sowie im Berliner Rathgen-Forschungslabor durchgeführt.

174 Die Frage nach der **Echtheit** des Kunstwerkes, d.h. nach der **Zuschreibung** zu einem bestimmten Künstler wird hingegen in der Regel durch kunsthistorisch ausgebildete Experten zu beantworten sein, die sich aufgrund ihrer intensiven und spezialisierten Kennerschaft des Oeuvres eines Künstlers nach kunsthistorischen Methoden durch Stilanalyse und Ikonographie sowie unter Berücksichtigung der bekannten Geschichte des Werkes, seiner Provenienz, ihr Urteil bilden. Die Beantwortung dieser Frage fällt oft genug nicht eindeutig aus und wird – auch das zeigt die Kunstgeschichte – von Zeit zu Zeit unterschiedlich beantwortet. Ob ein Kunstwerk als eigenhändig, aus der Werkstatt des Künstlers stammend oder seinem Umfeld zuzurechnend charakterisiert wird, spielt neben der Frage der Originalität erheblich bei der Wertermittlung eine Rolle.

175 Bei der Frage nach der **Ermittlung des Wertes** eines Kunstwerkes geht es primär um die Einschätzung des wirtschaftlichen Ertrages im Falle eines Verkaufs von privater Hand oder im Kunsthandel oder anlässlich einer Versteigerung. Auch aus steuerlichen Gründen bzw. sonstigen geschäftlichen Gründen, etwa bei der Neubewertung von Geschäftsvermögen, welches Kunstgegenstände enthält, stellt sich die Frage aktuell. Hier ist das Feld der Kunstsachverständigen eröffnet, die aufgrund der Erkenntnisse, die sie bei der Beobachtung des Marktgeschehens auf dem Kunstmarkt gewonnen haben, hierzu Einschätzungen abgeben können. Sobald es um die Einschätzung von Schadensereignissen geht, kommen hier auch Kunstsachverständige mit speziellem versicherungsrechtlichem Hintergrund ins Spiel.

176 Vereinbaren die Parteien ein Entgelt für das zu erstellende Gutachten, so handelt es sich bei dem Vertragsverhältnis um einen **Geschäftsbesorgungswerkvertrag** (§§ 631, 675 BGB).[247] Geschuldet ist die Erstellung eines Gutachtens bzw. einer Expertise nach den vertraglich vereinbarten, jedenfalls nach den allgemein anerkannten Sorgfaltsanforderungen und Untersuchungsmethoden, die je nach Fragestellung differieren werden. Solange bei Erstellung des Gutachtens der jeweils aktuelle Stand der fachlichen Erkenntnisse unter Berücksichtigung der einschlägigen Forschungsergebnisse zu Grunde gelegt wird, kann das Gutachten auch dann nicht als fehlerhaft oder falsch bezeichnet werden, wenn im weiteren Verlauf der Forschungsbemühungen die Fachwelt zu anderen Einschätzungen gelangt. Ein Anspruch auf Korrektur oder Rücknahme des Gutachtens bzw. der Expertise gegenüber dem Sachverständigen ergibt sich daraus nicht.[248]

IV. Haftung[249] gegenüber dem Vertragspartner

177 Die **vertragliche Haftung** des Gutachters umfasst grundsätzlich Vorsatz und jede Art von Fahrlässigkeit. Ein vertraglicher Haftungsausschluss für leichte Fahrlässigkeit ist

---

247 *Schack* Rn. 145; BGHZ 107, 384, 388.
248 Näher hierzu *Huttenlauch* KUR 2004, 121 ff.
249 Siehe *Gerlach*; zur Haftungsfrage nach schweizerischem Recht siehe *Glaus* KUR 2004, 112.

jedoch – auch in Allgemeinen Geschäftsbedingungen (§ 309 Nr. 7 BGB) – zulässig. Die **deliktische Haftung** des Gutachters greift bei Vermögensschäden nur bei Verletzung eines Schutzgesetzes (§ 823 Abs. 2 BGB) oder sittenwidriger Schädigung und setzt demgegenüber Vorsatz voraus (§ 826 BGB). Die Rechtsprechung versucht hier zu helfen, indem sie einen stillschweigend geschlossenen Beratervertrag annimmt und damit zur Haftung des Gutachters kommt, sobald für ihn erkennbar seine Auskunft für den anderen von erheblicher Bedeutung war und zur Grundlage eigener Entscheidungen gemacht wurde.[250]

V. Haftung gegenüber Dritten[251]

Auch Dritte, mit denen der Gutachter keine vertraglichen Bindungen eingegangen ist, können nach der Rechtsprechung über die Konstruktion des **Vertrages mit Schutzwirkung für Dritte** in den Genuss von vertraglichen Schadenersatzansprüchen gegen den Gutachter gelangen, wenn sich aus den Umständen des Einzelfalles ausreichende Anhaltspunkte dafür ergeben, dass die Parteien einen Dritten in den Schutzbereich ihrer Vertragsbeziehung einbeziehen wollten.[252] Hiervon ist grundsätzlich auszugehen, wenn das Gutachten – wie etwa bei erkennbaren Kauf- oder Verkaufsabsichten – zumindest auch für einen Dritten bestimmt ist und es sich bei dem Gutachter um einen öffentlich bestellten und vereidigten Sachverständigen handelt.[253]

178

I. Der Kulturgüterschutz[254]

I. Zielsetzung

Kulturgüter[255] zu schützen ist eine weltweite Aufgabe, der sich die Menschheit im Interesse der **Erhaltung ihres kulturellen Erbes** verpflichtet weiß. Kulturgüterschutz greift verschiedene Zielrichtungen auf. So geht es um den Schutz von Kulturgut vor Verfall und Zerstörung, was in erster Linie Aufgabe des Denkmalschutzes ist. Weiterhin sollen Strafgesetze vor Raub und Diebstahl schützen und Zivilgesetze Rückgabeansprüche gewährleisten sowie Handelsbeschränkungen den Schmuggel von Kulturgut erschweren bzw. verhindern.

179

II. Rechtsgrundlagen[256]

1. International

Als **unmittelbar** wirkendes internationales Abkommen ist das **Haager Abkommen** vom 14.5.1954 zum Schutz von Kulturgut bei bewaffneten Konflikten zu nennen, welches zwar die Krieg führenden oder in bewaffnete Konflikte involvierten Staaten verpflichtet, Privatpersonen aber keine unmittelbaren Ansprüche auf Rückgabe geraubter, sichergestellter oder sonstwie entwendeter Kulturgüter gewährt.[257] Das **UNIDROIT-Abkommen** vom 24.6.1995[258] gewährt zwar einen privatrechtlichen Anspruch auf Rückgabe

180

---

250 BGH WM 1969, 36; *Schack* Rn. 147.
251 Hierzu ausführlich *Büttner*.
252 BGHZ 159, 1, 6 ff.
253 BGHZ 127, 378, 380.
254 Siehe die von *Fiedler/Turner* herausgegebene Bibliographie zum internationalen Kulturgüterschutz. Zur Normenhierarchie siehe *Odendahl* Kulturgüterschutz.
255 Zum Begriff »Kulturgut« siehe ausführlich Ebling/Schulze/*Siehr* Teil 3 Rn. 1 ff.
256 Siehe die von *Odendahl* herausgegebene Normensammlung Kulturgüterrecht.
257 BGBl. II S. 1235, abgedruckt bei *Odendahl* S. 1.
258 Abgedruckt bei *Odendahl* S. 173.

7. Kapitel   Recht der bildenden Kunst und der Bühne

gestohlener Kulturgüter sowie einen öffentlichrechtlichen Anspruch der Vertragsstaaten auf Rückführung außer Landes geschmuggelter Kulturgüter. Es wurde allerdings von der Bundesrepublik bislang nicht ratifiziert.

181 Das **UNESCO Übereinkommen** über Maßnahmen zum Verbot und zur Verhütung der unzulässigen Einfuhr, Ausfuhr und Übereignung von Kulturgut vom 14.11.1970[259] bedarf der **Umsetzung** in nationales Recht. Dem ist die Bundesrepublik durch das **Kulturgüterrückgabegesetz** vom 18.5.2007[260] nachgekommen.

2. Europa

182 Auf der europarechtlichen Ebene ist festzuhalten, dass die Europäische Union keine eigene Kulturpolitik verfolgt, sich daran auch durch die Regelungen in Art. 151 des EG-Vertrages gehindert sieht, und deshalb ihre Bemühungen darauf konzentriert, innerhalb des europäischen Binnenmarktes den Kulturgüterschutz der Mitgliedstaaten zu koordinieren und zu unterstützen. Zu erwähnen ist hierbei vor allem die **Richtlinie 93/7/EWG** vom 15.3.1993[261] über die Rückgabe von unrechtmäßig aus dem Hoheitsgebiet eines Mitgliedstaats verbrachten Kulturgütern, die ebenfalls durch das **Kulturgüterrückgabegesetz** vom 18.5.2007 in nationales Recht umgesetzt wurde.

183 Darüber hinaus erlangt die **Verordnung (EG) Nr. 116/2009** des Rates vom 18.12.2008[262] über die Ausfuhr von Kulturgütern aus dem Zollgebiet der Gemeinschaft Bedeutung. Differenziert nach Kategorien von Kulturgütern und nach Wertgrenzen bedarf die Ausfuhr von Kulturgütern einer Genehmigung, die dann verweigert werden kann, wenn das betreffende Kulturgut unter eine Rechtsvorschrift zum Schutz nationalen Kulturguts von künstlerischem, geschichtlichem oder archäologischem Wert fällt.

3. National[263]

a) Bund

184 Auf Bundesebene kommt neben dem bereits erwähnten Kulturgüterrückgabegesetz, welches das UNESCO-Abkommen und die RL 93/7/EWG in nationales Recht umgesetzt hat, vor allem dem **Gesetz zum Schutz deutschen Kulturgutes gegen Abwanderung** vom 6.8.1955[264] Bedeutung zu.[265] Kunstwerke und anderes Kulturgut, deren Abwanderung aus der Bundesrepublik einen wesentlichen Verlust für den deutschen Kulturbesitz bedeuten würde, können in ein »Verzeichnis national wertvollen Kulturgutes« eingetragen werden mit der Folge, dass sie nur mit vorheriger Genehmigung des Beauftragten der Bundesregierung für Angelegenheiten der Kultur und Medien ausgeführt werden dürfen. Gleiches gilt für in ein »Verzeichnis national wertvoller Archive« aufgenommenes Archivgut. Bereits die öffentliche Bekanntmachung der – auf Antrag oder von Amts wegen erfolgenden – Einleitung eines Eintragungsverfahrens führt zu einer entsprechenden Ausfuhrbeschränkung. Die Genehmigung zur Ausfuhr ist zu versagen, wenn die Interessenabwägung im Einzelfall ein Überwiegen wesentlicher Belange des deutschen Kulturbesitzes ergeben.

---

259   Abgedruckt bei *Odendahl* S. 55; *Siehr* KUR 2005, 33.
260   BGBl. I S. 757, 2547.
261   ABl. EG 1993 Nr. L 74/74, abgedruckt bei *Odendahl* S. 240.
262   ABl. EG 2009 Nr. L 39/1; Die Vorgängerverordnung (EWG) Nr. 3911/92 des Rates vom 9.12.1992 sowie die Durchführungsverordnung (EWG) Nr. 752/93 vom 30.3.1993 der Kommission sind abgedruckt bei *Odendahl* S. 220, 226.
263   Dazu umfassend *Hipp*.
264   BGBl. I S. 501; abgedruckt bei *Odendahl* S. 270.
265   Zum Kulturgüterschutz im BGB vgl. *Finkenauer* KUR 2007, 96.

Das **Kulturgüterrückgabegesetz** sieht innereuropäisch eine Rückgabepflicht vor, wenn   185
ein Kulturgut unrechtmäßig nach dem 31.12.1992 aus einem anderen Mitgliedstaat in das
Bundesgebiet verbracht wurde und das Kulturgut vor seiner Verbringung oder – bei bislang unbekannten archäologischen Kulturgütern, die in der Regel aus Raubgrabungen
stammen – innerhalb eines Jahres nach Kenntniserlangung von dem ersuchenden Mitgliedstaat durch Rechtsvorschrift oder Verwaltungsakt als national wertvolles Kulturgut
eingestuft wurde bzw. eine solche Einstufung eingeleitet und öffentlich bekannt gemacht
wurde (§ 6 Abs. 1 KultGüRückG).

Ähnlich verhält es sich bei Kulturgütern, die nach dem 26.4.2007 aus einem UNESCO-   186
Vertragsstaat unrechtmäßig in die Bundesrepublik verbracht wurden.[266] Die Kulturgüter
müssen von dem ersuchenden Vertragsstaat in einem hier ohne unzumutbare Hindernisse öffentlich zugänglichem Verzeichnis als »besonders bedeutsam bezeichnet« worden
sein. Die im Rahmen eines internationalen Rechtshilfeersuchens erstellte Auflistung von
Kulturgütern erfüllt die Voraussetzungen, die an ein solches Verzeichnis zu stellen sind,
nicht.[267]

b) Länder

Auf Länderebene enthalten die **Landesverfassungen** Programmsätze oder Staatszielbe-   187
stimmungen, die den Schutz des kulturellen Erbes beinhalten.[268] Darüber hinaus sind in
erster Linie die Vorschriften zum **Denkmalschutz** und zum **Archivwesen** für Fragen des
Kulturgüterschutzes bedeutsam.[269] Neben bestimmten substanziellen Erhaltungspflichten
zielen die Denkmalschutzvorschriften hauptsächlich auf den unbeeinträchtigten Fortbestand von Denkmälern ab und machen Veränderungen jeder Art vom Vorliegen einer
Genehmigung abhängig. Dies gilt insbesondere auch für Ausstattungsstücke an Baudenkmälern wie Skulpturen oder Werke der bildenden Kunst.

J. Bühne

Mindestens ebenso vielfältig wie im Kunstmarkt ist der Teilnehmerkreis im Bereich der   188
Bühne. Auch hier treffen unterschiedliche Urheber und Leistungsschutzberechtigte ebenso
wie Konsumenten und Verwerter aufeinander. Eine ins Detail gehende Darstellung würde
den Rahmen dieses Handbuches für den Fachanwalt sprengen.[270] Deshalb seien hier vier
verschiedene Vertragskonstellationen herausgegriffen, an Hand derer exemplarisch versucht wird, die rechtlichen Beziehungen und Zusammenhänge zu skizzieren.

I. Bühnenverlagsvertrag für wortdramatische Werke[271]

1. Vertragsart

Der Bühnenverlagsvertrag für wortdramatische Werke ist ein **Wahrnehmungsvertrag**.   189
Der Bühnenautor als Urheber eines Werkes räumt einem Bühnenverlag das Recht ein,
seinerseits den Theatern die für die Aufführung des Werkes erforderlichen urheberrechtlichen Nutzungsrechte einzuräumen. Es handelt sich dabei um einen **entgeltlichen**

---

266 Hierzu näher *Ivens* KUR 2008, 36 und *Rietschel*.
267 BayVGH, Beschl. v. 13.4.2010, 7 CE 10.258 und BayVGH, Beschl. v. 16.7.2010, 7 CE 10.1097.
268 Vgl. Art. 3 Abs. 2 Bayerische Verfassung: »Der Staat schützt die natürlichen Lebensgrundlagen und die kulturelle Überlieferung«.
269 Die einschlägigen Vorschriften sind alle bei *Odendahl* abgedruckt.
270 Vgl. die umfassende Gesamtdarstellung bei *Kurz*, Praxishandbuch Theaterrecht.
271 Abgedruckt in Band 3 des Münchner Vertragshandbuches, Wirtschaftsrecht II, 6. Auflage 2009, S. 1194.

Geschäftsbesorgungsvertrag, weil sich der Bühnenverleger seinen Aufwand bezahlen lässt. Regelmäßig werden dem Bühnenverleger vom Urheber die **ausschließlichen Nutzungsrechte** für alle in Betracht kommenden Auswertungsformen bei Bühnenstücken eingeräumt. Das Vertragsmuster ist ausgerichtet für wortdramatische Werke, kann aber auch an die Besonderheiten musikdramatischer Werke angepasst werden.[272]

2. Pflichten des Urhebers

190 Die wesentliche Hauptpflicht des Urhebers besteht in der **Einräumung der Nutzungsrechte**. Hierbei lassen sich Bühnenverlage in der Regel auch die über die konkrete bühnenmäßige Aufführung hinausgehenden Rechte bis hin zur Zweitverwertung übertragen.[273] Darüber hinaus gehört es zu den Hauptpflichten des Urhebers, rechtzeitig ein aufführungsfähiges **Manuskript abzuliefern**. Eine Notwendigkeit, dieses an den Bühnenverlag zu übereignen, besteht jedoch nicht.

3. Pflichten des Bühnenverlags

191 Der Bühnenverlag ist seinerseits hauptsächlich verpflichtet, alle zumutbaren Anstrengungen zu unternehmen, um dem abgenommenen Werk durch Abschluss entsprechender Aufführungsverträge mit Theatern und Bühnen **zur Aufführung zu verhelfen**. Hierzu zählt auch, **Werbung** für das Werk zu machen und die dazu erforderlichen Materialien und Unterlagen auf eigene Kosten herzustellen bzw. herstellen zu lassen. Darüber hinaus leistet der Bühnenverleger die **Einziehung der Tantiemen und deren Abrechnung** gegenüber dem Urheber.[274] Um das Werk auch im Ausland erfolgreich zur Aufführung zu bringen, ist der Bühnenverleger auch zum Abschluss von **Sub-Verlagsverträgen** berechtigt wie auch verpflichtet.

4. Vertragsdauer

192 Wenn die Vertragsparteien keine Vertragslaufzeit vereinbaren, so gilt der Vertrag auf unbestimmte Zeit geschlossen und läuft gegebenenfalls bis zum Ende der urheberrechtlichen Schutzfrist, d.h. bis 70 Jahre p.m.a. (§ 64 UrhG). Ein Recht zur außerordentlichen Kündigung aus wichtigem Grund besteht jedoch in jedem Fall (§ 314 BGB), teilweise wird für die jederzeitige Kündigungsmöglichkeit nach § 627 BGB auch ohne Vorliegen eines wichtigen Grundes plädiert, wobei der Dienstleistungscharakter des Geschäftsbesorgungsvertrages betont wird.[275]

II. Aufführungsvertrag[276]

1. Vertragsart

193 Der Aufführungsvertrag stellt die konsequente Fortsetzung des Bühnenverlagsvertrages dar, indem der Bühnenverleger mit Theatern und Bühnen einen Vertrag über die Aufführung des Werkes schließt, wozu er durch den Bühnenverlagsvertrag berechtigt und verpflichtet wurde. Es handelt sich beim Aufführungsvertrag um einen **urheberrechtlichen Nutzungsvertrag eigener Art** mit Elementen des Pacht-, Gesellschafts- und Werkver-

---

[272] Einzelheiten bei *Vinck* in Band 3 des Münchner Vertragshandbuches, unter 2 S. 1199.
[273] Siehe Loewenheim/*Schlatter* § 72 Rn. 34.
[274] Einzelheiten dazu bei Loewenheim/*Schlatter* § 72 Rn. 39.
[275] Siehe Loewenheim/*Schlatter* § 72 Rn. 42 m.w.N.
[276] Abgedruckt in Band 3 des Münchner Vertragshandbuches, S. 1201.

J. Bühne

trags.²⁷⁷ Durch den Aufführungsvertrag werden der Bühne die **einfachen Nutzungsrechte** eingeräumt, die zur Aufführung des Werkes erforderlich sind.²⁷⁸

Zeitlich ist die Nutzungsrechtseinräumung befristet auf die im Vertrag vorgesehene Spielzeit. **Örtlich** erstreckt sich die Aufführungsberechtigung auf den Sitz und die Spielstätte der Bühne, gegebenenfalls auf Gastspiele, soweit diese vertraglich vereinbart werden. 194

2. Pflicht der Bühne

Die Bühne wird durch den Aufführungsvertrag nicht nur berechtigt, die **Aufführung des Werkes zu veranstalten**, sondern hierzu auch verpflichtet. Dies korrespondiert mit der Verpflichtung des Bühnenverlegers gegenüber dem Urheber, das Werk zur Aufführung zu bringen. Vereinbart wird weiterhin, dass die Bühne das Aufführungsmaterial vom Bühnenverlag beziehen muss. Teile hiervon werden regelmäßig gekauft, andere Teile – insbesondere bei musikdramatischen Werken das Notenmaterial – werden gemietet.²⁷⁹ 195

3. Vergütung

Die Vergütung des Bühnenverlages und des Urhebers richtet sich nicht nach festen erfolgsabhängigen Sätzen, sondern ist in der **Regelsammlung Verlage (Vertriebe)/Bühnen – RS Bühne** zwischen dem Verband Deutscher Bühnen- und Medienverlage für die Urheberseite und dem Deutschen Bühnenverein für die Theater und Bühnen vereinbart worden.²⁸⁰ 196

III. Regie-Vertrag für Gastregisseure²⁸¹

1. Vertragsart

Ein allgemein anerkanntes Vertragsmuster für Gastregisseure gibt es nicht. Je nach der individuellen Vertragsausgestaltung zwischen Bühne und Gastregisseur kann das Vertragsverhältnis mehr dienst- bzw. arbeitsrechtlichen oder mehr werkvertraglichen Charakter haben. Das in der Sache doch recht frei ausgestaltete Verhältnis spricht jedoch eher für eine **werkvertragliche Qualifikation**. 197

2. Pflicht des Gastregisseurs

Der Regisseur hat das zur Aufführung bestimmte **Werk in Szene zu setzen**. Dabei obliegt ihm die Besetzung der Rollen, des Bühnenbildners, womöglich auch der Eingriffe in das Stück als solches, etwa durch Kürzungen. In seiner Person entstehen dadurch Leistungsschutzrechte eines ausübenden Künstlers (§§ 73, 80 UrhG). Die Frage, ob er selbst durch gestalterische Eingriffe ein Urheberrecht erwirbt, ist höchst umstritten.²⁸² Feststeht jedenfalls, dass der Regisseur seine **künstlerische Leistung höchstpersönlich zu erbringen** hat. Dementsprechend steht ihm auch ein relativ großer **künstlerischer Gestaltungsspielraum** offen. 198

---

277 BGHZ 13, 115, 119 – Platzzuschüsse.
278 Einzelheiten dazu bei Loewenheim/*Schlatter* § 72 Rn. 54.
279 *Vinck* unter Nr. 6 S. 1216.
280 Abgedruckt bei *Vinck* S. 1204; Einzelheiten dazu bei Loewenheim/*Schlatter* § 72 Rn. 56 f.
281 Empfehlung abgedruckt in Band 3 des Münchner Vertragshandbuches, S. 1226.
282 Dazu Dreier/*Schulze* § 3 Rn. 23.

IV. Normalvertrag (NV) Bühne[283]

1. Vertragsart

199 Der seit April 2003 geltende Normalvertrag Bühne ist ein **einheitlicher Tarifvertrag** für alle ganz oder überwiegend künstlerisch tätigen Bühnenangehörigen mit Ausnahme der Orchestermusiker. Allerdings ist der NV Bühne **nicht** für **allgemeinverbindlich** erklärt mit der Folge, dass er nur dann zur Anwendung kommt, wenn beide Vertragsparteien Angehörige entsprechender Berufsvertretungen sind oder die Anwendung des NV Bühne ausdrücklich vertraglich vereinbaren.

2. Inhalt

200 Wesentliche Regelungen des NV Bühne sehen eine **Beschäftigungspflicht** bzw. einen entsprechenden **Beschäftigungsanspruch vor** für Solo-Darsteller und bestimmte gleichgestellte angestellte Nichtdarsteller wie Dirigenten, Regisseure, Bühnenbildner, Choreographen und Dramaturgen.[284] Darüber hinaus wird ein Anspruch auf **genehmigte Nebentätigkeit** anerkannt, um die Bühnenangehörigen in ihren Weiterentwicklungsmöglichkeiten zu unterstützen. Abgesehen davon werden auch eine Reihe von Pflichten geregelt, wie etwa die **Rollenübernahmepflicht** sowie **Mitwirkungspflichten** an Proben und sonstigen Veranstaltungen. Die in Tarifverträgen üblichen Regelungsbereiche der Arbeitszeiten, Vergütungen mit Sonderzuschlägen, Kündigungsschutz etc. finden sich auch im NV Bühne mit entsprechend spezifizierter Ausrichtung.

201 Bemerkenswert ist, dass für Streitigkeiten eine **Bühnenschiedsgerichtsbarkeit** eingerichtet ist, in deren Zuständigkeit die gerichtliche Klärung streitiger Rechtspositionen fällt.

---

283 Abgedruckt in Band 3 des Münchner Vertragshandbuches, S. 1229.
284 Näher Loewenheim/*Schlatter* § 72 Rn. 90 und ausführlich *Kurz* Kap. 7 Rn. 146.

Teil 3
Presse- & Rundfunkrecht

Kapitel 8
Äußerungsrecht

Übersicht Rdn.

A. **Verfassungsrechtliche Rahmenbedingungen – konfligierende Grundrechtspositionen** 1
I. Grundrechte des sich Äußernden 2
II. Grundrechte Dritter – Das Allgemeine Persönlichkeitsrecht 11
   1. Rechtsnatur des Allgemeinen Persönlichkeitsrechts 12
   2. Träger des Allgemeinen Persönlichkeitsrechts 19
   3. Ausprägungen des Allgemeinen Persönlichkeitsrechts 24
      a) Schutz der Intimsphäre 30
      b) Schutz der Privatsphäre 36
      c) Schutz der Sozial- und Öffentlichkeitssphäre 45
      d) Schutz der Geheimsphäre 50
      e) Probleme im Umgang mit der Sphärentheorie 54
   4. Sonderfall: Recht am Unternehmen 59
   5. Übertragbarkeit des Persönlichkeitsrechts 61
   6. Abschwächung des Persönlichkeitsschutzes wegen Vorverhaltens 70
III. Vorgehen bei der Prüfung, insbesondere der Abwägung 76

B. **Verhältnis zu anderen Rechtsordnungen und Rechtsgebieten** 84
I. Europarechtliche Bezüge 84
II. Äußerungsrecht und Wettbewerbsrecht 89
III. Äußerungsrecht und Datenschutzrecht 102

C. **Rechtsfragen im Recherchestadium** 103
I. Grundsatz: Bindung an Recht und Gesetz 103
II. Rechtsvorschriften zum Schutz des Staates und der Allgemeinheit 108
III. Verletzung individueller Rechtsgüter 111
   1. Verletzung der Vertraulichkeit des gesprochenen Worts 112
   2. Anfertigung von Bildnissen 122
      a) § 201a StGB höchstpersönlicher Lebensbereich 122
      b) Sonstige Bildnisse 127
   3. Zugang zu fremden Räumlichkeiten 141
   4. Verrat von Geheimnissen 152
   5. Sonstige Vorschriften zum Schutz der Rechte Dritter 162
   6. Rechtsfolgen der rechtwidrigen Informationsbeschaffung 166
IV. Sonderrechte der Medien und ihrer Vertreter 169
   1. Auskunftsansprüche der Medien 169
   2. Zeugnisverweigerungsrecht und Beschlagnahmeverbote 172

D. **Rechtsfragen bei der Berichterstattung** 175
I. Wortberichterstattung 176
   1. Identifizierbarkeit und Betroffenheit von Personen 176
   2. Auslegung von Äußerungen 183
      a) Allgemeine Auslegungsgrundsätze 184
      b) Mehrdeutigkeit 189
      c) Abgrenzung Tatsachenbehauptung – Meinungsäußerung 194
   3. Meinungsäußerungen 204
   4. Tatsachenbehauptungen 215
      a) Bewiesen oder unbestritten wahre Tatsachenbehauptungen 216
      b) Verbreitung unwahrer oder umstrittener Tatsachenbehauptungen 226
   5. Behaupten und Verbreiten 236
      a) Allgemeine Grundsätze 236
      b) Haftungseinschränkungen bei Verbreiten 242
II. Bildberichterstattung 250
   1. Rechtsnatur 251
   2. Rechtsinhaber und Wahrnehmungsberechtigte 252
   3. Bildnis und Bild – Abgrenzung 253
   4. Begriff des Bildnisses 254
   5. Verletzungshandlung: Verbreiten oder Zurschaustellen 264

8. Kapitel Äußerungsrecht

	Rdn.
6. § 22 Satz 1 KUG – Einwilligung des Abgebildeten	267
a) Rechtscharakter der Einwilligung	268
b) Wirksamkeitsvoraussetzung der Einwilligung	270
c) Konkludente Einwilligung	273
d) Einzelfälle konkludenter Einwilligung	276
e) Umfang der Einwilligung	278
f) Darlegungs- und Beweislast	279
g) Widerruf und Anfechtung einer Einwilligung	281
7. Aufhebung des Schutzes: Zurechenbares Vorverhalten	284
8. § 23 KUG – Bildnisveröffentlichung ohne Einwilligung	285
a) § 23 Abs. 1 Ziff. 1 KUG – Bildnisse aus dem Bereich der Zeitgeschichte	286
b) § 23 Abs. 1 Nr. 2 KUG – Bilder einer Landschaft oder sonstigen Örtlichkeit mit Personen als Beiwerk	306
c) § 23 Abs. 1 Nr. 3 KUG – Bilder von Versammlungen und ähnlichen Vorgängen	310
d) § 23 Abs. 1 Nr. 4 KUG – Bildnisse im höheren Interesse der Kunst, die nicht auf Bestellung angefertigt sind	314
e) § 23 Abs. 2 KUG – Berechtigtes Interesse	315
9. § 33 KUG	332
III. Sonderfälle	333
1. Veröffentlichung rechtswidrig erlangter Informationen	333
2. Verdachtsberichterstattung/laufende Strafverfahren	337
3. Berichterstattung über abgeschlossene Strafverfahren	349
4. Satire	353
E. Äußerungsrechtliche Ansprüche und ihre Durchsetzung	**356**
I. Übersicht und strategische Überlegungen	356
II. Unterlassungsanspruch	362
1. Rechtsgrundlagen	363
2. Voraussetzungen	365
a) Rechtsverletzung	365
b) Begehungsgefahr	369
aa) Erstbegehungsgefahr	370
bb) Wiederholungsgefahr	372
cc) Wegfall der Begehungsgefahr	373
3. Anspruchsberechtigte	388
4. Anspruchsverpflichtete	394
5. Durchsetzung des Unterlassungsanspruchs	397
a) Umfang des Unterlassungsanspruchs/Antragsfassung	398
b) Beweislast	408
c) außergerichtliche Durchsetzung	411
d) gerichtliche Durchsetzung	419
III. Gegendarstellung	429
1. Rechtsgrundlagen	431
2. Voraussetzungen	434
a) Anspruchsberechtigte	435
b) Anspruchsverpflichtete	438
c) Gegendarstellungsfähige Veröffentlichung	439
d) Entgegnung	444
e) Formerfordernisse	454
f) Fristen	459
3. Erfüllung des Anspruchs	460
4. Gerichtliche Durchsetzung	464
IV. Berichtigung	472
1. Voraussetzungen	473
a) Tatsachenbehauptung	474
b) Unwahrheit der Behauptung	475
c) Fortdauernde Beeinträchtigung	477
d) Erforderlichkeit der Berichtigung	480
2. Anspruchsberechtigte	484
3. Anspruchsverpflichtete	485

Äußerungsrecht 8. Kapitel

Rdn.

	4. Erscheinungsformen des Anspruchs auf Berichtigung	486
	a) Widerruf	487
	b) ergänzender Widerruf	489
	c) eingeschränkter Widerruf (Nichtaufrechterhaltung)	491
	d) Richtigstellung	494
	e) erläuternde Ergänzung	496
	f) Distanzierung	497
	5. Erfüllung des Anspruchs	500
	6. Durchsetzung	501
	a) Rechtsweg	501
	b) Verfahrensart	502
	c) Antragsfassung	503
	d) Abmahnung	506
	7. Zwangsvollstreckung	507
V.	Schadenersatz und Bereicherungsausgleich	508
VI.	Geldentschädigung	511
VII.	Kostenerstattung	520
VIII.	Reaktionsmöglichkeiten der Medien	523
F.	Recht der Anzeige	527
I.	Der Anzeigenvertrag	527
	1. »Anzeige« als Vertragsgegenstand	527
	2. Rechtsnatur des Anzeigenvertrags	529
	3. Gewährleistungsrechte	534
	4. Besonderheiten beim Vertragsabschluss	535
	a) Angebot und Annahme	535
	b) Die Vertragsparteien	539
	c) Kontrahierungszwang?	541
	5. Der Vertragsinhalt	546
	a) Allgemeine Geschäftsbedingungen	546
	b) Anzeigeninhalt als Geschäftsgeheimnis	549
	c) Gesetzliche Werbeverbote	550
	d) Chiffreanzeigen	552
II.	Wettbewerbsrechtliche Schranken	555
	1. Grundsatz der Preislistentreue	555
	2. Füllanzeigen	562
	3. Verbot der Schleichwerbung	566
	a) Allgemeine Grundsätze	566
	b) Abgrenzung redaktionelle Berichterstattung/Schleichwerbung	574
	c) Kopplung von redaktionellem Text und Anzeigenschaltung	580
	d) Sonstige Kooperationen zwischen Redaktion und Anzeigenkunden	583
	e) Sonderfall: Preisrätsel	585
	f) Sonderfall: Kundenzeitschriften und Anzeigenzeitungen	589
	4. Haftung für den Anzeigeninhalt	594
G.	Pressevertriebsrecht – Preisbindung – Abo-Werbung	598
I.	Verfassungsrechtliche Grundlagen	598
II.	System des Pressevertriebs	601
	1. Das Presse-Grosso	602
	a) Remissionsrecht	608
	b) Dispositionsrecht	612
	c) Preisbindung	614
	d) Rechtsverhältnis zwischen Grosso und Verlag	617
	e) Rechtsverhältnis zwischen Grosso und Einzelhandel	627
	2. Der Bahnhofsbuchhandel	630
	3. Verlagsabonnement	636
	4. Werbender Buch- und Zeitschriftenhandel	639
	5. Lesezirkel	644
	6. Nationalvertrieb	648
III.	Preisbindung	652
	1. System der Preisbindung	652
	2. Form	657

8. Kapitel Äußerungsrecht

	Rdn.
3. Missbrauch der Preisbindung/Diskriminierung	658
a) Abopreise	662
b) Probeabonnements	667
IV. Wettbewerbsrechtliche Rahmenbedingungen für den Pressevertrieb	681
1. Der Abo-Vertrag als Fernabsatzvertrag	681
2. Der Abo-Vertrag als Allgemeine Geschäftsbedingungen (AGB)	688
3. Abonnement-Vertrag und das Widerrufsrecht	691
4. Abonnement-Werbung mit Zugaben	705
5. Prämienwerbung (»Leser werben Leser«)	713
6. Abo-Werbung und Gewinnspiele	719
7. Abo-Werbung und Direktmarketing	721
8. Abo-Werbung im Internet	737
9. Einzelfälle irreführender Abonnementwerbung	739
10. Abo-Werbung mit kostenlosen Probeheften	743
V. Einzelhandels-Marketing	746
1. »Kostenloser Vertrieb«	746
a) Kostenlose Verteilung entgeltlich vertriebener Presse zu Probezwecken	750
b) »Stumme Verkäufer« oder »Klaubeutel«?	752
c) Offerten- und Anzeigenblätter und anzeigenfinanzierte Verteilzeitungen	755
2. Gewinnspiel im Heft	761
3. Sondervorteile für den Einzelhandel	766

A. Verfassungsrechtliche Rahmenbedingungen – konfligierende Grundrechtspositionen

1   Äußerungsrecht ist in weiten Teilen praktisch angewandtes Verfassungsrecht. Die Grundrechte sind zwar nach allgemeiner Meinung zunächst Abwehrrechte des Bürgers gegen den Staat, während das Äußerungsrecht meist Konflikte zwischen Bürgern regelt. Die Ausübung der Kommunikationsfreiheiten des Art. 5 Abs. 1 GG, aber auch der Kunstfreiheit des Art. 5 Abs. 3 GG geraten allerdings häufig in Konflikt mit ebenfalls grundrechtlich geschützten Rechtspositionen, insbesondere dem Persönlichkeitsrecht. Es ist deshalb kein Zufall, dass das BVerfG ausgerechnet in einem äußerungsrechtlichen Fall, der Lüth-Entscheidung, seine bekannten Grundsätze zur mittelbaren Drittwirkung der Grundrechte über die zivilrechtlichen Generalklauseln entwickelt hat.[1] Verfassungsrecht hat daher gerade im Äußerungsrecht handfeste Konsequenzen für die Lösung vieler konkreter Fälle. Komplex wird die rechtliche Situation dadurch, dass die zivilgerichtliche Rechtsprechung, insbesondere beim Persönlichkeitsrecht, den verfassungsrechtlichen Schutz einfachrechtlich erweitert hat.

I. Grundrechte des sich Äußernden

2   Auf Seiten des sich Äußernden bzw. der Medien kommen in der Regel die Grundrechte des Art. 5 Abs. 1 GG ins Spiel. Insbesondere im fiktionalen Bereich, aber auch bei der Beurteilung von Satire kommt die Kunstfreiheit hinzu.

3   Art. 5 Abs. 1 Satz 1 GG enthält nach h.M. fünf grundsätzlich selbständige Freiheiten: die Meinungsfreiheit, die Informationsfreiheit, die Pressefreiheit, die Rundfunkfreiheit und die Filmfreiheit.[2] Das BVerfG geht dessen ungeachtet in ständiger Rechtsprechung davon aus, dass allen Kommunikationsfreiheiten ein einheitliches Schutzkonzept, nämlich der

---
[1] BVerfGE 7, 198 – Lüth.
[2] A.A. etwa *Hoffmann-Riem* AK zum GG, Art. 5, Rn. 138, der die Medienfreiheiten unter ein einheitliches Grundrecht fasst. Im Äußerungsrecht hat diese Frage aber aufgrund der einheitlichen Schrankenregelung des Art. 5 Abs. 2 GG kaum praktische Relevanz.

A. Verfassungsrechtliche Rahmenbedingungen – konfligierende Grundrechtspositionen

Schutz individueller und öffentlicher Meinungsbildung, zugrunde liegt.[3] Für die praktische Anwendung und Auslegung ist wichtig, dass die Kommunikationsfreiheiten über zwei Komponenten verfügen. Die Kommunikationsgrundrechte verfügen in unterschiedlicher Intensität über eine persönlichkeitsrechtliche Komponente, am deutlichsten die Meinungsfreiheit. In der Sprache des BVerfG ist die Meinungsfreiheit als »unmittelbarster Ausdruck der menschlichen Persönlichkeit in der Gesellschaft eines der vornehmsten Menschenrechte überhaupt«.[4] Daneben betont das BVerfG immer wieder die besondere Funktion der Kommunikationsfreiheiten für die freiheitliche demokratische Gesellschaft. In der Spiegel-Entscheidung bezeichnet etwa das BVerfG die freie, keiner Zensur unterworfene Presse als Wesenselement einer freiheitlichen Gesellschaft und als unentbehrlich in einer modernen Demokratie.[5] Verfassungsrechtlich bewirkt das zweierlei: Einerseits führt bereits der persönlichkeitsrechtliche Aspekt dazu, dass Äußerungen unabhängig, ob sie politischen oder privaten Inhalt haben, in den Schutzbereich der Kommunikationsfreiheiten fallen.[6] Andererseits rechtfertigt es die demokratiestaatliche Funktion, im Rahmen der Abwägung danach zu gewichten, ob Fragen, die die Öffentlichkeit wesentlich angehen, erörtert oder lediglich private Angelegenheiten, die nur die Neugier befriedigen, ausgebreitet werden.[7]

Die **Meinungsfreiheit** schützt Meinungen. Meinungen sind durch die subjektive Einstellung des sich Äußernden zum Gegenstand der Äußerung gekennzeichnet.[8] Für die Praxis meist wenig hilfreich ist es, wenn der Begriff der Meinung tautologisch anmutend mit anderen Begriffen wie Ansicht, Auffassung, Überzeugung, Wertung, Urteil, Einschätzung oder Stellungnahme umschrieben wird.[9] Das Problem all dieser Umschreibungsversuche ist letztlich, dass ein unbestimmter Begriff durch andere ersetzt wird. Für die Praxis spielt aber die Einordnung einer Äußerung als Meinung insbesondere wegen der schwierigen Abgrenzung zur Tatsachenbehauptung eine wichtige, häufig sogar den Fall entscheidende Rolle.[10] Der Schutz von Meinungen besteht unabhängig davon, ob die Äußerung rational oder emotional, begründet oder grundlos ist und ob sie von anderen für nützlich oder schädlich, wertvoll oder wertlos gehalten wird.[11] Insbesondere hängt der grundsätzliche Schutz nicht von einem Informationsinteresse der Öffentlichkeit ab.[12] Der Schutz bezieht sich nicht nur auf den Inhalt der Äußerung, sondern auch auf ihre Form. Dass eine Aussage polemisch oder verletzend formuliert ist, entzieht sie nicht schon dem Schutzbereich des Grundrechts.[13] Allerdings tritt die Meinungsfreiheit regelmäßig zurück, wenn sich eine Äußerung als Schmähkritik oder als Formalbeleidigung darstellt.[14] Auch egoistisch motivierte Äußerungen sind vom Schutz umfasst, auch wenn im Rahmen der Abwägung altruistische Motive besonderes Gewicht erlangen können.[15] Deshalb ist auch Wirtschaftswerbung von der Meinungsfreiheit umfasst, jedenfalls wenn

4

---

3   BVerfGE 57, 295, 320 f. – FRAG; 74, 297, 323 – Landesmediengesetz Baden-Württemberg.
4   BVerfGE 7, 198, 208 – Lüth.
5   BVerfGE 20, 162, 174 – Spiegel.
6   BVerfGE 101, 361, 391 – Caroline von Monaco II; ähnlich BVerfGE 120, 180, 205 – Caroline von Hannover.
7   BVerfGE 34, 269, 283 – Soraya; 101, 361, 391 – Caroline von Monaco II; BVerfGE 120, 180, 205 – Caroline von Hannover.
8   BVerfGE 93, 266, 289 – Soldaten sind Mörder II.
9   Siehe z.B. von Mangoldt/Kleine/Starck/*Starck* GG, Art. 5 Abs. 1, 2 Rn. 22.
10 Zur Abgrenzung siehe Rdn. 194 ff.
11 Vgl. BVerfGE 30, 336, 347 – Sonnenfreunde; 33, 1, 14 Strafgefangene; 61, 1, 7 – NPD Europas; 93, 266, 289 – Soldaten sind Mörder II.
12 BVerfG AfP 2010, 365.
13 Vgl. BVerfGE 54, 129, 138 f. – Kunstkritik; 61, 1, 7 – NPD Europas; 93, 266, 289 – Soldaten sind Mörder II.
14 BVerfGE 93, 266, 293 f. – Soldaten sind Mörder II; ZUM-RD 2008, 114, 116.
15 BVerfG 7, 198 – Lüth; 30, 336, 348 – Sonnenfreunde.

und soweit sie einen wertenden, meinungsbildenden Inhalt hat oder Angaben enthält, die der Meinungsbildung dienen.[16]

5 **Tatsachen** sind zwar nicht vom Wortlaut des Art. 5 Abs. 1 Satz 1 GG erfasst. Dennoch bezieht das BVerfG auch Tatsachenbehauptungen in den Schutzbereich ein, wenn und soweit sie Voraussetzung und Grundlage für Meinungsäußerungen sind.[17] Sie nehmen aber nicht in gleicher Weise am Schutz des Art. 5 Abs. 1 GG teil.[18] Nicht geschützt sind Tatsachenbehauptungen nur dann, wenn sie nichts zur durch Art. 5 Abs. 1 GG geschützten freien Meinungsbildung beitragen können.[19] Das ist etwa der Fall bei Tatsachenbehauptungen, die bewusst unwahr oder erwiesenermaßen falsch sind.[20] Die unrichtige Wiedergabe von Zitaten ist eine unwahre Tatsachenbehauptung in diesem Sinne und daher ebenfalls nicht vom Schutzbereich des Art. 5 GG erfasst.[21]

6 Die **Informationsfreiheit** (Art. 5 Abs. 1 Satz 1 2. Hs. GG), also die Freiheit, sich ungehindert aus allgemein zugänglichen Quellen zu unterrichten, spielt in der Praxis des Äußerungsrechts eine deutlich untergeordnete Rolle. Das gilt für Medien selbst im Recherchestadium. Das hängt zum einen damit zusammen, dass die Informationsfreiheit innerhalb ihres Anwendungsbereichs zwar vorgeht, die Medienfreiheiten aber auch die Informationsbeschaffung schützen. Außerdem schützt die Informationsfreiheit ebenso wie die Medienfreiheiten nur den ungehinderten Zugang zu Quellen, die der Inhaber des Bestimmungsrechts allgemein zugänglich gemacht hat. Inhaber dieses Bestimmungsrechts kann auch der Staat sein. Das Grundrecht umfasst allerdings ein Zugangsrecht in Fällen, in denen der Staat den Zugang zu Informationen verweigert, die aufgrund rechtlicher Vorgaben der Öffentlichkeit zugänglich sein sollen.[22] In der Praxis effektiver sind die einfachgesetzlichen Ansprüche aus den Pressegesetzen und den Informationsfreiheitsgesetzen.

7 Dagegen spielen wiederum die **Medienfreiheiten**, also die Presse-, die Rundfunk- und – mit Abstrichen – die Filmfreiheit im Äußerungsrecht eine eminent wichtige Rolle. Die Abgrenzung dieser Freiheiten ist insbesondere im Hinblick auf das Internet und andere neue Verbreitungstechniken nicht einfach, für das Äußerungsrecht aber von eher untergeordneter Bedeutung. Für die Praxis wichtiger ist die – nicht vollständig mit dem Verfassungsrecht deckungsgleiche – einfachgesetzliche Einordnung des jeweiligen Mediums, weil hiervon abhängt, welches einfachgesetzliche Regelungsregime greift. Allen Medienfreiheiten gemeinsam ist, dass es nicht darauf ankommt, welcher Inhalt transportiert wird.[23] Nach ständiger Rechtsprechung des BVerfG, an der sich auch durch die Entscheidung des EGMR im Fall Caroline von Hannover[24] nichts geändert hat, genießt daher nicht nur die »seriöse Presse«, sondern auch die Presse Grundrechtsschutz, die vornehmlich der Unterhaltung, Neugier und Zerstreuung dient.[25] Gleiches gilt für den Rundfunk.[26] Das BVerfG geht in ständiger Rechtsprechung davon aus, dass auch derartige Medienerzeugnisse eine gesellschaftliche Funktion erfüllen und einen Beitrag zur öffent-

---

16 BVerfGE 102, 347, 359 – Benetton I.
17 BVerfGE 61, 1, 8 – NPD Europas; 90, 241, 247 – Auschwitzlüge; 94, 1, 7 – DGHS.
18 BVerfGE 61, 1, 12 – NPD Europas.
19 BVerfGE 90, 241, 247 – Auschwitz-Lüge.
20 BVerfGE 85, 1, 17 – Bayer-Aktionäre; 114, 339, 352 – Stolpe.
21 BVerfGE 54, 208, 219 – Böll; BGH ZUM-RD 2008, 117, 119.
22 BVerfGE 103, 44, 60 – Fernsehaufnahmen im Gericht II.
23 St. Rspr.: BVerfGE 34, 269, 283 – Soraya zur Pressefreiheit; BVerfGE 12, 205, 260 – Deutschlandfernsehen zur Rundfunkfreiheit.
24 EGMR GRUR 2004, 1051, 1054 – Caroline von Hannover.
25 BVerfGE 34, 269, 283 – Soraya; 101, 361, 390 – Caroline von Monaco II; 120, 180, 205 – Caroline von Hannover.
26 BVerfGE 35, 202, 222 – Lebach I.

A. Verfassungsrechtliche Rahmenbedingungen – konfligierende Grundrechtspositionen

lichen Meinungsbildung liefern, indem sie auch »Realitätsbilder vermitteln und Gesprächsgegenstände zur Verfügung stellen, an die sich Diskussionsprozesse anschließen können, die sich auf Lebenseinstellungen, Werthaltungen und Verhaltensmuster beziehen.«[27] Anders als die Meinungsfreiheit haben die Presse- und die Rundfunkfreiheit eine starke institutionelle Komponente, wobei beim Rundfunk verfassungsrechtliche Besonderheiten gelten, die unter dem Begriff der »dienenden Freiheit« zusammengefasst werden und für die Frage der Ausgestaltung der Rundfunkordnung eine erhebliche Rolle spielen. An dieser Stelle reicht der Hinweis aus, dass beide Freiheiten aufgrund ihrer institutionellen Komponente nicht nur die Verbreitung der Nachrichten und Meinungen schützen, sondern auch diejenigen Voraussetzungen und Tätigkeiten, ohne die die Medien ihre Funktion nicht in angemessener Weise erfüllen könnten.[28] Der Schutzbereich reicht damit von der Beschaffung der Information bis zu deren Verbreitung.[29]

Von Bedeutung für das Äußerungsrecht ist daher die Abgrenzung der einzelnen Medienfreiheiten einerseits und von der Meinungsfreiheit andererseits. Die Abgrenzung ist nicht offensichtlich, weil Medien gerade in der Verbreitung von Nachrichten und Meinungen ihren Hauptzweck haben. Das BVerfG nimmt die Abgrenzung danach vor, ob es um die Beurteilung einer einzelnen Äußerung geht, gleich in welcher Form und in welchem Medium sie geäußert wird (dann Meinungsfreiheit), oder um die eine einzelne Äußerung übersteigende Bedeutung der Presse für die freie individuelle und öffentliche Meinungsbildung.[30] Dabei billigt das BVerfG den Medienfreiheiten eine Rolle zu, die über die eines bloßen Spezialgrundrechts für Meinungsäußerungen im jeweiligen Medium hinausgeht. Die Medienfreiheiten sind daher betroffen, wenn es um die in den Medien tätigen Personen in Ausübung ihrer Funktion, um ein Presseerzeugnis selbst, um seine institutionell-organisatorischen Voraussetzungen und Rahmenbedingungen sowie um die Institution der freien Medien überhaupt geht.[31] Auch im Rahmen des Bildnisschutzes rekurriert das BVerfG auf die Medienfreiheiten.[32]

Die Kommunikationsfreiheiten sind allerdings nicht schrankenlos geschützt. Die **Schranken in Art. 5 Abs. 2 GG** lassen Eingriffe in die Rechte des Art. 5 Abs. 1 GG durch den Jugendschutz, zum Schutz der persönlichen Ehre und durch andere allgemeine Gesetze zu. Unter »allgemeine Gesetze« sind alle Gesetze zu verstehen, »die sich nicht gegen die Meinungsfreiheit oder die Freiheit von Presse und Rundfunk an sich oder gegen die Äußerung einer bestimmten Meinung richten, die vielmehr dem Schutz eines schlechthin, ohne Rücksicht auf eine bestimmte Meinung, zu schützenden Rechtsguts dienen. Dieses Rechtsgut muss in der Rechtsordnung allgemein und damit unabhängig davon geschützt sein, ob es durch Meinungsäußerungen oder auf andere Weise verletzt werden kann.«[33] »Allgemeine Gesetze« in diesem Sinn sind insbesondere die Vorschriften des Zivilrechts,[34] des Wettbewerbsrechts und des Strafrechts.[35] Nach der Wechselwirkungslehre des BVerfG müssen aber angesichts der Bedeutung der Kommunikationsfreiheiten die allgemeinen Gesetze ihrerseits aus der Erkenntnis der wertsetzenden Bedeutung dieses Grundrechts im freiheitlichen demokratischen Staat ausgelegt und so in ihrer

---

27 Grundsätzlich: BVerfGE 101, 361, 389 ff. – Caroline von Monaco II. Bestätigend: BVerfGE 120, 180, 204 – Caroline von Hannover.
28 BVerfGE 117, 244, 259 – Cicero.
29 Grundlegend zur Pressefreiheit: BVerfGE 20, 162, 175, f. – Spiegel; zur Rundfunkfreiheit: BVerfGE 91, 125, 134 – Fernsehaufnahmen im Gerichtssaal I.
30 BVerfGE 85, 1, 12 – kritische Bayer-Aktionäre.
31 BVerfGE 85, 1, 12 – kritische Bayer-Aktionäre.
32 Vgl. nur BVerfGE 120, 180 – Caroline von Hannover.
33 BVerfGE 117, 244, 260 – Cicero.
34 BVerfGE 7, 198, 211 f. – Lüth.
35 BVerfGE 117, 244, 260 – Cicero.

das Grundrecht begrenzenden Wirkung selbst wieder eingeschränkt werden.[36] Im Ergebnis läuft diese Lehre auf eine Verhältnismäßigkeitsprüfung sowohl bei der Auslegung der Gesetze als auch bei der Anwendung von Generalklauseln hinaus.[37]

10 Neben den Kommunikationsfreiheiten kommt vor allem die **Kunstfreiheit** gem. Art. 5 Abs. 3 GG im Äußerungsrecht zum Tragen. Kunst ist schwer zu fassen, nach der Begriffsbestimmung des BVerfG aber die freie schöpferische Gestaltung, in der Eindrücke, Erfahrungen und Erlebnisse des Künstlers durch das Medium einer bestimmten Formensprache (Bild, Roman, etc.) zur Anschauung gebracht werden.[38] Eine staatliche Bewertung des Stils, des Niveaus und generell des Inhalts ist nicht zulässig.[39] Da nicht nur die Herstellung eines Werks von der Kunstfreiheit geschützt ist (Werkbereich), sondern auch die Darbietung und Verbreitung (Wirkbereich)[40] kommt die Kunstfreiheit häufig dann in Kollision mit den Rechten Dritter, wenn sie die rein fiktionale Ebene verlässt und sich auf reale Geschehnisse und Personen bezieht. Da es das Wesen der Kunst ist, die Geschehnisse nicht nur einfach wirklichkeitsgetreu abzubilden, kommt es vor allem bei der Kunstform des Romans, aber auch bei künstlerisch gestalteten Autobiographien, Reportagen und andere Ausdrucksformen (Satire, Doku-Drama, Faction) häufig zu einer unauflösbaren Verbindung von Anknüpfungen an die Wirklichkeit mit deren künstlerischer Gestaltung, so dass sich feste Grenzlinien zwischen Kunst und Nichtkunst nach dem Maß ergeben, in dem die künstlerische Verfremdung gelungen ist. Bei der Kunstfreiheit ist stets zu berücksichtigen, dass künstlerische Erzählformen – in der Diktion des BVerfG – gegenüber der »realen« Wirklichkeit eine verselbständigte »wirklichere Wirklichkeit« anstreben, in der die reale Wirklichkeit auf der ästhetischen Ebene in einem neuen Verhältnis zum Individuum bewusster erfahren werde. Das BVerfG verlangt daher, dass die künstlerische Darstellung nicht am Maßstab der Welt der Realität, sondern nur an einem kunstspezifischen, ästhetischen Maßstab gemessen wird.[41] Das bedeutet vor allem, dass anders als bei den Kommunikationsfreiheiten sich eine bloße Orientierung am Maßstab »wahr« oder »unwahr« verbietet, weil es gerade das Wesen der Kunst ist, »Urbilder« als Vorlage für verselbständigte, vom »Urbild« losgelöste und durch die künstlerische Gestaltung verobjektivierte »Abbilder« zu verwenden.[42] Das BVerfG leitet hieraus eine Vermutung der Fiktionalität ab.[43] Das hat Auswirkungen vor allem auf die Erkennbarkeit der Vorbilder,[44] aber auch auf die Abwägung mit dem Allgemeinen Persönlichkeitsrecht.[45] Aufgrund des vorbehaltlosen Schutzes sind der Kunst nur verfassungsimmanente Schranken gesetzt, wozu freilich auch das Allgemeine Persönlichkeitsrecht gehört. Die zunehmende Bedeutung der Kunstfreiheit zeigt sich durch eine Reihe von jüngeren höchstrichterlichen Entscheidungen.[46] Bei Äußerungen in wissenschaftlichen Werken ist ähnlich wie bei der Kunstfreiheit die besondere Stellung der ebenfalls in

---

36 BVerfGE 7, 198, 209 – Lüth.
37 Sachs/*Bethge* Art. 5 Rn. 144 ff.
38 BVerfGE 119, 1, 20 – Esra.
39 BVerfGE 83, 130, 139 – Josephine Mutzenbacher.
40 St. Rspr.: BVerfGE 77, 240, 251 – Herrnburger Bericht; 119, 1, 21 – Esra.
41 BVerfGE 119, 1, 28 – Esra.
42 BVerfGE 119, 1, 28 – Esra.
43 BVerfGE 119, 1, 28 – Esra.
44 Siehe hierzu Rdn. 182.
45 Siehe hierzu Rdn. 83.
46 BVerfGE 119, 1 – Esra; BVerfG ZUM 2008, 323; BGH ZUM-RD 2009, 429, 432 – Kannibale von Rotenburg; BVerfG WRP 2007, 1168 – Contergan; siehe aber auch: OLG Hamburg ZUM-RD 2009, 191, 196 – Contergan I; ZUM-RD 2009, 200, 204 – Contergan II; OLG München ZUM 2007, 932 – Baader Meinhof Komplex. Grundlegend: BVerfG 30, 173 – Mephisto mit instruktivem Sondervotum von Stein. Die jüngeren Entwicklungen zusammenfassend: *Roback* AfP 2009, 325.

A. Verfassungsrechtliche Rahmenbedingungen – konfligierende Grundrechtspositionen

Art. 5 Abs. 3 GG vorbehaltslos geschützten **Wissenschaftsfreiheit** bei der Abwägung zu berücksichtigen.[47]

II. Grundrechte Dritter – Das Allgemeine Persönlichkeitsrecht

Auf Seiten der Betroffenen können durch Äußerungen, aber auch bereits durch Recherchetätigkeiten der Medien diverse Grundrechtspositionen beeinträchtigt oder verletzt sein. Die in der Praxis weitaus häufigste ist das Allgemeine Persönlichkeitsrecht. Nachfolgend sollen die allgemeinen Grundsätze dieses Grundrechts dargestellt werden. Soweit es um Fragen geht, die typischerweise im Stadium der Recherche oder erst bei der Äußerung selbst auftauchen, sei auf die Darstellung unter C) und D) verwiesen.

1. Rechtsnatur des Allgemeinen Persönlichkeitsrechts

Verfassungsrechtlich leitet sich das Allgemeine Persönlichkeitsrecht aus der **Würde des Menschen und der Freiheit der Entfaltung der Persönlichkeit** ab (Art. 1 Abs. 1, Art. 2 Abs. 1 GG). Soweit das Persönlichkeitsrecht in seinem Kernbereich des Schutzes der Menschenwürde betroffen ist, ist ein Eingriff rechtswidrig und einer Abwägung mit anderen Grundrechten nicht zugänglich.[48] Die Würde des Menschen ist verletzt, wenn dem Menschen der soziale Geltungsanspruch in einer Weise abgesprochen wird, dass er zum bloßen Objekt degradiert und sein Lebensrecht als gleichwertige Persönlichkeit in der Gemeinschaft in Frage gestellt wird. Allein die Verletzung der Ehre oder einzelner Persönlichkeitsrechte reicht nicht aus.[49] Wie generell bei Art. 1 GG führt der absolute Schutz gelegentlich zu Inkonsistenzen. So hat das BVerfG in der Mephisto-Entscheidung in der Sache doch eine Abwägung zwischen Art. 1 Abs. 1 GG und Art. 5 Abs. 3 GG vorgenommen und sogar festgehalten, dass der soziale Geltungs- und Achtungsanspruch aus Art. 1 Abs. 1 GG ebenso wenig der Kunstfreiheit übergeordnet sei wie umgekehrt.[50] In der »Zwangsdemokrat«-Entscheidung hat das BVerfG zwar nicht mehr so offen von einer Abwägung zwischen Art. 1 und 5 GG gesprochen. Es hat im Ergebnis aber dennoch eine Abwägung vorgenommen, indem es zwar von einer erheblichen Beeinträchtigung des sozialen Geltungsanspruchs von Franz Josef Strauß durch die Titulierung als Zwangsdemokrat ausgegangen ist, aber umgekehrt im Interesse der Meinungsfreiheit festgestellt hat, dass ein Politiker in einer demokratischen Gesellschaft im Rahmen einer sachbezogenen Auseinandersetzung diese Bezeichnung hinnehmen muss.[51] Der Grund dürfte darin liegen, dass die Intensität des Angriffs auf den Kern der Menschenwürde nicht ohne den jeweiligen Kontext einer Äußerung ermittelt werden kann. Damit findet in vielen Fällen eine Prüfung statt, die faktisch einer Abwägung sehr nahe kommt.

Das Allgemeine Persönlichkeitsrecht hat über den engen Schutz des Menschenwürdegehalts hinaus zum Ziel, die Grundbedingungen sozialer Beziehungen zwischen dem Grundrechtsträger und seiner Umwelt aufrecht zu erhalten.[52] Ein wesentlicher Bestandteil des Persönlichkeitsrechts ist die Verfügungsmacht, ob und inwieweit die Person sich bzw. Elemente seiner Persönlichkeit Dritten zugänglich machen will. Ausdruck hiervon ist das Recht auf informationelle Selbstbestimmung. Das Persönlichkeitsrecht ist kein einheitliches Gebilde, sondern unterteilt sich neben dem Allgemeinen Persönlichkeitsrecht als Basisgrundrecht in diverse besondere besondere Persönlichkeitsrechte. Diese

---

47 LG Dresden AfP 2010, 293.
48 BVerfGE 119, 1, 29 – Esra m.w.N.
49 BVerfG AfP 2010, 142.
50 BVerfGE 30, 173, 195 – Mephisto.
51 BVerfGE 82, 272, 284 – Zwangsdemokrat.
52 BVerfGE 120, 180, 197 – Caroline von Hannover.

besonderen Ausprägungen oder Konkretisierungen⁵³ sind z.T. auf einfachgesetzlicher Ebene normiert. Eine umfassende gesetzliche Regelung des Allgemeinen Persönlichkeitsrechts kennt das deutsche Recht nicht. Diese besonderen Persönlichkeitsrechte sind aber, auch wenn sie einfachgesetzlich konkretisiert sind, spezielle Ausprägungen bzw. Ableitungen vom verfassungsrechtlichen Allgemeinen Persönlichkeitsrecht, das insofern plastisch als Mutter- oder Quellrecht bezeichnet wird.⁵⁴

14 Rechtlich anerkannt worden ist das Allgemeine Persönlichkeitsrecht jenseits z.T. schon älterer einfachgesetzlicher Ausprägungen erst nach dem 2. Weltkrieg unter dem GG durch die Rechtsprechung des BGH und des BVerfG.⁵⁵ Der BGH hatte erstmalig in der »Leserbrief«-Entscheidung⁵⁶ unter Berufung auf die Artt. 2,1 GG ausdrücklich dessen Existenz anerkannt. In der »Herrenreiter«-Entscheidung hat er dann erstmals einen Anspruch auf Geldentschädigung im Fall der Verletzung anerkannt.⁵⁷ Das BVerfG hat diese Rechtsfortbildung nicht beanstandet und dann übernommen.⁵⁸

15 **Zivilrechtlich** erlangt das Allgemeine Persönlichkeitsrecht seine Wirksamkeit vor allem durch die Anerkennung als sonstiges Recht im Sinne von §§ 823 Abs. 1, 1004 BGB. Dogmatisch ist die Begründung nicht einfach. Eine unmittelbare Herleitung aus Artt. 2,1 GG hat Schwierigkeiten mit dem Grundsatz, dass die Grundrechte lediglich mittelbar in die Zivilrechtsordnung wirken. Sie kann ebenfalls nicht erklären, warum der verfassungsrechtliche und der zivilrechtliche Persönlichkeitsschutz nicht deckungsgleich sind. Dass dies aber der Fall ist wurde in der Entscheidung des BVerfG »Der blaue Engel« mit der Anerkennung kommerzieller Bestandteile des Persönlichkeitsrechts deutlich.⁵⁹ Eine gewohnheitsrechtliche Herleitung ist hingegen nicht unproblematisch, weil gerade das Persönlichkeitsrecht einer stetigen Entwicklung unterliegt.⁶⁰ Am schlüssigsten erscheint ein vermittelnder Ansatz: Das zivilrechtliche Persönlichkeitsrecht ist eine zwar aus Artt. 2, 1 GG abgeleitete und in diesem Lichte ausgelegte, aber letztlich durch Richterrecht geschaffene, verselbständigte Rechtsfigur des Zivilrechts. Mit dieser zivilrechtlichen Rechtsfortbildung kommt der Staat in Gestalt der Gerichte seinem verfassungsrechtlichen Schutzauftrag nach. Die Anerkennung des Allgemeinen Persönlichkeitsrechts als zu Gewohnheitsrecht erstarktem Richterrecht steht aufgrund der Ausgestaltung als Rahmenrecht einer Anpassung der Ausprägungen des Persönlichkeitsrechts nicht entgegen.⁶¹ Auch Gewohnheitsrecht ist der Auslegung zugänglich, insbesondere stellt eine bloße Anpassung an neue Bedrohungslagen in aller Regel keine grundsätzliche Änderung des Inhalts des Persönlichkeitsrechts dar.

16 Das Allgemeine Persönlichkeitsrecht gewährleistet den Schutz solcher Elemente, die nicht Gegenstand der besonderen Freiheitsgarantien des GG sind, diesen aber in ihrer konstituierenden Bedeutung für die Persönlichkeit nicht nachstehen.⁶² Es dient einerseits dazu, dem Inhaber einen autonomen Bereich der eigenen Lebensgestaltung zuzugestehen, in der er seine Individualität unter Ausschluss anderer entwickeln und wahrnehmen kann.⁶³ Neben diese auf Entfaltung gerichtete Dimension tritt der Aspekt des Ehr- und

---

53 So auch die Formulierung in BVerfGE 101, 361, 380 – Caroline von Monaco II.
54 Götting/Schertz/Seitz/*Götting* § 1 Rn. 27.
55 Eine detaillierte Übersicht zur Geschichte findet sich bei Götting/Schertz/Seitz/*Götting* § 2.
56 BGHZ 13, 334.
57 BGHZ 26, 349.
58 BVerfGE 34, 269, 281 f. – Soraya; 35, 202, 224 – Lebach I; 101, 361, 379 f. – Caroline von Monaco II.
59 BVerfG WRP 2006, 1361, 1364 – Der blaue Engel. Siehe auch BVerfGE 120, 180, 214 – Caroline von Hannover.
60 MüKo-BGB/*Rixecker* Allg. PersönlR, Rn. 2.
61 So aber MüKo-BGB/*Rixecker* Allg. PersönlR, Rn. 2 f.
62 BVerfGE 101, 361, 380 – Caroline von Monaco II; BVerfG ZUM 2005, 474 – Tierversuche.
63 BGHZ 131, 332, 337 – Caroline von Monaco.

A. Verfassungsrechtliche Rahmenbedingungen – konfligierende Grundrechtspositionen

Achtungsschutzes als Ausfluss der Menschenwürde.[64] Damit dient das Allgemeine Persönlichkeitsrecht in seiner verfassungsrechtlichen Ausprägung allein dem Schutz ideeller Interessen. Das verfassungsrechtliche Persönlichkeitsrecht ist nicht im Interesse der Kommerzialisierung der eigenen Person gewährleistet.[65]

Der BGH hat darüber hinaus aber bereits in frühen Entscheidungen dem Allgemeinen Persönlichkeitsrecht das ausschließliche Recht des Inhabers entnommen, seine Elemente auch wirtschaftlich zu verwerten[66] und geht in der Zwischenzeit in gefestigter Rechtsprechung davon aus, dass das zivilrechtliche Persönlichkeitsrecht auch eine vermögenswerte Komponente hat.[67] Das BVerfG hat zwar angemerkt, dass diese Rechtsfortbildung nicht aus dem verfassungsrechtlichen Persönlichkeitsrecht abgeleitet werden könne, aber auch klar gestellt, dass die Verfassung eine solche Rechtsfortbildung auch nicht ausschließe.[68] Offen gelassen hat das BVerfG, ob diese nicht durch die Artt. 2 und 1 GG geschützte Rechtsposition unter Art. 14 GG fällt, hat hierfür aber Sympathien zu erkennen gegeben.[69] 17

Eine vermögenswerte Komponente liegt aber nicht bei jedem Persönlichkeitsrecht vor, sondern setzt eine Leistung seines Inhabers voraus, die zu einem Vermögenswert von Persönlichkeitsmerkmalen wie Name oder Bildnis geführt hat. Bestehen derartige kommerzielle Interessen nicht, etwa mangels Bekanntheit des Inhabers, so führt dies auch dann nicht zu Schadensersatzansprüchen oder Ansprüchen auf Geldentschädigung der Erben wegen Verletzung des Persönlichkeitsrechts eines Verstorbenen, wenn Dritte hierdurch im Rahmen der Berichterstattung Erlöse durch Auflagensteigerung erzielen.[70] 18

2. Träger des Allgemeinen Persönlichkeitsrechts

Träger des Allgemeinen Persönlichkeitsrechts sind unstreitig alle **natürlichen Personen**. Nach Art. 19 Abs. 3 GG können sich auch **juristische Personen des Privatrechts** insoweit auf Grundrechte berufen, als sie von ihrem Wesen her anwendbar sind. Das BVerfG hat es offen gelassen, ob juristische Personen des Privatrechts sich generell auf das verfassungsrechtliche Persönlichkeitsrecht berufen können.[71] Soweit Elemente der Menschenwürde in Frage stehen, kommt eine Anwendung auf juristische Personen jedenfalls nicht in Betracht.[72] Im Übrigen hängt es davon ab, ob der Schutz an Eigenschaften, Äußerungen oder Beziehungen anknüpft, die natürlichen Personen wesenseigen sind.[73] Eine Berufung auf das Allgemeine Persönlichkeitsrecht ist dann möglich, wenn das Grundrecht korporativ betätigt werden kann.[74] Das ist ohne Zweifel dann der Fall, wenn es um die Entfaltung der wirtschaftlichen Handlungsfreiheit gem. Art. 2 GG geht.[75] Während das BVerfG in der Aufmacher-Entscheidung noch von einer restriktiven Anwendbarkeit von Art. 2 Abs. 1 GG auf andere Fallgruppen des Persönlichkeitsrechts in Bezug auf juristische Personen ausging, ist inzwischen deutlich eine extensive Praxis festzustellen. So soll es nach Auffassung des BVerfG juristischen Personen des Privatrechts möglich sein, sich auf das Recht am gesprochenen Wort zu berufen, weil juristische Personen durch ihre natürlichen Repräsentanten sprächen und insoweit gleichermaßen schutzbedürftig 19

---

64 BGHZ 143, 214, 218 – Marlene Dietrich.
65 BVerfGE 101, 361, 385 – Caroline von Monaco II.
66 BGHZ 20, 345, 347 ff; 81, 75, 80 ff.
67 BGHZ 143, 214, 219 – Marlene Dietrich; BGH WRP 2000, 754 – Der blaue Engel.
68 BVerfG WRP 2006, 1361, 1363 – Der blaue Engel.
69 BVerfG ZUM 2009, 479 – Fernsehköchin.
70 BGH NJW 2006, 605, 607 – Mordkommission Köln.
71 BVerfGE 95, 220, 242 – Aufzeichnungspflicht; 106, 28, 42 – Mithörvorrichtung.
72 BVerfGE 95, 220, 242 – Aufzeichnungspflicht; Götting/Schertz/Seitz/*Brändel* § 39 Rn. 2.
73 BVerfGE 95, 220, 242 – Aufzeichnungspflicht; 106, 28, 42 – Mithörvorrichtung.
74 BVerfGE 106, 28, 43 – Mithörvorrichtung.
75 BVerfGE 66, 116, 130 – Der Aufmacher; BVerfG NJW 1994, 1784; NJW 2001, 503.

seien.[76] Beim Recht am eigenen Bild hat das BVerfG die Frage ausdrücklich offen gelassen.[77] In beiden Fällen erscheint eine Zuerkennung zweifelhaft. Beim Recht am gesprochen Wort geht es nicht um den Schutz des Kommunikationsinhalts, sondern um das Bestimmungsrecht über die Worte, die der sich Äußernde selbst spricht. Er soll im Interesse einer unbefangenen Kommunikation eigenbestimmt und situationsangemessen handeln können.[78] Dieses Recht hat erkennbar einen personalen Einschlag und kann nicht auf juristische Personen übertragen werden.[79] Unternehmen haben ein berechtigtes Interesse am Schutz der Kommunikationsinhalte. Richtigerweise ist den Interessen der juristischen Personen, etwa vor Abhörung, im Rahmen des Betriebs- und Geheimnisschutzes Rechnung zu tragen, der auf juristische Personen anwendbar ist. Noch weniger überzeugt es, das Recht am eigenen Bild als typisches Merkmal der Selbstbestimmung über den eigenen Körper juristischen Personen zuzuerkennen. Es wäre auch völlig unklar, was das Bildnis einer juristischen Person sein soll. Der BGH geht im Grundsatz von einer Anwendbarkeit des Persönlichkeitsrechts auf juristische Personen des Privatrechts aus, soweit es um den sozialen Geltungsanspruch oder ihre Entfaltungsfreiheit als Arbeitgeber oder Wirtschaftsunternehmen geht.[80]

20 Auch ideelle Personenvereinigungen können Träger des Persönlichkeitsrechts sein.[81]

21 In der Praxis gehen die Zivilgerichte häufig ohne nähere Prüfung von einem Persönlichkeitsrecht juristischer Personen aus.[82] Eine konsequentere Prüfung, ob die vom BVerfG und BGH benannten Schutzzwecke im konkreten Fall tatsächlich bei juristischen Personen greifen, wäre wünschenswert.[83] Jedenfalls im Rahmen der Interessen- und Güterabwägung muss berücksichtigt werden, dass juristische Personen des Privatrechts inhaltlich gerade gegenüber anderen Privatrechtssubjekten nur einen eingeschränkten Persönlichkeitsschutz haben. So gibt es zwar einen Betriebs- und Geheimnisschutz, der u.a. in § 17 UWG seine gesetzliche Ausprägung erfährt. Eine »Intimsphäre« juristischer Personen gibt es z.B. aber nicht, da es für Unternehmen vornehmlich um den Schutz wirtschaftlicher Funktionszusammenhänge geht, die – so der BGH – in diesem Sinne immer öffentliche Tätigkeit sei.[84]

22 **Juristische Personen des öffentlichen Rechts** können sich nicht auf das verfassungsrechtliche Persönlichkeitsrecht berufen. Sie sind Adressaten und nicht Träger von Grundrechten. Auch diese Institutionen verfügen aber über ein Mindestmaß an einfachgesetzlichem Schutzanspruch, den jede Institution benötigt, um ihre Aufgaben erfüllen zu können.[85] Das geltende Recht geht an einigen Stellen – wie § 194 Abs. 3 StGB zeigt – auch inzident hiervon aus. Im Rahmen der Erfüllung ihrer öffentlichen Aufgabe haben daher juristische Personen des öffentlichen Rechts strafrechtlichen Ehrenschutz, der über § 823 Abs. 2 BGB

---

76 BVerfGE 106, 28, 42 f.; zu Recht kritisch: MüKo-BGB/*Rixecker* Allg. PersönlR, Rn. 21.
77 BVerfG ZUM 2005, 474 – Tierversuche. Für ein Recht am Bild, aber ohne Begründung: OLG Hamm ZUM-RD 2005, 131, 133.
78 BVerfGE 106, 28, 43 – Mithörvorrichtung.
79 Ebenso MüKo-BGB/*Rixecker* Allg. PersönlR, Rn. 21.
80 BGH GRUR 1981, 80, 83 – Medizinsyndikat IV; WRP 1998, 604, 606 – Rolex m.w.N.; BGHZ 98, 94, 97 – BMW.
81 BerlVerfGH AfP 2009, 368, der diese Vereinigungen nach den gleichen Grundsätzen, wie sie für staatliche Institutionen gelten, behandeln möchte. Das ist jedenfalls in Bezug auf das Grundgesetz wegen Art. 19 Abs. 3 GG fragwürdig.
82 So auch Götting/Schertz/Seitz/*Brändel* § 39 Rn. 6.
83 Kritisch auch BerlVerfGH AfP 2009, 368.
84 BGHZ 80, 25, 33 – Der Aufmacher.
85 BGH NJW 2008, 2262; BerlVerfGH NJW 2008, 3491; KG, Beschl. v. 17.3.2009, 9 W 48/09, n.v. ausführlich hierzu: *Lehr* AfP 2010, 25.

A. Verfassungsrechtliche Rahmenbedingungen – konfligierende Grundrechtspositionen

auch ins Zivilrecht übertragen wird.[86] Deshalb stehen ihnen auch Gegendarstellungsansprüche[87] und Richtigstellungsansprüche[88] grundsätzlich zu. Nach einer in der Literatur verbreiteten Auffassung sind die **Bundesrepublik und die Bundesländer** im Gegensatz zu anderen öffentlichen Stellen selbst nicht zur Geltendmachung zivilrechtlicher Ansprüche befugt.[89] Die Rechtsprechung folgt dem nicht, erkennt allerdings an, dass im Rahmen der Abwägung oder bei der Prüfung eines berechtigten Interesses bei der Geltendmachung eines Gegendarstellungsanspruchs in besonderer Weise dem Umstand Rechnung getragen werden muss, dass es gerade Aufgabe und Funktion der Medien in einer Demokratie ist, den Staat und seine Einrichtungen kritisch zu kontrollieren.[90] Dieser Gesichtspunkt muss generell berücksichtigt werden, wenn es um Meinungsäußerungen, auch in scharfer Form, geht.[91] Allerdings ist auch hierbei zu berücksichtigen, dass manche öffentliche Institutionen, die häufig mit einer unterschiedlich ausgeprägten Staatsferne und z.T. sogar mit Grundrechtsschutz ausgestattet sind, in direktem Wettbewerb zu privaten Institutionen (Universitäten, Krankenhäuser, Krankenkassen, Rundfunkanstalten u.v.m.) stehen. Im Interesse einer »Waffengleichheit« müssen diese gegenüber Äußerungen von Wettbewerbern die gleichen einfachgesetzlichen Instrumentarien zur Verfügung jedenfalls dann haben, wenn die Äußerungen primär in eigennütziger Weise erfolgen.[92] Amtsträger sind wie ihre Institutionen zu behandeln, soweit sie nicht als Privatperson betroffen sind, sondern in ihrer dienstlichen Funktion.[93]

Bei **einfachen oder teilrechtsfähigen Personenmehrheiten** muss unterschieden werden zwischen der Frage, ob diesen Personenmehrheiten ein eigenes Persönlichkeitsrecht zukommt, und der Frage, ob durch eine Äußerung über die Personenmehrheit die hinter ihr stehenden Personen individuell beeinträchtigt sind. Letzeres ist keine Frage der Grundrechtsträgerschaft, sondern der Betroffenheit.[94] Bei der ersten Frage muss hingegen abgeschichtet werden. Zufallskollektive bzw. lediglich aufgrund gemeinsamer Merkmale abgrenzbare Personengruppen, die keinen einheitlichen Willen bilden können (Soldaten, Männer, Frauen etc.), haben als Gruppe keine eigenen Persönlichkeitsrechte. Keinen Schutz genießen daher Familien, eine »Familienehre« gibt es nicht.[95] Teilrechtsfähige Personenmehrheiten wie OHG, KG, die Außen-GbR, aber auch nichtrechtsfähige Vereine,[96] politische Parteien[97] etc. genießen hingegen im Rahmen ihrer sozialen Wertgeltung eigenständigen persönlichkeitsrechtlichen Schutz.[98] Ebenfalls wiederum keine Frage der Grundrechtsträgerschaft, sondern der Betroffenheit ist die Frage, ob eine Personenvereinigung in ihren Rechten verletzt sein kann, wenn ehrverletzende Äußerungen über einzelne Mitglieder getätigt werden.

23

---

86 BVerfGE 93, 266, 291 – Soldaten sind Mörder II in Bezug auf die Bundeswehr; BVerfG NJW 2006, 3769, 3771 – Babycaust in Bezug auf kommunale Gebietskörperschaften; BGH NJW 2006, 601 – Erzbistum in Bezug auf Kirchen als öffentlich-rechtliche Körperschaften; BGH ZUM-RD 2009, 377, 378 für die öffentlich-rechtlichen Rundfunkanstalten.
87 BerlVerfGH NJW 2008, 3491; KG, Beschl. v. 17.3.2009, 9 W 48/09, n.v.
88 BGH NJW 2008, 2262.
89 Wenzel/*Burkhardt* Kap. 5 Rn. 126; *Soehring* § 13 Rn. 19.
90 BGH NJW 2008, 2262 für den Bund. KG, Beschl. v. 17.3.2009, 9 W 48/09 n.v. für ein Bundesland.
91 BVerfGE 93, 266, 291 – Soldaten sind Mörder II.
92 Diesen Aspekt übersieht *Soehring* § 13 Rn. 18 ff.
93 KG AfP 2010, 85.
94 Siehe hierzu Rdn. 176 ff.
95 BGH NJW 1951, 531; skeptisch auch BGH GRUR 1974, 794 – Todesgift. Ebenso verneinend: MüKo-BGB/*Rixecker* Allg. PersönlR, Rn. 19.
96 OLG Koblenz NJW-RR 1993, 697. In der Literatur wird mit Recht die Anerkennung einer beschränkten Rechtsfähigkeit der Außen-GbR durch den BGH (BGHZ 146, 341) auch auf andere, nach außen tretende Zusammenschlüsse ausgedehnt: Götting/Schertz/Seitz/*Brändel* § 38 Rn. 15.
97 OLG Düsseldorf MDR 1979, 692.
98 Götting/Schertz/Seitz/*Brändel* § 38 Rn. 13 ff.

3. Ausprägungen des Allgemeinen Persönlichkeitsrechts

24 Das Allgemeine Persönlichkeitsrecht hat im Unterschied zu den anderen Grundrechten des Grundgesetzes keinen abschließend definierten Schutzbereich. Ihm kommt die Aufgabe zu, Elemente der Persönlichkeit zu gewährleisten, die nicht Gegenstand einer besonderen Freiheitsverbürgung des Grundgesetzes sind, die ihnen aber in ihrer konstituierenden Bedeutung nicht nachstehen.[99] Es hat insoweit als Rahmenrecht eine wichtige lückenfüllende Schutzfunktion.[100] Das Allgemeine Persönlichkeitsrecht ist in diesem Sinne gefährdungsbezogen, da es sich an neuen Gefährdungslagen, z.B. aufgrund neuer (technischer) Entwicklungen, neu ausrichtet.[101] Jüngstes Beispiel dieser ständigen Neujustierung ist seine Ausprägung als Grundrecht auf Vertraulichkeit und Integrität informationstechnischer Systeme.[102]

25 Diese inhaltliche Offenheit bereitet in der Praxis Probleme. In der Rechtsprechung und Literatur fehlt es daher nicht an Versuchen, dem Allgemeinen Persönlichkeitsrecht trotz seiner Unbestimmtheit Konturen zu verleihen und es für die Praxis operationabel zu machen. Dies erfolgt durch die Bildung von Unterkategorien oder **besonderen Persönlichkeitsrechten**. In diesem Sinne hat das BVerfG festgestellt, dass grundsätzlich jeder selbst und allein über sein Bildnis, sein gesprochenes Wort oder, ob und wieweit andere sein Lebensbild im Ganzen oder bestimmte Vorgänge aus seinem Leben darstellen dürfen, bestimmen darf.[103] Daneben ist das Recht auf informationelle Selbstbestimmung, also das Bestimmungsrecht über Einzelangaben über persönliche und sachliche Verhältnisse einzelner Personen, anerkannt.[104] Verkürzt und etwas missverständlich werden einige dieser Elemente als Recht am Wort,[105] am eigenen Bild,[106] am Namen[107] oder auch am Datum bezeichnet. Teilweise sind diese besonderen Persönlichkeitsrechte einfachgesetzlich normiert.[108]

26 Gegen diese Formulierungen ist im Prinzip nichts einzuwenden, solange daraus nicht ein klar abgegrenztes verdinglichtes Recht konstruiert wird, dessen Beeinträchtigung vergleichbar dem Eigentum stets den Unrechtsgehalt indiziert und nur bei besonderen Gründen gerechtfertigt ist.[109] Das Allgemeine Persönlichkeitsrecht enthält nämlich kein allgemeines oder umfassendes Verfügungsrecht über die eigenen Persönlichkeitsmerkmale. Dem ist das BVerfG von Anfang an entgegengetreten.[110] Das Grundgesetz sieht den Einzelnen nicht als abstraktes, von der Umwelt losgelöstes Individuum, das eine absolute Herrschaft über »seine« Daten hat, sondern als soziales, in die Gesellschaft integriertes Wesen, das als solches mit Mitmenschen in Kommunikation tritt, auf andere einwirkt und somit die persönliche Sphäre von Mitmenschen oder Belange des Gemeinschaftslebens berührt.[111]

---

99 BVerfGE 101, 361, 380 – Caroline von Monaco II.
100 BVerfGE 101, 361, 380 – Caroline von Monaco II.
101 BVerfGE 101, 361, 380 – Caroline von Monaco II.
102 BVerfGE 120, 274 – Vertraulichkeit und Integrität informationstechnischer Systeme.
103 BVerfGE 35, 202, 220 – Lebach I.
104 BVerfGE 65, 1 – Volkszählung.
105 Siehe hierzu Rdn. 112 ff.
106 Siehe hierzu Rdn. 122 ff. und 250 ff.
107 Hierzu zählt nicht nur das Recht, anderen zu untersagen, den eigenen Namen zu verwenden (Namensanmaßung) oder die Befugnis, anderen zu untersagen, die eigene Verwendung des Namens in Frage zu stellen (Namensleugnung), sondern auch das Recht, unter Verwendung des eigenen Namens in der Öffentlichkeit über das eigene Schicksal zu berichten (vgl. BVerfGE 97, 391 – Namensnennung).
108 Vgl. §§ 22 ff. KUG, §§ 201 StGB ff.; § 12 BGB; §§ 12 ff. UrhG. Art. 8 EMRK schützt das Recht auf Privat- und Familienleben und hat gem. Art. 59 Abs. 2 GG durch die Transformation den Rang einfachen Bundesrechts.
109 So ähnlich MüKo-BGB/*Rixecker* Allg. PersönlR, Rn. 9.
110 BVerfGE 35, 202, 220 – Lebach I; 101, 361, 380 – Caroline von Monaco II; 120, 180, 198 – Caroline von Hannover.
111 BVerfGE 65, 1, 43 f. – Volkszählung.

A. Verfassungsrechtliche Rahmenbedingungen – konfligierende Grundrechtspositionen

Neben den genannten Ausprägungen ist als weiteres besonderes Persönlichkeitsrecht im Äußerungsrecht der **Schutz der Ehre** von herausragender Bedeutung. Es ist kein Zufall, dass Art. 5 Abs. 2 GG gerade dieses Recht ausdrücklich als Schranke nennt. Neben dem Schutz der Menschenwürde tritt ergänzend ein Ehrschutz, der nicht statisch ist, sondern von der Lebensleistung und der Anerkennung in der Öffentlichkeit abhängt.[112] Der Ehrschutz ist im Wesentlichen in den §§ 185 StGB, die über § 823 Abs. 2 BGB auch im Zivilrecht gelten, und in § 824 BGB geregelt. 27

Schließlich spielt noch die Fallgruppe des **Schutzes vor Indiskretion** im Äußerungsrecht eine zentrale Rolle. Innerhalb dieser Fallgruppe hat sich ein auf *Hubmann*[113] zurückgehender Ansatz einer weiteren Untergliederung, die Sphärentheorie, durchgesetzt. Das Persönlichkeitsrecht wird in verschiedene Lebensbereiche unterteilt, die eine abgestufte Schutzintensität genießen. Dabei wird zwischen der Intimsphäre, der Geheim- und Privatsphäre,[114] der Sozialsphäre und schließlich der Öffentlichkeitssphäre unterschieden. Anwendung findet die Sphärentheorie zunächst beim Schutz vor Indiskretion, die den Menschen vor dem Eindringen anderer in seinen Lebensbereich schützen sollen. Der Schutz vor Indiskretion kann aber mit anderen besonderen Persönlichkeitsrechten ineinandergreifen, insbesondere dem Bildnisschutz, aber auch z.B. dem Schutz der Ehre und der Beleidigung i.S.v. § 192 StGB. 28

Dies zeigt, dass sich die besonderen Persönlichkeitsrechte nicht immer strikt voneinander trennen lassen, vielmehr gibt es Überschneidungen und Wechselwirkungen. Bei der nachfolgenden Darstellung der einzelnen Sphären ist zu beachten, dass eine Zuordnung zu einer der Sphären mit Ausnahme der Intimsphäre noch keine Aussage darüber zulässt, ob der Eingriff in die Sphäre rechtswidrig ist. Wie beim Persönlichkeitsrecht allgemein ist auch beim Schutz vor Indiskretion stets eine Abwägung mit entgegenstehenden Grundrechtspositionen erforderlich. 29

a) Schutz der Intimsphäre

Der Intimsphäre werden diejenigen Vorgänge und Tatsachen zugeordnet, die dem letzten unantastbaren Kernbereich privater Lebensgestaltung angehören.[115] Der **Schutz** ist wegen der Nähe zur Menschenwürde **absolut**.[116] Ein Eingriff ist damit per se rechtswidrig und nicht mehr einer Abwägung zugänglich. Ob ein Sachverhalt diesem engsten Bereich zuzuordnen ist, hängt zum einen davon ab, ob der Betroffene einen entsprechenden Geheimhaltungswillen hat.[117] Zwar kann der Mensch sich nicht seiner Menschenwürde entledigen. Wie in den anderen Sphären des Persönlichkeitsrechts auch, folgt aber aus dem Selbstbestimmungsrecht, dass sich der Inhaber durch ein sich zur Öffentlichkeit hin öffnendes Verhalten jedenfalls teilweise seines Schutzes begeben kann.[118] Der Inhaber des Persönlichkeitsrechts kann sich aber nicht dauerhaft seines Intimsphärenschutzes begeben. Wegen der Nähe zur Menschenwürde sollten an das eine Öffnung bewirkende Verhalten auch strenge Maßstäbe gesetzt werden, insbesondere wenn es um eine situati- 30

---

112 BVerfG AfP 2010, 365.
113 *Hubmann* JZ 1957, 521.
114 Zum Teil wird der Geheimnisbereich als eigenständige, neben den anderen stehende Schutzsphäre verstanden: so z.B. Wenzel/*Burkhardt* Kap. 5 Rn. 39; *Soehring* § 19 Rn. 9.
115 BVerfGE 6, 32, 41 – Elfes; 32, 373, 379 – ärztliche Schweigepflicht; 54, 143, 146 – Taubenfütterungsverbot; 80, 367, 373 – Tagebuch; 119, 1, 29 f. – Esra; NJW 2009, 3357.
116 BVerfG NJW 2000, 2189 – Scheidungsgrund; BVerfGE 119, 1, 29 f. – Esra; BGH NJW 1988, 1984 – Telefon-Sex.
117 BVerfG NJW 2009, 3357, 3359.
118 Wenzel/*Burkhardt* Kap. 5 Rn. 53; BGH ZUM-RD 2009, 429, 432 – Kannibale von Rotenburg; OLG Frankfurt NJW 2000, 594 in Bezug auf Nacktaufnahmen, a.A. OLG München AfP 2001, 135.

onsübergreifende Öffnung der Intimsphäre geht.[119] Derartige Konstellationen gewinnen mit dem Aufkommen sozialer Netzwerke im Internet, in denen gerade junge Menschen unüberlegt Details ihres Intimlebens preisgeben, erheblich an Relevanz.

31 Inhaltlich kommt es für die Zuordnung darauf an, ob ein Sachverhalt höchstpersönlichen Charakter hat und in welcher Art und Intensität er aus sich heraus die Sphäre anderer oder die Belange der Gesellschaft berührt.[120]

32 So rechnet das BVerfG Ausdrucksformen der **Sexualität** grundsätzlich zum absolut geschützten Kern der privaten Lebensführung.[121] Der BGH hat auch die vertrauliche Kommunikation unter Eheleuten in der ehelichen Wohnung diesem Bereich zugeordnet.[122] Das Gleiche gilt für Telefonate sexuellen Inhalts mit dem Ehepartner, auch wenn dies am Arbeitsplatz geschieht.[123] Im Bereich des Bildnisschutzes wird der nackte menschliche Körper der Intimsphäre zugeordnet.[124] Die Sexualität gehört aber nicht zwangsläufig und immer zur Intimsphäre, z.B. dann nicht, wenn sie sich nicht in dem Freiraum abspielt, der dem staatlichen Zugriff oder fremden Einblicken entzogen ist. Das ist insbesondere der Fall, wenn es um Sexualstraftaten geht. Durch den Übergriff in die geschützte Rechtssphäre anderer verlässt das Verhalten den absolut geschützten Kernbereich, so dass eine identifizierende Berichterstattung zulässig sein kann.[125] Ebenso hat das BVerfG dem Opfer sexuellen Missbrauchs durch ihren Vater das Recht zugesprochen, sich unter Verwendung des eigenen Namens und damit in den Vater identifizierender Weise öffentlich über ihr Schicksal zu äußern.[126] Außerdem spielt die Detailliertheit einer Darstellung eine erhebliche Rolle. So enthält der Vorwurf des Ehebruchs zwar die Mitteilung über außereheliche sexuelle Beziehungen. Dennoch ist die bloße Mitteilung nicht der Intimsphäre, sondern der Privatsphäre zuzuordnen.[127]

33 Aufnahmen einer Leiche können zur Intimsphäre des Toten gehören, es sei denn, die Umstände des Todes stellen ein für die Öffentlichkeit bedeutsames Ereignis dar.[128] Dagegen verlangt der BGH in Bezug auf eine Rechtsverletzung der Angehörigen, dass bei ihnen selbst eine unmittelbare Betroffenheit vorliegt, die nur dann gegeben sei, wenn die persönlichen Verhältnisse in die Veröffentlichung einbezogen sind.[129]

34 Häufig werden auch Details über **Krankheiten** und medizinische Untersuchungen der Intimsphäre zugeordnet.[130] Dies entspricht in dieser Pauschalität allerdings nicht der Praxis der Rechtsprechung, die derartige Fragen in der Regel der Privatsphäre oder Geheimnissphäre zuordnet.[131]

35 Wegen des im Vordergrund stehenden Menschenwürdegehalts können sich auf eine Verletzung der Intimsphäre nur natürliche Personen berufen.[132]

---

119 Siehe zur Öffnung der Sphären Rdn. 70 ff.
120 BVerfGE 80, 367, 374 – Tagebuch.
121 BVerfGE 109, 279, 313 – Großer Lauschangriff; 119, 1, 29 f. – Esra; NJW 2009, 3357, 3359 – Fußballspieler.
122 BGHSt 31, 296, 300 f.
123 BGH NJW 1988, 1984 – Telefon-Sex.
124 Siehe hierzu Rdn. 319 f.
125 BVerfG NJW 2009, 3357; BGH ZUM-RD 2009, 429, 432 – Kannibale von Rotenburg.
126 BVerfGE 97, 391 – Namensnennung.
127 BGH NJW 1999, 2893 – Scheidungsgrund II; KG GRUR-RR 2009, 436, 438.
128 OLG Hamburg AfP 1983, 466.
129 BGH NJW 2006, 605, 607 – Mordkommission Köln.
130 Soehring § 19 Rn. 7; Wenzel/*Burkhardt* Kap. 5 Rn. 48.
131 BVerfGE 32, 373, 379 zu Angaben auf Krankenblättern; BGH ZUM-RD 2009, 4 ff. zu alkoholbedingter Erkrankung; BGH NJW 1996, 984 zu Brustkrebserkrankung; KG GRUR-RR 2009, 436 zu HIV-Infektion.
132 BGHZ 80, 25, 32 – Der Aufmacher.

A. Verfassungsrechtliche Rahmenbedingungen – konfligierende Grundrechtspositionen

b) Schutz der Privatsphäre

Der verfassungsrechtliche Schutz der Privatsphäre umfasst die Summe der persönlichen, gesellschaftlichen und wirtschaftlichen Beziehungen, die für das Privatleben eines Menschen konstitutiv sind.[133] Bei der Bestimmung der Reichweite sind situationsbezogen die – berechtigten – Erwartungen an die Privatheit zu berücksichtigen.[134] Nach hergebrachter Rechtsprechung des BVerfG wird der Schutz der Privatsphäre räumlich und thematisch bestimmt.[135]

36

In **räumlicher Hinsicht** schützt das Recht auf Achtung der Privatsphäre dem Einzelnen einen Bereich, in dem er zu sich kommen kann, sich entspannen oder auch sich gehen lassen kann.[136] Solche Möglichkeiten des Rückzugs, sich frei von öffentlicher Beobachtung und erzwungener Selbstkontrolle entfalten und erholen zu können, benötigt der Einzelne, auch als Prominenter, um nicht psychisch überfordert zu sein.[137] Der wichtigste Rückzugsbereich ist der häusliche Bereich, der allerdings nicht nur das Innere einer Wohnung, sondern grundsätzlich auch umfriedete Bereiche umfasst.[138] Ob der umfriedete Bereich gegen Einblicke von außen geschützt ist oder nicht, ändert prinzipiell nichts an der Zugehörigkeit des Grundstücks zum räumlichen Schutzbereich der Privatsphäre. Ein Eingriff in die Privatsphäre kann daher vorliegen, wenn Fotos der Außenansicht des Wohnhauses einer Person unter Namensnennung veröffentlicht werden, sofern dadurch in die durch die Umfriedung des Grundstücks geschaffene Privatsphäre eingedrungen und das Recht der betroffenen Person, selbst bestimmen zu können, welche persönlichen Lebensumstände offenbart werden, beeinträchtigt wird.[139] Allerdings stellt die Veröffentlichung bloßer Außenaufnahmen von Grundstücken von einem allgemein zugänglichen Platz aus in der Regel keine Verletzung der Privatsphäre dar. Anders kann es hingegen aussehen, wenn dies unter Überwindung bestehender Hindernisse mittels technischer Geräte wie Teleobjektive oder Hubschraubern erfolgt[140] oder wenn durch die Namensnennung die Anonymität eines Grundstücks aufgehoben wird.[141] Dass die Überwindung von Sichtschutzmaßnahmen einen Eingriff in die Privatsphäre nach sich zieht, lässt sich auch der Wertung des § 201a StGB entnehmen.[142]

37

Die Privatsphäre endet allerdings nicht an der Haustür. Neben der eigenen Wohnung greift der Schutz der Privatsphäre in räumlicher Hinsicht auch dort, wo der Einzelne sich an einem **Ort räumlicher Abgeschiedenheit** befindet und daher die berechtigte Erwartung hat, unbeobachtet zu sein.[143] hierauf haben auch Prominente, nach hergebrachter Terminologie absolute Personen der Zeitgeschichte, einen Anspruch. Eine solche Abgeschiedenheit kann sowohl in der freien, abgeschiedenen Natur, als auch in sonstigen, den

38

---

133 BVerfGE 120, 180, 201 – Caroline von Hannover.
134 BVerfGE 120, 180, 201 – Caroline von Hannover.
135 BVerfGE 101, 361, 382 – Caroline von Monaco II.
136 BVerfGE 120, 180, 201 – Caroline von Hannover.
137 BVerfGE 101, 361, 382 – Caroline von Monaco II.
138 BVerfG ZUM 2006, 632 – Luftbildaufnahmen; BGH GRUR 2004, 438, 439 – Feriendomizil I.
139 BGH AfP 2009, 392, 393.
140 BVerfGE 101, 361, 381 f. – Caroline von Monaco II; BGH GRUR 2004, 438, 440 – Feriendomizil I; Der BGH sah im konkreten Fall aber nur einen geringen Eingriff in die Privatsphäre. Das BVerfG hat diesen Punkt offen gelassen, BVerfG ZUM 2006, 632 – Luftbildaufnahmen. Die gleichzeitige Veröffentlichung der Wegbeschreibung stellte hingegen einen unzulässigen Eingriff in das Recht auf informationelle Selbstbestimmung dar.
141 BGH GRUR 2004, 438, – Feriendomizil I; AfP 2009, 392, 393. Im diesem Fall hat der BGH allerdings den Eingriff wegen bestehenden öffentlichen Interesses – es ging um das neue Domizil des sich gerade aus der Politik verabschiedeten ehemaligen Außenminister und Vizekanzler – bejaht. Dagegen hat das OLG Hamburg AfP 2005, 75 eine Persönlichkeitsrechtsverletzung bejaht.
142 Siehe hierzu Rdn. 122 ff.
143 BVerfGE 101, 361, 383 f. – Caroline von Monaco II.

Blicken der breiten Öffentlichkeit entzogenen Örtlichkeit gegeben sein.[144] Maßstab bei der Beurteilung ist, ob der Betroffene berechtigterweise und für Dritte erkennbar davon ausgehen darf, den Blicken der Öffentlichkeit entzogen zu sein. Dies ist nicht der Fall an Plätzen, an denen der Einzelne unter vielen Menschen ist.[145] Das Gleiche gilt für Plätze, an denen der Einzelne jederzeit damit rechnen muss, dass Dritte erscheinen oder ihn beobachten. In den Schutz räumlicher Abgeschiedenheit fallen nach Auffassung des BGH und des BVerfG daher z.B. Rendezvous in einem Gartenlokal mit intimer Atmosphäre, nicht hingegen Aufenthalte in gewöhnlichen Gaststätten oder Cafés, der Einkauf auf einem Markplatz oder sportliche Aktivitäten in der frei zugänglichen Natur.[146]

39 Der **EGMR** hält diese enge Begrenzung des Privatsphärenschutzes für mit Art. 8 EMRK unvereinbar. Er definiert den Schutzbereich nicht räumlich, sondern geht davon aus, dass auch Prominente an öffentlichen Orten grundsätzlich eine berechtigte Erwartung hätten, nicht unbemerkt Bildaufnahmen ausgesetzt zu sein. Dabei sei auch die erhebliche Belästigung zu berücksichtigen, der prominente Personen durch die permanente Beobachtung durch Fotografen ausgeliefert seien. Das Kriterium der örtlichen Abgeschiedenheit sei zudem kritisch, weil es den Betroffenen das Risiko der Beweisbarkeit auferlege.[147] Die deutschen Gerichte haben in der Zwischenzeit ihre Rechtsprechung neu justiert und gehen seither davon aus, dass auch jenseits örtlicher Abgeschiedenheit grundsätzlich ein Anspruch auf Achtung der Privatsphäre bestehen kann.[148] Das Kriterium der örtlichen Abgeschiedenheit ist damit aber keineswegs überflüssig geworden. Es begrenzt zwar nicht mehr den Schutzbereich der Privatsphäre, ist aber im Rahmen der Abwägung von erheblichem Gewicht. Das Fotografieren von Personen in örtlicher Abgeschiedenheit kann z.B. eine schwere, eine Geldentschädigung auslösende Persönlichkeitsrechtsverletzung begründen.[149]

40 In **thematischer Hinsicht** umfasst die Privatsphäre den Bereich familiären Lebens, soweit er nicht ausnahmsweise der Intimsphäre zuzuordnen ist. Daher sind z.B. noch nicht veröffentlichte Scheidungsabsichten[150] ebenso wie Hochzeitspläne der Privatsphäre zuzuordnen.[151] Allerdings sind Hochzeiten selbst nicht zwingend der Privatsphäre zuzuordnen. Dies gilt zum einen im Hinblick auf die schlichte Tatsache der Eheschließung, sie gehört zur Sozialsphäre.[152] Aber auch das Ereignis selbst findet jedenfalls meist abschnittsweise in der Öffentlichkeit (Standesamt und Kirche) statt. Außerdem stellen Hochzeiten als solches häufig ein gesellschaftliches Ereignis dar, dass jedenfalls bei prominenten Personen nicht nur rein privaten Charakter hat.[153] Einzelheiten der Hochzeit hingegen gehören zur Privatsphäre, hier kann sogar Art. 6 GG eine Verstärkung des Schutzes bewirken.[154]

---

144 BVerfGE 101, 361, 384 – Caroline von Monaco II.
145 BVerfGE 101, 361, 384 – Caroline von Monaco II.
146 BVerfGE 101, 361, 395 f. – Caroline von Monaco II.
147 EGMR GRUR 2004, 1051, 1054 – Caroline von Hannover.
148 BGH GRUR 2007, 523, 525 – abgestuftes Schutzkonzept; ZUM-RD 2007, 397 – Lebensgefährtin von Grönemeyer; GRUR 2009, 665, 666 – Sabine Christiansen mit Begleiter. BVerfGE 120, 180 – Caroline von Hannover; KG NJW-RR 2007, 1196, 1198.
149 OLG Köln, Urt. v. 11.3.2009, 15 U 163/08, n.v. – Hochzeitsfoto.
150 BGH NJW 1999, 2893 – Scheidungsgrund II.
151 BVerfG NJW 2000, 2139.
152 Wenzel/*Burkhardt* Kap. 5 Rn. 66.
153 BGH GRUR 1965, 256 – Gretna Green; OLG Hamburg ZUM 2009, 297, 298.
154 OLG Hamburg ZUM 2009, 65 – Hochzeit von Günther Jauch. Allerdings wies das Gericht eine Verletzung der Privatsphäre aufgrund des Informationsinteresses der Allgemeinheit zurück. In der Entscheidung OLG Hamburg ZUM 2009, 297, 299 wurde zudem zugunsten der Presse berücksichtigt, dass nur über Umstände berichtet wurde, die von außen her sichtbar waren.

A. Verfassungsrechtliche Rahmenbedingungen – konfligierende Grundrechtspositionen

Da **Art. 6 GG Ehe und Familie** unter besonderen Schutz stellt, erkennt die Rechtsprechung dort eine Verstärkung des Schutzes der Privatsphäre an. In besonderem Maß gilt dies für die Hinwendung der Eltern zu ihren Kindern.[155] Dieser verstärkte Schutz leitet sich nicht lediglich reflexartig vom Schutz des Kindes ab, sondern besteht eigenständig, so dass auch der Persönlichkeitsschutz der Eltern eine Verstärkung durch Art. 6 GG erfährt. Besonderen Schutz genießen generell **Minderjährige**, weil sie ihre Persönlichkeit noch entwickeln und daher in besonderem Maß von entwicklungsbeeinträchtigenden Einwirkungen abgeschirmt werden müssen.[156] Dieser erhöhte Schutz gilt auch, wenn einzelne Familienmitglieder innerfamiliäre Konflikte in die Öffentlichkeit tragen.[157] Allerdings bleibt auch bei einer Verstärkung des Persönlichkeitsschutzes durch Art. 6 GG stets noch eine Güterabwägung erforderlich.[158] 41

Ebenfalls zur Privatsphäre zählen Einzelheiten über **Gesundheit bzw. Krankheit** von Personen, auch wenn diese prominent sind.[159] Ebenfalls zur Privatsphäre und nicht zur Intimsphäre soll die Tatsache zählen, dass ein männliches Mitglied eines Fürstenhauses ein uneheliches Kind gezeugt hat, die Schwangerschaft aber von beiden Seiten nicht gewollt war.[160] Die bloße Tatsache, dass aus einer Beziehung ein Kind hervorgegangen ist, gehört wiederum zur Sozialsphäre.[161] Auch Alkoholprobleme sind der Privatsphäre zuzurechnen,[162] sofern sie nicht Außenwirkung haben. Das kann der Fall bei prominenten Künstlern sein, die alkoholisiert öffentlich auftreten,[163] aber auch wenn andere gefährdet werden, etwa bei Alkohol im Straßenverkehr.[164] 42

Zur Privatsphäre zählen auch **religiöse Überzeugungen** und die Zugehörigkeit zu einer religiösen Gemeinschaft, jedenfalls dann, wenn die Person seine eigene Überzeugung verschweigt. Das gilt jedenfalls, wenn die Person keine herausgehobene Stellung in der Gesellschaft bekleidet.[165] Der Bereich der Privatsphäre wird jedoch verlassen, wenn die betreffende Person seine religiöse Überzeugung bzw. Zugehörigkeit zu einer Gemeinschaft zu wirtschaftlichen Zwecken verwendet.[166] 43

Auch persönliche Vermögensverhältnisse,[167] unter Umständen sogar einzelne bedeutende Vermögensinvestitionen,[168] zählen zur Privatsphäre. Das gilt jedenfalls solange, wie keine gesetzliche Pflicht zur Veröffentlichung besteht oder das Gehalt, wie im öffentlichen Dienst oder bei Tarifverträgen, ohnehin transparent ist. Nicht mehr zur Privatsphäre kann es aber 44

---

155 BVerfGE 101, 361, 385 – Caroline von Monaco II.
156 BVerfGE 101, 361, 385 – Caroline von Monaco II; ZUM 2005, 556, 557 – Charlotte Casiraghi.
157 BVerfG ZUM 2007, 463, 467 – ausgenommene Weihnachtsgans.
158 BGH WRP 2010, 104, 106 – Kinder von Franz Beckenbauer.
159 BVerfGE 32, 373, 379 zu Angaben auf Krankenblättern; BGH ZUM-RD 2009, 4 ff. zu alkoholbedingter Erkrankung; BGH, NJW 1996, 984 zu Brustkrebserkrankung; KG GRUR-RR 2009, 436 zu einer HIV-Infektion.
160 OLG Karlsruhe ZUM 2006, 226, 229. Die Veröffentlichung wurde mit Blick auf die Bedeutung von Nachkommen für erbliche Monarchien als gerechtfertigt angesehen.
161 Wenzel/*Burkhardt* Kap. 5 Rn. 66.
162 BGH ZUM-RD 2009, 4 ff.
163 *Soehring* § 19 Rn. 18.
164 Zum Fall einer Gefährdung durch massive Geschwindigkeitsüberschreitung eines Prominenten siehe BGH GRUR 2006, 257 bestätigt durch BVerfG NJW 2006, 2835.
165 OLG München NJW 1986, 1260, 1261 – Opus Dei, bestätigt durch BVerfG NJW 1990, 1980.
166 OLG München AfP 1993, 762.
167 OLG Hamburg AfP 1992, 376.
168 BGH AfP 2009, 392, 393. Die allerdings nur sehr vage und grobe Berichterstattung war wegen Bezugnahme zu einer die Öffentlichkeit interessierenden Frage (Politikervergütung) zulässig. Angesichts der seit einigen Jahren massiven öffentlichen Debatte über Manager- und Bankervergütungen, die von den Personen zum Teil selbst angeheizt wurden, wird häufig in der Abwägung das öffentliche Interesse überwiegen, wenn die Veröffentlichung jedenfalls in einen allgemeinen Kontext gesetzt wird und keine besonderen Geheimhaltungsbedürfnisse entgegenstehen.

gehören, wenn es um Investitionen geht, die im Zusammenhang mit Projekten von öffentlichem Interesse stehen. Das gilt umso mehr, wenn der Vorwurf im Raum steht, bei dem Geschäft seien private Risiken auf die öffentliche Hand verlagert worden.[169]

c) Schutz der Sozial- und Öffentlichkeitssphäre

45 Bei der Sozialsphäre handelt sich um jenen Bereich, der über das rein Private hinausgeht. Sie betrifft damit den Bereich, in dem der Einzelne so nach außen in Erscheinung tritt, dass er grundsätzlich von Dritten, die nicht mit ihm persönlich oder familiär verbunden sind, wahrgenommen werden kann.[170] Der Schutz ist hier deutlich schwächer ausgeprägt als in der Privatsphäre, gleichwohl besteht noch ein Schutz gegen Indiskretion, insbesondere gegenüber der Medienöffentlichkeit. Vor allem ist durch die Caroline-Entscheidung des EGMR der Grundsatz, dass absolute Personen der Zeitgeschichte grundsätzlich Bildnisse im Bereich der Sozialsphäre dulden müssen, überholt.[171] Anders als in der Öffentlichkeitssphäre, in der kein Indiskretionsschutz mehr besteht,[172] tritt die Person hier nur gegenüber einem beschränkten Personenkreis auf und darf daher grundsätzlich noch die Erwartungshaltung haben, dass Angelegenheiten, die sich in diesem Bereich abspielen, nicht ohne Grund einer unbeschränkten Öffentlichkeit mitgeteilt werden. Da es im Bereich der Sozialsphäre häufig um Ereignisse mit Bezug zur Öffentlichkeit geht, spielt im Bereich des Äußerungsrechts vor allem die Frage des Anonymitätsschutzes, insbesondere die Zulässigkeit der Namensnennung eine wichtige Rolle.[173] Die identifizierende Heraushebung einzelner Personen aus der breiten anonymen Masse kann bei ehrenrührigen Tatsachen eine erhebliche, stigmatisierende Prangerwirkung haben.[174]

46 Zur Sozialsphäre gehört als in der Praxis wohl wichtigster Bereich die **berufliche Tätigkeit**,[175] einschließlich nichtvertraulicher Korrespondenz.[176] Auch **Straf- und Gerichtsverfahren** spielen sich, jedenfalls wenn es zur Anklage kommt, in der Öffentlichkeit ab und sind daher der Sozialsphäre (wenn nicht gar Öffentlichkeitssphäre) der Beteiligten zuzurechnen.[177] Auch eine Tätigkeit für die Stasi als informeller Mitarbeiter gehört zur Sozialsphäre.[178] In den Bereich der Sozialsphäre fallen auch die der sozialen Umgebung regelmäßig bekannten Daten zur Persönlichkeit. Das sind zum einen die Daten zum Personenstand, also mit wem jemand verheiratet ist, wer die Eltern, Kinder und Geschwister sind, u.ä.

47 Die **Wohnadresse oder Telefonnummer** stellen jedenfalls dann keine sensiblen, der Privatsphäre zuzurechnenden Daten dar, wenn sie auch aus allgemeinen Quellen leicht zu recherchieren sind.[179] Auch unter dem Gesichtspunkt des Rechts auf informationelle Selbstbestimmung ist dann der Schutz erheblich abgemindert.[180] Sind die Daten z.B. Tele-

---

169 LG Hamburg, Urt. v. 28.2.2006, 324 O 934/05, n.v.
170 Wenzel/*Burkhardt*, Kap. 5 Rn. 65.
171 Siehe hierzu ausführlich Rdn. 285 ff.
172 Gleichwohl aber ein Schutz gegen Verletzung der Ehre, insbesondere durch unwahre Tatsachenbehauptungen, Wenzel/*Burkhardt* Kap. 5 Rn. 71.
173 Z.B. BGH NJW-RR 2007, 619, 620.
174 BVerfG NJW-RR 2008, 200, 202 – Plakatieren für Scientology-Bewegung; BGHZ 161, 266, 270 für Abtreibungsmediziner; MMR 2009, 608 – spickmich. Siehe hierzu auch *Gomille* ZUM 2009, 816.
175 Z.B. BGH NJW-RR 2007, 619, 620; MMR 2009, 608, 611 – Spick mich; OLG Karlsruhe GRUR-RR 2009, 415, 416 – Straßenmusiker.
176 BVerfG AfP 2010, 145 zur E-Mail eines Anwalts gegenüber dem sich Äußernden.
177 KG ZUM-RD 2009, 533, 534 in Bezug auf einen Rechtsanwalt. Bei Opfern in Strafverfahren stehen allerdings dennoch häufig schutzwürdige Interessen einer identifizierenden Berichterstattung entgegen.
178 KG AfP 2010, 376.
179 BGH GRUR 2004, 438, 441 – Feriendomizil I.
180 Vgl. auch § 28 Abs. 6 Nr. 3 BDSG.

A. Verfassungsrechtliche Rahmenbedingungen – konfligierende Grundrechtspositionen

fonbüchern zu entnehmen, zählen sie zur Öffentlichkeitssphäre, weil der Betroffene sie in der Regel willentlich dort eingestellt hat. Fehlt es hieran, sind die Daten aber für einen lokalen Kreis bekannt, z.B. durch ein entsprechendes Türschild, sind die Daten der Sozialsphäre zuzuordnen. Anders kann es sein, wenn die Person bewusst eine Geheimhaltung der Daten betreibt. Dann kommt ausnahmsweise eine Zuordnung zur Geheimsphäre in Betracht.

Der Schutz der Sozialsphäre ist gegenüber dem Schutz der Privatsphäre erheblich abgeschwächt. Es bleibt zwar eine Abwägung notwendig. Äußerungen dürfen aber nur dann mit negativen Sanktionen belegt werden, wenn dies schwerwiegende Auswirkungen auf das Persönlichkeitsrecht hat, etwa dann, wenn eine Stigmatisierung, soziale Ausgrenzung oder Prangerwirkung droht.[181] Allerdings liegt eine solche Stigmatisierung nicht in jeder negativen Darstellung, es bedarf vielmehr schwerwiegender Auswirkungen auf das soziale Umfeld.[182] Ein Schutz der Anonymität kann auch bei bestehender Gefahr für Leib und Leben bestehen.[183] **48**

Wer sich dagegen von sich aus in die Öffentlichkeit begibt, verliert seinen Anonymitätsschutz. So kann etwa ein ehemaliger Offizier der DDR-Grenztruppen, der Vorträge über den »Dienst an der Grenze« sowie Beiträge in Berufszeitschriften veröffentlicht hat, eine Berichterstattung über seine damalige Tätigkeit unter Namensnennung nicht verhindern.[184] **49**

d) Schutz der Geheimsphäre

Die Geheimsphäre wird häufig als eigenständige Sphäre gesehen.[185] Auch die Rechtsprechung verwendet den Begriff.[186] Die Geheimsphäre soll diejenigen Vorgänge und Tatsachen umfassen, die berechtigterweise nicht preisgegeben werden sollen.[187] Die Geheimnissphäre steht damit in enger Nähe zum Recht auf informationelle Selbstbestimmung, ist aber insoweit enger, als nur geheimhaltungsbedürftige Daten erfasst sind. Einfachgesetzlich finden sich Geheimnisschutzregelungen vor allem in § 203 StGB und § 17 UWG. § 203 StGB ist einfachgesetzlicher Ausfluss des Allgemeinen Persönlichkeitsrechts und schützt Geheimnisse, die zum persönlichen Lebensbereich gehören, sowie Betriebs- und Geschäftsgeheimnisse.[188] Zum Begriff der Betriebs- und Geschäftsgeheimnisse kann sich wiederum auch an der Rechtsprechung zu § 17 UWG orientiert werden. Bei beiden Vorschriften ist allerdings zu beachten, dass sie nur in bestimmten Fällen Geheimnisschutz gewähren. Der allgemeine persönlichkeitsrechtliche Geheimnisschutz kann darüber hinausgehen. **50**

Erforderlich ist, dass es sich um Tatsachen, nicht Werturteile handelt, die höchstens einem beschränkten Personenkreis bekannt sind.[189] Nicht mehr Geheimnis sind daher **51**

---

181 BGH NJW-RR 2007, 619, 620; MMR 2009, 608, 611 – spick mich.
182 KG AfP 2010, 376. Abgelehnt für Offenbarung einer inoffiziellen Mitarbeit für die Stasi.
183 BVerfG ZUM 2007, 845 – Aufnahmen von Mitgliedern eines Spruchkörpers (im konkreten Fall allerdings verneint).
184 KG ZUM-RD 2007, 341; ähnlich KG AfP 2010, 376. Siehe hierzu auch Rn. 70 ff.
185 Vgl. *Soehring* § 19 Rn. 9 ff.; Wenzel/*Burkhardt* Kap. 5 Rn. 40.
186 Vgl. BVerfGE 54, 148, 154 – Eppler.
187 Wenzel/*Burkhardt* Kap. 5 Rn. 40.
188 *Fischer* § 203 Rn. 2.
189 *Fischer* § 203 Rn. 5. A.A. Wenzel/*Burkhardt* Kap. 5 Rn. 43, der hierunter auch den Fall subsumieren möchte, dass durch die allgemeine Bekanntgabe bestimmter, an sich einem groß Kreis von Personen bekannter Daten, insbesondere der Adresse, eine Gefahr für Leib und Leben der Person eintritt. Von einem Geheimnis kann aber sinnvollerweise nur gesprochen werden, wenn die Daten bewusst vertraulich gehalten werden. In den übrigen Fällen reicht es aus, berechtigten Interessen der Betroffenen unter dem Gesichtspunkt des Rechts auf informationelle Selbstbestimmung Rechnung zu tragen, BGH GRUR 2004, 438, 441 – Feriendomizil I.

8. Kapitel Äußerungsrecht

Umstände, die bereits Gegenstand der Berichterstattung waren.[190] Außerdem muss ein ggf. mutmaßlicher Wille zur Geheimhaltung seitens des Geheimnisträgers bestehen. Wer erkennbar keinen Wert auf Vertraulichkeit legt, bedarf insoweit keines Schutzes.[191] Auf der anderen Seite muss es sich um ein schutzwürdiges Geheimnis handeln, denn bei der Bestimmung des Schutzbereichs und des Schutzumfangs des Persönlichkeitsrechts kommt es nicht alleine auf den Willen des Betroffenen an.[192] Die Schutzwürdigkeit eines Geheimnisses kann sich entweder aus dem Gesetz oder aus der Natur der Sache heraus ergeben. In die Geheimsphäre fallen daher Schriftstücke und Tonbandaufzeichnungen mit persönlichem Inhalt[193] sowie generell vertrauliche Gespräche sowohl aus dem privaten als auch aus dem beruflichen Bereich.[194] Die Geheimhaltungspflicht kann und ist auch im Regelfall in Vertragsbeziehungen höher als im allgemeinen Geschäftsverkehr oder in deliktischen Beziehungen. Das gilt insbesondere für bestimmte Personengruppen (siehe § 203 StGB), aber auch generell für Dauerschuldverhältnisse wie Arbeitsverhältnisse, die mit einer erhöhten Treuepflicht versehen sind.[195] Eine besondere Verstärkung erfährt die Geheimnissphäre dort, wo die Vertraulichkeit Voraussetzung für die Ausübung einer grundrechtlich verbürgten Tätigkeit ist, wie dies etwa bei der Arbeit von Redaktionen in Presse- und Rundfunkunternehmen der Fall ist.[196]

52 Fällt eine Tatsache in die Geheimnissphäre, so ist dies grundsätzlich von Dritten zu respektieren. Anders als die Intimsphäre ist die Geheimsphäre aber nicht absolut geschützt. Vielmehr ist eine Veröffentlichung zulässig, wenn ein überwiegendes berechtigtes Informationsinteresse der Öffentlichkeit besteht. Es bedarf daher einer Abwägung der widerstreitenden Interessen. Soweit die Information unter Verletzung der Geheimnissphäre erlangt worden sind, sind für die Veröffentlichung die Grundsätze zur Veröffentlichung rechtswidrig erlangter Informationen maßgeblich.[197] Das hat ein Regel/Ausnahmeverhältnis zugunsten des Geheimnisschutzes zur Folge.[198]

53 Im Gegensatz zur Intimsphäre oder Privatsphäre, die es bei juristischen Personen nicht gibt, können sich juristische Personen auf den Schutz der Geheimnissphäre berufen.[199] Schutzwürdige Geheimnisse gibt es dort ebenso wie bei Privatpersonen, so dass dieser Aspekt des Persönlichkeitsrechts seinem Wesen nach auf juristische Personen anwendbar ist. Außerdem weist der Geheimnisschutz eine Nähe zu den Art. 12 und 14 GG auf, die unzweifelhaft auf juristische Personen anwendbar sind.[200]

---

190 Für den Fall einer intensiven Berichterstattung in den Medien: OLG München ZUM 1990, 145 – Geheimagent. A.A. Wenzel/*Burkhardt* Kap. 5 Rn. 43 unter Berufung auf LG Hamburg AfP 1988, 170. Der Einwand, dass der Geheimnisschutz nicht durch eine einmalige Missachtung entfallen dürfe, überzeugt aber insoweit nicht, als die erfolgte Veröffentlichung des Geheimnisses ein nicht wieder rückgängig machbares Faktum ist. Der Gefahr einer weiteren Öffentlichkeitswirkung durch fortgesetzte Berichterstattung lässt sich auch ohne den Begriff des Geheimnisses Rechnung tragen.
191 BVerfGE 80, 367, 374 – Tagebuch.
192 Zum Kernbereich privater Lebensgestaltung: BVerfGE 80, 367, 374 – Tagebuch. Zum Schutz der Privatsphäre: BVerfGE 101, 361, 384 – Caroline von Monaco II.
193 So z.B. Tagebuchaufzeichnungen: BVerfGE 80, 367, 374.
194 So zum Beispiel ein Telefonat zwischen dem damaligen Kanzlerkandidaten Kohl und seinem Generalsekretär Biedenkopf, BGHZ 73, 120 – Kohl/Biedenkopf. Ebenso normale berufliche Telefonate: BGH NJW 1988, 1988, 1016.
195 Siehe hierzu Rdn. 152 ff.
196 BVerfGE 66, 116, 134 – Der Aufmacher; BGHZ 80, 25 – Der Aufmacher.
197 Weiter *Soehring* § 19 Rn. 11, der generell diese Grundsätze auf Tatsachen aus der Geheimnissphäre anwenden will. Dagegen spricht, dass Tatsachen aus der Geheimnissphäre auch rechtmäßig erlangt werden können, etwa aus Unachtsamkeit des Trägers.
198 Grundsätzlich hierzu BVerfGE 66, 116 – Der Aufmacher. Siehe hierzu Rdn. 333 ff.
199 BGHZ 80, 25, 32 ff. – Der Aufmacher; OLG Hamm ZUM-RD 2004, 579.
200 OVG Niedersachsen NJW 2009, 2697.

e) Probleme im Umgang mit der Sphärentheorie

Die Unterteilung in Sphären ist in der täglichen Praxis so hilfreich wie gefährlich. Hilfreich ist sie deshalb, weil sie veranschaulicht, dass es sich beim Persönlichkeitsrecht nicht um ein einheitliches Recht handelt, sondern es in seiner Schutzintensität und -würdigkeit sehr unterschiedlich ausgeprägt ist. Es beschreibt zudem auch sehr anschaulich, in welchen verschiedenen Situationen der Mensch sich gegenüber seiner Umwelt befinden kann. Der große Nachteil des Modells liegt in der mit dieser Veranschaulichung leicht einhergehenden schematischen Anwendung. Ein plastisches Beispiel bietet die Tagebuch-Entscheidung des BVerfG, in der es um die Zulässigkeit der Verwertung von tagebuchähnlichen Aufzeichnungen im Rahmen eines Strafverfahrens wegen Mordes ging. Der später verurteilte Täter hatte in den Aufzeichnungen seine Probleme im Umgang mit Frauen und seine inneren Konflikte beschrieben, in denen er Gewaltphantasien gegenüber Frauen unterdrücken müsse. Obwohl üblicherweise die Tagebuchaufzeichnungen, insbesondere wenn sie die Sexualität und innerste Gedankengänge zum Gegenstand haben, zum unantastbaren Intimbereich gehören, hat das BVerfG dies im vorliegenden Fall abgelehnt mit der Begründung, dass der Täter seine Gedanken aus seinem beherrschbaren Innenbereich entlassen und damit der Gefahr des Zugriffs Dritter ausgesetzt habe, indem er sie schriftlich fixiert hatte. Vor allem hätten die Gedanken nachhaltig Belange der Allgemeinheit berührt, obwohl darin keine konkreten Tatschilderungen enthalten waren.[201] Der Bezug zur Sexualität begründet daher auch in der Berichterstattung nicht per se eine Zugehörigkeit zu einer bestimmten Sphäre. Um unzulässige Pauschalierungen zu vermeiden, muss daher in der Prüfung immer der Bezug zur Außenwelt und der Grad an Detailliertheit der Schilderung gewürdigt werden.[202]

54

Ein weiteres Zuordnungsproblem stellt das Verhältnis der Geheimnissphäre zu den übrigen Sphären dar. Bei natürlichen Personen kann jedes Geheimnis auch der Intimsphäre, Privatsphäre oder Sozialsphäre zugeordnet werden, so dass eine überschneidende Zuordnung wenig hilfreich ist. Sinnvoll erscheint der Begriff der Geheimnissphäre jedoch im Bereich des Unternehmenspersönlichkeitsrechts. Bei juristischen Personen funktioniert die klassische Sphäreneinteilung nicht, weil und soweit sie Ausfluss menschlicher Bedürfnisse nach Entspannung und Rückzug sind. Juristische Personen haben lediglich neben einem sozialen Geltungsanspruch einen Anspruch auf Entfaltung im Rahmen ihrer wirtschaftlichen Handlungsfreiheit nach Art. 2 Abs. 1 GG.[203] In diesem Rahmen ist aber der Schutz gegen wahre Tatsachenbehauptung stark zurückgedrängt. Juristische Personen müssen in der Regel außerhalb des Wettbewerbsrechts wahre Tatsachenbehauptungen hinnehmen.[204] Da aber Unternehmen sehr wohl ein berechtigtes Interesse daran haben, auch Informationen und Interna vertraulich zu halten, kommt hier der Anerkennung einer verfassungsrechtlich geschützten Geheimnissphäre eine besonders wichtige Korrektivfunktion zu. Insofern ist ihre Interessenlage nicht geringer als bei natürlichen Personen bei ihrer Berufsausübung.

55

Neben der Gefahr einer zu pauschalen Zuordnung zu einer der Sphären birgt die Sphäreneinteilung die hiervon zu trennende Gefahr in sich, dass aus einer an sich richtigen

56

---

201 BVerfGE 80, 367, 376 f. – Tagebuch.
202 BGH, Urt. v. 26.5.2009 – Kannibale von Rothenburg. OLG Karlsruhe ZUM 2006, 226, 229. So wohl auch BVerfGE 119, 1, 34 – Esra.
203 BVerfG ZIP 1994, 972; BGH NJW 1994, 1281.
204 BGHZ 80, 25 – Der Aufmacher; NJW 2006, 830 – Kirch/Breuer. Bedenklich daher BVerfG, ZIP 1994, 972; BGH NJW 1994, 1281. Danach soll die durch Art. 2 GG geschützte wirtschaftliche Betätigungsfreiheit auch davor schützen, dass veröffentlichte Daten eines Jahresabschlusses zu pädagogischen Zwecken verwendet werden. Kritisch hierzu auch MüKo-BGB/*Rixecker* Allg. PersönlR, Rn. 21. Auch der BGH hat sich in der Zwischenzeit in der Kirch/Breuer-Entscheidung erkennbar von der Entscheidung distanziert.

Zuordnung pauschale Rechtsfolgen gezogen werden, die die grundsätzlich notwendige Abwägung vermissen lassen. Leider trägt auch die Rechtsprechung immer wieder hierzu bei. Zwar wird regelmäßig auf das Erfordernis der Abwägung hingewiesen, dennoch tauchen immer wieder pauschal wirkende Aussagen auf, wie z.B., dass Aussagen über Krankheiten und notwendige Behandlungen, außer bei Politikern, Wirtschaftsführern und Staatsoberhäuptern, in der Öffentlichkeit »einfach nichts zu suchen hätten«.[205] Derartige Aussagen lassen außer Acht, dass gerade bei Prominenten Krankheiten durchaus Auswirkungen haben können, die weit über das rein Private hinausgehen. Richtigerweise hat daher das KG betont, dass es auch hier zu einer Abwägung kommen muss, bei der die Detailliertheit der Schilderung und der Bezug zu öffentlichen Belangen eine wichtige Rolle spielt. Deshalb war die Mitteilung, ein prominentes Mitglied einer Girlband sei HIV-infiziert und habe mit drei Geschlechtspartnern ungeschützten Geschlechtsverkehr gehabt, wovon sie mindestens einen angesteckt haben soll, zulässig.[206]

57 An Grenzen stößt das Sphärenmodell auch deshalb, weil es jüngere Entwicklungen der Rechtsprechung nur noch ungenügend erklären kann. So lässt sich seit der EGMR-Rechtsprechung zur Veröffentlichung von Bildnissen von Caroline von Monaco die Privatsphäre nur noch eingeschränkt räumlich-thematisch definieren.[207] Mit der Unterscheidung zwischen einer »Vor-Ort-Öffentlichkeit« und einer medialen Öffentlichkeit, der sich die deutsche Rechtsprechung angeschlossen hat,[208] verschwimmen die Sphären zusehends ineinander. Insofern stellt sich die Frage, ob das Sphärenmodell nicht jedenfalls in diesem Sinne einer weiteren Differenzierung bedürfte.

58 Dennoch ist das Sphärenmodell hilfreich und auch notwendig für die Einordnung eines Sachverhalts in der Praxis. Jedenfalls ist derzeit kein besseres Modell ersichtlich, das die mit der jeweils erforderlichen Abwägung des Allgemeinen Persönlichkeitsrechts als Rahmenrecht eintretende Rechtsunsicherheit eindämmen könnte. Die abschreckende Wirkung einer nicht vorhersehbaren Entscheidungspraxis für die ungehinderte Ausübung der Medienfreiheiten darf nicht unterschätzt werden.

4. Sonderfall: Recht am Unternehmen

59 Das Recht am Unternehmen, auch Recht am eingerichteten und ausgeübten Gewerbebetrieb genannt, ist in der Rechtsprechung seit langem als absolutes Recht im Sinne von § 823 Abs. 1 BGB anerkannt. Diese Rechtsfigur hat eine recht wechselhafte Geschichte hinter sich.[209] Entwickelt wurde es aus der Erkenntnis, dass es Eingriffe in Unternehmen gibt, die nicht hinnehmbar sind, gegen die aber kein spezialgesetzlicher Sonderschutz besteht. Um eine Ausuferung der Haftung zu vermeiden, verlangt die Rechtsprechung, dass die Eingriffe unmittelbar bzw. betriebsbezogen sein müssen. Lediglich mittelbare, reflexartige Eingriffe genügen nicht.[210] Es hat daher als Auffangtatbestand eine lückenfüllenden Funktion,[211] um sehr heterogene Fälle wie unberechtigte Schutzrechtsverwarnungen, rechtswidrige Streiks oder die rechtswidrige Verwendung nichtgeschützter Unternehmenskennzeichen abzudecken. Bedeutung hat das Recht am Unternehmen auch im Äußerungsrecht erlangt.[212] Da das Recht am Unternehmen gegenüber einfachgesetzlichen

---

205 BGH ZUM-RD 2009, 4 ff. zu alkoholbedingter Erkrankung.
206 KG GRUR-RR 2009, 436. Ebenso BGH NJW 1999, 2893 – Scheidungsgrund II.
207 EGMR GRUR 2004, 1051, 1054 – Caroline von Hannover.
208 Grundlegend zur Neuausrichtung: BVerfGE 120, 180 – Caroline von Hannover; BGH GRUR 2007, 523 – abgestuftes Schutzkonzept.
209 Siehe die Darstellung bei Wenzel/*Burkhardt* Kap. 5 Rn. 128 ff.
210 BGH NJW 1984, 1607, 1609 – Bundesbahnplanungsvorhaben; BGH NJW-RR 1989, 924 – Filmbesprechung; NJW 1998, 2141 – Appartementanlage.
211 BGHZ 45, 296 – Höllenfeuer; BGH NJW 2006, 830 – Kirch/Breuer, m.w.N.
212 Grundlegend: BGHZ 3, 270 – Constanze; BGHZ 45, 296 – Höllenfeuer.

A. Verfassungsrechtliche Rahmenbedingungen – konfligierende Grundrechtspositionen

Spezialregelungen wie insbesondere § 823 Abs. 2 BGB i.V.m. §§ 185 ff. und § 824 BGB subsidiär ist,[213] ist faktisch der Anwendungsbereich im Äußerungsrecht allerdings beschränkt. Die Rechtsprechung wendet es allerdings noch in Bezug auf wahre Tatsachenbehauptungen und Meinungsäußerungen an.[214]

Wie beim Persönlichkeitsrecht auch, folgt aus der Feststellung eines betriebsbezogenen Eingriffs noch nicht die Rechtswidrigkeit, sie ist im Wege einer Güterabwägung zu ermitteln.[215] Dogmatisch wird gleichwohl das Recht am Unternehmen vom Unternehmenspersönlichkeitsrecht unterschieden. Mit der zunehmenden Anwendung des Persönlichkeitsrechts auf juristische Personen des Privatrechts stellt sich aber die Frage nach der Berechtigung der Rechtsfigur im Äußerungsrecht.[216] Der BGH geht in der Kirch/Breuer-Entscheidung zwar weiterhin davon aus, dass beide Rechte nebeneinander stehen. Die Argumentationen, mit denen der BGH beide Ansprüche zurückweist, ähneln einander aber stark. Insbesondere stehen die betroffenen Grundrechte des Allgemeinen Persönlichkeitsrechts einerseits und des Art. 12 GG andererseits nicht entgegen. Art. 12 GG lässt sich auch beim einfachrechtlichen Unternehmenspersönlichkeitsrecht unter dem Gesichtspunkt der Freiheit der wirtschaftlichen Handlungsfreiheit berücksichtigen. Als Bestandteil der Eigentumsgarantie wiederum ist das Recht am Unternehmen nicht anerkannt.[217] Es ist daher kein Grund ersichtlich, Unternehmen bzw. Arbeitgeber mit der Anerkennung eines Rechts am Unternehmen im öffentlichen Meinungskampf besser als Arbeitnehmer zu stellen, die ihren wirtschaftlichen Ruf ebenso verteidigen müssen.[218]

5. Übertragbarkeit des Persönlichkeitsrechts

Von der zuvor behandelten Frage, wer Träger von Persönlichkeitsrechten sein kann, ist die Frage zu trennen, ob das Persönlichkeitsrecht übertragen werden kann. Hiermit hängt auch die Frage zusammen, was mit dem Persönlichkeitsrecht nach dem Tod der Person geschieht. Die Rechtsprechung hat hierzu einige Fragen geklärt, über die dogmatische Konstruktion und über Einzelfragen herrscht allerdings nach wie vor Unklarheit. Als gesichert kann Folgendes gelten:

Das BVerfG geht davon aus, dass mit dem **Tod einer Person** das Persönlichkeitsrecht insoweit erlischt, als es seinen Ursprung im Recht auf freie Entfaltung der Persönlichkeit (Art. 2 Abs. 1 GG) hat. Dieser Teil des Persönlichkeitsrechts ist damit auch nicht vererbbar. Der postmortale Persönlichkeitsschutz im Hinblick auf die ideellen Bestandteile beschränkt sich danach auf den Schutz der Menschenwürde nach Art. 1 GG.[219] Inhaltlich umfasst dieser Schutz zum einen den allgemeinen Achtungsanspruch, der dem Menschen kraft seines Personseins zusteht, und zum anderen den sittlichen, personalen und sozialen Geltungswert, den die Person sich durch ihre eigene Lebensleistung erworben hat.[220] Da es um die Menschenwürde als Kern des Persönlichkeitsrechts geht, liegt ein Eingriff regelmäßig nur bei schweren Verletzungen des Lebensbildes[221] oder dann vor, wenn die Person zum blo-

---

213 BGHZ 65, 325 – Warentest II; NJW 1999, 279, 281; NJW 2006, 830 – Kirch/Breuer.
214 BGH NJW 2006, 830 – Kirch/Breuer.
215 BGHZ 45, 296, 307 – Höllenfeuer; BGHZ 65, 325 – Warentest II; 80, 25, 27 – Der Aufmacher; NJW 1998, 2141, 2143 – Appartmentanlage; NJW 2006, 830 – Kirch/Breuer.
216 *Soehring* § 12 Rn. 55; Wenzel/*Burkhardt* Kap. 5 Rn. 138.
217 BVerfG NJW-RR 2004, 1710, 1712; BGH NJW 2006, 830 – Kirch/Breuer.
218 Wenzel/*Burkhardt* Kap. 5 Rn. 138 ff. Entgegen *Soehring* § 12 Rn. 55 bedarf es auch bei juristischen Personen des öffentlichen Rechts keines Festhaltens am Recht am Unternehmen. In der Regel lässt sich deren Schutz über die speziellen Vorschriften des § 824 BGB und § 823 Abs. 2 BGB i.V.m. §§ 185 ff. StGB gewährleisten.
219 BVerfGE 30, 173, 194 – Mephisto; WRP 2006, 1361, 1363 – Der blaue Engel.
220 BVerfG WRP 2006, 1361, 1363 – Marlene Dietrich.
221 BGH GRUR 1974, 797 – Fiete Schulze; GRUR 1984, 907 f. – Frischzellenkosmetik.

ßen Objekt wird, wie es der Fall sein kann, wenn ein Leichnam zur bloßen Schaulust der Zuschauer gezeigt wird. Folge dieser Beschränkung des postmortalen Persönlichkeitsrechts ist aber, dass einmal festgestellte Eingriffe aufgrund des Menschenwürdegehalts nicht mehr im Wege einer Güterabwägung mit den Medienfreiheiten gerechtfertigt werden können.[222] In entsprechender Anwendung von § 22 Sätze 3 und 4 KUG kann der postmortale ideelle Persönlichkeitsschutz dann von den Angehörigen oder den sonstigen hierzu berufenen Wahrnehmungsberechtigten geltend gemacht werden.[223]

63 Mit der Anerkennung des Persönlichkeitsrechts als wirtschaftliches Ausschließlichkeitsrecht durch den BGH[224] hat sich die Frage nach dem Verbleib dieses Rechts nach dem Tod seines Inhabers neu gestellt. In den beiden Urteilen »Marlene Dietrich« und »Der blaue Engel« hat der BGH entschieden, dass mit dem Tod die **vermögenswerten Bestandteile** des Persönlichkeitsrechts auf die Erben, die nicht mit den Wahrnehmungsberechtigen identisch sein müssen, übergehen.[225] Der Umstand, dass damit das Persönlichkeitsrecht nach dem Tod hinsichtlich ideeller und kommerzieller Bestandteile auseinander fallen kann, hat der BGH bewusst in Kauf genommen.[226] Der BGH rechtfertigt dies mit einem Verweis auf das Urheberrecht, bei dem Nutzungsberechtigte und Inhaber des Urheberpersönlichkeitsrechts ebenfalls nicht identisch sein müssen. Damit muss ggf. sowohl die Zustimmung des Erben als auch der Angehörigen im Fall einer kommerziellen Nutzung eingeholt werden. Die Erben dürfen zudem dieses Recht nicht gegen die ausdrücklichen oder mutmaßlichen Interessen des Verstorbenen einsetzen.[227]

64 Auch im Hinblick auf die **Schutzdauer** unterscheiden sich die beiden Komponenten des Persönlichkeitsrechts: Die ideellen Bestandteile des postmortalen Persönlichkeitsrechts unterliegen keiner strikten Frist und können auch 30 Jahre und länger bestehen. Eine lange Frist kommt insbesondere bei den Personen in Betracht, deren Lebensleistung auch für die Nachwelt von Bedeutung ist.[228] Beim Recht am eigenen Bild sieht § 22 Satz 3 KUG aber unabhängig davon, ob oder Menschenwürdegehalt betroffen ist, eine feste Frist von zehn Jahren nach dem Tod vor. Für die kommerziellen Bestandteile hat sich der BGH in der »Klaus Kinski«-Entscheidung für eine analoge Anwendung von § 22 KUG und damit eine Schutzdauer von 10 Jahren nach dem Tod entschieden.[229] Hierfür sprechen gewichtige Argumente, obgleich damit eine insgesamt nicht ganz stimmige Gesamtkonstruktion entstanden ist: Beim ideellen Bestandteil des postmortalen Persönlichkeitsrechts erfolgt hinsichtlich der Wahrnehmungsberechtigung ein Rückgriff auf § 22 KUG, hinsichtlich der Schutzdauer nicht. Beim kommerziellen Bestandteil des zivilrechtlichen Persönlichkeitsrechts ist es genau umgekehrt. Die Bestimmung der Schutzdauer erfolgt unter Heranziehung von § 22 KUG, während hinsichtlich der Frage der Rechtsträger die Lösung über die Wahrnehmungsberechtigung nach § 22 KUG zugunsten der Lösung über die Vererblichkeit abgelehnt wird.

65 Unterschiede zwischen ideellen und kommerziellen Bestandteilen des Persönlichkeitsrechts des Verstorbenen bestehen auch im Hinblick auf die **Rechtsfolgen einer Verletzung**. Den Wahrnehmungsberechtigten stehen im Fall der Verletzung des postmortalen Persönlich-

---

222 BVerfG WRP 2006, 1361, 1364 – Marlene Dietrich.
223 BGHZ 50, 133, 139 f. – Mephisto; 143, 214, 226 – Marlene Dietrich.
224 BGHZ 20, 345, 347 ff.; 81, 75, 80 ff. zum Namensgebrauch.
225 BGHZ 143, 214, 219 – Marlene Dietrich; BGH WRP 2000, 754 – Der blaue Engel.
226 BGHZ 143, 214, 226 – Marlene Dietrich.
227 BGHZ 143, 214, 226 f. – Marlene Dietrich.
228 BGHZ 107, 384, 392 – Emil Nolde.
229 BGHZ 169, 193, 198 – Klaus Kinski.

A. Verfassungsrechtliche Rahmenbedingungen – konfligierende Grundrechtspositionen

keitsrechts weder Schadensersatzansprüche[230] noch Ansprüche auf Geldentschädigung[231] zu. Der BGH begründet das damit, dass ein Verstorbener keinen durch Geldzahlung auszugleichenden Schaden erleiden könne.[232] Die Erben der kommerziellen Bestandteile können hingegen Schadensersatzansprüche und Geldentschädigung verlangen.[233]

Bleibt noch die **Übertragung unter Lebenden** (inter vivos). Eine vollständige Übertragung des ideellen Bestandteils des Persönlichkeitsrechts unter Lebenden ist ausgeschlossen, weil sich niemand seiner Menschenwürde, seines Anspruchs auf Selbstverwirklichung, seines Bildnisses oder sonstiger Bestandteile seines Persönlichkeitsrechts vollständig und endgültig entäußern kann.[234] Der ideelle Teil des Persönlichkeitsrechts ist somit ein höchstpersönliches Recht und untrennbar mit der Person selbst verbunden, deshalb kann auch nicht dessen Ausübung im Wege einer Prozessstandschaft Dritten eingeräumt werden.[235] **66**

Der BGH hat dagegen die umstrittene Frage[236] offen gelassen, ob die kommerziellen Bestandteile inter vivos übertragen werden kann.[237] Gegen eine Übertragbarkeit inter vivos spricht, dass eine rechtsverbindliche Überlassung des kommerziellen Bestandteils dazu führen könnte, dass eine vom eigentlichen Inhaber nicht mehr steuerbare kommerzielle Verwertung seiner Person in erheblichem Umgang das »verbleibende« verfassungsrechtliche ideelle Persönlichkeitsrecht beeinträchtigen kann und sich sogar gegen dieses wenden kann. Insofern greift das Argument des BGH, dass die Vererblichkeit der vermögenswerten Bestandteile gerade zum Schutz des Persönlichkeitsrechts geboten ist,[238] bei einer Übertragung unter Lebenden nicht.[239] Andererseits geht der BGH davon aus, dass der Grundsatz der Unübertragbarkeit nicht notwendig für alle Bestandteile des Persönlichkeitsrechts gilt und insbesondere die vermögenswerten Bestandteile nicht in derselben Weise unauflöslich mit dem Träger verbunden sind.[240] **67**

Dem BGH ist darin Recht zu geben, dass das Recht einerseits die Aufgabe hat, Wertentscheidungen vorzugeben, andererseits aber auch einen Ordnungsrahmen bieten muss für neue, tatsächlich existierende Formen der Vermarktung.[241] Die Vermarktung von Persönlichkeitsbestandteilen (in der Praxis sind das insbesondere Name, Stimme und Bildnis) ist gängige Praxis, der sich das Recht nicht völlig verschließen darf. Dem Schutz der ideellen Bestandteile muss das Recht aber Rechnung tragen. Vielfach wird hier eine entsprechende Anwendung der urheberrechtlichen Vorschriften vorgeschlagen. Danach bliebe das Stammrecht stets beim Inhaber, die Einräumung von obligatorischen Nutzungsrechten hingegen wäre möglich.[242] In entsprechender Anwendung von § 42 UrhG bleibt dem **68**

---

230 BGH GRUR 1974, 797 – Fiete Schulze; BGHZ 143, 223 f. – Marlene Dietrich; BGH, NJW 2006, 605, 606 – Mordkommission Köln.
231 BGH GRUR 1974, 797 – Fiete Schulze; NJW 2006, 605 – Mordkommission Köln. Das BVerfG trägt diese Rechtsprechung mit dem Hinweis mit, dass verfassungsrechtlich kein Weg vorgeschrieben sei, wie konkret der postmortale Persönlichkeitsschutz gewährleistet wird, BVerfG ZUM 2007, 380 ff.
232 BGH GRUR 1974, 797, 800 – Fiete Schulz; BGHZ 143, 214, 226 – Marlene Dietrich.
233 BGHZ 143, 214, 228 – Marlene Dietrich.
234 BVerfG WRP 2006, 1361 – Der blaue Engel.
235 BVerfG ZUM 2005, 474 – Tierversuche; BVerfGE 66, 116, 148 – Der Aufmacher.
236 Siehe hierzu Götting/Schertz/Seitz/*Götting* § 2 Rn. 28 ff.
237 BGH WRP 2000, 746, 750 f. – Marlene Dietrich; BGH GRUR 1987, 128 – Nena.
238 BGH WRP 2000, 746, 751 – Marlene Dietrich.
239 Ebenso Götting/Schertz/Seitz/*Götting* § 2 Rn. 32, der allerdings gleichwohl die Einräumung von Nutzungsrechten mit dinglicher Wirkung auch gegenüber Dritten in Anlehnung an §§ 31 ff. UrhG für zulässig erachtet.
240 BGHZ 143, 214, 220 f. – Marlene Dietrich.
241 BGHZ 143, 214, 226 – Marlene Dietrich.
242 So auch Götting/Schertz/Seitz/*Brändel* § 36 Rn. 22.

8. Kapitel Äußerungsrecht

Inhaber aber ein Rückrufrecht bei gewandelter Überzeugung. Dies erscheint geboten und ist auch im Rahmen der Einwilligung bei § 22 KUG weitgehend akzeptiert.[243]

69 Damit ergibt sich folgende Übersicht:

	Ideeller Bestandteil des Persönlichkeitsrechts	Kommerzieller Bestandteil des Persönlichkeitsrechts
Vererblichkeit	Nein, aber Fortwirkung des postmortalen Persönlichkeitsrechts, das durch Wahrnehmungsberechtigte ausgeübt wird.	Ja.
Schutzdauer nach Tod	Keine feste Frist.	§ 22 Satz 3 KUG analog: 10 Jahre nach Tod.
Übertragbarkeit	Nein.	Umstr., jedenfalls obligatorische Nutzungseinräumung möglich.

6. Abschwächung des Persönlichkeitsschutzes wegen Vorverhaltens

70 Das Allgemeine Persönlichkeitsrecht unterliegt maßgeblich dem **Bestimmungsrecht** seines Inhabers. Damit hat jeder zunächst das Recht, nach eigenen, ggf. auch irrationalen Kriterien im Einzelfall zu entscheiden, wie weit er sich gegenüber Dritten öffnen möchte. Auf der anderen Seite lebt der Einzelne nicht für sich isoliert, er interagiert mit anderen. Er kann daher nicht völlig frei die Grenzen z.B. seiner Privatsphäre festlegen, so kann er öffentliche Plätze nicht einfach durch üblicherweise privates Verhalten in seine engere Privatsphäre umdefinieren und diese damit ausdehnen.[244] Es gibt daher Konstellationen, in denen den Einzelnen im Interesse der anderen bzw. der Allgemeinheit Obliegenheiten zu einem konsistenten Verhalten treffen, will er nicht eines Teils seines Schutzes verlustig werden. Nicht ganz klar wird aus der Rechtsprechung, ob bei entsprechendem Vorverhalten der Schutz für diesen Teilbereich entfällt. Das BVerfG scheint in diese Richtung zu gehen.[245] Der BGH ist meist zurückhaltender und geht nur von einer Abschwächung des Schutzes aus. Er berücksichtigt das Vorverhalten dann im Rahmen der Abwägung.[246] Im Ergebnis macht dies aber keinen großen Unterschied. Wie bereits dargelegt wurde, ist jedenfalls eine dauerhafte und vollständige Entäußerung des Persönlichkeitsrechts mit der Menschenwürde unvereinbar.

71 Die meisten Fälle betreffen die **Privatsphäre**.[247] Die Rechtsprechung erkennt seit langem an, dass auch ohne konkrete Einwilligung über die Privatsphäre einschließlich der Verbreitung von Bildnissen berichtet werden darf, wenn der Betroffene sein Privatleben durch eigenes Vorverhalten der Öffentlichkeit preisgegeben hat.[248] Es kann sich daher nicht mehr auf seine Privatsphäre berufen, wer daran mitgewirkt hat, dass sein Privatleben boulevardmäßig aufbereitet wird und auch nicht darauf hinweist, dass er keine weitere

---

243 Siehe hierzu Rn. 281.
244 BVerfGE 101, 361, 384 – Caroline von Monaco II. Bedenklich daher: BGH ZUM 2009, 560 – Sabine Christiansen mit Begleiter.
245 So wohl BVerfG 101, 361, 385 – Caroline von Monaco II; WRP 2006, 1365, 1369 – Rivalin.
246 BGH GRUR 2004, 438, 441 – Feriendomizil I; ZUM-RD 2009, 429, 432 – Kannibale von Rotenburg. Dagegen spricht BGH GRUR 2005, 76, 78 – Rivalin vom »Entfallen« der Privatsphäre.
247 Für den Fall der Öffnung der Sozialsphäre: KG ZUM-RD 2007, 341.
248 BVerfG 101, 361, 385 – Caroline von Monaco II; WRP 2006, 1365, 1369 – Rivalin. BGH GRUR 2004, 438, 441 – Feriendomizil I; GRUR 2005, 76, 78 – Rivalin.

A. Verfassungsrechtliche Rahmenbedingungen – konfligierende Grundrechtspositionen

Berichterstattung wünscht. Wer objektiv und bewusst das Interesse an seinen privaten Verhältnissen schürt und in Teilen der Öffentlichkeit auch Neugier nach weiteren Details der Trennung weckt, muss es daher hinnehmen, dass sich die Medien damit weiter befassen, so lange dies sachlich geschieht und einen gewissen Aktualitätszusammenhang wahrt.[249] Ein häufiger Fall der Öffnung der Privatsphäre sind Homestories Prominenter.[250] Die Öffnung der Privatsphäre kann sowohl in räumlicher als auch in thematischer Hinsicht erfolgen. Zwar bleibt selbstverständlich das Hausrecht bestehen. Wer aber der Öffentlichkeit Einblicke in sein Haus gewährt hat, kann sich später nicht mehr auf seine Privatsphäre berufen, wenn z.B. mittels Hubschrauber Luftbildaufnahmen von seinem Anwesen gemacht werden.[251] Im Übrigen kommen als relevantes Vorverhalten vor allem (Exklusiv-)Interviews in Betracht.[252] Das Vorverhalten muss die bewusste Öffnung gegenüber der Öffentlichkeit allerdings hinreichend klar erkennen lassen. Ein bloßer abstrakter Bezug in einem Interview auf sein Familienleben, das ihm Kraft und Halt gebe, entledigt einen Fußballspieler noch nicht seines Rechts auf Privatsphäre.[253] Problematisch ist hingegen eine jüngere Entscheidung des BGH, in der der BGH trotz einschlägigen Vorverhaltens ein berechtigtes Informationsinteresse für die Verwendung von Bildnissen ohne Einwilligung verlangt.[254] Der Prominente hat ein solches gerade durch sein Vorverhalten maßgeblich begründet. Wenig hilfreich ist jedenfalls der Hinweis des BGH in diesem Zusammenhang, der von ihm erkannten Gefahr einer »Hofberichterstattung« könnte durch Verwendung genehmigter oder ansonsten erlaubnisfreier Bildnisse entgegengewirkt werden. In früheren Entscheidungen ist der BGH zu Recht davon ausgegangen, dass das Vorverhalten auch bei solchen Veröffentlichungen berücksichtigt werden muss, die keinen oder nur einen geringen Beitrag zu einer Debatte von allgemeinem Interesse leisten.[255] Eine Änderung lässt sich auch nicht mit der Caroline-Entscheidung des EGMR[256] begründen. Zum einen lag in diesem Fall kein entsprechendes Vorverhalten vor. Zum anderen berücksichtigt auch der EGMR ein entsprechendes Vorverhalten selbst bei Beiträgen ohne öffentliches Informationsinteresse.[257]

Eine Öffnung ist allerdings nicht unumkehrbar. Die Erwartung, dass die Umwelt die Angelegenheiten oder Verhaltensweisen in einem Bereich mit Rückzugsfunktion nur begrenzt oder nicht zur Kenntnis nimmt, muss dann aber **situationsübergreifend und konsistent** zum Ausdruck gebracht werden.[258] Der immer wieder gegen die Rechtsprechung zum Vorverhalten erhobene Einwand, die Personen würden damit faktisch vogelfrei,[259] verfängt damit nicht.

Öffnet sich jemand der Öffentlichkeit, so kann nachträglich die Wiederholungsgefahr für einen Unterlassungsanspruch entfallen, insbesondere hinsichtlich der Verwendung kontextneutraler Bildnisse. Nicht hingegen wird nachträglich die Verbreitung von Bildnissen

---

249 KG NJW-RR 2007, 1196, 1197.
250 Zu dem kuriosen Fall, dass Reporter anlässlich einer Homestory einer Politikerin eine Cannabis-Pflanze Ihres Sohnes finden und hierüber berichtet wird: BVerfG AfP 2010, 365.
251 BGH GRUR 2004, 438, 441 – Feriendomizil I.
252 BGH ZUM-RD 2009, 429, 432 – Kannibale von Rotenburg; KG NJW-RR 2007, 1196, 1197. Bei eigener publizistischer Tätigkeit: KG ZUM-RD 2007, 341.
253 KG ZUM-RD 2009, 534, 535 f.
254 BGH ZUM 2009, 560, 562 – Sabine Christiansen mit Begleiter.
255 BGH GRUR 2004, 438, 441 – Feriendomizil I.
256 EGMR GRUR 2004, 1051– Caroline von Hannover.
257 EGMR M&R 2009, 298, 301 – Johnny Halliday.
258 BVerfGE 101, 361, 385 – Caroline von Monaco II; WRP 1365, 1369 – Rivalin; BGH GRUR 2005, 75, 78 – Rivalin.
259 *Seitz* NJW 2000, 2167 f.

aus der Privatsphäre, die zeitlich vor der Öffnung angefertigt worden sind, legitimiert. Die Medien sind insoweit auf Bildnisse verwiesen, die zeitlich der Öffnung nachfolgen.[260]

74 Umstritten ist, inwieweit eine **auf bestimmte Bereiche der Privatsphäre beschränkte** Öffnung erfolgen kann. Während die einen davon ausgehen, dass mit der Öffnung die Betroffenen auch das Eindringen in nichtoffenbarte Bereiche nicht mehr verhindern können,[261] wird dies von anderen abgelehnt.[262] Ansatzpunkt muss das Merkmal des BVerfG des »situationsübergreifenden und konsistenten Verhaltens« sein. Insofern kann der Betroffene sein Recht am Bild nicht für eine situative Steuerung, insbesondere nicht mit kommerzieller Zwecksetzung für Exklusiv- oder Homestories einsetzen. Nicht ausgeschlossen und auch sachgerecht erscheint es jedoch, den Betroffenen zuzubilligen, den qualitativen Grad der Öffnung der Privatsphäre zu bestimmen. Wer sich also mit seiner Partnerin in der Öffentlichkeit zeigt, muss es hinnehmen, dass Bildnisse des Paars in der Öffentlichkeit gezeigt werden, nicht aber Bildnisse aus dem privaten Rückzugsbereich. Anders kann es in Ausnahmefällen sein, wenn sich jemand bewusst in der Öffentlichkeit in **Widerspruch zu seinem tatsächlichen Verhalten** setzt. Dann muss es prinzipiell zulässig sein können, dieses widersprüchliche Verhalten aufzudecken. Von Bedeutung ist bei der Beurteilung auch, ob sich jemand aktiv »vermarktet« hat oder ob er als Getriebener zur Verteidigung Teile seines Privatlebens preisgibt. In letzterem Fall wird man zurückhaltend mit einer Öffnung sein müssen. Da dies aber leicht als Schutzbehauptung missbraucht werden kann, wird man vom Betroffenen verlangen müssen, hierfür nachvollziehbare tatsächliche Umstände darzulegen.

75 Erreicht das Verhalten nicht den Grad, dass der Schutz vollständig entfällt, kann ein Vorverhalten aber im **Rahmen der Güterabwägung** berücksichtigt werden. Im Übrigen muss im Interesse des Persönlichkeitsrechts natürlich auch bei einer grundsätzlich bestehenden Öffnung einzelner Bereiche der Privatsphäre eine Berücksichtigung konkreter entgegenstehender berechtigter Interessen möglich bleiben. Nur können diese nicht mehr generell aus dem Schutz der Privatsphäre hergeleitet werden.

III. Vorgehen bei der Prüfung, insbesondere der Abwägung

76 Sofern nicht ausnahmsweise der Menschenwürdekern des Persönlichkeitsrechts verletzt ist oder eine Behauptung nicht am Schutz der Meinungsfreiheit teilnimmt, weil sie bewusst oder erwiesen unwahr ist, kommt es in äußerungsrechtlichen Streitigkeiten regelmäßig zu einer Abwägung der gegenüberstehenden Grundrechte.

77 Ausgangspunkt sind stets die einfachrechtlichen Anspruchsgrundlagen bzw. Konkretisierungen des Persönlichkeitsrechts, die teilweise bereits das Prüfungsschema vorgeben. Das ist insbesondere der Fall bei §§ 22 f. KUG. Auch im Bereich des Ehrschutzes geben die §§ 185 ff. StGB die Prüfungsreihenfolge weitgehend vor. Sieht die einfachgesetzliche Norm nicht ausdrücklich eine Abwägung vor, muss im Rahmen der verfassungskonformen Auslegung der Bedeutungsgehalt der Grundrechte, namentlich des Art. 5 GG, interpretationsleitend berücksichtigt werden. Das gilt vor allem für Generalklauseln.[263]

78 Eine Besonderheit besteht, wenn mangels Konkretisierung auf das Allgemeine Persönlichkeitsrecht als Recht im Sinne der §§ 823 Abs. 1, 1004 BGB zurückgegriffen werden muss. Aufgrund der Weite des Allgemeinen Persönlichkeitsrechts wird das Allgemeine

---

260 BGH GRUR 2005, 75, 78 – Rivalin.
261 Wandtke/Bullinger/*Fricke* UrhG, § 23 KUG, Rn. 39.
262 Schricker/*Götting* UrhG, § 60/§ 23 KUG, Rn. 96, der im Übrigen die Rechtsprechung des BVerfG im Sinne *Frickes* interpretiert.
263 BVerfGE 7, 198, 209 – Lüth.

A. Verfassungsrechtliche Rahmenbedingungen – konfligierende Grundrechtspositionen

Persönlichkeitsrecht als **offener Tatbestand** definiert.[264] Daraus folgt, dass nicht jeder Eingriff in das Persönlichkeitsrecht auch gleichzeitig die Rechtswidrigkeit des Eingriffs indiziert.[265] Insofern ist zwischen Eingriff und Verletzung zu unterscheiden. Die Feststellung der Rechtswidrigkeit folgt aus einer konkreten Einzelfallabwägung der entgegenstehenden Interessen.[266] Das schließt freilich nicht aus, bestimmte vertypte Einzeltatbestände nach einem Regel-/Ausnahmeverhältnis einzuordnen.[267] Das BVerfG verweigert sich einem solchen Vorgehen nicht, betont aber, dass damit eine Abwägung unter Berücksichtigung aller konkreten Umstände des Einzelfalls nicht unterbleiben darf.[268] Wegen der Notwendigkeit einer Einzelfallabwägung lehnt der BGH im Bereich des Bildnisschutzes generelle vorbeugende Unterlassungsgebote ab. Insbesondere gilt der Grundsatz des Wettbewerbsrechts, dass vom Verbot auch »kerngleiche« Verletzungshandlungen erfasst sind, hier nicht.[269] Das gleiche muss auch für andere Abwägungen zwischen Informationsinteresse und Persönlichkeitsrecht gelten, weil die Interessenlage insoweit die gleiche ist. Hiervon zu unterscheiden ist die häufig anzutreffende Praxis der Gerichte, bestimmte Äußerungen nicht nur in ihrer konkreten Formulierung, sondern auch in sinngemäßen Formulierungen zu untersagen. Hier geht es nicht um eine Abwägung, sondern den Sinngehalt einer zu verbietenden Äußerung.[270] Insbesondere bleibt es möglich, die Verbreitung erwiesen unwahrer Tatsachenbehauptungen zu verbieten, da hieran kein schützenswertes Interesse besteht.

Die Notwendigkeit der Abwägung hat als Konsequenz zu einer unübersichtlichen Kasuistik geführt. Im Folgenden sollen nur die allgemeinen Leitlinien dargestellt werden, die konkreten Konfliktsituationen sind unter C) und D) dargestellt. 79

Ausgangspunkt der Abwägung ist der Grundsatz, dass weder die Kommunikationsgrundrechte, noch das Allgemeine Persönlichkeitsrecht einen generellen Vorrang für sich beanspruchen können, also **beide Grundrechte gleichrangig sind**.[271] Verfehlt ist es deshalb, die Regelungen der §§ 22 ff. KUG mit dem prinzipiellen Einwilligungsvorbehalt zum Maßstab aller Kollisionsfälle zwischen dem Persönlichkeitsrecht und den Kommunikationsfreiheiten zu erheben und dem Persönlichkeitsrecht einen Vorrang einzuräumen.[272] Das BVerfG hat ausdrücklich festgehalten, dass eine verfassungsrechtliche Notwendigkeit hierzu nicht besteht.[273] Im Ergebnis liefe dies auf eine generelle Privilegierung des Allgemeinen Persönlichkeitsrechts gegenüber den Kommunikationsfreiheiten hinaus, die sich nicht aus der Stellung des Persönlichkeitsrechts in der Verfassung herleiten lässt. Sie steht vor allem nicht mit dem zuvor dargelegten, von der Rechtsprechung entwickelten Charakter als Rahmenrecht im Einklang. 80

Grundsätzlich besteht der Schutz der Kommunikationsfreiheiten unabhängig vom Inhalt, auch Veröffentlichungen zur bloßen Unterhaltung und Befriedigung von Neugier genießen Grundrechtsschutz. Bei der Abwägung der gegenüberstehenden Grundrechte wirkt aber zugunsten der Meinungsfreiheit verstärkend, wenn es sich thematisch um Äußerungen handelt, die von einem **Informationsinteresse der Allgemeinheit** getragen sind, wenn es also um einen Beitrag zum geistigen Meinungskampf in einer die Öffent- 81

---

264 Götting/Schertz/Seitz/*Götting* § 1 Rn. 2.
265 BGH AfP 2010, 72 – Äußerungen in einem Interview.
266 *Soehring* § 12 Rn. 51; Wenzel/*Burckhardt* Kap. 5 Rn. 15.
267 So ähnlich: Götting/Schertz/Seitz/*Götting* § 1 Rn. 2.
268 BVerfGE 101, 361, 392 – Caroline von Monaco II; BVerfGE 120, 180, 212 – Caroline von Hannover.
269 BGH ZUM 2008, 437.
270 BGH NJW-RR 2007, 619, 620.
271 BVerfGE 35, 202, 225 – Lebach I; EGMR M&R 2009, 298; a.A. Götting/Schertz/Seitz/*Götting* § 1 Rn. 19.
272 So aber Götting/Schertz/Seitz/*Götting* § 1 Rn. 10.
273 BVerfG NJW 2000, 2193.

lichkeit wesentlich berührenden Frage geht.[274] Zwar steht es den Medien frei, selbst darüber zu entscheiden, was sie für berichtenswert halten und was nicht. Aus diesem Selbstbestimmungsrecht folgt aber nicht zwangsläufig die Entscheidung, wie das Informationsinteresse zu gewichten ist. Zwar berücksichtigt das BVerfG auch das tatsächlich bestehende Interesse,[275] es sieht aber seit der Caroline-Entscheidung des EGMR[276] im Informationsinteresse ein in erster Linie von den Gerichten nach normativen Maßstäben zu bestimmendes Kriterium,[277] Das Informationsinteresse als Abwägungskriterium hat daher erheblich an Bedeutung gewonnen. Generell sind allerdings die Anforderungen im Interesse der Kommunikationsfreiheiten nicht zu überspannen. Insbesondere fallen hierunter nicht nur spektakuläre und ungewöhnliche Vorkommnisse, auch alltägliche Ereignisse können hierunter fallen, selbst das Alltagsleben von Prominenten.[278] Der Informationswert kann sich dabei auch aus der Person, um die es geht, ergeben.[279] Das BVerfG geht dabei davon aus, dass Äußerungen in den und durch die Medien einen Beitrag zur öffentlichen Meinungsbildung leisten wollen und daher eine Vermutung für deren Zulässigkeit spricht, auch wenn sie die Rechtssphäre Anderer berühren.[280] Es reicht nach dem BGH bereits die bloße Möglichkeit aus, dass die Äußerung einen Beitrag zur Meinungsbildung leistet,[281] d.h. die Äußerung muss objektiv geeignet sein, einen solchen Beitrag zu leisten. Im Übrigen lässt sich abstrakt nicht feststellen, welcher Intensität das Informationsinteresse sein muss, damit eine Berichterstattung zulässig wird, da es in einer Wechselwirkung zur Eingriffsintensität in das Persönlichkeitsrecht steht. Je stärker in das Persönlichkeitsrecht eingegriffen wird, desto höher muss das Informationsinteresse zu gewichten sein, damit eine Berichterstattung zulässig ist. Zu den Einzelheiten sei auf die späteren Darstellungen an den jeweiligen Stellen verwiesen, wobei die Prinzipien vergleichbar sind.[282] Deshalb können die Entscheidungen zum Recht am Bild unter Berücksichtigung der jeweiligen Spezifika auch auf die Wortberichterstattung übertragen werden und umgekehrt.

82 Ob eine Angelegenheit von einem öffentlichen Interesse gedeckt ist, kann sich auch bei für sich betrachtet weniger wichtigen Sachverhalten ergeben, wenn sie in einen allgemeineren Kontext gestellt wird.[283] Das Informationsinteresse kann auch räumlich begrenzt sein. Deshalb kann eine Berichterstattung über einen langjährigen Nachbarschaftsstreit eines Lokalpolitikers auf kleinster kommunalpolitischer Ebene zulässig sein, wenn die Veröffentlichung als Lokalnachricht in einer nur regional verbreiteten Lokalzeitung erfolgt.[284] Das öffentliche Interesse hat auch eine **zeitliche Dimension**. Insbesondere bei Berichten über Straftaten ist das öffentliche besonders hoch zu gewichten, wenn ein aktueller Bezug besteht.[285] Allerdings hat das BVerfG auch ein besonderes Interesse aner-

---

274 St. Rspr. seit: BVerfGE 7, 198, 212 – Lüth. Siehe auch BVerfGE 34, 269, 283 – Soraya; 35, 202, 230 – Lebach I; 101, 361, 389 ff. – Caroline von Monaco II; 120, 180, 196 ff. Caroline von Hannover.
275 BVerfG AfP 2010, 365.
276 EGMR GRUR 2004, 1051 – Caroline von Hannover.
277 BVerfGE 120, 180, 205 f. – Caroline von Hannover; BGH GRUR 2007, 523, 525 – abgestuftes Schutzkonzept; GRUR 2007, 527, 528 – Winterurlaub.
278 BVerfGE 120, 180, 214 – Caroline von Hannover.
279 BGH GRUR 2007, 523, 526 – abgestuftes Schutzkonzept; GRUR 2007, 527, 529 – Winterurlaub.
280 BVerfGE 120, 180, 208 – Caroline von Hannover.
281 BGH NJW 2008, 3141, 3142 – Vermietung einer Ferienvilla.
282 Zur Wortberichterstattung: Rdn. 216 ff.; zum Recht am Bild siehe Rdn. 286 ff.; zur Verwendung rechtswidrig erlangter Informationen siehe Rdn. 333 ff.; zur Berichterstattung über Straftaten Rdn. 337 ff., 349 ff.
283 EGMR Beschw.-Nr 510/04, § 87 Tonsbergs Blad ./. Norwegen. Die Urteile des EGMR sind auf der Webseite des Gerichtshofs abrufbar: http://www.coe.int/t/d/menschenrechtsgerichtshof/.
284 KG AfP 2008, 392.
285 Siehe hierzu Rdn. 337 ff., 349 ff.

kannt, über ein historisches Ereignis an einem Jahrestag berichten zu können.[286] Außerdem hat der BGH zuletzt im Zusammenhang mit Online-Archiven festgestellt, dass das Informationsinteresse durch Zeitablauf nicht völlig erlischt, sondern vielmehr ein berechtigtes Interesse, zeitgeschichtliche Ereignisse recherchieren zu können, anzuerkennen ist.[287] Wie das Informationsinteresse ist auch das Persönlichkeitsrecht nicht statisch, sondern von der tatsächlichen Anerkennung der Öffentlichkeit abhängig. Eine vorangegangene wahre, aber rechtswidrige Berichterstattung in anderen Medien macht zwar die nachfolgende Berichterstattung nicht per se rechtmäßig, kann aber eine geringere Eingriffsintensität haben.[288]

Eine Abwägung bleibt auch dann erforderlich, wenn zusätzlich die vorbehaltlos gewährleistete **Kunstfreiheit** betroffen ist. Ist die Kunstfreiheit einschlägig, so muss die Äußerung mit einer kunstspezifischen Betrachtungsweise beurteilt werden.[289] In der Esra-Entscheidung hat das BVerfG den Grundsatz aufgestellt, dass eine geringfügige oder die bloße Möglichkeit einer schwerwiegenden Persönlichkeitsrechtsbeeinträchtigung nicht ausreichen, um die Kunstfreiheit zurücktreten zu lassen. Stehe jedoch eine schwerwiegende Beeinträchtigung fest, so könne diese auch nicht durch die Kunstfreiheit gerechtfertigt werden.[290] Bei dieser Prüfung geht das BVerfG von der Formel aus, dass je stärker »Urbild« und »Abbild« übereinstimmten, desto schwerer werde die Beeinträchtigung des Persönlichkeitsrechts.[291] Daraus wiederum folgt, dass je schwerwiegender das Persönlichkeitsrecht betroffen ist, desto höher auch der Grad an Fiktionalisierung sein muss.[292]

83

B. Verhältnis zu anderen Rechtsordnungen und Rechtsgebieten

I. Europarechtliche Bezüge

Zunehmende Bedeutung erlangt im Äußerungsrecht die Europäische Konvention zum Schutz der Menschenrechte durch die Rechtsprechung des EGMR. Seit der Caroline von Hannover-Entscheidung[293] geht die Spruchpraxis des BVerfG und des BGH intensiv auf die Rechtsprechung des EGMR ein, auch wenn die Konvention formal gem. Art. 59 Abs. 2 GG nur den Rang einfachen Bundesrechts hat. Das BVerfG zieht die Gewährleistungen der Konvention und die Rechtsprechung des EGMR als Auslegungshilfe auch für die Grundrechte des Grundgesetzes heran, gibt allerdings dem Verfassungsrecht den Vorrang, wenn ausnahmsweise umgekehrt eine Anwendung der EMRK zu einem Verstoß gegen tragende Grundsätze deutschen Verfassungsrechts führen würde.[294]

84

Auch wenn sowohl im Wortlaut als auch in der Systematik Unterschiede zwischen dem Grundgesetz und der EMRK bestehen, sind die sich im Äußerungsrecht regelmäßig gegenüberstehenden Grundrechte vergleichbar. Art. 8 EMRK schützt vom Wortlaut her das Privat- und Familienleben, wird aber von der Rechtsprechung des EGMR weit ausgelegt und erfasst auch das Recht auf freie Gestaltung der Lebensführung, worunter insgesamt das Recht auf einen Freiraum für die Entfaltung der Persönlichkeit in wesentlichen Bereichen fällt.[295] Auch der Ehrschutz fällt nach Auffassung des EGMR unter Art. 8

85

---

286 BVerfG WRP 2007, 1168, 1172.
287 BGH AfP 2010, 77 – Deutschlandradio, BGH, AfP 2010, 162 – Spiegel.de.
288 BVerfG AfP 2010, 365.
289 Siehe hierzu Rdn. 2 ff.
290 BVerfGE 119, 1, 27 – Esra.
291 BVerfGE 119, 1, 30 – Esra.
292 BVerfGE 119, 1, 30 – Esra.
293 EGMR GRUR 2004, 1051 – Caroline von Hannover.
294 BVerfGE 111, 307, 317 – Görgülü.
295 *Grabenwarter* § 22 Rn. 12.

EMRK.²⁹⁶ Art. 10 EMRK geht jedoch im Gegensatz zum Grundgesetz von einem einheitlichen Grundrecht der freien Meinungsäußerung aus, nennt als dessen Bestandteil aber ausdrücklich die Informationsfreiheit. Ebenso wenig ist strittig, dass unter den Grundrechtsschutz auch die Betätigung der Medien fallen. Ein Unterschied zum Grundgesetz ergibt sich daraus, dass die EMRK keine Kunstfreiheit enthält. Der EGMR bezieht allerdings die Kunst in den Schutz von Art. 10 EMRK ein, soweit damit ein Beitrag zum Austausch von Meinungen oder Ideen geleistet wird.²⁹⁷

86 Entscheidend für die Kohärenz beider Grundrechtssysteme ist, dass der EGMR ebenso wie das BVerfG²⁹⁸ davon ausgeht, dass prinzipiell die sich gegenüberstehenden Grundrechte auf Meinungsfreiheit einerseits und Persönlichkeitsschutz andererseits gleichberechtigt gegenüber stehen.²⁹⁹ Unterschiede ergeben sich hingegen aus der kaum vermeidbaren unterschiedlichen Spruchpraxis. Der EGMR geht zwar davon aus, dass die Mitgliedstaaten gerade da über eine weitere Einschätzungsprärogative verfügen, wo es um komplexe Abwägungen verschiedener Interessen geht.³⁰⁰ In der Spruchpraxis kommt diese Selbstbeschränkung aber nicht immer zum Ausdruck. Die Rechtsprechung des EGMR legt tendenziell mehr Wert als das BVerfG darauf, ob die konkrete Äußerung in den Medien eine im Interesse der Allgemeinheit liegende Angelegenheit betrifft. Vorläufiger Höhepunkt war der Konflikt um die Caroline von Monaco II – Entscheidung des BVerfG,³⁰¹ die der EGMR für konventionswidrig erklärt hat,³⁰² und der kurz darauf folgenden Görgülü-Entscheidung des BVerfG.³⁰³ Dem BVerfG ist es aber inzwischen gelungen, Verfassungsrecht und Konventionsrecht wieder weitgehend kongruent auszugestalten.³⁰⁴

87 Diese Fälle haben aber ebenso wie das verstärkte Zitieren der Rechtsprechung durch das BVerfG und den BGH überdeutlich gezeigt, dass künftig die Rechtsprechung des EGMR auch in der Praxis verstärkt berücksichtigt werden muss. Die EMRK und die Rechtsprechung des EGMR haben auch dadurch erheblich neue Bedeutung erlangt, dass es das BVerfG unter Hinweis auf das Rechtsstaatsgebot ausdrücklich zulässt, gestützt auf das einschlägige deutsche Grundrecht das BVerfG mit der Begründung anzurufen, ein staatliches Organ hätte eine Entscheidung des EGMR missachtet oder nicht hinreichend berücksichtigt.³⁰⁵

88 Weniger Relevanz für die Praxis hingegen werden die Art. 7 und 11 der Grundrechtscharta der EU haben, die mit Inkrafttreten des Lissabonner Vertrags gem. Art. 6 Abs. 1 VEU ebenfalls rechtsverbindlich geworden sind. Das liegt daran, dass die Grundrechtscharta gem. Art. 51 Abs. 1 GrCh nur die Organe der EU bzw. die Mitgliedstaaten bei der Durchführung europäischen Rechts bindet.

II. Äußerungsrecht und Wettbewerbsrecht

89 Ein wesentlicher Teil des Wettbewerbsrechts besteht in der Regelung der kommerziellen Kommunikation. Damit sind die Berührungspunkte zum Äußerungsrecht evident. Trotzdem werden beide Rechtsgebiete in der Praxis als getrennte Materien wahrgenommen. Das liegt vor allem daran, dass nach der ständigen Rechtsprechung zum früheren

---

296 EGMR NJW-RR 2008, 1218, 1219.
297 EGMR M&R 2007, 124, 125.
298 BVerfGE 35, 202, 225 – Lebach I.
299 EGMR M&R 2009, 298.
300 EGMR Beschwerde-Nr. 44362/04, § 77 – Dickson ./. UK.
301 BVerfGE 101, 361 – Caroline von Monaco II.
302 EGMR GRUR 2004, 1051 – Caroline von Hannover.
303 BVerfGE 111, 307 – Görgülü.
304 Vgl. BVerfGE 120, 180 – Caroline von Hannover.
305 BVerfGE 111, 307, 329 f. – Görgülü; 120, 180, 218 – Caroline von Hannover.

B. Verhältnis zu anderen Rechtsordnungen und Rechtsgebieten

UWG Äußerungen in redaktionellem Zusammenhang von einer wettbewerbsrechtlichen Überprüfung ausgenommen wurden, weil und soweit es bei ihnen an der erforderlichen Wettbewerbsförderungsabsicht fehlte.[306] Ausnahmen galten nur, wenn ein Verstoß gegen den Grundsatz der Trennung von Werbung und redaktionellem Inhalt vorlag, denn dann handelt das Medienunternehmen gerade mit der Absicht, den eigenen oder einen fremden Wettbewerb zu fördern.[307] Mit der Umsetzung der Richtlinie gegen unlautere Geschäftspraktiken[308] in das UWG hat sich die rechtliche Begründung, nicht aber das Ergebnis geändert. Der Begriff der »geschäftlichen Handlung« in § 2 Abs. 1 Ziff. 1 UWG verlangt statt des subjektiven Elements der Wettbewerbsförderungsabsicht zwar nur noch einen objektiven Zusammenhang des Verhaltens mit einer Wettbewerbstätigkeit. Damit ist aber keine Abkehr vom Grundsatz, dass redaktionelle Inhalte dem Wettbewerbsrecht entzogen sein sollen, gewollt gewesen.[309] Einem Festhalten an dieser bewährten Aufteilung zwischen Äußerungsrecht und Wettbewerbsrecht stehen auch keine europarechtlichen Vorgaben der UGP-Richtlinie entgegen.[310]

Werbung in den Medien hingegen unterliegt unzweifelhaft dem Wettbewerbsrecht, unabhängig davon, ob es sich um klassische Anzeigen, Werbesendungen oder neue Werbeformen im Internet wie Pop-up-, Pre-Roll-Werbung oder Adwords handelt. Auch hier wirkt aber der subjektive und institutionelle Schutz der Medienfreiheiten, indem sich die Verbreiterhaftung der Medienunternehmen (im Gegensatz zum werbenden Unternehmen selbst) im Hinblick auf Wettbewerbsverstöße in der Werbung auf grobe und eindeutige, unschwer erkennbare Verstöße beschränkt.[311] Das für die Finanzierung der Medien lebenswichtige Werbegeschäft wäre erheblich gefährdet, würden hier die normalen Grundsätze der Verbreiterhaftung greifen. Eine noch weitergehende Privilegierung enthält § 9 Satz 2 UWG, der Schadensersatzansprüche aus Wettbewerbsverstößen gegen verantwortliche Personen von periodischen Presseerzeugnissen auf Fälle vorsätzlichen Handelns beschränkt. Die Vorschrift ist entsprechend auf andere Medien, die periodisch Informationen übermitteln, anwendbar.[312] Dies sind vor allem Rundfunk und Telemedien. Sofern Medien für eigene Produkte werben, unterliegen sie allerdings wie jeder andere Wirtschaftsteilnehmer dem Wettbewerbsrecht.[313] Setzt allerdings das Medienunternehmen im eigenen Medium Maßnahmen zur Bewerbung des Programms bzw. Presseerzeugnisses und zur Publikumsbindung ein, wie dies etwa bei Gewinnspielen der Fall ist, muss der Rundfunk- bzw. Pressefreiheit besonders Rechnung getragen werden. In diesen Fällen bestimmen die **Gewinnspiele** unmittelbar die Attraktivität des Mediums und damit die Leistung selbst, so dass auch eine starke Anlockwirkung, das Programm zu empfangen oder die Zeitschrift zu lesen, wettbewerbsrechtlich nicht zu beanstanden ist.[314] Hiervon zu trennen ist die Frage, ob durch die Auslobung unlauter für das verloste Produkt Werbung gemacht wird. Der BGH geht hier von lockeren Maßstäben im Vergleich zum ansonsten geltenden Trennungsgrundsatz aus. Der Rezipient erwartet bei Gewinnspielen Unterhaltung und Gewinnchancen und legt daher andere Maßstäbe an als bei Beiträgen zu Tagesthemen. Da Gewinnspiele der Publikumsbindung dienen, ist es zulässig, im Rahmen des »Normalen und seriöserweise Üblichen« den Gewinn attraktiv

90

---

306 BGH NJW 1987, 1082 – Gastrokritiker; WRP 1998, 48, 50 – Restaurantführer; GRUR 2006, 875, 877.
307 BGH WRP 1998, 595 ff. – Azubi '94.
308 Richtlinie 2005/29/EG.
309 BT-Drs. 16/10145 B zu Nr. 2 abgedruckt in *Harte-Bavendamm/Henning-Bodewig* Anhang II.
310 OLG Hamburg AfP 2009, 497.
311 BGH AfP 2006, 242. 243.
312 Harte/Henning/*Goldmann* § 9 Rn. 140. Für eine Erstreckung auf den Rundfunk *Henning-Bodewig* GRUR 1985, 258, 264 f.
313 Zu einem solchen Fall: BGH AfP 2010, 56 – Taz/Bild.
314 BGH NJW-RR 2002, 1466, 1467.

darzustellen.³¹⁵ Allerdings verlangt der BGH, dass deutlich wird, wenn das Produkt unentgeltlich von Dritten zur Verfügung gestellt wird.³¹⁶

91 Da die Grundrechte auch innerhalb des Wettbewerbsrechts gelten, ist auch im Bereich der Werbung die Meinungsfreiheit zu achten, soweit die Werbung einen wertenden, meinungsbildenden Inhalt hat.³¹⁷ Die Einwirkung der Meinungsfreiheit kann sogar so weit gehen, an sich einschlägige Normen des Wettbewerbsrechts ausnahmsweise unangewendet zu lassen, wenn anders dem Recht auf Meinungsfreiheit nicht hinreichend Rechnung getragen werden kann.³¹⁸

92 Im Wettbewerbsrecht und insbesondere in der Werbung sind umgekehrt selbstverständlich Grundrechte Dritter, insbesondere Persönlichkeitsrechte, zu achten. Die wettbewerbsrechtliche Zulässigkeit einer vergleichenden Werbung ist daher keine Rechtfertigung dafür, sich über die Persönlichkeitsrechte des Testimonials der konkurrierenden Werbung hinwegzusetzen. Der Bezug ist daher keine Rechtfertigung für die Verwendung des in der konkurrierenden Werbung verwendeten Bildnisses des Prominenten.³¹⁹

93 An der Schnittstelle zwischen Äußerungsrecht und Wettbewerbsrecht befinden sich die Regelungen zur **Trennung von Werbung und redaktionellen Inhalten**. Auf Seiten des Wettbewerbsrechts findet sich das Verbot der Verschleierung von Wettbewerbshandlungen (§ 4 Nr. 3 UWG). Nach Nr. 11 des Anhangs zu § 3 UWG ist außerdem der von Unternehmen finanzierte Einsatz redaktioneller Inhalte zu Zwecken der Verkaufsförderung unzulässig, ohne dass dies eindeutig gekennzeichnet ist oder sich aus dem Inhalt selbst eindeutig ergibt. Damit greift das Wettbewerbsrecht Grundsätze auf, die im Medienrecht seit jeher anerkannt sind. Der BGH hat in der Guldenburg-Entscheidung die Gebote der Neutralität im Wettbewerb und der Bewahrung der Unabhängigkeit der Programmgestaltung sowie die Abwehr sachfremder Einflüsse Dritter auf diese als »tragende Grundsätze des Medienrechts« bezeichnet.³²⁰ In den letzten Jahren immer stärker in den Vordergrund gedrängt ist zudem der Gedanke des Schutzes der Rezipienten vor Irreführung, der vom BGH nicht nur aus dem Wettbewerbsrecht, sondern auch aus dem Persönlichkeitsrecht des Rezipienten abgeleitet wird.³²¹ Wettbewerbsrecht und Medienrecht greifen insoweit ineinander, als eine nach medienrechtlichen Grundsätzen festgestellte – unzulässige – redaktionelle Werbung zugleich einen Wettbewerbsverstoß begründet.³²²

94 Werbung in redaktionellen Erzeugnissen muss als solche klar gekennzeichnet sein. Im Bereich der **Presse** bestimmen daher die Landespressegesetze, dass Veröffentlichungen in periodischen Druckwerken in Zweifelsfällen als »Anzeige« gekennzeichnet werden müssen, wenn hierfür ein Entgelt gezahlt, versprochen oder gefordert wurde.³²³

95 Komplizierter sind die Regelungen für den **Rundfunk**. Hier hat sich durch die Umsetzung der EU-Richtlinie über audiovisuelle Mediendienste³²⁴ mit dem 13. Rundfunkänderungsstaatsvertrag eine sehr kleinteilige und für Außenstehende nur noch schwer zu

---

315 BGH WRP 1994, 814 – Preisrätselgewinnauslobung I; WRP 1996, 1153 – Preisrätselgewinnauslobung IV.
316 BGH WRP 1994, 816 – Preisrätselgewinnauslobung II; WRP 1996, 1153 – Preisrätselgewinnauslobung IV.
317 BVerfGE 102, 347, 359 – Benetton I.
318 BGH AfP 2009, 488, 491 f. – Festbetragsfestsetzung (keine Anwendung des Verbots der Publikumswerbung für verschreibungspflichtige Medikamente gem. § 10 HWG).
319 OLG München ZUM 2006, 341 – vergleichende Werbung mit Dieter Bohlen.
320 BGHZ 120, 228, 236 – Guldenburg.
321 BGH ZUM 1996, 146, 149 – Feuer, Eis und Dynamit I.
322 Neben den o.g. ausdrücklichen Verboten kommt auch § 4 Nr. 11 UWG, Vorsprung durch Rechtsbruch, zur Anwendung: vgl. KG NJW-RR 2006, 1633, 1634.
323 Vgl. § 10 LPG NRW, siehe im Übrigen ausführlich zum Recht der Anzeige Rdn. 527 ff.
324 Richtlinie 2010/13/EU.

B. Verhältnis zu anderen Rechtsordnungen und Rechtsgebieten

durchschauende Systematik ergeben. Die Grundsätze bleiben aber letztlich ähnlich wie im übrigen Medienrecht. Werbung muss leicht erkennbar und vom redaktionellen Inhalt unterscheidbar sein, außerdem muss sie durch optische oder akustische Mittel oder räumlich eindeutig von anderen Sendeteilen abgesetzt sein (§ 7 Abs. 3 RfStV). Wie bislang auch bleibt Schleichwerbung ebenso wie Themenplatzierung verboten (§ 7 Abs. 7 Satz 1 RfStV). Eine Definition der Schleichwerbung findet sich in § 2 Abs. 2 Nr. 8 RfStV. Sie zeichnet sich dadurch aus, dass Waren, Namen u.ä. mit Werbeabsicht vom Veranstalter im Programm erwähnt oder dargestellt werden und die Allgemeinheit über diesen Werbezweck irregeführt wird. Veranstalter ist regelmäßig der Inhaber der Rundfunklizenz bzw. die Rundfunkanstalt, im Einzelfall kann dies aber auch der Produzent sein, wenn dieser über den Inhalt und die Ausstrahlung entscheidet und damit materiell Veranstalter ist.[325] Werbeabsicht wird unterstellt, wenn für die Darstellung oder Erwähnung ein Entgelt oder eine ähnliche Gegenleistung erfolgt ist. Da der Zuschauer davon ausgeht, dass Produktdarstellungen im Programm redaktionell veranlasst sind, liegt das Merkmal der Irreführung regelmäßig vor, wenn Produkte oder Marken mit Werbeabsicht ins Programm gesetzt werden. Einer weitergehenden Irreführung bedarf es nicht.

96 Ein grundlegender Wechsel durch den 13. RfÄStV liegt in der – begrenzten – Zulassung von Produktplatzierung, die nach bisheriger Rechtslage regelmäßig den Tatbestand der Schleichwerbung erfüllt hätte.[326] Die Neuregelung nimmt dabei aber auch Tatbestände auf, die bislang ungeregelt, in der Praxis aber geduldet und akzeptiert waren. Es handelt sich dabei zum einen um bereits vorhandene Produktplatzierung in Fremdproduktionen (§§ 15 Satz 1 Nr. 1, 44 Satz 1 Nr. 1 RfStV, sog. »James-Bond-Klausel«) und zum anderen um die unentgeltliche Beistellung von Produktionsmitteln (sog. Produktionshilfe, §§ 2 Abs. Nr. 11, 15 Satz 1 Nr. 2, 44 Satz 1 Nr. 2 RfStV). Diese beiden Fälle sind dem öffentlich-rechtlichen Rundfunk auch in Zukunft erlaubt, jedenfalls in den fiktionalen und den für die Meinungsbildung gemeinhin für weniger wichtig erachteten nicht fiktionalen Formaten. Dem privaten Rundfunk ist darüber hinaus auch entgeltliche Produktplatzierung in Eigen- und Auftragsproduktionen in den in § 44 Satz 1 Nr. 1 RfStV genannten Formaten erlaubt. Um eine Irreführung der Zuschauer zu vermeiden, sieht der Staatsvertrag eine Kennzeichnung zu Beginn und zum Ende der Sendung sowie bei deren Fortsetzung nach einer Werbeunterbrechung vor (§ 7 Abs. 7 Satz 5 RfStV). Ob mit dieser Regelung das Normziel erreicht wird, erscheint allerdings zweifelhaft. Inhaltliche Anforderungen an Produktplatzierungen finden sich in § 7 Abs. 7 Satz 3 RfStV, zu nennen ist hier insbesondere das sog. undue-prominence-Verbot sowie der Grundsatz der Wahrung der redaktionellen Verantwortung und Unabhängigkeit. Die rechtlichen Vorgaben sind gem. § 16 f. RfStV von ARD und ZDF in den jeweiligen Richtlinien für Werbung, Sponsoring, Gewinnspiele und Produktionshilfe näher ausgestaltet.[327] Die für den privaten Rundfunk zuständigen Landesmedienanstalten haben ähnliche Richtlinien erlassen.[328] Die Richtlinien werden meist Vertragsbestandteil der Produktionsverträge und binden insoweit vertraglich auch die Produzenten.

97 Das Trennungsgebot für **Telemedien** findet sich in § 58 Abs. 1 RfStV. Die Rechtsprechung hat hier allerdings spezifische Grundsätze aufgestellt. So hat das KG entschieden, dass ein Link aus einem redaktionellen Zusammenhang auf eine Werbeseite so gestaltet

---

325 OLG Celle ZUM 2003, 54.
326 Siehe hierzu *Castendyk* ZUM 2010, 29.
327 Die ARD-Werberichtlinien sind z.B. abrufbar unter: http://www.br-online.de/unternehmen/organisation/rechtsgrundlagen-DID1204831367215/index.xml. Die des ZDF sind mit Ausnahme weniger ARD-Spezifika identisch.
328 Abrufbar z.B. unter: http://www.lmk-online.de/service/rechtsgrundlagen/rechtsgrundlagen-alm/werberichtlinien/.

sein muss, dass dem Nutzer erkennbar ist, dass auf eine solche Seite verwiesen wird.[329] Bei diesem Fall bestand aber die Besonderheit darin, dass das Online-Medium nach der gerichtlichen Feststellung tatsächlich im Rahmen einer gemeinsamen Aktion im Innenverhältnis als Werbemedium für das verkaufende Unternehmen tätig war. Ein rein redaktionell veranlasster Link auf eine kommerzielle Seite ist als typisches Instrument des Internets aber möglich.[330] Für audiovisuelle Mediendienste auf Abruf, also Video on demand-Angebote, gelten die Regelungen für den Rundfunk entsprechend (§ 58 Abs. 3 RfStV).

98 Auch bei **Kinofilmen** gilt das Verbot der Schleichwerbung. Allerdings legt der BGH in der »Feuer, Eis und Dynamit I«-Entscheidung hier lockerere Maßstäbe als bei Presse und Rundfunk an, weil der Verkehr der Presse und dem Rundfunk regelmäßig einen höheren Grad an Objektivität und den in diesen Medien enthaltenen Aussagen ein höheres Gewicht beimesse als bei Kinofilmen.[331] Der Zuschauer gehe davon aus, dass Produktplatzierungen in Kinofilmen enthalten seien und toleriere dies. Zahlungen von erheblichem Gewicht (im damaligen Fall waren es über 20 %) erwarte der Zuschauer hingegen nicht, so dass er hierüber spätestens im Vorspann aufgeklärt werden müsse.[332] Ob diese auch rechtspolitisch fragwürdige Differenzierung damals überzeugend war angesichts der gängigen Praxis, Kinofilme auch im Fernsehen auszustrahlen, kann dahinstehen. Spätestens durch die gesetzliche Öffnung des Fernsehens für Produktplatzierung hat die Differenzierung zwischen den einzelnen Medien an Überzeugungskraft verloren. Es ist nur noch schwer einzusehen, warum Produktplatzierungen im Kino im Hinblick auf Kennzeichnungen weniger streng behandelt werden sollten als solche in Fernsehfilmen. De lege lata ist dies aber so.

99 Die Feststellung, ob im konkreten Fall Schleichwerbung bzw. redaktionelle Werbung vorliegt, erfolgt trotz der unterschiedlich ausgestalteten Regelungen unabhängig vom Medium sehr ähnlich. Da die Werbeabsicht als innere Tatsache meist nicht direkt nachweisbar ist, behilft sich die Rechtsprechung mit Indizien. Positive Beiträge über Dritte begründen alleine noch keinen Verstoß gegen den Trennungsgrundsatz.[333] Anders sieht es aus, wenn die redaktionellen Äußerungen einen übermäßig werbenden Charakter haben, der nicht mehr als sachliche Information angesehen werden kann.[334] Entscheidend ist, ob ein redaktioneller Anlass für die Berichterstattung besteht. Bei der Feststellung, dass die redaktionelle Veranlassung von einer werblichen Absicht überlagert ist, ist Art. 5 GG Rechnung zu tragen. Ein öffentliches Interesse am Berichtsgegenstand kann daher eine Wettbewerbsförderungsabsicht in den Hintergrund drängen.[335] Ein redaktioneller Anlass kann z.B. in der Markteinführung eines Produktes liegen, auch wenn gerade zu diesem Zeitpunkt der wettbewerbsfördernde Effekt besonders deutlich ist.[336] Allerdings muss der Anlass auch die konkrete Darstellung rechtfertigen. Mit der Neuregelung der Produktplatzierung im Rundfunk hat der Gesetzgeber das Verbot der übermäßigen Herausstellung jetzt auch in § 7 Abs. 7 Nr. 3 RfStV gesetzlich verankert, das die Rechtsprechung aber auch vorher schon angewendet hatte.[337] Das 30. Jubiläum der Barbie-Puppe wurde zwar als ausreichender redaktioneller Anlass angesehen, die ins Superlative gesteigerte

---

329 KG NJW-RR 2006, 1633.
330 Für Angebote öffentlich-rechtlicher Anstalten siehe allerdings Nr. 12 der Anlage zu § 11d Abs. 5 Satz 4 RfStV.
331 BGH ZUM 1996, 146, 150 – Feuer, Eis und Dynamit I.
332 BGH ZUM 1996, 146, 151 f. – Feuer, Eis und Dynamit I.
333 BVerfG AfP 2006, 39, 40.
334 BGH AfP 1997, 795 – Die Besten I; AfP 1997, 797 – Die Besten II; KG GRUR-RR 2005, 320.
335 BGH WRP 1998, 595, 597 – Azubi '94.
336 Vgl. OLG Hamburg AfP 2009, 497 zur Einführung des iPhones.
337 BGH AfP 1997, 795 – Die Besten I für den Printbereich; OVG Niedersachsen ZUM-RD 1999, 406, 407 – ADAC.

Beschreibung der Puppe in der Jubiläumssendung hat das OVG Niedersachsen aber als Schleichwerbung angesehen.[338] Die Häufigkeit der Nennung ist ein Indiz, aber kein zwingendes.[339] Das OLG Köln sah deshalb in der wiederholten Nennung eines Hotels, aus dem eine Karnevalsveranstaltung übertragen wurde, keinen Verstoß gegen das Schleichwerbeverbot.[340] Neben der sprachlichen Anpreisung kommt es auch auf die visuelle Umsetzung an, wie z.B. eine auffällige Kameraführung oder lange Bildsequenzen mit einem Produkt.[341] Auch eine nicht redaktionell begründbare Alleinstellung in der Berichterstattung statt einer Marktübersicht oder eines Produktwechsels kann ein Indiz für Schleichwerbung sein.[342]

Bei der Bewerbung eigener Produkte und Dienstleistungen eines Sender in seinen Programmen ist zu differenzieren. Programmhinweise sind – jedenfalls im Free-TV – keine Werbung mangels Entgeltlichkeit und daher im Programm uneingeschränkt zulässig. Hinweise auf von den Programmen unmittelbar abgeleitete Begleitmaterialien wie das Buch zur Sendung, die DVD zur Sendung, etc. stellen eine Form der Eigenwerbung für entgeltliche Produkte dar und sind daher grundsätzlich dem Verbot der Schleichwerbung unterstellt.[343] Redaktionelle Hinweise sind allerdings wegen des engen funktionalen Bezugs zur Sendung zulässig.[344] Derartige Hinweise unterliegen zudem nicht den Beschränkungen im Hinblick auf die Werbezeit und sind auch in den werbefreien öffentlich-rechtlichen Angeboten zulässig.[345] Die Bewerbung sonstiger klassischer Merchandisingartikel (Puppen, etc.) unterliegen hingegen den normalen Regelungen für Produktwerbung.[346]

Ein Verstoß gegen die gesetzlichen Vorschriften zum Trennungs- bzw. Kennzeichnungsgebot stellt nach den Landespressegesetzen[347] und § 49 Abs. 1 RfStV[348] für private Anbieter von Rundfunk oder Telemedien eine bußgeldbewehrte Ordnungswidrigkeit dar.

III. Äußerungsrecht und Datenschutzrecht

Das Datenschutzrecht als Ausdruck des Rechts auf informationelle Selbstbestimmung sieht vor, dass, außer in den Fällen einer gesetzlichen Ermächtigung, jede Erhebung, Verarbeitung und Nutzung personenbezogener Daten grundsätzlich der Einwilligung der Betroffenen bedarf (§ 4 Abs. 1 BDSG). Das BDSG ist gem. §§ 1 Abs. 2 Nr. 3, 27 Abs. 1 BDSG auch unter Privaten anwendbar. Um journalistische Betätigungen nicht erheblich zu erschweren, eröffnet § 41 BDSG den zuständigen Bundesländern die Möglichkeit, die Medien von den Erfordernissen des Datenschutzes für journalistisch-redaktionelle oder literarische Zwecke weitgehend freizustellen. Dies ist in den jeweiligen Landespressegesetzen geschehen.[349] Ähnliche Regelungen gibt es für Rundfunkveranstalter.[350] Die Privilegierung gilt auch für Anbieter journalistisch-redaktionell gestalteter Telemedien (§ 57

---

338 OVG Niedersachsen AfP 1999, 300.
339 Siehe aber für Gewinnspiele Ziff. 8 der Werberichtlinien der Landesmedienanstalten.
340 OLG Köln ZUM-RD 2000, 429, 430.
341 OVG Niedersachsen ZUM-RD 1999, 406, 407 – ADAC.
342 OVG Niedersachsen ZUM-RD 1999, 406, 407 – ADAC. Siehe hierzu auch Ziff. 8.3 ARD-Werberichtlinien.
343 Hahn/Vesting/*Schulz* § 2 Rn. 83.
344 Vgl. Ziff. 16 ARD-Werberichtlinien.
345 §§ 16 Abs. 4, 45 Abs. 2 RfStV. Siehe hierzu z.B. Ziff. 16 ARD-Werberichtlinien.
346 Hahn/Vesting/*Schulz* § 2 Rn. 89.
347 Z.B. § 23 Abs. 1 Nr. 2 LPG NRW.
348 Die Vorschrift gilt nicht für die öffentlich-rechtlichen Rundfunkanstalten.
349 Siehe § 12 LPG NRW.
350 § 47 RfStV für private Rundfunkveranstalter, für öffentlich-rechtliche Anstalten gibt es individuelle Regelungen, siehe § 49 WDR-G, § 41 NDR-StV.

RfStV).³⁵¹ Für kommerzielle und administrative Zwecke bleibt es hingegen bei der Anwendung des Datenschutzrechts. Das Merkmal journalistisch-redaktioneller Gestaltung erfordert, dass eine meinungsbildende Wirkung für die Allgemeinheit durch eigene Bearbeitung eintritt und diese nicht nur schmückendes Beiwerk ist. Der BGH hat daher die Anwendung des Medienprivilegs bei einem Schüler-Internetportal abgelehnt, in dem Schüler Lehrer mit Einzel- und Endnoten bewerten konnten, und die Leistung des Betreibers sich im Wesentlichen im Betreiben des Portals und der Errechnung der Durchschnittsnoten erschöpft hat, und den Fall am Maßstab des BDSG beurteilt.³⁵²

C. Rechtsfragen im Recherchestadium

I. Grundsatz: Bindung an Recht und Gesetz

103   Die Grundrechte der Presse- und der Rundfunkfreiheit umfassen nicht nur die Veröffentlichung von Meinungen und Nachrichten. Das BVerfG geht in ständiger Rechtsprechung davon aus, dass diese Freiheiten auch die journalistische Vorbereitungstätigkeit umfassen, also von der Informationsbeschaffung bis zur Verbreitung der Nachricht und der Meinung reichen.³⁵³ Allerdings können die Medienfreiheiten gem. Art. 5 Abs. 2 GG durch allgemeine Gesetze eingeschränkt werden. Die strafrechtlichen und zivilrechtlichen Normen sind solche allgemeinen Gesetze. In der Aufmacher-Entscheidung hat das BVerfG daher ausdrücklich festgestellt, dass das Grundrecht der Pressefreiheit nicht die rechtswidrige Informationsbeschaffung gewährleistet, anderes gilt für Journalisten auch nicht unter dem Gesichtspunkt der Informationsfreiheit.³⁵⁴ Ebenso wenig sind rechtswidrige Maßnahmen zur Schaffung von Ereignissen geschützt, über die später berichtet werden soll.³⁵⁵ Die Medien sind daher bei ihrer Recherchetätigkeit wie jeder an das geltende Recht gebunden.³⁵⁶ Vertragliche Absprachen, wie etwa Exklusivverträge,³⁵⁷ binden allerdings nur die Vertragsparteien und nicht andere Medien. Allerdings ist die Anstiftung zum Vertragsbruch ihrerseits wettbewerbswidrig, die bloße Ausnutzung fremden Vertragsbruchs hingegen nur bei Hinzutreten besonderer Umstände.³⁵⁸ In der Praxis wird dennoch immer wieder versucht, Gesetzesübertretungen unter Berufung auf ein öffentliches Interesse an der Berichterstattung zu rechtfertigen. Aus der Warte der Journalisten ist dieser Wunsch oft verständlich, weil anderenfalls an bestimmte Informationen nicht zu gelangen ist. In der Instanzrechtsprechung ist dies als Rechtfertigung zur Übertretung insbesondere strafrechtlicher Vorschriften aber meist nicht anerkannt worden.³⁵⁹ Art. 5 GG stellt insoweit keinen eigenständigen Rechtfertigungsgrund dar.

---

351   Siehe hierzu *Thomale* AfP 2009, 105.
352   BGH MMR 2009, 610 – spick-mich mit Anm. *Greve/Schärdel*, die im Übrigen zu Recht darauf hinweisen, dass die Ausführungen des BGH zur Subsumtion der »elektronischen Presse« unter den Begriff verfassungsrechtlicher Presse unglücklich, im konkreten Fall aber unerheblich sind. Journalistisch-redaktioneller Zweck bejaht bei mit Informationen über Baustil oder Geschichte angereicherten Fotos von Straßenzügen im Internet, LG Köln AfP 2010, 198 n.rk.
353   Für die Pressefreiheit: BVerfGE 10, 118, 121 – Berufsverbot I; 50, 234, 240 – Kölner Volksblatt. Für die Rundfunkfreiheit: BVerfGE 103, 44, 59 – Fernsehaufnahmen von Gerichtsverhandlungen II.
354   BVerfGE 66, 116, 137 – Der Aufmacher; NJW 2004, 1855, 1856.
355   BVerfG NJW 2004, 1855, 1856.
356   Das gilt auch in Bezug auf Art. 10 EMRK: EGMR NJW-RR 2008, 1141 – Strategiepapier.
357   Zur Zulässigkeit solcher Verträge: BGH GRUR 1968, 209 – Lengede.
358   Harte/Henning/v. *Jagow* § 4 Nr. 11 Rn. 154. Bedenklich daher OLG Hamburg ZUM-RD 1998, 116, 118 ff.
359   OLG Düsseldorf NJW 2006, 630: Im zugrundeliegenden Fall trug ein Journalist ein Butterflymesser bei Flügen bei sich, um Schwachstellen bei der Passagierkontrolle aufzudecken; LG Hamburg ZUM 2008, 614 zur Überschreitung des Hausrechts.

Allerdings sind seit der Lüth-Rechtsprechung unter Anwendung der Wechselwirkungs- **104** lehre die allgemeinen Gesetze ihrerseits im Lichte des Art. 5 GG einschränkend auszulegen und anzuwenden.[360] Vorschriften, die die Presse bei ihrer Recherchetätigkeit einschränken, müssen daher in besonderem Maß grundrechtsfreundlich interpretiert werden. In diesem Sinn hat z.B. das OLG München entschieden, dass über das Tatbestandsmerkmal »unbefugt« in § 201 StGB Art. 5 GG Einzug erhalte und eine Abwägung der betroffenen Grundrechte ermögliche. Das Gericht kam daher zu der Einschätzung, dass im konkreten Fall die heimliche Aufzeichnung des nichtöffentlich gesprochenen Worts aufgrund des hohen öffentlichen Interesses des Sachverhalts und der fehlenden anderweitigen Aufdeckungsmöglichkeit nicht als »unbefugt« angesehen werden konnte.[361]

> **Praxistipp:** **105**
>
> Diese Feststellung des OLG München ist für die Medien enorm wichtig, da das Merkmal »unbefugt« sich in zahlreichen Tatbeständen des StGB wiederfindet.[362] In der Beratungspraxis sollte aber nicht übersehen werden, dass sich diese Auffassung noch nicht allgemein durchgesetzt haben dürfte und Journalisten daher ein erhebliches Risiko eingehen, wenn sie sich mit der Begründung, ihre Recherche sei wegen Art. 5 GG nicht »unbefugt«, über Rechtsvorschriften hinwegsetzen. Neben der dogmatischen Hürde bleibt die weitere Unsicherheit, ob sich das spätere Gericht der Einschätzung des Journalisten zum Informationsinteresse anschließt. Jedenfalls dann, wenn mildere Mittel zur Aufdeckung zur Verfügung stehen, ist eine Berufung auf Art. 5 GG wenig aussichtsreich.

Jeweils geprüft werden muss aber, ob die Handlung tatsächlich bereits den Straftatbe- **106** stand verwirklicht. Das gilt auch, wenn bereits der Versuch strafbar ist. Nicht strafbar ist es, wenn der Täter nur den Versuch verwirklichen möchte, nicht jedoch die Vollendung des Delikts.[363] Nach dem OLG Oldenburg begeht daher ein Testkäufer in einer Apotheke keine strafbare Anstiftung, sondern bleibt als agent provocateur straflos, wenn er nur die formelle Tatbestandsverwirklichung, nicht aber den Eintritt des materiellen Unrechtserfolgs will.[364] Hierbei muss aber berücksichtigt werden, dass bei Gefährdungsdelikten, wie im Fall des OLG Düsseldorf,[365] der Unrechtserfolg bereits mit der Realisierung der Gefahr eintritt. Rechtlich problematisch ist es daher im Hinblick auf § 9 JuSchG, wenn Journalisten einen Minderjährigen als Testkäufer für Alkoholika einsetzen, um eine mangelhafte Kontrolle der Verkaufsstellen aufzudecken, da der Minderjährige auf diese Weise an »Verkaufssituationen« herangeführt bzw. gewöhnt wird und auch dies, und nicht erst der Konsum, verhindert werden soll.

Strikt von der Frage der Rechtmäßigkeit der Recherche muss die Frage der Rechtmäßig- **107** keit der Veröffentlichung der durch die Recherche gewonnenen Ergebnisse unterschieden werden. Die Veröffentlichung auch rechtswidrig erlangter Informationen fällt nach ständiger Rechtsprechung des BVerfG in den Anwendungsbereich des Art. 5 GG, wes-

---

360 BVerfGE 7, 198, 208 – Lüth.
361 OLG München AfP 2005, 371, 375. In dem Fall ging es um die Anbahnung von geschäftlichen Beziehungen zu einer PR-Agentur zum Schein, um Schleichwerbung im öffentlich-rechtlichen Rundfunk aufzudecken.
362 Siehe z.B. §§ 123, 201, 201a, 202, 202a, 203 StGB.
363 *Fischer* § 22 Rn. 2.
364 OLG Oldenburg NJW 1999, 2751.
365 Siehe OLG Düsseldorf NJW 2006, 630.

halb der Feststellung der Rechtswidrigkeit stets eine Güterabwägung vorausgehen muss.[366]

II. Rechtsvorschriften zum Schutz des Staates und der Allgemeinheit

108 Gegenüber der Verletzung individueller Rechtsgüter kommt eine Verletzung von Vorschriften zum Schutz des Staates und der Allgemeinheit in der Praxis seltener vor. Wie im zuvor benannten Fall des OLG Düsseldorf des Einschmuggelns einer Waffe zum Nachweis lückenhafter Kontrollen eines Flughafens gibt es aber immer wieder Versuche von Journalisten unter Verletzung von Gesetzen tatsächliche oder vermeintliche Missstände aufzudecken.

109 Daneben ist ein praktisch wichtiger Fall die Informationsgewinnung von Amtsträgern oder sonstigen Insidern.[367] Die Medien sind bei ihrer Informationsgewinnung auf diese Mithilfe angewiesen. Häufig kommen nur so Missstände ans Tageslicht. Handelt es sich bei dem Insider um einen Amtsträger oder einen sonstigen für den öffentlichen Dienst Verpflichteten, kann der Journalist sich der Anstiftung oder Beihilfe strafbar machen, wenn er diesen dazu bestimmt oder ihm hilft, Dienstgeheimnisse zu offenbaren (§ 353b StGB). Voraussetzung ist einerseits, dass es sich um ein Geheimnis handelt, also um eine Tatsache, die nur einem begrenztem Personenkreis zugänglich ist. Sie muss auch geheimhaltungsbedürftig sein und darf nicht offenkundig oder aus allgemeinen Quellen zugänglich sein.[368] Andererseits muss die Offenbarung wichtige öffentliche Interessen gefährden. Bloße Privatinteressen sind also hierüber nicht geschützt (siehe hierzu aber § 203 StGB). Allerdings kann die Verletzung von Privatinteressen mittelbar auch eine Gefährdung öffentlicher Interessen darstellen, nämlich in dem Sinn, dass das Vertrauen der Allgemeinheit in die Unparteilichkeit, Unbestechlichkeit und Funktionsfähigkeit der Verwaltung erschüttert wird. Dies muss aber im Einzelfall im Rahmen einer Gesamtwürdigung festgestellt werden, um das Tatbestandsmerkmal »wichtige öffentliche Interessen« nicht auszuhöhlen.[369] Allein die Gefahr, dass Missstände in die Berichterstattung der Medien getragen werden, reicht nicht aus, weil dies zu den Aufgaben der Medien in einer demokratischen Gesellschaft gehört und daher nicht per se eine Gefährdung öffentlicher Interessen begründen kann.[370]

110 In der Praxis sind Verurteilungen von Journalisten wegen Teilnahme an § 353b StGB selten. Es gab aber immer wieder Versuche der Ermittlungsbehörden, über die Bejahung des Anfangsverdachts einer Anstiftung oder Beihilfe das Beschlagnahmeverbot gem. §§ 97 Abs. 5, 53 Abs. 1 Nr. 3 StPO auszuhebeln, um an die »undichte Stelle« in der Verwaltung zu gelangen. Dieser Praxis ist das BVerfG mit der Cicero-Entscheidung entgegengetreten. Der von der Pressefreiheit umfasste Informantenschutz würde unterwandert, wenn die Strafverfolgungsbehörden den Presseangehörigen durch bloße Einstufung als Beschuldigten seines strafprozessualen Schutzes beraubten, ohne dass konkrete tatsächliche Anhaltspunkte für eine Beteiligung bestünden.[371] Allein der Umstand des Besitzes bzw. der Veröffentlichung von Dienstgeheimnissen besage weder, dass es überhaupt eine vorsätzliche, rechtswidrige Haupttat gebe, noch dass der Presseangehörige hierzu Beihilfe geleistet habe. Der Umstand, dass bestimmte Informationen an die Presse gelangt

---

[366] BVerfGE 66, 116, 137 – Der Aufmacher; NJW 2004, 1855, 1856. Die Formulierung ist allerdings etwas missverständlich, weil die Pressefreiheit grundsätzlich auch Vorbereitungshandlungen umfasst. Siehe zur Verwertung rechtswidrig hergestellter Rechercheergebnisse Rdn. 166 ff., 333 ff.
[367] Zum Schutz privater Geheimnisse siehe Rdn. 152 ff.
[368] *Fischer* § 353b Rn. 7.
[369] Vgl. BGHSt 46, 339; NStZ 2000, 596, 598.
[370] *Fischer* § 353b Rn. 13a.
[371] BVerfGE 117, 244, 265 f. – Cicero.

sind, kann zwar einen Anfangsverdacht auch gegen die Journalisten begründen und damit ein Ermittlungsverfahren in Gang setzen. Wegen des hohen Werts des Informantenschutzes müssen die Vorschriften zur Durchsuchung und Beschlagnahme aber verfassungskonform ausgelegt und angewandt werden, so dass es zusätzlich spezifischer Anhaltspunkte für eine Beteiligung der Presseangehörigen bedarf.[372] Tatsächlich gibt es meist nicht fernliegende Möglichkeiten, wie ein Journalist an vertrauliche Dokumente kommen kann, ohne sich der Beihilfe oder Anstiftung schuldig gemacht zu haben. Es ist nicht selten, dass Insider von sich auch unaufgefordert den Medien Unterlagen zuspielen. Auch unter dem Gesichtspunkt der sukzessiven Beihilfe besteht durch die bloße Veröffentlichung geschützter Geheimnisse keine Rechtfertigung für eine Durchsuchung oder Beschlagnahme.[373] Liegt eine Anstiftung aber vor und hat der Presseangehörige die Indiskretion sogar noch erkauft, kommt neben § 353b StGB zusätzlich eine Strafbarkeit nach § 334 StGB in Betracht.

III. Verletzung individueller Rechtsgüter

Die meisten Vorschriften, die der Recherchetätigkeit der Journalisten Grenzen setzen, dienen dem Schutz des Allgemeinen Persönlichkeitsrechts und seiner Ausprägungen. Es handelt sich dabei vor allem um den Schutz des gesprochenen Worts, den Bildnisschutz sowie weitere, aus dem Persönlichkeitsrecht abgeleitete Einzelrechte. Schließlich ist das Hausrecht eine in der Praxis wichtige Grenze journalistischer Recherchearbeit. Zum Teil genießen diese Rechtsgüter strafrechtlichen Schutz, der über § 823 Abs. 2 BGB ins Zivilrecht hineinragt. Der strafrechtliche Schutz ist aber nicht immer abschließend, sondern wird meist flankiert von einen weitergehenden ergänzenden zivilrechtlichen Schutz. Aus der mangelnden Einschlägigkeit einer Strafnorm kann daher noch nicht auf die zivilrechtliche Zulässigkeit geschlossen werden. Ist eine drittschützende Strafnorm allerdings verwirklicht, steht damit bereits die zivilrechtliche Verletzung der Rechte des von der Strafnorm Geschützten fest, während eine Persönlichkeitsrechtsverletzung außerhalb der strafrechtlichen Tatbestände erst im Wege der Güterabwägung festgestellt werden muss.

1. Verletzung der Vertraulichkeit des gesprochenen Worts

Das Recht am gesprochenen Wort ist Bestandteil des Allgemeinen Persönlichkeitsrechts, das jedermann zunächst das Recht einräumt, selbst darüber zu bestimmen, ob der Kommunikationsinhalt einzig dem Gesprächspartner, einem bestimmten Personenkreis oder der Öffentlichkeit zugänglich sein soll, ohne dass es auf einen besonderen, insbesondere persönlichkeitsrechtssensiblen Inhalt ankommt.[374] Hintergrund ist, dass die sprechende Person die Freiheit haben soll, sich situationsangemessen zu verhalten und sich auf den jeweiligen Gesprächspartner einstellen zu können.[375] Dazu gehört auch die Befugnis, entscheiden zu können, wer das gesprochene Wort aufzeichnen darf sowie ob und wer wem das aufgezeichnete Wort zugänglich machen darf.[376]

Strafrechtlichen Schutz genießt das gesprochene Wort über § 201 StGB, der allerdings nur das **nichtöffentlich gesprochene Wort** schützt. Unter Strafe steht danach, das nichtöffentlich gesprochene Wort aufzuzeichnen (§ 201 Abs. 1 Nr. 1 StGB) oder eine so hergestellte Aufnahme zu gebrauchen oder einem Dritten zugänglich zu machen (§ 201 Abs. 1 Nr. 2 StGB). Auch das Abhören mittels Abhörgerät ist strafbar (§ 201 Abs. 2 Nr. 1 StGB).

---

372 BVerfGE 117, 244, 265 f. – Cicero.
373 BVerfGE 117, 244, 263 ff. – Cicero.
374 BVerfG, WM 2002, 2290, 2291 f.
375 BVerfGE 106, 28, 39 – Mithöranlage.
376 BVerfGE 34, 238, 246 – Tonbandaufzeichnung.

Nichtöffentlich ist das gesprochene Wort, wenn es nicht an die Allgemeinheit, sondern nur an einen durch persönliche oder sachliche Beziehungen abgegrenzten Personenkreis gerichtet ist.[377] Eine besondere Vertraulichkeit ist nicht erforderlich, solange der Zuhörerkreis nur abgeschlossen ist. Nicht strafbar ist daher der heimliche Mitschnitt einer Rede anlässlich einer öffentlichen Versammlung.[378] Er kann dennoch eine Verletzung des Allgemeinen Persönlichkeitsrechts darstellen, sofern nicht, wie dies häufig der Fall sein dürfte, eine stillschweigende Einwilligung vorliegt.[379]

114 In der Regel entscheidet der Wille des Sprechers, lässt sich dieser nicht feststellen, kann auch aus dem objektiv manifestierten Zweck oder der Eigenart der Unterredung geschlossen werden, ob ein Wort nichtöffentlich sein soll.[380] Es kommt grundsätzlich nicht darauf an, ob, wie und wo das Wort gesprochen wird. Allerdings ist ein gesprochenes Wort dann nicht mehr nichtöffentlich, wenn sich der Sprecher zwar nur an einen bestimmten Personenkreis wendet, die Umstände oder sein Verhalten aber so sind, dass mit der Kenntnisnahme Dritter gerechnet werden muss und damit eine faktische Öffentlichkeit hergestellt wird.[381]

115 Auf den Inhalt kommt es nicht an. Das Recht am gesprochenen Wort ist nicht deckungsgleich mit dem Recht auf Achtung der Geheimnissphäre oder Privatsphäre, das zwar ebenfalls im Allgemeinen Persönlichkeitsrecht wurzelt, aber die Persönlichkeit in thematisch-räumlicher Hinsicht schützt.[382] Beide Elemente des Persönlichkeitsrechts können sich allerdings gegenseitig verstärken.

116 Für die Variante des Abhörens mittels **Abhörgerät** sollte es nach der älteren Rechtsprechung des BGH darauf ankommen, ob das Abhörgerät verboten ist. Ein Mithören mittels einer normalen Mithöranlage eines Telefons sollte nicht rechtswidrig sein, weil jedermann hiermit rechnen müsse.[383] Das BVerfG hält demgegenüber das nicht beidseitig autorisierte Mithören mittels Mithörvorrichtung, z.B. einer Freisprechanlage, für einen in der Regel unzulässigen Eingriff in das Allgemeine Persönlichkeitsrecht. Dem nichteingeweihten Teilnehmer werde durch das Verheimlichen des Mithörers die Möglichkeit genommen, sich auf den Mithörer einzustellen, sich entsprechend zu verhalten oder seinerseits einen Zeugen hinzuzuziehen.[384] Die Entscheidung ist in der Literatur auf geteiltes Echo gestoßen.[385] In neueren Entscheidungen geht aber der BGH inzwischen ebenfalls davon aus, dass auch das bloße Mithören über eine Mithöreinrichtung einen Eingriff in das allgemeine Persönlichkeitsrecht darstellt.[386] Für den Praktiker dürfte die Frage daher bis auf Weiteres entschieden sein. Da das BVerfG sich maßgeblich auf eine berechtigte Erwartungshaltung des Sprechers beruft, muss anderes aber gelten, wenn eine Üblichkeit dafür spricht, dass Mithöranlagen verwendet werden. So ist dies etwa bei Konferenzschaltungen.[387]

117 Umstritten ist, ob das schlichte **heimliche Mithören** eines Telefonats ohne besondere Vorrichtung ebenfalls unzulässig ist. Das BAG geht davon aus, dass das aktive zielgerichtete Mithörenlassen rechtswidrig ist und in der Regel ein Beweisverwertungsverbot nach

---

377 *Fischer* § 201 Rn. 3.
378 OLG Brandenburg ZUM-RD 2007, 403, 405 – Hassprediger.
379 MüKo-BGB/*Rixecker* Allg. PersönlR, Rn. 85.
380 BGHSt 31, 304, 306.
381 BVerfGE 106, 28, 40 – Mithöranlage; OLG Celle MDR 1977, 597.
382 BVerfGE 106, 28, 41 – Mithöranlage.
383 BGH NJW 1982, 1397, 1398; BGHSt 39, 335, 343 f.
384 BVerfGE 106, 28, 41 f. – Mithöranlage.
385 Kritisch mit überzeugenden Gründen: Wenzel/*Burkhardt* Kap. 5 Rn. 28. Zustimmend dagegen MüKo-BGB/*Rixecker* Allg PersönlR, Rn. 86.
386 BGH NJW 2003, 1727.
387 Ebenso MüKo-BGB/*Rixecker* Allg PersönlR, Rn. 86.

sich zieht, nur in Bezug auf zufälliges Mithören bestünde kein schützenswertes Vertrauen.[388] Zu Recht wird dem entgegengehalten, dass derjenige, der ein Telefon benutzt, selbst ein technisches Gerät benutzt, um eine räumliche Distanz zu überwinden. Es mag sein, dass derjenige, der ein Telefonat führt, nicht damit rechnen muss, dass ohne sein Wissen eine Lautsprechanlage verwendet wird. Er kann aber nicht darauf vertrauen können, dass sein Gesprächspartner am anderen Ende der Leitung sich in einer vertraulichen Situation befindet.[389] Erst recht gilt dies, wenn der Gesprächsteilnehmer von einem Mobiltelefon aus spricht oder erkennbar nicht alleine ist. Wer als Anrufer Vertraulichkeit will, muss sich eben entsprechend vergewissern. Rein praktisch dürfte es auch schwer sein, im Nachhinein zu klären, ob das Mithören zufällig erfolgte oder nicht.

Jenseits des Mithörens bei Telekommunikationsanlagen ist das Mithören oder Lauschen nur dann rechtswidrig, wenn die Art und Weise verwerflich ist. Bloß zufälliges Mithören ist nicht rechtswidrig. Anders sieht es aus bei einem Belauschen trotz ausdrücklichen Wunsches eines Vieraugengesprächs oder bei einem Einschleichen in eine Sitzung unter falscher Identität.[390] **118**

Da das Recht am gesprochenen Wort als Teil des Allgemeinen Persönlichkeitsrechts nicht absolut geschützt ist, sofern nicht ausnahmsweise deren unantastbarer Kern betroffen ist, muss der Feststellung der Rechtswidrigkeit jenseits des § 201 StGB eine Güterabwägung vorausgehen. Dieser Kern ist z.B. bei einer Unterhaltung von Eheleuten in der ehelichen Wohnung berührt und daher dem unantastbaren Bereich der Menschenwürde zuzurechnen.[391] Als entgegenstehende Güter kommen für die Frage, ob aus dem Mithören ein Beweiserhebungsverbots resultiert, das Interesse an einer funktionsfähigen Rechtsprechung und an einer materiell richtigen gerichtlichen Entscheidung in Betracht. Für sich genommen überwiegen diese Rechtsgüter aber noch nicht das Recht am gesprochenen Wort. Der BGH erkennt daher eine Verwertbarkeit der Zeugenaussage nur dann an, wenn der Betroffene sich in einer Notwehr- oder Notstandslage befindet.[392] Fraglich ist, ob sich Journalisten diesen Ansatz bei der Absicherung ihrer Rechercheergebnisse zu nutzen machen können. Hierfür sprechen gute Gründe. Wenn das OLG München selbst in einem heimlichen Aufzeichnen eines Gesprächs keinen Verstoß gegen § 201 StGB gesehen hat mit der Begründung, dass der Journalist keine andere Möglichkeit hatte, einen – tatsächlich bestehenden – Missstand von erheblichem öffentlichen Interesse aufzudecken,[393] muss dieser Gedanke erst recht bei einem bloßen Mithören greifen. Voraussetzung ist aber auch hier kumulativ ein hohes öffentliches Interesse an der Aufdeckung eines tatsächlichen Missstands und das Fehlen anderer Aufklärungs- oder Beweismöglichkeiten. **119**

Ein engeres Verständnis der Rechtsprechung des BVerfG brächte bei der Recherche kaum lösbare Probleme mit sich, weil sie es Medien nahezu unmöglich machte, nicht schriftlich niedergelegte Kommunikation in einer späteren Auseinandersetzung als Beweis zu verwenden. Die Probleme nehmen noch zu, wenn – wie dies häufig der Fall ist – auch der Redakteur oder der Informant, der das fragliche Gespräch geführt hat, selbst im Zivilprozess als Beklagter in Anspruch genommen werden. In einer solchen Situation bliebe jedenfalls im Hauptsacheverfahren nur die Parteivernehmung, die aber im Normalfall vom Einverständnis des Prozessgegners abhängt, der sie in der Regel nicht erteilt. Einen Ausweg bietet dann nur § 448 ZPO, der das Prinzip der Waffengleichheit **120**

---

388 BAG NZA 2009, 974, 977.
389 Ebenso MüKo-BGB/*Rixecker* Allg PersönlR, Rn. 86; Wenzel/*Burkhardt* Kap. 5 Rn. 28.
390 BGH NJW 1991, 1180; NJW 1994, 2289.
391 BGHSt 31, 296, 300 f.
392 BGH NJW 1991, 1180; NJW 1994, 2289; NJW 2003, 1727.
393 OLG München AfP 2005, 371, 375.

wiederherstellen kann. Der BGH hat dementsprechend folgerichtig entschieden, dass Gerichte verklagte Journalisten als Partei vernehmen müssen, wenn diesen andere Beweismittel nicht zur Verfügung stehen.[394]

121 Nach der Auffassung des BVerfG soll das Recht am gesprochenen Wort auch juristischen Personen zustehen, weil diese ebenfalls – vermittelt über natürliche Personen – kommunizierten und sich daher ebenfalls in einer grundrechtstypischen Gefährdungslage befänden.[395] Diese Rechtsprechung verwischt den Geheimnisschutz mit dem Recht am Wort. Jedenfalls wird man im Rahmen der Abwägung berücksichtigen müssen, dass juristische Personen sich nur auf Art. 2 GG berufen können.

2. Anfertigung von Bildnissen

a) § 201a StGB höchstpersönlicher Lebensbereich

122 § 201a StGB wurde 2004 ins StGB aufgenommen und war seinerzeit insbesondere von den Medienvertretern heftig kritisiert worden, die eine Einschränkungen des investigativen Journalismus befürchteten.[396] Anlass waren allerdings eher Bedenken der Datenschützer, dass vor dem Hintergrund der massenhaften Verbreitung z.B. von Fotohandys zunehmend arglose Personen in intimen Situationen, wie in Toiletten, Umkleidekabinen etc., aufgelauert und fotografiert werden. Fundamentale Auswirkungen auf die Berichterstattung sind, wohl wegen des engen Tatbestands, bislang nicht festzustellen.

123 § 201a StGB stellt erstmals die Aufnahme von Bildnissen in bestimmten Fällen unter Strafe. Die §§ 22 ff., 33 KUG erfassen demgegenüber nur die Veröffentlichung von Bildnissen. Erforderlich für § 201a StGB ist, dass die unbefugt aufgenommene Person sich in einer Wohnung oder einem gegen Einblick besonders geschützten Raum befindet und – kumulativ – dass dadurch ihr höchstpersönlicher Lebensbereich verletzt wird. Auch der Gebrauch oder die Zugänglichmachung an Dritte derart hergestellter Aufnahmen ist strafbar (§ 201a Abs. 2 StGB), ebenso wie die wissentlich unbefugte Zugänglichmachung befugt hergestellter Aufnahmen an Dritte (§ 201a Abs. 3 StGB). Der Versuch ist nicht strafbar (§ 23 Abs. 1 StGB).

124 Da es um die Aufnahme von Bildern »von einer anderen Person« geht, muss trotz des Worts »Bildaufnahme« ein Bildnis vorliegen.[397] Das lediglich heimliche Zuschauen ist nicht erfasst. Unter Bildaufnahme sind, wie sich aus dem Wort »Aufnahme« schließen lässt, lediglich fotorealistische Bildnisse, nicht Zeichnungen oder ähnliches zu subsumieren.[398] Neben der Herstellung, also der Fixierung auf einem Datenträger, Negativ o.ä., ist auch die bloße Übertragung tatbestandlich erfasst, was insbesondere die speicherlose Übertragung über Webcams erfassen soll.[399]

125 Ob der Begriff »Wohnung« im weiten verfassungsrechtlichen Sinn[400] unter Einschluss von nichtöffentlicher Geschäftsräume verstanden werden muss, kann dahingestellt sein, denn derartige Geschäftsräume sind in der Regel gegen besondere Einblicke geschützte Räume. Sogar mit Hecken umzäunte Gärten sollen dieses Merkmal erfüllen können, nicht jedoch (Geschäfts-)Räume, die einer mindestens beschränkten Öffentlichkeit

---

394 BGH AfP 1975, 801.
395 BVerfGE 106, 28, 43 – Mithöranlage, vgl. demgegenüber noch BVerfGE 66, 116, 147 f. – Der Aufmacher. Ebenso BAG NZA 2009, 974, 977.
396 Siehe hierzu *Flechsig* ZUM 2004, 605, 606.
397 Zur Unterscheidung zwischen Bild und Bildnis siehe Rdn. 253.
398 *Flechsig* ZUM 2004, 605, 611.
399 BT-Drs. 15/2466, S. 5.
400 Vgl. BVerfGE 32, 54, 68 ff.

zugänglich sind.[401] Eine öffentlich zugängliche Sauna ist daher kein gegen Einblicke besonders geschützter Raum.[402] Nicht gegen Blicke besonders geschützt sind Räumlichkeiten auch dann, wenn sie sich zwar in einem Gebäude befinden, aber von einem Nachbargrundstück gut durch hell erleuchtete, vorhanglose Fenster einsehbar sind.[403]

Ausweislich der Gesetzesbegründung soll der Begriff »höchstpersönlicher Lebensbereich« den Bereich der Lebensgestaltung umfassen, der einer Abwägung nicht zugänglich ist.[404] Damit entspricht er der Intimsphäre bzw. dem von der Rechtsprechung häufig synonym verwendeten Begriff des Kernbereichs privater Lebensgestaltung.[405] Die Auffassung, dass bereits durch den Akt des Aufnehmens eine Person in deren höchstpersönlichem Lebensbereich verletzt wird, ohne dass es dazu eines besonders delikaten Aufnahmeinhalts bedürfe, weil die Wohnung als solches bereits in der Regel diesem Kernbereich zuzuordnen sei, ist nicht zutreffend.[406] Schon beim Tatbestandsmerkmal der Wohnung lässt sich dies keineswegs behaupten, erst recht nicht bei dem sehr viel weiteren und unbestimmten Merkmal des gegen Einblicke besonders geschütztes Raums. Das Bildnis muss daher einen höchstpersönlichen Lebensvorgang auch tatsächlich abbilden. Mit diesem sehr einschränkenden Merkmal ist die Vorschrift auch verfassungsrechtlich unbedenklich, da Eingriffe in diesen Bereich auch vorher schon wegen Verstoßes gegen das Allgemeine Persönlichkeitsrecht rechtlich unzulässig, wenngleich nicht strafbewehrt waren. In diesem Sinne verstanden, erübrigt sich mangels Zulässigkeit einer Güterabwägung die Frage, inwieweit Medien sich zur Rechtfertigung auf die Wahrnehmung berechtigter Interessen gem. § 193 StGB berufen können. Als Rechtfertigungsgrund[407] dürfte daher wohl nur die Einwilligung praktische Relevanz haben. **126**

b) Sonstige Bildnisse

Jenseits von § 201a StGB gibt es kein ausdrückliches Verbot der Anfertigung von Bildnissen.[408] § 22 KUG stellt nur auf das Verbreiten und nicht auf das Herstellen ab und ist daher weder direkt noch analog anwendbar.[409] Das bedeutet aber nicht im Umkehrschluss, dass das Herstellen von Bildnissen jenseits von § 201a StGB stets rechtlich zulässig wäre. Es ist vielmehr anerkannt, dass auch das Anfertigen von Bildnissen ohne Einwilligung einen Eingriff in das Allgemeine Persönlichkeitsrecht darstellt, selbst wenn keine Verbreitungsabsicht vorliegt.[410] Dieser der Veröffentlichung vorgelagerte Schutz rechtfertigt sich damit, dass bereits mit der Aufnahme das Selbstdarstellungsrecht des Betroffenen berührt ist und durch die Loslösung in dieser konkreten Form seiner Kontrolle und Verfügungsgewalt entzogen ist.[411] **127**

Mit der Feststellung, dass ein Eingriff vorliegt, ist noch nicht zugleich die Rechtswidrigkeit festgestellt. Anders als bei § 22 KUG ist hier das Allgemeine Persönlichkeitsrecht einschlägig, so dass aufgrund seines Charakters als offener Tatbestand die Rechtswidrig- **128**

---

401 BT-Drs. 15/2466, S. 5.
402 OLG Koblenz NStZ 2009, 268.
403 OLG Karlsruhe NJW-RR 2006, 987 für Kanzleiräume.
404 BT-Drs. 15/2466, S. 5.
405 Vgl. BVerfGE 120, 274, 335 – Vertraulichkeit und Integrität informationstechnischer Systeme; 80, 367, 374 – Tagebuch; 34, 238, 245 – Tonband. Ebenso *Flechsig*, ZUM 2004, 605, 609. Zur inhaltlichen Bestimmung der Intimsphäre siehe Rdn. 30 ff.
406 So aber *Wolter* FS Schünemann, S. 231.
407 Fischer § 201a Rn. 16.
408 Für staatliche Stellen siehe allerdings: § 12a VersG und § 100h StPO.
409 Allg. Meinung, vgl. Wandtke/Bullinger/*Fricke* § 22 KUG, Rn. 9; *Dreier*/Schulze § 22 KUG, Rn. 12.
410 BGH CR 2010, 524 – Überwachungskamera; BGH ZUM 1995, 719, 720; KG NJW-RR 2007, 1196, 1198; OLG Schleswig NJW 1980, 352; OLG Hamburg GRUR 1990, 35.
411 *Dreier*/Schulze § 22 KUG, Rn. 13; Löffler/*Steffen* § 6 Rn. 123.

keit erst im Wege der umfassenden Güterabwägung ermittelt werden muss.[412] Sofern es sich um Bildnisanfertigungen durch Medien handelt, genießen diese zudem den Schutz des jeweiligen Mediengrundrechts, da dieses auch die Informationsbeschaffung umfasst.[413] Dabei lassen sich folgende Leitlinien aufstellen:

129 Zum einen ist zu differenzieren zwischen der Herstellung von authentischen, fotorealistischen Bildnissen und der Herstellung bloßer **Zeichnungen**.[414] So mögen zwar auch Zeichnungen eine Loslösung des Bildnisses von der Person verwirklichen. Ihrer Anfertigung liegt aber in der Regel keine von der Intensität her mit dem Fotografieren vergleichbare Belästigung des Betroffenen zugrunde. Außerdem fehlt es an der Fotografien eigenen Authentizität. Das Anfertigen von Zeichnungen ist daher in der Regel nicht rechtswidrig.[415]

130 Differenzierter sieht es bei der Herstellung **fotorealistischer Bildnisse** aus. Die mit der Herstellung derartiger Bildnisse verbundenen Gefahren sind durch die technische Entwicklung in den letzten Jahren erheblich angestiegen. Die Gefährdungslage hat sich sowohl im Hinblick auf die leichtere Anfertigung von Bildnissen durch Fotohandys als auch im Hinblick auf die durch das Internet erheblich erleichterte Möglichkeit der Verbreitung auch durch Privatpersonen erhöht. Hinzu kommen neue fragwürdige Entwicklungen im journalistischen Bereich, wie etwa die sog. »Bürgerreporter«, bei denen letztlich ein Medienorgan Bürger dazu animiert, insbesondere Prominente »abzuschießen«.[416]

131 Auch beim Anfertigen von Fotografien verbieten sich allerdings pauschale Beurteilungen, insbesondere wenn die Anfertigung von Bildnissen in Ausübung einer grundrechtlichen Tätigkeit erfolgt. Zwar ist nach dem BVerfG die rechtswidrige Beschaffung von Informationen nicht durch die Medienfreiheiten gedeckt.[417] Da beim Allgemeinen Persönlichkeitsrecht aber die Rechtswidrigkeit erst festgestellt werden muss, geht es hier um die vorgelagerte Frage, ob nämlich überhaupt ein rechtswidriges Verhalten vorliegt. Dies muss eigenständig im Zeitpunkt der Anfertigung beurteilt werden. Allein die Möglichkeit einer rechtswidrigen Veröffentlichung bewirkt daher noch nicht die Rechtswidrigkeit der Herstellung. In der Regel ist davon auszugehen, dass wegen der zivilrechtlichen und strafrechtlichen Sanktionen der Hersteller eines Bildnisses dieses nicht rechtswidrig veröffentlicht.[418] Selbst wenn eine Veröffentlichungsabsicht besteht, ist das noch kein hinreichendes Indiz für rechtswidriges Verhalten, da die Möglichkeit der Anonymisierung besteht.[419] Gegen einen voreiligen Rückschluss spricht auch, dass regelmäßig die Veröffentlichung eines Bildnisses von verantwortlichen Redakteuren einer eigenständigen Prüfung unterzogen wird, die ihrerseits in Zweifelsfällen internen oder externen juristischen Rat einholen.

132 Es stellt sich dann die Frage, an welchen Kriterien sich die Abwägung orientieren soll. In der Rechtsprechung taucht immer wieder als Leitlinie der Grundsatz auf, dass die Aufnahme von Bildnissen (nur) dann zulässig sein soll, wenn auch die spätere Verbreitung zulässig sei.[420] Diese hypothetische Betrachtungsweise ist allerdings nur in bestimmten

---

412 BGH CR 2010, 524 – Überwachungskamera.
413 Grundlegend zur Pressefreiheit: BVerfGE 20, 162, 175 f. – Spiegel; zur Rundfunkfreiheit: BVerfGE 91, 125, 134 – Fernsehaufnahmen im Gerichtssaal I.
414 Zum Begriff des Bildnisses: siehe Rdn. 253 ff.
415 Wenzel/*von Strobl-Albeg* Kap. 7 Rn. 22.
416 Siehe hierzu LG Berlin AfP 2006, 574.
417 BVerfGE 66, 116, 137 – Der Aufmacher.
418 BVerwG, ZUM-RD 1999, 526, 530; OVG Saarland AfP 2002, 545, 548; VGH Baden-Württemberg AfP 1996, 193, 196.
419 OVG Saarland AfP 2002, 545, 548.
420 OLG Frankfurt NJW 1995, 1995, 878, 880; OLG Hamburg GRUR 1990, 35; statt vieler *Soehring* § 9 Rn. 5a.

Fällen hilfreich, häufig bringt sie keine Verlässlichkeit. Grundsätzlich lässt sich sie einwenden, dass zum Zeitpunkt der Aufnahme noch nicht feststeht, ob die Aufnahme auch veröffentlicht werden soll.[421] Außerdem kann bei besonderem öffentlichen Interesse auch die Veröffentlichung rechtswidrig hergestellter Aufnahmen zulässig sein.[422] Rein praktisch lassen sich im Übrigen verlässliche Schlussfolgerungen häufig nicht treffen, weil zum Zeitpunkt der Aufnahme – Veröffentlichungsabsicht unterstellt – noch nicht klar ist, wie und unter welchen Umständen bzw. in welchem Kontext eine Veröffentlichung erfolgen soll. Das gilt vor allem für die Fälle des § 23 Abs. 1 Nr. 1 KUG. So kann ein Bildnis, dessen Veröffentlichung an sich ohne jegliches Informationsinteresse ist, erst durch den Kontext der Wortberichterstattung zulässig werden.[423] Der BGH lehnt folgerichtig umfassende vorbeugende Unterlassungsansprüche im Hinblick auf nicht näher definierte Verbreitungshandlungen ab.[424] Da bei der Anfertigung von Bildnissen die Problematik vergleichbar ist, ist ein Rückschluss auf die Rechtswidrigkeit der Herstellung nur dann hinnehmbar, wenn die spätere Veröffentlichung unter jedem nur denkbaren Kontext unzulässig wäre.[425] Das dürfte aber nur sehr selten, etwa beim Eingriff in die Intimsphäre, der Fall sein.

Umgekehrt ist aber in der Regel eine Aufnahme zulässig, wenn sich bereits aus der Situation ergibt, dass die Veröffentlichung nach § 23 Abs. 1 KUG gerechtfertigt wäre. Das kann der Fall sein, wenn sie ein Ereignis aus dem Bereich der Zeitgeschichte dokumentiert. Hilfreich kann der Grundsatz auch in den Fällen des § 23 Abs. 1 Nr. 2 und 3 KUG sein. Berechtige Interessen im Sinne von § 23 Abs. 2 KUG können hingegen nur berücksichtigt werden, wenn sie bereits im Zeitpunkt der Aufnahme erkennbar sind. Das kann z.B. der Fall sein, wenn die Person in einer peinlichen oder entwürdigenden Situation abgelichtet wird. Außerdem ist hier zu berücksichtigen, dass entgegenstehende berechtigte Interessen i.S.v. § 23 Abs. 2 KUG in Bezug auf die Veröffentlichung regelmäßig andere als in Bezug auf die Herstellung sind. Wenn die Rechtsprechung so verstanden wird, dass trotz Fehlens einer den §§ 22 ff. KUG vergleichbaren Regelung die Maßstäbe identisch seien, kann dem daher nur eingeschränkt gefolgt werden.

133

Es bleibt daher die Notwendigkeit, ergänzende eigene Kriterien für die Beurteilung der Rechtmäßigkeit der Herstellung von Bildnissen zu ermitteln. Der BGH geht in einer neueren Entscheidung davon aus, dass wegen der hohen Bedeutung der Pressefreiheit die Art und Weise der Anfertigung von Bildnissen nur ausnahmsweise als rechtswidrig anzusehen ist.[426]

134

Es sprechen gute Gründe dafür, diese Vermutung für die Art und Weise der Anfertigung der Bildnisse generell auf die Anfertigung von Bildnissen zu erweitern. Zum einen sind Journalisten – das gleiche gilt natürlich für die Betroffenen – in der konkreten Situation der Aufnahme meist nicht in der Lage, eine umfassende Güterabwägung vorzunehmen.[427] In der Regel ist aber von den Journalisten schnelles Handeln gefordert, weil eine unterlassene Aufnahme nicht nachgeholt werden kann. Eine zu restriktive Vorgehensweise würde die Pressefreiheit daher erheblich einschränken und könnte die journalistische Arbeit sogar unmöglich machen.[428] Unterschiedliche Maßstäbe lassen sich auch mit Blick auf das Allgemeine Persönlichkeitsrecht damit begründen, dass eine schwerwiegende

135

---

421 KG NJW-RR 2007, 1196, 1198; OLG Hamburg AfP 2000, 188.
422 Siehe hierzu Rdn. 333 ff.
423 BGH NJW 2008, 3141, 3142 – Vermietung einer Ferienvilla.
424 BGH ZUM 2008, 437.
425 So KG NJW-RR 2007, 1196, 1199.
426 BGH NJW 2008, 3134, 3137 – Heide Simonis.
427 So auch KG NJW-RR 2007, 1196, 1198; OLG Hamburg GRUR 1990, 35.
428 KG NJW-RR 2007, 1196, 1198; OLG Frankfurt NJW 1995, 1995, 878, 880.

Verletzung regelmäßig erst mit der Veröffentlichung droht, während die Aufnahme allenfalls eine solche Gefahr begründet.[429]

136 Erfolgt die Aufnahme hingegen unter Umständen, die gegen geltendes Recht verstoßen, folgt daraus in der Regel auch, dass die Aufnahme selbst rechtswidrig ist. Das gilt insbesondere, wenn der Fotograf sich unter Verstoß gegen das Hausrecht Zutritt zu einem befriedeten Besitztum verschafft.[430] Ebenfalls liegt eine Verletzung des Persönlichkeitsrechts vor, wenn die Aufnahmen mittels eines den Tatbestand des § 238 StGB erfüllenden Nachstellens (Stalking) entstanden sind, was allerdings nur bei extremen Verhaltensweisen, etwa bei belagerungsartigem Verhalten von Paparazzi, der Fall sein dürfte. Aber auch unterhalb der Verwirklichung von Straftatbeständen kann die Art und Weise der Herstellung eine Verletzung des Persönlichkeitsrechts bewirken. Das ist insbesondere der Fall bei den bereits erwähnten Fallgruppen der heimlichen, durch Erschleichen oder unter Ausnutzung einer Überrumpelungssituation ermöglichten Aufnahme.[431] Allerdings besteht hier kein Automatismus. Verdeckte Aufnahmen können im Einzelfall zulässig sein, wenn nur auf diese Weise Angelegenheiten von besonderem öffentlichen Interesse aufgedeckt werden können.[432] Umgekehrt ist regelmäßig eine Aufnahme, gegen die sich der Betroffene, obwohl er sie erkennt, nicht wehrt, keine Verletzung des Persönlichkeitsrechts, auch wenn das Verhalten nicht die Schwelle einer konkludenten Einwilligung für eine Veröffentlichung erreicht, sofern dem keine der zuvor genannten Verhaltensweisen vorausgegangen ist.[433]

137 Wie allgemein bei einem Eingriff in das Persönlichkeitsrecht ist auch bei der Herstellung von Bildnissen relevant, in welche Sphäre die Aufnahme eingreift. Soweit nicht ohnehin § 201a StGB einschlägig ist, ist daher eine Aufnahme unter Verletzung der Intimsphäre unzulässig und einer Abwägung nicht zugänglich.[434] Eingriffe in die Privatsphäre, insbesondere wenn sie an einem erkennbar abgeschiedenen Ort erfolgen, wiegen insoweit schwerer als Eingriffe in die Sozialsphäre, bleiben aber einer Abwägung zugänglich. Im öffentlichen Lebensraum muss hingegen der Einzelne damit rechnen, dass Bildaufnahmen von ihm gefertigt werden.[435]

138 Im Rahmen der Abwägung kommt es dann darauf an, ob dem Persönlichkeitsrecht ein berechtigtes Interesse an der Herstellung gegenüber steht. Lässt sich das öffentliche Interesse an dem Ereignis bereits zu diesem Zeitpunkt feststellen, muss dies zugunsten der Abbildungsfreiheit in die Waagschale geworfen werden. Manifest ist das etwa bei Aufsehen erregenden Prozessen.[436] Auch die Person, die fotografiert oder gefilmt wird, spielt dabei eine Rolle. Nach der neuen Rechtsprechung ist zwar der Begriff der absoluten Person der Zeitgeschichte überholt. Auch bei bisherigen absoluten Personen der Zeitgeschichte kann nicht mehr generell ein öffentliches Interesse unterstellt werden. Dennoch kann die Bekanntheit einer Person zum öffentlichen Interesse an einer Angelegenheit beitragen.[437] Auch ist die Wahrscheinlichkeit, dass sich im späteren Verlauf ein öffentliches Interesse entwickelt, ungleich höher als bei der Öffentlichkeit nicht bekannten Per-

---

429 Siehe hierzu OLG Hamm ZUM-RD 2009, 548, das allerdings – mit nicht unproblematischer Begründung – eine Verletzung des Persönlichkeitsrechts bejaht.
430 OLG München AfP 1992, 78.
431 BVerfGE 101, 361, 394 f. – Caroline von Monaco II; 120, 180, 198 – Caroline von Hannover; KG NJW-RR 2007, 1196, 1199.
432 LG Hamburg AfP 2008, 639; vgl. auch Ziff. 4.1 des Pressekodex.
433 Bedenklich daher OLG Hamm ZUM-RD 2009, 548.
434 KG NJW-RR 2007, 1196, 1199.
435 So auch BT-Drs. 15/2466 zu § 201a StGB, S. 4.
436 Vgl. BVerfGE 91, 125 – Aufnahmen im Gerichtssaal I; 103, 44 – Aufnahmen im Gerichtssaal; 119, 309, 318 ff.
437 BGH GRUR 2007, 523, 526 – abgestuftes Schutzkonzept; GRUR 2007, 527, 529 – Winterurlaub.

sonen. Die deutsche Rechtsprechung verwendet seit einiger Zeit die Einteilung des EGMR, wonach zwischen Politikern, in der Öffentlichkeit stehenden Personen und »normalen« Personen unterschieden wird.[438] Aufnahmen von Personen der ersten beiden Kategorien sollten wegen des potentiellen öffentlichen Interesses im öffentlichen Lebensraum daher in der Regel zulässig sein, sofern sich nicht aus der Art und Weise der Herstellung anderes ergibt. Das gilt auch für Begleiter von Prominenten.[439]

Generell spricht einiges dafür in den Fällen, in denen sich zum Zeitpunkt der Aufnahme also noch nicht sicher sagen lässt, ob ein Informationsinteresse der Öffentlichkeit besteht, die Aufnahme jedenfalls bei den beiden erstgenannten Personengruppen im Zweifel für zulässig zu halten. Neben der Vermutung rechtmäßigen Verhaltens und einer Parallele zur Unzulässigkeit eines vorbeugenden umfassenden Unterlassungsanspruchs auf Veröffentlichung spricht für diese Lösung, dass es anderenfalls den Medien in erheblicher Weise erschwert würde, ihrer öffentlichen Aufgabe nachzukommen. Das wird grundsätzlich auch von der überwiegenden Rechtsprechung so anerkannt.[440] Das KG hat gleichwohl im Fall des Fotografierens von Ernst-August von Hannover in der Öffentlichkeit in einer Alltagssituation die Auffassung vertreten, dass eine spätere Veröffentlichung unter keinem Gesichtspunkt in Betracht käme.[441] Angesichts der Komplexität der Abwägungsvorgänge bei der Bildnisveröffentlichung und der Unvorhersehbarkeit künftiger Ereignisse, ist dieser kategorische Schluss sehr zweifelhaft. Überzeugender wäre es gewesen, die Rechtswidrigkeit der Bildniserstellung mit der im Fall offensichtlich bestehenden Belagerungssituation zu begründen. 139

Als berechtigte Interessen an der Bildnisherstellung können neben der Ausübung der Medienfreiheiten in besonderen Konstellationen auch Individualinteressen gelten, die aber meist weniger im Äußerungsrecht, sondern in anderen Rechtsgebieten wie dem Arbeitsrecht relevant sind.[442] Im Anwendungsbereich des Datenschutzes siehe auch § 6b BDSG. 140

3. Zugang zu fremden Räumlichkeiten

Eine häufige Schranke für Recherchetätigkeiten stellt ein fremdes **Hausrecht** dar. Das Hausrecht ist Ausfluss von Art. 13 GG, der gegenüber dem Allgemeinen Persönlichkeitsrecht das speziellere Grundrecht ist.[443] Zivilrechtlich leitet sich das Hausrecht aus §§ 858 ff., 1004 BGB ab. Strafrechtlich ist das Hausrecht über § 123 StGB abgesichert. Gegenstand des Hausrechts im Sinne von § 123 StGB sind neben der Wohnung auch Geschäftsräume und sonstige befriedete, d.h. räumlich abgegrenzte Besitztümer, wie z.B. eingezäunte Grundstücke, aber auch Züge.[444] Allerdings kann auch das unbefugte Betreten nicht befriedeter Besitztümer, z.B. offener Verkaufsstände in Einkaufszentren und Passagen, gegen das zivilrechtliche Hausrecht verstoßen. 141

Inhaber des Hausrechts können neben natürlichen Personen auch juristische Personen sowie die öffentliche Hand sein. Der Hausrechtsinhaber muss nicht Eigentümer sein, auch der berechtigte Besitzer, z.B. der Mieter, hat ein Hausrecht. Bei mehreren Berechtigten kommt es unter grundsätzlich Berechtigten darauf an, wer das stärkere Hausrecht 142

---

438 Z.B. BGH NJW 2008, 3134, 3135 – Heide Simonis.
439 Wenzel/*von Strobl-Albeg* Kap. 7 Rn. 25.
440 KG NJW-RR 2007, 1196, 1198; OLG Frankfurt NJW 1995, 878, 880. Enger dagegen OLG Hamburg GRUR 1990, 35.
441 KG NJW-RR 2007, 1196.
442 Zur Videoüberwachung am Arbeitsplatz, *Grimm/Schiefer* RdA 2009, 329.
443 Vgl. BVerfGE 97, 228, 265 – Kurzberichterstattung. Wenzel/*von Strobl-Albeg* Kap. 7 Rn. 26.
444 KG NJW 2000, 2210, 2211.

hat. Das trifft in der Regel auf den Mieter gegenüber dem Vermieter zu.[445] Deshalb kann der Vermieter nicht verbieten, dass Mieter Journalisten Zutritt zu ihrer Wohnung gewähren und Dreharbeiten gestatten, soweit dieser sich im Rahmen seines Mietvertrags bewegt. In Einzelfällen kann sich aus dem Mietvertrag eine Nebenpflicht zur Rücksichtnahme gegenüber dem Vermieter ergeben. Dies kann der Fall sein, wenn Gegenstand der späteren Berichterstattung gerade eine Auseinandersetzung zwischen Vermieter und Mieter ist. Bei grundsätzlich gleichberechtigten Inhabern hat jeder Inhaber ein eigenständiges Hausrecht, das aber nur im Rahmen der Zumutbarkeit ausgeübt werden darf.[446]

143 Über ein fremdes Hausrecht können sich Journalisten auch nicht mit der Begründung hinwegsetzen, an dem Berichtsgegenstand bestünde ein erhebliches öffentliches Interesse. Es muss daher niemand dulden, dass ein Kamerateam gegen seinen Willen in seine Räumlichkeiten eindringt, auch wenn es sich dabei nur um Geschäftsräume handelt.[447]

144 In der Praxis stellt sich häufig die Frage, ob **Dreharbeiten im Rahmen von öffentlich zugänglichen Räumlichkeiten**, wie z.B. Kaufhäusern, Einkaufspassagen, Bahnhöfen etc. einer besonderen Erlaubnis bedürfen. Grundsätzlich gilt auch hier, dass der Hausrechtsinhaber das Recht hat, über die Art und Weise der Nutzung seiner Räumlichkeiten zu bestimmen. In der Regel geschieht dies über Hausordnungen. So bestimmt z.B. die Hausordnung der Deutschen Bahn, dass gewerbliche Foto-, Film- und Fernsehaufnahmen der vorherigen Genehmigung bedürfen. Fehlt es an einer ausdrücklichen Regelung, kommt es darauf an, inwieweit nach dem objektiven Empfängerhorizont der Hausrechtsinhaber die Benutzung gestattet. So geht die bisherige Rechtsprechung davon aus, dass das Anfertigen von Fotos und Filmen durch Mitbewerber zu Testzwecken und Aufdeckung wettbewerbswidrigen Verhaltes nicht dem bestimmungsgemäßen Gebrauch unterliegt und daher ohne Zustimmung des Hausrechtsinhabers unzulässig ist.[448] Der Hausrechtsinhaber müsse zwar, wenn er seine Räume für Kunden öffne, übliches Käuferverhalten dulden. Auf den inneren Zweck oder die Motivation des Kunden kommt es insoweit nicht an. Begründet wurde das Verbot damit, dass das Aufnehmen zu nicht zumutbaren betrieblichen Störungen führen könne. In einer jüngeren Entscheidung hat der BGH sich erkennbar von dieser Rechtsprechung distanziert. Durch die massenhafte Verbreitung neuer Aufnahmegeräte, insbesondere Fotohandys, könne nicht mehr generell davon ausgegangen werden, dass das Anfertigen von Fotos zu betrieblichen Störungen führe, so dass jedenfalls dann, wenn eine andere Form des Nachweises nicht möglich sei, das Anfertigen von Fotos zulässig sei.[449] Offen gelassen hat der BGH, ob ein Verbot generell eine konkrete Gefahr für betriebliche Störungen voraussetzt. Überträgt man diese Argumentation auf das Medienrecht, bedeutet das, dass auch Journalisten auf diese Weise Beweise sichern dürfen. Es wäre mit Art. 5 GG nicht vereinbar, wenn Mitbewerber Aufnahmen anfertigen dürften, nicht aber Journalisten in Ausübung ihrer durch Art. 5 GG geschützten Tätigkeit. Erlaubnisbedürftig dürften aber auch nach dieser neueren Rechtsprechung das auffällige Anfertigen von Filmaufnahmen mit einem Kamerateam sein, da dies weiterhin geeignet ist, zu betrieblichen Störungen zu führen.

145 Bedarf es grundsätzlich einer Erlaubnis, stellt sich die Frage, ob die Medien einen **Anspruch auf Zugang** zu den jeweiligen Räumlichkeiten haben. Hierbei muss unterschieden werden, ob Zugang zu Räumlichkeiten von privaten Personen oder der öffentlichen Hand begehrt wird. Generell gilt, dass die Informationsfreiheit nach Art. 5 Abs. 1 Satz 2 GG lediglich den Zugang zu allgemeinen Informationsquellen, aber keinen

---

445 *Fischer* § 123 Rn. 3.
446 *Fischer* § 123 Rn. 4.
447 OLG München AfP 1992, 78.
448 BGH GRUR 1991, 843 – Testfotos I; WRP 1996, 1099 – Testfotos II.
449 BGH WRP 2007, 1082, 1084 f. – Testfotos III.

Anspruch auf Eröffnung einer Informationsquelle gewährt; auch die Medienfreiheiten reichen insoweit nicht weiter.[450] In bestimmten, für die demokratische Verfassung besonders wichtigen Fällen sieht das Recht aber Öffentlichkeit vor. Das ist namentlich der Fall bei Sitzungen des Bundestags (Art. 42 Abs. 1 Satz 1 GG) einschließlich der Untersuchungsausschüsse (Art. 44 Abs. 1 Satz 1 GG), des Bundesrats (Art. 52 Abs. 3 Satz 2 GG), der Länderparlamente (z.B. Art. 42 Satz 1 Verf NRW), aber auch der Stadt- und Gemeinderäte (z.B. § 48 Abs. 2 Satz 1 GO NRW).

Auch **Gerichtsverhandlungen**[451] sind grundsätzlich öffentlich (§ 169 Satz 1 GVG). In bestimmten Fällen sehen die Verfahrensordnungen einen Ausschluss vor, so z.B. in Familiensachen (§ 170 GVG) und in Strafverfahren gegen Jugendliche (§ 48 JGG). Häufiger ist der Fall, dass das Gericht in bestimmten Fällen die Öffentlichkeit ausschließen kann, insbesondere wenn der Gegenstand der mündlichen Verhandlung die höchstpersönliche Lebenssphäre einer Person betrifft (§ 171b Abs. 1 GVG) oder eine Gefährdung von Leib und Leben oder der Staatssicherheit bei einer öffentlichen Verhandlung zu besorgen ist (§ 172 GVG). Die Entscheidung obliegt dem Vorsitzenden Richter (§ 176 GVG), der bei seiner Entscheidung auch das Informationsinteresse der Öffentlichkeit zu berücksichtigen hat.[452] Da z.T. Rechtsschutz gegen Entscheidungen des Gerichts gesetzlich ausdrücklich ausgeschlossen ist (vgl. § 171b Abs. 3 GVG) und im Übrigen die Rechtsprechung gegen sitzungspolizeiliche Anordnungen keine Rechtsmittel anerkennt,[453] bleibt nur die Möglichkeit das BVerfG anzurufen, das meist aufgrund der Eilbedürftigkeit im Wege einer einstweiligen Anordnung gem. § 32 BVerfGG entscheiden muss. Gegen allgemeine Anordnungen des Gerichtspräsidenten als Behördenleiter ist wiederum der Verwaltungsrechtsweg eröffnet.[454]

146

Gem. § 169 Satz 2 GVG sind Film- und Tonaufnahmen während der mündlichen Verhandlung generell unzulässig, Fotoaufnahmen fallen aber nicht hierunter.[455] Eine Sonderregelung gibt es für Verhandlungen des BVerfG, bei denen bis zur Feststellung der Beteiligten und bei der öffentlichen Verkündung von Entscheidungen Aufnahmen zugelassen sind (§ 17a BVerfGG). Grundsätzlich zulässig sind im Übrigen in der Fachgerichtsbarkeit Aufnahmen vor Beginn der mündlichen Verhandlung, also bis zum Aufruf zur Sache (§ 243 Abs. 1 StPO, § 220 Abs. 1 ZPO). Häufig erlässt das Gericht allerdings auch in dieser Phase Anordnungen, die das Anfertigen von Aufnahmen beschränken. Leider nehmen viele Gerichte Medienvertreter mehr als eine Gefahr für den Ablauf der Sitzung wahr, wie die zahlreichen stattgebenden Entscheidungen des BVerfG belegen. Dabei wird übersehen, dass Medienpräsenz auch der Kontrolle der Gerichte durch die Öffentlichkeit und damit der Wahrung rechtsstaatlicher Prinzipien dient.[456]

147

Zulässig ist es aber, das Anfertigen von Aufnahmen von einem vorherigen schriftlichen Genehmigungsverfahren abhängig zu machen, damit sichergestellt ist, dass die Medienvertreter von den sitzungspolizeilichen Vorkehrungen nachweislich Kenntnis haben.[457] Üblich ist in der Praxis auch die Anordnung von Poollösungen, also die Zulassung nur einer beschränkten Anzahl von Teams mit der Verpflichtung, das Material den übrigen Medien zur Verfügung zu stellen. Begründet wird dies mit Raumnot und der Gefahr der Störung der Verhandlung. Derartige Anordnungen sind vor allem bei Kamerateams

148

---

450 BVerfGE 103, 44, 59 f. – Politbüro-Prozess.
451 Siehe hierzu auch Rdn. 337 ff., 349 ff.
452 BVerfG NJW 2007, 672.
453 BVerfGE 91, 125, 133 – Honecker-Prozess; 119, 309, 317 – Folter in der Bundeswehr.
454 BVerfG NJW-RR 2007, 1053, 1054.
455 *Soehring* § 6 Rn. 13.
456 BVerfGE 119, 309, 319 f. – Folter in der Bundeswehr. Siehe hierzu auch das Minderheitsvotum in BVerfGE 103, 44, 72 – Politbüro-Prozess.
457 BVerfG NJW-RR 2007, 1053, 1054.

üblich, aber auch bei Fotografen zulässig.[458] Anspruch auf Überlassung des Materials haben aber nur solche Medien, die sich an Poollösungen beteiligen oder dies jedenfalls ernsthaft versuchen.[459]

149 Nicht unbedenklich, aber vom BVerfG als zulässig erachtet sind Vorgaben, Aufnahmen von Teilnehmern des Prozesses später nur anonymisiert bzw. verfremdet auszustrahlen. Hier hat aber eine Abwägung stattzufinden zwischen dem Informationsinteresse der Allgemeinheit und den Persönlichkeitsinteressen der Teilnehmer.[460]

150 Beim **Zugang zu privaten Räumlichkeiten** gilt der Grundsatz, dass der Inhaber des Hausrechts entscheiden kann, wer unter welchen Bedingungen Zutritt erhält. Bei bestimmten privaten Veranstaltungen besteht allerdings ein erhebliches öffentliches Interesse und damit verbunden ein Interesse von Journalisten, »aus erster Hand« berichten zu können. Häufig haben die Veranstalter ein Interesse an medialer Aufmerksamkeit, andererseits ist der Versuch nicht selten, Journalisten zu selektieren oder Vorgaben zu machen, sei es aus ökonomischen Interessen, insbesondere im Sport und im Entertainment (bessere Vermarktung durch Exklusivität), oder zur Steuerung einer – wohlwollenden – Berichterstattung. Für den Fall öffentlicher Veranstaltungen in geschlossenen Räumen sieht § 6 Abs. 2 VersG vor, dass Pressevertreter nicht ausgeschlossen werden können, sofern sie sich ausweisen. Die Vorschrift findet unbestritten auch auf Rundfunkvertreter Anwendung. Nach dem mittlerweile vom BVerfG übernommenen engen Versammlungsbegriff muss es sich allerdings um Veranstaltungen handeln, die auf die Teilhabe an der öffentlichen Meinungsbildung bzw. -äußerung gerichtet ist.[461] Sport- und reine Unterhaltungsveranstaltungen werden meist nicht hierzu gezählt.

151 Daneben gibt § 5 Abs. 1 RfStV im Rahmen des **Kurzberichterstattungsrechts** einen Anspruch auf Zutritt zu bestimmten Veranstaltungen, die allgemein zugänglich sind und von allgemeinem Informationsinteresse sind. Das Recht umfasst eine nachrichtenmäßige Berichterstattung in Bild und Ton, ist aber in der Regel auf 90 Sekunden begrenzt. Nach einer Entscheidung des BVerfG zum WDR-Gesetz[462] hat der Gesetzgeber allerdings geregelt, dass der Zutritt vom Kauf einer Eintrittskarte und einem Aufwendungsersatz sowie die Berichterstattung von der Zahlung eines angemessenen Entgelts, das ggf. im Schiedsgerichtsverfahren gem. §§ 1025 ff. ZPO bestimmt wird, abhängig gemacht werden kann (§ 5 Abs. 6, 7 RfStV). Das staatsvertraglich verankerte Kurzberichterstattungsrecht ist aber auf das Fernsehen beschränkt, es gilt nicht für den Hörfunk.[463] Daher war lange umstritten, inwieweit Hörfunkreporter Zugang insbesondere zu Sportveranstaltungen haben und vor allem, ob der Zugang von der Zahlung eines Entgelts für die »Hörfunkrechte« abhängig gemacht werden kann.[464] Der BGH hat das im Jahr 2005 zugunsten der Veranstalter bejaht und die Befugnis aus dem Hausrecht hergeleitet.[465] Über die gegen diese Entscheidung anhängige Verfassungsbeschwerde ist bislang nicht entschieden. Auch für Zeitungsreporter gilt, dass sie keinen Anspruch auf unentgeltlichen Zutritt haben. Aus § 20 GWB folgt aber wegen der marktbeherrschenden Stellung von Veranstaltern attraktiver Veranstaltungen, dass einzelne Medienvertreter weder unbillig benachteiligt, noch ohne sachlichen Grund unterschiedlich behandelt werden dürfen.[466]

---

458 Siehe BVerfGE 91, 125, 138 – Honecker-Prozess; BVerfG NJW-RR 2008, 1069.
459 KG AfP 1997, 729 – NJW-RR 1997, 789; BVerfG NJW-RR 2008, 1069.
460 Siehe hierzu sowie für den Fall einer trotz Verbot erfolgten Bildnisveröffentlichung Rdn. 337 ff.
461 BVerfGE 104, 92, 104 – Sitzblockaden III.
462 BVerfGE 97, 228 – Kurzberichterstattungsrecht.
463 Ausführlich zur Geschichte: Hahn/Vesting/*Michel/Brinkmann* § 5 Rn. 7 ff.
464 Ausführlich hierzu: Hahn/Vesting/*Michel/Brinkmann* § 5 Rn. 7 ff.
465 BGH WRP 2006, 269 – Hörfunkrechte.
466 BGH WRP 2006, 269 – Hörfunkrechte.

C. Rechtsfragen im Recherchestadium

Dies gilt auch für Pressekonferenzen.[467] Insbesondere dürfen einzelne Pressevertreter von einer öffentlichen Veranstaltung nicht ausgeschlossen werden, weil sie sich kritisch über den Veranstalter geäußert haben.[468]

4. Verrat von Geheimnissen

Geheimnisse genießen sowohl im privaten als auch im geschäftlichen Bereich Schutz. Das Allgemeine Persönlichkeitsrecht ist hier in seiner Ausprägung als Recht auf informationelle Selbstbestimmung sowie dem Schutz vor Indiskretion betroffen, hat aber einfachgesetzliche Konkretisierung erfahren.[469] Unternehmen können sich ebenso wie natürliche Personen hierauf berufen. Je nach dem, ob man dem Recht am Unternehmen noch eigenständige Bedeutung beimisst,[470] ist auch dieses Recht betroffen. Medien sind demgegenüber – wollen sie ihrer öffentlichen Aufgabe und Funktion als »public watchdog« nachkommen – darauf angewiesen, an Informationen zu kommen, die Dritte oftmals nicht preisgeben wollen. Viele Skandale sind überhaupt erst durch solche »**Whistleblower**« aufgedeckt worden. Hieraus ergibt sich ein alltägliches Spannungsverhältnis in der journalistischen Arbeit. **152**

§ 203 StGB stellt den Verrat sowohl von privaten, als auch von Geschäfts- und Betriebsgeheimnissen unter Strafe. Täter kann allerdings nur ein Amtsträger oder ein Angehöriger der übrigen in § 203 StGB aufgezählten Berufe sein. Dem Täter muss zudem das Geheimnis kraft seiner Funktion zur Kenntnis gelangt sein. Schutzzweck dieser Regelung ist das besondere Maß an Vertraulichkeit, das die Allgemeinheit und der jeweilige Betroffene bei diesen Berufsgruppen erwartet. Journalisten gehören nicht zu diesen Personengruppen, es sei denn sie gehören ausnahmsweise neben ihrer journalistischen Tätigkeit zugleich einem der genannten Berufe an. **153**

Journalisten können daher lediglich Anstifter oder Gehilfe sein.[471] Die Grundsätze des BVerfG zu § 353b StGB aus der Cicero-Entscheidung sind aber hier übertragbar. Allein die Tatsache der Veröffentlichung eines Geheimnisses kann daher zwar Anlass eines Ermittlungsverfahrens gegen die Journalisten sein, rechtfertigt aber aufgrund der hohen Bedeutung des Informantenschutzes noch keine Durchsuchung oder Beschlagnahme in der Redaktion oder bei dem betroffenen Journalisten.[472] **154**

§ 17 UWG schützt Geschäftsgeheimnisse, die sich auf den kaufmännischen Geschäftsverkehr beziehen, und Betriebsgeheimnisse, die sich auf den technischen Betriebsablauf beziehen.[473] Der Personenkreis, dem das Geheimnis bekannt ist, muss begrenzt sein, d.h. der Mitwisserkreis muss prinzipiell unter Kontrolle gehalten werden können.[474] Kein Geheimnis liegt vor, wenn es sich um offenkundige Tatsachen handelt. Offenkundig ist eine Tatsache wiederum dann, wenn Kenntnis von der Tatsache auf normalem Weg erlangt werden kann, der Gegenstand also beliebigem Zugriff preisgegeben ist.[475] Ist eine Tatsache einmal preisgegeben und allgemein zugänglich, verliert sie ihren Geheimnischarakter, auch wenn die erstmalige Offenbarung unter Verstoß gegen § 17 UWG erfolgt ist.[476] **155**

---

467 OLG München GRUR-RR 2010, 258 – FC Bayern im Web-TV.
468 OLG Köln AfP 2001, 218.
469 Siehe auch Rdn. 50 ff.
470 Siehe hierzu Rdn. 59 f.
471 *Soehring* § 10 Rn. 13.
472 BVerfGE 117, 244, 266 – Cicero.
473 FA-GewRS/*Bernreuther* Kap. 6 Rn. 804.
474 *Harte*/Henning § 17 Rn. 4.
475 BGH GRUR 2002, 91, 93 – Spritzgießwerkzeuge.
476 *Harte*/Henning § 17 Rn. 4.

156 Gem. § 17 Abs. 1 UWG kommt als Täter nur in Betracht, wem im Rahmen eines bestehenden Dienstverhältnisses Geheimnisse anvertraut worden sind. Journalisten sind daher von der Variante des § 17 Abs. 1 UWG in der Regel nicht betroffen, können aber wie bei § 203 StGB Anstifter oder Gehilfe sein.

157 Erforderlich ist, dass der Täter zu Zwecken des Wettbewerbs, aus Eigennutz oder in der Absicht, dem Geschäftsinhaber zu schaden, handelt. Allein der Wunsch, einen bestehenden Missstand an die Öffentlichkeit zu bringen, erfüllt meist diese Kriterien nicht, wohl aber dann, wenn dem Informanten für die Informationen Gegenleistungen angeboten werden. Jedenfalls kommt in den Fällen, in denen Missstände von erheblichem Gewicht aufgedeckt werden, die Annahme eines rechtfertigenden Notstands in Betracht.[477] Liegt ein Verstoß gegen § 17 Abs. 1 UWG vor, ist für die Medien besonders § 17 Abs. 2 Nr. 2 UWG zu beachten, wonach auch die unbefugte Mitteilung der unter Verstoß gegen § 17 Abs. 1 UWG erworbenen Geheimnisse an Dritte strafbar ist. Hier gelten dann aber die allgemeinen Regeln zur Veröffentlichung rechtswidrig erlangter Informationen, d.h. bei überwiegendem öffentlichen Interesse ist die Veröffentlichung gleichwohl zulässig.

158 Neben den ausdrücklichen gesetzlichen Verboten begründet der Verrat von Geheimnissen regelmäßig einen **Verstoß gegen arbeitsvertragliche Pflichten**.[478] Dies gilt auch dann, wenn der Geheimnisschutz nicht ausdrücklich im Arbeitsvertrag geregelt ist, da es sich hierbei um eine typische nebenvertragliche, aus der Treuepflicht abgeleitete Pflicht handelt. Die h.M. nimmt dies auch für die nachvertragliche Phase an.[479]

159 Wichtig für den investigativen Journalismus ist, ob die Verschwiegenheitspflicht auch für Missstände oder gar rechtswidrige Zustände gilt. Insbesondere Stimmen zum Wettbewerbsrecht vertreten den Grundsatz, dass allein ein rechtswidriger Inhalt des Geheimnisses das Geheimhaltungsinteresse nicht entfallen lässt.[480] Demgegenüber wird in der arbeitsrechtlichen Literatur der Grundsatz aufgestellt, dass illegale Geheimnisse keinen Schutz verdienten.[481] Richtig ist wohl eine vermittelnde Auffassung. Auch Arbeitnehmer haben ein Recht auf freie Meinungsäußerung, das über die Figur der mittelbaren Drittwirkung auch bei der Beurteilung arbeitsrechtlicher Pflichten berücksichtigt werden muss. Es bedarf also einer Abwägung. Danach ist zu unterscheiden, ob es sich um rechtswidrige Zustände von einigem Gewicht handelt, die der Arbeitgeber duldet oder gar selbst herbeiführt. In diesen Fällen fehlt es an einer Schutzwürdigkeit.[482] Ansonsten gebietet es die arbeitsvertragliche Treuepflicht, zunächst zu versuchen, intern Abhilfe zu schaffen,[483] sofern dies nicht offensichtlich aussichtslos ist.

160 Der Umstand, dass Journalisten als Täter im Rahmen von § 203 StGB als auch § 17 UWG kaum in Betracht kommen, bedeutet nicht, dass diesen Vorschriften keine Relevanz für Journalisten hätten. So kommt es zum einen für die Veröffentlichung darauf an, ob die Geheimnisse rechtswidrig erlangt wurden.[484] Die Vorschriften haben außerdem erhebliche Bedeutung unter dem Gesichtspunkt des Informantenschutzes. Selbst wenn der Whistleblower gerechtfertigt handelt, muss er erhebliche Sanktionen bis hin zur Kündigung fürchten, die selbst im Fall ihrer Rechtswidrigkeit irreparable Schäden verursacht. Ein offenes Auftreten des Informanten ist daher mit erheblichen Risiken für diesen verbunden. In der Praxis führt das zu dem Dilemma, dass die Informanten anonym bleiben

---

477 *Harte*/Henning § 17 Rn. 11.
478 BAG AP Nr. 1 zu § 611 – Schweigepflicht.
479 ErfK/*Preis* § 611 BGB Rn. 880.
480 *Harte*/Henning § 17 UWG; *Köhler*/Bornkamm § 17 UWG Rn. 9.
481 ErfK/*Preis* § 611 BGB Rn. 875.
482 BGHZ 80, 25, 28 ff. – Wallraff, ebenso ErfK/*Dieterich* Art. 5 GG Rn. 37.
483 BAG AP KSchG, 1969, § 1 Verhaltensbedingte Kündigung, Nr. 45; ErfK/*Dieterich* Art. 5 GG Rn. 37.
484 Siehe hierzu Rdn. 333.

wollen oder müssen. Dies lässt sich zwar über das Zeugnisverweigerungsrecht der Journalisten und das damit zusammenhängende Beschlagnahmeverbot sicherstellen.[485] Der Nachteil besteht darin, dass sie in späteren äußerungsrechtlichen Prozessen nicht als Zeugen zur Verfügung stehen.

> **Praxistipp:** 161
>
> Ein Ausweg bleibt, die Beleglage durch schriftliche Dokumente abzusichern, die keinen Rückschluss auf die Quelle zulassen. Ist auch das nicht möglich, hat das OLG Frankfurt es zugelassen, dass der Informant anonym eine Erklärung vor einem Notar abgeben kann, die dieser dann notariell beurkundet.[486] Das Gericht hatte die Aussage dann im Rahmen der freien Beweiswürdigung berücksichtigt. Auf diese Lösung sollte aber nur in Notfällen zurückgegriffen werden, da zu befürchten ist, dass das Gericht der Erklärung einen geringeren Beweiswert zukommen lassen wird, weil es sich nicht von der Glaubwürdigkeit des Informanten selbst überzeugen kann.

5. Sonstige Vorschriften zum Schutz der Rechte Dritter

Neben den zuvor näher dargestellten Rechten gibt es weitere drittschützende Rechte, die allerdings in der journalistischen Praxis eher selten vorkommen und daher – ohne Anspruch auf Vollständigkeit – hier nur kurz erwähnt werden können. So schützt z.B. § 202 StGB das **Briefgeheimnis**. Journalisten ist es danach wie allen anderen verwehrt, verschlossene Briefe oder Behältnisse (Bankschließfächer oder Tresore) zu öffnen, um Kenntnis von darin enthaltenen Schriftstücken zu erlangen. Schriftstücken gleichgestellt sind Abbildungen. Das klassische Briefgeheimnis wird durch die §§ 202a und 202b StGB ergänzt. Danach ist das Ausspähen oder Abfangen von elektronisch, magnetisch oder in sonstiger Weise nicht unmittelbar wahrnehmbar gespeicherter Daten verboten, sofern diese nicht für den Täter bestimmt und gegen unberechtigten Zugang, z.B. durch Passwörter oder Verschlüsselungen, besonders gesichert sind. 162

Strafbar ist seit 2007 auch das sog. **Stalking** bzw. Nachstellen gem. § 238 StGB, also insbesondere das beharrliche Aufsuchen der räumlichen Nähe zum Opfer sowie das Kontaktherstellen mittels Telekommunikationseinrichtungen. Da dies auch eine schwerwiegende Beeinträchtigung der Lebensführung des Opfers zur Folge haben muss, sind auch hartnäckige journalistische Recherchen in der Regel nicht erfasst. Journalistische Tätigkeit stand auch nicht im Zentrum der Überlegungen des Gesetzgebers.[487] Gleichwohl kann es Fälle etwa bei Paparazzi geben, in denen § 238 StGB einschlägig sein kann. Dann muss aber bei der Auslegung und Anwendung des § 238 StGB dem besonderen Schutz der Pressearbeit Rechnung getragen werden. So hat der BGH im Zusammenhang mit der »Nachstellung« der gerade bei der Wiederwahl gescheiterten Ministerpräsidentin Simonis durch Medienangehörige festgehalten, dass die Art und Weise der Bildnisbeschaffung aufgrund der Pressefreiheit nur ausnahmsweise rechtswidrig sei.[488] 163

Der Tatbestand der **Nötigung** kann erfüllt sein, wenn mit der Veröffentlichung ehrenrühriger Tatsachen,[489] insbesondere unwahrer Tatsachen aus dem Intimleben,[490] aber u.U. auch wahrer Tatsachen,[491] gedroht wird. Da die Nötigung ein offener Tatbestand ist, 164

---

485 Siehe hierzu Rdn. 172 ff.
486 OLG Frankfurt ZUM 2001, 323 mit Anm. *Hochrathner*.
487 *Soehring* § 10 Rn. 14.
488 BGH NJW 2008, 3134, 3137.
489 OLG München NJW 1950, 714.
490 BGH NJW 1993, 1485.
491 OLG Hamm NJW 1957, 1081.

muss die Rechtswidrigkeit, also die Verwerflichkeit im Einzelfall ermittelt werden. Nötigung liegt jedoch nicht vor, wenn von dem Betroffenen erwartet werden kann, dass er der Drohung besonnen standhält.[492] Relevant kann § 240 StGB werden, wenn Protagonisten (meist als Arbeitnehmer, Mieter, Verbraucher, Kunden, etc.) unter Zuhilfenahme der Medien versuchen, mittels öffentlichem Druck Vertragspartner, mit denen sie sich im Konflikt befinden, zu einem bestimmten Verhalten zu bestimmen. Diese Praxis der öffentlichen Druckausübung ist durch die starke Zunahme entsprechend ausgerichteter Verbrauchermagazine gehäuft zu beobachten. Die Protagonisten und die Medien laufen dabei Gefahr, eine nicht unproblematische Symbiose einzugehen. Der Protagonist erhält, was er anders nicht oder nur unter Zuhilfenahme der Gerichte erreicht, und die Medien können sich damit brüsten, dem »kleinen Mann zu seinem Recht« verholfen zu haben. Dabei ist aber auch zu berücksichtigen, dass Verbraucheraufklärung eine Angelegenheit von öffentlichem Interesse ist und es daher auch Aufgabe der Medien ist, über Missstände, insbesondere, wenn sie einen gesamten Wirtschaftszweig betreffen, zu berichten.[493] Solange die Berichterstattung ihrerseits zulässig, d.h. insbesondere wahrheitsgemäß und den journalistischen Prinzipien entspricht, dürfte die verwerfliche Zweck-Mittel-Relation daher allenfalls in Ausnahmefällen gegeben sein. Bei der Feststellung der Verwerflichkeit ist auch zu berücksichtigen, ob auf das geforderte Verhalten rechtlich ein Anspruch besteht oder nicht.

165 Wegen der Verknüpfung mit eigennützigen Interessen und der erheblichen potenziellen Schädigung des Betroffenen ist die Androhung von **Boykottaufrufen** besonders kritisch. Hier gilt der Grundsatz, dass die Meinungsfreiheit nur die argumentative Auseinandersetzung, nicht aber die Ausübung wirtschaftlichen Drucks schützt.[494] Das ist der Fall, wenn der Verrufer auch aktive Maßnahmen ergreift um entweder bereits selbst den Druck auszuüben oder mittelbar Druck auf diejenigen ausübt, die eigentliche Adressaten des Aufrufs sind.[495] In der Regel unzulässig sind zudem Boykottaufrufe, die aus eigennützigen, wirtschaftlichen Motiven heraus erfolgen.[496] Deutlich weiter sind hingegen die Grenzen bei solchen Aufrufen, die ausschließlich oder primär ideellen Zielen dienen.[497] Insbesondere wenn es sich um eine die Öffentlichkeit wesentlich berührende Frage handelt, gilt die Vermutung der freien Rede.[498] Auch unter diesem Gesichtspunkt ist aber der Aufruf zu rechtswidrigem Handeln nicht legitimiert.[499]

6. Rechtsfolgen der rechtwidrigen Informationsbeschaffung

166 Unterschieden werden muss zwischen strafrechtlichen und zivilrechtlichen Konsequenzen. Die Straftaten nach § 201 Abs. 1 und 2 und der §§ 201a, 202, 203 und 204 StGB werden allerdings ebenso wie der Hausfriedensbruch nur auf Antrag verfolgt (§ 123 Abs. 2 StGB bzw. § 205 StGB).

167 Neben einer möglichen Strafverfolgung folgt aus der Einordnung als Straftat oder Verletzung eines absolut geschützten Rechtsguts wie des Persönlichkeitsrechts, dass der Ver-

---

[492] Siehe BGH NStZ 1992, 278: Nötigung verneint bzgl. Reg. Bürgermeister als Betroffenen.
[493] Vgl. BVerfGE 60, 234, 240 f. – Kreditthaie.
[494] BVerfGE 25, 256, 264 ff. – Blinkfüer; 62, 230, 244 f. – Denkzettel.
[495] BVerfGE 62, 230, 246 – Denkzettel.
[496] Dann liegt jedenfalls im geschäftlichen Verkehr eine geschäftliche Handlung vor, so dass das Verhalten an § 4 Nr. 10 UWG und § 21 Abs. 1 GWB zu messen ist. Im Wettbewerbsrecht sind Boykottaufrufe dann nur in Ausnahmefällen zulässig, vgl. Harte/Henning/*Omsels* § 4 Nr. 10 Rn. 241. Bei Aufrufen durch Medien ist das meist mangels geschäftlicher Handlung nicht der Fall.
[497] BVerfG GRUR 2008, 81, 82 – Pharmakartell.
[498] BVerfGE 7, 198, 212 – Lüth.
[499] BGH AfP 1985, 114 – Mietboykott; bestätigt durch: BVerfG AfP 1988, 236 allerdings unter Hinweis darauf, dass auch der Aufruf zu rechtswidrigem Handeln in den Schutzbereich des Art. 5 GG fällt.

letzte sich im Rahmen der strafrechtlichen bzw. zivilrechtlichen Notwehr gegen den Journalisten wehren kann (§ 32 StGB bzw. § 227 BGB). Der Betroffene kann sich damit prinzipiell auch mit Gewalt wehren. Die Notwehrhandlung muss aber erforderlich und geboten sein, um den Angriff zu beenden. Das setzt voraus, dass das Mittel geeignet ist und kein milderes, aber ebenso wirksames Mittel zur Verfügung steht. Aus dem Erfordernis der Gebotenheit wird abgeleitet, dass das Abwehrmittel auch nicht in einem unerträglichen Missverhältnis zum geschützten Rechtsgut stehen darf. Nothilfe durch Dritte ist unter den gleichen Voraussetzungen zulässig. Da bei Journalisten nicht davon ausgegangen werden kann, dass sie gewalttätig sind, ist es in aller Regel vor der Anwendung von Gewalt zumutbar, mündlich zur Beendigung der Rechtsverletzung aufzufordern.

Zivilrechtlich führt eine Rechtsverletzung jedenfalls im praktisch sehr häufigen Fall des Drehens mit versteckter Kamera nicht dazu, dass ein Unterlassungsanspruch gegen künftige Arbeiten mit versteckter Kamera bestünden, da eine identische Wiederholung nicht denkbar ist und die Kernbereichslehre im Äußerungsrecht keine Anwendung findet.[500] Da auch der spätere Kontext der Verwendung nicht abgesehen werden kann und es stets auf eine Abwägung der gegenüberstehenden Grundrechtspositionen ankommt, kann auch nicht generell die Veröffentlichung der Aufnahmen untersagt werden.[501] Das BVerfG geht aber seit der Aufmacher-Entscheidung von dem Grundsatz aus, dass rechtswidrig beschaffte Informationen nur veröffentlicht werden dürfen, wenn das öffentliche Interesse an den Informationen eindeutig die Nachteile für den Betroffenen überwiegt.[502] **168**

IV. Sonderrechte der Medien und ihrer Vertreter

1. Auskunftsansprüche der Medien

Medien brauchen Informationen. Da sie grundsätzlich bei ihrer Recherchetätigkeit an Recht und Gesetz gebunden sind, wären sie vom guten Willen Dritter abhängig, um an Informationen zu gelangen. Da häufig kein Interesse an Erteilung einer Auskunft besteht, benötigen die Medien rechtliche Mittel, um rechtmäßig an die Informationen zu gelangen, die sie benötigen, wenn sie ihrer Rolle als »public watchdog« nachkommen wollen. Das gilt besonders im Verhältnis zum Staat und seinen Einrichtungen. Die verfassungsrechtliche Informationsfreiheit des Grundgesetzes hilft meist nicht weiter, weil sie nur einen Anspruch gegen den Staat auf Zugang zu allgemein zugänglichen Quellen gewährt. Der Gesetzgeber und die Gerichte haben aber den Medien an den verschiedensten Stellen Mittel an die Hand gegeben. In den **Landespressegesetzen**, meist in § 4 LPG, und in § 9a RfStV sind einfachgesetzlich Auskunftsansprüche der Medien gegenüber Behörden geregelt.[503] Die Rechtslage unterscheidet sich im Detail von Bundesland zu Bundesland, so dass hier nur ein allgemeiner Überblick gegeben werden kann. Der Grundsatz ist dabei aber die Pflicht der staatlichen Behörden zur Auskunft, die in der Praxis allerdings durch weit gefasste Ausnahmetatbestände stark verwässert ist. Grenzen liegen in der ordnungsgemäßen Durchführung der Aufgabenerfüllung, bei Geheimhaltungsinteresse, bei schutzwürdigen öffentlichen und privaten Interessen sowie bei umfangmäßiger Unzumutbarkeit. Der Begriff der Behörde ist vom VwVfG unabhängig und funktional zu verstehen. Er umfasst damit unabhängig von der Rechtsform einschließlich juristischer Personen des Privatrechts alle mit einer gewissen Selbständigkeit **169**

---

500 OLG Düsseldorf AfP 2010, 182.
501 OLG Düsseldorf AfP 2010, 182, 183.
502 Siehe hierzu Rdn. 333 ff.
503 Die insbesondere für den Rundfunk in Bayern relevante Frage, ob ein verfassungsunmittelbarer Auskunftsanspruch besteht, vgl. Löffler/*Burkhardt* LPG, § 4 Rn. 19, hat sich mit der Schaffung von § 9a RfStV erledigt.

ausgestatteten Einheiten, derer die öffentliche Hand sich bei der Erfüllung öffentlicher Aufgaben bedient.[504] Nicht Verpflichtete, weil in dieser Funktion selbst Grundrechtsträger, sind öffentlich-rechtliche Rundfunkanstalten, sofern sie nicht ausnahmsweise hoheitlich tätig sind, wie beim Gebühreneinzug und der Vergabe von Wahlsendezeiten.[505]

170 In der Praxis sind die Auskunftsansprüche gegenüber Behörden freilich häufig ein stumpfes Schwert, weil die Durchsetzung in Anbetracht der Kurzlebigkeit der Medienberichterstattung zu lange dauert, um effektiv zu sein. Der Anspruch ist gem. § 40 VwGO im Verwaltungsrechtsweg geltend zu machen. Umstritten ist der Rechtsweg hingegen bei nicht hoheitlich handelnden Privatrechtssubjekten der öffentlichen Hand, insbesondere der Daseinsvorsorge.[506] Inhalt des Anspruchs ist die Erteilung einer Auskunft. Die Behörde hat dabei ein Ermessen, wie sie den Anspruch erfüllen will, wobei sie sich dabei an den Anforderungen orientieren muss, die für die Presse zur Aufgabenerfüllung als notwendig erscheinen.[507] Ein Anspruch auf eine ganz bestimmte Form der Auskunftserteilung, insbesondere Akteneinsicht, kann, dürfte aber tatsächlich nur ausnahmsweise bestehen. Auch wenn also im Einzelfall die Durchsetzung faktisch an Grenzen stößt, geht von den Regelungen doch ein wichtiges, nicht zu unterschätzendes Signal aus.

171 Neben diesen Spezialansprüchen haben die Länder und der Bund **Informationsfreiheitsgesetze** geschaffen. Trotz der Subsidiarität gegenüber den Ansprüchen aus den LPG können sich auch Pressevertreter auf die IFG stützen, indem sie als natürliche Personen den Anspruch geltend machen.[508] Schließlich gewährt § 12 GBO einen Auskunftsanspruch gegenüber dem **Grundbuchamt** bei berechtigtem Interesse. Es ist von der Rechtsprechung anerkannt, dass auch die Medien sich hierauf berufen können, auch wenn der Anspruch von seiner Entstehungsgeschichte her dazu gedacht war, im Rechtsverkehr Personen Zugang zu Informationen zu verschaffen, auf die sie aufgrund der dinglichen Wirkung des Sachenrechts angewiesen ist. Für die erweiterte Auslegung zugunsten der Medien kann man sich an den allgemeinen Grundsätzen der Feststellung des Informationsinteresses der Öffentlichkeit orientieren. Eine Anhörung des Betroffenen ist weder vorgesehen noch zugelassen, da sie die Recherchen der Medien vereiteln könnte.[509]

2. Zeugnisverweigerungsrecht und Beschlagnahmeverbote

172 Das **Zeugnisverweigerungsrecht** von Journalisten ist Gegenstand einer komplizierten Regel-/Ausnahmekonstruktion. Ausgangspunkt ist Folgender: Personen, die bei der Vorbereitung, Herstellung, oder Verbreitung von Druckwerken, Rundfunksendungen, Filmberichten oder der Unterrichtung oder Meinungsbildung dienenden Informations- und Kommunikationsdiensten berufsmäßig mitwirken, haben nach § 53 Abs. 1 Satz 1 Nr. 5 StPO ein Recht, das Zeugnis zu verweigern. Das Zeugnisverweigerungsrecht gilt aber nicht unbegrenzt. Es gilt zunächst im Hinblick auf die Person des Verfassers bzw. Einsenders von Beiträgen und Unterlagen oder von sonstigen Informanten. Das Verweigerungsrecht gilt aber auch im Hinblick auf den Inhalt von Mitteilungen dieser Personen sowie über selbst erarbeitete Materialien und den Gegenstand berufsbezogener Wahrnehmungen, soweit sie sich auf redaktionelle Teile des publizistischen Erzeugnisses beziehen. Das Zeugnisverweigerungsrecht ist daher in der Zwischenzeit recht umfassend ausgestal-

---

504 OVG NRW NWVBl. 2009, 198; NJW 2005, 1720.
505 BVerwGE 70, 310; BVerfG AfP 1988, 235. Vergleichbares gilt auch in Bezug auf die Informationsfreiheitsgesetze VG Köln ZUM-RD 2010, 174, n.rk.
506 Für Zivilrechtsweg in diesen Fällen: BGH NVwZ 2003, 506, implizit auch durch Kostenentscheidung BGH DÖV 2005, 656; anders: VG Saarland AfP 1997, 837, bestätigt durch OVG Saarland AfP 1997, 837.
507 Löffler/*Ricker* Kap. 19 Rn. 2.
508 VG Köln ZUM-RD 2010, 174 n.rk.
509 BVerfG NJW 2001, 503.

tet. Eingeschränkt ist das Zeugnisverweigerungsrecht bei der Aufklärung bestimmter Delikte, wenn anderenfalls die Aufklärung aussichtslos oder wesentlich erschwert wäre (§ 53 Abs. 2 Satz 2 StPO). Selbst in diesen Fällen kann die Aussage aber zur Verhinderung der Offenbarung der genannten Personen, insbesondere des Informanten, oder der dem Journalisten gemachten Mitteilungen verweigert werden. Das Zeugnisverweigerungsrecht hat zudem als Leitgedanke mit der Schaffung von § 160a StPO Bedeutung für die gesamte Ermittlungstätigkeit erlangt. Danach muss stets im Rahmen der Verhältnismäßigkeitsprüfung einer Maßnahme besonders berücksichtigt werden, wenn hierdurch Kenntnisse erlangt werden, über die ein Zeugnisverweigerungsrecht besteht.

Vom Zeugnisverweigerungsrecht zu unterscheiden sind die Regelungen zum **Beschlagnahmeverbot**. Ein Schutz vor Beschlagnahme ist deshalb notwendig, weil anderenfalls der durch Zeugnisverweigerungsrecht eigentlich intendierte Schutz leicht ausgehebelt werden könnte. § 97 Abs. 5 StPO bestimmt daher ein Beschlagnahmeverbot, das im Prinzip so weit wie auch das Zeugnisverweigerungsrecht reicht. Gem. § 97 Abs. 2 Satz 3, Abs. 5 Satz 2 StPO gilt das Beschlagnahmeverbot allerdings nicht, wenn der Journalist selbst der Beteiligung an der Tat verdächtig ist. Die Vorschrift ist insbesondere im Zusammenhang mit dem Verdacht der Beihilfe zum Geheimnisverrat gem. § 353b StGB relevant geworden, dürfte aber nach der Cicero-Entscheidung des BVerfG[510] an Bedeutung verlieren. Das BVerfG hat in dieser Entscheidung klargestellt, dass alleine die Veröffentlichung oder der Besitz geheimnisgeschützter Unterlagen noch keinen Verdacht im Hinblick auf eine Teilnahme des Journalisten am Geheimnisverrat erlaubt, der eine Beschlagnahme rechtfertigen könnte. 173

Für den Zivilprozess enthält § 383 Abs. 1 Nr. 5 ZPO eine ähnliche Regelung, die aber sowohl in Bezug auf den geschützten Personenkreis, insbesondere durch die Herausnahme der Journalisten der nichtperiodischen Presse, als auch in Bezug auf die sachliche Reichweite – der Schutz umfasst nicht selbstrecherchiertes Material – enger ist. Der Grund für diese sachlich kaum zu rechtfertigende Ungleichbehandlung liegt darin, dass bei der ZPO die Erweiterung des Zeugnisverweigerungsrechts durch die Reform aus dem Jahr 2002 bislang nicht nachvollzogen worden ist. 174

D. Rechtsfragen bei der Berichterstattung

In der Praxis sind es meist Rechte Dritter, die der Berichterstattung Schranken setzen, weshalb sich die folgende Darstellung hierauf beschränkt. Nicht übersehen werden dürfen aber weitere, die Äußerungsfreiheit einschränkende Vorschriften (z.B. § 130 StGB – Volksverhetzung, § 184 StGB Verbreitung von Pornographie, §§ 353b, 353 d StGB Geheimnisschutz des Staates). Daneben stellt der Jugendschutz eine wesentliche Schranke dar, der im Wesentlichen im Jugendmedienschutzstaatsvertrag geregelt ist, dar.[511] 175

I. Wortberichterstattung

1. Identifizierbarkeit und Betroffenheit von Personen

Die Nennung identifizierender Merkmale spielt bei diversen Fragen eine Rolle. In seinen Rechten verletzt sein kann nur, wer durch die Berichterstattung betroffen ist. Eine Person, die durch die Berichterstattung nicht identifizierbar ist, ist regelmäßig weder durch 176

---

510 BVerfGE 117, 244.
511 Aus Platzgründen sei auf die einschlägige Literatur, z.B. *Scholz/Liesching*, Jugendschutz, 4. Auflage 2004 verwiesen.

wahre noch durch unwahre Tatsachenbehauptungen in ihren Persönlichkeitsrechten verletzt.[512] Umgekehrt beeinträchtigt die Nennung einer Person in den Medien bereits als solches das Persönlichkeitsrecht in Form des Rechts auf gewählte Anonymität.[513] Sofern die Person also von ihrem Recht auf Anonymität Gebrauch macht und sich nicht von sich aus in die Öffentlichkeit begeben hat, bedarf es daher eines besonderen Anlasses, um eine Person in Medien zu nennen. Allerdings ist eine Namensnennung als solches genauso wenig eine Verletzung des Namensrechts i.S.v. § 12 BGB wie bei Unternehmen eine Markennennung oder –abbildung in redaktionellem Kontext eine markenmäßige Benutzungshandlung i.S.v. § 14 Abs. 2 MarkenG darstellt.

177 Für eine **Identifizierbarkeit** reicht es aus, wenn die Person zwar nicht namentlich erwähnt, aber aufgrund anderer Merkmale identifizierbar ist. Klassische Merkmale sind neben dem Bildnis die Stimme sowie personenbezogene Daten wie Wohnort, Alter, Geschlecht, Beruf, Tätigkeit, Lebenslauf etc.[514] Maßstab der Identifizierbarkeit ist nicht der uninformierte Durchschnittsrezipient. Ausreichend ist es vielmehr, wenn die Person von einem kleinen Kreis, insbesondere seinem sozialen oder beruflichem Umfeld oder Fachkreisen, identifiziert werden kann.[515] Eine Person kann auch mittelbar identifizierbar werden, wenn eine Person, die zu ihm in einer Beziehung steht, über diese Beziehung in der Öffentlichkeit spricht.[516] Ebenfalls soll es ausreichen, wenn sich die Identifizierbarkeit nicht alleine aus der Veröffentlichung selbst, sondern erst nach Durchführung weiterer Recherchen, z.B. in weiteren Medienveröffentlichungen ergibt.[517] Problematisch hieran ist, dass damit den Medien bei der Prüfung auf hinreichende Anonymisierung jedenfalls dann praktisch Unmögliches verlangt wird, wenn anderenfalls eine Berichterstattung etwa wegen Eingriffs in die Privatsphäre unzulässig wäre.[518]

178 Bei der **Anonymisierung** muss auch darauf geachtet werden, dass der Kreis der Betroffenen nicht so klein wird, dass andere unbeteiligte Personen, auf die die genannten Merkmale aber zufällig ebenfalls zutreffen, einbezogen werden. Ist eine dies ausschließende Anonymisierung nicht möglich, kann es rechtlich sogar geboten sein, die Person zum Schutz der Unbeteiligten namentlich zu nennen.[519] Gelegentlich kommt es vor, dass mit der namentlichen Erwähnung ein Gleichnamiger betroffen ist. Liegt nach dem Gesamtkontext der Äußerung eine Verwechslungsgefahr vor, erscheint es sachgerecht, die Problematik nach den Grundsätzen der Mehrdeutigkeit zu lösen.[520]

179 Beseitigt eine Anonymisierung nicht vollständig die Identifizierbarkeit, spielt der Grad der Anonymisierung gleichwohl eine Rolle, weil hiervon der Grad der Persönlichkeitsbeeinträchtigung abhängt.[521] Das ist insbesondere dann der Fall, wenn die Person nur noch für einen kleinen Personenkreis identifizierbar ist, die die verbreiteten Tatsachen ohnehin kennt. Mit dieser Erwägung hat das BVerfG in der Lebach II – Entscheidung eine Veröffentlichung für zulässig gehalten, da verurteilte Straftäter auch unter dem

---

512 *Soehring* § 13 Rn. 34.
513 BGH NJW-RR 2007, 619, 620 m.w.N.
514 BVerfG NJW 2004, 3619, 3620.
515 BVerfG NJW 2004, 3619, 3620; OLG Saarbrücken AfP 2010, 81 zur Identifizierbarkeit trotz Verpixelung; BVerfGE 119, 1, 25 – Esra zum Sonderfall fiktionaler Romane mit realen Vorbildern; BGH NJW 2009, 3576, 3578 – Kannibale von Rotenburg; KG ZUM 2008, 58 zur Identifizierbarkeit eines Fotografen durch Abbildung eines von ihm gefertigten Fotos.
516 BVerfGE 97, 391, 405 – Namensnennung; BVerfG ZUM 2007, 467 – ausgenommene Weihnachtsgans.
517 OLG Hamburg NJW-RR 1993, 923.
518 Kritisch ebenso: *Soehring* § 13 Rn. 36.
519 OLG Düsseldorf AfP 1995, 500. Zur Problematik der Namensabkürzung: OLG Köln AfP 1975, 920.
520 Siehe hierzu Rdn. 189 ff.
521 Vgl. BVerfG ZUM 2007, 467 – ausgenommene Weihnachtsgans.

D. Rechtsfragen bei der Berichterstattung

Gesichtspunkt der Resozialisierung keinen Anspruch darauf haben, überhaupt nicht mehr mit ihrer Tat konfrontiert zu werden.[522]

Neben den Fällen der individuellen Identifizierbarkeit kann es weitere Fälle der **Betroffenheit** geben, wenn mit einer Äußerung **mittelbar** auch Dritte angesprochen sind. Diese Frage stellt sich häufig bei ehrverletzenden Äußerungen über Kollektive in Bezug auf deren Mitglieder. Die Rechtsprechung lässt eine Betroffenheit einzelner Mitglieder grundsätzlich zu, wenn die Gruppe abgrenzbar und die einzelne Person spürbar betroffen ist.[523] Es besteht allerdings Einigkeit darüber, dass ein Durchschlagen auf die persönliche Ehre jedes einzelnen Mitglieds nicht in Frage kommt, wenn es sich um eine unüberschaubar große Gruppe handelt.[524] Als klassische Fallgruppen fehlender Betroffenheit sind ganze Berufsgruppen, die Autofahrer, Raucher, die Männer etc. zu nennen. Als unüberschaubar groß wurden auch 40.000 Ärzte angesehen, die ihre Praxen geschlossen hatten, um höhere Vergütungen zu »erstreiken«.[525] Bei großen Gruppen sollen einzelne Mitglieder aber dann betroffen sein, wenn diese in das Kollektiv eingebunden sind, etwa durch zwingende Verhaltensregeln, wie bei Soldaten der Bundeswehr.[526]

180

Umgekehrt stellt sich die Frage, ob ein **Verband, Unternehmen** etc. wegen einer kritischen Berichterstattung über eines oder mehrerer seiner Mitglieder betroffen ist. Auch hier sind aus verfassungsrechtlichen Gründen restriktive Maßstäbe anzulegen.[527] Eine Äußerung über ein Mitglied eines Verbands betrifft diesen nicht im Rechtssinn, wenn dieser in der Äußerung selbst nicht erwähnt wird und auch nicht sein Verhalten thematisiert wird. Ein Zuckerverband ist daher ebenso wenig betroffen, wenn über Schadstoffe im Zucker berichtet wird, wie ein Sportverband betroffen ist, wenn abstrakt über den Verdacht berichtet wird, dass Leistungssportler seines Kaders im Verdacht von Blutdoping stehen.[528] Erst recht liegt keine Betroffenheit eines Mitglieds vor, wenn über ein anderes Mitglied gesprochen wird.[529] In der Regel nimmt die Rechtsprechung auch keine Betroffenheit von Angehörigen von Verbrechensopfern an, wenn über die Tat berichtet wird.[530] Anders kann der Fall liegen, wenn Führungspersonen im Zusammenhang mit der Ausübung ihrer Tätigkeit für das Unternehmens angegriffen werden, da diese Personen »für das Unternehmen stehen«.[531] Im Übrigen müssen die Folgen solcher Persönlichkeitsrechtsverletzungen auch unter Kostengesichtspunkten verhältnismäßig bleiben. In solchen Konstellationen ist es daher z.B. sachgerecht, es entsprechend der Rechtsprechung im Wettbewerbsrecht ausreichen zu lassen, wenn die Wiederholungsgefahr im Rahmen von Unterlassungsansprüchen bereits mit der Abgabe einer Unterlassungserklärung gegenüber einem Verletzten entfällt.

181

Besondere Maßstäbe gelten bei **fiktionalen, künstlerischen Werken**. Das BVerfG geht aufgrund des Wesens der Kunst zunächst von der Vermutung der Fiktionalität aus. Das BVerfG verlangt für eine Erkennbarkeit, dass eine Identifizierung sich dem mit den Umständen vertrauten Leser aufdrängen, was wiederum eine hohe Kumulation von

182

---

522 BVerfG NJW 2000, 1859 – Lebach II.
523 BVerfGE 93, 266, 300 f. – Soldaten sind Mörder, BVerfG NJW 2006, 3769, 3771 – Babycaust.
524 BGHZ 75, 160 ff.; OLG Karlsruhe ZUM-RD 2007, 411, 412. Eine Ausnahme von der Einschränkung auf überschaubare Gruppen wird im Sonderfall der Beleidigung der Juden angenommen, vgl. BGHSt 11, 207 ff.; BGHZ 75, 160 ff. Generell für das Äußerungsrecht ablehnend: Wenzel/*Burkhard* Kap. 12 Rn. 51.
525 OLG Karlsruhe ZUM-RD 2007, 411, 412.
526 OLG Karlsruhe ZUM-RD 2007, 411, 412.
527 OLG Hamburg AfP 2008, 632 – Blutdoping.
528 OLG Hamburg AfP 2008, 632 – Blutdoping; OLG Hamburg NJW 1988, 3211.
529 BGH GRUR 1980, 813 f. bei Familienmitgliedern; NJW 2006, 605, 608 – Mordkommission Köln.
530 BGH NJW 2006, 605, 608 – Mordkommission Köln; OLG Hamburg ZUM 2005, 168, 169.
531 BGH GRUR 1976, 210 – Der Geist von Oberzell; GRUR 1981, 80, 83 – Medizinsyndicat IV.

Identifizierungmerkmalen voraussetze. Das BVerfG begründet dies damit, dass Künstler ihre Inspiration häufig in der Wirklichkeit fänden, so dass ein sorgfältig recherchierender Kritiker oder Literaturwissenschaftler in vielen Fällen in der Lage sei, die Vorbilder des Werks oder die zugrundeliegenden tatsächlichen Begebenheiten zu entschlüsseln. Würde diese Entschlüsselungsmöglichkeit ausreichen, würde die Freiheit der Kunst zu weit eingeschränkt.[532]

2. Auslegung von Äußerungen

183 Der Auslegung von Äußerungen kommt im Äußerungsrecht eine erhebliche Bedeutung zu. Die richtige Ermittlung des Sinns einer Äußerung hat für die rechtliche Beurteilung weichenstellende Bedeutung. Das BVerfG erkennt diese Bedeutung an, indem es aus Art. 5 Abs. 1 GG Anforderungen auch an die Deutung von Äußerungen ableitet.[533] Durch eine unzutreffende Deutung dürfen weder die Meinungsfreiheit noch die Persönlichkeitsrechte verkürzt werden.[534] Leider verführen vor allem die Regelungen zur Behandlung mehrdeutiger Aussagen immer wieder in der Praxis dazu, vorschnell Mehrdeutigkeit zu Lasten einer gründlichen Sinnermittlung anzunehmen, um damit zu einem formal unangreifbaren Ergebnis zu kommen. Hiermit wird man weder der Meinungsfreiheit noch dem Allgemeinen Persönlichkeitsrecht gerecht. Die Sinnermittlung ist reversibel, soweit es um den materiell-rechtlichen Ansatz oder die Einhaltung von Verfahrensvorschriften geht.[535]

a) Allgemeine Auslegungsgrundsätze

184 Im Äußerungsrecht geht es meist nicht um Willenserklärungen, so dass die §§ 133, 157 BGB keine Anwendung finden. Die Rechtsprechung hat stattdessen eigene Auslegungsgrundsätze geschaffen. Maßgeblich ist weder die subjektive Absicht des sich Äußernden, noch das subjektive Verständnis des Betroffenen, sondern das **Verständnis eines unvoreingenommenen und verständigen Durchschnittspublikums**,[536] also nicht das eines flüchtigen Lesers. Es gilt daher ein verobjektivierter Maßstab. Ausgangspunkt der Auslegung ist der Wortlaut, sie bleibt aber nicht an ihm verhaftet. Entscheidend ist der Gesamtzusammenhang.[537] Einzubeziehen sind daher auch der sprachliche Kontext und die näheren Begleitumstände, soweit diese für den Rezipienten erkennbar sind.[538] Art. 5 GG gebietet aber hier Zurückhaltung, einer Äußerung darf kein Sinn gegeben werden, den sie objektiv nicht hat. Damit ist für eine Interpretation zunächst am Text selbst anzuknüpfen und die Begleitumstände nur insoweit heranzuziehen, als dies erforderlich ist, um den Inhalt aus der Sicht der Rezipienten zu deuten.[539] Umgekehrt ist es unzulässig, Einzelaussagen aus dem sie betreffenden Kontext herauszulösen und einer isolierten Betrachtung zuzuführen.[540]

185 In diesem Kontext sind auch sog. **verdeckte Aussagen** zu sehen. Über die sich aus dem reinen Wortlaut ergebende offene Aussage können Äußerungen weitere Aussagen »zwischen den Zeilen« enthalten. Sie sind für den Betroffenen besonders gefährlich, weil der

---

532 BVerfGE 119, 25 ff. 28 – Esra.
533 BVerfGE 93, 266, 295 – Soldaten sind Mörder II.
534 BVerfG NJW 2006, 3769, 3772 – Babycaust.
535 BGH AfP 1992, 140.
536 BVerfGE 114, 339, 348 – Stolpe; 93, 266, 295 – Soldaten sind Mörder II.
537 BVerfG NJW 1994, 2943 f. – Soldaten sind Mörder I; BGHZ 132, 13, 21; NJW 2009, 1872 – Fraport-Manila-Skandal.
538 BVerfGE 93, 266, 295 – Soldaten sind Mörder II; NJW 2008, 1654, 1655.
539 BVerfG NJW 1995, 3303, 3305 – Soldaten sind Mörder; OLG Hamburg AfP 2008, 632 – Blutdoping.
540 BGH NJW 2009, 1872 – Fraport-Manila-Skandal.

D. Rechtsfragen bei der Berichterstattung

sich Äußernde nicht Klartext spricht. Andererseits besteht die Gefahr, dass dem sich Äußernden eine Äußerung untergeschoben wird, die er nicht getätigt hat. Die Rechtsprechung geht daher davon aus, dass eine verdeckte Äußerung nur dann vorliegt, wenn sie sich im Zusammenspiel mit der offenen Aussage dem Leser als unabweisbare Schlussfolgerung aufdrängen muss.[541] Andere Maßstäbe gelten hingegen, wenn bewusst unvollständig berichtet wird. Dann ist bereits von einer unwahren Tatsachenbehauptung auszugehen, wenn die Schlussfolgerung bei Mitteilung der verschwiegenen Tatsache weniger nahe liegend erscheint.[542]

Bei der Auslegung kann ein besonderes **Vorverständnis** ebenso wie eine begleitende **186** Bildberichterstattung für das richtige Verständnis bedeutsam sein.[543] Auch ist zu berücksichtigen, an welchen Adressatenkreis sich die Äußerung richtet,[544] aber auch welche Person sie tätigt. Das gilt insbesondere, wenn Begriffe sowohl eine spezifische Bedeutung als Fachausdruck haben, aber auch in der Umgangssprache verwendet werden. So muss mit dem Begriff »Mörder« nicht unbedingt eine Person gemeint sein, die den Tatbestand des § 211 StGB verwirklicht hat.[545] Gerade bei juristischen Fachbegriffen gibt es häufig eine abweichende umgangssprachliche, meist unspezifischere Verwendung (z.B. bei Begriffen wie Mord, Diebstahl, Eigentum, Besitz, Miete, Leihe, Darlehen, etc.).

Aussagen, die einen offenkundig **unsinnigen** oder übertriebenen Inhalt haben, sind in **187** der Regel nicht wörtlich gemeint.[546] Vergleichbares gilt für erkennbar **substanzarme** Äußerungen, die meist nur eine pauschalierende, häufig absichtlich übertreibende Bewertung darstellen.[547]

Auch die näheren Umstände einer Äußerung prägen ihren Sinngehalt. Im **öffentlichen** **188** **Meinungskampf**, namentlich im Wahlkampf, sind nicht nur die Maßstäbe bei der Beurteilung der Rechtmäßigkeit gelockert. Es muss auch bei der Erfassung des Sinns einer Äußerung berücksichtigt werden, dass plakative und provokative Äußerungen verwendet werden, die auch nach dem Verständnis des Publikums nicht wörtlich gemeint sind. Bei Äußerungen in Medien muss den jeweiligen medienspezifischen Besonderheiten Rechnung getragen werden.[548] So kann einerseits bei einer Schlagzeile nicht verlangt werden, dass sie den gesamten Inhalt eines Artikels wiedergibt, sie hat gerade die Funktion, zu verkürzen und Interesse zu wecken.[549] Umgekehrt können **Rezeptionsgewohnheiten** nicht unberücksichtigt bleiben. Ein großer Teil der Leser liest, insbesondere an Verkaufsständen, nur die Schlagzeile, so dass durch Schlagzeilen das Persönlichkeitsrecht besonders beeinträchtigt sein kann.[550] Erweckt eine Schlagzeile objektiv den Eindruck einer eigenständigen Aussage, kann diese daher auch ohne Berücksichtigung des Inhalts des Artikels angegriffen werden. Ähnliche Maßstäbe gelten für Film- und Fernsehtitel, die z.B. in Programmzeitschriften vollständig vom eigentlichen Inhalt gelöst ist. Besondere Vorsicht ist daher bei Titeln und Schlagzeilen geboten, die die Betroffenen bereits identi-

---

541 BVerfG NJW 2008, 1654, 1657; BGH NJW 2006, 601, 602 m.w.N. Aus der BVerfG-Entscheidung lässt sich aber wohl entnehmen, dass diese strengen Maßstäbe entsprechend der Stolpe-Rechtsprechung, vgl. hierzu Rdn. 189 ff., nicht bei Unterlassungsansprüchen gelten sollen.
542 BGH WRP 2006, 363, 365.
543 KG NJW-RR 1999, 1547, 1548 f.
544 BVerfG NJW 1977, 799 f.; BGH AfP 1985, 116; AfP 1992, 140 – Bezirksleiter Straßenbauamt; LG Dresden AfP 2010, 293 für Veröffentlichung einer Dissertation.
545 BVerfG NJW 1994, 2943 f. – Soldaten sind Mörder I. Siehe aber auch BVerfG NJW 2006, 3769 – Babycaust.
546 So z.B. bei der Behauptung, die »CSU sei die NPD von Europa«, BVerfGE 61, 9. Siehe zur besonderen Situation bei Satire Rdn. 353 ff.
547 BVerfG DVBl 2005, 106, 108 – vermögensvernichtende Angebote.
548 BGH AfP 1992, 140.
549 OLG Köln AfP 1985, 295.
550 BVerfG NJW 1998, 1381, 1384.

fizieren oder Verwechslungsgefahren begründen können.[551] Auch die **Art der Äußerung bzw. des Mediums** sind zu berücksichtigen.[552] An flüchtige, mündliche Äußerungen sind bereits bei der Sinnermittlung andere Maßstäbe zu setzen als an schriftlich niedergelegte Äußerungen, denen in der Regel ein gründlicher Reflexionsvorgang vorausgeht.

b) Mehrdeutigkeit

189 Kommen bei einer Aussage mehrere Deutungsvarianten in Betracht, stellt sich die Frage, wie hiermit rechtlich umzugehen ist. *Grimm* vertritt mit nicht unerheblichen Argumenten die Auffassung, dass der Richter die Frage nicht offenlassen dürfe, welchen Sinn eine Äußerung habe.[553] Die mittlerweile als gefestigt zu bezeichnende Rechtsprechung seit der Stolpe-Entscheidung des BVerfG[554] erkennt aber Mehrdeutigkeit als Ergebnis einer Auslegung an und **differenziert** beim Umgang hiermit **zwischen Unterlassungsansprüchen** einerseits **und sonstigen Ansprüchen bzw. strafrechtlichen Sanktionen**. Das BVerfG geht aber auch in der Stolpe-Entscheidung davon aus, dass zunächst der wahre Sinn ermittelt werden muss, fern liegende Deutungsmöglichkeiten haben außer Betracht zu bleiben.[555] Erst wenn sich dann immer noch kein eindeutiger Sinn ergibt, darf Mehrdeutigkeit zugrunde gelegt werden. Geht es um Unterlassungsansprüche und verletzt eine der Deutungsvarianten ein fremdes Persönlichkeitsrecht, so ist diese der rechtlichen Prüfung zugrunde zu legen. Das BVerfG hat in der Babycaust-Entscheidung klargestellt, dass diese neuen Grundsätze nicht nur bei mehrdeutigen Tatsachenbehauptungen, sondern auch bei mehrdeutigen Meinungsäußerungen anwendbar sind.[556]

190 Das BVerfG begründet das damit, dass es in Fällen der Mehrdeutigkeit dem sich Äußernden zuzumuten sei, sich künftig eindeutig zu äußern. Weigere er sich, dies zu tun, so bestünde kein verfassungsrechtlich tragfähiger Grund, von einer Verurteilung zur Unterlassung abzusehen.[557] Insbesondere entstünden – anders als bei zivil- oder strafrechtlichen Sanktionen – keine Einschüchterungseffekte, die den Prozess der freien Meinungsbildung beeinträchtigen könnten.[558] Die Fachgerichte haben diese Rechtsprechung schnell aufgegriffen.[559] Bei Ansprüchen auf Schadensersatz, Geldentschädigung oder Widerruf bzw. Berichtigung hingegen bleibt es dabei, dass die für die Meinungsfreiheit günstigere, d.h. das Persönlichkeitsrecht weniger beeinträchtigende Variante der rechtlichen Beurteilung zugrunde zu legen ist.[560] Dies gilt erst recht, wenn es um die strafrechtliche Bewertung geht.[561] In der Zwischenzeit hat das BVerfG festgestellt, dass es auch bei der Prüfung von Gegendarstellungsbegehren beim Grundsatz zugunsten der freien Rede bleibt.[562]

---

551 So bei dem missverständlichen Titel »Petra Kelly nackt – Sie will DM 80.000,-«, dem nicht eine Honorar-, sondern eine Forderung nach Geldentschädigung zugrunde lag, OLG Hamburg AfP 1988, 247; zur Verwechslung: OLG Hamburg AfP 1986, 137.
552 BGH AfP 1992, 140, 141; Wenzel/*Burkhardt* Kap. 4 Rn. 21 f.
553 *Grimm* AfP 2008, 1, 4 f. versteht insoweit konsequent die Rechtsprechung des BVerfG bis zur Stolpe-Entscheidung nicht als Zweifels- sondern als Interpretationsregel.
554 BVerfGE 114, 339 – Stolpe.
555 BVerfGE 114, 339, 348 – Stolpe.
556 BVerfG NJW 2006, 3769, 3773 – Babycaust. Kritisch hierzu: *Hochhuth* NJW 2007, 192.
557 BVerfGE 114, 339, 350 – Stolpe.
558 Differenzierend hierzu zu Recht: *Seitz* FS Bub, S. 437, 448.
559 Vgl. VGH Bayern ZUM-RD 2010, 99; OLG Köln AfP 2006, 365, 368; OLG München AfP 2007, 229; OLG Hamburg AfP 2007, 483 f.
560 BVerfGE 85, 1, 18 – Kritische Aktionäre; 86, 1, 11 f. – geb. Mörder; NJW 2006, 3769, 3773 – Babycaust.
561 BVerfGE 43, 130, 136 – Flugblatt; 93, 266, 296 – Soldaten sind Mörder II.
562 BVerfG NJW 2008, 1654.

D. Rechtsfragen bei der Berichterstattung

In einem obiter dictum hat das BVerfG in dieser Entscheidung zudem wichtige Hinweise **191** für die Praxis gegeben. Zum einen geht es um die Frage, wie die **klarstellende Erklärung** formuliert sein muss, insbesondere ob sie strafbewehrt sein muss. Die Instanzgerichte haben überwiegend undifferenziert weiterhin die Abgabe einer strafbewehrten Unterlassungserklärung mit der Folge auch der Kostenlast gefordert.[563] Auch in der nach der BVerfG-Entscheidung erfolgten erneuten mündlichen Verhandlung des Stolpe-Falls vor dem BGH hat der Beklagte eine strafbewehrte Unterlassungserklärung abgegeben.[564] Die Entscheidung des BVerfG geht aber in eine andere Richtung. Das BVerfG fordert, dass dem sich Äußernden eine **kostengünstige Möglichkeit** der Klarstellung gewährt werden muss. Diese Formulierung kann nur im Sinne einer zwar eindeutigen, aber nicht zwingend strafbewehrten Distanzierung von der persönlichkeitsrechtsverletzenden Deutungsvariante verstanden werden.[565] In der Tat erscheint es zumutbar, dass ein Betroffener bei einer mehrdeutigen Aussage zunächst dem sich Äußernden die Gelegenheit der Klarstellung gibt. Eine Wiederholungsgefahr, wie sie bei einer eindeutigen Verletzung vorliegt, besteht in diesen Fällen nicht. Es kann dem sich Äußernden jedenfalls bei unbewusst mehrdeutigen Äußerungen gerade nicht unterstellt werden, dass er die Rechtsverletzung nach einer Aufklärung wiederholen wird. Stellt er eindeutig und unmissverständlich klar, dass er seine Äußerung in einem rechtmäßigen Sinn verstanden wissen will und sich künftig klar ausdrücken wird, fehlt es an einer Wiederholungsgefahr.[566] Da es sich bei dieser Erklärung nicht um eine Richtigstellung handelt, muss diese Erklärung richtigerweise nur dem Betroffenen gegenüber abgegeben werden und nicht gegenüber dem Personenkreis, gegenüber dem die Ausgangsäußerung erfolgt ist.[567] Eine Verurteilung ist in diesen Fällen nur zulässig, wenn keine Deutung mit einem rechtmäßigen Grund zulässig ist. Dies muss auch vom Gericht mit schlüssigen Gründen begründet werden.

Zutreffend sieht das BVerfG außerdem in den regelmäßig drohenden **Abmahnkosten** die **192** Gefahr von Einschüchterungseffekten. Folgt man der Auffassung, dass bereits keine strafbewehrte Unterlassungserklärung erforderlich ist, wird auch keine Kostenfolge auslöst. Selbst wenn man aber eine strafbewehrte Unterlassungserklärung fordert, dürfte der Hinweis des BVerfG auf das Risiko der Einschüchterungseffekte durch Kostenfolgen so zu verstehen sein, dass bei deren Abgabe aus verfassungsrechtlichen Gründen in der Regel jedenfalls keine Erstattungspflicht von Abmahnkosten gefordert werden darf.[568]

Ohne diese Abmilderung der Konsequenzen auf der Kostenseite und im Hinblick auf **193** das Erfordernis der Strafbewehrung bliebe eine erhebliche Beeinträchtigung der Äußerungsfreiheit, ohne dass dies durch das Persönlichkeitsrecht gerechtfertigt wäre. Bezeichnend für die Unberechenbarkeiten, die mit der (zu) schnellen Annahme von Mehrdeutigkeit dem Äußernden entstehen können, ist die bereits zitierte Babycaust-Entscheidung des BVerfG.[569] Schwer nachvollziehbar hat sich das BVerfG der Auffassung des OLG Nürnberg angeschlossen, der Formulierung »Kindermord im Mutterschoß« könne in Bezug auf einen Abtreibungsarzt (auch) der Vorwurf eines Mords im Sinne von § 211 StGB entnommen werden. Eine solche Deutung erscheint bereits aufgrund des unstreitig nicht erfüllten Tatbestandsmerkmals des Tötens eines (geborenen!) Menschen fern liegend. Eine solch niedrige Schwelle der Mehrdeutigkeit führt letztlich zu einer ähnlich

---

[563] OLG Köln AfP 2006, 365, 368; OLG München AfP 2007, 229; OLG Hamburg AfP 2007, 483 f. Offen lassend: OLG Karlsruhe AfP 2007, 246 f.
[564] Vgl. BGH AfP 2007, 357.
[565] So bereits zur Stolpe-Entscheidung: Löffler/*Steffen* LPG, § 6 Rn. 269.
[566] So auch *Mann* AfP 2008, 1, 13.
[567] Ebenso *Mann* AfP 2008, 1, 13.
[568] In diese Richtung auch: *Seitz* FS Bub, S. 437, 447 f.
[569] BVerfG NJW 2006, 3769 – Babycaust. Sehr kritisch zu dieser Entscheidung auch: *Hochhuth* NJW 2007, 192.

hohen Abschreckungsgefahr für die Freiheit der Meinungsäußerung, wie das Zugrundeliegen fernliegender Deutungen.[570] Eine irrige Annahme von Mehrdeutigkeit kann im Übrigen auch das Allgemeine Persönlichkeitsrecht verletzen, wenn es um andere Ansprüche als Unterlassungsansprüchen geht

> **Praxistipp:**
> Wird nach einer Abmahnung festgestellt, dass Mehrdeutigkeit vorliegt, empfiehlt sich in jedem Fall eine eindeutige, rechtsverbindliche Klarstellung gegenüber dem Anspruchssteller. Wer wegen der ungeklärten Rechtslage nicht das Risiko einer einstweiligen Verfügung eingehen möchte, sollte ohne Anerkennung einer Rechtspflicht eine strafbewehrte Unterlassungserklärung abgeben. Damit ist die Möglichkeit nicht abgeschnitten, unter Berufung auf die BVerfG-Entscheidung eine Kostenerstattung zu verweigern.

c) Abgrenzung Tatsachenbehauptung – Meinungsäußerung

194 Fundamentale Bedeutung kommt der Einordnung einer Äußerung als Tatsachenbehauptung oder Meinungsäußerung zu. Die Bedeutung in Bezug auf den grundrechtlichen Schutz[571] ist dabei nicht einmal die entscheidende, da durch die Rechtsprechung des BVerfG auch Tatsachenbehauptungen weitgehend in den Schutzbereich der Meinungsfreiheit einbezogen sind. Wichtig ist die Weichenstellung aber deshalb, weil mit der Einordnung rechtlich fundamental unterschiedliche Maßstäbe im Hinblick auf die Rechtmäßigkeit einhergehen. Außerdem können die presserechtlichen Gegendarstellungs- und Widerrufs- bzw. Berichtigungsansprüche nur gegen Tatsachenbehauptungen geltend gemacht werden. Die Einordnung ist eine Rechtsfrage, die in der Revision uneingeschränkt überprüfbar ist.[572]

195 Während für Werturteile die subjektive Beziehung des sich Äußernden zum Inhalt seiner Aussage kennzeichnend ist, werden Tatsachenbehauptungen durch die objektive Beziehung zwischen der Äußerung und der Wirklichkeit charakterisiert.[573] Eine Tatsachenbehauptung ist wahr, wenn Äußerung und Wirklichkeit einander entsprechen. Ein Werturteil bzw. eine Meinungsäußerung soll sich hingegen abhängig vom angelegten Richtmaß als richtig oder falsch einordnen lassen können.[574] Bei dieser Einordnung gilt es allerdings zu beachten, dass die Kategorisierung in richtig oder falsch dem Meinungskampf überlassen ist, also keine Kategorisierung mit rechtlicher Konsequenz sein darf.[575] Im Äußerungsrecht gibt es in diesem Sinne keine »falschen Meinungen«.[576] EGMR, BVerfG und BGH nehmen die im Einzelfall nicht immer leichte Abgrenzung danach vor, ob der Wahrheitsgehalt einer Äußerung dem Beweis zugänglich ist. Ist dies der Fall, handelt es sich um eine Tatsachenäußerung, andernfalls um ein Meinungsäußerung.[577] Entscheidend ist aber nicht, ob tatsächlich der Beweis gelingt, noch nicht einmal, ob er tatsächlich zu führen ist. Es kommt allein auf die objektive Eignung der Beweisbarkeit an.[578] Es ändert

---

570 Siehe zu Letzterem: BVerfGE 43, 130, 136 – Flugblatt; 94, 1, 9 – DGHS.
571 Siehe hierzu Rdn. 2 ff.
572 BGH NJW 2005, 279, 281.
573 BVerfGE 90, 241, 247 – Auschwitzlüge.
574 Wenzel/*Burkhardt* Kap. 4 Rn. 47.
575 BVerfGE 33, 1, 14 – Strafgefangene; 90, 241, 247 – Auschwitzlüge.
576 BGH GRUR 2007, 441, 442 – Terroristentochter.
577 EGMR M&R 2007, 362, 366; BVerfGE 90, 241, 247 – Auschwitzlüge; 94, 1 – DGHS; BGH NJW 2005, 279, 282.
578 Vgl. BGH NJW 2008, 2262, 2264.

D. Rechtsfragen bei der Berichterstattung

daher nichts am Charakter einer Tatsache, wenn nach dem Stand der Technik der Nachweis (noch) nicht möglich ist, keine Zeugen bei einem Vorgang anwesend waren, etc.

Schwierigkeiten bereitet die Einordnung der Wiedergaben von inneren Vorgängen und Umständen, sog. **inneren Tatsachen**. Hier kommt es auf die konkrete Formulierung der Äußerung an. Die Rechtsprechung geht im Ausgangspunkt dann von einer Tatsachenbehauptung aus, wenn die Motivlage anhand äußerer Indizien ermittelbar erscheint.[579] Eine Tatsachenbehauptung kann daher die Aussage sein, jemand habe Kenntnis bestimmter Umstände oder bestimmte Absichten gehabt.[580] Grundsätzlich problematisch an der Einordnung als Tatsache ist allerdings, dass die Mitteilung über innere Vorgänge stets eigenständige Wertungen voraussetze, bei denen in der Regel der Schwerpunkt liegen dürfte.[581] Die Rechtsprechung ist auch nicht ganz einheitlich und geht zuweilen auch von einem Werturteil aus.[582]

196

> **Praxistipp:**
> Persönlichkeitsrechtlich relevante Behauptungen über innere Vorgänge sind als Tatsachenbehauptungen riskant, da der Wahrheitsnachweis kaum zu führen ist. Handelt es sich – wie häufig – letztlich um eine Mutmaßung oder Schlussfolgerung, die aus einem objektiv nachweisbaren Verhalten des Betroffenen folgt, muss dies in der Formulierung deutlich zum Ausdruck kommen. Gleiches gilt für Mutmaßungen über Kausalverläufe. Zu beachten ist, dass allein Formulierungen wie »ich meine«, »ich glaube nicht«, »offenbar« hilfreich, aber nicht immer ausreichend sind, vielmehr muss sich aus dem Gesamtzusammenhang ergeben, dass die Aussage keine tatsächliche Feststellung enthält, sondern von Elementen der Stellungnahme, des Dafürhaltens oder Meinens geprägt ist.[583]

197

Rechtliche Bewertungen sind als solche zwar keine Meinungsäußerungen im klassischen Sinn, da sie jedenfalls in bestimmten Grenzen objektiv auf ihre Richtigkeit hin überprüfbar sind. Sie werden aber von der Rechtsprechung wie solche behandelt.[584] Tatsachenbehauptungen können sie insoweit sein, als mit ihnen gleichzeitig ein bestimmter Sachverhalt zugrunde gelegt und »mitgeäußert« wird.[585] Dabei ist aber zu bedenken, dass ein Rechtsbegriff keineswegs immer in seinem rechtstechnischem Sinn verwendet wird. Gerade Ausdrücke wie Betrug, Diebstahl, Fälschung oder Unterschlagung haben neben der juristischen eine – meist weitere – umgangssprachliche Bedeutung.[586] Das Wort »Betrug« wird auch ohne Bezug zu Vermögensverfügungen verwendet (z.B. »Betrug am Wähler«). Auch mit der Bezeichnung als Dieb wird also nicht automatisch behauptet, jemand habe den Gewahrsam eines Dritten an einer fremde Sache gebrochen.[587]

198

---

579 BVerfG NJW 2007, 2686, 2688; BGH NJW 1992, 1314, 1316 – Rechtsschutzbedürfnis für Ehrenschutzklage.
580 BGH NJW 1992, 1314 – Korruptionsprozess; NJW 1995, 861, 864 – Caroline von Monaco I bzgl. Heiratspläne; NJW 1998, 1223 – Versicherungsrundschreiben bzgl. einer beabsichtigten Geschäftspraxis.
581 Dolzer/Vogel/Graßhoff/*Degenhart* BK, Art. 5 Rn. 121.
582 BGH GRUR 1977, 801, 803 – Halsabschneider; BVerfG NJW 1991, 3023, 3024 – Schutz der Meinungsfreiheit für Leserbrief.
583 BGH ZUM-RD 2009, 122, 123 f. m.w.N.
584 BGH NJW 1965, 294 – Volkacher Madonna; NJW 1976, 1198 – Panorama; GRUR 1982, 631, 632 – Klinikdirektoren.
585 BGH NJW-RR 1999, 1251, 1252 – Bestechungsvorwurf.
586 BGH NJW 2002, 1192, 1193 – Zuschussverlag.
587 OLG Köln AfP 1985, 295, 297.

8. Kapitel Äußerungsrecht

199 **Warentests** sind nach ähnlichen Maßstäben zu beurteilen. In der Regel sind Bewertungen im Rahmen von Warentests Meinungsäußerungen. Das gilt insbesondere für Testergebnisse, wenn sie in Notenform oder ähnlichen Schematisierungen erfolgen.[588] Erst recht gilt das, wenn subjektive Wertungen im Vordergrund stehen wie etwa bei Restauranttests. Sie müssen aber, insbesondere wenn die Kritik vernichtend ist, auf einer ausreichenden Tatsachengrundlage basieren. Tests können aber Tatsachenbehauptungen enthalten, wenn den tatsächlichen Feststellungen im Rahmen des Tests eigenständige Bedeutung zukommt.[589] Auch wenn der Meinungscharakter in der Regel im Vordergrund steht und damit die Schranken recht weit gezogen sind, verlangt die Rechtsprechung, dass Tests neutral, objektiv und mit der nötigen Sachkunde durchgeführt werden.[590] Dabei muss das Ergebnis aber nicht »objektiv richtig« sein, es reicht das Bemühen um Richtigkeit. Das Kriterium der Sachkunde wird es meist bei komplizierteren Sachverhalten erforderlich machen, dass die Medien sich unabhängiger Institute bedienen.[591]

200 **Prognosen** stellen keine Tatsachenbehauptungen in Bezug auf das künftige Ereignis dar, da sie zum Zeitpunkt der Äußerung dem Beweis nicht zugänglich sind. Sie können aber eine konkludente Behauptung über gegenwärtige Tatsachen beinhalten, insbesondere, wenn darin die Behauptung enthalten ist, es bestehe eine bestimmte Absicht zu handeln.[592]

201 **Fragen** sind weder Tatsachenbehauptungen noch Meinungsäußerungen, sondern eine eigene semantische Kategorie. Rechtlich werden sie aber wie Werturteile behandelt.[593] Dies gilt aber nur für echte Fragen. Rhetorische Fragen sind Aussagen, die Meinungsäußerung oder Tatsachenbehauptungen darstellen können.[594] Auch mit dem Zitat, jemand habe »die Frage nach Lizenzzahlungen« aufgeworfen, wird in Wahrheit keine Frage gestellt, sondern ein Verdacht geäußert.[595]

202 Die Abgrenzung wird schwierig, wenn – was häufig der Fall ist – Tatsachenbehauptungen und Bewertungen **ineinanderfließen**. Die Rechtsprechung geht in solchen Fällen dann von einer Meinungsäußerung aus, wenn tatsächliche und wertende Elemente der Aussage untrennbar miteinander verbunden sind und die Aussage von den wertenden Elementen geprägt sind.[596] Auch wenn derartige Äußerungen dann in vollem Umfang durch Art. 5 Abs. 1 GG geschützt sind,[597] darf daraus nicht gefolgert werden, sie müssten keiner tatsächlichen Überprüfung standhalten. Der in ihnen transportierte Aussagekern in tatsächlicher Hinsicht findet dann im Rahmen der Abwägung Berücksichtigung.[598] Die Behauptung, ein Unternehmer habe sich »die Alleinvertriebsrechte unter den Nagel gerissen« ist daher ein Werturteil, das als Tatsachenkern die Behauptung in sich trägt, der Unternehmer habe jedenfalls auf den Entscheidungsprozess, der zur Überlassung der Alleinvertriebsrechte geführt hat, eingewirkt.[599]

---

588 BGHZ 65, 325, 328 ff. – Warentest II.
589 BGH AfP 1997, 909 – Restaurantführer; LG Frankfurt/M. GRUR-RR 2010, 83.
590 BGHZ 65, 325, 334 – Warentest II.
591 Zur Produktkritik allgemein: *Koppe/Zagouras* GRUR 2005, 1011.
592 BGH NJW 1995, 861, 864 – Caroline von Monaco I bzgl. Heiratspläne; NJW 1998, 1223 – Versicherungsrundschreiben bzgl. beabsichtigter Geschäftspraxis.
593 BVerfGE 85, 23, 32.
594 BVerfG AfP 2003, 41 – Benehmen sich so Gäste?.
595 BVerfG NJW 2007, 2686, 2688.
596 BVerfG NJW 2007, 2686, 2686 m.w.N.; BGH NJW 2009, 1872, 1874 – Fraport-Manila-Skandal.
597 Vgl. BGH NJW 1996, 1131, 1133 – Lohnkiller, NJW 2002, 1192, 1194 – Zuschussverlag; NJW 2009, 1872, 1873 f. – Fraport-Manila-Skandal.
598 BVerfG NJW 2007, 2686, 2686 m.w.N. BGH NJW 2009, 1872, 1873 f. – Fraport-Manila-Skandal.
599 BVerfG NJW 2007, 1686, 2868.

D. Rechtsfragen bei der Berichterstattung

▶ **Beispiele:** 203

Meinungsäußerungen: Die Titulierung eines Imams als »Hassprediger« ist Meinungsäußerung.[600] Auch die abstrakte Zuordnung von Eigenschaften zu Lehrern wie »cool und witzig«, »menschlich«, »beliebt«, »vorbildliches Auftreten«, »fachlich kompetent« und »gut vorbereitet« hat der BGH als Meinungsäußerungen eingeordnet.[601] Missbilligungen des Presserats sind ebenfalls Meinungsäußerungen desselben, sofern darin nicht gleichzeitig unzutreffende Tatsachenfeststellungen enthalten sind.[602] Die Kommentierung einer Presseerklärung mit »Lügen haben kurze Beine« ist Meinungsäußerung,[603] ebenso die Bezeichnung eines Staatsanwalts als »durchgeknallt«[604] oder die Äußerung des Verdachts »unsauberer Geschäfte« im Kontext von Mutmaßungen.[605] Das gilt auch für die allgemeine Aussage »Heute wird offen gelogen«.[606]

Tatsachenbehauptung: Spekulationen über mögliche Ursachen für einen Rücktritt sind Tatsachenbehauptungen[607] ebenso wie die Behauptung, jemand sei durch scharfe publizistische Kritik »Mitglied einer Jagdgesellschaft, die den Politikwissenschaftler zu Tode gehetzt habe«, nachdem dieser Selbstmord begangen hatte;[608] in der Behauptung, eine Redaktion betreibe Gefälligkeitsjournalismus, liegt die Tatsachenbehauptung, sie berichte unter bewusster Verletzung des Gebots journalistischer Unabhängigkeit.[609] Zitate sind Tatsachenbehauptung in dem Sinn, dass jemand eine bestimmte Aussage getätigt hat, Fehlzitate sind daher wie unwahre Tatsachenbehauptungen zu behandeln.[610]

3. Meinungsäußerungen

Die Freiheit, seine Meinung zu äußern, ist vom BVerfG von Beginn an als für die freiheitlich-demokratische Staatsordnung konstituierend angesehen worden.[611] Sie findet zwar ihre Schranken insbesondere im Ehrschutz und in den allgemeinen Gesetzen, allerdings müssen auch diese einschränkenden Gesetze im Sinne der Wechselwirkungslehre im Lichte der Meinungsfreiheit eng ausgelegt werden.[612] Meinungen können daher nur in sehr engen Grenzen verboten werden. 204

Konkretisiert ist der Ehrschutz gegen Meinungsäußerungen durch den Schutz vor **Beleidigung nach § 185 StGB**, der über §§ 823 Abs. 2, 1004 analog BGB Eingang ins Zivilrecht findet. Unter Beleidigung wird allgemein die Kundgabe von Miss- oder Nichtachtung verstanden.[613] Gerechtfertigt können ehrverletzende Äußerungen sein, wenn sie in Wahrnehmung berechtigter Interessen gem. § 193 StGB erfolgen, insbesondere wenn sie von einem Informationsinteresse der Öffentlichkeit gedeckt sind.[614] 205

---

600 OLG Brandenburg ZUM-RD 2007, 403; OLG Köln, NJW 2005, 2554, 2556.
601 BGH MMR 2009, 608 – Spick mich.
602 OLG Köln, Urt. v. 11.6.2006.
603 OLG Frankfurt ZUM-RD 2005, 438.
604 BVerfG AfP 2009, 361.
605 BGH NJW 2009, 3580.
606 BGH WRP 2009, 272.
607 So wohl BVerfG NJW 2007, 2865 f.
608 EGMR NJW-RR 2008, 1218 – Pfeifer ./. Österreich.
609 OLG Köln NJW-RR 2001, 1486.
610 BVerfGE 54, 208, 217 – Böll; BVerfG NJW 1993, 2925, 2925 f.; BVerfG ZUM-RD 2008, 114; BGH ZUM-RD 2008, 117.
611 BVerfGE 7, 198, 208 – Lüth.
612 BVerfGE 7, 198, 209 – Lüth; 82, 272, 280 – Zwangsdemokrat.
613 Allg. Meinung: *Fischer* § 185 Rn. 4.
614 Zu § 193 StGB als Rechtfertigungsgrund: BVerfG NJW 2000, 3196; BGHZ 3, 270, 281.

206 Unzulässig und nicht durch § 193 StGB gedeckt ist eine Meinungsäußerung, wenn sie sich als **Schmähkritik oder Formalbeleidigung** darstellt.[615] Formalbeleidigung und Schmähkritik lassen sich nicht immer klar voneinander trennen. Bei der Formalbeleidigung ergibt sich die Missachtung allein aus der Form, insbesondere aus der Wortwahl durch substanzlose Verwendung von Schimpfwörtern. Die Ehrverletzung resultiert hier also nicht aus einem wie auch immer gearteten Vorwurf. Hierunter fällt z.B. die Bezeichnung einer Fernsehansagerin als »ausgemolkene Ziege«,[616] eines Polizisten als »Scheißbullen«,[617] eines Querschnittsgelähmten als »Krüppel«,[618] etc.

207 Im Medienrecht häufiger und auch juristisch komplexer ist die **Schmähkritik**. Sie zeichnet sich dadurch aus, dass zwar ein sachlicher Bezug besteht, die Kritik aber so überzogen und unsachlich geworden ist, dass bei der Äußerung nicht mehr die Auseinandersetzung in der Sache, sondern die Herabsetzung des Betroffenen deutlich im Vordergrund steht.[619] In derartigen Fällen tritt die Meinungsfreiheit hinter den Persönlichkeitsschutz regelmäßig zurück.[620] Aufgrund der Verwurzelung in der Menschenwürde wirkt dieser Schutz auch über den Tod hinaus.[621] Wegen dieses, die Meinungsfreiheit verdrängenden Effekts fordert das BVerfG eine enge Auslegung des Begriffs. Polemisch überspitzte, selbst ausfällige Kritik ist für sich genommen noch keine Schmähung.[622] Dabei ist zu berücksichtigen, dass in heutigen Reizüberflutung auch einprägsame und starke Formulierungen hinzunehmen sind.[623] Mit der Einordnung als Schmähkritik wird nur scheinbar die Güterabwägung obsolet. Faktisch wird diese vorgelagert auf die Frage, ob überhaupt Schmähkritik vorliegt. Der tatsächliche Nutzen dieser Kategorie ist daher zweifelhaft, zumal die Rechtsprechung daneben noch als weitere Kategorie unzulässiger Meinungsäußerungen »den Angriff auf die Menschenwürde« verwendet. Allerdings hat sich der Begriff in Rechtsprechung und Schrifttum durchgesetzt.

208 Das BVerfG hat Grundsätze entwickelt, die für die Einordnung einer Äußerung als Schmähkritik wichtig sind. Der Wichtigste hierunter ist, dass bei Beiträgen zur Auseinandersetzung in die Öffentlichkeit wesentlich berührenden Fragen die **Vermutung der freien Rede** gilt.[624] Abzugrenzen sind hiervon Äußerungen in eigenen oder privaten Angelegenheiten. Allerdings schließen sich beide Kategorien nicht gegenseitig aus.[625] Das BVerfG schränkt die Annahme von Schmähkritik bei die Öffentlichkeit berührende Fragen wesentlich auf die Fälle ein, in denen die Äußerung die Menschenwürde verletzt und verweist die Schmähkritik vornehmlich in den Bereich der Privatfehde.[626] Bei der Vermutung der freien Rede handelt es sich weder um eine Beweislast-, noch um eine Auslegungsregel. Sie ist auch von der Frage dem Umgangs mit mehrdeutigen Äußerungen zu trennen. Es handelt sich um eine Abwägungsregel, wonach private Interessen um so

---

615 BVerfGE 61, 12 – Wahlkampf zum Begriff der Schmähkritik; 93, 266, 294 – Soldaten sind Mörder.
616 BGHZ 39, 124.
617 OLG Oldenburg JR 1990, 128 m. Anm. *Otto*.
618 BVerfGE 86, 1, 13 – geb. Mörder.
619 BVerfGE 93, 266, 294 – Soldaten sind Mörder II.
620 BVerfGE 93, 266, 294 – Soldaten sind Mörder II.
621 BVerfGE 82, 272 (inzident); BVerfG NJW 1993, 1462.
622 BVerfGE 82, 272, 284 – Zwangsdemokrat; BVerfGE 93, 266, 294 – Soldaten sind Mörder II; NJW 1993, 1462.
623 BGH GRUR 2007, 441, 442 für die Bezeichnung »Terroristentochter« für die Tochter von Ulrike Meinhoff.
624 BVerfGE 7, 198, 208 – Lüth; 82, 272, 282 f. – Zwangsdemokrat.
625 Das gilt vor allem in der Werbung. Siehe hierzu BGH AfP 2008, 596 – zerknitterte Zigarettenschachtel; AfP 2008, 598 – geschwärzte Worte, in denen es um Werbung ging, die sich satirisch mit Prominenten beschäftigte.
626 BVerfGE 75, 369; 93, 266, 294 – Soldaten sind Mörder II; NJW 95, 3303, 3304 – Soldaten sind Mörder; NJW 1999, 204, 206 – Verunglimpfung des Staates.

mehr zurücktreten müssen, je mehr es sich um die Öffentlichkeit berührende Fragen handelt.[627]

Entscheidend ist bei der Einordnung als Schmähkritik, ob der Kritik ein tatsächlicher Anlass zugrunde liegt. So liegt z.B. keine Schmähkritik vor, wenn einem Vorstandsvorsitzenden Geschäfte nachgesagt werden, die »nicht immer so sauber waren« und die Umstände seines Rücktritts hierfür Anknüpfungspunkte bieten.[628] Auch eine für sich genommen drastische Formulierung wie »durchgeknallter Staatsanwalt« ist keine unzulässige Schmähkritik, wenn sich aus dem Kontext der Äußerung ergibt, dass ein hinreichender Sachbezug zu einem bestimmten Verhalten des Staatsanwalts besteht.[629] Dagegen hat das BVerfG die Bezeichnung Heinrich Bölls als geistigen Urheber des Terrorismus als erhebliche Persönlichkeitsrechtsverletzung gewertet, wenn diese Schlussfolgerung aus Zitaten gezogen wird, die Böll so nicht gemacht hat.[630] 209

Besonders weit sind die Grenzen nach Auffassung des EGMR gezogen, wenn es um **Kritik an Politikern** geht.[631] Dies gelte erst recht, wenn diese bereits durch fragwürdige Äußerungen in Erscheinung getreten sind.[632] Das BVerfG stellt im Vergleich zum EGMR tendenziell mehr den öffentlichen Meinungskampf und weniger die konkrete Funktion der Betroffenen in den Vordergrund, erkennt aber auch an, dass gerade im politischen Wahlkampf bei Auseinandersetzungen zwischen Parteien gegen Meinungsäußerungen nur in äußersten Fällen eingeschritten werden darf.[633] 210

Äußerungen zu **Angelegenheiten von öffentlichem Interesse**, für die die Vermutung der freien Rede spricht, sind aber nicht nur solche, die die politische Meinungsbildung im engeren Sinn betreffen, sondern auch über Angelegenheiten aus dem Bereich der Wirtschaft,[634] insbesondere, wenn es um Missstände einer ganzen Branche geht. Bei entsprechender Tatsachengrundlage kann daher die Bezeichnung »Kredithaie« zulässige Meinungsäußerung sein.[635] Auch wichtige Fragen aus dem gesellschaftlichen Bereich fallen hierunter.[636] 211

Von Relevanz ist auch, ob der sich Äußernde auf eine ihrerseits scharfe Äußerung reagiert. Hier gestehen das BVerfG und der EGMR dem sich Äußernden zu, ebenfalls scharf zu reagieren.[637] Dies wird auch als »**Recht auf Gegenschlag**« bezeichnet, ist aber irreführend, da das BVerfG keinen Angriff auf den sich Äußernden verlangt, sondern danach prüft, ob die Erwiderung gemessen an den von der Gegenseite erhobenen Ansprüchen oder aufgestellten Behauptungen als unverhältnismäßig erscheint.[638] Diese Gesichtspunkte sind vor allem bei der Verhängung zivil- und strafrechtlicher Sanktionen zu beachten.[639] Unverhältnismäßig und daher beleidigend ist es aber z.B., einen stark 212

---

627 BVerfGE 7, 198, 212 – Lüth.
628 Vgl. BGH ZUM-RD 2009, 122, 124.
629 BVerfG AfP 2009, 361, 364.
630 BVerfG AfP 1980, 151 – Böll/Walden.
631 EGMR EuGRZ 1986, 424, 428 – Lingens ./. Österreich.
632 EGMR M&R 2005, 465 – Wirtschaftstrend Zeitungsverlag ./. Österreich.
633 BVerfGE 61, 1, 12 – NPD von Europa.
634 BGH ZUM-RD 2009, 122, 124 zum Rücktritt eines DAX-Vorstandsvorsitzenden; EGMR NJW 2006, 1255, 1259 – Steel u. Morris ./. Großbritannien.
635 BVerfGE 60, 234, 242 – Kredithaie.
636 OLG Brandenburg ZUM-RD 2007, 403, 406 – Hassprediger.
637 BVerfGE 12, 113, 125 –Schmidt-Spiegel (Vergleich des Spiegel mit Pornografie); 24, 278, 282 – Gema (Vergleich der Methoden der GEMA mit DDR-Denunziantentum); 42, 143, 152 – Deutschlandmagazin. Ebenso: EGMR NJW 1992, 613; NJW 1999, 1321, 1322 – Jörg Haider; M&R 2007, 362, 366 Pfeifer ./. Österreich.
638 BVerfGE 24, 278, 286 – Gema.
639 BVerfGE 42, 143, 152 – Deutschlandmagazin mit nicht unkritischer Relativierung für Unterlassungsansprüche, siehe die überzeugende abweichende Meinung der Richterin Rupp-v. Brünneck.

polarisierenden, für deutliche Wortwahl bekannten Politiker wie Franz-Joseph Strauß als kopulierendes Schwein darzustellen.[640] Ebenfalls unverhältnismäßig ist der Vorwurf, durch seine Kritik im Rahmen einer heftigen öffentlichen Debatte habe jemand einen Kontrahenten in den Selbstmord getrieben, wenn hierfür konkrete Anhaltspunkte fehlen.[641] Zulässig war hingegen die Bezeichnung von Jörg Haider als »Trottel« als Reaktion auf seine Äußerung, alle Soldaten des 2. Weltkriegs, einschließlich der deutschen Wehrmacht, hätten für Frieden und Freiheit gekämpft.[642]

213 Jenseits einer Schmähkritik oder Formalbeleidigung ist eine Meinungsäußerung unzulässig, wenn sie sich als **Angriff auf die Menschenwürde** darstellt. In der Babycaust-Entscheidung hat das BVerfG dies bejaht für die Aussagen »Gestern Holocaust – heute Babycaust« und »Kinder-Mord im Mutterschoß« in Bezug auf einen Abtreibungen durchführenden Gynäkologen, allerdings verneint für die Aussage »Tötungsspezialist für ungeborene Kinder«.[643] In einer Parallelentscheidung hat das BVerfG die Unzulässigkeit eines Werturteils mit einer gezielten Herbeiführung einer Prangerwirkung begründet, indem der Arzt gezielt aus der Masse der Abtreibung durchführenden Ärzte herausgegriffen wurde.[644] Es macht daher einen wesentlichen Unterschied, ob eine große Gruppe von Personen angegriffen wird, wie mit der Formulierung »Soldaten sind Mörder«, oder ob einem konkreten Arzt »Mord im Mutterschoß« vorgeworfen wird.

214 Unterhalb der Schwelle des Angriffs auf die Menschenwürde verlangt das BVerfG eine Abwägung zwischen den betroffenen Rechtsgütern. Unter diesem Gesichtspunkt hat das BVerfG z.B. die Verurteilung zu einer Geldentschädigung wegen der Aussage, ein früherer Sportarzt sei der »Mengele des DDR-Doping-Systems« gebilligt.[645]

4. Tatsachenbehauptungen

215 Wie bereits dargelegt wurde sind Tatsachen grundsätzlich dem Beweis zugänglich. Insofern ist theoretisch klar zwischen wahren und unwahren Tatsachen zu unterscheiden. Da in der Praxis sich aber häufig die Frage nicht klären lässt, sind auch die Regeln der Beweislast von fundamentaler Bedeutung. Schließlich gibt es Verdachtsäußerungen, die eine dritte Kategorie bilden und für die die Rechtsprechung spezielle Grundsätze entwickelt hat.

a) Bewiesen oder unbestritten wahre Tatsachenbehauptungen

216 Die Beurteilung der Verbreitung wahrer Tatsachenbehauptungen erfolgt nach ähnlichen Prinzipien wie die der Bildnisberichterstattung. Allerdings mit einem erheblichen Unterschied. Während die Bildnisverbreitung gem. § 22 KUG grundsätzlich der Einwilligung des Betroffenen bedarf und die Verwendung ohne Einwilligung gem. § 23 KUG rechtfertigungsbedürftig ist, verhält sich das Regel-/Ausnahmeverhältnis bei der Wortberichterstattung genau umgekehrt.[646] Die Rechtswidrigkeit eines Eingriffs muss hier positiv festgestellt werden. Daraus lässt sich aber nicht der Schluss ziehen, für die Wortberichterstattung würden bei vergleichbaren Themen generell weitere Maßstäbe gelten. Das BVerfG geht zwar davon aus, dass eine (Bild-)Berichterstattung durch das Fernsehen

---

640 BVerfGE 75, 369, 380 – kopulierendes Schwein.
641 EGMR NJW-RR 2008, 1218 – Pfeifer ./. Österreich.
642 EGMR NJW 1999, 1321, 1322 – Jörg Haider.
643 BVerfG NJW 2006, 3769, 3773 – Babycaust.
644 So bei einer mittels Flugblatt erfolgten identifizierenden Bezeichnung eines Abtreibungen nach geltendem Recht durchführenden Arztes als Person, der mit rechtswidrigen Handlungen befasst sei: BVerfG, Beschl. v. 24.5.2006, BvR 1060/02; 1 BvR 1139/03 – Babycaust II.
645 BVerfG NJW 2006, 3266.
646 BVerfG AfP 2010, 145; ebenso *Soehring* § 19 Rn. 2d.

D. Rechtsfragen bei der Berichterstattung

häufig eine höhere Eingriffsintensität nach sich zieht.[647] Das gilt insbesondere bei der gerade heute wieder häufig anzutreffenden Form der Dokumentarspiele bzw. bei Docufiction-Formaten.[648] Das BVerfG weist aber zu Recht darauf hin, dass auch die Wortberichterstattung einen solchen Grad an Detailliertheit erlangen kann, dass sie in gleicher oder sogar stärkerer Weise als eine Bildberichterstattung in ein Persönlichkeitsrecht eingreift.[649] Allgemein gilt, dass bei der Feststellung der Rechtswidrigkeit eines Eingriffs die allgemeinen Grundsätze der Abwägung herangezogen werden können, weshalb an dieser Stelle ergänzend auf die allgemeinen Grundsätze zur Abwägung und der Berücksichtigung des Vorverhaltens verwiesen werden kann.[650]

Ausgangspunkt der Prüfung ist, dass die Behauptung und Verbreitung wahrer Tatsachenbehauptungen zunächst einmal zulässig ist und hingenommen werden muss.[651] Sie kann allerdings unter bestimmten Voraussetzungen unzulässig sein, wenn die Verbreitung wahrer Tatsachen das Persönlichkeitsrecht verletzt. Das gilt namentlich im Bereich der Medienöffentlichkeit. Hier erkennt die Rechtsprechung grundsätzlich ein Recht an, in gewählter Anonymität zu bleiben und die eigene Person nicht in der Öffentlichkeit dargestellt zu sehen.[652] Das Recht gilt aber nicht grenzenlos. Hierbei ist im Interesse der Medienfreiheit zu berücksichtigen, dass den Medienäußerungen erst durch Aufhebung der Anonymität die notwendige Authentizität und Glaubhaftigkeit verliehen wird. Das allein ist allerdings noch nicht ausreichend für die Feststellung eines überwiegenden Informationsinteresses.[653] Sofern im Bereich der Wortberichterstattung meist auf das Allgemeine Persönlichkeitsrecht als offenem Tatbestand zurückgegriffen werden muss, bedarf es daher einer umfassenden Interessen- und Güterabwägung zur Feststellung der Rechtswidrigkeit. Bei nicht in der Öffentlichkeit stehenden Personen wird das Anonymitätsinteresse in der Regel überwiegen, wenn es sich um einen alltäglichen Vorgang handelt. Privatfehden können daher nicht ohne Weiteres in die Öffentlichkeit getragen werden. 217

Zu berücksichtigen ist aber im Rahmen einer Interessenabwägung, dass es auch zum Persönlichkeitsrecht gehört, unter Nennung des eigenen Namens an die Öffentlichkeit zu gehen, insbesondere, wenn es sich um Opfer von Straftaten handelt, auch wenn hierdurch die Anonymität des Täters aufgedeckt wird. Das BVerfG begründet dies damit, dass dem Opfer die Möglichkeit gegeben sein muss, seine Opferstellung zu überwinden und ihm damit erweiterte Rechte als Dritten zusteht.[654] 218

Besteht im konkreten Fall kein anerkennenswertes Anonymitätsinteresse, gilt grundsätzlich, dass das Persönlichkeitsrecht zwar dem Einzelnen das Recht gibt, selbst zu entscheiden, welches Bild er von sich vermitteln möchte. Es gibt ihm aber nicht das Recht, von anderen nur so dargestellt zu werden, wie er sich selbst sieht oder gesehen werden möchte.[655] 219

Eine Abwägung ist generell entbehrlich, wenn die Berichterstattung die **Intimsphäre** verletzt, da diese absolut geschützt ist.[656] 220

---

647 BVerfG 35, 202, 226 f. – Lebach I; BVerfG NJW 2000, 1859, 1860 – Lebach II.
648 BVerfG 35, 202, 229 – Lebach I.
649 BVerfG NJW 2000, 2194, 2195 in Bezug auf Konfektionsgröße und zum Einkaufsverhalten einer Prominenten.
650 Siehe hierzu Rdn. 76 ff. zur Abwägung; zur Relevanz des Vorverhaltens siehe Rdn. 70 ff.
651 BVerfGE 97, 391, 403 – Missbrauchsbezichtigung; BVerfG NJW 2009, 3357, 3358.
652 BGH NJW 2007, 619, 620 – Abberufung eines Geschäftsführers.
653 BVerfG NJW-RR 2007, 1055, 1056.
654 BVerfGE 97, 391, 399, 401, 403 – Missbrauchsbezichtigung.
655 BVerfGE 82, 236, 269 – Schubart; 97, 125, 149 – Caroline von Monaco I; 97, 391, 403 – Missbrauchsbezichtigung; 99, 185, 194 – Scientology; 101, 361, 380 – Caroline von Monaco II BVerfG NJW 2004, 3619 f.; BGH ZUM-RD 2009, 429 – Kannibale von Rotenburg.
656 Zur Einteilung in die verschiedenen Sphären siehe Rdn. 28 ff.

8. Kapitel   Äußerungsrecht

221 Differenzierter stellt sich die Situation im Bereich der **Privatsphäre** dar.[657] Hier ist eine Abwägung notwendig, wobei die Rechtsprechung Fallgruppen gebildet hat. An Prominenten besteht regelmäßig bereits ein öffentliches Interesse aufgrund Ihrer Leitbild- und Orientierungsfunktion. Liegen Unstimmigkeiten zwischen öffentlicher Selbstdarstellung und privater Lebensführung vor, ist das öffentliche Interesse hoch anzusetzen,[658] es ist aber nicht auf solche Fälle beschränkt.[659] So entscheidet die Rechtsprechung bei der Berichterstattung über den Wohnsitz Prominenter danach, ob durch die Angabe von Adressen, Anfahrtsbeschreibungen etc. der Wohnsitz leicht aufspürbar ist – dann überwiegt das Persönlichkeitsrecht[660] – oder ob dies nur mit einem gewissen Aufwand oder überhaupt nicht der Fall ist[661] bzw. nur ein Personenkreis den Ort identifizieren kann, dem der Hinzug des Prominenten ohnehin nicht verborgen bleibt.[662] Eine Beschreibung der luxuriösen Wohnverhältnisse eines noch nicht lange zurückgezogenen hohen Politikers sowie die Mutmaßung über den Wert eines Grundstücks ist unter dem Gesichtspunkt der Debatte über die Vergütung von Politikern zulässig.[663] Zulässig ist auch die Berichterstattung über private Feierlichkeiten anlässlich der Hochzeit eines Prominenten, sofern sich die Beschreibung auf Ablauf, Gäste, etc. beschränkt und dem Leser keine Einblicke in die besonders geschützte Privatsphäre gewährt.[664] Unzulässig ist hingegen die nicht von einem öffentlichen Informationsinteresse getragene Berichterstattung über persönliche, insbesondere körperliche Details, die auf normale Weise äußerlich nicht erkennbar sind, wie etwa die Konfektionsgröße.[665]

222 Unzulässig ist es auch, über Details einer Erkrankung einer bekannten Persönlichkeit zu berichten, wenn dies nicht von einem öffentlichen Informationsinteresse getragen ist, wie das allerdings insbesondere bei Politikern, Wirtschaftsführern oder Staatsoberhäuptern der Fall sein kann.[666] Auch bei normalen Prominenten kann im Einzelfall ein Hinweis auf eine Erkrankung zulässig sein, wenn die Berichterstattung sich auf einen undetaillierten Verweis auf die Art der Erkrankung beschränkt und ein öffentliches Interesse an der Mitteilung besteht, etwa weil der Verdacht einer Straftat im Raum steht.[667] Wie bei der Bildnisverbreitung gilt auch bei der Wortberichterstattung, dass das Verhältnis zwischen Eltern und ihren Kindern durch Art. 6 GG eine Verstärkung erfährt. Allerdings muss konkret vorgetragen werden, dass die Entwicklung des Kindes oder die Erziehungs- und Fürsorgefunktion der Eltern tatsächlich beeinträchtigt werden könnte.[668] Ebenfalls konnte die erwachsene Tochter von Ulrike Meinhoff nicht unter Berufung auf Art. 6 GG einen Film verhindern, in dem es auch um das Verhältnis ihrer Mutter zu ihr geht.[669] Im Übrigen gilt für Begleiter von Personen des öffentlichen Lebens ähnliche Maßstäbe wie zu § 23 KUG (sog. Begleiterrechtsprechung).[670]

---

657 Siehe zum Begriff Rdn. 36 ff.
658 KG AfP 2010, 376.
659 BVerfGE 120, 180, 203 – Caroline von Hannover.
660 BGH GRUR 2004, 438, 441 – Feriendomizil I; OLG Hamburg AfP 2005, 75.
661 OLG Hamburg AfP 2006, 182.
662 BGH AfP 2009, 392, 393.
663 BGH AfP 2009, 392, 394.
664 OLG Hamburg ZUM 2009, 65 – Jauchs Hochzeit.
665 BVerfG NJW 2000, 2194, 2195.
666 BGH ZUM-RD 2009, 4 ff.
667 KG GRUR-RR 2009, 436.
668 BGH AfP 2009, 392, 394.
669 OLG München NJW-RR 2008, 1220.
670 KG AfP 2010, 376, Revision zugelassen wegen abweichender Entscheidung; KG, Beschl. v. 2.11.2009, 10 U 16/09, n.v. Siehe zur Begleiterrechtsprechung Rdn. 299.

D. Rechtsfragen bei der Berichterstattung

Ein Eingriff in die **Geheimnissphäre**[671] ist nur unter strengen Voraussetzungen zulässig. Die Verletzung der Geheimnisphäre ist zum Teil strafrechtlich sanktioniert (sh. § 203 StGB, § 17 UWG). Auch die »Geheimnissphäre« des Staats steht unter strafrechtlichen Schutz (sh. §§ 353b, 353d StGB). Soweit allerdings eine besondere persönliche Stellung des Täters als Beschäftigter oder Amtsträger erforderlich ist, kommt durch die Veröffentlichung eine täterschaftliche Strafbarkeit der Medienvertreter in aller Regel nicht in Betracht, wohl aber Teilnahme.[672]

223

Die Verbreitung von Tatsachenbehauptungen aus dem Bereich der Geheimsphäre kann zulässig sein, wenn sie durch ein überwiegendes **Informationsinteresse der Allgemeinheit** gedeckt ist. Im Rahmen von § 17 UWG wird auch eine Berufung auf den rechtfertigenden Notstand für zulässig erachtet.[673] Zwar kommt es auch vor, dass die Medien etwa durch Unachtsamkeit des Geheimnisträgers rechtmäßig an die Geheimnisse gekommen sind. Häufiger ist allerdings, dass den Medien die Informationen von Personen zugetragen werden, die an die Informationen auf rechtswidrige Weise gekommen sind oder die selbst als Geheimnisträger rechtswidrig die Geheimnisse preisgeben. Für diese Fälle gelten daher die Grundsätze der Verwertung rechtswidrig erlangter Informationen.[674]

224

Wahre Aussagen aus dem Bereich der **Sozialsphäre** dürfen nur im Falle schwerwiegender Auswirkungen auf das Persönlichkeitsrecht verboten werden, wenn also eine Stigmatisierung, soziale Ausgrenzung oder Prangerwirkung zu besorgen ist.[675] Das ist namentlich der Fall bei der Berichterstattung über Strafverfahren, die der Sozialsphäre zuzurechnen sind.[676] Personen in herausgehobenen Positionen des Wirtschaftslebens, insbesondere wenn sie der öffentlichen Hand zugeordnet sind, müssen sich grundsätzlich eine Auseinandersetzung mit ihrer Leistung gefallen lassen und daher z.B. auch eine zutreffende Berichterstattung über die Umstände deren Abberufung dulden.[677] Auch das Verbot einer Veröffentlichung einer E-Mail eines Anwalts, der darin der Veröffentlichung seines Bildnisses widerspricht, hat das BVerfG aufgrund der geringen Schutzintensität beanstandet, auch ohne dass ein gesteigertes öffentliches Interesse an dem Vorgang bestand.[678] Bei Eingriffen in die Sozialsphäre, die keine der zuvor benannten Konsequenzen nach sich zieht, bedarf es daher nicht zwingend eines Informationsinteresses der Allgemeinheit. Vielmehr kann alleine die Meinungsfreiheit in der Abwägung schwerer als das Recht auf Anonymität wiegen.

225

b) Verbreitung unwahrer oder umstrittener Tatsachenbehauptungen

Unwahre Tatsachen liefern keinen positiven Beitrag zur öffentlichen Meinungsbildung. Deshalb gibt es für deren Verbreitung in der Regel keine Rechtfertigung. Dennoch ist nicht jede Verbreitung unwahrer Tatsachen rechtswidrig.

226

Auch bei der Verbreitung einer unwahren Tatsachenbehauptung über eine Person liegt eine Verletzung des allgemeinen Persönlichkeitsrechts nur dann vor, wenn die Abweichung von der Wahrheit den Betroffenen in seinem von ihm selbst definierten sozialen

227

---

671 Siehe hierzu auch Rdn. 50 ff.
672 Zum Geheimnisschutz bei der Informationsbeschaffung siehe Rdn. 152 ff.
673 *Harte*/Henning § 17 Rn. 11.
674 Siehe hierzu Rdn. 333 ff.
675 BGH AfP 2010, 72 – Äußerungen in einem Interview; NJW-RR 2007, 619, 620 – Abberufung eines Geschäftsführers.
676 Siehe hierzu Rdn. 337 ff., 349 ff.
677 BGH NJW-RR 2007, 619, 620 – Abberufung eines Geschäftsführers.
678 BVerfG AfP 2010, 145.

Gestaltungsspielraum beeinträchtigt, also von nicht ganz unerheblicher Bedeutung für seine Persönlichkeitsentfaltung ist.[679]

228 Aber auch dann, wenn eine Persönlichkeitsrechtsbeeinträchtigung vorliegt, gibt es Ausnahmen von dem Grundsatz, dass bei unwahren Tatsachenbehauptungen die Meinungsfreiheit hinter dem Persönlichkeitsrecht zurückstehen muss. Außerhalb des Schutzbereichs von Art. 5 Abs. 1 Satz 1 GG liegen nach der Rechtsprechung des BVerfG nur bewusst unwahre Behauptungen über Tatsachen und Behauptungen über solche, deren Unwahrheit bereits im Zeitpunkt der Äußerung unzweifelhaft feststeht. Alle übrigen Tatsachenbehauptungen mit Meinungsbezug genießen den Grundrechtsschutz, auch wenn sie sich später als unwahr herausstellen.[680]

229 Daraus folgt aber nicht, dass die Verbreitung ungesicherter Erkenntnisse risikolos wäre. Im Gegenteil gilt die für das Strafrecht normierte **Beweislastumkehr des § 186 StGB** auch im Zivilrecht, so dass der Verbreiter einer ehrverletzenden Tatsachenbehauptung deren Richtigkeit beweisen muss.[681] Diese Umkehr der Beweislast kann wieder aufgehoben werden, wenn der sich Äußernde in **Wahrnehmung berechtigter Interessen handelt (§ 193 StGB)**. Die Äußerung ist dann nicht rechtswidrig.[682] § 193 StGB erhält gerade in den Fällen der Verbreitung unwahrer bzw. nicht beweisbarer Tatsachenbehauptungen seinen eigentlichen Anwendungsbereich, da er tatbestandlich bereits voraussetzt, dass die §§ 186 ff. StGB erfüllt sind. Bei Beeinträchtigungen von Persönlichkeitsrechten durch wahre Tatsachenbehauptungen ist ein Rückgriff auf § 193 StGB demgegenüber nicht erforderlich, weil hier das Persönlichkeitsrecht als offener Tatbestand betroffen ist, bei dem die Abwägung gerade erst zur Feststellung der Rechtswidrigkeit führt. Kommt die Abwägung zu diesem Ergebnis, ist ein Rückgriff auf § 193 StGB nicht mehr möglich.[683]

230 Auf die Wahrnehmung berechtigter Interessen kann sich allerdings nur berufen, wer in Wahrnehmung eines berechtigten öffentlichen Informationsinteresses handelt und die im Einzelfall zu bestimmende journalistische Sorgfalt eingehalten hat.[684] Der Grad der Sorgfaltspflicht lässt sich nicht einheitlich festlegen, vielmehr geht die Rechtsprechung von einem gleitendem Maßstab aus. Je schwerwiegender sich ein Eingriff in das Persönlichkeitsrecht darstellt, desto höher sind die Anforderung an die Erfüllung der Sorgfaltspflichten.[685]

231 Das Maß der gebotenen Sorgfalt richtet sich auch nach der Quelle der Information. Je seriöser sie ist, desto weniger weit geht die Pflicht zur Gegenrecherche. In diesem Zusammenhang hat die Rechtsprechung Privilegierungen in Bezug auf einige bestimmte, als besonders seriös anzusehende Quellen entwickelt. So sind die Medien berechtigt, Meldungen anerkannter und seriöser Presseagenturen zu übernehmen, ohne deren Inhalt durch Nachrecherchen absichern zu müssen.[686] Die Privilegierung entbindet aber nicht von der Pflicht zur Sorgfalt, deshalb greift das Privileg nicht mehr, wenn zum Zeitpunkt der Veröffentlichung bereits die Richtigkeit der Agenturmeldung in Frage gestellt ist oder sonstige Zweifel an der Richtigkeit bestehen.[687] Außerdem entbindet das Agenturprivileg nur von der Pflicht zur Nachrecherche im Hinblick auf die Richtigkeit einer Tat-

---

679 BGH AfP 2008, 193.
680 BVerfGE 61, 1, 8 – NPD Europas; 90, 1 – jugendgefährdende Schriften; 90, 241, 254 – Auschwitzlüge; 99, 185, 197 – Scientology.
681 Allg. Rechtsprechung, vgl. nur BGH NJW 1996, 1131, 1133 – Polizeichef.
682 BVerfG NJW 2000, 3196; BGHZ 3, 270, 281.
683 Wenzel/*Burkhardt* Kap. 6 Rn. 30.
684 BGHZ 139, 95, 105; OLG Karlsruhe AfP 2006, 162, 163.
685 BVerfG AfP 2009, 480, 482 – Presseschau II.
686 BVerfG NJW 2004, 589; KG ZUM 2008, 59; OLG Nürnberg AfP 2007, 127, 128.
687 BVerfG NJW-RR 2000, 1209, 1210; BVerfG NJW 2004, 589 – gefärbte Haare.

sache, nicht aber von der Pflicht zur Prüfung, ob die Veröffentlichung der Tatsachen, insbesondere in identifizierender Weise zulässig ist.[688] Nicht verwechselt werden darf die Frage der **privilegierten Quelle** mit der Frage, ob die Quelle selbst privilegiert ist. Presseagenturen können sich daher nicht auf eine Privilegierung berufen, sondern sind verpflichtet, bei ihren Veröffentlichungen die übliche journalistische Sorgfalt anzuwenden.[689]

Weitere privilegierte Quellen stellen Behörden dar, also insbesondere Polizei, Staatsanwaltschaften, Gerichte, aber auch Mitglieder der Bundesregierung, da die Medien davon ausgehen können, dass die veröffentlichte Meldung mit besonderer Vorsicht von den Behörden geprüft wird.[690] Sogar Vermeldungen privater Institutionen sollen privilegiert sein, wenn sie Interna betreffen.[691] Die Privilegierung bezieht sich in erster Linie auf den Wahrheitsgehalt einer Tatsachenbehauptung. Geht es aber z.B. um eine Pressemitteilung einer Staatsanwaltschaft über ein Ermittlungsverfahren, kann auch auf die rechtliche Einschätzung der Staatsanwaltschaft vertraut werden, dass die tatsächlichen Verdachtsmomente so erhärtet sind, dass eine namentliche Nennung zulässig ist.[692] **232**

Zu differenzieren ist bei **Vorveröffentlichungen in Medien**. Von Privatpersonen kann nicht verlangt werden, eigene Recherchen anzustellen, wenn sie sich bei der Behauptung von Tatsachen, die nicht ihrem eigenen Erfahrungsbereich entstammen, auf unwidersprochene Veröffentlichungen beziehen.[693] Für professionelle Medien hingegen lehnt das BVerfG eine Übertragung dieser Grundsätze ab, selbst wenn sie nur über beschränkte Möglichkeiten der Recherche verfügen.[694] Für sie gilt, dass allein der Umstand, dass eine Tatsachenbehauptung Dritter unwidersprochen geblieben ist, eine Wiederholung nicht zulässig macht.[695] **233**

Das BVerfG hat es grundsätzlich nicht beanstandet, dass die Fachgerichte den Medien höhere Anforderungen auferlegen als privaten Personen.[696] Die Anforderungen bei Vorveröffentlichungen entsprechen insoweit denen der Verdachtsberichterstattung.[697] Daraus folgt daher in der Regel die Pflicht, dem Betroffenen die Gelegenheit zur Stellungnahme zu geben. Die Sorgfaltspflichten dürfen andererseits aber auch nicht überspannt werden, um den Prozess freier Meinungsäußerung nicht abzuschnüren.[698] Handelt es sich um Angelegenheiten von erheblichem öffentlichen Interesse und sind die im Einzelfall angezeigten Sorgfaltspflichten eingehalten, stellt sich aber später die Unwahrheit der Äußerung heraus, ist die Äußerung als im Äußerungszeitpunkt rechtmäßig anzusehen, so das weder Bestrafung noch Widerruf oder Schadensersatz in Betracht kommt.[699] Differenziert sieht es bei Unterlassungsansprüchen aus. Offensichtlich ist, dass bei festgestellter Unwahrheit kein legitimes Interesse mehr besteht, an einer Behauptung festzuhalten.[700] Den Medien kann aber dann nicht unterstellt werden, dass sie die Äußerung wiederholen. Mangels Rechtwidrigkeit der **234**

---

688 OLG Nürnberg AfP 2007, 127.
689 BVerfG NJW 2004, 589 .
690 BVerfG AfP 2010, 365; OLG Karlsruhe AfP 1993, 586; BGH, AfP 1971, 76; OLG Hamburg NJW 1980, 842 zum öffentlichen Fahndungsaufruf.
691 LG Berlin AfP 2008, 530.
692 BVerfG AfP 2010, 365. Vergleichbares wird man bei Pressemitteilungen von Gerichten annehmen können.
693 BVerfGE 85, 1, 21 f. – Kritische Aktionäre.
694 BVerfG NJW-RR 2000, 1209, 1210. Allerdings kann die Intensität des Eingriffs in das Persönlichkeitsrecht reduziert sein, wenn nur bereits bekannte Tatsachen verbreitet werden, BVerfG AfP 201, 365.
695 BVerfG DVBl 2009, 1166, 1168 – Presseschau I.
696 BVerfG DVBl 2009, 1166, 1168 – Presseschau I; AfP 2009, 480, 482, m.w.N. – Presseschau II.
697 Siehe hierzu Rdn. 337 ff.
698 BVerfGE 99, 185, 199 – Scientology.
699 BVerfGE 99, 185, 199 – Scientology.
700 BVerfGE 99, 185, 199 – Scientology.

Erstmeldung liegt auch keine Wiederholungsgefahr vor. Besteht ausnahmsweise (Erstbegehungs-)Gefahr, dass die Äußerung dessen ungeachtet aufrechterhalten wird, kann der sich Äußernde aber zur Unterlassung verurteilt werden.[701]

235 Bewusst unvollständige Berichterstattungen sind wie unwahre Tatsachenbehauptungen zu behandeln, wenn die Schlussfolgerung bei Mitteilung der verschwiegenen Tatsache weniger nahe liegend erscheint und deshalb durch das Verschweigen dieser Tatsache ein falscher Eindruck entstehen kann.[702]

5. Behaupten und Verbreiten

a) Allgemeine Grundsätze

236 Im Äußerungsrecht wird zwischen dem Behaupten und dem Verbreiten von Äußerungen unterschieden. Behaupten liegt vor, wenn eine Äußerung sich als eigene Aussage darstellt. Wird lediglich eine fremde Äußerung weitergegeben, liegt Verbreiten vor.

237 Die Abgrenzung zwischen Behaupten und Verbreiten ist nicht immer einfach. Zunächst ergibt sich aus der konkreten Formulierung der in Frage stehenden Äußerung, ob die Medien eine eigene Aussage tätigen oder ob sie lediglich eine fremde transportieren. In den audiovisuellen Medien erfolgt dies meist dadurch, dass der Dritte unmittelbar zu Wort kommt, in der Presse geschieht dies meist indirekt durch Kenntlichmachung als Zitat, etwa durch das Setzen in Anführungszeichen[703] oder bei der Wiedergabe eines Interviews.[704] Auch die Veröffentlichung von Presseschauen[705] stellt sich ebenso wie der Abdruck von Leserbriefen[706] als Verbreitung fremder Äußerungen dar. Ein praktisch wichtiger Fall des Verbreitens fremder Äußerungen im Internet stellt auch das Betreiben von Meinungsforen dar.[707]

238 Problematisch ist die Einordnung von Hyperlinks. Das OLG München hat in Bezug auf eine Bildnisveröffentlichung ein Zurschaustellung i.S.v. § 22 KUG mit der Begründung bejaht, der Link sei bewusst gesetzt worden, um die Bildnisse in den Wortbericht einzubetten.[708] Dies mag im konkreten Fall so gewesen sein, einer Verallgemeinerung auf die Wortberichterstattung steht aber entgegen, dass es sich bei Links um ein typisches Mittel des Internets handelt, um auf weitergehende Informationen zu verweisen. Wenn schon die unmittelbare Wiedergabe fremder Äußerungen nicht zwingend ein Behaupten darstellt, dann muss das erst Recht bei bloßem Setzen eines Links gelten, zumal sich angesichts der Flüchtigkeit von Inhalten im Internet der Inhalt der verlinkten Seite auch ständig ändern kann.

239 Bei allen Fällen des vom äußeren Tatbestand her bloßen Verbreitens kann aber auch ein Behaupten vorliegen, wenn die Medien sich die Äußerung zu Eigen machen.[709] Der BGH verlangt zu Recht Zurückhaltung bei der Annahme eines **Zueigenmachens**.[710] In der Praxis ist aber große Vorsicht geboten, weil die Gerichte dennoch meist großzügig bei der Annahme einer Zueigenmachung sind. Um dies zu vermeiden, bedarf es daher in der Regel einer ernsthaften Distanzierung, wenn sich diese nicht bereits aus der konkreten

---

701 BVerfGE 99, 185, 199 – Scientology; BGH NJW 1986, 2503 – Ostkontakte.
702 BGH WRP 2006, 363, 365.
703 BVerfG NJW 2004, 589, 590.
704 BGH WRP 2010, 272, 273 – Focus.
705 BVerfG DVBl 2009, 1166, 1168 – Presseschau I; AfP 2009, 480, 483 – Presseschau II.
706 BGH NJW 1986, 2503 – Ostkontakte.
707 Vgl. BGH NJW 2007, 2558 – Meinungsforen.
708 OLG München ZUM-RD 2007, 526.
709 BGH NJW 1997, 1148; NJW 1996, 1131.
710 BGH GRUR 2009, 1093 – Domainverpachtung.

Veröffentlichung selbst ergibt.[711] Ein Zueigenmachen liegt daher insbesondere dann vor, wenn die Äußerung eines Dritten in den eigenen Gedankengang so eingefügt wird, dass dadurch die eigene Aussage unterstrichen werden soll.[712] Eine bloße Kenntlichmachung eines fremden Inhalts als solchen ist daher zwar notwendig, reicht aber nicht unbedingt aus.[713]

Innerhalb der Verbreiterhaftung wird noch einmal unterschieden zwischen **intellektuellen und technischen Verbreitern**. Erstere stehen mit der Äußerung in einer gedanklichen Beziehung, indem die Person oder Institution bewusst eine fremde Äußerung transportiert. Lediglich technische Verbreiter sind hingegen Druckereien, Grossisten, Buchhändlern, Kioskinhabern, Importeuren[714] ebenso wie Domainverpächter, Access- oder Sharehost-Provider.[715] Nicht mehr technischer Verbreiter ist jedoch, wer eine redaktionelle Kontrolle vornimmt und nach außen hin die inhaltliche Verantwortung übernimmt.[716] 240

Wie sich aus § 186 StGB und § 824 BGB aber ersehen lässt, ist eine Haftung für die Äußerung unwahrer Tatsachen grundsätzlich auch im Fall bloßer Verbreitung gegeben. Die Rechtsprechung erstreckt diese Haftungsregelung auch auf die Verbreitung rechtswidriger Meinungsäußerungen.[717] Die Bedeutung der Unterscheidung zwischen Behaupten und bloßem Verbreiten liegt darin, dass die bloße Verbreitung von Nachrichten in weiterem Umfang zulässig ist.[718] 241

b) Haftungseinschränkungen bei Verbreiten

Diese grundsätzlich sehr weitgehende zivil- und strafrechtliche Haftung bedarf einer Einschränkung, sollen die einschüchternden Effekte für die Meinungsfreiheit erträglich bleiben.[719] Hierbei kommt es zunächst darauf, ob eine intellektuelle oder eine technische Verbreitung vorliegt. 242

Medien können sich bei der intellektuellen Verbreitung fremder Meinungsäußerungen und Tatsachenbehauptungen im Prinzip von der Haftung befreien, wenn sie sich **eindeutig** von der verbreiteten Mitteilung **distanzieren**.[720] Eine wesentliche Funktion übernimmt hierbei § 193 StGB, der gerade bei der Verbreiterhaftung besondere Relevanz hat. Haben die Medien sich daher die Äußerungen nicht zu eigen gemacht und die erforderlichen Sorgfaltspflichten beachtet, können sie sich jedenfalls dann auf die Wahrnehmung berechtigter Interessen berufen, wenn sie im Rahmen ihrer öffentlichen Aufgabe, also bei Wahrnehmung von Informationsinteressen der Allgemeinheit, handeln. Deshalb ist z.B. die Wiedergabe von Beschimpfungen eines Politikers durch eine andere, in der Öffentlichkeit stehende Person durch die Presse wegen konkreten Bezugs zu einer Angelegenheit von öffentlichem Interesse mangels Zueigenmachens zulässig,[721] während die Weitergabe der Behauptung, der damalige Bundeskanzler habe sich die Haare gefärbt, wegen fehlendem öffentlichen Interesse unzulässig war.[722] Auf die Wahrnehmung berechtigter 243

---

711 BVerfG NJW 2004, 590, m.w.N.
712 BVerfG NJW 2004, 590; BGH NJW 1976, 1198, 1200 – Panorama.
713 BGH AfP 2010, 369 – Marions Kochbuch.
714 BGH NJW 1976, 799; GRUR 2009, 1093 – Domainverpachtung.
715 OLG Düsseldorf CR 2010, 473 – Rapidshare zur urheberrechtlichen Verantwortung. Zur Stellung von Domainverpächtern: BGH GRUR 2009, 1093 – Domainverpachtung.
716 BGH AfP 2010, 369 – Marions Kochbuch.
717 BVerfG ZUM-RD 2004, 63.
718 KG AfP 2001, 65.
719 BVerfGE 99, 185, 199 – Scientology.
720 BGH NJW 1997, 1148; NJW 1996, 1131.
721 BVerfG ZUM-RD 2004, 63.
722 BVerfG NJW 2004, 589.

Interessen bei der Verbreitung einer fremden Äußerung kann sich freilich nicht berufen, wer eine eigenständige Rechtsverletzung begeht, indem er die fremde Äußerung verkürzt, verzerrt oder in sonstiger Weise unzutreffend weitergibt.[723]

244 Ob eine Haftung für fremde Inhalte besteht, hängt generell davon ab, ob **Prüfungspflichten** bestehen. Dies hängt wiederum davon ab, ob Prüfungspflichten zumutbar sind.[724] Sofern der Verbreiter »Herr« der Sendung, Zeitung etc. ist, erkennt die Rechtsprechung gewisse Prüfungspflichten an,[725] wenn auch in reduziertem Umfang.[726] Da er die Herstellung und Verbreitung redaktioneller Beiträge mit sachlichen und personellen Mitteln betreibe, solle er auch das wirtschaftliche Risiko tragen.[727] Die Rechtsprechung ist demgegenüber bei **technischen Verbreitern** großzügiger und lehnt proaktive Prüfungspflichten meist ab. Allgemeine Prüfungspflichten wurden verneint bei Betreibern von Internetauktionshäusern,[728] Domainverpächtern[729] oder Betreibern von Meinungsforen,[730] Videoportalen,[731] differenziert noch bei Alleinimporteuren.[732] Eine Prüfungspflicht entsteht in diesen Fällen erst dann, wenn konkrete Hinweise auf die Einstellung eines rechtswidrigen Inhalts bestehen.[733] Die bloße Erwägung, dass das Angebot eine »Gefahrenquelle« darstellt, reicht hierfür nicht aus.[734] Fehlt es an solchen Hinweisen, besteht eine Haftung aber nach Kenntniserlangung der konkreten Äußerungen jedenfalls dann, wenn wie bei unstreitig unwahren Tatsachenbehauptungen keine aufwändigen Recherchen erforderlich sind[735] und die Rechtsverletzung nicht z.B. durch Löschung der Inhalte unverzüglich beseitigt wird.[736]

245 Eine Sonderkonstellation betrifft Äußerungen Dritter im Rundfunk, die im Rahmen von **Live-Sendungen**, z.B. in Interviews oder Talkshows, geäußert werden. Zwar sind Rundfunkveranstalter klassische intellektuelle Verbreiter. Der Rundfunk übernimmt bei diesen Sendungen aber die Funktion eines »Marktplatzes der Meinungen«. Indem er ohne inhaltlich konkret eine Äußerung steuern zu können, fremde Meinungen verbreitet, entspricht diese Funktion der eines technischen Verbreiters. Wird also in solchen Situationen eine Persönlichkeitsrechtsverletzung durch Dritte im Programm des Rundfunkveranstalters begangen, haftet dieser nicht.[737] Würde nämlich in solchen Fällen eine Haftung bestehen, könnte der Rundfunk diese Form des öffentlichen Podiums faktisch nicht mehr ausüben. Gibt es aber greifbare Anhaltspunkte, dass in der Sendung bestimmte Vorwürfe erhoben werden, muss der Veranstalter im Vorfeld Vorkehrungen treffen und ggf. eigene Recherchen anstellen. Ist dann bekannt, dass z.B. die Vorwürfe vom Betroffe-

---

723 BVerfG AfP 2009, 480, 484.
724 BGHZ 158, 236, 251; 158, 343, 350; 172, 119, 131 f.; GRUR 2009, 1093 – Domainverpachtung.
725 BGH, NJW 1957, 1149, 1150; GRUR 1980, 1099, 1104; GRUR 2009, 1093 – Domainverpachtung. Für Printmedien: BGHZ 39, 124, 129; GRUR 1986, 683 – Ostkontakte. Für Rundfunk: BGHZ 66, 182, 187.
726 BGHZ 59, 76, 80; GRUR 2009, 1093 – Domainverpachtung.
727 BGH GRUR 2009, 1093 – Domainverpachtung.
728 BGHZ 158, 236, 251; 158, 343, 350; 172, 119, 131 f.
729 BGH GRUR 2009, 1093 – Domainverpachtung.
730 BGH NJW 2007, 2558 – Meinungsforen.
731 LG Köln GRUR-RR 2010, 356 (LS) vollständig veröffentlicht in: BeckRS 2009, 15784.
732 BGH NJW 1976, 799. Im konkreten Fall wurde die Haftung bejaht, allerdings sah schon damals der BGH die Frage der Zumutbarkeit.
733 BGH GRUR 2009, 1093 – Domainverpachtung. OLG Hamburg AfP 2006, 565; wohl auch BGH NJW 2007, 2558 – Meinungsforen; einen Überblick verschafft *Nieland* NJW 2010, 1494.
734 BGH GRUR 2009, 1093 – Domainverpachtung. Prüfungspflichten generell verneinend: OLG Düsseldorf MMR 2006, 618; *Nieland* NJW 2010, 1494.
735 BGH GRUR 2009, 1093 – Domainverpachtung.
736 BGH GRUR 2009, 1093 – Domainverpachtung; OLG Karlsruhe WRP 2004, 507, 508.
737 BGH NJW 1970, 187 – Hormoncreme; NJW 1976, 1198, 1199 – Panorama.

D. Rechtsfragen bei der Berichterstattung

nen zurückgewiesen werden, muss der Moderator hierauf hinweisen.[738] Höchstrichterlich nicht geklärt ist, ob diese Grundsätze auch dann Anwendung finden, wenn das Interview oder die Talkshow nicht live ausgestrahlt werden, sondern kurz zuvor aufgezeichnet wurden. Richtigerweise sollten diese Grundsätze nicht nur bei der unmittelbaren Ausstrahlung angewendet werden, da sich Aufzeichnungen von Diskussion oder Interviews meist auch einer Überarbeitung oder Überprüfung entziehen.[739] Insofern stellt sich die Situation grundlegend anders als etwa bei Interviews im Printbereich dar. Das übersieht im Übrigen der BGH, wenn er die Haftungsprivilegierung pauschal bei Wiederholungen verneint.[740] Angemessen erscheint hier, jedenfalls eine Pflicht der Veranstalter auf Fälle offensichtlicher und massiver Rechtsverletzungen zu beschränken.

Besonderheiten gibt es daneben vor allem bei **Veröffentlichungen im Internet**. Zwar erfolgt auch hier zunächst eine Bestimmung der Verantwortlichkeit nach allgemeinen Kriterien.[741] Das TMG sieht aber für bestimmte Fälle Haftungserleichterungen vor. Unterschieden wird dabei zwischen dem Content-, Host- und Access-Providern. **Content-Provider**, also Anbieter von eigenen Inhalten, haften vergleichbar den klassischen Medien (§ 7 Abs. 1 TMG). 246

Sog. **Host Provider** stellen Dritten Speicherplatz zur Verfügung. Sie haften weder strafrechtlich noch auf Schadensersatz, wenn sie von der Rechtsverletzung keine Kenntnis hatten bzw. wenn – im Fall des Schadensersatzes – ihnen keine Umstände bekannt sind, die die Rechtsverletzung offensichtlich machen. Bei Kenntnis greift der Haftungsausschluss aber nur, wenn sie unverzüglich tätig werden (§ 10 Satz 1 TMG). 247

Am weitesten geht die Privilegierung bei **Access Providern**, die gem. § 8 TMG grundsätzlich nicht haften, sofern sie die Übermittlung nicht veranlasst, den Adressaten der übermittelten Informationen nicht ausgewählt und die übermittelten Informationen nicht ausgewählt oder verändert haben. Access Provider leiten lediglich fremde Informationen über ein Kommunikationsnetz weiter, wobei unschädlich ist, wenn eine kurzzeitige Zwischenspeicherung aus technischen Gründen erfolgt (§ 8 Abs. 2 TMG). 248

Die Haftungsprivilegien des TMG greifen aber nicht bei Unterlassungsansprüchen, bei denen die oben dargestellten allgemeinen Haftungsgrundsätze gelten.[742] 249

II. Bildberichterstattung

Die Bildberichterstattung wird auf einfachgesetzlicher Ebene im Wesentlichen durch die §§ 22 ff. KUG geprägt, die gem. § 141 Ziff. 5 UrhG auch nach Ablösung des KUG durch das UrhG noch in Kraft sind. 250

1. Rechtsnatur

Die §§ 22 ff. KUG gestalten einfachgesetzlich das Recht am eigenen Bild als Ausfluss des Allgemeinen Persönlichkeitsrechts aus. Die einfachgesetzlichen sind mit den verfassungsrechtlichen Vorgaben allerdings nicht deckungsgleich.[743] Mit der Anerkennung des kommerziellen Bestandteils des Persönlichkeitsrechts geht eine wesentliche Einschränkung des in der Caroline von Monaco II – Entscheidung des BVerfG aufgestellten Grundsatzes einher, wonach das Persönlichkeitsrecht nicht im Interesse der Kommerzialisierung 251

---

738 BGH NJW 1997, 1148.
739 Ebenso: Wenzel/*Burkhardt* Kap. 10 Rn. 208.
740 BGH NJW 2007, 2558 – Meinungsforen.
741 BGH NJW 2007, 2558 – Meinungsforen.
742 BGH NJW 2007, 2558 – Meinungsforen.
743 Siehe hierzu Rdn. 12 ff.

geschützt ist.[744] Bedeutung erlangt der kommerzielle Bestandteil vor allem bei der kommerziellen Verwertung des Bildnisses einer Person mittels Merchandising und in der Werbung. Im Bereich der redaktionellen Berichterstattung bleibt es hingegen bei den Grundsätzen der Caroline von Monaco II-Entscheidung des BVerfG.[745] Auch der BGH erkennt an, dass das Persönlichkeitsrecht nicht das Recht einräumt, nur so gesehen zu werden, wie man es selbst möchte.

2. Rechtsinhaber und Wahrnehmungsberechtigte

252 Rechtsinhaber ist die Person, um deren Bildnis es geht. Nach dem Tod geht das Ausübungsrecht gem. § 22 Satz 3 KUG auf die genannten Angehörigen über. Konsequenterweise gilt das nach der Rechtsprechung des BGH aber nur für den ideellen Bestandteil, der kommerzielle hingegen soll vererbbar sein. Da Angehörige und Erben nicht zwingend identisch sind, kann es hier zu Konflikten kommen.[746]

3. Bildnis und Bild – Abgrenzung

253 Bei der Bildberichterstattung erfolgt im Rahmen der §§ 22 ff. KUG die zentrale Weichenstellung durch das Begriffspaar »Bildnis« und »Bild«. Während der Begriff des »Bildnisses« auf die Darstellung von Personen beschränkt ist, stellt der Begriff des Bildes im Sinne des KUG einen Oberbegriff für jegliche Abbildung dar. Bilder können daher auch Bildnisse enthalten (sh. § 23 Abs. 1 Nr. 2 und 3 KUG). Es handelt sich insoweit nicht um Gegensätze. Bei Bildern ohne Bildnisse ist das Recht am eigenen Bild nicht betroffen und damit die Veröffentlichung vom Einwilligungsvorbehalt des § 22 KUG nicht erfasst. Das schließt aber nicht aus, dass im Einzelfall andere Bestandteile des Allgemeinen Persönlichkeitsrechts durch Sachaufnahmen verletzt sein können.[747] Das kann insbesondere dann gegeben sein, wenn Einblicke in die räumliche Privatsphäre eröffnet werden, die erkennbar den Blicken der Öffentlichkeit entzogen sein sollen.[748] Weiterhin kann eine Verletzung des Allgemeinen Persönlichkeitsrechts unter dem Gesichtspunkt des Anonymitätsschutzes vorliegen, wenn durch die Bildveröffentlichung ein Haus einem Bewohner zugeordnet werden kann und somit das Bild einen zusätzlichen Informationsgehalt erhält.[749]

4. Begriff des Bildnisses

254 Mit Bildnis ist die Darstellung der Person in ihrer wirklichen, dem Leben entsprechenden Erscheinung gemeint. Nicht erforderlich ist aber nach allgemeiner Auffassung eine wirklichkeitsgetreue Abbildung. Die Rechtsprechung des BGH formuliert daher auch differenzierter und lässt es ausreichen, dass die Person in ihrer, dem Leben nachgebildeten äußeren Erscheinung dargestellt ist bzw. dass das Aussehen, wie es der Person gerade eigen ist, im Bild wiedergegeben wird.[750]

255 Tatbestandlich setzt der Begriff die Abbildung eines Menschen voraus.[751] Juristische Personen können sich damit nicht auf § 22 KUG berufen. Gegen ein solch weites Verständ-

---

744 BVerfGE 101, 361, 385.
745 OLG Hamburg ZUM 2006, 639 – entblößte Brust; Wandtke/Bullinger/*Fricke* § 22 KUG Rn. 4.
746 Siehe hierzu Rdn. 61 ff.
747 BGH NJW 1989, 2251, 2253 – Friesenhaus.
748 BVerfG ZUM 2006, 632 – Luftbildaufnahmen. Siehe hierzu Rdn. 37.
749 BGH GRUR 2004, 438, 441 – Feriendomizil I; AfP 2009, 392, 393. In beiden Fällen hat der BGH aber eine Persönlichkeitsrechtsverletzung abgelehnt. Siehe hierzu auch Rdn. 37, 48, 217.
750 BGH GRUR 1966, 102 – Spielgefährtin; WRP 2000, 754 – Der blaue Engel.
751 So auch Wenzel/*von Strobl-Albeg* Kap. 7 Rn. 5. Offen gelassen durch BVerfG ZUM 2005, 474, wobei jedenfalls das bloße Fotografieren des Betriebsgeländes nicht ausreicht. Für ein Recht am Bild: OLG Hamm ZUM-RD 2004, 579.

D. Rechtsfragen bei der Berichterstattung

nis spricht, dass **juristische Personen** rein rechtliche und damit unkörperliche Konstrukte sind, die selbst einer Abbildung nicht zugänglich sind. Abgebildet werden können nur ihnen zuzuordnende Gegenstände. Würde dies für das Merkmal »Bildnis« ausreichen, käme es zu einer nicht begründbaren Vermischung mit den Regeln zu Sachaufnahmen.[752]

Demgegenüber macht es keinen Unterschied, ob ein **Mensch lebend oder tot** abgebildet wird.[753] Dies wird von einem Teil der Literatur mit dem Hinweis darauf abgelehnt, dass § 22 KUG Ausfluss des Allgemeinen Persönlichkeitsrechts sei, das mit dem Tod einer Person untergeht.[754] Angesichts der jüngeren Rechtsprechung des BGH und des BVerfG wird man jedoch davon ausgehen müssen, dass § 22 KUG nicht nur den verfassungsrechtlich geschützten Teil des Allgemeinen Persönlichkeitsrechts schützt, sondern vielmehr das einfachrechtliche Persönlichkeitsrecht weiter gehen kann.[755] Auch spricht § 22 Satz 3 KUG gegen eine Beschränkung auf Bildnisse Lebender. Zwar regelt diese Vorschrift zunächst nur das Fortwirken des Rechts am eigenen Bild. Der Vorschrift liegt aber der Grundgedanke zugrunde, dass auch der ideelle Bestandteil einfachgesetzlich über den Tod hinaus schutzwürdig ist. Wenn im Übrigen bereits Zeichnungen, Doubles, usw. Bildnisse darstellen können, so muss das erst Recht für den toten Körper einer Person gelten, da eine identifizierbare Darstellung eines Leichnam zugleich auch eine Abbildung der Person überhaupt ist. Es wäre ein widersinniges Ergebnis, wenn die Angehörigen i.S.v. § 22 Satz 4 KUG zwar die Verbreitung von Fotos, Zeichnungen, usw. der Person im lebenden Zustand, nicht aber die von Fotos des Leichnams verhindern könnten.

256

§ 22 Satz 1 KUG setzt lediglich voraus, dass die abgebildete Person erkennbar, besser **identifizierbar**, sein muss.[756] Es kommt nicht darauf an, dass gerade diese Person gezeigt werden soll. Es kommt auch nicht darauf an, wie die Person dargestellt wird. Es kommt insbesondere nicht auf die Herstellungsart des Bildnisses an. Bildnisse können daher auch gezeichnet,[757] auf Münzen gedruckt,[758] figürlich dargestellt oder in sonstiger Weise künstlich reproduziert sein.[759]

257

Umstritten ist, woraus die Identifizierbarkeit resultieren muss. Unstreitig ist, dass die Identifizierbarkeit regelmäßig durch die Darstellung der Gesichtszüge gegeben sein wird. Sie kann sich aber auch aus anderen, die betreffende Person kennzeichnenden Einzelheiten ergeben.[760] Dementsprechend reicht eine Verfremdung durch Verpixeln oder Augenbalken nicht aus, wenn andere charakteristische Merkmale (Frisur, typische Kleidung oder Körperhaltung, etc.) eine Identifizierung zulassen.[761] Die Person muss dabei nicht dem durchschnittlichen Zuschauer- oder Leserkreis erkennbar sein, es reicht vielmehr aus, wenn auch nur ein bestimmter Personenkreis die Person erkennen kann.[762]

258

---

752 Siehe hierzu Rdn. 19 ff.
753 OLG Hamburg AfP 1983, 466.
754 Wenzel/*von Strobl-Albeg* Kap. 7 Rn. 12.
755 BVerfG WRP 2006, 1361 – Der blaue Engel.
756 BGH GRUR 1958, 408 – Herrenreiter; GRUR 1975, 561 – Nacktaufnahme; GRUR 1979, 732 – Fußballtorwart; WRP 2000, 754 – Der blaue Engel.
757 OLG Dresden AfP 2010, 402.
758 BGH NJW 1996, 593 – Willy-Brandt-Gedächtnismünze.
759 OLG Hamburg ZUM 2004, 309 – Oliver Kahn.
760 BGH WRP 2000, 754 – Der blaue Engel.
761 Siehe z.B. OLG Frankfurt ZUM 2005, 894; OLG Saarbrücken AfP 2010, 81.
762 BGH GRUR 1979, 732 – Fußballtorwart; OLG Saarbrücken AfP 2010, 81. Einschränkend allerdings: Wandtke/Bullinger/*Fricke* § 22 KUG Rn. 6, der darauf abgestellt, ob der Betroffene in der Lage ist, den Personenkreis selbst ohne weiteres zu unterrichten. Damit werden aber Fragen des allgemeinen Persönlichkeitsrechts mit dem des Bildnisschutzes vermengt.

8. Kapitel Äußerungsrecht

259 > **Praxistipp:**
> Von der immer noch verbreiteten Technik des Augenbalkens kann nur abgeraten werden. In der Praxis reicht sie kaum jemals aus, um eine hinreichende Verfremdung zu gewährleisten.

260 Die Rechtsprechung lässt es darüber hinaus ausreichen, wenn die Identifizierbarkeit nicht aus der Darstellung selbst, sondern erst **aus weiteren Umständen**, etwa durch gleichzeitige Namensnennung[763] oder sogar aus dem Zusammenhang mit vorangegangenen Veröffentlichungen[764] heraus resultiert. Diese Ansicht vermag nicht zu überzeugen. In welche argumentativen Schwierigkeiten man gerät, sieht im Übrigen selbst der BGH in der Fußballtorwart-Entscheidung, in der er in einem obiter dictum Zweifel äußert, ob die 1 mm große Darstellung des Kopfs eines Piloten, der aufgrund des Flugzeugs identifizierbar ist, bereits ein Bildnis darstellt.[765] In Wahrheit werden hier Fragen des allgemeinen Anonymitätsschutzes mit dem des Rechts am eigenen Bild, das in seiner spezifischen Ausprägung nur die Bestimmung über die Darstellung des eigenen äußeren Erscheinungsbilds schützt, vermengt.[766] Erforderlich für den Begriff des Bildnisses ist daher die Identifizierbarkeit aus der bildlichen Darstellung der Person selbst. Die Fälle einer aufgrund äußerer Umstände resultierenden Erkennbarkeit sind anhand des Allgemeinen Persönlichkeitsrechts zu lösen.

261 Der BGH hat in der blauen Engel-Entscheidung ein Bildnis bejaht, der eine **Nachstellung** einer berühmten Filmpose durch eine Darstellerin zugrunde lag.[767] In diesen Doppelgänger-Fällen sollte jedoch ebenso wie in den übrigen Fällen nicht originalgetreuer Wiedergaben differenziert werden. Da bloße Ähnlichkeiten oder Übereinstimmungen nicht ausreichen,[768] kommt ein (verobjektiviertes) subjektives Element des Veröffentlichenden hinzu, nämlich die Bestimmung, dass das Bild eine bestimmte Person darstellen soll. In der Entscheidung des BGH wäre daher danach zu differenzieren gewesen, ob die Abbildung eine Darstellung der fiktiven Figur oder der diese Figur spielenden Schauspielerin sein soll. Eine pauschale Gleichsetzung verkennt, dass Schauspieler beim Spielen in die Rolle ihrer Figur schlüpfen und sie diesbezüglich gerade nicht sich selbst darstellen. Wie problematisch die pauschale Bejahung eines Bildnis des Schauspielers in diesen Fällen ist, zeigt die Kontrollüberlegung, dass anderenfalls etwa eine Neuverfilmung des Films nicht ohne Zustimmung der Schauspielerin zulässig wäre.[769] Anders sieht es freilich aus, wenn mit der Verbreitung nicht nur ein Bezug zur fiktiven Figur, sondern auch zur Person der Schauspielerin selbst hergestellt werden soll. Dies liegt im Fall des blauen Engels im Übrigen nicht fern, da gerade diese Szene so eng mit der Person der Marlene Dietrich verknüpft ist, dass reale und fiktive Person ineinander übergehen.

---

763 BGH GRUR 1966, 102, 103 – Spielgefährtin; GRUR 1979, 732 – Fußballtorwart.
764 BGH GRUR 1979, 732 – Fußballtorwart.
765 GRUR 1979, 732 – Fußballtorwart.
766 So auch *Wild* GRUR 1979, 734 f.; *Hochrathner* ZUM 2001, 672; Wandtke/Bullinger/*Fricke* § 22 KUG Rn. 6. Richtigerweise über das allgemeine Persönlichkeitsrecht entschieden: BGH GRUR 1975, 561 – Nacktaufnahme.
767 BGH WRP 2000, 754 – Der blaue Engel; ebenso KG ZUM-RD 2009, 181.
768 OLG Karlsruhe GRUR 2004, 1058; KG Wandtke/Bullinger/*Fricke* § 22 KUG Rn. 7; *Dreier*/Schulze § 22 KUG Rn. 2; Schricker/*Götting* § 22 KUG Rn. 21.
769 Wandtke/Bullinger/*Fricke* § 22 KUG Rn. 7 hingegen will danach unterscheiden, ob sich die Person des Doppelgängers erkennbar von der des Originals unterscheidet. Ebenso: *Beuthien/Hieke* AfP 2001, 356. In der Praxis dürfte allerdings zur hier vertretenen Auffassung kaum ein Unterschied bestehen, weil erkennbare äußere Unterschiede der Personen in der Regel auch ein gewichtiges Indiz dafür sind, dass es nicht auf den hinter der fiktiven Figur stehenden Darsteller ankommt.

D. Rechtsfragen bei der Berichterstattung

Kein Bildnis liegt auch vor, wenn Schauspieler bei einer fiktionalen Verfilmung tatsächlicher Ereignisse zwar eine bestimmte Person darstellen, aber weder von der äußeren Gestalt noch von den personenbezogenen Details eine konkrete Ähnlichkeit versucht wird herzustellen.[770] 262

Von diesen Fällen zu unterscheiden ist die Konstellation, dass mit der Verbreitung eines Bildnisses eines verkleideten Schauspielers in Aktion bei dessen Erkennbarkeit ein Verbreiten seines eigenen Bildnisses vorliegt.[771] 263

5. Verletzungshandlung: Verbreiten oder Zurschaustellen

Unter Einwilligungsvorbehalt stellt § 22 KUG das Verbreiten und das öffentliche Zurschaustellen von Bildnissen. Die beiden Tatbestandsalternativen sind nicht immer trennscharf voneinander abzugrenzen. Der Begriff des Verbreitens ist auch nicht vollständig deckungsgleich mit dem des § 17 UrhG. Unter Verbreiten wird überwiegend die Weitergabe von Verkörperungen des Bildnisses, seien es Originale oder Vervielfältigungsstücke, verstanden.[772] Dies kann in Form von Printveröffentlichungen, aber auch Fotonegativen geschehen. Der Offline-Versand von online bestellten Abzügen von Bildnissen soll daher ein Verbreiten darstellen.[773] Die unkörperliche Wiedergabe soll durch die Variante des öffentlichen Zurschaustellens abgedeckt sein. Hierunter wird die Sichtbarmachung gegenüber einer nichtbegrenzten Öffentlichkeit vor allem in Massenmedien wie Fernsehen, Filmvorführungen, aber auch per DVD und Internet verstanden. Sogar die Verlinkung soll den Tatbestand des öffentlichen Zurschaustellens erfüllen können.[774] Im Gegensatz zur Variante des Verbreitens, die jedenfalls auch den privaten Bereich erfassen soll,[775] soll das Zurschaustellen gegenüber der Öffentlichkeit erfolgen müssen, auch wenn dies nicht gewerbsmäßig sein müsse.[776] 264

Die Unterscheidung sollte im Ergebnis aufgegeben werden. Die Praxis unterscheidet häufig ohnehin nicht, sondern spricht allgemein von Verbreiten. Auch vor dem Hintergrund des Selbstbestimmungsrechts des Persönlichkeitsrechtsinhabers kommt es letztlich nur darauf an zu verhindern, dass Bildnisse ohne Einwilligung des Betroffenen Dritten zugänglich gemacht werden. Auf welchem Weg dies geschieht, kann für die Intensität der Beeinträchtigung eine Rolle spielen, aber selbst hier orientiert sich die Gefährdungslage nicht an Kategorien wie körperlich oder unkörperlich, sondern am Verbreitungsgrad und der Gefahr einer Weiterverbreitung. Erst recht sollte an die Alternativen keine unterschiedlichen Kriterien gelegt werden. Es ist nicht einleuchtend, dass der Versand eines Bildnisses als Fotoabzug im nichtöffentlichen Kreis das Recht am Bild tangieren soll, die Versendung des gleichen Bilds als elektronische Datei per E-Mail an den gleichen Kreis aber mangels Öffentlichkeit nicht. Sinn ergibt hier nur eine technologieneutrale Betrachtungsweise. 265

Dies bedeutet für die unkörperliche Weitergabe von Bildnissen eine Erweiterung des Bildnisschutzes auf den privaten Bereich. Andererseits bedarf es einer Eingrenzung des Einwilligungsvorbehalts im privaten Bereich, um nicht sozialadäquate Verhaltensweisen zu verbieten, die wegen § 33 KUG sogar mit einer strafrechtlichen Sanktion belegt 266

---

770 OLG München NJW-RR 2008, 1220.
771 BGH GRUR 1961, 138 – Familie Schölermann; OLG Karlsruhe GRUR 1985, 136 – Volvo-Reklame.
772 Dreier/Schulze § 22 KUG Rn. 9; Wandtke/Bullinger/Fricke § 22 KUG Rn. 8; Götting/Schertz/Seitz/Schertz § 12 Rn. 16.
773 OLG Frankfurt MMR 2004, 683.
774 OLG München K&R 2007, 531 mit zu Recht krit. Anm. von Wimmers/Schulz, ablehnend auch Wandtke/Bullinger/Fricke § 22 KUG Rn. 9.
775 Schricker/Götting § 22 KUG Rn. 36.
776 Schricker/Götting § 22 KUG Rn. 37; Wandtke/Bullinger/Fricke § 22 Rn. 9.

8. Kapitel Äußerungsrecht

wären. Jedenfalls bei der Verbreitung von Bildnissen, die abgesehen vom generell bestehenden Verfügungsrecht über das eigene Bild keine weiteren persönlichkeitsrechtlichen Aspekte enthalten, sollte eine nichtkommerzielle Verbreitung im engeren privaten Bereich auch ohne Einwilligung zulässig sein.[777] Möglich bleiben muss hingegen die Untersagung der Verbreitung kompromittierender Bildnisse selbst im privaten Bereich, ohne dass es darauf ankommt, auf welchem Weg die Verbreitung erfolgt.

6. § 22 Satz 1 KUG – Einwilligung des Abgebildeten

267 § 22 Satz 1 KUG formuliert als Grundsatz, dass Abbildungen nur mit Einwilligung des Betroffenen verbreitet werden dürfen. Was auf den ersten Blick sehr klar erscheint, wirft in der Praxis zahlreiche Fragen und Probleme auf. In inhaltlicher Hinsicht geht es meist um die Frage der Auslegung einer Einwilligung in Bezug auf Umfang und Reichweite. Meist stellen sich dabei auch in tatsächlicher Hinsicht Fragen des Nachweises.

a) Rechtscharakter der Einwilligung

268 Streitig ist, ob die Einwilligung eine rechtsgeschäftliche oder jedenfalls rechtsgeschäftsähnliche Willenserklärung oder lediglich einen Realakt darstellt. Relevanz hat diese Frage zum einen bei Minderjährigen und zum anderen bei der Frage der Bindungswirkung. Die herrschende Meinung geht von einer **rechtsgeschäftlichen oder jedenfalls rechtsgeschäftsähnlichen Handlung** aus und wendet die §§ 133, 157 und §§ 116 ff. BGB, wenngleich mit einigen Besonderheiten, an.[778] Eine weit verbreitete Auffassung stellt allerdings die Sinnhaftigkeit dieses dogmatischen Streits in Abrede und geht pragmatisch am Schutzzweck orientiert vor.[779] Eine solche Herangehensweise mag Vorteile für sachgerechte Lösungen bringen, sie birgt freilich die erhebliche Gefahr (einseitig) interessenorientierter Gesetzesanwendung um den Preis der Vorhersehbarkeit. Mit der herrschenden Lehre ist daher grundsätzlich von der Anwendbarkeit der Regelungen über Rechtsgeschäfte auszugehen, was nicht bedeutet, dass dem persönlichkeitsrechtlichen Gehalt nicht im Rahmen der Gesetzesanwendung Rechnung getragen werden kann und muss.

269 Da Schutzgut des § 22 KUG weniger das Bildnis selbst, als vielmehr das Verfügungsrecht über das Bildnis als Ausdruck personaler Selbstbestimmung ist, wirkt die Einwilligung nicht rechtfertigend, sondern tatbestandsausschließend.[780]

b) Wirksamkeitsvoraussetzung der Einwilligung

270 Die Einwilligung kann mündlich erteilt werden, wenngleich es sich anbietet, sich der Einwilligung schriftlich zu versichern. Besondere Formvorschriften bestehen nicht, insbesondere ist § 4a BDSG nicht auf § 22 KUG anwendbar. Ob Einwilligungen am Maßstab der §§ 305 ff. BGB zu messen sind, ist umstritten. Entscheidend ist hier wieder, welchen Charakter man der Einwilligung zuschreibt. Der zumindest rechtsgeschäftsähnliche Charakter schließt eine Anwendung der Vorschriften über die allgemeinen Geschäftsbedingungen aus dogmatischen Gründen jedenfalls nicht aus. Da die §§ 305 ff. BGB letztlich dem Schutz der Privatautonomie dienen und der Aspekt der autonomen Verfügung über das eigene Bildnis auch dem Schutzkonzept des § 22 KUG zugrunde liegt, spricht

---

[777] Für Ausnahmen im privaten Bereich auch: *Dreier*/Schulze § 22 KUG Rn. 9.
[778] BGH GRUR 1965, 495 – Wie uns die Anderen sehen bzgl. §§ 133, 157 BGB; OLG München ZUM 2001, 708 – Lebenspartnerschaft bzgl. Stellvertretung; OLG Hamburg AfP 1995, 508; Wenzel/*von Strobl-Albeg* Kap. 7 Rn. 59 ff.; Wandtke/Bullinger/*Fricke* § 22 KUG Rn. 13; *Libertus* ZUM 2007, 621.
[779] *Klass* AfP 2005, 507; MüKo-BGB/*Rixecker* Allg. PersönlR, Rn. 48; Schricker/*Götting* § 22 KUG Rn. 39.
[780] Wenzel/*von Strobl-Albeg* Kap. 7 Rn. 60; MüKo-BGB/*Rixecker* Allg. PersönlR, Rn. 48.

D. Rechtsfragen bei der Berichterstattung

im Ergebnis viel dafür, die §§ 305 ff. BGB anzuwenden.[781] Praktische Relevanz erlangt die Frage im Zusammenhang mit Veranstaltungen, die im Fernsehen oder Internet übertragen werden. Das bedeutet vor allem, dass überraschende Klauseln unwirksam sind (§ 305c Abs. 1 BGB), die Klauseln im Zweifel zu Lasten des Verwenders auszulegen sind (§ 305c Abs. 2 BGB) und sie dem Transparenzgebot und Benachteiligungsverbot des § 307 BGB unterliegen. Keine einseitige Benachteiligung liegt vor, wenn Zuschauer einer Fernsehshow formularmäßig eine umfassende Einwilligung in die Bildnisverbreitung im Zusammenhang mit der Ausstrahlung und Verwertung der Show einwilligen; der Zuschauer weiß in diesen Fällen in der Regel genau, worauf er sich einlässt.[782]

In der Praxis erhebliche Bedeutung erlangt die Frage, welche Anforderungen bei **Minderjährigen** zu stellen sind. Ausgehend von den Vorschriften über Rechtsgeschäfte bedarf es bei Minderjährigen grundsätzlich der Zustimmung der Erziehungsberechtigen als gesetzlichen Vertretern (§§ 1629, 164 BGB).[783] Nach dem Grundsatz der Gesamtvertretung (§ 1629 Abs. 1 Satz 2 BGB) vertreten die Eltern das Kind gemeinschaftlich. In der Praxis liegt aber häufig nur die Erklärung eines Elternteils vor. Da ein Elternteil aber zugleich auch als Vertreter des anderen Elternteils auftreten kann,[784] bietet es sich aus Gründen der Rechtssicherheit an, wenn die Einwilligung ausdrücklich auch im Namen des anderen Elternteils erklärt wird. In Fällen ohne besondere persönlichkeitsrechtliche Relevanz, wie etwa ein Dreh in der Schulklasse zum Schuljahresbeginn, u.ä. kann der Erklärungsempfänger aber mangels entgegenstehender Indizien auch davon ausgehen, dass der erklärende Elternteil zugleich auch für den anderen Elternteil sprechen kann und dies auch tut.[785]

271

Daneben stellt sich die Frage, ob es auch der Einwilligung des Kindes bedarf. Kinder unter acht Jahren sind geschäftsunfähig (§ 104 BGB) und können daher keine Einwilligung erteilen. Nach rechtsgeschäftlichen Grundsätzen wäre auch bei Jugendlichen bis 18 Jahren eine Zustimmung nicht notwendig. Aufgrund des persönlichkeitsrechtlichen Aspekts der Einwilligung hat sich jedoch bei Minderjährigen, die die nötige Einsichtsfähigkeit haben, das Prinzip der Doppelzuständigkeit durchgesetzt.[786] Im Interesse einer praktikablen Handhabung hat sich als Altersgrenze die Vollendung des 14. Lebensjahrs durchgesetzt.[787] Allerdings spricht viel dafür, auch in der Altersgruppe zwischen 8 und 14 Jahren jedenfalls eine ausdrücklich erklärte Verweigerung des Minderjährigen zu berücksichtigen.

272

c) Konkludente Einwilligung

Mangels Formvorschriften kann die Einwilligung ausdrücklich oder konkludent erteilt werden.[788] Aus dem rechtsgeschäftlichen Charakter der Einwilligung resultiert, dass Maßstab für die Auslegung des Verhaltens der objektive Empfängerhorizont ist (§§ 133, 157 BGB). Wird für die Verbreitung ein **Honorar** gezahlt, wird eine Einwilligung vermutet (§ 22 Satz 2 KUG). Im Übrigen kommt es auf die konkrete Situation an. Die Beurteilung des Verhaltens hängt dabei wesentlich von den Gesamtumständen des Einzelfalls

273

---

781 So auch *Klass* AfP 2005, 507, 517; *Libertus* ZUM 2007, 621, 624.
782 Bedenklich eng daher: LG München I DUD 2002, 497.
783 BGH GRUR 2005, 179, 180 – Tochter von Caroline von Hannover.
784 Palandt/*Diederichsen* § 1629 Rn. 10.
785 So für Einwilligungen in ärztliche Standardmaßnahmen: BGHZ 105, 45.
786 BGH NJW 1974, 1947 zum Erfordernis der Zustimmung des Minderjährigen; GRUR 2005, 74, 75 – Charlotte Casiraghi II.
787 LG Bielefeld NJW-RR 2008, 715 – Super-Nanny; Wenzel/*von Strobl-Albeg* Das Recht der Wort- und Bildberichterstattung, Kap. 7 Rn. 70; *Libertus* ZUM 2007, 621, 634; Wandtke/Bullinger/*Fricke* § 22 KUG, Rn. 14.
788 Std. Rspr. vgl. BGH GRUR 2005, 74 – Charlotte Casiraghi II.

ab. Die Beispiele aus der Rechtsprechung und der Literatur können daher als Orientierungshilfe dienen, dürfen aber nicht ohne Berücksichtigung des Einzelfalls angewendet werden.

274 Umstritten ist, ob die Offenbarung des Zwecks und Umfangs der Veröffentlichung im Vorfeld Wirksamkeitsvoraussetzung für eine konkludente Einwilligung ist.[789] In dieser Pauschalität dürfte das zu weit gehen. § 4a BDSG ist gerade nicht anwendbar. Ausgehend von den Grundsätzen zur Auslegung von Willenserklärungen kommt es darauf an, wie der verobjektivierte Empfänger der Einwilligung diese verstehen durfte. Nicht überzeugend ist der Einwand, Sinn und Zweck der Einwilligung gebieteten es, die Aufklärung als Wirksamkeitsvoraussetzung anzusehen.[790] Es ist nicht einzusehen, warum eine Einwilligung unwirksam sein soll, wenn jemand diese aus freiem Entschluss unter Verzicht auf eine Aufklärung erteilt. Erst recht geht es zu weit, generell vom Verbreiter zu verlangen, vor den Risiken einer Einwilligung zu warnen.[791] Fraglich wäre schon, wie weit solche Pflichten gehen sollen. Die Annahme einer umfassenden Aufklärungspflicht legt letztlich das Menschenbild eines unmündigen Bürgers zugrunde.[792] Auch die zuweilen vorgenommene Heranziehung der Grundsätze zur Einwilligung in Operationen im Medizinrecht überzeugt nicht. Die Fälle sind nicht vergleichbar. In rechtlicher Hinsicht besteht im Fall der Einwilligung in ärztliche Behandlungen grundrechtlich eine Asymetrie, während die §§ 22 ff. KUG einen Ausgleich widerstreitender Grundrechtspositionen bezwecken. Übersteigerte Aufklärungspflichten würden gerade im häufig schnelllebigen Medienbetrieb, man denke an Straßeninterviews, u.ä., die Medienfreiheiten erheblich verkürzen. Die Abschätzung möglicher Auswirkungen autonomer Entscheidungen würde einseitig zu Lasten der Medien verlagert, was auch aufgrund der Strafbewehrung gem. § 33 KUG besonders problematisch ist. Es ist auch nicht zutreffend, generell ein Informationsgefälle zu unterstellen.[793] Geht es bei medizinischen Behandlungen um die Abschätzung ihrer Folgen, die nur ein Arzt beurteilen kann, sind die Auswirkungen einer Bildnisveröffentlichung regelmäßig auch Nichtfachleuten jedenfalls im Großen und Ganzen erkennbar. Die Entscheidungen haben in der Regel auch nicht die Tragweite von Einwilligungen in medizinische Behandlungen.

275 Damit kann grundsätzlich auch ohne vorherige Aufklärung eine Einwilligung erteilt werden. Im Ergebnis kommt es häufig aber auch nicht auf diese dogmatische Frage an. Denn zum einen müssen die äußeren Umstände eine spätere Veröffentlichung nahelegen.[794] Nicht jeder der fotografiert wird, muss damit rechnen, dass das Bild veröffentlicht wird. Daher steckt auch nicht in jeder Einwilligung in eine Aufnahme zugleich eine Einwilligung in eine Veröffentlichung. Von einer Veröffentlichung muss der Betroffene allerdings ausgehen, wenn die Aufnahmen erkennbar von professionellen Journalisten angefertigt werden. Zum anderen spielt bei der Auslegung der Einwilligung im Hinblick auf die Reichweite eine Rolle, ob dem Betroffenen klar sein musste, in welche Verbreitung er einwilligt.

d) Einzelfälle konkludenter Einwilligung

276 Für die Annahme einer konkludenten Einwilligung bedarf es hinreichend eindeutiger Anhaltspunkte am Verhalten des Betroffenen. Eine bloße Hinnahme der Aufnahmen

---

[789] So OLG Frankfurt NJW-RR 1990, 1439; OLG Hamburg GRUR-RR 2005, 140 ff. A.A. OLG Karlsruhe NJW-RR 2006, 1198; LG München ZUM-RD 2008, 309.
[790] *Klass* AfP 2005, 507, 512.
[791] So aber *Klass* AfP 2005, 507, 513.
[792] Allerdings kann natürlich in der konkreten Situation durchaus ein Machtgefälle bestehen, dass eine Aufklärung erforderlich macht.
[793] So aber *Klass* AfP 2005, 507, 513; MüKo-BGB/*Rixecker* BGB, Allg. PersönlR, Rn. 46.
[794] BGH GRUR 1962, 211, 212 – Hochzeitsfoto.

reicht in der Regel nicht,[795] es sei denn sie kann ausnahmsweise aufgrund der Gesamtumstände als Zustimmung gedeutet werden. Wer weiß, dass er sich ins Bild eines Journalisten begibt und dies auch erkennbar hinnimmt, willigt in eine spätere Veröffentlichung ein.[796] Von einer konkludenten Einwilligung kann daher ausgegangen werden, wenn jemand in die Kamera eines Journalisten winkt bzw. sich neugierig hinter eine interviewte Person begibt, selbst ein Interview gibt[797] oder anlässlich einer öffentlichen Veranstaltung für die Kamera posiert.[798] Erst Recht ist von einer Einwilligung auszugehen, wenn jemand über einen längeren Zeitraum an einer Fernsehproduktion freiwillig mitwirkt.[799]

Zu berücksichtigen sind aber immer die Umstände des Einzelfalls. So kann z.B. im Einzelfall zweifelhaft sein, ob Äußerungen in die Kamera tatsächlich eine freiwillige Einwilligung darstellen, wenn ein Kamerateam die Polizei bei einer Polizeiaktion begleitet.[800] Hier ist zu prüfen, ob nicht der Betroffene davon ausgehen musste, sich nicht gegen die Aufnahmen wehren zu können. Ebenfalls liegt keine konkludente Einwilligung vor, wenn ein Angeklagter sich im Gerichtssaal filmen lässt, ohne sein Gesicht zu verbergen.[801]

e) Umfang der Einwilligung

Sofern eine ungenügende Aufklärung nicht zu deren Unwirksamkeit führt, wird die Reichweite der Einwilligung jedenfalls entsprechend eng sein. Generell gilt, dass eine Einwilligung räumlich, zeitlich und sachlich beschränkt oder unbeschränkt erklärt werden kann.[802] Die Einwilligung ist aber, wenn sich der Umfang nicht eindeutig aus der Erklärung ergibt, in entsprechender Anwendung der aus dem Urheberrecht bekannten Zweckübertragungslehre (§ 31 Abs. 5 UrhG) eng auszulegen.[803] So liegt in der bereitwilligen Einlassung in ein Interview gegenüber einem Fernsehkamerateam zwar eine Einwilligung in die spätere Ausstrahlung. Angesichts der mittlerweile bestehenden Üblichkeit wird man auch das Einstellen in eine Online-Mediathek von der Einwilligung als umfasst ansehen. Ebenfalls in die Bildnisverwendung durch Internetsuchmaschinen willigt ein, wer sein Bildnis in einem Social Network einstellt und dabei keinen Gebrauch von einer Opt-Out-Klausel macht, nachdem der Nutzer mit der Veröffentlichung seines Bildnisses in anderen Medien einverstanden ist.[804] Das gilt aber nur für solche Verwendungen, die sich in dem vom Betroffenen zu erwartenden Kontext bewegen. Wer als verzweifelte Mutter auf der Suche nach seinem verschwundenen Kind ein Interview gibt, muss daher nicht dulden, dass dieses Interview unter der Rubrik »kleine Skurrilitäten des Alltags« ausgestrahlt wird.[805] Wer in die Verwendung einer Nacktaufnahme für ein Lehrbuch einwilligt, gestattet damit nicht die Verwendung im Rahmen einer Berichterstattung über eine politisch motivierte Einziehung des Lehrbuchs.[806] Die Einwilligung eines Prominenten in die Veröffentlichung eines Bildnisses zur Produktwerbung anlässlich einer Veranstaltung eines befreundeten Geschäftsinhabers stellt keine Einwilligung in die Veröffent-

---

795 OLG Hamburg AfP 1991, 626; LG Münster NJW-RR 2005, 1065.
796 OLG Köln NJW-RR 1994, 865.
797 LG München ZUM-RD 2008, 309; OLG Karlsruhe NJW-RR 2006, 1198.
798 BVerfG NJW 2002, 3767 – Bonnbons; *Libertus* ZUM 2007, 621.
799 LG Bielefeld NJW-RR 2008, 715 – Super-Nanny.
800 Ein solcher Fall lag OLG Hamburg GRUR-RR 2005, 140 ff. zugrunde. Zu Recht kritisch: *Soehring* § 19 Rn. 44a.
801 OLG Hamburg ZUM 2010, 61, 63.
802 BGH GRUR 1956, 427, 428 – Paul Dahlke.
803 BGH ZUM 2004, 919 – Charlotte Casiraghi II; OLG Köln AfP 1999, 377; OLG München ZUM 2006, 936.
804 OLG Köln CR 2010, 530.
805 OLG Karlsruhe NJW-RR 2006, 1198.
806 BGH GRUR 1985, 398, 399 – Nacktfoto.

lichung zugunsten eines anderen Geschäftsinhabers dar, auch wenn es um das gleiche Produkt geht.[807] Die Verwendung eines Bildnisses zu Werbezwecken setzt generell voraus, dass die Einwilligung gerade zu diesem Zweck erfolgt ist.[808] Keine Einwilligung in die konkrete Veröffentlichung, unter Umständen aber eine Rechtfertigung nach § 23 Abs. 1 Nr. 1 KUG liegt vor, wenn sich eine Zeitschrift satirisch-ironisch mit Nacktaufnahmen einer berühmten Sportlerin für ein anderes Magazin befasst.[809]

f) Darlegungs- und Beweislast

279 Grundsätzlich muss derjenige, der sich auf eine Einwilligung beruft, diese darlegen und ggf. auch beweisen.[810] Ist eine Einwilligung allerdings erteilt, liegt es am Einwilligenden ggf. zu beweisen, dass die Einwilligung etwa unter einem Abnahmevorbehalt stand.[811]

280 **Praxistipp:**

Der Umfang der Einwilligung ist ein häufiger Streit in der Praxis. Da in der Regel das Risiko des Nachweises des Ob und der Reichweite beim Verbreiter liegt, ist es ratsam, die Aufklärung und die Erteilung der Einwilligung zu dokumentieren. Wenn dies schriftlich nicht möglich ist, bietet es sich z.B. an, die Aufklärung und Einwilligung im Film oder auf Tonband festzuhalten.
Formulierungsbeispiel für eine ausdrückliche Einwilligung in Filmaufnahmen:
Hiermit willige ich, *[Name, ggf. Geb.-Datum oder Anschrift],* darin ein, dass der *[Sender]* die anlässlich des Drehs am *[Datum]* gefertigten Aufnahmen mit meinem Bildnis im Rahmen der Ausstrahlung der Sendung *[Titel]* zum Thema *[kurze Beschreibung]* verbreitet und/oder Dritten zugänglich macht. Der Sender ist berechtigt, die Aufnahmen im Rahmen der Sendung zeitlich und örtlich unbeschränkt im Rundfunk sowie in anderen audiovisuellen Medien, insbesondere im Internet, auszustrahlen bzw. zu verwenden. Sofern und soweit Urheber- oder Leistungsschutzrechte entstanden sind oder entstehen, räume ich diese dem Sender im gleichen Umfang ein.

g) Widerruf und Anfechtung einer Einwilligung

281 Eine Anwendung der **Anfechtungsvorschriften** (§§ 119 ff. BGB) wird zu Recht überwiegend bejaht.[812] Wer z.B. irrtümlich eine Geste gemacht hat, die vom objektiven Empfängerhorizont als Einwilligung gedeutet werden musste, kann die Erklärung anfechten ebenso wie derjenige, der sich über den Inhalt der Erklärung irrt (z.B. Einwilligung in Verwendung im Rahmen einer Satire statt in einem »seriösem« Wirtschaftsmagazin) oder über die Eigenschaft der Empfängerperson (Boulevardzeitung statt »seriöser« Tageszeitung) irrt. Sofern der Irrtum nicht durch arglistige Täuschung erregt wurde (dann greift § 123 BGB), muss er allerdings die kurze Anfechtungsfrist nach § 121 BGB beachten und ist zum Ersatz des Vertrauensschadens gem. § 122 BGB verpflichtet. Bloße Motivirrtümer, etwa die irrtümliche Hoffnung auf eine positive Wirkung eines Interviews, berechtigen nicht zur Anfechtung einer Einwilligung.[813] Probleme kann die ex-tunc-Wirkung der Anfechtung bereiten, wenn es bereits zur Veröffentlichung gekommen ist. Lässt sich die Schutzwürdigkeit des Verwenders im Fall der arglistigen Täuschung mit guten Gründen

---

807 BGH GRUR 1992, 557 – Joachim Fuchsberger.
808 BGH GRUR 1956, 427, 428 – Paul Dahlke; GRUR 1979, 732 – Fußballtorwart; NJW-RR 1995, 789 – Chris Revue; OLG Köln AfP 1999, 377; OLG Frankfurt NJW-RR 1986, 1118.
809 So im Fall des OLG Frankfurt NJW 2000, 594.
810 BGH GRUR 1956, 427, 428 – Paul Dahlke; GRUR 1965, 495 – Wie uns die anderen sehen.
811 LG München I ZUM-RD 2008, 309.
812 Wenzel/*von Strobl-Albeg* Kap. 7 Rn. 83; *Libertus* ZUM 2007, 621, 626.
813 *Klass* AfP 2005, 507, 514.

D. Rechtsfragen bei der Berichterstattung

verneinen, sieht es im Fall einer Anfechtung nach § 119 BGB anders aus. Nicht zuletzt wegen § 33 KUG spricht einiges dafür, nur eine ex-nunc-Wirkung anzunehmen. Jedenfalls in den Fällen des § 119 BGB wird man auch keine Wiederholungsgefahr für einen Unterlassungsanspruch gem. § 1004 BGB annehmen können. Schadensersatzansprüche sind dann mangels Verschulden ebenso wenig gegeben wie Ansprüche auf Geldentschädigung wegen schwerer Persönlichkeitsrechtsverletzung, bei der es zudem an einem unabwendbaren Bedürfnis einer Geldentschädigung fehlt. Nicht ausgeschlossen sind freilich bereicherungsrechtliche Ansprüche, wobei hierbei zu beachten ist, dass bei der Verwendung allein zu redaktionellen Zwecken die Rechtsprechung einen Bereicherungsanspruch verneint.[814]

Rechtsdogmatisch unterscheidet sich der **Widerruf** von der Anfechtung durch seine ex-nunc-Wirkung. Entgegen einzelner Stimmen in der Literatur[815] wird überwiegend ein wichtiger Grund für einen Widerruf verlangt.[816] § 183 BGB kommt hier nicht zur Anwendung, da es nicht um eine Einwilligung in ein Rechtsgeschäft geht. Überwiegend wird stattdessen auf den Rechtsgedanken des § 42 UrhG zurückgegriffen. Entsprechend dem Urheber wird dem Abgebildeten daher bei gewandelter Überzeugung zugebilligt, die Einwilligung zu widerrufen. Allerdings reicht nicht jeder Überzeugungswandel, vielmehr bedarf es einer grundlegenden Wandelung der inneren Einstellung. Das soll beim Wandel sittlicher Überzeugungen gegeben sein, insbesondere im Fall länger zurückliegender Aktaufnahmen.[817] Der Überzeugungswandel muss zudem überzeugend dargelegt werden. Ebenfalls kann ein wichtiger Grund vorliegen, wenn Ereignisse zwischen der Aufnahme und der Veröffentlichung eintreten, die die Verbreitung nachträglich als persönlichkeitsrechtsverletzend erscheinen lassen. 282

Ungeachtet dessen soll nach Auffassung des LG Hamburg in den sog. »**Überrumpelungsfällen**« ein Widerrufsrecht bestehen. Das Gericht zieht hierfür die §§ 312, 355 BGB heran.[818] Die Regelungen passen indes nicht. Denn während die Regelungen über das Haustürwiderrufsgeschäft einen unbedingten Widerrufsanspruch begründen, geht selbst das LG Hamburg davon aus, dass der Zubilligung des Widerrufsrechts eine Abwägung der widerstreitenden Interessen vorausgehen muss. Die Regelungen passen auch deshalb nicht, weil es bei Haustürwiderrufsgeschäften in der Regel dem anbietenden Unternehmen zumutbar ist, die Widerrufsfrist abzuwarten, da es in der Regel um Massengeschäfte geht, die keine größeren Dispositionen seitens des Unternehmens erfordern. Im Bereich der Medien ist die Interessenlage allein aufgrund der Schnelllebigkeit und der Tatsache, dass das Unternehmen regelmäßig Investitionen in die Erstellung eines Beitrags o.ä. tätigt, völlig anders. Es hat daher jeweils eine umfassende Abwägung im Einzelfall zu erfolgen. Wichtige Kriterien sind hierbei, ob die Privat- oder nur die Sozialsphäre betroffen ist, ob es sich um Personen handelt, denen eine gewisse Professionalität im Umgang mit Medien unterstellt werden muss, wie etwa bei Prominenten oder Angestellten in leitenden Funktionen, oder um unerfahrene Personen. Auf Seiten des Veröffentlichers spielt eine Rolle, ob gezielt eine Überrumpelungssituation ausgenutzt wurde oder ob sie nachvollziehbar der objektiven Situation geschuldet war, ob und in welchem Umfang 283

---

814 OLG Hamburg ZUM 2006, 639 – entblößte Brust; LG Köln ZUM 2002, 163.
815 So geht *Klass* AfP 2005, 507, 515 für einseitig nichtvertraglich erklärte Einwilligungen von der freien Widerrufbarkeit wegen fehlenden Vertrauenstatbestands aus. Das überzeugt nicht, da auch bei einseitigen Erklärungen ein schützwürdiger Vertrauenstatbestand entsteht. So können Fernsehsendungen unter Erbringung erheblicher Investitionen gedreht, Zeitungen gedruckt, DVDs gepresst, etc. sein.
816 OLG München NJW-RR 1990, 999, 1000; OLG Brandenburg, Beschl. v. 13.5.1998, 1 W 12/98, n.v.; LG Köln AfP 1989, 766, 767; Wandtke/Bullinger/*Fricke* § 22 KUG, Rn. 20; Schricker/*Götting* § 22 KUG, Rn. 41.
817 OLG München AfP 1989, 570, 571.
818 LG Hamburg NJW-RR 2005, 1357.

bereits Investitionen getätigt wurden, usw. Vor allem kommt es aber darauf an, ob und wie konkret die Betroffenen bei der Aufnahme über den Zweck der Aufnahme aufgeklärt worden sind. Wird eine Person nicht hinreichend aufgeklärt, für wen, bzw. für welche Sendung oder Zeitung und in welchem Zusammenhang die Aufnahmen verwendet werden sollen, so kann dies einen Widerruf rechtfertigen, selbst wenn kein Irrtum im Sinne von § 119 BGB vorliegen sollte. Wer allerdings erkennbar keinen Wert auf weitere Aufklärung gelegt hat, kann sich später nicht auf mangelnde Aufklärung berufen. Das Gleiche gilt für Personen, die den Umgang mit Medien gewöhnt sind. Von ihnen kann erwartet werden, dass sie wissen, worauf sie sich einlassen.

7. Aufhebung des Schutzes: Zurechenbares Vorverhalten

284 Der Grundsatz, dass sich eine Person jedenfalls partiell ihres Persönlichkeitsrechtsschutzes durch entsprechendes Vorverhalten begeben kann, gilt auch beim Bildnisschutz.[819] Insofern kann auf die obigen Erläuterungen verwiesen werden.[820]

8. § 23 KUG – Bildnisveröffentlichung ohne Einwilligung

285 § 23 Abs. 1 KUG bestimmt, in welchen Fällen auf eine Einwilligung verzichtet werden kann. Das allgemeine Auslegungsprinzip, dass Ausnahmen generell eng auszulegen sind, kann hier nicht angewendet werden. Es würde seinerseits mit der Wechselwirkungslehre des BVerfG kollidieren, wonach Gesetze, die die Meinungsfreiheit beschränken, ihrerseits im Lichte des Art. 5 GG ausgelegt werden müssen. § 23 Abs. 2 KUG wiederum macht eine Rückausnahme, wenn berechtigte Interessen des Abgebildeten einer Verbreitung entgegenstehen.

a) § 23 Abs. 1 Ziff. 1 KUG – Bildnisse aus dem Bereich der Zeitgeschichte

286 Von den Ausnahmetatbeständen des § 23 Abs. 1 KUG hat diese die größte praktische Relevanz. Die Vorschrift nimmt nach der gesetzgeberischen Intention und nach Sinn und Zweck auf das Informationsinteresse der Allgemeinheit und auf die Kommunikationsfreiheiten des Art. 5 GG Rücksicht. Die Veröffentlichung muss daher – als ungeschriebene Tatbestandsvoraussetzung – auch zu Informationszwecken erfolgen.[821] Daraus wird gefolgt, dass die Verwendung von Bildnissen für jegliche Form der Werbung ohne Zustimmung des zumeist Prominenten unzulässig sei.[822] Diese Feststellung ist in ihrer Pauschalität fragwürdig und steht auch nicht im Einklang mit der neueren Rechtsprechung des BGH. Die Verfolgung kommerzieller Interessen und die Wahrnehmung von Informationsinteressen der Allgemeinheit schließen sich nicht gegenseitig aus.[823] Deshalb kann eine Bildnisverwendung in einer Werbung, die sich satirisch mit dem Rücktritt eines Ministers auseinandersetzt, nach § 23 Abs. 1 Nr. 1 KUG gerechtfertigt sein.[824] Die bloße Prominenz des Betroffenen kann eine Bildnisverwendung für Werbezwecke alleine allerdings nicht rechtfertigen. Anders sieht es hingegen aus, wenn Medien zur Bewerbung ihrer Erzeugnisse Bildnisse Prominenter verwenden, sofern diese Gegenstand der beworbenen Berichterstattung sind, da die Bewerbung an dem spezifischen Schutz der Mediengrundrechte teilnimmt.[825] Zulässig ist auch die Bewerbung eines neuen Presseprodukts mit einem Testexemplar, das auf der Titelseite einen Prominenten zeigt, ohne dass

---

819 BGH GRUR 2004, 75, 78; ZUM-RD 2008, 7, 10.
820 Siehe Rdn. 70 ff.
821 BGHZ 169, 340, 345, m.w.N.; Wenzel/*von Strobl-Albeg* Kap. 8 Rn. 4; Götting/*Schertz*/Seitz § 12 Rn. 33.
822 Götting/*Schertz*/Seitz § 12 Rn. 33.
823 BVerfGE 102, 347, 366 – Benetton I; 107, 275, 283 Benetton II.
824 BGHZ 169, 340, 345 f.
825 BGHZ 151, 26, 30 f.; LG München I AfP 2010, 409 für Lexika.

D. Rechtsfragen bei der Berichterstattung

darin tatsächliche Beiträge enthalten sind, solange tatsächlich erscheinende Ausgaben noch nicht existieren.[826] Unzulässig ist die Bildnisverwendung allerdings dann, wenn die Medien das Bildnis eines Prominenten auf einer Titelseite nur deshalb abdrucken, um mit Hilfe dessen Image- und Werbewerts die eigenen Geschäftsinteressen zu befördern.[827]

Der BGH vertritt die Auffassung, dass bereits im Rahmen von § 23 Abs. 1 Nr. 1 KUG und nicht erst auf der Ebene des § 23 Abs. 2 KUG eine Abwägung zwischen den Informationsinteressen der Allgemeinheit und dem Persönlichkeitsrecht stattzufinden hat.[828] Damit wird allerdings der an sich klare Prüfungsaufbau verwischt. Leider gibt der BGH auch nicht zu erkennen, nach welchen Kriterien zu entscheiden ist, welche Belange des Persönlichkeitsschutzes bereits in § 23 Abs. 1 Nr. 1 KUG und welche in § 23 Abs. 2 KUG zu berücksichtigen sind. **287**

Für ein Vorziehen der Abwägung in § 23 Abs. 1 Nr. 1 KUG gibt es auch keine Notwendigkeit, weil die Rechte der Abgebildeten ohne weiteres in Abs. 2 verortet werden können. Allerdings ist dem BGH zuzugeben, dass die Messlatte, die § 23 Abs. 1 Nr. 1 KUG anlegt, nicht ohne Berücksichtigung des Werts des Rechts am eigenen Bild festgelegt werden kann, weil die Medienfreiheiten auch die Freiheit der Medien umfassen, selbst entscheiden zu dürfen, was sie der Berichterstattung für Wert halten.[829] Aus systematischen Gründen und um § 23 Abs. 2 KUG einen nennenswerten Anwendungsbereich zu überlassen, erscheint es vorzugswürdig, bei der Bestimmung des Merkmals »Bereich der Zeitgeschichte« nur die generelle Verfügungsbefugnis über das eigene Bild und damit das abstrakte Interesse des Abgebildeten an seinem Verfügungsrecht zum Maßstab zu machen, ohne konkrete Umstände und Interessen zugunsten des Abgebildeten zu berücksichtigen.[830] Allerdings wird sich eine scharfe Trennung tatsächlich wohl nicht immer durchhalten lassen.[831] Dementsprechend sei auch an dieser Stelle auf die Darstellung im Rahmen des § 23 Abs. 2 KUG hingewiesen.[832] **288**

Verfassungsrechtlich zulässig ist das Konzept des BGH freilich, da es hierfür nur darauf ankommt, dass die Abwägung der widerstreitenden Grundrechte insgesamt in verfassungskonformer Weise erfolgt.[833] In der Praxis nehmen die Gerichte zudem häufig ohne strenges Prüfungsschema die Abwägung vor. Zwar ist es grundsätzlich von beschränktem praktischem Interesse, auf welcher Prüfungsstufe eine Abwägung stattfindet, soweit sie jedenfalls fehlerfrei erfolgt. Die Frage wird jedoch dann erheblich, wenn aus der Verortung Konsequenzen für die Darlegungs- und Beweislast gezogen werden.[834] Die Frage der Verteilung der Darlegungs- und Beweislast ist dann auch verfassungsrechtlich bedeutsam. Beiden Seiten, d.h. auch den Medien, darf die Darlegung und der Beweis der für die Abwägung bedeutsamen Belange nicht unzumutbar erschwert werden.[835] Dass der Verbreiter darlegen und ggf. beweisen muss, dass die tatsächlichen Voraussetzungen dafür vorliegen, dass das Bildnis einem Informationsinteresse der Allgemeinheit Rechnung trägt, ist unbestreitbar. Auch ist es den Medien zumutbar, die Umstände, unter denen das Bildnis entstanden ist, darzulegen.[836] Dagegen muss es dabei bleiben, dass die **289**

---

826 BGH AfP 2010, 237 – Der strauchelnde Liebling.
827 BGH ZUM-RD 2009, 517 – Günther Jauch.
828 BGH GRUR 2005, 76, 77 – Rivalin, GRUR 2007, 523, 525 – abgestuftes Schutzkonzept; GRUR 2007, 899, 900 – Grönemeyer II.
829 BVerfGE 120, 180, 205.
830 Ähnlich: *Dreier*/Schulze § 23 KUG Rn. 25. Kritisch zum Ansatz des BGH: *Söder* ZUM 2008, 89, 91.
831 So auch Schricker/*Götting* § 23 KUG Rn. 80.
832 Siehe hierzu Rdn. 315 ff.
833 So bestätigt auch BVerfGE 120, 180, 213 – Caroline von Hannover.
834 Das übersieht Schricker/*Götting* § 23 KUG Rn. 79, der die Frage für nicht entscheidend hält.
835 BVerfGE 120, 180, 207 – Caroline von Hannover.
836 BVerfGE 120, 180, 207 – Caroline von Hannover.

Darlegung und der Beweis des Vorliegens schutzwürdiger Interessen dem auferlegt wird, der sich hierauf beruft.[837] Sofern also konkrete Interessen des Abgebildeten geltend gemacht werden, muss dieser sie darlegen und beweisen.

290 Trotz seiner eigentlich am Ereignis orientierten Formulierung wird der Begriff des »Bereichs der Zeitgeschichte« seit langem von der herrschenden Meinung **personenbezogen** verwendet. Diese Sichtweise ergibt auch nach der Caroline-Entscheidung des EGMR[838] weiterhin Sinn, kommt es doch letztlich darauf an, ob das Bildnis einer Person im Kontext einer Berichterstattung über ein zeitgeschichtliches Ereignis veröffentlicht werden darf. Sie lässt auch eine sachgerechte Lösung der Verwendung kontextneutraler Bildnisse zu.

291 Im Anschluss an Neumann-Duesberg[839] hat sich in Rechtsprechung und Lehre die Unterscheidung zwischen **relativer und absoluter Personen der Zeitgeschichte** eingebürgert. Absolute Personen der Zeitgeschichte sollen solche sein, an denen sich aufgrund ihres Status und ihrer Bedeutung unabhängig von einem besonderen Ereignis öffentliche Aufmerksamkeit manifestiert.[840] Relative Personen der Zeitgeschichte hingegen treten nur im Zusammenhang mit einem bestimmten zeitgeschichtlichen Ereignis vorübergehend aus der Anonymität heraus und in das Blickfeld der Öffentlichkeit. Sie dürfen daher nur im Zusammenhang mit diesem Ereignis abgebildet werden.[841] Das BVerfG hatte die Verwendung beider Kategorien – wenn auch mit Skepsis – verfassungsrechtlich gebilligt, aber darauf hingewiesen, dass die Kategorisierung lediglich als eine abkürzende Ausdrucksweise zu verstehen sei und die Zuordnung daher keinesfalls eine konkrete Abwägung der Grundrechtspositionen ersetzen könne.[842] Angesichts dieses sehr deutlich formulierten Vorbehalts erstaunt es, dass der EGMR dem BVerfG gerade diese Kategorisierung zum Vorwurf gemacht hat.[843] In der Entscheidung ging es um Fotos, die Caroline von Monaco bei privaten Aktivitäten in der Öffentlichkeit zeigten. Der EGMR hielt die Veröffentlichung für rechtwidrig und nicht geeignet, einen Beitrag zu einer politischen oder öffentlichen Debatte zu leisten, sondern erblickte darin nur den Zweck, die Neugier des Publikums zu befriedigen. Zur Begründung zog er heran, dass die Prinzessin keinerlei Funktion im monegassischen Staat wahrnehme. Die Entscheidung des EGMR hat in Deutschland heftige Kritik ausgelöst. Der BGH hat gleichwohl daraufhin in einer ganzen Reihe von Entscheidungen die Rechtsprechung in Bezug auf die Berichterstattung über Prominente – im Ergebnis behutsam – neu justiert.[844] Das BVerfG hat diese neue Rechtsprechung des BGH inzwischen gebilligt.[845]

292 In der Caroline von Monaco II-Entscheidung,[846] die Ausgangspunkt der EGMR-Entscheidung war, hat das BVerfG betont, dass auch der bloßen Unterhaltung ein Beitrag zur Meinungsbildung nicht abgesprochen werden könne. Es hat aber gleichzeitig auch Personen des öffentlichen Lebens, die aufgrund ihres Ranges oder Ansehens, ihres Amtes oder Einflusses, ihrer Fähigkeiten oder Taten besondere öffentliche Beachtung finden, zugebilligt, dass sie ein schützenswertes Rückzugsbedürfnis auch außerhalb der häusli-

---

837 *Dreier*/Schulze § 23 KUG Rn. 25.
838 EGMR GRUR 2004, 1051 – Caroline von Hannover.
839 JZ 1960, 114.
840 BVerfGE 101, 361 – Caroline von Monaco II.
841 BGH GRUR 2007, 523, 524 – abgestuftes Schutzkonzept.
842 BVerfG NJW 2001, 1921, 1922 – Ernst August von Hannover; BVerfGE 101, 361, 392 – Caroline von Monaco II.
843 EGMR GRUR 2004, 1051, 1054 – Caroline von Hannover.
844 BGH GRUR 2007, 523 – abgestuftes Schutzkonzept; GRUR 2007, 527 – Winterurlaub; NJW 2008, 3134 – Heide Simonis; WPR 2008, 1363, 1366 – Shopping mit Putzfrau auf Mallorca.
845 BVerfGE 120, 180 – Caroline von Hannover.
846 BVerfGE 101, 361, 382 ff. – Caroline von Monaco II.

chen Sphäre haben. Ein solcher Schutz bestehe auch dort, wo der Einzelne eine Situation vorfinde oder schaffe, in der er begründetermaßen und somit auch für Dritte erkennbar davon ausgehen dürfe, den Blicken der Öffentlichkeit nicht ausgesetzt zu sein. Dies ist der Fall, wenn die Person sich in einer örtlichen Abgeschiedenheit befindet. Dieser Privatsphärenschutz bestehe jedoch nicht an Orten, die jedermann zugänglich sind. Der EGMR hat demgegenüber den Privatschutz auch auf solche Situationen erstreckt und für eine Veröffentlichung von Bildnissen in solchen Zusammenhängen zusätzlich verlangt, dass sie einem konkreten berechtigten öffentlichen Informationsinteresse dienten. Die vom BVerfG herangezogene Argumentation, auch das Alltagsleben Prominenter diene der Gesellschaft als Orientierungshilfe und als Kristallisationspunkt für öffentliche Debatten, hält der EGMR für nicht ausreichend, um den Bildnisschutz der Betroffenen zu überwinden.

Der BGH prüft daher inzwischen auch bei **Prominenten**, ob auch das konkrete Bildnis dem Bereich der Zeitgeschichte zugeordnet werden kann, also in einem Kontext von öffentlichem Interesse steht. Dabei versteht der BGH allerdings den Begriff der Zeitgeschichte weit. Er wird vom Informationsinteresse der Öffentlichkeit aus bestimmt und umfasst nicht nur Vorgänge von historisch-politischer Bedeutung, sondern ganz allgemein das Zeitgeschehen, also alle Fragen von allgemeinem gesellschaftlichen Interesse. BVerfG und BGH betonen seit jeher, dass damit unterhaltende Beiträge nicht ausgeschlossen seien, vielmehr könnten auch sie einen Beitrag zur Meinungsbildung leisten, der u.U. sogar nachhaltiger sein könne als rein sachbezogene Informationen.[847] Daran hält die Rechtsprechung auch nach der Entscheidung des EGMR fest.[848]

293

Auch wenn der BGH es nicht ausdrücklich anspricht, hat er sich damit de facto von der **Rechtsfigur der »absoluten Person der Zeitgeschichte« verabschiedet**.[849] Abbildungen bekannter Personen sind danach nicht mehr per se »Ereignisse aus dem Bereich der Zeitgeschichte«.[850] Allerdings hat die Bekanntheit und die Rolle, die eine Person in der Gesellschaft einnimmt, immer noch eine wichtige Bedeutung für die Abwägung. Als Orientierungspunkt kann die vom EGMR verwendete Einteilung in Politiker (»politicians«/»personnalités politiques«), im Blickpunkt der Öffentlichkeit stehende Personen (»public figures«/»personnages publics«) und sonstige Privatpersonen (»ordinary persons«/»personnes ordinaires«) dienen.[851] Auch wenn diese Einteilung ihrerseits problematisch ist, da mitunter gerade Personen der Wirtschaft, der Kirchen, etc. einen viel stärkeren Einfluss auf die Gesellschaft haben können als Politiker, die ihrerseits wiederum eine sehr heterogene Gruppe darstellen, orientiert sich inzwischen auch der BGH an dieser Einteilung.[852] Die Einteilung in eine der Kategorien ist gleichwohl nur ein erster Schritt. Da es auf das Informationsinteresse der Allgemeinheit ankommt, kommt es auch darauf an, an wen sich die Veröffentlichung wendet. So kann die Berichterstattung über einen langjährigen Nachbarschaftsstreit eines Lokalpolitikers auf kleinster kommunalpolitischer Ebene zulässig sein, wenn die Veröffentlichung als Lokalnachricht in einer nur regional verbreiteten Lokalzeitung erfolgt.[853]

294

---

847   Leitentscheidungen des BVerfG hierzu sind BVerfGE 34, 269 – Soraya und 101, 361 – Caroline von Monaco II.
848   BVerfGE 120, 180, 204 f. – Caroline von Hannover; BGH GRUR 2007, 523, 525 – abgestuftes Schutzkonzept.
849   So versteht es wohl auch das BVerfG: BVerfGE 120, 180, 211- Caroline von Hannover.
850   BGH GRUR 2007, 523, 525 – abgestuftes Schutzkonzept; GRUR 2007, 527, 528 – Winterurlaub; BGH NJW 2008, 3134, 3135 – Heide Simonis.
851   EGMR, Urt. v. 17.10.2006, 71678/01 Nr. 57 – Gourguenizde ./. Georgien.
852   Siehe BGH NJW 2009, 757, 759 – Haftausgang.
853   KG AfP 2008, 392 für Wortberichterstattung.

295 Auch wenn es für den Informationswert zunächst auf die Abbildung ankommt, hält der BGH an seiner ständigen Rechtsprechung fest, dass für die Beurteilung die zugehörige Wortberichterstattung mitberücksichtigt werden muss.[854] Da Abbildungen häufig ihre Bedeutung erst in Verbindung mit der Wortberichterstattung heraus erhalten, kommt es in der Praxis gerade häufig auf den **Kontext** der Veröffentlichung an. So kann sich z.B. die Veröffentlichung eines Bildnisses einer Prominenten aus einem Skiurlaub für sich genommen nicht auf ein öffentliches Informationsinteresse stützen, wohl aber dann, wenn das Bildnis eine Rolle für die Berichterstattung über die Erkrankung des Vaters, der als Fürst von Monaco zugleich Staatsoberhaupt ist, spielt. Umgekehrt macht eine unzulässige Wortberichterstattung eine begleitende Bildberichterstattung nicht unbedingt unzulässig.[855] Dass der BGH bei Prominenten auch nach der EGMR-Entscheidung keine hohen Anforderungen an den Begriff der Zeitgeschichte stellt, zeigt sich auch bei zahlreichen nachgefolgten Entscheidungen.[856] Das gilt insbesondere für Politiker, bei denen der Schutz am schwächsten ausgeprägt ist. So ist die Abbildung einer unter spektakulären Umständen abgewählten Ministerpräsidentin beim Einkauf unmittelbar nach ihrer Abwahl zulässig.[857] Insoweit beschränkt sich der Begriff der Zeitgeschichte nicht auf das politische Geschehen als solches, es besteht vielmehr auch ein öffentliches Interesse daran, wie bedeutende Politiker sich in solchen Situationen verhalten, in denen sich Wut, Enttäuschung und Frustration manifestieren. Die Veröffentlichung von Bildnissen im Rahmen eines Berichts darüber, dass auch Prominente sparsam würden, indem sie ihre Ferienvillen an Dritte vermieteten, nimmt ebenfalls Bezug zu einer gesellschaftlich relevanten Frage und ist daher zulässig.[858] Die Berichterstattung über den Haftausgang eines prominenten Schauspielers ist bei Einbindung in eine Berichterstattung, die sich mit dem Strafvollzug befasst, zulässig. Demgegenüber ist die Veröffentlichung von Bildnissen einer bekannten Moderatorin anlässlich eines Einkaufs auf Mallorca, ohne dass darüber hinaus ein Bezug zu einer Angelegenheit von öffentlichem Interesse besteht, unzulässig.[859] Ebenfalls problematisch ist die Berichterstattung unter Verwendung von Bildnissen über die Erkrankung eines Prominenten, jedenfalls solange es sich nicht um Politiker, Wirtschaftsführer oder Staatsoberhäupter handelt.[860] Ebenso konzidiert der BGH zwar, dass das Eingehen einer neuen Beziehung durch eine bekannte Moderatorin als zeitgeschichtliches Ereignis angesehen werden kann, sieht aber die Verwendung nichtgenehmigter Fotos des Liebespaares dennoch als Verstoß gegen das Recht am eigenen Bild an.[861]

296 Die Kehrseite dieser Rechtsprechung liegt auf der Hand. Die Medien werden dazu verleitet, um das Bild herum mehr oder weniger überzeugend in einem Begleittext zur Rechtfertigung der Bildnisveröffentlichung eine Frage von allgemeinem Interesse zu diskutieren. Der BGH sieht diese Gefahr und geht daher davon aus, dass begleitende Berichte, die sich darauf beschränken, lediglich einen Anlass für die Abbildung prominenter Personen zu schaffen, ohne dass die Berichterstattung einen Beitrag zur öffentli-

---

854 BGH GRUR 2007, 523, 526 – abgestuftes Schutzkonzept; NJW 2009, 757, 760 – Haftausgang.
855 BGH AfP 2010, 259.
856 Zuletzt: BGH AfP 2010, 259 m.w.N.
857 BGH NJW 2008, 3134 – Heide Simonis.
858 BGH WRP 2008, 1367, 1370 – Vermietung einer Ferienvilla.
859 BGH WPR 2008, 1363, 1366 – Shopping mit Putzfrau auf Mallorca.
860 BGH ZUM-RD 2009, 4, 7; ZUM-RD 2009, 7; ZUM-RD 2009, 11, 13 – Erkrankung eines Prominenten.
861 BGH GRUR 2009, 665, 667 – Sabine Christiansen mit Begleiter. Die Argumentation erscheint allerdings kritikwürdig. Insbesondere das Argument des BGH, die Medien könnten sich ja genehmigter Fotos bedienen, läuft darauf hinaus, dass Prominente ihr Erscheinungsbild in der Öffentlichkeit steuern können. Auch die Ausführungen, das Interesse der Medien an zeitnahen, aktuellen oder gar sensationellen Fotos hätte keinen Bezug zu einem als berechtigt anzuerkennenden Informationsinteresse, verkennen, dass die Medien gerade hierauf im publizistischen Wettbewerb angewiesen sind.

D. Rechtsfragen bei der Berichterstattung

chen Meinungsbildung erkennen lässt, nicht zur Rechtfertigung herangezogen werden können.[862] Mit dieser Aussage, die einer nachvollziehbaren Sorge entspringt, begibt sich der BGH allerdings in eine gefährliche, mit den Kommunikationsfreiheiten nur noch schwer zu vereinbarende inhaltliche Prüfung. Denn der BGH weist gleichzeitig zu Recht auch darauf hin, dass den Gerichten eine inhaltliche Bewertung – etwa als wertvoll oder wertlos, seriös oder unseriös – untersagt ist. Damit dürfte es nach der Rechtsprechung des BGH, von Extremfällen abgesehen, unzulässig sein, eine Erörterung einer allgemein interessierenden Frage als Umgehung des Bildnisschutzes zu werten. Dass damit die Gefahr von Missbrauch nicht gebannt ist, ist letztlich als logische Konsequenz hinzunehmen. Das erscheint auch deshalb hinnehmbar, als die neuere Rechtsprechung gegenüber der Rechtsprechung vor der EGMR-Entscheidung zu Lasten der Medienfreiheiten geht und ein Zurückfallen hinter das Schutzniveau der Caroline II-Entscheidung nicht zu befürchten ist.

> **Praxistipp:** 297
> Um der neueren Rechtsprechung Rechnung zu tragen ist es künftig ratsam, auch in Fällen, in denen der Prominente sich nicht in örtlicher Abgeschiedenheit befindet, die Berichterstattung in den Kontext einer Frage von allgemeinem gesellschaftlichen Interesse zu setzen. Hohe Anforderungen werden nicht gestellt. Der Zusammenhang zwischen der abgebildeten Person und dem dargestellten Sachverhalt muss aber objektiv vorliegen und darf nicht nur konstruiert sein.

Auch die Abbildung sonstiger, sich normalerweise nicht in der Öffentlichkeit befindender Personen kann zulässig sein, wenn sie Teil eines Ereignisses von zeitgeschichtlicher Bedeutung sind. Diese Personengruppe, nach klassischer Terminologie **relative Personen der Zeitgeschichte**, zeichnet sich dadurch aus, dass sie in einem konkreten Kontext für eine meist zeitlich begrenzte Phase in das Licht der Öffentlichkeit tritt.[863] Nicht erforderlich ist, dass die Person bereits vor der Veröffentlichung einer breiteren Öffentlichkeit bekannt war.[864] Die hergebrachte Rechtsprechung hierzu ist nicht durch die neuere Caroline-Rechtsprechung tangiert und kann daher weiterhin herangezogen werden. Bei diesen Personengruppen müssen zwei Voraussetzungen erfüllt sein. Einerseits müssen die Personen in Bezug zu einem Ereignis aus dem Bereich der Zeitgeschichte stehen. Im Prinzip ist es unerheblich dabei, ob die Abgebildeten mit oder gegen ihren Willen in das Blickfeld der Öffentlichkeit geraten.[865] Maßgebend hierbei ist die Relevanz des Ereignisses, bloße Neugier und Sensationslust genügen nicht.[866] Typische Beispiele für solche Personen sind Beteiligte an einer Straftat, die über die Alltagskriminalität hinausgeht.[867] Hierfür ist die Schwere der Tat in der Regel das wichtigste Indiz, ein berechtigtes öffentliches Interesse kann sich aber auch aus Begleitumständen, den Tatbeteiligten, allgemeiner öffentlicher Anteilnahme oder bei Vorgängen innerhalb der öffentlichen Verwaltung, etc. ergeben.[868] Personen der Zeitgeschichte in diesem Sinn sind in erster Linie die Straftäter selbst,[869] aber auch die Beteiligten an Aufsehen erregenden Strafprozessen (auch Richter, 298

---

862 BGH ZUM-RD 2009, 11, 12 – Erkrankung eines Prominenten.
863 BGH GRUR 2006, 257.
864 Götting/*Schertz*/Seitz § 12 Rn. 41.
865 Wandtke/Bullinger/*Fricke* § 23 KUG Rn. 14. Allerdings spielt dieser Umstand eine Rolle bei der Interessenabwägung, insbesondere wenn es sich um Opfer von Straftaten handelt.
866 Löffler/*Steffen* LPG, § 6 Rn. 132.
867 Siehe hierzu auch Rdn. 337 ff., 349.
868 BVerfGE 119, 309, 321 – Folter in der Bundeswehr.
869 OLG Frankfurt NJW 1971, 47, 49; OLG Frankfurt ZUM 2007, 546, 548; OLG Hamburg NJW-RR 1991, 990, 991; AfP 1994, 232, 233; OLG Düsseldorf AfP 2002, 343, 345.

Staatsanwälte und Verteidiger)[870] und sogar die Opfer,[871] sofern sich das öffentliche Interesse nicht nur auf die Tat als solche bezieht. Angehörige der Opfer sind allerdings in der Regel keine Personen der Zeitgeschichte.[872]

299 Als Bildnis aus dem Bereich der Zeitgeschichte wird auch die Abbildung einer Person angesehen, die selbst keine absolute Person der Zeitgeschichte ist, die aber mit einer absoluten Person der Zeitgeschichte in der Öffentlichkeit auftritt oder die sich mit ihr zusammen oder an ihrer statt öffentlich präsentiert (sog. **Begleiter-Rechtsprechung**).[873] Der Auftritt stellt dann ein Ereignis aus dem Bereich der Zeitgeschichte dar und macht die Person damit zu einer relativen Person der Zeitgeschichte. Hieran ist auch nach der Caroline-Entscheidung des EGMR festzuhalten. Allerdings bedarf es insoweit einer Ergänzung, als bereits an der Darstellung der absoluten Person ein öffentliches Informationsinteresse bestehen muss.[874] Sofern also bereits die Veröffentlichung eines Bildnisses der absoluten Person der Zeitgeschichte unzulässig ist, gilt dies erst Recht in Bezug auf die Begleitperson.[875] Da das Interesse lediglich abgeleitet ist, wird die Abbildung der Personen unzulässig, wenn der Bezug zu der in der Öffentlichkeit stehenden Person erlischt, etwa aufgrund einer Trennung.[876]

300 **Weitere Beispiele** für relative Personen der Zeitgeschichte sind: Auch wenn regelmäßig Strafprozesse die größte öffentliche Aufmerksamkeit erhalten, können auch Beteiligte an zivil- oder öffentlich-rechtlichen Rechtsstreiten relative Personen der Zeitgeschichte sein,[877] ebenso Zeugen von Untersuchungsausschüssen.[878] Auch verantwortliche Personen im Zusammenhang mit der Aufarbeitung von Missständen, insbesondere im staatlichen Bereich, so z.B. eine stellvertretende Gefängnisleiterin einer Strafanstalt in der DDR.[879] Auch eine erhebliche Überschreitung der zulässigen Höchstgeschwindigkeit auf einer Autobahn kann eine Person zur relativen Person der Zeitgeschichte machen.[880] Relative Personen der Zeitgeschichte sind auch Leistungssportler in Bezug auf ihre Tätigkeit, sofern sie nicht bereits so prominent sind, dass sie sogar zu »public figures« geworden sind.[881]

301 Keine relativen Personen der Zeitgeschichte sollen sein Zeugen an einer Unfallstelle,[882] Polizisten im Einsatz während einer Demonstration,[883] es sei denn das Bild dokumentiert Missstände bei der Polizei[884] und Anwälte, die lediglich presserechtliche Belange wahrnehmen, auch wenn der Mandant selbst Prominenter oder aufgrund eines Strafverfahrens Person der Zeitgeschichte ist, weil eine normale presserechtliche Auseinandersetzung

---

870 BVerfGE 119, 309, 322 – Folter in der Bundeswehr.
871 Bei Opfern sind allerdings deren berechtigten Interessen gem. §23 Abs. 3 KUG in besonders hohem Maße zu berücksichtigen, vgl. OLG Hamburg NJW 1975, 649: Anspruch, nach der Tat nicht Gegenstand eines Fernsehspiel zu werden.
872 LG Köln AfP 1991, 757; Löffler/*Steffen* LPG, §6 Rn. 136.
873 BVerfG NJW 2001, 1921, 1923 – Ernst August von Hannover. BGH NJW 2004, 1795.
874 Löffler/*Steffen* LPG, §6 Rn. 133.
875 BGH ZUM 2007, 397 – Lebensgefährtin von Herbert Grönemeyer; KG ZUM 2005, 73, 74 – Lebensgefährtin von Herbert Grönemeyer; ebenso Götting/Seitz/*Schertz* §12 Rn. 47.
876 OLG Frankfurt AfP 1987, 526.
877 KG ZUM-RD 2008, 119 (für identifizierende Wortberichterstattung); LG Hamburg AfP 1999, 523.
878 OLG Celle AfP 1989, 575.
879 LG Hamburg AfP 1994, 321.
880 BGH GRUR 2006, 257, 259. Hierbei muss allerdings berücksichtigt werden, dass es sich um eine Person handelt, die der Öffentlichkeit bereits bekannt war.
881 BGH GRUR 1979, 425 – Fußballkalender.
882 OLG Karlsruhe GRUR 1989, 823.
883 OLG Karlsruhe AfP 1980, 64.
884 OVG Saarland AfP 2002, 545. *Kohl* FS für Martin Löffler, 1980, S. 127, 136 ff.; Löffler/*Steffen* LPG, §6 Rn. 134.

D. Rechtsfragen bei der Berichterstattung

selbst in der Regel kein zeitgeschichtliches Ereignis darstellt.[885] Keine relative Person der Zeitgeschichte ist auch ein Kellner, der einen prominenten Straßenmusiker nicht als solchen erkennt und vom Bürgersteig vertreibt.[886] Ein Steuerberater, in dessen Mülltonne lesbare Unterlagen seiner Mandanten gefunden wurden, ist ebenfalls nicht als relative Person der Zeitgeschichte angesehen worden.[887]

Bei Hinzuziehung dieser Beispielen, insbesondere bei der Aufzählung von Personen, die keine relativen Personen der Zeitgeschichte sein sollen, darf aber nicht zu schematisch und vereinfachend vorgegangen werden. Aus dem Charakter der Rechtsfigur ergibt sich gerade, dass es auf das konkrete Ereignis ankommt, in dessen Zusammenhang die Person steht. Insofern kann jede Person, auch die zuvor aufgezählten, zu einer relativen Person der Zeitgeschichte werden. Die Aufzählung bietet daher allenfalls für die Standardsituationen Anhaltspunkte.[888] **302**

Zweite Voraussetzung für die Abbildungsfreiheit relativer Personen der Zeitgeschichte ist, dass die Abbildung in einem **zeitlichen und thematischen Kontext** zu dem zeitgeschichtlichen Ereignis steht.[889] Häufig haben Ereignisse nur für sehr kurze Zeit, u.U. sogar nur für wenige Tage öffentliches Interesse. Eine feste zeitliche Grenze gibt es aber nicht, vielmehr kommt es darauf an, ob im konkreten Fall noch ein aktuelles Interesse der Öffentlichkeit besteht. So kann z.B. auch ein zwei Jahre zurückliegendes Ereignis noch in diesem Sinn aktuell sein, wenn es im Wahlkampf um die Aufarbeitung des »Partylebens« eines Politikers geht.[890] In extremen Fällen kann der zeitliche Kontext fast vollständig zurücktreten. So hat das LG Berlin z.B. im Fall einer RAF-Terroristin entschieden, dass die Taten der RAF die Geschichte der Bundesrepublik in einer solch einzigartigen Weise geprägt haben, dass auch heute noch ein zeitgeschichtliches Interesse besteht, das eine Berichterstattung rechtfertigt.[891] Konsequenz der Notwendigkeit einer Einzelfallbeurteilung bzw. -abwägung und der sich ändernden Maßstäbe ist, dass der BGH generelle Verbote einer Bildnisveröffentlichung ebenso ablehnt wie eine Anwendung des Grundsatzes, dass vom einem Unterlassungsgebot auch kerngleiche Verletzungshandlungen erfasst sind.[892] **303**

Nicht entscheidend ist, ob das Bildnis das zeitgeschichtliche Ereignis selbst abbildet. Auch **kontextneutrale Bildnisse** sind zulässig. Die gegenteilige Auffassung hat sich aufgrund der Entscheidungen des BVerfG und des BGH[893] zu Recht nicht durchsetzen können. In der Ferienvilla-Entscheidung hat der BGH präziser von einer »kontextgerechten« Bildberichterstattung gesprochen.[894] Da bei einem kontextneutralen Bildnis oftmals ein geringerer Eingriff in das Persönlichkeitsrecht als bei einem das Ereignis abbildenden Bildnis vorliegt, gibt es auch keinen Grund, aufgrund der neueren Rechtsprechung des EGMR hiervon abzuweichen. **304**

---

885 LG Berlin AfP 2007, 164, n. rkr.; LG Berlin NJW-RR 2000, 555; anders, wenn am Prozessgegenstand ein Informationsinteresse besteht: Wandtke/Bullinger/*Fricke* § 23 KUG Rn. 16.
886 OLG Karlsruhe GRUR-RR 2009, 415 – Bordsteinduell.
887 OLG Frankfurt NJW-RR 1990, 1439.
888 OVG Saarland AfP 2002, 545. *Kohl* FS für Martin Löffler, S. 127, 136 ff.; Löffler/*Steffen* LPG, § 6 Rn. 134.
889 BGH GRUR 1966, 102, 103 – Spielgefährtin.
890 LG Hamburg ZUM-RD 2008, 75.
891 LG Berlin AfP 2008, 282.
892 BGH ZUM 2008, 437; WRP 2010, 104- Kinder von Franz Beckenbauer. A.A. bei kontextneutralen Bildnissen: OLG Hamburg AfP 2008, 623 kritisch hierzu: *Mann* AfP 2008, 566. Angesichts der neueren Entscheidung des BGH dürfte die Rechtsprechung des OLG Hamburg allerdings nicht zu halten sein.
893 BVerfG NJW 2001, 1921; BGH GRUR 2004, 592, 594.
894 BGH WRP 2008, 1367, 1370 – Vermietung einer Ferienvilla.

305 Checkliste:

Nach der Rechtsprechung des BVerfG[895] ist die Verwendung eines kontextneutralen Bildnisses zur Bebilderung einer Berichterstattung über ein zeitgeschichtliches Ereignisses zulässig, wenn

- das Bildnis den Betroffenen nicht in besonders unglücklichen Situationen oder besonders unvorteilhaft darstellt,
- sich durch den Wechsel des Kontextes der Sinngehalt des Bildnisses nicht verändert,
- die Verwendung des Bildnisses in dem anderen Zusammenhang keine zusätzlichen Beeinträchtigungen bewirkt.

b) § 23 Abs. 1 Nr. 2 KUG – Bilder einer Landschaft oder sonstigen Örtlichkeit mit Personen als Beiwerk

306 Das Gesetz spricht hier ausdrücklich von Bildern und macht damit deutlich, dass es bei dem Bild nicht auf die abgebildeten Personen ankommen darf. Erfasst sind aber von vornherein nur die Fälle der Abbildung erkennbarer Personen, weil es anderenfalls bereits an den Voraussetzungen des § 22 KUG fehlt.

307 Charakteristikum dieser Ausnahme ist, dass die Darstellung der Örtlichkeit deutlich im Vordergrund stehen muss, die Örtlichkeit also nach dem Gesamteindruck den Gehalt des Bildes prägt.[896] Als Kontrollüberlegung dient dabei die Frage, ob sich Gegenstand und Charakter des Bildes ändern würden, wenn die Person nicht auf dem Foto wäre.[897] So wurde ein Werksangehöriger, der beiläufig zwischen Containern und Gabelstaplern abgebildet wurde, als bloßes Beiwerk angesehen.[898] Nicht erfasst von der Ausnahme sind aber die Fälle, in denen es gerade darum geht, Personen oder Personengruppen abzubilden. Wenn es also darum geht, eine Reitergruppe im Freien darzustellen,[899] Wanderer im Gebirge,[900] Radfahrer auf der Straße,[901] eine Kindergruppe anlässlich der Neueröffnung einer Schule[902] oder Nacktbadende am Strand,[903] ist § 23 Abs. 1 Nr. 2 KUG nicht einschlägig. Erst Recht gilt das bei einzelnen Personen, etwa wenn eine Frau an einem Flughafenschalter so im Vordergrund steht, dass sie sofort auffällt.[904]

308 Wichtig bei der Beurteilung ist die Frage, ob sich ein objektiv vorhandener Zweck der Veröffentlichung ermitteln lässt. Insofern kommt es für die Beurteilung auch darauf an, in welchem Kontext sie erfolgt und inwiefern ein etwaiger Begleittext sich mit dem Bild auseinandersetzt. Dies schließt indes nicht völlig aus, Bilder unter § 23 Abs. 1 Nr. 2 KUG zu subsumieren, bei denen Menschen das Bild mitprägen. So wird zu Recht etwa das Veröffentlichen des Bildes einer Fußgängerzone mit Passanten in einem Film über Weihnachtseinkäufe ohne Einwilligung für zulässig erachtet, solange nicht einzelne Personen besonders herausgehoben werden.[905]

---

895 BVerfG NJW 2001, 1921.
896 BGH GRUR 1979, 732 – Fußballtor; OLG München NJW 1988, 915, 916.
897 OLG München ZUM 1997, 390; OLG Oldenburg NJW 1989, 400; OLG Karlsruhe GRUR 1989, 823.
898 OLG Frankfurt AfP 1984, 115.
899 OLG Düsseldorf GRUR 1970, 618.
900 OLG Frankfurt NJW-RR 1986, 1118.
901 LG Oldenburg AfP 1987, 536.
902 OLG Frankfurt MMR 2004, 683.
903 OLG Oldenburg NJW 1989, 400.
904 LG Köln MDR 1965, 658.
905 Götting/*Schertz*/Seitz § 12 Rn. 63.

D. Rechtsfragen bei der Berichterstattung

Nicht mehr als bloßes Beiwerk können Personenabbildungen angesehen werden, wenn **309** die Personen vergrößert, herausgeschnitten oder alleingestellt werden, da das Bild dann zum Bildnis wird.[906] In diesem Zusammenhang stellen sich auch Fragen in Bezug auf neue Angebote im Internet wie z.B. Webcams oder beim Google-Street-View-Projekt. Regelmäßig dürften die abgebildeten Personen wohl als Beiwerk anzusehen sein. Daran ändert auch die implementierte Zoom-Funktion nichts, denn der Zoom wird nicht vom Verbreiter, sondern vom Betrachter betätigt.[907] Allein das Zurverfügungstellen einer solchen Funktion dürfte nicht ausreichend sein, dieses Verhalten dem Verbreiter zuzurechnen, zumal jeder Internetbrowser über derartige Funktionen verfügt. Es ist daher de lege lata auch nicht überzeugend, wenn aus § 23 Abs. 2 KUG ein generelles Widerspruchsrecht hergeleitet wird, denn allein die Geltendmachung begründet noch kein berechtigtes Interesse.

c) § 23 Abs. 1 Nr. 3 KUG – Bilder von Versammlungen und ähnlichen Vorgängen

Nach dem Wortlaut des Gesetzes muss die abgebildete Person an einer Versammlung, **310** einem Aufzug oder einem ähnlichen Vorgang teilgenommen haben. Überwiegend wird aus dem Kriterium der Teilnahme gefordert, dass die Personen den kollektiven Willen haben müssen, etwas Gemeinsames zu tun.[908] Insofern findet eine Abgrenzung zu bloßen Menschenansammlungen (z.B. U-Bahn-Fahrgäste, Sonnenbadende) statt. Nicht erforderlich ist hingegen, anders als dies beim verfassungsrechtlichen bzw. öffentlich-rechtlichen Begriff der Versammlung angenommen wird, dass die Versammlung auf Teilhabe an der öffentlichen Meinungsbildung gerichtet ist.[909] Unstreitig fallen unter § 23 Abs. 1 Nr. 3 KUG neben Demonstrationen daher auch unterhaltende Veranstaltungen wie Sportveranstaltungen, Karnevalsumzüge, der Christopher-Street-Day oder die Loveparade. Auch Tagungen und Kongresse sind erfasst.[910] Nach überwiegender Meinung muss es sich aber um Vorgänge handeln, die sich in der Öffentlichkeit abspielen und von dieser wahrgenommen werden können.[911] Nicht erforderlich ist hingegen, dass die Öffentlichkeit zahlenmäßig unbegrenzt oder der Zugang unentgeltlich ist.[912]

Umstritten ist, wie private Versammlungen zu bewerten sind, die sich in der Öffentlichkeit etwa in Kirchen oder auf Friedhöfen, etc. abspielen. Das LG Köln hat bei Trauerfeiern § 23 Abs. 1 Nr. 3 KUG grundsätzlich für anwendbar gehalten.[913] Allerdings erhält § 23 Abs. 2 KUG hier besonderes Gewicht. Insbesondere vor dem Hintergrund der EGMR-Entscheidung, die den Schutz der Privatsphäre auch auf öffentlich zugängliche Örtlichkeiten erweitert hat, wird man bei rein privaten Veranstaltungen, ohne dass ein konkretes öffentliches Interesse ermittelbar ist, in aller Regel annehmen müssen, dass einer Veröffentlichung berechtigte Interessen i.S.v. § 23 Abs. 2 KUG entgegenstehen. Die Angehörigen haben daher das Recht, einer Bildberichterstattung zu widersprechen.[914] Großauf- **311**

---

906 *Dreier*/Schulze § 23 Rn. 15.
907 Ebenso *Jahn*/Striezel K&R 2009, 753, 757 und *Lindner* ZUM 2010, 292, 294, die auch auf mittlerweile in der öffentlichen Diskussion im Vordergrund stehenden datenschutzrechtlichen Aspekte eingehen.
908 OLG München NJW 1988, 915, 916; Götting/*Schertz*/Seitz § 12 Rn. 69; *Dreier*/Schulze § 23 Rn. 1; Wandtke/Bullinger/*Fricke* § 23 KUG Rn. 29; Schricker/*Götting* § 60/§ 23 KUG Rn. 52.
909 Vgl. BVerfGE 104, 92, 104.
910 Götting/*Schertz*/Seitz § 12 Rn. 69; *Dreier*/Schulze § 23 Rn. 1; Wandtke/Bullinger/*Fricke* § 23 KUG Rn. 29; Schricker/*Götting* § 60/§ 23 KUG Rn. 52.
911 Götting/*Schertz*/Seitz § 12 Rn. 69; Wandtke/Bullinger/*Fricke* § 23 KUG Rn. 29; *Dreier*/Schulze § 23 Rn. 19.
912 Zu ersterem: *Dreier*/Schulze § 23 Rn. 19.
913 LG Köln AfP 1994, 246.
914 So auch Götting/*Schertz*/Seitz/§ 12 Rn. 68. Das gilt insbesondere, wenn es sich um Angehörige von Opfern von Verbrechen handelt, vgl. LG Köln NJW 1992, 443.

nahmen einzelner Trauernden sind in der Regel ohnehin unzulässig.[915] Bei Prominenten oder bei Aufsehen erregenden Todesfällen wird eine Interessenabwägung im Einzelfall notwendig sein, bei offiziellen Feiern wie Staatsbegräbnissen handelt es sich in der Regel sogar um Ereignisse aus dem Bereich der Zeitgeschichte, so dass eine, dem Anlass entsprechende Berichterstattung auch unter Verwendung von Bildern möglich sein muss. Etwas weniger kritisch, im Prinzip aber nach den gleichen Grundsätzen zu behandeln sind andere halböffentliche Ereignisse wie z.B. Hochzeitsfeiern.

312 Bei Demonstrationen geht die inzwischen wohl h.M. davon aus, dass auch Polizeibeamte an der Veranstaltung i.S.d. § 23 Abs. 1 Nr. 3 KUG teilnehmen.[916] Sie nehmen zwar nicht »auf Seiten der Veranstaltung« teil, werden aber Teil des Geschehens. Der Umstand, dass Polizei anwesend war, gehört wesentlich zu einer Berichterstattung über das Ereignis, ist häufig sogar einer der wichtigsten Informationen. Rein praktisch lässt sich häufig auch kaum trennen zwischen den einzelnen sich vor Ort befindlichen Personen. Werden Polizisten in besonders relevante Vorkommnisse verwickelt oder handelt es sich sogar um Missstände, können Polizisten wie jede Person auch zu relativen Personen der Zeitgeschichte werden.[917] Ist dies aber nicht der Fall, ist die gezielte Heraushebung einer Polizisten unzulässig.[918] Neben den besonderen Bedingungen polizeilicher Arbeit spricht hierfür auch, dass Polizisten in der Regel nicht freiwillig an der Veranstaltung teilnehmen.

313 Demgegenüber ist bei unverfänglicheren Ereignissen im Einzelnen umstritten, ob und in welchen Fällen einzelne Personen gezielt optisch herausgehoben werden dürfen. Rechtsprechung hierzu ist rar, der BGH hat die Frage offengelassen.[919] Unstreitig ist, dass nicht die gesamte Veranstaltung abgebildet sein muss, ausreichend ist es, wenn repräsentative Ausschnitte veröffentlicht werden.[920] Ebenfalls weitgehend Einigkeit besteht darin, dass Abbildungen einzelner Personen, bei der die Person nicht pars pro toto für die Veranstaltung, sondern als Eigenpersönlichkeit abgebildet wird, nicht unter die Ausnahmevorschrift fallen. Anders sieht es hingegen aus, wenn die Person als Sprecher oder Anführer einer Veranstaltung oder Demonstration auftritt, da sich in diesen Fällen die Person bewusst in den Vordergrund (Redner, Aufspannen eines Spruchbandes, Tätlichkeiten) drängt und somit zu einer relativen Person der Zeitgeschichte wird.[921] Einigkeit besteht auch noch insoweit, als Bildnisse, die die Person in peinlichen Situationen oder in sonstiger, besonders unvorteilhaft erscheinender Weise darstellen, nicht zulässig sind.[922] Im Übrigen gehen die Meinungen auseinander. Zum Teil wird eine herausgehobene Abbildung generell für unzulässig gehalten.[923] Demgegenüber halten andere es für zulässig, wenn einzelne Personen abgebildet werden, wenn es darum geht, z.B. bei Sportveranstaltungen Stimmungen oder Charakteristika des Teilnehmerkreises zu transportieren. In solchen Fällen stehe nicht die Darstellung des Individuums als solches im Vorder-

---

915 Wandtke/Bullinger/*Fricke*, § 23 KUG Rn. 29.
916 Götting/*Schertz*/Seitz § 12 Rn. 69; *Dreier*/Schulze § 23 Rn. 20; Wandtke/Bullinger/*Fricke* § 23 KUG Rn. 32; Wenzel/*von Strobl-Albeg* Kap. 8 Rn. 52. A.A. noch *Rebmann* AfP 1982, 189, 193; restriktiv wohl auch: Schricker/*Götting* § 60/§ 23 KUG Rn. 52.
917 Siehe hierzu auch Ziff. 9 der Verhaltensgrundsätze für Presse/Rundfunk und Polizei zur Vermeidung von Behinderungen bei der Durchführung polizeilicher Aufgaben und der freien Ausübung der Berichterstattung vom 26.11.1993, AfP 1993, 646.
918 Wenzel/*von Strobl-Albeg* Kap. 8 Rn. 52.
919 BGH GRUR 1979, 732 – Fußballtor lässt jedenfalls Heraushebungen nicht zu, wenn damit fast das gesamte Bild ausgefüllt wird. Siehe aber LG Stuttgart AfP 1989, 765; LG Hamburg AfP 2008, 100, 102.
920 OLG Hamburg GRUR 1990, 35; LG Stuttgart AfP 1989, 765; *Dreier*/Schulze § 23 Rn. 19.
921 *Dreier*/Schulze § 23 Rn. 21.
922 Wenzel/*von Strobl-Albeg* Kap. 8 Rn. 51 unter Rückgriff auf § 23 Abs. 2 KUG.
923 Götting/*Schertz*/Seitz § 12 Rn. 67; Schricker/*Götting* § 60/§ 23 KUG Rn. 54.

grund.[924] Eine vermittelnde Linie will die Zulässigkeit auf die Abbildung von Personen beschränken, die sich durch ihr Verhalten besonders exponieren.[925] Letztere Auffassung erscheint sachgerecht, da die Personen durch ein bewusstes Herausheben aus der Öffentlichkeit kundtun, dass es ihnen gerade nicht darum geht, »in der Masse zu verschwinden«. Andererseits erscheint es fraglich, ob es gerechtfertigt ist, einzelne Personen, bloß weil sie repräsentativ sind, ihres Bildnisschutzes zu entheben. In vielen Fällen lässt sich allerdings die Situation über eine ausdrückliche oder konkludente Einwilligung lösen (wenn z.B. auf Aufnahmen ausdrücklich durch gut sichtbare Aushänge oder auf Eintrittskarten hingewiesen wird).[926]

d) § 23 Abs. 1 Nr. 4 KUG – Bildnisse im höheren Interesse der Kunst, die nicht auf Bestellung angefertigt sind

Dieser Ausnahme kommt nur geringe praktische Relevanz zu. Voraussetzung ist, dass die Verbreitung zum Zwecke der Kunst erfolgt, ohne dass das Bildnis selbst Kunst sein muss. Dass bei der Bildnisverbreitung wirtschaftliche Motive eine Rolle spielen, ist unschädlich, weil auch der Künstler seine Existenzgrundlage sichern muss.[927] Stehen demgegenüber wissenschaftliche, unterhaltende oder wirtschaftliche Motive im Vordergrund greift § 23 Abs. 1 Nr. 4 KUG nicht.[928] »Nicht auf Bestellung« bedeutet, dass kein ausdrücklicher Auftrag vorliegen darf, gleichgültig ob er entgeltlich oder unentgeltlich ist, die bloße Anregung hingegen ist unschädlich.[929]

e) § 23 Abs. 2 KUG – Berechtigtes Interesse

§ 23 Abs. 2 KUG stellt die Rückausnahme der Tatbestände des § 23 Abs. 1 KUG dar. Sofern man dem BGH folgt und bereits auf der Ebene des Tatbestandsmerkmals des »Bereichs der Zeitgeschichte« eine Abwägung der widerstreitenden Grundrechte vornimmt, kommt § 23 Abs. 2 KUG jedenfalls für § 23 Abs. 1 Nr. 1 KUG nur noch die Funktion eines Auffangtatbestands zu. Im Übrigen kommt es an dieser Stelle zu einer umfassenden Güterabwägung.[930]

Für den Bildnisschutz Prominenter im Rahmen von § 23 Abs. 1 Nr. 1 KUG gilt seit der Entscheidung des EGMR und den nachfolgenden Entscheidungen des BGH und des BVerfG, dass allein die Bekanntheit einer Person keine Veröffentlichungsbefugnis mehr begründen kann. Lässt sich jedoch – und sei es nur ein schwaches – Informationsinteresse der Allgemeinheit begründen, kommt es zur Abwägung der widerstreitenden Interessen, wie auch bei den übrigen Varianten des § 23 Abs. 1 KUG. Auf Seiten des Betroffenen ist vor allem von Bedeutung, wie tief der Eingriff in das Persönlichkeitsrecht erfolgt. Die beiden Grundrechte stehen sich dabei grundsätzlich gleichwertig gegenüber, keines der beiden Grundrechte kann generell den Vorrang für sich verlangen.[931] Die Abwägung erfolgt unter bildnisschutzspezifischen, im Prinzip aber ähnlichen Grundsätzen wie bei der Wortberichterstattung. Es kann aber nicht generell davon ausgegangen werden, dass eine Bildberichterstattung einen tiefergehenden Eingriff in das Persönlichkeitsrecht darstellt als eine Wortberichterstattung.[932]

---

924 Wenzel/von Strobl-Albeg Kap. 8 Rn. 51; Löffler/Steffen LPG, § 6 Rn. 138.
925 Wandtke/Bullinger/Fricke § 23 KUG Rn. 31. Ähnlich, dann aber unter § 23 Abs. 1 Nr. 1 KUG subsumierend: Dreier/Schulze § 23 Rn. 19.
926 Weitergehend: Wenzel/von Strobl-Albeg Kap. 8 Rn. 51.
927 OLG München ZUM 1997, 388, 391 – Schwarzer Sheriff; Schricker/Götting § 60/§ 23 KUG Rn. 72.
928 OLG Hamburg ZUM 2004, 309 – Fußballspieler in Computerspiel.
929 Schricker/Götting § 60/§ 23 KUG Rn. 71.
930 Zu den Grundsätzen der Interessenabwägung siehe auch Rdn. 76 ff.
931 BVerfGE 35, 202, 225 – Lebach; EGMR M&R 2009, 298.
932 BVerfG NJW 2000, 2194, 2195.

317 Es kann auch nicht generell gegen eine Bildnisveröffentlichung eingewandt werden, dass eine Berichterstattung auch ohne Bildnisveröffentlichung möglich wäre. Die Entscheidung hierüber gehört unzweifelhaft zum Grundrechtsschutz der Medien. Das BVerfG hat zudem anerkannt, dass die Personalisierung ein wichtiges publizistisches Mittel zur Erregung von Aufmerksamkeit darstellt und vielfach erst das Interesse an Problemen weckt und den Wunsch nach Sachinformationen begründet.[933]

318 Als berechtigtes Interesse kommt in der Regel das Persönlichkeitsrecht des Abgebildeten in seinen Ausprägungen jenseits des bloßen Rechts am eigenen Bild in Betracht. Die Verletzung berechtigter Interessen kann aus der Bildnisveröffentlichung unmittelbar selbst resultieren. Das ist vor allem der Fall, wenn durch die Veröffentlichung der **Schutz vor Indiskretion** verletzt wird.[934] Während ein Eingriff in die Sozialsphäre in der Regel nicht ausreichend ist, um ein zunächst festgestelltes öffentliches Interesse zu beseitigen, kann der Schutz vor Eingriffen in die Intim-, die Privat- und die Geheimsphäre berechtigte Interessen darstellen. Ausnahmsweise kann auch im Bereich der Sozialsphäre ein berechtigtes Interesse bestehen, etwa wenn ein Angeklagter auf ein gerichtliches Pixelungsgebot vertrauen kann[935] oder wenn die Gefahr von Stigmatisierung droht.[936]

319 Berechtigte Interessen stehen entgegen, wenn mit der Bildnisveröffentlichung Details aus der **Intimsphäre** veröffentlicht werden. Eingriffe in die Intimsphäre sind generell unzulässig.[937] Damit steht die Veröffentlichung von Nacktaufnahmen in der Regel unter einem generellen Einwilligungsvorbehalt.[938] Bei der Verfügung über den eigenen nackten Körper ist den Abgebildeten ein erweitertes Steuerungsrecht zuzubilligen. Daher muss jemand, der sich nackt auf einem FKK-Gelände aufhält, es nicht dulden, dass eine Nacktaufnahme von ihm veröffentlicht wird, auch wenn er sich nackt in die Öffentlichkeit begeben hat.[939] Erst recht muss niemand dulden, dass zufällig erfolgte Entblößungen, insbesondere von Geschlechtsteilen, veröffentlicht werden.[940] Im Gegenteil kommt hier erschwerend die besondere Peinlichkeit der Situation und der Umstand, dass die Entblößung unbeabsichtigt erfolgt ist, hinzu. Nicht zur Intimsphäre zählend und damit abwägungsoffen sind allerdings gezeichnete Nacktdarstellungen, etwa im Rahmen satirischer Werke, weil hier kein Anschein einer realen Darstellung entsteht.[941] Grundsätzlich ist auch bei Nacktdarstellungen das Vorverhalten zu berücksichtigen. Wer sich für ein Herrenmagazin nackt fotografieren lässt, kann es daher nicht generell verhindern, wenn hierüber unter Verwendung der Bildnisse auch andere Medien berichten.[942] Allerdings sind im Interesse der Abgebildeten besonders strenge Anforderungen an die Form der Berichterstattung zu stellen. Die Abgebildeten müssen daher eine informierende anlassbezogene, u.U. sogar satirische Bildberichterstattung hinnehmen, nicht aber eine Veröffentlichung als Aufmacher oder in besonders reißerischer Form, insbesondere wenn die Veröffentlichung nur der bloßen Sensationslust dient.[943]

---

933 BVerfGE 101, 361, 390 – Caroline von Monaco II.
934 Zum Schutz vor Indiskretion und der Einteilung in die verschiedenen Sphären siehe Rdn. 24 ff.
935 KG AfP 2010, 395.
936 Siehe hierzu Rdn. 337 ff., 349 ff.
937 Siehe hierzu auch Rdn. 30 ff.
938 BGH GRUR 1985, 398, 399 – Nacktfoto; OLG Dresden, AfP 2010, 402.
939 LG München NJW 2004, 617. Fraglich ist allerdings, ob sich das – richtige – Ergebnis mit einer Verletzung der Intimsphäre begründen lässt.
940 OLG Hamburg AfP 1972, 150; ZUM 2006, 639, 640 – entblößte Brust, wobei das OLG mit der Vermutung, dass das Malheur nicht völlig unbeabsichtigt erfolgt ist, eine schwere Persönlichkeitsverletzung mit der Konsequenz einer Geldentschädigung verneint hat.
941 OLG Dresden AfP 2010, 402.
942 OLG Hamburg AfP 1992, 159; OLG Hamburg GRUR 1996, 123, 124; OLG Frankfurt NJW 2000, 594; Schricker/*Götting* § 23 KUG Rn. 103 f.
943 OLG Hamburg GRUR 1996, 123, 124; Wandtke/Bullinger/*Fricke* § 23 KUG Rn. 40.

D. Rechtsfragen bei der Berichterstattung

Ebenfalls regelmäßig unzulässig ist die Abbildung eines Menschen in der konkreten Situation seines Todes.[944] Allerdings kann auch hier – etwa bei prominenten Politikern – im Einzelfall ein überragendes Informationsinteresse der Allgemeinheit bestehen, das eine dezente, die Würde des Dargestellten achtende Veröffentlichung rechtfertigt. 320

Während bis zur EGMR-Entscheidung die **Privatsphäre** in räumlicher Hinsicht auf den häuslichen bzw. räumlich abgeschiedenen Bereich beschränkt war, hat das BVerfG unter Bestätigung der Rechtsprechung des BGH den Schutz der Privatsphäre auch auf – lokal – öffentliche Alltagssituationen ausgedehnt, in denen der Prominente erwarten darf, keinen Bildnachstellungen ausgesetzt zu sein.[945] Dies ist etwa der Fall, wenn sich eine Person etwa im Urlaub einem besonderen Entspannungsbedürfnis hingibt. Ob eine solche, den Schutz verstärkende Entspannungssituation besteht, muss aber konkret geprüft werden. Allein der Urlaubsaufenthalt reicht pauschal nicht als Rechtfertigung zur Überwindung eines, wenn auch nicht sehr hohen allgemeinen Informationsinteresse an einer Aufnahme aus. Insoweit kommt es auch darauf an, unter welchen Umständen die Aufnahmen entstanden sind.[946] 321

Daneben kommen insbesondere der **Wahrheitsschutz und der Ehrschutz** als berechtigte Interessen in Betracht. Auch wenn das Persönlichkeitsrecht nicht das Recht gibt, nur so in der Öffentlichkeit dargestellt zu werden, wie er sich selbst gerne sehen möchte,[947] muss umgekehrt niemand hinnehmen, z.B. in einem unzutreffenden Zusammenhang abgebildet zu werden. Unter dem Gesichtspunkt des Ehrschutzes oder des Schutzes vor Indiskretion stehen berechtigte Interessen in der Regel entgegen, wenn Personen in kompromittierenden oder auch nur peinlichen Situation (z.B. beim Nasebohren) gezeigt werden. 322

Unter diesem und weniger unter dem Gesichtspunkt der Intimsphäre stellt eine Fotomontage von Köpfen Prominenter mit fremden Körpern in obszönen Stellungen eine massive Verletzung des Persönlichkeitsrechts dar.[948] Generell sind unter dem Gesichtspunkt des Wahrheitsschutzes auch Bildmanipulationen oder Fotomontagen regelmäßig unzulässig. Deshalb ist auch ein in den Proportionen mehr als nur unerheblich manipuliertes Bildnis auch im Rahmen einer Satire unzulässig, wenn die Manipulation für den Betrachter nicht erkennbar ist.[949] Anders sieht es aus, wenn die Manipulation gerade als Stilmittel der Satire eingesetzt wird. Sie ist dann als solche erkennbar und muss unter besonderer Berücksichtigung des Wesens der Satire und ggf. der Kunstfreiheit vorgenommen werden.[950] 323

Besonderen Schutz genießen **Minderjährige**, weil sie gerade ihre Persönlichkeit entwickeln und daher in besonderem Maß von entwicklungsbeeinträchtigenden Einwirkungen abgeschirmt werden müssen. Auch die elterliche Hinwendung erfährt einen besonderen Schutz. Dieser verstärkte Schutz leitet sich nicht lediglich reflexartig vom Schutz des Kindes ab, sondern besteht eigenständig, so dass auch der Persönlichkeitsschutz der Eltern eine Verstärkung durch Art. 6 GG erfährt.[951] Allerdings ist auch bei einer Verstärkung des Persönlichkeitsschutzes durch Art. 6 GG stets noch eine Güterabwägung erfor- 324

---

944 OLG Hamburg AfP 1983, 466, 468.
945 BVerfGE 120, 180, 198 – Caroline von Hannover.
946 BVerfGE 120, 180, 198 und 223 f. – Caroline von Hannover.
947 BVerfGE 97, 125, 148 f. – Caroline von Monaco I; 97, 391, 403 – Namensnennung; BGH GRUR 2006, 255, 257 – Ron Sommer.
948 OLG Köln NJW-RR 2002, 1700.
949 BGH GRUR 2006, 255, 257.
950 BVerfG GRUR 2005, 500, 502 – Ron Sommer; BGH GRUR 2006, 255, 257. Zur Satire siehe auch Rdn. 353 ff.
951 BVerfGE 101, 361, 385 – Caroline von Monaco II.

derlich.⁹⁵² So sind zwar Abbildungen von Minderjährigen bzw. von Eltern mit ihren Kindern in privaten Situationen in der Regel unzulässig. Allerdings relativiert sich der Schutz von Eltern und Kind entsprechend, wenn sie sich bewusst in die Öffentlichkeit begeben, dann ist es den Medien gestattet, anlassbezogen zu berichten.⁹⁵³ Das gilt vor allem dann, wenn die Minderjährigen sich eigenständig mit Billigung der Eltern in der Öffentlichkeit bewegen, insbesondere, wenn sie sich der Volljährigkeitsgrenze nähern.⁹⁵⁴ Allerdings verschwindet der besondere Persönlichkeitsschutz Minderjähriger auch dann nicht vollends.⁹⁵⁵ Besonders ausgeprägt ist der Schutz, wenn es um jugendliche Straftäter geht. Hier ist in der Regel selbst bei schwersten Delikten, die zudem eine erhebliche öffentliche Aufmerksamkeit auf sich gezogen haben, eine Bildnisveröffentlichung unzulässig.⁹⁵⁶

325 Gegenstand der Prüfung und Abwägung ist nicht das Bildnis allein, sondern auch der **Kontext**, in dem es steht. Dieser Grundsatz gilt nicht nur für die Ermittlung des Informationsinteresses, sondern auch bei der Beurteilung der berechtigten entgegenstehenden Interessen.⁹⁵⁷ Insbesondere eine Bildkommentierung spielt dabei eine Rolle. So liegen berechtigte Interessen vor, wenn jemand im Zusammenhang mit einer Kinoreportage über Mörder abgebildet und somit in Verbindung mit den Vorgängen gebracht wird, obwohl er mit den berichteten Mordfällen nichts zu tun hatte.⁹⁵⁸ Regelmäßig wird eine negative Begleitberichterstattung stärker das Persönlichkeitsrecht beeinträchtigen, umgekehrt beseitigt aber auch eine wohlwollende Berichterstattung grundsätzlich nicht das Schutzbedürfnis des Abgebildeten, vor allem, wenn sie minderjährig sind.⁹⁵⁹

326 Aufgrund dieser Einzelfallbetrachtung kann im Fall einer Rechtsverletzung nicht schlechthin die Verwendung eines Bildnisses untersagt werden, sondern nur die konkrete Veröffentlichung, sofern nicht bereits die Verbreitung eines Bildnisses an sich unzulässig ist, etwa weil es die Intimsphäre verletzt. Denn es kann in aller Regel nicht generell ausgeschlossen werden, dass das Bildnis in einem anderen zeitgeschichtlichen Kontext zulässigerweise veröffentlicht wird.⁹⁶⁰

327 Berechtigte Interessen können auch aus einem **Anonymitätsinteresse** heraus resultieren, insbesondere wenn es um Gerichts- oder Verdachtsberichterstattung geht.⁹⁶¹ Hier ist aber besonders zu berücksichtigen, dass die Bildnisveröffentlichung häufig eine zusätzliche erhebliche Prangerwirkung entfaltet, weil damit die Person auch im öffentlichen Raum erkannt wird.

328 Auch die **Umstände, unter denen das Bildnis entstanden ist**, spielen eine Rolle. Die Rechtsprechung hat hier vor allem die einschlägigen Praktiken von Paparazzi im Blick, wenn die Bildnisse also unter Ausnutzung von Heimlichkeit mit Hilfe moderner Technik oder beharrlicher Nachstellung entstanden sind.⁹⁶² Auch hier kommt es aber auf den Einzelfall an. So hielt es das OLG Karlsruhe für zulässig, einen bekannten und politisch aktiven Rechtsanwalt mit Kriminalbeamten im Rahmen einer Durchsuchung in seinen hell erleuchteten Kanzleiräumen von außerhalb des Grundstücks zu filmen und dies zu

---

952 BGH WRP 2010, 104, 106 – Kinder von Franz Beckenbauer.
953 BGH AfP 2004, 534, 536 – Springturnierfotos II.
954 BGH WRP 2010, 104, 106 – Kinder von Franz Beckenbauer.
955 BVerfG ZUM 2005, 556, 557.
956 OLG Hamburg ZUM 2010, 61, 62 f.
957 BGH WPR 2008, 1363, 1366 – Shopping mit Putzfrau auf Mallorca.
958 BGH GRUR 1962, 324 – Doppelmörder.
959 BVerfG ZUM 2005, 556, 557.
960 BVerfGE 120, 180, 207 – Caroline von Hannover; BGH WRP 2010, 104 – Kinder von Franz Beckenbauer.
961 Siehe hierzu Rdn. 337 ff., 349 ff.
962 BGH WRP 2008, 1363, 1366 – Shopping mit Putzfrau auf Mallorca.

veröffentlichen.⁹⁶³ Besonders schwerwiegend ist es aber, wenn die Informationsbeschaffung rechtswidrig war.⁹⁶⁴ Im Interesse der Medienfreiheiten, die nur bei möglichst umfassender Informationsbeschaffung gewährleistet ist, kann allerdings die Art und Weise der Beschaffung von Fotos nur ausnahmsweise als rechtswidrig angesehen werden.⁹⁶⁵ In der Praxis kommen hier vor allem Aufnahmen unter Verletzung des § 201a StGB oder unter Verletzung des Hausrechts in Betracht. Da die Veröffentlichung auch von rechtswidrig erlangtem Material in den Schutzbereich des Art. 5 GG fällt, bedarf es im Fall der Veröffentlichung rechtswidrig beschaffter Bildnisse einer umfassenden Interessenabwägung.⁹⁶⁶ Das BVerfG geht dabei aber davon aus, dass die rechtswidrige Informationsbeschaffung regelmäßig ein Verbot der Veröffentlichung nach sich zieht, sofern nicht ein Informationsinteresse der Allgemeinheit die Nachteile des Betroffenen eindeutig überwiegt.⁹⁶⁷ In der Regel ist es für eine Veröffentlichung daher erforderlich, wenn damit seinerseits erhebliche, insbesondere rechtwidrige Missstände aufgedeckt werden und damit ein überragendes öffentliches Interesse an der Aufdeckung besteht.⁹⁶⁸ Besonders schwer wiegt es, wenn sich die Rechtsverletzung gerade aus dem Allgemeinen Persönlichkeitsrecht des Betroffenen ableitet. In solchen Fällen ist eine Veröffentlichung nur in besonderen Ausnahmefällen zulässig.⁹⁶⁹

329 Zugunsten des Abgebildeten ist auch in Rechnung zu stellen, wenn **kommerzielle Bestandteile des Persönlichkeitsrechts** betroffen sind.⁹⁷⁰ Das gilt namentlich in der nichtgenehmigten Verwendung für die Werbung, aber auch für alle Formen des Merchandisings.⁹⁷¹ Allerdings dürfen Bildnisse auch in kommerziellem Zusammenhang zunächst einmal verwendet werden, wenn die Werbung sich mit einem Ereignis aus dem Bereich der Zeitgeschichte beschäftigt. Ist das der Fall, stehen berechtigte Interessen meist nur dann entgegen, wenn die Werbung eine sonstige Verletzung des Persönlichkeitsrechts enthält oder durch die konkrete Gestaltung der Eindruck entsteht, der Betroffenen identifiziere sich mit dem beworbenen Produkt, empfehle es oder preise es an. Letzeres ist offensichtlich bei kritisch-satirischen Darstellungen nicht der Fall.⁹⁷² Handelt es sich hingegen um eine Bildnisverwendung im redaktionellen Zusammenhang, bleibt es bei der hergebrachten Rechtsprechung des BVerfG, dass das allgemeine Persönlichkeitsrecht nicht im Interesse der Kommerzialisierung gewährleistet ist.⁹⁷³ Hiergegen kann nicht eingewendet werden, dass eine kommerzielle Verwendung vorliege, weil die Verwendung der Auflagensteigerung und damit kommerziellen Interessen diene, denn dies träfe auf alle privatwirtschaftlich organisierten Medien zu. Zulässig ist auch die Verwendung eines Prominentenbildnisses, wenn es um die Bewerbung redaktioneller Erzeugnisse geht, in denen die abgebildete Person behandelt wird.⁹⁷⁴ Nicht erforderlich ist dabei, dass das gleiche Bildnis im redaktionellen Teil verwendet wird, solange das Persönlichkeitsrecht nicht hierdurch eine zusätzliche Beeinträchtigung erfährt, was wiederum der Fall wäre, wenn der – unzutreffende – Eindruck erweckt würde, der Prominente identifiziere sich mit dem Medium.⁹⁷⁵

---

963 OLG Karlsruhe ZUM 2006, 571.
964 Siehe Rdn. 111 ff. zur Rechtmäßigkeit der Informationsbeschaffung und Rdn. 333 ff. zur Veröffentlichung.
965 BGH NJW 2008, 3134, 3137 – Heide Simonis.
966 BVerfGE 66, 116, 137 – Der Aufmacher.
967 BVerfGE 66, 116, 139 – Der Aufmacher.
968 BVerfGE 66, 116, 139 – Der Aufmacher.
969 Soehring § 21 Rn. 30.
970 Siehe hierzu Rdn. 15 ff., 63 ff.
971 BGH WRP 2000, 746, 753 – Marlene Dietrich.
972 BGH GRUR 2007, 139 – Rücktritt des Finanzministers.
973 BVerfGE 101, 361, 385 – Caroline von Monaco II.
974 BGHZ 151, 26 – Marlene Dietrich II.
975 BGHZ 151, 26, 33 – Marlene Dietrich II.

330 Sonstige berechtigte Interessen können insbesondere eine besondere Gefährdung der Sicherheit der Personen durch die Veröffentlichung sein, z.B. die Gefahr einer Entführung.[976]

331 **Prüfungsschema:**

Liegt ein Bildnis vor?
- Abbildung eines Menschen
- Identifizierbarkeit

Liegt eine wirksame Einwilligung vor?
- Vermutung gem. § 22 Abs. 1 Satz 2 KUG
- Ausdrücklich oder konkludent?
- Erfasst die Einwilligung die konkrete Verwendung?
- Kein Widerruf oder Anfechtung

Ist eine Einwilligung wegen Vorverhaltens ausnahmsweise nicht erforderlich?

Ist die Verbreitung ohne Einwilligung möglich gem. § 23 KUG?
- Liegt ein Fall des § 23 Abs. 1 KUG vor?
- Stehen berechtigte Interessen i.S.v. § 23 Abs. 2 KUG entgegen (= konkrete Interessenabwägung)?

9. § 33 KUG

332 § 33 KUG setzt die nach §§ 22, 23 KUG rechtswidrig erfolgte Verbreitung von Bildnissen unter Strafe, ist aber ein Antragsdelikt (§ 33 Abs. 2 KUG). Der Antrag muss innerhalb von drei Monaten ab Kenntnis des Betroffenen gestellt werden (§ 77d StGB). Die Vorschrift hat kaum praktische Relevanz, Fälle in denen es zu einer Verurteilung gekommen wäre, sind nicht bekannt.[977] Der Grund mag sein, dass § 33 KUG ein Privatklagedelikt ist.

III. Sonderfälle

1. Veröffentlichung rechtswidrig erlangter Informationen

333 In der journalistischen Arbeit gelangen insbesondere Vertreter der investigativen Medien häufig zu der Frage, ob die Veröffentlichung rechtwidrig erlangter Informationen zulässig ist.[978] Die Gesetze geben hierzu nur punktuell etwas her. Am praxisrelevantesten dürfte dabei die Regelung des § 201 Abs. 2 Satz 3 StGB sein, wonach die Veröffentlichung rechtswidrig hergestellter Aufnahmen des nichtöffentlich gesprochenen Worts bei überragendem öffentlichem Interesse gerechtfertigt ist.

334 Für die übrigen Fälle gelten die grundsätzlichen Ausführungen, die das BVerfG in der **Aufmacher-Entscheidung**[979] gemacht hat. Danach fällt im Gegensatz zur rechtswidrigen Beschaffung die Verbreitung rechtswidrig erlangter Informationen in das Grundrecht der Presse- bzw. Rundfunkfreiheit. Wegen der Unverbrüchlichkeit des Rechts gilt der Grundsatz, dass bei rechtswidriger Beschaffung von Informationen auch deren Verbreitung rechtswidrig ist. Gleichwohl kann im Rahmen der stets notwendigen Einzelinteressenabwägung die Veröffentlichung zulässig sein. Voraussetzung ist aber, dass das Informationsinteresse der Öffentlichkeit eindeutig die Nachteile für den Betroffenen überwiegt. Das ist wiederum in der Regel der Fall, wenn die Information Zustände oder

---

976 BVerfG NJW 2000, 2890, 2891; BVerfGE 119, 304, 324 – Folter in der Bundeswehr.
977 Siehe auch *Schertz* AfP 2005, 421, 423.
978 Zur Beurteilung, ob eine Informationsbeschaffung rechtswidrig war, siehe Rdn. 108 ff.
979 BVerfGE 66, 116, 137.

Verhaltensweisen offenbart, die erhebliche Missstände, namentlich erhebliche Rechtsbrüche darstellen.[980] Eine Sonderproblematik in diesem Zusammenhang stellt die Verwendung von Filmmaterial dar, das mit versteckter Kamera gedreht wurde. Das **Drehen mit versteckter Kamera** ist zwar nicht per se rechtswidrig, verletzt aber häufig fremde Haus- oder Persönlichkeitsrechte. Auch hier bedarf es stets einer Einzelfallabwägung.[981] Insofern kann auch nicht generell ein überragendes hohes Informationsinteresse verlangt werden, da es stets auch auf die Eingriffsintensität in die durch die Aufnahmen geschützten Rechtsgüter ankommt.

Dementsprechend unterschiedlich fallen die Entscheidungen der Gerichte aus. So hat das KG entschieden, dass die Ausstrahlung von Filmaufnahmen in Zügen der Deutschen Bahn, bei denen unter Einsatz eines Lockvogels das Diebstahlsrisiko veranschaulicht wurde, unzulässig war.[982] Zulässig war es aber, einen Arzt heimlich zu filmen, der im Verdacht stand, in Deutschland Genitalbeschneidungen an Mädchen durchzuführen.[983] Sind die Aufnahmen nur unter verhältnismäßig geringfügiger Rechtsverletzung, z.B. der Missachtung einfachen Hausrechts, zwar ohne, aber nicht gegen den Willen des Hausrechtsinhabers, durch Anfertigen von Aufnahmen in Ferienanlagen[984] oder auf Betriebsgeländen ohne Offenbarung von Betriebsgeheimnissen[985] entstanden, bedarf es keines »überragend« wichtigen öffentlichen Interesses für die Zulässigkeit der Veröffentlichung. Im Fall der Dokumentation von kritikwürdigen Zuständen in einem Tierversuchslabor hat das OLG Hamm in einer Reihe von Entscheidungen danach differenziert, ob der Veröffentlichende des rechtswidrig beschafften Materials offenkundig nicht bereit war, nach den Regeln des öffentlichen Meinungskampfs zu handeln, bzw. ob die Verwendung des Materials in einer inhaltlich zutreffenden und einigermaßen sachlichen Form erfolgt ist.[986] 335

Im Rahmen der Interessenabwägung spielt es auch eine Rolle, ob die Aufnahmen notwendig sind, um den **Missstand zu dokumentieren**.[987] Allerdings muss dabei auch berücksichtigt werden, dass bereits die filmische Dokumentation »vor Ort« gewesen zu sein, einem Bericht ein erhebliches Maß an Authentizität und Glaubwürdigkeit verschafft und daher leichte Verstöße gegen das Hausrecht überwinden kann.[988] 336

2. Verdachtsberichterstattung/laufende Strafverfahren

Im Rahmen der (Straf-)Gerichtsberichterstattung kommt es meist in der Praxis darauf an, inwieweit über wahre Tatsachen bzw. einen Verdacht berichtet werden darf, so z.B. ob ein Ermittlungsverfahren eingeleitet wurde oder ob über Details aus dem persönlichen Bereich, die in Zusammenhang mit der Straftat stehen, verbreitet werden dürfen. Damit hängt eng zusammen, ob über die betroffenen Personen, also Opfer, Täter und ggf. Zeugen namentlich oder in sonstiger Weise identifizierbar berichtet werden darf. 337

Während eines laufenden Gerichts- oder Ermittlungsverfahrens befinden sich die Medien im Rahmen der Verdachtsberichterstattung. Es gilt die Unschuldsvermutung zu beachten, die mit Verfassungsrang ausgestatteter Ausfluss des Rechtsstaatsprinzips[989] und zudem in Art. 6 Abs. 2 EMRK normiert ist, auch wenn sie sich zunächst gegen den Staat 338

---

980 BVerfGE 66, 116, 139.
981 BGH NJW 1998, 2141, 2143 – Appartmentanlage.
982 KG NJW 2000, 2210, 2211.
983 LG Berlin AfP 2001, 423, 424.
984 BGH NJW 1998, 2141, 2143 – Appartementanlage.
985 LG Köln, Urt. v. 28.1.2009, 28 O 704/08, n.v.
986 OLG Hamm ZUM-RD 2005, 131, 135 mit Hinweis auf die Parallelverfahren.
987 LG Leipzig ZUM-RD 2009, 95, 96.
988 LG Köln, Urt. v. 28.1.2009, 28 O 704/08, n.v.
989 BVerfGE 74, 358, 370.

und nicht unmittelbar gegen die Medien richtet.[990] Der Anwendungsbereich der Verdachtsberichterstattung ist indes nicht auf Berichte über Straftaten beschränkt, sondern umfasst generell die Verbreitung nicht feststehender, die Persönlichkeitsrechte Dritter beeinträchtigender Tatsachenbehauptungen. Nach den Grundsätzen der Verdachtsberichterstattung zu beurteilen ist daher auch die Verbreitung des Verdachts der Zusammenarbeit mit der Stasi[991] oder der Bundeskanzler habe Neuwahlen nur durchgesetzt, um in die Wirtschaft wechseln zu können.[992]

339 Da sich die Verdachtsberichterstattung nicht ohne weiteres in die Kategorie »Tatsachenbehauptung« einordnen lässt, hat die Rechtsprechung besondere Kriterien entwickelt.[993] Die Kriterien versuchen das Dilemma aufzulösen, dass einerseits bereits die Äußerung eines bloßen Verdachts Menschen dauerhaft stigmatisieren kann, etwa beim Verdacht des sexuellen Missbrauchs von Kindern. Auf der anderen Seite wäre es eine nicht hinnehmbare Einschränkung der Medienfreiheiten, wenn die Medien erst berichten dürften, wenn Straftaten oder andere ehrabschneidende Vorgänge nachgewiesen sind.

340 Um beiden berechtigten Interessen gerecht zu werden, verlangt die Rechtsprechung zunächst, dass ein **Mindestbestand an Beweistatsachen** vorliegt, der für den Wahrheitsgehalt der verbreiteten Information spricht.[994] Die bloße Einleitung eines Ermittlungsverfahrens reicht nicht unbedingt, weil sie auch Folge einer völlig haltlosen Beschuldigung durch einen Dritten sein kann.[995] Liegt hingegen ein Haftbefehl vor, so kann von einem Mindestmaß an Verdachtsmomenten ausgegangen werden, weil hierfür dringender Tatverdacht Voraussetzung ist (§ 112 Abs. 1 StPO). Vergleichbares gilt, wenn Anklage erhoben ist (§ 170 Abs. 1 StPO). Da den Medien häufig nicht alle Informationen für die Abwägung vorliegen, dürfen sie sich darauf verlassen, dass ein Mindestmaß an Beweistatsachen vorliegt, wenn entsprechend kundige Behörden, wie etwa die Staatsanwaltschaft eine Pressemitteilung veröffentlichen.[996]

341 Weiterhin ist für eine identifizierende Berichterstattung erforderlich, dass es sich um eine **Angelegenheit von öffentlichem Interesse** handelt. In der für die Berichterstattung über Straftaten grundlegenden ersten Lebach-Entscheidung hat das BVerfG den Grundsatz aufgestellt, dass auch Straftaten zum Zeitgeschehen gehören. Die Verletzung der allgemeinen Rechtsordnung, die Beeinträchtigung von Rechtsgütern der betroffenen Bürger oder der Gemeinschaft, die Sympathie mit den Opfern und ihren Angehörigen, die Furcht vor Wiederholungen solcher Straftaten und das Bestreben, dem vorzubeugen, begründeten ein durchaus anzuerkennendes Interesse an näherer Information über Tat und Täter.[997] Auf der anderen Seite sah es zu Recht die erheblichen persönlichkeitsrechtlichen Auswirkungen auf den Täter bzw. Verdächtigen, so dass es zu einer umfassenden Güterabwägung kommt, ob eine identifizierende Berichterstattung zulässig ist. Neben dem Umstand, dass für die Beschuldigten oder Angeklagten noch die Unschuldsvermutung gilt, kommt in Bezug auf die Bildberichterstattung über Gerichtsverfahren[998] hinzu, dass ein Teil der am Verfahren Beteiligten sich regelmäßig und in einer für sie belastenden Situation befindet und sie – im Fall der Zeugen und des Angeklagten – auch zur Anwe-

---

990 EGMR NJW 2008, 3412.
991 OLG Hamburg ZUM 2010, 606 – Gregor Gysi n.rk. Siehe zur Berichterstattung über Stasi-Mitarbeit ausführlich *Libertus* ZUM 2010, 221.
992 OLG Hamburg AfP 2004, 404.
993 Grundlegend hierzu: BGHZ 143, 199 – Verdachtsberichterstattung.
994 BVerfG NJW 2007, 2686, 2688; BGHZ 143, 199, 203 – Verdachtsberichterstattung; NJW 1997, 1148, 1149 – Stern TV.
995 Siehe aber OLG Düsseldorf AfP 1995, 500.
996 BVerfG AfP 2010, 365.
997 BVerfGE 35, 202, 230 f.
998 Zum Zugang zu Gerichtsverhandlungen siehe Rdn. 146 ff.

senheit verpflichtet sind.[999] Mitglieder des Spruchkörpers sowie Staatsanwaltschaft und Verteidigung können sich hingegen bei aufsehenerregenden Prozessen regelmäßig nicht auf ein Recht am eigenen Bild berufen, da es sich um Aufnahmen aus dem Bereich der Zeitgeschichte handelt, sofern nicht ausnahmsweise berechtigte Interessen entgegenstehen (vgl. § 23 Abs. 1 Nr. 1 KUG).[1000] Das kann der Fall sein, wenn konkrete Anhaltspunkte für eine Gefahr für die Sicherheit der Personen bestehen[1001] oder – beim Verteidiger – wenn der ungestörte Austausch mit seinem Mandaten nicht sichergestellt werden kann.[1002] Häufig bestehen sitzungspolizeiliche Anordnungen, dass Personen in der Berichterstattung »gepixelt« werden müssen. Diese haben zwar keine unmittelbare Wirkung für die Frage, ob eine hiergegen verstoßende spätere Veröffentlichung insbesondere durch nichtanwesende Dritte das Recht am Bild verletzt. Bei der Abwägung stellt aber das Vertrauen des Betroffenen in die Beachtung der Anordnung meist ein berechtigtes Interesse i.S.v. § 23 Abs. 2 KUG dar.[1003]

342 Relevant ist vor allem die **Bedeutung der Straftat** selbst. Die Bedeutung kann sich einerseits aus ihrer Schwere oder aus der spektakulären Tatbegehung ergeben.[1004] Als Anhaltspunkt im Hinblick auf den Anonymitätsschutz wird immer wieder auf die Unterscheidung zwischen Verbrechen und Vergehen verwiesen.[1005] Eine Straftat kann aber auch aus sonstigen Gründen eine besondere öffentliche Bedeutung haben. Je mehr sich die Straftat von der gewöhnlichen Kriminalität abhebt, desto stärker ist das Informationsinteresse zu gewichten.[1006] Wegen der besonders starken Gefahr einer nicht mehr zu beseitigenden Rufbeeinträchtigung ist meist bei normalen Personen eine identifizierende Berichterstattung nur in Fällen schwerer Kriminalität oder bei Straftaten, die die Öffentlichkeit besonders berühren, zulässig.[1007] Bei Alltagsdelikten ist meist wegen der Prangerwirkung eine identifizierende Berichterstattung unzulässig.[1008]

343 Ein berechtigtes Informationsinteresse besteht in der Regel bei Straftaten aus dem **Bereich des Staats**.[1009] In besonderem Maße müssen sich daher Politiker und staatliche Funktionsträger der kritischen Öffentlichkeit stellen, insbesondere dann, wenn die Tat im Zusammenhang mit der Ausübung ihrer Funktion steht.[1010] Auch außerhalb der staatlichen Sphäre kann sich aus der Prominenz des Täters das Recht zur identifizierenden Berichterstattung ergeben. Deshalb war es zulässig, über eine massive Geschwindigkeitsüberschreitung eines Prominenten zu berichten.[1011] Andererseits soll nach dem OLG Hamburg die Berichterstattung über die Festnahme eines Fernsehkommissars wegen Drogenkonsums mit der allerdings zweifelhaften Begründung unzulässig sein, dass dieser keine Vorbildfunktion innehabe, da er nur Schauspieler, nicht aber echter Kommissar sei.[1012] Das Gericht erkennt immerhin an, dass anderes dann gelten könne, wenn die Person sich in der Öffentlichkeit bewusst als Vorbild bzw. »Moralapostel« präsentiert hätte. Zwischen diesen beiden Gruppen und gewöhnlichen Straftätern bzw. Verdächtigen ste-

---

999 BVerfGE 119, 309, 323 – Folter in der Bundeswehr.
1000 BVerfGE 119, 309, 328 f. – Folter in der Bundeswehr.
1001 BVerfG ZUM 2007, 845, 846.
1002 BVerfGE 119, 309, 325 – Folter in der Bundeswehr.
1003 Instruktiv: KG AfP 2010, 395.
1004 BVerfGE 35, 202, 231 – Lebach I; BGHZ 143, 199, 207 – Verdachtsberichterstattung.
1005 Wenzel/*Burckhardt* Kap. 10 Rn. 191 unter Verweis auf OLG Frankfurt NJW 1980, 597.
1006 BVerfGE 119, 309, 321 – Folter in der Bundeswehr.
1007 BGHZ 143, 199, 207 – Verdachtsberichterstattung.
1008 OLG Nürnberg NJW 1996, 530.
1009 BVerfGE 119, 309, 328 – Folter in der Bundeswehr.
1010 EGMR NJW 2008, 3412; BVerfGE 119, 309, 328 – Folter in der Bundeswehr; BGHZ 143, 199, 207 – Verdachtsberichterstattung. OLG Karlsruhe ZUM-RD 2005, 452.
1011 BGH GRUR 2006, 257; bestätigt durch BVerfG NJW 2006, 2835.
1012 OLG Hamburg ZUM-RD 2006, 513.

hen Personen, die aufgrund ihrer sozialen und/oder beruflichen Stellung im u.U. auch nur regionalem Licht der Öffentlichkeit stehen. Hier besteht ein öffentliches Interesse meist dann, wenn die Tat im Zusammenhang mit der Tätigkeit steht, derentwegen die Person bekannt ist.[1013]

344 Die Person spielt auch insoweit eine Rolle, als **jugendliche Straftäter** herausgehobenen Schutz genießen. Zwar gilt auch für jugendliche Täter oder Tatverdächtige kein absoluter Schutz.[1014] Wegen der besonderen Schutzbedürftigkeit der noch nicht abgeschlossenen Persönlichkeitsentwicklung und dem besonderen Resozialisierungsinteresse ist meist aber eine identifizierende Berichterstattung selbst bei schwersten Delikten, die die Öffentlichkeit erheblich erregt haben, nicht zulässig.[1015] Wurde die Straftat als Minderjähriger verübt, ist zum Zeitpunkt der Berichterstattung der Täter aber volljährig, so kann das zwar in die Abwägung einfließen,[1016] eine erhöhte Schutzbedürfigkeit liegt aber weiterhin deshalb vor, weil der Täter der Gefahr ausgesetzt ist, durch das spätere Vorhalten seiner Tat seinen »Platz im Leben« nicht zu finden. Hierbei spielt auch eine Rolle, dass das Jugendstrafrecht deutlich kürzere Haftstrafen vorsieht und generell andere Maßstäbe an den Vollzug setzt.[1017]

345 Erforderlich ist in der Regel auch ein **Aktualitätsbezug**. Dass eine veraltete Berichterstattung, jedenfalls wenn die Ermittlungen eingestellt oder in sonstiger Weise eine für den Betroffenen positive Wendung genommen haben, unzulässig ist, versteht sich von selbst.[1018] Bei langandauernden Ermittlungs- oder Strafverfahren bedarf es hingegen eines Anlasses für die Berichterstattung, wobei dieser Anlass sowohl in neuen Ereignissen als auch neuen Erkenntnisse liegen kann.[1019]

346 Liegen diese Voraussetzungen vor, ist eine Berichterstattung grundsätzlich möglich, allerdings gelten für die Berichterstattung im Interesse der Betroffenen erhöhte Sorgfaltsmaßstäbe. Dies bedeutet zum eine **erhöhte Recherche- und Sorgfaltspflicht.** Aus dieser Recherchepflicht wiederum resultiert umgekehrt, dass die Medien Dritte, z.B. den Arbeitgeber, mit Verdachtsvorwürfen über ihre Mitarbeiter konfrontieren dürfen, ohne dass dies deren Persönlichkeitsrechte rechtswidrig verletzen würde.[1020] Zur Recherchepflicht gehört in der Regel auch, den Betroffenen zur Stellungnahme aufzufordern.[1021] In der eigentlichen Berichterstattung schlagen sich die erhöhten Maßstäbe darin nieder, dass eine einseitige, vorverurteilende Darstellung unzulässig ist. Daher müssen neben den belastenden auch die entlastenden Umstände genannt werden.[1022] Diese Maßstäbe gelten in erster Linie für Medien und sind nicht ohne Weiteres auf Äußerungen Privater zu übertragen, da sie erkennbar auf professionelle Institutionen zugeschnitten sind.[1023]

Im Übrigen ist im Zusammenhang mit der Berichterstattung über Strafverfahren zu beachten, dass aus der Anklageschrift oder anderen amtlichen Schriftstücken eines Straf-

---

1013 So für Wirtschaftsjournalisten, der im Verdacht stand, mit den Anlagevermittlern, über die er berichtet, gemeinsame Sache gemacht zu haben (OLG Düsseldorf AfP 1995, 500) oder den Vorwurf der Misshandlung von Patientinnen gegenüber einem bekannten Psychologen (OLG München NJW-RR 1996, 1487).
1014 BGH WRP 2010, 104, 106 – Kinder von Franz Beckenbauer; OLG Hamburg ZUM 2010, 61, 62 f.
1015 Vgl. OLG Hamburg ZUM 2010, 61, 62 f. zum Bildnisschutz.
1016 In Bezug auf die Veröffentlichung einer minderjährigen Tochter einer Prominenten: BGH ZUM 2004, 919.
1017 OLG Hamburg ZUM 2010, 61, 62 f.
1018 Siehe auch § 190 Satz 2 StGB.
1019 *Soehring* § 19 Rn. 37.
1020 LG Wiesbaden AfP 2010, 282.
1021 BGHZ 143, 199, 204 – Mitarbeiterin eines Straßenbauamts.
1022 BGHZ 143, 199, 203 f. – Mitarbeiterin eines Straßenbauamts; NJW 1997, 1148, 1149 – Stern TV.
1023 Jedenfalls starke Zweifel äußernd: BVerfG NJW 2007, 2685 f.

verfahrens, insbesondere der Ermittlungsakten nicht ganz oder in wesentlichen Teilen im Wortlaut berichtet werden darf, bevor diese in der öffentlichen Verhandlung erörtert worden sind oder das Verfahren abgeschlossen ist (§ 353d Nr. 3 StGB).

Im Nachhinein stellt sich zuweilen die Frage, ob die Medien zu einer Folgeberichterstattung gezwungen sind, wenn der Verdacht sich nicht bestätigt. Das BVerfG hat in der Caroline I-Entscheidung die Auffassung geäußert, dass kein rechtfertigender Grund ersichtlich sei, unwahre Behauptungen unberichtet zu lassen, wenn diese die Rechte Dritter fortwirkend beeinträchtigten.[1024] In diesem Fall ging es allerdings nicht um eine Verdachts-, sondern eine Tatsachenäußerung. Im Bereich der Verdachtsberichterstattung wurde nur in besonders gelagerten Ausnahmefällen von der Rechtsprechung ein Anspruch auf Folgeberichterstattung anerkannt.[1025] Jedenfalls müssen die Medien nicht von sich aus tätig werden.[1026]

347

Checkliste für Verdachtsberichterstattung:

- Bestehen eines Verdachts – Mindestmaß an Beweistatsachen
- Informationsinteresse der Allgemeinheit
- Aktualitätsbezug
- Erhöhte Sorgfaltspflicht: Durchführung zumutbarer Recherchen einschl. Einholung einer Stellungnahme des Betroffenen
- keine einseitige, vorverurteilende Darstellung; Darstellung be- und entlastender Umstände

348

3. Berichterstattung über abgeschlossene Strafverfahren

Ist jemand rechtskräftig verurteilt, so dürfen die Medien gemäß der ins Zivilrecht transformierten Regel des § 190 StGB davon ausgehen, dass der Verurteilte die Tat begangen hat.[1027] Das BVerfG hat in der ersten Lebach-Entscheidung[1028] bis heute gültige Grundsätze über die Berichterstattung über Straftaten aufgestellt. Letztlich kommt es auch hier auf eine Abwägung der Grundrechtspositionen an. Es ist Aufgabe der Medien über Straftaten zu berichten, da die Verletzung der allgemeinen Rechtsordnung oder einzelner Rechtsgüter, die Sympathie mit den Opfern, die Furcht vor Wiederholungen solcher Straftaten und das Bestreben, dem vorzubeugen, ein legitimes Informationsinteresse begründet.[1029] Es gilt daher der Grundsatz, dass derjenige, der sich außerhalb der Rechtsordnung gestellt hat, es grundsätzlich hinnehmen muss, dass sich die Öffentlichkeit mit seiner Tat beschäftigt.[1030] Er muss sich nicht nur den Strafgerichten, sondern auch gegenüber der Allgemeinheit verantworten. Andererseits ist es unstreitig, dass eine identifizierende Berichterstattung über rechtskräftig verurteilte Straftäter diese in ihrem Persönlichkeitsrecht erheblich beeinträchtigen kann.[1031] Wegen der großen Gefahr der Stigmatisierung, lässt die Rechtsprechung daher nur in bestimmten Fällen eine identifizierende

349

1024 BVerfGE 97, 125, 149.
1025 BGH NJW 1972, 431 allerdings beschränkt auf Pflicht zur Veröffentlichung einer Erklärung des Betroffenen; BVerfG AfP 1997, 619.
1026 Vgl. OLG Brandenburg NJW-RR 2003, 919, wonach der Betroffene auch eine Berichterstattung verbieten kann, die über die Ausräumung des Tatverdachts berichtet.
1027 BGH AfP 1985, 204 – Nachtigall II; siehe zum umgekehrten Fall des unter dem Gesichtspunkt des Art. 5 GG nicht unproblematischen § 190 Satz 2 StGB auch OLG Dresden AfP 1998, 410.
1028 BVerfGE 35, 202 – Lebach I.
1029 BVerfG NJW 2009, 3357.
1030 BVerfGE 35, 202, 231 – Lebach I; BVerfG NJW 2009, 3357.
1031 Grundlegend: BVerfGE 35, 202, 226 – Lebach I; BVerfG NJW 2006, 2835 – Geschwindigkeitsübertretung; BVerfG NJW 2009, 3357; BGHZ 178, 231 Rn. 33.

Berichterstattung zu. Dabei sind nach der Rechtsprechung vor allem folgende Gesichtspunkte zu berücksichtigen:

350 Die Grundsätze zur Ermittlung des Informationsinteresses sind im Wesentlichen die gleichen wie bei laufenden Strafverfahren, so dass diesbezüglich hierauf verwiesen werden kann.[1032] Im Stadium nach der Verurteilung kommen hingegen spezifische Gesichtspunkte hinzu, die vor allem das Schutzbedürfnis des Täters betreffen.

351 Entscheidendes Gewicht kommt dem **Berichtszeitpunkt** zu. Eine aktuelle Berichterstattung über schwere Straftaten ist unter Namensnennung in der Regel zulässig.[1033] Je länger der Zeitpunkt der Verurteilung zurückliegt, desto eher hat der Täter das Recht, nicht mehr in identifizierender Weise öffentlich mit der Tat konfrontiert zu werden.[1034] Ein wichtiger Abwägungsfaktor, aber kein Ausschlusskriterium ist die Tatsache, ob eine Vorstrafe getilgt ist.[1035] Besonders kritisch unter dem Gesichtpunkt der Resozialisierung ist eine Berichterstattung, die in engem zeitlichen Kontext mit der Haftentlassung steht.[1036] Hieraus resultiert aber nicht, dass der Täter einen Anspruch darauf hätte, nach Ablauf einer bestimmten Zeit überhaupt nicht mehr mit der Tat konfrontiert zu werden.[1037] Auch hier kommt es letztlich wieder auf den Einzelfall an. So ist einerseits entscheidend, inwieweit und für welchen Personenkreis der Täter identifizierbar ist. Können nur solche Personen den Täter identifizieren, die die Tat und die Umstände ohnehin kennen, ist eine Berichterstattung in der Regel zulässig.[1038] Der BGH hat in einer aktuellen Entscheidung es sogar für zulässig gehalten, ein Bildnis eines Prominenten anlässlich seines Haftausgangs unter dem Gesichtspunkt der demokratischen Kontrolle der Strafvollzugsbehörden zu veröffentlichen, weil in diesem Zusammenhang die Frage aufgeworfen wurde, ob der Person aufgrund ihrer Prominenz eine Sonderbehandlung gewährt würde.[1039]

352 Andererseits kommt es auch auf die **Art der Veröffentlichung** an. So kann die Ausstrahlung eines Fernsehspiels zur besten Sendezeit wegen der massiven Beeinträchtigung des Täters unzulässig sein,[1040] während ein nüchterner und objektiver Hinweis auf eine spektakuläre Straftat auch Jahre nach ihrer Begehung und in zeitlicher Nähe zur Haftentlassung im Rahmen eines Onlinearchivs zulässig sein. Insoweit erkennt der BGH in einer Reihe von Entscheidungen zugunsten von Deutschlandradio und Spiegel Online zum einen ein öffentliches Interesse auch an der Möglichkeit an, zeitgeschichtliche Ereignisse zu recherchieren. Außerdem greife es in erheblicher Weise in die Freiheit der Berichterstattung ein, wenn Medien einer permanenten Kontroll- und Überwachungspflicht im Hinblick auf ihre Onlinearchivbestände unterlägen. Prägnant formuliert der BGH, dass der Täter keinen Anspruch darauf habe, »dass Geschichte getilgt und der Täter immunisiert« würde.[1041] Erforderlich ist allerdings, dass die ursprünglich eingestellte Meldung rechtmäßig, insbesondere wahrheitsgemäß war. Der BGH berücksichtigt zudem, dass Name und Bildnisse der Täter nur durch gezielte Suche auffindbar waren und damit die Altnachrichten nur eine geringe Verbreitungswirkung hatten. Im gleichen Sinn hat in der Zwischenzeit der BGH im Fall von Online-Dossiers entschieden, wobei hier noch hinzu kam, dass die Abrufe kostenpflichtig waren.[1042]

1032 Siehe Rdn. 242 ff.
1033 OLG Hamburg ZUM-RD 2006, 513; OLG Nürnberg NJW 1996, 530.
1034 BVerfGE 35, 202, 233 – Lebach I; NJW 2009, 3357.
1035 BVerfG NJW 2006, 1865.
1036 BVerfGE 35, 202, 235 – Lebach I.
1037 BVerfG NJW 2000, 1859, 1860 – Lebach II.
1038 BVerfG NJW 2000, 1859, 1860 – Lebach II.
1039 BGH NJW 2008, 757, 760 – Haftausgang.
1040 BVerfGE 35, 202, 227 – Lebach I.
1041 BGH AfP 2010, 77 – Online-Archiv.
1042 BGH GRUR 2010, 549 – Online-Dossier.

4. Satire

Bei Äußerungen in Form von Satire stellen sich besondere Fragen zum einen aus ihrem 353
besonderen Wesen und zum anderen, weil hier ergänzend die Kunstfreiheit einschlägig sein kann. Dabei muss bereits auf der Deutungsebene dem Wesen der Satire Rechnung getragen werden. Satire und Karikatur ist es wesenseigen, mit Übertreibungen, Verzerrungen und Verfremdungen zu arbeiten.[1043] Der Aussage wird damit eine über das wirklich Gemeinte äußere Form übergestülpt, es ist daher zwischen Gesagtem und Gemeintem zu unterscheiden. Besonders weite Grenzen der Satire bestehen, wenn die Satire sich als Kunst präsentiert. Satire kann, muss aber nicht Kunst sein.[1044] Dies ist insoweit relevant, als die Kunstfreiheit nur verfassungsimmanenten Schranken unterworfen ist.

Satire kann sowohl durch die äußere Form, als auch durch den Aussagekern unzulässig 354
in Persönlichkeitsrechte eingreifen. Das vordergründig Gesagte kann trotz eines tieferliegenden Sinns unzulässig sein, wenn die Darstellung eine Formalbeleidigung oder Schmähkritik enthält. Trotz der Freiheiten der Übertreibung darf auch unter dem Deckmantel der Satire nicht die personale Würde einer Person verletzt werden. So ist vom BVerfG die Bezeichnung als »Krüppel«[1045] ebenso als unzulässig angesehen worden wie die Darstellung von Franz Joseph Strauß als kopulierendes Schwein.[1046] In dieser Entscheidung hat das BVerfG im Übrigen die Feststellung des Instanzgerichts bestätigt, dass auch der um die äußere Darstellung entkleidete eigentliche Aussagekern, Strauß empfinde ein »tierisches Vergnügen« an einer willfährigen Justiz, eine Verletzung des Persönlichkeitsrechts darstelle. Wie bei sonstigen Meinungsäußerungen auch müssen aber gerade Personen in besonders herausgehobenen Stellungen sich in besonderer Weise einer massiven, aber noch sachlichen Kritik stellen.[1047]

Mittels Satire dürfen auch keine unwahren Tatsachenbehauptungen transportiert werden. 355
Mit dieser im Prinzip richtigen, im konkreten Fall aber zweifelhaften Begründung hat das BVerfG eine Karikatur des damaligen Vorstandsvorsitzenden der Deutschen Telekom beanstandet. In der Karikatur war der Kopf mittels einer Fotomontage in eine Zeichnung eingebettet, wobei die Proportionen lediglich leicht verändert wurden, so dass der normale Zuschauer dies nicht erkennen konnte.[1048] Hiervon zu unterscheiden ist die übliche und bis zur Grenze der Schmähkritik zulässige unschwer erkennbare karikierende Überzeichnung einzelner Körpermerkmale.

E. Äußerungsrechtliche Ansprüche und ihre Durchsetzung

I. Übersicht und strategische Überlegungen

Regelmäßig wird der von einer Berichterstattung in seinen Rechten Betroffene vor allem 356
daran interessiert sein, diese Berichterstattung zu unterbinden. Möglicherweise ist er zudem auch an einer Berichtigung oder daran interessiert, für eine erlittene Rechtsverletzung finanziell entschädigt zu werden. Diese Ziele können mit den äußerungsrechtlichen Ansprüchen auf **Unterlassung**, **Gegendarstellung** oder **Widerruf** sowie **Schadenersatz**, **Geldentschädigung** oder **Bereicherungsausgleich** verfolgt werden.

1043 BVerfGE 75, 369, 377 – kopulierendes Schwein.
1044 BVerfGE 86, 1, 9 – Titanic.
1045 BVerfGE 86, 1, 13 – Titanic.
1046 BVerfGE 75, 369, 380 – kopulierendes Schwein.
1047 BVerfG NJW 1999, 2358 – Alle reden vom Klima.
1048 BVerfG WRP 2005, 595 – Ron Sommer.

8. Kapitel Äußerungsrecht

357 **Unterlassungsansprüche** haben dabei die in der Praxis deutlich größte Bedeutung, weil sie auf die sofortige Verhinderung einer (weiteren oder erstmals drohenden) Rechtsverletzung abzielen. Ansprüche auf Unterlassung können im Wege der Klage, aber vor allem auch durch einstweilige Verfügung durchgesetzt werden und sind verschuldensunabhängig. Dementsprechend ist der Anspruch auf Unterlassung das schnellste und effektivste Mittel, eine eingetretene oder bevorstehende Persönlichkeitsrechtsverletzung schnell zu unterbinden. Zudem wird die Durchsetzung eines Unterlassungsanspruchs in der Regel ohne Mitwirkung des Betroffenen nicht publik.

358 Ansprüche auf **Gegendarstellung** und/oder **Berichtigung** sind demgegenüber auf eine Korrektur der Erstveröffentlichung gerichtet, erfordern zu diesem Zweck aber die inhaltlich zutreffende Wiedergabe der Ausgangsmitteilung. Aus strategischer Sicht ist daher zu berücksichtigen, dass die Veröffentlichung einer Gegendarstellung oder einer Berichtigung der angegriffenen Veröffentlichung eine erneute Öffentlichkeitswirkung verleiht und damit möglicherweise auch einem Personenkreis bekannt wird, der die Ausgangsveröffentlichung bis dahin nicht zur Kenntnis genommen hat. Es lässt sich daher nicht ausschließen, dass die Durchsetzung von Gegendarstellungs- und Berichtigungsansprüchen eine eingetretene Rechtsverletzung eher perpetuiert, als sie auszuräumen. Hinzukommt, dass Ansprüche auf Gegendarstellung und Berichtigung nur gegenüber Tatsachenbehauptungen, nicht aber gegenüber Meinungsäußerungen geltend gemacht werden können und daher eine formal durchsetzbare Erklärung inhaltlich nicht immer im Interesse des Betroffenen liegen wird.

359 Der wesentliche inhaltliche Unterschied zwischen Gegendarstellung und Berichtigung liegt darin, dass es sich bei der Gegendarstellung um eine Erklärung des Verletzten handelt, die bestimmten formalen Anforderungen unterliegt, während es sich bei der Berichtigung (z.B. in Form der Richtigstellung, der Distanzierung oder des Widerrufs) um die Erklärung des Äußernden handelt, die ursprüngliche Behauptung werde richtig gestellt, widerrufen oder nicht weiter aufrecht erhalten. Dementsprechend hat die Berichtigung ein größeres Gewicht als die schlichte Gegendarstellung, zumal die Gegendarstellung (wie dem Leser oder Zuschauer bzw. Zuhörer regelmäßig bekannt ist oder durch einen entsprechenden Hinweis des Veröffentlichenden im unmittelbaren Zusammenhang mit der Gegendarstellung mitgeteilt werden kann, sog. **Redaktionsschwanz**) grundsätzlich ohne Rücksicht auf ihren Wahrheitsgehalt veröffentlicht werden muss. Prozessual besteht ein wesentlicher Unterschied zwischen Gegendarstellung und Berichtigung darin, dass Ansprüche auf Gegendarstellung nur im Wege der einstweiligen Verfügung durchgesetzt werden können, während der Anspruch auf Berichtigung dem Klageverfahren vorbehalten ist.

360 Der Anspruch auf **Schadenersatz** ist darauf gerichtet, den durch eine Veröffentlichung adäquat kausal hervorgerufenen materiellen Schaden wieder auszugleichen. Dabei besteht eine besondere Schwierigkeit für den Anspruchsteller regelmäßig darin, die Kausalität der Veröffentlichung für den geltend gemachten Schaden nachzuweisen. Der Anspruch auf **Geldentschädigung** soll demgegenüber einen durch eine Veröffentlichung hervorgerufenen immateriellen Schaden des Betroffenen ausgleichen. Ausgehend von der Überlegung, dass eine aufgrund einer Veröffentlichung eingetretene Persönlichkeitsrechtsverletzung grundsätzlich durch Unterlassung, Gegendarstellung und Berichtigung wieder ausgeglichen werden kann, ist der Anspruch auf Geldentschädigung nicht bei jeder Persönlichkeitsrechtsverletzung denkbar, sondern nur in Ausnahmefällen. Erforderlich ist dafür, dass eine besonders schwerwiegende, schuldhaft verursachte und nicht anders auszugleichende Persönlichkeitsrechtsverletzung vorliegt. Zusätzlich ist es erforderlich, dass ein unabweisbares Bedürfnis für eine Geldentschädigung besteht. Dementsprechend kommt eine Entschädigung nur als ultima ratio in Betracht, wenn sämtliche anderen

äußerungsrechtlichen Ansprüche die Verletzung des Persönlichkeitsrechts nicht ausgleichen konnten. Daraus folgt gleichzeitig, dass ein Anspruch auf Geldentschädigung regelmäßig nicht in Betracht kommt, wenn die anderen äußerungsrechtlichen Ansprüche nicht erhoben oder gerichtlich nicht durchgesetzt worden sind.

Nicht zuletzt aus diesem Grunde empfiehlt es sich, eine als persönlichkeitsrechtsverletzend empfundene Veröffentlichung unmittelbar nach erlangter Kenntnis jedenfalls im Wege der Unterlassung anzugreifen und ergänzend zu überlegen, Ansprüche auf Gegendarstellung und/oder Berichtigung geltend zu machen. Aus strategischer Sicht kann es sinnvoll sein, Ansprüche auf Gegendarstellung und/oder Berichtigung nicht mit dem vorrangigen Ziel geltend zu machen, sie tatsächlich (gegebenenfalls auch gerichtlich) durchzusetzen, sondern um sie als »Verhandlungsmasse« zu dem Zweck einzusetzen, die Veröffentlichung einer korrigierenden redaktionellen Berichterstattung, eines Leserbriefs oder eines Interviews zu erreichen, in deren bzw. dessen Rahmen die Ausgangsmitteilung korrigiert wird. Derartige Veröffentlichungen können im Einzelfall durchaus im Interesse beider Seiten liegen, weil das formale Gerüst einer Gegendarstellung bzw. eines Widerrufs vermieden wird und der Anspruchsteller in die Lage versetzt werden kann, seine Sicht des Sachverhalts darstellen zu können, ohne auf die Mitteilung von Tatsachen beschränkt zu sein. Der Anspruchsgegner kann an einer solchen Veröffentlichung interessiert sein, weil sie ohne Verwendung der Begriffe »Gegendarstellung« oder »Richtigstellung« gesichtswahrend in die reguläre Berichterstattung eingebunden werden kann. Dies wird vor allem dann gelingen, wenn ein »Aufhänger« für eine solche Mitteilung gefunden wird und auf keiner Seite der Parteien ein besonderes Interesse daran besteht, eine formell ordnungsgemäße Gegendarstellung oder eine formell ordnungsgemäße Berichtigung zu veröffentlichen. Der Anspruchsteller sollte dabei darauf bestehen, dass der Inhalt der korrigierenden Berichterstattung von ihm genehmigt werden muss, bevor die Veröffentlichung erfolgt. 361

II. Unterlassungsanspruch

Es handelt sich um einen der wichtigsten Ansprüche, da nur so sichergestellt werden kann, dass eine rechtsverletzende Veröffentlichung unterbleibt oder nicht wiederholt wird. Gleichzeitig wird mit dem Verbot einer bestimmten Äußerung oder Bildnisveröffentlichung massiv in das Äußerungsrecht der Medien eingegriffen,[1049] so dass die widerstreitenden – jeweils grundrechtlich geschützten – Interessen sorgfältig abgewogen werden müssen. 362

1. Rechtsgrundlagen

Der Unterlassungsanspruch ist spezial-gesetzlich nicht geregelt, sondern folgt aus einer entsprechenden Anwendung der §§ 823, 1004 BGB. Das aus Art. 1, 2 GG abgeleitete allgemeine Persönlichkeitsrecht einer natürlichen Person genießt genauso den Schutz eines »sonstigen Rechts« wie das so genannte Recht am Unternehmen.[1050] Ferner kommen Ansprüche aus § 823 Abs. 2 BGB in Verbindung mit besonderen Schutzrechten in Betracht, wenn gegen spezielle Vorschriften zum Schutz der persönlichen Ehre (§§ 185 ff. StGB) oder des höchstpersönlichen Lebensbereichs (§§ 201a ff. StGB) verstoßen worden ist. Ergänzend sind Ansprüche aus §§ 824, 826 BGB denkbar. Wendet sich der Betroffene gegen die unzulässige Veröffentlichung eines Bildnisses, folgt der Unterlassungsanspruch aus §§ 823, 1004 BGB i.V.m. §§ 22, 23 KUG. 363

1049 *Damm/Rehbock* Rn. 796.
1050 Vgl. oben Rdn. 19.

364 Es spielt keine Rolle, auf welchem technischen Wege (Print/Online/TV/Radio etc.) die als unzulässig empfundene Veröffentlichung erfolgt oder droht. Auch die Regelungen der §§ 7 ff. TMG enthalten keine eigene Anspruchsgrundlage für einen Anspruch auf Unterlassung, sondern Regelungen der Verantwortlichkeit des Diensteanbieters. Zu berücksichtigen ist allerdings, dass nach § 3 Abs. 2 TMG ein Unterlassungsanspruch gegen einen ausländischen Diensteanbieter nicht besteht, wenn dies nach dessen Heimatrecht ausgeschlossen ist.[1051]

2. Voraussetzungen

a) Rechtsverletzung

365 Der Anspruch auf Unterlassung setzt zunächst eine individuelle Rechtsverletzung des Anspruchstellers voraus. Im Bereich der **Wortberichterstattung** kann sich diese aus der Behauptung oder Verbreitung einer unwahren und ehrverletzenden Tatsachenbehauptung, der Behauptung oder Verbreitung einer wahren Tatsachenbehauptung, die einen rechtlich besonders geschützten Bereich der persönlichen Lebensgestaltung betrifft, oder der Äußerung eines Werturteils ergeben, das als Schmähkritik unzulässig ist.[1052] Da Werturteile, die die Grenze der Schmähkritik nicht überschreiten, regelmäßig nicht angreifbar sind, wird die oben vorgenommene Abgrenzung[1053] zwischen **Tatsachenbehauptung und Werturteil** hier in besonderer Weise praktisch relevant. Zu berücksichtigen ist dabei, dass Äußerungen stets als zusammenhängendes Ganzes unter Berücksichtigung ihres Kontextes und der Begleitumstände zu würdigen sind.[1054] Auszugehen ist insoweit vom Verständnis des Durchschnittsempfängers;[1055] für die Deutung einer Formulierung ist weder die subjektive Absicht des sich Äußernden noch das subjektive Verständnis des von der Äußerung Betroffenen maßgeblich.[1056] Entscheidend ist vielmehr, welche Bedeutung ein unvoreingenommenes und verständiges Publikum der Äußerung unter Berücksichtigung des allgemeinen Sprachgebrauchs und des sprachlichen Kontextes sowie der erkennbaren Begleitumstände, die den Sinn des Begriffs mitbestimmen, zumisst.[1057] Es ist daher auch denkbar, dass eine Äußerung jeweils in Abhängigkeit des konkreten Kontextes, in den sie gestellt ist, in dem einen Fall als Tatsachenbehauptung und in dem anderen Fall als Werturteil anzusehen ist. So ist der Begriff »Mord« auch dann, wenn er im Rahmen einer Berichterstattung über ein Tötungsdelikt verwendet wird, nicht zwingend als Tatsachenbehauptung dahin zu verstehen, dass ein Tötungsdelikt vorliegt, bei dem sämtliche Mordmerkmale verwirklicht sind.[1058] Auch der Begriff »Betrug« beschreibt nicht zwingend einen Sachverhalt, bei dem sämtliche Tatbestandsmerkmale des § 263 StGB erfüllt sind, sondern kann ebenso als subjektive Bewertung eines besonderen Missverhältnisses zwischen Leistung und Gegenleistung verstanden werden.[1059] Insbesondere bei der Verwendung von Fachtermini außerhalb der eigentlichen Fachkreise spricht einiges dafür, dass die Begriffe nicht entsprechend der fachlichen Definition verwendet und verstanden werden.[1060]

1051 OLG Hamburg ZUM 2008, 63.
1052 Vgl. oben Rdn. 207; vgl. Wenzel/*Burkhardt* Kap. 12 Rn. 5; *Damm/Rehbock* Rn. 799.
1053 Zur näheren Abgrenzung siehe oben Rdn. 194 f.
1054 BVerfG NJW 1996, 1529, 1530; BGH NJW 2000, 656, 657; AfP 2007, 46, 48.
1055 Wenzel/*Burkhardt* Kap. 4 Rn. 43.
1056 BVerfG, NJW 2006, 207, 208 – »IM-Sekretär« Stolpe.
1057 BGH NJW 2008, 2262, 2264.
1058 Vgl. BGH GRUR 1974, 797, 798 – Fiete Schulze.
1059 Vgl. BGH NJW 2002, 1192, 1993.
1060 Vgl. Wenzel/*Burkhardt* Kap. 4 Rn. 23 ff.

Da sich eine Verletzung des Persönlichkeitsrechts auch aus **verdeckten Äußerungen** 366
ergeben kann,[1061] können Unterlassungsansprüche nicht nur gegenüber offen ausgesprochenen Äußerungen, sondern auch gegenüber Aussagen geltend gemacht werden, die sich aus dem Gesamtzusammenhang einer bestimmten Passage »zwischen den Zeilen« ergeben. Eine solche verdeckte Tatsachenbehauptung kann aber nur dann angenommen werden, wenn die offenen Aussagen nicht nur einen Denkanstoß für den Leser beinhalten, der zu eigenen Schlussfolgerungen anregt, sondern eine zusätzliche eigene Sachaussage enthalten, die sich dem Leser als unabweisliche Schlussfolgerung nahe legt.[1062] Der geltend gemachte Unterlassungsanspruch muss dann klar erkennen lassen, welche Aussagen konkret zu unterlassen sind,[1063] damit klar ist, welche Teile der ursprünglichen Aussage von dem erstrebten Unterlassungsgebot erfasst sind.

Abzugrenzen von den verdeckten Tatsachenbehauptungen **sind mehrdeutige Äußerungen**. 367
Wie oben bereits ausgeführt wurde,[1064] kann Mehrdeutigkeit nur dann angenommen werden, wenn sich nach der Auslegung der Äußerung kein eindeutiger Sinn ergibt. Ist nach einer der verbleibenden (und nicht fernliegenden) Deutungsvarianten eine Rechtsverletzung gegeben, können Unterlassungsansprüche geltend gemacht werden.[1065] Gibt der Äußernde seiner mehrdeutigen Äußerung (nach der Abmahnung) einen eindeutigen Inhalt, dürften Unterlassungsansprüche des Betroffenen hinsichtlich der Ausgangsmitteilung ausscheiden, jedenfalls keine strafbewehrte Unterlassungserklärung erfordern, weil nach einer Klarstellung die Gefahr der Wiederholung der mehrdeutigen Äußerung nicht mehr bestehen wird.[1066]

Es entspricht allerdings der ständigen Rechtsprechung, dass nicht jede Behauptung einer 368
unwahren Tatsache zu einem Unterlassungsanspruch führt. Vorausgesetzt ist vielmehr, dass der Betroffene gerade durch die Abweichung des Inhalts der Aussage von der Wahrheit in seinem sozialen Geltungsanspruch beeinträchtigt wird[1067] und dadurch in seinem allgemeinen Persönlichkeitsrecht verletzt ist.[1068] Dies bedeutet, dass es einen absoluten Schutz vor der Behauptung unwahrer Tatsachen nicht gibt. Hinzu kommt, dass es auch keinen Schutz des Betroffenen davor gibt, von der Presse anders dargestellt zu werden, als er sich selber sieht bzw. wie er von anderen wahrgenommen werden möchte. Voraussetzung eines Unterlassungsanspruchs ist auch hier eine verfälschende Darstellung, die von nicht ganz unerheblicher Bedeutung für die Persönlichkeitsentfaltung ist.[1069] Liegt lediglich eine so genannte **wertneutrale Falschbehauptung** vor, etwa dahin, der Betroffene fahre ein rotes Auto, während er tatsächlich ein schwarzes fährt, scheiden Unterlassungsansprüche von vornherein aus. Im Bereich der Bildnisveröffentlichung ergeben sich die Grenzen der Zulässigkeit unmittelbar aus §§ 22, 23 KUG.[1070]

b) Begehungsgefahr

Es ist allgemein anerkannt, dass Unterlassungsansprüche nicht erst dann in Betracht 369
kommen, wenn eine Rechtsverletzung eingetreten ist, sondern bereits im Vorfeld einer Veröffentlichung geltend gemacht werden können, wenn eine Rechtsverletzung droht.

1061 Vgl. oben Rdn. 185.
1062 Vgl. BVerfG ZUM 2004, 560, 561, BGH NJW 2000, 656, 657; AfP 1994, 295, 297; Schwartmann/
    Schulenberg Kap. 1.7 Rn. 28.
1063 BGH NJW 2000, 656, 657.
1064 Vgl. oben Rdn. 189.
1065 BVerfG NJW 2006, 207 – IM Sekretär.
1066 Vgl. hierzu ausführlich oben Rdn. 88.
1067 Wenzel/*Burkhardt* Kap. 5 Rn. 77 ff.
1068 BGH, Urt. v. 15.11.2006, VI ZR 274/04; OLG Köln, Urt. v. 28.4.2005, 15 U 9/05.
1069 BVerfG, Urt. v. 10.11.1998, 1 BvR 1531/96.
1070 Vgl. oben Rdn. 250.

Die **Begehungsgefahr** kann in Form der **Wiederholungsgefahr** bestehen, wenn eine erste Rechtsverletzung bereits stattgefunden hat, aber auch in Form der **Erstbegehungsgefahr**, wenn die erstmalige Rechtsverletzung unmittelbar bevorsteht. In diesem Fall kann der Unterlassungsanspruch vorbeugend geltend gemacht werden.

aa) Erstbegehungsgefahr

370 Da der vorbeugende Unterlassungsanspruch sowohl den stärksten Schutz des Betroffenen als auch einen der schwerwiegendsten Eingriffe in die Äußerungsfreiheit der Medien darstellt,[1071] kommt dieser Anspruch nur in Betracht, wenn konkrete Tatsachen vorliegen, die eine **unmittelbar bevorstehende Rechtsverletzung** mit Sicherheit erwarten lassen.[1072] Anhaltspunkte hierfür können sich aus Erklärungen des potentiellen Anspruchsgegners ergeben, insbesondere aus Hinweisen auf eine bevorstehende Berichterstattung.[1073] Zu berücksichtigen ist allerdings, dass allein die Ankündigung eines Beitrags zu einem bestimmten Thema noch nicht den Schluss darauf zulässt, der Beitrag enthalte auch persönlichkeitsrechtsverletzende Inhalte. Richtigerweise wird die Begehungsgefahr insbesondere nicht schon dann angenommen, wenn bloße **Recherchemaßnahmen** durchgeführt oder bekannt werden.[1074] Wird der Betroffene etwa unter Hinweis auf eine geplante Berichterstattung um seine Stellungnahme zu einem bestimmten Sachverhalt gebeten, reicht dies nicht aus, bereits eine Begehungsgefahr mit Blick auf eine bevorstehende Persönlichkeitsrechtsverletzung anzunehmen, weil gerade im Recherchestadium oftmals nicht absehbar ist, ob und mit welchem konkreten Inhalt eine spätere Berichterstattung erfolgen wird.[1075] Erst recht ist oft nicht absehbar, ob eine bestimmte, als persönlichkeitsrechtsverletzend empfundene Passage in einer späteren Veröffentlichung überhaupt verwendet wird, ob eine Veröffentlichung gegebenenfalls mit relativierenden Zusätzen und daher im Ergebnis nicht rechtsverletzend erfolgt oder ob das Thema unter Verzicht auf diese Passage behandelt wird. Würde bereits die Recherchetätigkeit der Medien zu Unterlassungsansprüchen mit Blick auf eine denkbare Berichterstattung führen, stellte dies einen zu weitgehenden Eingriff in die Meinungs- und Pressefreiheit dar.[1076]

371 Anders kann der Fall zu beurteilen sein, wenn dem Betroffenen z.B. seitens eines Rundfunksenders mitgeteilt wird, in einer bestimmten Sendung werde ein Beitrag mit einem bestimmten Inhalt in Bezug auf ein bestimmtes Produkt des Betroffenen ausgestrahlt und dieser erhalte nunmehr Gelegenheit zur Stellungnahme dazu, wie in Zukunft mit diesem Produkt umgegangen werde. Gleiches gilt, wenn seitens eines Verlages erklärt wird, in einer unmittelbar bevorstehenden Ausgabe einer Tageszeitung werde ein Beitrag mit einem bestimmten Inhalt veröffentlicht. Derartige Erklärungen sind allerdings eher selten, da Hinweise auf eine bevorstehende Berichterstattung regelmäßig im Rahmen der Recherche erfolgen, in diesem Stadium aber gerade noch nicht feststeht, ob und mit welchem konkreten Inhalt berichtet wird. Es ist daher sorgfältig zu prüfen, ob einem Hinweis auf eine bevorstehende Veröffentlichung tatsächlich die ernsthafte Absicht zu einer solchen Veröffentlichung entnommen werden kann oder nicht. Das Landgericht Hamburg hat dies z.B. in dem Contergan-Fall angenommen. Seinerzeit war dem späteren Anspruchsteller das Drehbuch zu einem Fernsehfilm bekannt geworden, der den Con-

---

[1071] *Damm/Rehbock* Rn. 803.
[1072] BGH NJW 1992, 404, 405 – Systemunterschiede; AfP 1975, 911; OLG Hamburg AfP 1990, 128.
[1073] Vgl. LG Köln AfP 2003, 173, 174.
[1074] BGH AfP 1998, 399, 401 – Appartementanlage; *Soehring* § 30 Rn. 12 ff.; Wenzel/*Burkhardt* Kap. 12 Rn. 35; *Damm/Rehbock* Rn. 805.
[1075] LG Stuttgart AfP 2003, 471; OLG Frankfurt AfP 2003, 63.
[1076] Vgl. OLG Hamburg AfP 2000, 188; OLG Frankfurt AfP 2003, 63, 65; Hamburger Kommentar/ *Meyer* Abschnitt 42 Rn. 21 m.w.N.

terganskandal von der Entwicklung des Produkts bis zur gerichtlichen Auseinandersetzung mit den Verantwortlichen behandelte und er hatte die Produktionsfirma aufgefordert, bestimmte Szenen aus dem Film zu entfernen. Die Produktionsfirma teilte ihm vor Ausstrahlung des Films lediglich mit, dass das Drehbuch weiterhin die Grundlage des Films sei und man allenfalls dazu bereit sei, in einem Vor- und Nachspann darauf hinzuweisen, dass der Film fiktive Anteile enthalte.[1077] Diese Erklärung reichte dem Landgericht aus, um eine Erstbegehungsgefahr anzunehmen. Klargestellt wird in der Entscheidung ausdrücklich, dass das bloße Vorliegen des Drehbuchs noch keine Erstbegehungsgefahr begründen könne, weil Drehbücher grundsätzlich dem Recherchestadium zuzurechnen seien. Das Oberlandesgericht Hamburg hat letzteren Grundsatz in einem Parallelverfahren bestätigt,[1078] aber gleichzeitig festgehalten, dass die Aussage, das Drehbuch bleibe Grundlage des Films, für die Annahme einer Erstbegehungsgefahr nicht ausreiche. Erforderlich sei vielmehr eine Erklärung des Inhalts, dass konkret beanstandete Szenen in den Film aufgenommen worden sind, weil die Aussage einen »Film auf Basis des Drehbuchs« herzustellen, nicht dahin zu verstehen sei, dass sämtliche in dem Drehbuch enthaltenen Szenen auch in den Film aufgenommen würden.

bb) Wiederholungsgefahr

Ist bereits eine persönlichkeitsrechtsverletzende Berichterstattung erfolgt, wird daraus regelmäßig die Gefahr ihrer Wiederholung abgeleitet, der durch die Geltendmachung von Unterlassungsansprüchen begegnet werden kann.[1079] Es handelt sich dabei um eine **widerlegliche Vermutung**,[1080] wobei allerdings strenge Anforderungen an die Widerlegung der Vermutung gestellt werden.[1081] Regelmäßig kann eine Wiederholung der inkriminierten Äußerung nicht vermutet werden, wenn die Äußerung (etwa nach den Grundsätzen der Verdachtsberichterstattung oder wegen Wahrnehmung berechtigter Interessen) rechtmäßig war, eine Wiederholung aber aufgrund später bekannt gewordener Umstände unzulässig wäre.[1082] Bestehen konkrete Anhaltspunkte dafür, dass die Äußerung trotz der geänderten Informationslage wiederholt wird, kann ein Unterlassungsanspruch allenfalls unter dem Gesichtspunkt der Erstbegehungsgefahr angenommen werden, die dann aber konkret festgestellt werden muss.[1083] Gleiches gilt für den Fall, dass sich der Äußernde auf eine **privilegierte Quelle** stützen kann,[1084] die Äußerung in einem veröffentlichten Leserbrief enthalten ist[1085] oder nur beiläufig in einem Interview erfolgt.[1086] Die Wiederholungsgefahr besteht auch dann nicht, wenn die ursprünglich unzulässige Veröffentlichung aufgrund eines späteren Verhaltens des Anspruchstellers zulässig wird.[1087]

372

1077 LG Hamburg ZUM 2007, 212, 218.
1078 OLG Hamburg ZUM 2007, 483, 484.
1079 Vgl. BGH GRUR 1966, 157 – Wo ist mein Kind?; AfP 1975, 804 – Brüning-Memoiren II; AfP 1998, 218 – Klartext; OLG Frankfurt NJW 2002, 1277, 1278; OLG München NJW-RR 2003, 111; *Soehring* § 30 Rn. 7; *Damm/Rehbock* Rn. 808.
1080 Vgl. Wenzel/*Burkhardt* Kap. 12 Rn. 8; *Soehring* § 30 Rn. 8 jeweils m.w.N.
1081 BGH NJW 1994, 1281; OLG Frankfurt NJW 2002, 1277; *Damm/Rehbock* Rn. 808 für den Fall einer Buchbesprechung, in der eine Behauptung aus dem besprochenen Buch zitiert wird, ohne sich das Zitat zu eigen zu machen.
1082 Schwartmann/*Schulenberg* Kap. 1.7 Rn. 154.
1083 Schwartmann/*Schulenberg* Kap. 1.7 Rn. 154; *Soehring* § 30 Rn. 10.
1084 LG Oldenburg AfP 1988, 79; Schwartmann/*Schulenberg* Kap. 1.7 Rn. 157.
1085 BGH AfP 1986, 241 – Ostkontakte; *Soehring* § 30 Rn. 9a; a.A. Hamburger Kommentar/*Breutz* Abschnitt 39 Rn. 62 für den Fall des Leserbriefs in der Online-Ausgabe einer Zeitung, weil die Beiträge regelmäßig für einen längeren Zeitraum eingestellt seien.
1086 Str. so aber überzeugend *Soehring* § 30 Rn. 9a.
1087 BVerfG NJW 2006, 3406 ff. im Anschluss an OLG Frankfurt NJW 2006, 619 und BGH NJW 2005, 594.

cc) Wegfall der Begehungsgefahr

373 Auch wenn die Gefahr einer erstmaligen Rechtsverletzung oder ihrer Wiederholung entstanden ist, ist ein Unterlassungsanspruch nur dann begründet, wenn die Begehungsgefahr zum Zeitpunkt der letzten mündlichen Verhandlung noch fortbesteht.

374 Allgemein anerkannt ist, dass die Erstbegehungsgefahr – wie im Wettbewerbsrecht[1088] – bereits durch die ernsthafte Erklärung entfallen kann, dass von der beanstandeten Veröffentlichung Abstand genommen wird. Würde etwa in den oben genannten Fällen, in denen eine Begehungsgefahr angenommen werden kann, seitens des Anspruchsgegners mitgeteilt, die Veröffentlichung werde unterbleiben oder man habe sich dazu entschlossen, den Film nicht unter Verwendung der konkret beanstandeten Szenen zu veröffentlichen, wäre ein Unterlassungsanspruch nicht begründet. Eine den Wegfall der Begehungsgefahr begründende Erklärung wird allerdings nur dann angenommen werden können, wenn diese Erklärung genauso ernsthaft ist, wie die zuvor erfolgte Erklärung oder Maßnahme, die die Erstbegehungsgefahr begründet hat.

375 Zu berücksichtigen ist weiterhin, dass auch durch das **Verhalten im Prozess** die Gefahr einer Erstbegehung begründet werden kann. Dies gilt auch, wenn außergerichtlich eine Erklärung abgegeben wurde, die für sich genommen ausreichen würde, die Erstbegehungsgefahr auszuräumen. Verteidigt etwa ein Anspruchsgegner in einem gerichtlichen Verfahren eine angegriffene, aber noch nicht erfolgte Veröffentlichung als rechtmäßig, begründet dies die Erstbegehungsgefahr, sofern nicht gleichzeitig deutlich gemacht wird, dass dieser Vortrag ausschließlich der Rechtsverteidigung dient.[1089]

376 Der BGH stellt in dieser wettbewerbsrechtlichen Entscheidung ausdrücklich klar, dass an die Beseitigung der Erstbegehungsgefahr grundsätzlich weniger strenge Anforderungen zu stellen seien als an den Fortfall der durch eine Verletzungshandlung begründeten Gefahr ihrer Wiederholung. Anders als für die durch einen begangenen Rechtsverstoß begründete Wiederholungsgefahr besteht für den Fortbestand der Erstbegehungsgefahr keine Vermutung, so dass eine durch Berühmung geschaffene Erstbegehungsgefahr und mit ihr der Unterlassungsanspruch grundsätzlich mit der Aufgabe der Berühmung entfallen. Eine solche liege jedenfalls in der uneingeschränkten und eindeutigen Erklärung, dass die beanstandete Handlung in der Zukunft nicht vorgenommen werde.[1090]

377 Demgegenüber entfällt die durch den ersten Rechtsverstoß begründete Gefahr seiner Wiederholung regelmäßig allein durch Abgabe einer strafbewehrten **Unterlassungsverpflichtungserklärung**, die grundsätzlich uneingeschränkt, bedingungslos und unwiderruflich abgegeben werden muss.[1091] Während auf Seiten der Anspruchssteller ein Interesse daran besteht, möglichst weit formulierte Unterlassungserklärungen zu erhalten, sind die Anspruchsgegner natürlich daran interessiert, die abzugebenden Erklärungen möglichst eng zu formulieren. Da ein seitens des Anspruchstellers zu weit formuliertes Unterlassungsverlangen eine negative Feststellungsklage provozieren kann, eine seitens des Anspruchsgegners zu eng formulierte Unterlassungserklärung die Wiederholungsgefahr nicht (vollständig) ausräumt und eine inhaltlich zu weitgehende Unterlassungserklärung die Freiheit künftiger Berichterstattung unnötig einschränkt, empfiehlt es sich, auf die Formulierung der Unterlassungserklärung besondere Sorgfalt zu verwenden.

378 Inhaltlich ist zunächst erforderlich, dass die Unterlassungserklärung die Rechtsverletzung **vollständig** erfasst. Dabei besteht allerdings kein Anspruch des Anspruchstellers

---

1088 Vgl. BGH GRUR 2001, 1174, 1175 – Berühmungsaufgabe.
1089 BGH GRUR 2001, 1174, 1175 – Berühmungsaufgabe.
1090 BGH GRUR 2001, 1174, 1175 – Berühmungsaufgabe m.w.N.
1091 Vgl. Wenzel/*Burkhardt* Kap. 12 Rn. 20 m.w.N.

darauf, die von ihm verlangte Unterlassungsverpflichtungserklärung unterzeichnet zu erhalten. Vielmehr obliegt es dem in Anspruch Genommenen, selbst zu überprüfen, ob und in welchem Umfang die beanstandete Veröffentlichung Rechte Dritter verletzt und eine Unterlassungserklärung zu formulieren, die diese Verletzung in vollem Umfang beseitigt.[1092]

Erforderlich ist weiter, dass die Unterlassungserklärung in Bezug auf ihre Wirksamkeit **keinerlei Einschränkungen** unterliegt. Derartige Einschränkungen wären etwa mit einer zeitlichen Befristung dahin gegeben, dass eine bestimmte Äußerung bis zu einem bestimmten Zeitpunkt unterlassen wird oder einer aufschiebenden (oder auflösenden) Bedingung der Unterlassungserklärung dahin, dass die Wirksamkeit der Unterlassungserklärung durch ein bestimmtes Ereignis aufschiebend (oder auflösend) bedingt sein soll. Derartige Vorbehalte machen die Unterlassungserklärung wertlos, weil erkennbar ist, dass der Erklärende sich nicht ernsthaft zur Unterlassung verpflichten möchte. 379

Eine Unterlassungserklärung soll dem Verletzten Sicherheit vor weiterer Verletzung geben, die inhaltlich einem rechtskräftigen Urteil vergleichbar ist. Dementsprechend führen diejenigen Einschränkungen der Unterlassungserklärung, die dem Begünstigten weniger Schutz vor einer Wiederholung gewähren als eine rechtskräftige Entscheidung dazu, dass durch eine solche Unterlassungserklärung die Wiederholungsgefahr regelmäßig nicht ausgeräumt ist. Eine Ausnahme besteht für so genannte **Rechtsbedingungen**, die an veränderte Umstände anknüpfen, insbesondere Gesetzesänderungen oder eine Änderung der höchstrichterlichen Rechtsprechung, durch die das beanstandete Verhalten für zulässig erklärt wird.[1093] Derartige Bedingungen sind ohne weiteres zulässig, weil sie die Ernsthaftigkeit der Unterlassungserklärung nicht in Zweifel ziehen und im übrigen den Umfang der Unterlassungserklärung nur der aktuell geltenden Rechtslage anpassen. 380

Schließlich ist es erforderlich, die Unterlassungserklärung mit dem Versprechen zur Zahlung einer **Vertragsstrafe** zu verbinden, deren Höhe so zu bemessen ist, dass sie den ernsthaften Willen des Schuldners bekräftigt, sich an das Unterlassungsversprechen zu halten. Regelmäßig werden Beträge oberhalb der Streitwertgrenze versprochen, ab der die Zuständigkeit der Landgerichte begründet wird. Dies hat zum einen den Hintergrund, dass sich dann ein Verstoß gegen die Unterlassungserklärung für den Schuldner wirtschaftlich regelmäßig nicht lohnt und zum anderen, dass im Falle eines Verstoßes gegen die Unterlassungserklärung ein Vertragsstrafeverfahren bei den Landgerichten geführt werden kann. 381

▶ **Beispiel Formulierung einer festen Vertragstrafe** 382

»[Anspruchsgegner] verpflichtet sich, es bei Meidung einer für jeden Fall der schuldhaften Zuwiderhandlung verwirkten, an den [Anspruchsteller] zu zahlenden Vertragsstrafe in Höhe von 5.100 € zu unterlassen, ...«

Alternativ dazu besteht die Möglichkeit, die Zahlung einer Vertragsstrafe zu versprechen, die von dem Gläubiger festzusetzen ist und im Streitfall auf ihre Angemessenheit durch das zuständige Gericht überprüft werden kann (so genannter **Hamburger Brauch**). 383

1092 Zum Umfang des Unterlassungsanspruchs siehe Rdn. 398.
1093 Vgl. BGH NJW 1985, 62 – Copy-Charge; NJW 1997, 1706 – Altunterwerfung II; vgl. Hamburger Kommentar/*Meyer* Abschnitt 42 Rn. 18.

384 ▶ **Beispiel Formulierung einer Vertragsstrafe nach dem Hamburger Brauch**

»[Anspruchsgegner] verpflichtet sich, es bei Meidung einer für jeden Fall der schuldhaften Zuwiderhandlung verwirkten, an den [Anspruchsteller] zu zahlenden Vertragsstrafe, deren Höhe in das Ermessen des [Anspruchstellers] gestellt ist und im Streitfall durch das zuständige Gericht auf seine Angemessenheit hin überprüft werden kann, zu unterlassen, ...«

385 Im Verletzungsfall würde dann der Gläubiger eine bestimmte Vertragsstrafe fordern und der Schuldner berechtigt sein, die Angemessenheit dieser Vertragsstrafe gerichtlich überprüfen zu lassen. Diese Formulierung hat den Vorteil, dass die Umstände des Einzelfalles einer geltend gemachten Verletzung besser berücksichtigt werden können als bei dem Versprechen einer starren Vertragsstrafe, zumal – jedenfalls im kaufmännischen Geschäftsverkehr – eine Vertragsstrafe gemäß § 348 HGB nicht aufgrund der Vorschriften des § 343 BGB herabgesetzt werden kann.

386 ▶ **Beispiele für Unterlassungserklärungen in unterschiedlichen Konstellationen**

Unterlassungserklärung bei sachlich unzutreffender Berichterstattung
»B verpflichtet sich [Vertragsstrafenregelung ergänzen] gegenüber A, es in Zukunft zu unterlassen, über A zu behaupten, er habe die XYZ Bank überfallen, wie dies in der ABC-Zeitung vom 4.5.2010 in dem Beitrag [...] geschehen ist.«
Unterlassungserklärung bei im Zeitpunkt der Veröffentlichung wegen unklaren Sachverhalts unzulässiger Berichterstattung
»B verpflichtet sich [Vertragsstrafenregelung ergänzen] gegenüber A, es in Zukunft zu unterlassen, wörtlich oder sinngemäß zu äußern, er habe die ABC-Bank überfallen, solange nicht feststeht, dass A die Bank überfallen hat.«
Unterlassungserklärung bei mehrdeutiger Äußerung
»B verpflichtet sich es zu unterlassen, ... über A zu äußern, er habe .... ohne gleichzeitig darauf hinzuweisen, dass ......[1094]
Unterlassungserklärung bei unzulässiger Bildnisveröffentlichung
»B verpflichtet sich [Vertragsstrafenregelung ergänzen] gegenüber A, es in Zukunft zu unterlassen, das nachfolgend wiedergegebene Foto [...]
Unterlassungserklärung bei im konkreten Kontext unzulässiger Bildberichterstattung
»B verpflichtet sich [Vertragsstrafenregelung ergänzen] gegenüber A, es in Zukunft zu unterlassen, im Rahmen einer Berichterstattung über den Urlaub der A das nachfolgend wiedergegebene Foto [....] zu veröffentlichen, wie dies in der ABC-Zeitung vom 4.5.2010 in dem Beitrag XYZ geschehen ist.

387 Ausnahmsweise kann die Wiederholungsgefahr auch ohne Abgabe einer strafbewehrten Unterlassungsverpflichtungserklärung ausgeräumt werden, wenn wegen anderer Maßnahmen des Verletzers nicht ernsthaft angenommen werden kann, dass die streitgegenständliche Persönlichkeitsrechtsverletzung wiederholt wird. Dies ist etwa dann der Fall, wenn ein **redaktioneller Widerruf** oder eine **Richtigstellung** veröffentlicht worden ist.[1095] Maßgebend sind allerdings die Umstände des Einzelfalls. So hat das Bundesverfassungsgericht[1096] eine Entscheidung der Hamburger Gerichte[1097] bestätigt, nach der eine nur relativierende Berichterstattung nicht ausreichend ist, um die Wiederholungsgefahr auszuräumen. Seinerzeit war eine Formulierung aus einem Interview mit einer Imageberaterin angegriffen worden, die sich dahin äußerte, das durchgehend dunkle Haar des

---

1094 Vgl. BVerfG AfP 2008, 58, 61 ff.
1095 OLG Köln AfP 1989, 764; OLG Karlsruhe AfP 1989, 542; Wenzel/*Burkhardt* Kap. 12 Rn. 26 m.w.N.; Hamburger Kommentar/*Meyer* Abschnitt 42 Rn. 17.
1096 NJW 2004, 589 – Haarfarbe des Bundeskanzlers.
1097 LG Hamburg 324 O 92/02; OLG Hamburg 7 U 40/02 (jeweils unveröffentlicht).

damaligen Bundeskanzlers wirke unglaubwürdig und es käme seiner Überzeugungskraft zugute, wenn er sich die grauen Schläfen nicht wegtönen würde. Nach Abmahnung des Klägers wurde eine »Zurückziehung« der beanstandeten Meldung verbreitet und eine »Richtigstellung«, in der u.a. ausgeführt wurde, dass der Bundeskanzler Wert auf die Feststellung lege, dass seine Haare weder gefärbt noch getönt seien. Die Anspruchsgegnerin erklärte weiter, dass sie das Zitat in Kenntnis der Unwahrheit nicht wiederholen werde, jedenfalls nicht ohne richtig stellenden Zusatz. Da man mit dieser Veröffentlichung keine vollständige Richtigstellung vorgenommen habe, sondern nur auf die gegenteilige Auffassung des Klägers verwiesen und sich im Übrigen die Weiterverbreitung der angegriffenen Äußerung mit einem richtig stellenden Zusatz vorbehalten habe, war – so das BVerfG – nicht ersichtlich, dass die Beklagte von der angegriffenen Äußerung endgültig Abstand nehmen wollte. Dementsprechend reichte diese Veröffentlichung nicht aus, um die Wiederholungsgefahr auszuräumen. In einer anderen Konstellation[1098] wurde demgegenüber durch den BGH klargestellt, dass die Gefahr der Wiederholung der unrichtigen Behauptung für die Zukunft ausgeräumt sei, wenn in einem Zeitungsbericht die unrichtige Darstellung eines zeitnah vorangegangenen Berichts in seiner Kernaussage öffentlich vorbehaltlos richtig gestellt werde. Dies soll nach einer Entscheidung des Kammergerichts[1099] auch für Veröffentlichungen in Internetbeiträgen gelten. Es reiche demgegenüber nicht aus, wenn eine als unzulässig empfundene Passage aus einem Internetbeitrag gelöscht werde, bevor eine darauf abzielende Abmahnung eingeht. Dies erscheint zweifelhaft, weil die Löschung einer solchen Passage auf freiwilliger Basis die Wiederholung der ursprünglichen Passage als ausgesprochen unwahrscheinlich erscheinen lässt. Es empfiehlt sich daher, wenn sich vor Zugang einer Abmahnung herausstellt, dass eine bestimmte Passage unzulässig ist, diese nicht nur zu entfernen, sondern gleichzeitig deutlich zu machen, dass die ursprüngliche Passage korrigiert worden ist.

3. Anspruchsberechtigte

Der Unterlassungsanspruch steht demjenigen zu, der von einer Berichterstattung unmittelbar in seinen Rechten verletzt worden ist.[1100] Diese Feststellung ist bei namentlich genannten oder aufgrund der mitgeteilten Umstände sonst erkennbaren natürlichen Personen regelmäßig unproblematisch. Sind allerdings von einer Berichterstattung mehrere Personen im Rechtssinne **betroffen**, können sie auch jeweils gesondert gegen die Berichterstattung vorgehen. Dies ist insbesondere dann der Fall, wenn über eine namentlich nicht genannte Person berichtet wird, die geschilderten Einzelheiten aber auf mehrere Personen zutreffen können.

388

Das allgemeine Persönlichkeitsrecht ist wegen seines höchstpersönlichen Charakters nicht übertragbar,[1101] so dass Dritten nur in eng begrenztem Umfang das Recht eingeräumt werden kann, Verletzungen eines fremden Rechts im Wege der Prozessstandschaft geltend zu machen.[1102] Dies ist etwa der Fall bei Verletzungen des postmortalen Persönlichkeitsrechts[1103] oder dann, wenn der Inhaber des Rechts Dritten die kommerzielle Auswertung des betroffenen Rechts (Name, Bildnis, Wappen oder Symbole) übertragen kann.[1104]

389

1098 OLG Köln AfP 1989, 764.
1099 KG NJW-RR 2005, 274.
1100 Im Einzelnen hierzu oben Rdn. 176 ff.
1101 Vgl. oben Rdn. 61 ff.
1102 BGH NJW 1981, 1089, 1094; vgl. Wenzel/*Burkhardt* Kap. 12 Rn. 3.
1103 BGH NJW 2002, 2317; NJW 2000, 2195 – Marlene Dietrich; NJW 2000, 2201 – Der blaue Engel.
1104 BGH NJW 1993, 918, 919 – Unversitätsemblem; NJW-RR 1987, 231 – Nena; Wenzel/*Burkhardt* Kap. 12 Rn. 3; *Damm/Rehbock* Rn. 797.

390 Werden Persönlichkeitsrechte **Minderjähriger** verletzt, können diese zunächst – vertreten durch ihre gesetzlichen Vertreter – Unterlassungsansprüche geltend machen. Ein eigener Unterlassungsanspruch eines Elternteils kommt demgegenüber nur dann in Betracht, wenn gleichzeitig eine Verletzung des diesem zustehenden Persönlichkeitsrechts vorliegt. Dies ist z.B. dann der Fall, wenn ein Bild veröffentlicht wird, dass das Kind gemeinsam mit dem Elternteil in einer typischen Situation der elterlichen Hinwendung zeigt.[1105] Eine Wortberichterstattung über das Kind wird demgegenüber nur dann auch von den Eltern angreifbar sein, wenn die Äußerung auch die Eltern in ihren eigenen Rechten betrifft.

391 Anerkannt ist, dass auch **juristische Personen** anspruchsberechtigt sein können. Allerdings bedarf es stets einer sorgfältigen Prüfung, ob tatsächlich die juristische Person selbst von der Veröffentlichung im Rechtssinne betroffen ist oder ob dies lediglich für die in der Berichterstattung konkret angesprochene oder erkennbare natürliche Person gilt.[1106] Regelmäßig ist ein Unternehmen nicht anspruchsberechtigt, wenn im Rahmen einer Veröffentlichung die Persönlichkeitsrechte eines seiner Mitarbeiter verletzt werden.[1107] Anders kann dies dann zu beurteilen sein, wenn die Äußerungen über den Mitarbeiter gleichzeitig geeignet sind, eigene wirtschaftliche Interessen oder das Ansehen des Unternehmens bzw. der Institution zu beeinträchtigen.[1108] In dieser Auseinandersetzung ging es um Äußerungen in dem Kapitel eines Buches, in dem die damalige Klägerin mit den kritisierten Forschungen von zwei bestimmten früheren Mitarbeitern im »Dritten Reich« durch deren Hervorhebung als führende Wissenschaftler der Klägerin ausdrücklich in Verbindung gebracht wurde. Der BGH stellte weiter heraus, dass das kritisierte Verhalten dieser Mitarbeiter in den Jahren 1941ff auch jetzt noch mit der Unternehmenstätigkeit der Klägerin in enger Verbindung stehe, zumal der damalige Beklagte den Leser auf diese Verbindung ausdrücklich hingewiesen habe. Für den Leser sei insoweit die Klägerin selbst Gegenstand der beanstandeten Kritik und dementsprechend eine eigene Betroffenheit gegeben.

392 Auch juristische Personen des **öffentlichen Rechts** können grundsätzlich zivilrechtlichen Ehrenschutz gegenüber Angriffen in Anspruch nehmen, durch die ihr Ruf in der Öffentlichkeit in unzulässiger Weise herabgesetzt wird, obwohl sich diese nicht auf die als Abwehrrechte gegenüber staatlichem Handeln konzipierten Grundrechte stützen können. Allerdings ist hierfür erforderlich, dass die konkrete Äußerung geeignet ist, die Behörde schwerwiegend in ihrer Funktion zu beeinträchtigen.[1109] Dies hat der BGH in der Focus-Entscheidung ausdrücklich klargestellt. Zwar war seinerzeit nicht über Unterlassungs-, sondern über Berichtigungsansprüche zu entscheiden, die seitens der Bundesrepublik Deutschland gegen einen Zeitungsverlag erhoben worden sind. Die vorstehend zitierten Ausführungen beziehen sich aber nicht auf die besonderen Voraussetzungen des Anspruchs auf Richtigstellung, sondern auf die Frage, ob juristische Personen des öffentlichen Rechts grundsätzlich zivilrechtlichen Ehrenschutz in Anspruch nehmen können. Erst im weiteren Verlauf der Entscheidungsgründe setzte sich der BGH mit den weiteren Voraussetzungen des geltend gemachten Anspruchs auf Berichtigung auseinander. Dementsprechend sind die vorstehend zitierten Erwägungen in jedem Falle einer geltend gemachten Rufbeeinträchtigung durch Träger öffentlicher Gewalt heranzuziehen und bei der Entscheidungsfindung zu berücksichtigen. Auch in der Babycaust-Entscheidung[1110] stellt das Bundesverfassungsgericht klar, dass der strafrechtliche Ehrenschutz staatlicher

---

1105 BVerfG GRUR 2000, 446 ff. – Caroline von Monaco.
1106 Siehe oben Rdn. 181.
1107 BGH NJW 1981, 1089, 1094 – Der Aufmacher I.
1108 BGH NJW 1980, 2807.
1109 BGH AfP 2008, 381, 384 – Focus.
1110 NJW 2006, 3769 ff. – Babycaust.

Einrichtungen zwar eingeschränkt sei, wenn dieser Ehrenschutz in Konflikt mit der Meinungsfreiheit trete. Der Träger hoheitlicher Gewalt könne Ansprüche aber insoweit durchsetzen, wie dies erforderlich sei, um weiterhin die ihm zugewiesenen Aufgaben erfüllen zu können.

In besonderer Weise ist in diesen Fällen die **Parteifähigkeit** des Trägers hoheitlicher Gewalt zu prüfen,[1111] weil regelmäßig die von einer Berichterstattung betroffene einzelne Behörde nicht selbständig parteifähig ist. In diesen Fällen muss der Unterlassungsanspruch z.B. von der Gebietskörperschaft geltend gemacht werden, zu deren Organisation die handelnde Behörde zählt. 393

4. Anspruchsverpflichtete

Der Unterlassungsanspruch richtet sich grundsätzlich gegen jeden, der willentlich und adäquat kausal an der Beeinträchtigung des Persönlichkeitsrechts mitgewirkt hat, d.h. gegen jeden, der als **Störer** angesehen werden kann. Wenn mehrere Störer mitgewirkt haben, kann der Verletzte selbständig und unabhängig voneinander gegen sämtliche Störer unabhängig von dem Umfang ihres Tatbeitrages vorgehen.[1112] Dies ist in der Praxis insbesondere auch deswegen empfehlenswert, weil nur so die Wiederholung der geltend gemachten Beeinträchtigung effektiv verhindert werden kann. Würde etwa ein Zeitungsbeitrag nur gegenüber dem Autor, nicht aber gegenüber dem Verlag angegriffen werden, wäre der Betroffene gegen eine Wiederholung der streitgegenständlichen Äußerung durch einen anderen Autor in derselben Zeitung nicht geschützt. 394

Regelmäßig werden für eine Persönlichkeitsrechtsverletzung mehrere Störer verantwortlich sein. Zunächst ist dies der Autor des streitgegenständlichen Beitrags und das Unternehmen, das die Berichterstattung veranlasst hat, d.h. der Verlag im Falle einer Printveröffentlichung, die Rundfunkanstalt, die die Ausstrahlung eines rechtsverletzenden Beitrages ermöglicht hat, oder der Betreiber einer Internetseite bzw. der Inhaber der Domain, unter der der streitgegenständliche Beitrag abrufbar gewesen ist.[1113] Im letztgenannten Fall ist allerdings zwischen den Inhalten zu unterscheiden, die der Betreiber einer Internetseite als eigene Inhalte zum Abruf bereit hält und solchen Inhalten, die ersichtlich als fremde Inhalte zum Abruf zur Verfügung gestellt werden und zu denen lediglich der Zugang vermittelt wird. Wird der Inhalt als eigener angeboten, wie dies insbesondere der Fall ist bei den Internet-Ausgaben von Zeitungen und Zeitschriften oder dem eigenen Informationsangebot öffentlich-rechtlich oder privatrechtlich organisierter Rundfunkanbieter, haftet der Betreiber gemäß **§ 7 TMG** nach den allgemeinen Gesetzen. Es spielt hier für die Frage der Haftung also keine Rolle, auf welchem technischen Wege ein rechtsverletzender Inhalt veröffentlicht wird. Wird allerdings kein eigener Inhalt zum Abruf bereit gehalten, sondern lediglich (wie bei einem Internet-Forum) der Zugang zu einem fremden Inhalt vermittelt, kommt die Verantwortlichkeit als Störer erst dann in Betracht, wenn der Betreiber konkrete Hinweise auf den rechtswidrigen Inhalt eines zum Abruf bereit gehaltenen Beitrages erhalten hat und die rechtswidrigen Äußerungen nicht entfernt[1114] oder wenn er sich diese Inhalte zu eigen macht.[1115] Diese Grundsätze über die Störerhaftung für Foren-Betreiber sind inhaltlich der Rechtsprechung zu der Störerhaf- 395

1111 Zöller/*Vollkommer* § 50 ZPO Rn. 13, 25.
1112 BGH NJW 1997, 2180 – Architektenwettbewerb; AfP 1998, 624 – Möbelklassiker; vgl. Wenzel/*Burkhardt* Kap. 12 Rn. 58 m.w.N.; Hamburger Kommentar/*Meyer* Abschnitt 42 Rn. 6; *Soehring* § 28; vgl. auch Rdn. 397 ff.
1113 Vgl. OLG Köln NJW-RR 2002, 1700; Hamburger Kommentar/*Meyer* Abschnitt 42 Rn. 9.
1114 BGH NJW 2007, 2558, 2559 (Vorinstanz OLG Düsseldorf MMR 2006, 553 – Meinungsforum); anders, aber überholt LG Hamburg, MMR 2006, 491 – Forenhaftung; vgl. ausführlich *Damm/Rehbock* Rn. 737 ff.
1115 BGH GRUR 2010, 616 – Marions Kochbuch; OLG Hamburg GRUR-RR 2008, 230 – Chefkoch.

tung eines Veranstalters von Internet-Auktionen[1116] nachgebildet, die in gleicher Weise eine eigene Verantwortlichkeit desjenigen, der fremde Inhalte zum Abruf bereit hält, erst dann annimmt, wenn der Betreiber auf eine Rechtsverletzung hingewiesen wird, diese aber nicht abstellt, obwohl ihm dies technisch möglich ist. Der als Admin-C Eingetragene ist nicht als Störer verantwortlich.[1117]

396 Für Persönlichkeitsrechtsverletzungen, die von Mitarbeitern verursacht werden, haftet der Geschäftsherr gemäß § 831 BGB. Anerkannt ist, dass an den nach § 831 Abs. 2 BGB möglichen Entlastungsbeweis strenge Anforderungen gestellt werden müssen.[1118] Allerdings geht die Rechtsprechung davon aus, dass den Verleger eine eigene Verpflichtung trifft, sämtliche zur Veröffentlichung vorgesehenen Beiträge auf ihre Zulässigkeit hin zu überprüfen.[1119] Im Übrigen haften Dritte für die durch andere begangenen Rechtsverletzungen regelmäßig nur dann, wenn ein eigener Tatbeitrag gegeben ist. So scheidet die Haftung des **Herausgebers** einer Zeitschrift aus, wenn er an der Erstellung des streitgegenständlichen Beitrages nicht mitgewirkt hat.[1120] Gleiches gilt für den **Chefredakteur**, der sich im Rahmen eines arbeitsteiligen Zusammenwirkens grundsätzlich auf die Tätigkeit der von ihm ausgewählten und als zuverlässig bekannten eigenverantwortlichen Ressortleiter verlassen darf.[1121] Es erscheint überzeugend, die Haftung des Chefredakteurs für von ihm nicht selbst redigierte Beiträge nicht generell anzunehmen, sondern danach zu differenzieren, welche Aufgaben ihm im Einzelnen vom Verleger zugewiesen worden sind und wie detailliert das Arbeitsgebiet der Ressort-Redakteure abgegrenzt ist.[1122] Die Angabe eines »verantwortlichen Redakteurs« im Impressum ist nach den Regelungen der Landespressegesetze[1123] im Falle einer strafrechtlich relevanten Berichterstattung[1124] oder eines Verstoßes gegen bestimmte Ordnungsvorschriften des Landespressegesetzes[1125] relevant. Die Benennung als »verantwortlicher Redakteur« verschärft aber die zivilrechtliche Haftung des Betreffenden nicht. Vielmehr haftet auch der »verantwortliche Redakteur« nur dann auf Unterlassung, wenn er tatsächlich konkret damit beauftragt war, eine inhaltliche Prüfung der streitgegenständlichen Veröffentlichung vorzunehmen.[1126]

5. Durchsetzung des Unterlassungsanspruchs

397 Im Zusammenhang mit der Durchsetzung des Unterlassungsanspruchs stellen sich nicht nur Fragen verfahrensrechtlicher Art (außergerichtliches oder gerichtliches Vorgehen; einstweiliger Rechtsschutz oder Hauptsacheverfahren; Beweislast), sondern es stellt sich vor allem auch die inhaltliche Frage nach dem Umfang des bestehenden Unterlassungsanspruchs. Diese Frage hat unmittelbar auch verfahrensrechtliche Auswirkungen, weil der inhaltliche Umfang des Unterlassungsanspruchs den zu stellenden Antrag bestimmt.

1116 Vgl. BGH NJW 2007, 2636 – Internet-Versteigerung II; NJW 2004, 3102, 3104 – Internetversteigerung; NJW 2004, 2158, 2159 – Schöner Wetten.
1117 OLG Hamburg, ZUM 2007, 658.
1118 Wenzel/*Burkhardt* Kap. 12 Rn. 58.
1119 BGH NJW 1952, 660; NJW 1954, 1682; NJW 1957, 1315; NJW-RR 1998, 250 – Restaurantführer; *Damm/Rehbock* Rn. 686 m.w.N.
1120 Vgl. BGH NJW1980, 994.
1121 BGH AfP 1979, 307; OLG Köln NJW-RR 2001, 1486, 1489; a.A. Wenzel/*Burkhardt* Kap. 12 Rn. 67, der den Chefredakteur im Allgemeinen auch als Unterlassungsschuldner ansieht.
1122 BGH NJW 1979, 1041; Schwartmann/*Schulenberg* Kap. 1.7 Rn. 165.
1123 Vgl. § 9 Landespressegesetz für das Land Nordrhein-Westfalen.
1124 Vgl. §§ 21 Landespressegesetz für das Land Nordrhein-Westfalen.
1125 Vgl. § 23 Landespressegesetz für das Land Nordrhein-Westfalen.
1126 BGH NJW 1977, 626, 627; OLG Düsseldorf NJW 1980, 599; OLG Köln NJW 1987, 1418; Schwartmann/*Schulenberg* Kap. 1.7 Rn. 165.

a) Umfang des Unterlassungsanspruchs/Antragsfassung

Der Unterlassungsanspruch ist in seinem Umfang grundsätzlich durch die konkret angegriffene Persönlichkeitsrechtsverletzung begrenzt.[1127] Dies bedeutet für den Fall der Veröffentlichung eines konkret beanstandeten Fotos, dass lediglich die Veröffentlichung dieses Fotos und nicht auch die Veröffentlichung weiterer Fotografien untersagt werden kann, die das gleiche Motiv zeigen. Ein Unterlassungsverlangen, das generell auf das Verbot der Veröffentlichung sämtlicher »Fotografien des Anspruchstellers« oder »Fotos aus dem privaten Bereich« gerichtet ist, wäre daher wegen seiner inhaltlichen Unbestimmtheit möglicherweise unzulässig,[1128] wegen fehlender Begehungsgefahr aber in jedem Falle weitgehend unbegründet, da eine Begehungsgefahr nur in Bezug auf das konkret betroffene Foto besteht.

398

So hat der BGH[1129] jüngst klargestellt, dass über die konkrete Verletzungsform hinaus eine ähnliche oder kerngleiche Berichterstattung für die Zukunft genauso wenig verboten werden kann wie die erneute Verbreitung eines konkret angegriffenen Bildnisses generell untersagt werden kann. In dieser Entscheidung ging es um das Foto der minderjährigen Tochter eines Prominenten, das bis zur Volljährigkeit des Mädchens nicht weiter veröffentlicht werden sollte. Der BGH hat überzeugend herausgestellt, dass mit einer **vorbeugenden Unterlassungsklage** über die konkrete Verletzungsform hinaus weder eine ähnliche oder kerngleiche Bildberichterstattung für die Zukunft generell verboten noch die erneute Verbreitung des Bildnisses generell untersagt werden kann, sofern die Verbreitung nicht schon an sich unzulässig ist, weil etwa die Intimsphäre tangiert wird. Zwar sei für die Zulässigkeit einer Bildnisveröffentlichung in jedem Einzelfall eine Abwägung zwischen dem Informationsinteresse der Öffentlichkeit und dem Interesse des Abgebildeten an dem Schutz seiner Privatsphäre erforderlich. Eine solche Interessenabwägung könne jedoch weder in Bezug auf Bilder vorgenommen werden, die noch nicht bekannt sind und bei denen insbesondere offen bleibe, in welchem Kontext sie veröffentlicht würden, noch in Bezug auf bereits veröffentlichte Bilder, deren Veröffentlichung sich in einem anderen Kontext als der zu beanstandenden Berichterstattung als zulässig erweisen könnte. Dies gelte auch für die Abbildung von Kindern oder Jugendlichen. Zu weitgehend erscheint daher die Auffassung des OLG Hamburg in der Vorinstanz, in Einzelfällen könne ein wirksamer Persönlichkeitsschutz nur durch verallgemeinernde Verbote erreicht werden und daher ein generalisierendes Unterlassungsgebot erforderlich sein.[1130]

399

Für den Fall der Wortberichterstattung ist anerkannt, dass eine Äußerung nicht nur in wörtlicher, sondern auch in sinngemäßer Form angegriffen werden kann,[1131] wenn dies erforderlich ist, um dem Betroffenen einen effektiven Rechtsschutz zu gewähren. Dies ist regelmäßig dann der Fall, wenn die beanstandete Rechtsverletzung durch eine leicht abgewandelte Formulierung in gleicher Weise eintreten würde. Dementsprechend kommt das Verbot einer sinngemäß gleichen Äußerung nur bei einer unzutreffenden Tatsachenbehauptung in Betracht.[1132]

400

▶ **Beispiel:**

401

... es zu unterlassen, wörtlich oder sinngemäß über den Antragsteller zu äußern, er habe seine Ehefrau getötet ...

1127 BGH NJW 1975, 1882.
1128 BGH AfP 2008, 187, 188.
1129 BGH ZUM 2010, 262, 264.
1130 OLG Hamburg ZUM-RD 2008, 552, 553.
1131 Vgl. Wenzel/*Burkhardt* Kap. 12 Rn. 90.
1132 BGH NJW 1976, 799.

402 Richtet sich der Unterlassungsantrag gegen eine Mehrheit von Äußerungen, die in einem bestimmten Kontext aufgestellt wurden, sind allerdings nicht sämtliche Formulierungen des Kontextes angreifbar, bietet es sich an, den Unterlassungsanspruch dahin zu formulieren, die Wiederholung der betroffenen Äußerungen in ihrem Kontext zu untersagen. Hierzu sollte der betreffende Beitrag in den Antrag einkopiert und die als unzulässig angegriffenen Passagen z.B. durch Unterstreichungen kenntlich gemacht werden. Ein Unterlassungsantrag könnte dabei folgendermaßen lauten:

403 ▶ **Beispiel:**

»... den Beklagten zu verurteilen, den unter der Überschrift [...] erschienenen und nachfolgend wiedergegebenen Artikel [...] zu verbreiten und/oder der Öffentlichkeit zugänglich zu machen, wenn darin die durch Unterstreichung kenntlich gemachten Passagen enthalten sind ...

404 Richtet sich der Unterlassungsanspruch gegen verdeckte Behauptungen oder gegen einen **Eindruck**, der durch eine bestimmte Passage vermittelt werden soll, bietet es sich an, das Unterlassungsbegehren durch Wiedergabe der konkreten Passage und die Formulierung des sich daraus ergebenden Eindrucks bzw. der darin enthaltenen verdeckten Behauptung zu konkretisieren.

405 ▶ **Beispiel:**

... es zu unterlassen, durch die nachfolgende Passage
[....]
zu behaupten,
A habe die ihm zur Verfügung gestellten Mittel zweckwidrig verwendet
...es zu unterlassen, durch die nachfolgend wiedergegebene Passage
[...]
den Eindruck zu erwecken,
A habe die ihm zur Verfügung gestellten Mittel zweckwidrig verwendet

406 Bei einer mehrdeutigen Aussage kann insgesamt Unterlassung verlangt werden. Es obliegt dann dem Anspruchsgegner, eine Klarstellung aufzunehmen, durch die die geltend gemachte Persönlichkeitsrechtsverletzung ausgeschlossen wäre.[1133] Da eine Persönlichkeitsrechtsverletzung, die durch bestimmte Äußerungen hervorgerufen wird, regelmäßig dann ausgeschlossen ist, wenn die konkrete Äußerung unterbleibt, wird es nur in Ausnahmefällen möglich sein, eine Veröffentlichung insgesamt (ein Buch, einen Film oder ein Theaterstück) insgesamt zu unterbinden.[1134]

407 Der Unterlassungsanspruch ist auf den **Tatbeitrag** des Verantwortlichen begrenzt. Hat etwa der Verantwortliche eine Äußerung nur aufgestellt, nicht aber verbreitet,[1135] kann sich der Unterlassungsanspruch regelmäßig auch nur auf das Behaupten, nicht aber auch auf das Verbreiten der Äußerung erstrecken. Anders ist dies dann, wenn hinsichtlich eines Verbreitens weitere Umstände vorliegen, die eine Begehungsgefahr begründen. Regelmäßig gehen die Gerichte davon aus, dass eine Begehungsgefahr hinsichtlich des Aufstellens und Verbreitens einer Äußerung besteht, wenn sich die Ausgangsmitteilung nicht eindeutig auf die Verbreitung einer fremden Äußerung beschränkt.

1133 Siehe oben Rdn. 191.
1134 Hierzu im Einzelnen Wenzel/*Burkhardt* Kap. 12 Rn. 91 ff.
1135 Im Einzelnen zur Abgrenzung siehe oben Rdn. 236 ff..

b) Beweislast

Hinsichtlich der Darlegungs- und Beweislast gelten für das äußerungsrechtliche Verfahren verschiedene Besonderheiten. Zunächst hat auch hier der Anspruchsteller die Darlegungs- und Beweislast dafür, dass die beanstandete Verletzung seiner Rechte erfolgt ist. Dementsprechend hat der Anspruchsteller darzulegen und gegebenenfalls zu beweisen, dass der Anspruchsgegner die in Rede stehende Äußerung getan hat. Dies geschieht regelmäßig durch Vorlage der betreffenden Berichterstattung. Bei Druckschriften ist dies relativ unproblematisch, Veröffentlichungen im Internet sollten unmittelbar nach Bekanntwerden der Rechtsverletzung ausgedruckt oder durch Screenshots gesichert werden. Im letztgenannten Fall bietet es sich an, denjenigen, der den Screenshot angefertigt hat, die konkret vorgenommenen Schritte an Eides Statt versichern zu lassen. Ergänzend sei darauf hingewiesen, dass Rundfunkveranstalter nach Maßgabe der jeweils geltenden rundfunkrechtlichen Bestimmungen nicht nur verpflichtet sind, alle Sendungen in Ton und Bild aufzuzeichnen und für einen gewissen Zeitraum aufzubewahren, sondern auch Einsicht in die Unterlagen/Erstellung von Abschriften zu gewähren haben.

408

Weiter hat der Anspruchsteller grundsätzlich die anspruchsbegründenden Tatsachen darzulegen und gegebenenfalls zu beweisen. Da es in der Praxis aber nahezu unmöglich ist, das Nichtvorliegen der in einer Berichterstattung behaupteten Umstände darzulegen und zu beweisen, ist anerkannt, dass die Medien einer erweiterten Substantiierungslast hinsichtlich der von ihnen mitgeteilten Umstände unterliegen. Erst dann, wenn die Richtigkeit der in Rede stehenden Erklärungen seitens des Anspruchsgegners konkret dargelegt worden ist, setzt die Darlegungs- und Beweislast des Anspruchstellers ein. Liegt allerdings ein Fall des § 186 StGB vor, liegt die Darlegungs- und Beweislast in vollem Umfang bei dem Anspruchsgegner, weil es hier um eine »nicht erweisliche wahre« Behauptung geht. Dieser Grundsatz wird wiederum dann eingeschränkt, wenn sich der Äußernde darauf berufen kann, in Wahrnehmung berechtigter Interessen gehandelt zu haben, § 193 StGB.

409

In Situationen, in denen die Medien insbesondere wegen eines zugesagten **Informantenschutzes** nicht in der Lage sind, für die in einer Berichterstattung aufgestellten Tatsachenbehauptungen Zeugenbeweis anzutreten oder bestimmte Dokumente vorzulegen, kann diese Beweislastverteilung dazu führen, dass ein Vollbeweis zu Gunsten der Medien nicht geführt werden kann. Das Landgericht Köln[1136] hat daher unter Berufung auf die auch durch das BVerfG anerkannte Bedeutung des Redaktionsgeheimnisses klargestellt, dass ein Presseorgan, das sich im Rahmen seiner Darlegungslast aus Gründen der Wahrung des Redaktionsgeheimnisses an der Benennung des Informanten gehindert sieht, seiner erweiterten Darlegungslast genügt, wenn nähere Umstände vorgetragen werden, aus denen auf die Richtigkeit der Information geschlossen werden kann.

410

c) außergerichtliche Durchsetzung

Es ist allgemein anerkannt, dass vor der Einleitung gerichtlicher Schritte auch in Pressesachen abgemahnt werden sollte. Zwar handelt es sich bei der **Abmahnung** nicht um eine echte Zulässigkeitsvoraussetzung eines späteren gerichtlichen Verfahrens. Es ist aber anerkannt, dass derjenige, der ohne eine vorherige Abmahnung unmittelbar gerichtliche Hilfe in Anspruch nimmt, die Kosten der gerichtlichen Auseinandersetzung zu tragen hat, wenn der Gegner den geltend gemachten Anspruch sofort anerkennt, § 93 ZPO. Da eine Abmahnung unter Nutzung von Telefax und/oder Email zügig ausgesprochen und mit einer kurzen Fristsetzung verbunden werden kann, empfiehlt es sich bereits aus Kostengründen, vor der Einleitung gerichtlicher Schritte abzumahnen. Es kommt hinzu, dass

411

1136 LG Köln AfP 2003, 153, 154.

nicht ausgeschlossen werden kann, dass ein Gericht nicht bereit ist, eine einstweilige Verfügung ohne mündliche Verhandlung zu erlassen, wenn dem Äußernden nicht zuvor die Möglichkeit zur Stellungnahme eingeräumt worden ist und es daher eine mündliche Verhandlung anberaumt.

412 Die Abmahnung ist inhaltlich eine Aufforderung an den Äußernden, von der (erneuten) Veröffentlichung einer als rechtsverletzend empfundenen Wort- oder Bildberichterstattung Abstand zu nehmen. Kennzeichnend für die Abmahnung ist ein eindeutig gekennzeichneter Streitgegenstand, die Setzung einer ausreichenden Frist zur Rückäußerung sowie die Androhung gerichtlicher Schritte für den Fall der Nichterfüllung der geltend gemachten Ansprüche. Ein hinreichend konkretisierter **Streitgegenstand** ist empfehlenswert, weil die Abmahnung – wie im Wettbewerbsrecht – darauf gerichtet ist, eine gerichtliche Auseinandersetzung zu vermeiden. Dem in Anspruch Genommenen soll die Möglichkeit verschafft werden, darüber zu entscheiden, ob die geltend gemachten Ansprüche freiwillig erfüllt werden oder nicht. Dies kann nur dann geschehen, wenn zuvor mitgeteilt wird, inwieweit – und aus welchem Grunde – eine bestimmte (beabsichtigte oder bereits geschehene) Veröffentlichung beanstandet wird. Der schlichte Hinweis darauf, dass eine konkret bezeichnete Berichterstattung die Persönlichkeitsrechte des Betroffenen verletze und daher eine Unterlassungserklärung verlangt werde, dürfte nicht ausreichen, um den Streitgegenstand hinreichend deutlich zu konkretisieren. Würde auf eine solche Abmahnung eine Unterlassungserklärung nicht abgegeben, sodann gerichtliche Hilfe in Anspruch genommen und erst dabei der eigentliche Streitgegenstand konkretisiert und im Einzelnen dargelegt, worin die Rechtsverletzung bestehe, dürfte ein im Prozess erfolgendes Anerkenntnis noch »sofortig« im Rahmen des § 93 ZPO sein. Es empfiehlt sich daher, bereits in der Abmahnung den geltend gemachten Anspruch zumindest kurz zu begründen, jedenfalls aber deutlich zu machen, worin die Rechtsverletzung konkret gesehen wird, um das Kostenrisiko des § 93 **ZPO** wirksam auszuschließen.

413 Die **Frist**, die zur Beantwortung der Abmahnung gesetzt wird, muss ausreichend lang bemessen werden, um dem Betroffenen eine sachliche Überprüfung der geltend gemachten Ansprüche zu ermöglichen. Starre Zeitgrenzen für die Bemessung einer ausreichenden Frist bestehen nicht. Es ist insbesondere anerkannt, dass im Einzelfall auch eine nach Stunden bemessene Erwiderungsfrist angemessen sein kann. Dies gilt insbesondere, wenn die streitige Veröffentlichung unmittelbar bevorsteht.[1137] Eine unangemessen kurze Frist macht die Abmahnung nicht etwa unwirksam, sondern setzt eine angemessene Frist in Gang,[1138] das Risiko einer zu kurz bemessenen Frist trägt daher der Abmahnende.

414 Eine besondere **Form** ist für die Abmahnung nicht vorgesehen. Sie kann daher auch mündlich ausgesprochen werden, wobei es sich bereits aus Gründen des Nachweises empfiehlt, die Schriftform zu wählen.

415 Die Abmahnung ist darauf gerichtet, den Adressaten zur Abgabe einer strafbewehrten Unterlassungsverpflichtungserklärung zu bewegen. Eine solche Erklärung ist geeignet, die Begehungs- oder Wiederholungsgefahr auszuräumen. Vielfach wird der Inhalt einer solchen Unterlassungsverpflichtungserklärung von dem Abmahnenden vorformuliert. Dies bietet den Vorteil, dass kein Zweifel über die beanstandete Persönlichkeitsrechtsverletzung besteht. Es ist aber darauf hinzuweisen, dass der Abmahnende keinen Anspruch gegen den Abgemahnten darauf hat, exakt die Unterlassungsverpflichtungserklärung zu erhalten, die in der Abmahnung gefordert worden ist. Vielmehr obliegt es dem Abgemahnten, selbständig zu prüfen, ob und mit welchem Inhalt eine Unterlassungserklärung abgegeben wird. Wird – wie dies regelmäßig der Fall ist – eine inhaltliche abgewandelte

---

[1137] LG Hamburg AfP 2010, 283, 284 m.w.N.; vgl. Wenzel/*Burkhardt* Kap. 12 Rn. 106.
[1138] Vgl. BGH GRUR 1990, 381, 382 – Antwortpflicht des Abgemahnten.

Unterlassungsverpflichtungserklärung abgegeben, ist im Rahmen eines gerichtlichen Verfahrens zu prüfen, ob die abgegebene Unterlassungserklärung ausreichend ist, um die Wiederholungsgefahr auszuräumen.

Die **Rechtsnatur** der Abmahnung ist umstritten.[1139] Sie wird zum Teil als Willenserklärung und zum Teil als geschäftsähnliche Handlung angesehen. Umstritten ist weiter, ob der Abmahnung eine Vollmacht beigefügt werden muss oder ob eine Abmahnung, der keine Vollmacht beigefügt wird, gemäß § 174 BGB zurückgewiesen werden kann. Würde dann der Abgemahnte eine inhaltlich ausreichende Unterlassungserklärung abgeben, dürfte dies dazu führen, dass dem Abmahnenden kein Anspruch auf Erstattung der Abmahnkosten (dazu weiter unten) zusteht. Wird die Unterlassungserklärung nicht abgegeben und erwirkt der Anspruchsteller eine einstweilige Verfügung, ist nicht ausgeschlossen, dass ein Anerkenntnis noch als »sofortig« im Sinne des § 93 ZPO angesehen wird, weil die Abmahnung wegen fehlender Vollmacht zurückgewiesen wurde. Es empfiehlt sich daher, der Abmahnung stets eine im Original unterzeichnete Vollmacht beizufügen.

416

Wird die von dem Abgemahnten abgegebene Unterlassungserklärung durch den Abmahnenden angenommen, entfällt damit die Wiederholungsgefahr und der geltend gemachte Unterlassungsanspruch ist erfüllt. Regelmäßig ist gemäß § 151 BGB eine explizite **Annahmeerklärung** des Abmahnenden gegenüber dem Abgemahnten nicht erforderlich, wenn die Unterlassungsverpflichtungserklärung in der Form abgegeben wird, in der sie gefordert wurde.[1140] Anders ist dies dann, wenn die geforderte Unterlassungserklärung inhaltlich abgewandelt wird. In diesem Falle ist eine förmliche Annahmeerklärung durch den Betroffenen erforderlich,[1141] damit im Falle des Verstoßes gegen diese Unterlassungserklärung eine Vertragsstrafe verlangt werden kann.[1142] Dies bedeutet allerdings nicht, dass durch eine abgegebene – aber nicht angenommene – Unterlassungserklärung die Wiederholungsgefahr nicht entfällt. Vielmehr hat das OLG Karlsruhe in der zitierten Entscheidung ausdrücklich herausgestellt, dass der Unterlassungsanspruch auch dann erfüllt ist, wenn die Unterlassungserklärung nicht angenommen worden ist.

417

▶ **Beispiel einer Abmahnung**

418

»... Unser Mandant ist darauf aufmerksam geworden, dass Sie in der ABC-Zeitung vom ... in einem Beitrag mit der Überschrift [...] über ihn behauptet haben, er hätte dieses und jenes getan. Unabhängig davon, dass dies nicht der Wahrheit entspricht, betreffen die behaupteten Vorgänge auch die Intimsphäre unseres Mandanten, ein berechtigtes Informationsinteresse der Öffentlichkeit besteht nicht. Mit Rücksicht darauf haben wir Sie aufzufordern, sich unserem Mandanten gegenüber zu verpflichten, es in Zukunft zu unterlassen ... Ihrer Unterlassungserklärung sehen wir innerhalb einer Frist bis zum [...] entgegen. Sollten Sie die Frist ungenutzt verstreichen lassen, werden wir unserem Mandanten empfehlen müssen, unverzüglich die gebotenen gerichtlichen Schritte einzuleiten ...«

d) gerichtliche Durchsetzung

Ansprüche auf Unterlassung werden im Zivilrechtsweg verfolgt, der nicht nur gegenüber Veröffentlichungen privatrechtlich organisierter Medienunternehmen eröffnet ist, sondern auch für Ansprüche gegenüber öffentlich-rechtlichen Rundfunkanstalten.[1143] Verlautbarungen einer Behörde sind demgegenüber im Verwaltungsrechtsweg zu verfolgen.[1144]

419

1139 Vgl. dazu Köhler/*Bornkamm* § 12 UWG Rn. 1.10 für das Wettbewerbsrecht.
1140 *Soehring* § 30 Rn. 15a.
1141 Vgl. BGH NJW-RR 2002, 1613.
1142 OLG Karlsruhe AfP 2009, 270.
1143 BGH AfP 1976, 75 – Panorama; BVerwG NJW 1994, 2500; weiterführend Wenzel/*Burkhardt* Kapitel 12 Rn. 109 ff.
1144 BVerwG NJW 1989, 412; Hamburger Kommentar/*Meyer* Abschnitt 42 Rn. 27.

420 Gemäß § 32 ZPO ist neben dem allgemeinen Gerichtsstand des Beklagten der so genannte **fliegende Gerichtsstand** eröffnet, da die Verletzung des allgemeinen Persönlichkeitsrechts Ansprüche aus unerlaubter Handlung begründet. Dementsprechend können äußerungsrechtliche Ansprüche in jedem Gerichtsstand verfolgt werden, in dessen Bezirk die Handlung begangen wurde oder – beim vorbeugenden Unterlassungsanspruch – die Begehung droht. Dies ist grundsätzlich jeder Ort, an dem die beanstandete Veröffentlichung bestimmungsgemäß erfolgte (bzw. erfolgen wird). Bei Druckschriften sind dies die Orte, an denen sie erscheinen und die Orte, an denen sie bestimmungsgemäß vertrieben werden.[1145] Es spielt allerdings keine Rolle, in wie vielen Exemplaren der Vertrieb tatsächlich erfolgt. Wird eine eigentlich regional erscheinende Zeitung bestimmungsgemäß auch in verschiedenen Bahnhofsbuchhandlungen deutscher Großstädte vertrieben, ist auch dies ein »**bestimmungsgemäßer Vertrieb**«, der den dortigen Gerichtsstand eröffnet. Veröffentlichungen im Internet, die grundsätzlich weltweit abrufbar sind, wenden sich dann bestimmungsgemäß auch an deutsche Verkehrskreise und sind damit auch im Inland angreifbar, wenn sie in deutscher Sprache abgefasst sind und sich auch inhaltlich gezielt an das deutsche Lesepublikum wenden.[1146] Hörfunk- und Fernsehsendungen sind überall dort »bestimmungsgemäß verbreitet,« wo sie unter normalen Umständen empfangen werden können. Gerade die technische Weiterentwicklung führt dazu, dass insbesondere Regionalprogramme, die früher nur in bestimmten Regionen terrestrisch empfangen werden konnten, aufgrund der Einspeisung in Kabelnetze oder per Satellit bundesweit empfangen werden können.

421 Der Anspruch auf Unterlassung kann sowohl im **Hauptsacheverfahren** als auch im Verfahren des **einstweiligen Rechtsschutzes** geltend gemacht werden. Der Vorteil des Verfahrens auf Erlass einer einstweiligen Verfügung besteht darin, dass innerhalb weniger Stunden oder Tage die beanstandete Rechtsverletzung mit sofortiger Wirkung untersagt werden kann. Der Nachteil dieses Verfahrens besteht vor allem darin, dass nur eingeschränkte Mittel zur Verfügung stehen, streitige Tatsachen glaubhaft zu machen, da eine förmliche Beweiserhebung nicht vorgesehen ist. In Konstellationen, in denen eine Partei daher über die erforderlichen Glaubhaftmachungsmittel nicht verfügt und/oder Beweis durch Sachverständigengutachten erhoben werden muss, steht das Verfahren des einstweiligen Rechtsschutzes von vornherein nicht zur Verfügung.

422 Ein weiterer Vorteil des Verfügungsverfahrens gegenüber dem Klageverfahren besteht für den Antragsteller darin, dass das Gericht nicht an die Antragsfassung gebunden, sondern gemäß § 938 ZPO nach freiem Ermessen dazu berufen ist, die zur Erreichung des Zweckes der einstweiligen Verfügung erforderlichen Anordnungen zu bestimmen. Dies kann dazu führen, dass ohne relevante Kostenfolgen, insbesondere auch ohne (teilweise) Antragsrücknahme die gerichtliche Entscheidung anders tenoriert wird als ursprünglich beantragt.

423 Eine einstweilige Verfügung kommt nur dann in Betracht, wenn neben dem Verfügungsanspruch auch ein Verfügungsgrund vorliegt, d.h. die gerichtliche Durchsetzung des geltend gemachten Anspruchs eilbedürftig ist. Eine starre Frist, innerhalb derer ein Antrag auf Erlass einer einstweiligen Verfügung nach erstmaliger Kenntnis der erfolgten oder drohenden Rechtsverletzung bei Gericht eingegangen sein muss, besteht nicht. Maßgebend ist vielmehr, ob nach den Umständen des Einzelfalls anzunehmen ist, dass der Antragsteller die Verletzung zügig angreift. Die **Dringlichkeit** wird anders als im Wettbewerbsrecht (§ 12 UWG) nicht vermutet, so dass sie explizit festgestellt werden muss. Ist dem Antragsteller der Verstoß bereits seit längerer Zeit bekannt und unternimmt er

---

1145 Vgl. OLG Köln AfP 1988, 146; OLG Frankfurt GRUR 1989, 136 – Der Tagesspiegel.
1146 BGH-Entscheidung zur örtlichen Zuständigkeit bei Internetveröffentlichungen.

E. Äußerungsrechtliche Ansprüche und ihre Durchsetzung

nichts dagegen, bringt er durch sein Zuwarten zum Ausdruck, dass es ihm mit der gerichtlichen Maßnahme nicht eilig ist. Es fehlt dann an dem erforderlichen Verfügungsgrund.[1147]

Es hat sich allgemein herausgebildet, dass dann, wenn zwischen erstmaliger Kenntnis des Verstoßes und Einleiten gerichtlicher Schritte ein Zeitraum von vier Wochen nicht überschritten ist, die Dringlichkeit im Regelfall noch gegeben ist. Meyer[1148] weist darauf hin, dass die Hamburger Gerichte eine Frist von fünf Wochen ab Kenntnisnahme von der Verletzung im Regelfall als Grenze für die Eilbedürftigkeit ansehen. 424

Weiter ist zu berücksichtigen, dass die Dringlichkeit für ein Verfügungsverfahren auch während des Verfahrens durch das eigene Verhalten des Antragstellers entfallen kann. Wird etwa auf einen gerichtlichen Hinweis, dass ergänzend vorgetragen oder ergänzende Glaubhaftmachungsmittel beigebracht werden müssten, nicht zügig reagiert, kann dies dazu führen, dass eine ursprünglich gegebene Dringlichkeit nachträglich entfällt. Meyer[1149] nimmt dies an, wenn auf einen solchen Hinweis nicht innerhalb von fünf Wochen reagiert wird. 425

Die **Zwangsvollstreckung** aus einem gerichtlichen Unterlassungsgebot richtet sich stets nach § 890 ZPO und zwar unabhängig davon, ob es sich um ein Verbot handelt, das durch einstweilige Verfügung oder durch Urteil in einem Hauptsacheverfahren ausgesprochen worden ist. Anerkannt ist, dass sich das Unterlassungsgebot nicht nur auf solche Verstöße erstreckt, die wörtlich dem Unterlassungstenor entsprechen, sondern auch solche Verstöße erfasst, die dem Unterlassungstenor kerngleich entsprechen.[1150] Die Reichweite des Unterlassungstenors erfasst dabei die weitere aktive Vornahme der beanstandeten Handlung, so dass eine im Internet zum Abruf bereit gehaltene Veröffentlichung unverzüglich gelöscht werden muss, eine Wiederholung der streitgegenständlichen Äußerung in einer neuen Veröffentlichung zu unterbleiben hat und bereits gedruckte Exemplare eines Print-Mediums nicht mehr ausgeliefert werden dürfen. Die bereits ausgelieferten Exemplare einer Zeitschrift sind von dem Unterlassungstenor allerdings nicht umfasst, so dass eine Verpflichtung zum Rückruf bereits ausgelieferter Exemplare nicht besteht. Hinsichtlich Internetveröffentlichungen ist es problematisch, eine Frist dafür zu bestimmen, wie schnell nach Zustellung der einstweiligen Verfügung ein bestimmter Inhalt gelöscht werden muss. Es erscheint sinnvoll, hier keine pauschalierenden Überlegungen anzustellen, sondern die Umstände des Einzelfalls zu bewerten und danach zu entscheiden, welches Verhalten für den Antragsgegner zumutbar ist. Wird etwa eine einstweilige Verfügung zu einem Zeitpunkt zugestellt, zu dem zwar die Redaktion, aber nicht die Rechtsabteilung besetzt ist, dürfte die sofortige Löschung des Beitrags ohne Rücksprache mit der Rechtsabteilung nicht zumutbar sein. 426

Die **Streitwerte** in Unterlassungsverfahren bestimmen sich regelmäßig nach der Anzahl der betroffenen Äußerungen bzw. Verstöße und zum anderen danach, in welchen Medien die Rechtsverletzung erfolgt ist bzw. droht. Damm/Rehbock[1151] berichten bei Online-Verstößen in der Regel von Streitwerten zwischen 5.000 bis 10.000 € pro Verstoß, bei Unterlassungsansprüchen gegenüber Printmedien von 20.000 € bis 50.000 €. Diese Streitwerte werden auch in Verfahren gegenüber Rundfunkunternehmen angesetzt. 427

1147 Vgl. OLG Frankfurt AfP 1985, 44, 45; Zöller/*Vollkommer* § 940 ZPO Rn. 4 m.w.N.
1148 Hamburger Kommentar/*Meyer* Abschnitt 42 Rn. 31.
1149 Hamburger Kommentar/*Meyer* Abschnitt 42, Rn. 41.
1150 Dazu im Einzelnen Wenzel/*Burkhardt* Kap. 12 Rn. 157.
1151 Rdn. 840.

428 Checkliste

- Wer ist betroffen?
- Wer ist der Anspruchsgegner?
- Tatsachenbehauptung(wahr/unwahr) oder Werturteil (Schmähkritik?)?
- Veröffentlichung nachweisbar (Ausdruck; Screenshot)?
- Dringlichkeit?
- Glaubhaftmachungsmittel verfügbar?

III. Gegendarstellung

429 Im Rahmen dieser Darstellung können wegen der zahlreichen Einzelfragen nur die Grundzüge des Anspruchs auf Veröffentlichung einer Gegendarstellung behandelt werden. Ergänzend wird auf umfangreichere Darstellungen des Äußerungs-[1152] und insbesondere des Gegendarstellungsrechts[1153] verwiesen.

430 Wie oben bereits dargestellt, ist die Gegendarstellung eine eigene Erklärung des Betroffenen zu einem in einer Veröffentlichung mitgeteilten Sachverhalt, d.h. eine Erwiderung auf aufgestellte **Tatsachenbehauptungen**. Die Gegendarstellung ist dadurch gekennzeichnet, dass sich die Erklärung inhaltlich auf die Mitteilung von Tatsachen beschränkt, von dem Erklärenden[1154] unterzeichnet und grundsätzlich unabhängig von dem Wahrheitsgehalt der Erklärung veröffentlicht werden muss. Aufgrund dessen wird vielfach der veröffentlichten Gegendarstellung ein so genannter **Redaktionsschwanz** hinzugefügt, in dem letzteres deutlich gemacht und darauf hingewiesen wird, dass die Gegendarstellung aufgrund gesetzlicher Verpflichtung veröffentlicht werden muss. Es spielt keine entscheidende Rolle, in welchem Medium die streitgegenständliche Äußerung veröffentlicht worden ist, da im wesentlichen inhaltsgleiche Regelungen für die Veröffentlichung einer Gegendarstellung in periodischen Druckschriften, im Rundfunk oder im Internet bestehen. Die Gegendarstellung soll grundsätzlich den gleichen Personenkreis erreichen, an den sich die Ausgangsmitteilung richtete, so dass die Gegendarstellung in dem gleichen Teil und in der gleichen Rubrik einer Zeitung veröffentlicht werden muss wie die Ausgangsmitteilung. Wurde der Ausgangsbeitrag auf der Titelseite oder im Inhaltsverzeichnis angekündigt, kann dies grundsätzlich auch für die Veröffentlichung der Gegendarstellung verlangt werden.

1. Rechtsgrundlagen

431 Die Rechtsgrundlagen für den Anspruch auf Gegendarstellung sind vielfältig und differenzieren danach, ob der Anspruch gegen Veröffentlichungen in Printmedien, im öffentlich-rechtlichen oder privaten Rundfunk oder im Internet geltend gemacht wird.[1155] Der Anspruch auf Gegendarstellung wegen einer Veröffentlichung in einer Druckschrift ist in

---

1152 *Wenzel; Soehring.*
1153 *Seitz/Schmidt.*
1154 Zum Teil wird auch die Unterzeichnung durch einen Vertreter zugelassen.
1155 Übersicht unter Angabe des Wortlauts der einzelnen Regelungen bei *Seitz/Schmidt* Anhang III.

E. Äußerungsrechtliche Ansprüche und ihre Durchsetzung

den Landespressegesetzen[1156] geregelt, die im wesentlichen inhaltsgleiche Regelungen enthalten. Maßgebend für die Anwendbarkeit des jeweiligen Pressegesetzes ist der Sitz des Verlages, in dem die Druckschrift erscheint. Der Sitz des Verlages ergibt sich regelmäßig aus dem Impressum der Druckschrift, für das wiederum nach Maßgabe der Regelungen der jeweiligen Landespressegesetze im wesentlichen die gleichen inhaltlichen Anforderungen gelten.[1157] Wendet sich der Anspruchsteller gegen eine Veröffentlichung im Rundfunk, ist zunächst danach zu differenzieren, ob die Veröffentlichung im öffentlich-rechtlichen Rundfunk erfolgte oder im privat-rechtlichen Rundfunk. Im ersteren Fall ist der Anspruch auf Gegendarstellung entweder in einem für die jeweilige Rundfunkanstalt speziell geltenden Rundfunkgesetz[1158] oder Staatsvertrag[1159] geregelt, im letzteren Fall ergibt sich der Anspruch aus den Regelungen des Landesrundfunk- oder Mediengesetzes des betreffenden Landes, in dem der Sender zugelassen ist[1160] oder aus dem einschlägigen Staatsvertrag.[1161]

Wie oben[1162] ausgeführt wurde, ist ein Veranstalter von Rundfunk nicht zwingend in dem Land zugelassen, in dem er seinen Sitz hat, so dass hier weitere Recherchen erforderlich sind. Gegen Veröffentlichungen im Internet kann gemäß § 56 Staatsvertrag für Rundfunk und Telemedien (Rundfunkstaatsvertrag) eine Gegendarstellung verlangt werden. **432**

Es ist also zunächst genau zu prüfen, in welchem Medium die anzugreifende Veröffentlichung erfolgt ist. Wurde ein Beitrag in unterschiedlichen Medien veröffentlicht, etwa in der Print- und in der Online-Ausgabe einer Zeitung oder in einem Rundfunkbeitrag und dem begleitenden Internetauftritt, kann (gestützt auf unterschiedliche Anspruchsgrundlagen) gegen beide Veröffentlichungen parallel vorgegangen werden. **433**

2. Voraussetzungen

Die inhaltlichen und formellen Anforderungen an eine Gegendarstellung sind trotz der unterschiedlichen Anspruchsgrundlagen sehr ähnlich, aber nicht identisch. Der Wortlaut der einschlägigen Norm ist daher sorgfältig zu prüfen. Nachfolgend können anhand der **434**

1156 § 11 Landespressegesetz Baden-Württemberg; Art. 10 Bayerisches Pressegesetz; § 10 Berliner Pressegesetz; § 12 Brandenburgisches Landespressegesetz; § 11 Gesetz über die Presse (Bremen); § 10 Hamburgisches Pressegesetz; § 10 Hessisches Gesetz über Freiheit und Recht der Presse; § 10 Landespressegesetz für das Land Mecklenburg-Vorpommern; § 11 Niedersächsisches Pressegesetz; § 10 Pressegesetz für das Land Nordrhein-Westfalen; § 11 Landesmediengesetz Rheinland-Pfalz; § 1o Saarländisches Landesmediengesetz; § 10 Sächsisches Gesetz über die Presse; § 10 Pressegesetz für das Land Sachsen-Anhalt; § 11 Gesetz über die Presse Schleswig-Holstein; § 11 Thüringer Pressegesetz.
1157 Vgl. § 8 Pressegesetz für das Land Nordrhein-Westfalen.
1158 § 18 Gesetz über die Rundfunkanstalt des Bundesrechts »Deutsche Welle«; Art. 17 Bayrisches Rundfunkgesetz; § 24 Radio Bremen Gesetz; § 3 Nr. 9 Gesetz über den Hessischen Rundfunk; § 9 WDR-Gesetz; § 10 Saarländisches Landesmediengesetz.
1159 § 9 ZDF-Staatsvertrag; § 8 ARD-Staatsvertrag; § 9 Staatsvertrag über die Körperschaft des öffentlichen Rechts »Deutschlandradio«; § 10 SWR-Staatsvertrag (betrifft Baden-Württemberg und Rheinland-Pfalz); § 9 Staatsvertrag über die Errichtung einer gemeinsamen Rundfunkanstalt der Länder Berlin und Brandenburg; § 12 NDR-Staatsvertrag (betrifft Hamburg, Mecklenburg-Vorpommern, Niedersachsen und Schleswig-Holstein); § 15 Staatsvertrag betreffend den MDR (betrifft Sachsen, Sachsen-Anhalt und Thüringen).
1160 § 9 Landesmediengesetz Baden-Württemberg; Art. 18 Bayrisches Mediengesetz; § 19 Bremisches Landesmediengesetz; § 28 Gesetz über den privaten Rundfunk in Hessen; § 30 Rundfunkgesetz für das Land Mecklenburg-Vorpommern; § 21 Niedersächsisches Mediengesetz; § 44 Landesmediengesetz Nordrhein-Westfalen; § 11 Landesmediengesetz Rheinland-Pfalz; § 10 Saarländisches Landesmediengesetz; § 19 Gesetz über den privaten Rundfunk und neue Medien in Sachsen; § 26 Mediengesetz des Landes Sachsen-Anhalt; § 24 Thüringer Landesmediengesetz.
1161 § 52 Staatsvertrag über die Zusammenarbeit zwischen Berlin und Brandenburg im Bereich des Rundfunks; § 10 Staatsvertrag über das Medienrecht in Hamburg und Schleswig-Holstein.
1162 Kap. 9 Rdn. 125.

Regelung in § 11 Pressegesetz für das Land Nordrhein-Westfalen (LPG NRW) nur die Grundzüge des Anspruchs und typische Problemfälle der Gegendarstellung gegenüber periodischen Druckschriften dargestellt werden. Zu den Besonderheiten der Gegendarstellung gegenüber Veröffentlichungen im Rundfunk und im Internet wird auf die Darstellungen bei Seitz/Schmidt[1163] und Soehring[1164] verwiesen.

a) Anspruchsberechtigte

435 Gemäß § 11 LPG NRW kann jede **Person** oder **Stelle** die Veröffentlichung einer Gegendarstellung verlangen, die durch eine in einem periodischen Druckwerk aufgestellte Tatsachenbehauptung betroffen ist. »Person« können sowohl natürliche als auch juristische Personen sein,[1165] »Stellen« sind vor allem Behörden und andere Organisationen, die – wie der Verwaltungsrat einer Anstalt des öffentlichen Rechts, Ministerien oder Gesetzgebungsorgane – nicht bereits »Personen« sind.[1166] Dies bedeutet allerdings nicht, dass eine solche »Stelle« in jedem Falle auch den Anspruch gerichtlich durchsetzen könnte, weil § 11 LPG NRW der »Stelle« keine (auch keine eingeschränkte) Parteifähigkeit verleiht, sondern nur eine materiell-rechtliche Anspruchsberechtigung.[1167] Die Parteifähigkeit bestimmt sich auch vorliegend nach § 50 ZPO, so dass der Gegendarstellungsanspruch einer »Stelle« von dem rechtsfähigen Träger der Stelle geltend zu machen ist,[1168] während die Gegendarstellung selbst von dem Vertreter der Stelle zu unterzeichnen ist.

436 Erforderlich ist weiter, dass die Person oder Stelle von der Veröffentlichung »**betroffen**« ist. Zur näheren Begriffsbestimmung kann zunächst auf die Ausführungen zum Unterlassungsanspruch[1169] zurückgegriffen werden. Die namentliche Nennung der Person/Stelle ist daher nicht erforderlich, vielmehr genügt – wie beim Unterlassungsanspruch – die bloße **Erkennbarkeit**. Weiter ist erforderlich, dass die Veröffentlichung die eigene Interessensphäre der Person/Stelle unmittelbar oder mittelbar berührt und die Person/Stelle zu der mitgeteilten Tatsachenbehauptung in einer individuellen Beziehung steht.[1170] Es reicht daher nicht aus, sich nur als Mitglied einer größeren Gruppe angesprochen zu fühlen[1171] oder als Rechtsnachfolger in die Rechtsposition desjenigen einzutreten, der von der Berichterstattung unmittelbar betroffen war.[1172] Der Anspruch auf Gegendarstellung ist ein höchstpersönlicher Anspruch, der mit dem Tod bzw. der Auflösung oder Verschmelzung des Anspruchinhabers erlischt bzw. dann, wenn eine nicht mehr existente Person von einer Berichterstattung betroffen ist, nicht entsteht.[1173] Dies gilt auch, wenn der Anspruch auf Veröffentlichung der Gegendarstellung bereits tituliert ist.

437 Wird über bestimmte Mitarbeiter einer Organisation etwas behauptet, kann die Veröffentlichung nicht nur diese, sondern gleichzeitig auch deren Vorgesetzte oder die Organisation insgesamt unmittelbar betreffen. Das OLG München[1174] hat dies im Falle einer Veröffentlichung über das dienstliche Verhalten bestimmter Untergebener angenommen, weil diese Veröffentlichung gleichzeitig den Vorwurf mangelnder Aufsicht enthalten

---

1163 Rundfunk: Kap. 4 Rn. 36 ff., Kap. 5 Rn. 73 ff.; Internet: Kap. 4 Rn. 52 ff., Kap. 5 Rn. 79 ff., 244 ff.
1164 Rundfunk: § 29 Rn. 64 ff.; Internet: § 29 Rn. 71 ff.
1165 Vgl. Löffler/Sedelmeier, § 11 LPG Rn. 47.
1166 Vgl. Löffler/*Sedelmeier* § 11 LPG Rn. 49.
1167 *Seitz/Schmidt* Kap. 9 Rn. 38.
1168 Vgl. Zöller/*Vollkommer* § 50 ZPO Rn. 13, 25.
1169 Vgl. oben Rdn. 176 ff.
1170 Vgl. Löffler/*Sedelmeier* § 11 LPG Rn. 54; *Seitz/Schmidt*, Kap. 4 Rn. 6.
1171 *Seitz/Schmidt* Kapitel 4 Rn. 7.
1172 Vgl. *Soehring* § 29 Rn. 11 unter Hinweis auf Erben, die regelmäßig nicht von der Berichterstattung über den Erblasser betroffen sind.
1173 LG Hamburg AfP 2002, 70, 71.
1174 OLG München AfP 1990, 53 – »Es stinkt auf dem Revier«.

habe. Das OLG Hamburg[1175] hat die unmittelbare Betroffenheit des Hotelchefs bei einer Berichterstattung über das Hotel angenommen und es ist auch anerkannt, dass der Chefredakteur einer Zeitung durch eine die Zeitung betreffende Behauptung unmittelbar betroffen ist.[1176]

b) Anspruchsverpflichtete

Anspruchsverpflichtet sind der **verantwortliche Redakteur** sowie der **Verleger** der 438
Druckschrift. Beide sind im Impressum der Druckschrift zu benennen, so dass es unproblematisch sein sollte, ihre Identität festzustellen. Wird bestritten, dass der als »verantwortlich« benannte Redakteur diese Position auch tatsächlich ausübt, kann der Anspruch gegen denjenigen geltend gemacht werden, der tatsächlich der verantwortliche Redakteur ist.[1177] Zu betonen ist, dass der Verleger und der Herausgeber in der Regel nicht identisch sind. »Verleger« ist der Unternehmer, der ein von ihm selbst hergestelltes Druckwerk erscheinen lässt und seine Verbreitung bewirkt,[1178] während der »Herausgeber« die geistige Gesamtleitung der Publikation ausübt.[1179] Wird im Impressum der Druckschrift kein Verleger, sondern nur ein Herausgeber genannt, erscheint das Werk im Selbstverlag (vgl. § 8 LPG NRW), so dass der Herausgeber in seiner Eigenschaft als Verleger zur Veröffentlichung der Gegendarstellung verpflichtet ist.[1180] Auch wenn der Anspruchsberechtigte seinen Anspruch gegenüber mehreren Anspruchsverpflichteten geltend machen kann, empfiehlt es sich in der Praxis, den Anspruch lediglich gegenüber dem Verleger geltend zu machen. Zum einen reduziert dies das Kostenrisiko im Falle des Unterliegens,[1181] zum anderen kann es bei unterschiedlichen Verantwortlichkeiten innerhalb der Redaktion im Einzelfall schwierig sein, den für die betreffende Gegendarstellung Verantwortlichen zu ermitteln. Schließlich kann sich die Verantwortlichkeit des Redakteurs auch während des Verfahrens ändern,[1182] so dass gegebenenfalls ein weiteres Gegendarstellungsverlangen formuliert und zugeleitet werden muss. Im übrigen ist der praktische Nutzen eines gerichtlichen Titels gegen den Redakteur auf Veröffentlichung der Gegendarstellung begrenzt, wenn der Redakteur keinen Einfluss darauf nehmen kann, dass die Gegendarstellung tatsächlich veröffentlicht wird.

c) Gegendarstellungsfähige Veröffentlichung

Mit der Gegendarstellung kann sich der Betroffene nur gegen eine in der Ausgangsmit- 439
teilung aufgestellte **Tatsachenbehauptung** wenden. Erfasst sind sämtliche Inhalte der Druckschrift mit Ausnahme des Anzeigenteils (§ 11 Abs. 2 lit. c) LPG NRW) und der wahrheitsgetreuen Berichte über öffentliche Sitzungen der gesetzgebenden Organe des Bundes, der Länder und der Vertretungen der Gemeinden sowie der Gerichte. Der Bericht über den Verlauf einer öffentlichen Verhandlung eines Gerichts ist daher nur dahin angreifbar, dass der Verlauf unzutreffend wiedergegeben worden sei, und nicht auch dahin, dass z.B. der dort zutreffend berichtete Tatvorwurf gegenüber dem Angeklagten tatsächlich unberechtigt sei.

Ein »**Aufstellen**« ist nicht nur dann gegeben, wenn die Behauptung als eigene Behaup- 440
tung des Mediums aufgestellt worden ist. Eine Gegendarstellung kann vielmehr auch

---

1175 OLG Hamburg MDR 1973, 1028.
1176 OLG Hamburg AfP 2008, 314 – NDR-Staatsvertrag; vgl. *Soehring* § 29 Rn. 11.
1177 *Seitz/Schmidt* Kap. 4 Rn. 31.
1178 Vgl. Wenzel/*Burkhardt* Kap. 11 Rn. 90.
1179 Löffler/*Bullinger* Einl. 51.
1180 *Seitz/Schmidt* Kap. 4 Rn. 26.
1181 Wegen der regelmäßig bestehenden Schwierigkeiten, eine abdruckfähige Gegendarstellung zu formulieren, nicht ganz zu vernachlässigen.
1182 *Seitz/Schmidt* Kap. 4 Rn. 30 unter Hinweis auf sich ändernde Zuständigkeiten in der Redaktion.

gegen nur verbreitete Tatsachenbehauptungen eines Dritten gerichtet sein. Wendet sich der Betroffene gegen das Zitat eines Dritten, kann nicht nur der Inhalt des Zitats angegriffen, sondern auch geltend gemacht werden, der Zitierte habe sich nicht so geäußert wie geschildert.

441 Eine Gegendarstellung kann nur gegenüber Tatsachenbehauptungen verlangt werden. Gegenüber einem Werturteil ist eine Gegendarstellung nicht möglich. Die Abgrenzung zwischen Tatsachenbehauptungen und Werturteilen ist bereits oben vorgenommen worden, so dass auf diese Ausführungen verwiesen werden kann.[1183] Kann eine Äußerung sowohl als Tatsachenbehauptung als auch als Werturteil angesehen werden, kommt eine Gegendarstellung nur dann in Betracht, wenn die Deutung als Tatsachenbehauptung zwingend ist. Kürzlich hat das BVerfG zu den Anforderungen an eine Gegendarstellung gegen verdeckte Äußerungen entschieden, dass solche Äußerungen mit der Gegendarstellung nur dann angreifbar sind, wenn sich die verdeckte Äußerung dem Leser als **unabweisbare Schlussfolgerung** aus den offenen Äußerungen aufdrängt. Es reicht also nicht aus, dass es sich um eine »nicht fernliegende Deutung« der offenen Behauptungen handelt.[1184] Das BVerfG stellt ausdrücklich klar, dass die verdeckte Äußerung als eine Variante der mehrdeutigen Äußerung verstanden wird,[1185] so dass auch bei mehrdeutigen Äußerungen eine Tatsachenbehauptung nur dann anzunehmen ist, wenn sich diese Auslegung unabweisbar aufdrängt. Teilweise wird auch die »Günstigkeitslehre« des BGH[1186] angewandt, nach der bei einer Mehrdeutigkeit der Auslegung der Vorzug zu geben sei, die nicht zu einer Verurteilung der Presse führt.[1187] Seitz/Schmidt[1188] gehen demgegenüber davon aus, dass bei mehrdeutigen Äußerungen die Variantenlehre gelte, d.h. ein Gericht nur dann eine zur Verurteilung führende Deutung der Äußerung wählen dürfe, wenn überzeugende oder nachvollziehbare Gründe dafür angegeben würden. Mit Rücksicht auf die zitierte Entscheidung des BVerfG ist allerdings zweifelhaft, ob bereits eine nachvollziehbare Begründung ausreichen kann, weil »nachvollziehbar« auch als »nicht fern liegend« verstanden werden kann und dies jedenfalls bei verdeckten Äußerungen gerade nicht als ausreichend angesehen worden ist. Wenn »nachvollziehbar« dahin verstanden wird, dass eine andere Deutung ausgeschlossen ist, werden sich in der Praxis allerdings keine Unterschiede ergeben.

442 Ähnlich verhält es sich, wenn eine Tatsachenbehauptung weder offen noch verdeckt aufgestellt wird, sondern sich aus einer bestimmten Passage ein unzutreffender **Eindruck** ergibt. Anerkannt ist, dass eine Gegendarstellung auch als so genannte »Eindrucksgegendarstellung« geltend gemacht werden kann. Problematisch ist allerdings die Feststellung, ob der beanstandete Eindruck tatsächlich erweckt wird.[1189] Es handelt sich hier nicht um eine Tatsachenfrage, sondern um eine Rechtsfrage, die dementsprechend auch in der Berufungsinstanz überprüfbar ist.[1190]

443 Anerkannt ist schließlich, dass eine Gegendarstellung auch gegenüber der Veröffentlichung eines Bildes möglich ist. Dies setzt allerdings voraus, dass durch die Abbildung eine eigene Tatsachenbehauptung aufgestellt und nicht lediglich eine in der Wortberichterstattung enthaltene Aussage illustriert wird.[1191]

1183 Umfangreich dazu *Seitz/Schmidt* Kap. 6.
1184 BVerfG AfP 2008, 58, 60.
1185 BVerfG AfP 2008, 58, 61.
1186 Vgl. BGH AfP 2004, 124 – Im Bett mit Caroline?.
1187 *Soehring* § 29 Rn. 12a.
1188 *Seitz/Schmidt* Kapitel 6 Rn. 36.
1189 Eingehend dazu *Seitz/Schmidt* Kap. 6 Rn. 13 f.; *Soehring* § 16 Rn. 40.
1190 *Seitz/Schmidt* Kap. 6 Rn. 13.
1191 BGH AfP 1992, 140 – Bezirksleiter Straßenbau; OLG Hamburg AfP 1984, 115; *Soehring* § 29 Rn. 12.

d) Entgegnung

444 Eine Gegendarstellung ist nur dann veröffentlichungsfähig, wenn in dieser Erklärung ordnungsgemäß auf die Ausgangsmitteilung erwidert wird. Dies bedeutet zunächst, dass die Ausgangsmitteilung jedenfalls sinngemäß wiedergegeben und die Entgegnung eine inhaltliche Erwiderung auf die Ausgangsmitteilung darstellen, d.h. im wahrsten Sinne des Wortes eine **Gegen**darstellung sein muss. Dementsprechend muss die Ausgangsmitteilung aufgegriffen und konkret deutlich gemacht werden, gegen welche Tatsachenbehauptung sich der Betroffene wendet.[1192] Es bietet sich an, die Ausgangsmitteilung wörtlich zu zitieren, um zu vermeiden, dass die Gegendarstellung schon wegen nicht ordnungsgemäßer Wiedergabe der Ausgangsmitteilung zurückgewiesen wird.

445 ▶ **Beispiel:**

In der Ausgabe der ABC-Zeitung vom 12.3.2010 haben Sie in dem Beitrag mit der Überschrift »...« behauptet, [wörtliches Zitat der beanstandeten Passage]

446 Dies ist insbesondere dann relevant, wenn sich die Gegendarstellung gegen einen geschilderten Verdacht richtet, die Wiedergabe der Ausgangsmitteilung aber den Eindruck vermittelt, in der Berichterstattung sei behauptet worden, der Betroffene habe die Tat begangen. Gleiches gilt, wenn das **Zitat** eines Dritten angegriffen wird, die Wiedergabe der Ausgangsmiteilung aber den Eindruck erweckt, es sei eine eigene Behauptung aufgestellt worden. Selbstverständlich muss auch vermieden werden, die Ausgangsmitteilung inhaltlich zu verfälschen. Dieses Risiko besteht insbesondere dann, wenn die Ausgangsmiteilung nicht wörtlich zitiert, sondern sinngemäß zusammengefasst werden soll.

447 Der Ausgangsmitteilung ist dann eine Entgegnung gegenüber zu stellen, die einen inhaltlichen Gegensatz zu der Ausgangsmitteilung darstellt. Dies ist insbesondere dann nicht der Fall, wenn die Ausgangsmitteilung in anderer Wortwahl inhaltlich bestätigt wird oder wenn die Entgegnung einen Sachverhalt schildert, auf den sich die Ausgangsmitteilung nicht bezieht. Allerdings muss sich die Gegendarstellung nicht darauf beschränken, die Ausgangsmitteilung zu bestreiten (»... *es ist nicht richtig, dass ...*«). Vielmehr kann die Entgegnung auch zusätzliche Tatsachen beinhalten (»... *Richtig ist vielmehr, dass ...*«), wenn diese erforderlich sind, um den Sachverhalt zu erläutern, insbesondere dann, wenn die Ausgangsmitteilung unvollständig und deswegen unrichtig ist bzw. einen unrichtigen Eindruck vermittelt.[1193] In jedem Fall muss sich die Entgegnung auf die Mitteilung von Tatsachen beschränken, § 10 Abs. 2 Satz 3 LPG NRW. Der Betroffene kann also auf eine Tatsachenbehauptung nicht mit einem Werturteil erwidern.

448 Gemäß § 10 Abs. 2 LPG NRW besteht keine Verpflichtung zum Abdruck einer Gegendarstellung, wenn die betroffene Person oder Stelle kein berechtigtes Interesse an der Veröffentlichung hat, die Gegendarstellung ihrem Umfang nach nicht angemessen ist oder es sich um eine Anzeige handelt, die ausschließlich dem geschäftlichen Verkehr dient.

449 Ein »**berechtigtes Interesse**« kann zunächst nur dann bestehen, wenn die Ausgangsmitteilung nicht völlig belanglos ist. Erforderlich ist es in jedem Falle, dass die Ausgangsmitteilung geeignet ist, sich auf das Persönlichkeitsbild des Betroffenen auszuwirken.[1194] Dies ist nicht der Fall bei so genannten wertneutralen Falschbehauptungen, d.h. Behauptungen, die zwar sachlich falsch sind, den Betroffenen in seiner Persönlichkeit aber nicht berühren.[1195] Ob die in der Entgegnung enthaltenen Tatsachenbehauptungen inhaltlich

---

1192 Vgl. *Soehring* § 29 Rn. 18; eingehend *Seitz/Schmidt* Kap. 5 Rn. 153.
1193 OLG Hamburg AfP 1987, 625 – Tagesschau; OLG Düsseldorf AfP 1988, 160.
1194 BVerfG AfP 1998, 194.
1195 OLG Düsseldorf AfP 2008, 83.

8. Kapitel Äußerungsrecht

richtig sind oder nicht, spielt demgegenüber grundsätzlich keine Rolle, da nach den Formulierungen der Landespressegesetze der Anspruch auf Gegendarstellung unabhängig davon besteht, ob die Ausgangsmitteilung inhaltlich richtig ist oder nicht. Allerdings ist dieser Grundsatz dahin eingeschränkt, dass ein Anspruch auf Veröffentlichung der Gegendarstellung nicht besteht, wenn der Inhalt der Erwiderung offensichtlich unwahr ist. Dies ist der Fall, wenn die Unwahrheit unstreitig ist oder die Entgegnung für den angesprochenen Leser ohne weiteres als unwahr erkannt wird, weil die Unwahrheit allgemein bekannt ist.[1196] Gleiches gilt, wenn der Betroffene in seiner Gegendarstellung nur eine bestimmte Passage der Ausgangsmitteilung angreift, eine andere, inhaltsgleiche Äußerung in dem Beitrag aber unbeanstandet lässt, die Begründung des Gegendarstellungsverlangens in außergerichtlichen oder gerichtlichen Schriftsätzen dem Inhalt der Entgegnung widerspricht oder der Betroffene in seiner Entgegnung anderen eigenen Erklärungen widerspricht. Ein »**Recht zur Lüge**« besteht daher nicht,[1197] wenngleich in einer gerichtlichen Auseinandersetzung keine Beweiserhebung erfolgt.

450 Ein berechtigtes Interesse an der Veröffentlichung besteht auch dann nicht, wenn die Gegendarstellung inhaltlich **irreführend** ist. In diesem Fall ist die Entgegnung zwar inhaltlich nicht unrichtig, erweckt aber bei dem angesprochenen Leser dennoch Fehlvorstellungen über den wahren Sachverhalt. Würde etwa über einen Betroffenen zu Unrecht behauptet, er habe einen Diebstahl begangen, während er tatsächlich eine Unterschlagung begangen hat, wäre eine Gegendarstellung irreführend, mit der der Betroffene die Erklärung verlangt, er habe keinen Diebstahl begangen. Vielmehr müsste in der Erwiderung ergänzt werden, dass er tatsächlich eine Unterschlagung begangen hat. Auch hier gilt, dass eine Prüfung der Wahrheit/Unwahrheit der Erklärung nicht stattfindet, der irreführende Inhalt der Entgegnung also entweder allgemein bekannt sein oder sich aus den anderen Erklärungen des Betroffenen ergeben muss. In dem genannten Beispiel wäre dann aber zweifelhaft, ob ein berechtigtes Interesse an der Veröffentlichung der Gegendarstellung besteht, weil es für das Ansehen des Betroffenen keinen relevanten Unterschied machen dürfte, ob er eine Unterschlagung oder einen Diebstahl begangen hat.

451 Schließlich kann ein berechtigtes Interesse an der Veröffentlichung einer Gegendarstellung dann fehlen, wenn die Entgegnung des Betroffenen – etwa im Rahmen eines Zitats – bereits in der Ausgangsmitteilung enthalten ist[1198] oder vor der Veröffentlichung einer Gegendarstellung eine Berichtigung in Form der Richtigstellung oder des Widerrufs vorgenommen worden ist.[1199]

452 Weiter darf die Gegendarstellung keinen **unangemessenen Umfang** haben, es gilt der so genannte Grundsatz der konzentrierten Widerlegung, nach dem die Gegendarstellung so kurz wie möglich zu fassen ist.[1200] Eine Gegendarstellung gilt dann als »angemessen«, wenn sie den Umfang der Ausgangsmitteilung nicht überschreitet, § 10 Abs. 2 Satz 2 LPG NRW. Die Feststellung des angemessenen Umfangs ist in der Praxis problematisch, weil die Entgegnung auf eine Ausgangsmitteilung mitunter mehr Raum als die Ausgangsmitteilung erfordert, insbesondere dann, wenn durch die Ausgangsmitteilung ein unzutreffender Eindruck erweckt worden ist. Mit dem Begriff der »Ausgangsmitteilung« ist dabei nicht die gesamte Veröffentlichung gemeint, sondern allein die Passage, gegen die sich die Gegendarstellung richtet. Dementsprechend ist für die Bemessung des zulässigen

---

1196 OLG Hamburg NJW-RR 1994, 1179, OLG München NJW-RR 1999, 386.
1197 *Seitz/Schmidt* Kap. 5 Rn. 180.
1198 Vgl. LG Düsseldorf AfP 1992, 315; *Löffler/Sedelmeier* § 11 LPG Rn. 65.
1199 *Soehring* § 29 Rn. 21d m.w.N.
1200 OLG Düsseldorf AfP 2006, 473.

Umfangs der Gegendarstellung auch nur der Umfang maßgebend, der auf die Entgegnung entfällt.[1201]

Schließlich darf die Gegendarstellung keinen strafbaren Inhalt haben, § 10 Abs. 2 Satz 3 LPG NRW. Da es allein auf den »strafbaren Inhalt« ankommt, ist es nicht erforderlich, dass der Betroffene in seiner Person tatsächlich sämtliche (auch subjektive) Merkmale der Strafbarkeit erfüllt, sondern es ist bereits die objektive und rechtswidrige Verwirklichung des Tatbestandes ausreichend.[1202] Dies bedeutet weiter, dass es insoweit doch auf die Wahrheit/Unwahrheit der Entgegnung ankommen kann, weil z.B. eine Entgegnung nur dann einen als üble Nachrede strafbaren Inhalt haben kann, wenn die Behauptung nicht erweislich wahr ist.[1203]

453

e) Formerfordernisse

Gemäß § 11 Abs. 2 Satz 4 LPG NRW bedarf die Gegendarstellung der **Schriftform** und muss von dem Betroffenen oder seinem gesetzlichen Vertreter **unterzeichnet**, d.h. handschriftlich unterschrieben sein (vgl. § 126 BGB). Bei Gesamtvertretung reicht die Unterschrift eines Vertreters nur dann aus, wenn er alleinvertretungsberechtigt ist oder er durch die weiteren Gesamtvertretungsberechtigten entsprechend ermächtigt worden ist.[1204]

454

Als ausreichend wird es angesehen, wenn der Betroffene eine **Blankounterschrift** leistet, über die dann ein mit ihm abgestimmter Text platziert wird. Nicht ausreichend ist es, wenn der Betroffene eine Blankounterschrift leistet und es einem Dritten überlässt, eine Gegendarstellung ohne weitere Rücksprache mit ihm zu formulieren.[1205] Es bietet sich daher an, bei Erteilung des Mandats direkt mehrere Blankounterschriften des Mandaten zu erbitten, um im weiteren Verlauf des Verfahrens die Möglichkeit zu haben, nur noch den Text der Entgegnung abstimmen, aber nicht jede gegebenenfalls erforderliche Änderung des Textes von dem Betroffenen gesondert unterzeichnen lassen zu müssen. Eine gewillkürte Stellvertretung z.B. des Prozessbevollmächtigten wird in Berlin,[1206] Bremen,[1207] Niedersachsen[1208] und Sachsen-Anhalt[1209] als zulässig angesehen, weil die einschlägigen Landespressegesetze keine eigenhändige Unterschrift verlangen.[1210]

455

Eine **Überschrift** ist gesetzlich nicht gefordert. Es besteht aber Einigkeit, dass eine Gegendarstellung mit der Überschrift »Gegendarstellung« oder einer Sachüberschrift zu versehen ist.[1211] Letzteres kommt aber nur dann in Betracht, wenn die Überschrift der Ausgangsmitteilung eine eigene Tatsachenbehauptung enthält, gegen die sich der Betroffene mit der Gegendarstellung wendet.[1212] Um zu vermeiden, dass wegen einer unzulässigen »Gegenüberschrift« die Gegendarstellung insgesamt als nicht abdruckfähig angesehen wird, empfiehlt es sich, die Überschrift »Gegendarstellung« zu wählen.

456

Eine formell ordnungsgemäße Gegendarstellung muss dem verantwortlichen Redakteur oder Verleger unverzüglich zugehen, § 11 Abs. 2 Satz 5 LPG NRW. Umstritten ist, ob eine solche **Zuleitung** der Gegendarstellung im Original erforderlich ist oder ob es aus-

457

1201 *Seitz/Schmidt* Kap. 5 Rn. 167.
1202 *Seitz/Schmidt* Kap. 5 Rn. 175.
1203 *Soehring* § 29 Rn. 23.
1204 OLG Düsseldorf AfP 2006, 473.
1205 *Seitz/Schmidt* Kap. 5 Rn. 105.
1206 KG ZUM-RD 2005, 53; AfP 2008, 394.
1207 OLG Bremen AfP 1978, 157.
1208 OLG Celle NJW-RR 1988, 956.
1209 OLG Naumburg NJW-RR 2000, 475.
1210 Dazu im Einzelnen *Seitz/Schmidt* Kap. 5 Rn. 113.
1211 Vgl. OLG Düsseldorf AfP 1985, 68.
1212 LG Hamburg AfP 1987, 631.

reichen kann, die im Original unterzeichnete Gegendarstellung per Telefax oder E-Mail zuzuleiten.[1213] Da hier unterschiedliche Auffassungen vertreten werden, empfiehlt es sich, in jedem Falle die Gegendarstellung im Original zuzuleiten und ergänzend eine Zuleitung vorab per Telefax oder E-Mail vorzunehmen. Selbst wenn eine Zuleitung per Telefax nicht ausreichen sollte, um das Formerfordernis zu erfüllen,[1214] dürfte eine solche Übersendung zur Fristwahrung ausreichend sein.[1215] Hervorzuheben ist, dass die Zuleitung der Gegendarstellung Voraussetzung für die Entstehung des Anspruchs ist. Dementsprechend sollte in einer gerichtlichen Auseinandersetzung die Zuleitung der Gegendarstellung (Zugang!) und die Aufforderung zur Veröffentlichung nachgewiesen werden können. Anerkannt ist, dass die schlichte Zuleitung der Gegendarstellung allein nicht ausreichend ist, um den Anspruch entstehen zu lassen. Erforderlich ist vielmehr ein ausdrückliches **Abdruckverlangen**. Eine besondere Form ist für dieses Verlangen nicht erforderlich, insbesondere den gesetzlichen Regelungen auch nicht zu entnehmen. Es handelt sich auch nicht um eine höchstpersönliche Erklärung, so dass eine gewillkürte Stellvertretung ohne weiteres zulässig ist. Wird das Gegendarstellungsverlangen aber von einem Bevollmächtigten erstellt, empfiehlt es sich, diesem Verlangen eine im Original unterzeichnete Vollmacht beizufügen, da der Verpflichtete dieses Verlangen sonst nach § 174 BGB zurückweisen könnte.[1216] In der Regel wird dem Veröffentlichungsverlangen die im Original unterzeichnete Gegendarstellung beigefügt und dazu aufgefordert, innerhalb einer bestimmten Frist zu erklären, dass die Gegendarstellung in einer den Regelungen des einschlägigen LPG entsprechenden Form veröffentlicht wird.

458 ▶ **Beispiel Abdruckverlangen**

... übersenden wir anliegend eine im Original von Herrn XY unterzeichnete Gegendarstellung mit der Aufforderung, diese Gegendarstellung in der nächsten für den Druck noch nicht abgeschlossenen Nummer der ABC-Zeitung in dem gleichen Teil des Druckwerks und mit gleicher Schrift wie den beanstandeten Text ohne Einschaltungen und Weglassungen unter Verwendung der drucktechnisch hervorgehobenen Überschrift »Gegendarstellung« zu veröffentlichen, wobei die Schriftgröße des Wortes »Gegendarstellung« der Schriftgröße der Überschrift [Überschrift des Ausgangsbeitrags] entsprechen muss ...

f) Fristen

459 Nach § 11 Abs. 2 Satz 5 LPG NRW kann die Veröffentlichung der Gegendarstellung nur verlangt werden, wenn der Abdruck **unverzüglich**, spätestens innerhalb von drei Monaten gegenüber dem verantwortlichen Redakteur oder dem Verlag geltend gemacht worden ist. »Unverzüglich« bedeutet gemäß § 121 BGB, dass die Zuleitung ohne schuldhaftes Zögern erfolgt ist. In der Praxis besteht eine erhebliche Unsicherheit, wann dies der Fall ist. Einigkeit besteht zunächst darüber, dass es auf den Zeitpunkt der Zuleitung einer inhaltlich abdruckfähigen und formell ordnungsgemäßen Gegendarstellung ankommt.[1217] Einigkeit besteht weiter dahin, dass die maßgebende Frist erst mit der positiven Kenntnis des Beitrags beginnt,[1218] ein fahrlässiges Nichtkennen also nicht ausreicht. Unklar ist

---

1213 Übersicht über den Meinungsstand mit weiteren Nachweisen bei *Seitz/Schmidt*, Kap. 5 Rn. 123 f.; *Soehring* § 29 Rn. 30; *Wenzel/Burkhardt* Kap. 11 Rn. 159.
1214 So aber z.B. OLG Saarbrücken AfP 1992, 287; OLG Dresden ZUM-RD 2007, 117; OLG München NJW 1990, 2895 nur für die Zuleitung vom Faxgerät des Berechtigten zum Faxgerät des Verpflichteten.
1215 OLG Saarbrücken AfP 1992, 287; LG Köln AfP 1995, 684.
1216 LG München I AfP 2006, 573.
1217 OLG Hamburg AfP 1985, 216; OLG München AfP 1988, 373 – Anzeigenblätter; OLG Stuttgart ZUM 2000, 773 – Waldorfpädagogik.
1218 *Wenzel/Burkhardt* Kap. 11 Rn. 171 m.w.N.

allerdings, ab welchem Zeitraum zwischen Kenntnis und Zuleitung nicht mehr von einer Unverzüglichkeit ausgegangen werden kann. Überwiegend wird angenommen, dass ein Zeitraum von 14 Tagen regelmäßig unproblematisch ist, wenngleich dieser Zeitraum nicht im Sinne einer festen Frist missverstanden werden darf.[1219] Dementsprechend kann auch eine Zuleitung innerhalb dieses Zeitraums nicht mehr unverzüglich sein oder eine Zuleitung zu einem deutlich späteren Zeitpunkt noch als rechtzeitig angesehen werden. Entscheidend ist, ob die Rechtsverfolgung unter Berücksichtigung sämtlicher Umstände des Einzelfalls (z.B. Aufenthaltsort des Betroffenen; längere Erscheinungsintervalle des Mediums; laufende Vergleichsverhandlungen) als zögerlich erscheint.[1220] Dem Betroffenen muss eine gewisse Überlegungszeit zugebilligt und die Möglichkeit eingeräumt werden, sich über die Geltendmachung von Ansprüchen zu beraten. Verfolgt ein in der Öffentlichkeit stehender Betroffener die Berichterstattung über sich in den Medien üblicherweise laufend und ist er anwaltlich beraten, wird eine kürzere Frist ausreichend sein als bei jemandem, der nicht in der Öffentlichkeit steht und auch im Umgang mit der Durchsetzung rechtlicher Ansprüche unerfahren ist. Die absolute Zeitgrenze für die Durchsetzung des Anspruchs einer Gegendarstellung liegt bei drei Monaten, d.h. nach Ablauf von drei Monaten nach der Veröffentlichung der Ausgangsmitteilung ist der Anspruch auf Abdruck der Gegendarstellung auch dann ausgeschlossen, wenn der Betroffene von der Veröffentlichung keine Kenntnis hatte. Dies gilt allerdings nicht, wenn nach Fristablauf ein Gegendarstellungsverlangen gestellt wird, dass inhaltlich hinter einem früher gestellten Gegendarstellungsverlangen zurückbleibt.[1221]

3. Erfüllung des Anspruchs

Die Gegendarstellung ist gemäß § 11 Abs. 3 LPG NRW in der nach Empfang der Einsendung nächstfolgenden, für den Druck noch nicht abgeschlossenen Nummer in dem gleichen Teil des Druckwerks und mit gleicher Schrift wie der beanstandete Text ohne Einschaltungen und Weglassungen abzudrucken; sie darf nicht in der Form eines Leserbriefs erscheinen.

Die gesetzliche Regelung macht deutlich, dass die Gegendarstellung so zu veröffentlichen ist, dass sie möglichst den gleichen Leserkreis erreicht wie die Ausgangsmitteilung. Dementsprechend muss die Gegenseite in dem **gleichen Teil** der Druckschrift (z.B. »Seite drei«; »Wirtschaft«, »Sport«; ggf. in einer bestimmten Rubrik) erscheinen und sie muss mit der **gleichen Schrift** veröffentlicht werden. Sie darf also nicht durch Verwendung einer kleineren Schrifttype weniger auffällig erscheinen und der Text darf weder durch Einschaltungen unterbrochen noch unvollständig veröffentlicht werden. Eine bestimmte Platzierung innerhalb des betreffenden Teils der Druckschrift kann nicht verlangt werden, so dass es möglich ist, die Gegendarstellung am inneren Rand einer Seite zu veröffentlichen, während die Ausgangsmitteilung mittig platziert war. Ist die Ausgangsmitteilung in einer zwischenzeitlich eingestellten Regionalausgabe einer überregionalen Zeitung erschienen, kann die Veröffentlichung in der bundesweit erscheinenden Ausgabe verlangt werden.[1222] Ist die Ausgangsmitteilung auf der Titelseite erfolgt oder ist sie auf dem Titel angekündigt, muss die Gegendarstellung auch dort veröffentlicht oder angekündigt werden.[1223] Allerdings darf dadurch die Funktion der Titelseite, eine Zeitschrift zu identifizieren, nicht tangiert werden. Dies kann dazu führen, dass die Schriftgröße der

---

1219 Vgl. *Seitz/Schmidt* Kap. 5 Rn. 39 m.w.N.
1220 LG Frankfurt/Oder AfP 2004, 457.
1221 LG Köln NJW-RR 2006, 846.
1222 OLG München AfP 2003, 458.
1223 BVerfG AfP 1994, 733; AfP 1998, 184; OLG Hamburg AfP 1977, 243; OLG Karlsruhe AfP 2006, 168; AfP 1992, 385; KG AfP 2007, 231; *Rehbock* AfP 1993, 446; *Soehring* § 29 Rn. 55 m.w.N.

Gegendarstellung zu reduzieren ist.[1224] Gleiches gilt, wenn die Ausgangsmitteilung in dem Inhaltsverzeichnis der Druckschrift[1225] oder auf der so genannten Händlerschürze angekündigt worden ist.[1226] Der Abdruck ist gemäß § 11 Abs. 3 Satz 2 LPG NRW kostenfrei.

462 Der Presse ist es untersagt, eine veröffentlichte Gegendarstellung in der gleichen Ausgabe zu kommentieren. Gemäß § 11 Abs. 3 Satz 3 LPG NRW ist derjenige, der sich in der gleichen Nummer zu der Gegendarstellung äußert, verpflichtet, sich auf tatsächliche Angaben zu beschränken. Dies führt regelmäßig dazu, dass im Anschluss an die Veröffentlichung der Gegendarstellung lediglich der so genannte Redaktionsschwanz folgt, in dem darauf hingewiesen wird, dass man gesetzlich verpflichtet sei, die Gegendarstellung ohne Rücksicht auf ihren Wahrheitsgehalt zu veröffentlichen. Zum Teil wird ergänzt, dass die Redaktion bei ihrer Darstellung bleibe. Diese Zusätze sind zulässig, weil sie sich auf tatsächliche Angaben beschränken. Anders aber dann, wenn der Hinweis auf die gesetzliche Abdruckpflicht zwischen der Überschrift »Gegendarstellung« und dem eigentlichen Text der Gegendarstellung platziert wird.[1227] Zulässig ist es demgegenüber, der Veröffentlichung der Gegendarstellung eine weitere Sachverhaltsdarstellung der Redaktion anzuschließen, wenn sich diese auf tatsächliche Angaben beschränkt. Unzulässig wären demgegenüber Ergänzungen dahin, die Gegendarstellung sei irreführend[1228] oder **Glossierungen** der Gegendarstellung, da sie dadurch entwertet würde. Wird eine Gegendarstellung entgegen dieser Grundsätze veröffentlicht, ist der Anspruch auf Veröffentlichung der Gegendarstellung nicht erfüllt und kann von dem Betroffenen weiterhin verfolgt werden.

463 **Praxistipp:**

Eine Gegendarstellung sollte ordnungsgemäß veröffentlicht werden, um sicherzustellen, dass keine weitere Veröffentlichung vorgenommen werden muss. Dies bezieht sich sowohl auf die Gestaltung (Schriftgröße; Anordnung etc.) als auch auf die Veröffentlichung der Erklärung in der richtigen Ausgabe der Druckschrift. Jede Kommentierung der Gegendarstellung birgt das Risiko, als unzulässige Glossierung angesehen zu werden. Eine Ausnahme gilt für bestätigende Erklärungen (»Herr XY hat Recht«), die weitergehende Ansprüche auf Berichtigung oder Schadenersatz/Geldentschädigung ausschließen können.

4. Gerichtliche Durchsetzung

464 Der Anspruch auf Veröffentlichung der Gegendarstellung wird im Wege der **einstweiligen Verfügung** durchgesetzt. Ein Klageverfahren ist ergänzend lediglich in Bayern, Hessen und Sachsen vorgesehen. Örtlich zuständig ist das Gericht am Sitz des Verlages, der Antrag ist darauf gerichtet, dem in Anspruch Genommenen aufzugeben, die in den Antrag aufgenommene Gegendarstellung unter Einhaltung einer bestimmten Abdruckanordnung zu veröffentlichen. Verfahren auf Veröffentlichung einer Gegendarstellung sind nicht-vermögensrechtlicher Art, die **Streitwerte** werden regelmäßig zwischen 15.000 € und 40.000 € angesetzt,[1229] so dass die Landgerichte sachlich zuständig sind. Regelmäßig sind bei den Landgerichten, die häufiger mit äußerungsrechtlichen Angele-

---

1224 OLG Karlsruhe AfP 2006, 372.
1225 OLG Hamburg ArchPR 1974, 113; Löffler/*Sedelmeier* § 11 Rn. 176; Wenzel/*Burkhardt* Kap. 11 Rn. 208; a.A. OLG München AfP 1995, 667: Abdruck nur dann, wenn auch die beanstandete Passage im Inhaltsverzeichnis abgedruckt war.
1226 LG Berlin AfP 2000, 98.
1227 OLG München AfP 2001, 308.
1228 OLG Hamburg AfP 1984, 39 – Fidele Ignoranten.
1229 Wenzel/*Burkhardt* Kap. 11 Rn. 236.

genheiten befasst sind, spezielle Kammern für Pressesachen eingerichtet.[1230] Einer Glaubhaftmachung bedarf es regelmäßig nicht, weil es auf Fragen der Wahrheit oder Unwahrheit der in Rede stehenden Behauptung regelmäßig nicht ankommt.

Verfahrensrechtliche Besonderheiten ergeben sich allein daraus, dass es sich bei der Gegendarstellung um eine höchstpersönliche Erklärung des Betroffenen handelt. Dies bedeutet zunächst, dass eine Änderung des Inhalts der Gegendarstellung im Verfahren – mit Ausnahme von offensichtlichen (Rechtschreib-)Fehlern – grundsätzlich weder durch das Gericht noch durch die Parteivertreter möglich ist. Dementsprechend kann der Verpflichtete auch dann nicht zur Veröffentlichung einer abgeänderten Gegendarstellung verurteilt werden, wenn eine Gegendarstellung nur zum Teil nicht abdruckfähig ist. Vielmehr ist eine Gegendarstellung grundsätzlich insgesamt nicht abdruckfähig, wenn auch nur ein Teil der zum Abdruck verlangten Gegendarstellung nicht abdruckfähig ist. Der Antrag auf Veröffentlichung der Gegendarstellung ist in diesem Fall insgesamt zurückzuweisen (»**Alles-oder-Nichts-Prinzip**«), es ist auch nicht möglich, den Verfügungsantrag in Bezug auf den nicht abdruckfähigen Teil zurückzunehmen.[1231] Einschränkend wird demgegenüber zum Teil vertreten, dass einzelne Teile der Gegendarstellung durch das Gericht (oder im Laufe des Verfahrens auch durch den Antragstellervertreter) aus der ursprünglichen Gegendarstellung gestrichen werden können, wenn es sich um selbständige Punkte handelt, durch die der Aussagegehalt der Erklärung im übrigen nicht berührt wird.[1232] Dies setzt allerdings voraus, dass der Antragsteller eine solche Streichung im Verfahren beantragt oder das Gericht entsprechend ermächtigt.[1233] Andere **inhaltliche Änderungen** der Gegendarstellung können auch nach dieser Auffassung während des Verfahrens nicht durchgeführt werden. Vielmehr ist es dann erforderlich, eine geänderte Gegendarstellung zu formulieren und dem Anspruchsverpflichteten ein erneutes Gegendarstellungsverlangen zuzuleiten. Der zunächst gestellte Verfügungsantrag wäre dann zurückzunehmen, um eine Zurückweisung zu vermeiden. Denkbar wäre es auch, unterschiedliche Fassungen einer Gegendarstellung im Wege des Haupt- und des Hilfsantrages zu verfolgen. Dies setzt aber voraus, dass die formellen Voraussetzungen an ein Gegendarstellungsverlangen, insbesondere die ordnungsgemäße Unterzeichung und die Zuleitung in Bezug auf beide Gegendarstellungsverlangen erfüllt sind. Da der Prozessbevollmächtigte des Verlages im Regelfall nicht ermächtigt sein wird, die Zuleitung eines Gegendarstellungsverlangens entgegen zu nehmen, wird man ein geändertes Gegendarstellungsverlangen im Regelfall nicht während der mündlichen Verhandlung zuleiten können.

Praxistipp:

Ist dem Antragsteller nicht bekannt, ob das anzurufende Gericht dem Alles-oder-Nichts-Prinzip folgt oder die Streichung einzelner Punkte zulässt, empfiehlt es sich, dies vor Antragstellung telefonisch zu klären.

Hinsichtlich des oben dargestellten Erfordernisses eines »unverzüglichen« Vorgehens ist zu betonen, dass dann, wenn sich im Rahmen eines Verfahrens herausstellt, dass eine Änderung des Gegendarstellungsverlangens erforderlich ist, für dieses neue Gegendarstellungsverlangen eine »**neue Unverzüglichkeit**« gilt. Es reicht dann zur Fristwahrung aus, wenn das geänderte Gegendarstellungsverlangen unverzüglich nach einem richterli-

---

1230 Z.B. LG Köln: 28. ZK; LG Hamburg 24. ZK; LG Berlin 7. ZK; LG Frankfurt/Main 3. ZK.
1231 Vgl. *Soehring* § 29 Rn. 45b m.w.N.
1232 OLG München AfP 2003, 70; OLG Celle NJW-RR 1995, 794; OLG Karlsruhe AfP 2003, 439; AfP 2009, 267; a.A. OLG Hamburg AfP 1995, 887; 1989, 465; 1981, 409.
1233 Vgl. *Soehring* § 29 Rn. 45c.

chen Hinweis oder einer gerichtlichen Entscheidung formell ordnungsgemäß zugeleitet wird.[1234] Anders ist dies allerdings dann, wenn bereits die erste Fassung der Gegendarstellung an groben Mängeln leidet, die auch ohne weiteres erkennbar sind.[1235]

468 Im Gegensatz zu der Gegendarstellung selbst handelt es sich bei der **Abdruckanordnung** nicht um eine höchstpersönliche Erklärung des Betroffenen. Dementsprechend kann das Gericht insoweit gemäß § 938 ZPO die erforderlichen Maßnahmen nach eigenem Ermessen treffen. Dies betrifft insbesondere die Schriftgröße der Überschrift und der Entgegnung insgesamt. Dementsprechend kann ein Gegendarstellungsverlangen nicht mit dem Argument zurückgewiesen werden, die Abdruckanordnung sei etwa wegen der verlangten Schriftgröße unzulässig.

469 Entscheidungen im Verfügungsverfahren ergehen regelmäßig ohne mündliche Verhandlung. Wird allerdings die Veröffentlichung der Gegendarstellung durch Beschluss angeordnet, empfiehlt es sich auf Antragsgegnerseite, sofort einen Antrag auf vorläufige **Einstellung der Zwangsvollstreckung** gemäß §§ 924 Abs. 3, 707 ZPO zu stellen, weil die einstweilige Verfügung sofort und ohne Sicherheitsleistung vollstreckbar ist. Die einmal erfolgte Veröffentlichung der Gegendarstellung kann naturgemäß nicht wieder rückgängig gemacht werden, so dass der Vollstreckungsschutzantrag ein effektives Mittel ist, die Veröffentlichung der Gegendarstellung jedenfalls vor einer mündlichen Verhandlung über den in der Regel gleichzeitig eingelegten Widerspruch zu verhindern.

470 **Praxistipp:**

Der Vollstreckungsschutzantrag sollte unmittelbar nach Zustellung der Beschlussverfügung gestellt werden. Gleichzeitig sollte Widerspruch eingelegt und dieser auch sofort begründet werden, weil Gerichte zum Teil erst dann Termin zur mündlichen Verhandlung anberaumen, wenn der eingelegte Widerspruch inhaltlich begründet wird. Die Begründung des Widerspruchs kann nachträglich ohne weiteres ergänzt werden.

471 Eine nach mündlicher Verhandlung ergangene Entscheidung über den Verfügungsantrag ist mit der Berufung angreifbar. Zu berücksichtigen ist, dass auch eine erst durch Urteil erlassene einstweilige Verfügung im Parteibetrieb vollzogen, d.h. zugestellt werden muss, um Wirksamkeit zu entfalten. Wird die Gegendarstellung trotz ordnungsgemäß vollzogener einstweiliger Verfügung nicht freiwillig veröffentlicht, sind Vollstreckungsmaßnahmen möglich. Da die Veröffentlichung der Gegendarstellung eine unvertretbare Handlung ist, erfolgt die Zwangsvollstreckung nach **§ 888 ZPO**, d.h. durch Zwangsgeld. In der Regel erfolgt dies in der Weise, dass gegenüber dem Vollstreckungsschuldner für den Fall ein Zwangsgeld festgesetzt wird, dass er die Veröffentlichung nicht innerhalb einer bestimmten Frist nach Zustellung des Beschlusses vorgenommen hat.

IV. Berichtigung

472 Der Anspruch auf Berichtigung ist spezial-gesetzlich nicht geregelt, sondern wird in analoger Anwendung aus § 1004 BGB in Verbindung mit dem verwirkten Deliktstatbestand hergeleitet.[1236] Es handelt sich um einen **Folgenbeseitigungsanspruch**, der aus einer eingetretenen Persönlichkeitsrechtsverletzung resultiert. Der Anspruch ist verschuldensunabhängig und setzt eine fortdauernde Persönlichkeitsrechtsverletzung voraus, die durch

---

1234 Vgl. OLG München AfP 2001, 137; OLG Koblenz NJW-RR 1998, 23; KG AfP 2007, 231.
1235 OLG Stuttgart AfP 2006, 252.
1236 Vgl. Wenzel/*Gamer* Kap. 13 Rn. 6 ff. m.w.N.

eine erwiesenermaßen unzutreffende Tatsachenbehauptung hervorgerufen worden sein muss und eine entsprechende Berichtigung erfordert. Weitere inhaltliche Anforderungen an die Formulierung einer berichtigenden Erklärung und die Modalitäten ihrer Veröffentlichung sind durch die Rechtsprechung ausgeformt worden. Zentral ist die Erwägung, dass eine Berichtigung dem Anspruchsberechtigten die nach den Umständen des Falles gebotene Korrektur einer Ausgangsmitteilung ermöglichen soll, ohne den Anspruchsverpflichteten zu demütigen.

1. Voraussetzungen

Der Begriff der Berichtigung erfasst als Oberbegriff[1237] mit dem **Widerruf**, der **Richtigstellung**, der **Nichtaufrechterhaltung**, der **berichtigenden Ergänzung** sowie der **Distanzierung** unterschiedliche inhaltliche Ausprägungen des Anspruchs, die sich vor allem darin unterscheiden, zu welchem Grad die Ausgangsmitteilung unrichtig war bzw. in welchem Umfang deren Unwahrheit nachgewiesen werden konnte. Für sämtliche Ausprägungen des Anspruchs ist es Voraussetzung, dass durch eine unzutreffende Tatsachenbehauptung eine fortwirkende Persönlichkeitsrechtsverletzung eingetreten ist, die eine entsprechende Berichtigung erfordert.

a) Tatsachenbehauptung

Wie der Anspruch auf Gegendarstellung kommt ein Anspruch auf Berichtigung nur gegenüber Tatsachenbehauptungen in Betracht. Zur Abgrenzung von Tatsachenbehauptungen und Werturteilen kann auf die Ausführungen zu den Ansprüchen auf Gegendarstellung und Unterlassung verwiesen werden. Bei mehrdeutigen Äußerungen ist allerdings zu berücksichtigen, dass die zivilgerichtliche Verurteilung zum Widerruf nur in Betracht kommt, wenn die dem Äußernden günstigeren Deutungsmöglichkeiten mit hinreichender Begründung ausgeschlossen worden sind.[1238] Dementsprechend ist es durchaus denkbar, dass eine mehrdeutige Äußerung zwar mit Unterlassungsansprüchen erfolgreich angegriffen werden kann, Ansprüche auf Berichtigung aber scheitern. Insbesondere ist es auch ausgeschlossen, einen durch eine Berichterstattung erweckten **Eindruck** berichtigen zu lassen, wenn dieser nur möglicherweise, nicht aber zwingend entsteht.[1239] Ein Anspruch auf Berichtigung ist auch gegenüber einer **Bildveröffentlichung** denkbar. Allerdings setzt dies voraus, dass durch das Bild selbst oder aus der Verbindung zwischen Bild und Bildunterzeile eine unwahre Aussage entsteht.[1240]

b) Unwahrheit der Behauptung

Ein Anspruch auf Berichtigung kommt nur gegenüber unwahren Tatsachenbehauptungen in Betracht, weil ein Anspruch, eine nur möglicherweise unwahre Behauptung zu widerrufen, mit der grundrechtlich verbürgten Äußerungsfreiheit nicht zu vereinbaren wäre.[1241] Erst recht wäre es mit Art. 5 GG nicht zu vereinbaren, wenn der Äußernde verpflichtet werden könnte, eine Meinungsäußerung zu berichtigen.

Ob eine Tatsachenbehauptung wahr oder unwahr ist, ist im Streitfall im Wege der Beweiserhebung zu ermitteln. Die Darlegungs- und Beweislast trifft dabei den Anspruchsteller.[1242] Anerkannt ist zwar, dass der Anspruchsverpflichtete aufgrund einer

---

1237 BVerfG NJW 1998, 1381, 1383 – Caroline von Monaco I.
1238 BVerfG NJW 2006, 3769, 3771 – Babycaust.
1239 BVerfG NJW 2006, 207, 209 – »IM Sekretär« Stolpe.
1240 Götting/Schertz/Seitz/*Kamps* § 49 Rn. 10 unter Hinweis auf OLG München NJW-RR 1996, 539, 540 – Telefon-Sex-Foto.
1241 Vgl. BGH NJW 1962, 1438 – Eheversprechen.
1242 BGH AfP 2008, 381, 383.

erweiterten **sekundären Darlegungslast** gehalten ist, Belegtatsachen für seine Behauptung anzugeben,[1243] da der von dem Anspruchsteller zu führende Beweis regelmäßig nur dann erbracht werden kann, wenn ihm die konkreten Fakten bekannt sind, auf die der Äußernde seine Vorwürfe stützt. Kommt der Anspruchsverpflichtete dieser erweiterten Darlegungslast nicht nach, ist gemäß § 138 Abs. 3 ZPO von der Unwahrheit seiner Behauptung auszugehen.[1244] Dies bedeutet – wie beim Unterlassungsanspruch – nicht, dass der Anspruchsverpflichtete dem Anspruchsteller den Namen des Informanten preisgeben müsste, von dem die betreffende Information herrührt. Es ist lediglich erforderlich, zu der Tatsachengrundlage der Behauptung und dazu substantiiert vorzutragen, warum der Anspruchsverpflichtete davon ausgehen konnte, dass die erteilten Informationen inhaltlich zutreffend sind.[1245] Eine Beweislastumkehr gemäß § 186 StGB findet nicht statt,[1246] so dass ein **non-liquet** grundsätzlich zu Lasten des Anspruchstellers geht. Dies muss allerdings nicht zwingend zu einem vollständigen Unterliegen des Anspruchstellers führen, sondern kann auch einen Anspruch auf Berichtigung in einer nur abgeschwächten Form zur Folge haben.

c) Fortdauernde Beeinträchtigung

477 Erforderlich ist weiter, dass durch die unwahre Tatsachenbehauptung ein fortdauernder Zustand der Rechtswidrigkeit begründet worden ist. Entscheidend kommt es hier auf die objektive Rechtswidrigkeit des Störungszustandes an, also nicht darauf, ob die Äußerung zum Zeitpunkt der Veröffentlichung rechtswidrig gewesen ist oder nicht.[1247] Dementsprechend können Berichtigungsansprüche auch gegenüber einer im Zeitpunkt der Berichterstattung zulässigen Äußerung geltend gemacht werden.

478 Die Frage, ob eine fortdauernde Rufbeeinträchtigung des Betroffenen besteht oder nicht, ist im Rahmen einer **Interessenabwägung** zu beurteilen. Zu berücksichtigen ist dabei, dass eine Äußerung bereits durch schlichten Zeitablauf in Vergessenheit geraten kann. Allerdings bestehen hier keine starren Zeitvorgaben, insbesondere ist der Rechtsprechung nicht klar zu entnehmen, ob der **Zeitablauf** zwischen erster Kenntnis der Veröffentlichung und dem außergerichtlichen Berichtigungsverlangen, der gerichtlichen Geltendmachung des Anspruchs oder der letzten mündlichen Verhandlung maßgebend sein soll. In der Caroline von Monaco I-Entscheidung[1248] wurde herausgestellt, dass seinerzeit ein Zeitraum von zwei Jahren zwischen Veröffentlichung und gerichtlicher Entscheidung nicht ausreichend gewesen sei, um einen Anspruch auf Widerruf auszuschließen, weil es sich um eine Veröffentlichung in einer auflagenstarken Zeitschrift handelte und die Beeinträchtigung auch zum Zeitpunkt der Entscheidung noch andauerte. Es ist zweifelhaft, ob diese Formulierung dahin verstanden werden kann, dass der Zeitpunkt der letzten mündlichen Verhandlung maßgebend sein soll. Vielmehr wird allgemein vertreten, dass sich die Prozessdauer nicht zugunsten des Anspruchsverpflichteten auswirken dürfe,[1249] dies jedenfalls dann, wenn der Betroffene das Verfahren nicht zögerlich betreibe.

479 In anderen Fällen wurden Widerrufsverlangen, die erst 9 oder mehr als 12 Monate nach Veröffentlichung geltend gemacht wurden, zurückgewiesen, weil eine fortdauernde Ruf-

---

1243 Vgl. BGH GRUR 1975, 36, 38; AfP 1975, 801, 803.
1244 BGH AfP 2008, 381, 383; AfP 1987, 502; *Soehring* § 31 Rn. 22; Wenzel/*Gamer* Kap. 13 Rn. 18.
1245 BGH AfP 2008, 381, 384; OLG Hamburg NJW-RR 1992, 1378, 1379; LG Köln AfP 2007, 153, 154; OLG Köln AfP 2001, 524, 525.
1246 BGH AfP 1978, 23; 2008, 381, 383; *Soehring* § 31 Rn. 22; Wenzel/*Gamer* Kap. 13 Rn. 17.
1247 Hierzu im Einzelnen: Wenzel/*Gamer* Kap. 13 Rn. 22 ff.; *Soehring* § 31 Rn. 3 ff.
1248 BGH NJW 1995, 861, 863 – Caroline von Monaco.
1249 Vgl. Hamburger Kommentar/*Meyer* Abschnitt 43 Rn. 7; Wenzel/*Gamer* Kap. 13 Rn. 902.

beeinträchtigung nicht angenommen werden könne.¹²⁵⁰ Überzeugend erscheint die Überlegung von Soehring, bei der Interessenabwägung vor allem auch zu berücksichtigen, ob der Anspruchsteller sich nach Kenntnis einer ihn betreffenden unwahren, ehrenrührigen Tatsachenbehauptung mit der Geltendmachung eines Berichtigungsanspruchs außergewöhnlich viel Zeit lässt und hierfür keine schlüssige Erklärung geben kann, da dies dokumentiere, dass die Verletzung der Persönlichkeitssphäre nicht als derart gravierend angesehen wird, dass eine Berichtigung erforderlich wäre.¹²⁵¹

d) Erforderlichkeit der Berichtigung

Es muss ferner die Notwendigkeit bestehen, die getroffene Aussage zu berichtigen.¹²⁵² **480**
Ob dies der Fall ist, ist im Rahmen einer Interessenabwägung zu ermitteln. Diese fällt im Allgemeinen zugunsten des Betroffenen aus, »wenn der durch die Rufverletzung geschaffene Zustand für den Betroffenen eine fortwirkende Quelle gegenwärtiger Rufbeeinträchtigung bedeutet, zu deren Beseitigung der Verletzte auf die Berichtigung des Behauptenden angewiesen ist.«¹²⁵³ Es muss sich allerdings um eine wirkliche Rufbeeinträchtigung handeln, ein »**verletztes Ehrgefühl**« des Betroffenen reicht nicht aus.

Eine Notwendigkeit der Berichtigung wird daher im Allgemeinen nur dann angenommen, wenn es sich um gravierende Verstöße handelt.¹²⁵⁴ **481**

Es entspricht schließlich der Rechtsprechung, dass der Beseitigungsanspruch entfällt, **482**
wenn der Verpflichtete die unwahre Darstellung von sich aus berichtigt.¹²⁵⁵ Die Veröffentlichung einer Gegendarstellung reicht hierfür zwar grundsätzlich nicht aus, weil es sich hierbei um eine eigene Erklärung des Betroffenen handelt.¹²⁵⁶ Anders ist dies aber dann, wenn der Gegendarstellung ein bestätigender redaktioneller Hinweis hinzugefügt wird (»... Herr A hat Recht ...«).

Die Rechtsprechung nimmt im übrigen bei **juristischen Personen des öffentlichen** **483**
Rechts eine weitere Einschränkung dahin vor, dass ein Berichtigungsanspruch nur dann in Betracht kommen kann, wenn die in Rede stehende Tatsachenbehauptung eine besonders gravierende Beeinträchtigung des Rufes der Behörde oder Stelle zur Folge hat, die geeignet ist, ihr Erscheinungsbild in der Öffentlichkeit und ihre Funktionsfähigkeit erheblich zu beeinträchtigen.¹²⁵⁷

2. Anspruchsberechtigte

Anspruchsberechtigt ist – wie bei dem Unterlassungsanspruch – derjenige, der von der **484**
streitgegenständlichen Behauptung in seinen Rechten individuell betroffen ist.

3. Anspruchsverpflichtete

Anspruchsverpflichtet ist derjenige, der die streitgegenständliche Behauptung aufgestellt **485**
oder verbreitet hat. Derjenige, der die Äußerung nur verbreitet hat, ohne sich diese auch

---

1250 OLG Karlsruhe NJW-RR 2004, 917; weitere Beispiele zitiert nach Hamburger Kommentar/*Meyer* Abschnitt 43 Rn. 7 m.w.N. und Beispielsfällen sowie *Damm/Rehbock* Rn. 870 ff.; *Soehring* § 31 Rn. 8.
1251 *Soehring* § 31 Rn. 8b.
1252 BGH NJW 1965, 35; BGH NJW 1977, 1681; BGH NJW 1998, 1381.
1253 BVerfG NJW 1998, 1381; BGH GRUR 1969, 236, 238; BGH NJW 1995, 861 – Caroline von Monaco.
1254 BGH AfP 1992, 361; BGH GRUR 1998, 415.
1255 OLG Köln, AfP 1989, 764.
1256 *Löffler/Steffen* § 6 Rn. 298; *Soehring* § 31 Rn. 10.
1257 BGH NJW 2008, 2262 ff.

zu eigen gemacht zu haben, kann allerdings nicht auf Veröffentlichung eines Widerrufs, sondern lediglich auf Veröffentlichung einer Distanzierung in Anspruch genommen werden.[1258]

4. Erscheinungsformen des Anspruchs auf Berichtigung

486 Es wurde einleitend bereits darauf hingewiesen, dass der Anspruch auf Berichtigung in verschiedenen Erscheinungsformen denkbar ist.[1259] Dies ist vor allem dem Umstand geschuldet, dass der vollständige Nachweis der Unrichtigkeit der in Rede stehenden Behauptung nicht in jedem Einzelfall gelingt, aber ein Bedürfnis für eine korrigierende Berichterstattung auch dann bestehen kann, wenn trotz fehlenden Nachweises der Unwahrheit eine erhebliche Wahrscheinlichkeit für die Unrichtigkeit der Behauptung besteht. Ähnlich verhält es sich, wenn eine Aussage im Zeitpunkt der Äußerung unwahr gewesen ist, aber in Wahrnehmung berechtigter Interessen und damit rechtmäßig erfolgte. Im übrigen ist danach zu unterscheiden, ob eine eigene Äußerung des Publikationsorgans oder eine lediglich verbreitete Äußerung eines Dritten angegriffen wird. Im ersteren Fall kommen die nachfolgend unter lit.a bis e skizzierten Formen der Berichtigung in Betracht, im letzteren lediglich die Distanzierung. In allen Fällen der Berichtigung ist die zu veröffentlichende Erklärung von dem Anspruchsverpflichteten zu unterzeichnen (»der Verlag«; »die Redaktion« etc.).

a) Widerruf

487 Es entspricht allgemeiner Auffassung, dass ein »Widerruf«[1260] nur dann verlangt werden kann, wenn die **Unwahrheit** der angegriffenen Äußerung feststeht.[1261] Der Widerruf wird mit dem Begriff »Widerruf« überschrieben und besteht inhaltlich in der Erklärung, dass die angegriffene Behauptung widerrufen wird.

488 ▶ Beispiel:

Widerruf
In der ABC-Zeitung haben wir am [...] in dem Beitrag [...] über Herrn X behauptet, er habe dieses oder jenes getan. Diese Behauptung widerrufen wir als unwahr.
Der Verlag

b) ergänzender Widerruf

489 Denkbar ist auch ein Anspruch auf Veröffentlichung einer ergänzenden Erklärung, die sich nicht nur darauf beschränkt, die angegriffene Behauptung zu negieren, sondern dem Anspruchsberechtigten die Möglichkeit zu einer ergänzenden Erläuterung gibt. Ein solcher Anspruch kommt dann in Betracht, wenn die schlichte Negierung der Ausgangsmitteilung bei dem Adressaten einen **unzutreffenden Eindruck** entstehen lassen könnte. In diesem Fall kann die Veröffentlichung einer kurzen Darstellung des tatsächlichen Sachverhalts verlangt werden. Auch diese Erklärung wird mit »Widerruf« überschrieben.

1258 BGH NJW 1976, 1198.
1259 Vgl. *Prinz/Peters* Rn. 673 ff. mit verschiedenen Formulierungsbeispielen; vgl. Götting/Schertz/Seitz/*Kamps* § 49 Rn. 3 mit einer Darstellung der Terminologie.
1260 Zum Teil auch »voller Widerruf« genannt (*Damm/Rehbock* Rn. 890) oder »förmlicher Widerruf« (Götting/Schertz/Seitz/*Kamps* § 49 Rn. 50).
1261 BGH NJW 1977, 1681.

E. Äußerungsrechtliche Ansprüche und ihre Durchsetzung

▶ **Beispiel:** 490

Widerruf
In der ABC-Zeitung haben wir am [...] in dem Beitrag [...] über Herrn X behauptet, er habe dieses getan. Diese Behauptung widerrufen wir als unwahr. Richtig ist vielmehr, dass er jenes getan hat.
Der Verlag

c) eingeschränkter Widerruf (Nichtaufrechterhaltung)

Kann der Nachweis der Unrichtigkeit der angegriffenen Behauptung nicht in vollem 491
Umfang geführt werden, kommt ein Widerruf nur in eingeschränkter Form in Betracht. Die Einschränkung in Form der Nichtaufrechterhaltung[1262] setzt allerdings voraus, dass die Beweisaufnahme für einen objektiven Beurteiler **keine ernstlichen Anhaltspunkte** für die Richtigkeit des Vorwurfs ergeben hat.[1263] Gleiches gilt, wenn die in Rede stehende Äußerung im Zeitpunkt der Veröffentlichung rechtmäßig gewesen ist, sich ihre Unwahrheit aber zu einem späteren Zeitpunkt herausstellt.[1264] Wenn eine ehrverletzende Äußerung also ursprünglich **in Wahrnehmung berechtigter Interessen** getätigt worden ist, nach Wegfall des berechtigten Interesses und nach Feststellung ihrer Unwahrheit aber weiterhin beeinträchtigende Wirkungen zu befürchten sind, kann ein Widerruf in eingeschränkter Form verlangt werden, nämlich dahin, die streitgegenständlichen Behauptungen würden nicht aufrechterhalten. Sind derartige Wirkungen nicht zu befürchten oder ergibt die Beweisaufnahme ein non-liquet, scheidet ein Anspruch auf Nichtaufrechterhaltung aus. Inhaltlich besteht ein in diesem Sinne eingeschränkter Widerruf darin, dass unter der Überschrift »Erklärung« oder »Nichtaufrechterhaltung« deutlich gemacht wird, dass die angegriffene Behauptung nicht aufrecht erhalten wird. Prinz/Peters[1265] gehen demgegenüber davon aus, dass jede Form eines eingeschränkten Widerrufs als »Richtigstellung« zu bezeichnen ist. Dies ist problematisch, weil die Ausgangsmitteilung nicht rechtswidrig war und auch nachträglich nicht rechtswidrig werden kann.[1266]

▶ **Beispiel:** 492

Nichtaufrechterhaltung
In der ABC-Zeitung haben wir am [...] in dem Beitrag [...] über Herrn X behauptet, er habe dieses getan. Diese Behauptung erhalten wir nicht aufrecht.
Der Verlag

Unzulässig wäre es demgegenüber, wenn in dem Beispiel der Halbsatz ergänzt würde, 493
»weil Herr X sie nicht beweisen könne«, weil damit die gesetzliche Beweislastregel unterlaufen würde.[1267]

d) Richtigstellung

Eine Richtigstellung kommt in Betracht, wenn die angegriffene Behauptung nicht in 494
ihrer Gesamtheit, sondern **nur zum Teil** unzutreffend ist oder einen unzutreffenden Eindruck erweckt. Da die Ausgangsmitteilung jedenfalls zum Teil zutreffend war, kann die Erklärung des Äußernden nicht auf einen inhaltlichen Widerruf der Ausgangsmitteilung gerichtet sein, sondern geht dahin, die angegriffene Behauptung in einer bestimmten Art und Weise inhaltlich zu korrigieren. Die Überschrift lautet »Richtigstellung«.

1262 Diese Terminologie verwenden z.B. Götting/Schertz/Seitz/*Kamps* § 49 Rn. 58; *Damm/Rehbock* Rn. 891.
1263 BGHZ 37, 187, 190 – Eheversprechen.
1264 BVerfG NJW 2004, 354, 356.
1265 Rn. 688 ff.
1266 *Soehring* § 31 Rn. 3a.
1267 *Prinz/Peters* Rn. 690 unter Hinweis auf BGH NJW 1987, 1400, 1401 – Oberfaschist.

495 ▶ **Beispiel:**

Richtigstellung
In der ABC-Zeitung haben wir am [...] in dem Beitrag [...] über Herrn X behauptet, er habe dieses und jenes getan. Soweit dadurch der Eindruck erweckt worden ist, dies habe zu jenem geführt, stellen wir richtig, dass dies nicht der Fall ist.
Der Verlag

e) erläuternde Ergänzung

496 Eine solche Erklärung[1268] kommt ausnahmsweise dann in Betracht, wenn die ursprüngliche Mitteilung nach den Grundsätzen über die Verdachtsberichterstattung zulässig gewesen ist,[1269] sich aber später herausstellt, dass der Verdacht unbegründet war. Es kann sich daher bei fortdauernder Beeinträchtigung ein Berichtigungsanspruch dahin ergeben, dass der Betroffene eine ergänzende Mitteilung über den für ihn günstigen Ausgang des Strafverfahrens verlangen kann. In einem Fall des nachträglich eingetretenen Freispruchs eines Mannes vom Vorwurf des sexuellen Missbrauchs von Kindern hat das Bundesverfassungsgericht[1270] eine entsprechende Verurteilung durch das OLG Hamburg als verfassungsgemäß angesehen. Nach Auffassung des OLG München[1271] ist dieser Anspruch allerdings nicht auf Veröffentlichung einer eigenen Erklärung des Publikationsorgans gerichtet, sondern auf die Veröffentlichung einer eigenen Erklärung des Anspruchsberechtigten, die auf dessen Kosten erfolgt, beschränkt.[1272] Ein solcher Anspruch kann nur in engen Ausnahmefällen in Betracht kommen und scheidet insbesondere dann aus, wenn in der Erstmitteilung deutlich wurde, dass ein anderer Ausgang des Verfahrens möglich ist.[1273] Andere als die genannten Entscheidungen sind zu diesem Anspruch bisher nicht bekannt. Dies unterstreicht den **Ausnahmecharakter** dieses Anspruchs.

f) Distanzierung

497 Eine Distanzierung kommt dann in Betracht, wenn die in Rede stehende Behauptung nicht von dem Publikationsorgan aufgestellt worden ist, sondern es sich um die Äußerung eines Dritten handelt, die lediglich verbreitet wurde. Dies kommt nur dann in Betracht, wenn das Publikationsorgan sich die betreffende Behauptung nicht **zu eigen** gemacht hat.[1274] Eine Distanzierung kann nur verlangt werden, wenn die Unwahrheit der betreffenden Behauptung feststeht, und wird unter der Überschrift »Distanzierung« veröffentlicht.

498 ▶ **Beispiel:**

Distanzierung
In der ABC-Zeitung haben wir am [...] in dem Beitrag [...] Herrn Z zitiert, der über Herrn X behauptet hat, er habe dieses oder jenes getan. Von dieser Behauptung distanzieren wir uns.
Der Verlag

1268 *Prinz/Peters* Rn. 694 bezeichnen diese als äußerungsrechtliche Folgenbeseitigung.
1269 Vgl. hierzu Rdn. 337 ff.
1270 AfP 1997, 619. 621 – Stern, Verdachtsberichterstattung.
1271 NJW-RR 1996, 1487 ff. – Sex Papst.
1272 Vgl. hierzu Hamburger Kommentar/*Wanckel* § 49 Rn. 3; *Prinz/Peters* Rn. 694; *Wenzel/Gamer* Kap. 13 Rn. 74.
1273 *Wenzel/Gamer* Kap. 13 Rn. 76.
1274 BGH NJW 1976, 1198; vgl. *Damm/Rehbock* Rn. 895 m.w.N.; zur Abgrenzung zwischen Aufstellen und Verbreiten siehe auch oben Rn. 235 ff.

Ein Anspruch auf Distanzierung scheidet aus, wenn im Rahmen einer Berichterstattung bereits eine deutliche Distanzierung von der verbreiteten Behauptung erfolgt ist.[1275] Eine solche Distanzierung kann allerdings nicht schon dann angenommen werden, wenn erkennbar ist, dass die Äußerung eines Dritten lediglich verbreitet wird. Erforderlich ist vielmehr, dass von der Äußerung auch deutlich Abstand genommen wird.[1276] Dies kann etwa in der Form erfolgen, dass bei der Wiedergabe der Äußerung eines Dritten darauf hingewiesen wird, dass die inhaltliche Richtigkeit der Äußerung von der Redaktion nicht überprüft wurde oder der Redaktion keine Erkenntnisse darüber vorliegen, dass die Äußerung inhaltlich zutreffend ist. Gleiches gilt, wenn eine bestimmte Aussage lediglich im Sinne der Darstellung eines »Marktes der Meinungen« anderen Aussagen gegenüber gestellt wird, die Verbreitung also nicht wegen des Inhalts der Äußerung erfolgt, sondern um einen Meinungsstand darzustellen. Die Anforderungen an eine solche Distanzierung sind allerdings hoch.[1277]

5. Erfüllung des Anspruchs

Der Anspruch auf Berichtigung wird in der Form erfüllt, dass – entsprechend den im Gegendarstellungsrecht geltenden Grundsätzen – die Veröffentlichung in der Form wie die Ausgangsmitteilung erfolgt, d.h. in demselben Teil einer Druckschrift oder auf demselben Sendeplatz.[1278] Dies schließt grundsätzlich auch die Möglichkeit der Veröffentlichung der Berichtigung auf der Titelseite einer Druckschrift ein. Allerdings setzt dies voraus, dass die Veröffentlichung auf dem Titel tatsächlich auch erforderlich ist, um das Berichtigungsbedürfnis des Betroffenen zu erfüllen. Gleichzeitig muss dem Verlag die Möglichkeit bleiben, den Titel frei zu wählen und dazu zu nutzen, auf den Inhalt der Druckschrift hinzuweisen.[1279] Im Ergebnis ist daher sowohl bei der Frage, ob überhaupt ein Anspruch auf Berichtigung gegeben ist, als auch bei der Frage der Form der Veröffentlichung einer berichtigenden Erklärung eine Abwägung der wechselseitigen Interessen vorzunehmen.

6. Durchsetzung

a) Rechtsweg

Der Anspruch ist – wie der Unterlassungsanspruch – vor den ordentlichen Gerichten geltend zu machen. Dies gilt auch dann, wenn sich der Anspruch gegen öffentlich-rechtliche Rundfunkanstalten richtet.[1280] Die Streitwerte entsprechen den Streitwerten des Unterlassungsverfahrens, weil die Bedeutung der Ansprüche vergleichbar ist.[1281]

b) Verfahrensart

Der Anspruch auf Berichtigung ist nicht im Wege des einstweiligen Rechtsschutzes durchsetzbar, weil der Anspruch regelmäßig eine nachweislich unwahre Behauptung voraussetzt.[1282] Außerdem kann die Veröffentlichung einer solchen Berichtigung nicht wieder rückgängig gemacht werden, so dass zwangsläufig eine Vorwegnahme der Hauptsache eintreten würde. Soweit in Einzelfällen ein **vorläufiger Widerruf** im Wege der

---

1275 Damm/Rehbock Rn. 896; Wenzel/Gamer Kap. 13. Rn. 80.
1276 Wenzel/Gamer Kap. 13 Rn. 80 m.w.N.
1277 Vgl. BGH NJW 1996, 1131, 1132.
1278 Wenzel/Gamer Kap. 13 Rn. 91; Soehring §31 Rn. 23 jeweils m.w.N.
1279 BGH NJW 1995, 861 – Caroline von Monaco.
1280 BGH AfP 1976, 75 – Panorama; BVerwG NJW 1994, 2500; Wenzel/Gamer Kap. 13 Rn. 101.
1281 Wenzel/Gamer Kap. 13 Rn. 12 unter Hinweis auf OLG Hamburg AfP 1988, 353.
1282 Str. zum Meinungsstand Wenzel/Gamer Kap. 13 Rn. 102.

einstweiligen Verfügung durchgesetzt wurde,[1283] handelte es sich um besondere Ausnahmefälle, aus denen nicht abgeleitet werden kann, dass der Anspruch auf Berichtigung generell im Wege des einstweiligen Rechtsschutzes durchgesetzt werden kann.[1284]

c) Antragsfassung

503 Die Fassung des Klageantrags richtet sich nach der verlangten Form der Berichtigung. Es ist zu beachten, dass der Kläger einen hinreichend bestimmten Klageantrag zu formulieren hat. Dies setzt voraus, dass die zur Veröffentlichung verlangte Erklärung vollständig in den Klageantrag aufgenommen wird.[1285] Das angerufene Gericht ist an diesen Klageantrag gebunden (§ 308 ZPO), hat aber selbstverständlich darauf hinzuwirken, dass sachdienliche Anträge gestellt werden. Im Ergebnis führt dies dazu, dass – anders als im Gegendarstellungsverfahren – **Änderungen** der zu veröffentlichenden Erklärung auch im Verfahren noch möglich sind und lediglich zu Kostenfolgen und nicht zu einem vollständigen Unterliegen führen. Eine solche Änderung muss sich nicht auf einzelne Formulierungen in der berichtigenden Erklärung beschränken, sondern kann auch darin bestehen, dass von einem Widerruf auf eine Richtigstellung oder eine Distanzierung übergegangen wird.[1286]

504 Zum Klageantrag zählt im übrigen auch die von dem Kläger verlangte **Abdruckanordnung** der Berichtigung. Verlangt daher der Kläger eine bestimmte Form der Veröffentlichung, die das Gericht als übermäßig ansieht, kann das Gericht die Klage nur insgesamt abweisen, nicht aber eine als angemessen erachtete Form der Veröffentlichung tenorieren.[1287] Die Abdruckanordnung selbst kann in Anlehnung an die Regelungen der Gegendarstellung formuliert werden.

505 ▶ **Beispiel:**
»... wird beantragt, die Beklagte zu verurteilen, den nachfolgenden Widerruf in der nächsten, für den Druck noch nicht abgeschlossenen Ausgabe der ABC-Zeitung in gleicher Schrift und in dem gleichen Teil des Druckwerks wie der beanstandete Text erschienen ist sowie in allen Ausgaben in denen der beanstandete Text erschienen ist, auf der der Ausgangsmitteilung entsprechenden Seite unter drucktechnischer Hervorhebung des Wortes »Widerruf« zu veröffentlichen
Widerruf
In der ABC-Zeitung haben wir am [...] in dem Beitrag [...] über Herrn X behauptet, er habe dieses oder jenes getan. Diese Behauptung widerrufen wir als unwahr.
Der Verlag«

d) Abmahnung

506 Wie bei der Durchsetzung eines Unterlassungsanspruchs empfiehlt es sich aus Kostengesichtspunkten, den Anspruchsverpflichteten außergerichtlich aufzufordern, die verlangte Berichtigung freiwillig vorzunehmen. Die Abmahnung ist allerdings keine Prozessvoraussetzung.

1283 OLG Köln AfP 1972, 331; OLG Hamburg AfP 1971, 35.
1284 Hierzu im Einzelnen *Damm/Rehbock* Rn. 899; *Prinz/Peters* Rn. 707; *Soehring* § 31 Rn. 19.
1285 Vgl. *Damm/Rehbock* Rn. 911.
1286 Vgl. BGH AfP 1994, 309 – Antragsänderung.
1287 OLG Hamburg NJW 1995, 885.

7. Zwangsvollstreckung

Die Veröffentlichung einer Berichtigung ist – wie die Veröffentlichung einer Gegendarstellung – eine unvertretbare Handlung und daher nach § 888 ZPO vollstreckbar. 507

V. Schadenersatz und Bereicherungsausgleich

Ansprüche auf Ersatz **materieller Schäden** kommen nach den allgemeinen Grundsätzen 508 der §§ 823, 824, 826 BGB in Betracht. Erforderlich ist also eine rechtswidrige und schuldhafte Persönlichkeitsrechtsverletzung, die einen konkret nachzuweisenden materiellen Schaden verursacht hat. Da die Veröffentlichung rechtswidrig gewesen sein muss, scheiden Schadenersatzansprüche insbesondere dann aus, wenn die Berichterstattung von der Wahrnehmung berechtigter Interessen gedeckt war oder auf einer privilegierten Quelle beruht.[1288] Sowohl die haftungsbegründende als auch die haftungsausfüllende Kausalität zwischen der Veröffentlichung und dem zum Ersatz verlangten Schaden muss nachgewiesen werden. Hervorzuheben ist, dass gerade der – dem Anspruchsteller obliegende – Nachweis eines kausal entstandenen Schadens in der Praxis regelmäßig schwierig ist.

Dies ist dann nicht der Fall, wenn einzelne vermögenswerte Aspekte der Persönlichkeit, 509 etwa der Name oder das Bildnis, zu kommerziellen Zwecken ausgenutzt werden, weil in diesen Fällen der zu ersetzende Schaden nach den Grundsätzen der **Lizenzanalogie** berechnet werden kann.[1289] Danach ist der Anspruchsteller berechtigt, anstelle eines konkret nachzuweisenden Schadens eine fiktive Lizenzgebühr in mindestens der Höhe zu verlangen, die bei ordnungsgemäßem Rechtserwerb zu zahlen gewesen wäre.[1290] Wird das Bildnis einer Person demgegenüber nicht zu kommerziellen Zwecken, sondern zur Illustration eines redaktionellen Beitrages eingesetzt, ist ein Schadensersatzanspruch ausgeschlossen, weil diesem Foto der erforderliche kommerzielle Wert fehlt.[1291] Ferner geht die Rechtsprechung davon aus, dass ein für die Presse bestehendes Risiko, aufgrund einer redaktionellen Berichterstattung, die sich erst als Ergebnis eines möglicherweise diffizilen Abwägungsvorgangs als letztlich rechtswidrig erweist, auf Zahlung eines unter Umständen nicht unbeträchtlichen Betrages an »fiktiver Lizenz« in Anspruch genommen zu werden, mit der grundrechtlich garantierten Berichterstattungsfreiheit aus Art. 5 Abs. 1 Satz 2 GG nicht vereinbar wäre.[1292] Dementsprechend löst nicht jede unzulässige Veröffentlichung eines Bildnisses zwangsläufig Ansprüche auf Schadenersatz aus.

Fehlt es an dem für einen Schadensersatzanspruch erforderlichen Verschulden des Verletzers, kommen Ansprüche auf fiktive Lizenz auch unter dem Gesichtspunkt der ungerechtfertigten Bereicherung in Betracht. Auch dabei ist allerdings vorausgesetzt, dass dem Bildnis ein kommerzieller Wert zukommt. Zu den Einzelheiten des Anspruchs auf Schadenersatz und Bereicherungsausgleich wird ergänzend auf die allgemeinen Darstellungen bei Soehring[1293] und Wenzel/Burkhardt[1294] verwiesen. 510

VI. Geldentschädigung

Anerkannt ist schließlich, dass wegen der Verletzung des allgemeinen Persönlichkeitsrechts 511 aus § 823 BGB i.V.m. Art. 1, 2 GG auch ein Anspruch auf Ersatz des **immateriellen Scha-**

1288 Vgl. Soehring § 32 Rn. 3.
1289 Vgl. LG Düsseldorf AfP 1998, 238; OLG Karlsruhe AfP 1998, 326; LG Düsseldorf AfP 2003, 77.
1290 LG Düsseldorf AfP 2003, 77.
1291 Vgl. AG Hamburg GRUR 1991, 910, 911 – Normalbürger.
1292 OLG Hamburg ZUM 2009, 65, 67.
1293 § 32 Rn. 1 ff.
1294 Kap. 14 Rn. 20.

dens hergeleitet werden kann.[1295] Dies setzt eine **besonders schwerwiegende** und **schuldhafte** Persönlichkeitsrechtsverletzung voraus, die **nicht auf andere Weise ausgeglichen** werden kann und für die ein **unabweisbares Bedürfnis** besteht.[1296] Ob eine entschädigungsrelevante Rechtsgutverletzung vorliegt, hängt von der Art und Intensität des Eingriffs, von der Nachhaltigkeit der Rechtsverletzung sowie von Anlass und Beweggrund des Handelnden einschließlich des Maßes seines Verschuldens ab. Dementsprechend ist jeweils eine Gesamtbeurteilung der Umstände des konkreten Falles vorzunehmen, in die insbesondere die Kriterien der Schwere der Rechtsverletzung, des Verschuldens sowie des Fehlens anderweitiger Genugtuungsmöglichkeiten einfließen müssen.[1297]

512 Die Kriterien für die Zuerkennung einer Entschädigung sind entwickelt worden, um Persönlichkeitsrechtsverletzungen sanktionieren zu können, die insbesondere wegen der massenhaften Verbreitung der Medien in besonderer Weise geeignet sind, das Ansehen der betroffenen Person in der Öffentlichkeit herabzusetzen und/oder ihren sozialen Geltungsanspruch zu tangieren. Dementsprechend ist nicht jede Persönlichkeitsrechtsverletzung entschädigungsrelevant, sondern eine besonders schwerwiegende Persönlichkeitsrechtsverletzung erforderlich. Dies ist in besonderer Weise bei Mitteilungen oder Bildnissen aus dem höchstpersönlichen privaten oder intimen Bereich der Fall, der einem besonderen Schutz der Rechtsordnung unterliegt.

513 In der grundlegenden Caroline-Entscheidung[1298] war für den BGH maßgebend, dass die damalige Beklagte in Kenntnis der Weigerung der Klägerin, der Presse ein Interview zu geben, ein Interview über Probleme des Privatlebens und der seelischen Verfassung der Klägerin erfunden und der Klägerin Äußerungen über ihre höchstpersönlichen Verhältnisse in den Mund gelegt hat, die diese nicht getan hatte. Weiter hatte die Beklagte ins Blaue hinein über höchstpersönliche Entscheidungen der Klägerin berichtet, die die Klägerin in Wahrheit nicht getroffen hatte, und damit die Privatsphäre der Klägerin der Neugier und Sensationslust von Hunderttausenden von Lesern ausgesetzt. Der Entschädigungsanspruch scheiterte insbesondere auch nicht daran, dass die Beklagte umfangreich zur Berichtigung verurteilt worden war, weil die Klägerin die Berichtigung in drei Instanzen durchkämpfen musste.

514 Ein Anspruch auf Geldentschädigung besteht daher nicht, wenn die in Rede stehende Persönlichkeitsrechtsverletzung auf andere Weise ausgeglichen werden kann, etwa durch einen rechtskräftigen **Unterlassungstitel** und der damit zusammenhängenden Ordnungsmittelandrohungen[1299] oder eine zwischenzeitlich erfolgte **Berichtigung**. Die Gewährung einer Geldentschädigung hängt daher nicht nur von der Schwere des Eingriffs ab. Vielmehr kommt es auf die gesamten **Umstände des Einzelfalles** an, nach denen zu beurteilen ist, ob ein anderweitiger befriedigender Ausgleich für die Persönlichkeitsrechtsverletzung fehlt,[1300] eine Geldentschädigung kommt also nur als **ultima ratio** in Betracht. Als anderweitige Rechtsschutzmöglichkeit sind vor allem Ansprüche auf Gegendarstellung und Berichtigung denkbar. Nach der oben zitierten Caroline-Entscheidung setzt dies aber voraus, dass insbesondere Berichtigungsansprüche zügig erfüllt werden. Gleiches gilt für eine redaktionelle Korrektur, die zeitnah zu der Ausgangsberichterstattung veröffentlicht wurde.[1301] Unterlassungsansprüche sind demgegenüber nicht auf eine Korrektur, sondern darauf gerichtet, eine weitere Vertiefung der Rechtsverletzung zu verhindern. Dennoch kann eine Unterlassungs-

---

1295 Vgl. BVerfG NJW 1973, 1221; BGH NJW 1958, 827; OLG München ZUM 2008, 984 m.w.N.
1296 BGH NJW 1996, 985, 986 – Kumulationsgedanke; NJW 1995, 861, 864 – Caroline von Monaco I; NJW 1985, 1617, 1619.
1297 Vgl. *Soehring* Presserecht, § 32 Rn. 20 m.w.N.
1298 BGH VI ZR 56/94 (Rn. 74-76).
1299 BGH AfP 2010, 75, 76 unter Verweis auf BGH VI ZR 340/08.
1300 Vgl. BGH AfP 2010, 75, 76; 1995, 411; OLG Thüringen AfP 2010, 277, 278.
1301 OLG Köln AfP 1991, 427.

erklärung oder ein Unterlassungstitel ein Bedürfnis für eine Geldentschädigung entfallen lassen. Werden Unterlassungsansprüche nicht erhoben, kann das Verlangen nach Geldentschädigung dahin interpretiert werden, dass der Betroffene nicht in erster Linie daran interessiert ist, eine Rechtsverletzung zu unterbinden, sondern dass eine finanzielle Entschädigung im Vordergrund steht. Dies spricht dagegen, dass ein »unabweisbares Bedürfnis« für die Entschädigung bestehen soll. Erforderlich ist weiter ein besonders schweres Verschulden, d.h. ein besonders gravierender Verstoß gegen die pressemäßige Sorgfalt,[1302] nicht unbedingt vorsätzliches Verhalten.[1303]

Unter anderem in den folgenden Fällen ist eine derart schwerwiegende Verletzung des Persönlichkeitsrechts angenommen worden: Veröffentlichung von Nacktfotos,[1304] Verunglimpfung einer Jugendlichen durch sexuelle Anspielungen auf ihren Namen,[1305] sexuelle Verunglimpfung,[1306] unbegründeter Vorwurf der Beteiligung an einem Mordkomplott,[1307] Verbreitung falscher Zitate in einem Flugblatt,[1308] Bezeichnung als »Kinderschänder« trotz Freispruchs[1309] oder Schmähungen des Betroffenen (»allergrößte Pfeife«,[1310] »Puff-Politiker«).[1311]

515

Nicht ausreichend waren demgegenüber bloße Übertreibungen eines in der Sache zutreffenen Vorwurfs[1312] oder die schlichte Veröffentlichung eines Bildes des damals etwa acht Jahre alten Sohnes von Caroline von Monaco.[1313] Auch die Veröffentlichung der unzutreffenden Aussage eines Oberarztes über die Chefärztin einer bestimmten Abteilung eines Krankenhauses, sie sei »nach eigenen Angaben ohne Erfahrung« in bestimmten Bereichen, ist als zwar persönlichkeitsrechtsverletzend, aber nicht entschädigungsrelevant angesehen worden, weil die Klägerin nur in ihrer beruflichen Sphäre betroffen war, die Äußerung im Rahmen einer Diskussion über die Entlassung des Oberarztes gefallen und ohne sein Verschulden öffentlich bekannt geworden war und dieser sich der Klägerin gegenüber verpflichtet hatte, die Äußerung nicht mehr zu wiederholen oder aufrecht zu erhalten.[1314] Bei der Veröffentlichung eines Romans kommt trotz Vorliegens einer schweren Verletzung des Persönlichkeitsrechts wegen der Bedeutung der Kunstfreiheit nur ausnahmsweise ein Anspruch auf Geldentschädigung in Betracht. In dem vorliegenden Fall ist der Anspruch u.a. auch deswegen abgelehnt worden, weil der Roman insgesamt untersagt worden war und der Roman nicht zu einer persönlichen Abrechnung mit der Klägerin missbraucht worden sei, um sie zu beleidigen oder herabzuwürdigen.[1315]

516

Die **Höhe** einer angemessenen Entschädigung ist stets von sämtlichen Umständen des Einzelfalls abhängig und differiert sehr stark. Einen umfassenden und aktuellen Überblick über unterschiedliche Entschädigungssummen von 5.000 DM bis 200.000 € geben u.a. Götting/Schertz/Seitz,[1316] Damm/Rehbock[1317] sowie Soehring.[1318] Entsprechend der

517

1302 Vgl. *Soehring* § 32 Rn. 27.
1303 Vgl. OLG München ZUM 2008, 984.
1304 OLG Oldenburg NJW 1989, 400; LG Berlin AfP 2001, 246; OLG Hamm NJW-RR 1997, 1044.
1305 OLG Hamm NJW-RR 2004, 919 – TV Total.
1306 OLG Karlsruhe NJW-RR 1994, 1963 – Steffi Graf.
1307 OLG München NJW-RR 1996, 1365.
1308 LG München I NJW-RR 2002, 1045 – katholischer Drecksack.
1309 LG Ansbach NJW-RR 1997, 978.
1310 LG Oldenburg NJW-RR 1995, 1427.
1311 KG ZUM-RD 2008, 466.
1312 OLG Brandenburg NJW 1995, 886 – Täter-Opfer-Polizei.
1313 OLG Hamburg NJW-RR 1994, 990; LG München I ZUM 2008, 619.
1314 OLG Thüringen AfP 2010, 277, 279.
1315 BGH AfP 2010, 75, 77.
1316 § 51 Rn. 38 ff.
1317 Rn. 1004 ff.
1318 § 32 Rn. 35c.

Erwägungen des BGH in der Caroline-Entscheidung hat der Anspruch auf Entschädigung nicht das Ziel der Gewinnabschöpfung, sondern das der persönlichen Genugtuung des Betroffenen sowie der Prävention. Eine Verurteilung zur Geldentschädigung sei nur dann geeignet, den aus dem Persönlichkeitsrecht heraus gebotenen Präventionszweck zu erreichen, wenn die Entschädigung der Höhe nach ein Gegenstück auch dazu bilde, dass die Persönlichkeitsrechte zur Gewinnerzielung verletzt worden sind. Das bedeute zwar nicht, dass in solchen Fällen rücksichtsloser Kommerzialisierung der Persönlichkeit eine »Gewinnabschöpfung« vorzunehmen sei, wohl aber, dass die Erzielung von Gewinnen aus der Rechtsverletzung als Bemessungsfaktor in die Entscheidung über die Höhe der Geldentschädigung einzubeziehen sei. Von der Höhe der Geldentschädigung müsse deshalb ein echter Hemmungseffekt auch für eine solche Vermarktung der Persönlichkeit ausgehen.

518 Der Anspruch auf Geldentschädigung wird im Wege der **Klage** geltend gemacht; dem Klageantrag in Schmerzensgeldverfahren vergleichbar ist auch hier ein unbestimmter Klageantrag zulässig, sofern ein Mindestbetrag angeben wird.

519 ▶ **Beispiel:**

»... die Beklagte zu verurteilen, eine angemessene Geldentschädigung, mindestens aber 5.000 € an den Kläger zu zahlen ...«

VII. Kostenerstattung

520 Die Kosten der außergerichtlichen Geltendmachung begründeter äußerungsrechtlicher Ansprüche sind grundsätzlich erstattungsfähig. Hinsichtlich der Kosten für die Aufforderung zur Veröffentlichung einer Gegendarstellung gilt dies allerdings nur dann, wenn die Gegendarstellung abdruckreif ist und die in Rede stehenden Tatsachenbehauptungen unzutreffend sind oder sich der Anspruchsverpflichtete in Verzug befindet.[1319] Der Anspruch auf Gegendarstellung besteht – wie dargelegt – in einem Recht des Betroffenen, sich zu einer Tatsachenbehauptung äußern zu dürfen. Weder Rechtswidrigkeit noch Verschulden ist vorausgesetzt, so dass bei einer inhaltlich zutreffenden Berichterstattung auch keine Rechtsverletzung vorliegt. Ein Anspruch auf Kostenerstattung kann hier nur in Betracht kommen, wenn der Anspruchsverpflichtete mit der Veröffentlichung der Gegendarstellung in Verzug ist. Dies ist aber bei der ersten Zuleitung des Gegendarstellungsverlangens (noch) nicht der Fall. Ist die Veröffentlichung rechtswidrig gewesen, resultiert der Anspruch auf Kostenerstattung unmittelbar aus § 823 BGB.

521 In der Regel entsteht für die außergerichtliche anwaltliche Tätigkeit wegen einer Abmahnung oder der Zuleitung einer Gegendarstellung mit Abdruckaufforderung eine Geschäftsgebühr nach §§ 2, 13 RVG Nr. 2300 VV, die mit einem Gebührensatz von 1,3 bewertet wird. Streitig ist allerdings, ob dann, wenn der Betroffene gleichzeitig (aber in getrennten Schreiben) gegen eine Wort- und eine Bildberichterstattung vorgeht – oder gegen eine inhaltlich identische Aussage in der Print- und in der online-Ausgabe einer Tageszeitung – gebührenrechtlich eine Angelegenheit mit mehreren Gegenständen vorliegt oder mehrere Angelegenheiten. Gleiches gilt, wenn mehrere Anspruchsteller gegen die identische Veröffentlichung vorgehen, z.B. Geschwister oder Eheleute. Die finanziellen Konsequenzen der unterschiedlichen Auffassungen sind erheblich, da nach der erstgenannten Auffassung eine Gebühr aus einem einheitlichen Gesamtstreitwert zu bilden ist, der sich wiederum aus der Summe sämtlicher Gegenstände zusammensetzt. Nach der Gegenauffassung kann für jede Angelegenheit eine eigenständige Kostennote aus dem

---

1319 *Seitz/Schmidt* Kap. 8 Rn. 26, 27.

jeweiligen Gegenstandswert gestellt werden, so dass im Ergebnis eine deutlich höhere Kostenforderung entsteht.

Die insoweit maßgebende Regelung des § 15 Abs. 1 RVG differenziert zwischen »Angelegenheiten« einerseits und »Gegenständen« andererseits, so dass zu entscheiden ist, ob die einzelnen äußerungsrechtlichen Ansprüche jeweils eigene Angelegenheiten sind oder unterschiedliche Gegenstände derselben Angelegenheit. Nach der Rechtsprechung des BGH betreffen weisungsgemäß erbrachte anwaltliche Leistungen dieselbe Angelegenheit, wenn zwischen ihnen ein innerer Zusammenhang besteht und sie sowohl inhaltlich als auch in ihrer Zielsetzung so weitgehend übereinstimmen, dass von einem einheitlichen Rahmen der anwaltlichen Tätigkeit gesprochen werden kann.[1320] Dies nimmt der BGH für den Fall des Vorgehens gegen eine zusammenhängende Wort- und Bildberichterstattung an.[1321] Kürzlich hat der BGH dies auch angenommen,[1322] wenn die fraglichen Äußerungen in einer Berichterstattung eine GmbH und deren Geschäftsführer betreffen. Demgegenüber sollen jeweils einzelne Angelegenheiten vorliegen, wenn gegenüber einer einheitlichen Berichterstattung Ansprüche auf Unterlassung, Gegendarstellung und Berichtigung geltend gemacht werden.[1323] Die Rechtsprechung der Instanzgerichte hierzu war nicht einheitlich.[1324] So ging das Amtsgericht Hamburg[1325] (anders als das LG Berlin) davon aus, dass die (nahezu) gleichzeitig verfolgten Ansprüche auf Unterlassung, Gegendarstellung und Berichtigung mehrere Gegenstände eine einheitliche Angelegenheit darstellen. Gleiches gilt, wenn der Anspruchsberechtigte parallel gegen mehrere Anspruchsverpflichtete vorgeht (Verlag sowie Autor und Fotograf)[1326] oder wenn mehrere Betroffene gegen die gleiche Berichterstattung vorgehen.[1327]

522

VIII. Reaktionsmöglichkeiten der Medien

Die Anspruchsgegner haben nur begrenzte prozessuale Möglichkeiten, sich gegenüber unberechtigten Ansprüchen zu verteidigen. Häufig wird man versuchen, nach Zugang einer unberechtigten Abmahnung nicht nur die geltend gemachten Ansprüche außergerichtlich abzuwehren, sondern auch eine **Schutzschrift** bei den Gerichten zu hinterlegen, die von dem Anspruchsteller wahrscheinlich angerufen werden. Dies ist nur bei Ansprüchen auf Gegendarstellung eindeutig, weil die Gegendarstellung am Sitz des Anspruchsgegners geltend zu machen ist. Unterlassungsansprüche können demgegenüber bundesweit geltend gemacht werden, so dass theoretisch jedes Landgericht angerufen werden könnte. In der Praxis werden viele der äußerungsrechtlichen Verfahren vor den Landgerichten Berlin, Hamburg, Frankfurt, Köln und München geführt.

523

Eine andere Reaktionsmöglichkeit besteht darin, gegen den Anspruchsteller eine **negative Feststellungsklage** zu erheben, sobald eine Abmahnung eingeht. Der Klageantrag ist darauf gerichtet, festzustellen, dass dem Anspruchsteller aufgrund einer bestimmten Berichterstattung keine (Unterlassungs-, Schadenersatz-, Berichtigungs-)Ansprüche zustehen. Das Ziel der Klage ist die materielle Klärung der Ansprüche, derer sich der Anspruchsteller in der Abmahnung berühmt hat. Die Abmahnung begründet das für eine

524

1320 BGH AfP 2008, 189 m.w.N.
1321 BGH AfP 2009, 394, 397.
1322 BGH, Urt. v. 27.7.2010, VI ZR 261/09.
1323 BGH, Urt. v. 3.8.2010, VI ZR 113/09.
1324 Hierzu eingehend *Engels/Stulz-Herrnstadt/Sievers* AfP 2009, 313 ff.
1325 AfP 2009, 92, 95; a.A. LG Berlin AfP 2009, 69 entgegen BGH AfP 2008, 189.
1326 AG Charlottenburg, Urt. v. 12.10.2007, 234 C 104/07; AG Tempelhof-Kreuzberg AfP 2009, 90; AG Hamburg AfP 2009, 92; LG Frankfurt/Main AfP 2009, 77, 78; a.A. LG Berlin AfP 2009, 72; 2009, 86, 87.
1327 LG Hamburg 324 O 174/09; LG Berlin 27 S. 9/09; a.A. LG Berlin AfP 2009, 71.

negative Feststellungsklage erforderliche Feststellungsinteresse, die Klage kann überall dort erhoben werden, wo eine Leistungsklage mit umgekehrtem Rubrum erhoben werden kann.[1328] In der Praxis kommt eine negative Feststellungsklage vor allem dann in Betracht, wenn eine inhaltlich zu weitgehende Abmahnung ausgesprochen wird und der Abgemahnte ein besonderes Interesse daran hat, die Rechtmäßigkeit der Veröffentlichung vor einem von ihm angerufenen Gericht zu klären. Dabei ist allerdings zu berücksichtigen, dass das Rechtsschutzbedürfnis für eine negative Feststellungsklage dann entfällt, wenn die parallel erhobene Leistungsklage mit umgekehrtem Rubrum nicht mehr einseitig zurückgenommen werden kann und die negative Feststellungsklage nicht entscheidungsreif ist.[1329] Dies gilt allerdings dann nicht, wenn die Regelungen des EuGVVO gelten, weil hier die einmal begründete Zulässigkeit der Klage durch eine später in einem anderen Mitgliedsstaat eingereichte Klage nicht mehr tangiert werden kann. Vielmehr setzt das später angerufene Gericht das Verfahren von Amts wegen aus, bis die Zuständigkeit des zuerst angerufenen Gerichts feststeht. Sobald dies der Fall ist, erklärt sich das später angerufene Gericht zugunsten dieses Gerichts für unzuständig, Art. 27 EuGVVO.

525 In Fällen mit **Auslandsberührung** kann eine negative Feststellungsklage sinnvoll sein, z.B. dann wenn die von einem inländischen Verlag verlegte Zeitung auch im Ausland vertrieben und dort Ansprüche geltend gemacht werden. Hier bietet sich eine im Inland erhobene negative Feststellungsklage an, da ein im Ausland angerufenes Gericht lediglich zur Entscheidung über denkbare Persönlichkeitsrechtsverletzungen in diesem Land berufen ist, während in einem im Inland geführten Verfahren umfassend über sämtliche etwaigen Persönlichkeitsrechtsverletzungen entschieden werden kann.[1330] Nach Art. 5 Nr. 3 EuGVVO kann eine Person, die ihren Wohnsitz im Hoheitsgebiet eines Mitgliedstaates hat, grundsätzlich auch in einem anderen Mitgliedstaat verklagt werden, wenn eine unerlaubte Handlung oder eine Handlung, die einer unerlaubten Handlung gleichgestellt ist, oder wenn Ansprüche aus einer solchen Handlung den Gegenstand des Verfahrens bilden. In diesen Fällen kann vor dem Gericht des Ortes, an dem das schädigende Ereignis eingetreten ist oder einzutreten droht, geklagt werden. »Ort« in diesem Sinne ist gleichermaßen der Ort, an dem der Erfolg der streitgegenständlichen Handlung eingetreten ist oder droht (»Erfolgsort«) und der Ort, an dem die angeblich schadenbegründende Handlung vorgenommen worden ist (»Handlungsort«). Anerkannt ist, dass im Falle einer angeblichen Ehrverletzung durch einen in mehreren Vertragsstaaten verbreiteten Presseartikel der Ort der Niederlassung des Herausgebers der streitgegenständlichen Veröffentlichung der Handlungsort ist, weil dieser den Ort darstellt, an dem das schädigende Ereignis seinen Ausgang nahm und von dem aus die streitgegenständliche Äußerung gemacht und in Umlauf gebracht wurde.[1331] Der Sitz des Verlages oder der Rundfunkanstalt bzw. des Senders ist daher in jedem Falle als »Handlungsort« anzusehen. Da die örtliche Zuständigkeit der internationalen Zuständigkeit folgt,[1332] ist das international zuständige Gericht gleichzeitig auch örtlich für diese Auseinandersetzung zuständig. Ergänzt sei, dass der Gerichtsstand nach Art. 5 Nr. 3 EuGVVO auch auf negative Feststellungsklagen eines potentiellen Verletzers anwendbar ist. Zum einen steht der Wortlaut dieser Regelung dem nicht entgegen. Auch aus systematischen Gründen und nach dem Schutzzweck der Norm ist mit maßgebenden Stimmen in der Literatur davon auszugehen, dass Art. 5 Nr. 3 EuGVVO auch für die negative Feststellungsklage des (angeb-

---

1328 Zöller/*Greger* § 256 ZPO Rn. 20.
1329 Zöller/*Greger* § 256 ZPO Rn. 7d m.w.N.
1330 Vgl. EuGH NJW 1995, 1881, 1883.
1331 Vgl. EuGH NJW 1995, 1881, 1882.
1332 Vgl. *Geimer/Schütze* Europäisches Zivilverfahrensrecht, A1 Art. 5 Rn. 268.

lichen) Verletzers eröffnet ist.¹³³³ Dafür spricht neben dem Gesichtspunkt der Gleichbehandlung der Prozessparteien auch der Umstand, dass der Gerichtsstand des Art. 5 Nr. 3 EuGVVO bereits dann eröffnet ist, wenn ein Schaden aus Sicht des Betroffenen droht. Der Gerichtsstand muss dementsprechend erst Recht eröffnet sein, wenn – wie hier – der Anspruchsgegner einen bereits eingetretenen Schadenseintritt behauptet.

Der Wortlaut der Norm differenziert nicht, ob die Ansprüche von dem Kläger oder von dem Beklagten geltend gemacht werden. Maßgebend ist allein, dass es sich um Ansprüche handelt, die wegen einer unerlaubten Handlung erhoben werden. Damit sind alle »nicht an einen Vertrag im Sinne von Art. 5 Nr. 1 anknüpfenden Klagen« von Art. 5 Nr. 3 EuGVVO erfasst, mit denen eine Schadenshaftung geltend gemacht wird.¹³³⁴   526

F. Recht der Anzeige

I. Der Anzeigenvertrag

1. »Anzeige« als Vertragsgegenstand

Üblicherweise ist eine Anzeige dadurch gekennzeichnet, dass der Verlag sein Objekt (Zeitung oder Zeitschrift) ganz oder teilweise Dritten zur Verfügung stellt, damit diese selbst bestimmen können, wie der (Anzeigen-)Raum gefüllt wird, wofür der Dritte ein Entgelt zahlt. Eine »Anzeige« ist demnach eine »nicht-redaktionelle, vergütungspflichtige Veröffentlichung in Druckwerken«.¹³³⁵   527

Entgeltliche Veröffentlichungen, deren Werbecharakter nicht für einen unbefangenen Durchschnittsleser erkennbar ist, sind keine Anzeigen im presserechtlichen Sinne, sondern redaktionelle Werbung (»Schleichwerbung«; vgl. dazu unten Rdn. 566 ff.). Damit die Fremdbestimmtheit dieser Veröffentlichungen erkennbar wird, schreiben die meisten Landespressegesetze die Kennzeichnung solcher redaktionellen Werbung als »Anzeige« ausdrücklich vor.   528

2. Rechtsnatur des Anzeigenvertrags

Anzeigenverträge haben die ein- oder mehrmalige Veröffentlichung einer Werbeanzeige bestimmten Inhalts, bestimmter Größe in einem bestimmten Verlagserzeugnis zu einem bestimmten Preis zum Inhalt.   529

Anzeigenverträge sind daher auf einen Erfolg ausgerichtet und ihrer Rechtsnatur nach Werkverträge.¹³³⁶   530

Der geschuldete Erfolg liegt in der fehlerfreien Veröffentlichung der vom Besteller nach Form und Inhalt festgelegten Anzeige, und zwar in einer bei Vertragsabschluss anzunehmenden Auflagenhöhe.   531

Den Besteller trifft eine Mitwirkungspflicht bei der Satzkorrektur (§ 642 BGB).   532

1333 Vgl. *Kropholler* Europäisches Zivilprozessrecht, Art. 5 Rn. 82; Geimer/Schütze/*Auer* Internationaler Rechtsverkehr Art. 5 EuGVVO Rn. 122; MüKo-ZPO/*Gottwald* Art. 5 EuGVVO, Rn. 60 m.w.N.
1334 EuGH NJW 1988, 3088.
1335 *Rath-Glawatz*/Engels/Dietrich Rn. 47 Stichwort: Anzeige (Begriff); vgl. zum Begriff der Anzeige auch u.a. KG AfP 1995, 656, 657.
1336 BGH NJW 1970, 1317, 1318; NJW 1992, 1450, 1451; *Löffler* BT Anz Rn. 14; Palandt/*Sprau* Einf. v. § 631 Rn. 18.

533 Eine Abnahme des Werkes ist nach der Beschaffenheit des Werkes ausgeschlossen, so dass an ihre Stelle gem. § 646 BGB die Vollendung des Werkes tritt.[1337]

3. Gewährleistungsrechte

534 Ist die Veröffentlichung mangelhaft, ist der Zeitungsverleger zur Nacherfüllung durch Berichtigung oder fehlerfreie Wiederholung der Anzeige verpflichtet, sofern der Zweck der Anzeige noch erreichbar ist. Mangelhaft kann u.U. beispielsweise auch eine Anzeige sein, wenn sie nicht in derjenigen Gestaltung aufgemacht ist, wie sie Anzeigen dieses Unternehmens stets sind.[1338] Ist ein fehlerfreier wiederholter Abdruck nicht entsprechend des Vertragszweckes möglich, kann der Inserent das Vertragsverhältnis kündigen. Dies jedoch mit der nachteiligen Folge, dass er dem Zeitungsverleger die volle Vergütung gemäß § 649 BGB zu entrichten hat, allerdings abzüglich der ersparten Aufwendungen. Liegt der Mangel der vom Zeitungsverleger versprochenen Werkleistung in der verminderten Auflagenhöhe oder unzureichender Verbreitung des Druckwerks,[1339] konzentriert sich der Gewährleistungsanspruch des Bestellers regelmäßig auf das Recht der Minderung nach §§ 634 Nr. 3, 2. Fall, 638 BGB; gegebenenfalls kommt ein Rücktritt gem. §§ 634 Nr. 3, 1. Fall, 636, 323 BGB in Frage.[1340]

4. Besonderheiten beim Vertragsabschluss

a) Angebot und Annahme

535 Der Anzeigenvertrag kommt – wie bei allen anderen Verträgen – durch Angebot und Annahme zustande, §§ 145 ff. BGB.

536 Ein Angebot zum Vertragsschluss liegt indes noch nicht in dem Versenden der Preislisten/Medien-Unterlagen. Denn diese sind noch kein bindendes Angebot des Verlages. Das Angebot besteht vielmehr erst in der Übersendung des Anzeigenmanuskripts durch den Kunden.

537 Ferner stellt die bloße körperliche Entgegennahme eines Anzeigenmanuskriptes durch den Verlag in der Regel noch keine Annahme des Anzeigenvertrages dar. Denn ein Vertrag kommt erst zustande, wenn der Verlag die Anzeige nach deren Prüfung mit Rechtsbindungswillen tatsächlich abdrucken will. Dies ist auch dann noch nicht der Fall, wenn der Inserent die Anzeige in einer Anzeigenannahmestelle des Verlages abgegeben oder auch schon bezahlt hat. Denn einem Angestellten einer Anzeigenannahmestelle steht in der Regel nicht das Entscheidungsrecht zu, die Anzeige abschließend zu prüfen.[1341] Das hat insbesondere zur Folge, dass der Verlag nicht einen Rücktritt erklärt, wenn er den Abdruck nach einer Prüfung ablehnt, sondern lediglich das Vertragsangebot des Inserenten nicht annimmt. Eine Annahme des Angebotes liegt erst dann vor, wenn entweder eine ausdrückliche Auftragsbestätigung versandt wird, oder – spätestens (stillschweigend) – mit der Veröffentlichung der Anzeige.[1342]

538 Insoweit ist es im Presse- und Anzeigenbereich üblich, dass Anzeigenverträge nicht einer ausdrücklichen Annahmeerklärung durch den Verlag erfolgen, sondern stillschweigend

---

1337 LG Hannover NJW-RR 1989, 1525; AG Königstein NJW-RR 1999, 1355; MüKo-BGB/*Busche* § 631 Rn. 236; Staudinger/*Peters/Jacoby* Vorbm. zu §§ 631 ff. Rn. 33; a.A.: AG Dresden NJW-RR 1999, 562.
1338 OLG Düsseldorf NJW-RR 1992, 822, hier: fehlende übliche doppelte Umrahmung des Textes.
1339 Hierzu: AG Frankfurt/M. NJW-RR 2001, 913.
1340 Im Ganzen: MüKo-BGB/*Busche* § 631 Rn. 237.
1341 LG Braunschweig NJW 1975, 782, 783.
1342 LG Düsseldorf AfP 1999, 520, 521.

ohne Erklärung gegenüber dem Kunden oder mit der Veröffentlichung der Anzeige der Vertrag konkludent angenommen wird.[1343]

b) Die Vertragsparteien

Die Vertragsparteien des Anzeigenvertrages sind in der Regel das Medienunternehmen und der Werbetreibende. **539**

Ist eine Werbeagentur beteiligt, so schließt sie üblicherweise den Vertrag über die Anzeigenschaltung in eigenem Namen ab und hat deshalb alle Rechte (und Pflichten) aus dem Anzeigenvertrag. **540**

c) Kontrahierungszwang?

Grundsätzlich besteht kein Kontrahierungszwang von Medienunternehmen bei der Veröffentlichung von Anzeigen.[1344] **541**

Dies kann allerdings dann anders sein, wenn das Medienunternehmen eine Monopolstellung hat und es für den Werbetreibenden keine Ausweichmöglichkeiten (wie Handzettel, Rundfunk, etc.) gibt. Besteht eine solche Monopolstellung z.B. einer Tageszeitung in einem räumlich abgegrenzten Bereich, bedeutet dies, dass der Grundsatz der Vertragsfreiheit ausnahmsweise einzuschränken ist. In diesem Fall kann etwa ein Verlag den Abdruck von Anzeigen nur ablehnen, wenn ihm der Abdruck billigerweise nicht zugemutet werden kann.[1345] Schon die Möglichkeit, statt in einer Tageszeitung in einem Anzeigenblatt zu inserieren, schließt allerdings eine solche Monopolstellung aus.[1346] **542**

Selbst wenn der Verlag Monopolist ist und keine Ausweichmöglichkeiten bestehen, ist die Ablehnung einer Anzeige gerechtfertigt, wenn dies sachlich zu begründen ist,[1347] z.B. weil **543**
- die Anzeige gegen gesetzliche Bestimmungen verstößt; es reicht aus, wenn der Verlag entsprechende begründete Zweifel hat.
- Anzeigeninhalt und redaktionelle Ausrichtung des Printorgans kollidieren (bis hin zur Frage von Wahlanzeigen).
- die Anzeige nicht den technischen Vorgaben des Verlages entspricht
- die Anzeige eigene wirtschaftliche Interessen des Verlages verletzt, beispielsweise besteht keine Verpflichtung, den eigenen Anzeigenraum für Wettbewerber zu öffnen (z.B. Schädigung des eigenen Kleinanzeigenmarktes für Pkw durch Hinweisanzeigen auf sog. »Private Anzeigenmärkte«).[1348]

Regelmäßig ergeben sich solche sachlichen Ablehnungsgründe auch aus den AGB der Verlage. Gem. Ziff. 8 ZAW-AGB ist die Ablehnung »unverzüglich« auszusprechen und dem Inserenten mitzuteilen. **544**

Wichtig ist dabei zu beachten, dass der Verlag nach einheitlichen Grundsätzen vorgehen muss. Willkürliche Ablehnungen sind dann wegen Verstoßes gegen das Diskriminierungsverbot gem. § 20 Abs. 1 GWB unzulässig. **545**

1343 LG Düsseldorf AfP 1999, 520.
1344 H.M., vgl. nur BVerfG NJW 1976 1627; NJW 1967, 976, 977.
1345 Vgl. u.a. OLG Schleswig NJW 1977, 1886; OLG Karlsruhe NJW 1976, 1210 mit Anm. von *Schulte*.
1346 KG AfP 1999, 409.
1347 LG Düsseldorf AfP 2000, 390.
1348 LG Düsseldorf AfP 2000, 390.

5. Der Vertragsinhalt

a) Allgemeine Geschäftsbedingungen

546 In der Praxis werden häufig »Allgemeine« und »Besondere« Anzeigenbedingungen vereinbart. Bei den Allgemeinen Geschäftsbedingungen handelt es sich i.d.R. um die des Zentralverbandes der deutschen Werbewirtschaft e.V. (ZAW).

547 Hinzu kommen vielfach eigene »Besondere Geschäftsbedingungen« der Medienunternehmen, in denen diese zusätzliche Tatbestände regeln, die das Unternehmen für alle Anzeigenaufträge einheitlich abwickeln will (z.B. Besondere Geschäftsbedingungen für die elektronische Übermittlung von Anzeigendruckvorlagen o.ä.).

548 Bei der Vereinbarung dieser AGB ist Folgendes zu beachten:
- Bei Werbeagenturen gehen die Gerichte davon aus, dass Ihnen die AGB der Verlage bekannt sind.[1349]
- Bei Werbetreibenden die regelmäßig die neuen Mediaunterlagen (Preisliste mit AGB) erhalten, sind die AGB ebenfalls Vertragsgrundlage.[1350]
- In den übrigen Fällen muss der Verlag demgegenüber darauf achten, dass eine ausdrückliche oder stillschweigende Einbeziehung der AGB erfolgt. Dies kann beispielsweise durch Abdruck auf der Rückseite des Auftragsformulars mit entsprechendem Hinweis auf der Vorderseite erfolgen. Praktisch problematisch ist die Einbeziehung von AGB bei telefonischer Anzeigenaufnahme oder bei Auftragsannahme in Geschäftsstellen »durch Aushang«.

b) Anzeigeninhalt als Geschäftsgeheimnis

549 Die Inhalte von Anzeigen werden von der Rechtsprechung als zu schützendes Geschäftsgeheimnis des Medienunternehmens anerkannt.[1351] Daher stellt deren unberechtigte Weitergabe – neben vertraglichen Ansprüchen – auch einen strafbaren Verrat von Geschäfts- und Betriebsgeheimnissen dar (§ 17 UWG).

c) Gesetzliche Werbeverbote

550 Anzeigenverträge, die gegen gesetzliche Werbeverbote verstoßen, sind nichtig (§ 134 BGB). Der Verlag kann die Zahlung ausstehender Anzeigenentgelte (rechtlich) nicht durchsetzen. Allerdings kann der Inserent bei erfolgter Zahlung (z.B. »Vorkasse«) diese auch nicht zurückverlangen.

551 Aus der Vielzahl der gesetzlichen Werbeverbote sind zu nennen:
- Verbot der Verbreitung von Pornographie (§ 184 StGB)
- Verbot der Ankündigung »sexueller Handlungen gegen Entgelt« (§ 120 OWiG)
- Verbot der Werbung für »indizierte« Medien (= in die Liste jugendgefährdender Schriften, Ton- und Bildträger aufgenommener Materialien)
- Verbot für Tabakerzeugnisse in Jugendzeitschriften und allgemeine Beschränkungen in der Wahl der Werbemittel
- Werbeverbote für freie Berufe aus deren Standesordnungen (für die Einhaltung dieser Werbeverbote sind die Inserenten selbst verantwortlich – keine Prüfungspflicht)
- Werbeverbote aus Spezialgesetzen wie dem Heilmittelwerberecht usw. (auch insoweit keine generelle Prüfungspflicht der Verlage).

1349 BGH GRUR 1970, 573; OLG München AfP 1985, 132, 134.
1350 AG Bremen AfP 1981, 302.
1351 OLG Düsseldorf AfP 1999, 75; BayObLG NWB 2001, 860.

d) Chiffreanzeigen

Bei Chiffreanzeigen bleibt der Inserent anonym. **552**

Der Verlag darf (sofern kein rechtfertigender Grund vorliegt) die Person des Inserenten **553** nicht bekannt geben. Es reicht z.B. nicht, wenn ein Dritter behauptet, er habe zugeschickte Unterlagen nicht zurückbekommen und wolle nun Namen/Anschrift des Chiffreinserenten wissen.[1352] Der Verlag ist aus dem Anzeigenvertrag ausdrücklich verpflichtet, den Namen nicht gegenüber Dritten Preis zu geben, so dass bei schuldhafter Offenlegung ein Schadensersatzanspruch begründet wird.[1353]

Bei behördlichen Anfragen beispielsweise von Finanzämtern müssen die Verlage den **554** Namen des Chiffreinserenten demgegenüber offenbaren, sofern die Anfrage hinreichend konkretisiert ist. Ermittlungen der Finanzämter »ins Blaue« hinein müssen nicht beantwortet werden, vielmehr muss ein »hinreichender Anlass« bestehen.[1354] Die Presse hat jedoch – anders als im redaktionellen Teil (Informanten-Schutz) – hinsichtlich des Anzeigenteils kein generelles Zeugnisverweigerungsrecht.

II. Wettbewerbsrechtliche Schranken

1. Grundsatz der Preislistentreue

Die Anzeigenpreise ergeben sich i.d.R. aus Preislisten der Verlage. **555**

Wer Preislisten herausgibt, unterwirft sich damit grundsätzlich einer gewissen Selbstbindung. **556** Nach dem – früher – geltenden Grundsatz der Preislistentreue[1355] war der Verlag – solange und soweit die Preisliste Gültigkeit besaß – nicht ohne weiteres befugt, von seiner Preisliste abzuweichen. Wich der Verlag von seiner eigenen Preisliste ab, so war dies – nach der früheren Rechtsprechung – ein Verstoß gegen § 3 UWG a.F.

Das Prinzip der Preislinientreue wurde lange Zeit als eine Art Diskriminierungsverbot **557** und damit zur Preisdisziplinierung von preisaktiven Wettbewerbern eingesetzt, auch wenn es nicht in Form eines absoluten Grundsatzes dazu führte, dass automatisch derjenige wettbewerbswidrig handelte, der von seinen Preisen abweiche.[1356]

Das Prinzip der Preislinientreue hat allerdings nach überwiegender Auffassung im geltenden **558** Recht in diesem weitreichenden Umfang keine Stütze mehr.[1357]

Weiterhin zu beachten bleibt insofern das wettbewerbsrechtliche Irreführungsverbot, **559** wenn der Verlag im Zusammenhang mit Preislisten falsche Angaben macht. Denn unlauter handelt:

»§ 4 Nr. 4 UWG

wer bei Verkaufsförderungsmaßnahmen wie Preisnachlässen, Zugaben oder Geschenken die Bedingungen für ihre Inanspruchnahme nicht klar und eindeutig angibt.«

Unter diesem Gesichtspunkten bleibt beispielsweise eine Aussage wie: »Noch kein **560** Kunde hat von uns auf diese Preise einen Rabatt bekommen« unlauter, wenn dies tatsächlich nicht der Fall ist. Selbst in einem solchen Fall wäre indes zu berücksichtigen, dass vor allem der gewerbliche Nachfrager derartigen Behauptungen keine große Bedeu-

---

1352 AG Köln RDV 1996, 257.
1353 OLG Oldenburg NJW-RR 1989, 1454.
1354 BVerfG NJW 1990, 701, 702; BFH AfP 1987, 545, 546 f; BFH AfP 1990, 351, 352; *Löffler* Rn. 116 f.
1355 BGH NJW 1953, 579, 580; OLG Frankfurt AfP 1988, 365; OLG München AfP 1992, 367, 369.
1356 OLG Karlsruhe AfP 1991, 423.
1357 Vgl. u.a. *Köhler*/Bornkamm § 4 Rn. 10.198 und 10.212; a.A. *Bodendorf/Nill* AfP 2005, 251.

tung beimessen mag. Denn er rechnet in der Regel nicht damit, dass ihm sein Verhandlungspartner offenherzig über die Preise Auskunft geben wird, die er seinen Konkurrenten gewährte.[1358]

561 Zulässig sind jedoch folgende Preisgestaltungen:
1. gespaltene Anzeigenpreise:
Nach der Rechtsprechung war es bereits nach dem alten Recht zulässig, die Anzeigenpreise für Immobilienanzeigen z.B. danach zu differenzieren, ob die Immobilie in Ost- oder Westdeutschland liegt. Dies wurde damit begründet, dass die »Investitions- und Medialeistung unterschiedlich« sei;[1359]
2. Kombinationsanzeigen:
Also Inserate in verschiedenen Objekten des Verlages;[1360]
3. Verbundanzeigen:
Mehrere Unternehmen schalten für ihre unterschiedlichen Produkte/Dienstleistungen gemeinsam Anzeigen[1361]
4. Beilagen/Supplements/Sonderveröffentlichungen[1362]
5. Kleinanzeigen/amtliche Bekanntmachungen[1363]
6. Ortspreise (günstigere Tarife für im Verbreitungsgebiet ansässige gewerbliche Kunden – Ersparnis der AE-Provision)[1364]
7. Einführungs»rabatte«:
Diese werden oft als »Rabatt« bezeichnet, sind aber i.d.R. abweichende »Normalpreise« für die ersten Monate von neu eingeführten Printtiteln[1365]

Insoweit soll es zudem zulässig sein, die Geltung von Einführungspreisen in der Weise auszudehnen, dass ihre Laufzeit ausgedehnt wird. Dabei darf jedoch die wettbewerbsrechtlich zulässige Gesamtlaufzeit von Einführungspreisen (im Schnitt rd. 3-6 Monate)[1366] nicht überschritten werden. Man darf also gleich für den gesamten (zulässigen) Zeitraum Einführungspreise anbieten oder aber zunächst nur für eine kurze Zeitspanne, um dann auf den Gesamtzeitrahmen zu verlängern.[1367] Das wäre irreführend.

2. Füllanzeigen

562 Werden Anzeigen »im Auftrag« der Inserenten kostenlos abgedruckt, so liegt ihrer Veröffentlichung dennoch ein Anzeigenvertrag zugrunde. Bei der Übernahme fremder Anzeigen (Anzeigen aus Fremdobjekten) oder der »Schaltung« unbestellter Anzeigen fehlt dagegen der Anzeigenvertrag.

563 Der Abdruck entsprechender »Füllanzeigen« ist generell wettbewerbswidrig.[1368] Denn es wird über den Umfang der eigenen Akquisitionsleistung, der Akzeptanz des eigenen Blattes getäuscht.

564 Die unerlaubte Übernahme von Anzeigen kann auch eine Urheberrechtsverletzung darstellen (sofern die Anzeige, was die Ausnahme sein dürfte, als »Werk« Urheberrechtsschutz genießt).

1358 Köhler/*Bornkamm* § 5 Rn. 7.61.
1359 KG AfP 1999, 376.
1360 OLG Frankfurt AfP 1988, 365.
1361 OLG Hamm WRP 1991, 812, 813.
1362 OLG Karlsruhe AfP 1991, 423, 424; OLG Hamm WRP 1991, 812, 813.
1363 BGH AfP 1992, 65; AfP 1992, 146.
1364 BGH AfP 1992, 146.
1365 BGH AfP 1994, 39 f.
1366 Piper/Ohly/*Sosnitza* § 5 Rn. 437.
1367 KG AfP 1999, 364.
1368 So das OLG Stuttgart bezogen auf Anzeigen in Telefonbüchern, AfP 1998, 628.

Der kostenlose Abdruck von gewerblichen Anzeigen ist generell wettbewerbswidrig. Bei der kostenlosen Veröffentlichung von privaten Kleinanzeigen ist die Rechtsprechung uneinheitlich. Geschieht dieser Abdruck dauerhaft und bedeutet dies eine konkrete Gefährdung der Mitwettbewerber, so ist der Abdruck unzulässig.[1369] **565**

3. Verbot der Schleichwerbung

a) Allgemeine Grundsätze

Der BGH hatte in seiner Grundsatzentscheidung »Feuer, Eis und Dynamit I« vom 6.7.1995[1370] nochmals klargestellt, dass jeder Verbraucher das auch durch Art. 2 GG verfassungsrechtlich geschützte Recht »auf freie, d.h. auch von Manipulationen unbeeinflusste Entfaltung der eigenen Persönlichkeit« hat. Er habe das Recht, nicht über einen für die freie Willensentschließung maßgeblichen Umstand wie die Aufnahme bezahlter Werbung getäuscht zu werden.[1371] **566**

Wettbewerbsrechtlich bestimmt § 4 Nr. 3 UWG, dass unlauter handelt, wer **567**

» ... den Werbecharakter von geschäftlichen Handlungen verschleiert.«

Schleichwerbung ist demnach wettbewerbswidrig. Denn das Gebot der Trennung von Werbung und redaktionellem Teil beruht insbesondere auf der Erfahrung des Lesers, im redaktionellen Teil im Allgemeinen eine objektiv-kritische, nicht von gewerblichen Interessen geleitete Information einer unabhängigen und neutralen Redaktion als Beitrag zur Unterrichtung und Meinungsbildung zu erhalten, nicht aber eine in erster Linie von den eigenen Interessen des Werbenden geprägte Reklame. Dementsprechend misst er einem redaktionellen Beitrag, der Äußerungen über Unternehmen und deren Bedeutung und Produkte enthält und eine Werbewirkung entfaltet, regelmäßig größere Beachtung und Bedeutung bei und steht ihm weniger kritisch gegenüber, als wenn es sich um werbende Äußerungen eines Unternehmen selbst handelt.[1372] **568**

Werbung mit dem Anschein einer redaktionellen Berichterstattung führt daher regelmäßig zu einer Irreführung des Lesers und Verschleierung des Werbecharakters der Veröffentlichung und sie verschafft dem Verlag zugleich einen rechtlich missbilligten Vorteil gegenüber seinen Mitbewerbern im Anzeigengeschäft, weil gerade die Tarnung der Werbung als objektive Information einen besonderen Werbeerfolg für den Kunden verspricht.[1373] **569**

Pressrechtlich bestimmen die Landespressegesetze eine entgeltliche Veröffentlichung als »Anzeige« zu kennzeichnen. So u.a. § 10 Hamburgisches Pressegesetz: **570**

»Hat der Verleger eines periodischen Druckwerks für eine Veröffentlichung ein Entgelt erhalten, gefordert oder sich versprechen lassen, so hat er diese Veröffentlichung deutlich mit dem Wort »Anzeige« zu bezeichnen, soweit sie nicht schon durch Anordnung und Gestaltung allgemein als Anzeige zu erkennen ist.«

Für die Telemedien stellt § 1 Abs. 4 TMG i.V.m. § 58 RStV klar, dass bei Inhalten von journalistisch-redaktionell gestalteten Angeboten eine Werbung als solche klar erkennbar und vom übrigen Inhalt der Angebote eindeutig getrennt sein muss. Im Übrigen muss nach § 6 Abs. 1 Nr. 1 und Nr. 2 TMG eine kommerzielle Kommunikation in Telemedien **571**

1369 BGH AfP 1991, 528.
1370 BGH NJW 1995, 3177.
1371 BGH NJW 1995, 3177, 3181 – Feuer, Eis und Dynamit I.
1372 BGH GRUR 1994, 441, 442 – Kosmetikstudio; GRUR 1997, 541, 543 – Produktinterview; GRUR 1997, 907, 909 – Emil-Grünbär-Klub; *Köhler*/Bornkamm § 4 Rn. 3.20.
1373 BGH GRUR 1998, 481, 482 – Auto '94.

oder als Bestandteil von Telemedien klar als solche zu erkennen sein und die Person, in deren Auftrag sie erfolgt, identifizieren.

572 Ein Verstoß gegen die Trennungsvorschriften führt unter dem Gesichtspunkt des Rechtsbruchs (§ 4 Nr. 11 UWG) auch zur Unlauterkeit der Schleichwerbung.

573 Standesrechtlich sehen u.a. ein Schleichwerbungsverbot vor:
- die ZAW-Richtlinien redaktionell gestaltete Anzeigen,[1374]
- die Verleger-Richtlinie,[1375]
- der Pressekodex.[1376]

b) Abgrenzung redaktionelle Berichterstattung/Schleichwerbung

574 Generelle Abgrenzungskriterien sind nur schwer festzulegen, da eine verlässliche Klärung, ob Schleichwerbung vorliegt, abhängig vom jeweiligen Einzelfall zu entscheiden ist. Es lassen sich allerdings Indizien abgrenzen, nach denen das Vorliegen einer Schleichwerbung zu vermuten ist.[1377] Voraussetzung für eine Werbung im redaktionellen Gewand sind demnach Indizien die belegen, dass ein mit dem Ziel der Wettbewerbsförderung verfasste Beitrag ein Unternehmen oder seine Produkte über das durch eine sachliche Information bedingte Maß hinaus übermäßig oder zu einseitig werbend darstellt.[1378]

575 Als Indizien für eine Wettbewerbsförderungsabsicht hat die Rechtsprechung folgende Umstände angesehen.
- die beispielhafte **alleinige Nennung** des Erzeugnisses eines Anbieters[1379]
- die Veröffentlichung von **Bestenlisten** (»Die 500 besten Anwälte/Ärzte«) auf unzulässiger tatsächlicher und/oder standesrechtlicher Grundlage[1380]
- die **kritiklose Herausstellung** der Vorzüge eines Produkts **in Werbesprache**[1381]
  Als Werbesprache ist von der Rechtsprechung etwa beanstandet worden »vom Feinsten«, »in der Spitzenklasse«, »atemberaubend« und (in Bezug auf einen Bericht über Automobile) die Verwendung von Superlativen in der Form »höchster Sicherheitsstandard«, »geringste Immissionen«, »sparsamster Kraftstoffverbrauch« und »größtmöglicher Innenraum bei knappsten Abmessungen« sowie Ausführungen wie »irre Beschleunigung«, »rassiger Wagen« und »williger Sprinter mit enormer Durchsetzungskraft«.[1382] Ebenfalls mit Blick auf Automobile wurde eine Besprechung als »immer problemlos« beanstandet:[1383]
- die unmittelbare **räumliche Verknüpfung** des redaktionellen **Beitrages** mit einer **Anzeige** des darin begünstigen Werbetreibenden[1384]

576 Diese Aufzählung kann jedoch nur als beispielhaft gelten.

1374 Abgedruckt u.a. unter: *Köhler/Bornkamm* Anhang III Ziff. 20, http://www.zaw.de/index.php?menuid=130&reporeid=210.
1375 Abgedruckt u.a. unter: http://www.zaw.de/index.php?menuid=130&reporeid=209.
1376 Abgedruckt u.a. unter: http://www.presserat.info/pressekodex.0.html.
1377 BGH AfP 1993, 567, 568; *Köhler*/Bornkamm § 4 Rn. 3.20; *Rath-Glawatz*/Engels/Dietrich »Schleichwerbung« Rn. 380; Walter/Grüber/*Mann* »Schleichwerbung« Rn. 11.
1378 *Köhler*/Bornkamm § 4 Rn. 3.27.
1379 BGH WRP 1981, 642 – Getarnte Werbung; BGH WRP 1993, 476 – Produktinformation.
1380 OLG München NJW 1996, 2237, 2238; inzwischen bestätigt durch BGH NJW 1997, 2679 ff., 2681 ff.
1381 BGH WRP 1994, 398 – Kosmetikstudio; OLG Köln MD 1995, 855; OLG Nürnberg GRUR 1995, 279, 283.
1382 KG MD 1995, 778, 785 f.
1383 OLG Karlsruhe AfP 1995, 670.
1384 OLG Nürnberg GRUR 1995, 279, 283.

Dagegen hat die Rechtsprechung auch bei **Nennung von Preisen und Bezugsquellen** nicht ohne weiteres auf eine Wettbewerbsförderungsabsicht geschlossen.[1385]

Es empfiehlt sich also in der Praxis, auch bei Vorliegen von Indizien für eine Wettbewerbsförderungsabsicht stets die Prüfung, ob nicht doch ein publizistischer Anlass für die Hervorhebung besteht. So kann etwa die besondere lokale Bedeutung eines Anbieters als örtlicher Arbeitgeber einen Bericht über Erfolge seiner Produkte rechtfertigen.[1386]

In der Praxis ist immer wieder der Versuch zu beobachten, der hier dargestellten Problematik dadurch auszuweichen, dass Texte mit redaktionellen Hinweisen von vornherein als Anzeige gekennzeichnet werden. Sofern derartige Texte aber nicht tatsächlich als (redaktionell gestaltete) Anzeigen von den darin erwähnten Werbungtreibenden in Auftrag gegeben und bezahlt wurden, stellt eine derartige Kennzeichnung eine Irreführung dar. Eine **Kennzeichnung als Anzeige ohne Anzeigenauftrag** täuscht die Werbungtreibenden über den Anteil an Werbung in dem betroffenen Medium und damit über die Akzeptanz des Mediums als Werbeträger.

c) Kopplung von redaktionellem Text und Anzeigenschaltung

Eine weitere Fallgruppe der Schleichwerbung, die über die Indizwirkung im Fall redaktioneller Hinweise hinaus eigenständige Bedeutung hat, ist die Kopplung von Anzeigenaufträgen mit einer redaktionellen Berichterstattung über das beworbene Produkt.

Eine derartige Zusammenarbeit zwischen Verlag und Redaktion auf der einen Seite und Werbungtreibenden auf der anderen Seite lässt sich in der Regel schwer nachweisen. Aus diesem Grund greift die Rechtsprechung auch hier regelmäßig auf Indizien zurück. Dazu gehört – wie schon erwähnt – die unmittelbare räumliche Verknüpfung einer Anzeige mit einem redaktionellen Beitrag über das beworbene Produkt.[1387] Ein **unmittelbarer räumlicher Zusammenhang** ist im Bereich der Presse in der Regel dann zu bejahen, wenn der redaktionelle Beitrag über das beworbene Produkt auf der gleichen Seite oder auf der gegenüberliegenden Seite der Anzeige veröffentlicht wird. Diese indizielle Wirkung entfällt natürlich in dem Fall, in dem dieser Beitrag sich kritisch mit dem beworbenen Produkt auseinandersetzt. Dagegen wird bei einem Beitrag, der sich unkritisch oder aber in der Form eines redaktionellen Hinweises werbend mit dem beworbenen Produkt beschäftigt, bereits die Veröffentlichung einer Anzeige im selben Heft auf eine Koppelung zwischen Anzeigenauftrag und redaktioneller Berichterstattung hinweisen.

Rechtlich nicht zu beanstanden sind dagegen **Platzierungswünsche**, wenn ein Textbeitrag sich nur in allgemeiner Weise und ohne Nennung von Inserent und/oder beworbener Ware über die Warenart und deren Anwendungsmöglichkeiten berichtet.[1388] Dies gilt in gleichem Maße etwa für Beilagen in Presseprodukten mit Schwerpunktthemen oder die Schwerpunktberichterstattung in anderen Medien. Derartige Anzeigenplätze werden in der Regel sogar gesondert beworben. Dies ist nicht zu beanstanden.

d) Sonstige Kooperationen zwischen Redaktion und Anzeigenkunden

In der Praxis treten Werbungtreibende und insbesondere **Werbeagenturen** häufig an Medien mit dem Wunsch nach Aktionen heran, in deren Rahmen eine Zusammenarbeit vereinbart wird. Auch für Berichte im Rahmen derartiger Kooperationen gilt, dass sie gerechtfertigt sind, soweit ein publizistischer Anlass dafür besteht. Soweit etwa ein

---

1385 OLG Hamburg MD 1996, 749, 752.
1386 OLG Köln NJW-RR 1996, 1131.
1387 OLG Nürnberg GRUR 1995, 279, 283; vgl. auch BGH WRP 1992, 378 – Anzeigenplatzierung.
1388 BGH WRP 1992, 378 – Anzeigenplatzierung.

Unternehmen ein humanitäres oder umweltbezogenes Projekt verfolgt und dabei mit einem bestimmten Medium zusammenarbeiten will, um etwa Spenden zu sammeln, dürfte ein publizistischer Anlass regelmäßig gegeben sein. In diesem Zusammenhang ist die mit der namentlichen Erwähnung des Unternehmens verbundene **Werbewirkung** unvermeidlich und nicht als Schleichwerbung zu beanstanden.

584 Auch die Wertungsfrage, ob ein ausreichender **publizistischer Anlass** für eine redaktionelle Berichterstattung gegeben ist oder nicht, lässt sich nur anhand von Indizien treffen. Mit Blick auf die Drittwirkung von Art. 5 Abs. 1 Satz 2 GG (Presse und Rundfunkfreiheit) ist hinsichtlich der Beanstandung publizistischer Anlässe Zurückhaltung geboten.[1389]

e) Sonderfall: Preisrätsel

585 Nach der Rechtsprechung sind Preisrätsel dem redaktionell gestalteten und verantworteten Bereich einer Zeitschrift lediglich »im weiteren Sinne« zuzuordnen.[1390] Der Leser gehe zwar grundsätzlich auch bei der Auswahl der ausgelobten Waren von einer objektiven und gewissenhaften Recherche der Redaktion aus.[1391] Er erwarte allerdings bei Preisrätseln in erster Linie spielerische Unterhaltung und Gewinnchancen.

586 Unlauter soll es daher sein, wenn die Preise nicht auf Grund einer zu vermutenden Auswahlentscheidung des Veranstalters, sondern allein deshalb ausgelobt werden, weil der Hersteller sie unentgeltlich zur Verfügung gestellt hat. Wird die unentgeltliche Überlassung des ausgelobten Gegenstandes verschwiegen, stellt dies regelmäßig eine wettbewerbswidrige Täuschungshandlung im geschäftlichen Verkehr dar.[1392]

587 Nicht zulässig ist außerdem, wenn der Gewinn in besonderer Weise werblich herausgestellt und optisch und nach seinem Aussagegehalt deutlich im Vordergrund steht, soweit der Leser dadurch den Eindruck erhalten muss, die Redaktion habe in einem (vermeintlich) objektiven Auswahlverfahren ein besonders empfehlenswertes Produkt ausgesucht, das nicht nur als Gewinn attraktiv ist, sondern auch besondere Eigenschaften habe.[1393]

588 Die Abbildung des als Gewinn eines Preisrätsels ausgelobten Produkts und die wiederholte Erwähnung des Produktnamens sind demgegenüber nicht per se als eine unzulässige getarnte redaktionelle Werbung zu beanstanden, wenn zugleich auch darauf hingewiesen wird, dass der Produzent den Gewinn unentgeltlich zur Verfügung gestellt hat.[1394] Gleiches gilt, wenn die mehrfache Benennung des Produkts und die wiederholte Angabe seines Herstellers zur Darstellung des ausgelobten Gewinns (hier: Körperpflege-Serie) gehören und das Produkt auch sonst durch Text und Gestaltung nicht übermäßig werblich herausgestellt wird.[1395]

f) Sonderfall: Kundenzeitschriften und Anzeigenzeitungen

589 **Anzeigenzeitungen** mit einem redaktionellen Teil unterliegen grundsätzlich in gleicher Weise dem Trennungsgebot wie andere Zeitschriften und Zeitungen.[1396]

1389 BGH WRP 1997, 434, 436 – Versierter Ansprechpartner.
1390 BGH GRUR 1994, 821, 822 – Preisrätselgewinnauslobung I; GRUR 1996, 804, 806 – Preisrätselgewinnauslobung III.
1391 BGH GRUR 1994, 823, 824 – Preisrätselgewinnauslobung II; GRUR 1997, 145, 147 – Preisrätselgewinnauslobung IV.
1392 BGH GRUR 1994, 823, 824 – Preisrätselgewinnauslobung II; GRUR 1997, 145, 147 – Preisrätselgewinnauslobung IV.
1393 BGH GRUR 1994, 821, 822 – Preisrätselgewinnauslobung I; GRUR 1997, 145, 147 – Preisrätselgewinnauslobung IV.
1394 BGH GRUR 1996, 804, 806 – Preisrätselgewinnauslobung III.
1395 BGH GRUR 1997, 145 – Preisrätselgewinnauslobung IV.
1396 OLG Stuttgart NJW-RR 1996, 1133; OLG Köln NJW-RR 1996, 1131 – Werbehilfe.

Für **Kundenzeitschriften** ist danach zu unterscheiden, ob diese unmissverständlich und 590
eindeutig bereits **auf** dem **Titelblatt als Werbeschrift erkennbar** sind. Soweit eine derartige Kennzeichnung fehlt, unterliegen sie ebenfalls in vollem Umfang dem Gebot der Trennung von Text und Anzeigenteil.[1397]

Die Feststellung, ob die Kundenzeitschrift als Werbeschrift erkennbar ist oder nicht, 591
kann im Einzelfall problematisch sein. Kundenzeitschriften sind nach der früheren Legaldefinition in § 1 Abs. 2e ZugabeVO »Zeitschriften belehrenden und unterhaltenen Inhalts, die nach ihrer Aufmachung und Ausgestaltung der Werbung von Kunden und den Interessen des Verteilers dienen, durch einen entsprechenden Aufdruck auf der Titelseite zu diesem Zweck erkennbar machen und in ihren Herstellungskosten geringwertig sind und unentgeltlich an den Verbraucher abgegeben werden«.

Dieser Definition entsprechen in der Regel die Kundenzeitschrift eines Verbandes oder 592
einer Genossenschaft (Bäcker- und Fleischerzeitschriften), die nicht unmittelbar der Werbung für ein bestimmtes Produkt dienen, sondern etwa den Interessen der zusammengeschlossenen Händler und Handwerker. In diesen Zeitschriften muss der Leser jedoch nicht ohne weiteres von vornherein allein mit Werbung für ein bestimmtes Produkt oder ein bestimmtes Unternehmen rechnen. Dies aber ist Voraussetzung für die Freistellung einer Kundenzeitschrift vom Trennungsgebot:[1398]

Das Trennungsgebot muss also nur bei solchen Kundenzeitschriften nicht beachtet werden, bei denen bereits die Aufmachung der Titelseite (Bezeichnung als X-Hausmagazin/ Y-Kundenzeitschrift) ggf. in Verbindung mit weiteren Umständen eindeutig erkennen lässt, dass sie ausschließlich Werbezwecken eines Werbetreibenden dienen. Das wird insbesondere bei **Hausmagazinen** der Fall sein, wie sie etwa Autohersteller vertreiben. In Grenzfällen können die genannten weiteren Umstände etwa darin zu sehen sein, dass der Vertrieb auch für den Empfänger erkennbar ausschließlich über den Werbetreibenden, z.B. durch dessen Außendienst, erfolgt.

Nicht in diese Fallgruppe gehören jedoch **Spezialzeitschriften**, die sich nur mit einem 593
bestimmten Produkt befassen, wie etwa im Computerbereich. Sofern diese sich an eine bestimmte Benutzergruppe wenden und dabei den Eindruck einer objektiven Berichterstattung über die besprochenen Produkte erwecken, unterliegen auch sie dem Trennungsgebot.

4. Haftung für den Anzeigeninhalt

Für den Inhalt der Anzeigen sind zunächst grundsätzlich die Inserenten verantwortlich. 594

Darüber hinaus bestehen Prüfungspflichten der Medien bei deren Verletzung sie selbst 595
haften. Eine eigene Prüfungspflicht der Medien bei Fremdanzeigen/-werbung besteht indes nur in Ausnahmefällen. Sie ist beschränkt auf
- offensichtliche,
- eindeutige und
- schwerwiegende Rechtsverstöße.

Die Anzeige muss, soll der Rechtsverstoß offensichtlich sein, auf den ersten Blick vom 596
Gewohnten abweichen.[1399]

1397 BGH GRUR 1989, 516, 518 – Vermögensberater; zum Begriff der Kundenzeitschrift vgl. auch BGH GRUR 1966, 338.
1398 LG Hamburg WRP 1997, 253, 254; zustimmend *Zimmermann* WRP 1997, 163; vgl. auch BGH GRUR 1989, 516, 518 – Vermögensberater.
1399 Vgl. dazu grundlegend BGH AfP 2006, 242 – Werbung mit Schlankheitsmitteln.

597 ▶ **Beispiele:**

- Anzeige, in der offenkundig gefälschte Markenware angeboten wird (Indiz: geringer Preis);
- Inserate, in denen – offen – Imitate berühmter Marken angeboten werden.

Abgesehen von diesen Ausnahmefällen besteht vor allem **keine** Prüfungspflicht der Medien
- bei unlauterer oder irreführender Werbung,
- bei Heilmittelwerbung (entgegen vielfacher Annahme)

G. Pressevertriebsrecht – Preisbindung – Abo-Werbung

I. Verfassungsrechtliche Grundlagen

598 Die verfassungsrechtliche Grundlage für den Vertrieb von Medienerzeugnissen bildet Art. 5 GG:

> Artikel 5 GG (1) Jeder hat das Recht, seine Meinung in Wort, Schrift und Bild frei zu äußern und zu verbreiten und sich aus allgemein zugänglichen Quellen ungehindert zu unterrichten. Die Pressefreiheit und die Freiheit der Berichterstattung durch Rundfunk und Film werden gewährleistet. Eine Zensur findet nicht statt. (2) Diese Rechte finden ihre Schranken in den Vorschriften der allgemeinen Gesetze, den gesetzlichen Bestimmungen zum Schutze der Jugend und in dem Recht der persönlichen Ehre. (3) Kunst und Wissenschaft, Forschung und Lehre sind frei. Die Freiheit der Lehre entbindet nicht von der Treue zur Verfassung.

599 Nach der Rechtsprechung des BVerfG reicht der verfassungsrechtliche Schutz der Presse von der Beschaffung der Information bis zur Verbreitung der Nachricht und Meinung. Wörtlich heißt es:

> »Das Grundrecht der Pressefreiheit gewährleistet als subjektives Recht den im Pressewesen tätigen Personen und Unternehmen Freiheit von staatlichem Zwang; als objektives Recht garantiert es die Freiheit des Pressewesens insgesamt. Dieser Schutz reicht von der Beschaffung der Information bis zur Verbreitung der Nachricht und Meinung (BVerfGE 10, 118, 121). Er beschränkt sich nicht auf die unmittelbar inhaltsbezogenen Pressetätigkeiten, sondern erfasst im Interesse einer ungehinderten Meinungsverbreitung auch inhaltsferne Hilfsfunktionen von Presseunternehmen (vgl. BVerfGE 25, 296, 304 – »Buchhaltung«; BVerfGE 64, 108, 114 f. – »Anzeigenaufnahme«). Im Einzelnen kommt es für die Definition des Schutzbereichs darauf an, was notwendige Bedingung des Funktionierens einer freien Presse ist (BVerfGE 66, 116, 134).«[1400]

600 Das heißt, der Schutz der Pressefreiheit umfasst
- presseinterne Tätigkeiten (z.B. die Recherche) und
- presseexterne Tätigkeiten vom Verlag über den Grossisten bis zum Einzelhandel (vgl. BVerfG, AfP 1988, 15, 16).

II. System des Pressevertriebs

601 Die Presse gelangt in Deutschland auf sechs Hauptvertriebswegen zum Leser:
1. Vom Verlag über den Pressegroßhandel (Presse-Grosso) und den Einzelhandel (Kioske, Supermärkte, Tabakwaren- und Papierhandel usw.),
2. vom Verlag an den direkt belieferten Bahnhofsbuchhandel (BB-Handel),
3. im Abonnement direkt vom Verlag an den Leser,
4. vom Verlag über den werbenden Buch- und Zeitschriftenhandel (WBZ) im Abonnement an den Leser,

---

1400 BVerfG AfP 1988, 15, 16.

5. über die vom Verlag belieferten Unternehmen des Leserzirkels sowie
6. an die vorgenannten Vertriebsstufen unter Zwischenschaltung des so genannten Nationalvertriebs als ausgelagerte Vertriebsabteilungen der betreffenden Verlage.

1. Das Presse-Grosso

Die Unternehmen des Pressegroßhandels werden vom Verlag mit ihren Presseerzeugnissen beliefert und verteilen diese Presseerzeugnisse an den Presseeinzelhandel. 602

In der Regel wird den Pressegrossisten ein Alleinvertriebsrecht zugewiesen, d.h. der Grossist vertreibt in seinem Vertriebsgebiet sämtliche dort verkäuflichen Zeitungen und Zeitschriften exklusiv; er ist also Gebietsmonopolist. Ausnahmen bestehen in Hamburg (mit zwei Grossisten) und Berlin (mit zwei Grossisten im ehemaligen Westteil und einem Grossisten im ehemaligen Ostteil der Stadt). Hier besteht eine so genannte Objekttrennung: d.h., dass mehrere Grossisten im selben Gebiet tätig sind, jedoch bestimmte Objekte exklusiv (Alleinvertriebsrecht) vertreiben. Wettbewerb zwischen den Grossisten besteht aufgrund der Objekttrennung auch in diesen Vertriebsgebieten nicht. 603

Die derzeit 74 Grosso-Unternehmen (2009) beliefern im gesamten Bundesgebiet etwa 119.000 stationäre Angebotsstellen im Einzelhandel und darüber hinaus den ambulanten Handel. Die durchschnittlich vom Grosso gelistete Titelzahl übersteigt in der Spitze die Zahl von 4.000 Zeitungs- und Zeitschriftentiteln. Zur gleichzeitigen Auslieferung (Präsenzsortiment) im Einzelhandel gelangen im Durchschnitt rund 1.850 Titel. Von diesen 1.850 Titeln konzentrieren die 100 umsatzstärksten Presseerzeugnisse rund 80 % des Gesamtumsatzes auf sich. 604

Die hochauflagigen Objekte gewährleisten damit im Wesentlichen als so genannte Brotobjekte die wirtschaftliche Basis für den Pressehandel. Sie haben damit eine gewisse Alimentierungsfunktion gegenüber der Vielzahl kleinauflagiger Titel, die in aller Regel nur einen geringen Deckungsbeitrag im Vertrieb erbringen. Mit einem Branchenumsatz von rund zweieinhalb Milliarden € (2008) nimmt das Pressegrosso den herausragenden Platz im Vertrieb ein. 605

Wesentliche Aufgabe des Grossovertriebs ist es, über den Einzelhandel die »Überallerhältlichkeit« (Ubiquität) des verkäuflichen Pressesortiments sicherzustellen. 606

Zu den Besonderheiten des Pressevertriebsrechts, die die Ubiquität von Presseprodukten sicherstellen sollen, gehören 607
- das Remissionsrecht (der Handelsstufen Grosso und EH),
- das Dispositionsrecht (von Verlag und Grosso),
- das Recht zur Verwendungsbindung (der Verlage),
- das Recht zur Preisbindung (der Verlage),
- das Alleinvertriebsrecht (des Grosso), und
- die (daraus abgeleitete) Neutralitätspflicht (des Grosso)

a) Remissionsrecht

Einer der Grundpfeiler des Pressevertriebs ist das Remissionsrecht, nämlich das Recht der Pressegrossounternehmen, des Einzelhandels und des Bahnhofsbuchhandels, unverkaufte Exemplare nach Ablauf der Verkaufszeit innerhalb bestimmter Fristen gegen volle Erstattung des zuvor in Rechnung gestellten Preises zurückzugeben. 608

Die Remission wird heute überwiegend in Verfahren der »körperlosen Remission« durchgeführt. D.h. der Grossist führt die Remittenden nach der Erfassung der wesentlichen Daten, wie Titel und Ausgabenummer, umgehend selbst der Vernichtung zu. 609

8. Kapitel Äußerungsrecht

610 Sinn des Remissionsrechts ist vorrangig die Gewährleistung einer breiten Angebotspalette im Einzelhandel durch vollständige Übernahme des Absatzrisikos durch die Verlage. Gäbe es das Recht zur Remission nicht, würde sich der Einzelhandel sehr schnell darauf beschränken, nur noch die gängigsten Zeitungen und Zeitschriften anzubieten. Zudem würden die Mengen im Handel knapper kalkuliert, um Verluste durch nicht abgesetzte Stücke zu vermeiden.

611 Statt dessen werden im derzeitigen System die Liefermengen für den Einzelhandel auf der Grundlage der tatsächlichen Verkäufe computergestützt berechnet und optimiert, mit dem Ziel, Ausverkäufe aber auch zu hohe Remissionsmengen zu vermeiden. Die durchschnittliche Remissionsquote beträgt rund 36 %.

b) Dispositionsrecht

612 Spiegelbild des Remissionsrechts des Handels ist das Dispositionsrecht der Verlage. Da die Verlage durch das Remissionsrecht des Handels das Absatzrisiko tragen, steht Ihnen das Recht zu, über Art und Umfang des Vertriebs ihrer Objekte zu disponieren.

613 Dieses Dispositionsrecht umfasst u.a. die Bestimmung der Absatzpolitik, der Absatzwege, der Verwendungsbindung, der Erstverkaufstage und Angebotszeiträume sowie die Festsetzung von Handelsspannen (zwischen Pressegrosso und Einzelhandel), der Abgabepreise (Copy-Preis) und die Festlegung der Grundkriterien für die Titel- und Mengendisposition. Diese Rechte werden meist im Rahmen des Liefervertrages zwischen Verlagen und Pressegrosso vereinbart. Soweit erforderlich (z.B. bei Copy-Preis und Erstverkaufstag) verpflichtet sich das Presse-Grosso, diese Verpflichtungen dem Einzelhandel aufzuerlegen (»Preisbindung der zweiten Hand«).

c) Preisbindung

614 Weitere wettbewerbsrechtliche Besonderheit und Säule im Pressevertrieb ist die Möglichkeit der vertikalen Preisbindung gemäß § 30 GWB. Der Preisbindungsvertrag ist ein schuldrechtlicher Vertrag, aus dem sich die Verpflichtung der gebundenen Abnehmer zur Einhaltung der vorgeschriebenen Weiterverkaufspreise und/oder zur Weitergabe der Bindung an andere Wiederverkäufer ergibt (gebundener Grosso-Abgabe- und Einzelhandelsverkaufspreis).

615 »Herr der Preisbindung« ist der Verlag. Die Möglichkeit, die Preise für Zeitungen und Zeitschriften zu binden, ist ein Privileg, das der bereits angesprochenen Alimentierungsfunktion für weniger gängige Presseerzeugnisse dienen soll.

616 Auch hier hat jedoch das Privileg ein Spiegelbild, nämlich das Diskriminierungsverbot. Wer die Preise gegenüber seinen Abnehmern bindet, ist dazu verpflichtet, diese Preisbindung diskriminierungsfrei zu handhaben. Gesetzlich ergibt sich diese Pflicht aus § 20 Abs. 1 GWB. Das Diskriminierungsverbot verlangt vom preisbindenden Verlag die Einhaltung der theoretischen und praktischen Lückenlosigkeit der Preisbindung. Der Verlag muss sein Vertriebssystem mithin so organisieren und überwachen, dass jeder Wiederverkäufer, namentlich Grossisten und Einzelhändler sowie auch der Bahnhofsbuchhandel, den von der Verlagsseite festgelegten Verkaufspreis einhält. Verstöße gegen das Diskriminierungsverbot können die Aufhebung der Preisbindung (§ 30 Abs. 3 GWB) zur Folge haben. Die Preisbindung nimmt den Handelsstufen das Preisrisiko ab und gewährleistet eine fest kalkulierbare Handelsspanne, die wiederum der Alimentierungsfunktion dient (zu den Einzelheiten s.u.).

G. Pressevertriebsrecht – Preisbindung – Abo-Werbung

d) Rechtsverhältnis zwischen Grosso und Verlag

Vor diesem Hintergrund ist das Rechtsverhältnis zwischen Grossisten und Verlag zu beurteilen: Das Rechtsverhältnis zwischen Grossisten und Verlag ist in einem »Grossovertrag« ausgestaltet. Es handelt sich um einen Vertrag eigener Art, der durch Elemente des Kaufvertrags (§ 433 BGB), des Werkvertrags (§ 631 BGB) und des Geschäftsbesorgungsvertrags (§ 675 BGB) gekennzeichnet ist. 617

Auf der ersten Stufe kauft der Grossist die zur Belieferung des Einzelhandels benötigten Presseerzeugnisse beim Verlag ein und verkauft sie im eigenen Namen und – formal – auf eigene Rechnung an die Händler in seinem Grossogebiet. 618

Aber er schuldet gegenüber dem Verlag auch ein Werk: 619

»Der Unternehmer hat insofern ein Werk versprochen, nämlich einen bestimmten Erfolg herbeizuführen, als der Grossist selbständig das Pressegut übernimmt, bedarfsgerecht auf die Einzelhändler verteilt und dorthin transportiert, die Remission durchführt und mit dem Einzelhändler und dem Verleger abrechnet.«[1401]

Geschäftsbesorgung ist schließlich die in fremdem Interesse ausgeübte Tätigkeit, d.h. sie muss auf solche Geschäfte gerichtet sein, für die ursprünglich der Geschäftsherr in Wahrnehmung seiner Vermögensinteressen zu sorgen hatte, die ihm aber ein anderer abnimmt.[1402] Anders als beim reinen Kaufvertrag ist die Rechtsbeziehung zwischen Verlag und Grossist mit dem Austausch von Ware und Geld nicht beendet, sondern beginnt erst: Nach Übergabe der Ware muss der Grossist versuchen, möglichst viele Exemplare des Presseprodukts zu verkaufen, um so die Interessen des Verlages zu wahren, weil der Verleger auf der anderen Seite alle unverkauften Exemplare im Wege der Remission zurücknehmen muss. Das Dispositionsrecht des Verlages ergibt sich daher auch analog §§ 675, 665 BGB aus seiner Eigenschaft als Geschäftsherr im Rahmen des Geschäftsbesorgungsverhältnisses. 620

Der Grossist handelt damit nach außen hin im eigenen Namen, jedoch wegen des Remissionsrechts im Ergebnis für fremde Rechnung, nämlich des Verlages. Da der Verlag den Grossisten nicht nur von Zeit zu Zeit, sondern auf Dauer mit der Wahrnehmung seiner Geschäfte betraut, ist der Grossist auch wie ein Dauerkommissionär, d.h. als so genannter Kommissionsagent, tätig.[1403] Das Dispositionsrecht ergibt sich somit auch in entsprechender Anwendung des § 384 HGB. 621

Da der Grossist als Kommissionsagent nicht nur mit einem, sondern mit vielen Verlegern ähnliche Verträge abschließt, und zwar über Produkte, die grundsätzlich beim Leser miteinander im Wettbewerb stehen und die den Vertrieb im gleichen abgegrenzten Gebiet betreffen, ist er all diesen Vertragspartnern gegenüber zur Gleichbehandlung verpflichtet. Daraus ergibt sich die so genannte **Neutralitätspflicht**.[1404] Diese Neutralitätspflicht ergibt sich aber auch aus dem Diskriminierungsverbot des § 20 Abs. 1 GWB, da die Grossisten dort, wo die Verlage ein **Alleinvertriebsrecht** mit ihnen vereinbart haben Monopolisten sind, bzw. dort wo es ein Gebietsaufteilung mit Objekttrennung gibt, zumindest eine marktbeherrschende Stellung haben. Die Neutralitätspflicht ist nur in einem Landespressegesetz, nämlich dem Landepressegesetz Brandenburg, gesetzlich normiert: 622

»§ 2 Abs. 2 LPG Brandenburg

1401 *Börner* S. 12.
1402 Vgl. Palandt/*Thomas* § 675 Rn. 4.
1403 OLG Karlsruhe WRP 1980, 635, 636 – MAL II; *Börner*, Der Vertrag zwischen Verlag und Pressegrossisten, S. 16; *Hahn* AfP 1992, 116, 117; a.A. *Ipsen*, Presse-Grosso im Verfassungsrahmen, S. 69.
1404 Vgl. *Kloepfer/Kutzschbach* AfP 1999, 1, 4; *Börner* S. 21.

8. Kapitel   Äußerungsrecht

Die Neutralität des Pressegroßhandels ist zu gewährleisten. Die Unternehmen des Pressegroßhandels haben allen Zeitungen und Zeitschriften zu gleichen Bedingungen und ohne unbillige Behinderungen Zugang zum Pressevertrieb zu gewähren.«

623 Angesichts dessen und angesichts der Alleinvertriebsrechte der Grossounternehmen stellt sich auch die Frage nach einem **Kontrahierungszwang** der Grossisten gegenüber den Verlagen und dem Einzelhandel.

624 Der Gebietsgrossist nimmt in seinem Gebiet eine marktbeherrschende Stellung ein und unterliegt damit dem Diskriminierungsverbot gemäß § 20 Abs. 1 GWB. Danach darf ein Grossist gleichartige Unternehmen ohne sachlich gerechtfertigten Grund weder unmittelbar noch mittelbar unbillig behindern oder ohne sachlich gerechtfertigten Grund unterschiedlich behandeln. Da eine Differenzierung der Pressefreiheit nach inhaltlichen Kriterien nicht zulässig ist,[1405] ist dies grundsätzlich kein Kriterium für eine unterschiedliche Behandlung. Im Ergebnis bedeutet dies, dass jedem Verleger für jedes seiner Objekte grundsätzlich der Vertriebsmarkt über das Grosso eröffnet ist (freier Marktzugang). In Gebieten mit Objekttrennung darf der eine Grossist einen Verlag nicht auf den anderen im gleichen Gebiet tätigen Grossisten verweisen, vielmehr steht es dem Verlag bei einer solchen Konstellation frei zu bestimmen, mit welchem der beiden Grossisten er zusammenarbeiten möchte.[1406]

625 Im Verhältnis zwischen Grosso und Verlag stellt sich unter umgekehrten Vorzeichen die Frage, ob ein Grossist von einem Verlag Kontrahierung, also Belieferung mit seinen Presseerzeugnissen, verlangen kann.

626 Verlage sind Normadressat des Diskriminierungsverbotes gemäß § 20 Abs. 1 GWB, unabhängig davon, ob sie marktbeherrschend sind, wenn sie die Preise für ihre Erzeugnisse gemäß § 30 GWB binden. Auch dem Diskriminierungsverbot unterliegende Unternehmen sind jedoch nach ständiger Rechtsprechung grundsätzlich nicht gehindert, ihr Absatzsystem nach eigenem Ermessen so zu gestalten, wie sie dies für richtig und für wirtschaftlich sinnvoll halten.[1407] Die aus dem Remissionsrecht resultierende Risikoverlagerung bei den Verlagen bedingt für diesen sogar einen größeren Freiraum bei der Gestaltung ihres Absatzsystems.[1408] Einen Belieferungsanspruch des Presse-Grossos gegenüber Verlagen besteht daher nicht.

e) Rechtsverhältnis zwischen Grosso und Einzelhandel

627 Im Verhältnis zwischen dem Einzelhandel und dem Grosso gilt: Als Monopolist und damit marktbeherrschendes Unternehmen kann der Grossist über § 20 Abs. 2 GWB zur Belieferung von Einzelhändlern verpflichtet werden.

628 So hat das OLG Frankfurt[1409] einen Grossisten zur Weiterbelieferung verurteilt, obwohl der betreffende Einzelhändler nur geringe Mengen abnahm und die Remissionsquote weit über 40 % lag. Nach Auffassung des Gerichts komme es nicht allein darauf an, ob der Grossist kaufmännische oder betriebswirtschaftlich vernünftige Gründe für die Lieferverweigerung geltend machen könne. Neben der Abwägung der widerstreitenden Individualinteressen sei auch eine Wertung im Hinblick auf die Zielsetzung des § 20 GWB, nämlich die Gewährleistung der Freiheit des Wettbewerbs, erforderlich. Eine Liefersperre sei deshalb sachlich ungerechtfertigt, weil die dem Grossisten durch Gebietskonzentration eingeräumte Machtstellung auch dazu diene, die Versorgung mit Presseer-

---

1405 Vgl. etwa BVerfG ZUM 2000, 149.
1406 *Börner* S. 46.
1407 Vgl. BGH GRUR 1987, 393 – Freundschaftswerbung.
1408 OLG Karlsruhe WRP 1980, 635 – MAL II.
1409 AfP 1987, 624 f.

zeugnissen an unrentablen Standorten sicherzustellen. Man wird daher zumindest von einer Belieferungspflicht ausgehen müssen, wenn der betreffende Einzelhändler den Durchschnittsumsatz des Umkreishandels erreicht.

Aufgrund des vertraglich eingeräumten Remissionsrechts steht dem Grossisten auch das vom Verlag abgeleitete Dispositionsrecht zu,[1410] das zumeist zusammen mit der Preisbindung (sog. Preisbindung der zweiten Hand) in den LZB mit dem Einzelhandel vereinbart wird. **629**

2. Der Bahnhofsbuchhandel

Im Gegensatz zu allen anderen Presseeinzelhändlern werden die Unternehmen des Bahnhofsbuchhandels nicht durch das Grosso, sondern direkt von den Verlagen bzw. Nationalvertrieben (s.u.) beliefert. **630**

Existenz- und Belieferungsbedingungen des Bahnhofsbuchhandels sind in erster Linie historisch und durch seine Funktion der Versorgung von Reisenden geprägt. Der frühere § 41 Bundesbahngesetz verpflichtete die Bundesbahn u.a. dazu, die Reisenden mit Presseerzeugnissen zu versorgen. Diese Versorgungsfunktion hat die Bundesbahn in ihren Pachtverträgen dem Bahnhofsbuchhandel übertragen. **631**

Der Gesetzgeber erkennt die Versorgungsfunktion des Bahnhofsbuchhandels auch nach der Privatisierung der Bundesbahn in § 8 Abs. 1 Ladenschlussgesetz an, in dem er ihm grundsätzlich Öffnungszeiten »rund um die Uhr« ermöglicht. **632**

Aufgrund dieser Pachtverträge erbringt der Bahnhofsbuchhandel u.a. durch längere Öffnungszeiten und sein umfangreiches Sortiment gegenüber dem sonstigen Einzelhandel besondere Leistungen, die durch die Verlage durch eine höhere Handelsspanne, die sich in der Regel aus der Summe von Grosso- und Einzelhandelsspanne zusammensetzt, honoriert wird. **633**

Diese Sonderkonditionen erhalten jedoch nur Bahnhofsbuchhandlungen, die besondere Leistungskriterien erfüllen. Da die Verlage als Preisbinder wiederum gezwungen sind, diese Kriterien diskriminierungsfrei zu handhaben (§ 20 Abs. 1 GWB), haben der Verband der Deutschen Zeitschriftenverleger (VDZ) und der Verband Deutscher Bahnhofsbuchhändler »Kriterien für den Bahnhofsbuchhandel« entworfen, die als Wettbewerbsregeln 1993 vom Bundeskartellamt anerkannt worden sind. Danach muss ein Bahnhofsbuchhandel besondere Voraussetzungen für die Betriebszeiten, das Sortiment, den Umsatz sowie die Ladeneinrichtung erfüllen. Diese Kriterien muss jede Verkaufsstelle erfüllen und beziehen sich nicht auf das betreffende Bahnhofsbuchhandelsunternehmen.[1411] **634**

Im Übrigen gelten auch im Verhältnis zwischen Verlag und Bahnhofsbuchhandel die gleichen Bedingungen wie zwischen Verlag und Grosso, d.h. der Verlag räumt dem BB-Handel in den BB-LZB das Remissionsrecht ein, während ihm das Dispositionsrecht zusteht. **635**

3. Verlagsabonnement

Eine weitere Säule des Pressevertriebs ist das Verlagsabonnement. Hier schließt der Abonnent direkt mit dem Verlag einen Kaufvertrag über die abonnierte Zeitung/Zeitschrift ab. **636**

1410 Vgl. BGH NJW 1982, 644.
1411 BGH GRUR 1998, 1049 – Bahnhofsbuchhandel.

8. Kapitel Äußerungsrecht

637 Das Vertragsverhältnis ist als Dauerschuldverhältnis dadurch gekennzeichnet, dass die geschuldete Leistung (Verkauf und Lieferung der fest vorbestellten aktuellen Ausgaben) in wiederkehrenden, sich über einen längeren Zeitraum erstreckenden Einzelleistungen besteht. Den Abonnenten trifft die Pflicht zur ununterbrochenen Abnahme und Bezahlung.

638 Nur in Ausnahmefällen können Beratungspflichten des Verlages hinzutreten, wenn dies etwa in der Bewerbung von Börsendiensten besonders hervorgehoben wird.[1412]

4. Werbender Buch- und Zeitschriftenhandel

639 Ein Spezifikum im Abonnementvertrieb von Zeitschriften ist der werbende Buch- und Zeitschriftenhandel. Diese Unternehmen werben durch Haustürwerbung, telefonisch, im Internet und durch schriftliche Werbung Abonnenten, die ihre Vertragspartner werden und mit denen sie direkt abrechnen.

640 Die vom WBZ in der Haustürwerbung eingesetzten Werber, die auch unter der Bezeichnung »Drücker« bekannt sind, sind selbständige Handelsvertreter im Sinne des § 84 HGB. Sie benötigen für ihre Tätigkeit eine Reisegewerbekarte und erhalten für den Abschluss eines Zeitschriftenabonnementvertrages eine Provision.

641 Zur Eindämmung von Missbräuchen im Haustürgeschäft haben WBZ-Verband und VDZ die Arbeitsgemeinschaft Abonnentenwerbung e.V. (AGA) gegründet, die die sog. AGA-Richtlinien aufgestellt hat, die seit 1982 vom BKartA als Wettbewerbsregeln gem. § 26 GWB anerkannt sind.[1413]

642 Die für die Belieferung dieser WBZ-Kunden benötigten Auflagen bestellt der WBZ im eigenen Namen und auf eigene Rechnung ohne Remissionsrecht bei den Verlagen.

643 Auch hier wird in allgemeinen Liefer- und Zahlungsbedingungen (WBZ-LZB) die Preis- und Verwendungsbindung vereinbart. Diese Rahmenverträge sind aufgrund des Dispositionsrechts der Verlage kündbar. Allerdings unterliegen die Verlage als Preisbinder insoweit dem Diskriminierungsverbot (§ 20 Abs. 1 GWB). Es steht ihnen aber frei, den Vertrieb über den WBZ ganz einzustellen, oder einzelne Vertriebsformen (z.B. die schriftliche Werbung) selbst zu übernehmen, wenn ausreichende Umstellungsfristen (Kündigungsfristen) beachtet werden.[1414]

5. Lesezirkel

644 Der Lesezirkel existiert in Form von rund 130 Lesezirkelunternehmen, die gewerbsmäßig ein Verleihgeschäft mit in Mappen zusammengefassten Zeitschriften betreiben.

645 Die Lesezirkelunternehmen erwerben Presseerzeugnisse zur Weitervermietung an den Kunden, die so genannten Erst- und Folgemappen ohne Remissionsrecht gegenüber dem Verlag.

646 Im Rahmen des Dispositionsrechts und der daraus resultierenden Verwendungsbindung wird in den Liefer- und Zahlungsbedingungen zwischen Verlag und Lesezirkelunternehmen der Verkauf an Endverbraucher verboten. Dies ist schon deshalb auch wirtschaftlich notwendig, weil die Lesezirkelunternehmen die Verlagserzeugnisse häufig mit einem Nachlass von bis zu 90 % des Copy-Preises erhalten.

647 Die Lesezirkel beliefern ihre Kunden im Rahmen eines Mietvertrages überwiegend auf regionaler Ebene durch Zusteller, die die Mappen direkt ins Haus bringen.

1412 BGH AfP 1978, 145.
1413 Zu finden unter www.aga-kerpen.de.
1414 Vgl. BGH AfP 1987, 498, 502 – Freundschaftswerbung.

6. Nationalvertrieb

Bei den Unternehmen des Nationalvertriebs handelt es sich praktisch um ausgelagerte Vertriebsabteilungen von solchen Verlagen, die aus unterschiedlichsten Gründen keine eigene Vertriebsabteilung unterhalten. Ein Nationalvertrieb beliefert für den Verlag alle anderen Vertriebszweige, also Grosso, Bahnhofsbuchhandel, WBZ und Lesezirkel und wickelt in der Regel auch die Verlagsabonnements für den Verlag ab.

Dies führt dazu, dass die Rechtsverhältnisse zwischen dem Nationalvertriebsunternehmen und den Vertriebsunternehmen in gleicher Weise ausgestaltet sind, wie die dargestellten Rechtsbeziehungen zwischen den Verlagen und diesen Vertriebsunternehmen.

Von besonderem Interesse sind daher im Wesentlichen die Vertragsbeziehungen zwischen dem Verlag und dem Nationalvertriebsunternehmen. Im Gegensatz zum Presse-Grosso besteht bei den Nationalvertriebsunternehmen keine Gebietsaufteilung und damit ein unmittelbarer Wettbewerb um verschiedene Verlage als Kunden. Es gibt daher keine kartellrechtliche Neutralitätspflicht. Die Neutralität des Nationalvertriebsunternehmens ergibt sich jedoch allein aus wirtschaftlichen Gründen, weil ein Kunde bei der Benachteiligung innerhalb eines Nationalvertriebs ohne weiteres zu einem Wettbewerber wechseln kann.

Das Verhältnis zwischen Verlag und Nationalvertrieb stellt keine eigene Handelsstufe dar, das heißt, der Nationalvertrieb wird nicht durch den Verlag beliefert, weshalb es auch keine Liefer- und Zahlungsbedingungen oder eine Preis- und Verwendungsbindung im Verhältnis zwischen Verlag und Nationalvertrieb gibt. Der Nationalvertrieb agiert als Dienstleister im Rahmen eines Geschäftsbesorgungsvertrages vielmehr im eigenen Namen, aber auf Rechnung des Verlages. Dementsprechend werden die Nationalvertriebsunternehmen nicht durch eine Handelsspanne vergütet, sondern in der Regel mit einer Pauschale pro Ausgabe.

III. Preisbindung

1. System der Preisbindung

Grundsätzlich verbietet § 1 GWB Vereinbarungen zwischen Unternehmen und aufeinander abgestimmte Verhaltensweisen, die eine Verhinderung, Einschränkung oder Verfälschung des Wettbewerbs bezwecken oder bewirken. Dazu gehört auch die vertikale Preisbindung. Vor der Kartellnovelle vom 5.7.2005 ergab sich dies ausdrücklich aus § 14 GWB a.F.

Vor dem Hintergrund von Bedenken der Europäischen Kommission zur Zulässigkeit, insbesondere der Buchpreisbindung gem. ex-Art. 81 Abs. 1 EG-Vertrag (nun Art. 101 Abs. 1 AEUV) kam es auf Betreiben insbesondere des Börsenvereins des deutschen Buchhandels durch das Gesetz zur Regelung der Preisbindung bei Verlagserzeugnissen vom 2.9.2002 zu einer Spaltung der Preisbindung für Verlagserzeugnisse. Durch dieses Gesetz wurde ein besonderes Buchpreisbindungsgesetz eingeführt, das für Bücher eine Preisbindungspflicht vorsieht.

Davon getrennt sieht das GWB für Zeitungen und Zeitschriften in § 30 keine Pflicht, sondern nur die Zulässigkeit der Preisbindung für Zeitungen oder Zeitschriften in Ausnahme vom grundsätzlichen Verbot des § 1 GWB vor.

Gemäß § 30 Abs. 1 Satz 2 GWB zählen zu Zeitungen und Zeitschriften auch solche Produkte, die Zeitungen oder Zeitschriften reproduzieren oder substituieren und bei Würdigung der Gesamtumstände als überwiegend verlagstypisch anzusehen sind, sowie kombinierte Produkte, bei denen eine Zeitung oder eine Zeitschrift im Vordergrund steht. Dafür ist nach der Rechtsprechung des BGH entscheidend, ob sich das Produkt nach Ankündigung, Aufmachung und Vertriebsweg aus Sicht des Verbrauchers insgesamt noch als Presseerzeugnis darstellt.[1415]

656 In dem vom BGH entschiedenen Fall wurde eine Mädchenzeitschrift zusammen mit einer Sonnenbrille im Einzelhandel angeboten, deren Wert unstreitig ein Vielfaches des Kaufpreises der Zeitschrift betrug. Gleichwohl sah der BGH in der Sonnenbrille eine Nebenware und die Zeitschrift im Vordergrund, da die Zeitschrift über den normalen Vertriebsweg vertrieben wurde und die Sonnenbrille ersichtlich nur als kostenlose Zugabe der Steigerung der Attraktivität des Presseerzeugnisses dienen sollte.

2. Form

657 Hat sich ein Verlag dazu entschieden, die Preise für seine Produkte zu binden, so bedingt dies, dass die Preisbindungsvereinbarung mit seinen Abnehmern schriftlich geschlossen werden muss. (§ 30 Abs. 2 Satz 1 GWB i.V.m. § 126 BGB). Allerdings muss die Vereinbarung entgegen § 126 Abs. 2 BGB nicht mehr in einer Urkunde getroffen werden, sondern kann auch durch einen entsprechenden Briefwechsel erfolgen, der dem Schriftformerfordernis genügt (§ 30 Abs. 2 Satz 3 GWB). Darüber hinaus macht es § 30 Abs. 2 Satz 2 BGB möglich, in der Vereinbarung auf (auch zukünftige) Preislisten oder Preismitteilungen Bezug zu nehmen, ohne dass in jedem Fall einer Preisänderung erneut eine schriftliche Vereinbarung getroffen werden muss.

3. Missbrauch der Preisbindung/Diskriminierung

658 Gemäß § 30 Abs. 3 GWB kann das Bundeskartellamt von Amts wegen oder auf Antrag eines gebundenen Abnehmers die Preisbindung für unwirksam erklären und die Anwendung einer neuen, gleichartigen Preisbindung verbieten, wenn die Preisbindung missbräuchlich gehandhabt wird.

659 Gemäß § 20 Abs. 1 GWB dürfen Unternehmen, die Preise gem. § 30 Abs. 1 Satz 1 GWB binden, andere Unternehmen in einem Geschäftsverkehr, der gleichartigen Unternehmen üblicherweise zugänglich ist, weder unmittelbar noch mittelbar unbillig behindern oder gegenüber gleichartigen Unternehmen ohne sachlich gerechtfertigten Grund unmittelbar oder mittelbar unterschiedlich behandeln (Diskriminierungsverbot). Unabhängig von einer marktbeherrschenden Stellung unterliegen Preisbinder daher ohne Einschränkungen dem Diskriminierungsverbot.

660 Eine unterschiedliche Behandlung von Abnehmern ist preisbindenden Unternehmen daher nur dann gestattet, wenn dies mit »sachlich gerechtfertigtem Grund« geschieht. Derartige sachliche Kriterien sind etwa die Bahnhofsbuchhandelskriterien oder die Kriterien zur Belieferung von Lesezirkel-Unternehmen. Erfüllen Unternehmen diese Kriterien, müssen sie zu gleichen Konditionen beliefert werden, wie andere Bahnhofsbuchhandlungen bzw. Lesezirkel-Unternehmen.

661 Fraglich ist, welche Konsequenz das Diskriminierungsverbot im Rahmen der Preisbindung hat. In Preisbindungsvereinbarungen (Preisbindungsreverse) vereinbaren die Verlage mit ihren Abnehmern in der Regel, dass keine Sonderentgelte auf preisgebundene Erzeugnisse erhoben werden dürfen oder Rabatte gewährt werden dürfen. Den Presse-Grossisten wird vertraglich auferlegt, mit den Einzelhändlern eine identische Vereinbarung zu treffen (»Preisbindung der zweiten Hand«).

[1415] BGH AfP 2005, 555.

a) Abopreise

Auf der Grundlage des Diskriminierungsverbots heißt dies grundsätzlich, dass ein Verlag, der seinen Abnehmern einen gebundenen Verkaufspreis vorschreibt, diesem grundsätzlich nicht selbst dadurch Konkurrenz machen kann, dass er den gebundenen Preis selbst bei direkter Abgabe an Endabnehmer, insbesondere im Rahmen des Abonnements, unterschreitet. 662

Dementsprechend hat die Rechtsprechung im Bereich der Buchpreisbindung etwa die Einräumung eines Barzahlungsrabatts als Verstoß gegen dieselbe angesehen.[1416] 663

Im Presse-Vertrieb sind dagegen Nachlässe auf den gebundenen Preis im Rahmen von Abonnements bekannt und gebräuchlich. Wie verhält sich eine derartige Praxis zum Diskriminierungsverbot im Rahmen der Preisbindung? 664

Mitte der achtziger Jahre erreichten derartige Nachlässe einen Umfang von 20 % und mehr, was dazu führte, dass das Bundeskartellamt aufgrund von Beschwerden des Zeitschriftenhandels ein Missbrauchsverfahren nach § 17 GWB a.F. einleitete und diese Praxis der Verlage überprüfte. Im Rahmen dieses Verfahrens stellte das Bundeskartellamt fest, dass Preisdifferenzierungen zwischen dem Abonnementpreis und dem gebundenen Einzelverkaufspreis geeignet sind, die Preisbindung tendenziell auszuhöhlen. Nach Auffassung des Bundeskartellamts führt allerdings nicht jede Unterschreitung des gebundenen Einzelverkaufspreises durch einen niedrigeren Abonnementpreis zu gewichtigen Nachfrageverschiebungen zulasten des Handels. Das Bundeskartellamt geht erst bei Unterschreitungen des gebundenen Preises von 15% oder mehr von derartigen Nachfrageverschiebungen aus.[1417] Vor diesem Hintergrund hat sich eine Branchenpraxis entwickelt, wonach bei Abonnements bei unbestimmter Laufzeit oder einer bestimmten Verpflichtungsdauer, die über eine reine Erprobung hinaus geht, ein Nachlass von bis zu 15 % eingeräumt wird. 665

Ob diese Praxis angesichts der letzten Entscheidung des BGH zu Probeabonnements[1418] Bestand haben wird, muss sich zeigen. Angesichts des danach entscheidenden Kriteriums einer tatsächlich feststellbaren Nachfrageverschiebung wird auch das BKartA bei einem zukünftigen Missbrauchsverfahren um tatsächliche Feststellungen nicht umhin kommen. Nur wenn diese bestätigen, dass es bei Nachlässen ab 15 % zu Nachfrageverschiebungen zu Lasten des Einzelhandels kommt, wird diese Grenze Bestand haben. 666

b) Probeabonnements

Die meisten Auseinandersetzungen um Nachlässe im Rahmen von Abonnements hat es in den letzten Jahren jedoch nicht bei »normalen Abonnements« gegeben, sondern bei so genannten Probeabonnements. 667

Auch dem Preisbinder ist es nicht verwehrt, für seine Produkte und auch für den Abonnementvertrieb durch die Abgabe von kostenlosen Probestücken zu werben.[1419] 668

Sowohl nach allgemeinen wettbewerbsrechtlichen Grundsätzen, als auch unter dem Gesichtspunkt der unzulässigen Diskriminierung des gebundenen Handels, ist jedoch die kostenlose Abgabe von preisgebundenen Presseerzeugnissen nur im Rahmen des Erprobungszwecks zulässig und damit nur für den Zeitraum, der für eine Erprobung erforderlich ist, gedeckt. Dazu hat sich in der Rechtsprechung eine klare Kasuistik entwickelt: 669

1416 BGH NJW 2003, 2525 – Buchpreisbindung.
1417 BT-Drs. 11/4611, S. 33 f.
1418 BGH NJW 2006, 2627; s. nachfolgend.
1419 Zum Verschenken von Originalware zu Erprobungszwecken vgl. BGH GRUR 1965, 489 – Kleenex; BGH GRUR 1993, 483 – unentgeltliche Partnervermittlung.

8. Kapitel   Äußerungsrecht

670 So wird für den kostenlosen Bezug einer Tageszeitung ein Zeitraum von zwei Wochen als notwendig angesehen.[1420]

671 Bei wöchentlich erscheinenden Zeitungen und Zeitschriften sollen dagegen drei Ausgaben notwendig und ausreichend sein, um den Titel zu erproben.[1421]

672 Bei monatlich erscheinenden Titeln sollen ebenfalls drei Ausgaben durch den Erprobungszweck gedeckt sein.[1422] Ausnahmsweise wird bei der Neueinführung eines Titels auch die kostenlose Abgabe von vier Ausgaben für zulässig gehalten.[1423]

673 Diese Kasuistik hat auch Eingang in die jeweiligen Wettbewerbsregeln der Verbände gefunden (vgl. Ziff. 2 BDZV-Wettbewerbsregeln und Ziff. 2 der VDZ-Wettbewerbsregeln).

674 Neben kostenlosen Probeabonnements sind auch Probeabonnements gebräuchlich, bei denen ein deutlich höherer Nachlass gewährt wird, als er im Rahmen eines normalen Abonnements mit unbestimmter Laufzeit bzw. vertraglich vereinbarter Mindestlaufzeit üblich und zulässig ist.

675 Auf der Grundlage einer Entscheidung des OLG Hamm[1424] hatte sich seit Mitte der neunziger Jahre eine Praxis herausgebildet, wonach Kurzabonnements bis 3 Monaten Laufzeit bei einer maximalen Rabattierung von 35% des Normalpreises angeboten wurden.

676 Auch diese Praxis hat Eingang in die Wettbewerbsregeln gefunden (Ziff. 7 der BDZV-Wettbewerbsregeln, sowie Ziff. 3 der VDZ-Wettbewerbsregeln).

677 Darüber hinaus werden derartige Abonnements häufig noch zusätzlich mit einem Werbegeschenk versehen. Die Überschreitung der in den Wettbewerbsregeln aufgenommenen 35 %-Grenze, sowie steigende Werte der Werbegeschenke führten zu zahlreichen Auseinandersetzungen zwischen dem Handel und den Verlagen, über die Zulässigkeit derartiger Probeabonnements, die schließlich in die Entscheidung des BGH vom 7.2.2006 mündete.[1425]

678 Der BGH hob in dieser Entscheidung vorausgegangene Urteile des OLG Hamburg auf, die dreimonatige Probeabonnements mit einem Nachlass von 40 % sowie Werbegeschenke mit einer Wertanmutung von mehr als 10 € wegen Verstoßes gegen die Leistungstreuepflichten des Verlags gegenüber dem Einzelhandel aus der Preisbindungsvereinbarung aus § 1 UWG a.F. untersagt hatten. Der BGH stellte in diesem Zusammenhang nochmals klar, dass Wettbewerbsregeln nur als Empfehlung wirken können; aus ihnen sind jedoch weder vertragliche noch gesetzliche Pflichten abzuleiten.

679 Da in den angegriffenen Entscheidungen nicht festgestellt wurde, dass es aufgrund der unterschiedlichen Preisgestaltung zu **Nachfrageverschiebungen** gekommen ist, sah der BGH auch keine Verletzung von etwaigen Rücksichtnahmepflichten im Rahmen der Preisbindungsvereinbarung. Dies dürfte danach generell das entscheidende Kriterium für die Feststellung eines Missbrauchs der Preisbindung bzw. einer Diskriminierung des preisgebundenen Einzelhandels sein.

680 Schließlich wies der BGH darauf hin, dass eine missbräuchliche Handhabung der Preisbindung nur durch das Bundeskartellamt beanstandet werden könne und erteilte einem ergänzenden wettbewerbsrechtlichen Unterlassungsanspruch im Rahmen des UWG eine Absage. Das GWB enthalte insoweit eine abschließende Regelung der zivilrechtlichen Ansprüche.

1420 Vgl. OLG Hamburg AfP 2000, 381.
1421 OLG Schleswig AfP 1986, 78; OLG München WRP 1996, 54.
1422 OLG Hamburg AfP 1985, 49.
1423 OLG Hamburg AfP 1993, 656.
1424 AfP 1995, 419.
1425 BGH NJW 2006, 2627.

IV. Wettbewerbsrechtliche Rahmenbedingungen für den Pressevertrieb

1. Der Abo-Vertrag als Fernabsatzvertrag

§ 312b BGB definiert als Fernabsatzverträge u.a. Verträge über die Lieferung von Waren, die zwischen einem Unternehmer und einem Verbraucher unter ausschließlicher Verwendung von Fernkommunikationsmitteln abgeschlossen werden. Gemäß § 312b Abs. 2 BGB sind Fernkommunikationsmittel i.S. dieser Vorschrift insbesondere Briefe, Kataloge, Telefonanrufe, E-Mails sowie Rundfunk, Tele- und Mediendienste. Mit Ausnahme der Haustürwerbung unterfällt die gesamte Werbung für Abonnement-Verträge dem Fernabsatzrecht. **681**

Das hat zur Konsequenz, dass vom Unternehmer umfangreiche Informationspflichten zu erfüllen sind. **682**

Gemäß § 312c Abs. 1 BGB i.V.m. Art. 246 § 1 Abs. 1 Nr. 1–12 EGBGB – sind folgende Informationspflichten rechtzeitig **vor** Abschluss des Fernabsatzvertrages zu erfüllen: **683**
- Identität, ggfs. Vertretungsberechtigter, Angabe des öffentlichen Unternehmensregisters sowie der Unternehmensregister-Nummer
- Identität, ggfs. Vertretungsberechtigter, des Dienstleisters (z.B. externer Vertrieb), Eigenschaft der Tätigkeit
- Ladungsfähige Anschrift (ggfs. auch des Dienstleisters), bei juristischen Personen, Personenvereinigungen oder Personengruppen Name eines Vertretungsberechtigten
- Wesentliche Merkmale (Objektbezeichnung)
- Mindestlaufzeit und Kündigungsbedingungen
- ggf. Vorbehalt der Nichtlieferung bei Nichtverfügbarkeit
- Abo-Preis, einschließlich ausdrücklichem Hinweis auf Umsatzsteuer
- Lieferhinweise (einschließlich etwaiger Zusatzkosten)
- Zahlungsweise (Fälligkeit etc.)
- ggf. Kosten für Nutzung von Kommunikationsmitteln (z.B. Telefax)
- ggf. Verlängerungsklausel (»negative Option«)
- ggf. Hinweis auf Befristung des Angebots
- ggf. Hinweis auf Nichtbestehen eines gesetzlichen Widerrufsrechts oder Widerrufsbelehrung

Gemäß § 312c Abs. 1 BGB i.V.m. Art. 246 § 1 Abs. 1 EGBGB sind diese Informationen »klar und verständlich« zu geben. Sofern diese Informationen also z.B. in kleinerer Schrift als andere Werbeangaben und an versteckter Stelle oder in einem vertikalen Kasten erfolgen, erfüllt dies nicht die Anforderungen an eine »klare und verständliche« Information des Verbrauchers.[1426] **684**

Folgende Informationen sind gem. § 312c Abs. 1 BGB i.V.m. Art. 246 § 2 Abs. 1 Satz 1 Nr. 2, Satz 2 EGBGB **spätestens bei Lieferung** (z.B. mit einem Begrüßungsschreiben) zu erfüllen: **685**
- Die Vertragsbestimmungen einschließlich der Allgemeinen Geschäftsbedingungen;
- **Nochmals** alle Informationen gem. Art. 246 § 1 Abs. 1 EGBGB, die auch vor Bestellung zu geben sind (sofern nicht bereits dort in Textform);
- Vertragliche Kündigungsbedingungen, soweit der Vertrag für eine längere Zeit als ein Jahr oder für eine unbestimmte Zeit geschlossen wird;
- Dabei nach Art. 246 § 2 Abs. 3 Satz 2 EGBGB »hervorgehoben und in deutlich gestalteter Form«:
  - ladungsfähige Anschrift des Anbieters und ggfs. Dienstleisters
  - Information über Bestehen oder Nichtbestehen eines Widerrufs- oder Rückgaberechts

---

1426 Vgl. OLG Hamburg AfP 2003, 449.

686 Bei den Preisangaben ist darüber hinaus § 1 Abs. 2 Nr. 1, Abs. 6 PreisangabenVO zu beachten, wonach bei Fernabsatzverträgen »eindeutig zugeordnet, leicht erkennbar und deutlich lesbar« im Zusammenhang mit dem Preis anzugeben ist, »dass die für die Waren geforderten Preise die Umsatzsteuer und sonstige Preisbestandteile enthalten und ob zusätzliche Liefer- und Versandkosten anfallen.«

687 ▶ Beispiel:

»Jahres-Abo-Preis 100 € inkl. Mehrwertsteuer, portofrei, gegen Rechnung.«

2. Der Abo-Vertrag als Allgemeine Geschäftsbedingungen (AGB)

688 Die »Abo-Karte«, die im Rahmen der schriftlichen Werbung eingesetzt wird, enthält »für eine Vielzahl von Verträgen vorformulierte Vertragsbedingungen, die eine Vertragspartei der anderen Vertragspartei bei Abschluss eines Vertrages stellt«. Es handelt sich also um Allgemeine Geschäftsbedingungen i.S. des § 305 Abs. 1 BGB.

689 Das hat folgende Konsequenzen:

Gemäß § 309 Nr. 9 BGB gelten folgende Einschränkungen:
- Laufzeit maximal zwei Jahre,
- keine stillschweigende Verlängerung über mehr als jeweils ein weiteres Jahr,
- keine längere Kündigungsfrist als 3 Monate.

690 Darüber hinaus hat die Rechtsprechung auf der Grundlage der Generalklausel gem. § 307 BGB folgende Regelungen wegen unangemessener Benachteiligung der Abonnenten beanstandet:
- Ausschluss des Kündigungsrechts bei Lieferstörungen infolge höherer Gewalt (Kündigungsrecht ist »wesentliches Recht« i.S.d. § 307 Abs. 2 Nr. 2 BGB)[1427]
- Angemessene Erhöhung des Abo-Preises entsprechend der Erhöhung des gebundenen Einzelhandelspreises (Verletzung des Transparenzgebots)[1428]
- Vorformuliertes Einverständnis mit Ansprache per Telefon, Telefax, Email o.ä. (unangemessene Benachteiligung gem. § 307 BGB)[1429]

3. Abonnement-Vertrag und das Widerrufsrecht

691 Ein Widerrufsrecht (§ 355 BGB) kann sich bei Abonnement-Verträgen aus drei Vorschriften ergeben:
- Fernabsatzrecht gem. § 312d BGB
- Vorschriften über Haustürgeschäfte, § 312 BGB
- Verbraucherkreditrecht, § 510 BGB,

da es sich bei einem Abonnement-Vertrag um einen Ratenlieferungsvertrag handelt.[1430]

692 Im **Fernabsatzrecht** besteht grundsätzlich eine Bereichsausnahme: Ein Widerrufsrecht besteht nicht bei Fernabsatz-Verträgen zur Lieferung von Zeitungen, Zeitschriften und Illustrierten (§ 312d Abs. 4 Nr. 3 BGB). Das gilt aber seit 4.8.2009 nicht mehr, wenn »der Verbraucher seine Vertragserklärung telefonisch abgegeben hat« (§ 312d Abs. 4 Nr. 3 BGB n.F.). In diesem Fällen hat der Verbraucher ein Widerrufsrecht.

1427 BGH AfP 1986, 230.
1428 BGH AfP 1986, 230; AfP 2008, 65.
1429 BGH NJW 2000, 2677 – Telefonwerbung VI.
1430 BGH NJW 1990, 3144 – Orderkarte.

G. Pressevertriebsrecht – Preisbindung – Abo-Werbung

Für das Widerrufsrecht gem. § 510 BGB nach **Verbraucherkreditrecht** gilt Folgendes: **693**

Seit der Schuldrechtsreform zum 1.1.2002 gibt es eine Bagatellgrenze: Für Abonnement-Verträge mit Verbrauchern, bei denen der Wert des Abonnements 200 € nicht übersteigt, besteht kein Widerrufsrecht (§ 510 Abs. 1 Satz 2 i.V.m. § 491 Abs. 2 Nr. 1 BGB).[1431]

Der Wert des Abonnements errechnet sich nach der Summe aller vom Verbraucher bis zum frühestmöglichen Kündigungszeitpunkt zu entrichtenden Zahlungen (§ 510 Abs. 1 Satz 3 BGB). **694**

Das heißt, bei den meisten schriftlich und in Textform abgeschlossenen Zeitschriften-Abonnements muss im Rahmen der schriftlichen Werbung kein Widerrufsrecht mehr eingeräumt werden! **695**

Das heißt aber auch: Gemäß Art. 246 § 1 Abs. 1 Nr. 10 EGBGB ist über das Nichtbestehen eines gesetzlichen Widerrufsrechts zu informieren. **696**

Für fest abgeschlossene Jahres-Abos mit einem Wert von über 200 € (in der Regel Zeitungsabonnements) bleibt es bei einem Widerrufsrecht und dem daraus folgenden Belehrungspflichten. **697**

Gleiches gilt für Haustürgeschäfte, insbesondere durch den werbenden Buch- und Zeitschriftenhandel (WBZ), (§ 312 BGB) und für telefonisch abgeschlossene Abonnementverträge. **698**

Besteht ein gesetzliches Widerrufsrecht muss die **Widerrufsbelehrung** den Anforderungen des § 360 Abs. 1 BGB genügen. Das heißt, sie muss insbesondere **699**
- deutlich gestaltet sein,
- die Dauer der Widerrufsfrist nennen (Grundsatz: 14 Tage),
- den Beginn der Widerrufsfrist nennen (»mit Belehrung«),
- das Ende der Widerrufsfrist nennen (»rechtzeitige Absendung genügt«),
- Name und Anschrift des Widerrufsempfängers enthalten,
- Hinweise auf die Ausübung des Widerrufs enthalten (z.B. »ohne Begründung«).

In der Anlage 1 zu Art. 246 § 2 Abs. 3 Satz 1 EGBGB findet sich ein Textvorschlag des Gesetzgebers für eine Widerrufsbelehrung, bei deren Verwendung gem. Art. 246 § 2 Abs. 3 Satz 1 EGBGB fingiert wird, dass die Belehrung den gesetzlichen Anforderungen genügt. **700**

Gem. Art. 246 § 1 Abs. 1 Nr. 10 EGBGB ist auch über die **Rechtsfolgen des Widerrufs** zu belehren. Auch dazu findet sich in der Anlage 1 zu Art. 246 § 2 Abs. 3 Satz 1 EGBGB ein Textvorschlag. **701**

In der Gesetzesfassung bis zur Schuldrechtsreform war für die Widerrufsbelehrung Schriftform vorgesehen. Das sorgte insbesondere bei Internetbestellungen für Probleme. § 360 Abs. 1 BGB bestimmt in der geltenden Fassung abweichend von der Rechtslage vor der Schuldrechtsreform nicht mehr, dass der Verbraucher die ihm zu erteilende Widerrufsbelehrung zu unterschreiben habe.[1432] **702**

Gemäß § 360 Abs. 1 Satz 1 BGB muss die Widerrufsbelehrung »deutlich gestaltet« sein. Das heißt, die Widerrufsbelehrung muss sich aus dem sonstigen Text eindeutig herausheben. Das ist nicht der Fall, wenn **703**
- der Text der Belehrung kleiner ist als der übrige Text;[1433]
- optische Abgrenzungen (wie Kästen oder Striche) auch in anderem Zusammenhang verwendet werden.[1434]

1431 BGH WRP 2004, 608 – Zeitschrift-Abo im Internet.
1432 BGH WRP 2003, 266, 267 – Widerrufsbelehrung IV.
1433 OLG Hamburg AfP 1991, 632.
1434 BGH NJW 1996, 1964.

8. Kapitel   Äußerungsrecht

704 Erfolgt die Widerrufsbelehrung fehlerhaft, erlischt das Widerrufsrecht nicht (§ 355 Abs. 4 Satz 3 BGB). In der Praxis relevanter sind jedoch die Ansprüche von Mitbewerbern und sonstigen Verbänden und Einrichtungen gem. § 8 Abs. 3 UWG aus §§ 8 ff. i.V.m. 4 Nr. 2 UWG wegen »mit guten kaufmännischen Sitten unvereinbarer Ausnutzung der Rechtsunkenntnis der Verbraucher,[1435] § 4 Nr. 11 UWG wegen Gesetzesverstoß[1436] und § 5a Abs. 3 Nr. 5, Abs. 4 UWG wegen Irreführung durch Unterlassen der ordnungsgemäßen Belehrung.

4. Abonnement-Werbung mit Zugaben

705 Nach Wegfall von Rabattgesetz und Zugabeverordnung im Jahre 2001 können Werbegeschenke grundsätzlich als echte Zugaben gewährt werden.

706 Beachte dazu seit UWG-Novelle 2008: Unzulässige geschäftliche Handlung i.S.d. § 3 Abs. 3 UWG ist gem. Ziff. 21 des Anhangs (»Schwarze Liste«) »das Angebot einer Ware ... als ›gratis‹, ›umsonst‹, ›kostenfrei‹ oder dergleichen, wenn hierfür gleichwohl Kosten zu tragen sind ...«.

707 Dazu aber das OLG Köln:

»... verfolgt die Richtlinie ersichtlich nicht das Ziel, künftig sämtliche Zugaben zu verbieten; bleiben solche für sich genommen kostenlosen Zugaben aber erlaubt, müssen sie auch als ›kostenlos‹ oder als ›Geschenk‹ angekündigt werden können ...«.[1437]

708 Mit den Entscheidungen »Kopplungsangebot I«[1438] und »Kopplungsangebot II«[1439] hat sich der BGH u.a. von der Fallgruppe des »übertriebenen Anlockens« verabschiedet. Im Vordergrund der rechtlichen Beurteilung einer Zugabe besteht nunmehr die Gefahr einer Irreführung über den tatsächlichen Wert des Angebots (»Transparenzgebot«) und nur noch in Ausnahmefällen eine »so starke Anlockwirkung, dass auch bei einem verständigen Verbraucher ausnahmsweise die Rationalität der Nachfrageentscheidung vollständig in den Hintergrund tritt«.

709 Für die Abonnement-Werbung enthält Ziff. 7 der VDZ-Wettbewerbsregeln ein Indiz dafür, was dem Abonnenten bei Abschluss eines Abonnements gewährt werden darf. Danach darf der Wert einer derartigen Abschlussprämie in der Regel 25 % des Bezugspreises für den Verpflichtungszeitraum nicht überschreiten. Eine Abschlussprämie im Wert von bis zu 10 € soll in jedem Fall zulässig sein.

710 In der Rechtsprechung zeichnet sich hinsichtlich der Wertgrenze für Zugaben eine großzügige Linie ab. So hat der BGH bei der Beurteilung einer Zugabe zu einem Heft im Einzelverkauf selbst eine Zugabe für zulässig angesehen, die den Heftpreis um das Mehrfache überstieg: »Von einer unangemessenen unsachlichen Beeinflussung der Entscheidungsfreiheit von Verbrauchern i.S.d. § 4 Nr. 1 UWG ist regelmäßig nicht allein deshalb auszugehen, weil dem Produkt eine im Verhältnis zum Verkaufspreis wertvolle Zugabe ohne zusätzliches Entgelt beigefügt wird.«.[1440] Eine wertvolle Zugabe sei grundsätzlich nicht geeignet zu einer irrationalen Kaufentscheidung zu führen, sondern »appelliert im Gegenteil an den sachlich kalkulierenden Verbraucher«.[1441]

1435 Vgl. BGH GRUR 1986, 819, 820.
1436 OLG Hamburg GRUR-RR 2008, 137.
1437 OLG Köln, Beschl. v. 30.12.2008, 6 W 180/08.
1438 BGH NJW 2002, 3403.
1439 BGH NJW 2002, 3405.
1440 BGH AfP 2005, 555 – Sonnenbrille.
1441 OLG KölnAfP 2005, 558 – Glow by Jlo.

711 Klassische Kopplungsgeschäfte im Abonnement, z.B. die Kopplung eines Abonnements einer TV-Zeitschrift mit einem Fernseher, sind grundsätzlich zulässig, wenn das Angebot hinreichend transparent ist. Das gilt im Beispielsfall bei der blickfangmäßigen Bewerbung des Fernsehers insbesondere für die gleichzeitige Bezugsverpflichtung zum Abonnement. Hierauf muss bereits im Zusammenhang mit der Blickfangwerbung z.B. mit einem Sternchen hingewiesen werden.

712 Darüber hinaus muss beachtet werden, dass hier eine preisgebundene Ware (das Abonnement der Zeitschrift) mit einer nicht preisbindungsfähigen Ware (Fernseher) gekoppelt wird. Ein Gesamtpreis von Abonnement und anderen Gegenständen dürfte daher nur dann zulässig sein, wenn der Preisanteil des gebundenen Verlagserzeugnisses bei einem Gesamtpreis in der gebundenen Höhe gesondert ausgewiesen wird, so dass deutlich wird, dass der Nachlass nur auf die ungebundene Ware gewährt wird.

5. Prämienwerbung (»Leser werben Leser«)

713 Bei der Prämienwerbung handelt es sich bereits aus der Natur der Sache heraus nicht um eine Werbung mit einer Zugabe, da die Prämie nicht dem Abonnenten, sondern dem Werber (einem Dritten) gewährt wird. In den letzten Jahren ist es zunehmend gebräuchlicher geworden, dass der Werber nicht mehr Selbstbezieher der beworbenen Zeitung oder Zeitschrift sein muss.

714 Gleichwohl war bisher anerkannt, dass es auch bei der Prämienwerbung Wertgrenzen gibt. Auch hier ist diese Grenze abstrakt definiert durch die Gefahr der unsachlichen Beeinflussung des Neukunden (§ 4 Nr. 1 UWG).

715 Auch dazu enthalten die Wettbewerbsregeln der Verbände Anhaltspunkte:

Gemäß Ziff. 3 der BDZV-Wettbewerbsregeln darf der Prämienwert die Hälfte des zu entrichtenden Abonnemententgeltes nicht überschreiten. Gemäß Ziff. 6 der VDZ-Wettbewerbsregeln ist der Prämienwert wie folgt gestaffelt:
- Bei wöchentlicher Erscheinungsweise: Bezugspreis des Jahresabos,
- Bei 14tägiger Erscheinungsweise: Bezugspreis für Abonnement mit 18 Monaten Laufdauer,
- Bei monatlicher Erscheinungsweise: Bezugspreis eines Zweijahresabos.

716 Der BGH hat jedoch in einer Entscheidung aus 2006 unter Hinweis auf das geänderte Verbraucherleitbild darauf hingewiesen, dass der Wert der Prämie **allein** grundsätzlich ebenso wenig geeignet ist, eine unsachliche Beeinflussung des Verbrauchers zu begründen, wie ein fehlender sachlicher Zusammenhang zwischen dem Prämieninteresse des Werbenden und der Entscheidung des Umworbenen für die beworbene Ware oder Dienstleistung:

»Der Versuch einer gewissen unsachlichen Beeinflussung ist der Werbung nicht fremd und auch nicht per se unlauter ... Aus der Regelung des § 4 Nr. 1 UWG folgt, dass eine Werbung, die sich nicht auf Sachangaben beschränkt nur dann unlauter ist, wenn sie geeignet ist, durch Ausübung unangemessenen unsachlichen Einflusses die freie Entscheidung der Verbraucher zu beeinträchtigen ... Werbung durch Einsatz von Laien ist somit nur unzulässig, wenn andere Umstände als die ausgesetzte Prämie als solche die Unlauterkeit begründen.«.[1442]

717 Als solche Umstände nennt der BGH in dieser Entscheidung ausdrücklich:
- Irreführung (§ 5 UWG) insbesondere bei Verdeckung des Prämieninteresses des Werbers (verdeckte Laienwerbung),

---

1442 BGH NJW 2006, 3203 Rn. 16.

- Belästigung (§ 7 Abs. 1 UWG), die jedoch regelmäßig erst gegeben sein wird, wenn die Gefahr besteht, dass der Laienwerber zu Mitteln greift, die auch berufsmäßigen Werbern verboten sind,
- im Einzelfall auch die von einer besonderes attraktiven Prämie ausgehende Anreizwirkung,
- strengere Maßstäbe können für bestimmte Waren und Dienstleistungen gelten, z.B. im Gesundheitswesen.

718 Entscheidend ist immer eine Gesamtwürdigung der Umstände.

6. Abo-Werbung und Gewinnspiele

719 Gemäß § 4 Nr. 6 UWG darf der Erwerb einer Ware nicht mit der Teilnahme an einem Preisausschreiben oder Gewinnspiel verbunden werden, es sei denn, das Preisausschreiben oder das Gewinnspiel ist naturgemäß mit der Ware oder Dienstleistung verbunden. Die letztgenannte Ausnahme betrifft insbesondere Gewinnspiele im redaktionellen Teil von Zeitungen oder Zeitschriften. Dagegen greift das Verbot der Koppelung von Absatz und Gewinnspiel uneingeschränkt im Rahmen der schriftlichen Abonnementwerbung.

720 Die Frage, die sich in der Praxis immer wieder stellt ist, ob das Gewinnspiel derartig von der Bestellung auf der Abonnementkarte getrennt werden kann, dass von einer gegenseitigen Abhängigkeit i.S.d. § 4 Nr. 6 UWG nicht mehr gesprochen werden kann. Dazu hat der BGH festgestellt, dass der Eindruck einer Abhängigkeit von Bestellung und Gewinnspielteilnahme aufgrund der Ausgestaltung und des Inhalts des Bestellscheins entfallen kann. Im konkreten Fall reichte der optisch hervorgehobene Hinweis, dass die Teilnahme am Gewinnspiel unabhängig von einer Bestellung ist und dass Bestellschein und Teilnahmecoupon auf der Bestellkarte optisch getrennt waren.[1443]

7. Abo-Werbung und Direktmarketing

721 Die **telefonische** Abonnementwerbung ist grundsätzlich wegen Verstoßes gegen § 7 Abs. 2 Nr. 2 UWG unzulässig. Gleiches gilt für die Werbung unter Verwendung von automatischen Anrufmaschinen, **Faxgeräten oder per E-Mail** gem. § 7 Abs. 2 Nr. 3 UWG.

722 In diesen Fällen liegt eine »unzumutbare Belästigung« der Verbraucher vor, es sei denn, der Verbraucher hat in diese Werbeform zuvor ausdrücklich eingewilligt (»opt-in«; eine enge und praxisferne Ausnahme enthält § 7 Abs. 3 UWG für E-Mail-Werbung).

723 Von einer derartigen Einwilligung kann auch bei vorhandenen vertraglichen Beziehungen nicht ausgegangen werden.[1444] Insbesondere das Nachbearbeiten von bereits gekündigten Verträgen ist unzulässig.[1445] Auch der Versuch, das Einverständnis durch einen vorausgehenden unaufgeforderten Telefonanruf zu Zwecken der Marktforschung einzuholen, ist von der Rechtsprechung verworfen worden.[1446] Auch die klauselartige Einholung des Einverständnisses auf Bestellkarten verstößt nach der Rechtsprechung des BGH als »unangemessene Benachteiligung« i.S.d. § 307 BGB gegen AGB-Recht.[1447]

724 Will man eine Einwilligung im Rahmen von AGB wirksam einholen, muss der Verbraucher diese durch Ankreuzen, Angabe der Telefonnummer zu diesem Zweck o.ä. aktiv

---

[1443] BGH AfP 2005, 359 – Traumcabrio.
[1444] BGH NJW 2000, 2677.
[1445] OLG Koblenz AfP 1991, 451.
[1446] OLG München NJWE-WettbR 1996, 12.
[1447] BGH NJW 2000, 2677 – Telefonwerbung VI.

erteilen. Erforderlich ist jedoch in jedem Fall, dass die Einwilligung hinreichend konkret ist, d.h. sich auf das konkrete Unternehmen und die konkreten Produkte bezieht.[1448]

Bei Gewerbetreibenden (»sonstigen Marktteilnehmer«; »B to B«) genügt gem. § 7 Abs. 2 UWG auch eine »mutmaßliche Einwilligung«. Dazu gehört nicht die Angabe der Telefonnummer auf Geschäftspapier[1449] oder die Tatsache, dass eine Fachzeitschrift den Geschäftsgegenstand des Unternehmens betrifft.[1450] Dagegen bejaht der BGH eine mutmaßliche Einwilligung zu einem Anruf, der der Aktualisierung der Daten in den »Gelben Seiten« dient.[1451]

Auch die Verlagerung dieser Werbetätigkeiten auf Call-Center ins Ausland führt im Ergebnis weder zur Rechtsmäßigkeit, noch zu einer Nicht-Angreifbarkeit im Inland. Störer im Sinne des Wettbewerbsrechts ist auch, wer »fremdes wettbewerbswidriges Verhalten für sich ausnutzt oder von der Möglichkeit, den Dritten an der ihm günstigen Störungshandlung zu hindern, keinen Gebrauch macht«.[1452] Wird also aufgrund entsprechender vertraglicher Vereinbarungen von einem ausländischen Call-Center für einen inländischen Verlag unzulässige telefonische Abo-Werbung betrieben, kann der inländische Vertragspartner auf der Grundlage deutschen Rechts auf Unterlassung in Anspruch genommen werden.[1453]

Auch bei zulässiger telefonischer Werbung muss gem. § 312c Abs. 2 BGB der Unternehmer bereits zu Beginn des Telefongesprächs seine Identität und den geschäftlichen Zweck des Kontakts ausdrücklich offen legen.

Die **schriftliche Werbung** ist jedenfalls dann wettbewerbswidrig, wenn der Verbraucher gem. § 7 Abs. 2 Nr. 1 UWG »hartnäckig angesprochen wird, obwohl er dies erkennbar nicht wünscht«, z.B. wenn er in der sog. »Robinson-Liste« eingetragen ist.

Verschärfungen ergeben sich in diesem Bereich seit 2009 jedoch vor allem aus dem Datenschutzrecht: Die Verarbeitung und Nutzung personenbezogener Daten für Zwecke der Werbung ist nur noch zulässig, wenn der Betroffene eingewilligt hat (§ 28 Abs. 3 Satz 1 BDSG).

Ausnahmen:

Eine Einwilligung ist nicht erforderlich, wenn es sich um listenmäßig zusammengefasste Daten handelt, die sich auf folgende Angaben beschränken:
- Zugehörigkeit zu einer bestimmten Personengruppe,
- Berufs-, Branchen-, oder Geschäftsbezeichnung,
- Name, Titel, akademischer Grad,
- Anschrift,
- Geburtsjahr.

und
- für eigene Angebote gegenüber eigenen Kunden geworben wird (§ 28 Abs. 3 Satz 2 Nr. 1 BDSG),
- für eigene Angebote gegenüber Kunden geworben wird, deren Daten aus allgemein zugänglichen Verzeichnissen stammen (§ 28 Abs. 3 Satz 2 Nr. 1 BDSG),

---

1448 Vgl. dazu BGH NJW 2008, 3055 – Payback; OLG Hamburg, Urt. v. 4.3.2009, 5 U 260/08; Köhler/Bornkamm § 7 Rn. 186.
1449 BGH NJW 1996, 660.
1450 Gutachter-Ausschuss, WRP 1999, 450.
1451 BGH AfP 2004, 260.
1452 BGH GRUR 1975, 256; 258 – Rechenscheibe.
1453 LG Hamburg MD 2005, 98.

- für Zwecke der Werbung im Hinblick auf die berufliche Tätigkeit des betroffenen und unter seiner beruflichen Anschrift (»B to B«, § 28 Abs. 3 Satz 2 Nr. 2 BDSG).

730 Aber auch in diesen ist der Betroffene schon bei der Begründung des rechtsgeschäftlichen Verhältnisses und bei jeder Ansprache zu Werbezwecken auf sein Widerspruchsrecht hinzuweisen (§ 28 Abs. 4 Satz 2 BDSG).

731 Die Übermittlung von eigenen und die Nutzung von fremden Listendaten für Werbezwecke (sog. »Listenprivileg«) ist zulässig, wenn
- aus der Werbung eindeutig hervorgeht, wer die Daten erstmalig erhoben hat, und
- die übermittelnde Stelle die Herkunft der Daten und den Empfänger für zwei Jahre speichert und dem Betroffenen auf Verlangen Auskunft darüber erteilt (§ 28 Abs. 3 Satz 4 BDSG).

732 Die Nutzung von eigenen Listendaten für fremde Werbung (sog. »Lettershopverfahren«) ist zulässig, wenn für den Betroffenen bei der Ansprache zu Werbezwecken die für die Nutzung der Daten erforderliche Stelle eindeutig erkennbar ist (§ 28 Abs. 3 Satz 5 BDSG).

733 Ist eine Einwilligung erforderlich, muss sie folgende Voraussetzungen erfüllen:
- grundsätzlich schriftlich und falls zusammen mit anderen Erklärungen »drucktechnisch deutlich hervorgehoben«,
- wenn elektronisch, dann muss dies protokolliert werden und der Betroffene muss dies jederzeit abrufen und widerrufen können;
- wenn in anderer Form (z.B. telefonisch), muss schriftlich bestätigt werden,

(§ 28 Abs. 3 lit. a) BDSG).

734 Im Gegensatz zur wettbewerbsrechtlichen Einwilligung hält der BGH bei der datenschutzrechtlichen Einwilligung eine »opt out« – Klausel für zulässig[1454]

735 Liegt keine wirksame Einwilligung vor, entstehen Ansprüche von Mitbewerbern und sonstigen Verbänden und Einrichtungen gem. § 8 Abs. 3 UWG aus §§ 8 ff. i.V.m. 4 Nr. 2 UWG wegen »mit guten kaufmännischen Sitten unvereinbarer Ausnutzung der Rechtsunkenntnis der Verbraucher, § 4 Nr. 11 UWG wegen Gesetzesverstoß und § 5a Abs. 3 Nr. 5, Abs. 4 UWG wegen Irreführung durch Unterlassen der ordnungsgemäßen Belehrung.

736 Zum Direktmarketing gehört auch die **Ansprache von Passanten** in Fußgängerzonen. Dazu hat der BGH festgestellt, dass das gezielte Ansprechen von Passanten im öffentlichen Verkehrsraum zu Werbezwecken dann wettbewerbswidrig ist, wenn der Werbende als solcher nicht erkennbar ist.[1455]

8. Abo-Werbung im Internet

737 Für die Abonnementwerbung im Internet sind gem. § 312e BGB i.V.m. Art. 246 § 3 Nr. 1–5 EGBGB weitere Informationspflichten zu beachten:

Der Online-Anbieter muss informieren:
- über die einzelnen technischen Schritte, die zum Vertragsschluss führen;
- über die eventuelle Speicherung des Vertragstextes nach Vertragsschluss und dessen Zugänglichkeit für den Kunden;
- über die Möglichkeit, Eingabefehler vor Abgabe der Bestellung zu erkennen und zu berichtigen;
- über die für den Vertragsschluss zur Verfügung stehenden Sprachen;

1454 BGH, Urt. v. 11.11.2009, VIII ZR 12/08.
1455 BGH NJW 2004, 2593.

- über sämtliche einschlägige Verhaltenskodizes, denen sich der Unternehmer unterwirft, sowie die Möglichkeit eines elektronischen Zugangs zu diesen Regelwerken.

Aufgrund der rechtlichen Einordnung des Abonnementvertrages als Ratenlieferungsvertrag tauchte vor der Schuldrechtsmodernisierung das Problem auf, dass ein Abonnementvertrag nur schriftlich geschlossen werden konnte. Dieses Schriftformerfordernis entfällt gem. § 510 Abs. 2 Satz 2, 3 BGB, wenn dem Verbraucher die Möglichkeit verschafft wird, die Vertragsbestimmungen einschließlich AGB bei Vertragsschluss abzurufen und in wiedergabefähiger Form zu speichern und der Unternehmer den Vertragsinhalt in Textform mitteilt. **738**

9. Einzelfälle irreführender Abonnementwerbung

Zu beachten ist nach der UWG-Novelle 2008 das in § 3 Abs. 2 UWG gesetzlich normierte Verbraucherleitbild und der neue Tatbestand des Täuschens durch Unterlassen gem. § 5a UWG. **739**

Besondere Schwierigkeiten verursacht in der Praxis häufig die Werbung mit der sog. »negativen Option«, d.h. die Bewerbung eines Probeabonnements, das ohne eine abweichende Reaktion des Bestellers automatisch in ein normales Abonnement übergeht. Eine Werbung für ein derartiges Probeabonnement ist nach der Rechtsprechung irreführend, wenn nicht deutlich herausgestellt wird, dass das Probe-Abo automatisch in ein Vollabonnement übergeht, wenn der Interessent sich nicht meldet.[1456] **740**

Gleiches gilt, wenn bei der Belieferung mit kostenlosen Probeheften für ein »kostenloses« Probeabonnement geworben wird.[1457] **741**

Die Werbung mit Preisangaben, die nicht der Mindestverpflichtungsdauer entsprechen (z.B. Halbjahrespreis bei Ganzjahresabo) ist ein Verstoß gegen Preisklarheit und Preiswahrheit (§ 1 Abs. 1, 4 PreisangabenVO) und irreführend (§§ 3, 5 UWG). **742**

10. Abo-Werbung mit kostenlosen Probeheften

Die Belieferung mit kostenlosen Probeheften kann sowohl unter dem Gesichtspunkt der Behinderung (»Marktverstopfung«) gem. § 4 Nr. 10 UWG, als auch unter dem Gesichtspunkt der Preisbindung problematisch sein. Dazu hat sich eine klare Kasuistik in der Rechtsprechung herausgebildet, die auch in Ziff. 2 der VDZ-Wettbewerbsregeln und Ziff. IV. 2 der BDZV-Wettbewerbsregeln Eingang gefunden haben: **743**

Bei Monatstiteln können maximal 3 Ausgaben kostenlos abgegeben werden.[1458] Gleiches gilt grundsätzlich für Wochentitel,[1459] es sei denn, es handelt sich um eine Neueinführung, bei der ggf. auch 4 Ausgaben kostenlos abgegeben werden dürfen.[1460] **744**

Bei Tageszeitungen ist eine kostenlose Belieferung bis zu zwei Wochen möglich. **745**

1456 OLG Nürnberg AfP 1998, 638.
1457 KG AfP 1987, 695.
1458 OLG Hamburg AfP 1985, 49.
1459 OLG Schleswig AfP 1996, 78; OLG München WRP 1996, 54.
1460 OLG Hamburg AfP 1993, 656.

V. Einzelhandels-Marketing

1. »Kostenloser Vertrieb«

746 Unter dem Stichwort »kostenloser Vertrieb« sind drei grundsätzlich unterschiedliche Sachverhalte zu unterscheiden:
- die kostenlose Verteilung von Probeexemplaren
- ein auf Dauer angelegtes Vertriebssystem für einen entgeltlichen Vertrieb, mit einem erheblichen Anteil kostenloser Exemplare,
- der kostenlose Vertrieb klassischer Anzeigen- und Offertenblätter, sowie
- der kostenlose Vertrieb anzeigenfinanzierter (meinungsbildender) Presse.

747 Allgemein stellen sich beim kostenlosen Vertrieb von Presseerzeugnissen folgende Probleme wettbewerbsrechtlicher Art:
- Gewöhnungseffekt
- Marktstörung
- und schließlich die Frage, ob durch die Abgabe kostenloser Presseerzeugnisse die meinungsbildende Presse in ihrem Bestand gefährdet ist (Drittwirkung des Art. 5 Abs. 1 Satz 2 GG).

748 Dagegen wird die Fallgruppe des »psychologischen Kaufzwangs« aufgrund des geänderten Verbraucherleitbildes in der Praxis nur noch in Situationen mit persönlichem Kontakt zwischen Käufer und Verkäufer eine Rolle spielen.[1461]

749 Für jede der genannten Fallgruppen muss überprüft werden, ob derartige wettbewerbswidrige Umstände vorliegen und welcher Grad der Gefährdung gefordert wird, um von der Wettbewerbswidrigkeit eines bestimmten Werbeverhaltens auszugehen.

a) Kostenlose Verteilung entgeltlich vertriebener Presse zu Probezwecken

750 Grundsätzlich ist die kostenlose Abgabe von Probestücken eines Produkts wettbewerbsrechtlich nicht zu beanstanden. Das heißt, dass auch die massenhafte kostenlose Verteilung einer eingeführten Kauftageszeitung für einen Tag zulässig sein kann.[1462]

751 Während die Erprobung einer Tageszeitung an einem Tag das zeitliche Minimum der Erprobung darstellt, kann die Verteilung mehrerer hunderttausend Exemplare einer Tageszeitung an mehreren Tagen wegen der Gefahr der Marktverstopfung wettbewerbswidrig sein.[1463]

b) »Stumme Verkäufer« oder »Klaubeutel«?

752 Gesondert zu beurteilen ist wiederum ein Vertriebssystem für eine entgeltliche Tageszeitung, das eine Diebstahlsquote und damit eine kostenlose Abgabe von erheblichem Umfang (im konkreten Fall 60 %) aufweist.

753 Bei einem derartigen Vertriebssystem hat der BGH zunächst die Gefahr eines Gewöhnungseffektes und einer Marktstörung aufgrund der Nachahmungsgefahr und damit die Wettbewerbswidrigkeit der Vertriebsform bejaht.[1464]

754 Von dieser Entscheidung ist der BGH mit einem Urteil vom 29.10.2009 (I ZR 188/07) ausdrücklich abgerückt. Eine ernsthafte Gefahr für den Wettbewerb bestehe gerade nicht.

[1461] Vgl. Köhler/Bornkamm § 4 Rn. 1.22, 1.111.
[1462] OLG Hamburg AfP 1987, 609.
[1463] KG AfP 1999, 281.
[1464] BGH WRP 1996, 889 – Stumme Verkäufer.

c) Offerten- und Anzeigenblätter und anzeigenfinanzierte Verteilzeitungen

Der Fall des kostenlosen Vertriebs entgeltlicher Presseerzeugnisse ist grundsätzlich zu unterscheiden von dem von vornherein kostenlosen Vertrieb von Offerten- und Anzeigenblättern bzw. durch Anzeigen finanzierte (meinungsbildende) Zeitungen und Zeitschriften.

Offertenblätter haben ausschließlich Anzeigen zum Inhalt und keinen redaktionellen Teil.

Anzeigenblätter haben einen redaktionellen Teil, sind aber dadurch gekennzeichnet, dass dieser von Umfang und Qualität grundsätzlich nicht geeignet ist, Einfluss auf den Markt entgeltlicher Presseerzeugnisse zu nehmen.[1465]

Hiervon zu unterscheiden sind Zeitungen, die einen redaktionellen Teil aufweisen, der sie in Wettbewerb zur entgeltlich finanzierten Presse stellt, die jedoch kostenlos vertrieben werden und ausschließlich über Anzeigen finanziert werden (»Zeitung zum Sonntag«, »20 Minuten Köln«, »Metro«).

Im Vordergrund steht hier die Frage, ob die Gefahr für den Bestand der entgeltlichen meinungsbildenden Presse ein Verbot einer derartigen Vertriebsform gebietet. Der BGH hat dem in der Entscheidung »Zeitung zum Sonntag« eine Absage erteilt und dies wie folgt begründet:

Auch der Gratisvertrieb einer Zeitung und ihrer Finanzierung aus Anzeigenerlösen sei marktgerecht. Die Gefahr der Einflussnahme von Anzeigenkunden sei nicht größer als bei der mischfinanzierten Presse. Ein Bestandsschutz für eine entgeltliche meinungsbildende Presse bestehe nicht. Auch die anzeigenfinanzierte Zeitung könne sich auf die Pressefreiheit berufen und habe ein Recht auf den Marktzutritt. Etwaige abstrakte Gefahren für »gemeinschädliche Störungen im Pressemarkt« reichen für ein Verbot nicht aus.[1466]

2. Gewinnspiel im Heft

Eine Form der Bewerbung von Presseprodukten im Einzelhandel ist die häufig auf dem Titel angekündigte Veranstaltung von Gewinnspielen im Heft bzw. in der Zeitung.

Derartige Gewinnspiele sind in ihrem Unterhaltungszweck durch die Pressefreiheit gem. Art. 5 Abs. 1 Satz 2 GG geschützt und fallen deshalb ausdrücklich nicht unter das Verbot der Koppelung von Gewinnspielen und Warenabsatz in § 4 Nr. 6 UWG (»es sei denn, das Preisausschreiben oder Gewinnspiel ist naturgemäß mit der Ware oder Dienstleistung verbunden.«).

Allerdings darf auch in diesem Fall nicht die Teilnahme am Gewinnspiel selbst von Kauf der Zeitung oder Zeitschrift abhängig gemacht werden.[1467]

Erforderlich ist daher bei der Teilnahmemöglichkeit mit einem Coupon immer die alternative Teilnahmemöglichkeit per Telefon oder Postkarte. Bei fortlaufenden Gewinnspielen (z.B. »Bingo«) muss die Kenntnisnahme aller Gewinnzahlen unabhängig vom Erwerb möglich sein (z.B. Ausstellung im Fenster; alternative Abfrage über Telefon reicht nicht).[1468]

Bei Nichtbeachtung dieser Trennung droht nicht nur Wettbewerbswidrigkeit, sondern auch die Strafbarkeit gem. § 284 StGB wegen strafbaren Glücksspiels.

1465 Vgl. *Köhler*/Bornkamm § Rn. 12.22.
1466 BGH AfP 2004, 255 – Zeitung zum Sonntag.
1467 Vgl. Harte/Henning/*Bruhn* § 4 Nr. 6 Rn. 12.
1468 OLG Hamburg AfP 1988, 257.

3. Sondervorteile für den Einzelhandel

766 Nach der Rechtsprechung hat der Presseeinzelhandel für den Verbraucher Neutralität zu wahren, d.h. der Kunde darf vom Einzelhandel eine Platzierung der Presseprodukte allein nach Qualität und Leistungsmerkmalen erwarten. Der Verbraucher soll nicht durch für ihn nicht erkennbare sachfremde Einflüsse beeinflusst werden.

767 Das hat zur Folge, dass zwar grundsätzlich eine allgemeine Aufmerksamkeitswerbung der Verlag gegenüber den Einzelhändlern zulässig ist. Ist die Teilnahme an einem Gewinnspiel jedoch beispielsweise an eine besonders gute Platzierung gebunden, verstößt sie gegen den vorerwähnten Neutralitätsgedanken.[1469]

768 Besondere Vorteile, wie Sachgeschenke oder höhere Handelsspannen sind nur dann zulässig, wenn sie durch einen Mehraufwand z.B. bei der Einführung einer Zeitschrift sachlich begründet sind.[1470] Unzulässig sind dagegen Bargeldgeschenke aus Anlass von Werbeaktionen.[1471]

1469 Vgl. dazu etwa OLG Hamburg OLG-Report 2004, 155.
1470 Vgl. OLG Hamburg AfP 1998, 316.
1471 KG AfP 1999, 368.

Kapitel 9
Rundfunkrecht

Übersicht   Rdn.

	Rdn.
A. Öffentlich-rechtlicher Rundfunk	1
I. Entstehungsgeschichte	1
1. Öffentlich-rechtlicher Rundfunk	1
2. Duales System	2
II. Rechtsgrundlagen	3
1. Europarechtliche Grundlagen	3
2. Verfassungsrechtliche Grundlagen	5
a) Rundfunkfreiheit	5
b) Staatsfreiheit	6
3. Rundfunkstaatsvertrag	7
a) Regelungsbereich	9
b) Rundfunk	10
c) Telemedien	11
d) Werbung	14
e) Sponsoring	19
f) Gewinnspiele	22
g) Produktplatzierung	25
4. Einzelne Rundfunkanstalten	29
a) Landesrundfunkanstalten	29
b) DW, DLR	39
c) ARD	44
d) ZDF	52
III. Finanzierung	54
1. Rundfunkgebühren	54
a) Aktuelle Situation	54
b) GEZ	60
c) Neuordnung der Finanzierung	61
2. Werbung, sonstige Einnahmen, Finanzausgleich	66
IV. Organisation der öffentlich-rechtlichen Rundfunkanstalten	69
1. Grundsätze	69
2. Organe	70
a) Intendant	70
b) Rundfunkrat	73
c) Verwaltungsrat	76
3. Aufsicht	78
V. Programmauftrag der öffentlich-rechtlichen Rundfunkanstalten	81
1. Fernsehen	82
a) ARD (Das Erste)	82
b) ZDF	84
c) Gemeinschaftsprogramme	85
d) Landesrundfunkanstalten	86
e) Deutsche Welle	88
2. Hörfunk	89
3. Telemedien	102
4. Programmgrundsätze	109
a) Allgemeine Programmgrundsätze	109
b) Trennung von Werbung und Programm	110
5. Rechtsschutzmöglichkeiten	115
a) Gegendarstellung	115
b) Programmbeschwerde	118
c) Anspruchsgegner	119
VI. Leistungsschutzrechte der Sendeunternehmen	120

9. Kapitel Rundfunkrecht

Rdn.

B. **Privater Rundfunk** 124
I. Das duale System heute 125
   1. Die zwei Säulen privater Rundfunk und öffentlich-rechtlicher Rundfunk 125
   2. Privater Rundfunk in einer multimedialen Welt 127
      a) Diversifikation der Medien und Wegfall der Kapazitätsengpässe 127
      b) Schrumpfender Werbemarkt 129
II. Rechtliche Voraussetzungen für die Veranstaltung von privatem Rundfunk 130
   1. Die unterschiedlichen Verbreitungswege 130
   2. Öffentlich-rechtliche Voraussetzungen 132
      a) Zulassung 132
      b) Zuordnung 136
      c) Zuweisung 137
      d) Kabelverbreitung und Plattformbetrieb 138
         aa) analoge Verbreitung 138
         bb) Digitale Verbreitung 139
   3. Privatrechtliche Voraussetzungen 140
      a) Übertragungstechnik 140
      b) Programmrechte 143
      c) Vermarktung 144
         aa) Klassische Erlösquellen 144
         bb) New Businesses 145
III. Regulierung privaten Rundfunks 146
   1. Regulierungsorgane 146
      a) Die LMA 146
      b) Die ALM, ZAK, DLM, GVK und GK 148
   2. Rechtsgrundlagen für Regulierung 154
      a) Der allgemeine Rechtsrahmen 154
      b) Der Rundfunkstaatsvertrag 155
   3. Regulierungsobjekte 157
      a) Sendungsinhalte 158
      b) Werberecht 161
         aa) Werbung im Allgemeinen 161
         bb) Sponsoring 164
         cc) Abgrenzung Schleichwerbung, Beistellung, Produktplatzierung 166
      c) Jugendschutz 168
         aa) Regulierte Selbstregulierung 168
         bb) Differenzierung nach Gefährdungspotenzial 170
         cc) Die Selbstkontrolleinrichtungen 172
            (1) Der Jugendschutzbeauftragte 172
            (2) Die FSF und FSK 173
            (3) Die Aufsichtsbehörden (LMA und KJM) 175
      d) Medienkonzentration 177
         aa) Allgemeines 177
         bb) Bewertung der vorherrschenden Meinungsmacht 179
   4. Überprüfbarkeit der Regulierung (Rechtsschutz) 182
      a) Die unterschiedlichen Klagearten 182
      b) Beispielfälle 186
IV. Die Gestaltung (nationaler und internationaler) Film- und Fernsehlizenzverträge 190
   1. Einführung 190
   2. Der Lizenzvertrag 192
      a) Deal Memo 192
      b) Der Begriff des Lizenzvertrages 193
         aa) Verwertungsrechte 195
         bb) Nutzungsrechte 196
         cc) Die verschiedenen Arten eines Lizenzvertrages 200
            (1) Buy-Out-Vertrag 200
            (2) Der Pre-Sale-Vertrag 201
            (3) Der Volume-Deal 202
            (4) Der Outputvertrag 203

Rdn.

c) Eine Auswahl praxisrelevanter Klauseln bei der Gestaltung (internationaler) Film- und
   Fernsehlizenzverträgen 204
   aa) Die Vertragsparteien 204
   bb) Der Lizenzgegenstand 205
   cc) Die räumliche Beschränkung 210
       (1) Das Lizenzgebiet 210
       (2) Overspill 211
   dd) Die zeitliche Beschränkung 218
       (1) Lizenzzeit 218
       (2) Exkurs: Windows 222
   ee) Die inhaltliche Beschränkung 224
       (1) Zweckübertragungstheorie 225
       (2) unbekannte Nutzungsarten 226
       (3) Exklusivität 227
       (4) Rechteklausel der Filmverwertung 229
           (4.1) Senderecht, § 20 UrhG 230
                (4.1.1) IPTV 231
                (4.1.2) bildliche Darstellung von IPTV 232
           (4.2) Abrufrechte, § 19a UrhG 234
           (4.3) Auswertungsstufen 235
                (4.3.1) Kino 236
                (4.3.2) Videorechte 238
                (4.3.3) Fernsehrechte/TV-Rights 239
                (4.3.4) Das Recht der Zugänglichmachung/Video-On-Demand-Rechte .. 242
                (4.3.5) Ancillary Rights 245
                (4.3.6) Auswertungs- und Bearbeitungsrechte 246
                (4.3.7) Werbung 249
   ff) Anzahl der Ausstrahlungen/Wiederholungen 257
   gg) Sperrfristen/Holdbacks 260
   hh) Exkurs: Sprachfassungen 263
   ii) Material 265
       (1) Lieferumfang 266
       (2) Exkurs: Work made for hire 268
       (3) HDTV 269
       (4) Prüffristen 272
   jj) Lizenzvergütung 275
       (1) Flat Fee 275
       (2) Exkurs: Boni-Varianten 276
       (3) Exkurs: Minimumgarantien 278
       (4) Exkurs: Escalator 280
   kk) Exkurs: Steuern/Quellensteuer 282
   ll) Sublizenz 291
   mm) Abtretung/Change of Control 293
       (1) Abtretungsklauseln (»Assignment Clause«) 293
       (2) Change of Control 297
   nn) Optionen 300
   oo) Rechtegarantien 304
       (1) Rechtegewährleistungsklausel 304
       (2) Rechtenachweis 307
       (3) Exkurs: Abwehransprüche gegen Dritte, § 97 UrhG – ein Fall aus der Praxis 308
           (3.1) Schutzlandprinzip 309
           (3.2) Abwehransprüche 310
   pp) Kündigungen 312
       (1) Allgemein 312
       (2) Exkurs: Cross-Default-Klauseln 316
       (3) Heimfall abgeleiteter (einfacher) Nutzungsrechte? 318
   qq) Anwendbares Recht 327
       (1) Allgemein 327
       (2) Exkurs: Kollisionsrecht 330
       (3) Exkurs: Lex rei sitae für gewerbliche Schutzrechte 331
       (4) Vereinbarung einer Rechtswahlklausel 333

9. Kapitel   Rundfunkrecht

A. Öffentlich-rechtlicher Rundfunk

I. Entstehungsgeschichte

1. Öffentlich-rechtlicher Rundfunk

1   Nach dem Ende des zweiten Weltkrieges wurde in den westlichen Besatzungsgebieten ein öffentlichrechtlicher Rundfunk nach dem Vorbild des britischen Modells, wie es bei der BBC verwirklicht war, etabliert. Als wesentliche Merkmale sind die Organisation öffentlich-rechtlichen Rundfunks in Form einer Anstalt des öffentlichen Rechts mit dem Recht der Selbstverwaltung sowie Programmgrundsätze, die eine Tendenzfreiheit gewährleisten, zu nennen. Die Anstalten unterliegen einer Kontrolle durch plural zusammengesetzte Aufsichtsgremien und einer eingeschränkten staatlichen Aufsicht. Zunächst war diese Organisationsstruktur unter dem Diktat der Alliierten entstanden und bis zur Aufhebung des Besatzungsstatuts aufrechterhalten worden. Die so entstandene Vorstellung vom gemeinwohlorientierten Rundfunk wurde anschließend vom Bundesverfassungsgericht in seinem Fernsehurteil[1] übernommen. Das Bundesverfassungsgericht legte für den Gesetzgeber verbindlich das Gebot der Staatsferne des Rundfunks und die Verpflichtung zur Gewährung von Meinungsfreiheit fest. Seit dem sind diese Prinzipien oberster Maßstab für die Rundfunkordnung in Deutschland.[2]

2. Duales System

2   Mit dem Staatsvertrag zur Neuordnung des Rundfunkwesens nahm im Jahr 1987 eine Entwicklung ihr Ende, die zur Einführung des privaten Rundfunks in Deutschland führte. Das Bundesverfassungsgericht hatte bereits im Fernsehurteil von 1961[3] und im FRAG-Urteil von 1981[4] festgestellt, dass privater Rundfunk zulässig sei. Unmittelbar vorausgegangen war dem Staatsvertrag das Niedersachsen-Urteil des Bundesverfassungsgerichts von 1986,[5] in dem ein Junktim zwischen der Zulassung des privaten Rundfunks und dem Funktionieren des öffentlich-rechtlichen Rundfunks hergestellt wurde. Danach ist eine Reduzierung der Vielfaltsanforderungen an private Rundfunkveranstalter dann hinnehmbar, wenn die Grundversorgung durch die öffentlich-rechtlichen Rundfunkanstalten gewährleistet ist. Als Konsequenz daraus wurde der Gesetzgeber verpflichtet, die technischen, organisatorischen, personellen und finanziellen Bedingungen für diese Grundversorgung sicherzustellen.[6] Damit war der Weg frei für den »Staatsvertrag zur Neuordnung des Rundfunkwesens«, der am 1.12.1987 in Kraft trat. Der Staatsvertrag bildete einen neuen Ordnungsrahmen für den öffentlich-rechtlichen und privaten Rundfunk in Deutschland und stellt zusammen mit dem Niedersachsen-Urteil des Bundesverfassungsgerichts die Grundlage des dualen Systems dar.

II. Rechtsgrundlagen

1. Europarechtliche Grundlagen

3   Artikel 11 der Grundrechtscharta der Europäischen Union[7] gewährleistet die Freiheit der Meinungsäußerung und die Informationsfreiheit. Danach hat jede Person das Recht auf

---

1   BVerfGE 12, 205.
2   Näher dazu *Hesse* S. 8 ff.
3   BVerfGE 12, 205.
4   BVerfG 57, 295.
5   BVerfGE 73, 118.
6   Näher dazu *Hesse* S. 31 f.
7   ABl EG C 364/8 vom 8.12.2000.

freie Meinungsäußerung. Dieses Recht schließt die Meinungsfreiheit und die Freiheit ein, Informationen und Ideen ohne behördliche Eingriffe und ohne Rücksicht auf Staatsgrenzen zu empfangen und weiterzugeben. Artikel 11 der Grundrechtscharta legt, vergleichbar mit Art. 5 GG, auch fest, dass die Freiheit der Medien und ihre Pluralität geachtet werden.

Die Richtlinie über audiovisuelle Mediendienste[8] stellt die für die Mitgliedstaaten bindende Rahmenvorschrift der Europäischen Gemeinschaft für bestimmte Aspekte der audiovisuellen Mediendienste dar. Die Umsetzung in nationales Recht erfolgt im Wesentlichen durch den Rundfunkstaatsvertrag.[9] 4

2. Verfassungsrechtliche Grundlagen

a) Rundfunkfreiheit

Der Rundfunk bzw. die Rundfunkfreiheit sind ein wichtiger Bestandteil einer funktionierenden individuellen und vor allem öffentlichen Kommunikation, die durch Art. 5 GG umfassend geschützt wird. Dies gilt einerseits gemäß Art. 5 Abs. 1 Satz 1 GG für die individuelle Meinungs- und Informationsfreiheit.[10] Andererseits schützt Art. 5 GG auch die öffentliche Meinungsbildung, die für ein freiheitliches Gemeinwesen schlechthin konstituierend ist.[11] 5

b) Staatsfreiheit

Das Gebot der Staatsfreiheit des Rundfunks bedeutet die Freiheit des Rundfunks von jeglicher staatlicher Beeinflussung der Programme der Rundfunkveranstalter. Dies gilt nicht nur für unmittelbare Einflussnahmen, sondern auch für mittelbare Beeinträchtigungen, die besonders gefährlich sind.[12] Das Gebot der Staatsfreiheit richtet sich als klassisches von der Verfassung in Art. 5 GG geschütztes Freiheitsrecht[13] sowohl gegen die Exekutive als auch gegen die Legislative, da die Grundrechte alle staatliche Gewalt binden.[14] In Bezug auf die Exekutive ist beispielsweise die staatliche Rechtsaufsicht zu nennen, die sich nicht auf Programmangelegenheiten beziehen darf.[15] Ebenso ist das Redaktionsgeheimnis im Rahmen der staatlichen Strafverfolgung besonders geschützt.[16] Auch der Gesetzgeber hat das Gebot der Staatsfreiheit des Rundfunks zu beachten. Dies zeigt sich insbesondere bei der in den Rundfunkgesetzen festgelegten Besetzung der Aufsichtsgremien. Der Grundsatz der Staatsfreiheit würde außer Kraft gesetzt, wenn die Aufsichtsgremien überwiegend mit staatlichen Vertretern besetzt würden. Allerdings bedeutet der Grundsatz der Staatsfreiheit nicht, dass überhaupt keine staatlichen Vertreter in die Aufsichtsgremien entsandt werden können; lediglich ein aufgrund der Anzahl der Staatsvertreter beherrschender Einfluss ist unzulässig.[17] 6

---

8 Richtlinie 89/552/EWG des Rates zur Koordinierung bestimmter Rechts- und Verwaltungsvorschriften der Mitgliedstaaten über die Ausübung der Fernsehtätigkeit vom 3.10.1989, geändert durch die Richtlinie 97/36/EG sowie durch die Richtlinie 2007/65/EG.
9 Siehe unten Rdn. 7 ff.
10 *Hesse* S. 60 f. m.w.N.
11 BVerfGE 7, 198, 208.
12 BVerfGE 73, 118, 183.
13 BVerfGE 57, 295, 333 f.
14 Näher dazu *Hesse* S. 64 f.
15 Zur Rechtsaufsicht siehe unten Rdn. 80 f.
16 BVerfGE 77, 65, 74.
17 BVerfGE 12, 205, 236; 83, 238, 330.

3. Rundfunkstaatsvertrag

7 Der Rundfunkstaatsvertrag[18] (RStV) enthält grundlegende Regelungen für den öffentlich-rechtlichen und den privaten Rundfunk in einem dualen Rundfunksystem der Länder des vereinten Deutschlands. Er trägt der europäischen Entwicklung des Rundfunks Rechnung.[19]

8 Der öffentlich-rechtliche Rundfunk und der private Rundfunk sind der freien individuellen und öffentlichen Meinungsbildung sowie der Meinungsvielfalt verpflichtet. Beide Rundfunksysteme müssen in der Lage sein, den Anforderungen des nationalen und des internationalen Wettbewerbs zu entsprechen. Im Zuge der Vermehrung der Rundfunkprogramme in Europa durch die neuen Techniken sollen Informationsvielfalt und kulturelles Angebot im deutschsprachigen Raum verstärkt werden. Für den öffentlich-rechtlichen Rundfunk sind Bestand und Entwicklung zu gewährleisten. Dazu gehören seine Teilhabe an allen neuen technischen Möglichkeiten in der Herstellung und zur Verbreitung sowie die Möglichkeit der Veranstaltung neuer Formen von Rundfunk. Die finanziellen Grundlagen des öffentlich-rechtlichen Rundfunks einschließlich des dazugehörigen Finanzausgleichs sind zu erhalten und zu sichern.

a) Regelungsbereich

9 Gemäß § 1 RStV gilt der Rundfunkstaatsvertrag für die Veranstaltung und Verbreitung von Rundfunk in Deutschland in einem dualen Rundfunksystem; für Telemedien gelten nur der IV. bis VI. Abschnitt sowie § 20 Abs. 2. Soweit dieser Staatsvertrag keine anderweitigen Regelungen für die Veranstaltung und Verbreitung von Rundfunk enthält oder solche Regelungen zulässt, sind die für die jeweilige Rundfunkanstalt oder den jeweiligen privaten Veranstalter geltenden landesrechtlichen Vorschriften anzuwenden. Für Fernsehveranstalter, sofern sie nicht bereits aufgrund der Niederlassung deutscher Rechtshoheit unterliegen, gelten dieser Staatsvertrag und die landesrechtlichen Vorschriften auch, wenn eine in Deutschland gelegene Satelliten-Bodenstation für die Aufwärtsstrecke genutzt wird.

b) Rundfunk

10 Rundfunk ist nach der Legaldefinition in § 2 Abs. 1 RStV ein linearer Informations- und Kommunikationsdienst; er ist die für die Allgemeinheit und zum zeitgleichen Empfang bestimmte Veranstaltung und Verbreitung von Angeboten in Bewegtbild oder Ton entlang eines Sendeplans unter Benutzung elektromagnetischer Schwingungen. Der Begriff schließt Angebote ein, die verschlüsselt verbreitet werden oder gegen besonderes Entgelt empfangbar sind. Kein Rundfunk sind nach Abs. 3 Angebote, die jedenfalls weniger als 500 potenziellen Nutzern zum zeitgleichen Empfang angeboten werden, zur unmittelbaren Wiedergabe aus Speichern von Empfangsgeräten bestimmt sind, ausschließlich persönlichen oder familiären Zwecken dienen, nicht journalistisch-redaktionell gestaltet sind oder aus Sendungen bestehen, die jeweils gegen Einzelentgelt freigeschaltet werden.

---

18 Staatsvertrag für Rundfunk und Telemedien (Rundfunkstaatsvertrag – RStV -) vom 31.8.1991, in der Fassung des Dreizehnten Staatsvertrages zur Änderung rundfunkrechtlicher Staatsverträge (Dreizehnter Rundfunkänderungsstaatsvertrag) in Kraft seit 1.4.2010.
19 Vgl. die Präambel des RStV.

c) Telemedien

Telemedien sind nach der Legaldefinition in § 2 Abs. 1 RStV alle elektronischen Informations- und Kommunikationsdienste, soweit sie nicht
- Telekommunikationsdienste nach § 3 Nr. 24 des Telekommunikationsgesetzes sind, die ganz in der Übertragung von Signalen über Telekommunikationsnetze bestehen
- oder telekommunikationsgestützte Dienste nach § 3 Nr. 25 des Telekommunikationsgesetzes
- oder Rundfunk nach § 2 Abs. 1 Satz 1 und 2 RStV sind.

Diese Telemedien sind nach § 54 RStV im Rahmen der Gesetze zulassungs- und anmeldefrei. Für die Angebote gelten natürlich die verfassungsmäßige Ordnung ebenso, wie die Vorschriften der allgemeinen Gesetze und die gesetzlichen Bestimmungen zum Schutz der persönlichen Ehre.

Telemedien mit journalistisch-redaktionell gestalteten Angeboten, in denen insbesondere vollständig oder teilweise Inhalte periodischer Druckerzeugnisse in Text oder Bild wiedergegeben werden, haben den anerkannten journalistischen Grundsätzen zu entsprechen. Nachrichten sind vom Anbieter vor ihrer Verbreitung mit der nach den Umständen gebotenen Sorgfalt auf Inhalt, Herkunft und Wahrheit zu prüfen. Bei der Wiedergabe von Meinungsumfragen, die von Anbietern von Telemedien durchgeführt werden, ist ausdrücklich anzugeben, ob sie repräsentativ sind.

d) Werbung

Werbung ist nach der Legaldefinition in § 2 Abs. 2 Nr. 7 RStV jede Äußerung bei der Ausübung eines Handels, Gewerbes, Handwerks oder freien Berufs, die im Rundfunk von einem öffentlich-rechtlichen oder einem privaten Veranstalter oder einer natürlichen Person entweder gegen Entgelt oder eine ähnliche Gegenleistung oder als Eigenwerbung mit dem Ziel gesendet wird, den Absatz von Waren oder die Erbringung von Dienstleistungen, gegen Entgelt zu fördern. Diese Werbung ist in den Programmen der öffentlich-rechtlichen Rundfunkanstalten zulässig, soweit die näheren Vorschriften im Rundfunkstaatsvertrag beachtet werden. Dies bedeutet vor allem, dass Werbung nicht die Menschenwürde verletzen, diskriminieren, irreführen darf. Werbung oder Werbetreibende dürfen das übrige Programm inhaltlich und redaktionell nicht beeinflussen. Werbung muss als solche leicht erkennbar und vom redaktionellen Inhalt unterscheidbar sein. In der Werbung dürfen keine Techniken der unterschwelligen Beeinflussung eingesetzt werden. Auch bei Einsatz neuer Werbetechniken muss die Werbung dem Medium angemessen durch optische oder akustische Mittel oder räumlich eindeutig von anderen Sendungsteilen abgesetzt sein. Eine Teilbelegung des ausgestrahlten Bildes mit Werbung (das sog. Split-Screen) ist zulässig, wenn die Werbung vom übrigen Programm eindeutig optisch getrennt und als solche gekennzeichnet ist. Dauerwerbesendungen sind zulässig, wenn der Werbecharakter erkennbar im Vordergrund steht und die Werbung einen wesentlichen Bestandteil der Sendung darstellt. Sie müssen zu Beginn als Dauerwerbesendung angekündigt und während ihres gesamten Verlaufs als solche gekennzeichnet werden. Die Einfügung virtueller Werbung in Sendungen ist zulässig, wenn am Anfang und am Ende der betreffenden Sendung daraufhingewiesen wird und durch sie eine am Ort der Übertragung ohnehin bestehende Werbung ersetzt wird. In der Fernsehwerbung dürfen keine Personen auftreten, die regelmäßig Nachrichtensendungen oder Sendungen zum politischen Zeitgeschehen vorstellen. Werbung politischer, weltanschaulicher oder religi- öser Art ist unzulässig. Unentgeltliche Beiträge im Dienst der Öffentlichkeit einschließlich von Spendenaufrufen zu Wohlfahrtszwecken gelten nicht als Werbung.

15 Für die Gesamtdauer der Werbung findet sich für das Erste Fernsehprogramm der ARD und das »Zweite Deutsche Fernsehen« eine Regelung in § 16 RStV. Die Werbezeit darf dabei jeweils höchstens 20 Minuten werktäglich im Jahresdurchschnitt betragen. Nach 20.00 Uhr sowie an Sonntagen und im ganzen Bundesgebiet anerkannten Feiertagen dürfen Werbesendungen nicht ausgestrahlt werden. Im Fernsehen darf die Dauer der Spotwerbung innerhalb eines Zeitraums von einer Stunde 20 vom Hundert nicht überschreiten. In weiteren bundesweit verbreiteten Fernsehprogrammen von ARD und ZDF sowie in den Dritten Fernsehprogrammen findet Werbung nicht statt. Die Länder sind berechtigt, den Landesrundfunkanstalten bis zu 90 Minuten werktäglich im Jahresdurchschnitt Werbung im Hörfunk einzuräumen. Hinweise der Rundfunkanstalten auf eigene Programme und Sendungen und auf Begleitmaterialien, die direkt von diesen Programmen und Sendungen abgeleitet sind gelten nicht als Werbung.

16 Etwas anderes gilt für die von der Werbung abzugrenzende Schleichwerbung. Nach der Legaldefinition in § 2 Abs. 2 Nr. 8 RStV ist Schleichwerbung die Erwähnung oder Darstellung von Waren, Dienstleistungen, Namen, Marken oder Tätigkeiten eines Herstellers von Waren oder eines Erbringers von Dienstleistungen in Sendungen, wenn sie vom Veranstalter absichtlich zu Werbezwecken vorgesehen ist. Darüber hinaus ist erforderlich, dass die Erwähnung mangels Kennzeichnung die Allgemeinheit hinsichtlich des eigentlichen Zweckes dieser Erwähnung oder Darstellung irreführen kann. Eine Erwähnung oder Darstellung gilt insbesondere dann als zu Werbezwecken beabsichtigt, wenn sie gegen Entgelt oder eine ähnliche Gegenleistung erfolgt.

17 Die Landesrundfunkanstalten und das ZDF haben die Abwicklung der Werbung jeweils selbständigen Tochtergesellschaften übertragen. Wie die Landesrundfunkanstalten selbst sind auch deren Werbegesellschaften in einer Arbeitsgemeinschaft zusammengeschlossen, der ARD-Werbung. Diese Arbeitsgemeinschaft unterhält eine gemeinsame Vermarktungsgesellschaft, die ARD-Werbung SALES & SERVICES GmbH mit Sitz in Köln. Mit der Werbetochter des ZDF, der ZDF Werbefernsehen GmbH mit Sitz in Mainz, besteht eine gemeinsame Vertriebsgesellschaft, die ARD & ZDF Fernsehwerbung GmbH mit Sitz in Frankfurt am Main.

18 Vermarktet wird die Werbezeit im sog. Vorabendprogramm von ca. 17:00 bis 20:00 werktäglich. Für das Vorabendprogramm der Landesrundfunkanstalten plant und entwickelt die ARD-Gemeinschaftsredaktion als Teil der ständigen Fernsehprogrammkonferenz Strategien für das ARD-Vorabendprogramm.

e) Sponsoring

19 Sponsoring ist nach der Legaldefinition in § 2 Abs. 2 Nr. 9 RStV jeder Beitrag einer natürlichen oder juristischen Person oder einer Personen Vereinigung, die an Rundfunktätigkeiten oder an der Produktion audiovisueller Werke nicht beteiligt ist, zur direkten oder indirekten Finanzierung einer Sendung, um den Namen, die Marke, das Erscheinungsbild der Person oder Personenvereinigung, ihre Tätigkeit oder ihre Leistungen zu fördern. Nach § 8 Abs. 1 RStV ist bei Sendungen, die ganz oder teilweise gesponsert werden, zu Beginn oder am Ende auf die Finanzierung durch den Sponsor in vertretbarer Kürze und in angemessener Weise deutlich hinzuweisen, wobei der Sponsorhinweis in diesem Rahmen ausdrücklich auch durch Bewegtbild möglich ist. Neben oder anstelle des Namens des Sponsors kann auch dessen Firmenemblem oder eine Marke, ein anderes Symbol des Sponsors, ein Hinweis auf seine Produkte oder Dienstleistungen oder ein entsprechendes unterscheidungskräftiges Zeichen eingeblendet werden. Die gesponserten Sendungen dürfen allerdings nicht zum Verkauf, zum Kauf oder zur Miete oder Pacht von Erzeugnissen oder Dienstleistungen des Sponsors oder eines Dritten, vor allem durch entsprechende beson-

dere Hinweise, anregen. Inhalt und Programmplatz einer gesponserten Sendung dürfen vom Sponsor nicht in der Weise beeinflusst werden, dass die redaktionelle Verantwortung und Unabhängigkeit des Rundfunkveranstalters beeinträchtigt werden. Hersteller und Verkäufer von Zigaretten und Tabakwaren sowie Arzneimittelhersteller dürfen Sendungen nicht sponsern. Ebenso dürfen Nachrichtensendungen und Sendungen zur politischen Information nicht gesponsert werden. In Kindersendungen und Sendungen religiösen Inhalts ist das Zeigen von Sponsorenlogos untersagt, so dass auch dort ein Sponsoring im oben genannten Sinne nicht stattfinden kann.

Die öffentlich-rechtlichen Rundfunkanstalten haben darüber hinaus in ihren Richtlinien festgelegt, dass die Entgegennahme finanzieller Zuwendungen oder sonstiger geldwerter Vorteile als Gegenleistung für eine über das Zulässige hinausgehende Gestaltung oder Platzierung von Sponsorenhinweisen untersagt ist. Es ist auszuschließen, dass der Sponsor in Bezug auf den Inhalt oder die Platzierung der gesponserten Sendung Vorgaben macht oder hierauf in anderer Weise Einfluss nimmt. Das Sponsern von Sendungen in Gemeinschaftsprogrammen bedarf der Einwilligung der Fernsehprogrammkonferenz. Sie kann für bestimmte Sendungen auch allgemein erteilt werden.

Im Zusammenhang mit der Neuordnung der Rundfunkfinanzierung[20] haben die Ministerpräsidenten beschlossen, das Sponsoring ab dem 1.1.2013 der Werbung gleichzustellen.[21] Dies bedeutet, dass ein Sponsoring an Sonn- und Feiertagen und nach 20:00 Uhr nicht mehr zulässig sein wird. Auch wenn davon Ausnahmen bei großen Sportereignissen vorgesehen sind, wird dies für die öffentlich-rechtlichen Rundfunkanstalten zu ganz erheblichen Änderungen führen.

f) Gewinnspiele

Gewinnspielsendungen und Gewinnspiele sind gemäß § 8a RStV zulässig. Sie unterliegen dem Gebot der Transparenz und des Teilnehmerschutzes. Sie dürfen nicht irreführen und den Interessen der Teilnehmer nicht schaden. Insbesondere ist im Programm über die Kosten der Teilnahme, die Teilnahmeberechtigung, die Spielgestaltung sowie über die Auflösung der gestellten Aufgabe zu informieren. Die Belange des Jugendschutzes sind zu wahren. Für die Teilnahme darf nur ein Entgelt bis zu 0,50 € verlangt werden; Einnahmen aus dem Angebot von Telefonmehrwertdiensten dürfen nicht erzielt werden (§ 13 Abs. 1 Satz 3 RStV). Der Veranstalter hat der für die Aufsicht zuständigen Stelle auf Verlangen alle Unterlagen vorzulegen und Auskünfte zu erteilen, die zur Überprüfung der ordnungsgemäßen Durchführung der Gewinnspielsendungen und Gewinnspiele erforderlich sind.

Die öffentlich-rechtlichen Rundfunkanstalten haben in ihren Richtlinien festgehalten, dass Gewinnspiele in Hörfunk, Fernsehen und Telemedien ein Teil des redaktionellen Angebots sind. Sie sollen der Information und Unterhaltung der Zuschauer und Zuhörer dienen und einen zusätzlichen Anreiz bieten, ein bestimmtes Angebot zu beobachten und so die Bindung zwischen Publikum und Rundfunkanstalt vertiefen. Bei der Auslobung von Geld- und Sachpreisen ist darauf zu achten, dass nicht bestimmte Produkte oder Spender einseitig bevorzugt werden (Wechsel der Produkte). Auf den Spender ist hinzuweisen. Zwar sollen aus Gründen der Transparenz die Produkte und Spender genannt werden, dies ist aber auf das programmlich Notwendige zu beschränken, wobei jeder über die Information über den Gewinn und/oder seinen Spender hinausgehende Werbeeffekt vermieden werden soll. Insbesondere eine Kumulation von Sendungssponsoring und Gewinnspielen mit demselben Kooperationspartner ist zu vermeiden. Die vorstehenden Bestimmungen sind von allen an einer Produktion Beteiligten zu beachten.

---

20 Siehe unten Rdn. 61 ff.
21 Siehe Ziff. II des Eckpunktepapiers, abgedruckt in: Funkkorrespondenz Heft 23, 2010 S. 36.

24 Die öffentlich-rechtlichen Rundfunkanstalten haben ihre Produktionsverantwortlichen verpflichtet, die Einhaltung der gesetzlichen Vorschriften und der Richtlinien zu überwachen. Die für den Einsatz der Produktion im Programm zuständige Redaktion trägt die Verantwortung für die Einhaltung der Grundsätze. Diese hat bei ihrer Entscheidung die rechtliche Bewertung der vorgesehenen Präsentationsform zu beachten. Sie hat in Zweifelsfällen die Entscheidung einer vorgesetzten Stelle einzuholen. Im Rahmen der vertraglichen Regelungen ist sicherzustellen, dass jeder Produktionsbeteiligte einschließlich der Auftrags- oder Koproduzenten diese Vorschriften einhält und gegebenenfalls rechtzeitig die Zustimmung der zuständigen Redaktion einholt. Diese hat in Zweifelsfällen die Kalkulation von Auftrags- oder Koproduktionen unter Plausibilitätsgesichtspunkten zu überprüfen.

g) Produktplatzierung

25 Das in § 7 Abs. 7 RStV normierte Verbot der Schleichwerbung findet eine Ausnahme bei der ausnahmsweise zulässigen Produktplazierung. Bei der Produktplazierung handelt es sich nach der Legaldefinition in § 2 Abs. 2 Nr. 11 RStV um die gekennzeichnete Erwähnung oder Darstellung von Waren, Dienstleistungen, Namen, Marken, oder Tätigkeiten eines Herstellers von Waren oder eines Erbringers von Dienstleistungen in Sendungen gegen Entgelt oder eine ähnliche Gegenleistung mit dem Ziel der Absatzförderung. Die kostenlose Bereitstellung von Waren oder Dienstleistungen ist Produktplazierung, sofern die betreffende Ware oder Dienstleistung von bedeutendem Wert ist. Soweit in den § 15 RStV Ausnahmen zugelassen sind, muss Produktplazierung folgende Voraussetzungen erfüllen:
- Die redaktionelle Verantwortung und Unabhängigkeit hinsichtlich Inhalt und Sendeplatz müssen unbeeinträchtigt bleiben,
- die Produktplatzierung darf nicht unmittelbar zu Kauf, Miete oder Pacht von Waren oder Dienstleistungen auffordern, insbesondere nicht durch spezielle verkaufsfördernde Hinweise auf diese Waren oder Dienstleistungen, und
- das Produkt darf nicht zu stark herausgestellt werden; dies gilt auch für kostenlos zur Verfügung gestellte geringwertige Güter.

26 Auf eine Produktplatzierung ist eindeutig hinzuweisen. Sie ist zu Beginn und zum Ende einer Sendung sowie bei deren Fortsetzung nach einer Werbeunterbrechung oder im Hörfunk durch einen gleichwertigen Hinweis angemessen zu kennzeichnen. Die Kennzeichnungspflicht entfällt für Sendungen, die nicht vom Veranstalter selbst oder von einem mit dem Veranstalter verbundenen Unternehmen produziert oder in Auftrag gegeben worden sind, wenn nicht mit zumutbarem Aufwand ermittelbar ist, ob Produktplatzierung enthalten ist; hierauf ist hinzuweisen. Die in der ARD zusammengeschlossenen Landesrundfunkanstalten, das ZDF und die Landesmedienanstalten legen eine einheitliche Kennzeichnung fest.

27 Eine Produktplatzierung ist dann abweichend von § 7 Abs. 7 Satz 1 RStV im Rundfunk nach § 15 RStV zulässig:
- in Kinofilmen, Filmen und Serien, Sportsendungen und Sendungen der leichten Unterhaltung, die nicht vom Veranstalter selbst oder von einem mit dem Veranstalter verbundenen Unternehmen produziert oder in Auftrag gegeben wurden, sofern es sich nicht um Sendungen für Kinder handelt, oder
- wenn kein Entgelt geleistet wird, sondern lediglich bestimmte Waren oder Dienstleistungen, wie Produktionshilfen und Preise, im Hinblick auf ihre Einbeziehung in eine Sendung kostenlos bereitgestellt werden, sofern es sich nicht um Nachrichten, Sendungen zum politischen Zeitgeschehen, Ratgeber- und Verbrauchersendungen, Sendungen für Kinder oder Übertragungen von Gottesdiensten handelt.

Keine Sendungen der leichten Unterhaltung sind insbesondere Sendungen, die neben 28
unterhaltenden Elementen im Wesentlichen informierenden Charakter haben, Verbrauchersendungen und Ratgebersendungen mit Unterhaltungselementen.

4. Einzelne Rundfunkanstalten
a) Landesrundfunkanstalten

Die Bundesländer haben – teils in eigener Regie, teils gemeinsam mit weiteren Bundes- 29
ländern – öffentlich-rechtliche Rundfunkanstalten gegründet.[22] Im Einzelnen sind dies:

Der Bayerische Rundfunk (BR) ist seit 1948 die Landesrundfunkanstalt des Freistaats 30
Bayern. Er ist seit 1950 Gründungsmitglied der ARD und heute die viertgrößte ARD-Anstalt mit Sitz in München. Der BR ist aus dem amerikanische Besatzungssender Radio München (1945 bis 1948) hervorgegangen. In der ARD hat der BR u.a. die Federführung für den Internationalen Musikwettbewerb sowie die Verhandlungen mit Sportverbänden und Agenturen über Fernsehübertragungsrechte. Bei ihm angesiedelt ist die Programmdirektion Erstes Deutsches Fernsehen. Rechtsgrundlage für den BR ist im wesentlichen der Artikel 111a der bayerischen Verfassung, der für den Rundfunk in Bayern eine öffentlich-rechtliche Trägerschaft vorschreibt, und das Rundfunkgesetz vom 10.8.1948 in der Fassung vom 22.10.2003, zuletzt geändert durch Gesetz vom 10.12.2007. Aufgabe des BR ist die »Veranstaltung und Verbreitung von Hörfunk- und Fernsehprogrammen«. Seine Sendungen »dienen der Bildung, Unterrichtung und Unterhaltung«. Sie sind auf die gesetzlich fixierten Programmgrundsätze verpflichtet und sollen u.a. »der Eigenart Bayerns gerecht werden«.

Der Hessische Rundfunk (HR) ist seit 1948 die Landesrundfunkanstalt Hessens, und seit 31
1950 Gründungsmitglied der ARD. Er ist die sechstgrößte ARD-Anstalt mit Sitz in Frankfurt am Main. Der HR ist aus dem amerikanischen Besatzungssender Radio Frankfurt (1945 bis 1948) hervorgegangen. In der ARD hat der HR u.a. die Federführung für den Deutschen Musikrat und den Kurt-Magnus-Preis. In Frankfurt am Main angesiedelt sind der ARD-Sternpunkt, die Degeto Film GmbH mit ihrer Hauptniederlassung, das Deutsche Rundfunkarchiv mit einem seiner beiden Standorte, die Pensionskasse für freie Mitarbeiter, die Redaktion der »Media Perspektiven« und die ARD-Werbung SALES & SERVICES GmbH. Hinzu kommt in Wiesbaden ein Trainingszentrum der ARD.ZDF medienakademie. Rechtsgrundlage für den HR ist das Rundfunkgesetz vom 2.10.1948, das zum 1.1.2004 erneut novelliert worden ist, in der Fassung vom 5.6.2007. Aufgabe des HR ist danach die Verbreitung von »Nachrichten und Darbietungen bildender, unterrichtender und unterhaltender Art«. Für die Gestaltung der Sendungen gilt ein Zehn-Punkte-Katalog verbindlicher »Grundsätze«.

Der Mitteldeutsche Rundfunk (MDR) ist seit 1991 die gemeinsame Landesrundfunkan- 32
stalt der Freistaaten Sachsen und Thüringen und des Landes Sachsen-Anhalt mit Sitz in Leipzig. Am MDR-Standort Erfurt angesiedelt ist der Kinderkanal von ARD und ZDF, KI.KA. ARD-intern hat der MDR die Federführung für das Verbindungsbüro in Los Angeles. Der MDR ist hervorgegangen aus dem Landessender Leipzig/Mitteldeutscher Rundfunk (1945 bis 1952), hatte allerdings von 1952 bis 1990 keine eigenständige Organisation innerhalb des Rundfunks der DDR. Von 1990 bis 1991 bestanden nach der Wende Radio Sachsen-Anhalt, Sachsen Radio und Thüringer Rundfunk. Rechtsgrundlage ist der Staatsvertrag über den Mitteldeutschen Rundfunk vom 30.5.1991. Aufgabe des MDR ist danach die Veranstaltung von Rundfunk, wobei sein Programm der »Information und Bildung sowie der Beratung und Unterhaltung dienen« und die Gliederung

---

22 Zu Aufbau und Struktur der Landesrundfunkanstalten vgl. unten Rdn. 69 ff.

9. Kapitel Rundfunkrecht

des Sendegebiets in Länder angemessen berücksichtigen soll. Die ausführlichen Programmgrundsätze verpflichten den MDR u.a., »die Zusammengehörigkeit im vereinigten Deutschland« zu fördern.

33 Der Norddeutsche Rundfunk (NDR) ist seit 1955/56 gemeinsame Landesrundfunkanstalt der Freien und Hansestadt Hamburg sowie der Länder Niedersachsen, Schleswig-Holstein und seit 1992 auch Mecklenburg-Vorpommerns. Er ist (noch als NWDR) seit ihrer Gründung Mitglied der ARD, heute drittgrößte ARD-Anstalt mit Sitz in Hamburg. In der ARD hat der NDR u.a. die Federführung für Verhandlungen mit der Kommission zur Ermittlung des Finanzbedarfs der Rundfunkanstalten (KEF) und mit Nachrichtenagenturen sowie für die Stiftung Deutsches Hilfswerk. Bei ihm angesiedelt sind die Redaktion von »Tagesschau« und »Tagesthemen« (ARD-aktuell) sowie die tagesschau.de, das KEF-Büro der ARD, die ARD-Fernsehlotterie und – in Hannover – ein Trainingszentrum der ARD.ZDF medienakademie. Der NDR ist hervorgegangen aus dem Besatzungssender für die britische Zone, zunächst unter dem Namen Radio Hamburg, ab Herbst 1945 als Nordwestdeutscher Rundfunk (NWDR). Das Sendegebiet umfasste auch Berlin und Nordrhein-Westfalen. Der NWDR ging 1948 in deutsche Hände über. Der Fernsehbereich existierte über die Gründung des NDR hinaus, bis 1961, als Nord- und Westdeutscher Rundfunkverband, gemeinsam getragen von NDR und WDR fort. Rechtsgrundlage sind der Staatsvertrag über den Norddeutschen Rundfunk vom 17./18.12.1991, in der Fassung des Änderungsstaatsvertrages über den Norddeutschen Rundfunk vom 1./2.5.2005. Aufgabe des NDR ist danach, »Rundfunk als Medium und Faktor des Prozesses freier, individueller und öffentlicher Meinungsbildung und als Sache der Allgemeinheit« »auf der Grundlage der verfassungsrechtlich garantierten Rundfunkfreiheit« zu veranstalten und zu verbreiten. Sein Programm »hat der Information, Bildung, Beratung und Unterhaltung zu dienen« und »die norddeutsche Region, ihre Kultur und Sprache« angemessen berücksichtigen. Den Rahmen dafür stecken ausführliche Programmgrundsätze ab.

34 Radio Bremen (RB) ist seit 1949 die Landesrundfunkanstalt der Freien Hansestadt Bremen und seit 1950 Gründungsmitglied der ARD. RB ist die kleinste Anstalt der ARD mit Sitz in Bremen. Im Jahre 1945 gründete die amerikanische Besatzungsmacht Radio Bremen, das 1949 in deutsche Hände überging. Rechtsgrundlage ist das Radio-Bremen-Gesetz vom 23.1.2008. Aufgabe der Rundfunkanstalt ist danach »die Veranstaltung von Rundfunk im Lande Bremen«. Außerdem bietet sie Telemedien nach den einschlägigen Maßgaben des Rundfunkstaatsvertrags an. Ein Katalog von sechs Programmgrundsätzen fordert u.a., die Sendungen von Radio Bremen sollten »von kulturellem Verantwortungsbewusstsein zeugen und die kulturelle Aufgabe des Rundfunks deutlich werden lassen«, von »demokratischer Gesinnung und unbestechlicher Sachlichkeit« getragen sein.

35 Der Rundfunk Berlin-Brandenburg (RBB) ist seit dem 1.5.2003 die gemeinsame Landesrundfunkanstalt der Länder Berlin und Brandenburg und Mitglied der ARD. Sie ist die siebtgrößte Anstalt der Gemeinschaft mit Sitzen in Berlin und Potsdam. In der ARD hat der RBB als Nachfolger von SFB und ORB u.a. die Federführung für die Internationale Funkausstellung, den ARD-Text und gemeinsam mit dem WDR die Federführung für das ARD-Hauptstadtstudio. Beim RBB in Berlin ist auch das gemeinsam mit MDR, NDR, SR, Radio Bremen und Deutschlandradio betriebene Informations-Verarbeitungs-Zentrum (IVZ) angesiedelt. Auf dem RBB-Gelände in Potsdam-Babelsberg befinden sich das ARD Play-Out-Center für das digitale Fernsehen und der zweite Standort des Deutschen Rundfunkarchivs. Rechtsgrundlage ist der Staatsvertrag über die Errichtung einer gemeinsamen Rundfunkanstalt der Länder Berlin und Brandenburg vom 25.6.2002. Danach veranstaltet der RBB Hörfunk und Fernsehen und hat dabei sicherzustellen, dass beide Staatsvertragsländer »unter Berücksichtigung der regionalen Programmbedürf-

A. Öffentlich-rechtlicher Rundfunk

nisse« gleichwertig versorgt werden. Dazu kann die Zwei-Länder-Anstalt »die erforderlichen Anlagen des Hörfunks und des Fernsehens errichten und betreiben«. Der RBB trägt »durch die Herstellung und Verbreitung seiner Programme und Angebote zur freien individuellen und öffentlichen Meinungsbildung bei«. »Sein Programm dient der Information und Bildung sowie der Beratung und Unterhaltung und erfüllt den kulturellen Auftrag des öffentlich-rechtlichen Rundfunks.« Insbesondere tragen die Programme des RBB der »regionalen Vielfalt der Länder Berlin und Brandenburg sowie der Sprache und Kultur des sorbischen (wendischen) Volkes Rechnung«. Der RBB ist verpflichtet, die im Staatsvertrag ausführlich formulierten Programmgrundsätze in »Zielvorgaben« für ihre programmlichen Aufgaben zu konkretisieren und alle zwei Jahre über die Umsetzung dieser Zielvorgaben zu berichten.

Der Saarländische Rundfunk (SR) ist seit 1957 die Landesrundfunkanstalt des Saarlands 36 und seit 1959 Mitglied der ARD. Er ist heute die zweitkleinste ARD-Anstalt mit Sitz in Saarbrücken. Der SR ist aus dem französischen Besatzungssender Radio Saarbrücken (1945 bis 1952) hervorgegangen, der 1952 zunächst in eine rein staatliche GmbH verwandelt wurde, die dann wiederum bis zur Gründung des SR bestand. In der ARD hat der SR u.a. die Federführung für die Katholische Vereinigung für Hörfunk und Fernsehen UNDA sowie die Berichterstattung in Hörfunk, Fernsehen und Internet von der Tour de France und der Deutschlandtour. Rechtsgrundlage ist das Saarländische Mediengesetz vom 27.2.2002 in der Fassung vom 31.3.2004. Danach hat der SR »durch die Herstellung und Verbreitung von qualitativ hochwertigen Hörfunk- und Fernsehprogrammen sowie von Mediendiensten mit vorwiegend programmbezogenem Inhalt als Medium und Faktor des Prozesses freier individueller und öffentlicher Meinungsbildung zu wirken.« Den Rahmen für die Programmgestaltung steckt ein Katalog von Programmgrundsätzen ab. Der SR ist verpflichtet, seinen Auftrag in Richtlinien näher auszugestalten.

Der Südwestrundfunk (SWR) ist seit 1998 die gemeinsame Landesrundfunkanstalt der 37 Länder Baden-Württemberg und Rheinland-Pfalz. Er ist aus der Fusion des Süddeutschen Rundfunks und des Südwestfunks hervorgegangen und Mitglied der ARD mit Sitzen in Baden-Baden, Stuttgart und Mainz, wobei der Dienstort des Intendanten Stuttgart ist. In der ARD hat der SWR u.a. die Federführung für die beiden Satellitenprogramme 3sat und ARTE sowie für Verhandlungen mit Buch-, Bühnen- und Musikverlegern. Bei ihm angesiedelt sind – in Baden-Baden – die ARTE Deutschland TV GmbH und – in Mainz – die Redaktion der ARD.de. Rechtsgrundlage ist der Staatsvertrag über den Südwestrundfunk vom 31.5.1997. Danach ist der SWR »zur Veranstaltung von Rundfunk in den Ländern Baden-Württemberg und Rheinland-Pfalz« errichtet. Er hat in seinen Sendungen »einen objektiven und umfassenden Überblick über das internationale, europäische, bundesweite sowie länder- und regionenbezogene Geschehen in allen wesentlichen Lebensbereichen zu geben«. »Sein Programm soll der Information und Bildung sowie der Beratung und Unterhaltung dienen und hat dem kulturellen Auftrag des öffentlich-rechtlichen Rundfunks besonders zu entsprechen.« Der Staatsvertrag führt konkreter auf, welche Programme der SWR veranstaltet. Die Veranstaltung weiterer Programme ist einer besonderen staatsvertraglichen Vereinbarung vorbehalten. In den Programmgrundsätzen heißt es einleitend: »Der SWR ist in seinen Sendungen an die verfassungsmäßige Ordnung gebunden und der Wahrheit verpflichtet. Er trägt zur Verwirklichung der freiheitlich demokratischen Grundordnung bei und fördert die Zusammengehörigkeit im vereinten Deutschland.«

Der Westdeutsche Rundfunk (WDR) ist seit 1955/56 die Landesrundfunkanstalt von 38 Nordrhein-Westfalen und seit ihrer Gründung Mitglied der ARD mit Sitz: Köln. Der WDR ist aus dem Nordwestdeutschen Rundfunk (NWDR) hervorgegangen, der Besatzungssender für die gesamte britische Zone war und 1948 in deutsche Hände überging.

Der Fernsehbereich des NWDR existierte bis 1961 als Nord- und Westdeutscher Rundfunkverband (NWRV), gemeinsam getragen von WDR und NDR, fort. In der ARD hat der WDR u.a. die Federführung für Fragen der Entwicklungsländer, die GEMA, Urheberrechtsfragen und den zentralen Gebühreneinzug. Bei ihm angesiedelt sind die Gebühreneinzugszentrale, das Büro für Rundfunkkommunikation und die Zentrale Dispostelle von ARD und ZDF sowie der Ereignis- und Dokumentationskanal PHOENIX. Außerdem betreut er das gemeinsame Verbindungsbüro der ARD bei der Europäischen Union in Brüssel. Rechtsgrundlage ist das WDR-Gesetz von 1985 in der Fassung vom 2.12.2009. Danach hat der WDR die Aufgabe, für die Allgemeinheit bestimmte »Darbietungen aller Art in Wort, in Ton und in Bild« zu veranstalten und zu verbreiten sowie die hierfür erforderlichen sendetechnischen Anlagen zu errichten und zu betreiben und neue Techniken zu nutzen. Sein Programm hat der Information, Bildung und Unterhaltung zu dienen; Beiträge zur Kultur, Kunst und Beratung sind anzubieten; der regionalen Gliederung und der kulturellen Vielfalt des Sendegebiets soll Rechnung getragen werden. Weiteres regelt ein ausführlicher Katalog von Programmgrundsätzen.

b) DW, DLR

39 Eine gewisse Sonderstellung innerhalb der öffentlich-rechtlichen Rundfunkanstalten nehmen Deutsche Welle und Deutschlandradio ein.

40 Die Deutsche Welle (DW) ist seit 1960/62 die Auslandsrundfunkanstalt der Bundesrepublik Deutschland und seit 1962 Mitglied der ARD mit Sitzen in Bonn und Berlin. Der Sitz des Intendanten und der für den Gerichtsstand maßgebliche Sitz ist Bonn. Die Deutsche Welle ist aus der von 1953 bis 1961 die gemeinsam von den ARD-Anstalten getragenen Deutschen Welle hervorgegangen. Rechtsgrundlage ist das Gesetz über die Rundfunkanstalt des Bundesrechts »Deutsche Welle« vom 16.12.1997 in der Fassung vom 15.12.2004. Aufgabe der DW ist danach, »für das Ausland Rundfunk (Hörfunk und Fernsehen) und Telemedien« anzubieten«. Ihre Angebote »sollen Deutschland als europäisch gewachsene Kulturnation und freiheitlich verfassten demokratischen Rechtsstaat verständlich machen. Sie sollen deutschen und anderen Sichtweisen zu wesentlichen Themen vor allem der Politik, Kultur und Wirtschaft sowohl in Europa wie in anderen Kontinenten ein Forum geben mit dem Ziel, das Verständnis und den Austausch der Kulturen und Völker zu fördern.« Darüber hinaus stellt das Deutsche-Welle-Gesetz weitere Programmgrundsätze auf.

41 Das Deutschlandradio ist in Folge der deutschen Wiedervereinigung entstanden, die eine Neuordnung und Zusammenführung der Rundfunksysteme von BRD und DDR erforderlich machte.[23] Denn die Vorläufersender hatten mit dem 3.10.1990 ihre verfassungsrechtliche Grundlage und damit ihre ursprüngliche Aufgabe verloren. Weder der RIAS konnte mit der Aufhebung des Vier-Mächte-Status Berlins seine Legitimation aufrecht erhalten, auf deutschem Boden als amerikanische Rundfunkanstalt zu senden, noch konnte dem Deutschlandfunk der im Grundgesetz verankerte Wiedervereinigungsauftrag länger zu Gute gehalten werden.[24]

42 Die Länder haben zum 1.1.1994 die gemeinnützige rechtsfähige Körperschaft des öffentlichen Rechts mit dem Namen »Deutschlandradio« gegründet.[25] Mitglieder der Körperschaft sind die in der Arbeitsgemeinschaft der öffentlich-rechtlichen Rundfunkanstalten der Bundesrepublik Deutschland (ARD) zusammengeschlossenen Landesrundfunkan-

---

23 Näher dazu: *Hartstein/Ring/Kreile*, Rundfunkstaatsvertrag: B1 Entstehungsgeschichte Rn. 91 ff.
24 Vgl. die Entstehungsgeschichte bei: http://www.dradio.de/wir/index%20Info/737496/.
25 Staatsvertrag sämtlicher Bundesländer über die Körperschaft des öffentlichen Rechts »Deutschlandradio« vom 17.6.1993 in der Fassung des Zwölften Rundfunkänderungsstaatsvertrags vom 18.12.2008.

A. Öffentlich-rechtlicher Rundfunk

stalten[26] und das Zweite Deutsche Fernsehen (ZDF). Die Aufnahme weiterer Mitglieder ist nicht zulässig. Die Körperschaft hat das Recht der Selbstverwaltung. Die Körperschaft hat ihren Sitz in Köln und in Berlin. Der Intendant, die dazugehörende Verwaltung und der für den Gerichtsstand maßgebliche Sitz der Körperschaft befinden sich in Köln. Die Körperschaft betreibt programm- und produktionsgerecht gleichgewichtige Funkhäuser in Berlin und Köln. Die Programme dürfen keine Werbung enthalten. Sponsoring ist unzulässig. Davon ausgenommen sind gesponserte Beiträge, die das Deutschlandradio von seinen Mitgliedern übernimmt.

Das Deutschlandradio arbeitet unter Wahrung seiner journalistischen und redaktionellen Eigenständigkeit eng mit seinen Mitgliedern zusammen. Deutschlandradio nutzt im In- und Ausland die vorhandenen sachlichen, technischen und personellen Kapazitäten seiner Mitglieder, insbesondere deren Studios, soweit dies programmlich vertretbar und wirtschaftlich ist. Über die Nutzung erfolgt eine Abstimmung mit den Mitgliedern. Die Körperschaft veröffentlicht im Rahmen ihres Jahresabschlusses eine Übersicht über die Zusammenarbeit mit ihren Mitgliedern. 43

c) ARD

Die Landesrundfunkanstalten, die Deutsche Welle[27] und das Deutschlandradio[28] haben sich zur ARD[29] zusammengeschlossen, die eine Arbeitsgemeinschaft ohne eigene Rechtspersönlichkeit darstellt. Grundlegende Regelungen enthalten die Satzung der ARD (in der Fassung vom 20.6.2006,[30] sowie der ARD-Staatsvertrag (in der Fassung vom 1.6.2009[31] und der Fernsehvertrag (in der Fassung vom 12.9.2006)[32] 44

Eine zentrale ARD-Organisation besteht nicht. Der Vorsitz der ARD wird im jährlichen Turnus wechselweise wahrgenommen, wobei in der Regel von der Möglichkeit einer zweiten Amtszeit Gebrauch gemacht wird. Das ARD-Generalsekretariat mit Sitz im Haus der Bundespressekonferenz in Berlin unterstützt den Vorsitz bei der Geschäftsführung. 45

Die Konferenz der Gremienvorsitzenden (GVK) besteht aus den Vorsitzenden der Gremien (Rundfunk- und Verwaltungsrat) der einzelnen ARD-Anstalten und koordiniert gemäß § 5a der ARD-Satzung die Gremienkontrolle der ARD durch die Rundfunkräte und Verwaltungsräte der Landesrundfunkanstalten und berät die Gegenstände der Hauptversammlungen der ARD. Sie berät die Intendantenkonferenz der ARD, insbesondere bei grundsätzlichen Fragen der Programmgestaltung und -struktur, der Unternehmensstrategie sowie der Rundfunkpolitik. Die Beratungsergebnisse der GVK fließen über die jeweiligen Vorsitzenden in die Arbeit der Gremien der Landesrundfunkanstalten ein (§ 5a ARD-Satzung). Die GVK wirkt mit bei der personellen Besetzung von ARD-Funktionen im Direktorenrang (insbes. ARD-Programmdirektor) und prägt damit und 46

---

26 Also ohne die Deutsche Welle.
27 Obwohl Mitglied der ARD nimmt die Deutsche Welle wegen ihres intendierten Sendegebiets eine gewisse Sonderstellung ein.
28 Das Deutschlandradio nimmt als Körperschaft des öffentlichen Rechts an den Beratungen der ARD Teil.
29 Bereits 1950 wurde die ARD als »Arbeitsgemeinschaft der öffentlich-rechtlichen Rundfunkanstalten Deutschlands« gegründet.
30 http://www.ard.de/intern/organisation/-/id=515780/property=download/nid=8036/134puwo/index.pdf.
31 http://www.mdr.de/DL/169198.pdf.
32 http://www.br-online.de/content/cms/Universalseite/2008/03/06/cumulus/BR-online-Publikation--95590.pdf.

über die programmlichen Leitlinien der ARD sowie durch Beratung von Fragen der Programmstruktur des Ersten die Grundausrichtung des öffentlich-rechtlichen Programms mit.[33]

47 Daneben besteht die Programmdirektion Deutsches Fernsehen, die beim BR in München angesiedelt ist. Die §§ 5 und 6 des ARD-Staatsvertrages regeln, dass das Erste Fernsehprogramm gemeinsam zwischen dem Programmdirektor und den Intendanten erarbeitet wird. Der Programmdirektor wird von den Landesrundfunkanstalten mit einer Zwei-Drittel-Mehrheit für mindestens zwei Jahre berufen und leitet die Programmdirektion Ertes Deutsches Fernsehen. Er ist der Vorsitzende der Ständigen Programmkonferenz,[34] die das Programm des Ersten aus den Angeboten der Landesrundfunkanstalten zusammenstellt. Beraten werden der Programmdirektor bzw. die Ständige Programmkonferenz vom Programmbeirat,[35] der aus zehn Vertretern der Gremien der einzelnen Landesrundfunkanstalten besteht.

48 Die quantitative Zulieferung der einzelnen Rundfunkanstalten zum Gemeinschaftsprogramm ist in der Verwaltungsvereinbarung ARD-Fernsehvertrag geregelt. Die Anteile reichen von 1% (Radio Bremen) bishin zu 21,25% (Westdeutscher Rundfunk)[36]

49 Die ARD hat für bestimmte Aufgaben Gemeinschaftseinrichtungen geschaffen, an denen teilweise auch das ZDF beteiligt ist. Dazu gehören insbesondere ARD-aktuell in Hamburg, das ARD Play-Out-Center in Potsdam und das ARD-Hauptstadtstudio in Berlin. Mit Beteiligung des ZDF bestehen die Gebühreneinzugszentrale (GEZ), die für den Einkauf von Filmen und Fernsehproduktionen zuständige Degeto Film GmbH, die Stiftung Deutsches Rundfunkarchiv (DRA), die ARD/ZDF Medienakademie sowie das mit Forschungs- und Entwicklungsaufgaben betraute Institut für Rundfunktechnik GmbH (IRT). Weitere zentrale Aufgaben sind nach dem Prinzip der Federführung zwischen den einzelnen Anstalten aufgeteilt.[37]

50 Auch wenn die Satzung der ARD detaillierte Regelungen zu Beschlussfassungen einzelner Bereiche enthält, entfalten diese Beschlüsse eine Bindungswirkung nur zwischen den Anstalten. Die Beschlüsse bedürfen zu ihrer Wirksamkeit innerhalb der einzelnen Anstalten einer Umsetzung durch jede Anstalt.[38]

51 Das Prinzip der Intendantenverfassung[39] und die daraus resultierende alleinige Programmverantwortung des Intendanten bleibt auch im Rahmen des ARD Gemeinschaftsprogramms bestehen. Dem ARD-Staatsvertrag ist eine Einschränkung ausdrücklich nicht zu entnehmen,[40] während die Vereinbarungen der Rundfunkanstalten die bestehende gesetzliche Regelung zur Intendantenverfassung nicht ändern können. Allerdings steuern die einzelnen Rundfunkanstalten nur Teile zum Gemeinschaftsprogramm bei, so dass die jeweiligen Intendanten auch nur Einflussmöglichkeiten im Rahmen der Produktion dieser Teile haben. Die Intendanten aller Rundfunkanstalten haben jedoch auf andere Weise jedenfalls mittelbar die Möglichkeit, Einfluss zu nehmen. Der ARD-Fernsehvertrag sieht neben der Fernsehprogrammkonferenz, durch die in einem festgelegten Verfahren über den Inhalt des Gemeinschaftsprogramms entschieden wird, auch die Möglichkeit vor, auf

---

33 Zur Rolle der GVK innerhalb des Dreistufen Tests für Telemedienangebote des Gemeinschaftsprogramms siehe unten.
34 Näher zur Ständigen Programmkonferenz unten Rdn. 83.
35 Näher zum Programmbeirat unten Rdn. 83.
36 Näher dazu *Hartstein/Ring/Kreile* Vor § 11 Rn. 71.
37 Siehe oben Rdn. 29 ff. bei den einzelnen Landesrundfunkanstalten.
38 Näher dazu *Hartstein/Ring/Kreile* Vor § 11 Rn. 70.
39 Zur Intendantenverfassung siehe Rdn. 70 ff.
40 *Hesse* S. 206 m.w.N.

die Ausstrahlung einzelner Programme zu verzichten.[41] Nach außen hin, also beispielsweise bei der Geltendmachung von Ansprüchen durch eine Sendung des Gemeinschaftsprogramms Betroffener, wird das Gemeinschaftsprogramm von allen Rundfunkanstalten verantwortet, da es sich um ein einheitliches Programm und nicht um die parallele Ausstrahlung inhaltsgleicher Programme handelt.[42] Daher sind die Ansprüche eines Betroffenen gegen alle Rundfunkanstalten zu richten.[43]

d) ZDF

Nachdem das Fernsehurteil des Bundesverfassungsgerichts den Ländern die alleinige Zuständigkeit für Organisations- und Programmfragen auf dem Gebiet des Rundfunks bestätigt hatte, war die Grundlage für eine von den Bundesländern gemeinsam getragene Fernsehanstalt geschaffen. Daraufhin wurde der Staatsvertrag über die Errichtung der Anstalt des öffentlichen Rechts »Zweites Deutsches Fernsehen« von den Ministerpräsidenten unterzeichnet und trat am 1.12.1961 in Kraft.[44] Damit wurde das ZDF mit Sitz in Mainz gegründet. 52

Das ZDF ist eine gemeinnützige Anstalt des öffentlichen Rechts mit dem Recht der Selbstverwaltung (§ 1 ZDF-StV). Wie auch bei den übrigen öffentlich-rechtlichen Rundfunkanstalten ist die interne Struktur des ZDF durch die Organe bestimmt. Dies sind der Intendant (§ 27 ZDF-StV), der Fernsehrat (§§ 20 ff. ZDF-StV) und der Verwaltungsrat (§§ 23 f. ZDF-StV).[45] 53

III. Finanzierung

1. Rundfunkgebühren

a) Aktuelle Situation

Die besondere Stellung des öffentlich-rechtlichen Rundfunks und die ihm durch die Verfassung zugewiesenen Aufgaben erfordern eine Finanzausstattung, die ihm ermöglicht, diesen Aufgaben nachzukommen. Das BVerfG leitet daraus das Gebot der funktionsgerechten Finanzierung des öffentlich-rechtlichen Rundfunks ab. Dadurch soll er in die Lage versetzt werden, seine Funktion im dualen System zu erfüllen und vor fremder Einflussnahme geschützt werden.[46] Für diese Finanzierung hat der Gesetzgeber zu sorgen, wobei es ihm überlassen ist, wie er dies gewährleistet. Die Rundfunkgebühr ist zwar nicht die einzige Finanzierungsquelle, da auch Einnahmen aus Werbung u.ä. zulässig sind, sie ist aber die vorrangige Finanzierungsquelle, weil sie von Einschaltquoten unabhängig macht und so die dem öffentlich-rechtlichen Rundfunk am besten entsprechende Art der Finanzierung darstellt.[47] 54

Der Gesetzgeber hat dies zunächst grundsätzlich in §§ 12–14 RStV festgelegt und die Einzelheiten in zwei weiteren Staatsverträgen, dem RGebStV[48] und dem RFinStV[49] gere- 55

---

41 Vgl. Ziff. 5 ARD-Fernsehvertrag.
42 BVerwGE 75, 67.
43 Zu den Besonderheiten bei einer Gegendarstellung siehe unten Rdn. 115 ff.
44 ZDF-Staatsvertrag vom 31.8.1991, in der Fassung des Zwölften Staatsvertrages zur Änderung rundfunkrechtlicher Staatsverträge (Zwölfter Rundfunkänderungsstaatsvertrag) in Kraft seit 1.6.2009.
45 Näher dazu unten Rdn. 69 ff.
46 BVerfGE 83, 238, 310; 87, 181, 199; 90, 60, 90.
47 BVerfGE 87, 181, 199; 90, 60, 90.
48 Rundfunkgebührenstaatsvertrag.
49 Rundfunkfinanzierungsstaatsvertrag.

gelt. Er hat damit bezweckt, die Grundentscheidungen über die Gebührenfinanzierung nicht bei jeder Gebührenerhöhung zur Disposition stellen zu müssen.[50]

56 Den Regelungen in § 13 RStV entsprechend ist im RGebStV definiert, dass das Bereithalten eines Rundfunkempfangsgerätes die Gebührenpflicht begründet.

57 Der RFinStV enthält in Ausgestaltung des § 14 RStV zunächst Regelungen zu Organisations- und Verfahrensvorschriften im Zusammenhang mit der Kommission zur Ermittlung des Finanzbedarfs (KEF) und der Bedarfsermittlung zur Festlegung der Höhe der Rundfunkgebühr (§§ 1-7 RFinStV). Die KEF besteht aus 16 unabhängigen Sachverständigen, die in ihrer Aufgabenerfüllung an Aufträge oder Weisungen nicht gebunden sind. Die KEF hat die Aufgabe, unter Beachtung der Programmautonomie der Rundfunkanstalten den von den Rundfunkanstalten angemeldeten Finanzbedarf fachlich zu überprüfen und zu ermitteln. Dies bezieht sich darauf, ob sich die Programmentscheidungen im Rahmen des rechtlich umgrenzten Rundfunkauftrages halten und ob der aus ihnen abgeleitete Finanzbedarf zutreffend und im Einklang mit den Grundsätzen von Wirtschaftlichkeit und Sparsamkeit sowie unter Berücksichtigung der gesamtwirtschaftlichen Entwicklung und der Entwicklung der Haushalte der öffentlichen Hand ermittelt worden ist. Die Rundfunkanstalten sind bei der Überprüfung und Ermittlung des Finanzbedarfs durch die KEF angemessen zu beteiligen. Vertreter der Rundfunkanstalten sind nach Bedarf zu den Beratungen der KEF hinzuzuziehen. Vor der abschließenden Meinungsbildung in der KEF ist den Rundfunkanstalten Gelegenheit zu einer Stellungnahme und Erörterung zu geben. Zu diesem Zweck wird der ARD, dem ZDF und dem Deutschlandradio der Berichtsentwurf durch die KEF übersandt. Gleiches gilt für die Rundfunkkommission der Länder. Die Stellungnahmen der Rundfunkanstalten sind von der KEF in den endgültigen Bericht einzubeziehen. Weiterhin finden sich in §§ 8-10 RFinStV Regelungen zur konkreten Höhe der Rundfunkgebühr, die in eine Grundgebühr und eine Fernsehgebühr aufgeteilt ist, sowie die Aufteilung des Gebührenaufkommens insbesondere im Hinblick auf die Anteile des ZDF, des Deutschlandradio und der Landesmedienanstalten.

58 Das Deutschlandradio enthält gem. § 9 Abs. 1 RFinStV aus der Grundgebühr 6,8627 %, während das ZDF gem. § 9 Abs. 2 RFinStV aus der Fernsehgebühr einen Anteil von 38,9006 % erhält.

59 Die Deutsche Welle wird gemäß § 45 DWG durch einen Bundeszuschuss finanziert, dessen Höhe sich nach der durch den Bundestag festgestellten Aufgabenplanung richtet.

b) GEZ

60 Nachdem die Post von 1923 bis zum Jahre 1975 die Rundfunkgebühren erhoben hatte, übernahm dies ab 1976 die Gebühreneinzugszentrale (GEZ). Hintergrund war eine Entscheidungen des BVerfG,[51] wonach die Regelung der Rundfunkgebühren Sache der Länder und nicht der Post ist. Die GEZ wurde auf der Grundlage einer Verwaltungsvereinbarung im Jahre 1973 gegründet und ist eine Gemeinschaftseinrichtung der in der ADR zusammengeschlossenen Landesrundfunkanstalten, des ZDF und des Deutschlandradio. Im Namen und auf Rechnung der jeweiligen Landesrundfunkanstalt übernimmt die GEZ den verwaltungsmäßigen Einzug der Rundfunkgebühren. Dies beinhaltet neben der Abwicklung des Zahlungsverkehrs insbesondere die Betreuung bestehender Teilnehmer und die Verpflichtung neuer Teilnehmer. Zum letzteren werden sog. Gebührenbeauftragte eingesetzt, die von den Landesrundfunkanstalten beauftragt sind, Rundfunkteil-

---

50 *Hesse* S. 182.
51 BVerwGE 29, 214.

nehmer zu ermitteln. Die GEZ bearbeitet im Namen der Landesrundfunkanstalten auch die Anträge auf Gebührenbefreiung nach § 6 Rundfunkgebührenstaatsvertrag. Sie leitet ebenfalls auf der Grundlage der staatsvertraglichen Regelungen die Gebühren an die Landesrundfunkanstalten, das ZDF und das Deutschlandradio weiter.

c) Neuordnung der Finanzierung

Bereits im Oktober 2007 hatten die Ministerpräsidenten beschlossen, die Finanzierung des öffentlich-rechtlichen Rundfunks zu reformieren. Ab der im Jahre 2013 beginnenden Gebührenperiode sollte entweder eine vereinfachte Rundfunkgebühr oder eine Haushalts- bzw. Betriebsstättenabgabe die bisherige Finanzierung ersetzen.[52] Die Bestrebungen zur Neuordnung der Rundfunkfinanzierung waren nicht zuletzt darauf zurückzuführen, dass sich das zunehmend schlechte Image der GEZ auch auf die Politik und die Rundfunkanstalten selbst auswirkten.[53] Die zunehmende Kritik in der Bevölkerung an der Tätigkeit der GEZ und deren Gebührenbeauftragten sowie die Diskussion um die – wenn auch nötige – Gebührenpflichtigkeit der Internetgeräte ließ die Neuordnung der Rundfunkfinanzierung unausweichlich werden.

Nach ausführlichen Diskussionen zwischen ARD und ZDF einerseits und den Rundfunkreferenten der Länder andererseits haben die Ministerpräsidenten am 9.6.2010 die Neuordnung der Rundfunkfinanzierung beschlossen und sich dabei für die Haushalts- bzw. Betriebsstättenabgabe ausgesprochen. Dieses Modell hatten auch ARD und ZDF befürwortet. Anfängliche verfassungsrechtliche Bedenken gegen ein solches Modell hatte nicht zuletzt das von ARD und ZDF in Auftrag gegebene Gutachten von Prof. Kirchhoff ausgeräumt. Nach wie vor bestehen allerdings auf Seiten der Rundfunkanstalten Bedenken, ob die Finanzierung in Folge des Systemwechsels weiterhin gesichert bleibt, zumal die Rundfunkgebühr der Höhe nach zunächst unverändert bleiben wird. Die Ministerpräsidenten haben daher die KEF gebeten, die finanziellen Auswirkungen des Modellwechsels mit dem 19. KEF-Bericht Ende 2013 festzustellen.[54]

Ab dem 1.1.2013 wird daher die Gebührenpflicht nicht mehr an das Bereithalten von Fernseh- Radio- und Internetgeräten anknüpfen.[55] Nach dem neuen Modell kommen die Allgemeinheit und nicht mehr die einzelnen Nutzer für die Finanzierung des öffentlich-rechtlichen Rundfunks auf.[56] Die dann einheitliche Rundfunkgebühr (die Differenzierung zwischen Grund- und Fernsehgebühr und damit zwischen TV, Radio, Handy und PC wird aufgegeben) wird für jeden Haushalt und jeden Betrieb erhoben. Anknüpfungspunkt ist die Haushaltsgemeinschaft in einer Wohnung. Es muss nur ein Beitrag für alle in einer Wohnung wohnenden Personen geleistet werden, wobei nicht mehr zwischen Ehegatte und sonstigen Lebenspartnern unterschieden wird. Es besteht Gesamtschuldnerschaft aller volljährigen Bewohner. Die Beitragspflicht für Minderjährige mit eigenem Einkommen entfällt. Für Zweit- und Ferienwohnungen wird nicht mehr eine volle Rundfunkgebühr, sondern nur noch ein ermäßigter Betrag in Höhe eines Drittels erhoben. Eine Befreiung von der Rundfunkgebühr kann nur noch einkommensabhängig erfolgen. Für Betriebe ist eine Staffelung der Gebühr je nach Anzahl der Mitarbeiter und der Standorte vorgesehen. Die Ein-Drittel-Regelung gilt auch für betrieblich genutzte Fahrzeuge und Hotelzimmer sowie vermietbare Ferienwohnungen.

---

52 ARD-Jahrbuch 2009, S. 176.
53 Epd Nr. 44, v. 9.2.2010, S. 7.
54 Vgl. das Eckpunktepapier der Ministerpräsidentenkonferenz zu Neuordnung der Finanzierung des öffentlich-rechtlichen Rundfunks, FK 23.2010, S. 35.
55 Vgl. das Eckpunktepapier der Ministerpräsidentenkonferenz zu Neuordnung der Finanzierung des öffentlich-rechtlichen Rundfunks, FK 23.2010, S. 35.
56 Epd Nr. 44, v. 9.2.2010, S. 7.

64 Der bei den Rundfunkanstalten bzw. der GEZ bestehende Datenbestand wird grundsätzlich übernommen, d.h. es erfolgt keine gesonderte Datenerhebung. Allerdings wird ein einmaliger stichtagsbezogener Meldedatenabgleich zur Überprüfung des Datenbestandes mit den Einwohnermeldeämtern durchgeführt.

65 Die Einzelheiten wird ein Staatsvertrag der Länder regeln.[57]

2. Werbung, sonstige Einnahmen, Finanzausgleich

66 In § 13, Abs. 1 RStV ist neben der Hauptfinanzierungsquelle Rundfunkgebühr ausdrücklich erwähnt, dass sich der öffentlich-rechtliche Rundfunk auch aus Werbeeinnahmen finanziert. Die Abwicklung der Werbung erfolgt über die sog. Werbetöchter (mit Gewinnabführungsverträgen) der Landesrundfunkanstalten, die in einer gemeinsamen Vermarktungsgesellschaft, der ARD-Werbung SALES & SERVICES GmbH organisiert sind. Ebenso wie beim ZDF die ZDF Werbefernsehen GmbH übernehmen die Werbetöchter die Ausstrahlung des Vorabendprogramms und der darin enthaltenen Werbung. Nachdem langezeit Uneinigkeit zwischen den öffentlich-rechtlichen Rundfunkanstalten und den Finanzbehörden bestand, was in diesem Zusammenhang als Betriebsausgaben berücksichtigt werden kann (4:3-Modell) enthält § 8 Abs. 1 Satz 2 KStG nun eine ausdrückliche Regelung. Danach beträgt bei den öffentlich-rechtlichen Rundfunkanstalten das Einkommen aus dem Geschäft der Veranstaltung von Werbesendungen 16 % der Entgelte daraus.[58]

67 Die sonstigen Einnahmen bestehen im Wesentlichen aus Sponsoringerlösen und der sog. Randnutzung.[59] Mit der Randnutzung wird die erwerbswirtschaftliche Nutzung des sachlichen und persönlichen Betriebsvermögens der öffentlich-rechtlichen Rundfunkanstalten bezeichnet. Diese Form der wirtschaftlichen Betätigung ist von den programmbezogenen Hilfstätigkeiten, die der Vorbereitung, der Förderung oder Abwicklung der Haupttätigkeit der Rundfunkanstalten dienen, zu unterscheiden.[60]

68 Zu den sonstigen Einnahmen nach § 13 Abs. 1 RStV sind auch die Einnahmen aus dem Finanzausgleich zu zählen, jedenfalls für diejenigen öffentlich-rechtlichen Rundfunkanstalten, die zu den sog. nehmenden Anstalten zählen. Die gesetzliche Bestimmung des § 12 RStV beinhaltet als Ausfluss der Bestands- und Entwicklungsgarantie für den öffentlich-rechtlichen Rundfunk den Grundsatz des Finanzausgleichs. Dieser soll nach § 12 Abs. RStV eine funktionsgerechte Aufgabenerfüllung insbesondere der Anstalten Saarländischer Rundfunk und Radio Bremen sicherstellen. Einzelheiten dazu sind im RFinStV §§ 12ff geregelt. Die in der ARD zusammengeschlossenen Landesrundfunkanstalten sind verpflichtet (§§ 12–16 RFinStV) einen Finanzausgleich durchzuführen. Der Finanzausgleich muss gewährleisten, dass die übergeordneten Aufgaben des öffentlich-rechtlichen Rundfunks und solche Aufgaben einzelner Rundfunkanstalten, die wegen ihrer Bedeutung für den gesamten Rundfunk als Gemeinschaftsaufgaben wahrgenommen werden müssen, erfüllt werden können. Darüber hinaus muss jede Rundfunkanstalt in der Lage sein, ein ausreichendes Programm zu gestalten und zu senden.

---

57 Vgl. den von den Ministerpräsidenten verabschiedeten Entwurf des 15. Rundfunkänderungsstaatsvertrags: http://www.rlp.de/fileadmin/staatskanzlei/rlp.de/downloads/pdf/Medienreferat/Entwurf_15._Rundfunk%C3%A4nderungs-Staatsvertrag_Stand_21.10.2010.pdf.
58 Näher dazu: *Herrmann/Lausen* § 13 Rn. 63 ff.
59 Näher dazu BeckRundfunk-Komm/*Libertus* § 13 RStV Rn. 67 ff.
60 BeckRundfunk-Komm/*Libertus* § 13 RStV Rn. 75 m.w.N.

IV. Organisation der öffentlich-rechtlichen Rundfunkanstalten

1. Grundsätze

Die Organisation der öffentlich-rechtlichen Rundfunkanstalten ist von zwei Grundsätzen geprägt: dem Intendantenprinzip und dem Binnenpluralismus. Beide Prinzipien sind letztlich der Rundfunk- bzw. Meinungsfreiheit und der Staatsferne des Rundfunks geschuldet. Vor diesem Hintergrund finden sich bei den öffentlich-rechtlichen Rundfunkanstalten weitgehend identische interne Strukturen, die jeweils durch die Organe der Rundfunkanstalten bestimmt werden.[61] Dies sind der Intendant, der Rundfunkrat[62] und der Verwaltungsrat.

69

2. Organe

a) Intendant

Der Intendant wird vom Rundfunkrat gewählt. Er leitet die Rundfunkanstalt und trägt die Programmverantwortung. Außerdem vertritt er die Rundfunkanstalt im Rechtsverkehr. Damit sind die Rechtsstellung und die Befugnisse des Intendanten durch die jeweiligen Gesetzgeber recht lapidar beschrieben.[63] Weitere ausdrückliche gesetzliche Regelungen finden sich nicht. Allerdings lässt sich näheres aus der Systematik der gesetzlichen Vorschriften und deren Zusammenwirken entnehmen.[64]

70

Die Leitung der Rundfunkanstalt und das Tragen der Verantwortung einschließlich der Programmverantwortung setzen voraus, dass der Intendant die tatsächliche Möglichkeit hat, das Programm zu gestalten. Rein praktisch liegt es in der Natur der Sache, dass der Intendant nicht selbst unmittelbar das Programm der Rundfunkanstalt gestalten kann. Allerdings ist ihm dies dadurch möglich, dass er aufgrund seiner Leitungsfunktion auch die Organisation, die Personalauswahl und das Weisungsrecht hat. Die Befugnis zur Organisation der Rundfunkanstalt umfasst insbesondere das Aufstellen einer Organisationsstruktur, mittels derer der Intendant Aufgaben an Mitarbeiter delegiert. Dies sind in den einzelnen Rundfunkanstalten üblicherweise dem Intendanten unmittelbar unterstellte Direktoren mit abgegrenzten Aufgabengebieten, wie etwa Fernseh-, Hörfunk-, Verwaltungs- und technischem Direktor. Schon hier wird deutlich, dass der Intendant durch die Personalauswahl der Direktoren entscheidenden Einfluss auf die tatsächliche Verantwortung hat. Diese Einfluss- und Gestaltungsmöglichkeit durch die Personalauswahl setzt sich bei der Auswahl der unmittelbar programmgestaltenden Mitarbeiter fort. Denn die Qualität des Programms lässt sich nicht gesetzlich verordnen, sie hängt in erster Linie von der Qualifikation der Personen ab, die das Programm unmittelbar gestalten.[65] Die Leitung der Rundfunkanstalt durch den Intendanten äußert sich nicht zuletzt auch in der Weisungsbefugnis des Intendanten gegenüber seinen Mitarbeitern. Solche Weisungen kann der Intendant im Einzelfall – dadurch, dass er eine Sache an sich zieht – oder allgemein durch eine Dienstanweisung erteilen. Dabei können sich die dem Intendanten nachgeordneten Mitarbeiter nicht auf ihre Meinungsfreiheit berufen, sondern müssen solche Weisungen befolgen.[66] Darin ist auch keine Zensur zu sehen, denn das

71

---

61 *Hesse* S. 152.
62 Dem Rundfunkrat entsprechen beim ZDF der Fernsehrat und beim Deutschlandradio der Hörfunkrat.
63 *Hesse* S. 153.
64 *Hesse* S. 153.
65 BVerfGE 59, 231, 259.
66 *Hesse* S. 155.

Zensurverbot richtet sich nach allgemeiner Meinung nur gegen staatliche Eingriffe und nicht gegen innerbetriebliche Weisungen.[67]

72 Diese Alleinstellung des Intendanten, die ihm per Gesetz eingeräumt wird und die auch als Intendantenverfassung bezeichnet wird, erfährt allerdings Beschränkungen durch die Kontrolle und das Zusammenwirken mit den Aufsichtsgremien. Dies sind der Rundfunkrat als Aufsicht im Wesentlichen im Programmbereich und der Verwaltungsrat im Wesentlichen im wirtschaftlichen Bereich.

b) Rundfunkrat

73 Nach den jeweiligen nahezu gleichlautenden gesetzlichen Bestimmungen vertritt der Rundfunkrat die Interessen der Allgemeinheit. Sinn und Zweck ist es dabei nicht, den Prozess der Meinungsbildung in eine bestimmte Richtung zu lenken, sondern diesen Prozess offen zu halten und dadurch eine Sicherung der Meinungsvielfalt zu bewirken.[68]

74 Dem Grundsatz der Binnenpluralität folgend setzt sich der Rundfunkrat bei den einzelnen Rundfunkanstalten zwar in unterschiedlicher Anzahl der Mitglieder aber doch im Wesentlichen aus den gleichen gesellschaftlich relevanten Gruppen entsandt zusammen. Dies sind vor allem: Kultur, Bildung, Wissenschaft, aus der Wirtschaft, dem Sport und dem kirchlichen Bereich ebenso wie Regierung und Parlament. Eine Entsendung von Vertretern aus Regierung und Parlament verstößt nicht etwa gegen den Grundsatz der Staatsferne des öffentlich-rechtlichen Rundfunks. Voraussetzung ist allerdings – wie in den jeweiligen gesetzlichen Bestimmungen auch vorgesehen – dass die Anzahl der staatlichen Vertreter im Rundfunkrat begrenzt ist. Das Bundesverfassungsgericht verlangt, dass der Anteil staatlicher Vertreter so angemessen ist, dass eine Beherrschung durch den Staat ausgeschlossen ist.[69] Die von den gesellschaftlich relevanten Gruppen entsandten Mitglieder sind allerdings nicht Interessenvertreter der sie entsendenden Institution. Vielmehr orientiert sich die Stellung der Mitglieder an der Aufgabe des Rundfunkrates, die Allgemeinheit zu vertreten, so dass auch die Aufgabe der Mitglieder darin besteht die Allgemeinheit zu vertreten. Die Mitglieder des Rundfunkrates sind daher nur ihrem Gewissen und dem Gesetz unterworfen und an Weisungen nicht gebunden. Entsprechende Regelungen finden sich demgemäß auch in den einschlägigen gesetzlichen Bestimmungen für die öffentlich-rechtlichen Rundfunkanstalten.

75 Die Aufgabe des Rundfunkrats besteht vor allem in der Beratung des Intendanten in allen Rundfunkfragen. Diese allgemeine Beratungskompetenz wird konkretisiert durch die Beratung in Programmfragen, Personalfragen und Fragen der Finanzierung. Hinsichtlich der Programmgestaltung hat der Rundfunkrat die Einhaltung der gesetzlich festgelegten Programmgrundsätze zu überwachen. Er kann Verstöße dagegen feststellen und den Intendanten auffordern, dies abzustellen bzw. künftig zu unterlassen.[70] In Personalfragen kommt dem Rundfunkrat die wichtigste Aufgabe zu, die Wahl des Intendanten. Bei einigen öffentlich-rechtlichen Rundfunkanstalten ist der Rundfunkrat darüber hinaus auch bei der Ernennung der Direktoren in unterschiedlicher Ausprägung zu beteiligen. In finanzieller Hinsicht obliegt dem Rundfunkrat die Zustimmung zum jährlichen Haushaltsplan

---

67 *Herrmann* RuF 1971, 267, 280; *Hesse* S. 155.
68 BVerfGE 60, 53, 66 f.; BVerfG RuF 1982, 535.
69 BVerfGE 12, 205, 263.
70 Vgl. zur Programmbeschwerde unten Rdn. 118.

c) Verwaltungsrat

Der Verwaltungsrat überwacht die Geschäftsführung des Intendanten außerhalb der Programmgestaltung, also vorrangig im wirtschaftlichen und technischen Bereich. Die Mitglieder des Verwaltungsrates werden je nach Rundfunkanstalt ganz oder überwiegend vom Rundfunkrat gewählt, wobei die staatlichen Vertreter nach den gesetzlichen Bestimmungen in der Minderheit sind.[71]

76

Die Aufgaben des Verwaltungsrates gehen über eine Beratung des Intendanten hinaus. Der Verwaltungsrat prüft insbesondere den Haushalt, bevor dieser dem Rundfunkrat zur Genehmigung vorgelegt wird. Damit hat der Verwaltungsrat eine unmittelbare Einflussmöglichkeit auf die gesamte Tätigkeit der Rundfunkanstalt einschließlich des Programms.[72] Darüber hinaus bedürfen alle Rechtsgeschäfte von erheblicher Bedeutung der Zustimmung des Verwaltungsrates. Dies schließt insbesondere den Abschluss des Vertrages mit dem Intendanten und die Zustimmung zu den Verträgen mit den Direktoren ein.

77

3. Aufsicht

Die gesetzlichen Regelungen einer Aufsicht über die öffentlich-rechtlichen Rundfunkanstalten sind nicht einheitlich und fehlen zum Teil ganz. Im Allgemeinen ist jedoch – teils auch durch einschlägige Rechtsprechung – eine eingeschränkte Rechtsaufsicht vorgesehen. Diese Rechtsaufsicht führt in der Regel die jeweilige Regierung – bei den Landesrundfunkanstalten, dem ZDF und dem Deutschlandradio die Staatskanzleien[73] und bei der Deutschen Welle der Bundesbeauftragte der Bundesregierung für Angelegenheiten der Kultur und der Medien (BKM)[74] unmittelbar und nicht wie sonst üblich das Ressort, beziehungsweise der zuständige Minister.

78

Die wenigen vorhandenen Verfahrensregelungen beinhalten zunächst den Hinweis der Aufsicht gegenüber der Rundfunkanstalt, dass ein Gesetzesverstoß vorliegt. Wird dieser Verstoß nicht innerhalb einer angemessenen Frist beseitigt, so erteilt die Aufsicht eine entsprechende Anweisung. Eine Ersatzvornahme ist unzulässig.[75] Gegen die Maßnahmen der Aufsicht steht den Rundfunkanstalten der Verwaltungsrechtsweg offen.[76]

79

Die Rechtsaufsicht gilt allerdings nicht unbeschränkt. Das Bundesverfassungsgericht spricht von einer »höchstens beschränkten staatlichen Rechtsaufsicht«.[77] Daraus folgt, dass vor einer staatlichen Aufsichtsmaßnahme zunächst den anstaltsinternen Aufsichtsgremien eine Gelegenheit zur Korrektur gegeben werden muss. Die staatliche Aufsicht darf erst greifen, wenn die anstaltsinternen Kontrollen versagen.[78] Aus dem oben genannten Grundsatz des Bundesverfassungsgerichts folgt auch, dass eine Fachaufsicht, die Weisungen unter Zweckmäßigkeitserwägungen zulassen würde, nicht zulässig ist.[79] Auch die Aufsichtsmittel sind beschränkt, da die geforderte Staatsferne des Rundfunks ein unmittelbares Tätigwerden des Staates verbietet. Eine Ersatzvornahme nach erfolgloser Anweisung durch die Aufsicht ist daher ebenfalls unzulässig.

80

---

71 *Hesse* S. 166 m.w.N.
72 *Hesse* S. 167.
73 *Gersdorf*, Grundzüge des Rundfunkrechts, Rn. 361.
74 *Niepalla*, Deutsche-Welle-Gesetz, § 62 Rn. 12.
75 *Hesse* S. 175.
76 *Hesse* S. 175; *Rüggeberg*, Rechtsschutz öffentlich-rechtlicher Rundfunkanstalten und privatrechtlicher Unternehmen gegen Rechtsaufsichtsmaßnahmen, in Becker, Medienprozessrecht, S. 109, 121 ff.
77 BVerfGE 12, 205, 261;57, 295, 326.
78 *Hesse* S. 175.
79 *Hesse* S. 176.

V. Programmauftrag der öffentlich-rechtlichen Rundfunkanstalten

81 Der Auftrag der öffentlich-rechtlichen Rundfunkanstalten besteht darin, durch die Herstellung und Verbreitung ihrer Angebote als Medium und Faktor des Prozesses freier individueller und öffentlicher Meinungsbildung zu wirken und dadurch die demokratischen, sozialen und kulturellen Bedürfnisse der Gesellschaft zu erfüllen. Die öffentlich-rechtlichen Rundfunkanstalten haben in ihren Angeboten einen umfassenden Überblick über das internationale, europäische, nationale und regionale Geschehen in allen wesentlichen Lebensbereichen zu geben. Sie sollen hierdurch die internationale Verständigung, die europäische Integration und den gesellschaftlichen Zusammenhalt in Bund und Ländern fördern. Ihre Angebote haben der Bildung, Information, Beratung und Unterhaltung zu dienen. Sie haben Beiträge insbesondere zur Kultur anzubieten. Auch Unterhaltung soll einem öffentlich-rechtlichen Angebotsprofil entsprechen. Die öffentlich-rechtlichen Rundfunkanstalten haben bei der Erfüllung ihres Auftrags die Grundsätze der Objektivität und Unparteilichkeit der Berichterstattung, die Meinungsvielfalt sowie die Ausgewogenheit ihrer Angebote zu berücksichtigen.

1. Fernsehen

a) ARD (Das Erste)

82 Die in der ARD zusammengeschlossenen Landesrundfunkanstalten veranstalten gemeinsam das Vollprogramm »Erstes Deutsches Fernsehen (Das Erste)«.

83 Das Programm für Das Erste wird in der Ständigen Fernsehprogrammkonferenz zusammengestellt. Die Ständige Programmkonferenz besteht aus dem Programmdirektor Erstes Deutsches Fernsehen als Vorsitzendem und den Intendanten der Landesrundfunkanstalten, die wiederum jeweils ihre Fernsehprogrammdirektoren entsenden. In der Programmkonferenz werden die Pläne und Vorschläge der einzelnen Rundfunkanstalten für Das Erste dargelegt und erörtert. Beschlüsse werden mit einfacher Mehrheit gefasst. Bei Stimmengleichheit entscheidet der Vorsitzende. Als Beratungsgremium für die Ständige Fernsehprogrammkonferenz besteht der Programmbeirat für das Erste Deutsche Fernsehen. Er setzt sich aus je einem Vertreter der Landesrundfunkanstalten zusammen. Der Vorsitzende des Programmbeirats nimmt an den Hauptversammlungen der ARD (Mitgliederversammlung) teil und berichtet dort über die Arbeit des Gremiums.

b) ZDF

84 Aufgabe des ZDF ist die Veranstaltung des Fernsehvollprogramms »Zweites Deutsches Fernsehen« (ZDF) nach Maßgabe des ZDF-Staatsvertrages. Darüber hinaus veranstaltet das ZDF drei weitere Fernsehprogramme nach Maßgabe des Rundfunkstaatsvertrages[80] als Zusatzangebote und zwar die Programme »ZDFinfokanal«, »ZDFkulturkanal« und »ZDF-Familienkanal«.

c) Gemeinschaftsprogramme

85 Die in der ARD zusammengeschlossenen Landesrundfunkanstalten und das ZDF veranstalten gemeinsam folgende Fernsehprogramme:
- das Vollprogramm »3sat« mit kulturellem Schwerpunkt unter Beteiligung öffentlich-rechtlicher europäischer Veranstalter,
- das Vollprogramm »arte – Der Europäische Kulturkanal« unter Beteiligung öffentlich-rechtlicher europäischer Veranstalter,

---

80 Vgl. § 11b RStV.

A. Öffentlich-rechtlicher Rundfunk

- das Spartenprogramm »PHOENIX – Der Ereignis- und Dokumentationskanal« und
- das Spartenprogramm »KI.KA – Der Kinderkanal«.

d) Landesrundfunkanstalten

Die in der ARD zusammengeschlossenen Landesrundfunkanstalten veranstalten gemeinsam folgende weitere drei Fernsehprogramme als Zusatzangebote nach Maßgabe der als Anlage zu § 11b Abs. 1 RStV beigefügten Konzepte. Dies sind die Programme »EinsExtra«, »EinsPlus« und »EinsFestival«. 86

Weitere Fernsehprogramme von einzelnen oder mehreren in der ARD zusammengeschlossenen Landesrundfunkanstalten werden gemäß § 11 Abs. 2 RStV nach Maßgabe ihres jeweiligen Landesrechts veranstaltet. Dies sind: 87
- die Dritten Fernsehprogramme einschließlich regionaler Auseinanderschaltungen, und zwar jeweils
- des Bayerischen Rundfunks (BR),
- des Hessischen Rundfunks (HR),
- des Mitteldeutschen Rundfunks (MDR),
- des Norddeutschen Rundfunks (NDR),
- von Radio Bremen (RB),
- vom Rundfunk Berlin-Brandenburg (RBB),
- des Südwestrundfunks (SWR),
- des Saarländischen Rundfunks (SR) und
- des Westdeutschen Rundfunks (WDR) sowie
- das Spartenprogramm »BR-alpha« mit dem Schwerpunkt Bildung.[81]

e) Deutsche Welle

Die Deutsche Welle verbreitet ein weltweites Fernsehprogramm in den Sprachen Deutsch, Englisch, Spanisch und Arabisch. 88

2. Hörfunk

Die in der ARD zusammengeschlossenen Landesrundfunkanstalten veranstalten gemäß § 11c Abs. 1 RStV Hörfunkprogramme einzeln oder zu mehreren für ihr jeweiliges Versorgungsgebiet auf Grundlage des jeweiligen Landesrechts; bundesweit ausgerichtete Hörfunkprogramme finden nicht statt. Ausschließlich im Internet verbreitete Hörfunkprogramme sind nur nach Maßgabe eines nach Dreistufentests gemäß § 11f RStV durchgeführten Verfahrens zulässig. Die Gesamtzahl der terrestrisch verbreiteten Hörfunkprogramme der in der ARD zusammengeschlossenen Rundfunkanstalten ist festgelegt und darf die Zahl der zum 1.4.2004 terrestrisch verbreiteten Hörfunkprogramme nicht übersteigen. Allerdings kann das Landesrecht vorsehen, dass die jeweilige Landesrundfunkanstalt zusätzlich so viele digitale terrestrische Hörfunkprogramme veranstaltet wie sie Länder versorgt. Das jeweilige Landesrecht kann ebenfalls vorsehen, dass terrestrisch verbreitete Hörfunkprogramme gegen andere terrestrisch verbreitete Hörfunkprogramme, auch gegen ein Kooperationsprogramm, ausgetauscht werden, wenn dadurch insgesamt keine Mehrkosten entstehen und sich die Gesamtzahl der Programme nicht erhöht. Kooperationsprogramme werden jeweils als ein Programm der beteiligten Anstalten gerechnet. Regionale Auseinanderschaltungen von Programmen bleiben unberührt. Der Austausch eines in digitaler Technik verbreiteten Programms gegen ein in analoger Technik verbreitetes Programm ist nicht zulässig. Mit diesen äußerst detaillierten Regelungen in § 11c Abs. 1 u. 2 RStV sind die Landesrundfunkanstalten praktisch auf die 89

---

81 Vgl. § 11b RStV.

bestehenden Hörfunkprogramme festgelegt, ohne nennenswerte Ausweitungsmöglichkeiten zu haben. Im Einzelnen werden folgende Programme veranstaltet:

90 Der BR veranstaltet fünf eigene Hörfunkprogramme (Bayern 1, Bayern 2, Bayern 3, Bayern 4 Klassik und B5 aktuell) und mehrere zusätzliche Hörfunkangebote (on3-radio, Bayern plus, BR Verkehr, B5 plus und Bayern 2 plus), die im Rahmen des regionalen Projekts mit Digital Audio Broadcasting, entstanden sind.

91 Der HR veranstaltet sechs eigene Hörfunkprogramme (hr1, hr2, hr3, hr4, YOU FM und hr-iNFO).

92 Der MDR veranstaltet drei jeweils eigene Hörfunk-Landesprogramme für die einzelnen Staatsvertragsländer (MDR 1 RADIO SACHSEN, MDR 1 RADIO SACHSEN-ANHALT und MDR 1 RADIO THÜRINGEN), vier zentrale Radioprogramme für das gesamte Sendegebiet (JUMP, MDR INFO, MDR FIGARO, SPUTNIK) und das DAB-Projekt MDR KLASSIK.

93 Der NDR veranstaltet vier jeweils eigene Hörfunk-Landesprogramme für die einzelnen Staatsvertragsländer (NDR 90,3, NDR 1 Radio MV, NDR 1 Niedersachsen, NDR 1 Welle Nord), vier Hörfunkprogramme für das gesamte Sendegebiet (NDR 2, NDR Info, NDR Kultur, N-JOY) und ein gemeinsam mit Radio Bremen veranstaltetes Radioprogramm (Nordwestradio).

94 RB veranstaltet zwei eigene Hörfunkprogramme (Bremen Eins, Bremen Vier) und in Kooperation mit dem WDR und dem RBB Funkhaus Europa sowie in Kooperation mit dem NDR das Nordwestradio.

95 Der RBB führte nach seinem Start zunächst die Programme seiner Vorgänger[82] fort, zum Teil unter geändertem Namen. Heute umfasst sein Angebot die Hörfunkwellen radioBerlin 88,8, Antenne Brandenburg, Fritz, Inforadio, Radioeins (RBB) und Kulturradio sowie regelmäßige Sendungen in niedersorbischer Sprache.

96 Der SR veranstaltet im Hörfunk SR1 Europawelle, SR 2 KulturRadio, SR 3 Saarlandwelle, das in Kooperation mit dem SWR betriebene Jugend-Multimedia-Projekt 103.7 UnserDing sowie das ebenfalls in Kooperation produzierte deutsch-französische Informationsradio antenne saar.

97 Der SWR veranstaltet jeweils zwei »Landeshörfunkprogramme« für die beteiligten Bundesländer (SWR1 Baden-Württemberg, SWR4 Baden-Württemberg, SWR1 Rheinland-Pfalz, SWR4 Rheinland-Pfalz), zwei weitere Radioprogramme für das gesamte Sendegebiet (SWR2, SWR3).

98 Der WDR veranstaltet fünf eigene Hörfunkprogramme (1LIVE, WDR 2, WDR 3, WDR 4 und WDR 5 mit Funkhaus Europa), vier zusätzliche Radio-Angebote (1LIVE diggi, WDR Event, KIRAKA sowie der Verkehrskanal VERA).

99 Das Deutschlandradio veranstaltet nach § 11c Abs. 3 RStV Hörfunkprogramme mit den Schwerpunkten in den Bereichen Information, Bildung und Kultur und zwar das Programm »Deutschlandfunk«, das Programm »Deutschlandradio Kultur«, und das in digitaler Technik verbreitete Programm »DRadio Wissen« nach Maßgabe des als Anlage beigefügten Konzepts, insbesondere unter Rückgriff auf die Möglichkeiten nach § 5 Abs. 2 des Deutschlandradio-Staatsvertrages; die in der ARD zusammengeschlossenen Landesrundfunkanstalten kooperieren hierzu mit dem Deutschlandradio. Außerdem veranstaltet das Deutschlandradio ausschließlich im Internet verbreitete Hörfunkprogramme mit

---

82 Dazu oben Rdn. 29.

Inhalten aus den drei genannten Programmen nach Maßgabe eines nach § 11f RStV (Dreistufentest) durchgeführten Verfahrens.

Die in der ARD zusammengeschlossenen Landesrundfunkanstalten und das Deutschlandradio veröffentlichen gemäß § 11c Abs. 4 RStV in den amtlichen Verkündungsblättern der Länder jährlich, erstmals zum 1.1.2010, eine Auflistung der von allen Anstalten insgesamt veranstalteten Hörfunkprogramme. 100

Die Deutsche Welle verbreitet Hörfunkprogramme in Deutscher und 29 weiteren Sprachen weltweit. 101

3. Telemedien

Entsprechend der Regelung in § 11c RStV bezüglich der Hörfunkprogramme findet sich in § 11d RStV eine detaillierte Regelung zum Telemedienangebot. Danach bieten die in der ARD zusammengeschlossenen Landesrundfunkanstalten, das ZDF und das Deutschlandradio Telemedien an, die journalistisch-redaktionell veranlasst und journalistisch-redaktionell gestaltet sind. Dieser Auftrag umfasst das Angebot von 102

- Sendungen der Programme auf Abruf bis zu sieben Tage nach deren Ausstrahlung, Sendungen auf Abruf von Großereignissen gemäß § 4 Abs. 2 RStV sowie von Spielen der 1. und 2. Fußball-Bundesliga bis zu 24 Stunden danach
- inhaltlich und zeitlich bis zu sieben Tage danach auf eine konkrete Sendung bezogenen Telemedien soweit auf für die jeweilige Sendung genutzte Materialien und Quellen zurückgegriffen wird und diese Telemedien thematisch und inhaltlich die Sendung unterstützend vertiefen und begleiten, ohne jedoch bereits ein eigenständiges Telemedienangebot nach § 11f Abs. 3 RStV darzustellen. Diese sendungsbezogenen Telemedien sind in Telemedienkonzepten entsprechend § 11f Abs. 1 zu beschreiben, wobei Vorankündigungen zulässig sind.
- Sendungen und sendungsbezogenen Telemedien nach Ablauf der vorgenannten Fristen sowie von nichtsendungsbezogenen Telemedien nach Maßgabe eines nach § 11f RStV durchgeführten Verfahrens. In den Telemedienkonzepten ist angebotsabhängig eine Befristung für die Verweildauer vorzunehmen. Nichtsendungsbezogene presseähnliche Angebote sind nicht zulässig
- zeitlich unbefristeten Archiven mit zeit- und kulturgeschichtlichen Inhalten nach Maßgabe der gemäß § 11f RStV zu erstellenden Telemedienkonzepte.

Durch die Telemedienangebote der in der ARD zusammengeschlossenen Landesrundfunkanstalten, des ZDF und des Deutschlandradio soll gemäß § 11d Abs. 3 RStV allen Bevölkerungsgruppen die Teilhabe an der Informationsgesellschaft ermöglicht, Orientierungshilfe geboten sowie die technische und inhaltliche Medienkompetenz aller Generationen und von Minderheiten gefördert werden. Bei sendungsbezogenen Telemedien muss der zeitliche und inhaltliche Bezug zu einer bestimmten Sendung im jeweiligen Telemedienangebot ausgewiesen werden. Die in der ARD zusammengeschlossenen Landesrundfunkanstalten, das ZDF und das Deutschlandradio bieten ihre Angebote in elektronischen Portalen an und fassen ihre Programme unter elektronischen Programmführern zusammen. 103

Gemäß § 11d Abs. 5 RStV sind Werbung und Sponsoring in Telemedien nicht zulässig. Ebenso ist das Angebot auf Abruf von angekauften Spielfilmen und angekauften Folgen von Fernsehserien, die keine Auftragsproduktionen sind, nicht zulässig. Eine flächendeckende lokale Berichterstattung in Telemedien ist ebenfalls nicht zulässig. Darüber hinaus enthält eine Anlage zum Rundfunkstaatsvertrag weitere Angebotsformen, die in 104 den Telemedien der in der ARD zusammengeschlossenen Landesrundfunkanstalten, des ZDF und des Deutschlandradio nicht zulässig sind.[83]

105 Mit dem sog. Dreistufentest-Verfahren, das in den §§ 11d–11f RStV geregelt ist, werden die Telemedienangebote der öffentlich-rechtlichen Rundfunkanstalten einerseits daraufhin überprüft, ob sie den demokratischen, sozialen und kulturellen Bedürfnissen entsprechen. Außerdem wird überprüft, in welchem Umfang sie in qualitativer Hinsicht zum publizistischen Wettbewerb beitragen und welcher finanzielle Aufwand für das Telemedienangebot erforderlich ist. Diesem Dreistufentest-Verfahren wurden zunächst die bestehenden Telemedienangebote der öffentlich-rechtlichen Rundfunkanstalten unterzogen.[84] Dem Verfahren unterliegen aber vor allem sämtliche neuen oder grundlegend veränderten Telemedienangebote der öffentlich-rechtlichen Rundfunkanstalten.[85]

106 Plant eine der in der ARD zusammengeschlossenen Rundfunkanstalten, das ZDF oder das Deutschlandradio ein neues Telemedienangebot oder die Veränderung eines bestehenden Angebots, legt sie ein entsprechendes Konzept dem Rundfunkrat[86] vor. In welchen Fällen ein neues oder verändertes Telemedienangebot vorliegt, entscheiden die öffentlich-rechtlichen Rundfunkanstalten selbst, wobei sie allerdings in ihren Satzungen bzw. Richtlinien einheitliche Kriterien festzulegen haben.[87] Das Dreistufentest-Verfahren beginnt gemäß § 11f Abs. 5 RStV mit der Veröffentlichung dieser Angebotsbeschreibung durch das zuständige Gremium. Mit dieser Veröffentlichung, die vorzugsweise im Internet erfolgt, wird Dritten die Möglichkeit zu Stellungnahme innerhalb von sechs Wochen gegeben. Darüber hinaus ist der Rundfunkrat nach § 11f Abs. 5 verpflichtet, zu den marktlichen Auswirkungen ein Gutachten einzuholen. Über die Einholung weiterer Gutachten und Stellungnahmen entscheidet der Rundfunkrat. Er wird in der Regel dem Intendanten Gelegenheit geben, sich zu den Stellungnahmen und dem Gutachten zu äußern.

107 Der Rundfunkrat prüft die Kriterien des § 11f Abs. 4 RStV und entscheidet mit einer Mehrheit von zwei Dritteln der anwesenden Mitglieder, mindestens mit der Mehrheit der gesetzlichen Mitglieder, ob das neue oder veränderte Angebot vom Auftrag umfasst ist. Bei der Entscheidung erfolgt eine Abwägung, ob das Telemedienangebot einen qualitativen Beitrag zum publizistischen Wettbewerb leistet. Innerhalb der Abwägung sind nach § 11f Abs. 6 RStV zwingend die Stellungnahmen Dritter und das marktökonomische Gutachten zu berücksichtigen. Es entspricht der hohen Transparenz des Verfahrens, dass in der Entscheidungsbegründung auch der Abwägungsvorgang darzustellen ist. Das Ergebnis der Prüfung ist einschließlich der eingeholten Gutachten zu veröffentlichen. Gem. § 11f Abs. 7 RStV erfolgt vor der Veröffentlichung eine Prüfung der Entscheidung durch die Rechtsaufsicht.

108 Bei Telemedienangeboten der Gemeinschaftseinrichtungen der ARD (z.B. DasErste.de; Kika.de) ist es Aufgabe der GVK,[88] alle Gremien der einzelnen ARD-Rundfunkanstalten in den Beratungsprozess einzubeziehen. Dies gilt auch bei der Prüfung der bereits bestehenden ARD-Online-Angebote. Das konkrete Verfahren wird jeweils von dem Rundfunkrat der Anstalt durchgeführt, die innerhalb der ARD federführend für das betref-

---

83 Anlage zu § 11d Abs. 5 Satz 4 RStV (Negativliste öffentlich-rechtlicher Telemedien).
84 Vgl. die Übergangsregelung in Art. 7 Abs. 1 des 12. RÄStV.
85 Um die Vereinbarkeit der Gebührenfinanzierung mit dem europäischen Wettbewerbsrecht sicherzustellen, hatten die Länder der EU-Kommission die Einführung eines solchen Verfahrens, wie es in §§ 11d–11f RStV erfolgt ist, zugesagt.
86 Zuständig ist jeweils der Rundfunkrat bzw. das entsprechende Gremium beim ZDF (Fernsehrat) und beim Deutschlandradio (Hörfunkrat).
87 Vgl. § 11f Abs. 3 RStV.
88 Zur GVK siehe oben Rdn. 46.

A. Öffentlich-rechtlicher Rundfunk

fende Angebot zuständig ist. Dieser Rundfunkrat der federführenden Anstalt trifft auch am Ende die Entscheidung, ob das Angebot zulässig ist. Die Gremien aller anderen Landesrundfunkanstalten sind damit am Beratungs- und Entscheidungsprozess umfänglich beteiligt. Diese Beratungsergebnisse fließen in die Beschlussempfehlung der GVK ein, die der Rundfunkrat der federführenden Anstalt bei seiner Entscheidung berücksichtigt.

4. Programmgrundsätze

a) Allgemeine Programmgrundsätze

Die gesetzlichen Grundlagen der einzelnen öffentlich-rechtlichen Rundfunkanstalten enthalten jeweils unterschiedlich formulierte, inhaltlich aber weitgehend identische Regelungen zu den Programmgrundsätzen. Diese Regelungen lassen sich in Verhaltensnormen einerseits und in Inhaltsnormen andererseits aufteilen.[89] Zu den Verhaltensnormen gehört insbesondere die auch in den Landespressegesetzen normierte journalistische Sorgfaltspflicht, wie z.B die Prüfung der Zuverlässigkeit von Informationsquellen.[90] Die Inhaltsnormen spiegeln die vom Bundesverfassungsgericht vorgegebene Ordnung des Rundfunkwesens wieder.[91] Darunter fallen etwa die Achtung der Menschenwürde, das Diskriminierungsverbot, das Eintreten für Freiheit, Gerechtigkeit, Frieden und die Völkerverständigung. Der Programmgrundsatz der Ausgewogenheit des Programms soll sicherstellen, dass – im Gegensatz zur Presse und zum privaten Rundfunk – alle Auffassungen zu Wort kommen. Der der Presse und dem privaten Rundfunk zugestandene Tendenzschutz[92] gilt für den öffentlich-rechtlichen Rundfunk ausdrücklich nicht.[93] Allerdings ist der Grundsatz der Ausgewogenheit nicht so zu verstehen, dass jede einzelne Sendung ausgewogen sein müsste. Dies ist schon technisch und journalistisch unmöglich. Vielmehr ist dabei auf das gesamte Programm abzustellen.[94]

109

b) Trennung von Werbung und Programm

Der in §§ 7 u. 7a RStV normierte Grundsatz der Trennung von Werbung und Programm geht auf eine Entscheidung des BGH[95] zurück. Danach soll die Unabhängigkeit der Programmgestaltung gewährt und die Objektivität und Neutralität des Rundfunks gegenüber dem Wettbewerb im Markt erhalten werden.[96] Darüber hinaus dient das Gebot der Trennung von Werbung und Programm auch dem Schutz der Zuschauer vor einer Täuschung über den werbenden Charakter einer Sendung.[97] Allerdings bedeutet der Grundsatz der Trennung von Werbung und Programm nicht, dass jeglicher Werbeeffekt auszusparen wäre. Denn Werbung ist ein Bestandteil der realen Umwelt, die auch im Rundfunk gezeigt werden muss, soweit sie jedenfalls unvermeidlich ist.[98] Unvermeidlich ist dabei alles, was programmlich erforderlich ist, was also aus redaktionellen, dramaturgischen oder journalistischen Gründen gerechtfertigt ist.[99] Als Beispiele seien hier nur Berichte über Wirtschaftsunternehmen genannt, die unvermeidbar werbenden Charakter haben und die Übertragung von Fußballspielen, bei der die Banden- und Trikotwerbung einer Darstellung der realen Umwelt entspricht. Die öffentlich-rechtlichen Rundfunkan-

110

---

89 *Hesse* S. 168 f.
90 *Wenzel*, Recht der Wort- und Bildberichterstattung, S. 318 ff.
91 BVerfGE 12, 205, 263; 57, 295, 325.
92 BverfGE 52, 283, 296.
93 BVerfGE 59, 231, 258.
94 BVerfGE 59, 231, 258 m.w.N.
95 BGHZ 110, 278.
96 BGHZ 110, 278, 290; *Bosmann* ZUM 1990, 545, 548.
97 *Hesse* S. 106.
98 BGHZ 110, 279, 287.
99 *Hesse* S. 107 m.w.N.

stalten haben Näheres zur Trennung von Werbung und Programm, zum Sponsoring und zu Gewinnspielen in einheitlichen Richtlinien festgelegt,[100] die von den jeweiligen Aufsichtsgremien der Rundfunkanstalten beschlossen worden sind.[101]

111 In diesen Richtlinien haben die Rundfunkanstalten insbesondere detaillierte Regelungen zur entgeltlichen Produktplazierung und zur unentgeltlichen Produktionshilfe festgelegt. Seit jeher ist das Spannungsfeld zwischen verbotener Schleichwerbung und zulässiger Produktplazierung Anlass zu Kritik an den öffentlich-rechtlichen Rundfunkanstalten gewesen. Diese sind daher bemüht, klare Regelungen zu schaffen. Unterschieden wird zwischen Produktplazierung, die eine gekennzeichnete Erwähnung oder Darstellung von Waren, Dienstleistungen u.ä in Sendungen gegen Entgelt oder eine ähnliche Gegenleistung mit dem Ziel der Absatzförderung darstellt. Dazu zählt auch die unentgeltliche Bereitstellung von Waren oder Dienstleistungen (Produktionshilfe), sofern sie erwähnt oder dargestellt wird und die betreffende Ware oder Dienstleistung von bedeutendem Wert ist. Dies ist der Fall, wenn sie 1 % der Programmaufwendungen und den Betrag von 1000,- € überschreitet. Eine solche Produktplazierung ist grundsätzlich unzulässig. Abweichend davon ist Produktplazierung in folgenden Fällen zulässig:
- Eine entgeltliche Produktplazierung ist in Fremdproduktionen zulässig und zwar in Kinofilmen, Filmen und Serien, Sportsendungen und Sendungen der leichten Unterhaltung, die nicht vom Veranstalter selbst oder von einem mit dem Veranstalter verbundenen Unternehmen produziert oder in Auftrag gegeben wurden (Fremdproduktionen). Eine entgeltliche Produktplazierung ist nur dann zulässig, wenn es sich nicht um Sendungen für Kinder handelt. Eine Sendung der leichten Unterhaltung liegt insbesondere dann nicht vor, wenn es sich um Sendungen handelt, die neben unterhaltenden Elementen im Wesentlichen informierenden Charakter haben, bei Verbrauchersendungen und Ratgebersendungen mit Unterhaltungselementen. Koproduktionen gelten als Fremdproduktionen, wenn der Veranstalter nur einen untergeordneten Teil der finanziellen Mittel bereitstellt und daher im Regelfall kein entscheidendes Mitspracherecht bei der Gestaltung der Produktion hat.
- Eine Produktionshilfe von bedeutendem Wert, also die unentgeltliche Bereitstellung von Waren oder Dienstleistungen wie Produktionshilfen und Preise ist zulässig, sofern es sich nicht um Nachrichten, Sendungen zum politischen Zeitgeschehen, Ratgeber- und Verbrauchersendungen, Sendungen für Kinder oder Übertragungen von Gottesdiensten handelt
- Sonstige Produktionshilfen, die nicht von bedeutendem Wert sind, sind in allen Sendungsformaten zulässig.

112 Eine Produktplazierung oder Produktionshilfe ist darüber hinaus nur zulässig, wenn sie die nachfolgenden Voraussetzungen erfüllt, auch, wenn die Produktionshilfe nicht von bedeutendem Wert ist:
- Die redaktionelle Verantwortung und Unabhängigkeit hinsichtlich Inhalt und Sendeplatz müssen unbeeinträchtigt bleiben. Anhaltspunkte dafür, dass die journalistische oder künstlerische Darstellungsfreiheit eingeschränkt ist, liegen etwa vor, wenn die Initiative zur Berichterstattung nicht von der Redaktion, sondern von einem Hersteller, Dienstleister oder deren Vermittler ausgeht. Dies gilt erst recht, wenn deren Produkte Gegenstand des Beitrags sind. Eine Einschränkung der Darstellungsfreiheit liegt auch vor, wenn im Beitrag der Name oder Produkte des Produktionshelfers auftauchen, ohne dass dies aus journalistischen oder künstlerischen Gründen zwingend erforderlich ist, oder wenn das Konzept einer Sendung darauf zugeschnitten ist, dass

---
100 Die Richtlinien sind veröffentlicht unter: http://db.ard.de/pdf/abc/ARD-Werberichtlinien.pdf.
101 Zuständig sind in der Regel wegen des Programmbezugs die Rundfunkräte bzw. der Fernsehrat beim ZDF und der Hörfunkrat beim Deutschlandradio.

ein Hersteller oder Dienstleister seine Produkte präsentieren kann, ohne dass dies mit inhaltlichen oder redaktionellgestalterischen Überlegungen erklärbar erscheint. Wenn der Wert der Leistung so erheblich ist, dass davon auszugehen ist, dass die redaktionelle Entscheidungsfreiheit nicht mehr gewährleistet ist, liegt ebenfalls eine Einschränkung der journalistischen oder künstlerischen Darstellungsfreiheit vor.
- Die Produktplatzierung darf nicht unmittelbar zu Kauf, Miete oder Pacht von Waren oder Dienstleistungen auffordern, insbesondere nicht durch spezielle verkaufsfördernde Hinweise auf diese Waren und Dienstleistungen.
- Das Produkt darf nicht zu stark herausgestellt werden.

Auf entgeltliche Produktplatzierungen und auf unentgeltliche Produktionshilfen ist eindeutig hinzuweisen. Sie ist zu Beginn und zum Ende einer Sendung sowie bei deren Fortsetzung nach einer Werbeunterbrechung oder im Hörfunk durch einen gleichwertigen Hinweis angemessen zu kennzeichnen. Die Kennzeichnung erfolgt zu Beginn und zum Ende der Sendung durch Einblendung des Zeichens »P«. Die Einblendung erfolgt mindestens drei Sekunden. Ergänzend wird im Fall der entgeltlichen Produktplatzierung folgender Schriftzug eingeblendet: »enthält Produktplatzierung«. Im Fall der unentgeltlichen Produktionshilfe wird der Schriftzug eingeblendet: »unterstützt durch Produktionshilfe«. Kommt in einer Sendung beides vor, erfolgt der Hinweis »enthält Produktplatzierung«. Im Fernsehen erfolgt ergänzend bei Produktionshilfe im Abspann oder, wenn ein solcher nicht besteht, in sonstiger geeigneter schriftlicher Weise am Ende der Sendung die Nennung der Produktionshelfer. Unter der Überschrift »Zu dieser Sendung wurde Produktionshilfe geleistet durch« erfolgt die Nennung in alphabetischer Reihenfolge. Die Darstellung erfolgt in normaler Schriftgröße und ohne Logos oder (Bild-)Marken. Sonstige Produktionshelfer können aus Gründen der Transparenz ebenfalls genannt werden. Für die Erwähnung darf kein Entgelt oder eine ähnliche Gegenleistung vereinbart oder geleistet werden. Kann nicht mit zumutbarem Aufwand in einer Fremdproduktion ermittelt werden, ob in einer Sendung eine entgeltliche Produktplatzierung oder eine unentgeltliche Produktionshilfe enthalten ist, entfällt die Kennzeichnungspflicht. Es ist im programmbegleitenden Videotext oder Telemedienangebot oder in sonstiger geeigneter Weise darauf hinzuweisen, dass die Aufklärung nicht möglich war (z.B.: »Diese Sendung könnte Produktplatzierungen enthalten«). Als zumutbarer Aufwand gilt, wenn die Anstalt den Verkäufer in vertraglicher oder sonstiger Weise zur Vorlage einer Erklärung auffordert, ob die Sendung Produktplatzierung enthält.

Für die Beschaffung von Rechten an Produktionen sowie Dienst- und Sachleistungen für die Herstellung von Produktionen sind grundsätzlich angemessene Entgelte zu vereinbaren.

5. Rechtsschutzmöglichkeiten

a) Gegendarstellung

Die Gegendarstellung stellt eine Besonderheit im Rahmen der Rechtsschutzmöglichkeiten gegen die Berichterstattung der öffentlich-rechtlichen Rundfunkanstalten insofern dar, dass die Rechtswidrigkeit der in Frage stehenden Sendung nicht vorausgesetzt wird.[102] Das Bundesverfassungsgericht hat der Gegendarstellung im Spannungsfeld zwischen Persönlichkeitsrecht und Pressefreiheit einen hohen Stellenwert eingeräumt und hält sie als Teil des Rechts auf Selbstbestimmung des Einzelnen über die Darstellung der eigenen Person für unverzichtbar.[103] Da es sich bei der Veröffentlichung einer Gegendarstellung durch eine öffentlich-rechtliche Rundfunkanstalt um einen Eingriff in das Grundrecht der Rundfunkfreiheit handelt, ist eine gesetzliche Grundlage erforderlich.

---

102 *Soehring* Rn. 29.1.
103 BVerfGE 63, 131; 73, 118.

Die einschlägigen, in ihren wesentlichen Grundzügen gleichen gesetzlichen Regelungen der einzelnen öffentlich-rechtlichen Rundfunkanstalten verpflichten zur Verbreitung von Gegendarstellungen, wenn eine Person oder Stelle durch eine in einer Sendung verbreiteten Tatsachenbehauptung betroffen ist. Der Anspruch steht sowohl natürlichen als auch juristischen Personen des Privat- und öffentlichen Rechts zu und schließt auch Behörden, Gerichte, Staatsanwaltschaften, Regierungen, Ministerien und Gesetzgebungsorgane ein. Die Betroffenheit setzt nicht eine Beeinträchtigung des Antragsstellers durch die Erstmitteilung voraus und verlangt auch nicht die Darlegung, dass der Anspruchsteller in seinen Rechten verletzt ist.[104] Voraussetzung ist allerdings, dass der Anspruchsteller von einer Tatsachenbehauptung in der Erstmitteilung zumindest betroffen ist. Eine Meinungsäußerung oder Kritik ist nicht ausreichend. Diese Tatsachenbehauptungen können in Form sog. innerer Tatsachen, Verdachtsäußerungen, Gerüchte und auch Fragen bestehen. Entscheidend ist, dass es sich um Äußerungen über Tatsachen und Vorgänge handelt, die Anspruch auf Wirklichkeitstreue erheben und auf ihre Richtigkeit hin objektiv mit den Mitteln der Beweiserhebung überprüfbar sind.[105] Auch die Gegendarstellung selbst muss ausschließlich aus solchen Tatsachenbehauptungen bestehen und an die entsprechenden Tatsachenbehauptungen der Erstmitteilung anknüpfen. Dabei ist eine wörtliche Widergabe der Erstmitteilung zwar nicht zwingend erforderlich, aber schon deswegen ratsam, um die Aussagen der Erstmitteilung zutreffend wiederzugeben.[106]

116 Die Verpflichtung zur Gegendarstellung besteht allerdings nicht, wenn der Antragsteller kein berechtigtes Interesse an der Verbreitung hat. Dies ergibt sich teils aus den einschlägigen Rechtsvorschriften der öffentlich-rechtlichen Rundfunkanstalten, aber auch aus den allgemeinen zivilprozessualen Regelungen. Enthält die Erstmitteilung substantiierte Behauptungen, die auf die Regeln der journalistischen Sorgfaltspflicht zurückzuführen sind, muss die Gegendarstellung ebenfalls substantiierte Behauptungen und nicht nur ein »einfaches Bestreiten« enthalten, um nicht als unwahr zu gelten, was zu einer Verneinung des berechtigten Interesses des Antragstellers führen würde. Auch in den Fällen, in denen die Behauptungen der Gegendarstellungen offen- bzw. gerichtskundig unwahr sind, fehlt das berechtigte Interesse des Antragstellers an der Durchsetzung der Gegendarstellung.[107]

117 Die Gegendarstellung bedarf der Schriftform und ist durch den Betroffenen oder seinen gesetzlichen Vertreter eigenhändig zu unterzeichnen. Neben dem Betroffenen selbst kann also nur der gesetzliche Vertreter unterzeichnen, was bei natürlichen Personen eine Vertretung ausschließt.

b) Programmbeschwerde

118 Mit der Programmbeschwerde besteht für Jedermann ein Rügerecht bezüglich der Verletzung von Programmgrundsätzen durch die öffentlich-rechtlichen Rundfunkanstalten.[108] Die Gesetze über die jeweiligen öffentlich-rechtlichen Rundfunkanstalten sehen ausdrücklich diese Möglichkeit vor und legen eine Verfahrensweise fest, die im Wesentlichen einheitlich ist. Die Beschwerde muss die Sendung ebenso konkret bezeichnen, wie den verletzten Programmgrundsatz benennen. Über Eingaben und Beschwerden, die die Verletzung von Programmgrundsätzen rügen, entscheidet der Intendant in der Regel innerhalb einer gesetzlich bestimmten Frist. Eine Programmbeschwerde ist erst nach der Ausstrahlung der Sendung und nicht bereits vorher statthaft. Dies folgt bereits aus den

---

104 *Soehring* Rn. 29.9 f.
105 *Wenzel* Rn. 4.38; BGH NJW 1966, 1617; *Soehring* Rn. 14.3 m.w.N.
106 *Soehring* Rn. 29.18.
107 Näher dazu *Soehring* Rn. 29.21; weitere Beispiele bei: *Seitz/Schmidt*, Der Gegendarstellungsanspruch, Rn. 252 ff.
108 Näher dazu BeckRundfunk-Komm/*Flechsig* § 10 Rn. 78 ff.

einschlägigen Vorschriften, die jeweils eine Sendung voraussetzen. Eine präventive Programmbeschwerde würde im Übrigen voraussetzen, dass eine Rechtsverletzung unmittelbar bevorsteht, was aber nicht der Fall ist, da der endgültige Inhalt der Sendung erst mit deren Ausstrahlung feststeht.[109] Der Intendant unterrichtet den Rundfunkrat über die Programmbeschwerde und teil ihm mit, ob er der Beschwerde abgeholfen hat oder nicht. Dem Beschwerdeführer teilt er mit, dass er sich bei Nichtabhhilfe an den Rundfunkrat wenden kann. Auch wenn die abschließende Entscheidung des Rundfunkrates – da die Programmentscheidungen nichtjustiziable Akte sind – keine unmittelbaren Konsequenzen haben kann, so wirkt sie doch mittelbar. Das Verhältnis zwischen Intendant und Rundfunkrat ist von einer vertrauensvollen Zusammenarbeit geprägt und würde doch nachhaltig unter sich häufenden in der Sache begründeten Programmbeschwerden leiden. Das auf den ersten Blick stumpfe Schwert der Programmbeschwerde gewinnt seine Schärfe zurück, wenn das Aufsichtsgremium wiederholt feststellt, dass der Intendant gegen die gesetzlichen Programmgrundsätze verstoßen hat.

c) Anspruchsgegner

Bei den vorgenannten ebenso wie allen weiteren Rechtsschutzmöglichkeiten ist Anspruchsgegner jeweils die Rundfunkanstalt, die das jeweilige Programm, bzw. die Sendung, die die Rechtsverletzung beinhaltet verantwortet. Eine Besonderheit gilt allerdings für das ARD Gemeinschaftsprogramm (DAS ERSTE). Da die ARD keine eigene Rechtspersönlichkeit besitzt,[110] kann sie auch kein Programm bzw. Sendung verantworten. Etwaige Ansprüche sind daher gegen alle Rundfunkanstalten[111] zu richten. Eine Ausnahme besteht allerdings bei Gegendarstellungen im Gemeinschaftsprogramm. Gemäß § 8 ARD-Staatsvertrag ist die Gegendarstellung bei derjenigen Rundfunkanstalt geltend zu machen, die die Sendung in das Gemeinschaftsprogramm eingebracht hat. Die Gegendarstellung richtet sich nach den Bestimmungen für diese Rundfunkanstalt. Alle Rundfunkanstalten sind verpflichtet, unverzüglich darüber Auskunft zu erteilen, welche Rundfunkanstalt die betreffende Sendung in das Gemeinschaftsprogramm eingebracht hat, gegen wen also das Gegendarstellungsbegehren zu richten ist.

119

VI. Leistungsschutzrechte der Sendeunternehmen

Die öffentlich-rechtlichen Rundfunkanstalten sind Leistungsschutzberechtigte im urheberrechtlichen Sinne in mehrfacher Hinsicht.

120

Einerseits steht ihnen das Leistungsschutzrecht des Veranstalters gemäß § 81 UrhG zu. Wenn also die Rundfunkanstalt selbst als Veranstalterin fungiert, so stehen ihr die Rechte nach §§ 77, 78 UrhG neben den ausübenden Künstlern zu. Sofern die Rundfunkanstalten selbst Tonträger herstellen, steht ihnen auch der Schutz des Tonträgerherstellers gemäß § 85 UrhG zu. Dies gilt insbesondere für die Produktionen mit eigenen und fremden Klangkörpern. Der Schutz der Rundfunkanstalten als Tonträgerhersteller führt auch zu einem angemessenen Anteil an den nach § 54 Abs. 1 UrhG gezahlten Vergütung.

121

Andererseits besteht ein besonderes Leistungsschutzrecht des Sendeunternehmens nach § 87 UrhG. Danach hat die Rundfunkanstalt das ausschließliche Recht, seine Funksendung weiterzusenden und öffentlich zugänglich zu machen, seine Funksendung auf Bild- oder Tonträger aufzunehmen, Lichtbilder von seiner Funksendung herzustellen sowie die Bild- oder Tonträger oder Lichtbilder zu vervielfältigen und zu verbreiten. Sie hat

122

---

109 Näher dazu BeckRundfunk-Komm/*Flechsig* § 10 Rn. 78 ff.
110 Siehe oben Rdn. 44 f.
111 Gegen diejenigen öffentlich-rechtlichen Rundfunkanstalten, die das Gemeinschaftsprogrammveranstalten: BR, HR, MDR, NDR, RB, RBB, SR, SWR, WDR.

ferner das Recht, an Stellen, die der Öffentlichkeit nur gegen Zahlung eines Eintrittsgeldes zugänglich sind, seine Funksendung öffentlich wahrnehmbar zu machen. Aus § 87 Abs. 5 UrhG ergibt sich insbesondere, dass die Rundfunkanstalten und Kabelunternehmen gegenseitig verpflichtet sind, einen Vertrag über die Kabelweitersendung im Sinne des § 20b Abs. 1 Satz 1 UrhG zu angemessenen Bedingungen abzuschließen. Es sei denn, ein die Ablehnung des Vertragsabschlusses sachlich rechtfertigender Grund steht dem entgegen. Auf Verlangen des Kabelunternehmens oder der Rundfunkanstalt ist der Vertrag gemeinsam mit den in Bezug auf die Kabelweitersendung anspruchsberechtigten Verwertungsgesellschaften zu schließen, sofern nicht ein die Ablehnung eines gemeinsamen Vertragsschlusses sachlich rechtfertigender Grund besteht.

123 Das Recht erlischt 50 Jahre nach der ersten Funksendung. Die Frist ist nach § 69 zu berechnen.

B. Privater Rundfunk

124 Teil B. beschäftigt sich mit einem Ausschnitt aus dem privaten Rundfunk. Auch wenn unter rein wirtschaftlichen Aspekten eine isolierte Betrachtung eines Teils des Rundfunks in der heutigen multimedialen Welt gar nicht möglich ist, nimmt dieser Beitrag eine primär juristische Betrachtung vor und fokussiert auf den Bereich der privaten Free TV Sender. Pay TV, Hörfunk und die an den Rundfunk angrenzenden Telemedien liegen daher thematisch außerhalb des in diesem Kapitel behandelten Themas.

I. Das duale System heute

1. Die zwei Säulen privater Rundfunk und öffentlich-rechtlicher Rundfunk

125 Seit mittlerweile über 25 Jahren stellt der private Rundfunk eine vom Bundesverfassungsgericht[112] bestätigte weitere Säule neben dem öffentlich-rechtlichen Rundfunk dar, der mit ihm zusammen die mediale Meinungsvielfalt in Deutschland gewährleisten soll. Der private Rundfunk, der sich in Deutschland anders als der öffentlich-rechtliche Rundfunk nicht über Gebühren, sondern über Werbeerlöse (und im Pay TV über Abo-Gebühren) finanziert hat zwar seither seine rechtlich unumstrittene Daseinsberechtigung, sein Dasein ist jedoch vor dem Hintergrund der erschwerten Finanzierungsbedingungen nicht selbstverständlich und auch nicht immer ohne Weiteres gewährleistet. Sieht man sich z.B. einen Spartensender[113] wie Bloomberg an, der als Nachrichtensender einen wichtigen Beitrag zur Meinungsvielfalt geleistet hat, für den es aber im deutschen TV Markt nicht mehr lukrativ genug war, um weiterhin darin vertreten zu sein, und der sich deshalb nach 11 Jahren im März 2009 wieder aus Deutschland zurückzog,[114] wird klar, dass hinsichtlich der Finanzierung ein Ungleichgewicht herrscht.

126 Aktuelle medienpolitische Bestrebungen, dieses Ungleichgewicht abzumildern beinhalten Vorschläge wie z.B. die Etablierung eines Anreizsystems, bei dem private Rundfunkveranstalter Anreize gesetzt bekommen, ihrer meinungsfördernden und demokratiebildenden Funktion als Wirtschafts- und Kulturgut verstärkt nachzukommen. Diejenigen privaten Anbieter, die bereit sind, gesellschaftlich erwünschte Inhalte zu produzieren und zu senden, bekommen im Gegenzug einzelne Privilegien gewährt, die die finanzielle

---

112 BVerfGE 57, 295, BVerfGE 73, 118, BVerfGE 74, 297, BVerfGE 83, 238, BVerfGE 87, 181, BVerfGE 90, 60, BVerfGE 92, 203, BVerfGE 97, 228, BVerfGE 97, 298.
113 Spartensender sind laut § 2 Abs. 2 Nr. 4 RStV Sender mit im Wesentlichen gleichartigen Inhalten.
114 http://www.guardian.co.uk/media/2009/feb/04/bloomberg-cuts-tv-service-redundancies.

Unwirtschaftlichkeit der gesellschaftlichen Maßnahme rechtfertigen können.[115] Solche Privilegien wären denkbar z.B. bei der technischen Verbreitung (z.B. Must Carry Status,[116] bevorzugte Auffindbarkeit bei EPGs),[117] in struktureller Hinsicht (z.B. Möglichkeit der medienkonzentrationsrechtlichen Anrechnung,) oder in letzter Konsequenz sogar bei der Finanzierung (z.B. Unterstützung bei Infrastrukturkosten in der Regional- und Lokalberichterstattung, Förderung von Minderheitenprogrammen). Fest steht jedenfalls, dass es in Deutschland in den nächsten Jahren erforderlich sein wird, das bisherige Rundfunkrecht neu zu überdenken und zu überarbeiten, um die verfassungsrechtlich bestätigte »Ehe« zwischen öffentlich-rechtlichem und privatem Rundfunk nicht zu gefährden. Dies wird Aufgabe der nächsten Rundfunkänderungsstaatsverträge sein.

2. Privater Rundfunk in einer multimedialen Welt

a) Diversifikation der Medien und Wegfall der Kapazitätsengpässe

Die seit Anfang der Jahrtausendwende auch in Deutschland Einzug haltende Digitalisierung in den Medien führt dazu, dass das o.g. duale System Konkurrenz von außen erhält. Seit Jahren drängen immer mehr online- sowie mobile Dienste in den Medienmarkt ein und kreieren eine multimediale Welt, durch deren Diversifikation sich der Zuschauer zum sog. »user« wandelt. Dieser widmet sich vor allem bei den jüngeren (für das Fernsehen aber zielgruppenrelevanten) Generationen anderen Medien als dem klassischen Fernsehen, nämlich online-Portalen mit Bewegtbild (z.B. YouTube) oder mobilen Endgeräten mit Bewegtbild (z.B. sog. »apps«) und geht somit dem klassischen TV zumindest teilweise verloren. Auch wenn das Gesetz heute die genannten Dienste als sog. Telemediendienste berücksichtigt (siehe §§ 54-61 RStV) und diese z.B. im Bereich der Werberegulierung ähnlichen Regularien unterwirft wie der Rundfunk, so ist dieser dennoch einer weitaus strengeren Regulierung ausgesetzt. Dies lässt sich zwar mit der sog. »Suggestivkraft der Bilder« begründen. Vor dem Hintergrund, dass Bewegtbilder mittlerweile jedoch auch im Telemedienbereich eine tragende Rolle spielen, ist die zentrale Frage, wie der Begriff des Rundfunks neu definiert werden muss. Denn je nach Einordnung können die Rechtsfolgen (von Zulassungs- bis hin zu Regulierungsfragen) sehr unterschiedlich ausfallen. Auch hier ist die laufende Überprüfung der medienrechtlichen Gesetzeslage zur Sicherung einer ausgewogenen Medienvielfalt geboten.

127

Darüber hinaus kommt dazu, dass die digitalen Übertragungswege (insbesondere im Kabel) nicht mehr die Grenzen stecken, die es in der analogen Welt gab. Statt rund 30 TV Sendern sind nunmehr bis zu mehrere Hundert TV Sender allein über Kabel empfangbar. Diese neue Vielzahl an Programmen bedeutet zwar nicht unbedingt auch eine neu Vielfalt. Sie führt allerdings zu einer Zersplitterung der Zuschauermarktanteile, die zumindest den im analogen Zeitalter gegründeten Sendern Teile ihrer bisherigen Zuschauerschaft wegnehmen. Denn Zuschauer ändern ihre Sehgewohnheiten und entweder verkürzt sich die Verweildauer bei den herkömmlichen Sendern der sog. »ersten Generation« oder es ist sogar teilweise ein Abwandern zu neuen digitalen Spartenkanälen zu verzeichnen.

128

b) Schrumpfender Werbemarkt

Die Weltwirtschaftskrise machte in Deutschland auch vor dem Fernsehmarkt nicht halt und führte allein im Jahr 2009 zu einem Rückgang im für private free tv Anbieter rele-

129

---

115 Artikel »Gute Inhalte schlechte Inhalte – über Ökonomie und Rundfunkregulierung« von Dr. Tobias Schmid und Dr. Petra Gerlach in epd medien Nr. 16 vom 28.2.2009.
116 Siehe zum Thema must-carry Rdn. 139.
117 EPGs steht für Electronic Programm Guides.

vanten TV Netto-Werbemarkt von 9,8%.[118] Dadurch bedingt bewegt sich der TV Netto-Werbemarkt auf dem finanziellen Niveau von 1996/97 und war in 2009 ca. € 350 Millionen ärmer als noch in 2008. Die Werbespendings verteilen sich heute breiter in alle Medien, so dass auch durch die o.g. Diversifikation der neuen multimedialen Welt dazu führt, dass für den klassischen TV Bereich weniger Werbebudgets übrig bleiben. Dies erschwert die Finanzierung privaten Rundfunks ungemein und wird in den nächsten Jahren Konsequenzen für die ganze Wertschöpfungskette, angefangen beim Kino, über den DVD Vertrieb bis hin zur free tv Ausstrahlung haben. Die Refinanzierung des sog. »contents«, der als treibender Motor für die Medien dient, die diesen schließlich nur transportieren, wird immer schwieriger werden, so dass auch hieraus medienpolitischer Handlungsbedarf erwächst.

II. Rechtliche Voraussetzungen für die Veranstaltung von privatem Rundfunk

1. Die unterschiedlichen Verbreitungswege

130 Der private Rundfunk wird derzeit analog über Satellit (voraussichtlichern Abschaltzeitpunkt April 2012) und Kabel (die analoge terrestrische Verbreitung der privaten TV Sender wurde bereits in 2005 eingestellt), sowie digital über Satellit, Kabel, Terrestrik (sog. »DVB-T«),[119] DSL und IP verbreitet (siehe Schaubild Rdn. 131). Der bundesweite Versuch einer mobilen Verbreitung (sog. »DVB-H«) ist in Deutschland (anders als z.B. in Österreich) bisher gescheitert;[120] ein Wiederaufgreifen des Projekts wird zwar seit Februar 2010 in einem Komitee der DLM (Direktorenkonferenz der Landesmedienanstalten) diskutiert, bleibt allerdings abzuwarten. Über welchen Verbreitungsweg sich ein privater Fernsehsender verbreiten lässt, hängt zum einen davon ab, ob er die jeweilgen rundfunkrechtlichen Voraussetzungen dafür erfüllt und zum anderen, ob er die finanziellen Mittel hat, die jeweilige technische Verbreitung bezahlen zu können.

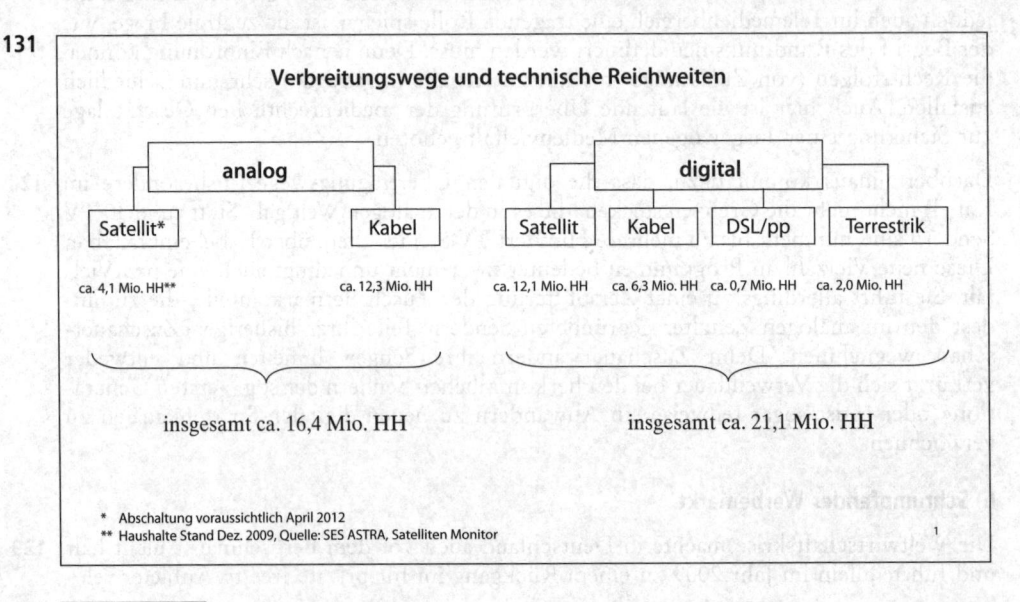

131

Verbreitungswege und technische Reichweiten

analog		digital			
Satellit*	Kabel	Satellit	Kabel	DSL/pp	Terrestrik
ca. 4,1 Mio. HH**	ca. 12,3 Mio. HH	ca. 12,1 Mio. HH	ca. 6,3 Mio. HH	ca. 0,7 Mio. HH	ca. 2,0 Mio. HH

insgesamt ca. 16,4 Mio. HH   insgesamt ca. 21,1 Mio. HH

* Abschaltung voraussichtlich April 2012
** Haushalte Stand Dez. 2009, Quelle: SES ASTRA, Satelliten Monitor

---

118 Vom ZAW im Mai 2010 veröffentlichte Zahlen, http://www.zaw.de/index.php?menuid=98&reporeid=677.
119 »DVB-T« steht für digital video broadcast – terrestrical.
120 Das Medienkonsortium Mobile 3.0 gab im Oktober 2008 seine Lizenz für den Versuchsbetrieb zurück.

2. Öffentlich-rechtliche Voraussetzungen

a) Zulassung

In den letzten Jahren hielt das sog. »Führerscheinprinzip« im deutschen Rundfunkrecht Einzug. Dieses Prinzip legt zugrunde, dass private Rundfunkveranstalter gemäß § 20 RStV i.V.m. dem jeweiligen Landesmediengesetz eine rundfunkrechtliche Zulassung (quasi den Führerschein) benötigen. Maßgeblich ist hierbei, ob es sich überhaupt um Rundfunk handelt.[121] Wie unter Rdn. 130 ausgeführt, ist die Abgrenzung zu Telemedien eine wichtige, wenn auch teils schwierige Aufgabe. § 2 Abs. 1 RStV definiert Rundfunk als einen linearen Informations- und Kommunikationsdienst. Er ist »…die für die Allgemeinheit und zum zeitgleichen Empfang bestimmte Veranstaltung und Verbreitung von Angeboten in Bewegtbild oder Ton entlang eines Sendeplans unter Benutzung elektromagnetischer Schwingungen…«. Irrelevant ist, ob das Angebot verschlüsselt verbreitet wird oder gegen besonderes Entgelt empfangbar ist. Telemedien bedürfen dann ebenfalls einer Zulassung, wenn sie dem Rundfunk und nicht Telekommunikationsdiensten zuzuordnen sind, da sie sonst dem Telekommunikationsgesetz unterliegen. § 2 Abs. 3 RStV bestimmt sechs Fälle, bei denen kein Rundfunk vorliegt, z.B. Angebote, die weniger als 500 potenziellen Nutzern zum zeitgleichen Empfang angeboten werden (können) und solche, die nicht journalistisch-redaktionell gestaltet sind. Beabsichtigt eine Internetplattform z.B. eine Begebenheit zu filmen und dies per live stream zu verbreiten, so ist zu prüfen, ob es hier zu einer redaktionellen Bearbeitung des Gefilmten kommt und es sich um eine Veranstaltung entlang eines Sendeplans handelt (dann Rundfunk) oder ob diese inhaltlichen Aspekte komplett fehlt (dann Telemedium). Falls die Zuordnung für das jeweilige Telemedium nicht eindeutig ist, kann gemäß § 20 Abs. 2 Satz 3 RStV ein Antrag auf rundfunkrechtlicher Unbedenklichkeit gestellt werden. 132

Verwaltungsrechtlich handelt es sich also um ein präventives Verbot mit Erlaubnisvorbehalt. Liegen die Zulassungsvoraussetzungen vor, hat der jeweilige beantragende Sender einen Anspruch auf Erteilung der Genehmigung. Sobald die Zulassung vom Sender erlangt wurde, erfolgt die Verbreitung gemäß § 52 RStV i.V.m. dem jeweiligen Landesmediengesetz im jeweiligen Verbreitungsweg (Kabel und Terrestrik) über die sog. »Zuweisung« von Frequenzen. 133

Die Zulassung wird von der jeweils zuständigen Landesmedienanstalt (im Folgenden LMA) erteilt, wobei die Zuständigkeit nicht gesetzlich vorgegeben ist, so dass der jeweilige private Sender sich die für ihn hinsichtlich Zulassung und Aufsicht zuständige LMA frei aussuchen kann. Der Standort eines Senders kann hierfür zwar ein Beweggrund sein, ist aber nicht zwingend. In der RTL Sendergruppe verhält es sich beispielsweise so, dass RTL Television (Sitz in Köln) in Niedersachsen, n-tv (Sitz in Köln) in Berlin und RTL 2 (Sitz in München) in Hessen lizenziert sind. Nur VOX Television und Super RTL sind mit Lizenzierung in Nordrhein-Westfalen an ihrem Standort (Köln) lizenziert. Mit dem 10. Rundfunkänderungsstaatsvertrag wurde in § 35 Abs. 2 Ziffer 1 RStV die sog. ZAK (Kommission für Zulassung und Aufsicht)[122] gegründet. Die Kommission für Zulassung und Aufsicht in den Medien ist seither zentral dafür zuständig, Zulassungsanträge und Maßnahmen der Aufsicht der jeweils zuständigen LMA zu überprüfen und zu genehmigen. Sie dient der jeweils zuständigen LMA als Organ bei der Erfüllung ihrer Aufgaben nach § 36 Abs. 1 und 2 RStV. Hintergrund des Entstehens der ZAK ist unter Anderem die leidliche Erfahrung, die im Zusammenhang mit dem DVB-H-Zulassungsverfahren gesammelt wurde (s.o.). Da für eine bundesweite terrestrische Verbreitung erforderlich 134

---

121 *Hartstein/Ring/Kreile/Dörr/Stettner* Band II, § 20 Rn. 4.
122 Zusammensetzung der ZAK gemäß § 35 Abs. 3 Satz 1 RStV: die gesetzlichen Vertreter (Direktoren/Präsidenten) der LMA.

war, in jedem Bundesland eine Zulassung zu erwerben, hier jedoch keine einheitlichen Standards herrschten, kam es in 2008 zu verfahrensrechtlichen Problemen, die auf die unterschiedlichen landesrechtlichen Regelungen zurückzuführen waren.

135 Die wesentlichen Voraussetzungen für eine Zulassung sind u.a. ein Wohnsitz in Deutschland, die Einhaltung der gesetzlichen Vorschriften, die Finanzierungsfähigkeit, sowie das Vorliegen eines meinungsvielfaltssichernden Programmschemas. Dieses kann je nach Ausrichtung nach einem Vollprogramm oder einem Spartenprogramm unterschiedlich ausgestaltet sein. Nach Überprüfung aller Kriterien durch die jeweilige LMA erfolgt die Genehmigung durch die ZAK sowie durch die sog. »KEK« (Kommission zur Ermittlung der Konzentration in den Medien) gemäß § 35 Abs. 2 Ziffer 1 und 3 i.V.m. § 36 Abs. 2 und 4 RStV.[123] Haben alle genannten Behörden den Zulassungsantrag genehmigt, wird die Zulassung für eine bestimmte Dauer (meist fünf bis zehn Jahre) erteilt. Sie kann gemäß § 20 Abs. 4 RStV aus bestimmten Gründen widerrufen werden und wird juristischen Personen des öffentlichen Rechts sowie Parteien nicht erteilt, um die Staatsfreiheit des Privatrundfunks zu gewährleisten.

b) Zuordnung

136 Die Nutzung der Übertragungskapazitäten ist rundfunkrechtlich über die Zuweisung geregelt. Davon zu unterscheiden ist jedoch zunächst die in § 51 RStV geregelte Zuordnung, die die Zuteilung von nicht leitungsgebundenen (drahtlosen) Übertragungskapazitäten, die den Bundesländern zur Verfügung stehen, an entweder den öffentlichen Rundfunk oder an eine LMA zum Inhalt hat. Sie erfolgt durch den jeweiligen Ministerpräsidenten auf Antrag (Bedarfsanmeldung) der jeweiligen LMA. Gemäß § 51 Abs. 5 RStV ist die LMA nach der Zuordnung allerdings gehalten, die Kapazität für die Realisierung des Versorgungsbedarfs innerhalb von 18 Monaten zu nutzen, anderenfalls kann die Zuordnungsentscheidung widerrufen werden.

c) Zuweisung

137 Die den jeweiligen LMA zur Verfügung stehenden Übertragungskapazitäten können für drahtlose bundesweite Versorgungsbedarfe privater Anbieter Rundfunkveranstaltern, Anbietern von vergleichbaren Telemedien oder Plattformbetreibern (gemäß § 51a Abs. 5 Satz 1 und 2 RStV für die Dauer von zehn Jahren mit einmaliger Verlängerungsmöglichkeit um weitere 10 Jahre) zugewiesen werden (§ 51a Abs. 1 RStV). Gemäß § 51a Abs. 2 RStV bestimmen die LMAen, nachdem ihnen Übertragungskapazitäten zugeordnet wurden, eine Ausschlussfrist, innerhalb der die privaten Anbieter schriftliche Anträge auf Zuweisung von Kapazitäten stellen können. Bei Kapazitätsengpässen wirken die LMAen auf eine Verständigung der Antragssteller hin; kommt eine solche dennoch nicht zustande, wird nach Vielfaltskriterien entschieden (§ 51 Abs. 4 Ziffer 1–3 RStV).

d) Kabelverbreitung und Plattformbetrieb

aa) analoge Verbreitung

138 Hinsichtlich der analogen Kabelverbreitung verweist der Rundfunkstaatsvertrag (§ 51b Abs. 3 RStV) mittlerweile komplett auf landesrechtliche Regelungen Somit sind die Entscheidungen über die Rangfolge der analogen Kabelkapazitäten in Landesgesetzen und Satzungen bestimmt (siehe z.B. § 12–20 LMG NRW i.V.m. §§ 1–6 Kanalbelegungssatzung NRW). Das ursprüngliche sog. »Kabelregime« der LMAen, die den Netzbetreibern vor-

---

[123] Zusammensetzung der KEK gemäß § 35 Abs. 5 RStV: 6 unabhängige Sachverständige und 6 Direktoren der LMA.

schrieben, welche Programme einzuspeisen waren, wird mittlerweile in großenteils durch liberalisierte Regelungen abgelöst, die vorsehen, dass nunmehr die Kabelnetzbetreiber selber darüber entscheiden dürfen, welche Programme sie einspeisen. Dabei haben sie sich an die landesgesetzlichen Vorschriften zu halten, die hierbei vorsehen, welche Programme zwingend einzuspeisen sind, und dass Vielfaltskriterien anzusetzen sind. Die LMAen führen die Aufsicht über die Belegungsentscheidungen der Netzbetreiber, deren Überprüfbarkeit jedoch schwierig ist.

bb) Digitale Verbreitung

Wo § 51b Abs. 3 RStV heute hinsichtlich der analogen Kabelverbreitung nur noch kurz auf landesrechtliche Regelungen verweist, sind §§ 52 ff. RStV ausführlich der digitalen Weiterverbreitung, d.h. dem digitalen Plattformbetrieb auf allen technischen Übertragungskapaziäten gewidmet. Da sich durch die Digitalisierung neben den Programmveranstaltern und den Kabelnetzbetreibern neue Marktteilnehmer entwickelt haben, fasst das Gesetz nunmehr alle unter den Regelungen zu Plattformen zusammen. Unter Plattformanbietern versteht der Rundfunkstaatsvertrag »wer auf digitalen Übertragungskapazitäten oder digitalen Datenströmen Rundfunk und vergleichbare Telemedien (...) auch von Dritten mit dem Ziel zusammenfasst, diese Angebote als Gesamtangebot zugänglich zu machen oder wer über die Auswahl für die Zusammenfassung entscheidet...« (§ 2 Abs. 2 Ziffer 12). Der Plattformbetrieb setzt gemäß § 52 Abs. 2 i.V.m. § 20a Abs. 1 und 2 RStV voraus, dass die allgemeinen Zulassungsvoraussetzungen gegeben sind. Ferner ist der Plattformbetrieb anzeigepflichtig bei der zuständigen LMA innerhalb eines Monats vor Inbetriebnahme (§ 52 Abs. 3 RStV). Hinsichtlich der Belegung von Plattformen hält das Gesetz in § 52b RStV an der für die Belegung von Kabelanlagen bisher bekannten Drittelregelung fest. Danach muss der Plattformanbieter ein Drittel seiner digitalen Kapazitäten für den öffentlich-rechtlichen Rundfunk, für privaten Rundfunk mit Regionalfenstern und für im jeweiligen Land zugelassene regionale und lokale Fernsehprogramme sowie die Offenen Kanäle zur Verfügung stellen, sog. »must-carry« Bereich (§ 52b Abs. 1 Ziffer 1 RStV). Hinsichtlich des zweiten Drittels seiner Kapazität kann der Plattformanbieter seine Belegungsentscheidung auf Vielfaltskriterien stützen, sog. »can-carry«-Bereich (§ 52b Abs. 1 Ziffer 2 RStV). Über das letzte Drittel kann er schließlich (im Rahmen der allgemeinen Gesetze) frei verfügen (§ 52b Abs. 1 Ziffer 3 RStV). Gemäß § 52c RStV haben Plattformanbieter technische Zugangsfreiheit zu gewährleisten (Verbot der Ungleichbehandlung). Ferner setzt § 52d RStV fest, dass die Entgelte und Tarife für die Verbreitung nicht behindern oder ungleich behandeln dürfen. Die Aufsicht über die Einhaltung der genannten Bestimmungen führt die jeweils zuständige LMA im Benehmen mit der Regulierungsbehörde für Telekommunikation, somit der BNetzA (Bundesnetzagenur),[124] siehe § 52e Abs. 2 RStV. Schließlich regelt § 53a RStV, dass die genannten Bestimmungen zu den Übertragungskapazitäten all drei Jahre (erstmalig zum 31.8.2011) überprüft werden, wie es Art. 31 Abs. 1 der europäischen Universaldienstrichtlinie[125] vorschreibt.

139

---

124 Die Bundesnetzagentur für Elektrizität, Gas, Telekommunikation, Post und Eisenbahnen ist eine selbständige Bundesoberbehörde im Geschäftsbereich des Bundesministeriums für Wirtschaft und Technologie mit Sitz in Bonn. Seit dem 13.7.2005 ist die Regulierungsbehörde für Telekommunikation und Post, die aus dem Bundesministerium für Post und Telekommunikation (BMPT) und dem Bundesamt für Post und Telekommunikation (BAPT) hervorging, umbenannt in Bundesnetzagentur. Sie ist außerdem Wurzelbehörde nach dem Signaturgesetz.
125 Richtlinie 2002/22/EG des Europäischen Parlaments und des Rates vom 7.3.2002 über den Universaldienst und Nutzerrechte bei elektronischen Kommunikationsnetzen und -diensten.

3. Privatrechtliche Voraussetzungen

a) Übertragungstechnik

140 Hat der Sender, d.h. Programmanbieter, seine Rundfunkzulassung erhalten und wurden ihm entsprechende Frequenzen zugewiesen, so sind in einem nächsten Schritt die vertraglichen Voraussetzungen dafür zu schaffen, dass die jeweils gewählten Verbreitungswege (Satellit, Kabel, Terrestrik) auch umgesetzt werden. Hierfür werden Transponderverträge, Kabeleinspeisungsverträge und sonstige Verbreitungsverträge abgeschlossen, die alle Dienstleistungsverträge darstellen. Die möglichen Vertragspartner des TV Senders sind hierbei Satellitenbetreiber wie z.B. SES-ASTRA und EUTELSAT, Kabelnetzbetreiber wie z.B. Unity und Kabel Deutschland sowie technische Dienstleister für DVB-T (wie z.B. Media Broadcast) und sonstige technische Dienstleister (wie z.B. CBC). Den genannten Verträgen ist gemein, dass sie neben der genauen Leistungsbeschreibung und vielen technischen Details die Vergütung für die jeweilige Leistung festlegen.

141 Je nach Verbreitungsweg fordern die technischen Dienstleister teils hohe Beträge dafür, Programme zu verbreiten. Den absolut betrachtet teuersten Verbreitungsweg stellt hierbei der Satellit dar, der zwar auch die flächenmäßig größte Verbreitung gewährleistet, aber mit mehreren Millionen € p.a. auch nicht selbstverständlich finanzierbar ist. Insbesondere vor dem Hintergrund der Digitalisierung, die u.a. eine Verschlüsselung des Programms ermöglicht, wird in den letzten Jahren allerdings immer mehr kritisiert, dass die traditionell bestehende Vergütungsstruktur (Sender zahlt an technischen Dienstleister eine Vergütung für die Verbreitung seines Programms) nicht berücksichtigt, dass der technische Dienstleister aufgrund seines direkten Kontaktes zum Endkunden, dem Zuschauer, fremde Inhalte (das Programm des Senders) zu seinen eigenen Gunsten vermarktet. Ohne den content der Sender wäre das Geschäftsmodell der technischen Dienstleister nicht haltbar. Die Sender fordern von daher einen fairen Ausgleich, indem sie sich die Freischaltung der Programme wiederum vom technischen Dienstleister vergüten lassen wollen. In den USA ist das beschriebene Vergütungsmodell bereits komplett umgedreht: hier zahlen die Netzbetreiber an die Sender für die Möglichkeit der Verbreitung deren Programms, nicht umgekehrt.

142 Eine weitere wichtige Komponente in den genannten Verträgen ist aus Sendersicht seit einigen Jahren der Signalschutz. War es in der analogen Welt nur möglich, über einen Videorecorder Programme zeitgleich mit der Ausstrahlung aufzuzeichnen und sie dann später anzusehen, so bietet die digitale Welt und der technische Fortschritt heutzutage ungeahnte Möglichkeiten für den Zuschauer, sich den content zu eigen zu machen und wiederzuverwenden. Die Privatkopie ist selbstverständlich urheberrechtlich zulässig (§ 53 Abs. 1 UrhG). Allerdings ist es heute technisch möglich, wenngleich urheberrechtlich unzulässig, aufgezeichnete Programme ins Internet zu stellen, wodurch die Exklusivität der TV Ausstrahlung aufgehoben wird. Ein weiteres Problem stellt die technische Innovation von sog. »PVRs« (Personal Video Recorder) dar, da diese ein sog. »ad-skipping« gestatten, so dass es technisch möglich ist, aufgezeichnete Programme auch ohne Werbung anzusehen. Hierdurch wird das Geschäftsmodell privater Rundfunkunternehmen stark gefährdet, da die Vermarktung von Werbung nur dann Sinn macht, wenn Werbespots nicht übersprungen werden (können).

b) Programmrechte

143 Herzstück eines jeden TV Senders ist sein Programm. Je nach Ausrichtung des Senders (sog. »Programmfarbe«) setzt das Programmschema einen Schwerpunkt auf Eigen- und Auftragsproduktionen oder Lizenzprodukten. Auch hierzu sind die vertraglichen Voraussetzungen zu schaffen. Hierzu werden Auftragsproduktionsverträge und/oder

Lizenzverträge abgeschlossen. Vertragspartner des Senders sind hierbei Produzenten und Lizenzhändler oder sog. »Oberlizenzgeber«. Während bei Auftragsproduktionen in der Regel sog. »total-buy-out« Verträge abgeschlossen werden, bei denen der Produzent dem Sender sämtliche Rechte umfassend überträgt, sind die Verwertungsrechte bei Lizenzverträgen inhaltlich, räumlich und zeitlich beschränkt (z.B. nur free TV Rechte, nur für deutschsprachiges Europa, nur für 5 Jahre und 5 Ausstrahlungen). Im Falle von Lizenzprodukten handelt es sich meistens um englisch-sprachige Filme oder Serien, die (sofern es noch keine deutsche Kino- oder DVD-Fassung gibt) synchronisiert werden müssen. Dafür schließt der Sender mit dem jeweiligen Synchrostudio Verträge ab, die die Sprecher festlegen, die Vergütung regeln und dem Sender die umfassenden Rechte an der deutschen Sprachfassung einräumen. Der Erwerb von Sportrechten fällt ebenfalls unter Lizenzprodukte und kann je nach Sportart für den Sender von großer Bedeutung für die Einschaltquoten sein (siehe z.B. Formel 1 Rennen bei RTL).[126] Aufgrund der Preisexplosion im Bereich Sportrechte in den letzten Jahren, ist die Refinanzierung dieser Programme allerdings immer schwieriger bzw. teilweise unmöglich geworden. Sie dienen deshalb häufig primär der Image-Förderung des Senders im Allgemeinen.

c) Vermarktung
aa) Klassische Erlösquellen

Da das Finanzierungsmodell von privaten TV Sendern vorsieht, dass sie sich durch Werbeeinnahmen finanzieren, muss das Programm des Senders vermarktet werden. Dies geschieht bei größeren Sendern durch einen ausgelagerten Vermarkter (für die RTL Sendergruppe ist dies z.B. die IP Deutschland, für die Pro7Sat1 Gruppe ist dies z.B. die SevenOneMedia). Dieser tritt mit Agenturen und Werbekunden in Kontakt und verkauft die Werbezeiten des Senders. Die »Währung« ist hierbei der sog. »Tausend Kontaktpreis«, d.h. pro tausend Zuschauern einer Zielgruppe kostet der Werbespot (von in der Regel 20 bis 60 Sekunden) einen bestimmten Preis. Der Tausend Kontaktpreis gibt vor, wie viel gezahlt werden muss, um 1000 Zuschauer einer Zielgruppe zu erreichen. Anhand der GfK-Auswertung[127] wird die TV Quote sowie die absolute Zuschaueranzahl ermittelt. Die Ermittlung erfolgt wiederum durch eine Hochrechnung des sog. »GfK-Panels«. In diesem Panel enthalten sind rund 5400 Haushalte, entspricht rund 12-13 tausend Menschen, die einen Querschnitt durch die Gesellschaft Deutschlands darstellen.[128] Die generierten Werbeerlöse werden nach Abzug einer Provision an den Sender ausgeschüttet und stellen die Haupteinnahmequelle dar, die es dem Sender ermöglichen, Investitionen z.B. ins Programm zu tätigen. Wie oben unter Rdn. 129 dargestellt, hat die Werbekrise in 2009 dazu geführt, dass der sog. »Werbekuchen« (Netto-Werbemarkt) deutlich kleiner geworden ist. Innerhalb eines Jahres ist er um 9,8%[129] geschrumpft. Eine Erholung des Werbemarktes in den nächsten Jahren zeichnet sich derzeit nicht ab. Die Sender müssen versuchen, mit der neuen Situation umzugehen, indem Programmkosten eingespart werden, Synergien genutzt werden, die Personalstruktur schlank gehalten wird und Nebenerlöse im Bereich New Businesses (siehe Rdn. 145) generiert werden.

144

---

126 Durchschnittsmarktanteil (14-49-jährige) in 2009 bei RTL: 36, 3% (2,16 Mio. Zuschauer), und Spitzenwerte wie z.B. 51,0% (4,93 Mio. Zuschauer) beim come back Rennen von Michael Schumacher am 14.3.2010.
127 Gesellschaft für Konsumforschung mit Sitz in Nürnberg.
128 Siehe AGF Infobroschüre unter www.agf.de/agf/broschueren.
129 Vom ZAW im Mai 2010 veröffentlichte Zahlen, http://www.zaw.de/index.php?menuid=98&reporeid=677.

bb) New Businesses

145 Um neben den klassischen Werbeerlösen zusätzliche Erlöse generieren zu können und um den Rückgang der Zuschauerzahlen, der durch die Digitalisierung und die daraus resultierende Medienvielfalt nicht ganz zu vermeiden ist, zu kompensieren, gehen immer mehr Sender dazu über, sich im Bereich der sog. »new businesses« zu positionieren. Darunter fällt der Ausbau bereits bestehender Geschäftsfelder wie Telefongewinnspiele, Erotikangebote und Chatmöglichkeiten im Videotext. Die Gründung von Internetplattformen, die entweder rein thematisch die programmlichen Kernkompetenzen des Senders vertiefen und vermarktet werden können (beim Sender VOX beispielsweise die Portale vox.de, kochbar.de und frauenzimmer.de), oder dem Zuschauer ein zeitversetztes Fernsehen ermöglichen, indem die Internetportale die TV Programme des Senders zum Abruf bereit halten, sog. »video-on-demand« Dienste (beispielsweise VOXnow.de) ist in den letzten Jahren als vertiefender Schritt hinzugekommen. Ferner gehören auch solche Internetportale zu den sog. »Diversifizierungsgeschäften« der Sender, die sog. »user generated content« anbieten (wie z.B. clipfish.de, eine Tochterfirma von RTL Television). Schließlich sind community-Portale wie z.B. wer-kennt-wen.de (ein Unternehmen von RTL Television) Teil der new businesses Strategie, um zusätzliche Erlöse zu generieren und den Zuschauer entweder inhaltlich wieder stärker an das eigentliche TV Programm zu binden oder ihn zumindest als user im Rahmen der eigenen Internetportale zu gewinnen.

III. Regulierung privaten Rundfunks

1. Regulierungsorgane

a) Die LMA

146 Der private Rundfunk wird in Deutschland durch insgesamt 14 LMA[130] reguliert. Die LMA sind staatsunabhängige, rechtsfähige Anstalten des öffentlichen Rechts, deren Struktur sich jeweils ähnelt. Die LMAs wurden ab Mitte der Achtziger Jahre nach den jeweiligen Landesmediengesetzen gegründet und werden nach dem RStV aus einem Teil der im jeweiligen Bundesland erhobenen Rundfunkgebühren finanziert. Repräsentiert durch den jeweiligen Direktor bzw. Präsidenten, nimmt sie gegenüber dem privaten Rundfunk sämtliche regulatorischen Maßnahmen wahr, sei es im Bereich Zulassung, Werberecht, Jugendschutz oder allgemeine Programmaufsicht (z.B. Überwachung des Nachrichtenanteils bei Vollprogrammen), und soll die Unabhängigkeit privaten Rundfunks gewährleisten. Ferner gehören Forschung und die Förderung der Medienkompetenz im jeweiligen Lande zu ihren Aufgaben. Die jeweilige Medienkommission bzw. der jeweilige Medienrat setzt sich (als weitere Organe neben dem Direktor, Präsidenten oder Vorstand) meist aus ehrenamtlich tätigen Mitgliedern zusammen. Die Kommission bzw. der Medienrat ist z.B. für Kapazitätszuweisungen, Kabelbelegung u.Ä. zuständig (siehe Schaubild Rdn. 147).[131] Darüber hinaus bestehen ggf. Verwaltungsräte, die für die wirtschaftlichen Belange der LMAs zuständig sind.

---

[130] Berlin/Brandenburg und Schleswig-Holstein und Hamburg sind jeweils in einer LMA zusammengefasst.
[131] Siehe Übersicht über alle LMAs unter www.alm.de.

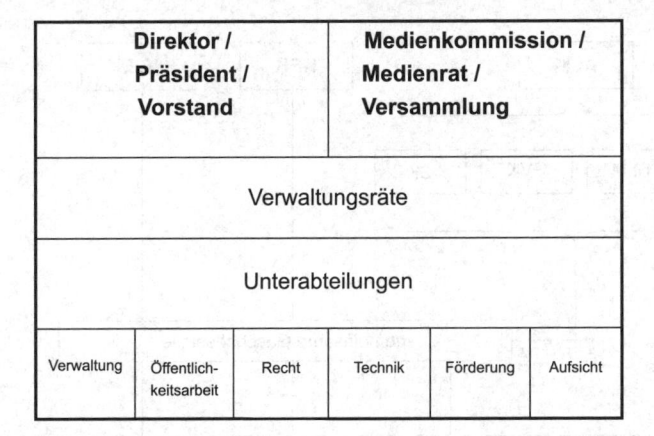

Beispielstruktur einer LMA

Direktor / Präsident / Vorstand	Medienkommission / Medienrat / Versammlung				
Verwaltungsräte					
Unterabteilungen					
Verwaltung	Öffentlichkeitsarbeit	Recht	Technik	Förderung	Aufsicht

b) Die ALM, ZAK, DLM, GVK und GK

In länderübergreifenden Angelegenheiten arbeiten die LMAs mit der ALM (»Arbeitsgemeinschaft der LMAen«) zusammen (siehe Schaubild Rdn. 153). Die Zusammenarbeit erfolgt wiederum über die ZAK (»Kommission für Zulassung und Aufsicht«), die DLM (»Direktorenkonferenz der LMAen«) und die GVK (»Gremienvorsitzendenkonferenz«).

Die **ZAK**, die sich aus den gesetzlichen Vertretern der LMAs zusammensetzt, ist gemäß § 36 Abs. 2 RStV für Fragen der Zulassung und Kontrolle bundesweit veranstalteten Rundfunks, für Plattformregulierung und die Entwicklung des digitalen Rundfunks zuständig.

Die **DLM** setzt sich ebenfalls aus den gesetzlichen Vertretern der LMAs zusammen. Ihre Aufgabe ist die Wahrnehmung der Interessen der Mitgliedsanstalten in Rundfunkfragen auf nationaler und internationaler Ebene. Die DLM setzt sich aus den gesetzlichen Vertretern (Direktoren, Präsidenten) der 14 LMAen zusammen. Der Direktor der geschäftsführenden Anstalt übernimmt den Vorsitz der Direktorenkonferenz. Sie ist für den Informations- und Meinungsaustausch mit den Sendern zuständig, behandelt gemeinsame Angelegenheiten außerhalb der Zulassungs- und Aufsichtsaufgaben im Bereich der audiovisuellen Medien, holt Gutachten zu Fragen ein, die für die Aufgaben der Mitgliedsanstalten von grundsätzlicher Bedeutung sind und beobachtet und analysiert die Programmentwicklung.

Die Zusammensetzung der **GVK** ergibt sich aus den Vorsitzenden der jeweiligen Beschlussgremien (Medienkommission, Medienrat etc.) der LMAs. Die GVK ist für die Zuweisung für drahtlose Übertragungskapazitäten und für Plattformregulierung zuständig. Darüber hinaus berät sie über medienpolitische sowie medienethische Fragen.

Die **GK** versammelt die DLM und die GVK. Bei dieser Gesamtkonferenz werden Angelegenheiten der Programmentwicklung sowie Fragen behandelt, die von grundsätzlicher medienpolitischen Relevanz sind. Sie konferiert zwei Mal jährlich.

153

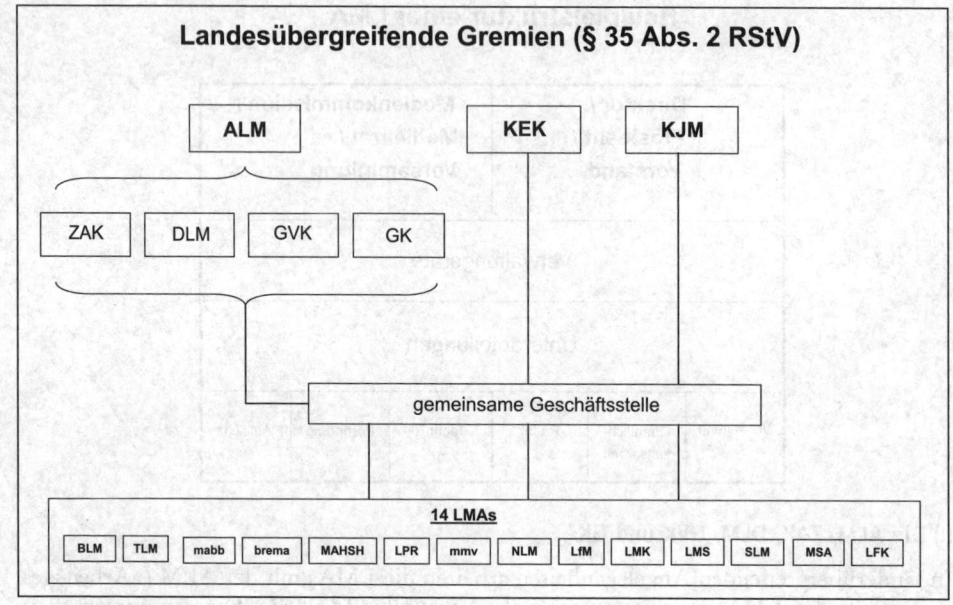

```
Landesübergreifende Gremien (§ 35 Abs. 2 RStV)

         ALM              KEK      KJM

  ZAK  DLM  GVK  GK

              gemeinsame Geschäftsstelle

                      14 LMAs
  BLM  TLM  mabb  brema  MAHSH  LPR  mmv  NLM  LfM  LMK  LMS  SLM  MSA  LFK
```

2. Rechtsgrundlagen für Regulierung

a) Der allgemeine Rechtsrahmen

154 Im Rundfunkbereich liegt die Gesetzgebungskompetenz bei den Bundesländern (Art. 70 Grundgesetz). Die für den privaten Rundfunk maßgeblichen Rechtsgrundlagen umfassen europarechtliche Vorschriften wie die AVMS Richtlinie[132] und das europäische Übereinkommen über das grenzüberschreitende Fernsehen, deutsche Staatsverträge (den Rundfunkstaatsvertrag, den Rundfunkfinanzierungsstaatsvertrag, den Jugendmedienschutzstaatsvertrag und den Satellitenfernsehstaatsvertrag), Landesmediengesetze, Satzungen (z.B. Kabelbelegungssatzungen) und Richtlinien (z.B. die Werberichtlinie, die Gewinnspielrichtlinie). Daneben finden selbstverständlich allgemeine Gesetze wie z.B. das Grundgesetz und das Strafgesetzbuch Anwendung.

b) Der Rundfunkstaatsvertrag

155 Zentrale Vorschrift für den privaten Rundfunk ist der seit dem 31.8.1991 existierende Staatsvertrag für Rundfunk und Telemedien (Rundfunkstaatsvertrag, RStV). Er regelt u.A. die Begriffsbestimmungen von Rundfunk, Werbung, Sponsoring etc. (§ 2 RStV), das Recht der Kurzberichterstattung (§ 5 RStV), die Inhalte von Werbung und Teleshopping sowie deren Kennzeichnung (§ 7 RStV i.V.m. §§ 44, 45 RStV), Sponsoring (§ 8 RStV) sowie Gewinnspiele § 8a RStV). Der Staatsvertrag enthält ferner Vorschriften für den öffentlich-rechtlichen Rundfunk (§§ 11–19 a RStV), die insbesondere den Auftrag, die Werbemöglichkeiten und sonstige kommerzielle Tätigkeiten sowie die Telemedienangebote und den sog. »Dreistufentest« (siehe § 11 f. RStV) des öffentlich-rechtlichen Rundfunks regeln. Darüber hinaus ist im RStV die Zulassung für privaten Rundfunk (§ 20 RStV) bestimmt, es sind verfahrensrechtliche Vorschriften (§§ 21 ff. RStV) sowie Bestimmungen zur Sicherung der Meinungsvielfalt (§§ 25 ff. RStV) enthalten, die Organisation der Medienaufsicht (§§ 35 ff. RStV) und der Plattformbetrieb und die Handhabe von

---

132 Die sog. »AVMSD« (Audiovisual Media Services Directive) ist seit dem 19.12.2007 in Kraft und löste die europäische Fernsehrichtlinie aus 1989 ab.

Übertragungskapazitäten (§§ 50 ff. RStV) geregelt und der Katalog der Ordnungswidrigkeiten (§ 49 RStV) aufgelistet.

Der RStV wird regelmäßig mittels sog. Rundfunkänderungsstaatsverträge aktualisiert. **156** Dadurch werden europarechtlichen Vorgaben umgesetzt sowie neue technische Entwicklungen berücksichtigt. So trug der 12. Rundfunkänderungsstaatsvertrag (in Kraft getreten am 1.6.2009) z.B. den Tätigkeiten der öffentlich-rechtlichen Sender im online Bereich Rechnung und führte Bestimmungen zu den Telemedien und den sog. Dreistufentest ein, dessen Wirksamkeit sich noch bewähren muss. Der im April 2010 in Kraft getretene 13. Rundfunkänderungsstaatsvertrag befasst sich z.B. mit Regelungen zur Produktplatzierung im Bereich des Werberechts (siehe §§ 2 Abs. 2 Ziffer 11 i.V.m. 7 Abs. 7 i.V.m. 15 und 44 i.V.m. 63 RStV) und setzt somit die Vorgaben des Art. 3g Abs. 2 der AVMS um.

3. Regulierungsobjekte

Auch wenn die Regulierungsorgane ihre Regulierungsaufgabe oft eher als Moderation **157** denn als Überwachung verstehen, so ist die Ultima Ratio dennoch die Veranlassung einer Regulierungsmaßnahme. Diese kann Verschiedenes zum Gegenstand haben, wie im Folgenden ausgeführt wird.

a) Sendungsinhalte

Je nach dem, welche Programmfarbe ein Sender haben soll, qualifiziert er sich gemäß § 2 **158** Abs. 2 Ziffer 3 RStV als Vollprogramm oder als sog. Spartenprogramm § 2 Abs. 2 Ziffer 4 RStV. Hierbei werden sehr unterschiedliche Anforderungen an den jeweiligen Sender gestellt. Als Vollprogramm gilt ein Sender dann, wenn er eine ausgeglichene Mischung aus Information, Bildung, Beratung und Unterhaltung vorweisen kann. Die Legaldefinition lässt Spielraum zur Interpretation hinsichtlich der Frage ab wann der genannte Programm-Mix einen »wesentlichen Teil des Gesamtprogramms« bildet. Hier wird man allerdings nicht auf die einzelne Bestandteile, sondern auf die Gesamtheit aller genannten Bereiche abstellen müssen. Erreichen Information, Bildung, Beratung und Unterhaltung somit zusammen einen Anteil von über 50% des Gesamtprogramms, so geht Literatur und Rechtsprechung[133] zurecht davon aus, dass ein Vollprogramm vorliegt.

Ein Spartenprogramm zeichnet sich hingegen durch im Wesentlichen gleichartige Inhalte **159** aus. Beispiele hierfür sind Nachrichtenkanäle, Musikkanäle und Kinderkanäle.

Die Unterscheidung, ob ein TV Sender als Vollprogramm oder als Spartenprogramm **160** anzusehen ist, ist für mehrere Aspekte der Regulierung von Bedeutung. So findet z.B. § 25 Abs. 1 RStV, der die Sicherung der Meinungsvielfalt zum Gegenstand hat, keine Anwendung auf Spartenprogramme. Handelt es sich bei dem Spartenprogramm z.B. um ein Kinderprogramm (z.B. im Falle von Super RTL) oder auch um einen reinen Nachrichtenkanal (z.B. im Fall von n-tv), so ist Product Placemenent gemäß § 44 Ziffer 2, 2. Halbsatz kategorisch unzulässig.

b) Werberecht

aa) Werbung im Allgemeinen

Unter dem klassischen Werbespot versteht § 2 Abs. 2 Ziffer 7 RStV »jede Äußerung..., **161** die im Rundfunk...gegen Entgelt oder eine ähnliche Gegenleistung...gesendet wird mit dem Ziel, den Absatz von Waren...gegen Entgelt zu Fördern«. Die Werberegeln, die für die privat-rechtlichen Sender gelten, sind denen der öffentlich-rechtlichen Sendern nach-

---

[133] VG Bremen, Beschl. v. 14.6.1991, 2 V 33/91, amtl. Umdruck S. 8.

gebildet.[134] Der 13. Rundfunkänderungsstaatsvertrag, der die AVMS umsetzt, lockert die Werbezeitenregelung insofern auf, als die bisher geltende 20% pro Tag- Grenze aufgehoben wird. Folglich müssen Dauerwerbesendungen nicht mehr auf die Werbezeiten/Tag angerechnet werden. Für die Sender bedeutet dies eine deutliche Erhöhung in der Flexibilität bzgl. der Werbezeiten. Dies ist beispielsweise für ProSieben bei der Sendung »WOK-WM« entscheidend, da der Sender diese als derzeit als Dauerwerbesendung ausstrahlt. Der neue § 7a i.V.m. 16 und 45 RStV sieht somit nunmehr nur noch eine Höchstgrenze pro Stunde vorsehen (nach wie vor 20%, somit maximal 12 Minuten Werbung pro Stunde), nicht mehr jedoch pro Sendetag. Die Erleichterung bei den TV Sendern ist allerdings nicht weit reichend, da die stündliche Begrenzung nach wie vor eine Einschränkung bei der Programmierung darstellt. Eine weitere Änderung gibt es im Bereich von Spielfilmen. Durften diese bisher nur für jeden Abschnitt von 45 Minuten ein Mal unterbrochen werden, so wird dies zukünftig für jeden Zeitraum von 30 Minuten möglich sein. Hinsichtlich des Irreführungsverbots (§ 7 Abs. 1 RStV), des Gebots der redaktionellen Unabhängigkeit (§ 7 Abs. 2 RStV) sowie hinsichtlich der allgemeinen Kennzeichnungs- und Trennungsgebote (gemäß § 7 Abs. 3 RStV Trennung von Werbung und Programm)[135] hat sich (außer im Bereich der Produktplatzierung) nichts geändert. Gleiches gilt im Bereich des »Teleshopping« nach §§ 2 Abs. 2 Nr. 10 i.V.m. 7 Abs. 1 RStV und der zulässigen sog. »Splitscreen-Werbung.« (siehe § 7 Abs. 4 RStV). Letztere steht dem Trennungsgebot nicht entgegen, wenn eine deutliche Abgrenzung erfolgt.[136]

162 Streitig ist nach wie vor allgemein die Frage, unter welchem rechtlichen Schutz Werbesendungen stehen. Zum einen ist man der Ansicht, dass das Werbefernsehen in den Schutzbereich des Art. 5 GG fällt. Begründend wird hier angeführt, dass auch Werbung ein Bestandteil des Programmauftrags ist. Dieser unterfällt wiederum unter den Schutzbereich von Art. 5 GG.

163 Hiergegen wird eingewandt, dass Werbung weder Meinungs- noch Informationswert besitzt und somit auch nicht den Schutz von Art. 5 GG in Anspruch nehmen kann.

bb) Sponsoring

164 Sponsoring ist laut Legaldefinition des § 2 Abs. 2 Nr. 9 RStV »jeder Beitrag zur direkten oder indirekten Finanzierung einer Sendung, um den Namen oder die Marke zu fördern«. Gesetzlich geregelt ist das Sponsoring in § 8 RStV, welcher die EU-Richtlinie umsetzt.[137] Zu unterscheiden sind das klassische sog. »Head- oder Sendungssponsoring«, das sog. »Titelsponsoring«, das sog. »Produktsponsoring« und das sog. »Grafiksponsoring« (siehe Schaubild Rdn. 165).[138] Ein Unterfall des Sendungssponsorings ist das gesetzlich nicht geregelte Eventsponsoring.[139] Dieses kollidiert leicht mit dem medienrechtlichen Trennungsgebot.[140] Der Sponsorenhinweis muss einen eindeutigen Bezug zur Sendung herstellen und darf außer eines imageprägenden Slogans keine zusätzlichen werblichen Aussagen beinhalten. Wegen dieser Einschränkung kann die Auslegung des Verbots werblicher Aussagen Gegenstand aufsichtlicher Maßnahmen beim Sponsoring sein. Hier ist oft fraglich, wo die Grenze zwischen Image-prägenden Slogan und werblichem Zusatz liegt.

---

134 *Paschke* Rn. 839.
135 *Petersen* § 15 Rn. 2.
136 *Hartstein/Ring/Kreile/Dörr/Stettner* Band I, § 7 Rn. 32 ff.
137 Vgl. Art. 3f der AVMS, siehe FFn. 131.
138 *Paschke* Rn. 820.
139 *Hartstein/Ring/Kreile/Dörr/Stettner* Band I, § 8, Rn 16 ff.
140 *Paschke* Rn. 821.

Sponsoring 165

| Titelsponsoring | Sendungssponsoring | Grafiksponsoring | Produktsponsoring |

z.B. Spiegel TV

Event Sponsoring z.B. Sport

Sendungs-Sponsoring z.B. Film

z.B. Zeitmessung oder Ergebnisdienste

z.B. Preissponsoring

> Es können nur eigenständige, abgegrenzte Sendungen gesponsert werden, somit können Hinweise auf gesponserte Sendungen und Programmhinweise selbst nicht gesponsert werden.

cc) Abgrenzung Schleichwerbung, Beistellung, Produktplatzierung

Unter Schleichwerbung versteht man die Erwähnung oder Darstellung von Waren, Dienstleistungen etc., wenn sie vom Veranstalter absichtlich zu Werbezwecken vorgesehen sind, und mangels Kennzeichnung die Allgemeinheit hinsichtlich des eigentlichen Zweckes dieser Erwähnung oder Darstellung irreführen kann (siehe §§ 2 Abs. 2 Ziffer 8 i.V.m. 7 Abs. 7 13. RÄStV). Mit dem 13. Rundfunkänderungsstaatsvertrag wird der europarechtlichen Vorgabe, sog. »Product Placement« unter bestimmten Voraussetzungen zulässig zu machen, Rechnung getragen. Produktplatzierung ist danach zulässig, wenn die redaktionelle Verantwortung und Unabhängigkeit hinsichtlich Inhalt und Sendeplatz unbeeinträchtigt bleiben, nicht unmittelbar zum Kauf aufgefordert wird und das Produkt nicht zu stark herausgestellt wird (sog. »undue prominence«) (siehe § 7 Abs. 7 13. RÄStV). Ferner ist Voraussetzung der Zulässigkeit die Kennzeichnung von Produktplatzierung. Diese muss zu Beginn, am Ende und nach jeder Werbeunterbrechung erfolgen. Eine mehrsekündige Einblendung eines einheitlichen Logos für Produktplazierung ist hierfür nötig aber auch ausreichend. Die Einblendung derjenigen Unternehmen, deren Produkte in der jeweiligen Sendung platziert werden, ist fakultativ (siehe Ziffer 4.10 der den 13. RÄStV konkretisierenden neuen Werberichtlinien). Vor allem »virtuelle Werbung«, also Werbung, die mittels technischer Hilfsmittel in ein Bild eingeblendet wird aber nicht tatsächlich vor Ort zu sehen ist, und im Gesetz in § 7 Abs. 6 Satz 2 RStV direkt neben der Schleichwerbung angesiedelt ist, ist grundsätzlich zulässig. Hier muss nur auf die Werbung hingewiesen werden.[141] Eine Besonderheit besteht für den Fall der Produktplatzierung im Rahmen von Fremdprogrammen, also lizenzierten, synchronisierten ausländischen Programmen. Hier haben die Sender die Pflicht, sich im Rahmen eines zumutbaren Aufwandes beim Lizenzgeber darüber zu informieren, ob das lizensierte Programm (sofern es nach dem 19.12.2009 produziert wurde) Product Placement enthält. Ein vertraglich vereinbarte Hinweispflicht für den Lizenzgeber wird hierfür als verhältnismäßig aber auch ausreichend anzusehen sein. Ist für den Sender nicht mit zumutbarem Aufwand ermittelbar, ob sich im Lizenzprodukt Product Placement befindet, so hat eine Information hierüber z.B. auf der Internet Seite des Senders zu erfolgen. Zu beachten ist, dass eine fehlende Kennzeichnung bei Eigen- und Auftragsproduktionen mit Pro- 166

---

141 *Petersen* § 15 Rn. 10.

duktplazierung nach § 49 Abs. 1 Ziffer 9 13. RÄStV eine Ordnungswidrigkeit darstellt, wohingegen dies bei Lizenzprodukten nicht der Fall ist. Hier ist allerdings die fehlende Kennzeichnung der Unmöglichkeit der Ermittelbarkeit eine Ordnungswidrigkeit.

167 Von der Produktplatzierung abzugrenzen ist die klassische Beistellung von Produkten. Hier sieht die neue Werberichtlinie der LMA vor, dass es sich solange nicht um Produktplatzierung handelt (und folglich auch nicht gekennzeichnet werden muss), solange das beigestellte Produkt entweder einen Wert von maximal 1.000.- € oder (je nach dem, was höher ist) 1% des Produktionsvolumens nicht überschreitet. Besonders schwierig kann die Abgrenzung hier im Rahmen von Formaten werden, in denen Produktplatzierung nicht zulässig sind, wie z.B. bei Nachrichten und anderen Informationssendungen.

c) Jugendschutz

aa) Regulierte Selbstregulierung

168 Durch den ersten Jugendmedienschutz-Staatsvertrag (JMStV) wurde in 2003 das System der sog. »regulierten Selbstregulierung« eingeführt. Diesem System liegt der Gedanke zugrunde, dass der Rundfunkanbieter die Verantwortung für die Einhaltung des Jugendschutzes grundsätzlich selber tragen soll, allerdings unter der Überwachung der Aufsichtsbehörden. Deutschland verfügt seither im Medienbereich über ein sehr effektives Jugendschutzsystem, das auf der Basis der Zusammenarbeit zwischen Selbstkontrolle und Aufsicht basiert (siehe Schaubild Rdn. 169). Die Selbstkontrolle wird hierbei von staatlich anerkannten[142] Einrichtungen wie z.B. die FSF (Freiwillige Selbstkontrolle Fernsehen e.V.) über Einstufungen und Freigaben vorgenommen. Die Aufsicht findet zum einen über die LMA und zum anderen über die KJM (Kommission für Jugendmedienschutz) statt.[143] In diesem Zusammenhang wird auch von Co-Regulierung zwischen Einrichtungen der freiwilligen Selbstkontrolle und staatlichen Aufsichtsbehörden gesprochen. Die gesetzlichen Grundlagen sind der genannte JMStV, das Jugendschutzgesetz und das StGB. Darüber hinaus haben die LMA eine Richtlinie (JuSchRiL) erlassen.

169 **Organisation des Jugendschutzes**

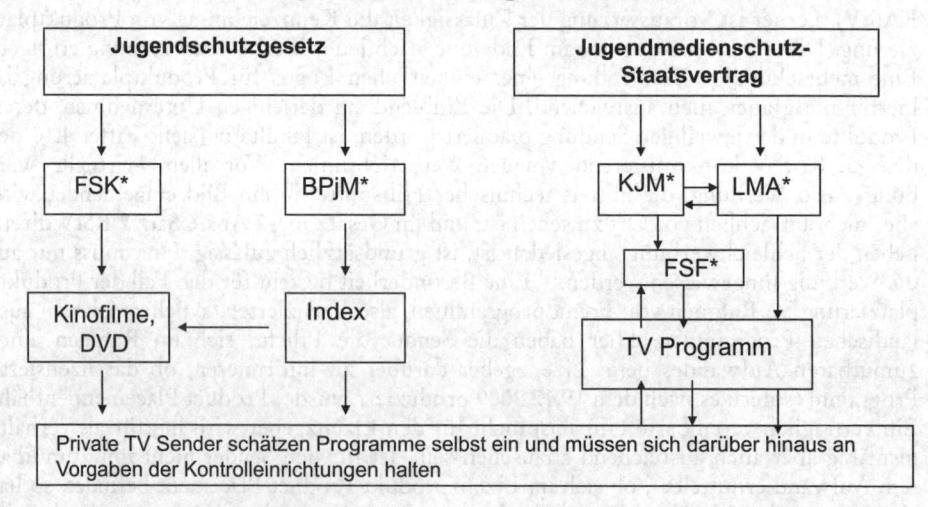

* Abkürzungen: FSK (Freiwillige Selbstkontrolle Filmwirtschaft), BPjM (Bundesprüfstelle für jugendgefährdende Medien, KJM (Kommission für Jugendmedienschutz), LMA (Landesmedienanstalt), FSF (Freiwillige Selbstkontrolle Fernsehen)

142 Siehe Verfahren nach § 19 JMStV.
143 Siehe § 20 Abs. 3 JMStV.

bb) Differenzierung nach Gefährdungspotenzial

Zweck des Jugendmedienschutzes ist es, einen einheitlichen Schutz der Kinder (0 bis 14 Jahre) und Jugendlichen (14 bis 18 Jahre) vor entwicklungsbeeinträchtigenden Angeboten im Rundfunk (und in den Telemedien) zu gewährleisten. Um nach Gefährdungspotenzial differenzieren zu können, wird hierbei zwischen vier Altersstufen (ab 6 Jahren, ab 12 Jahren, ab 16 Jahren, ab 18 Jahren) unterschieden. Im Fernsehen sind die genannten Altersstufen mit Sendezeitbeschränkungen gekoppelt, so dass z.B. Filme, die als ungeeignet für Zuschauer unter 16 Jahren eingeschätzt werden, erst ab 22 Uhr, ausgestrahlt werden dürfen (bzgl. unter 18 Jährigen gilt 23 Uhr als zeitliche Beschränkung). Bzgl. Filmen, die ab 12 Jahren freigegeben werden, gilt, dass der ausstrahlende Sender hinsichtlich der Sendezeit dem Wohl jüngerer Kinder Rechnung tragen muss.[144] Je nach eigener Einschätzung kann der Sender den jeweiligen Film bereits am Tage oder erst ab 20 Uhr ausstrahlen oder bei Zweifelsfällen den Film der FSF vorlegen. Politische Erwägungen, hier eine kategorische Sendezeitbeschränkung für eine Ausstrahlung erst ab 20 Uhr einzuführen, würden zu einer Infantilisierung des daytime-Programmes der Sender führen und sind von daher abzulehnen. Der bisher bestehende Interessensausgleich zwischen erwachsenen Zuschauern und Jugendschutz wäre dann nicht mehr gegeben. 170

Neben den entwicklungsbeeinträchtigenden Inhalten gibt es gemäß § 4 Abs. 1 JMStV absolut unzulässige Inhalte (z.B. sog. qualifizierte Pornografie, verfassungswidrige Straftaten) und jugendgefährende Inhalte (z.B. nach dem Jugendschutzgesetz indizierte Inhalte), die gemäß § 4 Abs. 2 JMStV im Rundfunk generell nicht verbreitet werden dürfen. Man unterscheidet daher zwischen dem absoluten (§ 4 Abs. 1 JMStV) und dem generellen (§ 4 Abs. 2 JMStV) Verbreitungsverbot.[145] 171

cc) Die Selbstkontrolleinrichtungen

(1) Der Jungendschutzbeauftragte

Die Selbstkontrolle im privaten Rundfunk beginnt bereits im Sender selbst durch die eingerichtete Institution des Jugendschutzbeauftragten. Dieser wird gemäß § 7 Abs. 1 JMStV bestellt, ist für sämtliche Jugendschutzbelange des Senders zuständig und handelt dabei gemäß § 7 Abs. 4 Satz 2 JMStV weisungsfrei. So prüft der Jugendschutzbeauftragte die auszustrahlenden Programme im Vorfeld, gibt (sofern es sich nicht um einen Kinofilm handelt und somit noch keine FSK Einstufung vorliegt) eine Einschätzung hinsichtlich des Gefährdungspotenzials, der Alterseinstufung und der Sendezeit ab, lässt erforderlichenfalls eine neue Schnittfassung erstellen und legt kritische Fälle der FSF vor. Maßstab bei der Prüfung ist stets das vertretbare Maß der Darstellung von Sexualität und Gewalt. 172

(2) Die FSF und FSK

Erhält die FSF eine Vorlage des Senders zur Prüfung, so entscheidet der jeweilige Prüfungsausschuss (Kuratorium), der sich aus zehn bis 18 ehrenamtlichen, unabhängigen Fachleuten (Vertreter aus Wissenschaft, Kultur, Medienpädagogik und weiteren Institutionen)[146] zusammensetzt, innerhalb welcher Sendezeit entwicklungsbeeinträchtigende Wirkungen für die jeweilige Altersstufe ausgeschlossen werden können.[147] Bei der FSF handelt es sich um einen in 2003 staatlich anerkannten gemeinnützigen Verein privater Fernsehanbieter, der wie geschildert zum einen die Aufgabe hat, Programmbegutachtungen 173

---

144 § 5 Abs. 4 a.E. JMStV.
145 *Fechner* S. 155.
146 *Hartstein/Ring/Kreile/Dörr/Stettner* Band III, § 19 Rn. 2.
147 Ebd.

vorzunehmen, zum anderen durch seine Forschungstätigkeit und Veröffentlichungen das allgemeine Bewusstsein für Jugendschutz in den Medien zu schärfen.

174 Kinofilme, die später im TV ausgewertet werden, werden von der FSK (Freiwillige Selbstkontrolle der Filmwirtschaft) bewertet. Auch hier gelten die o.g. Altersgrenzen (FSK 6, FSK 12, FSK 16, FSK 18), die den Fernsehsendern vorgeben, um welche Uhrzeit eine Ausstrahlung sachgerecht ist. Für Filme oder Serien, die zwar nicht im Kino, aber als DVD ausgewertet werden, gilt das Gleiche.

(3) Die Aufsichtsbehörden (LMA und KJM)

175 Die für den jeweiligen Sender zuständige LMA überwacht die jugendschutzrechtlich relevanten Handlungen des Senders gemäß § 14 Abs. 1 JMStV; die dienstaufsichtlichen Maßnahmen des LMA gilt gegenüber dem Sender unmittelbar und bindend (§ 20 Abs. 1 JMStV).

176 Die KJM stellt das länderübergreifende Organ des LMAen dar, das für eine einheitliche Anwendung der Jugendmedienschutzvorschriften sorgt und hierbei gemäß § 14 Abs. 6 Satz 1 JMStV weisungsunabhängig handelt.[148] Die KJM besteht aus insgesamt 12 Mitgliedern. Sechs der Mitglieder werden von LMAen gestellt, die restlichen sechs Mitglieder kommen von den Bundes- und Landesschutzbehörden.[149] Zugleich ist die KJM letztes Kontrollorgan im Bezug auf die Entscheidungen der Einrichtungen der freiwilligen Selbstkontrolle wie der FSF. Unterstützt wird die KJM von jugendschutz.net.[150] Nach § 18 Abs. 1 Satz 1 JMStV wird jugendschutz.net von den Landesjustizbehörden eingerichtet. Seine Aufgaben sind in den Absatz 2 des § 18 JMStV geregelt.[151] Ist ein Sender Mitglied der FSF, so gelten die Entscheidungen der FSF für diesen zunächst als erstinstanzlich bindend. Allerdings unterliegen die Entscheidungen der FSF insofern nachrangig der nachträglichen Kontrolle der KJM, als diese zu beurteilen befugt ist, ob die rechtlichen Grenzen des Beurteilungsspielraums der FSF überschritten wurden. Im Ausnahmefall nimmt die KJM eine Korrektur vor, die wiederum durch die zuständige LMA aufsichtlich umgesetzt wird.

d) Medienkonzentration

aa) Allgemeines

177 Medienkonzentration im privaten Rundfunk ist Gegenstand der Regulierung, da die gesetzlich gebotene Meinungsvielfalt nur dann gewährleistet werden kann, wenn ein gesunder Wettbewerb auf dem Medienmarkt möglich ist. Unter dem Stichwort »Wechsel im Vielfaltssicherungsmodell«[152] sollen einzelne Monopolstellungen vermieden werden, sodass das Medienkonzentrationsrecht dazu dient, vorherrschende Meinungsmacht auszuschließen, um somit Meinungsvielfalt und eine pluralistische Gesellschaft zu ermöglichen. Aufgrund der besondern Bedeutung des Rundfunks in Abgrenzung zur Presse wird es als notwendig erachtet, besondere Schutzvorkehrungen gegen vorherrschende Meinungsmacht zu treffen.[153]

178 Das Medienkonzentrationsrecht ist im Rundfunkstaatsvertrag geregelt (siehe §§ 26 ff. RStV). Es gilt hierbei die Regel, dass ein Unternehmen eine unbegrenzte Zahl von Fernsehprogrammen veranstalten kann, solange es dadurch keine vorherrschende Meinungs-

---

148 Zu den inhaltlichen Aufgaben siehe § 16 Nr. 1–8 JMStV.
149 *Fechner* S. 156.
150 *Hartstein/Ring/Kreile/Dörr/Stettner* Band III § 18 Rn. 6.
151 *Hartstein/Ring/Kreile/Dörr/Stettner* Band III § 18 Rn. 7.
152 *Hartstein/Ring/Kreile/Dörr/Stettner* Band II § 26 Rn. 4.
153 Siehe BVerfGE 20, 162, 174.

macht erlangt. Es soll durch das Medienkonzentrationsrecht nicht auf die Begrenzung wirtschaftlicher Macht abgestellt werden.[154] Die Aufsicht hierüber hat die KEK (Kommission zur Ermittlung der Konzentration im Medienbereich) gemäß § 35 Abs. 2 Satz 1 Ziffer 3 RStV. Sie ist ein selbständiges Organ der jeweils zuständigen LMA. Anders als in anderen europäischen Ländern (z.B. Frankreich) besteht zwischen der KEK und dem Kartellamt keine gesetzliche Abstimmungspflicht. Liegt eine vorherrschende Meinungsmacht nach Ansicht der KEK vor, so kann das Unternehmen entweder zurechenbare Beteiligungen aufgeben, seine Marktstellung auf medienrelevanten verwandten Märkten vermindern oder vielfaltssichernde Maßnahmen (§§ 30 bis 32 RStV, d.h. die Einräumung von Sendezeit für unabhängige Dritte oder die Einrichtung eines Programmbeirats) ergreifen (siehe § 26 Abs. 4 RStV). Verweigert ein Unternehmen diese Maßnahmen oder führen sie nicht zum Ziel, so wird keine Lizenz erteilt, eine erteilte Lizenz widerrufen oder die KEK ordnet über die jeweils zuständige LMA ggf. Entflechtung an.

bb) Bewertung der vorherrschenden Meinungsmacht

Anknüpfungspunkt für das Vorliegen einer vorherrschenden Meinungsmacht i.S.d. § 26 Abs. 1 RStV ist stets der Zuschauermarktanteil (ab 3 Jahren) im Fernsehen. Gemäß § 22 GWB liegt die Marktbeherrschung dann bei einem Sender, wenn von diesem bestimmte quantifizierte Marktanteile besessen werden. Bei der Berechnung des Zuschauermarktanteils werden eigene Programme, Programme anderer Veranstalter (sofern eine Beteiligung ab 25% vorliegt) sowie Programme anderer Veranstalter, auf die »vergleichbarer Einfluss« ausgeübt wird, berücksichtigt (siehe §§ 27, 28 RStV). Vorherrschende Meinungsmacht wird gemäß § 26 Abs. 2 RStV dann vermutet, wenn der Zuschauermarktanteil im Fernsehen über 30% liegt, oder wenn er über 25% liegt und zusätzlich entweder eine marktbeherrschende Stellung auf dem medienrelevanten Markt gegeben ist oder die Gesamtbeurteilung Fernsehen und medienrelevante Märkte einer Meinungsmacht von 30% Zuschauermarktanteil im Fernsehen entspricht (siehe Schaubild Rdn. 181). Zu beachten ist, dass bei der Berechnung des maßgeblichen Zuschaueranteils zwei bzw. drei Prozentpunkte (sog. »Bonuspunkte«) in Abzug gebracht werden können, wenn das Unternehmen Regionalfenster und oder Drittfenster anbietet (§ 26 Abs. 2 Satz 3 RStV). Die beiden in Deutschland führenden privaten Sendergruppen Pro7Sat1 und die RTL Gruppe haben gemäß ihrer gesetzlichen Verpflichtung (siehe § 25 Abs. 4 RStV) unabhängige Drittsendungen und Regionalprogramme in ihre reichweitenstärksten Sender (RTL und Sat1) aufgenommen, so dass sie in den Genuss dieser Bonuspunkte kommen. Da im dualen System bereits die Gegenüberstellung von öffentlich-rechtlichem Rundfunk und privatem Rundfunk Außenpluralität garantiert, sollen die Regionalprogramme eine Angebots- statt einer Anbietervielfalt gewährleisten.

Die genannte Vermutungsregelung bringt allerdings auch eine gewisse Rechtsunsicherheit für die Unternehmen mit sich. Denn der Gesetzeswortlaut ermöglicht der KEK ein Aufgreifen auch schon unterhalb der genannten Schwellen. Darüber hinaus ist nicht klar geregelt, ob die Schwellen vor oder nach Abzug der Bonuspunkte greifen. Hier wäre eine Klarstellung im Gesetz von Nöten. Ferner ist die oben dargestellte Gesamtbeurteilung von Fernsehmarkt und medienrelevanten Märkten eine wertende Betrachtung, die eine gewisse Intransparenz mit sich bringt, da die KEK hierbei die Marktanteile auf medienrelevanten Märkten in Fernsehmarktanteile umrechnet und zusammenzählt. Die Umrechnungsfaktoren sind allerdings nicht gesetzlich festgelegt und teils schwer nachvollziehbar. Von Vorteil wäre es daher, ein einheitliches Konzentrationsrecht für den Medienbereich zu schaffen.

---

154 *Schiwy/Schütz/Dörr* S. 312.

9. Kapitel Rundfunkrecht

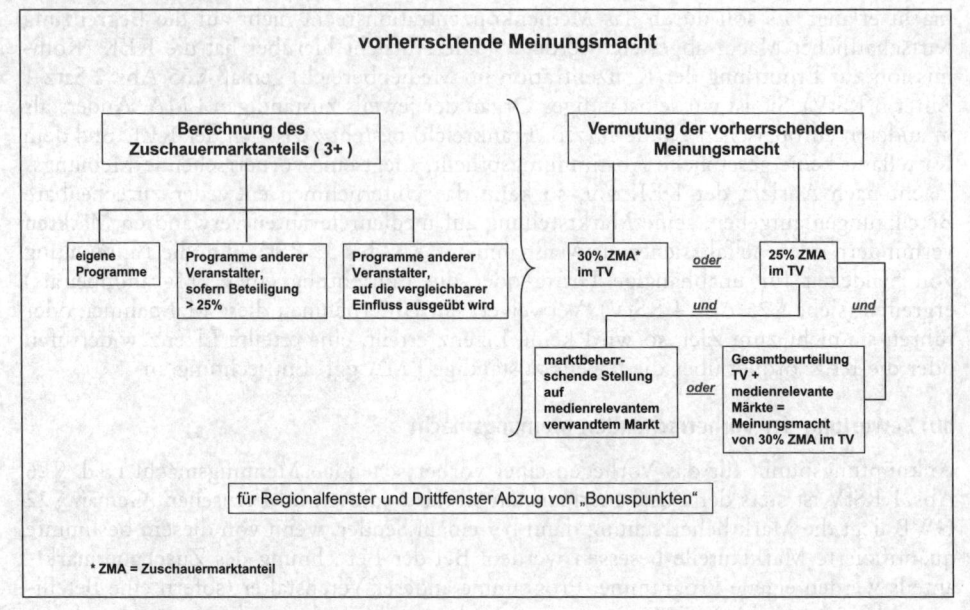

181

```
                           vorherrschende Meinungsmacht

        ┌──────────────────────────┐              ┌──────────────────────────┐
        │   Berechnung des         │              │ Vermutung der vorherrschenden │
        │   Zuschauermarktanteils (3+) │          │       Meinungsmacht      │
        └──────────────────────────┘              └──────────────────────────┘

   eigene      Programme anderer   Programme anderer      30% ZMA*    oder   25% ZMA
   Programme   Veranstalter,       Veranstalter,          im TV               im TV
               sofern Beteiligung  auf die vergleichbarer
               > 25%               Einfluss ausgeübt wird               und          und

                                                    marktbeherr-           Gesamtbeurteilung
                                                    schende Stellung       TV +
                                                    auf              oder  medienrelevante
                                                    medienrelevantem       Märkte =
                                                    verwandtem Markt       Meinungsmacht
                                                                           von 30% ZMA im TV

                        für Regionalfenster und Drittfenster Abzug von „Bonuspunkten"

   * ZMA = Zuschauermarktanteil
```

4. Überprüfbarkeit der Regulierung (Rechtsschutz)

a) Die unterschiedlichen Klagearten

182 So wie die Regulierungsmaßnahmen dazu dienen, im Sinne einer pluralistischen Gesellschaft die Einhaltung der rechtssichernden Rundfunkvorschriften zu garantieren, so dienen die gegen die Regulierungsmaßnahmen zu richtenden Rechtsbehelfe dazu, die Veranstalter vor Überregulierung und sonstigem Unrecht zu schützen. Folglich sind gegen die Bescheide der die Aufsicht wahrnehmenden LMAen, welche gegenüber den Veranstaltern Verwaltungsakte i.S.d. § 35 VwVfG darstellen, sämtliche Rechtsbehelfe möglich, die das öffentliche Recht zu bieten hat. Darunter fallen nach dem Widerspruchsverfahren nach §§ 68 ff. VwGO (insbesondere § 71 VwGG) die Anfechtungs- und die Verpflichtungsklage (§ 42 Abs. 1 VwGO), die in §§ 43 Abs. 2 i.V.m. 113 Abs. 4 VwGO vorausgesetzte Leisungsklage, die Konkurrentenklage als Sonderfall sowie die Feststellungsklage (§ 43 Abs. 1 VwGO), die Fortsetzungsfeststellungsklage als Spezialfall (§ 113 Abs. 1 Satz 4 VwGO), und die Normenkontrollklage (Art. 100 Abs. 1 GG). Gegen Verwaltungsakte, die einen sofortigen Vollzug anordnen, ist ferner gemäß § 80 Abs. 5 VwGO ein Antrag auf aufschiebende Wirkung möglich. Darüber hinaus besteht (nach Erschöpfung des Instanzenzugs bei den deutschen Gerichten nach § 90 Abs. 2 BVerfGG) die Möglichkeit einer Bundesverfassungsbeschwerde nach Art. 93 Abs. 1 Nr. 4a GG sowie die Möglichkeit einer europarechtlichen Beschwerde nach Art. 86 Abs. 3 EG (sowie Art. 20 Abs. 2 der Verordnung (EG) Nr. 659/1999; hier keine Rechtswegerschöpfung erforderlich, da keine Klageart), heute zu finden unter Art. 106 Abs. 3 AEUV, zu richten an die EU Kommission (siehe Schaubild Rdn. 185).

183 Die o.g. Konkurrentenklage ist entweder als sog. »offensive Konkurrentenklage« (der Kläger begehrt eine Begünstigung durch die öffentlichen Hand durch Einlegung einer Verpflichtungs- oder Leistungsklage), als sog. »Mitbewerberklage« (der Kläger ist bei der Verteilung begünstigender Positionen durch die Verwaltung ausgeschlossen worden und klagt mittels einer Kombination aus Anfechtungs- und Verpflichtungsklage) oder als sog. »defensive Konkurrentenklage« (der Kläger klagt gegen die Begünstigung eines Konkurrenten durch Maßnahmen der Verwaltung im Wege der Anfechtungs-, Leistungs- oder Feststellungsklage) das richtige Rechtsmittel.

Zu ergänzen wäre hinsichtlich der o.g. Fortsetzungsfeststellungsklage im Allgemeinen, dass diese zur direkten Anwendung kommt, wenn sich der angegangene Verwaltungsakt nach Klageerhebung erledigt hat (§ 113 Abs. 1 Satz 4 VwGO). Hat sich der Verwaltungsakt schon vor Klageerhebung erledigt oder wird mit der Klage nicht die Aufgebung des erledigten Verwaltungsaktes, sondern das Ergehen eines Verwaltungsaktes begehrt, so findet diese Klageart analog Anwendung. 184

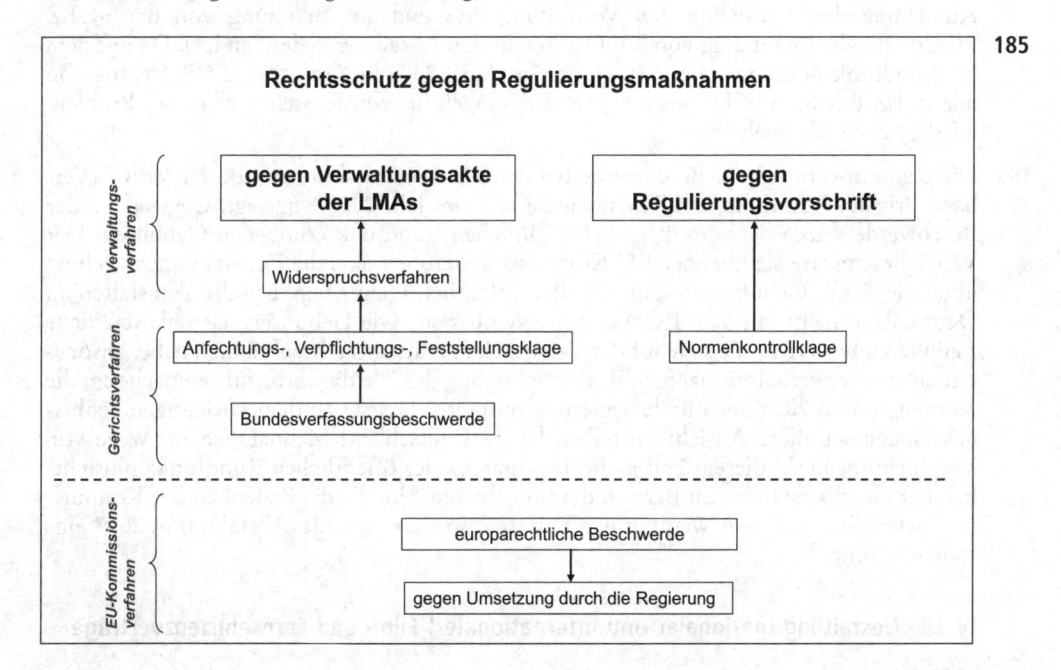

185

Rechtsschutz gegen Regulierungsmaßnahmen

Verwaltungsverfahren:
- gegen Verwaltungsakte der LMAs
  - Widerspruchsverfahren
- gegen Regulierungsvorschrift

Gerichtsverfahren:
- Anfechtungs-, Verpflichtungs-, Feststellungsklage
- Normenkontrollklage
- Bundesverfassungsbeschwerde

EU-Kommissionsverfahren:
- europarechtliche Beschwerde
- gegen Umsetzung durch die Regierung

b) Beispielfälle

Ein Beispiel für die Konkurrentenklage wäre das Vorgehen gegen einen Zuweisungsbescheid einer LMA, der einen dritten TV Sender begünstigt, den klagenden TV Sender allerdings ausschließt. Hat sich ein TV Sender z.B. im Rahmen einer DVB-T-Ausschreibung um die Zuweisung digitaler terrestrischer Frequenzen beworben und erhält ein dritter Sender diese Frequenz, so kann dagegen mit der Anfechtungs- und Verpflichtungsklage (siehe die o.g »Mitbewerberklage«) vorgegangen werden. So hatte z.B. der Sender Tele 5 im Jahr 2004 Klage erhoben, weil er das Vergabeverfahren für rechtsstaatlich fragwürdig hielt. Tele 5 war der Ansicht, dass sowohl ProSiebenSat.1 als auch der RTL Gruppe bereits vor der Ausschreibung der Kapazitäten je ein Multiplex für vier Programme zugesprochen worden war. Die Klage wurde jedoch vor Beendigung des Verfahrens zurück gezogen. 186

Ein Beispiel für die Anfechtungsklage wäre das Vorgehen gegen einen Beanstandungsbescheid einer LMA. Hat diese z.B. einem TV Sender nach Durchführung eines Anhörungsverfahrens einen Beanstandungsbescheid z.B. wegen Verletzung der Jugendschutzvorschriften zugestellt, so kann der betroffene Sender dagegen Widerspruch bei der erlassenden LMA und ggf. Anfechtungsklage gegen den Bescheid beim zuständigen Verwaltungsgericht einlegen. Beispielsweise hat n-tv gegen den Beanstandungsbescheid der mabb hinsichtlich der Ausstrahlung einer Dokumentationssendung (»Die letzten 187

Tage des Krieges«) im Tagesprogramm wegen behaupteten Verstoßes gegen § 5 JMStV im April 2009 Anfechtungsklage beim VG Berlin erhoben. Ein vorgeschaltetes Widerspruchsverfahren nach § 68 Abs. 1 VWGO fand hier gemäß § 37 Abs. 5 RStV i.V.m. § 35 RStV nicht statt. Das Verfahrensende steht derzeit noch aus.[155]

188 Als das Gesetz noch nicht vorsah, dass TV Sender kategorisch von der »GEZ Pflicht« ausgenommen sind (siehe jetziger § 5 Abs. 5 Satz 1 Rundfunkgebührenstaatsvertrag), klagten z.B. die Sender VOX und Super RTL inhaltlich größtenteils mit Erfolg gegen die Erhebung von Rundfunkgebühren mittels Anfechtungs- und Verpflichtungsklage (gegen Aufhebung der verpflichtenden Verwaltungsakte und auf Befreiung von der »GEZ Pflicht« für die Benutzung von TV Geräten in den Abteilungen der Sender). Da mit dem 08. Rundfunkänderungsstaatsvertrag, der im April 2005 in Kraft trat, die Befreiung von der »GEZ Pflicht« für TV Sender gesetzlich eingeführt wurde, stellt sich dieses Problem mittlerweile nicht mehr.

189 Die o.g. europarechtliche Beschwerde bei der EU Kommission hat z.B. der VPRT (Verband Privater Rundfunk und Telemedien e.V.)[156] im Jahr 2003 eingelegt. Gegenstand der Beschwerde waren die vom öffentlich rechtlichen Rundfunk erhobenen Gebühren. Der VPRT beschwerte sich bei der EU Kommission darüber, dass die Finanzierungsregelung über die GEZ Gebühren zugunsten der öffentlich-rechtlichen Rundfunkanstalten in Deutschland nicht mit dem EG-Vertrag vereinbar sei. Die Gebühren seien als staatliche Beihilfe zu bewerten, die sich auf den öffentlichen Auftrag zu beschränken habe, ansonsten zu einer unverhältnismäßigen Beeinträchtigung des Wettbewerbs führe. Nachdem die Kommission in 2005 der Bundesregierung mitteilte, dass sie zu dem vorläufigen Schluss gekommen sei, diese Ansicht zu teilen, leitete Deutschland Maßnahmen im Wege von Verpflichtungen (in diesem Fall mehr Transparenz des öffentlichen Rundfunks hinsichtlich der Geschäftspolitik im Bereich der Sportrechte) ein, die die Bedenken der Kommission schließlich aus dem Weg räumen konnten, so dass diese das Verfahren in 2007 einstellen konnte.[157]

IV. Die Gestaltung (nationaler und internationaler) Film- und Fernsehlizenzverträge

1. Einführung

190 Seit dem Start der privaten Sendeanstalten im Jahr 1984[158] zu den bereits sendenden öffentlich-rechtlichen Sendeanstalten und der fortschreitenden technischen Entwicklung nimmt die Programmvielfalt stetig zu. Die Digitalisierung ermöglicht es, immer mehr Programme gleichzeitig zu verbreiten: Erlaubte die Terrestrik zum Start der privaten Fernsehveranstalter nur den Empfang von 6-8 Programmen, ist heute bereits möglich, über eine DVB-T-Verbreitung in diesen Verbreitungsgebieten bis zu 24 Programme zu empfangen.[159] Ähnlich verhält es sich bei der Satellitentechnik, die von einem analogen Transponder, der nur ein Programm verbreiten konnte zu den digitalen Transpondern, die 8-10 Fernsehprogramme oder mehr verbreiten können, weiterentwickelt wurde. Die

---

155 VG Berlin, VG 27 K 139.09.
156 Der VPRT wurde 1990 gegründet, hat rund 160 Mitglieder und seinen Sitz in Berlin. Er vertritt die Interessen der privaten Anbieter von Hörfunk, Fernsehen, Mediendiensten bzw. vergleichbaren Tele- und Onlinemedien.
157 Siehe Entscheidung der Kommission »staatliche Beihilfe E 3/2005, CP 2/2003« sowie die Pressemitteilung des VPRT vom 24.4.2007 unter www.vprt.de.
158 Am 1.1.1984 ging die PKS auf Sendung, aus der ein Jahr später Sat.1 hervorging. Am 2.1. stieg RTL plus (1993 RTL) in das private deutsche TV-Geschäft ein.
159 Dies sei gemessen an einem DVB-T-Standard auf einer MPEG-2-Komprimierung. Bei einer Weiterentwicklung etwa zu einem DVB-T2-Standard werden noch weitaus mehr empfangbar sein. Siehe hierzu *Janik* Praxishandbuch Medienrecht, 5. Abschnitt Rn. 15.

technischen Möglichkeiten immer mehr verschiedene klassische Free TV Programme der öffentlich-rechtlichen Sendeanstalten wie ARD und ZDF, der privaten Sender wie RTL, RTL2, VOX, Pro7, Sat1 und viele andere sowie die vielfältigen Pay-TV-Angebote und Spartenprogramme zu empfangen, führt dazu, dass immer mehr Programme hinzukommen und dies bedeutet für die Anbieter dieser neuen Programme, dass auch diese mit Inhalten bestückt und so wesentlich mehr Programme eingekauft werden müssen.[160] Teilweise entwickeln die Sender auch eigene Programme, die auf das Endgerät (z.B. RTL Mobile TV)[161] abgestimmt sind; wie z.B. als Sendeausschnitt in einer Wiederholungsschleife dem sog. 6-Stunden-Loop, modifiziert durch bestimmtes z.B. live Programm. Immer mehr Verbreitungswege und Nutzungsarten wie Web-TV, IP-TV, Mobile-TV und auch Bilddarstellungen wie das neue HDTV, sowie die Konvergenz ihrer Nutzung, stellen den Gestalter von Film- und Fernsehlizenzverträgen vor neue Herausforderungen.[162]

Lizenzvertragspakete liegen nicht selten monatelange Diskussionen zu Grunde, was sich in den komplexen Vertragsstrukturen von manchmal über 150 Seiten widerspiegelt. Auch hat jeder Lizenzvertrag, abhängig vom Lizenzgeber, vom Produkt und vom Umfang und insbes. der lizenzierten Auswertungen und Modelle seine Eigenarten und Schwerpunkte. Da hier nicht alle Klauseln und Probleme besprochen werden können, werden zunächst die wesentlichen Vertragsarten im Lizenzvertragsrecht dargestellt um danach die aus Sicht der Sendeanstalt relevanten und ausgewählten Regelungen bei der Gestaltung (nationaler und im Exkurs auch internationaler) Film- und Fernsehverträge im Rahmen des Einkaufs eines urheberrechtlich geschützten Filmwerkes i.S.d. § 2 Abs. 1 Nr. 6 UrhG erörtert. Im Anschluss an die jeweiligen Besprechungen folgen Klauselvorschläge oder Beispiele aus der Praxis auf englisch und/oder auf deutsch. Bei den Vorschlägen oder Klauselbeispielen handelt es sich nicht immer um das formularbuchmäßige beste Ergebnis, sie sollen vielmehr die im jeweiligen Kapitel besprochenen Probleme verdeutlichen und einen Einblick der in der Praxis aus Sicht des Lizenznehmers bzw. Lizenzgebers verwandte Klauseln geben. **191**

2. Der Lizenzvertrag

a) Deal Memo

Während der Verhandlungen von Lizenzen im »Ein- oder auch im Verkauf« von Rechten (richtigerweise der Lizenzierung aus Sicht des Lizenznehmers bzw. des Lizenzgebers) wird oft vor Abschluss eines so genannten »Longform Agreements«, der alle Einzelheiten eines Erwerbes regeln soll, ein so genanntes Deal Memorandum (»Deal Memo«) abgeschlossen. Das Deal Memo hält die wesentlichen Eckpunkte eines Vertrages fest und die Parteien unterwerfen sich regelmäßig die in dem Deal Memo festgehaltenen essentialia. Dies ist insbes. bei den sog. Outputverträgen[163] oder aber größeren Paketdeals oft der Fall, da sich der Abschluss eines solchen komplexen Vertrages nicht selten über ein Jahr hinzieht, und manche Lizenzen schon zu laufen beginnen. Das Deal Memo soll den Par- **192**

---

160 So schrieb *Gerhard Zeiler*, Chef der RTL Group und Mitglied des Bertelsmann-Vorstandes in einem Vorstandsinterview im November 2009: In Zukunft wird es mehr Fernsehen auf mehr Verbreitungswegen geben als je zuvor, und es wird Fernsehen für wirklich alle geben, für das große Publikum genauso wie für immer kleinere Zielgruppen.
161 Der bereits bestehende RTL MobileTV-Kanal wird enthält aktuelle RTL-Unterhaltungs- und News-Formate. Dabei sehen die Unterhaltungsformate auf dem Handy genau so aus wie im Fernsehen. Informationsformate hingegen werden für Mobile TV aufbereitet – zum Beispiel als 60-Sekunden-News.
162 Siehe auch *Amlung/Fisch* ZUM 2009, S. 442 f.; *Weber* ZUM 2007, 688 f.; *Schwarz* ZUM 2000, 817, 819: zur Konvergenz des Mediums TV und Internet.
163 Siehe unten Rdn. 203.

teien als Leitfaden zur Erstellung des Longforms dienen, das anwendbare Recht festhalten und ihnen die Sicherheit geben, sich auf bestimmte Punkte schon geeinigt zu haben.

b) Der Begriff des Lizenzvertrages

193 Das Urhebervertragsrecht als Ausgestaltung der §§ 31 ff. UrhG dient dem Schutz der Schöpfer und ihrer Werke im Bereich der Literatur, Kunst und Wissenschaft sowie deren Verwertung.

194 Der Lizenzvertrag kommt nach den allgemeinen Regeln des BGBs nach den Vorschriften über die Willenserklärungen §§ 104 ff. BGB und § 398, 413 BGB analog [164] zustande. Er ist als urheberrechtlicher Nutzungsvertrag im Sinne des § 31 UrhG ein Vertrag sui generis und kann, je nach Ausgestaltung unterschiedliche Elemente eines Dienst-, Werk-, Pacht-, Miet- oder Kaufvertrages beinhalten.[165] Für die Gestaltung der Film- und Fernsehverträge gelten die §§ 88 ff. UrhG, über die §§ 31 UrhG ebenfalls Anwendung findet.[166] Der Nutzungsvertrag kann durch Aufhebungsvertrag, durch Vorliegen von vertraglichen Kündigungsrechten und den besonderen Kündigungsregelungen je nach Vertragstypus vor allem die Kündigung aus wichtigem Grunde gem. § 314 BGB (ggfs. die ohne besonderen Grund nach § 627 BGB) oder durch eine zeitliche Befristung beendet werden.[167] Zu beachten sind auch die einseitigen Beendigungsmöglichkeiten durch Rückruf wegen Nichtausübung nach § 41 UrhG oder wegen gewandelter Überzeugung nach § 42 UrhG.

aa) Verwertungsrechte

195 Die Verwertungsrechte sind in den §§ 15 ff. UrhG geregelt und beschreiben allgemein, welche Verwertungsmöglichkeiten dem Urheber zustehen. Gemeint sind damit die ausschließlichen Rechte des Urhebers, sein Werk zu verwerten, wie z.B. das Vervielfältigungs-, das Verbreitungs- oder das Ausstellungsrecht.

bb) Nutzungsrechte

196 Das Nutzungsrecht beschreibt die jeweiligen Befugnisse der Verwertungsrechte im Einzelnen, muss sich jedoch nicht mit den Verwertungsrechten decken;[168] einzelne Nutzungsrechte können von den einzelnen Verwertungsrechten (die stets beim Urheber verbleiben) abgespalten und dem Erwerber eingeräumt werden. Ein Nutzungsrecht ist die aus dem Urheberrecht beziehungsweise Leistungsschutzrecht abgespaltene, also mit dinglicher Wirkung heraus gelöste und das Urheber- bzw. Leistungsschutzrecht schmälernde Berechtigung, ein Werk (oder einen Schutzgegenstand) auf eine urheberrechtlich relevante Art und Weise zu nutzen.[169] So kann dem Erwerber das Recht eingeräumt werden, eine Serie, die er für Deutschland lizenziert, alleine (unter Ausschluss von Dritten) zu senden. Die eingeräumten Nutzungsrechte können auf bestimmte Nutzungsarten eingeschränkt werden. Der Urheber kann also das Nutzungs*recht* in einzelne Nutzungs*arten* aufspalten, so dass er das Werk und insbes. ein bestimmtes Nutzungsrecht am selben Werk vielfältig verwerten kann. Ein Lizenzgeber kann das Senderecht nach § 20 UrhG z.B. derart einschränken, dass eine Kabel-,

---

[164] Palandt/*Grüneberg* § 413 Rn.2; Schricker/*Schricker* Vor §§ 28 ff. Rn. 45 mN.
[165] Wandtke/Bullinger/*Wandtke/Grunert* Vor §§ 31 ff. Rn. 6 und Rn. 67 m.N.; siehe dazu auch unten die Darstellung der verschiedenen Arten des Lizenzvertrages wie z.B. der Buy-Out-Vertrag Rdn. 200.
[166] Siehe etwa § 94 Abs. 2; § 95 mit Verweis auf § 94 UrhG.
[167] Wandtke/Bullinger/*Wandtke/Grunert* Vor §§ 31 ff. Rn.8 ff.
[168] Schricker/*Schricker* Vor §§ 28 ff. Rn. 51; Wandtke/Bullinger/*Wandtke/Grunert* Vor §§ 31 ff. Rn. 24.
[169] Wandtke/Bullinger/*Wandtke/Grunert* Vor §§ 31 ff. Rn. 24; § 31 Rn. 27 f.

und Satellitenverbreitung zwar gestattet ist, aber eine terrestrische Verbreitung nicht,[170] oder aber im Verlagsbereich wird die Verwertung des selben Buchtitels als Hardcoververtrieb lizenziert, während sich der Urheber die Taschenbuchverwertung zurückbehält. Die Grenzen der inhaltlichen Beschränkbarkeit von Nutzungsrechten ist in deren Verkehrsfähigkeit begründet, d.h. die Voraussetzung für das Vorliegen einer gesetzlich anerkannten Nutzungsart und damit ihrer inhaltlichen Beschränkbarkeit ist, dass es sich in wirtschaftlicher und technischer Hinsicht um eine selbstständige und von anderen Nutzungsarten klar abgrenzbare Nutzungsart handelt.[171]

Beim Erwerb von Filmlizenzen ist zu unterscheiden zwischen einer vollständigen, translativen Übertragung i.S.d. § 34 UrhG oder aber einer konstitutiven Lizenzierung im Sinne des § 35 UrhG. Das Urheberrecht wird als Mutter- beziehungsweise Stammrecht und das Nutzungsrecht als Tochterrecht bezeichnet. Bei einer translativen Rechteübertragung i.S.d. § 34 UrhG findet eine vollständige Änderung der Rechtsposition statt: hier wir nicht nur ein Tochterrecht vom Stammrecht abgespalten, sondern der Lizenzgeber entäußert sich ganz und gar seiner Rechtsposition. Das Schutzrecht geht, so wie es bestand, auf den neuen Rechtsinhaber über. Da das Urheberrecht weder im Ganzen noch in Teilen[172] übertragbar ist, weil so sichergestellt wird, dass sich der Urheber nicht aller seiner Rechte begibt, kann eine translative Übertragung erst ab dem Zweiterwerb stattfinden (also z.B. vom Filmrechtehändler an den Sender). Der Urheber selbst kann aber Tochterrechte einräumen, die dann i.S.d. § 34 UrhG wiederum weiter übertragen werden können. Aber auch bei einer translativen Übertragung des Nutzungsrechts ist zu beachten, dass der Hauptlizenznehmer nie mehr Rechte übertragen kann als er selbst hatte. **197**

Die Einräumung von Tochterrechten i.S.d. § 35 UrhG ist auf allen Ebenen möglich; der Urheber und der Erwerber ausschließlicher Nutzungsrechte können an Dritte Nutzungsrechte weiterer Stufen einräumen, welches allerdings mit dem Stammrecht verbunden bleibt, sich aber nach Inhalt und Umfang danach richtet, was die Parteien vereinbart hatten.[173] Das Urheberrecht und die Verwertungsrechte verbleiben beim Urheber, nur das neu entstandene mit dem Mutterrecht verbundene Recht geht über. **198**

Ob eine translative oder aber eine konstitutive Übertragung stattfinden sollte,[174] ist manchmal schwer zu unterscheiden. Wenn sich der Vertrag aber auf die Weitergabe der gesamten Nutzungsrechte bezieht, der Lizenzgeber die Rechte in dem Umfang, wie er sie innehatte weitergibt, dürfte man wohl von einer translativen Rechteeinräumung i.S.d. § 34 UrhG ausgehen. Wenn die Nutzungsbefugnis hingegen sowohl zeitlich, räumlich oder sonst wie beschränkt ist, so dass nach ihrer Ausschöpfung weitere Nutzungen durch den Lizenzgeber möglich sind, oder »eine Übertragung von Rechten nach Maßgabe des Vertrages« erfolgen soll, ist wohl eher von einer Einräumung nach § 35 UrhG auszugehen. **199**

cc) Die verschiedenen Arten eines Lizenzvertrages

(1) Buy-Out-Vertrag

Der Buy-Out-Vertrag bezeichnet einen Lizenzvertrag, bei dem ein Werk (zumeist eine Auftragsproduktion) nicht für eine bestimmte Nutzung oder Verwertung lizenziert wird, sondern der Erwerber lässt sich gegen ein Pauschalhonorar sämtliche an dem Werk ent- **200**

---

170 Weil z.B. ein Sender in einem bestimmten Gebiet terrestrisch nicht verbreitet wird. Oder aber eine terrestrische Verbreitung ist nur analog, nicht aber digital verbreitet gestattet.
171 Wandtke/Bullinger/*Wandtke*/*Grunert* § 31 Rn. 2 m.w.N.; *Frohne* ZUM 2000, 810, 813; *Schwarz* ZUM 2000, 818.
172 D.h. der Urheber kann also auch nicht seine Verwertungsrechte translativ vergeben.
173 Es muss sich also nicht mit den Verwertungsrechten des Stammrechts decken, sondern kann auch nur einen kleinen Ausschnitt dessen erfassen.
174 Was z.B. für Frage wichtig ist, ob der Lizenzgeber noch weitere Rechte vergeben konnte oder nicht.

stehende Rechte für alle Gebiete einräumen.[175] Im Unterschied dazu bezeichnet der »**All-Rights-Vertrag**« einen Lizenzvertrag bei dem der Erwerber zwar auch alle oder fast alle Verwertungsrechte an einem fremd produzierten Werk lizenzieren will, zumeist für eine zeitlich begrenzte Lizenzzeit und oftmals auch nur für bestimmte Gebiete.

(2) Der Pre-Sale-Vertrag

201   Beim so genannten Pre-Sale schließt der Erwerber z.B. mit einem Zwischenhändler oder mit einer Produktionsgesellschaft einen Vertrag über den (zeitlich limitierten) Erwerb eines Werkes (z.B. einen Film, TV-Movie oder eine Serie), für die es aber bisher nur ein Treatment (d.h. eine Kurzbeschreibung) oder ein Drehbuch gibt oder die in der Produktion zwar begonnen, aber noch nicht fertig gestellt wurde. Der Lizenznehmer verpflichtet sich zum Erwerb eines erst in der Zukunft entstehenden Werkes. Wenn der Erwerber nicht genau weiß, wie das Endprodukt aussieht, muss er vertraglich sicherstellen, dass das zu erstellende Werk möglichst seinen Erwartungen entspricht und nur zu lizenzieren ist, wenn es den spezifischen Qualitätsanforderungen gerecht wird und er sollte dafür Sorge tragen, dass sich für bestimmte Fälle Ausstiegs- und Nachbesserungsklauseln im Lizenzvertrag befinden. Daher wird bei dieser Art des Vertrages oft ein Mindeststandard festgelegt, d.h. der Lizenzgeber garantiert einen bestimmten »cast« (Schauspielbesetzung), »director« (Regisseur) und ggf. auch einen bestimmten »producer« (Produzent), eine bestimmte Mindestlänge und nicht selten einen spätesten Lizenzbeginn, um eine Einsatzfähigkeit des Programmes zu gewährleisten. Mit dem Presale sind oft auch Co-Finanzierungs- und Co- Entwicklungsverträge verknüpft, wenn der Lizenznehmer sich einen kreativen Einfluss auf das Endprodukt sichern will. So sichert der Lizenznehmer einerseits die Finanzierung des Projektes, andererseits realisiert er sein Mitbestimmungsrecht.

(3) Der Volume-Deal

202   Der »Volume-Deal«[176] beschreibt einen Lizenzvertrag, der eine Vielzahl von unterschiedlichen Programmkategorien enthält. Das können fiktionale Programme sein wie z.B. Spielfilme, »TV-Movies«,[177] »Direct to Videos«,[178] Miniserien[179] oder Serien oder auch non-fiktionale Programme wie Dokumentationen, Unterhaltungs- oder Sportsendungen. Nicht notwendigerweise aber in der Regel sind die Produktionen bereits bekannt. Der Volume-Deal und der Einzellizenzvertrag bergen die geringsten Risiken, wenn die zu erwerbenden Werke bereits produziert und bekannt sind und der Erwerber damit nicht das Risiko einer Realisierung trägt. Lediglich die zu lizenzierende Menge bedeutet eine ggf. große monetäre Verpflichtung.

(4) Der Outputvertrag

203   Der sog. »Outputvertrag« (OPD) ist eine von den großen Hollywood Studios[180] (Major Studio) gern genommene Lizenzierungsform, durch die der Erwerber verpflichtet wird, große Mengen von unterschiedlichen Produktkategorien über einen längeren Zeitraum

---

175 Zur Wirksamkeit und Problematik dieser Art des Vertrages siehe m.N. Wandtke/Bullinger/*Wandtke/Grunert* Vor §§ 31 ff. Rn. 92.
176 Oder auch Paketdeal genannt.
177 Darunter versteht man einen Film, der für das TV produziert wurde.
178 Darunter versteht man einen Film, der nicht fürs Kino produziert wurde oder der es aufgrund von Kostenprognosegesichtspunkten nicht ins Kino »geschafft« hat, der daher direkt in den Videovertrieb geht.
179 Ein in sich geschlossener Mehrteiler mit zumeist 4-6 Stunden wie z.B. Merlin.
180 Z.B. NBC Universal; 20th Century Fox, Warner Bros., Disney, Sony, Paramount, DreamWorks oder Metro-Goldwyn-Mayer.

abzunehmen. Es handelt sich um eine Mischung der unter Ziff. b) und c) genannten Lizenzverträge, denn neben der Abnahmeverpflichtung einer Vielzahl von Programmkategorien und der meist längeren Laufzeit des Vertrages, weiß der Erwerber nicht genau, welches Produkt er während der gesamten Lizenzzeit lizenzieren wird. Schließt z.B. der Erwerber einen Outputvertrag ab, indem er sich verpflichtet von dem Major Studio alles an Produkten abzunehmen, was das Major Studio innerhalb dieses Zeitraumes produziert, produzieren lässt oder aber hinzuerwerben wird, so kennt er eventuell nur das Produkt, welches er im ersten Jahr der Laufzeit des OPD lizenziert, nicht aber das welches im zweiten oder Folgejahr lizenziert werden soll, da dieses noch nicht fertig ist: Bei den OPD ist oft nicht mal ein Drehbuch, Treatment oder eine Idee für ein Filmwerk zum Zeitpunkt des Abschlusses des Vertrages vorhanden. Diese Vertragsart stellt den schwierigsten Fall bei der Gestaltung (internationaler) Film- und Fernsehlizenzverträge dar, da sich zahlreiche Unwägbarkeiten und Risiken ergeben, einerseits durch die Menge des zu lizenzierenden Produktes (Will man die unbekannten Produkte bei Realisierung wirklich haben? Entspricht es den Qualitätsanforderungen? Wie sieht es mit dem Insolvenzrisiko aus?) andererseits ergeben sich Preise erst durch Variablen[181] und es werden nur sehr eingeschränkt Rechte von den Major Studios vergeben, was wiederum wichtig für die Gestaltung von so genannten »Holdbacks«[182] (Sperrzeit) ist. Alle in diesem Kapitel erörterten Regelungen und Risiken stellen sich nicht nur beim nationalen Lizenzvertrag, sondern gerade (und noch weitere darüber hinaus) beim Outputvertrag. Berechtigterweise kann man sich die Frage stellen, warum ein Sender solche Risiken überhaupt eingeht und mit den Major Studios Outputverträge abschließt? Die Major Studios in Hollywood haben international eine nicht zu unterschätzende Marktmacht und Blockbuster wie »Harry Potter«, »Der Herr der Ringe«, »Inglourious Basterds« oder »Avatar« kann man nicht einzeln lizenzieren, jedenfalls nicht, wenn es sich um die Erstausstrahlungsrechte handelt. Das Major Studio wird diese nur zusammen mit anderen (manchmal nicht so gut verkäuflichen) Programmen lizenzieren.

c) Eine Auswahl praxisrelevanter Klauseln bei der Gestaltung (internationaler) Film- und Fernsehlizenzverträgen

aa) Die Vertragsparteien

Die Angabe der Vertragsparteien unter Angabe ihrer genauen Firmenbezeichnung und Adressen ist wichtig, um eventuelle steuerliche Behandlungen zu berücksichtigen wie die Anwendbarkeit von Umsatzsteuer oder aber Quellensteuer. Dies ist insbes. wichtig, wenn als Vertragspartei ein Agent für den Lizenzgeber auftaucht, der evtl. nicht oder »nicht so« berechtigt war oder der zwar die Rechte vom Rechteinhaber abgeleitet haben mag, aber beim Lizenznehmer keine so genannte Freistellungserklärung vorliegt.[183] Eine genaue Bezeichnung der Parteien ist des Weiteren wichtig für die Fälle der Leistungsstörung, des Rechtenachweises und damit der Regressfälle.

204

bb) Der Lizenzgegenstand

Desto genauer der Lizenzgegenstand beschrieben ist, desto weniger Unklarheiten bei der Lizenzierung des Werkes können bestehen. Zur Beschreibung des Lizenzgegenstandes gehört u.a. der genaue Titel, um z.B. eine Verwechslung mit einem ausländischen Titel zu vermeiden. Bei der Lizenzierung einer Serie ist die Anzahl der Episoden einer Staffel sowie die Anzahl der Staffeln einer Serie von Bedeutung, um das Abnahmevolumen festzulegen (im internationalen Lizenzverkehr wird nicht selten eine Abnahme von Serien

205

---

181 Siehe dazu unten Rdn. 260 f.
182 Siehe unten Rdn. 260.
183 Siehe hierzu später den Abschnitt Quellensteuer/Witholding Tax Rdn. 268.

»Life of Series«, d.h. solange diese produziert wird gefordert). Wesentlich ist ebenfalls die Nettolänge des lizenzierten Werkes,[184] die Sprachfassung oder die FSK-Freigabe (»Jugendschutzfreigabe«) eines bestimmten Werkes. Von der FSK-Freigabe hängen auch die Programmierung des Films und damit die Reichweite und die zu erwartenden Erlöse ab. Wird mithin eine bestimmte FSK-Freigabe[185] (z.B. unter FSK 16 oder 18) nicht erreicht, so bedeutet das für den Sender, dass er nicht frei in seiner Programmierung ist, sondern den Titel nur zu einer bestimmten Uhrzeit (Vorabendprogramm oder erst ab 20:00 Uhr oder ab 22:00 Uhr) ausspielen darf, was zu monetären Einbußen führen kann. Merkmale deren Eintritt die für eine Lizenzierung von Bedeutung sind, sind besonders hervorzuheben und finden sich in internationalen Lizenzverträgen unter der Überschrift »Qualifier«. Bei der Vertragsgestaltung muss demnach darauf geachtet werden, dass bei Nichteintritt der verhandelten FSK-Freigabe oder der anderen so genannten »Qualifier« dem Lizenzgeber entweder ein Rücktrittrecht oder aber eine Minderung der Lizenzgebühr vorbehalten wird. Insbes. bei den oben genannten Output- oder Pre-Sale-Verträgen, bei dem der einzelne Lizenzgegenstand noch nicht hinreichend bekannt ist, erfassen die Qualifier oft auch das Herkunftsland, das Produktionsjahr, die Nennung des Regisseurs, Hauptdarstellers oder Produzenten und gegebenenfalls, wo ein Kino-Release stattgefunden hat. Desto genauer hier die Qualifier in Lizenzverträgen dargestellt werden, desto eher kann ein Titel, den man tatsächlich nicht lizenzieren will, abgelehnt werden.

206 ▶ **Formulierungsvorschlag (I):**

Lizenziert wird der folgende Film:

Titel	Studio	Produktionsjahr und Land/Premiere	Nettolänge	Besetzung	Regisseur
Kampf der Titanen/ Clash of the Titans	Warner Brothers	USA 2009 8.4.2010 BRD	106 min	Liam Neeson Ralph Fiennes Sam Worthington	Louis Leterrier

Die Lizenzzeit beginnt spätestens drei Jahre nach Kinostart. Der vertragsgegenständliche Film qualifiziert im Sinne dieses Vertrages nur, wenn er mit mindestens 300 Kopien in den deutschen Kinos startet. Der vertragsgegenständliche Film muss eine Netto TV-Länge von 106 Minuten (ohne Abspann und mit 25 Bildern pro Sekunde) haben. Der Lizenznehmer akzeptiert keine Längenveränderungen wie z.B. 24 + 1 oder »frame-blending«-Versionen.

207 ▶ **Formulierungsbeispiel eines US Lizenzgebers :**

As used herein, »Qualify« shall mean an Animation Feature Film produced by X Studio and that is initially generally theatrically released in the United States and the Federal Republic of Germany during the New Output Period.

208 Neben den »Qualifyern«, gibt es zahlreiche weitere Gestaltungsformen, wie man den Lizenzgegenstand spezifizieren kann, sofern er nicht genau genannt werden kann. Steht bei den Volume Deals oder beim OPD im nationalen als auch im internationalen Lizenzgeschäft als Lizenzgegenstand nur die Kategorie und das Abnahmevolumen eines jeden

---

184 Darunter versteht man die Länge eines Titels ohne eingefügte Werbeunterbrechungen, Werbepausen oder Programmhinweise im Vor- oder Abspann.
185 Gemäß § 14 JuSchG FSK; siehe dazu im Einzelnen die Seite der FSK SPIO http://www.spio.de/index.

Lizenzjahres fest, es z.B. werden 60 First Run Feature Filme (Kinofilme), 20 Library Produkte,[186] 4 Serien und 3 Miniserien,[187] die jeweils nach bestimmten Kriterien qualifizieren lizenziert, so sollte darauf geachtet werden, dass der Lizenzgeber dem Lizenznehmer in verschiedenen Zeiträumen[188] pro Lizenzjahr umfassende Listen zukommen lässt, auf denen sich das jeweils ihm zur Lizenzierung zur Verfügung stehende Produkt befindet. Von diesen Listen wählt dann der Lizenznehmer das Produkt aus. Bei solchen Auswahlmechanismen, den sog. »Selection Mechanism« sind der Kreativität kaum Grenzen gesetzt, außer, dass dabei nicht vergessen werden sollte, dass die Ausführung dieser Mechanismen und Auswahlfristen handhabbar bleiben sollte.[189]

▶ Dies ist ein **Formulierungsbeispiel eines US Lizenzgebers** aus einem OPD mit einem Major Studio:
Licensee shall license the following programs during the term, for which Licensor controls the necessary rights as applicable: In each year of the term Licensee shall license 60 First Run Feature Films, produced in English language and which have been theatrically released in the respective release year 2010, 2011, 2012 in the US and in Germany on at least 50 screens. Notwithstanding the forgoing they only qualify hereunder if the have been produced or theatrically released by US Major Studio.[190]

cc) Die räumliche Beschränkung

(1) Das Lizenzgebiet

Anders als bei Eigen- oder Auftragsproduktionen wird im Film- und Fernsehlizenzvertragsrecht das Lizenzgebiet zumeist auf die deutschsprachigen Gebiete beschränkt. Die Begrenzung der Territorien wird immer wichtiger bei der Auswertung der neuen Medien wie z.B. Mobile-TV oder des Internetfernsehens. Eine Verbreitung der lizenzierten Fassung über das Internet ist an sich nicht begrenzt (anders als IPTV via DSL) und so muss darauf geachtet werden, dass eine entsprechende Verschlüsselungstechnik (sog. Digital Rights Management, kurz »DRM-Systeme«) oder ein sog. »geoblocking« zum Einsatz kommt, welches sicherstellt, dass das lizenzierte Programm nur in den lizenzierten Territorien abgerufen werden kann.

(2) Overspill

Die meisten großen Sendeunternehmen in Deutschland, wie RTL strahlen grenzüberschreitend ihre Rundfunksendungen aus. Es stellt sich bei der Lizenzierung regelmäßig die Frage, ob für jedes dieser Empfangsländer oder nur für das Land, von dem aus gesendet wird, ein Senderecht erworben werden muss. Entscheidend hierfür ist, in welchem Land die urheberrechtlich relevante Sendung stattfindet. Empfehlenswert ist bei dem Erwerb von Lizenzen jedenfalls, wenn die Rechte sowohl für das Ausstrahlungsland als auch für die Empfangsländer lizenziert, jedenfalls wenn intendiert in dieses Land eingestrahlt wird.[191] Der unvermeidbare sog. Overspill (ausländischer) Signale nach Deutsch-

---

186 Darunter versteht man Produktkategorien, die bereits verwertet wurden und die im zweiten oder späteren Verwertungszyklus sind.
187 Ein in sich geschlossener Mehrteiler mit zumeist 4-6 Stunden.
188 Denn es kann immer wieder Produkt nachkommen oder Lizenziertes frei werden.
189 Das gilt insbesondere für die Einhaltung der Fristen und die Beachtung der internen (Beteiligungs-) Prozesse.
190 Charakteristisch in internationalen Verträgen in englischer Sprache ist, dass die Wörter, die im Vertragstext »Groß« geschrieben sind, an anderer Stelle definiert sein sollten. Darauf ist also zu achten, damit man nicht von falschen Voraussetzungen ausgeht.
191 Und somit der überwiegenden Meinung in der Literatur folgt. Siehe zum Meinungsstand Wandtke/Bullinger/*v. Welser* Vor §§ 120 ff. Rn. 16; Fromm/Nordemann/*Nordemann-Schiffel* Vor §§ 120 Rn. 71.

land berührt das deutsche Senderecht nicht. Bei Kabelsendungen ist das Senderecht nur dann berührt, wenn die Signale in Deutschland der Öffentlichkeit zur Nutzung zugänglich gemacht werden und diese nicht nur durchgeleitet werden.

212 Nicht intendierte Einstrahlung in das Sendegebiet z.B. durch eine Satellitenverbreitung wird regelmäßig i.R. einer so genannten »Overspill-Klausel« akzeptiert:

▶ **Formulierungsvorschlag (II)**

Der Lizenzgeber nimmt zur Kenntnis und akzeptiert, dass das Sendesignal des Lizenznehmers teilweise auch über das Lizenzgebiet gemäß Ziffer 1 hinaus in anderen Ländern empfangbar ist, sog. »unintendierter, technischer Overspill«. Dieser Overspill erfolgt in der lizenzierten Sprache und wird unter den Parteien nicht als Vertragsbruch angesehen.

213 In diesem und dem nachfolgenden Beispiel wird (u.a.) der umgekehrte Fall zum Formulierungsvorschlag (II) beschrieben; hier akzeptiert der Lizenzgeber, dass auch das Signal des Lizenznehmers in anderen Gebieten empfangen werden kann. Das ist wichtig, da der Lizenzgeber meist seine Rechte auch exklusiv in anderen Gebieten verkauft, und es somit zu einer Kollision kommen könnte, wenn auch die deutschsprachigen Rechte dort ausgewertet werden können.

214 ▶ **Formulierungsbeispiel eines US Lizenzgebers:**

The parties acknowledge that due to technical conditions, the Licensed Pictures subject to this Agreement can be received in the Authorized Language version as part of Licensee's *signal outside the Territory* directly by what is commonly referred to as »overspill« and indirectly via retransmission by cable installations simultaneously and unchanged. In view of the European Cable and Satellite Directive (93/83/EEC),[192] the parties not consider this to be a breach of contract and clarify that any claims for compensation regarding the use of the rights granted under this Agreement outside the Territory belong exclusively to Licensor, including claims attributable to cable retransmission exercised through collecting societies (e.g., AGICOA).

215 Die Weiterverbreitung von Rundfunksendungen über Kabel wird durch die in den Mitgliedstaaten geltenden Urheber- und Leistungsschutzrechte sowie durch vertragliche Vereinbarungen zwischen den Urheberrechtsinhabern, den Leistungsschutzberechtigten und den Kabelunternehmen geregelt. Die Verwertungsgesellschaften üben das Recht aus, die Kabelweiterverbreitung einer Rundfunksendung zu erlauben oder zu verbieten, sofern dieses Recht nicht von einer Rundfunkanstalt für ihre Sendungen ausgeübt wird. Der Hinweis auf die Richtlinie soll demnach klarstellen, dass ein Abschlusszwang bestehen, die Weiterverbreitung mithin nicht verboten werden kann und die Kabelweiterleitung außerhalb des lizenzierten Gebietes keine Vertragsverletzung darstellt. Vergütungsansprüche aber bestehen.

---

192 Europäische Kabel und Satellitenrichtlinie 93/83/EWG; ABl. L 248 vom 6.10.1993; abrufbar unter http://eur-lex.europa.eu/smartapi/cgi/sga_doc?smartapi!celexplus!prod!DocNumber&lg=de&type_doc=Directive&an_doc=1993&nu_doc=83.

B. Privater Rundfunk

▶ **Formulierungsbeispiel eines US Lizenzgebers:** 216

> Licensee acknowledges that transmissions of the Licensed Pictures originating outside the Territory may be received by television sets located in the Territory and agrees that such reception shall not constitute a breach of this Agreement. Licensor acknowledges and accepts that the broadcast signal of Licensee *may be received beyond the Territory* and such reception beyond the Territory shall not constitute a breach of this Agreement provided Licensee does not (a) authorize the transmission or retransmission of its signal for reception outside the Territory, (b) advertise or promote the reception of its broadcast signal outside the Territory.

Der Lizenznehmer muss im Gegenzug auch akzeptieren, dass das Sendesignal dritter Lizenznehmer ihres Lizenzgebers auch in ihr exklusives Lizenzgebiet einstrahlen kann. Der zweite Satz im vorangegangenen Beispiel beinhaltet eine Einschränkung davor, dass nur ein bestimmtes Verhalten des Lizenznehmers sanktionslos bleiben soll, nicht aber wenn er intendiert in ein fremdes Gebiet einstrahlt. Diese detaillierteren Klauseln finden sich öfter in englischsprachigen Verträgen; und zwar auch wenn diese die Grundlage nationaler Verträge innerhalb desselben Staates bilden.[193] 217

dd) Die zeitliche Beschränkung
(1) Lizenzzeit

Die Vertragsparteien legen den Beginn und das Ende der Lizenzzeit fest. Wenn das zu lizenzierende Werk noch nicht fertig gestellt ist, ist zu empfehlen, ein spätestens Lizenzdatum aufzunehmen, nach dessen Ablauf der Lizenznehmer oder aber auch der Lizenzgeber das Recht haben, den Vertrag aufzulösen. 218

▶ **Formulierungsvorschlag (III):** 219

> Die Lizenzzeit beginnt am 1.1.2010, nicht jedoch vor Lieferung und Abnahme des Materials und endet mit Ablauf des 1.2.2013 beziehungsweise nach der letztlich vertraglich lizenzierten Ausstrahlung, je nach dem, welcher Zeitraum früher eintritt.

Damit soll sichergestellt werden, dass der Lizenzgeber die Rechte auch früher bekommt, wenn der Lizenznehmer seine Anzahl an lizenzierten Ausstrahlungen bereits vor Ablauf der Lizenzzeit verbraucht hat. 220

▶ **Formulierungsbeispiel eines US Lizenzgebers:** 221

> The License Period shall start 1.1.2010, 12.01 a.m. and shall end at the earlier of 1.5.2025, 12.00 a.m. or with exhibition of the last Run authorized hereunder.

(2) Exkurs: Windows

US-amerikanische Lizenzgeber lassen sich gerne so genannte »Windows« einräumen, d.h. sie lizenzieren an den Lizenznehmer zwar exklusive Rechte für einen bestimmten Zeitraum, behalten sich aber das Recht vor, innerhalb eines vorher festgelegten Zeitfensters diese Rechte entweder exklusiv oder nicht-exklusiv selbst zu nutzen oder aber zu blockieren. Das Window kann sich einmal auf die Rechte, die der Lizenzgeber an den Lizenznehmer lizenziert hat beziehen oder aber auf die Rechte, auf die er nur im Rahmen eines Holdbacks verzichtet hat. Das Zeitfenster eines Windows, in der der Lizenz- 222

---

[193] Immer häufiger werden englischsprachige Lizenzverträge als Basis für nationale Geschäfte/Lizenzverträge verwendet, was sicherlich auch z.T. daran liegt, dass oft auch zum Teil internationales Produkt weiterlizenziert wird, auch wenn beide Vertragsparteien deutsche Unternehmen sind.

nehmer bei einem exklusiven Window nicht ausstrahlen kann, wird dann oft an das Ende der Lizenz angehangen.[194] Einen Grund für die Anfrage eines Windows seitens des Lizenzgebers kann (auch in nationalen Verträgen) sein, dass er die Rechte, auf die er gegenüber dem Lizenznehmer im Rahmen eines Holdbacks verzichtet, aber eben nicht an diesen lizenziert hat, für eine bestimmte Zeit selber nutzen möchte, um diese z.B. auf seinem eigenen Pay-TV-Kanal auszuspielen.

223 ▶ **Formulierungsbeispiel eines US Lizenzgebers:**

Upon six month prior notification to Licensee, Licensor shall be entitled to carve out a six months exclusive window from the license period of any First Run Feature Film licensed hereunder, during which window Licensor may license such film for pay television exhibition in the territory.

ee) Die inhaltliche Beschränkung[195]

224 Anders als in den Eigenproduktionsverträgen wird im Lizenzgeschäft oft nur ein (kleiner) Ausschnitt an Rechten übertragen. Der Lizenzgeber will sowenig wie möglich an Rechten und Nutzungsarten lizenzieren, der Lizenznehmer muss aber seinen Mindeststandard an Rechten sichern und darf nicht auf zuviel verzichten, da sich sonst sein Deal nicht mehr »rechnet«, z.B. die Wertschöpfungskette nicht ausgenutzt werden kann.

(1) Zweckübertragungstheorie

225 Art und Umfang der zu lizenzierenden Rechte und Nutzungsarten sollten möglichst detailliert im Lizenzvertrag beschrieben werden. Im Fall von Lücken oder Unklarheiten gilt grds. die Zweckübertragungsregel des § 31 Abs. 5 UrhG. Danach kann einerseits der Urheber im Zweifel keine weitergehenden Rechte einräumen als der Zweck des Vertrags dies erfordert.[196] Andererseits bestimmt sich im Fall von Unklarheiten der Umfang eines Nutzungsrechts nach dem Zweck, der mit seiner Einräumung verfolgt wurde. Ist im Lizenzvertrag nicht ausreichend die Rechteeinräumung beschrieben, so richtet diese sich nach dem Zweck, der mit dem Vertragsschluss verfolgt werden sollte.

(2) unbekannte Nutzungsarten

226 Durch Inkrafttreten der Änderungen des Urheberrechtsgesetzes durch das zweite Gesetz zur Regelung des Urheberrechts in der Informationsgesellschaft (2. Korb) ist es nun gemäß § 31a UrhG ausdrücklich möglich, Rechte an zum Zeitpunkt des Vertragsschlusses noch unbekannten Nutzungsarten einzuräumen. Nach h.M. in Literatur und Rechtsprechung ist eine Nutzungsart unbekannt, wenn zwar ihre technische, nicht aber ihre wirtschaftliche Bedeutung und Verwertbarkeit zum Zeitpunkt des Abschlusses des schuldrechtlichen Kausalgeschäfts bekannt gewesen ist.[197] Maßgeblich ist dabei der Kenntnisstand eines durchschnittlichen Urhebers und nicht etwa derjenige von technisch informierten Fachkreisen. Dem Filmurheber steht auch kein Widerrufsrecht gemäß § 31a Abs. 1 Satz 3 UrhG zu. Darüber hinaus gilt die bisherige gesetzliche Vermutung, dass der Filmproduzent im Zweifel das Recht erwirbt, den Film in allen bekannten Nutzungsarten zu verwerten, nunmehr auch für alle unbekannten Nutzungsarten, § 89 Abs. 1 Satz 1 UrhG.

---

194 Das ist allerdings Verhandlungssache, hier gibt es keinen Standard.
195 Zu den urheberrechtlichen Fragestellungen siehe ausführlich auch Kap. 3.
196 BGH GRUR 2003, 234, 236 – EROC III; Wandtke Bullinger/*Wandtke/Grunert* § 31 Rn. 70.
197 Siehe dazu auch Kap. 3; zur Frage der AGB rechtlichen Wirksamkeit einer umfassenden Rechteübertragungsklausel: Schwartmann/*Kuck* Praxishandbuch Medienrecht § 31 Rn. 2 m.w.N.

(3) Exklusivität

Ob ein Recht exklusiv oder nicht-exklusiv eingeräumt wurde hat maßgeblichen Einfluss 227
auf die weitere Gestaltung des Vertrages. Von einem exklusiven Recht spricht man, wenn
der Erwerber der exklusiven Lizenz allein Berechtigter Nutzer werden soll. Er kann weitere Nutzungsrechte einräumen, § 31 Abs. 3 UrhG. Der Inhaber einer ausschließlichen
Lizenz hat neben dem Recht, das Werk auf eine bestimmte Art und Weise zu nutzen,
auch das Recht, einem Dritten die Werknutzung zu untersagen.[198] Im Zweifel ist nach der
Zweckübertragungstheorie gemäß § 31 Abs. 5 UrhG auszulegen, ob der Lizenzgeber dem
Lizenznehmer zwar exklusive Rechte einräumen wollte, sich aber selbst noch ein Recht
zur eigenen Nutzung zurückbehalten wollte oder aber ob er auf sein eigenes Nutzungsrecht während der Lizenzzeit auch verzichtet. Dem gegenüber spricht man von einfachen
Nutzungsrechten (non-exklusiven) gemäß § 31 Abs. 2 UrhG, wenn eine Mehrzahl von
Nutzern nebeneinander das Werk verwerten darf. Ob der Berechtigte eines einfachen
Nutzungsrechts hingegen selbst berechtigt ist, weitere Unterlizenzen zu erteilen[199] oder
aber ob auch einfache Nutzungsrechte Verbotsrechte begründen, ist streitig.[200] Eine Sonderstellung genießt der Filmhersteller gemäß § 89 Abs. 1 UrhG. Danach räumen die Filmmitwirkenden dem Filmhersteller im Zweifel das ausschließliche Recht ein, das Filmwerk
auf alle bekannten und unbekannten Nutzungsarten zu nutzen.

In nationalen wie internationalen Lizenzverträgen ist daher folgende Klausel zu finden, 228
die den Lizenzgeber von der Nutzung ausschließt und die oft mit der oben genannten
Overspill-Klausel kombiniert ist.

▶ **Formulierungsvorschlag (IV):**

> Licensee shall be granted the exclusive free television rights of the program licensed
> hereunder during the license term and within the licensed territory. Licensee exclusive
> free television right shall mean, that Licensor himself and no third party shall use any
> of the rights licensed from Licensor to Licensee.[201]

(4) Rechteklausel der Filmverwertung

Wie bereits einleitend beschrieben, hat die technische Entwicklung im Bereich der digita- 229
len Verbreitung der Bildformate sowie im Bereich der Telekommunikationsnetze dazu
geführt, dass sich die Urhebernutzungsrechte an einem Filmwerk sehr detailliert unterteilen lassen. Insbesondere in US-amerikanischen aber auch in anderen nationalen
Lizenzverträgen ist bei jedem Lizenzgeber die jeweilige Legaldefinition eines bestimmten
Rechts genau zu prüfen, denn auch die einzelnen Lizenzgeber haben oft ein unterschiedliches Verständnis der einzelnen Verwertungsstufen und Vertriebswege. Im Folgenden
sollen nunmehr die wesentlichen Rechte aus Fernseh-Lizenzverträgen dargestellt werden. In Lizenzverträgen wird oft nicht zwischen den Verbreitungswegen und den Nutzungsarten[202] hinreichend unterschieden. Unter Verbreitungsweg wird die Technik verstanden, mit der die unterschiedlichen Verwertungsrechte transportiert werden können.
So kann ein Senderecht gemäß § 20 UrhG terrestrisch mittels Funk, über Satelliten, über

---

198 Vergleiche BGH GRUR 1992, 310, 311 – Die Taschenbuchlizenz; Schwartmann/*Kuck* 18. Abschnitt,
Rn. 230 f; siehe aber auch zur dinglichen Wirkung einfacher Nutzungsrechte: BGH GRUR 2009,
946 f., Rn. 20, wobei der BGH nur den Fall zu entscheiden hatte, ob die Unterlizenz fortbesteht,
wenn die Hauptlizenz wegen Nichtausübung zurückgerufen wird.
199 H.M. ist dagegen: Schricker/*Schricker* Vor §§ 28 ff. Rn. 23. § 31 Rn. 6 und § 35 Rn. 1a m.w.N.; *von
Frentz/Marrder* ZUM 2003, 94, 102 f.
200 Siehe unten Rdn. 310 f. und Kap. 3 sowie Wandtke Bullinger/*Wandtke/Grunert* § 31 Rn. 32.
201 Hier wird entsprechend deutlich gemacht, dass die Exklusivität der Lizenzierung auch den Lizenzgeber selber von einer Nutzung ausschließen sollte.
202 Zur Nutzungsart siehe oben Rdn. 196.

Kabel (Breitband) und auch unter Verwendung von Protokollen wie dem Internetprotokoll (IP) verbreitet werden. Unterschieden wird grds. zwischen dem Senderecht im Sinn des § 20 UrhG und dem »Recht der öffentlichen Zugänglichmachung« im Sinne des § 19a UrhG (in Bezug auf die Leistungsschutzberechtigten nach §§ 85 Abs. 1, 87 Abs. 1 Nr. 1, 94 UrhG). Da es im Einzelfall darauf ankommt, wie die Sendung technisch übertragen wird (z.B. als linearer IPTV – Pushdienst im geschlossenen System[203] oder als nicht linearer, im offenen Netz zugänglichen Internet – Pulldienst), hängt auch die Frage ab, ob es sich um eine Sendung im Sinne des § 20 UrhG oder aber ein Recht der öffentlichen Zugänglichmachung i.S.d. § 19a UrhG handelt.

(4.1) Senderecht, § 20 UrhG

230 Charakteristisch für das Senderecht ist, dass das gesamte Publikum das Werk gleichzeitig sinnlich wahrnehmen kann. Das Senderecht ist demnach betroffen, wenn die Übertragung linear und simulcast, d.h. gleichzeitig und unverändert erfolgt.[204] Unter das Senderecht fallen daher grds. alle Programmveranstaltungen, die sich unter dem Begriff **Rundfunk,** der Zugänglichmachung von Werken für die Öffentlichkeit durch Funk, subsumieren lassen. Auch die Weitersendung eines bereits gesendeten Werkes, wie die Einspeisung des empfangenen Sendesignals in Kabelnetze oder Verteilanlagen ist eine Sendung im Sinne des § 20 UrhG, welches grds. der Zustimmung des Urhebers bedarf. Abzugrenzen ist die Kabelweitersendung aber von dem urheberrechtsfreien Empfang.[205] Ohne rechtliche Bedeutung hinsichtlich einer Zuordnung zum Senderecht sind die Organisationen des Senderunternehmens (privat-rechtlich oder öffentlich-rechtlich), die Übertragungswege (terrestrisch, Kabel, Satellit (oder Internet))[206] denn der Sendebegriff ist weit zu verstehen, die Angebotsformen (Free-TV, Pay-TV oder auf einer Plattform) oder welches Endgerät benutzt wird (TV, Mobiltelefon, Computer), ob analog oder digital übertragen wird und die dahinterstehenden Geschäftsmodelle des Dienstanbieter (wird für den Transport bezahlt oder ist dies ein werbefinanziertes Modell, wird verschlüsselt oder unverschlüsselt übertragen).

(4.1.1) IPTV

231 Die Abkürzung IPTV steht für »Internet Protocol Television«. IP-TV bezeichnet das Internet Protokoll (IP) basierte Fernsehen und damit eine Möglichkeit, breitbandige Anwendungen über das digitale Datennetz zu übertragen. IPTV ist am ehesten mit dem digitalen Kabel-TV vergleichbar. Auch hier wird eine spezielle Set-Top-Box (IP-TV Receiver) benötigt, sowie ein Vertrag beim Anbieter der Wahl. Die Set-Top-Box selbst ist nötig, um die TV-Signale, die über die DSL-Leitung via Internet übertragen wurden, wieder in ein für den Fernseher nutzbares Signal umzuwandeln. Ganz ähnlich, wie bei Satelliten-Fernsehen. Zudem ermöglicht diese die zahlreichen Funktionen[207] des jeweiligen IPTV-Anschlusses zu nutzen. Der wesentliche Unterschied ist, dass als Übertragungsweg nicht ein separates Kabelnetz genutzt wird, sondern die schon vorhandene Internet-Infrastruktur.

Ein Vorteil von IPTV ist durch einen Rückkanal interaktive Dienste (VOD- Dienste) erheblich leichter anbieten zu können als im Kabel, die Nutzung eines elektronischen

---

203 Z.B limitiert durch die Userregistrierung/IP Adressen der DSL- Kunden.
204 Wandtke/Bullinger/*Erhardt* § 20-20b UrhG Rn. 9 ff.; siehe zum Sendebegriff auch *Gounalakis* ZUM 2009, 447, 448; Fromm/Nordemann/*Dustmann* § 20 Rn. 2 f.
205 Fromm/Nordemann/*Dustmann* § 20 Rn. 17 f.
206 Ohne Downloadmöglichkeit bei Live-Streaming oder Simulcasting, d.h. zeitgleiche, unveränderte und vollständige Übertragung über das Internet.
207 Z.B. mit integriertem digitalen Videorecorder.

Programmführers (EPG) und dass IPTV nicht Endgerätegebunden ist, d.h. IPTV kann auch »mobil«, d.h. auf mobilen Engeräten genutzt werden. Wichtig ist aber vor allem, dass es praktisch keine Begrenzung an Sendern mehr gibt, da die Kapazitäten über die Backbones erheblich sind. Dabei wird oft das DSL Netz als Übertragungsweg genutzt, da dieses das IP-Protokoll ohnehin schon verwendet. Grundsätzlich kann IPTV aber über Terrestrik, Kabel, Satellit oder auch über Mobilfunknetze übertragen werden.

(4.1.2) bildliche Darstellung von IPTV[208]

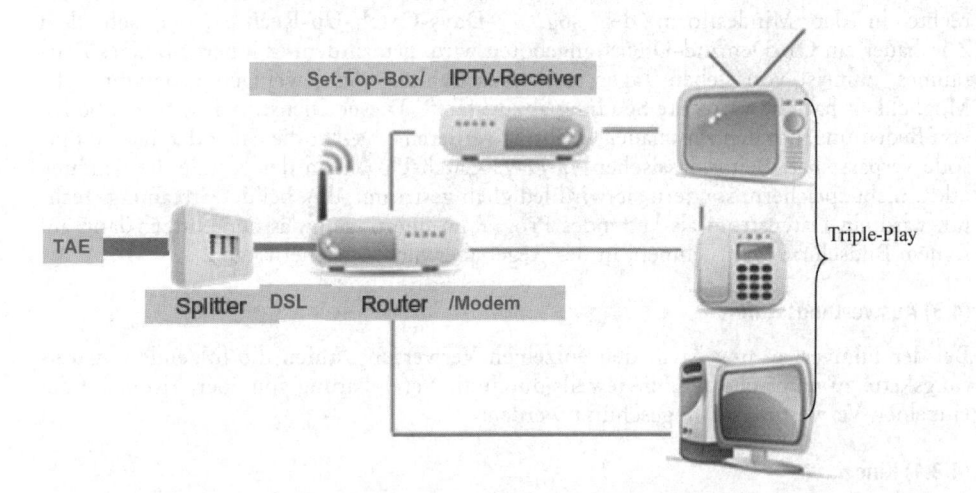

232

Der Standard-Telefondose (TAE) folgt der Splitter, damit verbunden ist das DSL-Modem bzw. der DSL-Router mit einem Netzwerkkabel. Die Nutzung von TV-Diensten, Telefonie d.h. Sprache (Voice-over-IP) und das gleichzeitige Anbieten von Daten- (Internet), wie oben abgebildet, nennt man Triple-Play.

IPTV wird in internationalen Verträgen oft nicht hinreichend differenziert und als Synonym für Fernsehen in geschlossenen *und* offenen Systemen verwendet. »IPTV« ist aber zu unterscheiden vom Begriff »Web-TV« oder »Internet-TV«. Bei IPTV via DSL steht ein vom Provider angebotenes Programmpaket einem registrierten Nutzerkreis zur Verfügung. Es handelt sich also um ein geschlossenes System (sog. »closed network«). Um dieses Programmpaket empfangen zu können, muss man Kunde des Providers sein, der u.U. das Angebot mit Telefon und Internetzugang verknüpft (sog. »Triple Play«). Soweit IPTV als weiterer Übertragungsweg für eine lineare öffentliche Wiedergabe gesendeter Programme mit festem Sendeschema genutzt wird, ist IPTV Rundfunk und fällt damit unter das Senderecht.[209] Das Gleiche gilt für das so genannte Mobile-TV, soweit es sich um eine lineare Übertragung von Fernsehprogrammen handelt.[210] Unter Mobile TV versteht man die Möglichkeit unter Verwendung verschiedener Standards, wie DMB, UMTS, DVB-H, Fernsehen über das Handy zu übertragen.

233

---

208 Quelle: http://www.iptv-anbieter.info/was-ist-iptv.html.
209 Siehe näher *Hoeren* MMR 2008, 139f.
210 Siehe näher *Hoeren* MMR 2008, 139f.

(4.2) Abrufrechte, § 19a UrhG

234 Bei den klassischen Abrufdiensten, d.h. die Werke werden zum individuellen Abruf in elektronischen Netzen oder per Funk bereitgehalten, versteht man die Video-on-Demand- und Audio-on-Demand-Angebote.[211] Solche On-Demand-Dienste fallen unter § 19a UrhG.[212] Bei den Abrufdiensten bestimmt der Zuschauer selber, von wo und wann er das Programm abruft. Hierunter fällt das sog. Web-TV oder Internet-TV: Programmanbieter kann hier jeder sein. Die Sendeanstalten in Europa erwerben zunehmend nicht nur die klassischen Free- und Pay-TV-Rechte, sondern darüber hinaus auch die Abrufrechte in der Mindestform der sog. »7-Days-Catch-Up-Rechte«, wonach dem Zuschauer ein On-Demand-Dienst angeboten wird, gemäß dem er innerhalb eines Zeitraumes, zumeist von sieben Tagen nach Ausstrahlung des jeweiligen Programms die Möglichkeit hat, die verpasste Sendung abzurufen.[213] Dieser Dienst ist insbes. bei Serien von Bedeutung, um den Zuschauer »nicht zu verlieren«, weil er die eine oder andere Episode verpasst hat. Beim klassischen »7-Days-Catch-Up« kann der Kunde die Sendung i.d.R. nicht speichern, sondern sie wird lediglich gestreamt, d.h. bei der Streaming-Technik wird ein Datenstrom als laufendes Programm übertragen, das der Nutzer dann auf seinem Bildschirm wahrnehmen, in der Regel aber nicht speichern kann.

(4.3) Auswertungsstufen

235 Bei der Filmverwertung ist in den einzelnen Verwertungsstufen die folgende Auswertungskette zu unterscheiden, die jeweils durch die Vereinbarung von Sperrfristen auf der einzelnen Verwertungsstufe geschützt werden:

(4.3.1) Kino

236 Kinorechte oder auch »Cinematic Rights« genannt umfassen das sog. Theatrical Right, d.h. den Film oder Ausschnitte desselben vor einem Kinopublikum zu zeigen; die sog. Non-Theatrical-Rights umfassen jede weitere Form der Filmvorführung vor Publikum mittels eines Projektors z.B. in Schulen, bei Veranstaltungen, in Hotels, etc. (diese beschränkt zugängliche Vorführung nennt man auch sog. »closed-circuit-rights«). Die Cinematic Rights umfassen auch die so genannten Public-Video-Rights und meinen eine entsprechende Vorführung ohne einen Filmprojektor z.B. mittels eines Videobildschirms o.ä.

237 Zur optimalen Wertschöpfung wird zwischen der Kinoverwertung und der zeitlich nachfolgenden Videoverwertung eine Sperrfrist von ca. sechs Monaten vereinbart.

(4.3.2) Videorechte

238 Videogrammrechte umfassen die sog. Home-Video- und die Commercial-Video-Rechte. Die Videogrammrechte umfassen die Nutzung von Vervielfältigungsstücken in allen bekannten oder unbekannten Systemen, Speicher- und Wiedergabetechniken in jeglicher körperlicher Form.[214] Home Video umfasst den Kauf- als auch den Videomietmarkt, sog. Home-Video-Rental und Home-Video-Sell-Thru. Commercial Video meint das Recht, den Film durch Videogramm durch bestimmte Vorführungen auszuwerten. Zwischen der Videoauswertung und einer Fernsehauswertung wird üblicherweise eine Sperrfrist von

---

211 *Gounalakis* ZUM 2009, 447, 450; zu den verschiedenen Modellen siehe *Amlung/Fisch* ZUM 2009, 442 f.
212 *Poll* GRUR 2007, 476f; *Schack* GRUR 2007, 639, 641.
213 Siehe z.B. die Mediathek des ZDF unter www.mediathek.zdf.de; oder der Dienst von RTL unter www.rtl-now.de; oder von Vox unter: www.voxnow.de.
214 In der Praxis werden diese Rechte zum Teil über Seiten hinweg unterteilt und weiterdefiniert. Die Definitionen erfolgen über Nutzergruppen, Verbreitungsformen und die Datenträger.

3-6 Monaten vereinbart. In Fernsehlizenzverträgen spielen die Videorechte eine untergeordnetere Rolle, da nur in wenigen Fällen TV und Videogrammrechte zusammenerworben werden. Anders ist das bei den TV nahen »Video on Demand« Rechten, die unter ddd) näher erläutert werden. Wichtig ist die Behandlung der Videorechte in TV-Verträgen für die Einhaltung der Sperrfristen oder aber zur Definition des Lizenzbeginnes eines Spielfilmes, wenn kein Kinorelease erfolgt. Dann wird zumeist festgelegt, dass die Lizenzzeit z.B. sechs Monate nach DVD-Release, spätestens aber an einem festgelegten Datum beginnt.

(4.3.3) Fernsehrechte/TV-Rights

Fernsehrechte/TV-Rights (erst Premium-Pay-TV, d.h. Premierenbezahlfernsehen), dann Pay-Per-View (Einzelbestellung), Pay-Per-Channel (Abo eines bestimmten Senders), Pay TV (z.B. Basis-Pay-Sender-Pakete) und dann die Formen des Free-TV mit allen Übertragungswegen (wie Satellitenübertragung, Kabel-, Internetprotokoll oder terrestrischer Funk) sowie die Übertragung von IPTV via DSL, was die Sendung über Internetprotokoll umfasst. Daneben wird unterschieden zwischen den Free-TV- und den Pay-TV-Rechten und als Teil entweder ausgestaltet als Pay oder Free, Sendung oder Abruf, die Mobile-TV-Rechte umfassen die Sendung über mobile Endgeräte in linearer (dann Sendung) Form und ohne Speicherung (Push-Service ohne Speicherfunktion) sowie evtl. das Live- Webcasting[215] oder der non-lineare VOD-Abruf (dann Abrufdienst). Für den Gestalter eines Lizenzvertrages ist es wichtig, dass er sich alle Verbreitungswege einer Verwertung einräumen lässt, d.h. sofern dem Lizenznehmer Free-TV-Rechte eingeräumt werden, muss er dafür Sorge tragen, dass er alle Verbreitungswege, die er nutzt, eingeräumt bekommt und zwar unabhängig vom Empfangsgerät oder dem verwendeten (Mobilfunk-)Standort. Diejenigen Rechte, die er nicht selbst nutzt und evtl. auch nicht eingeräumt bekommt, wie z.B. eine lineare Kabelweitersendung über Sendestandards der mobilen Verbreitung sollte er für den Auswertungszeitraum sperren (siehe Holdback unten Rdn. 260). 239

Sollte der Lizenznehmer bei der Lizenzierung nicht sämtliche Abrufrechte lizenzieren können, so muss er z.B. bei dem Erwerb von Free-TV-Rechten darauf achten, dass die Free-VOD-Rechte wenigstens für den Zeitraum der Lizenzierung (und bei Erstverwertungsrechten auch vor der Lizenzzeit) gesperrt sind, damit sie seine Rechte nicht kannibalisieren und damit entwerten. Das Gleiche gilt für den Pay-TV-Bereich. 240

▶ **Formulierungsvorschlag (V):** 241

Free TV-Sende-/Abruf- Recht wird definiert als die Übertragung oder das Zurverfügungstellen eines Programmes in linearer Form und unabhängig vom **Übertragungsweg** oder **Sendestandard**, sofern das angefragte Programm oder den **Abrufdienst**[216] (z.B. für den Videoclip oder den Video(inhalt)) in den Übertragungen gleichzeitig erfolgt und kein programmbezogenes Entgelt gefordert wird (Gebühren oder Steuern für den Besitz eines Fernsehempfangsgeräts oder Dekoders, Kabel- oder Satelliten- oder terrestrische- Netzbetreibergebühren, sowie die Gebühren, die von entsprechenden Betreibern oder Plattform-Betreibern für den Zugang gezahlt werden oder aber die für den technischen Zugang von Video oder Audio Übertragungen gezahlt werden, gelten nicht als Entgelt).

---

215 D.h. das Fernsehprogramm wird gleichzeitig und unverändert mit der z.B. Satelliten- Ausstrahlung ins Internet gestellt und ist daher als Rundfunk zu qualifizieren; *Frohne* ZUM 2000, 810, 814; Schwartmann/*Kuck* 18. Abschnitt, Rn. 177.
216 Übertragungsweg, Sendestandard und Abrufdienst wird jeweils definiert.

▶ **Formulierungsbeispiel eines US Lizenzgebers:**

Free TV includes the transmission or making a Film available on a linear and simulcast basis, irrespective of the transmission way or the broadcast standard as far as no payment is requested for a Film or transmission provided that (i) fees or taxes imposed or fixed by any government (including state or local) or agency thereof for ownership of a television receiver, decoder, (ii) basic cable or satellite or terrestrial or cellular fees imposed by a cable, satellite, terrestrial or mobile platform operators for general or periodic reception of and/or access to, video and audio transmissions shall not be deemed as payment.[217]

(4.3.4) Das Recht der Zugänglichmachung/Video-On-Demand-Rechte

242 Die Video-On-Demand-Rechte (VOD Rechte) oder die sog. »Making-Available-Rights« erfassen die Verbreitung des Films auf Abruf in Echtzeit oder zum Download und zum zeitversetzten Abspielen über Internetserver und Datenbänke über das World Wide Web oder vergleichbare Netze. Es handelt sich hierbei um einen nicht-linearen Pulldienst. Die nicht-linearen Video-On-Demand-Rechte fallen unter § 19a UrhG.[218] Bei den VOD-Rechten wird unterschieden zwischen Free- und Pay-Video-On-Demand-Services, Abonnementen-Video-On-Demand (sog. »subscription VoD«), Download-to-own (DTO), Download-to-burn (DTB), Download-to-rent (DTR). Die Einordnung insb. der DTO und DTB Rechte, bei dem der User einen Film auf seinen Rechner lädt und eventuell noch auf CD brennen kann (DTB), wird seitens der Lizenzgeber unterschiedlich gehandhabt: Manche sehen darin Homevideo andere Video-On-Demand Rechte: Ob der Kunde in eine Videothek geht und sich eine DVD leiht oder diese aber für einen zeitlich limitierten Zeitraum auf seinen Rechner ansehen kann, macht für die Videoverwerter wenig Unterschied. Für die Praxis spielt die unterschiedliche Einordnung eine geringere Rolle. Entscheidend bleibt letztlich, ob diese Verwertungen unter eines der lizenzierten und definierten Rechte fallen oder ob sie wenigstens aber im Rahmen der Holdbacks berücksichtigt wurden.[219]

243 ▶ **Formulierungsvorschlag (VI):**

Das Recht der Zugänglichmachung (sog. Abrufrechte) umfasst das Recht, die Produktion (insgesamt oder in Teilen) verschlüsselt oder unverschlüsselt, online und/oder für mobile Endgeräte aufbereitet einem beschränkten oder unbeschränkten Kreis Dritter mittels analoger oder digitaler Übertragungstechniken über alle Verbreitungswege, derart zur Verfügung zu stellen, dass die Produktion von Dritten individuell oder gemeinsam von Orten und zu Zeiten ihrer Wahl zur Wiedergabe mittels beliebiger Endgeräte abgerufen und/oder gespeichert werden kann. Davon umfasst sind sowohl entgeltliche als auch eine unentgeltliche und/oder werbefinanzierte Nutzungen.

244 ▶ **Formulierungsbeispiel eines US Lizenzgebers:**

Video-On-Demand (or »VOD«) means the transmission of a Film to recipients whereby the distribution of such Film originates from a location that is separate from the recipients, locations by means of a point-to-point telecommunications system and in respect of which a separate fee may or may not be charged to such recipients for the privilege of having the ability to view a single exhibition (or multiple exhibitions) of such motion picture or program during the Viewing Period at a time selected, as bet-

---

217 Danach folgt i.d.R. in internationalen Lizenzverträgen die Definition der lizenzierten Übertragung, Terrestrial Free TV, Cable Free TV Satellite Free TV, Pay-Per-View etc.
218 Wandtke/Bullinger/*Bullinger* § 19a Rn. 14 ff., 25.
219 Siehe im Abschnitt Holdback Rdn. 260 f.

ween the recipients and the operator, solely by such recipients. For clarity, VOD includes (i) exhibition of one or more motion pictures for a monthly or any other periodic flat fee or any other fee that is not payable solely for each individual exhibition of an individual motion picture on a VOD basis as described above (e.g. Subscription VOD or S-VOD), or (ii) exhibition of a motion picture for which no fee is actually payable by the recipients, whether due to no fee being charged or due to the application of credits, coupons, give-aways or other offset of any kind (e.g. Free-VOD). VOD includes the right to make available upon demand, therefore the right to provide the program to multiple users by using analogue, digital or otherwise storage and transmission technology including all possible bandwidth and with our without (intermediate) storage, in a way that the user can receive the program spontaneously thru all Transmission Ways for all Receiving Equipment.

(4.3.5) Ancillary Rights

Die so genannten **Ancillary Rights** erfassen alle Auswertungsstufen in Hotels, Airlines, Ships oder Travel Entertainment. 245

(4.3.6) Auswertungs- und Bearbeitungsrechte

sonstige Auswertungs- und Bearbeitungsrechte umfassen insbes. das Recht, den Titel zu bestimmen, Kürzungen vorzunehmen, um die entsprechende Werbung einzufügen oder auch eine Anpassung an das Sendeschema zu erreichen. 246

▶ **Formulierungsvorschlag (VII):** 247

Das Bearbeitungsrecht umfasst das Recht, die Produktion unter Verwendung analoger oder digitaler Methoden zu bearbeiten, umzugestalten, zu verfremden, zu kürzen, zu teilen, auszuschneiden, mit anderen Produktionen oder Produktionsteilen oder sonstigen Werken und Leistungen zu verbinden, sowie das Recht der Synchronisation, Untertitelung, voice-over, unter Beachtung des »droit-moral«, sowie die Befugnis, das Programm durch Werbespots zu unterbrechen; Sponsorankündigung ist zulässig.

▶ **Formulierungsbeispiel eines US Lizenzgebers:** 248

Licensor hereby grants to Licensee the right to edit the Program while maintaining the moral rights, including, but not limited to the right to dub, voice over, subtitle, shorten and/or split the Program, to interrupt the Program with commercial breaks and to utilize the edited Program versions in accordance with the rights granted under this agreement and the right to determine the titles. In addition, Licensee has the right to advertise or sponsor the Program in any way and by any means, such as in program previews, in television, via the Internet or other (online) services or in printed matter, including but not limited to the right to use excerpts of the Program with a duration of up to five (5) minutes each for inclusion in other programs or platforms of Licensee or any of its affiliated or related company and program announcements any number of times; Licensee shall have the right to advertise the Program at least six (6) weeks prior to license start date.

(4.3.7) Werbung[220]

Besonders in internationlen Lizenzverträgen werden dem Lizenznehmer nicht selten bestimmte Werberestriktionen auferlegt; sei es dass Ausschnittsrechte nur zur Bewerbung des Programmes verwendet werden darf, sei es dass die Medien zur Bewerbung 249

---

220 Siehe auch Rdn. 161-167; Rdn. 14-18.

(wie z.B. keine oder nur limitierte Bewerbung im Internet) eingeschränkt werden. Darüber hinaus kann es vorkommen, dass bestimmte Werbemaßnahmen (z.B. für Hygieneartikel oder alkoholische Getränke) ausgeschlossen werden. Bei der Verhandlung solcher Klauseln ist daran zu denken, ob der Film dann so noch für den eigenen Sender »verkaufbar«, d.h. für den Werbekunden interessant ist und seine Investition noch refinanzierbar ist und/oder, ob er dadurch evtl. für Dritte nicht mehr unterlizenzierbar ist.

250 Seit dem 11.12.2007 ist die Richtlinie über AV-Mediendienste[221] mit neuen Werberegeln in Kraft. Sie novelliert die Europäische Fernsehrichtlinie aus dem Jahr 1989. Die bestehenden Beschränkungen, u.a. zum **Product Placement** sollten weiter gelockert werden.

251 Darunter versteht man eine werbliche, meist im Austausch gegen Geld oder geldwerte Vorteile vorgenommene Integration des Namens, des Produktes, der Verpackung, der Dienstleistung oder des Firmenlogos eines Markenartikels oder eines Unternehmens in Medien. Dabei ist die Absicht, die Integration so zu gestalten, dass der Zuschauer dies nicht als störend empfindet, z.B. durch gezielte kreative Einbindung eines Markenartikels als notwendige Requisite oder Ersatz eines No-Name Produktes (in der Handlung eines Spielfilms oder einer TV-Serie) durch einen Markenartikel.

252 Eine solche – in Kinofilmen schon seit geraumer Zeit übliche – Vermischung von Produktdarstellung und redaktionellem Inhalt war bis jetzt im Rundfunk und in Telemedien strikt untersagt. Bei nachgewiesenem Verstoß wurden hohe Bußgelder wegen Schleichwerbung fällig.

253 Seit 1.4.2010 ist die **gesetzliche Regelung** insoweit geändert worden, dass Product Placement in bestimmten Fällen auch im Fernsehen und in VoD-Angeboten erlaubt ist. Unberührt bleibt dagegen das Verbot von Product Placement in redaktionellen Textbeiträgen, z.B. in Print- oder Online-Angeboten. Zulässig ist Product Placement in Kino- und TV-Filmen, Serien, Sportsendungen und sonstigen Sendungen, die im Wesentlichen der Unterhaltung dienen. Ausdrücklich nicht erlaubt sind bezahlte Placements dagegen in Kindersendungen sowie Nachrichten, politischen Formaten, Ratgebersendungen und Dokumentarfilmen, da diese Formate der unabhängigen Information der Zuschauer dienen. Daneben gelten auch für das Product Placement allgemeine Werbeverbote, wie z.B. für Tabakerzeugnisse und verschreibungspflichtige Medikamente.

254 Für den Fall der erlaubten Produktplatzierungen ist zu beachten, dass eine *Kennzeichnungspflicht* besteht und zwar am Anfang, am Ende einer Sendung und nach jeder Werbeunterbrechung. Dazu heißt es in § 7 Abs. 3 RStV: Werbung und Teleshopping müssen als solche leicht erkennbar und vom redaktionellen Inhalt unterscheidbar sein. Wie genau diese Unterscheidung stattfindet, wird sich in naher Zukunft unter Beachtung der Werberichtlinien Fernsehen[222] entwickeln.

255 Bei der Lizenzierung von Fremdproduktionen ist schon nicht einfach herauszufinden, ob eine Produktion Produktplatzierung enthält oder nicht. Nicht immer sind die Produktionen so offensichtlich mit Produktplatzierungen bestückt wie bei dem Titel 007–James Bond. Im Gesetz heißt es dazu, dass die Kennzeichnungspflicht für Sendungen entfällt, die nicht vom Veranstalter selbst oder von einem mit dem Veranstalter verbundenen Unternehmen produziert oder in Auftrag gegeben worden sind, wenn nicht mit zumutbarem Aufwand ermittelbar ist, ob Produktplatzierungen enthalten sind. Hierauf sei hinzuweisen. Es stellt sich also die Frage, was ein zumutbarer Aufwand in diesem Zusammenhang ist. Die Sender müssten also den Verkäufer entweder vertraglich zur Kennzeichnung verpflichten oder aber in sonstiger Weise z.B. mittels eines Briefes zur

---

221 Audio Visual Media Services Directive – AVMS.
222 Gemeinsamen WerbeRL der Landesmedienanstalten/Fernsehen.

Vorlage einer Erklärung auffordern, um dieses dokumentieren zu können. Teilt der Lizenzgeber mit, dass ein bestimmtes Produkt Produktplatzierungen enthält, ist auf dieses in geeigneter Weise hinzuweisen. Gibt er aber keine Auskunft darüber, muss auf den Umstand hingewiesen werden, dass die Frage nicht zu klären war. Insofern bleibt abzuwarten, inwiefern die Lizenzgeber gewillt sind, und in welchem Umfang sie recherchieren werden, um dem Lizenznehmer evtl. weltweit bestehende Produktplatzierungen mitzuteilen.

Neben den Werberichtlinien und dem Rundfunkänderungsstaatsvertrag sind auch die Grundsätze des Jugendschutzes, des Wettbewerbs und anderer spezialgesetzlicher Regelungen zu beachten. 256

ff) Anzahl der Ausstrahlungen/Wiederholungen

Festzuhalten sind in Lizenzverträgen die Anzahl der Ausstrahlungen und ob es sich dabei um eine Erstausstrahlung oder um Folgeauswertungen handelt. Eine Ausstrahlung beinhaltet grds. eine Servicewiederholung (sog. »Rerun«) innerhalb von 48 bzw. 72 Stunden, falls die Ausstrahlung an einem Freitag, Samstag, Sonn- und Feiertag erfolgt, jeweils außerhalb der sog. »Prime Time« (20:00 bis 22:00 Uhr). 257

▶ **Formulierungsvorschlag (VIII):** 258

Der Lizenznehmer ist berechtigt, bis zu 5 Ausstrahlungen zu tätigen, wobei jede Ausstrahlung eine sog. Service –Wiederholung enthält, die innerhalb von 48 Stunden außerhalb der Prime Time (20.00-22.00 Uhr) erfolgen darf. Die Service- Wiederholung muss auf dem gleichen Sender wie die Erstausstrahlung erfolgen.

▶ **Formulierungsbeispiel eines US Lizenzgebers:** 259

The License Period for the Films shall commence on the date such Film is made available to Licensee hereunder and expire on the earlier of (i) 3 years thereafter and (ii) the date Licensee has completed 3 runs for such Film. Each run granted hereunder for each Licensed Picture shall include a rerun within 72 hours.

gg) Sperrfristen/Holdbacks

Neben den oben unter Ziffer 5.3 erörterten Sperrfristen zum Schutz der Auswertung einer bestimmten Verwertungsart (z.B. Kino oder Video) sind mit den sog. »Holdbacks« hier solche Sperrzeiten gemeint, bei denen ein Recht nicht ausgeübt werden kann, weil z.B. ein Recht nicht erworben wurde und eine Parallelauswertung der Rechte eine Kannibalisierung bedeuten würde. In Anbetracht der hohen Lizenzsummen, die gerade für Erstausstrahlungen von z.B. Blockbustern gezahlt werden, haben die Holdbacks insbes. für Pay-TV- oder On-Demand-Angeboten (Web-TV) besondere Bedeutung. Wenn der Erwerber z.B. Free-TV-Rechte, aber keine Pay-TV-Rechte erwirbt, so sollte er versuchen, eine Sperrzeit von z.B. mindestens sechs Monaten oder aber bis zur Auswertung der Erstausstrahlung des lizenzierten Programms, zu erreichen. Ebenso wichtig ist der Fall, dass eine Verwertungsform nicht erworben werden kann, z.B. der Erwerber zwar die Free TV Rechte erwirbt, nicht aber das Recht, den Film in dieser Zeit im Free VOD[223] abzurufen. Dies kann dazu führen, dass der Erwerber eine hohe Lizenzsumme für die Free-TV-Rechte bezahlt hat, ein Dritter aber das Programm gleichzeitig kostenlos zum Abruf online bereit hält. Um dies zu vermeiden, muss der Erwerber seine Rechte durch Holdbacks schützen. 260

---

223 Free VOD erfasst die Fälle, für das der User aber nichts bezahlt, auch des sog. »Advertised VOD« d.h. werbefinanzierten Abruf Dienstes, für das der User aber nichts bezahlt.

261 ▶ **Formulierungsvorschlag aus Sicht eines Lizenznehmers, dem nur die Senderechte und nicht die Abrufrechte lizenziert wurden (IX):**

Hinsichtlich der Free-TV-Abrufrechte in einem offenen Netzwerk wie zum Beispiel dem www oder einem anderen offenen oder geschlossenen Netzwerk,[224] die der Lizenzgeber dem Lizenznehmer nicht oder nicht vollständig[225] eingeräumt hat, gewährleistet der Lizenzgeber, dass diese Rechte vor und während der ausschließlichen Lizenzzeit im lizenzierten Gebiet in der lizenzierten Sprache nicht empfangen oder abgerufen[226] werden können. Das gleiche gilt für die deutsch-untertitelte Fassung.

262 ▶ **Formulierungsbeispiel eines US Lizenzgebers:**

Licensor shall not exhibit, or license any third party to exhibit, any Licensed Picture in the Authorized Language for Free Television Distribution or Free On Demand by means of the Internet, the World Wide Web, or any similar online service in the Territory prior to or during its License Period. In addition, Licensor shall not exhibit or authorize any third party to exhibit any Licensed Picture in the Authorized Language or by a German broadcaster in the English language by means of Basic Television or Pay Television (including pay-per-view and NVOD but excluding on-demand programming such as VOD and SVOD) in the Territory during the License Period for Licensed Pictures hereunder.

hh) Exkurs: Sprachfassungen

263 Neben der deutschen Sprachfassung wird vereinzelt auch die Originalfassung lizenziert. Da der Lizenznehmer nicht selten die Sprachfassung selber herstellt, kann es je nach Marktmacht der Lizenzgeber dazu kommen, dass der Lizenzgeber ein jederzeitiges Zugriffsrecht zu den fremdsprachigen Synchronfassungen erhält und die Rechte an diesen Synchronfassungen nach Ablauf der Lizenzzeit ausschließlich dem Lizenzgeber zustehen sollen (gleiches gilt für untertitelte deutsche Fassungen). Sollte dies das unvermeidbare Verhandlungsergebnis sein, ist in diesem Zusammenhang wichtig, dass der Lizenznehmer sicherstellt, dass der Lizenzgeber erst nach seiner Erstverwertung oder bei einem späteren Zeitpunkt auf das deutsch synchronisierte Material zugreifen kann, jedenfalls aber nicht vor ihm. Wenn der Lizenznehmer nur für bestimmte Gebiete wie z.B. Österreich und Schweiz nicht-exklusive Rechte erhält, kann es passieren, dass der Lizenznehmer das Material auf eigene Kosten synchronisiert, der Lizenzgeber frühzeitig darauf zugreift und dieses im nicht-exklusiven Gebiet vor dem Lizenznehmer auswertet. Dessen Exklusivität ist dann entwertet. Dies gilt es zu vermeiden. In Anbetracht der hohen Kosten einer Synchronisierung sollte der Lizenzgeber bei Zugriff auf vom Lizenznehmer synchronisiertem Material einen bestimmten Anteil der Synchronkosten übernehmen.

264 ▶ **Formulierungsbeispiel eines US Lizenzgebers:**

Licensed hereunder is a German-language dubbed and additionally, the original English language version for sublicensing in Switzerland which is broadcast simultaneously on a second language track. Licensor shall have the right to get access at any time to Licensees dubbed material against reimbursement of 50 % of the proven dubbing costs. Licensor warrants that it will not us itself nor authorize a third party to use any of Licensees dubbed material before Licensee,s first exhibition.

---

[224] Z.B. deshalb geschlossen, weil nur sog. »Subscriber« oder andere geschlossene Nutzergruppen wie auch Nutzer des Intranets die Inhalte nutzen können.
[225] Nicht vollständig, wenn wieder Unterkategorien ausgeschlossen wurden, wie z.B. Free VOD Nutzung wurde nur Im Rahmen eines »7-days-catch–up«, siehe oben Rdn. 234, gewährt.
[226] Im Vertrag wurde zuvor der Begriff des Senderechts und des Abrufrechtes definiert.

ii) Material

Bei dem Material ist darauf zu achten, dass der Lizenzgeber das Material unter Beachtung der spezifisch technischen Anforderungen an den Lizenznehmer versendet.

(1) Lieferumfang

Die meisten Sender haben zur Beschreibung der genauen technischen Spezifikation des Materials Technical Guidelines, die sie den Lizenzgebern übermitteln. Zum Liefermaterial gehört typischerweise ein Bild-, Ton-, Datenträger (derzeitiger Stand: Digital Beta-Cam Pal bzw. natives HDCam/SR) einschließlich der Angaben zur Belegung der Tonspuren M&E Tracks, um z.B. eine synchronisierte Fassung herstellen zu können. Das so genannte Cleanfeed ist eine Version ohne Vor- und Abspann und ohne Untertitel etc., und dient der Herstellung anderssprachiger Vor- oder Abspänne oder Untertitel. Darüber hinaus gehört zum Liefermaterial die Dialoglisten in einer bestimmten Sprache, die sog.»Credit list«, um den Nennungsverpflichtungen gemäß § 13 UrhG entsprechen zu können, die Musikliste (»music cue sheets«), die die verwendeten Musiken unter Angabe von Musiktiteln, Länge, Komponist, Texter, der ausübenden Künstler und des Verlages angibt sowie das zur Verfügung stehende Pressematerial zur Bewerbung des Films. Eine typische Klausel lautet daher:

▶ **Formulierungsvorschlag (X):**

Der Lizenzgeber wird – sofern nicht anders vereinbart -, Material in HD (1920x1080) auf XDCAM HD422 1080p/25 bzw. psf oder HDCAM SR 1080p/25 und ohne zusätzliche Kosten sowohl eine 2.0 als auch eine 5.1 Tonfassung liefern. Falls erwünscht, liefert der Lizenzgeber zusätzlich eine »down konvertierte« Fassung auf Digital Betacam, wobei ab einer Original-Aspect-Ratio (OAR) von 1,78:1 oder breiter das Material anamorph aufgezeichnet sein muss. Darüber hinaus gehört zum vereinbarten Material die Übersendung von Musiklisten für die Übersendung an die Verwertungsgesellschaften[227] und Dialoglisten sowie ausreichend Presse und Werbematerial. Die genauen Spezifikationen ergeben sich aus den Technischen Richtlinien.

(2) Exkurs: Work made for hire

Die sog.»Work made for hire«-Vereinbarung stellt eine Ausnahme zur dem Grundsatz dar, dass derjenige, der ein Werk herstellt, auch automatisch der Urheber im Sinne einer Inhaberschaft, einer Legitimation der Rechte ist. Diese Vereinbarung ist u.a. im copyright law der Vereinigten Staaten verankert und weist unter bestimmten Voraussetzungen[228] dem Arbeit- bzw. Auftraggeber die rechtliche »Befugnis« (das copyright) zu. Der Auftraggeber und nicht der Hersteller wird betrachtet wie ein Urheber. Urheberpersönlichkeitsrechte, die sog.»moral rights« bleiben davon aber unberührt, d.h. auch wenn die Nutzungsberechtigung nicht beim kreativen Hersteller des Werkes liegt, so steht es ihm dennoch zu, sich als »Erfinder« des Werkes zu nennen. Diese »Work made for hire«-Vereinbarung lassen sich Lizenznehmer schicken, um nachzuweisen, dass die Rechte tatsächlich beim Lizenzgeber liegen.

(3) HDTV

Das hochauflösende HDTV bietet dem Zuschauer eine neue Qualität des Fernsehens und kann auf den zur Verfügung stehenden Transportwegen via Satellit (DVB-S); Breit-

---

227 Zu den Aufgaben und der Struktur der Verwertungsgesellschaften siehe Kap. 11.
228 Siehe Section 101 of the copyright law; siehe http://www.copyright.gov/.

band- Kabelnetzen (DVB-C), terrestrischer Sender (DVB-T), mobiler Endgeräte (DVB-H)[229] und IP basierter Breitband Netzwerken (DVB-IPTV) geschehen. Daher ist es beim Einkauf des Materials wichtig, dass der Lizenzgeber nicht bestimmte Bildformate wie z.B. HDTV ausschließt.[230] Solche Klauseln, wie unten aufgeführt, finden sich oft unter dem Punkt Kopierschutz (»Copy Protection«), in dem der Lizenznehmer dazu verpflichtet wird, nur innerhalb einer bestimmten Datenrate auszustrahlen:

270 ▶ **Formulierungsbeispiel eines US Lizenzgebers:**

> Licensee shall not transmit, communicate or otherwise exploit the programs by mean of: (i) any analogue signal of quality higher than 625 line, 25 frame per second interlace; or (ii) any digital signal of quality higher than 720 x 576.

271 Diese Begrenzung schließt eine Verwertung High Definition TVs grds. aus. Sollten sich solche Klauseln in Lizenzverträgen befinden, so sollte man versuchen, sich darauf zu einigen, dass der Lizenznehmer das Programm in High Definition ausstrahlen kann, sofern er das High-Definition-Signal mit den Standard-Kopierschutz-Mechanismen, die ihm zu Verfügung stehen, schützt. Darüber hinaus stellt sich immer wieder die Frage, wer denn die Kosten für die Lieferung des Materials in HD übernimmt.

(4) Prüffristen

272 Des Weitern empfiehlt sich eine Regelung, innerhalb welcher Zeit das Material geliefert und geprüft werden muss,[231] sowie eine Regelung, wie oft der Lizenzgeber das Recht hat, nachzubessern und wann ggf. ein komplett neues Material oder aber ein Ersatztitel geliefert werden soll.

273 ▶ **Formulierungsvorschlag (XI):**

> Lizenznehmer ist verpflichtet, bei ihm eingehendes Material innerhalb von 30 Arbeitstagen, bei Serien mit Lieferung von mehr als 50 Episoden gleichzeitig innerhalb von 60 Arbeitstagen, technisch zu überprüfen und, wenn die Voraussetzungen nach Ziffer xxx erfüllt sind, abzunehmen. Ist das Material mangelhaft, kann Lizenznehmer die Mängelbeseitigung innerhalb einer angemessenen Frist verlangen. Kommt der Lizenzgeber dieser Aufforderung nicht nach oder ist das neue Material wiederum mangelhaft, so kann Lizenznehmer die Mängel auf Kosten des Lizenzgebers beseitigen lassen bzw. selbst beseitigen. Weitergehende Rechte nach diesem Vertrag und Gesetz, bleiben unberührt.

274 ▶ **Formulierungsbeispiel eines US Lizenzgebers:**

> Immediately upon delivery of any Materials relating to the Programs, Licensee shall examine such Materials to determine their technical acceptability for transmission or other intended purposes. Unless Licensor is notified otherwise within thirty (30) days of delivery, such Materials shall be deemed acceptable to Licensee, and for the avoidance of doubt Licensee shall be obligated to accept materials which, though technically acceptable, Licensee may deem unsuitable due to the creative presentation or appearance of the program itself. If Licensor receives timely notice of a material defect in said Materials, Licensor shall remedy such defect or substitute applicable Materials

---

229 DVB-H ist eine Erweiterung des DVB-T Standards mit u.a. einem verbesserten Fehlerschutz, einer MPEG-4 Kodierung für mobile Endgeräte, wobei TV auch bei mobilen Endgeräten mit DVB-T Receiver via DVB-T empfangen werden kann.
230 Ein Leitfaden zum hochauflösenden Fernsehen ist abrufbar unter http://www.bitkom.org/de/publikationen/38337_54439.aspx.
231 Nach Ablauf der Prüffrist seitens des Lizenznehmers gilt das Material dann oft als abgenommen; Nachbesserungsansprüche bestehen dann nicht mehr.

of the same Program at no additional cost. In the event technically acceptable Materials for a Program cannot be delivered, the parties shall mutually agree upon the license of a comparable substitute program.

jj) Lizenzvergütung

(1) Flat Fee

Für die Free-TV- oder Pay-TV-Senderechte wird in der Regel ein Festpreis (sog. »Flat Fee«) bezahlt.

(2) Exkurs: Boni-Varianten

Bei Pre-Sales oder Output-Agreements finden sich oft Klauseln, wonach sich der Lizenzpreis variabel danach richtet, auf welchem Sender oder zu welcher Sendezeit[232] das Programm gespielt wird, ob es sich um eine Erstausstrahlung oder bereits um eine Mehrfachverwertung handelt. Bei Kinofilmen, die noch nicht ausgestrahlt wurden, wird oft neben einer Basislizenz eine vom Kinoerfolg abhängige Bonuszahlung vereinbart. Dies ist zum Teil sogar für den Lizenznehmer vorteilhafter, da hier eine am Erfolg des Filmes orientierte Staffelung des Preises vorgenommen wird. Darüber hinaus kann ein Bonus oder aber die Lizenzgebühr am Marktanteil gemessen werden, den das Programm bei der Ausstrahlung erreicht hat[233] Die Gestaltungsmöglichkeiten sind vielfältig. So kann z.B. auch ein Bonus daran geknüpft werden, dass ein Projekt mit einem bestimmten Cast oder Producer verwirklicht wird.

▶ **Formulierungsbeispiel eines US Lizenzgebers:**

Beispiel für eine Bonusvariante:
Primetime Ratings Bonus« means that in addition to the License Fee for each licensed episode, Licensee shall pay a »bonus« fee in the amounts of 10.000 US$ per episode if the average viewing share (as measured by a viewers 14-49 demographic and confirmed by Licensor using data from AGF/GFK as reported by Eurodata) of the first thirteen (13) licensed episodes exhibited in Primetime (i.e., exhibition must commence between 8:00pm and 10:00pm) in that respective licensed season (on a season by season basis) is at least x % percent.

(3) Exkurs: Minimumgarantien

Bei Einkaufsverträgen amerikanischer Produkte wird insbes. im Bereich der Video- oder Kinoauswertung eine so genannte Minimumgarantiezahlung verlangt. In der Regel muss der deutsche Lizenznehmer dann zunächst eine Minimumgarantiezahlung leisten, die dann mit den verschiedenen Verwertungsarten entstehenden Erlösen verrechnet werden können. Der Lizenzgeber versucht dann, die entsprechende Minimumgarantiezahlung hinsichtlich der Rückführung auf die verschiedenen Verwertungsarten aufzuteilen, d.h. er setzt eine so genannte Allokation für z.B. Video-, Fernseh-[234] und Kinoauswertung fest. Dadurch will er erreichen, dass der Lizenznehmer bei der Gegenrechnung von Lizenzeinnahmen auf die Minimungarantie schneller in dem Bereich des normalen Verteilungs-

---

232 Prime Time (Beginn zwischen 20:00 und 22:00 Uhr) oder aber Outside-Prime-Time.
233 Wichtig ist hier, darauf zu achten, dass dabei nur die Erstausstrahlung und keine Reruns addiert werden.
234 Free TV wird zumeist als Flat Fee allokiert.

schlüssels ohne eine Gegenrechnungsmöglichkeit gelangt.[235] Hat der Kinofilm keinen Erfolg und die Kinoauswertung generiert nur wenig Erlöse, so ist es für den Lizenznehmer wichtig, dass, bevor er an den Lizenzgeber weitere Zahlungen leistet, er zuvor auch aus weiteren Wertungsstufen seine Minimumgarantie gegen die Erlöse rechnen kann. Bei derartigen Lizenzvergütungsklauseln sollte vertraglich eine Querverrechnung zwischen möglichst vielen Verwertungsarten im Hinblick auf die Rückführung der Minimumgarantie möglich sein (sog. »cross-collateralisation«).

279 ▶ **Formulierungsbeispiel eines US Lizenzgebers:**

> Cross-collaterialization: The parties herewith agreed on the Minimum Guarantee (MG) as being recoupable with Licensor,s Shares of Gross Receipts against any revenues generated on any video exploitation, however not with the Flat Fee for TV. There shall not be any cross-collateralization with other pictures not being part of the License Agreement.[236]

(4) Exkurs: Escalator

280 Insbes. bei den sog. Output-Lizenzverträgen mit US amerikanischen Studios mit einer Laufzeit über mehrere Jahre werden die Lizenzpreise des Programms für das erste Jahr festgeschrieben und danach kann für das noch unbekannte Produkt allgemein ein sog. »Escalator« (auch »Annual Increase«) vereinbart werden, wonach sich die Lizenzsumme kumulativ um diesen Faktor erhöht. Insbes. bei der Lizenzierung von Serien und im Besonderen im Fall des sog. »Life of Series«, bei dem eine Serie so lange lizenziert werden soll, wie der Lizenzgeber diese produziert, kann der Escalator unter Umständen eine erhebliche Erhöhung der Lizenzsumme bedeuten. Solche Escalators sind möglichst wegoder wenigstens auf eine möglichst geringe Summe und nur für ganz bestimmtes Produkt zu verhandeln. Das »Instrumentarium« der Lizenzgeber der »Life of Series« Lizenzierung gilt es ebenfalls zu vermeiden, da hier erhebliche wirtschaftliche Risiken bestehen. Hier empfiehlt es sich, eine bestimmte Anzahl von Staffeln mit anschließender Option für den Lizenznehmer zu vereinbaren.

281 ▶ **Formulierungsbeispiel eines US Lizenzgebers:**

> The parties acknowledge that the License Fees set forth herein apply only for Year One. Such License Fees shall increase by 2 % in Year Two over the License Fees payable in Year One (»**Annual Increase**«). For the avoidance of doubt, the Annual Increase shall continue to apply to subsequent production seasons of the Series licensed during Year One, Year Two and Year Three. Afterwards Licensee shall have a preservative option to license the next season of the Series for so long as Licensee licensed the preceding season. The option hat to be exercised before the end of the license term of the last season licensed hereunder.

kk) Exkurs: Steuern/Quellensteuer

282 Bei beschränkt Einkommensteuer- oder Körperschaftsteuerpflichtigen unterliegen Vergütungen dem Steuerabzug, wenn diese u.a. zu den folgenden Einkünften gehören:

---

235 *Straßer* ZUM 1999, 928, 930.
236 In diesem Beispiel wurde eine Querverrechnung mit Erlösen aus anderen Filmen ausgeschlossen. Dies ist eine weitere Möglichkeit der cross-collateralization.

Einkünfte, die aus Vergütungen für die Überlassung der Nutzung oder des Rechts auf Nutzung von Rechten, insbesondere von Urheberrechten ... herrühren (§ 50a Abs. 1 Nr. 3 EStG).

Die Steuer entsteht in dem Zeitpunkt, in dem die Vergütungen i.S.d. § 50a Abs. 1 EStG dem Gläubiger zufließen. In diesem Zeitpunkt hat der Schuldner der Vergütungen den Steuerabzug für Rechnung des beschränkt Steuerpflichtigen Gläubigers (Steuerschuldner) vorzunehmen (§ 50a Abs. 5 EStG). Im Lizenzvertrag bedeutet dies, dass der Lizenznehmer den Steuerabzug für Rechnung des beschränkt steuerpflichtigen Lizenzgebers vornehmen muss.

Der Schuldner der Vergütungen ist nach § 50a Abs. 5 EStG verpflichtet, dem Vergütungsgläubiger auf Verlangen den Steuerabzug nach amtlich vorgeschriebenem Muster zu bescheinigen. Der Vordruck ist auch im Internet unter www.bzst.bund.de erhältlich.

Ist die Steuer nicht ordnungsgemäß einbehalten oder abgeführt worden, kann das Finanzamt sie vom Schuldner der Vergütung (also dem Lizenznehmer) durch Haftungsbescheid anfordern. Darüber hinaus kann auch der Steuerschuldner (Lizenzgeber) in Anspruch genommen werden, wenn der Schuldner der Vergütung den Steuerabzug nicht vorschriftsmäßig vorgenommen hat.

Die Vorschriften über die Einbehaltung, Abführung und Anmeldung der Steuer sind auch dann anzuwenden, wenn die Vergütung aufgrund eines Doppelbesteuerungsabkommens vom Steuerabzug freigestellt oder der Steuerabzug nach einem niedrigeren Steuersatz vorzunehmen ist (§ 50d Abs. 1 EStG).

Der Steuerabzug bei Vergütungen i.S.d. § 50a EStG darf nur unterlassen oder nach einem niedrigeren Steuersatz vorgenommen werden, wenn das Bundeszentralamt für Steuern bescheinigt, dass die Voraussetzungen dafür vorliegen (Freistellungsverfahren).

In dem vom Bundesministerium für Finanzen herausgegebenen Merkblatt »Entlastung von deutscher Abzugsteuer gemäß § 50a Abs. 4 EStG aufgrund von Doppelbesteuerungsabkommen (DMA) sind die Grundlagen und Einzelheiten zum Freistellungsverfahren enthalten.

▶ **Formulierungsvorschlag (XII):**

Der Lizenzgeber nimmt zur Kenntnis, dass der Lizenzpreis der Besteuerung entsprechend den gesetzlichen Bestimmungen der Bundesrepublik Deutschland unterliegt. Lizenznehmer ist verpflichtet – und gegenüber dem Lizenzgeber berechtigt -, Steuern in gesetzlicher Höhe vom Lizenzpreis einzubehalten und an das zuständige Finanzamt abzuführen.
Sofern zwischen dem Staat des Lizenzgebers und der Bundesrepublik Deutschland ein Doppelbesteuerungsabkommen besteht, hat der Lizenzgeber die Möglichkeit, eine Freistellung von der Abzugsteuer in der sich aus den jeweiligen Doppelbesteuerungsabkommen ergebenden Höhe bei der zuständigen Steuerbehörde der Bundesrepublik Deutschland zu beantragen. Für diesen Fall verpflichtet sich Lizenznehmer, dem Lizenzgeber die entsprechenden Antragsformulare zu übersenden und erklärt sich bereit, den Lizenzgeber bei der Stellung des Antrages zu unterstützen.

▶ **Formulierungsbeispiel eines US Lizenzgebers:**

All amounts payable to Licensor shall be subject to all laws, regulations and tax treaties now or hereafter in existence, which require the reporting and/or deduction of withholding taxes (»Withholding Taxes«) from payments made to Licensor under this Agreement. Licensee is entitled and obliged to deduct relevant Withholding Taxes from any payment due to Licensor and pay such sums over to the competent Tax Office. Licensee will furnish Licensor with copies of official tax receipts or certificates evidencing all Withholding Taxes deducted. In the event that a Double Taxation Agreement exists between Licensor's country and the Federal Republic of Germany, Licensor may apply to the competent tax authority of the Federal Republic of Germany for exemption from such Withholding Taxes in the amount provided for by such Double Taxation Agreement. In this case, Licensee agrees to provide Licensor with the respective application forms and to use its best efforts to assist Licensor with the filing of such application.

ll) Sublizenz

291 Nicht zu verwechseln ist eine Sublizenz-Klausel mit den sog. Abtretungsverboten, sog. »Assignment Clause« (siehe unten Rdn. 293–296), wonach die Rechte und Pflichten des Vertrages insgesamt an einen Dritten abgetreten werden können. Bei der Sublizenzierung geht es nur darum, dass bestimmte Rechte (oder auch nur einzelne Titel oder Runs) an Drittverwerter weiterlizenziert werden dürfen. Wird für eine Sendergruppe oder als Zwischenhändler eingekauft, so müssen die Sublizenzrechte für eine weitere Verwertung geregelt sein. Kauft z.B. RTL für die Mediengruppe RTL die Free TV Rechte ein, so muss vertraglich festgehalten werden, dass die Programme oder Rechte (Verwertungen) auch auf anderen Sendern der Mediengruppe wie VOX, n.tv; Super RTL oder auch RTL2, ggfs. auch an Dritte lizenziert werden können. Wenn genügend Ausstrahlungsrechte eingekauft wurden, ist diese Klausel wichtig für den Vertrieb der Rechte in Österreich und der Schweiz. Einzelne Rechte wie z.B. Videorechte oder Video-on-Demand-Rechte werden nicht vom Sender selbst, sondern evtl. von Drittplattformen ausgewertet.

292 ▶ **Formulierungsvorschlag (XIII):**

Der Lizenznehmer ist berechtigt, alle vertraglichen Rechte während der Lizenzzeit ganz oder teilweise Dritten zur Ausübung zu überlassen.

mm) Abtretung/Change of Control

(1) Abtretungsklauseln (»Assignment Clause«)

293 Der Austausch des Vertragspartners nach freiem Belieben ist zumeist unerwünscht, zumal man im Falle des Entstehens von Regressansprüchen nicht erst forschen möchte, wer der Vertragspartner ist. Darüber hinaus ist dies auch dann nicht angezeigt, wenn der Vertragspartner, an den der Vertrag abgetreten wird, nicht quellensteuer-freistellungsfähig ist.[237]

294 Im Bereich der Finanzierung eines Projektes kann es aber erforderlich sein, den Vertrag zur Sicherung an eine Bank abzutreten. Die Fälle der von vorne herein gestatteten Abtretungen sollten ausdrücklich genannt werden und es kann u.U. tunlich sein festzuhalten, dass bei einem Austausch der Vertragspartner der Abtretende gesamtschuldnerisch weiterhaftet:

295 ▶ **Formulierungsvorschlag (XIV):**

Eine Abtretung des gesamten Vertrages zu anderen Zwecken als der Finanzierung bedarf der vorherigen schriftlichen Genehmigung seitens des Lizenznehmers.

---

237 Siehe dazu oben Rdn. 282–290.

▶ **Formulierungsbeispiel eines US Lizenzgebers:** 296

Other than for financing purposes Licensor may not assign to a third party its right to receive license fees without the prior written consent of Licensee.
Licensee/Licensor may transfer or assign this Agreement in whole or in part, without prior consent provided that; Licensee/Licensor agrees to remain liable in the event of any such transfer or assignment. Any other rights under this Agreement may not be assigned without prior written consent of the other party, which shall not be unreasonably.

Exkurs:

(2) Change of Control

Neben der Abtretungsklausel findet sich in internationalen Lizenzverträgen oft ein sog. 297
Verbot des Change of Control, d.h. eine Änderung der Gesellschafterstruktur oder der Gesellschafteranteile ohne Genehmigung stellt eine Vertragsverletzung dar.

▶ **Formulierungsbeispiel eines US Lizenzgebers:** 298

This Agreement may not be assigned or transferred by Licensee without Licensor's prior written consent. Any such assignment or transfer of this Agreement by Licensee, or any **change in control** of Licensee, without Licensor,s prior written consent shall constitute an Event of Default[238] hereunder, and Licensor shall be entitled to exercise all of its rights and remedies including, without limitation, the right to terminate this Agreement as set forth herein.

Solche Klauseln gilt es zu vermeiden, da damit die Handlungsfähigkeit bzw. die Ver- 299
kehrsfähigkeit der Gesellschaft eingeschränkt werden kann. Soll die Gesellschaft des Lizenznehmers z.B. verkauft werden, so könnte der Lizenzgeber den Verkaufs-Lizenzvertrag kündigen und der Gesellschaft u.U. wichtige Vermögenswerte entziehen. Auf der anderen Seite versucht der Lizenzgeber zu vermeiden, dass er einen Wettbewerber als Vertragspartner bekommt. Lizenziert z.B. Warner Brothers umfangreich Produkt an Sat.1 und der Sender wird dann an einen Wettbewerber von Warner Brothers verkauft, so wird Warner mit solchen Klauseln versuchen, dass »sein« Produkt nicht auf einmal in der Verfügungsbefugnis vom Wettbewerber z.B. NBC Universal steht.

nn) Optionen

In den Fällen, in den sich der Lizenznehmer einen besonderen Erfolg von einem Lizenz- 300
produkt verspricht, wird er versuchen sich Möglichkeiten zu erhalten, um die Lizenzierung zu verlängern oder von einem Sequel[239] oder Prequel[240] ebenfalls zu profitieren. Hierfür bieten sich verschiedene Optionen an. Wichtig ist dabei, dass die Option so präzise wie möglich gestaltet ist, damit möglicht wenig Auslegungsspielraum bleibt und die Option nur noch durch Zusendung eines Schreibens, »hiermit übe ich aus« vollzogen wird. In der Praxis findet man oft Optionsregelungen, die aber wesentliche Bedingungen

---

238 Damit ist eine definierte Vertragsverletzung gemeint.
239 *Sequel* bezeichnet die Fortführung einer für sich abgeschlossenen Geschichte oder eines Handlungsstrangs in einem späteren Werk.
240 Ein Prequel bezeichnet eine Erzählung, die im Zusammenhang mit einem zuvor erschienenen Werk steht, deren Handlung (d.h. die erzählte Zeit) aber vor diesem angesiedelt ist. Hierbei handelt es sich also nicht um eine *Fort*setzung im eigentlichen Sinne (wie beim Sequel), da die bekannte Handlung nicht fortgeführt wird, sondern der vorherigen Handlung ein zusätzlicher Teil der Geschichte *voran*gestellt wird. Das Original »X-Men« hatte 2009 den Titel »X-Men Origins: Wolverine« als Prequel.

nicht oder nicht ausreichend enthalten, wie z.B. die Erörterung des Lizenzpreises für ein Prequel oder Sequel wird offen gelassen.

301 ▶ **Formulierungsbeispiel (XV):**

> Der Lizenznehmer hat das Recht die Lizenzzeit um einen weiteren Zeitraum von 5 Jahren zu den gleichen Vertragsbedingungen aber für eine Lizenzgebühr in Höhe von ... € zu erweitern. Die Ausübung dieser Option muss mittels eingeschriebenen Briefes bis (20.7.2015) 18.00 Uhr beim Lizenzgeber eingehen.

302 ▶ **Formulierungsbeispiel eines US Lizenzgebers:**

> Licensee shall have the exclusive option to acquire all rights in all prequels or sequels, if any, on the same terms and conditions as set out hereunder. Furthermore Licensee shall have the right to extend the license term for another five (5) years commencing with the end of The Term (hereinafter, »Extended Term«) and the number of runs of additional 5 against a license fee of 20 % of Licenseeœ original license fee. Such options are to be exercised in writing no later than twelve (12) month before the end of the Term.

Exkurs:

303 Häufig werden in den Lizenzverträgen auch sog. »first look« and/or »last refusal rights« vereinbart. Das First-Look-Right verpflichtet den Lizenzgeber eine erneute Lizenzierung desselben oder aber anderen neuen Produktes zuerst dem Lizenznehmer anzubieten (Erstanbietungsverpflichtung); gepaart mit dem »right of last refusal« bedeutet dies, dass der Lizenznehmer zusätzlich das Recht erhält, selbst bei einer zunächst erfolgten Ablehnung des Angebotes immer wieder zu den Konditionen einzusteigen und den Vertrag an sich zu reißen, zu dem der Lizenzgeber gerade mit einem Dritten verhandelt hat (Meistbegünstigungsrecht). Der Lizenznehmer muss also nicht mehr bieten als der Dritte, sondern es reicht, dass er dessen Angebot an den Lizenzgeber aufgreift und zu diesen Konditionen selber lizenziert.

oo) Rechtegarantien

(1) Rechtegewährleistungsklausel

304 Zum Einen enthält eine sog. Rechtegewährleistungsklausel (»Warranty Clause«) die Abschlussvollmacht, d.h. der Lizenzgeber versichert, dass er auch die Vollmacht hat, den Vertrag in der vereinbarten Art abzuschließen. Zum Anderen werden der Bestand und der Umfang der lizenzierten Rechte garantiert. Branchenüblich ist insbesondere im internationalen Rechtsverkehr in solchen Klauseln, dass im Fall einer Vertragsverletzung Folgeschäden sowie potentielle Gewinneinbußen ausgeschlossen werden und ein evtl. monetärer Schaden auf die Lizenzsumme sowie die Kosten einer Rechtsverteidigung beschränkt wird.[241] Der Lizenzgeber wird darüber hinaus garantieren, dass durch die vertragsgemäße Auswertung des Films keine Rechte Dritter verletzt werden.

305 ▶ **Formulierungsvorschlag (XVI):**

> Der Lizenzgeber garantiert alle Rechte, insbesondere urheberrechtliche Nutzungsrechte, Leistungsschutzrechte und sonstige Rechte erworben zu haben, die für die vertragsgemäße Auswertung des Programms gemäß Vertrag notwendig sind und sichert zu, uneingeschränkt darüber verfügen zu können. Er versichert, dass insbesondere keine Rechtsübertragungs- oder Rückfallrechte im Falle seiner wirtschaftlichen Verschlechte-

---

[241] Gemäß § 97 Abs. 2 UrhG ist nach dem verschuldensabhängigen Schadensersatzanspruch grds. der Vermögensschaden zu ersetzten, den der Nutzungsberechtigte durch die unbefugte Werknutzung erlitten hat.

rung (insbesondere gerichtliche Vergleichs- oder Konkursverfahren über sein Vermögen) bestehen. Die Rechtsgarantie umfasst nicht die ausschließlich von der GEMA und den entsprechenden ausländischen Wahrnehmungsgesellschaften (z.B. Sacem) verwalteten Rechte an der Musik, welche von den Wahrnehmungsgesellschaften pauschal den Sendern eingeräumt werden. Hinsichtlich der vom Lizenzgeber kontrollierten Rechte an der Musik, wird der Lizenzgeber dem Lizenznehmer- auf sein Verlangen – schriftlich unter Vorlage entsprechender Dokumentation bestätigen, dass die Rechte an der Musik für das lizenzierte Programm umfassend vom Lizenzgeber erworben wurden oder vollständig als »Work-made-for-hire« erschaffen wurde (sog. »Work-made-for-hire-Bestätigung«).[242] Der Lizenzgeber steht dafür ein, dass weder von ihm selbst, Autoren, Schauspielern oder sonstigen beliebigen Dritten irgendwelche finanziellen Forderungen wegen der vertragsgemäßen Auswertung der übertragenen Rechte an den Lizenznehmer gestellt werden. Der Lizenzgeber wird den Lizenznehmer von allen Ansprüchen, Schäden, Verbindlichkeiten, Kosten und Auslagen, einschließlich angemessener Rechtsberatungs- und Rechtsverteidigungskosten freistellen, die Dritte aufgrund einer tatsächlichen oder angeblichen Verletzung von Garantien, Zusagen oder Vereinbarungen des Lizenzgebers gegen den Lizenznehmer geltend machen.

▶ **Formulierungsvorschlag eines US Lizenzgebers:** 306

Licensor warrants that it has acquired all rights as specified in this agreement to exploit the film under the terms of this agreement and it has not previously granted the rights to Licensee hereunder to any third party. Licensor warrants that there are no existing o r threatened claims or litigation which would adversely effect or impair any of the licensed rights in the territory during the term of the agreement and that no financial claims may be made against Licensee either by Licensor itself, authors, actors or any third parties whatsoever on the basis of the utilization of the rights granted herein. In case the Licensor constitutes an infringement of the rights granted hereunder or any of is warranties, Licensor will indemnify Licensee against all reasonable costs (limited to an amount which shall be twice of the license fees) plus any attorney fees.

(2) Rechtenachweis

Da es im Urheberrecht keinen gutgläubigen Erwerb vom Nichtberechtigten gibt, kann es bei einem Bruch in der Rechtekette dazu führen, dass der Lizenznehmer Rechte ausgewertet hat, die er niemals erworben hatte. Um sich dem Vorwurf der Fahrlässigkeit und damit des Schadensersatzanspruches des Verletzten gemäß § 97 Abs. 2 UrhG nicht aussetzen zu müssen, empfiehlt es sich, stets dafür zu sorgen, dass die Rechte, die man erwirbt, auch nachgewiesen werden können. Der Lizenznehmer müsste daher auf eine lückenlose Rechtekette zurückgreifen können. Dies erfordert aber auch beim Sender erhebliche Archivierungskapazitäten und so begnügt man sich in der Praxis oft damit, auf Verlangen des Lizenzgebers diesen für den Nachweis der Rechtekette die erforderlichen Verträge in Kopie vorzulegen. 307

(3) Exkurs: Abwehransprüche gegen Dritte, § 97 UrhG – ein Fall aus der Praxis

Im Folgenden soll Beispielhaft ein praxisrelevanter Fall erörtert werden, bei dem zwischen einem deutschen Lizenznehmer und einem US amerikanischen Lizenzgeber ein Lizenzvertrag über die Verwertung eines Filmes im Free TV in Deutschland abgeschlos- 308

---

242 Zu »work-made-for-hire« siehe oben Rdn. 268.

sen wurde. Die Lizenzzeit des Filmes begann mit Unterschrift des Vertrages und der Lizenzgeber hatte dem Lizenznehmer ausschließliche Nutzungsrechte eingeräumt. Während der Verwertung der Rechte des Lizenznehmers wurde bekannt, dass ein Dritter die Sendung des Filmes im Free TV parallel zum Lizenznehmer in einer Fernsehzeitung ankündigte. Jetzt stellt sich die Frage, ob der Inhaber der ausschließlichen Free TV Nutzungsrechte Abwehransprüche (nach deutschem Urheberrecht) gegen den Verletzter erheben kann.

(3.1) Schutzlandprinzip

309 Ansprüche aus Urheberrechtsverletzungen richten sich nach dem Recht des Landes, für dessen Gebiet hinsichtlich einer urheberrechtlich relevanten Handlung Schutz gesucht wird (sog. lex loci protectionis);[243] das Recht des Schutzlandes entscheidet welches (materielle) Privatrecht auf einen Sachverhalt mit Auslandsbezug anzuwenden ist. Im vorliegenden Falle kommt es also nicht darauf an, dass der Film in den USA produziert wurde. Der Schutz gegen die Rechtsverletzung in der Bundesrepublik Deutschland wird in Deutschland begehrt. Ansprüche, die der Inhaber eines urheberrechtlichen Nutzungsrechtes im Falle einer Rechtsverletzung macht, richten sich demnach nach deutschem Recht.

(3.2) Abwehransprüche

310 Urheberrechtliche Abwehransprüche begründen ein positives Benutzungsrecht und ein negatives Verbotsrecht (inklusive eines verschuldensabhängigen Schadensersatzanspruches). Die Abwehransprüche sind Folge ausschließlicher Nutzungsrechte.[244] Ein Recht im Sinne des § 97 Abs. 1 UrhG, jeden Dritten von der Nutzung auszuschließen steht demnach nur dem Inhaber exklusiv eingeräumter Nutzungsrechte zu.[245] Im vorliegenden Fall erwarb der Lizenznehmer vom Lizenzgeber unmittelbar durch den Abschluss des Vertrages ausschließliche Rechte zur Verwertung im Free TV.[246] Der Abschluss des Vertrages stellt die für den Übergang der ausschließlichen Nutzungsrechte erforderliche Verfügungshandlung dar; denn es ist keine weitere Handlung – wie z.B. eine Auswahlentscheidung für den Übergang der Rechte – erforderlich.[247] Der LG kann diese Rechte auch nicht nochmals vergeben, sog. »Sukzessionsschutz« nach § 33 UrhG. Sein Vermögen hat sich um diese Verfügung über die Nutzungsrechte verringert. Der Lizenznehmer hatte demnach mit Abschluss des Vertrages ein dingliches, gegenüber jedermann wirkendes Nutzungsrecht und damit ein Verbotsrecht erworben. Der Dritte verwertete die Free

---

243 Siehe auch Art. 5 Abs. 2 Satz 2 RBÜ; seit 1989 ist auch die USA Verbandsmitglied der RBÜ, siehe http://www.wipo.int/treaties/en/ip/berne/. Die USA haben nicht alle Vorschriften der RBÜ in innerstaatliches Recht umgesetzt vgl. dazu *Siefarth*, US amerikanisches Filmurheberrecht, S. 20, 24; Das Schutzlandprinzip entspricht der ständigen höchstrichterlichen Rechtsprechung, siehe auch unten Rdn. 327 f.
244 Siehe dazu oben Rdn. 225 f. und BGH GRUR 1992, 697, 698- Alf.
245 Bei non-exklusiv eingeräumten Lizenzen kamen nach allg. Meinung bisher nur allgemein zivilrechtliche Abwehransprüche in Betracht; dies begründete aber nach h.M. kein Verbotsrecht, siehe oben Rdn. 227 sowie Wandtke/Bullinger/*Wandke/Grunert* § 31 Rn. 31; ob sich durch die Entscheidung des BGH v. 26.3.2009, I ZR 153/06 – Reifen Progressiv dadurch etwas ändert, dass dieser auch einfachen Nutzungsrechten dingliche Wirkung zusprach, bleibt abzuwarten, es spricht aber viel dafür.
246 Zur Frage des »überschießenden Verbotsrechts«, wenn das negative Verbotsrecht zur Sicherung der wirtschaftlichen Interessen des Urhebers erforderlich ist und über das positive Benutzungsrecht hinausgeht, d.h. der Urheber, der ausschließliche Rechte an einen Nutzungsberechtigten weitergegeben hat, trotzdem selbst gegen den Dritten vorgehen kann: BGH GRUR1957, 614, 615 – Ferien vom Ich; GRUR 1960 251, 252 – Mecki-Igel II; mit gleichem Ergebnis für Inhaber ausschließlicher Nutzungsrechte: BGH GRUR 1999, 984, 985 – Laras Tochter.
247 Nach BGH in GRUR 2009, 946 Rn. 20 – Reifen Progressiv haben alle Nutzungsrechte, auch einfache dinglichen Charakter; zustimmend *Scholz* GRUR 2009, 1107, 1109.

B. Privater Rundfunk

TV Rechte innerhalb der Lizenzzeit und des Lizenzgebietes des Lizenznehmers aus.[248] Dem Lizenznehmer standen daher nach deutschem Urheberrecht auch die Abwehransprüche nach § 97 Abs. 1 UrhG zu sowie Schadensersatzansprüche nach § 97 Abs. 2 UrhG, sofern der Dritte diese Nutzungsart unter Verletzung der Ausschließlichkeit schuldhaft verwertete.

Das Verbotsrecht des § 97 Abs. 1 UrhG beinhaltet, dass der Lizenznehmer dem Dritten eine rechtswidrige Nutzungshandlung verbieten kann. Das Verbotsrecht erstreckt sich in Form des sog. vorbeugenden[249] Unterlassungsanspruches auf gegenwärtige und drohende Rechtsverletzungen. Ausreichend ist für einen Unterlassungsanspruch schon die sog. Erstbegehungsgefahr, d.h. wenn der Dritte erheblichen Anlass zur Annahme einer Gefährdung des Nutzungsrechtes geben sollte. Ein vorbeugender Unterlassungsanspruch besteht z.B. wenn der Dritte ankündigt eine Rechtsverletzung zu begehen, oder er sich »berühmt« der eigentliche Berechtigte zu sein. Vorliegend hatte der Dritte bereits die Auswertung des Filmes in entsprechenden Zeitungen kundgetan. Dies rechtfertigt einen Unterlassungsanspruch des Lizenznehmers. Daneben kommt ein deliktischer Schadensersatzanspruch gem. § 97 Abs. 2 UrhG in Betracht, wenn dem Dritten Vorsatz oder Fahrlässigkeit nachgewiesen werden kann. 311

pp) Kündigungen

(1) Allgemein

Neben den allgemeinen Kündigungsklauseln in Lizenzverträge, wenn eine Vertragspartei die im Vertrag definierten Rechte verletzt, sind oft auch vertraglich vereinbarte Kündigungsklauseln enthalten, wenn die sog. Qualifiers nicht eingehalten werden[250] oder für die Fälle, dass der Lizenznehmer zahlungsunfähig wird oder eine Partei Insolvenz[251] anmelden muss. 312

▶ **Formulierungsvorschlag (XVII):** 313

Kommt der Lizenzgeber mit der Erfüllung einer ihm obliegenden Verpflichtung in Verzug oder lässt er eine ihm gesetzte Nachfrist ungenutzt verstreichen, so ist Lizenznehmer berechtigt, vom Vertrag zurückzutreten. Weitergehende Rechte aus Gesetz und Vertrag bleiben daneben bestehen. Bezieht sich der Vertragsverstoß nur auf ein von mehreren lizenzierten Programmen, so kann Lizenznehmer nach freiem Ermessen die Rücktrittserklärung auf dieses eine Programm beschränken. Sofern das Programm nicht die Mindest-TV-Länge hat, wie definiert, kann Lizenznehmer nach eigenem Ermessen den Vertrag kündigen oder den Kaufpreis mindern.

Je nach Schwere des Verstoßes, wird dem Verletzter doch zumeist zuerst eine Heilungsmöglichkeit innerhalb eines bestimmten Zeitraumes gegeben. 314

---

248 Wandtke/Bullinger/von *Wolff* § 97 Rn.9; daran ändert sich auch nichts, wenn ein ausschließlich eingeräumtes Recht für einen zeitlich beschränkten Zeitraum eingeräumt wird, der ggfs. noch in der Zukunft beginnt; die zeitliche Beschränkung limitiert dann nur das positive Benutzungsrecht, das dingliche Recht entsteht bereits mit Vertragsabschluss, sofern nichts anderes vereinbart wurde; siehe auch Wandtke Bullinger/*Wandke/Grunert* § 31 Rn. 4, 11; Fromm/Nordemann/*Nordemann* § 31 Rn. 53; BGH GRUR 1992, 697, 698 – Alf.
249 Siehe § 97 Abs. 1 Satz 2 UrhG.
250 Siehe oben Rdn. 205.
251 Zu den Fragen und der Probleme der Urheberrechte in der Insolvenz siehe Kap. 20 Rdn. 26-42 und 72-82.

315 ▶ Formulierungsvorschlag aus Sicht des Lizenzgebers (XVIII):

> In the Event of Default or breach by Licensor of its obligations hereunder and if such breach has not been cured within ten days, Licensee shall have the right to terminate this agreement with regard to the program in default and demand immediate repayment including interest of the monies already paid, reserving its rights to claim further damages actually incurred by Licensee. In the event that Licensor's breach is limited to one of the Programme licensed, then this default is limited to a particular Programme and does not affect the other Programme subject to the agreement.

(2) Exkurs: Cross-Default-Klauseln

316 Major Studios versuchen immer wieder sog. »Cross-Default-Klauseln« als Kündigungsklauseln in ihren Vertrag zu verhandeln: Gemeint sind damit Klauseln, bei dem der Lizenzgeber die Möglichkeit haben soll, im Fall der Vertragsverletzung durch den Lizenznehmer den Vertrag, der verletzt wurde, zu kündigen, aber darüber hinaus auch alle weiteren Verträge, die er mit dem Lizenznehmer geschlossen hat. Diese übergreifende Kündigungsmöglichkeit aller mit dem Vertragspartner bestehenden Verträge nennt man »Cross-Default«. Zumeist geht damit einher, dass die Lizenzsumme, die noch aussteht, sofort fällig gestellt wird. Waren solche Klauseln früher noch eher üblich in den OPDœ oder anderen umfassenden Volume Deals, so wird heute mehr und mehr von der Gestaltung solcher Klauseln abgesehen, da diese ein unübersehbares wirtschaftliches Risiko darstellen.

317 Im Fall des Abschlusses von Volume Deals/OPDs oder anderen Paketdeals empfiehlt es sich auch, im Hinblick auf sämtliche Kündigungsklauseln, zu vereinbaren, dass bei einer bestimmten Verletzung jeweils nur pro verletzten Titel (rück)abgewickelt wird und nicht übergreifend der ganze Vertrag gekündigt werden kann. Siehe hierzu Formulierungsbeispiel XVI (anders als in XVII), indem die Kündigungsmöglichkeit indes ins Ermessen des LN gestellt wurde.

(3) Heimfall abgeleiteter (einfacher) Nutzungsrechte?

318 Im Filmlizenzgeschäft wird das Werk selten direkt nach dem Urheber verwertet, üblich sind eine mehrstufige Verwertung und damit das Bestehen von Lizenzketten. Eine Lizenzkette bedeutet aber auch stets ein erhöhtes Risiko für die Verwerter, wenn auf einer Stufe die Lizenzkette »bricht«. Der Bruch in der Lizenzkette kann an mehreren Stellen und aus verschiedenen Gründen geschehen z.B. weil der Insolvenzverwalter nach § 103 InsO die Nichterfüllung wählte[252] oder aufgrund der Vereinbarung von vertraglichen Kündigungsrechten oder aufgrund des Rückrufs wegen Nichtausübung § 41 UrhG.[253] Häufig hat z.B. der in die Insolvenz geratende Filmverwerter die Rechte wiederum von einem Lizenzhändler erworben, und dieser wiederum von einem Weiteren usw. So stellt sich die Frage, welche Auswirkungen ein solcher Bruch in einer Lizenzkette für die anderen Verwerter hat; welche Rechte bleiben bestehen, welche fallen zurück oder können nicht mehr ausgeübt werden. Die Frage, ob beim Erlöschen eines vom Urheberrecht (Mutterrecht) abgespaltenen, ausschließlichen oder einfachen Nutzungsrechtes des Tochterrechtes, die davon abgeleiteten ausschließlichen oder einfachen

---

252 Vgl. *von Frentz/Marrder* ZUM 2003 95-99.
253 Dazu BGH GRUR 2009, 946 f.

Nutzungsrechte (Enkelrechte) gleichfalls erlöschen oder aber bestehen bleiben, ist umstritten.[254]

Im internationalen Lizenzverkehr lassen sich Lizenzgeber regelmäßig Kündigungsrechte für den Fall einer drohenden oder bereits eingetretenen Insolvenz in den Allgemeinen Geschäftsbedingungen einräumen: 319

▶ **Formulierungsbeispiel eines US Lizenzgebers:** 320

In addition, if Licensee suspends operations, or if Licensee becomes insolvent or ceases to pay its obligations when due, or if Licensee is adjudicated a bankrupt, files a petition in bankruptcy, attempts to make an assignment for the benefit of creditors, or takes advantage of the provisions of any bankruptcy or debtor's relief act, Licensor shall be entitled to terminate this Agreement and all rights licensed hereunder revert to Licensor.

This agreement and its terms shall be governed by and construed in accordance with the laws of the Federal Republic of Germany. If the English legal meaning differs from the German legal meaning of this agreement and its terms, the German meaning shall prevail. Place of performance and legal venue shall be Cologne, Germany.

▶ **Beispiel:** 321

Produzenten (Urheber P) vertreibt die weltweiten Auswertungsrechte des Filmes und lizenziert die ausschließlichen Nutzungsrechte zur Verwertung des Filmes in Deutschland an den Hauptlizenznehmer (HLN). Dieser wiederum schließt einen Unterlizenzvertrag mit dem Sender (LN) über die Verwertung der nicht ausschließlichen Senderechte in Deutschland ab (einfache Nutzungsrechte). Als der HLN zahlungsunfähig wird macht der P von seinem vertraglich für den Fall des Zahlungsverzuges wegen Verschlechterung der Vermögensverhältnisse eingeräumten Kündigungsrechtes Gebrauch und beendet den Lizenzvertrag mit dem HLN. Der LN strahlt aber entsprechend seiner vertraglichen Regelung mit HLN weiter aus. P ist der Auffassung, mit Kündigung der ausschließlichen Nutzungsrechte (Tochterrechte) an den HLN entfielen auch die davon abgeleiteten einfachen Nutzungsrechte (Enkelrechte) und so nimmt P daraufhin den LN auf Unterlassung in Anspruch.

Für den LN ist von entscheidender Bedeutung, ob ein Bruch in der Lizenzkette zwischen dem Urheber P und dem Hauptlizenznehmer (HLN) (unterstellt, dass dies es zum Verlust der erworbenen Sublizenzen (Tochterrechte) führt) auch dazu führt, dass der LN die vom HLN erworbenen einfachen Nutzungsrechte (Enkelrechte) nicht mehr ausüben kann. 322

Nach bisher wohl herrschender Auffassung erlöschen abgeleitete Nutzungsrechte (Enkelrechte) automatisch mit Wegfall der Hauptlizenz (des Tochterrechts).[255] Begründet wird dies u.a. mit der Zweckbindung der eingeräumten Rechte und dass im Urheberrecht das Abstraktionsprinzip nicht gelte und somit mit Fortfall des schuldrechtlichen Geschäfts auch die eingeräumten abgeleiteten Nutzungsrechte erlöschen. Der Wegfall der Unterlizenz entspreche der Interessenlage der Beteiligten, insb. den schutzwürdigen 323

---

[254] Dazu ausführlich mit den jeweiligen Argumenten der zwei Meinungen BGH IZR 153/06 vom 26.3.2009 Rn. 11 und 15; Wandtke/Bullinger/*Wandtke/Grunert* Vor §§ 31 ff. Rn. 49 ff. m.w.N.; Schricker/*Schricker,* vor §§ 28 ff UrhG, Rn. 49 m.w.N. auch zur Gegenmeinung.

[255] Dazu ausführlich mit den jeweiligen Argumenten der zwei Meinungen BGH IZR 153/06 vom 26.3.2009 Rn. 11 und 15; Wandtke/Bullinger/*Wandtke/Grunert* Vor §§ 31 ff. Rn. 49 ff. m.w.N.; Schricker/*Schricker* Vor §§ 28 ff. UrhG Rn. 49; m.w.N. auch zur Gegenmeinung.

Urheberinteressen. Außerdem könne zwischen dem Urheber und dem Lizenznehmer auch vertraglich vereinbart werden, dass bei einer Beendigung des Nutzungsrechts erster Stufe das Nutzungsrecht zweiter Stufe bestehen bleiben soll.[256]

324 Nach anderer Ansicht bestehen abgeleitete Nutzungsrechte auch nach Wegfall der Hauptlizenz, zumindest unter bestimmten Voraussetzungen, fort; der Fortbestand wird mit dem dinglichen Charakter der Unterlizenzierung und der Interessenlage begründet, da der Sublizenznehmer durch ein vorzeitiges Erlöschen des lizenzierten Rechts empfindlich getroffen wird und er den Auslöser der Kündigung zumeist nicht mal beeinflussen kann. Er würde demnach unbillig benachteiligt. Für die Wirksamkeit der Einräumung der Unterlizenz ist in erster Linie die zum Zeitpunkt der Verfügung vorliegende Verfügungsbefugnis maßgeblich, § 185 BGB.[257] In der Entscheidung I ZR 153/06[258] hat der BGH sich ausdrücklich für den dinglichen Charakter auch einfacher Nutzungsrechte ausgesprochen mit der Konsequenz, dass diese Nutzungsrechteinräumungen als Verfügung gelten, die dann wirksam sind, wenn der Rechteinhaber zum Zeitpunkt der Verfügung verfügungsbefugt i.S.d. § 185 BGB war.

325 Wenn der HLN im obigen Beispiel zum Zeitpunkt, als er an den LN einfache Nutzungsrechte eingeräumt hat, auch noch verfügungsbefugt war, weil zu diesem Zeitpunkt der Oberlizenzvertrag noch nicht (wirksam) gekündigt war und auch kein Grund dafür bestand, so ist die Unterlizenz wirksam entstanden. Anerkennt man in jedem Nutzungsrecht einen dinglichen Charakter, so würde die urheberrechtlich wirksam eingeräumte Unterlizenz nach Wegfall der Verfügungsbefugnis bestehen bleiben. Kündigt danach der P das Vertragsverhältnis zum HLN, ist der Hauptlizenznehmer HLN nach Beendigung der Lizenz zwischen P und HLN zwar nicht mehr berechtigt, weitere Lizenzen einzuräumen, der spätere Wegfall der Berechtigung des verfügenden Unterlizenzgebers HLN an LN lässt die Wirksamkeit seiner früheren Verfügung jedoch unberührt. Das jedenfalls, sofern der Fortbestand der Erteilung von Unterlizenzen im beiderseitigen Interesse der Vertragsparteien steht und der erste Nutzungsrechtinhaber befugt sein soll, auch die Hauptlizenz überdauernde Unterlizenzen einzuräumen.[259] Wann und ob dies der Fall ist, ist durch ergänzende Vertragsauslegung des Hauptlizenzvertrages nach §§ 133, 157 BGB in Verbindung mit § 31 Abs. 5 UrhG zu ermitteln.

326 Spricht die Zweckübertragungstheorie nicht dagegen, so kann nach der hier vertretenen Auffassung angenommen werden, dass ein Enkelrecht nach seiner Abspaltung vom Tochterrecht von dessen Fortbestand unabhängig sein soll.[260] Nach dem vereinbarten deutschen Recht dürfte LN mithin weiterhin die ihm eingeräumten Rechte nutzen. Eine entsprechende Klausel in den AGB dürfte AGB- rechtlich unbillig und daher unwirksam sein.

---

256 BGH ZUM 1986, 278 – Alexis Sorbas.
257 Siehe *Scholz* GRUR 2009, S. 1108.
258 BGH GRUR 2009, 946 Rn. 15 – Reifen Progressiv.
259 *Scholz* GRUR 2009, 1107, 1110.
260 Das hat der BGH in GRUR 2009, S. 946 Rn. 20 zwar nur für den Fall entschieden, dass die Lizenzkette aufgrund eines Rückrufsrechts wegen Nichtausübung nach § 41 UrhG durchbrochen wurde. Es spricht aber viel dafür, dass dieser Fall auch auf weitere Konstellationen Anwendung finden kann, wie z.B. auf die Frage der Insolvenzfestigkeit eingeräumter Nutzungsrechte bei Insolvenz des Lizenzgebers oder wenn der Hauptlizenzvertrag aus anderen Gründen, wie z.B. bei Kündigung beendet wird. Zu einem anderen Ergebnis kann man aber dann kommen, wenn der Unterlizenzgeber nur befugt ist, Unterlizenzen einzuräumen, die die Hauptlizenz nicht überdauern sollen. Zum Rückruf wegen gewandelter Überzeugung siehe eben Kap. 3 Rdn. 593-604.

qq) Anwendbares Recht

(1) Allgemein

In Lizenzverträgen sollte eine Vereinbarung über das anwendbare Recht und den Gerichtsstand aufgenommen werden damit die grundlegenden Rechte und Pflichten beider Vertragspartner definiert sind. Zu prüfen ist stets, ob es sich bei einer Rechtswahlklausel um eine Individualklausel oder aber um eine AGB- Klausel handelt, die dann noch darauf hin geprüft werden muss, ob sie AGB rechtlich überhaupt zulässig oder aber überraschend i.S.d. § 305 BGB ist und dann nicht wirksam in die AGB miteinbezogen wurde (§ 305c BGB). Aber auch Individualklauseln unterliegen dem ordre public: Nach Art. 6 EGBGB ist von deutschen Gerichten der Grundsatz zu beachten, dass bestimmte (ausländische) Rechtsnormen nicht anzuwenden sind, wenn sie mit den wesentlichen Grundsätzen des deutschen Rechts, etwa dem Grundgesetz, unvereinbar sind. Daneben regelt das deutsche IPR noch die Grenzen der Rechtswahl, nämlich welche Normen nach deutschem Recht als zwingende Vorschriften angesehen werden müssen und von denen durch die Vereinbarung ausländischen Rechts nicht abgewichen werden kann (siehe §§ 34, 27 Abs. 3 EGBGB). Solche Regelungen können z.B. Umgehungen von speziellen Schutz-; oder Kartellvorschriften sein und eine Rechtswahl ist nach deutschem IPR nicht möglich im Bereich z.B. des Gesellschafts- oder Versicherungsrechts.

327

▶ **Formulierungsvorschlag (XIX):**

328

> Für das Vertragsverhältnis gilt das Recht der Bundesrepublik Deutschland. Erfüllungsort und Gerichtsstand ist Köln. RTL ist berechtigt, auch an jedem anderen gesetzlich zulässigen Gerichtsstand zu klagen.

▶ **Formulierungsbeispiel eines US Lizenzgebers:**

329

> Applicable Law/Venue/Waiver of Right to Jury Trial: This Agreement is governed by the laws of the State of California, U.S., without regard to conflicts of law provisions. Licensee hereby consents to the non-exclusive jurisdiction of the state courts of California, and of federal courts located within the State of California, with respect to any matter arising out of or relating to this Agreement. Each of the parties hereto hereby agrees to waive its rights to a jury trial with respect to any matter arising out of or relating to this Agreement.

(2) Exkurs: Kollisionsrecht[261]

Allgemein ist zunächst zu untersuchen, welchem nationalen Recht ein Vertrag unterliegen würde unterstellt man die Wirksamkeit der vereinbarten Rechtswahlklausel (sog. Vorgriff auf das gewählte Recht, § 31 Abs. 1 EGBGB).[262] Sodann wird geprüft, ob nach diesem Recht die vereinbarte Rechtswahlklausel selbst wirksam ist. Das danach anwendbare Recht ist dann Prüfungsmaßstab für das Zustandekommen und den Inhalt des Lizenzvertrages. Wenn die Vertragsparteien keine Rechtswahl getroffen haben, bestimmt sich das national anwendbare Recht bei einem Auslandsbezug nach den gesetzlichen Regelungen. Nach den deutschen Vorschriften regelt § 28 EGBGB, welches nationale Recht anwendbar sein soll. Die gesetzlichen Regelungen zur Bestimmung des anwendba-

330

---

261 Zu (2)-(3) siehe auch Kap. 3 Rdn. 873 ff.
262 Ein deutsches Gericht prüft die Wirksamkeit einer Rechtswahl eines ihm vorgelegten Falles mit einer Rechtswahlklausel nach dem Recht des Staates »Frankreich«, nach französischem Recht. Ist sie hiernach zunächst wirksam vereinbart worden, prüft es sodann nach deutschem Recht, ob die Rechtswahl im konkreten Falle zulässig war.

ren Schuldrechts (etwa für Kaufverträge) werden als »Kollisionsrecht« oder »internationales Privatrecht« (IPR) bezeichnet.

(3) Exkurs: Lex rei sitae für gewerbliche Schutzrechte

331 Gewerbliche Schutzrechte, wie das Urheberrecht, deren Umfang und Inhalt unterliegen grundsätzlich der nationalen Rechtsordnung des Staates in dem Ansprüche aus dem gewerblichen Schutzrecht geltend gemacht werden sollen: Nach Art. 3 EGBGB bestimmt sich im IPR, welches Staates Recht anwendbar ist. Regelungen in völkerrechtlichen Verträgen gehen aber denen des EGBGB vor, Art. 3 Abs. 2 Satz 1 EGBGB. Um eine Gleichbehandlung beim Urheberschutz zu erreichen, wurde u.a. die internationale Übereinkunft auf dem Gebiet des Urheberrechts, die Berner Übereinkunft von 1886, revidiert in der Fassung von 1971 (Revidierte Berner Übereinkunft/RBÜ) abgeschlossen. Die RBÜ folgt den Grundsätzen der Inländerbehandlung. Nach Art. 5 Abs. 1 RBÜ steht den Urhebern konventionsgeschützter Werke alle Rechte zu, die ein Staat seinen jeweiligen inländischen Urhebern gewährt. Grundsätzlich ist damit der Schutz des ausländischen Urhebers im Inland nicht davon abhängig, dass Inländern im Heimatstaat auch ein entsprechender Schutz gewährt wird. Das RBÜ gilt in Deutschland unmittelbar, der Kläger kann sich vor Gericht auf die RBÜ berufen. Aus dem Inländerbehandlungsgrundsatz werden das Territorialprinzip und das Schutzlandprinzip abgeleitet. Das weltweit geltende **Territorialitätsprinzip** besagt, dass ein Urheber nicht ein, für jeden Staat der Erde geltendes Urheber- bzw. Leistungsschutzrecht erwirbt, sondern dass dies räumlich nur in dem Staat besteht, nach dessen Rechtsordnung es verliehen wurde. Ein Urheber/Leistungsschutzberechtigter erwirbt ein Bündel territorial beschränkter und inhaltlich unterschiedlich ausgestalteter Rechte, die sich aufgrund der national unterschiedlichen Regelungen erheblich im Hinblick auf Umfang und Inhalt unterscheiden können. Das **Schutzlandprinzip** beinhaltet, dass sich Ansprüche aus Urheberrechtsverletzungen nach dem Recht des Landes richten, für dessen Gebiet hinsichtlich einer urheberrechtlich relevanten Handlung Schutz gesucht wird. Das Recht des Schutzlandes entscheidet welches (materielle) Privatrecht auf einen Sachverhalt mit Auslandsbezug anzuwenden ist.[263] Daneben ist noch die ROM II-Verordnung über außervertragliche Schuldverhältnisse zu nennen, die seit dem 11.1.2009 in Kraft ist. Beide Übereinkommen implizieren das Schutzlandprinzip.

332 Für den folgenden Fall bedeutet dies: Ein amerikanischer Lizenznehmer erwirbt von einem deutschen Lizenzgeber eine weltweite exklusive Lizenz an einem Filmwerk. Der LN wertet die exklusiven Rechte in den USA aus. Ein Dritter verletzt die Nutzungsrechte des LN in den USA. Der LN will gegen die Verletzung vorgehen und begehrt Schutz für die Auswertung in den USA. Sucht der Lizenznehmer Schutz im Hoheitsgebiet der USA und will er dort Verbotsrechte gegen den Verletzter durchsetzen, so richten sich die Voraussetzungen, der Umfang, die Inhaberschaft, die Schranken und Rechtsfolgen der erworbenen Rechte nach dem Land, für den der Schutz begehrt wird,[264] mithin nach US amerikanisches Urheberrecht.

---

263 St. Rspr. siehe u.a. BGH GRUR 1992, 697, 698- Alf; BGH GRUR 1994, 798, 799- Folgerecht bei Auslandsbezug; BGH GRUR 1999, 152, 153 – Spielbankaffaire; Palandt/*Thorn* Rom II Art. 8 Rn.2f.
264 Eine Mindermeinung vertritt noch das Herkunftslandprinzip, wonach für das IPR auf das Ursprungsland abgestellt wird, siehe Wandtke/Bullinger/*von Welser* Vor §§ 120 ff. Rn. 4 ff., 6 ff.; dieser Meinung wird hier angesichts der eindeutigen Rechtssprechung und der Ausprägung des Schutzlandprinzips in Art. 5 Abs. 1 RBÜ; sowie Art. 8 Abs. 1 des ROM II-VO, nicht gefolgt.

(4) Vereinbarung einer Rechtswahlklausel

Im oben genannten Beispiel, bei dem ein Lizenzvertrag zwischen einem deutschen **333** Lizenznehmer und einem US amerikanischen Lizenzgeber über die Verwertung eines Filmes im Free TV in Deutschland abgeschlossen wurde, wird im Folgenden erörtert, ob sich am Ergebnis etwas ändert, wenn die Parteien eine Rechtswahlklausel im Lizenzvertrag vereinbart haben. Es stellt sich dann die Frage, ob der Inhaber der ausschließlichen Free TV Nutzungsrechte die nach der Beurteilung des deutschen Urheberrechts bestehenden Abwehransprüche gegen den Verletzter erheben kann, obwohl z.B. die Anwendbarkeit von California Law vereinbart wurde.

An der ausschließlichen Anwendbarkeit des deutschen Urheberechts ändert auch eine **334** Rechtswahlklausel gem. Art. 27 EGBGB nichts. Das Schutzlandprinzip hat allgemeine Geltung und ist nicht disponibel:[265] Ansprüche eines Nutzungsrechteinhabers gegen Verletzungen im Hoheitsgebiet Deutschland richten sich ausschließlich nach deutschem Recht. Eine Rechtswahlklausel ist unbeachtlich, weil die Rechtsordnung, die die Schutzwirkung des (ausschließlichen) Nutzungsrechts bestimmt, nicht von den Vertragsparteien geändert werden kann. Am oben genannten Ergebnis ändert sich demnach auch nichts durch die Vereinbarung der Anwendbarkeit von California Law.

---

265 BGH GRUR 1992, 697, 698 – Alf; BGH GRUR 1999, 152, 153 – Spielbankaffaire, siehe auch Art. 8 Abs. 3 der ROM II-VO; wonach bei Verletzungen des geistigen Eigentums das Schutzlandprinzip auch bei einer anders vereinbarten Rechtswahlklausel gilt.

Kapitel 10
Telekommunikations- und Telemedienrecht

Übersicht

Rdn.

A. Einführung	1
I. Konvergente Kommunikationsmärkte	1
II. Grundlagen des Telekommunikationsrechts	2
1. Europarechtliche Grundlagen des Telekommunikationsrechts	3
2. Systematik und Regulierungsziele des TKG	4
3. Die Bundesnetzagentur	10
III. Grundlagen des Telemedienrechts	17
1. Grundlagen	19
2. Systematik	24
B. Marktregulierung im Telekommunikationsgesetz	30
I. Wettbewerbsrechtliche Marktregulierung durch die BNetzA	30
1. Einführung	30
2. Das Verfahren der Marktregulierung im TKG	31
3. Zugangsregulierung	37
4. Entgeltregulierung	38
5. Besondere Missbrauchsaufsicht	40
II. Spezielle Ressourcen der Telekommunikation	42
1. Einführung	42
2. Frequenzordnung des TKG	45
3. Nummernordnung	59
4. Wegerechte	71
C. Kunden- und Endnutzerschutz	86
I. Begrifflichkeiten des Telekommunikationsvertragsrechts	86
II. Einordnung der Dienste	87
III. Telekommunikationskundenschutz	90
D. Sicherheit und Datenschutz	92
I. Einleitung	92
II. Grundprinzipien des Datenschutzes	93
1. Allgemeine Grundsätze	97
a) Normenklarheit	97
b) Verhältnismäßigkeit	98
2. Spezielle Grundsätze	99
a) Subsidiarität	99
b) Verbot mit Erlaubnisvorbehalt	100
c) Zweckbindung	103
d) Datenvermeidung und -sparsamkeit	105
e) Transparenz	108
f) Direkterhebung	110
III. Bereichsspezifischer Datenschutz: §§ 91–107 TKG	111
1. Anwendungsbereich	114
2. Einzelne Regelungen	119
IV. Bereichsspezifischer Datenschutz: §§ 11–15a TMG	128
1. Anwendungsbereich	130
2. Einzelne Regelungen	132
E. Verantwortlichkeit für Telemediendienste	137
I. Einleitung	137
II. Allgemeine Grundsätze § 7 TMG	141
1. Eigene Informationen	145
2. Zu eigen gemachte Informationen	147
3. Enthaftung durch Disclaimer	152
4. Ausschluss allgemeiner Überwachungs- und Nachforschungspflichten § 7 Abs. 2 Satz 1 TMG	155
III. Durchleitung von Informationen § 8 TMG	159

10. Kapitel   Telekommunikations- und Telemedienrecht

Rdn.

- IV. Zwischenspeicherung zur beschleunigten Übermittlung von Informationen § 9 TMG 166
- V. Speicherung von fremden Informationen § 10 TMG 169
- VI. Impressumspflicht 176
  1. § 5 TMG 178
     - a) Anwendungsbereich 179
     - b) Anforderungen 182
     - c) Notwendige Angaben 187
  2. Besondere Informationspflichten bei kommerzieller Kommunikation (§ 6 TMG) 188
  3. Besondere Informationspflicht nach § 55 RStV 194
  4. Besondere Informationspflicht nach der Dienstleistungs-Informationspflichten-Verordnung (DL-InfoV) 197

A. Einführung

I. Konvergente Kommunikationsmärkte

1   Die aktuell größte Herausforderung des deutschen und europäischen Kommunikationsmarkts liegt in der zunehmenden Konvergenz von Netzen und Diensten. Die klassischen Telefonnetze, im Bereich der Fest- und Mobilfunkinfrastrukturen, dienen längst nicht mehr nur der Übertragung von Sprachtelefonie sondern bieten den Zugang zu weltweiten Daten- und Kommunikationsnetzen. Sie übertragen zusätzlich Rundfunk- und Telemediendienste und besetzen damit eine Funktion die klassisch den Breitbandkabelnetzen, den Satelliten- und terrestrischen Rundfunknetzen vorbehalten war.[1] Umgekehrt hat sich das Breitbandkabelnetz zu einer zweiten Festnetzinfrastruktur gemausert, die dem Telefonfestnetz in der Bereitstellung von Internetzugängen und Sprachtelefonie als ernst zu nehmender Konkurrent entgegen tritt. Das Telekommunikationsgesetz enthält Regelungen zur Rundfunkübertragung und verweist in vielfacher Weise auf Bestimmungen des Rundfunk- und Telemedienrechts. Das Rundfunkrecht enthält demgegenüber auch Regelungen zur Belegung in Breitbandkabelnetzen und weist damit einen starken Infrastrukturbezug auf. Das Telemediengesetz enthält auch Bestimmungen zu Verantwortlichkeiten von Zugangsanbietern (sog. Access Provider) für von ihnen übertragene Inhalte und greift damit Aspekte der Infrastrukturregulierung auf. Der Gesetzgeber bildet damit in vielfältiger Weise ab, was der gesamte Kommunikationsmarkt längst als vorrangige Herausforderung erkannt hat: Netzbetreiber müssen die End-to-End Kommunikation zwischen ihren Kunden hinweg über Netzgrenzen sichern und Zugang zu möglichst vielfältigen Inhalten und Angeboten schaffen. Programmveranstalter und Telemediendiensteanbieter müssen sich neben medienrechtlichen Aspekten auch mit Zugangsfragen zu verschiedenen Netzinfrastrukturen beschäftigen, um ihre Kunden, ihre Zielgruppe erreichen zu können. Daneben steht der Endnutzer und Zuschauer, dem sich mit der beschriebenen Konvergenz von Netzen und Diensten ebenfalls eine stetig steigende Zahl von Rechtsfragen stellt. Der Kundenschutz bei der Nutzung von Premium- und Mehrwertdiensten, der Datenschutz und die Gewährung des Fernmeldegeheimnisses genauso wie Fragen der Zulässigkeit der Nutzung von digitalen Inhalten bereiten hier ein weites Feld. Der Rechtsanwender findet im vorliegenden Kapitel eine Übersicht über die aktuelle wichtigsten Fragen und Fallgestaltungen des Telekommunikations- und Telemedienrechts.

---

1   Mit Bezug auf die damit verbundene Frage frei werdender Frequenzen vgl., *Huber*, Konvergenz der Medien und Konkurrenz um Übertragungswege – der Streit um die »digitale Dividende«, in: *Gundel/Heermann/Leible* (Hrsg.), Konvergenz der Medien-Konvergenz des Rechts?, 2009, S. 67 ff.

A. Einführung

II. Grundlagen des Telekommunikationsrechts

Das Telekommunikationsgesetz (TKG) vom 22.6.2004[2] enthält die wesentlichen Grundlagen des deutschen Telekommunikationsrechts. Wichtige Änderungen des Gesetzes erfolgten durch die Aufnahme kundenschutzrechtlicher Regelungen mit dem TKG-Änderungsgesetz vom 18.2.2007.[3] Kundenschutzrechtliche Regelungen waren zuvor Bestandteil der Telekommunikations-Kundenschutzverordnung aus dem Jahre 1997, die mit Datum vom 20.8.2002[4] geändert worden war. Letztmalig wurde mit Gesetz vom 14.8.2009[5] Regelungen zur Verfolgung wettbewerbsrechtlicher Verstöße im Zusammenhang mit Telefonwerbe- bzw. Telefonvertriebssystemen sowie Bestimmungen zur Verschärfungen des Datenschutzes in das TKG aufgenommen.

1. Europarechtliche Grundlagen des Telekommunikationsrechts

Das Telekommunikationsrecht in der Bundesrepublik Deutschland basiert in den wesentlichen Teilen auf europarechtlichen Vorgaben.[6] Mit dem TKG vom 22.6.2004 wollte der nationale Gesetzgeber insbesondere fünf Richtlinien der Europäischen Union umsetzen, die Rahmenrichtlinie,[7] die Genehmigungsrichtlinie,[8] die Zugangsrichtlinie,[9] die Universaldiensterichtlinie[10] sowie die Datenschutzrichtlinie.[11] Das TKG folgt dabei, an vielen Stellen sogar wortgleich, den Bestimmungen dieser Richtlinien. Das Verständnis der EU-Richtlinien ist daher zentral für die Auslegung des deutschen TKG. Anfang 2010 hat die Europäische Union den EU-Rechtrahmen zur elektronischen Kommunikation geändert. Die Änderungen basieren auf zwei novellierten Richtlinienvorgaben. Die erste Änderungsrichtlinie (Better Regulation) zielt auf eine Modifizierung der Rahmen-, Zugangs- und Genehmigungsrichtlinie.[12] Im Focus stehen hier die Verbesserung der Rahmenbedingungen für Infrastrukturinvestitionen und Wettbewerb, die Optimierung der sektorspezifischen Regulierungsinstrumente, die technologieneutrale Ausgestaltung und Flexibilisierung der Frequenznutzung, Neuerungen betreffend die Rundfunkübertra-

---

2 BGBl. I S. 1190.
3 BGBl. I S. 106.
4 Verordnung v. 11.12.1997 (BGBl. I, 2910), zuletzt geändert durch Art. 1 Zweite Verordnung Änderung der Telekommunikations-Kundenschutzverordnung v. 20.8.2002 (BGBl. I S. 3365).
5 BGBl. I S. 2821.
6 Zu den europarechtlichen Grundlagen und die historische Entwicklung vgl. FA IT-Recht/*Heun*, Kap. 23 Rn. 4.
7 Richtlinie 2002/21/EG des Europäischen Parlaments und des Rates vom 7.3.2002 über einen gemeinsamen Rechtsrahmen für elektronische Kommunikationsnetze und -dienste (Rahmenrichtlinie) (ABl. EG Nr. L 108 S. 33).
8 Richtlinie 2002/20/EG des Europäischen Parlaments und des Rates vom 7.3.2002 über die Genehmigung elektronischer Kommunikationsnetze und -dienste (Genehmigungsrichtlinie) (ABl. EG Nr. L 108 S. 21).
9 Richtlinie 2002/19/EG des Europäischen Parlaments und des Rates vom 7.3.2002 über den Zugang zu elektronischen Kommunikationsnetzen und zugehörigen Einrichtungen sowie deren Zusammenschaltung (Zugangsrichtlinie) (ABl. EG Nr. L 108 S. 7).
10 Richtlinie 2002/22/EG des Europäischen Parlaments und des Rates vom 7.3.2002 über den Universaldienst und Nutzerrechte bei elektronischen Kommunikationsnetzen und -diensten (Universaldienstrichtlinie) (ABl. EG Nr. L 108 S. 51).
11 Richtlinie 2002/58/EG des Europäischen Parlaments und des Rates vom 12.7.2002 über die Verarbeitung personenbezogener Daten und den Schutz der Privatsphäre in der elektronischen Kommunikation (Datenschutzrichtlinie) (ABl. EG Nr. L 201 S. 37).
12 Änderungsrichtlinie »Better Regulation« (Richtlinie 2009/140/EG des Europäischen Parlaments und des Rates vom 25.11.2009 zur Änderung der Richtlinie 2002/21 über einen gemeinsamen Rechtsrahmen für elektronische Kommunikationsnetze und -dienste, der Richtlinie 2002/19/EG über den Zugang zu elektronischen Kommunikationsnetzen und zugehörigen Einrichtungen sowie deren Zusammenschaltung und der Richtlinie 2002/20/EG über die Genehmigung elektronischer Kommunikationsnetze und -dienste, ABl. EG Nr. L 337 vom 18.12.2009, S. 37 ff.).

gung, sowie die Sicherheit und Integrität von Netzen und Diensten. Die zweite Änderungsrichtlinie (Citizens, Rights)[13] widmet sich Modifikationen der Universaldienste- und Datenschutzrichtlinie. Ziel ist es die Verbraucherrechte zur stärken sowie dem Datenschutz und der Datensicherheit höheres Gewicht zu verschaffen. Die Richtlinien sind vom Gesetzgeber bis Mitte 2011 in nationales Recht umzusetzen. Insofern ist auch mit einer Änderung des TKG zu rechnen.

2. Systematik und Regulierungsziele des TKG

4 Zentraler Begriff des TKG ist die Telekommunikation, d.h. »der technische Vorgang des Aussendens, Übermittelns und Empfangens von Signalen mittels Telekommunikationsanlagen« (§ 3 Nr. 22 TKG). Das Gesetz richtet sich damit auf die Regulierung von technischen Übertragungsvorgängen. Grundsätzlich nicht reguliert, mit Ausnahme von einzelnen Bestimmungen des Kundenschutzes im Bereich der Nummerierung, werden Inhalte. Inhalte können Gegenstand des Telemediengesetzes (TMG)[14] oder des Rundfunkstaatsvertrages (RStV) sein. Aus Sicht des Rechtsanwenders ist zu beachten, dass Anbieter von Telekommunikationsdiensten häufig sowohl Regelungen des TKG als auch des TMG, ggf. auch des RStV unterfallen können. Zwar schließt § 1 Abs. 1 TMG die Geltung des TMG für Telekommunikationsdienste nach § 3 Nr. 24 TKG und telekommunikationsgestützte Dienste aus. Jedoch enthalten einige, mittlerweile standardisierte Angebote von Telekommunikationsdiensteanbietern, auch Elemente eine Telemediendienstes. Hier sind insbesondere Internetzugangsdienste und Dienste zur E-Mail Übertragung zu nennen. Beide Dienste enthalten einen Übertragungsteil, der nach dem TKG zu betrachten ist. Zusätzlich erbringt der Anbieter aber auch eine Inhalteleistung, die dem TMG unterfällt.

5 Das TKG besteht aus elf Teilen. Diese können in vier größere Regelungsbereiche unterteilt werden:
- Allgemeine Bestimmungen: Diese regeln den Marktzutritt, die Aufsicht und die Überwachung der Marktteilnehmer sowie die öffentlichen Sicherheit: Teil 1 – Allgemeine Vorschriften, Teil 7 Abschnitt 3 – Öffentliche Sicherheit, Teil 8 – Bundesnetzagentur, Teil 9 – Abgaben, Teil 10 – Straf- und Bußgeldvorschriften, Teil 11 – Übergangs- und Schlussvorschriften.
- Spezifische Ressourcen der Telekommunikation: Telekommunikationsdiensteanbieter benötigen spezifische Ressourcen, die zum überwiegenden Teil knapp Güter sind. Hierzu gehören Frequenzen, Nummern und Wegerechte. Die Bundesnetzagentur nimmt eine zentrale Rolle bei der Verwaltung und Vergabe dieser Ressourcen ein: Teil 5 – Vergabe von Frequenzen, Nummern und Wegerechten.
- Wettbewerbsrechtliche Regulierung der Telkommunikationsmärkte: Kernstück des TKG ist die Markregulierung, die das Verhalten der Marktteilnehmer untereinander zum Gegenstand hat: Teil 2 – Marktregulierung, Teil 4 – Rundfunkübertragung.
- Teilnehmer, Endnutzer und Nutzer: Das TKG enthält spezielle Regelungen, die das Verhältnis zwischen dem Anbieter von Telekommunikationsdiensten und dem Kunden, Nutzer oder Endnutzer bestimmen: Teil 3 – Kundenschutz, Teil 6 – Universaldienst, Teil 7 Abschnitte 1 und 2 – Fernmeldegeheimnis und Datenschutz.

---

13 Änderungsrichtlinie »Citizens, Rights« (Richtlinie 2009/136/EG des Europäischen Parlaments und des Rates vom 25.11.2009 zur Änderung der Richtlinie 2002/22/EG über den Universaldienst und Nutzerrechte bei elektronischen Kommunikationsnetzen und -diensten, der Richtlinie 2002/58/EG über die Verarbeitung personenbezogener Daten und den Schutz der Privatsphäre in der elektronischen Kommunikation und der Verordnung (EG) Nr. 2006/2004 über die Zusammenarbeit im Verbraucherschutz, ABl. EG Nr. L 337 vom 18.12.2009, S. 11 ff.).
14 Telemediengesetz vom 26.2.2007 (BGBl. I S. 179), das zuletzt mit dem 1. Telemedienänderungsgesetz vom 31.5.2010 geändert wurde (BGBl. I S. 692).

Die wesentliche Norm für das Verständnis der Terminologie des Gesetzes ist § 3 TKG. In 6
34 Einzelnummern hat der Gesetzgeber Legaldefinitionen aufgenommen, welche die
Auslegung und Anwendung des Gesetzes maßgeblich bestimmen.[15]

Das TKG reguliert die Telekommunikationsmärkte, man spricht insofern von einer **sek-** 7
torspezifischen Regulierung. Insbesondere mit Blick auf die Regelungen des Teil 2 –
Marktregulierung und des Teil 4 – Rundfunkübertragung, stellen sich hier Abgrenzungsfragen zum **Gesetz gegen Wettbewerbsbeschränkungen (GWB)**. Das TKG enthält an
den genannten und einigen anderen Stellen, kartellrechtliche Regelungen, die inhaltliche
in direkter Konkurrenz zum GWB gesehen werden können. § 2 Abs. 3 TKG bestimmt,
dass die Vorschriften des GWB unberührt bleiben, soweit durch das TKG keine ausdrücklich abschließende Regelungen getroffen werden. Auch die Aufgaben und Zuständigkeiten der Kartellbehörden bleiben unberührt. Insofern wird von einem Verhältnis
der Subsidiarität und Spezialität zwischen dem TKG und dem GWB gesprochen.[16]

Gemäß § 123 Abs. 1 TKG hat die Bundesnetzagentur in bestimmten Fällen im Einver- 8
nehmen mit dem Bundeskartellamt zu entscheiden. Ziel ist es bei richtungsweisenden
Entscheidungen zur Marktabgrenzung und der Feststellung beträchtlicher Marktmacht
zwischen den beiden Behörden eine einheitliche Haltung zu erzielen. Insbesondere bei
Entscheidungen nach Teil 2 des TKG sind dem Bundeskartellamt rechtzeitig vor
Abschluss des Verfahrens Gelegenheit zur Stellungnahme zu geben. Umgekehrt ist auch
das Bundeskartellamt bei Verfahren im Bereich der Telekommunikation nach den §§ 19
und 20 Abs. 1 und 2 GWB, Art. 20 EG-Vertrag oder § 40 Abs. 2 GWB verpflichtet, der
BNetzA rechtzeitig vor Abschluss des Verfahrens Gelegenheit zur Stellungnahme zu
geben.[17]

Bedeutsam für die Auslegung und Anwendung des TKG sind ferner die Ziele der Regu- 9
lierung. § 2 Abs. 2 TKG formuliert insgesamt 9 **Regulierungsziele**, die in **drei Gruppen**
zusammengefasst werden können:

- **Markt- und Wettbewerbsförderung auf den Telekommunikationsmärkten**: Die
  Zielrichtung ist Förderung eines chancengleichen und nachhaltigen Wettbewerbs auf
  den Telekommunikationsmärkten, die Setzung von Anreizen zur effizienten Infrastrukturinvestitionen, die Unterstützung von Innovationen sowie die Entwicklung des
  Binnenmarktes der Europäischen Union: Ziele Nr. 2, Nr. 3 und Nr. 4.
- **Endnutzer- und Verbraucherschutz**: Telekommunikationsdienste sind technische
  Dienstleistungen, die für den Endnutzer und Verbraucher zum Teil schwer verständlich, jedoch lebenswichtig sind. Die Interessen der Verbraucher auf dem Gebiet der
  Telekommunikation, die Versorgung mit Universaldienstleistungen zu erschwinglichen Preisen und die Wahrung des Fernmeldegeheimnisses: Ziele Nr. 1 und Nr. 5.
- **Öffentliche Ziele mit Bezug auf die Telekommunikation**: Die Telekommunikation
  ist ein zentraler Gegenstand des öffentlichen wie des privaten Lebens. Wesentliche
  Bereiche der Wirtschaft und der öffentlichen Verwaltung sind von effizienten und
  funktionsfähigen Netzen und Diensten abhängig. Die Möglichkeiten der Telekommunikation bieten aber auch Raum für Missbrauch und strafbare Handlungen. Die
  öffentlichen Interessen mit Bezug auf die Telekommunikation sind gerichtet auf eine
  Förderung von Telekommunikationsdiensten bei öffentlichen Einrichtungen, die
  Sicherstellung einer effizienten und störungsfreien Nutzung von knappen Ressourcen,
  insbesondere von Nummer und von Frequenzen, letztere auch unter Berücksichti-

---

15 Zur Bedeutung der Begrifflichkeit vgl. FA IT-Recht/*Heun* Kap. 23, Anhang 1 und 2.
16 Zur Frage der Subsidiarität und Spezialität des TKG im Verhältnis zum GWB vgl. FA IT-Recht/*Heun*
   Kap. 23 Rn. 9; instruktiv auch *Topel* ZWeR 2006, 27.
17 Zur Zusammenarbeit zwischen BNetzA und Bundeskartellamt vgl. FA IT-Recht/*Heun* Kap. 23
   Rn. 59.

gung der Interessen des Rundfunks sowie die Wahrung der Interessen der öffentlichen Sicherheit: Ziele Nr. 6, Nr. 7, Nr. 8 und Nr. 9.

3. Die Bundesnetzagentur

10 Zuständige Behörde für die Wahrnehmung der im TKG zugewiesenen Aufgaben und Befugnisse ist gemäß § 116 TKG die Bundesnetzagentur für Elektrizität, Gas, Telekommunikation, Post und Eisenbahnen (BNetzA). Vor Inkrafttreten des TKG von 2004, hieß die Behörde Regulierungsbehörde für Telekommunikation und Post (RegTP), die ihrerseits aus dem früheren Bundesministerium für Post und Telekommunikation (BMPT) hervorgegangen ist. Verfassungsrechtliche Grundlage für die BNetzA als selbständige Bundesoberbehörde im Geschäftsbereich des Bundesministeriums für Wirtschaft und Technologie ist Art. 87f Abs. 2 Satz 2 Grundgesetz (GG). Gemäß § 3 des Gesetzes über die Bundesnetzagentur für Elektrizität, Gas, Telekommunikation, Post und Eisenbahnen (BNetzA-Gesetz)[18] wird die BNetzA wir von einem Präsidenten oder einer Präsidentin geleitet. Ihm bzw. ihr zur Seite stehen zwei Vizepräsidenten bzw. Vizepräsidentinnen. Zudem verfügt die BNetzA gemäß § 5 BNetzA-Gesetz über einen Beirat, der paritätisch aus jeweils 16 Mitgliedern des Bundestages und des Bundesrates besetzt ist. Dieser nimmt die Aufgaben gemäß § 120 TKG war, insbesondere hat der Beirat ein eigenes Antragsrecht in Bezug auf die Umsetzung der Regulierungsziele sowie die Sicherstellung des Universaldienstes (§ 120 Nr. 3 TKG) und ist berechtigt gegenüber der Behörde Auskünfte und Stellungnahmen einzuholen (§ 120 Nr. 4 TKG).

11 Die BNetzA handelt in bestimmten Aufgabenbereichen durch Beschlusskammern (§ 132 Abs. 1 TKG). Besonders bedeutsam ist die Arbeit der Beschlusskammern im Bereich der Marktregulierung des Teils 2 des TKG. Im Bereich der Telekommunikation sind drei Beschlusskammern befasst:[19]
- Beschlusskammer 1: Präsidentenkammer Universaldienst im Bereich Telekommunikation und Post sowie knappe Frequenzen (§ 132 Abs. 3 und 4 TKG);
- Beschlusskammer 2: Regulierung von Endkundenmärkten, Mietleitungsvorleistungen, Teilnehmerdaten, Inkasso und Portierung;
- Beschlusskammer 3: Regulierung Telekommunikationsvorleistungsmärkte Festnetz und Mobilfunk.

12 Ein weitere wichtige Aufgabe der Beschlusskammern besteht im so genannten Streitschlichtungsverfahren gemäß § 133 TKG. Soweit sich im Zusammenhang mit Verpflichtungen aus dem TKG oder aufgrund des TKG Streitigkeiten zwischen Unternehmen ergeben, die öffentliche Telekommunikationsnetze betreiben oder Telekommunikationsdienste für die Öffentlichkeit anbieten, trifft die Beschlusskammer, soweit gesetzlich keine andere Regelung getroffen ist, auf Antrag einer Partei nach Anhörung der Beteiligten eine verbindliche Entscheidung.

13 Die Aufgabenstellungen der BNetzA im Bereich der Telekommunikation finden sich in verschiednen Gesetzen. So sind als wichtige Rechtsquellen neben dem TKG auch das Gesetz über Funkanlagen und Telekommunikationsendeinrichtungen (FTEG)[20] und das Gesetz über die elektromagnetische Verträglichkeit von Betriebsmitteln (EMVG)[21] zu

---

18 Gesetz über die Bundesnetzagentur für Elektrizität, Gas, Telekommunikation, Post und Eisenbahnen v. 7.7.2005, BGBl. I S. 1970, 2009, zuletzt geändert durch Art. 15 Abs. 12 des Gesetzes vom 5.2.2009 (BGBl. I S. 160).
19 Insgesamt bestehen derzeit neun Beschlusskammern bei der BNetzA.
20 Gesetz über Funkanlagen und Telekommunikationsendeinrichtungen vom 31.1.2001 (BGBl. I S. 170), zuletzt geändert durch § 22 Abs. 1 des Gesetzes vom 26.2.2008 (BGBl. I S. 220).
21 Gesetz über die elektromagnetische Verträglichkeit von Betriebsmitteln vom 26.2.2008 (BGBl. I S. 220), das durch Artikel 3 des Gesetzes vom 29.7.2009 (BGBl. I S. 2409) geändert worden ist.

A. Einführung

nennen. Zudem ist die BNetzA für die Ausführung des Signaturgesetzes (SigG)[22] und die Signaturverordnung (SigV)[23] zuständig. Der größte Teil der Aufgaben der BNetzA besteht in aufsichtsrechtlichen Funktionen in allen Bereichen der Telekommunikation und der beschriebenen angrenzenden Bereiche. Aus Sicht der Telekommunikationsunternehmen bedeutsamer ist die Tätigkeit der BNetzA bei der Ressourcenverwaltung, der Marktregulierung und der Streitbeilegung zwischen Unternehmen. In diesen drei Bereichen nimmt die BNetzA eine gestaltende Rolle ein, die für die Beziehung der Wettbewerber untereinander und die Entwicklung des gesamten Telekommunikationsmarktes von entscheidender Bedeutung ist. Zudem werden Maßnahmen und Entscheidungen der BNetzA zur Marktregulierung und zur Ressourcenvergabe häufig von einer breiten Öffentlichkeit wahrgenommen, etwa bei der Versteigerung von Mobilfunkfrequenzen.

Zur Vorbereitung von Entscheidungen und zu deren Umsetzung hat der Gesetzgeber der BNetzA ein weites Instrumentarium von Befugnissen und Eingriffsermächtigungen an die Hand gegeben. Diese finden sich für den Kernbereich der Aufgaben im TKG. Als spezielle gewerbepolizeiliche Generalklausel im Bereich der Telekommunikation kann die BNetzA einem Unternehmen bei Verstößen gegen telekommunikationsrechtliche Verpflichtungen gemäß § 126 TKG Abhilfemaßnahmen aufgeben. Als ultima ratio sieht § 126 Abs. 3 TKG sogar die Untersagung des Betriebs von Telekommunikationsnetzen bzw. des Angebots von Telekommunikationsdiensten vor. Diese Generalklausel dient als Auffangtatbestand soweit das TKG keine spezielleren Normen zur Durchsetzung der jeweiligen Verpflichtungen enthält. Für die wesentlichen Bereiche, insbesondere auf dem Gebiet der Ressourcenverwaltung, finden sich spezielle Eingriffsermächtigungen, etwa die Widerrufsmöglichkeit bei Frequenzzuteilungen gemäß § 63 TKG und die Anordnungsbefugnisse im Bereich der Nummernverwaltung gemäß § 67 TKG.[24]

14

Das Gesetz stattet die BNetzA in § 127 TKG mit umfangreichen Informations- und Auskunftsbefugnissen aus, die auch Prüfungs-, Besichtigungs- und Betretungsbefugnisse umfassen. Die Bestimmung ist tatbestandlich sehr weit gefasst und umfasst alle Informationen, die für den Vollzug des Gesetzes erforderlich sind. Die in § 127 Abs. 1 Satz 2 TKG genannten Regelbeispiele umfassen alle wesentlichen Tätigkeitsbereiche eine Telekommunikationsnetzbetreibers bzw. eines Telekommunikationsdiensteanbieters. § 127 Abs. 2 TKG enthält darüber hinausgehend umfangreiche Auskunftsbefugnisse der BNetzA bzgl. der wirtschaftlichen Verhältnisse des verpflichteten Unternehmens bis hin zur Einsichtnahme in Geschäftsunterlagen, auch durch betreten von Geschäftsräumen (§ 127 Abs. 4 TKG). Auf Anordnung des zuständigen Amtsgerichts kann die BNetzA gemäß § 127 Abs. 6 TKG Durchsuchungen durchführen und gemäß § 127 Abs. 7 und § 129 TKG Beschlagnahmen vornehmen. Die Informationsbefugnisse der BNetzA ergehen gemäß § 127 Abs. 3 TKG durch einen selbständigen Verwaltungsakt der Behörde.[25]

15

Die BNetzA ist als Bundesoberbehörde organisiert. Das Verwaltungsverfahren richtet sich nach dem VwVfG-Bund, soweit das TKG keine speziellen verfahrensrechtlichen Regelungen trifft. Insbesondere in Beschlusskammerverfahren enthält das TKG besondere, vom VwVfG abweichende Bestimmungen. Diese betreffen die Einleitung des Verwaltungsverfahrens (§ 134 Abs. 1 TKG), die Beteiligten (§ 134 Abs. 2 TKG), die Grundsätze der Anhörung und der mündlichen Verhandlung (§ 135 TKG) sowie die

16

---

22 Gesetz über Rahmenbedingungen für elektronische Signaturen vom 16.5.2001 (BGBl. I S. 876), das zuletzt durch Artikel 4 des Gesetzes vom 17.7.2009 geändert worden ist.
23 Verordnung zur elektronischen Signatur vom 16.11.2001 (BGBl. I S. 3074), die zuletzt durch die Verordnung vom 17.12.2009 (BGBl. I S. 3932) geändert worden ist.
24 Zu den speziellen Befugnissen und Eingriffsermächtigungen der BNetzA im Bereich der Telekommunikation vgl. FA IT-Recht/*Heun* Kap. 23 Rn. 64.
25 Zu speziellen Informationsbefugnissen der BNetzA im Bereich der Entgeltregulierung vgl. FA IT-Recht/*Heun* Kap. 23 Rn. 394.

Behandlung von Betriebs- Geschäftsgeheimnissen (§ 136 TKG).[26] Die Entscheidungen der BNetzA ergehen als Verwaltungsakt. Rechtsschutz ist vor den Verwaltungsgerichten zu suchen, das Verfahren richtet sich grundsätzlich nach der VwGO. Aufgrund der Tatsache, dass der Kreis der Beteiligten bei Verwaltungsverfahren der BNetzA weit sein kann (vgl. § 134 Abs. 2 TKG), stellt sich die Frage, ob neben dem Adressaten des Verwaltungsakts auch ein dritter Beteiligter um Rechtsschutz nachsuchen kann. Diese Frage wird sich regelmäßig bei Entgeltregulierungsentscheidungen der BNetzA stellen, da der bzw. die Drittbeteiligten verpflichtet ist, dass von der BNetzA angeordnete Entgelt zu zahlen (§ 37 Abs. 2 TKG). Hier ist im Einzelfall zu entscheiden, ob der jeweiligen Regelung, die der Entscheidung der BNetzA zu Grunde eine drittschützende Wirkung zukommt. Hervorzuheben ist auch die Straffung des Rechtsweges im TKG. Gemäß § 137 Abs. 1 TKG haben Widerspruch und Klage gegen Entscheidungen der BNetzA keine aufschiebende Wirkung. Im Beschlusskammerverfahren findet ein Vorverfahren gemäß § 68 ff. VwGO nicht statt (§ 137 Abs. 2 TKG). Nach Entscheidung im Beschlusskammerverfahren ist sofort Klage zu erheben. Örtlich zuständig ist das Verwaltungsgericht Köln, da die BNetzA ihren Sitz in Bonn und damit im Sprengel des Gerichts hat. Der einstweilige Rechtsschutz, der wegen des fehlenden Suspensiveffekts von Widerspruch und Klage häufig nachgesucht wird, ist gemäß §§ 80, 80a oder § 123 VwGO zu behandeln. Beim Rechtsschutz gegen Entscheidungen der Beschlusskammer entfällt gemäß § 137 Abs. 3 TKG die Berufungsinstanz. Möglich ist allein die Revision zum Bundesverwaltungsgericht. Zudem ist beim Rechtsschutz gegen Entscheidungen der Beschlusskammer die Beschwerde gegen Beschlüsse des Verwaltungsgerichts ausgeschlossen. Damit sind Beschlüsse des Verwaltungsgerichts Köln im einstweiligen Rechtsschutz gegen Entscheidungen der Beschlusskammer unanfechtbar.[27]

III. Grundlagen des Telemedienrechts

17 Das Telemediendienstegesetz (TMG) vom 26.2.2007[28] ist die Nachfolgeregelung zu den hierdurch außer Kraft gesetzten Regelungen des Teledienstegesetzes (TDG), des Teledienstedatenschutzgesetes (TDDSG) und des Mediendienste-Staatsvertrags (MDStV).

18 Zuletzt wurde das TMG mit dem 1. Telemedienänderungsgesetz vom 31.5.2010[29] geändert, das die Richtlinie 89/552/EWG des Europäischen Parlaments und des Rates vom 3.10.1989 zur Koordinierung bestimmter Rechts- und Verwaltungsvorschriften der Mitgliedstaaten über die Bereitstellung audiovisueller Mediendienste – Richtlinie über audiovisuelle Mediendienste umsetzte.

1. Grundlagen

19 Das TMG stellt allgemeine Prinzipien auf, die für alle Telemediendienst gelten. Ziel des TMG ist die Regelung bestimmter rechtlicher Anforderungen für die gesamten Telemedien und damit die Handhabung der Gesetzesmaterie zu vereinfachen. Durch das TMG fällt die bisherige Aufteilung der Dienste in »Teledienste« und »Mediendienste« weg. Die Tele- und Mediendienste werden nunmehr unter dem einheitlichen Begriff der »Telemedien« zusammengefasst, wodurch die Festlegung des Geltungsbereich vereinfacht wird. So muss beispielsweise ein Online-Angebot eines Unternehmens nur noch nach den Regelungen des TMG betrachtet werden, unabhängig von der Frage, ob es sich hierbei

---

26 Vgl. FA IT-Recht/*Heun* Kap. 23 Rn. 72 ff.
27 Bzgl. weiterer Besonderheiten, insbesondere zu Frage der Rückwirkung verwaltungsgerichtlicher Entscheidungen vgl. FA IT-Recht/*Heun* Kap. 23 Rn. 427 ff.
28 BGBl. I S. 179.
29 BGBl. I S. 692.

um einen »Teledienst« (was nach der alten Rechtslage zur Anwendbarkeit des TDG führte) oder einen »Mediendienst« (was nach der alten Rechtslage zur Anwendbarkeit des MDStV führte) handelt.

Das TMG trifft für die Telemedien die wirtschaftlich orientierten Regelungen, die weitgehend der Umsetzung der E-Commerce-Richtlinie dienen und bisher sowohl im Teledienstegesetz als auch im Mediendienste-Staatsvertrag mit gleichem Wortlaut geregelt waren, sowie die Regelungen zum Datenschutz, die bisher ebenfalls gleichlautend im Teledienstedatenschutzgesetz und Mediendienste-Staatsvertrag enthalten waren. 20

Was die inhaltlich ausgerichteten Regelungen für »Telemedien mit journalistisch-redaktionell gestalteten Angeboten« betrifft, finden die Regelungen des RStV Anwendung. Dies wird gesetzlich durch § 1 Abs. 4 TMG klargestellt. Hiernach ist für die Telemedien mit »journalistisch-redaktionell gestalteten Angeboten« nach wie vor zwischen Telemedien mit und ohne solchen Angeboten zu unterscheiden. Die Vereinheitlichung bei den Telemediendiensten betrifft damit im TMG nur die Kernbereiche Verantwortlichkeit, Informationspflichten und Datenschutz.[30] 21

Der nunmehr verwendete Begriff der »Telemedien« umfasst alle übrigen Informations- und Kommunikationsdienste, die also nicht ausschließlich Telekommunikationsdienste oder Rundfunk sind. Diese erstrecken sich auf einen weiten Bereich von wirtschaftlichen Tätigkeiten, die – sei es über Abruf- oder Verteildienste – elektronisch in Form von Bild-, Text- oder Toninhalten zur Verfügung gestellt werden. Bei Telemedien handelt es sich nach der Gesetzesbegründung[31] beispielsweise um 22
- Online-Angebote von Waren/Dienstleistungen mit unmittelbarer Bestellmöglichkeit (z.B. Angebot von Verkehrs-, Wetter-, Umwelt- oder Börsendaten, Newsgroups, Chatrooms, elektronische Presse, Fernseh-/Radiotext, Teleshopping),
- Video auf Abruf,
- Online-Dienste, die Instrumente zur Datensuche, zum Zugang zu Daten oder zur Datenabfrage bereitstellen (z.B. Internet-Suchmaschinen) sowie
- die kommerzielle Verbreitung von Informationen über Waren-/Dienstleistungsangebote mit elektronischer Post (z.B. Werbe-Mails).

Im Gesetzestext des TMG selbst wurde auf die veralteten und irreführenden Regelbeispiele des TDG verzichtet. Für die Bereiche, die sowohl Telemedien als auch Telekommunikationsdienstleistungen enthalten, sind sowohl das TKG als auch das TMG und der RStV anzuwenden. Hinsichtlich der Frage nach der Anwendbarkeit der jeweiligen Gesetze wird funktionsbezogen wie folgt differenziert: 23
- das TKG bezieht sich auf den technischen Vorgang der Telekommunikation,
- das TMG bezieht sich auf die Nutzungsformen und
- der RStV bezieht sich auf die Inhalte.

2. Systematik

Das TMG enthält 5 Abschnitte, die wie folgt aufgeteilt sind: 24

1. Abschnitt: Allgemeine Bestimmungen (§§ 1–3 TMG)

2. Abschnitt: Zulassungsfreiheit und Informationspflichten (§§ 4–6 TMG)

3. Abschnitt: Verantwortlichkeit (§§ 7–10 TMG)[32]

---

30 Vgl. *Spindler/Schuster* § 1 TMG, Rn. 3.
31 BT-Drs. 16/3078.
32 Vgl. hierzu unten Rdn. 137 ff.

4. Abschnitt: Datenschutz (§§ 11–15a TMG)[33]

5. Abschnitt: Bußgeldvorschriften (§ 16 TMG)

25 Die wesentliche Norm stellt hierbei § 1 Abs. 1 TMG dar, da diese in Verknüpfung mit § 3 Nr. 24 und Nr. 25 TKG (Abgrenzung zur Telekommunikation) sowie § 2 Abs. 1 Satz 1 RStV (Abgrenzung zum Rundfunk) die Grundlage für eine (Negativ-) Abgrenzung der Telemedien zu den Bereichen Rundfunk und Telekommunikation bildet.

26 § 3 TMG setzt das sog. Herkunftslandprinzip um. Gemeint ist hiermit die Maßgeblichkeit des Rechts des Niederlassungsortes des Diensteanbieters. Insoweit ist unter § 3 Abs. 1 TMG geregelt, dass in der Bundesrepublik Deutschland nach § 2a niedergelassene Diensteanbieter und ihre Telemedien den Anforderungen des deutschen Rechts auch dann unterliegen, wenn die Telemedien in einem anderen Staat innerhalb des Geltungsbereichs der E-Commerce Richtlinie geschäftsmäßig angeboten oder erbracht werden. Umgekehrt schränkt § 3 Abs. 2 TMG den freien Dienstleistungsverkehr von Anbietern aus anderen Staaten des Geltungsbereichs der Richtlinie nicht ein. Für diese gelten die Anforderungen des jeweiligen Herkunftsstaats. Unter § 3 Abs. 3 TMG finden sich Ausnahmen zu diesem Prinzip insbesondere hinsichtlich der »Freiheit der Rechtswahl«. In § 3 Abs. 4 TMG werden zudem einzelne Bereiche sowohl im Hinblick auf Abs. 1 als auch auf Abs. 2 ausgenommen und somit für diese Bereichsausnahmen das Herkunftslandprinzip nicht durchgesetzt.

27 Nach § 4 TMG sind Telemedien im Rahmen der Gesetze zulassungs- und anmeldefrei. Hiervon unberührt bleiben Anmelde- und Zulassungserfordernisse des allgemeinen Rechts, bspw. Zulassungen nach der Gewerbeordnung. Der Anbieter der Telemedien muss keine spezifischen Anforderungen erfüllen. Für das »Wie« des Angebots und der Durchführung von Telemediendiensten sind aber die Vorgaben des TMG zu beachten.

28 Um den Anforderungen des Verbraucherschutzes gerecht zu werden, verlangt § 5 TMG von den Anbietern von Telemedien die Angabe verschiedenster Informationen. Der Kreis der von § 5 TMG Verpflichteten ist auf Anbieter von Telemedien beschränkt, die diese »geschäftsmäßig, in der Regel gegen Entgelt« anbieten. Hierdurch ist klargestellt, dass der Anbieter einer rein privaten Homepage – zumindest nach dem TMG[34] – nicht der sog. »Impressumspflicht« nachkommen muss.[35] Für den Bereich der kommerziellen Kommunikation werden die Transparenzanforderungen durch § 6 TMG erweitert.

29 Die weiteren Kernbereiche des TMG »Verantwortlichkeit« und »Datenschutz« werden im Folgenden gesondert betrachtet.

B. Marktregulierung im Telekommunikationsgesetz

I. Wettbewerbsrechtliche Marktregulierung durch die BNetzA

1. Einführung

30 Die wesentlichen Regelungen der telekommunikationsrechtlichen Marktregulierung finden sich in Teil 2 des TKG. Dieser Regelungsteil des TKG ist essentiell für das Verhältnis der Wettbewerber untereinander. Er ist der wesentliche Hebel der BNetzA zur Öffnung und Liberalisierung des deutschen Telekommunikationsmarkts. Vorliegend soll ein Auf-

---

33 Vgl. hierzu unten Rdn. 128 ff.
34 Hierbei ist aber die eingeschränkte Informationspflicht nach § 55 RStV zu beachten.
35 BT-Drs. 14/6098, 14.

2. Das Verfahren der Marktregulierung im TKG

Das Verfahren der Marktregulierung ist der zentrale Aspekte der sektorspezifischen Regulierung und findet sich in den §§ 9 bis 15 TKG. Gegenstand sind bestimmte Telekommunikationsmärkte, deren Regulierungswürdigkeit in einem ersten Verfahrensschritt zunächst festgestellt werden muss (§ 9 TKG). Das TKG unterscheidet zwischen Vorleistungsmärkten und Endnutzer- bzw. Endkundenmärkten. Sowohl die Auferlegung von Vorabverpflichtungen als auch die nachträgliche Missbrauchsaufsicht durch die BNetzA setzen voraus, dass gem. § 9 Abs. 1 TKG kein wirksamer Wettbewerb auf dem jeweiligen Telekommunikationsmarkt besteht. Nur soweit dies zu bejahen ist, folgen die weiteren Verfahrensschritte: 31

- Marktdefinition (§ 10 TKG): Die BNetzA hat danach die sachlich und räumlich relevanten Telekommunikationsmärkte festzulegen, die für eine Regulierung in Betracht kommen.
- Marktanalyse (§ 11 TKG): Die BNetzA prüft den einzelnen Telekommunikationsmarkt und stellt fest, ob wirksamer Wettbewerb besteht oder ob sich Unternehmen im Markt befinden, die über beträchtliche Marktmacht verfügen.
- Regulierungsverfügung (§ 13 Abs. 1 TKG): Entsprechend ihrer Analyse legt die BNetzA dem Adressaten der Regulierung die nach dem TKG bestimmten Verpflichtungen auf. Diese können neben der Zugangsanordnung auch eine Entgeltregulierung sowie weitere Verpflichtungen enthalten.[36]

Bei der Vorauswahl der Märkte, welche der Regulierung unterworfen werden könnten hat die BNetzA die Märkteempfehlung der EU-Kommission weitestgehend zu berücksichtigen. Bei der Prüfung des sachlich relevanten Marktes gem. § 10 Abs. 1 TKG stellt die BNetzA fest, ob die jeweiligen Produkte aus Sicht des Nachfragers austauschbar sind (sog. Bedarfsmarktkonzept) und ob der Wettbewerber sein eigenes Produkt auf die Bedürfnisse des Nachfragers einstellen kann (sog. Angebotsumstellungsflexibilität). Die Behörde ist mit diesen beiden Kriterien in der Lage festzustellen, ob Produkte bestehen, auf die der Nachfrager ausweichen würde, um das jeweilige Erstprodukt zu ersetzen.[37] Der räumlich relevante Markt ist das Gebiet »in dem die Unternehmen bei den relevanten Produkten an Angebot und an Nachfrage beteiligt sind und die Wettbewerbsbedingungen einander gleichen oder hinreichend homogen sind und von Nachbargebieten unterschieden werden können, in denen erheblich andere Wettbewerbsbedingungen bestehen«.[38] 32

Teil der Marktanalyse ist die Feststellung, ob auf dem jeweiligen Markt wirksamer Wettbewerb besteht. Gem. §§ 3 Nr. 31, 11 Abs. 2 bis Abs. 5 TKG besteht kein wirksamer Wettbewerb, wenn auf dem jeweiligen Telekommunikationsmarkt ein oder mehrere Unternehmen über beträchtliche Marktmacht verfügen. Bei der Feststellung des Bestehens beträchtlicher Marktmacht verfügt die BNetzA über einen Beurteilungspielraum.[39] Als wesentlicher Anknüpfungspunkt dient der jeweilige Marktanteil, für den sich aus der Entscheidungspraxis der EU-Kommission und des EuGH bestimmte Schwellwerte ableiten lassen: 33

---

36 Eine Übersicht über die einzelnen Verfahrensschritte der Marktregulierung bietet FA IT-Recht/*Heun* Kap. 23 Rn. 228.
37 Vgl. zum Bedarfsmarktkonzept VG Köln, Urt. v. 1.3.2007, 1 K 3928/06.
38 *Topel* ZWeR 2006, 43.
39 Vgl. VG Köln, Urt. v. 1.3.2007, 1 K 3928/06.

- Bis zu 25% Marktanteil: in der Regel keine marktbeherrschende Stellung;
- Über 40% Marktsanteil: Schwelle für die Annahme einer marktbeherrschenden Stellung;
- Über 50% Marktanteil: in der Regel Marktbeherrschung.

34 Neben dem Marktanteil hat die BNetzA im Rahmen einer Gesamtschau die jeweilige Stärke der Unternehmen zu beurteilen. Dabei hat sie die Gesamtgröße des jeweiligen Unternehmens, die Kontrolle über nicht oder nicht leicht zu duplizierende Infrastrukturen, technologische Vorteile, einen privilegierten Zugang zu Kapitalmärkten etc. zu berücksichtigen.[40]

35 Nach Marktdefinition und Marktanalyse entscheidet die BNetzA durch eine Regulierungsverfügung gem. § 13 Abs. 1 TKG, ob sie einem oder mehreren Unternehmen Verpflichtungen erstmals oder neu auferlegt, diese abändert, beibehält oder widerruft. Die Regulierungsverfügung ergeht gem. § 132 Abs. 1 TKG durch die zuständige Beschlusskammer als einheitlicher Verwaltungsakt gemeinsam mit den Ergebnissen der Marktdefinition und Marktsanalyse. Dies hat zur Folge, dass die eigentliche Regulierungsverfügung, Marktdefinition und -analyse nur zusammen angefochten werden können. Die Regulierungsverfügung besteht grundsätzlich auf Dauer und formuliert gegenüber dem oder den betroffenen Unternehmen individuelle Verpflichtungen, die abstrakt zu Gunsten einer im Verwaltungsakt insoweit unbestimmten Mehrheit von anderen Marktbeteiligten gelten.

36 Gem. § 12 Abs. 1 TKG hat die BNetzA interessierten Parteien sowohl den Entwurf der Ergebnisse von Marktdefinition und Marktanalyse als auch den Entwurf der Regulierungsverfügung (vgl. § 13 Abs. 1 TKG) bekannt zu machen und Gelegenheit zur Stellungnahme zu geben (Konsultationsverfahren). Ebenso hat die BNetzA ihre Ergebnisse im Entwurf der EU-Kommission vorzulegen, wenn diese Auswirkungen auf den Handel zwischen den Mitgliedstaaten haben könnten (Konsolidierungsverfahren). Die EU-Kommission hat gem. § 12 Abs. 2 Nr. 3 TKG ein Vetorecht, wenn die BNetzA eine Marktdefinition vornimmt, die sich von derjenigen der Märkteempfehlung der EU-Kommission unterscheidet oder Festlegungen über das Bestehen einer beträchtlichen Marktmacht eines oder mehrerer Unternehmen trifft. Der EU-Kommission steht damit ein umfassendes Vetorecht gegen die Marktdefinition und Marktanalyse zu. Ein Vetorecht gegen die Regulierungsverfügung besteht jedoch nicht.[41]

3. Zugangsregulierung

37 Zugang ist gem. § 3 Nr. 32 TKG die Bereitstellung von Einrichtungen oder Diensten für ein anderes Unternehmen unter bestimmten Bedingungen zum Zwecke der Erbringung von Telekommunikationsdiensten. Neben der Möglichkeit, im Rahmen einer Regulierungsverfügung Zugangsverpflichtungen aufzuerlegen, sieht das TKG weitere Zugangsansprüche als legaldefinierte Tatbestände vor. Dies betrifft z.B. den Zugang zu Teilnehmerdaten gem. § 47 TKG, der Voraussetzung für die eigenständige Erbringung von Telekommunikationsauskunftsdiensten oder das Angebot von Teilnehmerverzeichnissen ist. Auch das Recht zur Mitbenutzung von Telekommunikationslinien gem. § 70 TKG stellt einen Zugangsanspruch dar, der aber praktisch kaum von Relevanz ist. Zugangspflichten treffen Telekommunikationsunternehmen in unterschiedlicher Ausprägung und Intensität. Es bestehen grundsätzlich drei Kategorien:

---

40 Zur Feststellung der beträchtlichen Marktmacht vgl. FA IT-Recht/*Heun* Kap. 23 Rn. 236 ff.
41 Zum Konsultations- und Konsolidierungsverfahren vgl. FA IT-Recht/*Heun* Kap. 23 Rn. 247 ff.

B. Marktregulierung im Telekommunikationsgesetz

- Allgemeine Zugangspflichten für alle Betreiber von Telekommunikationsnetzen (§§ 16, 17 TKG): Diese beziehen sich im Wesentlichen auf die Pflicht zur Verhandlung über die Zusammenschaltung der beiden Telekommunikationsnetze und die Pflicht auf Unterbreitung eines konkreten Angebots. Ein Kontrahierungszwang ist hiermit jedoch nicht verbunden.
- Unternehmen mit beträchtlicher Marktmacht können Vorabverpflichtungen auferlegt werden (§§ 19 bis 21, 24 TKG): Die Zugangsverpflichtung kann sich auf bestimmte Netzkomponenten oder Einrichtungen, Dienste oder Resale-Produkte, Zugang zu Systemen für die Betriebsunterstützung u.a. beziehen.
- Unternehmen ohne beträchtliche Marktmacht können Vorabverpflichtungen auferlegt werden (§ 18 TKG): Vorabverpflichtungen ohne eine entsprechende Marktdefinition und Marktanalyse treffen Teilnehmernetzbetreiber, die Zugang zu Endnutzern kontrollieren. Diese sind verpflichtet, ihre Netze mit den Betreibern anderer Telekommunikationsnetze zusammen zu schalten. Derartige Zugangsverpflichtungen sollen die Ende zu Ende Kommunikation sicherstellen.

4. Entgeltregulierung

Ziel der Entgeltregulierung ist es, eine missbräuchliche Ausbeutung, Behinderung oder Diskriminierung von Endnutzern oder Wettbewerbern durch die marktbeherrschende Stellung eines oder mehrerer anderer Unternehmen zu verhindern. Die Entgeltregulierung kann durch ihre Eingriffsintensität unterschieden werden in: **38**

- Entgeltgenehmigungspflicht: Das marktbeherrschende Unternehmen hat seine Entgelte für die regulierten Produkte durch die BNetzA genehmigen zu lassen (ex-ante Regulierung);
- Nachträgliche Entgeltregulierung: Das marktbeherrschende Unternehmen kann seine Entgelte selbst festlegen. Diese werden nur einer nachträglichen Missbrauchsaufsicht unterworfen (ex-post Regulierung).

§ 30 Abs. 1 Satz 1 TKG sieht vor, dass ein marktbeherrschendes Unternehmen Entgelte für nach § 21 TKG auferlegte Zugangsleistungen grundsätzlich durch die BNetzA genehmigen lassen muss. Von dieser Regel sehen die Bestimmungen des § 30 Abs. 1 Satz 2 und Abs. 2 TKG Ausnahmen vor. Erbringt ein Betreiber eines öffentlichen Telekommunikationsnetzes mit beträchtlicher Marktmacht Zugangsleistungen freiwillig, ohne dass diese gem. § 21 TKG angeordnet sind, so gilt grundsätzlich die nachträgliche Entgeltregulierung. Entgelte für Endnutzerleistungen werden gem. § 39 Abs. 3 Satz 1 TKG im Regelfall nur nachträglich reguliert.[42] **39**

5. Besondere Missbrauchsaufsicht

§ 42 TKG statuiert ein allgemeines Missbrauchsverbot, das systematisch den Verbotstatbeständen des GWB nachgebildet ist. Adressaten der Norm sind Betreiber von öffentlichen Telekommunikationsnetzen, Anbieter von Telekommunikationsdiensten, von Universaldiensten gem. § 78 Abs. 2 Nr. 3 und 4 TKG und Anbieter von telekommunikationsgestützten Diensten, die über beträchtliche Marktmacht verfügen. Die Feststellung der beträchtlichen Marktmacht muss im Rahmen eine Marktdefinitions- und Marktanalyseverfahrens erfolgen. Eine einzelfallbezogene Feststellung beträchtlicher Marktmacht gerade im Zusammenhang mit einem Missbrauchstatbestand des § 42 TKG ist nicht möglich.[43] **40**

---

42 Zu Systematik der Entgeltregulierung vgl. FA IT-Recht/*Heun* Kap. 23 Rn. 379 ff.
43 Vgl. VG Köln CR 2006, 239, 240; BVerwG, Urt. v. 18.4.2007, 6 C 21.06.

41 Das Missbrauchsverfahren wird gem. § 42 Abs. 4 TKG von Amts wegen oder auf Antrag verfolgt, wenn der Antragsteller geltend macht, in eigenen Rechten verletzt zu sein (§ 42 Abs. 4 Satz 6 TKG).[44]

II. Spezielle Ressourcen der Telekommunikation

1. Einführung

42 Der Betrieb von Telekommunikationsnetzen und die Erbringung von Telekommunikationsdiensten erfordern spezielle Ressourcen. Diese sind Frequenzen, Nummern und Wegerechte. Die Möglichkeit zur Nutzung von Frequenzen ist Grundlage jeglicher Telekommunikation, um die Übertragung eines Signals überhaupt zu ermöglichen. Besonders eingängig ist die Notwendigkeit der Frequenznutzung beim Mobilfunk, bei dem Telekommunikationssignale über die Luft zwischen Sender und Empfänger übertragen werden. Physikalisch bedingt steht nur eine beschränkte Anzahl nutzbarer Frequenzen zur Verfügung. Um einen störungsfreien Betrieb aller Anwendungen und Dienste zu gewährleisten ist es unerlässlich, die verfügbaren Frequenzen zu verwalten und in geordnete Verfahren angemessen zu vergeben. In diesem Feld bewegt sich die Frequenzordnung der §§ 52 ff. TKG.

43 Um einen bestimmten Teilnehmer, Nutzer oder Endnutzer oder aber auch bestimmte Telekommunikationsanlagen, Vermittlungseinrichtungen und Geräte zu erreichen ist eine eindeutige und unterscheidbare Kennzeichnung, eine Nummerierung erforderlich. Auch Nummern sind knappe Güter. Zwar ist der theoretisch vorstellbare Nummernraum unendlich groß. Der technisch tatsächlich nutzbare und auch mit Blick auf die Praktikabilität und den Informationswert von Nummern verwendbare Raum ist deutlich kleiner. Das TKG enthält in den §§ 66 ff. wesentliche Regelungen zur Vergabe und Verwaltung von Nummern im Bereich der Telekommunikation.

44 Die Errichtung und der fortlaufende Betrieb von Telekommunikationsnetzen setzt das Verlegen, die Entstörung und Wartung von Telekommunikationslinien voraus. Notwendig ist die Möglichkeit Grundstücke, d.h. öffentliche Straßen und Wege und sonstige Grundstücke für Telekommunikationszwecke nutzen zu dürfen. Zudem stellen sich Fragen des Vor- und Nachrangs von Telekommunikationslinien gegenüber anderen Infrastrukturen, z.B. Strom-, Gas- oder Wasserleitungsnetzen. Das TKG enthält in den §§ 68 ff. Regelungen, welche die Nutzung von Grundstücken für Telekommunikationslinien und Kollisionstatbestände mit anderen Infrastrukturen regeln.

2. Frequenzordnung des TKG

45 Gemäß § 52 Abs. 1 TKG ist Ziel der Frequenzordnung die Sicherstellung einer effizienten und störungsfreien Nutzung von Frequenzen. Der Verwaltung der BNetzA unterfallen alle Frequenzen, die nicht ausnahmsweise im Aufgabenbereich des Bundesverteidigungsministeriums liegen. Die Aufgaben der BNetzA können in drei Teilbereiche untergliedert werden:
- Frequenzplanung,
- Vergabe von Frequenzen,
- Überwachung der Frequenznutzungen.

46 Die europarechtliche Einwirkung ist im Bereich der Frequenzordnung geringer als in anderen Bereichen des Telekommunikationsrechts. Die internationale Koordinierung der Frequenzordnung erfolgt durch die Internationale Fernmeldeunion (ITU) und durch die Konferenz der europäischen Post- und Telekommunikationsverwaltungen (CEPT) sowie ihrer jeweiligen Unterorganisationen und Ausschüsse.

---

44 Bsp. für missbräuchliche Verhaltensweisen finden sich in FA IT-Recht/*Heun* Kap. 23 Rn. 444.

B. Marktregulierung im Telekommunikationsgesetz

Auf nationaler Ebene erfolgt die Umsetzung der Vorgaben der ITU in die Frequenzplanung auf Grundlage von zwei zueinander abgestuften Rechtsquellen. Gemäß § 53 TKG erlässt die Bundesregierung durch Rechtsverordnung, die nur im Fall der Zuweisung von Frequenzen zu Zwecken des Rundfunks der Zustimmung des Bundesrates bedarf, einen Frequenzbereichszuweisungsplan für das Gebiet der Bundesrepublik Deutschland.[45] Der Frequenzbereichszuweisungsplan weist den Funkdiensten und anderen Anwendungen elektromagnetischer Wellen Frequenzbereich zu (§ 53 Abs. 2 Satz 1 TKG). Es werden insgesamt 37 verschiedene Funkdienste im Frequenzbereich von 9 kHz bis 275 GHz unterschieden. Zudem differenziert der Plan nach so genannten primären, also privilegierten Funkdiensten, und sekundären Funkdiensten, die nur zulässig sind, soweit sie die primären Funkdienste nicht störend beeinflussen.

47

Der Detaillierungsgrad der Frequenzbereichszuweisungsplanverordnung ist grob. Eine feingliedrigere Unterteilung erfolgt durch den Frequenznutzungsplan, der durch die BNetzA auf Grundlage des Frequenzbereichszuweisungsplans gemäß § 54 TKG erstellt wird. Die Aufstellung des Frequenznutzungsplans ist in der Frequenznutzungsplanaufstellungsverordnung (FreqNPAV)[46] geregelt. Das Verfahren ist komplex, insbesondere mit Blick auf die jeweils durch die BNetzA zu wahrenden Beteiligungsrechte. Im Frequenznutzungsplan werden die einzelnen Zuweisungen des Frequenzzuweisungsplans in einzelne Nutzungen untergliedert und konkretisiert. Der aktuelle Frequenznutzungsplan besteht aus mehreren hundert einzelnen Frequenznutzungsteilplänen. Der Frequenznutzungsplan ist eine Verwaltungsvorschrift. Er kann also nicht separat angefochten werden. Rechtsschutz gegen den Frequenznutzungsplan ist nur inzident durch Anfechtung der jeweiligen Frequenzzuteilung möglich.

48

Voraussetzung für die Nutzung einer Frequenz ist die Frequenzzuteilung (§ 55 Abs. 1 Satz 1 TKG). Der Begriff der Frequenznutzung ist in § 3 Nr. 9 als »jede gewollte Aussendung oder Abstrahlung elektromagnetischer Wellen zwischen 9 kHz und 3000 GHz« legal definiert. Die Zuteilung erfolgt im Regelfall, d.h. wenn keine Frequenzknappheit gemäß § 55 Abs. 9 TKG besteht, ohne ein Vergabeverfahren. Die Zuteilung erfolgt entgegen dem Gesetzeswortlaut des § 55 Abs. 2 TKG nicht als Allgemeinzuteilung an einen bestimmten oder bestimmbaren Personenkreis sondern üblicher Weise als Einzelzuteilung an einen bestimmten Nutzer gemäß § 55 Abs. 3 TKG. Grundsätzlich wählt die BNetzA die Allgemeinzuteilung nur bei Frequenzen, die Telekommunikationsanwendungen mit geringer Reichweite dienen, wie z.B. WLAN, DECT oder RFID. Die Zuteilung in der Form der Allgemein- oder Einzelzuteilung ist ein Verwaltungsakt. Ein Anspruch auf Zuteilung einer bestimmten Frequenz hat der Zuteilungsnehmer gemäß § 55 Abs. 5 Satz 2 TKG nicht. Soweit die Voraussetzungen der Zuteilung gegeben sind, ist die Zuteilung der Frequenz jedoch eine gebundene Entscheidung, bei der die BNetzA keinen eigenen Ermessensspielraum hat. Der Antragsteller hat gemäß § 55 Abs. 4 Satz 2 TKG weiter subjektive Voraussetzungen zu erfüllen. Die Regelung verweist auf Anhang B der Genehmigungsrichtlinie, der hierzu allerdings keine Regelungen trifft. Der Gesetzgeber wollte hier offenbar eine Beziehung zu der im allgemeinen Gewerberecht bestehenden Voraussetzungen der Zuverlässigkeit, Leistungsfähigkeit und Fachkunde herstellen.[47] Bei der Zuteilung von Frequenzen zur Übertragung von Rundfunk hat die BNetzA neben den Voraussetzung des § 55 TKG auf der Grundlage der rundfunkrechtlichen Festlegungen das Benehmen mit der zuständigen Landesbehörde herzustellen (§ 57 Abs. 1

49

---

45 Frequenzbereichszuweisungsplanverordnung vom 28.9.2004 (BGBl. I S. 2499), die zuletzt durch die Verordnung vom 22.4.2010 (BGBl. I S. 446) geändert worden ist.
46 Frequenznutzungsplanaufstellungsverordnung vom 26.4.2001 (BGBl. I S. 827), die zuletzt durch Artikel 464 der Verordnung vom 31.10.2006 (BGBl. I S. 2407) geändert worden ist.
47 Vgl. Gesetzesbegründung zu § 69 TKG, BT-Drs. 15/2316, 84.

Satz 1 TKG). In der Praxis wesentlich eingeschränkt ist die BNetzA auch bei Frequenzen, die für den Funk der Behörden und Organisationen mit Sicherheitsaufgaben (BOS-Funk) ausgewiesen sind (§ 57 Abs. 4 TKG). Hier kommt die Koordinierung des Bundesinnenministeriums zum tragen.

50 Liegt gemäß § 55 Abs. 9 TKG eine Frequenzknappheit vor, so ist zur Zuteilung der Frequenz die Durchführung eines Vergabeverfahrens erforderlich. Das Gesetz geht in zwei Konstellationen von einer Frequenzknappheit aus:
- Für die Frequenzzuteilung sind nicht in ausreichendem Umfang Frequenzen vorhanden (§ 55 Abs. 9 Satz 1 Alt. 1 TKG) oder
- Für bestimmte Frequenzen sind mehrere Anträge gestellt (§ 55 Abs. 9 Satz 1 Alt. 2 TKG).

51 Häufig nimmt die BNetzA bereits im Vorfeld konkrete Vergabeverfahren Bedarfsabfragen vor, um das Vorliegen einer Frequenzknappheit einschätzen zu können. In beiden o.g. Fällen hat die BNetzA vor Entscheidung über die Einleitung eines Vergabeverfahrens gemäß § 55 Abs. 9 Satz 2 TKG eine Anhörung der betroffenen Kreise durchzuführen.

52 Soweit die BNetzA anordnet, dass der Zuteilung von Frequenzen ein Vergabeverfahren voranzugehen hat, kann die Behörde entscheiden, ob ein Versteigerungsverfahren gemäß § 61 Abs. 5 TKG oder eine Ausschreibungsverfahren gemäß § 61 Abs. 6 TKG durchzuführen ist. § 61 Abs. 2 TKG bestimmt, dass die Versteigerung als Regelfall zur Anwendung kommen soll. Nur soweit die Regulierungsziele nach § 2 Abs. 2 durch das Versteigerungsverfahren nicht sicherzustellen sind, soll das Ausschreibungsverfahren durchgeführt werden. Diese Ausnahme kann nach der Regelung nur in drei Fällen relevant werden:
- Wenn auf dem sachlich und räumlich relevanten Markt bereits Frequenzen ohne vorherige Durchführung eines Versteigerungsverfahrens zugeteilt wurden (§ 61 Abs. 2 Satz 2 Alt. 1 TKG);
- Wenn ein Antragsteller für die zuzuteilenden Frequenzen eine gesetzlich begründete Präferenz geltend machen kann (§ 61 Abs. 2 Satz 2 Alt. 2 TKG);
- Wenn Frequenzen für Rundfunkdienste vorgesehen sind (§ 61 Abs. 2 Satz 3 TKG).

53 Unter Geltung des TKG 2004 ist das Ausschreibungsverfahren nur bei der Zuteilung von Frequenzen für Rundfunkdienste zur Anwendung gekommen (z.B. DVB-T Zuteilung).

54 Bei der regelmäßigen Durchführung eines Versteigerungsverfahrens hat die BNetzA gemäß § 61 Abs. 5 Satz 1 TKG die Verfahrensregeln festzulegen. Dies müssen die Belange kleiner und mittlerer Unternehmen berücksichtigen. Diese Verfahrensregeln enthalten üblicher Weise Bestimmungen über Mindestgebote und die Pflicht zur Hinterlegung einer Kaution bzw. einer Bankbürgschaft.

55 Von praktischer Bedeutung ist der Widerruf von Frequenzzuteilungen gemäß § 63 TKG. Neben den in § 49 Abs. 2 VwVfG geregelten Fällen kann die BNetzA die Zuteilung widerrufen, wenn
- die zugeteilte Frequenz nicht innerhalb eines Jahres nach Zuteilung genutzt wurde oder die Frequenz länger als ein Jahr nicht im Sinne des Zuteilungszwecks genutzt wurde (§ 63 Abs. 1 TKG);
- eine der Zuteilungsvoraussetzungen nach § 55 Abs. 5, § 57 Abs. 4 bis 6 nicht mehr gegeben sind (§ 63 Abs. 2 Nr. 1 TKG);
- der Zuteilungsnehmer einer aus der Frequenzzuteilung resultierenden Verpflichtung wiederholt zuwidergehandelt hat oder dieser trotz wiederholter Aufforderung nicht nachgekommen ist (§ 63 Abs. 2 Nr. 2 TKG);
- durch eine nach der Frequenzzuteilung eintretende Frequenzknappheit der Wettbewerb oder die Einführung neuer frequenzeffizienter Techniken verhindert oder unzumutbar gestört wird (§ 63 Abs. 2 Nr. 3 TKG);

B. Marktregulierung im Telekommunikationsgesetz

- durch eine Änderung der Eigentumsverhältnisse in der Person des Zuteilungsnehmers eine Verzerrung des Wettbewerbs auf dem sachlich und räumlich relevanten Markt zu besorgen ist (§ 63 Abs. 2 Nr. 4 TKG);
- eine Sonderregelung für den Bereich des Rundfunks anwendbar ist (§ 63 Abs. 3 und Abs. 5 TKG).

Praktische Bedeutung kommt vor allen Dingen dem Widerrufsgrund gemäß § 63 Abs. 1 TKG zu. Bekanntestes Beispiel ist die UMTS Frequenzzuteilung an Quam. Dieser Zuteilungsnehmer konnte die in den Nebenbestimmungen der Zuteilung enthaltenen Versorgungsverpflichtungen nicht einhalten.[48] Der Widerruf einer Frequenz nach den o.g. Bestimmungen erfolgt entschädigungslos. **56**

Soweit die BNetzA eine beantragte Frequenz nicht erteilt oder die Verlängerung einer Frequenz nicht genehmigt ist dies die Ablehnung eines begünstigten Verwaltungsakts. Soweit es sich nicht um die Entscheidung einer Beschlusskammer handelt, ist der Widerspruch der zulässige Rechtsbehelf. Bleibt der Widerspruch erfolglos, so ist Verpflichtungsklage vor dem Verwaltungsgericht zu erheben.[49] Bleibt ein Bewerber im Vergabeverfahren erfolglos und die Frequenz soll aufgrund des Ausgangs einem Dritten zugeteilt werden, muss der Zuschlag an den Konkurrenten beseitigt und zugleich die Verpflichtung zum Zuschlag aufgrund der eigenen Bewerbung, mindestens jedoch eine nochmalige Entscheidung erzwungen werden. Zulässige Rechtsmittel sind die Anfechtungsklage gegen den Zuschlag zugunsten des Dritten kombiniert mit einer Verpflichtungsklage.[50] **57**

Die Frequenzzuteilung ist gemäß § 142 Abs. 1 Nr. 1 TKG gebührenpflichtig. Bei Zuteilungen aufgrund eines Versteigerungsverfahrens ist die Gebühr gemäß § 142 Abs. 5 TKG beschränkt. Zusätzlich werden von den Zuteilungsnehmern gemäß § 143 TKG jährliche Frequenznutzungsbeiträge erhoben. **58**

3. Nummernordnung

§ 3 Nr. 13 TKG definiert Nummern legal als »Zeichenfolgen, die in Telekommunikationsnetzen Zwecken der Adressierung dienen«. Nummern haben in Telekommunikationsnetzen demnach eine technische Funktion, um Signale an bestimmte Netzteile, Verbindungselemente und andere Netze übertragen zu können. Derartige Nummern sind z.B. die National Signaling Point Codes (NSPC), welche Vermittlungseinrichtungen der Netzbetreiber eindeutig unterscheidbar machen oder auch Portierungskennungen die u.a. anzeigen, welche Rufnummer zu welchem Telekommunikationsnetz gehört. Die Rufnummer ist gem. § 3 Nr. 18 »eine Nummer, durch deren Wahl im öffentlichen Telefonnetz eine Verbindung zu einem bestimmten Ziel aufgebaut werden kann«. Die Rufnummer im Sinne des TKG ist daher ein Teil des Oberbegriffs der Nummer. Angesichts der weiten Definition des Begriffs »Nummer« müssen Einschränkungen vorgenommen werden. Wesentliche Teile der in der Telekommunikation gebräuchlichen Nummern sind einer nationalen Regulierung kaum zugänglich. Dies betrifft insbesondere die weitgehend digitalisierte internationale Kommunikation, z.B. über das Internet. § 66 Abs. 1 Satz 4 TKG bestimmt daher, dass die Verwaltung von Domänennamen oberster und nachgeordneter Stufen nicht der Regulierung durch die BNetzA zugänglich ist. Für den Bereich der obersten Domänenstufe ».de« nimmt die DENIC als eingetragene Genossenschaft mit Sitz in Frankfurt am Main die Verwaltung der nachgeordneten Domänen wahr. Das Gesetz schließt eine Verwaltung von IP-Adressen, die ebenfalls unter die Definition des § 3 Nr. 18 TKG zu fassen sind, nicht aus. Faktisch dürfte es der BNetzA jedoch kaum **59**

---

48 VG Köln, Urt. v. 25.4.2007, 21 K 3675/05.
49 VG Köln, Urt. v. 15.6.2007, 11 K 527 und 573/07.
50 Zu weiteren Rechtsschutzkonstellationen vgl. FA IT-Recht/*Heun* Kap. 23 Rn. 131 ff.

möglich sein, eine Verwaltung von IP-Adressen für das Hoheitsgebiet der Bundesrepublik Deutschland aufzubauen und dauerhaft zu verwalten.

60 Ähnlich wie in der Frequenzordnung bestehen auch für den Bereich der Nummerierung internationale Vorgaben und Spezifikationen. Wesentlich für den Bereich der Telefonie ist hier die Empfehlung ITU E.164.[51] Diese Empfehlung wird von der Bundesrepublik Deutschland und den meisten Mitgliedstaaten der ITU befolgt. Eine internationale (Telefon)Rufnummer besteht nach dieser Empfehlung aus drei Teilen:
- der internationalen Landeskennzahl,
- der nationalen Bereichskennzahl und
- der Teilnehmernummer.

61 Die internationale Landeskennzahl bezeichnet das jeweilige Land, in der die Rufnummer belegen ist (z.B. für die Bundesrepublik Deutschland 0049). Die nationale Bereichskennzahl ist entweder eine Ortsnetzkennzahl (z.B. 0228 für Bonn) oder eine Netzkennzahl (z.B. Netzkennzahlen bestimmter Mobilfunknetze, wie 0170 etc.) oder eine Dienstekennzahl (z.B. 0180X für sog. geteilte-Kosten-Dienste oder 0800 für sog. Freephone-Dienste). Am Ende steht die Teilnehmernummer, die einem bestimmten Anschluss eines Kennzahlenbereichs und Landes zugeordnet ist.

62 Die BNetzA ist für die Strukturierung und Ausgestaltung des Nummernraums zuständig. Ziel ist es dabei, den Anforderungen von Endnutzern, Betreibern von Telekommunikationsnetzen und Anbietern von Telekommunikationsdiensten zu genügen (§ 66 Abs. 1 Satz 2 TKG). Die Strukturierung des Nummernraums umfasst im Wesentlichen planerische Maßnahmen die gerichtet sind auf:
- die effiziente Nutzung von Nummerierungsressourcen (§ 2 Abs. 2 Nr. 8 TKG);
- die Zuweisung von bestimmten Informationen, die sich aus der jeweiligen Rufnummer für den Nutzer und Endnutzer ergeben;[52]
- die Festlegung bestimmter Nummerngassen und Nummernbereiche für definierte Dienste und Anwendungen (§ 3 Nr. 13a bis 13d sowie Nr. 18a TKG).

63 Die planerische Strukturierung des Nummernraums ist gem. § 1 Abs. 2 Telekommunikationsnummerierungsverordnung (TNV)[53] eine Allgemeinverfügung, die im Amtsblatt der BNetzA bekannt gegeben wird.

64 Die Zuteilung der Nummern erfolgt durch die BNetzA an Telekommunikationsnetzbetreiber, Telekommunikationsdiensteanbieter und Endnutzer (§ 66 Abs. 1 Satz 3 TKG). Vorgaben für die Zuteilung enthält das TKG, entgegen der sehr weitläufigen Zuteilungsregeln der Frequenzordnung, für den Bereich der Nummerierung nicht. Das Antragsverfahren ist vielmehr in § 5 TNV beschrieben. Man unterscheidet drei verschiedene Arten der Zuteilung:
- die direkte Zuteilung von Nummern durch die BNetzA an bestimmte Zuteilungsnehmer zur eigenen Verwendung (§ 4 Abs. 2 Nr. 1 TNV);
- die originäre Zuteilung von Nummern durch die BNetzA an einen Betreiber von Telekommunikationsnetzen oder einen Anbieter von Telekommunikationsdiensten zur Verwendung für rechtsgeschäftlich abgeleitete Zuteilungen (§ 4 Abs. 2 Nr. 2 TNV);
- die abgeleitete Zuteilung durch einen originären Zuteilungsnehmer zur Verwendung (§ 4 Abs. 2 Nr. 3 TNV).

---

51 CCITT, Recommendation E.164, Numbering Plan for the ISDN Era, CCITT Blue Book, Volume II, Fascicle II.2, Genf 1989.
52 Vgl. Scheuerle/Mayen/*Scheuerle* § 43 Rn. 6.
53 Telekommunikationsnummerierungsverordnung (TNV) vom 5.2.2008 (BGBl. I S. 141).

B. Marktregulierung im Telekommunikationsgesetz

Die direkte Zuteilung von Nummern durch die BNetzA an einen Endnutzer erfolgt typischerweise bei Sonderrufnummern, insbesondere im Bereich der Mehrwertdienste (Permium-Rate-Dienste in den Nummerngassen 0900X) oder im Bereich der Auskunftsdienste (in der Nummerngasse 118XX). Bei der originären Zuteilung erhält der Telekommunikationsnetzbetreiber oder der Anbieter von Telekommunikationsdiensten in der Regel mehrere Rufnummern, z.B. für bestimmte Ortsnetze. Zugeteilt werden von der BNetzA üblicher Weise Blöcke von 1000 oder 10000 Rufnummer pro Ortsnetz. Die abgeleitete Zuteilung nimmt der Telekommunikationsnetzbetreiber oder der Telekommunikationsdiensteanbieter vor. Die ihm von der BNetzA originär zugeteilten Nummern gibt er an den Endnutzer, seinen Kunden, rechtsgeschäftlich, im Regelfall im Rahmen eines Vertrages über Telekommunikationsdienste (§ 3 Nr. 24 TKG) weiter. 65

Grundsätzlich gilt für die Zuteilung von Nummern durch die BNetzA das »Windhundprinzip«. Derjenige, dessen Antrag zuerst bei der BNetzA eingeht, erhält die Nummer. Alle Anträge werden in der Reihenfolge ihres vollständigen Eingangs bei der BNetzA bearbeitet (§ 5 Abs. 2 Satz 1 TNV). Teilt die BNetzA erstmalig Nummern eines bestimmten Nummernbereichs zu, so wählt die Behörde regelmäßig das sog. Tag-Eins-Verfahren. Dabei setzt die BNetzA ein Datum fest, bis zu dem alle vollständig eingegangenen Anträge als zeitgleich eingegangen gelten (§ 5 Abs. 2 Satz 2 TNV). 66

Zur Durchsetzung der Nummernordung ist die BNetzA mit einer Reihe von Befugnissen ausgestattet. § 67 Abs. 1 TKG ist lex specialis zu den allgemeinen Aufsichtsermächtigungen des § 126 TKG und stattet die Behörde mit weitgehenden Möglichkeiten aus. Neben umfangreichen Informations-, Anordnungs- und Untersagungsbefugnissen kann die BNetzA bei Nichterfüllung von gesetzlich oder behördlich auferlegten Verpflichtungen die rechtswidrig genutzte Nummer einziehen (§ 67 Abs. 1 Satz 4 TKG) oder die Abschaltung der Nummer anordnen (§ 67 Abs. 1 Satz 5 TKG). Eine weitere, in der Praxis häufige Eingriffsbefugnis ist das Verbot der Rechnungslegung und Inkassierung. Danach hat die BNetzA die Möglichkeit bei gesicherter Erkenntnis einer rechtswidrigen Nutzung den Rechnungsersteller, also in der Regel einen Telekommunikationsnetzbetreiber oder einen Telekommunikationsdiensteanbieter, aufzufordern, für die Nummer keine Rechnungserstellung vorzunehmen. Dieser Fall tritt in zahlreichen Konstellationen beim Missbrauch von Mehrwertdiensten, sog. Ping Anrufen u.ä. mehr auf. Diese Norm hat stark verbraucherschützenden Charakter.[54] 67

Gemäß § 9 Abs. 1 und 2 TNV kann die BNetzA die direkte oder die originär Zuteilung von Nummern widerrufen oder ihre Rückgabe fordern, wenn: 68
- diese dauerhaft nicht genutzt werden (§ 9 Abs. 1 bzw. Abs. 2 Nr. 3 TNV);
- die Nummer durch den direkten oder originären Zuteilungsnehmer rechtswidrig genutzt wird;
- bei unbekanntem Aufenthaltsort des Zuteilungsnehmers, unter den weiteren Voraussetzungen des Verwaltungszustellungsgesetzes (§ 9 Abs. 2 Nr. 2 TNV).

§ 9 Abs. 2 TNV ist insofern neben § 66 Abs. 2 TKG anwendbar. §§ 48 und 49 VwVfG gelten subsidiär.[55] 69

Der Rechtsschutz im Bereich der Nummerierung folgt den allgemeinen Regeln der VwGO. Bei Ablehnung der beantragten oder Widerruf der erteilten Nummernzuteilung ist Widerspruch zu erheben und bei Erfolglosigkeit Verpflichtungsklage zu erheben. Beim Rechtsschutz gegen Nebenbestimmungen und Maßnahmen der BNetzA erfolgt 70

---

[54] Bzgl. der in der Praxis häufig vorkommenden Einzelfragen zu Nummer, Nummernzuteilungen und Nummernnutzungen vgl. FA IT-Recht/*Heun* Kap. 23 Rn. 154 ff.
[55] FA IT-Recht/*Heun* Kap. 23 Rn. 152.

Widerspruch und ggf. Anfechtungsklage. Der einstweilige Rechtsschutz richtet sich nach dem jeweiligen Hauptsachebegehren.

4. Wegerechte

71 Der Bau und der Betrieb von Telekommunikationsnetzen setzt voraus, dass der jeweilige Netzbetreiber Grundstücke für Telekommunikationslinien nutzen darf. Das TKG unterscheidet vier verschiedene Arten von wegerechtlichen Nutzungsrechten:
- die Benutzung öffentlicher Verkehrswege für die öffentlichen Zwecken dienenden Telekommunikationslinien (§§ 68 Abs. 1, 69 Abs. 1 TKG);
- die Benutzung sonstiger Grundstücke, die keine öffentlichen Verkehrswege sind für Telekommunikationslinien (§ 76 Abs. 1 TKG);
- die Benutzung von Grundstücken und Gebäuden zum Anschluss an ein Telekommunikationsnetz (§ 45a TKG);
- die Mitbenutzung von Einrichtungen, die für die Aufnahme von Telekommunikationskabeln vorgesehen sind (§ 70 TKG).

72 Zentral für den Aufbau und den Betrieb von Telekommunikationsnetzen ist das sog. »öffentliche Wegerecht« gemäß §§ 68 Abs. 1, 69 Abs. 1 TKG. Der Bund ist gemäß § 68 Abs. 1 Satz 1 TKG befugt, Verkehrswege für die öffentlichen Zwecken dienenden Telekommunikationslinien unentgeltlich zu benutzen. Dieses Recht entstammt bereits dem Telegraphenwegegesetz (TWG) des Jahres 1899. Gemäß § 69 Abs. 1 TKG überträgt der Bund diese Nutzungsberechtigung auf schriftlichen Antrag an die Betreiber öffentlicher Telekommunikationsnetze. Im Prinzip ist jedermann berechtigt, sich dieses Recht durch schriftlichen Antrag von der BNetzA einräumen zu lassen und daraufhin ein eigenes Telekommunikationsnetz zu betreiben. Das öffentliche Wegerecht hat die Natur eines Sondergebrauchsrechts. Das Sondernutzungsrecht besteht für den Bau und den Betrieb von Telekommunikationslinien im Sinne des § 3 Nr. 26 TKG.[56] Nutzungsobjekt sind Verkehrswege, d.h. öffentliche Wege, Plätze und Brücken sowie öffentliche Gewässer (§ 68 Abs. 1 Satz TKG). Öffentliche Wege sind alle Straßengruppen, auch Bundesfernstraßen, Land-, Kreis- und Gemeindestraßen. Öffentliche Gewässer sind alle nach Bundes- oder Landeswasserrecht der allgemeinen Benutzung offenen Flüsse, Seen und Häfen.[57] Auf die Eigentumslage kommt es beim öffentlichen Wegerecht nicht an. Der Weg mag sich im Eigentum eines privaten Dritten oder in öffentlicher Verwaltung des Wegebaulastträgers befinden. Entscheidend für das Greifen des öffentlichen Wegerechts ist allein die Widmung des jeweiligen Grundstücks als öffentlicher Verkehrsweg. Bei älteren oder historischen Wegen liegt häufig eine Widmung nicht vor. Dann kommt es auf die faktische Nutzung des jeweiligen Grundstücks als öffentlicher Verkehrsweg an. Das Nutzungsrecht ist unentgeltlich, d.h. dem Nutzungsrecht des Betreibers steht keine Gegenleistung gegenüber.[58] Verpflichteter zur Einräumung bzw. zur Gewährung des Nutzungsrechts ist der Wegebaulastträger, für die meisten öffentlichen Verkehrswege sind dies die Kommunen. Die Kommunen haben sich stets gegen die Einräumung eines unentgeltlichen Nutzungsrechts zur Wehr gesetzt. Die diesbezüglich erhobenen Verfassungsbeschwerden waren jedoch nicht erfolgreich.[59] Der Wegebaulastträger muss jedoch der Verlegung neuer und der Änderung vorhandener Telekommunikationslinien durch schriftlichen Bescheid zustimmen (§ 68 Abs. 3 Satz 1 TKG). Der Zustimmungsbescheid ist wegen des Nut-

---

56 Zum Begriff der Telekommunikationslinie vgl. auch FA IT-Recht/*Heun* Kap. 23 Rn. 152.
57 Vgl. OLG Bamberg, Urt. v. 5.6.2000, 3 U 236/99; *Schütz* Kommunikationsrecht, Rn. 120.
58 Vgl. OVG Münster, Urt. v. 22.5.2003, 20 A 2732/01.
59 BVerfG, Beschl. v. 7.1.1999, 2 BvR 929/97.

B. Marktregulierung im Telekommunikationsgesetz

zungsrechts des Netzbetreibers ein gebundener Verwaltungsakt, der nur mit den in § 68 Abs. 3 Satz 2 bis 5 TKG genannten Nebenbestimmungen versehen werden darf.[60]

Durch die Inanspruchnahme des öffentlichen Wegerechts entsteht zwischen dem Netzbetreiber und dem Wegebaulastträger ein öffentlich-rechtliches Schuldverhältnis. Dieses wird durch die Regelungen der §§ 71 bis 75 sowie § 77 TKG ausgestaltet. Nach diesen Bestimmungen ist der nutzungsberechtigte Netzbetreiber verpflichtet seine Telekommunikationslinien zu sichern, abzuändern oder ggf. auch zu verlegen. 73

Die in der Praxis am häufigsten vorkommenden Verpflichtungen des Netzbetreibers betreffen die Fälle des § 72 TKG. Ändert der Wegebaulastträger den Verkehrsweg, um den Widmungszweck zu ändern, z.B. durch die Verbreiterung einer Straße, die Verlegung eines Gehweges oder führt er Instandhaltungsarbeiten aus, so sind Sicherungs- und ggf. auch Verlegmaßnahmen regelmäßig notwendig. Die Kosten der Änderung und Verlegung der Telekommunikationslinien trägt der Netzbetreiber (§ 72 Abs. 3 TKG).[61] Wird der Verkehrsweg eingezogen und z.B. in ein Grundstück umgewidmet, erlischt die Befugnis des Netzbetreibers zur Nutzung (§ 72 Abs. 2 TKG). 74

Umstritten ist in der Praxis, in welchen Konstellationen Telekommunikationslinien die Unterhaltung des Verkehrsweges erschweren. § 71 Abs. 2 TKG sieht für diesen Fall einen Kostenersatzanspruch des Wegebaulastträgers gegen den Netzbetreiber vor. In der Regel erschweren unterirdische Telekommunikationslinien die Unterhaltung des Weges nicht. Der Widmungszweck kann wahrgenommen und die Unterhaltung durchgeführt werden, ohne dass eine Erschwernis aufgrund des Vorhandenseins einer Telekommunikationslinie zu besorgen ist. Im Einzelfall kann dies bei oberirdischen Telekommunikationslinien anders sein. Schaltkästen oder Telekommunikationskabelmasten können die Unterhaltung des Weges unter Umständen erschweren. Zu denken ist hier z.B. an die Ausführung neuer Bitumdecken, bei denen spezielle Dichtungsmaßnahmen für derartige Telekommunikationslinien zu stellen sind oder ein Mehraufwand anfällt.[62] 75

Die §§ 74 und 75 TKG enthalten Kollisionstatbestände. Einmalig in der deutschen Rechtsordnung werden hier Regelungen geschaffen, die das Zusammentreffen konkurrierender Infrastrukturen regeln. § 74 Abs. 1 TKG definiert den Begriff der »besondere Anlagen«. Diese sind der Wegeunterhaltung dienende Einrichtungen, Kanalisations-, Wasser-, Gasleitungen, Schienenbahnen, elektrische Anlagen und dergleichen. Treffen derartige besondere Anlagen mit Telekommunikationslinien zusammen, so gilt im Regelfall das Prioritätsprinzip.[63] Die ältere Anlage hat grundsätzlich Vorrang vor der neuen, hinzukommenden Anlage. Jedoch sieht das Gesetz Privilegierungen als Ausnahme von dieser Regel für bestimmte Privilegierungstatbestände vor. Im Einzelnen sind folgende Fallgruppen des Kollisionsrechts zu unterscheiden: 76
- Die Telekommunikationslinie tritt zu einer bereits bestehenden besonderen Anlage hinzu (§ 74 Abs. 1 TKG). Die Telekommunikationslinie ist so auszuführen, dass diese bestehende besondere Anlagen nicht störend beeinflusst. Eine Verlegung oder Veränderung der besonderen Anlage kann nur auf Kosten des Telekommunikationsnetzbetreibers verlangt werden, wenn die Benutzung des Verkehrsweges für die Telekommunikationslinie sonst unterbleiben müsste und die besondere Anlage anderweitig ihrem Zweck entsprechend untergebracht werden kann (§ 74 Abs. 2 TKG) und die Verhältnismäßigkeitsabwägung zwischen Kosten und Schaden zu Gunsten der Telekommunikationslinie ausfällt (§ 74 Abs. 3 TKG).

---

60 FA IT-Recht/*Heun* Kap. 23 Rn. 167, 168.
61 Zu den Fallgestaltungen siehe *Schütz* Kommunikationsrecht, Rn. 141.
62 Vgl. FA IT-Recht/*Heun* Kap. 23 Rn. 188, 168.
63 Vgl. BVerwG, Urt. v. 1.7.1999, 4 A 27/98.

- Die Telekommunikationslinie tritt zu einer bereits in der Vorbereitung befindlichen besonderen Anlage hinzu, deren Herstellung im öffentlichen Interesse liegt (§ 74 Abs. 4 TKG). In diesem Fall wird das Prioritätsprinzip durchbrochen. Die in Vorbereitung befindliche besondere Anlage genießt denselben Schutz wie die bereits errichtete.
- Spätere besondere Anlagen sind nach Möglichkeit so auszuführen, dass sie die vorhandenen Telekommunikationslinien nicht störend beeinflussen (§ 75 Abs. 1 TKG). Das Prioritätsprinzip gilt hier zu Gunsten der älteren Telekommunikationslinie. Der Errichter einer besonderen Anlage muss die aus der Verlegung oder Veränderung der vorhandenen Telekommunikationslinien oder aus der Herstellung der erforderlichen Schutzmaßnahmen erwachsenden Kosten tragen (§ 75 Abs. 5 TKG).
- Für spätere besondere Anlagen, welche aus Gründen des öffentlichen Interesses, insbesondere aus volkswirtschaftlichen oder Verkehrsrücksichten, von den Wegeunterhaltungspflichtigen oder unter ihrer überwiegenden Beteiligung ausgeführt werden sollen, wird das Prioritätsprinzip zu Lasten bereits bestehender Telekommunikationslinien durchbrochen (§ 75 Abs. 5 TKG). In diesen Fällen hat der nutzungsberechtigte Netzbetreiber die Verlegung und Veränderung seiner Telekommunikationslinien auf eigene Kosten vorzunehmen. Eine Ausnahme gibt es nur für Telekommunikationslinien, die nicht lediglich dem Ort, Vororts- oder Nachbarortsverkehr dienen (§ 75 Abs. 5 Satz 2 TKG).

77 Die Regelungen des Kollisionsrechts sind historisch auszulegen und teleologisch reduziert anzuwenden. Die Bestimmungen entstammen dem Telegraphenwegegesetz (TWG). Dieses wollte mit Kollisionsrecht die kommunalen Infrastrukturen, insbesondere die sich Anfang des 20. Jahrhunderts in Entwicklung befindlichen Elektrizitäts-, Gas- und (Straßenbahn-)Schienennetze gegenüber den in der Hand des Reiches befindlichen Telekommunikationsnetzen privilegieren. Unter den Bedingungen liberalisierter Netzinfrastrukturen darf die Anwendung des Kollisionsrechts nicht zu einer Übervorteilung der Telekommunikation führen.

78 Für die Übertragung des öffentlichen Wegerechts darf die BNetzA eine Gebühr gemäß § 142 Abs. 1 Nr. 7 TKG erheben. Auch der Wegebaulastträger darf für den Zustimmungsbescheid (§ 68 Abs. 3 TKG) gemäß § 142 Abs. 6 TKG eine Gebühr verlangen. Die Unentgeltlichkeit der Nutzung (§ 68 Abs. 1 TKG) steht dem Gebührenanspruch nicht entgegen.

79 Soweit die Ausübung des öffentlichen Wegerechts gemäß § 68 TKG nicht oder nur mit einem unverhältnismäßig hohen Aufwand möglich ist, hat der Telekommunikationsnetzbetreiber einen Anspruch auf Duldung der Mitbenutzung anderer für die Aufnahme von Telekommunikationskabeln vorgesehener Einrichtungen, wenn die Mitbenutzung wirtschaftlich zumutbar ist und keine zusätzlichen größeren Baumaßnahmen erforderlich werden (§ 70 Satz 1 TKG). Der Anspruch auf Mitbenutzung soll insbesondere Fälle der räumlichen Knappheit überbrücken. Insbesondere im innerstädtischen Bereich sind Konstellationen denkbar, die eine weitere Verlegung von Telekommunikationslinien unmöglich erscheinen lassen. Dies gilt insbesondere dann, wenn bereits der gesamte Straßenraum für Leitungssysteme in Anspruch genommen worden ist und kein weiterer Platz verbleibt. Faktisch kommen Fälle dieses gesetzlichen Mitbenutzungsanspruchs kaum vor. Die einzelnen Netzbetreiber einigen sich regelmäßig auf Grundlage (miet-)vertraglicher Regelungen auf die gemeinsame Nutzung von Trassen, Rohrsystemen, Formsteinen u.ä.

80 Gemäß § 76 Abs. 1 TKG kann auch ein Grundstück, das kein öffentlicher Verkehrsweg ist, für Telekommunikationslinien genutzt werden, wenn
- auf dem Grundstück eine durch ein Recht gesicherte Leitung oder Anlage auch für die Errichtung, den Betrieb und die Erneuerung einer Telekommunikationslinie genutzt und hierdurch die Nutzbarkeit des Grundstücks nicht dauerhaft zusätzlich eingeschränkt wird (§ 76 Abs. 1 Nr. 1 TKG) *oder*

- das Grundstück durch die Benutzung nicht oder nur unwesentlich beeinträchtigt wird (§ 76 Abs. 1 Nr. 2 TKG).

§ 76 Abs. 1 Nr. 1 TKG ist vor allen Dingen für Infrastrukturanbieter mit Überlandnetzen von Bedeutung. Insbesondere Gas- und Elektrizitätsnetzbetreiber werden hierdurch in die Lage versetzt, auf ihren Überlandtrassen, für die sie bereits über Wegerechte verfügen, auch Telekommunikationslinien zu errichten und zu betreiben. **81**

§ 76 Abs. 1 Nr. 2 TKG stellt auf die nicht vorhandene oder unwesentliche Beeinträchtigung des Grundstücks durch die Telekommunikationslinie ab. Ob eine Beeinträchtigung unwesentlich ist, soll von der Benutzung des Grundstücks durch den Berechtigten abhängen. Tatsächlich kann das Überspannen einer Wiese mit einem Telekommunikationskabel häufig als unwesentliche Beeinträchtigung des Grundstücks bezeichnet werden. Bei einem bebaubaren oder bebauten Grundstück könnte ein Luftkabel jedoch ggf. beeinträchtigend wirken. Änderungen der Nutzung des Grundstücks muss der Telekommunikationsnetzbetreiber hinnehmen und verliert ggf. sein gesetzliches Nutzungsrecht, falls sich durch die geänderte Benutzung des Grundstücks die Telekommunikationslinie als Beeinträchtigung erweist (etwa durch eine folgende Bebauung).[64] **82**

Der Eigentümer des Grundstücks hat gegen den Telekommunikationsnetzbetreiber zwei nebeneinander stehende Ausgleichstatbestände. § 76 Abs. 2 Satz 1 TKG gibt dem Grundstückseigentümer, aber auch dem berechtigten Besitzer (etwa einem Mieter oder Pächter), einen Ausgleichsanspruch in Geld.[65] Der Anwendungsbereich des Ausgleichsanspruchs aus § 76 Abs. 2 Satz 2 TKG erstreckt sich nach höchstrichterlicher Rechtsprechung auch auf den Fall des § 76 Abs. 1 Nr. 2 TKG.[66] Die Höhe der Ausgleichsansprüche richtet sich nach dem Ausmaß der Beeinträchtigung des jeweiligen Grundstücks.[67] In der Praxis werden Beträge von rund 1,50 € je laufender Meter Kabeltrasse gezahlt. Aber auch hierbei sind die örtlichen Verhältnisse und letztlich der Marktpreis für die Einräumung eines solchen Rechts von entscheidender Bedeutung. Wird das Grundstück oder das Zubehör durch die Ausübung des gesetzlichen Nutzungsrechts beschädigt, so steht dem Eigentümer ein Schadensersatzanspruch gegen den Betreiber oder den Eigentümer des Leitungsnetzes zu (§ 76 Abs. 2 Satz 3 TKG). **83**

Dem Telekommunikationsnetzbetreiber stehen die Wegerechte des § 76 Abs. 1 TKG unmittelbar aus dem Gesetz zu. Eine vorherige Erlaubnis des Eigentümers zur Nutzung ist nicht erforderlich. Der Eigentümer des Grundstücks kann Unterlassungsansprüche nach § 1004 BGB ebenso wie Ausgleichs- und ggf. Schadensersatzansprüche auf dem Zivilrechtsweg geltend machen. **84**

Für die Herstellung von Netzanschlüssen auf Grundstücken, etwa zum Anschluss von Gebäuden an ein Telekommunikationsnetz, enthält § 45a TKG eine Sonderregelung. Die Rechtsprechung zum TKG sieht einzelne Netzanschlüsse nicht als Telekommunikationslinien im Sinne des § 3 Nr. 26 TKG an. Daher scheidet eine Anwendbarkeit des § 76 Abs. 1 Nr. 2 TKG aus. § 68 Abs. 1 TKG scheitert an der Tatsache, dass der Hausanschluss sich regelmäßig auf einem Grundstück befindet, dass kein öffentlicher Verkehrsweg ist. § 45a TKG verweist auf die einzige Anlage zum TKG, die den Text eines Nutzungsvertrages enthält. Unter den Bestimmungen der TKV wurden ähnliche Verträge zwischen Anschlussnetzbetreibern und den jeweils dinglich Berechtigten als Grundstückseigentü- **85**

---

64 Siehe die Einzelbetrachtungen FA IT-Recht/*Heun* Kap. 23 Rn. 209, 210.
65 BGH MMR 2003, 103.
66 BGH MMR 2004, 608.
67 BGH MMR 2004, 608, 609.

mererklärungen (GEE) geschlossen. Der Nutzungsvertrag ist unentgeltlich, er ist kein Mietvertrag und auch kein mietvertragsähnliches Schuldverhältnis.[68]

C. Kunden- und Endnutzerschutz

I. Begrifflichkeiten des Telekommunikationsvertragsrechts

86 Die Begriffe des Telekommunikationsvertragsrechts sind vielschichtig. Dies liegt vor allen Dingen in der Komplexität der Vertragsbeziehungen und der Abgrenzung der einzelnen Leistungen bei der Inanspruchnahme von Telekommunikation begründet. Telekommunikationsdienste sind in der Regel gegen Entgelt erbrachte Dienste, die ganz oder überwiegend in der Übertragung von Signalen über Telekommunikationsnetze bestehen, einschließlich Übertragungsdienste in Rundfunknetzen (§ 3 Nr. 24 TKG). Diese Legaldefinition dient als Abgrenzung zu der Erbringung von Inhaltediensten wie dem Rundfunk und den Telemedien.[69] Telekommunikation hat ihren Schwerpunkt in der Übertragung von Signalen. Rundfunk und Telemedien haben ihren Schwerpunkt in der Bereitstellung von Inhalten. Internetzugänge und Em-Mail-Übertragungsdienste sind Telekommunikationsdienst. Ihr Schwerpunkt liegt in der Übertragungsleistung, auch wenn ein Inhalteteil darin einbegriffen ist.[70] In diesen Fällen findet das Telekommunikationsrecht für die Beurteilung des Dienstes Anwendung. Überwiegt der Inhalteteil den Übertragungsteil, so weicht das Telekommunikationsrecht dem Rundfunk oder Telemedienrecht. Schwierig ist die Abgrenzung sog. Mehrwertdienste. Hierunter fallen z.B. Dienste, insbesondere im Rufnummernbereich 0900, bei denen über die Telekommunikationsleistung hinaus eine weitere Dienstleitung erbracht wird, die gegenüber dem Anrufer gemeinsam mit der Telekommunikationsdienstleitung abgerechnet wird (vgl. Premiumdienst § 3 Nr. 17a TKG). Auch Auskunftsdienste (§ 3 Nr. 2a TKG) und sog. Shared-Cost-Dienste (vgl. Geteilte-Kosten-Dienste § 3 Nr. 10) sind hiervon umfasst. Diese Dienste werden telekommunikationsgestützte Dienste genannt. Charakteristisch für sie ist, dass sie keinen räumlich und zeitlich von der Telekommunikation trennbaren Leistungsfluss auslösen, sondern bei denen die Inhalteleistung noch während der Telekommunikationsverbindung erfüllt wird (vgl. § 3 Nr. 25 TKG). Auf diese Dienste findet nicht das TMG sondern das TKG Anwendung.[71] Wichtig für die Abgrenzung der Leistungsbeteiligten sind die Begriffe des Endnutzers und des Teilnehmers. Der Endnutzer ist jede juristische oder natürliche Person, die weder öffentliche Telekommunikationsnetze betreibt noch Telekommunikationsdienste für die Öffentlichkeit erbringt (§ 3 Nr. 8 TKG). Der Endnutzer steht damit außerhalb der Produktionskette zur Erbringung und Bereitstellung von Telekommunikation, er ist Kunde oder Konsument des Telekommunikationsdienstes. Der Teilnehmer ist jede natürliche oder juristische Person, die mit einem Anbieter von Telekommunikationsdiensten einen Vertrag über die Erbringung derartiger Dienste geschlossen hat (§ 3 Nr. 20 TKG). Der Teilnehmer ist der Normbegünstigte des Telekommunikations(kundenschutz)rechts. Gleichzeitig wird klar gestellt, dass Teilnehmer im Sinne der Norm nur derjenige ist, der einen Vertrag über Telekommunikationsdienste, nicht jedoch über andere Leistungen geschlossen hat.

---

68 BGH NJW 2002, 3322; vgl. auch FA IT-Recht/*Heun* Kap. 23 Rn. 216.
69 Vgl. § 1 Abs. 1 TMG.
70 FA IT-Recht/*Heun* Kap. 9 Rn. 65.
71 Beck TKG-Komm/*Schütz/Piepenbrock/Attendorn* § 3 Rn. 52 ff.; FA IT-Recht/*Heun* Kap. 9 Rn. 65.

II. Einordnung der Dienste

Das Telekommunikationsrecht kennt ein Minimum von Telekommunikationsdiensten, 87
das der Markt grundsätzlich bereithalten muss. Diese sog. Universaldienste, §§ 78 ff.
TKG, sollen damit die Grundversorgung der Bevölkerung mit Telekommunikationsdiensten sicher stellen. Zu den Universaldiensten gehören:
- der Telefonfestnetzanschluss (§ 78 Abs. 2 Nr. 1 TKG);
- die Verfügbarkeit eines gedruckten öffentlichen Teilnehmerverzeichnisses (§ 78 Abs. 2 Nr. 2 TKG);
- die Verfügbarkeit mindestens eines öffentlichen Telefonauskunftsdienstes (§ 78 Abs. 2 Nr. 3 TKG);
- die flächendeckende Bereitstellung von öffentlichen Münz- oder Kartentelefonen (§ 78 Abs. 2 Nr. 4 TKG);
- die Möglichkeit der Absetzung unentgeltlicher Notrufe mit der Nummer 112 von öffentlichen Münz- oder Kartentelefonen (§ 78 Abs. 2 Nr. 5 TKG).

Diskutiert wird, ob die Verpflichtungen des § 78 Abs. 2 Nr. 4 und Nr. 5 zukünftig noch 88
erhalten bleiben müssen. Angesichts der zunehmenden Penetration von privaten Mobilfunkanschlüssen erscheint dies immer weniger zu rechtfertigen zu sein. Nicht zu den Universaldiensten gehören der Internetzugang oder der Fernsehkabelanschluss. Zumindestens der Internetzugangsanschluss hat an Bedeutung gewonnen. Hier ist in der Zukunft mit einer Aufnahme in den Katalog der Universaldienste zu rechnen. Soweit der Markt nicht in der Lage ist diese Universaldienste zur Verfügung zu stellen, kann die BNetzA entsprechende Verpflichtungen gem. §§ 81 ff. TKG auferlegen.

Verträge über Telekommunikationsanschlussdienste, z.B. den Telefonanschluss, den 89
Fernsehkabelanschluss, den Mobilfunkanschluss oder den Internetzugangsanschluss, sind in der Regel Dauerschuldverhältnisse in der Form von Dienstverträgen.[72]

III. Telekommunikationskundenschutz

Der Gesetzgeber hat dem Telekommunikationsrecht besondere Regelungen zum Schutz 90
der Kunden beigegeben. Bereits die Telekommunikationskundenschutzverordnung (TKV) aus dm Jahre 1997 sah besondere Schutzrechte zu Gunsten der Teilnehmer und Endnutzer von Telekommunikationsdienstleitungen vor. Die TKV wurde mit Übernahme und Erweiterung des Telekommunikationskundenschutzes in das TKG obsolet und aufgehoben.[73] Heute bilden die §§ 43a ff. TKG, die insbesondere leistungs- und vertragsbezogene Schutzregeln setzen sowie die §§ 66a ff. TKG, die rufnummernbezogene Schutznormen enthalten, das Kernstück des Kundenschutzes im TKG. Zu erwähnen sind auch die Datenschutzbestimmungen (§§ 91 ff. TKG), die ebenfalls Schutzcharakter haben. Die Schutznormen können wie folgt systematisiert werden:
- Informationspflichten des Anbieters (§§ 43a, 45n, 45p, 45k Abs. 2 Satz. 1 TKG);
- Vertragsschluss und Mindestvertragsinhalte (§§ 45 Abs. 2; 45b, 45c, 45d, 45m, 46, 47b TKG)
- Rechnungslegung (§§ 45e, 45f, 45g, 45h, 45i, 45j TKG)
- Leistungsstörungen (§§ 44, 44a, 45k, 45o TKG)

---

72 Vgl. BGH, Beschl. v. 23.3.2005, III ZR 338/04, S. 4; NJW 2002, 362; MMR 2007, 179, In Bezug auf den Fernsehkabelanschluss hat der BGH (NJW 1993, 1133, 1134) ein mietvertragähnliches Verhältnis angenommen. Seit 2001 werden Fernsehkabelanschlüsse verstärkt jedoch auch als Telefon- und Internetzugangsanschlüsse genutzt. Eine andere als eine dienstvertragliche Einordnung erscheint aufgrund der technischen Entwicklung daher nicht mehr angezeigt.
73 Letztmalig wurden telekommunikationskundeschutzrechtliche Bestimmungen durch Artikel 2 des Gesetzes vom 14.8.2009 (BGBl. I S. 2821) geändert.

- Beendigung des Vertrages (§§ 45a Abs. 1 und 2, 46 TKG)
- Rechtsschutz (§ 47a TKG)
- Sonderregeln für bestimmte Rufnummerngassen (§§ 45l, 66a bis 66l TKG)
- Datenschutzregeln (insbesondere §§ 93, 94, 95, 96, 98, 99, 101 bis 104 TKG)

91 Für den Anwender wesentlich ist, dass von den Kundenschutzvorschriften nicht zum Nachteil des Kunden abgewichen werden darf.[74] In der Regel beziehen die Anbieter daher diese Regelungen in ihre Allgemeinen Geschäftsbedingungen ein.

D. Sicherheit und Datenschutz

I. Einleitung

92 Die Medienbranche gilt schon immer als innovationsfreundlich. Aufgrund der technologischen Entwicklung und einem veränderten Nutzungsverhalten von Endkunden aber auch Unternehmen verschwinden die traditionellen Grenzen zwischen der Informations- und Kommunikationstechnologie zusehends. Auf die veränderten Bedürfnisse und den Wandel in der Mediennutzung der Konsumenten im Zuge von Web 2.0 und »Social Networks« wie »Facebook« oder »Studi-VZ« reagieren die Unternehmen der Medien, Informations- und Kommunikationsindustrie mit konvergenten Diensten. Personalisierte, interaktive Dienste nehmen an Bedeutung zu. »User Generated Content«, »Blogging«, »Twittern« und »Social Networks« treffen den Zeitgeist und entwickeln sich zu Massenphänomenen. Auch bei der Verwertung von kommerziellen Inhalten wie beispielsweise Klingeltönen, Musik oder eBooks fokussiert sich der Vertrieb auf Online-Portale. Die Inhalte werden vom Anbieter in Datennetze eingespeist und können vom Konsumenten mittels eines Computer-, Handy- und/oder sonstigen Gerätes auf der Grundlage sämtlicher Verfahren (GSM, UMTS, etc.) sowie sämtlicher Protokolle (z.B. TCP/IP, http, WAP, HTML, XML, etc.) empfangen werden. Mit der Verwendung dieser Angebote gibt der Konsument bewusst oder unbewusst Einblick in intime persönliche Daten. Um beispielsweise nutzerbezogene Profile erstellen zu können, speichern Anbieter die IP-Adressen der Nutzer ihrer Dienste und hinterlassen sog. Cookies auf deren Rechnern. Hierdurch entsteht ein beachtlicher Datenbestand und letztlich auch eine Gefahr des Missbrauchs dieser Daten. Aufgrund dieser technischen Entwicklung wird das Bedürfnis der Anwender nach dem Schutz der Privatsphäre gesteigert, insbesondere nach der Integrität und Sicherheit der eigenen Daten. Die Anpassung der rechtlichen Rahmenbedingungen an die geschilderte Entwicklung geschieht nur sehr zeitverzögert. Im folgenden Abschnitt erfolgt eine Übersicht über die aktuellen und wichtigsten Fragen und Fallgestaltungen im Bereich Datenschutz innerhalb des Telekommunikations- und Telemedienrechts.

II. Grundprinzipien des Datenschutzes

93 Regelungen zum Datenschutz finden sich im Bundesdatenschutzgesetz (BDSG) und in den Datenschutzgesetzen der Länder. Hierin finden sich allgemeine Normen des Datenschutzes, die nur zur Anwendung kommen, soweit keine spezifischen Datenschutzregelungen bestehen (§§ 1 ff. TMG, §§ 91 ff. TKG, etc.).

94 Die Datenschutzgesetze stellen Konkretisierungen des allgemeinen Persönlichkeitsrechts in der vom Bundesverfassungsgericht entwickelten Ausprägung des Rechts auf informationelle Selbstbestimmung dar. Das Bundesverfassungsgericht hat im Volkszählungsurteil

---

74 FA IT-Recht/*Heun* Kap. 9 Rn. 179.

D. Sicherheit und Datenschutz

aus dem Jahr 1983[75] das Recht auf informationelle Selbstbestimmung als Unterfall des Allgemeinen Persönlichkeitsrechts herausgebildet. Der Schutzbereich bezieht sich auf das Recht des Einzelnen, grundsätzlich selbst über die Preisgabe und Verwendung seiner personenbezogenen Daten zu bestimmen. Ebenso hat es Grundsätze für die Erhebung und Verarbeitung personenbezogener Daten aufgestellt, die sich in allgemeine und spezielle unterteilen lassen. Schutzzweck der Datenschutzgesetze ist somit die Persönlichkeit des Einzelnen vor Zugriffen des Staates sowie Dritter im Zusammenhang mit der Datenverarbeitung.

Personenbezogene Daten im Sinne des Datenschutzes sind Einzelangaben über persönliche oder sachliche Verhältnisse einer bestimmten oder bestimmbaren natürlichen Person (§ 3 Abs. 1 BDSG). Anonyme Daten, bei denen die betroffene Person unbekannt bleibt, unterfallen nicht den Regelungen des Datenschutzrechts. Ebenfalls werden juristische Personen vom allgemeinen Datenschutzrecht nicht erfasst. Sie können aber durch bereichsspezifische Regeln in Spezialgesetzen geschützt sein (bspw. § 91 Abs. 1 Satz 1 TKG für den Datenschutz im Telekommunikationsrecht). 95

Regelungsgegenstand der Datenschutzgesetze sind vor allem die Festlegung von Voraussetzungen, die an eine zulässige Datenerhebung und Datenspeicherung zu stellen sind. Weiterhin werden Berichtigungs-, Löschungs- oder Sperrungs[76]- und Auskunftspflichten[77] sowie Bußgeld- und Strafvorschriften[78] normiert. Träger dieser gesetzlichen Pflichten ist die sog. Verantwortliche Stelle[79] im Sinne des § 3 Abs. 7 BDSG, d.h. jede Person oder Stelle, die personenbezogene Daten für sich selbst erhebt, verarbeitet oder nutzt oder dies durch andere im Auftrag vornehmen lässt. Da dies zum Verständnis insbesondere der bereichsspezifischen Regelungen von Bedeutung ist, werden im Folgenden die allgemeinen Grundsätze des Datenschutzrechts dargestellt und nachfolgend die bereichsspezifischen Regelungen des TKG und TMG behandelt. 96

1. Allgemeine Grundsätze

a) Normenklarheit

Aus dem Gebot der Normenklarheit erwächst dem Gesetzgeber die Pflicht, keine allzu unbestimmten Rechtsbegriffe oder zu weit gefassten Generalklauseln zu verwenden. Dem Bürger muss aus der Gesetzesformulierung deutlich werden, woraus sich die Voraussetzungen und der Umfang einer gesetzlichen Regelung ergeben.[80] 97

b) Verhältnismäßigkeit

Nach dem Grundsatz der Verhältnismäßigkeit muss jedes staatliche Handeln geeignet, erforderlich und angemessen im Hinblick auf den Zweck sein. Da dieses Prinzip auch im Zusammenhang mit der Erhebung, Verarbeitung und Nutzung personenbezogener Daten gilt, ist ein Vorgehen nur rechtmäßig, wenn es für die Aufgabenerledigung erforderlich ist. Die zuständige Stelle hat die Erforderlichkeit in jedem Einzelfall zu prüfen (vgl. §§ 13 Abs. 1 und 28 Abs. 1 Nr. 1 und 2 BDSG). Daneben muss die Art und Weise der automatisierten Verarbeitung personenbezogener Daten für die Erfüllung der jeweiligen Aufgabe und den damit verfolgten Zweck geeignet sein. Ist die Erledigung des Auftrages 98

---

75 BVerfGE 65, 1.
76 Vgl. §§ 20, 35 BDSG.
77 Vgl. §§ 19, 34 BDSG.
78 Vgl. §§ 43, 44 BDSG.
79 Ausführlich zu den datenschutzrechtlichen Grundbegriffen: FA IT-Recht/*Runte* Kap. 20 Rn. 22 ff.
80 BVerfGE 65, 1, 44.

durch einen milderen Eingriff in das Recht der informationellen Selbstbestimmung möglich, so ist diesem Weg der Vorrang einzuräumen.

2. Spezielle Grundsätze

a) Subsidiarität

99 Da bereichsspezifische Datenschutzregelungen eine größere Normenklarheit ermöglichen als Generalklauseln, müssen präzise und bereichsspezifische Regelungen getroffen werden, welchen stets Vorrang vor den allgemeinen Regelungen einzuräumen ist.[81] Letzteren kommt lediglich eine Auffangfunktion zu, wenn keine Spezialgesetze existieren. Diesem Grundsatz entsprechend misst sich das BDSG in § 1 Abs. 3 Satz 1 ausdrücklich Subsidiarität gegenüber anderen Rechtsvorschriften des Bundes zu, soweit diese auf personenbezogene Daten anwendbar sind. Neben den formellen Gesetzen können auch alle anderen materiellen Rechtsnormen das BDSG verdrängen, weshalb die Regelungen einer Rechtsverordnung ebenso vorgehen, wie Bestimmungen der Satzung einer bundesunmittelbaren juristischen Person des öffentlichen Rechts. Allgemeine Verwaltungsvorschriften und andere Verwaltungsanordnungen »überschreiben« das BDSG jedoch ebenso wenig wie Tarifverträge und Betriebsvereinbarungen.[82]

b) Verbot mit Erlaubnisvorbehalt

100 Im Datenschutzrecht ist das Erheben, Verarbeiten und Nutzen personenbezogener Daten nach § 4 Abs. 1 BDSG nur zulässig, wenn eine ausdrückliche Gestattungserlaubnis vorliegt (sog. Verbot mit Erlaubnisvorbehalt).

101 Eine Gestattungserlaubnis liegt zum einen vor, wenn der Betroffene in die Erhebung, Verarbeitung oder Nutzung seiner Daten eingewilligt hat. Hinsichtlich der Anforderungen an die Wirksamkeit dieser Einwilligung[83] regelt § 4a BDSG sowohl formale als auch inhaltliche Aspekte. So ist sie höchstpersönlich abzugeben und muss auf einer freiwilligen Entscheidung beruhen, die nach einem Hinweis auf den vorgesehenen Erhebungszweck sowie auf die Folgen der Einwilligungsverweigerung getroffen wird. Die Einwilligung hat schriftlich zu erfolgen, soweit nicht nach den Umständen des Einzelfalles eine andere Form angemessen ist. Dies ist beispielsweise dann der Fall, wenn die Einwilligung auf elektronischem Wege erklärt wird. Daneben ist es notwendig, dass sie (insbesondere wenn mehrere Erklärungen abgegeben werden) besonders hervorgehoben wird. Kommt es zu einer Kopplung der Einwilligung an bestimmte Rechtsfolgen, so ist sie unwirksam.

102 Hat der Betroffene nicht in den Umgang mit seinen personenbezogenen Daten eingewilligt, so ist dieser nur zulässig, wenn eine Ermächtigungsgrundlage aus einem speziellen Gesetz oder dem BDSG gegeben ist. Daneben ist eine Verordnung oder Satzung eines autonomen öffentlich-rechtlichen Verbandes als Ermächtigungsgrundlage ausreichend, soweit dies in einem Gesetz ausdrücklich vorgesehen ist.

c) Zweckbindung

103 Der Zweckbindungsgrundsatz besagt, dass das Erheben von personenbezogenen Daten nur für festgelegte eindeutige und rechtmäßige Zwecke erfolgen darf und dass eine Weiterverarbeitung (Nutzen, Verarbeiten) der Daten nur auf eine mit der Zweckbestimmung zu vereinbarende Weise erlaubt ist. Der Zweck muss bereits bei der Datenerhebung fest-

---

[81] BVerfGE 65, 1, 44.
[82] Gola/Schomerus/*Gola* § 1 BDSG Rn. 23.
[83] Ausführlich zum Verbot mit Erlaubnisvorbehalt und zur Einwilligung: FA IT-Recht/*Runte* Kap. 20 Rn. 49 ff.

D. Sicherheit und Datenschutz

stehen (§ 28 Abs. 1 Satz 2 BDSG) und dem Betroffenen auch zu diesem Zeitpunkt mitgeteilt werden (§§ 4 Abs. 3, 4a Abs. 1 Satz 2, 33 Abs. 1 Satz 1 BDSG). Dieses Prinzip ist unmittelbarer Ausfluss des Rechts auf informationelle Selbstbestimmung.

Der Zeitraum der Verarbeitung (Erheben, Nutzen, Verarbeiten) und somit auch des Speicherns der Daten wird grundsätzlich auf das notwendige Maß zur Erreichung des Zwecks begrenzt. Auch wird mit dem Zweckbindungsgrundsatz einer allzu allgemeinen Beschreibung des Zwecks widersprochen, um somit Gefahren für das Recht der informationellen Freiheit so gering wie möglich zu halten. Alle Verarbeitungsschritte eines Verfahrens sind vom Zweckbindungsgrundsatz erfasst, so dass eine Zweckänderung nur zulässig ist, wenn sie mit der ursprünglichen Zweckbestimmung vereinbar ist. 104

d) Datenvermeidung und -sparsamkeit

Der Grundsatz der Datenvermeidung und Datensparsamkeit befasst sich mit der Gestaltung von IT-Systemen und wurde mit § 3a Satz 1 BDSG ins Bundesrecht übernommen, nachdem er zuvor schon in § 3 Abs. 4 TDDSG, in § 12 Abs. 5 MDStV sowie im Landesdatenschutzrecht enthalten war. Er dient dazu, dass keine bzw. so wenig personenbezogene Daten wie möglich erhoben werden und trägt somit als Konkretisierung des Verhältnismäßigkeitsgrundsatzes zum Schutz des Rechts auf informationelle Selbstbestimmung bei. Diesbezüglich soll bereits bei der Gestaltung und Auswahl der technischen Systeme die Erhebung personenbezogener Daten soweit wie möglich vermieden werden, solange auch auf eine solche Weise das angestrebte Ziel erreicht werden kann. Bei Beachtung des zuvor erläuterten Grundsatzes muss die verantwortliche Stelle vorab prüfen, welche Daten für den jeweiligen Zweck tatsächlich erforderlich sind und entsprechende Vorgaben bei der Systemgestaltung machen. 105

Als Mittel zur Datenvermeidung nennt § 3a Satz 2 BDSG die Anonymisierung und Pseudonymisierung. Unter Anonymisierung versteht man nach § 3 Abs. 6 BDSG das Verändern personenbezogener Daten derart, dass die Einzelangaben über persönliche oder sachliche Verhältnisse nicht mehr oder nur mit einem unverhältnismäßig großen Aufwand an Zeit, Kosten und Arbeitskraft einer bestimmten oder bestimmbaren natürlichen Person zugeordnet werden können. Hingegen bedeutet Pseudonymisierung gemäß § 3 Abs. 6 lit. a) BDSG das Ersetzen von Identifikationsmerkmalen durch ein Kennzeichen. 106

Ein Verstoß gegen § 3a BDSG kann zu einer Beanstandung führen, nicht aber für sich zur materiellen Rechtswidrigkeit einer konkreten Datenverarbeitung. Allerdings führt eine Grundsatzverletzung im Rahmen von Abwägungsvorschriften (z.B. §§ 28 f. BDSG) zur Rechtswidrigkeit. 107

e) Transparenz

Der Grundsatz der Transparenz dient dem Ziel, dass der Einzelne Einsicht in die ihn betreffenden Datenverarbeitungsprozesse erlangt. Nur wenn der Betroffene Kenntnis diesbezüglich hat, ist es ihm möglich, sein Recht auf informationelle Selbstbestimmung zu nutzen. Die verantwortliche Stelle hat im Rahmen der Verwirklichung dieses Grundsatzes einige Regeln hinsichtlich der Nachvollziehbarkeit einzuhalten. So muss sie eine Übersicht über die durchgeführten Verfahren mit personenbezogenen Daten erstellen, das sog. Verfahrensverzeichnis. In dieses sind bei nicht-öffentlichen Stellen die Angaben entsprechend den Meldepflichten einzutragen. Auch ist es notwendig, dass alle vergebenen Auftragsdatenverarbeitungen aufgeführt werden. Ist das Verfahrensverzeichnis mit Mängeln behaftet, ist es möglich, dass die automatische Verarbeitung personenbezogener Daten unzulässig ist. Ein Recht zur Einsichtnahme steht nicht nur dem Betroffenen, sondern jedermann zu. 108

109 Aus dem Transparenzprinzip erwachsen unterschiedliche Rechte und Pflichten. So besteht ein Auskunftsrecht des Betroffenen hinsichtlich der Erhebung, Verarbeitung und Nutzung seiner personenbezogenen Daten durch die verantwortliche Stelle, welches sich aus der Rechtsweggarantie des Art. 19 Abs. 4 GG ergibt (vgl. §§ 19 und 34 BDSG). Nur wenn dem Betroffenen eine solche Befugnis zusteht, ist es ihm überhaupt möglich, weitere ihm zustehende Rechte in Anspruch zu nehmen. Daneben bestehen Benachrichtigungs- und Informationspflichten. Ist es zu keiner Information im Rahmen der Datenerhebung gekommen und liegt keine gesetzliche Rechtfertigung hinsichtlich der Speicherung und Übermittlung vor, muss an den Betroffenen bei der erstmaligen Speicherung seiner Daten eine Benachrichtigung ergehen, aus deren Inhalt sich die Datenart, die Zweckbestimmung, die Identität der verantwortlichen Stelle und bei einer erstmaligen Übermittlung der Daten der entsprechende Adressat ergibt (§§ 19a Abs. 1 und 33 Abs. 1 BDSG). Oft ist eine solche Benachrichtigung jedoch entbehrlich (vgl. §§ 19a Abs. 2 Nr. 2 und 33 Abs. 2 Nr. 7 lit. a BDSG). Für besondere Verfahren, wie z.B. die Videoüberwachung nach § 6b BDSG, bestehen darüber hinaus bestimmte Informationspflichten. § 42a BDSG normiert eine eben solche Pflicht gegenüber der zuständigen Aufsichtsbehörde für den Fall, dass gespeicherte personenbezogene Daten unrechtmäßig Dritten zur Kenntnis gelangt sind und infolgedessen Beeinträchtigungen für die Rechte und schutzwürdigen Interessen des Betroffenen drohen. Wurden nach der sog. Datenschutzpanne Schutzvorkehrungen getroffen und kommt eine Gefährdung eines etwaigen Strafverfahrens nicht mehr in Betracht, muss außerdem der Betroffene informiert werden.

f) Direkterhebung

110 Die erforderlichen Daten müssen direkt beim Betroffenen erhoben werden; eine Ausnahme davon ist nur möglich, wenn er die Daten selbst veröffentlicht hat oder sie wegen gesetzlicher Regelungen einsehbar sind.

III. Bereichsspezifischer Datenschutz: §§ 91–107 TKG

111 Die Datenschutzvorschriften des TKG finden sich im 7. Teil des Gesetzes unter dem Titel »Fernmeldegeheimnis, Datenschutz, Öffentliche Sicherheit« im Abschnitt 2 »Datenschutz« (§§ 91–107 TKG). Dort wird der Schutz personenbezogener Daten[84] der an der Telekommunikation Beteiligten bei der Erhebung und Verwendung durch Diensteanbieter i.S.v. § 3 Nr. 6 TKG geregelt und das Recht auf informationelle Selbstbestimmung aus Art. 2 Abs. 1 i.V.m. Art. 1 Abs. 1 GG im Bereich der Telekommunikation spezialgesetzlich normiert.

112 Nach § 1 Abs. 3 BDSG ist das BDSG subsidiär zu anderen Rechtsvorschriften des Bundes, wenn diese ebenfalls auf personenbezogene Daten anwendbar sind. Es gehen daher Bestimmungen zum Datenschutz in §§ 91 ff. TKG den allgemeinen Bestimmungen des BDSG als bereichsspezifische Regelungen vor.

113 Ebenso wie das BDSG basiert auch das Datenschutzkonzept des TKG auf den eingangs angeführten klassischen datenschutzrechtlichen Regelungsansätzen wie bspw. dem Verbot mit Erlaubnisvorbehalt.

1. Anwendungsbereich

114 Der 2. Abschnitt des TKG soll dem Schutz personenbezogener Daten dienen, unter denen, parallel zur Definition in § 3 Abs. 1 BDSG, Einzelangaben über persönliche oder sachliche Verhältnisse einer bestimmten oder bestimmbaren natürlichen Person zu ver-

---

84 Zum Begriff vgl. Rdn. 95 bzw. § 3 Abs. 1 BDSG.

D. Sicherheit und Datenschutz

stehen sind. Einzelangaben sind wiederum Informationen, die sich auf eine bestimmte natürliche Person beziehen oder geeignet sind, einen Bezug zu ihr herzustellen,[85] also beispielsweise der Name, die Adresse, das Einkommen, der Familienstand.

Geschützt werden sollen Teilnehmer und Nutzer von Telekommunikationsdiensten. In § 3 Nr. 20 TKG wird der Teilnehmerbegriff gesetzlich definiert. Danach ist Teilnehmer derjenige, der Vertragspartner ist, was in den meisten Fällen der Inhaber des entsprechenden Anschlusses sein wird. Jede natürliche Person, die einen Telekommunikationsdienst für private oder geschäftliche Zwecke nutzt, ist nach § 3 Nr. 14 TKG Nutzer. Darunter fallen in der Regel zum Haushalt des Anschlussinhabers gehörende Personen oder die Angestellten eines Teilnehmers. Für die Einordnung einer Person unter die zuvor genannte Definition ist einzig und allein die tatsächliche Nutzung entscheidend, weshalb eine rechtsgeschäftliche Vereinbarung mit dem Anschlussinhaber nicht maßgeblich ist. **115**

Grundsätzlich gilt das Datenschutzrecht nur für Einzelangaben natürlicher Personen, wobei § 91 Abs. 1 Satz 2 TKG den Anwendungsbereich des Telekommunikationsdatenschutzes abweichend von diesem Richtsatz erweitert. Soweit Einzelangaben über juristische Personen und Personengesellschaften, die unter ihrer Firma eigene Rechte erwerben und Verbindlichkeiten eingehen können (entsprechend § 124 Abs. 1 HGB), dem Fernmeldegeheimnis unterliegen, werden sie den personenbezogenen Daten gleichgestellt und erfahren ebenso den Schutz der §§ 91 ff. TKG. **116**

Verpflichtet werden durch den 2. Abschnitt des TKG Erbringer von Telekommunikationsdiensten. Solche Dienste werden in § 3 Nr. 24 TKG als in der Regel gegen Entgelt erbrachte Dienste, die ganz oder überwiegend in der Übertragung von Signalen über Telekommunikationsnetze bestehen, einschließlich Übertragungsdienste in Rundfunknetzen definiert. Demnach sind sie nicht auf den Sprachtelefondienst beschränkt; sie erfassen auch Datenübertragungsdienste, Datenbankdienste, Zusammenschaltungs- und Netzzugangsdienste, Internet- und Service Provider. Da dieser Begriff sehr weit gefasst ist, muss in vielen Fällen eine Abgrenzung zu den Telemediendiensten i.S.v. § 1 Abs. 1 TMG, die den Bestimmungen des TMG unterfallen, vorgenommen werden.[86] Um die Telemediendienste von den Telekommunikationsdiensten abzugrenzen, muss zwischen dem technischen Vorgang der Telekommunikation und den mit Hilfe der Telekommunikation angebotenen Diensten, die auf den Übertragungsinhalt ausgerichtet sind, differenziert werden. Da die Telemediendienste auf der Technik der Telekommunikation aufbauen, sind sie mit den Telekommunikationsdiensten verzahnt, die Erbringung dieser Dienste setzt einen Telekommunikationsdienst voraus. Die Telekommunikationsdienste können hingegen unabhängig von Telemediendiensten angeboten und genutzt werden.[87] **117**

Damit Abschnitt 2 des TKG Anwendung finden kann, ist es notwendig, dass ein geschäftsmäßiges Erbringen von Diensten vorliegt, worunter nach § 3 Nr. 10 TKG das nachhaltige Angebot von Telekommunikation für Dritte mit oder ohne Gewinnerzielungsabsicht zu verstehen ist. Dabei ist es irrelevant, ob es sich um ein gewerbsmäßiges Angebot handelt. Vielmehr ist maßgeblich, dass der Telekommunikationsdienst für eine gewisse Dauer angeboten wird und keine Begrenzung auf den Einzelfall gegeben ist.[88] Die Anzahl der berechtigten Nutzer ist nicht entscheidend.[89] **118**

---

85 Gola/Schomerus/*Schomerus* § 3 BDSG Rn. 3.
86 Ausführlich zur Abgrenzung Telekommunikationsdienst – Telemediendienst: FA IT-Recht/*Kamps* Kap. 20 Rn. 137 ff.
87 Beck'scher TKG-Kommentar/*Robert* § 91 TKG Rn. 7.
88 Näher zur Abgrenzung zwischen einem gelegentlichen und einem dauerhaften Angebot in der Praxis: Gola/Jaspers RDV 1998, 243.
89 *Ohlenburg* MMR 2004, 431, 432.

2. Einzelne Regelungen

119 Die Übermittlung von personenbezogenen Daten an ausländische Stellen ist nur in engen Grenzen zulässig. Diesbezüglich verweist § 92 TKG auf die Vorschriften des BDSG. Neben den Vorgaben, die das BDSG an eine Übermittlung von Daten ins Ausland stellt, finden sich in § 92 TKG weitere Zulässigkeitserfordernisse. Danach ist eine solche Datenübermittlung nur statthaft, wenn sie für die Erbringung von Telekommunikationsdiensten, die Erstellung oder Versendung von Rechnungen oder die Missbrauchsbekämpfung erforderlich ist. Hinsichtlich der Erforderlichkeit kann es durchaus ausreichend sein, wenn eine kostengünstigere Rechnungserstellung im Ausland möglich ist.[90]

120 § 93 TKG normiert gewisse Unterrichtungspflichten des Diensteanbieters. Bei Vertragsschluss muss über Art, Umfang, Ort und Zweck der Erhebung und Verwendung personenbezogener Daten in der Weise unterrichtet werden, dass die Teilnehmer in allgemein verständlicher Form Kenntnis von den grundlegenden Verarbeitungstatbeständen der Daten erhalten. Kommt es unter Umständen zu einer Weitergabe der Daten an Dritte, muss auch dies durch den Diensteanbieter mitgeteilt werden.[91]

121 Im Rahmen der Datenschutzregelungen des TKG muss zwischen Bestandsdaten, die für das Vertragsverhältnis als solches erforderlich sind, und Verkehrsdaten, die sich aus der Nutzung des Dienstes ergeben, unterschieden werden. § 95 TKG regelt ausschließlich die Erhebung und Verwendung von Bestandsdaten und sieht vor, dass diese erhoben und verwendet werden dürfen, soweit es zur Erreichung des in § 3 Nr. 3 TKG genannten Zweckes erforderlich ist. Nach der Legaldefinition unter § 3 Nr. 3 TKG handelt es sich bei Bestandsdaten um die Daten eines Teilnehmers, die für die Begründung, inhaltliche Ausgestaltung, Änderung oder Beendigung eines Vertragsverhältnisses über Telekommunikationsdienste erhoben werden. Gemäß § 95 Abs. 1 Satz 2 TKG dürfen Diensteanbieter, die miteinander in einem Vertragsverhältnis stehen, untereinander die Bestandsdaten ihrer Kunden erheben und verwenden. Dies gilt allerdings nur soweit, wie es für die Erfüllung des Vertrages zwischen den Diensteanbietern erforderlich ist. Die Regelung des § 95 Abs. 1 Satz 2 TKG stellt für die Zulässigkeit der Datenverarbeitung ausschließlich auf den Vertrag zwischen den Diensteanbietern ab. Allerdings können nicht alle Vertragspflichten die Verarbeitung von Bestandsdaten legitimieren. Vielmehr muss im Einzelfall ein unmittelbarer Zusammenhang zur geschäftsmäßigen Erbringung von Telekommunikationsdiensten bestehen. Ansonsten ist nach § 95 Abs. 1 Satz 3 TKG eine Übermittlung von Bestandsdaten an Dritte nur zulässig, wenn ein Gesetz dies vorsieht oder der betroffene Teilnehmer eingewilligt hat.

122 § 96 TKG regelt die Erhebung und Verwendung von Verkehrsdaten. Verkehrsdaten sind nach der allgemeinen Legaldefinition unter § 3 Nr. 30 TKG diejenigen Daten, die bei der Erbringung eines Telekommunikationsdienstes erhoben, verarbeitet oder genutzt werden. Die Verkehrsdaten werden für den Anwendungsbereich des § 96 TKG noch durch die Aufzählung unter Abs. 1 Nr. 1–5 präzisiert (bspw. § 96 Abs. 1 Nr. 1 TKG: Rufnummer, personenbezogene Berechtigungskennungen, die Nummer von Kundenkarten und den Standort bei mobilen Anschlüssen). Diese Verkehrsdaten dürfen nur verwendet werden, soweit dies für die in §§ 91–107 TKG genannten oder durch andere gesetzliche Vorschriften begründeten Zwecke oder zum Aufbau weiterer Verbindungen erforderlich ist. Ist dies nicht der Fall, sind Verkehrsdaten vom Diensteanbieter nach Beendigung der Verbindung unverzüglich zu löschen. Was unter unverzüglich zu verstehen ist, ist insbesondere im Zusammenhang mit § 97 Abs. 3 TKG zu bewerten. Ist eine Löschung unmit-

---

90 *Ohlenburg* MMR 2004, 431, 432.
91 BT-Drs. 15/2316, 88.

telbar nach Beendigung der Verbindung möglich, so hat sie zu erfolgen. Es ist auf eine Löschung ohne schuldhaftes Zögern (§ 121 BGB) abzustellen.

§ 96 Abs. 3 TKG normiert, dass der Diensteanbieter teilnehmerbezogene Verkehrsdaten, die vom Anbieter eines Telekommunikationsdienstes für die Öffentlichkeit verwendet werden, zum Zwecke der Vermarktung von Telekommunikationsdiensten, zur bedarfsgerechten Gestaltung von Telekommunikationsdiensten oder zur Bereitstellung von Diensten mit Zusatznutzen im dazu erforderlichen Zeitraum nur verwendet werden dürfen, sofern der Betroffene in diese Verwendung eingewilligt hat. Da durch die Einwilligung jede Verwendung von Verkehrsdaten gerechtfertigt sein kann, kommt § 96 Abs. 3 TKG insofern keine eigenständige Bedeutung zu. Die Regelung ist jedoch dahingehend auszulegen, dass in ihrem Anwendungsbereich ein Rückgriff auf allgemeine gesetzliche Erlaubnistatbestände ausgeschlossen ist. Durch § 96 Abs. 4 TKG wird die Informationspflicht nach § 93 TKG für die Einwilligung konkretisiert und um die Pflicht zum Hinweis auf das Recht zum Widerruf der Einwilligung ergänzt.[92] 123

Die Zulässigkeit der Verwendung von Verkehrsdaten zur Ermittlung und Abrechnung von Entgelten ist vollständig in der eigenen Bestimmung in § 97 TKG geregelt. Der Anwendungsbereich der Norm ist auf den abschließenden Katalog der Verkehrsdaten in § 96 Abs. 1 TKG beschränkt. 124

Eine Besonderheit des TKG ist die Regelung über die Standortdaten in § 98 TKG hinsichtlich »Location Based Services«. Gemäß § 3 Nr. 19 TKG sind Standortdaten solche, die in einem Telekommunikationsnetz (§ 3 Nr. 27 TKG) erhoben oder verwendet werden und die den Standort des Endgerätes eines Endnutzers eines Telekommunikationsdienstes (§ 3 Nr. 24 TKG) für die Öffentlichkeit angeben. Unter Endnutzer ist in diesem Zusammenhang eine juristische oder natürliche Person zu verstehen, die weder öffentliche Telekommunikationsnetze betreibt, noch Telekommunikationsdienste für die Öffentlichkeit erbringt (§ 3 Nr. 8 TKG). § 98 TKG regelt insbesondere, inwieweit und unter welchen Voraussetzungen Standortdaten verwendet werden dürfen. Der Normadressat ist vorrangig der Diensteanbieter. Daneben richtet sich die Vorschrift aber auch an den Teilnehmer, der gegenüber seinen Mitbenutzern verpflichtet ist. Begrenzt wird die Verarbeitung solcher Daten auf das für die Bereitstellung von Diensten mit Zusatznutzen erforderliche Maß. Die Daten müssen unverzüglich anonymisiert werden oder es muss eine Einwilligung des Betroffenen vorliegen. Allerdings ist es nicht notwendig, dass vor jeder Inanspruchnahme der Dienste eine Einwilligung abgegeben wird. Es ist vielmehr ausreichend, wenn beispielsweise in einem Rahmenvertrag eingewilligt wird. Hinsichtlich der Widerruflichkeit der Verarbeitung normiert § 98 Abs. 1 TKG Unterrichtungs- und Hinweispflichten. Sonderregelungen sind für Einrichtungen geschaffen worden, welche Notrufe bearbeiten. Es ist notwendig, dass der Diensteanbieter sicherstellt, dass die Verarbeitung von Standortdaten für diese Stelle auch dann möglich ist, wenn der Nutzer dies grundsätzlich abgelehnt hat (§ 98 Abs. 3 TKG). An dieser Regelung wird deutlich, dass der Gesetzgeber der staatlichen Schutzpflicht einen höheren Stellenwert eingeräumt hat als den Interessen des Einzelnen. 125

Hinsichtlich des Umfangs sind bei der Verarbeitung von Standortdaten Einschränkungen zu beachten, da sie einerseits nur in dem Maß verarbeitet werden dürfen, welches zur Dienstbereitstellung erforderlich ist und andererseits die Verarbeitung nur innerhalb des dafür erforderlichen Zeitraumes erfolgen darf. 126

Nach § 99 TKG kann jeder Teilnehmer einen Einzelverbindungsnachweis fordern. Kommt es zu bedrohenden oder belästigenden Anrufen, hat der Diensteanbieter im Fall 127

---

92 Spindler/Schuster/*Eckhardt* § 96 TKG Rn. 10.

eines Antrages Auskunft über die Anschlüsse zu erteilen, von denen diese Anrufe stammen. Daneben muss die Möglichkeit bestehen, eine Rufnummernanzeige dauerhaft oder für einzelne Anrufe zu unterdrücken. Im Umkehrschluss darf es allerdings auch nicht ausgeschlossen sein, dass Angerufene eingehende Anrufe, bei denen die Rufnummer unterdrückt ist, abweisen können (vgl. § 102 TKG). Ein Eintrag ins Teilnehmerverzeichnis darf nur auf Antrag erfolgen. Eine Telefonauskunft hinsichtlich Rufnummern von Teilnehmern ist ausschließlich zulässig, wenn diese über ihr Widerspruchsrecht informiert wurden und es trotzdem nicht zu einem Widerspruch kam. Für weitergehende Auskunftserteilungen ist eine ausdrückliche Einwilligung unumgänglich (§ 105 Abs. 2 TKG). Gemäß § 105 Abs. 3 TKG ist eine Auskunft über Name und Anschrift des Teilnehmers zulässig, wenn dessen Rufnummer bekannt ist (sog. Inverssuche).

IV. Bereichsspezifischer Datenschutz: §§ 11–15a TMG

128 Das TMG enthält für Telemedien im Sinne des § 1 Abs. 1 TMG im 4. Abschnitt (§§ 11–15a TMG) Regelungen zum Datenschutz in Telemediendiensten. Das TMG hat diese Vorschriften fast vollständig aus dem Teledienstdatenschutzgesetz übernommen. Wie die anderen datenschutzrechtlichen Bestimmungen auch soll das TMG in erster Linie dem Schutz des Rechts auf informationelle Selbstbestimmung dienen.

129 Auch hierbei gilt der Subsidiaritätsgrundsatz nach § 1 Abs. 3 BDSG. Es gehen daher Bestimmungen zum Datenschutz in §§ 11–15a TMG den allgemeinen Bestimmungen des BDSG als bereichsspezifische Regelungen vor.

1. Anwendungsbereich

130 Den Anwendungsbereich des Gesetzes bestimmt die Negativabgrenzung in § 11 TMG. Danach gelten die Datenschutzvorschriften des TMG nicht für die Erhebung und Verwendung personenbezogener Daten der Nutzer von Telemedien, wenn die Bereitstellung solcher Dienste im Dienst- und Arbeitsverhältnis zu **ausschließlich beruflichen oder dienstlichen Zwecken** erfolgt. Folglich findet in Dienst- und Arbeitsverhältnissen das BDSG Anwendung.[93] Darüber hinaus entfalten die §§ 11 ff. TMG ausschließlich Wirkung für personenbezogene Daten natürlicher Personen. In § 11 Abs. 3 TMG findet sich für doppelregulierte Diensteanbieter eine datenschutzrechtliche Klarstellung, nach der die Anwendung der datenschutzrechtlichen Vorschriften auf das Kopplungsverbot (§ 12 Abs. 3 TMG), die Möglichkeit der Datenverarbeitung zur Bekämpfung von missbräuchlichen Nutzungen (§ 15 Abs. 8 TMG) und die damit verbundenen Sanktionen (§ 16 Abs. 2 Nr. 4 TMG) beschränkt ist. Ansonsten findet ausschließlich der telekommunikationsrechtliche Datenschutz Anwendung.

131 Hinsichtlich des Begriffes der personenbezogenen Daten muss ebenso wie im Rahmen des TKG auf die Legaldefinition des BDSG zurückgegriffen werden, weshalb diesbezüglich auf die Ausführungen zu diesem Gesetz verwiesen wird.[94]

2. Einzelne Regelungen

132 Auch im TMG gilt das Grundprinzip des Verbots mit Erlaubnisvorbehalt, welches in § 12 Abs. 1 TMG normiert ist. Danach ist die Erhebung und Verwendung personenbezogener Daten nur zulässig, wenn der Betroffene einwilligt oder eine Rechtsvorschrift ein

---

93 Zum Themenkomplex Nutzung von Arbeitnehmerdaten vgl. *Mähner*: Neuregelung des § 32 BDSG zur Nutzung personenbezogener Mitarbeiterdaten – Am Beispiel der Deutschen Bahn AG, MMR 2010, 379.
94 Siehe oben Rdn. 93 ff.

solches Vorgehen ausdrücklich erlaubt. Allerdings muss sich die Norm gemäß § 12 Abs. 1 TMG ausdrücklich auf Telemedien beziehen, wodurch der Gesetzgeber das Spezialitätsverhältnis der Erlaubnistatbestände des TMG zu den allgemeinen datenschutzrechtlichen Erlaubnistatbeständen deutlicher herausgestellt und Unklarheiten beseitigt hat.[95] §§ 14, 15 TMG enthalten solche Erlaubnistatbestände für die Erhebung und Verwendung von Bestands- und Nutzungsdaten. Beide Regelungen enthalten die Voraussetzung der Erforderlichkeit. Während sich allerdings § 14 TMG auf die Entstehung eines Vertragsverhältnisses zwischen Anbieter und Nutzer bezieht, ist Gegenstand des § 15 TMG das bereits laufende Nutzungsverhältnis. So muss im Rahmen des § 14 TMG die Begründung, inhaltliche Ausgestaltung oder Änderung eines Vertragsverhältnisses zwischen dem Diensteanbieter und dem Nutzer über die Nutzung von Telemedien die Erhebung oder Verwendung personenbezogener Daten erfordern. Bei § 15 TMG hingegen muss es erforderlich sein, die Daten zu erheben oder zu verwenden, um die Inanspruchnahme von Telemedien zu ermöglichen und abzurechnen (Nutzungsdaten). Sollte keine gesetzliche Regelung die Erhebung und Nutzung der personenbezogenen Daten erlauben, kann ein solches Vorgehen nur zulässig sein, wenn der Betroffene eingewilligt hat. Die Einwilligung muss auf einer freien Entscheidung basieren. Dieses Erfordernis wird um das Kopplungsverbot des § 12 Abs. 3 TMG erweitert, nach dem die Bereitstellung von Telemedien nicht an die Einwilligung des Nutzers in die Verwendung seiner Daten für z.B. personalisierte Werbung geknüpft werden darf, wenn dem Nutzer kein anderer Zugang zu diesen Telemedien in zumutbarer Weise möglich ist. Daneben hat der Nutzer über die Erhebung und Verwendung seiner Daten informiert zu werden (§ 13 Abs. 1 TMG). Grundsätzlich gilt für die Einwilligung die Schriftform (§ 4a Abs. 1 Satz 3 BDSG), wovon allerdings nach § 13 Abs. 2 TMG unter engen Voraussetzungen abgewichen werden kann, so dass auch die Erteilung der Einwilligung in elektronischer Form möglich ist.[96] Vorformulierte Einwilligungserklärungen unterliegen der Inhaltskontrolle des § 307 BGB.[97]

Nach § 12 Abs. 2 TMG unterliegt der Diensteanbieter hinsichtlich der für die Bereitstellung von Telemedien erhobenen personenbezogenen Daten einer strengen Zweckbindung und darf deshalb diese nur dann für andere Zwecke verwenden, wenn ein Erlaubnistatbestand greift oder der Nutzer eingewilligt hat. **133**

Zur Umsetzung des aus dem Volkszählungsurteil folgenden Prinzips der Transparenz hat der Anbieter den Nutzer nach § 13 Abs. 1 TMG vor jeder Erhebung über die Art, den Umfang, den Ort sowie den Zweck der Datenerhebung, -verarbeitung oder -nutzung zu informieren. § 13 Abs. 7 TMG gewährt dem Nutzer einen Anspruch auf unverzügliche Auskunft, die auf sein Verlangen hin auch elektronisch erteilt werden kann. **134**

In § 13 Abs. 6 TMG finden sich Konzepte zum Selbst- und Systemdatenschutz, die eine Umsetzung des Transparenzgrundsatzes ermöglichen. Der Anbieter hat Sorge dafür zu tragen, dass die wichtigsten Datenschutzanforderungen durch technische Maßnahmen erfüllt werden. In diesem Zusammenhang muss er es den Nutzern ermöglichen, die Nutzung von Telemedien und ihre Bezahlung anonym oder unter Verwendung eines Pseudonyms vorzunehmen. Die Begriffe des Anonymisierens und des Pseudonymisierens sind i.S.d. BDSG zu verstehen.[98] **135**

Auch wenn personenbezogene Daten grundsätzlich durch das TMG geschützt werden, eröffnet § 14 Abs. 2 TMG die Möglichkeit, dass bestimmte Dritte Auskunft über die vor- **136**

---

[95] Spindler/Schuster/*Spindler/Nink* § 12 TMG Rn. 5.
[96] Hinsichtlich weiterer Ausführungen zu den Voraussetzungen einer wirksamen Einwilligung wird verwiesen auf Schwartmann/*Schmittmann* 6. Abschnitt Rn. 86 ff.
[97] BGH NJW 2000, 2677.
[98] Siehe oben Rdn. 106.

liegenden Daten erhalten. Danach besteht ein Auskunftsanspruch für Zwecke der Strafverfolgung und der Gefahrenabwehr durch die Polizeibehörden der Länder sowie im Rahmen ihrer gesetzlichen Aufgaben auch für Verfassungsbehörden des Bundes und der Länder, für den Bundesnachrichtendienst und den Militärischen Abschirmdienst. Durch die Umsetzung der gemeinschaftsrechtlichen Enforcement-Richtlinie[99] wird der Kreis auskunftsberechtigter Personen daneben erheblich erweitert, so dass auch denjenigen aus § 14 Abs. 2 TMG ein Auskunftsanspruch zusteht, die ihre geistigen Eigentumsrechte durchsetzen wollen. Es ist nicht notwendig, dass dieser Anspruch im Rahmen eines gerichtlichen Verfahrens oder Anordnung geltend gemacht wird, auch ein schlichtes Auskunftsersuchen ist ausreichend.[100] Das Auskunftsrecht gilt für alle Bestandsdaten und über die Verweisung in § 15 Abs. 5 Satz 4 TMG auch für alle Nutzungs- und Abrechnungsdaten. Allerdings ergeben sich für die Anbieter keine Beobachtungs- oder Datensammlungspflichten; sie müssen lediglich Auskunft über die Daten erteilen, die sie bereits gespeichert haben.[101] Zu beachten ist jedoch, dass dem Diensteanbieter hinsichtlich der Auskunft kein Ermessen zukommt. Auch wenn sich in der Vorschrift das Wort »darf« findet, bedeutet dies ausschließlich, dass eine Befugnis zur Herausgabe der Daten ohne Verletzung der datenschutzrechtlichen Bestimmungen besteht. Eine Entscheidung, ob die Herausgabe überhaupt vorzunehmen ist, steht dem Anbieter nicht zu.[102]

E. Verantwortlichkeit für Telemediendienste

I. Einleitung

137 Das Telemediengesetz (TMG) vom 26.2.2007[103] hat das früher anwendbare Teledienstegesetz (TDG)[104] zum 1.3.2007[105] ersetzt. Das TMG regelt in seinem Abschnitt 3 unter §§ 7 bis 10 die Verantwortlichkeit der Diensteanbieter für Informationen und sieht hierbei Haftungserleichterungen vor. Hierbei handelt es sich um eine zentrale und kontrovers diskutierte Frage, wer sich für die zahlreichen im Internet abrufbaren Inhalte verantwortlich zeichnet bzw. zeichnen lassen muss.

138 In der aktuellen Praxis ist festzustellen, dass die Grenzen zwischen Anbieter, Nutzer und Provider verschwimmen. Die Inhalte stammen vorrangig von den Nutzern des Internet und nicht mehr von zentralen Content-Anbietern, unabhängig davon, wo diese Inhalte gespeichert sind (sog. »User Generated Content« = nutzergenerierter Inhalt). Typische Beispiele sind Webforen, Portale wie »YouTube«, »Clipfish«, »MySpace«, »Flickr« etc. oder Kommentarfunktionen in Blogs. Auch in Anbetracht der Vielzahl der möglichen Fallgestaltungen (Hyperlinks,[106] Usenet,[107] embedded links, Weblogs,[108] Online-Foren,[109] Bewertungsplattformen, Peer-to-Peer-Netzwerke,[110] »ebay«,[111] Social Media Plattfor-

---

99 Richtlinie 2004/48/EG zur Durchsetzung der Rechte des geistigen Eigentums.
100 Schwartmann/*Schmittmann* 6. Abschnitt Rn. 91.
101 *Roßnagel* NVwZ 2007, 743, 748.
102 BT-Drs. 16/3135, 2.
103 BGBl. I S. 179.
104 BGBl. I S. 1870.
105 Das TMG wurde zuletzt durch Gesetz vom 31.5.2010 geändert, BGBl. I, 692.
106 BVerfG MMR 2009, 459 Rn. 18, unter Bezugnahme auf: Spindler/Schuster/*Hoffmann* Vor § 7 TMG Rn. 34 ff.
107 OLG Hamburg MMR 2009 – Spring nicht (Usenet I); OLG Hamburg MMR 2009, 405 – alphaload.
108 LG Hamburg MMR 2008, 265 zur Haftung für Äußerungen im Weblog.
109 OLG Hamburg MMR 2009, 479 – Kochrezepte.de.
110 BGH GRUR 2009, 841 – Cybersky.
111 Ausbau der bisherigen Rechtsprechung zur Störerhaftung durch spezifische Verkehrspflichten: BGH MMR 2009, 391 – Halzband.

E. Verantwortlichkeit für Telemediendienste

men[112] etc.) stellt die zivilrechtliche Haftung von Host- und Access-Providern im Hinblick auf Rechtsverletzungen Dritter in der Praxis einen zentralen Diskussionspunkt dar. Das TMG stellt zwar detaillierte Regelungen zur Verantwortlichkeit von Diensteanbietern auf, dennoch bestehen insbesondere bei zivilrechtlichen Beseitigungs- und Unterlassungsansprüchen erhebliche Rechtsunsicherheiten.

Der Diensteanbieter wird in § 2 Satz 1 Nr. 1 TMG legaldefiniert als »natürliche oder juristische Person, die eigene oder fremde Telemedien zur Nutzung bereit hält oder den Zugang zur Nutzung vermittelt«. Für die Frage nach der Haftung des Diensteanbieters ist somit zwischen eigenen und fremden Informationen zu unterscheiden. § 7 Abs. 1 TMG definiert in diesem Zusammenhang die Grundregel, nach der der Diensteanbieter für **eigene** Inhalte nach den allgemein Gesetzen voll verantwortlich und somit nicht privilegiert ist. Daneben bestätigt die Systematik der §§ 7 bis 10 THG – ebenso wie die des bisherigen § 5 TDG a.F. – den allgemeinen Grundsatz, dass Diensteanbieter für die von ihnen gespeicherten oder übermittelten **fremden** Informationen ebenfalls nach den allgemeinen Gesetzen verantwortlich sind, sofern die Verantwortlichkeit nicht nach den §§ 8 bis 10 TMG ausgeschlossen ist.[113] Hierdurch werden die Dienste der Content-Provider von denen der Host- und Access-Provider voneinander abgegrenzt. In diesem Zusammenhang ist jedoch zu berücksichtigen, dass die Privilegierung nicht von der Bezeichnung oder der Einordnung des Diensteanbieters als Host- oder Access-Provider abhängig ist, sondern vielmehr von der konkreten Art der Tätigkeit der Diensteanbieter.

139

Die Haftung des Anbieters[114] für rechtswidrige, unter dessen Telemediendienst gespeicherte oder abrufbare Inhalte steht zudem im Spannungsfeld zwischen der Haftungsbeschränkung nach dem TMG und den vom BGH aufgestellten Grundsätzen zur sog. Störerhaftung.[115] Während dem Diensteanbieter hinsichtlich der zivilrechtlichen Schadensersatzhaftung und der strafrechtlichen Verantwortlichkeit die Haftungsprivilegierung nach §§ 8–10 TMG zugute kommt, kann er nach der Rechtsprechung des BGH dennoch **zur Unterlassung** des Angebots verpflichtet sein. Der BGH hat die Privilegierung nach § 10 Satz 1 TMG (= § 11 Satz 1 TDG a.F.) nur für Schadensersatzansprüche, nicht dagegen auf Unterlassungsansprüche angewandt.[116] Diese Differenzierung wird in der Literatur kritisch betrachtet.[117] Festzuhalten ist, dass nach der Rechtsprechung des BGH[118] die Haftungsprivilegien der §§ 8 bis 10 TMG für die in der Praxis relevanten Unterlassungsansprüche gegen einen Diensteanbieter als Verantwortlichen (Störer oder Täter)[119] nicht gelten; sie betreffen lediglich die strafrechtliche Verantwortlichkeit und die zivilrechtliche Schadensersatzhaftung. Um eine endlose Ausdehnung der Störerhaftung (hinsichtlich Unterlassungsansprüchen) auf Dritte, die nicht selbst die rechtswidrige Beeinträchtigung vorgenommen haben, zu vermeiden, setzt die Unterlassungshaftung nach der Rechtsprechung eine Verletzung von Prüfungspflichten voraus. Deren Umfang

140

---

112 *Ott* ZUM 2008, 556.
113 BT-Drs.14/6098, 23.
114 Zu den Begriffen Content-, Access- und Hostprovider siehe sogleich unter Rdn. 143 f.
115 St. Rspr. seit BGH NJW 2004, 3102 – Internet-Versteigerung I; zuvor bereits OLG München NJW 2002, 2398 – vorsicht-nepp.de; zum Meinungsforum vgl. BGH NJW 2007, 2558 Rn. 7 – Meinungsforum m.w.N.; BGH NJW 2009, 2888 Rn. 14 – Spickmich.de.
116 BGH CR 2004, 763.
117 *Hoeren* MMR 2004, 643; *Rücker* CR 2005, 347; *Volkmann* K&R 2004, 231; *Heckmann* Kapitel 1.7, Rn. 134; a.a.O., Vorbem. Kapitel 1.7, Rn. 104 ff.
118 St. Rspr. seit BGH NJW 2004, 3102 – Internet-Versteigerung I; zuvor bereits OLG München NJW 2002, 2398 – vorsicht-nepp.de; zum Meinungsforum vgl. BGH NJW 2007, 2558 Rn. 7 – Meinungsforum m.w.N.; BGH NJW 2009, 2888 Rn. 14 – spickmich.de.
119 BGH CR 2007, 728.

bestimmt sich danach, ob und inwieweit dem als Störer in Anspruch Genommenen nach den Umständen des Einzelfalls eine Prüfung zuzumuten ist.[120]

II. Allgemeine Grundsätze § 7 TMG

141 Nach § 7 Abs. 1 TMG sind Diensteanbieter für eigene Informationen, die sie zur Nutzung bereithalten, nach den allgemeinen Gesetzen verantwortlich. § 7 Abs. 1 TMG entspricht im Wortlaut § 8 TDG a.F. bzw. § 6 MDStV a.F.

142 Die Regelungen der §§ 7–10 TMG weisen keinen haftungsbegründenden Charakter auf und enthalten keine Anspruchsgrundlagen, sondern setzen eine Verantwortlichkeit nach allgemeinen Vorschriften des Zivil- oder Strafrechts voraus.[121] Sie stellen keine selbständigen Anspruchsgrundlagen dar,[122] sondern schließen die Verantwortlichkeit, die nach allgemeinen Rechtsvorschriften eigentlich bestehen würde, lediglich für gewisse Fälle aus bzw. schränken diese ein (»Filterfunktion[123]«). Auch wenn es sich um eigene Informationen i.S.d. § 7 Abs. 1 TMG handelt, so muss zur Beantwortung der Frage nach der Haftung eine volle Prüfung der objektiven und subjektiven Tatbestandsmerkmale der jeweils anwendbaren Haftungsnorm (aus Urhebergesetz, Markengesetz etc.) erfolgen.

143 Bei den Diensteanbietern wird nach der Gesetzesbegründung eine Dreiteilung (»Trias der Provider«)[124] vorgenommen. Es wird unterschieden zwischen:
- Content-Providern, § 7 Abs. 1 TMG,
- Access-Providern, § 8 TMG und
- Host-Providern, § 10 TMG.

144 Nach § 7 Abs. 2 Satz 1 TMG sind die Diensteanbieter gemäß §§ 8–10 TMG und somit die Host- und Access-Provider nicht verpflichtet, die von ihnen übermittelten oder gespeicherten Informationen zu überwachen oder nach Umständen zu forschen, die auf eine rechtswidrige Tätigkeit hinweisen. Haftungsrechtlich privilegiert sind also diejenigen, die nur fremde Informationen in einem Kommunikationsnetz übermitteln oder zu denen sie den Zugang zur Nutzung vermitteln. § 7 Abs. 2 Satz 2 TMG wiederum sieht vor, dass Verpflichtungen zur Entfernung oder Sperrung der Nutzung von Informationen nach den allgemeinen Gesetzen auch im Falle der Nichtverantwortlichkeit des Diensteanbieters nach den §§ 8–10 TMG unberührt bleiben.

1. Eigene Informationen

145 § 7 Abs. 1 TMG wendet sich an alle Diensteanbieter im Sinne des § 2 Nr. 1 TMG. Sofern diese **eigene** Informationen bereithalten, sind sie für diese selbstverantwortlich. Auch nach der Gesetzesbegründung haftet der Anbieter (Content-Provider) für eigene Informationen uneingeschränkt nach allgemeinem Recht.[125] Hierbei spielt es keine Rolle, ob die Informationen gewerblich angeboten werden, da eine irgendwie geartete Gewerblichkeit weder im Begriff des Diensteanbieters noch des Bereithaltens enthalten ist;[126] insoweit findet die Regelung auch auf den Betreiber einer nicht gewerblichen bzw. privaten Homepage Anwendung.

---

120 BGH NJW-RR 2008, 1136 Rn. 50 – Internetversteigerung III.
121 BGH GRUR 2007, 724 – Meinungsforum; sowie BGH GRUR 2004, 860 – Internet-Versteigerung; BGH GRUR 2007, 708 – Internet-Versteigerung II.
122 Spindler/Schuster/*Hoffmann* Vorbem. §§ 7-10 TMG Rn. 2.
123 BT-Drs. 14/6098, 23.
124 *Leupold/Glossner* Teil 2. Abschnitt 2. C. III. 1. Rn. 142.
125 BT-Drs. 14/6098, 22.
126 Spindler/Schuster/*Hoffmann* § 7 TMG Rn. 12.

Der Begriff der »Informationen« ist dem Richtlinientext entnommen. Er entspricht dem 146
in § 5 TDG a.F. verwendeten Begriff »Inhalte« und umfasst alle Angaben, die im Rahmen
des jeweiligen Teledienstes übermittelt oder gespeichert werden.[127]

2. Zu eigen gemachte Informationen

Eigene Informationen im Sinne des TMG können nach der Gesetzesbegründung auch 147
Informationen Dritter sein, die sich der Diensteanbieter zu eigen macht. Stammt die
Information nicht vom Diensteanbieter, ist somit zunächst die Frage zu stellen, ob er sich
diese fremde Information zu eigen macht.

Bei der Bewertung, ob der Anbieter aus der Sicht des Nutzers die Informationen als 148
eigene übernehmen will oder ob diese für ihn erkennbar fremd sind, ist im Einzelfall
unter Berücksichtigung der jeweiligen Gesamtumstände zu beurteilen.[128] Es ist nicht
abschließend geklärt, wann sich ein Diensteanbieter Informationen zu eigen macht.[129]
Abzustellen ist nach der Rechtsprechung auf die Sicht eines objektiven Nutzers des
Angebots. Es bedarf einer wertenden Betrachtung aller Umstände des Einzelfalls. Entscheidend ist insoweit die Art der Datenübernahme, ihr Zweck und die konkrete Präsentation der fremden Daten durch den Übernehmenden.[130]

Im Bezug auf Online-Portale entschied der BGH,[131] dass sich der Betreiber einer Rezept- 149
sammlung im Internet die von seinen Nutzern hochgeladenen Inhalte zu eigen macht
und daher für diese Inhalte wie für eigene Inhalte haftet. Nach Ansicht des BGH hat der
Anbieter nach außen sichtbar die inhaltliche Verantwortung für die auf seiner Internetseite veröffentlichten Rezepte und Abbildungen übernommen, da der Anbieter die auf
der Plattform erscheinenden Rezepte inhaltlich kontrolliert und die Nutzer auf diese
Kontrolle hinweist.

Nach dem OLG Hamburg[132] liegt ein Zueigenmachen dann vor, wenn der Diensteanbie- 150
ter es Nutzern ermöglicht, Bilddateien derart in sein Internetangebot hochzuladen, dass
die Nutzer einen beliebig verwendbaren Deep Link zur Verfügung gestellt bekommen
und jeder Dritte, der so zu den eingestellten Dateien gelangt, in unmittelbarem Zusammenhang mit den Dateien bei dem Anbieter kostenpflichtige Ausdrucke bestellen kann
und die hochladenden Nutzer an dem dadurch erzielten Erlös nicht beteiligt werden.

Auch bei Hyperlinks stellt sich die Frage, ob derjenige, der sich die gelinkten Inhalte zu 151
eigen macht, dafür wie für eigene Informationen haftet. Eine Einordnung eines Hyperlinks in die Terminologie der Privilegierungstatbestände der §§ 8–10 TMG ist nicht möglich, da dieser lediglich einen Weiterleitungsvorgang darstellt und somit keinen Telemediendienst im Sinne der §§ 8–10 TMG.[133] Nach dem BGH richtet sich die Haftung für
einen Hyperlink nach den allgemeinen Bestimmungen. Festgehalten werden kann, dass
derjenige, der sich die fremden Inhalte, auf die er verweist, zu eigen macht, dafür wie ein
Content-Provider im Sinne des § 7 Abs. 1 TMG haftet.[134] Ebenso muss der Fall bewertet

---

127 BT-Drs.14/6098, 23.
128 Eine aktuelle Aufstellung der hierzu ergangenen Rechtsprechung findet sich bei *Hoeren/Gräbig* MMR-Beil. 2010, 1.
129 Eine Darstellung des Meinungsstandes findet sich auch bei *Leupold/Glossner* Teil 2. Abschnitt 2. C. III. a) cc) Rn. 146.
130 LG Hamburg ZUM-RD 2009, 407.
131 BGH, Urt. v. 12.9.2009, I ZR 166/07.
132 OLG Hamburg ZUM 2009, 642.
133 So auch Spindler/Schuster/*Hoffmann* Vor §§ 7-10 TMG Rn. 36, 38.
134 BGH GRUR 2008, 534.

werden, in dem sich der Nutzer eines Twitter-Accounts Inhalte zu eigen macht und dafür haftet.[135]

3. Enthaftung durch Disclaimer

152 Auf zahlreichen Webseiten finden sich Disclaimer, nach denen sich der Inhaber pauschal von allen fremden Informationen distanziert und hierfür keine Verantwortung übernehme. Zweck eines solchen Disclaimers ist, dass die eingestellten fremden Informationen nicht als zu eigen gemachte erachtet werden. Sie werden als (vermeintliche) Möglichkeit zur Haftungsvermeidung eingesetzt.

153 In der Wirkung sind solche Dislcaimer kaum zu beachten. Ein solcher Haftungsausschluss kann schon nach den obigen Ausführungen nur für Schadensersatzansprüche gelten, nicht dagegen für Unterlassungsansprüche und damit nicht zum Ausschluss der Störerhaftung führen.[136]

154 Von vornherein kann der Disclaimer im Sinne einer inhaltlichen Distanzierung nur den Bereich betreffen, der beanstandete Äußerungen betrifft, wie auch im Presserecht. Zu Recht hat daher das OLG München[137] einen Disclaimer lediglich als Distanzierung verstanden und nicht als Ausschluss der Haftung nach Deliktsrecht für Äußerungen im Internet. Der Disclaimer kann aber nicht den weiten Bereich rechtswidrig zum Abruf zur Verfügung gestellter an sich rechtmäßiger Informationen, deren Verbreitung gegen das Marken- oder Urheberrecht verstößt, umfassen. Die Rechtsprechung wendet für die Beurteilung des Zueigenmachens die vorgenannten Grundsätze an.[138]

4. Ausschluss allgemeiner Überwachungs- und Nachforschungspflichten § 7 Abs. 2 Satz 1 TMG

155 Nach § 7 Abs. 2 TMG sind Diensteanbieter im Sinne der §§ 8 bis 10 TMG nicht verpflichtet, die von ihnen übermittelten oder gespeicherten Informationen zu überwachen oder nach Umständen zu forschen, die auf eine rechtswidrige Tätigkeit hinweisen.

156 Da dieser Grundsatz vom Gesetzgeber unter § 7 Abs. 2 Satz 1 TMG festgehalten wurde und im Wortlaut der Norm zudem Diensteanbieter »im Sinne der §§ 8 bis 10« angeführt sind, kann gefolgert werden, dass dieser Ausschluss sowohl für Access-, als auch für Host- und Networkprovider gilt.[139]

157 Der Diensteanbieter muss daher zur Vermeidung einer deliktsrechtlichen Haftung keine anlassunabhängige generelle Überwachung und Überprüfung der von ihm übermittelten Informationen oder solcher, die in seinen verantwortenden Datenspeichern abgelegt sind, einrichten.[140]

158 Wie bereits eingangs ausgeführt, sind nach der Rechtsprechung des BGH[141] die Haftungsprivilegierungen der §§ 8–10 TMG **nicht** auf **Unterlassungsansprüche** anwendbar. Nach den Grundsätzen der Störerhaftung haftet derjenige, der – ohne selbst Verletzer zu sein – in irgendeiner Weise willentlich und adäquat kausal an der rechtswidrigen Beeinträchtigung mitgewirkt hat, sofern es ihm rechtlich und tatsächlich möglich sowie zumutbar ist, die

---

135 Vgl. hierzu LG Frankfurt/M., Beschl. v. 20.4.2010, 3-08 O 46/10; Anm.: *Rauschhofer* MMR-Aktuell 2010, 302790.
136 So auch *Schneider* Teil B. Rn. 1172 m.w.N.
137 OLG München, Urt. v. 17.5.2002, 21 U 5569/01.
138 Vgl. oben Rdn. 147 ff.
139 So auch *Heckmann* Kapitel 1.7 Rn. 133.
140 Spindler/Schuster/*Hoffmann* § 7 TMG, Rn. 28.
141 Vgl. oben Rdn. 140.

unmittelbare Rechtsverletzung zu unterbinden bzw. zu verhindern.[142] Entsprechend seiner ständigen Rechtsprechung zur Störerhaftung führt der BGH[143] aus, dass allein die Bereitstellung der Plattform noch keine Prüfungspflicht begründet. Dies sei dem Plattformbetreiber nicht zuzumuten und auch mit § 7 Abs. 2 Satz 1 TMG nicht zu vereinbaren. Allerdings soll § 7 Abs. 2 Satz 2 TMG auch die effektive Durchsetzung von Löschungs- und Sperrungsansprüchen nach den allgemeinen Gesetzen gewährleisten. Eine Handlungspflicht des Diensteanbieters entsteht daher, sobald er selbst oder über Dritte Kenntnis von rechtsverletzenden Informationen erlangt hat. Die aktuelle Rechtsprechung des BGH geht noch einen Schritt weiter und sieht den Diensteanbieter nicht nur dazu verpflichtet, die Rechtsverletzung abzustellen, sondern zukünftig auch gleichartige zu vermeiden. Dazu ist letztlich die Einführung von vorgezogenen Überwachungsmechanismen erforderlich. Und hierin besteht der Kritikpunkt in der juristischen Literatur. Für Host- und Access-Provider gilt die allgemeine Einschränkung des § 7 Abs. 2 Satz 2 TMG, wonach »Verpflichtungen zur Entfernung oder Sperrung der Nutzung von Informationen nach den allgemeinen Gesetzen [...] auch im Falle der Nichtverantwortlichkeit des Diensteanbieters nach den §§ 8 bis 10 unberührt« bleiben. Allerdings gilt ebenfalls generell zugunsten von Host- und Access-Providern, dass diese gem. § 7 Abs. 2 Satz 1 TMG nicht verpflichtet sind, »die von ihnen übermittelten oder gespeicherten Informationen zu überwachen«. Nach Ansicht in der Literatur sei der Diensteanbieter gerade nicht verpflichtet, nach Rechtsverletzungen zu suchen und damit sei auch keine »allgemeine« Vorsorgepflicht vorgesehen, die nach Art und Ausmaß einer proaktiven Prüfungspflicht gleichkäme.[144] Der BGH entscheidet diese Fälle gleichwohl nach den Grundsätzen der Störerhaftung und setzt als Korrelat die Zumutbarkeit von Prüfungspflichten des Diensteanbieters entgegen. Er differenziert hierbei in Bezug auf die Verantwortlichkeit (Störer oder Täter/Teilnehmer) zwischen der Verletzung von absoluten Rechten (bspw. Markenrechten) und der Verletzung von wettbewerbsrechtlichen Regelungen.[145] In welcher Intensität und welchem Ausmaß eine solche Prüfung vorgenommen werden muss, ist nicht abschließend geklärt. In der juristischen Diskussion stehen insbesondere die hierfür geeigneten Mittel, d.h. der Einsatz von Filtersoftware,[146] die Einschaltung eines Moderators oder die Einführung wirksamer Notice-and-Take-Down Verfahren.[147]

III. Durchleitung von Informationen § 8 TMG

Nach § 8 Abs. 1 TMG sind Diensteanbieter für **fremde** Informationen, die sie in einem Kommunikationsnetz übermitteln oder zu denen sie den Zugang zur Nutzung vermitteln, nicht verantwortlich, sofern sie **159**
- die Übermittlung nicht veranlasst,
- den Adressaten der übermittelten Informationen nicht ausgewählt und
- die übermittelten Informationen nicht ausgewählt oder verändert haben.

Für die Haftungsprivilegierung müssen die Voraussetzungen des § 8 Abs. 1 Nr. 1–3 TMG **kumulativ** vorliegen. Dies ergibt sich aus der Verbindung »und« innerhalb der Aufzählung der Voraussetzungen. **160**

---

142 BGH ZUM 2004, 831, 835 – Internet-Versteigerung I; ZUM 2007, 646 – Internet-Versteigerung II; ZUM 2008, 685 – Internet-Versteigerung III.
143 BGH GRUR 2007, 890.
144 Spindler/Schuster/*Spindler* § 7 TMG Rn. 30; *Nieland* NJW 2010, 1494.
145 Spindler/Schuster/*Weber* § 1004 BGB Rn. 4.
146 Mit dem Vorschlag einer Matrix für die Annahme von Prüfpflichten von Host-Providern: *Wilmer* NJW 2008, 1845.
147 *Ott* GRUR Int. 2008, 563.

161 Diese Haftungsprivilegierung beruht darauf, dass die Tätigkeit des Diensteanbieters beim bloßen Durchleiten auf den technischen Vorgang beschränkt ist, ein Kommunikationsnetz zu betreiben und den Zugang zu diesem zu vermitteln, über das von Dritten zur Verfügung gestellte Informationen übermittelt oder zum alleinigen Zweck der Übermittlung kurzzeitig zwischengespeichert werden. Diese Tätigkeit ist automatischer Art, bei der der Diensteanbieter in der Regel keine Kenntnis über die weitergeleitete oder kurzzeitig zwischengespeicherte Information hat und diese auch nicht kontrolliert. Bei dem automatisiert ablaufenden Prozess trifft der Diensteanbieter im Hinblick auf die Informationen keine eigene Entscheidung.[148] Nach der Gesetzesbegründung[149] trägt die Begrenzung der Verantwortlichkeit des Diensteanbieters der Tatsache Rechnung, dass es ihm aufgrund der technisch bedingten Vervielfachung von Inhalten und der Unüberschaubarkeit der in ihnen gebundenen Risiken von Rechtsgutsverletzungen zunehmend unmöglich ist, alle fremden Inhalte zur Kenntnis zu nehmen und auf ihre Rechtmäßigkeit zu überprüfen.

162 Privilegiert durch § 8 Abs. 1 TMG ist somit
- die *Übermittlung fremder Informationen:* d.h. der Betrieb von Rechnern, die den Weg der Datenpakete durch das Internet vom Absender zum Empfänger der Information steuern und hierbei den Inhalt nicht kennen (Routing),[150] und
- die *Zugangsvermittlung:* der sog. Access Provider, der den Zugang zum Internet verschafft, da hierin ein automatisierter telekommunikationsähnlicher Vorgang zu sehen ist.

163 Weiterhin praktisch bedeutsam ist die Regelung für die Anbieter von Wireless-Lans,[151] die mithin unter § 8 TMG fallen, soweit sie die Voraussetzungen im Übrigen erfüllen. Das TMG macht keine Einschränkung hinsichtlich der Technik (kabellos oder kabelgebunden) der Zugangsverschaffung. Die Privilegierung endet nach § 8 Abs. 1 Satz 2 TMG bei kollusivem Zusammenwirken zwischen Anbieter und Nutzer.

164 Der Begriff der fremden Informationen ist weit zu verstehen.[152] Soweit die Informationen weder eigen noch zu eigen gemachte Informationen darstellen, finden die Regelungen des § 8 Abs. 1 TMG Anwendung. Im Falle eigener Informationen wäre § 7 Abs. 1 TMG anzuwenden.

165 Sollte die Prüfung ergeben, dass die Tätigkeit des Diensteanbieters nicht unter § 8 TMG fällt, hat dies nicht zwingend eine rechtliche Verantwortlichkeit für eine übermittelte rechtswidrige fremde Information zur Folge. Aus der Systematik der Privilegierungstatbestände ergibt sich, dass lediglich die Haftungsprivilegierung entfällt. Die Voraussetzungen einer zivil-, straf- oder verwaltungsrechtlichen Verantwortlichkeit für die übermittelte fremde Information sind daher nach den allgemeinen Rechtsvorschriften zu bestimmen.

IV. Zwischenspeicherung zur beschleunigten Übermittlung von Informationen § 9 TMG

166 § 9 TMG regelt, dass Diensteanbieter für eine automatische, zeitlich begrenzte Zwischenspeicherung, die allein dem Zweck dient, die Übermittlung **fremder** Informationen an andere Nutzer auf deren Anfrage effizienter zu gestalten, nicht verantwortlich sind, sofern sie

---

148 BT-Drs. 14/6098, 24.
149 BT-Drs. 13/7385, 20.
150 *Tettenborn/Bender/Lübben/Karenfort* Beil. 10 zu BB 50/2001 = Beil. 1 zu K&R 12/2001, 27.
151 Vgl. hierzu auch BGH GRUR-Prax 2010, 269.
152 Allgemein zur Unterscheidung eigener und zu eigen gemachter Informationen, vgl. oben Rdn. 147 ff.

E. Verantwortlichkeit für Telemediendienste

- die Informationen nicht verändern,
- die Bedingungen für den Zugang zu den Informationen beachten,
- die Regeln für die Aktualisierung der Informationen, die in weithin anerkannten und verwendeten Industriestandards festgelegt sind, beachten,
- die erlaubte Anwendung von Technologien zur Sammlung von Daten über die Nutzung der Informationen, die in weithin anerkannten und verwendeten Industriestandards festgelegt sind, nicht beeinträchtigen und
- unverzüglich handeln, um im Sinne dieser Vorschrift gespeicherte Informationen zu entfernen oder den Zugang zu ihnen zu sperren, sobald sie Kenntnis davon erhalten haben, dass die Informationen am ursprünglichen Ausgangsort der Übertragung aus dem Netz entfernt wurden oder der Zugang zu ihnen gesperrt wurde oder ein Gericht oder eine Verwaltungsbehörde die Entfernung oder Sperrung angeordnet hat.

Hintergrund dieser Haftungsprivilegierung ist nach der Gesetzesbegründung,[153] dass auch diese Tätigkeit des Diensteanbieters auf den technischen Vorgang beschränkt ist, ein Kommunikationsnetz zu betreiben und den Zugang zu diesem zu vermitteln, über das von Dritten zur Verfügung gestellte Informationen übermittelt oder zu dem alleinigen Zweck vorübergehend gespeichert werden, die Übermittlung effizienter zu gestalten. Diese Tätigkeit ist ebenfalls automatischer Art, bei der der Diensteanbieter in der Regel keine Kenntnis über die gespeicherte Information hat und diese auch nicht kontrolliert. Bei dem automatisiert ablaufenden Prozess trifft der Diensteanbieter – ebenso wie beim bloßen Durchleiten – keine eigene Entscheidung. Die Verantwortlichkeitsprivilegierung bezieht sich auf die Zwischenspeicherung, nicht wie im Rahmen des § 8 TMG auf die übermittelte Information. Unter § 9 TMG fällt das sog. Caching[154] samt Proxy-Caching. Beim Proxy-Caching wird die Seite in einer Übertragungskette – bspw. von einem *Provider* – gespeichert. Der Proxy-Server dient in einem *lokalen Netzwerk (LAN: Local Area Network)* als Zwischenspeicher für Internet-Seiten, die bereits abgerufen wurden. Bei einem erneuten Abruf prüft der *Proxy-Server (Proxy)*, ob die Seite bereits gespeichert wurde und schickt diese dann ggfs. direkt an den Browser des Nutzers. Durch die Proxy-Server verringert sich die Belastung des Netzes und damit zugleich die Wartezeit für den Nutzer.[155] 167

Anders als bei § 8 Abs. 2 TMG wird hierunter nicht die automatische kurzzeitige Zwischenspeicherung, sondern eine zeitlich begrenzte Zwischenspeicherung geregelt. Welchen Umfang die Speicherung haben darf, ist gesetzlich nicht geregelt. Eine feste Zeitdauer[156] lässt sich weder aus § 9 TMG noch aus der E-Commerce Richtlinie nebst deren Erwägungsgründen ableiten. Das Merkmal der »zeitlichen Begrenzung« ist nach Ansicht des LG München[157] auch bei einer Speicherung von 30 Tagen gegeben. 168

V. Speicherung von fremden Informationen § 10 TMG

Da § 10 TMG auf das Speichern von fremden Informationen für einen Nutzer abstellt, wird hierdurch die Privilegierung des Host-Providers[158] erfasst. Die Vorschrift befasst sich mit dem in der Praxis häufigsten Fall der schwer zu bewertenden Verantwortlichkeit des Diensteanbieters. Im Gegensatz zu den Zwischenspeicherungen i.S.d. §§ 8 und 9 169

---

153 BT-Drs. 14/6098.
154 Vgl. *Hoffmann* MMR 2002, 284.
155 Wandtke/Bullinger/*v. Welser* § 44a UrhG, Rn. 6.
156 So aber *Spindler/Schmitz/Geis* § 10 TDG Rn. 4, 5: 2–3 Tage; *Matthies* S. 160: mehrere Tage; *Stadler* Rn. 96: mehrere Wochen.
157 LG München I MMR 2007, 453.
158 Zum Begriff vgl. oben Rdn. 143 ff.

TMG schränkt § 10 TMG die Verantwortlichkeit für eine prinzipiell auf unbestimmte Zeit angelegte Speicherung fremder Informationen ein.

170 Nach § 10 TMG ist der Host Provider für fremde Informationen,[159] die er für einen Nutzer speichert, grundsätzlich nicht verantwortlich. Ausnahmen bestehen nur dann, wenn der Diensteanbieter
- Kenntnis hat von der rechtswidrigen Handlung oder Information und ihm im Falle von Schadensersatzansprüchen auch keine Tatsachen oder Umstände bekannt sind, aus denen die rechtswidrige Handlung oder die Information offensichtlich wird (§ 10 Abs. 1 Nr. 1 TMG) oder
- er nicht unverzüglich tätig wurde, sobald er eine solche Kenntnis erlangt hat (§ 10 Abs. 1 Nr. 2 TMG).

171 Zur Bejahung einer Haftungsprivilegierung müssen diese Voraussetzungen nicht kumulativ, sondern nur **alternativ** vorliegen.

172 Die Varianten nach Nr. 1 unterscheiden zwischen einer maßgeblichen Kenntnis der rechtswidrigen Handlung oder Information (1. Alternative) und der Situation, dass dem Diensteanbieter Tatsachen oder Umstände bekannt sind, aus denen dies offensichtlich wird (2. Alternative).

173 Für die 1. Alternative ist bedingter Vorsatz nicht ausreichend. Es muss vielmehr die tatsächliche, positive menschliche – nicht durch EDV erfasste – Kenntnis des einzelnen konkreten Inhalts verlangt werden.[160] Durch dieses Erfordernis soll den technischen Grenzen einer Inhaltskontrolle der Informationen Rechnung getragen werden.[161]

174 Für die 2. Alternative der Kenntnis von Tatsachen oder Umständen, aus denen die rechtswidrige Handlung oder Information offensichtlich wird, ist aufgrund des Merkmals »offensichtlich« erforderlich, dass konkrete und verlässliche Hinweise vorliegen, dass rechtswidrige Inhalte gegeben sind und sich die Rechtswidrigkeit gewissermaßen »aufdrängt«.[162] Aus diesem Grunde genügt für diese Alternative bereits die grob fahrlässige Unkenntnis.[163]

175 Die Haftungsprivilegierung wird von der Rechtsprechung jedoch stark eingeschränkt, da § 10 TMG nicht die Störerhaftung umfasst. Der 3. Abschnitt des TMG betrifft lediglich die strafrechtliche Verantwortlichkeit und die Schadensersatzhaftung des Diensteanbieters und findet auf zivilrechtliche Unterlassungsansprüche keine Anwendung.[164] Ob ein Diensteanbieter nach den allgemeinen deliktsrechtlichen Maßstäben oder als Störer auf Unterlassung in Anspruch genommen werden kann, wenn eine gespeicherte Information die Rechte eines Dritten verletzt, richtet sich dagegen nach allgemeinen Vorschriften.

VI. Impressumspflicht

176 Den Unternehmer, der seine Produkte im Internet anbietet, aber auch den Betreiber einer rein werblichen Unternehmenshomepage treffen zahlreiche Informationspflichten. Neben der Anbieterkennzeichnungspflicht muss der Diensteanbieter spezielle Informationspflichten im Fernabsatz[165], Informations- und Gestaltungspflichten im elektronischen Handel sowie Pflichtangaben bei Preisangaben im Internet beachten.

---

159 Zur Differenzierung vgl. oben Rdn. 139, Rdn. 145 ff.
160 *Spindler* MMR 2001, 737, 740; *Volkmann* K&R 2004, 233.
161 *Mehler* WRP 2006, 819, 823.
162 *Sobola/Kohl* CR 2005, 443, 447.
163 *Hoffmann* MMR 2002, 284.
164 BGH NJW 2009, 2888 – spickmich.de; MMR 2007, 518; MMR 2004, 668.
165 § 312c Abs. 1 BGB i.V.m. Art. 246 § 1 EGBGB.

E. Verantwortlichkeit für Telemediendienste

Die nachfolgenden Darstellungen beziehen sich ausschließlich auf die Anbieterkenn- 177
zeichnungspflichten nach §§ 5, 6 TMG sowie § 55 RStV.

1. § 5 TMG

Nach § 5 TMG haben Diensteanbieter für geschäftsmäßige, in der Regel gegen Entgelt 178
angebotene Telemedien die dort genannten Pflichtangaben leicht erkennbar, unmittelbar
erreichbar und ständig verfügbar zu halten (sog. Impressumspflicht). Diese Informationspflichten dienen dem Verbraucherschutz und der Transparenz von geschäftsmäßig
erbrachten Telediensten.[166] Sie stellen daher Marktverhaltensregulierungen i.S.d. § 4 Nr. 11
UWG dar.[167]

a) Anwendungsbereich

Das TMG verwendet den Begriff der Telemedien. Der Diensteanbieter muss Telemedien 179
anbieten. Hierzu zählen alle Informations- und Kommunikationsdienste, soweit sie nicht
Telekommunikationsdienste sind. Umfasst sind hiermit praktisch alle Onlineauftritte
(z.B. Online-Shops, private oder geschäftliche Webseiten, Chatrooms, Blogs etc.). Auch
die bloße Werbung für Waren ohne unmittelbare Bestellmöglichkeit und sonstige Interaktionsmöglichkeiten sind als Telemediendienst anzusehen.[168] Ebenso werden virale Werbespots, die auf allgemeinen Online-Video-Portalen wie YouTube, MyVideo, MySpace
etc. entgeltlich oder kostenlos zum individuellen Download bereitgehalten werden, als
Telemedien qualifiziert.[169] Die Frage, ob eine Impressumspflicht auch bei Twitter besteht,
wurde bisher noch nicht gerichtlich geklärt.[170]

Nach § 5 TMG ist jedoch nicht jeder Diensteanbieter kennzeichnungspflichtig. § 5 TMG 180
bezieht sich allein auf die geschäftsmäßigen, in der Regel gegen Entgelt angebotenen
Telemedien.

Im Gegensatz zu der früheren gesetzlichen Regelung des § 6 TDG beabsichtigt der 181
Gesetzgeber, dass Telemedien, die ohne den Hintergrund einer Wirtschaftstätigkeit
bereitgehalten werden, künftig nicht mehr den Informationspflichten des TMG unterliegen. In der Gesetzesbegründungen sind insoweit Homepages angeführt, die rein privaten
Zwecken dienen und die nicht Dienste bereitstellen, die sonst nur gegen Entgelt verfügbar sind, oder entsprechende Informationsangebote von Idealvereinen.[171]

b) Anforderungen

Der Wortlaut des § 5 Satz 1 TMG bestimmt, dass die genannten Pflichtangaben »leicht 182
erkennbar, unmittelbar erreichbar und ständig verfügbar« gehalten werden müssen.

Das OLG Frankfurt[172] erachtete es als nicht ausreichend, wenn der mit dem Begriff 183
»Impressum« gekennzeichnete Link, über den die Anbieterangaben aufgerufen werden
können, nur in kleiner Schrift und drucktechnisch nicht hervorgehoben am unteren Ende
der Homepage platziert ist.

---

166 Vgl. BGH GRUR 2007, 159 – Anbieterkennzeichnung im Internet.
167 BGH GRUR 2007, 159 – Anbieterkennzeichnung im Internet; Köhler/Bornkamm § 4 Nr. 11 UWG
 Rn. 11.169.
168 OLG Düsseldorf, Urt. v. 18.12.2007, I-20 U 17/07.
169 Vgl. zum Thema Leitgeb ZUM 2009, 39; hier wird vertreten, dass aufgrund der relativ geringen Meinungsbildungsrelevanz von individuell abrufbaren Imagevideos Hinweise zu Beginn und/oder am
 Ende des Beitrages bereits ausreichen dürften.
170 Zur Diskussion in der Literatur vgl. Rauschenhofer MMR-Aktuell 2010, 302790.
171 BT-Drs. 16/3078, 14.
172 OLG Frankfurt K&R 2009, 197, 199.

184 Das TMG legt nicht fest, wie der Link zu den Pflichtangaben zu beiteln ist. Es besteht daher ein gewisser Gestaltungsspielraum. Wichtig ist, dass Nutzer den gewählten Begriff als Hinweis auf die Angaben nach § 5 TMG verstehen. Als genügend anzusehen sind die Bezeichnungen »Anbieterkennzeichnung«, »Impressum« oder »Kontakt«.[173]

185 Der BGH hat die sog. 2-Klick-Regelung, wonach ein Nutzer in der Regel nicht mehr als zwei Schritte benötigen darf, um zu den Pflichtangaben zu gelangen, als rechtlich zulässig erachtet.[174]

186 Die Pflichtangaben nach § 5 TMG müssen ständig verfügbar sein, so dass der Nutzer jederzeit auf sie zugreifen kann. Hierfür ist erforderlich, dass die Informationen über einen dauerhaft funktionstüchtigen Link verfügbar und mit den Standardeinstellungen gängiger Internet-Browser kompatibel sind. Anbieterkennzeichnungen, die nur unter Verwendung zusätzlicher Leseprogramme einzusehen sind, werden wohl nicht als ständig verfügbar im Sinne der gesetzlichen Regelungen einzuordnen sein. Eine nur während der Dauer der Bearbeitung der Impressumsseite technisch bedingte Unerreichbarkeit stellt hierbei wohl keinen Verstoß gegen die von § 5 TMG geforderte ständige Verfügbarkeit dar.[175]

c) Notwendige Angaben

187 § 5 Abs. 1 TMG listet die Informationen in den Nummern 1–7 auf, die der Diensteanbieter bereitzustellen hat. Die Diensteanbieter haben für geschäftsmäßige Telemedien u.a. folgende Informationen leicht erkennbar, unmittelbar erreichbar und ständig verfügbar zu halten:

- Name, Anschrift, Vertretungsberechtigter, Rechtsform[176] (Nr. 1);
- Angaben, die eine schnelle elektronische Kontaktaufnahme und unmittelbare Kommunikation mit ihnen ermöglichen, einschließlich der Adresse der elektronischen Post (Nr. 2);[177]
- das Handelsregister, in das sie eingetragen sind, und die entsprechende Registernummer (Nr. 4);
- die Angabe der Umsatzsteueridentifikationsnummer (Nr. 6).[178]

2. Besondere Informationspflichten bei kommerzieller Kommunikation (§ 6 TMG)

188 Die Informationspflicht nach § 6 TMG besteht nur in Bezug auf kommerzielle Kommunikation. Dieser Begriff ist in § 2 Nr. 5 TMG legal definiert und denkbar weit zu verstehen. Umfasst werden klassische Werbenachrichten ebenso wie Produkthinweise, Newsletter oder Informationen über Veranstaltungen und soziale, der Selbstdarstellung dienende Aktivitäten eines Unternehmens. Jede E-Mail, die im weiteren Sinne Werbezwecken dient, ist damit als kommerzielle Kommunikation anzusehen.

189 Der Anwendungsbereich des § 6 TMG ist weiter als der des § 5 TMG, da die Informationspflichten alle Arten des Telemediums, also nicht nur geschäftsmäßige, in der Regel gegen Entgelt angebotene Dienste, erfasst.

---

173 OLG Hamburg, Beschl. v. 20.11.2002, 5 W 80/02.
174 BGH GRUR 2007, 159 – Anbieterkennzeichnung im Internet.
175 OLG Düsseldorf, Urt. v. 4.11.2008, I-20 U 125/08.
176 OLG Düsseldorf, Urt. v. 4.11.2008, I-20 U 125/08, MMR 2009, 266, auch die nicht vollständige Angabe des Vornamens eines Geschäftsführers ist ein Verstoß.
177 Dazu LG Essen, Urt. v. 19.9.2007, 44 O 79/07; BGH GRUR 2007, 723 Tz. 10ff. – Internet-Versicherung.
178 OLG Hamm, Urt. v. 2.4.2009, 4 U 213/08 (LG Münster), die fehlende oder nicht vollständige Angabe der Ust.-Identifikations(ID)-Nummer oder der Wirtschafts-ID-Nummer ist stets wettbewerbsrechtlich relevant und kein Bagatellverstoß.

Die Folgen eines Verstoßes gegen § 6 Abs. 1 TMG richten sich nach dem UWG. Wer 190
gegen § 6 Abs. 2 TMG verstößt, handelt zusätzlich ordnungswidrig. Dies kann eine Geldbuße bis zu 50 000,– EUR zur Folge haben.

Nach § 6 Abs. 1 Nr. 1 und Nr. 2 TMG muss kommerzielle Kommunikation in Telemedien 191
oder als Bestandteil von Telemedien klar als solche zu erkennen sein und die Person,
in deren Auftrag sie erfolgt, identifizieren. Das Erkennbarkeitsgebot soll den Nutzer vor
einer Täuschung über die fehlende Neutralität bzw. Objektivität des Beitrages oder der
Information schützen.

Nach § 6 Abs. 1 Nr. 3 TMG müssen auch Angebote zur Verkaufsförderung wie Preis- 192
nachlässe, Zugaben und Geschenke klar als solche erkennbar sein und die Bedingungen
für ihre Inanspruchnahme müssen leicht zugänglich sowie klar und unzweideutig angegeben
werden. Gleiches gilt gem. § 6 Abs. 1 Nr. 4 TMG für Preisausschreiben und
Gewinnspiele mit Werbecharakter.

§ 6 Abs. 2 TMG dient der Bekämpfung von Verschleierungs- und Verheimlichungshand- 193
lungen bei der E-Mail-Werbung. Hiernach darf in der Kopf- und Betreffzeile weder der
Absender noch der kommerzielle Charakter der Nachricht verheimlicht oder verschleiert
werden.

3. Besondere Informationspflicht nach § 55 RStV

Durch diese Vorschrift soll sichergestellt werden, dass Kommunikation im privaten (per- 194
sönlichen oder familiären) Bereich ohne Nennung des Namens und der Anschrift erfolgen
kann. Nicht kennzeichnungspflichtig ist damit private Kommunikation, auch wenn
sie über die reine Telekommunikation hinausgeht.

Es stellt sich jedoch die Frage des Anwendungsbereichs dieser Vorschrift. Webseiten 195
jedenfalls richten sich in aller Regel an die Allgemeinheit und somit an einen unbestimmten
Personenkreis. Weiterhin sind Webseiten über Suchmaschinen für jedermann auffindbar,
wenn der Indexierung nicht ausdrücklich widersprochen wird. Es dürfte daher lediglich
auf Webseiten, die klar nur auf den Verwandten- und Bekanntenkreis zugeschnitten
sind und die inhaltlich auch nur Informationsangebote ohne wirtschaftlichen Hintergrund,
bspw. Familienfotos enthalten, von Pflichtangaben abgesehen werden. Somit
besteht für nahezu jede Webseite zumindest die Informationspflicht nach § 55 Abs. 1
RStV, wonach der Name und die Anschrift des Betreibers der Webseite anzugeben ist.

Handelt es sich schließlich um ein journalistisch-redaktionell gestaltetes Angebot, so ist 196
nach § 55 Abs. 2 RStV zusätzlich noch ein Verantwortlicher mit Namen und Anschrift zu
benennen.

4. Besondere Informationspflicht nach der Dienstleistungs-Informationspflichten-Verordnung (DL-InfoV)

Die DL-InfoV[179] trat zum 17.5.2010 in Kraft. Hiernach sind Dienstleister dazu verpflich- 197
tet, ihren Kunden zahlreiche Informationen über ihr Unternehmen sowie die rechtlichen
Bedingungen des Vertragsschlusses zur Verfügung zu stellen. Da die Vorschrift zusätzlich
zu bereits bestehenden Regelungen und insbesondere der Impressumspflicht Anwendung
findet, kommt es zu zahlreichen Überschneidungen.

---

[179] BGBl. I. S. 267.

198 Die Verordnung gilt für nahezu alle Dienstleister, die in der EU niedergelassen sind. Ausnahmen sind in der Verordnung nicht vorgesehen, allerdings in der Richtlinie[180], auf die sich die DL-InfoV im § 1 ausdrücklich bezieht. Nicht anwendbar ist die Richtlinie hiernach unter anderem für folgende Dienstleister:
- nicht wirtschaftliche Dienstleistungen von allgemeinem Interesse
- Finanzdienstleistungen (Banken, Kreditgewährung, Versicherungen)
- Dienstleistungen und Netze der elektronischen Kommunikation sowie zugehörige Einrichtungen und Dienste in den Bereichen, die in den Richtlinien 2002/19/EG, 2002/20/EG, 2002/21/EG, 2002/22/EG und 2002/58/EG geregelt sind
- Verkehrsdienstleistungen
- Leiharbeitsagenturen
- Gesundheitsdienstleistungen
- audiovisuelle Dienste, auch im Kino- und Filmbereich, ungeachtet der Art ihrer Herstellung, Verbreitung und Ausstrahlung, und Rundfunk
- Glücksspiele
- soziale Dienstleistungen
- private Sicherheitsdienste
- staatlich bestellte Notare und Gerichtsvollzieher

199 Die meisten in der DL-InfoV angeführten Informationen mussten Dienstleister zwar auch bisher zur Verfügung stellen, etwa über die Impressumspflicht des TMG, den Pflichten aus der BGB-Info-VO sowie der Preisangaben-VO. Es sind jedoch auch weitere Informationspflichten hinzugekommen, wie bspw. Angaben zur Berufshaftpflichtversicherung. In der Beratung sind daher auch die Vorgaben der DL-InfoV zwingend zu beachten.

---

180 Richtlinie 2006/123/EG des Europäischen Parlaments und des Rates vom 12.12.2006 über Dienstleistungen im Binnenmarkt (ABl. L 376 vom 27.12.2006, S. 36).

**Teil 4
Verwandte Rechtsgebiete**

Kapitel 11
Verwertungsgesellschaften

Übersicht Rdn.

A.	Einleitung	1
I.	Geschichte	1
II.	Definition	4
III.	Rechtlicher Rahmen: das Urheberrechtswahrnehmungsgesetz	6
	1. Allgemeines	7
	2. Pflicht zur Vertretung aller Urheber und Leistungsschutzberechtigten	9
	3. Pflicht zur Erteilung von Lizenzen	11
IV.	Verwertungsgesellschaften und europäisches Recht	13
V.	Individuelle und kollektive Rechtewahrnehmung und verwertungsgesellschaftspflichtige Vergütungsansprüche	18
	1. Privatkopievergütung	20
	2. Weitere Vergütungsansprüche	22
	3. Unabtretbarkeit der Vergütungsansprüche	23
	4. Erstverwertungsrechte	24
VI.	Der Wahrnehmungsvertrag	25
VII.	Inkassozusammenschlüsse der Verwertungsgesellschaften	29
VIII.	Internationale Rechteverwaltung	35
IX.	Verteilung der Vergütungen	38
	1. Soziale Unterstützung und kulturelle Förderung	40
	2. Grundsätze der Verteilung – Willkürverbot	43
	3. Aufteilung zwischen Urhebern und Verwertern	46
B.	Die Gesellschaft für musikalische Aufführungs- und mechanische Vervielfältigungsrechte – GEMA	47
I.	Historische Entwicklung der Entstehung von musikalischen Verwertungsgesellschaften	47
	1. Gründung der SACEM in Frankreich	47
	2. Entwicklung in Deutschland bis 1945	49
	3. Von der STAGMA zur GEMA	52
II.	Die GEMA heute	55
	1. Adressen der GEMA	55
	2. Satzungszweck	60
	a) Rechtsform	60
	b) Zweck der GEMA	61
	3. Arten der Mitgliedschaft	63
	a) Angeschlossene Mitgliedschaft	64
	b) Außerordentliche Mitgliedschaft	65
	c) Ordentliche Mitgliedschaft	66
	4. Organe der GEMA	70
	a) Die Versammlung der ordentlichen Mitglieder	71
	b) Der Aufsichtsrat	76
	c) Der Vorstand	78
	5. Der Berechtigungsvertrag	80
	6. Die Verteilung der eingenommenen Gelder	86
	a) Der Verteilungsplan	86
	b) Die Wertungsverfahren	88
	c) Die GEMA-Sozialkasse	89
	d) Kulturelle Förderung	91
	7. Tarife	92
	a) Tarifaufstellung	92
	b) Tarifüberprüfung durch die Schiedsstelle	94
	8. GEMA-Vermutung	95
	9. Aufsicht über die GEMA	96
III.	Weitere wichtige Beteiligungen der GEMA	97
	1. ZPÜ (Zentralstelle für Private Überspielungsrechte)	97
	2. ZBT (Zentralstelle Bibliothekstantieme)	98
	3. ZVV (Zentralstelle für Videovermietung)	99

11. Kapitel Verwertungsgesellschaften

		Rdn.
	4. Arbeitsgemeinschaft DRAMA	100
	5. Inkassostelle Kabelweitersendung	101
	6. CELAS (Centralized European Licensing and Administration Service)	102
	7. PAECOL (Pan-European Central Online Licensing)	103
IV.	GEMA-Repräsentanz in internationalen Organisationen	104
	1. CISAC (Confédération Internationale des Sociétés d'Auteurs et Compositeurs, Paris)	105
	2. BIEM (Bureau International des Sociétés gérant les Droits d'Enregistrement et de Reproduction Mécanique, Paris)	106
	3. GESAC (Groupement Européen des Sociétés d'Auteurs et Compositeurs, Brüssel)	107
V.	Hinweise	108
C.	**Gesellschaft zur Verwertung von Leistungsschutzrechten mbH – GVL**	**109**
I.	Name, Adresse, Geschäftsführung	109
II.	Repertoire/Berechtigte	110
	1. Wahrgenommene Rechte – Grundlagen	110
	2. Wahrgenommene Rechte – Einzelheiten	113
	a) Ansprüche der ausübenden Künstler auf angemessene Vergütung:	113
	aa) Sendung erschienener Tonträger und – soweit es sich um Videoclips handelt – erschienener Bildtonträger (§§ 78 Abs. 2 Nr. 1, 78 Abs. 1 Nr. 2)	113
	bb) Kabelweitersendung von Hörfunk- und Fernsehprogrammen mit künstlerischen Darbietungen (§ 78 Abs. 4 mit § 20b)	114
	cc) Öffentliche Wiedergabe (erschienener) Tonträger – und insoweit außer Videoclips auch Filme auf Videokassetten oder in Sendungen – erschienener Bildtonträger und Hörfunk oder Fernsehsendungen (§ 78 Abs. 2 Nr. 2, 3)	115
	dd) Vermietung und Verleih erschienener Tonträger und – insoweit auch Filme auf DVD – erschienener Bildtonträger (§ 77 Abs. 2 Satz 2 mit § 27)	116
	b) Ansprüche der ausübenden Künstler, Veranstalter und Tonträgerhersteller auf angemessene Vergütung:	117
	aa) Private Überspielung von erschienenen Tonträgern, Bildtonträgern und Sendungen einschließlich gesendeter oder auf Videokassette verbreiteter Filme (§ 83 mit § 54 (ausübende Künstler und Veranstalter) und § 85 Abs. 4 mit § 54 (Tonträgerhersteller))	117
	bb) Verwendung erschienener Tonträger und Bildtonträger in Sammlungen für den Kirchen-, Schul- oder Unterrichtsgebrauch (§ 83 mit § 46 (ausübende Künstler und Veranstalter) und § 85 Abs. 4 mit § 46 (Tonträgerhersteller))	118
	cc) Durch Schulen, Universitäten öffentlich zugänglich gemachte Angebote zu Unterrichts- oder Forschungszwecken (§ 83 mit § 52a (ausübende Künstler und Veranstalter) und § 85 Abs. 4 mit § 52a (Tonträgerhersteller))	119
	c) Beteiligungsansprüche der Tonträgerhersteller am Vergütungsanspruch der Künstler	120
	d) Vervielfältigungsrechte	121
	e) Internet-Nutzungen	123
	3. Rechteerwerb der GVL	125
	a) Wahrnehmungsvertrag	125
	b) Gegenseitigkeitsverträge	126
III.	Verteilung	127
IV.	Rechtsform und Gremien	129
V.	Zahlen (2009)	130
D.	**VG WORT**	**134**
I.	Rechtsform und Gremien	135
II.	Repertoire/Berechtigte	142
III.	Umsatz	155
IV.	Soziale und kulturelle Einrichtungen der VG WORT	157
E.	**VG Bild-Kunst**	**162**
I.	Rechtsform und Gremien	163
II.	Repertoire/Berechtigte	167
III.	Umsatz	176
IV.	Sozial- und Kulturwerke der VG Bild-Kunst	178

A. Einleitung

I. Geschichte

Verwertungsgesellschaften haben in Europa einen lange Tradition: Sie gehen zurück auf die bereits des Mitte des 19. Jahrhunderts gegründeten Zusammenschlüsse der Musikautoren und -verleger, die feststellen mussten, dass es dem einzelnen Rechteinhaber unmöglich ist, sämtliche Aufführungen seiner Werke tatsächlich zu kontrollieren. Nur eine gemeinsame Organisation war im Stande, dafür Sorge zu tragen, dass Caféhäusern und Restaurants eine Tantieme an Urheber und Verleger zahlen, wenn sie deren Musik zur Aufführung brachten. Dem Beispiel der französischen Musikautoren und –verleger folgten bald die Kollegen anderer Länder. Schnell entwickelte sich auch die Internationale Zusammenarbeit dieser Gesellschaften und so entstand ein dicht geknüpftes Netz nationaler Musikverwertungsgesellschaften. Verwertungsgesellschaften für die weiteren Repertoires (Text, Bild und auch Film) entstanden, als sich auch für diese Werkformen Nutzungen entwickelten, die individuell nicht mehr zu kontrollieren waren. Die Bedeutung der Verwertungsgesellschaften hat mit der technischen Entwicklung zugenommen: im UrhG finden sich eine Vielzahl von gesetzlichen Vergütungsansprüchen zur Abgeltung von Nutzungen im Rahmen der Schrankenregelungen, die nur von Verwertungsgesellschaften geltend gemacht werden können.[1]

1

Den klassischen Verwertungsgesellschaften ist gemein, dass sie sowohl von den Urhebern als auch von deren Verlegern bzw. Verwertern mitgegründet bzw. mitgetragen werden. So sind in der GEMA, der musikalischen Verwertungsgesellschaft, sowohl Musikautoren als auch Musikverleger vertreten, die VG Wort vereint die Interessen der Textautoren und ihrer Verleger, die VG Bild-Kunst vertritt im Bereich des »stehenden Bildes« sowohl die Urheber als auch die Verleger und Fotoagenturen. Auch bei der GVL, der Gesellschaft für Leistungsschutzrechte sind sowohl ausübende Künstler (Schauspieler und Musikinterpreten) als auch Tonträgerhersteller vertreten.

2

Eine Ausnahme bildet insoweit der Filmbereich: Weder gibt es eine einzige Gesellschaft, die das gesamte Filmrepertoire vertreten würde, noch sind die Kreativen im Film und die Produzenten in den gleichen Verwertungsgesellschaften. So wird auch im Filmbereich die Filmmusik über die GEMA vertreten, Drehbuch und die Rechte an den literarischen Vorlagen nimmt für die Autoren die VG Wort wahr, die weiteren an der Filmherstellung selber beteiligten Kreativen wie Regisseure, Kameraleute, Cutter, Szenen- und Kostümbildner sowie Ausstatter (soweit sie am Werk Rechte haben) sind Mitglieder der VG Bild-Kunst, während die Schauspieler von der GVL vertreten werden. Die Filmproduzenten sind gar in sechs Verwertungsgesellschaften organisiert.[2]

3

II. Definition

Was also ist eine Verwertungsgesellschaft? § 1 WahrnG definiert:

4

Wer Nutzungsrechte, Einwilligungsrechte oder Vergütungsansprüche, die sich aus dem UrhG ergeben, für die Rechnung mehrerer Urheber oder Inhaber verwandter Schutzrechte zur gemeinsamen Auswertung wahrnimmt, bedarf (als Verwertungsgesellschaft) dazu der Erlaubnis (der Aufsicht über die Verwertungsgesellschaften).

---

[1] §§ 20b, 27, 45a, 49, 52a, 52b, 54h.
[2] GWFF (für die us-amerikanischen Produzenten), VGF (für die Produzenten von Auftrags- und Eigenproduktionen der Sender), VFF (für die deutschen Spielfilmproduzenten), GÜFA (für die Produzenten erotischer Filme), VG Bild-Kunst (vorwiegend Dokumentarfilmproduzenten) und VG Media (für die Produzenten von Auftrags- und Eigenproduktionen der der VG Media angeschlossenen Sendeunternehmen).

5 Auch Verlage, Agenturen, Film- oder Musikproduzenten verwerten die Rechte mehrerer Urheber oder ausübender Künstler (Inhaber verwandter Schutzrechte), doch sie tun dies auf eigene Rechung und bedürfen daher weder einer Erlaubnis noch unterliegen sie der staatlichen Aufsicht. Die besondere Bedeutung der Verwertungsgesellschaften liegt also darin, dass sie als Treuhänder die Rechte ihrer Mitglieder und Berechtigten verwalten.

III. Rechtlicher Rahmen: das Urheberrechtswahrnehmungsgesetz

6 Die Tätigkeit der Verwertungsgesellschaften ist weitgehend gesetzlich geregelt – nicht zuletzt, weil die Verwertungsgesellschaften umso effizienter die ihnen anvertrauten Rechte verwalten, je stärker monopolistisch sie de facto sind. Als monopolartige Marktteilnehmer unterliegen sie daher der Missbrauchskontrolle sowohl im Verhältnis zu den Nutzern (Lizenznehmern) als auch im Verhältnis zu ihren Mitgliedern.[3] Der Gesetzgeber ging davon aus, dass Verwertungsgesellschaften ihrem Wesen nach marktbeherrschend sind[4] und hat sie daher mit dem Urheberrechtswahrnehmungsgesetz (WahrnG) unter besondere staatliche Aufsicht gestellt. In diesem Gesetz sind die Pflichten und Privilegien der Verwertungsgesellschaften geregelt. Bei der Abfassung des Wahrnehmungsvertrags haben die Verwertungsgesellschaften zudem die Vorgaben des UrhG – insbesondere die Vorschriften über Urheberrechtsverträge – zu beachten. Auch EU-Regelungen gewinnen zunehmend an Bedeutung.

1. Allgemeines

7 Das WahrnG regelt den äußeren Rahmen der Tätigkeit der Verwertungsgesellschaften. Dort findet sich in § 1 eine Definition einer Verwertungsgesellschaft:

> Wer Nutzungsrechte, Einwilligungsrechte oder Vergütungsansprüche, die sich aus dem UrhG ergeben, für die Rechnung[5] mehrerer Urheber oder Inhaber verwandter Schutzrechte zur gemeinsamen Auswertung wahrnimmt, bedarf (als Verwertungsgesellschaft) dazu der Erlaubnis.

Die Aufsicht erfasst also die Zusammenschlüsse der Urheber[6] und ausübenden Künstler[7] ebenso wie die Verwertungsgesellschaften zur Wahrnehmung von Produzenten- und Sender- Leistungsschutzrechten.[8] Als Korrektiv zur markbeherrschenden Stellung verpflichtet das WahrnG die Verwertungsgesellschaften zur Angemessenheit und zur Gleichbehandlung.

8 Neben der Aufsicht über die Verwertungsgesellschaften nach §§ 18–20 WahrnG und §§ 19, 20 GWB,[9] die der staatlichen Aufsicht über Banken und Versicherungen nachgebildet ist,[10] sieht das Wahrnehmungsgesetz eine gerichtliche Sonderzuständigkeit für alle Streitigkeiten über die Nutzung von Urheber- oder Leistungsschutzrechten unter Beteiligung einer Verwertungsgesellschaft bei der eigens hierfür eingerichteten Schiedsstelle beim DPMA vor (§§ 14–17 WahrnG). Steht die Anwendbarkeit oder Angemessenheit des Tarifes der Verwertungsgesellschaft im Streit, so ist ein vorausgeschaltetes Schiedsstellenverfahren gar Prozessvoraussetzung für ein Verfahren vor den ordentlichen Zivilgerichten (§ 16 WahrnG).

---

3 Ausführlich zu diesem Aspekt der Kontrolle siehe *Riesenhuber*, Die Auslegung und Kontrolle des Wahrnehmungsvertrages, Berlin 2004.
4 Schricker/*Reinbothe* Vor §§ 1 ff. WahrnG Rn. 7 m.w.N.
5 Hierin liegt die Abgrenzung zur sog. Verwerterindustrie (wie z.B. Verlagen, Film- oder Tonträgerherstellern), wo die Rechte der Urheber auf eigene Rechnung vermarktet werden. Vgl. auch Dreier/*Schulze* Vor § 31 Rn. 118.
6 GEMA, VG WORT und VG Bild-Kunst.
7 GVL.
8 VGF, GWFF, VFF, GÜFA, AGICOA, VG Media und VG Musikedition, vgl. auch Schricker/*Reinbothe* § 1 WahrnG Rn. 3.
9 Alte Fassung; Ausführlich vgl. *Riesenhuber* S. 123 ff.
10 Vgl. Schricker/*Reinbothe* § 18 WahrnG Rn. 1.

2. Pflicht zur Vertretung aller Urheber und Leistungsschutzberechtigten

Gegenüber den Rechteinhabern (Urhebern bzw. Leistungsschutzberechtigten und deren Verlegern) statuiert das Gesetz in § 6 WahrnG den sogen. Wahrnehmungszwang – die Verpflichtung, Rechte und Ansprüche aller Berechtigten im Tätigkeitsbereich der Verwertungsgesellschaft zu angemessenen Bedingungen wahrzunehmen. Der Begriff der Angemessenheit wird nicht definiert. In der amtlichen Begründung geht der Gesetzgeber davon aus, dass die Bedingungen, die die Verwertungsgesellschaft ihren Mitgliedern auferlegt, in der Regel angemessen seien.[11] Allgemeiner kann man unter »Angemessenheit« die Äquivalenz von Leistung und Gegenleistung verstehen, also das ausgewogene Verhältnis der Rechte und Pflichten der Vertragspartner in Bezug auf den gesamten Inhalt sowie die Laufzeit des Vertrages.[12] Dabei darf die Verwertungsgesellschaft durchaus im Hinblick auf einen zu erwartenden Verwaltungsaufwand pauschalisieren, denn »die treuhänderische Verwaltung der ihr eingeräumten oder übertragenen Rechte« verpflichtet sie »zu einer wirtschaftlichen Verwaltung«, so dass sie »zur Wahrnehmung von Rechten (...) nur insoweit verpflichtet (ist), als ihr dies wirtschaftlich zumutbar ist«.[13] Auch kann die Verwertungsgesellschaft die Wahrnehmung von Rechten ablehnen, wenn dies für sie selber unangemessen wäre,[14] z.B. weil bestimmte Beiträge nicht regelmäßig sondern nur unter besonderen Umständen urheberrechtlich relevante Werkqualität haben.

Die Verwertungsgesellschaften müssen nicht jeden Berechtigten als Mitglied – mit der Folge der umfassenden Mitwirkungsrechte – aufnehmen;[15] sie sind nur verpflichtet, die Ansprüche zu angemessenen Bedingungen wahrzunehmen und dafür Sorge zu tragen, dass die Berechtigten in den Gremien vertreten sind (§ 6 Abs. 2 WahrnG). Ob und unter welchen Voraussetzungen ein Berechtigter »vollwertiges« Mitglied (mit allen Rechten und Pflichten) ist, regelt die Satzung; meist ist die Vollmitgliedschaft an bestimmte Jahresumsätze gebunden.[16]

3. Pflicht zur Erteilung von Lizenzen

Dem Wahrnehmungszwang steht als zweite Kontrahierungsverpflichtung der Abschlusszwang nach § 11 WahrnG gegenüber – die Verpflichtung, jedem Nutzer die verwalteten Rechte zu gleichen Bedingungen einzuräumen. Flankiert wird diese Verpflichtung zur Gleichbehandlung aller Nutzer zum einen von § 13 WahrnG, der neben der Verpflichtung zur Aufstellung und Veröffentlichung von Tarifen auch Richtlinien für deren Bemessung vorgibt und zum anderen von der Verpflichtung, mit Nutzervereinigungen Gesamtverträge abzuschließen (§ 12 WahrnG).

Dieser Abschlusszwang gilt allerdings nicht uneingeschränkt. Die Verwertungsgesellschaften können die Lizenzierung im Einzelfall von der Zustimmung des Berechtigten abhängig machen,[17] insbesondere dann, wenn die geplante Nutzung persönlichkeitsrechtliche Belange berühren kann (z.B. die Nutzung eines Werkes in der Werbung, vgl.

---

11 Amtl. Begründung zum Regierungsentwurf, UFITA Bd. 46 (1966) S. 271, 280; ausführlich m.w.N. vgl. Loewenheim/*Melichar* § 47 Rn. 12.
12 Schricker/*Reinbothe* § 6 WahrnG Rn. 13; vgl. auch *Nordemann* GRUR 1992, 584, 585.
13 BGH GRUR 2002, 332/334 – Klausurerfordernis.
14 BGH NJW 2002, 3549/3550 – Mischtonmeister.
15 Amtl. Begr. UFITA 46/1966, 271, 280; Loewenheim/*Melichar* § 47 Rn. 4; Schricker/*Reinbothe* § 6 WahrnG Rn. 14 f.; Dreier/*Schulze* § 6 WahrnG Rn. 28.
16 Die VG Bild-Kunst hat diese Unterscheidung zwischen Mitgliedern und Wahrnehmungsberechtigten bei der letzten Satzungsänderung im Juni 2002 aufgegeben – sie kennt jetzt nur gleichberechtigte Mitglieder.
17 *Dördelmann* GRUR 1999, 890, 893; BGH ZUM 2009, 949 – Ausnahme vom Abschlusszwang nach § 11 UrhWahrnG.

11. Kapitel Verwertungsgesellschaften

GEMA Wahrnehmungsvertrag § 1 k, VG Bild-Kunst Wahrnehmungsvertrag für bildende Künstlerinnen und Künstler, § 1 Abs. 2, lit. b).

IV. Verwertungsgesellschaften und europäisches Recht

13 Schon früh wurde die Tätigkeit der Verwertungsgesellschaften am Europäischen Wettbewerbsrecht gemessen und EuGH und Kommission haben dafür gesorgt, dass sowohl die Wahrnehmungsverträge als auch die Lizenzierungspraxis mit den Grundsätzen des EU-Vertrages konform sind.[18]

14 Nach der weitgehenden Angleichung des materiellen Urheberrechts in mehreren EU-Richtlinien[19] und der Harmonisierung der Rechtsdurchsetzung[20] stünde im Bereich des Urheberrechts als nächstes Harmonisierungsprojekt eine Angleichung der nationalen Rahmenbedingungen zur Tätigkeit der Verwertungsgesellschaften an. Im Mai 2004 hat die Kommission eine sogen. Kommunikation zum Recht der Verwertungsgesellschaften[21] verabschiedet – als Vorstufe zu einer Harmonisierungsrichtlinie. Die für die Tätigkeit von Verwertungsgesellschaften relevanten Vorschriften der dem materiellen Urheberrecht gewidmeten Richtlinien sind allesamt in das deutsche Recht implementiert worden.

15 Die Kommunikation zur Rechtewahrnehmung aus dem Jahr 2004 orientiert sich am deutschen Modell der Aufsicht über die Verwertungsgesellschaften im UrheberrechtswahrnehmungsG und gibt als Rahmen für die Tätigkeit der Verwertungsgesellschaften die Eckpunkte vor: Effizienz und Transparenz. Die Reaktion der deutschen Verwertungsgesellschaften auf die Harmonisierungspläne der EU ist gespalten: einerseits wird eine Harmonisierung der Aufsicht über Verwertungsgesellschaften nach deutschem Vorbild begrüßt, denn der rechtliche Rahmen von WahrnehmungsG, Kartellrechtlicher Missbrauchskontrolle und Aufsicht durch das DPMA legitimieren die Tätigkeit der Verwertungsgesellschaften. Andererseits sind aber auch die Befürchtungen, eine Richtlinie könne die besondere kulturelle Bedeutung der kollektiven Rechtewahrnehmung übersehen und sich allein an marktwirtschaftlichen Kriterien orientieren, sicher nicht unbegründet.

16 Besonders aktiv war seit 2005 die Wettbewerbskommission, die sich vor allen Dingen der Tätigkeit der Musikverwertungsgesellschaften angenommen hat. Nach nur rudimentärer Anhörung der beteiligten Kreise wurde – am Parlament vorbei – im September 2005 eine

---

18 Ausführlich: *Dillenz*, »Urheberrechtliche Verwertungsgesellschaften« in *Walter* (Hrsg.), Europäisches Urheberrecht, (Springer) 2001, S. 66 ff.
19 Vermieten und Verleihen (Richtlinie 92/100 EWG zum Vermiet- und Verleihrecht); Computerprogramme (Richtlinie 91/250 EWG zum Schutz von Computerprogrammen), Datenbanken (Richtlinie 96/6 EG über den Schutz von Datenbanken); Schutzdauer (Richtlinie 93/98/EWG zur Harmonisierung der Schutzdauer des Urheberrechts und bestimmter verwandter Schutzrechte); Kabel- und Satellitensendung (Richtlinie 93/83/EWG zur Koordinierung bestimmter urheber- und leistungsschutzrechtlicher Vorschriften betreffend Satellitenrundfunk und Kabelweiterverbreitung vom 27.9.1993); Urheberrecht in der Informationsgesellschaft (Richtlinie 2001/29/EG zur Harmonisierung bestimmter Aspekte des Urheberrechts und der verwandten Schutzrechte in der Informationsgesellschaft); Folgerecht (Richtlinie 2001/84/EG über das Folgerecht des Urhebers des Originals eines Kunstwerks).
20 Richtlinie über die Maßnahmen und Verfahren zum Schutz der Rechte des geistigen Eigentums vom 29.4.2004, 2004/48/EC.
21 Mitteilung der Kommission über die Wahrnehmung von Urheberrechten und verwandten Schutzrechten im Binnenmarkt vom 16.4.2004 (KOM (2004) 261 endgültig), im Internet unter: http://europa.eu.int/eur-lex/de/com/cnc/2004/com2004_0261de01.pdf.

Empfehlung zur On-Line-Musik-Lizenzierung[22] erlassen; im Februar 2006 folgte das (kartellrechtliche) Statement of Objections[23] gegen den von der CISAC[24] empfohlenen Gegenseitigkeitsvertrag.[25] Beide Instrumente zielen darauf, den Wettbewerb zwischen den Verwertungsgesellschaften zu fördern, was vor allen Dingen durch ein Verbot der Exklusivitätsklauseln sowohl in den Wahrnehmungsverträgen als auch in den Gegenseitigkeitsverträgen erreicht werden soll. Das Ergebnis wird jedoch sein, kleinere Marktteilnehmer – Rechteinhaber wie Nutzer – die Vorteile der one-stop-shops verlieren werden: Nutzer (z.B. Rundfunkanstalten) müssten sich aus verschiedenen nationalen Gesellschaften die Rechte für ein vielseitiges Programm mühsam zusammensuchen und anspruchvollere aber wirtschaftlich nicht sehr erfolgreiche Werke hätten kaum mehr eine Chance auf internationale Vertretung. Tatsächlich hat bereits ein harter Wettbewerb der Verwertungsgesellschaften auf internationaler Ebene um die große Musikkataloge begonnen – kleinere nationale Gesellschaften sehen sich dadurch in ihrer Existenz bedroht.

Das aktuelle Arbeitsprogramm der Kommission nennt nun wieder die Schaffung eines einheitlichen Rechtsrahmens für die Tätigkeit der Verwertungsgesellschaften als einen Schwerpunkt;[26] zudem wird die Privatkopievergütung untersucht.[27] 17

V. Individuelle und kollektive Rechtewahrnehmung und verwertungsgesellschaftspflichtige Vergütungsansprüche

Den Kernbereich der Tätigkeit der Verwertungsgesellschaften bildet die Verwaltung der sogen. Zweitverwertungsrechte, also der Wahrnehmung von Vergütungsansprüchen, die sich an eine berechtigte (Erst-) Nutzung des Werkes anschließen. Wie jedes Eigentumsrecht gilt das Urheberrecht nicht uneingeschränkt, sondern es unterliegt der Sozialbindung nach Art. 14 Abs. 1 Satz 2 GG.[28] Das Interesse der Allgemeinheit an der Teilhabe am kulturellen Schaffen und möglichst einfachem Zugang zu geschützten Werken hat seinen Niederschlag in den Schrankenvorschriften des Urheberrechts gefunden. Sie sind im Interesse der Urheber an einer angemessenen Vergütung für die Nutzung seines Werkes[29] traditionell eng auszulegen.[30] 18

Gemeinsam ist den Schrankenbestimmungen, dass sie festlegen, bei welchen Nutzungen eine Zustimmung des Urhebers nicht erforderlich ist[31] – stets vorausgesetzt, dass die Nutzung keine urheberpersönlichkeitsrechtlichen Belange berührt (§ 63 UrhG). Die meisten der unter den Schrankenvorschriften privilegierten Nutzungen sind jedoch nur 19

---

22 http://eur-lex.europa.eu/LexUriServ/site/de/oj/2005/l_276/l_27620051021de00540057.pdf weitere Materialien zur Empfehlung finden sich unter http://ec.europa.eu/internal_market/copyright/management/management_de.htm.
23 Siehe Pressemitteilung der Kommission, http://europa.eu/rapid/pressReleasesAction.do?reference=MEMO/06/63.
24 Confederation Internationale des Societées des Auteurs et Compositeurs, der größte internationale Dachverband der Verwertungsgesellschaften.
25 In den Gegenseitigkeitsverträgen räumen sich die nationalen Verwertungsgesellschaften gegenseitig ihr jeweiliges Repertoire zur Wahrnehmung im Gebiet der anderen Gesellschaft ein; so wird zum einen erreicht, dass die Rechte der eigenen Mitglieder international vertreten werden und zum anderen, dass jede nationale Gesellschaft praktisch das Weltrepertoire in ihrem Tätigkeitsbereich vergeben kann; ausführlich unten unter Rdn. 25.
26 Vgl. http://ec.europa.eu/internal_market/copyright/management/management_de.
27 Vgl. http://ec.europa.eu/internal_market/copyright/levy_reform/index_de.htm.
28 Loewenheim/*Götting* § 30 Rn. 1; BVerfGE 31, 229/239 – Kirchen- und Schulgebrauch.
29 So als »Programm« des Urheberrechts mit dem UrhebervertragsG als Satz 2 neu in § 11 UrhG aufgenommen.
30 Vgl. Loewenheim/*Melichar* § 30 Rn. 4 mit umfangreichen Nachweisen aus der Rspr.
31 Z.B. §§ 45 (Rechtspflege und öffentliche Sicherheit), 50 (aktuelle Berichterstattung) 51 (Zitatrecht), 57 (unwesentliches Beiwerk), 58 (Katalogbilder) und 59 (Werke an öffentlichen Plätzen).

unter der Voraussetzung der angemessenen Vergütung der Urheber zulässig und als gesetzliche Lizenz ausgestaltet. Diese Vergütung erfolgt in der Regel nicht auf dem direkten Wege zwischen dem Nutzer und dem Urheber, sondern zumeist über die Verwertungsgesellschaften, die mit den zur Vergütung Verpflichteten oder deren Verbänden Gesamtverträge abschließen und die vereinnahmten Tantiemen an die Berechtigten weiterleiten.

1. Privatkopievergütung

20 Die wegen ihrer wirtschaftlichen Bedeutung am stärksten umkämpften Vergütungsansprüche sind die für die sogen. Privatkopie, also das Herstellen von Vervielfältigungsstücken zum privaten und sonstigen eigenen Gebrauch. Das Gesetz unterschied bis zum sog. Zweiten Korb zwischen der Vergütung für die Vervielfältigung im Wege der Bild- und Tonaufzeichnung (§ 54 UrhG) und der Herstellung von Vervielfältigungsstücken im Wege der Ablichtung oder in vergleichbarer Weise (der sog. Reprografievergütung, § 54a Abs. 1 UrhG). Diese Unterscheidung wurde angesichts der Entwicklung der neuen Aufnahmegeräte und -medien, die sowohl Text und Bild als auch Film und Musik aufzeichnen können, aufgegeben; nunmehr regelt § 54 UrhG die Vergütungspflicht einheitlich für alle Geräte und Medien. Neben der Geräte- und Leermedienabgabe sieht das Gesetz im Bereich der Reprografie eine Betreibervergütung vor, die von Schulen, Universitäten, Bibliotheken und Copyshops zu bezahlen sind. Diese Betreibervergütung wird von VG Wort, VG Bild-Kunst und VG Musikedition (letztere für die Vervielfältigung von Musiknoten) erhoben, die für die Reprografien im Schul- und Universitätsbereich sowie durch Bibliotheken Gesamtverträge mit der Kultusminister-Konferenz geschlossen haben. Die Vergütung für das Herstellen von Kopien audio-visueller Werke dagegen wird vom Endverbraucher durch eine Abgabe auf die zur Vervielfältigung bestimmten Geräte sowie auf Leermedien (für Bild- und Bild-Tonträger) bezahlt.

21 Das bisherige System der gesetzlich festgesetzten Vergütungssätze wurde im zweiten Korb ersetzt durch zwischen den Verwertungsgesellschaften und den Geräteherstellern und –importeuren auszuhandelnde und ggf. von der Schiedsstelle und den ordentlichen Gerichten festzusetzende Tarife.[32]

2. Weitere Vergütungsansprüche

22 Weitere wichtige Vergütungsansprüche, die über die Verwertungsgesellschaften verwaltet werden, sind die Vergütungen für das Vermieten und Verleihen (inklusive der Bibliothekstantieme und Lesezirkelvergütung) nach §§ 17 Abs. 3, 27 UrhG, für die öffentliche Wiedergabe (§ 21 UrhG) und für die Kabelweiterleitung von Rundfunksendungen (§ 20b UrhG), die Pressespiegelnutzung nach § 49 UrhG (analog und digital), sowie die öffentliche Zugänglichmachung zu Unterrichts- und Forschungszwecken nach § 52a UrhG. Voraussetzung für die Zulässigkeit aller den Vergütungsansprüchen zugrunde liegenden Nutzungen ist, dass das genutzte Werke bereits veröffentlicht ist.

3. Unabtretbarkeit der Vergütungsansprüche

23 Diese Vergütungsansprüche sind seit der Urhebervertragsrechtsreform von 2002 nach § 63a UrhG unverzichtbar und im Voraus nur an eine Verwertungsgesellschaft oder an einen Verlag zur gemeinsamen Wahrnehmung durch eine Verwertungsgesellschaft abtretbar. Mit dieser Vorschrift will der Gesetzgeber sicherstellen, dass die Vergütungsansprü-

---

32 Vgl. §§ 13b, 14e und 17a WahrnG.

A. Einleitung

che dem Urheber oder seinem Rechtsnachfolger als Teil der angemessenen Vergütung verbleiben.[33]

4. Erstverwertungsrechte

Unter Erstverwertungsrechten versteht man im Zusammenhang mit der kollektiven Rechtewahrnehmung solche (Ausschließlichkeits-)Rechte, die üblicherweise individuell lizenziert werden – also nicht im Wege pauschaler Rechtseinräumungen und pauschaler Vergütung. Erstverwertungsrechte werden dann von den Verwertungsgesellschaften wahrgenommen, wenn deren Ausübung durch den Urheber selber unangemessen aufwendig ist – insbesondere weil sie eine genaue Beobachtung des Marktes erfordern würde. Im Bereich der Musik werden als klassische primäre Rechte das Aufführungsrecht (§ 19 Abs. 2 UrhG) sowie das Recht der öffentlichen Wiedergabe von Bild- oder Tonträgern (§ 21 UrhG) von den Musikalischen Verwertungsgesellschaften wahrgenommen; später kam das Recht zur mechanischen Vervielfältigung (§ 16 UrhG) hinzu. Die Notwendigkeit der kollektiven Wahrnehmung liegt hierbei auf der Hand: kein Urheber oder Verleger kann mit einem vernünftigen Aufwand die ephemere Aufführung oder öffentliche Wiedergabe von musikalischen Werken kontrollieren oder einzeln lizenzieren. Im visuellen Repertoire nimmt die VG Bild-Kunst Erstverwertungsrechte der bildenden Künstlerinnen und Künstler wahr – und zwar das Folgerecht (§ 26 UrhG) und das Vervielfältigungs- und Verbreitungsrecht (§§ 15, 16 UrhG), das Senderecht (§ 20 UrhG) und das Recht der öffentlichen Zugänglichmachung (§ 19a). Zwar stellen gemeinhin gerade das Vervielfältigungs- und Verbreitungsrecht nach §§ 15, 16 UrhG den Kern der urheberrechtlichen Befugnisse dar, doch im Bereich der bildenden Kunst ist die Haupteinnahmequelle der Urheber der Verkauf der Werkoriginale; dem gegenüber stellt die Vervielfältigung oder Verbreitung, z.B. durch die Herstellung von Postern, Kunstdrucken oder Postkarten nur eine untergeordnete Zweitverwertung dar. Hauptgrund für die kollektive Wahrnehmung ist auch hier, dass es dem Einzelnen kaum möglich ist, sämtliche Nutzungen seiner Werke zu verfolgen – eine effiziente Medienkontrolle kann (gerade im Pressebereich) nur die Verwertungsgesellschaft leisten.

VI. Der Wahrnehmungsvertrag

Die Urheber und Leistungsschutzberechtigten übertragen durch den Mitgliedsvertrag die Rechte zur Wahrnehmung auf die Verwertungsgesellschaft. Dieser Wahrnehmungsvertrag ist ein urheberrechtlicher Nutzungsvertrag eigener Art, für den die vertragsrechtlichen Vorschriften des BGB genauso wie die des UrhG gelten. Der Wahrnehmungsvertrag regelt die Rechte und die Pflichten der Mitglieder der Verwertungsgesellschaften. In der Regel sehen die Wahrnehmungsverträge vor, dass die Einräumung der Rechte auf die Verwertungsgesellschaften auch über den Tod des Berechtigten hinaus weitergeht. Die auf eine Verwertungsgesellschaft übertragenden Rechte fallen also nicht automatisch mit dem Tod zurück.

Für die Privatkopievergütung, die Kabelweitersenderechte und die Videovermietvergütung sieht das Urheberrechtswahrnehmungsgesetz vor, das die Verwertungsgesellschaften als von allen unter ihr Repertoire fallenden Rechteinhabern mandatiert gelten – sie sind also durch das Gesetz berechtigt, auch für Nichtmitglieder Vergütungen in Empfang zu nehmen. Diese Außenseiter haben im Verhältnis zu der Verwertungsgesellschaft die gleichen Rechte und Pflichten als hätten sie hier die Rechte im Vertrag zur Wahrnehmung übertragen (§ 13b Abs. 4 Satz 1 WahrnG).

---

33 BT-Drs. 14/6433, S. 14.

27 Vor Herausforderungen stellen die Verwertungsgesellschaften Änderung des Wahrnehmungsvertrages, da eine rückwirkende individuelle Anpassung auf Grund der schieren Anzahl der Einzelverträge kaum umzusetzen ist. Für den Abschluss des Wahrnehmungsvertrages gelten neben den allgemeinen Vertragsvorschriften des UrhG, insbesondere das Verbot der Einräumung von Rechten für unbekannte Nutzungsarten nach § 31 Abs. 4 UrhG[34] sowie die Vorschriften über allgemeine Geschäftsbedingungen[35] Wollen die Verwertungsgesellschaften daher auf die technische Entwicklung angemessen reagieren, müssen ihnen daher nachträglich die Rechte bzw. die entsprechenden Vergütungsansprüche eingeräumt werden. Dies bedeutet, dass zunächst das nach der Satzung zuständige Gremium beschließen muss, ob und in welchem Umfang »neue« Rechte künftig von der Verwertungsgesellschaft wahrgenommen werden sollen. Entsprechend wird der Wahrnehmungsvertrag neu gefasst. Diese Neufassung ist im Verhältnis zu all denjenigen Mitgliedern, die nach der Änderung des Wahrnehmungsvertrages ihren Vertrag mit der Verwertungsgesellschaft geschlossen haben, unproblematisch.[36] Bei den Altverträgen jedoch müssen die Rechte nacherworben werden, d.h. es muss ein förmlicher Übertragungsakt stattfinden. Der BGH hat hierfür den Rahmen vorgegeben, dem nun so gut wie alle Verwertungsgesellschaften folgen: es müssen allen Mitgliedern die beschlossenen Änderungen mitgeteilt werden[37] deren Schweigen eine Ergänzung des Wahrnehmungsvertrages fingiert, wenn dies zuvor in AGB-rechtlich zulässiger Form vereinbart war.[38] Das Verfahren der nachträglichen Änderung des Umfangs der Rechtseinräumung ist nun bei allen Verwertungsgesellschaften ähnlich geregelt: Im Wahrnehmungsvertrag der VG Bild-Kunst bestimmt § 5 Satz 2:

»Beschließt die Mitgliederversammlung oder der Verwaltungsrat in Zukunft Änderungen des Wahrnehmungsvertrages oder des Inkassoauftrages für das Ausland, so gelten diese als Bestandteil des Vertrages; dies gilt insbesondere auch für zur Zeit des Vertragsschlusses noch nicht bekannte Nutzungsarten. Änderungen oder Ergänzungen sind dem Berechtigten schriftlich mitzuteilen. Die Zustimmung des Wahrnehmungsberechtigten zur Änderung gilt als erteilt, wenn er nicht binnen sechs Wochen seit Absendung schriftlich widerspricht; auf diese Rechtsfolge ist er in der Mitteilung hinzuweisen.«

28 Nach § 308 Ziff. 5b BGB tritt die Rechtsfolge des Schweigens als rechtsgeschäftliche Erklärung nur ein, wenn der Hinweis auf diese Rechtsfolge optisch deutlich hervorgehoben wird[39] – eine Voraussetzung, die die Mitgliederinformationen der VG Bild-Kunst stets erfüllt haben.[40]

VII. Inkassozusammenschlüsse der Verwertungsgesellschaften

29 Beim Inkasso der Vergütungen für einzelne Rechte bzw. gesetzliche Vergütungsansprüche arbeiten die Verwertungsgesellschaften eng zusammen. Sie haben sich zum Zwecke des gemeinsamen Inkassos zu verschiedenen sogen. »Zentralstellen« zusammengeschlossen, die als BGB-Gesellschaften organisiert sind und keine eigenen Verwertungsgesellschaften darstellen, also nicht direkt der Aufsicht nach dem WahrnG unterliegen.[41]

30 Die ZPÜ (Zentralstelle für private Überspielungsrechte) wurde 1970 zum gemeinsamen Inkasso der audiovisuellen Privatkopievergütung (Geräte- und Leerkassettenabgabe)

---

34 BGH GRUR 1986, 66 – GEMA-Vermutung II; GRUR 1988, 296, 289 – GEMA-Vermutung IV.
35 BGH GRUR 2009, 395 – Klingeltöne.
36 BGH GRUR 1988, 296, 289 – GEMA-Vermutung IV.
37 BGH GRUR 1986, 66 – GEMA-Vermutung II.
38 BGH GRUR 1988, 296, 298 – GEMA-Vermutung IV; GRUR 2009, 395 – Klingeltöne.
39 Vgl. *Platho* ZUM 1987, 77; *Hoeren* AfP 2001, 8, 10 mit umfangreichen Nachweisen.
40 LG Hamburg ZUM 2001, 711.
41 Vgl. ausführlicher *Wandtke/Bullinger/Gerlach* Vor §§ 1 ff. WahrnG Rn. 16; *Loewenheim/Melichar* § 46 Rn. 19 ff.

gegründet. Sie wird bei der GEMA geführt. Nach der Neuregelung der Gerätevergütung in der zum 1.1.2008 in Kraft getretenen Änderung des UrhG wird hinsichtlich der Vergütungsansprüche nicht mehr zwischen audiovisueller (Musik und Film) und reprografischer (Ablichtungen von Texten und Bildern) Privatkopie unterschieden und die von VG Bild-Kunst, VG Wort und VG Musikedition wahrgenommenen Vergütungsansprüche gemeinsam mit dem »klassischen« Repertoire verhandelt.

Die ZBT (Zentralstelle Bibliotheksantieme) macht die Vergütungsansprüche für das Ausleihen von Büchern, Filmen und Tonträgern nach § 27 Abs. 2 UrhG durch Bibliotheken geltend. Sie wird bei der VG Wort geführt. 31

Die Vergütungsansprüche für das Verleihen von Filmen (§ 27 Abs. 1 UrhG) werden von der ZVV (Zentralstelle für Videovermietung) verwaltet; die ZVV wird bei der GEMA geführt. 32

Die ZFS (Zentralstelle für das Fotokopieren in Schulen) regelt die Betreibervergütung das Kopieren an Schulen und wird bei der VG Wort geführt. 33

In der ZWF (Zentralstelle für die Wiedergabe von Fernsehsendungen) werden die Vergütungsansprüche für die öffentliche Wiedergabe und die Kabelweiterleitung von Fernesehsendungen in Hotels Kliniken für Filmproduzenten und bei der Filmherstellung beteiligte Urheber verwaltet; sie wird bei der VG Bild-Kunst geführt. 34

VIII. Internationale Rechteverwaltung

Die Verwertungsgesellschaften erhalten von ihren Berechtigten zwar üblicherweise das Mandat zur Wahrnehmung der übertragenen Rechte weltweit, üben diese Rechte aber in der Regel nur im Inland aus. Die Wahrnehmung im Ausland erfolgt durch die jeweiligen nationalen Verwertungsgesellschaften. Durch bilaterale Verträge beauftragen und ermächtigen sie sich gegenseitig zur Wahrnehmung der ihnen selbst übertragenen Rechte. Dieses eng geknüpfte Netz der Gegenseitigkeitsverträge stellt zum einen sicher, dass die Rechte der eigenen Berechtigten auch im Ausland wirkungsvoll lizenziert und ggf. verteidigt werden und gibt zum anderen jeder Verwertungsgesellschaft die Möglichkeit, ihren Lizenznehmern das Weltrepertoire anbieten zu können. Gerade für große Nutzer und Nutzerorganisationen (z.B. Radio- und Fernsehsender) ist dies von unschätzbarem Vorteil, da sie nur mit einem einzigen Lizenzgeber verhandeln müssen und die Rechte aller Künstler aus einer Hand erwerben können. 35

Dieser internationale Aspekt der Urheberrechtswahrnehmung führte für alle Repertoires zur Gründung internationaler Dachverbände. Diese Dachverbände koordinieren die Grundlagen der internationalen Zusammenarbeit. Dazu gehört zunehmend die Entwicklung von technischen Standards für die Abrechung und internationale Weiterleitung von Vergütungen sowie von Datenbanken zur Identifizierung von Werken und Berechtigten. Die wichtigsten Dachverbände sind: 36

CISAC (Cónferation internationale des Scoietés d'Auteurs et Compositeurs), die CISAC war ursprünglich der internationale Dachverband der musikalischen Verwertungsgesellschaften. Mittlerweile sind in der CISAC auch die Verwertungsgesellschaften organisiert, die Rechte an Werken der Bildenden Kunst oder an Filmwerken vertreten.
www.cisac.org

AEPO-ARTIS Organisation der Verwertungsgesellschaften, die Leistungsschutzrechte von darstellenden und ausübenden Künstlern wahrnehmen.
www.aepo.org

SCAPR	(Societies' Council for the Collective Management of Performers' Rights) Dachorganisation der Künstlerverwertungsgesellschaften
IFRRO	(International Federation of Reproduction Rights Organisations), die IFRRO befasst sich mit der Wahrnehmung von Rechten beim Kopieren aus Büchern und anderen Publikationen, die aus Text und Bild bestehen. www.ifrro.org
EVA	(European visual artists), in der EVA sind die europäischen Verwertungsgesellschaften organisiert, die Bildurheber (Bildende Kunst, Fotografie, Illustration, Design) vertreten. www.evartists.org

37 Was in der analogen Welt gut funktionierte wird allerdings vom Internet auf eine harte Probe gestellt: Internetprovider benötigen internationale, ja sogar weltweite Nutzungsrechte an Werken und können diese Rechte nicht ohne weiteres von nur einer Gesellschaft erwerben. Die Verwertungsgesellschaften haben schon früh Modelle entwickelt, die eine Lizenzierung des internationalen Repertoires zur internationalen Nutzung erlauben sollen (das sogen. Santiago-Abkommen der Musikgesellschaften sowie das IFPI-Simulcasting-Abkommen der Tonträgerhersteller und Leistungsschutzgesellschaften sowie das OLA-Modell der Bildgesellschaften), doch gerade das so wichtige Santiago-Abkommen der Musikverwertungsgesellschaften erregte den Unmut der Binnenmarkt-Kommission und lief Ende 2004 aus. Es gibt also z.Zt. für »Massennutzer« keine Möglichkeit, Musikrechte am ganzen internationalen Repertoire zur internationalen Nutzung aus einer Hand zu erwerben.[42]

IX. Verteilung der Vergütungen

38 Die Wahrnehmungsverträge selber treffen keine Regelung über die dem Urheber zustehende Vergütung für die Lizenzierung der Nutzungsrechte durch die Verwertungsgesellschaft,[43] sondern verweisen auf Satzung und Verteilungsplan.

39 Die Verwertungsgesellschaften müssen nach § 7 WahrnG die Regeln der Verteilung der Einnahmen in einem Verteilungsplan festhalten, um willkürliches Vorgehen bei der Verteilung auszuschließen. Auch hier zeigt sich die Sozialgebundenheit der Tätigkeit der Verwertungsgesellschaften: Der Verteilungsplan soll dem Grundsatz entsprechen, dass kulturell bedeutsame Werke und Leistungen zu fördern sind (§ 7 Satz 2 WarhnG).

1. Soziale Unterstützung und kulturelle Förderung

40 Das Wahrnehmungsgesetz formuliert, die Verwertungsgesellschaften »sollen« sowohl kulturell bedeutende Werke und Leistungen fördern (§ 7 Satz 2 WahrnG) als auch Vorsorge- und Unterstützungseinrichtungen unterhalten (§ 8 WahrnG). Obwohl beide Vorschriften als Soll-Vorschriften ausgestaltet sind, binden sie die Verwertungsgesellschaften weit über eine einfache »Empfehlung« hinaus – es handelt sich um eine grundsätzliche Rechtsverpflichtung, der nur in besonders gelagerten Fällen aus überwiegenden Gründen

---

42 Vgl. *Drexl*, Auf dem Weg zu einer neuen europäischen Marktordnung der kollektiven Wahrnehmung von Online-Rechten der Musik? – Kritische Würdigung der Kommissionsempfehlung vom 18.10.2005, in K. Riesenhuber (Hrsg.) Wahrnehmungsrecht in Polen, Deutschland und Europa, 193 ff.
43 Hier handelt es sich nicht etwa um die Gegenleistung für die Übertragung der Rechte auf die Verwertungsgesellschaft, sondern vielmehr um die Herausgabe des Erlangten nach § 667 BGB; vgl. *Riesenhuber* S. 109.

nicht gefolgt zu werden braucht, deren Einhaltung aber nicht durch die Aufsicht erzwungen werden kann.⁴⁴

In § 8 WahrnG wird den Verwertungsgesellschaften die Einrichtung von Vorsorge- und Unterstützungseinrichtungen für die Inhaber der von ihr wahrgenommenen Rechte oder Ansprüche aufgegeben. Mit dieser Vorschrift bildet das Gesetz lediglich ab, was von Beginn der Tätigkeit der Verwertungsgesellschaften »zum Wesensmerkmal und zu den Grundprinzipien kontinental-europäischer Verwertungsgesellschaftstradition«⁴⁵ gehört: nämlich die inzwischen historische »Teilfunktion« der Verwertungsgesellschaften, soziale Leistungen für ihre Bezugsberechtigten vorzusehen.⁴⁶ Daher unterhalten die Verwertungsgesellschaften Sozialwerke, die kurzfristige oder bei Bedarf auch dauerhafte Unterstützung für in Not geratene Künstler gewähren. 41

Über ihre Kulturwerke, die Preise und Stipendien vergeben, erfüllen die Verwertungsgesellschaften die ihnen auferlegte Aufgabe der kulturellen Förderung – auch hier normiert das Gesetz eine Verpflichtung, die zum traditionellen und historischen Aufgabenbereich der Verwertungsgesellschaften zählt.⁴⁷ Diese Stipendien und Preise sind für den künstlerischen Nachwuchs wichtige und begehrte Auszeichnungen und häufig der Beginn der künstlerischen Karriere. 42

2. Grundsätze der Verteilung – Willkürverbot

Nach Abzug der Zuwendungen für Sozial- und Kulturwerke und Abdeckung der Verwaltungskosten steht der zur Ausschüttung anstehende Betrag fest. Das Ideal der Verteilung ist eine individuelle Ausschüttung, die die tatsächlichen Nutzungsvorgänge wiederspiegelt.⁴⁸ Dieses Ideal ist aber nur dann zu erreichen, wenn mit vertretbarem Kostenaufwand die tatsächliche Nutzung ermittelt werden kann – beispielsweise bei der GEMA im Bereich des Mechanischen Vervielfältigungsrechts, bei der VG Bild-Kunst bei den von ihr selbst erteilten Abdruckgenehmigungen oder bei der VG Wort bei der Schulbuchvergütung nach § 46 UrhG. In all diesen Fällen bestehen die Einnahmen der Verwertungsgesellschaften aus individuell erteilten Genehmigungen, bei deren Erteilung der Verwertungsgesellschaft vom Nutzer sowohl die einzelnen Werke als auch der genaue Nutzungsumfang mitgeteilt wurde. 43

Grundsätzlich sind aufwendigen Ermittlungen der Grundlagen der Verteilung nicht mit dem Gebot wirtschaftlich sparsamer Verwaltung zu vereinbaren. Daher müssen die Verwertungsgesellschaften zu Pauschalisierungen greifen, um die Ausschüttungen zu einem vertretbaren Aufwand durchführen zu können. Diese Pauschalisierungen sind rechtlich unbedenklich,⁴⁹ unterliegen aber dem Willkürverbot nach § 7 Satz 1 WahrnG. Die Grundlagen solcher Pauschalisierungen, die zwar an einen bestimmten Nutzungsvorgang anschließen, aber nicht die auf den tatsächlichen Nutzungsvorgang entfallende Summe ermitteln, sondern nach bestimmten Kriterien oder Punktesystemen werten,⁵⁰ sind die Erstnutzungen der Werke wie Rundfunksendungen oder die Vervielfältigung und Verbreitung durch Bücher, Zeitungen oder Zeitschriften. 44

---

44 *Lerche*, GEMA Jahrbuch 1997/98, S. 80; Loewenheim/*Melichar* § 47 Rn. 36, Moser/Scheuermann/ *Kreile/Becker* S. 632; Wandtke/Bullinger/*Gerlach* § 7 WahrnG, Rn. 6; ähnlich Schricker/*Reinbothe* § 7 WahrnG Rn. 10.
45 Moser/Scheuermann/*Kreile/Becker* S. 632; Loewenheim/*Melichar* § 47 Rn. 42.
46 Vgl. auch *Dillenz* GRUR Int. 1997, 315, 325.
47 *Lerche*, GEMA Jahrbuch 1997/98, S. 80 ff.
48 Vgl. Loewenheim/*Melichar* § 47 Rn. 38; *Kreile/Becker* FS für Nordemann, S. 297.
49 BGH GRUR 1966, 567 – GELU.
50 Vgl. Moser/Scheuermann/*Kreile/Becker* S. 676.

45 Je genauer es den Verwertungsgesellschaften gelingt, einzelne Nutzungsvorgänge zu erfassen, um so weniger müssen sie pauschalisieren. Regelmäßige Umfragen zum Nutzerverhalten überprüfen die den Pauschalisierungen zugrunde liegenden Kriterien und die vereinfachte Datenverarbeitung ermöglicht zunehmend feinere Differenzierungen.

3. Aufteilung zwischen Urhebern und Verwertern

46 Traditionell vertreten die Verwertungsgesellschaften nicht nur Urheber sondern auch die Verwerter des jeweiligen Repertoires. Daher haben alle Verwertungsgesellschaften feste Quoten der Aufteilung zwischen Urhebern bzw. Leistungsschutzberechtigten und Verlegern oder Produzenten. Diese Quoten (über die die satzungsgemäßen Gremien entscheiden) erlauben eine pauschale Aufteilung zwischen den verschiedenen Berechtigten, ohne dass es auf evtl. Abtretungsvereinbarungen im Vertrag zwischen Urheber und Verwerter ankommt.

B. Die Gesellschaft für musikalische Aufführungs- und mechanische Vervielfältigungsrechte – GEMA

I. Historische Entwicklung der Entstehung von musikalischen Verwertungsgesellschaften

1. Gründung der SACEM in Frankreich

47 Die Geschichte der Gründung von musikalischen Verwertungsgesellschaften reicht bis in das Jahr 1851 zurück, als in Paris die erste musikalische Verwertungsgesellschaft der Welt, die **SACEM** (Société des Auteurs, Compositeurs et Editeurs de Musique) gegründet wurde. Ihrer Gründung ging folgendes Ereignis voraus:

Im Jahre 1847 besuchte der Komponist Ernest Bourget (1814–1864) zusammen mit seinem Kollegen Victor Parizot (1820–1866) das Pariser Konzert-Kaffee ‚Ambassadeurs' und hörte wie das dortige Orchester u.a. auch Musik, die Bourget komponiert hatte, spielte. Als der Kellner dem Komponisten die Rechnung für die von ihm und Parizot konsumierten Getränke vorlegte, verweigerte Bourget die Bezahlung mit dem Hinweis, er rechne auf, da das Orchester mehrfach – und ohne ihn dafür zu bezahlen – Musik gespielt habe, die von ihm komponiert wurde. Dieser Streit zwischen Bourget und dem Wirt des Ambassadeurs kam vor Gericht. Am 8.9.1847 wurde dem Wirt durch das Tribunal de Commerce de la Seine verboten, Werke von Bourget ohne dessen Genehmigung aufzuführen. Damit wurde zum ersten Mal das im französischen Gesetz von 1791 verankerte und dem Urheber zustehende ausschließliche Recht zu öffentlichen Aufführungen auch in der Praxis durchgesetzt. Am 26.4.1849 verurteilte der Cour d'Appel de Paris schließlich den Wirt des Ambassadeurs auf Schadensersatz, zur Zahlung einer Vergütung an den Komponisten Bourget.[51]

48 Vor dem Hintergrund dieses Erfolges schlossen sich die Komponisten Bourget, Parizot und Paul Henrion (1819–1901) sowie der Verleger Jules Colombier (1809–1884) zur gemeinsamen Verwaltung der Aufführungsrechte an ihren Musikwerken zu einer »Agence Centrale«, der Vorgängerin der SACEM zusammen.[52]

---

51 Vgl. Moser/Scheuermann/*Kreile*/*Becker* S. 595.
52 Vgl. *Ferdinand Melichar* S. 1.

B. Die Gesellschaft für musikalische Aufführungs- und mechanische Vervielfältigungsrechte

2. Entwicklung in Deutschland bis 1945

In Deutschland dauerte es noch über 50 Jahre bis die am 14.1.1903 ins Leben gerufene Genossenschaft Deutscher Tonsetzer (**GDT**) unter Führung des Komponisten Richard Strauss (1864–1949) am 1.7.1903 die Anstalt für musikalische Aufführungsrechte (AFMA) gründete. Gesetzliche Grundlage war das in Deutschland am 1.1.1902 in Kraft getretene LUG, nach dem u.a. kein musikalisches Werk öffentlich aufgeführt werden durfte, wenn nicht der Urheber die Genehmigung hierzu erteilt hatte. 1909 erfolgte die Gründung einer Gesellschaft für die Verwertung der sog. Mechanischen Vervielfältigungsrechte für Schallplatten, AMMRE (Anstalt für mechanisch-musikalische Rechte GmbH). Die AMMRE wurde 1938 der **STAGMA** (Staatlich genehmigte Gesellschaft zur Verwertung musikalischer Urheberrechte) angegliedert, die aus einem Zusammenschluss aus »alter« GEMA (1915 als Genossenschaft zur Verwertung musikalischer Aufführungsrechte gegründet, die jedoch mit der heutigen GEMA nicht identisch ist) und der GDT bestand.

Der STAGMA war am 28.9.1933 die Rechtsfähigkeit verliehen worden und durch § 1 der Verordnung zur Durchführung des Gesetzes über die Vermittlung von Musikaufführungsrechten vom 15.2.1934 wurde der STAGMA die Genehmigung erteilt, »als alleinige Stelle die gewerbsmäßige Vermittlung zur öffentlichen Aufführung von Werken der Tonkunst mit oder ohne Text (kleinen Rechten) auszuüben.«

Die Anzahl der Mitglieder der STAGMA lag im Jahre 1934 bei ca. 2600.[53]

3. Von der STAGMA zur GEMA

Durch Entscheidung Nr. 55 (c) vom 24.8.1947 wurde die STAGMA unter gleichzeitiger Umbenennung in **GEMA** (Gesellschaft für musikalische Aufführungs- und mechanische Vervielfältigungsrechte) vom Alliierten Kontrollrat zur Fortsetzung ihrer Tätigkeit in allen Zonen Deutschlands autorisiert.

Als in Folge des Einigungsvertrages die DDR der BRD beitrat, galt nun auch in ihrem Gebiet die Urheberrechtsgesetzgebung der Bundesrepublik Deutschland. Die auf dem Gebiet der DDR tätige musikalische Verwertungsgesellschaft **AWA** (Anstalt zur Wahrung der Aufführungsrechte auf dem Gebiet der Musik) verlor damit ihre Rechtsgrundlage und stellte ihre Tätigkeit zum 3.10.1990 ein. Die GEMA lud die bisher von der AWA betreuten Urheber zum Beitritt ein, um auf Antrag auch ihre urheberrechtlichen Nutzungsrechte wahrzunehmen.[54] Von dieser Möglichkeit hat ein Großteil der damaligen Mitglieder der AWA Gebrauch gemacht.

Durch eine Verwertungsgesellschaft wie die GEMA mit ihren internationalen Gegenseitigkeitsverträgen wird es dem Nutzer musikalischer Werke ermöglicht, alle Rechte, die er für seine beabsichtigte Nutzung benötigt, bei einer Stelle zu erwerben und nicht u.U. weltweit die Genehmigungen bei den Urhebern und Verlegern hierfür einholen zu müssen. Andererseits gewährleistet die GEMA ihren Mitgliedern die Beteiligung an einer angemessenen Vergütung für die Nutzung ihrer Werke in ihrem Zuständigkeitsbereich und darüber hinaus auch noch weltweit durch ihre Schwestergesellschaften.

---

53 STAGMA-Nachrichten Nr. 5, 85.
54 Dümling S. 296.

II. Die GEMA heute

1. Adressen der GEMA

55 Die **Generaldirektion** der GEMA befindet sich an zwei Standorten:

dem juristischen Sitz der GEMA in Berlin sowie in München. In diesen beiden Standorten werden u.a. die Dokumentation, Verteilung, Vervielfältigungsrechte, Rundfunk und Fernsehen, Außendienst, Finanzen, Mitglieder, Informatik und Presse verwaltet und betreut.

Generaldirektion Berlin	Generaldirektion München
Bayreuther Straße 37	Rosenheimer Straße 11
10787 Berlin	81667 München

56 Zur Zeit gibt es 10 **Bezirksdirektionen**, die regional für die Lizenzierung und das Inkasso z.B. von Live-Musikveranstaltungen und von mechanischen Musikwiedergaben zuständig sind, und zwar in Augsburg (wird im Laufe des Jahres 2010 mit Stuttgart in Stuttgart zusammengelegt, Berlin, Dortmund, Dresden, Hamburg, Hannover (wird im Laufe des Jahres 2010 mit Hamburg in Hamburg zusammengelegt), München (wird im Laufe des Jahres 2010 mit Nürnberg in Nürnberg zusammengelegt), Nürnberg, Stuttgart und Wiesbaden.

57 Im Jahr 2007 hat die GEMA in Berlin ein **Hauptstadtbüro** mit einer Außenstelle in Brüssel als zentrale Informationsstelle für Politik und Kultur eröffnet. Dieses steht für Fragen zur Funktion und Verteilungspraxis der GEMA sowie für Beschwerden aus dem politischen Raum zur Verfügung.

58 Zum 31.12.2009 waren 1.111 Mitarbeiter bei der GEMA angestellt.

59 Alle Adressen sowie Telefonnummern und Zuständigkeitsbereiche finden sich auch im Internet unter http://www.gema.de/der-verein-gema/.

2. Satzungszweck

a) Rechtsform

60 Nach § 1 ihrer Satzung[55] hat die GEMA die Rechtsform eines **wirtschaftlichen Vereins**. Ihre Rechtsfähigkeit beruht gemäß § 22 BGB auf staatlicher Verleihung. Diese erfolgte durch das Preußische Staatsministerium am 28.9.1933 an die STAGMA, deren Name durch Kontrollratsbeschluss Nr. 55 (c) vom 24.8.1947 in GEMA geändert worden ist.

b) Zweck der GEMA

61 Zweck der GEMA ist nach § 2 GEMA-Satzung der Schutz des Urhebers und die Wahrnehmung seiner Rechte. Die Tätigkeit der GEMA ist uneigennützig und nicht auf die Erzielung von Gewinn gerichtet. Dies bedeutet, dass die GEMA die eingenommenen Erträge nach Abzug der Aufwendungen restlos an die in- und ausländischen Bezugsberechtigten ausschüttet.

62 Der GEMA obliegt die **treuhänderische Wahrnehmung** der ihr von ihren Mitgliedern und Dritten durch uni- oder bilaterale Verträge zur Verwertung übertragenen Rechte.

---

55 Abgedruckt in GEMA-Jahrbuch 2009/2010 S. 155.

B. Die Gesellschaft für musikalische Aufführungs- und mechanische Vervielfältigungsrechte

3. Arten der Mitgliedschaft

Die Satzung der GEMA unterscheidet zwischen angeschlossenen, außerordentlichen und ordentlichen Mitgliedern (§ 6 Ziff. 1 GEMA-Satzung). Diese Unterscheidung wirkt sich nur im Innenverhältnis des Vereins GEMA aus, sie hat jedoch keinen Einfluss auf die Verteilung des Aufkommens, hier werden alle Berechtigten gleich behandelt.

a) Angeschlossene Mitgliedschaft

Ein **angeschlossenes Mitglied** (54.605 angeschlossene Mitglieder waren dies zum 31.12.2009) erfüllt weder die Voraussetzungen der außerordentlichen noch der ordentlichen Mitgliedschaft und ist kein Mitglied im Sinne des Vereinsrechts. Das Rechtsverhältnis zwischen ihm und der GEMA richtet sich ausschließlich nach dem Berechtigungsvertrag. Der Status als angeschlossenes Mitglied ist vorgesehen für solche Berechtigte, die nur gelegentlich komponieren, Texte dichten oder Musik verlegen.

b) Außerordentliche Mitgliedschaft

Der Erwerb der **außerordentlichen Mitgliedschaft** (6.406 außerordentliche Mitglieder waren dies zum 31.12.2009) erfordert die Stellung eines Antrags an den Vorstand, in dem sich der Antragsteller den Bestimmungen des in der Geschäftsordnung für das Aufnahmeverfahren[56] geregelten Aufnahmeverfahrens und den Aufnahmebedingungen unterwirft.[57]

c) Ordentliche Mitgliedschaft

Die **ordentliche Mitgliedschaft** (3.343 ordentliche Mitglieder waren dies zum 31.12.2009) kann nur nach fünfjähriger außerordentlicher Mitgliedschaft erworben werden von Komponisten und Textdichtern, die in fünf aufeinander folgenden Jahren ein Mindestaufkommen von 30.000 €, jedoch in vier aufeinander folgenden Jahren mindestens 1.800 € jährlich von der GEMA bezogen haben; bei Musikverlegern, die in fünf aufeinander folgenden Jahren ein Mindestaufkommen von 75.000 €, jedoch in vier aufeinander folgenden Jahren mindestens 4.500 € jährlich von der GEMA bezogen haben.

Für Urheber und Musikverleger der Sparte E verringern sich diese Mindestbeträge um (vgl. § 7 GEMA-Satzung).

Die Festlegung eines bestimmten Mindestaufkommens für die ordentliche Mitgliedschaft ist deshalb gerechtfertigt, weil andernfalls eine zahlenmäßige Übermacht von Mitgliedern mit Rechten geringerer Bedeutung die Gesellschaft majorisieren könnten, denn ein Einfluss auf die Gesellschaft soll den Berechtigten vorbehalten bleiben, die der Verwertungsgesellschaft eine große Anzahl von Rechten übertragen haben und somit auch ein großes wirtschaftliches Interesse an der Tätigkeit der GEMA besitzen.[58]

Ferner kann der Aufsichtsrat Komponisten, Textdichter und Musikverleger als ordentliches Mitglied **kooptieren**, bei denen kulturelle Erwägungen die ordentliche Mitgliedschaft wünschenswert erscheinen lassen. Gleiches gilt für Rechtsnachfolger eines ordentlichen Mitglieds (§ 7 Ziff. 3 GEMA-Satzung).

---

56 Abgedruckt in GEMA-Jahrbuch 2009/2010 S. 265.
57 Näher hierzu Kreile/Becker/Riesenhuber/*von Steinau-Steinrück*/*Wohlgemuth* Kap. 8 Rn. 29.
58 Moser/Scheuermann/*Kreile/Becker* S. 689 m.w.N.; vgl. auch amtliche Begründung zum WahrnG in UFITA, Bd. 46, 1966, S. 280.

4. Organe der GEMA

70 Die Organe der GEMA sind (§ 5 GEMA-Satzung): die Versammlung der ordentlichen Mitglieder, der Aufsichtsrat und der Vorstand im Sinne des BGB.

a) Die Versammlung der ordentlichen Mitglieder

71 In der nach § 10 GEMA-Satzung jährlich stattfindenden ordentlichen Mitgliederversammlung haben nur die ordentlichen Mitglieder das aktive und passive Wahlrecht. Die angeschlossenen und außerordentlichen Mitglieder sind in dieser ordentlichen Mitgliederversammlung durch 34 Delegierte vertreten, denen in der Versammlung alle Rechte der ordentlichen Mitglieder zustehen mit Ausnahme des passiven Wahlrechts (vgl. § 12 GEMA-Satzung). Die Delegierten werden alle drei Jahre in der in Verbindung mit jeder ordentlichen Mitgliederversammlung stattfindenden Versammlung aller außerordentlichen und angeschlossenen Mitglieder gewählt.

72 Jedes ordentliche Mitglied und jeder Delegierte hat in der Mitgliederversammlung eine Stimme – eine Ausnahmeregelung besteht für schwerbehinderte und in der Mobilität eingeschränkte Mitglieder, diese können sich von einem anderen Mitglied vertreten lassen – ansonsten ist ein Mehrfach-**Stimmrecht** nicht vorgesehen, lediglich ein gesellschaftsvertraglich berufener Vertreter von Verlagsfirmen, die Gesellschaften sind, kann das Stimmrecht für bis zu fünf Verlage ausüben.

73 In der Mitgliederversammlung obliegt den Mitgliedern v.a. (vgl. § 10 Ziff. 6 GEMA-Satzung) die Beschlussfassung über Satzungs-, Berechtigungsvertrags- und Verteilungsplanänderungen, Wahl der Aufsichtsrats-, Kommissions- und Ausschussmitglieder, Entgegennahme des Geschäftsberichts des Vorstands, Entlastung von Vorstand und Aufsichtsrat.

74 Bei z.B. Satzungs-, Berechtigungsvertrags- und Verteilungsplanänderungen findet zunächst die **Abstimmung** hierüber in getrennten Berufsgruppenversammlungen (Komponisten, Textdichter und Musikverleger) statt, wobei innerhalb der Berufsgruppe für jeden Beschluss eine Zweidrittelmehrheit erforderlich ist. In der danach stattfindenden Hauptversammlung kommt eine Änderung nur dann wirksam zustande, wenn alle drei Berufsgruppen für diese Änderung gestimmt haben; hierdurch soll verhindert werden, dass bei einer zahlenmäßigen Überlegenheit einer Berufsgruppe diese die anderen Berufsgruppen majorisieren könnte.

75 Zum 31.12.2009 hatte die GEMA 64.354 Mitglieder (55.571 Komponisten und Textdichter, 5.079 Verleger und 3.704 Rechtsnachfolger).

b) Der Aufsichtsrat

76 Der Aufsichtsrat besteht aus **15 Mitgliedern**, von denen sechs Komponisten, fünf Verleger und vier Textdichter sein müssen, sowie je zwei Stellvertretern je Berufsgruppe (§ 13 GEMA-Satzung). Der Vorsitzende des Aufsichtsrats wird immer aus der Berufsgruppe der Komponisten, seine beiden Stellvertreter aus der Berufsgruppe der Textdichter und der Musikverleger gewählt (§ 2 Abs. 1 Geschäftsordnung für den Aufsichtsrat).[59] Der Aufsichtsrat wird auf drei Jahre gewählt. Er schließt die Anstellungsverträge mit dem Vorstand, hat ihm gegenüber ein Weisungsrecht und nimmt innerhalb der GEMA die Kontrollfunktion wahr.

77 Der Aufsichtsrat der GEMA (Stand: 1.9.2010) besteht aus den Komponisten Klaus Doldinger, Jörg Evers (Aufsichtsratsvorsitzender), Prof. Dr. Enjott Schneider, Prof. Lothar Voigtländer, Dr. Ralf Weigand und Christian Wilckens, Stellvertreter: Prof. Dr. Wolfgang

---

[59] Abgedruckt in GEMA-Jahrbuch 2009/2010 S. 259.

Rihm und Prof. Manfred Schoof, den Textdichtern Burkhard Brozat, Frank Dostal (stellvertretender Aufsichtsratsvorsitzender), Frank Ramond und Stefan Waggershausen, Stellvertreter: Tobias Künzel und Hans-Ulrich Weigel, sowie den Verlegern Prof. Dr. Rolf Budde, Hans-Peter Malten, Karl-Heinz Klempnow (stellvertretender Aufsichtsratsvorsitzender), Dagmar Sikorski und Patrick Strauch, Stellvertreter: Lutz Illgner und Prof. Klaus-Michael Karnstedt.

c) Der Vorstand

Der Vorstand vertritt die GEMA gerichtlich und außergerichtlich, er kann aus einer oder mehreren Personen bestehen. Derzeit besteht der Vorstand aus drei Personen. Der Vorstand wird vom Aufsichtsrat bestellt und abberufen (§ 14 GEMA-Satzung). Er erstattet dem Aufsichtsrat vierteljährlich einen Geschäftsbericht und hat ihm spätestens einen Monat vor der ordentlichen Mitgliederversammlung einen Geschäftsbericht über das abgelaufene Geschäftsjahr sowie einen Voranschlag für das folgende Geschäftsjahr vorzulegen (§ 15 GEMA-Satzung). 78

Der Vorstand der GEMA besteht aus den Herren Dr. Harald Heker (Vorstandsvorsitzender), Rainer Hilpert und Georg Oeller. 79

5. Der Berechtigungsvertrag

In dem zwischen dem Berechtigten (Komponist, Textdichter oder Musikverleger) und der GEMA abgeschlossenen Berechtigungsvertrag[60] überträgt der Berechtigte »der GEMA als Treuhänderin für alle Länder alle ihm gegenwärtig zustehenden und während der Vertragsdauer noch zuwachsenden, zufallenden, wieder zufallenden oder sonst erworbenen Urheberrechte in folgendem Umfang zur Wahrnehmung nach Maßgabe der folgenden Bestimmungen«.[61] Durch die ihr zur treuhänderischen Wahrnehmung übertragenen ausschließlichen Nutzungsrechte, Einwilligungsrechte und Vergütungsansprüche ist die GEMA in der Lage, Nutzern die Rechte gem. § 11 WahrnG einzuräumen bzw. Vergütungsansprüche geltend zu machen. 80

Bezüglich der Aufführungs- und Senderechte beschränkt sich der Tätigkeitsbereich der GEMA auf die Wahrnehmung der sog. »**Kleinen**« **Rechte**, während die »Großen« Rechte, also die bühnenmäßige Aufführung und Sendung dramatisch-musikalischer Werke, sei es vollständig, als Querschnitt oder in größeren Teilen, durch den Urheber selbst bzw. seinen Verleger wahrgenommen werden. 81

Der Vertrag wird zunächst auf die **Dauer** von sechs Jahren geschlossen und verlängert sich stillschweigend um jeweils weitere sechs Jahre, falls er nicht ein Jahr vor Ablauf schriftlich gekündigt wird (§ 10 Berechtigungsvertrag). Für Angehörige der Mitgliedsstaaten der Europäischen Gemeinschaft gelten die besonderen Vereinbarungen von § 16 Berechtigungsvertrag i.V.m. § 3 Ziff. 2 GEMA-Satzung: Hiernach erfolgt die Rechteübertragung auf die Dauer von drei Jahren und verlängert sich jeweils um drei Jahre, falls der Vertrag nicht sechs Monate vor Ablauf gekündigt wird. Hintergrund für diese besonderen Vereinbarungen sind Entscheidungen der Europäischen Kommission von 1971[62] und 1972.[63] 82

---

60 Die Aufnahmegebühr beträgt z.Zt. 51,13 € (zzgl. USt.) für Urheber, 102,26 € (zzgl. USt.) für Verleger; der jährliche Mitgliedsbeitrag beträgt z.Zt. 25,56 € (o. USt.).
61 Zur Rechteübertragung s. § 1 Berechtigungsvertrag, abgedruckt in GEMA-Jahrbuch 2009/2010 S. 170; ausführlich hierzu Kreile/Becker/Riesenhuber/*Staudt* Kap. 10.
62 Kommission vom 2.6.1971 – 71/224/EWG, ABl. 1971 L 134/15 – GEMA I.
63 Kommission vom 6.7.1972 – 72/268/EWG, ABl. 1972 L 166/22 – GEMA II.

83 Gemäß § 16 des Berechtigungsvertrages hat der Berechtigte die Möglichkeit, einzelne Länder und/oder Nutzungsarten (Sparten) von der Rechtsübertragung herauszunehmen.

84 Im Falle des Todes des Berechtigten wird der Berechtigungsvertrag mit dessen **Rechtsnachfolger** bzw. Rechtsnachfolgern in den Urheberrechten fortgesetzt (§ 9 Abs. 2 Berechtigungsvertrag). Dies ist durchaus auch von wirtschaftlicher Bedeutung, da nach § 64 UrhG das Urheberrecht erst siebzig Jahre nach dem Tode des Urhebers erlischt.

85 Aufgrund der ihr vom Berechtigten für alle Länder übertragenen Rechte (ggf. eingeschränkt durch § 16 Berechtigungsvertrag) ist die GEMA in der Lage, ihren Schwestergesellschaften die Aufführungs- und Senderechte sowie die mechanischen Vervielfältigungsrechte an dem von ihr wahrgenommenen Repertoire zur Verfügung zu stellen und erhält im Gegenzug von der jeweiligen ausländischen Verwertungsgesellschaft das von dieser vertretene Repertoire. So vertritt die GEMA z.Zt. durch insgesamt 155 Verträge (Stand: 1.8.2010) mit ausländischen Verwertungsgesellschaften und Inkassoorganisationen weit über 2 Millionen Musikurheber aus aller Welt und pflegt in ihrer Werkedokumentation die Daten von mehr als 9 Millionen Werken.[64] Sie verfügt somit über das **Weltrepertoire** an musikalischen Werken.

6. Die Verteilung der eingenommenen Gelder

a) Der Verteilungsplan

86 Die von der GEMA erzielten Erträge (im Geschäftsjahr 2009 waren dies 841,055 € Mio.) werden nach Abzug der Verwaltungsaufwendungen (im Geschäftsjahr 2009 waren dies 128,003 € Mio.) auf der Grundlage des GEMA-Verteilungsplans[65] an die in- und ausländischen Berechtigten verteilt (Verteilungsplan A für das Aufführungs- und Senderecht, Verteilungsplan B für das mechanische Vervielfältigungsrecht und Vorläufiger Verteilungsplan C für den Nutzungsbereich Online). Dieser Verteilungsplan fixiert die festen Regeln i.S.d. §7 **WahrnG**, die ein willkürliches Vorgehen bei der Verteilung ausschließen und ist gemäß § 6a Berechtigungsvertrag Bestandteil des Berechtigungsvertrages. Ebenso sind die allgemeinen Grundsätze des Verteilungsplans Bestandteil der Satzung (§ 17 Satz 2 GEMA-Satzung).

87 Bestehen an einem Werk **Unstimmigkeiten** z.B. hinsichtlich der Urheberschaft, findet die Vorschrift des § 5 Ziff.3 Verteilungsplan A bzw. § 4 Ziff.2 Verteilungsplan B Anwendung. Diese lautet: »Treten Ansprüche mehrerer in Widerstreit, so ist die GEMA verpflichtet und berechtigt, die Auszahlung so lange zu verweigern, bis eine gemeinsame Erklärung der streitenden Parteien oder eine für die Parteien verbindliche Entscheidung über die Berechtigung vorliegt. Die GEMA kann eine Frist von 6 Monaten zur Geltendmachung der Ansprüche (im ordentlichen Rechtsweg oder nach Vereinsrecht gemäß § 16 der Satzung) setzen. Wird der Nachweis der Geltendmachung innerhalb dieser Frust nicht erbracht, ist die GEMA zur Auszahlung an das Mitglied berechtigt, das nach der Werkanmeldung die Priorität hat.« Hierin ist die neutrale Haltung, die die GEMA in solchen Fällen einnimmt, deutlich erkennbar. Die GEMA ist nicht der Schiedsrichter in Streitigkeiten bei denen auf beiden Seiten ein Mitglied der GEMA beteiligt sein kann. Sie verfügt eine Auszahlungssperre für die eingenommenen Gelder des betreffenden Werkes und schüttet diese erst dann aus, wenn eine Einigung zwischen den Beteiligten erfolgt ist. Eine mögliche Geltendmachung der Ansprüche gemäß § 16 der Satzung bezieht sich auf die in der Satzung vorgesehenen vereinsinternen Einrichtungen Schlichtungsausschuss, Schiedsgericht und Beschwerdeausschuss. Diese werden von den Beteiligten jedoch in

---

64 GEMA-Jahrbuch 2009/2010 S. 43.
65 Abgedruckt in GEMA-Jahrbuch 2009/2010 S. 279; ausführlich hierzu Kreile/Becker/Riesenhuber/ *Müller* Kap.11.

B. Die Gesellschaft für musikalische Aufführungs- und mechanische Vervielfältigungsrechte

solchen Fällen nicht angerufen, vielmehr wird eine Einigung unter den Parteien oder eine gerichtliche Klärung vorgezogen.

b) Die Wertungsverfahren

Neben der Verteilung gemäß Verteilungsplan findet im Aufführungs- und Senderecht in einer zweiten Stufe eine Verteilung nach dem **Wertungsverfahren** statt. Dieses ist geregelt in der Geschäftsordnung für das Wertungsverfahren der Komponisten in der Sparte E[66] (diese gilt entsprechend für die Textdichter der Sparte E),[67] in der Geschäftsordnung für das Wertungsverfahren der Verleger in der Sparte E[68] und in der Geschäftsordnung für das Wertungsverfahren in der Unterhaltungs- und Tanzmusik.[69] Die Mittel hierzu werden von der Solidargemeinschaft durch einen 10%-Abzug von der Verteilungssumme aus den Aufführungsrechten sowie aus unverteilbaren Beträgen wie Zinserträgen, Aufnahme- und Verwaltungsgebühren sowie Konventionalstrafen (vgl. § 1 Ziff.4a) Verteilungsplan für das Aufführungs- und Senderecht) aufgebracht. Darüber hinaus werden diese Mittel im Rahmen der Alterssicherung der ordentlichen Mitglieder[70] sowie im Schätzungsverfahren der Bearbeiter[71] verteilt. 88

c) Die GEMA-Sozialkasse

Diese zuvor unter b) genannten Beträge kommen neben den Wertungs- und Schätzungsverfahren sowie der Alterssicherung auch der im Jahre 1957 gegründeten **GEMA-Sozialkasse**[72] zugute. Diese diente 1965 dem Gesetzgeber als unmittelbares Vorbild für die Regelung des § 8 WahrnG. Entsprechend der GEMA-Sozialkasse soll Zweck der von den Verwertungsgesellschaften einzurichtenden Vorsorge- und Unterstützungseinrichtungen vor allem eine Altersversorgung der Urheber und Leistungsschutzberechtigten sowie die Unterstützung in Notfällen sein.[73] 89

Durch ihre Vorsorge- und Unterstützungseinrichtungen wie auch durch die Förderung kulturell bedeutender Werke und Leistungen nimmt die GEMA dem Staat einen nicht unbeträchtlichen Anteil seiner sozialen und öffentlichen Kulturverantwortung ab. Die Stellung der GEMA im Wirtschaftsleben Deutschlands wird deshalb mit »Träger einer **staatsentlastenden Tätigkeit**«[74] umschrieben.[75] 90

d) Kulturelle Förderung

Neben der Förderung kulturell bedeutender Werke und Leistungen in den Wertungsverfahren fördert die GEMA Urheber auch im Rahmen der **GEMA-Stiftung**[76] sowie in der jährlichen Vergabe des 2009 ins Leben gerufenen **Deutschen Musikautorenpreises** und engagiert sich für kulturelle Aktivitäten in der **Initiative Musik**. Des Weiteren arbeitet die GEMA aktiv in der **Franz Grothe-Stiftung**[77] mit, mit deren Mitteln die Tonkunst gefördert, in Notfällen geholfen und das Andenken an den Stifter und langjährigen GEMA-Aufsichtsratsvorsitzenden Franz Grothe (1908-1982) gepflegt werden soll. 91

---

66 Abgedruckt in GEMA-Jahrbuch 2009/2010 S. 346.
67 Abgedruckt in GEMA-Jahrbuch 2009/2010 S. 354.
68 Abgedruckt in GEMA-Jahrbuch 2009/2010 S. 355.
69 Abgedruckt in GEMA-Jahrbuch 2009/2010 S. 358.
70 Abgedruckt in GEMA-Jahrbuch 2009/2010 S. 353, 357, 365.
71 Geschäftsordnung abgedruckt in GEMA-Jahrbuch 2009/2010 S. 366.
72 Satzung abgedruckt in GEMA-Jahrbuch 2009/2010 S. 379.
73 Schricker/*Reinbothe* § 8 WahrnG Rn. 1.
74 KG Berlin, Urt. v. 28.4.1989, Kart U 5680/86.
75 Moser/Scheuermann/*Kreile/Becker* S. 602.
76 Satzung abgedruckt in GEMA-Jahrbuch 2009/2010 S. 458.
77 Satzung abgedruckt in GEMA-Jahrbuch 2009/2010 S. 463.

7. Tarife

a) Tarifaufstellung

92 Gemäß den in § 13 **WahrnG** normierten Kriterien hat die Verwertungsgesellschaft Tarife[78] aufzustellen über die Vergütung, die sie aufgrund der von ihr wahrgenommenen Rechte und Ansprüche fordert und diese Tarife im Bundesanzeiger zu veröffentlichen. Für die Vergabe dieser Rechte unterliegt sie einem Abschlusszwang (§§ 11, 12 WahrnG) gegenüber den Nutzern, sie muss jedermann auf Verlangen Nutzungsrechte zu angemessenen Bedingungen einräumen.

93 Werden die von der GEMA wahrgenommenen Rechte verletzt, so gewährt ihr die Rechtsprechung regelmäßig einen pauschalen Kontrollzuschlag in Höhe des einschlägigen Tarifsatzes, **GEMA-Zuschlag**.[79] Der nach § 97 Abs. 1 UrhG schadensersatzpflichtige Verletzer des Urheberrechts muss also die doppelte Tarifgebühr entrichten.

b) Tarifüberprüfung durch die Schiedsstelle

94 In der Regel wird maximal ein Anteil von 10% der Bruttoeinnahmen als angemessener prozentualer Beteiligungssatz bei der Nutzung von musikalischen Werken angesehen.[80] Die Tarife von Verwertungsgesellschaften sind in vollem Umfang gerichtlich überprüfbar. Der gerichtlichen Klage vor dem Zivilgericht ist jedoch grundsätzlich ein Verfahren vor der **Schiedsstelle** beim Deutschen Patent- und Markenamt vorgeschaltet, soweit die Angemessenheit und/oder die Anwendbarkeit eines Tarifs von dem Nutzer vorprozessual bestritten wird (vgl. §§ 14 ff. WahrnG). Der Sinn dieser Regel liegt darin, die besondere Sachkunde der Schiedsstelle auch im Rahmen des dem gerichtlichen Verfahren vorgeschalteten Schlichtungsverfahrens zu nutzen und die Gerichte zu entlasten. Die Schiedsstelle ist kein Gericht, sondern ein Verwaltungsorgan, das bei der Aufsichtsbehörde eingerichtet ist. Das Verfahren vor der Schiedsstelle regelt sich nach der Urheberrechtsschiedsstellenverordnung.[81]

8. GEMA-Vermutung

95 Im Verhältnis zu den Nutzern hat die Rechtsprechung durch die sog. GEMA-Vermutung der GEMA eine nicht unerhebliche Beweiserleichterung zugebilligt. Diese GEMA-Vermutung besagt, dass zugunsten der GEMA angesichts ihres umfassenden In- und Auslandsrepertoires eine tatsächliche **Vermutung ihrer Wahrnehmungsbefugnis** für die Aufführungsrechte an in- und ausländischer Tanz- und Unterhaltungsmusik sowie für die sog. Mechanischen Rechte (Vervielfältigung und Verbreitung) besteht. Sie erstreckt sich weiter darauf, dass diese Werke urheberrechtlich geschützt sind[82] und umfasst in dieser Hinsicht auch die bei der musikalischen Vertonung verwendete Musik.[83] Dies hat zur Folge, dass der Nutzer zu beweisen hat, dass er ausschließlich GEMA-freie Werke verwendet hat.

---

[78] Vgl. Tariffinder unter www.gema.de.
[79] Kreile/Becker/Riesenhuber/*Riesenhuber/von Vogel* Kap. 14 Rn. 86 m.w.N.
[80] Moser/Scheuermann/*Kreile/Becker* S. 620 m.w.N.
[81] Urheberrechtsschiedsstellenverordnung abgedruckt in GEMA-Jahrbuch 2009/2010 S. 147.
[82] BGHZ 95, 274, 276 – GEMA-Vermutung I.
[83] BGH GRUR 1988, 296 – GEMA-Vermutung IV m.w.N.

B. Die Gesellschaft für musikalische Aufführungs- und mechanische Vervielfältigungsrechte

9. Aufsicht über die GEMA

Die GEMA untersteht einer dreifachen staatlichen Aufsicht: 96

Aufgrund ihrer faktischen Monopolstellung als einzige Verwertungsgesellschaft für die Wahrnehmung musikalischer Rechte in Deutschland unterliegt die GEMA der staatlichen Aufsicht durch das **Bundeskartellamt** (hier insbesondere unter dem Gesichtspunkt des wettbewerbsrechtlichen Diskriminierungsverbots und den Regeln über marktbeherrschende Unternehmen). Daneben unterliegt die GEMA der Aufsicht nach dem Urheberrechtswahrnehmungsgesetz durch das **Deutsche Patent- und Markenamt** (§ 18 WahrnG). Schließlich besteht auch noch die vereinsrechtliche Aufsicht durch die Berliner **Senatsverwaltung für Justiz**.

III. Weitere wichtige Beteiligungen der GEMA

1. ZPÜ (Zentralstelle für Private Überspielungsrechte)

In der ZPÜ, einer Gesellschaft bürgerlichen Rechts, die bereits im Jahre 1963 gegründet 97
wurde, haben sich die Verwertungsgesellschaften GEMA, GVL, VG WORT, GÜFA, GWFF, VG Bild-Kunst, VFF und VGF zu dem Zweck zusammengeschlossen, Vergütungsansprüche gem. § 54 Abs. 1 UrhG für Vervielfältigungen von Audiowerken und von audiovisuellen Werken geltend zu machen.[84] Die ZPÜ wird durch die GEMA vertreten.[85]

2. ZBT (Zentralstelle Bibliothekstantieme)

In der 1980 gegründeten ZBT, einer Gesellschaft bürgerlichen Rechts, haben sich die Ver- 98
wertungsgesellschaften VG WORT, VG Bild-Kunst, GEMA, GVL, VGF, GWFF und VFF zu dem Zweck zusammengeschlossen, die ihnen aus § 27 Abs. 2 UrhG zustehenden Vergütungsansprüche, die durch den Verleih von Werkstücken, namentlich Büchern, Zeitschriften, Ton- und Bildtonträgern entstanden sind, geltend zu machen, soweit sich diese gegen Bibliotheken der öffentlichen Hand, kirchliche Büchereien und Werkbüchereien sowie gegen Landesbildstellen richten. Die ZBT wird durch den Vorstand der VG WORT vertreten.[86]

3. ZVV (Zentralstelle für Videovermietung)

In der ZVV, einer im Jahre 1989 gegründeten Gesellschaft bürgerlichen Rechts, haben 99
sich die Verwertungsgesellschaften GEMA, VG WORT, VG Bild-Kunst, GÜFA, GWFF, VGF und GVL zu dem Zweck zusammengeschlossen, die ihnen aus § 27 Abs. 1 UrhG bezüglich der Vermietung von Bildtonträgern zustehenden Vergütungsansprüche geltend zu machen. Die ZVV wird durch die GEMA vertreten.[87]

4. Arbeitsgemeinschaft DRAMA

In der Arbeitsgemeinschaft DRAMA, 1981 als Gesellschaft bürgerlichen Rechts gegründet, 100
haben sich GEMA und VG WORT zusammengeschlossen, um die Rechte dramatischer Autoren und Verleger bei gleichzeitiger, vollständiger und unveränderter Übermittlung von Ton- und Fernsehrundfunkprogrammen durch in- und ausländische Kabelsysteme zu wahren.[88]

---

84 Gesellschaftsvertrag abgedruckt in GEMA-Jahrbuch 2009/2010 S. 478.
85 Für einen ausführlichen Gesamtüberblick vgl. *Kreile*, Einnahme und Verteilung der gesetzlichen Geräte- und Leerkassettenvergütung für private Vervielfältigung in Deutschland – Ein System hat sich bewährt, GEMA-Jahrbuch 2001/2002 S. 94.
86 Gesellschaftsvertrag abgedruckt in GEMA-Jahrbuch 2009/2010 S. 476.
87 Gesellschaftsvertrag abgedruckt in GEMA-Jahrbuch 2009/2010 S. 480.
88 Gesellschaftsvertrag abgedruckt in GEMA-Jahrbuch 2009/2010 S. 455.

5. Inkassostelle Kabelweitersendung

101 In der 1987 gegründeten Inkassostelle Kabelweitersendung haben sich GEMA, VG WORT, GVL, VG Bild-Kunst, AGICOA, VGF, GWFF, VFF und die öffentlich-rechtlichen und privaten Rundfunkunternehmen zusammengeschlossen, um nach § 20b UrhG das Inkasso für die Kabelweitersendung gegenüber den deutschen Kabelnetzbetreibern vorzunehmen. Das Inkasso wird von der GEMA wahrgenommen.

6. CELAS (Centralized European Licensing and Administration Service)

102 Die CELAS GmbH wurde im Jahre 2007 von der GEMA und der britischen MCPS/PRS als sog. »one-stop-shop« gegründet; sie verwaltet und vergibt europaweit Lizenzen im Online- und Mobilfunkbereich für das anglo-amerikanische Repertoire von EMI Music Publishing. Mit der Gründung von CELAS hat die GEMA die Vorgaben der Empfehlung der Generaldirektion Binnenmarkt der Europäischen Kommission vom 18.10.2005[89] (Option 3) angenommen und umgesetzt.

7. PAECOL (Pan-European Central Online Licensing)

103 Die 2008 gegründete PAECOL GmbH setzt die europaweite Lizenzierung des anglo-amerikanischen mechanischen Repertoires von SONY/ATV Music Publishing im Bereich Online und Mobile Dienste um. Die Gründung von PAECOL beruht auf der Online-Empfehlung der Europäischen Kommission vom 18.10.2005.[90]

IV. GEMA-Repräsentanz in internationalen Organisationen

104 International haben sich die Verwertungsgesellschaften in Organisationen zusammengeschlossen um gemeinsame Probleme zu lösen und um ihre Interessen gegenüber nationalen, kontinentalen oder internationalen Organen zu vertreten. Die bedeutendsten Organisationen, in denen die GEMA vertreten ist, sind:

1. CISAC (Confédération Internationale des Sociétés d'Auteurs et Compositeurs, Paris)

105 Die CISAC wurde 1926 gegründet. Sie ist eine internationale, nichtstaatliche Organisation ohne Gewinnzweck, die sich aus Gesellschaften, welche Rechte in allen Kategorien von Urheberrechten wahrnehmen, zusammensetzt.[91]

2. BIEM (Bureau International des Sociétés gérant les Droits d'Enregistrement et de Reproduction Mécanique, Paris)

106 Die 1929 gegründete BIEM ist ein Zusammenschluss von Verwertungsgesellschaften, die mechanische Vervielfältigungsrechte wahrnehmen.[92]

3. GESAC (Groupement Européen des Sociétés d'Auteurs et Compositeurs, Brüssel)

107 Die 1990 in Form einer EWIV (Europäische Wirtschaftliche Interessenvereinigung) gegründete GESAC hat zum Ziel, gegenüber den Institutionen der Europäischen Gemeinschaft die rechtlichen, wirtschaftlichen und kulturellen Tätigkeiten ihrer Mitglie-

---

89 Amtsblatt der Europäischen Union L 276/54 vom 21.10.2005.
90 Amtsblatt der Europäischen Union L 276/54 vom 21.10.2005.
91 Satzung abgedruckt in GEMA-Jahrbuch 2009/2010 S. 202.
92 Satzung abgedruckt in GEMA-Jahrbuch 2009/2010 S. 185.

der und die Zusammenarbeit auf dem Gebiet der Urheberrechte zu unterstützen und zu entwickeln.[93]

V. Hinweise

Weitere und ausführliche Informationen über die GEMA finden sich in dem Buch »Kreile/Becker/Riesenhuber (Hrsg.), Recht und Praxis der GEMA – Handbuch und Kommentar, 2008«, in den Ausführungen zur GEMA in »Moser/Scheuermann (Hrsg.), Handbuch der Musikwirtschaft, 2003« sowie im Internet unter www.gema.de. Hier sei besonders auf das dort zum Download verfügbare aktuelle GEMA-Jahrbuch mit den jeweils aktuellen Geschäftsordnungen, Berechtigungsvertrag, Satzung, Verteilungsplan, Geschäftsbericht, Formularen u.ä. hingewiesen sowie auf die Möglichkeit der Online-Musikrecherche, indem nach Eingabe von z.B. Titel und einem Urhebernamen das Werk mit weiteren Informationen sowie der Adresse des beteiligten GEMA-Verlages angezeigt wird.

108

C. Gesellschaft zur Verwertung von Leistungsschutzrechten mbH – GVL

I. Name, Adresse, Geschäftsführung

Die **Gesellschaft zur Verwertung von Leistungsschutzrechten** mbH mit Sitz in Berlin, Podbielskiallee 64, 14195 Berlin, Tel. 030-484836-00, www.gvl.de, wird vertreten durch ihre beiden Geschäftsführer Dr. Tilo Gerlach und Guido Evers.

109

II. Repertoire/Berechtigte

1. Wahrgenommene Rechte – Grundlagen

Die GVL nimmt die sog. **Leistungsschutzrechte der ausübenden Künstler, Tonträgerhersteller, Videoclipshersteller und Veranstalter** wahr. Vertreten werden die Rechte aller ausübenden Künstler, also nicht nur die der Musiker, sondern auch die der Schauspieler, Synchronsprecher und Wortregisseure. Auch werden für die Musiker nicht nur die Rechte an Tonträgern wahrgenommen, sondern auch an Rundfunkübertragungen und Filmen. Neben den Rechten der Tonträgerhersteller nimmt die GVL auch die Rechte der Videoclipproduzenten wahr, also der Hersteller von Musikvideos, die Tonträger visuell unterlegen. Sonstige Filmhersteller werden von der GVL nicht vertreten, deren Rechte nehmen vielmehr GWFF, VFF und VGF wahr. Die GVL nimmt auch die Leistungsschutzrechte der Veranstalter nach § 81 UrhG wahr. Diese werden gewährt für die wirtschaftlich organisatorische Verantwortung für die Durchführung einer Publikumsveranstaltung mit Darbietungen ausübender Künstler.

110

Der Umfang der von der GVL wahrgenommenen Rechte beschränkt sich im Kern auf die **Massennutzungen**, bei denen eine individuelle Lizenzierung nicht sinnvoll ist. Es handelt sich in der Regel um so genannte **Zweitverwertungsrechte**, die im Urheberrechtsgesetz als **Vergütungsansprüche** ausgestaltet sind (näher Rdn. 18). Sogenannte Ausschließlichkeitsrechte, die Verbotsrechte für die Rechteinhaber begründen, werden dagegen nur in engem Umfang wahrgenommen, wenn diese in einem engen Nutzungszusammenhang mit den vergütungspflichtigen Nutzungshandlungen stehen.

111

---

93 Satzung abgedruckt in GEMA-Jahrbuch 2009/2010 S. 230.

11. Kapitel Verwertungsgesellschaften

112 Die GVL nimmt im Einzelnen die folgenden Rechte wahr (https://www.gvl.de/gvl-tarife-download.htm).

2. Wahrgenommene Rechte – Einzelheiten

a) Ansprüche der ausübenden Künstler auf angemessene Vergütung:

aa) Sendung erschienener Tonträger und – soweit es sich um Videoclips handelt – erschienener Bildtonträger (§§ 78 Abs. 2 Nr. 1, 78 Abs. 1 Nr. 2)

113 Erschienene Tonträger sind Handelstonträger und solche, die in einer ausreichenden Zahl an Sendeunternehmen zur Sendung geschickt wurden. Für alle anderen Aufnahmen (z.B. Rundfunkeigenproduktionen) gilt nach § 78 Abs. 1 Nr. 1 ein ausschließliches **Senderecht**, das die GVL nicht wahrnimmt. Die **Vergütungsansprüche nimmt die GVL selbst wahr**, die GEMA ist hierin nicht involviert. Sie sind in Gesamtverträgen zwischen der GVL und dem VPRT sowie APR geregelt. Sendeunternehmen, die keinem der Verbände angehören, zahlen einen um 25% höheren Tarif.

bb) Kabelweitersendung von Hörfunk- und Fernsehprogrammen mit künstlerischen Darbietungen (§ 78 Abs. 4 mit § 20b)

114 Dies betrifft die Weiterleitung in Kabelanlagen. Die Rechte sind geregelt zwischen der Inkassostelle Kabel und dem Verband der Kabelbetreiber ANGA, sowie anderen Verbänden. Die Geschäftsführung liegt bei der **GEMA** (näher Rdn. 101).

cc) Öffentliche Wiedergabe (erschienener) Tonträger – und insoweit außer Videoclips auch Filme auf Videokassetten oder in Sendungen – erschienener Bildtonträger und Hörfunk oder Fernsehsendungen (§ 78 Abs. 2 Nr. 2, 3)

115 Die öffentliche Wiedergabe betrifft die **Hintergrundbeschallung in der Öffentlichkeit**, also in Diskotheken, Ladenlokalen oder Vereinslokalen. Die Vergütungspflicht gilt auch für nichtkommerzielle Nutzungen, sofern sie öffentlich sind. Die Vergütungen zieht die **GEMA für die GVL auf Basis eines Inkassomandats** ein. Insofern ist wegen der Höhe der Vergütung im konkreten Fall auch die zuständige GEMA-Bezirksdirektion Ansprechpartner.

dd) Vermietung und Verleih erschienener Tonträger und – insoweit auch Filme auf DVD – erschienener Bildtonträger (§ 77 Abs. 2 Satz 2 mit § 27)

116 Die Vermietung betrifft die entgeltliche Überlassung durch Videotheken. Für Tonträger haben die Tonträgerhersteller die Vermietung untersagt, sie können nur unentgeltlich in öffentlichen Bibliotheken ausgeliehen werden. Die GVL nimmt diese Ansprüche zusammen mit ihren Schwestergesellschaften in der **ZVV (Zentralstelle Videovermietung)** (näher Rdn. 99) und der **ZBT (Zentralstelle Bibliothekantieme)** (näher Rdn. 98) wahr. Die Geschäftsführung der ZVV liegt bei der GEMA, die der ZBT bei der VG Wort.

Den Tonträgerherstellern stehen eigene Vergütungsansprüche für den Verleih nach § 85 Abs. 4 mit § 27 Abs. 2 zu, die die GVL ebenfalls über die ZBT wahrnimmt.

C. Gesellschaft zur Verwertung von Leistungsschutzrechten mbH (GVL)

b) Ansprüche der ausübenden Künstler, Veranstalter und Tonträgerhersteller auf angemessene Vergütung:

aa) Private Überspielung von erschienenen Tonträgern, Bildtonträgern und Sendungen einschließlich gesendeter oder auf Videokassette verbreiteter Filme (§ 83 mit § 54 (ausübende Künstler und Veranstalter) und § 85 Abs. 4 mit § 54 (Tonträgerhersteller))

Für die so genannte **Leermedien- und Geräteabgabe** ist die GVL Gesellschafterin der ZPÜ (Zentralstelle Private Überspielung), deren **Geschäftsführerin die GEMA** ist (näher Rdn. 30, 97). Sie hat mit den Importeuren der abgabebewehrten Leermedien und Geräte Gesamtverträge abgeschlossen bzw. setzt solche gegenwärtig basierend auf den neuen gesetzlichen Vorgaben des sog. »2. Korbes« in § 54a UrhG durch. 117

bb) Verwendung erschienener Tonträger und Bildtonträger in Sammlungen für den Kirchen-, Schul- oder Unterrichtsgebrauch (§ 83 mit § 46 (ausübende Künstler und Veranstalter) und § 85 Abs. 4 mit § 46 (Tonträgerhersteller))

Schulbuchverlage, die bei ihren Lehrmedien CDs, DVDs oder Online-Angebote nutzen, die mehrere unterschiedliche Aufnahmen als Sammlung enthalten, können sich hierfür auf die gesetzliche Schranke des § 46 berufen. Sie brauchen also keine Lizenzen von den jeweiligen Tonträgerherstellern zu erwerben, sondern sind lediglich verpflichtet, eine angemessene Vergütung für die Nutzung zu zahlen. Die **Rechte werden von der GVL direkt vergeben**. Es besteht ein Gesamtvertrag mit dem VdS Bildungsmedien. 118

cc) Durch Schulen, Universitäten öffentlich zugänglich gemachte Angebote zu Unterrichts- oder Forschungszwecken (§ 83 mit § 52a (ausübende Künstler und Veranstalter) und § 85 Abs. 4 mit § 52a (Tonträgerhersteller))

Für diese Online-Angebote in Intranets der Schulen und Universitäten bestehen zusammen mit den anderen Verwertungsgesellschaften **Pauschalverträge mit der Kultusministerkonferenz (KMK)**. 119

c) Beteiligungsansprüche der Tonträgerhersteller am Vergütungsanspruch der Künstler

Den Tonträgerherstellern stehen anders als den ausübenden Künstlern im deutschen Recht keine eigenen Vergütungsansprüche für die Sendung, Kabelweitersendung und öffentliche Wiedergabe ihrer Tonträger gegenüber den Nutzern zu. Sie sind vielmehr an den Vergütungsansprüchen der ausübenden Künstler zu beteiligen (§ 86 mit § 78 Abs. 2). Diese Struktur hat keinen Einfluss auf den Wert der Herstellerrechte. Nach internationalen Standards werden diese Erlöse hälftig zwischen ausübenden Künstlern und Tonträgerherstellern geteilt. 120

d) Vervielfältigungsrechte

Der GVL sind anders als der GEMA **grundsätzlich keine ausschließlichen Vervielfältigungsrechte** zur Wahrnehmung übertragen. Jede kommerzielle Vervielfältigung, beispielsweise für die Herstellung eines Samplers, kann nur der Tonträgerhersteller lizenzieren. Da für die mit Vergütungsansprüchen verknüpften Nutzungen der Sendung und öffentlichen Wiedergabe vielfach aber Vervielfältigungen des Original-Tonträgers unerlässlich sind, beispielsweise die Speicherung in einem Rundfunkarchiv oder die Einbindung in einen Fernsehfilm, nimmt die GVL auch diese Ausschließlichkeitsrechte bei **Vervielfältigungen zum Zweck der Sendung oder öffentlichen Wiedergabe** wahr (für ausübende Künstler § 77 Abs. 2 und für Tonträgerhersteller § 85). 121

11. Kapitel   Verwertungsgesellschaften

122 Die GVL kann seit kurzem nicht nur die im Vorfeld der Sendung stattfindenden Vervielfältigungen lizenzieren, sondern auch die Vervielfältigungs- und Verbreitungsrechte für **DVD/Video-Auskopplungen** vorher gesendeter Programme (§§ 77 Abs. 2, 85). Voraussetzung ist jedoch die Einhaltung bestimmter **Nutzungsbedingungen**, die sicherstellen, dass Tonträger lediglich als Beiwerk erscheinen. So ist ausgeschlossen, dass bestimmte Musiksendungen als DVD vertrieben werden. Auch haben nicht alle Tonträgerhersteller der GVL diese Rechte zur Wahrnehmung übertragen. **Keine Auskopplungsrechte kann die GVL für Videoclips einräumen.** Diese Rechte müssen vielmehr vom Hersteller erworben werden.

e) Internet-Nutzungen

123 Ebenso wenig, wie die GVL kommerzielle Vervielfältigungsrechte wahrnimmt, nimmt sie die ausschließlichen Rechte der Zugänglichmachung für interaktive Nutzungen wahr (sog. Making available right), für ausübende Künstler § 78 Abs. 1 Nr. 1 und für Tonträgerhersteller § 85. Bei nicht-interaktiven Nutzungsangeboten im Internet wie **Webcasting** ist umstritten, ob diese als Sendung oder öffentliche Wiedergabe dem Vergütungsanspruch unterfallen oder einem Ausschließlichkeitsrecht zuzuordnen sind. Diese Frage kann in der Praxis offen bleiben, da der GVL die Webcasting-Rechte ausdrücklich zur Wahrnehmung übertragen wurden und selbst bestimmte interaktive Elemente (Pause-Taste, Überspringen von Titeln) lizenziert werden können. Die GVL ist auch in der Lage, hierfür **multiterritoriale Lizenzen** für Angebote in einer Vielzahl von Ländern einzuräumen. Allerdings sind hierfür **Nutzungsbedingungen** zu beachten, die den Umfang einzelner Titel von einem bestimmten Künstler einschränken, um zu vermeiden, dass der Tonträgerverkauf durch derartige Angebote substituiert werden kann. Auch sind für **mobile Endgeräte** gezielt konfigurierte Angebote **bisher ausgeschlossen**. Derartige Nutzungsrechte müssen über die Tonträgerhersteller direkt erworben werden. **Keine Webcastingrechte kann die GVL für Videoclips einräumen.**

124 Als Anschlussnutzung der Tonträgersendung kann die GVL auch den Abruf von vorher gesendeten Programmen als Recht der Zugänglichmachung lizenzieren (**Mediatheken, sog. Catch up-TV**). Allerdings sind auch hier bestimmte **Nutzungsbedingungen** zu beachten, die sicherstellen, dass Tonträger als Beiwerk erscheinen und nicht im Fokus des Programms stehen. Derartige Angebote müssen unter der Kontrolle des Sendeunternehmens stehen, das die vorangegangene Sendung vorgenommen hat. Auch ist zu beachten, dass nicht alle Tonträgerhersteller der GVL diese Rechte zur Wahrnehmung übertragen haben. Überschreiten die Angebote die Grenzen der Nutzungsbedingungen, sind die Lizenzen in jedem Fall beim Tonträgerhersteller zu erwerben. **Keine Abrufrechte kann die GVL für Videoclips einräumen.**

3. Rechteerwerb der GVL

a) Wahrnehmungsvertrag

125 Die **Rechteinhaber** übertragen der GVL ihre Rechte zur Wahrnehmung durch **Abschluss eines Wahrnehmungsvertrages**. Für die ausübenden Künstler, Tonträger- und Videoclipshersteller und Veranstalter gibt es jeweils unterschiedliche Verträge:
- Wahrnehmungsvertrag für ausübende Künstler:
  https://www.gvl.de/gvl-kuenstler-download.htm
- Wahrnehmungsvertrag für Tonträgerhersteller:
  https://www.gvl.de/gvl-tontraeger-download.htm
- Wahrnehmungsvertrag für Veranstalter:
  https://www.gvl.de/gvl-veranstalter-download.htm

C. Gesellschaft zur Verwertung von Leistungsschutzrechten mbH (GVL)

b) Gegenseitigkeitsverträge

Neben den Rechten der Wahrnehmungsberechtigten vertritt die GVL auch die Rechte der ausübenden Künstler, die anderen ausländischen Verwertungsgesellschaften angehören. Basis hierfür sind so genannte **Gegenseitigkeitsverträge zwischen Verwertungsgesellschaften** nach dem Mustervertrag der **SCAPR (Societies' Council for the Collective Management of Performers' Rights)** (http://www.scapr.org), der Dachorganisation der Künstlerverwertungsgesellschaften. Für die Rechte der Tonträgerhersteller haben Gegenseitigkeitsverträge eine weniger wichtige Bedeutung, da die so genannten Majors, die ca. 80% des Marktes ausmachen, über ihre deutschen Tochtergesellschaften, die der GVL angehören, das im Konzern vorhandene Weltrepertoire in die GVL einspeisen. Für die so genannten Independents gibt es diese Möglichkeit nicht. Soweit sie keine Lizenznehmer haben, die der GVL angehören und denen sie auch die von der GVL wahrgenommenen Rechte zur Wahrnehmung übertragen haben, sind auch sie auf die Gegenseitigkeitsverträge angewiesen. Die GVL hat daher auch für die Tonträgerhersteller Gegenseitigkeitsverträge mit ihren ausländischen Schwestergesellschaften abgeschlossen.

III. Verteilung

Die GVL verteilt ihre Einnahmen auf der Basis der vom Beirat jährlich beschlossenen **Verteilungspläne**, die zunächst eine feste Zuweisung der Erlöse an die Berechtigtenkategorien ausübende Künstler/Veranstalter und Tonträger- und Videocliphersteller vorsehen (https://www.gvl.de/pdf/verteilungsplaene-2008.pdf, die Verteilungspläne 2009 wurden bei Redaktionsschluss noch nicht verabschiedet). Da die GVL nicht nur die Tonträgerkünstler vertritt, deren Vergütungsansprüche hälftig mit den Herstellern geteilt werden, sondern auch Schauspieler, Synchronsprecher und Rundfunkkünstler, erhalten die ausübenden Künstler aus den Erlösen für die öffentliche Wiedergabe und private Vervielfältigung 64% der Vergütungen und die Tonträgerhersteller 36%. Die so gebildeten »**Töpfe**« **für einzelne Vergütungsarten** werden autonom innerhalb der Gruppe der ausübenden Künstler und Tonträgerhersteller verteilt. Die **Verteilung an die Hersteller** erfolgt auf Basis der **von den ausgewerteten Rundfunksendern gemeldeten Sendeeinsätze der Tonträger**. In der Regel werden alle auf ein Label entfallenden Aufnahmen zusammengerechnet, doch gibt es über das Onlineportal **TriSys** auch die Möglichkeit, auf Wunsch der Hersteller **einzelne Tracks** vergütet zu erhalten, so wenn der Rechteinhaber nicht das Label ist sondern ein Bandlieferant, der die GVL-Rechte behalten hat und nicht an das Label lizenziert hat (näher: https://www.gvl.de/gvl-tontraeger-trisys.htm).

Die **Verteilung an die ausübenden Künstler** und **Veranstalter** erfolgt bisher auf Basis der der GVL jährlich für das Verteilungsjahr per **Nachweisbogen** gemeldeten Erlöse für Tonträger-, Film- oder Rundfunkproduktionen. Der Anteil des einzelnen Wahrnehmungsberechtigten an der Verteilung berechnet sich also am Marktwert seiner künstlerischen Mitwirkungen. Dieses System ist sehr kostenbewusst, schließt aber Künstler von der Vergütung aus, die im Verteilungsjahr keine Einnahmen erzielt haben, obwohl ihre Aufnahmen durchaus genutzt werden. International üblich ist dagegen die einmalige Repertoireregistrierung nach der Aufnahme und die Erfassung der Nutzungen – beispielsweise der Sendeeinsätze – durch die Verwertungsgesellschaft. Da die GVL für die Zusammenarbeit mit den Schwestergesellschaften auf die nutzungsbezogene Verteilung angewiesen ist und nur so sichergestellt werden kann, dass auch die von der GVL vertretenen Künstler für ihre Nutzungen im Ausland die ihnen zustehenden Vergütungen über die GVL erhalten, **wird die GVL zur Verteilung 2010 in 2011 auf das international übliche nutzungsbezogene Verteilungssystem umstellen**. Hierzu wurde mit **ArtSys**

Gerlach

eine Online-Registrierung eingerichtet, in der alle Wahrnehmungsberechtigten ihre künstlerische Mitwirkung an bestimmten Aufnahmen einmalig und dauerhaft registrieren können (www.artsys.gvl.de).

IV. Rechtsform und Gremien

129 Die GVL wurde 1959 als GmbH von der Orchestermusikergewerkschaft **Deutsche Orchestervereinigung e.V. (DOV)** (http://www.dov.org/) und dem Verband der Tonträgerindustrie, damals Deutsche Landesgruppe der IFPI, mittlerweile umfirmiert in **Bundesverband Musikindustrie e.V.** (http://www.musikindustrie.de/) gegründet. Beide Verbände sind weiterhin zu gleichen Teilen Gesellschafter der GVL, die nach Gesellschaftsvertrag jedoch keinen Gewinn erwirtschaften darf (https://www.gvl.de/pdf/gesellschaftsvertrag.pdf). Die Wahrnehmungsberechtigten wirken über den 24-köpfigen **Beirat** an der Willensbildung innerhalb der GVL mit (https://www.gvl.de/gvl-gremien-beirat.htm). Der Beirat setzt sich zusammen aus sechs Vertretern der Tonträgerhersteller, einem Vertreter der Videoclipshersteller, einem Vertreter der Veranstalter und 16 Vertretern der ausübenden Künstler, die unterschiedliche Sparten von Gesangssolisten über Tänzer, Orchestermusiker bis Schauspieler vertreten. Die eine Hälfte der Beiratsmitglieder wird auf der alle drei Jahre stattfindenden Berechtigtenversammlung gewählt, die andere von den Gesellschaftern benannt, wobei für acht Vertreter das Vorschlagsrecht bei der DOV und für vier bei dem Bundesverband Musikindustrie liegt. Der Beirat verabschiedet insbesondere die Verteilungspläne und berät die Geschäftsführung auch in anderen wichtigen Fragen. Auch entscheidet er über kulturelle Zuwendungen für Projekte.

V. Zahlen (2009)

130 Der GVL gehören 135.725 ausübende Künstler als Wahrnehmungsberechtigte an, sowie 7.822 Tonträger- und Videoclipshersteller und 40 Veranstalter.

131 Der Umsatz im Jahr 2009 betrug 178 Mio. €, von denen 175 Mio. € auf Vergütungsansprüche und 3 Mio. € auf Zinserlöse entfiel. Die Vergütungsansprüche entfielen mit 81 Mio. € auf die Sendeerlöse, 38 Mio. € auf die öffentliche Wiedergabe, 3 Mio. € auf die Kabelweitersendung und 50 Mio. € auf die private Vervielfältigung als die wichtigsten Erlösquellen.

132 An Zuwendungen für soziale, kulturelle und kulturpolitische Zwecke leistete die GVL 2009 4,3 Mio. €, so unter anderem für Projekte des Deutschen Musikrats, die »Initiative Musik« der Bundesregierung zur Förderung der Popularmusik und die Unterstützung der Berechtigten bei Kursen, Wettbewerben und sozialen Notlagen (näher Rdn. 40-42).

133 Die Verwaltungskosten der GVL betragen 8,06 % einschließlich aller Inkassogebühren. Es ist allerdings zu erwarten, dass durch die geplante Umstellung des Verteilungssystems für ausübende Künstler auf die international gängige nutzungsbezogene Verteilung, die die Erlöse anhand der Sendeminuten verteilt, die Verwaltungskosten für dieses deutlich personalintensivere Verfahren ansteigen werden. Dennoch wird die GVL auch im internationalen Vergleich weiterhin mit geringen Verwaltungskosten wettbewerbsfähig bleiben.

D. VG WORT

134 Die VG WORT (rechtsfähiger Verein kraft Verleihung) mit Sitz in München, Goethestr. 49, 80336 München, www.vgwort.de, wird wie folgt vertreten:

Geschäftsführende Vorstandsmitglieder Dr. Robert Staats, Rainer Just; ehrenamtl. Vorstandsmitglieder: Hans-Peter Bleuel, Eckhard Kloos, Prof. Dr. Artur-Axel Wandtke

I. Rechtsform und Gremien

Die VG WORT wurde am 17.2.1958 in München gegründet, am 29.9.1958 verlieh das Bayrische Staatsministerium der VG WORT die Rechtsfähigkeit. Der Verein kraft Verleihung hat seinen Sitz in München. 135

Die Organe der VG WORT sind neben dem Vorstand die Mitgliedersammlung und der Verwaltungsrat. Im Vorstand sind neben zwei hauptamtlichen, geschäftsführenden Vorstandsmitgliedern ehrenamtlich Autoren und Verleger tätig. Zwei Vorstandsmitglieder gemeinsam vertreten die VG WORT nach außen. 136

Einmal jährlich Ende Mai tagt die Mitgliederversammlung der VG WORT. Der Mitgliederversammlung obliegt insbesondere die Wahl des Verwaltungsrats, die Bestimmung der Rechte, die im Wahrnehmungsvertrag übertragen werden, Genehmigung und Änderungen der Verteilungspläne sowie der Beschluss über Änderungen der Satzung. Die 6 Berufsgruppen, die in der VG WORT vertreten sind, spielen bei der Aufnahme als Mitglied sowie bei den Abstimmungen eine Rolle. Die Aufnahme als Mitglied steht allen Wahrnehmungsberechtigten offen, die bereits mehr als 3 Jahre ihre Rechte durch die VG WORT wahrnehmen lassen und – je nach Berufsgruppe – einen bestimmten Mindestbetrag bei der Verteilung erhalten. 137

Zweimal jährlich (Ende Mai und Ende November) tritt der 21-köpfige Verwaltungsrat der VG WORT zusammen, in dem ebenfalls Autoren und Verleger vertreten sind. Der Verwaltungsrat beschließt insbesondere über Bestellung und Abberufung des Vorstands und den Abschluss von wichtigen Verträgen. Er erteilt der Mitgliederversammlung Vorschläge über die Aufstellung der Verteilungspläne und beschließt über Änderungen soweit die Verteilungspläne dies vorsehen. 138

Eine jährliche Versammlung der Wahrnehmungsberechtigten dient zur Information und Aussprache. Die Wahrnehmungsberechtigten wählen und entsenden für jede Berufsgruppe Delegierte in die Mitgliederversammlung. 139

Während die VG WORT und die VG Wissenschaft, die die Autoren und Verleger wissenschaftlicher und fachlicher Literatur vertrat, anfangs nebeneinander existierten, kam es 1978 zur Fusion der beiden Verwertungsgesellschaften. Durch diese Historie bedingt existieren zwei Verteilungspläne nebeneinander, wobei es aber keine strenge Trennung zwischen den Anwendungsbereichen der Verteilungspläne mehr gibt. Seit der Fusion nimmt die VG WORT nach der GEMA und der GVL gemessen nach Gesamtaufkommen den dritten Platz unter den zwölf in der Bundesrepublik existierenden Verwertungsgesellschaften ein. 140

Die VG WORT vertritt hauptsächlich Zweitverwertungsrechte von Autoren und Verlegern, insbesondere im Bereich der Bibliothekstantieme und der privaten Vervielfältigungsrechte, die insbesondere seit der Änderung des Urheberrechtsgesetzes 1985 wegen der nunmehr geltenden Geräte- und Leerkassetten- und Betreiberabgabe deutlich an Bedeutung zunahmen und bis heute einen großen Teil der Einnahmen der VG WORT bilden. 141

II. Repertoire/Berechtigte

142 Die VG WORT nimmt die Rechte von Autoren und Verlagen aller Textgattungen wahr. Sie vertritt derzeit Rechte von mehr als 360.000 Autoren und 8.000 Verlagen. Im Repertoire der VG WORT sind insbesondere die folgenden Rechtegruppen repräsentiert:

143 Besondere Bedeutung hatte in der Historie der VG WORT seit jeher das Vermiet- und Verleihrecht (§§ 17, 27 UrhG). Für Belletristik und Kinderbücher erfolgen die Ausschüttungen im Rahmen der öffentlichen Bibliothekstantieme aufgrund der Ausleihmitteilungen der VG WORT der allgemeinen öffentlichen Bibliotheken der Bundesrepublik. Meldungen durch die wahrnehmungsberechtigten Autoren und Verlage sind deshalb nicht nötig.

144 Für den Bereich der wissenschaftlichen und Spezialbibliotheken ist die Abteilung Wissenschaft zuständig. Hier erfolgen die Ausschüttungen allein aufgrund der Titelmeldungen der Urheber wissenschaftlicher Literatur und Fachliteratur. Jede meldefähige Veröffentlichung wird mit einem einmaligen Pauschalbetrag vergütet. Die Ausschüttung der Abteilung Wissenschaft erfolgt im Rahmen der Hauptausschüttung der VG WORT im Sommer eines jeden Jahres.

145 Bei den Ausschüttungen für das Vermiet- und Verleihrecht werden Vergütungen für die private Vervielfältigung der Werke in einer einheitlichen Ausschüttung mit abgegolten.

146 Im Bereich der privaten Vervielfältigungsrechte haben Hersteller und Importeure von Vervielfältigungsgeräten für jedes verkaufte oder sonst wie in Verkehr gebrachte Gerät eine pauschalierte Vergütung zu entrichten (Geräteabgabe), die als Tarife im Bundesanzeiger veröffentlicht sind. Zusätzlich hierzu haben Großkopierer wie Schulen, Hochschulen, Bildungseinrichtungen, Forschungseinrichtungen, Bibliotheken oder Copyshops für jede von ihnen angefertigte Kopie aus einem urheberrechtlich geschützten Werk eine Zahlung zu leisten (Betreiberabgabe). In beiden Bereichen bestehen eine Vielzahl an Gesamtverträgen, die das Inkasso erleichtern.

147 Erwähnenswert ist weiter der Bereich der Pressespiegelvergütung, die sowohl Rechte für Papierpressespiegel im Sinne des § 49 UrhG als auch für elektronische Pressespiegel berücksichtigt.

148 Nach § 46 UrhG haben die Schulbuchverlage für den Abdruck von Texten in Schulbüchern eine Vergütung zu entrichten. Die VG WORT führt das Inkasso durch und schüttet entsprechend der Meldungen der Schulbuchverlage an die Berechtigten aus.

149 Im Bereich Hörfunk und Fernsehen nimmt die VG WORT die Rechte der öffentlichen Wiedergabe von Hörfunk- und Fernsehsendungen sowie die Geräte- und Speichermedienabgabe wahr (§§ 21 und 22 sowie 54 Abs. 1 UrhG). Hier sind nicht die originären Senderechte erfasst, sondern nur die sog. Zweitwiedergaberechte, z.B. Wiedergabe von Funk- und Fernsehsendungen in Gaststätten und die Vergütungsansprüche für private Vervielfältigungen von Sendungen. Die Ausschüttungen erfolgen nach Meldung der Berechtigten und berücksichtigen Art, Dauer, Zeitpunkt und Sendebereich.

150 Das Repertoire der VG WORT umfasst auch die Vermietrechte an Videokassetten und DVDs für Drehbuch-, Roh- und Synchronübersetzungen, Bearbeitungen, Adaptionen, Untertitel, Fachtexte etc. Berücksichtigung finden alle aktuellen Verleihfilme, die in den einschlägigen Katalogen geführt und durch Videotheken vermietet werden. Die Zweitrechte aus Sprachtonträgern sind ebenfalls vergütungsfähig.

151 Die VG WORT nimmt für ihre Berechtigten auch das Recht der zeitgleichen, unveränderten und vollständigen Kabelweitersendung wahr.

D. VG WORT

Unter den wenigen Erstrechten, die die VG WORT wahrnimmt, ist das sog. Kleine Senderecht sowie das Vortragsrecht zu nennen. Das Kleine Senderecht beinhaltet das Recht zu Sendungen von Texten aus einem verlegten Werk oder erschienenen Sprachtonträgern, die im Fernsehen die Dauer von 10 Minuten, im Hörfunk von 15 Minuten nicht überschreiten dürfen. Die Sender rechnen die hierfür zu bezahlenden Honorare an die VG WORT ab. Sendungen, die unter das Kleine Senderecht fallen, brauchen also nicht gemeldet werden. Die Weiterverrechnung des Sendehonorars wird von der VG WORT vorgenommen. Dem Sendehonorar wird die Vergütung für die Geräteabgabe und die Kneipenrechte hinzugefügt.

Neben zahlreichen weiteren Nutzungsrechten, die die VG WORT wahrnimmt, ist noch das Recht, vergriffene Werke in digitaler Form zu vervielfältigen und digitaler Kopien öffentlich zugänglich zu machen, besonders hervorzuheben.

Die Wahrnehmungsberechtigten (und Mitglieder) können folgenden 6 Berufsgruppen angehören:

Berufsgruppe 1:   Autoren und Übersetzer schöngeistiger und dramatischer Literatur;
Berufsgruppe 2:   Journalisten, Autoren und Übersetzer von Sachliteratur;
Berufsgruppe 3:   Autoren und Übersetzer von wissenschaftlicher und Fachliteratur;
Berufsgruppe 4:   Verleger von schöngeistigen Werken und von Sachliteratur;
Berufsgruppe 5:   Bühnenverleger;
Berufsgruppe 6:   Verleger von wissenschaftlichen Werken und von Fachliteratur.

III. Umsatz

Das Gesamtaufkommen der VG WORT erreichte 2009 434,38 Mio. €; darin enthalten ist eine einmalige Nachzahlung der Geräteindustrie für Multifunktionsgeräte für die Jahre 2002 bis 2007 in Höhe von 282 Mio. €, die aufgrund eines lange dauernden Rechtsstreits erst im Jahr 2009 an die VG WORT floss. Die Verwaltungskosten lagen bei 8,0 Mio. € (1,22 % der Inlandserlöse).

Die Einkommenssituation in den einzelnen Bereichen wird aus folgender Tabelle ersichtlich (in Mio. €):

Wahrnehmungsbereich	2008	2009
Öffentliche Bibliothekstantieme	12,73	11,80
Lesezirkel	0,07	0,06
Videovermietung	0,99	0,85
Fotokopieren in Schulen	1,72	1,85
Kopiergeräteabgabe	60,42	377,15
Kopier-Betreiberabgabe	3,40	3,43
Kopienversand	0,15	3,45
Intranet/On the Spot Consultation	0,35	0,29
Pressespiegel	3,85	3,76
Schulbuch	1,27	1,21
Hörfunk/Fernsehen	16,64	10,77
Kleine Senderechte/Sonstiges	0,63	0,70
Kabelweiterleitung Inland	4,52	9,07

Wahrnehmungsbereich	2008	2009
Kabelweiterleitung Ausland	2,95	3,43
Sonstige Auslandserlöse	8,20	6,56
Gesamt	117,89	434,38

IV. Soziale und kulturelle Einrichtungen der VG WORT

157 Im Jahr 1972, als erstmals der Überschuss der Einnahmen über die Verwaltungskosten die Millionengrenze überschritt, konnte der **Sozialfonds der VG WORT** gegründet werden. Satzungsgemäß kann die VG WORT jährlich bis zu 10 % der Einnahmen (ohne Wissenschaftsbereich) an diesen Fonds abführen. Im Jahr 2009 wurden dem Sozialfonds 1,4 % der Einnahmen (1,182 Mio. €), im Jahr 2008 3 % der Einnahmen (1,22 Mio. €) zugeführt. Der Sozialfonds vergibt an Autoren und deren Hinterbliebene in Notlagen auf Antrag Zuwendungen in Form monatlicher Unterstützung, als Einmalzahlungen und als Darlehen. Unterstützt werden können Personen, die bedürftig im Sinne des Steuerrechts sind.

158 Das **Autorenversorgungswerk** bezieht seine Zuweisungen aus der Bibliothekstantieme und dem Presse-Reprographieaufkommen. Dabei konnten im Jahr 2009 insgesamt 19,63 Mio. €, im Jahr 2008 6,7 Mio. € eingebracht werden. Ausgezahlt werden die Beträge auf Zuschüsse zur Altersvorsorge und zur Krankenversicherung. Aufgrund der hohen laufenden Verbindlichkeiten wurde das Autorenversorgungswerk in dieser Form für Neuanträge zunächst geschlossen.

159 Im Jahr 2010 können freiberufliche Autoren der Jahrgänge 1942 bis 1944 und 1955 jedoch an einer neuen Form des wiedereröffneten Autorenversorgungswerks partizipieren. Diese Form der Unterstützung soll die eigenen, freiwilligen Beiträge der privaten Altersvorsorge für selbständig tätige Autoren unter bestimmten Voraussetzungen mit der Zahlung eines Einmalbetrags von derzeit 2.500 € unterstützen.

160 Im Wissenschaftsbereich vergibt der **Förderungs- und Beihilfefonds Wissenschaft der VG WORT** insbesondere Druckkostenzuschüsse für besonders förderungswürdige wissenschaftliche Publikationen für die erstmalige Veröffentlichung von wissenschaftlichen Werken und Fachwerken, die ausschließlich Forschungszwecken dienen. Dieser Fonds erhielt 2009 0,05 % der Einnahmen des Wissenschaftsbereichs (0,159 Mio. €), im Vorjahr 0,3 % (0,165 Mio. €). Die Beträge stammen aus der Bibliothekstantieme Wissenschaft. 2009 beteiligte sich der Fonds zudem am Übersetzungspreis »Geisteswissenschaften International«. Im Bereich der Urheberrechtsforschung werden laufend auch Stipendien gewährt.

161 Daneben können im Rahmen des Beihilfefonds Unterstützungen an in Not geratene Urheber und Verleger von wissenschaftlichen Werken oder Fachwerken (oder deren Hinterbliebene) vergeben werden. Dieser Fonds arbeitet nach ähnlichen Kriterien wie der Sozialfonds der VG WORT.

E. VG Bild-Kunst

162 Die VG Bild-Kunst (rechtsfähiger Verein kraft Verleihung) mit Sitz in Bonn, Weberstrasse 61, 53113 Bonn, www.bildkunst.de, wird wie folgt vertreten:

Geschäftsführendes Vorstandsmitglied Prof. Dr. Gerhard Pfennig

E. VG Bild-Kunst

I. Rechtsform und Gremien

Die VG Bild-Kunst wurde 1969 als Verein gegründet und ist im Vereinsregister Frankfurt am Main geführt; Rechtsfähigkeit erlangte der Verein durch die Verleihung durch den Regierungspräsidenten von Hessen.

Vereinsorgane sind der Vorstand, der die Geschäfte führt (Vertretung nach außen durch das geschäftsführende Vorstandsmitglied), der Verwaltungsrat, die Berufsgruppenversammlungen und die Mitgliederversammlung. Die Mitgliederversammlung tritt einmal jährlich im Sommer zusammen, der Verwaltungsrat zweimal jährlich und die Berufsgruppenversammlungen mindestens einmal jährlich sowie nach Beratungsbedarf. Die Hauptaufgaben der Mitliederversammlung sind die Abfassung der Verteilungspläne (die Berufsgruppenversammlung haben ein Vorschlagsrecht) sowie die Entlastung des Vorstand nach Beschlussfassung über den Jahresabschluss. Der Verwaltungsrat ist in die wichtigen Entscheidungen des Vorstandes eingebunden; er entscheidet über die Abfassung der Verteilungspläne. In der Berufsgruppenversammlungen wird über berufsgruppenspezifische Fragen und Probleme beraten.

Die VG Bild-Kunst wurde 1968 von den Berufsorganisationen Bildender Künstler und Künstlerinnen gegründet, als mit Einführung des Folgerechts und der Bibliothekstantieme die wirtschaftliche Grundlage für eine kollektive Rechteverwaltung gegeben war. 1974 erfolgte der Zusammenschluss mit den Verbänden der Fotografen, Illustratoren und Designer und bildete zwei eigenständige und gleichberechtigte Berufsgruppen. Das Aufkommen dieser beiden Berufsgruppen bestand zunächst aus Bibliothekstantieme und Privatkopievergütung, später kamen weitere gesetzliche Vergütungsansprüche dazu. Für die bildenden Künstlerinnen und Künstler nimmt die VG zudem als Erstverwertungsrechte die Vervielfältigungs- und Verbreitungsrechte (»Reprorechte«) und die Folgerechte wahr. 1983 wurde auf Initiative der Initiative von Filmurhebern und Produzenten des neuen deutschen Films und des Dokumentarfilms die neue Berufsgruppe der Filmurheber und -produzenten gegründet.

Anders als die meisten anderen Verwertungsgesellschaften kennt die VG Bild-Kunst nur vollwertige Mitglieder, die jeder eine gleichwertige Stimme in der Mitgliederversammlung haben – eine Unterscheidung nach Mitgliedern und sonstigen Berechtigten wird nicht getroffen.

II. Repertoire/Berechtigte

Die VG Bild-Kunst vertritt die Urheber und Verleger bzw. Produzenten von Bildwerken, also Bildende Künstlerinnen und Künstler, gleich welche Technik sie für die Erstellung ihrer Werke verwenden (Malerei, Bildhauerei, Zeichnung, Druckgrafik oder Medienkunst), Fotografen, Designer und Illustratoren und die Verleger der Publikationen, in denen diese Werke abgebildet werden sowie bildgestaltende Filmurheber (Regisseure, Kameraleute, Cutter und Kostüm- und Szenenbildner).

Die Mitglieder bilden drei Berufsgruppen:

In der **BG I** sind die **Bildenden Künstler und deren Verleger** vertreten. Die Urheber haben der VG Bild-Kunst neben den verwertungsgesellschaftspflichtigen Zweitverwertungsrechten auch das Recht zur Vervielfältigung und Verbreitung in Druck sowie im Internet und das Senderecht eingeräumt. Das Vervielfältigungs- und Verbreitungsrecht ist insoweit eingeschränkt, als die VG Bild-Kunst nur Nutzungen in Misch-Publikationen ohne ausdrückliche Zustimmung des Urhebers genehmigen darf. (Misch-Publikationen sind Publikationen, in denen die Werke einer Vielzahl von Urhebern im Innenteil abgebildet werden, z.B. Zeitungen und Zeitschriften, Lexika, Kunstbücher). Alle weiteren Nutzungen wie z.B. monografischen Publikationen, die sich dem Werk nur eines Künstlers widmen, Covernutzungen und Poster oder Postkarten müssen beim Berechtigten angefragt werden.

170 Neben diesen sogen. Repro-Rechten nimmt die VG Bild-Kunst für die Mitglieder der BG I auch die Zweitverwertungsrechte bzw. Gesetzlichen Vergütungsansprüche wahr (s.u. BG II). An diesen Erlösen werden auch die Verleger beteiligt.

171 Der **BG I** gehören rd. 11.000 bildenden Künstlerinnen und Künstler als direkte Mitglieder an; daneben vertritt die VG aufgrund der Verträge mit ihren ausländischen Partnerorganisationen die Rechte von weitern rd. 40.000 ausländischen Künstlerinnen und Künstler.

172 In der **BG II** sind **Fotografen, Designer und Illustratoren** vertreten, die ihre Vervielfältigungs- und Verbreitungsrechte selber wahrnehmen und daher nur die Zweitverwertungsrechte zur Kollektiven Wahrnehmung übertragen haben. Dies sind die gesetzlichen Vergütungsansprüche (§§ 45a ff. UrhG), v.a. Bibliothekstantieme, Lesezirkel und Pressespiegelvergütung, Kabelweiterleitungsvergütung sowie Privatkopievergütung. Die Verleger werden an den Erlösen beteiligt.

173 Der BG II gehören rd. 26.000 Fotografen, Designer und Illustratoren an; die VG Bild-Kunst vertritt zudem weiter rd. 50.000 Urheber, die Mitglied einer ausländischen Partnerorganisation sind.

174 In der **BG III** sind die **bildschaffenden Filmurheber** organisiert. Für sie nimmt die VG Bild-Kunst ebenfalls nur die gesetzlichen Vergütungsansprüche wahr, während sämtliche anderen Verwertungsrechte den Produzenten übertragen sind. Die Erlöse stammen v.a. aus der Kabelweiterleitungsvergütung sowie aus der audiovisuellen Privatkopie. Auch Produzenten können Ansprüche geltend machen.

175 Rd. 8500 Berechtigte vertritt die VG Bild-Kunst in der Berufsgruppe III.

III. Umsatz

176 Die Erlöse der VG Bild-Kunst sind seit Beginn an konstant und stetig gewachsen. Eine Besonderheit stellt allerdings das Geschäftsjahr 2009 dar, in dem die Verwertungsgesellschaften VG WORT und VG Bild-Kunst erhebliche Nachzahlungen aus der Geräteabgabe für Multifunktionsgeräte (Kombination aus Kopierer, Fax und Scanner) für die Jahre 2002 bis 2007 erhalten haben, die erst im Anschluss an die Entscheidung des BGH Ende 2008 zur Höhe der Abgabe gezahlt wurden. Die Erlöse der VG Bild-Kunst betrugen für das Jahr 2009 125.800.000 € (einschließlich der Sonder-Nachzahlungen für Multifunktionsgeräte in Höhe von 72.074.000 €). Die einzelnen Erlöse und deren Entwicklung ist am besten aus folgender Aufstellung ersichtlich:

Aufkommensgebiet	2008	%	2009	%
Folgerecht der Bildenden Künstler	4.251	7,5	5.344	4,2
Reproduktionsrechte (Kunst u. Fotografie) *	4.282	7,5	3.684	2,9
Senderechte*	622	1,1	622	0,5
Bibliothekstantieme	943	1,7	1.253	1,0
Fotokopier-Geräteabgabe	12.902	22,7	95.728	76,1
CD/DVD-Brenner-Abgabe	3.969	7,0	0	0
Fotokopier-Betreiberabgabe	772	1,3	844	0,7
Fotokopier-Betreiberabgabe an Schulen	339	0,6	351	0,3
Pressespiegel	148	0,3	130	0,1

E. VG Bild-Kunst

Aufkommensgebiet	2008	%	2009	%
Lesezirkel	69	0,1	71	0,1
Kabeleinspeisung Kunst/Foto	321	0,6	1.089	0,9
Kabeleinspeisung Film	7.645	13,5	8.500	6,7
Vermietung von Videokassetten	458	0,8	400	0,3
Videogeräte- und Leerkassettenabgabe	16.786	29,5	6.905	5,5
Senderechte Urheber Film Ausland	1.029	1,8	364	0,3
Öffentl. Zugänglichmachung Bildungsbereich	2.257	4,0	476	0,4
Öffentliche Wiedergabe**				
Gesamt	56.793	100,0	125.761	100,0

* Die »Reproduktionsrechte« umfassen auch die individuell abgerechneten Senderechte; »Senderechte« sind die Senderechtspauschalen der öffentlich-rechtlichen Anstalten

** ab 2006 in Kabeleinspeisung Kunst/Foto sowie Kabeleinspeisung Film

Der Verwaltungskostensatz der VG Bild-Kunst betrug für das Jahr 2009 2,5 %.　　177

IV. Sozial- und Kulturwerke der VG Bild-Kunst

Sowohl das Sozial- als auch das Kulturwerk der VG Bild-Kunst sind eigenständige Stiftungen, deren Stiftungsvorstand lt. Satzung personenidentisch mit dem Vorstand der VG Bild-Kunst ist.　　178

Die Stiftung Sozialwerk der VG BILD-KUNST gewährt – im Rahmen ihrer Möglichkeiten – Bildenden Künstlern, Fotografen, Designern und Filmschaffenden Unterstützungen in Notlagen, bei Erwerbs- und Berufsunfähigkeit und im Alter. Ihre Mittel erhält die Stiftung Sozialwerk in erster Linie aus den Erträgen der VG BILD-KUNST. Im Jahr 2009 betrugen die Zuwendungen an das Sozialwerk 260.000 €. In den Verteilungsplänen ist jeweils ein Anteil der Ausschüttungen für soziale Zwecke bestimmt. Der Rest der jährlich benötigten rd. 1.2 Mio. € stammt aus Erträgen des Stiftungskapital und aus Rücklagen.　　179

Bei der Vergabe von Leistungen lehnt sich die Stiftung an die Struktur der Muttergesellschaft an: Die Bewilligungsausschüsse sind mit Urhebern aus den drei Berufsgruppen besetzt.　　180

Das Kulturwerk der VG BILD-KUNST erfüllt den kulturellen Auftrag der Verwertungsgesellschaft. Es vergibt Projektstipendien an Fotografen, Grafiker und Grafik-Designer und unterstützt bedeutende kulturelle Vorhaben im Filmbereich.　　181

Die Mittel des Kulturwerks stammen aus den Erträgen der VG BILD-KUNST, die diese bei der Wahrnehmung von Urheberrechten erzielt. Im Jahr 2009 betrugen die Zuwendungen an das Sozialwerk 1.106.000 €. Bei deren Verteilung an die Berechtigten wird ein im Verteilungsplan festgelegter Anteil für kulturelle Zwecke einbehalten.　　182

Im Bereich der Berufsgruppe I (Bildende Kunst) werden die Mittel des Kulturwerks an die Stiftung Kunstfonds weitergereicht. Für die beiden anderen Berufsgruppen – Fotografie/Design und Film/Fernsehen/Audiovision – sind Vergabebeiräte gewählt, die über Förderungen in diesen Bereichen entscheiden.　　183

Kapitel 12
Filmförderungsrecht

Übersicht Rdn.

A. Einleitung: Öffentliche Filmförderung 1
I. Warum Filmförderung? 2
II. Arten und rechtlicher Rahmen der Filmförderung in Deutschland 5
III. Der europarechtliche Rahmen 7
   1. Beihilferecht 7
   2. Sonstige europarechtliche Vorgaben 11
   3. Bedeutung für den Filmunternehmer 12

B. Deutsche Filmförderung auf Bundesebene 14
I. Förderung durch die FFA aufgrund des FFG 14
   1. Filmproduktionsförderung: Programmfüllende Filme 18
      a) Allgemeine Voraussetzungen 19
      b) Projektfilmförderung 22
      c) Referenzfilmförderung 29
   2. Filmproduktionsförderung: Kurzfilme, nicht programmfüllende Kinderfilme und Erstlingsfilme 35
   3. Förderung von Drehbüchern 37
   4. Filmabsatz(Verleih-)förderung 41
   5. Sonstige Fördermaßnahmen 45
   6. Verpflichtungen bei Gewährung der Förderung 47
   7. Finanzierung und Verfassungsmäßigkeit des FFG 51
II. Förderung durch den BKM, insbesondere: DFFF 54
   1. Herstellerbezogene Voraussetzungen 55
   2. Filmbezogene Voraussetzungen 57
   3. Art der Förderung 60
   4. Verpflichtungen bei Gewährung der Förderung 62

C. Filmförderung durch die deutschen Bundesländer 63
I. Allgemeines 63
II. Unterschiede zur FFG-Förderung 65
   1. Finanzierung der Förderung 66
   2. Voraussetzungen der Förderung, insbesondere Regionaleffekt 67
   3. Einzelheiten der Förderung 69

D. Förderung auf Europa-Ebene 72
I. MEDIA-Programm 73
II. Eurimages 79

E. Die Förderung von Koproduktionen 82
I. Förderung von Koproduktionen nach dem FFG 83
II. Das Europäische Übereinkommen über die Gemeinschaftsproduktion von Kinofilmen 92
III. Förderung von Koproduktionen aus dem DFFF 96
IV. Förderung von Koproduktionen durch Eurimages 97

F. Einzelfragen 100
I. Hersteller 100
II. Sicherheiten 102
   1. Mehrfachbesicherung 104
   2. Verwertung 105

12. Kapitel Filmförderungsrecht

A. Einleitung: Öffentliche Filmförderung[1]

1 Jährlich stehen in der Europäischen Union Fördermittel für Filmprojekte in Höhe von ca. 1,6 Mrd. € in Form von Darlehen, Zuschüssen, Bankbürgschaften, Filmpreisen etc. zur Verfügung. Auf EU-Ebene stammen diese hauptsächlich aus dem paneuropäischen EURIMAGES-Programm des Europarats und dem MEDIA-Programm der Europäischen Kommission, während in Deutschland zwischen Bundes- und Länderförderung zu unterscheiden ist. Auf der Bundesebene vergibt primär die Filmförderanstalt (FFA), aber auch der Beauftragte der Bundesregierung für Kultur und Medien (BKM) sowie das Kuratorium Junger Deutscher Film Fördermittel. Im Jahr 2009 betrug das Budget der FFA hierfür alleine 125,6 Mio. Euro.[2] Auf Länderebene sehen die verschiedenen Landesförderinstitutionen[3] diverse Mittel in Höhe von insgesamt mindestens ca. 135 € jährlich vor.[4] Aus der deutschen Produktionslandschaft ist die Filmförderung nicht wegzudenken. Kaum ein deutscher Film wird produziert, ohne hierfür öffentliche Mittel in Anspruch zu nehmen – und insbesondere bei kleineren Budgets oft in einer Größenordnung von 50% und mehr.[5]

I. Warum Filmförderung?

2 Die Filmförderung in Deutschland erstreckt sich auf verschiedene Bereiche. Gefördert wird zunächst die Produktion von Filmen, einschließlich vorgelagerter Phasen wie der Drehbuchentwicklung. Aber auch die weitere Auswertung von Filmen, also der Verleih bis hin zur Auswertung in Lichtspieltheatern, wird gefördert.[6] Hintergrund ist insbesondere bei der Förderung auf Bundesebene eine Mischung aus Kultur- und Wirtschaftsförderung: Zum einen soll der deutsche Film als Produkt deutscher Kreativität unterstützt werden, vor allem angesichts der Schwierigkeiten, die der deutsche Film (wie so ziemlich jeder nicht-amerikanische Film) bei der internationalen Auswertung erfährt. Denn je weniger ein Film international verwertet werden kann, desto weniger ist der Produzent in der Lage, die Produktionskosten zurückzuverdienen oder durch Vorverkäufe vorzufinanzieren. Eine Refinanzierung europäischer Filme über den Vertrieb und die Vermarktung der Auswertungsrechte im Herstellungsland gelingt aufgrund des zu kleinen Marktes in der Regel nicht bzw. erfordert einen Zeitraum, der für die Produzenten einen erheblichen Finanzierungsaufwand bedeutet.[7] Das führt dazu, dass im Durchschnitt die Budgets deutscher Filme deutlich unterhalb denen von US-amerikanischen Filmen, aber auch von z.B. britischen Filmen liegen. Um jedenfalls gewisse Mindestbudgets gewährleisten zu können, greift die öffentliche Hand mit Subventionen in Form von Filmfördermitteln ein.

3 Auf der anderen Seite ist die deutsche Filmförderung aber auch deutlich als Wirtschaftsförderung ausgestaltet – vor allem auf Länderebene. Bei der Förderentscheidung spielen Wirtschaftlichkeitskriterien eine Rolle, insbesondere ein zu erwartender Publikumserfolg

---

[1] Mein besonderer Dank gilt an dieser Stelle *Laura M. Zentner* für ihre Hilfe bei der Recherche und Zuarbeit.
[2] Geschäftsbericht 2009 der FFA, S. 15, abrufbar unter http://www.ffa.de/downloads/publikationen/GB_FFA_2009.pdf.
[3] Übersicht aller Förderinstitutionen der Länder bei der FFA auf http://www.ffa.de/index.php?page=wichtige_links.
[4] So 2009.
[5] Siehe unten Rdn. 7 ff. zu den europarechtlichen Grenzen der Filmförderung.
[6] Neben solchen Projektförderungen gibt es auch eine Reihe von allgemeinen Struktur- oder Mittelstandsförderprogrammen, von denen viele nicht spezifisch auf die Filmindustrie zugeschnitten sind, die aber natürlich von den in einer Region tätigen Unternehmen in Anspruch genommen werden können.
[7] *Schaefer/Kreile/Gerlach* ZUM 2002, 182, 182.

des geförderten Films.⁸ Für fast alle Formen der Produktionsförderung durch die Länder ist es Voraussetzung, dass mindestens ein Betrag in Höhe der Fördersumme in dem betreffenden Bundesland durch die Filmproduktion ausgegeben wird.

Strukturell hat die deutsche Filmförderung nie (ernsthaft) versucht, eine starke deutsche Filmindustrie zu etablieren. Sie hat sich immer auf Projektförderungen – also die Förderung einzelner Filmprojekte – beschränkt, statt zum Beispiel unternehmerische Ansätze zur Produktion, Verwertung und Etablierung langfristiger und nachhaltiger Geschäftsmodelle zu fördern. Deutlich wird das unter anderem am Deutschen Filmförderfonds (DFFF), der ausdrücklich und gezielt auch ausländische Produzenten und Produktionen fördert, um in Deutschland ansässigen Filmschaffenden und anderen im Umfeld der Filmproduktion angesiedelten Wirtschaftsbereichen (Hotellerie, Catering etc.) zu nützen. Ganz anders war z.B. zunächst die britische Filmförderung angelegt. Nach Gründung des UK Film Council im Jahre 2000 sollten über drei-jährliche Ausschreibungen die Filmindustrie dazu bewegt werden, als Einzelunternehmen oder als Joint Ventures überzeugende Geschäftsmodelle vorzustellen, die langfristig dazu geeignet sein sollten, eine wirtschaftlich gesunde Filmindustrie zu etablieren, die sich aus sich heraus finanzieren kann.⁹ Wirtschaftspolitisch war das sicher ein vorzugswürdiger Ansatz. Allerdings musste auch Großbritannien im Jahr 2004 zugeben, dass es nicht im gewünschten Umfang gelungen war, eine unabhängige und stabile britische Filmindustrie zu schaffen, die ohne staatliche Förderung auskommt. Vielmehr seien andere Maßnahmen nötig, um die britische Filmindustrie zu unterstützen.¹⁰ Hinzu kommt, dass in den letzten Jahren auch ein Großteil der US-Bundesstaaten Filmförder- oder Produktionsanreizmodelle eingeführt haben, meist in Form von Steuervorteilen und -Gutschriften/Freibeträgen. Folglich ist die Idee einer gänzlich ohne staatliche Hilfen auskommenden Filmwirtschaft selbst in deren Mutterland, den USA, nicht mehr uneingeschränkt verwirklicht.¹¹ 4

II. Arten und rechtlicher Rahmen der Filmförderung in Deutschland

Die diversen Maßnahmen der deutschen Filmförderung lassen sich nach verschiedenen Kriterien kategorisieren: Es gibt automatische Förderungen, deren Gewährung nur von der Erfüllung bestimmter, abstrakt geregelter Voraussetzungen abhängt.¹² Daneben gibt es selektive Förderungen, deren Gewährung zusätzlich der Entscheidung eines (mehr oder weniger subjektiv entscheidenden) Gremiums bedarf. Ein Beispiel für die automati- 5

---

8 Z.B. § 22 FFG.
9 Vgl. den ersten Drei-Jahres-Plan des UK Film Council, »Towards a Sustainable UK Film Industry«, abrufbar unter http://www.ukfilmcouncil.org.uk/media/pdf/p/r/TASFI.pdf. Alle Drei-Jahres-Pläne des UK Film Council sind einzusehen unter http://www.ukfilmcouncil.org.uk/threeyearplans.
10 Vgl. den Bericht des UK Film Council über den ersten Drei-Jahres-Plan aus Oktober 2003, »Three Years On«, abrufbar unter http://www.ukfilmcouncil.org.uk/media/pdf/o/r/strategic_plan_for_web02.pdf, sowie den zweiten Drei-Jahres-Plan aus 2004, abrufbar unter http://www.ukfilmcouncil.org.uk/media/pdf/d/r/Our_Second_Three_Year_Plan.pdf. Mittlerweile wurde die Schließung des UK Film Council beschlossen, vgl. http://www.guardian.co.uk/culture/2010/jul/26/uk-film-council-axed; http://blogs.ft.com/westminster/2010/07/death-of-the-film-council/; http://www.screendaily.com/news/uk-ireland/ukfc-john-woodward-says-target-is-to-close-down-by-april-2012/5016378.article. Die Zukunft der britischen Filmförderung ist damit offen; jedoch hat Kultusminister Jeremy Hunt betont, es werde weiterhin eine staatliche Unterstützung von Filmen geben, vgl. http://www.screendaily.com/news/uk-ireland/uk-government-to-shut-uk-film-council-lottery-funding-to-continue/5016374.article.
11 In den USA sind diese Modelle allerdings zunächst außerhalb Kaliforniens eingeführt worden, in Staaten also, die noch nicht über eine etablierte und rentable Filmindustrie verfügen, vgl. http://www.chicagotribune.com/business/ct-biz-0728-film-costs--20100727,0,5744229,full.story.
12 In aller Regel gibt es auch hier allerdings einen Budgetvorbehalt, d.h., es steht eine bestimmte Summe für Maßnahmen einer bestimmten Art zur Verfügung, nach deren Erschöpfung auch bei Erfüllung aller Kriterien keine Förderung mehr gewährt werden kann.

sche Förderung ist der DFFF; ein Beispiel für die Förderung nach Gremienentscheid ist die Projektförderung der FFA. Für Antragsteller wichtig ist außerdem die Unterscheidung zwischen Fördermitteln, die als echte, regelmäßig nicht rückzahlbare Zuschüsse gewährt werden (z.B. DFFF), und solchen, die als (ggf. bedingt) rückzahlbare Darlehen ausgezahlt werden (z.B. Projektförderung). Das ist auch deshalb wichtig, weil die jeweilige Förderinstitution (oder eine mit der Durchführung der Maßnahme betraute (Landes-)Bank) in aller Regel für Förderdarlehen auch mehr oder weniger branchenübliche Sicherheiten verlangt, die dem Filmunternehmer dann nur noch eingeschränkt zur Besicherung anderer Finanzierungsmaßnahmen zur Verfügung stehen.

6 Der rechtliche Rahmen der Filmförderung in Deutschland ist vielfältig. Auf Bundesebene gibt es mehrere parallele Filmförderprogramme für Entwicklung, Produktion, Verleih und Auswertung. Die hierfür einschlägigen rechtlichen Bedingungen ergeben sich zum Teil aus Gesetzen (insbesondere dem FFG), zum Großteil aber aus Richtlinien und Verordnungen (z.B. FFA-Richtlinie, DFFF-Richtlinie).[13] Auf Länderebene hat jede Förderinstitution ihr eigenes Regelwerk, das häufig ebenfalls aus gesetzlicher Grundlage mit zugehörigen Verordnungen besteht. Hinzu kommen bilaterale Koproduktionsabkommen, die die Bundesrepublik Deutschland mit einer Reihe von Staaten abgeschlossen hat.[14] Die Verlagerung regulatorischer Details in Satzungen und Verordnungen hat den Vorteil, dass eine Änderung und Anpassung schneller und leichter vorgenommen werden kann, wovon auch regelmäßig Gebrauch gemacht wird. Schließlich stehen deutschen Produzenten auch eine Reihe von Förderprogrammen auf EU-Ebene und von sonstigen europäischen Vereinigungen zur Verfügung. Der Förderdschungel ist tief, und eine der wichtigsten Aufgaben für deutsche Filmproduzenten ist es nach wie vor, sich dort möglichst gut auszukennen. Für das vorliegende Handbuch heißt das aber auch, dass nicht alle einschlägigen Regelwerke vorgestellt werden können. Statt dessen wird sich das vorliegende Kapitel auf eine Darstellung der Grundregeln der Filmförderung beschränken und wichtige Details der bedeutendsten Förderprogramme aufzeigen.

III. Der europarechtliche Rahmen

1. Beihilferecht

7 Maßnahmen der Filmförderung werden von der Europäischen Kommission als staatliche Beihilfen i.S.d. Art. 107, 108 und 109 des Vertrags über die Arbeitsweise der Europäischen Union (AEUV)[15] qualifiziert.[16] Damit sind sie grundsätzlich mit dem Binnenmarkt unvereinbar, wenn sie durch Begünstigung bestimmter Unternehmen oder Produktionszweige den Wettbewerb verfälschen und den Handel zwischen den Mitgliedstaaten beeinträchtigen. Die in Art. 107 Abs. 3 AEUV genannten Beihilfen, insbesondere Beihilfen zur Förderung der Kultur und der Erhaltung des kulturellen Erbes, können jedoch als mit dem Binnenmarkt vereinbar angesehen werden, soweit sie die Handels- und Wettbewerbsbedingungen nicht in einer Weise verändern, die dem gemeinsamen Interesse zuwiderläuft.

8 Jede Einführung oder Umgestaltung staatlicher Beihilferegelungen durch die Mitgliedstaaten unterliegt gemäß Art. 108 Abs. 3 AEUV der Genehmigung durch die Kommission. Auch bestehende Maßnahmen werden nach Art. 108 Abs. 1 AEUV von der Kommission fortlaufend im Hinblick auf ihre Vereinbarkeit mit dem Binnenmarkt überprüft.

---

13 Einsehbar unter http://www.ffa.de/index.php?page=ffg und http://dfff-ffa.de/.
14 Siehe dazu im Einzelnen Rdn. 82 ff. (Förderung von Koproduktionen).
15 Früher Art. 87, 88, 98 EG-Vertrag.
16 Kritisch zur Frage, ob Filmförderungsmaßnahmen Beihilfen i.S.d. Europarechts darstellen *Castendyk/Bark* ZUM 2003, 480, 482 ff. und *Schaefer/Kreile/Gerlach* ZUM 2002, 182, 184 ff.

A. Einleitung: Öffentliche Filmförderung

Die Kommission hat die Genehmigungsfähigkeit von Filmfördermaßnahmen nach der Ausnahmeregelung des Art. 107 Abs. 3 lit. d) AEUV in einer Mitteilung zur Filmwirtschaft aus dem Jahr 2001 (sog. »Kinomitteilung«) bestätigt und darin auch die Kriterien für die Vereinbarkeit einzelstaatlicher Filmförderprogramme dargelegt.[17] Die Kinomitteilung stellt folgende spezifische Kriterien für die Zulässigkeit staatlicher Beihilfen für Kino- und Fernsehproduktionen auf:[18]

- die Beihilfe muss einer Produktion zugute kommen, die nach überprüfbaren nationalen Kriterien einen kulturellen Inhalt hat;
- der Produzent muss mindestens 20 % des Filmbudgets in anderen Mitgliedstaaten ausgeben dürfen, ohne dass ihm die gewährte Beihilfe gekürzt wird (Territorialisierung der Ausgaben nur in Höhe von bis zu 80 % des Produktionsbudgets eines geförderten Film- oder Fernsehwerks);
- die Höhe der Beihilfe muss grundsätzlich auf 50 % des Produktionsbudgets beschränkt sein, damit für normale marktwirtschaftliche Geschäftsinitiativen weiterhin Anreize bestehen und ein Förderwettlauf zwischen den Mitgliedstaaten vermieden wird. Förderungen aus verschiedenen Staaten, auch Nicht-EU-Mitgliedstaaten, werden hierbei addiert; nicht hinzugerechnet werden aber Mittel, die unmittelbar aus EU-Programmen (z.B. MEDIA) gewährt werden, da sie keine einzelstaatlichen Maßnahmen sind. Für schwierige oder mit knappen Mitteln erstellte Produktionen gilt diese Obergrenze nicht, wobei nach Auffassung der Kommission jeder Mitgliedstaat aufgrund des Subsidiaritätsprinzips das Recht hat, selbst zu definieren, welche Filme nach nationalen Parametern schwierige oder mit knappen Mitteln erstellte Produktionen sind;
- zusätzliche Beihilfen für besondere Filmarbeiten (z.B. Postproduktion) werden nicht genehmigt, damit die Neutralität der Anreizwirkung gewahrt bleibt und der Mitgliedstaat, der die Beihilfe gewährt, nicht gerade die betreffenden Unternehmen besonders schützen oder ins Land locken kann.

Die Geltungsdauer dieser Kriterien wurde mehrmals verlängert, zuletzt im Januar 2009 bis zum 31.12.2012.[19] **9**

Die Kinomitteilung ist die wesentliche Grundlage auch für deutsche Filmfördermaßnahmen auf Bundesebene. Hieraus erklärt sich u.a. die verhältnismäßig hohe Bedeutung, die den künstlerisch-kulturellen Aspekten bei der Gewährung solcher Maßnahmen in Deutschland neuerdings zukommt. Ausgehend von der Ausnahmeregelung des Beihilferechts für Förderungen der Kultur hat die Kommission in der Kinomitteilung die Bedeutung audiovisueller Werke als Kulturgüter betont[20] und das Vorliegen eines Films kulturellen Inhalts zur ersten spezifischen Voraussetzung einer beihilferechtlich zulässigen Filmförderung gemacht. Gefördert und angelockt werden sollen gerade nicht ausländische Produktionen ohne Bezug zur europäischen Kultur und der der Mitgliedsstaaten, da dies für die gesamte europäische Filmindustrie schädlich wäre und einen beihilferechtlich unzulässigen Förderungswettbewerb der Mitgliedsstaaten insbesondere um US-amerika- **10**

---

17 Mitteilung der Kommission an den Rat, das Europäische Parlament, den Wirtschafts- und Sozialausschuss und den Ausschuss der Regionen zu bestimmten Rechtsfragen im Zusammenhang mit Kinofilmen und anderen audiovisuellen Werken, KOM(2001) 534 endgültig, abrufbar unter http://eur-lex.europa.eu/LexUriServ/LexUriServ.do?uri=CELEX:52001DC0534:DE:NOT.
18 Siehe 8 f. der Kinomitteilung.
19 Pressemitteilung IP/09/138 vom 28.1.2009, abrufbar unter http://europa.eu/rapid/pressReleasesAction.do?reference=IP/09/138&format=HTML&aged=0&language=EN&guiLanguage=en; Mitteilung der Kommission vom 7.2.2009 über die Ausweitung der Gesetze der staatlichen Beihilfen im Zusammenhang mit Kinofilmen und anderen audiovisuellen Werken, abrufbar unter http://eur-lex.europa.eu/LexUriServ/LexUriServ.do?uri=OJ:C:2009:031:0001:0001:DE:PDF.
20 Kinomitteilung S. 3.

12. Kapitel Filmförderungsrecht

nische Filme auslösen könnte.[21] Dementsprechend ist z.B. die Filmförderung aus dem DFFF primär darauf angelegt, die Finanzierung von Kinofilmen als Kulturgut für Hersteller in Deutschland zu erleichtern.[22] Auch das FFG setzt nach der Novelle 2009 im neuen § 15 Abs. 1 Nr. 5 erstmals voraus, dass der Film kulturelle, historische oder gesellschaftliche Fragen zum Thema hat.[23]

2. Sonstige europarechtliche Vorgaben

11 Neben den spezifischen Kriterien der Kinomitteilung sind bei der Gewährung von Filmförderung auch die allgemeinen europarechtlichen Grundsätze zu beachten. Staatliche Beihilfen, die aufgrund ihrer konkreten Ausgestaltung gegen andere Vorschriften des Europarechts verstoßen, sind nicht mit dem Gemeinsamen Markt vereinbar und können daher nicht als zulässige Beihilfen nach der Ausnahmeregelung des AEUV angesehen werden.[24] Insbesondere überprüft die Kommission die Bedingungen für die Gewährung staatlicher Filmförderung auf Wahrung des Diskriminierungsverbots aus Gründen der Staatsangehörigkeit und auf Eingriffe in die Niederlassungs- oder Dienstleistungsfreiheit oder in den freien Warenverkehr (Art. 18, 34, 36, 45, 49, 54 und 56 AEUV).[25] Die Vereinbarkeit der deutschen Filmförderung mit diesen Grundsätzen ist heute indes nur noch von geringer Bedeutung. Entsprechende Anpassungen sind längst ins deutsche Recht umgesetzt worden, vgl. z.B. für das Diskriminierungsverbot in §§ 15 Abs. 1 Nr. 4, Nr. 6 lit. c, d, Abs. 2 FFG. Bei den verbleibenden »Diskriminierungen« – etwa in § 15 Abs. 1 Nr. 1 und 2 FFG, § 2 Abs. 2-4 und § 5 Abs. 3 DFFF-RiLi – ist davon auszugehen, dass diese insbesondere im Hinblick auf die Kinomitteilung der Kommission und den darin vorausgesetzten Bezug von Filmen auf die Kultur der Mitgliedsstaaten gerechtfertigt sind.

3. Bedeutung für den Filmunternehmer

12 Für den Filmproduzenten, Filmverleih oder anderen Filmunternehmer, der Filmförderungen in Anspruch nehmen will oder bereits in Anspruch nimmt, ist der europarechtliche Rahmen der nationalen Filmförderung zunächst nur von sekundärer Bedeutung. Primär sind es die EU-Mitgliedstaaten, die die europarechtlichen Anforderungen erfüllen müssen, insbesondere also die geplante Einführung oder (wesentliche) Änderung von Subventionen notifizieren und bei der Vergabe von Fördermitteln auf die Einhaltung der europarechtlichen Rahmenbedingungen achten müssen. Zum Teil sind diese Rahmenbedingungen aber unmittelbar in die nationalen Regelungen eingeflossen. So ist z.B. die Regelung des Höchstbetrags der Beihilfe von 50 % der Herstellungskosten eines Films in § 26 Abs. 2 Nr. 4 Satz 1 FFG ins deutsche Recht übergenommen worden und damit unmittelbar für Filmunternehmen verbindlich. Bei Filmen, die unter dem Mittelwert der Herstellungskosten der von der FFA im Vorjahr geförderten Filme liegen oder einen

---

21 Vgl. die Erläuterungen zur Kinomitteilung in MEMO/09/33 vom 28.1.2009, abrufbar unter http://europa.eu/rapid/pressReleasesAction.do?reference=MEMO/09/33&format=HTML&aged=0&language=EN&guiLanguage=en.
22 DFFF-Richtlinie, Vorwort.
23 Entwurf für ein Fünftes Gesetz zur Änderung des Filmförderungsgesetzes, Begründung, S. 19, die ausdrücklich den Bezug zu den Regelungen des Europarechts herstellt; *Gärtner/Gottschalk* ZUM 2008, 742, 743; *Kasten* ZUM 2008, 751, 751.
24 St. Rspr. des EuGH, vgl. zur alten Regelung in § 87 Abs. 3 EGV Rs. 74/76 – Iannelli u. Volpi, Slg. 1977, 557 Rn. 14; Rs. C-225/91 – Matra, Slg. 1993, I-3203 Rn. 41 ff.; Rs. C-156/98 – Deutschland/Kommission, Slg. 2000, I-6857 Rn. 78; Rs. C-204/97 Portugal/Kommission, Slg. 2001, I-3175 Rn. 41; Rs. C-234/99 – Nygård, Slg. 2002, I-3657 Rn. 54; verb. Rs. C-261 u. 262/01- van Calster, Slg. 2003, I-12249 Rn. 48.
25 Vgl. Kinomitteilung S. 6 f. Ausführlich zur Vereinbarkeit von Filmförderungsmaßnahmen mit den allgemeinen Grundsätzen der Europäischen Union *Geier* ZUM 2007, 178, 180 f.

schwierigen Absatz erwarten lassen, kann sich diese Schwelle in Übereinstimmung mit der Kinomitteilung gemäß § 26 Abs. 2 Nr. 4 Satz 1 i.V.m. der Präambel der Richtlinie für die Referenzfilmförderung der FFA auf 80% des Gesamtbudgets erhöhen.

Für den Filmunternehmer ist das Beihilferecht aber vor allem deshalb relevant, weil unzulässige Beihilfen grundsätzlich zurückzuzahlen sind. Zwar gibt es eine Reihe von Härtefallregelungen, im wesentlichen bedeutet dies jedoch für den einzelnen Filmproduzenten oder anderen Filmunternehmer, dass beantragte und sogar bereits gewährte Förderungen unter Umständen zurückgezahlt werden müssen, wenn sich herausstellt, dass die Fördermaßnahme selbst oder ihre rechtliche Grundlage mit europäischem Beihilferecht unvereinbar ist. 13

B. Deutsche Filmförderung auf Bundesebene

I. Förderung durch die FFA aufgrund des FFG

Die Filmförderung auf Bundesebene geschieht hauptsächlich durch die Filmförderungsanstalt (FFA). Rechtsgrundlage für die Förderung durch die FFA ist das Gesetz über Maßnahmen zur Förderung des deutschen Films, kurz Filmförderungsgesetz (FFG) vom 22.12.2008. Die FFA ist gemäß § 1 Abs. 1 Satz 2, Abs. 2 FFG eine bundesunmittelbare rechtsfähige Anstalt des öffentlichen Rechts mit Sitz in Berlin. Ihre Organe sind der Vorstand, das Präsidium und der Verwaltungsrat (§ 3 FFG), der u.a. die Richtlinien zum FFG erlässt (vgl. § 63 Abs. 2 Satz 1 FFG) und daher in der Filmwirtschaft gern als das heimliche deutsche Filmparlament bezeichnet wird.[26] Die FFA unterliegt gemäß § 13 Abs. 1 Satz 1 FFG der Rechtsaufsicht der für Kultur und Medien zuständigen obersten Bundesbehörde, des Beauftragten für Kultur- und Medien (BKM). 14

Gemäß § 1 Abs. 1 Satz 1 FFG fördert die FFA als bundesweite Filmförderungseinrichtung die Struktur der deutschen Filmwirtschaft und die kreativ-künstlerische Qualität des deutschen Films als Voraussetzung für seinen Erfolg im In- und im Ausland. Finanziert werden die FFA und ihre Förderprogramme gemäß §§ 66 ff. FFG durch gesetzlich festgelegte Abgaben der Kinobetreiber und der Videowirtschaft, durch freiwillige Beiträge der öffentlich-rechtlichen Rundfunkanstalten und privaten Fernsehveranstalter sowie durch sonstige Zuwendungen. Über Steuermittel verfügt die FFA nicht. Anders als die Länderförderung finanziert sich die FFA-Förderung nach dem FFG damit weitgehend aus der Filmwirtschaft selbst und ist nicht auf Zuschüsse durch den Staat angewiesen.[27] 15

Die Förderung nach dem FFG geschieht entweder durch rückzahlbare Darlehen oder durch nicht rückzahlbare Zuschüsse. Für alle zu fördernden Projekte gilt die Ausschlussregel des § 19 FFG. Danach dürfen Filme nicht gefördert werden, wenn sie (oder der Referenzfilm) gegen die Verfassung oder gegen die Gesetze verstoßen oder das sittliche oder religiöse Gefühl verletzen. Das gilt auch für (Referenz-)Filme, die von geringer Qualität sind oder sexuelle Vorgänge oder Brutalitäten in aufdringlich vergröbernder Form darstellen.[28] Zudem dürfen gemäß § 18 FFG Förderungshilfen grundsätzlich nur gewährt werden, wenn die Kopien, die für die Auswertung im Inland, in der EU oder einem anderen Vertragsstaat des Abkommens über den Europäischen Wirtschaftsraum bestimmt sind, auch in einer Kopieranstalt im Inland, in der EU oder im Europäischen 16

---

26 *Castendyk/Bark* ZUM 2003, 480, 481.
27 Das ist allerdings auch Teil ihres Problems, wenn bedeutende »Einzahler« wie Kinoketten ihre Beiträge nur unter Rückforderungsvorbehalt leisten. Siehe zur Filmabgabe auch unten Rdn. 51–53.
28 Zur Vereinbarkeit dieser Norm mit der Kunstfreiheit und dem daraus folgenden Gebot der restriktiven Auslegung sowie werkgerechten Interpretation des Films vgl. OVG NRW ZUM 1993, 103.

12. Kapitel Filmförderungsrecht

Wirtschaftsraum gezogen werden, es sei denn, dass hierfür die technischen Voraussetzungen nicht gegeben sind.

17 Zusätzlich zu diesen allgemeinen Förderbedingungen stellt das FFG für die einzelnen Förderprogramme besondere Voraussetzungen auf.

1. Filmproduktionsförderung: Programmfüllende Filme

18 Im Fokus der FFG-Förderung stehen programmfüllende Filme, die nach der Definition in § 14a Abs. 1 FFG eine Vorführdauer von mindestens 79 Minuten (bei Kinderfilmen mindestens 59 Minuten) haben.

a) Allgemeine Voraussetzungen

19 § 15 FFG stellt einige allgemeine Bedingungen für die Förderung programmfüllender Filme auf, die kumulativ erfüllt sein müssen. Gemäß § 15 Abs. 1 Nr. 1 bis 5 FFG muss danach

- der Hersteller seinen Sitz oder, sofern er seinen Sitz in einem anderen Mitgliedstaat der EU oder des EWR hat, eine Niederlassung in Deutschland haben und die Verantwortung für die Durchführung des Filmvorhabens tragen;
- wenigstens eine Endfassung des Films in deutscher Sprache gedreht oder synchronisiert hergestellt sein;
- für Atelieraufnahmen, Produktionstechnik und für die Postproduktion Dienstleistungsfirmen mit Sitz im Inland, in der EU oder im Europäischen Wirtschaftsraum benutzt worden sein, wobei Ausnahmen für erforderliche Außenaufnahmen in einem anderen Land gelten;
- die Regisseurin oder der Regisseur Deutsche oder Deutscher i.S.d. Art. 116 GG sein, dem deutschen Kulturbereich angehören oder Staatsangehörige(r) eines EU- oder EWR-Mitgliedstaates sein;
- der Film kulturelle, historische oder gesellschaftliche Fragen zum Thema haben.

20 Zusätzlich verlangt § 15 Abs. 1 Nr. 6 FFG die Erfüllung mindestens dreier weiterer Voraussetzungen aus einem Katalog von Kriterien (lit. a bis h), die einen Bezug zur deutschen Sprache und zur deutschen oder europäischen Kultur oder zu einem gesellschaftlich wichtigen Stoff herstellen. Dieser kulturelle Test der §§ 15, 16 FFG wurde als einschneidenste Neuerung im Zuge der Novellierung des FFG 2009 eingeführt, um den europarechtlichen Vorgaben aus der Kinomitteilung gerecht zu werden.[29]

21 Bei Erfüllung dieser Voraussetzungen erfolgt die konkrete Förderung programmfüllender Filme dann nach zwei Prinzipien: Möglich ist eine automatische Förderung nach dem Referenzprinzip und eine selektive Förderung nach dem Projektprinzip.

b) Projektfilmförderung

22 Im Rahmen der Projektfilmförderung können Förderungshilfen zur Herstellung eines Films in Form eines zinslosen Darlehens von bis zu 1 Mio. € gewährt werden (im Regelfall 250.000 €). Die Höhe der Förderungshilfe soll in angemessenem Verhältnis zur Höhe der voraussichtlichen Herstellungskosten stehen (§ 32 Abs. 2 FFG). Die Projektfilmförderung kommt gemäß § 32 Abs. 1 FFG für Filmvorhaben aller Art in Betracht, die aufgrund des Drehbuchs, der Kalkulation, dem Finanzierungsplan, der Stab- und Besetzungslisten und gegebenenfalls der Auswertungsverträge einen programmfüllenden Film erwarten lassen, der geeignet erscheint, die Qualität und die Wirtschaftlichkeit des deutschen Films zu verbessern.

---

29 *v. Have/Harris* ZUM 2009, 470 (ausführlich zum kulturellen Test S. 471 ff.).

Erforderlich ist nach § 34 Abs. 1 FFG außerdem, dass der Hersteller an den im Kosten- 23
plan angegebenen und von der FFA anerkannten Kosten einen nach dem Produktionsumfang, der Kapitalausstattung und bisherigen Produktionstätigkeit des Herstellers
angemessenen Eigenanteil von mindestens fünf Prozent trägt. Dieser Eigenanteil kann
grundsätzlich nicht durch weitere Förderungshilfen nach dem FFG oder aufgrund anderer öffentlicher Förderungsprogramme finanziert werden (§ 34 Abs. 4 FFG).

Die Projektfilmförderung muss nach § 33 FFG vom Hersteller beantragt werden. Über 24
die Anträge entscheidet eine aus 12 Mitgliedern bestehende Vergabekommission, deren
Zusammensetzung in §§ 7 bis 9 FFG näher geregelt ist. Die Bewilligung erfolgt per
Bescheid nach § 35 FFG. Schon vor Sicherung der Finanzierung kann die FFA jedoch
aufgrund des Drehbuches, der Stab- und Besetzungsliste sowie des Kosten- und Finanzierungsplans die Gewährung von Förderungshilfen der Projektfilmförderung für ein
Filmvorhaben schriftlich zusagen, § 36 FFG. Für die Projektfilmförderung gelten die
Auszahlungsgrundsätze der Referenzfilmförderung,[30] vgl. § 37 FFG. Die Auszahlung
erfolgt in bis zu vier Raten, § 37 Abs. 3 Satz 1 FFG.

In der Schlussprüfung gemäß § 38 Abs. 1 FFG prüft die FFA, ob der Film seinem Inhalt 25
nach dem vorgelegten Drehbuch entspricht und ob Stab und Besetzung des Films mit der
vorgelegten Liste übereinstimmen, sowie die Einhaltung der allgemeinen Voraussetzungen der Förderung in §§ 15 ff. FFG. Dafür muss der Hersteller der FFA innerhalb eines
Jahres nach Auszahlung des Darlehens 13 Kopien des Films auf digitalen Bildträgern zur
Prüfung vorlegen (§ 38 Abs. 2 FFG). Die Kosten dieser Schlussprüfung trägt gemäß § 37
Abs. 3 Satz 3 FFG der Hersteller.

Die Rückzahlung der als Darlehen gewährten Förderungshilfe ist in § 39 FFG geregelt. 26
Danach ist das Darlehen zurückzuzahlen, sobald und soweit die Erträge des Herstellers
aus der Verwertung des Films mehr als fünf Prozent der Kosten betragen. Hier ist zu
beachten, dass unter Umständen nicht alle tatsächlich anfallenden Kosten als Herstellungskosten anerkannt werden. Vielmehr werden nur die Kosten dem Förderbescheid
zugrunde gelegt, die sich im Rahmen der Grundsätze sparsamer Wirtschaftsführung halten, deren Einhaltung das FFG an mehreren Stellen vorschreibt (vgl. § 26 Abs. 2 Nr. 2,
§ 37 Abs. 1 Nr. 2, § 63 Abs. 1 FFG). Die Grundsätze sparsamer Wirtschaftsführung sind in
§§ 15 ff. der Richtlinie D2 für die Projektfilmförderung[31] näher ausgeführt. § 16 der
Richtlinie nennt die als Herstellungskosten eines Films i.S.d. FFG anerkannten Kostenarten. Gemäß § 32 Abs. 1 lit. a Satz 2 der Richtlinie sind für die Tilgung des Darlehens 50%
der dem Hersteller aus der Verwertung des Films zufließenden Erlöse zu verwenden.
Dazu gehören alle Erlöse aus der Verwertung der Nutzungsrechte am Film einschließlich
seiner Nebenrechte, soweit sie nicht im Rahmen der Grundsätze sparsamer Wirtschaftsführung anzuerkennende Verleih- und Vertriebsspesen sowie Verleih- und Vertriebskosten darstellen, § 32 Abs. 4 Richtlinie D2. Das heißt also, dass nur die beim Hersteller, und
nicht etwa bei seinem Vetriebspartner, eingehenden Erlöse für die Rückzahlung berücksichtigt werden, dass aber die Vertriebsunkosten sich im Rahmen der nach den Grundsätzen sparsamer Wirtschaftsführung zulässigen Spesen und Kosten halten müssen.

Bei einer höheren Eigenbeteiligung des Herstellers an den Kosten kann die FFA günsti- 27
gere Rückzahlungsbedingungen festlegen. Für die Tilgung des Darlehens sind 50 % der
dem Hersteller aus der Verwertung des Films zufließenden Erlöse zu verwenden, soweit
nicht durch Vereinbarung zwischen der FFA und den Filmförderungseinrichtungen der
Länder etwas anderes vereinbart ist. Wurde der Film von mehreren Förderungseinrich-
tungen gefördert, erfolgt die Rückzahlung entsprechend den jeweiligen Förderungsantei-

---

30 Siehe Rdn. 33 f.
31 Abrufbar unter http://www.ffa.de/downloads/ffg_regelsammlung/richtlinien/D02.pdf.

12. Kapitel Filmförderungsrecht

len. Hier entstehen regelmäßig Schwierigkeiten, wenn der Film auch durch andere Finanziers, insbesondere Banken, finanziert wird. Die FFA ist aber selten bereit, ihre Rückzahlungsposition aufzugeben.[32]

28 Gemäß § 39 Abs. 5 FFG erlischt die Verpflichtung zur Rückzahlung spätestens zehn Jahre nach Erstaufführung des Films. Innerhalb von zwei Jahren nach der Rückzahlung kann der Hersteller gemäß § 39 Abs. 4 FFG verlangen, dass die zurückgezahlten Mittel zur Herstellung eines neuen programmfüllenden Films an ihn rückgewährt werden. Für die Verwendung dieser Mittel gelten dann die Vorschriften über die Referenzfilmförderung (siehe sogleich unten Rdn. 29 ff.) entsprechend.

c) Referenzfilmförderung

29 Produzenten besonders erfolgreicher Filme steht die Referenzfilmförderung der §§ 22 bis 31 FFG offen, deren Höchstfördersumme 2 Mio. € beträgt. Gemäß § 22 Abs. 1 Satz 1 FFG erwirbt ein Hersteller Anspruch auf Förderungsmittel als Zuschuss zur Herstellung eines neuen Films, wenn er in der Vergangenheit einen inländischen Film hergestellt hat, der im Inland innerhalb eines Jahres nach dem Start 150.000 Referenzpunkte erreicht hat (sog. Referenzfilm). Hat der Referenzfilm das Prädikat »besonders wertvoll« der Filmbewertungsstelle Wiesbaden erhalten, beträgt die maßgebliche Referenzpunktzahl 100.000, § 22 Abs. 1 Satz 3 FFG.

30 Die Referenzpunkte werden aus dem Zuschauererfolg sowie dem Erfolg bei international bedeutsamen Festivals und Preisen ermittelt (§ 22 Abs. 1 Satz 2 FFG). Gemäß § 22 Abs. 2 FFG entspricht die Referenzpunktzahl aus dem Zuschauererfolg der Besucherzahl im Zeitraum eines Jahres nach der Erstaufführung in einem Filmtheater im Inland gegen Entgelt. Dabei sind nur Besucher zu berücksichtigen, die den marktüblichen Eintrittspreis bezahlt haben. Die Berücksichtigung von Preisen und Erfolgen bei Festivals erfolgt nach Maßgabe des § 22 Abs. 3 FFG. So entspricht z.B. die Auszeichnung eines Films mit dem Deutschen Filmpreis, Golden Globe oder dem Academy Award (»Oscar«) oder dem Wettbewerbshauptpreis auf den Festivals in Cannes, Berlin oder Venedig jeweils 300.000 Referenzpunkten (§ 22 Abs. 3 Nr. 1 FFG). Mindestens jedoch muss der Film eine Besucherzahl von 50.000 erreichen, damit sein Erfolg bei Preisen und Festivals berücksichtigt wird (§ 22 Abs. 2 Satz 4 FFG).

31 Für Dokumentar-, Kinder-, Erstlingsfilme und Filme mit Herstellungskosten unter 1 Mio. € gelten gemäß § 23 FFG niedrigere Referenzwerte.

32 Die Referenzfilmförderung muss nach § 24 FFG vom Hersteller beantragt werden. Die für die Referenzfilmförderung zur Verfügung stehenden Mittel werden auf die berechtigten Hersteller nach dem Verhältnis der Referenzpunkte der einzelnen Filme zueinander verteilt (§ 22 Abs. 6 Satz 1 FFG). Hier stellt sich vermehrt die Frage, ob solche Mittel auch für Filme verwendet werden dürfen, die von einem mit dem Hersteller verbundenen Unternehmen hergestellt werden (einschließlich der Frage der Übertragbarkeit auf die Konzerngesellschaft). Zur (sofortigen) Finanzierung, Risikominimierung und zum Vertrieb werden Filme häufig von Einmal-Gesellschaften (sog. special purpose vehicles, SPVs) produziert, die nie wieder einen zweiten Film herstellen werden. Allerdings handhabt die FFA diesen Punkt restriktiv, d.h. der Anspruch auf Referenzförderung ist noch nicht einmal auf Konzerngesellschaften abtretbar.

33 Der Bescheid über die Zuerkennung der Förderung ist mit bestimmten Auflagen bezüglich der Auswertung des neuen Films verbunden, die bis zur Auszahlung nachgeholt werden können und in § 25 Abs. 3 Nr. 1-8 FFG aufgezählt sind. Die Auszahlung erfolgt

---

32 Vgl. hierzu auch die ähnliche Situation bei den darlehensbegleitenden Sicherheiten, Rdn. 102 ff.

in bis zu drei Raten (§ 26 Abs. 4 FFG) nach den Auszahlungsgrundsätzen des § 26 Abs. 1 und 2 FFG. Sie ist u.a. zu versagen, wenn die ordnungsgemäße Finanzierung der Herstellung des neuen Films nicht gewährleistet ist.

Gemäß § 28 Abs. 1 FFG muss der Hersteller die Förderungshilfen innerhalb von zwei Jahren nach Erlass des Förderungsbescheides vorrangig für die Herstellung neuer programmfüllender Filme verwenden. Tut er dies nicht, hat er falsche Angaben im Antrag gemacht, Auflagen nicht eingehalten oder gegen die Auszahlungsgrundsätze verstoßen, ist er gemäß § 29 FFG zur Rückzahlung der Förderungshilfen verpflichtet. 34

2. Filmproduktionsförderung: Kurzfilme, nicht programmfüllende Kinderfilme und Erstlingsfilme

Die FFA gewährt auch Förderungshilfen für die Herstellung von Kurzfilmen mit einer Vorführdauer von mindestens einer und höchstens 15 Minuten (§ 14a Abs. 4 FFG) und nicht programmfüllenden Kinderfilmen mit Freigabe und Kennzeichnung gemäß § 14 Abs. 2 des Jugendschutzgesetzes (§ 14a Abs. 2 FFG) nach dem Referenzprinzip als Zuschuss. Dafür muss ein Film gemäß § 41 Abs. 1 FFG mindestens 10 Referenzpunkte erreichen. Entsprechendes gilt für Erstlingsfilme (§ 14a Abs. 3 FFG) von 15 bis 45 Minuten Spielzeit und Filme, die an einer Hochschule entstanden sind. Zusätzlich finden die allgemeinen Voraussetzungen der Förderung Anwendung, die für programmfüllende Filme gelten entsprechend (insbesondere §§ 15 und 19 FFG), § 41 Abs. 1 Satz 3 FFG. 35

Die Förderungshilfe wird gemäß § 42 Abs. 1 FFG auf Antrag des Herstellers gewährt, der keine juristische Person des öffentlichen Rechts oder juristische Person des privaten Rechts sein darf, an der eine oder mehrere juristische Personen des öffentlichen Rechts direkt oder indirekt beteiligt sind. Modalitäten und Fristen des Antrags regelt § 42 Abs. 2 FFG, Einzelheiten der Auszahlung § 44 FFG. 36

3. Förderung von Drehbüchern

Auch die Herstellung von Drehbüchern kann gemäß §§ 47 ff. FFG gefördert werden. Ergänzend gilt eine Richtlinie der FFA. Hierfür kann die FFA Förderhilfen bis zu 30.000 €, in besonderen Fällen 50.000 €, an Drehbuchautoren gewähren. § 47 Abs. 2 FFG sieht außerdem Förderungshilfen zur Herstellung eines Konzepts, das die Geschichte eines Films umfassend und dramaturgisch schlüssig beschreibt (Treatment),[33] einer vergleichbaren Darstellung oder einer ersten Drehbuchfassung in Höhe von bis zu 10.000 € vor. Die Förderung erfolgt in beiden Fällen als Zuschuss, § 47 Abs. 4 FFG, und setzt voraus, dass ein Film zu erwarten ist, der geeignet erscheint, die Qualität und Wirtschaftlichkeit des deutschen Films zu verbessern. Die Förderung nach § 47 Abs. 2 FFG kann zusätzlich zur Förderung nach Abs. 1 gewährt werden; eine Förderung ist aber gemäß § 47 Abs. 3 FFG ausgeschlossen, wenn (ausschließlich) das Vorhaben in der betreffenden Entwicklungsstufe bereits von anderer Stelle gefördert wird. 37

Die Förderungshilfen werden auf den Antrag der Drehbuchautoren gewährt, der in § 48 FFG näher geregelt ist. Modalitäten und Hinderungsgründe der Auszahlung regelt § 49 FFG. Bei Inanspruchnahme dieser Förderung ist der Antragsteller gemäß § 50 FFG verpflichtet, das Drehbuch im Fall der Verfilmung, bzw. das Treatment, die vergleichbare Darstellung oder die erste Drehbuchfassung im Falle der Weiterentwicklung, nur zur Herstellung eines programmfüllenden Films zu verwerten. Dabei bleibt aber das Recht unberührt, die Vorlage zu anderen Zwecken als dem der Verfilmung zu nutzen. In einer Schlussprüfung nach § 51 FFG prüft die FFA auch hier, ob das Drehbuch, das Treatment, 38

---

33 Vgl. Kap. 4 Rdn. 87 f.

die vergleichbare Darstellung oder die erste Drehbuchfassung im Wesentlichen dem im Antrag beschriebenen Vorhaben entspricht. Dafür muss der Antragsteller der FFA die Vorlage nach Ablauf von zwei Jahren nach Erlass des Förderungsbescheids vorlegen.

39 Eine etwaige Verpflichtung zu Rückzahlung besteht nach dem Katalog in § 52 FFG. Wichtig ist hierbei, dass die Rückzahlungsverpflichtung auch dann besteht, wenn das Drehbuch später von einem anderen Produzenten verwirklicht wird und/oder die Rechte am Drehbuch veräußert werden. Autoren sollten deshalb etwaige Rückzahlungsverpflichtungen unbedingt weiterreichen.

40 Zusätzlich zu der Förderung nach §§ 47 ff. FFG können gemäß § 32 Abs. 3 FFG auch im Rahmen der »regulären« Referenzfilmförderung Zuschüsse von bis zu 30.000 € als Förderungshilfen für die Fortentwicklung eines Drehbuchs gewährt werden. Die Auszahlung dieser Förderungsbeihilfe erfolgt dann zur Hälfte nach ihrer Zuerkennung, im Übrigen nach Prüfung und Abnahme des fortentwickelten Drehbuchs, § 37 Abs. 4 FFG.

4. Filmabsatz(Verleih-)förderung

41 §§ 53 ff. FFG sehen eine Förderung des Absatzes vor und fördern Verleih und Vertrieb von programmfüllenden Filmen.

42 § 53 Abs. 1 FFG sieht eine Zuschussförderung vor und gewährt Verleih- und Vertriebsunternehmen, die die erforderliche Zahl von Referenzpunkten vorweisen können, einen Anspruch auf Referenzfilmförderung. Nach § 53a Abs. 1 FFG kann (kein Anspruch!) die FFA Verleih- und Vertriebsunternehmen Förderungshilfen als Projektfilmförderung durch zinslose Darlehen bis zu den Höchstbeträgen des § 53a Abs. 2 FFG gewähren. Bei beiden Vorschriften ist zwischen der produktbezogenen und unternehmensbezogenen Absatzförderung zu unterscheiden. Der Schwerpunkt liegt auf der produktbezogenen Absatzförderung, die Förderungshilfen für besondere Verleih- oder Betriebsmaßnahmen gewährt, die neben dem normalen Verleih- und Vertriebsaufwand entstehen (i.d.R. zusätzliche Kopien und zusätzliche Werbung). Dementsprechend ist die Verwendung der Förderungshilfen zweckgebunden, vgl. § 53 Abs. 3 Nr. 1 bis 6 bzw. § 53a Abs. 1 Nr. 1 bis 6 FFG.

43 § 53b Abs. 1 FFG ermöglicht es der FFA, der Videowirtschaft zu bestimmten Zwecken Förderungshilfen für den Absatz von mit programmfüllenden (und den allgemeinen Voraussetzungen der §§ 15 ff. FFG genügenden) Filmen bespielten Bildträgern zu gewähren. Dies gilt gemäß § 53b Abs. 2 FFG auch für den Absatz solcher Filme mittels entgeltlicher Videoabrufdienste.

44 Antragsberechtigt sind nach § 54 Abs. 1 FFG für die Förderung nach § 53 und § 53a FFG Verleih- und Vertriebsunternehmen, für die Förderung nach § 53b Abs. 1, 2 Videovertriebsunternehmen bzw. Anbieter von Videoabrufdiensten. Die Einzelheiten des Antrags und der Förderung sind in den §§ 53 ff. FFG sowie Richtlinien der FFA geregelt.

5. Sonstige Fördermaßnahmen

45 Weiterhin bietet das FFG die Möglichkeit der Filmabspiel(Filmtheater-)förderung (§§ 56 ff. FFG), der Förderung von filmberuflicher Weiterbildung (§§ 59 ff. FFG) sowie der Förderung von Forschung, Rationalisierung und Innovation auf filmwirtschaftlichem Gebiet (§§ 60 ff. FFG).

46 Zu betonen ist, dass z.B. TV-Produktionen, Direct-to-DVD-Produktionen oder Werbefilme nicht gefördert werden.

6. Verpflichtungen bei Gewährung der Förderung

Wird eine Förderung nach dem FFG gewährt, sind einige Auflagen einzuhalten, die für alle Arten der Förderung gelten. 47

Gemäß § 14 FFG besteht eine Zweckbindung der gewährten Förderungsmittel. Sie sind ausschließlich für den bestimmten Förderungszweck zu verwenden (§ 14 Satz 1 FFG). Ansprüche auf Gewährung oder Auszahlung von Förderungsmitteln sind zudem nur zur Zwischenfinanzierung der jeweils geförderten Maßnahme an Banken oder sonstige Kreditinstitute abtretbar oder verpfändbar (§ 14 Satz 2 FFG). 48

Für mit Referenzfilm-, Projektfilm- oder Absatzförderungsmitteln geförderte Filme gelten gemäß § 20 Abs. 1 FFG bestimmte Sperrfristen, um die einzelnen Verwertungsstufen zu schützen. Diese Filme dürfen erst sechs Monate nach der Erstaufführung auf Video oder DVD veröffentlicht werden (§ 20 Abs. 1 Satz 2 Nr. 1 FFG). Eine Auswertung durch entgeltliche Videoabrufdienste und individuelle Zugriffsdienste i.S.d. § 67 Abs. 2 FFG ist grundsätzlich erst neun Monate nach der Erstaufführung erlaubt (§ 20 Abs. 1 Satz 2 Nr. 2 FFG). Die Auswertung im Pay-TV darf erst nach 12 Monaten, im Free-TV und über unentgeltlich Videoabrufdienste erst nach 18 Monaten erfolgen (§ 20 Abs. 1 Satz 2 Nr. 3, 4 FFG). TV-Rechte dürfen nicht für mehr als sieben Jahre vergeben werden; zulässig ist aber, Optionen auf weitere Lizenzen einzuräumen. Das gilt sowohl für unmittelbare Lizenzierung an Sendeunternehmen als auch an Vertriebe. Sofern filmwirtschaftliche Belange nicht entgegenstehen, kann das Präsidium der FFA auf Antrag des Herstellers diese Sperrfristen allerdings gemäß § 20 Abs. 2 bis 5 FFG verkürzen (und tut dies in der Regel auch). Eine Verletzung der Sperrfristen kann nach § 20 Abs. 6 und 7 FFG zu Widerruf oder Rücknahme des Förderungsbescheids und damit zu einer Rückforderung bereits ausgezahlter Förderungsmittel führen. Eine geringfügige ausschnittsweise Nutzung, insbesondere zu Werbezwecken, gilt dabei aber nicht als Sperrfristverletzung, § 20 Abs. 9 FFG. 49

Zuletzt muss der Hersteller eines nach dem FFG geförderten Films gemäß § 21 Abs. 1 FFG i.V.m. den Bestimmungen des Bundesarchivs der Bundesrepublik Deutschland unentgeltlich eine technisch einwandfreie Kopie des Films in einem archivfähigen Format übereignen. 50

7. Finanzierung und Verfassungsmäßigkeit des FFG

Die Förderung nach dem FFG finanziert sich aus einer Abgabe, die gemäß §§ 66 f. FFG auf Einnahmen der Filmtheater und von der Videowirtschaft erhoben wird.[34] Zudem leisten die privaten und öffentlich-rechtlichen Sendeunternehmen aufgrund von freiwillig mit der FFA geschlossenen Abkommen Zahlungen an die FFA. 51

In letzter Zeit werden vermehrt Bedenken an der Verfassungsmäßigkeit des FFG geäußert, die auf diese Finanzierung der Förderung gründen.[35] Zum einen hat das BVerwG in seinem Vorlagebeschluss vom 25.2.2009 Zweifel an der Vereinbarkeit der Erhebung der Filmabgabe mit Art. 3 Abs. 1 GG (und Art. 20 Abs. 3 GG) geäußert: Da die Sendeunternehmen nicht von Gesetzes wegen, sondern nur (freiwillig) durch mit der FFA ausgehandelte Verträge an der Finanzierung der Filmförderung beteiligt seien, verletze die Regelung der Filmabgabe in §§ 66 f. FFG den Gleichheitssatz des Art. 3 Abs. 1 GG. Die Sendeunternehmen über Verträge mit der FFA zur Mitfinanzierung heranzuziehen, sei zwar nicht per se verfassungswidrig, doch verstoße es gegen die Art. 3 Abs. 1, 20 Abs. 3 GG, dass das FFG keinerlei Kriterien für die Aushandlung dieser Verträge, insbesondere 52

---

34 Vgl. im Einzelnen v. Hartlieb/*Schwarz*/v. *Have* 124. Kapitel.
35 Ausführlich dazu v. Hartlieb/*Schwarz*/v. *Have* 106. Kapitel Rn. 2 ff.

keine Mindesthöhe der Beteiligung der Sendeunternehmen festlege.[36] Eine solche Festlegung hatten Literatur sowie Branchenkreise und Verbände schon vor der Novelle 2009 gefordert.[37] Hintergrund des Vorlagebeschlusses des BVerwG ist eine Klage mehrerer deutscher Kinobetreiber gegen die von ihnen erhobene FFA-Abgabe. Auf politischer Ebene gehen die Differenzen allerdings über die Rüge eines Verstoßes gegen Art. 3 Abs. 1 GG hinaus. Hier geht es eher grundsätzlich darum, dass insbesondere Multiplexkinos den Finanzbedarf der FFA bezweifeln und für eine deutlich stärkere Berücksichtigung der Auswertungschancen bei der Förderung von Filmen plädieren.[38] Deshalb und wegen des Gebots der Staatsferne des öffentlich-rechtlichen Rundfunks kann der Streit auch nicht einfach durch eine punktuelle Änderung des FFG behoben werden.

53 Zum anderen findet das FFG seine verfassungsmäßige Grundlage in Art. 74 Nr. 11 GG, wonach der Bund die Kompetenz hat, das Recht der Wirtschaft zu regeln und hierzu Abgaben zu erheben.[39] Nachdem nun aber mit Blick auf die Kinomitteilung der Kommission auch das FFG einen kulturellen Test eingefügt hat, wird verstärkt vertreten, dem Bundesgesetzgeber fehle es an der Gesetzgebungskompetenz für eine solche kulturelle Filmförderung, und er greife mit dem 2009 geänderten FFG in die Kulturhoheit der Länder ein.[40] Nun kommt es darauf an, ob das BVerfG den Zweck des (neuen) FFG vorrangig in einer wirtschaftlichen oder kulturellen Filmförderung sieht[41] – die Kompetenzzuweisung bliebe gewahrt, wenn das FFG in erster Linie auf die Förderung der Wirtschaft abzielt, unabhängig von etwaigen kulturellen Motiven, wenn sie nur als Nebenzweck verfolgt werden.[42]

II. Förderung durch den BKM, insbesondere: DFFF

54 Im Juli 2006 hat die Bundesregierung ein neues Modell zur Stärkung der deutschen Filmproduktion beschlossen, in dem seit Januar 2007 jährlich 60 Mio. € zusätzlich aus dem Bundeshaushalt für die Filmförderung zur Verfügung gestellt werden: den Deutschen Filmförderfonds, DFFF. Rechtsgrundlage für diese Filmförderung, die auf einer Initiative des Beauftragten der Bundesregierung für Kultur und Medien (BKM) Bernd Neumann beruht, ist die Richtlinie des BKM »Anreiz zur Stärkung der Filmproduktion in Deutschland (Deutscher Filmförderfonds)« vom 23.12.2009, kurz DFFF-Richtlinie.[43] Der DFFF soll die wirtschaftlichen Rahmenbedingungen der Filmwirtschaft in Deutschland verbessern, die internationale Wettbewerbsfähigkeit der filmwirtschaftlichen Unternehmen erhalten und fördern und nachhaltige Impulse für den Filmproduktionsstandort Deutschland sowie weitere volkswirtschaftliche Effekte erzielen. Insbes. bezweckt der DFFF, die Finanzierung von Kinofilmen als Kulturgut für Hersteller in Deutschland zu erleichtern. Wegen seines großen Erfolges »für die gesamte Filmbranche« hat die Bun-

---

36 BVerwG ZUM 2009, 492 Rn. 47 f.
37 v. Have, FFG, Einleitung Rn. 10, v. Have/Harris ZUM 2009, 470, 470. Vgl. schon Evenkamp, Anforderungen an die Erhebung der Film- und Videoabgabe nach §§ 66, 66a FFG : die Notwendigkeit einer Erweiterung der Filmabgabe des FFG auf die Fernsehanstalten, 2000.
38 Vgl. Negele in Blickpunkt Film vom 30.3.2009, http://www.mediabiz.de/film/news/thomas-negele-ueber-wege-aus-der-ffa-krise/271729.
39 v. Hartlieb/Schwarz/v. Have 106. Kapitel Rn. 1. Vgl. dazu grundlegend BVerwGE 45, 1 – Filmförderungsgesetz. Offengelassen in BVerfG ZUM-RD 2000, 163 Rn. 16 (Verfahrenseinstellung nach Rücknahme der Verfassungsbeschwerden).
40 Ausführlich dazu v. Have/Harris ZUM 2009, 470, 476 ff.; Kong, Filmförderungskompetenz des Bundes, 2009. Diese Bedenken teilt auch BKM Bernd Neumann, vgl. sein Interview mit der FAZ vom 19.3.2009, abrufbar unter http://www.faz.net/s/Rub8A25A66CA9514B9892E0074EDE4E5AFA/Doc_E786FCE37E7994343A8B698CDF1CCC17C_ATpl_Ecommon_Scontent.html.
41 Ausführlich zu dieser Frage Pres DÖV 2009, 155.
42 v. Have/Harris ZUM 2009, 470, 476.
43 Abrufbar unter http://dfff-ffa.de/(Richtlinie/Anträge).

desregierung im Februar 2010 beschlossen, den ursprünglich nur auf drei Jahre angelegten Deutschen Filmförderfonds um weitere drei Jahre bis Ende 2012 zu verlängern.[44] Für die ersten drei Jahre des DFFF hatte sich hausgestellt, dass DFFF-geförderte Filmproduktionen in der deutschen Filmwirtschaft Investitionen in Höhe von ca. 1,1 Mrd. € auslösten, mehr als das sechsfache der investierten Fördersumme von 178,1 Mio. Euro.[45] Die Effekte wurden freilich nicht nur in der Filmwirtschaft erzielt, sondern etwa auch in Hotellerie, Catering und ähnlichen Branchen. Aber in der Tat muss man davon ausgehen, dass ein Großteil der Ausgaben (insbesondere von ausländischen Produktionen) ohne den DFFF nicht getätigt worden wären.

1. Herstellerbezogene Voraussetzungen

Antragsberechtigt für eine Förderung aus dem DFFF ist gemäß § 3 Abs. 1 DFFF-Richtlinie der Filmhersteller. Er muss für die Herstellung des Films bis zur Lieferung (mit-)verantwortlich und aktiv in die Filmherstellung involviert sein. Der Hersteller muss zudem seinen Wohn bzw. Geschäftssitz in Deutschland haben oder über eine Niederlassung in Deutschland verfügen, § 3 Abs. 2 DFFF-Richtlinie. 55

Der Hersteller muss als Konzernunternehmen oder als Person innerhalb der letzten fünf Jahre vor Antragstellung mindestens einen programmfüllenden Kinofilm (Referenzfilm) in Deutschland, einem Mitgliedstaat der EU oder einem Vertragsstaat des EWR hergestellt haben, der mit einer vorgegebenen Mindestkopienanzahl im Kino aufgeführt wurde, § 3 Abs. 5 DFFF-Richtlinie. Hier kann man allerdings davon ausgehen, dass auch auf die natürlichen Personen abgestellt werden kann, die maßgeblich in die Produktion eingebunden sein werden, selbst wenn sie frühere Filme mit einem anderen gesellschaftlichen Vehikel (oder ganz ohne) produziert haben. Für Erstlingswerke genügt als Referenz die Zuerkennung einer Förderung durch den BKM, die FFA oder eine Länderfördereinrichtung. 56

2. Filmbezogene Voraussetzungen

Förderungsfähig sind programmfüllende Kinofilme, deren Gesamtherstellungskosten bei Dokumentarfilmen mindestens 200.000 €, bei Spielfilmen mindestens 1 Mio. € und bei Animationsfilmen mindestens 2 Mio. € betragen müssen (§ 5 Abs. 1, 2 DFFF-Richtlinie). Mit den Dreh- oder Animationsarbeiten darf grundsätzlich erst nach Erteilung des Zuwendungsbescheides begonnen werden, § 5 Abs. 5 DFFF-Richtlinie. Gemäß § 5 Abs. 2 DFFF-Richtlinie muss mindestens eine Endfassung des Films in deutscher Sprache erstellt werden, wobei eine deutsche Untertitelung ausreicht. Die deutsche Sprachfassung muss der FFA vor Auszahlung der letzten Rate der Zuwendung, spätestens nach Ablauf der im Antrag angegebenen Projektlaufzeit vorgelegt werden. Der Inhalt des Films darf nicht gegen das Grundgesetz oder andere deutsche Gesetze verstoßen und weder sittliche noch religiöse Gefühle verletzen, § 5 Abs. 4 DFFF-Richtlinie. Voraussetzung für die Förderung ist die Vorlage eines rechtsverbindlichen und unbedingten Verleihvertrags mit einem auf der Verleihliste[46] aufgelisteten Verleiher sowie die Absicht, den Film mit einer bestimmten Mindestkopienanzahl ins Kino zu bringen, § 6 DFFF-Richtlinie. 57

Gemäß § 8 DFFF-Richtlinie muss der Hersteller grundsätzlich mindestens fünf Prozent der Herstellungskosten selbst tragen. Vor allem aber ist Voraussetzung der Förderung 58

---

44 Vgl. http://www.bundesregierung.de/Webs/Breg/DE/Bundesregierung/BeauftragterfuerKulturundMedien/Medienpolitik/Filmfoerderung/Filmwirtschaft/filmwirtschaft.html. Siehe auch § 1 Abs. 1 S. 3 DFFF-Richtlinie.
45 Vgl. http://www.dfff-ffa.de/(Startseite).
46 Abrufbar unter http://dfff-ffa.de/(Richtlinien/Anträge).

aus dem DFFF, dass die deutschen Herstellungskosten (sog. »German Spend«) mindestens 25% (20% bei Produktionskosten von mehr als 20 Mio. €) des gesamten Budgets oder mindestens 15 Mio. € betragen, § 9 DFFF-Richtlinie. Als deutsche Produktionsausgaben anerkannt werden nach der Definition in § 4 DFFF-Richtlinie Ausgaben für in Deutschland erbrachte filmnahe Lieferungen und Leistungen. Dazu zählen insbesondere Löhne, Gehälter, Gagen und Honorare, die der Steuerpflicht in Deutschland unterliegen,[47] sowie Entgelte für Leistungen von Firmen, die ihren Sitz oder eine Niederlassung in Deutschland haben, vorausgesetzt die Firma beschäftigt mindestens einen fest angestellten Mitarbeiter in Deutschland und die Leistungen bzw. das verwendete Material werden tatsächlich in Deutschland erstellt und erbracht bzw. bezogen und die notwendige technische Ausstattung tatsächlich in Deutschland eingesetzt.

59 Zuletzt muss das Filmvorhaben eine Mindestpunktzahl beim kulturellen Eigenschaftstest gemäß § 10 DFFF-Richtlinie erlangen. Die Eigenschaftstests für Spielfilme, Animationsfilme und Dokumentarfilme enthalten jeweils einen A-Block (»Kultureller Inhalt und kreative Talente«) und einen B-Block (»Herstellung«), der sich auf den Umfang der Herstellung in Deutschland bezieht, in denen für die Erfüllung diverser Kriterien eine bestimmte Anzahl von Punkten vergeben wird. Koproduktionen, die gemäß dem Europäischen Übereinkommen über die Gemeinschaftsproduktion von Kinofilmen hergestellt werden, sind vom Eigenschaftstest ausgenommen, § 10 Abs. 4 DFFF-Richtlinie. Allerdings enthält das Übereinkommen selbst einen Eigenschaftstest, vgl. dazu unten Rdn. 93.

3. Art der Förderung

60 Die Förderung erfolgt gemäß § 13 DFFF-Richtlinie als nicht rückzahlbare Zuwendung im Wege der Projektförderung. Sie wird als Anteilsfinanzierung gewährt und setzt einen Finanzierungsbedarf des Herstellers mindestens in Höhe der Zuwendung voraus. Die Zuwendung beträgt gemäß § 14 Abs. 2 DFFF-Richtlinie 20% der (in Abs. 3 und 6 näher bestimmten) anrechenbaren deutschen Herstellungskosten, grundsätzlich aber höchstens 4 Mio. € pro Filmprojekt (Abs. 4).

61 § 1 Abs. 1 Satz 3 DFFF-Richtlinie betont, dass kein Anspruch des Antragstellers auf Gewährung der Zuwendung besteht, vielmehr entscheidet die Bewilligungsbehörde aufgrund ihres pflichtgemäßen Ermessens im Rahmen der Haushaltsmittel. Die Förderung aus dem DFFF wird von der FFA durchgeführt,[48] welche für diese Maßnahme der Rechts- und Fachaufsicht des BKM unterliegt, § 15 DFFF-Richtlinie. Das nähere Verfahren regeln die §§ 15 ff. DFFF-Richtlinie. Ein gewährter Anspruch auf Förderung ist, außer zur Zwischenfinanzierung an eine Bank, nicht abtretbar, was in der Praxis immer wieder zu Problemen und einer gewissen Bevorzugung der Banken führt.

4. Verpflichtungen bei Gewährung der Förderung

62 Es gelten die Sperrfristenregelungen des § 20 FFG,[49] § 7 DFFF-Richtlinie. Gemäß § 12 DFFF-Richtlinie muss der Hersteller dem Bundesarchiv Filmarchiv unentgeltlich eine Kopie des Films zur Verfügung stellen.

---

47 Wobei es sein kann, dass solche Ausgaben ggf. z.B. wegen Doppelbesteuerungsabkommen im Ergebnis in Deutschland nicht versteuert werden.
48 Vgl. § 2 Abs. 3 Satz 1 FFG: Die FFA darf gegen Erstattung der Kosten Förderungsmaßnahmen für andere Filmförderungseinrichtungen durchführen.
49 Siehe dazu oben Rdn. 49.

C. Filmförderung durch die deutschen Bundesländer

I. Allgemeines

Neben der Filmförderung durch den Bund bietet mittlerweile jedes Bundesland ein eigenes (oder mehrere) Filmförderprogramm(e) an.[50] Diese Ländermaßnahmen verfolgen einen doppelten Zweck: Zum einen dienen sie wirtschaftlich der Stärkung der Attraktivität des jeweiligen Bundeslandes als Medienstandort und der Steigerung der Wettbewerbsfähigkeit der Filmwirtschaft, zum anderen ergänzen sie die teilweise lückenhafte Förderung durch den Bund.[51] 63

Die regionale Filmförderung der meisten Länder umfasst die Bereiche Herstellung, Drehbuch- und Projektentwicklung, Verleih und Vertrieb sowie Filmtheaterförderung. Die Förderprogramme folgen stets dem gleichen System, auch wenn im einzelnen Unterschiede bestehen. 64

II. Unterschiede zur FFG-Förderung

Bei der Auslegung der Förderrichtlinie der Länderprogramme sind im Zweifel ergänzend die einschlägigen Begriffe des FFG heranzuziehen. Die Filmförderung durch die Bundesländer ist aber auch von einigen gravierenden Unterschieden zur FFG-Förderung auf Bundesebene gekennzeichnet. Am Beispiel des Medienboard Berlin-Brandenburg (MBB)[52] sollen die wichtigsten Unterschiede dargestellt werden. 65

1. Finanzierung der Förderung

Die Filmfördereinrichtungen der Bundesländer werden aus Steuergeldern oder aus Mitteln der Landesmedienanstalten gespeist. Teilweise beteiligen sich an den Förderetats der Länder auch öffentlich-rechtliche oder privatwirtschaftliche TV-Programmanbieter. Die Filmtheater- und Videobranche zahlt dagegen nicht in die Fördertöpfe der Länder ein. Für das MBB stellen die beiden Ländern Berlin und Brandenburg den Hauptteil der Fördermittel. Daneben beteiligen sich die TV-Sender ProSieben/Sat.1, ZDF, rbb und ARD Degeto an der Förderung.[53] 66

2. Voraussetzungen der Förderung, insbesondere Regionaleffekt

Die Förderung setzt stets einen Antrag des Produzenten bzw. (bei der Drehbuchförderung einiger Länder, z.B. Bayern) des Autors voraus. Die Auswahl der geförderten Vorhaben erfolgt in vielen Bundesländern durch diverse Gremien. Andere Länder verfahren – wie auch das MBB – nach dem Intendantenprinzip. 67

Da die Länderförderungen zu einem großen Teil standortpolitische Ziele verfolgen, ist Voraussetzung stets die Erzielung eines möglichst hohen Regionaleffekts. Dieser liegt für Film- und Fernsehproduktionen in der Regel bei 1,5, was bedeutet, dass bei einer Förderhilfe von 100.000 € in dem fördernden Bundesland mindestens 150.000 € ausgegeben werden müssen. Der tatsächlich erzielte Regionaleffekt ist allerdings meist höher. Für das MBB, das 2009 ca. 29 Mio. € Fördermittel vergab, liegt der Faktor derzeit bei rund 4,0.[54] 68

---

50 Übersicht bei http://www.ffa.de/index.php?page=wichtige_links.
51 V. Hartlieb/Schwarz/*Poeck* 133. Kapitel Rn. 1.
52 Vgl. die Förderrichtlinien unter http://www.medienboard.de/WebObjects/Medienboard.woa/wa/CMSshow/2607464.
53 http://www.medienboard.de/WebObjects/Medienboard.woa/wa/CMSshow/2607464.
54 http://www.medienboard.de/WebObjects/Medienboard.woa/wa/CMSshow/2607731.

3. Einzelheiten der Förderung

69 Im Unterschied zur Förderung nach dem FFG fördern die meisten Länder auch TV-Produktionen.

70 Die Länderförderungen gewähren auch Hilfen für Koproduktionen. Die besonderen Anforderungen des FFG zur Förderung von internationalen Koproduktionen (dazu im Einzelnen unten Rdn. 83 ff.) gelten dabei nicht. Die Länderinstitutionen beschränken sich vielmehr meist darauf, zu verlangen, dass die Koproduktion den Regionaleffekt erfüllt. So haben auch ausländische Produzenten, die sich nicht für eine Förderung nach dem FFG qualifizieren, eine Chance auf Länderförderung.

71 Teilweise werden die Förderhilfen der Bundesländer als nicht rückzahlbare Zuschüsse gewährt, meistens aber als bedingt rückzahlbare Darlehen. Dabei erfolgt die Auszahlung in der Regel nicht direkt durch die Förderinstitutionen, sondern mittels eines zweckgebundenen Darlehensvertrages mit der jeweiligen Landesbank. Auch die Förderung des MBB wird durch erfolgsbedingt rückzahlbare Darlehen der ILB gewährleistet.

D. Förderung auf Europa-Ebene

72 Die zwei großen Förderprogramme auf europäischer Ebene sind das MEDIA-Programm der Europäischen Kommission in Brüssel und das Eurimages-Programm des Europarats mit Sitz in Straßburg. Obwohl Eurimages und MEDIA von unterschiedlichen Trägern finanziert werden, sind beide Programme komplementär. Das MEDIA-Programm fördert neben europäischen Ausbildungs- und Fortbildungsinitiativen die Projektentwicklung europäischer Filmwerke sowie die Produktion von Fernsehfilmen durch die »TV-Ausstrahlungsförderung«. Eurimages unterstützt dagegen hauptsächlich die Produktion von Kinofilmen. Beide Programme bieten Verleih- und Abspielförderung an, wobei diese Eurimages-Förderung nur Antragstellern offen steht, die keinen Anspruch auf die entsprechende Förderung von MEDIA haben.

I. MEDIA-Programm

73 Grundlage des derzeitigen MEDIA-Programms »MEDIA 2007« ist der Beschluss des Europäischen Parlaments und des Rates vom 15.11.2006 zur Umsetzung eines Förderprogramms für den europäischen audiovisuellen Sektor (MEDIA 2007-Beschluss).[55] Es ersetzt die Vorgängerprogramme »MEDIA Plus« und »MEDIA Training« als einheitliches Programm mit einem Budget von 755 Mio. € für eine Laufzeit von sieben Jahren (2007-2013). Von diesem Budget werden ca. 55% auf die Vertriebsförderung, 20% auf die Entwicklungsförderung und 9% auf die Verkaufsförderung verwendet, der Rest für die übrigen Maßnahmen (vgl. die Durchführungsmodalitäten in Kapitel II. Ziffer 1.4 des Anhangs des MEDIA 2007-Beschlusses).

74 Die Ziele des aktuellen Programms sind Erhaltung und Verbesserung der kulturellen Vielfalt in Europa und seines filmischen Erbes sowie Sicherung des Zugangs dazu für alle Europäer, ein größerer Umlauf europäischer Filmwerke und die Steigerung der Wettbewerbsfähigkeit der europäischen Filmindustrie, vgl. Art. 1 Abs. 2 MEDIA 2007-Beschluss. Um diese Ziele zu erreichen, unterstützt das Programm in der Vorproduktionsphase den Erwerb und die Vertiefung von Kompetenzen im audiovisuellen Bereich

---

55 Beschluss Nr. 1718/2006/EG des Europäischen Parlaments und des Rates vom 15.11.2006 zur Umsetzung eines Förderprogramms für den europäischen audiovisuellen Sektor (MEDIA 2007), ABl. EU Nr. L/327, S. 12 ff., abrufbar unter http://ec.europa.eu/culture/media/programme/overview/2007/index_en.htm.

D. Förderung auf Europa-Ebene

sowie die Entwicklung europäischer audiovisueller Werke, nach Produktionsabschluss den Vertrieb und die Förderung des Absatzes europäischer audiovisueller Werke sowie Pilotprojekte, um die Anpassung des Programms an Marktentwicklungen zu gewährleisten (Art. 1 Abs. 3 MEDIA 2007-Beschluss). Spezifische Ziele des Programms in den einzelnen Bereichen werden in Art. 3 bis 7 MEDIA 2007-Beschluss näher dargelegt.

Die zur Durchführung des MEDIA 2007-Beschlusses erforderlichen Maßnahmen werden von einem Ausschuss erlassen, der die Kommission in der Durchführung unterstützt (vgl. Art. 10, 11). Zudem gibt es ein jährliches Arbeitsprogramm, das für jedes Jahr die Rahmenbedingungen und geplanten Maßnahmen für MEDIA 2007 näher festlegt. Entsprechend dem Arbeitsprogramm für 2010[56] müssen Fördermaßnahmen sowohl die Bedeutung des Schaffensprozesses der europäischen Filmbranche als auch den kulturellen Wert des europäischen Filmerbes berücksichtigen, die Produktionsstrukturen kleiner Unternehmen stärken, um die Filmindustrie Europas wettbewerbsfähiger zu machen, und die Ungleichheiten zwischen Staaten mit hohem Produktionsaufkommen und solchem mit niedrigem ausgleichen. 75

Für die einzelnen Bereiche des MEDIA 2007-Programms werden in unregelmäßigen Abständen so genannte Aufrufe, »Calls for Proposals«, veröffentlicht, die die aktuellen Richtlinien und Antragsformulare für die jeweiligen Fördersparten enthalten und die Fristen zur Antragstellung setzen.[57] Auf diese Aufrufe können nach dem Arbeitsprogramm 2010 Bewerbungen aus Mitgliedsstaaten der EU, einem Land des EWR, das am MEDIA 2007-Programm teilnimmt, sowie aus bestimmten Drittländern nach Maßgabe des Art. 8 MEDIA 2007-Beschluss erfolgen. Gemäß Art. 9 Abs. 1 MEDIA 2007-Beschluss können juristische oder natürliche Personen Begünstigte von MEDIA 2007 sein. Dabei müssen begünstigte Unternehmen entweder direkt oder durch Mehrheitsbeteiligung im Eigentum von Mitgliedstaaten und/oder Staatsangehörigen von Mitgliedstaaten sein und bleiben. 76

Je nach Art der Maßnahme kann die Finanzierung unterschiedlich erfolgen, meist in Form eines Zuschusses oder eines Stipendiums, Art. 9 Abs. 3 MEDIA 2007-Beschluss. Die Kommission kann im Rahmen des Programms durchgeführte Aktionen oder Projekte auch mit Preisen auszeichnen. Die im Rahmen des Programms zugewiesenen Mittel dürfen aber gemäß Art. 9 Abs. 5 MEDIA 2007-Beschluss 50 % der tatsächlichen Ausgaben der unterstützten Aktion nicht überschreiten; Ausnahmen sind nur in den im Anhang des Beschlusses ausdrücklich aufgeführten Fällen möglich. 77

In Deutschland wird die MEDIA-Förderung durch die FFA durchgeführt.[58] Für Information und Anträge sind die deutschen Informationsbüros des Programms zuständig, das sog. MEDIA desk in Hamburg und die regionalen MEDIA Antennen in Potsdam, Düsseldorf und München.[59] Praktisch stellt die MEDIA-Förderung viele Filmschaffende vor das Problem, dass die Antragsfristen und zeitliche Staffelung des Prozesses sehr rigide sind und sich wenig an den Bedürfnissen insbesondere der Produzenten orientieren. 78

---

56 Einsehbar unter http://ec.europa.eu/culture/media/programme/docs/wp2010/workprogramme_2010_en.pdf.
57 Die Aufrufe sind im Internet abrufbar unter www.mediadesk.de oder http://ec.europa.eu/culture/media/programme/overview/index_en.htm, jeweils unter der speziellen Fördermaßnahme.
58 Dies erlaubt § 2 Abs. 3 Satz 1 FFG.
59 Siehe auch den Onlineauftritt unter http://www.mediadesk-deutschland.eu/ oder www.mediadesk.de.

II. Eurimages

79 Der Europäische Filmförderungsfonds Eurimages wurde mittels des Europarat-Abkommens von 1989 durch 12 Mitgliedsstaaten des Europarates ins Leben gerufen. Derzeit hat Eurimages 34 Mitgliedstaaten: Albanien, Belgien, Bosnien-Herzegowina, Bulgarien, Dänemark, Deutschland, Estland, Finnland, Frankreich, Griechenland, Irland, Island, Italien, Kroatien, Lettland, Litauen, Luxemburg, Niederlande, Norwegen, Österreich, Polen, Portugal, Rumänien, Schweden, Schweiz, Serbien, Slowakei, Slowenien, Spanien, Tschechische Republik, Türkei, Ungarn, Zypern und Mazedonien (nicht aber z.B. Großbritannien).[60]

80 Ziel von Eurimages ist zum einen die (kulturelle) Unterstützung von Werken, die die zahlreichen Facetten der europäischen Gesellschaft widerspiegeln, zum anderen die (wirtschaftliche) Unterstützung der Filmindustrie. Eurimages bietet dafür vier Förderprogramme an: Koproduktion, Vertrieb, Filmtheater und Digitalisierung. Die Voraussetzungen der Förderung werden jedes Jahr überarbeitet, um die Entwicklungen in den Mitgliedstaaten wiederzugeben und den Bedürfnissen der Filmbranche besser zu entsprechen. Die Förderrichtlinien werden ebenso wie die Förderentscheidungen für alle Fördersparten durch das Board of Management erlassen, das aus Repräsentanten aller Mitgliedsstaaten besteht. Die deutsche Fördertätigkeit für Eurimages geschieht durch die FFA, die auch die deutsche Vertretung im Board of Management stellt.

81 Die jährlich von den Mitgliedstaaten aufgebrachte Fördersumme beträgt rund 800.000 € und wird zu fast 90% für die Unterstützung von Koproduktionen aufgewendet.[61] Die anderen Fördersparten treten dagegen an Bedeutung zurück.[62] Siehe zur Förderung von Koproduktionen durch Eurimages im Einzelnen unten Rdn. 97 ff.

E. Die Förderung von Koproduktionen

82 Die Zusammenarbeit mehrerer Produzenten bei der Herstellung von Filmen kann kreative Gründe haben, häufiger aber finanzielle, um die Produktionskosten gemeinsam aufzubringen. Das kann zum einen durch die verschiedenen Finanzierungsbeiträge der Koproduzenten geschehen, aber auch durch Zugriff auf Fördermittel aus mehreren Ländern. Ist das das Ziel, muss man darauf achten, dass die Produktion die Voraussetzungen einer »offiziellen« Koproduktion im Sinne der nationalen Gesetze und eines bilateralen oder multilateralen Abkommen erfüllt. Von besonderer Bedeutung kann dabei sein, dass die internationale Koproduktion aufgrund des Zusammenspiels von nationalen Regelungen und zwischenstaatlichen Abkommen als nationaler Film in mehreren Staaten anerkannt werden und so u.U. Förderhilfen aus verschiedenen Staaten erhalten kann.[63]

I. Förderung von Koproduktionen nach dem FFG

83 Eine gemeinsame Produktion zwischen mehreren deutschen Herstellern[64] wird im Rahmen des FFG ebenso behandelt wie die Produktion eines Einzelherstellers. Es gelten daher die oben dargestellten Voraussetzungen der §§ 15 ff. FFG, wobei allerdings die Voraussetzungen der Herstellereigenschaft bei jedem Mithersteller vorliegen müssen.

---

60 http://www.coe.int/t/dg4/eurimages/About/MemberStates_en.asp.
61 http://www.coe.int/t/dg4/eurimages/About/default_en.asp.
62 Einzelheiten zu den übrigen Programmen unter http://www.coe.int/t/dg4/eurimages/About/default_en.asp.
63 Vgl. zu Co-Produktionen auch Kap. 4 Rdn. 170 ff.
64 v. Hartlieb/*Schwarz/v. Have* 113. Kapitel Rn. 1 nennen dies eine intern-deutsche Gemeinschaftsproduktion.

E. Die Förderung von Koproduktionen

Eine internationale Koproduktion liegt vor, wenn das Filmprojekt von mehreren Herstellern gemeinschaftlich hergestellt wird, von denen mindestens einer seinen Sitz oder Wohnsitz außerhalb des Geltungsbereichs des FFG hat. Für solche internationalen Gemeinschaftsproduktionen legt das FFG in §§ 16, 16a und 17a zusätzliche Voraussetzungen für die Förderung fest. 84

Zusätzlich zu den Voraussetzungen des § 15 Abs. 1 Satz 1 Nr. 1 und 2 FFG muss der Film gemäß § 16 Abs. 3 FFG kulturelle, historische oder gesellschaftliche Fragen zum Thema haben und bestimmte weitere kulturelle Kriterien bezüglich des Inhalts erfüllen. Vor allem aber setzt die Anerkennung als förderungsfähige internationale Koproduktion i.S.d. § 16 Abs. 1 Nr. 1, 2 FFG grundsätzlich einen programmfüllenden Film voraus, der den Vorschriften eines von der Bundesrepublik Deutschland abgeschlossenen zwei- oder mehrseitigen zwischenstaatlichen Abkommens entspricht. Deutschland hat mit einer Reihe von Staaten bilaterale Koproduktionsabkommen abgeschlossen.[65] Als multilaterales Abkommen wurde im Jahr 1992 das Europäische Übereinkommen für die Gemeinschaftsproduktion von Kinofilmen[66] (Koproduktionsübereinkommen) abgeschlossen, das seit dem 20.10.1994 in Kraft ist und grundsätzlich auch dann gilt, wenn zwei Staaten kein bilaterales Abkommen miteinander geschlossen haben (Art. 2 Nr. 4 Koproduktionsübereinkommen). 85

Ist kein derartiges Abkommen auf die fragliche Gemeinschaftsproduktion anwendbar, so muss der Film eine im Verhältnis zur ausländischen Beteiligung erhebliche finanzielle Beteiligung des Herstellers sowie eine dieser angemessene künstlerische und technische Beteiligung von jeweils 30% von Mitwirkenden mit deutscher oder EU-Bürgerschaft aufweisen, § 16 Abs. 1 Nr. 3 i.V.m. Abs. 2 FFG. 86

Nach Maßgabe des § 16a FFG können Förderungen auch für internationale Kofinanzierungen gewährt werden. 87

Für alle drei Arten der vom FFG als förderungsfähig anerkannten internationalen Koproduktionen (§ 16 Abs. 1 Nr. 1/2, § 16 Abs. 1 Nr. 3, § 16a FFG) gilt ergänzend § 17a FFG, wonach der Hersteller zu den gesamten Produktionskosten mindestens 20 bzw. 30% beiträgt (§ 17a Abs. 1 Nr. 2 FFG). Zudem muss der Antragsteller bei Koproduktionen mit einem Hersteller aus einem außereuropäischen Land nachweisen, dass er innerhalb von fünf Jahren vor Antragstellung allein oder als Koproduzent mit Mehrheitsbeteiligung einen programmfüllenden Film im Inland, einem anderen EU-Mitgliedstaat, einem anderen Vertragsstaat des EWR oder der Schweiz hergestellt hat, § 17a Abs. 1 Nr. 1 FFG. 88

Als Sonderregel für die Referenzfilmförderung dürfen bei internationalen Gemeinschaftsproduktionen Förderungshilfen nur bis zur Höhe der Beteiligung nach § 16 oder § 16a gewährt werden, § 22 Abs. 5 FFG. Im Rahmen der Projektfilmförderung ist bei internationalen Koproduktionen bei der Berechnung des Eigenanteils der Finanzierungsanteil des deutschen Herstellers zugrunde zu legen, § 34 Abs. 1 Satz 2 FFG. 89

Neben programmfüllenden Filmen gelten die Bestimmungen der §§ 16 ff. FFG entsprechend auch für international gemeinschaftlich produzierte Kurzfilme, nicht programm- 90

---

65 In Kraft sind derzeit Koproduktionsabkommen mit folgenden Staaten: Australien, Belgien, Brasilien, Frankreich, Indien, Israel, Italien, Kanada, Luxemburg, Neuseeland, Österreich, Portugal, Schweden, Schweiz, Spanien, Südafrika, Ungarn. In Vorbereitung befinden sich Abkommen mit Argentinien, Irland, Polen und Russland. Alle Abkommen sind einzusehen unter http://www.bundesregierung.de/Webs/Breg/DE/Bundesregierung/BeauftragterfuerKulturundMedien/Medienpolitik/Filmfoerderung/InternationaleFilmfoerderung/internationale-filmfoerderung.html.
66 Abrufbar unter http://conventions.coe.int/Treaty/ger/Treaties/Html/147.htm. Siehe dazu ausführlich unten Rdn. 92 ff.

füllende Kinderfilme und Erstlingsfilme, vgl. § 41 Abs. 1 Satz 3 FFG. Dies gilt ebenso für die Filmabsatz(Verleih-)Förderung nach § 53 bzw. § 53a FFG.

91 Voraussetzung für die Gewährung von Förderhilfen nach Maßgabe der §§ 16, 16a, 17a FFG ist die Bescheinigung des Bundesamtes für Wirtschaft und Ausfuhrkontrolle (BAFA), dass der Film § 16 bzw. § 16a FFG entspricht, vgl. § 17 FFG.[67] Der Gemeinschaftsproduzent muss dabei die Antragsfrist von zwei Monaten vor Drehbeginn beachten. Zur Fristwahrung genügt in der Praxis allerdings ein Antrag mit vorläufigen Angaben und Unterlagen, wenn bis Drehbeginn die restlichen Dokumente nachgereicht werden.

II. Das Europäische Übereinkommen über die Gemeinschaftsproduktion von Kinofilmen

92 Europäische Übereinkommen für die Gemeinschaftsproduktion von Kinofilmen[68] (Koproduktionsübereinkommen) findet gemäß Art. 2 Nr. 2 lit. a und b auf Gemeinschaftsproduktionen Anwendung, an denen mindestens drei Gemeinschaftsproduzenten beteiligt sind, die in drei verschiedenen Vertragsparteien des Übereinkommens niedergelassen sind; zusätzlich können Gemeinschaftsproduzenten aus Nichtvertragsstaaten mit bis zu 30% der Produktionskosten beteiligt sein.

93 Voraussetzung für die Anwendung ist ein »europäischer Kinofilm«. Gemäß Anhang II des Koproduktionsübereinkommens muss der Film hierzu mindestens 15 Punkte aus einem Katalog von höchstens 19 Punkten erreichen, die für die Zusammensetzung des künstlerischen, kreativen und technischen Stabes vergeben werden. Zudem bestehen bestimmte Beteiligungsquoten. Gemäß Art. 6 Nr. 1 Koproduktionsabkommen darf die Mindestbeteiligung bei einer mehrseitigen Gemeinschaftsproduktion nicht weniger als zehn Prozent, die Höchstbeteiligung nicht mehr als 70% der Gesamtproduktionskosten des Films betragen. Beträgt die Mindestbeteiligung weniger als 20%, kann die jeweilige Vertragspartei Maßnahmen ergreifen, um den Zugang zu nationalen Produktionsförderprogrammen einzuschränken oder auszuschließen. Davon hat Deutschland in § 17a Abs. 1 Nr. 2 FFG Gebrauch gemacht, der einen Finanzierungsanteil des Herstellers von mindestens 20% bzw. 30% vorschreibt.

94 Tritt das Koproduktionsabkommen an die Stelle eines zweiseitigen Abkommens zwischen zwei Vertragsparteien, darf die Mindestbeteiligung nicht weniger als 20%, die Höchstbeteiligung nicht mehr als 80% der Herstellungskosten betragen, Art. 6 Nr. 2 Koproduktionsabkommen. Zuletzt muss der Gemeinschaftsproduktionsvertrag jedem Gemeinschaftsproduzenten bestimmte Rechte gewährleisten, u.a. Miteigentum am und Zugang zum Originalnegativ, Art. 7 Koproduktionsabkommen.

95 Das Antragsverfahren ist in Anhang I des Koproduktionsübereinkommens näher geregelt. Europäische Kinofilme, die unter das Koproduktionsübereinkommens fallen, haben gemäß Art. 4 Nr. 1 Anspruch auf die Vergünstigungen, die nationalen Filmen durch die in jeder der an der Gemeinschaftsproduktion beteiligten Vertragsparteien des Übereinkommens geltenden Gesetze und sonstigen Vorschriften gewährt werden.

---

67 Diese Bescheinigung wird mittlerweile nicht mehr als »filmisches Ursprungszeugnis« bezeichnet, da dies nur noch die sog. Exportbescheinigung auf Grundlage des Runderlasses »Außenwirtschaft No. 4/87 betreffen II: Dienstleistungsverkehr – Filmwirtschaft – Ausstellung von Film-Ursprungszeugnissen« vom 10.3.1987 bezeichnen soll.
68 Abrufbar unter http://conventions.coe.int/Treaty/ger/Treaties/Html/147.htm.

III. Förderung von Koproduktionen aus dem DFFF

Auch im Rahmen des DFFF ist eine Förderung internationaler Gemeinschaftsproduktionen möglich, wenn zusätzliche herstellerbezogene Voraussetzungen vorliegen. Gemäß § 11 Abs. 1 DFFF-Richtlinie werden internationale Koproduktionen gefördert, solange der deutsche Hersteller mindestens 20% der Herstellungskosten bzw. (bei Budgets von über 25 Mio. €) mindestens 5 Mio. € finanziert. Reine Kofinanzierungen, bei denen sich der deutsche Anteil auf die finanzielle Beteiligung beschränkt, werden dagegen aus dem DFFF nicht unterstützt, § 11 Abs. 3 DFFF-Richtlinie.

96

IV. Förderung von Koproduktionen durch Eurimages

Die Förderung von Koproduktionen im Rahmen von Eurimages erfolgt aufgrund der aktuellen »Regulations concerning Co-Production Support for Full-Length Feature Films, Animations, and Documentaries«, die seit 9.12.2009 in Kraft sind.[69] Förderungsfähig sind danach programmfüllende Filme, auch Zeichentrick-/Animationsfilme und Dokumentation, von mindestens 70 Minuten Vorführdauer, die für die Kinoauswertung vorgesehen sind, Ziffer 1.1.1. Gemäß Ziffer 1.1.2. muss es sich um Koproduktionen von mindestens zwei Produzenten aus unterschiedlichen Mitgliedsstaaten des Fonds handeln. Bei multilateralen Koproduktionen mit mindestens drei Produzenten darf die Maximalbeteiligung 70% nicht übersteigen und die Beteiligung der anderen Produzenten nicht weniger als zehn Prozent betragen. Für bilaterale Koproduktionen liegt die Mindestbeteiligung bei 20% (Ausnahme: Koproduktionen mit einem Budget von mindestens 5 Mio. €, bei denen ein Verhältnis 90% : 10% zulässig ist), Ziffer 1.3. Produzenten aus Nichtmitgliedsstaaten von Eurimages dürfen sich mit 30% der Herstellungskosten beteiligen, erhalten aber keine Fördermittel aus dem Fonds, Ziffer 1.4. Aufgrund des Charakters der Eurimages-Förderung als Lücken- oder Spitzenfinanzierung ist in jedem Koproduktionsland der Nachweis der Finanzierung von 50% des jeweiligen Koproduktionsanteils zu erbringen, Ziffer 1.9 der Regularien.

97

Eurimages-Förderung wird nur Produzenten (Unternehmen oder Einzelpersonen) gewährt, die nicht von privaten oder öffentlich-rechtlichen Rundfunkanstalten beherrscht werden und deren Gesellschafter mehrheitlich Europäer sind. Darüber hinaus muss gemäß Ziffer 1.6 der Regisseur des Filmvorhabens Europäischer Bürger sein und das Projekt »europäischen Ursprungs« sein, wozu die 19 Punkte-Skala des Europäischen Koproduktionsübereinkommens herangezogen wird. Das Filmprojekt muss der kulturellen Zielsetzung des Fonds genügen und darf nicht offensichtlich pornographische oder gewaltverherrlichende Inhalte zur Schau stellen, Ziffer 1.1.4 und 1.1.5. Gemäß Ziffer 1.7 darf der Dreh- bzw. der Animationsbeginn grundsätzlich nicht vor der Förderentscheidung liegen, muss aber spätestens sechs Monate danach erfolgen.

98

Das Verfahren für Antrag und Auswahl ist in Ziffern 2 und 3 der Regularien geregelt. Die Förderung wird als bedingt rückzahlbares, zinsloses Produktionsdarlehen in Höhe von maximal 700.000 € gewährt und soll 17% der gesamten Herstellungskosten nicht übersteigen. Einzelheiten regeln Ziffern 4 und 5. Die Rückzahlung des Darlehens erfolgt gemäß Ziffer 7 vom ersten € an aus den (näher definierten) Nettoerlösen der Koproduzenten durch einen prozentualen Rückfluss, der sich aus dem Verhältnis der Eurimages-Förderung zu den Herstellungskosten berechnet.

99

---

69 Abrufbar unter http://www.coe.int/t/dg4/eurimages/Support/SupportCoprod_en.asp.

F. Einzelfragen

I. Hersteller

100 Die Vorschriften über die Filmförderung auf deutscher, europäischer und internationaler Ebene stellen immer wieder auf den »Hersteller« von Filmen ab, der für die meisten Förderprogramme (allein) antragsberechtigt ist.[70] Einige Regelwerke liefern dabei eine Definition des Begriffs, die aber nicht immer identisch ist. Insbesondere das FFG enthält keine Legaldefinition des Herstellers, obwohl es in § 14a einige wichtige Begriffe definiert. Gemäß § 3 Abs. 1 Satz 2 der DFFF-Richtlinie ist Hersteller, wer für die Herstellung des Filmes bis zur Lieferung der Nullkopie verantwortlich oder – im Falle einer Koproduktion – mitverantwortlich und aktiv in die Filmherstellung eingebunden ist. Das Europäische Koproduktionsübereinkommen verlangt von den Gemeinschaftsproduzenten schlicht eine »tatsächliche technische und künstlerische Beteiligung«, Art. 8 Nr. 1.

101 Insgesamt wird bei der Bestimmung des Filmherstellers wesentlich abgestellt auf die Übernahme der wirtschaftlichen Verantwortung und der organisatorischen Tätigkeit.[71] Die Frage, wer von mehreren (natürlichen oder juristischen) in Frage kommenden Personen als »Hersteller« qualifiziert, hat primär urheberrechtliche Bedeutung, da diesem dann das Leistungsschutzrecht des Filmherstellers zusteht, und der Erwerb bestimmter Rechte von den Mitwirkenden fingiert wird (§§ 89, 92 ff. UrhG). Die Voraussetzung der Herstellereigenschaft wird von den Förderinstitutionen meist praktikabel gehandhabt – jedenfalls, solange sich nicht mehrere um den Anspruch auf Förderung streiten. Die Bestimmung kann aber in Fällen der Auftragsproduktion relevant werden. Dann muss anhand der vertraglich übernommenen Verantwortlichkeiten und Risiken sowie der tatsächlich durchgeführten Verteilung entschieden werden, ob dem Auftraggeber[72] oder dem Auftragnehmer[73] die Herstellereigenschaft zukommt.[74] Der Hauptfall der Auftragsproduktion, nämlich der Produktion im Auftrag eines Senders, ist hier praktisch wenig relevant, da Sender ohnehin in aller Regel von Film (und TV-) Förderung ausgeschlossen sind. Allerdings werden Filmproduktionen gelegentlich im Wege der Auftragsproduktion finanziert, z.B. durch den Distributor. In solchen Fällen kann die Abgrenzung relevant werden.

II. Sicherheiten

102 Besondere Aufmerksamkeit verdient im Zusammenhang mit der Filmförderung das Thema Sicherheiten. Wie in den vorangegangenen Kapiteln zu sehen war, werden die meisten Filmförderungen in Form von zwar bedingt, aber bei Eintritt bestimmter Voraussetzungen eben doch rückzahlbarer Darlehen gewährt. Außerdem werden für die meisten deutschen Filmproduktionen gleich mehrere Förderungen in Anspruch genommen. Auch nicht-öffentliche Finanziers wie Banken oder private Investoren tragen häufig zur Finanzierung eines Films bei.

---

70 Vgl. hierzu ausführlich Möhring/Nicolini/*Lütje* § 94 UrhG, Rn. 5 ff.; Schricker/*Katzenberger* Vor §§ 88 ff. Rn. 31 ff. Zu anderen Mitwirkenden bei der Filmproduktion vgl. Kap. 4 Rdn. 89.
71 Vgl. BGHZ 120, 67, 70 f. sowie BGH UFITA 55 (1970) 313, 320.
72 Dann spricht man von einer »unechten Auftragsproduktion«, vgl. Möhring/Nicolini/*Lütje* § 94 UrhG Rn. 14 f.
73 Dann spricht man von einer »echten Auftragsproduktion«, vgl. Möhring/Nicolini/*Lütje* § 94 UrhG Rn. 14.
74 Näher hierzu Möhring/Nicolini/*Lütje* § 94 UrhG Rn. 14 f.; Schricker/*Katzenberger* Vor §§ 88 ff. Rn. 33 ff. Zur Auftragsproduktion vgl. auch Kap. 4 Rdn. 166 ff.

F. Einzelfragen

Für Darlehen, die der Filmhersteller zur Finanzierung seines Films in Anspruch nimmt, muss er Sicherheiten gewähren. Das gilt für Filmförderdarlehen ebenso wie für von privaten Banken zu verkehrsüblichen Konditionen gewährte Darlehen. In aller Regel bestehen diese Sicherheiten in einer Kombination aus Sicherungsabtretung der Rechte an dem Film, Sicherungsübereignung der Filmmaterialien und Sicherungsabtretung der Ansprüche auf Erlöse und Einnahmen aus dem Film. Kontenverpfändungen und andere Pfandrechte hingegen sind jedenfalls zur Besicherung von Filmförderdarlehen selten. 103

1. Mehrfachbesicherung

Üblicherweise verlangen die Förderinstitutionen bzw. die mit der Durchführung der Förderung betrauten Landesbanken zur Besicherung der Förderdarlehen alle vorhandenen Sicherheiten. Das stellt den Filmproduzenten spätestens dann vor ein Problem, wenn der zweite Förderdarlehensvertrag abgeschlossen wird, und wieder dieselben Rechte zur Besicherung verlangt werden. Das Dilemma für den Produzenten (der in der Regel im Sicherungsvertrag garantiert, dass er über die eingeräumten Sicherheiten verfügen darf und diese nicht bereits Dritten eingeräumt hat) und für den Sicherungsnehmer (der nur dann wirklich Sicherheiten erwirbt, wenn der zeitlich frühere, prioritäre Sicherungsnehmer seine Sicherheiten später z.B. wegen Befriedigung oder Wegfall der Rückzahlungsverpflichtung freigibt) ist eigentlich nur über sog. Intercreditor-Vereinbarungen zu lösen, die von allen Darlehnsgebern (oder sonstigen besicherten Finanziers) des Films abgeschlossen werden und eine bestimmte Rangfolge bei der Befriedigung aus Sicherheiten, oft aber auch bei der Verwendung von Erlösen zur Rückführung von Darlehen und anderen Finanzierungsbeiträgen regeln.[75] Trotz der offensichtlichen Vorteile sind aber noch immer viele öffentliche Förderinstitute nicht bereit, solche Intercreditor-Vereinbarungen abzuschließen und auf eine (scheinbar) erstrangige Position zu verzichten. Um nicht wegen der Garantien vertragsbrüchig zu werden, bleibt Filmproduzenten dann oft nur der (rechtlich nicht ganz unbedenkliche) Weg einer separaten Vereinbarung oder Mitteilung, die den Sicherungsnehmer über die tatsächliche rechtliche Situation bezüglich der Sicherheiten unterrichtet. 104

2. Verwertung

Hingegen sind Förderinstitutionen in aller Regel flexibel, wenn es um die Ermöglichung anderer Finanzierungsformen geht, die z.B. eine zeitweise Freigabe und Wieder-Einräumung ihrer Sicherheiten erfordert.[76] Wichtig ist dabei, dass sich am Umfang der Sicherheiten nichts ändert und die Wieder-Einräumung von vorneherein gesichert ist. 105

Mit einem anderen Problem wird der Filmproduzent dann konfrontiert, wenn er Verwertungsverträge über seinen Film abschließt. Hier werden zum einen Rechte zur Auswertung an Distributoren übertragen. Viele Distributoren verlangen zusätzlich Sicherheiten, insbesondere dann, wenn sie einen Teil der vereinbarten Vergütung bereits leisten, bevor der Film fertig gestellt und ihnen geliefert wurde. Da der Filmproduzent die Nutzungsrechte jedoch meist bereits zur Besicherung von (Förder-)Darlehen abgetreten hat, braucht er vom Sicherungsnehmer die Freigabe der Rechte oder die Zustimmung, dass er über die Rechte verfügen darf. Letztere wird häufig schon vorab im Sicherungsvertrag erteilt und dann auf Verfügungen im gewöhnlichen Geschäftsverkehr zur Verwertung des 106

---

75 Für letzteres wird häufig auch ein sog. Collection Agent eingeschaltet, der dann ein Collection Account einrichtet, auf das alle Erlöse aus der Verwertung des Films eingehen, und die der Collection Agent nach den Regelungen eines häufig komplexen Collection Agent Management Agreements auszahlt.
76 So z.B. für Sale-and-Leasebacks, von denen allerdings die wichtigsten, nämlich die des UK-Marktes, heute keine Rolle für Filme mehr spielen.

Bensinger

12. Kapitel Filmförderungsrecht

Films beschränkt. Häufig wird dem Sicherungsnehmer an Stelle des »freigegebenen« Rechts dann der Anspruch auf Erlösbeteiligung gegen den Vertrieb zur Sicherheit abgetreten – wenn solche Ansprüche nicht ohnehin schon von einer Globalzession im Sicherungsvertrag erfasst sind.

Kapitel 13
Recht der Kulturveranstaltungen

Übersicht   Rdn.

A. **Einführung** 1
  I. Arten von Kulturveranstaltungen 4
     1. Einzelne Veranstaltungen im Kulturbereich 6
     2. Weitere Kategorisierung 9
  II. Rechtliche Rollenverteilung in der Veranstaltungsbranche 16
     1. Veranstalter 17
     2. Gastspiel-/Konzert-/Theaterdirektion 22
     3. Produzent 27
     4. Rechteinhaber vorbestehender Produktionen 31
     5. Künstler 33
     6. Hallenbetreiber 35
     7. »Kreative« und sonstige Beteiligte 37
  III. Rechtsbeziehungen und Vertragsverhältnisse 39
     1. Veranstalter – Besucher 40
     2. Veranstalter – Hallenbetreiber 44
     3. Veranstalter – Künstler 54
        a) Konzert- oder Aufführungsvertrag 55
        b) Tourneevertrag 62
     4. Veranstalter – Gastspieldirektion – Künstler 67
        a) Künstler- oder Engagementvertrag 69
        b) Gastspielvertrag 70
        c) Auswirkungen 72
     5. Agenturvertrag 78
     6. Managementvertrag 80
     7. Lizenzvertrag 83
     8. Weitere Vertragsverhältnisse 92

B. **Rechtliche Aspekte der Kreation und Konzeption einer Veranstaltung** 94
  I. Buch – Handlung – Ablauf 99
     1. Vorbestehendes Werk 100
     2. Beauftragter Autor 104
  II. Musik 106
     1. Neukompositionen 107
     2. Vorbestehende Musikwerke 111
        a) Bühnenmäßige Aufführung oder konzertante Darbietung 112
        b) Bearbeitungen 117
        c) Verwendung zu Werbezwecken 118
     3. Tonträger 120
  III. Künstlerische Elemente/Ausstattung 122
     1. Bühnenbild 123
     2. Sonstige kreative oder künstlerische Elemente 127
  IV. Urheberrechtliche Vorgaben bei Lizenzproduktionen 131

C. **Rechtliche Aspekte der Organisation und Durchführung einer Veranstaltung** 133
  I. Behördliche Anforderungen 134
     1. Baurechtliche Genehmigungen 136
     2. Versammlungsstättenverordnung 144
     3. Sonstige Genehmigungen 157
  II. Verwertungsgesellschaften 169
     1. Struktur und Aufgabe 170
     2. GEMA Anmeldung 177
  III. Künstlersozialversicherung 181
     1. Systematik 182
     2. Finanzierung und Abgabeverpflichtung 186

13. Kapitel   Recht der Kulturveranstaltungen

	Rdn.
IV. Veranstalterhaftung	191
1. Haftungsgrundsätze	192
2. Haftungsbeschränkungen, Risk-Managment und Versicherungen	209
D. Rechtliche Aspekte der Vermarktung einer Veranstaltung	215
I. Werbung und Marketing	217
1. Einzelaspekte der Bewerbung einer Veranstaltung	218
2. Medienkooperationen	224
3. Product Placement als Sonderwerbeform	228
II. Verkaufen, Vermarkten und Verwerten	238
1. Ticketing	239
2. Sponsoring	248
3. Sonstige Einnahmemöglichkeiten	253

A. Einführung

1   Die Veranstaltungsbranche, als Teil der Kultur- und Kreativwirtschaft, hat sich in den vergangenen Jahren zu einem wichtigen Wirtschaftszweig in Deutschland entwickelt und im Jahr 2008 ein Umsatzvolumen von 3,6 Milliarden € generiert.[1] Neben einer festzustellenden Zunahme der Anzahl von Veranstaltungen, die durch die rund 1.000 im Veranstaltungsbereich tätigen Unternehmen verantwortet und durchgeführt werden, ist zu beobachten, dass einerseits aufgrund einer gesteigerten Erwartungshaltung des jeweils angesprochenen Publikums sowie andererseits aufgrund der Involvierung einer Vielzahl von Beteiligten (z.B. zusätzlichen Medienpartnern, lokalen Kooperationspartnern oder Kreativschaffenden) häufig der Grad der Komplexität einer Veranstaltung zunimmt.

2   Die an einen Veranstalter gestellten Anforderungen sind ohne profunde Kenntnisse der rechtlichen und wirtschaftlichen Rahmenbedingungen nicht oder nicht risikolos zu bewältigen. Gefragt ist hierbei die ganzheitliche Beratung durch spezialisierte Fachleute wie Veranstaltungskaufleute, Event-Manager sowie Rechtsanwälte, insbesondere auch Fachanwälte für Urheber- und Medienrecht, die sich nicht lediglich auf Teilbereiche einer Veranstaltung bezieht, sondern alle Facetten und Stadien einer Veranstaltung umfasst. Der Beratungsumfang beginnt schon bei der etwaigen Rechtsformwahl des Veranstaltungsbetriebes selbst und erstreckt sich über die Ideen- und Formatentwicklung sowie Konzeptionierung, des weiteren über die ordnungsgemäße Anmeldung und Durchführung bis hin zur optimalen medialen Positionierung, Vermarktung und Auswertung einer Veranstaltung im jeweiligen Marktumfeld.

3   Vor diesem Hintergrund erfolgt eine Darstellung der wesentlichen zu berücksichtigenden Bereiche einer Veranstaltung.

I. Arten von Kulturveranstaltungen

4   Die Behandlung des Kulturveranstaltungsrechts erfordert zunächst einen Überblick über die unterschiedlichen Arten von Veranstaltungen. Die hierbei vorgenommene Kategorisierung verschafft dem Veranstalter bzw. seinem Berater die nötige Orientierung beim Abarbeiten aller gebotenen Vorüberlegungen und Massnahmen zur Planung und Durchführung einer Veranstaltung.

5   Die in den vergangenen Jahren entstandene Bezeichnung »Event« bildet in der Veranstaltungswirtschaft den Oberbegriff für jegliche Arten von Ereignissen, Anlässen und Veran-

---

1 Bundesministerium für Wirtschaft und Technologie, Der Beauftragte für Kultur und Medien/Initiative Kultur und Kreativwirtschaft der Bundesregierung.

staltungen im gemeingebräuchlichen, engeren Sinn. Kulturveranstaltungen stellen einerseits einen Teilbereich des gesamten Event-Geschäfts dar, auf der anderen Seite zeichnen sich kulturelle Events durch ein besonderes, teilweise breitgefächertes, Anforderungsprofil in Bezug auf urheber- und medienrechtliche Fragestellungen aus.

1. Einzelne Veranstaltungen im Kulturbereich

In Abgrenzung zu »normalen« Events wie bespielsweise Firmenveranstaltungen, Produktpräsentationen, politische Veranstaltungen, Messen, Tagungen oder auch solchen mit rein sportlichem Inhalt ist der Bereich der Kulturveranstaltungen im wesentlichen in zwei Kategorien zu unterteilen. 6

Als »klassische« Kulturveranstaltungen sind zu nennen: Konzerte, Festivals, Opern, Musicals, Theater- und Ballettaufführungen, Varieté- und Kabarettveranstaltungen, Revuen, Liederabende, Eisshows, Artistik- und Zirkusdarbietungen sowie sonstige – vornehmlich Live-Entertainment – Veranstaltungen dieser Art. 7

In einer erweiterten Betrachtung kommen hinzu Veranstaltungen/Events mit nicht originär kulturellem Ansatz, jedoch – zumindest teilweise und Einzelfall abhängig – mit kulturell-künstlerischen Elementen: Ausstellungen, Bälle, Stadt- oder Volksfeste mit musikalischen Einlagen sowie der seit einigen Jahren stark entwickelte Bereich der Erlebnisgastronomie. 8

2. Weitere Kategorisierung

Neben der vorstehend vorgenommenen Einteilung, die sich insbesondere auf die inhaltliche Gestaltung bezieht, ist eine weitere Kategorisierung von Veranstaltungen für Veranstalter und ihre Berater von Interesse. Der Veranstalter hat seine Planungen auf die jeweilige Veranstaltung und deren konkreten Anforderungen und Besonderheiten auszurichten. 9

In genehmigungsrechtlicher Hinsicht kommt es beispielsweise entscheidend darauf an, ob es sich um eine private Veranstaltung oder um eine öffentliche handelt. 10

Private Veranstaltungen, also Veranstaltungen innerhalb eines begrenzten Rahmens, bei denen nur ein bestimmter (geladener) Personenkreis teilnimmt (z.B. Firmenfeiern), unterliegen naturgemäß einem geringeren (bzw. keinem) Genehmigungserfordernis als öffentliche Veranstaltungen. 11

Öffentliche Veranstaltungen dagegen, also zeitlich eingegrenzte, allgemein zugängliche Ereignisse, an denen ein nicht näher bestimmter oder bestimmbarer Personenkreis teilnimmt (z.B. Konzerte, Musikfestivals, Ausstellungen), sind bereits aufgrund ihrer Größe und Ausgestaltung in der Regel genehmigungsbedürftig. Zu solchen öffentlichen Veranstaltungen zählen beispielsweise auch Volksfeste.[2] Volksfeste sind stets genehmigungsbedürftig. 12

Auch hinsichtlich etwaiger GEMA[3]-Anmeldungen und damit verbundenen Vergütungsverpflichtungen für die Verwendung von Musikwerken kommt es darauf an, ob es sich um eine private oder öffentliche Veranstaltung handelt. 13

---

[2] Nach der Legaldefinition in § 60b Gewerbeordnung ist ein Volksfest eine im allgemeinen regelmäßig wiederkehrende, zeitlich begrenzte Veranstaltung, auf der eine Vielzahl von Anbietern unterhaltende Tätigkeiten im Sinne des § 55 Abs. 1 Nr. 2 ausübt und Waren feilbietet, die üblicherweise auf Veranstaltungen dieser Art angeboten werden.
[3] GEMA ist die Abkürzung für »Gesellschaft für musikalische Aufführungs- und mechanische Vervielfältigungsrechte«.

14 Selbstverständlich sind auch spezielle Anforderungen von der jeweiligen Dauer einer Veranstaltung ableitbar. So haben die Planung und Organisation von singulären Events (z.B. Firmenjubiläum, Produktpräsentation), periodisch wiederkehrenden Theateraufführungen, mehrmonatigen Konzert-Tourneen und dauerhaft gespielten Musicals grundsätzlich unterschiedliche Anforderungsprofile.[4]

15 Die Beschaffenheit der Veranstaltungsstätte selbst erfordert darüber hinaus eine differenzierte Überlegung und Vorplanung hinsichtlich der durchzuführenden Veranstaltung. So sind beispielsweise bei einer Veranstaltung unter freiem Himmel in technischer und genehmigungsrechtlicher Hinsicht unterschiedliche Anforderungen gestellt als an eine Hallenveranstaltung.

II. Rechtliche Rollenverteilung in der Veranstaltungsbranche

16 Bei Planung und Durchführung einer Veranstaltung sind neben dem Veranstalter eine Vielzahl von weiteren Beteiligten involviert (»Player« oder »Who is Who« der Veranstaltungsbranche). Die Darstellung beschränkt sich an dieser Stelle auf wesentliche Schlüsselpersonen und beleuchtet in einem nachfolgenden Abschnitt deren vertragliche Beziehungen zueinander.

1. Veranstalter

17 Als Veranstalter ist derjenige anzusehen, der die organisatorische und wirtschaftliche Verantwortung für eine Veranstaltung trägt.[5] Der Veranstalter kann eine natürliche oder juristische Person sein, in deren eigenem Namen und auf deren eigene Rechnung die Veranstaltung vorbereitet und durchgeführt wird.

18 Veranstalter agieren je nach Ausgestaltung ihrer Unternehmung international, national oder regional. Letztere bezeichnet man auch als örtliche oder lokale Veranstalter. Gemäß § 81 UrhG steht dem Veranstalter ein eigenes Leistungsschutzrecht zu.

19 Der örtliche Veranstalter ist als Kooperationspartner eines überregionalen (Gesamt- oder Tournee-)Veranstalters für die konkrete Abwicklung einer Veranstaltung vor Ort zuständig.

20 Der Veranstalter muss entscheiden, welche Organisationsform er sich zur Aufnahme seiner Veranstaltertätigkeit in gesellschaftsrechtlicher oder handelsrechtlicher Hinsicht zu geben beabsichtigt. Veranstaltungsbetriebe sind denkbar und überwiegend existent in Form von Einzelunternehmen, Kapital- und Personengesellschaften, häufig auch BGB-Gesellschaften, Vereinen und Stiftungen. Der Veranstalter hat hier gemeinsam mit seinen Beratern eine genaue Abstimmung zwischen vorhandener wirtschaftlicher und infra- und risikostruktureller Art seines Veranstaltungsbetriebes sowie den damit verfolgten Zielen vorzunehmen. Ein wesentlicher Faktor besteht in der Beurteilung haftungsrechtlicher Fragen.[6]

21 Der Veranstalter kann immer stärker auf geschultes Fachpersonal zurückgreifen. Seit dem Jahr 2001 ist das Berufsbild des/der Veranstaltungskaufmanns bzw. -frau ein anerkannter dualer Ausbildungsberuf. Die Zahl der Ausbildungsabschlüsse verzeichnet jährliche Steigerungsraten von bis zu 15 %. Bundesweit agieren derzeit ca. 7.500 Absolventen.[7]

---

4 Dauerhaft gespielte (Musical-)Produktionen werden auch in der von anglo-amerikanischen Veranstaltungswirtschaft geprägten deutschen bzw. kontinental-europäischen Entertainmentbranche als »Sitdown«-Produktion bzw. »Ensuite«-Produktion bezeichnet.
5 Vgl. grundlegend BGH v. 29.4.1970, I ZR 30/68.
6 Vgl. dazu Rdn. 191.
7 Bundesministerium für Wirtschaft und Technologie, Der Beauftragte für Kultur und Medien/Initiative Kultur und Kreativwirtschaft der Bundesregierung.

A. Einführung

2. Gastspiel-/Konzert-/Theaterdirektion

Der etwas überkommene Begriff des Gastspiels bezeichnet eine gewollte Unterbrechung des festen Spielplans eines Repertoire-Theaters. Insoweit – nur insoweit – hat die Gastspieldirektion mit der ursprünglichen Bedeutung dieser Bezeichnung zumindest dann etwas zu tun, wenn sie tatsächlich einem Theater eine Veranstaltung von gewisser Dauer verschafft. Im Übrigen ist diese immer noch gängige Bezeichnung der Gastspieldirektion wohl als gemeingebräuchliches Branchen-Jargon einzuordnen.[8] 22

Unter Gastspieldirektion (bzw. je nach inhaltlicher Ausrichtung des Betriebes auch Konzertdirektion oder Theaterdirektion) versteht man in der Praxis jedenfalls eine Organisation, die Künstler sowie Darsteller engagiert und für eine bestimmte Anzahl von Auftritten an sich bindet. Diese Auftritte werden von der Direktion in aller Regel an einen Veranstalter (z.B. einem Hallenbetreiber, der eine Veranstaltung in eigener Regie und Verantwortung durchführt oder einem örtlichen Veranstalter)[9] verkauft. 23

Auch wenn es auf den ersten Blick wie eine Form der Vermittlung eines Künstlers oder seiner künstlerischen Leistung anmutet, handelt es sich in rechtlicher Hinsicht nicht um eine Vermittlung im Sinne des Stellvertretungsrechts gemäß §§ 164 ff. BGB, da in diesen Fällen zwischen Künstler und Veranstalter kein Vertrag (Werkvertrag gemäß § 631 BGB, Erbringung einer konkreten künstlerischen Leistung) zustande kommt. Stattdessen verbleibt es bei einer vertraglichen Bindung zwischen Gastspieldirektion und Künstler.[10] 24

Die Gastspieldirektion »verkauft« die zuvor eingekauften Leistungen ihrer Künstler nicht zwangsläufig, sondern nutzt diese je nach Lage des Einzelfalles auch zu eigenen Zwecken, indem sie selbst die Rolle eines Veranstalters übernimmt. 25

▶ **Beispiel aus der Praxis:** 26

Im Veranstaltungsmarkt sind Tourneen (Konzerte, Bühnenshows, Theaterstücke) häufig so konzipiert, dass eine Gastspieldirektion zuvor die jeweiligen Künstler engagiert und sodann das Programm der Tournee teilweise an örtliche Veranstalter verkauft und teilweise als eigene Veranstaltungen durchführt. Dem Künstler kann dies zumeist egal sein, da er seine Leistung gegenüber seinem (einzigen) Vertragspartner, der Gastspieldirektion, zu erbringen hat und auch nur von dieser seine Gage erhält.[11]

3. Produzent

In der Literatur zum Veranstaltungsrecht ist bislang die Rolle des Produzenten kaum behandelt worden. Anders stellt sich dies etwa in der Literatur zum Film- und Fernsehrecht dar.[12] Dabei gebührt ihm auch im Bereich des Live-Entertainment eine entsprechende Würdigung. Denn analog zum Filmproduzenten (bzw. –hersteller) hat der Produzent im Live-Entertainment Bereich bei der Schaffung eines kulturellen Formats oder Werkes (z.B. Bühnenshow oder Musical) unter Einbringung seiner kaufmännischen, künstlerischen und organisatorischen Fähigkeiten die Aufgabe, die Bereiche Stoffentwicklung, Projektentwicklung, Rechtebeschaffung, Produktionsplanung, Kalkulation, Vermarktung und Verwertung zu initiieren, zu koordinieren, durchzuführen und zu überwachen. 27

---

8 Die nachfolgenden Ausführungen gelten auch für die Theaterdirektion und die Konzertdirektion.
9 Vgl. Rdn. 36.
10 Näher dazu unter Rdn. 67-69.
11 Vgl. Rdn. 73.
12 Zum Beispiel: *Peters* Rn. 319 ff.

28 Nicht selten herrscht in der Praxis zwischen Produzent und Veranstalter bzw. zwischen Gastspieldirektion und Produzent Personenidentität.[13] Ein Veranstalter oder eine Gastspieldirektion ist letztlich immer auch dann in Personalunion Produzent, wenn ihnen die wirtschaftliche Verantwortung für die Kreation einer Veranstaltung zukommt. Umgekehrt ist der Produzent (oder auch die Gastspieldirektion) gleichzeitig Veranstalter, sofern er die von ihm kreierte Veranstaltung auch eigenverantwortlich vorbereitet und durchführt. Es ist gleichwohl sachgerecht, die unterschiedlichen Ausrichtungen und Aufgaben eines Produzenten/Veranstalters darzustellen. Im internationalen und nationalen Live-Entertainment Markt vereinigen große Unternehmen immer häufiger sowohl die Rolle eines Produzenten als auch die des Veranstalters auf sich. Nicht selten betreiben diese Unternehmen darüber hinaus einzelne Veranstaltungsstätten, so dass ihnen gleichzeitig die Rolle des »Hallenbetreibers« zukommt.[14] Sofern die kreierten und erstmals produzierten Veranstaltungen auch Dritten überlassen werden, agieren sie desweiteren als Gastspieldirektion.

29 Hinsichtlich der Kreation einer Produktion sorgt der Produzent/Veranstalter dafür, dass ihm alle hierfür erforderlichen Nutzungsrechte unterschiedlichster urheberrechtlich Beteiligter eingeräumt werden, um anschließend rechtlich und tatsächlich in der Lage zu sein, die Produktion zu verkaufen.

30 Faktisch erscheint diese Differenzierung auf den ersten Blick eher unerheblich. In rechtlicher Hinsicht hingegen entfaltet die Unterscheidung aus unterschiedlichen Gründen Relevanz, nämlich in haftungsrechtlicher und vertragstechnischer Sicht sowie allgemein im Sinne der Zuordnung rechtlicher Verantwortlichkeit, beispielsweise gegenüber Behörden.

4. Rechteinhaber vorbestehender Produktionen

31 Häufig sind im – vorwiegend – internationalen Veranstaltungsmarkt fertige, aufführungsfähige Produktionen existent, die Potential haben, auch in anderen Territorien (bzw. innerhalb eines Territoriums in einer Vielzahl von Städten) eine wirtschaftlich tragfähige Auswertung zu ermöglichen.[15] Ein an dieser Produktion interessierter Veranstalter kann diese im wesentlichen auf zwei gängigen Arten (i.e. »Buy-Out« oder »Lizenz«) von den Inhabern der Produktionsrechte für eine eigene Auswertung erwerben. Dies ist in aller Regel abhängig von dem wirtschaftlichen Modell, das sich ein Produzent selbst für die Verwertung einer Produktion zugrunde gelegt hat.

32 Die diesbezügliche Wahl des Geschäftsmodells hängt entscheidend davon ab, in welchem Markt eine Auswertung erfolgen soll. Handelt es sich um einen Entertainment Markt mit großem Potential, wird sich der Rechteinhaber einer Show regelmäßig nicht darauf beschränken, lediglich eine garantierte Mindestvergütung pro Aufführung oder Aufführungsserie (»Buy-Out«) zu erhalten, sondern wird versuchen, sich im Wege eines umsatzabhängigen Lizenzierungsmodells an den Erfolgschancen zu beteiligen.[16]

5. Künstler

33 Kaum eine Kulturveranstaltung ist ohne die Mitwirkung von zumindest einem Künstler vorstellbar. Bei der künstlerischen Leistung handelt es sich nicht um eine schöpferische Werkleistung im Sinne des § 2 UrhG, sondern um ein verwandtes Schutzrecht, dem sog.

---

13 In der Praxis ist dies häufig bei größeren Unternehmen der Entertainment Branche anzutreffen.
14 Vgl. Rdn. 73.
15 Je wirtschaftlich umfangreicher – und damit riskanter – eine solche Produktion ist, desto wichtiger wird für einen Veranstalter sein, mithilfe einer vorzeitigen Marktforschungsanalyse die Zielgruppen-Relevanz für seine Veranstaltung festzustellen.
16 Dazu näher unter Rdn. 84.

A. Einführung

Leistungsschutzrecht des ausübenden Künstlers, gem. § 73 UrhG. Ausübender Künstler ist danach, wer ein Werk oder eine Ausdrucksform der Volkskunst aufführt, singt, spielt oder auf andere Weise darbietet oder an einer solchen Darbietung künstlerisch mitwirkt. Leistungsschutzrechte für künstlerisch Mitwirkende bestehen in den Bereichen Literatur, Tonkunst und darstellende Kunst, mithin insbesondere Musiker, Sänger, Schauspieler, Dirigenten, Tänzer etc.[17]

Künstler können ihre künstlerischen Leistungen sowohl im Rahmen von freiberuflicher Tätigkeit als auch in festen Beschäftigungsverhältnissen ausüben. Teilweise unterliegen Arbeitsverhältnisse mit Künstlern tarifvertraglichen Bestimmungen.[18] 34

6. Hallenbetreiber

Ein weiterer entscheidender »Player« der Veranstaltungsbranche ist der Hallenbetreiber bzw. allgemein der Betreiber oder Eigentümer einer Veranstaltungsstätte. Veranstaltungsstätten werden im Jargon der Veranstaltungsbranche auch häufig mit dem englischen »Location« oder »Venue« bezeichnet. Gängige Veranstaltungsstätten sind Arenen, Hallen, Theater, Zelte (Theater- oder Festzelte), Freilichtbühnen, Flächen im öffentlichen Raum, Geschäftsräume, Messeflächen, Schiffe usw. – grundsätzlich jede Lokation, in oder auf der eine Veranstaltung theoretisch stattfinden kann. Das rechtliche Ob und das technische Wie muss jeweils vom Veranstalter geprüft bzw. bei den verantwortlichen behördlichen Stellen beantragt werden. 35

Je nach Veranstaltungsstätte fungiert deren Betreiber teilweise auch selbst als Veranstalter, in dem er in eigener wirtschaftlicher Verantwortung eine ihm angebotene Veranstaltung durchführt (»Eigenveranstaltung«). Dies hat lediglich Auswirkungen auf die Anzahl der zu schließenden Verträge, da der herkömmlich zwischen Veranstalter und Hallenbetreiber zu schließende Location-Miet- oder Pachtvertrag unterbleiben kann.[19] 36

7. »Kreative« und sonstige Beteiligte

Beim Aufbau einer Produktion und deren nachfolgender Veranstaltung können darüber hinaus eine Vielzahl weiterer Personen und Personengruppen beteiligt sein. In künstlerisch, kreativer Hinsicht sind dies beispielsweise Autoren, Komponisten, Regisseure, Kreativ-Designer für die Bereiche Licht- und Tonkunst, Bühnen- und Kostümbildner. 37

In Veranstaltungsstätten wie Theatern oder Arenen gehören daneben in aller Regel eine bestimmte Anzahl an Technikern, Beleuchtern, Requisiteuren etc. bei der Durchführung von Veranstaltungen zum festen Stammpersonal.[20] 38

III. Rechtsbeziehungen und Vertragsverhältnisse

Folgende Vertragsverhältnisse spielen im Bereich des Kulturveranstaltungsrechts eine wesentliche Rolle. 39

1. Veranstalter – Besucher

Zwischen dem Besucher einer Veranstaltung und dem Veranstalter besteht in aller Regel ein Werkvertrag gemäß § 631 BGB. Der Veranstalter schuldet typischerweise ein Werk, 40

---

17 Fischer/*Braun*/*Reich* § 3 Rn. 246.
18 Vgl. die umfassende Darstellung bei *Kurz* 3.Teil, Kapitel 3-8.
19 Vgl. dazu Rdn. 44.
20 Auf Kapitel 14 »Arbeitsrecht« des Handbuchs wird insoweit verwiesen als es sich hierbei um Arbeitsverhältnisse handelt.

im Ergebnis in Form einer konkreten künstlerischen, unterhaltenden, kulturellen Darbietung und weniger eine »bloße« Tätigkeit im Verständnis eines Dienstvertrages (§ 611 BGB).

41 Wenn es sich um eine bestuhlte Veranstaltungsstätte handelt, treten darüber hinaus mietvertragliche Aspekte (§§ 535 ff. BGB) hinzu, da dem Veranstaltungsbesucher ein bestimmter Sitzplatz angeboten und zur Verfügung gestellt werden muss.[21]

42 Insgesamt handelt es sich in dem Rechtsverhältnis zwischen Zuschauer und Veranstalter in aller Regel um die Kombination aus überwiegend werkvertraglichen und nebengeordnet mietvertraglichen Komponenten.

43 Sofern in einigen Fällen ein Künstler im rechtlichen Sinn auch selbst der Veranstalter ist (z.B. der Straßenmusiker oder ein Kabarettist in eigenen Räumlichkeiten), der Besucher dieser Veranstaltung also direkt mit dem Künstler kontrahiert, gelten die vorstehenden Ausführungen in gleicher Weise für dieses Rechtsverhältnis.

2. Veranstalter – Hallenbetreiber

44 Sofern der Veranstalter nicht selbst Eigentümer oder Betreiber einer Veranstaltungsstätte ist, wird er zur Durchführung seiner Veranstaltung eine solche anmieten.[22]

45 Sofern der Hallenbetreiber, mit dem der Veranstalter den Location-Mietvertrag schließt, selbst nur Mieter sein sollte – etwa, weil der Eigentümer der Bund, ein Bundesland oder die Stadt bzw. Gemeinde selbst ist, in der sich die Location befindet – ist dem Veranstalter zu empfehlen, sich den Hauptmiet- oder Pachtvertrag vologen zu lassen oder den Mietvertrag vom Eigentümer explizit bestätigen zu lassen.[23] Der Veranstalter sollte sicher gehen, dass der Hallenbetreiber nicht nur überhaupt zur (Unter-)Vermietung berechtigt ist, sondern dass in dem Rechtsverhältnis zwischen Eigentümer und Hallenbetreiber keinerlei Regelungen oder Vorbehalte enthalten sind, die den gewünschten Ablauf und Duchführung der Veranstaltung beschränken oder gar gefährden könnten. Etwaige sich ergebende Restitutionsansprüche aus einer durch den Hallenbetreiber gegenüber dem Veranstalter zugesicherten, aber nicht eingehaltenen Eigenschaft helfen dem Veranstalter nicht, dass zunächst eine aufwändig geplante Veranstaltung Ablaufstörungen aufweist oder gar verhindert wird.

46 Wichtiger Regelungstatbestand eines Location-Mietvertrages ist die Übertragung des Hausrechts in der Zeit der Veranstaltungsdurchführung. Das Hausrecht ermöglicht es einem Veranstalter unter anderem, adäquat und geeignet, d.h. in diesem Fall in eigener Verantwortung, auf Störungen, etwa aufgrund von sich ungebührlich verhaltenden Zuschauern, zu reagieren, um die Durchführung der Veranstaltung nicht gefährden zu lassen. Immer wieder vorkommende Störungen im Bereich der Kulturveranstaltungen sind illegale Ton- oder Bild-Tonaufnahmen.

---

21 Unter anderem *Kurz* 4. Teil, 15. Kapitel Rn. 10.
22 Hinweis: Beispielsweise werden die großen Musicaltheater in Deutschland auch vom Veranstalter der dort gespielten Musicals betrieben bzw. befinden sich in dessen Besitz/Eigentum.
23 Anmerkung: Handelt es sich bei der Veranstaltungsstätte nicht um eine Halle oder sonstiges Gebäude, sondern um eine Fläche, ist sehr häufig davon auszugehen, dass es sich um eine öffentliche Fläche handelt, über die die jeweilige Gemeinde entscheidet.

A. Einführung

▶ **Beispiel für die Formulierung eines anwaltlichen Abmahnschreibens bei illegalen Tonaufnahmen:** 47

»Sehr geehrte/r Herr/Frau [...],
wir sind mit der Wahrnehmung der Interessen unseres Mandanten [...] beauftragt worden. Unser Mandant hat in Erfahrung gebracht, dass Sie Tonaufnahmen von der von unserem Mandanten produzierten Veranstaltung [» ...«] aufgenommen haben und diese Aufnahmen als Tonträger und über das Internet zum Kauf anbieten. Diese Aufnahmen können nur während einer Aufführung der Veranstaltung von Ihnen gemacht worden sein und nicht etwa bei einer anderen Gelegenheit.

Damit haben Sie sich nicht nur über das ausdrückliche und Ihnen bekannte Verbot hinweggesetzt, Aufnahmen von der Veranstaltung zu machen, sondern Sie verletzen hiermit darüber hinaus die unserem Mandanten zustehenden Rechte aus den §§ 85, 77, 78 UrhG. Wir haben Sie deshalb zunächst einmal aufzufordern, es zu unterlassen, diese Aufnahmen körperlich oder unkörperlich zum Kauf anzubieten und dafür zu werben. Zur Sicherung dieses Anspruchs haben wir eine diesem Schreiben beigefügte Verpflichtungserklärung vorbereitet und bitten Sie, uns diese bis zum [...] unterschrieben wieder zurückzuschicken.

Darüber hinaus sind Sie unserem Mandanten zum Schadensersatz verpflichtet. Zur Vorbereitung dieses Schadensersatzanspruchs haben Sie uns Auskunft zu erteilen und darüber Rechnung zu legen, an wen Sie wieviele Einheiten verkauft und welche Einnahmen Sie daraus erzielt haben.

Schließlich haben Sie unter dem Gesichtspunkt der Schadensersatzpflicht auch die Kosten unserer Inanspruchnahme zu zahlen. Diese Kosten geben wir Ihnen mit beigefügter Kostennote auf.

Für die Erfüllung der beiden letztgenannten Ansprüche setzen wir Ihnen eine Frist bis zum [...].

Sollten Sie den mit diesem Schreiben geltend gemachten Ansprüchen nicht oder nicht rechtzeitig oder nur unvollständig nachkommen, werden wir unserem Mandanten empfehlen, sämtliche gebotenen rechtlichen Schritte gegen Sie einzuleiten.

Mit freundlichen Grüßen
[...]
Rechtsanwalt«

Zu häufigen Diskussionen bzw. Interessenkonflikten kommt es bei Verhandlungen zu Location-Mietverträgen im Rahmen des Themas »Gastronomische Leistungen«. Hier gilt es für einen Veranstalter unabdingbar, Klarheit über die tatsächlichen und rechtlichen Umstände zu erhalten. 48

Folgende Konstellation ist gelegentlich in der Praxis zu beobachten: 49

▶ **Beispiel:**

Der Hallenbetreiber verfügt über einen vertraglich an sich gebundenen Dienstleister im Bereich Gastronomie/Catering. Dieser Dienstleister ist zuständig für alle Veranstaltungen in dieser Veranstaltungsstätte. Der Veranstalter einer tournierenden Bühnenshow hat seinerseits im Rahmen der Durchführung der Tournee einen Dienstleister für diesen Bereich vertraglich an sich gebunden.

Der sich aus dieser Konstellation ergebende Konflikt wird offenkundig, sofern – in Ermangelung einer vertraglichen Regelung zu diesem Punkt – der Veranstalter davon ausgeht, dass er mit Anmietung der Veranstaltungsstätte auch selbstständig über die Durchführung der gastronomischen Leistungen bestimmen könne. Schließlich sei der eigenwirtschaftliche Betrieb der Gastronomie Teil des Gesamtbudgets, das der Veranstaltung zugrunde liegt. 50

51 In der Praxis sind diese Konflikte nur dann lösbar, wenn sich beide Seiten kooperativ zeigen, was in aller Regel nur dann der Fall sein wird, wenn Rechtspositionen nicht vollkommen eindeutig zu vertreten sind. Bei kooperativer Herangehensweise lassen sich möglicherweise die einzelnen Bereiche des Catering zwischen den Parteien aufteilen, wobei eine Partei unter Einsparung eigener personeller Resourcen an den Umsätzen der jeweils anderen Parteien beteiligt werden kann.

52 Bei besonders langdauernden Veranstaltungen (z.B. Dance- oder Rave-Events) und damit entstehenden überproportional hohen Umsätzen für den festen Cateringpartner eines Hallenbetreibers wird der Veranstalter gute Chancen haben, anstelle des eigenen vollständigen Cateringumsatzes zumindest an den Mehreinnahmen eine wirtschaftlich vernünftige Beteiligung herauszuverhandeln.

53 Nicht selten treten Hallenbetreiber selbst als (Eigen-)Veranstalter auf, indem sie eine ihnen angebotene Veranstaltung übernehmen und eigenverantwortlich durchführen. Das hat zur Folge, dass in diesem Fall zwischen Hallenbetreiber und Veranstalter kein Miet- oder Pachtvertrag geschlossen wird (denn der Hallenbetreiben verfügt bereits über eine entsprechende Veranstaltungsstätte), sondern – je nach Art der Veranstaltung – ein Konzert- oder Aufführungsvertrag.

3. Veranstalter – Künstler

54 Der Veranstalter schließt mit einem zu engagierenden Künstler oder einer Gruppe von Künstlern (»Ensemble«) unterschiedliche Verträge hinsichtlich zu erbringender künstlerischer Leistungen.

a) Konzert- oder Aufführungsvertrag

55 Sofern es sich um rein musikalische Darbietungen (»konzertmässiger Auftritt«) handelt, werden die Regelungen zwischen Künstlern und Veranstaltern im Allgemeinen in einem so genannten Konzertvertrag festgelegt.

56 Bestehen die künstlerischen Leistungen, zu denen sich ein Künstler gegenüber einem Veranstalter gegen entsprechend zu zahlende Vergütung verpflichtet, hingegen in nicht oder nicht ausschließlich musikalischen Darbietungen, wird das zugrundeliegende Vertragsverhältnis als Aufführungsvertrag bezeichnet.

57 Der Konzert- und Aufführungsvertrag wird in dogmatischer Hinsicht teilweise als Dienstvertrag (§ 611 BGB)[24] und teilweise als Werkvertrag (§ 631 BGB) eingestuft.[25] Die häufig schwierig zu treffende Abgrenzung gelingt am Sinnvollsten über die Einordnung des vertraglich geschuldeten Erfolges unter Berücksichtigung der Rechtsfolgenseite (etwa bei Schlechtleistung).

58 Schuldet ein Künstler nicht die Aufführung eines bestimmten Programms, sondern eine Art künstlerische Standardleistung, wird es sich in aller Regel um einen Dienstvertrag handeln. Anders als bei einem Werkvertrag hat hier der Dienstherr (Veranstalter) bei Schlechtleistung des Dienstverpflichteten (Künstler) lediglich ein in die Zukunft gerichtetes Kündigungsrecht, wird aber nicht von der Entrichtung der vereinbarten Vergütung frei.

59 Beim Werkvertrag wird seitens des Künstlers ein bestimmter Arbeitserfolg, also ein bestimmtes zuvor zielgerichtet »eingekauftes« Programm geschuldet. Kommt es hierbei zu Schlechtleistungen seitens des Künstlers, stehen dem Veranstalter grundsätzlich vor allem Gewährleistungsrechte (gem. §§ 633 ff. BGB) zur Verfügung.

---

24 Beispielsweise: BSG BB 1991, 1270.
25 So unter anderem: OLG Karlsruhe VersR 1991, 193.

A. Einführung

▶ **Abgrenzungsbeispiel:** 60

Das Engagement eines Tanzorchesters für einen Ball oder vergleichbare Veranstaltung, auf der nicht der musikalische Beitrag den eigentlichen Anlass der Veranstaltung darstellt, erfolgt in aller Regel auf Basis eines Dienstvertrages. Für das Konzert einer Musikgruppe hingegen oder eines Künstlers mit Band liegt nach allgemeiner Auffassung in dem abzuschließenden Künstler- oder Engagement-Vertrag ein Werkvertrag zugrunde.[26] Derselbe Musiker kann bei Ausübung seiner Tätigkeit (i.e. das Spielen seines Instruments) mithin je nach den konkreten Umständen seines Engagements sowohl dienstvertragliche als auch werkvertragliche Leistungen erbringen.[27]

Bei den in der Praxis vorkommenden Problemstellungen führen die werkvertraglichen Regelungen regelmässig zu interessengerechteren Lösungen, weshalb in Rechtsprechung und Literatur bei der Bewertung von Konzert- und Aufführungsverträgen zutreffenderweise überwiegend auf das Werkvertragsrecht zurückgegriffen wird.[28] 61

b) Tourneevertrag

Engagiert der Veranstalter den Künstler oder das Ensemble nicht lediglich für einen Auftritt, sondern für eine Mehrzahl von Konzerten oder sonstigen Darbietungen, handelt es sich bei diesem Vertragsverhältnis um einen sog. Tourneevertrag. 62

Zur Durchführung einer Tournee durch mehrere Städte bedient sich ein Veranstalter häufig der Hilfe sog. örtlicher oder lokaler Veranstalter. Aufgabe der lokalen Veranstalter ist die operative Abwicklung einer Veranstaltung im jeweiligen Ort einer Tournee. In rechtlicher Hinsicht agiert der örtliche Veranstalter hierbei häufig als Stellvertreter des eigentlichen Tourneeveranstalters gem. §§ 164 ff. BGB. Teilweise besteht die Kooperation zwischen diesen beiden Beteiligten aber auch darin, dass der örtliche Veranstalter nicht lediglich in fremdem Namen und auf fremde Rechnung, sondern als Mitveranstalter tätig wird. In dem zwischen Tourneeveranstalter und örtlichem Veranstalter zu regelnden Vertragsverhältnis ist – in welcher Konstellation auch immer – festzulegen, welche Aufteilung der Veranstaltungsrisiken und Kostentragungen vorzunehmen ist. Zu unterscheiden ist zwischen den Produktionskosten, die anfallen, um die Veranstaltung zu produzieren, also überhaupt »herzustellen« (hierzu zählen z.B. Künstlergagen und Kosten für das Bühnen-Equipment) und den vor Ort eines jeweiligen Tournee-Standorts anfallenden Organisations- oder Durchführungskosten wie z.B. Kosten für die Bereitstellung der Veranstaltungsstätte und Bewerbung der Veranstaltung. 63

Aus der Praxis empfiehlt sich hier eine möglichst detaillierte Auflistung (idealerweise jeweils in Form eines Produktionskosten- sowie Durchführungskostenbudgets) sämtlicher entstehender Kosten und deren Zuordnung zwischen den Parteien. Es empfiehlt sich weiterhin, diese Budgets als festen Bestandteil zum Kooperationsvertrag zwischen Tournee- und lokalem Veranstalter zu nehmen. Dies verhindert von vornherein eventuelle spätere Streitigkeiten über die Verteilung bestimmter Kostenarten, über die zuvor möglicherweise nicht oder nicht ausreichend nachgedacht worden ist. 64

Neben den typischen »essentialia negotii« eines jeden Vertrages (wie beispielsweise die rechtlich exakte Bezeichnung der Vertragsparteien) ist beim Verhandeln und Verfassen eines Konzert- oder Aufführungs- bzw. Tourneevertrages mit einem Künstler oder Ensemble auf folgende Punkte ein besonderes Augenmerk zu richten. 65

---

26 Vgl. m.w.N. *Funke/Müller* Rn. 229.
27 Vgl. dazu u.a. *Fischer/Reich* 4. Kapitel § 10 Rn. 63, der hinsichtlich der Mitwirkung eines Musikers an einem Konzert werk-, dienst- oder arbeitsvertragliche Pflichten feststellt.
28 So auch *Funke/Müller* Rn. 215.

66 Checkliste:

- Details des Auftritts wie Ort, Termin, Dauer
- Vergütungsregelung (Höhe der Gage bzw. einer eventuellen Umsatz- oder Gewinnbeteiligung, eventuelle Vorauszahlungen,[29] Fälligkeit der Zahlungen)
- Sonstige finanzielle Aspekte wie Reise- und Übernachtungskosten des Künstlers und Begleitpersonen, ggf. Kosten für zusätzliches Ton- und/oder Licht-Equipment, generell steuerliche Fragen
- Verantwortlichkeiten im Bereich der Bewerbung der Veranstaltung
- Merchandising
- Haftungsumfang des Veranstalters
- Regelung über audio-visuelle Aufnahmen und ggf. nachfolgende Verwertung
- Nebenabreden oder Zusatzvereinbarungen wie Technical- oder Artistic Rider[30]

4. Veranstalter – Gastspieldirektion – Künstler

67 Eine in der Praxis sehr häufig vorkommende komplexe Vertragskonstellation zwischen mindestens drei Parteien lässt sich aus Gründen der Übersichtlichkeit auf eine einfache Formel bringen. Es ist »der Einkauf und die (Weiter-)Lieferung einer isolierten künstlerischen Leistung oder ganzheitlichen Veranstaltung«.

68 Die Gastspieldirektion als zentrale Figur dieser Konstellation kontrahiert dabei in zwei Richtungen. Zum einen schließt sie mit dem Künstler oder einem Ensemble einen sog. Künstler- oder Engagementvertrag. Zum anderen kommt mit dem Veranstalter ein sog. Gastspielvertrag zustande.

a) Künstler- oder Engagementvertrag

69 Der Künstler- oder Engagementvertrag entspricht inhaltlich im Wesentlichen dem bereits zuvor behandelten Konzert- oder Aufführungsvertrag. Der Künstler oder das Ensemble verpflichtet sich zur Erbringung einer konkreten künstlerischen Leistung, die das Gastspielunternehmen entegegen nimmt und vergütet. Anders als beim Konzert- oder Aufführungsvertrag wird hierbei jedoch nicht direkt der (spätere) Veranstalter Vertragspartner des Künstlers, sondern die Gastspieldirektion.

b) Gastspielvertrag

70 Diese gegenüber der Gastspieldirektion zu erbringende Leistung des Künstlers wird von der Gastspieldirektion sodann mittels eines sog. Gastspielvertrages an einen Veranstalter »verkauft« bzw. geliefert.

71 Der Gastspielvertrag regelt die entgeltliche Überlassung und »Lieferung« eines Künstlers, einer künstlerischen Darbietung oder einer Veranstaltung (z.B. einer kompletten Bühnenshow) an einen Veranstalter, der diese sodann mit eigener wirtschaftlicher Verantwortung auswertet. Aus diesem Grund wäre der Gastspielvertrag passender beispielsweise als »Veranstaltungslieferungsvertrag« zu bezeichnen. Die Rechtsnatur des Gastspielvertrages ist werkvertraglicher Art gem. §§ 631 ff. BGB.

---

29 International übliche Formulierung: Advance (Payment).
30 Der Technical Rider (auch »Bühnenanweisung«) bezeichnet dezidierte technische Parameter einer Veranstaltung, die mit den vorhandenen Möglichkeiten einer Veranstaltungsstätte übereinzustimmen haben. Der Artistic Rider beinhaltet dagegen eine Art persönliche »Wunschliste« des Künstlers im Rahmen seines Engagements, die zumeist vom jeweiligen Management vorgegeben wird.

c) Auswirkungen

Diese vertragliche Konstellation zwischen Künstler, Gastspieldirektion und Veranstalter entfaltet in haftungsrechtlicher Hinsicht besondere Auswirkung dadurch, dass eine rechtliche Bindung und Verantwortlichkeit des Gastspielunternehmens in zwei Richtungen erfolgt. 72

Ist herkömmlich der Veranstalter für die Gage des Künstlers verantwortlich, so hat hier das Gastspielunternehmen dafür Sorge zu tragen. Der Veranstalter seinerseits ist verpflichtet, dem Gastspielunternehmen für die Lieferung des Künstlers oder eines Showprogramms die vereinbarte Vergütung zu zahlen. Überwiegend besteht diese Vergütung in einer festen Garantiezahlung[31] (um das Risiko des Gastspielunternehmens zu reduzieren bzw. eine planbare Budgetierung vornehmen zu können) sowie teilweise darüber hinaus in einer prozentualen Beteiligung am Umsatz oder Gewinn des Veranstalters (um an einer besonders Erfolg versprechenden Auswertung der gelieferten Veranstaltung adäquat partizipieren zu können). Kommt der Veranstalter dieser Verpflichtung nicht oder nicht vollständig nach, so hat dies keinen Einfluss auf die Gage des Künstlers. Denn diese ist allein Angelegenheit der Direktion. 73

Kommt es zu Problemen in Bezug auf die künstlerische Darbietung (also in rechtlicher Sicht zu Leistungsstörungen oder Mängeln, die in der Sphäre des Künstlers liegen), besteht eine diesbezügliche Haftung nicht im Verhältnis zwischen Veranstalter und Künstler, sondern zwischen Veranstalter und Gastspielunternehmen. Selbstverständlich bleibt es dem Gastspielunternehmen seinerseits im Innenverhältnis mit dem an ihn gebundenen Künstler unbenommen, kompensatorischen Rückgriff zu nehmen. 74

Besonderes Augenmerk ist bei der Vertragsgestaltung darauf zu legen, dass dem Veranstalter seitens des Gastspielunternehmens nicht mehr oder anderes zugesagt wird als diesem zuvor vom Künstler zugesichert worden ist. Der Leistungs- und Rechteumfang des Gastspielvertrages hat daher mit dem des Künstler- und Engagementvertrages zwingend übereinzustimmen. 75

▶ **Beispiel:** 76

Beabsichtigt der Veranstalter mit vorhandenem Videomaterial eines Künstlers oder eines Showprogramms einen TV-Werbespot zur Ankündigung seiner Veranstaltung zu produzieren, und wird dies im Gastspielvertrag so festgelegt, ist unbedingt darauf zu achten, dass dem Gastspielunternehmen in seinem Rechtsverhältnis mit dem Künstler sämtliche hierfür erforderlichen Nutzungsrechte (einschließlich der Berechtigung zur Weiterübertragung auf Dritte) eingeräumt werden.

Die Praxis der zu gestaltenden Rechtsbeziehungen zwischen Künstler, Veranstalter und Gastspielunternehmen wird nicht selten dadurch noch etwas komplexer, mitunter bei entstehenden Streitigkeiten auch komplizierter, dass beispielsweise der Künstler durch eine Agentur vertreten wird oder das Gastspielunternehmen von einem anderen Gastspielunternehmen mit der weiterzugebenden Veranstaltung »beliefert« wird. 77

5. Agenturvertrag

Anders als bei einem Gastspielvertrag, bei dem – wie dargestellt – das Gastspielunternehmen sowohl Vertragspartner des Künstlers als auch des Veranstalters wird, kommt bei einer klassischen Künstlervermittlung ein Aufführungsvertrag direkt zwischen dem Künstler und einem Veranstalter zustande. Die Vermittlung erfolgt hier auf Grundlage 78

---

31 Bei einer mehrere Aufführungen umfassenden Veranstaltung wird häufig ein »Pro-Show-Preis« vereinbart.

13. Kapitel Recht der Kulturveranstaltungen

eines zwischen dem Künstler und seinem Agenten bzw. seiner Agentur geschlossenen Agenturvertrages unter Anwendung des Rechts der Stellvertretung gem. §§ 164 ff. BGB.

79 Die Rechtsnatur des Agenturvertrages ist durchgängig als dienstvertraglich einzustufen.[32] Teilweise wird für die Einordnung des Agenturvertrages auf die Vorschriften der Geschäftsbesorgung (§ 675 BGB) oder des Maklervertrages (§ 652 BGB) zurückgegriffen.[33]

6. Managementvertrag

80 Der zwischen einem Künstler und seinem Management geschlossene Managementvertrag sieht neben der Vermittlung von Engagements eine umfassendere Betreuung des Künstlers vor. Zu den Aufgaben eines Künstlermanagements gehören darüber hinaus sämtliche Tätigkeiten, die für die Fortentwicklung der Karriere eines Künstlers (inklusive des Aufbaus und der »Pflege« eines bestimmten Images) erforderlich sind. Hierzu zählt vor allem auch, den Künstler gegenüber allen Medien sowie der Film-, TV- und Tonträgerindustrie zu repräsentieren.

81 Die Rechtsnatur des Managementvertrages ist überwiegend als ein Dienstvertrag mit Geschäftsbesorgungscharakter gem. §§ 611, 675 BGB zu kategorisieren.[34] Lediglich hinsichtlich bestimmter Einzelaufgaben wie der konkreten Vermittlung einer Auftrittsmöglichkeit wird man wie beim Agenturvertrag auch die Regelungen eines Maklervertrages (§ 652 BGB) heranziehen können.

82 Die Vergütung der Agentur und des Managements eines Künstlers für die jeweils erbrachten Leistungen erfolgt in aller Regel im Wege einer Provisionszahlung, also einer prozentualen Beteiligung an den Einnahmen des Künstlers, üblicherweise in Höhe von 15 bis 20 %.

7. Lizenzvertrag

83 Der Erwerb von Produktions- und Bühnenaufführungsrechten einer bereits existierenden Produktion erfolgt im Wege einer Buy-Out-Vereinbarung oder eines Lizenzvertrags.[35]

84 Im Rahmen eines zu schließenden Lizenzvertrages zwischen einem Inhaber von Produktions- und Bühnenaufführungsrechten (Lizenzgeber) und einem Rechteverwerter (Lizenznehmer, Veranstalter) wird genau festgelegt, in welchem Umfang Rechte an der Produktion eingeräumt werden, in welcher Weise diese genutzt werden dürfen und welche Lizenzgebühren[36] – auch in Ansehung von § 32 UrhG – dafür zu entrichten sind. Zumeist sind die zu entrichtenden Lizenzgebühren der Höhe nach gestaffelt, wobei der Zeitpunkt des sog. »Recoupment« die entscheidende Zäsur darstellt. Recoupment ist der Zeitpunkt, an dem sämtliche Produktionskosten (inkl. aufgewendeter Marketingkosten) und bis dahin im Rahmen der Aufführungen entstandenen laufende Kosten der Produktion eingespielt sind. Bis zum Recoupment ist der Lizenzgebührensatz niedriger als nach dem Recoupment, was sachgerecht ist, denn es hilft weder dem Lizenzgeber noch dem Lizenznehmer, wenn eine Produktion durch anfänglich überzogene finanzielle Verpflichtungen belastet ist und dadurch letztlich keine Chance hat, Gewinne zu erzielen. Genauso sachgerecht ist es – auch unter urheberrechtlichen Gesichtspunkten – dass nach Eintritt des Recoupments, also dem Erreichen der Gewinnzone, der Lizenzgeber stärker am eingetretenen wirtschaftlichen Verwertungserfolg beteiligt wird und die zu entrichtende Lizenzgebühr dementsprechend steigt.

---

32 BGH NJW-RR 1993, 505 f.
33 Vgl. *Güllemann* S. 15.
34 BGH, NJW 1983, 1191.
35 Siehe Rdn. 32.
36 In anglo-amerikanischen Lizenzverträgen werden Tantiemen oder Lizenzgebühren als »Royalties« bezeichnet.

Teilweise wird in langläufigen Lizenzverträgen ein nochmals ansteigender Lizenzgebührensatz nach Erreichen des sog. »Double Recoupment« vereinbart. Das ist der Zeitpunkt, an dem sich die Einnahmen, die zum Recoupment führten, verdoppelt haben. In der Praxis stellt dieses Szenario allerdings den eher seltenen Fall eines überproportional großen Erfolges dar. 85

Bei Erwartung eines eben solchen großen Erfolges wird zudem teilweise zusätzlich eine Gewinnbeteiligung[37] zwischen Lizenzgeber und Rechteverwerter vereinbart. 86

Häufiger sind allerdings die Fälle, in denen einem Veranstalter (Rechteverwerter) zunächst das Erreichen des Recoupments erleichtert werden muss. Dies kann beispielsweise dadurch geschehen, dass vereinbart wird, bis zum Zeitpunkt des Recoupments den verhandelten Lizenzgebührensatz auf eine prozentual begrenzte Umsatzgröße zu beschränken. Es handelt es sich also um eine kalkulatorische Kappung von Lizenzgebühren (sog. »Royalty Cap«). 87

Handelt es sich um einen sog. »Real Cap«, wird der Lizenzgeber quasi als Anschubfinanzierung zugunsten des Rechteverwerters auf die Rückführung der weiteren Lizenzgebühren verzichten. Bei einem sog. »Deferred Cap«[38] hingegen werden die zunächst nicht abgeführten Lizenzgebühren aus den nach Recoupment entstehenden Gewinnen zurückgeführt. Beim »Deferred Cap« liegt also im Grunde eine darlehensähnliche Konstruktion vor. 88

Eine weitere, ähnliche Möglichkeit dem Veranstalter das Erreichen des Recoupments zu erleichtern, ist die Festlegung einer auslastungsabhängigen Staffelung der Lizenzgebühren. Das heißt, dass sich der Lizenzgebührensatz proportional zur erzielten Zuschauer-Auslastung der Aufführungen verhält (wenig Zuschauer = niedrigere Lizenzgebühr und umgekehrt).[39] 89

Es ist zu erkennen, dass der zu betreibende abrechnungs- und berichtstechnische Aufwand auf beiden Seiten im Gegensatz zum Buy-out Modell erheblich größer ist, weshalb stets im Einzelfall entschieden und darauf verhandelt werden sollte, zu welchen wirtschaftlichen Bedingungen eine Produktion eingekauft wird. 90

Diese Modelle bieten sich prinzipiell für jede Veranstaltung an, die eingekauft oder weiterverkauft wird und in der es um die Einräumung von urheberrechtlichen Nutzungsrechten geht. 91

8. Weitere Vertragsverhältnisse

Neben den vorstehend beschriebenen typischen Verträgen für den Veranstaltungsbereich sind je nach Art, Inhalt, Konzeption und Auswertung einer Veranstaltung zahlreiche Vertragsgestaltungen aus den jeweils relevanten Kultursparten und kreativen Schaffensbereichen »Musik«, »Bühne«, »Bildende Kunst«, »Wort«, »Fotografie« und »Film« zu berücksichtigen, auf die an dieser Stelle im Einzelnen nicht weiter eingegangen werden soll. 92

Darüber hinaus werden für den Bereich der Vermarktung einer Veranstaltung eine Vielzahl von Kooperationen oder Partnerschaften durch den Abschluss von entsprechenden Verträgen begründet.[40] 93

---

37 »Profit Split«.
38 Abgeleitet vom englischen »to defer« = »verschieben, aussetzen«.
39 Anstelle von Zuschauerzahlen kann man natürlich auch auf tatsächlich erzielte Durchschnittspreise abstellen und eine entsprechende Staffelung aufbauen.
40 Vgl. dazu Rdn. 224.

B. Rechtliche Aspekte der Kreation und Konzeption einer Veranstaltung

94 Der Veranstalter bzw. Produzent hat bei der Schaffung und Konzeptionierung einer Veranstaltung eine Vielzahl an künstlerischen, organisatorischen und finanziellen Überlegungen anzustellen sowie unterschiedlichste rechtliche Fragen zu klären.

95 Hinzu kommt das sog. »Rights Clearing«, also das Abklären, Beschaffen bzw. Sichern von Rechten, die im Rahmen einer Veranstaltung genutzt werden sollen. Die Rechteklärung ist elementarer Bestandteil der Konzeptionierung einer Veranstaltung, da ohne entsprechende Nutzungsrechtseinräumung in Bezug auf urheberrechtlich geschütze Werke die Veranstaltung von vornherein existentiell gefährdet ist. Sie ist aber auch elementarer Bestandteil der Budgetierung einer Veranstaltung, da Nutzungsrechte im überwiegenden Umfang lediglich gegen entsprechende Vergütungen eingeräumt werden.

96 Diese Fragestellungen sind sowohl von einem Produzenten (wie zuvor dargestellt kann die Rolle eines Produzenten auch einem Veranstalter oder einer Direktion zufallen), der eigenständig eine Veranstaltung neu kreiert, zu beachten als auch von einem Veranstalter, der eine existierende Veranstaltung übernimmt oder aus einzelnen Künstlern oder Gruppen zusammenstellt.

97 Die hier behandelten Aspekte gelten grundsätzlich und in zu abstrahierender Form für alle Arten von Veranstaltungen. Selbstverständlich wird der Umfang der Prüfung durch die konkrete Ausgestaltung und Dimension der jeweiligen Veranstaltung limitiert.[41] So liegt auf der Hand, dass an einen einmalig stattfindenden Liederabend wesentlich geringere Anforderungen gestellt sind als an eine internationale, mehrmonatige Konzerttournee. Das Prinzip der Rechteklärung hingegen ist gleichbleibend und wird der besseren Anschaulichkeit wegen anhand folgenden Beispiels dargestellt.

98 ▶ **Beispiel:**
Ein Veranstalter plant die Produktion einer tourbaren Bühnenshow, bestehend aus unterschiedlichen künstlerischen und kreativen Elementen wie Musik, Tanz und Schauspiel im Rahmen einer zusammenhängenden Handlung. Welche rechtlichen Fragen sind zu klären bzw. welche rechtlichen Grundlagen sind zu schaffen?

I. Buch – Handlung – Ablauf

99 Jeder Event, jede Kulturveranstaltung hat in individueller Form einen sog. »roten Faden«. Bei einem Bühnenwerk (z.B. Theater- oder Musiktheaterstück) ist dies die Handlung, die Geschichte des Stückes. Sofern dieser rote Faden nicht in der Form einer inhaltlichen Handlung vorhanden ist, wird zumindest der Ablauf der Veranstaltung (beispielsweise Reihenfolge der Programmpunkte bei einem Benefiz-Ball oder Festlegung der darzubietenden Musikstücke bei einem Konzert) in tatsächlicher und rechtlicher Hinsicht sicher zu stellen sein. Sollte der Veranstalter diese Aufgabe nicht selber übernehmen, sondern eine Eventagentur mit der Durchführung und Organisation der Veranstaltung beauftragen, ist in diesem Vertragsverhältnis u.a. ein vorgegebener und einzuhaltender Ablauf genau festzulegen, auf den hier nicht näher eingegangen werden soll.

1. Vorbestehendes Werk

100 Soll die Produktion – wie in unserem Beispiel – auf Basis eines literarischen Werkes entwickelt werden, gelten folgende Voraussetzungen:

---

41 Vgl. dazu Rdn. 4.

B. Rechtliche Aspekte der Kreation und Konzeption einer Veranstaltung

Handelt es sich um ein bereits existierendes literarisches Werk (z.B. Roman oder Film-Drehbuch) ist mit dem verantwortlichen Buchverlag bzw. sonstigen Rechteinhabern (bei verstorbenen Autoren sind teilweise Nachlassverwaltungen zu konsultieren) ein entsprechender Nutzungsvertrag zu schließen. Dieser hat im Hinblick auf die konkrete Verwendungsform u.a. folgende elementare einzuräumenden Rechte zu beinhalten, nämlich im Einzelnen das Recht,
- das vorbestehende Werk, zur Grundlage der geplanten Bühnenshow zu machen,
- auf Basis des vorbestehenden Werkes ein Libretto zu entwickeln,
- das vorbestehende Werk mit anderen urheberrechtlichen Werken, insbesondere Musikwerken, zu verbinden,
- das in dieser Form entwickelte Werk auf der Bühne aufzuführen,
- den Titel des vorbestehenden Werkes als Titel der Bühnenshow zu verwenden oder diesen Titel zu diesem Zweck zu verändern,
- das vorbestehende Werk in eine andere Sprache zu übersetzen,
- das vorbestehende Werk oder Teile daraus zum Zwecke der Bewerbung und Promotion der geplanten Bühnenshow in allen bekannten oder unbekannten Medien zu verwenden,
- zur Weiterübertragung der eingeräumten vertragsgegenständlichen Rechte.

101

An dieser Stelle können nur die wichtigsten einzuräumenden Rechte genannt werden. Derartige urheberrechtliche Nutzungsverträge sind aber neben den üblichen Vertragswesentlichkeiten vor allem hinsichtlich der zu übertragenden Rechte sehr detailliert auszuarbeiten, damit der Rechteverwender die Bühnenshow so rechtssicher und umfassend wie möglich präsentieren und auswerten kann.

102

Dies gilt auch im Hinblick auf zukünftige Optionen der Weiterverwertung des entstehenden Produkts. Zu denken ist hier vor allem an zu klärende Rechte zur Produktion von Ton- oder Bildtonträgern und deren kommerzieller Verwertung sowie Merchandisingrechte. Da auch diese Nutzungsformen und Verwertungsmöglichkeiten in aller Regel[42] auf Basis der vorbestehenden Rechte erfolgen, ist beim Abschluss des Vertrages mit dem Verlag hierauf ein besonderes Augenmerk zu richten.

103

2. Beauftragter Autor

Zur Bearbeitung des vorbestehenden literarischen Werkes oder der Schaffung eines neuen literarischen Werkes (sofern nach der Vorstellung des Produzenten keine vorbestehende Grundlage verwendet werden soll) wird der Produzent einen Autoren beauftragen. Der hierfür regelmäßig zu verwendende Vertrag ist eine Kombination aus werkvertraglichen Elementen und urheberrechtlichem Nutzungsvertrag.

104

In praktischer Hinsicht ist zusätzlich zum o.g. Rechtekatalog, der in analoger Anwendung auch für das vom Autor geschaffene Werk gilt, sinnvoll im Vertrag mitaufzunehmen,
- welche(r) Abgabezeitpunkt(e) verabredet ist/sind,
- in welcher Form die werkvertragliche Abnahme des Werkes erfolgt,
- in welchem Umfang der Autor für weitere Kreativ-Besprechungen zur Verfügung zu stehen hat,
- welche Vergütung (zumeist ein hinsichtlich der Fälligkeit an vereinbarte Abgabetermine geknüpftes Honorar) für die Werkleistung als solche geschuldet wird,
- welche Vergütung (entweder alles abgeltende Buy-Out-Fee oder Tantiemebeteiligung) für die Nutzungsrechtseinräumung geschuldet wird.

105

---

42 Außer es handelt sich bei einer zu produzierenden CD um eine Studioaufnahme (mithin kein Live-Mitschnitt) der in dem Bühnenwerk verwendeten Musik ohne jegliche Bezugnahme zu den vorbestehenden Buchrechten.

II. Musik

106 Soll bei einer Veranstaltung Musik verwendet werden, so sind ebenfalls eine Vielzahl von Fragen zu klären. Ungenaue oder gar unzulängliche Antworten auf diese Fragen – und damit verbunden – der zugrunde liegenden Rechte stellen erhebliche Risiken hinsichtlich der Verwendungsmöglichkeit der Musik als solche bzw. in Form von Unterlassungsansprüchen, eventuellen Nachlizensierungen oder Schadensersatzleistungen dar. Exemplarisch sind folgende musikrechtliche Fragen in Bezug auf die im Beispiel genannte Bühnenshow zu klären:

> **Checkliste:**
> - Sollen bereits existierende Musikwerke verwendet werden oder wird ein Musikautor/Komponist beauftragt, neue Musik zu kreieren?
> - Soll die verwendete Musik bearbeitet oder in eine Handlung inkorporiert und mit dieser Handlung verbunden werden?
> - Soll die verwendete Musik von einem Orchester live dargeboten oder von einem Tonträger eingespielt werden?
> - Sofern ein Tonträger verwendet wird – ist dieser bereits existent und veröffentlicht oder soll er für die Veranstaltung hergestellt werden?
> - Soll die Musik noch für andere Zwecke außer als zur Darbietung auf der Bühne genutzt werden, beispielsweise zu Werbezwecken, um die Bühnenshow anzukündigen oder um nachfolgend einen Tonträger herzustellen?

1. Neukompositionen

107 Entschließt sich der Veranstalter (bzw. der Produzent), einen Komponisten mit der Schaffung neuer Musikwerke zu beauftragen, wird – analog zum beauftragten Autor – darauf zu achten sein, in welchem Umfang sich der Veranstalter Nutzungsrechte an den geschaffenen Musikwerken einräumen lässt. Dies ist abhängig davon, in welcher Weise und in welchem Umfang der Veranstalter beabsichtigt, die Musik zu nutzen.

108 Zusätzlich zum o.g. vom Autor zu gewährenden Rechteumfang empfiehlt es sich beim Vertrag mit dem Komponisten, die Bearbeitungsrechte an den enstehenden musikalischen Werken auch auf die Möglichkeiten der Kürzung, der Um-Orchestrierung, dem Neu-Arrangement sowie des Kompilierens (und ggf. weitere Formen der Bearbeitung) zu erstrecken.

109 Von vornherein sollte darüber hinaus festgelegt werden, dass auch das Synchronisationsrecht (sog. »Synch-Right«) eingeräumt wird, damit die Musikwerke oder Teile davon durch Verbindung mit Bildmaterial zu TV-Werbespots bzw. sonstigem Promotion-Material verwendet werden können, ohne dass später darüber nachverhandelt (und dann zumeist auch nachvergütet) werden muss.

110 Offen bleiben kann, ob der Rechteumfang auch auf Verlagsrechte oder Co-Verlagsrechte erstreckt werden sollte. Hier kann keine pauschale Empfehlung ausgesprochen werden, denn es kommt im jeweils zu bewertenden Einzelfall vielmehr darauf an, ob beim Rechteverwender Strukturen vorhanden sind, die eine eigene Auswertung von Verlagsrechten überhaupt sinnvoll erscheinen lassen.

2. Vorbestehende Musikwerke

111 Will der Produzent auf bereits existierende Musikwerke zurückgreifen, ist in mehrfacher Hinsicht der jeweils zuständige Musikverlag der richtige Verhandlungspartner.

B. Rechtliche Aspekte der Kreation und Konzeption einer Veranstaltung

a) Bühnenmäßige Aufführung oder konzertante Darbietung

Urheber von musikalischen Werken übertragen der GEMA aufgrund des geschlossenen Berechtigungsvertrages im Rahmen des sog. »kleinen Rechts« zwar Aufführungsrechte. Das Recht zur bühnenmäßigen Aufführung dramatisch-musikalischer Werke (sog. »großes Recht«) hingegen wird ausdrücklich nicht übertragen. Auf diese Weise behalten die Urheber bzw. die sie repräsentierenden Musikverlage die Möglichkeit, selbst zu entscheiden, wem sie unter welchen Bedingungen das Recht zur bühnenmäßigen Aufführung ihrer Werke einräumen. Nach einer grundlegenden und für den Veranstaltungsmarkt richtungsweisenden Entscheidung des Bundesgerichtshofes[43] erfordert eine bühnenmäßige Aufführung lediglich, dass nicht nur der Eindruck von zusammenhanglos aneinandergereihten Handlungselementen und Musikstücken ensteht, sondern ein sinnvoller Handlungsablauf erkennbar wird. Dabei kommt es für eine Aufführung des geschützten Werkes – so der BGH – nicht darauf an, ob einem Betrachter der Handlungsablauf des benutzten Werkes insgesamt oder zumindest größtenteils vermittelt wird. Vielmehr reicht es indes aus, wenn das Publikum den gedanklichen Inhalt eines Bestandteils, also etwa einer Szene dieses Werkes (!), erkennen kann, was im zu entscheidenden Streitfall erfüllt war. Hier hatte der Veranstalter/Produzent einer Musical-Gala (also einer Zusammenstellung von Ausschnitten aus bekannten Musicals) einige der wichtigsten Schlüsselszenen und die bekanntesten Songs einiger bekannter Musicals zusammengestellt und unter Verwendung von Kostümen und Bühnenbildern szenisch dargestellt. Dadurch hatte sich für das Publikum ein geschlossenes Bild des Gesamtwerks oder eines abgrenzbaren Bestandteils des Gesamtwerks ergeben.[44]

Mit dieser Entscheidung sind jahrelange in der Veranstaltungsbranche vorhandene Unklarheiten beseitigt und der Schutz von Urhebern, urheberrechtlicher Werke und deren Nutzer nachhaltig gestärkt worden.

Über die GEMA zu lizensierende konzertante Darbietungen von Musikwerken bleiben hiervon hingegen unberührt. Musical-Galas wie in der beschriebenen und streitgegenständlichen Form jedoch können de facto und de jure nur noch veranstaltet werden, sofern hierfür eine entsprechende Einwilligung der betreffenden Rechteinhaber vorliegt. Eine Lizensierung über die GEMA ist nicht möglich.

Der Veranstalter muss also genauestens prüfen, ob es sich aufgrund der von ihm entwickelten künstlerischen Konzeption bei der konkreten Verwendung vorbestehender Musikwerke um großes oder kleines Recht handelt und sich nachfolgend an den richtigen Lizenzpartner wenden.

Will er Musikwerke in eine von ihm vorgesehene Handlung einbeziehen, handelt es sich um großes Recht, das nur von den betreffenden Musikverlagen (oder Urhebern) eingeräumt werden kann.

b) Bearbeitungen

Sollen im Rahmen der Bühnenaufführung die Musikwerke zudem in irgendeiner Form bearbeitet werden,[45] ist hierfür (zuvor) ebenfalls die Zustimmung der betreffenden Musikverlage einzuholen. Diese wird in aller Regel – aufgrund der bestehenden Persönlichkeitsrechte nach Rücksprache mit den Urhebern – ohne eine zusätzliche Vergütungserwartung erteilt und entsprechend im Rahmen des ohnehin zu verhandelnden Musiknutzungsvertrag geregelt.

---

43 BGH GRUR 2008, 1081 – Musical Starlights.
44 Mitteilung der Pressestelle des Bundesgerichtshofs Nr. 128/2008 v. 4.7.2008.
45 Zu den Bearbeitungen zählt neben den vorstehend angeführten auch die Übersetzung der Liedtexte (»Lyrics«) in eine andere Sprache.

c) Verwendung zu Werbezwecken

118 Es bietet sich zwar an und erscheint zudem überaus sinnvoll, in einem Nutzungsvertrag über bühnenmäßige Aufführung von Musikwerken auch die Verwendung dieser Musikwerke zur Bewerbung der vertragsgegenständlichen Bühnenshow zu verhandeln und in einer kombinierten Vergütungsregelung aufgehen zu lassen. In der Praxis wird diese Auffassung gleichwohl von einigen Musikverlagen nicht uneingeschränkt geteilt. Losgelöst von etwa gegebenen Sachzusammenhängen werden hierfür separat abzuschließende Verträge erwartet, die eine gesonderte Vergütung in Höhe von 3 bis 5 % des vom Werbetreibenden geschalteten Bruttomediavolumens festlegen. Darauf hat sich der Verwender von Musik zu Werbezwecken, auch wenn es sich hierbei um eine Veranstaltung handelt, in der diese Musik selbst vorkommt (und nicht etwa dazu eingesetzt werden soll, um beispielsweise einen völlig artfremden Markenartikel zu bewerben) einzustellen.

119 Die Musikverlage haben hier zudem – dies indes völlig zurecht – zuvor in aller Regel aus persönlichkeitsrechtlichen Gründen die Zustimmung der einzelnen Urheber entsprechender Musikwerke zum Einsatz des konkreten werblichen Verwendungszwecks einzuholen.

3. Tonträger

120 Handelt es sich bei dem konkreten Einsatz der verwendeten Musik um kleines Recht, ist der GEMA im Rahmen der dortigen Anmeldung der Veranstaltung auch mitzuteilen, ob die Musik von einem Orchester live eingespielt wird oder bereits existierende Tonträger verwendet werden. Diese Angaben haben Relevanz für eine entsprechende Eintarifierung der Veranstaltung und demzufolge zu entrichtende Vergütung.[46]

121 Soll im Zusammenhang mit der Veranstaltung ein Tonträger produziert werden, so hat sich der Veranstalter zum einen von den leistungsschutzberechtigten Künstlern und Orchestermusikern im Rahmen der Engagementverträge die entsprechende Berechtigung einzuholen und zum anderen bei der Budgetierung der Tonträgerproduktionskosten GEMA-Gebühren für die mechanische Vervielfältigung einzuplanen.

III. Künstlerische Elemente/Ausstattung

122 Neben Musik und Buch benötigt der im Beispiel erwähnte Veranstalter/Produzent noch weitere Kreativleistungen.

1. Bühnenbild

123 Der Veranstalter plant, mit der konzipierten Show auf Tournee zu gehen. Daher hat er konkrete Vorgaben an den beauftragten Bühnenbildner zu erteilen. Diese beschränken sich nicht auf ein in aller Regel vom Veranstalter vorgegebenes und vom Bühnenbildner einzuhaltendes Budget, sondern in technischer Hinsicht auf die erforderliche »Tourbarkeit« des Bühnenbildes, d.h. die Möglichkeit eines weitgehend schnellen und unkomplizierten Auf- und Abbaus.

124 In rechtlicher Hinsicht hat der beauftragte Bühnenbildner darauf zu achten, dass bei der Schaffung und dem Design des Bühnenbildes keine vorbestehenden Urheber- und Nutzungsrechte bzw. sonstige Rechte Dritter verletzt werden.

---

46 Bei Verwendung einer eigens hergestellten CD für das konkrete Musikprogramm erhebt die GEMA einen sog. Vervielfältigungszuschlag.

▶ **Beispiel:** 125

Der Bühnenbildner verwendet – absichtlich oder versehentlich – Elemente eines bereits existierenden Bühnenbildes eines anderen Bühnenwerkes oder das Bildnis einer Person, für das keine Rechteklärung erfolgt ist.

Im zu verhandelnden Vertrag mit dem Bühnenbildner ist aufgrund solcher in der Praxis relevanten Fälle zwingend eine entsprechende Regelung aufzunehmen, dass der Bühnenbildner die Rechtefreiheit seines Werkes garantiert und im Falle von eventuellen Rechtsverletzungen den Vertragspartner (hier: Produzent bzw. Veranstalter) von jeglicher Inanspruchnahme durch Dritte frei und schadlos zu halten hat. 126

2. Sonstige kreative oder künstlerische Elemente

Neben dem Bühnenbildner wird der Veranstalter im vorgegebenen Beispiel im Rahmen der künstlerischen Entwicklung der Bühnenshow unter Umständen weitere kreative Leistungen (»Designs«) beauftragen. Zu denken ist hier an: 127
- Choreographie
- Licht-Design
- Ton-Design
- Kostüm-Design
- ggf. Video-Design

Abhängig von der jeweiligen Schöpfungshöhe wird es sich bei den Designs in aller Regel um urheberrechtlich geschützte Werke handeln. Die vertragliche Gestaltung erfolgt gleichermaßen wie bei den Autoren und Komponisten im Wege eines Werkvertrages mit urheberrechtlichen Nutzungsrechtsübertragungen. 128

Soll die Bühnenshow einer konkreten Inszenierung folgen, wird die Tätigkeit eines zu engagierenden Regisseurs erforderlich sein. Während die urheberrechtliche Stellung eines Filmregisseurs von je her anerkannt ist, hat sich die Inszenierung eines Regisseurs als urheberrechtlich schutzfähiges Werk gem. § 2 UrhG erst im Laufe der Zeit durchsetzen müssen.[47] 129

Sollen in der Bühnenshow noch weitere Elemente verwendet werden wie beispielsweise Filmsequenzen oder Fotos, so hat hierfür ebenso eine entsprechende Klärung, also Einholung, der Rechte von den Berechtigten zu erfolgen. 130

IV. Urheberrechtliche Vorgaben bei Lizenzproduktionen

Im Bereich von Lizenzproduktionen[48] sieht man sich als Veranstalter und Produzent überwiegend damit konfrontiert, auf der einen Seite die »eingekaufte« Produktion werkgetreu wiederzugeben. Auf der anderen Seite sind im Einzelnen zulässige und gewünschte Adaptionen für eine jeweilige Inszenierung lizenzvertraglich jedenfalls insoweit auf den Lizenzgeber zu übertragen als diese urheberrechtliche Relevanz und damit schutzfähigen Charakter entfalten. 131

---

47 Vgl. dazu Fischer/*Reich* § 10 Rn.136 sowie *Kurz* 3. Teil, 13. Kapitel Rn. 43.
48 Exemplarisch: Musicals wie »Disney's Der König der Löwen«, »Wicked – Die Hexen von Oz« oder »Das Phantom der Oper«.

13. Kapitel Recht der Kulturveranstaltungen

132 **Praxistipp:**

Zunehmend wird es im Bereich der Lizenzproduktionen möglich, mit Originalrechteinhabern/Lizenzgebern eine sog. Producer Royalty oder Producer Buy-Out-Fee nach Vertragsende zu vereinbaren. Das bedeutet, dass zwar die zuvor eingeräumten und ausgewerteten Basis-Rechte vertragsgemäß zurückfallen. Sofern mit diesem Rechterückfall auch die neu entstandenen Rechte an der konkreten Inszenierung oder neu geschaffenen Elementen mitzuübertragen sind, kann der Lizenznehmer durchaus verlangen, in gewissem Umfang an weiteren Produktionen beteiligt zu werden, in dem diese neuen Rechte auf Seiten des Lizenzgebers seinerseits genutzt werden. Auf diese Weise wird zum einen ein Bühnenwerk kreativ, künstlerisch fortentwickelt und zum anderen nimmt der einstmals »nur« Lizenznehmer und Rechtenutzer (Veranstalter) an der weiteren Verwertungskette des Werkes teil, partizipiert sozusagen an einem verlängerten Leben eines Bühnenwerkes. Diese Teilhabe erstreckt sich nicht nur auf wirtschaftliche Belange, sondern auch auf »weiche Faktoren« wie einen eigenen urheberrechtlichen Nennungsanspruch.

C. Rechtliche Aspekte der Organisation und Durchführung einer Veranstaltung

133 Die Organisation rund um eine Veranstaltung werfen in anzeige- oder genehmigungspflichtiger Hinsicht viele Fragen auf. Beispielsweise hat der Veranstalter ein Augenmerk darauf zu richten, welche rechtlichen Vorgaben beachtet werden müssen, wenn es um die Sicherheit von Besuchern und Mitwirkenden geht und welche Gefahren von der Veranstaltung für das gesamte Umfeld der Veranstaltung ausgehen können. Er hat – exemplarisch – zu prüfen, ob für die geplante Veranstaltung öffentlicher Raum freigegeben werden muss, wie und wo er beispielsweise sein Festzelt aufstellen darf, in welchem Umfang er für Sicherheitsvorkehrungen zu sorgen hat, ob er Speisen und Getränke ausschenken will und ob er dafür das Einverständnis der öffentlichen Verwaltung benötigt. Neben der Klärung künstlerischer und rein durchführungstechnischer Themen ist die Beachtung behördlicher Vorgaben eine der wichtigsten Komponenten einer Veranstaltung. Für diesen Aspekt hat nach den tragischen Ereignissen im Rahmen der Duisburger Love Parade im Juli 2010 quasi eine neue Zeitrechnung begonnen, da jegliche Prüfung einer Großveranstaltung unweigerlich in Ansehung dieser Katastrophe vorgenommen werden muss.

I. Behördliche Anforderungen

134 Da Veranstaltungen prinzipiell mit Gefahren verbunden sind, besteht in den meisten Fällen ein umfassendes behördliches Genehmigungserfordernis, um die Sicherheit einer solchen Veranstaltung zu gewährleisten und möglichen Gefahrquellen vorzubeugen.

135 Es ist für den Veranstalter insofern unabdingbar, sich bereits in einer sehr frühen Planungsphase mit diesem Thema zu befassen – vor allem auch deswegen, weil einige behördliche Genehmigungsverfahren eine Vorlaufzeit von 3-6 Monaten haben können. Aufgrund einer Vielzahl von gesetzlichen Bestimmungen, Verordnungen und Richtlinien benötigen die zuständigen Behörden gewisse einzukalkulierende Vorlaufzeiten, um die Durchführbarkeit der geplanten und angezeigten Veranstaltung unter Abwägung der entstehenden Gefahren für die öffentliche Sicherheit, insbesondere den Schutz von Leben und Gesundheit aller Teilnehmer und Beteiligter, festlegen zu können.

C. Rechtliche Aspekte der Organisation und Durchführung einer Veranstaltung

1. Baurechtliche Genehmigungen

Bei baurechtsrelevanten Angelegenheiten ist darauf zu achten, dass bauliche Anlagen grundsätzlich einem Genehmigungsvorbehalt unterliegen. Die Zulässigkeit von Bauvorhaben wird im Baugesetzbuch (BauGB) geregelt; Vorschriften zu Art und Maß der baulichen Nutzung eines Grundstücks, der Bauweise und der überbaubaren Grundstücksfläche finden sich in der Baunutzungsverordnung (BauNVO). 136

Zu baurechtlichen Vorschriften ist auch die Versammlungsstättenverordnung (VStättVO) zu zählen. Diese wird in einem nachfolgenden Abschnitt gesondert dargestellt. 137

Handelt es sich um kleine Events, sollte der Veranstalter überprüfen, ob sein Vorhaben möglichweise genehmigungsfrei ist, um hier nicht unnötige zeitliche Resourcen in die Planung einzustellen. So sieht beispielsweise § 60 der Hamburgischen Bauordnung (HBauO) i.V.m. der dazugehörigen Anlage 2 zahlreiche genehmigungsfreier Bauvorhaben vor. Dagegen sind beispielsweise Volksfeste oder allgemein Großveranstaltungen stets sondernutzungsgenehmigungspflichtig (§ 60b GewO). 138

Grundlegend wird im Baurecht zwischen Baugenehmigungen und Nutzungsgenehmigungen unterschieden. Der Bereich der Baugenehmigungen hat in erster Linie für Hallenbetreiber Relevanz, die ihre Veranstaltungsstätte umbauen, erweitern bzw. überhaupt erst neu errichten wollen. Nutzungsgenehmigungen werden hingegen benötigt, wenn eine bereits vorhandene bauliche Anlage (Veranstaltungsstätte) zur Durchführung der Veranstaltung genutzt werden soll. 139

Abhängig von der örtlichen Lage der Veranstaltung ist aufgrunddessen das jeweilige Bau- oder Bauordnungsamt, Straßenbauamt, Ingenieurbauamt, Friedhofs-, Garten-, Forstamt oder das Straßenverkehrsamt zuständig. Das Straßenverkehrsamt ist z.B. dann zu adressieren, sofern die Veranstaltung auf öffentlichen Wegen und Plätzen stattfinden soll und der Straßenverkehr in seinem normalen Fluss behindert werden könnte oder möglicherweise sogar Straßen oder Teile davon abgesperrt werden müssen, um die Veranstaltung abhalten zu können (beispielsweise bei Veranstaltungen wie der »Love Parade«, dem »Christopher Street Day« oder dem »Schlagermove«). 140

Bei Festzelten benötigt der Veranstalter eine Herstellungs- oder Ausführungsgenehmigung. Fahrgeschäfte wiederum werden vom Bauordnungsamt und dem TÜV überprüft. Bei Bühnen und Tribünen werden im Genehmigungsverfahren von den zuständigen Bauämtern diesbezügliche bautechnische Zeichnungen, die fehlerfreie Statik- und Belastungsangaben enthalten, benötigt. 141

Handelt es sich in genehmigungsrechtlicher Hinsicht um »gelernte« Veranstaltungsstätten und bereits zuvor durchgeführte Veranstaltungen, die wiederholt werden sollen, wird in aller Regel das Genehmigungsverfahren einer gewissen Routine unterliegen. Zumindest werden in aller Regel bei gleichbleibenden Rahmendaten und gesetzlichen Bestimmungen keine zusätzliche Auflagen oder zeitlichen Verzögerungen zu erwarten sein. Mit »Schwierigkeiten« im Sinne einer vertieften Prüfung behördlicherseits ist eher dann zu rechnen, wenn ein Veranstaltungsort ursprünglich einem anderen als dem Veranstaltungszweck diente oder die bauliche Anlage ihrer Bestimmung nach für das Stattfinden der geplanten Veranstaltung ursprünglich weder bestimmt noch geeignet war. Hier ist unter Umständen eine Nutzungsänderungsgenehmigung erforderlich. Fehlt eine solche Genehmigung, ist das Vorhaben illegal und die Nutzung kann untersagt werden. Dabei ist jedoch umstritten, ob für eine solche Nutzungsuntersagung sowohl die formelle Illegalität (Fehlen einer Baugenehmigung) als auch die materielle Illegalität (Unvereinbarkeit 142 mit öffentlich-rechtlichen Vorschriften) erforderlich ist. Die Rechtsprechung lässt eine formelle Illegalität ausreichen, um eine Nutzungsuntersagung aussprechen zu dürfen.[49]

143 Der Veranstalter sollte schon deswegen unter keinen Umständen die Veranstaltung ohne die erforderlichen Genehmigungen abhalten, weil die zuständigen Behörden die Untersagungsverfügung selbst vollstrecken können. Eine Nutzungsuntersagung wird üblicherweise aufgrund eines besonderen öffentlichen Interesses für sofort vollziehbar gem. § 80 Abs. 2 Nr. 4 VwGO i.V.m. § 6 Abs. 1 VwVG erklärt, womit ein etwaiger Widerspruch gegen diese Nutzungsuntersagung keine aufschiebende Wirkung hätte.[50]

2. Versammlungsstättenverordnung

144 Baurechtliche Anforderungen bestimmen sich auch nach der Versammlungsstättenverordnung. Der Ort, an dem eine Veranstaltung stattfindet, ist eine Versammlungsstätte. Versammlungsstätten sind bauliche Anlagen oder Teile baulicher Anlagen, die für die gleichzeitige Anwesenheit vieler Menschen bei Veranstaltungen insbesondere erzieherischer, wirtschaftlicher, geselliger, kultureller, künstlerischer, politischer, sportlicher oder unterhaltender Art bestimmt sind sowie Schank- und Speisewirtschaften.[51]

145 Der Bau und Betrieb von Versammlungsstätten ist dem Landesrecht untergeordnet und daher in der jeweiligen länderspezifischen Versammlungsstättenverordnung (Landes-VStättVO) geregelt. Die Versammlungsstättenverordnung (VStättVO) ist eine Durchführungsverordnung zur Landesbauordnung.

146 Grundlegend geht es in der VStättVO um die Erfassung von notwendigen Sicherheitsmaßnahmen beim Bau und Betrieb von Versammlungsstätten und um den Schutz der Besucher, Mitarbeiter und Mitwirkenden. Neben baurechtlichen Anforderungen sind also besonders auch die Vorschriften der VStättVO bei der Veranstaltungsplanung und der Frage nach Genehmigungsbedürftigkeit zu beachten. Sie stellen einen wichtigen Aspekt jeder Veranstaltung dar.

147 Historischer Vorläufer der Regelungen der Versammlungsstättenverordnung in Deutschland sind beispielsweise die »Ortspolizeiliche Vorschriften über die Feuerpolizei in Theatern« oder die »Polizeiverordnung über die baulichen Anlagen, die innere Einrichtung und den Betrieb von Theatern, öffentlichen Veranstaltungsräumen und Zirkusanlagen«.

148 Ende der 1960er Jahre wurde ein Musterentwurf zu Versammlungsstätten verabschiedet. Im Jahr 2002 wurde dann die erste Musterversammlungsstättenverordnung (MVStättV) verfasst, auf Basis derer die Bundesländer eine Landesversammlungsstättenverordnung entwickeln sollten. Damit konnte jedes Bundesland für sich selbst entscheiden, inwieweit es einer solchen Musterversammlungsstättenverordnung zu folgen und in welchem Umfang umzusetzen gedenkt. Bisher haben nicht alle Bundesländer die MVStättVO in Landesrecht umgewandelt.[52]

149 Während zunächst nur Theater Kerninhalt dieser Sicherheitsvorschriften waren, kam später das Kino hinzu, und es mussten die gesetzlichen Bestimmungen aufgrund wachsender Sicherheitsanforderungen geändert werden. Heute sind die Verordnungen teilweise geprägt durch Regelungen in Bezug auf Großveranstaltungen (z.B. Galas, Festivals, Stadionkonzerte), die den sicherheitstechnischen Anforderungen beispielsweise beim Einsatz von aufwendiger Showlaser- und Bühnentechnik gerecht werden müssen.

---

49 OVG Koblenz BauR 1997, 103; OVG Lüneburg NVwZ-RR 1995, 6; OVG Bautzen NVwZ 1994, 919; OVG Münster NVwZ 1989, 344.
50 Vgl. OVG Lüneburg BRS 47, 199.
51 § 2 Abs. 1 MVStättVO 2005.
52 Vgl. *Funke/Müller* Rn. 604.

C. Rechtliche Aspekte der Organisation und Durchführung einer Veranstaltung

Der Geltungsbereich der MVStättVO erstreckt sich auf Versammlungsstätten und Gaststätten, deren Versammlungsräume einzeln ein Fassungsvermögen von mehr als 200 Besuchern haben sowie Versammlungsstätten im Freien mit Szenenflächen, deren Besucherbereich mehr als 1.000 Besucher und für Sportstadien, die mehr als 5.000 Besucher fassen.[53]

Hinsichtlich von zu verwendenden Materialien gilt, dass Bauteile und Baustoffe, auch Vorhänge, Sitze, Ausstattungen, etc., feuerbeständig sein müssen. Die Veranstaltungsräume müssen über entsprechende Rettungswege, Alarmanlagen, Rauchableitungssysteme und Lüftungsanlagen verfügen. In Reihen angeordnete Sitzplätze müssen unverrückbar miteinander verbunden sein. Fußböden und Stufen von Tribünen, Podien, Bühnen oder Szenenflächen dürfen keine Öffnungen haben, durch die Personen abstürzen können.

Versammlungsstätten mit mehr als 5.000 Besucherplätzen müssen zudem mit eigenen Räumen für Polizei, Feuerwehr und Sanitäts- und Rettungsdienst ausgestattet sein. Darüber hinaus hat der Betreiber im Einvernehmen mit den für Sicherheit oder Ordnung zuständigen Behörden ein Sicherheitskonzept zu erstellen.

Zu den Pflichten des Betreibers einer Versammlungsstätte gehört daneben die Gewährleistung der Zusammenarbeit von Ordnungsdienst, Brandsicherheits- und Sanitätswache mit der Polizei, Feuerwehr und dem Rettungsdienst sowie die Einsetzung eines Veranstaltungsleiters, der während der Veranstaltung durchgehend anwesend sein muss.

Desweiteren stellt die Versammlungsstättenverordnung genau spezifizierte Anforderungen an die Verantwortlichen für die verwendete und vorhandene Veranstaltungstechnik. Diese durch entsprechend nachweisbare Qualifikationen zu bestimmenden Fachleute müssen mit den bühnen-, studio- und beleuchtungstechnischen und sonstigen technischen Einrichtungen einer Versammlungsstätte vertraut sein und deren Sicherheit und Funktionsfähigkeit, insbesondere hinsichtlich des Brandschutzes, während des Betriebes gewährleisten.[54]

Die Nichteinhaltung dieser Sicherheitsvorschriften stellt eine Ordnungswidrigkeit dar. So ist beispielsweise in § 47 Hmb-VStättVO eine Liste von zwanzig Verstößen enthalten, die eine Ordnungswidrigkeit gemäß § 80 Abs. 1 Nr. 17 HBauO nach sich ziehen.

Wann immer eine Veranstaltungsstätte in den Definitionsbegriff des § 2 Abs. 1 der VStättVO fällt, sind die Vorschriften dieser Verordnung zu beachten.

3. Sonstige Genehmigungen

Neben rein baurechtlichen Genehmigungen hat der Veranstalter je nach Eigenart seiner Veranstaltung eine Reihe sonstiger Genehmigungen einzuholen, die im Rahmen dieses Kapitels nicht erschöpfend behandelt werden können.[55]

Zu diesen zählt beispielsweise – bei Vorliegen der entsprechenden Veranstaltungsgattung – die Erlaubnis für Musikwiedergabe mithilfe von Tonwiedergabegeräten oder Musikinstrumenten. Denn grundsätzlich ist das Erzeugen einer die Umwelt belastenden Lautstärke nach den Landesimmissionsschutzgesetzen (z.B. § 5 LImSchG Berlin) verboten. Nachvollziehbarer Hintergrund ist der Schutz der Einwohner, Nachbarn und anderen Menschen, die durch die gegebenenfalls von einer Veranstaltung ausgehenden Emissionen beeinflusst werden könnten. Bei Veranstaltungen mit Live-Musik ist bei den

---

53 § 1 Abs. 1 MVStättVO 2005.
54 *Funke/Müller* Rn. 610a.
55 Übersichtlich *Funke/Müller* Rn. 630 ff.

13. Kapitel Recht der Kulturveranstaltungen

zuständigen behördlichen Stellen der Städte und Gemeinden eine sog. Sing-Spielgenehmigung einzuholen.

159 Bei Veranstaltungen mit gastronomischen Nebenleistungen wird eine Schankerlaubnis nach dem Gaststättengesetz (§ 2 Abs. 1 GastG) benötigt. Wer auf einer oder für eine Veranstaltung gewerbsmäßig Lebensmittel herstellt, behandelt oder in den Verkehr bringt und dabei mit den Lebensmitteln in Berührung kommt, benötigt eine Bescheinigung des Gesundheitsamtes gem. § 43 Abs. 1 Infektionsschutzgesetz (IfSG). Im Lebensmittelrecht finden sich für den Veranstalter weitere wichtige einschlägige zu berücksichtigende Vorschriften. So macht beispielsweise das Lebensmittel-, Bedarfsgegenstände- und Futtermittelgesetzes (LFBG) differenzierte Vorgaben im Bereich des Gesundheitsschutzes und ermächtigt den Gesetzgeber zum Erlass zahlreicher Verordnungen im Bereich des Umgangs und der Verarbeitung von Lebensmitteln.

160 Des weiteren sind vom Veranstalter auch die einschlägigen Jugendschutzvorschriften zu beachten – vor allem in Hinblick darauf, dass Kinder und Jugendliche zwar nicht einer generellen Zutrittsbeschränkung zu einer Veranstaltung unterliegen, ihnen aber keine alkoholischen Getränke oder Tabakwaren verkauft werden dürfen (§§ 9, 10 JuSchG).

161 Sollen Kinder oder Jugendliche Teil der Veranstaltung selbst werden, beispielsweise als Künstler, ist selbstverständlich auch das Jugendarbeitsschutzgesetz zu berücksichtigen. Eine entsprechende Genehmigung für die Mitwirkung von Kindern und Jugendlichen wird vom Gewerbeaufsichtsamt erteilt.

162 Auch das Aufstellen oder Aufhängen von Veranstaltungsplakaten kann sondergenehmigungspflichtig sein, wenn die Veranstaltung auf öffentlich-rechtlichem Eigentum stattfindet. Zuständig sind hierfür allgemeinen Ordnungsämter.[56] Das sog. Wildplakatieren (als eine von zahlreichen Formen des sog. »Guerilla-Marketing«), also die nicht genehmigte Anbringung von Plakaten, Anzeigen, Graffiti an öffentlichen oder privaten Gebäuden, an Stadtmobiliar oder mithilfe freistehender Werbeträger für Werbezwecke, wird von den Gemeinden streng geahndet und gilt bei Kundigen der Veranstaltungsbranche längst nicht mehr als Kavaliersdelikt.

163 Sollen im Rahmen- oder Begleitprogramm einer Veranstaltung Lotterien oder Tombolen durchgeführt werden, müssen diese ebenfalls von den Ordnungsbehörden genehmigt werden. Für Glücksspiele gelten § 4 des Staatsvertrages zum Glücksspielwesen (GlüStV) in Verbindung mit der jeweiligen entsprechenden landesgesetzlichen Sondernorm.

164 Bei geplanten Feuerwerken benötigt man eine Ausnahmegenehmigung gemäß § 24 der 1. SprengV[57] i.V.m. der einschlägigen landesimmissionsschutzgesetzlichen Vorschrift des jeweiligen Bundeslandes.

165 Bei allen durchzuführenden Veranstaltungen sollte auch die Einbindung von ehrenamtlich tätigen oder kommerziellen Sanitätsdiensten nicht unbeachtet bleiben. Oft wird bei größeren Veranstaltungen sogar die Anwesenheit eines Arztes vorausgesetzt.[58] Mit Rettungswegen, Rettungskräften und Sanitätsdiensten zusammenhängende Pflichten ergeben sich auch aus der Versammlungsstättenverordnung.

166 Sollen auf der Veranstaltung Funkmikrofone eingesetzt werden, benötigt der Veranstalter hierfür eine von der Bundesnetzagentur zu vergebene Lizenz.

---

56 Z.B. in Hamburg das Bezirksamt Hamburg-Nord – Fachamt Management des öffentlichen Raumes – Zentralstelle Wildplakatierung.
57 Erste Verordnung zum Sprengstoffgesetz.
58 *Funke/Müller* Rn. 700.

C. Rechtliche Aspekte der Organisation und Durchführung einer Veranstaltung

Soll nach der Planung des Veranstalters die Veranstaltung länger als 22 Uhr dauern und kann es dadurch zur Störung von Nachbarn oder Anliegern kommen, ist an die Vorschriften zur Nachtruhe und Sperrzeiten zu denken und möglicherweise eine Sperrzeitverkürzungsgenehmigung bei den zuständigen behördlichen Stellen zu beantragen. Hier sollte sich der Veranstalter über die in dem Bundesland, in dem die Veranstaltung durchgeführt werden soll, entsprechend geltenden landesgesetzlichen Regelungen informieren. **167**

Diese nicht abschließende Darstellung einzelner Genehmigungserfordernisse zeigt, dass der Veranstalter bzw. dessen Fachleute oder Berater über alle Belange ihrer Veranstaltung eine feste Planungsvorstellung haben müssen, um sicherzustellen, allen behördlichen Anforderung bei der Durchführung der Veranstaltung gerecht zu werden. Wird eine Veranstaltung indes ohne eine bestimmte (Teil-)Genehmigung durchgeführt, kann dies erhebliche rechtliche Konsequenzen haben, die selbstverständlich auch zur Untersagung oder Abbruch einer Veranstaltung führen können. Der Veranstalter kann hierbei für den Ausfall oder das Abbrechen der Veranstaltung nicht nur zivilrechtlich haftbar gemacht werden, sondern wird erdulden und erfahren müssen, dass behördlicherseits eine Untersagungsverfügung auch mit Hilfe von Zwangsgeldern durchgesetzt werden kann. **168**

II. Verwertungsgesellschaften[59]

Ein Veranstalter hat bei der Durchführung seiner Veranstaltung neben den zuvor dargestellten eher technischen Anforderungen darüber hinaus urheberrechtliche Vorkehrungen zu treffen. Sofern bei einer Veranstaltung nach dem Urheberrechtsgesetz (UrhG) urheberrechtlich geschützte Werke genutzt werden sollen, hat sich der Veranstalter zuvor die entsprechenden Berechtigungen einzuholen. Um hierbei rechtssicher agieren zu können, ist ein Blick auf das Recht der Verwertungsgesellschaften zu werfen. **169**

1. Struktur und Aufgabe

Verwertungsgesellschaften sind private Einrichtungen, die die kommerziellen Rechte und Ansprüche von Kulturschaffenden (z.B. Komponisten, Filmproduzenten, Autoren, Fotografen, Malern, sonstigen Künstlern) gegenüber den Nutzern ihrer Werke und Leistungen (z.B. Veranstaltern oder Medienunternehmen) kollektiv vertreten bzw. treuhänderisch wahrnehmen und durchsetzen.[60] Das System der Verwertungsgesellschaften dient damit der Vermarktung von Urheber- und Leistungsschutzrechten von Berechtigten, die ihre urheberrechtlich eingeräumten Rechte bzw. Vergütungsansprüche infolge der Zunahme von Vervielfältigungstechnologien und Massennutzungen (Radio, TV, Diskotheken, Hotels) nicht mehr selbst verfolgen, kontrollieren und durchsetzen können. Hierzu zählt auch der für einen einzelnen Urheber oder Leistungsschutzberechtigten kaum überschaubare Bereich der Kulturveranstaltungen. **170**

Zentrale Rechtsquelle für die Aufgabe von Verwertungsgesellschaften ist das WahrnG.[61] Je nach Art eines Werkes sind unterschiedliche Verwertungsgesellschaften für die Wahrnehmung der Rechte des Urhebers zuständig.[62] Dazu schließen die Urheber und Leistungsschutzberechtigten mit den für den jeweiligen Tätigkeitsbereich spezialisierten Verwertungsgesellschaften Wahrnehmungsverträge bzw. Berechtigungsverträge, in denen sie ihre ausschließlichen Nutzungsrechte, Einwilligungsrechte und vermögensrechtlichen **171**

---

59 Vgl. dazu auch Kapitel 11 »Verwertungsgesellschaften« dieses Handbuchs.
60 *Paschke* § 12 Rn. 670.
61 Gesetz über die Wahrnehmung von Urheberrechten und verwandten Schutzrechten (Urheberrechtswahrnehmungsgesetz) vom 9.9.1965 (BGBl. I, S. 1294), zuletzt geändert durch Gesetz vom 26.10.2007 (BGBl. I S. 2513).
62 *Rehbinder* Rn. 880.

Ansprüche auf die Verwertungsgesellschaft übertragen.[63] Darunter fallen die im UrhG geregelten Aufführungsrechte, Senderechte, Vervielfältigungs-, Verbreitungs- und Vortragsrechte sowie das Wiedergaberecht durch Bild- oder Tonträger und von Rundfunksendungen. Auch Rechte, die während der Vertragsdauer erst noch entstehen, sind übertragbar (sog. »Vorausverfügung«).[64] Demzufolge sind die Verwertungsgesellschaften Anlaufstelle für jeden Unternehmer (also auch jeden Veranstalter), der musikalische, künstlerische oder visuelle Werke nutzen will. Die Verwertungsgesellschaften erteilen den Verwertern durch entsprechende Verträge genau definierte Nutzungsrechte und können unbefugte Nutzungen verbieten.[65] Für die erteilten Lizenzen ziehen die Verwertungsgesellschaften die in den Verträgen festgelegten und auf Basis eines detailliert aufgeschlüsselten Tarifsystems Entgelte von den Verwertern ein.[66] Die eingenommenen Vergütungen leiten sie nach Maßgabe der von ihnen im Sinne des §7 Satz 1 WahrnG aufzustellenden Verteilungspläne dann an ihre Berechtigten weiter, wobei sie nur einen Aufwendungsersatz abziehen, nicht aber einen Gewinnanteil zurückbehalten.[67] Damit fungieren die Verwertungsgesellschaften als Schnittstelle zwischen Schöpfer und Nutzer. Sowohl zum Abschluss der Wahrnehmungsverträge als auch zur Lizenzerteilung gegenüber Werknutzern zu angemessenen Bedingungen sind die Verwertungsgesellschaften gesetzlich verpflichtet, vgl. § 6 Abs. 1 und § 11 Abs. 1 WahrnG.

172 Insgesamt gibt es derzeit zwölf Verwertungsgesellschaften für verschiedene Tätigkeitsbereiche in Deutschland,[68] darunter vor allem die Verwertungsgesellschaft Wort (VG Wort), Verwertungsgesellschaft Bild-Kunst (VG Bild-Kunst) sowie die Gesellschaft für Verwertung von Leistungsschutzrechten mbH (GVL).[69]

173 Die VG Wort nimmt im Unterschied zur GEMA mit Ausnahme des kleinen Senderechts nur Zweitverwertungsrechte wahr und hat insofern eine Vermittlerrolle zwischen dem Autor als Lizenzgeber sowie Herausgebern und Verlagen als Lizenznehmern.[70] Die Erstverwertungsrechte räumen die Autoren in der Regel direkt ihren Verlagen ein oder nehmen diese – in seltenen Fällen – selbst wahr.

174 Die VG Bild-Kunst ist die urheberrechtliche Vertretung von Künstlern, Fotografen, Grafikdesignern, Bildagenturen und Filmurhebern für die Verwertungen ihrer Werke, insbesondere auch für Werbeverwendungen.

175 Die GVL ist die zentrale Verwertungsgesellschaft auf dem Gebiet der Leistungsschutzrechte für ausübende Künstler (z.B. Musiker, Sänger, Tänzer, Schauspieler), Bild- und Tonträgerhersteller, Hersteller von Videoclips sowie Veranstalter gemäß § 81 UrhG.

176 Die Verwertungsgesellschaften unterliegen der Aufsicht durch das Deutsche Patent- und Markenamt (DPMA) in München sowie aufgrund ihres faktischen Monopols einer Missbrauchsaufsicht durch das Bundeskartellamt, § 18 Abs. 1 und 3 WahrnG.

---

63 *Rehbinder* Rn. 727.
64 *Paschke* § 12 Rn. 670.
65 *Güllemann* S. 167.
66 Das gesamte Tarifsystem der GEMA ist anschaulich und kundenorientiert unter www.gema.de einsehbar.
67 *Rehbinder* Rn. 878.
68 Zu den übrigen Verwertungsgesellschaften vgl. *Rehbinder* Rn. 887 ff.
69 Eine im Jahre 1959 gemeinsame Gründung der Deutschen Orchestervereinigung und der Deutschen Landesgruppe der IFPI (International Federation of the Phonographic Industry), vgl. *Rehbinder* Rn. 884.
70 *Rehbinder* Rn. 883.

2. GEMA Anmeldung

Ein Veranstalter, der im Rahmen seiner Veranstaltung urheberrechtlich geschütze Musikwerke öffentlich wiedergibt, hat diese Veranstaltung vorab bei der GEMA anzumelden und dort eine entsprechende Lizenz zur Nutzung der Musikwerke zu erwerben.

Die Wiedergabe ist nach § 15 Abs. 3 UrhG öffentlich, wenn sie für eine Mehrzahl von Personen bestimmt ist, wie beispielsweise bei Live- oder Tonträgermusik bei Veranstaltungen, Hintergrundmusik in Gaststätten oder Einzelhandelsgeschäften, Musik im Internet sowie in der Telefonwarteschleife. Nicht öffentlich – mithin privat – ist eine musikalische Darbietung, wenn der Teilnehmerkreis durch wechselseitige Beziehungen einen in sich geschlossenen, nach außen individuell abgegrenzten Personenkreis darstellt. Der BGH hat hierfür das Kriterium des »erkennbar persönlichen Bandes zwischen den Teilnehmern« einer Veranstaltung entwickelt.[71]

Bei der GEMA handelt es sich um die älteste und mit Gesamteinnahmen von mehr als 800 Millionen € jährlich um die wirtschaftlich bedeutendste Verwertungsgesellschaft in Deutschland. Sie vertritt mit 60.000 Mitgliedern die Rechte von Musikschaffenden (z.B. Komponisten, Songschreiber, Textverfasser und Musikverleger) und außerdem das gesamte Weltrepertoire an urheberrechtlich geschützter Musik.[72] Die GEMA hat eine ausgeklügelte Tarif-Systematik für die unterschiedlichen Arten von Musik, deren Nutzungsformen und Nutzergruppen entwickelt. Die Anmeldung des Veranstalters (oder sonstigen Nutzers von Musik) hat alle tarifrelevanten Angaben zu enthalten wie u.a. Art der Veranstaltung und der musikalischen Darbietung, Nennung der zu verwendenden Musikwerke (wenn nicht pauschal das GEMA Repertoire lizensiert werden soll), Höhe der Eintrittspreise, Größe der Veranstaltungsstätte. Hiernach berechnen sich unter Anwendung der festgelegten und für die Veranstaltung einschlägigen Tarife die vom Veranstalter (oder sonstigen Musiknutzer) zu entrichtenden Vergütungssätze (Lizenzgebühren).

Unterbleibt eine solche Anmeldung, läuft der Veranstalter Gefahr, dass er mangels vorliegender Berechtigung zur Darbietung der musikalischen Werke von der GEMA zusätzlich zu der nachzuentrichtenden Lizenzgebühr einen Aufschlag von bis zu 100 % zu leisten hat.

III. Künstlersozialversicherung

Der Veranstalter hat im Rahmen seiner Planungen für eine Veranstaltung, insbesondere auch für deren Budgetierung, Abgaben zur Künstlersozialversicherung zu berücksichtigen, da er durch die von ihm verantwortlich durchgeführten Darbietungen Künstler bzw. deren künstlerische Leistungen verwertet.

1. Systematik

Die Künstlersozialversicherung stellt einen gesetzlichen Versicherungsschutz für selbständige Künstler und Publizisten dar.[73] Es handelt sich um eine Pflichtversicherung, die die Versicherungszweige Renten-, Kranken- und Pflegeversicherung umfasst. Rechtsquelle ist das Künstlersozialversicherungsgesetz (KSVG) von 1981,[74] das im Jahre 1983 (in den neuen Bundesländern 1992) in Kraft getreten ist. Es ist das Ergebnis steigender

---
71 BGH v. 24.6.1955, I ZR 178/53.
72 *Rehbinder* Rn. 882.
73 Auf die umfassende Darstellung in Kapitel 15 »Künstlersozialversicherungsrecht« des Handbuchs wird verwiesen.
74 BGBl. I S. 705, zuletzt geändert durch das Dritte Gesetz zur Änderung des KSVG vom 12.6.2007 (BGBl. I 1034).

Bedeutung kultureller Leistung einhergehend mit der lange Zeit fehlenden oder lückenhaften sozialen Sicherung selbständiger Künstler und Publizisten. Mit diesem sozialversicherungsrechtlichen Sondersystem genießen die selbständigen Künstler/Publizisten unter bestimmten Voraussetzungen eine privilegierte Stellung gegenüber anderen selbständigen Berufsgruppen.

183 Erforderlich für die Versicherungspflicht ist gemäß § 1 KSVG zunächst die Ausübung einer künstlerischen oder publizistischen Tätigkeit.[75] Der Begriff des Künstlers wird im KSVG bewusst nicht definiert.[76] Zwecks Anpassung an aktuelle künstlerische Entwicklungen hat sich der Gesetzgeber für einen offenen Künstlerbegriff entschieden. § 2 des KSVG benennt in Form von Generalklauseln vier Bereiche des künstlerischen und publizistischen Schaffens wie die Musik, die bildende und darstellende Kunst sowie die Publizistik. Publizist ist, wer als Schriftsteller, Journalist oder in anderer Weise publizistisch tätig ist oder Publizistik lehrt, § 2 Satz 2 KSVG. Der Begriff des Publizisten ist nach ständiger Rechtsprechung des BSG weit auszulegen und soll grundsätzlich auch Übersetzer erfassen. Übersetzer von Bedienungsanleitungen und Werbebroschüren erstellen nur eine Kopie des Originaltextes und sind somit keine Publizisten im Sinne des KSVG.[77] Etwas anderes gilt, wenn sich beispielsweise der Produzent eines existierenden Bühnenwerkes in englischer Sprache zur Übertragung des Stückes in die deutsche Sprache der Dienstleistungen eines Übersetzers bedient.

184 Zur weiteren Auslegung der künstlerischen/publizistischen Tätigkeit lassen sich insbesondere der »Künstlerbericht« der Bundesregierung von 1975 als Maßstab heranziehen.[78] Er enthält typische Berufsgruppen, denen die Künstler- bzw. Publizistikeigenschaft unterstellt wird, ohne dass es auf die Qualität der künstlerischen Tätigkeit ankommt. Zu den erfassten Berufen gehören z.B. Grafiker, Bildhauer, Zeichner, Maler, künstlerische Fotografen, Musiklehrer, Pop- und Rockmusiker, Komponisten, Sänger, Dirigenten, Designer, Journalisten, Redakteure, Autoren, Bildjournalisten, Schauspieler, Regisseure sowie Unterhaltungskünstler. Interessant sind in diesem Zusammenhang die Ergebnisse einiger Rechtsstreitigkeiten. Das Bundessozialgericht (BSG) hat z.B. anerkannt, dass Juroren von Casting-Shows,[79] Webdesigner,[80] Visagisten,[81] Regieassistenten[82] sowie Dessous-Models in Diskotheken[83] dem Künstlerbegriff unterfallen. Hingegen wurde beispielsweise Tätowierern,[84] Darbietern von japanischen Teezeremonien[85] sowie Musikinstrumentenbauern[86] die Künstlereigenschaft abgesprochen.

185 Für einen Beitritt zur Künstlersozialversicherung ist schließlich erforderlich, dass die Tätigkeit selbständig und erwerbsmässig ausgeübt wird und ein dadurch erzieltes Einkommen der Künstler/Publizisten die Geringwertigkeitsgrenze von derzeit jährlich 3.900 € überschreitet, § 3 Abs. 1 KSVG. Von dieser Mindestverdienstgrenze nicht betroffen sind Berufsanfänger, also Personen, die sich noch innerhalb der ersten 3 Jahre seit erstmaliger Aufnahme ihrer Tätigkeit befinden, § 3 Abs. 2 KSVG. Auch gelegentliche

---

75 §§ 4-7 KSVG sind Ausnahmetatbestände, die eine Versicherungsfreiheit sowie die Möglichkeit einer Befreiung von der Versicherungspflicht beinhalten.
76 Vgl. die Gesetzesmaterialien zum KSVG, BT-Drs., 8/3172 S. 21 und 9/26 S. 18.
77 BSG, Urt. v. 7.12.2006, B 3 KR 2/06 R, SozR 4-5425 § 2 Nr. 9.
78 BT-Drs. 7/3071.
79 BSG ZUM-RD 2010, 309.
80 BSG, Urt. v. 7.7.2005, B 3 KR 37/04 R, SozR 4-5425 § 2 Nr. 5.
81 BSG, Urt. v. 12.5.2005, B 3 KR 39/04 R, SozR 4-5425 § 2 Nr. 4.
82 BSGE 83.
83 BSG NJW 1997, 1185.
84 BSGE 98, 152.
85 BSG, Urt. v. 12.5.2005, B 3 KR 13/04 R, SozR 4-5425 § 2 Nr. 3.
86 BSGE 80, 136.

C. Rechtliche Aspekte der Organisation und Durchführung einer Veranstaltung

Unterschreitungen der Verdienstgrenze (2 mal in 6 Jahren) sind unschädlich, § 3 Abs. 3 KSVG.

2. Finanzierung und Abgabeverpflichtung

Anhand des Finanzierungssystems der Künstlersozialversicherung wird die Sonderstellung der selbständigen Künstler und Publizisten gegenüber anderen Freiberuflern deutlich. So tragen die Versicherten nur die Hälfte ihrer Beiträge. Die Höhe der monatlichen Beitragszahlungen orientiert sich wie beim Arbeitnehmer am voraussichtlichen Jahresarbeitseinkommen (= Differenz aus Betriebseinnahmen und Betriebsausgaben) und den jeweiligen Beitragssätzen in den einzelnen genannten Versicherungszweigen. Bezieht der Betreffende kein monatlich festes Einkommen, erfolgt eine Berechnung aufgrund einer Einkommensschätzung. Bei sehr hohen Einkommen werden Höchstbeiträge festgesetzt. Die zweite Beitragshälfte wird zu 20 % durch einen Bundeszuschuss (§ 34 KSVG) und zu 30 % durch die sog. »Künstlersozialabgabe« der Kunst- und Publizistikverwerter (§§ 23 ff. KSVG) finanziert. Bei der Künstlersozialabgabe handelt es sich um eine Umlage, die zu einem bestimmten Prozentsatz die Honorarzahlungen belastet, die von den Verwertern an selbständige Künstler fließen.[87] Sie ist also ein Sozialversicherungsbeitrag, der aus Gründen der erforderlichen Wettbewerbsneutralität unabhängig von der Versicherungspflicht eines Künstlers oder Publizisten ist.[88] Ihre Einführung hatte verfassungsrechtliche Bedenken bei den Verwertern ausgelöst.[89] Das BVerfG bestätigte jedoch im Jahre 1987 die Verfassungsmäßigkeit der Künstlersozialabgabe sowie im Rahmen dessen auch die Verfassungsmäßigkeit des KSVG.[90]

186

Abgabepflichtig sind beispielsweise Rundfunkanstalten, Werbeagenturen, Verlage, Theater, Galerien und Musikschulen (vgl. den Katalog in § 24 Abs. 1 KSVG) sowie Unternehmen, die mehr als drei künstlerische/publizistische Veranstaltungen im Jahr durchführen, § 24 Abs. 2 KSVG.

187

Für langjährig im Veranstaltungsmarkt tätige und etablierte Veranstalter (z.B. Konzert- oder Gastspieldirektionen) ist die Funktion und Aufgabe der Künstlersozialversicherung bzw. daraus resultierende Abgabeverpflichtungen zumeist ständige Routine. Bei Agenturen, die Künstler und künstlerische Leistungen vermitteln und sich möglicherweise relativ neu im Markt bewegen, kann es hingegen zu Problemen kommen, sofern diese sich bei Ausübung ihrer geschäftlichen Tätigkeit nicht ausreichend informiert oder beraten lassen haben. Grundsätzlich besteht nämlich gem. § 24 KSVG auch für Agenturen eine Abgabeverpflichtung. Dies gilt lediglich nicht in den Fällen, in denen das Unternehmen oder der Veranstalter, an den der Künstler bzw. die künstlerische Leistung vermittelt wird, aufgrund eigener Abgabeverpflichtung Schuldner der zu leistenden Künstlersozialversicherungsabgaben ist.[91]

188

Zuständig für die bundesweite Durchführung des KSVG, insbesondere für die Feststellung der Versicherungspflicht und Entgegennahme von Beitragsmeldungen ist die der Unfallkasse des Bundes eingegliederte, in Wilhelmshaven ansässige Künstlersozialkasse (KSK), die als Einzugstelle fungiert.[92]

189

Nach anfänglichen Unstimmigkeiten und Schwierigkeiten handelt es sich bei der Künstlersozialversicherung mittlerweile um eine anerkannte und etablierte Einrichtung. Dies

190

---

87 *Finke*/von Maydell/Ruland/Becker (Hrsg.), § 20 Rn. 3.
88 *Finke*/Brachmann/Nordhausen (Hrsg.), KSVG, § 24 Rn. 8.
89 *Osterloh* NJW 1982, 1617 m.w.N.
90 BVerfG NJW 1987, 3115.
91 Vgl. § 25 Abs. 3 Satz 2 KSVG.
92 *Funke/Müller* Rn. 1504.

spiegeln auch die stetig steigenden Zahlen der Mitglieder wieder. So hat sich der versicherte Personenkreis seit 1991 von rund 47.000 auf 164.555 im Jahre 2009 mehr als verdreifacht.[93] Der größte Anteil entfällt auf den Bereich der bildenden Kunst (ca. 36 %), gefolgt von der Musik (ca. 27 %), dem Bereich Wort (ca. 25 %) und dem der darstellenden Kunst (ca. 12 %).[94]

IV. Veranstalterhaftung

191 Anhand der zuvor behandelten Abschnitte dieses Kapitels lässt sich erkennen, welchen Risiken ein Veranstalter ausgesetzt sein kann, sofern er grundlegende Anforderungen bei der Planung, Konzeption und Durchführung seiner Veranstaltung vernachlässigt. Sowohl aus der Vielzahl von zu schließenden Verträgen im Rahmen einer Veranstaltung als auch aufgrund der Fülle und Vielschichtigkeit von behördlichen und technischen Erfordernissen können Gefahrenquellen entstehen. Dabei ist der Veranstalter in aller Regel auch für seine Mitarbeiter und von ihm Beauftragte (§ 278 BGB, Erfüllungsgehilfe und § 831 BGB, Verrichtungsgehilfe) verantwortlich.

1. Haftungsgrundsätze

192 Mit diesen beschriebenen Gefahrenquellen hat sich der Veranstalter bzw. seine Mitarbeiter und Berater vorab auseinanderzusetzen und geeignete Vorkehrungen zu treffen, um vorhandene Haftungsrisiken zu minimieren. Die zum Veranstalterhaftungsrecht entwickelte Rechtsprechung verlangt, dass diejenigen Vorkehrungen zu treffen sind, die nach den Sicherheitserwartungen des jeweiligen Verkehrs im Rahmen des wirtschaftlich Zumutbaren geeignet sind, Gefahren von Dritten tunlichst abzuwenden, die bei bestimmungsgemäßer oder bei nicht ganz fernliegender bestimmungswidriger Benutzung drohen.[95] Es haftet danach derjenige, der eine ihm obliegende Vertragserfüllungs- oder Sorgfalts- bzw. Verkehrssicherungspflicht gegenüber einem anderen schuldhaft verletzt und dadurch einen Schaden verursacht. Haftung bedeutet also Verantwortlichkeit mit der Konsequenz einer Schadensersatzpflicht gegenüber dem Geschädigten.[96]

193 Mögliche Schadensarten lassen sich dabei in hauptsächlich drei Gruppen kategorisieren:
- Vermögensschäden (i.e. Beeinträchtigung des Vermögens einer juristischen oder natürlichen Person),
- Sachschäden (i.e. Beschädigung, Zerstörung oder Verlust von Gegenständen) sowie
- Personenschäden (i.e. Verletzung oder Tod von Menschen).[97]

194 Man hat im Wesentlichen zwischen vertraglicher und deliktischer Haftung zu unterscheiden. Da ein spezielles Haftungsrecht für den Veranstaltungsbereich nicht existiert, folgt die Veranstalterhaftung hierbei den bekannten Bestimmungen des Zivil-, aber auch Strafrechts. Die Rechtssprechung zur Veranstalterhaftung hat in einer Vielzahl von Entscheidungen Maßstäbe gesetzt, an denen sich verantwortungsvoll tätige Veranstalter mit Hilfe ihrer Berater oder ihres Fachpersonals orientieren können. Es haben sich im Bereich der vertraglichen Haftungsansprüche vor allem Fälle von Leistunsgstörungen und Mängelhaftung ergeben, wobei die Delikthaftung häufig auf der Verletzung von Schutzgesetzen beruht.

---

93 Laut Statistik der KSK über die Entwicklung der Versichertenzahlen, abrufbar unter www.künstlersozialkasse.de/KSK in Zahlen/Statistik/Entwicklung der Versichertenzahlen.
94 *Güllemann* S. 165.
95 Palandt/*Sprau* § 823 Rn. 51.
96 *Güllemann* S. 52.
97 Vgl. *Funke/Müller* Rn. 732.

C. Rechtliche Aspekte der Organisation und Durchführung einer Veranstaltung

Eine vertragliche Haftung kommt immer dann in Betracht, wenn Pflichten aus dem jeweils abgeschlossenen Vertrag verletzt werden. Wichtigste Anspruchsgrundlage für einen vertraglichen Haftungsanspruch ist § 280 Abs. 1 BGB. An diesen zentralen Grundtatbestand knüpfen die verschiedenen Erscheinungsformen der Pflichtverletzung wie Unmöglichkeit der Leistung, Verzug sowie Schlechtleistung an. Im Rahmen von Veranstaltungen stellen Verzug und mangelhafte Leistung die häufigsten Leistungsstörungen dar. 195

Zu einem klassischen Fall einer Leistungsstörung im Veranstaltungsrecht, der Verspätung, kann es beispielsweise sowohl auf Seiten des Veranstalters (= Schuldnerverzug) als auch auf Seiten des Besuchers (= Gläubigerverzug) kommen. Ein Anspruch des Besuchers gegen den Veranstalter auf Rücktritt und Erstattung des gesamten Eintrittsgeldes gemäß §§ 323 Abs. 5, 346 Abs. 1 BGB lässt sich bei zeitlichen Verschiebungen der Veranstaltung durchsetzen.[98] Mit kleinen Verzögerungen muss der Besucher hingegen in der Regel rechnen.[99] 196

Eine mangelhafte Leistung liegt immer dann vor, wenn die erbrachte Leistung nicht der vereinbarten Qualität entspricht.[100] Beispielsweise können schlechte Darbietungen, Abkürzungen des Programms, schlechte Sicht oder Akustik sowie ein unzumutbares Raumklima einen Schadensersatzanspruch aus §§ 281 i.V.m. 280 Abs. 1 und Abs. 3 BGB zur Folge haben. 197

Zu Problemen zwischen den Vertragsparteien kann es weiter kommen, wenn eine Veranstaltung nicht stattfinden kann bzw. ein Fall der teilweisen oder vollständigen Unmöglichkeit vorliegt. Ein Veranstaltungsausfall kann auf den unterschiedlichsten Ursachen beruhen. Umstände wie Erkrankung des Darstellers oder Versagen technischer Einrichtungen, wie z.B. Defekt in der Bühnentechnik, gehören zum Risiko des Veranstalters genauso wie der Ausfall aufgrund von Drogen- und/oder Alkoholkonsums des Darstellers. Das Engagement solcher Darsteller ist typischerweise ein Betriebsrisiko des Veranstalters. In diesen Fällen wird der Vertrag in vollem Umfang rückabgewickelt, wobei der Veranstalter gemäß § 275 Abs. 1 BGB seinerseits von seiner Leistungspflicht frei wird. Falls die Besucher schon Eintritt gezahlt haben (was in aller Regel der Fall sein wird), haben sie Anspruch auf Rückzahlung des vollen Eintrittsgeldes aus §§ 326 Abs. 4, 346 BGB. 198

Bei einem weiteren Verschuldensfall des Veranstalters, z.B. Nichtzahlung der Gage an den Darsteller und dessen darauf erfolgenden Weigerung zur Leistung des vereinbarten Auftritts, trifft den Veranstalter eine Ersatzpflicht nach §§ 280 Abs. 1, 3 i.V.m. 283 BGB.[101] 199

Fälle höherer Gewalt, z.B. Naturkatastrophen, liegen hingegen außerhalb der Risikosphäre der Beteiligten. Das hat zur Folge, dass jede Partei ihre bis dahin entstandenen Kosten selbst trägt. 200

Neben vertraglichen Ansprüchen kommen auch Schadensersatzansprüche aus vorvertraglicher Pflichtverletzung in Betracht. Darunter fallen z.B. fehlerhafte Auskünfte in Bezug auf die tatsächliche Absage einer Veranstaltung und darauf getroffener Dispositionen des Geschädigten. So haftet der Veranstalter aus §§ 280 Abs. 1, 311 Abs. 2, 241 Abs. 2 BGB für die vergebliche Anreise der Besucher.[102] 201

---

98 *Güllemann* S. 60.
99 *Güllemann* S. 71.
100 Brox/*Walker* § 24 Rn. 1.
101 *Güllemann* S. 59.
102 *Güllemann* S. 64.

202 Unerheblich ist, ob der Schaden vom Veranstalter selbst verschuldet ist oder auf Fremdverschulden eines Mitarbeiters zurückzuführen ist. Zwischen Eigenverschulden und Fremdverschulden eines Mitarbeiters bestehen wertungsmäßig keine Unterschiede, sondern sind für den Veranstalter in haftungsrechtlicher Hinsicht gleich zu bewerten. Hat er einen Erfüllungsgehilfen mit der Wahrnehmung der betreffenden Pflichten betraut, haftet er für dessen Verschulden wie für eigenes Verschulden gem. § 278 BGB.

203 Eine außervertragliche Haftung basiert auf einer unerlaubten Handlung oder der Verletzung eines Schutzgesetzes, §§ 823 ff. BGB. Insbesondere sind hier Haftungstatbestände aufgrund von Verletzungen bestehender Verkehrssicherungspflichten relevant, wobei vertragliche neben außervertragliche Haftungstatbestände treten können. Diese Pflichten hat allgemein jeder, der Gefahrenquellen schafft, mithin der Veranstalter, gegenüber denjenigen, die diesen Gefahren ausgesetzt sind.[103]

204 Die jeweiligen Pflichten betreffen u.a. den Ablauf der Veranstaltung, die bauliche Gestaltung sowie den Zustand des Veranstaltungsgeländes.[104]

205 Die Anforderungen an die Schutz- und Sorgfaltspflichten hängen von der jeweiligen Veranstaltung ab. Massenveranstaltungen bergen besondere Risiken und erfordern dementsprechende Sicherungen zum Schutz der Veranstaltungsteilnehmer, der Anlieger oder Dritter, insbesondere durch den Einsatz adäquater Ordnungs- und Sanitätsdienste.[105] So verletzt beispielsweise der Veranstalter eines Rockkonzerts seine Verkehrssicherungspflicht, wenn er das sog. »Stage Diving« nicht durch entsprechende Absperrmaßnahmen im Bühnenbereich sichert.[106]

206 Den Konzertveranstalter trifft auch eine Schutzpflicht in Bezug auf mögliche durch zu laute Musik entstehende Gehörschäden.[107] Diese entfällt jedoch, wenn der Veranstalter nachweisen kann, dass sich die Lautstärke innerhalb der erlaubten Grenzwerte gehalten hatte.[108]

207 Ein Diskothekenbetreiber verletzt seine Verkehrspflicht beim Aufstellen eines Wasserbassins erst, wenn er die erforderlichen Sicherungsmaßnahmen (ständiger Aufseher, deutliche Warnhinweise, mindestens 90 cm Wassertiefe) unterlässt[109] und nicht allein schon durch das Aufstellen des Bassins wegen Unbeherrschbarkeit der Gefahrenquelle.[110]

208 Auch bei deliktischen Ansprüchen haftet der Veranstalter für fremdes Verschulden. Dies ergibt sich aus § 831 BGB. Kommt es z.B. nach einem Konzert zu Ausschreitungen der Besucher ist der Veranstalter für den Ersatz des angerichteten Schadens gegenüber dem Hallenbetreiber verantwortlich. Entscheidender Unterschied zur vertraglichen Haftung ist, dass der Veranstalter sich entlasten kann, wenn er nachweist, dass ihn bezüglich der Auswahl und Überwachung kein Verschulden trifft, § 831 Abs. 1 Satz 2 BGB.

2. Haftungsbeschränkungen, Risk-Managment und Versicherungen

209 Die Haftung eines Veranstalters kann dieser durch entsprechende vertragliche Vereinbarungen oder formularmäßige Klauseln in seinen Allgemeinen Geschäftsbedingungen wirksam beschränken und teilweise sogar ausschließen.[111] Klauseln indes, die jegliche

---

103 Geigel/*Wellner* S. 412 Rn. 28.
104 *Funke/Müller* Rn. 730 g.
105 *Funke/Müller* Rn. 730 f.
106 OLG Hamm VersR 2003, 335.
107 LG Trier NJW 1993, 1474.
108 BGH NJW 2001, 2019; LG Hamburg ZUM-RD 2005, 525 ff.
109 LG Bonn, Urt. v. 30.7.1996, 1 O 119/03; OLG München VersR 1997, 1250.
110 So aber *Steike* VersR 1994, 911 ff.
111 *Funke/Müller* Rn. 794.

C. Rechtliche Aspekte der Organisation und Durchführung einer Veranstaltung

Haftung, auch grob fahrlässiges Verhalten und Vorsatz ausschließen, verstoßen gegen § 309 Nr. 7b BGB und sind insgesamt unwirksam. Erlaubt ist grundsätzlich ein Haftungsausschluss nur bezüglich einfacher Fahrlässigkeit. Die Haftungsbegrenzung bei der Verletzung von Kardinalpflichten, also elementaren Vertragspflichten, ist unzulässig.[112] Ein solches Verbot gilt auch grundsätzlich bei ausschließenden Klauseln hinsichtlich der Verletzung von Leben, Körper oder Gesundheit von Veranstaltungsteilnehmern (vgl. § 309 Nr. 7a BGB).

Dem Veranstalter ist darüber hinaus zu empfehlen, bestehende Risiken einzuschränken und seine Veranstaltung gegen mögliche Schäden zu versichern. Er kann dazu im Wege eines durchzuführenden Risk Managements agieren. Risk Management ist als Vorstufe zu einer sich gegebenenfalls anschließenden Versicherung die systematische Erfassung und Bewertung von Risiken sowie die Steuerung von Reaktionen auf festgestellte Risiken.[113] Dazu gehören eine Risikoanalyse, die Besichtigung einer Veranstaltungsörtlichkeit, Auswertung von Informationsquellen, eine mögliche Schadensanalyse sowie eine Analyse der Maßnahmen zur Risikokontrolle.[114] 210

Nach durchgeführter Risikoanalyse erfolgt der Abschluss geeigneter Versicherungen. Wichtige Veranstaltungsversicherungen sind Veranstaltungsausfallversicherungen, Veranstalter- Haftpflichtversicherungen sowie Elektronikversicherungen. 211

Mögliche finanzielle Nachteile, die dem Veranstalter durch Ausfall, Änderungen oder Verschiebungen der Veranstaltung außerhalb seines Einflussbereichs entstehen, kann er mit einer Veranstaltungsausfallversicherung vermeiden.[115] Nicht abzudecken sind dabei jedoch Risiken aufgrund mangelnden Zuschauerinteresses,[116] Krieg, Terror oder der Auswahl unzuverlässiger Partner, die zur verabredeten Veranstaltung nicht antreten.[117] 212

Der Abschluss einer Elektronikversicherung ist bei Veranstaltungen wichtig, bei denen teure elektronische Geräte zum Einsatz kommen. Dazu gehören Geräte und Anlagen der stationären und mobilen Veranstaltungstechnik, z.B. Licht, Beschallung sowie elektronische Bühnentechnik. Hier ist empfehlenswert, im Versicherungsvertrag genau festzulegen, welche Gerätschaften mitumfasst sind und unter welchen Umständen die elektronischen Geräte versichert sind. 213

Die Veranstalter-Haftpflichtversicherung ist im Veranstaltungsbereich als die wichtigste Versicherung zu nennen, da diese eine Vielzahl von relevanten Risiken abdeckt (sog. Multi-Cover-Police). Regelmäßig abgedeckt sind damit Forderungen, die an den Veranstalter wegen fahrlässiger Beschädigungen aller Art im Rahmen der Veranstaltung oder des Unterlassens von Sorgfaltsmaßnahmen gestellt werden, wie beispielsweise beschädigte Anlagen oder Unfälle beim Aufbau. Nach der Katastrophe im Rahmen der Duisburger Love Parade kommt neben den Fragen zukünftiger Genehmigungsverfahren von Großveranstaltungen insbesondere dem Bereich der Versicherung und einer vorgelagerten Risikoanalyse und- bewertung eine gesteigerte Bedeutung zu. 214

---

112 BGHZ 71, 167, 173; Geigel/*Hinbinger* S. 344 Rn. 17.
113 *Ebert* S. 6, 131.
114 *Harder* S. 7.
115 Zum Ursprung der Veranstaltungsausfallversicherung siehe (ohne Autor) VW 1992, 1049 ff.
116 Hier greift jedoch unter Umständen eine sog. »Shortfall-Guarantee-Versicherung«.
117 *Görsdorf-Kegel* VW 2004, 618; *Görling* VW 1990, 1002.

D. Rechtliche Aspekte der Vermarktung einer Veranstaltung

215 Von entscheidender Bedeutung für den (wirtschaftlichen) Erfolg einer Veranstaltung ist deren Vermarktung. Wirtschaftlich erfolgreich ist eine Veranstaltung dann, wenn es dem Veranstalter gelingt, möglichst schnell die geleisteten Investitionen für Entwicklung, Produktion und Marketing im Zusammenhang mit einer Veranstaltung zurückzuverdienen und darüber hinaus einen Gewinn zu erwirtschaften, der es dem Veranstalter ermöglicht, in neue Projekte zu investieren bzw. Einlagen etwaiger Investoren zurück zu gewähren.

216 Vermarktung wird in diesem Abschnitt aufgeteilt in den Bereich der reinen Ankündigung und Bekanntmachung (Werbung und Marketing durch zu leistende Investitionen bzw. vorzunehmende Bartergeschäfte)[118] und in den Bereich der (Re-)Finanzierung (also im Wesentlichen dem Vermarkten im engeren Sinne – letztlich dem reinen Verkaufen und Verwerten der Veranstaltung).

I. Werbung und Marketing

217 Grundsätzlich hat der Veranstalter dafür Sorge zu tragen, dass ihm sämtliche zur Bewerbung – in der jeweiligen beabsichtigten Werbeform – einer Veranstaltung oder eines Künstlers erforderlichen Rechte zur Verfügung stehen und er sich bei seinen Werbemaßnahmen im Rahmen der geltenden Gesetze bewegt.

1. Einzelaspekte der Bewerbung einer Veranstaltung

218 Der Veranstalter hat in rechtlicher Hinsicht darauf zu achten, welches Material (insbesondere Foto- und Filmmaterial) und welche Kennzeichenrechte (Domains, Marken, Titel, Namen) eines Künstlers, einer Band oder einer Veranstaltung zu Werbe- und Promotionzwecken verwendet werden können. Bei engagierten Künstlern oder eingekauften Shows sollte sich der Veranstalter vom jeweiligen Künstlermanagement bzw. Lizenzgeber/Gastspielunternehmen anhand detaillierter Angaben vertraglich garantieren lassen, welche Materialien und Kennzeichenrechte frei von Rechten Dritter zur Verfügung stehen. Häufig geschieht dies durch Aufnahme einer gesonderten Anlage zum Vertrag in Form eines sog. »Marketing/PR Manuals«.[119]

219 Bei selbstkreierten Shows hat der Veranstalter bzw. Produzent selbst umsichtig genug zu sein, bei der Rechteklärung mit Autoren, Komponisten, sonstigen Kreativen und Künstlern sich neben Produktions- und Aufführungsrechten auch umfassende Vermarktungsrechte einräumen zu lassen. Sofern eine neu konzipierte Produktion noch keinen kennzeichenrechtlichen Schutz erlangt hat, empfiehlt es sich, die Produktion auch in dieser Hinsicht rechtlich abzusichern. In Frage kommen hier neben der Markenanmeldung und der Domain-Registrierung auch die Titelschutzanzeige.

220 Im Bereich der Neuen Medien sind u.a. an das sog. E-Mail-Marketing konkrete gesetzliche Anforderungen gestellt, deren Umsetzung den Versendern von E-Mails teilweise noch immer erhebliche Schwierigkeiten bereitet. Bereits seit Dezember 2008 verbietet das Gesetz gegen den unlauteren Wettbewerb (UWG) E-Mail-Werbung ohne Einwilligung des Empfängers als unzumutbare Belästigung (§ 7 Abs. 2 Nr. 3 UWG). Will der Veranstalter seinen (potentiellen) Kunden Werbebotschaften über bevorstehende Veranstaltungen per E-Mail zukommen lassen, hat er zuvor deren Einwilligung einzuholen und muss das Vorhandensein einer Einwilligung im Zweifel belegen können. Darüber hinaus muss den Kunden eine jederzeitige Abbestellmöglichkeit eingeräumt werden. Das Telemedienge-

---

118 Als Bartergeschäft wird der wechselseitige Austausch von Leistungen ohne Geldfluss bezeichnet.
119 Vgl. auch Rdn. 76.

D. Rechtliche Aspekte der Vermarktung einer Veranstaltung

setz (TMG)[120] verlangt desweiteren, dass die Identität des Absenders einer E-Mail nicht verheimlicht oder verschleiert werden darf, sondern unter Verwendung eines vollständigen Impressums (i.e. Name, Anschrift, Vertretungsberechtigung(en), Telefonnummer, E-Mail-Adresse, Handelsregister- und Steuernummer) vollumfänglich erkennbar ist.[121] Beim Versand von Werbe-E-Mails an Privatpersonen bestimmt das TMG weiter, dass der Empfänger den Inhalt seiner Einwilligung jederzeit abrufen können muss, sofern diese per E-Mail erteilt worden ist. Dieses gesetzliche Erfordernis kann durch eine Bestätigungsmail erfüllt werden, in der der Empfänger nochmals darüber informiert wird, in welchem Umfang er der Nutzung seiner E-Mail-Adresse zuvor zugestimmt hat (§ 13 Abs. 2 Nr. 3 TMG).

Für den Versand von Newslettern, mit denen ein Veranstalter seine Kunden fortlaufend über sein Unternehmen bzw. sein Veranstaltungsprogramm zu informieren beabsichtigt, ist das sog. »Double-Opt-In«-Verfahren unabdingbar. Das bedeutet, dass der Kunde nach seiner Online-Anmeldung zum Erhalt eines Newsletters diesen Vorgang ein weiteres Mal aktiv bestätigen muss. Das kann z.B. durch Zusenden einer E-Mail mit gesondertem Bestätigungslink geschehen, durch dessen Anklicken die Anmeldung rechtswirksam wird. 221

Im Bereich der Nutzung von Musikwerken zu Werbezwecken hat der Veranstalter die Zustimmung der betreffenden Musikverlage einzuholen, die diese in aller Regel – außer bei möglichen Verletzungen von Urheberpersönlichkeitsrechten – gegen entsprechende Lizenzgebühr erteilen.[122] 222

Das Anbringen von Werbeplakaten sollte ausschließlich auf behördlich genehmigten und zu diesem Zweck freigegebenen Flächen und Stellen vorgenommen werden, da sog. Wildplakatieren mittlerweile streng nachverfolgt und geahndet wird.[123] 223

2. Medienkooperationen

Kaum eine größere Veranstaltung kommt heutzutage ohne eine Medienkooperation aus. Im lokalen Veranstaltungsmarkt sind meist lokale Tages- oder Wochenzeitungen bzw. Radio- und Fernseh-Sender die geeigneten Partner. Der wechselseitige Leistungsaustausch erfolgt ganz überwiegend ohne Aufbringung von Geldmitteln, sondern durch Erbringung von Sach- und Dienstleistungen (sog. »Bartergeschäft«). Die Kooperation erfolgt zumeist in der Weise, dass der Veranstalter gegen Zurverfügungstellung von Eintrittskarten-Kontingenten oder ermässigten Bezugsbedingungen für Eintrittskarten Promotion-Dienstleistungen und Media-Leistung erhält, wohingegen sich der Medienpartner mit positivem Image im Zusammenhang mit einer attraktiven Veranstaltung »auflädt«. Bei jeglicher Kommunikation der Veranstaltung durch den Veranstalter erfolgt eine Nennung des Medienpartners. In visueller Hinsicht wird zu diesem Zweck das Logo der Zeitung bzw. des Senders auf alle Kommunikationsmittel wie Plakate, Tickets und Pressemitteilungen aufgenommen. 224

Themen, die bei der Verhandlung einer Medienkooperation immer wieder auftreten und dabei nicht selten zu Schwierigkeiten führen, sind die nachfolgend zu nennenden. 225

---

120 Das Telemediengesetz vom 1.3.2007 vereinigt alle wirtschaftsbezogenen Regelungen für Tele- und Mediendienste aus dem Teledienstegesetz (TDG), Teledienstedatenschutzgesetz (TDDSG) und Mediendienstestaatsvertrag (MDStV).
121 Vgl. auch § 5 TMG.
122 Vgl. Rdn. 109 und 118.
123 Vgl. Rdn. 162.

13. Kapitel Recht der Kulturveranstaltungen

226 Checkliste:

- Genaue Festlegung der Art und des Umfangs der gegenseitigen Leistungen
- Ermittlung der Werte der gegenseitigen Leistungen
- Steuerliche Behandlung hinsichtlich des konkreten Leistungsaustausches
- Exklusivitätsregelung in Bezug auf die weitere Auswahl von Medienpartnern

227 Soll die Veranstaltung überörtliches Interesse erzeugen (etwa bei einer deutschlandweiten Konzerttournee eines Künstlers) werden konsequenterweise überregionale bzw. nationale Medienpartnerschaften eingegangen. Die vorstehend beschriebenen Grundsätze und Regelungsgegenstände gelten dabei in gleicher Weise.

3. Product Placement als Sonderwerbeform

228 Bislang im Veranstaltungssektor weniger verbreitet als Medienkooperationen sind Massnahmen der Produktplatzierung (des sog. Product Placements) im Rahmen von Fernsehsendungen. Grundlage der erstmalig ausdrücklichen Normierung von Product Placement ist der Rundfunkstaatsvertrag (RStV) in der Fassung des 13. Rundfunkänderungsstaatsvertrages (RÄStV).[124] Nach der Legaldefinition in § 2 Nr. 11 RStV n.F. ist Product Placement die gekennzeichnete Erwähnung oder Darstellung von Waren, Dienstleistungen, Namen, Marken, Tätigkeiten eines Herstellers von Waren oder eines Erbringers von Dienstleistungen in Sendungen gegen Entgelt oder eine ähnliche Gegenleistung mit dem Ziel der Absatzförderung. Die kostenlose Bereitstellung von Waren oder Dienstleistungen ist Produktplatzierung, sofern die betreffende Ware oder Dienstleistung von bedeutendem Wert ist. Es ist ein dem Sponsoring verwandtes Werbemittel und bedeutet die geschickte Einbindung eines Produkts oder einer Dienstleistung durch visuelle oder verbale Platzierung in einem Spielfilm oder einer anderen Programmform, die vom Zuschauer unbewusst wahrgenommen wird.

229 Der RStV ist als Kernstück rundfunkrechtlicher Regelungen ein Staatsvertrag zwischen den Bundesländern, der in Landesrecht umgesetzt werden muss. Dieser ging im Dezember 1987 aus dem Wunsch der Vereinheitlichung der durch die Zuständigkeit der Länder verursachten Vielzahl unterschiedlicher Regelungen hervor. Er enthält grundsätzliche Bestimmungen bzw. Anforderungen an die Werbung sowie Werbebeschränkungen für den öffentlich-rechtlichen und privaten Rundfunk in einem dualen Rundfunksystem der Länder Deutschlands. Durch Rundfunkänderungsstaatsverträge wird er den aktuellen medienpolitischen Entwicklungen angepasst. Die für Rundfunkgesetzgebung zuständigen Bundesländer setzten mit dem 13. RÄStV die im Dezember 2007 in Kraft getretene europäische Richtlinie über audiovisuelle Mediendienste (RL 2007/65/EG – AVMD-Richtlinie)[125] um. Anlass war u.a. die unterschiedliche Behandlung des Werbeinstruments der Produktplatzierung unter den einzelnen Mitgliedstaaten.

230 Am 1.4.2010 ist der 13.RÄStV in Kraft getreten und ändert den RStV vom 31.8.1991 erneut. Im Zentrum der Änderungen stehen Neuregelungen betreffend die Zulässigkeit von Werbung im öffentlich-rechtlichen und privaten Rundfunk. Insbesondere haben die Änderungen im RStV die bisherigen rechtlichen Grenzen des Product Placement erheb-

---

124 Staatsvertrag für Rundfunk und Telemedien (Rundfunkstaatsvertrag – RStV –) vom 31.8.1991, GBl. Bad.-Württ. 1991, 745, zuletzt geändert durch Art. 1 des 13. RÄStV vom 30.10.2009/20.11.2009, GBl. Bad.-Württ. 2010, 307.

125 RL 2007/65/EG des Europäischen Parlaments und des Rates vom 11.12.2007 zur Änderung der RL 89/552/EWG des Rates zur Koordinierung bestimmter Rechts- und Verwaltungsvorschriften der Mitgliedstaaten über die Ausübung der Fernsehtätigkeit (Richtlinie über audiovisuelle Mediendienste), ABl.EU Nr. L 332/27.

lich herabgesetzt. Vor allem für die privaten Sender werden die Werbebeschränkungen weitgehend gelockert. Die Änderungen gelten gemäß der Übergangsregelung des § 63 des 13. RÄStV für alle Sendungen, die nach dem 19.12.2009 produziert wurden.

Im deutschen Fernsehen war diese besondere Art der Produktwerbung bislang verboten. Hintergrund war das im RStV festgeschriebene Verbot der Schleichwerbung. Dieses beruht auf einer Grundregel des qualitativen Werberechts, dem Gebot der Trennung von Werbung und Programm bzw. dessen Inhalten (sog. Trennungsgrundsatz), das die Rundfunkfreiheit als ein wichtiges Gemeinschaftsgut gewährleisten soll. Der Zuschauer muss sich darauf verlassen können, dass alles, was sich ihm als redaktioneller Inhalt darstellt, auch ein solcher ist.[126] Befürchtet wurde, dass mit der Einführung von Regelungen für Product Placement diese fundamentalen Prinzipien der deutschen Rundfunkordnung geopfert werden. 231

An dieser Zielrichtung ist im Wesentlichen festgehalten worden. Nach § 7 Abs. 7 Satz 1 RStV n.F. sind Schleichwerbung, Produkt- und Themenplatzierung sowie entsprechende Praktiken unzulässig. Die §§ 15 und 44 RStV n.F. beinhalten die Ausnahmen zu diesem grundsätzlichen Verbot. Insbesondere diese Formulierung als grundsätzliches Verbot mit Ausnahmetatbeständen war ausschlaggebend für die Zustimmung Deutschlands zur AVMD-Richtlinie.[127] Gemäß der §§ 15 und 44 RStV n.F. ist die neue Werbeform in Kino- und Fernsehfilmen, Serien, Sportsendungen sowie leichten Unterhaltungsformaten zulässig. Ausgenommen sind jedoch Kindersendungen sowie vom öffentlich-rechtlichen Sender selbst produzierte oder in Auftrag gegebene Produktionen. Private Sender können hingegen auch in selbstproduzierten Sendungen die Produktplatzierung gegen Entgelt vereinbaren und damit direkt von den Einnahmen profitieren. 232

Neu ist, dass nun nicht mehr allein zwischen Schleichwerbung und zulässiger medialer Werbung unterschieden wird, sondern Product Placement eine weitere zusätzliche Kategorie darstellt. Entscheidend ist, dass zulässig mediale Werbung nur dann vorliegt, wenn sie in einem unauflöslichen Zusammenhang mit dem redaktionellen Inhalt steht. Maßstab für die Abgrenzung der zulässigen von der unzulässigen Produktdarstellung ist eine inhaltliche Rechtfertigung. Es ist zu bewerten, ob und warum das Produkt in der konkreten Situation die Art der Darstellung rechtfertigt oder nicht. Die Grenze zur Unlauterkeit ist überschritten, wenn der Eindruck entsteht, es werde übermäßig Werbung für ein Unternehmen oder seine Produkte betrieben bzw. wenn die Darstellungsweise im konkreten Einzelfall derart übersteigert ist, dass es sich um absichtlich zu Werbezwecken eingesetzte Zurschaustellung handelt.[128] 233

▶ **Beispiel:** 234

Die Verwendung eines Werbeplakats für ein Theaterstück oder Konzert in einer TV-Sendung würde unzulässig, wenn das Plakat häufig in auffälliger und durch den Handlungsbedarf nicht gebotener Weise gezeigt wird.

Weiterhin muss zur Information der Zuschauer jede Sendung mit Product Placement deutlich als solche gekennzeichnet werden. Das Gesetz lässt aber offen, in welcher Form die Kennzeichnung geschehen kann. Den Sendern ist es also grundsätzlich freigestellt, den Hinweis mittels audiovisueller und/oder akustischer Signale zu geben. 235

Erforderlich ist weiter, dass die Platzierung des Produkts oder der Dienstleistung nicht zu offensichtlich ist (Kriterium der sog. »undue prominence«) und sie keinen unmittelbar 236

---

126 *Platho* MMR 2008, 582.
127 Pressemitteilung der Bundesregierung vom 12.2.2007 (Nr. 62).
128 Dörr/*Kreile*/Cole S. 317.

werblichen Charakter hat, z.B. dadurch, dass unmittelbar zum Kauf des Produkts aufgefordert wird.

237 Trotz der aufgezeigten Abgrenzungsschwierigkeiten[129] darf mit Spannung erwartet werden, wie die Kultur- und Veranstaltungsbranche die praktischen Werbemöglichkeiten aufgrund der neuen Bestimmungen für sich nutzt. Derzeit werden jedenfalls praktikable Geschäftsmodelle für die Produktplatzierung zwischen Sendern, Vermarktern und Markenartiklern entwickelt, von denen ggf. auch die Veranstaltungswirtschaft hinsichtlich der Schaffung einer vielversprechenden Werbemöglichkeit profitieren kann.

II. Verkaufen, Vermarkten und Verwerten

238 Veranstalter arbeiten in aller Regel nicht aus purem Idealismus (auch nicht im Bereich der Kulturveranstaltungen),[130] sondern sie sind als Wirtschaftsunternehmen in dem für sie relevanten Markt erfolgsorientiert tätig. Daher ist es das Ziel eines jeden Veranstalters, seine wirtschaftliche Existenz zu sichern, auszubauen, dabei aufgewendete Kosten im Zusammenhang mit von ihm produzierten und durchgeführten Veranstaltungen zurückzuverdienen und darüber hinaus Gewinne zu erwirtschaften. Dafür bieten sich unterschiedliche, wenngleich begrenzte Möglichkeiten.

1. Ticketing

239 Die Hauptmöglichkeit der Refinanzierung der Produktions- und Durchführungskosten einer Veranstaltung stellen zweifelsohne die Einnahmen aus dem Verkauf von Eintrittskarten für die jeweilige Veranstaltung dar.

240 Der Veranstalter bildet zunächst auf der Grundlage seiner wirtschaftlichen Annahmen einen Eintrittspreis. Dabei hat er zu berücksichtigen, dass es sich bei dem Verkauf von Eintrittskarten um steuerbare Umsätze handelt. Für Theater, Konzerte, Museen sowie sonstige vergleichbare Darbietungen ausübender Künstler findet der ermäßigte Steuersatz von 7 % Anwendung (§ 12 Abs. 2 Nr. 7a Umsatzsteuergesetz (UStG)). Das bloße Abspielen von Tonträgern ist kein Konzert in diesem Sinne.[131] Wird also eine Eintrittskarte für ein Konzert zum Preis von 30 € verkauft, muss der Veranstalter 1,96 € Umsatzsteuer abführen.

241 Die ursprüngliche Form des ausschließlichen Verkaufs an der Abendkasse findet heute in der Praxis nicht mehr statt. Der Veranstalter hat vielmehr ein Interesse, dass die Eintrittskarten bereits längere Zeit vor der Veranstaltung im sog. Vorverkauf vertrieben werden. Er ist dadurch in der Lage, Ausgaben für die Durchführung der Veranstaltung durch Vorverkaufseinnahmen zu finanzieren. Dabei ist es für den Veranstalter wichtig, dass die Eintrittskarten möglichst flächendeckend und auf jede Art und Weise erworben werden können, insbesondere in Vorverkaufsstellen, telefonisch und im Internet.

242 Um entsprechend frühzeitig – und bereits vor Beginn der entsprechenden Marketingmaßnahmen – ein umfassendes Netz zum Vertrieb der Eintrittskarten zu gewährleisten, bedienen sich Veranstalter sog. Ticketingunternehmen, die entsprechende Vertriebsnetze unterhalten. Der Veranstalter übermittelt dem Ticketingunternehmen die Veranstaltungsdaten (Veranstaltungsort, -datum, Preise, Bild- und Textmaterial), die das Ticketingunternehmen in das Vertriebssystem einstellt. Ab dem Zeitpunkt der Freischaltung des Vor-

---

129 Vgl. auch die Studie der Landesmedienanstalten zu Product Placement »Trennung von Werbung und Programm im Fernsehen«, insbesondere Gutachten von Prof. Dr. Bernd Holznagel vom ITM in Münster.
130 Ausnahmen mögen bei Wohltätigkeitsveranstaltungen gegeben sein.
131 Zur Abgrenzung siehe BFH, Urt. v. 18.8.2005, V R 50/04.

verkaufs sind alle an das System angeschlossenen Vorverkaufsstellen zum Ausdruck und Verkauf der Eintrittskarten in der Lage. Gleichzeitig findet sich die Veranstaltung auf den entsprechenden Internetportalen des Ticketingunternehmens, und die beauftragten Callcenter sind zum telefonischen Vertrieb über »Ticket-Hotlines« bereit. Im Falle des Vertriebs per Telefon oder Internet übernimmt das Ticketingunternehmen auch den Versand der Eintrittskarten an den Endkunden und das Inkasso.

Das Ticketingunternehmen berechnet dem Veranstalter für jedes über das Vertriebssystem verkaufte Ticket eine sog. Systemgebühr. 243

Weitere Einnahmen erzielt das Ticketingunternehmen über Versand- und Vorverkaufsgebühren, die dem Endkunden berechnet werden. Für einzelne Vertriebswege werden gegebenenfalls zusätzliche Service- oder Buchungsgebühren gegenüber dem Endkunden erhoben. 244

Dies kann dazu führen, dass der Endverbraucher, je nachdem wie er das Ticket erwirbt, deutlich mehr bezahlt, als den Preis, der auf dem Ticket selbst angegeben ist. Der Veranstalter muss daher bei der Bewerbung der Veranstaltung darauf achten, dass bei der Angabe des Ticketpreises der Hinweis erfolgt, dass möglicherweise weitere Gebühren hinzukommen. Erfolgt dieser Hinweis nicht in der gebotenen Deutlichkeit, liegt ein Verstoß gegen § 1 der Preisangabenverordnung (PAngV) vor, der in Verbindung mit §§ 3, 4 Nr. 11 UWG wettbewerbsrechtliche Unterlassungs- und Schadensersatzansprüche und/oder Bußgelder (§ 10 PAngV) nach sich ziehen kann.[132] 245

Zumeist beauftragt der Veranstalter das Ticketingunternehmen damit, die Eintrittskarten in seinem Namen zu verkaufen, also als Vermittler für ihn tätig zu werden. Der Eintrittskartenkaufvertrag kommt damit zwischen dem Veranstalter und dem Endkunden zustande. Dies ist in Fällen des Veranstaltungsausfalls entscheidend, da der Kunde seine Ansprüche in aller Regel nur gegen seinen Vertragspartner, den Veranstalter, geltend machen kann. Dies setzt allerdings voraus, dass der Endkunde beim Erwerb der Eintrittskarte auf die Vertretereigenschaft des Ticketingunternehmens entsprechend hingewiesen wird, anderenfalls eine Eigenhaftung des Ticketingunternehmens in Betracht kommen kann. 246

Immer wieder umstritten ist die Frage, ob einmal erworbene Eintrittskarten – ggf. zu erheblich höheren Preisen – weiterverkauft werden dürfen. Dies ist für Privatgeschäfte ohne weiteres zu bejahen. Anders sind jedoch Fälle zu bewerten, in denen der Veranstalter den gewerblichen Weiterverkauf in seinen AGB untersagt und ein Dritter dennoch Karten in der Absicht erwirbt, diese gewinnbringend weiterzuveräußern. Dieses Verhalten stellt einen sog. Schleichbezug dar, der gem. §§ 3, 4 Nr. 10 UWG unzulässig ist und Unterlassungs- und Schadensersatzansprüche auslöst.[133] 247

2. Sponsoring

Bei der (finanziellen) Konzeption einer Kulturveranstaltung spielt neben den bereits dargestellten Möglichkeiten der Medienkooperation immer häufiger die Einbindung von Sponsoren eine Rolle. 248

Der mit einem Sponsor abzuschließende Sponsoringvertrag weist in aller Regel dienstvertragliche Grundstrukturen auf, kann aber auch – je nach Art des angestrebten Sponsorings – Bestandteile des Werkvertrags-, Kaufvertrags- und/oder Mietvertragsrechts beinhalten. 249

---

132 Zur Werbung für Eintrittskarten mit einem »Ab-Preis« und ergänzendem Sternchenhinweis siehe Hans. OLG, Urt. v. 25.3.2010, 3 U 108/09.
133 BGH, Urt. v. 11.9.2008, I ZR 74/06; LG Dortmund, Urt. v. 11.2.2010, 13 O 46/08.

250 Anders als bei einer Medienkooperation, bei der es sich ganz überwiegend um gebarterte Leistungen handelt, zahlt der Sponsoringpartner einen einmaligen oder in Teilleistungen zu erbringenden Geldbetrag und erhält auf diese Weise die Möglichkeit, durch medienwirksame Öffentlichkeitsarbeit im Rahmen der Veranstaltung seine eigenen Kommunikations-, Marketing- und Produktabsatzziele zu verfolgen.

251 Beim Verhandeln und Gestalten von Sponsoring-Verträgen bereiten in der Praxis die Festlegung und Ausgestaltung der gegenseitig zu erbringenden Leistungen die häufigsten Schwierigkeiten.[134] Aus Beratersicht empfiehlt es sich, beim Veranstalter (oder – je nach Mandatslage – beim Sponsoringpartner) darauf hinzuwirken, sich die Zusammenarbeit praktisch zu durchdenken und detailliert aufzuführen sowie nachfolgend vertraglich zu verankern, welche (Teil-)Leistungen tatsächlich erbracht werden können und sollen.

252 Als besondere Sponsoringform ergibt sich für Hallenbetreiber oder Betreiber sonstiger Veranstaltungsstätten zunehmend die lukrative Möglichkeit des Namens-Sponsoring (sog. »Naming Right Sponsorship«).[135]

3. Sonstige Einnahmemöglichkeiten

253 Weitere Einnahmemöglichkeiten bestehen für den Veranstalter in der Erbringung eventtypischer Nebenleistungen, insbesondere in den Bereichen Gastronomie, Garderobe und Security. Diese Möglichkeiten sind jedoch in der Praxis häufig durch eine bereits vorhandene Veranstaltungs-Infrastruktur einer Veranstaltungsstätte limitiert.[136] Als Grundprinzip kann gelten, dass ein Veranstalter immer dann die größten Einnahmepotenziale in diesen Bereichen hat, wenn er Einfluss auf die Infrastruktur einer Veranstaltung nehmen kann. Gelingt es ihm, eine Veranstaltung sozusagen »auf der grünen Wiese« durchzuführen,[137] stehen ihm prinzipiell alle Möglichkeiten offen, seine Einnahmesituation aus Nebenleistungen zu optimieren. So ist es ihm in diesen Fällen möglich, z.B. das gesamte Catering, aber auch andere Komponenten wie Securitydienste, Herstellung von Programmheften oder Parkplatzvermietung für Konzertbesucher, in Eigenregie durchzuführen oder entsprechende Dienstleistungsverträge mit Dritten zu schließen.

254 Auf dem Gebiet der Nebenrechtsverwertung hat zweifelsohne der Bereich Merchandising die wirtschaftlich größte Bedeutung, wenngleich auch hier der Veranstalter bei einem »eingekauften« Künstler oder Event weitaus geringere Einnahmechancen hat als dies selbstverständlich bei einer Eigenproduktion der Fall wäre.

255 Der Veranstalter verfügt aufgrund seiner organisatorischen, wirtschaftlichen Verantwortung und Kontribution im Rahmen einer Veranstaltung gem. § 81 UrhG zudem über ein eigenes (verwertbares) Leistungsschutzrecht. Das bedeutet, dass der Veranstalter nach § 77 UrhG – neben dem ausübenden Künstler – das Recht hat, die künstlerische Live-Darbietung auf Bild- oder Tonträger aufzunehmen sowie diese Aufnahme zu vervielfältigen und zu verbreiten. Desweiteren umfasst das Leistungsschutzrecht des Veranstalters sowohl die Sendung und öffentliche Wahrnehmbarmachung der Darbietung des Künstlers als auch deren öffentliche Zugänglichmachung (§ 78 Abs. 1 UrhG). Vor dem Hintergrund zunehmender wirtschaftlicher Bedeutung von Live-Aufnahmen (teilweise haben Besucher eines Pop-oder Rock-Konzerts die Möglichkeit, das unmittelbar beendete Konzert auf einer während des Konzerts hergestellten CD oder einem USB-Stick im

---

134 Insbesondere dann, wenn auf Seiten des Sponsoren nicht lediglich Geldleistungen (sog. »Cash-Sponsoring«), sondern zusätzlich Sach- und/oder Dienstleistungen erbracht werden.
135 Zum Beispiel »Lanxess Arena« in Köln, »Allianz Arena« in München oder »TUI Operettenhaus« in Hamburg.
136 Vgl. auch Rdn. 48.
137 Im Fall von Festivals ist dies durchaus bildlich zu verstehen.

D. Rechtliche Aspekte der Vermarktung einer Veranstaltung

direkten Anschluss käuflich zu erwerben) verfügt er – de iure – prinzipiell über die Möglichkeit, seine o.g. Rechte gegen eine Vergütung an einen Tonträgerhersteller, Rundfunk- oder Fernsehsender zum Zwecke der (exklusiven) Aufnahme und Verbreitung einer Live-Darbietung zu übertragen (sog. Erstverwertung, die eine positive Erlaubnis des Veranstalters zur Auswertung des Veranstalterleistungsschutzrechts erfordert und individuell wahrgenommen werden kann). De facto verhält es jedoch so, dass aufgrund der Marktgegebenheiten der Veranstaltungsbranche die Rechteeinräumung in aller Regel kostenfrei zu erfolgen hat und zudem der Veranstalter sich seinerseits zur alleinigen – und damit wirtschaftlich einzig sinnvollen – Verwertung der Darbietungen des Künstlers dessen Rechte vorab übertragen lassen müßte, anderenfalls dieser für jeden Einzelfall nach § 77 UrhG zustimmen müßte. Die individuelle Geltendmachung des Leistungsschutzrechtes ist in der Praxis also – realistisch betrachtet – bislang kaum möglich.

Die sog. Zweitverwertungsrechte, also Auswertungen, für die keine positive Erlaubnis des Veranstalters erforderlich ist, werden grundsätzlich von der GVL wahrgenommen.[138] Sofern ein Veranstalter Mitglied in der GVL ist, hat er damit die Möglichkeit, an den Einnahmen aus Pauschalabgaben und gesetzlichen Vergütungsansprüchen (gem. §§ 78 Abs. 2, 86 UrhG) zu partizipieren. Da sich die Verteilung der Einnahmen aus der Zweitverwertung jedoch anhand der der GVL gemeldeten Einnahmen aus der Erstverwertung orientieren, und diese – wie vorstehend festgestellt so gut wie nicht erzielbar sind – geht der Veranstalter auch bei der Zweitverwertung in aller Regel weitgehend leer aus. 256

Nach allem ist festzustellen, dass sich bislang aus der Existenz des Veranstalterleistungsschutzrechts in der Praxis weder im Bereich der Erst- noch der Zweitverwertung ein taugliches, einträgliches Geschäftsmodell konstruieren ließ. Mit Interesse darf vor diesem Hintergrund verfolgt werden, wie sich die Initiative des Bundesverbandes der Veranstaltungswirtschaft (idkv)[139] zur Stärkung der Veranstaltungswirtschaft, nämlich eine eigene Verwertungsgesellschaft für Veranstalterrechte zu gründen, weiterentwickelt. 257

Schließlich sollte ein Veranstalter im Rahmen der Finanzierung oder Refinanzierung einer Veranstaltung Möglichkeiten prüfen, ob für ein konkretes Vorhaben öffentliche Fördermittel beantragt werden können[140] oder private Investoren zur Verfügung stehen.[141] 258

Im Ergebnis lässt sich mithin festhalten, dass die Refinanzierungsmöglichkeiten von Produktions- und Durchführungskosten eines Events für einen Veranstalter noch immer ganz wesentlich auf die Einnahmen aus dem Verkauf von Eintrittskarten konzentriert sind. 259

---

138 Siehe Rdn. 175 sowie unter www.gvl.de.
139 www.idkv.de.
140 Siehe beispielsweise europäische Kulturförderprogramme unter www.ccp-deutschland.de.
141 In Bezug auf die Gestaltung der unterschiedlichen Investorenmodelle, insbesondere hinsichtlich der Rückführungsmodalitäten eines Investments, sollte seitens eines Veranstalters nicht nur rechtliche, sondern auch steuerberaterliche Unterstützung in Anspruch genommen werden.

Kapitel 14
Arbeitsrecht

Übersicht

Rdn.

A. Bedeutung des Arbeitsrechts für Medienunternehmen	1
I. Grundsätzliche Definition und Aufgabe des Arbeitsrechts	1
II. Rechtsquellen	2
III. Das Arbeitsrecht in der Medienbranche	4
B. Anbahnung des Arbeitsverhältnisses	5
I. Ausschreibung	5
II. Fragerecht des Arbeitgebers	7
III. Erstattung von Vorstellungskosten	12
IV. Verwahrung und Rücksendung der Bewerbungsunterlagen	13
C. Begründung des Arbeitsverhältnisses	14
I. Abschluss eines Arbeitsvertrages	14
1. Form	14
2. Arbeitgeberbegriff	15
3. Arbeitnehmer, arbeitnehmerähnliche Person und freie Mitarbeiter	16
a) Der allgemeine Arbeitnehmerbegriff	20
aa) Privatrechtlicher Vertrag	21
bb) Persönliche Abhängigkeit	25
cc) Einzelfallabwägung	27
b) Abgrenzung des Arbeitnehmers vom freien Mitarbeiter	29
aa) Statusrechtsprechung für Mitarbeiter des öffentlich-rechtlichen Rundfunks	31
(1) Frühere Rechtsprechung des BAG	32
(2) Beschluss des Bundesverfassungsgerichts vom 13.1.1982	35
bb) Arbeitnehmer des privatrechtlichen Rundfunks und der Presse	40
c) Arbeitnehmerähnliche Person	43
aa) Wirtschaftliche Abhängigkeit	44
bb) Soziale Schutzbedürftigkeit	46
cc) »Feste Freie«	47
d) Rechtsfolge	48
II. Statusklage – Gerichtliche Feststellung der Arbeitnehmereigenschaft	50
1. Zuständigkeit der Arbeitsgerichte	51
2. Feststellungsantragantrag	52
3. Feststellungsinteresse	53
a) Gegenwartsbezogene Klage	55
b) Ausschließlich vergangenheitsbezogene Klage	56
c) Gegenwarts- und vergangenheitsbezogene Klage	57
4. Kein rechtsmissbräuchliches Verhalten	58
5. Einstweiliger Rechtsschutz	62
6. Folgen	64
a) Bestehendes Arbeitsverhältnis	65
b) Sozialversicherungsrechtliche Folgen	68
c) Steuerrechtliche Konsequenzen	72
d) Rückforderungsanspruch des Arbeitgebers bei rückwirkender Feststellung nach § 812 Abs. 1 Satz 1, 1. Var. BGB	73
D. Inhaltliche Ausgestaltung des Arbeitsverhältnisses	78
I. Hauptpflichten des Arbeitnehmers	79
II. Nebenpflichten des Arbeitnehmers	80
1. Meinungsäußerung, außerdienstliches Verhalten	81
2. Sonstige Nebenpflichten	85
a) Vorteilsannahme	86
b) Nebentätigkeiten	87
III. Direktionsrecht	89

14. Kapitel Arbeitsrecht

	Rdn.
IV. Befristung	94
1. Grundsätzliches	95
2. Befristung aus sachlichem Grund, § 14 Abs. 1 Satz 2 Nr. 4 TzBfG	96
a) Arbeitsverhältnisse programmgestaltender Mitarbeiter	99
b) Einzelfallbezogene Abwägung	102
c) Private Rundfunkveranstalter	104
d) Übertragbarkeit auf andere Tendenzbetriebe, insbes. Presse	106
e) Bühne und Film	107
3. Befristung ohne Sachgrund, § 14 Abs. 2, 2a und 3 TzBfG	108
V. Arbeitszeit und Jugendarbeitsschutz	109
VI. Urheberrechte des Arbeitnehmers	114
1. Urheberrechte im Arbeitsverhältnis, § 43 i.V.m. §§ 31 ff. UrhG	116
a) Arbeits- und Dienstverhältnisse	120
b) In Erfüllung arbeitsvertraglicher Pflichten	123
c) Einräumung von Nutzungsrechten	124
d) Zusätzliche Anbietungspflicht	128
e) Gesonderte Vergütung für Pflichtwerke	132
f) Veröffentlichungsrecht, § 12 UrhG	134
g) Namensnennungsrecht, § 13 UrhG	135
h) Änderungsverbot, § 14 UrhG	136
i) Rückrufrecht, § 41 UrhG	139
j) Zugangsrecht zum Werkstück, § 25 UrhG	140
2. Sonderfall: Entwicklung von Computerprogrammen (§ 69b UrhG)	141
3. Urheber von Film- und Fernsehwerken, §§ 88 ff. UrhG	143
E. Beendigung des Arbeitsverhältnisses	144
I. Aufhebungsvertrag/Abwicklungsvertrag	145
II. Kündigung	147
1. Grundsätzliches	148
2. Anwendbarkeit des Kündigungsschutzgesetzes	149
3. Soziale Rechtfertigung der Kündigung	150
4. Kündigung eines Tendenzträgers	151
5. Außerordentliche Kündigung	153
F. Betriebliche Mitbestimmung im Tendenzunternehmen	155
I. Privilegierung des § 118 Abs. 1 Nr. 2 BetrVG	155
1. Grundtatbestand	157
a) Unternehmen und Betrieb	158
b) Berichterstattung und Meinungsäußerung	159
c) Unmittelbarkeit	160
d) Überwiegen des Dienens (Mischbetrieb)	161
e) Konzernsachverhalte	162
2. Eigenartsklausel	163
3. Unbeschriebenes Tatbestandsmerkmal »Tendenzträger«	164
4. Rechtsstreitigkeiten	165
II. Organisation der Betriebsverfassungsorgane	166
III. Soziale Angelegenheiten	167
IV. Personelle Angelegenheiten	173
V. Wirtschaftliche Angelegenheiten	180
VI. Sondervorschriften für die Presse (Redaktionsstatuten)	182
VII. Mitwirkung nach Bundes- und Landespersonalvertretungsrecht, insbesondere im öffentlich-rechtlichen Rundfunk	184
G. Unternehmerische Mitbestimmung im Unternehmen und Konzern	186
I. Mitbestimmungsgesetz	186
II. Drittelbeteiligungsgesetz	191
H. Tarifvertragsrecht	194
I. Allgemeine Grundsätze	194
II. Tarifbindung und OT-Mitgliedschaft	197
III. Sonderfall Inbezugnahmeklausel	199
IV. Unternehmens- und Haustarifvertrag	200
V. Allgemeinverbindlicherklärung nach § 5 TVG	201

	Rdn.
VI. Tarifsozialpläne	202
VII. Übersicht über Tarifverträge	205
I. **Arbeitskampfrecht im Tendenzbetrieb**	**210**
I. Rechtsgrundlagen	210
II. Streik	214
III. Aussperrung	229
IV. Andere und moderne Arbeitskampfformen	234
1. Boykott	235
2. Flashmob-Aktionen	239

A. Bedeutung des Arbeitsrechts für Medienunternehmen

I. Grundsätzliche Definition und Aufgabe des Arbeitsrechts

Das Arbeitsrecht regelt in erster Linie die Beziehung zwischen dem Arbeitnehmer und 1
dem Arbeitgeber und strebt die Verwirklichung eines gerechten Interessenausgleichs zwischen diesen Parteien an. Dabei sollen sowohl das Interesse des Arbeitgebers an wirtschaftlicher Flexibilität, Sicherheit und Rentabilität eines Betriebes als auch das des Arbeitnehmers an gerechter Entlohnung und Gewährung von Sozialschutz Beachtung finden.[1] Dem Arbeitnehmerschutz kommt aufgrund der persönlichen und wirtschaftlichen Abhängigkeit des Arbeitnehmers vom Arbeitgeber eine besondere Bedeutung zu, weshalb im Arbeitsrecht eine Vielzahl von speziellen Schutzvorschriften zugunsten des Arbeitnehmers besteht. Solche betreffen insbesondere den Inhalt des Arbeitsverhältnisses (Entgelt, Persönlichkeits-, Gesundheits- und Arbeitszeitschutz) sowie den Bestandsschutz.[2]

II. Rechtsquellen

Die arbeitsrechtlichen Regeln sind nicht in einem einheitlichen »Arbeitsgesetzbuch« 2
zusammengefasst. Vielmehr müssen die verschiedenen Normen aus einer Fülle von unterschiedlichen Rechtsquellen entnommen werden. Arbeitsrechtliche Vorschriften finden sich im EG-Vertrag, in europäischen Richtlinien und Verordnungen, im Grundgesetz, in den Landesverfassungen, in den einfachen Gesetzen des Bundes und der Länder sowie in Tarifverträgen[3] und Betriebs- oder Dienstvereinbarungen. Daneben bestehen die Unfallverhütungsvorschriften der Berufsgenossenschaften als autonomes Satzungsrecht. Eine große Bedeutung kommt ebenso den Grundsätzen zu, die die Rechtsprechung im Wege des Richterrechts entwickelt hat. Auch wenn Gerichtsentscheidungen eine verbindliche Wirkung nur für den Einzelfall entfalten, sind durch ständige Rechtsprechung Prinzipien entstanden, die neben den zahlreichen geschriebenen arbeitsrechtlichen Normen Beachtung finden müssen.[4]

Das Arbeitsrecht erscheint zwar unübersichtlich, trotzdem ist aber eine gewisse Systematisierung möglich. So kann zwischen privatem (z.B. das Arbeitsvertragsrecht) und öffentlichem Arbeitsrecht (z.B. das Arbeitsschutzrecht) unterschieden werden. Ebenso wird es in einen individual- und einen kollektivrechtlichen Teil geteilt, wobei ersterem z.B. das KSchG zuzuordnen ist und letzterem z.B. das BetrVG. 3

---

[1] Löffler/*Dörner* ArbR BT Rn. 5.
[2] MüKo-HGB/*von Hoyningen-Huene* Vorbem. zu § 59 Rn. 10 f.
[3] Eine Übersicht über die verschiedenen Tarifverträge in der Medienbranche findet sich unter Rdn. 205 ff.
[4] Däubler/Hjort/Hummel/Wolmerath/*Däubler* Einleitung Rn. 20 ff.

III. Das Arbeitsrecht in der Medienbranche

4 Grundsätzlich besteht kein Sonderarbeitsrecht für Beschäftigte in der Medienbranche. Vielmehr gelten die allgemeinen Vorschriften des Arbeitsrechts ebenso wie für alle anderen Betriebe unabhängig von der unternehmerischen Ausrichtung. Allerdings existieren für Medienunternehmen einige Eigenheiten, die bei der Anwendung der allgemeinen Regeln Beachtung finden müssen. Insbesondere spielen die Grundrechtspositionen der Meinungs-, Presse-, Rundfunk und Filmfreiheit eine immense Rolle, da sie die arbeitsrechtlichen Grundsätze modifizieren. Daneben findet sich eine große Anzahl von vielgestaltigen Arbeitsverhältnissen, was zu einer kontinuierlichen Veränderung und Auflösung lang bestehender Berufsbilder und zur Entstehung neuer Beschäftigungsformen führt.[5]

B. Anbahnung des Arbeitsverhältnisses

I. Ausschreibung

5 Es ist in Medienunternehmen üblich, dass zu besetzende Arbeitsplätze vor der außerbetrieblichen Ausschreibung durch Stellenausschreibungen innerbetrieblich bekannt gemacht werden. Sofern noch nicht geschehen, hat der Betriebsrat nach § 93 BetrVG das Recht zu verlangen, dass Arbeitsplätze, allgemein oder für bestimmte Arten von Tätigkeiten, vor ihrer Besetzung innerhalb des Betriebs ausgeschrieben werden. Eine Einschränkung dieses Rechts besteht jedoch hinsichtlich der Arbeitsplätze leitender Angestellter i.S.d. § 5 Abs. 3 Satz 2 BetrVG. Weiter bezieht sich das sog. Initiativrecht ausschließlich auf die Ausschreibung der Arbeitsplätze, auf die konkrete Besetzung hat es keinen Einfluss, weshalb der Betriebsrat nicht verlangen kann, dass die Arbeitsplätze nur an Personen vergeben werden, die sich um sie beworben haben. Eine Ausnahmen besteht jedoch, wenn Arbeitgeber und Betriebsrat insoweit eine Auswahlrichtlinie aufgestellt haben (§ 95 BetrVG). Missachtet der Arbeitgeber den § 93 BetrVG und schreibt er die Arbeitsplätze nicht vor ihrer Besetzung aus, obwohl der Betriebsrat dies verlangt hat, wird davon nicht die Rechtswirksamkeit des bereits geschlossenen Arbeitsvertrages berührt. Der Betriebsrat hat jedoch nach § 99 Abs. 2 Nr. 5 BetrVG die Möglichkeit, seine Zustimmung zur Einstellung zu verweigern.[6] Diese Option besteht jedoch nicht, wenn es um die Einstellung eines Tendenzträgers geht, da dem Betriebsrat insoweit kein Mitbestimmungsrecht zusteht.[7]

6 Welche Merkmale eine Stellenausschreibung enthalten muss, ist nicht detailliert geregelt. Allerdings sind die Vorschriften der Frauenförder- und Gleichstellungsgesetze sowie insbesondere § 11 i.V.m. § 7 AGG zu beachten. Nach § 11 AGG darf eine Stellenausschreibung nicht zu einer geschlechtsbedingten, aber auch nicht zu einer sonstigen Benachteiligung führen. Deshalb ist sie geschlechtsneutral und auch sonst benachteiligungsfrei abzufassen. Eine Ausnahme von diesem Grundsatz erwächst aus § 8 Abs. 1 AGG, nach dem eine unterschiedliche Behandlung wegen beruflicher Anforderungen gerechtfertigt sein kann. Legt ein Medienunternehmen eine bestimmte Tendenz fest und formuliert seine Stellenanzeige dementsprechend, kann es sich dafür auf diesen Rechtfertigungsgrund berufen. Für konfessionelle Zeitschriften kann zudem § 9 Abs. 2 AGG herangezogen werden, wenn sie organisatorisch oder institutionell mit Kirchen verbunden sind.

---

5 Paschke/Berlit/Meyer/*Binder* 69. Abschnitt Rn. 4 ff.
6 MünchArbR/*Richardi*/*Buchner* § 31 Rn. 7.
7 Schaffeld/Hörle/*Schaffeld* B Rn. 4.

Demnach sind Differenzierungen wegen einer bestimmten Religion oder Weltanschauung zulässig.[8]

II. Fragerecht des Arbeitgebers

Bei Einstellungs- bzw. Vorstellungsgesprächen haben die möglichen Vertragspartner das Recht, sich gegenseitig Fragen zu stellen. Dieses Recht zur Informationsbeschaffung resultiert aus der allgemeinen Vertragsfreiheit, da jeder Partei die Möglichkeit offen stehen muss, die für den Vertragsschluss relevanten Informationen zu erhalten.[9]

Grundsätzlich gelten auch im Medienbereich die allgemeinen arbeitsrechtlichen Grundsätze, wonach sich Beschränkungen des Fragerechts auf Seiten des Arbeitgebers aus dem Persönlichkeitsrecht des Arbeitnehmers ergeben. Es gilt der Grundsatz, dass Fragen, die mit dem Arbeitsplatz oder der zu leistenden Tätigkeit in keinem Zusammenhang stehen, unzulässig sind. Das Fragerecht des Arbeitgebers geht nur soweit als die Frage durch ein berechtigtes, schützenswertes, und billiges Interesse gerechtfertigt wird.[10] Ist dies nicht der Fall, hat der potentielle Arbeitnehmer die Möglichkeit, die mit der unzulässigen Frage verbundene Persönlichkeitsverletzung durch eine Lüge abzuwehren. Insbesondere Fragen nach der Religions-, Partei- und Gewerkschaftszugehörigkeit sowie nach Heiratsabsichten oder einer geplanten bzw. bereits bestehenden Schwangerschaft sind nicht zulässig.[11] Reagiert der Arbeitgeber auf Fragen mit einem unzulässigen Inhalt mit einer Lüge, erwächst dem Arbeitgeber daraufhin kein Recht zur Anfechtung nach § 123 BGB.

Für Arbeitsverhältnisse mit Tendenzbezug[12] bestehen jedoch einige Eigenheiten. So haben Tendenzbetriebe bei der Einstellung von neuen Mitarbeitern, die durch ihre Stellung auf den Betriebszweck Einfluss nehmen oder ihn repräsentieren, ein erweitertes Fragerecht. Während Bewerber in anderen Branchen regelmäßig nicht nach ihren politischen, religiösen oder weltanschaulichen Ansichten befragt werden dürfen, wird hier ein besonderes arbeitsplatzbezogenes Fragerecht eröffnet. Durch die Vorschriften des AGG wird dies nicht verboten; vielmehr greift auch hier der Rechtfertigungsgrund des § 8 Abs. 1 AGG ein.[13]

Tendenzträger sind alle Arbeitnehmer, die inhaltlich auf die Berichterstattung oder Meinungsäußerung Einfluss nehmen können und zwar insbesondere entweder durch eigene Veröffentlichungen oder durch Auswahl und Redigieren der Beiträge anderer.[14] Die Erfüllung der Aufgaben eines Tendenzträgers setzt nicht nur intellektuelle Fähigkeiten voraus. Vielmehr muss er die Tendenz in der Regel von seiner eigenen weltanschaulichen, politischen und gewerkschaftlichen Überzeugung her mittragen. Andernfalls würde er in einen permanenten Widerspruch zwischen seiner Überzeugung und der kraft Arbeitsvertrags zu vertretenden Meinung geraten. Die persönliche Belastung, die daraus resultiert, würde u.U. dazu führen, dass er seinen Auftrag zu überzeugender und dabei auch offensiver Vertretung der Tendenz nach außen nicht mehr genügen könnte.

Der Tendenzschutz im Pressearbeitsrecht rechtfertigt grundsätzlich Fragen, die mit der Ausrichtung des Presseerzeugnisses in Verbindung stehen. Damit besteht die Möglichkeit durch tendenzbezogene Fragen die politische und weltanschauliche Ausrichtung des

---

8 Schaffeld/Hörle/*Schaffeld* B Rn. 10.
9 Däubler/Hjort/Hummel/Wolmerath/*Kreuder* § 611 BGB Rn. 167.
10 BAG AP BGB § 123 Nr. 40.
11 Vgl. hinsichtlich der Bewertung einzelner Fragen *Wisskirchen/Bissels* NZA 2007, 169; BeckOK/*Joussen* § 611 BGB Rn. 80 ff.
12 Zur Definition des Tendenzbetriebes siehe Rdn. 155 f.
13 Vgl. oben Rdn. 6.
14 BAG AP BetrVG 1972 § 99 Nr. 3.

Bewerbers zu erfahren. Auf solche Fragen muss der Bewerber wahrheitsgemäß antworten, wobei der Grundsatz der Verhältnismäßigkeit Anwendung findet. Eine Pflicht zur Beantwortung besteht folglich nicht, wenn eine zu detaillierte oder tendenzferne Frage gestellt wird. Dies gilt auch, wenn die Ehre oder Intimsphäre des Bewerbers berührt ist. Allerdings besteht in diesen Fällen kein Recht zur Lüge, da es dem Betroffenen zuzumuten ist, eine vermeintlich unzulässige Frage zurückzuweisen. Ob eine Frage noch zulässig ist, richtete sich nach dem jeweiligen Einzelfall, insbesondere nach der Bedeutung der zu besetzenden Stelle.

III. Erstattung von Vorstellungskosten

12 Stellt sich ein Bewerber mit Wissen und Wollen des potentiellen Arbeitgebers bei diesem vor, so sind ihm unabhängig davon, ob ein Arbeitsvertrag zustande kommt, die Vorstellungskosten zu ersetzen. Dieser Grundsatz gilt, wenn der Bewerber ausdrücklich vom Arbeitgeber zu einem Vorstellungsgespräch eingeladen wurde oder er auch ohne explizite Einladung nach § 133 BGB davon ausgehen durfte, dass der Arbeitgeber Interesse an einem persönlichen Kennenlernen hat. Es ist jedoch möglich, dass die Kostenerstattung durch den Arbeitgeber ausdrücklich ausgeschlossen wird. Liegt ein solcher Ausschluss nicht vor, richtet sich der Anspruch nach §§ 662, 670 BGB, in dessen Rahmen alle Kosten zu ersetzen sind, die der Bewerber für erforderlich halten durfte. Dazu zählen insbesondere Fahrtkosten und Mehrkosten für Verpflegung und Übernachtung.[15]

IV. Verwahrung und Rücksendung der Bewerbungsunterlagen

13 Erhält der Arbeitgeber unverlangt Bewerbungen, so muss er diese nicht zurücksenden. Das ist nur notwendig, wenn der Bewerber einen frankierten Rückumschlag beigelegt hat. Allerdings besteht auch in einem solchen Fall keine Rechtspflicht auf Seiten des Arbeitgebers, weshalb er die Unterlagen vernichten kann, wenn sich der Bewerber nicht innerhalb einer angemessenen Frist meldet. Diese Richtsätze können aber keine Geltung beanspruchen, wenn der Bewerber durch den Arbeitgeber zu einer Bewerbung aufgefordert wurde. Hier ist es notwendig, dass der Arbeitnehmer die Unterlagen nach Abschluss des Bewerbungsverfahrens auf Kosten des Arbeitgebers zurück erhält. Da den Arbeitgeber auch eine Pflicht zur sorgfältigen Verwahrung trifft, muss er die Unterlagen bei Beschädigungen oder Verlust ersetzen. Kommt es nach einem erfolgreichen Bewerbungsverfahren hingegen zur Einstellung, werden die Unterlagen der Personalakte zugefügt.[16]

C. Begründung des Arbeitsverhältnisses

I. Abschluss eines Arbeitsvertrages

1. Form

14 Grundsätzlich bestehen hinsichtlich des Arbeitsvertrages keine Formvorschriften, weshalb der Abschluss des Vertrages nicht schriftlich erfolgen muss. Vielmehr kann dies auch mündlich geschehen. Das gilt auch für den Abschluss eines befristeten Arbeitsvertrages. Nach § 14 Abs. 4 TzBfG bedarf nämlich nur die Befristungsabrede selbst, nicht hingegen der gesamte Arbeitsvertrag der Schriftform. Allerdings ergeben sich im Falle

---

15 ErfK/*Preis* § 611 BGB Rn. 247; weitere Beispiele für Kosten, die der Bewerber für erforderlich halten durfte, finden sich bei Däubler/Hjort/Hummel/Wolmerath/*Kreuder* § 611 BGB Rn. 158.
16 BeckOK/*Joussen* § 611 BGB Rn. 11; Küttner/*Reinecke* Bewerbung Rn. 2.

eines mündlichen Vertragsschlusses häufig Beweisschwierigkeiten. So legt ein schriftlich abgeschlossener Arbeitsvertrag die Vermutung der Richtigkeit und Vollständigkeit nahe. Will man etwas Gegenteiliges behaupten, so ist es notwendig, dass man dies darlegen und beweisen kann.[17] Auch wenn prinzipiell kein Schriftformerfordernis besteht, kann sich ein solches aus einem Tarifvertrag ergeben. Zu beachten ist weiterhin das NachweisG, nach dem der Arbeitgeber verpflichtet ist, dem Arbeitnehmer, wenn kein schriftlicher Arbeitsvertrag vorliegt, spätestens einen Monat nach dem vereinbarten Beginn des Arbeitsverhältnisses die wesentlichen Vertragsbedingungen schriftlich niederzulegen, die Niederschrift zu unterzeichnen und dem Arbeitnehmer auszuhändigen. Die genauen Einzelheiten dessen, was vom Arbeitgeber zu dokumentieren ist, enthält § 2 Abs. 1 Satz 2 NachweisG. Für Medienunternehmen bestehen keine abweichenden Regeln.

2. Arbeitgeberbegriff

Der Vertragspartner des Arbeitnehmers im Rahmen eines Arbeitsverhältnisses ist der Arbeitgeber. Er muss nicht Unternehmer im Sinne einer wirtschaftlichen Definition sein. Der Arbeitgeber ist diejenige Person, die durch den Arbeitsvertrag vom Arbeitnehmer die Arbeitsleistung fordern kann. Auch wenn es sich in vielen Bereichen beim Arbeitgeber um eine natürliche Person handelt, sind die meisten Unternehmen heute als juristische Personen verfasst, insbesondere als AG oder GmbH. Daneben kommt den Personengesellschaften des Handelsrechts (OHG und KG) eine maßgebliche Rolle zu; sie sind den juristischen Personen jedoch gleichgestellt. Ebenso wie die Kapitalgesellschaften AG und GmbH sind auch die OHG und die KG selbst Arbeitgeber im Rechtssinne (nicht ihre Organe).

3. Arbeitnehmer, arbeitnehmerähnliche Person und freie Mitarbeiter

Auch in Medienunternehmen gilt grundsätzlich der allgemeine Arbeitnehmerbegriff, weshalb sich die arbeitsrechtliche Einordnung von Mitarbeitern in der Medienbranche nicht von der in anderen Unternehmen unterscheidet. Allerdings spielen die Grundrechte in diesem Bereich eine große Rolle, so dass es in einigen Bereichen zu Abweichungen von den allgemeinen Grundsätzen zur Statusbestimmung kommt. Hinsichtlich dieser Statusproblematik ist zwischen Mitarbeitern des öffentlich-rechtlichen Rundfunks, der Presse und des Films zu unterscheiden, wobei den Rundfunkmitarbeitern aufgrund umfassender Rechtssprechung die größte Aufmerksamkeit zukommt.

Allgemein werden Arbeitnehmer von arbeitnehmerähnlichen Personen und freien Mitarbeitern unterschieden. Erstere sind abhängig Beschäftigte, erledigen ihre Tätigkeiten zumeist nach den Anweisungen des Arbeitgebers und erhalten ein Arbeitsentgelt. Die letzten zwei Personengruppen sind hingegen selbständig und stellen ihre jeweilige Tätigkeit dem Auftraggeber in Rechnung. Allerdings ist zu beachten, dass die arbeitnehmerähnlichen Personen im Unterschied zu den freien Mitarbeitern wirtschaftlich von ihrem Auftraggeber abhängig sind, so dass in bestimmten Bereichen wie Arbeitnehmer behandelt werden.

Traditionell ist die Beschäftigung einer Vielzahl freier Mitarbeiter für die Medienunternehmen unerlässlich, um ein breites und vielfältiges Programmangebot zu gewährleisten. Das grundsätzliche Interesse geht dahin, bei der Beschäftigung freier Mitarbeiter ein hohes Maß an Flexibilität und Fluktuation zu erreichen, um den wechselnden programmlichen Bedürfnissen und dem Erfordernis der Informationsvielfalt gerecht zu werden. Nur durch den partiellen Einsatz von freien Mitarbeitern wird es möglich, dass die jeweiligen Beiträge ein hohes Niveau aufweisen und somit in einer viel größeren Band-

---

17 BeckOK/*Joussen* § 611 BGB Rn. 51.

breite über die aktuellen Geschehnisse aus Politik, Wirtschaft, Wissenschaft, Kultur und Sport berichten, als dies mit einem gleich bleibendem Stamm von Mitarbeitern möglich wäre.[18] In vielen Fällen entspricht es auch dem Wunsch der Erwerbstätigen selbst, kein Arbeitsverhältnis zu begründen, sondern selbständig für verschiedene Auftraggeber tätig sein zu können.

19 Hat ein Medienmitarbeiter jedoch nicht den Status eines Arbeitnehmers, sind die arbeitsrechtlichen Regelungen auf ihn nicht anwendbar, so dass in der Regel ein weitaus niedrigeres Schutzniveau für den freien Mitarbeiter besteht. So entfalten z.B. die Regelungen zum Kündigungsschutz sowie Vorgaben hinsichtlich Versicherung, Urlaub, Arbeitszeit, Entgeltfortzahlung, Mutterschutz etc. keine Wirkung. Diese Einbußen werden unter Umständen für ein eigenes unternehmerisches Risiko mit freien Gestaltungsmöglichkeiten, eine freie Wahl des Orts und der Zeit der Arbeitsleistung und die Möglichkeit einer in der Regel höheren Vergütung in Kauf genommen.

a) Der allgemeine Arbeitnehmerbegriff

20 Eine gesetzliche Definition des Arbeitnehmerbegriffes bzw. des Arbeitsverhältnisses besteht nicht, obwohl er in vielen verschiedenen arbeitsrechtlichen Gesetzen wie z.B. § 1 KSchG, § 5 BetrVG, § 5 ArbGG Erwähnung findet.[19] Aus diesem Grunde musste sich die Rechtsprechung der Begriffsdefinition annehmen. Nach ständiger Rechtsprechung ist Arbeitnehmer, wer auf Grund eines privatrechtlichen Vertrags im Dienste eines anderen zur Leistung weisungsgebundener, fremdbestimmter Arbeit in persönlicher Abhängigkeit verpflichtet ist.[20]

aa) Privatrechtlicher Vertrag

21 Voraussetzung für die Arbeitnehmereigenschaft ist zunächst, dass zwischen den Parteien ein privatrechtlicher Vertrag geschlossen wurde. Das Arbeitsrecht entfaltet ausschließlich Wirkung für Beschäftigungsverhältnisse, die im Rahmen der Privatautonomie begründet wurden, denn nur in diesen Fällen ist eine strukturelle Unterlegenheit des sich zur Arbeit Verpflichtenden gegeben.

22 Mangels privatrechtlichen Vertrages sind somit Beamte, Richter und Soldaten sowie Strafgefangene und Sicherheitsverwahrte keine Arbeitnehmer im Sinne der genannten Definition. Mit der gleichen Begründung muss die Arbeitnehmereigenschaft von Ehegatten oder Kindern verneint werden, wenn sie auf familienrechtlicher Grundlage Arbeitsleistungen im Haushalt oder im Geschäft der Eltern oder des Ehepartners erbringen.

23 Häufig kann die Bezeichnung »Arbeitnehmer« im Vertrag einen ersten Anhaltspunkt für die Abgrenzung zum freien Mitarbeiter liefern. Allerdings ist zu beachten, dass der Arbeitnehmerbegriff nicht vertragsdispositiv ist.[21] Die Schutzgesetze des Arbeitsrechts sind nicht disponibel, sondern zwingend. Wäre es möglich, einen Beschäftigten, der nach der tatsächlichen Durchführung des Rechtsverhältnisses als Arbeitnehmer qualifiziert werden muss, allein durch eine abweichende Bezeichnung im Vertrag den arbeitsrechtlichen Schutz zu verwehren, würde die Indisponibilität der Schutzvorschriften des Arbeitsrechts ad absurdum geführt. Aus diesem Grunde ist stets auf den Inhalt und den Charakter des Beschäftigungsverhältnisses abzustellen.[22] Ist nach einer konkreten Einzelfallbetrachtung der tatsächlichen Durchführung des Vertrages das Rechtsverhältnis als

---

18 *Niepalla* ZUM 1999, 353.
19 *Griebeling* NZA 1998, 1137, 1139; *Bruns* RdA 2008, 135, 135.
20 BAG AP ArbGG 1979 § 5 Nr. 21; BAG AP ArbGG 1979 § 2 Nr. 70.
21 ErfK/*Preis* § 611 BGB Rn. 39.
22 BAG NZA 1998, 1277; BGH NZA 2002, 1086.

Arbeitsverhältnis einzuordnen, so hat die gewählte Vertragsform keine Bedeutung.[23] Die Selbständigkeit kann auch nicht durch die Modalitäten der Bezahlung oder der steuer- und sozialversicherungsrechtlichen Behandlung begründet werden.[24] Deshalb ist es bedeutungslos, wenn beispielsweise gestellte Rechnungen Umsatzsteuer ausweisen, eine Gewerbeanmeldung verlangt wird oder eine Vereinbarung vorliegt, nach welcher der Arbeitende seine Krankenversicherung selbst zu zahlen hat. All diese Aspekte sind lediglich die Rechtsfolge der Qualifikation als Selbständiger, die rechtliche Statuszuordnung wird dadurch nicht tangiert.

Sollte ein Arbeitsverhältnis künftig in einer anderen Rechtsform fortgeführt werden, muss eine klare und unmissverständliche Vereinbarung erfolgen. Daneben ist es zwingend notwendig, dass sich entsprechend den zuvor erläuterten Grundsätzen auch die tatsächliche Durchführung ändert und so der neuen Rechtsform angepasst wird.[25]

bb) Persönliche Abhängigkeit

Bei der Definition der persönlichen Abhängigkeit geht die Rechtsprechung von § 84 Abs. 1 Satz 2 HGB aus. Danach ist selbständig, wer im Wesentlichen frei seine Tätigkeit gestalten und seine Arbeitszeit bestimmen kann. Diese Regelung beansprucht unmittelbare Geltung zwar nur für die Abgrenzung des selbständigen Handelsvertreters vom abhängig beschäftigten kaufmännischen Angestellten, allerdings enthält sie über ihren unmittelbaren Anwendungsbereich hinaus eine allgemeine gesetzliche Wertung, die bei der Differenzierung zwischen Dienstvertrag und Arbeitsvertrag zu beachten ist.[26] Aus dem Umkehrschluss dieser Bestimmung folgt nämlich, dass Arbeitnehmer derjenige ist, der nicht im Wesentlichen frei seine Tätigkeit gestalten und seine Arbeitszeit bestimmen kann. So muss die persönliche Abhängigkeit als wesentliches Abgrenzungskriterium zwischen Arbeitnehmer und freiem Mitarbeiter betrachtet werden. Die wirtschaftliche Abhängigkeit des Erwerbstätigen ist für die vorzunehmende Differenzierung nicht entscheidend.[27]

Für die Feststellung des Vorliegens der persönlichen Abhängigkeit ist eine Gesamtwürdigung aller maßgeblichen Umstände des Einzelfalls notwendig.[28] Sie ist anzunehmen, wenn der Beschäftigte in die fremde Arbeitsorganisation eingegliedert ist, was sich insbesondere im Weisungsrecht bezüglich Inhalt, Durchführung, Zeit, Dauer und Ort der Tätigkeit zeigt. Aber auch mit Blick auf das Weisungsrecht lässt sich die Statusbeurteilung nicht immer zweifelsfrei vornehmen. Dies liegt in erster Linie daran, dass das Weisungsrecht in einem Arbeitsverhältnis nur schwach ausgeprägt sein kann oder in einigen Bereichen unter Umständen sogar ganz fehlt. So ist insbesondere der Umfang des Weisungsrechts in fachlicher Hinsicht nur ein relativ verwendbares Kriterium. Handelt es sich um eine sehr differenzierte Tätigkeit eines Beschäftigten, wie z.B. die eines Chefarztes oder die eines angestellten Rechtsanwalts oder Steuerberaters, sind Weisungen durch den Arbeitgeber hinsichtlich des Inhalts und der Durchführung der Tätigkeit nur sehr selten, so dass den Beschäftigten ein hohes Maß an Gestaltungsfreiheit, Eigeninitiative und fachlicher Selbständigkeit verbleibt.[29] Allerdings muss auch der Besteller beim Werkvertrag die Möglichkeit haben, dem Unternehmer Anweisungen bezüglich der Werkerstellung zu erteilen, ohne dass der Unternehmer Arbeitnehmer des Bestellers wird.[30] Aus

---

23 BAG AP ArbGG 1979 § 5 Nr. 21; BAG AP BGB § 611 Nr. 122 – Lehrer, Dozenten.
24 *Griebeling* NZA 1998, 1137, 1140.
25 BAG AP BGB § 611b Nr. 1 – Freier Mitarbeiter.
26 BAG NZA 1996, 1145; BAG NZA 1995, 622.
27 BAG NZA 1996, 1145.
28 BAG NZA-RR 2005, 560.
29 Schwartmann/*Müller* 11. Abschnitt Rn. 9.
30 *Bezani* NZA 1997, 856, 857.

diesem Grund ist es unmöglich, den Status des Arbeitnehmers abstrakt für alle Erwerbstätigen festzustellen. Stets hängt die Bestimmung auch von der Eigenart der jeweiligen Tätigkeit ab.

cc) Einzelfallabwägung

27 Es gibt keine abstrakten für alle Arbeitsverhältnisse geltenden Kriterien zur Bestimmung der Arbeitnehmereigenschaft; ebenso wenig besteht ein Merkmal, das aus einer Vielzahl möglicher Kriterien unverzichtbar vorliegen muss, damit ein Erwerbstätiger als Arbeitnehmer eingestuft werden kann.[31] Letztlich ist stets eine Einzelfallabwägung vorzunehmen, wobei die Eigenart der jeweiligen Tätigkeit beachtet werden muss. Somit sind die charakteristischen Merkmale für das jeweilige Rechtsverhältnis gegeneinander abzuwägen, wie sie sich aus dem Inhalt, der Durchführung sowie der Gestaltung des Beschäftigungsverhältnisses ergeben.[32]

28 Die Feststellung einer unselbständigen Tätigkeit kann damit unter Umständen sehr problematisch sein. Allerdings haben sich einige Indizien herausgeprägt, bei deren Vorliegen eine unselbständige Tätigkeit nahe liegt.
- Die bloße Aufnahme in **Dienstpläne** ist zwar ein starkes Indiz für das Bestehen eines Arbeitsverhältnisses, kann aber auch nur als solches bei der Gesamtbetrachtung berücksichtigt werden.[33] Entscheidend ist, inwieweit der Erwerbstätige auf die inhaltliche Ausgestaltung der Dienstplanung Einfluss nehmen konnte. Unselbständigkeit ist anzunehmen, wenn der Auftraggeber den Zeitpunkt und die Dauer der Tätigkeit bestimmt, ohne die Dienstplanung vorher mit dem Erwerbstätigen zu besprechen.[34] Weisungsgebundenheit ist nach der Rechtsprechung des BAG auch gegeben, wenn der Auftraggeber den Mitarbeiter ohne Rücksprache in einen Dienstplan einträgt und ihm nur ein Ablehnungsrecht einräumt. Gleiches gilt für den Fall der Bestimmung der Einsatzzeiten durch die Übersendung von Einsatzplänen, ohne dass es längere Zeit zu den im Begleitschreiben erbetenen schriftlichen Bestätigungen durch den Erwerbstätigen kommt.[35] Ein Indiz hinsichtlich der Arbeitnehmereigenschaft liegt jedoch nicht vor, wenn der Dienstplan aufgrund von vorausgehenden Absprachen erstellt wird. Das gilt auch, wenn der Mitarbeiter seine Arbeitskraft zu einer bestimmten Zeit anbietet und er daraufhin in den Dienstplan eingetragen wird.
- Erwartet der Auftraggeber vom Erwerbstätigen ständige **Dienst- bzw. Rufbereitschaft**, liegt dessen Arbeitnehmereigenschaft nahe.[36] Letztere ist auch anzunehmen, wenn der Betroffene seinen Urlaub nicht anzeigen, sondern genehmigen lassen muss;[37] ebenso wenn tägliche Anwesenheit im Büro verlangt wird und Abwesenheitszeiten angezeigt oder entschuldigt werden müssen, etwa durch die Vorlage von Arbeitsunfähigkeitsbescheinigungen.
- Wird dem Mitarbeiter eine **Büroausstattung** zur Verfügung gestellt, deutet dies nicht zwingend auf seine weisungsgebundene Beschäftigung hin. Auch wenn der Mitarbeiter über eine eigene Telefonnummer im Unternehmen verfügt oder er in ein internes Telefonbuch aufgenommen wird,[38] muss nicht unbedingt ein Arbeitsverhältnis vorliegen.

---

31 BAG EzA Nr. 21 zu § 611 BGB, Arbeitnehmerbegriff.
32 BAG EzA Nr. 30 zu § 611 BGB, Arbeitnehmerbegriff.
33 BAG NZA 2001, 551.
34 BAG BB 1998, 1265.
35 BAG NZA 2007, 321.
36 BAG BB 1998, 1265.
37 *Eckert* DStR 1997, 705, 707.
38 BAG NZA 1995, 21.

- Führt der Erwerbstätige seine Aufgaben größtenteils mit Hilfe seiner eigenen technischen Apparate durch, ist eher von einer Selbständigkeit auszugehen.[39] Allerdings kann dieser Grundsatz im Umkehrschluss keine Geltung beanspruchen, da ein Mitarbeiter nicht schon deshalb persönlich abhängig ist, weil er die **Technik** des Auftraggebers nutzt und auf diese angewiesen ist.[40]
- Grundsätzlich spricht die Pflicht zur **Teilnahme an Redaktionskonferenzen** für das Vorliegen eines Arbeitsverhältnisses. Eine andere Situation ist jedoch gegeben, wenn der Mitarbeiter seine Tätigkeit für einen von ihm gewählten Tag anbietet und an diesem Tag eine Konferenz stattfindet. Soll er zur Vor- bzw. Nachbereitung seiner Tätigkeit an dieser Sitzung teilnehmen, hängt diese Teilnahme mit der angebotenen Tätigkeit zusammen, weshalb keine persönliche Abhängigkeit vorliegt.[41]
- Auch dem Auftraggeber eines freien Mitarbeiters muss es möglich sein, bestimmte **Anweisungen** vergleichbar mit dem Bestimmungsrecht des Bestellers im Werkrecht zu erteilen. Deshalb wird aus einem freien Mitarbeiter kein Arbeitnehmer, wenn ihm bestimmte Anweisungen hinsichtlich der Produktion oder Präsentation einer Sendung gegeben werden. Problematisch ist dies nur, wenn die Anweisungen so detailliert sind, dass dem Erwerbstätigen kein eigener Gestaltungsfreiraum mehr zur Verfügung steht. Hinsichtlich der zu bearbeitenden Thematik muss differenziert werden: Hat der Mitarbeiter seine Tätigkeit für einen bestimmten Tag angeboten und werden an diesem Tag alle Themen verteilt, liegt keine persönliche Abhängigkeit vor. Ist es jedoch so, dass die Themen grundsätzlich durch den Auftraggeber festgelegt und so auch Arbeitszeit und Umfang bestimmt werden, ohne dass es dem Erwerbstätigen möglich ist, auf die Entscheidung Einfluss zu nehmen, wird er weisungsgebunden tätig und ist Arbeitnehmer.[42]
- Üben Arbeitnehmer in einem Betrieb eine bestimmte Tätigkeit aus und verrichten andere Beschäftigte **vergleichbare Aufgaben**, spricht dies dafür, dass auch die zu beurteilende Person Arbeitnehmer ist. Die Arbeitnehmereigenschaft liegt auch nahe, wenn die gleiche Tätigkeit vor Abschluss des freien Mitarbeitervertrages in der Eigenschaft als Arbeitnehmer ausgeübt wurde.[43]
- Neben den zuvor erläuterten Indizien für das Bestehen eines Arbeitsverhältnisses, die sich in erster Linie auf die Umstände der Dienstleistung beziehen, können auch **formelle Kriterien** für die Beurteilung der persönlichen Abhängigkeit von Bedeutung sein.[44] Allerdings ist die Indizwirkung solcher Kriterien wesentlich schwächer als die der Modalitäten der Vertragsabwicklung. Deshalb können diese Merkmale allenfalls in einer Statusentscheidung ergänzend herangezogen werden. Fast ohne Aussagewert hinsichtlich der Arbeitnehmereigenschaft sind die Art und die Höhe der **Vergütung**. Auch bei einer pauschalen Vergütung kann nicht automatisch auf das Vorliegen eines Arbeitsverhältnisses geschlossen werden.[45] Bezüglich der **Personalverwaltung** ist es zudem irrelevant, ob die Mitarbeiterdaten in einer Personalakte gesammelt werden. Das gilt auch, wenn der Erwerbstätige für Reisen, die der Auftraggeber veranlasst, bestimmte Formalien einhalten müssen.[46]

---

39 BAG, Urt. v. 3.5.1989, 5 AZR 158/88, nicht veröffentlicht.
40 BAG NZA 1995, 622; BAG NZA 2000, 1102.
41 Paschke/Berlit/Meyer/*Binder* 69. Abschnitt Rn. 153.
42 Paschke/Berlit/Meyer/*Binder* 69. Abschnitt Rn. 154 ff.
43 *Eckert* DStR 1997, 705, 707.
44 *Reiserer* BB 1998, 1258, 1260.
45 BAG NZA 1992, 835; BAG NZA 1998, 839.
46 BAG AP BGB § 611 Nr. 21 – Abhängigkeit.

b) Abgrenzung des Arbeitnehmers vom freien Mitarbeiter

29 Im Wesentlichen gelten die zuvor erläuterten Grundsätze zur Bestimmung des Arbeitnehmerstatus auch in der Medienbranche, in der viele freie Mitarbeitern beschäftigt werden. Zumeist sind dies Personen, die angesichts ihrer speziellen Qualifikation oder Fertigkeiten für bestimmte Projekte oder Produktionen eingesetzt werden, aber nicht persönlich abhängig vom Auftraggeber sind. Durch den Einsatz dieser Selbständigen ist es den Medienunternehmen möglich, ein großes Themenspektrum abzudecken. Ebenso werden die Unternehmen in die Lage versetzt, auf bestimmte aktuelle Entwicklungen zu reagieren und so die größtmögliche Flexibilität zu erreichen. Das wäre nicht möglich, wenn ausschließlich Arbeitnehmer beschäftigt werden könnten. Diese müssten nämlich in der Regel unbefristet eingestellt werden und könnten zudem ausschließlich unter bestimmten Voraussetzungen auf anderen Gebieten als den vertraglich vereinbarten eingesetzt oder gar gekündigt werden.

30 Hinsichtlich der Bestimmung des Status eines Mitarbeiters ist wie bereits erwähnt zwischen Mitarbeitern bei Rundfunk, Presse und Film zu unterscheiden.

aa) Statusrechtsprechung für Mitarbeiter des öffentlich-rechtlichen Rundfunks

31 Um den besonderen Anforderungen der Medienbranche im Hinblick auf die Rundfunkfreiheit gerecht zu werden, hat das Bundesverfassungsgericht Grundsätze bezüglich der Beschäftigung von freien Mitarbeitern beim öffentlich-rechtlichen Rundfunk und deren Abgrenzung von Arbeitnehmern aufgestellt.

(1) Frühere Rechtsprechung des BAG

32 In der Grundsatzentscheidung vom 15.3.1978[47] hat das BAG sich mit dem Status von Rundfunkmitarbeitern beschäftigt. Im Einzelnen führte das Gericht aus, dass Rundfunkmitarbeiter, die sich der Herstellung einzelner Beiträge widmen und aus diesem Grunde unmittelbar Einfluss auf diese nehmen, persönlich abhängig und damit Arbeitnehmer wären. Es sei zwar richtig, dass programmgestaltende Erwerbstätige, wie beispielsweise Reporter, Regisseure, Redakteure, Filmemacher und Autoren weitgehend fachlich weisungsungebunden seien; auch sei eine Festlegung der geistigen Vorarbeiten hinsichtlich Zeit und Ort nicht möglich. Dennoch seien solche Beschäftigte persönlich abhängig, da sie für die Verrichtung ihrer Tätigkeit zwingend auf den technischen Apparat des Senders angewiesen seien. Sie benötigten Studios, Kameras oder sonstige technischen Einrichtungen. Daneben müsse in Bezug auf die persönliche Abhängigkeit hervorgehoben werden, dass überwiegend in einem Team gearbeitet werde. Bei dieser Form der Zusammenarbeit vieler müssten sich alle Mitarbeiter einer fremdbestimmten Arbeitsorganisation unterordnen. Letztlich kennzeichneten die persönliche Abhängigkeit demnach insbesondere das Angewiesensein auf den Apparat und das Team. Auch wenn eine solche Abhängigkeit in ihrer Art nicht vergleichbar mit der einer Schreibkraft oder eines Facharbeiters sei, bestünden hinsichtlich der Intensität kaum signifikante Unterschiede.

33 In seinem Urteil vom 23.4.1980[48] hielt das BAG an den dargelegten Grundsätzen fest. Wieder verwies es darauf, dass die Unselbständigkeit der Erwerbstätigen im Rundfunkbereich insbesondere durch die Eingliederung in die fremde Arbeitsorganisation und die Abhängigkeit vom technischen Apparat manifestiert werde. Einschränkend wurde angeführt, dass allein das Angewiesensein auf die technischen Einrichtungen nicht ausreichend sei. Es bestünde durchaus die Möglichkeit, dass die Anstalt einem selbständigen

---

47 BAG AP BGB § 611 Nr. 26 – Abhängigkeit.
48 BAG AP BGB § 611 Nr. 34 – Abhängigkeit.

Autor oder Regisseur für dessen Zwecke oder auch zur Erfüllung eines gemeinsamen Projekts den technischen Apparat zur Verfügung stelle. In diesem Fall würde der Selbständige trotzdem nicht zwingend zum Arbeitnehmer. Dies sei jedoch die Ausnahme, regelmäßig stelle der in die Organisation eingegliederte Mitarbeiter der Anstalt seine Arbeitsleistung fremdnützig zur Verfügung, was gerade seine Unselbständigkeit deutlich mache.

Das BAG sah in dieser Rechtsprechung keine Verletzung der Rundfunkfreiheit aus Art. 5 Abs. 1 Satz 2 GG. Es verwies darauf, dass der arbeitsrechtliche Bestandsschutz eine Ausprägung des Sozialstaatsprinzips sei. Deshalb müsse die Rundfunkfreiheit und das Sozialstaatsprinzip im Wege der praktischen Konkordanz in Einklang gebracht werden. Dabei sah das BAG die Rundfunkfreiheit aufgrund der Versetzungsmöglichkeit einzelner programmgestaltender Arbeitnehmer als ausreichend geschützt an.[49] **34**

(2) Beschluss des Bundesverfassungsgerichts vom 13.1.1982[50]

Nachdem in den siebziger Jahren eine relativ große Anzahl von Feststellungsklagen im Medienbereich erfolgreich war, setzte sich das Bundesverfassungsgericht anlässlich einer Verfassungsbeschwerde des Westdeutschen Rundfunks erstmalig mit der freien Mitarbeit bei Rundfunkanstalten auseinander. In einem Grundsatzbeschluss vom 13.1.1982 stellte das Bundesverfassungsgericht fest, dass bei der Abgrenzung eines Arbeitsverhältnisses zum Rechtsverhältnis eines freien Mitarbeiters das Grundrecht der Rundfunkfreiheit Beachtung finden muss. **35**

Die in Art. 5 Abs. 1 Satz 2 GG verankerte Rundfunkfreiheit sei eine »dienende Gewährleistung«, die aufgrund ihrer »schlechthin konstituierenden« Rolle für das demokratische Gemeinwesen geschützt werden müsse. Sie verfolge das Ziel, die freie Meinungsbildung in einem offenen Kommunikationsprozess zu sichern. Wegen seiner großen Reichweite sei das wichtigste Medium dieses Prozesses der Rundfunk. Für die staatsferne, plurale Rundfunkordnung sei die Breite der Meinungen unerlässlich, die durch Personen gewährleistet werde. Eine Vielfalt von Meinungsträgern sei notwendig, um ein Mindestmaß hinsichtlich der Ausgewogenheit der Sendungen zu bewirken. Die Schaffung eines qualitativ hochwertigen und abwechslungsreichen Programms erfordere demnach einen flexiblen Mitarbeitereinsatz. Wären die Anstalten ausschließlich auf Arbeitnehmer angewiesen und könnten sie sich nicht freier Mitarbeiter bedienen, so könne der Vielfaltauftrag nicht erfüllt werden. Wörtlich führt das BVerfG aus: »Der durch Art. 5 Abs. 1 S. 2 GG in den Schranken der allgemeinen Gesetze (Art. 5 Abs. 2 GG) gewährleistete verfassungsrechtliche Schutz der Freiheit des Rundfunks erstreckt sich auf das Recht der Rundfunkanstalten, dem Gebot der Vielfalt der zu vermittelnden Programminhalte auch bei der Auswahl, Einstellung und Beschäftigung derjenigen Rundfunkmitarbeiter Rechnung zu tragen, die bei der Gestaltung der Programme mitwirken. Dies haben die Gerichte bei der Entscheidung darüber zu beachten, ob die Rechtsbeziehungen zwischen den Rundfunkanstalten und ihren in der Programmgestaltung tätigen Mitarbeitern als unbefristete Arbeitsverhältnisse einzuordnen sind.«[51] **36**

Die Rechtsprechung des BVerfG bezieht sich jedoch ausschließlich auf programmgestaltende Mitarbeiter. Bei diesen handelt es sich typischerweise um solche, die ihre Meinung unter Ausnutzung ihrer besonderen Fähigkeiten zu politischen, wirtschaftlichen, künstlerischen oder anderen Sachfragen äußern, wie dies regelmäßig bei Regisseuren, Modera- **37**

---

49 BAG AP BGB § 611 Nr. 26 – Abhängigkeit.
50 BVerfG NJW 1982, 1447.
51 BVerfGE 59, 231.

toren, Kommentatoren, Wissenschaftlern und Künstlern der Fall ist.[52] Dabei ist es jedoch nicht notwendig, dass eine schöpferische Mitwirkung an der Rundfunksendung vorliegt. Auch Arbeitnehmer, die durch die Ausarbeitung der Rahmenkonzepte, die Festlegung verbindlicher Leitideen oder die Auswahl bzw. Zusammenstellung einer Sendung, an einem Projekt mitarbeiten, werden programmgestaltend tätig.[53] Allerdings genügt ein einfacher Zusammenhang zwischen der Arbeitnehmertätigkeit mit der Programmverwirklichung nicht.

38 Für Personalentscheidungen, die sich auf nicht programmgestaltende Mitarbeiter beziehen, gelten die allgemeinen Regelungen des Arbeitsrechts, ohne dass sich Ausnahmen aus der Rundfunkfreiheit ergeben. Zu den nicht programmgestaltenden Mitarbeitern zählen insbesondere das betriebstechnische Personal sowie die Mitarbeiter in der Verwaltung.

39 Aufgrund der fortschreitenden technischen Entwicklung ist eine klare Abgrenzung zwischen Arbeitnehmern, die rein technischen Aufgaben nachkommen und denen, die auf den Inhalt bestimmter Sendungen Einfluss nehmen, nicht immer unproblematisch. Verstärkt übernehmen Journalisten auch technische Tätigkeiten, die vor einiger Zeit noch nicht zu ihrem Berufsbild gehörten. Deshalb ist es für die Abgrenzung zwischen programmgestaltenden und nicht programmgestaltenden Arbeitnehmern irrelevant, ob die in Frage stehende Beschäftigung auch technische Aspekte aufweist. Eine solche »Mischtätigkeit« ist unschädlich, soweit der programmgestaltende Teil überwiegt.[54]

- Der **Aufnahmeleiter** ist verantwortlich für die Koordination aller Aktivitäten bei der Produktion eines Beitrages. In der Regel wird er nicht programmgestaltend tätig.[55]
- Der (Drehbuch-)**Autor** prägt durch seine Arbeit den Inhalt des Werkes, welches die Rundfunkanstalten nutzen. Damit kommt ihm eine programmgestaltende Aufgabe zu.[56]
- Auch ein **Bühnenbildner** hat meist keine programmgestaltenden Aufgaben.[57]
- Beim **Chef vom Dienst** muss differenziert werden. Ist seine Tätigkeit ausschließlich technischer oder organisatorischer Natur, wird er nicht programmgestaltend tätig. Übernimmt er jedoch als Redakteur zusätzlich Aufgaben der Koordination, dann ist er für Außenstehende der Ansprechpartner, übernimmt die Überwachung des Eingangs der fertig gestellten Beiträge und veranlasst, dass bei Eintritt eines unvorhergesehenen Ereignisses über dieses berichtet wird. Sollte er all diese Aufgaben übernehmen, so sind seine Tätigkeiten die eines Redakteurs, weshalb ihm eine programmgestaltende Rolle zukommt.[58]
- Hat ein **Filmkritiker** eine eigene Sendung, muss er als programmgestaltender Mitarbeiter eingestuft werden.[59]
- Die Aufgabe eines **Hörfunkkorrespondenten** ist es, aus einer Region im Inland oder dem Ausland zu berichten. Seine Beiträge werden entweder direkt ausgestrahlt oder bilden die Grundlage für eine weitergehende Berichterstattung Hörfunkkorrespondenten werden ebenso wie Fernsehkorrespondenten programmgestaltend tätig.[60]

---

52 BVerfG NZA 1993, 741.
53 BAG NZA 1993, 354.
54 BAG NZA 1998, 1336.
55 BAG AP BGB § 611 Nr. 74 – Abhängigkeit.
56 BAG AP BGB § 611 Nr. 34 – Abhängigkeit.
57 BAG AP BGB § 611 Nr. 17 – Abhängigkeit.
58 SächsLAG, Urt. v. 27.4.2007, 2 Sa 126/06, nicht veröffentlicht.
59 BAG AP BGB § 611 Nr. 33 – Rundfunk.
60 BAG AP BGB § 611 Nr. 35 – Abhängigkeit.

C. Begründung des Arbeitsverhältnisses

- In der Regel sind **Kameraassistenten** nicht programmgestaltend tätig.[61] Meist erhalten sie Anweisungen vom Regisseur oder Kameramann, weshalb ihnen kein Freiraum für eine inhaltliche Gestaltung des Programms erwächst. Letztlich sind sie dem betriebstechnischen Personal zuzuordnen.
- Der **Moderator** kann nicht ohne weiteres als programmgestaltender Mitarbeiter betrachtet werden. Vielmehr ist es notwendig, dass er seine Texte selber schreibt, denn nur dann prägt er das Programm. Repräsentiert ein Erwerbstätiger aufgrund seiner Persönlichkeit eine Programmkonzeption, muss er unabhängig von seinen Aufgaben zu den programmgestaltenden Mitarbeitern gezählt werden. Das gilt selbst für solche Moderatoren, die ausschließlich Musik anmoderieren, soweit sie die Auswahl der Musiktitel bestimmen oder maßgeblich beeinflussen.[62] Sollte der Moderator jedoch ausschließlich bereits zuvor von einer anderen Person ausgewählte Musiktitel anmoderieren, fehlt der Einfluss auf das Programm.[63]
- Ein **Nachrichtenredakteur** ist meist mit der Aufgabe betraut, das Weltgeschehen möglichst objektiv darzustellen. Er soll gerade nicht seine eigene Meinung verbreiten. Die Tätigkeit ist trotzdem programmgestaltend, da die Auswahl der Nachrichten und deren Gewichtung sowie die Präsentationsart den Programminhalt gestalten und prägen.[64]
- Bei einem **Online-Producer bzw. -Layouter** stellt sich die Frage, wie groß der technische Anteil seiner Aufgaben ist. Kümmert er sich überwiegend um die Gestaltung der der Online-Seiten und füllt sie in diesem Zusammenhang mit Text und Bildern, arbeitet er ähnlich wie ein Redakteur, wenn er sich nur sekundär technischen Fragen (wie der Einstellung ins Internet) widmet. Er wird in der Regel programmgestaltend tätig.[65]
- Ein **Redakteur** ist in der Regel ein programmgestaltender Mitarbeiter. Er wählt die Beiträge aus oder verfasst sie, so dass das Programm unmittelbar durch seine Aufgabe gestaltet wird.[66] Ausgenommen von diesem Grundsatz sind jedoch die Mitarbeiter oder Redakteure der Pressestelle.[67]
- Beim **Regieassistent** ist eine pauschale Aussage über den Einfluss auf das Programm nicht möglich. Hier muss stets im Einzelfall geprüft werden, ob er seine Tätigkeit als programmgestaltend anzusehen ist.[68]
- Da der **Regisseur** die gesamte künstlerische Ausgestaltung eines Hörfunk- bzw. Fernsehbeitrages zu seinen Aufgaben zählt, wird er programmgestaltend tätig.[69]
- Ein **Reporter** arbeitet journalistisch-schöpferisch, so dass er zu den programmgestaltenden Mitarbeitern zu zählen ist.[70] Auch **Sportreporter** werden, soweit sie in der Live-Berichterstattung eingesetzt werden, programmgestaltend tätig.[71] Ob sie ihrer Beschäftigung nebenberuflich nachgehen, ist irrelevant.[72]
- Verliest ein **Sprecher** vorgegebene Texte, die er zuvor im Rahmen seiner Tätigkeit als **Übersetzer** übersetzt hat, kann er nicht als programmgestaltender Mitarbeiter angesehen werden. Er hat keine Möglichkeit, die Sendung oder die verlesenen Texte nach seinen Vorstellungen zu gestalten.[73] Von diesem Grundsatz ist jedoch eine Ausnahme zu

---

61 BAG AP BGB § 611 Nr. 24 – Rundfunk.
62 BAG, Urt. v. 11.12.1985, 5 AZR 435/85, nicht veröffentlicht.
63 LAG Düsseldorf, Urt. v. 21.12.2001, 18 Sa 1282/01, nicht veröffentlicht.
64 Paschke/Berlit/Meyer/*Binder* 69. Abschnitt, Rn. 94.
65 Paschke/Berlit/Meyer/*Binder* 69. Abschnitt, Rn. 93.
66 BAG NZA 2007, 147.
67 BAG ZUM-Rd 2007, 506.
68 LAG Berlin, EzA Nr. 23 zu § 611 BGB Arbeitnehmerbegriff.
69 BAG AP BGB § 611 Nr. 23 – Abhängigkeit; SächsLAG, Urt. v. 25.8.2006, 2 Sa 840/05, nicht veröffentlicht.
70 BAG AP BGB § 611 Nr. 27 – Abhängigkeit.
71 BAG AP BGB § 611 Nr. 96 – Abhängigkeit; LAG Köln NZA-RR 1997, 283.
72 Paschke/Berlit/Meyer/*Binder* 69. Abschnitt Rn. 99.
73 BAG BB 1998, 1265.

machen, wenn der Sprecher die Sendung aufgrund bestimmter Persönlichkeitsmerkmale, seiner unverwechselbaren Stimme oder Betonung wesentlich prägt.[74] Allerdings zeichnen sich Hörfunksendungen, an denen ein Sprecher mitwirkt, i.d.R. nicht durch die individuelle Befähigung und Aussagekraft der jeweiligen Sprecher aus.[75]

- **Ein Videojournalist** widmet sich der kompletten Herstellung von Fernsehbeiträgen. Dabei übernimmt er alle einzelnen Herstellungsschritte selbst. Er fällt unter die programmgestaltenden Mitarbeiter.[76]

bb) Arbeitnehmer des privatrechtlichen Rundfunks und der Presse

40 Das Urteil des Bundesverfassungsgerichts bezog sich ausschließlich auf die Rundfunkfreiheit einer öffentlich-rechtlichen Rundfunkanstalt, weshalb die auf Art. 5 GG basierenden Grundsätze nicht ohne Weiteres auf privatrechtliche organisierte Presseunternehmen oder Film- bzw. Fernsehproduktionsgesellschaften übertragen werden können. Es ist noch nicht abschließend geklärt, ob das Privileg des Abschlusses von freien Mitarbeiterverträgen mit programmgestaltenden Erwerbstätigen auch diesen Unternehmen zugutekommt.

41 Das LAG München hatte am 5.12.1990 über die Zulässigkeit der Befristung eines Arbeitsvertrages zwischen einem Presseverlag und einer Zeitschriftenredakteurin zu entscheiden und führte in diesem Zusammenhang aus, dass grundsätzlich kein Unterschied zwischen Presseunternehmen und öffentlich-rechtlichen Rundfunkanstalten bestünde, da sich Erstere auf die Pressefreiheit berufen könnten.[77] Diese Aussagen lassen den Schluss zu, dass zwischen den öffentlich-rechtlichen Rundfunkunternehmen und Presseunternehmen nicht nur hinsichtlich der Befristung, sondern auch in Bezug auf den Abschluss von freien Mitarbeiterverträgen nicht zu differenzieren ist. So könnte man zur Untermauerung dieser Ansicht anführen, dass auch Verlage aufgrund ihres wechselnden und vielfältigen Lesergeschmacks ein Bedürfnis nach flexiblem Personaleinsatz hätten und so eine ähnliche Behandlung wie Rundfunkanstalten erfahren müssten. Gleiches müsse auch für Unternehmen gelten, die im Auftrag öffentlich-rechtlicher Sender Sendungen herstellen, denn auch diese hätten ein ähnliches Abwechslungsbedürfnis wie die Sender selbst.[78] Auf der anderen Seite ergibt sich aus dem Beschluss des Bundesverfassungsgerichts, dass die Rundfunkanstalt, welche sich auf Art. 5 GG berufen will, konkret darlegen muss, warum der Abschluss eines freien Mitarbeitervertrages für die Gewährleistung der Programmvielfalt notwendig ist. Die Rundfunkanstalten sind allerdings anders als z.B. Zeitungsverlage gesetzlich zur Programmvielfalt verpflichtet. Letztere legen hingegen eine bestimmte politischen oder gesellschaftlichen Tendenz fest und verfolgen sie. Dementsprechend beschäftigen sie Mitarbeiter, die diese Tendenz besitzen und bereit sind, sie zu fördern. Daraus lässt sich schlussfolgern, dass Presseverlage gerade ihre eigene Tendenz verbreiten wollen und nicht der Meinungsvielfalt verschrieben sind. Dieser grundlegende Unterschied kann auch die Nichtanwendbarkeit des Bundesverfassungsgerichtsbeschlusses auf Presseunternehmen rechtfertigen. Dieser Annahme kann jedoch wiederum entgegengehalten werden, dass auch Tendenzunternehmen einen besonderen Schutz durch § 118 BetrVG in der Gestalt erfahren, dass die Mitbestimmungsrechte des Betriebsrates eingeschränkt sind. Insoweit zeigt sich somit auch hier eine Privilegierung dieser Unternehmen, so dass man basierend auf diesem Aspekt die Rechtsprechung des Bundesverfas-

---

74 Paschke/Berlit/Meyer/*Binder* 69. Abschnitt Rn. 101.
75 BAG AP BGB § 611 Nr. 74 – Abhängigkeit.
76 Paschke/Berlit/Meyer/*Binder* 69. Abschnitt Rn. 102.
77 LAG München LAGE Nr. 24 zu § 620 BGB.
78 Schwartmann/*Müller* 11. Abschnitt Rn. 24.

sungsgerichts auch für Unternehmen anwendbar erklären könnte, die sich auf die Meinungs-, Presse- und Filmfreiheit berufen können.[79]

Nach alledem wird deutlich, dass es viele Argumente für und gegen die Übertragbarkeit des Bundesverfassungsgerichtsbeschlusses auf die Presse und den privatrechtlichen Rundfunk gibt. Eine einzig richtige Meinung besteht bisher nicht, so dass es eine höchstrichterliche Entscheidung abzuwarten gilt. **42**

c) Arbeitnehmerähnliche Person

Von den Arbeitnehmern und den freien Mitarbeitern sind die arbeitnehmerähnlichen Personen zu unterscheiden. In verschiedenen gesetzlichen Vorschriften wird der Begriff der arbeitnehmerähnlichen Person erwähnt, wobei sich ausschließlich in § 12a Abs. 1 Nr. 1 TVG eine Definition findet. Danach sind Personen arbeitnehmerähnlich, wenn sie **wirtschaftlich abhängig** und einem Arbeitnehmer **vergleichbar sozial schutzbedürftig** sind, weil sie auf Grund eines Dienst- oder Werkvertrags überwiegend für eine Person tätig sind, die geschuldete Leistung persönlich und im Wesentlichen ohne Mitarbeit von Arbeitnehmern erbringen.[80] Zu beachten ist, dass § 12a TVG keine allgemeingültige gesetzliche Definition der arbeitnehmerähnlichen Person liefert; vielmehr gilt die Begriffsbestimmung im Tarifvertragsrecht. Trotz dieser Einschränkung sollten die in der Vorschrift festgelegten Zeit- und Verdienstrelationen auch bei der Beurteilung anderer als tarifvertraglicher Sachverhalte Anwendung finden können. **43**

aa) Wirtschaftliche Abhängigkeit

Arbeitnehmerähnliche Personen sind Selbständige. Mangels Eingliederung in eine fremde betriebliche Organisation und wegen fehlender bzw. geringerer Weisungsgebundenheit sind sie nicht persönlich abhängig, weshalb ihnen nicht der Arbeitnehmerstatus zukommt. An die Stelle der das Arbeitsverhältnis prägenden persönlichen Abhängigkeit tritt für die arbeitnehmerähnlichen Personen das Merkmal der wirtschaftlichen Abhängigkeit.[81] Letztere muss sich allein aus dem Verhältnis zum Dienstberechtigten ergeben. Eine wirtschaftliche Unselbständigkeit ist nicht schon dann gegeben, wenn eine Person für ihre Existenzsicherung auf den Abschluss des Vertrages angewiesen ist.[82] Es ist vielmehr notwendig, dass durch den Entzug der Aufträge durch den Dienstberechtigten die Existenzgrundlage insgesamt entfällt.[83] **44**

§ 12a Abs. 1 Nr. 1 lit. a und b TVG definiert die wirtschaftliche Abhängigkeit näher. Danach ist eine Person wirtschaftlich abhängig, wenn sie in zeitlicher und oder finanzieller Hinsicht im Wesentlichen nur einen Auftraggeber hat, daneben muss mindestens die Hälfte ihres Erwerbseinkommens von einem Auftraggeber bezogen werden. Bei Personen, die künstlerische, schriftstellerische oder journalistische Leistungen erbringen, sowie Personen, die an der Erbringung, insbesondere der technischen Gestaltung solcher Leistungen unmittelbar mitwirken (§ 12a Abs. 3 TVG) genügt es, wenn ihnen von einer Person im Durchschnitt mindestens ein Drittel des Entgelts gebührt, das ihnen für ihre Erwerbstätigkeit insgesamt zusteht. Für die Medienbranche ist daher § 12a Abs. 3 TVG in der Regel heranzuziehen. **45**

---

79 Schwartmann/*Müller* 11. Abschnitt Rn. 25.
80 BAG AP ArbGG 1979 § 5 Nr. 12.
81 BAG AP BGB § 611 Nr. 12 – Arbeitnehmerähnlichkeit.
82 BAG NZA 2007, 699.
83 Dörner/Luczak/Wildschütz/*Dörner* Kapitel 1 Rn. 165.

bb) Soziale Schutzbedürftigkeit

46 Soziale Schutzbedürftigkeit ist anzunehmen, wenn das Maß der Abhängigkeit nach der Verkehrsanschauung einen solchen Grad erreicht, wie es im Allgemeinen nur in einem Arbeitsverhältnis vorkommt, und die geleisteten Dienste nach ihrer sozialen Typik mit denen eines Arbeitnehmers vergleichbar sind.[84] Es ist möglich, dass die soziale Schutzbedürftigkeit durch tarifvertraglich festgelegte Entgeltgrenzen näher konkretisiert wird.[85] Allerdings muss beachtet werden, dass der aus der Rundfunkfreiheit folgende Spielraum der Rundfunkanstalten für den Einsatz von freien Mitarbeitern nicht durch zu weitreichende Bestandsschutzregeln eingeengt bzw. ganz unterlaufen werden darf.[86]

cc) »Feste Freie«

47 Unter die arbeitnehmerähnlichen Personen können in der Medienbranche auch die sog. »festen freien Mitarbeiter« fallen. Dieser Begriff ist dem Arbeitsrecht nicht bekannt, da es sich im rein rechtlichen Sinne um »gewöhnliche« freie Mitarbeiter handelt. Der einziger Unterschied zu den regulären freien Mitarbeitern besteht darin, dass der feste Freie regelmäßig Aufträge bekommt und diese in der Regel von immer demselben Auftraggeber. Feste Freie können deshalb auch als arbeitnehmerähnliche Personen eingeordnet werden, wenn sie wirtschaftlich abhängig von demjenigen Auftraggeber sind, für den sie auf Grund eines Dienst- oder Werkvertrages persönlich tätig werden.

d) Rechtsfolge

48 Der Arbeitnehmer wird durch viele Schutzvorschriften abgesichert, die für freie Mitarbeiter jedoch keine Wirkung entfalten. Da der Grundsatz »Ohne Arbeit, kein Lohn« bei freien Mitarbeitern keine gesetzliche Einschränkung erfährt, steht ihnen weder im Fall der Krankheit noch an Feiertagen ein Anspruch auf Entgeltfortzahlung zu. Daneben hat der freie Mitarbeiter weder Anspruch auf bezahlten Urlaub oder gar Urlaubsgeld. Auch haftet das Unternehmen nicht für die Abführung von Lohnsteuern oder Sozialabgaben. Ebenso stehen die aktiven und passiven Beteiligungsrechte bei der betrieblichen oder unternehmerischen Mitbestimmung (Betriebsrat, Personalrat, Aufsichtsrat) dem freien Mitarbeiter nicht zu. Schwangere, Wehrpflichtige, Schwerbehinderte etc. genießen keinerlei (besonderen) Schutz. Die arbeitszeitrechtlichen Schutzvorschriften gelten ausschließlich für Arbeitnehmer, weshalb es keine Vorschriften für freie Mitarbeiter gibt, die besagen, wann Pausen einzulegen sind, wie lange die tägliche Arbeitszeit höchstens sein darf, welche Ruhezeit zwischen zwei einzelnen Arbeitsschichten liegen müssen oder dass die Arbeit an Sonn- und Feiertagen verboten ist. Letztlich unterliegen freie Mitarbeiter grundsätzlich keinen tarifvertraglichen Regelungen, und zwar auch dann nicht, wenn Tarifverträge für allgemeinverbindlich erklärt wurden. Zu beachten ist jedoch in der Medienbranche, dass es für feste freie Mitarbeiter teilweise Regelungen in Tarifverträgen gibt, auf die diese sich selbstverständlich auch berufen können.

49 Auch arbeitnehmerähnlichen Personen kommt kein Arbeitnehmerstatus zu, sie werden im Gegensatz zu den freien Mitarbeitern in einigen Bereichen den Arbeitnehmern lediglich gleichgestellt. Für Klagen gegen ihren Auftraggeber ist nach § 5 Abs. 1 Satz 2 ArbGG die Zuständigkeit der Arbeitsgerichte gegeben. Materiell-rechtliche Normen des Arbeitsrechts finden hingegen nur Anwendung, wenn dies gesetzlich ausdrücklich vorgesehen ist, so besteht z.B. ein Anspruch auf bezahlten Erholungsurlaub (vgl. § 2 BUrlG). Nicht anwendbar sind insbesondere die Kündigungsschutzvorschriften des KSchG und der ein-

---

[84] BAG NZA 1991, 289.
[85] BAG AP TVG § 1 Nr. 43 – Tarifverträge: Rundfunk.
[86] BVerfG AP GG Art. 5 Nr. 9 – Rundfunkfreiheit.

zelnen Sondergesetze (z.B. § 9 MuSchG, §§ 85 ff. SGB IX, § 2 ArbPlSchG). Erhebt eine arbeitnehmerähnliche Person also eine Kündigungsschutzklage, so ist sie zwar zulässig, aber unbegründet, da das KSchG keinerlei Anwendung findet. Besondere Bedeutung kommt in diesem Zusammenhang § 12a TVG zu. Daraus folgt, dass für die arbeitnehmerähnlichen Personen Tarifverträge geschlossen werden und sie das Streikrecht für sich in Anspruch nehmen können. Bei den öffentlich-rechtlichen Rundfunkanstalten als auch bei der Presse wurden Tarifverträge für arbeitnehmerähnliche Personen abgeschlossen, so z.B. der Tarifvertrag für arbeitnehmerähnliche freie Journalisten und Journalistinnen an Tageszeitungen vom 1.8.2005. Diese Tarifverträge können die Tatbestandsmerkmale des Gesetzes konkretisieren und ggf. auch neu definieren, wodurch der Kreis der arbeitnehmerähnlichen Personen allerdings nicht über § 12a TVG hinaus erweitert werden darf. Es ist nur möglich, spezielle Rechtsfolgen für den gesetzlich definierten Personenkreis zu bestimmen.[87] Dementsprechend sind in den Tarifverträgen in erster Linie Sozialleistungen zur Daseinsvorsorge, Leistungen bei Arbeitsunfähigkeit, Urlaubsregelungen und Fristen für die Beendigung des Mitarbeiterverhältnisses geregelt.

II. Statusklage – Gerichtliche Feststellung der Arbeitnehmereigenschaft

Es gibt unterschiedlich Gründe, warum ein Erwerbstätiger seinen arbeitsrechtlichen Status gerichtlich klären lassen möchte. Mögliche Anlässe sind die Beendigung der Beschäftigung oder die Reduzierung ihres Umfangs. Auch der Wunsch nach einer sozialen Absicherung, oder das Bestreben, eine betriebliche Altersversorgung zu erhalten, können einen Mitarbeiter dazu bewegen, die gerichtliche Statusklärung zu begehren.[88] 50

1. Zuständigkeit der Arbeitsgerichte

Die Zuständigkeit der Arbeitsgerichte ergibt sich aus §§ 2 bis 5 ArbGG., wobei § 2 Abs. 1 Nr. 3 lit. b) ArbGG für Statusklagen besondere Bedeutung zukommt. Unter diese Bestimmung fallen nämlich Streitigkeiten, in denen die Frage geklärt werden soll, ob zwischen den Parteien ein Arbeitsverhältnis begründet worden ist, welchen Inhalt das Arbeitsverhältnis aufweist bzw. aufwies sowie ob es noch besteht oder wann es beendet wurde.[89] Ausreichend für die Begründung der Zuständigkeit der Arbeitsgerichte ist die Behauptung des Klägers, ihm müsse der Arbeitnehmerstatus zukommen.[90] Dieser Grundsatz gilt für die Statusklagen, die den Antrag beinhalten, festzustellen, dass ein Arbeitsverhältnis vorliegt. Daneben beansprucht er ebenso Geltung für Klagen, in denen es um die Beendigung eines Arbeitsverhältnisses geht und der Kläger der Überzeugung ist, dass eine rechtswidrige Kündigung des Arbeitsverhältnisses vorliegt, wohingegen der Auftraggeber die Ansicht vertritt, dass die freie Mitarbeit zulässigerweise beendet wurde. War der Kläger kein Arbeitnehmer, kommt es zu einem klagabweisenden Sachurteil. Die Sache wird nicht an ein Zivilgericht verwiesen.[91] Die Zuständigkeit der Arbeitsgerichte ergibt sich nach § 5 Abs. 1 Satz 2 ArbGG auch dann, wenn der Kläger entweder Arbeitnehmer oder arbeitnehmerähnliche Person ist. In einem solchen Fall handelt es sich um eine zulässige Wahlfeststellung, weshalb es zu keiner Verweisung an die Zivilgerichte kommt.[92] 51

---

[87] BAG AP TVG § 12a Nr. 1.
[88] *Niepalla/Dütemeyer* NZA 2002, 712, 712.
[89] BAG AP BGB § 611 Nr. 22 – Abhängigkeit.
[90] BAG NZA 1996, 1005.
[91] Paschke/Berlit/Meyer/*Binder* 69. Abschnitt, Rn. 190.
[92] Paschke/Berlit/Meyer/*Binder* 69. Abschnitt, Rn. 191.

2. Feststellungsantragantrag

52 Feststellungsanträge können auf die Feststellung des Bestehens oder Nichtbestehens eines Rechtsverhältnisses sowie positiv oder negativ formuliert sein. Für eine Statusklage sollte der Antrag wie folgt formuliert sein: »Es wird festgestellt, dass zwischen den Parteien seit dem ... ein unbefristetes Arbeitsverhältnis besteht.«[93]

3. Feststellungsinteresse

53 Nach § 46 Abs. 2 ArbGG ist § 256 Abs. 1 ZPO auch für Verfahren vor den Arbeitsgerichten maßgeblich, weshalb die Einreichung einer Feststellungsklage eines besonderen Feststellungsinteresses bedarf. So kann nur dann eine Statusklage erhoben werden, wenn der Kläger ein rechtliches Interesse daran hat, dass das Rechtsverhältnis im Wege einer gerichtlichen Entscheidung alsbald festgestellt wird. Das besondere Feststellungsinteresse ist als Sachurteilsvoraussetzung in jeder Lage des Verfahrens, auch in der Revisionsinstanz, von Amts wegen zu prüfen.[94]

54 Das Feststellungsinteresse ist in der Regel zu verneinen, wenn zur Zielerreichung ein einfacherer Weg gegeben ist. Trotzdem ist die klagende Partei bei der gegenwartsbezogenen Feststellungsklage nicht gehalten, die Klage auf Feststellung eines Arbeitsverhältnisses dahingehend zu erweitern, dass das Arbeitsverhältnis zu bestimmten Bedingungen besteht. Der weitestgehende Feststellungsantrag ist nicht notwendig. Gegenwartsbezogene Statusklagen sind vielmehr auch dann zulässig, wenn im Verlauf des Prozesses bereits erkennbar wird, dass später über einzelne Arbeitsbedingungen gestritten werden wird. Es wäre prozessökonomisch wenig sinnvoll, den um die Statusbeurteilung eines Beschäftigten geführten Prozess von Anfang an mit Streitpunkten zu belasten, etwa dem zeitlichen Umfang der Beschäftigung oder der Eingruppierung, die bei positivem Ausgang des Rechtsstreits zwischen den Parteien in aller Regel in Verhandlungen geklärt werden. Die Beantwortung der für den Beschäftigten wichtigsten Fragen nach dem arbeitsrechtlichen Schutz seines Rechtsverhältnisses soll nicht durch eine vermeidbare Ausweitung des Streitgegenstands verzögert werden. Die Statusfrage kann deshalb vorab zur gerichtlichen Entscheidungen gestellt werden.[95]

a) Gegenwartsbezogene Klage

55 Hinsichtlich der Anforderungen, die an das Feststellungsinteresse gestellt werden, muss allerdings zwischen gegenwarts- und vergangenheitsbezogenen Statusklagen unterschieden werden: Ein berechtigtes rechtliches Interesse an der Feststellung eines Rechtsverhältnisses durch eine richterliche Entscheidung kann dem Mitarbeiter nicht abgesprochen werden, wenn eine gegenwartsbezogene Klage gegeben ist und es somit um ein bestehendes Vertragsverhältnis geht. In einem solchen Fall hat der Beschäftigte jederzeit ein Interesse daran, seine Rechtsstellung als Arbeitnehmer alsbald feststellen zu lassen.[96]

b) Ausschließlich vergangenheitsbezogene Klage

56 Anders ist der Fall zu bewerten, in dem die Feststellung begehrt wird, dass ein Arbeitsverhältnis in der Vergangenheit bestanden hat. Das BAG war früher mit der Zulassung ausschließlich vergangenheitsbezogener Klagen großzügig. Am 10.5.1974 hatte der 3. Senat noch entschieden, das Feststellungsinteresse für derartige Klagen sei zu bejahen, wenn es möglich sei, dass dem Kläger aus der unterbliebenen Beitragsleistung zur Sozialversicherung

---

93 Ähnlich *Wrede* NZA 1999, 1019, 1027.
94 BAG NZA 1999, 669.
95 BAG NZA 1999, 669.
96 BAG BB 2001, 312.

eine Rentenverkürzung drohe.[97] Ebenso ist es vom Bestehen des Feststellungsinteresses ausgegangen, wenn nur die korrekte Abführung der Sozialversicherungsbeiträge sowie die Lohnsteuerpflicht zur Debatte steht und die zuständigen Sozialversicherungsträger und Finanzbehörden glaubhaft gemacht haben, dass sie für die Beantwortung der Fragen von dem arbeitsrechtlichen Feststellungsurteil ausgehen würden. Entgegen dieser weitreichenden Definition des Feststellungsinteresses hat der 5. Senat des BAG in seinem Urteil vom 3.3.1999 erstmalig entschieden, dass für eine ausschließlich vergangenheitsbezogene Klage ein Feststellungsinteresse nur gegeben sei, wenn sich aus der Feststellung Folgen für Gegenwart oder Zukunft ergeben würden. Die bloße Möglichkeit, dass dem Kläger, wenn er den Arbeitnehmerstatus inne hat, z.B. Ansprüche auf eine betriebliche Altersversorgung zustehen, reiche zur Bejahung des Feststellungsinteresses nicht aus.[98] Es sei daneben auch dann nicht zu bejahen, wenn eine Erklärung eines Sozialversicherungsträgers vorliege, er werde das Ergebnis der arbeitsgerichtlichen Entscheidung bei der Prüfung der sozialrechtlichen Versicherungspflicht übernehmen.[99]

c) Gegenwarts- und vergangenheitsbezogene Klage

Es ist möglich, dass sich ein Klageziel gleichzeitig auf die Gegenwart und die Vergangenheit richtet, so dass der Antrag nicht ausschließlich auf ein vergangenes Rechtsverhältnis bezogen ist, z.B. weil das begründete Arbeitsverhältnis nicht unstreitig beendet wurde. Damit zielt der Antrag zumeist darauf, dass in einem in der Vergangenheit liegenden Zeitraum bereits ein – noch fortbestehendes – Arbeitsverhältnis bestanden habe. In einem solchen Fall soll sich das Feststellungsinteresse für den Antrag insgesamt nach den Grundsätzen für rein vergangenheitsbezogene Klagen richten.[100]   57

4. Kein rechtsmissbräuchliches Verhalten

Verhält sich der Kläger rechtsmissbräuchlich indem er ein widersprüchliches Vorgehen an den Tag legt, ist die nachträgliche Feststellung des Angestelltenstatus ausgeschlossen. Wer durch seine Erklärung oder durch sein Verhalten bewusst oder unbewusst eine Sach- oder Rechtslage geschaffen hat, auf die sich der andere Teil verlassen durfte und verlassen hat, darf den anderen Teil in seinem Vertrauen nicht enttäuschen.   58

Eine rechtsmissbräuchliche Berufung auf den Arbeitnehmerstatus liegt vor, wenn der Statuskläger eine frühere Statusklage zurückgenommen, nach erfolgreicher Statusklage erneut ein freies Mitarbeiterverhältnis vereinbart oder Angebote auf Abschluss eines Arbeitsvertrags jahrelang ausdrücklich abgelehnt hatte. In solchen Fällen liegen in der Regel ausdrückliche statusbezogene Erklärungen vor, aus denen der Vertragspartner schließen durfte, der Dienstverpflichtete werde sich nicht auf seine Arbeitnehmereigenschaft berufen[101]   59

Hat der freie Mitarbeiter das Angebot einer Festanstellung durch den Arbeitnehmer abgelehnt, so wäre es rechtsmissbräuchlich, wenn er seinen Arbeitnehmerstatus gerichtlich feststellen lassen würde. Es ist jedoch nicht möglich, dass dem freien Mitarbeiter nun die gerichtliche Statusfeststellung für immer versagt wird. Fraglich ist allerdings, wie viel Zeit zwischen dem Angebot durch den Arbeitgeber und der gerichtlichen Geltendmachung vergehen muss, um ein widersprüchliches Verhalten auszuschließen. Dies ist je nach Einzelfall zu entscheiden, wobei nach einigen Jahren kein widersprüchliches Ver-   60

---

97 BAG AP ZPO § 256 Nr. 48.
98 BAG NZA 1999, 669.
99 BAG BB 2001, 312.
100 BAG AP ZPO 1977 § 256 Nr. 78.
101 BAG NZA 2003, 341.

halten mehr angenommen werden kann. Das gilt ebenso, wenn sich die Beschäftigungsverhältnisse zwischenzeitlich grundlegend verändert haben.

61 Hat ein Mitarbeiter schriftlich erklärt, dass er eine freie Mitarbeit wünsche und nimmt er deshalb eine höhere Vergütung entgegen als ihm innerhalb eines Arbeitsverhältnisses zugestanden hätte, liegt nach Ansicht des BAG kein rechtsmissbräuchliches Verhalten vor. Der Arbeitgeber könne in einem solchen Fall nicht darauf vertrauen, dass der Kläger zukünftig kein Arbeitsverhältnis geltend machen werde.[102]

5. Einstweiliger Rechtsschutz

62 Das ArbGG enthält kaum prozessuale Regelungen für das einstweilige Verfügungsverfahren. Vielmehr verweist § 62 ArbGG auf die Vorschriften der ZPO. Zu beachten ist jedoch die verfahrensrechtliche Besonderheit des § 62 Abs. 2 Satz 2 ArbGG. Danach ist die Durchführung eines mündlichen Verhandlungstermins im einstweiligen Rechtsschutzverfahren vor den Arbeitsgerichten obligatorisch.

63 Geht es um den Status eines Mitarbeiters, ist eine einstweilige Verfügung sehr selten. Diese kommt allenfalls zur Anwendung, wenn neben dem Statusprozess in einem zweiten Verfahren der einstweiligen Verfügung ein Weiterbeschäftigungsanspruch geltend gemacht wird. Innerhalb des Verfügungsspruches ist es von Bedeutung, ob ein Arbeitsverhältnis glaubhaft gemacht wurde. Besonderheiten zu einer normalen Statusklage sind nicht zu beachten. Allerdings ist innerhalb des Verfügungsgrunds bei programmgestaltenden Mitarbeitern die Einbeziehung der Rundfunk- und Pressefreiheit notwendig, was sich meist zugunsten der Medienunternehmen auswirken dürfte.[103]

6. Folgen

64 Ist die Statusfeststellungsklage erfolgreich, so ergeben sich verschiedene Rechtsfolgen.

a) Bestehendes Arbeitsverhältnis

65 Nach einer erfolgreichen Statusfeststellungsklage besteht ein Arbeitsverhältnis zwischen Arbeitgeber und Arbeitnehmer. Dies wiederum hat zur Folge, dass alle Arbeitsschutzbestimmungen Anwendung finden. Wie das Arbeitsverhältnis genau ausgestaltet ist, entscheidet sich nach den allgemeinen arbeitsrechtlichen Grundsätzen. Ist beiderseitige Tarifgebundenheit gegeben, gelten auch die tariflichen Regelungen. Eine einzelvertragliche Bezugnahme auf einen Tarifvertrag scheidet meist jedoch aus.

66 Hinsichtlich der Arbeitsbedingungen im Umfang, Ort und Inhalt ist das Arbeitsverhältnis an das bisherige Rechtsverhältnis angelehnt. Der Mitarbeiter wird zumeist die Aufgaben weiter erledigen, die er zuvor auch ausgeübt hat. Er kann allerdings ebenso für Tätigkeiten anderer Arbeitnehmer herangezogen werden, wenn diese vergleichbar sind. Hat der Arbeitgeber den Wunsch, die Aufgaben des Arbeitnehmers zu ändern, steht ihm das Mittel des Direktionsrechts im üblichen Umfang zu. Will er Aufgaben zuweisen, die von seinem Weisungsrecht nicht mehr gedeckt sind, steht ihm das Mittel der Änderungskündigung zur Verfügung. Andere Möglichkeiten, das Aufgabenfeld neu zu gestalten, bestehen nicht. Bezüglich des zeitlichen Umfangs ist zunächst gleichermaßen auf die Handhabung im freien Mitarbeiterverhältnis zurückzugreifen. Dafür muss der Durchschnitt der Arbeitszeit in dem Zeitraum, für den ein Arbeitsverhältnis festgestellt wurde, errechnet werden. Saisonale Besonderheiten finden jedoch keine Berücksichtigung.[104]

---

102 BAG NZA 2007, 321.
103 Paschke/Berlit/Meyer/*Binder* 69. Abschnitt Rn. 197 ff.
104 Paschke/Berlit/Meyer/*Binder* 69. Abschnitt Rn. 206 ff.

Für die Bestimmung des Entgelts kann dagegen nicht auf die Vergütung als freier Mitar- 67
beiter zurückgegriffen werden, da freie Mitarbeiter in der Regel eine höhere Entlohnung
erhalten als Arbeitnehmer. Wurde keine Vergütungsabrede getroffen, kann aus der bloßen Zahlung der Honorare für freie Mitarbeit nicht geschlossen werden, dass diese
Honorarvergütung auch für den Fall vereinbart ist, dass der Mitarbeiter eine rechtskräftige gerichtliche Feststellung erreicht, derzufolge er nicht freier Mitarbeiter, sondern
Arbeitnehmer ist. Hier ist vielmehr § 612 Abs. 2 BGB maßgeblich, wonach die Vergütung
gilt, die für einen Arbeitnehmer in vergleichbarer Position üblich ist.[105]

b) Sozialversicherungsrechtliche Folgen

Für Arbeitnehmer besteht anders als für freie Mitarbeiter Sozialversicherungspflicht. 68
Den Gesamtsozialversicherungsbeitrag gem. § 28e Abs. 1 SGB IV hat der Arbeitgeber zu
leisten. Er kann vom Beschäftigten allerdings die Hälfte des Beitrags gem. § 28g SGB IV
beanspruchen.

Bei einer erfolgreichen Statusfeststellungsklage kann der Arbeitgeber rückwirkend ab 69
Beginn des Beschäftigungsverhältnisses für die Nachleistung der Sozialversicherungsbei-
träge in Anspruch genommen werden. Diese Nachleistungspflicht umfasst sowohl den
Arbeitnehmer- als auch den Arbeitgeberanteil. Es ist zwar möglich, den Arbeitnehmer
für seinen Anteil in Regress zu nehmen, allerdings schränkt § 28 Satz 3 SGB IV diese
Option ein. Danach darf nämlich ein unterbliebener Abzug durch den Arbeitgeber ausschließlich bei den nächsten drei Lohnzahlungen nachgeholt werden; nach Ablauf dieses
Zeitraumes ist dies nur zulässig, wenn der Abzug ohne Verschulden des Arbeitgebers
unterblieben ist (§ 28 Satz 3 SGB IV).

Die Ansprüche auf Sozialversicherungsbeiträge nach § 25 SGB IV verjähren allerdings in 70
vier Jahren nach Ablauf des Kalenderjahres, in dem sie fällig geworden sind. Fällig werden die Beiträge gem. § 23 SGB IV spätestens am 15. des der Beschäftigung folgenden
Monats. Allerdings gilt im Fall einer vorsätzlichen Vorenthaltung der Beiträge nach § 25
Satz 2 SGB IV eine längere Verjährungsfrist von 30 Jahren. Da die Vorschriften des BGB
sinngemäß anzuwenden sind wird die Verjährung durch die Erhebung einer Leistungs-
oder Feststellungsklage, die Zustellung eines Antrags auf Erlass einer einstweiligen Verfügung oder einstweiligen Anordnung sowie durch die Anmeldung eines Anspruchs im
Insolvenzverfahren gehemmt.

Letztlich hat der Arbeitgeber auf den nachentrichteten Anteil des Arbeitnehmers auch 71
die Lohnsteuer zu zahlen. Dies ergibt sich aus der Rechtsprechung des BFH,[106] wonach
die Bezahlung der Arbeitnehmeranteile einen geldwerten Vorteil darstellt, den der
Arbeitgeber im Sinne des Arbeitnehmers leistet, und der mithin lohnsteuerpflichtig ist.[107]

c) Steuerrechtliche Konsequenzen

Der Arbeitgeber haftet gemäß § 42d Abs. 1 Nr. 1 EStG für die Lohnsteuer, welche er ein- 72
zubehalten und abzuführen hat. Wurde ein bestehendes Vertragsverhältnis fälschlicherweise als freies Dienstverhältnis eingeordnet und kam es aus diesem Grund nicht zur
Abführung der Lohnsteuer, haftet der Arbeitgeber neben dem Arbeitnehmer als Gesamtschuldner. Das Finanzamt kann demnach alternativ zum Arbeitnehmer auch den Arbeitgeber in Anspruch nehmen. Dem Arbeitgeber steht dann jedoch ein Erstattungsanspruch
nach § 426 Abs. 1 Satz 1 BGB gegen den Arbeitnehmer zu, der der regelmäßigen dreijäh-

---

105 BAG NZA 1998, 594.
106 BFH DB 1992, 2603.
107 *Reiserer* BB 1998, 1258, 1262.

rigen Verjährungsfrist des § 195 BGB unterliegt. In diesem Rechtsverhältnis ist allein der Arbeitnehmer Schuldner der Steuerforderung.[108]

d) Rückforderungsanspruch des Arbeitgebers bei rückwirkender Feststellung nach § 812 Abs. 1 Satz 1, 1. Var. BGB

73 Freie Mitarbeiter erhalten in der Regel eine höhere Vergütung als Arbeitnehmer. Klagt ein Mitarbeiter seinen Arbeitnehmerstatus nun erfolgreich rückwirkend ein, besteht die Möglichkeit, dass dem Arbeitgeber ein Anspruch auf Rückerstattung der Differenz zwischen dem bereits gezahlten Honorar und der normalen Arbeitnehmervergütung zusteht. Das BAG sieht die Anspruchsgrundlage für eine solche Rückforderung in § 812 Abs. 1 Satz 1, 1. Var. BGB, da mit der Statusfeststellung zugleich feststeht, dass der Dienstverpflichtete als Arbeitnehmer zu vergüten war und ein Rechtsgrund für Honorarzahlungen in der geleisteten Höhe nicht bestand.[109]

74 Der Rückforderungsanspruch könnte jedoch wegen Kenntnis der Nichtschuld nach § 814 BGB ausgeschlossen sein. Danach ist die Rückforderung des zur Erfüllung einer Verbindlichkeit Geleisteten ausgeschlossen, wenn dem Leistenden die positive Kenntnis hinsichtlich der Nichtschuld im Zeitpunkt der Leistung vorgeworfen werden kann. Es reicht jedoch nicht aus, dass die Tatsachen bekannt waren, die zum Fehlen der Leistungsverpflichtung führten.

75 Vereinbaren die Vertragsparteien die Behandlung eines Rechtsverhältnisses als freie Mitarbeit, vertraut der Erwerbstätige auf diese Abmachung. Unter Umständen handelt ein Arbeitgeber also rechtsmissbräuchlich, wenn er versucht, dem Arbeitnehmer die erlangten Vorteile wieder zu entziehen. Insofern ist es möglich, dass der Rückforderungsanspruch ausgeschlossen ist. Nach der Rechtsprechung des BAG[110] kommt ein solcher Anspruchsausschluss nicht in Betracht, wenn der Mitarbeiter selbst Klage erhebt und die Feststellung eines Arbeitsverhältnisses begehrt. Er macht mit diesem Handeln deutlich, dass er nicht als freier Mitarbeiter, sondern als Arbeitnehmer behandelt werden möchte. Somit kann er sich nicht auf den Vertrauensschutz berufen, wenn der Arbeitgeber seinem Anliegen entspricht und ihn auch bezüglich der Vergütung wie einen Arbeitnehmer stellt.

76 Liegt keine Bereicherung mehr auf Seiten des Leistungsempfängers vor, ist der Anspruch aus § 812 Abs. 1 Satz 1 1. Var. BGB nach § 818 Abs. 3 BGB ausgeschlossen. Dies ist der Fall, wenn das Erlangte ersatzlos wegfällt und kein Überschuss im Vermögen des Empfängers mehr besteht. Da es sich bei § 818 Abs. 3 BGB um eine rechtsvernichtende Einwendung handelt, trägt die Darlegungs- bzw. Beweislast der Bereicherte. Er muss beweisen, dass sich sein Vermögensstand durch die Überbezahlung nicht verbessert hat. Möglich ist, dass ihm hierbei Beweiserleichterungen zugute kommen: Bei relativ niedrigen oder mittleren Einkommen und einer kontinuierlich geringen Überbezahlung des Arbeitsentgelts kommt die Möglichkeit des Beweises des ersten Anscheins für den Wegfall der Bereicherung in Betracht.[111] In einem solchen Fall ist der konkrete Nachweis, dass man durch die Überbezahlungen nicht mehr bereichert ist, entbehrlich. Nur auf diese Weise kann vermieden werden, dass der auf einmalige Vermögensverschiebungen zugeschnittene § 818 Abs. 3 BGB bei der Rückabwicklung von Dauerschuldverhältnissen völlig »leer läuft«.[112] Eine geringe Überbezahlung liegt nach Ansicht des BAG bei 57 %[113]

---

108 BAG NJW 2004, 3588.
109 BAG NZA 2005, 814.
110 BAG NZA 2007, 321.
111 BAG NZA 2001, 966.
112 BAG NZA 2007, 321.
113 BAG NZA 2005, 814.

bzw. bei mehr als 60 %[114] nicht vor. Auch eine Überbezahlung in Höhe von 18%[115] hat das BAG nicht als geringfügig eingestuft. Zusätzlich muss neben einer geringen Überbezahlung eine hohe Wahrscheinlichkeit gegeben sein, dass der Arbeitnehmer die rechtsgrundlose Leistung für die Lebensführung aufgewendet hat. Das ist anzunehmen, wenn ein geringes oder mittleres Einkommen bezogen wird und keine weitere Einkünfte vorliegen, so dass die Nettobezüge aus dem Arbeitsverhältnis verwendet werden müssen, um den Lebensunterhalt zu bestreiten. Verfügt der Arbeitnehmer jedoch über weitere Einkünfte, so kann nicht automatisch darauf geschlossen werden, dass der Arbeitnehmer die zu hohen Bezüge für den Lebensunterhalt aufgewendet hat.

Grundsätzlich handelt es sich bei dem Rückerstattungsanspruch nach § 812 Abs. 1 Satz 1 1. Var. BGB um einen »Anspruch aus dem Arbeitsverhältnis« im Sinne der tarifvertraglichen Verfallfristen. Allerdings beginnt die Frist erst zu laufen, wenn feststeht, dass das Vertragsverhältnis kein freier Dienstvertrag, sondern ein Arbeitsverhältnis ist. Dies kann aufgrund einer rechtskräftigen gerichtlichen Feststellung oder durch eine außergerichtlich gegenüber dem Arbeitnehmer abgegebene Erklärung geschehen. Erst ab diesem Zeitpunkt der Klärung kann erwartet werden, dass der Arbeitgeber seine Ansprüche wegen Überzahlung geltend macht.[116]

77

D. Inhaltliche Ausgestaltung des Arbeitsverhältnisses

Auch in der inhaltlichen Ausgestaltung des Arbeitsverhältnisses bestehen medienspezifische Besonderheiten, die einer näheren Erläuterung bedürfen.

78

I. Hauptpflichten des Arbeitnehmers

Die vertraglichen Hauptpflichten sind im Arbeitsvertrag und in Tarifverträgen geregelt. Medienspezifische Besonderheiten finden sich in den einzelnen Tarifverträgen, die die gesetzlichen Regelungen modifizieren, einschränken oder ergänzen.

79

II. Nebenpflichten des Arbeitnehmers

Das Arbeitsverhältnis erzeugt (wie andere Schuldverhältnisse auch) umfangreiche Nebenpflichten, die aufgrund von Treu und Glauben eine besondere Rücksichtnahme auf die Interessen und Rechtsgüter des Vertragspartners verlangen. Die Besonderheiten des jeweiligen Schuldverhältnisses prägen die Pflichten, so dass sie unterschiedlich ausgestaltet sein können. Das Arbeitsverhältnis weist als Dauerschuldverhältnis aufgrund der gesteigerten Einwirkungsmöglichkeiten auf die Rechte und Rechtsgüter der anderen Seite erhöhte Schutz- und Rücksichtnahmepflichten auf. Der Arbeitnehmer darf grundsätzlich den Unternehmenszielen des Arbeitgebers nicht entgegen wirken, weshalb ihn beispielsweise Informations- oder Verschwiegenheitspflichten sowie ein Konkurrenzverbot treffen.

80

1. Meinungsäußerung, außerdienstliches Verhalten

Aufgrund des allgemeinen Persönlichkeitsrecht aus Art. 1 Abs. 1 GG, 2 Abs. 1 GG ist der Arbeitnehmer im außerbetrieblichen Bereich weitestgehend frei, sein Verhalten zu bestimmen, weshalb die private Lebensführung des Arbeitnehmers vom Arbeitsvertrag und den aus dem Vertrag resultierenden Pflichten grundsätzlich nicht berührt wird. Nur

81

---

114 BAG NZA 2007, 321.
115 BAG NZA 2005, 814.
116 BAG NJW 2005, 3082.

in Ausnahmefällen, in denen das Verhalten des Arbeitnehmers bedeutsame Interessen des Betriebs tangiert, unterliegen Arbeitnehmer auch im außerdienstlichen Bereich bestimmten Beschränkungen. Insoweit gilt nämlich ein Mindestmaß an Loyalitätsobliegenheiten. So stellt es beispielsweise eine selbstverständliche Pflicht dar, den Ruf des Unternehmens nicht zu schädigen. Deshalb ist es dem Arbeitnehmer verwehrt, sich auf seine verfassungsrechtlich garantierte Meinungsfreiheit zu berufen, wenn er durch die Meinungsäußerung die Grenzen des loyalen Verhaltens gegenüber seinem Arbeitgeber überschreitet.

82 Im Medienbereich trifft sog. Tendenzträger im Pressebereich eine weitergehende Nebenpflicht als andere Arbeitnehmer. Sie müssen auch außerhalb ihrer Arbeitszeit die Interessen des Verlegers bzw. des Medienunternehmens beachten und wahren. Es ist dem Tendenzträger demnach nicht erlaubt, sich in der Öffentlichkeit gegen die Grundhaltung des Mediums zu wenden, für welches er inhaltlich-gestaltend tätig ist. Mitarbeiter des öffentlich-rechtlichen Rundfunks müssen sich mit Aktivitäten bzw. Engagement in der Politik und entsprechenden Meinungsbekundungen generell zurückhalten. Diese Tatsache erwächst aus der Verpflichtung der öffentlichen Rundfunkanstalten zur umfassenden und vor allem objektiven Berichterstattung.[117]

83 Fraglich ist, ob der Arbeitnehmer über die Tendenztreuepflicht hinaus verpflichtet ist, im Rahmen seiner Dienstaufgaben auch außerdienstlich die Tendenz seines Arbeitgebers positiv darzustellen und zu vertreten (sog. Tendenzförderungspflicht). Dies ist nicht unumstritten. Während einige Vertreter der Literatur die Förderung der Tendenz als Wesenselement der vertraglichen Pflichten des Redakteurs betrachten,[118] lehnen andere eine dahingehende Pflicht generell ab. Im dienstlichen Bereich gehöre es bereits zu den Hauptpflichten eines Redakteurs, die Verwirklichung der Tendenz herbeizuführen. Eine Pflicht, die Tendenz auch außerdienstlich z.B. in der Weise zu fördern, dass er sich im Sinne der Tendenz äußern müsse und ein Schweigen zu durch Dritten geäußerten Meinungen pflichtwidrig sei, bedürfe es nicht. Insoweit sei die Tendenztreuepflicht ausreichend.[119]

84 Verstößt der Arbeitnehmer gegen eine Nebenpflicht im außerdienstlichen Bereich, so kommt als Sanktion ein Schadensersatzanspruch in Betracht. Ansonsten stellt ein solches pflichtwidriges Verhalten vor allem einen Kündigungsgrund dar, wenn zuvor eine Abmahnung ausgesprochen worden ist.[120]

2. Sonstige Nebenpflichten

85 Neben der Tendenztreuepflicht bestehen noch weitere Nebenpflichten, die für Arbeitnehmer in einem Medienunternehmen von besonderer Bedeutung sind.

a) Vorteilsannahme

86 Generell ist die Annahme ungerechtfertigter Vorteile verboten. Es ist unzulässig, wenn der Arbeitnehmer Geld oder anderweitige Leistungen fordert, sich versprechen lässt oder annimmt, wenn der Leistende im Gegenzug eine Bevorzugung oder eine bestimmte Tätigkeit erwartet. Im Medienbereich spielt dieser Aspekt eine nicht zu unterschätzende und auch schwierige Rolle. So sind die Grenzen oftmals fließend. Viele Redakteure bekommen im Zusammenhang mit ihren Berichten Vergünstigungen, wie beispielsweise ein Essen, eine Teilnahme an einer Veranstaltung, kostenlose Hotelaufenthalte, Flüge usw. Die Annahme solcher Leistungen stellt nicht immer eine Vorteilsannahme dar, sie ist aber stets unzulässig, wenn der Arbeitgeber über den entsprechenden Sachverhalt nicht

---

117 Paschke/Berlit/Meyer/*Binder* 69. Abschnitt, Rn. 58 f.
118 MünchArbR/*Rüthers* § 336 Rn. 21.
119 Löffler/*Dörner* BT ArbR Rn. 97.
120 Vgl. zur Kündigung eines Tendenzträger Rdn. 151 f.

in Kenntnis gesetzt wird und der Redakteur die Zuwendung ohne die Zustimmung durch den Arbeitgeber für sich verwendet.[121] So ließ sich beispielsweise ein MDR-Sportchef Geld von Sponsoren dafür zahlen, dass er bestimmte Veranstaltungen werbewirksam im Fernsehen zeigte. Dieses Verhalten hatte sowohl eine fristlose Kündigung als auch eine strafrechtliche Verurteilung wegen Bestechlichkeit und Vorteilsannahme zur Folge. Ebenso sorgte der Fall einer ZDF-Unterhaltungsmoderatorin für Aufregung, da diese in einer Talkshow des Senders mehrfach den Namen eines Diätprodukteherstellers erwähnte, mit welchem sie zuvor einen PR-Vertrag geschlossen hatte, in dem Sonderzahlungen für gezielte Schleichwerbung fixiert waren. Daraufhin kündigte der Sender seiner Mitarbeiterin.

b) Nebentätigkeiten

Nebenpflichten können sich auch in Bezug auf eine vom Arbeitnehmer zusätzlich zu seiner Arbeitspflicht gegenüber dem eigenen Arbeitgeber ausgeübten, weiteren Tätigkeit ergeben. Grundsätzlich ist eine Nebentätigkeit im Arbeitsverhältnis zulässig, es sei denn es liegt eine gegenteilige ausdrückliche Beschränkung vor. Der Arbeitnehmer ist somit in der Regel ohne eine besondere Erlaubnis seitens seines Hauptarbeitgebers dazu befugt, eine zweite Tätigkeit aufzunehmen. Allerdings hat der Arbeitgeber in der Regel ein Interesse daran, zu wissen, ob der Arbeitnehmer einer Nebentätigkeit nachgeht. Aus diesem Grunde finden sich in den meisten Arbeits- und Tarifverträgen Regelungen, die dem Arbeitnehmer eine Auskunftspflicht bzw. das Erfordernis der Einholung einer Genehmigung durch den Arbeitgeber auferlegen. Der Arbeitnehmer hat einen Anspruch auf die Zustimmung des Arbeitgebers, wenn die Aufnahme der Nebentätigkeit betriebliche Interessen nicht beeinträchtigt.[122]

87

Im Medienbereich spielen insbesondere Nebentätigkeiten eine Rolle, die der Arbeitnehmer im publizistischen Umfeld des Arbeitgebers, also bei der Konkurrenz, erbringt. Eine Untersagung der Nebentätigkeit kommt in Betracht, wenn die Arbeitgeberinteressen im Wettbewerb beeinträchtigt werden. Dieser Grundsatz entfaltet Wirkung sowohl hinsichtlich journalistischer als auch anderweitiger Tätigkeiten. Ebenso liegt eine genehmigungspflichtige Nebentätigkeit vor, wenn ein programmgestaltender und- prägender Mitarbeiter seine Popularität zu Werbezwecken nutzen will. Hier besteht nämlich die Gefahr, dass die Glaubwürdigkeit des Programms, für das die entsprechende Person sonst tätig ist, in Mitleidenschaft gezogen wird.[123]

88

III. Direktionsrecht

Das Direktions- bzw. Weisungsrecht berechtigt den Arbeitgeber, die Leistungspflicht des Arbeitnehmers hinsichtlich Inhalt, Ort und Zeit einseitig nach billigem Ermessen näher zu bestimmen (vgl. § 106 GewO). Es beinhaltet nicht nur die Weisungen bezüglich der vertraglich geschuldeten Arbeitsleistung, sondern auch der Organisation, der Ordnung und des Verhaltens im Betrieb.

89

Die einseitige Leistungsbestimmung durch den Arbeitgeber kann nur eingreifen, soweit die Arbeitsbedingungen nicht durch den Arbeitsvertrag, die Bestimmungen einer Betriebsvereinbarung oder eines anwendbaren Tarifvertrages festgelegt sind. Je detaillierter die vorgenannten Regelungen ausgestaltete sind, desto weniger Raum bleibt für die Ausübung des Direktionsrechts.

90

---

121 Paschke/Berlit/Meyer/*Binder* 69 Abschnitt Rn. 61 f.
122 BAG AP BGB § 611 Nr. 8 – Nebentätigkeit.
123 Paschke/Berlit/Meyer/*Binder* 69. Abschnitt Rn. 65 f.

91 Im Medienbereich besteht jedoch die Eigenart, dass Arbeitsverträge von Redakteuren oder Reportern, die programmgestaltend tätig werden, aufgrund der Aufgabenvielfalt selten genaue Angaben hinsichtlich der geschuldeten Tätigkeit enthalten. Wird ein Arbeitnehmer lediglich als Redakteur eingestellt, können ihm alle verkehrsüblichen Tätigkeiten dieses Berufsbildes zugeteilt werden. Dementsprechend sind Arbeitgeber in der Medienbranche meist berechtigt, einem programmgestaltendem Redakteur einen anderen Arbeitsplatz innerhalb der Redaktion o.ä. zuzuweisen oder von ihm zu verlangen, dass er sowohl Wort- als auch Bildberichterstattungsaufgaben nachkommt.[124] Wird ein Arbeitnehmer jedoch als Redakteur für eine besondere Aufgabe eingestellt, so dass sich im Arbeitsvertrag eine konkrete Tätigkeitsbeschreibung findet, können ihm durch das Weisungsrecht auch nur entsprechende Aufgaben auferlegt werden. Dies wäre nur anders, wenn sich der Arbeitgeber vertraglich ein Versetzungsrecht vorbehalten hat und die Versetzung billigem Ermessen entspricht. In einem solchen Fall würde die Versetzungsbefugnis einen Teil des Weisungsrechts darstellen. Andernfalls käme nur das Mittel der Änderungskündigung in Betracht.[125]

92 Auch wenn im Arbeitsvertrag keine detaillierten Ausführungen hinsichtlich des Tätigkeitsfeldes vorhanden sind, kann das Weisungsrecht eingeschränkt sein, z.B. wenn sich ein Arbeitsverhältnis im Laufe der Zeit ausdrücklich oder auch stillschweigend auf eine ganz bestimmte Tätigkeit konkretisiert hat. Dies ist jedoch eher die Ausnahme, da der Eintritt der Konkretisierung an strenge Voraussetzungen gebunden ist. Zunächst ist es notwendig, dass ein langjähriger Einsatz auf einem bestimmten Arbeitsplatz vorliegt.[126] Daneben muss der Arbeitgeber dem Arbeitnehmer signalisiert haben, dass er von seinem Direktionsrecht keinen Gebrauch mehr machen wird. Zumeist liegen die Erfordernisse nicht kumulativ vor, so dass eine Beschränkung des Direktionsrechts nicht möglich ist.

93 Als weitere Begrenzungen, die insbesondere in der Medienbranche eine nicht zu unterschätzende Rolle spielen, kommen die Meinungs- und die innere Rundfunk- bzw. Pressefreiheit in Betracht. Die Tätigkeiten von programmgestaltenden Mitarbeitern sind häufig Ausdruck der verfassungsrechtlich gewährten Meinungsfreiheit des einzelnen Arbeitnehmers. Allerdings erwächst diesem dadurch nicht das Recht, dass sein Werk genauso veröffentlicht wird wie er es vorgesehen hat. Der Arbeitgeber muss das Arbeitsergebnis so verändern können, dass es seinen Vorstellungen entspricht und sich in das Gesamtgefüge der Publikation einfügt. Daneben müssen rechtliche Grenzen Beachtung finden. Dadurch kann es zu mehr oder weniger intensiven Eingriffen bzw. Veränderungen des Produkts kommen, die im Rahmen der Gesamtverantwortung zulässig sind. Diese kann der Chefredakteur selbst vornehmen; eine Änderungsanweisung an den Mitarbeiter ist nicht notwendig. Weiter führt die innere Rundfunk- bzw. Pressefreiheit auch dazu, dass der Arbeitgeber im Rahmen seines Direktionsrechts die Wahrung eines Kernbestands an Autonomie respektiert. So können Redakteure in einem Tendenzbetrieb nicht verpflichtet werden, Positionen zu vertreten, die den Tendenzvorgaben nicht entsprechen oder aber ihren grundlegenden Überzeugungen widersprechen.[127]

IV. Befristung

94 Obwohl unbefristete Arbeitsverträge die übliche Form des Beschäftigungsverhältnisses darstellen, sind in einigen Branchen befristete Arbeitsverhältnisse aufgrund der spezifi-

---

124 BAG NZA 2003, 1168.
125 Schaffeld/Hörle/*Schaffeld* B Rn. 52.
126 Die zeitliche Grenze ist umstritten, allerdings scheinen zehn Jahre nicht auszureichen. Vgl. ArbG Mainz, Urt. v. 9.10.1996, 4 Ca 2207/96; LAG Rheinland-Pfalz NZA 1997, 1113.
127 Paschke/Berlit/Meyer/*Binder* 69. Abschnitt Rn. 54 ff.

D. Inhaltliche Ausgestaltung des Arbeitsverhältnisses

schen Anforderungen üblich und entsprechen den Bedürfnissen des Arbeitgebers und des Arbeitnehmers. Für Medienunternehmen spielt die zulässige Befristung nach § 14 Abs. 1 Satz 2 Nr. 4 TzBfG eine große Rolle, da sie dem aus Art. 5 Abs. 1 GG resultierenden Bedürfnis nach redaktioneller Vielfalt und publizistischer Flexibilität Rechnung trägt[128] und eine weitergehende Möglichkeit schafft, Arbeitsverhältnisse aus programm- oder redaktionsspezifischen Gründen zu befristen.[129] Dies ist eine der wichtigsten Besonderheiten des Medienarbeitsrechts.

1. Grundsätzliches

Die Voraussetzungen, unter denen eine Befristung von Arbeitsverhältnissen zulässig ist, bestimmt § 14 TzBfG, der von einem Regel-Ausnahme-Verhältnis geprägt ist, da das unbefristete Arbeitsverhältnis aus sozialpolitischen Gründen der Normalfall bleiben soll.[130] Von diesem Grundsatz kann jedoch abgewichen werden, wenn ein Sachgrund für die Befristung vorliegt. In diesem Zusammenhang sieht § 14 Abs. 1 Satz 1 TzBfG vor, dass der Abschluss eines befristeten Arbeitsvertrages grundsätzlich eines sachlich rechtfertigenden Grundes bedarf, wobei § 14 Abs. 1 Satz 2 TzBfG einen Katalog möglicher Befristungsgründe enthält. Die Aufzählung der Befristungsgründe ist beispielhaft und nicht abschließend. § 14 Abs. 2 bis Abs. 3 TzBfG regelt die speziellen Voraussetzungen für die sachgrundlose Befristung von Arbeitsverhältnissen.[131]

95

2. Befristung aus sachlichem Grund, § 14 Abs. 1 Satz 2 Nr. 4 TzBfG

In § 14 Abs. 1 Satz 2 TzBfG finden sich diverse Sachgründe, die allerdings nicht abschließend sind. Für den Medienbereich ist insbesondere § 14 Abs. 1 Satz 2 Nr. 4 TzBfG hervorzuheben, da dort vorgesehen ist, dass Arbeitsverhältnisse aufgrund der Eigenart der Arbeitsleistung befristet werden können. Zu den von dieser Vorschrift erfassten Arbeitsverhältnissen zählen die Arbeitsverhältnisse der programmgestaltenden Mitarbeiter der öffentlich-rechtlichen Rundfunkanstalten. Auch im Bereich der Befristung ist zwischen dem öffentlich-rechtlichen Rundfunk und anderen Medienunternehmen zu unterscheiden. Ursprünglich verfolgte der Gesetzgeber mit der Schaffung des § 14 Abs. 1 Satz 2 das Ziel, die sich aus der Rundfunkfreiheit ergebenden Besonderheiten bei der Vereinbarung von befristeten Arbeitsverhältnissen mit programmgestaltenden Mitarbeitern innerhalb des öffentlich-rechtlichen Rundfunks, Rechnung zu tragen.[132] Weshalb sich die nachfolgenden Ausführungen zunächst auf Arbeitsverträge im Rahmen der öffentlich-rechtlichen Rundfunkanstalten beschränken. Bereits vor der Schaffung des TzBfG hatten das Bundesverfassungsgericht und das Bundesarbeitsgericht den Befristungsgrund der Rundfunkfreiheit anerkannt.

96

Danach erstreckt sich der durch Art. 5 Abs. 1 Satz 2 GG gewährleistete Schutz der Rundfunkfreiheit auf das Recht der Rundfunkanstalten, dem Gebot der Vielfalt der zu vermittelnden Programminhalte auch bei der Auswahl, Einstellung und Beschäftigung derjenigen Rundfunkmitarbeiter Rechnung zu tragen, die bei der Gestaltung der Programme mitwirken. Dieser Schutz umfasst die Entscheidung der Rundfunkanstalten darüber, ob die programmgestaltend tätigen Mitarbeiter fest angestellt werden oder ob ihre Beschäftigung aus Gründen der Programmplanung auf eine gewisse Dauer bzw. auf ein bestimmtes Projekt zu beschränken ist. Dies schließt die Befugnis ein, bei der Begründung von

97

---

128 BVerfGE 59, 231, 258.
129 BVerfGE 59, 231, 259.
130 BT-Drs. 14/4374, 12.
131 Näheres zu § 14 siehe *Sievers* § 14 TzBfG Rn. 1 ff.; Hk-TzBfG/*Boecken* § 14 TzBfG Rn. 1 ff.; Meinel/Heyn/Herms/*Meinel* § 14 TzBfG Rn. 1 ff.
132 BT-Drs. 14/4374, 19.

Mitarbeiterverhältnissen den jeweils geeigneten Vertragstyp zu wählen. Für die Rechtsprechung der Arbeitsgerichte folgt daraus, dass bei der Bildung der Maßstäbe für die Zulässigkeit einer Befristung und bei der Entscheidung des konkreten Falles der hohe Rang zu beachten ist, der den Grundrechten des Art. 5 Abs. 1 GG zukommt. Aufgrund der besonderen Bedeutung der Rundfunkfreiheit ist es möglich, dass ihr mehr Gewicht beizumessen ist als dem arbeitsrechtlichen Bestandsschutz. Dementsprechend kann sich der sachliche Grund für die Befristung der Arbeitsverträge mit programmgestaltend tätigen Arbeitnehmern aus der den Rundfunk- und Fernsehanstalten zustehenden Rundfunkfreiheit ergeben.[133]

98 Bei der Feststellung, ob der Befristungsgrund tatsächlich vorliegt, ist eine typisierende Betrachtungsweise anzunehmen. Die Rundfunkanstalt hat nicht zu beweisen, dass die Aufgabe des programmgestaltenden Arbeitnehmers nach dem Ende der Befristung entfällt. Auch ist es nicht möglich, dass die Befristung für unbeachtlich erklärt wird, weil sich im Nachhinein herausstellt, dass das Programm sich mit oder nach dem Ablauf der Befristung inhaltlich gar nicht oder nur sehr geringfügig verändert hat.[134] Jedenfalls ist eine Rechtfertigung der Befristung aufgrund der Einführung oder Erprobung von neuen Programmangeboten zulässig.[135]

a) Arbeitsverhältnisse programmgestaltender Mitarbeiter

99 Zu beachten ist, dass die Rechtsprechung des Bundesverfassungsgerichts nur für programmgestaltende Mitarbeiter gilt. Für Arbeitnehmer, die nicht programmgestaltend tätig sind, gelten hinsichtlich der Befristung des Arbeitsverhältnisses keinerlei Besonderheiten. Für diese Arbeitnehmer besteht nämlich keine verfassungsrechtliche Notwendigkeit, der Vielfalt des Programms durch flexible Personalentscheidungen in Form von befristeten Arbeitsverträgen, Rechnung zu tragen.

100 Mitarbeiter werden programmgestaltend tätig, wenn sie typischerweise ihre eigene Auffassung zu politischen, wirtschaftlichen, künstlerischen oder anderen Sachfragen, ihre Sachkenntnisse und Informationen, ihre individuelle künstlerische Befähigung und Aussagekraft in die Sendungen einbringen, wie dies etwa bei Redakteuren, Regisseuren, Moderatoren, Kommentatoren, Wissenschaftlern oder Künstlern der Fall ist.[136] Dabei ist es jedoch nicht notwendig, dass eine schöpferische Mitwirkung an der Rundfunksendung vorliegt. Auch Arbeitnehmer, die durch die Ausarbeitung der Rahmenkonzepte, die Festlegung verbindlicher Leitideen oder die Auswahl bzw. Zusammenstellung einer Sendung, an der Sendung mitarbeiten, werden programmgestaltend tätig.[137]

101 Verwaltungspersonal oder Mitarbeiter, die betriebstechnische Aufgaben haben, werden nicht programmgestaltend tätig, ebenso wie Arbeitnehmer, die sich der technischen Realisation des Programms widmen, ohne auf den Inhalt konkret Einfluss zu nehmen.[138] Somit genügt ein einfacher Zusammenhang zwischen der Arbeitnehmertätigkeit und der Programmverwirklichung nicht aus.

---

133 BAG AP BGB § 611 Nr. 42 – Abhängigkeit; BAG AP BGB § 620 Befristeter Arbeitsvertrag Nr. 144.
134 Paschke/Berlit/Meyer/*Binder* 69. Abschnitt Rn. 79.
135 BAG NZA 1997, 196.
136 *Sievers* § 14 Rn. 205.
137 BAG NZA 1993, 354.
138 BVerfGE 59, 231, 260.

b) Einzelfallbezogene Abwägung[139]

Obwohl die Befristung des Arbeitsvertrages von programmgestaltenden Arbeitnehmern ohne weitere Gründe möglich ist, verlangt das Bundesarbeitsgericht eine einzelfallbezogene Abwägung zwischen dem Interesse des Arbeitnehmers an einer Dauerbeschäftigung und dem Interesse des Arbeitgebers, in Ausübung seiner Rundfunkfreiheit Mitarbeiter nur vorübergehend einzustellen.[140] Nach zutreffender Rechtsprechung des Bundesarbeitsgerichts bedeutet das allerdings auch für öffentliche Rundfunkanstalten nicht, dass der Bestandsschutz des Arbeitnehmers stets weniger schwer wiegt als die Rundfunkfreiheit. Die verfassungsrechtliche Lage schließt jede undifferenzierte Lösung aus, welche den Schutz des einen Rechtsgutes kurzerhand dem Schutz des anderen opfert. Die Belange der Rundfunkanstalten und der Mitarbeiter sind im Einzelfall abzuwägen, wobei den Rundfunkanstalten die zur Erfüllung ihres Programmauftrages notwendige Freiheit und Flexibilität nicht genommen werden darf.

102

Innerhalb dieser Abwägung ist insbesondere zu beachten, wie groß der Einfluss des einzelnen Arbeitnehmers auf die Programmgestaltung ist und ob für die Rundfunkanstalt durch den Abschluss eines unbefristeten Vertrages die Gefahr erwächst, dass sie ihrem Auftrag zur Herstellung und Gewährleistung eines vielfältigen Programms nicht mehr erfüllen kann.[141] Letztlich muss daneben die Dauer der Beschäftigung Beachtung finden, da eine lang andauernde Beschäftigung als Indiz dafür gewertet werden kann, dass kein Bedürfnis nach einem Wechsel besteht.[142] Allerdings bekommt die soziale Schutzbedürftigkeit des Arbeitnehmers aufgrund einer langjährigen Beschäftigung nicht ein so großes Gewicht, dass dem Bestandschutz für den neuen Vertrag der Vorrang gegenüber der Rundfunkfreiheit eingeräumt werden muss.[143] Da die Wirksamkeit einer Befristung des Arbeitsverhältnisses eines programmgestaltenden Mitarbeiters nicht von einem besonderen Personalkonzept abhängig ist, spielt es keine Rolle, ob der Arbeitgeber in ähnlichen programmgestaltenden Funktionen auch Arbeitnehmer mit unbefristeten Arbeitsverträgen beschäftigt.[144]

103

c) Private Rundfunkveranstalter

Für private Rundfunkveranstalter hat das BAG in der Entscheidung vom 26.7.2006[145] festgestellt, dass auch ihr Grundrecht auf Rundfunkfreiheit bei der Befristung des Arbeitsvertrages mit dem Sachgrund nach § 14 Abs. 1 Nr. 4 TzBfG grundsätzlich zu berücksichtigen ist. Unter Programm wird eine auf längere Dauer angelegte, planmäßige und strukturierte Abfolge von Sendungen oder Beiträgen verstanden. Als Veranstalter eines solchen Programms ist anzusehen, wer seine Struktur festlegt, die Abfolge plant, die Sendungen zusammenstellt und unter einer einheitlichen Bezeichnung dem Publikum anbietet. Durch diese auf das gesamte Programm bezogenen Tätigkeiten unterscheidet er sich vom bloßen Zulieferer einzelner Sendungen oder Programmteile. Nicht notwendig ist dagegen, dass der Veranstalter das Programm selbst ausstrahlt oder die einzelnen Sendungen selbst produziert. Daher hat das BAG den Schutz der Rundfunkfreiheit grundsätzlich auch einem Veranstalter eines sog. Fensterprogramms zuerkannt.

104

---

139 Gegen das Erfordernis einer Einzelfallabwägung im Rahmen des § 14 Abs. 1 Satz 2 Nr. 4 TzBfG spricht sich *Boecken* in Hk-TzBfG (§ 14 TzBfG Rn. 70) aus.
140 BAG NZA 2007, 147.
141 BAG NZA 1998, 1336.
142 BAG NZA 2007, 147.
143 BAG NZA 1993, 354.
144 *Sievers* § 14 Rn. 209; a.A. LAG Köln, Urt. v. 1.9.2000, 4 Sa 401/00.
145 BAG AP TzBfG § 14 Nr. 25.

105 Allerdings ist auch hier eine umfassende Interessenabwägung im Einzelfalle vorzunehmen, bei der der Rundfunkfreiheit kein genereller Vorrang zukommt. Das BAG hat in dieser Entscheidung zu Recht darauf hingewiesen, dass bei privaten Veranstaltern anders als für öffentliche Rundfunkanstalten das aus Art. 5 Abs. 1 Satz 2 GG folgende Gebot zur Wiedergabe der Vielfalt der Meinungen und zu umfassender Information bei der Programmgestaltung nicht besteht. Daher kommt es darauf an, ob eine damit vergleichbare Interessenlage des privaten Veranstalters an der nur vorübergehenden Beschäftigung des programmgestaltenden Mitarbeiters z.B. wegen einer möglichen Veränderung des von ihm produzierten Programms auf Grund veränderter Berichtsgegenstände, Programmtechniken, Wettbewerbslagen und Publikumsbedürfnisse vorliegt. Das muss in jedem Einzelfall festgestellt werden. Zusätzlich verlangt das BAG in dieser Entscheidung die konkrete, einzelfallbezogene Feststellung, ob und in welchem Umfang durch die Beschäftigung des Mitarbeiters in einem unbefristeten Arbeitsverhältnis die notwendige Flexibilität erschwert oder verhindert würde. Schließlich ist eine solchermaßen festgestellte Beeinträchtigung mit dem Bestandsschutzinteresse der Mitarbeiter aus Art. 12 Abs. 1 GG abzuwägen.

d) Übertragbarkeit auf andere Tendenzbetriebe, insbes. Presse

106 Umstritten ist ebenso, ob die Befristungsgrundsätze für die öffentlich-rechtlichen Rundfunk- und Fernsehanstalten auf sonstige Tendenzbetriebe, insbesondere die Presse, übertragen werden können. Einige Vertreter der Literatur nehmen dies an, wobei sie darauf hinweisen, dass die vereinfachten Befristungsmöglichkeiten auf diejenigen Arbeitnehmer zu beschränken sind, die die Tendenz des Unternehmens prägen, die sog. Tendenzträger.[146] Andererseits wird angenommen, dass die sich aus dem Ziel der Erfüllung des Rundfunkauftrages ergebenden Befristungserleichterungen nicht auf den Bereich der Presse übertragbar sind. Zwar stehen Presseverlage ebenso wie Rundfunkanstalten unter dem verfassungsrechtlichen Schutz des Art. 5 GG, sie sind aber nicht wie der öffentlich-rechtliche Rundfunk der Programmvielfalt verpflichtet. Vielmehr verfolgen sie eine von ihnen selbst im Rahmen der Tendenzfreiheit festgelegte Tendenz. Deshalb besteht für Presseunternehmen nicht das spezielle Bedürfnis, einer vielgestaltigen und pluralistischen Programmgestaltung gerecht zu werden. Es ist zwar notwendig, dass ein Tendenzschutz gewährleistet wird, aber aufgrund der sich kaum ändernden Tendenzrichtung lässt sich diesem aber problemlos im Rahmen des KSchG Rechnung tragen. Der Pressearbeitgeber ist, wie jeder andere Arbeitgeber auch, gehalten, zukünftige Mitarbeiter sorgfältig auszusuchen. Im Falle eines Tendenzverstoßes ist eine personen- oder verhaltensbedingte Kündigung möglich.[147]

e) Bühne und Film

107 Das durch Art. 5 Abs. 3 GG geschützte Recht der Kunstfreiheit rechtfertigt ähnlich wie die Rundfunkfreiheit bei programmgestaltenden Mitarbeitern die Befristung von Arbeitsverträgen künstlerisch tätiger Arbeitnehmer. Durch das Instrument der Befristung von Arbeitsverhältnissen soll gewährleistet werden, dass der Arbeitgeber seine künstlerischen Vorstellungen umsetzen kann und er dem Abwechslungsbedürfnis des Publikums gerecht wird. Voraussetzung für die Zulässigkeit einer Befristung ist, dass der Arbeitnehmer künstlerisch tätig ist und individuelle Leistungen erbringt. Darunter fallen z.B. Tänzer, Solosänger, Dramaturgen, Theaterschauspieler, Kapellmeister oder Choreographen. Ebenso können nach der Rechtsprechung des BAG Verträge von Serienschauspielern befristet werden. Auch eine auflösende Bedingung, nach der das Arbeitsverhält-

---

146 Meinel/Heyn/Herms/*Meinel* § 14 Rn. 68.
147 BeckOK/*Bayreuther* § 14 Rn. 53.

nis endet, wenn eine Rolle in der Serie wegfällt, ist sachlich gerechtfertigt und damit zulässig. Allerdings muss die Entscheidung hinsichtlich des Wegfalls der Rolle auf künstlerischen Aspekten und dem Ziel der Anpassung an den Publikumsgeschmack begründet sein.[148] Dass zugleich wirtschaftliche Interessen mit der Entscheidung verknüpft sind, ändert an der Zulässigkeit der Befristung des Arbeitsverhältnisses nichts.[149]

3. Befristung ohne Sachgrund, § 14 Abs. 2, 2a und 3 TzBfG

Hinsichtlich der Befristungsmöglichkeiten ohne sachlichen Grund bestehen für Unternehmen der Medienbranche keine Besonderheiten. Voraussetzung für die sachgrundlose Befristung ist, dass zuvor zu keinem Zeitpunkt ein Arbeitsverhältnis mit dem Arbeitnehmer bestanden hat. Desweiteren ist die sachgrundlose Befristung gem. § 14 Abs. 2 TzBfG längstens für die Dauer von zwei Jahren zulässig. Innerhalb dieser Zeitspanne kann ein sachgrundlos befristeter Vertrag insgesamt dreimal verlängert werden, wobei bei der Verlängerung darauf zu achten ist, dass die sonstigen Arbeitsbedingungen unberührt bleiben und der Verlängerungsvertrag vor Auslaufen des Ursprungsvertrages abgeschlossen wird. Für Existenzgründer ist in den ersten vier Jahren nach Gründung die sachgrundlose Befristung von bis zu vier Jahren möglich. Es muss sich jedoch tatsächlich auch um eine Neugründung handeln. Betriebe, die aufgrund von Umstrukturierungen in Unternehmen oder Konzernen neu entstehen sind regelmäßig nicht privilegiert. Von der Möglichkeit, ältere Arbeitnehmer nach Vollendung des 52. Lebensjahres gem. § 14 Abs. 3 TzBfG bis zur Dauer von 5 Jahren sachgrundlos zu befristen, sollte derzeit abgesehen werden, da nachwievor ungeklärt ist, ob diese Befristungsmöglichkeit mit europarechtlichen und verfassungsrechtlichen Vorgaben vereinbar ist.[150]

108

V. Arbeitszeit und Jugendarbeitsschutz

Grundsätzlich besteht nach § 9 ArbZG ein Beschäftigungsverbot an Sonn- und Feiertagen, wovon § 10 ArbZG allerdings Ausnahmen vorsieht. So bestimmt § 10 Abs. 1 Nr. 5 eine solche für Musikaufführungen, Theatervorstellungen, Filmvorführungen, Schaustellungen, Darbietungen und ähnliche Veranstaltungen. Ebenso gestattet § 10 Abs. 1 Nr. 8 Ausnahmen für den Rundfunk und die Presse, wobei für den Presse- und Druckbereich stets der Bezug zur Tagesaktualität vorliegen muss. Der Begriff der Tagespresse umfasst neben den Tageszeitungen auch Sonntagszeitungen.

109

In Medienunternehmen werden häufig Kinder und Jugendliche beschäftigt. Diese Beschäftigung unterliegt jedoch den Schranken des JArbSchG. Das Gesetz findet Anwendung auf Kinder, worunter alle fallen, die noch nicht 15 Jahre alt sind (§ 2 Abs. 1 JArbSchG). Daneben entfaltet es auch Wirkung für Jugendliche, also für alle, die 15, aber noch nicht 18 Jahre alt sind (§ 2 Abs. 2 JArbSchG). Unterliegt der entsprechende Jugendliche jedoch noch der Schulpflicht, finden die für Kinder geltenden Vorschriften Anwendung (§ 2 Abs. 3 JArbSchG).[151] Erfasst werden von dem Gesetz alle Arten der abhängigen Beschäftigung oder Dienstleistungen, die der Arbeitsleistung von Arbeitnehmern ähnlich sind.

110

Nach § 5 Abs. 1 JArbSchG ist die Beschäftigung von Kindern grundsätzlich verboten. Allerdings finden sich in § 5 Abs. 2–4 JArbSchG Ausnahmen, so dass beispielsweise die Beschäftigung im Rahmen des Betriebspraktikums während der Vollzeitschulpflicht

111

---

148 BAG BB 2004, 384.
149 BAG BB 2004, 384.
150 KR/*Lipke* § 14 TzBfG Rn. 486, 487.
151 Die Schulpflicht beginnt mit dem sechsten Lebensjahr und endet nach 9 bzw. 10 (in Berlin, Brandenburg, Bremen, Sachsen-Anhalt, Nordrhein-Westfalen) Schuljahren.

zulässig ist. Ebenso gilt das Verbot des Abs. 1 nicht für die Beschäftigung von Kindern über 13 Jahre mit Einwilligung des Personensorgeberechtigten, soweit die Beschäftigung leicht und für Kinder geeignet ist. Die Kinder dürfen allerdings nicht mehr als zwei Stunden täglich arbeiten.

112 § 6 JArbSchG sieht weitere Ausnahmen vom Beschäftigungsverbot von Kindern vor, die in der Medienbranche eine besondere Bedeutung haben. Danach ist es zulässig, dass Kinder bei Theatervorstellungen, Musikaufführungen und anderen Aufführungen, bei Werbeveranstaltungen sowie bei Aufnahmen im Rundfunk (Hörfunk und Fernsehen), auf Ton- und Bildträger sowie bei Film- und Fotoaufnahmen gestaltend mitwirken und an den erforderlichen Proben teilnehmen, wenn zuvor die Antragsbehörde dies bewilligt, die Personensorgeberechtigten in die Beschäftigung schriftlich eingewilligt haben und bestimmte Kinderschutzmaßnahmen gewährleistet sind.

113 Auch die Beschäftigung von Jugendlichen ist nicht schrankenlos möglich. Unterliegt der Jugendliche noch der Vollzeitschulpflicht, entsprechen die Regelungen denen, die für Kinder Anwendung finden. Ist das nicht der Fall, so darf der Jugendliche gem. § 8 Abs. 1 JArbSchG nicht mehr als acht Stunden täglich und nicht mehr als 40 Stunden wöchentlich beschäftigt werden. Zudem ist nach § 14 Abs. 1 JArbSchG nur eine Beschäftigung zwischen 06 und 20 Uhr möglich; ausnahmsweise dürfen Jugendliche bei Musikaufführungen, Theatervorstellungen und anderen Aufführungen, bei Aufnahmen im Rundfunk (Hörfunk und Fernsehen), auf Ton- und Bildträger sowie bei Film- und Fotoaufnahmen bis 23 Uhr gestaltend mitwirken (§ 14 Abs. 7 JArbSchG); es bedarf keiner behördlichen Ausnahmegenehmigung. Bei diesen Beschäftigungen gilt auch das Sams- und Sonntagsbeschäftigungsverbot (§§ 16 Abs. 1, 17 Abs. 1 JArbSchG) insoweit nicht, als dass in diesen Fällen an Samstagen einer Tätigkeit nachgegangen werden darf (§ 14 Abs. 7 JArbSchG). Die Beschäftigungen an Sonntagen ist jedoch ausschließlich bei »Direktsendungen« (Live-Sendungen) im Bereich des Hörfunks und des Fernsehens erlaubt (§ 17 Abs. 2 Nr. 5 JArbSchG). Außerdem gilt für Jugendliche die Fünf-Tage-Woche, wonach sie nur an fünf Tagen in der Woche beschäftigt werden dürfen (§ 15 JArbSchG). Es müssen stets zwei Ruhetage gewährt werden, die nach Möglichkeit aufeinander folgen sollen. Dies ist jedoch nicht zwingend, so dass bei dringenden betrieblichen Gründen die Tage auch nicht zusammenhängend gewährt werden können.[152]

VI. Urheberrechte des Arbeitnehmers

114 Für den Arbeitnehmerurheber sind insbesondere §§ 43 UrhG, 69b UrhG, und 88 ff. UrhG von Bedeutung. Das gilt auch im Medienbereich.

115 Das Urheberrecht schützt in erster Linie Werke der Literatur, Wissenschaft und Kunst, stets muss eine persönliche geistige Schöpfung gegeben sein. Im Gegensatz zum Urheberrecht findet das Arbeitnehmererfindungsrecht Anwendung, wenn eine persönlich technische Schöpfung (Erfindung), die patent- oder gebrauchsmusterfähig ist, vorliegt.

1. Urheberrechte im Arbeitsverhältnis, § 43 i.V.m. §§ 31 ff. UrhG

116 Wenn ein Arbeitnehmer im Rahmen seiner vertraglich geschuldeten Arbeitspflichten ein Werk schafft, so kann dies als Ergebnis seiner Arbeitsleistung angesehen werden, das dem Arbeitgeber zusteht. Diese Aussage kann allerdings ausschließlich in sachenrechtlicher Hinsicht Geltung beanspruchen; der Arbeitgeber erwirbt originär und unmittelbar

---

[152] ErfK/*Schlachter* § 15 JArbSchG Rn. 1.

D. Inhaltliche Ausgestaltung des Arbeitsverhältnisses

das Eigentum (§ 950 BGB)[153] und den Besitz am konkreten Werkstück, da der Arbeitnehmer lediglich Besitzdiener i.S.d. § 855 BGB ist.

Die urheberrechtlichen Befugnisse bestimmen sich hingegen ausschließlich nach dem Urheberrecht.[154] In diesem gilt das in § 7 UrhG festgeschriebene Schöpferprinzip, nach dem der menschliche Schöpfer des Werkes rechtlich als Urheber angesehen wird. Urheber kann damit stets nur eine natürliche Person sein, nie eine juristische.[155] Dieser Grundsatz findet auch im Arbeitsrecht Anwendung, weshalb Arbeitnehmer, die im Rahmen und in Erfüllung ihrer Arbeitsverpflichtungen urheberschutzfähige Werke schaffen, auch Inhaber des Urheberrechts sind.[156] Ganz bewusst wurde sich in Deutschland gegen ein System entschieden, bei dessen Anwendung das Urheberrecht für das vom Arbeitnehmer geschaffene Werk originär beim Arbeitgeber entsteht, der unter Umständen auch eine juristische Person sein kann.[157]

117

Aus der dargelegten Rechtslage erwächst ein Interessenkonflikt: Auf der einen Seite ist der Arbeitgeber daran interessiert, das Arbeitsergebnis seiner Arbeitnehmer störungsfrei nutzen und wirtschaftlich verwerten zu können. Demgegenüber ist es dem Arbeitnehmer als Urheber des Werkes wichtig, erkennbar zu sein, es gegen Entstellung und andere Beeinträchtigungen schützen zu können (Urheberpersönlichkeitsrechte) sowie am wirtschaftlichen Erfolg seines Wirkens beteiligt zu werden (Verwertungsrechte).[158]

118

Aufgrund der Unübertragbarkeit des Urheberrechts kann der Arbeitgeber Rechte am Arbeitsergebnis nur derivativ durch vertragliche Rechtseinräumung erwerben. Die Regelung des § 43 UrhG erklärt die Vorschriften über die Einräumung von Nutzungsrechten in §§ 31–42 UrhG auch für anwendbar, wenn die Werkschöpfung innerhalb eines Arbeits- oder Dienstverhältnisses stattgefunden hat und erleichtert den Rechtserwerb des Arbeitgebers dahingehend, dass sich die Notwendigkeit einer Nutzungseinräumung bereits aus dem Inhalt oder dem Wesen des Arbeits- oder Dienstverhältnisses ergibt. Dies gilt auch und insbesondere dann, wenn sich in der vertraglichen Vereinbarung keine Regelung bezüglich der Einräumung von Nutzungsrechten findet. Letztlich erleichtert der § 43 UrhG den Erwerb von Nutzungsrechten, wobei in den meisten Fällen im Arbeits- oder Tarifvertrag geregelt sein wird, dass der Arbeitnehmer zur Übertragung der entsprechenden Rechte verpflichtet ist.

119

a) Arbeits- und Dienstverhältnisse

§ 43 UrhG gilt ausschließlich für Arbeitnehmer und findet daher auf freie Mitarbeiter keine Anwendung. Da sich im UrhG keine Definition des Arbeitsverhältnisses findet, muss auf die allgemeinen arbeitsrechtlichen Grundsätze zurückgegriffen werden. Als Abgrenzungskriterium zur selbständigen Tätigkeit wird die abhängige und weisungsgebundene Tätigkeit des Arbeitnehmers herangezogen. Um diese persönliche Abhängigkeit zu ermitteln, ist eine Gesamtschau aller Umstände des Einzelfalles vorzunehmen.[159]

120

Die arbeitnehmerähnlichen Personen werden von § 43 UrhG nicht erfasst.[160] Dies gilt insbesondere, weil arbeitnehmerähnliche Personen besonderen Schutz erfahren sollen. Deshalb verbietet es sich, den § 43 UrhG, der eindeutig Arbeitgeber begünstigen will, auf

121

---

153 *Olenhusen, v.* Rn. 465.
154 *Bayreuther* GRUR 2003, 570, 572.
155 *Schack* § 10 Rn. 267.
156 BGH GRUR 1960, 199 – Tofifa; BAG GRUR 1961, 491 – Nahverkehrschronik.
157 Dieses System besteht allerdings in den USA, sog. works-made-for-hire.
158 *Vogel, v.* NJW-Spezial 2007, 177, 177.
159 Siehe oben Rdn. 27 ff.
160 Vgl. zum Urheberrechtsschutz arbeitnehmerähnlicher Personen *v. Olenhusen* GRUR 2002. 11.

diesen Personenkreis anzuwenden.[161] Trotz der Tatsache, dass § 43 UrhG auf arbeitnehmerähnliche Personen keine Anwendung findet, eröffnet § 12a TVG für diesen Personenkreis einen höheren Urheberrechtsschutz. Insbesondere für bestimmte schöpferisch tätige Urheber ist der Anwendungsbereich ausgedehnt (§ 12a Abs. 3 TVG), da sich in Tarifverträgen der Medienbranche (die auch für arbeitnehmerähnliche Personen gelten) Klauseln bezüglich des Urheberrechts finden.[162]

122 Dienstverhältnisse sind solche, die einen öffentlich-rechtlichen Charakter aufweisen; also die der Beamten, Richter und Soldaten sowie sonstiger Personen, die in einem öffentlich-rechtlichen Anstellungsverhältnis stehen.[163]

b) In Erfüllung arbeitsvertraglicher Pflichten

123 § 43 UrhG findet nur Anwendung auf Werke, die von einem Arbeitnehmer »in Erfüllung« seines Arbeitsvertrags geschaffen wurden, sog. Pflichtwerke. Es ist demnach zu klären, welche Werke »in Erfüllung arbeitsvertraglicher Pflichten« entstanden sind und damit Pflichtwerke darstellen. Welchen arbeitsvertraglichen Verpflichtungen ein Arbeitnehmerurheber nachkommen muss, bestimmt sich nach den arbeitsrechtlichen Normen, etwaigen kollektivvertraglichen Regelungen sowie den Individualvereinbarungen.[164] Mangelt es an einer Vereinbarung, die sich mit urheberrechtlichen Aspekten auseinandersetzt, so muss auf die betriebliche Funktion des Arbeitnehmers, sein Berufsbild und die Verwendbarkeit des Werkes für den Arbeitgeber zurückgegriffen werden.[165] Wird jedoch als einziges und ausschlaggebendes Merkmal die Branchenüblichkeit herangezogen, erscheint dies problematisch, weil durch ein solches Vorgehen in den meisten Fällen lang praktizierte Handhabungen zu Lasten der strukturell schwächeren Urheber fortgesetzt werden.[166] Zeit und Ort der Arbeitsleistung sind als Abgrenzungskriterien ungeeignet, weshalb es demnach keine Rolle spielt, ob der Arbeitnehmer das Werk während oder außerhalb seiner Arbeitszeit bzw. in seinem Büro oder zu Hause geschaffen hat. Es ist nicht möglich, geistige Arbeit räumlich oder zeitlich einzugrenzen.[167] Allerdings muss beachtet werden, dass von Ort und Zeit eine gewisse Indizwirkung ausgeht, je nachdem wie räumlich und zeitlich abgegrenzt das Arbeitsverhältnis im Einzelfall ist. Entscheidend ist letztlich der innere Zusammenhang zwischen arbeitsvertraglicher Verpflichtung und Werkschöpfung.[168]

c) Einräumung von Nutzungsrechten

124 Aus § 43 UrhG folgt für den Arbeitnehmer die vertragliche Verpflichtung zur Einräumung von Nutzungsrechten. Finden sich weder im Arbeits- noch im Tarifvertrag Regelungen hinsichtlich der Rechtseinräumung, ist nach § 43 UrhG eine stillschweigende Rechtsübertragung anzunehmen.[169] Letztere erfolgt zumeist im Wege der Vorausverfügung bereits bei Abschluss des Arbeits- oder Dienstvertrages. § 40 Abs. 1 UrhG sieht gleichwohl vor, dass ein Vertrag, durch den sich der Urheber zur Einräumung von Nut-

---

[161] Möhring/Nicolini/*Spautz* § 43 UrhG Rn. 2; Wandtke/Bullinger/*Wandtke* § 43 UrhG Rn. 9; *Schack* § 10 Rn. 981; *Olenhusen, v.* GRUR 2002, 14.
[162] Wandtke/Bullinger/*Wandtke* § 43 Rn. 11.
[163] *Dreier*/Schulze § 43 UrhG Rn. 7; Wandtke/Bullinger/*Wandtke* § 43 UrhG Rn. 14; Möhring/Nicolini/ *Spautz* § 43 UrhG Rn. 2.
[164] *Dreier*/Schulze § 43 Rn. 10.
[165] BGH GRUR 1985, 129 – Elektrodenfabrik; BGH GRUR 1978, 244 – Ratgeber für Tierheilkunde; BGH GRUR 1974, 480 – Hummelrechte.
[166] *Dreier*/Schulze § 43 Rn. 10.
[167] Wandtke/Bullinger/*Wandtke* § 43 UrhG Rn. 20.
[168] BGH GRUR 2001, 155 – Wetterführungspläne.
[169] Anders bei § 69b UrhG, siehe unten Rdn. 141-142.

zungsrechten an künftigen Werken verpflichtet, die überhaupt nicht näher oder nur der Gattung nach bestimmt sind, der schriftlichen Form bedarf. Dieses Erfordernis ist bei der Vorausverfügung jedoch in der Regel nicht zu erfüllen. Dem Arbeit- bzw. Dienstnehmer ist bereits bei Vertragsschluss bekannt, an welchen künftigen Werken der Arbeitgeber bzw. Dienstherr ein Nutzungsrecht erwirbt, so dass der Warnfunktion zu diesem Zeitpunkt bereits genüge getan ist. Eine stillschweigende Rechtseinräumung für künftige Werke ist daher bei Beginn des Arbeitsverhältnisses möglich.

Der Umfang der Nutzungseinräumung ergibt sich bei Vorliegen einer ausdrücklichen Vereinbarung stets aus dem Inhalt des Vertrages. Insoweit gilt die Zweckübertragungsregel (vgl. § 31 Abs. 5 UrhG), wonach die Nutzungsrechte dem Arbeitgeber in räumlicher, inhaltlicher und zeitlicher Hinsicht nur insoweit zugewiesen sind, wie er sie unbedingt für die Zwecke seines Betriebes benötigt. Kommt es zu einer stillschweigenden Übertragung, findet die Zweckübertragungsregel ebenfalls Anwendung. Danach sind dem Arbeitgeber auch hier die Nutzungsrechte nur soweit einzuräumen (bzw. im Wege der Vorausverfügung eingeräumt), wie es durch den Betriebszweck gerechtfertigt ist. Für die Festlegung des betrieblichen Zwecks ist nur auf den Betrieb abzustellen, bei dem der Arbeitnehmer angestellt ist und für den er auch seine Tätigkeit ausübt. Soll die Definition des Betriebes weiter gefasst werden, so ist es notwendig, dass hinsichtlich dieses Aspekts eine ausdrückliche vertragliche Vereinbarung erfolgt. Da die Rechtsübertragung einer gewissen Dynamik der Entwicklung des Betriebszweckes entsprechen muss, sollen künftige Änderungen vom ursprünglichen Betriebszweck mit erfasst sein. Davon ausgenommen ist allerdings die Erweiterung des Geschäftsfeldes auf neue Unternehmungen.[170] **125**

Hinsichtlich des zeitlichen Umfangs gilt folgendes: Die Nutzungsrechtseinräumung ist nicht generell auf die Dauer des Arbeitsverhältnisses limitiert. Vielmehr ist auch bezüglich dieses Aspekts die Ausgestaltung des geschlossenen Vertrages maßgeblich. In der überwiegenden Anzahl der Fälle muss jedoch davon ausgegangen werden, dass der Arbeitgeber das »Pflichtwerk« auch nach Beendigung des Arbeitsverhältnisses noch nutzen können soll. Somit kann der Arbeitgeber Werke, die innerhalb des Arbeitsverhältnisses geschaffen wurden, auch nach dessen Beendigung noch nutzen. Ein zusätzliches Entgelt muss er nicht entrichten.[171] Aus Klarstellungsgründen empfiehlt sich für die Praxis jedoch eine unmissverständliche arbeitsvertragliche Vereinbarung. **126**

Durch § 43 UrhG erwirbt der Arbeitgeber in der Regel schon bei Vertragsschluss eine relativ gesicherte Rechtsstellung hinsichtlich der Nutzungsrechte an einem später entstehenden Werk. Allerdings ist er außerhalb von §§ 89 Abs. 2, 92 Abs. 2 UrhG nicht vor Vorausverfügungen geschützt, die ein Arbeitnehmer bereits vor Abschluss seines Arbeitsvertrags vorgenommen hat. Den Arbeitnehmer treffen aber diesbezüglich Offenlegungspflichten beim Abschluss des Arbeitsvertrages. Der Arbeitgeber muss sich dann ggf. mit der Verwertungsgesellschaft auseinander setzen. Versäumt der Arbeitnehmer die Offenlegung der von ihm vorgenommenen Vorausverfügung, haftet er für den möglichen Schaden.[172] **127**

d) Zusätzliche Anbietungspflicht

Keine Wirkung entfaltet § 43 UrhG für sog. freie Werke, die unabhängig von der arbeitsvertraglichen Verpflichtung geschaffen werden. Dies gilt auch dann, wenn bei der Schaffung berufliche Erfahrungen und Kenntnisse genutzt wurden. Obwohl der Arbeitnehmer demnach nicht verpflichtet ist, dem Arbeitgeber Nutzungsrechte an den freien **128**

---

170 *Dreier*/Schulze § 43 Rn. 20.
171 BAG GRUR 1984, 429 – Statikprogramme.
172 Wandtke/Bullinger/*Wandtke* § 43 Rn. 52.

Werken einzuräumen, ist letzterer oft an der Verwertung auch solcher Werke interessiert, da er sie in der Regel für seinen Geschäftsbetrieb nutzen kann. Ebenso fällt ins Gewicht, dass nicht selten auch Mittel des Arbeitgebers bei der Werkschöpfung verwendet wurden.[173] Da der Arbeitnehmer die Nutzungsrechte an solchen Werken zwar auf freiwilliger Basis im Rahmen einer vertraglichen Vereinbarung an den Arbeitnehmer übertragen kann, es nach dem UrhG aber nicht muss, stellt sich in diesem Zusammenhang die Frage, ob den Arbeitnehmer eine zusätzliche Anbietungspflicht für freie Werke gegenüber seinem Arbeitgeber trifft. Da diese Frage noch nicht höchstrichterlich entscheiden wurde, besteht hinsichtlich der Beantwortung Uneinigkeit.

129 Jedenfalls scheidet eine Analogie zu § 19 ArbNEG aus. Gemäß §§ 18, 19 ArbNEG besteht für den Arbeitnehmer die Pflicht, Erfindungen, die er außerhalb seiner Tätigkeit im Betrieb oder auf Basis der im Rahmen seiner Arbeitspflicht gesammelten Erfahrungen und Kenntnisse gemacht hat, dem Arbeitgeber mitzuteilen und zur Nutzung anzubieten. Diese Regelung kann aber auf die freie schöpferische Arbeit eines Arbeitnehmers nicht angewendet werden. Die Regelung des ArbNEG soll vermeiden, dass über das Patentmonopol des Arbeitnehmers oder eines lizenzberechtigten Dritten die Produktion des Arbeitgebers stillgelegt werden kann. Dies ist eine Folge aus den dem positiven Benutzungsrecht entsprechenden Verbotsansprüchen des Patentinhabers gemäß § 9 PatG. Das außervertraglich geschaffene Werk des Arbeitnehmers oder die Lizenzvergabe an Dritte beschränkt aber nicht den Geschäftsbetrieb des Arbeitgebers. Letztlich kommt es nur zu einem zusätzlichen Wettbewerb, den der Arbeitgeber dulden muss.[174] Damit kann eine Analogie zu §§ 18, 19 ArbNEG keine zusätzliche Anbietungspflicht rechtfertigen.

130 Es wird auch versucht, die Anbietungspflicht aus der Treuepflicht des Arbeitnehmers abzuleiten.[175] Diese sei zu bejahen, wenn das Werk in den Arbeitsbereich des Arbeitgebers falle, mit der geschuldeten Tätigkeit im Sachzusammenhang stehe und der Arbeitnehmer Hilfsmittel des Arbeitgebers genutzt habe.[176] Allerdings lässt sich hierzu kritisch anführen, dass die auf den Umfang des Arbeitsvertrages begrenzte Treuepflicht den Arbeitgeber nicht berechtigen kann, alle Werke des Arbeitnehmers zu vereinnahmen.[177]

131 Möglich erscheint auch eine Lösung unter Hinzuziehung des arbeitsrechtlichen Konkurrenzverbotes. Danach ist eine Anbietungspflicht nur in Fällen angemessen, in denen der Arbeitnehmer sein Werk veröffentlichen will und durch dieses Vorgehen in Konkurrenz zu seinem Arbeitgeber treten würde.[178] Allerdings kann das Konkurrenzverbot den Arbeitnehmer nur davon abhalten, seinem Arbeitgeber durch die eigene Verwertung oder durch die Lizenzerteilung an Dritte Konkurrenz zu machen. Aus dem Verbot erwächst aber keine Verpflichtung, das Werk seinem Arbeitgeber anzubieten. Es führt höchstens indirekt zu einem Anbietungszwang: Aufgrund des Wettbewerbsverbots kann der Arbeitnehmer sein Werk nur verwerten, wenn er es dem Arbeitgeber anbietet. Mithin liegt die letztendliche Entscheidung über die Verwertung des Werkes beim Arbeitnehmer und nicht beim Arbeitgeber.[179]

e) Gesonderte Vergütung für Pflichtwerke

132 Fraglich ist, ob dem Arbeitnehmerurheber neben seinem Lohn für die spätere Nutzung seines Pflichtwerkes eine zusätzliche Vergütung zusteht. In der Regel ist die Erstellung

---

173 *Dreier*/Schulze § 43 Rn. 23.
174 *Ullmann* GRUR 1987, 6, 9.
175 BGHZ 112, 243 – Grabungsunterlagen.
176 MünchHdb ArbR, Bd. I/*Sack* § 100 Rn. 66.
177 *Schack* § 10 Rn. 982.
178 *Schack* § 10 Rn. 982; *Bayreuther* GRUR 2003, 570, 578.
179 *Dreier*/Schulze § 43 UrhG Rn. 27.

und die Überlassung des Werkes mit dem Arbeitslohn abgegolten, da mit diesem nicht nur die Herstellung des Werkes, sondern auch dessen spätere Nutzung vergütet werden soll.[180] Allerdings erwächst dem Arbeitnehmer aus § 32 UrhG der Anspruch auf eine angemessene Vergütung und aus § 32a UrhG unter Umständen ein Beteiligungsanspruch, wenn ein außergewöhnlich hoher Erlös aus der Werknutzung resultiert.[181] Es ist nicht möglich, von dieser Regelung durch eine Vereinbarung zum Nachteil des Arbeitnehmers abzuweichen. Demnach können auch durch Abgeltungsklauseln in Arbeits- oder Tarifverträgen Nachforderungsansprüche nicht gänzlich ausgeschlossen werden.[182]

Für den Fall, dass der Arbeitnehmer außerhalb seiner vertraglichen Verpflichtung schöpferisch tätig wird, steht ihm bei einer Nutzung durch den Arbeitgeber selbstverständlich ein urheberrechtlicher Vergütungsanspruch zu. Das gleiche gilt, wenn Werke genutzt werden, die der Arbeitnehmer vor Abschluss des Arbeitsvertrages geschaffen hat.[183] Für die Geltendmachung von Ansprüchen auf nicht vereinbarte Vergütungen nach § 32 Abs. 1 Satz 2 UrhG sind die ordentlichen Gerichte und nicht die Gerichte für Arbeitssachen zuständig[184]   133

f) Veröffentlichungsrecht, § 12 UrhG

Nach § 12 UrhG kann der Urheber eines Werkes selbst bestimmen, ob sein Werk überhaupt veröffentlicht werden darf. Durch diese Norm wird vermieden, dass z.B. ein noch nicht fertig gestelltes Werk der Öffentlichkeit zugänglich gemacht wird.[185] Für den Arbeitgeber ist die Einräumung von Nutzungsrechten aber nur hilfreich, wenn er das entsprechende Werk auch veröffentlichen kann. Aus diesem Grunde erlangt der Arbeitgeber das Veröffentlichungsrecht mit Abschluss des Arbeitsvertrages, spätestens jedoch mit Ablieferung des Werkes.[186] So kann der Arbeitgeber über den Zeitpunkt der Veröffentlichung bestimmen, was zur Folge hat, dass er in der Lage ist, das Werk zu veröffentlichen, bevor der Urheber dies für fertiggestellt erachtet. Es ist Sache des Arbeitgebers bzw. Dienstherrn, über die Verwertungsreife zu entscheiden. Im Einzelfall kann es jedoch dazu kommen, dass die Persönlichkeitsrechte des Urhebers durch eine vorzeitige Veröffentlichung unangemessen beeinträchtigt werden. Dann ist es interessengerecht, die Veröffentlichung zwar zuzulassen, dem Urheber jedoch das Recht zuzugestehen, die Namensnennung zu untersagen. Das kann unter Umständen der Fall sein, wenn der Arbeitnehmer der Auffassung ist, dass das Werk zur Veröffentlichung noch nicht bereit ist oder eine Verletzung der Werkintegrität vorliegt.[187] Ein Rückrufrecht nach § 41 UrhG steht dem Arbeitnehmer unter Umständen zu, wenn der Arbeitgeber die Veröffentlichung eines Werkes nach dessen Fertigstellung unangemessen lange hinauszögert.[188]   134

g) Namensnennungsrecht, § 13 UrhG

Das Namensnennungsrecht gilt im Arbeitsverhältnis sowohl in Form des Rechts auf Anerkennung der Urheberschaft (§ 13 Satz 1 UrhG) als auch in Form des Rechts der Namensnennung (§ 13 Satz 2 UrhG). Dem Arbeitgeber ist es hinsichtlich dieser Rechte nicht gestattet, sich selbst als Urheber auszugeben oder den wahren Urheber durch einen   135

---

180 BAG NZA 1997, 765; BGH NZA-RR 2002, 202 – Wetterführungspläne II.
181 Vgl. hierzu LG München I GRUR-RR 2009, 385 – Fairnessausgleich für Kameramann als Filmurheber.
182 *Vogel*, v. NJW-Spezial 2007, 177.
183 BGH GRUR 1985, 129 – Elektrodenfabrik.
184 LAG Baden-Württemberg, Beschl. v. 31.5.2010, 3 Ta 5/10.
185 *Schack* Rn. 326.
186 *Dreier*/Schulze § 43 Rn. 35.
187 Wandtke/Bullinger/*Wandtke* § 43 Rn. 87.
188 *Dreier*/Schulze § 43 Rn. 35.

anderen zu ersetzen. Das Namensnennungsrecht kann innerhalb eines Arbeitsverhältnisses jedoch bestimmten Beschränkungen ausgesetzt sein. Der Arbeitgeber kann beispielsweise die Namensnennung berechtigterweise unterlassen, wenn sich eine solche Notwendigkeit aus der Eigenart des Arbeitsverhältnisses ergibt. Daneben ist ein Verzicht des Arbeitnehmers auf die Namensnennung, wenn ansonsten die wirtschaftliche Verwertung des Werkes beeinträchtigt werden würde. Deshalb kann der Arbeitgeber beispielsweise die Signierung einer Werbegrafik unterlassen, wenn es dadurch zu einer Gefährdung des Werbezwecks kommen würde.[189] Ob das Namensnennungsrecht im Hinblick auf die Branchenüblichkeit eingeschränkt werden kann, erscheint fraglich. Solch ein Rückgriff ist zweifelhaft, da die Gefahr besteht, dass so nur branchenübliche Benachteiligungen des Arbeitnehmerurhebers festgeschrieben werden. Jedenfalls ist hinsichtlich einer Einschränkung der Rechte aus § 13 UrhG stets eine umfangreiche Interessenabwägung durchzuführen.[190]

h) Änderungsverbot, § 14 UrhG

136 Für Urheber, die ihr Werk nicht im Rahmen eines Arbeitsverhältnisses erbracht und einem anderen Verwertungsrechte eingeräumt haben, gestattet § 39 UrhG Änderungen des Werkes und seines Titels, wenn eine Versagung der Einwilligung nach Treu und Glauben nicht möglich ist.[191]

137 Die Rechtsstellung des Arbeitnehmerurhebers kann nicht stärker ausgeprägt sein, so dass er sich zwar auf § 39 UrhG berufen kann, aber die Änderungsbefugnis des Arbeitgebers grundsätzlich weiter auszulegen ist als die des freien Erwerbers von Nutzungsrechten.[192] Wie weit die Änderungsbefugnis genau reicht, hängt vom Zweck des jeweiligen Arbeitsverhältnisses ab und richtet sich nach dem Ergebnis einer umfangreichen Interessenabwägung im Einzelfall. Innerhalb der Interessenabwägung ist zu beachten, ob es sich um einen Tendenzbetrieb handelt, welche Schöpfungshöhe das betreffende Werk hat[193] und ob das Werk zu den Arbeitspflichten gehörte.[194] Daneben muss auch bedacht werden, dass es dem Arbeitnehmer möglich sein muss, sich aufgrund seiner Tätigkeiten einen Namen zu machen.

138 Besteht eine vertragliche Abrede dahingehend, dass der Arbeitnehmer die Änderungsbefugnis uneingeschränkt zustehen soll, so sind Umgestaltungen des Werkes generell zulässig. Es ist lediglich zu beachten, dass der Kern urheberpersönlichkeitsrechtlicher Belange gewahrt bleibt.[195]

i) Rückrufrecht, § 41 UrhG

139 Das Rückrufrecht des Arbeitnehmerurhebers wegen Nichtausübung oder wegen gewandelter Überzeugung nach § 41 UrhG ist eingeschränkt, was sich aus dem Wesen und dem Inhalt des Arbeitsverhältnisses ergibt.[196] Die wirtschaftlichen Interessen des Arbeitgebers werden in der Regel höher eingeschätzt und es findet Berücksichtigung, dass das monetäre Interesse des angestellten Urhebers grundsätzlich bereits mit der Lohnzahlung abgegolten ist. Dennoch ist das Rückrufsrecht nach § 41 UrhG nicht gänzlich ausgeschlossen. Die Verwertungsinteressen des Arbeitnehmerurhebers können beispielsweise überwie-

---

189 Wandtke/Bullinger/*Wandtke* § 43 Rn. 92.
190 *Dreier*/Schulze § 43 Rn. 36.
191 Für Filmwerke beachte die Sonderregelung des § 93 UrhG.
192 Schricker/*Rojahn* § 43 UrhG Rn. 83 ff. m.w.N.
193 OLG Frankfurt GRUR 1976, 199 – Götterdämmerung.
194 OLG Nürnberg ZUM 1999, 656.
195 Schricker/*Rojahn* § 43 Rn. 85; Möhring/Nicolini/*Spautz* § 43 Rn. 10.
196 Möhring/Nicolini/*Spautz* § 43 Rn. 10.

gen, wenn der Arbeitgeber an der weiteren Verwertung keinerlei Interesse zeigt. Unmittelbare Konkurrenz darf der Arbeitnehmer dem Dienstnehmer jedoch auch insoweit nicht machen.[197]

j) Zugangsrecht zum Werkstück, § 25 UrhG

Der Arbeitgeber erwirbt an den Pflichtwerken des Arbeitnehmers Eigentum. Aus diesem Grund ist für den Arbeitnehmer das Zugangsrecht nach § 25 UrhG von besonderer Bedeutung. Es besteht mithin auch im Arbeitsverhältnis.[198] Insbesondere nach Beendigung des Arbeits- oder Dienstverhältnisses mag der Urheber ein gesteigertes Interesse am Zugang haben, wenn er etwa Kopien für die Zwecke einer weiteren Bewerbung o.ä. anfertigen will. Im Einzelfall können allerdings auch hier berechtigte Interessen des Arbeit- bzw. Dienstgebers tangiert sein, die eine Ausübung des Zugangsrechts ausschließen können.[199] 140

2. Sonderfall: Entwicklung von Computerprogrammen (§ 69b UrhG)

Ist ein Arbeitnehmer mit der Erstellung von Computerprogrammen betraut, gilt für ihn nicht § 43 UrhG, sondern § 69b UrhG. Danach ist der Arbeitgeber berechtigt, sämtliche vermögensrechtlichen Befugnisse an einem Computerprogramm auszuüben, das ein Arbeitnehmer im Rahmen seiner Arbeitspflicht geschaffen hat. Der Arbeitgeber erlangt mit der Schaffung des Programms automatisch ein ausschließliches Nutzungsrecht. Ob der Arbeitnehmer ihm ein solches tatsächlich eingeräumt hat, ist irrelevant. Vielmehr handelt es sich im Falle des § 69b UrhG um einen derivativen Erwerb kraft Gesetzes. 141

Hat der Arbeitnehmer das Computerprogramm im Rahmen des Arbeitsverhältnisses geschaffen bzw. entwickelt, ist die Erstellung Gegenstand der Arbeitsleistung, weshalb auch die Einräumung der Nutzungsrechte mit dem Arbeitslohn vollständig abgegolten ist. Es stellt sich einzig und allein die Frage, ob mit dem Arbeitslohn auch die Übertragung sämtlicher Nutzungsrechte beglichen ist, denn anders als bei der »normalen« Arbeitnehmerwerkschöpfung findet die Zweckübertragungsregel i.S.d. § 31 Abs. 5 UrhG im Rahmen des § 69b UrhG keine Anwendung. Vielmehr erwirbt der Arbeitgeber alle Nutzungsrechte am entsprechenden Programm und zwar unabhängig vom jeweiligen Betriebszweck, also auch wenn er die Nutzungsrechte für die Erreichung seiner unternehmerischen Ziele gar nicht benötigt. Aus diesem Grund werden die über den Betriebszweck hinausgehenden Rechte dem Arbeitgeber überobligatorisch eingeräumt, so dass das Bestehen einer Sondervergütung nahe liegen könnte. Dies ist jedoch abzulehnen: Der Arbeitgeber benötigt diese Rechte unter Umständen gar nicht, er kann sich aber auch gegen den gesetzlichen Erwerb nicht wehren. Abgesehen davon macht § 69b UrhG den Rechtserwerb gerade nicht von einer Gegenleistung auf Seiten des Arbeitgebers abhängig. Letztlich steht dem Arbeitnehmer also ausschließlich der Arbeitslohn zu, eine Sondervergütung erhält er nicht.[200] 142

3. Urheber von Film- und Fernsehwerken, §§ 88 ff. UrhG

In Filmen[201] sind schöpferische und künstlerische Leistungen von vielen Menschen vereint. Auch in diesem Bereich wird dem Filmhersteller nicht das Urheberrecht per Gesetz zugewiesen, da diese Lösung mit dem Schöpferprinzip aus § 7 UrhG nicht zu vereinba- 143

---

197 *Dreier*/Schulze § 43 Rn. 38.
198 Wandtke/Bullinger/*Wandtke* § 43 Rn. 109.
199 *Dreier*/Schulze § 43 Rn. 39.
200 *Bayreuther* GRUR 2003, 570.
201 Zur urheberrechtlichen Definition des Filmwerkes vgl. Möhring/Nicolini/*Ahlberg* § 2 Rn. 32 ff.

ren wäre. Regelungen diesbezüglich treffen die §§ 88 ff. UrhG, die im Rahmen des Arbeitsrechts eine Rolle spielen können.

E. Beendigung des Arbeitsverhältnisses

144 Ein Arbeitsverhältnis kann auf unterschiedliche Arten beendet werden. So kommen im Rahmen einer vereinbarten Beendigung der Befristungsablauf, der Eintritt einer auflösenden Bedingung oder der Aufhebungsvertrag in Betracht. Daneben ist auch eine einseitige Beendigung in Gestalt der Kündigung von großer praktischer Relevanz.

I. Aufhebungsvertrag/Abwicklungsvertrag

145 Der Aufhebungsvertrag ist die schriftliche (§ 623 BGB) Einigung der Parteien, das Arbeitsverhältnis zu einem bestimmten Zeitpunkt zu beenden. Aus der Vertragsfreiheit ergibt sich, dass derjenige, der einen Arbeitsvertrag abgeschlossen hat, diesen auch einverständlich wieder aufheben kann. Vom Aufhebungsvertrag unterscheidet sich der Abwicklungsvertrag dadurch, dass beim Abwicklungsvertrag das Arbeitsverhältnis bereits zuvor beendet worden ist, sei es durch Kündigung oder Befristung.

146 Aufhebungs- wie auch Abwicklungsvertrag unterliegen keiner besonderen Kontrolle, die mit der kündigungsrechtlichen vergleichbar wäre. Für den Arbeitgeber ergeben sich durch den Abschluss solcher Vereinbarungen eine Reihe von Vorteilen; so müssen keine gesetzlichen, tariflichen oder einzelvertraglichen Kündigungsfristen eingehalten werden, der allgemeine und besondere Kündigungsschutz kommt nicht zum Tragen und auch eine Beteiligung des u.U. bestehenden Betriebsrates ist grds. entbehrlich. Für den Arbeitnehmer gilt es zu beachten, dass dieser bei Abschluss eines Aufhebungsvertrages gem. § 144 SGB III eine Sperrzeit beim Arbeitslosengeld verwirken kann, wenn er keinen wichtigen Grund für die Auflösung des Arbeitsverhältnisses für sich geltend machen kann.[202] Eine Sperrzeit kann im Übrigen auch bei Abschluss eines Abwicklungsvertrages von der Arbeitsagentur verhängt werden.[203]

II. Kündigung

147 In der überwiegenden Zahl von Fällen wird ein Arbeitsverhältnis durch Ausspruch einer Arbeitgeberkündigung beendet.

1. Grundsätzliches

148 Die Kündigung ist eine empfangsbedürftige Willenserklärung, die zur Aufhebung des Arbeitsverhältnisses für die Zukunft führt und die zwingend der Schriftform bedarf (§ 623 BGB). Die Kündigung wird wirksam, wenn sie dem zu Kündigenden zugeht. Dies ist der Fall, wenn sie so in den Machtbereich des Empfängers gelangt ist, dass bei Annahme gewöhnlicher Verhältnisse mit der Kenntnisnahme gerechnet werden kann. Sofern vertraglich nichts abweichendes vereinbart ist oder das Arbeitsverhältnis dem Geltungsbereich eines Tarifvertrages unterfällt, richtet sich die Dauer der Kündigungsfrist nach § 622 BGB.

---

202 *Gaul* NZA 2008, 137.
203 BSG NZA 2004, 661.

E. Beendigung des Arbeitsverhältnisses

2. Anwendbarkeit des Kündigungsschutzgesetzes

Sofern das Kündigungsschutzgesetz Anwendung findet, bedarf es auch für Medienunternehmen eines die Kündigung rechtfertigenden Grundes. Der Anwendungsbereich des KSchG bestimmt sich nach den §§ 1 Abs. 1, 23 Abs. 1, 14 KSchG. In betrieblicher Hinsicht gilt das Gesetz nach § 23 Abs. 1 KSchG, wenn regelmäßig mehr als zehn Arbeitnehmer beschäftigt werden oder der Betrieb mehr als 5 Arbeitnehmer beschäftigt, die vor dem 1.1.2004 eingestellt wurden. Weiter muss der betroffene Arbeitnehmer bei Zugang der Kündigung mindestens sechs Monate in diesem Betrieb oder Unternehmen beschäftigt sein (§ 1 Abs. 1 KSchG). Ein unmittelbar vorausgehendes Berufsausbildungsverhältnis im Betrieb oder Unternehmen ist dabei anzurechnen (vgl. § 3 Abs. 2 BBiG). Auch sind kurzzeitige Unterbrechungen zulässig, solange zwischen beiden Arbeitsverhältnissen ein enger sachlicher und zeitlicher Zusammenhang besteht.[204]

149

3. Soziale Rechtfertigung der Kündigung

Eine Kündigung im Anwendungsbereich des KSchG ist unwirksam, wenn sie sozial ungerechtfertigt ist. Dies ist dann der Fall, wenn sie nicht durch Gründe in der Person oder in dem Verhalten des Arbeitnehmers oder durch dringende betriebliche Erfordernisse, die einer Weiterbeschäftigung entgegenstehen, bedingt ist. Während bei einer personenbedingten Kündigung Umstände vorliegen, an denen der Arbeitnehmer nichts ändern kann (z.B. eine Erkrankung), ist bei der verhaltensbedingten Kündigung ein bestimmtes, nicht notwendig schuldhaftes Verhalten des Arbeitnehmers erforderlich, das betriebliche Relevanz aufweist. In Betracht kommen insbesondere Pflichtverletzungen des Arbeitnehmers, die zu Störungen im Leistungs- oder Vertrauensbereich des Arbeitsverhältnisses führen. Auch die Verletzung von Nebenpflichten und außerdienstliches Verhalten mit konkreter Relevanz für das Arbeitsverhältnis reicht aus. Damit eine verhaltensbedingte Kündigung jedoch wirksam ist, muss in den meisten Fällen zuvor eine Abmahnung ausgesprochen worden sein. Dringende betriebliche Erfordernisse schließlich stammen aus der Sphäre des Arbeitgebers. Dieser trifft eine unternehmerische Entscheidung, die zum Wegfall des Beschäftigungsbedürfnisses für einen oder mehrere Arbeitnehmer führt (z.B. vergibt er sämtliche Aufgaben, die in der Vergangenheit von angestellten Redakteuren erbracht wurden, zukünftig ausschließlich auf freie Mitarbeiter).

150

4. Kündigung eines Tendenzträgers

In diesem Zusammenhang ergeben sich medienspezifische Besonderheiten hinsichtlich der Kündigung eines Tendenzträgers, wobei Tendenzkonflikte den Kündigungsgrund darstellen können. Der sachliche Geltungsbereich des KSchG umfasst Tendenzbetriebe, der persönliche Tendenzträger. Verstößt der Tendenzträger gegen seine Tendenztreuepflicht,[205] kann eine personen- oder verhaltensbedingte Kündigung gerechtfertigt sein, insbesondere wegen mangelnder persönlicher Eignung.[206] Insofern kann der Tendenzbezug der geschuldeten Tätigkeit des Arbeitnehmers in einem Tendenzbetrieb für die Konkretisierung der Kündigungsgründe i.S.v. § 1 Abs. 2 KSchG Bedeutung erlangen. Besondere Beachtung ist hier in erster Linie dem vorsätzlichen tendenzfeindlichen Verhalten zu schenken. In der Regel muss allerdings auch bei einem tendenzfeindlichen Verhalten vor Ausspruch der Kündigung eine Abmahnung erfolgen. Innerhalb der notwendigen Interessenabwägung wäre dann weiter zu berücksichtigen, in welchem Umfang der Arbeitnehmer Einfluss auf die Tendenzverwirklichung hatte. Je geringer der Einfluss ist, desto

151

---

204 BAG NZA 1999, 481.
205 Siehe oben Rdn. 82–83.
206 BAG AP KSchG 1969 § 1 Verhaltensbedingte Kündigung Nr. 2.

weniger kann ein außerdienstliches Verhalten als Grund für eine Kündigung herangezogen werden.[207]

152 Hinsichtlich der Beteiligung des Betriebsrates im Falle der Kündigung eines Tendenzträgers ist Art. 5 Abs. 1 Satz 2 GG zu beachten, der das Recht des Verlegers auf Bestimmung, Änderung und Umsetzung der Tendenz seiner Publikation schützt. Dies hat jedoch nicht zur Folge, dass der Betriebsrat bei der Kündigung von Tendenzträgern überhaupt nicht zu beteiligen wäre. Vielmehr ist der Betriebsrat gem. § 102 BetrVG vor Ausspruch der Kündigung unter Angabe aller Kündigungsgründe, mithin auch der tendenzbedingten, anzuhören.[208] Allerdings soll dem Betriebsrat bei einer tendenzbedingten Kündigung gegenüber einem Tendenzträger das Widerspruchsrecht des § 102 Abs. 3 BetrVG nicht zustehen,[209] mit der Folge, dass dem Tendenzträger der Weiterbeschäftigungsanspruch des § 102 Abs. 5 BetrVG versagt wird.[210]

5. Außerordentliche Kündigung

153 Eine außerordentliche, fristlose Kündigung ist nur möglich, wenn Tatsachen vorliegen, aufgrund derer dem Kündigenden unter Berücksichtigung aller Umstände des Einzelfalles und unter Abwägung der Interessen aller Vertragsteile die Fortsetzung des Arbeitsverhältnisses bis zum Ablauf der Kündigungsfrist nicht zugemutet werden kann (§ 626 Abs. 1 BGB). Die außerordentliche Kündigung gilt als letztes Mittel (ultima ratio). Eine außerordentliche Kündigung kommt somit regelmäßig nur bei schwerwiegenden Vertragsverletzungen in Betracht, bei denen dem Arbeitgeber ein weiteres Festhalten am Arbeitsverhältnis schlechterdings unzumutbar ist.

154 In formeller Hinsicht ist bei der außerordentlichen Kündigung die Frist des § 626 Abs. 2 BGB zu beachten. Danach muss die Kündigung innerhalb einer Frist von 2 Wochen ab dem Zeitpunkt ausgesprochen werden, in welchem dem Kündigungsberechtigten die für die Kündigung maßgeblichen Tatsachen bekannt geworden sind. Zudem muss grundsätzlich auch das Anhörungsverfahren nach § 102 Abs. 1, Abs. 2 Satz 3 BetrVG innerhalb der Zweiwochenfrist abgeschlossen sein.

F. Betriebliche Mitbestimmung im Tendenzunternehmen

I. Privilegierung des § 118 Abs. 1 Nr. 2 BetrVG

155 Die Regelung des § 118 Abs. 1 Satz 1 Nr. 2 BetrVG schränkt die betriebliche Mitbestimmung des Betriebsrates nach dem BetrVG bei Unternehmen und Betrieben, die unmittelbar und überwiegend Zwecken der **Berichterstattung** oder **Meinungsäußerung** (Art. 5 Abs. 1 Satz 2 GG) dienen (sog. Tendenzunternehmen), in Teilbereichen ein.[211] Neue Medienunternehmen (z.B. im Internet) und Nachrichtenagenturen sind unter diesen Voraussetzungen ebenfalls privilegiert. Dies gilt aber dann nicht für die Herstellung bzw. Verbreitung von Presse, Funk und Fernsehen oder neuen Medien, soweit keine Berichterstattung oder Meinungsäußerung hierin stattfindet.

156 Der Zweck der **Privilegierung** besteht darin, die Einflussnahme des Betriebsrates und der Arbeitnehmer auf die Tendenzbestimmung und -verwirklichung einzuschränken. Die unternehmerische Entscheidung, eine bestimmte Richtung der geistigen Auseinan-

---

207 Däubler/Hjort/Hummel/Wolmerath/*Markowski* § 1 KSchG Rn. 264.
208 BAG EzA § 118 BetrVG 1972 Nr. 9.
209 KR/Etzel § 102 Rn. 13; a.A. GK-BetrVG/Weber § 118 Rn. 211.
210 LAG Hamburg EzA § 102 BetrVG 1972; a.A. DKK/Wedde § 102 Rn. 96.
211 ErfK/*Dieterich* Art. 5 GG Rn. 79-81; Löffler/*Dörner* ArbR BT Rn. 12.

F. Betriebliche Mitbestimmung im Tendenzunternehmen

dersetzung (**Tendenz**) einzuschlagen und zu verfolgen, soll in ihrer Umsetzung nicht durch die Beteiligung des Betriebsrates eingeschränkt und der Betriebsablauf nicht dadurch gestört werden, dass die Arbeitnehmer und ihre Repräsentanten eine abweichende ideelle Einstellung verfolgen.[212] Ein Tendenzunternehmen kann wirtschaftlich nur bestehen, wenn Unternehmen und Belegschaft die vom Unternehmer gegebene Richtung der geistigen Auseinandersetzung weitgehend gemeinsam verfolgen. Für das BetrVG sucht **§ 118 Abs. 1 Satz 1 Nr. 2 BetrVG** einen »Gleichlauf der Interessenverfolgung« durch **Einschränkung** der Beteiligungsrechte des Betriebsrates zu erreichen.[213] Zurückzuführen ist die Regelung auf das Grundrecht der Pressefreiheit und der Freiheit der Berichterstattung und Meinungsäußerung (Art. 5 Abs. 1 Satz 2 GG). Dieses umfasst die Freiheit, die grundsätzliche Haltung eines Presseunternehmens festzulegen, beizubehalten, zu ändern und die dadurch erkennbare Tendenz zu verwirklichen (sog. Tendenzfreiheit).[214] Den Staat trifft im Hinblick hierauf eine Schutzpflicht, die ihm nicht nur die eigene Einflussnahme verbietet, sondern auch untersagt, vom Schutzbereich des Grundrechtes erfasste Tendenzunternehmen durch rechtliche Regelungen fremden Einflüssen zu unterwerfen.[215]

1. Grundtatbestand

Eine Einschränkung der Beteiligungsrechte des Betriebsrats nach Maßgabe des § 118 Abs. 1 Satz 1 Nr. 2 BetrVG kommt nur in Betracht, wenn das jeweilige Unternehmen oder der jeweilige Betrieb sog. **Tendenzträger** sind. Dabei müssen die nachfolgenden **Tatbestandsvoraussetzungen** vorliegen. 157

a) Unternehmen und Betrieb

Das Gesetz nennt in § 118 Abs. 1 Satz 1 BetrVG sowohl das **Unternehmen** als auch den **Betrieb** als organisatorische Einheit, zu deren Gunsten Tendenzschutz bestehen kann. Hiervon abweichend geht die herrschende Meinung davon aus, dass **nur** Unternehmen, nicht aber Betriebe eine Tendenz haben können, da im Betrieb letztlich nur die auf Unternehmensebene verfolgte Zwecksetzung vollzogen wird.[216] Entsprechend kann ein tendenzneutrales Unternehmen keinen Tendenzbetrieb unterhalten.[217] Gibt es in einem Tendenzunternehmen **mehrere** Betriebe oder Betriebsteile, erfasst der Tendenzschutz nach § 118 Abs. 1 Satz 1 BetrVG nicht zwangsläufig alle dem Tendenzunternehmen angehörigen Betriebe. Vielmehr muss für **jeden** Betrieb bzw. Betriebsteil gesondert festgestellt werden, ob Tendenzschutz besteht oder dieser tendenzfrei ist und eine Einschränkung der Mitbestimmungsrechte daher nicht in Betracht kommt[218] Besonderheiten gelten bei **Gemeinschaftsbetrieben**, an denen sowohl Tendenzunternehmen als auch tendenzfreie Unternehmen beteiligt sind. Beispiel hierfür ist eine Redaktion, die von einem Zeitschriftenverlag sowie von einem weiteren Unternehmen betrieben wird, das auch tendenzfreie Betätigungsfelder aufweist. Für die Frage, ob sich in diesem Fall auch das tendenzfreie Unternehmen auf den Ausschluss der Beteiligungsrechte des Betriebsrates nach § 118 Abs. 1 Satz 1 Nr. 2 BetrVG berufen kann, kommt es nach herrschender Meinung darauf an, welches Beteiligungsrecht des Betriebsrats konkret in Rede steht. Bezieht sich das Beteiligungsrecht auf das Unternehmen als Vertragsarbeitgeber, wie z.B. bei Eingruppierungen im Gemeinschaftsbetrieb, so ist die Tendenzeigenschaft des Unternehmens als 158

---

212 AnwK-ArbR/*Lunk* Band I, § 118 BetrVG Rn. 1.
213 Löffler/*Dörner* ArbR BT Rn. 11.
214 BAG BAGE 69, 187; BAG NZA 2002, 397.
215 ErfK/*Dietrich* Art. 5 GG Rn. 58.
216 Löffler/*Dörner* ArbR BT Rn. 341; *Fitting* BetrVG, § 118 Rn. 5.
217 BAG AP Nr. 51 zu § 118 BetrVG 1972.
218 *Fitting* § 118 Rn. 5; HWK/*Hohenstatt/Dzida* § 118 BetrVG Rn. 2 m.w.N.

Vertragsarbeitgeber maßgeblich.[219] Ist dagegen der Betrieb Anknüpfungspunkt für das Beteiligungsrecht, wie bei den Beteiligungsrechten nach §§ 111 ff. BetrVG, kommt es auf die Tendenzeigenschaft des Gemeinschaftsbetriebes an.[220]

b) Berichterstattung und Meinungsäußerung

159 Die Beteiligungsrechte des Betriebsrats sind nach § 118 Abs. 1 Satz 1 Nr. 2 BetrVG nur in solchen Betrieben und Unternehmen eingeschränkt, die Zwecke der **Berichterstattung und Meinungsäußerung** verfolgen. Eine ebenfalls vorliegende **Gewinnerzielungsabsicht** ist **unschädlich**.[221] Als Beispiele aus der Rechtsprechung sind hier zu nennen Verlage, die Tages- und Wochenzeitungen herausgeben[222] sowie Zeitschriften- und Buchverlage.[223] Eine politische Tendenz ist nicht erforderlich, weshalb Heimatzeitungen § 118 Abs. 1 Satz 1 Nr. 2 BetrVG unterfallen. Ein privater Radiosender dient auch dann Zwecken der Berichterstattung und Meinungsäußerung, wenn das Programm überwiegend aus reinen oder anmoderierten Musikbeiträgen besteht und der Anteil der Wortbeiträge lediglich 10% ausmacht, da es nicht darauf ankommt, wie hoch der Anteil der Berichterstattung und Meinungsäußerung im Radioprogramm ist.[224] Bei Verlagen, die Anzeigenblätter, amtliche Mitteilungen, Formulare und Telefonbücher herausgeben, ist hingegen das Eingreifen des Tendenzschutzes ebenso umstritten wie bei Werbefilmen.[225] Richtigerweise wird es hier darauf ankommen, ob mit den herausgegebenen Druckerzeugnissen bzw. Filmen Zwecke der Berichterstattung (Weitergabe von Tatsachen) und der Meinungsäußerung (Abgabe von Wertungen und Stellungnahmen) verfolgt werden. Lässt sich dies nicht feststellen, findet § 118 Abs. 1 Satz 1 Nr. 2 BetrVG keine Anwendung. Die Mitbestimmungsrechte bestehen dann uneingeschränkt.

c) Unmittelbarkeit

160 Weitere Voraussetzung ist, dass die Unternehmen und Betriebe **unmittelbar** den Zwecken der Berichterstattung oder Meinungsäußerung **dienen**. Für die Unmittelbarkeit ist es ausreichend aber auch erforderlich, wenn das Unternehmen bzw. der Betrieb der besonderen geistig-ideellen Zwecksetzung tatsächlich dient, ohne dass es insoweit auf die Motivation des Unternehmens ankommt.[226] Schwierige tatsächliche und rechtliche Abgrenzungsfragen stellen sich in der Praxis insbesondere bei **Druckereien** von Verlagen und Presseunternehmen. Druckereien, die unselbständiger Teil eines Verlagsbetriebes sind und für diesen Druckereierzeugnisse drucken, sollen nach überwiegender Ansicht Tendenzschutz genießen.[227] Lohndruckereien, die dagegen als selbständiges Unternehmen nur unterstützende Tätigkeiten für ein anderes Verlagsunternehmen ausüben, genießen dagegen mangels Unmittelbarkeit einer Tendenzverfolgung keinen Tendenzschutz.[228]

d) Überwiegen des Dienens (Mischbetrieb)

161 Das Unternehmen oder der Betrieb muss nach § 118 Abs. 1 Satz 1 Nr. 2 BetrVG **überwiegend** Zwecken der Berichterstattung oder Meinungsäußerung dienen. Praktische Relevanz hat das Merkmal des überwiegenden Dienens bei Mischbetrieben und Mischunter-

---

219 BAG NZA 2004, 800.
220 BAG NZA 1998, 723; ErfK/*Kania* § 118 BetrVG Rn. 5; *Lunk* NZA 2005, 841, 842, 843.
221 BAG ArbRB 2010, 239; Löffler/*Dörner* ArbR BT Rn. 342.
222 BAG AP Nr. 46 zu § 118 BetrVG 1972.
223 BAG AP Nr. 46 zu § 118 BetrVG 1972; BAG AP Nr. 39 zu § 118 BetrVG 1972.
224 BAG NZA 1994, 329; HWK/*Hohenstatt/Dzida* § 118 BetrVG Rn. 10.
225 Zum Meinungsstand Löffler/*Dörner* ArbR BT Rn. 342.
226 BAG AP § 118 BetrVG 1972 Nr. 5.
227 Löffler/*Dörner* ArbR BT Rn. 345.
228 BAG AP Nr. 3 zu § 118 BetrVG 1972; ErfK/*Kania* § 118 BetrVG Rn. 16.

nehmen, die neben der tendenzgeschützten Pressearbeit andere Leistungen erbringen, indem sie beispielsweise für Dritte (im Auftrag) drucken. In diesen Betrieben oder Unternehmen gilt es festzustellen, welchem Zweck eine größere Bedeutung zukommt.[229] Während diese Feststellung früher vom BAG anhand qualitativer Merkmale mit Rücksicht auf das Gesamtgepräge des Unternehmens bzw. Betriebes festgestellt wurde, wird heute überwiegend auf **quantitative** Gesichtspunkte abgestellt. Entscheidend ist somit, in welcher Größenordnung ein Unternehmen seine **personellen** und **sonstigen** Mittel zur Verwirklichung seiner tendenzgeschützten und nicht tendenzgeschützten Ziele regelmäßig einsetzt. Überwiegt der Einsatz tendenzbezogener Mittel, ist § 118 Abs. 1 Satz 1 Nr. 2 BetrVG anwendbar. Bei personalintensiven Betätigungen kommt es primär auf den Personaleinsatz an, d.h. auf die Arbeitsmenge, die regelmäßig zur Erreichung der verschiedenen Unternehmensziele aufgewendet wird. Bei der Ermittlung des Personaleinsatzes ist dabei nicht nur auf die sog. Tendenzträger abzustellen, sondern auch auf die übrigen Mitarbeiter, soweit sie mit ihrer Arbeit der Verwirklichung der tendenzgeschützten Bestimmungen des Unternehmens dienen.[230] Wird danach mehr als die **Hälfte der Gesamtarbeitszeit des Personaleinsatzes** zur Tendenzverwirklichung eingesetzt, greift der Tendenzschutz nach § 118 Abs. 1 Satz 1 Nr. 2 BetrVG.[231] Maßgeblich ist nicht eine Momentaufnahme, sondern ein längerer Betrachtungszeitraum der Rückschau (z.B. letztes Wirtschaftsjahr), verbunden mit einer Prognose.[232]

e) Konzernsachverhalte

Im Konzernen erstreckt sich der Tendenzschutz eines Tendenzunternehmens kraft der Konzernabhängigkeit **nicht** auf konzernverbundene, abhängige Unternehmen mit Hilfsfunktionen. Vielmehr ist angesichts des klaren Wortlauts der Norm für **jedes einzelne** konzernangehörige Unternehmen zu prüfen, ob dieses Tendenzschutz genießt. So hat BVerfG den Tendenzschutz einer Verlagsgesellschaft, die Zeitungen vertreibt, nicht auf deren Tochtergesellschaft ausgedehnt, die einen Zeitungszustellungsbetrieb unterhält.[233] Diese Grundsätze gelten auch in Unterordnungskonzernen. 162

2. Eigenartsklausel

Ist der Grundtatbestand des § 118 Abs. 1 Nr. 2 BetrVG erfüllt, führt dies zur Einschränkung der Beteiligungsrechte des Betriebsrates, »**soweit** die Eigenart des Unternehmens oder des Betriebes der Anwendung des BetrVG entgegensteht«. Der Gesetzgeber hat sich also für eine **flexible** Regelung entschieden.[234] Die Einschränkung der Mitbestimmungsrechte kommt dann in Betracht, wenn anderenfalls die Verfolgung der Tendenzbestimmung verhindert oder zumindest ernstlich beeinträchtigt würde.[235] Geprüft werden muss somit, ob und inwieweit die Eigenart des Unternehmens oder Betriebes der Beteiligung des Betriebsrates **im jeweiligen konkreten Fall** und im konkreten Umfang entgegensteht. Dabei ist die Beteiligung des Betriebsrates im Wege der »echten« Mitbestim- 163

---

229 Löffler/*Dörner* ArbR BT Rn. 346.
230 BAG NZA 2006, 1422: Umsatz- und Gewinnzahlen sind ein ungeeignetes Kriterium, dazu krit. HWK/*Hohenstatt/Dzida* § 118 BetrVG Rn. 15 ff., die finanzielle und ideelle Mittel berücksichtigen.
231 AnwK-ArbR/*Lunk* Band I, § 118 BetrVG Rn. 11 f. Soll der verselbständigte Druckbetrieb eines Presseunternehmens am Tendenzschutz (z.B. Wirtschaftsausschuss, Interessenausgleich) teilhaben, ist zur Gestaltung die Bildung eines Gemeinschaftsbetriebes (Führungsvereinbarung) zu erwägen.
232 Bei Neugründungen ist der Business-Plan maßgeblich, HWK/*Hohenstatt/Dzida* § 118 BetrVG Rn. 17.
233 BVerfG NJW 2003, 3189. DKK-*Wedde* § 118 BetrVG Rn. 17 weist darauf hin, dass auf den Tendenzschutz kraft Haustarifvertrag wirksam verzichtet werden kann.
234 Jaeger/Röder/Heckelmann/*Diller*, Praxishandbuch Betriebsverfassungsrecht, § 31 Rn. 65.
235 BAG AP Nr. 2 zu § 118 BetrVG 1972; BAG AP Nr. 44 zu § 118 BetrVG 1972; BAG AP Nr. 4 zu § 94 BetrVG 1972.

mung (**nur**) insoweit ausgeschlossen, wie sie der Freiheit des Unternehmers zur Tendenzbestimmung und -verwirklichung im konkreten Fall entgegensteht.[236] Mitbestimmungsrechte erlöschen also nicht ersatzlos, sie werden **relativiert**. Regelmäßig bleiben daher – z.B. bei personellen Einzelmaßnahmen nach § 99 BetrVG – auch bei einem Wegfall des eigentlichen Mitbestimmungsrechts – z.B. Zustimmung des Betriebsrats zur Einstellung des Tendenzträgers – die Rechte auf der Mitwirkungsebene **Informations**-, **Anhörungs**- und **Beratungsrechte** des Betriebsrats bestehen. Dass auch diese wegfallen, wird absoluter Ausnahmefall sein.

3. Unbeschriebenes Tatbestandsmerkmal »Tendenzträger«

164 Der Ausschluss bzw. die Einschränkung der Beteiligungsrechte des Betriebsrats kommt ferner nur dann in Betracht, wenn die von der jeweiligen Maßnahme des Arbeitgebers betroffenen Arbeitnehmer sog. »**Tendenzträger**« sind.[237] Diese im Gesetzeswortlaut selbst nicht erkennbare Einschränkung ergibt sich aus dem Sinn und Zweck des § 118 BetrVG. Dieser soll lediglich verhindern, dass die Ausübung der Freiheitsrechte gerade der Tendenzträger eines Unternehmens oder Betriebes durch die Wahrnehmung von Mitbestimmungsrechten des Betriebsrates beeinträchtigt oder unmöglich gemacht wird.[238] Tendenzträger ist, wer als Arbeitnehmer eine **tendenzbezogene Aufgabe** wahrnimmt und in verantwortlicher Stellung unmittelbar **maßgebenden Einfluss** auf die **Tendenzverwirklichung** nehmen kann,[239] sofern diese Arbeiten nicht nur einen zeitlich völlig unbedeutenden Umfang haben oder die Tätigkeit auch in jedem anderen Betrieb erbracht werden könnte.[240] Als Tendenzträger sind folglich **nur** Arbeitnehmer anzusehen, die maßgeblich zur Tendenzverwirklichung beitragen und die Möglichkeit einer inhaltlich prägenden Einflussnahme auf die Tendenzverwirklichung haben. Als Tendenzträger anerkannt sind z.B. Redakteure, die inhaltlich für die Berichterstattung und/oder Meinungsäußerung verantwortlich sind, sowie Redaktionsvolontäre[241] Auch Anzeigenredakteure, sofern sie mit der Gestaltung und Veröffentlichung von Werbeanzeigen einer Zeitung betraut sind und durch eigene Veröffentlichungen wie die Auswahl und die Bearbeitung von Beiträgen und Texten Dritter an der herausgegebenen Tageszeitung mitwirken, hat das BAG als Tendenzträger angesehen.[242] Autoren, Regisseure und Schauspieler können ebenfalls Tendenzträger sein, soweit sie gestaltend auf die jeweilige Bühnen- oder Filmproduktion Einfluss nehmen können.[243] In einem Orchester sind die Konzertmeister, Stimmführer und ersten Solisten als Tendenzträger anzusehen.[244] Nicht als Tendenzträger angesehen werden dagegen die technischen oder sonstigen nicht mit dem Inhalt einer Zeitung beschäftigten Arbeitnehmer (z.B. Buchhalter und Verwaltungsangestellte, Sekretärinnen, Setzer, Korrektoren, Drucker und sonstiges technisches Personal, Vertriebsmitarbeiter, Zeitungszusteller).[245] Entsprechendes gilt für Rundfunk, Film, Fernsehen und moderne Medien.

---

[236] BAG BAGE 69, 187 zur Redakteurarbeitszeit; *Fitting* § 118 Rn. 29.
[237] *Fitting* § 118 Rn. 30.
[238] V. Hartlieb/Schwarz/*Altenburg* 7. Teil, 281. Kapitel Rn. 13.
[239] BAG AP Nr. 48 zu § 103 BetrVG 1972.
[240] *Fitting* § 118 Rn. 30.
[241] BAG NZA 2010, 902 = ArbRB 2010, 239 m. Anm. *Kappelhoff*.
[242] BAG NZA 2010, 902 = ArbRB 2010, 239 m. Anm. *Kappelhoff*.
[243] V. Hartlieb/Schwarz/*Altenburg* 7. Teil, 281. Kapitel Rn. 12. Komparsen ohne künstlerischen Gestaltungsspielraum sind dagegen keine Tendenzträger.
[244] BAG AP Nr. 1 zu § 130 BetrVG 1972; AP Nr. 12 zu § 15 KSchG.
[245] BVerfG DB 1980, 259; AnwK-ArbR/*Lunk* Band I, § 118 BetrVG Rn. 26.

4. Rechtsstreitigkeiten

Streitigkeiten über die Frage, ob und inwieweit Beteiligungsrechte des Betriebsrates nach § 118 Abs. 1 Satz 1 Nr. 2 BetrVG eingeschränkt oder ausgeschlossen sind, können gem. §§ 2a Abs. 1 Nr. 1, Abs. 2, 80 ff. ArbGG im **Beschlussverfahren** geklärt werden. Über die Anwendbarkeit des § 118 BetrVG kann zudem im **Urteilsverfahren** als Vorfrage entschieden werden, z.B. wenn es um die Wirksamkeit einer Kündigung geht, die der Arbeitgeber mit Blick auf den Tendenzschutz ohne die Beteiligung des Betriebsrats nach § 102 BetrVG ausgesprochen hat.[246]

165

II. Organisation der Betriebsverfassungsorgane

Nach der Konzeption des § 118 BetrVG sind Beteiligungsrechte des Betriebsrats nur insoweit ausgeschlossen, wie deren Wahrnehmung die Ausübung der Freiheitsrechte der Tendenzträger in einem Betrieb oder Unternehmen beeinträchtigt bzw. unmöglich macht. Vor diesem Hintergrund sind Mitbestimmungsrechte des Betriebsrats nach den §§ 1 bis 73 BetrVG und nach den §§ 74 bis 86a BetrVG nur in Ausnahmefällen eingeschränkt bzw. ausgeschlossen. Uneingeschränkt zur Anwendung gelangen etwa die Vorschriften über Wahl, Amtszeit und Geschäftsführung des Betriebsrats sowie die Regelungen über die Errichtung eines Gesamt- und Konzernbetriebsrates. Allerdings sind auch die Rechte des Gesamtbetriebsrates und des Konzernbetriebsrates eingeschränkt, soweit sie sich auf Tendenzunternehmen erstrecken.[247] Die Vorschriften zur Rechtsstellung der Betriebsratsmitglieder finden **auch** dann Anwendung, wenn Tendenzträger Mitglied des Betriebsrates sind.

166

III. Soziale Angelegenheiten

Im Bereich der Mitbestimmung des Betriebsrats in sozialen Angelegenheiten nach § 87 BetrVG sind die Mitbestimmungsrechte des Betriebsrats in Presseunternehmen nicht pauschal ausgeschlossen, sondern **nur**, wenn die Tendenzverwirklichung, also die Ausübung der Freiheitsrechte der einzelnen Tendenzträger durch die Mitbestimmung des Betriebsrates beeinträchtigt wird. Dies kann nur im Einzelfall festgestellt werden.[248]

167

Mitbestimmungsfrei ist nach der Rechtsprechung des BAG zum Beispiel die Aufstellung von **Ethikregeln** für Redakteure eines Wirtschaftsmagazins, die den Besitz von Wertpapieren oder die Ausübung von Nebentätigkeiten mit dem Ziel einschränken, die Unabhängigkeit der Berichterstattung zu gewährleisten. Tendenzbezogen und mitbestimmungsfrei ist auch die Auskunftspflicht über den persönlichen **Aktienbesitz**, damit die innere Unabhängigkeit kontrolliert werden kann. Die Einführung eines vom Arbeitgeber entwickelten **Formulars**, in dem Redakteure den Besitz bestimmter Wertpapiere anzuzeigen haben, unterfällt der Mitbestimmung nach § 87 Abs. 1 Nr. 1 BetrVG, weil die Ausgestaltung des Formulares als solches tendenzneutral ist.[249]

168

Arbeitszeitfragen, die der Mitbestimmung nach § 87 Abs. 1 Nr. 2 BetrVG unterfallen, hält das BAG in tendenzgeschützten Unternehmen für mitbestimmungsfrei, sofern die Regelungen zur Arbeitszeit von Tendenzträgern »Tendenzbezug« haben. Dies ist der Fall, wenn Arbeitszeitregelungen die Aktualität und Qualität der Berichterstattung sicherstellen sollen, so z.B. Zeitvorgaben für den Redaktionsschluss, für die Erschei-

169

---

246 *Fitting* § 118 Rn. 63.
247 Im Einzelnen Richardi/*Thüsing* BetrVG, § 118 Rn. 132-134.
248 V. Hartlieb/Schwarz/*Altenburg* 7. Teil, 281. Kapitel Rn. 13.
249 BAGE 101, 216, dazu *Borgmann* NZA 2003, 352.

nungsweise im Zusammenhang mit Wochenfeiertagen und Arbeitszeitregelungen, die die Gestaltung einzelner Themen gewährleisten, ferner Entscheidungen über regelmäßige Wochenendarbeit oder die Festlegung von Redaktionszeiten und -konferenzen.[250] Die Festlegung der **konkreten** Arbeitszeit von Redakteuren infolge des Redaktionsschlusses, durch Dienst- und Schichtpläne oder durch die Einrichtung von Gleit- und Kernzeiten unterfällt dagegen der Mitbestimmung.[251] Ähnliches gilt in Bühnenbetrieben (Theater, Oper, Konzerte) hinsichtlich Beginn, Dauer der Aufführungen und Lage der Pausenzeiten, die von den Stücken bzw. Aufführungen vorgegeben sind.[252] Bei (Privat-) Schulen unterliegt die Entscheidung über die Einführung von Ganztags- und damit Nachmittagsunterricht als Tendenzentscheidung keinem Mitbestimmungsrecht nach § 87 Abs. 1 Nr. 2 BetrVG.[253]

170 Eine vorübergehende **Verkürzung oder Verlängerung der betriebsüblichen Arbeitszeiten**, z.B. die Anordnung von Überstunden ist nur dann mitbestimmungsfrei, wenn wiederum die Aktualität der Berichterstattung diese Arbeitszeitveränderung erforderlich macht.[254] Sind die Arbeitszeitveränderungen dagegen bedingt durch technische, wirtschaftliche oder soziale Gründe, bleibt das Mitbestimmungsrecht des Betriebsrates nach § 87 Abs. 1 Nr. 3 BetrVG uneingeschränkt bestehen.[255]

171 Fragen der betrieblichen **Lohngestaltung** unterliegen auch in tendenzgeschützten Unternehmen grundsätzlich der Mitbestimmung des Betriebsrates nach § 87 Abs. 1 Nr. 10 BetrVG. Nach Ansicht des BAG kann sich aber auch in diesem Bereich eine Einschränkung der Mitbestimmungsrechte ergeben, wenn eine Entgeltform gerade die Tendenz fördern soll, wenn z.B. eine freiwillige Zulage die Arbeitnehmer zu besonderen Leistungen für die Tendenzverwirklichung motivieren bzw. solche besonderen Leistungen belohnen soll.[256]

172 Die Unterrichtungs-, Beratungs- und Mitbestimmungsrechte des Betriebsrates nach §§ **90, 91 BetrVG** bei der Gestaltung von Arbeitsplätzen, Arbeitsablauf und Arbeitsumgebung sind uneingeschränkt anwendbar, da es sich hier in der Regel um wertneutrale Angelegenheiten des Betriebes handeln wird.[257]

IV. Personelle Angelegenheiten

173 Praktisch bedeutsam ist die durch § 118 Abs. 1 Nr. 2 BetrVG begründete Einschränkung der Mitbestimmung des Betriebsrates in personellen Angelegenheiten. Hier kann der Tendenzschutz in Presse- und Rundfunkunternehmen zu erheblichen Einschränkungen der in den §§ 92 bis 105 BetrVG geregelten Informations-, Anhörungs- und Zustimmungsrechten des Betriebsrates führen.

Auch bei Tendenzträgern lehnt das BAG die Einschränkung der Verpflichtung zur **Ausschreibung** nach § 93 BetrVG ab.[258] Ebenso ist über die **Personalplanung** nach § 92 Abs. 1 BetrVG zu unterrichten.[259] Beziehen sich **Auswahlrichtlinien** (§ 95 BetrVG) auf

---

250 BAG NZA 1992, 705; NZA 1992, 512.
251 AnwK-ArbR/*Lunk* Band I, § 118 BetrVG Rn. 33.
252 Mitbestimmungspflichtig bleibt die zeitliche Lage der Proben, BAG AP Nr. 5 zu § 87 BetrVG 1972 Arbeitszeit; ebenso BVerwG NZA-RR 2003, 276 für das Personalvertretungsrecht.
253 BAG AP Nr. 33 zu § 118 BetrVG 1972.
254 BAG BAGE 69, 187; Richardi/*Thüsing* § 118 Rn. 145.
255 *Weiss/Weyand* ArbuR 1990, 33, 43.
256 BAG NZA 1990, 575; BAGE 45, 91.
257 *Fitting* § 118 Rn. 32; Richardi/*Thüsing* § 118 Rn. 150.
258 BAG DB 1979, 1608.
259 BAG NZA 1991, 358.

F. Betriebliche Mitbestimmung im Tendenzunternehmen

Tendenzträger, ist deren Ausstellung wegen der Tendenzbezogenheit mitbestimmungsfrei.²⁶⁰ Entsprechendes gilt für die Aufstellung allgemeiner **Beurteilungsgrundsätze** nach § 94 Abs. 2 BetrVG²⁶¹ und für das Zustimmungserfordernis im Hinblick auf Personalfragebögen (§ 94 Abs. 1 BetrVG).²⁶² Das Informationsrecht über die beabsichtigte Einstellung oder personelle Veränderung eines **leitenden Angestellten** nach § 105 BetrVG besteht auch im Tendenzunternehmen.²⁶³ Auch soweit es sich um die **Gehaltslisten** von Tendenzträgern handelt, steht der Tendenzcharakter eines Unternehmend oder Betriebs dem Einblicksrecht des Betriebsrats nach § 80 Abs. 2 Satz 2 BetrVG nicht entgegen.²⁶⁴ Sind Tendenzträger von betrieblichen **Berufsbildungsmaßnahmen** betroffen, entfallen die Mitbestimmungsrechte nach § 98 BetrVG, nicht hingegen die (bloßen) Beratungsrechte nach § 97 BetrVG.²⁶⁵ Uneingeschränkt anwendbar ist auch bei Tendenzträgern die Pflicht zur Übernahme von **Auszubildenden- und Jugendvertretern** nach § 78a BetrVG.²⁶⁶

Bei der **Einstellung** bedarf es in einem durch den Tendenzschutz privilegierten Unternehmen nicht der nach § 99 Abs. 1 Satz 1 BetrVG an sich erforderlichen Zustimmung des Betriebsrats, wenn es sich bei dem einzustellenden Arbeitnehmer um einen Tendenzträger handelt.²⁶⁷ Auch bei Versetzungen von Tendenzträgern ist in der Regel von der Tendenzbedingtheit einer solchen Maßnahme und damit von einem Wegfall des Zustimmungserfordernisses auszugehen. Der Arbeitgeber bleibt jedoch **weiterhin** verpflichtet, den Betriebsrat vor der Versetzung zu **informieren**, die erforderlichen Bewerbungsunterlagen vorzulegen und Gelegenheit zur Stellungnahme zu geben.²⁶⁸ Wird der Betriebsrat nicht ordnungsgemäß unterrichtet, ist die Versetzung auch individualarbeitsrechtlich unwirksam, da die für die Verletzung des weitergehenden Mitbestimmungsrechts vorgesehene Sanktion auch für das schwächere Recht gelten muss.²⁶⁹

174

Nach der Rechtsprechung des BAG bedarf daher z.B. die Einstellung eines **Redakteurs** regelmäßig keiner Zustimmung des Betriebsrates.²⁷⁰ Wegen des nach wie vor bestehenden Informations-, Anhörungs- und Beratungsrechts des Betriebsrates muss der Arbeitgeber bei der Einstellung eines Redakteurs aber dem Betriebsrat mitteilen, warum es sich bei der einzustellenden Person seiner Ansicht nach um einen Tendenzträger handelt, zu welchem Einstellungstermin dieser eingestellt und auf welchem Arbeitsplatz er eingesetzt werden soll. Ferner muss der Arbeitgeber Auskunft über die Eingruppierung und die Auswirkung der Maßnahme im Betriebsgeschehen erteilen.²⁷¹ Diese Grundsätze gelten auch bei der Versetzung eines Redakteurs von der Zentralredaktion einer Tageszeitung in die Lokalredaktion. Auch hier bleibt der Arbeitgeber zur Information, Anhörung und Beratung mit dem Betriebsrat verpflichtet.²⁷²

175

---

260 HWK/*Hohenstatt/Dzida* § 118 BetrVG Rn. 23 m.w.N.
261 BAG NZA 2006, 1291.
262 BAG NZA 1994, 375; HWK/*Hohenstatt/Dzida* § 118 BetrVG Rn. 23 m.w.N.
263 HWK/*Hohenstatt/Dzida* § 118 BetrVG Rn. 23 m.w.N.
264 BAG DB 1979, 2183; HWK/*Hohenstatt/Dzida* § 118 BetrVG Rn. 23 m.w.N.
265 BAG NZA 2006, 1291; NZA 1991, 388.
266 BAG AP Nr. 10 zu § 78a BetrVG 1972. Die Anwendung auf Volontäre und Praktikanten für die Fernsehbranche verneinend LAG Köln Urt. v. 23.2.2000, BeckRS 2000, 30462384; Richardi/*Thüsing* § 78a Rn. 5; a.A. für einen mindestens zwei Jahre dauernden geordneten Ausbildungsgang im Rahmen eines Volontariatsvertrags bei einem Regionalfernsehsender, bei dem die Arbeitspflicht nicht gegenüber der Pflicht des Arbeitgebers zur Ausbildung überwiegt BAG NZA 2005, 779; KR/*Weigand* § 78a BetrVG Rn. 11.
267 v. Hartlieb/Schwarz/*Altenburg* 7. Teil, 281. Kapitel Rn. 21.
268 *Fitting* § 118 Rn., 36; v. Hartlieb/Schwarz/*Altenburg* 7. Teil, 281. Kapitel Rn. 22.
269 BAG AP Nr. 11 zu § 101 BetrVG 1972.
270 BAG AP Nr. 11 zu § 101 BetrVG 1972.
271 BAG NZA 1999, 722; NZA 1997, 1297.
272 Löffler/*Dörner* ArbR BT Rn. 363 bis 364.

176 Bei der **Ein- oder Umgruppierung** im Sinne des § 99 BetrVG bedingt der Tendenzschutz nach § 118 BetrVG keine Einschränkung der betrieblichen Mitbestimmung, auch, wenn es sich bei den ein- bzw. umzugruppierenden Arbeitnehmern um Tendenzträger handelt. Die Einstufung in eine Lohn- oder Gehaltsgruppe ist grundsätzlich tendenzneutral.[273]

177 Die Pflicht, den Betriebsrat vor Ausspruch der **Kündigung** eines **Tendenzträgers** nach § 102 Abs. 1 BetrVG zu unterrichten und anzuhören, bleibt uneingeschränkt bestehen. Dies gilt selbst dann, wenn die Kündigung aus tendenzbedingten Gründen erfolgt, wenn z.B. einem Redakteur die fachliche Qualifikation fehlt, um die gewünschte Zielsetzung einer Zeitung zu verwirklichen. Da die tendenzverwirklichende Entscheidung des Arbeitgebers über die Beendigung des Arbeitsverhältnisses durch die Unterrichtung und Anhörung des Betriebsrates nicht in Frage gestellt wird, führt § 118 BetrVG nicht zu einer Einschränkung des Beteiligungsrechtes des Betriebsrates.[274] Eine Einschränkung besteht nach überwiegender Ansicht in Bezug auf das **Widerspruchsrecht** des Betriebsrates nach § 102 Abs. 2 und 3 BetrVG[275] und damit mittelbar auf die durch den Widerspruch des Betriebsrates ausgelöste Weiterbeschäftigungspflicht des Arbeitgebers nach § 102 Abs. 5 BetrVG. Obwohl das BAG[276] dies noch nicht eindeutig entschieden hat, wird man wegen der Parallele zu § 99 BetrVG eine Weiterbeschäftigungspflicht auch bei nicht tendenzbedingten Kündigungen ablehnen müssen, auch dann wenn der Betriebsrat seinen Widerspruch nur auf nicht tendenzbedingte Gründe stützt.[277] Auch die kündigungsschutzrechtliche Wirkung des Widerspruchs nach § 1 Abs. 2 Satz 2 und 3 KSchG entfällt.

178 Besonderheiten gelten bei einem Tendenzträger, der **Mitglied des Betriebsrates** ist. Will der Arbeitgeber eine außerordentliche Kündigung aussprechen, bedarf er gem. § 103 Abs. 1 BetrVG der Zustimmung des Betriebsrates. Würde man dies auf ein Anhörungsrecht entsprechend § 102 BetrVG reduzieren, würde der Sonderkündigungsschutz leerlaufen. Es ist richtigerweise[278] zu differenzieren: Ist Kündigungsgrund ein tendenzbedingter wichtiger Grund, entfällt dieses Zustimmungserfordernis. Es genügt die Anhörung des Betriebsrates nach § 102 Abs. 1 BetrVG.[279] In diesem Fall kann der Betriebsrat der fristlosen Kündigung des Betriebsratsmitgliedes nicht widersprechen sowie auch nicht die Weiterbeschäftigung verlangen.[280] Sonst ist das Verfahren nach § 103 BetrVG einzuhalten.[281]

179 Darlegungs- und beweisbelastet für die Frage, ob die Kündigung eines Tendenzträgers tendenzbezogene Gründe hat, ist der Arbeitgeber. Dieser muss beweisen, ob der Kündigungsgrund einen unmittelbaren Bezug zum verfolgten Tendenzzweck hat. Allein aus der Tatsache, dass der zu kündigende Arbeitnehmer Tendenzträger (was der Arbeitgeber

---

273 Richardi/*Thüsing* § 118 Rn. 160.
274 BVerfG AP Nr. 14 zu § 118 BetrVG 1972. Bei der Anhörung sind etwaige tendenzbezogene Gründe im einzelnen darzulegen, eine Geheimhaltung ist nicht gerechtfertigt, Jaeger/Röder/Heckelmann/*Diller* § 31 Rn. 104.
275 Allerdings soll der Betriebsrat Einwendungen aus sozialen Erwägungen erheben können, BAG AP Nr. 4 zu § 118 BetrVG 1972.
276 Unklar BAG AP Nr. 4 zu § 118 BetrVG 1972.
277 LAG Hessen, Urt. 2.6.2006, BeckRS 2006, 43804; AnwK-ArbR/*Lunk* § 118 BetrVG Rn. 54.; a.A. DKK/*Wedde* § 118 BetrVG Rn. 96 für nicht tendenzbedingte Kündigungen. Nach DKK/*Wedde* § 118 BetrVG Rn. 95 und *Hanau* BB 19073, 901, 907 soll ferner wie bei personen- und verhaltensbedingten Kündigungen bei tendenzbezogenen Kündigungen die Widerspruchsmöglichkeit nach § 102 Abs. 3 Nr. 3, 4 und 5 BetrVG bestehen, zutreffend a.A. Richardi/*Thüsing* § 118 BetrVG Rn. 166, weil ansonsten eine fremdbestimmte Einflussnahme auf die Tendenzverwirklichung eröffnet wird.
278 Jaeger/Röder/Heckelmann/*Diller* § 31 Rn. 107 m.w.N.
279 BAG AP Nr. 49 zu § 103 BetrVG 1972.
280 AnwK-ArbR/*Lunk* Band I, § 118 BetrVG Rn. 45-55.
281 Weitergehend DKK/*Wedde* § 118 BetrVG Rn. 100 m.w.N. Das BAG hat sich noch nicht geäußert.

ebenfalls darlegen und beweisen muss) ist, folgt **keine** Vermutung für einen Tendenzbezug des Kündigungsgrundes.[282]

V. Wirtschaftliche Angelegenheiten

Zu wirtschaftlichen Angelegenheiten enthält § 118 Abs. 1 Satz 2 BetrVG eine **Ausnahmeregelung**. Danach finden die Vorschriften der §§ 106 bis 110 BetrVG **keine** Anwendung, d.h. es besteht weder eine Pflicht, einen **Wirtschaftsausschuss** zu bilden noch eine Pflicht, den Betriebsrat oder die Arbeitnehmer über die wirtschaftliche Situation und Entwicklung des Unternehmens zu unterrichten.[283] Im Tendenzunternehmen ist der Arbeitgeber daher lediglich verpflichtet, in der Betriebsversammlung einen Lagebericht abzugeben (§ 43 Abs. 2 Satz 3 BetrVG). An dieser Rechtslage hat sich auch durch die Richtlinie 2002/14/EG vom 11.3.2002 zur Festlegung eines allgemeinen Rahmens für die Unterrichtung und Anhörung der Arbeitnehmer nichts geändert. Zwar sieht die Richtlinie in Art. 4 Abs. 2 u.a. vor, dass die Arbeitnehmer über die jüngste Entwicklung und die wahrscheinlich weitere Entwicklung der wirtschaftlichen Situation des Betriebes zu unterrichten sind. Nach Art. 3 Abs. 2 können die Mitgliedstaaten – unter Einhaltung der in der Richtlinie festgelegten Grundsätze und Ziele – spezifische Bestimmungen für Unternehmen oder Betriebe vorsehen, die unmittelbar oder überwiegend z.B. den Zwecken der Berichterstattung oder Meinungsäußerung dienen, falls das innerstaatliche Recht Bestimmungen dieser Art zum Zeitpunkt des Inkrafttretens der Richtlinie bereits enthält. Bindend dürften für Tendenzunternehmen danach nur die Grundsätze und Ziele der Richtlinie sein, in der Wahl der Mittel und der Ausgestaltung im Einzelnen dürfte der nationale Gesetzgeber dagegen frei bleiben.[284]

180

Die Beteiligungsrechte des Betriebsrats bei Betriebsänderungen nach §§ 111 bis 113 BetrVG gelten in Tendenzunternehmen nach § 118 Abs. 1 Satz 2 BetrVG nur insoweit, als sie den Ausgleich oder die Milderung wirtschaftlicher Nachteile für die Arbeitnehmer (**Sozialplan**) infolge von Betriebsänderungen regeln. Dies führt dazu, dass der Arbeitgeber in einem Tendenzunternehmen zwar eine Unterrichtungs- und Beratungspflicht mit dem Betriebsrat über die geplante Betriebsänderung und deren soziale Folgen hat. Er muss jedoch **kein Interessenausgleichsverfahren**, das das »Ob«, »Wann« und »Wie« einer Betriebsänderung und damit die unternehmerische Maßnahme als solche zum Gegenstand hat, nach § 112 Abs. 2 und 3 BetrVG mit dem Betriebsrat (und ggfls. bis hin in die Einigungsstelle nach § 76 BetrVG) durchführen[285] Die **Unterrichtung** ist **rechtzeitig**, wenn der Betriebsrat vor der Umsetzung der Betriebsänderung noch eigene Vorstellungen hinsichtlich eines Sozialplans entwickeln und mit dem Arbeitgeber verhandeln kann. Das BAG hat hierzu zwei Monate vor Kündigungsausspruch als ausreichend angesehen.[286] **Inhaltlich** ist sie auf die Informationen begrenzt, die der Betriebsrat im Hinblick auf die Aufstellung eines Sozialplans benötigt.[287] Die Pflicht zum Abschluss eines Sozialplanes zum Ausgleich oder zur Milderung der durch die Betriebsänderung

181

---

282 BAG NZA 2004, 501.
283 Richardi/*Thüsing* § 118 Rn. 169.
284 So offenbar auch Richardi/*Thüsing* § 118 Rn. 169 b.
285 Richardi/*Thüsing* § 118 Rn. 170-171. Deshalb hat der Betriebsrat in Tendenzunternehmen auch keinen Unterlassungsanspruch gegen die Betriebsänderung zur Sicherung des Rechts auf Verhandlungen über den Interessenausgleich, LAG Niedersachsen BB 2003, 1337; ArbG Frankfurt NZA-RR 1996, 295.; a.A. DKK/*Wedde* § 118 BetrVG Rn. 61.
286 BAG NZA 1999, 328. A.A *Bauer/Lingemann* NZA 1995, 813, 815, die eine Unterrichtung noch nach Durchführung der Betriebsänderung genügen lassen wollten. Auch in Tendenzunternehmen sollte also rechtzeitig (und dokumentierbar) unterrichtet werden.
287 BAG NZA 1999, 328; HWK/*Hohenstatt-Dzida* § 118 BetrVG, Rn. 28, weil ansonsten der Betriebsrat Informationen über das »Ob« und »Wie« der Betriebsänderung erhält.

entstehenden wirtschaftlichen Nachteile besteht auch in Tendenzunternehmen. Den Sozialplan kann der Betriebsrat notfalls auch über den Spruch der **Einigungsstelle** (§ 76 BetrVG) erzwingen. Verhandelt der Arbeitgeber in Tendenzunternehmen nicht über einen Sozialplan, stehen den betroffenen Arbeitnehmern nach Ansicht des BAG auch Ansprüche auf einen **Nachteilsausgleich** nach § 113 Abs. 3 BetrVG zu.[288]

VI. Sondervorschriften für die Presse (Redaktionsstatuten)

182 Neben der gesetzlichen Mitbestimmung des Betriebsrats können in Presseunternehmen auch der »Redaktion« als einer Sondervertretung der Redakteure besondere Mitwirkungs- und Mitbestimmungsrechte eingeräumt werden. Die **Tarifvertragsparteien** können solche eigenständigen Redaktionsvertretungen nicht schaffen, weil ihnen dazu keine eigene Befugnis eingeräumt ist. Auch durch § 3 Abs. 1 Nr. 1 und 5 BetrVG ist eine solche Regelungskompetenz nicht begründet worden, weil hierdurch keine Mitbestimmungsrechte an eine zusätzliche Vertretung übertragen werden können.[289] Nicht möglich ist auch der Abschluss einer entsprechenden **Betriebsvereinbarung**, da der Betriebsrat hierfür keine Regelungskompetenz besitzt.[290]

183 Grundlage hierfür sind vielmehr freiwillige vertragliche Vereinbarungen zwischen Verleger und Redakteuren bzw. einer schon bestehenden Redakteurvertretung, z.B. in Form arbeitsvertraglicher Einheitsregelungen oder Gesamtzusagen[291] (sog. **Redaktionsstatuten**). Redaktionsstatuten dürfen indes nicht zu einer Einschränkung der gesetzlichen Befugnisse des Betriebsrates führen. Die Kompetenzen der Sondervertretungen der Redakteure müssen daher auf »Tendenzangelegenheiten« beschränkt sein, in denen gem. § 118 Abs. 1 BetrVG keine Beteiligungsrechte des Betriebsrats bestehen.[292] So hat es das BAG für zulässig erachtet, wenn ein zwischen dem Arbeitgeber und den Redakteuren vereinbartes Redaktionsstatut vorsieht, dass ein von der Redaktionsversammlung zu wählender Redaktionsrat aus sachlichen Gründen die Bestellung und Abberufung des Chefredakteurs und nachgeordneter Redakteure verhindern kann.[293]

Arbeitsrechtliche Redaktionsstatuten können, soweit kein Widerrufsrecht des Verlegers oder ein Sonderkündigungsrecht vereinbart ist, nur unter Beachtung der gesetzlichen Voraussetzungen für eine Änderungs- bzw. Beendigungskündigung – also **individualvertraglich** – gekündigt werden.[294]

VII. Mitwirkung nach Bundes- und Landespersonalvertretungsrecht, insbesondere im öffentlich-rechtlichen Rundfunk

184 Als Pendant zum BetrVG gilt für die im **öffentlichen Dienst** Beschäftigten das Bundes- und Landespersonalvertretungsrecht.[295] Es soll unter Berücksichtigung der Unterschiede von Privatwirtschaft und öffentlichem Dienst eine Interessenvertretung auf der Ebene der Dienststelle schaffen.

---

288 BAG AP Nr. 76 zu § 118 BetrVG 1972; a.A. Richardi/*Thüsing* § 118 Rn. 172 m.w.N.
289 Richardi/*Thüsing* § 118 Rn. 238 ff. m.w.N.
290 *Fitting* § 118 Rn. 52; Richardi/*Thüsing* § 118 Rn. 235 ff., 241.
291 BAG, AP Nr. 3 zu § 3 BetrVG; umfassend Richardi/*Thüsing* § 118 Rn. 235 ff., 242.
292 *Fitting* § 118 Rn. 5; Löffler/*Dörner* ArbR BT Rn. 400.
293 BAG AP Nr. 3 zu § 3 BetrVG.
294 BAG AP Nr. 3 zu § 3 BetrVG; *Fitting* § 118 Rn. 53.
295 Überblick bei Groeger/*Sasse*, Arbeitsrecht im öffentlichen Dienst (2010), Teil 9, dort Rn. 133-194 zu den einzelnen Beteiligungsrechten. Kommentarliteratur: *Altvater/Hamer/Ohnesorg/Peiseler*, BPersVG mit vergleichenden Anmerkungen zu den Landespersonalvertretungsgesetzen; *Richardi/Dörner/Weber*, Personalvertretungsrecht (auch zu den LPersVG,en).

Teilweise besteht – vor allem in personellen Angelegenheiten[296] und dabei insbesondere bei Kündigungen und dem Abschluss befristeter Arbeitsverträge– je nach Personalvertretungsrecht des Bundeslandes ein weitergehendes Mitbestimmungsrecht als nach dem BetrVG, teilweise bleiben die Mitwirkungsrechte – z.B. in wirtschaftlichen Angelegenheiten – hinter denen des BetrVG zurück. Eine generelle Vergleichbarkeit von betriebsverfassungs- und personalvertretungsrechtlichen Normen besteht also nicht.[297] Notwendig ist die Prüfung nach dem **jeweiligen** LPersVG bzw. dem BPersVG.

G. Unternehmerische Mitbestimmung im Unternehmen und Konzern

I. Mitbestimmungsgesetz

Die **unternehmerische** Mitbestimmung der Arbeitnehmer im Sinne einer Beteiligung an wirtschaftlichen bzw. unternehmerischen Entscheidungen des Arbeitgebers ist für Unternehmen, die als Kapitalgesellschaften organisiert sind und eine Größenordnung von in der Regel mehr als 2000 Arbeitnehmern haben, im Mitbestimmungsgesetz vom 4.5.1976 (MitbestG) geregelt.

Nach dem MitbestG erfolgt die unternehmerische Mitbestimmung der Arbeitnehmer durch die obligatorische Bildung eines **Aufsichtsrates**, der paritätisch einerseits mit Vertretern der Anteilseigner und andererseits mit Vertretern der Arbeitnehmer zu besetzen ist. Der von der Anteilseignerseite zu stellende Vorsitzende hat bei einer zweiten Abstimmung ein Doppelstimmrecht (§ 29 Abs. 2 Satz 1 MitbestG). Es ist ein Arbeitsdirektor zu bestellen (§ 33 MitbestG). Diese Pflicht zur Beteiligung der Arbeitnehmer im Aufsichtsrat besteht gem. § 1 Abs. 4 Satz 1 Nr. 2 MitbestG allerdings **nicht bei Tendenzunternehmen**, die im Sinne von § 118 Abs. 1 Satz 1 Nr. 2 BetrVG Zwecken der Berichterstattung oder Meinungsäußerung unmittelbar und überwiegend dienen.

Ferner unterfallen Tendenzunternehmen nicht dem MontanmitbestG, dem MitbestimmungsergänzungsG oder den Bestimmungen der § 76 ff. BetrVG 1952, die ebenfalls eine unternehmerische Mitbestimmung der Arbeitnehmer vorsehen.[298]

Bei **Konzernsachverhalten** mit Tendenzbezug kommt es für die Frage, ob die Arbeitnehmer in den Aufsichtsräten zu beteiligen sind und damit eine Möglichkeit der unternehmerischen Mitbestimmung haben, grundsätzlich darauf an, ob das herrschende bzw. abhängige Unternehmen selbst die Voraussetzungen des § 1 Abs. 4 Nr. 2 MitbestG erfüllt und die unternehmerische Mitbestimmung wegen des Tendenzbezuges ausgeschlossen ist. Selbst wenn das MitbestG für das herrschende Unternehmen wegen des Tendenzbezuges nicht gilt, kann es gleichwohl in den abhängigen Unternehmen erforderlich sein, einen Aufsichtsrat unter Beteiligung der Arbeitnehmer zu bilden.[299] Umgekehrt kann in Mischkonzernen die Beteiligung der Arbeitnehmer im Aufsichtsrat des herrschenden Unternehmens aber ausgeschlossen sein, wenn infolge der abhängigen Unternehmen der Tendenzcharakter im Konzern insgesamt überwiegt (sog. **Gesamtgepräge**).[300]

Ist nach den Voraussetzungen des § 1 Abs. 4 Nr. 2 MitbestG im herrschenden Unternehmen ein mitbestimmter Aufsichtsrat unter Beteiligung der Arbeitnehmer zu bilden, nicht aber in dem abhängigen Unternehmen, sind die Arbeitnehmer des abhängigen

---

296 Zur Einschränkung in NRW jüngst *Oberthür* ArbRB 2007, 334.
297 Zu den Verfahrensunterschieden *Schulte* ArbRB 2006, 48; *Schulte* ArbRB 2008, 186.
298 v. Hartlieb/Schwarz/*Altenburg* 7. Teil, 281. Kapitel Rn. 31; Richardi/*Thüsing* § 118 Rn. 4, Rn. 173, 174.
299 HWK/*Seibt* § 1 MitbestG Rn. 14.
300 ErfK/*Oetker* § 2 DrittelbG Rn. 32; HWK/*Seibt* § 1 MitbestG Rn. 15.

Konzernunternehmens an der Wahl zum Aufsichtsrat des herrschenden Unternehmens zu beteiligen.[301]

II. Drittelbeteiligungsgesetz

191 In Kapitalgesellschaften mit in der Regel mehr als 500 beschäftigten Arbeitnehmern das Gesetz über die Drittelbeteiligung der Arbeitnehmer im Aufsichtsrat vom 18.5.2004 (DrittelbG) zu beachten. Danach sind in den vom Anwendungsbereich des DrittelbG erfassten Unternehmen **Aufsichtsräte** zu bilden, die zu einem **Drittel** mit **Arbeitnehmervertretern** zu besetzen sind.

192 Auch das DrittelbG enthält – wie das MitbestG– eine **Ausnahmevorschrift** für tendenzgeschützte Unternehmen. Die Regelung in §1 Abs. 2 Satz 1 Nr. 2b DrittelbG sieht vor, dass Unternehmen, die unmittelbar und überwiegend Zwecken der Berichterstattung oder Meinungsäußerung dienen, vom Geltungsbereich des Gesetzes ausgenommen sind. Insoweit gelten – wie im Anwendungsbereich des Mitbestimmungsgesetzes – die zu §118 BetrVG entwickelten Grundsätze zu den Voraussetzungen des unmittelbaren und überwiegenden Dienens **entsprechend**.[302]

193 In Konzernsachverhalten mit Tendenzbezug gelten die bereits im Zusammenhang mit dem MitbestG dargestellten Grundsätze entsprechend. Hierauf ist zu verweisen.[303]

H. Tarifvertragsrecht

I. Allgemeine Grundsätze

194 Die Arbeits- und Wirtschaftsbedingungen der in tendenzgeschützten Unternehmen beschäftigten Arbeitnehmer werden, wie in anderen Unternehmen auch, in nicht unerheblichem Maße durch Tarifverträge geregelt. Dabei finden das Tarifvertragsgesetz (**TVG**) sowie die von der **Rechtsprechung** entwickelten Grundsätze[304] uneingeschränkt Anwendung. Die nachfolgend dargestellten Grundlagen des Tarifvertragsrechtes sind daher auch im Bereich tendenzgeschützter Presse- und Medienunternehmen zu beachten.

195 **Tarifverträge**, die gem. §2 Abs. 1 TVG zwischen Gewerkschaften auf der einen und einzelnen Arbeitgebern oder Arbeitgebervereinigungen auf der anderen Seite geschlossen werden, regeln die Rechte und Pflichten der Tarifvertragsparteien sowie Rechtsnormen, die den Inhalt, den Abschluss und die Beendigung von Arbeitsverhältnissen betreffen. Ferner können betriebliche und betriebsverfassungsrechtliche Fragen Gegenstand eines Tarifvertrages sein. Die Rechtsnormen, die den **Inhalt**, den **Abschluss** und die **Beendigung** von **Arbeitsverhältnissen** betreffen, gelten »gesetzesgleich« unmittelbar und zwingend zwischen den beiderseits **tarifgebundenen**, die unter den Geltungsbereich des jeweiligen Tarifvertrages fallen (§ 4 Abs. 1 Satz 1 TVG). Abweichungen von diesen unmittelbar und zwingend geltenden Tarifvertragsbestimmungen etwa durch einzelvertragliche Vereinbarung sind nur möglich, wenn dies entweder durch den Tarifvertrag ausdrücklich gestattet ist (sog. **Öffnungsklausel**) oder wenn die arbeitsvertragliche Vereinbarung eine Änderung zugunsten des Arbeitnehmers enthält (**Günstigkeitsprinzip**).

---

301 HWK/*Seibt* § 1 MitbestG Rn. 13 m.w.N.
302 ErfK/*Oetker* § 2 DrittelbG Rn. 31.
303 Weiterführend ErfK/*Oetker* § 1 DrittelbG Rn. 32; HWK/*Seibt* § 1 DrittelbG Rn. 53-55.
304 Insgesamt dazu HWK/*Henssler*, Kommentierung zum TVG; *Jacobs/Krause/Oetker*, Tarifvertragsrecht 2007, passim. Zum Wegfall des Grundsatzes der Tarifeinheit, den Gesetzesvorschlägen und den Folgen für das Arbeitskampfrecht BAG NZA 2010, 645 sowie BAG NZA 2010, 778; dazu *Lehmann* BB 2010, 2237; *Hanau* DB 2010, 2107 m.w.N.

Nach Ablauf des Tarifvertrages gelten dessen Rechtsnormen zeitlich unbegrenzt weiter, **196** bis sie durch eine andere Abmachung ersetzt werden (§ 4 Abs. 5 TVG). Der bislang unmittelbar und zwingend auf die Arbeitsverhältnisse der beiderseits tarifgebundenen einwirkende Tarifvertrag wirkt somit trotz seiner Beendigung bis zum Abschluss neuer Vereinbarungen nach. Im Rahmen dieser **Nachwirkung** des Tarifvertrages entfällt jedoch die bisherige, zwingende Wirkung der tarifvertraglichen Bestimmungen. Diese können daher durch **andere** Abmachungen, also durch Tarifvertrag, Betriebsvereinbarung und/oder Einzelarbeitsvertrag **abgelöst** werden.

II. Tarifbindung und OT-Mitgliedschaft

Gebunden an tarifvertragliche Bestimmungen sind gem. § 3 Abs. 1 TVG grundsätzlich **197** nur die Mitglieder der Tarifvertragsparteien und der Arbeitgeber, der selbst Partei des Tarifvertrages ist. **Tarifgebunden** sind demnach nur Arbeitnehmer, die **Mitglied** der tarifvertragsschließenden Gewerkschaft sind bzw. Arbeitgeber, die entweder Mitglied eines tarifvertragsschließenden Arbeitgeberverbandes sind oder selbst einen **Firmentarifvertrag** mit einer Gewerkschaft abgeschlossen haben. Nur wenn Arbeitgeber und Arbeitnehmer **beiderseits** derart tarifgebunden sind, gelten tarifvertragliche Bestimmungen – wie oben beschrieben – unmittelbar und zwingend für das jeweilige Arbeitsverhältnis. Etwas anderes gilt lediglich für Rechtsnormen über betriebliche und betriebsverfassungsrechtliche Fragen. Diese gelten auch in Betrieben, in denen nur der Arbeitgeber tarifgebunden ist uneingeschränkt für alle Arbeitnehmer.

Nach dem **Austritt** eines Unternehmens aus dem tarifschließenden Arbeitgeberverband **198** oder nach einem (den Anforderungen der Rechtsprechung daran genügenden) Wechsel in eine Verbandsmitgliedschaft ohne Tarifbindung (sog. **OT-Mitgliedschaft**) endet die Tarifgebundenheit des Unternehmens nicht unmittelbar. Vielmehr kommt es gem. § 3 Abs. 3 TVG zu einer Fortwirkung der zum Zeitpunkt des Verbandsaustrittes bzw. des Wechsels in die OT-Mitgliedschaft geltenden tarifvertraglichen Bestimmungen. Die **Fortwirkung** bewirkt, dass die Bestimmungen des bisherigen Tarifvertrages zunächst für die Arbeitsverhältnisse der kraft Gewerkschaftszugehörigkeit tarifgebundenen Arbeitnehmer weiter gelten. Die Fortwirkung endet erst mit der Kündigung oder Änderung des bisherigen Tarifvertrages. Nach der Kündigung wirkt der bisherige Tarifvertrag dann gem. § 4 Abs. 5 TVG »nur« noch nach, d.h. er gilt weiter unmittelbar für die von ihm erfassten Arbeitsverhältnisse, kann aber durch Abschluss abweichender arbeitsvertraglicher Vereinbarungen oder durch Betriebsvereinbarungen auch zum Nachteil der Arbeitnehmer abbedungen werden. Kommt es nach der Kündigung des Tarifvertrages zum Abschluss eines **neuen** Tarifvertrages, ist das OT-Mitglied infolge des Wechsels in die OT-Mitgliedschaft an diesen Tarifvertrag grundsätzlich nicht mehr gebunden. Auch künftige Tarifentwicklungen auf Grundlage des neuen Tarifabschlusses müssen nicht mehr an die kraft Gewerkschaftszugehörigkeit tarifgebundenen Arbeitnehmer weitergegeben werden.

III. Sonderfall Inbezugnahmeklausel

Die Tarifbindung kann auch durch sog. **Inbezugnahmeklauseln** begründet werden, mit **199** denen die Arbeitsvertragsparteien alle oder einzelne Vorschriften eines Tarifvertrages als vertragliche Regelung in ihren Arbeitsvertrag aufnehmen. Dabei können die Parteien sog. statische Bezugnahmeklauseln vereinbaren, die einen bestimmten Tarifvertrag in einer bestimmten Fassung zum Vertragsinhalt machen. Tarifverträge können aber auch dynamisch in Bezug genommen werden, indem entweder auf einen bestimmten, namentlich genannten Tarifvertrag in seiner jeweils gültigen Fassung (sog. kleine dynamische Bezugnahmeklausel) verwiesen wird oder aber allgemein auf die jeweils einschlägigen bzw. geltenden Tarifverträge des Arbeitgebers (sog. große dynamische Bezugnahmeklausel). Bei derartigen einzelvertraglichen Inbezugnahmen gelten die tarifvertraglichen Bestimmungen nicht wie im Falle beiderseitiger Tarifgebundenheit nach § 3 Abs. 1 TVG normativ und zwingend, also »gesetzesgleich«, vielmehr haben die in Bezug genommenen Tarifvertragsbestimmumgen nur eine schuldrechtliche Wirkung. Das bedeutet, dass eine Abweichung von diesen Bestimmungen – auch zum Nachteil des Arbeitnehmers – jederzeit vertraglich vereinbart werden kann. Hierfür gilt der Transparenzgrundsatz des § 307 Abs. 1 Satz 2 BGB. Nach dem **1.1.2002** vereinbarte Verweisungen auf bestimmte Tarifverträge gelten – soweit nichts anderes vereinbart ist – auch nach dem Verbandsaustritt des Arbeitgebers weiter.[305]

IV. Unternehmens- und Haustarifvertrag

200 Zuständig für den Abschluss eines Tarifvertrages sind Gewerkschaften und Arbeitgeberverbände. Tarifvertragsverhandlungen dieser Parteien münden im Abschluss sog. Verbandstarifverträge. Daneben haben auch einzelne Arbeitgeber die Möglichkeit, mit der Gewerkschaft einen spezifisch für ihr Unternehmen geltenden sog. **Unternehmens- und Haustarifvertrag** abzuschließen. § 2 Abs. 1 TVG bestimmt ausdrücklich, dass auch die einzelnen Arbeitgeber tariffähig sind. Selbst durch die Mitgliedschaft in einem Arbeitgeberverband entfällt für den einzelnen Arbeitgeber nicht die Möglichkeit, mit der Gewerkschaft Unternehmens- und Haustarifverträge abzuschließen.[306] Bei einem Nebeneinander von Verbands- und Haustarifvertrag entsteht eine sog. **Tarifkonkurrenz**. In diesem Fall ist der Firmentarifvertrag auch dann **vorrangig**, wenn er Regelungen des Verbandstarifvertrags zu Lasten der Arbeitnehmer verdrängt.[307]

V. Allgemeinverbindlicherklärung nach § 5 TVG

201 Ein Tarifvertrag kann für **allgemeinverbindlich** erklärt werden. Im Falle einer solchen Allgemeinverbindlicherklärung gelten die Rechtsnormen eines Tarifvertrages auch für die Rechtsbeziehungen nicht tarifgebundener Arbeitsvertragsparteien, also solcher Arbeitgeber und Arbeitnehmer, die keiner Gewerkschaft und keinem Arbeitgeberverband angehören. Eine Allgemeinverbindlicherklärung eines Tarifvertrages kommt gem. § 5 TVG nur unter **engen** Voraussetzungen in Betracht und kann nur durch das Bundesministerium für Arbeit und Soziales erfolgen. Unter anderem müssen mindestens 50% der unter den Geltungsbereich des Tarifvertrages fallenden Arbeitnehmer durch tarifgebundene Arbeitgeber beschäftigt werden und die Allgemeinverbindlicherklärung muss im öffentlichen Interesse liegen. Im Bereich der Wirtschaftsgruppe Wissenschaft und Publizistik sind der Tarifvertrag über die Altersversorgung für Redakteurinnen und Redakteure an Tageszeitungen vom 15.12.1997 sowie der Tarifvertrag über das Redaktionsvolontariat vom 22.9.1990 (alte Bundesländer) für allgemeinverbindlich erklärt worden.[308] Im Übrigen ist im Medienbereich, insbesondere im Bereich Film, Fernsehen, Rundfunk und Video, derzeit kein Tarifvertrag für allgemeinverbindlich erklärt.[309]

---

305 BAG NZA 2006, 607; zur Rechtsprechungsentwicklung und Klauselgestaltung Groeger/*Grimm*, Arbeitsrecht im öffentlichen Dienst, Teil 3 B Rn. 32-45 m.w.N.
306 BAG AP Nr. 162 zu Art. 9 GG Arbeitskampf.
307 BAG BB 2001, 1310.
308 Vgl. das vom BMAS geführte Verzeichnis der für allgemeinverbindlich erklärten Tarifverträge, 24, Stand: 1.10.2010, veröffentlicht im Internet unter www.bmas.de.
309 v. Hartlieb/Schwarz/*Altenburg* 7. Teil, 281. Kapitel Rn. 7.

VI. Tarifsozialpläne

Nach jüngerer Rechtsprechung können auch Sozialpläne im Sinne des § 112 BetrVG Gegenstand eines Tarifvertrages (**Tarifsozialplan**) sein. 202

Der 1. Senat des BAG hat in einem Beschluss vom 24.4.2007[310] die schon zuvor entwickelte Auffassung des 4. Senats[311] des BAG bestätigt, dass die Betriebspartner nicht das Monopol auf den Abschluss von Sozialplänen haben, weil § 113 Abs. 3 BetrVG keine Sperrwirkung entfalte. Dies gilt grundsätzlich auch im Bereich von Presse- und Medienunternehmen, die von der Pflicht zum Abschluss von Sozialplänen nach § 112 Abs. 1 Satz 2 BetrVG durch den Tendenzschutz nach § 118 Abs. 1 Satz 1 Nr. 2 BetrVG **nicht** ausgenommen sind. Eine Gewerkschaft kann danach einen verbandsangehörigen Arbeitgeber zum Abschluss eines sog. Tarifsozialplanes in Form eines Haustarifvertrages auffordern und diesen auch erstreiken, selbst wenn der Arbeitgeber kraft seiner Verbandsangehörigkeit tarifgebunden ist. Dies gilt jedenfalls soweit es um Gegenstände geht, die nicht zum tariflich geregelten Bereich des Verbandstarifvertrages gehören und demzufolge (noch) der Friedenspflicht unterfallen.[312] Somit ist es möglich, zusätzlich zu vom Betriebsrat geführten Einigungsstellenverhandlungen von Gewerkschaftsseite einen **Arbeitskampf** um einen besser dotierten Sozialplan zu führen. Der Arbeitskampf um einen Tarifsozialplan ist nach Ansicht des BAG aber unzulässig, wenn die Forderung dazu eingesetzt werden soll, die **unternehmerische Grundentscheidung** selbst zu beeinflussen, also eine anstehende Betriebsänderung mittels Arbeitskampfmaßnahmen zu beeinflussen, verzögern oder zu verhindern.[313] Auch wenn das fast immer unausgesprochenes Kampfziel ist, wird sich das nur selten nachweisen lassen. 203

Bei **Tendenzunternehmen** im Sinne des § 118 Abs. 1 Satz 1 BetrVG, – insbesondere bei Unternehmen der Berichterstattung und Meinungsäußerung – ist der Schutz der Unternehmerentscheidung durch das **Grundrecht** des Art. 5 Abs. 1 Satz 2 GG verstärkt. Ein Interessenausgleich nach § 112 Abs. 1 Satz 1 BetrVG muss bei Betriebsänderungen nicht versucht werden. Zwar können Sozialplaninhalte (Ausgleich oder Milderung der durch eine Betriebsänderung entstehenden wirtschaftlichen Nachteile in Form von Abfindungen oder Transferleistungen) grundsätzlich auch hier Gegenstand von Tarifforderungen und Arbeitskämpfen sein. Es darf aber durch deren Höhe kein (auch mittelbarer) Einfluss auf die **unternehmerische Grundentscheidung** als solche genommen werden. **Rechtswidrig** ist danach sowohl ein Arbeitskampf, der subjektiv mit einem solchen Ziel geführt wird, als auch ein Arbeitskampf zur Durchsetzung von Sozialplanregelungen, die de facto auf Grund ihrer mit dem Umfang einhergehenden wirtschaftlichen Belastung die Durchführung der unternehmerischen Maßnahme verhindern.[314] 204

VII. Übersicht über Tarifverträge

Im Bereich der Presse- und Medienunternehmen gibt es eine Vielzahl geltender Tarifverträge. Nachfolgend sollen branchenbezogen **wesentliche** Regelwerke aufgelistet werden. 205

Aus dem Bereich **Presse** sind zu nennen:[315] 206

- Manteltarifvertrag für Redakteurinnen und Redakteure an Tageszeitungen, gültig ab 1.1.2003

---

310 BAG NZA 2007, 997, dazu *Gaul* RdA 2008, 13; *Höfling* ZfA 2008, 1.
311 BAG NZA 2007, 821, zustimmend *Greiner* NZA 2008, 1274.
312 BAG NZA 2003, 734.
313 So BAG NZA 2007, 997, dazu *Gaul* RdA 2008, 13; *Höfling* ZfA 2008, 1.
314 Eingehend dazu und zu den Auswirkungen auf die Streikbefugnis *Grimm/Pelzer* NZA 2008, 1321.
315 Weitere bei Löffler/*Dörner* ArbR BT Rn. 14.

14. Kapitel   Arbeitsrecht

- Tarifvertrag über die Altersversorgung für Redakteure an Tageszeitungen, gültig ab 1.1.1999
- Tarifvertrag über Einführung und Anwendung rechnergesteuerte Textsysteme, gültig ab 1.4.1978
- Tarifvertrag für Arbeitnehmer ähnliche freie Journalisten an Tageszeitungen, gültig ab 1.4.2003
- Manteltarifvertrag für Redakteurinnen/Redakteure an Zeitschriften, gültig ab 1.5.1998
- Tarifvertrag über das Redaktionsvolontariat an Zeitschriften, allgemeinverbindlich ab 13.4.1991
- Tarifvertrag über die Altersversorgung der Redakteurinnen und Redakteure an Zeitschriften, in Kraft getreten am 1.1.1999

207 Aus dem Bereich **Film-, Fernseh- und Rundfunkwirtschaft** sind zu nennen:[316]
- Tarifvertrag für Film- und Fernsehschaffende (Bestandteil sind der Manteltarifvertrag für Film- und Fernsehschaffende, gültig ab 1.1.1996, der Gagentarifvertrag, gültig ab 1.5.2000 sowie der Tarifvertrag für Kleindarsteller, gültig ab 1.5.2000)
- Einheitliche Manteltarifvertrag für die Arbeitnehmerinnen und Arbeitnehmer in den technischen Betrieben für Film und Fernsehen e.V., gültig ab 1.1.2003
- Lohntarifvertrag für gewerbliche Arbeitnehmer und Auszubildende, VTFF, gültig ab 1.8.2002
- Gehaltstarifvertrag für die kaufmännischen und technischen Angestellten und Auszubildenden, VTFF, gültig ab 1.8.2002
- Manteltarifvertrag Privater Rundfunk (MTV TPR), gültig ab 15.5.1991
- Entgelttarifvertrag (ETV TPR), gültig ab 1.1.2003
- Tarifvertrag zur Förderung der betrieblichen Altersvorsorge TPR, gültig ab 1.10.2002
- Manteltarifvertrag Lokalfunk NRW, gültig ab dem 1.4.1993 und Gehaltstarifvertrag Lokalfunk NRW, gültig ab 1.10.1999
- Manteltarifvertrag Lokalfunk Bayern, gültig ab 11.3.1999 und Gehaltstarifvertrag Lokalfunk Bayern vom 13.7.2000
- Manteltarifvertrag Lokalfunk Baden-Württemberg, gültig ab 1.1.1998 und Gehaltstarifvertrag Lokalfunk Baden-Württemberg vom 28.3.2000

208 Aus dem Bereich **Filmtheater** sind zu nennen:[317]
- Bundes-Tarifvertrag HDF (BTV HDF), gültig ab 1.7.2001
- Manteltarifvertrag ar.di, gültig ab 1.1.2001, ab 1.2.2004 nachwirkend
- Entgeltrahmentarifvertrag ar.di, gültig ab 1.1.2001, ab 1.2.2004 nachwirkend

209 Aus dem Bereich **Fernsehprogrammveranstalter** sind neben diversen Haustarifverträgen in Fernseh- und Rundfunkanstalten des öffentlichen Rechts (z.B. Zweites Deutsches Fernsehen, Westdeutscher Rundfunk oder Norddeutscher Rundfunk) zu nennen:[318]
- Manteltarifvertrag RTL, gültig ab 1.1.2002
- Entgelttarifvertrag RTL, gültig ab 1.1.2002
- Haustarifvertrag n-tv, gültig ab 1.9.2001
- n-tv-Tarifvertrag für arbeitnehmerähnliche Personen (TaäP n-tv), gültig ab 1.8.2000
- Haustarifvertrag Studio Hamburg (Manteltarifvertrag, gültig ab 1.8.2002 und Entgelttarifvertrag 2002/2003)

---

316 Weiterführende Hinweise und Ausführungen bei v. Hartlieb/Schwarz/*Altenburg* 7. Teil, 281. Kapitel Rn. 10-22.
317 Weiterführende Hinweise und Ausführungen bei v. Hartlieb/Schwarz/*Altenburg* 7. Teil, 281. Kapitel Rn. 10-22.
318 Weiterführende Hinweise und Ausführungen bei v. Hartlieb/Schwarz/*Altenburg* 7. Teil, 281. Kapitel Rn. 10-22.

I. Arbeitskampfrecht im Tendenzbetrieb

1. Rechtsgrundlagen

Untrennbar verbunden mit der Möglichkeit der Tarifvertragsparteien, Arbeits- und Wirtschaftsbedingungen im Rahmen von Tarifverträgen festzulegen, ist das Arbeitskampfrecht. Dieses gibt die **Rahmenbedingungen** vor, unter denen die Tarifvertragsparteien den Abschluss eines Tarifvertrages wenn nötig erzwingen können, wenn eine Einigung am Verhandlungstisch nicht gelingt. 210

Das Arbeitskampfrecht ist gesetzlich **nicht** geregelt. Zwar gibt es eine Vielzahl gesetzlicher Bestimmungen, die die Existenz damit auch die Zulässigkeit von Arbeitskämpfen voraussetzen, allen vorweg **Art. 9 Abs. 3 Satz 3 GG**, z.B. aber auch § 2 Abs. 1 Nr. 2 ArbGG oder § 25 KSchG. Diese Vorschriften regeln jedoch nicht die genauen Kriterien, unter denen ein Arbeitskampf zulässig ist.[319] Vor diesem Hintergrund ist das Arbeitskampfrecht geprägt durch **Richterrecht** und die Rechtsprechung des BVerfG und des BAG.[320] Grundlage, aber auch Maßstab dieses Richterrechts ist dabei Art. 9 Abs. 3 GG und die darin gewährleistete **Koalitionsfreiheit**, deren Ausfluss das Arbeitskampfrecht ist.[321] 211

Auch in Presse- und Medienunternehmen sind Arbeitskämpfe trotz des Tendenzschutzes und der grundrechtlich geschützten Presse- und Meinungsfreiheit grundsätzlich **zulässig**. Das BAG hat dies anlässlich einer bundesweiten Aussperrung in der Druckindustrie im Jahr 1978 damit begründet, dass auch die Presse privatrechtlich in Wirtschaftsunternehmen organisiert ist und Art. 9 Abs. 3 GG auch in dieser Branche den autonomen Lohnfindungsprozess und damit den Arbeitskampf garantiert, der das Erscheinen von Presseerzeugnissen teilweise oder ganz verhindern kann.[322] Nach Ansicht des BAG können sich jedoch im Presse- und Medienbereich Besonderheiten ergeben, wenn durch einen Arbeitskampf die grundrechtlich geschützte Informations- und Meinungsfreiheit nachhaltig gefährdet würde.[323] 212

Nachfolgend werden die wichtigsten Arbeitskampfmittel, Streik und Aussperrung, sowie andere und moderne Arbeitskampfformen unter **besonderer** Berücksichtigung der für Presse- und Medienunternehmen geltenden Informations- und Meinungsfreiheit sowie Pressefreiheit dargestellt. 213

II. Streik

Die klassische Form des Arbeitskampfes auf Seiten der Arbeitnehmer ist der Streik, also die von einer Mehrzahl von Arbeitnehmern planmäßig und gemeinschaftlich durchgeführte **Arbeitsniederlegung**.[324] Regelmäßig wird der Streik von einer Gewerkschaft organisiert und geleitet, die mit diesem Arbeitskampfmittel den Abschluss eines bestimmten Tarifvertrages zu erreichen sucht. Dieser gewerkschaftliche Streik ist von dem sog. wilden Streik zu unterscheiden, bei dem die Gewerkschaft am Kampfgeschehen der Arbeitnehmer nicht beteiligt ist. Ein solcher wilder Streik ist nur dann zulässig, wenn die 214

---

319 Hierzu auch BAGE 33, 140.
320 *Preis* Kollektivarbeitsrecht, § 110, 291.
321 *Preis* § 110, 291.
322 So BAGE 48, 195.
323 BAGE 48, 195.
324 MünchHdbArbR/*Ricken* Band II, § 200 Rn. 27.

Gewerkschaft sich diesem »anschließt« und einen Übernahmebeschluss trifft. Ohne formalen Streikbeschluss kann ein Streik jedoch nicht rechtmäßig geführt werden.[325]

215 Ein Streik ist ferner nur dann als rechtmäßig anzusehen, wenn er als Mittel eingesetzt wird, um den **Abschluss eines Tarifvertrages** herbeizuführen. Hieraus folgt, dass Ziele der arbeitskampfrechtlichen Auseinandersetzung zwischen Arbeitnehmern und Arbeitgebern nur solche sein können, die auch tariflich einer Regelung zugänglich sind.[326]

216 Das Erfordernis der Tarifbezogenheit des Streiks fasst das BAG in seiner aktuellen Rechtsprechung sehr weit. So erachtet es – in Abkehr von seiner bisherigen Rechtsprechung – selbst einen sog. **Unterstützungsstreik** (auch »**Sympathiestreik**«), den eine Gewerkschaft zur Unterstützung eines »fremden«, von ihr nicht geführten, in einem anderen Tarifgebiet liegenden »Hauptarbeitskampfes« ausruft, grundsätzlich für zulässig, da Ziel auch des Unterstützungsstreiks die Gestaltung von Arbeitsbedingungen, wenn auch nicht die Verbesserung eigener tariflicher Rechte sei.[327]

217 Wegen der Tarifbezogenheit des Streiks als Rechtmäßigkeitsvoraussetzung sind jedoch nach wie vor als unzulässig anzusehen sog. **politische** Streiks, mit denen ein Hoheitsträger zu einem bestimmten politischen Handeln gezwungen werden soll. Ferner unzulässig sind Demonstrationsstreiks, mit denen die Gewerkschaft auf ein gesellschaftspolitisches Anliegen aufmerksam machen will.[328]

218 Ein Arbeitskampf in Form des Streiks darf schließlich nicht während der Laufzeit bestehender Tarifverträge geführt werden. Dies würde gegen die dem Tarifvertrag immanente **Friedenspflicht** verstoßen. Die Friedenspflicht verbietet es den Tarifvertragsparteien, einen bestehenden Tarifvertrag inhaltlich dadurch in Frage zu stellen, dass sie Änderungen oder Verbesserungen der vertraglich geregelten Gegenstände mit Mitteln des Arbeitskampfsrechts durchzusetzen versuchen.[329]

219 Jeder Streik muss im konkreten Einzelfall dem Gebot der **Verhältnismäßigkeit** genügen und darf die Rechte des Koalitionspartners, also des Arbeitgeberverbandes bzw. der bestreikten Unternehmen sowie die Rechte Dritter nicht unverhältnismäßig beeinträchtigen.[330] Hieraus ergibt sich, dass der Streik wie jedes Arbeitskampfmittel die »**ultima ratio**« auf dem Weg zum Abschluss eines Tarifvertrages sein muss. Grundsätzlich gilt, dass Arbeitskampfmaßnahmen erst zulässig sind, wenn alle Verhandlungsmöglichkeiten ausgeschöpft sind und die Verhandlungen als gescheitert angesehen werden können.[331] Eine Ausnahme gilt hier für sog. **Warnstreiks**, bei denen es während laufender Tarifvertragsverhandlungen zu befristeten, kurzzeitigen Arbeitsniederlegungen kommt, ohne dass die Tarifvertragsverhandlungen vorher ausdrücklich und förmlich für gescheitert erklärt wurden und eine Urabstimmung über den Streik stattgefunden hat. Derartige Warnstreiks werden von der Rechtsprechung des BAG als zulässig eingestuft.[332]

220 Der Grundsatz der Verhältnismäßigkeit wirft die Frage auf, ob und unter welchen Voraussetzungen ein Streik in Medien- und Presseunternehmen zulässig ist. Hier ist zu berücksichtigen, dass regelmäßig nicht nur die bestreikten Unternehmen, sondern auch die Öffentlichkeit betroffen ist, wenn Zeitungen oder sonstige Presse- oder Medienter-

---

325 MünchHdbArbR/*Ricken* Band II, § 200 Rn. 28.
326 MünchHdbArbR/*Ricken* Band II, § 200 Rn. 29-30.
327 BAGE 123, 134; kritisch dazu *Rüthers* NZA 2010, 6,12.
328 Zu den Einzelheiten vgl. ErfK/*Dieterich* Art. 9 GG Rn. 114-117.
329 BAGE 123, 134; *Preis* § 116, 337.
330 *Preis* § 117, 341.
331 BAG AP Nr. 43 zu Art. 9 GG Arbeitskampf; *Otto*, Arbeitskampf- und Schlichtungsrecht, § 7 Rn. 11-14.
332 BAGE 28, 295; BAGE 46, 322.

I. Arbeitskampfrecht im Tendenzbetrieb

zeugnisse durch die streikbedingten Arbeitsniederlegungen zeitweise nicht erscheinen können und dadurch das **Meinungs- und Informationsangebot** reduziert wird.

Nach überwiegender Ansicht in Rechtsprechung und Literatur führen diese Aspekte **nicht** zur Unzulässigkeit eines Streiks in der Presse- und Medienlandschaft.[333] Die Öffentlichkeit muss im Interesse einer funktionierenden Tarifautonomie die zeitweise, durch den Streik bedingte Informationsverknappung hinnehmen.[334] Hieraus ergibt sich, dass beispielsweise der vom Streik betroffene Verleger von seinen Arbeitnehmern nicht verlangen kann, an einer **Notausgabe** mitzuwirken, um zumindest deren Herausgabe sicherzustellen.[335] **221**

Rechtswidrig wäre wohl ein Streik, der **sämtliche** Medien, also nicht nur die Presse, sondern auch Rundfunk und Fernsehen bzw. zumindest einen relevanten Teil dieser Medien lahmlegen würde.[336] Zudem muss auch ein Streik, der vordergründig auf die Durchsetzung tarifrechtlicher Ziele gerichtet ist, sich tatsächlich aber **gezielt gegen** die von einem bestimmten Unternehmen verfolgte **Tendenz** richtet, als unzulässig angesehen werden.[337] Würde man einen solchen erkennbar gegen die Tendenz eines bestimmten Unternehmens gerichteten Streik für zulässig erachten, wäre die Informations- und Meinungs- bzw. Pressefreiheit nachhaltig gefährdet. Denn es gehört gerade zum Wesen der Pressefreiheit, dass vielfältige und andersgeartete Meinungen vertreten werden.[338] **222**

Von besonderer Bedeutung im Druck- und Verlagsbereich ist die Rechtsprechung des BAG[339] zum **Unterstützungsstreik**. Ein solcher Unterstützungsstreik soll auch zulässig sein, wenn er von Arbeitnehmern bzw. Gewerkschaften außerhalb des Tarifgebietes des umkämpften Tarifvertrages geführt wird, die somit selbst nicht unmittelbar von dem Tarifabschluss profitieren.[340] Dabei soll es nach Ansicht des BAG sogar unerheblich sein, wenn die den Hauptarbeitskampf führende und die den Unterstützungsstreik ausrufende Gewerkschaft nicht identisch sind.[341] Berücksichtigt man diese Rechtsprechung des BAG, können zukünftig – wie in dem der Entscheidung vom 19.6.2007 zugrundeliegenden Fall – Arbeitnehmer eines **Druckereiunternehmens**, deren Arbeitgeber Mitglied im Arbeitgeberverband der Druckindustrie ist, aus Solidarität zugunsten von Redakteuren an Tageszeitungen streiken, die in einem anderen, **konzernzugehörigen** Unternehmen beschäftigt sind und in den Zuständigkeitsbereich eines anderen Tarifvertrages fallen. In ähnlicher Weise dürften vor diesem Hintergrund auch Unterstützungsstreiks von Zeitungszustellern zulässig sein, die den Tarifabschluss zugunsten der im gleichen Konzern beschäftigten Zeitungsredakteure und/oder Druckereibeschäftigten fördern sollen. **223**

Zukünftig ist daher, jedenfalls im Druck- und Verlagsbereich, noch häufiger mit einer streikbedingten Informationsverknappung zu rechnen. Denn in diesem Bereich ist die konzernmäßige und damit auch wirtschaftliche Verflechtung von Druckbetrieben bzw. Auslieferungsbetrieben mit dem Zeitungs- oder Zeitschriftenverlag besonders typisch. Gerade diese **wirtschaftliche Verflechtung** zweier Unternehmen kann nach Ansicht des BAG den Unterstützungsstreik verhältnismäßig und damit rechtmäßig machen.[342] **224**

---

333 BAGE 48, 195; Löffler/*Dörner* ArbR BT, Rn. 448; *Otto* § 9 Rn. 34–42; *Preis* § 118, 359.
334 BAGE 48, 195; Löffler/*Dörner* ArbR BT, Rn. 448.
335 Löffler/*Dörner* ArbR BT, Rn. 448; *Otto* § 9 Rn. 39.
336 So auch Löffler/*Dörner* ArbR BT, Rn. 449 und *Otto* § 9 Rn. 34–39, offen gelassen von BAGE 48, 195.
337 So auch BAGE 48, 195; Löffler/*Dörner* ArbR BT, Rn. 450.
338 So auch Löffler/*Dörner* ArbR BT, Rn. 450; *Preis* § 118, 359.
339 BAGE 123, 134.
340 BAGE 123, 134; kritisch hierzu *Otto* RdA 2010, 135, 143.
341 BAGE 123, 134.
342 BAGE 123, 134; ablehnend: Löffler/*Dörner* ArbR BT, Rn. 456–457.

225 Neben dem Unterstützungsstreik haben auch sog. **Teilstreiks**, insbesondere wenn sie als sog. **Wellenstreik** organisiert sind, empfindliche Auswirkungen auf die Produktionsabläufe in Unternehmen der Druck- und Verlagsbranche.[343]

226 Der Teilstreik ist durch Arbeitsniederlegungen gekennzeichnet, die sich auf **einzelne Abteilungen** eines Betriebes oder einzelne Betriebsteile beschränken. Bei sog. **Wellenstreiks** finden diese auf einzelne Abteilungen oder Betriebsteile beschränkten Arbeitsniederlegungen zusätzlich zu verschiedenen Zeiten statt und werden mit unterschiedlicher Dauer eingesetzt.[344]

227 Durch den Einsatz von Teil- und Wellenstreiks kann auch ein nur **kurzfristiger** (z.B. durch eine nur eine Stunde oder wenig länger andauernde Arbeitsniederlegung) und unangekündigter Streik zum Beispiel in der Druckerei oder Fertigstellungsproduktion eines Verlages dazu führen, dass eine Tageszeitung an einem bestimmten Tag nicht erscheinen kann, selbst wenn im Zeitpunkt des Redaktionsschlusses sämtliche Beiträge aus der Redaktion vorlagen. Aber auch nur geringe Verzögerungen im Produktionsablauf, die durch einen vorher nicht bekannten Wellenstreik ausgelöst werden, können Tageszeitungen wertlos machen, wenn sie bedingt durch diese Verzögerungen nicht mehr am vorgesehenen Erscheinungstag vertrieben werden können.[345]

228 Hinzu kommt, dass Arbeitgeber in Unternehmen, die tagesaktuelle Presseerzeugnisse herausgeben, bei Wellenstreiks nur eingeschränkte Reaktionsmöglichkeiten haben. Dies veranschaulichen **Beispiele**, in denen Arbeitgeber auf plötzliche Arbeitsniederlegungen während einer Nachtschicht reagieren mussten.[346] Da es hier besonders schwierig sein wird, kurzfristig Ersatzarbeitskräfte heranzuziehen, können die Gewerkschaften hier mit wenig Aufwand – und geringem Lohnausfall für die Streikenden – hohe Schäden durch Produktionsausfall verursachen.[347] Die zu Presseunternehmen ergangene Rechtsprechung erachtet es für zulässig, wenn der Arbeitgeber auf derartige Streikmaßnahmen mit einem Notprogramm reagiert, in dessen Rahmen er z.B. Ersatzarbeitskräfte[348] heranzieht oder Aufträge (kurzfristig) fremdvergibt und den zuvor streikenden Arbeitnehmern die Wiederaufnahme ihrer Arbeitstätigkeit verwehrt, falls diese ihre Arbeitsleistung überraschend wieder anbieten, inbesondere soweit sie sich vor der Arbeitsniederlegung dazu nicht eindeutig erklärt haben.[349] Das Lohnrisiko soll in diesen Fällen nach Ansicht des BAG nicht der Arbeitgeber, sondern der streikende Arbeitnehmer tragen.[350] Denkbar ist die Verbindung mit einer kurzfristigen **Betriebs(teil-)Stilllegung**, die zum Wegfall auch der Vergütungsansprüche der nicht organisierten Arbeitnehmer führt.[351]

III. Aussperrung

229 Das Pendant des arbeitnehmerseitigen Arbeitskampfmittels Streik auf Seiten des Arbeitgebers ist die Aussperrung. Diese wird definiert als planmäßige **Ausschließung mehre-**

---

343 So auch *Auktor*, Der Wellenstreik im System des Arbeitskampfrechts, S. 10.
344 *Kissel*, Arbeitskampfrecht, § 33 Rn. 77; *Otto* § 1 Rn. 11; weiterführend *Auktor* S. 5-13.
345 *Auktor* S. 10.
346 BAGE 84, 302.
347 *Kissel* § 33 Rn. 79-80.
348 Mitbestimmungsrechte (§ 99 BetrVG – Einstellung, Versetzung -, § 87 Abs. 1 Nr. 3 BetrVG -Überstunden Arbeitswilliger) werden – wie immer im Arbeitskampf – auf Unterrichtungsrechte reduziert.
349 Zum ungewissen Streikende *Auktor* S. 161 ff.
350 BAGE 84, 302; HWK/*Hergenröder* Art. 9 GG Rn. 217.
351 BAGE 84, 302; *Auktor* S. 97 f., 157 ff.

rer **Arbeitnehmer** von der Beschäftigung und Lohnzahlung durch einen oder mehrerer Arbeitgeber zum Erreichen bestimmter Ziele.[352]

Indem der Arbeitgeber den Arbeitnehmern im Wege der Aussperrung die Arbeitsaufnahme und Lohnzahlung versagt, soll Druck ausgeübt werden auf die betroffenen Arbeitnehmer und die hinter ihnen stehende Gewerkschaft, um so die Interessen des Arbeitgebers bei den Tarifverhandlungen durchzusetzen.[353] 230

Die Aussperrung ist allgemein als zulässiges Kampfmittel der Arbeitgeberseite anerkannt und tritt – ähnlich wie der Streik – ebenfalls in verschiedenen Formen auf. Zu nennen sind hier z.B. die **Angriffsaussperrung**, bei der die Arbeitgeberseite als Erste den Arbeitskampf aufnimmt, oder die praktisch bedeutsamere **Abwehraussperrung**, bei der die Arbeitgeber auf die streikbedingte Arbeitsniederlegung durch die Arbeitnehmer reagieren.[354] 231

Wie der Streik ist auch die Aussperrung nur innerhalb von der Rechtsprechung näher entwickelter **Grenzen** zulässig. Besonders relevant ist der Grundsatz der **Verhältnismäßigkeit**. So muss die Aussperrung, die als Reaktion auf einen Streik erfolgt, geeignet, erforderlich und angemessen, also im engeren Sinne verhältnismäßig sein, um die notwendige Verhandlungsparität zu wahren.[355] Bei der Bewertung, ob und in welchem Umfang eine Aussperrung noch zur Sicherung des Verhandlungsgleichgewichtes dient oder eine übermäßige Reaktion des Arbeitgebers und daher rechtswidrig ist, ist insbesondere die Menge der streikenden und ausgesperrten Arbeitnehmer sowie das Verhältnis dieser Gruppen zueinander ein wichtiger Maßstab.[356] 232

Diese Grundsätze gelten **auch** in den tendenzgeschützten Unternehmen der Berichterstattung und Meinungsäußerung. Allerdings können zur Bewertung, ob eine Aussperrung noch verhältnismäßig war, wegen der nach Ansicht der Rechtsprechung gebotenen **Einzelfallbetrachtung** auch die besonderen Umstände in Presse- und Medienunternehmen Berücksichtigung finden.[357] So kann es beispielsweise zulässig sein, wenn ein Arbeitgeber auf einen nur kurz andauernden Wellenstreik in einer Druckerei oder einem Teil einer Druckerei mit einer Aussperrung reagiert, die sich auf die gesamte Schicht des jeweiligen Tages in der gesamten Druckerei bezieht, wenn und soweit dies notwendig ist, um den rechtzeitigen Druck einer Tageszeitung zu sichern. Dabei spielen auch Aspekte der **Kampfparität** eine Rolle. 233

IV. Andere und moderne Arbeitskampfformen

Neben den klassischen Arbeitskampfmitteln des Streiks und der Aussperrung existieren andere sowie moderne Arbeitskampfformen, die sich als wirksame Arbeitskampfmittel gezeigt haben und auch in Tendenzbetrieben auftreten können. 234

1. Boykott

Als **Boykott** wird die von Arbeitgeber- oder Arbeitnehmerseite durchgeführte planmäßige Absperrung des Gegners vom geschäftlichen Verkehr zur Erreichung eines gemein- 235

---

[352] BAG AP Nr. 1 zu Art. 9 GG Arbeitskampf; *Preis* § 113, 309.
[353] *Kissel* § 14 Rn. 26.
[354] *Preis* § 113, 309. Dazu *Greiner* NJW 2010, 2977 ff.
[355] BAG AP Nr. 84 zu Art. 9 GG Arbeitskampf.
[356] BAG NJW 1980, 1642; AP Nr. 84 zu Art. 9 GG Arbeitskampf.; zur Kritik der Lit. an der Quotenregelung des BAG: *Auktor* S. 145-148 m.w.N.
[357] So auch Löffler/*Dörner* ArbR BT Rn. 458.

samen Zieles verstanden.[358] Der Boykott ist wie der Streik oder die Aussperrung ein klassisches Kampfmittel der Arbeitsvertragsparteien.[359] Der Boykott auf Arbeitnehmer bzw. Gewerkschaftsseite ist häufig damit verbunden, dass dazu aufgerufen wird, von einem bestimmten Arbeitgeber keine Waren zu beziehen oder mit ihm überhaupt keine Verträge des allgemeinen Geschäftsverkehrs abzuschließen bzw. bestehende geschäftliche Beziehungen einzuschränken oder gar abzubrechen.[360] Durch die angestrebte Behinderung der gesamten wirtschaftlichen oder beruflichen Betätigung des Tarifgegners versuchen die Gewerkschaften, den Arbeitgeber unter Druck zu setzen, damit er auf die Forderungen der Arbeitnehmerseite eingeht.[361] Als Arbeitgeberboykott ist z.B. die Aufforderung anzusehen, missliebige Personen nicht einzustellen, sog. Einstellungsboykott.[362]

236 Kennzeichnend für den Boykott ist, dass zur Erreichung der angestrebten Ziele der Arbeitgeberseite bzw. der Arbeitnehmerseite gezielt auf Dritte Einfluss genommen wird.[363]

237 In Unternehmen der Berichterstattung und Meinungsäußerung kann ein gezielter Boykott erheblichen Druck erzeugen. Dies lässt sich jedenfalls dann feststellen, wenn es durch den gezielten Boykott z.B. eines bestimmten Druckerzeugnisses zu spürbaren Absatzproblemen kommt. Sofern hier die zum Boykott aufrufende Kampfpartei die allgemeine Arbeitskampfregeln beachtet und nicht umgekehrt von einem zweckwidrigen oder rücksichtslosen Verhalten auszugehen ist, müssen derartige Boykottaufforderungen grundsätzlich als zulässig angesehen werden.[364]

238 **Rechtswidrig** wird ein Boykottaufruf dagegen dann, wenn er **Dritte** gezielt zum **Vertragsbruch** auffordert, etwa zur Nichtabnahme bestimmter bereits bestellter Presseerzeugnisse trotz bestehender vertraglicher Verpflichtungen. Auch Betriebsblockaden, die die Auslieferung von trotz Streiks gefertigter Presseprodukte verhindern sollen, sind unzulässig.[365]

2. Flashmob-Aktionen

239 Eine neue Form des Arbeitskampfes stellen sog. **Flashmob-Aktionen** dar, bei denen sich **Arbeitnehmer** und betriebsfremde **Dritte** infolge eines Aufrufs durch die Gewerkschaft kurzfristig und überraschend in einem öffentlich zugänglichen Betrieb zusammenfinden und dort durch gezielte Aktionen eine Störung betrieblicher Abläufe hervorrufen. Ziel ist, zur Durchsetzung tariflicher Ziele Druck auf die Arbeitgeberseite auszuüben.[366]

240 Nach einer Entscheidung des BAG vom 22.9.2009 ist diese Form des Arbeitskampfes nicht **generell** unzulässig, auch wenn der »Flashmob« kein be- bzw. anerkanntes Arbeitskampfmittel ist und anstelle einer passiven Arbeitsniederlegung nur durch betriebsangehörige Arbeitnehmer eine aktive Störung betrieblicher Abläufe auch unter Beteiligung betriebsfremder Dritter erfolgt.[367] Gewerkschaften stehe es zu, ihre Kampfmittel an **gewandelte Umstände** anzupassen. Aktionsformen wie der Flashmob unterfielen der

---

358 *Preis* § 113, 310.
359 *Kissel* § 14 Rn. 24.
360 *Kissel* § 14 Rn. 24.
361 *Kissel* § 61 Rn. 122.
362 *Preis* § 113, 310.
363 *Otto* § 11 Rn. 25.
364 So auch *Otto* § 11 Rn. 30.
365 *Löffler/Dörner* ArbR BT Rn. 451.
366 Zum arbeitskampfrechtlichen Begriff Flashmob-Aktion BAG NJW 2010, 631.
367 BAG NJW 2010, 631; krit. *Greiner* NJW 2010, 2977 ff.

I. Arbeitskampfrecht im Tendenzbetrieb

grundrechtlich geschützten Betätigungsfreiheit, denn sie dienten der Verfolgung tariflicher Ziele und stellten eine koalitionsspezifische Betätigung der Gewerkschaft dar.[368]

Streikbegleitende, von einer Gewerkschaft getragene Flashmob-Aktionen, bei denen die betroffenen Arbeitgeber aufgrund der ihnen bekannten Umstände die Art des Kampfmittels und die dafür verantwortliche Gewerkschaft erkennen können, stehen den Gewerkschaften daher als Kampfmittel zur Verfügung.[369] 241

Es ist nicht auszuschließen, dass diese Rechtsprechung des BAG, die in der Literatur scharfe **Kritik** erfahren hat,[370] auch Folgen für die »Arbeitskampfkultur« in Medien- und Presseunternehmen haben wird. 242

Zwar bezieht sich das Urteil auf Flashmob-Aktionen im **Einzelhandel**, bei denen viele Menschen koordiniert zur gleichen Zeit Artikel von geringem Wert eingekauft hatten, um so für längere Zeit den Kassenbereich zu blockieren, bzw. bei denen viele Menschen zur gleichen Zeit ihre Einkaufswagen befüllt hatten, um diese dann an der Kasse oder anderswo in den Filialräumen stehen zu lassen. Da das Urteil die grundsätzliche Anerkennung des »Flashmobs« als Arbeitskampfmittel der Arbeitnehmerseite erkennen lässt, sind Flashmob-Aktionen in Fernsehstudios während laufender Sendungen oder im Rahmen von Theateraufführungen, Konzerten, Lesungen oder anlässlich der Auslieferung von Presseerzeugnissen denkbar. 243

Die Rechtmäßigkeit einer Flashmobs-Aktion in Medien- und Presseunternehmen wird unter Berücksichtigung der grundrechtlich geschützten **Pressefreiheit** schon vom Ausgangspunkt anders bewertet werden müssen als im Einzelhandel. 244

Zudem muss die Frage der **Verhältnismäßigkeit** des Flashmobs durch die Gerichte geklärt werden. Anders als im Einzelhandel, in dem der Arbeitgeber – nach Ansicht des BAG[371] – mit der vorübergehenden Betriebsschließung bzw. mit der Erteilung von Hausverboten effektive Abwehrmöglichkeiten gegenüber einer Flashmob-Aktion haben soll, dürften im Medien- und Pressebereich diese **Abwehrmöglichkeiten** de facto ausgeschlossen sein. Dies gilt jedenfalls für Flashmob-Aktionen während laufender Sendungen bzw. Theateraufführungen. Hier wird der Abbruch der Sendung bzw. des Theaterstücks verbunden mit der Erteilung von Hausverboten oder einer vorübergehenden Betriebsschließung angesichts der negativen Außenwirkung auf Zuschauer und Publikum wohl kein Mittel für den Arbeitgeber sein, um Flashmob-Aktionen »Herr zu werden«. 245

Im Presse- und Medienbereich sollten Arbeitgeber daher verstärkt auf das Mittel der **Zugangs- und Einlasskontrolle** setzen und unter Berufung auf ihr Hausrecht und den Besitzschutz nur denjenigen Zutritt zum Betrieb bzw. zum Fernsehstudio oder Theater gewähren, die sich dort »bestimmungsgemäß« aufhalten. Teilnehmer einer Flashmob-Aktion können bereits im Eingangsbereich mit einem (vorbeugenden) **Hausverbot** belegt werden.[372] Zudem kann der Arbeitgeber gegen die **Besitzstörung** (§ 858 Abs. 1 BGB) mittels **Besitzwehr** nach § 859 Abs. 1 BGB vorgehen.[373] 246

Denkbar sind schließlich Klagen aus Besitzstörung (§§ 862, 1004 BGB) und **einstweilige Verfügungsanträge** – gerichtet auf Unterlassung und Beseitigung der Störung – mit 247

---

368 BAG NJW 2010, 631.
369 BAG NJW 2010, 631.
370 Vgl. *Krieger/Günther* NZA 2010, 20; *Otto* RdA 2010, 135; *Rieble* NZA 2008, 796.
371 BAG NJW 2010, 631; krit. zur Methode *Rüthers/Höpfner* JZ 2010, 261.
372 Ähnlich *Krieger/Günther* NZA 2010, 20, 23 für den Einzelhandel, die auf die Schwierigkeit hinweisen, die Teilnehmer einer Flashmob-Aktion bereits im Eingangsbereich zu identifizieren bzw. zu bestimmen, was hinreichendes Indiz für eine zu erwartende Störung des Betriebsablaufes sein soll. Die Praxistauglichkeit dieser Abwehrmaßnahmen ist somit zweifelhaft.
373 *Löwisch* NZA 2010, 209, 210 m.w.N.; krit. *Greiner* NJW 2010, 2977, 2978.

derselben Anspruchsgrundlage gegen die den Streik führende **Gewerkschaft** und streikbeteiligte **Arbeitnehmer**. Bezüglich der streikbeteiligten Gewerkschaft und streikbeteiligter Arbeitnehmer ist hinsichtlich des auf den Eingriff in den Gewerbebetrieb gerichteten Anspruchs der Rechtsweg zu den Arbeitgerichten gegeben. Die **ordentlichen** Gerichte sind für auf Eigentums- und Besitzstörung[374] gestützte Ansprüche zuständig.[375] Das **zuerst** angerufene Gericht hat nach § 17 Abs. 2 Satz 1 GVG den Rechtstreit unter allen rechtlichen Gesichtspunkten zu entscheiden. Für Ansprüche gegen an Flashmob-Aktionen beteiligte **Dritte** sind die ordentlichen Gerichte zuständig. Der **Gerichtsstand** ergibt sich aus § 32 ZPO (Gerichtsstand der unerlaubten Handlung bei den auf Eingriff in den Gewerbebetrieb gestützten Ansprüchen) sowie aus dem allgemeinen Gerichtsstand (§§ 16, 17 ZPO). Der Gerichtsstand der **belegenen Sache** (§ 24 ZPO) ist für die auf Eigentums- und Besitzstörung gerichteten Ansprüche zuständig.[376] Dieser Gerichtsstand wird sich in der Praxis durchsetzen.

---

374 Im Einzelnen *Löwisch* NZA 2010, 209 ff.
375 Ausführlich *Löwisch/Beck* NZA 2010, 857, 860 m.w.N.
376 *Löwisch/Beck* NZA 2010, 857, 859 f. m.w.N.

Kapitel 15
Künstlersozialversicherungsrecht

Übersicht
Rdn.

A. Entstehungsgeschichte und Systematik des Gesetzes 1
B. Die Praxis des Künstlersozialversicherungsgesetzes 39
I. Die Versicherungspflichtigen 39
   1. Künstlerische und publizistische Tätigkeit als elementare Versicherungsvoraussetzung – der Kunst- und Publizistikbegriff des KSVG 39
   2. Rechtsprechung der Sozialgerichtsbarkeit und Verwaltungspraxis der KSK 41
   3. Einzelne Berufsgruppen 47
      a) Kunsthandwerk 47
      b) Design 52
      c) Lichtdesign 57
      d) Tanzdisziplinen 59
      e) Werbung 62
         aa) Werbefotograf 63
         bb) Visagist 67
         cc) Webdesigner 69
      f) Publizistik 71
         aa) Wissenschaftlicher Autor/Mischtätigkeiten 75
         bb) Übersetzer/Dolmetscher 80
         cc) Trauerredner 84
         dd) Fachmann für Öffentlichkeitsarbeit oder Werbung 87
      g) Unterhaltungskunst 88
      h) DJ 91
      i) Tontechniker/Toningenieur 92
      j) GmbH-Gesellschafter-Geschäftsführer 94
      k) Lehre von Kunst 98
   4. Weitere Versicherungsvoraussetzungen 103
      a) Selbständigkeit 103
      b) Erwerbsmäßigkeit 109
      c) nicht nur vorübergehende Tätigkeitsausübung 112
      d) Beschäftigung maximal eines Arbeitnehmers 114
      e) Überschreiten der Geringfügigkeitsgrenze/Begriff Arbeitseinkommen/Berufsanfänger ... 115
   5. Besondere Sachverhalte (Rentenversicherung, Kranken- und Pflegeversicherung, Tätigkeit im Ausland, Nebenjob, Gründungszuschuss, Mutterschaft, ALG) 128
      a) Versicherungsfreiheit in der gesetzlichen Rentenversicherung, § 4 KSVG ... 128
      b) Versicherungsfreiheit in der Kranken- und Pflegeversicherung, § 5 KSVG ... 130
      c) Befreiung von der Krankenversicherungspflicht auf Antrag, § 6 KSVG 137
      d) Beginn der Versicherungspflicht, §§ 8, 11 KSVG 139
      e) Tätigkeit im Ausland 140
      f) Gründungszuschuss 142
      g) Mutterschaft 143
      h) Sonstiges 144
II. Die Künstlersozialabgabe 147
   1. Wer muss die Künstlersozialabgabe entrichten? 147
   2. Welche Zahlungen unterliegen der Abgabepflicht? 160
   3. Wie wird die KSA berechnet? 166
   4. Verfahren zur Erhebung der KSA 170
      a) Meldepflichten 170
      b) Schätzung der Abgabe 176
      c) Überprüfung der Unternehmen 179
      d) Onlineverfahren für Jahresmeldung 180
   5. Aufzeichnungspflichten 182
   6. Säumniszuschläge 187
   7. Verjährungsfristen 188

15. Kapitel Künstlersozialversicherungsrecht

	Rdn.
8. Sonstiges	189
a) Darf die Künstlersozialabgabe dem Künstler oder Publizisten in Rechnung gestellt werden?	189
b) Ratenzahlung, Stundung	190
c) Müssen auch Auftraggeber aus dem Ausland Abgaben zahlen?	192
d) Wer ist zuständig – DRV oder KSK?	193
III. Ausgleichsvereinigungen, § 32 KSVG	196

A. Entstehungsgeschichte und Systematik des Gesetzes

1 In Deutschland müssen Selbständige ihre soziale Absicherung grundsätzlich eigenständig finanzieren. Dahinter steht die Vorstellung, dass Selbstständige nicht des kollektiven Schutzes der Solidargemeinschaft bedürfen und selbst Vorsorge treffen können. Eine Vorstellung, die in einer Zeit geprägt wurde, als hauptsächlich Angehörige Freier Berufe wie beispielsweise Ärzte, Apotheker, Anwälte, Architekten sowie Landwirte und Handwerker freiberuflich tätig waren.

2 Eine Ausnahme bildet hier allerdings die Gruppe der freiberuflichen Künstler und Publizisten.

3 Künstler und Publizisten sind zwar selbstständig, hinsichtlich ihres Einkommens waren und sind sie mit anderen Selbständigen jedoch nicht zu vergleichen.

4 Eine Anfang der 70er-Jahre durchgeführte Umfrage des SPIEGEL-Institutes bei fast 1700 hauptberuflich oder nebenher freischaffenden Worturhebern, die sich als Dichter, Belletristen, Publizisten, Übersetzer, Realisatoren oder einfach als Autoren bezeichneten, hatte unter anderem ergeben, dass der Missstand der Freien Autoren vor allem in ihrer sozialen Unsicherheit bestand. Deshalb mussten sie – im Gegensatz zu den oben genannten weiteren Freiberuflern – auch im Alter weiterarbeiten, da sie kein Unternehmen besaßen, dass sie veräußern und danach von einer Leibrente weiter leben konnten.

5 Die Gelegenheit, sich im Lauf des beruflichen Lebens Ansprüche auf eine Altersrente zu erwerben, hatten nur wenige der älteren Freien Autoren. Meistens waren sie nicht lange genug als Arbeiter oder Angestellte tätig, als dass sie eine nennenswerte Rente erwarten konnten. Durch eigene Zahlungen die früher erworbenen Rentenansprüche aufzustocken, war den wenigsten Autoren möglich, weil sie dann auch den einst vom Arbeitgeber gezahlten Anteil (50 % des Beitrags) selber hätten aufbringen müssen.

6 Rund ein Viertel der 30- bis 60jährigen gab bei der Befragung an, keinerlei Altersversicherung abgeschlossen zu haben, 17 % vertrauten darauf, durch den Ehepartner »für das Alter abgesichert« zu sein. 12 % hatten bereits früher Rentenansprüche erworben und bauten sie durch Weiterzahlen aus. Nur 44 % der über 60jährigen (und 52 % der über 70jährigen) Freien Autoren bezogen Renten oder Pensionen, oft freilich nur als eine Art Grundsubvention, die sie nicht vom Schreibzwang befreite, sondern nur vor größter Not schützte: noch 62 % der 60- bis 70jährigen waren auf die Autorentätigkeit als ihre Haupteinnahmequelle angewiesen.

7 In der Krankenversicherung gab es ähnliche Probleme. Insbesondere durch die ständig wechselnde Auftragslage war es vielen Freien Autoren nicht möglich, über größere Zeiträume hinweg genug Kapital zu erwirtschaften, um sich dauerhaft abzusichern.

8 Verschiedene Versorgungswerke wurden angedacht oder ins Leben gerufen, bei denen beispielsweise sowohl der Verlag als auch der Autor je 10 % des Honorars einzahlen sollten, um die Altersvorsorgebeiträge sicherzustellen.

A. Entstehungsgeschichte und Systematik des Gesetzes

Nachteil solch einzelner Versorgungswerke war jedoch, dass die berufliche Mobilität der Autoren nicht berücksichtigt wurde, da die Versorgungswerke jeweils nur ein Medium wie Buch, Presse oder Sendeanstalten abdeckten. **9**

Gegen eine Erweiterung des Tarifvertragsgesetzes, wodurch es auch für arbeitnehmerähnliche Personen Gültigkeit erlangen sollte, hatten viele Rundfunkanstalten und Zeitungsverleger sofort eine breite Opposition angekündigt, da sie sich an der sozialen Absicherung der Autoren nicht beteiligen wollten. **10**

Anfang der 1970er Jahre (1972 bis 1974) gab es ein umfassendes und bis dato das umfangreichste Forschungsprojekt über die Arbeitsmärkte von Künstlern und Publizisten, den so genannten Künstlerreport. In Auftrag gegeben wurde dieser vom Bundesministerium für Arbeit und Sozialordnung. Das Ergebnis des Autorenreports von Karla Fohrbeck und Andreas Wiesand und des Künstlerreports bildete die Grundlage für den Künstlerbericht der Bundesregierung vom 13.1.1975. Das Ergebnis war verheerend. Ebenso wie bei den Publizisten stellte sich heraus, dass auch die Mehrzahl der Künstler ein so geringes Einkommen hatte, dass sie keine soziale Absicherung hatten. Die umfassenden quantitativen und qualitativen Erhebungen förderten zu Tage, dass die meisten Künstler nicht krankenversichert waren. Im Krankheitsfall musste das Sozialamt einspringen. Manchmal fanden sich auch Ärzte, die gegen Sachleistungen wie Bilder oder Skulpturen Künstler behandelten. Ebenso wenig wie eine Krankenversicherung möglich war, konnte für das Alter vorgesorgt werden. Dies führt bei vielen Künstlern zur Altersarmut. **11**

Im Jahre 1976 beschloss die sozialliberale Bundesregierung auf Grund dieses Berichts, Maßnahmen zur Verbesserung der beruflichen und sozialen Lage von Künstlern und Publizisten zu ergreifen und legte den ersten Entwurf eines Künstlersozialversicherungsgesetzes (KSVG) vor. Nach diesem Gesetz sollten Künstler und Publizisten erstmalig in der gesetzlichen Kranken- und Rentenversicherung pflichtversichert werden. Sie selbst sollten für den Arbeitnehmeranteil der Beiträge aufkommen, die Vermarkter (Verwerter) künstlerischer oder publizistischer Leistungen für den Arbeitgeberanteil. Der Gesetzgeber hat in der Beziehung zwischen Künstlern und Verwertern ein Abhängigkeitsverhältnis angenommen, welches dem Verhältnis zwischen Arbeitnehmern und Arbeitgebern ähnlich sei: trotz ihrer rechtlichen Selbständigkeit seien viele freie Künstler auf den Absatz durch die Vermarkter angewiesen. **12**

Gegen dieses Gesetzesvorhaben leisteten die Vermarkter erheblichen Widerstand. Vom Bundesrat wurde das Gesetz abgelehnt. **13**

Im Jahr 1979 wurde der zweite Entwurf eines Künstlersozialversicherungsgesetzes vorgelegt, in dem neben dem Verwerteranteil auch ein Bundeszuschuss zur Aufbringung des Arbeitgeberanteils vorgesehen war, da ein Teil der Künstler und Publizisten keine Vermarkter einschalten, um ihre Werke und Leistungen zu veräußern. **14**

Auch diesem Entwurf wurden Bedenken durch den Bundesrat entgegengebracht, weshalb der Entwurf abermals überarbeitet wurde. So wurde eine Absenkung des Jahresmindesteinkommens eingearbeitet, wenn Krankengeld oder Mutterschaftsgeld geleistet werden muss. In den dritten Entwurf wurde die Gründung einer Künstlersozialkasse (KSK) aufgenommen, die die halben Beiträge der Künstler zur Kranken- und Rentenversicherung einziehen und diese Beiträge – aufgestockt um den Arbeitgeberanteil – an den jeweiligen Versicherungsträger weitergeben sollte. Den Arbeitgeberanteil sollte die Künstlersozialkasse zum einen aus dem Bundeszuschuss, zum anderen aus der Künstlersozialabgabe (KSA) beziehen. Die Künstlersozialabgabe sollte von den Vermarktern künstlerischer und publizistischer Leistungen im Wege einer Umlagefinanzierung erbracht werden, wonach die **15**

Vermarkter auf jedes an Künstler oder Publizisten gezahlten Honorars einen jährlich festzulegenden Prozentsatz an die Künstlersozialkasse zahlen sollten.

16 Der Anspruch auf Zustimmungspflichtigkeit des Bundesrates wurde im dritten Entwurf abgelehnt.

17 Nach der Bundestagswahl im Jahr 1980 wurde ein dem dritten Entwurf des Künstlersozialversicherungsgesetzes entsprechender Gesetzesentwurf in das Parlament eingebracht. Dieses Gesetz wurde 1981 nach ausgiebigen Ausschussberatungen und Anhörungen verabschiedet. Der Bundesrat stimmte dem Gesetz nicht zu. Dessen ungeachtet trat das Künstlersozialversicherungsgesetz am 1.1.1983 in Kraft. Abgabepflichtig waren in erster Linie die Unternehmen der Kulturwirtschaft sowie Kultureinrichtungen. Mit dem Gesetz wurde eine Lücke im sozialen Sicherungssystem geschlossen.

18 Wie bereits angekündigt, klagten verschiedene Verlage, Tonträgerhersteller, Konzertdirektionen und Kunstgalerien gegen das Gesetz vor dem Bundesverfassungsgericht. Insbesondere hielten sie das Gesetz für verfassungswidrig, da der Kreis der Abgabepflichtigen willkürlich eingegrenzt worden sei. Die unterstellte enge Bindung von Vermarktern sowie Künstlern und Publizisten liege in dieser Form zudem nicht vor. Darüber hinaus sei der Bundeszuschuss für die sich selbst vermarktenden Künstler und Publizisten mit 17 % viel zu niedrig angesetzt.

19 Mit seinem Beschluss vom 8.4.1987[1] hat das BVerfG jedoch festgestellt, dass das KSVG verfassungskonform ist. Insbesondere ist die Zahlungspflicht der Vermarkter künstlerischer und publizistischer Leistungen mit den Grundrechten aus Art. 12 Abs. 1, 14, 2 Abs. 1 und 3 Abs. 1 GG vereinbar. Das BVerfG prägte dafür die Formel, dass ein »symbiotisches Verhältnis« zwischen Künstlern und Vermarktern besteht und die Vermarkter sich daher an der sozialen Sicherung der Künstler und Publizisten beteiligen müssen. Die Künstlersozialabgabe findet ihre Rechtfertigung »in dem besonderen kulturgeschichtlich gewachsenen Verhältnis« zwischen Künstler/Publizist und Vermarkter. So ist beispielsweise ein Verlag auf die Texte des Autoren angewiesen und ein Galerist auf die Bilder des Malers. Wenn die Verwerter aber finanziell von der Vermarktung künstlerischer bzw. publizistischer Leistungen und Werke profitieren, müssen sie sich auch an der sozialen Absicherung beteiligen.

20 So führt das BVerfG aus:

»Der Zweck der den Vermarktern (§ 24 KSVG) auferlegten Künstlersozialabgabe besteht gemäß § 10 KSVG darin, zusammen mit dem Zuschuss des Bundes (§ 34 KSVG) eine Hälfte der für die Versicherung der selbständigen Künstler und Publizisten benötigten Mittel aufzubringen, während die Versicherten selbst durch ihre Beiträge die andere Hälfte dieser Mittel bestreiten müssen; das Volumen der Künstlersozialabgabe richtet sich dementsprechend nach dem Bedarf der Künstlersozialkasse (§ 26 Abs. 1 KSVG). Dieser Zweck ist als solcher nicht willkürlich, stellt sich vielmehr als vertretbare Erwägung des Gemeinwohls dar, da zwischen selbständigen Künstlern und Publizisten und ihren Vermarktern in der Lebenswirklichkeit typischerweise ein integrierter Arbeitszusammenhang und auch eine Verantwortlichkeitsbeziehung besteht.

Die Belastung der in § 24 genannten Vermarkter mit der für ihre Erhebung als Umlage ausgestalteten Künstlersozialabgabe ist geeignet, den genannten Zweck zu erreichen. Sie ist auch erforderlich, damit die zur Finanzierung der Beitragshälfte unter Berücksichtigung des Bundeszuschusses benötigten Mittel erbracht werden.«

21 Gemäß § 25 KSVG sind Bemessungsgröße für die Künstlersozialabgabe die Entgelte für künstlerische oder publizistische Werke oder Leistungen, die ein nach § 24 Abs. 1 oder 2 KSVG zur Abgabe Verpflichteter im Rahmen der dort aufgeführten Tätigkeit im Laufe

---

[1] Beschl. des Zweiten Senats vom 8.4.1987, 2 BvR 909, 934, 935, 936, 938, 941, 942, 947/82, 64/83 und 142/84.

A. Entstehungsgeschichte und Systematik des Gesetzes

eines Kalenderjahres an **selbständige** Künstler oder Publizisten zahlt, auch wenn diese selbst nach dem KSVG **nicht versicherungspflichtig** sind.

Auch hiergegen hatten sich die Verwerter gewandt. Das BVerfG entschied allerdings, dass dies keine unangemessene Benachteiligung der Verwerter darstellt. 22

Das BVerfG legt dazu dar: 23

»Diese Ausgestaltung der Erhebung der Künstlersozialabgabe ist erforderlich, um Wettbewerbsverzerrungen zu vermeiden und den Abgabesatz möglichst gering zu halten. Würden nur die an versicherungspflichtige Künstler und Publizisten gezahlten Entgelte mit der Abgabe belastet, erwüchsen denjenigen Vermarktern, die verstärkt Werke oder Leistungen solcher Künstler und Publizisten abnähmen, erhebliche zusätzliche Kosten, die bei den Vermarktern nicht versicherungspflichtiger Künstler und Publizisten nicht anfielen. Diese unterschiedliche Kostenbelastung würde zu unterschiedlichen Absatzchancen führen, deren Grund in der Belastung mit der Künstlersozialabgabe läge. Wie ein Vergleich mit der Höhe der Arbeitgeberanteile zur Finanzierung der Sozialversicherung ihrer Arbeitnehmer zudem ergibt, würde ein Abgehen von diesem Umlageprinzip für die Erhebung der Künstlersozialabgabe dazu führen, dass der Vomhundertsatz der Abgabe – bezogen allein auf die Entgelte an versicherungspflichtige Künstler und Publizisten – deutlich höher ausfallen müsste.«

Es ist von großer Bedeutung, dass auch tatsächlich alle Unternehmen, die mit selbstständigen Künstlern und Publizisten zusammenarbeiten, sich an diesem Solidarsystem beteiligen. Nur dadurch ist es möglich, diese wesentliche Form der Unterstützung selbstständiger Künstler und Publizisten aufrecht zu erhalten und zu gewährleistet, dass die Künstlersozialabgabe für das einzelne Unternehmen in einem vertretbaren Rahmen bleibt. 24

Bedenken äußerte das BVerfG jedoch im Hinblick auf den Kreis der Abgabepflichtigen. Der Gesetzgeber erhielt den Auftrag, zu prüfen, ob die Eigenwerbung treibende Wirtschaft in den Kreis der Abgabepflichtigen einbezogen werden müsse, soweit sie als ihre eigene Werbeagentur tätig wird und künstlerische bzw. publizistische Arbeit hierfür professionell vermarktet. 25

Mit der Novellierung des KSVG im Jahr 1987 wurde diese Erweiterung des Kreises der Abgabepflichtigen vorgenommen. Nunmehr sind auch Unternehmen, die Eigenwerbung betreiben und dafür Aufträge an selbstständige Künstler und Publizisten vergeben, abgabepflichtig, sowie – seit 1989 – auch Unternehmen, die mehr als gelegentlich künstlerische oder publizistische Leistungen in Anspruch nehmen. Damit wird der Kreis der Abgabepflichtigen auf alle Unternehmen erweitert, die regelmäßig mit selbstständigen Künstlern und Publizisten zusammenarbeiten. 26

Einen weiteren Vorbehalt äußerte das BVerfG auch im Hinblick auf die Höhe des Bundeszuschusses. Zwar habe der Gesetzgeber zuerst Erfahrung sammeln müssen, wie viele Selbstvermarkter es unter den Künstlern und Publizisten gebe. Diese Erfahrungen müsse der Gesetzgeber aber zukünftig bei der Festsetzung des Bundeszuschusses berücksichtigen. 27

In dem »Gesetz zur Sicherung der Künstlersozialversicherung« von 1987 wurde der Bundeszuschuss daher von 17 % auf 25 % erhöht. Der Abgabesatz für die Verwerter wurde zunächst auf 5 % festgelegt. Seither wird der Abgabesatz jährlich unter Beteiligung der betroffenen Verbände auf dem Verordnungswege vom Bundesminister für Arbeit und Soziales im Einvernehmen mit dem Bundesministerium der Finanzen festgelegt. 28

Verwerter künstlerischer und publizistischer Leistungen werden folglich seit der Einführung des KSVG in jedem Fall an der sozialen Absicherung von Künstlern und Publizisten beteiligt – entweder als Arbeitgeber, indem sie den Arbeitgeberanteil der Sozialversicherungsbeiträge an die Krankenkassen als Einzugsstelle abführen, oder als Auftraggeber, indem sie auf das Honorar der selbständigen Künstler und Publizisten die Künstlersozialabgabe an die Künstlersozialkasse leisten. 29

In dem »Gesetz zur Änderung des Künstlersozialversicherungsgesetzes« von 1988 sollte der Verwaltungsaufwand für die KSK gesenkt werden. Daher wurde der Einzug der Ver- 30

15. Kapitel   Künstlersozialversicherungsrecht

sichertenbeiträge dem allgemeinen Beitragseinzugsverfahren der Sozialversicherungsträger angepasst. Nunmehr wurde nicht mehr rückwirkend nach dem tatsächlich erzielten Jahresarbeitseinkommen eines Versicherten abgerechnet, sondern auf Basis einer Einkommensschätzung durch den Versicherten für das folgende Kalenderjahr (§ 12 KSVG). Der Beitrag bleibt daher für das Versicherungsjahr grundsätzlich stabil, kann aber auf Antrag des Versicherten im laufenden Kalenderjahr korrigiert werden, wenn sich die Schätzung als nicht realitätsgerecht herausstellt (§ 12 Abs. 3 KSVG).

31   Sechs weitere Jahre wurde die Entwicklung des KSVG beobachtet, bevor 1994 die »Verordnung über die Überwachung der Entrichtung der Beitragsanteile und der Künstlersozialabgabe nach dem KSVG« (KSVGBeitrÜV) vom Bundesministerium für Arbeit und Sozialordnung erlassen wurde. Ein wesentliches Ziel der Beitragsüberwachungsverordnung war es, dass tatsächlich möglichst alle zur Künstlersozialabgabe verpflichteten Unternehmen ihrer sozialversicherungsrechtlichen Pflicht nachkommen. Bei den Versicherten sollte geprüft werden, ob die Versicherung nach wie vor zu Recht besteht und ob die Einkommensschätzungen den tatsächlichen Einkommen entsprechen.

32   Mit dem »Haushaltssanierungsgesetz« im Jahr 1999 wurde – trotz des Protestes einzelner Kulturverbände und des Deutschen Kulturrates – der Bundeszuschuss auf Grund einer Empfehlung des Bundesrechnungshofs von 25 % auf 20 % abgesenkt. Laut Gutachten des ifo-Instituts lag der Anteil der Vermarktung künstlerischer und publizistischer Leistungen über Verwerter höher als bei der Festsetzung 1987 angenommen.

33   Mit dem »zweiten Gesetz zur Änderung des Künstlersozialversicherungsgesetzes und anderer Gesetze« im Jahr 2001 wurden verschiedene Reformvorschläge des Deutschen Kulturrats und anderer Kulturverbände bezüglich der Versicherungspflicht aufgenommen und berücksichtigt. So wurde in § 3 Abs. 3 KSVG verankert, dass das Mindesteinkommen von 3900 € im Jahr in einem Zeitraum von sechs Jahren zweimal unterschritten werden darf, ohne dass der Versicherungsschutz verloren geht. Im Gegenzug wurde der Berufsanfängerzeitraum von fünf auf drei Jahre abgesenkt, so dass ein Künstler sich nunmehr nach drei Jahren am Markt etabliert haben muss. Durch die anschließende Möglichkeit, das Mindesteinkommen noch zweimal zu unterschreiten, wird diese Verkürzung allerdings ausgeglichen und stellt de facto keine Verschlechterung dar.

34   Hinsichtlich der Verwerter wurde die Anzahl bei den Unternehmen oder Vereinen, die nur gelegentlich künstlerische oder publizistische Leistungen in Anspruch nehmen, auf drei Veranstaltungen im Jahr erhöht, bevor eine Abgabepflicht entsteht. Für Musikvereine wurde darüber hinaus verankert, dass für regelmäßig tätige Chorleiter oder Dirigenten keine Künstlersozialabgabe anfällt.

35   Des Weiteren wurde der Bundeszuschuss von der engen Anbindung an den Selbstvermarktungsanteil von versicherten Künstlern und Publizisten entkoppelt und dem Zuschuss eine wichtige kultur- und sozialpolitische Funktion zugesprochen. Dies entbindet davon, regelmäßig Zahlen zu erheben, wie viele der versicherten Künstler und Publizisten sich selbst vermarkten.

36   Die Künstlersozialkasse wurde organisatorisch wieder in die Bundesverwaltung einbezogen (vorher war sie bei der LVA Oldenburg-Bremen angegliedert) und dazu der Bundesausführungsbehörde für Unfallversicherung, heute Unfallkasse des Bundes in Wilhelmshaven angegliedert.

37   Das »Dritte Gesetz zur Änderung des KSVG und anderer Gesetze« im Jahr 2007 diente dem Zweck, dass mehr Verwerter ihren Zahlungsverpflichtungen nachkommen. Die Zahl der Versicherten war auf Grund der Veränderungen im Kultur- und Medienbereich stark angestiegen und dadurch bedingt stieg auch der Finanzbedarf der KSK. Die Abgabesätze

waren seit dem Jahr 2003 kontinuierlich erhöht worden (von 3,9 bis zuletzt 5,8 %). Zum einen lag dies an der Senkung des Bundeszuschusses von 25 auf 20 %. Zum anderen bemängelte die Kulturwirtschaft, dass die Abgabelast nicht gerecht verteilt sei; auf Grund der geringen personellen Besetzung der KSK herrsche ein Vollzugsdefizit bei der Eintreibung und Überwachung der Künstlersozialabgabe. Zur Stabilisierung des Abgabesatzes wurde die Überprüfung der Unternehmen im Hinblick auf die korrekte Meldung der Künstlerentgelte (mit Ausnahme der Prüfungen der Unternehmen ohne Beschäftigte und Ausgleichsvereinigungen) auf die Träger der Rentenversicherung übertragen, § 35 KSVG. Die Prüfdienste der DRV erhalten im neuen § 28p Abs. 1 SGB IV die gesetzliche Aufgabe, die Abgabepflicht nach dem KSVG zu prüfen. Sie stellen die Abgabepflicht durch Bescheid gegenüber den Unternehmen dem Grunde und der Höhe nach fest und führen das Widerspruchsverfahren bei den von ihnen erlassenen Bescheiden durch. Die korrekte Abführung der Sozialversicherungsbeiträge wird von der DRV bei allen Arbeitgebern systematisch alle vier Jahre überprüft, so dass der Prüfauftrag an dieser Stelle gut verankert zu sein scheint. Nach anfänglichen Schwierigkeiten hat sich die Kommunikation zwischen KSK und DRV nunmehr stark verbessert, so dass die Zusammenarbeit als Erfolg gewertet werden kann. Auch im Hinblick auf die Höhe des Künstlersozialabgabesatzes scheint die erhoffte Wirkung einzutreten. Trotz der wirtschaftlich angespannten Situation in den Jahren 2008 und 2009 sank der Abgabesatz zunächst auf 4,9 %, dann auf 4,4 % und im Jahr 2010 auf 3,9 %. Der Bekanntheitsgrad der Künstlersozialkasse wächst und in zunehmendem Maße kommen die Unternehmen ihren Meldepflichten nach. Für das Jahr 2011 stabilisiert sich der Satz erwartungsgemäß und bleibt bei 3,9 %, für die folgenden Jahre wird man abwarten müssen, wie sich die wirtschaftliche Entwicklung insgesamt darstellt und ob der Prüfauftrag auch langfristig bei der DRV verbleibt.

Durch die Reform wurde auch eine vermehrte Prüfung der Versicherten fokussiert. Zusätzlich zur bestehenden Beitragsüberwachung wird seit 2007 jährlich eine Stichprobe bei mindestens 5 Prozent der Versicherten hinsichtlich ihres tatsächlichen Einkommens der letzten vier Jahre durchgeführt. 38

B. Die Praxis des Künstlersozialversicherungsgesetzes

I. Die Versicherungspflichtigen

1. Künstlerische und publizistische Tätigkeit als elementare Versicherungsvoraussetzung – der Kunst- und Publizistikbegriff des KSVG

Gemäß § 1 KSVG werden selbstständige Künstler und Publizisten in der allgemeinen Rentenversicherung, in der gesetzlichen Krankenversicherung und in der sozialen Pflegeversicherung versichert, wenn sie 39
1. die künstlerische oder publizistische Tätigkeit erwerbsmäßig und nicht nur vorübergehend ausüben und
2. im Zusammenhang mit der künstlerischen oder publizistischen Tätigkeit nicht mehr als einen Arbeitnehmer beschäftigen, es sei denn, die Beschäftigung erfolgt zur Berufsausbildung oder ist geringfügig im Sinne des § 8 des Vierten Buches Sozialgesetzbuch.

Damit stellt sich zunächst die Frage, wer überhaupt zum versicherungspflichtigen Personenkreis zählt. In den Beratungen zum KSVG wurde intensiv diskutiert, ob eine Eingrenzung des Künstlerbegriffs durch einen abschließenden Katalog im Gesetz verankert werden sollte. Der Gesetzgeber hat jedoch aus verschiedenen Gründen schlussendlich auf eine eingrenzende Definition verzichtet. Angefangen bei der Freiheit der Kunst und Publizistik, die der Staat nach dem Grundgesetz zu achten hat und deren rechtliche Ein- 40 grenzung kritisch ist, bis zu der Vielfältigkeit und Dynamik der betroffenen Berufsfelder, die einem stetigen Wandel unterworfen sind. Ein »Künstlerkatalog« hätte den Gesetzgeber dazu gezwungen, diesen beständig an die vielfachen Erscheinungsformen der Kunst anzupassen. Er hat sich deshalb darauf beschränkt, in § 2 KSVG bestimmte Kunstgattungen und Kunstausübungsformen zu benennen. Die folgenden Ausführungen sollen einen Überblick über die momentane Verwaltungspraxis der Künstlersozialkasse im Licht der aktuellen BSG-Rechtsprechung über den Kunst- und Publizistikbegriff geben.

2. Rechtsprechung der Sozialgerichtsbarkeit und Verwaltungspraxis der KSK

41 Nach der Definition des Gesetzes in § 2 KSVG ist Künstler im Sinne des KSVG, wer Musik, darstellende oder bildende Kunst schafft, ausübt oder lehrt. Publizist im Sinne des Gesetzes ist, wer als Schriftsteller, Journalist oder in anderer Weise publizistisch tätig ist oder Publizistik lehrt.

42 Auf den ersten Blick fallen einem zu jeder der Gruppen bestimmte Berufe ein, die klassisch dem jeweiligen Bereich unterfallen. Angefangen vom Musiklehrer, über den Zirkusartisten, bis hin zum Maler. Wie aber ist ein Tätowierer einzuordnen oder eine Tangotänzerin? Wie sind die neuen Medienberufe wie Webdesigner oder Videoanimateur zu beurteilen?

43 Grundsätzlich ist eine eigenschöpferische Gestaltung, d.h. ein Mindestmaß an Gestaltungsfreiheit, erforderlich. Weiter muss es sich nach der Entstehungsgeschichte des Gesetzes, nach der Verkehrsauffassung oder traditionell um einen künstlerischen Beruf handeln. Darüber hinaus muss die fragliche Tätigkeit im Wirkbereich der Kunst stattfinden.

44 Eine publizistische Tätigkeit muss einen ausreichenden Öffentlichkeitsbezug haben.

45 Es gibt so genannte Katalogberufe, bei denen das soziale Schutzbedürfnis ohne weiteres unterstellt werden kann. Dazu gehören:

im Bereich Musik:
- Komponist
- Textdichter, Librettist
- Musikbearbeiter, Arrangeur
- Kapellmeister, Dirigent
- Chorleiter
- Instrumentalsolisten, Orchestermusiker
- Opern-, Operetten-, Musicalsänger
- Chorsänger
- Tonmeister (Studium)
- Unterhaltungsmusiker, Popmusiker, Jazz- und Rockmusiker
- Künstlerisch-technischer Mitarbeiter im Bereich Musikbearbeiter
- Pädagoge, Ausbilder im Bereich Musik

im Bereich Darstellende Kunst:
- Ballett-Tänzer, Ballett-Meister
- Schauspieler, Kabarettisten
- Sprecher, Moderator, Rezitator
- Puppen-, Marionetten-, Figurenspieler
- Quizmaster, Entertainer
- Unterhaltungskünstler/Artist
- Regisseur, Filmemacher, Choreograph
- Dramaturg
- Künstlerisch-technischer Mitarbeiter im Bereich darstellende Kunst
- Theaterpädagoge

im Bereich Bildende Kunst:
- Maler, Zeichner, künstlerischer Graphiker
- Porträt-, Genre-, Landschaftsmaler
- Künstlerischer Fotograf, Lichtbildner, Foto-Designer, Werbefotograf
- Karikaturist, Trick- und Comiczeichner, Illustrator
- Designer
- Pädagoge, Ausbilder im Bereich bildende Kunst

im Bereich Publizistik:
- Schriftsteller, Dichter
- Autor für Bühne, Film, Hörfunk und Fernsehen
- Lektor
- Journalist, Redakteur
- Bildberichterstatter
- Kritiker
- Fachmann für Öffentlichkeitsarbeit oder Werbung
- Lehre von Publizistik (seit 2001)

Bei vielen Berufsgruppen ist jedoch eine Einzelfallbetrachtung notwendig, um die Zuordnung, ob es sich um eine künstlerische Tätigkeit handelt, vorzunehmen. 46

3. Einzelne Berufsgruppen

a) Kunsthandwerk

Bis in die 90er Jahre hinein wurden Bildhauer, Keramiker oder Schmuckhersteller bei der KSK regelmäßig versichert. Im Jahr 1998 hat das BSG eine wichtige Grundsatzentscheidung zur Abgrenzung zwischen bildender Kunst und Kunsthandwerk getroffen.[2] 47

Nach dem BSG reicht das Vorhandensein eines eigenschöpferischen Gestaltungsspielraumes nicht aus, um eine kunsthandwerkliche Tätigkeit der bildenden Kunst zuordnen zu können. 48

Vielmehr ist »eine Zuordnung zum Bereich der Kunst nur dann anzunehmen, wenn der Betroffene mit seinen Werken in einschlägigen fachkundigen Kreisen als Künstler anerkannt und behandelt wird. [...]. Hierfür ist bei Vertretern der Bildenden Kunst vor allem maßgebend, ob der Betroffene an Kunstausstellungen teilnimmt, Mitglied von Künstlervereinen ist, in Künstlerlexika aufgeführt wird, Auszeichnungen als Künstler erhalten hat oder andere Indizien auf eine derartige Anerkennung schließen lassen.«

Die **Anerkennung in den fachkundigen Kreisen der bildenden Kunst** ist somit zum wichtigsten Abgrenzungskriterium zwischen Kunst und Kunsthandwerk geworden. Diese Entscheidung des BSG stößt regelmäßig auf Erstaunen, da gerade der Bereich der Bildhauerei nach der Verkehrsauffassung fast ausnahmslos als künstlerisch eingestuft werden würde. Die Entscheidung basiert jedoch auf der Tatsache, dass in den kunsthandwerklichen Berufen regelmäßig ein handwerklicher Beruf erlernt wird, dem ohnehin ein gestalterischer Freiraum innewohnt. Ein Bildhauer lernt in seiner Ausbildung, wie er Skulpturen aus Stein, Ton oder Holz herausarbeitet. Erst wenn er »den Boden des Handwerks verlässt« und etwas schafft, dass andere bildende Künstler als außergewöhnlich und über das »normale Berufsfeld hinausgehend« betrachten, wird der Bildhauer zum Künstler. Dasselbe gilt für alle kunsthandwerklichen Berufe (wie Keramiker, Glasgestalter, Gold- und Silberschmied, Textil-, Holz,- oder Metallgestalter, etc.). Diese Kriterien finden auch Anwendung für nichtstaatlich geregelte Berufe, die aber dem Handwerk gleichzustellen sind. In seiner Entscheidung aus dem Jahr 2007 hat das BSG entschieden, dass die Tätigkeit eines Tätowierers einer handwerklichen Tätigkeit gleichzustellen ist 49

---

2 BSG, Urt. v. 24.6.1998, 3 KR 13/97.

und dass dieser daher ebenfalls die Anerkennung als Künstler in den maßgeblichen fachkundigen Kreisen nachweisen muss.[3]

50 Wer sich mit einer Tätigkeit, die sowohl handwerklich als auch künstlerisch ausgeübt werden kann, bei der KSK meldet und die Feststellung der Versicherungspflicht nach dem KSVG beantragt, muss somit den Nachweis erbringen, dass er in den entsprechenden fachkundigen Kreisen der bildenden Kunst als Künstler anerkannt ist. Allerdings akzeptiert die KSK nur Nachweise von unabhängigen Kreisen, wie beispielsweise dem Bundesverband der Bildenden Künstler (BBK), bei dem die Entscheidung über die Aufnahme von einer fachkundig besetzten Jury getroffen wird. Die Anerkennung und Wertschätzung von Berufskollegen o.ä. reicht nicht aus, um den entsprechenden Nachweis zu führen. Auch bei Ausstellungen muss es sich um Ausstellungen im Bereich der bildenden Kunst handeln. Die KSK legt hier die von der BSG-Rechtsprechung vorgegebenen recht strengen Maßstäbe an. Wer lediglich an Kunsthandwerkermärkten oder an Ausstellungen im kunsthandwerklichen Bereich teilgenommen hat, wird einen abschlägigen Bescheid erhalten, da er dadurch noch nicht seine Künstlereigenschaft nachgewiesen hat.

51 Daher ist es von Vorteil, zunächst die Aufnahme in einem Kunstverein mit entsprechender Fachjury zu beantragen (wenn nicht bereits die anderen Kriterien erfüllt sind) und sich erst nach Aufnahme mit den entsprechenden Unterlagen bei der KSK zu melden. Dies verkürzt die Bearbeitungszeit für den Antrag erheblich.

b) Design

52 Der Künstlerbericht der Bundesregierung von 1975 führt die Berufe des Grafik-, Mode-, Textil-, Industrie,- und Fotodesigners auf. Diese sind grundsätzlich dem Bereich der bildenden Kunst im Sinne des § 2 KSVG zuzurechnen. Das BSG hat im Jahr 2001 den Begriff des Designs wie folgt definiert:

53 » Design ist die formgerechte und funktionale Gestaltung von Gegenständen aller Art unter künstlerisch-ästhetischen Gesichtspunkten. Der Entwurf der äußeren Gestalt von Gegenständen nach ästhetischen, den vorgesehenen Verwendungszweck und die Funktion uneingeschränkt wahrenden Gesichtspunkten (Gestaltung der »Schönen Form«) ist charakteristisches Merkmal des Industrie-Designs.[4]

54 Dieses Urteil bezieht sich gleichwohl nur auf die reine Entwurfstätigkeit eines Designers. Der Designer muss sein Einkommen aus der reinen Vermarktung des Entwurfs beziehen (z.B. Lizenzgebühren).

55 Werden die Gegenstände dagegen nicht nur entworfen, sondern auch selbst vermarktet, bezieht der Designer seine Wertschätzung und sein Einkommen nicht nur aus der Designertätigkeit, sondern zumeist hauptsächlich aus dem (reproduzierten) Endprodukt. Das BSG führt zu dieser Fallgestaltung aus:

»Eine Zuordnung zum Bereich der Kunst ist unproblematisch, wenn sich die Tätigkeit nicht auf die Herstellung des Endprodukts erstreckt, wie dies etwa bei einem Designer der Fall ist, der sich allein mit der Anfertigung von Entwürfen beschäftigt. Werden dagegen Einzelstücke nach eigenen Entwürfen manuell angefertigt, so kann bei der Zuordnung nicht allein an den eigenschöpferischen Anteil an der Gesamtleistung, nämlich der Erstellung des Entwurfs, angeknüpft werden, solange der Produzent seine Wertschätzung und sein Einkommen auch aus dem mit handwerklicher Qualität hergestellten Endprodukt bezieht, zumal wenn es sich um einen Gebrauchsgegenstand handelt, der mit vergleichbaren Produkten aus industrieller oder (rein) handwerklicher Fertigung konkurriert.«[5]

---

3 BSG, Urt. v. 28.2.2007, B 3 KS 2/07 R.
4 BSG, Urt. v. 30.1.2001, B 3 KR 1/00.
5 BSG, Urt. v. 24.6.1998, B 3 KR 13/97.

Für die KSK ist es dabei unerheblich, ob der Designer die Stücke selbst anfertigt oder 56
durch Dritte anfertigen lässt. In beiden Fällen bezahlt der Endverbraucher nicht hauptsächlich für die Designleistung, sondern möchte das Endprodukt erwerben. Kommt zur Entwurfstätigkeit die eigene Anfertigung der entworfenen Gegenstände hinzu, gelten die für die Kunsthandwerker entwickelten Grundsätze für die Prüfung der Künstlereigenschaft.

c) Lichtdesign

Voraussetzung für eine Tätigkeit im Bereich der Kunst als Lichtdesigner ist eine zweck- 57
freie eigenschöpferische Gestaltung. Lichtgestaltung ist ein neuartiges Tätigkeitsbild in der darstellenden Kunst und in den Medien. Die Lichttechnik eröffnet erweiterte Möglichkeiten im Rahmen einer Inszenierung. Bei der Lichtgestaltung kann es sich um ganz wesentliche künstlerische Komponenten einer Inszenierung handeln. In dieser Kunstgattung ersetzen Lichteffekte oftmals Bühnenbild und Requisite. Der Lichtgestalter entwickelt eigenständig Gestaltungselemente für die Inszenierung aus Lichteffekten und trägt so eigenschöpferisch zum Bühnen- oder Szenenbild bei.

Eine künstlerische Tätigkeit im Bereich der darstellenden Kunst liegt dabei jedoch nur 58
vor, wenn Show- oder Beleuchtungseffekte für Theaterbühnen oder Filme erfolgen. Zudem muss nach den o.g. kunsthandwerklichen Grundsätzen der Betroffene mit seinen Werken in einschlägigen fachkundigen Kreisen als Künstler anerkannt und behandelt werden. Dieses ist z.B. dann der Fall, wenn eine künstlerische Ausbildung stattgefunden hat, eine Mitgliedschaft in einem künstlerischen Berufsverband vorliegt oder eine namentliche Nennung bei Musikveranstaltungen/Konzertveranstaltungen bzw. durch Erwähnung in Programmheften oder auf Tonträgeraufschriften erfolgt.

d) Tanzdisziplinen

Tanz zählt nur dann zur darstellenden Kunst im Sinne des KSVG, wenn er üblicherweise 59
im Wirkbereich der darstellenden Kunst (beispielsweise klassisches Ballett, modernes Tanztheater, Oper, Operette, Musical, Varieté) aufgeführt wird.

Ansonsten wird das Tanzen dem Bereich Sport zugerechnet, insbesondere jene Tanzdis- 60
ziplinen, in denen es Regelwerke, Turniere und Meisterschaften gibt. Das BSG hat in seiner Entscheidung aus dem Jahr 2006 dazu ausgeführt:

»Maßgebende Kriterien für die Zuordnung sind insbesondere die Existenz von Regeln und Wertmaßstäben aus dem Bereich des Sports, die Art der Veranstaltung, der Veranstaltungsort sowie die Zugehörigkeit des Akteurs zu einschlägigen Interessengruppen, Vereinigungen etc. So ist ohne weiteres von einer sportlichen Betätigung auszugehen, wenn für eine Aktivität ein Regelwerk existiert, das von einem Verband erlasse worden ist, der dem Deutschen Sportbund – heute: Deutscher Olympischer Sportbund (DOSB) – angehört [...]. Auf den Umfang der Kreativität und des Gestaltungsspielraums kommt es [...] ebenso wenig an wie auf die Frage, ob die Einhaltung bestimmter Schrittfolgen vorgeschrieben ist oder die freie Improvisation des Tanzpaares im Vordergrund steht. Denn Kreativität und ästhetische Gestaltung ist bei allen Tanzdisziplinen möglich und bei Wettbewerben auch geboten; andere Sportarten wie z.B. Eiskunstlaufen oder Kunstturnen sind davon ebenfalls geprägt, ohne dass ihre Einordnung als Sport dadurch in Frage gestellt wird.«[6]

---

6 BSG, Urt. v. 7.12.2006, B 3 KR 11/06.

61 Das BSG hat beispielhaft folgende Disziplinen aufgeführt, die nicht zur darstellenden Kunst gehören, wenn sie – wie üblich – außerhalb des Wirkbereichs der darstellenden Kunst dargeboten werden: Kindertanzshows, Jazztanz, Tango Argentino, Hip-Hop und Salsa, Breakdance, historische Tanzvorführungen, Merengue, Flamenco und Stepptanz, Orientalische Tänze, Streetdance, Linedance.

e) Werbung

62 Tätigkeiten, die im Bereich der Werbung ausgeübt werden, unterliegen der Versicherungspflicht nach dem KSVG. Der Kreis der in der Werbung tätigen Kreativen umfasst alle Personen, die zum Gelingen eines Werbeauftrags eigenverantwortlich und nicht unerheblich beitragen. Dies muss im Einzelfall entschieden werden. Eine höchstrichterliche Rechtsprechung existiert für folgende Berufsgruppen:

aa) Werbefotograf

63 Die Berufe »künstlerischer Fotograf«, »Lichtbildner«, »Fotodesigner« und Werbefotograf sind im Künstlerbericht der Bundesregierung von 1975 genannt.

64 Die Abgrenzung zum »Berufsfeld des Fotografenhandwerks« erfolgt nach dem Zweck, der mit der Fertigung der Fotografie verfolgt wird.

65 Laut BSG ist es

»bei der Fotografie für ihre Einordnung als künstlerisch sogar entscheidend, dass sie zu Werbezwecken erfolgt [...]. Die Werbefotografie kann je nach Art des Auftrages und des geforderten Ergebnisses zwar einen eigenschöpferischen künstlerischen Ausdruck haben, der derjenigen der künstlerischen Fotografie im engeren Sinne nahe kommt; der Gestaltungsspielraum kann aber auch stark eingeschränkt sein, ohne dass die Einordnung als »bildende Kunst« im Sinne des § 2 KSVG in Frage zu stellen ist. Allein der bei der Erstellung der Fotografie bestimmte Zweck, der Werbung zu dienen, bewirkt, dass der Fotograf sich nicht auf eine bloße naturgetreue Ablichtung des Bildobjekts beschränken darf, sondern bemüht sein muss, dieses Objekt nach den Vorstellungen seines Auftraggebers möglichst vorteilhaft ins Bild zu setzen. [...] Werbefotografen sind damit Pressefotografen vergleichbar, die ebenfalls unabhängig von ihrer Ausbildung und der künstlerischen Qualität ihrer Bilder allein deshalb – als Publizisten – von § 2 KSVG erfasst werden, weil ihre Tätigkeit einem bestimmten Zweck dient (Pressefotografie, Bildjournalismus, Bildberichterstattung), der vom Berufsfeld des Fotografenhandwerks nicht umfasst wird«.[7]

66 Die Anfertigung von Passbildern, von Fotografien zu privaten Zwecken der Kunden oder auch die Gemäldefotografie ist nicht dem Wirkbereich der Werbung und damit der bildenden Kunst im engeren Sinne zuzuordnen und unterfällt somit nicht dem § 2 KSVG.[8]

bb) Visagist

67 Wenn die Arbeit eines Visagisten Werbezwecken dient, unterfällt er der bildenden Kunst i.S.d. § 2 KSVG. Im dem vom BSG entschiedenen Fall hat eine Visagistin für Moderedaktionen und Werbeagenturen in einem Team (Fotograf, Modell und Stylist) das Make-Up und das Haarstyling vorgenommen. Da dies zum Gelingen der Werbeaufträge nicht unerheblich beigetragen hat, hat das BSG die Tätigkeit als bildende Kunst eingestuft.[9] Eine Tätigkeit als Visagist für TV-Magazine, Talkshows, private Veranstaltungen etc. unterfällt jedoch nicht dem Bereich der darstellenden Kunst, da im Gegensatz zu Theaterstücken oder Spielfilmen keine Gesamtkunstwerke der darstellenden Kunst betroffen sind.

---

7 BSG, Urt. v. 12.11.2003, B 3 KR 8/03 R.
8 Vgl. BSG, Urt. v. 24.6.1998, B 3 KR 11/97 R zur Gemäldefotografie.
9 BSG, Urt. v. 12.5.2005, B 3 KR 39/04 R.

Wegen des unzureichenden Bezuges zum Theater/Film kann diese Tätigkeit daher nicht dem Bereich der darstellenden Kunst zugerechnet werden. **68**

cc) Webdesigner

In seinem Urteil vom 7.7.2005[10] hat das BSG entschieden, dass Webdesigner vom KSVG erfasst werden. Sie gestalten Bildschirmseiten unter ästhetischen und funktionalen Gesichtspunkten für Internet- und Intranetpräsentationen. Die Tätigkeit umfasst unter Berücksichtigung der Kundenwünsche und -vorgaben die Konzeptionierung und Realisierung von Bildschirmseiten mit Hilfe von Schrift, Grafik, Zeichnung, Fotografie und Video unter Verwendung spezieller Softwareprogramme. Das Berufsbild ist – in Abgrenzung zum Programmierer und Webmaster – durch eine eigenschöpferisch-gestalterische Tätigkeit geprägt, die mit denen der Grafiker, Grafikdesigner und Layouter vergleichbar ist. **69**

Da die Internetauftritte der Auftraggeber in der Regel der Werbung und Öffentlichkeitsarbeit dienen und eigenschöpferisch-gestalterische Tätigkeiten in diesem Bereich grundsätzlich als künstlerisch im Sinne des § 2 KSVG gelten, kommt es – wie bei Werbefotografen – auf das Ausmaß der gestalterischen Freiheit im Einzelfall nicht an. **70**

f) Publizistik

Nach § 2 KSVG ist Publizist, wer als Schriftsteller, Journalist oder in anderer Weise publizistisch tätig ist oder Publizistik lehrt. **71**

Der Begriff Publizist geht zurück auf das lateinische »publicare«, was mit »veröffentlichen« zu übersetzen ist. Unabdingbar ist die schöpferische Mitwirkung an einer öffentlichen Aussage im Kommunikationsprozess. Ausschlaggebend ist weiterhin, dass die erstellten Werke veröffentlicht, d.h. der Öffentlichkeit zugänglich gemacht werden. **72**

Das Medium, dessen sich der Publizist zum Zwecke der Verbreitung seiner Aussage/seiner Arbeitsergebnisse bedient, muss dabei prinzipiell geeignet sein, um eine unbegrenzte Öffentlichkeit anzusprechen.[11] **73**

Dem Begriff kann eine Beschränkung auf Wort- und Bildbeiträge in Massenkommunikationsmitteln wie Büchern, Zeitungen, Zeitschriften, Rundfunk, Fernsehen und den neuen elektronischen Medien nicht entnommen werden. **74**

aa) Wissenschaftlicher Autor/Mischtätigkeiten

Die Tätigkeit als wissenschaftlicher Autor unterliegt als publizistische Tätigkeit der Versicherungspflicht nach dem KSVG. Allerdings muss die ausgeübte Tätigkeit gerade durch das Publizieren geprägt sein. Das BSG hat im Jahr 2006 die Versicherungspflicht nach dem KSVG bei einem Archäologen abgelehnt, obwohl dieser auch einige wissenschaftliche Abhandlungen zu seinem Forschungsthema veröffentlicht hat. **75**

Das BSG vertritt die Auffassung, dass die fachwissenschaftlichen Arbeiten und nicht das Publizieren die Berufstätigkeit insgesamt prägen. **76**

Das BSG stellt fest: **77**

Zwar [...] »hat der Kläger einige populär-wissenschaftliche Abhandlungen verfasst und einer breiteren Öffentlichkeit zugänglich gemacht. Für diese archäologisch-kulturhistorischen Veröffentlichungen hat er auch Honorare bezogen. Dies allein macht den Kläger aber noch nicht zu einem wissenschaftlichen Autor i.S.d. KSVG. Denn wie das LSG des Weiteren festgestellt hat, war seine Tätigkeit deutlich vielschichtiger

---

10 B 3 KR 37/04 R.
11 BSG, Urt. v. 2406.1998, B 3 KR 10/97.

und umfasste insbesondere typisch archäologische Betätigungen – etwa die Erhebung und Begehung von Fundstellen, die Aufbereitung und zeitliche Einordnung des Fundmaterials, die Kartierung, die Restaurierung von Funden sowie die Klärung siedlungstopografischer Eigenheiten und die historisch Quellensuche. **Bei einem solchen, aus mehreren Arbeitsgebieten zusammengesetzten gemischten Berufsbild kann von einer publizistischen Tätigkeit nur dann ausgegangen werden,** wenn die publizistischen Elemente das Gesamtbild der Beschäftigung prägen, die Publizistik also den Schwerpunkt der Berufsausübung bildet«.[12]

78 Im Rahmen der Gesamtbetrachtung kommt es für die Frage, wo der Tätigkeitsschwerpunkt liegt, nicht auf die Zeitanteile der einzelnen Tätigkeitselemente an, sondern es bedarf einer Gesamtwürdigung der vertraglichen Unterlagen (z.B. Werkverträge), auf Grund derer die Tätigkeit ausgeübt wird.

79 **Die vorgenannten Grundsätze gelten für alle gemischten Berufsbilder.** Die künstlerischen oder publizistischen Elemente müssen das Gesamtbild der Beschäftigung prägen und den Schwerpunkt der Berufsausübung bilden. Die einzelnen Aspekte sind nicht isoliert zu betrachten, sondern im Rahmen der Gesamtbetrachtung der Berufstätigkeit gewürdigt werden.

bb) Übersetzer/Dolmetscher

80 Die Übersetzung nicht literarischer Texte (z.B. rein wissenschaftliche Fachbücher/-aufsätze, Bedienungsanleitungen, Geschäftsberichte oder Werbebroschüren) führt grundsätzlich nicht zur Anwendung des KSVG, da dem Übersetzer bei solchen Arbeiten »nach der Natur der Sache« kein Gestaltungsspielraum eingeräumt ist.

81 »Im Einzelfall kommt es aber auch in der Künstlersozialversicherung darauf an, ob dem Übersetzer ein Gestaltungsspielraum zukommt, der über das rein Handwerkliche hinausgeht. Dabei ist die Schwierigkeit des Textes nicht entscheidend, solange dies nicht mit einem Interpretationsspielraum verbunden ist und im Prinzip auch durch einen Übersetzungsautomaten erledigt werden könnte.

82 Wenn es um die Übersetzung eines literarischen oder künstlerischen Textes geht, sich der Übersetzer also in einem schriftstellerischen oder künstlerischen Umfeld bewegt, wird der erforderliche Interpretationsspielraum stets vorhanden sein. Handelt es sich hingegen um die Übersetzung von Texten, die nicht der »Literatur« im weitesten Sinne zuzurechnen sind, aber dennoch veröffentlicht werden sollen, wozu z.B. journalistische und redaktionelle Texte, Werbebroschüren, Bedienungsanleitungen und Handbücher für technische Geräte gehören, ist näher zu prüfen, ob es nach der Natur der Sache oder den konkreten Vorgaben des Auftraggebers um eine wörtliche bzw. wortgetreue Übersetzung geht oder ob dem Übersetzer ein Gestaltungsspielraum eingeräumt ist, was in der Praxis bei Texten dieser Art eher den Ausnahmefall darstellen dürfte. Wörtliche bzw. wortgetreue Übersetzungen solcher Texte sind nicht der Publizistik i.S. des § 2 KSVG zuzurechnen, weil es am notwendigen sprachlichen und inhaltlichen Gestaltungsspielraum fehlt. Es handelt sich dann um rein technische bzw. handwerkliche Übersetzungen, die zwar inhaltlich korrekt und sprachlich einwandfrei sein müssen, im Ergebnis aber gewissermaßen nur eine »Kopie« des Originaltextes darstellen. Typischerweise werden rein technische bzw. handwerkliche Übersetzungen dieser Art in Übersetzungsbüros oder Übersetzungsdiensten angefertigt. Dass die Übersetzungen zum Teil im Bereich der Werbung eingesetzt werden, begründet keinen entscheidenden Unterschied. Auch dort gibt es neben »kreativen« auch »handwerkliche« Tätigkeiten. Die in diesem Bereich tätigen Übersetzer unterscheiden sich mangels jeglichen eigenen Gestaltungsspielraums etwa von den Werbefotografen; sie sind vielmehr vergleichbar mit Fotografen, die technisch

---

[12] BSG, Urt. v. 23.3.2006, B 3 KR 13/05 R.

und qualitativ einwandfreie Gemäldefotografien für ein Kunstdia-Archiv anfertigen, ohne dabei über einen kreativen bildnerischen Spielraum zu verfügen.[13]

Kein Öffentlichkeitsbezug im Sinne einer publizistischen Tätigkeit besteht bei der Übersetzung von Gutachten, Handelsbriefen, Geschäftsbriefen, Privatbriefen, sonstigen Geschäftsunterlagen, Anklageschriften und sonstiger Urkunden. Auch die Arbeitsergebnisse eines Dolmetschers sind im Regelfall nicht als publizistische Tätigkeit im Sinne des KSVG anzusehen. 83

cc) Trauerredner

Trauerredner unterliegen nach einem aktuellen Urteil des BSG der Versicherungspflicht in der Künstlersozialversicherung.[14] 84

Geklagt hatte eine selbstständige Trauerrednerin. Im Rahmen dieser Tätigkeit hielt sie selbst verfasste Trauerreden, wobei sie auf Wunsch auch Lieder sang und Gedichte vortrug. 85

Die Trauerrednerin ist zwar nicht Künstlerin im Sinne des KSVG, weil der künstlerische Anteil ihrer Tätigkeit (Gesang und Gedichtvortrag) von untergeordneter Bedeutung ist. Den Schwerpunkt ihrer Tätigkeit bildet das Verfassen und der Vortrag von Trauerreden (Grabreden, Bestattungsreden). Daher kommt eine Versicherungspflicht als Publizistin in Betracht, die zwar nicht als Journalistin oder Schriftstellerin, wohl aber aufgrund Ihrer »mündlichen Beiträge zum öffentlichen Kommunikationsprozess in anderer Weise publizistisch tätig« ist. Der Schwerpunkt der Tätigkeit liegt in dem Wortbeitrag mit einem prinzipiell offenen Kreis an Trauergästen. Es handelt sich nach Auffassung des BSG auch um eine der Öffentlichkeit zugängliche Leistung, selbst wenn die Trauergemeinde nur ein begrenztes Publikum darstellt. Dass in der Regel an Bestattungen selbst bei deren Ankündigung in Zeitungsanzeigen nur mit dem Verstorbenen oder dessen Hinterbliebenen verwandtschaftlich oder freundschaftlich verbundene Personen teilnehmen, ist unerheblich, weil die Teilnahme eines darüber hinausgehenden Personenkreises möglich ist. 86

dd) Fachmann für Öffentlichkeitsarbeit oder Werbung

Die Berufsbezeichnung lässt noch keine genauen Rückschlüsse auf die Tätigkeit zu. Wenn die Tätigkeit im Schwerpunkt wortgestaltend ist (beispielsweise Erstellung von Werbetexten), ist von einer publizistischen Tätigkeit im Wirkbereich der Werbung auszugehen. 87

g) Unterhaltungskunst

Nach dem Urteil des BSG vom 26.11.1998[15] ist der Kunstbegriff des KSVG aus dem Regelungszweck des Gesetzes unter Berücksichtigung der allgemeinen Verkehrsauffassung und der historischen Entwicklung zu erschließen. 88

Der Anwendungsbereich des KSVG beschränkt sich nach der Verkehrsauffassung und der historischen Entwicklung auf diejenige Artistik, die in Varietés und Zirkussen dargeboten wird. Dieser Bereich lässt sich unter dem Begriff der »Kleinkunst« einordnen. In den Anwendungsbereich des KSVG fallen damit z.B. die im Varieté oder im Zirkus auftretenden Jongleure, Trapezkünstler, Seiltänzer, Zauberer, Magier, Dompteure, Akrobaten, Feuerschlucker, Entfesselungskünstler, Messerwerfer, Clowns, Rechenkünstler und Bauchredner. 89

---

13 BSG, Urt. v. 7.12.2006, B 3 KR 2/06 R.
14 BSG, Urt. v. 23.3.2006, B 3 KR 9/05 R.
15 B 3 KR 12/97 R.

90 Nach dem Urteil des BSG zählen jedoch von vornherein nicht zur Unterhaltungskunst im Sinne des KSVG: Sportveranstaltungen, Veranstaltungen, in denen Sensationen bzw. Raritäten dargeboten werden oder Veranstaltungen auf Jahrmärkten, Rummelplätzen und auf Volksfesten.

h) DJ

91 Durch das Präsentieren von Musik wird keine Musik geschaffen oder ausgeübt. Auch wenn dabei teilweise Kommentare abgegeben werden oder eine Anmoderation erfolgt, entsteht hierdurch kein insgesamt als künstlerisch anzusehendes Werk, dass eine Künstlereigenschaft annehmen lassen könnte. Die Tätigkeit eines DJs ist nur dann als künstlerisch anzusehen, sofern es sich um eine im Unterhaltungsbereich angesiedelte Tätigkeit handelt. Eine künstlerische Tätigkeit ist z.B. gegeben bei Techno-DJs, die mit mehreren Plattenspielern und einem Mischpult Platten synchronisieren, die Beats angleichen und so aus zwei Platten eine einzige machen oder wenn sie in erheblichem Umfang verbindende Texte sprechen und somit im weitesten Sinne als Unterhaltungskünstler tätig werden.[16] Eine höchstrichterliche Rechtsprechung hierzu existiert noch nicht. Die KSK legt momentan das genannte Urteil für die Prüfung der Versicherungspflicht zu Grunde und lässt sich für die Überprüfung entsprechende Anzeigen, Verträge, Bestätigungen von Auftraggebern etc. vorlegen).

i) Tontechniker/Toningenieur

92 Die Tätigkeit eines Tontechnikers/Toningenieurs fällt im Gegensatz zum Tonmeister nicht unter den Kunstbegriff des § 2 KSVG. Es wird keine Musik geschaffen oder ausgeübt.

93 Die Erarbeitung eines optimalen Klangbildes ist nach allgemeiner Verkehrsauffassung nicht als »Schaffen« von Musik zu werten. Den Schwerpunkt bildet die technische Mitwirkung. Auch wenn die Tätigkeit durchaus viel musikalisches Verständnis und Einfühlungsvermögen erfordert, kann eine künstlerische Beeinflussung auf das durch die Stimmen und Musikinstrumente bereits erzeugte Klangbild nicht festgestellt werden.

j) GmbH-Gesellschafter-Geschäftsführer

94 Bei einem selbstständigen GmbH-Gesellschafter-Geschäftsführer stellt sich die Frage, ob dieser über die KSK als Künstler versichert werden kann.

95 Wenn ein Gesellschafter-Geschäftsführer überwiegend künstlerisch/publizistisch tätig ist und die künstlerischen/publizistischen Elemente das Gesamtbild der Tätigkeit prägen, kann dieser der Versicherungspflicht unterliegen. Nach der Rechtsprechung des BSG stehen dabei notwendige Geschäftstätigkeiten, die als Annex einer selbstständigen Ausübung eines Berufes typisch sind – wie Reisen, Organisation und Verwaltung – einer Wertung als künstlerischer Tätigkeit nicht entgegen.[17] Zusammenfassend ist somit der Schwerpunkt der Tätigkeit festzustellen. Bei der Gewichtung wird dabei mangels anderer geeigneter Kriterien (wie etwa der jeweilige Zeitaufwand) entscheidend auf die jeweiligen Umsätze der GmbH in den einzelnen Tätigkeitsbereichen abzustellen sein. Um zufällige Schwankungen auszugleichen, kann es auch geboten sein, den Verlauf mehrerer Jahre zu betrachten.[18]

---

16 Vgl. SG Berlin, Urt. v. 9.1.2001, S. 82 KR 139/00.
17 BSG, Urt. v. 17.6.1999, B 3 KR 1/98 R; Urt. v. 16.4.1998, B 3 KR 7/97 R.
18 BSG, Urt. v.16.4.1998, B 3 KR 7/97 R.

96　Etwas anderes kann sich ergeben, wenn für die verschiedenen Tätigkeiten verschiedene Honorare vereinbart und gezahlt werden.[19]

97　Zudem werden nach § 1 Nr. 2 KSVG nur Künstler versichert, die nicht mehr als einen Arbeitnehmer beschäftigen. Das BSG hat dazu 2001 entschieden, dass die Tatsache, dass die GmbH mehrere Arbeitnehmer beschäftigt, einer Versicherung des Gesellschafter-Geschäftsführers jedenfalls dann nicht entgegensteht, wenn das Stammkapital von zwei Gesellschaftern zu gleichen Teilen gehalten wird und der Geschäftsführer im Innenverhältnis nicht allein und gegen den Willen des anderen Gesellschafters agieren kann.[20] In dem zu Grunde liegenden Fall wurde dem Kläger die Arbeitgeberfunktion trotz seiner Stellung als geschäftsführender Gesellschafter nicht zugerechnet, so dass er selbst in der KSV pflichtversichert sein konnte. Das BSG hat angedeutet, dass aufgrund der rechtlichen Selbstständigkeit der Gesellschaft wohl auch bei einem beherrschenden Alleingesellschafter nichts anderes gelten dürfte. In der Verwaltungspraxis der KSK wird dies auch so gehandhabt.

k) Lehre von Kunst

98　§ 2 KSVG bezieht sich nur auf solche Lehrtätigkeiten, die der aktiven Kunst-/Publizistikausübung der Auszubildenden dienen. Gegenstand der Lehrtätigkeit muss die Vermittlung praktischer oder theoretischer Kenntnisse sein, die sich auf die Fähigkeiten oder Fertigkeiten der Auszubildenden bei der Ausübung von Kunst/Publizistik auswirken.

99　Nur sofern das Ausüben einer bestimmten Tätigkeit als künstlerisch oder publizistisch anzusehen ist, gilt die Vermittlung der dafür erforderlichen Kenntnisse und Fähigkeiten an Dritte als eine künstlerische oder publizistische Lehrtätigkeit.

100　Keine Lehrtätigkeit im Sinne von § 2 Satz 1 KSVG liegt vor, wenn eine Lehre mit musikalischem, tänzerischem oder sonstigen künstlerischem Einschlag vorliegt, die vorrangig von soziotherapeutischen oder psychotherapeutischen Zwecken (z.B. Musiktherapie, Tanztherapie, Mal- und Zeichentherapie) oder von pädagogischen bzw. didaktischen Zielen geprägt ist.

101　In diesen Bereichen stehen die musikalischen und sonstigen künstlerischen Elemente der Therapie oder des Unterrichts im Dienste eines übergeordneten, nicht künstlerischen Zweckes, haben also nicht das primäre Ziel, den Schüler zu befähigen, eine künstlerische Leistung zu vollbringen oder ein künstlerisches Werk zu schaffen, also z.B. ein Musikinstrument zu spielen, einen als künstlerisch anerkannten Tanz zu lernen o.ä. Alle vorrangig Therapiezwecken oder pädagogisch-didaktischen Zwecken dienenden Formen der Unterrichtung unter Zuhilfenahme künstlerischer Elemente werden vom KSVG nicht erfasst, weil bei ihnen die Vermittlung von Fähigkeiten und Fertigkeiten zur eigenständigen Ausübung musikalischer oder sonstiger künstlerischer Betätigungen nicht im Mittelpunkt steht.[21]

102　Die Vermittlung theoretischer Kenntnisse im Rahmen von Vorträgen, Führungen oder Seminaren reicht dagegen nach dem Urteil des Bundessozialgerichts vom 24.6.1998[22] nicht aus, um eine Lehrtätigkeit im Bereich der bildenden Kunst zu begründen, auch wenn sie der Vermittlung von Bildungswissen und der Fortentwicklung des Kunstverständnisses dient.

---

19 BSG v. 17.6.1999, B 3 KR 1/98 R.
20 BSG, Urt. v. 13.3.2001, B 3 KR 12/00 R.
21 Vgl. Urteile des BSG v. 1.10.2009, B 3 KS 3/08 R und B 3 KS 2/08 R.
22 B 3 KR 10/97.

4. Weitere Versicherungsvoraussetzungen

a) Selbständigkeit

103 Voraussetzung für eine Versicherungspflicht nach § 1 KSVG ist die Ausübung einer selbständigen künstlerischen Tätigkeit. Die Tätigkeit darf folglich nicht in einem Arbeitnehmerverhältnis ausgeübt werden.

104 Für die Abgrenzung Selbständiger/Arbeitnehmer ist der Grad der persönlichen Abhängigkeit des Dienstleistenden maßgeblich. Wesentliche Merkmale einer abhängigen Beschäftigung sind die Eingliederung in den Betrieb und das Direktionsrecht des Arbeitgebers, insbesondere über Zeit, Dauer, Ort und Art der Ausführung der Tätigkeit.

105 Demgegenüber zeichnet Selbständigkeit die Verfügungsmöglichkeit über die eigene Arbeitskraft und ein unternehmerisches Risiko aus.

106 Schauspieler bei Theaterunternehmen sowie bei Film- und Fernsehproduktionen gelten grundsätzlich als Arbeitnehmer. Maßgebend hierfür sind folgende Umstände:
- Schauspieler und andere Mitwirkende sind intensiv in die vom Produzenten vorgegebenen Arbeits- und Organisationsabläufe eingebunden;
- sie müssen sich an Regieanweisungen sowie an vorgegebene Proben- und Auftrittszeiten bzw. Drehtermine halten;
- die Gage wird unabhängig vom wirtschaftlichen Erfolg gezahlt, d.h. es besteht kein Unternehmerrisiko des einzelnen Mitwirkenden.

107 Die Annahme einer selbständigen Tätigkeit kommt bei einem Schauspieler demgegenüber nur ausnahmsweise in Betracht, beispielsweise, wenn er am Gewinn und auch am wirtschaftlichen Risiko der jeweiligen Produktion beteiligt ist oder wenn eine fremd bestimmte Organisationsstruktur nicht vorhanden ist.

108 Wird die Tätigkeit im Rahmen eines abhängigen Beschäftigungsverhältnisses ausgeübt, gelten die allgemeinen sozialversicherungsrechtlichen Regelungen. Der Arbeitgeber ist dem Grunde nach verpflichtet, den Gesamtsozialversicherungsbeitrag an die zuständige Einzugsstelle abzuführen und die entsprechenden Meldungen vorzunehmen. Die KSK weist in ihrem Bescheid auf diesen Umstand hin. Der Antragsteller muss sich dann an seinen Arbeitgeber wenden, damit dieser seinen Verpflichtungen nachkommt. Wenn Zweifel hinsichtlich der sozialversicherungsrechtlichen Einordnung einer Erwerbstätigkeit als selbständige Tätigkeit oder abhängige Beschäftigung bestehen, verschafft das optionale Statusfeststellungsverfahren nach § 7a Abs. 1 Satz 1 SGB IV hierüber Rechtssicherheit für die Beteiligten. Zudem wird bei Feststellung einer abhängigen Beschäftigung entschieden, ob Versicherungspflicht oder -freiheit in der gesetzlichen Kranken-, Pflege-, Renten- und Arbeitslosenversicherung besteht. Zuständig für die Durchführung des optionalen Statusfeststellungsverfahrens ist die Deutsche Rentenversicherung Bund als hierfür bundesweit eingerichtete Clearingstelle.

b) Erwerbsmäßigkeit

109 Erwerbsmäßig ist eine Tätigkeit, wenn sie als Beruf zum Zwecke der Erzielung von Arbeitseinkommen ausgeübt wird. Die Tätigkeit muss (im Gegensatz zur Liebhaberei bzw. zur hobbymäßigen Betätigung) darauf gerichtet sein, den Lebensunterhalt damit zu verdienen.

110 § 1 KSVG fordert mithin die Ausübung einer bezahlten künstlerischen oder publizistischen Tätigkeit. Diese Umsätze müssen darüber hinaus geeignet sein, zumindest künftig einen nicht unwesentlichen Anteil am Bestreiten des Lebensunterhaltes beizutragen.

B. Die Praxis des Künstlersozialversicherungsgesetzes

Einnahmen aus selbständiger künstlerischer/publizistischer Tätigkeit sind nach Auffassung der KSK auch dann für die Feststellung der Versicherungspflicht gemäß § 1 KSVG erforderlich, wenn der Betroffene noch **Berufsanfänger** nach § 3 Abs. 2 KSVG ist und somit **keinen** Mindest**gewinn** (3.900 €, siehe § 3 Abs. 1 KSVG) erzielen muss. Zumindest aber müssen Nachweise erbracht werden, die eine erwerbsmäßige Berufsausübung belegen. Allein der Wille, im Berufsanfängerzeitraum (von immerhin drei Jahren, § 3 Abs. 2 KSVG) künstlerisch tätig zu werden und irgendwann seinen Lebensunterhalt dadurch zu bestreiten, kann nicht zu der Feststellung der Versicherungspflicht nach dem KSVG mit den entsprechenden Begünstigungen führen. Ein betriebswirtschaftlicher Verlust im genannten Zeitraum ist für die Feststellung der Versicherungspflicht unschädlich, solange überhaupt Einnahmen aus einer selbständigen künstlerischen Tätigkeit belegt werden können, die die Nachhaltigkeit der Berufsausübung verdeutlichen. 111

c) nicht nur vorübergehende Tätigkeitsausübung

Eine nur vorübergehende Ausübung der Tätigkeit nach § 1 KSVG ist in Anlehnung an § 8 Sozialgesetzbuch – Viertes Buch (SGB IV) dann gegeben, wenn die Tätigkeit innerhalb eines Jahres seit ihrem Beginn auf längstens 50 Arbeitstage nach ihrer Eigenart begrenzt zu sein pflegt oder im Voraus vertraglich begrenzt ist. 112

Eine vorübergehende Tätigkeit liegt insbesondere auch dann vor, wenn die künstlerische/publizistische Tätigkeit tatsächlich nicht mehr als 50 Arbeitstage ausgeübt wird bzw. wurde. 113

d) Beschäftigung maximal eines Arbeitnehmers

Gemäß § 1 Nr. 2 KSVG unterliegt ein Künstler/Publizist nicht der Versicherungspflicht nach dem KSVG, wenn er im Zusammenhang mit der künstlerischen oder publizistischen Tätigkeit mehr als einen Arbeitnehmer beschäftigt, es sei denn, die Beschäftigung erfolgt zur Berufsausbildung oder ist geringfügig im Sinne des § 8 des Vierten Buches Sozialgesetzbuch. 114

e) Überschreiten der Geringfügigkeitsgrenze/Begriff Arbeitseinkommen/Berufsanfänger

Nach § 3 Absatz 1 KSVG ist versicherungsfrei, wer in einem Kalenderjahr ein voraussichtliches Arbeitseinkommen aus selbständiger künstlerischer bzw. publizistischer Tätigkeit erzielt, das 3.900 € nicht übersteigt. 115

Abweichend von Abs. 1 bleibt nach § 3 Abs. 3 KSVG die Versicherungspflicht bestehen, solange das Arbeitseinkommen nicht mehr als zweimal innerhalb von sechs Kalenderjahren die dort genannte Grenze nicht übersteigt. 116

Die Bestimmung stellt auf eine durch die Künstlersozialkasse vorzunehmende Prognose ab, bei der alle im Verwaltungsverfahren relevanten Tatsachen zu berücksichtigen sind. 117

Das sozialversicherungsrechtliche Arbeitseinkommen eines Selbständigen wird in § 15 Sozialgesetzbuch Viertes Buch (SGB IV) einheitlich für alle Sozialversicherungszweige – und damit auch für das KSVG – geregelt. Arbeitseinkommen ist danach der nach den allgemeinen Gewinnermittlungsvorschriften des Einkommensteuerrechts ermittelte Gewinn aus einer selbständigen Tätigkeit, also die Summe der Einnahmen aus der Tätigkeit abzüglich der darauf entfallenden Betriebsausgaben (vor Steuerabzug). 118

15. Kapitel Künstlersozialversicherungsrecht

119 Zu den Betriebseinnahmen zählen:
- alle Einnahmen in Geld- und Geldeswert, die unmittelbar aus der selbständigen künstlerischen/publizistischen Tätigkeit resultieren (z.B. Entgelte, Gagen, Honorare, Verkaufserlöse, Tantiemen und Lizenzen, Ausfallhonorare und Sachleistungen),
- urheberrechtliche Vergütungen (z.B. über Verwertungsgesellschaften wie die GEMA oder VG-Wort),
- Stipendien, soweit sie einkommensteuerpflichtig sind.

120 Zu den Betriebsausgaben zählen:
- Aufwendungen für Betriebsmittel (z.B. Musikinstrumente, Büroausstattung, Computer, soweit steuerlich anerkannt),
- Aufwendungen für Betriebsräume (Miete, Heizung, Reinigung),
- Fahrtkosten, Kosten für betriebliche Fortbildung, Material-, Porto-, Telefonkosten und ähnliche »Werbungskosten«,
- Betriebliche Versicherungen (Betriebshaftpflicht, -rechtsschutz, Sachversicherungen),
- Beiträge zu Berufsständen und Berufsverbänden (nicht: Beiträge zur eigenen Sozialversicherung),
- Aufwendungen für Hilfskräfte (Lohn, Arbeitgeberanteil der Sozialversicherungsbeiträge),
- Abschreibungen für Abnutzung und Substanzverringerung.

121 Gemäß § 13 Satz 2 KSVG kann die Künstlersozialkasse von den Versicherten und den Zuschussberechtigten Angaben darüber verlangen, in welcher Höhe Arbeitseinkommen aus künstlerischen, publizistischen und sonstigen selbständigen Tätigkeiten in den vergangenen vier Kalenderjahren erzielt wurde. Für den Nachweis der Angaben zur Höhe des Arbeitseinkommens kann sie die Vorlage der erforderlichen Unterlagen, insbesondere von Einkommensteuerbescheiden oder Gewinn- und Verlustrechnungen, verlangen. Die Erhebung dieser Angaben erfolgt durch eine wechselnde jährliche Stichprobe. Liegen mehr als zwei Kalenderjahre unterhalb der Geringfügigkeitsgrenze, erfolgt eine Anhörung des Versicherten zu diesem Umstand. Die KSK fordert, wenn der Versicherte für das laufende Jahr einen höheren Gewinn als 3.900 € geltend macht, aktuelle Tätigkeits- und Einkommensnachweise an.

122 Wenn aus der selbständiger künstlerischer Tätigkeit kein Arbeitseinkommen über der sozialversicherungsrechtlichen Geringfügigkeitsgrenze des § 3 Abs. 1 KSVG auch für das laufende Kalenderjahr nicht ersichtlich ist (Prognose anhand der vorgelegten Unterlagen), beendet sie die Versicherungspflicht nach dem KSVG.

123 Lediglich **in der Berufsanfängerzeit** des § 3 Abs. 2 KSVG, also bis zum Ablauf von drei Jahren nach erstmaliger Aufnahme der Tätigkeit (bei einer Aufnahme vor dem 1.7.2001 bis zum Ablauf von fünf Jahren) **ist die Erzielung eines Arbeitseinkommens über der Geringfügigkeitsgrenze** für das Bestehen der Versicherungspflicht nach dem KSVG **unerheblich**.

124 **Der Zeitpunkt der beruflichen Aufnahme** im Sinne von § 3 Abs. 2 KSVG **ist dann gegeben**, wenn die Tätigkeit **zu wirtschaftlichen Erwerbszwecken erfolgt**, also auf die Erzielung von Arbeitseinkommen gerichtet ist. Die tatsächliche Erzielung von Gewinnen ist im Hinblick auf die Erwerbsmäßigkeit nicht zwingend erforderlich. Es muss lediglich ernsthaft eine Beteiligung am Wirtschaftsleben beabsichtigt sein. **Unerheblich** dabei **ist ebenfalls**, ob die erwerbsmäßige künstlerische/publizistische Tätigkeit **neben einer abhängigen Beschäftigung, einer Arbeitslosigkeit oder eines Studiums** ausgeübt wird. Das bedeutet, dass der Zeitpunkt der beruflichen Aufnahme nach dem KSVG auch weit vor dem Zeitpunkt der Meldung bei der KSK liegen kann, auch wenn die künstlerische Tätigkeit vorher wirtschaftlich marginal war. Denn der Sinn des § 3 Abs. 2 KSVG ist es, dem Künstler, der wegen seines erstmaligen Auftretens in der Öffentlichkeit unbekannt

ist, der sein Aufgabengebiet und seine Einkunftsquellen erst erschließen muss und dessen Einkommen deshalb erfahrungsgemäß unterhalb der Geringfügigkeitsgrenze liegt, zu schützen. Dafür hat der Gesetzgeber dem Künstler einen mehrjährigen Zeitraum zugestanden. Hat der Künstler sich aber neben einer abhängigen Beschäftigung, Studium o.ä. schon in der Öffentlichkeit bekannt gemacht, unterfällt er nicht mehr dem Schutzzweck der Norm.

Viele Antragsteller machen geltend, noch als Berufsanfänger eingestuft zu werden, da sie ihre selbständige künstlerische/publizistische Tätigkeit in bestimmten Zeiträumen vor ihrer Meldung bei der Künstlersozialkasse unterbrochen hatten.

Aufgrund einer Neuregelung des § 3 Abs. 2 KSVG mit dem Zweiten Gesetz zur Änderung des KSVG und anderer Gesetze vom 13.6.2001 wird zwar für Personen, die ihre erwerbsmäßige selbständige künstlerische/publizistische Tätigkeit ab 1.7.2001 aufgenommen haben, die dreijährige Berufsanfängerzeit um Zeiten verlängert, in denen keine Versicherungspflicht nach diesem Gesetz oder Versicherungsfreiheit nach § 5 Abs. 1 Nr. 8 (Versicherungsfreiheit in der Krankenversicherung als Student) besteht. **Dieses gilt jedoch lediglich nach erstmaligem Versicherungsbeginn nach dem KSVG.**

▶ Beispiel 1:

Ein Musiker, der neben seinem Studium bereits seit dem 10.3.2006 Klavierunterricht gegen Entgelt erteilt hat, meldet sich im Jahr 2010 bei der KSK mit einem Arbeitseinkommen von 6000 € für 2010. Die KSK stellt die Versicherungspflicht nach dem KSVG fest. Der Beginn des Berufsanfängerzeitraums wird auf den 10.3.2006 festgesetzt und endet folglich am 10.3.2009. Der Versicherte wendet sich gegen den Beginn des Berufsanfängerzeitraums, da er nur geringfügig Einnahmen (ca. 500 €/Jahr) aus der Tätigkeit erzielt habe. Zumindest aber habe er während seines Examens (10.3.2008 – 10.3.2009) keinen Unterricht erteilt, der Berufsanfängerzeitraum müsse daher um ein Jahr verlängert werden.
Beide Einwände sind unerheblich. Die Tätigkeit erfolgte **zu wirtschaftlichen Erwerbszwecken** und hat den Bekanntheitsgrad des Versicherten in der Öffentlichkeit gesteigert. Die Unterbrechung der Tätigkeit kann nicht berücksichtigt werden, da der Berufsanfängerzeitraum bereits bei Meldung bei der KSK beendet war.

▶ Beispiel 2:

Ein Musiker, der neben seinem Studium bereits seit dem 10.3.2009 Klavierunterricht gegen Entgelt erteilt hat, meldet sich im Jahr 2010 bei der KSK mit einem Arbeitseinkommen von 6000 € für 2010. Die KSK stellt die Versicherungspflicht nach dem KSVG fest. Der Beginn des Berufsanfängerzeitraums wird auf den 10.3.2009 festgesetzt und endet folglich voraussichtlich am 10.3.2012. Am 10.3.2010 beginnt der Versicherte – wie er der KSK im Januar 2010 mitteilte – eine Weltreise und gibt seine selbständige künstlerische Tätigkeit hierfür zunächst auf. Die KSK beendet die Versicherungspflicht zum 10.3.2010. Am 10.3.2011 nimmt der Künstler seine Tätigkeit wieder auf und die KSK stellt die Versicherungspflicht nach dem KSVG erneut fest. Die Berufsanfängerzeit verlängert sich um ein Jahr auf den 10.3.2013.

5. Besondere Sachverhalte (Rentenversicherung, Kranken- und Pflegeversicherung, Tätigkeit im Ausland, Nebenjob, Gründungszuschuss, Mutterschaft, ALG)

a) Versicherungsfreiheit in der gesetzlichen Rentenversicherung, § 4 KSVG

Grundsätzlich unterliegt ein Künstler, der die Voraussetzungen nach dem KSVG erfüllt, der Versicherungs**pflicht** in der allgemeinen Rentenversicherung, in der gesetzlichen

15. Kapitel Künstlersozialversicherungsrecht

Krankenversicherung und in der sozialen Pflegeversicherung. Stellt die KSK daher mit Bescheid die Versicherungspflicht nach dem KSVG fest, wird sie Beiträge zu allen genannten Versicherungszweigen einfordern.

129 Wer ein zusätzliches Einkommen aus abhängiger Beschäftigung oder aus einer anderen selbstständigen Tätigkeit hat, ist jedoch nach § 4 KSVG nicht versicherungspflichtig in der gesetzlichen Rentenversicherung, wenn er aufgrund dieser Beschäftigung oder Tätigkeit versicherungsfrei ist (zum Beispiel als Beamter) oder sein Einkommen **als Arbeitnehmer** oder aus einer anderen (**nicht künstlerischen/publizistischen**) **selbstständigen** Tätigkeit ein bestimmtes Einkommen erreicht; im Jahr 2010 ein Einkommen von 33.000 € (2750 €/Monat) in den alten Bundesländer beziehungsweise 27.900 € (2325 €/Monat) in den neuen Bundesländern. Versicherungsfrei ist weiter, wer als Handwerker in die Handwerksrolle eingetragen ist (gilt nicht für Nebenbetriebe), wer Landwirt im Sinne des § 1 des Gesetzes über die Alterssicherung der Landwirte ist beziehungsweise eine Alters- oder Landabgaberente bezieht, wer eine Vollrente wegen Alters aus der gesetzlichen Rentenversicherung erhält, wer als Wehr- oder Zivildienstleistender rentenversichert ist oder wer das 65. Lebensjahr vollendet hat und bisher nicht rentenversichert war.

b) Versicherungsfreiheit in der Kranken- und Pflegeversicherung, § 5 KSVG

130 Nach § 5 KSVG sind selbstständige Künstler und Publizisten in der gesetzlichen Kranken- und Pflegeversicherung versicherungsfrei, wenn sie bereits auf Grund einer **abhängigen Beschäftigung** bereits nach § 5 Abs. 1 Nr. 1 SGB V versichert sind oder wenn eine **Vorrangversicherung** auf Grund des Bezuges von **Arbeitslosen- oder Unterhaltsgeld** nach dem SGB III gemäß § 5 Abs. 1 Nr. 2 SGB V oder auf Grund des Bezuges von **Arbeitslosengeld II** nach dem SGB II gemäß § 5 Abs. 1 Nr. 2a besteht. Eine Ausnahmeregelung hinsichtlich der Rentenversicherung nach dem KSVG existiert während eines Bezuges von Arbeitslosengeld nicht, auch wenn bei Bezug von Arbeitslosen- oder Unterhaltsgeld eine zusätzliche Rentenversicherungspflicht nach § 3 Nr. 3 Sozialgesetzbuch – Sechstes Buch (SGB VI) besteht.

131 Für selbständig Tätige ist es nicht untypisch, wenn keine nahtlose Aufeinanderfolge verschiedener Aufträge erfolgt, sondern sich nach Abschluss einer Tätigkeit einige Zeit bis zum nächsten Auftrag/der nächsten Tätigkeit ergibt. Die Versicherungspflicht in der Rentenversicherung nach dem KSVG bleibt für diese Zeit bestehen, da die berufsmäßige Ausübung der selbständigen künstlerischen/publizistischen Tätigkeit grundsätzlich nicht zwangsläufig unterbrochen wird, es sei denn, der Versicherte teilt mit, dass er seine selbständige künstlerische Tätigkeit vollständig aufgibt. Dann wird die Beendigung der Versicherungspflicht nach dem KSVG vollständig festgestellt. Wird der Künstler später wieder selbständig künstlerisch/publizistisch tätig, muss er dann allerdings einen Neuantrag auf Feststellung der Versicherungspflicht stellen.

132 Daneben besteht Versicherungsfreiheit für Künstler, wenn sie die selbstständige künstlerische/publizistische Tätigkeit **nach Vollendung des 65. Lebensjahres erstmalig** aufgenommen haben. Eine nachgewiesene erwerbsmäßige selbständige Tätigkeitsausübung zu einem früheren Zeitpunkt und deren Wiederaufnahme nach Vollendung des 65. Lebensjahres führt nicht zum Ausschluss der Kranken- und Pflegeversicherungspflicht.

133 Nach § 5 Abs. 1 Nr. 5 und Abs. 2 Nr. 1 KSVG ist zudem in der gesetzlichen Krankenversicherung und in der sozialen Pflegeversicherung jedoch versicherungsfrei, **wer neben seiner selbständigen** künstlerischen bzw. publizistischen **Tätigkeit** eine andere **nicht künstlerische oder nicht publizistische Tätigkeit erwerbsmäßig** ausübt, es sei denn, diese ist geringfügig im Sinne des § 8 SGB IV.

B. Die Praxis des Künstlersozialversicherungsgesetzes

Nach § 8 SGB IV liegt eine geringfügige Tätigkeit vor, wenn das Arbeitseinkommen aus dieser Tätigkeit regelmäßig im Monat 400 € nicht übersteigt, die Tätigkeit innerhalb eines Kalenderjahres auf längstens zwei Monate oder 50 Arbeitstage nach ihrer Eigenart begrenzt zu sein pflegt oder im Voraus vertraglich begrenzt ist, es sei denn, dass die Tätigkeit berufsmäßig ausgeübt wird und ihr Einkommen 400 € im Monat übersteigt. **134**

Weiter ist in der gesetzlichen Krankenversicherung nach § 5 Abs. 1 Nr. 8 KSVG versicherungsfrei, wer während der Dauer seines Studiums als **ordentlicher Studierender** einer Hochschule oder einer der fachlichen Ausbildung dienenden Schule eine selbständige künstlerische oder publizistische Tätigkeit ausübt. **135**

Zusammenfassend lässt sich also sagen: Versicherungsfrei nach dem KSVG in der gesetzlichen Kranken- und Pflegeversicherung sind gemäß § 5 KSVG selbstständige Künstler und Publizisten, wenn sie aufgrund einer abhängigen Beschäftigung oder als Landwirte oder als Arbeitslose in der gesetzlichen Krankenversicherung pflichtversichert sind, wenn sie die selbständige künstlerische/publizistische Tätigkeit nach Vollendung des 65. Lebensjahres aufgenommen haben, wenn sie nach den allgemeinen Vorschriften des SGB V versicherungsfrei sind, etwa bei Überschreitung der Jahresarbeitsentgeltgrenze oder als Beamter oder Soldat, wenn sie von der Versicherungspflicht befreit sind, wenn sie eine andere nicht versicherungspflichtige selbstständige Tätigkeit in mehr als geringfügigem Umfang (§ 8 SGB IV) erwerbsmäßig und nicht nur vorübergehend ausüben, wenn sie Wehr- oder Zivildienstleistende sind oder wenn sie ordentlich Studierende sind und die selbstständige Tätigkeit nur als Nebentätigkeit ausüben **136**

c) Befreiung von der Krankenversicherungspflicht auf Antrag, § 6 KSVG

Für Berufsanfänger besteht innerhalb der ersten drei Jahre die Möglichkeit der Befreiung von der gesetzlichen Krankenversicherung. Hierfür muss innerhalb von drei Monaten nach Feststellung der Versicherungspflicht ein Antrag bei der Künstlersozialkasse gestellt werden und sodann eine private Krankenversicherung nachgewiesen werden. Als Folge der Befreiung von der gesetzlichen Krankenversicherungspflicht tritt auch Versicherungsfreiheit in der gesetzlichen Pflegeversicherung ein. Auf Antrag zahlt die KSK einen Beitragszuschuss zur privaten Kranken- und Pflegeversicherung. Innerhalb der Berufsanfängerzeit kann die Befreiung von der Versicherungspflicht widerrufen werden, danach ist die Möglichkeit zur Rückkehr in die gesetzliche Krankenversicherung nicht mehr möglich. **137**

Auch für höherverdienende Künstler und Publizisten, deren Einkommen in drei Kalenderjahren hintereinander über der Summe der Jahresarbeitsentgeltgrenzen in der gesetzlichen Krankenversicherung gelegen hat, besteht die Möglichkeit der Befreiung von der gesetzlichen Krankenversicherungspflicht. Mit der Befreiung tritt auch hier gleichzeitig die Versicherungsfreiheit in der gesetzlichen Pflegeversicherung ein. Ebenso kann bei der Künstlersozialkasse ein Beitragszuschuss zur privaten oder freiwilligen gesetzlichen Kranken- und Pflegeversicherung beantragt werden. Höherverdienende können im Gegensatz zu Berufsanfängern die Befreiung von der Versicherungspflicht nicht widerrufen. **138**

d) Beginn der Versicherungspflicht, §§ 8, 11 KSVG

Der Beginn der Versicherungspflicht **hängt** vom Termin der Aufnahme der selbständigen Tätigkeit und **vom Zeitpunkt der Meldung** bei der KSK ab: **139**
- Wenn die Anmeldeunterlagen bereits vor der Aufnahme der Tätigkeit angefordert werden, ist der Tag der Aufnahme der selbständigen Tätigkeit der frühestmögliche Versicherungsbeginn.

- Ist der Antragsteller zum Zeitpunkt der Meldung (Anforderung der Unterlagen bei der KSK oder Eingang der Anmeldeunterlagen) bereits als Künstler/Publizist selbständig tätig, so beginnt die Versicherungspflicht **frühestens mit dem Tag der Meldung** bei der KSK.

e) Tätigkeit im Ausland

140 Die Vorschriften über die Versicherungspflicht gelten nach § 3 Abs. 1 SGB IV grundsätzlich nur für Personen, die in der Bundesrepublik Deutschland beschäftigt oder selbständig tätig sind.

141 Wird eine künstlerische oder publizistische Tätigkeit im Ausland ausgeübt, so begründet diese keine Versicherungspflicht nach dem KSVG, es sei denn, die Auslandstätigkeit ist entweder infolge ihrer Eigenart oder vertraglich im Voraus zeitlich begrenzt (so genannte Ausstrahlung im Sinne von § 4 SGB IV). Voraussetzung für das Vorliegen einer Ausstrahlung (unter Anwendung der deutschen Rechtsvorschriften) ist jedoch, dass trotz der vorübergehenden Verlagerung der Tätigkeit in das Ausland der Schwerpunkt der rechtlichen und tatsächlichen Merkmale der selbständigen Tätigkeit in der Bundesrepublik Deutschland bleibt.

f) Gründungszuschuss

142 Ein Gründungszuschuss hat keine Auswirkungen auf die Feststellung der Versicherungspflicht nach dem KSVG. Allerdings bleiben die dort gewährten Zahlungen bei der Feststellung der Höhe des Einkommens aus selbständiger Arbeit selbstverständlich unberücksichtigt.

g) Mutterschaft

143 Während des Bezuges von Mutterschaftsgeld wird die Versicherung bei der Künstlersozialkasse beitragsfrei geführt. Mit Beendigung des Mutterschaftsgeldbezuges muss die Versicherte der KSK mitteilen, ob nach Ablauf des Mutterschaftsgeldbezuges die selbständige künstlerische Tätigkeit wieder ausgeübt wird oder wegen der hohen zeitlichen Inanspruchnahme durch die Betreuung des Kleinkindes vorübergehend eingeschränkt bzw. eingestellt wird.

h) Sonstiges

144 Die Beiträge an die KSK richten sich – im Unterschied zur Sozialversicherung der Arbeitnehmer – nicht nach dem tatsächlich erzielten Bruttogehalt, sondern nach dem vom Künstler vorab geschätzten Jahreseinkommen. Hierzu müssen die Versicherten der KSK jedes Jahr zum 1.12. ihr **voraussichtliches Arbeitseinkommen** für das folgende Jahr melden. Aus dieser Schätzung wird dann der für das ganze Jahr gültige Monatsbeitrag berechnet, § 12 Abs. 1 KSVG. Die Anpassung des Schätzwertes an sich ändernde Einkommensverhältnisse ist auch während des Jahres jederzeit möglich. Die Beiträge ändern sich dann **ab dem Folgemonat** (d.h. keine Nachzahlung bzw. Rückerstattung für die vorangegangenen Monate).

145 Wird eine Jahresmeldung nicht abgeben, dann nimmt die KSK die Einkommensschätzung vor. Wird die Jahresmeldung zwei Jahre hintereinander nicht abgeben, wird die KSK voraussichtlich eine Einkommensüberprüfung durchführen, da sie davon ausgehen muss, dass die selbständige künstlerische/publizistische Tätigkeit weitgehend eingeschränkt wurde und nicht mehr in erwerbsmäßigem bzw. berufsmäßigem Umfang ausgeübt wird.

Die **Versicherungspflicht endet** grundsätzlich nur durch Feststellung der KSK. Dabei sind zwei Fälle zu unterscheiden: 146
- Ist eine Änderung der Verhältnisse eingetreten, die einen versicherten Künstler oder Publizisten nach dem KSVG versicherungsfrei stellt, endet die Versicherungspflicht mit dem Zeitpunkt dieser Änderung, d.h. die KSK hebt auf eine entsprechende Mitteilung hin die Versicherungspflicht rückwirkend ab diesem Zeitpunkt auf.
- In allen übrigen Fällen (Bsp.: Einstellung der künstlerischen oder publizistischen Tätigkeit) wird die Versicherungspflicht erst für den auf die Mitteilung folgenden Monat beendet.
- Gemäß § 36 KSVG können Ordnungswidrigkeiten bei Versicherten mit einer Geldbuße bis zu 5000 €, bei Verwertern bis zu 50.000 € geahndet werden.

II. Die Künstlersozialabgabe

1. Wer muss die Künstlersozialabgabe entrichten?

Allgemein lässt sich sagen: Abgabepflicht besteht für alle Unternehmen, Städte, Landkreise, Gemeinden, Verbände und (auch gemeinnützige) Vereine, die nicht nur gelegentlich Aufträge an (auch nebenberuflich) selbstständige Künstler und Publizisten erteilen, um beispielsweise Konzerte, Theateraufführungen und Vorträge zu veranstalten oder um für ihr eigenes Unternehmen Werbung oder Öffentlichkeitsarbeit zu betreiben und dafür regelmäßig wiederkehrend Geschäftsberichte, Kataloge, Prospekte, Zeitschriften, Broschüren, Zeitungsartikel erstellen und Produkte gestalten lassen. Für die Inanspruchnahme selbständiger künstlerischer oder publizistischer Leistungen ist in diesen Fällen Künstlersozialabgabe (KSA) zu zahlen. 147

Dabei ist es – zur Vermeidung von Wettbewerbsverzerrungen – unerheblich, ob die beschäftigten Künstler oder Publizisten selber in der Künstlersozialkasse versichert sind. 148

Gemäß **§ 24 Abs. 1 Nr. 1 bis 9** KSVG unterliegen einige Unternehmen immer der Abgabepflicht dem Grunde nach. Dies ist dem Umstand geschuldet, dass die dort genannten Unternehmen typischerweise ihr Geld durch die Vermarktung von Künstlern und Publizisten verdienen. 149

Als typische Verwerter künstlerischer bzw. publizistischer Leistungen gelten: 150
- Buch-, Presse- und sonstige Verlage, Presseagenturen (einschließlich Bilderdienste),
- Theater (ausgenommen Filmtheater), Orchester, Chöre und vergleichbare Unternehmen; Voraussetzung ist, dass ihr Zweck überwiegend darauf gerichtet ist, künstlerische oder publizistische Werke oder Leistungen öffentlich aufzuführen oder darzubieten,
- Theater-, Konzert- und Gastspieldirektionen sowie sonstige Unternehmen, deren wesentlicher Zweck darauf gerichtet ist, für die Aufführung oder Darbietung künstlerischer oder publizistischer Werke oder Leistungen zu sorgen,
- Rundfunk, Fernsehen,
- Herstellung von bespielten Bild- und Tonträgern (ausschließlich alleiniger Vervielfältigung),
- Galerien, Kunsthandel,
- Werbung oder Öffentlichkeitsarbeit für Dritte,
- Variete- und Zirkusunternehmen, Museen,
- Aus- und Fortbildungseinrichtungen für künstlerische oder publizistische Tätigkeiten.

Dabei kommt es nicht auf den Namen eines Unternehmens an oder darauf, dass ausschließlich die o.g. Tätigkeiten betrieben werden. Die Tätigkeiten sind vielmehr im weiteren Sinn zu verstehen und können auch auf Unternehmen und Einrichtungen zutreffen, die nur in ähnlicher Weise tätig werden. 151

15. Kapitel   Künstlersozialversicherungsrecht

152 Zur Künstlersozialabgabe sind daneben gem. **§ 24 Abs. 1 Satz 2** KSVG auch Unternehmer verpflichtet, die für Zwecke ihres eigenen Unternehmens Werbung oder Öffentlichkeitsarbeit betreiben und dabei nicht nur gelegentlich Aufträge an selbständige Künstler oder Publizisten erteilen. Regelmäßigkeit liegt dabei vor, wenn nachhaltig Aufträge für Werbung oder Öffentlichkeitsarbeit an selbstständige Künstler oder Publizisten vergeben werden; selbst einmal pro Jahr kann damit regelmäßig sein. Zu den Abgabepflichtigen in diesem Sinne zählen damit praktisch alle verkaufsorientierten Unternehmen, die regelmäßig Aufträge an selbständige Künstler und Publizisten erteilen, um beispielsweise Geschäftsberichte, Kataloge, Prospekte, Zeitschriften, Broschüren, Zeitungsartikel zu erstellen, Produkte zu gestalten und Konzerte, Theateraufführungen und Vorträge zu veranstalten.

153 Zur Künstlersozialabgabe sind gemäß **§ 24 Abs. 2** KSVG ferner Unternehmer verpflichtet, die nicht nur gelegentlich Aufträge an selbständige Künstler oder Publizisten erteilen, um deren Werke oder Leistungen für Zwecke ihres Unternehmens zu nutzen, wenn im Zusammenhang mit dieser Nutzung Einnahmen erzielt werden sollen. Werden in einem Kalenderjahr nicht mehr als drei Veranstaltungen durchgeführt, in denen künstlerische oder publizistische Werke oder Leistungen aufgeführt oder dargeboten werden, liegt eine nur gelegentliche Erteilung von Aufträgen im Sinne des Satzes 1 vor. Satz 1 gilt nicht für Musikvereine, soweit für sie Chorleiter oder Dirigenten regelmäßig tätig sind.

154 Es gibt somit **drei Fallgruppen** von abgabepflichtigen Unternehmen:
1. Der Hauptzweck des Unternehmens liegt in der Präsentation und Verwertung von künstlerischen und/oder publizistischen Werken und Leistungen.
2. Man bedient sich regelmäßig selbstständiger Künstler oder Publizisten für Werbezwecke des eigenen Unternehmens (z.B. Gestaltung einer Internetseite, Imagewerbung, Erstellen von Geschäftsberichten, Katalogen, Broschüren oder Prospekten, das Verfassen von Pressemitteilungen oder Zeitungsartikeln, das Gestalten von Produkten, die Leistungen eines Webdesigners, der eine Firmenhomepage entwirft, künstlerische Darbietungen auf öffentlichen Betriebsfeiern).
3. Es werden regelmäßig selbstständige Künstler oder Publizisten engagiert und mit der Verwertung ihrer Leistungen werden Einnahmen erzielt (z.B. Entwurf eines Flyers oder Nutzung von Design-Leistungen, Durchführung von mehr als drei Veranstaltungen im Jahr).

155 Sobald an der **Vertragsgestaltung mehrere Personen** beteiligt sind, kann sich die Frage ergeben, wer die KSA zu zahlen hat. Grundsätzlich ist die Abgabepflicht von dem Unternehmer zu entrichten, der in unmittelbarer Vertragsbeziehung zu dem Künstler steht. Maßgebend für die Beurteilung, wer im Einzelfall abgabepflichtig ist, sind die zivilrechtlichen, also die vertraglichen Vereinbarungen. Grundsätzlich ist die Abgabe von dem Unternehmer zu entrichten, der in unmittelbaren Vertragsbeziehungen zu dem Künstler steht. Das ist im Regelfall derjenige, der von dem Künstler die künstlerische Leistung verlangen und ggf. einklagen und gegen den der Künstler seine Ansprüche richten und durchsetzen kann.

156
- Der Vertreter eines Künstlers oder Publizisten (z.B. ein Agent oder Manager) ist selbst zur Zahlung der Künstlersozialabgabe verpflichtet, sofern er nicht nachweist, dass der Vertragspartner des Künstlers oder Publizisten selbst ein abgabepflichtiges Unternehmen betreibt, das mit Abgabennummer bei der KSK registriert ist und die entsprechenden Entgelte an die KSK gemeldet hat.
- Auch Vermittler eines Künstlers/Publizisten, die nicht unmittelbar an der Vertragsschließung beteiligt sind, aber Leistungen über einen Gelegenheitsnachweis hinaus erbringen, sind gleichfalls betroffen.
- Auch für Kommissionsgeschäfte ist ohne Ausnahme Künstlersozialabgabe zu zahlen.

Es ist deshalb (auch) zur korrekten Erhebung der Künstlersozialabgabe wichtig, dass klare vertragliche Vereinbarungen geschlossen und in der Praxis entsprechend angewendet werden. Zu beachten ist jedoch, dass durch einen Vertrag nicht geregelt werden kann, wer die Abgabe gegenüber der KSK zu zahlen hat. Die Abgabepflicht ergibt sich allein aus dem Gesetz.

Wird die künstlerische Leistung in irgendeiner Form **umgestaltet**, etwa durch das **Zusammenfügen von Fotos, Grafiken und Text zu einer Werbebroschüre**, kann ein neues Werk entstehen, auf das wiederum vollumfänglich die Abgabe zu zahlen ist. Wenn also beispielsweise bei Weitergabe eines Auftrages von einem selbständigen Künstler/Publizisten an einen anderen selbständigen Künstler/Publizisten das Auftragswerk verändert oder bearbeitet wird (z.B. wenn im Rahmen eines Auftrags Teile von anderen Designern übernommen werden), kann es zu einer weiteren Zahlungsverpflichtung kommen. Von einer Doppelerhebung kann hier keine Rede sein. Würde der Künstler Arbeitnehmer beschäftigen, müssten auch deren Leistungen als Nebenkosten oder Gemeinkosten in seine Rechnung mit einfließen.

Auch Zahlungen nicht abgabepflichtiger Dritter an Künstler/Publizisten erhöhen beim abgabepflichtigen Empfänger der Leistung die Bemessungsgrundlage für die Abgabe, § 25 Abs. 1 KSVG. Dadurch sollen Umgehungstatbestände vermeiden werden.

2. Welche Zahlungen unterliegen der Abgabepflicht?

Alle Entgelte, die an einen selbständigen Künstler oder Publizisten für eine künstlerische oder publizistische Leistung gezahlt werden, unterliegen der Abgabepflicht. Außerdem gehören auch Zahlungen an Künstler/Publizisten, die als Gewerbetreibende, Einzelunternehmer oder Personengesellschaften am Markt auftreten, zum maßgebenden Entgelt (selbst wenn diese selbst nicht versicherungspflichtig sind, weil sie z.B. mehr als einen Arbeitnehmer beschäftigen). Unerheblich für die Feststellung des maßgeblichen Entgeltes ist, ob es sich bei den Aufwendungen um Gagen, Ankaufspreise, Honorare, Tantiemen, Lizenzen, Zahlungen aus Kommissionsgeschäften, Sachleistungen, Preisgelder, Wettbewerbsgelder oder Ausfallhonorare handelt. Auch Zuschüsse oder Stipendien aus öffentlichen Mitteln können zum Entgelt gerechnet werden, wenn der Künstler bzw. Publizist mit den Aufwendungen zu einer bestimmten künstlerischen beziehungsweise publizistischen Gegenleistung verpflichtet wird.

Ferner sind sämtliche Auslagen und Nebenkosten, die einem Künstler oder Publizisten erstattet werden, z.B. für Material, Transport, Telefon dem abgabepflichtigen Entgelt hinzuzurechnen.

Bemessungsgrundlage für die Künstlersozialabgabe sind gem. § 25 KSVG die an selbstständige Künstler und Publizisten gezahlten
- Gagen
- Honorare
- Tantiemen
- Stipendien
- Lizenzen
- Auslagen und Nebenkosten beispielsweise für Material-, Telefon- und Transportkosten

Nicht abgabepflichtig sind hingegen Zahlungen an **juristische Personen** (z.B. GmbH), weil gemäß § 25 Abs. 1 KSVG Bemessungsgrundlage für die Künstlersozialabgabe nur Zahlungen an selbständige Künstler und Publizisten, also an natürliche Personen, ist. Die GmbH ist jedoch selbst abgabepflichtig, wenn sie für die Erbringung der Leistung selbständige Künstler und Publizisten beauftragt. Dabei gilt insbesondere, dass das Geschäftsführergehalt des GmbH-Gesellschafter-Geschäftsführers, der nach Sozialversicherungsrecht als selbstständig eingeordnet wird, vollumfänglich der Abgabepflicht durch die GmbH unterliegt, wenn dieser überwiegend künstlerisch/publizistisch tätig ist, wenn die künstlerischen Elemente das Gesamtbild der Tätigkeit prägen.[23]

164 Auch die Beauftragung von selbstständigen Künstlern und Publizisten mit ausländischem Wohnsitz führt zur Abgabepflicht.

165 Keine Künstlersozialabgabe ist zu entrichten für:
- Zahlungen an juristische Personen (z.B. für Leistungen zur Eigenwerbung oder zur Öffentlichkeitsarbeit, die an eine GmbH vergeben wurden)
- Zahlungen an Kommanditgesellschaften
- Zahlungen an urheberrechtliche Verwertungsgesellschaften (z.B. GEMA)
- Leistungen, die von eigenen Arbeitnehmern zur Werbung oder zur Öffentlichkeitsarbeit im Rahmen des Dienstverhältnisses erbracht werden
- die Übungsleiterpauschale nach § 3 Nummer 26 des Einkommensteuerrechts,
- Leistungen, die für den innerbetrieblichen Gebrauch erbracht werden (z.B. Bild für das Chefzimmer, interne Fortbildung, Betriebsfeiern – sofern keine Kunden anwesend sind)
- ausgewiesene Umsatzsteuer
- steuerfreie Aufwandsentschädigungen (Kosten für Unterkunft, Verpflegungsmehraufwendungen, Fahrkosten für An- und Abreise)
- Kosten für Übersetzungen von Bedienungsanleitungen und Werbebroschüren[24]
- private Aufwendungen (z.B. die Musikband auf einer privaten Hochzeitsfeier)

3. Wie wird die KSA berechnet?

166 Die Summe aller Entgelte, die ein Unternehmen während des Jahres an selbständige Künstler und Publizisten für entsprechende Leistungen geleistet hat, werden mit einem für jedes Jahr neu festgelegten Abgabesatz multipliziert.

167 Die Berechnungsgrundlage der Abgabe ist die Nettosumme der Rechnungen, die ein Künstler dem abgabepflichtigen Unternehmen stellt.

168 Der Abgabesatz betrug von 1983, dem Jahr der Einführung der Künstlersozialversicherung, bis einschließlich 1988 einheitlich 5 %. Von 1989 bis 1999 wurde für die vier Bereiche der Kunst und Publizistik (Wort, Bildende Kunst, Musik und Darstellende Kunst) jeweils ein eigener Abgabesatz festgelegt. Seit dem Jahr 2000 gibt es wieder einen einheitlichen Abgabesatz für alle Bereiche:

Jahr	Abgabesatz in Prozent
2000	4,0
2001	3,9
2002	3,8
2003	3,8
2004	4,3
2005	5,8

---

23 Siehe Rdn. 94.
24 BSG, Urt. v. 7.12.2006, B 3 KR 2/06 R.

Jahr	Abgabesatz in Prozent
2006	5,5
2007	5,1
2008	4,9
2009	4,4
2010	3,9
2011	3,9

▶ **Beispiel:** 169

Ein Galerist bezahlt im Jahr 2009 und im Jahr 2010 an 12 Künstler je 5000 € für den Ankauf von Bildern. Die Künstlersozialabgabe für das Jahr 2009 beträgt 5000 * 12 = 60.000 * 4,4 % = 2640 € und für das Jahr 2010 5000*12 = 60.000 * 3,9 % = 2340 €.

4. Verfahren zur Erhebung der KSA

a) Meldepflichten

Unternehmen, die vom KSVG betroffen sind, sind verpflichtet, sich selbst bei der KSK 170 zu melden. Die Abgabepflicht entsteht von Gesetzes wegen, sobald die Kriterien dafür erfüllt sind. Die Entscheidung der KSK hat insofern keine rechtsgestaltende Wirkung, sondern nur deklaratorischen Charakter.

Abgabepflichtige Unternehmen sind verpflichtet, einmal jährlich (bis zum 31.März des 171 Folgejahres) ihre an Künstler/Publizisten geleisteten Zahlungen zu melden, § 27 Abs. 1 KSVG. Hierfür versendet die KSK an die bereits gemeldeten Unternehmen einen besonderen **Meldebogen** zusammen mit der Mitteilung über den vom Bundesministerium für Arbeit und Soziales durch eine »Künstlersozialabgabe-Verordnung« für das Folgejahr festgesetzten neuen Abgabesatz. Für bislang nicht zahlende Unternehmen steht der Meldebogen auch auf der Homepage der KSK zur Verfügung. Gemäß § 27 Abs. 1a KSVG wird dann die Höhe der Künstlersozialabgabe von der Künstlersozialkasse ermittelt und dem Verpflichteten mitgeteilt. Für ein laufendes Kalenderjahr sind Vorauszahlungen zu leisten, § 24 Abs. 2 KSVG.

Aufgrund der Abrechnung für das Vorjahr berechnet die KSK die **monatliche Voraus-** 172 **zahlungen** für das laufende Jahr (März des laufenden Jahres bis Februar des Folgejahres), indem ein Zwölftel der Entgeltsumme des Vorjahres mit dem aktuellen Abgabesatz multipliziert wird, § 27 Abs. 3 KSVG.

Das Meldeverfahren kann somit in vier Stufen eingeteilt werden: 173
1. Erstmalige Meldung des Unternehmens bei der Künstlersozialkasse
2. (deklaratorische) Entscheidung der Künstlersozialkasse über die Abgabepflicht
3. Jährliche Meldung des Unternehmens an die Künstlersozialkasse über die im Vorjahr gezahlten Entgelte
4. Monatliche Vorauszahlungen des Unternehmens

Es kann ein Antrag auf Reduzierung des Vorauszahlungsbetrages gestellt werden, wenn 174 glaubhaft gemacht werden kann, dass die Bemessungsgrundlage erheblich unter der des vorangegangenen Jahres liegen wird, § 27 Abs. 5 KSVG.

Die Vorauszahlung entfällt bei einem max. zu zahlenden Vorauszahlungsbetrag von 40 €. 175

b) Schätzung der Abgabe

176 Sofern ein abgabeverpflichteter Unternehmer seinen gesetzlichen Meldepflicht nicht nachkommt, bzw. wenn die Meldung falsch oder unvollständig ist, wird von der Künstlersozialkasse/DRV eine Schätzung vorgenommen und gegebenenfalls ein Bußgeld verhängt.

177 In folgenden Fällen nimmt die KSK/DRV eine **Schätzung** der zu leistenden Abgaben vor (§ 27 Abs. 1 KSVG):

Wenn
- ein Unternehmer seiner Meldepflicht trotz Aufforderung nicht rechtzeitig nachkommt.
- die Meldung mit falschen Angaben erfolgt.
- die Meldung mit unvollständigen Angaben erfolgt.
- aufgrund nicht ordnungsgemäßer Buchführung bei einer Prüfung die Höhe der Beiträge nicht oder nur mit zu hohem Zeitaufwand ermittelt werden kann.

178 Die Schätzung basiert – wenn nicht bereits Entgeltmeldungen für die vergangenen Jahre abgegeben wurden, anhand derer die Schätzung vorgenommen werden kann – auf einem Durchschnittswert der KSA für die entsprechende Branche. Das bedeutet, dass die Schätzung für ein kleines Unternehmen entsprechend hoch ausfallen kann. Im Fall einer Schätzung sollte die korrekte Meldung der Entgelte unverzüglich nachgeholt werden. Die KSK erlässt dann einen Änderungsbescheid anhand der vorgelegten Unterlagen auf Basis der tatsächlich gezahlten Entgelte.

c) Überprüfung der Unternehmen

179 Nach der so genannten KSVG-Beitragsüberwachungsverordnung ist die Künstlersozialkasse berechtigt, durch eine Außenprüfung zu überwachen, ob die Beiträge korrekt entrichtet wurden. Die Prüfung wird von den Trägern der Rentenversicherung durchgeführt. Die Deutsche Rentenversicherung hat den gesetzlichen Auftrag erhalten, möglichst alle Unternehmen zu erfassen, die Werke oder Leistungen von selbständigen Künstlern oder Publizisten verwerten. Damit soll die Abgabelast gerechter, das heißt auf möglichst alle abgabepflichtigen Unternehmen, verteilt werden. Die Deutsche Rentenversicherung wird daher neben der turnusgemäßen Betriebsprüfung vor Ort auch im Rahmen einer Anschreibeaktion Anhaltspunkten nachgehen, die für die Verpflichtung eines Unternehmens zur Künstlersozialabgabe sprechen. Solche Anhaltspunkte können insbesondere Angaben des Unternehmens zum Unternehmenszweck bzw. Veröffentlichungen in den Medien sein. Im Zuge dieser Feststellungen werden Erhebungsbögen zur Prüfung der Abgabepflicht und zur Feststellung der Höhe der Künstlersozialabgabe an die bisher nicht erfassten Unternehmen verschickt. Die ausgefüllten Erhebungsbögen sind innerhalb eines Monats nach Erhalt an die Deutsche Rentenversicherung zurückzusenden. Sie bilden die Grundlage für die Entscheidung über die Abgabepflicht dem Grunde nach und die Abgabehöhe.

d) Onlineverfahren für Jahresmeldung

180 Die Künstlersozialkasse bietet abgabepflichtigen Verwertern ein Verfahren an, ihre Jahresmeldung zur Künstlersozialabgabe online zu erstellen und auch online zu übermitteln.

181 Es gibt drei Wege, die zur Verfügung gestellten Vordrucke zu verwenden und an die Künstlersozialkasse zu übermitteln:
- Die elektronische Variante: Über einen Kartenleser und eine Signaturkarte mit qualifizierter elektronischer Signatur können die Vordrucke digital signiert und rechtsgültig versendet werden.

- Die Kombination aus elektronischer Variante und Postweg: Die Daten können auch ohne elektronische Signatur am PC eingetragen und versendet werden. Anschließend wird das Formular ausgedruckt und unterschrieben per Post an die Künstlersozialkasse gesendet.
- Die Übermittlung der Unterlagen auf dem Postweg: Die Angaben können im Vordruck am PC ausgefüllt werden. Der ausgedruckte und unterschriebene Vordruck wird anschließend per Post an die Künstlersozialkasse gesendet.

5. Aufzeichnungspflichten

Das Gesetz sieht vor, dass alle im Lauf eines Jahres an Künstler und Publizisten gezahlten **Entgelte inkl. Auslagen und Nebenkosten** von den Unternehmen **fortlaufend aufzuzeichnen** sind, § 28 KSVG. Sie sind im Zuge von Betriebsprüfungen den Trägern der Deutschen Rentenversicherung auf Verlangen vorzulegen. Formvorschriften für die Aufzeichnungspflichten gibt es bis auf die folgenden Punkte nicht: 182

- Das Zustandekommen der Meldungen, Berechnungen und Zahlungen muss aus den Aufzeichnungen heraus nachprüfbar sein.
- Der Zusammenhang mit den zu Grunde liegenden Unterlagen muss jederzeit hergestellt werden können.
- Mehrere Entgeltzahlungen für eine künstlerische/publizistische Leistung müssen in Listenform zusammengeführt werden.

Die **Aufbewahrungspflicht** für die Aufzeichnungen der Entgelte beträgt 5 Jahre nach Ablauf des Kalenderjahres der Fälligkeit der jeweiligen Entgelte, § 28 Satz 3 KSVG. 183

Ferner besteht für die Abgabepflichtigen gegenüber der Künstlersozialkasse (oder Träger der Rentenversicherung) eine Auskunftspflicht über alle Punkte, die im Rahmen der Feststellung der Abgabepflicht von Bedeutung sein können, § 29 KSVG. Auf Verlangen müssen die Unternehmer über folgende Tatsachen Auskunft geben: 184

- die Feststellung der Abgabepflicht,
- die Höhe der Künstlersozialabgabe,
- die Versicherungspflicht,
- die Höhe der Beiträge.

Die Künstlersozialkasse ist berechtigt, ein Bußgeld zu verhängen, wenn die Aufzeichnungen nicht ordnungsgemäß geführt, Auskünfte verweigert oder Unterlagen nicht vorgelegt werden, § 36 KSVG. 185

Gemäß § 31 Abs. 2 AO sind die Finanzbehörden verpflichtet, Kenntnisse, die grundsätzlich dem Steuergeheimnis unterliegen, der KSK und der DRV mitzuteilen, wenn dies für die Feststellung der Abgabenpflicht oder Festsetzung der Abgabenhöhe nach dem KSVG erforderlich ist. 186

6. Säumniszuschläge

Nach § 30 KSVG i.V.m. § 24 Abs. 1 SGB IV sind für Beiträge und Beitragsvorschüsse, die nicht bis zum Ablauf des Fälligkeitstages gezahlt werden, Säumniszuschläge i.H.v. 1 % für jeden Monat (12 % jährlich) zu erheben. 187

7. Verjährungsfristen

Gem. § 31 KSVG gilt für die Verjährung § 25 SGB IV entsprechend. Demnach verjähren die Ansprüche auf Beiträge in vier Jahren nach Ablauf des Kalenderjahrs, in dem sie fällig geworden sind. Ansprüche auf vorsätzlich vorenthaltene Beiträge verjähren in dreißig Jahren nach Ablauf des Kalenderjahrs, in dem sie fällig geworden sind. 188

8. Sonstiges

a) Darf die Künstlersozialabgabe dem Künstler oder Publizisten in Rechnung gestellt werden?

189 Da die Künstler vergleichbar einem Arbeitnehmer pflichtversichert sind und nur den halben Beitrag zur gesetzlichen Renten-, Kranken- und Pflegeversicherung aufzubringen haben, sind die Verwerter nicht berechtigt, ihren Anteil an der Sozialversicherung in Form der Künstlersozialabgabe dem Künstler vom Entgelt abzuziehen bzw. ein entsprechend geringeres Entgelt zu vereinbaren. Derartige Vereinbarungen verstoßen gegen das gesetzliche Verbot im Sozialgesetzbuch und sind von Anfang an nichtig, § 32 SGB I.

b) Ratenzahlung, Stundung

190 Unternehmen, die Nachzahlungen nicht in einer Summe aufbringen können, steht es frei, Anträge auf Ratenzahlung oder Stundung bei der Künstlersozialkasse zu stellen. Die KSK hat nach pflichtgemäßem Ermessen bei Vorlage entsprechender Unterlagen über die Anträge zu entscheiden und steht einer vernünftigen Ratenzahlungsregelung offen gegenüber. Voraussetzung hierfür ist, dass die Einziehung für den Schuldner mit erheblichen Härten verbunden wäre und der Anspruch durch die Ratenzahlung nicht gefährdet wird.

191 Existenzgefährdende Probleme ergeben sich durch die Nachzahlung deshalb nicht.

c) Müssen auch Auftraggeber aus dem Ausland Abgaben zahlen?

192 Es ist das Territorialitätsprinzip zu beachten, nach dem ein Gesetz nur in Deutschland Rechtswirkung entfalten kann. Allenfalls Unternehmen, die ihren Sitz im Ausland haben, aber ihre wesentliche Tätigkeit im Inland ausüben (z.B. Konzertveranstalter, Filmproduzenten oder Kunsthändler auf Messen im Inland), fallen unter die Abgabepflicht. Ist die Erhebung beim ausländischen Unternehmen nicht möglich, ist die Abgabe bei den beteiligten inländischen Unternehmen zu erheben (§ 25 Abs. 1 Satz 2 KSVG).

d) Wer ist zuständig – DRV oder KSK?

193 In Angelegenheiten der alljährlichen Erhebung der Künstlersozialabgabe ist und bleibt die Künstlersozialkasse in ihrer Funktion als Einzugsstelle weiterhin Empfängerin der Meldebögen.

194 Die Deutsche Rentenversicherung ist nur im Rahmen der Ersterfassung (in diesem Rahmen allerdings vollständig, d.h. mit Widerspruch und Klage) und der Betriebsprüfungen bei Arbeitgebern für die Überwachung der rechtzeitigen und vollständigen Entrichtung der Künstlersozialabgabe zuständig.

195 Sämtliche Zahlungen sind ausschließlich an die Künstlersozialkasse zu leisten.

III. Ausgleichsvereinigungen, § 32 KSVG

196 Gemäß § 32 Abs. 1 Satz 1 KSVG können nach § 24 zur Abgabe Verpflichtete mit Zustimmung der Künstlersozialkasse eine Ausgleichsvereinigung bilden, die ihre der Künstlersozialkasse gegenüber obliegenden Pflichten erfüllt, insbesondere mit befreiender Wirkung die Künstlersozialabgabe und die Vorauszahlungen entrichten kann.

197 Diese Form der Ausgleichsvereinigung (AV) bedarf im Gegensatz zur AV nach Satz 2 nicht der Zustimmung der Zustimmung des Bundesversicherungsamtes. Allerdings wird durch diese Form der AV auch der Verwaltungsaufwand für die Mitglieder der AV nur

unwesentlich geringer, da nach wie vor die an selbständige Künstler/Publizisten gezahlten Entgelte einzeln zu ermitteln sind.

Gemäß § 32 Abs. 1 Satz 2 KSVG kann Künstlersozialkasse aber auch vertraglich mit einer Ausgleichsvereinigung abweichend von diesem Gesetz die Ermittlung der Entgelte im Sinne des § 25 unter Zugrundelegung von anderen für ihre Höhe maßgebenden Berechnungsgrößen und die Berücksichtigung von Verwaltungskosten der Ausgleichsvereinigung regeln. Der Vertrag bedarf der Zustimmung des Bundesversicherungsamtes (Aufsichtsbehörde der KSK). **198**

Das bedeutet, dass die KSK einen Teil der potentiellen Mitglieder einer AV überprüft und eine Pauschale ermittelt, die von allen Mitgliedern der AV – unabhängig von den tatsächlich gezahlten Entgelten – zu zahlen ist. Insgesamt muss jedoch die KSA in gleicher Höhe gezahlt werden, als wenn die Mitglieder einzeln bezahlen würden. **199**

Gemäß § 32 Abs. 2 KSVG entfallen die Aufzeichnungspflicht nach § 28 KSVG und Prüfungen aufgrund des § 35 KSVG für die Jahre, für die Pflichten des zur Abgabe Verpflichteten durch die Ausgleichsvereinigung erfüllt werden. Im Übrigen bleiben die Rechte und Pflichten des zur Abgabe Verpflichteten gegenüber der Künstlersozialkasse unberührt. **200**

Die Vorteile einer Ausgleichsvereinigung gem. § 32 Abs. 1 Satz 2 KSVG liegen darin, dass **201**
- durch eine pauschale Berechnung der Künstlersozialabgabe eine erhebliche Verwaltungsvereinfachung eintritt.
- Aufzeichnungspflichten nach § 28 KSVG für die Zeit der Mitgliedschaft in der AV entfallen.
- bei Mitgliedern einer AV grundsätzlich keine Betriebsprüfungen durch die DRV nach § 35 KSVG durchgeführt werden.
- die finanzielle Belastung durch die Künstlersozialabgabe von den Abgabepflichtigen besser kalkuliert werden kann.
- die Vereinigung die einzelnen Unternehmen gegenüber der KSK vertritt.
- bei vertraglichen Regelungen zwischen der AV und der KSK auch die Verwaltungskosten der AV berücksichtigt werden können, wenn die KSK von Verwaltungskosten entlastet wird.

Kapitel 16
Schutz von Werktiteln und Marken

Übersicht Rdn.

A. Werktitel 1
I. Einleitung 1
II. Funktion des Werktitelschutzes 3
   1. Unterscheidungsfunktion 3
III. Schutzbereich des § 5 Abs. 3 MarkenG 8
   1. Abstrakte Werktitelfähigkeit 8
      a) Druckschriften 10
      b) Filmwerke, Tonwerke, Bühnenwerke 11
      c) Sonstige vergleichbare Werke 13
         aa) Computerprogramme 14
         bb) Spiele 15
         cc) Messen, Kongresse, Veranstaltungen 16
         dd) Domains 18
         ee) Literarische Figuren 19
   2. Konkrete Werkfähigkeit 21
      a) Vorliegen eines Werkes 21
      b) Kennzeichnungsfähige Titel 24
         aa) Periodika, Rundfunk- oder Nachrichtenmagazine 29
         bb) Sachbücher 30
         cc) Andere Werkkategorien 31
   3. Räumlicher Schutzbereich 33
IV. Ansprüche aus dem Werktitelrecht 34
   1. Der Unterlassungsanspruch, § 15 Abs. 4 i.V.m. § 15 Abs. 2 und 3 MarkenG ... 35
      a) Anspruchsinhaber 35
      b) Anspruchsgegner 39
      c) Wiederholungs- oder Erstbegehungsgefahr 40
      d) Unterlassungsanspruch wegen Verwechslungsgefahr, § 15 Abs. 4 i.V.m. § 15 Abs. 2 MarkenG ... 43
         aa) Titelmäßige Benutzung 44
         bb) Vorliegen einer Verwechslungsgefahr 47
            (1) Kennzeichnungskraft 50
            (2) Zeichenähnlichkeit 51
            (3) Werknähe 54
      e) Erweiterter Unterlassungsanspruch nach § 15 Abs. 3 MarkenG .. 56
   2. Annexansprüche 57
      a) Auskunftsansprüche 58
         aa) Markenrechtlicher Auskunftsanspruch 58
         bb) Gewohnheitsrechtlicher Auskunftsanspruch 59
         cc) Zeitliche Beschränkung des Auskunftsanspruch 61
         dd) Vorlage- und Besichtigungsanspruch 62
      b) Schadensersatzansprüche 67
      c) Vernichtung und Rückruf, § 18 MarkenG 72
   3. Einwendungen gegen titelrechtliche Ansprüche 73
      a) Erlöschen des Titelschutzes 73
      b) Einwendungen 76
         aa) Eigene ältere Rechte 76
            (1) Ältere Markenrechte 77
            (2) Unternehmenskennzeichen 79
            (3) Ältere Urheberrechte 80
         bb) Beschreibende Verwendung 81
         cc) Verjährung und Verwirkung 82
V. Vorverlagerung der Priorität – Die Titelschutzanzeige 83
   1. Überblick 83
   2. Sammelanzeigen 87
   3. Anonyme Anzeige 88
   4. Wiederholungsanzeigen 91

16. Kapitel Schutz von Werktiteln und Marken

	Rdn.
VI. Der Titel als Vermögensgegenstand	92
VII. Flankierender Rechtsschutz	96
1. Verletzung von Marken- oder Unternehmenskennzeichen	97
a) Marken- und Kennzeichenrechte	97
b) Wettbewerbsrecht	98
c) Namensrechte, § 12 BGB	99
2. Deliktsrechtlicher Schutz, §§ 823, 826 BGB	100
3. Strafrechtlicher Schutz	101
B. Marken	102
I. Einleitung	102
1. Definition und Abgrenzung der Marke	103
a) Produktkennzeichen	104
b) Unternehmenskennzeichen	105
2. Markenformen	109
3. Schutzvoraussetzungen	111
a) Unterscheidungskraft	112
aa) Abstrakte Unterscheidungskraft	113
bb) Konkrete Unterscheidungskraft	116
b) Zuweisung der Marke zu einem Unternehmen – Schutzentstehung	118
4. Schutzwirkungen	120
a) Herkunftsfunktion	122
b) Werbefunktion	123
5. Schutzbedeutung	125
a) Begründung des Schutzes	126
aa) Sachliche Reichweite	128
(1) Schutz für andere Zeichen als Werktitel	128
(2) Schutz für andere Waren als Werke und für Dienstleistungen	129
(3) Schutz für andere als die benutzten Werktitel	130
(4) Schutz für andere als die benutzten Werke	131
bb) Territoriale Reichweite	132
cc) Zeitliche Reichweite	133
b) Beweis des Schutzes	134
6. Schutzrelevanz	136
II. Entstehung der Marke	140
1. Auswahl der Marke	140
a) Markenschutz von Werktiteln	141
aa) Unterschiedliche Anforderungen an Unterscheidungskraft bei Marken und Titeln	142
bb) Markenrechtliche Unterscheidungskraft von Werktiteln	144
b) Markenschutz von Personennamen	149
c) Markenschutz von Personengruppen	153
d) Markenschutz von Veranstaltungsbezeichnungen	155
2. Auswahl der Waren und Dienstleistungen	158
a) Freie Wahl	159
b) Begrenzende Faktoren	160
c) Planungsschema	162
3. Auswahl des Schutzterritoriums	166
a) Gemeinschaftsmarke	167
b) Internationale Registrierung	168
c) Nationale Marken	170
4. Ablauf der Markenauswahl	171
a) Markenkreation	171
b) Recherche	173
aa) Art der Recherche	175
bb) Umfang der Recherche	176
cc) Territorium der Recherche	178
c) Abgrenzung	179
d) Anmeldung	182
III. Erhaltung der Marke	183
1. Verlängerung	184
2. Benutzung/Neuanmeldung	185
3. Verteidigung	187

	Rdn.
IV. Verteidigung der Marke	188
1. Maßnahmen zur Verteidigung der Marken	188
a) Überwachung	189
b) Einleitung rechtlicher Schritte	191
2. Richtung der Verteidigung der Marke	192
a) Schutz der Herkunftsfunktion der Marke	193
aa) Verwechslungsgefahr oder Doppelidentität	194
bb) Markenmäßige Benutzung	197
b) Schutz der Werbe- und Kommunikationsfunktion der Marke	203
aa) Ausnutzung der Unterscheidungskraft (Aufmerksamkeitsausbeutung)	205
bb) Rufschädigung	207
cc) Verwässerung	209

A. Werktitel

I. Einleitung

Der Werktitelschutz ist in dem – insoweit missverständlich abgekürzten – MarkenG[1] geregelt. Die §§ 5, 15 MarkenG ersetzen die vormalige Parallelvorschrift des § 16 UWG a.F. Diese Änderung, die gleichzeitig mit der Umsetzung der Markenrichtlinie 1995 erfolgte, war allgemein begrüßt worden, galt doch § 16 UWG im Lauterkeitsrecht immer als Fremdkörper.[2] Allgemein besteht aber Einigkeit darüber, dass die Rechtsprechung zum § 16 UWG a.F. weiter Anwendung findet.[3] **1**

Mit der Einbeziehung des Titelschutzes in das Markengesetz war allerdings gleichzeitig auch eine Erweiterung des Anwendungsbereiches verbunden. Nach dem Wortlaut des § 16 UWG a.F. waren lediglich die Titel von »Druckschriften« gegen eine Verwechslungsgefahr geschützt. Diese Regelung war von der Rechtsprechung allerdings schon bei § 16 UWG a.F. erheblich ausgedehnt worden. Der neue § 5 Abs. 3 MarkenG trug dem Rechnung. Neben den Druckschriften sind jetzt auch Filmwerke, Tonwerke, Bühnenwerke oder – praktisch besonders relevant, aber auch in der Diskussion – »sonstige vergleichbare Werke« ausdrücklich umfasst. **2**

II. Funktion des Werktitelschutzes

1. Unterscheidungsfunktion

Der Werktitelschutz bezweckt die Individualisierung eines Werkes. Dabei geht es um die Abgrenzbarkeit eines Werkes von einem anderen. **3**

Das Werktitelrecht unterscheidet sich damit vom Recht an einem Unternehmenskennzeichen. Das Unternehmenskennzeichen soll das Unternehmen individualisieren. Dieses Erfordernis gibt es beim Werktitelschutz nicht. Zwar können Unternehmens- und Titelschutz zusammenfallen. Gerade bei Periodika ist es nicht unüblich, dass beispielsweise der Name eines Verlages mit dem seiner Hauptpublikation identisch ist. Auch wenn in diesen besonderen Fällen ein Werktitel somit gleichzeitig eine Individualisierungsfunktion haben kann, ist dies gerade keine Tatbestandsvoraussetzung eines Anspruchs aus einem Titelschutzrecht. Der Schutz des Werktitels steht in diesen Fällen **4**

---

1 Richtig: Gesetz über den Schutz von Marken und *sonstigen Kennzeichen*.
2 Siehe *Baumbach/Hefermehl*, 17. Auflage 1993, Vor § 16 UWG, Rn. 2.
3 BGH GRUR 1997, 902, 903 – FTOS; *Baronikians* Rn. 1; *Deutsch/Ellerbrock* Rn. 3.

vielmehr eigenständig neben einem eventuell zusätzlich bestehenden Recht am Unternehmenskennzeichen.

5   Da ein Werktitel lediglich eine Abgrenzung ermöglichen soll, sind auch die an die markenmäßige Unterscheidungskraft gestellten Anforderungen[4] nicht einschlägig. Eine Herkunftsfunktion ist nicht erforderlich; nur selten wird man eine solche auch bei Werktiteln bejahen können.

6   Abzugrenzen ist der Werktitelschutz auch von urheberrechtlichen Regelungen. Der Schutz des Werktitels verlangt weder, dass der Titel als solches nach urheberrechtlichen Kriterien schutzfähig wäre, also eine besondere persönliche geistige Schöpfung darstellt. Ebenso wenig muss das von dem Werktitel gekennzeichnete Werk als solches urheberrechtsschutzfähig sein. Werktitelschutz ist daher auch bei Werken denkbar, denen es an der urheberrechtlichen Werkqualität mangelt sowie bei Titeln gemeinfreier Werke gegeben.[5] Auch hier gilt somit, dass das Werktitelrecht als eigenständiges Recht neben dem Urheberrecht bestehen kann und dies möglicherweise sogar überdauert.

7   **Praxistipp:**
Die Rechte aus der Marke, einem Unternehmenskennzeichen und aus einem Werktitelrecht, aber auch aus einem Urheberrecht unterliegen somit unterschiedlichen Anspruchsvoraussetzungen, die bei der Beratung – auch darüber ob ein Zeichen überhaupt schutzfähig sein kann – zu berücksichtigen sind. Zeichen, die gemäß § 8 Abs. 2 MarkenG schutzunfähig sind, können gleichwohl als Werktitel geschützt sein.

III. Schutzbereich des § 5 Abs. 3 MarkenG

1. Abstrakte Werktitelfähigkeit

8   § 5 Abs. 1 MarkenG sieht einen Schutz für Unternehmenskennzeichen und Werktitel vor, die insgesamt als »geschäftliche Bezeichnung« verstanden werden. Eine Begrenzung auf bestimmte Zeichenformen, wie etwa in § 3 Abs. 2 MarkenG für die Marke vorgesehen, ist im Gesetz nicht enthalten. § 5 Abs. 3 MarkenG definiert sodann aber den Begriff »Werktitel« aber als »Namen und besondere Bezeichnungen von Druckschriften, Filmwerken, Tonwerken, Bühnenwerken und sonstigen vergleichbaren Werken«. Trotz der im 2. Hs. enthaltenen Öffnungsklausel wird die Reichweite des Titelschutzes damit begrenzt.

9   **Praxistipp:**
Zu prüfen ist stets, ob ein »Werk« vorliegt, dass entweder zu den genannten Werkformen gehört oder damit vergleichbar ist.

a) Druckschriften

10 Der praktisch wohl relevanteste Anwendungsbereich für den Werktitelschutz sind die **Druckschriften**. Dazu gehören zunächst alle Printmedien, also Zeitungen, Zeitschriften

---

4 Siehe dazu *Viefhues* Rdn. 112.
5 Siehe Rdn. 73.

samt Rubriktitel,[6] Beilagen[7] oder Serientitel,[8] Bücher (auch in der Form von Buchreihen oder -serien), Kataloge,[9] Kalender[10] aber auch Musikalien.[11] Neben oder anstelle des Haupttitels können auch Untertitel von Werken titelschutzfähig sein.[12] Zu den schutzfähigen Titeln gehören grundsätzlich des weiteren Titelteile.[13] Auch Abkürzungen können schutzfähig sein, sofern sie zur Werkunterscheidung geeignet sind. Beispiele sind »FAZ« (Frankfurter Allgemeine Zeitung), »NJW« (Neue Juristische Wochenschrift) oder »NZ« (Nürnberger Zeitung).[14] Voraussetzung ist allerdings, dass die Abkürzung nach Auffassung der beteiligten Verkehrskreise auch als Titel verstanden wird.[15] Auch bei Unter- oder Nebentiteln gilt, dass diese nur dann (selbständig) schutzfähig sind, wenn sie auch als eigenständiger Titel wahrgenommen werden. Bei bekannten »Haupttiteln« stellt sich hier allerdings häufiger sogar das Problem, ob der »Haupttitel« als reiner Unternehmens- oder Herkunftshinweis verstanden wird und der Unter- bzw. Nebentitel damit zum einzigen Unterscheidungszeichen wird.[16] Dies ist bei der Prüfung einer Verwechslungsgefahr zu berücksichtigen.[17]

b) Filmwerke, Tonwerke, Bühnenwerke

Weitere, einem Titelschutz zugängliche Werkformen sind die **Filmwerke**, **Tonwerke** und **Bühnenwerke**. Trotz des entgegenstehenden Wortlautes wurde auf diese Werkformen bereits § 16 UWG analog angewendet.[18] Filmwerke sind neben Kino- und Fernsehfilmen, aber selbstverständlich auch alle anderen Formate, wie beispielsweise Verbraucherschutzsendungen[19] oder auch Sendereihen.[20] Die Frage, ob ein »Filmwerk« einen einheitlichen Inhalt haben muss,[21] ist von der Rechtsprechung nicht weiter aufgegriffen worden. Wie bei Tageszeitungen und Magazinen genügt es, dass Produktion und Sendung dem Verkehr mit einer eigenen Bezeichnung gegenüber treten.[22] Auch hier gilt somit, dass ein

11

---

6 OLG Nürnberg NJWE-WettbR 1999, 256 – Die Schweinfurther; OLG München GRUR-RR 2008, 402, 403 – Leichter leben.
7 BGH WRP 2005, 213 – Das Telefonsparbuch; BGH GRUR 2000, 70, 72 – Szene; OLG München NJWE-WettbR 1999, 257 – Dr. Sommer; OLG München GRUR-RR 2008, 402, 403 – Leichter leben; LG Köln AfP 97, 655 – Karriere; LG München, Urt. v. 30.3.2010, 33 O 1467/09 – Agenda.
8 BGH GRUR 1999, 235, 237 f. – Wheels Magazine; BGH GRUR 80, 227 – Monumenta Germaniae Historica.
9 BGH GRUR 2005, 959, 960 – Facts II; a.A. *Deutsch/Ellerbrock* Rn. 46; siehe auch *Baronikians* Rn. 113.
10 OLG München GRUR 1992, 327, 328 – Osterkalender; das OLG entschied aber, dass eine Schokoladenverpackung mit Kalenderaufdruck in erster Linie eine Produktgestaltung sei und daher kein Kalender i.S. einer Druckschrift.
11 OLG Frankfurt WRP 1978, 892 – Das bisschen Haushalt.
12 BGH GRUR 1990, 218, 219 – Verschenktexte; *Baronikians* Rn. 15.
13 LG München GRUR-RR 2010, 334, 335 – Agenda II. In diesem Fall ging es um den Begriff Agenda für ein »Zeitungsbuch«, d.h. den in sich abgeschlossenen Einleger in einer Tageszeitung.
14 BGH GRUR 1968, 259 – NZ.
15 *Fezer* § 15 MarkenG Rn. 300.
16 Siehe dazu die – allerdings zu markenrechtlichen Ansprüchen ergangene – BGH-Entscheidung v. 2.12.2009, WRP 2010, 893, 894 f. – OFFROAD. Der BGH verneinte in dieser Entscheidung die selbständig kennzeichnende Stellung eines Titelbestandteils »OFFROAD«, da dieser Titelteil glatt beschreibend sei und daher keinen Herkunftshinweis biete. Zwischen den Titeln »OFF ROAD« und »automobil OFFROAD« bestehe daher bei der gebotenen Gesamtbetrachtung nur eine schwache Ähnlichkeit.
17 Siehe Rdn. 47 ff.
18 *Baumbach/Hefermehl*, Wettbewerbsrecht, 17. Auflage 1993, § 16 UWG, Rn. 117.
19 BGH GRUR 2001, 1050, 1051 – Tagesschau; BGH GRUR 1977, 543, 544 – Der 7. Sinn; KG GRUR 2000, 906 – Gute Zeiten, Schlechte Zeiten.
20 KG GRUR 2000, 906, 907.
21 Angedeutet von *Deutsch/Ellerbrock* Rn. 34.
22 BGH GRUR 1993, 769, 770 – Radio Stuttgart; BGH GRUR 1977, 543, 545 – Der 7. Sinn; KG GRUR-RR 2001, 133 – live vom Alex.

Serientitel schutzfähig sein kann wenn die verschiedenen Folgen vom Verkehr als einheitliche Reihe wahrgenommen werden.[23]

12 Geschützt sind auch Tonwerke also zum Beispiel Hörfunksendungen,[24] Theaterstücke, Opern, Operette oder Musicals.[25] Der Übergang zu Bühnenwerken ist fließend und wird in der Rechtsprechung auch nicht stringent durchgehalten.[26]

c) Sonstige vergleichbare Werke

13 Besonderes Augenmerk wurde in den letzten Jahren auf die »**sonstigen vergleichbaren Werke**« gelegt. Teilweise erfolgreich wurden darüber neue Werkformen in den Werktitelschutz einbezogen:

aa) Computerprogramme

14 Unstreitig titelschutzfähig sind nach mehreren BGH-Entscheidungen Computerprogramme.[27] Voraussetzung ist, dass es sich bei dem Computerprogramm um ein einheitliches, vom Verkehr auch als individuelles Werk erkennbares Arbeitsergebnis handelt. Der BGH hat in der Leitentscheidung Power Point[28] festgehalten, dass solche immateriellen Arbeitsergebnisse, die als Gegenstand des Rechtsverkehrs bezeichnungsfähig sind, auch einer eigenen Kennzeichnung zugänglich sein müssen, durch die sie von anderen Leistungen geistiger Art unterscheidbar werden. Daher kann es auch nicht darauf ankommen, ob eine Software lediglich im Download oder aber auch noch als körperliches Werkstück vertrieben wird.[29] Titelschutzfähig ist daher auch ein Internetauftritt, beispielsweise ein Informationsprogramm.[30]

bb) Spiele

15 Umstrittener ist hingegen die Frage eines Werktitelschutzes für Spiele. Hierzu hat der BGH – damals noch in Analogie zu § 16 UWG a.F. – in einem Einzelfall eine grundsätzliche Anwendbarkeit des Werktitelschutzes bejaht (»Zappel-Fisch«-Entscheidung).[31] Voraussetzung ist aber, dass das Spiel durch eine bestimmte Spielidee geprägt ist und in dieser Weise vom Verkehr auch als bezeichnungsfähig angesehen wird. Aus diesem Grund verneinte der BGH in der »Zappel-Fisch«-Entscheidung das Vorliegen eines titelschutzfähigen Werkes, da das Schwergewicht des Spielgedankens an die Gegenstände im Spielkasten verknüpft war (Fischfiguren sollten mit einer vibrierenden Schöpfkelle aus einem Bassin herausgefischt werden) und nicht eine in sich abgeschlossene, vom Verkehr auch als solche identifizierbare Spielidee enthielt (der BGH verweist hier beispielhaft auf das Spiel »Monopoly«).

cc) Messen, Kongresse, Veranstaltungen

16 Die Ausdehnung des Werktitelschutzes auf Veranstaltungen ist umstritten. Der BGH hat unlängst die grundsätzliche Anwendbarkeit des Werktitelschutzes für die Bezeichnung

---

23 BGH GRUR 1993, 769, 770 – Radio Stuttgart.
24 BGH GRUR 1993, 769 – Radio Stuttgart.
25 *Ingerl/Rohnke* § 5 Rn. 75 f.
26 Offen gelassen z.B. in OLG Köln GRUR-RR 2008, 828 – Nacht der Musicals.
27 BGH AfP 2009, 583 ff. – airdsl; BGH GRUR 2006, 594 – Smart Key; GRUR 1998, 155, 156 – Power Point; GRUR 1997, 902, 903 – FTOS, siehe auch *Fezer* § 15 MarkenG Rn. 256.
28 GRUR 1998, 155.
29 Zutreffend *Baronikians* Rn. 131; OLG Hamburg ZUM 2001, 514, 516 ff. – Sumpfhuhn.
30 OLG München GRUR 2001, 522, 524 – Kuecheonline.de; KG ZUM 2001, 74, 76 – berlin-online.
31 GRUR 1993, 767 – Zappel-Fisch; grundsätzlich bejahend auch LG Mannheim AfP 2009, 517.

einer Veranstaltung bejaht.³² Unter welchen besonderen Voraussetzungen eine Veranstaltung aber als »sonstiges vergleichbares Werk« Titelschutz erlangen kann, brauchte der BGH nicht zu entscheiden. Diese Frage ist nach wie vor offen.

Das LG Düsseldorf hat im Jahr 1996 einmal eine Titelschutzfähigkeit der Bezeichnung für eine Messe bejaht. Die Besonderheit des Düsseldorfer Falls war allerdings, dass die dort im Streit stehende Messe sachlich eingegrenzte Einheiten unter einem sehr engen Oberbegriff zusammenfasste (»Paracelsus-Messen«).³³ Nach der bislang herrschenden Meinung sind Messen, Konferenzen, Kongresse oder andere Veranstaltungen allerdings nicht eigenständige und damit bezeichnungsfähige Werke, sondern letztlich nur eine spezielle Form verschiedener Dienstleistungen, die in ihrer Gesamtheit nur in Ausnahmefällen titelschutzfähig sein können.³⁴ Diese Auffassung ist gerade angesichts der wirtschaftlichen Bedeutung von »Messenamen« häufiger kritisiert worden. In der Literatur wird zunehmend eine Ausdehnung des Titelschutzes auch auf solche Veranstaltungsformen gefordert.³⁵ Die Zurückhaltung der Rechtsprechung bei der Ausdehnung des Werktitelschutzes auf Oberbegriffe, die eine Vielzahl von Einzelleistungen bezeichnen, ist aber zu begrüßen. Richtig ist zwar, dass der Oberbegriff einen Wiedererkennungseffekt begründet und daher durchaus auch als besonderes Geschäftsabzeichen schutzfähig sein kann. Es darf dabei aber nicht übersehen werden, dass die unter dem Oberbegriff angebotenen Leistungen in aller Regel variieren. Ein Werk »CeBIT«, das als solches individualisierbar ist, gibt es nicht. Damit unterscheidet sich eine Messe auch von dem Reihennamen einer Fernseh- oder Hörfunksendung. Auch hier ist der einzelne Beitrag, der unter dem Reihentitel (»Tagesschau«, »Der 7. Sinn«) verbreitet wird, unterschiedlich. Produzent, Sendeformat und die Rundunkgestaltung sind aber stets identisch. Veranstaltungen, Messen oder Festivals, die sich jedes Jahr als Neuauflage der Vorjahresveranstaltung präsentieren, also im Wesentlichen aus gleichen Ausstellern mit gleichen Themen und gleichen Leistungsangeboten bestehen, wären damit vergleichbar. In diesem Fall könnte man darüber nachdenken, ob man es mit einem abgrenzbaren und daher auch identifizierbaren Werk zu tun hat, das eine entsprechende Schutzfähigkeit erlangen könnte. Für alle anderen Veranstaltungsformen gilt aber, dass deren Bezeichnungen markenfähig sein dürften und damit eine Schutzlücke, die ausgerechnet über das Werktitelrecht geschlossen werden müsste, nicht besteht.

dd) Domains

Domains haben eine Namens- und Kennzeichenfunktion. Daher kann an ihnen auch ein Titelschutzrecht entstehen. »Automatisch«, wie dies häufig angenommen wird, geschieht dies jedoch keineswegs. Entscheidend ist vielmehr, dass der Domainname vom Verkehr nicht nur als Internet-Adresse, sondern gleichzeitig als werkidentifizierendes Schlagwort verstanden wird.³⁶ Die Domain muss zudem ein »Werk«, also einen abgeschlossenen Internetauftritt bezeichnen, i.d.R. eine virtuelle Zeitschrift oder Zeitung.³⁷ Eine Bezeichnung für eine Homepage als solche (also der reine Firmenauftritt) kann nur dann titelschutzfähig sein, wenn der Verkehr mit der Domain das Werk – also den eigentlichen

---

32 BGH WRP 2010, 764, 766 – WM-Marken.
33 LG Düsseldorf WRP 1996, 156, 159.
34 BGH GRUR 1989, 626, 627 – Festival Europäischer Musik; LG Berlin, Urt. v. 13.12.2007, 52 O 498/07, das LG Stuttgart traf zu derselben Messebezeichnung im Übrigen eine genau gegenteilige Entscheidung, 22.11.2007, 17 O 560/07.
35 Siehe z.B. *Fezer* § 15 MarkenG Rn. 265; *Ingerl/Rohnke* § 5 MarkenG Rn. 76; *Wilhelm* WRP 2008, 902 ff.; *Ekey/Klippel-Eisfeld*, 1. Auflage 2003, § 5 MarkenG Rn. 89; kritisch: *Berberich* WRP 2006, 1431 ff.
36 BGH GRUR 2010, 156, 157 – Eifel-Zeitung; BGH GRUR 2005, 262, 263 – soco.de; LG Hamburg MMR 2006, 252 – allgemeinarzt.de; *Fezer* WRP 1997, 887, 890 f.
37 Vgl. OLG München GRUR 2006, 686, 687 – österreich.de.

Webauftritt – und nicht etwa dahinter stehende Produkte oder Unternehmen verbindet (in diesem Fall können aber Markenrechte oder Rechte an geschäftlichen Bezeichnungen verletzt sein).

ee) Literarische Figuren

19 Die Titelschutzfähigkeit von literarischen Figuren ist umstritten. Befürworter eines originären Werktitelschutzes für literarische Figuren weisen darauf hin, dass auch Werkteile titelschutzfähig sind.[38] Wenn diese eine Selbständigkeit erhalten können, müsse dies auch für eine fiktive Figur eines Werkes möglich sein.[39] In diese Richtung geht auch eine Entscheidung des OLG Hamburg.[40] Das OLG Hamburg wies darauf hin, dass der Comic-Figur des »Obelix« wegen ihrer Originalität und Einprägsamkeit eigener Werktitelschutz zukomme. Dafür spreche im Übrigen auch, dass der Name der Figur auch selbständig als Werktitel verwendet werde, beispielsweise in dem Titel »Obelix GmbH & Co. KG«.

20 Die Gegenauffassung wendet ein, dass literarische Figuren dem Verkehr nicht selbständig sondern lediglich im Zusammenhang mit dem durch einen anderen Titel bezeichneten Werk gegenübertreten würden.[41] Wenn der Name einer solchen Figur im Zusammenhang mit einem anderen Werk verwendet würde, kennzeichne der Name das gesamte Werk und könne daher eigenen Titelschutz erhalten. In der Tat kann man die Obelix-Entscheidung des OLG Hamburg wohl nicht als Beleg für einen selbständigen Werktitelschutz für literarische Figuren ansehen. In der Obelix-Entscheidung wurde vom OLG gerade darauf abgestellt, dass der Begriff »Obelix« durch die Verwendung in diversen Comic-Heften einen titelmäßigen Gebrauch erfahren hatte. Gleichwohl ist es aber zutreffend, literarischen Figuren einen eigenen Werktitelschutz zuzugestehen. Zum einen ist anerkannt, dass Rubrikentitel, die Titel von »Zeitungsbüchern« oder Untertitel titelschutzfähig sind. Auch sie bezeichnen lediglich Teile eines Werkes. Der Unterschied zu der »literarischen Figur« liegt nur darin, dass diese Werkteile in der Regel optisch abgrenzbar sind, während sich die literarische Figur durch ein Werk hindurch zieht. Die Funktion eines Werktitels ist es aber, ein Werk von einem anderen abgrenzbar zu machen. Dazu ist die literarische Figur, jedenfalls wenn sie zur Werkidentifizierung beiträgt geeignet. Zu Recht hat der BGH daher auch in der Entscheidung Winnetous Rückkehr[42] auf die Bekanntheit der fiktiven Figur »Winnetou« verwiesen und festgehalten, dass ihr die Eignung zur Werkindividualisierung nicht abgesprochen werden könne.

2. Konkrete Werkfähigkeit

a) Vorliegen eines Werkes

21 Wie beim Kennzeichenschutz ist Entstehungsvoraussetzung eines Werktitelrechts, dass eine Benutzungsaufnahme im geschäftlichen Verkehr im Inland erfolgt. Konstitutive Akte sind nicht erforderlich. Damit gehört der Werktitelschutz zu den »U-Boot-Schutzrechten«, die schwer recherchierbar,[43] bei einer umfassenden kennzeichenrechtlichen Beratung aber stets zu berücksichtigen sind.

22 Anders als beim Kennzeichenschutz verlangt die Benutzungsaufnahme aber die Existenz eines Werkes. Interne Vorbereitungshandlungen sind ebenso wenig ausreichend, wie das

---

38 *Fezer* § 15 MarkenG, Rn. 260.
39 So auch *Baronikians* Rn. 138.
40 OLG Hamburg GRUR-RR 2006, 408, 411 – Obelix.
41 *Deutsch/Ellerbrock* Rn. 49.
42 BGH GRUR 2003, 440, 441.
43 Siehe dazu *Viefhues* Rdn. 173 ff.

unmittelbare Bevorstehen seines Erscheinens[44] oder Werbemaßnahmen.[45] In der Entscheidung FTOS hat der BGH beispielsweise die Lieferung einer Software an einzelne Kunden im Rahmen eines Piloteinsatzes dem Herstellungsprozess zugeordnet und die Entstehung eines Titelschutzes damit verneint.[46] Zu Recht wird in der Literatur darauf hingewiesen, dass eine Aufweichung dieses klaren Grundsatzes der Rechtsprechung zu neuen Problemfeldern, wie beispielsweise einer Diskussion darüber, welches Entwicklungsstadium ein »Werk« haben muss, um überhaupt als solches bezeichnet werden zu können, führen würde.[47] Dem nachvollziehbaren praktischen Bedürfnis, auch schon in Entwicklungs- und Vorbereitungsphasen hinsichtlich der Wahl des Werktitels ausreichend geschützt zu sein, trägt die Titelschutzanzeige[48] ausreichend Rechnung.

Das Erscheinen des Werkes muss zudem im Inland erfolgen. Auch hier folgt das Werktitelschutzrecht somit den allgemeinen Grundsätzen eines Kennzeichenschutzes. Es ist daher nicht genügend, wenn man ein ausländisches Werk im Inland bestellen kann.[49] Die Anforderungen an einen Inlandsvertrieb sind allerdings nicht zu hoch zu legen. So kann beispielsweise schon der Vertrieb über eine Bahnhofsbuchhandlung ausreichend sein, um einen inländischen Werktitelschutz eines ausländischen Presseerzeugnisses zu begründen.[50] Dieser muss allerdings ernsthaft und von Dauer sein. Auf einen besonderen wirtschaftlichen Erfolg kommt es hingegen nicht an.[51] 23

b) Kennzeichnungsfähige Titel

Der Schutzbereich des § 5 Abs. 3 MarkenG setzt als ungeschriebenes Tatbestandsmerkmal das Vorliegen eines werkidentifizierenden Unterscheidungszeichens voraus. Nur wenn der Verkehr in der Lage ist, ein konkretes Werk von einem anderen abzugrenzen, ist ein Zeichen titelschutzfähig. Hingegen ist nicht erforderlich, dass der Titel (gleichzeitig) einen Hinweis auf den Ersteller eines Werkes oder das Unternehmen, aus dem das Werk herrührt, ermöglicht. Ein Titel kann einen Herkunftshinweis beinhalten, so beispielsweise bei periodisch ausgestrahlten Sendungen oder bekannten Verlagserzeugnissen. Eine Schutzvoraussetzung ist dies aber nicht.[52] Für den weitaus überwiegenden Teil von Werktiteln wird eine solche Hersteller- oder Herkunftsfunktion ohnehin fehlen. 24

Da die Individualisierbarkeit das maßgebliche Kriterium zur Erlangung eines Werktitelrechts ist, sind an die Kennzeichnungskraft und damit Schutzfähigkeit eines Titels gegenüber einer Marke und einem Unternehmenskennzeichen geringere Anforderungen zu stellen. § 8 Abs. 2 MarkenG ist – anders als z.B. beim Unternehmenskennzeichen – nicht analog anwendbar. Dabei ist zwischen den einzelnen Titelformen zu unterscheiden. 25

Titelschutzfähig sind natürlich stets Fantasietitel oder Titel, die zwar einen generischen Begriff enthalten, aber im übertragenen Sinne verwendet werden (»Stern«, »Spiegel«, 26

---

44 BGH AfP 2009, 583, 586 – airdsl; GRUR 1998, 1010, 1013 – WINCAD; GRUR 1997, 902, 903 – FTOS; OLG München GRUR-RR 2003, 283 – Motorrad-Abenteuer (nur Ls).
45 OLG München GRUR 2001, 522, 524 – kuecheonline.de.
46 BGH GRUR 1997, 902, 903 – FTOS.
47 Siehe dazu *Baronikians* Rn. 151.
48 Siehe dazu Rdn. 83.
49 OLG Hamburg GRUR-RR 2002, 231 – Tigertom.
50 OLG Hamburg AfP 2005, 561 ff. – NEWS.
51 Siehe LG Hamburg AfP 2010, 280, 281.
52 BGH GRUR 2001, 150, 152 – Tagesschau; GRUR 2001, 1054–1056 – Tagesreport; GRUR 1993, 488, 490 – Verschenktexte II.

»Test«).[53] Die Titelschutzfähigkeit kann daher auch für solche Zeichen oder Wortfolgen bestehen, für die nach markenrechtlichen Grundsätzen ein Schutz nicht möglich ist.[54]

27 Den Fantasietiteln stehen solche mit ausschließlich beschreibendem Inhalt gegenüber. Begriffe, die lediglich eine Werkgattung bezeichnen, wie etwa »Magazin«[55] oder Morgenpost können für sich genommen nicht titelschutzfähig sein. Anders liegt der Fall bereits dann, wenn weitere individualisierende Zusätze hinzugefügt werden. Geografische Angaben wie »Eifel« zu »Zeitung«,[56] »Berliner«[57] oder auch »Stuttgart« in »Radio Stuttgart«[58] können bereits eine hinreichende Individualisierung ermöglichen. Ebenso sieht der Verkehr in dem an sich beschreibenden Hinweis »online« regelmäßig den Internetauftritt eines Printmediums gleichen Namens.[59] Rein beschreibende Titel können entsprechend der für Marken geltenden Grundsätze kraft Verkehrsgeltung schutzfähig werden.[60]

28 Beeinflusst wird die Titelschutzfähigkeit eines Zeichens schließlich von der Werkgattung. Dabei achtet die Rechtsprechung stark auf Verkehrsgewohnheiten, die sich in einer Branche herausgebildet haben können:

aa) Periodika, Rundfunk- oder Nachrichtenmagazine

29 Bei Zeitungen, Zeitschriften, Rundfunk- oder Nachrichtenmagazinen hat sich der Verkehr daran gewöhnt, mit relativ farblosen Begriffen konfrontiert zu werden. Auch Titel, die daher einen sehr deutlichen inhaltsbeschreibenden Anklang haben, können grundsätzlich schutzfähig sein.[61] So ist beispielsweise ein hochgradig beschreibender Titel für eine Tageszeitung – »Berliner Zeitung« – als titelschutzfähig angesehen worden, weil die Kombination aus »Berliner« und »Zeitung« das »genügende Mindestmaß an Individualität« aufweisen.[62] Automagazin wurde für eine Automobilzeitschrift Schutzfähigkeit zuerkannt, weil die Kombination aus »Auto« und »Magazin« gerade hinreichend individualisierende Merkmale aufweist und damit eine gerade noch bestehende Kennzeichnungskraft zu bejahen ist.[63] Auch »News« ist für ein Nachrichtenmagazin schutzfähig, weil dieser Titel gerade noch zu einer Werkidentifizierung geeignet ist.[64] Die geringeren Anforderungen an die Titelschutzfähigkeit bei Periodika oder regelmäßig wiederkehrenden Rundfunk- oder Nachrichtenmagazinen darf allerdings nicht zu der Annahme verleiten, dass stets auch rein beschreibende Begriffe bei dieser Werkkategorie schutzfähig sein können. Vielmehr ist auch hier in jedem Fall ein Mindestmaß an Unterscheidungskraft darzulegen. Reine Gattungsbezeichnungen, die noch nicht einmal durch einen

---

53 KG GRUR-RR 2004, 303, 304 – automobil TEST; OLG Hamburg GRUR-RR 2001, 31-screen/screen basics für die übertragene Bedeutung des Wortes »screen« für ein Magazin.
54 BGH GRUR 2000 – Bücher für eine bessere Welt – Titelschutzfähigkeit ja, Markenfähigkeit nein; desgleichen GRUR 2001, 1044, 1055 – Gute Zeiten – Schlechte Zeiten; GRUR 2001, 1042, 1043 – REICH UND SCHÖN; GRUR 1988, 211, 212 – Wie hammas denn?.
55 BGH GRUR 1999, 235, 237 – Wheels Magazine.
56 BGH GRUR 2010, 156 – Eifel-Zeitung.
57 BGH GRUR 1997, 661 – BZ/Berliner Zeitung.
58 BGH GRUR 1993, 769, 770 – Radio Stuttgart.
59 OLG Frankfurt GRUR-RR 2001, 264, 265 – Weltonline.de; OLG Hamburg GRUR 2003, 104, 107 – Eltern.
60 BGH GRUR 1993, 488, 490 – Verschenktexte II.
61 BGH GRUR 2001, 1050, 1052 – Tagesschau; GRUR 2001, 1054, 1055 – Tagesreport; GRUR 2000, 70, 72 – Szene; GRUR 1999, 235, 237 – Wheels Magazine; GRUR 1993, 769, 770 – Radio Stuttgart; OLG Hamburg AfP 2005, 561 ff. – NEWS; OLG München GRUR-RR 2005, 191, 192 – Focus Money; OLG München GRUR-RR 2008, 402, 403 – Leichter leben; OLG Hamburg GRUR-RR 2009, 309, 310 – Agenda.
62 BGH GRUR 1997, 661 – BZ/Berliner Zeitung.
63 BGH GRUR 2002, 177 – Automagazin.
64 OLG Hamburg AfP 2005, 561 ff. – NEWS.

Orts- oder Inhaltszusatz eine Individualisierung ermöglichen, sind titelschutzunfähig, so z.B. »Sonntagsblatt«.[65]

bb) Sachbücher

Die Entscheidungspraxis bei Sachbüchern folgt den Grundsätzen für Periodika und regelmäßig wiederkehrende Hörfunk- und Rundfunksendungen in solchen Bereichen, in denen sich der Verkehr gleichfalls an stark beschreibende Titel gewöhnt hat. Bejaht wurde dies bislang für Kochbücher.[66] Im Übrigen werden aber an die Schutzfähigkeit von Titeln auch im Bereich der Sachbücher höhere Anforderungen gestellt. Fehlende Schutzfähigkeit wurde daher für Titel wie »Wellness« für ein Buch mit gleichem Themeninhalt,[67] »Versicherungsrecht« oder »Internetrecht« für Lehrbücher mit entsprechendem Inhalt[68] angenommen.

cc) Andere Werkkategorien

Auch auf andere Werkkategorien können die Grundsätze zu Periodika nicht ohne Weiteres übertragen werden.[69] Vielmehr ist hier grundsätzlich erst einmal davon auszugehen, dass der Verkehr deutlichere Unterscheidungszeichen braucht, als bei den bekannt konturlosen Begriffen im Zeitungsmarkt, bei Nachrichtensendungen oder bestimmten Sachbuchbereichen. Allerdings kann auch hier nicht ausgeschlossen werden, dass sich eine Verbrauchergewöhnung an blasse Titel herausbildet, beispielsweise im Softwarebereich. Entsprechendes ist aber substantiiert darzulegen.

> **Praxistipp:**
>
> Zur Kennzeichenfähigkeit ist grundsätzlich vorzutragen. Bei Periodika genügt dabei in der Regel ein Hinweis auf die stark herabgesetzten Anforderungen an die Schutzfähigkeit, sofern es sich nicht um einen allzu beschreibenden Titel handelt. Im übrigen ist die Fähigkeit des Titels, der Werkunterscheidung zu dienen, aber dazulegen.

3. Räumlicher Schutzbereich

Der räumliche Schutzbereich eines Werktitels ist mit einem Unternehmenskennzeichen vergleichbar. Grundsätzlich, und ohne das Vorliegen anderer Sachverhaltsumstände, ist der Werktitel in der gesamten Bundesrepublik geschützt. Lediglich regionale Medien können – wie auch rein lokal tätige Unternehmen – unter Umständen nur einen begrenzten Werktitelschutz haben.[70] Angesichts der leichten Verfügbarkeit von Werktiteln außerhalb ihres eigentlichen Bestimmungsgebietes dürfte sich der Anwendungsbereich eines lokal begrenzten Titelschutzes auf solche Publikationen beschränken, die bestimmungsgemäß regional ausgezeichnet sind (Stadtteilmagazine, Vereinsnachrichten).

IV. Ansprüche aus dem Werktitelrecht

Bei Titeln, die unter den Schutzbereich des § 5 Abs. 3 MarkenG fallen, hat der Inhaber gem. § 15 Abs. 1 MarkenG an diesen ein ausschließliches Recht. Dritten ist es untersagt,

---

65 OLG Oldenburg GRUR 1987, 127 – Sonntagsblatt.
66 BGH GRUR 1991, 153, 154 – Pizza & Pasta; OLG Köln AfP 2000, 578 f. – Blitzrezepte oder OLG Köln GRUR 2000, 1073 – Blitzgerichte.
67 LG München GRUR 1991, 931, 933.
68 LG Berlin K&R 2008, 697, 698.
69 *Fezer* § 15 Rn. 275; *Baronikians* Rn. 37.
70 *Deutsch/Ellerbrock* Rn. 57.

den Werktitel in einer Weise zu benutzen, die geeignet ist, Verwechslungen mit der geschützten Bezeichnung hervorzurufen (§ 15 Abs. 2 MarkenG). Des Weiteren ist der Inhaber eines bekannten Werktitels vor Titelausbeutungen und -verwässerungen geschützt, § 15 Abs. 3 MarkenG. Gemäß § 15 Abs. 4 MarkenG hat der Inhaber eines Werktitelrechtes in diesen Fällen einen Unterlassungsanspruch. Daneben hat der Inhaber eines Werktitelrechts Annexansprüche auf Auskunft, Schadensersatz, Vernichtung oder Rückruf.

1. Der Unterlassungsanspruch, § 15 Abs. 4 i.V.m. § 15 Abs. 2 und 3 MarkenG

a) Anspruchsinhaber

35 Nach § 15 Abs. 4 MarkenG kann der Inhaber eines Werktitelrechtes bei Widerholungsgefahr einen Unterlassungsanspruch durchsetzen. Daneben umfasst § 15 Abs. 4 MarkenG aber auch einen Anspruch auf Abstandnahme bei einer bloßen Erstbegehung.

36 Inhaber eines Titels ist bei Periodika, Rundfunk- und Fernsehserien in aller Regel der Verleger.[71] Hier stellt die Rechtsprechung auf den Umstand ab, dass der Verleger für das Erscheinen eines Werkes verantwortlich ist, also dessen Existenz und damit auch die Entstehung eines Werktitelrechtes erst ermöglicht. Hinzu kommt auch der rein praktische Umstand, dass es bei Periodika, aber auch bei Fernseh- oder Hörfunkreihen oder -serien häufig keinen alleinverantwortlich zeichnenden Autor geben wird, dem man ein Werktitelrecht an einem solchen Serien- oder Reihentitel wird zusprechen können.

37 Bei Einzelwerken nimmt der BGH regelmäßig an, dass der »Autor und Schöpfer« auch Inhaber des Titelrechts ist.[72] Dieser Grundsatz ist nach allgemeiner Auffassung auf die Schöpfer anderer Werke übertragbar,[73] wobei teilweise danach differenziert wird, ob als Werkschöpfer der »Herr über den Werkinhalt«, also der »Urheber«, anzusehen ist[74] oder aber derjenige, der für die Benutzungsaufnahme und damit die Existenz des Werkes am Markt verantwortlich ist. Dies ist in der Regel der Verleger, die Gesellschaft, die einen Filmverleih vornimmt oder aber die Fernseh- oder Rundfunkanstalt.[75] Die letztgenannte Auffassung ist vorzugswürdig. Die Auffassung, die auf das Bestimmungsrecht über den Werkinhalt abstellt, – also letztlich auf den kreativen Anteil – übersieht, dass der Werktitelschutz allein der Werkidentifizierung gilt. Der kreative Gehalt des Werkes, insbesondere also der Werkinhalt und damit auch das Bestimmungsrecht darüber ist für die Abgrenzungsfunktion des Werktitels irrelevant. Zudem führt diese Auffassung auch zu Unschärfen. Gerade bei Werkformen, die naturgemäß mehrere Unternehmen oder Personen mit einer Bestimmungsmacht über den Werkinhalt haben (man denke nur an Drehbuchautoren, Regisseure, Filmproduzenten, Rundfunk- und Fernsehanstalten, Verleihgesellschaften oder Finanzierungsgeber), können sich Abgrenzungsschwierigkeiten ergeben, wer das »letzte Wort« haben soll. Das Abstellen auf den »Inverkehrbringer« verkürzt sicherlich den kreativen Beitrag der an der Werkentstehung Beteiligten, ordnet aber das Werktitelrecht letztlich derjenigen Personen oder Unternehmen zu, die durch die Herstellung des Werkes erst für das Entstehen eines Werktitelrechtes gesorgt hat. Unabhängig davon zu beurteilen sind etwaige urheberrechtliche Ansprüche an einem Werktitel, die daneben auch noch bei Dritten liegen können und auf die an anderer Stelle gesondert eingegangen wird.[76] Die hier vertretene Auffassung wird letztlich auch durch

---

71 BGH GRUR 1990, 218, 220 – Verschenktexte.
72 BGH GRUR 2005, 264, 265 – Das Telefon-Sparbuch; GRUR 1990, 218, 220 – Verschenktexte.
73 *Fezer* § 15 MarkenG, Rn. 304.
74 So *Fezer* § 15 MarkenG, Rn. 307.
75 *Baronikians* Rn. 281 ff.
76 Siehe Rdn. 80.

die Rechtsprechung geteilt. Zwar wird in diversen Entscheidungen[77] vom Schöpfer als Inhaber des Titelrechts ausgegangen. In den genannten Entscheidungen wird aber stets auf eine zumindest gleichwertige Rechtsbefugnis des Verlegers/Herausgebers verwiesen. So hielt der BGH in der Entscheidung Verschenktexte ausdrücklich fest,[78] bei Fehlen ausdrücklicher Abreden sei im Zweifel anzunehmen, dass die Übertragung der Titelrechte in Folge der engen Verbindung von Titel und Werk regelmäßig so weit reichten, wie die Übertragung der Rechte am Werk. Ohne sodann die Frage weiter zu thematisieren, ob der Inhaber einer damit bloß schuldrechtlich eingeräumten Rechtsposition an dem Werktitelrecht auch zur Geltendmachung von Unterlassungsansprüchen berechtigt ist,[79] bejahte der BGH die Klagebefugnis der Verlegerin.

Ungeschriebenes Tatbestandsmerkmal aller Kennzeichenrechte ist des Weiteren, dass der Anspruchsinhaber ein besseres Recht an dem Titel hat, als der in Anspruch genommene. Dazu gehört zunächst einmal das prioritätsältere Recht (siehe § 6 MarkenG). Des Weiteren muss der Anspruchsinhaber auch seinerseits den Titel befugt benutzen.[80] **38**

b) Anspruchsgegner

Anspruchsgegner ist neben dem Täter oder Teilnehmer auch der Störer, also derjenige, der – ohne Täter oder Teilnehmer zu sein – unter Verletzung der ihm zumutbaren Prüfungspflichten in irgendeiner Weise willentlich und adäquat kausal zur Verletzung eines geschützten Rechtsgutes beigetragen hat.[81] Daneben ist auch im Bereich des Werktitelrechts die Beauftragtenhaftung des § 14 Abs. 7 MarkenG anwendbar (siehe § 15 Abs. 6 MarkenG). Nach dieser Regelung haftet der Inhaber eines Unternehmens auch für die ohne sein Wissen und möglicherweise sogar ohne seinen Willen von einem »Beauftragten« begangenen Verletzungshandlungen. Der dahinterstehende Rechtsgedanke ist, dass die Handlung des »Beauftragten« letztlich dem Betriebsinhaber zugute kommt. Zudem soll sich der Unternehmensinhaber nicht hinter den Handlungen der von ihm abhängigen Dritten verstecken können.[82] Dabei ist die rechtliche Ausgestaltung einer Geschäftsbeziehung zwischen dem Betriebsinhaber und dem »Beauftragten« unerheblich. Entscheidend, aber auch ausreichend ist, dass der »Beauftragte« in irgendeiner Form in die betriebliche Organisation des Betriebsinhabers eingegliedert ist, der Erfolg der Geschäftstätigkeit des beauftragten Unternehmens dem Betriebsinhaber zugute kommt und der Betriebsinhaber einen bestimmenden, durchsetzbaren Einfluss auf diejenige Tätigkeit des beauftragten Unternehmens hat, in deren Bereich das beanstandete Verhältnis fällt. Unerheblich ist dabei, welchen Einfluss der Betriebsinhaber tatsächlich hat, sondern welchen Einfluss er hätte haben können.[83] **39**

c) Wiederholungs- oder Erstbegehungsgefahr

Anspruchsvoraussetzung für einen Unterlassungsanspruch ist des Weiteren das Bestehen einer Wiederholungsgefahr. Eine Wiederholungsgefahr ist zu bejahen, wenn ein Verstoß bereits erfolgt ist und für die Zukunft eine erneute Rechtsverletzung nicht ausgeschlos- **40**

---

77 BGH GRUR 2005, 264, 265 – Das Telefon-Sparbuch; GRUR 2003, 440 – Winnetous Rückkehr; GRUR 1990, 218, 220; KG GRUR-RR 2004, 137 – Omen.
78 BGH GRUR 1990, 218, 220, vergleichbar auch LG München I GRUR 1991, 931, 932 – Wellness.
79 Für Marken ergibt sich aus § 30 Abs. 3 MarkenG, dass ein Lizenznehmer für die Erhebung einer Verletzungsklage der Zustimmung des Markeninhabers bedarf, wobei diese Vorschrift aber nach allgemeiner Auffassung nicht analog auf geschäftliche Bezeichnungen angewendet wird.
80 BGH GRUR 2010, 156, 157 – Eifel-Zeitung.
81 St. Rspr., siehe nur BGH GRUR 2004, 860, 864 – Internet-Versteigerung.
82 BGH GRUR 2009, 1167, 1169 f. – Partnerprogramm.
83 BGH GRUR 2009, 1167, 1171 – Partnerprogramm; GRUR 1995, 605, 606 – Franchise-Nehmer.

sen werden kann. Sofern daher keine besonderen Umstände vorliegen – beispielsweise aufgrund einer erfolgten Unterwerfungserklärung – wird die Wiederholungsgefahr vermutet.[84] Auch eine mehrjährige Nichtbenutzung eines Titels lässt den Benutzungswillen nicht zwangsläufig entfallen.[85]

41 Aufgrund der praktischen Bedeutung von Titelankündigungen[86] spielt die Frage der Erstbegehung im Bereich des Werktitelrechts eine besondere Bedeutung. Eine Erstbegehungsgefahr wird dann bejaht, wenn eine Werktitelverletzung ernsthaft droht. Der potentiell Betroffene muss den Eintritt der Verletzungshandlung – beispielsweise durch Herausgabe und Vertrieb eines gleichnamigen Buches oder einer Zeitschrift mit identischem Titel – nicht erst abwarten. Eine Erstbegehung liegt nach allgemeiner Auffassung in dem Verfassen einer Titelschutzanzeige[87] oder in Markenanmeldungen.[88] Anders als bei der Wiederholungsgefahr wird das Rechtsschutzbedürfnis des Anspruchsinhabers aber nicht erst durch eine strafbewehrte Unterlassungserklärung ausgeräumt. Da die eigentliche Verletzung ja noch nicht begangen wurde, reicht hier die ernsthafte, unmissverständliche und endgültige Abstandnahme von der Verwendung eines Titels aus.[89]

42 **Praxistipp:**
Ein Verfahren wegen Verletzung eines Werktitelrechts folgt der allgemein bei der Verletzung gewerblicher Schutzrechte üblichen Vorgehensweise. Liegt eine Wiederholungsgefahr vor, kann der Verletzer abgemahnt werden.[90] Ist eine Titelbenutzung lediglich angekündigt, liegt eine Erstbegehungsgefahr vor. In diesem Fall reicht eine einfache Abstandnahme aus. Der Verzicht auf den Titel muss vorbehaltlos erklärt werden.

d) Unterlassungsanspruch wegen Verwechslungsgefahr, § 15 Abs. 4 i.V.m. § 15 Abs. 2 MarkenG

43 Der Inhaber eines Werktitelrechtes kann Benutzungshandlungen verbieten lassen, die eine Verwechslungsgefahr begründen können.

aa) Titelmäßige Benutzung

44 Voraussetzung eines titelrechtlichen Unterlassungsanspruches ist zunächst einmal die Verwendung eines Zeichens als Werktitel. Bloße beschreibende Verwendungsformen oder eine reine Titelnennung scheiden dabei aus.[91] Die redaktionelle Verwendung eines Werktitels begründet daher in aller Regel keinen Unterlassungsanspruch.[92]

45 Häufig wird in diesem Zusammenhang auch übersehen, dass die Verwendung eines Titels als Marke nicht stets auch eine titelmäßige Verwendung bedeutet. Während bei Periodika mit einem Titel häufig auch ein Herkunftshinweis verbunden wird, die Verwendung eines mit einem Titel ähnlichen oder identischen Unternehmenskennzeichens daher als

---

84 BGH GRUR 1997, 379, 380 – Wegfall der Wiederholungsgefahr II.
85 BGH GRUR 2010, 156 – Eifel-Zeitung.
86 Zu den so genannten »Titelschutzanzeigen« siehe Rdn. 83.
87 BGH GRUR 2001, 1054, 1055 – Tagesreport.
88 BGH GRUR 1970, 141, 142 – Europharma.
89 BGH GRUR 2001, 1174, 1176 – Berühmungsaufgabe.
90 Die frühere Rechtsprechung, nach der bei juristischen Personen zunächst die Rechtsabteilung abmahnen musste, ist vom BGH geändert worden, siehe GRUR 2008, 928, 929 – Abmahnkostenersatz.
91 BGH GRUR 2010, 156, 157 – Eifel-Zeitung; GRUR 2005, 959 – Facts II; LG Mannheim AfP 2009, 517.
92 LG Mannheim AfP 2009, 514, 517.

A. Werktitel

auch titelmäßige Benutzung angesehen werden kann[93] ist dies bei Marken nicht ohne Weiteres der Fall. Nur wenn der Verkehr mit einem Werktitel auch die Vorstellung einer bestimmten betrieblichen Herkunft verbindet, kann die Verwendung eines Titels als Marke auch als titelmäßige Benutzung angesehen werden.[94] Regelmäßig wird dafür aber eine Bekanntheit des Titels sowie ein sachlicher Zusammenhang zwischen dem titeltragenden Werk und dem gekennzeichneten Produkt erforderlich sein. So hatte der BGH beispielsweise in der Entscheidung Guldenburg[95] über eine Auseinandersetzung zwischen dem ZDF als Rechteinhaberin an dem Titel »Das Erbe der Guldenburgs« und dem Eigentümer des Schlosses, in dem die Fernsehsendung aufgezeichnet wurde und der im Anschluss daran zwei Marken »Guldenburg« unter anderem für weinhaltige Getränke eintragen ließ, zu entscheiden. Der BGH war hier zwar der Auffassung, dass es sich bei dem Titel »Das Erbe der Guldenburgs« um einen bekannten Titel handele. Allerdings fehle der sachliche Zusammenhang zwischen den bezeichneten Waren und der Fernsehsendung. Auch die Verwendung eines mit einer Modezeitschrift »Max« identischen Zeichens für Schuhe sah der BGH nicht als titelmäßige Verwendung an,[96] da es auch hier an einer Sachnähe zwischen dem Zeitschriftentitel Max und der gleichnamigen Marke, die für Lederwaren eingetragen war, fehlte. Will man daher aus einem Werktitelrecht gegen die Verwendung eines gleichen und ähnlichen Zeichens als Marke vorgehen, bedarf es daher stets der besonderen Darlegung, warum der Verkehr dem Werktitel über seine werkidentifizierende Funktion hinaus einen Hinweis auf eine betriebliche Herkunft entnimmt.

Auch bei der Verwendung eines Titels als Unternehmenskennzeichen bedarf es einer Herkunftsfunktion des älteren Titels. Die Verwendung eines Titels beispielsweise in einer Firma beeinträchtigt dessen Funktion, einer Werkunterscheidung zu dienen, in aller Regel nicht. Anders liegt der Fall nur dann, wenn ein Titel neben der werkidentifizierenden auch noch eine Herkunftsfunktion enthält. Dies ist üblicherweise bei bekannten Titeln oder bei Periodika der Fall.[97]   **46**

bb) Vorliegen einer Verwechslungsgefahr

Voraussetzung eines Unterlassungsanspruches ist des Weiteren das Bestehen einer Verwechslungsgefahr. Dabei schützt ein Werktitel in aller Regel nur gegen eine unmittelbare Verwechslungsgefahr im engeren Sinne.[98] Die Bejahung einer bloßen mittelbaren Verwechselungsgefahr setzt voraus, dass ein Titel bei dem angesprochenen Verkehrskreisen Herkunftsvorstellungen auslöst. Dies wird in der Regel nur bei bekannten Titeln der Fall sein.[99]   **47**

Die Verwechslungsgefahr ist wie allgemein im Kennzeichenrecht anhand der Kriterien Kennzeichnungskraft, Identität oder Ähnlichkeit der einander gegenüberstehen Werktitel und schließlich Identität oder Ähnlichkeit der zu beurteilenden Werke zu überprüfen. Dabei wendet die Rechtsprechung wie auch bei Marken und Unternehmenskennzeichen die Wechselwirkungslehre an: Ein geringer Grad der Zeichenähnlichkeit kann durch eine größere Werkähnlichkeit oder durch eine gesteigerte Kennzeichnungskraft ausgeglichen   **48**

---

[93] BGH WRP 2010, 764, 767 – WM-Marken; GRUR 1991, 331 – Ärztliche Allgemeine.
[94] BGH GRUR 2005, 264, 265 – Das Telefon-Sparbuch; KG GRUR-RR 2004, 137 – Omen.
[95] BGH GRUR 1993, 692 ff. – Das Erbe der Guldenburgs.
[96] BGH GRUR 1999, 581, 582 f. – Max.
[97] BGH GRUR 1991, 331, 332 – Ärztliche Allgemeine; LG München I AfP 2009, 172, 173 – Bunte/Bunte Freizeit.
[98] BGH GRUR 2001, 1050, 1052 – Tagesschau, GRUR 1999, 235, 237 – Wheels Magazine.
[99] BGH GRUR 2001, 1050, 1052 Tagesschau; GRUR 1999, 235, 237 – Wheels Magazine; KG GRUR-RR 2001, 133, 134 – live vom Alex; OLG Hamburg GRUR-RR 2001, 231, 232 – planet l; OLG Hamburg GRUR-RR 2003, 281, 282 – DVD & Video Markt.

werden und umgekehrt.[100] Allerdings führen die gerade im Bereich der Periodika stark herabgesetzten Anforderungen an die Kennzeichnungskraft eines Titels dazu, dass bei der Beurteilung der beiden anderen Kriterien regelmäßig ein besonders strenger Maßstab angelegt wird. Insbesondere bei einer Prüfung der Werknähe kommt man aufgrund einer sehr ausdifferenzierten Rechtsprechung nicht umhin, regelmäßig die einander gegenüberstehenden Werke in ihren einzelnen Facetten genau zu beschreiben.

49 **Praxistipp:**

Der häufig enge Schutzbereich eines Werktitels muss sich in der Antragsfassung widerspiegeln. Ein abstrakter Antrag, etwa das Zeichen »xy« zur Kennzeichnung von Druckerzeugnissen zu verwenden, ist regelmäßig unzulässig.[101]

(1) Kennzeichnungskraft

50 Bei der Ermittlung der Kennzeichnungskraft eines Kennzeichens ist zunächst zu überprüfen, ob dieses überhaupt zur Werkindividualisierung geeignet ist. Sofern man es allerdings nicht mit reinen Gattungsbezeichnungen zu tun hat, ist im Allgemeinen von einer – möglicherweise auch nur geringen – Kennzeichnungskraft auszugehen. Dass ein Titel dabei inhaltsbeschreibend sein kann, stört nicht. Im Gegenteil: Gerade inhaltsbeschreibende Titel können – sofern sie nicht völlig generisch sind – gerade besonders gut der Werkindividualisierung dienen. Wie allgemein bei den Kennzeichen, wird auch bei den Werktiteln zwischen Titeln mit schwacher, durchschnittlicher oder gesteigerter Kennzeichnungskraft unterschieden. Ein schwacher Titel liegt bei der Verwendung generischer Begriffe, aber auch bei der in manchen Bereichen anzutreffenden Gewöhnung an sehr gleichartige Titel vor. Eine gesteigerte Kennzeichnungskraft kann sich durch intensive Benutzung, insbesondere auch bei entsprechender Bewerbung oder auch aufgrund einer besonderen Originalität des Titels ergeben. Ein originär durchschnittlicher Titel kann aufgrund einer langjährigen intensiven Benutzung eine gesteigerte Kennzeichnungskraft erhalten.[102]

(2) Zeichenähnlichkeit

51 Bei der Beurteilung der Zeichenähnlichkeit kommt es zunächst auf den Gesamteindruck der einander gegenüberstehenden Zeichen im Verkehr an. Bei längeren Titeln kann es dabei aber durchaus zu Abkürzungen kommen, die im Verkehr gebräuchlich werden und die dann auch gegebenenfalls isoliert geprüft werden müssen. Dazu muss aber explizit vorgetragen werden. Gibt es eine solche Verkehrsgewöhnung an einem isolierten Titelbestandteil nicht und sind auch keine sonstigen Umstände erkennbar, die ein solches Verkehrsverständnis erwarten lassen, kann nicht einfach eine Zergliederung und isolierte Überprüfung einzelner Titelbestandteile stattfinden.[103] Lange Werktitel oder Kombinationen aus Haupt- und Untertiteln können dazu führen, dass einzelne Titelbestandteile oder aber auch der Untertitel selbständigen Titelschutz erhalten.[104] Bei der Bestimmung des Gesamteindrucks ist somit zu berücksichtigen, dass der Verkehr dazu neigt, längere Titel in einer die Merkbarkeit und Aussprechbarkeit erleichternden Weise zu verkür-

---

100 BGH GRUR 2005, 264, 265 – Das Telefon-Sparbuch.
101 OLG Hamburg AfP 2005, 561, 562 – NEWS.
102 OLG Hamburg GRUR-RR 2003, 281, 282 – DVD & Videomarkt; GRUR-RR 2004, 104, 106 – eltern-online.de.
103 OLG Hamburg GRUR 2009, 309, 312 – Agenda.
104 OLG München GRUR-RR 2008, 400, 401 – Power Systems Design/Bode's Power Systems; GRUR-RR 2005, 191, 192 – Focus Money/Money Specialist.

zen.¹⁰⁵ Titelbestandteile, die nach dem Verkehrsverständnis somit nicht das Werk individualisieren oder aber in Erinnerung behalten werden, können bei der Prüfung außer Acht bleiben. Allerdings kann dabei nicht schematisch vorgegangen werden. Anders als bei Unternehmenskennzeichen, bei denen beispielsweise die Rechtsformzusätze grundsätzlich bei einer Prüfung der einander gegenüberstehenden Zeichen außer Acht bleiben, können werkcharakterisierende Zusätze wie »Zeitung«, »Magazin« oder »Buch« je nach Ausgestaltung des übrigen Titels durchaus als identifizierendes Kriterium wahrgenommen werden. Gerade bei Periodika, die ohnehin hohe Übereinstimmungen aufweisen, können diese beschreibenden Zusätze das maßgebliche Abgrenzungskriterium darstellen. Umgekehrt kann wiederum ein sehr einprägsames Schlagwort im Titel dazu führen, dass ein solcher, die Werkform beschreibender Zusatz vom Verkehr nicht weiter wahrgenommen wird.¹⁰⁶

Bei Dachtiteln, insbesondere also den Titeln von Buch- oder Zeitschriftenreihen kann nach der Verkehrsanschauung der Titel in Einzelfällen durch die Bezeichnung der Einzelausgabe geprägt sein. Dies zumindest entschied das OLG Hamburg zu den einander gegenüberstehenden Titeln »Auto, Motor und Sport Off-Road« einerseits und »Off-Road« andererseits. Der Dachtitel » Auto, Motor und Sport« werde vom Verkehr ähnlich wie ein Unternehmenskennzeichen als Teil einer Produktkennzeichnung nicht mehr wahrgenommen.¹⁰⁷ Zudem sei der Verkehr daran gewöhnt, dass unter dem Zeichen des Dachtitels Sonderausgaben erschienen, die sich verselbständigten.¹⁰⁸ Das LG Hamburg hat dies aber dahingehend konkretisiert, dass der Dachtitel nur dann zurücktritt, wenn der weitere Titel der Einzelausgabe den gesamten Zeitschriftentitel prägt. Bei einem Titel »Bild der Frau Nudel-Hits« könne dem Titelbestandteil »Nudel-Hits« wegen seiner schwachen Kennzeichnungskraft eine solche prägende Wirkung nicht zugesprochen werden.¹⁰⁹ **52**

Für die Bejahung der Ähnlichkeit der sich gegenüberstehenden Titel genügt, dass eine schriftbildliche, klangliche oder aber Ähnlichkeit im Sinngehalt besteht.¹¹⁰ Dabei muss man hier auch gerade bei Periodika oder Hörfunk- und Fernsehreihen berücksichtigen, dass der Verkehr aufgrund seiner Gewöhnung an einen »blassen« Titel auch auf Kleinigkeiten achtet. Auch kann ein »sprechender« Titel, also etwas eine Wortfolge, bei der dem Verkehr der Begriffsinhalt sogleich deutlich wird, etwaige Übereinstimmungen im Klang- oder Schriftbild ausgleichen.¹¹¹ Konsequenterweise verneint der BGH denn auch eine Verwechslungsgefahr bei so schwach kennzeichnungskräftigen Titeln wie Auto Magazin/Das neue Automobil Magazin,¹¹² zwischen SmartKey und KOBIL Smart Key¹¹³ oder eben eine Titelähnlichkeit zwischen Zeichen für Nachrichtensendungen wie beispielsweise Tagesschau/Tagesbild¹¹⁴ oder Tagesschau/Tagesreport.¹¹⁵ **53**

---

105 Ein sehr treffendes Beispiel bietet *Baronikians* Rn. 16, mit der Verkürzung des Filmtitels »Borat – Kulturelle Lernung von Amerika um Benefiz für glorreiche Nation von Kasachstan zu machen« in »Borat«.
106 BGH GRUR 1999, 235, 237- Wheels Magazine – hier sah der BGH in dem Zusatz »Magazine« einen beschreibenden Zusatz, der zur Unterscheidungskraft der Klagebezeichnung »Wheels Magazine« nur wenig beitrage. Umgekehrt sah der BGH in dem Zusatz »Magazin« des Titels Auto Magazin gerade einen individualisierenden Zusatz, BGH GRUR 2002, 176, 177 – Auto Magazin.
107 Siehe dazu BGH GRUR 1996, 404, 405 – Blendax Pep.
108 OLG Hamburg GRUR-RR 2005, 50, 51 f. – OffRoad; ob das OLG Hamburg allerdings heute noch so entscheiden würde, ist angesichts der vorsichtig angedeuteten Kritik in der jüngeren Entscheidung des OLG Hamburg »Agenda« (GRUR-RR 2009, 309, 312) fraglich.
109 LG Hamburg AfP 2010, 280, 281 – Nudel-Hits.
110 BGH GRUR 2002, 1083, 1084–1, 2, 3 im Sauseschritt.
111 BGH GRUR 2002, 1083, 1084–1, 2, 3 im Sauseschritt.
112 BGH GRUR 2002, 176, 177 – Auto Magazin.
113 BGH WRP 2006, 898, 899 f. – SmartKey.
114 BGH GRUR 2001, 1050, 1053 – Tagesschau.
115 BGH GRUR 2001, 1054, 1056 – Tagesreport.

(3) Werknähe

54 Ein Werktitelrecht schützt in aller Regel nur gegen eine unmittelbare Verwechslungsgefahr. Aus diesem Grund werden von der Rechtsprechung besondere Anforderungen an die Identität oder Ähnlichkeit der einander gegenüberstehenden Werke gestellt. Für die Beurteilung einer Verwechslungsgefahr ist daher regelmäßig auf die Werkverhältnisse dabei insbesondere auch auf Charakter und Erscheinungsbild der einander gegenüberstehenden Werke, die zudem auch noch durch Gegenstand, Aufmachung, Erscheinungsweise und Vertriebsform beeinflusst werden können.[116] Selbst wenn man somit zwei Titel aus derselben Werkgattung – in der Entscheidung »Facts« beispielsweise zwei Magazine – vorliegen hat, können aufgrund einer unterschiedlichen Präsentationsform, anderen Leserkreisen, der Aufmachung des Werkes oder die Verbreitungsform ausreichende Abgrenzungskriterien bestehen, die eine Verwechslungsgefahr ausschließen können. Keine Werkähnlichkeit besteht daher regelmäßig zwischen

- Magazinen mit unterschiedlichen Leserkreisen[117]
- einer Tageszeitung und einem Wochenmagazin[118]
- dem Teil (»Zeitungsbuch«) einer Tageszeitung und einem Magazin[119]
- Buch und Lesezeichen[120]
- zwischen einem Sachbuch und der einer Zeitschrift beigefügten Broschüre[121]
- keine Verwechslungsgefahr zwischen einem Stadtmagazin und einem Rubrikentitel.[122]

55 Hingegen bejaht die Rechtsprechung häufig eine Werkähnlichkeit oder -nähe in den Bereichen, in denen der Verkehr zwar das Vorliegen unterschiedlicher Werke erkennt, aber von einem gleichen oder sehr ähnlichen Werkinhalt ausgeht. Beispiele hierfür sind

- Rubriken in unterschiedlichen Trägermagazinen mit ähnlichem Inhalt[123]
- Buch und Film[124]
- Zeitschrift und Internet-Auftritt[125]
- dem Teil einer Tageszeitung (»Zeitungsbuch«) und einer Sonderbeilage.[126]

e) Erweiterter Unterlassungsanspruch nach § 15 Abs. 3 MarkenG

56 In den Fällen, bei denen es sich um einen im Inland bekannten Titel handelt, besteht ein Verbotsrecht auch dann, wenn keine Verwechslungsgefahr im Sinne des Abs. 2 besteht. Geschützt wird hier vielmehr, dass der Werktitel in einer seiner Unterscheidungskraft oder Wertschätzung unlauterer Weise ausgenutzt oder beeinträchtigt wird. Dabei reicht es allerdings nicht aus, allein auf die Bekanntheit des verletzten Titels zu verweisen. Vielmehr müssen konkrete Umstände dargelegt werden, die zu einer Rufausnutzung oder -beeinträchtigung führen können.[127] So kann beispielsweise in der gezielten Ausnutzung einer positiven Assoziation – auch zu satirischen Zwecken – ein Verstoß gegen § 15 Abs. 3 MarkenG begründen. So ging es beispielsweise in der Entscheidung des KG

---

116 BGH GRUR 2000, 504, 505 – Facts.
117 BGH GRUR 2000, 504, 505 – Facts.
118 OLG Hamburg AfP 2005, 561, 563 – News.
119 OLG Hamburg GRUR-RR 2009, 309, 310 – Agenda.
120 OLG Hamburg AfP 2007, 564, 565.
121 BGH GRUR 2005, 264, 265 – Das Telefon-Sparbuch.
122 BGH GRUR 2000, 70, 72 f. – Szene.
123 OLG München GRUR-RR 2008, 402, 403 – Leichter Leben.
124 BGH GRUR 2003, 440, 441: In Filmen werden häufig Romanvorlagen umgesetzt; ebenso schon BGH GRUR 1958, 354, 357 – Sherlock Holmes.
125 OLG Hamburg MMR 2004, 174, 176: Der Verkehr geht davon aus, dass das Internetangebot sich als solches der Zeitschrift »Eltern« darstellt, die zudem sehr bekannt sei.
126 LG München I, Urt. v. 30.3.2010, 33 O 1467/09 – Agenda.
127 BGH GRUR 2000, 70, 73 – Szene.

»Gute Zeiten Schlechte Zeiten«[128] um die Ankündigung einer Realsatire unter dem Titel »Gute Nachbarn, Schlechte Nachbarn«. Das KG bejahte aufgrund des ähnlichen Wortlauts und der gleichen Wortkombination und -rhythmik eine Ähnlichkeit der gegenüberstehenden Titel und schloss aus der daraus resultierenden Assoziation auf eine Rufausbeutung. In die gleiche Richtung ging eine Entscheidung des OLG Hamburg.[129] In diesem Fall hatte die TAZ einen Rubrikentitel mit ausschließlich satirischen Beiträgen zu politischen und gesellschaftlichen Tagesgeschehen »die tagesschau« genannt. Nach Auffassung des OLG Hamburg wurde damit die Wertschätzung des Titels »Tagesschau« beeinträchtigt.[130] Hingegen ist allein die Verwendung eines bekannten Titels nicht schon für die Bejahung des Tatbestandes des § 15 Abs. 3 MarkenG ausreichend.[131] Zu berücksichtigen ist schließlich auch, dass die Verwendung einer geschäftlichen Bezeichnung im Rahmen eines Werbevergleiches selbst bei Verwendung eines bekannten Zeichens zulässig ist, wenn eine Verbotstatbestand nach § 6 UWG nicht eingreift. Die Entscheidung des BGH »Gib mal Zeitung«,[132] in der zwei Tageszeitungen verglichen werden (Bild/TAZ), betraf zwar einen markenrechtlichen Unterlassungsanspruch nach § 14 Abs. 2 Nr. 2 und 3 MarkenG, dürfte aber auch entsprechend auf einen Werbevergleich zwischen Werktiteln anwendbar sein.

2. Annexansprüche

Dem Inhaber eines Werktitelrechts stehen gemäß § 15 Abs. 5 MarkenG bei einem schuldhaften Verhalten Schadensersatzansprüche zu. Zur Geltendmachung dieser Schadensersatzansprüche kann der Inhaber des Werktitelrechtes einen im Gewohnheitsrecht verankerten unselbständigen Auskunftsanspruch geltend machen. Daneben gibt es einen weiteren – selbständigen – Auskunftsanspruch nach dem Markengesetz (§ 19). Weiterhin kann der Inhaber des Werktitelrechtes aber auch noch Vernichtungs- und Rückrufansprüche nach § 18 MarkenG, Vorlage- und Besichtigungsansprüche nach § 19a MarkenG, einen Sicherungsanspruch nach § 19b MarkenG und eine Urteilsbekanntmachung nach § 19c MarkenG geltend machen. In § 19d ist darüber hinaus geregelt, dass sonstige Ansprüche aus anderen gesetzlichen Vorschriften unberührt bleiben.

a) Auskunftsansprüche
aa) Markenrechtlicher Auskunftsanspruch

Nach § 19 MarkenG hat der Inhaber eines Werktitelrechts einen Anspruch auf Erteilung einer unverzüglichen Auskunft über die Herkunft und den Vertriebsweg von widerrechtlich gekennzeichneten Waren oder Dienstleistungen. Dieser Auskunftsanspruch ist verschuldensunabhängig. Anspruchsverpflichtet ist grundsätzlich der Störer. Im Fall einer offensichtlichen Rechtsverletzung besteht über § 19 Abs. 2 MarkenG auch ein Anspruch auf Erteilung einer Drittauskunft. Des weiteren berechtigt die offensichtliche Rechtsverletzung zur Einleitung eines Verfügungsverfahrens. Da damit eine Vorwegnahme der Hauptsache verbunden ist, ist aber besonders zur »Offensichtlichkeit« der Rechtsverletzung vorzutragen. Inhaltlich bezieht sich das Auskunftsverlangen auf alle »widerrechtlich« gekennzeichneten Waren und Dienstleistungen. Dies umfasst trotz des etwas missverständlichen Wortlauts auch Werbemittel,[133] also etwa Buchprospekte, die den Titel

---

128 KG GRUR 2000, 906, 907.
129 OLG Hamburg GRUR-RR 2002, 389, 392 – die tagesschau.
130 OLG Hamburg GRUR-RR 2002, 389, 392 – die tagesschau.
131 OLG Köln GRUR-RR 2002, 130, 133 – Focus oder OLG München GRUR-RR 2005, 191, 193 – Focus Money/Money Specialist; OLG Braunschweig, Urt. v. 22.12.2009, 2 U 164/09, zitiert nach www.kommunikationundrecht.de.
132 BGH GRUR 2010, 161 163 ff. – Gib mal Zeitung.
133 *Fezer* § 19 MarkenG Rn. 52.

enthalten oder Anzeigen mit einer Titelankündigung. Der Auskunftsanspruch ist erfüllt, wenn eine ernsthafte, vollständige und nachvollziehbare Erklärung abgegeben wird.[134] Erst wenn begründete Zweifel an der Richtigkeit der Auskunft bestehen, kann die Abgabe einer eidesstattlichen Versicherung verlangt werden. Die Auskunft ist eine Wissenserklärung. Sie kann damit auch schon erteilt sein, wenn wahrheitsgemäß mitgeteilt wird, dass z.B. ein Vorbesitzer nicht bekannt ist.[135]

bb) Gewohnheitsrechtlicher Auskunftsanspruch

59 Neben dem Auskunftsanspruch nach § 19 MarkenG besteht seit jeher ein gewohnheitsrechtlich durchgesetzter unselbständiger Auskunftsanspruch zur Durchsetzung eines Schadensersatzanspruches.[136] Dieser Anspruch erfordert jedoch anders als der selbständige Auskunftsanspruch nach § 19 MarkenG zumindest die Wahrscheinlichkeit eines Schadenseintritts.[137]

60 Im Übrigen kann auf die obigen Ausführungen verwiesen werden.

cc) Zeitliche Beschränkung des Auskunftsanspruch

61 Der Zeitraum auf den sich der Anspruch auf Auskunftserteilung bezog, war lange Zeit streitig. Während der BGH in der »Gaby-Rechtsprechung« als frühesten Zeitpunkt für den zeitlichen Umfang des Auskunftsanspruchs den Beginn der beanstandeten Verletzungshandlung angesehen hatte,[138] war der X. (Patent-) Zivilsenat des BGH der Auffassung, es sei allein auf die Verletzungshandlung als solche abzustellen, ohne dass es auf den Zeitpunkt eines Nachweises der Verletzung ankomme.[139] Der für Marken und Kennzeichenrechte zuständige I. Zivilsenat hat sich schließlich in der Entscheidung Windsor Estate[140] der Auffassung des X. Zivilsenates angeschlossen.

dd) Vorlage- und Besichtigungsanspruch

62 Die Auskunftsansprüche werden neuerdings aufgrund des Gesetzes zur Verbesserung der Durchsetzung von Rechten des geistigen Eigentums durch die §§ 19a und b flankiert. Die Vorschrift dient der Informationsgewinnung und -beseitigung. Bei einer hinreichenden (nicht offensichtlichen!) Wahrscheinlichkeit einer Rechtsverletzung unter anderem nach § 15 MarkenG kann der Inhaber eines Werktitelrechts den vermeintlichen Verletzer auf Vorlage von Urkunden oder Besichtigung von Sachen in Anspruch nehmen, die sich in dessen Verfügungsgewalt befinden, sofern dies zur Begründung der Ansprüche des vermeintlich Verletzten erforderlich ist. Diese Einschränkung soll missbräuchliche Vorlageansprüche ausschließen. Der BGH hat zu § 809 BGB, der ja ebenfalls ein Vorlagerecht an Unterlagen beinhaltet festgehalten, dass diese Vorschrift auf einer Interessenabwägung beruht.[141] Einerseits soll der vermeintlich Verletzte das Vorlagerecht nicht zum Ausspähen von Geheimnissen missbrauchen dürfen. Andererseits kann er möglicherweise nur mittels der Vorlage überhaupt seinen Anspruch begründen. Sofern daher nicht andere zumutbare Möglichkeiten bestehen, eine Rechtsverletzung zu beweisen und keine berechtigten Geheimhaltungsinteressen beeinträchtigt werden, ist nicht immer ein erheblicher Grad an Wahrscheinlichkeit bzgl. des Vorliegens einer Rechtsverletzung zu verlan-

---

134 BGH GRUR 2001, 841, 844 – Entfernung der Herstellernummer II.
135 BGH GRUR 2003, 433, 434 – Cartier-Ring.
136 BGH GRUR 1980, 227, 232 – Monumenta Germaniae Historica.
137 BGH GRUR 2001, 849, 851 – Remailing Angebot.
138 BGH GRUR 1988, 307, 308 – Gaby.
139 BGH GRUR 1992, 612, 615 – Nicola.
140 BGH GRUR 2007, 877, 879 – Windsor Estate.
141 BGH GRUR 2002, 1046, 1048 – Faxkarte.

gen. Dem trägt § 19a MarkenG mit dem Hinweis auf die »hinreichende Wahrscheinlichkeit« Rechnung.

Der Vorlageanspruch ist ausgeschlossen, wenn er – wiederum in Anlehnung an die in der Entscheidung »Faxkarte« aufgestellten Grundsätze – unverhältnismäßig erscheint, insbesondere also wenn das Informationsinteresse des vermeintlich Verletzten hinter dem Geheimhaltungsinteresse des potentiellen Verletzers zurückzutreten hat. **63**

Wie auch der Auskunftsanspruch kann der Vorlageanspruch im Verfügungsverfahren durchgesetzt werden; das Gericht hat dabei gegebenenfalls Maßnahmen zum Schutz vertraulicher Informationen anzuordnen. Als Korrektiv sieht § 19a Abs. 5 MarkenG zugunsten des Vorlagepflichtigen einen Schadensersatzanspruch vor, wenn tatsächlich keine Verletzung vorlag oder drohte. **64**

Schließlich kann nach § 19b MarkenG bei einer im gewerblichen Ausmaß begangenen Rechtsverletzung auch die Vorlage von Bank-, Finanz- oder Handelsunterlagen oder geeigneter Zugang zu diesen Unterlagen verlangt werden, wenn ohne diese Materialien ein Schadensersatzanspruch nicht durchgesetzt werden kann. Auch hier hat eine Interessensabwägung stattzufinden; der Anspruch kann zudem im Wege der einstweiligen Verfügung durchgesetzt werden (§ 19b Abs. 3). **65**

> **Praxistipp:** **66**
>
> Der praktische Anwendungsbereich für diese Regelungen auch im Bereich des Werktitelrechtes sollte nicht unterschätzt werden. Gerade bei der Ausdehnung des Werktitelschutzes auf Bereiche wie Computerprogramme, bei denen der Titel oft das einzige Identifizierungsmerkmal ist, ist ein aufgrund einer Titelverletzung eingetretener Schaden durchaus naheliegend. Kann Software beispielsweise nur über einen Download erworben werden, fehlt es an einem körperlichen Werkstück, anhand dessen ein Erwerber einen etwaigen Irrtum bei seiner Kaufentscheidung bemerken kann. In diesen Bereichen kann sich daher sehr schnell bei einer Titelverletzung ein beträchtlicher Schaden einstellen.

b) Schadensersatzansprüche

Im Fall eines schuldhaften Verhaltens ist der Verletzer nach § 15 Abs. 5 MarkenG zum Ersatz des daraus entstehenden Schadens verpflichtet. Gegen den bloßen, nicht schuldhaft handelnden Störer besteht damit kein Schadensersatzanspruch (und dementsprechend auch nicht ein seiner Vorbereitung dienender unselbstständiger Auskunftsanspruch nach § 242 BGB). In diesem Fall kommt aber zumindest ein Bereicherungsanspruch auf Herausgabe der üblichen Lizenzgebühren in Betracht.[142] Die Schadensberechnung kann dabei auf dreierlei Weise erfolgen, wobei der Geschädigte ein Wahlrecht hat: Die Geltendmachung des Eigenschadens (der eigene entgangene Gewinn), die Herausgabe des Verletzergewinns oder die Beanspruchung eines Lizenzentgeltes. Dabei kann der Geschädigte noch während eines Schadensersatzprozesses von der einen Berechnungsweise auf die andere übergehen, solange der geltend gemachte Schadensersatzanspruch weder erfüllt noch rechtskräftig zuerkannt worden ist.[143] **67**

In der Praxis spielt die Geltendmachung des Eigenschadens kaum eine Rolle. Der Rechtsinhaber müsste darlegen und beweisen, welchen Gewinn er erzielt hätte, wäre sein Titel nicht rechtsverletzend benutzt worden. Dafür ist letztlich auch eine Offenlegung **68**

---

142 BGH GRUR 1987, 520 – Chanel No.
143 Siehe BGH (X. Zivilsenat) GRUR 2008, 93, 94 – Zerkleinerungsvorrichtung.

der eigenen Kalkulationsgrundlagen erforderlich. Zwar gilt der Grundsatz der freien Schadensschätzung (§ 287 ZPO). Dieser Grundsatz enthebt den Verletzen aber nicht von der Notwendigkeit, den entgangenen Gewinn genau zu belegen und dem Gericht eine tatsächliche Grundlage zu unterbreiten, die diesem eine wenigstens im Groben zutreffende Schätzung des entgangenen Gewinns ermöglicht.[144] Der dafür erforderliche Kausalitätsnachweis dürfte in der Praxis kaum zu erbringen sein.

69 Die Herausgabe des Verletzergewinns hat demgegenüber an Bedeutung gewonnen. Aufgrund der »Gemeinkostenrechtsprechung« des BGH kann ein Verletzer seine Gewinne nicht mehr »klein rechnen«. Ausgangspunkt für die Berechnung des Verletzergewinns ist vielmehr der mit dem rechtswidrig gekennzeichneten Produkte erzielte Erlös. Davon dürfen die Kosten abgezogen werden, die im Zusammenhang mit der Herstellung und dem Vertrieb der rechtswidrigen Ware entstanden sind. Davon unabhängige Gemeinkosten, die »sowieso« entstanden wären, stellen hingegen keinen Abzugsposten mehr dar.[145]

70 Allerdings ist stets dazu vorzutragen, inwieweit der Verletzergewinn gerade auf der Verwendung eines rechtswidrigen Titels beruhte. Auch dies dürfte nur in Einzelfällen schlüssig nachweisbar sein. Selbst bei berühmten Titeln lässt sich einwenden, dass Erwerbsmotiv auch die durch einen Titel vermittelten Inhalte waren.

71 Schließlich gibt es auch noch die Berechnungsmethode der Zahlung einer fiktiven Lizenzgebühr, die im Übrigen über § 812 BGB auch bei einem fehlenden Verschulden als Anspruch auf Herausgabe der Vorteile aus einer ungerechtfertigten Bereicherung geltend gemacht werden kann. Die Schwierigkeit dieser Berechnungsmethode liegt in Ermittlung der Höhe der fiktiven Lizenzgebühr, die natürlich einzelfallbezogen beurteilt werden muss.

c) Vernichtung und Rückruf, § 18 MarkenG

72 Nach § 18 MarkenG kann der Inhaber einer geschäftlichen Bezeichnung einen Vernichtungsanspruch hinsichtlich der widerrechtlich gekennzeichneten Waren geltend machen, sofern sich diese noch in seinem Eigentum oder Besitz befinden. Im Bereich des Werktitelrechtes dürfte demgegenüber der Rückruf oder das Entfernen aus Vertriebswegen fast noch größere praktische Bedeutung haben. Gerade bei Verlagsobjekten wird eine Rechtsverletzung häufig erst dann offenbar, wenn die Ware schon an den Großhandel, das Presse-Grosso oder sogar schon im Einzelverkauf selbst ist. Damit entzieht sich Ware außerhalb des Kommissionsbereiches der Verfügungsmacht des Verletzten. Der Vernichtungsanspruch allein bleibt hier häufig ein »stumpfes Schwert«. Hingegen kann aufgrund der häufig doch sehr kanalisierten Vertriebswege eine Rückruf ein sehr effektives Mittel sein, um die Rechtsverletzung zu beseitigen.

3. Einwendungen gegen titelrechtliche Ansprüche

a) Erlöschen des Titelschutzes

73 Voraussetzung eines titelschutzrechtlichen Anspruches ist zunächst, dass der Titel noch nicht aufgegeben wurde. Eine solche Aufgabe geschieht beispielsweise durch ausdrückliche Erklärung[146] oder wenn der Titel nicht (mehr) benutzt wird. Gerade die Nichtbenutzung führt zu Problemen. Allein der Umstand, dass ein Buch vergriffen ist und längere Zeit nicht neu aufgelegt wird, lässt nicht per se auf eine Einstellung des Titelgebrauches

---

144 BGH GRUR 1962, 509, 513 – Diarähmchen II.
145 BGH WRP 2006, 587, 589 – Noblesse; GRUR 2001, 329 – Gemeinkostenanteil; OLG Frankfurt am Main GRUR-RR 2003, 274, 277 – 4-Streifen-Kennzeichnung.
146 BGH GRUR 1993, 769 – Radio Stuttgart.

schließen.[147] Auch der Ablauf des Urheberrechtsschutzes an einem Werk selbst führt nicht zu einer Erlöschung des Titelschutzrechtes.[148] Bei sehr bekannten Titeln dürfte zudem der Titelschutz ohnehin dann fortbestehen, wenn er immer noch als Identifizierungsmerkmal dient, auch wenn längere Zeit keine Neuauflage erschienen ist. So hatte beispielsweise das OLG München im Jahre 2009 über die Rechte an den NS-Zeitungen »Der Angriff« und »Völkischer Beobachter« zu entscheiden. Auch wenn diese Werke seit Jahren nicht mehr herausgegeben werden (dürfen), dienen ihre Titel bedauerlicherweise immer noch als Identifizierungsmerkmal.[149]

Eine Benutzungsaufgabe kann weiterhin in der Änderung eines Titels liegen.[150] Dabei muss allerdings der den Titel charakterisierende Kern verändert werden.[151] Auch Änderungen des Werkes können zu einem Verlust des Titelschutzes führen, wenn der Verkehr – in Analogie zu einem Unternehmenskennzeichen – in dem neuen Werk nicht mehr die Fortführung des alten sieht. Hingegen sind natürlich grafische Umgestaltungen, Änderungen bei den Verlagsrechten, Modernisierungen oder ein »Relaunch« unschädlich, sofern sich das neue (körperliche) Werk für den Verkehr als Fortsetzung des alten präsentiert. Gerade im Bereich der Periodika sind regelmäßige Modernisierungen und Anpassungen an veränderte Lesergewohnheiten üblich.

74

Die Berufung auf einen Wegfall von Titelschutzrechten aufgrund einer Benutzungsaufgabe dürfte daher ein Ausnahmefall bleiben.

75

b) Einwendungen

aa) Eigene ältere Rechte

Nach § 6 MarkenG ist im Falle des Zusammentreffens von Marken und geschäftlichen Bezeichnungen ihr Zeitrang maßgeblich. Marken und Unternehmenskennzeichen können daher einem Werktitel entgegengehalten werden. Gleiches gilt auch für Urheber- oder Namensrechte.

76

(1) Ältere Markenrechte

Die Verwendung der Marke eines Dritten in einem Werktitel kann eine markenmäßige Benutzung darstellen.[152] Generell haben Titel aber lediglich werkidentifizierende Funktionen, weshalb der herkunftshinweisende Charakter entfällt. Außerhalb bekannter Titel, Periodika oder Serien- und Reihentitel neigt die Rechtsprechung daher dazu, eine Markenverletzung durch Verwendung eines gleichen oder ähnlichen Zeichens als Werktitel zu verneinen.[153] Bei einem Einzeltitel kann daher aus der Verwendung eines mit einer Marke identischen oder ähnlichen Zeichens nicht ohne weiteres auf eine markenmäßige Benutzung geschlossen werden.

77

---

147 BGH GRUR, 1960, 346, 348 – Der nahe Osten; OLG Köln GRUR 2000, 1073, 1074 f. – Blitzgerichte.
148 BGH GRUR 2003, 440, 441.
149 In der Entscheidung des OLG München GRUR-RR 2010, 157 ff. – Der Angriff/Völkischer Beobachter ging es allerdings nicht um Titelschutzrechte, sondern um die Urheberrechte an den Zeitungen.
150 OLG Köln GRUR 1997, 63, 64 – PC Welt.
151 *Baronikians* Rn. 253.
152 BGH GRUR 1961, 232, 233 – Hobby.
153 BGH GRUR 1999, 581, 582 – Max; GRUR 1999, 236, 237 – Wheels Magazine; OLG Hamburg GRUR-RR 2001, 231, 232 – Planet e; anders aber bei Periodika, siehe OLG Hamburg MMR 1999, 606 – Netlife; a.A. KG GRUR-RR 2004, 137 – Omen; von der grundsätzlich markenmäßigen Verwendung eines Titels scheint auch das OLG München auszugehen, GRUR-RR 2005, 191, 193 f. – Focus Money/Money Spezialist, umfassend *Thiering* MarkenR 2009, 517 ff.

78 Angesichts des Umstandes, dass die Verwendung einer Marke als Unternehmenskennzeichen regelmäßig eine markenmäßige Benutzung – sofern man an diesem Kriterium nach der L‚Oreal-Entscheidung des EuGH[154] überhaupt festhalten möchte – darstellt, erscheint es sinnwidrig, bei Titeln danach zu differenzieren, ob diese (auch) einen Herkunftshinweis beinhalten können. Wird ein Zeichen für den Warenbereich 16 (Druckereierzeugnisse) als Marke eingetragen, muss es ein Mindestmaß an Unterscheidungskraft aufweisen und darf nicht freihaltebedürftig sein. Bei der Verwendung eben dieses Zeichens als Werktitel liegt dann auch nahe, dass man damit zumindest Herkunftsvorstellungen verbinden könnte. Bei beschreibenden, den Inhalt eines Werkes charakterisierenden Titeln wiederum besteht die Gefahr einer Markenverletzung in aller Regel schon deswegen nicht, weil solchen Zeichen weitestgehend die Markenfähigkeit fehlt, es also keine entsprechenden Markenrechte gibt.[155]

(2) Unternehmenskennzeichen

79 Ein Titel kann auch mit einem älteren Unternehmenskennzeichen kollidieren. Diese Problematik stellt sich in aller Regel bei Periodika oder Reihen- und Serienwerken. Während grundsätzlich ein Werktitel lediglich eine Unterscheidungsfunktion hat, also gerade nicht auf den Hersteller oder das Unternehmen, aus dem das Werk herrührte, verweisen soll, besteht bei Serien- oder Reihentiteln häufig eine solche Verbindung, an die der Verkehr sich gewöhnt hat und die er dementsprechend wahrnimmt. So weist das OLG Hamburg, allerdings in einem wettbewerbsrechtlichen Fall, auf die Gewöhnung der Verkehrskreise an »Obertitel« hin (beispielsweise aus Zeitschriftentiteln), unter denen verschiedene Einzelprodukte angeboten werden. Konkret wird das Nachrichtenmagazin Focus angeführt, das zu Bereichsbezeichnungen »Focus Money, Focus Life oder Focus Campus« geführt hat. Gleiches gelte nach Auffassung des OLG Hamburg auch für Softwareprogramme »WISO«. Diese werden nach Ansicht des Gerichtes dem Wirtschaftsmagazin »WISO« zugeordnet, die vom ZDF produziert wird.[156] In dem Bereich der Periodika, Serien- oder Reihentitel kann daher in der Übernahme der geschäftlichen Bezeichnung eines Dritten in einen Werktitel eine Verletzung eben dieses Unternehmenskennzeichens liegen. Daneben kann aufgrund der Zuordnungsverwirrung auch noch ein eigener wetterbewerbsrechtlicher Unterlassungsanspruch gegeben sein.[157]

(3) Ältere Urheberrechte

80 Urheberrechtliche Ansprüche kommen in aller Regel schon deswegen nicht in Betracht, weil ein Titel nicht die einem Urheberrechtsschutz zugängliche Schöpfungshöhe haben wird. In Ausnahmefällen erscheint es denkbar, in der Übernahme einer besonders originellen graphischen Ausgestaltung eines Titels einmal eine Urheberrechtsverletzung zu sehen. Generell erscheinen hieraus resultierende Ansprüche allerdings eher fernliegend.

bb) Beschreibende Verwendung

81 Die beschreibende Verwendung eines Titels ist in entsprechender Anwendung des § 23 MarkenG grundsätzlich freigestellt.[158] Dies ist insbesondere bei gemeinfreien Werken von Bedeutung. Grundsätzlich gilt hier, dass der Titel eines gemeinfrei gewordenen Werkes wei-

---

154 EuGH WRP 2009, 930, 937 – L‚Oreal.
155 Siehe Rdn. 144 ff. und BGH GRUR 2001, 1043, 1045 – Gute Zeiten Schlechte Zeiten; GRUR 2000, 882, 883 – Bücher für eine bessere Welt.
156 OLG Hamburg GRUR-RR 2008, 245, 248 – Praxis aktuell.
157 OLG Hamburg GRUR-RR 2008, 245, 249 f. – Praxis aktuell.
158 LG Mannheim GRUR Int. 2010, 75, 79 zum Titel »A Tribute to Michael Jackson, the King of Pop Show«.

terhin titelschutzfähig ist.[159] Neuauflagen oder -verfilmungen mit demselben Titel könnten sich dann zwar nicht Ansprüchen des Urhebers oder seiner Erben ausgesetzt sehen, wohl aber solche von Titelschutzberechtigten.[160] In einem solchen Fall liegt es nahe, in der Verwendung des »alten« Werktitels für ein neueres Werk lediglich einen beschreibenden Hinweis auf dessen Inhalt zu sehen. Eine solche Nutzung ist über § 23 Abs. 2 MarkenG freigestellt, da es sich letztlich um eine reine Beschaffenheitsangabe handelt.[161]

cc) Verjährung und Verwirkung

82 Ansprüche aus dem Werktitelrecht verjähren nach allgemeinen Grundsätzen. Solange eine Benutzung andauert, tritt Verjährung damit hinsichtlich des Unterlassungsanspruches nicht ein. Für eine Verwirkung ist gemäß § 21 Abs. 2 MarkenG erforderlich, dass der Inhaber des älteren Werktitels die Benutzung während eines Zeitraums von fünf aufeinanderfolgenden Jahren durch einen gutgläubigen Nutzer geduldet hat. Soweit daneben nach § 21 Abs. 4 MarkenG auch noch allgemeine Verwirkungsgesichtspunkte aus § 242 BGB in Betracht kommen, ist auch hier die Schaffung einer werthaltigen Rechtsposition erforderlich. Dies setzt eine länger andauernde, redliche und ungestörte Benutzung der Kennzeichnung voraus, die dem Benutzer nach Treu und Glauben erhalten bleiben muss.[162]

V. Vorverlagerung der Priorität – Die Titelschutzanzeige

1. Überblick

83 Ein Werktitelrecht entsteht erst mit in Verkehrbringen eines fertigen Werkes. Auch wenn während der Vorbereitungshandlungen häufig mit einem »Arbeitstitel« gearbeitet wird, besteht natürlich ein erhebliches praktisches Bedürfnis, den »echten« Titel schon frühzeitig schützen zu lassen. Daraus ist in der Praxis die Schaltung einer Titelschutzanzeige in den einschlägigen Medien (z.B. im Titelschutzanzeiger, dem Börsenblatt des deutschen Buchhandels, Rundy etc.) entstanden.

> **Praxistipp:**
>
> Die Titelschutzanzeige ersetzt keine eigene sorgfältige Recherche, ob ein Titel überhaupt zur Verfügung steht. Dafür kann eine erste »Sichtung«, ob entgegenstehende Titel bestehen, im Internet erfolgen. Je nach Bedeutung sollte sich eine professionelle Titelrecherche anschließen, die allerdings doch mit deutlichen Kosten verbunden ist (durchschnittlich 200 €/Titel, wobei sich häufig die Recherche auf Titelschutzanzeigen beschränkt). Auch die Titelrecherche dient daher – wie Recherchen im Bereich der gewerblichen Schutzrechte ja generell – keiner endgültige Klärung sondern lediglich eine Risikoeinschätzung. Der Mandant ist darüber aufzuklären.

84

85 Eine Titelschutzanzeige enthält die Ankündigung, einen oder mehrere aufgeführte Titel für bestimmte Medien verwenden zu wollen. Damit verfolgt die Titelschutzanzeige den praktischen Zweck, Dritte auf den beabsichtigten Titelgebrauch aufmerksam zu machen. Die Titelschutzanzeige stellt eine Erstbegehung dar. Melden sich Dritte (mit vermeint-

---

159 BGH GRUR 2003, 440, 441 – Winnetous Rückkehr; a.A: *Hertin* WRP 2000, 889, 895.
160 Einen solchen Fall hatte das OLG München im Jahr 2009 zu entscheiden. Anlass der Auseinandersetzung war eine Neuverfilmung des Buches »Der Seewolf«. Diesbezüglich meinte der Produzent einer älteren Verfilmung, bessere Titelschutzrechte an diesem Werktitel zu haben.
161 Siehe dazu auch BGH GRUR 2000, 882, 883 – Bücher für eine bessere Welt; im Ergebnis auch *Deutsch/Ellerbrock* Rn. 111, die schon das Vorliegen unterschiedlicher Werke verneinen.
162 BGH GRUR 1992, 329, 333 – AjS-Schriftenreihe.

lich) besseren Titelrechten, kann mit einer einfachen Abstandnahme auf den Titel verzichtet werden, ohne das kostenintensive Abmahnverfahren oder gar gerichtliche Verfahren ausgelöst werden.[163] Wichtiger ist aber eine von der Rechtsprechung anerkannte Vorverlagerung der Priorität auf den Zeitpunkt des Erscheinens der Anzeige, sofern binnen einer angemessenen Frist nach Schaltung der Titelanzeige das fertige Werk in Verkehr gebracht wird.[164] Welche Frist angemessen ist, ist je nach Medium unterschiedlich. Im Allgemeinen kann man sich an einer Frist von sechs Monaten orientieren, wobei aber einzelfallbezogen auf das jeweilige Werk abzustellen ist.[165]

86 Die Titelschutzanzeige hat in einem branchenüblichen Objekt stattzufinden. Die bloße Ankündigung auf der eigenen Webseite, demnächst ein Werk unter einem bestimmten Titel herausbringen zu wollen, ist nicht ausreichend.[166] Auch Werbemaßnahmen oder Pressemitteilungen genügen nicht.[167] Sinnvollerweise schaltet man daher eine Titelschutzanzeige entweder in einem branchenübergreifenden Fachmagazin oder in einem Branchenblatt.

2. Sammelanzeigen

87 Mit einer Sammel-Titelschutzanzeige wird Werktitelschutz für gleich mehrere Begriffe beansprucht, die Abwandlungen von einander darstellen aber auch gänzlich unterschiedlich sein können. Der BGH hat die Zulässigkeit von Sammelanzeigen ausdrücklich bejaht.[168] Allerdings hat der BGH dort auch einige Kriterien aufgestellt, die eine Behinderung der Mitbewerber verhindern sollen. Dazu gehört, dass die Ankündigung nicht zu einer unzumutbaren Beeinträchtigung der Mitbewerber führen darf. Zudem soll der Ankündigende verpflichtet sein, die Titel auf dem gleichen Anzeigenweg unverzüglich wieder freizugeben, wenn sie für ihn nicht in Betracht kommen. Zumindest letzteres ist in der Praxis nicht erkennbar. Sammel-Titelschutzanzeigen können daher – wenn auch nur für einen vorübergehenden Zeitraum – durchaus eine Blockadewirkung entfalten. Gleiches gilt im Übrigen auch für die oft aufzufindende Praxis, Titelschutz gleich »für alle Medien, gleich welcher Art«, in Anspruch zu nehmen.

3. Anonyme Anzeige

88 Das Geheimhaltungsbedürfnis von Verlagen erfordert es häufig, dass Titelschutzanzeigen verdeckt, meistens im Namen eines anwaltlichen Vertreters des Verlages zu schalten. Dies wird von der Rechtsprechung gleichfalls anerkannt.[169] Der »Störer« ist in diesem Fall der die Titelschutzanzeige schaltende Anwalt. Dieser ist auf eine Abstandnahme in Anspruch zu nehmen. Kommt der Anzeigende dem nicht nach, kann er unmittelbar in Anspruch genommen werden. Die spätere Offenbarung des tatsächlichen Titelinteressenten kann in einem Verfahren gegen die Anwaltskanzlei dann zu einer Erledigung der Hauptsache führen.[170] Kostenschuldner ist insoweit ebenfalls der Anzeigende.[171]

---

163 Siehe Rdn. 41.
164 LG München I AfP 2009, 170, 172; OLG Hamburg AfP 2002, 59, 61 – Bremer Branchen: 9 Monate für den Internetauftritt eines Branchentelefonbuchs und 12 Monate für die Printversion, näher siehe auch *Lange*, Marken- und Kennzeichenrecht, 2006, Rn. 1335 und *Teplitzky* AfP 1997, 450, 453.
165 LG München I AfP 2009, 170, 172.
166 BGH GRUR 2009, 1055, 1058.
167 BGH GRUR 1998, 1010, 1012 – WINCAD.
168 BGH GRUR 1989, 760, 761 – Titelschutzanzeige.
169 BGH GRUR 1989, 760, 762 – Titelschutzanzeige.
170 OLG Hamburg NJWE-WettbR 2000, 217, 218 – Superweib; OLG Köln AfP 1991, 440 – SEXPRESS; LG Hamburg GRUR-RR 2005, 190 f. – Anonyme Titelschutzanzeige.
171 OLG Hamburg NJWE-WettbR 2000, 217 – Superweib.

Damit sind die wesentlichen Probleme einer anonymen Titelschutzanzeige allerdings nicht geklärt. Eine im Namen des Anzeigenden abgegebene Abstandnahmeerklärung hat für den Anspruchsteller kein Interesse. Es ist nicht davon auszugehen, dass der für einen anonym bleibenden Auftraggeber handelnde Anwalt den fraglichen Titel selbst nutzen möchte. Selbst wenn ein einstweiliges Verfügungsverfahren ergeht und der Anzeigende eine Abschlusserklärung abgibt, hat dies keine weiteren rechtlichen Konsequenzen. Das Verbot, das der Anzeigende als endgültige Lösung anerkennt, betrifft ihn und nicht den Antragsteller. Auswirkungen auf die von ihm vertretene Partei hat diese Erklärung nicht. **89**

Gleiches gilt für das Ordnungsmittelverfahren. Der Anzeigende kann nur verpflichtet werden, den von ihm anonym beanspruchten Titel nicht zu verwenden. Die spätere Titelnutzung durch den vertretenen Mandanten selbst ist kein Verstoß der gegen den Anzeigenden, etwa den Anwalt, gerichteten einstweiligen Verfügung. Letztlich hat ein Vorgehen gegen eine anonyme Titelschutzanzeige nur die praktische Folge, dass der eigentliche Auftraggeber in materiell-rechtlicher Hinsicht, nämlich was die Durchsetzbarkeit des von ihm geplanten Titels gegen die von Dritten beanspruchten (besseren) Rechte anbelangt, eine Klärung erlangt. Ansonsten muss darauf gehofft werden, dass der hinter der anonymen Titelschutzanzeige stehende Mandant aus freien Stücken von dem geplanten Titel Abstand nimmt. **90**

4. Wiederholungsanzeigen

Längere Vorbereitungshandlungen vor Erscheinen eines Werkes machen in der Praxis die Wiederholung von Titelschutzanzeigen erforderlich. Dagegen sprechen keine Bedenken. Nach überwiegender Auffassung wirkt die durch die Titelschutzanzeige fingierte Priorität allerdings nur auf den Zeitpunkt der letzten Titelschutzanzeige vor Erscheinen des Werkes zurück, nicht etwa auf das Datum der ersten Titelschutzanzeige. Ansonsten hätte es der Anzeigende in der Hand, durch zeitlich gestaffelt erscheinende Titelschutzanzeigen letztlich doch die Blockade eines Titels zu bewirken. Das eigentlich nur aufgrund Gewohnheitsrechts anerkannte Recht der Titelschutzanzeige lebt aber von einer an praktischen Bedürfnissen ausgerichteten zeitlichen Begrenzung. Der Vorbereitungsaufwand hinsichtlich eines Werktitels soll nicht durch das oft ja von Zufälligkeiten abhängige Erscheinen eines identischen oder ähnlichen Titels zunichte gemacht werden. Umgekehrt knüpft der Werktitelschutz aber an das Bestehen eines Werkes an. Die Vorverlagerung der Priorität stellt daher einen Fremdkörper dar, den es bei anderen gewerblichen Schutzrechten, die an eine Benutzungsaufnahme anknüpfen (z.B. das Unternehmenskennzeichen) so nicht gibt. Ein zeitlicher Zusammenhang zwischen einer in Anspruch genommenen Priorität und dem Entstehen des Rechtes ist daher zwingend erforderlich. **91**

VI. Der Titel als Vermögensgegenstand

Die Rechte an einem Werktitel können zusammen mit dem Werk übertragen werden. Dies ist gängige Praxis, beispielsweise bei einem Verlagswechsel. Offen und umstritten ist allerdings, ob eine selbständige Titelübertragung möglich ist. **92**

Die Befürworter der selbständigen Übertragbarkeit eines Titels berufen sich auf § 27 MarkenG.[172] Nach § 27 MarkenG können die Rechte an einer Marke unabhängig von dem Geschäftsbetrieb oder dem Teil des Geschäftsbetriebes, zu dem die Marke gehört, übertragen werden. Dabei wird damit argumentiert, dass sich das einem Titel zugrundeliegende Werk ändern kann, wie beispielsweise bei Zeitschriften oder Buchreihen häufiger der Fall. **93**

---

172 *Ingerl/Rohnke* § 5 MarkenG Rn. 102 ff.

94 Diese Auffassung vermag nicht zu überzeugen. Ein Titelrecht entsteht überhaupt erst mit einem ihm zugrundeliegenden Werk. Ohne dieses Werk kann gar nicht beurteilt werden, ob ein Titel überhaupt kennzeichnungskräftig ist oder nicht.[173] Zudem ist es nicht der Titel, der ein Werk bekannt macht, sondern die Verbreitung des Werkes sorgt für die unter Umständen gesteigerte Aufmerksamkeit, die man dem Titel entgegen bringt. Zu Recht weist Baronikians[174] auch nach, dass bei einer losgelösten Titelübertragung eine erhebliche Irreführungsgefahr bestehen würde. Der Werktitel würde seine Unterscheidungsfunktion verlieren. Die Gegenauffassung verkennt zudem, dass in der Tat gerade bei Periodika oder Buchreihen das durch einen Titel gekennzeichnete Werk Schwankungen unterliegen kann. Diese Änderungen in der Darstellung, gegebenenfalls auch der Qualität und des Inhaltes werden dem Verkehr aber dennoch über den Titel vermittelt. Der Verkehr erkennt »seinen« Titel, mag er dann auch über den Inhalt des durch den Titel gekennzeichneten Werkes enttäuscht sein. Daran zeigt sich im Übrigen aber auch, dass es das Werk ist, das den Titel erst schutzfähig macht. Änderungen in Periodika oder der einzelnen Werke eines Reihentitels erfolgen ja durch geänderte Lesegewohnheiten und Konsumentenerwartungen. Das Werk und damit sein Titel vollzieht diese lediglich nach.

95 Anders ist hingegen die Frage der Lizenzierung zu beantworten. Gerade bekannte Zeitschriftentitel sind in den vergangenen Jahren dazu übergegangen, unter dem bekannten Titel als »Dachtitel« Spezialmagazine zu verbreiten (Focus Money, Focus Schule, Brigitte Woman etc.). Daraus kann das praktische Bedürfnis erwachsen, ein solches Verlagsobjekt auch durch einen darauf spezialisierten Verlag verlegen zu lassen. Dies setzt die Einräumung entsprechender Titelrechte voraus. Der Lizenznehmer erhält dann das Recht, den (Dach-)titel für sein eigenes Verlagsobjekt zu verwenden. Eine solche Rechtseinräumung ist durch einen schuldrechtlichen Lizenzvertrag möglich.[175]

VII. Flankierender Rechtsschutz

96 Die Verletzung eines Werktitels kann gleichzeitig einen Eingriff in andere gewerbliche Schutzrechte darstellen. Daneben kann ein Wettbewerbsverstoß begründet sein. Die widerrechtliche Verletzung eines Titels kann zudem strafbar sein.

1. Verletzung von Marken- oder Unternehmenskennzeichen

a) Marken- und Kennzeichenrechte

97 Siehe dazu Rdn. 102 ff.

b) Wettbewerbsrecht

98 Grundsätzlich sind die werktitelrechtlichen Ansprüche der §§ 5, 15 MarkenG einschlägig und damit auch abschließend.[176] Daneben kommen die Anspruchsgrundlagen aus dem UWG nur insoweit in Betracht, als kein spezialgesetzlicher Schutz aus dem Werktitelrecht vorhanden ist. Denkbar ist beispielsweise ein Anspruch aus § 4 Nr. 9 UWG bei Übernahme charakteristischer Titelelemente oder etwa eine Behinderung gemäß § 4 Nr. 10.

---

173 *Deutsch/Ellerbrock* S. 158 f.; *Deutsch* WRP 98, 14, 15 f.
174 *Baronikians* Rn. 495.
175 Siehe *Baronikians* Rn. 497.
176 BGH GRUR 2001, 1050, 1051 – Tagesschau.

c) Namensrechte, § 12 BGB

Außerhalb des Anwendungsbereiches des Markengesetzes kann ein Werktitel eine unbefugte Namensanmaßung darstellen. Voraussetzung ist, dass schutzwürdige Interessen des Namensinhabers – Inhaber kann dabei auch ein Unternehmen sein[177] – verletzt werden und durch die Namensanmaßung eine Zuordnungsverwirrung hervorgerufen wird. »Clubmagazine«, die sich nach ihren Idolen benennen, können in deren Namensrechte eingreifen, aber auch Stadtmagazine oder vermeintliche Unternehmensnachrichten. Häufig kann hier auch noch eine Irreführung (§§ 3, 5 UWG) angenommen werden.

99

2. Deliktsrechtlicher Schutz, §§ 823, 826 BGB

Deliktsrechtliche Ansprüche können in Betracht kommen, wenn keine vorrangigen Kennzeichenrechte eingreifen. Die Fälle dürfen aber theoretischer Nähe sein. Denkbar ist beispielsweise eine vorsätzliche sittenwidrige Schädigung durch Verwendung eines Titels seitens eines in eine Werkserstellung eingebundenen Mitarbeiters, um der späteren Nutzung durch das Unternehmen zuvor zu kommen (dies wäre dann allerdings auch eine wettbewerbsrechtliche Behinderung).

100

3. Strafrechtlicher Schutz

Nach § 143 MarkenG wird derjenige, der entweder einen verwechslungsfähigen Titel benutzt oder aber entgegen § 15 Abs. 3 MarkenG die Unterscheidungskraft oder die Wertschätzung eines bekannten Titels absichtsvoll ausnutzt oder beeinträchtigt mit Geldstrafe oder einer Freiheitsstrafe von immerhin bis zu 3 Jahren bestraft. Diese Vorschrift hat nur scheinbar eine geringe praktische Bedeutung: Im Jahr 2009 wurde gegen die Justiziar eines Verlagshauses wegen gewerbsmäßiger Titelverletzung ermittelt, weil dieser trotz Einwendungen eines Autors mit angeblich prioritätsälteren Titelrechten an der Bezeichnung für eine Verlagspublikation festhielt. Das Verfahren wurde vom Amtsgericht München I zwar mittlerweile gemäß § 262 StPO ausgesetzt, damit eine markenrechtliche Titelschutzklage erhoben werden kann. Dennoch sollte man, berät man zu der Freigabe einer mit einem möglicherweise älteren Titel kollidierenden Bezeichnung, auch diese Vorschrift beachten.

101

B. Marken

I. Einleitung

Medienunternehmen und Medienschaffende können wie jedes Unternehmen und jeder Gewerbetreibende mit allen markenrechtlichen Fragen konfrontiert werden, die nicht notwendig branchenspezifisch sind, sondern jedes andere Unternehmen auch treffen können. Dieses Kapitel behandelt das Markenrecht aber nicht insgesamt; eine Gesamtdarstellung findet sich bereits im Handbuch des Fachanwalts Gewerblicher Rechtsschutz.[178] Im Übrigen wird auf die allgemeine markenrechtliche Literatur verwiesen.[179] Hier sollen nur ausgewählte, vor allem strategische Fragen des Markenrechts behandelt werden, die für Medienunternehmen und Medienschaffende relevant sein können. Die nachfolgenden Ausführungen beschränken sich dabei meist auf einen kurzen, grundlegenden Problemaufriss; die detaillierte Darstellung soll bewusst der einschlägigen Literatur überlassen bleiben.

102

---

177 BGH GRUR 2002, 917, 918 f. – Düsseldorfer Stadtwappen.
178 *Erdmann/Rojahn/Sosnitza*, Handbuch des Fachanwalts Gewerblicher Rechtsschutz, Kap. 5.
179 Insbesondere *Ingerl/Rohnke* MarkenG, 3. Aufl. 2010; *Ströbele/Hacker* MarkenG 9. Aufl. 2009; *Fezer* MarkenG 4. Aufl. 2009; *Lange*, Kennzeichenrecht 1. Aufl. 2008.

16. Kapitel Schutz von Werktiteln und Marken

1. Definition und Abgrenzung der Marke

103 Mit der Einführung des Markengesetzes 1995 wurden die gesetzlichen Regelungen über die gewerblichen Kennzeichen in einem Gesetz zusammengeführt. Es regelt den Schutz aller gewerblicher Kennzeichen, seien es Produktkennzeichen, seien es Unternehmenskennzeichen.

a) Produktkennzeichen

104 Produktkennzeichen bezeichnen Waren, Dienstleistungen oder Werke.
- Als **Marken** werden gemäß § 3 Abs. 1 MarkenG Kennzeichen bezeichnet, die die Waren oder Dienstleistungen eines Unternehmens von denjenigen eines anderen Unternehmens unterscheiden. Sie bezeichnen somit das Produkt eines Unternehmens, nicht aber das Unternehmen selbst.
- **Werktitel** sind gemäß § 5 Abs. 3 MarkenG die Namen oder besonderen Bezeichnungen von Druckschriften, Film-, Ton- und Bühnen- oder vergleichbaren Werken.

b) Unternehmenskennzeichen

105 Unternehmenskennzeichen bezeichnen entweder den Inhaber eines Unternehmens oder das Unternehmen bzw. einen Geschäftsbetrieb als wirtschaftlich-organisatorische Funktionseinheit.
- Als **Firma** wird dabei gemäß § 17 Abs. 1 HGB der Name bezeichnet, unter dem der Unternehmensinhaber (Einzelkaufmann oder Handelsgesellschaft) im geschäftlichen Verkehr auftritt.
- Bei fehlender Kaufmannseigenschaft wird er mit seinem **Namen** bezeichnet.
- Eine **besondere Bezeichnung eines Geschäftsbetriebes** oder eines **Unternehmens** i.S.d. § 5 Abs. 2 Satz 1 MarkenG bezieht sich demgegenüber auf das Unternehmen oder den Geschäftsbetrieb als wirtschaftlich-organisatorischer Funktionseinheit oder auf abgrenzbare, meist auch lokal identifizierbare Teile hiervon.[180] Auch sie weist jedoch mittelbar auf den Inhaber des Unternehmens hin.
- Ihr gleichgestellt werden nach § 5 Abs. 2 Satz 2 MarkenG **Geschäftsabzeichen**. Hierunter sind Symbole, Embleme etc. zu verstehen, die zwar nicht bereits aus sich heraus Namenscharakter besitzen, aufgrund entsprechender Bekanntheit im Verkehr jedoch als Kennzeichen eines Unternehmens oder Geschäftsbetriebs gelten können.[181]

106 Das MarkenG bezeichnet die Werktitel – zusammen mit den Unternehmenskennzeichen und in Abgrenzung von den Marken – etwas unglücklich und irreführend als »geschäftliche Bezeichnungen«. Sofern mit diesem Begriff die Bezeichnung eines Geschäfts gemeint wäre, wäre diese Einordnung unzutreffend, sofern sie in der Bedeutung einer gewerblichen Bezeichnung gemeint ist, würde sie auch Marken umfassen.

107 In der Praxis erfüllen Kennzeichen häufig die Funktion sowohl einer Marke oder eines Werktitels als auch eines Unternehmenskennzeichen. So kann eine Firma und insb. ihre Verkürzung auf ein Firmenschlagwort gleichzeitig als Marke oder Titel geschützt sein. Umgekehrt kann eine Marke auch als besondere Bezeichnung des Unternehmens fungieren.[182]

108 Während sich Abschnitt A. mit dem Recht der Werktitel befasst, liegt der Schwerpunkt dieses Abschnitts B. auf dem Recht der Marken.

---

180 Z.B. selbständige Bezeichnungen von Hotels, Apotheken, Kinos etc. als »Hotel Esplanade«, »Anker-Apotheke«, »Odeon« etc. oder von eigenständigen Geschäftsbereichen eines Unternehmens.
181 Z.B. die besondere Aufmachung von Katalogen, Bucheinbände, Mitarbeiter-Uniformen, spezifische Ausgestaltung der Verkaufsräume einer Unternehmenskette etc.
182 Bekannte Beispiele sind Zeitungstitel oder die Firmenmarken der Kfz-Hersteller.

2. Markenformen

Als Marke schutzfähig sind gem. § 3 Abs. 1 MarkenG 109

»alle Zeichen, ..., die geeignet sind, Waren oder Dienstleistungen eines Unternehmens von denjenigen anderer Unternehmens zu unterscheiden.«

Dies können 110
- **traditionelle Markenformen**, nämlich Wörter (z.B. »LUCHTERHAND«), Buchstaben, (z.B. »WDR«), Zahlen (z.B. »4711«) und Abbildungen, Logos (z.B. ●);
- **nicht-traditionelle Markenformen**, nämlich Farben (z.B. »MILKA« lila, »POST« gelb), Formen von Waren, Verpackungen oder Figuren (z.B. »TOBLERONE«-Riegel, »ODOL«-Flasche, »ROLLS ROYCE«-Kühlerfigur), Klänge von Melodien oder Geräuschen (z.B. Brüllen des Metro-Goldwyn-Myers Löwen) und Positionen von Elementen (z.B. »!«-Zeichen an der Gesäßtasche von »JOOP!«-Jeans);
- **sonstige denkbare Markenformen**, z.B. Düfte, Geschmäcke, haptische Eindrücke und Bewegungsabläufe, sowie
- **Kombinationen** der vorgenannten Markenformen

sein.

3. Schutzvoraussetzungen

Als Mittel der Unterscheidung muss eine Marke zwei Kernvoraussetzungen erfüllen. Sie 111
muss
- geeignet sein, Waren oder Dienstleistungen zu unterscheiden und
- einem Unternehmen zugewiesen sein.

a) Unterscheidungskraft

Unterscheidungskraft bedeutet 112
- zum einen, dass das betreffende Zeichen schon aus sich heraus, d.h. von seiner Natur her und damit *unabhängig von den Waren oder Dienstleistungen, für die es benutzt werden soll*, geeignet sein muss, Waren oder Dienstleistungen eines Unternehmens von denen anderer Unternehmen zu unterscheiden, d.h. als Unterscheidungsmerkmal in Betracht zu kommen (**abstrakte Unterscheidungskraft**, § 3 Abs. 1 MarkenG) und
- zum anderen, dass das betreffende Zeichen *gerade für die Waren oder Dienstleistungen, für die es benutzt werden soll*, die es von denen anderer Unternehmen unterscheiden soll, geeignet sein muss, als Unterscheidungsmerkmal in Betracht zu kommen (**konkrete Unterscheidungskraft**, § 8 Abs. 2 Nr. 1 MarkenG)

aa) Abstrakte Unterscheidungskraft

Die abstrakte Unterscheidungskraft ist meist unproblematisch seit der Kreis der Zeichen, 113
die schon von ihrer Natur her grundsätzlich als Marken in Betracht kommen, durch die Formulierung des § 3 Abs. 1 MarkenG denkbar weit gezogen worden ist.

Eine Rolle spielt die abstrakte Unterscheidungskraft jedoch bei Formmarken, da § 3 114
Abs. 2 MarkenG insofern bestimmten Formen die abstrakte Unterscheidungskraft abspricht, nämlich Formen, die
- durch die Art der Waren selbst bedingt sind (z.B. die quaderförmige Gestalt eines Spielbausteins),[183]

---

183 BGH GRUR 2010, 231, 234 – Legostein.

- zur Erreichung eines technischen Wirkung erforderlich sind (z.B. Noppen auf einem Spielbaustein zur Erzielung einer Klemmwirkung)[184] oder
- der Ware einen wesentlichen Wert verleihen (z.B. reine Kunstobjekte).[185]

115 Wenngleich die Vorschrift des § 3 Abs. 2 MarkenG ihres klaren Wortlautes wegen nicht auch für alle anderen Markenformen anzuwenden ist,[186] so ist sie doch Ausdruck des allgemeinen Grundsatzes der Selbständigkeit der Marke von der Ware. Ihre Wertung wird daher auch bei anderen Markenformen zur Geltung gebracht.[187]

bb) Konkrete Unterscheidungskraft

116 Im Gegensatz zur abstrakten Unterscheidungskraft ist die konkrete Unterscheidungskraft einer Marke häufig problematisch, wenn fraglich ist, ob die Marke für die relevanten Waren oder Dienstleistungen, für die sie geschützt werden soll, als Unterscheidungskriterium in Betracht kommt. Hier geht es vor allem um Zeichen, die ein Produkt nicht benennen, sondern
- beschreiben (z.B. Eigenschaftsangaben),
- bewerben (z.B. Slogans) oder
- gestalten (z.B. Farbe oder Form).

117 In der Praxis ist vor allem der Grenzbereich zwischen unterscheidungskräftigen Zeichen und beschreibenden bzw. werbenden Angaben relevant. Zum einen ist die Entscheidung, ob ein Zeichen gerade schon oder gerade noch nicht unterscheidungskräftig ist, sehr subjektiv und hat zu einer uneinheitlichen Entscheidungspraxis geführt. Zum anderen sind Marken, die einen Hinweis auf Kern-Eigenschaften des Produktes geben, sehr beliebt, weil sie ihre Werbung in sich enthalten und daher helfen, das Produkt zu verkaufen, wenn für intensive Werbemaßnahmen kein ausreichendes Budget zur Verfügung steht.

b) Zuweisung der Marke zu einem Unternehmen – Schutzentstehung

118 Eine Marke kann die Waren oder Dienstleistungen *eines* Unternehmens nur dann von denen anderer Unternehmen unterscheiden, wenn es einem bestimmten Unternehmen zugewiesen ist, d.h. wenn es *geistiges Eigentum* eines Unternehmens geworden ist.

119 Diese Zuweisung erfolgt
- grundsätzlich durch **Eintragung** im Markenregister, § 4 Nr. 1 MarkenG;
- ausnahmsweise ohne Eintragung im Markenregister durch »**Verkehrsgeltung**«, d.h. durch Anerkennung seitens der Allgemeinheit, nämlich aufgrund intensiver Benutzung der Marke im Inland und sich daraus ergebender Bekanntheit und Anerkennung der Marke als Kennzeichen des benutzenden Unternehmens durch die von der Marke »angesprochenen Verkehrskreise«, § 4 Nr. 2 MarkenG;
- ausnahmsweise in Extremfällen auch ohne Eintragung im Markenregister und ohne zugrunde liegende Benutzung im Inland aufgrund ihrer »**Notorietät**«, nämlich aufgrund intensiver Benutzung im *Ausland* und sich üblicherweise aus ihrer Medienpräsenz im *Inland* ergebender allgemeiner Bekanntheit und Anerkennung der Marke auch im *Inland* als Kennzeichen des die Marke im Ausland benutzenden Unternehmens durch die von der Marke potentiell angesprochenen Verkehrskreise, § 4 Nr. 3 MarkenG i.V.m. Art. 6ter Pariser Verbandsübereinkunft (PVÜ).

---

184 BGH GRUR 2010, 231, 234 – Legostein.
185 Vgl. BGH GRUR 2008, 71, 72 – Fronthaube.
186 Ströbele/*Hacker* § 3 Rn. 75.
187 BPatG, Beschl. v. 2.8.1999, 30 W (pat) 287/96 und Ströbele/*Hacker* § 3 Rn. 75 für Farbmarken; HABM-BK GRUR 2004, 563, 64 – Lamborghini-Türbewegungsablauf für die Bewegungsmarke.

4. Schutzwirkungen

»Der Erwerb des Markenschutzes nach § 4 gewährt dem Inhaber der Marke ein ausschließliches Recht«, § 14 Abs. 1 MarkenG. 120

Dies geschieht zu dem Zweck, 121

»um dem Inhaber der Marke den Schutz seiner spezifischen Interessen als deren Inhaber zu ermöglichen, d.h. um sicherzustellen, dass die Marke ihre Funktionen erfüllen kann.«[188]

Schutz bedarf die Marke daher dann, wenn sie in einer ihrer Funktionen beeinträchtigt wird.

a) Herkunftsfunktion

Die Herkunftsfunktion als Hauptfunktion der Marke besteht darin, dem Abnehmer der Ware oder Dienstleistung die Ursprungsidentität der gekennzeichneten Ware oder Dienstleistung zu garantieren, indem sie es ihm ermöglicht, diese Ware oder Dienstleistung ohne Verwechslungsgefahr von Waren oder Dienstleistungen anderer Herkunft zu unterscheiden. Dazu muss sie die Gewähr bieten, dass alle Waren oder Dienstleistung, die mir ihr versehen sind, unter der Kontrolle eines einzigen Unternehmens hergestellt oder erbracht worden sind, das für ihre Qualität verantwortlich gemacht werden kann.[189] Der Schutz der Herkunftsfunktion richtet sich gegen die **Gefahr von Verwechslungen**. 122

b) Werbefunktion

Zu den Funktionen einer Marke gehört auch die Gewährleistung und Bewerbung der Qualität der Ware oder Dienstleistung und damit die Kommunikations- oder Werbefunktion.[190] Der Schutz der Werbefunktion richtet sich insbesondere gegen **Ausbeutung und Beeinträchtigung der Wertschätzung oder Unterscheidungskraft** der Marke, d.h. Rufausbeutung, Aufmerksamkeitsausbeutung, Rufschädigung und Verwässerung 123

In dieser gesamten Breite besteht er allerdings nach § 14 Abs. 2 Nr. 3 MarkenG nur zugunsten *bekannter* Marken. Zugunsten nicht bekannter Marke besteht er nur im Falle der Doppelidentität nach § 14 Abs. 2 Nr. 1 MarkenG, d.h. der Benutzung einer identischen Marke für identische Waren oder Dienstleistungen und dort offenbar auch nur gegen *Beeinträchtigung* der Werbefunktion,[191] nicht aber auch gegen ihre *Ausbeutung*. Wann ein Kennzeichen die erforderliche Bekanntheit aufweist, ist gesetzlich nicht geregelt und lässt sich abstrakt kaum festlegen. Der Begriff des bekannten Kennzeichens wurde in der Vergangenheit anhand quantitativer und qualitativer Kriterien bestimmt: In quantitativer Hinsicht wurde auf die Bekanntheit der Marke, in qualitativer Hinsicht auf eine Wertschätzung der Marke abgestellt. Beide Kriterien befinden sich in Auflösung, weil ein prozentualer Mindest-Bekanntheitsgrad auch ansatzweise nicht mehr verlangt und eine Wertschätzung der Marke erst bei den weiteren Tatbestandsmerkmalen geprüft wird.[192] 124

---

188 EuGH GRUR 2010, 445, 448 – Google/Louis Vuitton Malletier u.a.; GRUR 2009, 756, 761 – L'Oréal/Bellure.
189 EuGH GRUR 2010, 445, 449 – Google/Louis Vuitton Malletier u.a.; GRUR Int. 2007, 718, 720 – Alcon.
190 EuGH GRUR 2010, 445, 448 – Google/Louis Vuitton Malletier u.a.; GRUR 2009, 756, 761 – L'Oréal/Bellure.
191 EuGH GRUR 2010, 445, 449 – Google/Louis Vuitton Malletier u.a.
192 Ströbele/*Hacker* § 14 Rn. 213; *Ingerl*/Rohnke § 14 Rn. 1333.

5. Schutzbedeutung

125 Gerade in Branchen, in denen der Werktitel das primäre Kennzeichen ist, wie z.B. der Verlagsbranche, werfen Kosten-Nutzen-Erwägungen schnell die Frage nach dem Sinn und der Bedeutung von Markenschutz auf. Die Frage lässt sich wie folgt beantworten:

a) Begründung des Schutzes

126 Der Schutz eines Zeichens als Marke ist dort erforderlich, wo Schutz erforderlich ist und daher begründet werden soll, durch die Benutzung der eigenen Werktitel aber nicht begründet werden kann. Solcher Schutz ist erforderlich bei Bedarf nach Schutz
- für andere Zeichen als Werktitel (Logos, Slogans, Farben etc.),
- für andere Waren als Werke (Merchandising) und für Dienstleistungen,
- für andere als die (bislang) benutzten Werktitel (Defensivtitel), aber auch – als Zweitschutz – für die benutzten Werktitel oder
- für andere als die (bislang) benutzten Werke (Datenträger, Website, etc.), aber auch – als Zweitschutz – für die benutzten Werke.

127 Solcher Schutz kann durch die Benutzung der eigenen Werktitel aber nicht begründet werden, wo es um die Vorteile der Reichweite von Markenschutz geht.

aa) Sachliche Reichweite

(1) Schutz für andere Zeichen als Werktitel

128 Die Eintragung einer Marke ermöglicht es, Schutz für andere Zeichen als Werktitel zu erlangen, z.B. für
- **Unternehmensnamen** (über den Schutz nach § 15 MarkenG hinaus); **Künstlernamen** (Einzelkünstler oder Band/Orchester; über den Schutz nach § 12 BGB hinaus), Markenwörter, die keinem Titel entsprechen, **Logos, Farben, Slogans** etc.;
- **Personenabbildungen** (über den Schutz des Persönlichkeitsrechts hinaus), **Figuren** und Film-»**Character**«;
- einzelne **Elemente von Gesamtgestaltungen**, die nur zusammen mit anderen Elementen benutzt werden, für die eigenständiger Schutz aber sinnvoll erscheint. Eigenständiger Schutz verhindert, dass ein Dritter, der zwar das eine Element, nicht aber auch das andere Element der Gesamtgestaltung übernimmt, sich mit dem Verweis darauf verteidigen kann, die sich gegenüberstehenden Gesamtzeichen würden sich durch das nicht übernommene andere Element hinreichend voneinander unterscheiden. Der Dritte kann sich dann zwar immer noch, aber auch nur noch damit verteidigen, dass er das übernommene Element selbst nur in Kombination mit einem dritten Element benutze, das geeignet sei, eine Kennzeichenrechtsverletzung, insbesondere eine Verwechslung auszuschließen. Diese Verteidigung erweist sich jedoch in der Praxis oft als brüchig, weil es an einer Benutzung als echter Kombination dann doch fehlt. Dann liegt doch eine Markenverletzung vor und der Schutz des einen Elements als eigenständige Marke hat sich als sinnvoll erwiesen.

(2) Schutz für andere Waren als Werke und für Dienstleistungen

129 Die Eintragung einer Marke ermöglicht es, Schutz des angemeldeten Zeichens für andere Waren als Werke und für – bisherige oder zukünftige – Dienstleistungen zu erlangen, z.B. für
- **Merchandising-Artikel** zur Benutzung durch Lizenznehmer:
Hier wird ein **verwertbares Recht** überhaupt erst durch die Eintragung einer Marke möglich:

- Eine Lizenzvergabe an dem Titel oder einer für die Mediendienstleistungen geschützten Marke wäre fehlerhaft, weil ohne Kennzeichenrecht gerade für die betreffenden Waren kein Nutzungsrecht an dem Kennzeichen für diese Waren erteilt werden kann: An etwas, das man nicht hat, kann man keine Lizenz erteilen;
- Eine Lizenzvergabe im Vertrauen auf die Bekanntheit des Kennzeichens wäre leichtfertig, weil sich die Verkehrsgeltung häufig, wenn überhaupt, jedenfalls nicht schnell genug einstellt bevor Dritte sich die Marke durch Eintragung angeeignet haben, sobald sie von der – schutzlosen – Verwertung erfahren;
- Ein Verzicht auf die Lizenzvergabe wäre töricht, weil man dann, wenn die »Lizenz« nicht anderweitig rechtlich untermauert werden kann, faktisch eine freie Verwertung durch Dritte zulässt, anstatt eigene Lizenzeinnahmen zu ermöglichen.

Außerdem wird ein **durchsetzbarer Schutz** überhaupt erst durch die Eintragung einer Marke möglich:
- Die Eintragung einer eigenen Marke ist das beste Mittel, zu verhindern, dass Dritte sich das betreffende Zeichen, das man selbst in Zukunft benutzen möchte, durch eine Eintragung der Marke aneignen und sodann versuchen, die zukünftige eigene Benutzung der Marke als Verletzung ihrer Marke zu untersagen bzw. oder von der Zahlung von Lizenzgebühren abhängig zu machen. Einer derartigen »Erpressung« lässt sich durch die frühzeitige Sicherung eigenen Markenschutzes leicht und mit geringem Aufwand vorbeugen. Dies erspart den aufwändigen und nicht selten erfolglosen Versuch, die Markeneintragung des Dritten als bösgläubig zu qualifizieren und nach § 50 Abs. 1, § 8 Abs. 2 Nr. 10 MarkenG löschen zu lassen. Dies gilt auch für Fälle, in denen, z.B. aus Anlass von Jubiläen Namen verstorbener Berühmtheiten oder deren gemeinfrei gewordene Abbildungen mittels des Markenrechts »re-monopolisiert« werden könnten.
- Die Eintragung einer eigenen Marke ist das beste Mittel, zu verhindern, dass Dritte sich das betreffende Zeichen durch eine Eintragung der Marke aneignen, von dem man – selbst bei Fehlen eigener Nutzungspläne – nicht möchte, dass Dritte es benutzen. Dies spielt dort eine Rolle, wo der eigene Unternehmensname oder die Hauptmarke auch durch »Trittbrettfahrer« benutzt werden könnte, insbesondere wenn dies auch nicht mit Hilfe des Sonderschutzes eines bekannten Kennzeichens oder über die Regeln des UWG unterbunden werden könnte.
- Auch insofern haben die Medien auf das Markenwesen einen großen Einfluss: Erfahrungsgemäß ziehen alle besonderen Ereignisse, über die in den Massenmedien berichtet wird, Markenanmeldungen nach sich, von denen sich die Anmelder versprechen, dass sie ihnen Lizenzeinnahmen ermöglichen.
- **Haupt- oder Nebendienstleistungen** von Medienunternehmen z.B. Verlagsdienstleistungen, Ausstrahlen von Rundfunksendungen, Veranstaltungen von Konzerten, Betreiben einer Internet-Suchmaschine etc. (zur Begründung von Zweitschutz neben dem Schutz durch das Firmenrecht für aktuelle Geschäftstätigkeiten); Zustelldienste jenseits der Zeitungszustellung, Veranstaltung von Autoren-Lesungen durch einen Verlag (zur Vorbereitung von Zweitschutz neben dem Schutz durch das Firmenrecht für zukünftige Geschäftstätigkeiten).
- **Werbung** als Dienstleistung.

(3) Schutz für andere als die benutzten Werktitel

Die Eintragung einer Marke ermöglicht es, Schutz des angemeldeten Zeichens für andere als die (bislang) benutzten Werktitel zu erlangen, z.B. für Varianten der benutzten Werktitel zur Errichtung einer markenrechtlichen »Bannmeile« um die benutzten Zeichen zumindest für fünf Jahre (erst fünf Jahre nach ihrer Eintragung wird eine Marke »benutzungspflichtig«, d.h. können aus Ihr keine Rechte mehr hergeleitet werden[193] und kann sie auf Antrag eines jeden Interessierten wieder aus dem Markenregister gelöscht werden, wenn sie für mindestens fünf Jahre nicht benutzt worden ist)[194] aber auch – als Zweitschutz – für die benutzten Werktitel, um besser gegen markenmäßige Benutzungen der Titel geschützt zu sein.

(4) Schutz für andere als die benutzten Werke

131 Die Eintragung einer Marke ermöglicht es, Schutz des angemeldeten Zeichens für andere als die (bislang) benutzten Werke zu erlangen, z.B. für Hörbücher von Texten, die bisher nur als Bücher verlegt wurden, für Filme, namentlich Verfilmungen der Bücher oder für CD-ROMs zur Zweitverwertung von Filmen, aber auch – als Zweitschutz – für die benutzten Werke.

bb) Territoriale Reichweite

132 Die Eintragung einer Marke ermöglicht es, Schutz des angemeldeten Zeichens in einem anderen geographischen Gebiet als demjenigen zu erlangen, in dem die Werktitel bislang benutzt wurden. Dadurch kann z.B. ein geplanter Export der Werke vorab kennzeichenrechtlich abgesichert werden, wenn die Werktitel, aber auch die anderen Marken und insbesondere der Unternehmensname im Ausland als Marken geschützt werden.

cc) Zeitliche Reichweite

133 Die Eintragung einer Marke ermöglicht es, zeitlich unbegrenzten Schutz des angemeldeten Zeichens über den Schutzzeitraum eines anderen Rechts hinaus zu erlangen, da Marken die einzigen zeitlich unbegrenzten verlängerbaren Schutzrechte sind.

b) Beweis des Schutzes

134 Die Eintragung eines Zeichens als Marke bietet zudem eine Beweiserleichterung, da das Markenrecht in einer Eintragungsurkunde »verbrieft« wird und damit im Wege des Urkundenbeweises die Existenz, der Umfang und die Inhaberschaft des Kennzeichenrechts bewiesen werden kann.

135 Eine solche Urkunde ist zudem Voraussetzung für Anträge auf Grenzbeschlagnahme, d.h. für die Beschlagnahme von Pirateriewaren durch die Zollbehörden an den Grenzen der EU. Dies spielt einerseits für bestimmte Produkte der Medienindustrie wie z.B. bestimmte Hard- oder Software (Fälschungen von MP3-Playern, Raubkopien von Werken), andererseits im Bereich des Merchandisings eine große Rolle.

6. Schutzrelevanz

136 Die Relevanz des Markenschutzes hängt auch von der Branche ab, in der der Markenanmelder tätig ist:

In den **Printmedien** und im **Rundfunk** steht der Werktitel im Vordergrund, weil Merchandising und Produktpiraterie keine große Rolle spielen. Hier sind Marken vor allem als – frühzeitiger – Zweitschutz von neuen Werktiteln und Werktiteln bei der Zweitverwertung auf Datenträgern oder im Internet (Hörbücher, Online-Zeitung), zur territorialen Ausdehnung des Schutzes und für den Schutz von Logos von Bedeutung. Nicht-tra-

---

193 § 25 Abs. 1 MarkenG.
194 § 49 Abs. 1 MarkenG.

ditionelle Markenformen spielen als Hinweis auf das Unternehmen allenfalls ausnahmsweise eine Rolle (z.B. das lachsfarbene Papier der »Financial Times«).

In der **Film- und TV-Branche** spielt der Markenschutz dagegen eine große Rolle, weil hier – neben dem Zweitschutz, der territorialen Ausdehnung des Schutzes und dem Schutz von Logos – das Merchandising, insbesondere das »Character«-Merchandising (z.B. Die Maus aus der »Sendung mit der Maus«), die Zweitverwertung von Filmen über Datenträger (Filme auf DVD) und gelegentlich auch nicht-traditionelle Markenformen Bedeutung (Erkennungsmelodien von Filmen und TV-Serien) erlangen. Die Merchandising-Aktivitäten und die Zweitverwertung auf Datenträgern verleiten zudem häufig zu Produktpiraterie, zu deren Bekämpfung sich eine eingetragene Marke besser eignet als ein Werktitel. 137

Im **Internet** spielt der Markenschutz für die Abwehr von missbräuchlicher Benutzung eigener Kennzeichen z.B. in Form von Domain-Namen oder im Rahmen der Suchmaschinenoptimierung eine große Rolle. Daneben dienen sie auch als Grundlage für die Neuanmeldung von Domain-Namen, insbesondere in »Sunrise« Phasen neu vergebener Top Level Domain Namen, bei denen Markeninhabern die neuen Domain-Namen vorrangig zugeteilt werden. Schließlich sind sie zum Schutz eigener Domain-Namen für Plattformen, Shops etc. bedeutsam. 138

Im Zusammenhang mit medial verwerteten **Veranstaltungen** spielt der Markenschutz eine Rolle für den Schutz von Veranstaltungs- und Künstlernamen, ggf. auch von Preis-/Award-Namen, insbesondere dort, wo die Veranstaltung wegen ihres Charakters nicht werktitelfähig ist. 139

II. Entstehung der Marke

1. Auswahl der Marke

Abstrakt lässt sich für die Auswahl einer Marke sagen, dass dasjenige als Marke geschützt werden sollte, was der Anmelder als »sein eigen« wissen, an dem er erkannt, mit dem er sich von den Wettbewerbern unterscheiden möchte. Das sind zunächst die klassischen Markenwörter und Logos, d.h. der eigene Name und die wichtigsten eigenen Wort- und Bildzeichen. Darüber hinaus ist aber zu beachten, dass auch andere Zeichen, Symbole und Effekte Hinweischarakter haben können. Idealerweise sollten alle diese Zeichen, Symbole und Effekte eigenständig und nicht nur in der Kombination, in der sie später benutzt werden, als Marke geschützt werden. Nur dann lassen sie sich auch eigenständig verteidigen, wenn ein Wettbewerber nur eines von mehreren Elementen einer Gesamtkombination übernimmt (siehe oben Rdn. 128). 140

a) Markenschutz von Werktiteln

In Bezug auf Marken im Bereich der Medien stellt sich vor allem die Frage, ob Werktitel – zusätzlich – als Marke eingetragen werden können. Da Werktitel häufig ihren Inhalt beschreiben, werden sie als Marke häufig eben wegen ihres beschreibenden Charakters zurückgewiesen. Hier gilt Folgendes: 141

aa) Unterschiedliche Anforderungen an Unterscheidungskraft bei Marken und Titeln

Unterscheidungskraft im Sinne des Werktitelschutzes bedeutet (nur) die Eignung, das Werk als solches zu individualisieren, d.h. von anderen Werken unterscheidbar zu 142

Viefhues

machen. Insbesondere bei Zeitschriften und Zeitungen,[195] aber auch bei bestimmten Sachbüchern[196] sowie bei Rundfunksendungen,[197] insbesondere Nachrichtensendungen[198] werden nur ganz geringe Anforderungen gestellt.

143 Demgegenüber bedeutet Unterscheidungskraft im Sinne des Markenschutzes die Eignung, die mit der Marke gekennzeichneten Waren und Dienstleistungen nicht (nur) als solche, d.h. von anderen Waren und Dienstleistungen, sondern ihrer betrieblichen Herkunft nach, d.h. von Waren und Dienstleistungen anderer, unterscheidbar zu machen.[199] Dieser unterschiedliche Ansatz[200] führt dazu, dass die Anforderungen an die Unterscheidungskraft von Werktiteln grundsätzlich geringer sind als diejenigen für die Unterscheidungskraft von Marken.[201] Eine als Werktitel schutzfähige Bezeichnung muss daher nicht unbedingt auch als Marke schutzfähig sein.[202] Unterscheidungskraft kann sich dann aber ggf. aus
- der graphischen Gestaltung des Titels,[203]
- der Beschränkung der Markenanmeldung auf Waren, für die der Titel keine Inhaltsbeschreibung darstellt, insbesondere auf üblicherweise titelfreie Waren, z.B. *un*bespielte Datenträger[204] oder
- der Durchsetzung des Titels als Marke im Verkehr[205] nach intensiver Werbung

ergeben.

bb) Markenrechtliche Unterscheidungskraft von Werktiteln

144 Soll ein Werktitel als Marke eingetragen werden, muss er den zuvor gemachten Ausführungen zufolge also eine höhere Unterscheidungskraft besitzen, als es für einen Werktitel erforderlich wäre. Zwar gilt, dass jede noch so geringe markenrechtliche Unterscheidungskraft ausreicht, um das Schutzhindernis der fehlenden markenrechtlichen Unterscheidungskraft zu überwinden. Auch einfachen Aussagen kann daher nicht von vorneherein jede markenrechtlichen Unterscheidungskraft abgesprochen werden; insbesondere bedarf es keines fantasievollen Überschusses,[206] wenngleich Kürze, Originalität. Prägnanz und Mehrdeutigkeit Indizien für die markenrechtliche Unterscheidungskraft sind.[207]

145 *Markenrechtliche* Unterscheidungskraft wird aber nicht schon angenommen, weil die Bezeichnung die betreffenden Waren oder Dienstleistungen nicht *unmittelbar* beschreibt;[208] auch eine nur *mittelbare* beschreibende Angabe kann vom Schutz als Marke ausgeschlossen sein. Für einen Schutzausschluss genügt schon, dass die Bezeich-

---

195 BGH GRUR 2002, 176b – Auto Magazin; GRUR 2000, 504, 505 – Facts; GRUR 2000, 70, 72 – Szene; GRUR 1992, 547, 548 – Morgenpost; GRUR 1991, 661, 662 – Ärztliche Allgemeine; GRUR 1991, 153, 154 – Pizza & Pasta; OLG München MarkenR 2005, 149, 151 – Focus Money/Money Specialist.
196 BGH GRUR 1991, 153, 154 – Pizza & Pasta; OLG Köln GRUR 2000, 1073, 1074 – Blitzgerichte; anders aber LG Hamburg AfP 1993, 775 – Geschichte der arabischen Völker.
197 BGH GRUR 1993, 769, 770 – Radio Stuttgart.
198 BGH GRUR 2001, 1054, 1055 – Tagesreport; GRUR 2001, 1050, 1051 – Tagesschau; OLG Hamburg GRUR-RR 2002, 389, 390 – die tagesschau.
199 St. Rspr.; z.B. BGH GRUR 2000, 720, 721 – Unter uns.
200 BGH GRUR 2003, 440, 441 – Winnetous Rückkehr.
201 Ströbele/*Hacker* § 5 Rn. 89; *Baronikians* Rn. 80.
202 BGH GRUR 2003, 342, 343 – Winnetou (zum fehlenden Markenschutz); GRUR 2003, 440, 441 – Winnetous Rückkehr (zum bestehenden Titelschutz).
203 BPatG, Beschl. v. 19.1.2010, 27 W (pat)154/09 – TV Spielfilm.
204 BPatG, Beschl. v. 20.2.2008, 32 W (pat) 68/06 – Schöner Wohnen.
205 FA-GewRS/*Omsels* Kap. 5 Rn. 194.
206 BGH GRUR 2002, 1070, 1071 – Bar jeder Vernunft; GRUR 2000, 321, 322 – Radio von hier.
207 BGH GRUR 2001, 1043, 1044 – Gute Zeiten – Schlechte Zeiten.
208 EuGH GRUR 2008, 608, 610 – Eurohypo; GRUR 2004, 674, 677 – Postkantoor; GRUR 2004, 680, 681 – Biomild.

nung einen engen beschreibenden, d.h. sachlichen Bezug zu den Waren oder Dienstleistungen aufweist.²⁰⁹ Ein solcher wird angenommen, wenn die Waren, für die der Titel als Marke angemeldet wird, neben ihrem Charakter als handelbare Güter auch einen gedanklichen Inhalt aufweisen, d.h. Werke, z.B. Druckereierzeugnisse, Filme, Fernsehsendungen, bespielte Medienträger, Software, darstellen können, deren Inhalt sie beschreiben.

Der Umstand allein, dass Informationsträgern eine nahezu unbegrenzte Themenvielfalt zugrunde gelegt werden kann, genügt aber noch nicht, die markenrechtliche Schutzfähigkeit zu verneinen. Vielmehr muss ein unmittelbarer und konkreter Sachbezug zwischen Sinngehalt der Marke und den von der Markenanmeldung beanspruchten Waren oder Dienstleistungen vorliegen, was der Fall ist, wenn die Behandlung des Themas in der fraglichen Form und unter Verwendung des betroffenen Titels naheliegt und branchenüblich ist.²¹⁰ Bloße Fantasietitel sind daher als Marke schutzfähig. Es kommt darauf an, ob der Titel die allgemeine Bezeichnung eines tatsächlichen Gegenstands, einer realen Person oder eines Gattungsbegriffes benennt – dann besteht keine Schutzfähigkeit als Marke – oder ob er nur eine fiktive Figur verkörpert – dann besteht Schutzfähigkeit als Marke.²¹¹ **146**

▸ **Beispiele** für Werktitel, die **nicht** auch **als Marke schutzfähig** sind: **147**
- »Bücher für eine bessere Welt« für Druckereierzeugnisse, insbesondere Bücher, und bespielte Datenträger²¹²
- »Gute Zeiten – Schlechte Zeiten« für Tonträger, Bücher, Magazine, Ausstrahlung von Fernsehprogrammen, Fernsehunterhaltung, Filmproduktion etc.;²¹³
- »Reich und Schön« für Fernsehunterhaltung, Zusammenstellung von Rundfunk- und Fernsehprogrammen, Film- und Fernsehproduktion;²¹⁴
- »Willkommen im Leben« für Bild- und Tonträger, Druckereierzeugnisse, Anbieten von auf einer Datenbank gespeicherten Informationen;²¹⁵
- »Die drei Detektive« für CD, Hörbücher, Bild- und Tonträger, Verlagserzeugnisse, Spiele, Filmproduktion, Theateraufführungen;²¹⁶
- »Ladiesfirst.tv« für Fernsehunterhaltung;²¹⁷
- »Verlorene Generation« für bespielte Datenträger, Druckereierzeugnisse, Bereitstellung von Internetforen, Unterhaltung;²¹⁸
- »Rechtsdepesche für das Gesundheitswesen« für Druckereierzeugnisse etc.,²¹⁹
- »Traunsteiner Wochenblatt« für Druckereierzeugnisse, Werbung, Unterhaltung;²²⁰

---

209 BGH GRUR 2008, 710, 711 – Visage; GRUR 2006, 850 – Fussball WM 2006; GRUR 2005, 417, 419 – Berlincard; BPatG GRUR 2007, 58, 60 – Buchpartner.
210 EuGH GRUR-RR 2008, 47, 49 – map & guide; BPatG GRUR-RR 2010, 197 – Tageskarte.
211 BPatG GRUR-RR 2009, 1063, 1064 – Die Drachenjäger; GRUR 2006, 593 – Der kleine Eisbär; BPatG, Beschl. v. 19.1.2005, 29 W (pat) 216/04 – Die drei Fragezeichen; Beschl. v. 19.1.2005, 29 W (pat) 218/04 – Die drei Detektive; Ströbele/*Hacker* § 8 Rn. 61, 146.
212 BGH GRUR 2000, 882, 883 – Bücher für eine bessere Welt.
213 BGH GRUR 2001, 1043, 1045 – Gute Zeiten – Schlechte Zeiten.
214 BGH GRUR 2001, 1042, 1043 – Reich und Schoen.
215 BGH GRUR 2009, 778 – Willkommen im Leben.
216 BPatG, Beschl. v. 19.1.2005, 29 W (pat) 218/04 – Die drei Detektive.
217 BPatG, Beschl. v. 16.12.2009, 29 W (pat) 57/08 – Ladiesfirst.tv.
218 BPatG, Beschl. v. 4.12.2010, 29 W (pat) 27/09 – Verlorene Generation.
219 BPatG, Beschl. v. 13.1.2010, 29 W (pat) 9/09 – Rechtsdepesche für das Gesundheitswesen.
220 BPatG, Beschl. v. 3.12.2008, 29 W (pat) 44/07 – Traunsteiner Wochenblatt, Beschl. v. 3.12.2008, 29 W (pat) 48/07 – Traunsteiner Tagblatt, Beschl. v. 3.12.2008, 29 W (pat) 49/07 – Traunsteiner Zeitung und Beschl. v. 3.12.2008, 29 W (pat) 51/07 – Chiemgauer Blätter.

- »Schöner Wohnen« für bespielte Bild-/Tonträger, Software, Druckereierzeugnisse, Unterhaltung, insbesondere Rundfunk- und Fernsehunterhaltung, Veröffentlichung und Herausgabe von Verlagserzeugnissen etc.;[221]
- »Die Drachenjäger« für Magnetaufzeichnungsträger, Druckereierzeugnisse, Spiele, Unterhaltung etc.[222]

148 ▶ Beispiele für Werktitel, die auch **als Marke schutzfähig** sind:
- »Radio von hier – Radio wie wir« für Ausstrahlung/Produktion von Radioprogrammen, Rundfunkunterhaltung; schutzfähig wegen Mehrdeutigkeit der Bestandteile;[223]
- »Gute Zeiten – Schlechte Zeiten« für Notizbücher, Kalender, Filmverleih;[224]
- »Reich und Schön« für Filmverleih, Betrieb von Tonstudios, Videoverleih, Veröffentlichung und Vermietung von Büchern;[225]
- »Der kleine Eisbär« für bespielte Datenträger, belichtete Filme, Druckereierzeugnisse; schutzfähig weil Bezeichnung eines konkreten Individuums (i.G.z. »Der junge Eisbär«);[226]
- »BuchPartner« für Druckererzeugnisse; schutzfähig wegen Mehrdeutigkeit;[227]
- »Tageskarte« für Zeitschriften; schutzfähig weil (i.G.z. Zeitungen) nicht täglich, sondern wöchentlich oder monatlich erscheinend;[228]
- »Die drei Fragezeichen« für CD, Hörbücher, Bild- und Tonträger, Verlagserzeugnisse, Spiele, Filmproduktion, Theateraufführungen;[229]
- »Ladiesfirst.tv« für Zusammenstellung von Fernsehprogrammen, Ausstrahlung von Fernsehsendungen, Druckereierzeugnisse, Bücher, Fotografien, etc.[230]
- »Verlorene Generation« für bespielte Datenträger, Druckereierzeugnisse, Bereitstellung von Internetforen, Unterhaltung, *sämtliche Dienstleistungen ausschließlich im Zusammenhang mit Dokumentationen geologischen Inhalts;*[231]
- »Schöner Wohnen« für unbespielte Bild-/Tonträger, Computerbetriebsprogramme.[232]

b) Markenschutz von Personennamen

149 Die Grundsätze der Beurteilung markenrechtlicher Unterscheidungskraft gelten in gleicher Weise für die Eintragung von Personennamen als Marken. Relevant wird sie vor allem bei der Verwertung der Namen *bekannter* Personen. Grundsätzlich keinen Einfluss haben dabei etwaige Urheber- oder Namensrechte, d.h. die Berechtigung des Markenanmelders zur Benutzung des Namens.[233] Für die Schutzfähigkeit kommt es auf die Auffassung der durch die Marken angesprochenen Verkehrskreise, d.h. Verbraucher an. Diesen ist eine Beurteilung der Berechtigungslage aber nicht möglich.

---

221 BPatG, Beschl v. 20.2.2008, 32 W (pat) 68/06 – Schöner Wohnen.
222 BPatG GRUR 2009, 1063, 1064 – Die Drachenjäger.
223 BGH GRUR 2000, 321, 322 – Radio von hier.
224 BGH GRUR 2001, 1043, 1045 – Gute Zeiten – Schlechte Zeiten.
225 BGH GRUR 2001, 1042, 1043 – Reich und Schoen.
226 BPatG GRUR 2006, 593 – Der kleine Eisbär.
227 BPatG GRUR 2007, 58, 59 – Buchpartner.
228 BPatG GRUR-RR 2010, 197 – Tageskarte.
229 BPatG, Beschl. v. 19.1.2005, 29 W (pat) 216/04 – Die drei Fragezeichen.
230 BPatG, Beschl. v. 16.12.2009, 29 W (pat) 57/08 – Ladiesfirst.tv.
231 BPatG, Beschl. v. 4.12.2010, 29 W (pat) 27/09 – Verlorene Generation.
232 BPatG, Beschl. v. 20.2.2008, 32 W (pat) 68/06 – Schöner Wohnen.
233 BPatG GRUR 2008, 512, 516 – Ringelnatz.

Namen **fiktiver** oder **unbekannter Personen** sind wie Fantasietitel auch für mediale 150
Produkte grundsätzlich unterscheidungskräftig.[234] Etwas anderes gilt nur, wenn sich die
fiktive Person zum Synonym für einen Personen*typ* entwickelt; dann kann der Name als
Hinweis auf den Inhalt und Gegenstand des Produkts verstanden werden.[235]

Namen **bekannter Personen** sind als Marke schutzfähig, wenn die produktbezogene 151
Herkunft im Vordergrund steht, nicht aber die personale Identifizierung. Wird der Name
als Beschreibung des Produktinhalts (Person und Lebenswerk des Namensträgers) und
damit als bloßer Sachtitel verstanden, fehlt es daher an der Unterscheidungskraft.[236] Gleiches gilt, wenn die Werbewirkung der Person im Vordergrund steht, d.h. Werbung mit
der Person (Testimonial-Werbung) oder für die Person (Personen-Merchandising).[237]
Sofern es darüber hinaus praktisch bedeutsame und naheliegende Möglichkeiten einer
Verwendung des Namens bestehen, die vom Verkehr als markenmäßiger Hinweis auf die
betriebliche Herkunft des Produkts verstanden werden, ist die Marke schutzfähig.

Unabhängig vom Markenschutz sind Künstlernamen und **Pseudonyme**[238] nach § 12 BGB 152
als Namen schutzfähig. Der Schutz setzt allerdings voraus, dass sich die Namen Verkehr
als Namen einer bestimmten Person durchgesetzt haben.[239]

c) Markenschutz von Personengruppen

Die Grundsätze der Beurteilung markenrechtlicher Unterscheidungskraft gelten weiterhin in gleicher Weise für die Eintragung von Bezeichnungen von Personengruppen, insbesondere aus der Musikbranche, d.h. **Namen von Musikgruppen** und Orchestern. 153

Gerade im Bereich der Popmusik, bei der der Markenschutz im Hinblick auf Merchandising- und Fan-Artikel sowie Mittel der medialen Auswertung (CD, DVD, Musik-Download) von Bedeutung ist, ist das Nebeneinander von Marke, Titel und Name zu beachten. 154
Wem Letzter zusteht, hängt von den Einzelheiten des jeweiligen Falles ab. Das eine Ende
der Bandbreite bildet dabei der klassische Fall, in dem der Name der Band der BGB-Gesellschaft zusteht, die die Band bildet.[240] Das andere Ende der Bandbreite bildet dabei
der Fall, in dem der Name dem Musikproduzenten zusteht, weil die Band nur ein nach
optischen Gesichtspunkten »zusammengecastetes« Produzentenprojekt darstellt, auf
deren personeller Zusammensetzung oder künstlerischer Aussage die Gruppenmitglieder
keinen Einfluss haben.[241] Dazwischen liegen verschieden denkbare Konstellationen, die
sich nach der vertraglichen Gestaltung der Kooperation zwischen Produzent und
Gruppe richten. Um hier bei einer Markenanmeldung nicht mit den Rechten am Namen
der Musikgruppe zu kollidieren, ist zuvor zu prüfen, wem die Namensrechte zustehen.

d) Markenschutz von Veranstaltungsbezeichnungen

Die Grundsätze der Beurteilung markenrechtlicher Unterscheidungskraft gelten weiterhin in gleicher Weise für die Eintragung von Bezeichnungen von Veranstaltungen als 155

---

[234] BPatG GRUR 2008, 522, 523 – Percy Stuart; Beschl. v. 25.4.2008, 27 W (pat) 24/08 – Charlotte von Mahlsdorf; Beschl. v. 27.8.2002, 27 W (pat) 65/02 – Captain Nemo.
[235] BGH GRUR 2002, 342, 342 – Winnetou (als Synonym für »rechtschaffenen Indianerhäuptling«).
[236] BPatG GRUR 2008, 512, 516 – Ringelnatz; GRUR 2008, 518, 520 – Karl May; MarkenR 2008, 33, 36 – Leonardo da Vinci; Beschl. v. 29.8.2007, 28 W (pat) 44/07 – Jesse James; OLG Dresden NJW 2001, 615, 616 – Johann Sebastian Bach.
[237] *Sahr* GRUR 2008, 461, 463; a.A. *Kaufmann* Rn. 273.
[238] OLG Stuttgart GRUR-RR 2002, 55, 56 – Ivan Rebroff; LG Düsseldorf, NJW 1987, 1413 – Heino.
[239] BGH GRUR, 2003, 897, 898 – maxem.de; unrichtig, zumindest aber unscharf insofern LG München I GRUR-RR 2007, 214, 215 – Schweini.
[240] Vgl. OLG Köln GRUR-RR 2008, 243, 245 – Vanilla Ninja.
[241] Vgl. OLG München NJWE-WettbR 1996, 229, 231 – Boney M.

Marken. Relevant im Bereich der Medien wird sie vor allem bei der Verwertung der »Namen« von Veranstaltungen, die auf großes allgemeines Interesse stoßen. Sie sind als Werbeplattformen gefragt, für die Allgemeinheit wegen mangelnder unmittelbarer Teilnahmemöglichkeiten, insbesonder örtlicher Entfernung oder begrenzter Teilnehmerzahlen, aber nur durch Übertragung oder Berichterstattung in den Medien zu erreichen. In erster Linie betrifft dies sportliche Großereignisse, daneben aber auch Veranstaltungen im Musikbereich. Dabei geht es vor allem darum, Dritten die Verwertung des Ereignisses im Wege der Eigenwerbung und des **Merchandising** zu ermöglichen und sie im Gegenzug zur Mitfinanzierung des Ereignisses als **Sponsoren** zu bewegen. Die Verwertung des Ereignisses durch die Sponsoren setzt aber Exklusivität voraus, um für die Sponsoren attraktiv zu sein. Diese Exklusivität wird durch rechtliche Monopolisierung des Veranstaltungsnamens in Form von Markenschutz erreicht wird.

156 Veranstaltungsnamen sind grundsätzlich **als Marken schutzfähig**. Allerdings müssen sie nach den allgemeinen Regeln unterscheidungskräftig sein; eine begriffliche Kategorisierung als »Eventmarke« ändert hieran nichts.[242] Dies bedeutet vor allem, dass allein der Umstand, dass die Veranstaltung – wie üblich – nur von einem einzigen Anbieter veranstaltet wird, noch nicht bedeutet, dass der Veranstaltungsname daher schon zwingend auf ein bestimmtes Unternehmen hinweist und daher unterscheidungskräftig ist.[243] Dem steht entgegen, dass die Veranstaltung zumindest in ihrer umgangssprachlichen Benennung meist als Hinweis nur auf das Ereignis als solches und damit als Beschreibung verwendet wird.
- Unterscheidungskraft wird daher meist nur dann gegeben sein, wenn der **Name des Veranstalters** Teil der Marke ist (z.B. »FIFA FUSSBALL WM 2006«).[244]
- Die **Bezeichnung der Veranstaltungsart** (»FUSSBALL WM«) in der typischen Kombination mit der Zahl des Veranstaltungsjahres (z.B. »FUSSBALL WM 2006«) bezeichnet demgegenüber nur das Ereignis, enthält aber keinen Hinweis auf ein dahinter stehendes Unternehmen und ist daher nicht unterscheidungskräftig und somit nicht als Marke eintragbar.[245]
- Bei **Abkürzungen** und Bezeichnungen, bei denen die Veranstaltung nicht identifiziert wird (»WM 2006«), kommt es auf die einzelnen Waren und Dienstleistungen an, für die Markenschutz begehrt wird, namentlich darauf, ob sie einen Bezug zur der Veranstaltung aufweisen (dann nicht unterscheidungskräftig) oder nicht (dann unterscheidungskräftig).[246] Den entsprechenden Bezug wird man verallgemeinernd dann annehmen können, wenn es sich um den Kernbereich der Veranstaltertätigkeit, Produkte mit unmittelbarem Veranstaltungsbezug und klassische Merchandising-Artikel, Fan-Artikel und Mittel der medialen Auswertung (DVD etc.) handelt.[247] Nach Ansicht des HABM[248] fehlt es aber auch für andere als klassische Merchandising-Artikel an der Unterscheidungskraft. Für die praktische Anwendung bietet sich daher an, zu prüfen, ob die angesprochenen Verkehrskreise in Bezug auf die Veranstaltungsart an eine Verwobenheit zwischen der Veranstaltungsdienstleistung (Organisation der Veranstaltung) und weiteren Waren und Dienstleistungen gewöhnt sind.[249]

---

242 BGH GRUR 2006, 850, 854- FUSSBALL WM 2006.
243 BGH GRUR 2006, 850, 855 – FUSSBALL WM 2006; siehe auch EuGH GRUR 2004, 674, 676 – Postkantoor; HABM, Beschl. v. 30.6.2008, R 1468/2005-1, Rn. 28 – WM 2006.
244 BGH GRUR 2006, 850, 857 – FUSSBALL WM 2006.
245 BGH GRUR 2006, 850, 857 – FUSSBALL WM 2006.
246 BGH, Beschl. v. 27.4.2006, I ZB 97/05, Rn. 46 – WM 2006.
247 BGH, Beschl. v. 27.4.2006, I ZB 97/05, Rn. 46 – WM 2006; HABM Beschl. v. 30.6.2008, R 1468/2005-1, Rn. 31-34 – WM 2006.
248 HABM, Beschl. v. 30.6.2008, R 1468/2005-1, Rn. 36 – WM 2006.
249 *Grabucker* NJW-Sonderheft 100 Jahre Markenverband, 2003, 6, 10.

Auch wenn Namen von Veranstaltungen nicht als Marke schutzfähig sind, können sie 157
doch als **Werktitel**[250] oder **besondere Geschäftsbezeichnung**[251] geschützt sein. Damit
besteht zumindest Schutz gegenüber einer Verwendung durch andere Veranstalter.

2. Auswahl der Waren und Dienstleistungen

Marken können nicht absolut, d.h. als solche geschützt werden, sondern immer nur für 158
bestimmte Waren oder Dienstleistungen, deren Unterscheidung sie dienen sollen.

a) Freie Wahl

Die Waren oder Dienstleistungen, für die der Schutz der Marke begehrt wird, ist bei der 159
Anmeldung der Marke zur Eintragung anzugeben. Dabei kann eine Markenanmeldung
nicht nur solche Waren oder Dienstleistungen umfassen, für die die Marke bereits
benutzt wird oder für die deren Benutzung beabsichtigt ist. Vielmehr **können die Waren
oder Dienstleistungen frei gewählt** werden. Hierzu gibt es eine **Klassifizierung** aller
Waren und Dienstleistungen, die auf einem internationalen Übereinkommen beruht und
mehr oder weniger weltweit gültig ist.[252] Die Klassifizierung teilt die Waren und Dienstleistungen
in 45 Klassen ein und führt die verschiedenen Waren und Dienstleistungen
teilweise in Form von abstrahierenden Oberbegriffen, teilweise durch konkrete Benennung
auf.[253] Theoretisch kann eine Marke für sämtliche Klassen und alle in den jeweiligen
Klassen enthaltene Waren und Dienstleistungen angemeldet werden. Ob die Verwendung
aller Oberbegriffe einer Klasse der Klassifizierungsliste dazu führt, dass auch solche
Waren oder Dienstleistungen von einer Markenanmeldung erfasst werden, die zwar in
die betreffenden Klasse fallen, semantisch aber von keinem der Oberbegriffe der Klassenliste
abgedeckt werden, ist derzeit Gegenstand eines Vorlageverfahrens beim EuGH:[254]
Während u.a. das Deutsche Patent- und Markenamt auf die Semantik abstellt und die
Oberbegriffe als nicht abschließend qualifiziert, geht das Harmonisierungamt für den
Binnenmarkt für die Gemeinschaftsmarke davon, dass in diesem Fall sämtliche in die
betreffende Klasse fallende Waren oder Dienstleistungen von der Markenanmeldung
erfasst sind.

b) Begrenzende Faktoren

Die angemessene Auswahl der Waren und Dienstleistungen ergibt sich vor allem aus 160
zwei **begrenzenden Faktoren**, nämlich
- den zu erwartenden **Kosten**:
  Grundsätzlich ist idealer Markenschutz möglichst breit angelegt, um einerseits
  zukünftige Erweiterungen der Geschäftstätigkeit von vornherein abzudecken und
  um andererseits die Waren und Dienstleistungen des aktuellen Interesses mit einer
  gewissen »Bannmeile« an Markenschutz zu versehen, aus der sich Dritte mit nachfolgenden
  Anmeldungen ähnlicher oder sogar identischer Marken heraushalten müssen.
  Mit jeder weiteren Klasse, die von der Markenanmeldung über das Mindestmaß an
  Schutz zusätzlich abgedeckt wird und die über eine amtliche »Grundgebühr« hinausgeht,
  fallen aber zusätzliche Gebühren an, die ein sehr breites Waren- und Dienstleistungsverzeichnis
  schnell an vorgegebene finanzielle Grenzen führen können.

---

250 BGH MarkenR 2010, 210, 213 – WM-Marken; GRUR 1989, 626, 627 – Festival Europäischer Musik.
251 OLG Hamburg, GRUR-RR 2005, 223 – WM 2006.
252 http://www.dpma.de/docs/service/formulare/marke/w7733.pdf.
253 http://www.dpma.de/docs/service/formulare/marke/w7733.pdf.
254 C-307/10 – The Chartered Institute of Patent Attorneys vs. Registrar of Trade Marks.

- den zu erwartenden **Konflikten** mit älteren Rechten Dritter:
  Mit jeder weiteren Klasse, ja sogar Ware oder Dienstleistung, die von der Markenanmeldung über das Mindestmaß an Schutz zusätzlich abgedeckt wird, erhöht sich auch das Risiko, dass bereits existierende Kennzeichenrechte Dritter verletzt und Konflikte heraufbeschworen werden. Markenrecherchen können zwar insofern einen gewissen Überblick über zu erwartenden Konflikte geben, doch sind heutzutage Marken schon mit engem Waren- und Dienstleistungsverzeichnis kaum noch potentiell konfliktfrei zu erlangen.

161 Bei der Ausarbeitung des Waren- und Dienstleistungsverzeichnisses »steckt der Teufel im Detail«, weshalb dringend anzuraten, die Formulierung Personen mit entsprechender Erfahrung zu überlassen, die sich in das Unternehmen des Anmelders hineindenken und seinen Bedarf feststellen, anstatt auf Standardlösungen zurückzugreifen: Die Kosten eines späteren Rechtsstreits sind allemal höher als die Kosten einer vorherigen Beratung. Es sollte daher nicht nur auf die Kosten, sondern auch auf den Wert der zukünftigen Marke geschaut werden.

c) Planungsschema

162 Bei der Planung des Waren- und Dienstleistungsverzeichnisses kann man z.B. nach folgendem **Schema** vorgehen:

Zunächst wird festgelegt, aus welchen Waren und Dienstleistungen der **Kern der Geschäftstätigkeit** besteht, für die die anzumeldende Marke benutzt werden soll. Dieser Kern stellt den Mindestinhalt des Waren- und Dienstleistungsverzeichnisses dar.

163 Jenseits des Mindestinhalts bietet sich an, diejenigen Waren und Dienstleistungen in das Waren- und Dienstleistungsverzeichnis aufzunehmen, die von **naheliegenden Erweiterungen** der Geschäftstätigkeit erfasst werden.

164 Je nachdem, ob sich die Marke zur Verwertung durch Merchandising eignet und ein solches – durch das eigene Unternehmen oder durch »trittbrettfahrende« Dritte – vorgesehen oder zu erwarten ist, wären konkret vorgesehen oder, hilfsweise, typische **Merchandising-Artikel** und Mittel der medialen Auswertung abzudecken.

165 Schließlich kann man das Waren- und Dienstleistungsverzeichnisses noch um solche Waren erweitern, die nicht zum klassischen Merchandising-Bereich gehören, bei denen man aber erwarten kann, dass »trittbrettfahrende« Dritte für sie die Marke verwenden möchten und für die man daher – vor allem solange die Marke noch nicht bekannt ist – einen gewissen **Sperrschutz** erlangen möchte. Hier ist aber mit besonderer Vorsicht vorzugehen, da die Grenze zur »bösgläubigen« Markenanmeldung wegen gezielter Behinderung anderer Unternehmen erreicht werden kann. Dieser Bereich sollte daher nur in besonderen Fällen von der Markenanmeldung abgedeckt werden, wenn umgekehrt eine unlautere Ausbeutung der eigenen Marke naheliegt. Meistens fehlt es daran aber. Ohnehin wird dieser Bereich häufig schon aus Kostengründen nicht mehr erreicht.

3. Auswahl des Schutzterritoriums

166 Neben der Wahl der Marke und ihres Waren- und Dienstleistungsverzeichnisse muss entschieden werden, in welchen Ländern die Marke geschützt werden. Soll sie nur in Deutschland eingetragen werden, wird sie beim DPMA angemeldet. Soll sie auch im Ausland geschützt werden, gibt es drei Wege:

a) Gemeinschaftsmarke

Markenschutz wird heutzutage häufig »in Europa« gewünscht. Soweit damit die EU gemeint ist, gibt es die Möglichkeit, die Marke als eine einzige, das Territorium der gesamten EU in ihrem jeweiligen Bestand abdeckende **einheitliche Marke** eintragen zu lassen. Vorteile ergeben sich hierdurch vor allem bei den Kosten (sehr gering für ein Schutzrecht in 27 Staaten), bei der Markenverwaltung (nur eine einzige Marke) und bei der für die Aufrechterhaltung des Schutzes erforderlichen Benutzung der Marke (Marke muss nicht in jedem Mitgliedsland benutzt werden). Nachteile ergeben sich aus der Einheitlichkeit der Marke, die selbst bei einer Kollision mit älteren Kennzeichen Dritter in nur einem einzigen Mitgliedsland der EU insgesamt scheitert. Von der dann immerhin noch möglichen Umwandlung der gescheiterten Gemeinschaftsmarke in nationale Marken in den konfliktfreien EU-Ländern wird häufig aus Kosten- und Zeitgründen kein Gebrauch gemacht.

167

b) Internationale Registrierung

Ausländischer Markenschutz lässt sich nach dem »Madrider Markenabkommen« (MMA) und dem »Protokoll zum Madrider Markenabkommen« (PMMA) auch im Wege der sog. »internationalen Registrierung« einer zuvor eingetragenen oder zumindest angemeldeten deutschen Marke erreichen. Die internationale Registrierung stellt eine Vereinfachung des Anmeldeverfahrens dar, indem die Auslandsanmeldungen in einer einzigen Anmeldung bei der WIPO zusammengefasst und **in einer einzigen Markeneintragung gebündelt** werden, vgl. Art. 4 MMA.[255] Die Länder müssen einzeln gewählt werden. Zur Zeit gibt es 84 Staaten, die sich an diesem Schutzsystem beteiligen,[256] darunter alle Mitgliedsländern der EU und sogar die EU selbst, so dass Schutz in der EU auch auf diesem Wege der internationalen Markenregistrierung erreicht werden kann.

168

Allerdings werden die einzelnen **Länderanteile**, d.h. in der Anmeldung benannten Länder, für die Schutz begehrt wird, **wie nationale Marken behandelt**, d.h. sie werden durch die einzelnen nationalen Markenämter geprüft, genießen Schutz in den jeweiligen Ländern Schutz nach den dort geltenden Markenrecht, müssen für jedes einzelne Land benutzt werden, um den dortigen Schutz aufrechtzuerhalten und können länderweise übertragen werden. Vorteile ergeben sich hierdurch vor allem bei den Kosten, wenn Schutz nur für wenige Länder gewünscht ist, und bei Kollisionen mit bereits existierenden älteren Kennzeichen oder bei sonstigen Schutzversagungsgründen, die sich auch nur für die betroffenen Länderanteile auswirken, so dass nicht immer gleich der Bestand der gesamten Marke gefährdet. Nachteile ergeben sich nach Art. 6 Abs. 2 MMA aus der fünfjährigen Abhängigkeit der internationalen Registrierung von der deutschen »Basismarke«; wird sie gelöscht oder eingeschränkt, so führt dies automatisch auch zur entsprechenden Löschung oder Einschränkung der internationalen Registrierung, obwohl in den durch sie abgedeckten Ländern das Problem, das zur Löschung oder Einschränkung der deutsche Basismarke geführt hat, gar nicht besteht.

169

c) Nationale Marken

Im Übrigen muss ausländischer Markenschutz auf Anmeldungen von nationalen Auslandmarken in den nationalen Markenregistern gründen, nämlich dort, wo das betreffende Land weder EU-Mitglied noch Mitglied des Systems der internationalen Markenregistrierung ist. Wo das betreffende Land EU-Mitglied oder Mitglied des Systems der

170

---

[255] BGH GRUR 1955, 575, 578 – Hückel.
[256] http://www.wipo.int/export/sites/www/treaties/en/documents/pdf/madrid_marks.pdf (Stand: 1.12.2009).

internationalen Markenregistrierung ist, kann dieser Weg alternativ zur Gemeinschaftsmarke oder internationalen Markenregistrierung gewählt werden, um deren Nachteile zu vermeiden.

4. Ablauf der Markenauswahl

a) Markenkreation

171 Die Markenkreation ist Aufgabe der Marketingfachleute. Gleichwohl gibt es einige wenige rechtliche Aspekte, die bereits bei der Suche nach geeigneten Markenkandidaten berücksichtigt werden sollten, will man auch unter rechtlichen Gesichtspunkten, insbesondere demjenigen einer späteren Verteidigungsmöglichkeit, eine »gute Marke« finden:
- Mangelnde Schutzfähigkeit oder jedenfalls eine sehr geringer Schutzumfang spricht gegen die Wahl von beschreibenden Angaben und solchen Begriffen, die einen deutlichen, einschlägigen Bedeutungsgehalt aufweisen, auch wenn man sie als »nur anspielend«, aber noch nicht »glatt beschreibend« auffassen möchte – die Grenzen sind fließend und die Einschätzung subjektiv, die Grenzziehung daher uneinheitlich, wenn nicht – zumindest dem Anschein nach – sogar willkürlich,
- Das »Recht der Gleichnamigen«, d.h. das Recht auch jüngerer Namensträger, unter ihrem Namen am geschäftlichen Verkehr teilzunehmen, und eine evtl. Namensteilung bei späteren Unternehmensabspaltungen sprechen gegen Marken, die aus Eigennamen abgeleitet sind,
- Marken, die Tippfehler nahelegen, führen im Internet schnell zur »Aneignung« der Tippfehler-Varianten durch »Domain-Grabber«,
- Marken, die es in anderen Branchen schon gibt, können zum Vorwurf der Rufausbeutung führen.

172 Ist die Marke entworfen, ist das für den erforderlichen Schutz angemessene Waren- und Dienstleistungsverzeichnis zu entwerfen.

b) Recherche

173 Bevor eine Marke zur Eintragung angemeldet wird, sollten Recherchen nach bereits existierenden Kennzeichen durchgeführt werden. Werden solche Recherchen unterlassen, ist die Gefahr groß, dass es später zu einer Verletzung eines bereits existierenden Kennzeichenrechts kommt. Die Verletzung des Kennzeichenrechts gilt dann allein wegen der unterlassenen Recherche zudem als zumindest fahrlässig,[257] d.h. schuldhaft und begründet eine Schadensersatzpflicht.

174 Erfahrungsgemäß fallen gerade bei Wortmarken-Recherchen praktisch immer kollidierende Zeichen an, so dass man stets damit rechnen muss, dass sich ein recherchierter Markenvorschlag als nicht verfügbar herausstellt. Dann beginnt die Suche nach einem neuen »Kandidaten« von vorne, für den wiederum eine Verfügbarkeitsrecherche durchgeführt werden muss. Gerade wenn – wie häufig – die Einführung des neuen Produktes unter Zeitdruck steht, lohnt es sich daher, von vornherein mehrere »Kandidaten« zu recherchieren, um keine Zeit zu verlieren.

aa) Art der Recherche

175 - Sogenannte »**Identitätsrecherchen**« decken oft nur Kennzeichen auf, die mit dem recherchierten Zeichen identisch sind oder es identisch in einer Kombination enthalten. Um eine Kennzeichenrechtsverletzung auszuschließen genügt dies nicht. Viel-

---

[257] BGH GRUR 1957, 222, 223 – Sultan; GRUR 1970, 87, 89 – Muschi Blix; GRUR 2007, 877, 878 – Windsor Estate.

mehr können solche Recherchen nur dazu dienen, eine schnelle Negativauswahl vorzunehmen, d.h. von mehreren Markenvorschlägen diejenigen auszusondern, die schon auf ersten Blick keine Aussichten auf Erfolg bieten.
- Sogenannte »**Ähnlichkeitsrecherchen**« decken auch Kennzeichen auf, die dem recherchierten Zeichen nur ähnlich, aber eben noch *verwechselbar* ähnlich sind. Sie eignen sich zur Einschätzung der Risikolage. Ihre Durchführung vor Aufnahme der Benutzung eines neuen Kennzeichens ist auch erforderlich, um im Falle einer sich später gleichwohl ergebenden Kennzeichenrechtsverletzung die für einen Schadensersatzanspruch erforderliche Fahrlässigkeit auszuschließen. Auch Ähnlichkeitsrecherchen haben aber Grenzen, insbesondere den Grad der Aktualisierung der ihnen zugrunde liegenden Datenbanken. Auch beziehen sie sich üblicherweise nur auf Waren und Dienstleistungen, die im Ähnlichkeitsbereich der für die Markenanmeldung relevanten Waren und Dienstleistungen liegen; dem Sonderschutz *bekannter* Marken unterliegende Drittmarken werden daher nicht unbedingt abgedeckt.

bb) Umfang der Recherche

Um sich einen vollständigen Überblick über bereits existierende Kennzeichenrechte zu verschaffen genügt es aber nicht nur, nach bereits existierenden Marken zu recherchieren. Vielmehr kann eine Marke auch mit anderen Kennzeichenarten kollidieren. Dies gilt sowohl für Firmenrechte, wie auch – gerade im Bereich der Medien – für Werktitelrechte. Daher muss je nach den Umständen

- nicht nur in den Markenregistern nach bereits existierenden **Marken** recherchiert werden, eine Recherche für Deutschland also im Markenregister des DPMA, der HABM und der WIPO, sondern
- auch in den Handelsregistern nach bereits existierenden **Firmen** (IHK-Recherchen genügen nicht, da sie nur im jeweiligen Zuständigkeitsbereich der IHK, nicht aber bundesweit durchgeführt werden), soweit möglich darüber hinaus auch nach **besonderen Geschäftsbezeichnungen** und
- auch – mangels eines generellen Titelschutzregisters – in geeigneten Datenbanken (SPIO-Filmtitelregister, Titelschutzanzeiger, Börsenblatt des deutschen Buchhandels, Internet, etc.) nach bereits existierenden **Werktiteln**

recherchiert werden.

176

Da die erforderlichen Recherchen spezielle Software erfordern, sind sie mit »Bordmitteln« durch die Markenanmelder nicht zu bewältigen. Für sie muss man sich an professionelle Recherche-Institute wenden; für Werktitelrecherchen gilt dies schon wegen der fehlenden Register.

177

cc) Territorium der Recherche

Je nachdem, in welchen Ländern die Marke geschützt werden soll, müssten die Recherchen auch im Ausland durchgeführt werden. Markenschutz wird heutzutage häufig »in Europa« gewünscht. Ähnlichkeitsrecherchen in ganz Europa oder auch nur in der EU durchzuführen, erweist sich regelmäßig als zu teuer. Es muss dann ein Kompromiss gefunden werden, z.B. eine Ähnlichkeitsrecherche nur in Deutschland und vielleicht in den weiteren zwei oder drei wichtigsten EU-Ländern und im Rest der EU oder Europas nur eine Identitätsrecherche. Allerdings muss man bei solchen Kompromisslösungen das verbleibende Risiko hinnehmen, dass es in den Ländern, in denen nur eine Identitätsrecherche durchgeführt wurde, zu Konflikten mir nur ähnlichen Marken kommt. Wenn dann eine Gemeinschaftsmarke angemeldet wird, die als einheitliche Marke die ganze EU abdeckt, kann eine Kollision in einem solchen »sekundären« Land die Marke insgesamt gefährden. Die Umwandlung in nationale Marken in den konfliktfreien EU-Ländern ist

178

meist zu teuer und zu langwierig. Es muss dann, will man die Gemeinschaftsmarke retten, auf jeden Fall mit dem Inhaber des älteren Kennzeichens eine Einigung, d.h. eine Koexistenzlösung gefunden werden.

c) Abgrenzung

179 Hat die Recherche ergeben, dass es bereits ältere Kennzeichen gibt, in deren Schutzbereich die neue Marke eingreifen könnte, ist es oft möglich, im Wege der Vereinbarung mit dem Inhaber des kollidierenden Kennzeichens eine Lösung dahingehend herbeizuführen, dass er der Eintragung und Benutzung der Marke zustimmt, wenn sich der Markenanmelder im Gegenzug z.B. dazu verpflichtet, die Eintragung und Benutzung der Marke auf bestimmte Waren oder Dienstleistungen zu beschränken, die Marke nur in bestimmten gestalterischen Formen zu benutzen oder die gekennzeichneten Waren nur über bestimmte Vertriebswege zu vertreiben.

180 Scheitern Verhandlungen zum Abschluss einer Abgrenzungsvereinbarung (je nach Inhalt oft auch »Vorrechtsvereinbarung« oder »Koexistenzvereinbarung« genannt) ist der Markenvorschlag üblicherweise »verbrannt«; eine gleichwohl erfolgende Anmeldung zur Eintragung oder sogar Benutzung würde den Inhaber des älteren Kennzeichens geradezu zwingen, gegen die Eintragung und/oder Benutzung vorzugehen. Abgrenzungsverhandlungen sind dann nur sehr bedingt geeignete Lösungen, wenn die Recherche gleich mehrere kollidierende ältere Zeichen ergeben hat. Es müsste dann nämlich nicht nur mit den Inhabern aller Kennzeichen um eine Abgrenzung verhandelt werden; vielmehr müssten die Verhandlungen auch mit allen Zeicheninhabern erfolgreich sein.

181 Lassen sich potentielle Kollisionen nicht durch Abgrenzungsvereinbarungen vermeiden, bleibt nur der Rückgriff auf eine andere Marke. Andernfalls ist der Weg zur Anmeldung der Marke frei.

d) Anmeldung

182 Hat sich ein erfolgreicher Markenkandidat ergeben, folgt die Anmeldung zur Eintragung.

III. Erhaltung der Marke

183 Marken wollen erhalten und gepflegt werden.

1. Verlängerung

184 Zunächst wird eine Marke dadurch erhalten, dass am Ende ihrer zehnjährigen (§ 47 Abs. 1 MarkenG) Schutzfrist deren Verlängerung um weitere zehn Jahre (§ 47 Abs. 2 MarkenG) beantragt und durch Zahlung einer Verlängerungsgebühr (§ 47 Abs. 3 MarkenG) eingeleitet und dadurch ihr Bestand gesichert wird. Marken können theoretisch unendlich oft verlängert werden.

2. Benutzung/Neuanmeldung

185 Der Schutz einer Marke wird zudem dadurch erhalten, dass sie benutzt und damit ihre Durchsetzbarkeit gesichert wird. Eine eingetragene Marke wird nämlich »löschungsreif« wenn bzw. – bei Benutzung nur für einen Teil der Waren oder Dienstleistungen, für die sie geschützt ist – soweit sie nach ihrer Eintragung über einen Zeitraum von fünf Jahren nicht benutzt wird (§ 25 Abs. 1 MarkenG). Von Bedeutung ist in diesem Zusammenhang, dass die Benutzung »markenmäßig«, d.h. zur Kennzeichnung der Waren oder Dienstleis-

tung als aus einem bestimmten Unternehmen stammend erfolgen muss. Dies ist bei Werktiteln, die als Marken eingetragen werden, aber häufig nicht der Fall (s. unten Rn. 199 ff.).

Ist eine rechtzeitige Aufnahme der Benutzung nicht mehr möglich oder hat sich die Marke z.B. durch Modernisierung in ihrer Gestalt verändert, ist darüber nachzudenken, die Marke neu anzumelden. **186**

3. Verteidigung

Zur Markenpflege gehört schließlich die Verteidigung der Marke. Wird eine Marke nicht verteidigt, sondern die Eintragung der Marke nur als Mittel zur Absicherung der eigenen Benutzung betrachtet, besteht nicht nur die Gefahr der Schädigung der Marke durch Verwässerung oder Fehlzuweisung, sondern ggf. auch die Gefahr einer fälschlichen Inanspruchnahme des Markeninhabers durch Dritte. **187**

IV. Verteidigung der Marke

1. Maßnahmen zur Verteidigung der Marken

Die Verteidigung einer Marke erfolgt auf zweierlei Weise: **188**

a) Überwachung

Die Verteidigung einer Marke erfolgt zunächst durch **189**
- Überwachung der **Markenregister** und Titelschutzanzeigen auf Veröffentlichung neuer Marken bzw. Ankündigung neuer Titel, die möglicherweise die eigene Marke verletzen könnten und mit deren späterer Benutzung gerechnet werden muss;
- Beobachtung des jeweiligen **Marktes** auf tatsächlich stattfindende Benutzung von Marke oder Titeln, die möglicherweise die eigene Marke verletzen.

Die Überwachung der Register und Anzeiger überlässt man üblicherweise privaten Überwachungsinstituten. Die Beobachtung des jeweiligen Marktes ist Sache des Markeninhabers. **190**

b) Einleitung rechtlicher Schritte

Werden Veröffentlichungen neuer Marken bzw. Ankündigungen neuer Titel entdeckt, die möglicherweise die eigene Marke verletzen könnten oder tatsächlich stattfindende Benutzungen von Marken oder Titeln, die möglicherweise die eigene Marke verletzen, können dem Markeninhaber Ansprüche auf **191**
- **Unterlassung**, § 14 Abs. 3, § 15 Abs. 4 MarkenG,
- **Beseitigung**, als gewohnheitsrechtlich anerkannte Ergänzung zum Unterlassungsanspruch,[258]
- **Schadensersatz**, § 14 Abs. 4, § 15 Abs. 5 MarkenG,
- **Auskunft** über Umsätze und Werbung zur Berechnung des Schadens, § 242 BGB,
- **Vernichtung** und **Rückruf**, § 18 Abs. 1, 2 MarkenG,
- **Auskunft** über Herkunft und Vertriebsweg rechtswidrig gekennzeichneter Produkte, § 19 MarkenG,

---

[258] *Teplitzky* Wettbewerbliche Ansprüche, Kap. 22 Rn. 11.

zustehen. Näheres hierzu in Rdn. 34 ff. (dort zu Ansprüchen wegen der Verletzung von Werktiteln) Es sind dann die erforderlichen rechtlichen Schritte einzuleiten, nämlich
- die Einlegung von **Widersprüchen** bei den zuständigen Markenämtern (§ 42 Abs. 1 MarkenG);
- das Aussprechen von **Abmahnungen** und ggf.
- die Erhebung von **Klagen** oder Beantragung des Erlasses von **einstweiligen Verfügungen**.

2. Richtung der Verteidigung der Marke

192 Die Verteidigung der Marke richtet sich gegen jede Form der Beeinträchtigung der Marke in ihrer Möglichkeit, ihre Funktionen zu erfüllen.

a) Schutz der Herkunftsfunktion der Marke

193 Die Verteidigung der Marke erfolgt in erster Linie gegen ihre Verletzung durch Verwechslung mit anderen Zeichen.

aa) Verwechslungsgefahr oder Doppelidentität

194 Gemäß § 14 Abs. 2 Nr. 1, 2 MarkenG ist es Dritten untersagt, ohne Zustimmung des Markeninhabers im geschäftlichen Verkehr
- ein Zeichen zu benutzen, wenn wegen der Identität oder Ähnlichkeit des Zeichens mit der Marek und der Identität oder Ähnlichkeit der durch die Marke und das Zeichen erfassten Waren oder Dienstleistungen für das Publikum die Gefahr von Verwechslungen besteht, … (»**Verwechslungsgefahr**«)«.Verwechslungsgefahr liegt vor, wenn die angesprochenen Verkehrskreise glauben könnten, dass die von den Marken erfassten bzw. gekennzeichneten Waren oder Dienstleistungen aus demselben Unternehmen oder aus wirtschaftlich oder rechtlich miteinander verbundenen Unternehmen stammen.[259] Dabei sind möglich die Annahme
  - es handele sich um die gleiche Marke (unmittelbare Verwechslungsgefahr),[260]
  - es handele sich zwar nicht um die gleiche Marke, sie gehöre aber – wegen eines gleichen Stammbestandteils – zur gleichen Markenfamilie desselben Unternehmens (mittelbare Verwechslungsgefahr)[261] oder
  - es handele sich zwar nicht um die gleiche Marke und sie gehöre auch nicht demselben sondern einem anderen Unternehmen, das andere Unternehmen sei mit dem Inhaber der älteren Marke aber rechtlich oder wirtschaftlich verbunden (Verwechslungsgefahr im weiteren Sinne).[262]

An das Vorliegen einer mittelbaren Verwechslungsgefahr sind strenge Anforderungen zu stellen, damit es nicht zum Schutz eines einzelnen Markenelementes kommt. Eine Verwechslungsgefahr im weiteren Sinne kann ebenfalls nur bei Vorliegen besonderer Umstände angenommen werden; dass das jüngere Zeichen geeignet ist, bloße Assoziationen an die ältere Marke hervorzurufen, reicht dafür nicht aus.[263] Insofern unterscheidet sich die Marke vom Werktitel dahingehend, dass Werktitel, jedenfalls Einzeltitel, grundätzlich nicht gegen mittelbare Verwechslungsgefahr und Verwechslungsgefahr im weiteren Sinne geschützt sind.

---

259 EuGH GRUR 2005, 1042, 1044 – Thomson Life; GRUR Int. 1999, 734, 736 – Lloyd.
260 Siehe hierzu Ströbele/*Hacker* § 9 Rn. 36, 9 ff.
261 Siehe hierzu Ströbele/*Hacker* § 9 Rn. 36, 374 ff.
262 Siehe hierzu Ströbele/*Hacker* § 9 Rn. 36, 396 ff.
263 BGH GRUR 2009 1055, 1057 – airdsl.de, GRUR 2008, 903, 905 – Sierra Antiguo, GRUR 2004, 779, 783 – Zwilling/Zweibrüder.

- ein mit der Marke identisches Zeichen für Waren oder Dienstleistungen zu benutzen, die mir denjenigen identisch sind, für die Schutz genießt (»**Doppelidentität**«); hier kann eine Verwechslungsgefahr meist unterstellt werden.

Im Bereich der Medien spielt dies im Internet eine große Rolle, wenn es darum geht, dass eine Website in der Tiefe des Internet gefunden wird.
- Soweit es hierbei um **Domain-Namen** geht, wird wegen der Vielfalt der hiermit zusammenhängenden rechtlichen Gesichtspunkte auf die dies bezügliche Literatur verwiesen werden soweit sie sich in der allgemeinen markenrechtlichen Literatur[264] oder in Spezialliteratur[265] findet.
- Zum Schwerpunktthema ist zuletzt die Verwendung fremder Marken im Rahmen der **Suchmaschinenoptimierung** geworden.
- Hierzu hat der BGH bereits entschieden dass die Verwendung fremder Marke als **Metatags** oder beim »Keyword Stuffing« (weiss-auf-weiss-Schrift) eine markenmäßige Benutzung darstellt, die – wegen der Verwendung jeweils von identischen Zeichen für identische oder ähnliche weil konkurrierende Produkte – eine Markenverletzung unter dem Gesichtspunkt einer Verwechslungsgefahr darstellt.[266]
- Die Verwendung fremder Marken als **Werbe-Suchwörter** in Suchmaschinen wurde vom EuGH am Beispiel des Dienstes »Google AdWords« dahingehend entschieden, dass auch sie unter dem Gesichtspunkt einer Verwechslungsgefahr unzulässig sein kann, wenn wegen der Ausgestaltung der Anzeige neben oder über der Trefferlister der Suchmaschine die Internet-Nutzer annehmen könnten, die Anzeige stamme vom Markeninhaber;[267] dies wurde von den deutschen Gerichten teilweise angenommen,[268] häufig aber verneint, jedenfalls dann, wenn die als »Keyword« gebuchte fremde Marke in der Anzeige selbst nicht erscheint und die Anzeige von der regulären Trefferliste abgesetzt und als Anzeige erkennbar ist.[269] Hier ist eine Änderung der Rechtsprechung hin zu einer strengeren Beurteilung zu erwarten.
- Neue, bislang unentschiedene Frage wirft die Verwendung fremder Marken im Rahmen der sog. »**Social Media**« (YouTube, Facebook, Twitter, etc.) auf.

Wegen der Beurteilung der Identität oder Ähnlichkeit der Marken und des Zeichens bzw. der Waren oder Dienstleistungen sei wieder auf die **allgemeine markenrechtliche Literatur** verweisen.[270]

bb) Markenmäßige Benutzung

Der Tatbestand der Markenverletzung nach § 14 Nr. 2 MarkenG erfordert – als ungeschriebenes Tatbestandsmerkmal – außerdem eine markenmäßige Benutzung des Zeichens, das als markenverletzend angegriffen wird.[271] Markenmäßige Benutzung bedeutet, dass das Zeichen als Hinweis auf die betriebliche Herkunft benutzt bzw. so verstanden wird.[272]

---

264 FA-GewRS/*Hackbarth* Kap. 5 Rn. 667 ff.
265 Hoeren/Sieber/*Viefhues* Handbuch Multimedia Recht Teil 6.1.
266 BGH GRUR 2007, 65, 66 – Impuls; GRUR 2007, 784 – AIDOL.
267 EuGH GRUR 2010, 445, 449 – Google/Louis Vuitton Malletier.
268 OLG München MMR 2008, 334; OLG Braunschweig GRUR-RR 2007, 392; OLG Stuttgart GRUR-RR 2007, 399.
269 KG Berlin MMR 2009, 69; OLG Köln MMR 2008, 50; OLG Frankfurt/Main GRUR-RR 2008, 292; OLG Düsseldorf MMR 2006, 396.
270 FA-GewRS/*Hackbarth*, a.a.O; *Ströbele/Hacker*, a.a.O; *Fezer*, a.a.O.; *Ingerl/Rohnke*, a.a.O.
271 BGH GRUR 2002, 809, 811 – Frühstücksdrink I; GRUR 2002, 812 – Frühstücksdrink II; GRUR 2002, 814 – Festspielhaus.
272 BGH GRUR 2007, 780 – Pralinenform.

16. Kapitel   Schutz von Werktiteln und Marken

198 Im Bereich der Medien stellt sich dabei insbesondere das Problem, ob die **Benutzung eines Titels** eine Marke verletzen kann, d.h. wann titelmäßige Benutzung auch markenmäßige Benutzung ist. Der Grund liegt darin, dass ein Werktitel grundsätzlich nur der Unterscheidung eines Werkes von einem anderen in Hinblick auf seine Identität dient, nicht aber auch im Hinblick auf seine betriebliche Herkunft.[273]

199 • Gerade bei **Einzeltiteln** ergibt sich dies daraus, dass an der betrieblichen Herkunft des Werkes, d.h. daran, dass es aus einem bestimmten Verlag stammt, kein besonderes Interesse auf Seiten der Käufer besteht. Bei Einzelwerken steht der Autor, nicht der Verlag im Vordergrund. Auch erscheinen Einzelwerke immer wieder auch unter demselben Titel in verschiedenen Verlagen, sei es zeitlich nacheinander durch Neuauflagen, sei es zeitlich nebeneinander bei gemeinfreien, nicht mehr urheberrechtlich geschützten Werken. Einzeltitel werden daher **üblicherweise nicht markenmäßig** benutzt. Selbst eine identische Marke, die für die Warengattung »Druckereierzeugnisse« eingetragen ist, wird durch einen Einzeltitel daher grundsätzlich nicht verletzt – jedenfalls nicht unter dem Gesichtspunkt der Verwechslungsgefahr.

Diese Rechtsprechung wird mittlerweile in Zweifel gezogen,[274] weil der BGH zwischenzeitlich die titelmäßige Benutzung einer Marke als für eine rechtserhaltende Benutzung einer Marke ausreichend auffasst.[275] Allerdings hatte der BGH in der betreffenden Entscheidung darauf abgestellt, dass der dortige Titel auch herkunftshinweisend und damit markenmäßig verstanden werde.

200 • Bei **Titeln von periodisch erscheinenden Werken** wie Zeitungen und Zeitschriften gilt ohnehin etwas anderes. Bei periodisch erscheinenden Werken steht der Verlag, nicht der Autor im Vordergrund, schon deshalb, weil an ihnen eine Vielzahl von Autoren und die dahinter stehende Redaktion mitwirken. Periodika stellen daher auch inhaltlich das Produkt einer unternehmerischen Leistung dar. An der betrieblichen Herkunft des Werkes, d.h. daran, dass es aus einem bestimmten Verlag stammt, besteht daher auch ein besonderes Interesse auf Seiten der Käufer. Wer eine bestimmte Tageszeitung liest, tut dies auch im Vertrauen auf eine bestimmte Themenauswahl, Darstellungsweise, Ausrichtung und Aufmachung. Zudem erscheinen Zeitungen und Zeitschriften desselben Titels stets nur in einem Verlag. Die Titel werden meist auch – wie für Marken typisch – optisch hervorgehoben. Titel periodisch erscheinender Werke werden daher **üblicherweise markenmäßig** benutzt.[276]

201 • Allerdings hat der BGH diese Bewertung seit der »Guldenburg«-Entscheidung und der »Wir im Südwesten«-Entscheidung von dem zusätzlichen Kriterium der **Bekanntheit des Titels** abhängig gemacht[277] und bei zu geringem Bekanntheitsgrad eine Markenverletzung verneint.[278] Nur bekannte Werktitel gelten danach als markenmäßig benutzt. Schutz einer Marke gegen Verwechslung durch die Benutzung eines nur in geringem Umfang bekannten Werktitels scheidet danach grundsätzlich aus. Die

---

273 BGH GRUR 2000, 882 – Bücher für eine bessere Welt; GRUR 1994, 191, 201 – Asterix-Persiflagen; GRUR 1994, 908, 910 – Wir im Südwesten; OLG Hamburg ZUM-RD 2001, 128, 130 – planet e; OLG Frankfurt/Main GRUR Int. 1993, 872, 873 – Beatles.
274 *Baronikians* Rn. 544.
275 BGH GRUR 2006, 152, 154 – Gallup.
276 BGH GRUR 1956, 376, 378 – Berliner Illustrierte; GRUR 1961, 232, 233 – Hobby; GRUR 1980, 247, 248 – Capital Service; GRUR 1991, 331, 332 – Ärztliche Allgemeine; so auch insbesondere OLG Hamburg GRUR-RR 2006, 296, 297 – Heimwerker-Test; GRUR 2007, 316 – automobil OFFROAD; GRUR-RR 2005, 50, 53 – OFFROAD und KG Berlin GRUR-RR 2004, 137, 138 – Omen.
277 BGH GRUR 1993, 692, 693 – Guldenburg; GRUR 1994, 908, 910 – Wir im Südwesten; GRUR 2001, 1050, 1052 – Tagesschau; GRUR 2001, 1054, 1056 – Tagesreport; GRUR 2005, 264, 266 – Das Telefon-Sparbuch.
278 BGH GRUR 1999, 581, 583 – Max; GRUR 2000, 70, 72 – SZENE; GRUR 2000, 504, 505 – FACTS.

Instanzgerichte scheinen dieser Entwicklung aber teilweise nicht gefolgt zu sein.[279] Jedenfalls dort, wo der Verkehr daran gewöhnt ist, in dem Titel auch einen Hinweis auf die Herkunft zu sehen, z.B. bei Zeitungen und Zeitschriften, erscheint ein Abstellen auf die Bekanntheit nicht sinnvoll, weil der Markeninhaber dann gegen den Titel mangels (vorläufiger) Bekanntheit nicht schon vom Beginn seiner Benutzung an vorgehen könnte, eine später erworbene Bekanntheit aber nicht mehr relevant ist.[280] Es sollte daher – auf beiden Seiten – sicherheitshalber davon ausgegangen werden, dass es im Konfliktfall auf die Bekanntheit letztlich nicht ankommt.

202 Im umgekehrten Fall, in dem sich die Frage stellt, ob eine Marke einen älteren Werktitel verletzen kann, kommt es darauf an, ob die Marke auch titelmäßig benutzt wird oder ob der ältere Werktitel auch herkunftshinweisend ist und daher auch eine rein markenmäßige Benutzung das Titelrecht verletzt. Ersteres ist – soweit ersichtlich – bislang nicht thematisiert worden. Letzteres verlangt ebenfalls, dieses Mal von dem älteren Werktitel, dass er als Hinweis auf die betriebliche Herkunft verstanden wird. Auch hier muss es sich bei dem Werktitel um den Titel eines periodisch erscheinenden Werkes handeln und muss er bekannt sein – wobei in *dieser* Konstellation auch die Instanzgerichte die Bekanntheit weitgehend verlangen.[281] Hier wird zur Begründung darauf verwiesen, dass eine Bekanntheit erforderlich sein muss wie sie für die Entstehung von Markenschutz ohne Eintragung gefordert wird (»Verkehrsgeltung«), da andernfalls ohne Eintragung und ohne Verkehrsgeltung ein Schutzrecht begründet werde, dass faktisch der Marke gleichgestellt ist, ohne deren Schutzvoraussetzungen zu erfüllen.[282]

b) Schutz der Werbe- und Kommunikationsfunktion der Marke

203 Da eine Marke neben ihrer Funktion als Hinweis auf die betriebliche Herkunft der mit ihre gekennzeichneten Produkte auch zu Werbe- und Kommunikationszwecken fungiert, ist sie auch gegen Beeinträchtigungen dieser Funktionen geschützt.
- Soweit dabei sog. »**Doppelidentität**« besteht, d.h. sowohl das angegriffene Zeichen mit der Marke als auch die Produkte, für die das Zeichen benutzt wird, mit den Produkten, für die Marke geschützt ist, identisch sind, ist dieser aus § 14 Abs. 2 Nr. 1 MarkenG folgende Schutz absolut, d.h. er bezieht sich auf alle Funktionen und damit auch auf die Werbefunktion der Marke. Der Rechtsprechung des EuGH zu Folge scheint Schutz jedenfalls nach dem MarkenG aber nur gegen eine *Beeinträchtigung*, nicht aber auch gegen eine *Ausbeutung* der Werbewirkung der Marke zu bestehen.[283]
- Ansonsten, d.h. bei fehlender Doppelidentität, ist der Schutz der Werbefunktion gemäß § 14 Abs. 2 Nr. 3 MarkenG auf sog. »**bekannte« Marken** beschränkt. Er richtet sich gegen bestimmte unlautere Handlungen, die das Gesetz als »Ausnutzung oder Beeinträchtigung der Wertschätzung oder Unterscheidungskraft« bezeichnet. Hier ergeben sich Konstellationen, die sich besonders im Bereich der Massenmedien auswirken. Zwar geht es dabei um Fälle, die in allen Branchen denkbar sind, die jedoch vor allem in der Werbung auftreten, somit vom Einsatz von Massenmedien abhängen und daher Medienunternehmen immer wieder beschäftigen.

---

279 Siehe die später ergangenen Entscheidungen des OLG Hamburg GRUR-RR 2008, 296, 297 – Heimwerker-Test; GRUR-RR 2007, 316 – automobil OFFROAD; GRUR-RR 2005, 50, 53 – OFFROAD und des KG Berlin GRUR-RR 2004, 137, 138 – Omen.
280 BGH GRUR 2002, 544, 547 – BANK 24.
281 OLG Hamburg GRUR-RR 2003, 281, 282 – DVD & Video Markt; GRUR-RR 2006, 408, 410 – Obelix; GRUR-RR 2008, 296, 298 – Heimwerker-Test; KG Berlin GRUR-RR 2004, 303, 305 – automobil TEST.
282 *Thiering* MarkenR 2009, 517, 522.
283 EuGH GRUR 2010, 445, 449 – Google/Louis Vuitton Malletier.

204 Im Nachfolgenden geht es dabei um die im Zusammenhang mit Medien besonders relevanten Fälle der Aufmerksamkeitsausbeutung, der Rufschädigung und der Verwässerung.

aa) Ausnutzung der Unterscheidungskraft (Aufmerksamkeitsausbeutung)

205 Wird eine bekannte Marke von einem Dritten benutzt, um für sein Produkt eine Aufmerksamkeit zu erlangen, die ohne die bekannte Marke nicht in gleicher Weise zu erreichen wäre, so liegt der Vorwurf der Ausnutzung der Unterscheidungskraft Marke (Aufmerksamkeitsausbeutung) nahe.

206 Im Bereich der Medien spielt dies im Internet eine große Rolle, wenn es darum geht, dass eine Website in der Tiefe des Internet gefunden wird.
- Soweit es hierbei um **Domain-Namen** geht, wird wegen der Vielfalt der hiermit zusammenhängenden rechtlichen Gesichtspunkte auf die diesbezügliche Literatur verwiesen werden soweit sie sich in der allgemeinen markenrechtlichen Literatur[284] oder in Spezialliteratur[285] findet.
- Schwerpunkt der Aufmerksamkeitsausbeutung im Internet ist die Verwendung fremder Marken im Rahmen der **Suchmaschinenoptimierung**:
  - Hierzu hat der BGH bereits entschieden dass die Verwendung fremder Marken als **Metatags** oder beim »Keyword Stuffing« (weiss-auf-weiss-Schrift) eine markenmäßige Benutzung darstellt, die – wegen der Verwendung jeweils von identischen Zeichen für identische oder ähnliche weil konkurrierende Produkte – eine Markenverletzung bereits unter dem Gesichtspunkt einer Verwechslungsgefahr darstellt;[286] die Frage der Anwendung von § 14 Abs. 2 Nr. 3 MarkenG kommt daher meist nicht zum Zuge.
  - Die Verwendung fremder Marken als **Werbe-Suchwörter** in Suchmaschinen kann bereits unter dem Gesichtspunkt einer Verwechslungsgefahr unzulässig sein (siehe Rn. 196). Der EuGH führt in seiner hier maßgeblichen Entscheidung[287] jedoch aus, dass bei der Verwendung fremder Marken als Werbe-Suchwörter in Suchmaschinen auch die Werbefunktion berührt ist. Er sieht sie allerdings nicht *beeinträchtigt*. Über ihre *Ausbeutung* hat er nicht entschieden; ob sie ggf. noch als Akt unlauteren Wettbewerbs geltend gemacht werden kann, ist noch offen.
- Neue, bislang unentschiedene Frage wirft auch in diesem Zusammenhang die Verwendung fremder Marken im Rahmen der sog. »**Social Media**« (YouTube, Facebook, Twitter, etc.) auf. Hier geht es z.B. um die Verwendung von Kennzeichen als Account-Namen.

bb) Rufschädigung

207 Wird eine bekannte Marke von einem Dritten benutzt, um zu dieser kritisch Stellung zu nehmen, liegt der Vorwurf der Beeinträchtigung der Wertschätzung der Marke (Rufschädigung) nahe. Medienunternehmen sind schon deshalb davon betroffen, weil sich die Kritik stets eines Mediums bedienen muss, um verbreitet zu werden; sie können aber auch – wie jedes andere Unternehmen – selbst Gegenstand der Kritik sein.

---

284 FA-GewRS/*Hackbarth* Kap. 5 Rn. 667 ff.; *Ingerl/Rohnke* Nach § 15 Rn. 29 ff.
285 Hoeren/Sieber/*Viefhues* Teil 6.1.
286 BGH GRUR 2007, 65, 66 – Impuls; GRUR 2007, 784 – AIDOL.
287 EuGH GRUR 2010, 445, 449 – Google/Louis Vuitton Malletier.

Insbesondere im Zusammenhang mit zwei Konstellationen wird dies relevant, bei Parodie, Satire bzw. Kritik und bei vergleichender Werbung. **208**
- Bei der **Parodie/Satire/Kritik**, die sich gegen eine Marke – ebenso wie gegen einen Titel oder Namen – richtet, stellt sich die Frage, in wie weit sich der Kritiker – bzw. der Verleger als Vermittler zwischen Künstler und Publikum – auf das Grundrecht der Meinungsfreiheit oder der Kunstfreiheit nach Art. 5 GG berufen kann.[288] Auch die Benutzung einer fremden Marke, die keinen Herkunftshinweis darstellt, sondern nur gedanklich an die Marke anknüpft, gilt bei einer bekannten Marke als markenmäßige und damit möglicherweise unzulässige Benutzung, weil es beim Schutz der Werbefunktion gerade nicht um die Marke als Herkunftshinweis geht.[289] Dass die Auseinandersetzung mit einer bekannten Marke im geschäftlichen Verkehr und zu eigenen Absatzzwecken stattfindet, steht einer Berücksichtigung der Meinungs- oder Kunstfreiheit nicht entgegen, da auch Äußerungen im Wettbewerb unter dem Schutz der Grundrechte stehen können, sofern sie einen wertenden, auf Meinungsbildung gerichteten Inhalt haben und nicht ausschließlich kommerzielle Zwecke verfolgen.[290] Die Meinungs- oder Kunstfreiheit greift jedoch nicht mehr ein, wenn und soweit sich der Markenbenutzer mit der Marke nicht inhaltlich auseinandersetzt, sondern nur den Zweck verfolgt, ein ansonsten nicht verkäufliches Produkt auf den Markt zu bringen,[291] oder wenn die Form der Äußerung die Grenze zur Verunglimpfung überschreitet.[292] Eine Kennzeichenherabsetzung oder -verunglimpfung stellt zudem nach § 4 Nr. 7 UWG unlauteres Verhalten dar.
- Bei der **vergleichenden Werbung** stellt sich die Frage, in wie weit der Wettbewerber die fremde Marke zum Zwecke des Vergleichs verwenden darf. Auch die Benutzung einer fremden Marke als solche, d.h. *als fremde* Marke gilt als markenmäßige und damit möglicherweise unzulässige Benutzung.[293] Das sie stets für die Waren oder Dienstleistungen benutzt wird, für die die Marke benutzt wird und daher geschützt ist, kann der werbende Konkurrent eine Markenverletzung nur vermeiden, wenn er sich auf eine Schutzschranke berufen kann, der die fremde Marke unterliegt. Diese Schutzschranke kann hier die nach § 6 UWG *zulässige* vergleichende Werbung,[294] ggf. auch § 23 MarkenG sein.[295]

cc) Verwässerung

Die Benutzung einer bekannten Marke durch Dritte kann auch zu deren Verwässerung **209** führen, wenn durch die Benutzung die klare Zuordnung der Marke zu ihrem Inhaber verloren geht und der Eindruck entsteht, es handele sich um eine gängige und von vielen verwendete Bezeichnung. Auch hier spielen die Medien eine besondere Rolle, weil es meist die Wiedergabe der Marke in den Medien ist, die zu einer Verbreitung der angreifbaren Benutzungsform führt, die ihrerseits das generelle Erscheinungsbild von der Marke und damit das Verkehrsverständnis prägt.

---

288 BGH GRUR 2005, 583, 584 – Lila Postkarte; BVerfG NJW 1971, 1645.
289 BGH GRUR 2005, 583, 584 – Lila Postkarte.
290 BVerfG GRUR 2008, 81 – Pharmakartell; GRUR 2003, 442 – Benetton-Werbung II; GRUR 2001, 170, 172 – Schockwerbung; BGH GRUR 2005, 583, 584 – Lila Postkarte.
291 BGH GRUR 2005, 583, 585 – Lila Postkarte; OLG Köln MarkenR 2006, 116, 117 – Trabi 03.
292 BGH GRUR 2005, 583, 585 – Lila Postkarte.
293 EuGH GRUR 2009, 756, 761 – L'Oréal; GRUR Int. 1999, 438 – BMW/Deenik.
294 EuGH GRUR 2009, 756, 761 – L'Oréal; BGH GRUR 2010, 161, 166 – Gib mal Zeitung.
295 Zu Einzelheiten siehe auch *Sack* GRUR 2008, 201 ff.

210 Insbesondere im Zusammenhang mit zwei Konstellationen wird dies relevant.
- Bei Wiedergabe einer Marke durch **Verlage** in Nachschlagewerken und Datenbanken, durch die der Eindruck entsteht, es handele sich bei der Marke um eine Gattungsbezeichnung, kann der Markeninhaber nach § 16 MarkenG verlangen, dass der Wiedergabe der Marke ein Hinweis auf deren Eintragung beigefügt wird.
- Die gattungsmäßige Verwendung einer Marke durch **Wettbewerber** in der Werbung stellt u.U. eine gezielte Behinderung dar, die nach § 4 Nr. 10 UWG untersagt werden kann.

Kapitel 17
Wettbewerbsrechtliche und werberechtliche Bezüge des Urheber- und Medienrechts

Übersicht Rdn.

A. Urheberrecht und Werbung 1
I. Werbung als Schutzgegenstand des Urheberrechts 1
   1. Allgemeine Voraussetzungen des urheberrechtlichen Schutzes 1
   2. Werbeideen und Konzepte 6
   3. Werbetexte und Slogans 13
   4. Werbefotos 19
   5. Werbegrafik 22
   6. Werbebroschüren 28
   7. Werbefilme 35
II. Verwendung geschützter Werke in der Werbung 36
   1. Werbung als eigenständige Nutzungsart 36
   2. Verwertungsgesellschaften 38
   3. Werke, die zu Werbezwecken geschaffen wurden 39
   4. Werbung für das Werk 43
   5. Merchandising 46

B. Persönlichkeitsrecht und Werbung 50
I. Schutz ideeller Interessen 50
II. Schutz vermögenswerter Interessen 51
III. Abgrenzung der Werbung zur Information 53

C. Lauterkeitsrecht der Medien 54
I. Überblick 54
   1. Entwicklung des UWG 54
   2. Der Einfluss des Gemeinschaftsrechts 64
   3. Schutzgegenstand und Anwendungsbereich des UWG 67
   4. Die Generalklausel des § 3 UWG 70
II. Medienrelevante Tatbestände des UWG 71
   1. Redaktionelle Werbung und Schleichwerbung, § 4 Nr. 3 UWG 71
      a) Normzweck 71
      b) Redaktionelle Werbung in der Presse 75
         aa) Vortäuschen eines redaktionellen Beitrags 80
         bb) Vortäuschen einer neutralen Berichterstattung 86
         cc) Vortäuschen einer objektiven Berichterstattung 89
      c) Redaktionelle Werbung in Rundfunk und Fernsehen 91
         aa) Lauterkeitsrecht und Rundfunkstaatsvertrag 91
         bb) Product-Placement 95
         cc) Sponsoring 99
      d) Redaktionelle Werbung im Internet 103
      e) Spielfilme 104
   2. Verkaufsfördernde Maßnahmen, § 4 Nr. 4 UWG 105
      a) Normzweck 105
      b) Anforderungen an die Transparenz des Angebots 110
      c) Die Anforderungen an die notwendigen Angaben 117
   3. Preisausschreiben und Gewinnspiele 120
      a) Transparenzgebot, § 4 Nr. 5 UWG 120
         aa) Normzweck 120
         bb) Anforderungen an die Transparenz des Angebots 125
      b) Koppelung des Erwerbs an die Teilnahme am Gewinnspiel, § 4 Nr. 6 UWG .. 130
         aa) Normzweck 130
         bb) Die Vorlageentscheidung des BGH 133
         cc) Die Entscheidung des EuGH zur Vorlagefrage 134
         dd) Die Auswirkungen der EuGH-Entscheidung 135

17. Kapitel   Wettbewerbs- und werberechtliche Bezüge des Urheber- und Medienrechts

	Rdn.
4. Ergänzender Leistungsschutz, § 4 Nr. 9 UWG	137
a) Normzweck	137
b) Verhältnis zum Urheber- und Geschmacksmusterrecht	139
c) Gemeinsame Voraussetzungen der Fallgruppen	142
aa) Wettbewerbliche Eigenart	142
bb) Nachahmung	147
cc) Anbieten	151
d) Herkunftstäuschung (§ 4 Nr. 9 lit. a) UWG)	152
e) Ausnutzung oder Beeinträchtigung der Wertschätzung (§ 4 Nr. 9 lit. b) UWG)	159
f) Unredliche Kenntniserlangung (§ 4 Nr. 9 lit. c) UWG)	161
5. Behinderungswettbewerb, § 4 Nr. 10 UWG	162
a) Normzweck	162
b) Tatbestandliche Voraussetzungen	163
c) Unentgeltliche Abgabe von Presseleistungen	167
aa) Grundsatz	167
bb) Anzeigenblätter ohne redaktionellen Inhalt	169
cc) Anzeigenblätter mit redaktionellem Inhalt	170
dd) Unentgeltliche Abgabe entgeltlicher Zeitungen	173
ee) Fachzeitschriften	176
ff) Kopplung entgeltlicher und unentgeltlicher Presseerzeugnisse	177
gg) Kostenlose Anzeigen	178
hh) Füllanzeigen	180
ii) Internet	181
6. Wettbewerbsvorsprung durch Rechtsbruch, § 4 Nr. 11 UWG	182
a) Normzweck	182
b) Tatbestandsvoraussetzungen	183
c) Haftung für Werbeinhalte	187
7. Werbung mit der Auflage	194
a) Begriff der Auflage	195
aa) Druckauflage	196
bb) Verbreitete Auflage	197
cc) Verkaufte Auflage	198
dd) Leseauflage (Reichweite)	199
b) Irreführungstatbestände	201
aa) Irreführende Angaben zur Auflage	201
bb) Irreführende Angaben zum Verbreitungsgebiet	205
cc) Irreführende Angaben zur Reichweite	208
D. Kartellrechtliche Bezüge des Medienrechts	211
I. Bedeutung des Medienkartellrechts	211
1. Allgemeines	211
2. Medienrelevante Regelungen des GWB	213
a) Verbot wettbewerbsbeschränkender Vereinbarungen	213
b) Missbrauchsaufsicht	214
c) Fusionskontrolle	217
aa) Printmedien	218
bb) Rundfunk	223
cc) Entscheidungen des Bundeskartellamts	229
II. Die Preisbindung von Büchern, Zeitungen und Zeitschriften	231
1. Die Buchpreisbindung	231
a) Allgemeines	231
b) Verpflichtung zur Preisbindung	233
c) Anwendungsbereich	235
d) Einhaltung der Preisbindung	238
e) Ausnahmen	242
2. Die Preisbindung von Zeitungen und Zeitschriften	247
E. Formatschutz	250
I. Schutzfähigkeit von Fernsehformaten	250
1. Definition des Fernsehformats	251
2. Schutzbedürftigkeit von Fernsehformaten	255

	Rdn.
3. Gesetzlicher Formatschutz	258
a) Urheberrecht	260
aa) Vorliegen eines urheberrechtlich geschützten Werks	261
bb) Verletzung eines urheberrechtlich geschützten Werks	268
cc) Inhaber der Ansprüche aus Verletzung eines urheberrechtlich geschützten Werks	273
b) Wettbewerbsrecht	274
4. Vertraglicher Formatschutz	278
II. Wettbewerbsrechtlicher Formatschutz	283
1. Wettbewerbliche Eigenart	287
2. Nachahmungstatbestand	290
3. Wechselwirkung	294
4. Unlauterkeit	297
a) Vermeidbare Herkunftstäuschung	298
b) Unangemessenes Ausnutzen oder Beeinträchtigung der Wertschätzung	303
c) Unredliche Kenntniserlangung und Vertrauensbruch	307
d) Weitere Fallgruppen	311
5. Anspruchsinhaberschaft	314
III. Praktischer Formatschutz	317
1. Die Praxis in der deutschen Medienbranche	317
2. FRAPA	325
3. Formatschutz de lege ferenda	327
4. Schutzmaßnahmen	330
IV. Mediation und Schiedsgerichtsbarkeit	332
1. Streitschlichtung in der Medienbranche	332
2. Alternative Konfliktlösung bei Formatstreitigkeiten	334

A. Urheberrecht und Werbung

I. Werbung als Schutzgegenstand des Urheberrechts

1. Allgemeine Voraussetzungen des urheberrechtlichen Schutzes

Jedes urheberrechtlich geschützte Werk muss eine **persönliche geistige Schöpfung** sein (§ 2 Abs. 2 UrhG, ausführlich hierzu Kap. 3). Soll für eine Werbemaßnahme urheberrechtlicher Schutz in Anspruch genommen werden, so muss die Maßnahme diese Voraussetzungen erfüllen.   **1**

Persönlich ist ein von einem Menschen erschaffenes Werk. Der Begriff **geistig** spielt auf das Wesen des Urheberrechts als Immaterialgut an: Das urheberrechtlich geschützte Werk ist ein Immaterialgut, das im Werkstück lediglich konkretisiert wird.[1] Von einer geistigen Schöpfung lässt sich nur dann sprechen, wenn das Werk einen vom Urheber stammenden Gedanken- oder Gefühlsinhalt hat, der auf den Leser, Hörer oder Betrachter unterhaltend, belehrend, veranschaulichend, erbauend oder sonstwie anregend wirkt.[2]   **2**

Von einer **Schöpfung** spricht man üblicherweise nur dann, wenn etwas noch nicht Dagewesenes geschaffen wird. Die bloße Andersartigkeit genügt allein jedoch nicht: Das Werk muss sich darüber hinaus von der Masse des Alltäglichen und von lediglich handwerklichen oder routinemäßigen Leistungen abheben.[3] Stichworte sind in diesem Zusammenhang: Schöpferische Eigentümlichkeit, Originalität oder Individualität. Es gibt keinen allgemeingültigen objektiven Maßstab, die für den Urheberrechtsschutz notwendige Gestaltungshöhe festzulegen. Dabei ist von einer graduellen Abstufung auszugehen: Die Durchschnittsgestaltung, das rein Handwerkliche, Alltägliche und Schablonenhafte liegt   **3**

---

[1] BGH GRUR 2002, 532, 534 – Unikatrahmen.
[2] Dreier/*Schulze* § 2 Rn. 12.
[3] BGH GRUR 1987, 704, 706 – Warenzeichenlexika.

außerhalb jeder Schutzfähigkeit. Eine darüber hinausgehende schöpferische Gestaltung mit einigem gestalterischen Abstand zum durchschnittlichen Schaffen begründet ggf. die Geschmacksmusterfähigkeit aber noch nicht den Urheberrechtsschutz. Erst in einem erheblich weiteren Abstand beginnt die untere Grenze der Urheberrechtsschutzfähigkeit, die ein deutliches Überragen gegenüber der Durchschnittsgestaltung voraussetzt. Die untere Grenze wird wiederum durch die so genannte **kleine Münze** markiert, die einfache, aber gerade noch schutzfähige Schöpfungen umfasst.[4] Geschützt sind daher nicht nur Meisterwerke der Kunst, sondern bisweilen auch alltägliche Massenware wie Formulare und Adressbücher.

4 Sehr selten sind so genannte **Doppelschöpfungen**: In diesen Fällen kommen zwei unterschiedliche Urheber unabhängig voneinander zum jeweils gleichen Schöpfungsergebnis. In diesen Fällen sind beide Werke für beide Urheber unabhängig voneinander geschützt. In der Regel ist der Gestaltungsspielraum der einzelnen Werkarten jedoch derart groß, dass unabhängig voneinader arbeitende Urheber auch zu unterschiedlichen Ergebnissen gelangen: Für die Beurteilung der Frage, ob die im Einzelfall vorhandenen Übereinstimmungen zwischen zwei Werken auf Zufall oder darauf beruhen, dass das ältere Werk dem Urheber des neuen Werkes als Vorbild gedient hat, ist davon auszugehen, dass angesichts der Vielfalt der individuellen Schaffensmöglichkeiten auf künstlerischem Gebiet eine weitgehende Übereinstimmung von Werken, die auf selbständigem Schaffen beruhen, nach menschlicher Erfahrung nahezu ausgeschlossen erscheint.[5]

5 Hat man es mit einer persönlichen geistigen Schöpfung zu tun, so wird diese im Regelfall in den **Katalog des § 2 Abs. 1 UrhG** einsortiert werden können. Darüber hinaus kommt der Schutz der **Umgestaltung oder Bearbeitung** eines vorbestehenden Werkes in Betracht (§ 3 UrhG) sowie – etwa bei Werbebroschüren – der Schutz des **Sammelwerkes** (§ 4 UrhG), bei dem die persönliche geistige Schöpfung in der Auswahl und Zusammenfügung der einzelnen Bestandteile besteht.

2. Werbeideen und Konzepte

6 So wenig bloße Vorstellungen von einem Werk schützbar sind, solange sie noch keine konkrete Gestalt angenommen haben, so wenig ist die bloße **Idee** geschützt, bestimmte Werke zu schaffen.[6] Abstrakte Gedanken und Ideen müssen prinzipiell im Interesse der Allgemeinheit frei bleiben und können nicht durch das Urheberrecht monopolisiert werden.[7]

7 Danach bleiben auch Werbeideen regelmäßig schutzlos: Dass eine Idee zu einer Konzeption weiter entwickelt und mit ihren einzelnen Elementen eine Einheit geworden ist, die mehr als die Summe der Bestandteile darstellt, genügt nicht.[8] Hingegen sind **Werke der Werbung** immer geschützt, wenn es sich um persönliche geistige Schöpfungen handelt, seien es Texte, Slogans, Bilder, Töne oder Filme.[9]

8 Ob **Werbekonzepte** dem Urheberrechtsschutz zugänglich sind, ist umstritten. Auszugehen ist von dem Grundsatz, dass Motive und Themen als solche urheberrechtlich gemeinfrei sind und allgemein auch beanstandungsfrei hingenommen werden. So wirbt man für Mineralwasser mit gutgelaunten Sportlern, für Haarshampoo mit Hollywood-Stars, für Eiscreme mit Schwimmbadszenen, für Biersorten mit Männern auf Segelboo-

---

4 *Erdmann* GRUR 1996, 550, 552.
5 BGH GRUR 1988, 812 – Ein bisschen Frieden.
6 Dreier/*Schulze* § 2 Rn. 37.
7 BGH GRUR 2003, 231, 233 – Staatsbibliothek; BGH GRUR 1995, 47, 48 – Rosaroter Elefant; Schricker/*Loewenheim* § 2 Rn. 50; Dreier/*Schulze* § 2 Rn. 244.
8 OLG Köln GRUR-RR 2010, 140, 141 – DHL im All; a.A. *Schricker* GRUR 1996, 815, 825.
9 *Schricker* GRUR 1996, 815, 819.

ten, für härtere Drinks mit Strandaufnahmen junger Menschen in der Karibik. Nach einem frühen Urteil des BGH bietet das Urheberrecht **Konzeptionen** keinen Schutz, sondern nur konkreten Schöpfungen.[10] Hieran hält die Rechtsprechung bis heute fest.[11] Sie steht auf dem Standpunkt, Gegenstand des Urheberrechtsschutzes könne stets nur das **Ergebnis der schöpferischen Formung** eines bestimmten Stoffes sein. Daran fehle es etwa bei einem bloßen Konzept, wenn dieses eine vom Inhalt losgelöste Anleitung zur Formgestaltung gleichartiger anderer Stoffe darstelle, auch wenn es sich dabei um ein individuell erarbeitetes, detailliertes und eigenartiges Leistungsergebnis handeln sollte. Das Urheberrecht schütze selbst Werke nur gegen ihre unbefugte Verwertung in unveränderter oder unfrei benutzter Form, aber nicht gegen ihre bloße Benutzung als Vorbild zur Formung anderer Stoffe. Das müsse dann erst recht für Konzepte gelten, die in ihrer Gesamtheit nur einen vorgegebenen Rahmen für gleichartige Gestaltungen darstellen.[12]

Dagegen wird eingewandt, dass eine Werbekampagne eine verdichtete Umsetzung verschiedenster Ideen und Konzepte mit kreativer Anordnung der einzelnen Elemente sei. Die Unternehmenskommunikation insgesamt bilde ein in sich geschlossenes Konzept, das auch für sich gesehen und eigenständig schöpferisch sei. Im Schrifttum wird daher ein **Schutz von Werbekonzeptionen als komplexer Werke eigener Art** insbesondere von *Schricker* für möglich erachtet:[13] Ähnlich dem Film trete die Werbekonzeption regelmäßig als einheitliches Werk in Erscheinung und verwirkliche durch das organisierte Zusammenspiel der eingesetzten Einzelelemente ein einheitliches kommunikatives Programm. Ihr schöpferischer Gehalt liege in der Erfassung einer werblichen Aufgabe und in der Entwicklung einer phantasievollen, zielführenden multiplen Strategie. Die persönliche Leistung ergebe sich wie beim Film aus dem Zusammenspiel der multiplen analytischen und gestalterischen Elemente.[14]

Dem ist wiederum *Hertin* entgegengetreten:[15] Die konzeptionellen und analytischen Elemente von Werbeleistungen seien grundsätzlich dem Urheberrechtsschutz nicht zugänglich. Sie würden es auch nicht dadurch, dass sie Eingang in Werbekonzeptionen fänden. Werbekonzeptionen könnten hinsichtlich ihrer konzeptionellen Elemente **mangels der von der Formgebung losgelösten Ideen** grundsätzlich keinen urheberrechtlichen Schutz genießen. Das gelte auch dann, wenn abstrahierbare Werbeelemente in Werbemitteln ihren Niederschlag gefunden hätten oder auf eine bestimmte Werbekonzeption zurückzuführen seinen. Entgegen der Auffassung *Schrickers* müsse einer Werkzusammenstellung der Urheberschutz verweigert werden, wenn die Zusammenfassung nur aus den gemeinsamen abstrakten Merkmalen einer größeren Anzahl von Einzelwerken bestehe: Denn der Zusammenstellung fehle es an dem **Merkmal der Werkeinheit**.

Anders als der von *Schricker* zur Begründung des urheberrechtlichen Konzeptschutzes herangezogene Film fehlt es der Werbekampagne an einer begrifflichen Bestimmtheit. Jeder wird unter »Konzept« oder »Kampagne« etwas anderes verstehen. Unter urheberrechtlichen Gesichtspunkten bleiben jedenfalls Werbemethoden ungeschützt, ebenso das gewählte Darstellungsprinzip, die in Werbemitteln zum Ausdruck gebrachte Motiv- und Themenwahl einschließlich ihrer fiktiver Figuren. Auch unter dem Aspekt der Kombination solcher Merkmale gelangt man zu keinem anderen Ergebnis.[16]

---

10 BGH GRUR 1955, 598 – Werbeidee.
11 LG Stuttgart ZUM 2008, 163, 168.
12 BGH GRUR 2003 876, 878 – Sendeformat.
13 *Schricker* GRUR 1996, 815; *ders.* GRUR Int. 2004, 923; Schricker/*Loewenheim* § 2 Rn. 114; so auch Möhring/Nicolini/*Ahlberg* § 2 Rn. 23.
14 *Schricker* GRUR 1996, 815, 823.
15 *Hertin* GRUR 1997, 799.
16 *Hertin* GRUR 1997, 799, 815.

12 **Motive und Themen, Ideen und Konzepte** bleiben somit im Interesse der Allgemeinheit für sich genommen frei und können **von jedermann benutzt** werden.[17] Ansprüche aus dem Urheberrecht kommen in der Regel nur und insoweit in Betracht, als der Anspruchsteller einen Eingriff in konkrete Werbegestaltungen geltend machen kann.[18] Daher darf nicht nur für alle Zigaretten mit Cowboys, für alle Weichspüler mit schlechtem Hausfrauengewissen und für alle Rumsorten mit Karibikatmosphäre geworben werden, sondern auch andere Anlehnungen an die Motiv- und Themenwahl sind nicht für einen bestimmten Werbetreibenden oder eine bestimmte Werbeagentur monopolisierbar.[19] Gedankliche, abstrakte konzeptionelle Merkmale, die den einzelnen Gestaltungselementen einer Werbekampagne gemeinsam sind, genießen somit keinen selbstständigen Schutz. Urheberrechtliche Ansprüche kommen nur in Betracht, soweit **konkrete Werbegestaltungen** in Rede stehen, bei denen die schöpferische Idee in die **konkrete Formgebung** eingegangen ist.[20] Beispiele hierfür sind Texte, Bilder, Werbegrafik, Werbefilm.

3. Werbetexte und Slogans

13 Werbetexte sind Sprachwerke im Sinne des § 2 Abs. 1 Ziff. 1 UrhG, sofern es sich um persönliche, geistige Schöpfungen handelt. Das ist bei **Gebrauchs- und Bedienungsanweisungen** häufig problematisch. Für die Schutzfähigkeit eines jeden Sprachwerks kommt es sowohl auf seine Art als auch auf seinen Umfang an; ist der Stoff des Sprachwerks frei erfunden, so erlangt es eher Urheberschutz als solche Texte, bei denen der Stoff durch organisatorische Zwecke oder wissenschaftliche und andere Themen vorgegeben ist, denn dort fehlt der im fraglichen wissenschaftlichen oder sonstigen Fachbereich üblichen Ausdrucksweise vielfach die urheberrechtsschutzfähige eigenschöpferische Prägung.[21] Allerdings ist insoweit immer auch die **kleine Münze** geschützt.[22] Bei der Mitteilung vorgegebener Tatsachen in Gebrauchsschriften gilt, dass je mehr sich die Texte auf die exakte und vollständige Wiedergabe von vorgegebenen Tatsachen beschränken, desto enger der Gestaltungsspielraum für einen individuell formulierten Text wird. Dabei kann sich die erforderliche Individualität auch durch Auswahl und Anordnung sowie durch wechselseitige Aufgabenzuweisung von Text- und Bildinformation oder auch durch Fallbeispiele oder einen leicht verständlichen Text ergeben.[23]

14 Die Frage, ob ein Text einen hinreichenden schöpferischen Eigentümlichkeitsgrad besitzt, bemisst sich somit nach dem **geistig-schöpferischen Gesamteindruck** der konkreten Gestaltung, und zwar im Gesamtvergleich gegenüber vorbestehenden Gestaltungen. Lassen sich nach Maßgabe des Gesamtvergleichs mit dem Vorbekannten schöpferische Eigenheiten feststellen, so sind diese der durchschnittlichen Gestaltertätigkeit gegenüberzustellen. Die Urheberrechtsschutzfähigkeit erfordert bei Gebrauchszwecken dienenden Schriften grundsätzlich ein deutliches Überragen des Alltäglichen und des Handwerksmäßigen.[24] Bei Schriften wie Gebrauchs- und Bedienungsanleitungen gelten nicht die bei Darstellungen wissenschaftlicher und technischer Art im Sinne des § 2 Absatz 1 Nr. 7 UrhG bestehenden geringeren Anforderungen an die Schutzfähigkeit.[25]

15 Auf die **Länge des Textes** kommt es an sich nicht an. Allerdings dürfte der urheberrechtliche Schutz bei längeren Werbetexten – etwa dem Text eines Werbeprospekts – eher

---

17 Wandtke/*Bullinger* § 2 Rn. 39.
18 *Hertin* GRUR 1997, 799, 815.
19 *Hertin* GRUR 1997, 799, 813.
20 *Hertin* GRUR 1997, 799, 815.
21 BGH GRUR 1984, 659, 661 – Ausschreibungsunterlagen; siehe auch Kap. 3 Rdn. 41.
22 Dreier/*Schulze* § 2 Rn. 4, 85.
23 LG Köln ZUM-RD 2008, 489, 490.
24 BGHZ 94, 279, 287 – Inkassoprogramm; BGH GRUR 1991, 449, 451 – Betriebssystem.
25 BGH GRUR 1993, 34, 36 – Bedienungsanweisung.

angenommen werden.²⁶ Auch der Text einer Zeitungsanzeige kann bei entsprechender optischer und sprachlicher Gestaltung schutzfähig sein.²⁷

Umgekehrt gilt: **Je kürzer ein Text, desto geringer ist auch sein Gestaltungsspielraum** **16** und um so weniger bleibt Raum für schöpferische Elemente. Aus diesem Grund sind Werbeslogans nicht schutzfähig, wenn sie nicht über die üblichen Anpreisungen und den werbemäßigen Imperativ hinausgehen.²⁸ Das gilt etwa für den für eine Fußball-Weltmeisterschaft benutzten Slogan »das aufregendste Ereignis des Jahres«.²⁹ Auch soweit von einem Slogan eine starke Werbewirkung ausgeht (»Persil bleibt Persil«, »Nichts ist unmöglich – Toyota«, »Alles Müller oder was«, »Geiz ist geil«) oder dieser durch ständigen Gebrauch hohen Bekanntheitsgrad erlangt (»Media Markt – ich bin doch nicht blöd!«), bleibt dies für den urheberrechtlichen Schutz unbeachtlich.³⁰ Abgelehnt wurde urheberrechtlicher Schutz auch für die Slogans »Find your own arena«³¹ und »hier ist DEA – hier tanken Sie auf«.³²

Großzügiger ist die Rechtsprechung bei **Werbung in Versform**, die eher dem urheber- **17** rechtlichen Schutz zugänglich ist: »Biegsam wie ein Frühlingsfalter bin ich im Forma-Büstenhalter«,³³ »Heute bleibt die Küche kalt, wir gehen in den Wienerwald«.³⁴ Bekannt ist auch die Annahme urheberrechtlichen Schutzes für »Ein Himmelbett als Handgepäck« in der Werbung für einen Schlafsack,³⁵ da der Slogan als überraschend und nicht ohne Witz und Einfallsreichtum anzusehen sei. Auch eine einprägsame und die Phantasie anregende Form oder ein entsprechender Inhalt des Spruches können für dessen urheberrechtliche Schutzfähigkeit ins Feld geführt werden.³⁶

Der urheberrechtliche Schutz des Werbeslogans bleibt die **Ausnahme**, meist ist der Slo- **18** gan zu kurz für eine hinreichende Originalität.³⁷ Auch ein markenrechtlicher Schutz bleibt verwehrt, wenn die absoluten Schutzhindernisse der fehlenden Unterscheidungskraft oder ein Freihaltebedürfnis i.S.d. §8 MarkenG entgegenstehen. Am besten lässt sich der Schutz des Werbeslogans über **den ergänzenden wettbewerbsrechtlichen Leistungsschutz** herstellen.³⁸

4. Werbefotos

Das Urheberrechtsgesetz sieht Schutz sowohl für Lichtbildwerke (§ 2 Abs. 1 Ziff. 5 **19** UrhG) als auch für Lichtbilder (§ 72 UrhG) vor. Während der urheberrechtliche Werkschutz wiederum eine persönliche geistige Schöpfung voraussetzt, ist dies beim **Lichtbildschutz** des § 72 UrhG nicht der Fall: Auch jedes noch so banale Urlaubsfoto zählt als Lichtbild zu den mit dem Urheberrecht verwandten Schutzrechten. In der Praxis macht sich die Abgrenzung zwischen Lichtbildwerk und Lichtbild aufgrund des Verweises auf

---

26 LG München I GRUR 1984, 737 – Bauherrenmodell-Prospekt.
27 OLG München NJW-RR 1994, 1258.
28 OLG Braunschweig GRUR 1955, 205, 206; OLG Stuttgart GRUR 1956, 481, 482; Wandtke/*Bullinger* § 1 Rn. 53.
29 OLG Frankfurt am Main GRUR 1987, 44 – WM-Slogan.
30 OLG München, Urt. vom 6.7.1978, 6 U 3558/77; *Erdmann* GRUR 1996, 550, 552; *Traub* GRUR 1973, 186, 187.
31 LG München I ZUM 2001, 722, 724.
32 OLG Hamburg ZUM 2001, 240.
33 OLG Köln GRUR 1934, 758, 759.
34 OLG München, Urt. v. 10.1.1969, 6 U 1778/68; strenger und den Urheberrechtsschutz für »Auf bald – beim Wienerwald« verneinend: OGH Wien, Medien und Recht 1994, 120 mit zust. Anm. *Walter*.
35 OLG Düsseldorf DB 1964, 447; offen gelassen in BGH GRUR 1966, 691, 692 – Schlafsäcke.
36 BGH GRUR 1966, 691, 692 – Schlafsäcke; *Dreyer*/Kotthoff/Meckel §2 Rn. 163.
37 *Dreyer*/Kotthoff/Meckel § 2 Rn. 163.
38 *Erdmann* GRUR 1996, 550, 556.

die Vorschriften des 1. Teils des Gesetzes in § 72 Abs. 1 UrhG nur bei der Frage der Berechnung der Schutzdauer (nach § 64 oder § 72 Abs. 3 UrhG) bemerkbar.

20 Gemäß Art. 6 der EG-Richtlinie zur Harmonisierung der Schutzdauer des Urheberrechts vom 29.10.1993 sind an die **Schöpfungshöhe von Lichtbildwerken** ähnlich geringe Anforderungen zu stellen wie an den Werkschutz von Computerprogrammen (§§ 69a ff. UrhG). Dies gilt für Deutschland jedenfalls seit dem 1.7.1995.[39] Infolgedessen sind auch Gegenstandsfotografien und ähnliche Zweckfotos als Lichtbildwerke geschützt, so lange nicht blindlings geknipst, sondern gezielt für eine aussagekräftige Aufnahme fotografiert wird. Es reicht aus, dass ein anderer Fotograf die Aufnahme anders gemacht hätte.[40]

21 Da ein Gebrauchszweck der urheberrechtlichen Schutzfähigkeit nicht im Weg steht, können auch Werbefotografien Lichtbildwerke sein.[41] Werden Fotos für eine Werbekampagne gefertigt, so ist zumeist eine ästhetische Komposition des Bildes durch den Fotografen notwendig, die sich in der Motivwahl, der Ausleuchtung, der Hintergrundsgestaltung etc. ausdrückt. **Werbefotografie ist kein Zufall**. Regelmäßig liegt daher ein Lichtbildwerk i.S.d. § 2 Abs. 1 Ziff. 5 UrhG vor, dies mit der Folge des langen urheberrechtlichen Schutzes, also 70 Jahre ab Ende des Jahres, in dem der Fotograf verstorben ist, §§ 64, 69 UrhG.

5. Werbegrafik

22 Auch **Werbegrafik** kann urheberrechtlich geschützt sein, wenn sie dem Kunstbegriff des § 2 Abs. 1 Ziff. 4 UrhG unterfällt. Insoweit wird sie allerdings zumeist nicht zur bildenden, sondern »nur« zur angewandten Kunst gezählt: Werbegrafik gehöre nicht zu den Werken, die nur zum Zwecke der Betrachtung geschaffen wurden, sondern dienten zugleich einem Gebrauchszweck.[42]

23 Bei **Gebrauchskunst** stellt die Rechtsprechung höhere Anforderungen an die Gestaltungshöhe und verlangt für die Werkqualität und damit für den Urheberrechtsschutz ein deutliches Überragen der Durchschnittsgestaltung. Begründet wird das mit der Möglichkeit des im Bereich der angewandten Kunst möglichen Geschmacksmusterschutzes nach dem Geschmacksmustergesetz.[43] Zwischen Urheber- und Geschmacksmusterrecht sieht auch der Bundesgerichtshof keinen Wesens-, sondern nur einen graduellen Unterschied.[44] Da sich bereits eine geschmacksmusterfähige Gestaltung von der nicht geschützten Durchschnittsgestaltung, dem rein Handwerksmäßigen und Alltäglichen, abheben müsse, sei für die Urheberrechtsschutzfähigkeit ein noch weiterer Abstand zu fordern. Der Urheberrechtsschutz setze danach einen höheren schöpferischen Eigentümlichkeitsgrad voraus als nur geschmacksmusterfähige Gegenstände, wobei die Grenze nicht zu niedrig angesetzt werden dürfe.[45] Auch wird eingewandt, der an sich einheitliche Werkbegriff des § 2 UrhG werde bei der angewandten Kunst durch den Geschmacksmusterschutz als lex specialis durchbrochen. Die formellen Anforderungen des Geschmacksmustergesetzes – Anmeldung zur Eintragung und Zahlung der Anmeldegebühren – könnten unterlaufen werden, wenn Urheberrechtsschutz auch für die "Kleine Münze" gewährt würde. Im Übrigen gehe es bei Werken der angewandten Kunst darum, zu verhindern, dass nahe lie-

---

[39] BGH GRUR 2000, 317, 318 – Werbefotos; BT-Drs. 13/781, S. 10; *Dreyer*/Kotthoff/Meckel § 2 Rn. 129.
[40] Dreier/*Schulze* § 2 Rn. 195.
[41] Dreier/*Schulze* § 2 Rn. 93.
[42] Schricker/*Loewenheim*, § 2 Rn. 156; a.A. OLG Jena GRUR-RR 2002, 379, 380.
[43] BVerfG GRUR 2005, 410.
[44] BGH GRUR 1995, 581, 582 – Silberdistel.
[45] BGH GRUR 1995, 581, 582 – Silberdistel.

gende Gestaltungselemente monopolisiert würden.[46] Geringe Anforderungen gebe es **nur bei reiner Kunst**.[47]

Auch der Bereich der **Gestaltung von Internet-Seiten** wird der Werbegrafik zugeordnet, weshalb die Rechtsprechung auch hier strenge Anforderungen an die Schöpfungshöhe stellt. Stets soll es sich um eine Schöpfung individueller Prägung handeln, deren ästhetischer Gehalt einen solchen Grad erreichen müsse, dass nach den im Leben herrschenden Anschauungen noch von »Kunst« gesprochen werden könne.[48] Dies bringe es mit sich, dass eine gebrauchsgrafische Gestaltung auch unter Berücksichtigung einer markanten Farbgestaltung oder Anordnung nicht als Werk der angewandten Kunst anzusehen sei. Im Einzelfall sei es zwar denkbar, eine Werbegrafik als Werk der angewandten Kunst einzuordnen. Allein ein einheitliches Design und eine mehr oder weniger alltägliche grafische Gestaltung reichten indes nicht für das Erreichen der erforderlichen Schöpfungshöhe. Grundsätzlich dürfe – wenn besondere Umstände fehlten, die für eine schöpferische Eigenart der Gestaltung sprächen – auch ein Schutz des Designs und der Gestaltung nicht automatisch als kleine Münze über § 2 Abs. Abs. 1 Nr. 4 UrhG erreicht werden.[49]

24

Die Einordnung der Werbegrafik in den Bereich der angewandten Kunst mit der Folge erhöhter Anforderungen an die Gestaltungshöhe überzeugt indes nicht. Denn gerade der im Bereich der angewandten Kunst sonst gängige **Geschmacksmusterschutz** eignet sich für die Werbegrafik nicht, weshalb der das Geschmacksmustergesetz für die Werbegrafik keine lex specialis darstellt und weshalb geringere Anforderungen an die Gestaltungshöhe den Geschmacksmusterschutz auch nicht aushöhlen können. Daher ist die **kleine Münze** auch für den Bereich der Werbegrafik anwendbar. Die Grafik muss mit den Mitteln des Designs eine geistige Schöpfung sein, ohne dass es auf eine Abgrenzung zwischen bildender und angewandter Kunst ankommt. Auch der Werbegrafik kann daher – wenn sie sich nicht im Alltäglichen und Bekannten erschöpft[50] – urheberrechtlicher Schutz zukommen. Dies gilt auch und insbesondere für grafisch gestaltete Internet-Seiten: Gerade in der **Entwicklung einer knappen aber eingängigen Formensprache**, im Aufgreifen der Farben und Anmutungen von Logos, Geschäftskennzeichen und Symbolen liegt im Regelfall eine hinreichende geistige Schöpfung.

25

Urheberrechtlichen Schutz erhielten nach der Rechtsprechung die besondere Gestaltung eines Werbeplakats,[51] die von der damaligen Bundesbahn zur Werbung verwendeten »rosa Elefanten«,[52] eine Sonnengrafik,[53] die Darstellung eines roten Weinlaubblattes und eine Bildmontage mit einer Motorsäge, die in eine Berg- und Waldlandschaft hinein ragt,[54] ein Logo (»Q« in blauer Farbe, wobei sich der Haken des Q am rechten unteren Rand entlang zog und durch drei, in unterschiedlichen Blautönen gehaltenen Quadrate verlängert wurde).[55]

26

---

46 Vgl. BVerfG GRUR 2005, 410 m.w.N.
47 Kritisch hierzu Dreier/*Schulze* § 2 Rn. 153.
48 BGH GRUR 1981, 517, 519 – Rollhocker.
49 LG Köln ZUM-RD 2008, 489, 490; a.A. OLG Jena GRUR-RR 2002, 379, 380.
50 LG Oldenburg GRUR 1987, 235 – Preishammer.
51 OLG Jena GRUR-RR 2002, 379, 380.
52 BGH GRUR 1995, 47, 48 – Rosaroter Elefant.
53 OLG München ZUM 1993, 440.
54 LG Oldenburg GRUR 1989, 49, 53.
55 OLG Naumburg GRUR-RR 2006, 82.

27 Abgelehnt wurde urheberrechtlicher Schutz etwa für ein Flaggen/Fußball-Motiv,[56] für das Sonnenblumen-Logo der Partei »Die Grünen«,[57] für eine Telefonkarte mit einem Motiv der Weltkarte (Quadrantennetz in einer gängigen zweidimensionalen Darstellung).[58]

6. Werbebroschüren

28 Auch **Werbeprospekte** sind dem Urheberschutz grundsätzlich zugänglich.[59] Der Schutz kann sich allerdings nicht aus Mitteilungen tatsächlichen Inhalts ergeben, sondern nur aus der Art der Darstellung des Stoffs. Urheberschutz genießen dabei nicht nur einzelne Werke wie Texte oder Fotos, sondern nach § 4 UrhG auch sog. Sammelwerke, bei denen die Auswahl oder die Anordnung der einzelnen darin aufgenommenen Elemente (z.B. Texte, Bilder, Grafiken) eine persönliche geistige Schöpfung i.S.v. § 2 Abs. 2 UrhG darstellen. Dabei stehen Auswahl und Anordnung alternativ nebeneinander; die Schöpfungshöhe kann sich aus Auswahl oder Anordnung oder hinsichtlich beider ergeben.[60]

29 **Auswahl** beschreibt den Vorgang des Sammelns und Aufnehmens, des Sichtens, Bewertens und Zusammenstellens von Elementen zu einem bestimmten Thema im Hinblick auf bestimmte Auswahlkriterien. Der Prospekt eines Architekturbüros könnte etwa eine Auswahl derjenigen Bauten umfassen, die aus Sicht des Architekten die prägenden Stilmittel seiner Arbeit am deutlichsten sichtbar machen.

30 **Anordnung** bedeutet die Einteilung, Präsentation und Zugänglichmachung der ausgewählten Elemente nach einem oder mehreren Ordnungssystemen. Die Anordnung kann etwa chronologisch oder aber methodischer Natur sein.

31 Im Unterschied zu den in § 2 Abs. 1 UrhG genannten Werken kommt es beim Sammelwerk nicht auf die urheberrechtliche Schutzfähigkeit der einzelnen Elemente, sondern auf die Art und Weise ihrer Zusammenstellung und Abfolge an.

32 Werbebroschüren verfolgen das Ziel, das Image und die Angebote eines Unternehmens in optisch ansprechender oder zumindest werbewirksamer Form zu präsentieren. Daraus folgt regelmäßig nicht nur eine einheitliche Formen- und Bildersprache – dies unterfiele dem Schutz der Werbegrafik –, sondern auch eine Sichtung und Auswahl der zur Veranschaulichung dienenden Elemente nach Text, Bild und Grafik. Auch auf eine **werbewirksame Anordnung der Elemente** wird zumeist Wert gelegt. Auch wenn die einzelnen Elemente einer Werbebroschüre keinen eigenen Urheberschutz erlangen können – etwa knappe und beschreibende Texte, Charts, Produktfotos – ergibt sich der urheberrechtliche Schutz der Broschüre als Sammelwerk, wenn Auswahl oder Anordnung dieser Elemente persönlich-schöpferisch sind.

33 Sind die einzelnen Elemente einer Werbung systematisch oder methodisch angeordnet und **einzeln mit Hilfe elektronischer Mittel** zugänglich – wie dies häufig bei Internet-Werbeangeboten der Fall ist – kann ein urheberrechtlich schutzfähiges Datenbankwerk i.S.d. § 4 Abs. 2 UrhG vorliegen. Gegenstand des Schutzrechts an einem Datenbankwerk ist die Struktur der Datenbank als persönliche geistige Schöpfung, die ebenfalls in der Auswahl oder Anordnung der in der Datenbank enthaltenen – für sich ggf. urheberrechtsfreien – Elemente bestehen kann.[61]

---

[56] OLG Frankfurt am Main GRUR 1987, 44 – WM-Slogan.
[57] OLG München ZUM 1989, 423.
[58] BGH GRUR 2001, 755, 757 – Telefonkarte.
[59] BGH GRUR 1961, 85, 87 – Pfiffikus-Dose; OLG Frankfurt a.M. GRUR 1987, 44 – WM-Slogan; LG Berlin GRUR 1974, 412 – Werbeprospekt; LG München I GRUR 1984, 737 – Bauherrenmodell-Prospekt; Schricker/*Loewenheim* § 2 Rn. 113.
[60] *Dreier*/Schulze § 4 Rn. 11.
[61] BGH GRUR 2007, 685 – Gedichttitelliste I; Schricker/*Loewenheim* § 4 Rn. 39.

Der erforderliche Grad an Eigentümlichkeit ist im Hinblick auf die Vorschrift des Art. 3   **34**
Abs. 1 der Richtlinie 96/9/EG des Europäischen Parlaments und des Rates vom 11.3.1996
über den rechtlichen Schutz von Datenbanken[62] zu bestimmen, da § 4 Abs. 2 UrhG durch
Art. 7 Nr. 1 des Informations- und Kommunikationsdienstegesetzes (IuKDG) vom
22.7.1997[63] in das Gesetz eingefügt worden ist. Danach genügt es, dass die Auswahl oder
Anordnung des Inhalts der Datenbank eine eigene geistige Schöpfung des Urhebers ist.
Auf andere Kriterien, insbesondere die Qualität oder **den ästhetischen Wert der Datenbank**, kommt es nicht an.[64] Eine bestimmte Gestaltungshöhe ist nicht erforderlich; ein
bescheidenes Maß an geistiger Leistung genügt. Es reicht aus, dass die Sammlung in ihrer
Struktur, die durch Auswahl oder Anordnung des Inhalts der Datenbank geschaffen
worden ist, einen individuellen Charakter hat.[65]

7. Werbefilme

Werbefilme können urheberrechtlichen Schutz genießen.[66] Als Filmwerke i.S.d. § 2 Abs. 1   **35**
Ziff. 6 UrhG werden Filme geschützt, wenn sie persönliche geistige Schöpfungen (§ 2
Abs. 2 UrhG) sind. Dabei kommt es nicht auf die Schöpfungshöhe des zu verfilmenden
Werkes an. Mag das **Drehbuch** eines kurzen Werbefilms auch einfach gestrickt sein,
bleibt dennoch genug Raum für schöpferische Leistung im Bereich der Regie, der Bildgestaltung, des Schnitts und der sonstigen gestalterischen Elemente des Films. Auch ein
Werbefilm stellt daher ein geschütztes Filmwerk dar.[67]

II. Verwendung geschützter Werke in der Werbung

1. Werbung als eigenständige Nutzungsart

Viele Musikstücke, Fotos, Filmsequenzen und sonstige Werke werden jenseits ihrer   **36**
ursprünglich bezweckten Nutzung auch in der Werbung verwendet. In diesem Falle ist
die **Verwendung des Werkes zu Werbezwecken** eine selbstständige Nutzungsart i.S.d.
§ 31 Abs. 1 Satz 1 UrhG.[68] War das Werk nicht von vornherein für Zwecke der Werbung
bestimmt, bedarf es der ausdrücklichen Einwilligung des Urhebers.[69] Der Einsatz eines
Werkes für Werbezwecke ist **besonders sensibel**, gerade auch weil viele Künstler sehr
genau auswählen wollen, vor welchen kommerziellen Karren sie sich spannen lassen,
sofern sie die Verwendung ihrer Werke für die Werbung nicht sogar gänzlich ablehnen.[70]

Die Nutzung von Musikwerken innerhalb der Werbung ist in § 1k des **GEMA-Berechti-**   **37**
gungsvertrages erwähnt. Danach bleibt die Befugnis des Berechtigten, die Einwilligung
zur Benutzung eines Werkes zur Herstellung von Werbespots zu erteilen, unberührt. Bei
der Nutzung eines Musikwerkes für einen Werbespot handelt es sich um eine eigenständige Nutzungsart i.S.d. § 31 Abs. 5 UrhG, so dass eine gesonderte Regelung und Heraus-

---

62 ABlEG Nr. L 77 v. 27.3.1996, S. 20.
63 BGBl. I, S. 1870.
64 Art. 3 Abs. 1 der Datenbankrichtlinie; vgl. auch Erwägungsgründe 15 und 16.
65 BGH GRUR 2007, 685 – Gedichttitelliste I.
66 BGH GRUR 1966, 390 – Werbefilm; BGH GRUR 1960, 199 – Tofifa; BGH GRUR 1960, 601-
 Wägen und Wagen.
67 Dreier/*Schulze* § 2 Rn. 208; *Dreyer*/Kotthoff/Meckel § 2 Rn. 130, 243; Wandtke/*Bullinger* § 2 Rn. 123.
68 OLG Hamburg GRUR 1991, 599, 600 – Rundfunkwerbung; OLG München ZUM 1997, 275, 279 –
 Trailer-Werbung; OLG Frankfurt ZUM 1989, 302, 304 – Wüstenflug; Dreier/*Schulze* Vor § 31
 Rn. 180; § 31 Rn. 40.
69 OLG Hamburg GRUR 1991, 599, 600 – Rundfunkwerbung; Dreier/*Schulze* Vor § 31 Rn. 180; § 31
 Rn. 40.
70 Ein anschauliches Beispiel: OLG Frankfurt ZUM 1996, 97 (Werk von *René Magritte* auf Kondomverpackung); siehe auch Kap. 3 Rdn. 323.

nahme aus dem Anwendungsbereich des Berechtigungsvertrages grundsätzlich zulässig ist.[71] Näheres hierzu in Kap. 5 Rdn. 51 ff.

2. Verwertungsgesellschaften

38 Der Einsatz vorbestehender Werke in der Werbung kann die **Integrität des Werkes** beeinträchtigen und die besondere immaterielle Beziehung des Urhebers zu seinem Werk – das Urheberpersönlichkeitsrecht – verletzen. Jede Werbenutzung bedarf daher der Überlegung und Entscheidung des Urhebers im Einzelfall. Das Recht zur Einzelfallentscheidung würde dem Urheber entzogen, könnten Verwertungsgesellschaften – etwa die GEMA für Werke der Musik – Werbelizenzen erteilen. Aufgrund des **Abschlusszwangs**, dem jede Verwertungsgesellschaft unterliegt (§ 11 Abs. 1 UrhWG) müsste die Verwertungsgesellschaft jedem Interessenten die von ihr wahrgenommenen Rechte einräumen. Aus diesem Grunde können Verwertungsgesellschaften das Recht zur Werbenutzung regelmäßig nicht wahrnehmen. Dies gilt auch für die GEMA.[72]

3. Werke, die zu Werbezwecken geschaffen wurden

39 Etwas anders ist die Lage bei Werken, die von vornherein zu Zwecken der Werbung geschaffen wurden, etwa Werbeslogans, Werbefotos, Firmenlogos etc. In vielen Fällen werden solche Werke von den Mitarbeitern der Werbeagenturen geschaffen und im Rahmen eines Arbeitsverhältnisses **in Erfüllung der arbeitsvertraglichen Pflichten**. Die Urheber räumen ihre Nutzungsrechte dann ausdrücklich oder stillschweigend dem Arbeitgeber, also im Regelfall der Agentur, ein (§ 43 UrhG). Entsprechendes gilt für Angestellte einer PR- oder Werbeabteilung innerhalb eines Unternehmens, dann wird das Unternehmen selbst Inhaber der Nutzungsrechte im Rahmen des beabsichtigten Zwecks (§ 31 Abs. 5 UrhG).

40 Außerhalb eines Arbeitsverhältnisses werden Werke zu Werbezwecken zumeist aufgrund eines **Werkvertrages oder Werklieferungsvertrags** geschaffen (§§ 631 ff., 651 BGB). Der Vertrag regelt dann das Verhältnis zwischen dem Auftraggeber und der Werbeagentur bzw. dem frei schaffenden Urheber. Die Einräumung der für den Auftraggeber bedeutsamen Nutzungsrechte (Vervielfältigung, Verbreitung, Sendung, öffentliche Zugänglichmachung) erfolgt dabei entweder ausdrücklich oder stillschweigend, begrenzt durch den Vertragszweck.[73] Nach § 133 BGB ist bei der Auslegung einer Willenserklärung der wirkliche Wille zu erforschen und nicht an dem buchstäblichen Sinn des Ausdrucks zu haften. Verträge sind gemäß § 157 BGB so auszulegen, wie Treu und Glauben mit Rücksicht auf die Verkehrssitte es erfordern. Dies gilt auch für Verträge über Werke für die Werbung.[74]

41 Wird ein Werk für die Werbung geschaffen, so kann sich aus Treu und Glauben ein **nachträglicher Anspruch** des Auftraggebers auf **Gestattung zusätzlicher Nutzungen** auch über den ursprünglich vereinbarten Zweck hinaus ergeben.[75] Der Auftraggeber schuldet dann eine zusätzliche und angemessene Vergütung.

42 Wird zunächst nur die Erstellung eines Entwurfs in Auftrag gegeben, so kann sich wiederum aus Sinn und Zweck des Vertrages sowie aus der Höhe der Vergütung ergeben, dass die Übergabe des Entwurfs zugleich auch das Recht beinhaltet, ihn nach der beab-

---

71 OLG München ZUM 2007, 60, 61; OLG Hamburg ZUM 1991, 90.
72 OLG München ZUM 1997, 275, 279 – Trailer-Werbung; OLG Hamburg GRUR 1991, 599, 600 – Rundfunkwerbung; LG Düsseldorf ZUM 1986, 158, 159 – West Side Story; Dreier/*Schulze* Vor § 31 Rn. 171.
73 BGH GRUR 1966, 390 – Werbefilm.
74 BGH GRUR 1986, 834 – Werbeagenturvertrag.
75 OLG Hamburg ZUM 1999, 410, 415 – Tonträger-Cover-Foto.

sichtigten Weise zu nutzen.[76] Auch kann aus den vertraglichen Vereinbarungen folgen, dass das Werk für den vereinbarten Werbezweck unbegrenzt – etwa im Hinblick auf die Anzahl der hergestellten und verbreiteten Werbebroschüren – genutzt werden darf.[77] Bei Fällen aus dem Bereich der Werbenutzung ist der **Anwendung der Zweckübertragungsregel** (§ 31 Abs. 5 UrhG) daher besondere Sorgfalt zu widmen: Einerseits beschränkt diese im Urheberpersönlichkeitsrecht wurzelnde Regelung die werbliche Nutzung durch den zugrunde gelegten Vertragszweck, andererseits wird dem Auftraggeber innerhalb des vorgegebenen Zwecks ein weiter Nutzungsspielraum zugebilligt. Will der Urheber hier Einschränkungen vorsehen, ist dies daher gesondert zu vereinbaren.[78] Dies gilt erst recht, wenn die Werbeleistung mangels Schöpfungshöhe per se keinen urheberrechtlichen Schutz genießt.[79] Wie häufig kommt es auch hier stets auf die Umstände des Einzelfalls an, etwa die Höhe der Vergütung, die Usancen der Branche, die geforderte Schöpfungshöhe etc.[80]

4. Werbung für das Werk

43 Vielfach besteht ein Bedürfnis danach, das Werk selbst für dessen Bewerbung zu nutzen. Beim Verlagsvertrag hat der Verlag gem. § 14 VerlG sogar die Pflicht, das Werk angemessen zu bewerben.[81] Unzureichende Werbung kann einen Schadensersatzanspruch des Autors begründen.[82] Zur Werbung für das Werk zählt seit jeher die **Trailer-Werbung im Kino** für künftig erscheinende Filme. Werden solche Trailer allerdings mit fremden Werken verbunden – etwa die Unterlegung der Eigenwerbung eines Fernsehsenders für eine Mehrzahl von demnächst gesendeten Filmen mit fremder Musik – müssen die Nutzungsrechte an den fremden Werken gesondert eingeholt werden.[83]

44 In jüngerer Zeit haben sich weitere Formen der Eigenwerbung für das Werk selbst etabliert: So wird es zunehmend üblich, bei der Bewerbung **von Büchern im Internet** einzelne Seiten frei zugänglich zu machen. In vergleichbarer Weise können Nutzer bei Online-Musikhändlern **Ausschnitte eines Musikstücks** in einer Länge von 30 Sekunden anhören, um sich dann zu entscheiden, ob das Musikstück im Wege des Downloads der Musikdatei gekauft werden soll. Hat der Urheber dem Verlag oder Tonträgerhersteller das Nutzungsrecht der öffentlichen Zugänglichmachung des Werkes eingeräumt, so dürfte sich dies auch auf die Nutzung zu den beschriebenen Werbezwecken für das Werk selbst erstrecken. Der Betreiber eines solchen Online-Angebots bedarf hingegen stets der der ausdrücklichen Erlaubnis des Berechtigten.

45 Nach § 13 Satz 1 UrhG hat der Urheber das Recht auf **Anerkennung seiner Urheberschaft** am Werk; weiterhin steht ihm das Bestimmungsrecht zu, ob das Werk mit seiner Urheberbezeichnung zu versehen ist und welche Bezeichnung zu verwenden ist (§ 13 Satz 2 UrhG). Aus § 13 Satz 1 UrhG kann sich ein Anspruch des Urhebers ergeben, bei Ankündigungen und Drucksachen, mit denen für sein Werk geworben wird, als Urheber benannt zu werden.[84] Auch bei einer Nutzung des Werkes im Internet ist der Urheber zu benennen.[85]

---

76 BGH GRUR 1986, 885, 886 – METAXA; Dreier/*Schulze* Vor § 31 Rn. 183.
77 BGH GRUR 1988, 300, 301 – Fremdenverkehrsbroschüre.
78 BGH GRUR 1966, 691, 692 – Schlafsäcke; BGH GRUR 1960, 609, 613 – Wägen und Wagen.
79 OLG Köln GRUR 1986, 889, 891; Dreier/*Schulze* Vor § 31 Rn. 183.
80 BGH GRUR 1986, 885, 886 – METAXA; BGH GRUR 1988, 300, 301 – Fremdenverkehrsbroschüre.
81 *Schricker* VerlG, § 14 Rn. 10.
82 OLG Celle GRUR 1964, 333.
83 OLG München ZUM 1997, 275, 279 – Trailer-Werbung.
84 BGH GRUR 2007, 691, 693 – Staatsgeschenk.
85 OLG München GRUR-RR 2004, 33, 34.

5. Merchandising

46 Der Begriff des Merchandising ist schillernd und unscharf, hat sich aber dennoch auch in der urheberrechtlichen Literatur[86] und Rechtsprechung[87] durchgesetzt. Gemeint ist allgemein die Verkaufsförderung und Imagewerbung für ein Produkt, das nicht notwendigerweise ein urheberrechtliches Werk sein muss. Häufig werden Merchandising-Artikel nicht nur gezielt zur Verkaufsförderung eingesetzt, sondern stellen selbst eine **beträchtliche Einnahmequelle** dar. So sind die Fan-Shops der Fußball-Vereine voll von Merchandising-Artikeln, die Vereine selbst generieren durch den Verkauf von Trikots, Mützen, Schals etc. einen nicht unerheblichen Teil ihrer Einnahmen. Gegenstand des Merchandising sind regelmäßig Namen, Marken, Geschmacksmuster, Persönlichkeitsrechte sowie urheberrechtlich geschützte Werke.[88]

47 Merchandising im Bereich urheberrechtlicher Werke ist begrifflich etwas anderes als die reine Nebenrechtsverwertung des Werkes wie etwa das Buch zum Film, der Film zum Buch, die DVD, der Soundtrack oder das Computerspiel zum Film und so weiter. Merchandising ist vielmehr die **Vermarktung von Figuren, Charakteren, Design, Fotos und anderen urheberrechtlich geschützten Werken**, wie auch die Vermarktung von Namen, Marken oder Bildnissen bekannter Stars durch Druckschriften, Plakate, T-Shirts, Souvenirs etc.

48 Das Recht zur Herstellung und Verbreitung von Merchandising-Artikeln wird im Zusammenhang mit urheberrechtlich geschützten Werken als selbständiges Nutzungsrecht betrachtet, das gesondert zu erwerben ist.[89] Das gilt aber nur dann, wenn die das Werk ausmachenden schöpferischen Elemente auch im Merchandising-Artikel aufgegriffen werden. So bedurfte es einer Erlaubnis der Grafikerin, als die Mausfigur aus der »Sendung mit der Maus« eine Verwertung als Plüschtier finden sollte.[90] Anders liegt der Fall, wenn ein nur dem Marken- oder Titelschutz (§§ 4, 14 Abs. 2; 5 Abs. 3, 15 Abs. 2 MarkenG) zugänglicher Filmtitel für eine Kaffeetasse oder ein T-Shirt verwendet werden soll: In diesem Fall bedarf es nur der Zustimmung der Marken- bzw. Titelinhaber, nicht der Zustimmung der Inhaber des Urheberrechts am Film.

49 Liegt eine Merchandising-Verwertung des Werkes selbst vor, bedarf es aufgrund der urheberpersönlichkeitsrechtlichen Bedeutung von Werbemaßnahmen stets der **Erlaubnis der konkreten Nutzungsform**. Eine pauschale Einräumung des Nebenrechts »Merchandising« wird im Hinblick auf § 31 Abs. 5 UrhG nur ganz naheliegende Verwertungen umfassen. Dem Urheber verbleibt aufgrund der Gefahrneigung von Werbung im Hinblick auf das Urheberpersönlichkeitsrecht das Recht der Qualitätskontrolle.[91] Wie jedes andere Nutzungsrecht auch können Merchandising-Rechte gem. § 31 Abs. 1 Satz 2 UrhG auch exklusiv eingeräumt werden.[92] Geschuldet wird eine angemessene Vergütung, regelmäßig ein Absatzhonorar.[93]

---

[86] *Schertz* Merchandising, S. 1 ff.; Dreier/*Schulze* Vor § 31 Rn. 186; Dreyer/*Kotthoff*/*Meckel* § 31 Rn. 81; Möhring/*Nicolini*/*Ahlberg* Einl. Rn. 123; *Schricker* Vor § 28 Rn. 110; Wandtke/Bullinger/*Grunert* Vor § 31 Rn. 89.
[87] BVerfG GRUR 1999, 232 – Guldenburg; BGH GRUR 2003, 899 – Olympiasiegerin.
[88] Wandtke/Bullinger/*Grunert* Vor § 31 Rn. 89.
[89] Dreier/*Schulze* Vor § 31 Rn. 186; BGH GRUR 1983, 370, 372 – Mausfigur; OLG München ZUM 1990, 186, 190 – Mausfigur II.
[90] BGH GRUR 1983, 370, 372 – Mausfigur.
[91] Möhring/Nicolini/*Ahlberg* Einl. Rn. 123.
[92] OLG Hamburg ZUM-RD 1999, 122, 125.
[93] Dreier/*Schulze* Vor § 31 Rn. 190.

B. Persönlichkeitsrecht und Werbung

I. Schutz ideeller Interessen

Niemand muss es hinnehmen, von Dritten für deren Werbung eingespannt zu werden. **50** Das allgemeine Persönlichkeitsrecht und seine besonderen Erscheinungsformen dienen in erster Linie dem **Schutz ideeller Interessen**, insbesondere dem Schutz des Wert- und Achtungsanspruchs der Persönlichkeit. Dieser Schutz wird dadurch verwirklicht, daß bei einer Verletzung dieser Rechte neben Abwehransprüchen auch Schadensersatzansprüche in Betracht kommen, die nicht nur auf den Ersatz materieller, sondern – wenn es sich um einen schwerwiegenden Eingriff handelt und die Beeinträchtigung nicht in anderer Weise befriedigend ausgeglichen werden kann – auch auf den Ausgleich immaterieller Schäden gerichtet sind.[94]

II. Schutz vermögenswerter Interessen

Darüber hinaus schützen das allgemeine Persönlichkeitsrecht und seine besonderen Aus- **51** prägungen aber auch **vermögenswerte Interessen** der Person. Der Abbildung, dem Namen sowie sonstigen Merkmalen der Persönlichkeit wie etwa der Stimme kann ein beträchtlicher wirtschaftlicher Wert zukommen, der im allgemeinen auf der Bekanntheit und dem Ansehen der Person in der Öffentlichkeit – meist durch besondere Leistungen etwa auf sportlichem oder künstlerischem Gebiet erworben – beruht. Die **bekannte Persönlichkeit** kann diese Popularität und ein damit verbundenes Image dadurch wirtschaftlich verwerten, dass sie Dritten gegen Entgelt gestattet, ihr Bildnis oder ihren Namen, aber auch andere Merkmale der Persönlichkeit, die ein Wiedererkennen ermöglichen, in der Werbung für Waren oder Dienstleistungen einzusetzen. Durch eine unerlaubte Verwertung ihrer Persönlichkeitsmerkmale etwa für Werbezwecke werden daher nicht nur ideelle, sondern auch kommerzielle Interessen der Betroffenen beeinträchtigt.[95]

Die Rechtsprechung hat die kommerziellen Interessen an der Persönlichkeit von jeher in **52** den durch die Persönlichkeitsrechte gewährleisteten Schutz einbezogen: Die Persönlichkeitsrechte sollen danach die allein dem Berechtigten zustehende freie Entscheidung darüber schützen, ob und unter welchen Voraussetzungen sein Bildnis oder sein Name – entsprechendes gilt für andere kennzeichnende Persönlichkeitsmerkmale – den Geschäftsinteressen Dritter dienstbar gemacht wird.[96] Im Hinblick auf **die wirtschaftlichen Interessen an der Persönlichkeit** ist anerkannt, dass das Persönlichkeitsrecht auch vermögenswerte Bestandteile aufweist.[97] Dementsprechend ist etwa das Recht am eigenen Bild als ein vermögenswertes Ausschließlichkeitsrecht ausgestaltet; generell werden bei der Verletzung des Persönlichkeitsrechts Ersatzansprüche für möglich erachtet.[98]

III. Abgrenzung der Werbung zur Information

Generell ist die Verbreitung zu Werbezwecken stets von der Verbreitung zu Informati- **53** onszwecken zu unterscheiden, insbesondere im Bereich des Rechts am eigenen Bild. Die

---

94 BGH GRUR 2000, 709, 712 – Marlene Dietrich I.
95 BGH GRUR 2000, 709, 712 – Marlene Dietrich I.
96 BGH GRUR 1956, 427, – Paul Dahlke; BGH NJW 1981, 2402 – Carrera.
97 BGH GRUR 1968, 552 – Mephisto.
98 BGH GRUR 1956, 427 – Paul Dahlke; BGH GRUR 1959, 430 – Caterina Valente; BGH GRUR 1961, 138, – Familie Schölermann; BGH GRUR 1979, 732, 734 – Fußballtor; BGH GRUR 1992, 557, 558 – Joachim Fuchsberger; BGH GRUR 2000, 709, 712 – Marlene Dietrich I; BGH GRUR 2002, 690 – Marlene Dietrich II; BGH GRUR 2007, 139, 140 – Rücktritt des Finanzministers.

Verbreitung von Bildern insbesondere prominenter Personen ist zu Informationszwecken gem. § 23 Abs. 1 Ziff. 1 KUG freigestellt. Hierauf kann sich jedoch derjenige nicht berufen, der mit der Veröffentlichung keinen **schutzwürdigen Informationsinteressen** der Allgemeinheit nachkommt, sondern durch Verwertung des Bildnisses eines anderen zu Werbezwecken allein sein Geschäftsinteresse befriedigen will.[99] Ob das Bild zur Werbung eingesetzt wird, ist aus der Sicht des unbefangenen Durchschnittsbetrachters zu bestimmen. Wird das Bild eines Prominenten als Blickfang auf der Titelseite einer Werbezeitschrift verwendet wird, so kann dies noch Informationsinteressen dienen, wenn im Inneren der Zeitschrift ein – wenn auch dürftiger – redaktioneller Bericht erfolgt.[100] Die Grenze zur Werbung wird aber überschritten, wenn der Eindruck entsteht, der Prominente trete für das Produkt selbst ein.[101]

C. Lauterkeitsrecht der Medien

I. Überblick

1. Entwicklung des UWG

54 Das erste Gesetz zur Regelung des Rechts des unlauteren Wettbewerbs stammt vom 27.5.1896. Es enthielt überwiegend tatbestandliche Umschreibungen von wettbewerbswidrigen Handlungen und noch keine Generalklauseln. Es zeigte sich schnell, dass mit diesem Instrumentarium die **Vielfalt wettbewerblichen Handelns** nicht einzufangen war.

55 Am 7.6.1909 wurde das Gesetz revidiert[102] und bildete in dieser Fassung dann für fast 100 Jahre die gesetzliche Grundlage des Lauterkeitsrechts in Deutschland. § 1 UWG 1909 lautete:

»Wer im geschäftlichen Verkehr zu Zwecken des Wettbewerbs Handlungen vornimmt, die gegen die guten Sitten verstoßen, kann auf Unterlassung und Schadensersatz in Anspruch genommen werden.«

56 Diese Klausel ist häufig belächelt worden: **Unlauter handelt, wer unlauter handelt.** Zur Ehrenrettung des Gesetzgebers von 1909 ist anzumerken, dass der Weg über auslegbare Generalklauseln angesichts des sich ständig weiterentwickelnden Wettbewerbs den starren Einzelfallregelungen des UWG von 1896 deutlich überlegen war. Der Zwang zur Auslegung unbestimmter Rechtsbegriffe hat dann zwangsläufig zu einer vielfältigen und nur noch schwer übersehbaren Kasuistik geführt; allein die Kommentierung des das gesamte Wettbewerbsrecht prägenden § 1 UWG im Kommentar von *Baumbach/Hefermehl* umfasste zuletzt mehr als 500 eng bedruckte Seiten.

57 Die »große Generalklausel« des § 1 UWG wurde flankiert von der »kleinen« des § 3 UWG, der die Werbung mit irreführenden Angaben verbot. Dieses Verbot verfolgte einen zweifachen Zweck: Sowohl der Verbraucher als auch der betroffene Mitbewerber sollten vor Irreführung geschützt werden.

58 Die Rechtsprechung wurde im Verlaufe der Zeit immer restriktiver. Insbesondere das **Leitbild des flüchtigen bzw. unkritischen Verbrauchers**, der vor allem und jedem geschützt werden müsse, führte zu einer recht engmaschigen Auslegung der General-

---

99 Wenzel/*von Strobl-Albeg* Kap. 8 Rn. 42.
100 BGH NJW-RR 1995, 789 – Kundenzeitschrift.
101 BGH NJW-RR 1995, 789 – Kundenzeitschrift; BGH NJW 1997, 1152 – Bob Dylan.
102 RGBl. 499.

C. Lauterkeitsrecht der Medien

klauseln.[103] Hinzu kamen die Einführung des Rabattgesetzes und der Zugabenverordnung in den 30er Jahren des letzten Jahrhunderts,[104] durch welche das Recht des unlauteren Wettbewerbs weiter verschärft wurde. Das deutsche Wettbewerbsrecht galt in Europa lange Zeit als das strengste.

Unter dem Druck des Gemeinschaftsrechts war dann ab Mitte der 90er Jahre eine **Liberalisierung des Rechts des unlauteren Wettbewerbs** in Deutschland zu bemerken. Die deutsche Rechtsprechung übernahm das gemeinschaftsrechtliche Leitbild des **durchschnittlich informierten, aufmerksamen und ständigen Durchschnittsverbrauchers**,[105] als Maßstab zur Beurteilung irreführender und unsachlicher Werbung. Vergleichende Werbung wurde zugelassen, im Jahre 2001 hob der Gesetzgeber das Rabattgesetz und die Zugabenverordnung auf, so ohne dass die – insbesondere von einigen Schutzverbänden geäußerte – Befürchtung verwilderter Sitten eingetreten wäre. **59**

Im Jahre 2001 nahm eine Arbeitsgruppe im Auftrag des Bundesjustizministeriums mit dem Ziel einer weiteren Liberalisierung und europarechtskonformen Anpassung des Wettbewerbsrechts die Arbeit auf. Das auf den Ergebnissen dieser Arbeitsgruppe aufbauende neue Gesetz gegen den unlauteren Wettbewerb wurde dann am 3.6.2004 bekannt gemacht[106] und trat am 8.6.2004 in Kraft. **60**

Mit dem UWG 2004 verwirklichte der Gesetzgeber sein Ziel einer Liberalisierung und Europäisierung des deutschen Lauterkeitsrechts. Damit verbunden waren die Ziele der **Kodifizierung** der in jahrzehntelanger Rechtsanwendung entstandenen **Fallgruppen** und die **Hinordnung des Wettbewerbsrechts als Instrument des Verbraucherschutzes**. Das UWG 2004 nimmt einen Mittelweg zwischen dem auf Einzeltatbestände basierenden UWG von 1896 und dem "offenen" Wettbewerbsrecht des Jahres 1909 mit seinen unbestimmten Wahlklauseln. Das UWG 2004 enthält eine Generalklausel, die jedoch durch näher ausgeführte Beispieltatbestände mit Leben gefüllt wird. Gestrichen wurden insbesondere die speziellen Regelungen für Sonderveranstaltungen (Schlussverkäufe, Jubiläumsverkäufe und Räumungsverkäufe). Für diese Sonderaktionen gelten nunmehr die allgemeinen Vorschriften. **61**

Schon kurz nach Inkrafttreten des UWG 2004 ergab sich weiterer Reformierungsbedarf durch die notwendige Umsetzung der Richtlinie 2005/29/EG über unlautere Geschäftspraktiken im Jahr 2008. Die Folge war eine **Ausweitung** des Anwendungsbereichs auf das unternehmerische Verhalten gegenüber Verbrauchern und sonstigen Marktteilnehmern **während und nach Vertragsschluss**. Der Begriff der Wettbewerbshandlung (§ 1 UWG a.F.) wurde durch den weitergehenden Begriff der **geschäftlichen Handlung** ersetzt. Die Generalklausel des § 3 UWG wurde umgestaltet: Nur noch »spürbare« unlautere Beeinträchtigungen des Wettbewerbs sind unzulässig. Neu eingeführt wurden die Abs. 2 und 3 mit Hinweisen zur Auslegung des Unlauterkeitsbegriffes und dem Verweis auf die stets die Unlauterkeit begründende **Schwarze Liste** im Anhang des Gesetzes. Auch der Irreführungstatbestand (§ 5 UWG) wurde neu formuliert, eingefügt wurde die »Irreführung durch Unterlassen« (§ 5a UWG). **62**

Das Gesetz zur **Bekämpfung unlauterer Telefonwerbung** vom 29.7.2009[107] führte in § 7 Abs. 2 Nr. 2 UWG das Erfordernis einer ausdrücklichen Einwilligung des Verbrauchers **63**

---

103 BGH GRUR 564, 566 – Elsässer Nudeln; BGH GRUR 1984, 741, 742 – patented; BGH GRUR 1990, 604, 605 – Dr. S.– Arzneimittel; BGH GRUR 1992, 450, 452 – Beitragsrechnung.
104 ZugabeVO, 9.3.1932, RGBl. I 121; RabattG, 25.11.1933, RGBl. 1011.
105 EuGH GRUR 1999, 723 – Windsurfing Chiemsee; EuGH GRUR Int 1999, 734 – Lloyds/Loints; EuGH GRUR Int 2000, 354 – Lifting-Creme; EuGH GRUR 2002, 354, 356 Toshiba/Katun; EuGH GRUR 2003, 533, 536 – Pippig Augenoptik/Hartlauer.
106 BGBl. I, S. 1414.
107 BGBl. I, S. 2413.

ein und flankierte dies – unter Aufhebung der bisherigen §§ 20–22 UWG – durch die Einführung eines entsprechenden Bußgeldtatbestandes in § 20 UWG.

2. Der Einfluss des Gemeinschaftsrechts

64 Das Gemeinschaftsrecht gilt in den Mitgliedsstaaten unmittelbar und vorrangig vor innerstaatlichem Recht. Die Gemeinschaft ist auf dem Gebiet des unlauteren Wettbewerbs zur Rechtsetzung direkt befugt. Allerdings hat die Gemeinschaft von dieser Befugnis bislang nur in einigen Teilbereichen Gebrauch gemacht, ein **umfassendes EU-Lauterkeitsrecht** steht nach wie vor aus.

65 Das primäre Gemeinschaftsrecht wird im Hinblick auf das Recht des unlauteren Wettbewerbs durch den Vertrag über die Arbeitsweise der Europäischen Union (AEUV) geprägt.

66 Mit den Instrumentarien der Verordnung und der Richtlinie hat das **sekundäre Gemeinschaftsrecht** indes vielfältigen Einfluss auf das deutsche Wettbewerbsrecht genommen. Während eine Verordnung sofort unmittelbar und nur mit gleichem Inhalt in allen Mitgliedsstaaten Geltung hat, bedarf die Richtlinie der Umsetzung durch den nationalen Gesetzgeber.[108]

3. Schutzgegenstand und Anwendungsbereich des UWG

67 In § 1 UWG wird klargestellt, dass **alle Marktteilnehmer** in den Schutzzweck des Gesetzes einbezogen werden, insbesondere die Verbraucherinnen und Verbraucher und die Mitbewerber. Sogleich schützt das UWG auch das Interesse der Allgemeinheit an der Erhaltung eines unverfälschten und damit funktionsfähigen Wettbewerbs. Das Gesetz geht von einem gleichberechtigten Schutz der Mitbewerber, der Verbraucher und der Allgemeinheit aus. Der Schutz darüber hinausgehender Interessen ist nicht Aufgabe des Wettbewerbsrechts.

68 Ausweislich der Gesetzesbegründung[109] sollte der Begriff der Unlauterkeit den zuvor in § 1 UWG 1909 verwandten Begriff der guten Sitten ablösen, da der Maßstab der guten Sitten antiquiert wirke und den Wettbewerber unnötig mit dem **Makel der Unsittlichkeit** belaste. Unlauter sind ausweislich der Gesetzesbegründung »alle Handlungen, die den anständigen Gepflogenheiten in Handel, Gewerbe, Handwerk oder selbständiger beruflicher Tätigkeit zuwiderlaufen«. Man hat somit den »antiquierten« Begriff der »guten Sitten« gegen den aus Sicht des Gesetzgebers offenbar modernen Begriff der »anständigen Gepflogenheiten« ersetzt. Auswirkungen auf die Praxis hat diese geänderte Definition indes nicht.

69 Der Gesetzgeber hat das **Verbraucherleitbild** in § 2 Abs. 2 UWG nicht definiert und lediglich hinsichtlich des Begriffs auf § 13 BGB verwiesen. Auch in § 5 findet sich keine Definition. In der Gesetzesbegründung wird jedoch klargestellt, dass auch dem UWG 2004 das **Leitbild eines durchschnittlich informierten und verständigen Verbrauchers** zugrunde liegt, der das Werbeverhalten mit einer **der Situation angemessenen Aufmerksamkeit** verfolgt.[110] Soweit es um die Frage der "Belästigung" (§ 7 UWG) geht, wird auf den **durchschnittlich empfindlichen** Verbraucher abgestellt.[111]

---

108 Überblick bei *Köhler*/Bornkamm Einl. UWG Rn. 3.41 ff.
109 BT-Drs. 15/1478, S. 16.
110 Begr. zu § 5, BT-Drs. 15/1487, S. 19.
111 *Köhler*/Bornkamm § 1 Rn. 37.

4. Die Generalklausel des § 3 UWG

§ 3 UWG enthält entsprechend § 1 UWG 1909 ein allgemeines Verbot des unlauteren Wettbewerbs im Sinne einer Generalklausel. Dies war und ist sinnvoll, da der Gesetzgeber nicht alle denkbaren Fälle unlauteren Handelns im Einzelnen regeln kann. Wie bislang auch soll es die Aufgabe der Rechtsprechung bleiben, im Einzelnen zu konkretisieren, welche Handlungsweisen als unlauter anzusehen sind. Gegenüber der früheren Rechtslage soll dies jedoch dadurch erleichert werden, dass die im Anhang zu § 3 UWG aufgeführten geschäftlichen Handlungen gegenüber Verbrauchern stets unzulässig sind und zudem in § 4 UWG die Generalklausel durch einen **Beispielskatalog** präzisiert wird. Voraussetzung für die Anwendbarkeit des § 3 UWG ist, dass eine in § 2 Abs. 1 Nr. 1 definierte geschäftliche Handlung vorliegt. Damit soll das Wettbewerbsrecht vom allgemeinen Deliktsrecht abgegrenzt werden.

II. Medienrelevante Tatbestände des UWG

1. Redaktionelle Werbung und Schleichwerbung, § 4 Nr. 3 UWG

a) Normzweck

Schleichwerbung ist die **Tarnung einer Werbeaussage** durch Vorspiegeln oder Verschweigen von Umständen insbesondere in der Weise, dass der Verkehr ein bestimmtes geschäftliches Handeln nicht mehr als solches erkennen kann, sondern für eine neutrale und objektive Information eines Dritten hält (hierzu auch Kap. 8 Rdn. 566 ff.). Das Anstößige des Vorgehens liegt in der Täuschung über das Vorliegen von Werbung.[112]

Zweck des § 4 Nr. 3 UWG ist der Schutz der Verbraucher, der Mitbewerber und der sonstigen Marktbeteiligten sowie des Interesses der Allgemeinheit an einem unverfälschten Wettbewerb gegen geschäftliche Handlungen, die ihren werblich-kommerziellen Charakter gegenüber dem umworbenen Verbraucher verschweigen. § 4 Nr. 3 UWG enthält damit – als ein **Unterfall des allgemeinen Irreführungsverbots** aus § 5 – eine gesetzliche Ausprägung des das gesamte Wettbewerbsrecht beherrschenden Wahrheitsgrundsatzes.[113] Dessen Anforderungen handelt zuwider, wer den werblichen Charakter seines Vorgehens verschleiert.

Wer Wirtschaftswerbung in einer Weise betreibt, dass geschäftliches Handeln nicht mehr als solches erkennbar ist, nutzt den Umstand aus, dass der Verkehr der Information eines am Wettbewerb selbst nicht Beteiligten eher Glauben schenkt und diese weniger kritisch beurteilt, ihr mithin größere Bedeutung und Beachtung beilegt als entsprechenden, ohne weiteres als **Werbung** erkennbaren Angaben des Werbenden selbst.[114] Dieser Grundsatz hat einige spezialgesetzliche Ausgestaltungen erfahren:

§ 7 Abs. 3 RStV (Stand 1.4.2010):

»Werbung und Teleshopping müssen als solche leicht erkennbar und vom redaktionellen Inhalt unterscheidbar sein. In der Werbung und im Teleshopping dürfen keine Techniken der unterschwelligen Beeinflussung eingesetzt werden. Auch bei Einsatz neuer Werbetechniken müssen Werbung und Teleshopping dem Medium angemessen durch optische oder akustische Mittel oder räumlich eindeutig von anderen Sendungsteilen abgesetzt sein.«

§ 7 Abs. 7 Satz 1 RStV:

»Schleichwerbung, Produkt- und Themenplatzierung sowie entsprechende Praktiken sind unzulässig.«

---

112 Piper/Ohly/*Sosnitza* § 4 Rn. 3/3.
113 BGH GRUR 95, 744, 745 – Feuer, Eis & Dynamit.
114 BGH GRUR 95, 744, 745 – Feuer, Eis & Dynamit.

§ 6 Abs. 1 und 2 TMG:

»(1) Kommerzielle Kommunikationen müssen klar als solche zu erkennen sein.«
»(2) Die natürliche oder juristische Person, in deren Auftrag kommerzielle Kommunikationen erfolgen, muss klar identifizierbar sein.«

§ 11 Abs. 1 Nr. 9 HWG:

»Außerhalb der Fachkreise darf für Arzneimittel, Verfahren, Behandlungen, Gegenstände oder andere Mittel nicht geworben werden ...mit Veröffentlichungen, deren Werbezweck mißverständlich oder nicht deutlich erkennbar ist.«

74 Eine Übereinstimmung besteht auch mit den gemeinschaftsrechtlichen Regelungen der **E-Commerce-Richtlinie** (Art. 6 lit. a) und der Fernsehrichtlinie (Art. 10 Abs. 1, 4), die eine klare Erkennbarkeit des Werbecharakters und das Verbot der Schleichwerbung konstituieren. **Wettbewerbsregeln der Verbände,**[115] haben keine rechtliche Verbindlichkeit und können auch nicht zur Auslegung von § 4 Nr. 3 UWG herangezogen werden.[116]

b) Redaktionelle Werbung in der Presse

75 Es gilt das **Gebot der Trennung von Werbung und redaktionellem Text.**[117] Ausgenommen sind reine Werbezeitschriften ohne redaktionellen Inhalt.[118]

76 Die **Schwarze Liste** im Anhang zu § 3 Abs. 3 UWG sieht in Ziff. 11 als unzulässige geschäftliche Handlung generell die als Information getarnte Werbung an. Damit ist eine wichtige Erscheinungsform der getarnten Werbung stets wettbewerbswidrig, nämlich die als Information getarnte Werbung.

77 Von der Verschleierung einer Werbemaßnahme ist für den hier relevanten Bereich der Presseveröffentlichungen dann auszugehen, wenn unter redaktioneller Tarnkappe Wirtschaftswerbung betrieben wird.[119] Grundlage für das Verbot der redaktionell getarnten Werbung ist die damit regelmäßig einhergehende Irreführung des Lesers, der dem Beitrag auf Grund seines redaktionellen Charakters unkritischer gegenüber tritt und größere Beachtung und Bedeutung beimisst als einer entsprechenden anpreisenden Angabe des Werbenden selbst.[120] Die wettbewerbsrechtliche Verantwortlichkeit der Presse liegt in diesen Fällen darin begründet, dass sie das Publikum darüber täuscht, journalistisch recherchiert zu haben, obschon sie lediglich die **anpreisende Information des Werbenden** oder positive Äußerungen eines Dritten ohne kritische Distanz in das Gewand eines redaktionellen Beitrags gekleidet hat. Zugleich verschafft sich der Verlag durch getarnte Werbung einen unredlichen Vorteil im Verhältnis zur Konkurrenz,[121] weil gerade die Tarnung der Werbung als objektive Information einen besonderen Werbeerfolg für die Anzeigenkunden verspricht.[122]

78 Für die Beurteilung der Frage, ob redaktionelle Berichterstattung im Einzelfall als unlautere getarnte Werbung bzw. Verschleierung von Werbemaßnahmen anzusehen ist, bildet

---

115 Vgl. etwa die ZAW-Richtlinien für redaktionell gestaltete Anzeigen vom Januar 2003 oder die Richtlinien der Verlegerorganisationen für redaktionelle Hinweise.
116 Piper/Ohly/*Sosnitza* § 4 Rn. 3/1.
117 BVerfG WRP 2003, 69, 71 – Veröffentlichung von Anwalts-Ranglisten.
118 BGH GRUR 1989, 516, 518 – Vermögensberater.
119 BGH GRUR 1997, 912, 914.
120 BGH GRUR 1997, 912, 914 – Die Besten I; BGH GRUR 1997, 907 – Emil-Grünbär-Klub; BGH 1997, 541, 543 – Produkt-Interview; BGH GRUR 1994, 821, 824 – Preisrätselgewinnauslobung I; BGH GRUR 1994, 441, 442 – Kosmetikstudio; BGH GRUR 1993, 561, 562 Produktinformation I; BGH GRUR 1994, 820 – Produktinformation II; BGH GRUR 1981, 835 – Getarnte Werbung I.
121 BGH GRUR 1998, 481, 482 – Auto94.
122 *Köhler*/Bornkamm § 4 Rn. 3.20.

der **Trennungsgrundsatz** den Ausgangspunkt, wonach Veröffentlichungen zu Zwecken des Wettbewerbs in der Presse ihren Charakter eindeutig erkennen lassen müssen. Es ist grundsätzlich nicht zu beanstanden, wenn dem Grundsatz der Lauterkeit des Wettbewerbs das Gebot entnommen wird, Werbung und redaktionellen Text zu trennen. Auch widerspricht es nicht dem Grundrechtsschutz aus Art. 5 Abs. 1 GG, dass getarnte Werbung grundsätzlich wettbewerbswidrig ist.

Entscheidend ist stets, ob die Werbung beim situationsadäquat aufmerksamen Durchschnittsleser den Eindruck eines redaktionellen Beitrags erweckt.[123] Grundsätzlich kann bereits in der Veröffentlichung eines redaktionellen Beitrags, der ein Produkt über das gebotene sachliche Maß hinaus werbend darstellt, eine unzulässige Förderung fremden Wettbewerbs zu sehen sein. Dabei ist weder entscheidend, ob der Betrag gegen Entgelt geschaltet wurde oder in Zusammenhang mit einer Anzeigenwerbung für das genannte Produkt steht. Mit dem Gebot, redaktionelle Beiträge und Werbung in Zeitungen zu trennen, darf aber keine übermäßige **Beschränkung der Meinungs- und Pressefreiheit** einhergehen. Der Presse muss es möglich bleiben, in ihrem redaktionellen Teil über bestimmte Unternehmen sowie über ihre Produkte und Erzeugnisse zu berichten. Auch bedeutet nicht schon jede positive Erwähnung eines Firmennamens oder Vertriebswegs eine rechtlich zu beanstandende getarnte Werbung.[124] Hinzukommen muss stets eine »hinreichende Gefährdung des Leistungswettbewerbs«.[125] Zur Abgrenzung wurden Fallgruppen entwickelt. 79

aa) Vortäuschen eines redaktionellen Beitrags

Werbung und redaktioneller Text sind grundsätzlich zu trennen,[126] wie dies auch in den Landespressegesetzen normiert ist: 80

§ 10 Hamburgisches Pressegesetz

»Hat der Verleger eines periodischen Druckwerks für eine Veröffentlichung ein Entgelt erhalten, gefordert oder sich versprechen lassen, so hat er diese Veröffentlichung deutlich mit dem Wort »Anzeige« zu bezeichnen, soweit sie nicht schon durch Anordnung und Gestaltung allgemein als Anzeige zu erkennen ist.«

Wird eine Anzeige als redaktionelle Werbung getarnt, ist dies stets unzulässig. Dies ist der Fall, wenn Anzeigen in Stil und Aufmachung von Reportagen, Kommentaren wissenschaftlichen Beiträgen gekleidet werden, ohne dass der Anzeigencharakter deutlich wird.[127] 81

Ist der werbliche Charakter einer Veröffentlichung nicht bereits durch deren Aufmachung – etwa durch Abdruck im Anzeigenteil – eindeutig als Werbung zu identifizieren, so ist die Veröffentlichung aufgrund der einschlägigen Regelungen der Landespressegesetze mit dem Wort **Anzeige** zu kennzeichnen. Ein Verstoß führt über § 4 Ziff. 11 UWG zur Unlauterkeit der Werbung. Wie die Kennzeichnung durch diesen Zusatz zu erfolgen hat, kann nur für den Einzelfall unter Berücksichtigung der Gesamtumstände beurteilt werden.[128] Der Hinweis muss nach Schriftart, Schriftgröße, Plazierung und Begleitumständen ausreichend deutlich sein.[129] Maßgeblich ist auch hier die Beurteilung durch einen situationsadäquat aufmerksamen Durchschnittsleser. In anderem Zusammenhang 82

---

123 OLG Düsseldorf WRP 2009, 1311.
124 BVerfG NJW 2005, 3201, 3202.
125 BVerfG WRP 2003, 69, 71 – Veröffentlichung von Anwalts-Ranglisten.
126 BVerfG WRP 2003, 69, 71 – Veröffentlichung von Anwalts-Ranglisten.
127 BGH GRUR 1981, 835 – Getarnte Werbung I.
128 OLG Dresden, Urt. v. 8.4.2009, 2 U 937/08; OLG München ZUM-RD 1998, 543.
129 BGH GRUR 1996, 791, 792 – Editorial II.

hat der BGH die Schriftgröße von 6 Punkten als »Untergrenze« bezeichnet.[130] Ist der Hinweis »Anzeige« so klein gedruckt, dass er leicht überlesen werden kann, ist er zur Kennzeichnung des werbenden Charakters der Werbemaßnahme ungeeignet.[131] Das gilt auch, wenn der Leser aufgrund der Aufmachung der Seite nicht mit einem solchen Hinweis rechnet und keine Veranlassung hat, hiernach zu suchen. Ein vom durchschnittlich aufmerksamen Betrachter regelmäßig unbemerkt bleibender Anzeigenhinweis kann die ihm zugedachte Aufklärungsfunktion nicht erfüllen.[132]

83 Häufig wird versucht, der Hinweispflicht dadurch zu genügen, dass statt des Wortes »Anzeige« weniger **kommerziell klingende Hinweise** erfolgen. Hier ist Vorsicht geboten: Nicht ausreichend ist etwa die Kennzeichnung einer Werbung unter Verwendung von Hinweisen wie »Spezial«, »Extra«, »PR-Anzeige«,[133] »Sonderveröffentlichung«,[134] »public relations« oder »Werbereportage«.[135] Denn diese Hinweisen machen nicht deutlich genug, dass der Beitrag oder die Seite trotz unterschiedlicher Aufmachung werbefinanziert ist. Entsprechendes gilt für die Hinweiskombination »Anzeigen – Thema – Aktuell«.[136] Ebenfalls ist es nicht ausreichend, dass der Beitrag sich in einem Anzeigenblatt befindet, wenn dieses nicht nur Werbung, sondern auch redaktionelle Beiträge enthält.[137] Die Täuschungsgefahr wird auch nicht dadurch beseitigt, dass die werbenden Unternehmen oder die beworbenen Produkte im Text, Inhaltsverzeichnis oder Impressum benannt werden.[138]

84 Ein redaktioneller Beitrag wird auch dann vorgetäuscht, wenn er nicht von der Redaktion selbst verfasst wurde, sondern mehr oder weniger vollständig von einem Dritten übernommen wird, der einen unrichtigen Inhalt enthält oder Werbezwecken dient.[139] Denn der Leser erwartet bei redaktionellen Beiträgen eigene Recherchen der Redaktion und nicht die Übernahme von Texten von Wirtschaftsunternehmen.[140] Eine **übermäßige Werbung** liegt in diesen Fällen bereits vor, wenn sich der Artikel nur auf ein Produkt konzentriert und Konkurrenzprodukte außer acht lässt.[141] Hat der Dritte ein Entgelt angeboten oder geleistet, liegt ein Fall von § 4 Ziff. 11 UWG vor.

85 Bei einer Zeitschrift, die sich ihrem Inhalt nach an **Kinder und Jugendliche** im Alter zwischen 6 und 14 Jahren richtet, sind an die Trennung zwischen redaktionellem Teil und bezahlten Anzeigen besonders hohe Anforderungen zu stellen. Werden in einer solchen Zeitschrift auf einer Seite mehrere Anzeigen nebeneinander geschaltet, so reicht die im Plural erfolgte Kennzeichnung "Anzeigen" nicht aus, um dieser Zielgruppe deutlich zu machen, dass alle auf dieser Seite abgedruckten, redaktionell aufgemachten Texte bezahlte Anzeigen sind.[142]

---

130 BGH GRUR 1988, 68, 70 – Lesbarkeit von Pflichtangaben; vgl. auch OLG Frankfurt WRP 2007, 111.
131 OLG Hamburg GRUR-RR 2004, 46, 47.
132 OLG Hamburg GRUR-RR 2004, 46, 47; a.A. allerdings der 3. Senats des OLG Hamburg in WRP 1972, 89, 90, wonach der klein geschriebene Hinweis »Anzeige« inzwischen üblich geworden sei, so dass »davon ausgegangen werden müsse, dass Zeitungsleser auf solche klein geschriebenen Überschriften zu achten pflegen«.
133 OLG Düsseldorf GRUR 1979, 165.
134 LG München WRP 2006, 775, 776.
135 *Köhler*/Bornkamm § 4 Rn. 3.21a.
136 LG Erfurt, Urt. v. 5.2.2010, 1 HK O 301/09.
137 OLG Dresden, Urt. v. 8.4.2009, 2 U 937/08.
138 *Köhler*/Bornkamm § 4 Rn. 3.21a.
139 BGH GRUR 1994, 441 – Kosmetikstudio; BGH GRUR 1993, 565, 566 – Faltenglätter.
140 BGH GRUR 1997, 914, 916 – Die Besten II.
141 BGH GRUR 1994, 819, 820 – Produktinformation II.
142 LG Frankfurt am Main WRP 2010, 157.

bb) Vortäuschen einer neutralen Berichterstattung

Der Leser wird getäuscht, wenn die Redaktion in ihrer Entscheidung über Berichte mit Werbewirkung nicht unabhängig ist. Dies ist der Fall bei **gesellschaftsrechtlichen Abhängikeitsverhältnissen** des Zeitungsverlages zum Werbenden oder bei Bestehen schuldrechtlicher Verpflichtungen.[143] Gleiches gilt, wenn mehr oder weniger offen **Gegenleistungen des Werbenden** erbracht werden, etwa Anzeigenaufträge, Produktüberlassung, Geldzahlung etc. In diesen Fällen wird regelmäßig ein Fall von Nr. 11 Anhang zu § 3 Abs. 3 UWG vorliegen. **86**

Allerdings ist hinsichtlich des redaktionellen Teils einer Zeitung oder Zeitschrift danach zu differenzieren, ob es sich um **Beiträge zur Meinungsbildung** oder um sonstige Bestandteile, etwa Gewinnspiele, handelt. Denn anders als bei Meldungen, Berichten, Leitartikeln oder Kommentaren erwartet der Leser etwa bei Gewinnspielen in erster Linie spielerische Unterhaltung und Gewinnchancen. Er wird regelmäßig auch erkennen, dass beides ihm als Anreiz für den Kauf gerade der Zeitschrift geboten wird und zudem ein ausgelobter Preis das jeweilige Produkt bewirbt. Der Leser wird derartige Beiträge des redaktionellenTeils anders beurteilen als einen redaktionellen Beitrag im engeren Sinne. Daher kann nicht ohne weiteres jede positiv gehaltene Vorstellung der ausgelobten Preise als verdeckte redaktionelle Werbung für einen namentlich genannten Hersteller beurteilt werden.[144] **87**

Bei »Special-Interest«- Zeitschriften wird der Leser ebenfalls davon ausgehen, dass diese Zeitschriften sich vornehmlich mit Unternehmen beschäftigen, die das jeweilige Interesse bedienen.[145] Bei Modezeitschriften ist daher nicht zu beanstanden, wenn innerhalb des gebotenen Rahmens darauf hingewiesen wird, welche Firmen die jeweils abgebildeten Prominenten oder Models ausgestattet haben. **88**

cc) Vortäuschen einer objektiven Berichterstattung

Auch ohne Gegenleistung kann eine redaktionelle Werbung wettbewerbswidrig sein. Voraussetzung ist, dass der mit dem Ziel der Wettbewerbsförderung verfasste Beitrag ein Unternehmen oder seine Produkte über das durch eine sachliche Information bedingte Maß hinaus, also **übermäßig und einseitig werbend**, darstellt.[146] Anhaltspunkte hierfür sind etwa eine Aufmachung im attraktiven Anzeigen-Look,[147] die pauschale Anpreisung des Unternehmens,[148] oder die Empfehlung zum Kauf,[149] ohne dass ein ernsthaftes Bemühen um eine objektive Berichterstattung erkennbar wird. **89**

Redaktionell getarnte Werbung für Heilmittel unterliegt zugleich den Sonderregelungen des HWG, insbesondere § 11 Abs. 1 Nr. 9 HWG.[150] **90**

---

143 BGH GRUR 1990, 610 – Werbung im Programm.
144 BGH GRUR 1994, 821, 824 – Preisrätselgewinnauslobung I.
145 OLG Hamburg GRUR-RR 2006, 15, 18.
146 BGH GRUR 1997, 139, 140 – Orangenhaut; BGH GRUR 1997, 912, 913 – Die Besten I; BGH GRUR 1997, 914, 915 – Die Besten II; BGH 1994, 441, 442 – Kosmetikstudio; BGH GRUR 1993, 565, 566 – Faltenglätter; BGH GRUR 1981, 835 – Getarnte Werbung.
147 BGH GRUR 1997, 139, 140 – Orangenhaut.
148 BGH GRUR 1997, 139, 140 – Orangenhaut.
149 BGH GRUR 1994, 441, 442 – Kosmetikstudio.
150 BGH GRUR 1990, 373, 375 – Schönheits-Chirurgie.

c) Redaktionelle Werbung in Rundfunk und Fernsehen

aa) Lauterkeitsrecht und Rundfunkstaatsvertrag

91 Die für den Bereich der Presse geltenden Grundsätze lassen sich auf den Bereich des Fernsehens und Rundfunks übertragen.[151] Aufgrund der Regelungen des Rundfunkstaatsvertrages bestehen indes eine Reihe von Besonderheiten. Verstöße gegen die in §§ 7 und 58 RStV aufgeführten Ge- und Verbote sind regelmäßig nach § 4 Nr. 11 UWG unter dem Gesichtspunkt des Rechtsbruchs unlauter, sofern eine geschäftliche Handlung vorliegt. Wird zudem der Werbecharakter verschleiert, tritt § 4 Nr. 3 UWG hinzu.

92 Generell ist Werbung verboten, wenn sie zur Irreführung geeignet ist oder dem Verbraucher schaden kann (§ 7 Abs. 1 Ziff. 3 RStV). Auch darf die Werbung das übrige Programm inhaltlich und redaktionell nicht beeinflussen. Werbung muss als solche leicht erkennbar und vom redaktionellen Inhalt unterscheidbar sein. In der Werbung dürfen keine Techniken der unterschwelligen Beeinflussung eingesetzt werden. Beim **Einsatz neuer Werbetechniken** muss die Werbung dem Medium angemessen durch optische oder akustische Mittel oder räumlich eindeutig von anderen Sendungsteilen abgesetzt sein (§ 7 Abs. 3 RStV). Eine Teilbelegung des ausgestrahlten Bildes mit Werbung ist nur unter der Voraussetzung zulässig, dass die Werbung vom übrigen Programm eindeutig optisch getrennt und als solche gekennzeichnet ist (§ 7 Abs. 4 RStV). **Dauerwerbesendungen** sind zulässig, wenn der Werbecharakter erkennbar im Vordergrund steht und die Werbung einen wesentlichen Bestandteil der Sendung darstellt. Sie müssen zu Beginn als Dauerwerbesendung angekündigt und während ihres gesamten Verlaufs als solche gekennzeichnet werden (§ 7 Abs. 5 RStV).

93 In der Fernsehwerbung dürfen keine Personen auftreten, die regelmäßig Nachrichtensendungen oder Sendungen zum politischen Zeitgeschehen vorstellen (§ 7 Abs. 8 RStV). **Werbung politischer, weltanschaulicher oder religiöser Art** ist – mit Ausnahme der Spendenwerbung – ebenfalls unzulässig (§ 7 Abs. 9 RStV). Widersprüchlich und eher belustigend als für die Praxis tauglich ist die Regelung für **Alkoholwerbung**: Einerseits ist gesundheitsgefährdende Werbung generell verboten (§ 1 Abs. 1 Ziff. 4 RStV), andererseits ist Werbung nach § 7 Abs. 10 RStV für Alkohol erlaubt, darf den Genuss von Alkohol sogar fördern, solange daraus nur kein »übermäßiger« Genuss alkoholischer Getränke erwächst(!).

94 Diese Grundsätze gelten auch im Bereich des Teleshopping.

bb) Product-Placement

95 Auch einem gutgläubigen Zuschauer kommt es bisweilen etwas seltsam vor, mit welch edlen und bestens ins Bild gesetzten Limousinen Fernsehkommissare vorfahren. Tatsächlich handelt es sich bei den teuren Karossen regelmäßig nicht um Dienstfahrzeuge der Polizei, sondern um Leihgaben von Automobilherstellern. Womit wir beim **Product-Placement** wären. Das Product-Placement ist zunehmend in Fernsehsendungen anzutreffen. Es werden vor allem Markenwaren gezielt als Requisiten eingesetzt, um die Aufmerksamkeit des Publikums darauf zu lenken.[152]

96 Schleichwerbung in Rundfunk und Fernsehen ist grundsätzlich unzulässig (§ 7 Abs. 7 Satz 1 RStV). Das **Verbot der Schleichwerbung** ist eine besondere Ausprägung des Grundsatzes der Trennung von Werbung und Programm und sichert Rundfunkfreiheit und Unabhängigkeit der Programmgestaltung. Ein Verstoß begründet zugleich die

---

[151] BGH GRUR 1990, 610, 611 – Werbung im Programm.
[152] *Köhler*/Bornkamm § 4 Rn. 3.43.

Unlauterkeit nach § 4 Nr. 11 UWG. Denn es handelt sich um eine Regelung des Marktverhaltens (auch) zum Schutz der Verbraucher vor Belästigung und unsachlicher Beeinflussung durch unerbetene Werbung.[153]

Schleichwerbung ist nach der Legaldefinition des § 2 Abs. 2 Ziff. 8 RStV die Erwähnung **97** oder Darstellung von Waren, Dienstleistungen, Namen, Marken oder Tätigkeiten eines Herstellers von Waren oder eines Erbringers von Dienstleistungen in Sendungen, wenn sie vom Veranstalter **absichtlich zu Werbezwecken** vorgesehen ist und mangels Kennzeichnung die Allgemeinheit hinsichtlich des eigentlichen Zweckes dieser Erwähnung oder Darstellung irreführen kann. Eine Erwähnung oder Darstellung gilt insbesondere dann als zu Werbezwecken beabsichtigt, wenn sie gegen Entgelt oder eine ähnliche Gegenleistung erfolgt (§ 2 Abs. 2 Nr. 8 Satz 2 RStV). Entscheidend ist in solchen Fällen, ob der Zuschauer das in der Sendung herausgestellte Produkt eindeutig einem bestimmten Unternehmen zuordnen kann und soll.

Regelungen zum Product-Placement finden sich neuerdings in den Bestimmungen der **98** Richtlinie 89/552/EWG über audiovisuelle Mediendienste.[154] Als »Produktplazierung« gilt nach der Definition in Art. 1 lit. m) der Richtlinie »jede Form audiovisueller kommerzieller Kommunikation, die darin besteht, gegen Entgelt oder eine ähnliche Gegenleistung ein Produkt, eine Dienstleistung oder die entsprechende Marke einzubeziehen bzw. darauf Bezug zu nehmen, so dass diese innerhalb einer Sendung erscheinen«. Stellt ein Hersteller teure Produkte für eine Fernsehproduktion zur Verfügung und werden diese Produkte in der Produktion aufgrund einer ausdrücklichen oder stillschweigenden Vereinbarung in werbender Form gezeigt, so liegt ein rundfunkrechtlich unzulässiges Product-Placement vor. Entsprechendes gilt auch, wenn geringer wertige Produkte aufgrund vergleichbarer Vereinbarungen gezeigt oder beworben werden.

cc) Sponsoring

Auch im Bereich des Sponsoring sieht der Rundfunkstaatsvertrag in § 8 besondere **99** Bestimmungen vor, die über § 4 Nr. 11 UWG im Falle eines Verstoßes auch die Unlauterkeit der Werbehandlung begründen. Daneben ist ein Verstoß stets auch ein Indiz gegen für eine Verschleierung des Werbecharakters einer geschäftlichen Handlung i.S.d. § 4 Nr. 3 UWG.

Bei Sendungen, die von werbenden Unternehmen durch **finanzielle oder Sachleistungen** **100** unterstützt (»gesponsert«) werden, muss zu Beginn oder am Ende auf die Finanzierung durch den Sponsor in angemessener Weise hingewiesen werden. Neben oder anstelle des Namens des Sponsors kann auch dessen Firmenemblem oder eine Marke, ein anderes Symbol des Sponsors, ein Hinweis auf seine Produkte oder Dienstleistungen oder ein entsprechendes unterscheidungskräftiges Zeichen eingeblendet werden (§ 8 Abs. 1 RStV). Inhalt und Programmplatz einer gesponserten Sendung dürfen gem. § 8 Abs. 2 RStV vom Sponsor nicht in der Weise beeinflusst werden, dass die redaktionelle Verantwortung und Unabhängigkeit des Rundfunkveranstalters leiden.

Gesponserte Sendungen dürfen gem. § 8 Abs. 3 RStV nicht zum Kauf von Waren des **101** Sponsors anregen, wobei nicht recht klar ist, wie das vermieden werden soll, wenn etwa regelmäßig Autos eines Sponsors in Fernsehshows angepriesen werden. Sendungen dürfen auch nicht von Unternehmen gesponsert werden, deren Haupttätigkeit die Herstellung oder der Verkauf von Zigaretten und anderen Tabakerzeugnissen ist; bei Herstellern alkoholischer Getränke gilt dieses Verbot nicht (§ 8 Abs. 4 RStV). Beim Sponsoring von

---

153 *Köhler*/Bornkamm § 4 Rn. 3.45.
154 89/552/EWG i.d.F. der Richtlinie 2007/65/EG v. 11.12.2007.

Sendungen durch Unternehmen, deren Tätigkeit die Herstellung oder den **Verkauf von Arzneimitteln** und medizinischen Behandlungen umfasst, darf zwar für den Namen oder das Image des Unternehmens gesponsert werden, nicht aber für bestimmte Arzneimittel oder medizinische Behandlungen, die nur auf ärztliche Verordnung erhältlich sind. Nachrichtensendungen und Sendungen zur politischen Information dürfen grundsätzlich nicht gesponsert werden. In Kindersendungen und Sendungen religiösen Inhalts ist das Zeigen von Sponsorenlogos untersagt.

102 Diese Grundsätze gelten wiederum auch im Bereich des Teleshopping.

d) Redaktionelle Werbung im Internet

103 Für **Telemedien** bestimmt § 6 Abs. 1 Nr. 1 TMG, dass kommerzielle Kommunikationen klar als solche erkennbar sein müssen. Bei der redaktionellen Werbung auf einer Internet-Seite kann sich die Tarnung einer Anzeige bereits daraus ergeben, dass ein Link zu einer Werbeseite führt, ohne dass deren werblicher Charakter erkennbar ist.[155] Regelmäßig wird ein Fall des § 4 Nr. 3 UWG vorliegen, jedenfalls ein Rechtsbruch i.S.d. § 4 Nr. 11 UWG.

e) Spielfilme

104 Der wettbewerbsrechtliche Grundsatz des Verbots getarnter Werbung gilt über den Bereich der Print- und elektronischen Medien hinaus auch für Kinospielfilme. Übertriebenes Product-Placement ist auch dort unzulässig. Jedoch kann für die wettbewerbsrechtliche Werbung je nach der Art des Mediums – z.B. bei Kinospielfilmen gegenüber Printmedien – eine **unterschiedliche Beurteilung** mit Blick auf die Beachtung und Bedeutung, die der Verkehr werbenden Angaben Dritter beilegt, geboten sein.[156]

2. Verkaufsfördernde Maßnahmen, § 4 Nr. 4 UWG

a) Normzweck

105 Bei Verkaufsförderungsmaßnahmen soll der Verbraucher Gelegenheit haben, sich vor der Kaufentscheidung über zeitliche Befristungen der Aktion, über eventuelle Beschränkungen des Teilnehmerkreises, über Mindest- oder Maximalabnahmemengen sowie über mögliche weitere Voraussetzungen für die Inanspruchnahme des Angebots zu informieren. Zweck der Vorschrift des § 4 Nr. 4 UWG ist es, der nicht unerheblichen **Missbrauchsgefahr** zu begegnen, die aus der hohen Attraktivität von Verkaufsförderungsmaßnahmen für den Kunden folgt, wenn durch eine solche Werbung die Kaufentscheidung beeinflusst wird, jedoch hohe Hürden für die Inanspruchnahme des ausgelobten Vorteils aufgestellt werden.[157] Deshalb sollen Verkaufsförderungsmaßnahmen nur zulässig sein, wenn die Bedingungen für ihre Inanspruchnahme klar und eindeutig angegeben sind.

106 Die Regelung des § 4 Nr. 4 UWG fordert daher **Transparenz** im Zusammenhang mit Preisnachlässen, Zugaben und Geschenken. Sie bezweckt den Schutz der Verbraucher und sonstiger Marktteilnehmer vor unsachlicher Beeinflussung und Irreführung durch unzureichende Information.

107 Das mit der UWG-Reform 2004 eingeführte Transparentsgebot des § 4 Abs. 4 UWG hat seinen Ursprung im Medienrecht:

---

155 KG GRUR 2007, 254, 255; OLG München WRP 2010, 671; siehe auch Kap. 4 Rdn. 196.
156 BGH GRUR 1995, 744 – Feuer, Eis & Dynamit.
157 Begr. zu § 4 Nr. 4, BT-Drs. 15/1487, S. 17; BGH WRP 2009, 1229 – Geld-zurück-Garantie II.

C. Lauterkeitsrecht der Medien

§ 6 Abs. 1 Nr. 3 TMG:

»Diensteanbieter haben bei kommerziellen Kommunikationen, die Telemedien oder Bestandteile von Telemedien sind, mindestens die folgenden Voraussetzungen zu beachten:

(...)

3. Angebote zur Verkaufsförderung wie Preisnachlässe, Zugaben und Geschenke müssen klar als solche erkennbar sein, und die Bedingungen für ihre Inanspruchnahme müssen leicht zugänglich sein sowie klar und unzweideutig angegeben werden.«

Diese Regelung wiederum entstammt Art. 6 lit. d) der Richtlinie 2000/31/EG über den elektronischen Geschäftsverkehr.[158] Es erschien dem Gesetzgeber daraufhin nicht sachgerecht, den traditionellen Geschäftsverkehr insoweit anders als den elektronischen zu behandeln, weshalb die Regelung auf das **allgemeine Lauterkeitsrecht ausgedehnt** wurde.[159] Es fehlt allerdings die in der TMG-Norm enthaltene Bestimmung, dass die Verkaufsförderung »klar als solche erkennbar« sein muss, und dass ferner die Bedingungen der Inanspruchnahme »leicht zugänglich« sein müssen und »klar und unzweideutig« anzugeben sind. 108

Das Transparenzgebot des § 4 Nr. 4 UWG regelt indes nur einen **Ausschnitt** des Rechts der Werbung mit Preisnachlässen, Zugaben und Geschenken. Die Regelung wird daher ergänzt insbes. durch die Anwendbarkeit des § 4 Nr. 1, 2, 6 sowie der §§ 5, 5a und schließlich durch Nr. 5 Anh. zu § 3 Abs. 3 UWG. 109

b) Anforderungen an die Transparenz des Angebots

Der Anwendungsbereich der Norm umfasst zunächst die – beispielhaft und nicht abschließend aufgeführten – Verkaufsförderungsmaßnahmen der Preisnachlässe, Zugaben und Geschenke. Der Begriff der verkaufsfördernden Maßnahme ist dabei weit auszulegen.[160] Umfasst werden auch Vergünstigungen durch Garantien,[161] Kopplungsangebote und Kundenbindungssysteme.[162] 110

Dem Kunden müssen stets die Bedingungen der Inanspruchnahme des Vorteils mitgeteilt werden. Er muss gesagt bekommen, was er tun muss, damit er die Vergünstigung erlangen kann. Dazu gehört die Definition der berechtigten Personengruppe[163] wie Geschlecht, Alter, Beruf oder Stand. Dazu gehören weiter zeitliche Beschränkungen[164] oder Beschränkungen des Angebots. 111

Wird etwa mit einer **Zugabe** geworben, erwartet der Verbraucher, beim Erwerb der Hauptware die Zugabe zu erhalten. Für seine Entscheidung, sich näher mit dem beworbenen Angebot zu befassen, muss er wissen, ob diese Erwartung uneingeschränkt zutrifft oder ob die Zugabe nur in geringerer Menge als die Hauptware vorhanden ist. In letzterem Falle ist der auf die Zugabe bezogene Hinweis "solange der Vorrat reicht" notwendig, aber auch ausreichend. Weitere Angaben darüber, in welchem Umfang die als Zugabe zu gewährende Ware vorhanden ist, sind im Interesse der Transparenz nicht geboten. Durch den auf die Zugabe bezogenen Hinweis "solange der Vorrat reicht" erfährt der Verbraucher, dass die Zugabe nicht unbegrenzt und auch nicht im selben Umfang wie die beworbene Hauptware verfügbar ist. Er weiß in diesem Fall, dass keine 112

---

158 *Köhler*/Bornkamm § 4 Rn. 4.1.
159 Begr. zu § 4 Nr. 4, BT-Drs. 15/1487, S. 17.
160 *Köhler*/Bornkamm § 4 Rn. 4.7.
161 BGH WRP 2009, 1229 – Geld-zurück-Garantie II.
162 *Köhler*/Bornkamm § 4 Rn. 4.7.
163 BGH WRP 2009, 1229 – Geld-zurück-Garantie II.
164 BGH GRUR 2008, 114 – Räumungsfinale.

Gewähr besteht, beim Erwerb der Hauptware auch in den Genuss der Zugabe zu kommen, und erkennt, dass sich seine Chancen durch einen raschen Kaufentschluss erhöhen. Weitere Informationen, etwa über die Anzahl der vom Unternehmen am Erscheinungstag der Werbung vor Geschäftsöffnung bereitgehaltenen Zugaben, könnten dem Verbraucher ohnehin keinen Aufschluss darüber geben, ob er zu einem bestimmten Zeitpunkt, zu dem er das fragliche Geschäftslokal aufsuchen möchte, noch in den Genuss der Zugabe kommen kann.[165]

113 Ist die **Rabattaktion eines Discounters** auf einen Tag beschränkt, muss klar gestellt werden, dass der Rabatt nur für vorrätige, nicht für zu bestellende Ware gilt.[166]

114 Bei Preisnachlässen muss angegeben werden, welche Waren mit welchem Nachlass erworben werden können. Generell hängt der Umfang der Pflichtangaben von der Art des Werbemediums ab, so dass etwa für die **Fernsehwerbung** andere Kriterien gelten als für die **Printwerbung**. In der Fernsehwerbung kann es genügen, die Bedingungen der Inanspruchnahme einer Verkaufsförderungsmaßnahme nicht vollständig zu nennen, sondern insoweit auf eine Internetseite zu verweisen; der Hinweis muss indes so gestaltet sein, dass er vom Verbraucher ohne Schwierigkeiten erfasst werde kann.[167]

115 Aber auch im Bereich der **gedruckten Werbemittel** ist es der Verkehr gewohnt, in Bezug auf die Genauigkeit der erwarteten Angaben zwischen der Werbung für einzelne Waren und der Werbung für ganze Warengruppen zu unterscheiden.[168] Die Angabe der genauen Rabatthöhe mag deshalb zwar bei einer auf einzelne Artikel bezogenen Rabattankündigung zu verlangen sein, ist aber wohl nicht bei allgemeineren Formen der Werbung mit Preisnachlässen erforderlich. § 4 Nr. 4 UWG verbietet es insbesondere nicht, **Warengruppen** mit dem Hinweis zu bewerben, dass einzelne Waren im Preis mit »bis zu X« reduziert seien.[169] Beschränkt sich eine Werbung auf die Ankündigung, der Kunde finde an den betreffenden Verkaufsstellen innerhalb eines bestimmten Warenbereichs eine Anzahl von im Preis bis zu X % oder X € reduzierten Artikeln, ist dies für sich genommen klar und eindeutig genug. Eine Verletzung des Transparenzgebots ist in derartigen Fällen erst dann gegeben, wenn besondere Umstände hinzutreten, die zu einer Verunsicherung der angesprochenen Kaufinteressenten über die Voraussetzungen der ausgelobten Preisreduzierung – insbesondere über die Abgrenzung der von der Rabattaktion erfassten Warengruppe gegenüber anderen Teilen des Sortiments – führen können.[170]

116 Besondere Bedeutung hat das Transparenzgebot im Rahmen von **Kundenbindungssystemen**. Der Wert von Bonuspunkten, »Meilen«, »Web-Miles« etc. muss angegeben werden, ebenso der für die Inanspruchnahme benötigte Umsatz und sonstige Modalitäten für die Vergünstigung.[171]

c) Die Anforderungen an die notwendigen Angaben

117 Die Bedingungen der Inanspruchnahme müssen klar und eindeutig angegeben werden. Dies bezieht sich auf die Form und den Inhalt der Angaben. Insoweit reicht es nicht aus, die Bedingungen für die Inanspruchnahme einer Verkaufsförderungsmaßnahme erst auf der Innenseite der Verpackung anzugeben. Der Kunde kann vor dem Kauf die Verpackung nicht öffnen. Ein missbräuchlicher Einfluss von Verkaufsförderungsmaßnahmen

---

165 BGH WRP 2010, 237, 238 – Solange der Vorrat reicht.
166 OLG Stuttgart WRP 2008, 1229; *Köhler*/Bornkamm § 4 Rn. 4.11; a.A. OLG Karlsruhe WRP 2007, 818.
167 BGH WRP 2009, 1220 – Geld-zurück-Garantie II.
168 OLG Köln WRP 2007, 680.
169 OLG Köln GRUR-RR 2006, 196, 197.
170 OLG Köln GRUR-RR 2008, 250, 252.
171 OLG Rostock GRUR-RR 2005, 391, 392.

auf die Kaufentscheidung kann aber nur ausgeschlossen werden, wenn die Bedingungen der Inanspruchnahme dem Kunden vor seiner Kaufentscheidung bekannt gegeben werden. Der Hinweis auf der Verpackung, dass genauere Informationen auf der Internetseite der Firma zu finden sind, genügt ebenfalls nicht. Der Kunde trifft im Laden seine Kaufentscheidung für ein Produkt in der Regel sofort an Ort und Stelle und hat regelmäßig keine Möglichkeit, im Geschäft die angegebene Internetseite aufzurufen. Deshalb müssen ihm die wesentlichen Informationen über die Verkaufsförderungsmaßnahme bereits auf der äußeren Verpackung des Produkts oder jedenfalls an geeigneter Stelle unmittelbar am Verkaufsort (z.B. Regal, Sonderverkaufsfläche) mitgeteilt werden.[172]

Besondere Vorsicht ist bei der **Werbung mit Sternchenhinweisen** geboten. Diese müssen eindeutig der jeweiligen Erläuterung zugeordnet werden können, müssen dem Verbraucher auffallen und dürfen nicht in einem Meer aus Sternchen und Hinweisen untergehen. Sternchenhinweis und Erläuterung können auf verschiedenen Seiten stehen, wenn der Leser dem Sternchenhinweis entnehmen kann, wo die Erläuterung erfolgt.[173] Zur Klarheit der Angaben gehört auch, dass sie leicht zugänglich sind. **118**

Bei der **Internet-Werbung** kann die Information auch durch einen Link auf die erläuternde Seite erfolgen. Das Transparenzgebot ist allerdings nicht gewahrt, wenn die Angaben auf der ersten Internetseite als vollständig erscheinen und der Verbraucher daher keinen Anlass für weitere Recherchen sieht.[174] **119**

3. Preisausschreiben und Gewinnspiele

a) Transparenzgebot, § 4 Nr. 5 UWG

aa) Normzweck

Ein Preisausschreiben ist die Aufforderung zur Teilnahme an einem Wettbewerb, bei dem der Gewinner ausschließlich aufgrund seiner **Kenntnisse und Fertigkeiten** ermittelt werden soll. Ein Unterfall ist das Preisrätsel.[175] **120**

Ein Gewinnspiel ist die Aufforderung zur Teilnahme an einem Spiel, bei dem der Gewinner durch irgendein **Zufallselement** ermittelt wird.[176] Hiervon ist das **Glücksspiel** abzugrenzen, das einen Einsatz erfordert.[177] Am Zufallselement des Gewinnspiels fehlt es, wenn eine Prämie für »die ersten 500 Neukunden« versprochen wird.[178] **121**

Auch für Preisausschreiben und Gewinnspiele gilt ein der Regelung des § 4 Nr. 4 UWG ähnelndes Transparenzgebot. Auch diese Regelung entstammt dem Medienrecht. **122**

§ 6 Abs. 1 Nr. 4 TMG:

Diensteanbieter haben bei kommerziellen Kommunikationen, die Telemedien oder Bestandteile von Telemedien sind, mindestens die folgenden Voraussetzungen zu beachten:

(...)

4. Preisausschreiben oder Gewinnspiele mit Werbecharakter müssen klar als solche erkennbar und die Teilnahmebedingungen leicht zugänglich sein sowie klar und unzweideutig angegeben werden.

Die Norm bezweckt den Schutz der Teilnehmer an Preisausschreiben und Gewinnspielen mit Werbecharakter vor unsachlicher Beeinflussung und Irreführung durch unzurei- **123**

---

172 BGH WRP 2009, 1229 – Geld-zurück-Garantie II; OLG Frankfurt WRP 2006, 1538.
173 OLG Brandenburg WRP 2008, 1603.
174 OLG Stuttgart WRP 2007, 694, 696.
175 *Köhler*/Bornkamm, § 4 Rn. 1.117.
176 *Köhler*/Bornkamm, § 4 Rn. 1.120.
177 BGH NJW 2002, 2175.
178 OLG Karlsruhe GRUR-RR 2008, 407, 408.

chende Information über die Teilnahmebedingungen. Die Regelung läuft parallel zu § 4 Nr. 4 UWG, da hier ein vergleichbares Missbrauchspotenzial besteht.[179]

124 Das Preisausschreiben oder Gewinnspiel muss Werbecharakter haben, also unmittelbar oder mittelbar der Förderung des Erscheinungsbilds des eigenen oder eines fremden Unternehmens oder dem Absatz seiner Produkte dienen. Der Werbecharakter kann bereits in einer positiven Selbstdarstellung des Veranstalters liegen.[180]

bb) Anforderungen an die Transparenz des Angebots

125 Die Modalitäten der Teilnahmeberechtigung sind in klarer und eindeutiger Weise anzugeben. Der Begriff der Teilnahmebedingungen i.S.d. § 4 Nr. 5 UWG ist dabei weit zu fassen; er bezieht sich auf die Teilnahmeberechtigung sowie auf alle im Zusammenhang mit der Beteiligung des Teilnehmers an dem Gewinnspiel stehenden Modalitäten. Dazu gehört auch die Information über Kosten, die der Teilnehmer aufwenden muss, wenn er den ausgespielten Gewinn in Anspruch nehmen will. Die Aufforderung an den »Gewinner«, sich an **Organisationskosten** zu beteiligen, ist nicht klar und eindeutig, weil der angeschriebene Verbraucher aus ihr nicht ersehen kann, wofür er den geforderten »Organisationsbeitrag« leisten soll.[181]

126 Kann der Verbraucher auf Grund einer Anzeigenwerbung noch nicht ohne Weiteres – etwa mittels einer angegebenen Rufnummer oder einer beigefügten Teilnahmekarte – an dem Gewinnspiel teilnehmen, benötigt er noch keine umfassenden Informationen über die Teilnahmebedingungen. Es reicht dann aus, unter Berücksichtigung der räumlichen und zeitlichen Beschränkungen des verwendeten Werbemediums dem Verbraucher diejenigen Informationen zu geben, für die bei ihm nach den Besonderheiten des Einzelfalls schon zum Zeitpunkt der Werbung ein aktuelles Aufklärungsbedürfnis besteht.[182]

127 Einschränkungen des Transparentsgebots gelten im Bereich des Fernsehens: **Fernsehwerbung** ist für ausführliche Informationen über Teilnahmebedingungen von Gewinnspielen aus medienimmanenten Gründen nicht geeignet. Dies hat Einfluss auf den Umfang der Informationspflicht.[183] In deutlich höherem Maße als Printmedien ist das Fernsehen ein »flüchtiges« Medium, bei dem grundsätzlich eine erhebliche Gefahr besteht, dass Informationen nicht oder nur unzureichend wahrgenommen werden. Ein Hinweis auf andere Informationsquellen kann dann notwendig, aber auch ausreichend sein. Ist die Teilnahme des Verbrauchers an dem Gewinnspiel auf Grund der Fernsehwerbung noch nicht ohne Weiteres – etwa auf Grund der Angabe einer Rufnummer – möglich, kann es nach den konkreten Umständen des Falls genügen, auf weiterführende Hinweise zu den Teilnahmebedingungen in leicht zugänglichen Quellen zu verweisen, etwa auf eine **Internetseite** oder auf im Handel erhältliche Teilnahmekarten.[184] Dafür spricht auch Art. 6 lit. d der Richtlinie 2000/31/EG, wonach die Teilnahmebedingungen für im elektronischen Geschäftsverkehr angebotene Gewinnspiele leicht zugänglich sein müssen. Es ist also nicht erforderlich, dass sie schon unmittelbar bei der Gewinnspielwerbung angegeben werden. Da **kein Grund für eine Privilegierung des elektronischen Geschäftsverkehrs** gegenüber anderen Vertriebsformen besteht, kann die leichte Zugänglichkeit auch im nichtelektronischen Geschäftsverkehr und insbesondere bei der Radio- und Fernsehwerbung ausreichen.

---

179 Begr. zu § 4 Nr. 5, BT-Drs. 15/1487, S. 18.
180 BGH GRUR 2005, 1061, 1064 – Telefonische Gewinnauskunft.
181 BGH GRUR 2005, 1061, 1064 – Telefonische Gewinnauskunft.
182 BGH GRUR 2008, 724, 725 – Urlaubsgewinnspiel.
183 BGH GRUR 2010, 158, 159 – FIFA-WM-Gewinnspiel; OLG Köln GRUR-RR 2008, 250, 251.
184 BGH GRUR 2010, 158, 159 – FIFA-WM-Gewinnspiel; BGH GRUR 2009, GRUR 1064 – Geld-zurück-Garantie II.

Über den Zeitpunkt, wann die Information zu erfolgen hat, sagt das Gesetz nichts aus. Die Information ist nach dem Zweck der Norm so rechtzeitig zu geben, dass der Verbraucher seine Teilnahmeentscheidung davon abhängig machen kann.[185] Daraus folgt, dass unerwartete Beschränkungen oder sonstige überraschende Teilnahmebedingungen in der Werbung stets unmittelbar offenbart werden müssen.[186] Denn ebenso wie blickfangmäßig herausgestellte, mit Sternchenhinweis versehene Angaben für sich genommen nicht unrichtig oder missverständlich sein dürfen,[187] muss auch bei der Werbung für Gewinnspiele mit Werbecharakter die für den Ausschluss einer Irreführung erforderliche **Aufklärung über Teilnahmebedingungen** unmittelbar den herausgestellten Angaben zugeordnet sein. Im Übrigen muss der Verbraucher jedenfalls vor seiner Teilnahmehandlung umfassend über die Teilnahmebedingungen informiert sein.

128

Weist die Teilnahme am Gewinnspiel aus der Sicht des mündigen Verbrauchers keine unerwarteten Beschränkungen auf, so reicht es aus, wenn dem Verbraucher mitgeteilt wird, bis wann er wie teilnehmen kann und wie die Gewinner ermittelt werden. Gegebenenfalls ist auf besondere Beschränkungen des Teilnehmerkreises hinzuweisen, etwa darauf, dass Minderjährige ausgeschlossen sind.[188]

129

b) Koppelung des Erwerbs an die Teilnahme am Gewinnspiel, § 4 Nr. 6 UWG

aa) Normzweck

Ein beliebtes Werbemittel – etwa in der Abonnement-Werbung – ist die **Kopplung** der Teilnahme an einem Gewinnspiel an die Abnahme einer Ware oder Dienstleistung. Das ist etwa der Fall, wenn unter den ersten 100 Neu-Abonnenten einer Tageszeitung ein PKW verlost wird.

130

Derartige Angebote wurden im Rahmen der UWG-Reform 2004 durch die Einführung des § 4 Nr. 6 UWG ohne Ausnahme für unlauter erklärt. Zweck der Norm ist der Schutz des Verbrauchers vor unsachlicher Beeinflussung durch **Ausnutzung der Spiellust und des Gewinnstrebens**.[189] Die Hoffnung auf leichten Gewinn könne das Urteil der Verbraucher über die Preiswürdigkeit und Qualität der angebotenen Ware oder Dienstleistung trüben.[190]

131

Problematisch an der Regelung ist, dass sie jede Kopplung von Abnahmeverpflichtung und Teilnahme am Gewinnspiel für unzulässig erklärt, obwohl es eine Reihe von Beispielen gibt, bei denen aufgrund des Verhältnisses von Verpflichtungsumfang zum (kleinen) möglichen Gewinn **die unsachliche Beeinflussung des Verbrauchers** gerade nicht zu befürchten ist. Die Regelung war dann auch von Anfang an sehr umstritten, bis hin zur Forderung nach ihrer sofortigen Abschaffung.[191] Auch der BGH stand dem strikten Verbot skeptisch gegenüber und legte es als Ausnahme zu § 4 Nr. 1 UWG eng aus.[192]

132

bb) Die Vorlageentscheidung des BGH

Seit dem 12.12.2007 war das UWG im Lichte der Richtlinie über unlautere Geschäftspraktiken (2005/29/EG) auszulegen. Der BGH ergriff seine aus der Richtline resultie-

133

---

185 OLG Frankfurt WRP 2007, 668, 669.
186 BGH GRUR 2008, 724; 725 – Urlaubsgewinnspiel.
187 BGH GRUR 2007, 981–150% Zinsbonus.
188 BGH GRUR 2008, 724, 725 – Urlaubsgewinnspiel.
189 OLG Celle GRUR-RR 2008, 349.
190 Begr. zu § 4 Nr. 6, BT-Drs. 15/1487, S.18.
191 MüKo-UWG/*Leible*, 2006, § 4 Nr. 6 Rn. 21; *Seichter* WRP 2005, 1087; Piper/Ohly/*Sosnitza* § 4 Nr. 6 Rn. 6/2.
192 GRUR 2007, 981–150% Zinsbonus; GRUR 2009, 875 – Jeder 100. Einkauf gratis.

rende Chance bei nächster Gelegenheit und im Rahmen seiner **Millionen-Chance-Entscheidung** vom 5.6.2008, die somit noch unter der Geltung des UWG 2004 verkündet wurde. Im vom BGH entschiedenen Fall ging es nicht direkt um eine Kopplung von Gewinnspiel und Absatzgeschäft, sondern um eine kostenlose Teilnahme an einem Glücksspiel. Der BGH entschied sich jedoch dagegen, unter Hinweis auf den Grundsatz der engen Auslegung die Anwendung des § 4 Nr. 6 UWG einfach abzulehnen. Stattdessen bejahte er einen Fall § 4 Nr. 6 UWG und legte die Sache dem EuGH vor. Er begründete dies damit, § 4 Nr. 6 UWG sei in seiner Wirkung ein den Tatbeständen der **Schwarzen Liste** im Anhang I der Richtlinie 2005/29/EG gleichkommendes per-se-Verbot zu entnehmen. Die in der fraglichen Norm verbotene Praxis falle aber nicht unter die in Anhang I der Richtlinie aufgezählten Praktiken, die als einzige unabhängig von einer konkreten Gefährdung der Verbraucherinteressen per se verboten werden könnten. Außerdem sei nicht ausgeschlossen, dass das UWG auf diese Weise den Verbrauchern einen weiterreichenden Schutz zuerkenne, als vom Gemeinschaftsgesetzgeber gewollt, obwohl die Richtlinie den Sachbereich vollständig harmonisiere.[193]

cc) Die Entscheidung des EuGH zur Vorlagefrage

134 Der EuGH hat in Beantwortung der Vorlagefrage die **Unvereinbarkeit von § 4 Nr. 6 UWG mit dem Gemeinschaftsrecht** festgestellt.[194] Nach § 4 Nr. 6 UWG sei jede geschäftliche Handlung verboten, mit der der Erwerb von Waren oder die Inanspruchnahme von Dienstleistungen mit der Teilnahme der Verbraucher an einem Preisausschreiben oder Gewinnspiel gekoppelt werde, wobei nur solche Handlungen ausgenommen seien, die ein Gewinnspiel oder Preisausschreiben beträfen, das naturgemäß mit der fraglichen Ware oder Dienstleistung verbunden sei. Eine derartige Praxis sei mit anderen Worten allgemein verboten, ohne dass anhand des tatsächlichen Kontexts des Einzelfalls geprüft werden müsste, ob die fragliche geschäftliche Handlung im Licht der in den Art. 5 bis 9 der Richtlinie 2005/29/EG aufgestellten Kriterien »unlauter« sei. Es stehe jedoch fest, dass solche Praktiken nicht von Anhang I dieser Richtlinie erfasst würden, der hinsichtlich der Verbotstatbestände abschließend sei.[195] Zum anderen widerspreche eine Regelung wie § 4 Nr. 6 UWG dem Inhalt von Art. 4 der Richtlinie 2005/29/EG, der es den Mitgliedstaaten ausdrücklich untersagt, strengere nationale Maßnahmen beizubehalten oder zu erlassen, selbst wenn mit solchen Maßnahmen ein höheres Verbraucherschutzniveau erreicht werden soll.[196]

dd) Die Auswirkungen der EuGH-Entscheidung

135 Aus der Entscheidung des EuGH ergeben sich zwei Schlussfolgerungen: zum einen, dass § 4 Nr. 6 UWG nicht wie ein **per-se-Verbot** im Sinne der Schwarzen Liste angewendet werden darf; zum anderen, dass Kopplungsangebote nach den Maßstäben der Art. 5 bis 9 der Richtlinie 2005/29/EG zu beurteilen sind.[197]

136 Es bleibt nun abzuwarten, ob der Gesetzgeber die Entscheidung des EuGH zum Anlass nehmen wird, den umstrittenen § 4 Nr. 6 UWG **zu ändern oder ganz zu streichen**. Zunächst hat der der BGH die Vorlageentscheidung umzusetzen. Es ist abzusehen, dass die Koppelung zwischen Abnahmeverpflichtung und Teilnahme am Gewinnspiel künftig nur noch dann unzulässig sein wird, wenn sie geeignet ist, das Verhalten des umwobenen Verbrauchers wesentlich zu beeinflussen. Mit welcher Argumentation der BGH zu

---

193 BGH GRUR 2008, 807 – Millionen-Chance.
194 EuGH GRUR 2010, 244, 246, Rn. 47 – Plus Warenhandelsgesellschaft.
195 EuGH GRUR 2010, 244, 247, Rn. 49 – Plus Warenhandelsgesellschaft.
196 EuGH GRUR 2010, 244, 247, Rn. 50. – Plus Warenhandelsgesellschaft.
197 *Köhler* GRUR 2010, 177, 183.

diesem Ergebnis kommen wird bleibt abzuwarten. Vorschläge hierfür macht *Köhler*.[198] Die Zukunft dürfte der Abo-Werbung der Zeitungs- und Zeitschriftenverlage neue Spielräume schaffen.

4. Ergänzender Leistungsschutz, § 4 Nr. 9 UWG

a) Normzweck

In § 4 Nr. 9 UWG ist der ergänzende wettbewerbsrechtliche Leistungsschutz geregelt. Bezweckt ist der Schutz des Mitbewerbers vor der **Ausbeutung** eines von ihm geschaffenen Leistungsergebnisses mit unlauteren Mitteln oder Methoden. Daneben dient die Norm dem Schutz der Verbraucher und sonstigen Marktteilnehmer vor einer Irreführung über die Herkunft des Nachahmungsprodukts und damit auch dem Interesse der Allgemeinheit an einem innovativen und unverfälschten Wettbewerb.[199] **137**

Der Schutz der Leistungen ist an sich bereits durch eine **Reihe von Spezialgesetzen** gewährleistet: Hervorzuheben sind das Urheberrechtsgesetz, das Patentgesetz, das Gebrauchsmustergesetz, das Geschmacksmustergesetz und das Markengesetz. Aus der gesetzlichen Anerkennung besonderer ausschließlicher Rechte für technische und nichttechnische geistige Schöpfungen folgt an sich zwingend, dass die wirtschaftliche Betätigung des Einzelnen außerhalb der geschützten Sonderbereiche frei sein soll. Durch die Regelung des (ergänzenden) wettbewerbsrechtlichen Leistungsschutzes soll dann auch die grundsätzliche Nachahmungsfreiheit nicht in Frage gestellt werden.[200] Das bloße Nachahmen eines nicht unter Sonderrechtsschutz stehenden Arbeitsergebnisses ist daher nicht unlauter. Die Nachahmung einer fremden Leistung wird daher **nur unter besonderen, die Wettbewerbswidrigkeit begründenden Umständen** auch wettbewerbswidrig sein. In den Fallgruppen lit. a) bis c) werden dann typische Fälle genannt, wobei diese Aufzählung – weil beispielhaft – nicht abschließend ist. Der Vertreiber visueller Informationssysteme für Hotels zu Marketing- und Werbezwecken verstößt etwa unter dem Gesichtspunkt des **Ausnutzens fremder Leistungen** gegen den ergänzenden Leistungsschutz, wenn er Hoteliers ein System anbietet, das ihnen erlaubt, Werbeblöcke der privaten Fernsehsender sekundengenau aus dem laufenden Programm auszublenden und statt dessen eigene Werbeprogramme auf die Fernsehgeräte in Gästezimmern einzuspielen.[201] **138**

b) Verhältnis zum Urheber- und Geschmacksmusterrecht

Wird ein urheberrechtlich geschütztes Werk unverändert oder in bearbeiteter Form durch einen Nachahmer vervielfältigt und verbreitet, **richten sich die Ansprüche des Urhebers stets und allein nach dem UrhG**. Ein lauterkeitsrechtlicher Nachahmungsschutz scheidet dann aus.[202] Dem Urheberrecht stehen die urheberrechtlichen Leistungsschutzrechte sowie die Rechte der Filmproduzenten gleich.[203] Der ergänzende wettbewerbsrechtliche Leistungsschutz kann nur dann zur Anwendung kommen, wenn eine Handlung nicht den Tatbestand des § 97 Abs. 1 UrhG erfüllt.[204] **139**

Bei **Werken der angewandten Kunst** sind angesichts der regelmäßig gegebenen Schutzmöglichkeiten des **Geschmacksmusterrechts** höhere Anforderungen an die Schöpfungshöhe zu stellen, damit urheberrechtlicher Schutz in Betracht kommt: Es muss sich um **140**

---

198 *Köhler* GRUR 2010, 177, 180.
199 BGH GRUR 2007, 984 – Gartenliege; BGH GRUR 2005, 519, 520 – Vitamin-Zellkomplex.
200 Begr. zu § 4 Nr. 9, BT-Drs. 15/1487, S. 18.
201 LG Berlin ZUM-RD 2004, 126.
202 *Köhler*/Bornkamm § 4 Rn. 9.7.
203 BGH GRUR 1999, 923 – Tele-Info-CD.
204 BGH WRP 2006, 765 – Michel-Nummern.

Kunst handeln.[205] Ist dies nicht der Fall, werden zunächst die Schutzmöglichkeiten des Geschmacksmusters zu prüfen sein.

141 Der wettbewerbsrechtliche Leistungsschutz insbesondere wegen vermeidbarer Herkunftstäuschung ist nicht schon deshalb ausgeschlossen, weil für Werke der angewandten Kunst und insbesondere für Mode der Schutz für ein **nicht eingetragenes Geschmacksmuster** nach Art. 3 ff. der Verordnung Nr. 6/2002/EG des Rates vom 12.12.2001 über das Gemeinschaftsgeschmacksmuster[206] in Anspruch genommen werden könnte. Die Gemeinschaftsgeschmacksmusterverordnung lässt nach Art. 96 Abs. 1 Bestimmungen der Mitgliedstaaten über unlauteren Wettbewerb unberührt. Dazu zählen auch die Vorschriften über den ergänzenden wettbewerbsrechtlichen Leistungsschutz nach §§ 3, 4 Nr. 9 lit. a) UWG, die sich gegen ein unlauteres Wettbewerbsverhalten richten, das in der vermeidbaren Täuschung der Abnehmer über die betriebliche Herkunft der Produkte liegt. Von dieser Zielrichtung des Gesetzes gegen den unlauteren Wettbewerb unterscheidet sich die Gemeinschaftsgeschmacksmusterverordnung, die in der Form des Gemeinschaftsgeschmacksmusters ein bestimmtes Leistungsergebnis schützt. Der zeitlich befristete Schutz für ein nicht eingetragenes Gemeinschaftsgeschmacksmuster berührt daher nicht den zeitlich nicht von vornherein befristeten Anspruch auf Grund ergänzenden wettbewerbsrechtlichen Leistungsschutzes wegen vermeidbarer Herkunftstäuschung. Ist ein geschmacksmusterrechtlicher Schutz nicht vorhanden oder bereits abgelaufen, kommt somit der ergänzende wettbewerbsrechtliche Leistungsschutz in Betracht.[207]

c) Gemeinsame Voraussetzungen der Fallgruppen
aa) Wettbewerbliche Eigenart

142 Über den Wortlaut des § 4 Nr. 9 UWG hinaus kann jedes körperliche und unkörperliche Arbeits- und Leistungsergebnis Gegenstand des ergänzenden Leistungsschutzes sein: Auch die Formate von Fernsehsendungen,[208] Werbemittel und Werbesprüche[209] oder Kennzeichnungen und Kennzeichnungssysteme.[210] Geschützt ist stets das **konkrete Leistungsergebnis**, nicht hingegen die bloße Idee, die sich noch nicht materialisiert hat, also noch nicht umgesetzt wurde.

143 Stets muss eine »wettbewerbliche Eigenart« vorliegen. Hierdurch soll der ergänzende Leistungsschutz auf diejenigen Erzeugnisse beschränkt werden, die unter Abwägung der Interessen der Beteiligten auch tatsächlich schutzwürdig sind. Dies ist bei alltäglichen, banalen oder üblicherweise in großen Mengen verkauften Produkten regelmäßig nicht der Fall. Ein Erzeugnis besitzt wettbewerbliche Eigenart, wenn dessen konkrete Ausgestaltung oder bestimmte Merkmale geeignet sind, die interessierten Verkehrskreise auf seine betriebliche Herkunft oder seine Besonderheiten hinzuweisen.[211]

144 In der Praxis liegt die wettbewerbliche Eigenart sehr häufig vor, da an dieses Tatbestandsmerkmal keine besonders hohen Anforderungen gestellt werden. Es reicht aus, dass die konkrete Gestaltung des Erzeugnisses oder seiner Merkmale geeignet ist, auf die **Herkunft aus einem bestimmten Betrieb** hinzuweisen.[212] Die wettbewerbliche Eigenart

---

205 BGH GRUR 1998, 830, 832 – Les-Paul-Gitarren; BGH GRUR 1987, 903, 904.
206 ABlEG Nr. L 3 vom 5.1.2002, S. 1.
207 BGH GRUR 2006, 79, 80 – Jeans I.
208 BGH GRUR 2003, 876, 878 – Sendeformat.
209 BGH GRUR 1997, 308 – Wärme fürs Leben.
210 BGH GRUR 2003, 973, 974 – Tupperwareparty.
211 BGH GRUR 2007, 795, 797 Handtaschen; BGH GRUR 2005, 600, 602 – Handtuchklemmen; BGH GRUR 2006, 79, 80 – Jeans I.
212 BGH GRUR 2000, 521, 523 – Modulgerüst; BGH GRUR 2003, 973, 974 – Tupperwareparty; BGH GRUR 2006, 79, 80 – Jeans I.

muss sich gerade aus den von der Vorlage übernommenen Gestaltungsmerkmalen ergeben. Es müssen gerade die übernommenen Gestaltungsmerkmale geeignet sein, im Verkehr auf eine bestimmte betriebliche Herkunft oder auf die Besonderheit des jeweiligen Erzeugnisses hinzuweisen.[213] Sind die Gestaltungsmerkmale frei austauschbar und willkürlich wählbar, so ist es unerheblich, wenn sie durch den Gebrauchszweck mit bedingt sind.[214] Nicht erforderlich ist, dass der Hersteller des Originals bereits einen wettbewerblichen Besitzstand durch Verkehrsbekanntheit erlangt hat. Die wettbewerbliche Eigenart muss zum Zeitpunkt der Nachahmung noch bestehen.[215]

Die wettbewerbliche Eigenart kann sich aus ästhetischen Merkmalen ergeben, ebenso auf Grund technischer Merkmale. Allerdings scheidet eine wettbewerbliche Eigenart aus, soweit sich in der technischen Gestaltung eine **gemeinfreie technische Lösung** verwirklicht. Denn die technische Lehre und der Stand der Technik sind grundsätzlich frei benutzbar, soweit kein Sonderschutz eingreift.[216]

145

Erforderlich ist weiterhin, dass der Verkehr wert auf die betriebliche Herkunft des Erzeugnisses legt und gewohnt ist, aus bestimmten Merkmalen auf die betriebliche Herkunft zu schließen.

146

bb) Nachahmung

Weiterhin muss eine Nachahmung vorliegen. Eine Nachahmung setzt voraus, dass der Nachahmende eine fremde Leistung als eigene präsentiert.[217] Die Rechtsprechung unterscheidet klassischerweise zwischen der **"unmittelbaren Übernahme"** einer Leistung (z.B. mit technischen Mitteln, digitale Kopie, Scanner etc.). und der **fast identischen Übernahme**.[218] Häufiger anzutreffen sind die Fälle der fast identischen Übernahmen, bei denen nur eine geringe, weniger ins Gewicht fallende Abweichung zum Original besteht. Eine nachschaffende Übernahme liegt schließlich vor, wenn das fremde Leistungsergebnis als Vorbild für ein eigenes Produkt verwendet wird, das sich mehr oder weniger eng an das Original anlehnt.

147

Eine nachschaffende Übernahme liegt vor, wenn die fremde Leistung nicht unmittelbar oder fast identisch übernommen wird, sondern lediglich als Vorbild benutzt und nachschaffend unter Einsatz eigener Leistung wiederholt wird. Die nachschaffende Übernahme ist vergleichbar mit der **freien Benutzung** des vorbestehenden Werkes gem. § 24 UrhG. Entscheidend ist, ob die Nachahmung selbst wiedererkennbare wesentliche Elemente des Originals enthält – dann ist sie unlauter – oder sich deutlich davon abhebt.

148

In der Rechtsprechung ist anerkannt, dass der Verkehr auch bei **Modeerzeugnissen** deren besonders originelle Gestaltung als Hinweis auf die betriebliche Herkunft ansehen kann.[219]

149

Keine Nachahmung liegt vor, wenn die eine Leistung mit der anderen verknüpft wird, wenn beide Leistungen aber noch gesondert wahrgenommen werden können.[220] Keine Nachahmung liegt weiterhin vor, wenn nachgewiesen werden kann, dass das »nachgeahmte« Produkt in **Unkenntnis des Original-Produkts** entstanden ist. Die Rechtsprechung geht jedoch von einer widerleglichen Vermutung der Kenntnisse aus, wenn der

150

---

213 BGH GRUR 1999, 923, 927 – Tele-Info-CD.
214 BGH WRP 2005, 878, 800 – Handtuchklemmen.
215 BGH GRUR 1985, 876, 878 – Tchibo/Rolex I.
216 BGH GRUR 2002, 820, 822 – Bremszangen.
217 *Köhler* GRUR-RR 2006, 33, 34.
218 BGH GRUR 1999, 923, 927 – Tele-Info-CD; BGH GRUR 2000, 521, 524 – Modulgerüst.
219 BGH GRUR 2006, 79, 81 – Jeans I.
220 OLG Köln GRUR-RR 2005, 228, 229 – Set-Top-Box.

»Nachahmer« mit seinem Produkt zeitlich später als der Originalhersteller auf den Markt tritt.[221]

cc) Anbieten

151 Weitere tatbestandliche Voraussetzung des § 4 Nr. 9 UWG ist das Anbieten der Nachahmung, wobei dieser Begriff jede Handlung umfasst, die auf den Vertrieb direkt gerichtet ist, also auch jede Form der Werbung.[222]

d) Herkunftstäuschung (§ 4 Nr. 9 lit. a) UWG)

152 Diese Fallgruppe erfasst die Fälle der vermeidbaren Herkunftstäuschung. Danach handelt wettbewerbswidrig, wer ein fremdes Erzeugnis durch Übernahme von Merkmalen, mit denen der Verkehr eine betriebliche Herkunftsvorstellung verbindet, nachahmt und sein Erzeugnis in den Verkehr bringt, wenn er nicht im Rahmen des Möglichen und Zumutbaren alles Erforderliche getan hat, um eine Irreführung des Verkehrs möglichst auszuschließen. Dies setzt die Herkunftsfunktion der fremden Leistung voraus. Die Herkunftstäuschung kann durch eine **deutliche Kennzeichnung** jedoch ausgeschlossen werden.

153 Entscheidend ist stets der Gesamteindruck.[223] Dabei ist zu prüfen, ob gerade die übernommenen Gestaltungsmittel diejenigen sind, die die wettbewerbliche Eigenart des Produkts ausmachen, für das Schutz beansprucht wird.[224] Zu beachten ist, dass der Verkehr die in Rede stehenden Produkte regelmäßig nicht gleichzeitig wahrnimmt und miteinander vergleicht, sondern seine Auffassung auf Grund eines Erinnerungseindrucks gewinnt. In diesem Eindruck treten regelmäßig die übereinstimmenden Merkmale mehr hervor als die Unterschiede, so dass es maßgeblich nicht so sehr auf die Unterschiede als auf die **Übereinstimmungen** ankommt.[225]

154 Eine Herkunftstäuschung liegt nur dann vor, wenn zur wettbewerblichen Eigenart des Produkts **besondere Umstände** hinzutreten, die die Nachahmung unlauter erscheinen lassen. Dabei besteht zwischen dem Grad der wettbewerblichen Eigenart, der Art und Weise und der Intensität der Übernahme sowie den besonderen wettbewerblichen Umständen eine **Wechselwirkung**. Je größer die wettbewerbliche Eigenart und je höher der Grad der Übernahme sind, desto geringere Anforderungen sind an die besonderen Umstände zu stellen, die die Wettbewerbswidrigkeit der Nachahmung begründen.[226]

155 Der ergänzende wettbewerbsrechtliche Leistungsschutz gegen eine vermeidbare Herkunftstäuschung hat nicht nur zur Voraussetzung, dass das nachgeahmte Erzeugnis wettbewerbliche Eigenart besitzt, sondern auch, dass es bei den maßgeblichen Verkehrskreisen eine **gewisse Bekanntheit** erlangt hat, da die Gefahr einer Herkunftstäuschung schon begrifflich nicht bestehen kann, wenn dem Verkehr nicht bekannt ist, dass es ein Original gibt.[227] Eine Verkehrsgeltung des betreffenden Erzeugnisses ist dazu nicht erforderlich.[228] Es genügt, dass das wettbewerblich eigenartige Erzeugnis bei nicht unerheblichen Teilen der angesprochenen Verkehrskreise eine solche Bekanntheit erreicht hat, dass sich in rele-

---

221 BGH GRUR 1998, 477 – Trachtenjanker.
222 BGH GRUR 2003, 892, 893 – Altluxemburg.
223 BGH GRUR 2007, 795, 797 Handtaschen; BGH GRUR 2002, 629, 632 – Blendsegel; BGH GRUR 2005, 166, 168 – Puppenausstattungen; BGH GRUR 2005, 600, 602 – Handtuchklemmen).
224 BGH GRUR 2007, 795, 797 Handtaschen; BGH GRUR 1999, 923 – Tele-Info-CD.
225 BGH GRUR 2007, 795, 797 Handtaschen.
226 BGH GRUR 2007, 795, 797 Handtaschen; BGH GRUR 2004, 941, 942 – Metallbett; BGH GRUR 2006, 79 – Jeans I.
227 OLG Hamburg AfP 2007, 564.
228 BGH GRUR 2005, 878, 880 – Handtuchklemmen; BGH GRUR 1997, 308, 309 – Wärme fürs Leben; OLG Hamburg AfP 2007, 564.

vantem Umfang die Gefahr der Herkunftstäuschung ergeben kann, wenn Nachahmungen vertrieben werden.[229]

Eine wettbewerbsrechtlich unlautere Nachahmung i.S.v. § 4 Nr. 9 UWG liegt danach auch dann vor, wenn der Verletzer zwar ausschließlich von gängigen (gemeinfreien) Gestaltungselementen Gebrauch macht, diese aber in einer Art und Weise gestalterisch miteinander kombiniert, die die angesprochenen Verkehrskreise konkret auf die (vermeintliche) Herkunft aus einem anderen Unternehmen hinweist.[230] Werden etwa Daten aus Chart-Listen, in denen Musiktitel mit Begleitinformationen nach Positionen (Rangplätzen) aufgeführt sind, in einer Weise neu zusammengestellt, dass sie nach anderen Kriterien sortiert und für einen längeren Zeitraum aufbereitet werden, so liegt in dieser Neuzusammenstellung weder ein unzulässiger Eingriff in das Recht des Datenbankherstellers noch eine unzulässige Übernahme fremder Leistung.[231] 156

Keine Nachahmung liegt vor, wenn ein **Originalprodukt** ohne Zustimmung des Herstellers vermarktet wird,[232] wenn durch einen **Internet-Link** der Zugriff auf fremde Seiten ermöglicht wird,[233] wenn durch technische Mittel ein Überwechseln vom TV-Programm in das Internet und damit die Möglichkeit der gleichzeitigen Nutzung beider Medien eröffnet wird[234] und wenn eine **ungenehmigte Radio- oder Fernsehübertragung von Sportveranstaltungen** erfolgt. 157

Für die Gefahr einer Täuschung über die betriebliche Herkunft eines Produkts genügt es auch, wenn der Verkehr bei dem nachgeahmten Produkt oder der nachgeahmten Kennzeichnung annimmt, es handele sich um eine neue Serie oder eine Zweitmarke des Originalprodukts oder es bestünden lizenzrechtliche Verbindungen zu dessen Hersteller (Herkunftstäuschung im weiteren Sinn).[235] 158

e) Ausnutzung oder Beeinträchtigung der Wertschätzung (§ 4 Nr. 9 lit. b) UWG)

Diese Fallgruppe betrifft Fälle der unangemessenen **Rufausbeutung und der Rufbeeinträchtigung.** Hiervon ist auszugehen, wenn der Verkehr mit einer Ware bestimmte Herkunfts- und Gütevorstellungen verbindet und so durch die Nachahmung der gute Ruf der fremden Ware ausgenutzt wird. Eine solche Rufausbeutung liegt vor, wenn der Verkehr die Wertschätzung, die das Originalprodukt genießt, auf die Nachahmung überträgt (Imagetransfer). Eine Täuschung über die betriebliche Herkunft ist von der Rufbeeinträchtigung zu unterscheiden. 159

Die Unangemessenheit der Nachahmung ist durch eine Gesamtwürdigung aller Umstände des Einzelfalls unter Abwägung der Interessen des Herstellers des Originals und des Nachahmers festzustellen. 160

f) Unredliche Kenntniserlangung (§ 4 Nr. 9 lit. c) UWG)

Diese Fallgruppe betrifft die Fälle, in denen sich der Nachahmer die erforderlichen Kenntnisse durch **Erschleichung eines fremden Betriebsgeheimnisses** oder durch **Vertrauensbruch** verschafft hat. Diese Fälle sind von jenen zu unterscheiden, in denen ein 161

---

229 BGH WRP 2006, 75, 79 – Jeans; BGH WRP 2005, 88, 90 – Puppenausstattungen; BGH WRP 2003, 496, 498 – Pflegebett; BGH WRP 2002, 207, 210 – Noppenbahnen; OLG Hamburg AfP 2007, 564.
230 OLG Hamburg AfP 2007, 564.
231 OLG München GRUR-RR 2003, 329, 320 – Hit Bilanzen.
232 OLG Frankfurt GRUR 2002, 96.
233 BGH GRUR 2003, 958, 963 – Paperboy.
234 OLG Köln GRUR-RR 2005, 228, 229.
235 BGH WRP 2009, 1374 – Knoblauchwürste; BGH WRP 2009, 1372 – Ausbeinmesser; BGH GRUR 2000, 608, 609 – ARD-1.

Arbeitnehmer auf Grund seiner Tätigkeit in einem Betrieb besondere Kenntnisse erlangt hat. Diese darf er nach seinem Ausscheiden bei dem vorherigen Arbeitgeber auch für künftige Arbeitgeber verwenden.

5. Behinderungswettbewerb, § 4 Nr. 10 UWG

a) Normzweck

162 Wettbewerbswidrig handelt, wer Mitbewerber gezielt behindert. Die weite, generalklauselartige Fassung der Norm soll sicherstellen, dass **alle Erscheinungsformen des Behinderungswettbewerbs** einbezogen werden, insbesondere der Boykott, der Vernichtungswettbewerb, der Missbrauch von Nachfragemacht zur Ausschaltung von Wettbewerbern. Erfasst werden damit auch Handlungen im Verhältnis von Unternehmen auf verschiedenen Wirtschaftsstufen. Zu unterscheiden ist die individuelle Behinderung des Konkurrenten von der allgemeinen Marktbehinderung. Die Werbung und der Vertrieb eines Werbeblockers und die Ausstrahlung von Befehlssignalen für diesen verstoßen daher weder unter dem Gesichtspunkt einer produktbezogenen Behinderung noch unter dem Gesichtspunkt einer Werbebehinderung gegen § 4 Nr. 10 UWG und stellen auch keine nach dieser Bestimmung unzulässige allgemeine Marktbehinderung dar.[236]

b) Tatbestandliche Voraussetzungen

163 Eine wettbewerbswidrige Behinderung setzt die Beeinträchtigung der **wettbewerblichen Entfaltungsmöglichkeiten** eines Mitbewerbers voraus. Die Behinderung kann sich auf alle Wettbewerbsparameter des Mitbewerbers wie beispielsweise Absatz, Bezug, Werbung, Produktion, Finanzierung oder Personal beziehen. Da aber grundsätzlich jeder Wettbewerb die Mitbewerber beeinträchtigen kann, müssen weitere Umstände hinzutreten, damit von einer unzulässigen individuellen Behinderung gesprochen werden kann. Insoweit ist eine Gesamtwürdigung der Umstände des jeweiligen Einzelfalls geboten, bei der die sich gegenüberstehenden Interessen der Mitbewerber, der Verbraucher, der sonstigen Marktteilnehmer sowie der Allgemeinheit gegeneinander abzuwägen sind.[237]

164 Gefordert wird ein "**gezieltes Handeln**«. Hierdurch wird klargestellt, dass eine Behinderung von Mitbewerbern als logische Folge des Wettbewerbs grundsätzlich nicht ausreicht, um den Tatbestand zu verwirklichen. Das aktive Abwerben von Kunden ist grundsätzlich zulässig, solange im Rahmen der Abwerbung keine irreführenden oder herabsetzenden Behauptungen aufgestellt werden.

165 Typischer Fall des Behinderungswettbewerbs ist der Boykottaufruf. Weitere Fälle sind die Beseitigung von Kontrollnummern zur Durchbrechung eines **selektiven Vertriebssystems.** Wettbewerbswidrig ist auch der Verkauf unter Einstandspreis, wenn dies als gezielte Kampfpreisunterbietung mit dem Ziel eingesetzt wird, einen finanzschwächeren Konkurrenten vom Markt zu verdrängen.

166 Eine weitere Form des Eingriffs in den Betrieb des Mitbewerbers bildet die sog. **unberechtigte Schutzrechtsverwarnung,** bei der ein Mitbewerber einen anderen unter Berufung auf ein angeblich bestehendes Immaterialgüterrecht zur Unterlassung eines bestimmten Verhaltens auffordert. Die unberechtigte Schutzrechtsverwarung stellt einen Eingriff in das durch § 823 Abs. 1 BGB geschützte Recht am eingerichteten und ausgeübten Gewerbebetrieb dar.[238] Die unberechtigte Schutzrechtsverwarnung ist daher sowohl gegenüber dem Hersteller eines Produkts als auch gegenüber dem Abnehmer eine Behinderung i.S.d. § 4 Nr. 10 UWG.

---

236 BGH GRUR 2004, 877, 879 – Werbeblocker.
237 BGH GRUR 2004, 877, 879 – Werbeblocker; BGH GRUR 2001, 1061 -Mitwohnzentrale.de.
238 BGH GRUR 2005, 882 – Unberechtigte Schutzrechtsverwarnung.

c) Unentgeltliche Abgabe von Presseleistungen

aa) Grundsatz

Wird eine gewöhnlich nur gegen Entgelt erbrachte Leistung unentgeltlich erbracht, so stellt dies regelmäßig noch keine wettbewerbswidrige Marktstörung dar.[239] Auch ist ein Marktverhalten grundsätzlich nicht schon deshalb wettbewerbswidrig, weil es allein oder in Verbindung mit einer zu erwartenden Nachahmung den Bestand des Wettbewerbs gefährdet. Die Nachahmung eines erfolgreichen Marktverhaltens liegt vielmehr im **Wesen des Leistungswettbewerbs**, und es ist nicht Aufgabe des Wettbewerbsrechts, klassische und auch bewährte Erscheinungsformen des Wirtschaftslebens zu erhalten und vor Aufweichungs- und Änderungsprozessen zu bewahren. Insbesondere ist wirtschaftlichen Entwicklungen nicht allein deshalb mit Mitteln des Wettbewerbsrechts entgegenzusteuern, weil sie bestehende Konzeptionen in Frage stellen.[240] Zu dem quantitativen Element der Gefährdung des Wettbewerbsbestands muss deshalb ein qualitatives Element hinzukommen, um die Unlauterkeit des Verhaltens zu begründen. Alsdann hat eine Interessenabwägung stattzufinden: Unter Würdigung der Gesamtumstände des Einzelfalls und unter Berücksichtigung der Interessen der Mitbewerber und der Allgemeinheit ist zu prüfen, ob ein bestimmtes Marktverhalten das **Unwerturteil** nach § 3 UWG nach sich zieht.

167

Eine unbillige Behinderung liegt vor, wenn nach den Gesamtumständen das Wettbewerbsverhalten für sich allein oder in Verbindung mit den zu erwartenden gleichartigen Werbemaßnahmen von Mitbewerbern die ernstliche Gefahr begründet, dass der Leistungswettbewerb hinsichtlich der fraglichen Warenart in nicht unerheblichem Maße eingeschränkt wird. Das kann bei kostenlosen Leistungen der Fall sein, wenn die unentgeltliche Leistung den Empfänger in unsachlicher Weise zu wettbewerblich erheblichen Entschließungen veranlasst und ihn derart an die **kostenlose Leistung gewöhnt**, dass er davon absieht, das Leistungsangebot anderer Mitbewerber auf Güte und Wirtschaftlichkeit zu überprüfen.[241] Bei der Beurteilung der Auswirkung im Pressebereich auf die Wettbewerbs- und Marktlage ist anhand der Gesamtumstände insbesondere zu prüfen, ob die unentgeltliche Leistung geeignet ist, eine üblicherweise entgeltliche Leistung der Mitbewerber zu ersetzen, und ob sie einen Nachahmungseffekt zur Folge haben kann.[242]

168

bb) Anzeigenblätter ohne redaktionellen Inhalt

Die unentgeltliche Verbreitung von **reinen Anzeigenblättern** ist im Hinblick auf eine allgemeine Marktbehinderung unbedenklich.[243]

169

cc) Anzeigenblätter mit redaktionellem Inhalt

Die unentgeltliche Abgabe von Anzeigenblättern mit redaktionellem Inhalt soll nach der **Rechtsprechung des BGH** eine allgemeine Marktbehinderung darstellen, da die befürchtete Verdrängung der Tagespresse einer Gefährdung ihres verfassungsrechtlichen Bestandes gleichkomme.[244] Diese Rechtsprechung dürfte jedoch mittlerweile als überholt anzusehen sein: Zum einen haben die regionalen Zeitungsverlage eigene kostenlose Anzeigen-

170

---

239 BGH GRUR 1990, 40, 45 – Annoncen-Avis; BGH GRUR 1991, 616, 617 – Motorboot-Fachzeitschrift; BGH GRUR 1993, 774 – Hotelgutschein.
240 BGH GRUR 1991, 616, 617 – Motorboot-Fachzeitschrift; BGH GRUR 1990, 40, 45 – Annoncen-Avis; OLG Köln ZUM-RD 2001, 393.
241 BGHZ 43, 278, 285 – Kleenex; BGH GRUR 1991, 616, 617 – Motorboot-Fachzeitschrift; OLG Hamburg ZUM-RD 2001, 238.
242 BGH GRUR 1991, 616, 617 – Motorboot-Fachzeitschrift; BGHZ 81, 291 – Bäckereifachzeitschrift.
243 BGHZ 51, 236, 238 – Stuttgarter Wochenblatt I.
244 BGH GRUR 1992, 191, 194 – Amtsanzeiger; BGH GRUR 1985, 881, 882 – Bliestal-Spiegel.

blätter mit redaktionellem Inhalt etabliert. Zum anderen geht eine viel größere Gefahr für den Bestand der Zeitungen vom Wegbrechen des Anzeigengeschäfts bei gleichzeitigem Rückgang der Verkaufszahlen aus. Die Gründe hierfür ist die Konkurrenz durch Internet-Werbung sowie durch kostenlose zeitungsähnliche Angebote im Internet, etwa durch gebührenfinanzierte Fernsehanstalten.

171 Dass eine kostenlos verbreitete und demnach nur durch Anzeigen finanzierte Zeitung einen **qualitativ hochwertigen redaktionellen Teil** beinhaltet, ist im Hinblick auf den kostenlosen Vertrieb nicht zu beanstanden. Auf dem Zeitungsmarkt ist grundsätzlich zwischen dem Anzeigen- und dem Lesermarkt zu unterscheiden. Beide Märkte stehen in Wechselbeziehungen zueinander,[245] wobei der Erfolg einer Anzeige von dem Erfolg der jeweiligen Zeitung auf dem Lesermarkt abhängt. Denn wenn eine Zeitung beim Leser nicht ankommt, kann die in ihr geschaltete Anzeige keine sonderliche Werbewirkung entfalten. Hängt das Finanzierungskonzept einer unentgeltlichen Zeitung praktisch ausschließlich von den erzielten Anzeigenerlösen ab, muss dem Herausgeber also daran gelegen sein, seine Zeitung für den Lesermarkt interessant und erfolgreich zu gestalten. Es ist daher zulässig, dieses Ziel mit einem breit gefächerten, auch überregionale allgemeine Themen umfassenden redaktionellen Teil zu verfolgen. Eine ausschließlich anzeigenfinanzierte Zeitung kann sich demnach einen redaktionellen Teil minderer journalistischer Qualität konzeptionell überhaupt nicht leisten.[246]

172 Die kostenlose Versendung einer Golfzeitschrift an 50.000 ausgewählte »Golf-Haushalte« gefährdet den Bestand der Kaufzeitschriften auf dem Markt der Golfzeitschriften jedenfalls dann nicht, wenn weder infolge der schon vorbestehenden Konkurrenz kostenlos verteilter Golfzeitschriften noch infolge der erstmals durchgeführten Versendung derartiger Zeitschriften an »Golf-Haushalte« signifikante und konkret auf die gewählte Vertriebsart zurückzuführende Umsatzrückgänge im Bereich der Kaufzeitschriften zu verzeichnen sind.[247]

dd) Unentgeltliche Abgabe entgeltlicher Zeitungen

173 **Nach Auffassung des BGH** ist der kostenlose Vertrieb an sich entgeltlicher Zeitungen eine allgemeine Marktbehinderung. Ein Vertriebssystem (»Stumme Verkäufer«), bei dem von vornherein mit einer Schwundquote von 60 % zu rechnen sei, laufe auf eine mit dem fairen Wettbewerb nicht zu vereinbarende **kostenlose Abgabe von Zeitungen** hinaus.[248] Auch diese Rechtsprechung dürfte überholt sein. Denn wenn es dem Verleger frei steht, anspruchsvolle redaktionelle Zeitungen allein durch Anzeigen zu finanzieren und kostenlos abzugeben, kann es ihm nicht gleichzeitig verwehrt sein, einen Teil der auch verkaufsfinanzierten Auflage etwa zu Werbezwecken – man denke an die Zeitungsauslagen am Flughafen-Gate oder in Sportstudios – unentgeltlich abzugeben.[249]

174 Nach wie vor soll unter dem Aspekt der allgemeinen Marktbehinderung die dauernde unentgeltliche Verteilung von (auch »echten«) Tageszeitungen lediglich dann als wettbewerbswidrig zu qualifizieren sein, wenn hiermit eine **konkrete Bestandsgefährdung** der im selben räumlichen Bereich erscheinenden Boulevard-Zeitungen einhergehe. Eine tatsächliche Vermutung für eine derartige Marktstörung bestehe nicht; vielmehr obliege es dem auf Unterlassung klagenden Konkurrenten, die behauptete konkrete Bestandsgefährdung darzulegen und ggf. zu beweisen.[250]

---

245 BGH GRUR 1980, 734, 739 – Anzeigenmarkt; OLG Karlsruhe ZUM-RD 430, 439.
246 OLG Karlsruhe ZUM-RD 430, 439.
247 OLG Hamburg ZUM-RD 2001, 238.
248 BGH GRUR 1996, 778, 780 – Stumme Verkäufer.
249 *Köhler*/Bornkamm § 4 Rn. 12.24.
250 OLG Köln ZUM-RD 2001, 393.

Die vorübergehende unentgeltliche Abgabe von Zeitungen und Zeitschriften erfolgt häufig zu Zwecken der **Markteinführung der Abonnentenwerbung**. Sie ist nicht zu beanstanden, sofern eine dem Erprobungszweck angemessene zeitliche Beschränkung eingehalten wird.[251] Jenseits einer angemessenen zeitlichen Beschränkung wird die Wettbewerbswidrigkeit regelmäßig nur unter dem Gesichtspunkt der »Marktverstopfung« zu prüfen sein. Eine solche kann im Einzelfall eine individuelle und unlautere Behinderung eines bestimmten Konkurrenten sein, reicht aber regelmäßig für die Annahme einer allgemeinen Marktbehinderung nicht aus.[252]

175

ee) Fachzeitschriften

Auch im Bereich der Fachzeitschriften ist heute von dem Grundsatz auszugehen, dass der Verleger frei entscheiden darf, wie er sein Blatt finanziert, ob (auch) über den Verkaufspreis oder (nur) über den Anzeigenerlös.[253]

176

ff) Kopplung entgeltlicher und unentgeltlicher Presseerzeugnisse

Es ist auch grundsätzlich nicht zu beanstanden, wenn ein Verleger neben einer entgeltlich vertriebenen Zeitschrift eine andere Zeitschrift unentgeltlich abgibt (ein Anzeigenblatt zur Tageszeitung, eine Beilage zur Zeitschrift etc.).[254]

177

gg) Kostenlose Anzeigen

Der kostenlose Abdruck gewerblicher Anzeigen ist regelmäßig wettbewerbswidrig. Hinsichtlich kostenloser Privatanzeigen wurde nach Art der Zeitung oder Zeitschrift unterschieden: Für die dauerhaft kostenlose Veröffentlichung privater Kleinanzeigen in einer **Fachzeitschrift** hat der BGH in der Entscheidung »Motorboot-Fachzeitschrift« angenommen, dass nach der Lebenserfahrung ein solches Angebot geeignet sei, gleichartige (entgeltliche) Leistungsangebote von Mitbewerbern auf Dauer zu ersetzen. Der dadurch in Gang gesetzte Kreislauf führe letztlich auch zu einer Abwanderung gewerblicher Insertionskunden und verstärke die Abhängigkeit des Verlagsgeschäfts vom Anzeigengeschäft, was sich wiederum nachteilig auf die Objektivität der Berichterstattung auswirken könne. Für **andere Fachzeitschriften**[255] oder **Anzeigenblätter** auch mit redaktionellem Teil[256] hat der BGH dagegen eine Gefahr für den Bestand der Presseerzeugnisse der Wettbewerber nicht feststellen können. Danach ist die Konzeption eines Anzeigenblattes, das kostenlos verteilt wird und sich aus den Anzeigen finanziert, unabhängig von der konkreten Wettbewerbssituation sachgerecht. Dennoch soll im konkreten Einzelfall festzustellen sein, ob der redliche Verkehr aller in diesem Teilbereich beteiligten Leser, Verleger und Inserenten das System der Finanzierung durch Gratisverteilung der Fachzeitschriften dieser Sparte als marktgerecht ansehe und billige und von ihm keine Gefahr einer Marktverwilderung ausgehe, die zu einer Bestandsgefährdung des Wettbewerbs auf diesem Bereich und zu einem Absinken der redaktionellen Leistung führen könnte.[257]

178

Dagegen wird eingewandt, dass es den Verlegern konkurrierender Fachzeitschriften frei stehe, sich ebenfalls dieses Werbemittels zu bedienen. Auch für Tageszeitungen könne insoweit nichts anderes gelten.[258]

179

---

251 BGH GRUR 1957, 600 – Westfalen-Blatt I; KG GRUR-RR 2001, 189.
252 *Köhler*/Bornkamm § 4 Rn. 12.29.
253 *Köhler*/Bornkamm § 4 Rn. 12.25.
254 OLG Bremen WRP 1999, 1052, 1054.
255 BGHZ 81, 291 – Bäckereifachzeitschrift.
256 BGH GRUR 1990, 44 – Annoncen-Avis; BGH GRUR 1985, 881 – Bliestal-Spiegel.
257 BGH GRUR 1990, 44 – Annoncen-Avis; OLG Hamburg ZUM-RD 2001, 238.
258 *Köhler*/Bornkamm § 4 Rn. 12.28.

hh) Füllanzeigen

180 Unzulässig ist es – auch unter dem Gesichtspunkt der irreführenden Werbung, § 5 Abs. 1 Ziff. 1 UWG -, wenn ein Verlag eine tatsächlich nicht bestehende Leistungsfähigkeit auf dem Gebiet der Anzeigenwerbung **durch unbestellte und unbezahlte Füllanzeigen** vortäuscht.[259] Entsprechendes gilt, wenn die Inhalte etwa von Anzeigen, die in Konkurrenzblättern erschienen sind, ohne Einverständnis des Wettbewerbers übernommen werden, da auch hierbei eine tatsächlich nicht bestehende Leistungsfähigkeit vorgetäuscht wird. Denn die Übernahme einer bei der Konkurrenz erschienenen Anzeige ist einfach, während nur die Veröffentlichung kostenpflichtiger Anzeigen die Leistungsfähigkeit und das Ansehen der Zeitung als Werbeträger belegt.

ii) Internet

181 Ein Internet-Suchdienst, der Informationsangebote – insbesondere Presseartikel – auswertet, die vom Berechtigten öffentlich zugänglich gemacht worden sind, handelt grundsätzlich nicht wettbewerbswidrig, wenn er Nutzern unter Angabe von Kurzinformationen über die einzelnen Angebote durch **Deep-Links** den unmittelbaren Zugriff auf die nachgewiesenen Angebote ermöglicht und die Nutzer so an den Startseiten der Internetauftritte, unter denen diese zugänglich gemacht sind, vorbeiführt. Dies gilt auch dann, wenn dies dem Interesse des Informationsanbieters widerspricht, dadurch **Werbeeinnahmen** zu erzielen, dass Nutzer, die Artikel über die Startseiten aufrufen, zunächst der dort aufgezeigten Werbung begegnen. Die Tätigkeit von Suchdiensten und deren Einsatz von Hyperlinks ist wettbewerbsrechtlich zumindest dann grundsätzlich hinzunehmen, wenn diese lediglich den Abruf der vom Berechtigten öffentlich zugänglich gemachten Informationsangebote ohne Umgehung technischer Schutzmaßnahmen für Nutzer erleichtern.[260]

6. Wettbewerbsvorsprung durch Rechtsbruch, § 4 Nr. 11 UWG

a) Normzweck

182 Es kann nicht die Aufgabe des Lauterkeitsrechts sein, alle nur irgendwie denkbaren Rechtsverstöße im Zusammenhang mit geschäftlichen Handlungen zu erfassen und zu sanktionieren.[261] Der Zweck des Lauterkeitsrechts besteht vielmehr darin, das **Marktverhalten der Unternehmen** im Interesse der Marktteilnehmer und Verbraucher zu regeln und einen unverfälschten Wettbewerb zu ermöglichen. § 4 Nr. 11 UWG ist daher so gefasst, dass nicht jeder wettbewerbsrelevante Verstoß gegen eine Rechtsvorschrift unlauter ist. Stattdessen sollen nur solche Rechtsverstöße auch lauterkeitsrechtlich sanktioniert werden, wenn die betreffenden Vorschriften »auch« das Marktverhalten der Wettbewerber regeln.

b) Tatbestandsvoraussetzungen

183 Anknüpfungspunkt ist eine geschäftliche Handlung, die in einer Zuwiderhandlung gegen eine gesetzliche Vorschrift besteht. Gesetzliche Vorschrift i.S.d. § 4 Nr. 11 UWG ist jede Rechtsnorm, die in Deutschland Geltung besitzt.[262] Hierunter fallen auch die **Normen des primären und sekundären Gemeinschaftsrechts**, zudem Rechtsverordnungen, die autonomen Satzungen von Gemeinden und Kammern sowie das Gewohnheitsrecht.

---

259 BGH GRUR 1997, 380, 381 – Füllanzeigen; OLG Hamm GRUR 1980, 312; OLG Köln WRP 1982, 111; OLG Frankfurt GRUR 1988, 847, 848; OLG Stuttgart bezogen auf Anzeigen in Telefonbüchern – Urt. v. 30.1.1998, AfP 1998, 628. Siehe hierzu auch Kap. 8 Rdn. 563.
260 BGH GRUR 2003, 958 – Paperboy.
261 Begr. zu § 4 Nr. 11, BT-Drs.15/1487.
262 BGH GRUR 2005, 960, 961 – Friedhofsruhe.

Keine gesetzlichen Vorschriften i.S.d. § 4 Nr. 11 UWG sind ausländische Gesetze, Gerichtsentscheidungen, Verwaltungsvorschriften, Verwaltungsakte, Verträge, Wettbewerbsregeln, DIN-Normen und Standesregeln.[263]

Die betreffende Vorschrift muss zumindest auch dazu bestimmt sein, im Interesse der Marktteilnehmer das Marktverhalten zu regeln. Als Marktverhalten ist jede Tätigkeit auf einem Markt anzusehen, durch die ein Unternehmer auf die Mitbewerber, Verbraucher oder sonstige Marktteilnehmer einwirkt. Den Gegensatz bilden Tätigkeiten, die keine Außenwirkung auf den Markt haben, etwa Produktion, Forschung und Entwicklung. **184**

Dem Interesse der Mitbewerber dient eine Norm, wenn sie die **Freiheit ihrer wettbewerblichen Entfaltung** schützt. Dem Interesse der Verbraucher und sonstigen Marktteilnehmer dient eine Regelung, wenn sie deren Entscheidungs- und Verhaltensfreiheit in Bezug auf die Marktteilnahme schützt. **185**

Ob eine Regelung einen Marktbezug aufweist, ist durch Auslegung zu ermitteln.[264] Keine Marktverhaltensregen sind die Vorschriften zum Schutz des geistigen Eigentums.[265] Anders die Regelungen des Buchpreisbindungsgesetzes,.[266] des Fernabsatzrechts (insbes. Art. 246 EGBGB)[267] und der VerpackungsVO,[268] die als Marktverhaltensregeln anzusehen sind. Auch Vorschriften zum Schutze des allgemeinen Persönlichkeitsrechts und des Datenschutzrechts können je nach Bedeutung als Regelungen des Marktverhaltens anzusehen sein. **186**

c) Haftung für Werbeinhalte

Ein Presseunternehmen handelt bei der Veröffentlichung einer Anzeige in Wettbewerbsabsicht, und zwar nicht nur zum Zweck der Förderung der eigenen Wettbewerbsposition, sondern auch zur Förderung der wettbewerblichen Stellung des werbenden Unternehmens. Eine solche Wettbewerbsabsicht ist im Anzeigengeschäft der Presse zu vermuten.[269] **187**

Die Verbreiter von Werbung und insbesondere die Mitarbeiter der Werbe- und Anzeigenabteilungen von Presse- und Rundfunkunternehmen sind immer wieder mit Anzeigen und Werbespots konfrontiert, die rechtliche Fragen aus den unterschiedlichsten Bereichen aufwerfen. Die wichtigsten **Werberestriktionen** finden sich in den Berufsordnungen der Rechtsanwälte, Notare, Ärzte und Apotheker, im Heilmittelwerberecht, im Jugendschutzrecht,[270] im Kosmetikrecht (KosmetikVO), Lebensmittel- und Futterrecht (LFGB) und im Telemedienrecht (TMG). **188**

Der Schutz der Pressefreiheit schließt auch das Werbe- und Anzeigengeschäft ein.[271] Im Hinblick auf die Besonderheiten des Anzeigengeschäfts kann ein Presseunternehmen daher nur eingeschränkt für wettbewerbswidrige Anzeigen seiner Inserenten verantwortlich gemacht werden. Um die tägliche Arbeit nicht über Gebühr zu erschweren und die Verantwortlichen nicht zu überfordern, gelten bei Anzeigen daher **keine umfassenden Prüfungspflichten**. Zwar enthält das UWG in der seit 8.7.2004 geltenden Fassung – wie auch das alte Recht – hierzu keine ausdrückliche Regelung; es bestehen jedoch keine **189**

---

263 Köhler/Bornkamm § 4 Rn. 11.24–11.32.
264 BGH GRUR 1076 – Abgasemissionen.
265 BGH GRUR 1999, 325, 326 – Elektronische Pressearchive.
266 OLG Hamburg GRUR-RR 2006, 200; a.A. Köhler/Bornkamm § 4 Rn. 11.13.
267 BGH GRUR 2003, 971, 972 – Telefonischer Auskunftsdienst.
268 BGH GRUR 2007, 162 – Mengenausgleich in Selbstentsorgergemeinschaft.
269 BGH GRUR 2002, 360, 366 – H.I.V. POSIIVE II; BGH GRUR 1990, 1012.1013 – Pressehaftung I; BGH GRUR 1993, 53, 54 – Ausländischer Inserent; BGH GRUR 1994, 841, 842 – Suchwort.
270 BGH GRUR 2007, 18, 19 – Internet-Videorecorder.
271 BVerfG GRUR 2001, 170 – Benetton-Werbung.

Anhaltspunkte dafür, dass der Gesetzgeber die zuvor von der Rechtsprechung entwickelten Grundsätze zur Haftung der Verlage für den wettbewerbswidrigen Inhalt von Anzeigen oder kostenpflichtigen Einträgen verschärfen wollte.[272]

190 Das Presseunternehmen ist aber nicht gänzlich von der Haftung frei gestellt. Es haftet für die Veröffentlichung von Werbeanzeigen Dritter wettbewerbsrechtlich als Störer, wenn es **grobe und eindeutige, unschwer erkennbare Wettbewerbsverstöße** übersieht.[273]

191 Die Beschränkung auf das grob fahrlässige Nichterkennen von Wettbewerbsverstößen hat ihren Grund auch darin, dass die Prüfung der Veröffentlichung von Inseraten unter dem Gebot einer **raschen Entscheidung** steht und unter Berücksichtigung der Eigenart ihrer Tätigkeit an Verleger oder Redakteur keine unzumutbaren Anforderungen gestellt werden dürfen.[274] Die Haftung der Presse greift daher nicht ein, wenn der Rechtsverstoß bei der gebotenen Prüfung vor der Veröffentlichung ohne Fachkenntnisse nur vermutet werden konnte. Den Mitarbeitern der Anzeigenabteilungen ist nicht zuzumuten, sich im Bereich etwa des Heilmittelwerberechts, des Kosmetikrechts, des Arzneimittelrechts und anderer Rechtsgebiete mit werbebeschränkenden Regelungen auf dem Laufenden zu halten. Es ist ihnen nicht zuzumuten, Veröffentlichungen auf diesen Gebieten in anderen Medien zu beobachten, um etwa die Irreführungsgefahr einer Werbung mit falschen Aussagen zur Wirksamkeit bestimmter Mittel oder Verfahren selbst beurteilen zu können.[275] Die Entscheidung über die Vereinbarkeit von Telefonbucheinträgen von Anwaltskanzleien mit § 7 BORA ist dem Presseunternehmen nicht zuzumuten.[276] Auch besondere Kenntnisse etwa des Urheber- oder Wettbewerbsrechts können nicht verlangt werden. Allerdings können **konkrete Informationen und Hinweise** die Prüfungspflicht erhöhen bzw. begründen, etwa ein vorangegangenes anwaltliches Abmahnschreiben[277] oder die Vorlage einer gerichtlichen Entscheidung.

192 Die grobe Unrichtigkeit einer Anzeigenwerbung kann sich zudem auch aus ihrer äußeren Gestaltung und aus Überschriften ergeben.[278] Dies wurde für die Anpreisung eines Schlankheitsmittels als »Schlank-Sensation Nr. 1« oder »Weltsensation«, mit dem man »Schlank in Rekordzeit« werde und »12 Kilo in nur 3 Wochen« verliere, angenommen. Schon die äußere Form der Bewerbung ohne inhaltliche Konkretisierung habe einem durchschnittlich aufmerksamen, verständigen und informierten Anzeigenredakteur Anlass geben, an der generellen Richtigkeit der Anzeige zu zweifeln. Die Werbung habe den Mitarbeitern der Anzeigenabteilung – die trotz Vertrautheit mit den öffentlichen Medien noch nie von einer derartigen wissenschaftlich erwiesenen Wirkung gehört haben konnten – ohne weiteres den Rechtsverstoß offenbaren müssen.[279] Auch die Anonymisierung einer Anzeige soll für einen durchschnittlich aufmerksamen, verständigen und informierten Anzeigenredakteur ein deutliches Anzeichen für die Wettbewerbswidrigkeit der Anzeige sein.[280]

193 Ein besonderes **Presseprivileg** enthält die lauterkeitsrechtliche Anspruchsgrundlage für den Schadensersatz in § 9 Satz 2 UWG: Der Anspruch auf **Schadensersatz** kann gegen die verantwortlichen Personen von periodischen Druckschriften nur bei einer **vorsätzlichen Zuwiderhandlung** geltend gemacht werden.

---

272 OLG Frankfurt am Main NJW 2005, 157, 158.
273 BGH GRUR 2006, 429, 431 – Schlank-Kapseln; BGH GRUR 2002, 360 – H.I.V. POSITIVE II; BGH GRUR 1990, 1012.1013 – Pressehaftung I; BGH GRUR 1992, 618, 619 –Pressehaftung II.
274 BGH GRUR 2006, 429, 431 – Schlank-Kapseln; BGH, GRUR 1992, 618 – Pressehaftung II.
275 BGH GRUR 2006, 429, 431 – Schlank-Kapseln.
276 OLG Frankfurt am Main NJW 2005, 157, 158.
277 OLG Frankfurt am Main AfP 2009, 262.
278 LG Köln, Urt. v. 18.2.2010, 31 O 552/09.
279 LG Köln, Urt. v. 18.2.2010, 31 O 552/09.
280 LG Köln, Urt. v. 18.2.2010, 31 O 552/09.

7. Werbung mit der Auflage

Die Werbung mit der Auflagenhöhe ist ein wichtiges Instrument der Presse im Wettbewerb um Leser und Anzeigenkunden. **Angaben zur Auflagenhöhe sind Beschaffenheitsangaben** und müssen sich am Irreführungsverbot des § 5 Abs. 2 Ziff. 1 UWG messen lassen: Der Verkehr schließt vom quantitativen Moment der Verkehrsanerkennung auf die qualitative Beschaffenheit.[281]

194

a) Begriff der Auflage

Es gibt keine einheitliche Definition des Auflagenbegriffs. Dennoch ist immer zuerst zu klären, was gemeint ist, wenn von der Auflage einer Zeitung oder Zeitschrift gesprochen wird. Denn während für den Leser in erster Linie die verkaufte Auflage zählt, da er von dieser auf die Marktstellung der Zeitung schließt, interessieren sich die Anzeigenkunden eher für die Zahl der tatsächlich erreichten Leser.[282]

195

aa) Druckauflage

Hierunter versteht der Verkehr die Gesamtzahl der Exemplare einer Zeitungsnummer. Diese umfasst sowohl die später verteilten und verkauften als auch makulierten Exemplare der Ausgabe. Da der Verlag die Druckauflage stets selbst bestimmen kann, kommt ihr kein besonders hoher Aussagewert zu.

196

bb) Verbreitete Auflage

Darunter ist die Gesamtzahl der tatsächlich abgesetzten Exemplare zu verstehen. Mit umfasst werden damit auch sämtliche unentgeltlich verteilten Werbeexemplare. Je intensiver der Presseverlag die Werbung mit Freiexemplaren betreibt, desto höher ist seine verbreitete Auflage. Aus diesem Grunde kommt auch der verbreiteten Auflage kein sehr hoher Aussagewert über die Akzeptanz der Druckschrift beim Publikum zu.[283]

197

cc) Verkaufte Auflage

Die verkaufte Auflage bezeichnet die Anzahl der Exemplare, die vom Kunden im Wege des Abonnements oder Einzelkaufs entgeltlich erworben wurden. Für die Leserwerbung ist dies der wichtigste Parameter zur Bestimmung der Beliebtheit einer Zeitung oder Zeitschrift, insbesondere im Vergleich zur Konkurrenz.

198

dd) Leseauflage (Reichweite)

Die Leseauflage – üblicherweise als **Reichweite** bezeichnet – bildet die tatsächliche Zahl der Leser ab, die durch die Zeitung oder Zeitschrift erreicht werden. Diese ist regelmäßig höher als die verkaufte Auflage, da eine Tageszeitung von mehreren Mitgliedern einer Familie, eine Illustrierte beim Arzt oder Friseur und eine Fachzeitschrift in Betrieben oder Anwaltskanzleien von einer Mehrzahl von Mitarbeitern oder Berufsträgern gelesen wird.

199

Die Reichweite erschließt sich daher nicht von vornherein, sondern muss **auf der Basis von Erhebungen oder Umfragen ermittelt** werden. Da hierbei immer Stichproben gemacht und deren Ergebnisse hochgerechnet werden, ist jede Reichweitenzahl nur ein Annäherungswert.

200

---

281 Köhler/*Bornkamm* § 5 Rn. 4.136.
282 BGH GRUR 2004, 244, 245 – Marktführerschaft.
283 *Löffler/Ricker* Kap. 77 Rn. 15; a.A. OLG Düsseldorf BB 1968, 439; OLG Stuttgart DB 1963, 374.

b) Irreführungstatbestände

aa) Irreführende Angaben zur Auflage

201 Um angesichts des uneinheitlichen Auflagenbegriffs eine Irreführung zu vermeiden, muss klar gemacht werden, auf welche Art von Auflage sich die werbenden Angaben beziehen. Wird allein mit dem Begriff der »Auflage« geworben, muss die Angabe der Auflagenzahl der Verkehrsauffassung zum Auflagenbegriff entsprechen, um nicht irreführend zu sein. Die Verwendung des Begriffs »Auflage« hat ohne nähere Erläuterung jedoch stets die **Tendenz zur Irreführung**.

202 In der Werbung für eine Tageszeitung unter Verwendung des Begriffs »Gesamtauflage« sieht der Verkehr einen Hinweis auf die **tatsächlich verkaufte Auflage**.[284] Ist diese wesentlich niedriger als die angegebene Auflage, liegt eine Irreführung vor. Ebenso soll die Eigenwerbung einer Zeitung "Auflage: 29.996 Exemplare" irreführend, wenn es sich hierbei um die verbreitete Auflage handelt, die verkaufte Auflage 5% jedoch geringer ist.[285] Demgegenüber wurde die Angabe »Auflage ca. 9.000 Stück« bei einer verbreiteten Auflage von 8.100 Exemplaren nicht für irreführend bei einem Blatt gehalten, das an alle Haushalte eines bestimmten Gebiets verteilt wurde: Denn die Werbeaussage führe allenfalls zu einer unrichtigen Vorstellung über die Zahl der tatsächlich vorhandenen und erreichten Haushalte. Diese sei aber nicht geeignet, bei den Angesprochenen unrichtige Vorstellungen über das Verbreitungsgebiet und die Werbewirksamkeit der Zeitung zu erwecken. Nur wenn dies der Fall wäre, könnten potenzielle Anzeigenkunden bei ihrer Entscheidung, eine Werbeanzeige in Auftrag zu geben, irregeführt werden.[286]

203 Irreführend ist es, wenn sich die Angabe der verbreiteten Auflage auf einen bestimmten herausgegriffenen Tag mit einem Spitzenwert bezieht, sofern nicht darauf hingewiesen wird, dass es sich bei der Angabe **nicht um den Durchschnittswert** der verbreiteten Auflage handelt.[287] Irreführend ist ferner die Hervorhebung einer Auflagensteigerung, wenn – trotz Richtigkeit der Angabe – der Eindruck erweckt wird, die Angabe weise eine ständige Aufwärtstendenz nach, obwohl die Auflage stagniert oder rückläufig ist.[288]

204 Die Angabe »auflagenstärkster Werbeträger« ist dann irreführend, wenn damit (auch) die Auflage eines wöchentlich erscheinenden Anzeigeblatts mit einer werktäglich erscheinenden Kaufzeitung verglichen wird.[289]

bb) Irreführende Angaben zum Verbreitungsgebiet

205 Nicht irreführend ist es, bei der Werbung mit der Auflagenhöhe die Ortsausgaben einer Zeitung in die Angabe der Gesamtauflage mit einzubeziehen.[290] Irreführend war hingegen die Werbung mit der Aussage »überall Westfalen-Blatt«, da ein regionales Konkurrenzblatt eine höhere Auflage erreichte: Denn wenn in einem bestimmten Gebiet bekanntermaßen zwei regionale Tageszeitungen miteinander konkurrierten, so liege es nach der Erfahrung des täglichen Lebens nahe, dass eine die "Überall"-Verbreitung betonende Werbung das relative Gewicht der so werbenden Zeitung im Verhältnis zum Konkurrenzblatt geltend machen solle. Der Verkehr schließe daraus, dass der so werbenden

---

284 OLG Hamm AfP 1983, 175, 176.
285 OLG Hamm WRP 1991, 328.
286 OLG Karlsruhe GRUR-RR 2002, 193; kritisch hierzu Köhler/*Bornkamm* § 5 Rn. 4.139.
287 öOGH ÖBl 1961, 50 – Express.
288 OLG Frankfurt am Main WRP 1978, 552; LG Hamburg AfP 1972, 155.
289 OLG München GRUR 1990, 287; LG Bayreuth AfP 1981, 469, 470.
290 BGH GRUR 1968, 433, 436 – Westfalen-Blatt III.

Zeitung wenn schon nicht überlegene, so doch in etwa gleichwertige oder wenigstens nahekommende Verbreitung zukomme. Träfe dies nicht zu, sei das irreführend.²⁹¹

Bei der Werbung mit einer »Gesamtauflage« für eine »Gesamtausgabe« mehrer Blätter ist es irreführend, wenn die verschiedenen Blätter **keinen gemeinsamen Mantel und keine inhaltlichen Gemeinsamkeiten** aufweisen.²⁹² 206

Angaben zur Auflagenhöhe sind ferner dann irreführend, wenn sie sich auf ein größeres Verbreitungsgebiet als angegeben beziehen.²⁹³ 207

cc) Irreführende Angaben zur Reichweite

Die Reichweitenwerbung ist regelmäßig an ein **sachkundiges Publikum** gerichtet, dem bekannt ist, dass Angaben zur Reichweite immer auf Erhebungen von damit befassten Instituten beruhen. Handelt es sich insoweit um anerkannte Institute (IVM, ag.ma, AWA, GfK, Nielsen) und wird das jeweils für die Erhebung verantwortliche Institut in der Werbung angegeben, ist gegen die Verwendung der ermittelten Reichweiten in der Werbung per se nichts einzuwenden.²⁹⁴ Allerdings dürfen die Ergebnisse in der Darstellung nicht derart umgestellt werden, dass die Zeitschrift plötzlich als Marktführerin erscheint.²⁹⁵ 208

Wird mit einer **Leseranalyse** geworben, erwarten die angesprochenen Verkehrskreise eine Untersuchung nicht bloß der Empfänger einer Zeitung, sondern Angaben zur Zahl der tatsächlichen Leser, also zur Reichweite.²⁹⁶ Beide Gruppen sind nicht identisch.²⁹⁷ 209

Wirbt eine Zeitschrift im Verhältnis zur Konkurrenz mit der höheren Reichweite, ist dies irreführend, wenn daraus eine Marktführerschaft abgeleitet wird, obwohl das Konkurrenzblatt eine deutlich höhere verkaufte Auflage hat.²⁹⁸ Denn auch das fachkundige Publikum bezieht den Begriff der Marktführerschaft in erster Linie auf die verkaufte Auflage. 210

D. Kartellrechtliche Bezüge des Medienrechts

I. Bedeutung des Medienkartellrechts

1. Allgemeines

Pressefreiheit, Meinungsvielfalt und Meinungsbildung sind grundrechtlich verbürgt. Voraussetzung für ihre Gewährleistung ist ein **funktionsfähiger Wettbewerb zwischen den Medien**, der Monopole verhindert und sicherstellt, dass unterschiedliche Informationen und Kommentare zur Meinungsbildung beitragen. Das kann nur funktionieren, wenn verschiedene Anbieter und Medien auf dem Markt miteinander konkurrieren. Es muss daher gewährleistet sein, dass nicht nur ein oder zwei Anbieter von Inhalten den Markt beherrschen. Dabei gewährleistet eine Vielzahl medialer Angebote nicht notwendig auch die Vielfalt von Inhalten, wenn etwa im Bereich des privaten Fernsehens hinter 211

---

291 BGH GRUR 1983, 588, 589 – Überall Westfalen-Blatt; kritisch zum Ergebnis Köhler/*Bornkamm* § 5 UWG Rn. 4.137.
292 OLG Hamm AfP 1992, 288.
293 OLG Oldenburg GRUR 1978, 657 – Verbraucherzeitung.
294 Köhler/*Bornkamm* § 5 Rn. 14.140.
295 OLG Hamburg GRUR 2002, 298.
296 Siehe hierzu auch die ZAW-Richtlinien vom 20.11.1970.
297 OLG Karlsruhe WRP 1968, 408.
298 BGH GRUR 2004, 244, 246 – Marktführerschaft.

einer Vielzahl von Programmen lediglich zwei "Senderfamilien" stehen. Die Werbekunden stehen im Bereich des Privatfernsehens damit einem faktischen »Duopol« gegenüber. Auch besteht bei Medienunternehmen die Besonderheit, dass publizistische Vielfalt zur Rechtfertigung der Gewährung der Pressefreiheit unerlässlich ist. Publizistische Vielfalt, die Qualität des Angebots und der Erhalt von publizistischem Wettbewerb sind daher Grundlage und Ziel des **Medienrechts der Länder,** insbesondere des Rundfunkstaatsvertrages und nicht zuletzt der medienspezifischen Regelungen im Gesetz gegen Wettbewerbsbeschränkungen (GWB).

212 Das GWB ist als **Kartellgesetz** zunächst die gesetzliche Grundlage für die Prüfung von Unternehmenszusammenschlüssen durch das Bundeskartellamt. Ziel ist die Eindämmung von wettbewerbsbeschränkender Marktmacht durch die Verhinderung von Absprachen von Unternehmen und durch die Kontrolle von Zusammenschlüssen mehrerer Unternehmen. Zusätzlich greifen die Vorschriften des AEUV (früher Art. 81 ff. EG-Vertrag, jetzt Art. 101 ff. des Vertrages über die Arbeitsweise der Europäischen Union) und der Fusionskontrollverordnung (FKVO)[299] ein, wenn Kartellvereinbarungen über das Bundesgebiet hinaus grenzüberschreitende Wirkungen haben. Für Zusammenschlüsse von gemeinschaftsweiter Bedeutung ist ausschließlich die FKVO anwendbar und die EU-Kommission zuständig.

2. Medienrelevante Regelungen des GWB

a) Verbot wettbewerbsbeschränkender Vereinbarungen

213 § 1 GWB verbietet Kartelle, also »Vereinbarungen zwischen Unternehmen, Beschlüsse von Unternehmensvereinigungen und aufeinander abgestimmte Verhaltensweisen, die eine Verhinderung, Einschränkung oder Verfälschung des Wettbewerbs bezwecken oder bewirken«. Dies gilt sowohl **für horizontale Vereinbarungen** zwischen miteinander im Wettbewerb stehenden Unternehmen als auch für **vertikale Vereinbarungen** zwischen Unternehmen, die – etwa auf unterschiedlichen Handelsstufen stehend – weder aktuelle oder potenzielle Wettbewerber sind. Vom Verbot des § 1 GWB freigestellt sind unter bestimmten Voraussetzungen Vereinbarungen zwischen Unternehmen oder aufeinander abgestimmte Verhaltensweisen, die unter angemessener Beteiligung der Verbraucher an dem entstehenden Gewinn zur Verbesserung der Warenerzeugung oder -verteilung oder zur Förderung des technischen oder technischen Fortschritts beitragen (§ 2 GWB).

b) Missbrauchsaufsicht

214 Neben der Fusionskontrolle und dem Kartellverbot dient auch die Missbrauchsaufsicht nach § 19 GWB der Sicherung des Wettbewerbs. Die missbräuchliche Ausnutzung einer marktbeherrschenden Stellung durch ein oder mehrere Unternehmen ist verboten (§ 19 Abs. 1 GWB). Ein Unternehmen gilt als marktbeherrschend, wenn es als Anbieter oder Nachfrager auf seinem Markt ohne Wettbewerber ist oder eine im Verhältnis zu seinen Mitbewerbern **überragende Marktstellung** hat. Letzteres kann sich aus Marktanteil, Finanzkraft, Zugang zu den Beschaffungs- oder Absatzmärkten etc. ergeben. Es wird vermutet, dass ein Unternehmen marktbeherrschend ist, wenn es einen Marktanteil von mindestens 1/3 hat (§ 19 Abs. 3 Satz 1 GWB).

215 Für die Ermittlung des Anteils kommt es auf die Bestimmung des relevanten Marktes an. Für die **Marktabgrenzung** sind nach ständiger Rechtsprechung sämtliche Güter, die sich nach ihren Eigenschaften, ihrem wirtschaftlichen Verwendungszweck und ihrer Preislage so nahe stehen, dass der verständige Verbraucher sie als für die Deckung eines bestimm-

---

299 VO Nr. 139/2004.

ten Bedarfs geeignet und **miteinander austauschbar** ansieht, in einen Markt einzubeziehen.[300] Für Zeitschriften gelten insoweit keine anderen Grundsätze.[301]

Für marktbeherrschende Unternehmen gilt das **Diskriminierungsverbot:** Sie dürfen andere Unternehmen nicht ohne sachlich gerechtfertigten Grund unterschiedlich (schlechter) behandeln als gleichartige Unternehmen (§ 20 Abs. 1 GWB). **216**

c) Fusionskontrolle

Die Zusammenschluss- oder Fusionskontrolle ist in den §§ 35 bis 42 GWB geregelt und soll durch Konkurrenzerhaltung den Wettbewerb sichern. Ihr Ziel ist es, zu verhindern, dass durch einen Zusammenschluss eine marktbeherrschende Stellung entsteht oder verstärkt wird (§ 36 Abs. 1 GWB). Das Gesetz macht in § 35 GWB den Geltungsbereich der Fusionskontrolle vom **Erreichen bestimmter Umsatzgrößen** der an der Fusion beteiligten Unternehmen abhängig. Grundsätzlich kommt eine Fusionskontrolle in Betracht, wenn die an der Fusion beteiligten Unternehmen zusammen einen weltweiten Umsatz von mehr als € 500 Mio. erreichen und ein Unternehmen beteiligt ist, das im Inland zumindest € 25 Mio. erwirtschaftet. **217**

aa) Printmedien

Im Bereich der Printmedien hat die Anzahl der Zeitungen und insbesondere der Zeitungsverlage in der Bundesrepublik Deutschland nach dem Zweiten Weltkrieg seit den 50er und 60er Jahren in besorgniserregender Weise abgenommen. Der damalige Präsident des Bundesverfassungsgerichts, *Zeidler*, hat es bereits Mitte der 80er Jahre im Gespräch so formuliert: "Ein paar Jahre noch, dann ist die Pressefreiheit die Freiheit von fünf Leuten." **218**

Tatsächlich entstanden in vielen deutschen Großstädten örtliche Zeitungsmonopole. Aus diesem Grunde wurde bereits 1976 die sog. »**Presserechenklausel**« des § 38 Abs. 3 GWB eingeführt: Während für allgemeine Fusionen eine Zusammenschlusskontrolle erst bei weltweiten Umsatzerlösen von mehr als 500 Millionen € der beteiligten Unternehmen greift (§ 35 Abs. 1 Ziff. 1 GWB) wird diese Schwelle bei Printmedien schon bei einem Jahresumsatz der beteiligten Verlage und Druckereien von 25 Millionen € erreicht. Im Bereich der Presse genügt damit ein Zwanzigstel des für die übrige Wirtschaft maßgeblichen Umsatzes, damit Zusammenschlüsse der Kontrolle des Bundeskartellamts unterliegen. **219**

Ob ein beabsichtigter Zusammenschluss die Erwartung begründet, dass eine marktbeherrschende Stellung i.S.d. § 36 Abs. 1 GWB begründet oder verstärkt wird, ist auf Grund eines Vergleichs der Wettbewerbslage, wie sie vor der Verwirklichung des Vorhabens bestanden hat, und der nach dem Zusammenschluss wahrscheinlich eintretenden Entwicklung festzustellen.[302] **220**

Die **Zeitungsmärkte** werden nach Erscheinungszeit (Tages- und Wochenzeitungen), Verbreitungsgebiet (lokal, regional, überregional) und Vertriebsmethode (Abonnementspresse, Straßenverkaufszeitungen) unterschieden.[303] Für Zeitungsverlage entstehen neue Märkte durch die Regionalisierung überregionaler Abonnements- und Straßenverkaufszeitungen und im Gegenzug durch das Vordringen regionaler Zeitungen in die überregionale Meinungspresse.[304] Darüber hinaus verschwinden zunehmend die Unterschiede **221**

---

300 BGH WuW/E 2433, 2436 – Gruner + Jahr/Zeit II; BGH WuW/E 2150, 2153 – Edelstahlbestecke.
301 BGH, Beschl. v. 16.1.2007, KVR 12/06, Rn. 18 – National Geographie II.
302 BGH GRUR 2001, 861, 862 – Werra-Rundschau; BGH NJW 1998, 2440 – Stromversorgung Aggertal; BGH NJW 1978, 1320 – KFZ-Kupplungen.
303 Immenga/*Mestmäcker/Veelken* Vor § 35 Rn. 53.
304 KG WuW/E OLG 2228, 2230 – Zeitungsmarkt München; KG WuW/E OLG 3303, 3307 – Süddeutscher Verlag-Donau-Kurier; Immenga/*Mestmäcker/Veelken* Vor § 35 Rn. 53.

zwischen Tageszeitungen, Wochenzeitungen, Nachrichtenmagazinen und Zeitschriften als Träger von Information und Meinung.[305] Illustrierte und Nachrichtenmagazine gleichen sich einander an, Samstags- und neuerdings Sonntagszeitungen ähneln Wochenzeitungen.

222 Die Folge ist, dass der **Verstärkung marktbeherrschender Stellungen** in der Pressefusionskontrolle eine besonders große praktische Bedeutung zukommt.[306] Dies insbesondere auf lokalen und regionalen Märkten. Die Rechtsprechung räumt dem Schutz des Restwettbewerbs, insbes. dem Schutz potentiellen Wettbewerbs durch Markteintritt, einen hohen Rang ein. Bei einer bereits bestehenden marktbeherrschenden Stellung führt die Verbindung mit zusätzlicher Finanzkraft durch Abschreckungs- und Entmutigungseffekte zu einer weiteren Verschlechterung der Wettbewerbsbedingungen.[307]

bb) Rundfunk

223 Auch für Rundfunkprogramme und den Absatz von Rundfunkwerbezeiten gilt die Rechenklausel des § 38 Abs. 3 GWB. Auch hier bedarf es somit lediglich eines Jahresumsatzes der beteiligten Unternehmen von insgesamt 25 Millionen Euro.

224 Im Rundfunkrecht gibt es hinsichtlich der Konzentrationskontrolle die Besonderheit einer speziellen rundfunkrechtlichen Konzentrationsregelung in §§ 26, 30 RStV. Grundsätzlich darf ein Unternehmen nur solange eine unbegrenzte Anzahl von Fernseh- und Rundfunkprogrammen veranstalten, als es dadurch keine »**vorherrschende Meinungsmacht**« erlangt.

225 Mit der Verwendung des Terminus »vorherrschende Meinungsmacht« greift der Gesetzgeber ausdrücklich einen Begriff aus der Rechtsprechung des Bundesverfassungsgerichts zur **Rundfunkfreiheit** auf. Danach dient die Rundfunkfreiheit der Gewährung freier individueller und öffentlicher Meinungsbildung[308] und ist schlechthin konstituierend für die freiheitliche demokratische Grundordnung.[309] Sie ist daher nicht nur ein subjektives Abwehrrecht, sondern auch eine dienende Freiheit.[310]

226 Der objektive Gehalt der Rundfunkfreiheit verpflichtet den Staat zur Ausgestaltung der Freiheit. Es sind materielle, organisatorische und Verfahrensregelungen erforderlich, die an der Aufgabe der Rundfunkfreiheit orientiert und deshalb geeignet sind, zu bewirken, was Art. 5 Abs. 1 GG gewährleisten will.[311] Der Gesetzgeber hat sicherzustellen, dass die Vielfalt der bestehenden Meinungen im Rundfunk breit und umfänglich Ausdruck findet.[312] Die Ausgestaltung dieser Ordnung ist Aufgabe des Gesetzgebers, der dabei einen weiten Gestaltungsspielraum, auch für Differenzierungen insbes. nach Regelungsart und Regelungsdichte, hat.

227 Am Gebot der **Vielfaltsicherung** hat auch die Entwicklung des privaten Fernsehens der letzten Jahre nichts geändert. Vielmehr machen die fortschreitende horizontale Verflechtung auf dem Fernsehmarkt, die vertikale Verflechtung von Rundfunkveranstaltern mit Produktionsfirmen, Inhabern von Film- und Sportübertragungsrechten und Eigentümern von (Programm-)Zeitschriften sowie die Privatisierung der Übertragungswege eine Berücksichtigung nach wie vor dringlich. Das gilt umso mehr, als sich einmal eingetre-

---

305 WuW/E BKartA 1863, 1864 – Gruner+Jahr-Zeit; WuW/E OLG 3807, 3818 – Gruner+Jahr-Zeit II.
306 Immenga/*Mestmäcker*/*Veelken* Vor § 35 Rn. 53.
307 BGH WuW/E 2795, 2805 – Pinneberger Tageblatt; KG WuW/E DE-R 369, 371 – Dierichs Kluthe.
308 BVerfGE 57, 295, 319.
309 BVerfGE 77, 65, 74.
310 BVerfGE 87, 181, 197.
311 BVerfGE 57, 295, 320.
312 BVerfGE 57, 295, 319; BVerfGE 73, 118, 152.

tene Fehlentwicklungen wegen des dadurch entstehenden, auch politisch einsetzbaren Einflusses nur schwer rückgängig machen lassen. Das BVerfG ist von seiner Rechtsprechung. zur Rundfunkfreiheit nicht abgewichen, sondern hat diese fortgesetzt.[313] Es weist ausdrücklich darauf hin, dass »Gefährdungen der Erreichung des der Rundfunkordnung insgesamt verfassungsrechtlich vorgegebenen Vielfaltzirkels auch in Folge der Entwicklung der Medienmärkte und insbes. des erheblichen Konzentrationsdrucks im Bereich privatwirtschaftlichen Rundfunks entstehen. Rundfunk wird nicht nur durch herkömmlich ausgerichtete Medienunternehmen veranstaltet und verbreitet, da der Prozess horizontaler und vertikaler Verflechtung auf den Medienmärkten voranschreitet«. Das BVerfG führt weiter aus, dass »die Veranstaltung und Verbreitung von Rundfunkprogrammen häufig nur ein Glied in einer multimedialen Wertschöpfungs- und Vermarktungskette ist. Es bestehen vielfältige Potenziale der wechselseitigen Verstärkung von publizistischem Einfluss und ökonomischem Erfolg und damit der Nutzung von Größen- und Verbundvorteilen, darunter auch durch cross-mediales Marketing«.[314]

Eine **vorherrschende Meinungsmacht** wird vermutet, wenn die einem Unternehmen zurechenbaren Programme im Durchschnitt eines Jahres einen Zuschaueranteil von 30% erreichen (§ 26 Abs. 2 RStV). Gleiches gilt bei Erreichen eines Zuschaueranteils von 25%, wenn das Unternehmen auf einem medienrelevanten verwandten Markt eine marktbeherrschende Stellung hat. Hat ein Unternehmen mit dem ihm zurechenbaren Programmen eine vorherrschende Meinungsmacht erlangt, so darf es keine Zulassung für weitere ihm zurechenbare Programme erlangen (§ 26 Abs. 3 RStV). Erlangt ein Unternehmen mit den zurechenbaren Programmen eine vorherrschende Meinungsmacht, so wird die **KEK**[315] tätig. Kommt keine Einigung zwischen der KEK und den Programmveranstaltern über die Abgabe von Programmen oder Beteiligungen oder sonstige Vielfalt sichernde Maßnahmen i.S.d. §§ 30 bis 32 RStV zustande, so sind von der zuständigen Landesmedienanstalt nach Feststellung durch die KEK die Zulassungen von so vielen dem Unternehmen zurechenbaren Programmen zu widerrufen, bis keine vorherrschende Meinungsmacht durch das Unternehmen mehr gegeben ist. Die Auswahl trifft die KEK unter Berücksichtigung der Besonderheiten des Einzelfalls. Die Entscheidungen der KEK sind für die Landesmedienanstalten nach § 26 Abs. 4 Satz 3 und 4 verbindlich. Die Landesmedienanstalten entscheiden auf der Grundlage der KEK-Empfehlungen. Gegenüber dem Antragsteller wiederum entscheidet somit nur die zuständige Landesmedienanstalt. Deren Entscheidung stellt einen Verwaltungsakt dar, so dass der Verwaltungsrechtsweg eröffnet ist.

228

cc) Entscheidungen des Bundeskartellamts

Grundsätzlich ist ein Zusammenschluss, von dem zu erwarten ist, dass er eine marktbeherrschende Stellung begründet oder verstärkt, vom Bundeskartellamt zu untersagen (§ 36 Abs. 1 Satz 1 GWB). Dies gilt nur dann nicht, wenn die beteiligten Unternehmen nachweisen, dass durch den Zusammenschluss auch **Verbesserungen der Wettbewerbsbedingungen** eintreten und dass diese Verbesserungen die Nachteile der Marktbeherrschung überwiegen (§ 36 Abs. 1 Satz 2 GWB). Ist ein beteiligtes Unternehmen ein abhängiges, herrschendes oder konzernverbundenes Unternehmen i.S.d. §§ 17, 18 AktG, sind die so verbundenen Unternehmen bei der Zusammenschlusskontrolle als einheitliches Unternehmen anzusehen.

229

Über Beschwerden gegen Fusionskontrollentscheidungen des Bundeskartellamts entscheidet in erster Instanz das Oberlandesgericht Düsseldorf als das für den Sitz des Bun-

230

---

313 BVerfG ZUM 2007, 712, 721.
314 BVerfG ZUM 2007, 712, 721.
315 Kommission zur Ermittlung der Konzentration im Medienbereich, § 35 Abs. 2 Satz 1 Nr. 3 RStV.

deskartellamts (Bonn) zuständige OLG i.S.d. § 63 Abs. 4 Satz 1 GWB. In zweiter Instanz entscheidet der BGH, wenn die Rechtsbeschwerde durch das Oberlandesgericht Düsseldorf zugelassen wurde (§ 74 Abs. 1 GWB) oder eine Nichtzulassungsbeschwerde erfolgreich ist (§ 75 GWB). Unabhängig davon kann eine **Ministererlaubnis** zur Zulassung eines Zusammenschlusses beantragt werden (§ 42 GWB). Der Bundesminister für Wirtschaft und Technologie entscheidet dann nach **Anhörung der Monopolkommission** über den Antrag auf Erlaubnis des vom Bundeskartellamt untersagten Zusammenschlusses. Die Erlaubnis ist zu erteilen, wenn im Einzelfall die Wettbewerbsbeschränkung von gesamtwirtschaftlichen Vorteilen des Zusammenschlusses durch ein überragendes Interesse der Allgemeinheit gerechtfertigt ist. Bei der Entscidung kann auch die Wettbewerbfähigkeit der beteiligten Unternehmen auf den internationalen Märkten berücksichtigt werden. Keine Erlaubnis darf erteilt werden, wenn durch das Ausmaß der Wettbewerbsbeschränkung die marktwirtschaftliche Ordnung gefährdet wird.

II. Die Preisbindung von Büchern, Zeitungen und Zeitschriften

1. Die Buchpreisbindung

a) Allgemeines

231   Die Buchpreisbindung besteht in Deutschland seit Ende des 19. Jahrhunderts. Sie beruhte zunächst auf dem Verbandsrecht des Börsenvereins des Deutschen Buchhandels, nach dem Zweiten Weltkrieg auf kartellrechtlichen Duldungen und nach Inkrafttreten des GWB im Jahr 1958 auf der Erlaubnis des § 16 GWB a.F.: Für »Verlagserzeugnisse« wurden unter der Voraussetzung der Schriftform Preisbindungsverträge zwischen Verlegern und Buchhändlern gestattet, die in einem **Sammelrevers-System** gebündelt wurden.[316]

232   Die auf dem Sammelrevers beruhende vertragliche Preisbindung überlebte zunächst das **Verbot der Markenpreisbindung** im Rahmen der zweiten GWB-Novelle 1973 und wurde mit der Wiedervereinigung 1990 auf das Gebiet der neuen Bundesländer erstreckt. Auf Grund von Zweifeln an der "Europafestigkeit" des Sammelrevers-Systems ist die Buchpreisbindung in Deutschland seit dem 1.10.2002 nicht mehr durch Verträge der Marktteilnehmer, sondern auf Grund des Gesetzes über die Buchpreisbindung geregelt. Ausweislich der Zweckbestimmung in § 1 BuchPrG dient das Gesetz dem **Schutz des Kulturguts Buch** und soll den Erhalt eines breiten Buchangebots sichern. Sogleich soll das Gesetz gewährleisten, dass ein breites Buchangebot auch einer breiten Öffentlichkeit zugänglich ist, indem die Existenz einer großen Zahl von Verkaufsstellen gefördert wird.

b) Verpflichtung zur Preisbindung

233   Während zu Zeiten des Sammelreverses der preisbindende Verlag für jedes einzelne Buch entscheiden konnte, ob es preisgebunden sein sollte oder nicht, sieht § 5 Abs. 1 BuchPrG eine **Verpflichtung** zur Festsetzung des gebundenen Ladenpreises vor. Diese Verpflichtung trifft den Verlag sowie bei deutschsprachigen Bücher aus dem Ausland den Importeur. Der gebundene Ladenpreis ist in geeigneter Weise zu veröffentlichen. Der Veröffentlichungspflicht kommt der Verlag jedenfalls dann nach, wenn er den Preis im »Verzeichnis Lieferbarer Bücher« veröffentlicht hat, das auch im Internet zugänglich ist.[317]

234   Neben dem gebundenen Ladenpreis ist die Festsetzung besonderer Endpreise möglich: **Serienpreise** für mehrere Werke einer Ausstattung in einer Verkaufseinheit, **Mengen-**

---

316   *Franzen/Wallenfels/Russ* § 1 Rn. 10-12.
317   www.buchhandel.de.

preise für den Verkauf einer Mehrzahl von Büchern des gleichen Titels an einen Endabnehmer, **Subskriptionspreise** für Bestellungen vor oder bis kurz nach Erscheinen des Buches und schließlich Sonderpreise für Institutionen und Abonnenten einer Zeitschrift (§ 5 Abs. 4 Ziff. 1-5 BuchPrG). Ein Sonderpreis kann auch für **Buchclub-Ausgaben** festgesetzt werden, die eine andere Ausstattung als die Originalausgabe haben und regelmäßig erst einige Monate nach Veröffentlichung der Originalausgabe erscheinen.[318]

c) Anwendungsbereich

Die Verpflichtung zur Preisbindung bezieht sich zunächst auf **Bücher**, zudem auf inhaltlich geprägte Kalender, Loseblatt-Sammlungen nebst Ergänzungslieferungen, zudem auf **Musiknoten**, Landkarten, Atlanten und Globen sowie auf solche Produkte, die Verlagserzeugnisse reproduzieren oder substituieren (§ 2 Abs. 1 BuchPrG). Dabei kommt es darauf an, dass die Erzeugnisse in erster Linie lesbare Texte enthalten und überwiegend über den Buchhandel vertrieben werden, wie z.B. auf CD-ROM gespeicherte Wörterbücher bzw. sonstige Nachschlagewerke. Enthalten die Datenträger überwiegend zusätzliche multimediale Elemente, gilt für sie im Zweifel die Buchpreisbindung nicht.[319]   235

Die Buchpreisbindung gilt daher auch für Bücher auf CD-ROM[320] und für sog. "E-Books".[321] Dagegen wird eingewandt, die Buchpreisbindung müsse nach Sinn und Zweck auf körperliche Trägermedien beschränkt bleiben,[322] zumal die Distribution von E-Books nicht mehr von den Buchhändlern sondern den Verlagen selbst vorgenommen werde.[323] Diese Gegenauffassung ist zum einen nicht mit dem Wortlaut des Gesetzes vereinbar, da E-Books die gedruckten Bücher zum einen reproduzieren und zudem substituieren können. Zum anderen sprechen auch Sinn und Zweck des Gesetzes nicht gegen eine E-Book-Preisbindung: Bei neuen Produkten lässt sich häufig noch nicht absehen, über welche Vertriebswege eine solche Ware in erster Linie abgesetzt wird.[324] So hat die – kurze – Entwicklung des E-Book-Vertriebs gezeigt, dass weniger die Verlage als vielmehr große (Internet-) Versandbuchhändler wie *Amazon* und *buch.de* zu Zuge kommen, dass zudem mit *Apple* und *Google* Verkäufer von E-Books am Markt aufgetaucht sind, an die vor kurzem noch niemand dachte. Der in § 1 BuchPrG normierte Zweck der Buchpreisbindung kann nur mit einem **breit gefächerten Verlagsbuchhandel** erreicht werden; der Weg hierhin führt über **die Erhaltung der Preishoheit bei den Verlagen** auch auf dem Zukunftsmarkt der elektronischen Bücher.   236

Preisgebunden sind weiterhin auch kombinierte Objekte, etwa Sprachlehrbücher mit CDs, wenn es sich bei der Hauptsache um ein Buch i.S.d. § 2 Abs. 1 BuchPrG handelt. Fremdsprachige Bücher fallen nur dann unter die Buchpreisbindung, wenn sie überwiegend für den Absatz in Deutschland bestimmt sind (§ 2 Abs. 2 BuchPrG), ansonsten nicht.   237

d) Einhaltung der Preisbindung

Wer gewerbs- oder geschäftsmäßig Bücher an Letztabnehmer verkauft, muss den nach § 5 BuchPrG festgesetzten Preis einhalten (§ 3 Satz 1 BuchPrG). Normadressaten sind zunächst die Buchhändler. **Gewerbsmäßig** handelt, wer berufsmäßig in der Absicht   238

---

318 Vgl. hierzu das »Potsdamer Protokoll, revidierte Fassung«, abgedruckt als Anhang II bei *Franzen/Wallenfels/Russ*.
319 Kilian/Heussen/*Hoeren* Abschnitt 1 Kap. VIII Rn. 22.
320 BGH NJW 1997, 1911, 1912 – NJW auf CD-ROM.
321 *Franzen/Wallenfels/Russ* § 2 Rn. 9; *Wegener/Wallenfels/Kaboth* S. 234.
322 *Jungermann/Heine* CR 2000, 526, 532.
323 Wandtke/*Kitz* 2.6 Rn. 327.
324 BGH NJW 1997, 1911, 1912 – NJW auf CD-ROM.

dauernder Gewinnerzielung geschäftlich tätig wird.[325] **Geschäftsmäßig** handelt, wer Bücher in einem Ausmaß verkauft, wie das im privaten Verkehr eher unüblich ist.[326] Der Verkauf von mehr als 40 Büchern in einem Zeitraum von sechs Wochen über das Internet ist im privaten Verkehr unüblich und rechtfertigt die Feststellung geschäftsmäßigen Handelns.[327]

239 Die Preisbindung gilt nicht für **gebrauchte Bücher** (§ 3 Satz 2 BuchPrG). Ein Buch ist dann gebraucht, wenn es schon einmal zum gebundenen Ladenpreis an den Letztabnehmer verkauft worden ist, ohne dass es dabei auf den Zustand des Buches ankommt.

240 Bei **grenzüberschreitenden Verkäufen** ist zu unterscheiden: Wird ein deutschsprachiges Buch von einem Land außerhalb des Europäischen Wirtschaftsraums nach Deutschland verkauft, ist der gebundene Ladenpreis gem. § 3 Satz 1 BuchPrG einzuhalten. Insoweit gilt das Recht des Erfolgsortes. Erfolgt der grenzüberschreitende Verkauf hingegen innerhalb des Europäischen Wirtschaftsraums (§ 4 Abs. 1 BuchPrG), gilt die Preisbindung nicht. Sie gilt ausnahmsweise aber dann wieder, wenn sich aus objektiven Umständen ergibt, dass die betreffenden Bücher **allein zum Zwecke ihrer Wiedereinfuhr ausgeführt** worden sind, um dieses Gesetz zu umgehen. Sie gilt insbesondere auch dann, wenn es gar nicht zu einer Ausfuhr der Bücher kam, diese also körperlich das Gebiet der Bundesrepublik Deutschland gar nicht verlassen haben.

241 Die Buchpreisbindung gilt grundsätzlich nur im Verhältnis zwischen Endverkäufer und Letztabnehmer. Sie gilt nicht zwischen den einzelnen **Handelsstufen**. Die Verlage können Preise und Rabatte gegenüber den Buchhändlern frei festsetzen. Ob in diesem Verhältnis das Diskriminierungsverbot des § 20 GWB gilt, ist umstritten, im Ergebnis aber wohl abzulehnen.[328] Allerdings sieht § 6 BuchPrG **Vertriebsregelungen zwischen den Handelsstufen** vor: So müssen die Verlage bei der Festsetzung ihrer Verkaufspreise und Verkaufskonditionen den von den Buchhändlern im Einzelfall erbrachten Service und ihren Beitrag zur flächendeckenden Versorgung mit Büchern einbeziehen und dürfen ihre Rabatte nicht allein an dem mit einem Händler erzielten Umsatz ausrichten. Verlage dürfen branchenfremde Händler nicht zu niedrigeren Preisen oder günstigeren Konditionen beliefern als den Buchhandel und für Zwischenbuchhändler keine höheren Preise oder schlechtere Konditionen festsetzen als für die Letztverkäufer, die sie direkt beliefern.

e) Ausnahmen

242 In den Fällen des § 7 Abs. 1 BuchPrG muss die Preisbindung nicht beachtet werden. Wichtigste Fälle sind der Verkauf von gekennzeichneten **Mängelexemplaren** (§ 7 Abs. 1 Ziff. 4 BuchPrG) und **Räumungsverkäufe** (§ 7 Abs. 1 Ziff. 5 BuchPrG).

243 Nachlässe auf den gebundenen Ladenpreis gibt es für wissenschaftliche Bibliotheken und öffentliche Büchereien (§ 7 Abs. 2 BuchPrG) und beim Verkauf von Schulbüchern (§ 7 Abs. 3 BuchPrG).

244 Der Buchverkäufer verletzt die Buchpreisbindung auch nicht, wenn er anlässlich des Verkaufs eines Buches Waren von geringem Wert oder Waren, die im Hinblick auf den Wert des gekauften Buches wirtschaftlich nicht ins Gewicht fallen, abgibt (§ 7 Abs. 4 BuchPrG). Die Regelung beschränkt die Gewährung von im Buchpreisbindungsrecht nach wie vor verbotenen **Zugaben**. Zulässig sind aber ausschließlich geringwertige Sachprämien, keine Rückvergütungen in Geld. Die Sachprämie kann auch "angespart" wer-

---

325 Begründung zu § 3 BuchPrG, BT-Drs. 14/9196, S. 10.
326 OLG Frankfurt NJW 2004, 2098, 2099.
327 OLG Frankfurt NJW 2004, 2098, 2099.
328 *Bechthold* § 20 Rn. 12.

den, etwa im Rahmen von Bonuspunkt-Systemen, sofern der pro Kauf gewährte Prämienwert nicht höher als maximal 2% des Buchpreises ist. Besonders problematisch sind in diesem Zusammenhang **Gutschein-Systeme**, bei denen ein Unternehmen als "Sponsor" einen Teil des gebundenen Ladenpreises durch einen Gutschein bezahlt, der zunächst vom Unternehmen beim Buchhändler erworben und später vom Kunden dort unter Anrechnung auf den Buchpreis eingelöst wird. Solche Systeme schaden der Preisbindung, auch wenn das Gesetz nicht vorschreibt, wer den gebundenen Ladenpreis zu entrichten hat.[329]

Die Buchpreisbindung kann gem. § 8 Abs. 1 BuchPrG aufgehoben werden, wenn das erste Erscheinen der jeweiligen Druckauflage länger als 18 Monate zurückliegt. Kürzere Fristen sind für periodisch erscheinende oder besonders aktuelle Bücher möglich (§ 8 Abs. 2 BuchPrG).

Preisbindungsverstöße lösen Schadensersatz- und Unterlassungsansprüche gem. § 9 Abs. 1 BuchPrG aus. Ansprüche auf Unterlassung können – wie auch im Wettbewerbsrecht, auf dessen formelle Vorschriften § 9 Abs. 3 BuchPrG verweist – insbesondere von buchhändlerischen Unternehmen und den rechtsfähigen Verbänden zur Förderung gewerblicher Interessen geltend gemacht werden (§ 9 Abs. 2 Ziff. 1 und 2 BuchPrG). Eine Besonderheit ist die Aktivlegitimation von Rechtsanwälten, die von mehreren Verlegern, Importeuren oder Buchhändlern gemeinsam als **Treuhänder mit der Betreuung ihrer Preisbindung** beauftragt wurden (§ 9 Abs. 2 Ziff. 3 BuchPrG, »Preisbindungstreuhänder«).

2. Die Preisbindung von Zeitungen und Zeitschriften

Für Zeitungen und Zeitschriften verbleibt es auch nach Inkrafttreten des Buchpreisbindungsgesetzes bei der heute durch § 30 GWB gesetzlich gestatteten **vertraglichen Preisbindung**. § 30 GWB regelt daher nur noch die Preisbindung für Zeitungen und Zeitschriften. Wichtigster Unterschied zum BuchprG ist der Umstand, dass Zeitungen und Zeitschriften im Preis gebunden werden können, jedoch nicht müssen. Die Möglichkeit der Preisbindung für Zeitungen und Zeitschriften folgt nach Auffassung des Gesetzgebers aus der Verpflichtung des Staates, die Pressefreiheit zu schützen, denn zur Pressefreiheit zählt auch der Vertrieb von Presseprodukten.[330] Die in § 30 GWB eröffnete Möglichkeit, Preise für Zeitungen und Zeitschriften zu binden, hat sich nach Auffassung des Gesetzgebers bewährt und soll in der bisherigen Form beibehalten werden.[331]

Die Preisbindung für Publikumszeitungen und -zeitschriften erfolgt traditionell über das sog. »**Pressegrosso**«: Die Großhändler verpflichten sich gegenüber den Verlagen, dafür Sorge zu tragen, dass die von ihnen belieferten Einzelhändler die gebundenen Preise einhalten. Die Einzelhändler verpflichten sich durch Unterzeichnung eines gesonderten Reverses gegenüber den Grossisten, die über ihn bezogenen Zeitungen und Zeitschriften nur zu den aufgedruckten Endpreisen zu verkaufen. Siehe hierzu im Einzelnen Kap. 8 Rdn. 614 ff.

Die Herstellung und der Vertrieb von Publikumszeitschriften weist große Unterschiede zum Vertrieb von **Fachzeitschriften** auf. Im Gegensatz zu den Publikumszeitschriften werden Fachzeitschriften zumeist von Buchverlagen publiziert und über die traditionellen Wege des Buchhandels und über das Abonnement vertrieben. Demgemäß erfolgte bis zum Inkrafttreten des Gesetzes zur Regelung der Preisbindung bei Verlagserzeugnissen die Preisbindung für Fachzeitschriften ebenfalls über den Buchhandels-Sammelrevers. Fachzeitschriften nehmen daher seit Inkrafttreten des Buchpreisbindungsgesetzes am

---

329 OLG Frankfurt NJW 2004, 3435; *Franzen/Wallenfels/Russ* § 3 Rn. 22-25.
330 BVerfGE 77, 346, 354.
331 BT-Drs. 14/9196, S. 14.

1.10.2002 eine **Zwitterstellung** ein: Einerseits sind sie "buchhandelsnah", da sie regelmäßig von Buchverlagen hergestellt werden. Andererseits unterliegen sie nicht dem Gesetz über die Buchpreisbindung, sondern unterfallen der Ausnahmeregelung des § 30 GWB. Diejenigen Verlage, die sich weiterhin für eine Preisbindung ihrer Fachzeitschriften entschieden haben, organisieren ihre Preisbindung durch einen entsprechend modifizierten Sammelrevers.[332] Auch für preisgebundene Fachzeitschriften gibt es Sonderpreise, Ausnahmen und grenzüberschreitende Regelungen.[333]

E. Formatschutz

I. Schutzfähigkeit von Fernsehformaten

250 Fernsehformate sind ein wirtschaftlich wichtiges Gut, sie liegen dem Content zugrunde, mit dem in der Medienwirtschaft über alle Plattformen hinweg Geld verdient wird. Produktionskosten für formatbasierte Sendungen, die in andere Territorien exportiert wurden, lagen in 2008 kumuliert bei mehr als 3,2 Milliarden Euro.[334]

1. Definition des Fernsehformats

251 Der Begriff des Fernsehformats stammt aus dem Sprachgebrauch der Medienbranche, er ist ein Praxis- und kein Rechtsbegriff. Bei Fernsehshows bezeichnet er das als Grundlage für eine Sendung entwickelte oder darin verwirklichte Konzept. Das Format einer Fernsehsendung kann definiert werden als die Gesamtheit aller ihrer charakteristischen Merkmale, die – teils variabel, teils unveränderlich – geeignet sind, verschiedene Sendungen (Folgen) ungeachtet ihres jeweils unterschiedlichen Inhalts als Grundstruktur zu prägen und damit zugleich dem Publikum zu ermöglichen, sie durch einheitlichen »look and feel« als Teil einer Sendereihe zu erkennen. Dabei können die Gestaltungselemente variieren – neben dem Titel und dem Logo einer Sendung gehören beispielsweise dazu: ein den Gesamtablauf bestimmender Grundgedanke, bestimmte Mitwirkende, die Art und Weise einer Moderation, die Benutzung feststehender, auffallender Sprachwendungen oder Sätze, definierte Sendeabläufe, der Einsatz von Erkennungsmelodien oder Signalfarben, die Bühnendekoration und sonstige Ausstattung, die Dauer von Sendung und Beiträgen sowie ein bestimmter Stil der Kameraführung, der Beleuchtung und des Schnitts. Das Format einer Fernsehshow wird als gestaltete Einheit gesehen, die Grundlage für neue gleichartige Folgen dieser Show und ähnlich einem Plan darauf angelegt ist, deren Entwicklung zu dienen.[335]

252 Davon zu unterscheiden sind nach Ansicht des BGH – unter dem Aspekt des urheberrechtlichen Schutzes – Fernsehserien wie zum Beispiel Soaps oder Telenovelas, denen eine sich fortlaufend entwickelnde Handlung zugrunde liegt und die von dem Beziehungsgeflecht der auftretenden Personen und dem sie umgebenden Milieu geprägt sind, so dass vor allem inhaltliche Elemente, insbesondere die so genannte »Fabel«, die urheberrechtliche Schutzfähigkeit begründen.[336] In der Medienbranche wird allerdings (unabhängig von der urheberrechtlichen Relevanz) auch die Summe der etwa Soaps oder Tele-

---

332 Abgedruckt bei *Franzen/Wallenfels/Russ* Anhang I, dort B.
333 *Franzen/Wallenfels/Russ* § 30 GWB, Rn. 11-22.
334 FRAPA Report 2009, S. 17, wobei sich diese Untersuchung nur auf die 14 für den Formatexport wichtigsten Territorien bezieht.
335 BGH ZUM 2003, 772 – Sendeformat; *Have/Eickmeier* ZUM 1994, 270; *Lausen* S. 15; *Litten* MMR 1998, 412; *Degmair* GRUR Int. 2003, 205; *Heinkelein* S. 14-18.
336 BGH ZUM 2003, 772 – Sendeformat.

novelas zugrundeliegenden Elemente als Format verstanden, ebenso wie die Gesamtheit der wiederkehrenden Elemente bei Kriminal- oder Infotainment-Serien.[337]

Differenziert werden kann jedoch nach inhaltlichen Gesichtspunkten, z.B. nach dem Grad der Determinierung zwischen »weichen« und »harten« Formaten.[338]

In der Praxis wird entsprechend dem Entwicklungsstadium eines Formats außerdem wie folgt unterschieden: Zunächst gibt es das so genannte »Paper Format« (schriftlich ausformuliertes Konzept, unter Umständen bereits pilotiert) und später im Formathandel das (bereits gesendete) »Programme Format« sowie das »Format Package« (das neben der Programmformel für das produzierte und gesendete Programm zusätzlich insbesondere das in der so genannten »Bible« gesammelte Produktions-Know-how, aber auch Grafiken, Musik etc. enthält).[339]

2. Schutzbedürftigkeit von Fernsehformaten

In der Bundesrepublik Deutschland werden ausländische Fernsehformate seit Ende der 1980er Jahren adaptiert, produziert und ausgestrahlt. Zunächst waren es Gameshows und Datingshows, die – meist aus dem angloamerikanischen Raum kommend – in jeweils angepasster Form ihren Weg auf die Fernsehschirme weltweit fanden, z.B. »Der Preis ist heiß« (»The Price is Right«), »Glücksrad« (»Wheel of Fortune«) oder »Herzblatt« (»The Dating Game«). Im letzten Jahrzehnt traten dann vor allem Quizshows, z.B. »Wer wird Millionär« (»Who wants to Be a Millionaire?«) oder »Das Quiz mit Jörg Pilawa«, Castingshows wie »Deutschland sucht den Superstar« (»Pop Idol«) oder »Germany's Next Top Model« (»America's Next Top Model«) und Coaching- oder Realityshows wie »Die Super Nanny« (»Supernanny«), »Ich bin ein Star, holt mich hier raus« (»I'm a Celebrity, Get Me Out of Here«) oder »Big Brother« an die Stelle der Gameshowformate.

Formate wie »Pop Idol«, »Big Brother« oder »Who wants to Be a Millionaire?« wurden mittlerweile beinahe weltweit produziert oder zumindest ausgestrahlt. Folgende Zahlen lassen das Ausmaß der Lizenzierung von Fernsehformaten weltweit erkennen: In dem FRAPA Report 2009, der auf einer dreijährigen Studie basiert, wurden 445 Formate aus 14 Territorien untersucht, aus denen 1262 Adaptionen in 57 Territorien resultierten.[340] Der Formathandel ist mit einem Umsatz von rund 2,6 Mrd. € jährlich und einer durchschnittlichen Wachstumsrate von 17,5 % per annum der am schnellsten wachsende Sektor der TV-Industrie.[341]

Aus der Existenz eines weltweiten Marktes für Fernsehformate folgt ihre Schutzbedürftigkeit. Es fragt sich, auf welche Rechtsgüter oder Ansprüche sich die Branche in Deutschland stützt.

3. Gesetzlicher Formatschutz

Dargestellt wird im Folgenden nur der gesetzliche Schutz des Fernsehformats insgesamt, nicht seiner einzelnen Elemente. Denkbar ist, dass im Einzelfall insbesondere Titel, Logo, Grafik, Maskottchen, Text, Musik, Bühnenbild, Produktionssoftware sowie Show-

---

337 *Fezer* Rn. 11, 12; Jacobs/Papier/Schuster/*Jacobs* S. 501-502; dies unterstellt auch die FRAPA, Report 2009, S. 8, 55-59 (Deutschland-Teil); ablehnend *Eickmeier/Fischer-Zernin* GRUR 2008, 756.
338 *Fezer* Rn. 13.
339 Ausführlich *Heinkelein/Fey* GRUR Int. 2004, 380.
340 FRAPA Report 2009, S. 11.
341 *Billhardt* Focus 2010, 98.

regeln (analog Spielregeln),[342] die sich hinreichend von bekannten Regeln unterscheiden,[343] sonderrechtlichen Schutz genießen.[344]

259 Urheber- wie wettbewerbsrechtlich schutzunfähig ist die bloße Idee, z.B. einen Talentwettbewerb im Fernsehen durchzuführen. Am anderen Ende des Spektrums – urheberrechtlich zweifelsohne geschützt – ist die identische Übernahme (»1:1 Kopie«) einer produzierten Fernsehsendung. In diesem Spannungsfeld zwischen der Übernahme einer Idee und der Kopie einer Sendung insgesamt ist der gesetzliche Formatschutz zu untersuchen.

a) Urheberrecht

260 Die Prüfung von Ansprüchen auf Unterlassung und Schadenersatz gemäß § 97 UrhG untersucht im Einzelfall zunächst das Vorliegen eines urheberrechtlich geschützten Werks und danach gegebenenfalls dessen Verletzung. Die Rechtsprechung hatte in den vergangenen beiden Jahrzehnten mehrfach Gelegenheit, sich mit dem urheberrechtlichen Formatschutz auseinanderzusetzen.[345]

aa) Vorliegen eines urheberrechtlich geschützten Werks

261 Der etwaige Schutz des Formats als urheberrechtlich geschütztes Werk gemäß § 2 UrhG setzt eine persönliche geistige Schöpfung, eine wahrnehmbare Formgestaltung und Individualität voraus.

262 Aufgrund der vorgegebenen Details der formatierten Sendungen wird das Vorliegen einer persönlichen geistigen Schöpfung bei Fernsehformaten ebenso wie deren individuelle Eigenart regelmäßig gegeben sein.[346]

263 Problematisch erscheint die wahrnehmbare Formgestaltung. In seiner »Sendeformat«-Entscheidung hat der BGH im amtlichen Leitsatz festgestellt, dass Fernsehformate im Allgemeinen keinen Urheberrechtsschutz genießen.[347] In den Entscheidungsgründen heißt es, ein Sendeformat sei nicht urheberrechtlich schutzfähig, da es sich nicht um die schöpferische Formung eines bestimmten Stoffes handele, sondern um eine vom Inhalt losgelöste bloße Anleitung zur Formgestaltung gleichartiger anderer Stoffe.[348] Der BGH verneint einen urheberrechtlichen Formatschutz also, weil er das Format als bloßes »Rezept« zur Produktion einer Fernsehsendung sieht, das nicht das Ergebnis des mithilfe des Rezepts geformten Stoffes ist.[349] Diese – vielfach kritisierte[350] – Entscheidung wird als klare Absage an den urheberrechtlichen Formatschutz verstanden. Grund der Kritik ist insbesondere, dass auch andere urheberrechtlich geschützte Werke als vom Inhalt losge-

---

342 Zu Spielen und Spielkonzepten *Fezer* Rn. 34-35.
343 Siehe dazu den Leitsatz des OLG München ZUM 1999, 244 – Augenblix/Spot-on: Die konkrete Verwirklichung der Idee eines Fernseh-Ratespiels auf der Grundlage von Werbespots durch detaillierte Ausarbeitung der Spielgestaltung mit den einzelnen Spielabläufen und den verbindenden Elementen kann ein Werk i.S.v. § 2 Abs. 2 UrhG sein.
344 Näher z.B. *Eickmeier/Fischer-Zernin* GRUR 2008, 755, *Litten* MMR 1998, 529.
345 BGH NJW 1981, 2056 – Quizmaster; ZUM 2003, 771 – Sendeformat; OLG München GRUR 1990, 674 – Forsthaus Falkenau; ZUM 1999, 244 – Augenblix/Spot-on; LG München I, ZUM-RD 2002, 17 – High 5/Stoke; Urt. v. 14.1.2010, BeckRS 2010, 11462 – Nivea for Men; weitere Entscheidungen finden sich bei *Lausen* S. 133-138.
346 BGH ZUM 2003, 772 – Sendeformat; Jacobs/Papier/Schuster/*Jacobs* S. 507 und 510-511.
347 BGH ZUM 2003, 771 – Sendeformat.
348 BGH ZUM 2003, 773 – Sendeformat.
349 *Berking* GRUR 2004, 110 beschreibt treffend eine »Hohlform«, in die die einzelnen Sendungen gegossen werden und die nicht geschützt werden kann, da sie selbst inhaltsleer ist.
350 *Schricker* LMK 2003, 195; *Heinkelein/Fey* GRUR Int. 2004, 385; Jacobs/Papier/Schuster/*Jacobs* S. 511; *Eickmeier/Fischer-Zernin* GRUR 2008, 758; dem BGH folgend *Flechsig* ZUM 2003, 770 und Wandtke/Bullinger/*Manegold* Rn. 22.

E. Formatschutz

löste bloße Anleitungen zur Formgestaltung verstanden werden können, wie z.B. die gemäß § 4 UrhG geschützten Sammelwerke.[351]

Deutsche Gerichte haben erwartungsgemäß auch nach der »Sendeformat«-Entscheidung keinem Unterhaltungsformat Schutz zugesprochen. Zuletzt hat das LG München I auf die Klage eines Formatentwicklers hin entschieden, dass das streitgegenständliche TV-Castingkonzept nicht schützenswert sei, weil sich der Kern einer Fabel (eben ein geformter Stoff) nicht erkennen lasse.[352] **264**

Anders verhält es sich mit dem urheberrechtlichen Schutz fiktionaler Fernsehformate[353] (also von Formaten, die auf einer erfundenen Spielhandlung beruhen). Eine wahrnehmbare Formgestaltung wird hier oftmals in dem Handlungsgerüst (der so genannten »Fabel«) liegen, auf dem das Exposé beruht. Außerdem stehen die Formatelemente in einer engeren Beziehung zum Inhalt der Sendung als die wiederkehrenden Merkmale bei Fernsehshows,[354] so dass sie mehr als ein »Rezept« zur Stoffformung ausmachen. Folglich ging z.B. das OLG München in der »Forsthaus Falkenau«-Entscheidung von einem schutzfähigen Werk aus, ließ die Verletzungsklage dann aber scheitern, weil eine freie Benutzung vorlag.[355] Und der BGH hatte bereits 1999 entschieden, dass nicht nur eine konkrete Textfassung schutzfähig sei, sondern auch eigenpersönlich geprägte Bestandteile und formbildende Elemente eines Werkes, die im Gang der Handlung, der Charakteristik und Rollenverteilung der handelnden Personen, der Ausgestaltung von Szenen etc. liegen.[356] **265**

Denkbar ist aber durchaus, dass ein konkretes Konzept auch einer non-fiktionalen Fernsehserie einer Mehrzahl selbstständiger Fernsehsendungen zugrunde liegt und deren Form- und Inhaltsgestaltung bestimmt, ohne sich in einer Rahmen- oder Klammerfunktion zu erschöpfen.[357] Der Vergleich mit Ideen, Verfahren, Arbeitsweisen oder mathematischen Konzepten[358] greift zu kurz, zu prüfen ist der jeweilige Einzelfall. **266**

Die Rechtslage im Ausland ist für den Urheber von Unterhaltungsformaten oft günstiger als in Deutschland – vor allem in den Niederlanden,[359] Frankreich, England und Spanien[360] kann ein Format unter bestimmten Voraussetzungen als schutzfähiges Werk zu sehen sein. **267**

bb) Verletzung eines urheberrechtlich geschützten Werks

Sollte im konkreten Fall ein urheberrechtlich geschütztes Werk vorliegen, ist die Frage, ob die Nutzung durch den vermeintlichen Verletzer eine unzulässige Übernahme (Bearbeitung) gemäß § 23 UrhG darstellt oder eine zulässige freie Benutzung gemäß § 24 UrhG. Soweit sich die bisherige Rechtsprechung überhaupt mit dieser Frage auseinandergesetzt hat, hat sie eine Verletzung abgelehnt.[361] Dieser Prüfungspunkt ist angesichts der »Sendeformat«-Entscheidung heute eher theoretischer Natur. **268**

---

351 *Berking* GRUR 2004, 110 mit weiteren Beispielen; Jacobs/Papier/Schuster/*Jacobs* S. 510.
352 LG München I, Urt. v. 14.1.2010, BeckRS 2010, 11462 – Nivea for Men. Berufung wurde eingelegt (OLG München, Az.: 29 U 3466/10).
353 Hierzu ausführlich *Fezer* Rn. 24-30.
354 *Degmair* GRUR Int. 2003, 206; *Fezer* Rn. 26.
355 OLG München GRUR 1990, 676 – Forsthaus Falkenau.
356 BGH GRUR 1999, 987 – Laras Tochter.
357 Jacobs/Papier/Schuster/*Jacobs* S. 508; *Heinkelein/Fey* GRUR Int. 2004, 385.
358 *Flechsig* ZUM 2003, 769; *Fezer* Rn. 20.
359 *Eickmeier/Fischer-Zernin* GRUR 2008, 756.
360 Ausführlich *Degmair* GRUR Int. 2003, 210.
361 OLG München ZUM 1999, 246-247 – Augenblix/Spot-on; LG München I, ZUM-RD 2002, 19-20 – High 5/Stoke.

269 Die Besonderheit bei der Verletzung von Fernsehformaten besteht darin, dass nur einzelne Elemente des urheberrechtlich geschützten Werkes genutzt werden, ggf. auch in abgewandelter Form. Eine identische Übernahme erscheint praktisch ausgeschlossen.[362]

270 Mit den Elementen des geschützten Formats zu vergleichen ist die Kombination der von dem vermeintlichen Verletzer verwendeten Elemente. Es kommt also auf die Gemeinsamkeiten der Formate an, nicht die Unterschiede zwischen ihnen. Eine freie Benutzung liegt dabei nach ständiger Rechtsprechung dann vor, wenn angesichts der individuellen Eigenart des neuen Werks die entlehnten eigenpersönlichen Züge des älteren Werks verblassen und zurücktreten.[363] Umgekehrt liegt eine urheberrechtsverletzende Bearbeitung vor, wenn die übernommenen individuellen Eigenarten des älteren Werkes in den individuellen Zügen des neuen Werkes durchschimmern. Unter diesen Aspekten sind die individuellen Wesenszüge der beiden Werke zu vergleichen, wobei der Gesamteindruck für das Ergebnis maßgeblich ist.

271 **Praxistipp:**

Es ist im Dreischritt[364] zu prüfen: Welche Merkmale bestimmen die schöpferische Eigentümlichkeit? Finden sich diese Elemente in ihren wesentlichen Zügen in der Nachahmung wieder? Dominieren die schutzbegründenden Merkmale des Ausgangsformats gegenüber den Elementen der Nachahmung oder verblassen sie angesichts der weiteren Merkmale der Nachahmung?

272 Der Gesamteindruck, also das Ergebnis dieser Prüfung, hängt dabei auch von dem Grad der Schöpfungshöhe des Ausgangsformats ab: Es besteht eine Wechselwirkung dahingehend, dass eine Verletzung auch bei einer gewissen Eigenständigkeit der Nachahmung umso eher anzunehmen sein wird, desto höher die schöpferische Individualität des Ausgangsformats ist, und umgekehrt eine Verletzung auch eines weniger originellen Formats vorliegen kann, wenn die Nachahmung den schutzbegründenden Merkmalen des Originals sehr nahe kommt.

cc) Inhaber der Ansprüche aus Verletzung eines urheberrechtlich geschützten Werks

273 Bei der Inhaberschaft der Ansprüche aus einer Formatverletzung ist zwischen Paper Formats und Formaten, die bereits ausgestrahlt wurden, zu unterscheiden. Im letztgenannten Fall wird Inhaber der urheberrechtlichen Ansprüche regelmäßig entweder der Fernsehproduzent oder der ausstrahlende Sender sein, da sich der Produzent regelmäßig alle Rechte im Rahmen eines Buy-out abtreten lässt und dann – je nachdem, wie der Produktionsvertrag ausgestaltet ist – ggf. auf den Sender überträgt. Soweit es sich hingegen noch um ein bloßes Paper Format handelt, ist der Autor Anspruchsinhaber. Bei mehreren Autoren kommt eine Miturheberschaft gemäß § 8 UrhG in Betracht, so dass diese sich einig sein müssen,[365] wenn sie Ansprüche wegen einer Verletzung ihrer Rechte durchsetzen wollen.

b) Wettbewerbsrecht

274 Aufgrund der gerichtlichen Übung (insbesondere der »Sendeformat«-Entscheidung des BGH) erscheinen urheberrechtliche Ansprüche wegen Formatverletzung in der Praxis nur schwer durchsetzbar.

---

362 *Eickmeier/Fischer-Zernin* GRUR 2008, 757.
363 BGH GRUR 1958, 404 – Lili Marleen; GRUR 1994, 193 – Asterix-Persiflagen.
364 *Litten* MMR 1998, 416.
365 Ausführlich *Litten* MMR 1998, 416.

E. Formatschutz

> **Praxistipp:**
>
> Abhängig vom Sachverhalt im Einzelfall kann es ratsam sein, Ansprüche wegen Verletzung eines Unterhaltungsformats eher auf den wettbewerblichen Leistungsschutz gemäß §§ 3, 4 Nr. 9, 10 UWG als auf eine Urheberrechtsverletzung zu stützen.

275

Allerdings kommen wettbewerbsrechtliche Ansprüche im Fall der Übernahme eines nicht unter Sonderrechtsschutzes stehenden Leistungsergebnisses wiederum nur dann in Betracht, wenn die Übernahme sich nicht in einer bloßen Idee erschöpft, da diese auch über das Wettbewerbsrecht nicht monopolisiert werden kann.[366] Wenn ein Arbeitsergebnis keinen Sonderrechtsschutz genießt, kann seine Nachahmung nicht per se unlauter sein, es müssen vielmehr besondere, die Wettbewerbswidrigkeit begründende Umstände hinzutreten, um Ansprüche zu rechtfertigen.

276

Der BGH ist in der »Sendeformat«-Entscheidung auf die Möglichkeit des ergänzenden wettbewerbsrechtlichen Leistungsschutzes eingegangen, hat diesen im konkreten Fall allerdings mangels eines Wettbewerbsverhältnisses zwischen der Klägerin und der Beklagten, also aufgrund der fehlenden Aktivlegitimation, verneint.[367]

277

4. Vertraglicher Formatschutz

Vertragliche Geheimhaltungsvereinbarungen (so genannte »Non Disclosure Agreements«, kurz »NDAs«) können sich insbesondere auf das Konzept einer Sendung und das Produktions-Know-how beziehen. Sie sind im Verhältnis zwischen Produzent und Sender selten zielführend: Das Konzept ist öffentlich bekannt, sobald ein Format auch nur im Ausland on air ist (es fehlt mangels Geheimhaltungsmöglichkeit die »natürliche Nachahmungsbarriere«).[368] Und über das Konzept hinaus besteht in der Regel keine Notwendigkeit, vor Abschluss eines Lizenz- und Produktionsvertrages geheimes Produktions-Know-how oder gar die gesamte Formatbibel offen zu legen. Anders sieht es natürlich bei Formaten aus, die noch nicht on air sind,[369] aber diese sind wegen des Fehlens eines im Ausland bereits realisierten Erfolgs häufig für Sender und Produzenten weniger interessant.

278

Hinzu kommt, dass es das Kräfteverhältnis am Markt zwischen Produzenten bzw. Autoren und Fernsehsendern den Erstgenannten häufig nicht erlaubt, vor der Offenlegung eines neuen Unterhaltungsformats auf dem Abschluss einer – ohnehin zeitlich zu begrenzenden – Vertraulichkeitsvereinbarung zu bestehen.

279

Schließlich würde eine Geheimhaltungsvereinbarung auch nur den Empfänger der jeweiligen Information binden, nicht aber auch Dritte, also insbesondere nicht diejenigen, die sich zu keinem Zeitpunkt um eine Lizenz bemüht haben.

280

Im Einzelfall lässt sich unter Umständen noch prüfen, ob die Voraussetzungen für einen Anspruch gemäß § 311 Abs. 2 BGB aus culpa in contrahendo gegeben sind. Möglich erscheint dies im Einzelfall, wenn zwischen den Parteien vertrauliche Informationen über ein Format ausgetauscht wurden und der Formatinhaber den Beweis führen kann, dass diese Informationen von dem Anspruchsgegner für die Produktion einer Sendung tatsächlich genutzt wurden. Dieser Nachweis wird indes in der Praxis nur schwer zu erbringen sein; in Betracht kommen bei dieser Konstellation eher wettbewerbsrechtliche Ansprüche.

281

---

366 LG München I ZUM-RD 2002, 21 – High 5/Stoke.
367 BGH ZUM 2003, 773 – Sendeformat. Zum wettbewerbsrechtlichen Formatschutz ausführlich unten Rdn. 283–316.
368 *Litten* MMR 1998, 412.
369 *Fezer* Rn. 92.

282 Im Ergebnis kommt dem vertraglichen Formatschutz in der Praxis keine Bedeutung zu.

II. Wettbewerbsrechtlicher Formatschutz

283 Grundsätzlich sind Nachahmungshandlungen außerhalb der sonderrechtlich geschützten Bereiche frei, zur Annahme eines Wettbewerbsverstoßes bedarf es besonderer Unlauterkeitsmerkmale. Voraussetzung für wettbewerbsrechtlichen Formatschutz sind die wettbewerbliche Eigenart des Formats, ein Nachahmungstatbestand und ein unlauteres Handeln des Wettbewerbers.

284 Die wettbewerbliche Eigenart meint einen Hinweis auf die betriebliche Herkunft und Besonderheiten eines Produkts oder einer Leistung und ergibt sich regelmäßig aus einer Kombination mehrerer spezifischer Merkmale des Produkts oder der Leistung.

285 Hinzu kommen müssen ein Unlauterkeitstatbestand, insbesondere eine vermeidbare Herkunftstäuschung, ein unangemessenes Ausnutzen oder eine Beeinträchtigung der Wertschätzung oder eine unredliche Kenntniserlangung (Vertrauensbruch).

286 Ob im konkreten Einzelfall Ansprüche auf Beseitigung, Unterlassung und Schadenersatz gemäß §§ 8 und 9 UWG gegeben sind, hängt von den Umständen des jeweiligen Falls ab.

1. Wettbewerbliche Eigenart

287 Nur Leistungsergebnisse mit wettbewerblicher Eigenart genießen Nachahmungsschutz.[370] Die wettbewerbliche Eigenart erfordert ein Produkt, dessen konkrete Ausgestaltung oder bestimmte Merkmale geeignet sind, die interessierten Verkehrskreise auf seine betriebliche Herkunft oder Besonderheiten hinzuweisen, wobei diese Merkmale nicht notwendig neu sein müssen.[371]

288 Derartige Merkmale eines Fernsehformats sind regelmäßig seine gestaltenden Elemente, durch die es sich definiert und von anderen Formaten unterscheidet, also z.B. ein den Gesamtablauf bestimmender Grundgedanke, bestimmte Mitwirkende, die Art und Weise einer Moderation, die Benutzung feststehender, auffallender Sprachwendungen oder Sätze, definierte Sendeabläufe, der Einsatz von Erkennungsmelodien oder Signalfarben, die Bühnendekoration und sonstige Ausstattung, die Dauer von Sendung und Beiträgen sowie ein bestimmter Stil der Kameraführung, der Beleuchtung und des Schnitts. Während solche Elemente schutzlos bleiben, die zum üblichen Repertoire der Branche gehören, also banal und fantasielos sind, muss die wettbewerbliche Eigenart aber auch nicht zwingend aus einzelnen, besonders herausragenden Gestaltungsmerkmalen folgen, sondern kann sich aus einer originellen Kombination mehrerer Merkmale ergeben[372] oder aus einem hohen Bekanntheitsgrad dieser Elemente bzw. ihrer Kombination folgen.[373] Angesichts des bereits existierenden Formenschatzes dürfte es zunehmend schwieriger sein, neue und originelle Elemente zu kreieren, so dass für die Bestimmung der wettbewerblichen Eigenart regelmäßig auf das Zusammenspiel mehrerer Merkmale zurückzugreifen sein wird.

289 Die Gerichte sind bisher bei der Anerkennung der wettbewerblichen Eigenart von Fernsehformaten zurückhaltend gewesen[374] und haben diese, soweit ersichtlich, lediglich in

---

370 *Köhler*/Bornkamm Rn. 9.24.
371 Ausführlich *Köhler*/Bornkamm Rn. 9.24.
372 *Litten* MMR 1998, 530; OLG Hamburg ZUM 1995, 246 – Goldmillion.
373 *Fezer* Rn. 55.
374 OLG München NJW-RR 1993, 619 – Dall-As; ZUM 1999, 247 – Augenblix/Spot-on.

einem Fall bejaht, der dann aber an der fehlenden Leistungsübernahme (Nachahmung) scheiterte.[375]

2. Nachahmungstatbestand

Die Rechtsprechung setzt weiter voraus, dass dem Hersteller im Zeitpunkt der Schaffung des beanstandeten Produkts bzw. der Nachahmung von Dienstleistungen[376] das Vorbild bekannt war, und unterscheidet drei Nachahmungsfälle: Die unmittelbare Leistungsübernahme, die fast identische Leistungsübernahme und die nachschaffende Leistungsübernahme.[377] Maßgeblich sind dabei die Gestaltungsmerkmale, die das Wettbewerbsprodukt übernommen hat.

290

> **Merke:**
>
> Es kommt für die wettbewerbsrechtlich relevante Nachahmung wie bei der Prüfung des urheberrechtlichen Verletzungstatbestands auf die Gemeinsamkeiten der Formate, nicht die Unterschiede zwischen ihnen an.

291

Eine unmittelbare Leistungsübernahme liegt in der direkten Kopie eines Produkts unter Zuhilfenahme technischer Vervielfältigungsmöglichkeiten und ohne Hinzufügung eigener schöpferischer Leistungen. Eine (fast) identische Nachahmung ist mit der identischen oder nahezu identischen Übernahme des Ergebnisses einer fremden Leistung ohne eigenen kreativen Beitrag gegeben, wobei Unterschiede zum Original kaum wahrnehmbar sind. Beide Varianten scheiden in Formatverletzungsfällen in der Regel aus, da keine identische Kopie im technischen Sinne vorliegt und die filmische Umsetzung der Formatelemente stets variieren wird: Aufgrund der Natur des Unterhaltungsformats als Grundlage oder Plan für die Produktion von Fernsehshows unterscheiden diese sich in ihrer Umsetzung und Ausgestaltung beinahe zwangsläufig.

292

In Formatverletzungsfällen wird also meistens nur von einer nachschaffenden Leistungsübernahme auszugehen sein, bei der die fremde Leistung nicht unmittelbar oder fast identisch übernommen, sondern lediglich als Vorbild benutzt und unter Einsatz eigener Leistung wiederholt wird.

293

3. Wechselwirkung

Nach dem Intensitätsgrad der Leistungsübernahme bestimmen sich die Anforderungen an die übrigen wettbewerblichen Umstände: Je intensiver die Nachahmung, desto eher wird im Ergebnis ein Wettbewerbsverstoß vorliegen.[378] Insoweit besteht eine Parallele zwischen dem ergänzenden Leistungsschutz und dem Urheberrecht.

294

Daneben zu berücksichtigen ist außerdem der Grad der wettbewerblichen Eigenart: Ein hohes Maß wettbewerblicher Eigenart führt ebenfalls dazu, dass geringere Anforderungen an das Unlauterkeitsmoment zu stellen sind.[379]

295

---

375 OLG Hamburg ZUM 1995, 246 – Goldmillion.
376 »Programme format« und »format package« verkörpern verschiedene Dienstleistungselemente: *Fezer* Rn. 44.
377 *Köhler*/Bornkamm Rn. 9.34; Harte/Henning/*Sambuc* Rn. 84-86.
378 *Eickmeier/Fischer-Zernin* GRUR 2008, 757; *Fezer* Rn. 60; *Köhler*/Bornkamm Rn. 9.34 m.w.N.
379 *Köhler*/Bornkamm Rn. 9.69; Harte/Henning/*Sambuc* Rn. 63.

296 Angesichts der Tatsache, dass bei Formatverletzungen die wettbewerbliche Eigenart häufig gering sein und nur eine nachschaffende Leistungsübernahme vorliegen wird, kommt es also entscheidend auf das Unlauterkeitsmoment an.

4. Unlauterkeit

297 Grundlage jeden ergänzenden wettbewerblichen Leistungsschutzes ist das Vorliegen besonderer, die Unlauterkeit begründender Umstände. Das UWG enthält neben der Generalklausel des § 3 Abs. 1 UWG in § 4 UWG Kategorien bestimmter Faktoren, die regelmäßig unlauterkeitsbegründend sind.

a) Vermeidbare Herkunftstäuschung

298 Gemäß § 4 Nr. 9 (a) UWG handelt insbesondere unlauter, wer Waren oder Dienstleistungen anbietet, die eine Nachahmung der Waren oder Dienstleistungen eines Mitbewerbers sind, wenn er eine vermeidbare Täuschung der Abnehmer über die betriebliche Herkunft herbeiführt.

299 Bei dieser Fallgruppe liegt die potentielle Unlauterkeit des Handelns darin, dass die oben beschriebene wettbewerbliche Eigenart eines Unterhaltungsformats bei einem durchschnittlich informierten und aufmerksamen Zuschauer Herkunftsvorstellungen auslöst, über die – vermeidbar – getäuscht wird. Das Publikum müsste also zunächst den irrigen Eindruck gewinnen, die Nachahmung stamme vom Hersteller des Originalformats (so genannte »Verwechslungsgefahr im engeren Sinn«) oder einem mit ihm verbundenen Unternehmen (so genannte »Verwechslungsgefahr im weiteren Sinn«). Das Originalformat muss demnach bereits produziert worden und im Inland zu empfangen gewesen sein, so dass diese Fallgruppe für Originalformate, die erst als Paper Format vorliegen, aber auch für Formate, die nur im Ausland on air sind, nicht einschlägig sein kann.

300 Fraglich ist, wen das Publikum als »Hersteller« des Originalformats wahrnimmt. Soweit es den Sender für maßgeblich hält, scheidet eine Verwechslungsgefahr (im engeren Sinn) aus, da die Sender bei der Ausstrahlung regelmäßig ihre Logos einblenden und Zuschauer über die Identität des Senders daher nicht irren können. Das gilt auch für den besonderen Fall, dass ein Unterhaltungsformat maßgeblich von einem oder mehreren Protagonisten geprägt wird,[380] was vielfach sogar in dem Titel einer Sendung zum Ausdruck kommt – hier wird der Zuschauer weiterhin den Sender (und nicht den Protagonisten) als Hersteller begreifen. Der Produzent schließlich – als originärer Hersteller der Sendung – ist dem Publikum meistens nicht bekannt, so dass es insoweit zu keiner Täuschung und auch nicht zu einer Verwechslungsgefahr (im weiteren Sinn) kommt. Eine Täuschung der Zuschauer über die betriebliche Herkunft eines Unterhaltungsformats ist damit in der Praxis unwahrscheinlich.

301 Sollte ausnahmsweise eine Täuschung zu bejahen sein, müsste es darüber hinaus für den Nachahmer zumutbar gewesen sein, im Hinblick auf die gestaltenden Elemente bereits existierender Formate einen nach den Kriterien der Wechselwirkung ausreichenden Abstand zu wahren. Zu diesen Elementen werden regelmäßig neben Titel und Logo das »look and feel« einer Sendung, aber auch Abläufe und originelle Spielideen zählen. Da die wettbewerbliche Eigenart von Unterhaltungsformaten überwiegend im kreativen Bereich etabliert werden kann, gibt es in der Regel für eine detailgetreue Nachahmung keinen sachlich gerechtfertigten Grund.[381]

---

380 Ausführlich *Fezer* Rn. 61–64.
381 *Litten* MMR 1998, 530.

Im Ergebnis wird daher eine Täuschung über die betriebliche Herkunft eines Unterhaltungsformats – wenn sie ausnahmsweise vorliegt – meistens vermeidbar und damit unlauter sein. 302

b) Unangemessenes Ausnutzen oder Beeinträchtigung der Wertschätzung

Gemäß § 4 Nr. 9 (b) UWG handelt insbesondere unlauter, wer Waren oder Dienstleistungen anbietet, die eine Nachahmung der Waren oder Dienstleistungen eines Mitbewerbers sind, wenn er die Wertschätzung der nachgeahmten Ware oder Dienstleistung unangemessen ausnutzt oder beeinträchtigt. 303

Für diese Fallgruppe der so genannten »Rufausbeutung« ist maßgeblich, dass ein Wettbewerber von der Gütevorstellung profitiert, die ein Hersteller für sein Produkt beim Publikum geschaffen hat, und dabei die Wertschätzung der nachgeahmten Ware oder Dienstleistung unangemessen ausnutzt oder beeinträchtigt. Der Unterschied zur vermeidbaren Herkunftstäuschung besteht darin, dass keine Verwechslung oder Täuschung vorliegt, die wettbewerbswidrigen Umstände vielmehr in der Übertragung von Güte- oder Sympathievorstellungen vom nachgeahmten auf das neue Produkt begründet sind. 304

Nicht ausreichend ist dabei ein branchenübliches Nachahmerverhalten, wie es gerade für die Fernsehunterhaltung typisch ist: Auf erfolgreiche Gameshows, Quizsendungen, Realityformate oder Castingsendungen folgen schnell weitere, mehr oder weniger ähnliche Shows anderer Produzenten und Sender, um den aktuellen Publikumsgeschmack zu befriedigen und hohe Quoten zu erzielen. Denn neben der Nachahmung müsste gleichzeitig die Wertschätzung der nachgeahmten Ware oder Dienstleistung unangemessen ausgenutzt oder beeinträchtigt werden. Dies könnte zum Beispiel dann der Fall sein, wenn eine offene Anlehnung an ein erfolgreiches Unterhaltungsformat vorliegt und das nachgeahmte Format vorrangig zur Beeinträchtigung des Rufs des Erstanbieters[382] oder in anderer Weise zu dessen Lasten ausgebeutet würde. 305

Regelmäßig werden aber bei Formatnachahmungen auch die Voraussetzungen für ein unangemessenes Ausnutzen oder eine Beeinträchtigung der Wertschätzung nicht vorliegen. 306

c) Unredliche Kenntniserlangung und Vertrauensbruch

Gemäß § 4 Nr. 9 (c) UWG handelt insbesondere unlauter, wer Waren oder Dienstleistungen anbietet, die eine Nachahmung der Waren oder Dienstleistungen eines Mitbewerbers sind, wenn er die für die Nachahmung erforderlichen Kenntnisse oder Unterlagen unredlich erlangt hat. 307

Diese Fallgruppe erfasst vor allem den in der Praxis häufiger vorkommenden Fall, dass einem Nachahmer zunächst von einem potentiellen Lizenzgeber Unterlagen zur Verfügung gestellt werden, die Verhandlungen, die im beiderseitigen Einvernehmen aufgenommen wurden, dann aber scheitern oder abgebrochen werden und der Nachahmer in der Folge ein ähnliches Format ohne Beteiligung des potentiellen Lizenzgebers auf den Markt bringt (Vertrauensbruch).[383] Ein nur schwaches und weniger schutzbedürftiges Vertrauensverhältnis entsteht in den Fällen, in denen beispielsweise ein Formatentwickler einem Sender oder Produzenten unaufgefordert Konzepte oder Bewegtbilder zuschickt. 308

---

382 *Fezer* Rn. 69.
383 Entsprechende Sachverhalte lagen den Entscheidungen OLG Hamburg ZUM 1995, 245 – Goldmillion, OLG München GRUR 1990, 674 – Forsthaus Falkenau und LG München I ZUM-RD 2002, 17 – High 5/Stoke zugrunde.

309 An die wettbewerbliche Eigenart werden in derartigen Fällen, wenn überhaupt, nur geringe Anforderungen zu stellen sein.[384] Allerdings sind auch unter dem Aspekt des Vertrauensbruchs solche Elemente nicht geschützt, die offenkundig oder im In- oder Ausland[385] frei zugänglich sind, so dass die Durchsetzung dieses Anspruchs an ähnliche Grenzen stößt wie die Geltendmachung von Ansprüchen aus culpa in contrahendo.[386]

310 Im Ergebnis dürfte es darauf ankommen, wie eng die Nachahmung auf den aufgrund eines Vertrauensverhältnisses überlassenen Informationen beruht. Je nach den Umständen des Einzelfalls erscheint die Durchsetzung von Ansprüchen in der Praxis in dieser Fallgruppe aber durchaus aussichtsreich zu sein.

d) Weitere Fallgruppen

311 Gemäß § 4 Nr. 10 UWG handelt insbesondere unlauter, wer Mitbewerber gezielt behindert. In dieser Fallgruppe ist die Konstellation denkbar, dass Mitbewerber durch die nicht lizenzierte Übernahme ausländischer Unterhaltungsformate behindert werden, solange noch keine Adaption für das Inland existiert, z.B. wenn ein Wettbewerber ein erfolgreiches englisches oder US-amerikanisches Unterhaltungsformat für den deutschen Markt adaptiert und damit einen Markteintritt von Lizenznehmern des ausländischen Formatinhabers verhindert. Für die Entscheidung, ob eine unlautere Behinderung vorliegt, wird es wiederum entscheidend darauf ankommen, wie eng sich das deutsche Format an das Ursprungsformat anlehnt[387] und ob der Nachweis gelingt, dass ein weiteres Format mit Originallizenz neben dem »Imitat« keinen Erfolg mehr haben kann.

312 Die kurzfristige Übernahme eines neuen, im Inland gerade erst on air gebrachten Formats durch einen Wettbewerber schließlich könnte analog der so genannten »Modeneuheiten«-Rechtsprechung gemäß § 3 Abs. 1 UWG wettbewerbswidrig sein.[388] Allerdings verfolgt diese Rechtsprechung einen anderen Zweck, nämlich solche Produkte zu schützen, deren Reiz sich innerhalb kurzer Zeit erschöpft, in der sich dann die Investitionen amortisiert haben müssen (»Saisonschutz«) und zielt der Schutzumfang auf identische oder nahezu identische Nachbildungen.[389] Obwohl auch Unterhaltungsformate dem Zeitgeschmack unterworfen sind, zeigt die Praxis, dass sich erfolgreiche Sendereihen über Jahre, in Ausnahmefällen sogar Jahrzehnte hinweg halten können und liegt bei Formatverletzungen meist nur eine nachschaffende Leistungsübernahme vor.

313 Im Ergebnis kommt daher als weitere Unlauterkeitskonstellation nur eine gezielte Behinderung im Falle der nicht lizenzierten Übernahme eines ausländischen Unterhaltungsformats, das im Inland noch nicht existiert, in Betracht.

5. Anspruchsinhaberschaft

314 Inhaber der wettbewerbsrechtlichen Ansprüche und damit aktivlegitimiert ist in der Regel der Erbringer der schutzwürdigen unternehmerischen Leistung, also der Sender und/oder das Produktionsunternehmen, das eine Formatentwicklungsleistung erbracht hat.[390] Ein Formatentwickler (Autor) kann wettbewerbsrechtliche Ansprüche nur dann geltend machen, wenn gerade die wettbewerbliche Eigenart seines Konzeptes in unlauterer Weise genutzt wird.

---

384 Harte/Henning/*Sambuc* Rn. 58; *Eickmeier/Fischer-Zernin* GRUR 2008, 761-762; *Fezer* Rn. 89.
385 *Fezer* Rn. 92.
386 Dazu oben Rdn. 281.
387 *Fezer* Rn. 76.
388 Dazu *Fezer* Rn. 77 und *Eickmeier/Fischer-Zernin* GRUR 2008, 762.
389 Harte/Henning/*Sambuc* Rn. 38.
390 *Litten* MMR 1998, 531-532.

Auch der bloße Erwerb von Nutzungsrechten an einem Sendeformat, das noch nicht 315
ausgestrahlt wurde, reicht nicht aus.[391] Hier ist aber an eine gewillkürte Prozessstandschaft zu denken, dass nämlich der Lizenznehmer den Anspruch des in- oder ausländischen Herstellers im eigenen Namen, aufgrund vertraglicher Ermächtigung und eines eigenen schutzwürdigen Interesses geltend macht.[392]

> **Praxistipp:** 316
> Im Einzelfall stellt sich für die Aktivlegitimation die Frage, wem die spezifische Leistung zuzurechnen ist, auf deren Verletzung der wettbewerbsrechtliche Anspruch gestützt wird.[393] **Regelmäßig wird das jedenfalls das Sendeunternehmen sein, das das verletzte Format on air gebracht hat.**

III. Praktischer Formatschutz

1. Die Praxis in der deutschen Medienbranche

In der deutschen Praxis werden ausländische Fernsehformate regelmäßig von privaten 317
und öffentlich-rechtlichen Sendern einlizenziert – in den Jahren 2006 bis 2008 waren es Lizenzen für 121 Formate.[394] Lizenzgeber sind meistens deutsche Produktionsfirmen, die territorial begrenzte Rechte an dem Format über eine Lizenzkette von dem jeweiligen ausländischen Formatinhaber erworben haben, das Format in Deutschland herstellen und für die Nutzung und Verwertung durch den Sender eine Lizenzgebühr in Abhängigkeit von dem Produktionsbudget bzw. den Erlösen aus der Nebenrechteverwertung verlangen.

Die Gegenleistung für den Lizenznehmer besteht dabei in dem Erwerb einer fertig kon- 318
zipierten Sendung, die nicht nur billiger als eine Eigenentwicklung ist, sondern auch erfolgserprobt. Zusätzlich werden vom Formatlizenzgeber u.a. Produktions-Know-how, Elemente der Sendung wie Grafiken, Art Design, Setpläne, Musik sowie Material für erste Trailer und teils auch Unterstützung durch »Flying Producers« geliefert.

Bei Formaten, die von einer einheimischen Produktionsfirma entwickelt wurden, ist die 319
Zahlung von Lizenzgebühren durch den Sender, der ein Format in Deutschland erstmals on air bringt, hingegen unüblich (insbesondere fehlt es hier an Produktions-Know-how, vorbestehenden Sendungselementen und natürlich einem im Ausland bereits realisierten Erfolg). Verhandelt wird in diesen Fällen eher über die – sonst nicht selbstverständliche – Erstattung der Entwicklungskosten des Produzenten durch den Sender und eine Aufteilung der Erlöse, die der spätere Auslandsvertrieb des Formats (meist durch ein entweder mit dem Sender oder mit dem Produzenten verbundenes Unternehmen) bringen soll.

Aus demselben Grund gelingt es Autoren nur selten, einer Produktionsfirma oder einem 320
Sender ein Paper Format zu verkaufen – und wenn doch, wird sich ihre Gegenleistung meistens in der Vergütung ihrer Mitwirkung an der Produktion erschöpfen.

Während in Deutschland manche der privaten Sender selbst im internationalen Format- 321
vertrieb tätig sind und Fernsehformate daher als geschützte Wirtschaftsgüter betrachten müssen, um sich nicht dem Vorwurf widersprüchlichen Verhaltens auszusetzen, vermei-

---

391 BGH ZUM 2003, 773 – Sendeformat.
392 *Eickmeier/Fischer-Zernin* GRUR 2008, 762-763.
393 *Fezer* Rn. 95.
394 *Billhardt* Focus 2010, 97.

den es vor allem die öffentlich-rechtlichen Sender nach Möglichkeit, Formatschutz per se zu akzeptieren. Zumindest faktisch lässt sich aber auch bei ihnen eine gewisse Tendenz erkennen, den Wert von Unterhaltungsformaten anzuerkennen, indem sie diese – als bloße »Konzepte« bezeichnet – zum Gegenstand vertraglicher Vereinbarungen (wie z.B. von Vertriebsverträgen) machen.

322 In der deutschen Medienbranche gibt es somit ein weitgehend funktionierendes System der Formatlizenzierung, obwohl sich Formatentwickler und Produzenten nicht auf einen urheberrechtlichen Schutz von Unterhaltungsformaten berufen können und der ergänzende wettbewerbliche Leistungsschutz einzelfallabhängig ist.

323 Folgenlos bleibt dabei, dass es sich bei der Einräumung von urheberrechtlichen Nutzungs- und Verwertungsrechten an Unterhaltungsformaten um eine so genannte »Leerübertragung« handelt, nämlich einen Lizenzvertrag, der – zumindest nach Ansicht des BGH – nicht existierende Rechte zum Gegenstand hat. Denn die Übertragung eines in Wirklichkeit nicht bestehenden Rechts ist nicht generell unwirksam, wenn der Lizenznehmer dennoch eine wirtschaftliche Vorteilsstellung erhält, wie sie aus der Know-how-Überlassung folgt.[395] Die Rechteeinräumung reduziert sich dabei allerdings auf ihre schuldrechtliche Bedeutung zwischen den Parteien und entfaltet keine dingliche Ausschlusswirkung gegenüber Dritten.[396]

324 Im Übrigen kann ein Verletzer nicht automatisch davon ausgehen, dass sein Verhalten folgenlos bleibt: Da die Branche klein ist und dieselben Akteure in unterschiedlichen Konstellationen immer wieder aufeinander treffen, versuchen sie in der Regel, Kompromisse zu finden. Dazu gehören Abgrenzungsvereinbarungen, aber mitunter auch nachträgliche Lizenzzahlungen.

2. FRAPA

325 Bei der Format Recognition and Protection Association (FRAPA) handelt es sich um einen internationalen Verband in Form eines eingetragenen Vereins mit Sitz in Köln, zu dessen Mitgliedern rund 100 Unternehmen aus der Fernsehbranche zählen.[397] Diese haben sich zur Verbesserung des weltweiten Schutzes von Fernsehformaten gegen Piraterie, u.a. durch wissenschaftliche Untersuchungen, Schaffung von Branchenstandards und Lobbying zusammen geschlossen.

326 Zu den Dienstleistungen der FRAPA zählen außergerichtliche Streitbeilegungsmechanismen bei Formatstreitigkeiten sowie ein Formatregister, in das Mitglieder ihre Paper Formats, aber auch weiteres Material, wie z.B. Pilotdrehs oder Moodtapes, mit Nachweis des Eingangsdatums aufnehmen lassen können.

3. Formatschutz de lege ferenda

327 Der Ruf nach einem gesetzlichen Schutz der kreativen Leistung des Entwicklers auch von Unterhaltungsformaten ist immer wieder laut geworden. Entsprechende Forderungen hat in letzter Zeit beispielsweise die Produzentenallianz[398] gestellt.

328 Unterschiedliche Meinungen bestehen im Hinblick auf die Frage, wie dieser Schutz ausgestaltet sein sollte, insbesondere, ob ein urheberrechtlicher einem wettbewerbsrechtli-

---

395 *Litten* MMR 1998, 532.
396 Wandtke/Bullinger/*Manegold* Rn. 23.
397 www.frapa.org.
398 www.produzentenallianz.de.

chen Formatschutz vorzuziehen wäre.[399] Auf der einen Seite ist der urheberrechtliche Schutz dem rein wettbewerbsrechtlichen Schutz deshalb überlegen, weil das Wettbewerbsrecht als besonderes Deliktsrecht keine Grundlage für vertragliche Beziehungen sein kann[400] und sein Schutz keine dingliche Wirkung entfaltet. Systematisch wird auf der anderen Seite argumentiert, Formate könnten schon aufgrund ihrer Definition als Reihe wiederkehrender Gestaltungselemente und wegen des Freihaltebedürfnisses des künstlerischen Schaffens grundsätzlich keine schöpferischen Produkte sein, richtig sei daher ein Leistungsschutz für Innovationen.[401]

Gesetzgeberische Maßnahmen zeichnen sich indes in keine der beiden Richtungen ab. **329**

4. Schutzmaßnahmen

Um ein Format zu schützen, können sowohl bei seiner Entwicklung als auch später im Vertrieb praktische Vorsichtsmaßnahmen ergriffen werden. **330**

> **Praxistipp:** **331**
>
> Insbesondere empfiehlt es sich:
> - die Entwicklungsschritte unter Angabe der an der Entwicklung beteiligten Personen zu dokumentieren,
> - alle Entwicklungsstufen vom Treatment über das Paper Format bis hin zur Formatbibel und etwaigen Mood Tapes und Pilotsendungen an geeigneter Stelle (FRAPA, Notar) zu hinterlegen,
> - Titel, Marken und Domainnamen registrieren zu lassen,
> - nicht mit mehr als einem potentiellen Vertragspartner auf einmal zu verhandeln und
> - Dritten gegenüber vor Vertragsschluss kein Know-how offen zu legen, sofern dies nicht zwingend erforderlich ist.

IV. Mediation und Schiedsgerichtsbarkeit

1. Streitschlichtung in der Medienbranche

Alternativ zu der Anrufung staatlicher Gerichte gibt es so genannte »alternative« Möglichkeiten der Konfliktlösung (Alternative Dispute Resolution, ADR).[402] Aufgrund der Stellung des neutralen Dritten (Streitschlichters) und seiner Entscheidungskompetenz in der Sache unterscheidet man primär zwischen Schiedsgerichtsverfahren, Schlichtung und Mediation – im erstgenannten Fall kommt dem neutralen Dritten eine Entscheidungsbefugnis ähnlich einem staatlichen Gericht zu, im zweitgenannten steht am Ende ein unverbindlicher Einigungsvorschlag und im letztgenannten ist der Dritte nur ein Mittler zwischen den Parteien, die selbst einen Konsens suchen, und quasi als Moderator tätig. **332**

Es gibt immer noch relativ wenig Rechtsprechung zum Schutz und zur Verletzung von Fernsehformaten, was sich auch damit erklären lässt, dass der alternativen Streitbeilegung in der Medienbranche eine besondere Bedeutung zukommt. Vorteile alternativer Konfliktlösung gegenüber der staatlichen Gerichtsbarkeit sind Geschwindigkeit, geringere **333**

---

399 Zu Unterschieden und Gemeinsamkeiten von sondergesetzlichem und ergänzendem wettbewerbsrechtlichem Leistungsschutz Harte-Bavendamm/Henning-Bodewig/*Sambuc* Rn. 16-19.
400 *Degmair* GRUR Int. 2003, 204.
401 *Flechsig* ZUM 2003, 768.
402 Allgemein *Vogt* DS 2009, 217; zur Streitschlichtung in der Medienbranche *Forster/Schwarz* ZUM 2004, 800; zur alternativen Streitbeilegung bei Fernsehformaten *Joppich* GRUR-Prax 2010, 213.

Kosten und Vertraulichkeit, aber auch Flexibilität und Individualität. Diese Vorteile erleichtern es den Akteuren der Branche, bei Auseinandersetzungen das Gesicht zu wahren und Geschäftsbeziehungen aufrecht zu erhalten oder später neu zu begründen.

2. Alternative Konfliktlösung bei Formatstreitigkeiten

334 Die FRAPA hat ihren Mitgliedern von Anfang an die Vermittlung von Mediationsdienstleistungen angeboten. Im Jahr 2004 wurden 24 Mediationen durchgeführt (neuere Zahlen sind nicht öffentlich zugänglich), und bis heute konnten rund 80% aller Mediationen durch Konsensfindung abgeschlossen werden.[403] Seit April 2010 arbeitet die FRAPA bei der alternativen Streitbeilegung im Fernsehformatbereich mit dem Schieds- und Mediationszentrum der Weltorganisation für Geistiges Eigentum (World Intellectual Property Organization, WIPO) zusammen.

335 Die WIPO ist im Rahmen der Vereinten Nationen und ihrer Tochterorganisationen für den Schutz des geistigen Eigentums zuständig. Das Schieds- und Mediationszentrum der WIPO hat die WIPO Mediations- und beschleunigten Schiedsgerichtsregeln für Film und Medien (WIPO Film und Medien Regeln)[404] entwickelt, die seit 11.11.2009 in Kraft sind und speziell für die zeiteffiziente und kostengünstige Beilegung von Streitigkeiten im Film- und Mediengeschäft konzipiert wurden. Angeboten werden, auch gestaffelt, ein Mediationsverfahren sowie ein beschleunigtes Schiedsgerichtsverfahren.

336 Zu den allgemeinen WIPO Mediationsregeln bestehen folgende Unterschiede, die Formatverletzungsverfahren weiter erleichtern sollen: Verfahrensfristen wurden verkürzt, die Gebühren für das Schieds- und Mediationszentrum der WIPO und das Honorar für den Mediator und ggf. den Schiedsrichter wurden reduziert, und es wird eine Liste von in der Medienbranche spezialisierten Mediatoren und Schiedsrichtern geführt.

337 Das Schieds- und Mediationszentrum der WIPO hat damit die Mediationstätigkeit der FRAPA übernommen und verwaltet fernsehformatbezogene Streitigkeiten, die unter den WIPO Film und Medien Regeln eingereicht werden.[405] Dabei können durch eine solche Mediation auch Lösungen für Streitigkeiten zwischen FRAPA-Mitgliedern und Dritten gesucht werden, es müssen nicht beide Parteien notwendig FRAPA-Mitglieder sein. Schließlich sehen die WIPO Film und Medien Regeln – bei entsprechendem Konsens der Parteien – die Möglichkeit des Übergangs vom Mediations- zum Schiedsverfahren vor.

---

403 www.frapa.org/dispute-resolution/mediation.html.
404 www.wipo.int/amc/de/film/rules.
405 FRAPA Pressemitteilung vom 7.4.2010; WIPO PR/2010/636 vom 7.4.2010.

Kapitel 18
Piraterie & Urheberstrafrecht: Rechtsdurchsetzung im Internet – aktuelle Möglichkeiten und Herausforderungen für Rechteinhaber

Übersicht

	Rdn.
A. Die strafrechtliche Sanktionierung von Urheberrechtsverletzungen	7
I. Die einschlägigen Normen	8
II. Das Verfahren	11
III. Aktuelle Hürden im Strafverfahren	13
1. Die »Bagatellgrenzen« der Staatsanwaltschaften	14
2. Datenexistenz	15
B. Die zivilrechtliche Durchsetzung von Urheber- und Leistungsschutzrechten	23
I. Die Ansprüche des Rechteinhabers	25
1. Der Unterlassungsanspruch	25
2. Der Beseitigungsanspruch	26
3. Der Schadensersatzanspruch	27
II. Die Durchsetzung der Ansprüche	32
1. Auskunftsanspruch	33
a) Aktivlegitimation	36
b) Gewerbliches Ausmaß	39
c) Sonstiges	40
2. Der Auskunftsanspruch gegenüber Dritten	42
a) Offensichtliche Rechtsverletzung	43
b) Das gewerbliche Ausmaß	46
3. Das Verfahren gem. § 101 Abs. 9 UrhG	55
a) Das Gestattungsverfahren	56
b) Das Auskunftsverfahren	66
4. Die Datenexistenz	68
5. Die Abmahnung	73
a) Anforderung an die Abmahnung	74
b) Gegenstandswert	76
c) Deckelung des Erstattungsanspruchs	81
6. Einzelne Konstellationen der Inanspruchnahme	86
a) WLAN	87
b) Sonstige Fälle	91
III. Geltendmachung von Ansprüchen gegenüber Host-Providern	93
IV. Die unmittelbare Inanspruchnahme von Access-Providern	99
C. Ausblick	101

Wenn man die explosionsartige Entwicklung der Distribution von Inhalten im Internet 1 über die letzten fünfzehn Jahre betrachtet, darf man den Blick dabei nicht nur auf die unzähligen wundervollen neuen Möglichkeiten der Information, der Kommunikation und des Zugriffs auf bzw. die Verwendung von *content* richten und dabei gleichsam die Brille des vom Angebot verwöhnten Users aufsetzen. Man kommt nicht umhin, der Tatsache ins Auge zu schauen, dass – auch und gerade im Internet – sehr viele illegale Nutzungen von *content* existieren. Selbstverständlich kann im Rahmen dieses Werkes in der Darstellung nur auf einen kleinen Ausschnitt dessen eingegangen werden, was im Internet an Rechtsverletzungen existiert. Beispielhaft seien hier nur Spamming, Phishing, Persönlichkeitsrechtsverletzungen oder die diversen Betrugsfälle im Internet angeführt. Nicht zu vergessen ist dabei auch, dass das Internet als »Vertriebsform« Rechtsverletzungen nicht nur in digitalisierter, nicht physischer Form zulässt, sondern eben auch in großem Umfang zur Verbreitung traditioneller gefälschter Ware im weitesten Sinne genutzt wird.

2 Die hier gegenständlichen Erscheinungsformen der Verletzung von Rechten des geistigen Eigentums, die zumeist pauschal unter dem Stichwort »Internetpiraterie« zusammengefasst werden, sind selbst schon mannigfaltig genug und finden ihren Ursprung in geschäftsmäßigen Rechtsverletzungen mit sehr großen Gewinnmargen der Verletzer, aber eben auch in Rechtsverletzungen, die von einer Vielzahl von Personen ohne direkte Gewinnerzielungsabsicht im mehr oder weniger »privaten Umfeld« begangen werden. Bei letzterer Erscheinungsform ist jedoch bereits an dieser Stelle zu konstatieren, dass der *User* stets in den Genuss des Inhaltes kommen will, ohne dafür zu zahlen und zumeist auch selbst willentlich daran beteiligt ist, den Inhalt weiter zu verbreiten und damit an einer Schädigung in einer nie dagewesenen Form mitzuwirken und sie zu perpetuieren. Nicht zuletzt aufgrund des extrem großen Schadenspotentials durch die ubiquitäre Verfügbarkeit von illegal angebotenen Dateien im Netz und die stetige (globale) Weiterverbreitung ist es hierbei auf der »Verletzungsebene« aus Sicht der Rechteinhaber zunächst nicht so relevant, ob die Rechte auf die eine oder die andere Art verletzt werden. Es werden Exklusivrechte der diversen Rechteinhaber verletzt, die als Rechte des geistigen Eigentums unter den Schutz von Art. 14 GG fallen. Selbstverständlich gibt es im Hinblick auf die kriminelle Energie und die tatsächliche Schädigung erhebliche Unterschiede. An dieser Stelle setzt die gesellschaftliche Diskussion über den Umgang mit Urheberrechtsverletzungen im Internet an, die sich meist auf die »Sanktionsebene« bezieht, und sei es durch Ansätze, »das illegale Filesharing zu legalisieren«.

3 Betroffen von der Internetpiraterie ist bei Weitem nicht mehr »nur« die Musikindustrie. Seit die Bandbreiten immer größer und die Speichermedien immer potenter geworden sind und insbesondere auch viele andere Rechteinhaber die großen Chancen der Digitalisierung vermehrt nutzen, reihen sich längst andere Branchen der Kultur- und Kreativwirtschaft in die Gruppe der Geschädigten ein. Film-, Buch-, Software-, Fernseh- und Games-Industrie stehen vor dem Hintergrund massenhafter Rechtsverletzungen inzwischen vor ganz ähnlichen Herausforderungen wie die Musikindustrie. Seine Begründung findet dies vor allem in der erhöhten »Vulnerabilität des Werkes durch die Digitalisierung«.[1]

4 Die von der GfK im Auftrag des Bundesverbandes Musikindustrie e.V. erhobene Brennerstudie für das Jahr 2010[2] verdeutlicht das Ausmaß der massenhaften Rechtsverletzungen im Internet: Zwar geht die Zahl der illegal aus dem Netz geladenen Songs in den letzten Jahren deutlich zurück, doch immer noch werden 258 Millionen illegale Downloads getätigt, im Vergleich zu 46 Millionen verkauften Downloads. Auch die Anzahl der Tauschbörsennutzer ist in Deutschland deutlich rückläufig, was wesentlich auf das nachhaltige Vorgehen der Rechteinhaber gegen Rechtsverletzungen zurückzuführen ist. Im Jahre 2009 nutzten 2,89 Millionen Deutsche das Internet, um sich illegal (z.B. über Filesharing-Systeme, One-Click-Filehoster, etc.) mit Musik zu versorgen. Betrachtet man auch die anderen *content*-Arten, wie Buch, Film, Games oder Software, so kommt man auf die beachtliche Zahl von 4,5 Millionen Usern.

5 Selbstverständlich verbietet sich in diesem Kontext eine monokausale Argumentation, da die Zusammenhänge zwischen der Diversifizierung des Angebotes, der Aufklärung und der Abschreckung viel zu komplex sind. Trotzdem muss man im Jahre 2010 konstatieren, dass es mittlerweile eine große Vielzahl von legalen Angebotsalternativen gibt, die von einem werbefinanzierten Umsonst-Angebot, über kostenpflichtige Streaming-Angebote[3] bis hin zum etablierten Downloadportal reichen. Betrachtet man dabei die Entwicklung des Musikmarktes, so ist festzustellen, dass der Umsatz seit dem Aufkommen der File-

---

1 Fromm/Nordemann/*Ruttke*/*Scharringhausen* Vor § 106 Rn. 10.
2 Verfügbar unter www.musikindustrie.de.
3 Siehe dazu *Radmann* ZUM 2010, 287.

sharing-Systeme Ende der 90er Jahre in Deutschland um fast die Hälfte eingebrochen ist, und das in einer Zeit, in der so viel Musik konsumiert wird, wie nie zuvor.

Im Folgenden sollen vor diesem Hintergrund die wesentlichen Möglichkeiten aber auch die Hürden aufgezeigt werden, mit denen die Rechteinhaber bzw. deren Rechtsanwälte bei der Durchsetzung ihrer Rechte im Internet gegenwärtig konfrontiert sind. Die Aufteilung der Darstellung ist dabei vorgegeben: Auf der einen Seite steht die strafrechtliche Sanktion und auf der anderen Seite die zivilrechtliche Durchsetzung. Dabei kann weder auf den Bereich der Ermittlung von Rechtsverletzungen noch auf die dahinter liegenden technischen Einzelfragen eingegangen werden. Nicht genug damit, dass die technische Entwicklung in ungebremster Rasanz fortschreitet, ist ebenfalls vorab festzustellen, dass dies, wie zuletzt das komplexe Urteil zur Vorratsdatenspeicherung[4] zeigt, natürlich auch die Rechtsentwicklung in dem hier relevanten Bereich betrifft.

A. Die strafrechtliche Sanktionierung von Urheberrechtsverletzungen

Es sei bereits an dieser Stelle darauf hingewiesen, dass lange Zeit der strafrechtliche Weg für die Rechteinhaber die einzige Möglichkeit war, um – insbesondere bei Urheberrechtsverletzungen in Filesharing-Systemen – überhaupt an den Klarnamen des potentiellen Rechtsverletzers zu kommen und ihm gegenüber zivilrechtliche Ansprüche geltend zu machen. Ermitteln lässt sich stets nur die in vielen Fällen dynamische IP-Adresse des Anschlusses, über den die Rechtsverletzung begangen wurde. Diese IP-Adresse ist für die Teilnehmer von Filesharing-Systemen auch sichtbar, sie wird mithin vom User öffentlich gemacht und lässt sich vom Rechteinhaber oder dessen Dienstleister dokumentieren. Die Rechteinhaber der Musikindustrie, hierbei vor allem die Tonträgerhersteller, haben von dieser Möglichkeit im Jahre 2004 als erste betroffene Branche in ansteigendem Ausmaß Gebrauch gemacht.[5] Seit der Einführung des zivilrechtlichen Dritt-Auskunftsanspruches gegenüber den Access-Providern gem. § 101 Abs. 2 und 9 UrhG spielt der strafrechtliche Weg im Bereich der massenhaften Rechtsverletzungen (glücklicherweise) eine wesentlich geringere Rolle. Abgesehen von der Tatsache, dass es sich bei Urheberrechtsverletzungen generell um Straftatbestände handelt und in vielen Konstellationen eine strafrechtliche Sanktionierung vor dem Hintergrund der konkreten Rechtsverletzung durchaus angemessen erscheint, bleibt trotz der gegenwärtig in der Masse der Verfahren geringeren Relevanz des Strafrechts bei der Durchsetzung von Urheberrechten zu bedenken, dass gerade auch der dem Strafrecht immanente Gedanke der Generalprävention es im Bereich der Verletzung von Urheberrechten unverzichtbar macht.[6]

I. Die einschlägigen Normen

Die strafrechtliche Sanktionierung von Urheber- und Leistungsschutzrechten ist im Urheberrechtsgesetz in den §§ 106 ff. UrhG geregelt. Die unerlaubte Verwertung urheberrechtlich geschützter Werke ist dabei in § 106 UrhG geregelt. § 106 UrhG bezieht sich auf Werke i.S.d. § 2 UrhG sowie auf selbständig geschützte Werkteile.[7] § 108 UrhG normiert hingegen »unerlaubte Eingriffe in verwandte Schutzrechte« und geht dabei z.B. in Ziff. 5 auf das Tonträgerherstellerrecht gem. § 85 UrhG oder in Ziff. 4 auf das Recht des ausübenden Künstlers gem. § 77 UrhG ein. Über diese Norm ergibt sich mithin auch die

---

4 BVerfG NJW 2010, 823.
5 *Zombik* ZUM 2006, 450.
6 Fromm/Nordemann/*Ruttke/Scharringhausen* Vor § 106 Rn. 15.
7 Wandtke/Bullinger/*Hildebrandt* § 106 Rn. 7.

Strafbarkeit eines Nutzers von Filesharing-Systemen für den Bereich der Musik.[8] Beide Vorschriften geben einen Strafrahmen von bis zu drei Jahren oder Geldstrafe vor.

9 Im Falle der gewerbsmäßigen Verletzung sieht § 108a UrhG eine Freiheitsstrafe bis zu fünf Jahren oder Geldstrafe vor. Die Bestrebungen im Rahmen des sog. »zweiten Korbes« eine Bagatellgrenze in das Urheberrecht einzuführen, also bestimmte Urheberrechtsverletzungen zu »entkriminalisieren«, wurde seinerzeit zurückgewiesen.[9] Damit wurde vom Gesetzgeber hervorgehoben, dass die Unterbindung der Missachtung geistiger Schutzrechte ein wichtiges Anliegen der Allgemeinheit ist. Die Bedeutung dieses gesamtgesellschaftlichen Interesses wird noch dadurch unterstrichen, dass im Rahmen von § 106 Abs. 1, Abs. 2 UrhG bereits der Versuch der Begehung einer urheberrechtsverletzenden Handlung mit Freiheitsstrafe bedroht ist.

10 Erwähnt seien an dieser Stelle darüber hinaus die §§ 107 und 108b UrhG. § 107 UrhG stellt das unzulässige Anbringen von Urheberbezeichnungen bei Werken der bildenden Künste unter Strafe und schützt dabei das urheberpersönlichkeitsrechtlich geschützte Recht des Urhebers, darüber zu bestimmen, ob und wie eine Urheberbezeichnung verwendet wird (§ 13 Satz 2 UrhG).[10] § 108b UrhG sanktioniert hingegen die sog. unerlaubten Eingriffe in technische Schutzmaßnahmen. Diese Vorschrift flankiert gemeinsam mit § 111a UrhG die in den §§ 95a bis 95d UrhG geregelten zivilrechtlichen Normen, die den Schutz technischer Maßnahmen zum Gegenstand haben.[11]

II. Das Verfahren

11 Urheberrechtsdelikte sind – außer in den Fällen des § 108a UrhG, der die gewerbsmäßigen Rechtsverletzungen betrifft – gem. § 109 UrhG Antragsdelikte. Insofern greifen die §§ 77 ff. StGB. Als sog. relative Antragsdelikte kann die Staatsanwaltschaft jedoch tätig werden, wenn ein besonderes öffentliches Interesse besteht.[12] Bei dem Qualifikationstatbestand § 108a UrhG handelt es sich um ein Offizialdelikt, was dazu führt, dass die Staatsanwaltschaft von Amts wegen ermitteln muss.

12 In der Regel werden die Verfahren im Bereich der Benutzung von Filesharing-Systemen bei Erwachsenen nach § 153a StPO gegen die Zahlung einer Geldauflage und/oder gegen Verzicht des Beschuldigten auf den als Beweis- und aber auch Tatmittel sichergestellten Rechner eingestellt.[13] Dies führte in der Vergangenheit aber nicht dazu, dass der Rechtsverletzer mit keinen weiteren Forderungen zu rechnen hatte. Über die im Rahmen der Akteneinsicht gem. § 406e StPO gewonnenen Erkenntnisse können die Rechteinhaber die Anschlussinhaber zivilrechtlich in Anspruch nehmen.[14] An dieser Stelle sei noch einmal darauf hingewiesen, dass dieser Weg über eine lange Zeit der einzige war, um überhaupt an den Klarnamen des Anschlussinhabers heranzukommen.

III. Aktuelle Hürden im Strafverfahren

13 Gegenwärtig steht man im Bereich der Strafverfolgung neben der im Internet omnipräsenten Problematik der Internationalisierung der Rechtsverletzungen vor einer speziellen

---

8 *Beck/Kreißig* NStZ 2007, 304.
9 *Hucko* S. 37.
10 Zur geringen praktischen Relevanz des Tatbestandes vgl. Fromm/Nordemann/*Ruttke/Scharringhausen* § 107 Rn. 1.
11 Fromm/Nordemann/*Ruttke/Scharringhausen* § 108b Rn. 2 m.w.N.
12 Fromm/Nordemann/*Ruttke/Scharringhausen* Vor § 109 Rn. 16.
13 *Beck/Kreißig* NStZ 2007, 304, 310.
14 *Hoeren* NJW 2008, 3099; *Zombik* ZUM 2006, 450.

A. Die strafrechtliche Sanktionierung von Urheberrechtsverletzungen

Hürde, nämlich der Einführung von Bagatellgrenzen, sowie der Herausforderung, dass häufig die existente Datenbasis schon rein zeitlich nicht für die Ermittlung der Rechtsverletzung ausreicht.

1. Die »Bagatellgrenzen« der Staatsanwaltschaften

Als Reaktion auf die erhebliche Anzahl der Verfahren und offenbar auch in Anlehnung an das damals noch laufende Gesetzgebungsverfahren zur Umsetzung der *Enforcement Directive*,[15] sind die Generalstaatsanwälte Mitte des Jahres 2008 dazu übergegangen, bei der Verfolgung von Rechtsverletzungen in Filesharing-Systemen »Bagatellgrenzen« einzuziehen. Diese Bagatellgrenzen bedeuten konkret, dass mittlerweile bundesweit Ermittlungen erst dann durchgeführt werden, wenn bestimmte Schwellenwerte erreicht werden, die sich aus dem Angebot einer bestimmten Anzahl von urheberrechtlich geschützten Werken ergeben. Seitdem ermitteln die meisten Staatsanwaltschaften erst, wenn 3.000 Audio-Dateien oder 200 Film-Dateien in einem Filesharing-System angeboten werden.[16] Neben den verfassungsrechtlichen Bedenken gegen diese Praxis der Staatsanwaltschaften wird durch dieses Vorgehen die technische Entwicklung im Bereich der Filesharing-Systeme vollkommen außer Betracht gelassen. In den meisten Fällen lässt sich dort nämlich nur noch die Rechtsverletzung eines, nämlich des konkret abgefragten Werkes dokumentieren. Ausnahmen machen die Staatsanwaltschaften – soweit ersichtlich – vor allem im Bereich von Werken, die vor Veröffentlichung angeboten werden.

2. Datenexistenz

Zentraler Anhaltspunkt für die Identifikation eines Rechtsverletzers im Internet ist die IP-Adresse, über die Computer miteinander kommunizieren. Um den sich hinter einer IP-Adresse verbergenden Anschlussinhaber in Erfahrung zu bringen, ist bei den zumeist dynamischen IP-Adressen ein Rückgriff auf die Daten erforderlich, über die alleine die Aussage getroffen werden kann, wem die im Zusammenhang mit der Rechtsverletzung ermittelte IP-Adresse zu der gegebenen Zeit zugewiesen war. Diese Daten liegen, so vorhanden, nur dem Access-Provider vor, bei dem sie vom Rechteinhaber in Erfahrung gebracht werden müssen. Es ist für die Ermittlung bzw. die spätere Durchsetzung der Rechte also unerlässlich, dass zum Zeitpunkt der »Abfrage« dem Access-Provider die Information noch vorliegt, welchem Internetanschluss die jeweilige IP-Adresse zum Zeitpunkt der festgestellten Rechtsverletzung zugeordnet war.

Seitdem das BVerfG in seinem Urteil zur Vorratsdatenspeicherung die anlasslose Speicherung der im Rahmen der Vorratsdatenspeicherung angeordneten Datenspeicherungen für nichtig erklärt hat,[17] existieren bei den Access-Providern keine Vorratsdaten mehr, sodass sich die Frage der Auswirkungen auf die Durchsetzung von Rechten des geistigen Eigentums erübrigt.

Zwar sind die dynamischen IP-Adressen und deren Zuordnung zum Anschlussinhaber grundsätzlich gem. § 96 Abs. 1 Satz 2 TKG nach Beendigung der Verbindung unverzüglich zu löschen, es liegen aber – wie vor der Vorratsdatenspeicherung auch – solche Verkehrsdaten vor, die der Access-Provider gem. §§ 96, 97, 99, 100 oder 101 TKG erheben darf. Zwar kommt im Hinblick auf die zwischenzeitlich üblichen Flatrates eine Erhebung und Speicherung zum Zweck der Entgeltermittlung und Entgeltabrechnung gem.

---

15 Richtlinie 2005/48/EG des Europäischen Parlaments und des Rates vom 29.4.2004 zur Durchsetzung der Rechte des geistigen Eigentums, umgesetzt in deutsches Recht durch das Gesetz zur Verbesserung der Durchsetzungen von Rechten des geistigen Eigentums v. 7.7.2008, BGBl. I 2008, 1191 v. 11.7.2008 (BT-Drs. 16/8783).
16 *Hoeren* NJW 2008, 3099, 3010 m.w.N.
17 BVerfG NJW 2010, 823.

§ 97 TKG weitestgehend nicht mehr in Betracht,[18] zulässig bleibt jedoch z.B. eine kurzfristige Speicherung der Daten auf der Grundlage des § 100 TKG zum Erkennen, Eingrenzen und Beseitigen von Störungen.[19] Darüber hinaus werden die zur Auskunftserteilung erforderlichen Daten von sämtlichen Providern während der laufenden rechtsverletzenden Verbindung rechtmäßig für technische Zwecke vorgehalten, nämlich zur Aufrechterhaltung der Verbindung.[20]

18 Die diesbezügliche Praxis ist bei den Access-Providern sehr uneinheitlich. Wenn überhaupt, werden diese Daten für einen Zeitraum von maximal sieben Tagen gespeichert, was nach einer Stellungnahme des Bundesdatenschutzbeauftragten auf keine datenschutzrechtlichen Bedenken stößt.[21] Dieser Zeitraum reicht den Ermittlungsbehörden in den meisten Fällen jedoch nicht aus, zumal der Staatsanwaltschaft in den wenigsten Fällen überhaupt die vorgenannten sieben Tage zur Verfügung stehen. Zunächst muss sie nämlich von den Rechteinhabern mittels eines Strafantrags überhaupt über die stattgefundene Rechtsverletzung informiert werden. Auch die aktenmäßige Erfassung des Strafantrages seitens der Staatsanwaltschaften nimmt bekanntlich einige Zeit in Anspruch. Selbst bei idealen Arbeitsabläufen bleiben daher für das Auskunftsersuchen an den Access-Provider gem. §§ 113 i.V.m. §§ 111, 95 TKG[22] nur ein bis zwei Tage.

19 In der Praxis haben die kurzen Speicherfristen zur Konsequenz, dass gegenwärtig eine Vielzahl von (Urheber-)Rechtsverletzungen nicht verfolgt werden kann. Es bleibt abzuwarten, wie und wann sich der Gesetzgeber der rechtspolitisch großen Herausforderung einer neuen Kodifizierung des Vorhaltens von Daten stellen wird. Diesbezüglich ist eine intensive Debatte im Gange, gerade auch mit Blick auf die Ermittlung von anderen, schwereren Straftaten.

20 Jüngst haben sowohl das Bundesverfassungsgericht[23] als auch der Bundesgerichtshof[24] die in der Rechtsprechung zuvor kontrovers diskutierte Frage, ob die Auskunft über Namen und Adresse eines hinter einer IP-Adresse stehenden Anschlussinhabers eine Bestands- oder Verkehrsdatenabfrage darstellt, dahingehend entschieden, dass die Vorschriften zur Bestandsdatenabfrage zur Anwendung kommen. Damit haben beide Gerichte die dargestellte Praxis der Staatsanwaltschaften, die Auskünfte über die Adressdaten des Anschlussinhabers ohne einen zuvor erlassenen richterlichen Beschluss beim Access-Provider einzuholen, als zulässig und richtig bestätigt.

21 Der BGH führte diesbezüglich ausdrücklich aus:

»(...) Auskünfte über den Namen des hinter einer IP-Adresse stehenden Anschlussinhabers richten sich nach den Regelungen des Telekommunikationsgesetzes über die Bestandsdatenabfrage (LG Stuttgart MMR 2005, 624, 628; LG Hamburg MMR 2005, 711; LG Würzburg NStZ-RR 2006, 46; Sankol, MMR 2006, 361, 365; a.A. Bock in Beck'scher TKG-Kommentar, 3. Aufl., § 113 Rn. 24; Bär, MMR 2005, 626). Es handelt sich nicht um Verkehrsdaten nach § 96 Abs. 1, § 113a TKG, die gemäß § 100g Abs. 2, § 100b Abs. 1 StPO nur auf richterliche Anordnung erhoben werden dürfen. Die Zuordnung einer zu einem bestimm-

---

18 LG Darmstadt GRUR-RR 2006, 173; statt aller *Spindler* ZUM 2008, 640, 646 m.w.N.
19 LG Darmstadt CR 2007, 574; *Spindler* ZUM 2008, 640, 646 m.w.N.
20 LG Hamburg GRUR-RR 2009, 390.
21 Vgl. heise-Meldung vom 26.2.2007
http://www.heise.de/newsticker/meldung/Datenschuetzer-haelt-siebentaegige-Speicherung-von-Verbindungsdaten-fuer-angemessen-150197.html, abgerufen am 27.10.2010; OLG Frankfurt a.M., Urt. v. 16.6.2010, 13 U 105/07, http://www.lareda.hessenrecht.hessen.de/jportal/portal/t/s15/page/bslaredaprod.psml?&doc.id=KORE215582010%3Ajuris-r01&showdoccase=1&doc.part=L, abgerufen am 27.10.2010.
22 *Beck/Kreißig* NStZ 2007, 304, 306.
23 BVerfG NJW 2010, 823.
24 BGH NJW 2010, 2061.

ten Zeitpunkt benutzten dynamischen IP-Adresse zu einem Anschlussinhaber enthält keine Aussage darüber, mit wem der Betreffende worüber und wie lange kommuniziert hat (...)«.[25]

Im Übrigen sei darauf hingewiesen, dass das Erfordernis eines richterlichen Beschlusses im Hinblick auf die kurzen Speicherfristen auch jegliche strafrechtliche Verfolgung unmöglich gemacht hätte. 22

B. Die zivilrechtliche Durchsetzung von Urheber- und Leistungsschutzrechten

Hervorzuheben ist, dass die Umsetzung der sog. Enforcement-Richtlinie in das deutsche Recht durch das mit dem 1.9.2008 in Kraft getretene »Gesetz zur Verbesserung der Durchsetzung von Rechten des geistigen Eigentums« Rechteinhaber erstmals in die Lage versetzt hat, von den Access-Providern – ohne Einschaltung der Staatsanwaltschaften – in Erfahrung zu bringen, wer sich hinter einer ermittelten IP-Adresse befindet.[26] Hierdurch ist der Katalog der zivilrechtlichen Ansprüche im Verletzungsfall auf der Seite der Durchsetzung um einen wichtigen und in der Praxis höchstrelevanten Anwendungsfall[27] erweitert worden. Zuvor war versucht worden, entsprechende Ansprüche aus dem geltenden Recht herzuleiten, was jedoch obergerichtlich keinen Bestand hatte.[28] 23

Bevor auf die konkrete Durchsetzung eingegangen wird, sollen zunächst jedoch in der gebotenen Kürze die wesentlichen Ansprüche des Rechteinhabers dargestellt werden, über die dieser im Verletzungsfall verfügt. 24

I. Die Ansprüche des Rechteinhabers

1. Der Unterlassungsanspruch

Gemäß § 97 Abs. 1 UrhG kann der Rechteinhaber nach vorangegangener Rechtsverletzung vom Verletzer – verschuldensunabhängig (!) – Unterlassung verlangen.[29] Nach der Verletzung muss eine Wiederholungsgefahr gegeben sein, die in einem solchen Fall jedoch vermutet wird.[30] Auch der vorbeugende Unterlassungsanspruch war stets anerkannt. Er wurde nun im Rahmen der Umsetzung der Enforcement-Richtlinie ausdrücklich in § 97 Abs. 1 Satz 2 UrhG aufgenommen. Er besagt, dass die konkrete Gefahr einer erstmaligen Rechtsverletzung in der Zukunft bestehen muss (sog. Erstbegehungsgefahr).[31] Die Wiederholungs- oder aber Erstbegehungsgefahr besteht stets für die konkrete Verletzungsform,[32] wobei kerngleiche Verletzungshandlungen[33] eingeschlossen sind.[34] Insbesondere wegen der praktischen Relevanz des Unterlassungsanspruchs sei darauf hingewiesen, dass bei der Antragsfassung vor dem Hintergrund der Kerntheorie und jeweils in konkreter Betrachtung der Verletzung besondere Sorgfalt erforderlich ist. 25

---

25 BGH NJW 2010, 2061.
26 Siehe dazu *Jüngel/Geißler* MMR 2008, 787.
27 Siehe dazu *Nümann/Mayer* ZUM 2010, 321.
28 OLG Frankfurt a.M. MMR 2005, 241; OLG Hamburg GRUR-RR 2005, 209.
29 BGH NJW 2009, 3518.
30 BGH GRUR 2002, 180 – Weit-Vor-Winter-Schluss-Verkauf; OLG München ZUM-RD 2010, 327; Fromm/Nordemann/*J. B. Nordemann* § 97 Rn. 29.
31 BGH GRUR 2007, 890, – Jugendgefährdende Medien bei eBay; Fromm/Nordemann/*J.B. Nordemann* § 97 Rn. 39.
32 BGH NJW 2010, 2061.
33 BGH GRUR 2002, 248, 250 – Spiegel-CD-ROM.
34 Fromm/Nordemann/*J.B. Nordemann* § 97 Rn. 41.

2. Der Beseitigungsanspruch

26 Gemäß § 97 Abs. 1 Satz 1 UrhG hat der Rechteinhaber einen – ebenfalls verschuldensunabhängigen – Beseitigungsanspruch, der sich von dem Unterlassungsanspruch insofern unterscheidet, als der Schwerpunkt hier auf einem aktiven Tun liegt.[35] Die praktische Bedeutung dieses Anspruchs ist eher gering.[36]

3. Der Schadensersatzanspruch

27 Besonders wichtig ist der Schadensersatzanspruch gem. § 97 Abs. 2 UrhG, der auf Seiten des Verletzers entweder Vorsatz oder Fahrlässigkeit voraussetzt.[37] In der Praxis hindern weniger hohe Sorgfaltsanforderungen eine Durchsetzung von Schadensersatzansprüchen, als vielmehr die Tatsache, dass häufig unklar ist, wer im konkreten Fall Täter der Rechtsverletzung war. Dieser Umstand könnte sich in Zukunft dadurch ändern, dass jüngst der BGH in seinem Urteil »Sommer unseres Lebens« dem OLG Köln in der Meinung gefolgt ist, dass im Falle einer öffentlichen Zugänglichmachung eines geschützten Werks eine tatsächliche Vermutung dafür spricht, dass die Person, deren Internetanschluss die IP-Adresse zugeordnet wurde, auch für die Rechtsverletzung verantwortlich ist. Der BGH entschied wörtlich:[38]

»(...) Wird ein geschütztes Werk der Öffentlichkeit von einer IP-Adresse aus zugänglich gemacht, die zum fraglichen Zeitpunkt einer bestimmten Person zugeteilt ist, so spricht zwar eine tatsächliche Vermutung dafür, dass diese Person für die Rechtsverletzung verantwortlich ist. Daraus ergibt sich eine sekundäre Darlegungslast des Anschlussinhabers, der geltend macht, eine andere Person habe die Rechtsverletzung begangen (...) (vgl. OLG Köln MMR 2010, 44, 45; GRUR-RR 2010, 173, 174). (...)«

Demnach muss der Anschlussinhaber zukünftig darlegen und im Zweifel beweisen, dass nicht er die Rechtsverletzung begangen hat, um sich zu entlasten.

28 Für den Bereich der Fahrlässigkeit werden an die gem. § 276 BGB erforderliche Außerachtlassung der im Verkehr erforderlichen Sorgfalt im Übrigen keine hohen Anforderungen gestellt. So wird vom BGH z.B. gefordert, dass jeder, der ein fremdes Werk oder ein nach dem Urheberrechtsgesetz geschütztes Leistungsschutzrecht nutzen will, sich über die Rechtmäßigkeit seiner Handlungen Gewissheit verschaffen muss.[39]

29 Die Schadensberechnung kann gem. § 97 Abs. 2 Satz 1 bis 3 UrhG auf dreierlei Weise geschehen, wobei der Verletzte hier ein Wahlrecht hat. Dieses Wahlrecht erlischt erst durch die rechtskräftige Zuerkennung des Anspruchs.[40] Bis zu diesem Zeitpunkt – also auch nach Erhebung der Zahlungsklage – hat der verletzte Rechteinhaber die Möglichkeit zwischen den drei Berechnungsmethoden zu wechseln. Auch ist es möglich sich im Eventualverhältnis auf mehrere Berechnungsmethoden gleichzeitig zu stützen, wobei dann ausschließlich jene zum Tragen kommt, welche für den verletzten Rechteinhaber die günstigste ist, also zum höchsten Schadensersatz führt.[41]

30 Folgende drei Berechnungsmethoden existieren: Zunächst kann der Verletzte den Ersatz des entgangenen Gewinns verlangen, wobei der Nachweis hier in der Praxis oft sehr schwierig ist.[42] Ferner kann für den Verletzten ggf. die nach § 97 Abs. 2 Satz 2 UrhG mögliche Forderung der Herausgabe des Verletzergewinns interessant sein. Die Ermitt-

---

35 Fromm/Nordemann/*J.B. Nordemann* § 97 Rn. 55.
36 Fromm/Nordemann/*J.B. Nordemann* § 97 Rn. 56.
37 Fromm/Nordemann/*J.B. Nordemann* § 97 Rn. 61.
38 BGH NJW 2010, 2061.
39 BGH GRUR 1960, 606 – Eisrevue II; BGH, NJW 2009, 3509 – CAD-Software.
40 BGH NJW 1992, 2753 – Tchibo/Rolex II.
41 BGH NJW 1992, 2753 – Tchibo/Rolex II.
42 Beispiele finden sich bei Fromm/Nordemann/*J.B. Nordemann* § 97 Rn. 71.

B. Die zivilrechtliche Durchsetzung von Urheber- und Leistungsschutzrechten

lung des Verletzergewinns setzt jedoch umfassende Informationen durch den Verletzer voraus, die der Verletzte flankiert durch den Auskunfts- und Rechnungslegungsanspruch gem. § 101 UrhG erhalten kann. Zuletzt kann gem. § 97 Abs. 2 Satz 3 UrhG der Schadensersatz auch auf der Grundlage des Betrages berechnet werden, den der Verletzer als angemessene Vergütung hätte entrichten müssen, wenn er die Erlaubnis zur Nutzung des verletzten Rechts eingeholt hätte (sog. Lizenzanalogie). Die Höhe der angemessenen Lizenz wird vom Gericht gemäß § 287 ZPO geschätzt, wobei das Gericht alle Umstände des Einzelfalls zu berücksichtigen hat. Hierbei ist es unerheblich, ob der Verletzer bereit gewesen wäre, eine Vergütung in der geschätzten Höhe zu zahlen.[43]

Bestehen branchenübliche Vergütungssätze und Tarife, wird auf diese üblicherweise als Grundlage für die Schätzung zurückgegriffen.[44] Gebunden ist das Gericht an diese Tarife jedoch nicht. Existieren derartige branchenübliche Vergütungssätze nicht, wie beispielsweise bei einer öffentlichen Zugänglichmachung von Musikaufnahmen über eine sogenannte Tauschbörse, ist objektiv zu ermitteln, was vernünftige Vertragspartner als Lizenzgebühr vereinbart hätten.[45] In der Rechtsprechung haben sich in den Tauschbörsen-Fällen Schadensersatzansprüche zwischen 150 € bis 300 € pro öffentlich zugänglich gemachter Musikaufnahme etabliert.[46] In einem Fall, der ein Hörbuch betraf, ging das Gericht davon aus, dass die fiktive vereinbarte Lizenzgebühr angesichts der unbeschränkten und kostenlosen Weiterverbreitung des geschützten Werks im Rahmen einer Internet-Tauschbörse und angesichts der Erwerbskosten eines einzigen Vervielfältigungsstückes des streitgegenständlichen Werks 500 € um ein Vielfaches übersteigt.[47] 31

II. Die Durchsetzung der Ansprüche

Bezüglich der vorgenannten Ansprüche steht der Rechteinhaber (bzw. dessen Rechtsanwalt) vor z.T. großen Herausforderungen, wenn es um die konkrete Durchsetzung geht. Die Durchsetzung von Ansprüchen in Bezug auf Rechtsverletzungen, die online stattgefunden haben, macht es dabei vor allem erforderlich, die Frage der Haftung für die ermittelte Rechtsverletzung sorgfältig aufzubereiten, was eine Anspruchsbegründung erfordert, die längst über die bekannten urheberrechtlichen Anspruchsgrundlagen hinausgeht.[48] Haftungsprivilegierungen von Providern, die richterrechtlich geprägte Störerhaftung und die verstreuten Regelungen zum Datenschutz sind dabei die Bereiche, die man bei der Durchsetzung im digitalen Zeitalter keinesfalls außer Acht lassen darf. Neben dem Auskunftsanspruch, auf den sich die Ausführungen beschränken werden, sieht das UrhG weitere Ansprüche vor, die die Durchsetzung erleichtern bzw. ermöglichen sollen. So existiert gem. § 101a UrhG der Anspruch auf Besichtigung und Vorlage, der dem Verletzten den Einblick in Urkunden und die Besichtigung von Sachen ermöglicht, die für die Rechtsdurchsetzung erforderlich sind.[49] Speziell zur Sicherung der Schadensersatzansprüche existiert nun § 101b UrhG, der für den Fall von Rechtsverletzungen im gewerblichen Ausmaß die Vorlage von und den Zugang zu zentralen Unterlagen, wie z.B. Bank-, Finanz- oder Handelsunterlagen regelt.[50] Neben dem Auskunftsanspruch besteht überdies in Fällen des Schadensersatzanspruchs gem. § 97 Abs. 2 UrhG sowie 32

---

43 BGH NJW 2006, 615.
44 Fromm/Nordemann/*J.B. Nordemann* § 97 Rn. 94.
45 Fromm/Nordemann/*J.B. Nordemann* § 97 Rn. 97.
46 LG Frankfurt, Urt. v. 25.11.2009, 2-6 O 411/09; LG Leipzig, Urt. v. 1.3.2010, 05 O 4501/09.
47 AG München, Urt. v. 11.11.2009, 142 C 14130/09.
48 Vgl. die Rechtsprechungsübersicht zur Haftung im Internet bei *Hoeren/Gräbig* (Hrsg.) MMR-Beilage 6/2010, 8.
49 Fromm/Nordemann/*Czychowski* § 101a Rn. 9.
50 Fromm/Nordemann/*J.B. Nordemann* § 101b Rn. 6.

beim Bereicherungsanspruch und in Fällen der GoA der ungeschriebene Rechnungslegungsanspruch als Sonderfall des Auskunftsanspruchs.[51]

1. Auskunftsanspruch

33 Der Auskunftsanspruch ist ein zentrales wenn nicht gar das zentrale Element zur Durchsetzung von Rechten des geistigen Eigentums. Erst durch ihn wird es dem Rechteinhaber in vielen Fällen ermöglicht, zum Beispiel Schadensersatz geltend zu machen. In § 101 UrhG findet sich seit der Umsetzung der Enforcement Directive eine umfassende Regelung des unselbständigen Auskunftsanspruchs gegen den Verletzer, soweit ein Handeln im »gewerblichen Ausmaß« vorliegt, sowie eine Neuregelung des selbständigen Auskunftsanspruchs (Drittauskunft).[52]

34 § 101 Abs. 1 UrhG entspricht dabei weitestgehend der bisherigen Regelung in § 101a Abs. 1 UrhG a.F. In ihm ist der sog. unselbständige Auskunftsanspruch, also der Anspruch zur Durchsetzung von Ansprüchen gegenüber dem Auskunftsverpflichteten,[53] geregelt. Verglichen mit dem nach wie vor bestehenden gewohnheitsrechtlich anerkannten Auskunftsanspruch enthält er die Einschränkung auf Handlungen, die im »gewerblichen Ausmaß« erfolgen.[54]

35 Der Auskunftsanspruch führt dazu, dass die Auskunft i.S.d. § 121 Abs. 1 BGB unverzüglich erteilt werden muss. Der Umfang der Auskunft ergibt sich dabei im Wesentlichen aus dem Katalog des § 101 Abs. 3 UrhG.[55] Die Regelung umfasst jegliche Herstellungs- und Verbreitungshandlungen und schließt dabei nunmehr auch die digitale Verwertung mit ein (»sonstige Erzeugnisse«).[56] Die Abgrenzung zur Ausforschung ist im konkreten Einzelfall zu bewerten.[57]

a) Aktivlegitimation

36 In der Praxis stellt sich zunächst die Frage der Aktivlegitimation. Das Gesetz nennt in § 101 Abs. 1 Satz 1 UrhG die Verletzung des Urheberrechts oder eines anderen nach dem UrhG geschützten Rechts. Insofern ist hier im Verletzungsfall zunächst einmal der Urheber selbst aktivlegitimiert. Unterlassungs- und Beseitigungsansprüche des Urhebers bestehen aufgrund des »immerwährenden Bandes«, das zwischen Urheber und Werk besteht, selbst wenn er ausschließliche Nutzungsrechte gem. § 31 Abs. 3 UrhG eingeräumt hat.[58] Bei der Geltendmachung des Schadensersatzanspruches spricht die Einräumung ausschließlicher Lizenzen ebenfalls nicht pauschal gegen ein – gesondert festzustellendes – schutzwürdiges Interesse des Urhebers, da dieses trotzdem weiter bestehen kann, z.B. durch eine Beteiligung an der Auswertung.[59]

37 Im Bereich der Leistungsschutzrechte ist der Inhaber des verletzten Rechts aktivlegitimiert. Die Einräumung von Nutzungsrechten ist unerheblich, wenn nur einfache Rechte eingeräumt wurden.[60] Bei der Einräumung von ausschließlichen Nutzungsrechten steht das schutzwürdige Interesse der Leistungsschutzberechtigten im Mittelpunkt. Dieses

---

51 Fromm/Nordemann/*Czychowski* § 101 Rn. 33.
52 Fromm/Nordemann/*Czychowski* § 101 Rn. 4.
53 *Köhler*/Bornkamm § 9 UWG Rn. 4.2.
54 Fromm/Nordemann/*Czychowski* § 101 Rn. 2, 11.
55 Fromm/Nordemann/*Czychowski* § 101 Rn. 77.
56 Wandtke/Bullinger/*Bohne* § 101 Rn. 6.
57 Fromm/Nordemann/*Czychowski* § 101 Rn. 30.
58 Fromm/Nordemann/*J.B. Nordemann* § 97 Rn. 128 m.w.N.
59 BGH GRUR 1999, 984, 988 – Laras Tochter; vgl. auch Fromm/Nordemann/*J.B. Nordemann* § 97 Rn. 128 m.w.N.
60 Fromm/Nordemann/*J.B. Nordemann* § 97 Rn. 130.

kann z.B. dann gegeben sein, wenn die gewinnbringende Auswertung durch den Lizenznehmer, an der der Leistungsschutzberechtigte beteiligt ist, gefährdet ist.[61]

Die Umsetzung der Enforcement Directive führte dazu, dass die Vermutung der Rechteinhaberschaft gem. § 10 Abs. 1 UrhG über Verweisungsnormen (z.B. §§ 85 Abs. 4 UrhG, 94 Abs. 4 und 74 Abs. 3 UrhG) auch auf die Inhaber verwandter Schutzrechte erweitert wurde.[62] Zur Konsequenz hat dies, dass die Rechteinhaberschaft dann vermutet wird, wenn der Rechteinhaber »in der üblichen Weise« auf erschienenen Werkstücken als solcher bezeichnet ist.[63] So wird z.B. als Beleg der Rechteinhaberschaft die Vorlage der Ablichtung eines Covers als ausreichend erachtet, auf dem der Antragsteller als Urheber bzw. Hersteller ausgewiesen ist.[64] Der häufige Fall, in dem der Verletzer die Aktivlegitimation – oft auch nach Vorlage der Verträge – mit Nichtwissen bestreitet, ist als nicht ausreichend substantiiert anzusehen, da er zumeist ins Blaue hinein erfolgt, ohne dass dabei Zweifel an den eingereichten Unterlagen aufgeworfen werden. Ein derartiges Bestreiten kann nur erfolgreich sein, wenn einzelfallbezogen konkrete Anhaltspunkte vorgetragen werden, die Zweifel an der dargelegten Rechteinhaberschaft aufwerfen.[65]

38

b) Gewerbliches Ausmaß

Eine völlige Neuheit im Gesetz ist das in § 101 Abs. 1 Satz 1 UrhG eingeführte »gewerbliche Ausmaß« der Rechtsverletzung. Dieses lässt sich gem. § 101 Abs. 1 Satz 2 UrhG sowohl aus quantitativen als auch aus qualitativen Elementen herleiten. Im Gesetz heißt es: »Das gewerbliche Ausmaß kann sich sowohl aus der Anzahl der Rechtsverletzungen als auch aus der Schwere der Rechtsverletzungen ergeben«.[66] In der Begründung des Rechtsausschusses wurden als Beispiel für schwere Rechtsverletzungen, die ein gewerbliches Ausmaß erreichen, die widerrechtliche öffentliche Zugänglichmachung von besonders umfangreichen Dateien im Internet, wie etwa eines vollständigen Kinofilms, eines Musikalbums oder Hörbuchs vor oder unmittelbar nach der Veröffentlichung in Deutschland genannt.[67] Dieses neue Tatbestandsmerkmal hat die Gerichte stark beschäftigt, wenngleich auch in der an anderer Stelle zu behandelnden Konstellation, nämlich dem Auskunftsanspruch gegen Access-Provider.

39

c) Sonstiges

Der Auskunftsanspruch ist nach § 101 Abs. 4 UrhG ausgeschlossen, wenn die Inanspruchnahme im Einzelfall unverhältnismäßig ist. Eine Unverhältnismäßigkeit kann nach dem OLG Köln nur bei Vorliegen besonderer Umstände, die die Inanspruchnahme der Beteiligten im konkreten Fall als unverhältnismäßig erscheinen lassen, angenommen werden.[68] Nicht ausreichend ist, dass die Auskunftserteilung mit einem Aufwand für den Provider verbunden ist, denn dem ist durch den Aufwendungsersatzanspruch gem. § 101 Abs. 2 Satz 3 UrhG Rechnung getragen.[69] Auch eine Vielzahl von Auskunftsbegehren ist dabei für die Unverhältnismäßigkeit »im Einzelfall« nicht maßgeblich.[70]

40

---

61 OLG Köln NJOZ 2010, 1129 mit Verweis auf BGH GRUR 1999, 984, 988 – Laras Tochter.
62 Fromm/Nordemann/*A. Nordemann* § 10 Rn. 9.
63 Fromm/Nordemann/*A. Nordemann* § 10 Rn. 14.
64 OLG Köln, Beschl. v. 3.11.2008, 6 W 132/08.
65 OLG Hamburg GRUR-RR 2008, 282; LG Köln, Urt. v. 21.4.2010, 28 O 596/09, http://www.justiz.nrw.de/nrwe/lgs/koeln/lg_koeln/j2010/28_O_596_09urteil20100421.html, abgerufen am 27.10.2010.
66 Zur Entstehungsgeschichte vgl. Fromm/Nordemann/*Czychowski* § 101 Rn. 20 f.
67 BeschlE RAusschuss – BT-Drs. 16/8783, 63.
68 OLG Köln MMR 2009, 334 – Die schöne Müllerin.
69 OLG Köln MMR 2009, 334 – Die schöne Müllerin; vgl. auch OLG Hamburg MMR 2010, 338.
70 OLG Köln MMR 2009, 334 – Die schöne Müllerin.

41 Generell gilt für den Auskunftsanspruch (aber auch für den Rechnungslegungsanspruch), dass er nur im Rahmen des § 242 BGB verlangt werden kann, woraus vor allem der sog. Wirtschaftsprüfervorbehalt entwickelt wurde.[71] Dieser besagt, dass der Verpflichtete für den Fall des berechtigten Interesses an einem Vorenthalten bestimmter Details der von ihm zu erteilenden Auskünfte, diese einem Wirtschaftsprüfer bekannt machen kann, der dem Berechtigten auf gezielte Kontrollfragen Antwort zu geben hat.[72]

2. Der Auskunftsanspruch gegenüber Dritten

42 Der in § 101 Abs. 2 UrhG geregelte selbständige Auskunftsanspruch wird als Auskunftsanspruch gegenüber einem anderen als dem Urheber oft auch als Drittauskunft bezeichnet. Dieser für die Rechtsdurchsetzung insbesondere mit Blick auf die Access-Provider besonders relevante Auskunftsanspruch wurde lange von den Rechteinhabern gefordert. Die Drittauskunft wurde durch die Umsetzung der Enforcement Directive deutlich erweitert und konkretisiert. Der Anspruch wurde vor allem insofern angepasst, als geklärt wurde, dass nicht nur »der Verletzer« in Anspruch genommen werden kann, sondern auch die gesondert erfassten »Mittler«, wobei im Hinblick auf den sehr praxisrelevanten Fall des Auskunftsanspruchs gegenüber Access-Providern in § 101 Abs. 9 UrhG noch zusätzliche Sonderregelungen existieren.[73] Gerade weil dieser Auskunftsanspruch der Rechteinhaber im Hinblick auf die millionenfachen Rechtsverletzungen so wichtig ist, wäre ein »Leerlaufen« des Anspruchs, z.B. aufgrund der unverzüglichen Löschung von Daten, nicht nur in der Signalwirkung an diejenigen, die sich umsonst und illegal mit urheberrechtlich geschützten Werken versorgen, so verheerend und kann rechtspolitisch nicht gewollt sein.

a) Offensichtliche Rechtsverletzung

43 Bezüglich der Aktivlegitimation gilt das bereits Ausgeführte. Eine besondere Voraussetzung im Anwendungsbereich des § 101 Abs. 2 UrhG ist das Erfordernis einer »offensichtlichen Rechtsverletzung«. Von einer offensichtlichen Rechtsverletzung ist erst dann auszugehen, wenn diese so eindeutig ist, dass eine ungerechtfertigte Belastung des Dritten ausgeschlossen erscheint.[74] Das unberechtigte Anbieten urheberrechtlich geschützter Werke bzw. Aufnahmen im Rahmen der Nutzung von Filesharing-Netzwerken ist ohne Zweifel rechtswidrig, denn der Nutzer der vom Rechteinhaber ermittelten IP-Adresse hält diese zum elektronischen Abruf durch eine unbegrenzte Zahl anderer Nutzer bereit und macht diese unter Verletzung des Verwertungsrechts im Sinne des § 19a UrhG öffentlich zugänglich.[75] Nach einer Entscheidung des OLG Hamburg »(...) entspricht es allgemeiner Erkenntnis, dass gerade und insbesondere der »Tausch« urheberrechtlich geschützter Werke über das Internet unzulässig ist (...)«.[76] Vollkommen unerheblich ist dabei auch, ob es sich bei der angebotenen Datei um ein Original oder eine rechtmäßig hergestellte Privatkopie handelt, denn auch eine für den privaten Gebrauch angefertigte Kopie darf Dritten gem. § 53 Abs. 6 Satz 1 UrhG nicht zum Download angeboten werden.

44 Das Erfordernis der Offensichtlichkeit in § 101 Abs. 2 UrhG bezieht sich neben der Rechtsverletzung auch auf die Zuordnung dieser Verletzung zu den begehrten Verkehrsdaten.[77] Diesbezüglich reicht es jedoch aus, wenn dargelegt wird, dass die von den Rech-

---

71 Fromm/Nordemann/*Czychowski* § 101 Rn. 32.
72 BGH, Urt. v. 22.9.1999, GRUR 2000, 226, 227 – Planungsmappe; Fromm/Nordemann/*Czychowski* § 101 Rn. 32.
73 Ausführlich zur Novellierung des § 101 Abs. 2 UrhG: Fromm/Nordemann/*Czychowski* § 101 Rn. 37.
74 Gesetzesbegründung, BT-Drs. 16/5048, 39.
75 OLG Zweibrücken MMR 2009, 45.
76 OLG Hamburg GRUR-RR 2007, 385.
77 OLG Köln GRUR-RR 2009, 9.

teinhabern zum Auffinden der Rechtsverletzungen eingesetzte Software zuverlässig arbeitet, die Parameter der aufzufindenden Dateien zutreffend ermittelt worden sind, die Software ordnungsgemäß in Betrieb gesetzt worden ist und sie zum Auffinden der genannten IP-Adressen zu den dort bezeichneten Zeitpunkten geführt hat.[78]

Zweifel am Vorliegen einer offensichtlichen Rechtsverletzung werden vereinzelt damit begründet, dass es sich beim Inhaber des Internetanschlusses nicht zwangsläufig auch um den Verletzer handeln müsse.[79] Hierauf kann es jedoch nicht ankommen, denn der Drittauskunftsanspruch setzt lediglich voraus, dass eine offensichtliche Rechtsverletzung über den Internetanschluss erfolgt ist, und nicht auch, dass diese Rechtsverletzung offensichtlich von einer bestimmten Person begangen worden ist.[80] Davon abgesehen dient das Gestattungs- und das Auskunftsverfahren erst dazu, die Person des Anschlussinhabers offenzulegen. Es liegt daher in der Natur der Sache, dass in diesem Verfahrensstadium keine Aussagen über die Täterschaft des noch unbekannten Anschlussinhabers getroffen werden können. 45

b) Das gewerbliche Ausmaß

Gegenstand vieler Verfahren war der Streit um die Frage, welche Fallkonstellationen überhaupt das in § 101 Abs. 1 Satz 1 UrhG genannte Tatbestandsmerkmal des »gewerblichen Ausmaßes« erfüllen. Vor allem die rechtsdogmatisch aber auch rechtspolitisch höchst interessante Frage, inwiefern der Anspruch gem. § 101 Abs. 2 UrhG ein »gewerbliches Handeln« auf Seiten des Rechtsverletzers fordert oder ob sich dieses nicht vielmehr nach dem Wortlaut des Gesetzes einzig auf den in Anspruch genommenen Dienstleister bezieht,[81] ist immer noch nicht vollständig entschieden. Trotzdem hat die überwiegende Zahl der Gerichte die vor dem Hintergrund des Gesetzeswortlauts zumindest fragwürdige Position eingenommen, dass es einer »doppelten Gewerbsmäßigkeit« bedarf.[82] 46

Da das gewerbliche Ausmaß der Dienstleistung – soweit ersichtlich – noch nie problematisch war,[83] konzentriert sich die zu klärende Kernfrage vor den Gerichten stets auf die Frage, inwiefern die Handlung des Verletzers im gewerblichen Ausmaß stattfand. Diese Frage stellte sich in der Praxis vor allem im Bereich der Fälle, in denen ein Werk bzw. eine Aufnahme in Filesharing-Systemen öffentlich zugänglich gemacht wird. Insbesondere vor dem Hintergrund modernerer Dienste ist der Anwendungsbereich natürlich nicht darauf beschränkt. 47

Der Begriff »in gewerblichem Ausmaß« ist definiert in Artikel 14 der Enforcement-Richtlinie und § 101 Abs. 1 Satz 2 UrhG. Nach Artikel 14 der Enforcement-Richtlinie zeichnen sich in gewerblichem Ausmaß vorgenommene Rechtsverletzungen dadurch aus, dass sie zwecks Erlangung eines unmittelbaren oder mittelbaren wirtschaftlichen oder kommerziellen Vorteils vorgenommen werden; was in der Regel Handlungen ausschließt, die in gutem Glauben von Endverbrauchern vorgenommen werden. Damit stellt die Enforcement-Richtlinie vor allem auf subjektive Merkmale, insbesondere die Motivlage ab.[84] Die Definition in § 101 Abs. 1 Satz 2 UrhG greift hingegen auf objektive Merk- 48

---

78 OLG Köln GRUR-RR 2009, 9.
79 In diesem Sinne LG Frankenthal ZUM 2008, 993.
80 OLG Köln MMR 2009, 334 – Die schöne Müllerin; OLG Köln GRUR-RR 2009, 9; LG Hamburg MMR 2009, 570.
81 LG Bielefeld, Beschl. v. 5.8.2009, 4 OH 385/09.
82 Statt aller vgl. OLG Hamburg MMR 2010, 338; OLG Köln GRUR-RR 2009, 9; OLG Oldenburg GRUR-RR 2009, 299; OLG Frankfurt a.M. ZUM 2009, 639; OLG Zweibrücken MMR 2009, 43.
83 Vgl. statt aller OLG Hamburg MMR 2010, 338.
84 OLG Köln GRUR-RR 2009, 9.

male zurück, indem sie klarstellt, das sich das gewerbliche Ausmaß nicht nur aus der Anzahl der Rechtsverletzungen sondern auch aus der Schwere der Rechtsverletzung ergeben kann.[85]

49 Im Folgenden seien zentrale Entscheidungen zu diesem Tatbestandsmerkmal dargestellt, ohne dabei jedoch auf die z.T. spannenden, abenteuerlichen oder gar abwegigen Begründungsansätze einzugehen.

50 Nach zutreffender und wohl herrschender Ansicht[86] liegt eine Rechtsverletzung im gewerblichen Ausmaß bereits dann vor, wenn lediglich ein Musikalbum oder eine ähnlich umfangreiche Datei (Kinofilm, Hörbuch, Computerspiel) während der relevanten Verkaufs- oder Verwertungsphase in einer Internet-Tauschbörse angeboten wird.

51 Das OLG Köln, das diesbezüglich die Rechtsprechung besonders geprägt hat, setzt sich mit der Art und Weise der Nutzung intensiv auseinander und begründet das gewerbliche Ausmaß u.a. mit der besonderen Qualität der Verletzung durch Filesharing:

»Das Werk wird beim Uploaden in einer Tauschbörse einer nahezu unbegrenzten Vielfalt von Personen zur Verfügung gestellt. Der Verletzer kann und will in dieser Situation nicht mehr kontrollieren, in welchem Umfang von seinem Angebot Gebrauch gemacht wird und greift damit in die Rechte des Rechteinhabers in einem Ausmaß ein, das einer gewerblichen Nutzung entspricht«.[87]

Auch die Tatsache, dass die Rechtsverletzung nur für einen bestimmten Zeitraum nachgewiesen werden kann, soll unerheblich sein, da die Lebenserfahrung es nahe legt, dass derjenige, der mit seinem Angebot an einem Filesharing-System teilnimmt, dies nicht nur für einen kurzen Zeitraum tut.[88]

52 Da die Grenze dort zu ziehen ist, wo das Angebot nicht mehr den Eindruck gewerblichen Handelns trägt, muss beispielsweise ein einzelner Musiktitel ausreichend sein, da der legale Handel Musiktitel üblicherweise auch einzeln und nicht nur als Album zum Download anbietet.[89] Unerheblich ist jedenfalls, ob der Verletzte nur Rechte an einem Titel auf einem veröffentlichten Musikalbum innehat, denn es ist jedenfalls ausreichend, dass die Rechtsverletzung insgesamt in gewerblichem Ausmaß erfolgt ist.[90]

53 Jüngst führte diesbezüglich das OLG Hamburg aus:

»Erforderlich ist insoweit stets eine Gesamtwürdigung aller maßgeblichen Umstände des Einzelfalls, wobei die zeitliche Nähe der Rechtsverletzung zum Veröffentlichungszeitpunkt, eine etwaige Schnell-/Langlebigkeit (bei Werken klassischer Musik auch noch nach 3 Jahren, vgl. OLG Köln GRUR-RR 2009, 299 – »Die schöne Müllerin«) sowie der kommerzielle Erfolg des Produkts als maßgebliche Indizien heranzuziehen sind (LG Köln MMR 09, 645 m.w.N.)«.[91]

54 Das OLG Schleswig formulierte es wie folgt:

»Wer ein gesamtes Musikalbum, zudem in der relevanten Verkaufsphase, der Öffentlichkeit zum Download anbietet, tritt wie ein gewerblicher Anbieter auf. (...) Überdies kann kein ernsthafter Zweifel daran bestehen, dass derjenige, der sich an einer Tauschbörse beteiligt, und sei es auch nur mit dem Angebot eines urheberrechtlich geschützten Werks, nicht rein altruistisch handelt, sondern in der Absicht, ebenfalls widerrechtlich angebotene Werke herunter zu laden, um sich auf diese Art und Weise mittelbar einen

---

85 Siehe Rdn. 39.
86 OLG Köln GRUR-RR 2009, 9; OLG Köln, Beschl. v. 4.6.2009, 6 W 48/09; OLG Frankfurt a.M. MMR 2009, 542; LG Frankfurt a.M. MMR 2008, 829; LG Nürnberg-Fürth 3.12.2008, 3 O 8208/08; (offen gelassen in OLG Nürnberg, Beschl. v. 19.3.2009, 3 W 1988/08); LG München I MMR 2010, 111; vgl. auch: LG Oldenburg MMR 2008, 832 (aufgehoben).
87 OLG Köln GRUR-RR 2009, 9, 11.
88 OLG Köln GRUR-RR 2009, 9, 11.
89 Offen gelassen in OLG Köln GRUR-RR 2009, 9, 11.
90 OLG Köln GRUR-RR 2009, 9, 11.
91 OLG Hamburg MMR 2010, 338.

wirtschaftlichen Vorteil zu verschaffen. Dass das öffentliche Angebot einer Datei zum Herunterladen keine rein private Nutzung darstellt, entspricht auch dem Willen des Gesetzgebers (...).«[92]

3. Das Verfahren gem. § 101 Abs. 9 UrhG

Der Auskunftsanspruch gegenüber Access-Providern lässt sich grundsätzlich in zwei Verfahrensschritte einteilen, nämlich in das zunächst zu durchschreitende Gestattungsverfahren und die sich daran anschließende Geltendmachung des Auskunftsanspruchs.

a) Das Gestattungsverfahren

An erster Stelle sei das sog. Gestattungsverfahren genannt, das in Fällen, in denen die Auskunft nur unter Verwendung von Verkehrsdaten erfolgen kann, gem. § 101 Abs. 9 UrhG erforderlich ist. Das wird z.B. dann angenommen, wenn der Access-Provider über die Auswertung von Verkehrsdaten in seinem Datenbestand herausfinden muss, wem zu dem Verletzungszeitpunkt eine bestimmte dynamische IP-Adresse zugeordnet war. Zunächst ist hier gem. § 101 Abs. 9 Satz 1 UrhG eine richterliche Anordnung über die Zulässigkeit der Verwendung der Verkehrsdaten erforderlich (sog. Gestattungsanordnung). Die Tatsache, dass die begehrte Auskunft letztlich nur auf ein Bestandsdatum, nämlich Name und Anschrift des Anschlussinhabers, abzielt, wurde bislang insofern als unerheblich gewertet, als die Norm ausdrücklich auf »die Verwendung« des Verkehrsdatums abzielt und diese durch den Abgleich mit der IP-Adresse zwingend erforderlich ist.[93] Nach der bereits zitierten BGH-Entscheidung »Sommer unseres Lebens« vom 12.5.2010 wird bereits diskutiert, ob die Durchführung des Gestattungsverfahrens überhaupt noch erforderlich ist, da nicht mehr klar ist, welches Verkehrsdatum überhaupt noch bei der Auskunft verwendet wird.[94]

Für den in der Praxis selteneren Fall, dass es sich um eine statische IP-Adresse handelt, ist ein Gestattungsverfahren nicht erforderlich (bzw. schon gar nicht statthaft), da die IP-Adresse in solchen Fällen in den Bestandsdaten hinterlegt ist.[95] Im Übrigen dürfte häufig schon das Rechtsschutzbedürfnis für eine Drittauskunft fehlen, da sich der Name und die Anschrift des Anschlussinhabers oft einer RIPE-Abfrage entnehmen lassen.[96]

Das Gestattungsverfahren hat der Rechteinhaber gem. § 101 Abs. 9 Satz 2 UrhG streitwertunabhängig vor dem Landgericht, in dessen Bezirk der zur Auskunft verpflichtete seinen Wohnsitz, seinen Sitz oder seine Niederlassung hat, zu beantragen. Im Falle einer Spezialzuweisung gem. § 105 Abs. 1 UrhG ist das Gestattungsverfahren vor den Gerichten und Kammern für Urheberrechtssachen zugewiesen.[97] Die örtliche Zuständigkeit wird dabei von einigen Gerichten sehr restriktiv gehandhabt, z.B. indem bezüglich der Niederlassung über die für § 21 ZPO entwickelten Grundsätze eine »Berechtigung zum selbständigen Geschäftsabschluss und Handeln« gefordert wird.[98] Diese angesichts des Gesetzeswortlauts und der Gesetzgebungsmaterialien überraschende Einengung wird von anderen Gerichten abgelehnt.[99]

Nach § 101 Abs. 9 Satz 4 UrhG finden auf das Verfahren nach § 101 Abs. 9 UrhG die Vorschriften des Verfahrens der freiwilligen Gerichtsbarkeit Anwendung. Diese finden sich

---

92 OLG Schleswig, Beschl. v. 13.8.2009, 6 W 15/09.
93 In diesem Sinne OLG Frankfurt a.M. MMR 2009, 542; OLG Düsseldorf CR 2009, 182.
94 Siehe dazu *Schaefer* ZUM 2010, 693.
95 *Nägele/Nitsche* WRP 2007, 1047, 1050.
96 LG Stralsund MMR 2009, 63.
97 Siehe Gesetzesbegründung, BT-Drs. 16/5048, 40 (irrtümlich wird hier auf § 105 Abs. 2 UrhG verwiesen).
98 LG Frankfurt a.M. MMR 2008, 829; OLG Nürnberg, Beschl. v. 19.3.2009, 3 W 1988/08.
99 Siehe dazu *Klickermann* K&R 2009, 777 m.w.N.

seit dem 1.9.2009 im »Gesetz über das Verfahren in Familiensachen und in den Angelegenheiten der freiwilligen Gerichtsbarkeit« (FamFG). Das Gericht hat gem. § 26 FamFG von Amts wegen die Wahrheit zu ermitteln; wobei es an das Vorbringen und die Beweisangebote der Beteiligten nicht gebunden ist (Inquisitionsmaxime). Die Feststellungslast (objektive Beweislast) trägt derjenige Beteiligte, der aus dem materiellen Recht eine für ihn günstige Rechtsfolge herleitet, grundsätzlich also der Antragsteller, wobei die zivilprozessualen Regeln der Beweislastverfahren entsprechend gelten.[100]

60 Denjenigen Personen, die durch das Verfahren unmittelbar rechtlich beeinträchtigt werden, ist rechtliches Gehör zu gewähren (Art. 103 GG).[101] Neben dem Antragsteller ist auch der zur Auskunft verpflichtete Provider unmittelbar rechtlich beeinträchtigt und somit im Amtsermittlungsverfahren zu beteiligen. Überwiegend wird dies daraus abgeleitet, dass die Anordnung der Zulässigkeit der Verwendung der Verkehrsdaten bewirke, dass der Provider die Daten nicht mehr sanktionslos löschen kann, ohne sich nach §§ 280 Abs. 1, 281 BGB i.V.m. § 101 Abs. 2 UrhG schadensersatzpflichtig zu machen.[102] Vor Erlass einer das Verfahren abschließenden Entscheidung ist dem Provider daher Gelegenheit zur Stellungnahme einzuräumen. Zwischenregelungen (vorläufige Anordnungen) sind hingegen auch ohne vorherige Beteiligung des Providers möglich, soweit dies wegen der Eilbedürftigkeit oder der Gefahr der Vereitelung notwendig ist. Die Anhörung des auskunftspflichtigen Providers ist ferner entbehrlich, soweit der Provider gegenüber der zuständigen Kammer auf eine Anhörung im Rahmen bestimmter Verfahren nach § 101 Abs. 9 UrhG verzichtet hat.[103]

61 Die Beteiligung des betroffenen Anschlussinhabers scheidet vor Erlass der Gestattungsanordnung hingegen schon deshalb aus, weil dieser nur unter Verwendung der Verkehrdaten und damit erst nach Erlass der Entscheidung ermittelbar ist.[104]

62 Die pauschalen Kosten gem. § 128e Abs. 1 Nr. 4 KostO i.H.v. 200 € hat zunächst der Rechteinhaber zu tragen. Die Anwendung des § 128e Abs. 1 Nr. 4 KostO ist allerdings noch uneinheitlich. Die Norm selbst spricht davon, dass für die Entscheidung über den Antrag auf Erlass einer Anordnung eine Gebühr in Höhe von 200 € anfällt. Das Landgericht Bielefeld orientiert sich dabei am Wortlaut der Norm und berechnet regelmäßig 200 € pro Antrag, unabhängig davon, ob dieser sich nun auf diverse Musikalben bezieht oder nur auf eine Tonaufnahme.

63 Das Landgericht Köln hingegen geht davon aus, dass ein unterschiedlicher Lebenssachverhalt und somit mehrere Anträge in diesem Sinne vorliegen, wenn es einen erhöhten Aufwand durch die Prüfung unterschiedlicher Rechteketten hat. Es fordert daher in ständiger Praxis 200 € pro antragsgegenständlichem Musikalbum. Auf unterschiedliche Lebenssachverhalte stellt auch das Oberlandesgericht Karlsruhe ab.[105] Allerdings sieht es diese dann als gegeben an, wenn sich der Antrag auf die Verletzungshandlungen mehrerer Personen bezieht. Da dies abschließend erst nach Auskunftserteilung und somit nach der kostenverursachenden Auskunftsgestattung geklärt werden kann, geht es davon aus, dass 200 € je verfahrensgegenständlichem User-Hash zu verlangen sind.

64 Gegen die Entscheidung des Landgerichts ist gem. § 101 Abs. 9 Satz 6 UrhG die Beschwerde vor dem OLG statthaft.

---

100 Vgl. die Kommentierung zum FFG *Bumiller/Winkler* § 12 Rn. 4.
101 *Bumiller/Winkler* § 12 Rn. 55.
102 Statt aller OLG Köln GRUR-RR 2009, 9.
103 LG München I MMR 2010, 111; LG Bielefeld, Beschl. v. 17.6.2009, 4 OH 237/09.
104 OLG Köln ZUM 2009, 649.
105 OLG Karlsruhe GRUR-RR 2009, 183.

B. Die zivilrechtliche Durchsetzung von Urheber- und Leistungsschutzrechten

An dieser Stelle sei jedoch darauf hingewiesen, dass trotz der gerichtlichen Entscheidung über die Zulässigkeit der Verwendung der Verkehrsdaten durch den Access-Provider dieser die Auskunft verweigern kann, da die rechtliche Durchsetzbarkeit des Auskunftsanspruchs von einer erfolgreichen Klage im ZPO-Verfahren abhängt.[106] 65

b) Das Auskunftsverfahren

Nach der Gestattung wird der Diensteanbieter aufgefordert, Auskunft zu erteilen. Verschließt er sich dieser Aufforderung, muss Klage im ZPO-Hauptsacheverfahren auf Auskunftserteilung gem. § 101 Abs. 2 UrhG erhoben werden. Zuständig sind auch hier – allerdings streitwertabhängig – die Urheberrechtsspezialkammern bei den Landgerichten, §§ 71 Abs. 1, 23 GVG, § 105 Abs. 1 UrhG. Die örtliche Zuständigkeit folgt aus §§ 12, 17, 21, 35 ZPO. Diese Verfahren sind in der Praxis – soweit ersichtlich – jedoch eher selten, da viele Provider sich nach Vorliegen der Gestattung häufig auskunftsbereit zeigen. 66

Für den Fall einer streitigen Auseinandersetzung besteht gem. § 101 Abs. 7 UrhG ausdrücklich die Möglichkeit, im Rahmen des einstweiligen Verfügungsverfahrens die Verpflichtung des Providers zur Auskunftserteilung anzuordnen, sofern die der Auskunftserteilung zugrundeliegende Rechtsverletzung offensichtlich ist. Zusätzliche Voraussetzung des Verfügungsanspruchs ist jedoch, dass bereits eine wirksame Gestattungsanordnung vorliegt.[107] Zum Teil wird diesbezüglich die Auffassung vertreten, dass die Rechtskraft der Gestattungsanordnung vorliegen muss.[108] 67

4. Die Datenexistenz

Die bereits oben dargestellte[109] Problematik der wenn überhaupt nur kurzen Verfügbarkeit von Daten zur Identifizierung des Anschlussinhabers hat im Bereich des zivilrechtlichen Auskunftsanspruchs zu zwei prozessualen Hilfskonstruktionen geführt. Über den Umweg des Prozessrechts wird hier der Tatsache Rechnung getragen, dass der Datenbestand vielfach nicht gesichert ist. 68

Da dem Gericht zumeist eine sofortige Gestattungsentscheidung nicht möglich ist, muss es daher umgehend eine *Sicherungsanordnung* erlassen, die den kurzzeitig speichernden Provider verpflichtet, die für die Auskunftserteilung erforderlichen Daten bis zum Abschluss des Auskunftsverfahrens nicht zu löschen. Nur so ist gewährleistet, dass im Anschluss das komplette Gestattungsverfahren durchlaufen werden kann, ohne dass dem verletzten Rechteinhaber durch den drohenden Datenverlust die Durchsetzung seiner Rechte unmöglich gemacht wird. Die Möglichkeit einer solchen den Provider verpflichtenden Sicherungsanordnung im Rahmen des nach § 101 Abs. 9 Satz 4 UrhG durchzuführenden Verfahrens der Freiwilligen Gerichtsbarkeit ist zwischenzeitlich anerkannt.[110] 69

Eine besondere Konstellation ergibt sich in den Fällen, in denen der Provider die erforderlichen Daten nach Verbindungsende nicht einmal für eine kurze Zeit vorhält. Neben der Sicherungsanordnung im FGG-Verfahren kann die Verpflichtung des Providers, die für die Auskunftserteilung erforderlichen Verkehrsdaten bis zum Abschluss des Auskunftsverfahrens nicht zu löschen, auch im Wege einer einstweiligen Verfügung im ZPO-Verfahren angeordnet werden. Das Rechtsschutzbedürfnis für eine solche einstweilige Verfügung wird dann verneint, wenn die Sicherung der Verkehrsdaten in gleicher Weise über eine einstweilige Anordnung in einem noch anhängigen FGG-Verfahren nach § 101 70

---

106 OLG Düsseldorf MMR 2009, 186; dazu auch *Hoffmann* MMR 2009, 655.
107 OLG Düsseldorf CR 2009, 182; OLG Frankfurt a.M. MMR 2009, 542.
108 So z.B. das OLG Nürnberg in einem Hinweis vom 24.3.2009, 3 U 256/09.
109 Siehe Rdn. 18.
110 OLG Hamburg MMR 2010, 338 m.w.N.

Abs. 9 UrhG erreicht werden kann.[111] Insgesamt ist die Gerichtspraxis gegenwärtig noch als uneinheitlich einzuschätzen.

71 Das OLG Frankfurt a.M. ist in einer Konstellation, in der eine pauschale Verpflichtung des Providers, Verkehrsdaten auf »Zuruf« des Rechteinhabers zu speichern, der Auffassung gewesen, dass erst die Gestattung bewirkt, dass der Provider nicht mehr sanktionslos die Daten löschen darf, da er sich in diesem Fall nach §§ 280 Abs. 1, 281 BGB i.V.m. § 101 Abs. 2 UrhG schadensersatzpflichtig machen würde.[112] Eine Verpflichtung des Internetproviders, auf Vorrat Daten zu speichern, ohne dass bereits eine Auskunftsverpflichtung feststeht, ließe sich der gesetzlichen Regelung dagegen nicht entnehmen.[113]

72 Eine andere Auffassung vertritt das OLG Hamburg. In einem Fall, in dem das Verfahren gegenüber dem Access-Provider noch während der andauernden Internetverbindung initiiert wurde, war es der Auffassung, dass der Provider aufgrund des gesetzlichen Schuldverhältnisses dazu verpflichtet war, die zur Erfüllung des Auskunftsverlangens erforderlichen Telekommunikationsdaten nicht zu löschen, nachdem er von der Antragstellerin auf den konkreten Verbindungsvorgang hingewiesen und über die Absicht, hierüber Auskunft zu erlangen, in Kenntnis gesetzt worden war.[114] Es ist der Auffassung, dass es sich bei dem Anspruch gem. § 101 Abs. 2 und Abs. 9 UrhG um einen »durch andere gesetzliche Vorschriften begründeten Zweck« im Sinne von § 96 Abs. 2 Satz 1 letzter HS TKG a.F. handelt.[115] Das OLG schränkt die Speicherung allerdings insofern ein, als der Berechtigte gegenüber dem Provider konkret angekündigt haben muss, in einem angemessen kurzen Zeitraum ein Verfahren nach § 101 Abs. 9 UrhG einzuleiten.

5. Die Abmahnung

73 Wer nach Erhalt der notwendigen Informationen Rechtsverletzungen im Sinne der Mandantschaft durchsetzt, kommt um das Institut der Abmahnung nicht herum. Im Rahmen der Umsetzung der Enforcement-Richtlinie wurde die seit langem praktizierte Abmahnung im Bereich der Urheberrechtsverletzungen in das UrhG eingeführt und damit als wesentliches Grundprinzip für die Rechtsdurchsetzung verankert. Der Verletzte soll gem. § 97a Abs. 1 Satz 1 UrhG vor der Einleitung eines gerichtlichen Verfahrens auf Unterlassung abmahnen und dem Verletzer Gelegenheit geben, den Streit durch Abgabe einer mit einer angemessenen Vertragsstrafe bewehrten Unterlassungsverpflichtung zu beenden. Jenseits dieses streng auf die Unterlassung fokussierten Wortlauts ist anzumerken, dass in der Praxis regelmäßig auch alle anderen Ansprüche bereits in der Abmahnung geltend gemacht werden.[116] Für die erforderlichen Aufwendungen kann der Rechteinhaber dann gem. § 97a Abs. 1 Satz 2 UrhG Ersatz verlangen.

a) Anforderung an die Abmahnung

74 Die Abmahnung selbst ist zunächst formlos.[117] In ihr muss der Rechteinhaber den Gegenstand der Beanstandung mitteilen und verständlich machen, was vom Abgemahnten zur Vermeidung eines Gerichtsverfahrens erwartet wird. Dies bedeutet, dass die Ver-

---

111 OLG Nürnberg, Hinweis v. 24.3.2009, 3 U 256/09.
112 OLG Frankfurt a.M. MMR 2010, 62; vgl. auch OLG Köln GRUR-RR 2009, 9; *Maaßen* MMR 2009, 511, 515.
113 OLG Frankfurt a.M. MMR 2010, 62.
114 OLG Hamburg MMR 2010, 338.
115 OLG Hamburg MMR 2010, 338; vgl. auch OLG Karlsruhe ZUM 2009, 957; so bereits *Czychowski/Nordemann* NJW 2008, 3095, 3096; nun § 96 Abs. 1 Satz 2 Alt. 2 TKG n.F.
116 Fromm/Nordemann/*J.B. Nordemann* § 97a Rn. 11.
117 *Köhler*/Bornkamm § 12 UWG Rn. 1.22; ein Entwurf einer Abmahnung sowie weitere, hilfreiche Anmerkungen finden sich bei *Mes* 883.

B. Die zivilrechtliche Durchsetzung von Urheber- und Leistungsschutzrechten

letzungshandlung konkret angegeben, eine ungefähre rechtliche Würdigung vorgenommen werden muss.[118] Die Abmahnung muss darüber hinaus die Aufforderung enthalten, eine strafbewehrte Unterlassungsverpflichtungserklärung abzugeben.[119] In der Abmahnung sind ferner rechtliche Schritte anzudrohen, was sich jedoch durchaus auch aus den Umständen ergeben kann.[120] Nicht erforderlich ist die Angabe von Beweismitteln.[121] Nach herrschender Rechtsprechung ist für eine wirksame Abmahnung durch einen Rechtsanwalt auch die Vorlage einer Vollmacht zum Zeitpunkt der Abmahnung nicht erforderlich.

Die Hauptfunktion einer Abmahnung ist die Warnung des Betroffenen. In dieser Eigenschaft stellt die Abmahnung keine Willenserklärung dar. Die zweite Funktion besteht in dem Angebot zum Abschluss eines Unterwerfungsvertrages, was aus der erforderlichen Aufforderung zur Abgabe der strafbewehrten Unterlassungsverpflichtungserklärung hervorgeht. Insofern ist die Abmahnung auf die Begründung eines zweiseitigen Pflichtenverhältnisses besonderer Art gerichtet. Bezüglich beider Funktionen scheidet eine (analoge) Anwendung des § 174 BGB jedoch aus.[122]

b) Gegenstandswert

Der Abmahnung ist ein Streitwert zugrunde zu legen, dessen Höhe vom sog. »*Angriffsfaktor*« abhängig ist, welchen die Rechtsverletzung für den Rechtsverletzten darstellt.[123] Ausgangspunkt für die Bemessung dieses Gegenstandswertes ist dabei die Gefährlichkeit und Schädlichkeit des Rechtsverstoßes für die Interessen der Rechteinhaber,[124] insbesondere das Interesse des Rechteinhabers an der wirkungsvollen Abwehr nachhaltiger und eklatanter Verstöße gegen seine geistigen Schutzrechte und seiner daraus resultierenden Vermögenspositionen.[125]

Am Beispiel der Tonträgerhersteller, die ihr Musikrepertoire über die allgemein bekannten, kostenpflichtigen Downloadplattformen wie z.B. *iTunes* oder *musicload*, entgeltlich vertreiben, stellt eine kostenlose und rechtswidrige Verbreitung des Musikrepertoires über Internetseiten und Tauschbörsen insofern eine Rechtsverletzung mit extrem hohen »Angriffsfaktor« dar. Denn diese – zudem auch noch massenhaft vorkommenden – Rechtsverletzungen sind dazu geeignet, das gesamte – auf dieser Form der Erstverwertung basierende – Geschäftsmodell des digitalen Vertriebs von urheberrechtlich geschützter Musik, Filmen, Büchern etc. in Frage zu stellen. Derjenige, der urheberrechtlich geschützte Werke innerhalb einer Tauschbörse widerrechtlich öffentlich zugänglich macht, veranlasst, dass diese mit hohem Kostenaufwand produzierten Werke innerhalb weniger Stunden in einen illegalen Verwertungskreislauf überführt werden und damit nicht umkehrbar jeder effektiven Verwertungsmöglichkeit entzogen sind.

Aus diesem Grunde werden in derartigen Fällen beispielsweise seitens der zuständigen Kammern der Landgerichte in ständiger Rechtsprechung Streitwerte von 5.000 bis 20.000 € für einen einzelnen, widerrechtlich öffentlich zugänglich gemachten Musik-

---

118 Teplitzky Kapitel 55 Rn. 14; Fromm/Nordemann/*J.B. Nordemann* § 97a Rn. 8.
119 Köhler/*Bornkamm* § 12 UWG Rn. 1.16.
120 Fromm/Nordemann/*J.B. Nordemann* § 97a Rn. 8.
121 LG Leipzig, Urt. v. 14.5.2008, 05 O 383/08.
122 OLG Köln WRP 1985, 360; OLG Karlsruhe NJW-RR 1990, 1323; KG Berlin GRUR 1988, 79; OLG Hamburg WRP 1986, 106; OLG Hamm WRP 1982, 592; OLG München WRP 1971, 487; OLG Brandenburg, Beschl. v. 27.7.2000, 6 W 18/00, http://www.olg.brandenburg.de/sixcms/media.php/4250/%286%20W%20018-00.d_205%29.pdf, abgerufen am 27.10.2010; a.A.: OLG Düsseldorf GRUR-RR 2007, 102.
123 Vgl. Mayer/Kroiß/*Nordemann-Schiffel* Anh. I Rn. 294.
124 BGH GRUR 1990, 1052 1053 – Streitwertbemessung.
125 Siehe OLG Hamburg GRUR-RR 2004, 342.

song festgesetzt. Der Festsetzung derartiger Streitwerte steht demnach gerade nicht entgegen, dass die Verantwortlichen für die verfahrensgegenständlichen Rechtsverletzungen diese unter Hinweis auf die »massenhafte Begehung« derartiger Rechtsverletzungen im Internet regelmäßig selbst nur als »Marginalie« empfinden.

79 Die Gerichte sind nicht gehindert, bei der Bemessung des Gegenstandswerts der Abmahnung den Gedanken einer wirkungsvollen Abschreckung angemessen zu berücksichtigen. Die Verteidigung von Urheberrechten beschränkt sich nicht auf das Verfolgungsinteresse innerhalb des jeweiligen (potenziellen) Lizenzverhältnisses. Dementsprechend hat der Gesetzgeber mit den gesetzlichen Modifikationen des urheberrechtlichen Schutzes bereits durch das »Gesetz zur Stärkung des Schutzes des geistigen Eigentums und zur Bekämpfung der Produktpiraterie« vom 7.3.1990 mit aller Deutlichkeit zum Ausdruck gebracht, dass die Unterbindung der (massenhaften) Missachtung geistiger Schutzrechte ein wichtiges Anliegen der Allgemeinheit ist. Der Gesetzgeber ist zuletzt gerade auch im Hinblick auf die Rechtsverletzungen in den Filesharing-Systemen durch die Neufassung des § 53 Abs. 1 Satz 1 UrhG strafverschärfend tätig geworden und hat hierbei der vielfach geforderten Einführung einer »Bagatellklausel« eine Absage erteilt. Ziel war und ist es, die Position der Rechteinhaber im Lichte der Umsetzung der *Enforcement-Richtlinie* 2004/48/EG des Europäischen Parlaments und des Rates vom 29.4.2004 zur Durchsetzung der Rechte des geistigen Eigentums[126] insgesamt zu stärken. Da sich die strafrechtliche Verfolgung derartiger Rechtsverletzungen angesichts der heute verbreiteten Überlastung der Strafverfolgungsbehörden trotz des gesetzlich verbrieften Sanktionsanspruchs häufig als »stumpfes Schwert« erweisen wird, hat der Urheber ein legitimes Interesse daran, dass kein Zweifel über die Tatsache aufkommen kann, dass entdeckte Urheberrechtsverletzungen – sei es durch die Kosten einer vorgerichtlichen Abmahnung oder die Kosten einer notwendigen gerichtlichen Durchsetzung – empfindlich kostspielig werden können.[127] In diesem Sinne hat das Oberlandesgericht Frankfurt a.M. in einem Filesharing-Verfahren bestätigt, dass ein Streitwert von 10.000 € je öffentlich zugänglich gemachtem Musiktitel dem »in vergleichbaren Verfahren üblicherweise anzusetzenden Wert« entspricht und dabei »eher an der unteren Grenze liegen dürfte«.[128] Das Landgericht Leipzig ging in einem vergleichbaren Verfahren von einem Streitwert i.H.v. 20.000 € pro Titel aus, der jedoch dem Hauptsacheverfahren vorbehalten sei, und hat im einstweiligen Verfügungsverfahren 10.000 € pro Titel angesetzt.[129] Derartige Streitwerte entsprechen auch der ständigen Rechtsprechung des Landgerichts und Oberlandesgerichts Düsseldorf. Das OLG Düsseldorf führte in seiner Entscheidung aus:[130]

»Die Beeinträchtigung des wirtschaftlichen Verwertungsinteresses durch das Zugänglichmachen der Musikstücke zum Herunterladen aus dem Internet durch eine Vielzahl potentieller anderer Teilnehmer an Filesharing-Systemen ist mit 10.000 € für jedes einzelne Musikstück nicht zu hoch bemessen.«

80 Das LG Köln legte den Streitwert für ein Musikalbum jüngst auf 50.000 € fest.[131] Im Filmbereich legte das LG Köln den Streitwert hingegen zwischen 50.000 €[132] und 100.000 €[133] für einen Film fest. Im Falle des illegalen Angebots eines Hörbuchs ging das

---

126 ABl. EU Nr. L 195 v. 2.6.2004, 16.
127 OLG Hamburg GRUR-RR 2004, 342.
128 OLG Frankfurt a.M., Beschl. v. 2.8.2007, 11 W 37/07.
129 LG Leipzig, Urt. v. 14.5.2008, 05 O 383/08, http://medien-internet-und-recht.de/volltext.php?mir_dok_id=1724, abgerufen am 27.10.2010; LG Leipzig, 05 O 4501/09.
130 OLG Düsseldorf, Beschl. v. 13.2.2007, I-20 W 113/06; vgl. dazu auch LG Düsseldorf, 12 O 356/09.
131 LG Köln, Beschl. v. 20.8.2010, 28 O 580/10.
132 LG Köln, Beschl. v. 11.3.2010, 33 O 90/10.
133 LG Köln, Beschl. v. 14.12.2009, 33 O 382/09.

LG Köln von einem Streitwert zwischen 30.000 €[134] und 50.000 €[135] aus. Das OLG Köln hat in einem solchen Fall den Streitwert von ursprünglich 50.000 € auf 20.000 € herabgesetzt.[136]

c) Deckelung des Erstattungsanspruchs

Eine Besonderheit in Bezug auf den Erstattungsanspruch des § 97a Abs. 1 Satz 2 UrhG wurde nach deutlichen Auseinandersetzungen ebenfalls im Zuge der Umsetzung der Enforcement-Richtlinie eingeführt. In § 97a Abs. 2 UrhG wurde die Deckelung der erstattungsfähigen Kosten der ersten Abmahnung für »einfachgelagerte Fälle mit einer nur unerheblichen Rechtsverletzung außerhalb des geschäftlichen Verkehrs« auf 100 € eingeführt. Die Deckelung des Erstattungsanspruchs war im Gesetzgebungsverfahren lange Zeit umstritten. Insbesondere da nicht die Rechtsanwaltskosten zur Gänze auf 100 € gedeckelt wurden, sondern lediglich der Ersatzanspruch gegenüber dem Abgemahnten. Dies hat zur Folge, dass der verletzte Rechteinhaber im Falle des Eingreifens der Deckelung die über die 100 € hinausgehenden Rechtsanwaltskosten selbst zu tragen hat. **81**

Der Anwendungsbereich des § 97a Abs. 2 UrhG ist als Ausnahmevorschrift insofern praktisch gering, was sich insbesondere mit einem Blick in die relevanten Dokumente des Gesetzgebers illustrieren lässt. Da in der Praxis eine Gebührendeckelung jedoch häufig von der Gegenseite eingewandt wird, lohnt es sich, den Anwendungsbereich näher zu betrachten. **82**

Der Rechtsausschuss hatte seinerzeit in der Beschlussempfehlung[137] klargestellt, dass Fallgestaltungen wie die folgenden erfasst sein sollen: Das öffentliche Zugänglichmachen eines Stadtplanausschnitts der eigenen Wohnungsumgebung ohne Ermächtigung des Rechteinhabers, das öffentliche Zugänglichmachen eines Liedtextes ohne Ermächtigung des Rechteinhabers und die Verwendung eines Lichtbildes in einem privaten Angebot einer Internetversteigerung ohne vorherigen Rechtserwerb vom Rechteinhaber. Bereits in dem Regierungsentwurf[138] wurde dabei ausdrücklich klargestellt, dass ein Fall dann »einfach gelagert ist«, wenn er nach Art und Umfang ohne größeren Arbeitsaufwand zu bearbeiten ist, also zur Routine gehört. Eine unerhebliche Rechtsverletzung erfordere hingegen »ein geringes Ausmaß der Verletzung in qualitativer wie quantitativer Hinsicht, wobei es auf die Umstände des Einzelfalls ankommt«. **83**

Die Frage, inwiefern die Deckelung bei Filesharing-Fällen in Betracht kommt, hat die Gerichte in der letzten Zeit durchaus beschäftigt. Soweit ersichtlich, wird diese jedoch weit überwiegend verneint. So entschied das Landgericht Köln, dass bei öffentlichem Zugänglichmachen eines Musikalbums keine unerhebliche Rechtsverletzung vorliegt.[139] Des Weiteren sei auch kein einfach gelagerter Fall gegeben, da der Anschlussinhaber bestreitet, die Rechtsverletzung selbst vorgenommen zu haben.[140] Das Amtsgericht München entschied, dass bei Tauschbörsen eine unerhebliche Rechtsverletzung zu verneinen sei, da regelmäßig mehrere 100.000 Nutzer gleichzeitig auf die Dateien zugreifen können.[141] Auch das Amtsgericht Frankfurt a.M. entschied, dass kein einfach gelagerter Fall **84**

---

134 LG Köln, Beschl. v. 17.3.2010, 28 O 155/10.
135 LG Köln, Beschl. v. 19.4.2010, 28 O 214/10.
136 OLG Köln, Beschl. v. 16.2.2010, 6 W 22/10.
137 BT-Drs. 16/8783, 63.
138 BT-Drs. 16/5058, 49.
139 LG Köln MMR 2010, 559.
140 LG Köln MMR 2010, 559.
141 AG München, Urt. v. 11.11.2009, 142 C 14130/09.

18. Kapitel   Piraterie & Urheberstrafrecht

vorlieget, da die IP-Adressen-Ermittlung mit erheblichen Aufwand verbunden ist und auch die Frage der Störerhaftung in der Rechtsprechung nicht unumstritten ist.[142]

85 Eine andere Abteilung des AG Frankfurt a.M. war jüngst in einem Fall, in dem eine Musikaufnahme streitgegenständlich war, für die Anwendbarkeit der Deckelung.[143]

6. Einzelne Konstellationen der Inanspruchnahme

86 Sobald man gegen den ermittelten Anschlussinhaber vorgeht, stellt sich in der Praxis oft die Frage der Haftung des Anschlussinhabers für Rechtsverletzungen, die über seinen Internetzugang getätigt wurden. Die diesbezüglichen Konstellationen sind sehr unterschiedlich, weshalb nur auf einige in der Praxis besonders relevante Konstellationen eingegangen werden kann.

a) WLAN

87 Der in der Praxis wohl häufigste – vor allem wohl als Schutzbehauptung verwendete – Einwand gegen eine täterschaftliche Inanspruchnahme ist, dass sich ein Dritter Zugang über das WLAN verschafft hätte. Wie auch in anderen Konstellationen stellt sich hier die Frage, ob der Anschlussinhaber im Rahmen der sog. Störerhaftung[144] für die Rechtsverletzung(en) haftet.

88 Der BGH definiert die Störerhaftung in seinem Urteil vom 30.6.2009, VI ZR 210/08 wie folgt:

»Als Störer im Sinne von § 1004 BGB ist – ohne Rücksicht darauf, ob ihn ein Verschulden trifft – jeder anzusehen, der die Störung herbeigeführt hat oder dessen Verhalten eine Beeinträchtigung befürchten lässt. Sind bei einer Beeinträchtigung mehrere Personen beteiligt, so kommt es für die Frage, ob ein Unterlassungsanspruch gegeben ist, grundsätzlich nicht auf Art und Umfang des Tatbeitrags oder auf das Interesse des einzelnen Beteiligten an der Verwirklichung der Störung an. Im Allgemeinen ist ohne Belang, ob er sonst nach der Art seines Tatbeitrags als Täter oder Gehilfe anzusehen wäre (vgl. Senat, Urt. v. 3.2.1976 – VI ZR 23/72 – GRUR 1977, 114, 115; v. 27.5.1986 – VI ZR 169/85 – VersR 1986, 1075, 1076; v. 9.12.2003 – VI ZR 373/02 – VersR 2004, 522, 524). Als (Mit-)Störer kann auch jeder haften, der in irgendeiner Weise willentlich und adäquat kausal an der Herbeiführung der rechtswidrigen Beeinträchtigung mitgewirkt hat, wobei als Mitwirkung auch die Unterstützung oder die Ausnutzung der Handlung eines eigenverantwortlich handelnden Dritten genügt, sofern der in Anspruch Genommene die rechtliche Möglichkeit zur Verhinderung dieser Handlung hatte. Dem negatorischen Unterlassungsbegehren steht nicht entgegen, dass dem in Anspruch Genommenen die Kenntnis der die Tatbestandsmäßigkeit und die Rechtswidrigkeit begründenden Umstände fehlt. Ebenso ist Verschulden nicht erforderlich (vgl. Senat, Urt. v. 9.12.2003 – VI ZR 373/02 – aaO m.w.N.).«[145]

89 Diesbezüglich hat nun jüngst das Urteil des BGH vom 12.5.2010 (I ZR 121/08 – Sommer unseres Lebens) Klarheit geschaffen. Der BGH stellte klar, dass der Inhaber eines WLAN-Anschlusses, der es unterlässt, die im Kaufzeitpunkt des WLAN-Routers marktüblichen Sicherungen ihrem Zweck entsprechend anzuwenden, als Störer auf Unterlassung haftet, wenn Dritte diesen Anschluss missbräuchlich nutzen, um urheberrechtlich geschützte Musiktitel in Internet-Tauschbörsen einzustellen.[146]

90 Er stellte dabei auch klar, dass die dem privaten WLAN-Anschlussinhaber obliegende Prüfungspflicht nicht erst entsteht, nachdem es durch die unbefugte Nutzung seines

---

142 AG Frankfurt a.M., Urt. v. 26.10.2009, 31 C 1685/09.
143 AG Frankfurt a.M., Urt. v. 1.2.2010, 30 C 2353/09.
144 Fromm/Nordemann/*J.B. Nordemann* § 97 Rn. 154.
145 BGH NJW 2009, 3518.
146 BGH NJW 2010, 2061 – Sommer unseres Lebens.

B. Die zivilrechtliche Durchsetzung von Urheber- und Leistungsschutzrechten

Anschlusses zu einer ersten Rechtsverletzung Dritter gekommen und diese ihm bekannt geworden ist. Sie besteht vielmehr bereits ab Inbetriebnahme des Anschlusses.[147]

b) Sonstige Fälle

Eine weitere Konstellation, die in der Praxis häufig auftaucht, ist der behauptete Zugriff eines Dritten auf den Internetanschluss. Im Fokus stehen dabei zunächst natürlich diejenigen, die mit dem Anschlussinhaber zusammen wohnen. Hier stellt sich die Frage, welche Überwachungspflichten bestehen, was von den Gerichten sehr unterschiedlich bewertet wird. Das OLG Hamburg hatte diesbezüglich bereits im Jahre 2006 entschieden, dass es Eltern, die ihren in ihrem Haus lebenden Kindern einen Computer mit Internetzugang zur Verfügung stellen, zuzumuten ist, nicht nur erzieherisch auf die Kinder einzuwirken und ihnen die Rechtswidrigkeit der bei Jugendlichen beliebten Musiktauschbörsen deutlich vor Augen zu führen, sondern zusätzlich die technisch ohne nennenswerten Aufwand durchzuführenden Sicherungsmaßnahmen zu ergreifen oder durch computererfahrene Dritte vornehmen zu lassen.[148]

91

Das OLG Köln hat diesbezüglich zunächst einmal klargestellt, dass den in Anspruch genommenen Anschlussinhaber eine sekundäre Darlegungslast zur Angabe der Person, die nach seiner Kenntnis den Verstoß über den betreffenden Anschluss begangen haben kann, trifft.[149] Ferner führt es aus, dass das bloße – gegenüber zwei Jungen im Alter von 10 und 13 Jahren ausgesprochene – Verbot, an Tauschbörsen teilzunehmen, zur Vermeidung von Rechtsverletzungen durch die Kinder nicht ausreicht.[150]

92

III. Geltendmachung von Ansprüchen gegenüber Host-Providern

In Anbetracht der immer vielfältigeren Rechtsverletzungen und vor dem Hintergrund einer zunehmenden Migration zu anderen Diensten, die es dem User ermöglichen, sich umsonst und illegal *content* zu verschaffen, kann es geboten sein, dabei den sog. Host-Provider in Anspruch zu nehmen.[151] Die Inanspruchnahme kann dabei jenseits der Beanspruchung im Rahmen eines Auskunftsverfahrens darin liegen, dass die eigene Haftung des Dienstes für die in diesem Rahmen getätigten Rechtsverletzungen etabliert wird.

93

Die Konstellationen sind diesbezüglich denkbar breit gefächert, sodass an dieser Stelle die jüngste Rechtsprechung hervorgehoben sei, die insbesondere Versteigerungsplattformen und Sharehosting-Dienste betrifft und sich dabei stets vor allem auf den Umfang der Störerhaftung bezieht. Das Konzept der Störerhaftung ist vom BGH in diversen Urteilen zur Haftung von Versteigerungsplattformen weiterentwickelt worden.[152] In dieser Rechtsprechung hat der BGH ausgeführt, dass das Haftungsprivileg des TMG auf Unterlassungsansprüche keine uneingeschränkte Anwendung findet.[153] Als Störer kann bei der Verletzung absoluter Rechte danach auf Unterlassung in Anspruch genommen werden, wer – ohne Täter oder Teilnehmer zu sein – in irgendeiner Weise willentlich und adäquat kausal zur Verletzung des absoluten Rechts beiträgt. Da die Störerhaftung nicht über Gebühr auf Dritte erstreckt werden darf, die nicht selbst die rechtswidrige Beeinträchti-

94

---

147 BGH NJW 2010, 2061 – Sommer unseres Lebens.
148 OLG Hamburg, Beschl. v. 11.10.2006, 5 W 152/06.
149 OLG Köln MMR 2010, 281.
150 OLG Köln MMR 2010, 281.
151 Fromm/Nordemann/*J.B. Nordemann* § 97 Rn. 160 ff.; zum Ganzen *Gabriel/Albrecht* ZUM 2010, 392.
152 BGH GRUR 2004, 860 – Internetversteigerung I; GRUR 2007, 708 – Internetversteigerung II; GRUR 2008, 702 – Internetversteigerung III; NJW 2009, 1960 – Halzband.
153 Statt aller BGH GRUR 2008, 702 – Internetversteigerung III.

gung vorgenommen haben, setzt die Haftung des Störers nach der Rechtsprechung des BGH die Verletzung von Prüfpflichten voraus. Deren Umfang bestimmt sich danach, ob und inwieweit dem als Störer in Anspruch Genommenen, nach den Umständen eine Prüfung zuzumuten ist.[154]

95 Die Frage der Zumutbarkeit spielt insofern im Bereich der Störerhaftung eine zentrale Rolle. Das OLG Hamburg hat dazu unlängst folgendes ausgeführt:[155]

»Die These von der Notwendigkeit einer »abstrakten Zumutbarkeitsprüfung« erscheint auch im rechtlichen Ausgangspunkt zweifelhaft, denn sie läuft darauf hinaus, dass die Prüfungs- und Schutzpflichten umso geringer ausfallen, je größer die Zahl der Angebote und damit der potentiellen Rechtsverletzungen ist. Dabei wird zum einen vergessen, dass die Beklagte bei zunehmendem Geschäftsumfang entsprechend mehr Umsatz generiert, also auch mehr in die Verhinderung von Rechtsverletzungen investieren kann, ohne dass das Geschäftsmodell insgesamt unrentabel wird.

Der Senat bezweifelt weiter, ob es tatsächlich ein die Zumutbarkeit generell begrenzender Gesichtspunkt sein kann, ob das Geschäftsmodell der Beklagten durch die Forderung von proaktiver Kontrolle in konkreten Einzelfällen in Frage gestellt würde. Es scheint vielmehr eine petitio principii zu sein, wenn als ein Abwägungsgesichtspunkt im Rahmen der Zumutbarkeit zu berücksichtigen sei, dass der Beklagten »keine Anforderungen auferlegt werden sollen (dürfen), die ihr von der Rechtsordnung gebilligtes Geschäftsmodell gefährden oder ihre Tätigkeit unverhältnismäßig erschweren«.[156] Denn es liegt auf der Hand, dass im Prinzip in Verfahren wie dem vorliegenden gerade geprüft wird, ob das Geschäftsmodell der Beklagten von der Rechtsordnung gebilligt wird. Angenommen, es würden auf dem Internetmarktplatz der Beklagten derart viele rechtsverletzende Angebote eingestellt, dass insgesamt der Aufwand der proaktiven Kontrolle höher wäre als der mögliche Erlös. Dann kann man schwerlich von einem grundsätzlich rechtlich gebilligten Geschäftsmodell, sondern eher von einer grundsätzlich rechtlich missbilligten Eröffnung einer Gefahrenquelle für die Rechte Dritter sprechen. M.a.W: Ein Geschäftsmodell kann nur dann von der Rechtsordnung gebilligt sein, wenn der Betreiber alles ihm im Einzelfall Mögliche und Zumutbare tut, um Rechtsverletzungen Dritter zu verhindern.«

96 Das OLG macht insofern seine Auffassung der Mitwirkungspflicht eines Diensteanbieters sehr deutlich.

97 Auch die Rechtsprechung in Bezug auf so genannte One-Click-Filehoster ist diesbezüglich von Relevanz. Hier sei insofern auf die jüngere Rechtsprechung insbesondere des OLG Hamburg hingewiesen.[157] Dort wird ausgeführt, dass ein Dienst, der sich selbst systematisch der Möglichkeit begibt, gegenüber rechtsverletzenden Angeboten der eigenen Nutzer zu reagieren, kein von der Rechtsordnung gebilligtes Geschäftsmodell mehr unterhält, so dass insofern selbst ein umfassendes Unterlassungsgebot gegenüber dem Dienst insgesamt in Betracht komme. Wörtlich heißt es in der Entscheidung Rapidshare I:[158]

»Die ausgeführten Grundsätze zu einer Einschränkung der erforderlichen Prüfungspflichten oder der Grundsatz der Zumutbarkeit im Rahmen einer erlaubten Tätigkeit stehen nach der Rechtsprechung des Bundesgerichtshofs indes unter dem ausdrücklichen Vorbehalt, dass der in Anspruch genommene Verletzer »ein von der Rechtsordnung gebilligtes Geschäftsmodell« betreibt und ihm deshalb keine Anforderungen auferlegt werden dürfen, die dieses gefährden oder seine Tätigkeit unverhältnismäßig erschweren.[159] Der Bundesgerichtshof weist in derselben Entscheidung aber ausdrücklich auch darauf hin, dass einem Geschäftsmodell andererseits die ernst zu nehmende Gefahr immanent sein kann, dass es für die Begehung von Straftaten und unlauteren Wettbewerbshandlungen genutzt wird. (...) Ein derartiges Geschäftsmodell kann nach Auffassung des Senats dann, wenn es aufgrund seiner Struktur der massenhaf-

---

154 BGH GRUR 2008, 702, 706 – Internetversteigerung III.
155 OLG Hamburg MMR 2009, 129.
156 BGH GRUR 2007, 890, – Jugendgefährdende Medien bei eBay.
157 OLG Hamburg ZUM-RD 2008, 527 – Rapidshare I; zuletzt OLG Hamburg MMR 2010, 51 – Rapidshare II, wobei hinsichtlich letzterer Sache die Revision beim BGH unter I ZR 177/09 anhängig ist.
158 OLG Hamburg ZUM-RD 2008, 527 – Rapidshare I.
159 BGH GRUR 2007, 890 – Jugendgefährdende Medien bei eBay.

C. Ausblick

ten Begehung zum Beispiel von Urheberrechtsverletzungen Vorschub leistet, nicht von der Rechtsordnung gebilligt werden. (...) Auf die nach der Rechtsprechung des BGH im Regelfall bestehende Privilegierung kann sich ein Provider insbesondere dann nicht berufen, wenn er die ihm zumutbaren und naheliegenden Möglichkeiten, die Identität des Nutzers zum Nachweis einer etwaigen Wiederholungshandlung festzustellen (oder sogar dem Berechtigten eine Rechtsverfolgung gegen diesen Nutzer zu ermöglichen), willentlich und systematisch ungenutzt lässt und damit die Interessen der Schutzrechtsinhaber der Beliebigkeit preisgibt. Ein solches Geschäftsmodell kann von der Rechtsprechung nicht gebilligt werden. In einem derartigen Fall scheidet eine Differenzierung nach zumutbaren und nicht zumutbaren Überprüfungsmaßnahmen aus. In Betracht kommt allein ein »Generalverbot« in Bezug auf das konkret streitgegenständliche Schutzobjekt. So verhält es sich im vorliegenden Fall.«

Es bleibt abzuwarten, wie der BGH den Fall entscheiden wird. Insbesondere sei darauf hingewiesen, dass jüngst das OLG Düsseldorf entschieden hat, dass der Sharehosting-Dienst nicht als Störer für Urheberrechtsverletzungen seiner Nutzer haftet, da eine manuelle Überprüfung der hochgeladenen Dateien nicht zumutbar sei und die automatisierte Überprüfung von Dateien größtenteils ungeeignet sei.[160] Die sehr einzelfallgeprägte Frage, wer im Internet in welchem Rahmen für (Urheber-)Rechtsverletzungen Dritter haftet, dürfte insofern noch eine Weile streitig bleiben. Fest steht, dass diese Fallgruppe für Rechteinhaber in besonderem Maße relevant ist und stetig an Relevanz gewinnt. **98**

IV. Die unmittelbare Inanspruchnahme von Access-Providern

Wenn die Inanspruchnahme von Dritten erörtert wird, darf der Hinweis nicht fehlen, dass es verschiedentlich Bestrebungen gab, Access-Provider selbst im Rahmen der Störerhaftung in Anspruch zu nehmen.[161] Dass diese bei der Verletzung verwandter Schutzrechte grundsätzlich auch als Unterlassungsschuldner im Rahmen der Störerhaftung in Betracht kommen, folgt bereits aus EU-rechtlichen Vorgaben. In Artikel 8 Abs. 3 der EU-Info-Richtlinie (RL 2001/29/EG) heißt es ausdrücklich: **99**

»Die Mitgliedstaaten stellen sicher, dass die Rechtsinhaber gerichtliche Anordnungen gegen Vermittler beantragen können, deren Dienste von einem Dritten zur Verletzung eines Urheberrechts oder verwandter Schutzrechte genutzt werden.«

Auch deutsche Gerichte gingen bereits von der grundsätzlichen Möglichkeit aus, dass wegen Urheberrechtsverletzungen auch Access-Provider auf Unterlassung in Anspruch genommen werden können.[162] Ob und inwieweit diese Haftung auf Basis der Grundsätze der Störerhaftung zu etablieren ist, lässt sich gegenwärtig nicht sagen. Von Interesse ist diesbezüglich, dass dem Europäischen Gerichtshof eine Vorlagefrage des Cour d'appel de Bruxelles vom 28.1.2010 (2007/AR/2424) vorliegt, die explizit die Anwendbarkeit von Art. 8 Abs. 3 Info-RL im Hinblick auf die Inanspruchnahme von Access-Providern und die Vereinbarkeit gewisser konkret bezeichneter Maßnahmen mit dem Primärrecht der Europäischen Union zum Gegenstand hat. **100**

C. Ausblick

Die Auseinandersetzung um die konkrete Ausgestaltung des Auskunftsanspruchs wird insbesondere mit Blick auf den Auskunftsanspruch gegenüber Access-Providern sicherlich weitergehen, da das Problem der Sicherung der zur Beauskunftung erforderlichen Daten noch weitgehend ungelöst ist und es dadurch in der Praxis erhebliche Unter- **101**

---

160 OLG Düsseldorf MMR 2010, 483.
161 Fromm/Nordemann/*J.B. Nordemann* § 97 Rn. 170 f.
162 OLG Hamburg GRUR 2005, 209, 212 – Rammstein; OLG Frankfurt GRUR-RR 2005, 147, 148 – Auskunftsanspruch.

18. Kapitel   Piraterie & Urheberstrafrecht

schiede in Bezug auf die Möglichkeit der Rechtsdurchsetzung gibt. Vielfach scheitert die Durchsetzung an einer fehlenden Datenbasis. Der Gesetzgeber wird hier aber wohl nicht im Rahmen der bevorstehenden erneuten Reform des Urheberrechts (»3. Korb«), sondern wenn überhaupt dann wohl im Rahmen eines neuen Anlaufs zur Umsetzung der Data-Retention Directive für Klarheit sorgen. Inwiefern das Telemediengesetz zeitnah reformiert werden wird, bleibt abzuwarten. Aus Berlin dürften in den nächsten Monaten jedenfalls auch aus der jüngst einberufenen Enquête »Internet und digitale Gesellschaft« spannende Impulse für die so oft polarisierende Debatte um die Durchsetzung von Rechten im Internet erwartet werden. Nicht zuletzt die »Berliner Rede«[163] der Justizministerin zeigt dabei, dass die Vielfalt der Herausforderungen rechts- und gesellschaftspolitisch eine ressortübergreifende, ganzheitliche Herangehensweise erforderlich macht.

---

163 http://www.bmj.bund.de/enid/ 859f640e4d15855eaf56515bdab9f9da,280f7f636f6e5f6964092d0936393139093a095f747266964092d 0936393237/Reden/Sabine_Leutheusser-Schnarrenberger_1mt.html, abgerufen am 27.10.2010.

Kapitel 19
Unternehmenstransaktionen im Medienbereich

Übersicht

	Rdn.
A. Einführung	1
B. Unternehmenskauf im Medienbereich	5
I. Die Beteiligten des Unternehmenserwerbs, ihre Motive und Interessen	9
II. Grundsätzliche Überlegungen zur Strukturierung des Unternehmenserwerbs	12
1. Share Deal vs. Asset Deal	13
2. Steuerliche Rahmenbedingungen	16
a) Verkäuferseite	17
b) Käuferseite	21
III. Die Rolle des anwaltlichen Beraters	22
IV. Die vorvertraglichen Phasen, ihre Ausgestaltung und Bedeutung	23
1. Der »typische« Ablauf eines Unternehmenskaufs im Überblick	24
2. Vorbereitungshandlungen und Planung/Offering Memorandum	29
3. Vertiefte Kontaktaufnahme und erster Informationsaustausch/NDA	33
4. Vertragliche Konkretisierungen der weiteren Transaktion	39
a) Letter of Intent (LOI)	40
b) Punktuation/Memorandum of Understanding (MOU)	47
c) Exklusivitätsvereinbarungen	54
d) Vorvertrag und Optionsvereinbarungen	57
aa) Vorvertrag	59
bb) Option	61
5. Haftung während der vorvertraglichen Phasen	65
V. Due Diligence als wichtigste Vorstufe zum Abschluss des Kaufvertrags	72
1. Grundsätzliche Bereiche und Ablauf einer Due Diligence	77
2. Gesetzliche Rahmenbedingungen der Informationsgewährung und -beschaffung	96
a) Verkäuferseite	97
b) Käuferseite	108
3. Legal Due Diligence	113
4. Rechtliche Bedeutung/Konsequenzen der Due Diligence	120
VI. Der Unternehmenskaufvertrag in der Praxis	126
1. Allgemeines zur Struktur und Gestaltung des Vertragswerkes	131
2. Die Vertragsparteien	136
3. Der Kaufgegenstand	140
a) Share-Deal	142
aa) Personengesellschaften	143
bb) Kapitalgesellschaften	146
b) Asset-Deal	153
c) Mischtypen und Vermögensgegenstände außerhalb des Gesellschaftsvermögens	163
d) Urheberrechte und Unternehmenskauf – Die besondere Bedeutung der §§ 34, 35 UrhG bei Transaktionen im Medienbereich	165
aa) Veräußerung von Unternehmen oder Unternehmensteilen	172
bb) Änderung der Beteiligungsverhältnisse	176
cc) Rückrufsrecht	177
dd) Ausübung des Rückrufsrechts	180
ee) Gesamtschuldnerische Haftung und abweichende Vereinbarungen	183
ff) Besonderheiten im Film- und Laufbildbereich	187
4. Der Kaufpreis	190
a) Kaufpreisermittlung – Grundlagen der Unternehmensbewertung	191
aa) Ertragswertverfahren	192
bb) Discounted Cash Flow-Verfahren (DCF-Verfahren)	193
cc) Substanzwertmethode	194
dd) Marktwertverfahren (Multiplikatorverfahren)	195
b) Regelungen zum Kaufpreis im Vertrag	196
aa) Kaufpreisvereinbarungen	197
bb) Weitere Zahlungsmodalitäten und Sicherungsvereinbarungen	205
cc) Sonderfall: Zahlung des Kaufpreises mit eigenen Anteilen	213

19. Kapitel Unternehmenstransaktionen im Medienbereich

Rdn.

5. Stichtagsregelungen und der dingliche Vollzug (»Closing«)	215
a) Begrifflichkeiten	216
b) Der dingliche Übertragungsakt	218
c) Weitere Regelungen zwischen Signing und Closing	224
6. Wirksamkeitshindernisse	226
a) Verfügungsbeschränkungen und Zustimmungserfordernisse	228
aa) Öffentlich-rechtliche Beschränkungen	229
bb) Gesellschaftsrechtliche Zustimmungserfordernisse	234
cc) Familien- und vormundschaftsrechtliche Beschränkungen	243
dd) Erbrechtliche Beschränkungen	246
ee) »Change of Control«-Klauseln	247
ff) Sonstige Beschränkungen schuld- und sachenrechtlicher Art	248
b) Formerfordernisse	251
aa) Asset Deal	252
bb) Share Deal	256
7. Leistungsstörungen – Gewährleistung und Garantien des Verkäufers	260
a) Grundlagen der gesetzlichen Gewährleistungsansprüche	261
aa) Begriff und Bedeutung des Mangels beim Unternehmenskauf	262
bb) Rechtsfolgen	266
b) Vertragliche Ausgestaltung der Gewährleistung, Haftung und der Rechtsfolgen	274
c) Begrenzung von Gewährleistung und Haftung	292
d) Verjährungsregelungen	299
8. Freistellungen des Erwerbers	302
9. Nachvertragliche Pflichten des Verkäufers und Wettbewerbsverbot	305
10. Sonstige Vertragsbestimmungen	308
VII. Transaktionsbegleitende Verträge	310
VIII. Kartellrechtliche und medienkonzentrationsrechtliche Rahmenbedingungen	311
1. Kartellrechtliche Voraussetzungen	311
a) Nationale Fusionskontrolle nach dem GWB	314
b) Europäische Fusionskontrolle	330
2. Medienkonzentrationsrechtliche Zulässigkeit	337
a) Anzeige bei der zuständigen Landesmedienbehörde	338
b) Einbindung der KEK	341
c) Exkurs: österreichische Medienkonzentrationskontrolle	347
IX. Arbeitsrechtliche Fragestellungen	351
1. Share Deal	354
2. Asset Deal	356
a) Voraussetzungen des Betriebsübergangs gemäß § 613a BGB	359
b) Rechtsfolgen des Betriebsübergangs	364
c) Rechte des Betriebsrats und Mitbestimmung	369
X. Die Haftung des Erwerbers	375
1. Asset Deal	378
a) Firmenfortführung, § 25 HGB	379
b) Betriebssteuern, § 75 AO	385
c) Versicherungsprämien, § 95 VVG	388
d) Erwerb von Nutzungsrechten, § 34 Abs. 4 UrhG	389
2. Share Deal	390
a) Personengesellschaften	392
aa) Gesellschaft bürgerlichen Rechts	393
bb) Offene Handelsgesellschaft	396
cc) Kommanditgesellschaft	397
b) Kapitalgesellschaften	400
aa) Gesellschaft mit beschränkter Haftung	401
bb) Aktiengesellschaft	405
XI. Besondere Arten und Situationen des Unternehmenskaufs	407
1. Venture Capital- und Private Equity-Investoren	408
2. Management Buy-Out (MBO) und Management Buy-In (MBI)	414
3. Leveraged Buy-Out (LBO)	417
4. Auktion	420

	Rdn.
5. Kauf in der Krise und aus der Insolvenz	425
a) Erwerb vor dem Insolvenzantrag in der Krise	426
b) Erwerb im Insolvenzeröffnungsverfahren	429
c) Erwerb nach Insolvenzeröffnung	431
6. Öffentliches Übernahmeangebot	434

A. Einführung

Unternehmenskäufe spielen auch in der Praxis des im Urheber- und Medienrecht tätigen Rechtsanwalts immer wieder eine bedeutsame Rolle. Dabei vereinen solche Transaktionen im Medienbereich oft auch im Hinblick auf ihre Anforderungen die beiden Teildisziplinen des Urheber- und des Medienrechts und des Gesellschaftsrechts. **1**

Im Nachfolgenden sollen daher die wesentlichen Grundlagen der dabei zu beachtenden Punkte zusammengefasst dargestellt werden. Es würde den gesetzten Umfang bei weitem überschreiten, hier auf alle Einzelheiten einzugehen. Auch werden sich oftmals rechtliche Fragestellungen ergeben, die den eigentlichen Arbeitsbereich eines Urheber- und Medienrechtlers so verlassen, dass auch eine entsprechende Expertise in anderen Bereichen erforderlich ist. Dies betrifft z.B. typischerweise das Gesellschafts- und das Steuerrecht, regelmäßig aber auch das Arbeitsrecht oder besondere Rechtsgebiete, die aufgrund des Tätigkeitsbereichs oder der Situation des jeweiligen Unternehmens eine besondere Rolle spielen. Eine entsprechende Expertise wird hier daher oftmals nur im Zusammenwirken mit Kollegen dieser weiteren Fachbereiche eingebracht werden können. Für den Fachanwalt für Urheber- und Medienrecht bedeuten Unternehmenskäufe daher regelmäßig Teamwork. Gerade dies macht aber auch den Reiz der Materie aus. **2**

Darüber hinaus gibt es für Medienunternehmen besondere Regelungen, die gesellschaftsrechtsrechtlich bedingt sind oder Auswirkungen gesellschaftsrechtlicher Natur haben. Der Fachanwalt für Urheber- und Medienrecht sollte diese kennen, um gemeinsam mit Gesellschaftsrechtlern für den jeweiligen Einzelfall geeignete Lösungen zu erarbeiten. **3**

Sowohl der Bereich des Unternehmenskaufs als auch einige weitere praxisrelevante Bereiche des Gesellschaftsrechts werden nachfolgend veranschaulicht, wobei die sich stellenden Fragen insbesondere auch anhand praktischer Beispiele erläutert werden. **4**

B. Unternehmenskauf im Medienbereich

Generell ist gerade in der letzten Zeit stets davon die Rede, dass der Markt für Unternehmenskäufe wieder anzieht. Auch die Anwaltschaft hat ihn bekanntermaßen als äußerst lukratives Betätigungsfeld ausgemacht und entsprechend in den Focus gerückt. Jede etwas größere Kanzlei wird sich heute mit »M&A«, also mit »Mergers and Acquisitions« befassen.[1] **5**

Selbstverständlich ist »M&A« jedoch nichts Neues, beschreibt es doch lediglich ein bestimmtes wirtschaftliches Phänomen, nämlich Fusionierungen (»Mergers«) und Übernahmen (»Acquisitions«), also im Wirtschaftsleben völlig »normale« und übliche Phänomene. **6**

Einen besonderen Antrieb hat der M&A-Bereich in den letzten Jahrzehnten zum einen durch die Globalisierung der Märkte erfahren, zum anderen insbesondere jedoch auch **7**

---

[1] Zu der Vielzahl der diesen Bereich stark prägenden Anglizismen vgl. beispielsweise ein zusammenstellendes Glossar bei *Hettler/Stratz/Hörtnagl*, Becksches Mandatshandbuch Unternehmenskauf, § 1 Rn. 34.

dadurch, dass sich – damit einhergehend – auch ein eigenständiger Markt für Unternehmensbeteiligungen, so insbesondere durch Finanzinvestoren entwickelt hat. Diese verfolgen mit der Übernahme eines Unternehmens regelmäßig keine strategischen oder synergetischen Ziele, sondern verstehen ihr Engagement ausschließlich oder primär als Investment, d.h. der Erfolg der Investition bestimmt sich danach, ob der Investitionsbetrag im Verlaufe des regelmäßig nur auf einen bestimmten Zeitraum geplanten Investments eine hinreichende finanzielle Rendite erwirtschaftet. Das eigentliche unternehmerische Engagement – im »klassischen« Sinne – tritt dem gegenüber in den Hintergrund. So sehr dies teilweise angefeindet wird (Stichwort: »Heuschrecken«), so ist jedoch ebenso zu beachten, dass sich durch die Tätigkeit solcher Investoren, die regelmäßig international operieren, gerade auch für junge, innovative Unternehmen große Chancen bieten, die sie nicht hätten, wenn sie ausschließlich auf die »klassischen« Finanzierungen angewiesen wären, durch die der deutsche Markt früher – und teilweise auch heute noch – geprägt ist.

8   Im Medienbereich spielen Unternehmenskäufe ebenfalls eine große Rolle. Transaktionen wie der Versuch der Springer AG, sich an der Fernsehgruppe ProSiebenSAT.1 Media AG zu beteiligen,[2] der Einstieg von Sky bei der Premiere AG, die Übernahme der Financial Times Deutschland durch Gruner + Jahr,[3] die Übernahme von StudiVZ & Co. durch Holtzbrinck ebenso wie die Übernahme von Kinowelt (eines Kinoverleihers, Filmrechte- und DVD-Händlers) durch die französische Canal +-Gruppe[4] seien hier insoweit nur exemplarisch genannt. Neben diesen bekannten – und teilweise großvolumigeren – Vorhaben gibt es im Medienbereich jedoch ständig auch eine Vielzahl von nicht so sehr im Blick der Öffentlichkeit stehenden Transaktionen. Auslöser dafür können beispielsweise bestimmte unternehmerische Entscheidungen oder das Erfordernis von Umstrukturierungen ebenso sein, wie Outsourcing-Vorhaben oder auch der »klassische« Einstieg oder Ausstieg von Gesellschaftern.

I. Die Beteiligten des Unternehmenserwerbs, ihre Motive und Interessen

9   Die Beteiligten an einem Unternehmenskauf und ihre Motive und Interessen können höchst unterschiedlich sein. Die »Spannweite« der Beteiligten reicht dabei vom kleinen Einzelunternehmer bis hin zum großen, international operierenden Konzern.

10 Auch die Motive und Interessen, die die Beteiligten durch den Unternehmensverkauf verfolgen, können sehr unterschiedlich sein. Als mögliche Motive des Verkäufers kommen beispielsweise in Betracht: Aufgabe des Unternehmens aus Altersgründen, fehlende Rentabilität, Konzentration auf ein Kerngeschäft, Aufnahme von Investoren zur Finanzierung erforderlicher Investitionen oder »Zwang« zum Verkauf durch bestimmte familiäre Situationen. Demgegenüber kann sich die Motivation des Käufers beispielsweise aus Folgendem ergeben: Verbesserung der Marktposition durch Erwerb eines Konkurrenten, Synergiesteigerungen, »Einkauf« von Know-how oder Erwerb/Beteiligung als Renditeobjekt. Diese sehr unterschiedlichen »Typen« auf Käufer- und Verkäuferseite und ihre Interessen- und Motivationslagen geben jedem Unternehmenskauf ein sehr eigenes Gepräge.

11 Gleiches gilt auch im Hinblick auf die sich nicht selten findende große Zahl von Beratern auf beiden Seiten. Zu diesen zählen stets Rechtsanwälte, Steuerberater und Wirtschaftsprüfer. Darüber hinausgehend, insbesondere einhergehend mit der Größe der Transak-

---

2 Vgl. BGH, Beschl. v. 8.6.2010, KVR 4/09, PM 114/10; OLG Düsseldorf, Beschl. v. 3.12.2008, VI-Kart 7/06 (V); Bundeskartellamt, Beschl. v. 19.1.2006, B6–103/05.
3 Vgl. Pressemitteilung von Gruner + Jahr vom 30.1.2008 unter http://www.guj.de/Presse.
4 Vgl. Pressemitteilung der Kinowelt GmbH vom 17.1.2008 unter http://www.kinowelt.de/presse/2008-01-17_studiocanal_wird_kinowelt_uebernehmen?.

tion, sind jedoch oftmals auch M & A-Berater und/oder spezielle Berater für einzelne Bereiche in die Transaktion eingebunden. Im Urheber- und Medienrecht kann es so beispielsweise um die Bewertung von Urheberrechten, Risiken aus der Verwendung von urheber- oder leistungsschutzrechtlich geschützten Rechten oder den Umfang des vorhandenen Bestandes an Rechten vor dem Hintergrund der sich immer schneller entwickelnden neuen Medien und Endgeräte gehen.

II. Grundsätzliche Überlegungen zur Strukturierung des Unternehmenserwerbs

»Den« Unternehmenskauf gibt es nicht, wie dies auch die nachfolgenden Ausführungen noch zeigen werden. Die sich im Einzelfall darstellenden Rahmenbedingungen variieren dazu viel zu sehr. Entscheidend für die einzelne Ausgestaltung werden jedoch stets bestimmte Überlegungen sein, die sich insbesondere daraus ergeben, was aus rechtlicher Sicht konkret zum Gegenstand der Transaktion gemacht werden soll oder muss, wobei insbesondere auch die sich darstellenden steuerlichen Auswirkungen für die Beteiligten zu beachten sind. 12

1. Share Deal vs. Asset Deal

Typischerweise wird beim Unternehmenskauf hinsichtlich des Kaufgegenstandes danach unterschieden, ob die Anteile an der Gesellschaft, die das Unternehmen trägt (sog. Share Deal), oder aber alle wesentlichen Vermögensgegenstände, die zum Unternehmen gehören (sog. Asset Deal), auf den Erwerber übertragen werden sollen. 13

Während beim Share Deal grundsätzlich »nur« die Gesellschaftsanteile (»Shares«) den Kaufgegenstand bilden und entsprechend auf der dinglichen Ebene auf den Erwerber zu übertragen sind, bildet beim Asset Deal die Vielzahl der einzelnen Vermögensgegenstände (»Assets«) des Unternehmens den Kaufgegenstand, so dass diese dann auf der dinglichen Ebene entsprechend den jeweils für sie geltenden Bestimmungen auf den Erwerber zu übertragen sind. 14

Hinsichtlich der praktischen Handhabung und Strukturierung stellt sich der Share Deal daher grundsätzlich als einfacher dar, findet doch nur ein Wechsel der Beteiligung an dem Unternehmensträger statt, d.h. die Zuordnung aller das Unternehmen kennzeichnenden Vermögensgegenstände zum Unternehmen bleibt ebenso unverändert aufrecht erhalten, wie auch die vertraglichen Beziehungen, in denen sich das Unternehmen mit Dritten befindet, grundsätzlich weiter Bestand haben. Demgegenüber gilt es beim Asset Deal, alle einzelnen »Assets« genau zu identifizieren und entsprechend vertraglich zu erfassen. Denn nur die »Assets«, die wirksam zum Gegenstand der vertraglichen Vereinbarungen der Parteien gemacht wurden, werden von dem Unternehmenskauf erfasst. Das heißt aber auch, dass hinsichtlich der vertraglichen Beziehungen, die das Unternehmen zu Dritten unterhält, Wege gefunden werden müssen, auch diese auf den Erwerber zu übertragen, falls und soweit dieser sie weiter nutzen will – oder (aus wirtschaftlichen Gründen) – muss. 15

2. Steuerliche Rahmenbedingungen

Schließlich werden insbesondere die steuerlichen Überlegungen und Interessen der beteiligten Parteien von ganz erheblicher Bedeutung dafür sein, ob und in welcher Form der geplante Unternehmenserwerb durchgeführt bzw. inwieweit die Transaktion entsprechend zur Erreichung der steuerlichen Ziele gestaltet werden kann. Wenngleich hier nicht auf dieses äußerst komplexe Thema im Einzelnen eingegangen werden kann, sei doch auf folgende Grundüberlegungen hingewiesen, die auf Verkäufer- und auf Käuferseite in der Praxis stets eine große Rolle spielen: 16

a) Verkäuferseite

17 Für die Verkäuferseite gilt grundsätzlich folgendes: Erfolgt die Veräußerung des Unternehmens im Wege des Asset Deals durch eine natürliche Person oder eine Personengesellschaft, unterliegt der Veräußerungsgewinn (das heißt der Betrag, um den der Kaufpreis den Buchwert der Assets in der Bilanz des Verkäufers übersteigt) der Einkommensteuer des Käufers. Entsprechendes gilt auch bei der Veräußerung der gesamten Beteiligung eines Gesellschafters an einer Personengesellschaft. Unter den besonderen Voraussetzungen des § 16 Abs. 4 EStG wird dem Veräußerer dabei ein Steuerfreibetrag gewährt (45.000 €, ab dem 55. Lebensjahr). Des Weiteren wird der Veräußerer auch in den Genuss der Tarifermäßigung nach § 34 Abs. 3 EStG kommen (56 % des normalen Steuersatzes, ab dem 55. Lebensjahr).

18 Wird das Unternehmen im Wege des Asset Deals durch eine Kapitalgesellschaft veräußert, unterliegt der Veräußerungsgewinn der normalen Körperschaftsteuer (25 %).

19 Erfolgt die Veräußerung des Unternehmens im Wege des Share Deals durch eine natürliche Person oder bei einer Personengesellschaft, unterliegt der Veräußerungsgewinn bei einer Veräußerung der Anteile aus dem Privatvermögen der Einkommensteuer (§ 20 Abs. 2 EStG). Der Veräußerungsgewinn wird grundsätzlich mit 25 % besteuert (§ 32d Abs. 1 EStG).

20 Wird das Unternehmen in Form eines Share Deals durch eine Kapitalgesellschaft veräußert, ist der Veräußerungsgewinn zu 95 % von der Körperschaftsteuer befreit (§ 8b Abs. 2, 3 KStG).

b) Käuferseite

21 Der Käufer wird in steuerlicher Hinsicht folgende Grundsätze in Betracht zu ziehen haben:

Erfolgt der Erwerb des Unternehmens im Wege des Asset Deals, kann er die Anschaffungskosten in der Bilanz aktivieren und sodann abschreiben. Sein Interesse wird dabei stets darauf gerichtet sein, den Kaufpreis so aufzuteilen, dass er die einzelnen Anschaffungskosten möglichst optimal für ihn abschreiben kann.

Werden Anteile an einer Personengesellschaft im Wege des Share Deals erworben, gilt Vorstehendes entsprechend.

Erfolgt der Erwerb des Unternehmens im Wege des Share Deals durch Erwerb der Anteile an einer Kapitalgesellschaft, besteht regelmäßig keine Möglichkeit, die Anschaffungskosten der Anteile abzuschreiben (Ausnahme: sog. Teilwertabschreibung, wenn die Beteiligung außerplanmäßig an Wert verliert). Demgegenüber sind etwaige Finanzierungskosten für den Erwerb der Anteile steuerlich abzugsfähig.

Beachte: Bei Vorstehendem handelt es sich um eine stark vergröberte Darstellung, die keinerlei Anspruch auf Vollständigkeit, insbesondere im Hinblick auf die Vielzahl von Ausnahmen und Besonderheiten erhebt. Zu beachten sind darüber hinausgehend selbstverständlich auch weitere Steuerarten, wie z.B. Umsatzsteuer oder Grunderwerbsteuer, die im jeweiligen Zusammenhang relevant werden können.

III. Die Rolle des anwaltlichen Beraters

22 Die Rolle des anwaltlichen Beraters bei Unternehmenskäufen kann sehr stark variieren: Sie reicht vom strategischen Berater im Hinblick auf die durch den Unternehmer bzw. das Unternehmen verfolgten Ziele über den Spezialisten für einzelne Teilbereiche der

Transaktion, Manager bzw. Strukturgeber der Transaktion, Vertragsgestalter, »Prüfer«, insbesondere bei der Due Diligence, bis hin zum Verhandler der Verträge. Gerade im Mediensektor wird es bei kleineren Unternehmen auch nicht selten zu den Aufgaben des Anwalts gehören, schlichtweg zunächst erst einmal zu »übersetzen«, d.h. einer mit der Materie nicht so sehr vertrauten Mandantschaft die nicht selten sehr komplexen Vorgänge genau zu erläutern. Stets erfasst von der Tätigkeit des Anwalts ist aber immer auch seine Haftung (!) für die jeweilige Beratung.

IV. Die vorvertraglichen Phasen, ihre Ausgestaltung und Bedeutung

So vielfältig die Interessenlage der Beteiligten beim Unternehmenskauf und die unterschiedlichen Arten des Unternehmenskaufs sein können, so vielfältig kann sich auch der Ablauf der Transaktion darstellen. Ungeachtet der sich daraus ergebenden individuellen Besonderheiten hinsichtlich des Procedere und seiner tatsächlichen und rechtlichen Ausgestaltung im Einzelfall, haben sich in der Praxis dennoch gewisse typische Abläufe entwickelt, die im Nachfolgenden dargestellt werden. 23

1. Der »typische« Ablauf eines Unternehmenskaufs im Überblick

Soweit es zu einem ersten Kontakt zwischen dem potenziellen Käufer und dem potenziellen Verkäufer gekommen ist, sei es auch durch eine etwaige Zwischenschaltung Dritter, werden beide Seiten zunächst grundsätzliche Überlegungen zu den sich jeweils für sie darstellenden tatsächlichen und rechtlichen Rahmenbedingungen und insbesondere der wirtschaftlichen Sinnhaftigkeit sowie zum weiteren möglichen Procedere anstellen. 24

Für den Fall, dass durch die Veräußererseite mehrere potenzielle Erwerber angesprochen werden sollen, wird in dieser ersten Phase oftmals eine Basisdarstellung des zu erwerbenden Unternehmens (»Offering Memorandum« bzw. Exposé) erstellt. Da ein solches Offering Memorandum und/oder die bis dahin erteilten Basisinformationen regelmäßig für den Erwerber nur einen ersten Anhalt dafür geben können, ob und inwieweit eine Fortsetzung des Kontakts sinnhaft erscheint, und er daher zur weiteren Beurteilung dieser Frage regelmäßig weitere Informationen benötigt, es sich aus Sicht des potenziellen Veräußerers bei diesen Informationen jedoch fast immer um geheimhaltungsbedürftige Informationen/Geschäftsgeheimnisse handelt, werden die weiteren Gespräche und der weitere Informationsfluss in der Praxis regelmäßig davon abhängig gemacht, dass die Parteien eine Geheimhaltungsvereinbarung, ein sog. Non Disclosure Agreement (NDA), vereinbaren. 25

Schon zu diesem Zeitpunkt oder aber möglicherweise auch erst nach Erteilung weiterer Informationen besteht – je nach Lage des Einzelfalls – sodann in der Regel ein Bedürfnis der Parteien dahingehend, den weiteren Ablauf der Transaktion und die entsprechenden Rahmenbedingungen auch durch weitere Vereinbarungen zu konkretisieren und zu manifestieren. Typischerweise vereinbaren die Parteien einen »Letter of Intent (LOI)« oder ein »Memorandum of Understanding (MOU)«. Die Spannweite der konkreten, inhaltlichen Ausgestaltung solcher Vereinbarungen reicht dabei von der bloß unverbindlichen Absichtserklärung bis hin zu Abschluss eines bindenden Vorvertrages. 26

Erweist sich aus Sicht beider Seiten ein weiteres Vorgehen als sinnhaft, münden diese – ersten – vorvertraglichen Phasen regelmäßig in die Vereinbarung ein, dass der potenzielle Erwerber das Zielunternehmen einer vertieften und eingehenden Prüfung (»Due Diligence«) in den verschiedensten Bereichen unterzieht (dazu nachfolgend unter Rdn. 72 ff.), so dass auf Basis der dadurch gewonnenen Informationen in anschließende Verhandlungen über den Abschluss des Kaufvertrages bzw. eines entsprechenden Vertragswerkes (dazu nachfolgend unter Rdn. 126 ff.) eingetreten werden kann. 27

28 Nach erfolgreichem Abschluss des Kaufvertrages gilt es sodann für den Erwerber, das Unternehmen in optimierter Form in seine Wirtschaftssphäre zu integrieren. Wenngleich sie hier nicht Gegenstand der Ausführungen sein soll, darf die Bedeutung dieser sog. Post-Merger-Phase unter keinen Umständen unterschätzt werden. Eine Vielzahl von Transaktionen scheitert gerade in diesem ersten Zeitraum nach der Übernahme, da es eben nicht gelingt, die »Welten« des erwerbenden Unternehmens und des erworbenen Unternehmens entsprechend der Planung zusammen zu führen.

2. Vorbereitungshandlungen und Planung/Offering Memorandum

29 Zur Vorbereitung und Planung der Transaktionen wird insbesondere die Verkäuferseite regelmäßig eine erste Bestandsaufnahme machen, um sich selbst einen Überblick über die Möglichkeiten und Ausgestaltung des Verkaufs zu verschaffen. Für den Fall, dass sich der Verkäufer der Beratungs- bzw. Vermittlungsdienste Dritter bedient, mündet diese erste Phase oftmals in die Erstellung eines Exposés, eines sog. Offering Memorandum, ein.

30 Ein Offering Memorandum enthält eine mehr oder weniger zusammengefasste Darstellung der wichtigsten wirtschaftlichen und rechtlichen Strukturdaten des Zielunternehmens, so dass sich ein potenzieller Käufer einen ersten – groben – Überblick darüber verschaffen kann, ob und inwieweit es für ihn überhaupt Sinn macht, weitere Informationen einzuholen und in Gespräche einzutreten. Sofern ein professioneller Vermittler auf Verkäuferseite eingeschaltet ist, wird das Zielunternehmen im Offering Memorandum oftmals zunächst noch anonymisiert, wenngleich die Identität des Unternehmens zumindest für Brancheninsider aufgrund der gegebenen Informationen nicht selten dennoch erkennbar sein wird.

31 Rechtlich ist ein Offering Memorandum zunächst nichts anderes als eine Beschreibung des Zielunternehmens durch den Verkäufer, die potenzielle Erwerber dazu veranlassen soll, in Erwerbsverhandlungen einzutreten bzw. diese zu vertiefen. Ähnlich wie in anderen Bereichen, in denen mit solchen Exposés gearbeitet wird, vermögen etwaig falsche Angaben in einem Offering Memorandum unter Umständen Schadensersatzansprüche des Erwerbsinteressenten unter dem Gesichtspunkt der culpa in contrahendo (c.i.c.) auszulösen, so beispielsweise unter dem Aspekt eines treuwidrigen Veranlassens von Vertragsverhandlungen. Wird der Erwerbsinteressent durch solche falschen Angaben dazu veranlasst, beispielsweise auch seinerseits Berater hinzuzuziehen, wodurch Kosten verursacht werden, können dadurch entsprechende Schadensersatzansprüche (§§ 311 Abs. 2 Nr. 1, 241 Abs. 2, 280 Abs. 1 BGB) ausgelöst werden. Hierbei ist insbesondere zu beachten, dass ein solches durch Aufnahme von Vertragsverhandlungen entstehendes Schuldverhältnis gemäß § 311 Abs. 3 BGB ausdrücklich auch Drittbeteiligte umfasst, falls diese Dritten in besonderem Maße für sich Vertrauen in Anspruch nehmen und dadurch die Vertragsverhandlungen oder den Vertragsschluss erheblich beeinflussen, sog. Sachwalterhaftung.[5]

32 Nicht zuletzt vor diesem Hintergrund finden sich in einem Offering Memorandum oftmals ausdrückliche Haftungsausschlüsse/-beschränkungen (»Disclaimer«), mit denen einer solchen Haftung entgegengetreten werden soll. Unabhängig von der Frage der rechtlichen Würdigung und damit einhergehenden Wirkung solcher »Disclaimer« im Einzelfall, vermögen diese in jedem Fall keine Wirkung im gewünschten Sinne zu erzielen, falls und soweit vorsätzlich falsche Angaben in das Offering Memorandum oder ähnliche Dokumente aufgenommen wurden, § 276 Abs. 3 BGB.

---

5 Vgl. grundlegend dazu Palandt/*Grüneberg* § 311 Rn. 60 ff. m.w.N.

3. Vertiefte Kontaktaufnahme und erster Informationsaustausch/NDA

Entschließen sich die Parteien nach einer ersten Kontaktaufnahme und einem möglicher- 33
weise bereits erfolgten ersten Informationsaustausch dazu, der Transaktion näher zu treten, hat es sich in der Praxis als üblich erwiesen, dass zwischen beiden Seiten eine Vertraulichkeitsvereinbarung, ein sog. Non Disclosure Agreement (NDA), vereinbart wird. Mit einer solchen Vertraulichkeitsvereinbarung soll dem Bedürfnis der Verkäuferseite, nicht selten aber auch der Erwerberseite, Rechnung getragen werden, dass der zur weiteren Durchführung der Transaktion erforderliche Informationsaustausch geheim bleibt bzw. nur ein begrenzter Personenkreis Zugang zu diesen Informationen erhält. Nicht selten wird eine Geheimhaltungsvereinbarung auch schon zu einem sehr frühen Zeitpunkt, beispielsweise schon vor einem ersten Informationsaustausch, geschlossen.

Die konkrete inhaltliche Ausgestaltung eines NDA ist in der Praxis unterschiedlich und 34
variiert entsprechend den sich aus Sicht der Parteien im jeweiligen Einzelfall ergebenden Bedürfnissen. Folgende Regelungsbereiche werden jedoch regelmäßig bei der Gestaltung eines NDA in Betracht zu ziehen sein:
- sachlicher Anwendungsbereich bzw. Definition der vertraulichen Informationen,
- Einschränkungen des sachlichen Anwendungsbereichs bzw. Exkludierung bestimmter Informationen (z.B. aufgrund von Vorbekanntheit),
- persönlicher Anwendungsbereich bzw. Bezeichnung der Personen, an die vertrauliche Informationen weiter gegeben werden dürfen,
- mögliche Extension der Geheimhaltungsverpflichtung bzw. Weitergabemöglichkeiten der Informationen an Dritte (Berater, Mitarbeiter, Gesellschafter, etc.), z.B. durch Verpflichtung, solche Dritten entsprechend dem NDA zu verpflichten,
- Regelungen zum Verwendungszweck der vertraulichen Informationen bzw. entsprechende Eingrenzungen, technisch-organisatorische Sicherstellung der Geheimhaltung (z.B. besondere Anforderungen bei digitalen Dokumenten und elektronischer Kommunikation),
- Inhalt der Verschwiegenheitsverpflichtung und von Verwertungsverboten,
- Vertragsstrafeversprechen,
- Geltungsdauer der Vereinbarung (z.B. Koppelung an bestimmte zeitliche Fixpunkte, sog. Milestones),
- Fortgeltung bestimmter Regelungen auch nach Beendigung der Vereinbarung,
- Verpflichtungen bei Beendigung der Vereinbarung (Rückgabe, Vernichtung überlassener Dokumente und Daten sowie von entsprechenden Aufzeichnungen/Kopien davon),
- wechselseitige Kontrollrechte bezüglich der Einhaltung der Vereinbarung sowie Kostenregelungen für solche Kontrollen,
- etwaige (gemeinsame) Kommunikation nach außen,
- Schriftformklausel,
- Rechtswahl/Gerichtsstandsvereinbarung und
- salvatorische Klausel.

Schuldhafte Verstöße gegen die so übernommenen Verpflichtungen, die auch im Rah- 35
men einer weitere Regelungsbereiche umfassenden Vereinbarung getroffen werden können (siehe nachfolgend unter Rdn. 39 ff.), führen grundsätzlich zu entsprechenden Schadensersatzansprüchen des jeweils anderen Teils gemäß § 280 BGB. Da es im Hinblick auf die erfolgreiche Durchsetzung eines solchen Anspruchs dem Anspruchssteller regelmäßig ganz erhebliche Schwierigkeiten bereiten wird, den Eintritt eines konkreten Schadens und auch seine Höhe zu beweisen, dürfte sich – zumindest aus Sicht der in der Regel erheblich mehr betroffenen Verkäuferseite – die Vereinbarung einer Vertragsstrafe sehr empfehlen. Nicht selten wird gerade dieser Punkt bei Verhandlungen über

ein NDA aber sehr kontrovers diskutiert, sieht die davon mehr betroffene Partei darin doch regelmäßig eine nicht gerechtfertigte, einseitige Abweichung von der gesetzlichen Lage zu ihren Lasten.

36 ▶ **Beispiel für ein NDA:**

»PRÄAMBEL:

Die Geschäftsanteile der Ziel-GmbH liegen zu einhundert Prozent bei der ... AG. Der Erwerbsinteressent hat gegenüber der ... AG sein Interesse an einem vollständigen oder teilweisen Erwerb dieser Geschäftsanteile bekundet. Im Rahmen entsprechender Gespräche haben sich die ... AG und der Erwerbsinteressent dabei zur Konkretisierung des weiteren Vorgehens darauf verständigt, dem Erwerbsinteressenten detailliertere Informationen in Bezug auf die Ziel-GmbH zukommen zu lassen.

Dem Erwerbsinteressent sollen nunmehr – über die bereits erteilten Informationen hinausgehend – weitere, nähere Informationen über die Ziel-GmbH zur Verfügung gestellt werden, dies insbesondere durch Einsichtnahme in geschäftliche Unterlagen der Ziel-GmbH.

Die Parteien sind sich darüber einig, dass der Erwerbsinteressent aufgrund dieser ihm zur Verfügung zu stellenden, weiteren Informationen einen sehr weitgehenden Einblick in die gegenwärtigen und die geplanten rechtlichen, wirtschaftlichen und sonstigen Verhältnisse der Ziel-GmbH und damit auch Einblick in betriebliches Know-How und Geschäftsgeheimnisse der Ziel-GmbH erhält, die für letztere teilweise von existenzieller Bedeutung sind.

Vor diesem Hintergrund treffen die Parteien folgende Vereinbarungen:

1. Der Erwerbsinteressent wird die ihm bereits zugegangenen und/oder noch zugehenden Informationen ausschließlich zu dem Zweck verwenden, um zu prüfen, ob und ggf. zu welchen Konditionen er eine Beteiligung an der Ziel-GmbH erwerben will. Eine Verwendung und/oder Verwertung der genannten Informationen – gleichgültig ob entgeltlich oder unentgeltlich – zu anderen Zwecken, gleich welcher Art, insbesondere für einen Erwerb durch Dritte, wird er unterlassen.

2. Der Erwerbsinteressent wird insbesondere alle vertraulichen Informationen (vgl. Ziff. 3.) über die jetzigen und die geplanten rechtlichen, wirtschaftlichen und sonstigen Verhältnisse der Ziel-GmbH gegenüber nicht berechtigten Personen geheim halten.

3. Vertraulich sind alle Informationen, die der Erwerbsinteressent direkt und/oder indirekt von der ... AG und/oder der Ziel-GmbH und/oder Mitarbeitern vorgenannter Gesellschaften und/oder deren Vertretern/Beauftragten/Beratern (insbes. Rechtsanwälte, Steuerberater, Wirtschaftsprüfer), gleichgültig in welcher Form, erhalten hat oder die der Erwerbsinteressent unter Verwendung von erhaltenen, vertraulichen Informationen erarbeitet hat. Ausgenommen sind solche Informationen, die im Zeitpunkt der Unterzeichnung dieser Vereinbarung öffentlich bekannt sind oder anschließend ohne Mitwirkung des Erwerbsinteressenten öffentlich bekannt werden. Als öffentlich bekannt gelten insbesondere Informationen, die aus veröffentlichten Geschäftsberichten der ... AG ersichtlich sind.

4. Berechtigt zur Entgegennahme und Bearbeitung der vertraulichen Informationen ist nur ein begrenzter Kreis von natürlichen Personen. Dies sind ausschließlich die Personen, die der Erwerbsinteressent in der *Anlage* zu dieser Vereinbarung aufgeführt hat.

5. Um die Geheimhaltung zu sichern, wird der Erwerbsinteressent sämtliche schriftlichen Unterlagen über oder mit Informationen in Bezug auf die jetzigen – oder geplanten – rechtlichen, wirtschaftlichen oder sonstigen Verhältnisse der Ziel-GmbH nur in der Art und Weise dokumentieren, bearbeiten, auswerten oder auf-

bewahren, dass eine Einsichtnahme Dritter ausgeschlossen ist. Eine Versendung derartiger Unterlagen per E-Mail und/oder in sonstiger elektronischer Form ist nicht zulässig, falls die ... AG dem nicht ausdrücklich schriftlich oder in Textform (§ 126b BGB) im Einzelfall zugestimmt hat.
6. Um die Geheimhaltung zu sichern, wird der Erwerbsinteressent darüber hinaus per EDV festgehaltene Daten über die Ziel-GmbH (insbesondere z.B. Kundendaten) nur auf einer EDV-Anlage dokumentieren, bearbeiten, auswerten oder aufbewahren, die entweder nicht mit anderen EDV-Anlagen des Erwerbsinteressenten und/oder seiner Berater vernetzt ist oder von anderen EDV-Anlagen und/oder vom Zugang von außen mit Hilfe eines dem Stand der Technik entsprechenden Firewall-Systems abgetrennt ist und das nach ... – alternativ nach ... – zertifiziert ist. In jedem Fall muss garantiert sein, dass die Daten ausschließlich dem Personenkreis gemäß Ziff. 4 zugänglich sind.
7. Um diese Geheimhaltungsvereinbarung zu sichern, wird der Erwerbsinteressent ferner mit allen, die für ihn im Rahmen des hier vertragsgegenständlichen Erwerbsvorhabens tätig sind, Geheimhaltungs- und Nichtverwendungsvereinbarungen abschließen, die mit dieser Vereinbarung – soweit wie möglich – identisch sind. Ausgenommen von dieser Verpflichtung sind die Organe des Erwerbsinteressenten und dessen Arbeitnehmer sowie ferner die vom Erwerbsinteressenten beauftragten Berater, soweit sie gesetzlich zur Berufsverschwiegenheit verpflichtet sind (z.B. Rechtsanwälte, Wirtschaftsprüfer und Steuerberater).
8. Der Erwerbsinteressent wird außerdem dafür Sorge tragen, dass alle sonstigen zumutbaren und geeigneten Vorsichtsmaßnahmen ergriffen werden, um die hier vereinbarte Geheimhaltung und das entsprechend vereinbarte Verwendungs- und Verwertungsverbot sicherzustellen.
9. Der Erwerbsinteressent wird im Zuge der Durchführung dieser Vereinbarung auf Seiten der ... AG und/oder der Ziel-GmbH ausschließlich mit den Personen kommunizieren, die ihm von der ... AG schriftlich oder in Textform (§ 126b BGB) als Ansprechpartner genannt worden sind.
10. Die Ziel-GmbH oder die ... AG sind bei Vorliegen eines hinreichenden Verdachts berechtigt, mit Hilfe von gesetzlich zur Verschwiegenheit verpflichteten Personen (z.B. Rechtsanwalt, Steuerberater, Wirtschaftsprüfer) zu überprüfen, ob der Erwerbsinteressent die hier vereinbarten Verpflichtungen einhält, und der Erwerbsinteressent ist dazu verpflichtet, solche Überprüfungen zu ermöglichen. Der Erwerbsinteressent ist ferner dazu verpflichtet, die Kosten der beauftragten Personen der ... AG oder der Ziel-GmbH zu erstatten, falls anlässlich der Überprüfung festgestellt wird, dass der Erwerbsinteressent seine Pflichten aus dieser Vereinbarung verletzt hat.
11. Hat der Erwerbsinteressent sein entsprechendes Interesse aufgegeben oder hat ein anderer Erwerbsinteressent den Zuschlag erhalten, wird der Erwerbsinteressent sämtliche Unterlagen und/oder Informationen, die ihm von der ... AG und/oder der Ziel-GmbH zugegangen sind, sowie sämtliche Unterlagen, die er selbst unter Verwendung der von der ... AG und/oder der Ziel-GmbH erhaltenen Unterlagen/Informationen gefertigt hat, sowie sämtliche hiervon jeweils gefertigten Kopien unverzüglich an denjenigen, von dem er die Unterlagen/Informationen erhalten hat, aushändigen und nicht aushändigungsfähige Informationen, insbesondere gespeicherte Daten, vernichten. Auf Verlangen der ... AG und/oder der Ziel-GmbH wird er die vollständige Vernichtung der Unterlagen/Informationen und/oder Daten schriftlich versichern und nach Wahl der ... AG und/oder der Ziel-GmbH zusätzlich von seinem Wirtschaftsprüfer bestätigen lassen.

12. Änderungen und Ergänzungen dieser Vereinbarung bedürfen der Schriftform. Das Gleiche gilt für eine Änderung dieser Schriftformklausel. Mündliche Nebenabreden sind nicht getroffen. Es gilt deutsches Recht. Gerichtsstand ist ....
13. Sollten gegenwärtige oder zukünftige Bestimmungen dieser Vereinbarung ganz oder teilweise nicht wirksam oder nicht durchführbar sein oder werden, so wird hierdurch die Gültigkeit der übrigen Bestimmungen dieser Vereinbarung nicht berührt. Das Gleiche gilt, soweit sich herausstellen sollte, dass diese Vereinbarung eine Lücke enthält. Anstelle der unwirksamen oder undurchführbaren Bestimmungen soll eine angemessene Regelung gelten, die, soweit rechtlich zulässig, dem am nächsten kommt, was die Vertragsschließenden gewollt haben. Zur Ausfüllung der Lücke soll diejenige angemessene Regelung gelten, die die Vertragsschließenden nach dem Sinn und Zweck dieser Vereinbarung vereinbart hätten, sofern sie die Lücke bei Abschluss dieser Vereinbarung bedacht hätten.«

37 Handelt es sich um eine internationale Trankaktion, wird eine Vertraulichkeitsvereinbarung – ebenso wie die weiteren Vereinbarungen auch – in der Regel in Englisch verfasst.

38 ▶ **Beispiel für eine Vertraulichkeitsvereinbarung in Englisch:**

»CONFIDENTIALITY AGREEMENT
This Agreement is made by and between (1) ... (the »Recipient«) and (2) ... (the »Seller«)
Preamble
In connection with the evaluation of a possible transaction (the »Transaction«) between the Recipient and the Seller, the Recipient has obtained or is interested in obtaining in whatever form, whether oral in discussions, meetings or negotiations, written or electronic, certain confidential, proprietary information regarding ... (the »Target Company«) including without limitation, information, opinions, forecasts, analyses, compilations, studies or proposals of whatever nature concerning, inter alia, the business, financial condition, operations, assets and liabilities (the »Confidential Information«).
The parties intend by this Agreement to protect the secrecy of the Confidential Information which has been or will be disclosed to the Recipient in connection with said evaluation.
NOW THEREFORE, it is agreed as follows:
1. The Recipient agrees that the Confidential Information shall be held strictly confidential by it, and shall not be used by it except for the purpose of evaluating a possible Transaction as contemplated by this Agreement. The Recipient shall not disclose the Confidential Information to third parties without the prior written consent of the Seller.
2. The Recipient shall disclose Confidential Information solely on a strict need to know basis and only to those of its directors, employees, affiliates, representatives, acquisition finance bankers or advisors (the »Personnel«) who for the performance of the evaluation of the Transaction have a need to know the Confidential Information. All such Personnel shall be similarly bound by the obligations in this Agreement, and the Recipient shall advise all such Personnel of the confidentiality obligations imposed by this Agreement, especially the duty to use the Confidential Information only for the purpose of evaluating a possible participation in the Transaction, before disclosing to them any such Confidential Information. In any case the Recipient shall be responsible for any breach of this Agreement by any of such Personnel.
The Recipient further agrees that it will take reasonable precautions which are no less stringent than it would take regarding its own confidential information to prevent the unauthorised disclosure of the Confidential Information and to exclude unauthorised personnel, visitors or any other third party from access to Confidential Information.

The Recipient undertakes that he and his Personnel will not make any contact with the directors, officers, employees, sales agents/distributors, consultants, sub-contractors, intermediaries, customers of the Target Company in connection with the transaction, but will channel all contacts through … or such individuals who will be identified by the Seller to the Recipient in the course of the Transaction.

3. The obligations of strict confidentiality, non-disclosure and non-use shall not apply to information:
    a) upon which disclosure by the Recipient the Seller has given prior written consent;
    b) which is at the time of disclosure or becomes generally available to the public domain other than as a result of a breach of any confidentiality obligation under this Agreement;
    c) which was available to the Recipient on a non-confidential basis prior to its disclosure to the Recipient or its Personnel;
    d) which becomes available to the Recipient on a non-confidential basis from a third party, provided such third party is not bound by a confidentiality agreement with the Seller or the Target Company; or
    e) which the Recipient is requested or required by law or pursuant to any requirement of any governmental, official or regulatory authority to disclose, provided that the Recipient shall immediately, if possible in advance, provide notice of such fact to the Seller.
4. The Confidential Information shall remain the property of the Target Company and its disclosure shall not confer on the Recipient any rights over the Confidential Information whatsoever beyond those contained in this Agreement.

    The Recipient undertakes, upon written request, to return to the Seller, or destroy and confirm such destruction in writing, all written material transmitted to the Recipient or its Personnel under this Agreement, including any and all data electronically transmitted or stored, as well as any copy of all or parts thereof in the possession of the Recipient. In addition, Recipient will destroy all material, memoranda, notes, copies, excerpts and other writings or recordings whatsoever (in whatever format maintained) prepared by Recipient or its Personnel based upon, containing or otherwise reflecting any Confidential Information. The Recipient shall, however, be entitled to keep copies of such compilations and/or analysis it has generated based on the Confidential Information for its records, subject to the confidentiality provisions set forth herein. Termination or expiration of this Agreement shall not relieve the Recipient of its obligations hereunder.
5. Neither the holding of the discussions, meetings or negotiations contemplated hereby nor the disclosure of any Confidential Information hereunder shall obligate either party to enter into any Transaction or business relationship.
6. The obligations of strict confidentiality, non-disclosure and non-use set forth herein shall continue for a period of two years from the date hereof, unless otherwise agreed by the parties in written form.
7. Both parties agree to keep strictly confidential the conclusion and contents of this Agreement, the fact that Confidential Information has been and will be made available by the Seller to the Recipient, as well as the taking place and the contents of any discussions, meetings and negotiations relating to the contemplated Transaction, unless otherwise agreed by the parties in written form.
8. This Agreement comprises the full and complete agreement of the parties with respect to Confidential Information. It shall not be superseded, amended or modified except by written agreement between the parties. This also applies to the waiver of the requirement of written form.

9. In the event that any provision contained in the Agreement is held by a court to be invalid, illegal or unenforceable, such invalidity, illegality or unenforceability shall not affect the remaining provisions of this Agreement, and the Agreement shall be construed as if the invalid, illegal or unenforceable provision had not been contained herein.
10. This Agreement is governed by and construed in accordance with the laws of the Federal Republic of Germany. Any controversy arising out of or related to this Agreement shall be decided before a German court located in .... The relevant proceedings shall be held in the German language.
IN WITNESS WHEREOF, the parties have caused this Confidentiality Agreement to be executed by their duly authorised representatives.«

4. Vertragliche Konkretisierungen der weiteren Transaktion

39 Gehört der Abschluss eines NDA im Vorfeld eines Unternehmenskaufs heute fast schon zum »Standard« einer Regelung für den vorvertraglichen Bereich, so gibt es eine weitere Vielzahl von Vereinbarungen, wie sie in der Praxis zwischen den potenziellen Parteien des Unternehmenskaufs vereinbart werden können. Regelmäßig handelt es sich dabei um Vereinbarungen, die aus entsprechenden Vertragstypen des anglo-amerikanischen Rechtskreises abgeleitet werden und die dann im jeweiligen Einzelfall auf ihren rechtlichen Bedeutungsgehalt nach – bei entsprechender Anwendbarkeit – deutschem Recht zu untersuchen sind. Exemplarisch sind hier insbesondere folgende Vereinbarungen zu nennen:

a) Letter of Intent (LOI)

40 Unter einem Letter of Intent wird eine schriftliche »Absichtserklärung« verstanden, wie sie entweder einseitig durch eine Partei abgegeben oder aber zweiseitig zwischen den Parteien als Vertrag vereinbart wird. Die Rechtsfigur des Letter of Intent stammt aus dem anglo-amerikanischen Rechtskreis und dient bei Transaktionen dazu, die ernsthafte Absicht zu dokumentieren, auf der Grundlage bereits erzielter Verhandlungsergebnisse eine Unternehmensübernahme abschließen und durchführen zu wollen.[6] Durch eine solche Erklärung der Erwerberseite (z.B. in Briefform) oder eine entsprechende Vereinbarung beider Parteien soll eine Vertrauensgrundlage für den Fortgang der Verhandlungen geschaffen werden.

41 Typischerweise beinhaltet ein LOI folgendes:
- Dokumentation der bisherigen Verhandlungen und der dabei erzielten (Zwischen-)Ergebnisse,
- Strukturierung und Planung des weiteren Ablaufs der geplanten Transaktion und Festlegung der »Timeline« (ggf. in Gestalt eines Milestones-Plans),
- Bekräftigung des Interesses der Käuferseite an einem Erwerb unter Angabe bestimmter Rahmenbedingungen,
- Exklusivität der Verhandlungen,
- Vereinbarung zur Durchführung einer Due Diligence (vgl. dazu nachfolgend Rdn. 72 ff.),
- Gremienvorbehalte,
- Vertragsdauer/Ablösung durch nachfolgende Vereinbarungen,
- Rechtsfolgen der Nicht-Einhaltung, rechtliche Verbindlichkeit der Regelungen,
- Abbruch der Verhandlungen,
- anwendbares Recht,
- Gerichtsstand- bzw. Schiedsvereinbarung und
- salvatorische Klausel.

---

6 Vgl. Hettler/Stratz/Hörtnagl/*Böx* § 1 Rn. 161 m.w.N.

Da das deutsche Recht das Rechtsinstitut des Letter of Intent nicht kennt und dementsprechend keine spezifischen gesetzlichen (Rechtsfolgen-)Regelungen dazu existieren, hat es sich in der Praxis durchgesetzt, dass durch den einseitig Erklärenden – bzw. im Falle eines zweiseitigen Vertrages die Parteien – Regelungen dazu getroffen werden, welche konkreten Rechtsfolgen durch den LOI ausgelöst werden. Letzteres betrifft primär die Frage, wie verbindlich der LOI sein soll. Insoweit kommt es stets auf die konkrete Ausgestaltung im Einzelfall an. Dabei ist davon auszugehen, dass durch den LOI in jedem Fall ein vorvertragliches Schuldverhältnis i.S.d. § 311 Abs. 2 BGB (c.i.c.) dokumentiert bzw. statuiert wird, so dass sich entsprechende Schadensersatzansprüche aus §§ 280 Abs. 1, 241 Abs. 2 BGB ergeben können. Vor diesem Hintergrund finden sich in der Praxis grundsätzlich Regelungen dazu, ob und inwieweit einzelne Bestimmungen des LOI rechtlich verbindlich sein sollen oder nicht. Die »Spannweite« der Regelungen kann hierbei, je nach Einzelfall, reichen von der bewusst als unverbindlich gekennzeichneten Absichtserklärung bis hin zur bindenden Vorvertragsregelung, wonach z.B. eine Verpflichtung zum Erwerb unter bestimmten Voraussetzungen besteht. **42**

Im Interesse aller Beteiligten sollten in einem LOI klare Regelungen getroffen werden, insbesondere zu den Rechtsfolgen. Dabei wird die Erwerberseite es naturgemäß stets bevorzugen, hier einen möglichst geringen Grad an rechtlicher Verbindlichkeit einzugehen. Ungeachtet dieser Frage der rechtlichen Verbindlichkeit sollte jedoch auch die (verhandlungs-)psychologische Bedeutung eines LOI für den weiteren Verlauf der Transaktion nicht verkannt werden. Dies gilt insbesondere im Hinblick auf die bislang erzielten und darin festgehaltenen Verhandlungsergebnisse. Sind diese erst einmal in einem LOI fixiert, fällt es den Parteien naturgemäß schwer oder zumindest schwerer, von diesen (Zwischen-)Ergebnissen im weiteren Verlauf der Verhandlungen wieder abzurücken, falls und soweit sich die Ausgangssituation für die skizzierten Rahmenbedingungen im Übrigen als unverändert darstellt. **43**

Nicht selten ausdrücklich geregelt wird in einem LOI auch die Frage eines Abbruchs der Verhandlungen, also insbesondere ob und unter welchen Voraussetzungen eine entsprechende Freiheit für die Parteien besteht bzw. Verstöße dagegen unter welchen Voraussetzungen mit welchen Folgen sanktioniert sind, so z.B. durch Vereinbarung einer Vertragsstrafe für den – grundlosen – Abbruch der Verhandlungen (»Breakup-Fee«). Regelungen zu den konkreten Voraussetzungen und Folgen eines Verhandlungsabbruchs empfehlen sich im Hinblick darauf, dass prinzipiell vom Grundsatz der Kontrahierungsfreiheit auszugehen ist, wonach es den Parteien grundsätzlich unbenommen ist, Vertragsverhandlungen jederzeit abzubrechen. Gleiches gilt auch im Hinblick auf die Regelung des § 154 Abs. 2 BGB, wonach selbst konkretere Inhalte eines LOI grundsätzlich keine Bindungswirkung entfalten, sondern erst eine entsprechende Vereinbarung (ggf. in notariell beurkundeter Form) zustande gekommen sein muss. Andererseits schwebt über jedem LOI das »Damoklesschwert« einer etwaigen c.i.c.-Haftung der die Vertragsverhandlungen abbrechenden Partei, die sich daraus ergeben kann, dass eine Partei durch ihr Verhalten, welches u.a. auch im LOI zum Ausdruck gebracht worden ist, ein ernsthaftes Vertrauen des Verhandlungspartners auf das Zustandekommen des beabsichtigten Vertrages geschaffen hat.[7] **44**

Über die oben genannten Inhalte hinaus sehen LOI in der Praxis nicht selten Regelungen zur Exklusivität der Verhandlungen der Parteien vor (dazu nachfolgend unter Rdn. 54 ff.) oder inkludieren auch (weitere) Geheimhaltungsvereinbarungen oder Elemente davon, falls und soweit diese Fragen nicht bereits in einer gesonderten Vereinbarung (NDA, siehe oben unter Rdn. 33 ff.) geregelt wurden. **45**

---

7 Vgl. BGH NJW 1996, 1884.

46 ▶ **Beispiel für einen ausführlichen – und teilweise rechtlich bindenden – LOI:**

»PRÄAMBEL:
Die ... oder eine ihrer Tochtergesellschaften (nachfolgend auch »potentielle Käufer« genannt) beabsichtigen, von ... (nachfolgend auch »potentielle Verkäufer« genannt) die Ziel-GmbH, eingetragen in das Handelsregister des AG ... unter HR B ... (nachfolgend »Gesellschaft« genannt) und ihren Geschäftsbetrieb zu kaufen.
Vor diesem Hintergrund und zum Zwecke der Strukturierung des weiteren Vorgehens vereinbaren die Parteien dazu folgendes:

§ 1 Beabsichtigter Anteilskauf und beabsichtigter Kaufpreis

Die potentiellen Käufer beabsichtigen, alle Anteile der potentiellen Verkäufer an der Gesellschaft zu erwerben, so dass die potentiellen Käufer diese zu hundert Prozent halten.
Unter Nichtberücksichtigung aller den potentiellen Käufern derzeit unbekannten Faktoren, die für die Kaufpreisentscheidung von wesentlicher Bedeutung sind, beträgt der Kaufpreis € ...(in Worten Euro ...), zahlbar in bar nach Abschluss der Transaktion auf die Bankkonten der potentiellen Verkäufer.
Geplanter wirtschaftlicher Übertragungsstichtag soll der ... sein.
Der vorgenannte Kaufpreis beruht dabei auf folgenden Annahmen: ...
Das Closing (Übertragung der Anteile und Zahlung des Kaufpreises) erfolgt unverzüglich nach Erhalt der fusionsrechtlichen Genehmigung durch das Bundeskartellamt.

§ 2 Zugang zu Informationen (Due Diligence)

Die potentiellen Käufer werden eine Due Diligence Prüfung bezogen auf das Geschäft der Gesellschaft durchführen. Die potentiellen Verkäufer werden dafür Sorge tragen, dass für die Due Diligence den potentiellen Käufern bzw. deren beauftragten Beratern ein Prüfungsraum bei der ... zur Verfügung gestellt wird und dass Fragen der potentiellen Käufer bzw. deren Berater im Verlaufe der Due Diligence in angemessenem Umfang beantwortet werden. Der Umfang der den potentiellen Käufern bzw. deren Beratern zur Verfügung zu stellenden Informationen bzw. Unterlagen ergibt sich abschließend aus der »Checkliste Due Diligence« gemäß *Anlage* zu dieser Vereinbarung. Die potentiellen Käufer bzw. deren Berater haben das Recht zu Folgefragen, die sich aus den Unterlagen ergeben, die nach Anlage zur Verfügung gestellt worden sind, soweit es sachlich angemessen ist. Die Due Diligence Prüfung umfasst, ist aber nicht beschränkt auf, die Prüfung des/der rechtlichen, betriebswirtschaftlichen und steuerlichen Umfeldes bzw. Situation der Gesellschaft.
Herr ... und Herr ... werden im Rahmen der Due Diligence Prüfung eine Vollständigkeitserklärung abgeben, dass die zur Verfügung gestellten Unterlagen der Wahrheit entsprechen und die wesentlichen Grundlagen der Gesellschaft wiedergeben.
Nach positivem Verlauf der Due Diligence erklären die potentiellen Käufer schriftlich, dass sie die Anteile übernehmen wollen und dass keine Gründe vorliegen, die zu einem Rücktritt vom Anteilskauf führen könnten, um eine gemeinsame Vertrauensbasis für die Vollendung der Transaktion für beide Parteien zu schaffen. Diese Erklärung wird in einer Weise erfolgen, die noch zwischen den Parteien zu vereinbaren ist, aber auf jeden Fall rechtlich verbindlich ist.

§ 3 Bedingungen

Der Kaufvertrag wird unter den Bedingungen abgeschlossen, dass
(i) der Vorstand und der Aufsichtsrat der potentiellen Käufer dem Abschluss des Kaufvertrages zustimmen. Dabei versichern die potentiellen Käufer schon jetzt, dass eine grundsätzliche Zustimmung von Vorstand und Aufsichtsrat (auch bezogen auf den Kaufpreis) bereits vorliegt;
(ii) keine wesentlichen Veränderungen im Geschäft oder der Finanzlage der Gesellschaft zwischen dem letzten testierten Jahresabschluss und dem geplanten Übertragungsstichtag eingetreten sind;
(iii) alle erforderlichen Genehmigungen, die für die Übertragung der Anteile erforderlich sind, erteilt sind;
(iv) die Genehmigung des Zusammenschlusses durch das Bundeskartellamt erteilt wurde.

§ 4 Garantien und Schadensersatz

Im Anteilskaufvertrag werden die potentiellen Verkäufer Garantien bezogen auf die verkauften Geschäftsanteile im üblichen Umfang abgeben. Bei Verletzung der Garantien werden die potentiellen

B. Unternehmenskauf im Medienbereich

Verkäufer den potentiellen Käufern Schadensersatz leisten. Die Verpflichtung zum Schadensersatz besteht jedoch nur dann, wenn der Schaden insgesamt höher als die Freigrenze von € ... (in Worten Euro ...) ist.

Bis zum rechtlichen Übertragungsstichtag werden die potentiellen Verkäufer dafür Sorge tragen, dass die Geschäfte der Gesellschaft wie die eines ordentlichen Kaufmannes im gewöhnlichen Geschäftsverkehr geführt werden. Vor der Vornahme außerordentlicher Geschäfte verpflichten sich die potentiellen Verkäufer, sich mit den potentiellen Käufern abzustimmen.

§ 5 Kunden und Mitarbeiter

Die potentiellen Käufer verpflichten sich, vor der Beurkundung des Anteilskaufvertrages weder Kunden noch Mitarbeiter der Gesellschaft persönlich, telefonisch, schriftlich oder in Textform selbst oder durch Dritte anzusprechen, es sei denn, dies wird ausdrücklich und schriftlich im Einzelfall von den potentiellen Verkäufern gestattet.

§ 6 Kosten und Haftungsausschluss

Unbeschadet etwaiger anderer Regelungen trägt jede Partei ihre eigenen Kosten und Auslagen, einschließlich die ihrer jeweiligen Berater, Steuerberater, Wirtschaftsprüfer, Rechtsanwälte, insbesondere auch solche Kosten, die im Zusammenhang mit den Vertragsverhandlungen, der Due Diligence Prüfung und der Ausarbeitung der Vertragsentwürfe entstanden sind. Dies gilt auch dann, wenn kein Kaufvertrag unterzeichnet wird. Für den Fall des Abschlusses des Kaufvertrages tragen die potentiellen Käufer die Kosten für das Fusionskontrollverfahren (inkl. der von ihnen mit der Vertretung beauftragten Rechtsanwälte) vor dem Bundeskartellamt und die Notarkosten allein. Die Auswahl des Notars obliegt den potentiellen Käufern.

Unbeschadet etwaiger anderer Regelungen ist keine Partei berechtigt, die jeweils andere Partei für Schäden, Kosten oder Auslagen in Anspruch zu nehmen, wenn diese Partei die Vertragsverhandlungen, gleich aus welchem Grund, abbricht.

§ 7 Vertraulichkeitsvereinbarung

[...] (siehe oben unter Rdn. 33 ff. die Beispiele eines NDA unter Rdn. 36 f. und Rdn. 38)

§ 8 Schwebezeit

Die potentiellen Verkäufer verpflichten sich in dem Zeitraum zwischen Unterzeichnung dieser Vereinbarung und dem Closing nach besten Kräften und im Rahmen ihrer Möglichkeiten sicherzustellen, dass der beabsichtige Verkauf der Geschäftsanteile die Geschäfte der Gesellschaft und die Einstellung und den Einsatz der Belegschaft nicht nachteilig beeinflussen.

Die potentiellen Verkäufer verpflichten sich weiterhin, im Zeitraum vom heutigen Tage bis zum Abbruch der Vertragsverhandlungen keine Vertragsverhandlungen betreffend des Verkaufs ihrer Anteile an der Gesellschaft oder den Verkauf des Unternehmens oder Teilen davon mit Dritten zu führen. Zuvor bereits begonnene Gespräche werden für die Dauer dieser Verhandlungen mit den potentiellen Käufern ausgesetzt. Sollten die Vertragsverhandlungen mit den potentiellen Käufern scheitern, sind die potentiellen Verkäufer frei, ruhende Gespräche mit anderen Interessenten wieder fortzuführen oder aufzunehmen. Die Gespräche zwischen den potentiellen Verkäufern und den potentiellen Käufern gelten dann als gescheitert, sobald eine der vorgenannten Parteien sie schriftlich als gescheitert oder schriftlich den Abbruch der Verhandlungen erklärt.

§ 9 Abweichende Vereinbarungen

Diese Vereinbarung beinhaltet alle wesentlichen Absprachen und Vereinbarungen zwischen den Parteien und ersetzt alle vorangegangenen Vereinbarungen, soweit in diesen etwas anderes vereinbart ist.

§ 10 Umsetzungszeitpunkt, Rechtswahl und rechtliche Bindung

Die Parteien arbeiten darauf hin, die Beurkundung des Kaufvertrages bis zum ... vorzunehmen.

Dieser Letter of Intent behält bis zum Scheitern der Verhandlungen, gleich durch welche Partei, Gültigkeit.

Diese Vereinbarung unterliegt dem Recht der Bundesrepublik Deutschland unter Ausschluss des UN-Kaufrechts (CISG) und des deutschen Internationalen Privatrechts. Für den Fall von Streitigkeiten

zwischen den Parteien im Zusammenhang mit dieser Vereinbarung vereinbaren die Parteien ... als ausschließlichen Gerichtsstand.
Mit der Unterschrift unter diesen Letter of Intent erkennen die potentiellen Käufer und die potentiellen Verkäufer an, dass sie an die Vereinbarungen in den § 5 bis einschließlich § 10 rechtlich gebunden sind. Hingegen handelt es sich bei den Vereinbarungen in den § 1 bis einschließlich § 4 nur um erklärte Absichten der Parteien, die für den weiteren Gang des Vorhabens und die weiteren Verhandlungen maßgebend sein sollen, an die die Parteien rechtlich jedoch nicht gebunden sind.«

b) Punktuation/Memorandum of Understanding (MOU)

47 Ähnlich dem Letter of Intent sind auch Bedeutung und Regelungsgehalt einer sog. Punktuation. Darunter wird die Fixierung einzelner Punkte eines intendierten Vertrages durch die Parteien verstanden. Sie enthält grundsätzlich (noch) keinen Rechtsbindungswillen.[8]

48 Anstelle des deutschen Begriffs der Punktuation wird im vorliegenden Zusammenhang jedoch wesentlich häufiger der englischsprachige Begriff des »Memorandum of Understanding« (MOU) verwendet. Teilweise werden in der Praxis auch die Begriffe »Termsheet«, »Instructions to proceed«, »Heads of Agreement« oder »Heads of Terms« gebraucht.

49 Unabhängig von der Überschrift über ein solches Dokument kommt es auch hier – ebenso wie beim LOI – entscheidend auf die konkret getroffenen Regelungen an, da sämtliche oben genannten Begriffe keine ausdrückliche Regelung nach deutschem Recht erfahren haben.

50 Entsprechend den Begrifflichkeiten selbst und ihrem Einsatz in der Praxis ist einer Punktuation bzw. einem »Memorandum of Understanding« tendenziell eine höhere Bindungswirkung beizumessen als einem Letter of Intent.

51 Zum Gegenstand haben Memoranden of Understanding etc. regelmäßig mehr oder weniger verbindliche Festlegungen bestimmter Eckpunkte der Transaktion nach dem bis dahin erzielten Verhandlungsstand. In Abgrenzung zum Letter of Intent wird bei einem Memorandum of Understanding oftmals ein höherer Konkretisierungsgrad festzustellen sein. Auch Punkte, die später konkret zum Gegenstand des Erwerbsvertrages gemacht werden, können bereits Regelungsgegenstand sein.

52 Vor diesem Hintergrund empfiehlt es sich daher dringend, auch in einem Memorandum of Understanding deutlich zu regeln, ob und inwieweit einzelne Punkte rechtsverbindlich sein sollen oder nicht.

53 Ferner werden in einem Memorandum of Understanding oftmals auch konkretere Absprachen zur weiteren Strukturierung und Aufgabenverteilung der geplanten Transaktion getroffen (»Instructions to proceed«), denen regelmäßig Rechtsverbindlichkeit zukommt. So können durch die Parteien beispielsweise konkrete Verpflichtungen zur Beibringung bestimmter Unterlagen, weiterer Informationen, etc. oder aber auch zur Erstellung erster Vertragsentwürfe übernommen werden.

c) Exklusivitätsvereinbarungen

54 Nicht selten ist es für eine oder beide Parteien wünschenswert, für einen gewissen Zeitraum ausschließlich mit der anderen Partei zu verhandeln. Meist wird es der potenzielle Käufer sein, der exklusiv verhandeln möchte, um als einziger seine Erwerbsinteressen bestmöglich zu wahren. Möglich ist aber auch, dass der Verkäufer z.B. aus Geheimhaltungsgründen vorzugsweise nur mit einem potenziellen Käufer verhandeln möchte.

---

8 Vgl. Bamberger/*Roth* § 145 BGB Rn. 20 ff.

Je nach Konstellation im Einzelfall vereinbaren die Parteien dann entweder in einer 55
gesonderten Exklusivitätsvereinbarung, regelmäßig jedoch eher als Bestandteil eines Letter of Intent (siehe oben dazu das Beispiel unter Rdn. 46) oder eines Memorandum of Understanding, eine entsprechende Exklusivität, d.h. die Verpflichtung der Parteien oder auch nur einer Partei, während des vereinbarten Zeitraums exklusiv miteinander zu verhandeln.

Verstöße gegen eine solche Exklusivitätsverpflichtung stellen eine gemäß § 280 BGB zum 56
Schadensersatz führende Pflichtverletzung dar. Auch hier ist jedoch zu beachten, dass sich für den Anspruchssteller in der Praxis regelmäßig nicht unerhebliche Probleme beim Schadensnachweis stellen, so dass auch insoweit die Vereinbarung eines Vertragsstrafeversprechens oft erwägenswert sein wird.

d) Vorvertrag und Optionsvereinbarungen

Während bei den bisher dargestellten Vorvereinbarungen stets genau geprüft werden 57
muss, wie rechtsverbindlich sie sind, falls und soweit nicht ausdrücklich konkrete Verpflichtungen übernommen oder Regelungen zur Verbindlichkeit und etwaigen Rechtsfolgen getroffen wurden, begründen der Vorvertrag oder die Optionsvereinbarung konkrete Rechte und Pflichten der vertragsschließenden Parteien.

Da eine Rechtsverbindlichkeit je nach Stadium der Verhandlungen auch oftmals durch 58
die Parteien, jedoch zumindest durch eine Seite, regelmäßig (noch) nicht intendiert ist, und erfolgreiche Verhandlungen regelmäßig auch unter hohem Zeitdruck zu den endgültigen Verträgen führen (sollen), finden sich Vorverträge und Optionsvereinbarungen in der Praxis wesentlich seltener, als die zwischenzeitlich schon fast als üblich anzusehenden Erklärungen/Vereinbarungen eines Letter of Intent und/oder Memorandum of Understanding, die bereits in einem sehr frühen Stadium abgeschlossen werden können.

aa) Vorvertrag

Der Vorvertrag, der nach deutschem Recht bislang keine konkrete gesetzliche Regelung 59
erfahren hat, regelt die Verpflichtung der Parteien zum Abschluss des Hauptvertrages. Der Abschluss eines Vorvertrages setzt voraus, dass sich die Parteien über alle wesentlichen Inhalte des Hauptvertrages geeinigt haben. Nicht zuletzt an diesem Punkt dürfte der Abschluss eines »echten« Vorvertrages in der Praxis häufig scheitern. Hinzu kommt, dass der Vorvertrag regelmäßig der gleichen Form wie der Hauptvertrag bedarf. Ist eine notarielle Beurkundung erforderlich,[9] entstehen folglich entsprechende Mehrkosten, die je nach Transaktionswert erheblich sein können und von daher durch die Parteien regelmäßig vermieden werden wollen.

Haben die Parteien aber einen wirksamen Vorvertrag geschlossen, d.h. eine Einigung 60
bezüglich der gegenseitigen Hauptleistungspflichten gefunden und auch die ggf. erforderliche Form gewahrt, weigert sich jedoch eine Seite, den Hauptvertrag abzuschließen, kann die andere Seite sodann auf Abschluss des Hauptvertrages klagen. In concreto bedeutet dies die Klage auf Annahme eines vom Kläger zu unterbreitenden Vertragsangebotes, wobei der Klageantrag grundsätzlich den gesamten Vertragsinhalt umfassen muss. Soweit nicht essenzielle Punkte im Vorvertrag noch nicht geregelt wurden, hat eine Bestimmung ggf. gemäß §§ 315, 316 BGB zu erfolgen. Diese Klage kann zugleich auch mit der Klage auf die nach dem Hauptvertrag geschuldete Leistung verbunden werden.[10] Ein sodann ergehendes Urteil hat die Wirkung gemäß § 894 ZPO.

---

9 Vgl. §§ 2, 15 GmbHG, wobei auch § 311b Abs. 1 BGB zu beachten ist.
10 Vgl. Hettler/Stratz/Hörtnagl/*Böx* § 1 Rn. 186 unter Hinweis auf insoweit einschlägige Rechtsprechung des BGH.

bb) Option

61 Unter einer Option versteht man das durch schuldrechtlichen Vertrag begründete Recht einer Partei, durch einseitige Erklärung einen Erwerb von der anderen Partei herbeiführen zu können. Im Transaktionsbereich wird zwischen einer Option zugunsten des Käufers (sog. Call-Option) und einer Option zugunsten des Verkäufers (sog. Put-Option) unterschieden. Optionsverträge sind bis heute nicht eigenständig gesetzlich geregelt.

62 Vereinbart werden Optionsrechte regelmäßig dadurch,
- dass die Vertragsparteien entweder einen aufschiebend bedingten Vertrag schließen, bei dem die Erklärung der Ausübung der Option durch den Berechtigten zum Bedingungseintritt führt, oder dadurch
- dass eine Partei ein verbindliches, unwiderrufliches Kauf-/Verkaufsangebot unterbreitet, welches dann binnen einer regelmäßig vereinbarten Frist von der anderen Partei angenommen werden kann.

63 Bei der Wahl zwischen diesen beiden Varianten ist zu bedenken, dass nur bei der ersten Variante (Abschluss eines aufschiebend bedingten Vertrages) der Optionsausübungsberechtigte gemäß § 161 BGB während der Schwebezeit vor gegen die Optionsvereinbarung verstoßenden Verfügungen des Verpflichteten geschützt ist. Dies gilt insbesondere im Hinblick darauf, dass der Gutglaubenschutz des Dritten gemäß § 161 Abs. 3 BGB bei Forderungen und Beteiligungsrechten nicht greift.[11]

64 Zu beachten ist ferner, dass für eine Optionsvereinbarung grundsätzlich die gleichen Formvorschriften wie auch für den Hauptvertrag gelten, also insbesondere auch etwaig bestehende Verpflichtungen zur notariellen Beurkundung. Hinsichtlich der Ausübung der Option durch den Optionsberechtigten gilt diese Verpflichtung zur Einhaltung der Form des Hauptvertrages nur dann, falls die Option so ausgestaltet worden ist, dass das verbindliche Angebot durch die andere Partei (nur) noch der Erklärung der Annahme bedarf. Wurde hingegen die erste Variante gewählt, wonach die Optionsausübungserklärung durch den Berechtigten zum vereinbarten Bedingungseintritt führt, bedarf die Optionsausübungserklärung nicht der Form des Hauptvertrages.[12]

5. Haftung während der vorvertraglichen Phasen

65 Entsprechend vorstehenden Ausführungen zu den verschiedenen vorvertraglichen Phasen und ihrer üblichen Ausgestaltung durch die genannten Vereinbarungen richtet sich die Haftung der Beteiligten grundsätzlich nach dem Inhalt dieser Vereinbarungen und der daraus resultierenden rechtlichen Würdigung. Regelmäßig wird mithin darauf abzustellen sein, ob und inwieweit in den Erklärungen und Vereinbarungen der Parteien ein Rechtsbindungswille zum Ausdruck gebracht wurde, so dass die Verletzung etwaig übernommener Verpflichtungen gemäß § 280 BGB entsprechende Schadensersatzverpflichtungen auslöst.

66 Sofern und soweit keine solchen – konkreten – Verpflichtungen mit entsprechendem Rechtsbindungswillen eingegangen oder Rechtsfolgenregelungen durch die Parteien getroffen wurden, verbleibt es bei der allgemeinen Haftung der Parteien aus einer Verletzung ihrer Pflichten im Rahmen eines vorvertraglichen Schuldverhältnisses gemäß § 311 Abs. 2 BGB (c.i.c.). Entsprechend haftungsauslösend können folglich Verletzungen von Schutz-, Obhuts-, Aufklärungs- und sonstigen Treuepflichten der Parteien wirken.

---

11 Vgl. Hettler/Stratz/Hörtnagl/*Böx* § 1 Rn. 178 unter Hinweis auf die Ausnahmen bei Inhaberaktien (§ 135 Abs. 2 BGB) und bei Namensaktien (§ 68 AktG).
12 Vgl. Palandt/*Heinrichs* Einf. vor § 145 Rn. 23 m.w.N.

B. Unternehmenskauf im Medienbereich

Zu beachten ist dabei, dass Aufklärungs- und Informationspflichten des Verkäufers auch 67
trotz einer vom Käufer durchgeführten Due Diligence (dazu nachfolgend unter Rdn. 72)
bestehen können. Mitteilungspflichtig sind grundsätzlich solche Umstände, die die Vertragszwecke des Käufers vereiteln können und daher für seinen Entschluss von wesentlicher Bedeutung sind, sofern ihre Mitteilung nach der Verkehrsauffassung erwartet werden konnte. Dabei gilt im Hinblick auf die wirtschaftliche Tragweite des hier in Frage stehenden Geschäfts und die regelmäßig erschwerte Bewertung des Kaufobjekts durch den Kaufinteressenten beim Unternehmenskauf grundsätzlich eine gesteigerte Aufklärungs- und Informationspflicht des Verkäufers, die auch eine möglicherweise vorhandene Sachkunde des Käufers nicht ausgleichen kann.[13] Solche Hinweis- und Aufklärungspflichten wurden beispielsweise durch die Rechtsprechung – uneingeschränkt – bei einer Zahlungsunfähigkeit oder drohenden Überschuldung des Zielunternehmens angenommen.[14] Die Rechtsfolgen einer c.i.c. ergeben sich auch im vorliegenden Zusammenhang aus den diesbezüglich geltenden allgemeinen Haftungsgrundsätzen, d.h. regelmäßig wird danach durch den Verletzer insbesondere der Vertrauensschaden des Verletzten zu ersetzen sein.[15]

Besondere Bedeutung hat in diesem Zusammenhang die Frage, ob und inwieweit ein ein- 68
seitiger Abbruch der Vertragsverhandlungen durch eine Partei eine Haftung aus c.i.c.
auszulösen vermag. Dabei ist dem Grundsatz nach davon auszugehen, dass die Parteien
auch während des gesamten Verhandlungsstadiums autonom darüber entscheiden können, ob sie sich zum Abschluss eines Vertrages entschließen oder nicht bzw. die Verhandlungen auch schon frühzeitig zuvor abbrechen. Grundsätzlich können Vertragsverhandlungen auch ohne nähere Begründung auch dann noch abgebrochen werden, wenn schon längere und ernsthafte Verhandlungen geführt worden sind. Aus einem Abbruch allein können keinerlei Schadensersatzansprüche wegen Verschuldens bei Vertragsverhandlungen erwachsen.[16] Ungeachtet dieser Abschlussfreiheit, wie sie auch im weiteren Verlaufe der Verhandlungen grundsätzlich fortbesteht, sieht die Rechtsprechung den Abbruch von Vertragsverhandlungen lediglich ausnahmsweise dann als c.i.c. an, wenn ein Abbruch ohne einen triftigen Grund erfolgt, d.h. aus einem auf sachfremden Erwägungen beruhenden Grund, nachdem die abbrechende Partei zuvor in zurechenbarer Weise das Vertrauen der anderen Partei auf das Zustandekommen des Vertrages geweckt hat.[17]

Dies gilt also für den Fall, dass eine Partei ohne jeden Grund die Vertragsverhandlungen 69
abbricht, obwohl durch ihre Äußerungen und ihr Gesamtverhalten der anderen Partei
der Eindruck vermittelt wurde, dass von einem Zustandekommen des Vertrags mit
Sicherheit auszugehen ist.[18] Gleiches gilt beispielsweise für den Fall, dass Vertragsverhandlungen durch eine Partei abgebrochen werden, die nur scheinbar ernsthaft verhandelt hatte, d.h. tatsächlich zu keinem Zeitpunkt abschlussbereit oder abschlussfähig war.[19]

Dabei ist ebenfalls stets zu beachten, dass im Anwendungsbereich von Formvorschriften, 70
die vor vorzeitigen und übereilten Vertragsschlüssen schützen sollen, also insbesondere
den Vorschriften, die eine Pflicht zur notariellen Beurkundung statuieren, Vertragsverhandlungen auch noch zu einem sehr späten Verhandlungszeitpunkt grundsätzlich ohne
sachlichen Grund abgebrochen werden können, ohne dass ein solcher Abbruch Schadensersatzansprüche unter dem Gesichtspunkt der c.i.c. auslöst, wenn nicht auch gerade

---

13 Vgl. *Knott/Mielke* Rn. 169 unter Hinweis auf BGH NJW 2001, 2163, 2164.
14 Vgl. BGH ZIP 2002, 853; BGH ZIP 2003, 1399, 1402.
15 Vgl. grundlegend dazu *Beisel/Klumpp* Kap. 1 Rn. 49 ff.; Palandt/*Grüneberg* § 311 Rn. 55 ff.
16 Vgl. *Beisel/Klumpp* Kap. 1 Rn. 47 m.w.N.
17 Vgl. Palandt/*Grüneberg* § 311 Rn. 30 ff. m.w.N.
18 Vgl. BGHZ 92, 164, 175.
19 Vgl. BGH NJW 1984, 867; BAG NJW 1963, 1843.

die Einhaltung der Form vom geweckten Vertrauen umfasst war.[20] Im Anwendungsbereich solcher Formvorschriften wird der grundlose Abbruch von Vertragsverhandlungen daher regelmäßig nur dann haftungsbegründend wirken, wenn es sich um besonders schwere und grundsätzlich auch vorsätzliche Verstöße gegen solche vorvertraglichen Pflichten handelt.[21] In derartigen Konstellationen wird daneben oftmals auch von einem deliktischen Verhalten auszugehen sein, welches dann zugleich nicht selten auch unter § 826 BGB subsumierbar sein dürfte.

71 Soweit nicht bereits im Einzelnen vertraglich geregelt, wie dies in der Praxis regelmäßig der Fall sein wird, stellt ferner der Missbrauch der im Rahmen der Verhandlungen gewonnenen Informationen und Kenntnisse grundsätzlich einen Verstoß gegen die Pflichten dar, wie sie aus dem rechtsgeschäftsähnlichen Schuldverhältnis gemäß § 311 Abs. 2 BGB resultieren und löst mithin entsprechende Schadensersatzansprüche aus. Gleiches gilt für eine Ausnutzung der Vertragsverhandlungssituation durch gezielte Abwerbungsversuche in den Kreisen der Mitarbeiter oder des Managements des Zielunternehmens.[22] Auch insoweit wird dann regelmäßig eine Haftung aus c.i.c. greifen.

V. Due Diligence als wichtigste Vorstufe zum Abschluss des Kaufvertrags

72 Die sog. Due Diligence stellt in der Praxis des Unternehmenskaufs heute ein zentrales Element der vorvertraglichen Phasen dar. Der Begriff der Due Diligence bedeutet die umfassende Prüfung der Beschaffenheit des zukünftigen Kaufgegenstandes, durch die dem Prüfenden ein entsprechender Überblick über alle unternehmensrelevanten Bereiche verschafft werden soll. Regelmäßig wird eine Due Diligence vom potenziellen Käufer durchgeführt, dem sie insbesondere eine Grundlage für die Kaufpreisbestimmung (»Pricing«) vermitteln soll. Ausnahmsweise wird sie auch vom Verkäufer durchgeführt (»Vendor Due Diligence«),[23] der damit für potentielle Erwerbsinteressenten eine Grundlage für die Erwerbsverhandlungen schafft.

73 Der Begriff der Due Diligence stammt aus dem anglo-amerikanischen Rechtskreis. Er lässt sich in etwa übersetzen als »gebührende Sorgfalt«. Nach den Regelungen im anglo-amerikanischen Rechtskreis ist es grundsätzlich Sache des Käufers, die Beschaffenheit des Kaufgegenstandes zu überprüfen. Falls und soweit er dabei nicht die »gebührende Sorgfalt« walten lässt, geht dies sodann zu seinen Lasten,[24] so dass für ihn ein faktischer Zwang dazu besteht, den Kaufgegenstand entsprechend sorgfältig zu überprüfen.

74 Ungeachtet des Umstandes, dass sich insoweit die Rechtslage nach deutschem Recht nicht unerheblich anders darstellt, ist die Durchführung einer Due Diligence durch den Käufer im Rahmen eines Unternehmenserwerbs heute in der Praxis die Regel und als üblich bzw. zum »Standard« gehörend anzusehen, wenngleich es (noch) nicht der h.M. entspricht, die Durchführung einer Due Diligence vor dem Erwerb eines Unternehmens als für den Käufer obligatorische Verpflichtung anzusehen.[25]

75 Aus Sicht beider Parteien besitzt in diesem Zusammenhang die Regelung des § 442 BGB eine besondere Relevanz. Sie ist daher gerade auch bei den späteren Vertragsverhandlungen nicht selten ein heftig umstrittener Punkt. Nach § 442 Abs. 1 Satz 1 BGB sind Mängelansprüche des Käufers ausgeschlossen, wenn er vom Mangel bei Vertragsschluss posi-

---

20 Vgl. Palandt/*Grüneberg* § 311 Rn. 31 m.w.N.; *Gehrlein* MDR 1998, 445 ff.
21 Vgl. BGH NJW 1996, 1884; Palandt/*Grüneberg* § 311 Rn. 31 m.w.N.
22 Vgl. BGH NJW 1961, 1308.
23 Vgl. Hettler/Stratz/Hörtnagl/*Stratz/Klug* § 2 Rn. 16 m.w.N.
24 Vgl. *Knott/Mielke* Rn. 24 m.w.N.
25 Vgl. *Beisel/Klumpp* Kap. 2 Rn. 9 mit einer Darstellung des Streitstandes.

tive Kenntnis hat. Führt der potenzielle Käufer keine Due Diligence durch und kennt mithin einen etwaigen Mangel nicht, sind danach seine diesbezüglichen Mängelansprüche auch nicht ausgeschlossen. Allerdings schränkt § 442 Abs. 1 Satz 2 BGB Mängelansprüche des Käufers ein, falls ihm der Mangel infolge grober Fahrlässigkeit unbekannt geblieben ist und der Verkäufer den Mangel nicht arglistig verschwiegen oder eine Beschaffenheitsgarantie übernommen hat. Erachtet man die Durchführung einer Due Diligence vor dem Unternehmenserwerb als mittlerweile üblichen »Standard« oder sieht sie als Handelsbrauch (§ 346 HGB) bzw. als »Verkehrssitte« an, spricht vieles dafür, die Nichtdurchführung einer Due Diligence vor dem Erwerb des Unternehmens als »grob fahrlässig« i.S.d. § 442 Abs. 1 Satz 2 BGB anzusehen.[26] Wenngleich diese Frage weiterhin umstritten und – soweit ersichtlich – durch die höchstrichterliche Rechtsprechung noch nicht entschieden wurde, ist das Risiko der Nichtdurchführung einer Due Diligence vor Erwerb des Unternehmens im Hinblick auf § 442 Abs. 1 Satz 1 BGB als jedenfalls nicht unerheblich einzustufen.

Ungeachtet dessen wird sich in der Praxis auf Käuferseite auch aus einer Vielzahl von anderen Erwägungen regelmäßig der Bedarf zur Durchführung einer Due Diligence vor dem Erwerb des Unternehmens ergeben, dient die Due Diligence doch letztendlich dazu, das erhebliche Informationsdefizit der Käuferseite gegenüber dem Verkäufer auszugleichen bzw. zumindest zu reduzieren. Für den weiteren Fortgang der Transaktion sind diese Informationen erforderlich, da der potenzielle Käufer nur so erkennen kann, ob eine Fortsetzung der Verhandlungen etc. für ihn sinnvoll ist oder nicht. Nur die Durchführung einer Due Diligence liefert ihm regelmäßig die Fakten, die er dazu benötigt, den Wert und das Risiko der geplanten Transaktion zu ermitteln. 76

1. Grundsätzliche Bereiche und Ablauf einer Due Diligence

Die Due Diligence dient dazu, dem potenziellen Käufer einen umfassenden Überblick über das Zielunternehmen zu verschaffen. Dieser Überblick soll sich dabei grundsätzlich auf alle Bereiche erstrecken, die für den geplanten Erwerb von Bedeutung sind. Je nach Art und Tätigkeitsbereich des Zielunternehmens können mithin verschiedene Bereiche – möglicherweise auch mit unterschiedlicher Intensität – zum Gegenstand der Prüfung gemacht werden. 77

Die konkreten Prüfungen werden dabei regelmäßig durch entsprechende Experten für die jeweiligen Bereiche durchgeführt. Häufig werden dies – aus Sicht des erwerbenden Unternehmens schon aus Haftungsgründen – externe Berater sein. Teilweise werden auch eigene Mitarbeiter des am Erwerb interessierten Unternehmens hinzugezogen, so insbesondere zur Beurteilung der branchenspezifischen Aspekte des operativen Bereichs und der Frage der sich ergebenden Synergiemöglichkeiten, etc. 78

Regelmäßige Schwerpunkte der Prüfung des Zielunternehmens im Rahmen einer Due Diligence bilden dabei die folgenden Bereiche: 79

Gegenstand der **Financial Due Diligence** ist die umfassende Prüfung der wirtschaftlichen und finanziellen Grundlagen des zu erwerbenden Unternehmens. Ziel der Financial Due Diligence ist es, die wirtschaftliche/finanzielle Lage des Zielunternehmens zu dokumentieren, so dass insbesondere unter diesem Aspekt die ökonomische Sinnhaftigkeit des Erwerbs überprüft werden kann. Im Fokus der Prüfung stehen dabei regelmäßig die Ertragslage und -prognose, die Liquiditäts- sowie die Vermögenslage des Zielunternehmens. Insbesondere diese Faktoren sind stets von essentieller Bedeutung für die spätere

---

26 Vgl. *Berens/Brauner/Strauch* S. 112; *Böttcher* ZGS 2007, 20, 22 ff.; a.A. *Müller* NJW 2004, 2196 ff.; *Beisel/Klumpp* Kap. 2 Rn. 11; *Holzapfel/Pöllath* Rn. 802, 48 ff.

Kaufpreisbestimmung. Durchgeführt wird eine Financial Due Diligence in der Regel durch Wirtschaftsprüfer und/oder Steuerberater.

Bei der **Tax Due Diligence** werden die bestehenden und zukünftigen steuerlichen Verhältnisse der Zielgesellschaft untersucht. Sie wird regelmäßig von Wirtschaftsprüfern und/oder Steuerberatern durchgeführt. Diese Prüfung ähnelt sehr stark einer Betriebsprüfung durch die Finanzverwaltung, so dass sich der potenzielle Erwerber insbesondere auch einen Überblick darüber verschaffen kann, welche gegenwärtigen steuerlichen Verbindlichkeiten und Risiken in der Zielgesellschaft bestehen bzw. zukünftig entstehen werden. Zugleich soll dabei auch herausgefunden werden, ob und inwieweit steuerliche Optimierungsmöglichkeiten beim Zielunternehmen bestehen. Ferner wird überprüft, wie sich die geplante Transaktion für den Käufer steuerlich optimal strukturieren lässt.

Die **Legal Due Diligence** dient dazu, dem Erwerber einen umfassenden Überblick über die rechtlichen Rahmenbedingungen des Zielunternehmens zu verschaffen. Dabei werden u.a. zunächst die rechtlichen Strukturen des Zielunternehmens (d.h. insbesondere die gesellschaftsrechtlichen Verhältnisse) aufgezeigt, das öffentlich-rechtliche Umfeld beleuchtet (z.B. im Hinblick auf staatliche Genehmigungen, etc.) und zumindest die wichtigsten Verträge des Zielunternehmens (z.B. Lieferanten, Kunden, etc.) analysiert. Mit der Legal Due Diligence wird primär der Zweck verfolgt, dem Erwerbsinteressenten die Risiken aufzuzeigen, wie sie sich aus den verschiedensten Rechtsbeziehungen des Zielunternehmens ergeben können. Ferner dient die Legal Due Diligence auch dazu, die rechtlichen Möglichkeiten und Erfordernisse der konkreten rechtlichen Gestaltung der geplanten Transaktion aufzuzeigen. Daher wird sie grundsätzlich von den anwaltlichen Beratern des den Erwerb planenden Unternehmens durchgeführt.

80 Bei dieser Prüfung wird – ebenso wie auch bei den anderen Due Diligence-Prüfungen – regelmäßig anhand von Checklisten vorgegangen, die auf den spezifischen Einzelfall angepasst werden, so insbesondere im Hinblick auf die Besonderheiten, die sich für die entsprechende Branche des Zielunternehmens ergeben.

81 Neben den vorgenannten drei »klassischen« Bereichen der Due Diligence kommen des Weiteren auch noch weitere Prüfungsbereiche in Betracht:

Von besonderer Bedeutung für den potenziellen Erwerber kann es beispielsweise sein, sich ein umfassendes Bild über die Personalsituation des Zielunternehmens zu verschaffen. Dazu dient die **Human Resources** (»HR«) **Due Diligence**, die sich zum einen mit der arbeitsrechtlichen Situation (status quo) des Zielunternehmens (d.h. sowohl individualarbeitsrechtlich als auch kollektiv-arbeitsrechtlich) befasst, zum anderen aber oft auch auf eine grundsätzliche Analyse der personellen Strukturen (Führungsstruktur, Schlüsselpositionen, etc.) gerichtet ist. Sie kann auch dazu dienen, die arbeitsrechtlichen Implikationen der geplanten Transaktion herauszuarbeiten bzw. Hinweise zur optimierten Gestaltung der Transaktion unter arbeitsrechtlichen Gesichtspunkten zu liefern. Wird keine solche – eigenständige – Human Resources-Due Diligence durchgeführt, so wird der rein arbeitsrechtliche Befund regelmäßig als Teil der Legel Due Diligence erhoben.

Mit der **Commercial Due Diligence** wird der Zweck verfolgt, solche Bereiche zu prüfen, die nicht Gegenstand der Financial Due Diligence im engeren Sinne sind. Dazu gehören insbesondere die Analyse des Marktes und der Marktposition des Zielunternehmens sowie das Herausarbeiten etwaiger Synergiemöglichkeiten und sonstiger wirtschaftlicher Vorteile der Transaktion, wie sie sich nicht unmittelbar aus den reinen Finanzdaten ergeben. Teilweise werden diese Prüfungspunkte in der Praxis im Rahmen der Financial Due Diligence bearbeitet.

B. Unternehmenskauf im Medienbereich

Je nach Art und Branche des Zielunternehmens kann sich die Notwendigkeit einer **Technical Due Diligence** ergeben, bei der die im Zielunternehmen genutzten Technologien, Produktionsmittel und -prozesse einer Prüfung unterzogen werden. Dies kann zum einen die damit verbundenen primär wirtschaftlichen Fragen (mögliche Synergieeffekte, Investitionserfordernisse, etc.) betreffen, jedoch können hierbei teilweise auch rechtliche Aspekte tangiert werden, so z.B. im Hinblick auf gewerbliche Schutzrechte (Patente, Gebrauchsmuster, etc.), die regelmäßig bereits auch schon Gegenstand der Legal Due Diligence sind. Je nach Einzelfall kommt hierbei auch eine Dokumentation der technischen Kommunikationsstruktur des Zielunternehmens in Betracht

82

Nur ausnahmsweise in Betracht zu ziehen sein wird eine **Environmental Due Diligence**, also die besondere Prüfung der umwelt(-rechtlichen) Lage des Zielunternehmens. Regelmäßig durchzuführen ist sie, wenn das Zielunternehmen in einem »riskanten« Bereich tätig ist oder sich Risiken aus der Belegenheit der Betriebsstätten des Zielunternehmens ergeben können (z.B. durch Altlasten). Sie kommt aber auch im Hinblick auf die Einhaltung gesetzlicher oder unternehmensintern gesetzter Standards zu Umweltschutz, Energieeffizienz, etc. in Betracht, sofern eine solche Prüfung nicht möglicherweise schon im Rahmen der Technical Due Diligence mit durchgeführt wird.

83

In praktischer Hinsicht wird eine Due Diligence in den verschiedenen Bereichen regelmäßig so durchgeführt, dass von den jeweiligen Beratern des Erwerbers in den für sie relevanten Bereichen Anforderungslisten der benötigten Informationen und Unterlagen (so genannte »Due Diligence Request List«) erstellt und dem Veräußerer zum Zwecke der Beschaffung dieser Informationen/Unterlagen ausgehändigt werden.[27]

84

Im Medienbereich können bei der Prüfung eines Zielunternehmens, dessen wesentlichen Wert beispielsweise Filmlizenzverträge ausmachen, so u.a. folgende Informationen im Rahmen der Legal Due Diligence Request List abgefragt werden:

85

▶ **Beispiel für eine Legal Due Diligence Request List in Bezug auf Filmrechte und -materialien und sonstige gewerbliche Schutzrechte:**

»1. Aufstellung aller von der Zielgesellschaft erworbenen und/oder veräußerten urheberrechtlichen Nutzungs-, Leistungsschutz- und sonstigen Rechte bzgl. Filmwerken (im Folgenden »Filmnutzungsrechte«), soweit die Lizenzzeit noch nicht beendet ist und/oder noch nicht zu laufen begonnen hat, getrennt nach Einkauf, Verkauf und Verfügbarkeit (Differenz aus Einkauf und Verkauf) unter Auflistung der Lizenzgebiete, Nutzungsarten, Lizenzzeiten und eventueller Beschränkungen (z.B. bei Senderechten Beschränkung auf eine bestimmte Anzahl von Ausstrahlungen) [eine Auflistung reicht aus].
2. Aufstellung aller Lizenzeinkaufsverträge bis hin zum Produzenten eines Filmwerkes, d.h. der so genannten »Rechtekette«, hinsichtlich der unter Ziff. 1 spezifizierten Filmnutzungsrechte [eine Auflistung reicht aus].
3. Alle von der Zielgesellschaft abgeschlossenen Verträge hinsichtlich der unter Ziff. 1 spezifizierten Filmnutzungsrechte, insbesondere Lizenzeinkaufs- und -verkaufsverträge, Produktionsverträge, Koproduktionsverträge, Mitwirkungsverträge, Vertriebsverträge und Agenturverträge sowie alle Lizenzeinkaufsverträge bis hin zum Produzenten eines Filmwerkes hinsichtlich der unter Ziff. 1 spezifizierten Filmnutzungsrechte (soweit verfügbar) [vollständige Vertragstexte bitte vorlegen].
4. Aufstellung aller Materialien (z.B. Filmbänder, Post-Production Script, Electronic Press Kit und Trailer, Foto- und Pressematerial, Nennungsverpflichtungen, Dialogbuch, FSK- und FSF-Angaben, Musiklisten, etc.) zu Filmwerken, über die die

---

[27] Vgl. das Muster einer solchen Checkliste bei: *Liebs* S. 49 ff.

Zielgesellschaft verfügt (sei es als Eigentümerin, Leihnehmerin, etc.), unter Angabe des Ortes der Lagerung [eine Auflistung reicht aus]; sämtliche Verträge hinsichtlich der Lagerung von Filmmaterialien [vollständige Vertragstexte bitte vorlegen].
5. Aufstellung der zugunsten der Zielgesellschaft und, soweit von der Zielgesellschaft genutzt, zugunsten der Gesellschafter eingetragenen bzw. angemeldeten oder von der Zielgesellschaft genutzten Patente, Gebrauchsmuster, Marken und sonstigen gewerblichen Schutzrechte [eine Auflistung reicht aus]; Aufstellung von der Zielgesellschaft genutzter Patente, Gebrauchsmuster, Marken und sonstiger gewerblicher Schutzrechte, an denen der Zielgesellschaft und/oder deren Gesellschaftern Nutzungsrechte eingeräumt sind [eine Auflistung reicht aus]; im Fall von Arbeitnehmererfindungen Nachweise über Inanspruchnahme und Vergütung [eine Auflistung reicht aus].
6. Lizenzverträge, Entwicklungs- und Zusammenarbeitsverträge betreffend die Einräumung von Nutzungsrechten an Patenten, Gebrauchsmustern, Marken und sonstigen gewerblichen Schutzrechten an die Zielgesellschaft sowie die von der Zielgesellschaft Dritten gewährten Lizenzen zur Nutzung von Patenten, Gebrauchsmustern, Marken und sonstigen gewerblichen Schutzrechten [bitte vollständige Unterlagen vorlegen]; Beschreibung der Pflege der gewerblichen Schutzrechte (Fälligkeitsüberwachung, Bezahlung Jahresgebühr, etc.) [eine Auflistung reicht aus].
7. Bei von Dritten erworbenen Patenten, Gebrauchsmustern, Marken und sonstigen gewerblichen Schutzrechten, Unterlagen über den Erwerb und die Übertragung sowie, bei eintragungsfähigen Schutzrechten, Nachweis der Eintragung und Übertragung in den zuständigen Registern [bitte vollständige Unterlagen vorlegen].
8. Soweit nicht unter Ziff. 1 bis 7 erfasst: Beschreibung des von der Zielgesellschaft genutzten Know-hows und der Urheberrechte unter Angabe, wer Inhaber dieses Know-hows und der Urheberrechte ist [eine Auflistung reicht aus]; Lizenzverträge sowie Entwicklungs- und Zusammenarbeitsverträge hinsichtlich der Nutzung von Know-how und Urheberrechten durch die Zielgesellschaft sowie der von der Zielgesellschaft Dritten eingeräumten Nutzungsrechten an Know-how und Urheberrechten [bitte vollständige Unterlagen vorlegen];
9. Verträge über die Nutzung von Software durch die Zielgesellschaft [bitte vollständige Unterlagen vorlegen]; kurze Beschreibung der von der Zielgesellschaft genutzten Hardware, Betriebssysteme und Anwenderprogramme unter Angabe der Art ihrer Wartung- und Systempflege [eine Auflistung reicht aus];
10. Aufstellung von laufenden und zu erwartenden Angriffen gegen die Rechtsbeständigkeit der unter den Ziff. 1 bis 9 genannten Rechte; Beschreibung des Stands anhängiger Verfahren in Bezug auf die Verletzung der unter den Ziff. 1 bis 9 genannten Rechte der Zielgesellschaft durch Dritte bzw. der Verletzung fremder Rechte im Sinne der Ziff. 1 bis 9 durch die Zielgesellschaft [eine Auflistung reicht aus].«

86 Spätestens zum Zeitpunkt der Erstellung der entsprechenden Anforderungslisten, d.h. in jedem Fall noch vor Zurverfügungstellung dieser Unterlagen bzw. Erteilung der Informationen gegenüber den Beratern, gilt es nochmals, die bislang übernommenen Geheimhaltungsverpflichtungen zu überprüfen bzw. diese den sich dann weiter konkretisierenden Erfordernissen ggf. anzupassen, so beispielsweise im Hinblick auf die konkret mit den Prüfungen befassten Personen.

87 Ferner müssen nunmehr – sofern nicht schon geschehen – die erforderlichen – klaren – Kommunikationsstrukturen geschaffen und den Beteiligten bereit gestellt werden.

Soweit nicht bestimmte Prüfungen im Rahmen der verschiedenen Due Diligences unabdingbar »vor Ort« durchgeführt werden müssen (z.B. Besichtigungen der Technik, etc.), gestalten sich die eigentlichen Prüfungen regelmäßig so, dass der Veräußerer dem Erwerber bzw. seinen Beratern die angeforderten Informationen/Unterlagen entsprechend der Anforderungsliste aufbereitet und präsentiert bzw. angibt, welche Informationen nicht gegeben werden (können). 88

In der überwiegenden Zahl der Transaktionen, jedenfalls solcher mittlerer oder größerer Art, ist es dabei üblich, dass die offenzulegenden Unterlagen und Informationen in einem sog. Datenraum (»**Data Room**«) zusammengetragen und den Beratern der Erwerberseite nur dort zur Einsicht zur Verfügung gestellt werden. Die Einrichtung eines Datenraumes gewährleistet nicht nur größere Geheimhaltung, sondern auch, dass die betrieblichen Abläufe des Zielunternehmens weniger belastet werden. Heute existieren solche Data Rooms oftmals auch nur noch virtuell in dem Sinne, dass die Unterlagen eingescannt und den Beratern und sonstigen Berechtigten über einen gesicherten Internetzugang online zur Verfügung gestellt werden. 89

Für den Umgang mit diesen Informationen/Unterlagen im »Data Room« werden in der Praxis zudem häufig bestimmte Regeln (Data Room Procedures) festgelegt, die die Nutzer einzuhalten haben. So kann beispielsweise Folgendes festgelegt sein: 90
- namentliche Bezeichnung der Zutrittberechtigten,
- Zugangszeiten,
- Freigaben bzw. Verbote bezüglich bestimmter technischer Hilfsmittel,
- Ansprechpartner auf Veräußererseite,
- Anforderungsprocedere für Unterlagen, die sich nicht im Data Room befinden,
- Einschränkungen/Möglichkeiten bezüglich des Kopierens oder des Ausdrucks von Unterlagen,
- Verbote der Entfernung von Dokumenten aus dem Data Room und
- Kontrollmöglichkeiten.

Rechtlich werden diese Regelungen stets als eigene Verpflichtungserklärungen der jeweils betroffenen Personen anzusehen sein. Ein etwaiges Fehlverhalten der prüfenden Berater hat sich der Erwerbsinteressent regelmäßig gemäß § 278 BGB zurechnen zu lassen. 91

▶ **Beispiel der Benutzerrichtlinien für einen Data Room:**[28] 92

»VORBEMERKUNG
Die Sozietät ... (im Weiteren: »Sozietät«), beratend tätig für die ... AG, gibt Ihnen Gelegenheit, im Rahmen einer Due Diligence-Prüfung bestimmte geschäftliche Unterlagen der Ziel-GmbH einzusehen.
Wir weisen darauf hin, dass die in der Vertraulichkeitserklärung zwischen der ... AG und dem Erwerbsinteressenten vom ... vereinbarten Verpflichtungen zur Geheimhaltung aller das Projekt betreffenden Informationen durch Sie strikt zu beachten sind. Insbesondere weisen wir auch darauf hin, dass eine Kontaktaufnahme mit nicht in das Projekt eingebundenen Mitarbeitern der ... AG und/oder der Ziel-GmbH nur nach vorheriger Abstimmung mit den zuständigen Anwälten der Sozietät zulässig ist.
A. ZUTRITT ZUM DATENRAUM
Der Datenraum befindet sich in den Kanzleiräumen der Sozietät in .... Bitte melden Sie sich dort beim Empfang und lassen Sie sich mit Herrn RA ... verbinden.
Sie werden gebeten, der Sozietät spätestens drei Werktage vor dem geplanten Besuch des Datenraums eine Liste aller geplanten Besucher zukommen zu lassen (z.H. der Herrn Rechtsanwälte ... und ...). Die Liste sollte neben den Namen auch die Tätigkeitsbereiche und Funktion der Besucher beinhalten. Jeder Besucher ist der o.g. Ver-

---
28 Vgl. *Liebs* S. 71 f.

traulichkeitsvereinbarung, welche vom Erwerbsinteressenten unterschrieben wurde, unterworfen und erklärt sich mit seinem Zutritt zum Datenraum damit einverstanden. Die Kommunikation per mail ist ausreichend. Die Mail-Adressen lauten: ...@....com und ...@....de.

Die Anzahl der Personen im Datenraum ist auf maximal ... Personen pro Tag beschränkt. Zutritt zum und Verlassen des Datenraums sind durch Unterschrift jeweils zu bestätigen. Der Datenraum ist von ... bis... Uhr und im Übrigen nur nach vorausgegangener Absprache geöffnet.

Der Datenraum wird mit einer Aufsichtsperson der Sozietät besetzt sein. Diese hat die Aufgabe, den Zutritt zum Datenraum und die Einhaltung der in dieser Erklärung festgelegten Richtlinien von allen Besuchern zu überwachen. Die Besucher haben die Anordnungen der Aufsichtsperson einzuhalten. Die Aufsichtsperson kann zu jeder Zeit den Zutritt zum Datenraum verweigern und Besucher auch des Datenraums verweisen.

Alle Besucher sollen den Datenraum und alle dort vorgefundenen Gegenstände und Dokumente pfleglich behandeln und abends aufgeräumt und frei von persönlichen Gegenständen verlassen.

B. INHALT DES DATENRAUMS

Eine Liste aller im Datenraum befindlichen Dokumente (Datenraumindex) wird Ihnen durch die Aufsichtsperson zugänglich gemacht.

Die Unterlagen sind systematisch nach verschiedenen Prüfungsbereichen geordnet und werden in entsprechenden Ordnern zur Verfügung gestellt. Das Umordnen oder das Beschriften von Dokumenten aus den Ordnern ist untersagt.

Es ist nicht gestattet, im Datenraum befindliche Dokumente ohne vorherige Zustimmung der Aufsichtsperson aus diesem zu entfernen, zu kopieren oder zu faxen. Ebenso dürfen Scanner und sonstige optische Geräte im Datenraum nicht verwendet werden. Laptops und Mobiltelefone sind hingegen erlaubt, sofern mit ihnen nicht gegen vorbezeichnete Verbote verstoßen wird. Die Aufsichtsperson wird dies kontrollieren.

Sollten sich im Datenraumindex aufgeführte Dokumente nicht in den Ordnern befinden, ist dies sofort der Aufsichtsperson mitzuteilen.

Weder die ... AG, die Ziel-GmbH noch die Sozietät übernehmen die Verantwortung und Haftung für die Vollständigkeit und Richtigkeit der im Datenraum bereitgestellten Unterlagen. Dies gilt ebenfalls für eventuell ergänzend zur Verfügung gestellte Unterlagen/Informationen.

C. INFORMATIONSWÜNSCHE/FRAGEN

Über die im Datenraum zur Verfügung gestellten Dokumente hinausgehende Informationswünsche bzw. Fragen zu Dokumenten des Datenraums sind auf den dafür vorgesehenen und im Datenraum ausliegenden Formularen zu notieren und der Aufsichtsperson zu übergeben.

Die ... AG, die Ziel-GmbH und/oder die Sozietät übernehmen keinerlei Verpflichtung zur Beantwortung von Fragen und/oder zur Bereitstellung von Dokumenten, die über den Inhalt der Dokumente des Datenraums hinausgehen.

D. VERSCHIEDENES

Getränke und Verpflegung werden den Besuchern des Datenraums gestellt.

Alle Fragen bezüglich dieser Datenraum-Richtlinien sind direkt und ausschließlich an die folgenden Personen zu stellen: Rechtsanwälte ... oder ... (Tel.: ... – Fax: ... – eMail: ...).

Ich/Wir stimme(n) den oben stehenden Datenraum-Richtlinien zu:

..., den ...

_____

(Name des Unterzeichners, Stellung/Vertretungsbefugnis)

_____

(Unterschrift)«

Die im Data Room zur Verfügung gestellten Unterlagen sind regelmäßig systematisiert, 93
d.h. nach Prüfungs- und/oder Rechtsbereichen untergliedert und in einem Datenraum-
Index entsprechend aufgeführt.[29] Ferner verständigen sich Veräußerer- und Erwerberseite
vor der Durchführung der Due Diligence regelmäßig auf einen konkreten Zeitrahmen,
binnen dessen sie durchgeführt werden kann/soll.

Nach Abschluss der Due Diligence fassen die Berater ihre jeweiligen Ergebnisse übli- 94
cherweise in einem mehr oder weniger ausführlichen Bericht (»Due Diligence Report«
bzw. »Due Diligence Memorandum«) schriftlich zusammen.[30] Der Umfang des Due Diligence Reports richtet sich naturgemäß nach der Vereinbarung zwischen dem Käufer und
seinen Beratern. Regelmäßig wird es sich hierbei aufgrund der Aufgabenstellung »Risikoanalyse« mindestens um eine Darstellung der als problematisch erkannten Bereiche
des Zielunternehmens handeln, meist geht der Umfang jedoch weit darüber hinaus, weil
es für den Erwerbsinteressenten – im Falle des Erwerbs – zudem regelmäßig auch sehr
hilfreich ist, eine umfassende Analyse der verschiedenen Bereiche in Form einer Art
Handbuch (»Manual«) über das Zielunternehmen zu erhalten. In der Regel verfügt das
Zielunternehmen selbst nämlich nicht über die entsprechenden Informationen in einer
derart komprimierten Form.

Uneinheitlich ist in der Praxis die Handhabung im Hinblick auf die Frage, ob der durch 95
die Berater der Erwerberseite erstellte Due Diligence Report auch der Veräußererseite
zur Verfügung gestellt, also offenbart wird. Sprechen keine verhandlungstaktischen
Erwägungen dagegen, dürfte es sich regelmäßig als zweckmäßig erweisen, die Inhalte
und Ergebnisse eines Due Diligence Reports zumindest partiell der Veräußererseite zu
offenbaren und mit ihr zu besprechen. Dadurch lassen sich insbesondere auch kritische
Punkte frühzeitig klären, was für den weiteren Gang der Transaktion und der Verhandlungen sehr entlastend sein kann.

2. Gesetzliche Rahmenbedingungen der Informationsgewährung und -beschaffung

Je nach Rechtsform des Zielunternehmens, der dortigen Stellung des Veräußerers und der 96
Rechtsform des Erwerbers werden beide Seiten zu beachten haben, ob und inwieweit die
Möglichkeiten der Informationsgewährung im Rahmen einer Due Diligence einge-
schränkt sind oder eine Verpflichtung zur Informationsbeschaffung im Rahmen der
Durchführung einer Due Diligence besteht.

a) Verkäuferseite

So eindeutig und legitim der Wunsch der Erwerberseite ist, vor dem Erwerb eine Due 97
Diligence durchzuführen, so schwierig kann sich möglicherweise für den Verkäufer die
Lage erweisen, dem Käufer alle die Informationen und Unterlagen zukommen zu lassen,
wie sie typischerweise für eine Due Diligence benötigt werden. Einschränkungen können
sich dabei sowohl aus der Rechtsform der Zielgesellschaft als auch aus der dortigen Stellung des Verkäufers ergeben.

Betreibt der Veräußerer ein einzelkaufmännisches Unternehmen, stellt die Herausgabe 98
der für eine Due Diligence benötigen Informationen und Unterlagen kein Problem dar.
Gleiches gilt, wenn der Veräußerer alleiniger Gesellschafter einer GmbH oder einer

---

29 Vgl. dazu das Muster für einen solchen Datenraum-Index bei: *Liebs* S. 76 ff.
30 Vgl. das Muster eines solchen Due Diligence Reports bei: *Beisel/Klumpp* Kap. 20 Rn. 30 ff.

GmbH & Co. KG ist. Hier unterliegt er bereits aufgrund seiner Stellung keinen rechtlichen Einschränkungen hinsichtlich seiner Disposition über die bezüglich der Zielgesellschaft offen zu legenden Informationen, da Interessen Dritter nicht tangiert sind.

99 Ebenso unproblematisch ist der Fall, dass es sich bei der Zielgesellschaft um eine GmbH oder Personengesellschaft handelt, bei der alle Gesellschafter veräußerungswillig sind. Die Gesellschafter können in diesem Fall einen entsprechenden Beschluss zur Offenlegung der Informationen im Rahmen einer Käufer-Due Diligence fassen und den Geschäftsführer entsprechend zur Offenlegung anweisen. Aus Sicht des (Fremd-)Geschäftsführers einer GmbH ist ein solcher Beschluss auch erforderlich, da ihm anderenfalls der Vorwurf eines Geheimnisverrats gemäß § 85 GmbHG gemacht werden könnte.

100 Findet sich eine verkaufswillige Mehrheit der Gesellschafter einer GmbH, wird gleichfalls ein solcher (einfacher) Mehrheitsbeschluss in der Gesellschafterversammlung zu fassen und regelmäßig auch ausreichend sein, so dass der Geschäftsführer sodann die Informationen aufgrund einer entsprechenden Anweisung der Mehrheit der Gesellschafter gegenüber dem Erwerbsinteressenten regelmäßig offenlegen wird können. Allerdings ist dies im Hinblick auf die Struktur der Informationsbeschaffungsmöglichkeiten für den Gesellschafter einer GmbH nicht unumstritten: Grundsätzlich besteht für den Gesellschafter der GmbH nur die Möglichkeit, sich bzw. seinen Beratern die erforderlichen Informationen über sein Auskunftsrecht gemäß § 51a GmbHG zu verschaffen.

101 Danach verfügt der Gesellschafter einer GmbH gemäß § 51a Abs. 1 GmbHG zwar über ein umfassendes Informationsrecht, sich »über die Angelegenheiten der Gesellschaft« zu unterrichten bzw. auch über das Recht zur »Einsicht der Bücher und Schriften« der Gesellschaft, jedoch finden diese Befugnisse des Gesellschafters ihre Grenze in § 51a Abs. 2 GmbHG. Nach § 51a Abs. 2 GmbHG darf der Geschäftsführer die Erteilung entsprechender Informationen verweigern, falls und soweit die Informationserteilung der Gesellschaft – oder einem mit ihr verbundenen Unternehmen – einen »nicht unerheblichen Nachteil zufügen wird«. Diese Verweigerung bedarf eines entsprechenden Beschlusses der Gesellschafterversammlung (§ 51a Abs. 2 Satz 2 GmbHG). Hierbei ist davon auszugehen, dass die bloße Absicht, den Geschäftsanteil zu veräußern, grundsätzlich noch nicht ausreichen wird, eine entsprechende Einsicht des Gesellschafters zu verweigern.[31] Dazu bedarf es lediglich eines Beschlusses mit einfacher Mehrheit. Die Frage, ob es zur Durchführung einer Due Diligence eines solchen einfachen Mehrheitsbeschlusses bedarf oder ob dazu ein Einstimmigkeitserfordernis besteht oder dazu eine Dreiviertel-Mehrheit oder gar nur eine Mehrheit von 25 % erforderlich ist, ist jedoch dennoch umstritten, wobei sämtliche der vorgenannten Quoren genannt werden.[32] Vor dem genannten Hintergrund der gesetzgeberischen Entscheidung, dass die begehrte Auskunft/Einsichtnahme dem Gesellschafter gemäß § 51a Abs. 2 Satz 2 GmbHG mit einem Beschluss mit einfacher Mehrheit versagt werden kann, dürfte vieles dafür sprechen, eine solche (einfache) Mehrheit auch als erforderlich – und ausreichend – für einen Beschluss über die Durchführung einer Due Diligence anzusehen. Allerdings wird die veräußerungswillige Mehrheit der Gesellschafter aufgrund ihrer gesellschaftsrechtlichen Treuepflicht dabei die berechtigten Geheimhaltungsinteressen der nicht verkaufswilligen Minderheit zu wahren haben.[33]

---

31 Vgl. *Beisel/Klumpp* Kap. 2 Rn. 23.
32 Vgl. dazu die Darstellung des Meinungsstandes bei: *Beisel/Klumpp* Kap. 2 Rn. 23.
33 Vgl. *Ek/von Hoyenberg* S. 29.

102 Ungeachtet der Frage des erforderlichen Quorums für die Durchführung der Due Diligence, muss in jedem Falle beachtet werden, dass auch etwaig gemäß § 51a Abs. 1 GmbHG erteilte Informationen durch die informationsberechtigten Gesellschafter als vertraulich zu behandeln sind und mithin ein Recht zur Auskunftsverweigerung ihnen gegenüber stets dann bestehen wird, falls ein Grund zu der Annahme gegeben ist, dass durch die Informationserteilung im konkreten Fall der Gesellschaft – oder einem mit ihr verbundenen Unternehmen – ein Nachteil zugefügt wird. Dieses Spannungsfeld wird nur durch Abwägung der widerstreitenden Interessen im jeweiligen Einzelfall aufgelöst werden können, wobei dann auch zu berücksichtigen sein wird, dass eine strikte Verweigerungshaltung der nicht veräußerungswilligen Mitgesellschafter aufgrund der zwischenzeitlich in der Praxis bestehenden Üblichkeit der Durchführung einer Due Diligence zu einem faktischen Veräußerungsverbot führen kann.[34] Die Interessentenseite wird nämlich nur höchst selten dazu bereit sein, eine Beteiligung ohne die vorherige Durchführung einer Due Diligence zu erwerben.

103 Ebenso problematisch kann sich die Frage der Informationserteilung für eine Due Diligence bei einer Aktiengesellschaft als Zielgesellschaft darstellen. Der einzelne Gesellschafter – sprich Aktionär – hat bei der AG kein § 51a GmbHG vergleichbares Informationsrecht, sondern lediglich den ihm in der Hauptversammlung zustehenden Auskunftsanspruch gemäß § 131 Abs. 1 AktG. Dieser ist sodann auch nochmals gemäß § 131 Abs. 3 AktG für viele Bereiche eingeschränkt, die gerade für eine Due Diligence von Interesse sein können.

104 Da der Vorstand der AG gemäß § 93 Abs. 1 Satz 3 AktG zu einem strikten Stillschweigen bezüglich aller Betriebs- und Geschäftsgeheimnisse verpflichtet ist, und keine Möglichkeit der Anweisung des Vorstandes durch Aktionäre besteht, erweist sich die Offenlegung von entsprechenden Informationen im Rahmen einer Due Diligence gegenüber Dritten als entsprechend schwierig. Nach insoweit wohl h.M. ist es dem Vorstand der AG jedoch erlaubt, einem Erwerbsinteressenten jedenfalls dann die Möglichkeit zur Due Diligence einzuräumen, wenn ein entsprechender Beschluss des Vorstandes und des Aufsichtsrates vorliegt und der potenzielle Käufer Geheimhaltungsverpflichtungserklärungen im erforderlichen Umfang abgegeben hat.[35]

105 Eingeschränkt sind die Möglichkeiten zur erforderlichen Informationsbeschaffung für die Durchführung einer Due Diligence des veräußerungswilligen Gesellschafters auch im Falle einer Kommanditgesellschaft als Zielgesellschaft, bei der der Kommanditist grundsätzlich auf sein Informationsrecht gemäß § 166 Abs. 1 HGB beschränkt ist. Darüber hinausgehend wird ihm allerdings nach der h.M. ein eng an § 51a GmbHG angelehntes Informationsrecht zugebilligt.[36]

106 Weitere Einschränkungen bezüglich der Informationserteilung bei Durchführung einer Due Diligence können sich zudem auch aus den Vorschriften zum Datenschutz sowie berufsrechtlichen Regelungen ergeben.[37]

107 Wenn es sich bei der Zielgesellschaft um eine börsennotierte Aktiengesellschaft handelt, sind des Weiteren auch die Regelungen des WpHG zu Insiderinformationen zu beachten. Da nach § 38 WpHG grundsätzlich jede Weitergabe von Insiderinformationen durch einen Insider jedenfalls dann als befugt anzusehen ist, wenn sie »in einem normalen Rahmen in Ausübung seiner Arbeit, seines Berufes oder in Erfüllung seiner Aufgaben«

---

34 Vgl. zu weiteren Einzelheiten *Götze* ZGR 1999, 202 ff.
35 Vgl. *Beisel/Klumpp* Kap. 2 Rn. 24 m.w.N.
36 Vgl. *Beisel/Klumpp* Kap. 2 Rn. 25 m.w.N.
37 Vgl. *Holzapfel/Pöllath* Rn. 17 und 865 ff. m.w.N. Zum Datenschutz insbesondere bei der Due Diligence: *Söbbing* S. 225 ff.

(Art. 3 lit. a) Insiderrichtlinie) erfolgt, wird eine entsprechende Auskunftserteilung bei einer Due Diligence grundsätzlich als zulässig erachtet,[38] jedoch empfiehlt es sich für die handelnden Personen auf Seiten der Zielgesellschaft, sich in jedem Fall durch Abgabe entsprechender Geheimhaltungsverpflichtungen der auf Erwerberseite agierenden Personen abzusichern.

b) Käuferseite

108 Für den Käufer stellt sich die Frage, ob und inwieweit für ihn möglicherweise eine Verpflichtung zur Durchführung einer Due Diligence vor dem Unternehmenserwerb besteht.

109 Während sich eine solche Verpflichtung aus den allgemeinen kaufrechtlichen und kaufmännischen Regelungen nicht ableiten lässt (siehe oben unter Rdn. 74 ff.), kann sich ein »Zwang« zur Durchführung der Due Diligence aus Sicht des Erwerbers insbesondere im Hinblick auf die Pflichten der für ihn agierenden Organe ergeben.

110 Geht man – ungeachtet der gewährleistungsrechtlichen Problematik der Verpflichtung zur Durchführung einer Due Diligence – davon aus, dass die Durchführung einer Due Diligence in der Praxis des Unternehmenskaufs heute, jedenfalls bei mittleren und größeren Transaktionen, durchaus als »üblich« anzusehen ist, wodurch zugleich ein gewisser Sorgfaltsstandard – faktisch – hergestellt wird, dürfte von den auf Erwerberseite agierenden Organen regelmäßig zu verlangen sein, dass sie grundsätzlich dazu verpflichtet sind, vor Erwerb des Zielunternehmens eine Due Diligence durchführen zu lassen, falls sie sich nicht ihrerseits dem Vorwurf ausgesetzt sehen möchten, bei der Erfüllung der ihnen obliegenden Pflichten unsorgfältig agiert zu haben.

111 Gemäß § 93 Abs. 1 Satz 1 AktG hat der Vorstand einer AG bei seiner Geschäftsführung die »Sorgfalt eines ordentlichen und gewissenhaften Geschäftsleiters anzuwenden«. Verletzt er diese Pflicht, ist er der Gesellschaft gegenüber gemäß § 93 Abs. 2 AktG zum Ersatz des ihr aus der Pflichtverletzung entstandenen Schadens verpflichtet. Gemäß § 93 Abs. 1 Satz 2 AktG liegt eine Sorgfaltspflichtverletzung des Vorstandes dann nicht vor, wenn er bei seiner unternehmerischen Entscheidung davon ausgehen durfte, »auf der Grundlage angemessener Information« zum Wohle der Gesellschaft zu handeln. Damit gehört es auch zum Pflichtenkreis des Vorstandes, sich eine solche »Grundlage angemessener Informationen« zu verschaffen, damit er sodann darauf basierend seine Entscheidung treffen kann. Da diese »angemessenen Informationen« in der Praxis des Unternehmenskaufs praktisch nur durch eine entsprechende Due Diligence gewonnen werden können, ist grundsätzlich von einer entsprechenden Verpflichtung des Vorstands zur Durchführung einer Due Diligence auszugehen. Demgemäß wird beispielsweise auch in der Rechtsprechung eine grundsätzliche Verpflichtung des Vorstands der AG angenommen, die Vermögensverhältnisse einer zur Übernahme anstehenden Gesellschaft vor ihrem Erwerb gründlich zu prüfen.[39]

112 Da sich die Sorgfaltspflichten des Vorstands einer AG gemäß § 93 Abs. 1 AktG anerkanntermaßen ohne weiteres auch auf die entsprechenden Verpflichtungen des Geschäftsführers einer GmbH übertragen lassen, gilt diese Verpflichtung zur Durchführung einer Due Diligence vor dem Unternehmenserwerb gleichfalls auch für den Geschäftsführer einer GmbH.[40]

---

38 Vgl. *Knott/Mielke* Rn. 57 m.w.N.
39 Vgl. LG Hannover AG 1977, 198, 200.
40 Vgl. *Beisel/Klumpp* Kap. 2 Rn. 28 m.w.N.

3. Legal Due Diligence

Wie bereits zuvor dargelegt (siehe oben unter Rdn. 77 ff.), dient die Legal Due Diligence dem potenziellen Erwerber dazu, sich einen umfassenden Überblick über die rechtlichen Rahmenbedingungen des Zielunternehmens und seines möglichen Erwerbs zu verschaffen. Die Legal Due Diligence bildet in dieser Phase des Unternehmenskaufs regelmäßig einen Schwerpunkt der Tätigkeit der anwaltlichen Berater der Erwerberseite. Die so gewonnenen Erkenntnisse münden in den »Legal Due Diligence Report« ein. **113**

Auf welche Punkte sich die Legal Due Diligence im Einzelnen erstreckt, hängt von den Gegebenheiten des Zielunternehmens ab. Unabhängig davon kommen für die verschiedenen rechtlichen Prüfungen dabei regelmäßig die folgenden Bereiche in Betracht: **114**
- Gesellschaftsrechtliche Verhältnisse des Zielunternehmens und ihre Entwicklung (»Historie«),
- Organe des Zielunternehmens und Vertragsbeziehungen zu diesen,
- Beteiligungen,
- Niederlassungen,
- behördliche Erlaubnisse und Genehmigungen (z.B. Sendelizenzen),
- Vertriebsverträge,
- Beschaffungsverträge,
- Verträge in Bezug auf die Finanzierung der Gesellschaft (Banken, Gesellschafter, Dritte, etc.),
- Versicherungen,
- Beraterverträge,
- Kundenverträge,
- laufende Verpflichtungen, Dauerschuldverhältnisse,
- Mitgliedschaften,
- Allgemeine Geschäftsbedingungen/Standardverträge,
- Arbeitnehmer und Vereinbarungen mit ihnen,
- kollektivrechtliche Bindungen/Verpflichtungen (z.B. Betriebsvereinbarungen), tarifrechtliche Bindungen/Verpflichtungen,
- Immobilien (Eigentum, Miete, etc.), Grundeigentumsbelastungen,
- Immaterialgüter und Lizenzrechte (Marken, Patente, Gebrauchsmuster, etc.),
- laufende sonstige Verbindlichkeiten,
- öffentliche Zuschüsse, Subventionen, etc.,
- Rechtsstreitigkeiten und (aufsichts-)behördliche Verfahren.

Diese einzelnen Teilbereiche werden durch die Berater des Erwerbsinteressenten anhand der ihnen zur Verfügung gestellten Informationen geprüft und zur späteren Darstellung im »Due Diligence Report« aufbereitet. Dazu dienen in der Praxis regelmäßig entsprechend durch sie für die einzelnen Teilbereiche aufgestellte Listen (»Request Lists«), die sodann später zusammengefasst werden. **115**

Im Medienbereich kann so beispielsweise im Hinblick auf die Prüfung von Filmlizenzverträgen anhand einer Abfrage und Darstellung der nachfolgenden Art vorgegangen werden: **116**

19. Kapitel   Unternehmenstransaktionen im Medienbereich

▶ **Beispiel für eine Legal Due Diligence Request List in Bezug auf Filmlizenzverträge:**

Titelnummer	Angabe der Nummer in der dem Erwerber vom Veräußerer am übergebenen Filmtitelliste (»Titel-Liste«)				
Vertrags-Nummer					
Filmtitel	Name des Filmtitels				
Lizenzgeber (mit Firmierung)	Soweit die Angaben mit den in der Titel-Liste übereinstimmen, ist zu vermerken: »korrekt«. Sofern die Angaben in dem Vertrag im Vergleich zu der Titel-Liste abweichen, sind die Abweichungen zu beschreiben.				
Lizenznehmer (mit Firmierung)	Angabe der Firmierung des/r Lizenznehmer				
Datum der geprüften Dokumente	Angabe des Datums der geprüften Dokumente, z.B. Datum des Vertragsabschlusses				
Lizenzgebiet: »deutschsprachiges Europa«	exklusiv				
	nicht-exklusiv				
Lizenzgebiet: »Rest der Welt«	exklusiv				
	nicht-exklusiv				
Lizenzzeit	Soweit die Angaben mit den Angaben in der Titel-Liste übereinstimmen, ist zu vermerken: »korrekt«. Sofern die Angaben in der Titel-Liste von dem Vertrag positiv und/oder negativ abweichen, sind die Abweichungen zu beschreiben.				
Übertragungswege	Terrestrisch (analog/digital)	Kabel (analog/digital)	Satellit (analog/digital)	Internet DSL	UMTS	DVB-H
Free TV						
Pay TV						
Video/DVD						
Video On Demand (Abrufrecht)						
Sachliche Beschränkungen, z.B. beschränkte Anzahl von runs	Soweit die Angaben mit den in der Titel-Liste übereinstimmen, ist zu vermerken: »korrekt«. Sofern die Angaben in der Titel-Liste von dem Vertrag abweichen, sind die Abweichungen zu beschreiben.				
Hold Back					
Promotion Recht	Das heißt das nicht-exklusive Recht, Ausschnitte aus dem Film in einer Länge von mindestens 3 Minuten innerhalb der Lizenzzeit und 6 Wochen vor deren Beginn zur Bewerbung des Films zu verwenden, einschließlich des Rechts, in branchenüblicher Weise die lizenzierte Nutzung des Films zu bewerben.				
Lizenzierte Sprachfassung					
Nachweise der Rechtekette bis zum Produzenten					
Put-Optionen der Lizenzgeber (bzw. Verpflichtung, alle zukünftigen Produktionen abzunehmen)	Bestehende Put-Optionen oder unklare Regelungen sind zu beschreiben. Sofern der Vertrag keine Put-Option enthält, ist zu vermerken: »Fehlanzeige«. Sofern es sich um einen Output-Deal handelt, ist dies an dieser Stelle oder in den »besonderen Anmerkungen« (siehe unten) zu erwähnen.				

»Change of Control«-Klausel	Sofern eine solche Klausel enthalten ist, ist dies zu vermerken. Wenn keine solche Klausel vorgesehen ist, ist zu vermerken: »Fehlanzeige«. Unklare Regelungen sind zu beschreiben.
Sublizenzrechte	Sofern einer Sublizenzierung (d.h. Rechteeinräumung gemäß § 35 UrhG und Rechteübertragung gemäß § 34 UrhG) der Filmrechte bereits ausdrücklich zugestimmt wurde, ist zu vermerken: »zulässig«. Sofern die Sublizenzierung ausdrücklich verboten ist, ist zu vermerken: »verboten«. Sofern keine Regelung bzgl. einer Sublizenzierung enthalten ist, ist zu vermerken: »»Fehlanzeige« und die Information zu ergänzen, ob es sich um eine exklusive oder nicht-exklusive Lizenz handelt. (Sofern eine explizite Regelung fehlt, gilt üblicherweise nach deutschem Recht folgendes: Im Fall einer exklusiven Lizenz ist nach h.M. eine Sublizenzierung üblicherweise zulässig, im Fall einer nicht-exklusiven Lizenz ist nach h.M. eine Sublizenzierung üblicherweise nicht zulässig.)
Erlösbeteiligung	Sofern eine Erlösbeteiligung, inkl. residuals, vereinbart ist, ist dies ausdrücklich aufzuführen; ansonsten ist zu vermerken: »Fehlanzeige«.
Rechtswahl und Gerichtsstand	Sofern solche Regelungen bestehen, sind sie wiederzugeben. Andernfalls ist zu vermerken: »Fehlanzeige«.
Vertragsstrafe	Sofern solche Regelungen im Vertrag enthalten sind, sind sie aufzuführen. Andernfalls ist zu vermerken: »Fehlanzeige«.
Besondere Anmerkungen	Hier sind Besonderheiten des Vertrages wiederzugeben und z.B. auf Verbindungen zu anderen Dokumenten hinzuweisen oder das Fehlen von Dokumenten anzumerken.

Entscheidend, welche Punkte letztendlich mit welcher Intensität geprüft und anschließend im Legal Due Diligence Report entsprechend dargestellt werden, sind regelmäßig die Anforderungen, wie sie sich aus der konkreten Situation der geplanten Transaktion ergeben. 117

Die Darstellung im Legal Due Diligence Report kann sodann bei einer Transaktion im Medienbereich beispielsweise folgender Grobstruktur folgen: 118
- Beschreibung des erteilten Auftrags,
- Zusammenfassung der wichtigsten Ergebnisse (»Executive Summary«),
- gesellschaftsrechtliche Verhältnisse,
- öffentlich rechtliche Rahmenbedingungen (z.B. Rundfunklizenzen, Filmförderung, etc.),
- Regelungen mit Verwertungsgesellschaften (z.B. GEMA, GVL, etc.),
- vertragliche Beziehungen in Bezug auf die Finanzierung, Immobilien, Verträge mit Lieferanten (z.B. Verbreitungs- oder Vertriebsverträge),
- Verträge mit Kunden,
- Immaterialgüter (z.B. Urheberrechte, etc.),
- sonstige wesentliche Verpflichtungen,
- Rechtsstreitigkeiten,
- Zusammenfassung und Empfehlungen,
- Auflistung der geprüften Unterlagen.

Je nach Auftragserteilung kann diese Darstellung sodann auch in eine Handlungsempfehlung zur weiteren Vorgehensweise und Strukturierung der Transaktion einmünden. 119

4. Rechtliche Bedeutung/Konsequenzen der Due Diligence

Wie bereits dargestellt (siehe oben unter Rdn. 109, 74 ff.), geht die nach wie vor h.M. davon aus, dass den Käufer auch im Hinblick auf die Regelung des § 442 Abs. 2 BGB zum Ausschluss von Mangelansprüchen bei grob fahrlässiger Unkenntnis grundsätzlich keine kaufrechtliche Pflicht zur Durchführung einer Due Diligence vor dem Erwerb 120 trifft.⁴¹ Jedenfalls gilt dies, solange eine entsprechende Verkehrssitte bzw. ein entsprechender Handelsbrauch zur Durchführung einer Due Diligence nicht höchstrichterlich festgestellt worden ist.⁴²

121 Ungeachtet dieser (noch) nicht bestehenden kaufrechtlichen Pflicht zur Prüfung des Zielunternehmens durch eine Due Diligence wird regelmäßig jedoch – wie gleichfalls schon dargestellt (siehe oben unter Rdn. 108 ff.) – vom Bestehen einer solchen Verpflichtung zur Durchführung einer Due Diligence für die auf Käuferseite agierenden Organe auszugehen sein, falls diese nicht Gefahr laufen wollen, die ihnen obliegenden Sorgfaltspflichten zu verletzen und sich somit schadensersatzpflichtig machen zu können. Nicht zuletzt vor diesem Hintergrund werden daher heute in der Vielzahl – zumindest mittlerer und größerer – Unternehmenstransaktionen entsprechende Due Diligence-Prüfungen durchgeführt.

122 Wird eine Due Diligence durchgeführt, erlangt die Vorschrift des § 442 BGB auch insoweit wieder eine besondere Bedeutung, da nach § 442 Abs. 1 Satz 1 BGB die Gewährleistungsrechte des Käufers jedenfalls bei solchen Mängeln ausgeschlossen sind, die der Käufer bei Vertragsschluss positiv kennt. Diese Kenntnis wird er regelmäßig aus der Due Diligence erlangen. Ist eine Due Diligence durchgeführt, ist wiederum § 442 Abs. 1 Satz 2 BGB zu beachten, falls der in Frage stehende Mangel ohne weiteres hätte erkannt werden können, seine Nichtkenntnis mithin auf grober Fahrlässigkeit beruht und der Mangel nicht arglistig verschwiegen wurde bzw. eine Beschaffenheitsgarantie vorliegt.

123 Vor diesem Hintergrund ist in der Praxis bei den Verhandlungen über den Unternehmenskaufvertrag regelmäßig die Frage einer Abbedingung des § 442 BGB zwischen den Parteien äußerst umstritten. Dies gilt umso mehr, als sich die Parteien gemäß § 166 Abs. 1 BGB die Kenntnis oder ein Kennenmüssen der für sie handelnden Vertreter ebenso zurechnen lassen müssen, wie gemäß § 278 BGB ein Verschulden ihrer Erfüllungsgehilfen.

124 Verstärkt wird dieses Spannungsfeld dadurch, dass der Verkäufer bei Aufnahme der Vertragsverhandlungen zwecks Vermeidung seiner etwaigen Haftung die ihn ab dann treffenden Nebenpflichten (§§ 311 Abs. 2, 241 Abs. 2 BGB) zu beachten hat. Insoweit ist es anerkannt, dass gerade den Verkäufer eines Unternehmens besondere Aufklärungs- und Sorgfaltspflichten treffen, so z.B. im Hinblick auf insolvenzrechtlich relevante Umstände.⁴³ Diese – gesteigerten – Aufklärungspflichten des Verkäufers werden nach verbreiteter Auffassung auch bei Durchführung einer Due Diligence durch die Käuferseite nicht gemindert.⁴⁴

125 Der Due Diligence und den in ihrem Rahmen gewonnenen – oder auch nicht gewonnenen (!) – Erkenntnissen kommt daher in der Praxis sowohl im Hinblick auf die sich daraus für die Parteien ergebenden Haftungsrisiken als insbesondere auch hinsichtlich der weiteren Verhandlungen und der Gestaltung des Unternehmenskaufvertrages eine ganz besondere Bedeutung zu.

VI. Der Unternehmenskaufvertrag in der Praxis

126 Die Praxis des Unternehmenskaufvertrages ist schon seit langer Zeit dadurch geprägt, dass die Parteien in sehr ausführlicher Form ein eigenständiges Regelungswerk, bestehend aus einem oder mehreren Verträgen, schaffen, welches in nicht unerheblicher Weise sowohl auf der Tatbestands-, als auch auf der Rechtsfolgenseite von den gesetzlichen

---

41 Vgl. auch *Beisel/Klumpp* Kap. 2 Rn. 9 ff. m.w.N.
42 Vgl. *Holzapfel/Pöllath* Rn. 17 m.w.N.
43 Vgl. BGH NZG 2002, 298.
44 Vgl. *Beisel/Klumpp* Kap. 2 Rn. 13 m.w.N.

Regelungen abweicht. Der Grund dafür ist zum einen die Komplexität des zu regelnden Gegenstandes, zum anderen aber auch, dass die gesetzlichen Bestimmungen dieser Komplexität in der Regel nicht gerecht werden und daher zumeist von beiden Parteien als nicht interessensgerecht empfunden werden.

Dies hat sich auch durch das am 1.1.2002 in Kraft getretene Schuldrechtsmodernisierungsgesetz nicht wesentlich geändert. So existieren nach wie vor keine ausdrücklichen Regelungen zum Unternehmenskauf. Der Gesetzgeber hat im Gesetzgebungsverfahren zum Ausdruck gebracht, dass er den Unternehmenskauf als Kauf »sonstiger Gegenstände« i.S.d. § 453 Abs. 1 BGB ansieht,[45] so dass mit den §§ 433 ff. BGB grundsätzlich die gesetzlichen Regelungen des Kaufrechts anwendbar sind, was auch schon vor dem Schuldrechtsmodernisierungsgesetz galt. 127

Während das Kaufrecht vor dem Schuldrechtsmodernisierungsgesetz durch die Unterscheidung zwischen Sach- und Rechtskauf geprägt war, was für Unternehmenskäufe nicht unerhebliche Schwierigkeiten mit sich brachte, finden nunmehr über die Regelung des § 453 Abs. 1 BGB einheitlich die Vorschriften über den Sachkauf auf den Unternehmenskauf Anwendung. 128

Abgesehen davon sind durch das Schuldrechtsmodernisierungsgesetz noch eine Reihe weiterer Änderungen in Kraft getreten, die für den Unternehmenskauf von Relevanz sind. Zu nennen sind insbesondere folgende Änderungen: Erweiterung des Begriffs des Sachmangels, zugesicherte Eigenschaften als Unterfall des Sachmangels gibt es nicht mehr (entscheidend ist vielmehr die Beschaffenheit der Kaufsache, § 434 BGB), gesetzliche Regelung des Begriffs der (Beschaffenheits-) Garantie für den Bereich des Kaufrechts (§ 443 BGB), das Vorliegen eines Mangels führt primär zur Nacherfüllung (§§ 437 Nr. 1, 439 BGB), erst sekundär dazu sind Rücktritt (§ 437 Nr. 2 BGB), Minderung (§ 437 Nr. 2 BGB) und Schadensersatz (§ 437 Nr. 3 BGB) als Rechtsfolgen möglich, wobei Rücktritt und Minderung grundsätzlich einer erfolglosen Nachfristsetzung bedürfen, sowie das Verbot von Haftungsausschlüssen/-beschränkungen bei Beschaffenheitsgarantien (§ 444 BGB), die es entsprechend zu beachten gilt.[46] 129

Ungeachtet der Änderungen durch das Schuldrechtsmodernisierungsgesetz, ist es in der Praxis dabei geblieben, dass die Parteien von Unternehmenskaufverträgen weiterhin das Erfordernis sehen, den Transaktionssachverhalt einem sehr eigenständigen Regelungswerk zu unterwerfen. 130

1. Allgemeines zur Struktur und Gestaltung des Vertragwerkes

Selbstverständlich gibt es nicht den Unternehmenskaufvertrag. Zu unterschiedlich sind die Gegebenheiten des konkreten Einzelfalles. Dies betrifft sowohl den Kaufgegenstand selbst (»Asset Deal vs. Share Deal«), als auch die Parteien und ihre Interessen sowie die Ergebnisse der Vertragsverhandlungen, die es umzusetzen gilt. 131

Ausgangspunkt der rechtlichen Gestaltung wird jedoch stets die sich aus einem Kaufvertrag ergebende Grundstruktur sein, d.h. die Niederlegung der entsprechenden Verpflichtungen der Parteien (Leistung/Gegenleistung) sowie die die wesentlichen Pflichten unterstützenden, näher definierenden und ihre Nichtbeachtung sanktionierenden Regelungen. Aufgrund des Abstraktionsprinzips bedarf es ferner Regelungen zum dinglichen Übergang des Kaufgegenstandes in das Eigentum bzw. die Inhaberschaft des Käufers. 132

---

45 Vgl. BT-Drs. 14/6040, S. 242.
46 Vgl. Hettler/Stratz/Hörtnagl/*Lips/Stratz/Roudo* § 4 Rn. 11 m.w.N.

133 Ungeachtet der Vielzahl der Variablen, die dazu führen, dass die meisten Unternehmenskaufverträge sehr individuell geprägt sind, haben sich in der Praxis doch einige »typische« Regelungspunkte herauskristallisiert, die in (fast) jedem Unternehmenskaufvertrag zu berücksichtigen sind:
- Vertragsparteien,
- Kaufgegenstand,
- Kaufpreis,
- dinglicher Vollzug,
- Wirksamkeitshindernisse,
- Leistungsstörungen,
- Freistellungen des Erwerbers,
- nachvertragliche Pflichten des Verkäufers,
- Geheimhaltung/Presse,
- Mitteilungen,
- Abtretungen/Aufrechnungen,
- Rechtswahl,
- Gerichts-/Schiedsklauseln,
- Kosten,
- salvatorische Klausel.

134 Diese – und weitere – Punkte werden in der Praxis aufgrund sich unterschiedlich darstellender Gegebenheiten teilweise auch in mehreren Verträgen geregelt, was ebenso zu einem sehr umfangreichen Vertragswerk führen kann, wie auch eine Vielzahl von Anlagen, die zum Vertragsbestandteil gemacht werden. Regelmäßig werden diese Verträge jedoch – mehr oder weniger – zeitgleich geschlossen und dann beispielsweise durch Bedingungen miteinander verknüpft. Da aber auch bei einem solchen umfassenderen »Vertragswerk« regelmäßig ein einheitlicher wirtschaftlicher Vorgang Grundlage sein wird, ist bei einer etwaigen Nichtigkeit eines Teils stets zu prüfen, ob die Voraussetzungen des § 139 BGB vorliegen, so dass eine entsprechende Teilnichtigkeit zu einer Gesamtnichtigkeit führen kann.

135 Die typischen Regelungspunkte werden im Nachfolgenden im Einzelnen dargestellt.

2. Die Vertragsparteien

136 Bei einer rein wirtschaftlichen Betrachtungsweise stehen Käufer und Verkäufer regelmäßig fest. Je nach Konstellation im Einzelfall ist diese – wirtschaftliche – Rollenverteilung jedoch nicht immer identisch mit der tatsächlich vorgefundenen – rechtlichen – Struktur. So können sowohl auf der Käufer-, als auch auf der Verkäuferseite mehrere Personen im Rechtssinne beteiligt sein. Dies können so beispielsweise auf der Verkäuferseite bei einem Share Deal mehrere Gesellschafter oder bei einem Asset Deal mehrere Eigentümer sein.

137 Veräußert bei einem Asset Deal eine Kapitalgesellschaft, so dass von ihr nur noch die rechtliche »Hülle« verbleibt, wird der Käufer stets ein evidentes Interesse daran haben, dass die wirtschaftlich hinter dieser Kapitalgesellschaft stehenden Gesellschafter zumindest partiell in die Verpflichtungen der Verkäuferseite mit einbezogen werden. Anderenfalls läuft der Käufer Gefahr, dass beispielsweise etwaige Gewährleistungsansprüche später »ins Leere« gehen.

138 Auch kann sich die Situation so darstellen, dass bei einem Share Deal oder einem Asset Deal auf Erwerberseite entweder eine nicht die wirtschaftliche Potenz der Muttergesellschaft aufweisende Tochtergesellschaft auftritt oder aber durch die Muttergesellschaft extra zum Erwerb eine neue Gesellschaft gegründet wird, in die der Kaufgegenstand eingebracht werden soll. In einer solchen Situation wird es das Bestreben der Verkäuferseite

sein, die wirtschaftlich dahinter stehende Muttergesellschaft in die vertraglichen Verpflichtungen mit einzubeziehen.

Um entsprechende Schwierigkeiten zu vermeiden, ist ferner stets darauf zu achten, dass alle Parteien ordnungsgemäß vertreten sind, d.h. insbesondere auch im Rahmen der ihnen zustehenden Vertretungsmacht handeln. Dabei ist weiterhin insbesondere auch zu beachten, ob sich eventuell Einschränkungen der Vertretungsmacht aus dem Verbot des Selbstkontrahierens gemäß § 181 BGB ergeben. 139

3. Der Kaufgegenstand

Aus wirtschaftlicher Sicht bildet das »Unternehmen« den Kaufgegenstand, welcher vom Verkäufer auf den Käufer übertragen werden soll. Aus rechtlicher Sicht gibt es jedoch nicht »das« Unternehmen. Zwar wird teilweise anerkannt, dass schuldrechtlich der Verkauf eines Unternehmens als »Ganzes« möglich sei,[47] damit der Käufer jedoch auch auf der sachenrechtlichen Ebene das »Unternehmen« erhält, bedarf es einer genauen Analyse, wie der Käufer insoweit in die rechtliche Position des Verkäufers gebracht werden kann. Dazu bestehen grundsätzlich zwei Möglichkeiten: 140

Zum einen kann der Käufer sämtliche materiellen und immateriellen Vermögensgegenstände des Zielunternehmens erwerben, wobei diese Vermögensgegenstände (»Assets«) dann im Einzelnen nach den dafür jeweils maßgeblichen sachenrechtlichen Vorschriften in das Eigentum bzw. die Inhaberschaft des Erwerbers zu überführen sind.

Zum anderen besteht die Möglichkeit, dass der Erwerber eine gesellschaftsrechtliche Beteiligung (»Shares«) an der Zielgesellschaft erwirbt, die Eigentümerin/Inhaberin der das Unternehmen ausmachenden Vermögensgegenstände ist.

Beim Asset Deal wird die Vielzahl der einzelnen Vermögensgegenstände des Zielunternehmens auf der sachenrechtliche Ebene einem neuen Rechtssubjekt zugeordnet, während diese Vermögensgegenstände beim Share Deal beim Zielunternehmen verbleiben. In letzterem Falle ändert sich lediglich die rechtliche Zuordnung des Zielunternehmens, welches – in Form des Erwerbers – einen neuen Inhaber erhält. 141

Im Einzelnen:

a) Share-Deal

Den Kaufgegenstand beim Share Deal bildet die gesellschaftsrechtliche Beteiligung des Veräußerers am Zielunternehmen. Hinsichtlich des konkreten Kaufgegenstandes ist je nach Art der Beteiligung bzw. der Gesellschaftsform des Zielunternehmens wie folgt zu unterscheiden: 142

aa) Personengesellschaften

Kaufgegenstand bei Personengesellschaften ist der Gesellschaftsanteil des Verkäufers als Inbegriff seiner mitgliedschaftlichen Rechte und Pflichten. Davon zu unterscheiden sind der Vermögensanteil, der die aktuelle Beteiligung am Gesellschaftsvermögen wiedergibt, und der Kapitalanteil, der das Verhältnis der Beteiligung der verschiedenen Gesellschafter anzeigt.[48] 143

Im Kaufvertrag sollte stets klar geregelt werden, ob und inwieweit neben dem (bloßen) Gesellschaftsanteil, wie er im Kapitalanteil seinen Ausdruck findet, auch weitere mit der 144

---

47 Vgl. *Beisel/Klumpp* Kap. 4 Rn. 3.
48 Vgl. Hettler/Stratz/Hörtnagl/*Lips/Stratz/Roudo* § 4 Rn. 241.

Gesellschafterstellung des Veräußerers verbundenen Rechte – und Pflichten – übertragen werden sollen. Werden keine diesbezüglichen Vereinbarungen getroffen, gehen im Regelfall sämtliche mit dem Gesellschaftsverhältnis verbundenen Rechte und Pflichten auf den Erwerber über, die im Zeitpunkt des Vertragsschlusses im Rechenwerk der Gesellschaft enthalten sind.[49] Auch können Anteile an Personengesellschaften grundsätzlich nur dann übertragen werden, wenn und soweit dies im Gesellschaftsvertrag vereinbart worden ist bzw. die anderen Gesellschafter mit der Übertragung einverstanden sind.[50]

145 Zu prüfen ist ferner, ob sich alle Vermögensgegenstände, die für das Zielunternehmen wesentlich sind, im Gesellschaftsvermögen befinden. Möglich ist auch, dass solche Vermögensgegenstände einem Gesellschafter gehören (und dessen Sonderbetriebsvermögen zugeordnet sind). Werden sie nicht gesondert zum Gegenstand des Kaufvertrages gemacht, verbleiben sie bei dem Gesellschafter, was oft nicht interessengerecht ist.

bb) Kapitalgesellschaften

146 Im Gegensatz zu Anteilen an einer Personengesellschaft sind die Anteile an einer Kapitalgesellschaft grundsätzlich frei veräußerbar. Aus den Satzungen können sich jedoch Verfügungsbeschränkungen ergeben (vgl. dazu und zu weiteren Zustimmungs-/Genehmigungserfordernissen nachfolgend unter Rdn. 226 ff.).

147 Den konkreten Kaufgegenstand bildet bei der GmbH der Geschäftsanteil, der gemäß § 15 Abs. 1 GmbHG veräußerlich – und vererblich – ist. Dabei ist darauf zu achten, dass die zu veräußernden Geschäftsanteile im Einzelnen genau aufgeführt und bezeichnet werden, d.h. nicht nur mit ihrem Nennbetrag, sondern auch mit ihrer Nummer, um dem sachenrechtlichen Bestimmtheitsgrundsatz zu genügen.

148 Hat der Verkäufer die GmbH nicht gegründet, wird regelmäßig geprüft werden, ob eine lückenlose Aufklärung der früheren Übertragungen des Kaufgegenstandes ab Gründung möglich ist (»chain of title«-Nachweis). Im Hinblick auf die durch das MoMiG[51] geschaffene Möglichkeit des gutgläubigen Erwerbs (§ 16 Abs. 3 GmbHG) wird man insoweit zu beachten haben, dass sich der Erwerber auf die Gesellschafterliste nach § 40 GmbHG nur insoweit verlassen kann, als er danach vom Nichtberechtigten nur erwerben kann, wenn der Veräußerer als Inhaber des Geschäftsanteils in der im Handelsregister aufgenommenen Gesellschafterliste eingetragen ist und diese Liste zum Zeitpunkt des Erwerbs hinsichtlich des Geschäftsanteils mehr als drei Jahre unrichtig ist oder die Unrichtigkeit dem Berechtigten zuzurechnen ist. Ausgeschlossen ist der gutgläubige Erwerb auch dann, wenn der Liste ein Widerspruch zugeordnet ist, sowie in solchen Fällen, in denen dem Erwerber die mangelnde Berechtigung bekannt oder ihm dies infolge grober Fahrlässigkeit unbekannt geblieben ist. Letzteres führt dazu, dass sich der Erwerber in der Praxis bei der Durchführung einer Due Diligence die Frage stellen wird, ob er zur Vermeidung seiner Bösgläubigkeit möglicherweise diesen Punkt aus der Prüfung exkludiert oder sie insoweit zumindest auf den Drei-Jahreszeitraum beschränkt. Im Hinblick darauf, dass solche Fragen im Zusammenhang mit der Möglichkeit des gutgläubigen Erwerbs durch die Rechtsprechung jedoch noch nicht geklärt sind und auch andere Fehlerquellen bestehen, wird sich der Erwerber allerdings sehr gut zu überlegen haben, ob er eine solche Prüfung tatsächlich unterlässt oder beschränkt. Solche weiteren Fehlerquellen können sich beispielsweise ergeben aus fehlgeschlagenen oder in Vergessenheit geratenen Teilungen oder Zusammenlegungen bzgl. des Kaufgegenstandes, die zur Folge

---

49 Vgl. *Beisel/Klumpp* Kap. 4 Rn. 8 m.w.N.
50 Vgl. Baumbach/*Hopt*, HGB, § 105 Rn. 70 ff. m.w.N.
51 Gesetz zur Modernisierung des GmbH-Rechts und zur Bekämpfung von Missbräuchen vom 23.10.2008, BGBl. I, 2008, S. 2026 ff.

haben können, dass es den Geschäftsanteil nicht (mehr) gibt, den der Käufer erwerben möchte. Auch wird – insbesondere bei älteren Gesellschaften, die noch nicht von der Möglichkeit Gebrauch machen konnten, ihre Geschäftsanteile direkt bei der Gründung auf einen Euro lauten zu lassen (vgl. § 5 Abs. 2 GmbHG) – stets zu beachten sein, dass die Veräußerung von Teilen eines Geschäftsanteils gemäß § 46 Nr. 4 GmbHG grundsätzlich einen Teilungsbeschluss der Gesellschafter voraussetzt.

▶ **Beispiel für die Vertragsklausel bei einem Verkauf von GmbH-Geschäftsanteilen:** 149

»1. Der Verkäufer verkauft seine Geschäftsanteile Nrn. ... bis ... an der Gesellschaft im Nennwert von insgesamt € ...mit allen zugehörigen Rechten und Pflichten an den Käufer. Dieser nimmt das Kaufangebot an.
2. Unabhängig davon, wann die Abtretung der Geschäftsanteile dinglich wirksam wird (vgl. § ...), ist der wirtschaftliche Stichtag (nachfolgend kurz: »Stichtag«) im Sinne dieses Vertrages der ..., 24:00 Uhr/..., 00:00 Uhr.
3. Der Gewinn des laufenden Geschäftsjahres sowie ein etwaiger nicht an den Gesellschafter ausgeschütteter Gewinn früherer Geschäftsjahre (d.h. vorgetragener Gewinn und der Gewinn früherer Geschäftsjahre, für den kein Beschluss über die Ergebnisverwendung gefasst worden ist) steht dem Käufer zu.«

Gegenstand des Kaufvertrages bei der Aktiengesellschaft sind die Aktien. Die Aktie 150 repräsentiert die Mitgliedschaftsrechte des Gesellschafters. Auch bezüglich zu verkaufender Aktien bedarf es im Hinblick auf den sachenrechtlichen Bestimmtheitsgrundsatz der exakten Bezeichnung der Aktien, die von dem Verkäufer auf den Käufer übertragen werden sollen.

Wenn das zu veräußernde Unternehmen in einer rechtlichen Mischform, so z.B. in der 151 Rechtsform einer GmbH & Co. KG geführt wird, ist schließlich darauf zu achten, dass hierbei alle Beteiligungen an den verschiedenen Gesellschaften zum Gegenstand des Kaufvertrages gemacht werden.

Zur (sachenrechtlichen) Erfüllung der schuldrechtlichen Verpflichtung des Verkäufers, 152 dem Käufer das »Eigentum« am Kaufgegenstand zu verschaffen, siehe unten unter Rdn. 218 ff.

b) Asset-Deal

Während sich die Bezeichnung des Kaufgegenstandes beim Share Deal grundsätzlich auf 153 die exakte Identifizierung des auf den Käufer zu übertragenden Gesellschaftsanteils beschränkt, stellt sich die Situation beim Asset Deal regelmäßig ungleich schwerer dar.

Zum Gegenstand der kaufvertraglichen Verpflichtung wird hier nicht das Unternehmen 154 »als solches« gemacht, sondern vielmehr als Inbegriff der dazu gehörenden Vermögensgegenstände. Dies bedeutet, dass es im Hinblick auf den sachenrechtlichen Bestimmtheitsgrundsatz einer exakten Erfassung aller Vermögensgegenstände bedarf, die auf den Käufer übertragen werden sollen, und – entsprechend den jeweils für sie geltenden sachenrechtlichen Bestimmungen – Regelungen zu treffen sind, damit sie mit dem dinglichen Geschäft (»Closing«, siehe unten Rdn. 216 ff.) auf den Erwerber übergehen.

Als Kaufgegenstand beim Asset Deal kommen dabei regelmäßig Vermögensgegenstände 155 und Rechtspositionen des Unternehmens der verschiedensten Art in Betracht. Sie gilt es entsprechend zu erfassen und einer Regelung zuzuführen. In der Regel wird dabei auf folgende Punkte einzugehen sein:

Immobilien werden entsprechend den Eintragungen im Grundbuch (Grundbuchamt, Gemarkung, Grundbuch-Nummer, Flurstück-Nummer, etc.) bestimmt. Klarstellungsbedarf kann sich insoweit insbesondere aus den §§ 94 ff. BGB ergeben, d.h. hinsichtlich solcher beweglicher Sachen, die als Zubehör gemäß § 97 BGB in Betracht zu ziehen sind.

Bewegliche Sachen lassen sich ungleich schwieriger als Kaufgegenstand erfassen. Denn ihre bloße Bestimmbarkeit genügt nach ganz herrschender Auffassung regelmäßig nicht (!).[52] In der Praxis wird daher regelmäßig auf entsprechend im Vorfeld erstellte Listen verwiesen, die dem Vertrag als Anlage beigefügt werden. Bei der Erstellung dieser Listen ist größte Sorgfalt an den Tag zu legen. Nicht selten werden sie schlicht aus den entsprechenden Unterlagen des Rechnungswesens generiert. Dies genügt dann nicht, wenn nicht nur das bilanzierte, sondern auch das nicht mehr bilanzierte, abgeschriebene Anlage- und Umlaufvermögen übertragen werden soll. Verwendung finden dabei regelmäßig auch Stichtagsregelungen, in denen auf den Bestand zu einem bestimmten Stichtag abgestellt wird, oder sog. Catch-All-Klauseln, die entweder räumlich (z.B. bestimmte Lageräume, etc.) und/oder gegenständlich (Geschäftsbetrieb, Geschäftsbereiche) einem Bezugspunkt zugeordnet werden. Weiterhin kann das »Schicksal« solcher Gegenstände zu regeln sein, die nach dem Stichtag beispielsweise in das Vorratsvermögen gelangen oder im normalen Geschäftsgang nach dem Stichtag an Dritte veräußert werden oder typischen Vorbehaltsrechten Dritter unterliegen. Möglich ist schließlich, dass einzelne Gegenstände aus dem Vertrag ausgenommen werden sollen (»Excluded Assets«), wozu es dann ebenfalls einer entsprechenden Regelung bedarf.

Forderungen sind regelmäßig Kaufgegenstand (falls nicht § 25 HGB zur Anwendung kommt, also der Tatbestand der Firmenfortführung vorliegt). Auch hier sind die sachenrechtlichen Vorschriften zu beachten, wobei allerdings bei Forderungen – im Gegensatz zu beweglichen Sachen – regelmäßig die (bloße) Bestimmbarkeit als ausreichend erachtet wird.[53] Das ermöglicht es, Forderungen zu Gruppen zusammenzufassen (z.B. aus einem bestimmten Geschäftsbetrieb oder einem bestimmten Zeitraum),[54] die so individualisierend bezeichnet werden, dass eine Bestimmbarkeit (noch) möglich ist (die Bezeichnung »alle bilanzierungsfähigen Forderungen« wird als nicht ausreichend erachtet).[55] Bestehen Rechte Dritter an Forderungen (z.B. Abtretungsverbote, Verpfändungen, etc.), sind dazu gesonderte Regelungen zu treffen.

Verbindlichkeiten sind das Gegenstück zu Forderungen, so dass die vorstehenden Ausführungen für sie entsprechend gelten. Soweit das zu veräußernde Unternehmen Verbindlichkeiten gegenüber Dritten hat (und § 25 HGB nicht anwendbar sein sollte, siehe dazu auch nachfolgend unter Rdn. 379 ff.), werden die Parteien auch insoweit beim Kaufgegenstand detaillierte Regelungen dazu zu treffen haben.

Immaterielle Wirtschaftsgüter, wie beispielsweise die gesetzlich geregelten Patente, Marken, Gebrauchsmuster, Geschmacksmuster, etc. sind regelmäßig Gegenstand eines Unternehmenskaufs. Nicht selten können sie gar einen Schwerpunkt des Unternehmenskaufs darstellen. Auch diese Rechte bzw. geschützten Positionen müssen dem Bestimmtheitsgrundsatz entsprechend exakt im Einzelnen bezeichnet werden, damit sie Vertragsbestandteil werden. Dabei sind die verschiedenen Besonderheiten hinsichtlich dieser einzelne Rechte dahingehend zu beachten, ob und inwieweit sie überhaupt zum Gegenstand eines Übertragungsvertrages gemacht werden können.

156 Ein besonderes Augenmerk wird hierbei darauf zu legen sein, dass der Veräußerer auch tatsächlich der Inhaber des jeweiligen – übertragbaren – Rechts ist und dies auch entsprechend dokumentiert/nachgewiesen werden kann, da ein gutgläubiger Erwerb solcher

---

52 Vgl. BGH NJW 1994, 133, 134; Palandt/*Bassenge* § 930 Rn. 2 m.w.N.
53 Vgl. BGH NJW 2000, 276, 277.
54 Vgl. Palandt/*Grüneberg* § 398 Rn. 15 m.w.N.
55 Vgl. *Beisel/Klumpp* Kap. 4 Rn. 32 m.w.N.

Rechte nicht möglich ist. Der Käufer wird daher stets ein besonderes Augenmerk darauf zu richten haben, dass er sich – zumindest wirtschaftlich – durch Abgabe entsprechender Garantien des Verkäufers absichert.

Hervorzuheben gerade im vorliegenden Kontext von Unternehmensveräußerungen im Medienbereich ist die besondere Problematik bei **Urheberrechten**. Urheberrechtlich geschützte Rechte werden bei Transaktionen im Medienbereich stets von herausragendem Interesse für die Beteiligten sein, bilden sie dort doch oftmals den – oder zumindest einen – wesentlichen wertbildenden Faktor des Unternehmens. Aufgrund der besonderen Bedeutung für Transaktionen im Medienbereich wird auf diese Problematik, insbesondere die Regelung des § 34 Abs. 3 Satz 3 UrhG, nachfolgend in einem gesonderten Punkt (siehe unten unter Rdn. 165 ff.) eingegangen. 157

Der Bereich der Immaterialgüterrechte betrifft daneben regelmäßig auch solche entsprechenden Rechte, die keine ausdrückliche gesetzliche Regelung erfahren haben, so z.B. der **Kundenstamm** oder das betriebliche **Know-How**. Sofern und soweit solche immateriellen Güter nicht dokumentiert sind (z.B. in Form eines Handbuchs), wodurch sie ohne Weiteres zum Kaufgegenstand gemacht werden können, verbleibt hier nur die Möglichkeit, entweder eine entsprechende Verpflichtung des Veräußerers aufzunehmen (z.B. Erstellung oder Update von Kundenlisten) und/oder aber Mitwirkungspflichten des Veräußerers zu vereinbaren, durch die eine solche Übertragung gewährleistet wird. 158

Auch die **Firma** (§ 17 HGB) kann zum Gegenstand der zu übertragenden Assets gemacht werden. Dabei sind die Voraussetzungen des § 22 HGB zu beachten, d.h. insbesondere ist die Zustimmung des bisherigen Firmeninhabers einzuholen, die grundsätzlich nicht mit der bloßen Übertragung des Handelsgeschäfts als erteilt gilt.[56] 159

Verträge mit Dritten erweisen sich in der Praxis oft insofern als sehr problematisch, als unklar sein kann, ob und inwieweit der Erwerber in bestehende Vertragsverhältnisse mit Dritten eintreten kann oder dies überhaupt möchte. Hierbei ist zu beachten, dass Forderungen grundsätzlich – falls kein Abtretungsverbot besteht – auch ohne Zustimmung des Schuldners an einen Dritten, hier also den Erwerber, abgetreten werden können (vgl. §§ 398 ff. BGB). Auch kann ein Dritter – hier der Erwerber – nach § 414 ff. BGB durch eine entsprechende Vereinbarung mit dem Schuldner – hier dem Veräußerer – in dessen Verbindlichkeit eintreten, jedoch hängt die Wirksamkeit jeder Schuldübernahme gemäß § 415 Abs. 1 BGB von der Genehmigung des Gläubigers ab. Nur bei Vorliegen dieser Genehmigung hat die Schuldübernahme durch den Dritten – hier also des Erwerbers – für den Schuldner – hier dem Veräußerer – eine befreiende Wirkung. Die Vertragspartner des Veräußerers werden ihre Zustimmung zu einem Eintritt des Erwerbers in das Vertragsverhältnis daher regelmäßig von der Solvenz des Erwerbers abhängig machen, wenngleich hier möglicherweise auch – bei gegebener Solvenz – andere Gründe für die Nichterteilung einer solchen Zustimmung bestehen können. Vor diesem Hintergrund müssen die Parteien Regelungen dazu treffen, wie mit der Situation einer Nicht-Zustimmung zur Vertragsübernahme umzugehen ist. Regelmäßig geschieht dies in der Form, dass ein bestimmtes Procedere vereinbart wird, wonach sich der Veräußerer – möglicherweise aber auch der Erwerber – dazu verpflichtet, sich zu bemühen, vom Dritten eine entsprechende Zustimmung zum Eintritt des Erwerbers in den Vertrag einzuholen. Für den Fall, dass diese Bemühungen ohne Erfolg bleiben, vereinbaren die Parteien dann regelmäßig, dass der Veräußerer den Vertrag mit dem Dritten zunächst im Außenverhältnis weiter erfüllt, dies im Innenverhältnis jedoch auf Rechnung des Erwerbers geschieht und dieser im Übrigen im Innenverhältnis faktisch in die Position des Veräußerers gebracht wird. 160

---

56 Vgl. Baumbach/*Hopt* § 22 Rn. 9 m.w.N.

161 Arbeitsverhältnisse gehören zu den Verträgen mit Dritten, bilden aber wegen der besonderen Nähe der Dritten zum Zielunternehmen regelmäßig eine besondere Gruppe. Deswegen werden in einem Unternehmenskaufvertrag häufig auch Regelungen bezüglich der Übernahme der Arbeitsverhältnisse der im Unternehmen beschäftigten Arbeitnehmer durch den Erwerber getroffen. Auf die insoweit einschlägigen Bestimmungen des § 613a BGB wird nachfolgend noch gesondert eingegangen (siehe unten Rdn. 351 ff.).

162 ▶ **Beispiel für eine Regelung betreffend den Kauf von Vermögensgegenständen:**

»1. Der Verkäufer verkauft dem Käufer sämtliche zum Stichtag zum Unternehmen des Verkäufers gehörenden Gegenstände des Anlagevermögens im Sinne des § 266 Abs. 2 A. HGB.
2. Zu den gemäß vorstehendem Abs. 1 verkauften Gegenständen des Anlagevermögens gehören insbesondere sämtliche Gegenstände und Rechte, die in der **Anlage ...** zu diesem Vertrag im Einzelnen aufgeführt sind. In Anlage ... aufgeführte Vermögensgegenstände, die im Zeitraum ab dem Stichtag im Rahmen des gewöhnlichen Geschäftsbetriebs veräußert oder im Rahmen des gewöhnlichen Geschäftsbetriebs dem Vermögen des Unternehmen in sonstiger Weise entzogen worden sind, gehören nicht zum Kaufgegenstand dieses Vertrages und sind nicht mitverkauft. Gegenstände des Anlagevermögens, die im Zeitraum ab dem Stichtag im Rahmen des gewöhnlichen Geschäftsbetriebes als Ersatz oder Ergänzung für die im Vermögensverzeichnis gemäß Anlage ... aufgeführten Vermögensgegenstände hergestellt, angeschafft oder in sonstiger Form in das Vermögen des Unternehmens gelangt sind, sind mitverkauft.
3. Nicht mitverkauft werden:
   (a) ...
   (b) ...«

c) Mischtypen und Vermögensgegenstände außerhalb des Gesellschaftsvermögens

163 Sofern sich die Transaktion als eine Mischform aus einem Share Deal und einem Asset Deal darstellt, gelten vorstehende Ausführungen zu den jeweiligen Kaufgegenständen entsprechend. Derartige Konstellationen können sich beispielsweise bei Konzernstrukturen auf der Veräußererseite ergeben, die es möglicherweise erforderlich machen, dem Erwerber neben den Anteilen an einer Tochtergesellschaft auch bestimmte einzelne Assets zu übertragen, die nicht zum Vermögen der zu erwerbenden Tochtergesellschaft gehören, sondern anderweitig im Konzern eine Zuordnung erfahren haben.

164 Von besonderer Bedeutung – und entsprechend regelungsbedürftig – sind in der Praxis ferner stets besondere Beziehungen der Veräußererseite zum kaufgegenständlichen Unternehmen, so beispielsweise Gesellschafterdarlehen, die dem Tochterunternehmen gewährt wurden, oder Immaterialgüterrechte, die das Tochterunternehmen nutzt, hinsichtlich ihrer Inhaberschaft aber nicht dem Zielunternehmen, sondern einem anderen Konzernunternehmen zugeordnet sind. Hier bedarf es dann nicht nur adäquater Regelungen zu den jeweiligen Fällen, sondern zudem auch der entsprechenden Einbeziehung desjenigen anderen Unternehmens, zu dessen Vermögen derartige Gegenstände, Positionen, Forderungen, etc. außerhalb des Gesellschaftsvermögens der Zielgesellschaft gehören.

d) Urheberrechte und Unternehmenskauf – Die besondere Bedeutung der §§ 34, 35 UrhG bei Transaktionen im Medienbereich

165 Urheberrechte selbst können gemäß § 29 Abs. 1 UrhG grundsätzlich – d.h. zu Lebzeiten des Urhebers – nicht übertragen werden, was letztendlich aus der monistischen Theorie resultiert, wonach die vermögensrechtlichen und die (urheber-)persönlichkeitsrechtlichen

Bestandteile des Urheberrechts eine untrennbare Einheit darstellen. Sie sind und bleiben daher stets ausschließlich dem Urheber – als natürlicher Person – zugeordnet, in dessen Person durch Schaffung des Werkes sämtliche Verwertungsrechte entstehen. Zugunsten Dritter ist gemäß §§ 31 ff. UrhG lediglich eine Übertragung (§ 34 UrhG) und eine Einräumung (§ 35 UrhG) von Nutzungsrechten möglich.

Nur höchst selten wird der Veräußerer bei einem Unternehmenskauf daher auch selbst **166** Urheber sein. Vielmehr wird er regelmäßig lediglich Inhaber entsprechender Nutzungsrechte sein, die ihm unmittelbar oder mittelbar durch die Urheber übertragen oder eingeräumt worden sind. Dies können zum einen Dritte sein, in deren Person entsprechende Urheberrechte entstanden sind, zum anderen Dritte, die sich wiederum entsprechende Nutzungsrechte durch die Urheber zur Einräumung an den Veräußerer haben übertragen oder einräumen lassen. So können beispielsweise durch Autoren einem Verlag die Rechte zur Vervielfältigung und Verbreitung des Werkes oder einer Produktionsgesellschaft die Verfilmungsrechte übertragen worden sein. Sollen nunmehr das Verlagsunternehmen oder das Produktionsunternehmen veräußert werden, werden diese dorthin übertragenen Rechte der Vielzahl der Autoren stets im Blickpunkt der Beteiligten stehen, da sie einen für die Transaktion ganz entscheidenden (Wert-)Faktor bilden werden. Um diesen Wert wirtschaftlich auf den Erwerber zu übertragen, stehen den Beteiligten grundsätzlich der Weg der Vertragsübernahme durch den Erwerber sowie der Weg des »Share Deals« oder der des »Asset Deals« zur Verfügung.[57] Bei der Wahl des entsprechenden Weges werden sie dabei regelmäßig zum einen den faktischen Gegebenheiten, zum anderen aber auch den Besonderheiten Rechnung zu tragen haben, wie sie sich aus dem hier entscheidend wertbildenden »Handelsgut Urheberrecht« ergeben.

Den »einfachsten« Weg wird dabei stets die Vertragsübernahme darstellen. Jedoch bedarf **167** es dazu nach allgemeinen Grundsätzen eines Zusammenwirkens aller Beteiligten, also nicht nur des Veräußerers und des Erwerbers, sondern zudem auch des – bisherigen – Vertragspartners des Veräußerers. Soll der Erwerber in die Rechtsposition des Veräußerers eintreten, kann dies dann entweder im Wege eines dreiseitigen Vertrages umgesetzt werden oder Veräußerer und Erwerber schließen einen entsprechenden Vertrag, zu dem der – bisherige – Vertragspartner des Veräußerers seine Zustimmung erklärt. In der Praxis wird ein solches Vorgehen aber oftmals ein nicht unerhebliches Problem darstellen. Entweder ist es nicht möglich, diese Zustimmung des Dritten einzuholen oder seine Mitwirkung bei einem dreiseitigen Vertrag zu erhalten, weil er sich – aus welchen Gründen auch immer – dazu weigert, oder eine entsprechende Einbindung des Dritten scheitert daran, dass es sich um eine solche Vielzahl von Verträgen des Veräußerers mit seinen Rechtegebern handelt, die es als ausgeschlossen erscheinen lässt, alle Verträge mit den jeweiligen Dritten – zumindest in einem überschaubaren Zeitrahmen – auf den Erwerber zu übertragen.

Vor diesem Hintergrund sind im Zusammenhang mit Transaktionen im Medienbereich **168** die Regelungen der §§ 34, 35 UrhG, wonach dem Grundsatz nach sowohl Übertragungen gemäß § 34 UrhG, als auch Einräumungen von Nutzungsrechten gemäß § 35 UrhG, einer Zustimmung des Urhebers bedürfen, zu beachten. § 34 UrhG betrifft die – translative – Übertragung der vollständigen Rechtsposition des Rechtsinhabers auf einen anderen, d.h. in diesem Fall verliert der Übertragende sein entsprechendes Nutzungsrecht zugunsten des Erwerbers. Demgegenüber regelt § 35 UrhG die gebundene – konstitutive – (Weiter-)Einräumung einzelner Rechte, bei welcher eine Verbindung zwischen dem Veräußerer und dem Erwerber fortbesteht, d.h. dem Veräußerer verbleibt grundsätzlich

---

57 Zu den weiteren – denkbaren – Möglichkeiten der Treuhandlösung und der Sublizensierung vgl. *Raitz von Frentz/Masch* ZUM 2009, 354, 360 f.

sein entsprechendes Nutzungsrecht, wenn er diese Nutzungsberechtigung nicht ausnahmsweise, insbesondere durch die Vereinbarung einer Exklusivität, aufgibt.[58] Für die Abgrenzung zwischen Übertragung und Einräumung sind die Vereinbarungen der Parteien entscheidend, also insbesondere das Interesse der Parteien und nicht zuletzt auch die Wortwahl »einräumen« oder »übertragen«.[59] Dabei wird man zu berücksichtigen haben, dass bei der Veräußerung eines Unternehmens die bloße Einräumung von Nutzungsrechten nur schwer vorstellbar ist,[60] und daher in der Regel die vollständige Übertragung auf den Erwerber dem Willen der Parteien entsprechen wird.

169 Sollen die Nutzungsrechte dem Erwerber übertragen werden, kommt bei Transaktionen im Medienbereich der Regelung des **§ 34 Abs. 3 UrhG** eine besondere Bedeutung zu. Nach dem Grundsatz des § 34 Abs. 1 UrhG können Nutzungsrechte zwar nur mit Zustimmung des Urhebers übertragen werden, wenngleich der Urheber diese Zustimmung nicht wider Treu und Glauben verweigern darf,[61] jedoch wird dieser Grundsatz des Zustimmungsvorbehalts gemäß § 34 Abs. 1 UrhG zugunsten des Urhebers in den Fällen des § 34 Abs. 3 UrhG bei Unternehmenstransaktionen umgekehrt. Danach bedarf die Übertragung von Nutzungsrechten gemäß § 34 Abs. 3 Satz 1 UrhG keiner solchen Zustimmung des Urhebers, wenn sie im Rahmen der »Gesamtveräußerung eines Unternehmens oder der Veräußerung von Teilen des Unternehmens« geschieht. Der Urheber kann in diesem Fall jedoch das Nutzungsrecht zurückrufen, wenn ihm die Ausübung des Nutzungsrechts durch den Erwerber nach Treu und Glauben nicht zuzumuten ist (§ 34 Abs. 3 Satz 2 UrhG). Letzteres gilt gemäß § 34 Abs. 3 Satz 3 UrhG zudem auch dann, wenn sich die »Beteiligungsverhältnisse am Unternehmen des Inhabers des Nutzungsrechts wesentlich verändern«, also bei einem entsprechenden Kauf oder Verkauf von Geschäftsanteilen des Unternehmens. Für den Fall der Einräumung von Nutzungsrechten gemäß § 35 UrhG gibt es keine entsprechende Regelung. Der Verweis des § 35 Abs. 2 UrhG auf § 34 UrhG bezieht sich nicht auf die Regelungen des § 34 Abs. 3 UrhG, so dass in diesem Fall eine solche Rückrufsmöglichkeit außer Betracht zu bleiben hat.

170 Ebenso wie schon seine Vorgängervorschrift dient auch § 34 Abs. 3 UrhG in der seit dem 1.7.2002 geltenden Fassung[62] dazu, für den Fall vom Zustimmungserfordernis des § 34 Abs. 1 UrhG zu befreien, dass gesamte Unternehmen oder Teile von Unternehmen veräußert werden. Zu einem solchen Unternehmen bzw. seinen »Assets« kann gerade in der Medienbranche oftmals eine Vielzahl von Rechten gehören. Sollen beispielsweise ein Verlag, ein Bildarchiv oder ein sonstiges Medienunternehmen mitsamt allen ihnen durch die Urheber zur Nutzung übertragenen Rechten veräußert werden, würde § 34 Abs. 1 UrhG die Beteiligten sodann vor die nicht selten, insbesondere auch zeitlich, kaum lösbare Aufgabe stellen, diese Rechte nicht nur entsprechend den Erfordernissen des sachenrechtlichen Bestimmtheitsgrundsatzes zu erfassen und sie zu übertragen (siehe oben Rdn. 153 ff.), sondern von allen Urhebern auch die zur Weiterübertragung auf den Erwerber erforderlichen Zustimmungen einzuholen. Von diesem Dilemma soll § 34 Abs. 3 UrhG befreien.

---

58 Vgl. Dreier/*Schulze* § 35 Rn. 1; *Raitz von Frentz/Masch* ZUM 2009, 354, 357.
59 *Raitz von Frentz/Masch* ZUM 2009, 354, 357.
60 Vgl. Dreier/*Schulze* § 35 Rn. 1, 19.
61 Gemäß § 34 Abs. 2 UrhG genügt für den Fall, dass mit dem Nutzungsrecht an einem Sammelwerk (§ 4 UrhG) die Nutzungsrechte an den in das Sammelwerk aufgenommenen einzelnen Werken übertragen werden, die Zustimmung des Urhebers des Sammelwerkes, d.h. es bedarf keiner Zustimmung auch der Urheber der gesammelten Werke.
62 § 34 UrhG erhielt seine heute geltende Fassung durch das am 1.7.2002 in Kraft getretene Gesetz zur Stärkung der vertraglichen Stellung von Urhebern und ausübenden Künstlern. Mit diesem Gesetz wurde zugleich auch § 28 VerlG aufgehoben, so dass sich entsprechende Sachverhalte heute einheitlich gemäß § 34 UrhG beurteilen.

Durch die Umkehr des Grundsatzes der Zustimmungsbedürftigkeit gemäß § 34 Abs. 1 **171** UrhG zugunsten einer Zustimmungsfreiheit bei gleichzeitiger Rückrufmöglichkeit des Urhebers gemäß § 34 Abs. 3 Satz 2 UrhG für den Fall der Unzumutbarkeit versucht das Gesetz, für die sich hier darstellende besondere Situation einen angemessenen Interessausgleich zu schaffen, der zugunsten des Urhebers durch die – unverzichtbare (vgl. § 34 Abs. 5 UrhG) – gesamtschuldnerische Haftung von Erwerber und Veräußerer gemäß § 34 Abs. 4 UrhG ergänzt wird.

aa) Veräußerung von Unternehmen oder Unternehmensteilen

Der Tatbestand des § 34 Abs. 3 Satz 1 UrhG erfasst zunächst in seiner 1. Alternative die **172** »**Gesamtveräußerung eines Unternehmens**«. Erleichtert werden soll die Veräußerung eines Unternehmens als Ganzes, also nicht nur einzelner oder mehrerer Rechte, sondern auch der sonstigen wirtschaftlichen Mittel des Unternehmens.[63]

Als »Unternehmen« wir dabei in Anlehnung an die diesbezüglichen allgemeinen Grund- **173** sätze, wie beispielsweise zu § 25 HGB, jede auf Dauer angelegte Zusammenarbeit wirtschaftlicher und finanzieller Mittel, welche als Einheit am Wirtschaftsleben teilnimmt, verstanden.[64] Auf die konkrete Rechtsform, eine künstlerische Orientierung sowie eine überwiegende oder gar ausschließliche Zielsetzung in der Verwertung urheberrechtlicher Nutzungsrechte kommt es dabei nicht an.[65] Unerheblich für eine Anwendung der Norm ist es dabei, ob das Unternehmen auch unter der bisherigen Firma und unter der bisherigen Leitung fortgeführt wird.[66] Erfasst ist damit grundsätzlich der typische Unternehmenskauf im Wege des »**Asset Deals**«. Die Übertragung einzelner Nutzungsrechte fällt dabei nicht schon unter dem Gesichtspunkt unter den Anwendungsbereich von § 34 Abs. 3 UrhG, dass es sich bei diesen Rechten um den wesentlichen Vermögenswert des Unternehmens handelt.[67] Werden Nutzungsechte lediglich übertragen, ohne dass es zu einer Rechtsnachfolge des gesamten Unternehmens kommt, scheidet eine Anwendbarkeit des § 34 Abs. 3 UrhG aus, so dass es weiterhin der Zustimmung des Urhebers gemäß § 34 Abs. 1 UrhG bedarf.[68]

Auch kommt eine Anwendung der Vorschrift des § 34 Abs. 3 Satz 1 UrhG in seiner **174** 1. Alternative bei einem bloßen Erwerb von Unternehmensanteilen ebenso wenig in Betracht, wie auch bei einer bloßen Änderung der Firma oder der Gesellschaftsform.[69] Bei einem »**Share Deal**«, also der Veräußerung nur der gesellschaftsrechtlichen Anteile des Zielunternehmens, bleibt der Träger des Unternehmens und mithin der Inhaber der Nutzungsrechte identisch, so dass eine Übertragung der Nutzungsrechte nicht erforderlich bzw. schon für die grundsätzliche Zustimmungsbedürftigkeit gemäß § 34 Abs. 1 UrhG insoweit kein Raum ist.[70] Dieser ist beim »Share Deal« lediglich gemäß § 34 Abs. 3 Satz 3 UrhG eröffnet, also im Hinblick auf eine Änderung der Beteiligungsverhältnisse (siehe dazu nachfolgend unter Rdn. 176).

Demgegenüber greift der Tatbestand des § 34 Abs. 3 Satz 1 UrhG – in seiner 2. Alterna- **175** tive – bei der Übertragung von Nutzungsrechten im Rahmen einer »Veräußerung von

---

[63] Dreier/*Schulze* § 34 Rn. 29.
[64] Vgl. Wandtke/Bullinger/*Wandtke/Grunert* § 34 Rn. 18 m.w.N.; Möhring/Nicolini/*Spautz* § 34 Rn. 15.
[65] *Wernicke/Kockentiedt* ZUM 2004, 348, 350 m.w.N.
[66] Möhring/Nicolini/*Spautz* § 34 Rn. 15.
[67] BGH GRUR 2005, 860, 862.
[68] Vgl. LG München I ZUM 2003, 73, 76.
[69] Vgl. Dreier/*Schulze* § 34 Rn. 30 m.w.N.
[70] Str., vgl. Wandtke/Bullinger/*Wandtke/Grunert* § 34 Rn. 22 m.w.N., insbesondere auch zur a.A., die bei Kapitalgesellschaften bei der Veräußerung von 75 % der Anteile i.d.R. von einer Veräußerung im Sinne des § 34 Abs. 3 Satz 1 UrhG ausgehen, so z.B. *Joppich* K&R 2003, 211, 213.

Teilen eines Unternehmens«. Entsprechend Vorstehendem kommt dies nur bei »Asset Deals«, nicht jedoch bei »Share Deals« in Betracht. Als erforderlich dazu, dass es sich um Teile eines Unternehmens im Sinne der Norm handelt, wird das Vorliegen eines fachlich abgrenzbaren Teils des Unternehmens angesehen. Eine solche fachliche Abgrenzbarkeit kann sich aus dem Gegenstand, dem sachlichen Inhalt, der Tendenz, der Richtung der zu verwertenden Werke oder auch aus sonstigen Gesichtspunkten ergeben. Auch die Art der Rechte selbst, so z.B. im Hinblick auf bestimmte Verwertungsformen, kann zu einer solchen Abgrenzbarkeit führen.[71] Entscheidend ist aber stets, dass es sich um einen in sich geschlossenen Fachbereich handelt, der vollständig so auf den Erwerber übergeht, dass der Veräußerer mit diesem Bereich zukünftig nichts mehr zu tun hat.[72] Dies kann zum Beispiel der Fall sein, wenn die Merchandising-Abteilung eines Fernsehveranstalters, die Klassik-Sparte eines Musikverlages oder der Taschenbuch-Bereich eines Verlages zum Gegenstand eines entsprechenden Veräußerungsvertrages gemacht wird und dabei die zugehörigen Nutzungsrechte mit auf den Erwerber übertragen werden.

bb) Änderung der Beteiligungsverhältnisse

176 § 34 Abs. 3 Satz 2 UrhG berechtigt den Urheber zur Ausübung des Rückrufsrechts gemäß § 34 Abs. 3 Satz 2 UrhG, »wenn sich die **Beteiligungsverhältnisse** am Unternehmen des Inhabers des Nutzungsrechts wesentlich **ändern**«. Erfasst ist mithin der Fall, dass die Nutzungsrechte nicht im Rahmen eines »Asset Deals« auf einen Dritten übertragen werden, sondern sich die Herrschaftsverhältnisse über das Unternehmen des Rechteinhabers verändern, wie dies typischerweise bei einem »Share Deal« der Fall ist, wenn die Mehrheit der Anteile des Unternehmensträgers durch einen Dritten erworben wird. In einer solchen Situation bleibt die Identität des Unternehmensträgers und damit auch die des Rechteinhabers erhalten, jedoch vermitteln die entsprechenden gesellschaftsrechtlichen Befugnisse (z.B. bei der GmbH das Weisungsrecht der Gesellschafterversammlung gegenüber den Geschäftsführern) dem neuen (Mehrheits-)Anteilseigner regelmäßig eine zumindest mittelbare Möglichkeit der Einwirkung auf den Umgang mit den Nutzungsrechten, die dem Unternehmen durch den Urheber übertragen worden sind. Durch die Regelung des § 34 Abs. 3 Satz 2 UrhG wird jedoch nicht allen durch Anteilsveräußerungen geänderten Herrschaftsverhältnissen Rechnung getragen. Voraussetzung ist vielmehr, dass es sich um eine »wesentliche« Änderung der Beteiligungsverhältnisse handelt. Entsprechend dem Sinn und Zweck der Norm des § 34 UrhG, nicht nur die materiellen, sondern insbesondere auch die ideellen Interessen des Urhebers zu schützen, verbietet sich jedoch bei der Beantwortung der Frage, wann diese Voraussetzung erfüllt ist, eine allzu starre und schematisierte Betrachtungsweise. Grundsätzlich setzt eine wesentliche Änderung im Sinne des § 34 Abs. 3 Satz 2 UrhG voraus, dass sich die Kontrolle über das Unternehmen verändert, so beispielsweise wenn eine andere natürliche oder juristische Person als bisher nach Durchführung der Transaktion über die Mehrheit der Anteile, der Stimmrechte oder sonst über einen erheblichen Einfluss auf die Geschäftspolitik des Unternehmens verfügt.[73] Davon ausgehend wird man in der Praxis regelmäßig jedenfalls bei einer Mehrheitsbeteiligung des Erwerbers davon auszugehen haben, dass eine solche Einflussnahmemöglichkeit zukünftig vorliegt.[74] Etwas anderes kann aber insbesondere dann gelten, falls sich aus der konkreten Ausgestaltung der gesellschaftsvertraglichen

---

71 Vgl. Wandtke/Bullinger/*Wandtke/Grunert* § 34 Rn. 19 m.w.N.
72 Dreier/*Schulze* § 34 Rn. 32.
73 Wandtke/Bullinger/*Wandtke/Grunert* § 34 Rn. 26 m.w.N.
74 In der Literatur werden unterschiedliche Schwellenwerte als maßgeblich angesehen. Für die hier genannten 50 % plädieren beispielsweise *Partsch/Reich* AfP 2002, 298, 302, andere nennen eine Schwelle von zumindest 25 %, so beispielsweise Dreier/*Schulze* § 34 Rn. 38. Zum Meinungsstand ausführlich: *Wernicke/Kockentiedt* ZUM 2004, 348, 352 f. m.w.N.

Regelungen im Einzelfall andere, vom »Normalfall« abweichende Machtverhältnisse im betroffenen Unternehmen ergeben. Dies kann z.B. der Fall sein, wenn Sperrminoritäten, Zustimmungsvorbehalte oder Sonderrechte dem neuen Gesellschafter die Möglichkeit eröffnen, zumindest mittelbar Einfluss auf die Leitung, Strategie, Ausrichtung oder Politik des Unternehmens bzw. seiner Führung zu nehmen. Letztendlich entscheidend dafür, ob eine »wesentliche« Änderung der Beteiligungsverhältnisse vorliegt, sollte stets sein, ob sich aus Sicht eines vernünftigen und verständigen Urhebers durch die gesellschaftsrechtliche Veränderung negative Auswirkungen für die weitere Verwertung seines Werkes oder seine ideellen Interessen ergeben können, ohne dass es hierbei auf feste Beteiligungsschwellen ankommt.[75] Dabei bedarf es jedoch stets eines zumindest mittelbar durch die gesellschaftsrechtliche Beteiligung vermittelten Einflusses.[76] Liegt diese Voraussetzung nicht vor, verbleibt dem Urheber nur die Möglichkeit, auf andere Möglichkeiten zurückzugreifen, seine Beziehung zum Nutzer zu lösen, so beispielsweise durch Rückruf gemäß §§ 41, 42 UrhG, wenn die entsprechenden Voraussetzungen dazu vorliegen.

cc) Rückrufsrecht

Erfolgt die Übertragung von Nutzungsrechten gemäß § 34 Abs. 3 Satz 1 UrhG im Rahmen der »Gesamtveräußerung eines Unternehmens oder der Veräußerung von Teilen des Unternehmens« oder liegt eine wesentliche Änderung der Beteiligungsverhältnisse im Sinne des § 34 Abs. 3 Satz 3 UrhG vor, so dass die Übertragung dieser Rechte zwar nicht der Zustimmung des Urhebers bedarf, ist letzterer jedoch gemäß § 34 Abs. 3 Satz 2 UrhG ausnahmsweise zum Rückruf des Nutzungsrechts berechtigt, wenn ihm die Ausübung des Nutzungsrechts durch den Erwerber nach Treu und Glauben nicht zuzumuten ist. Dieses Kriterium der Unzumutbarkeit nach Treu und Glauben statuiert als Voraussetzung für die Ausübung des Rückrufsrechts durch den Urheber das Erfordernis einer umfassenden Abwägung seiner materiellen, insbesondere aber auch seiner ideellen Interessen am Werk und seiner Nutzung gegen die des Erwerbers des Unternehmens/-teils bzw. des in das Unternehmen eintretenden neuen Gesellschafters.

177

War der Urheber schon vor der Novellierung der Vorschrift des § 34 UrhG[77] berechtigt, den Übertragungsvertrag mit dem Unternehmen nach allgemeinen Grundsätzen aus wichtigem Grund zu kündigen, wenn ihm eine Nutzung durch den Erwerber nicht zugemutet werden konnte, so ist der Urheber seit der Neufassung des Gesetzes – aufgrund der eigenständigen Ausgestaltung des Rechts als Rückrufsrecht im Vergleich zum zwischenzeitlich allgemein normierten Rechtsinstitut der Kündigung aus wichtigem Grund (vgl. § 314 BGB) – in diesem Fall nicht mehr auf die Anforderungen für eine Kündigung aus wichtigem Grund angewiesen. Im Vergleich zur alten Rechtslage ergibt sich daraus eine gewisse Erleichterung der Voraussetzungen, unter denen für den Urheber die Möglichkeit besteht, die entsprechende Rechteinhaberschaft seines Vertragspartners zu beenden.[78] Ungeachtet eines Streits darüber, ob es für die Annahme einer Unzumutbarkeit im Sinne der Norm doch eines wichtigen Grundes bedarf,[79] kann auf jeden Fall insoweit aber weiterhin auf die Grundsätze zurückgegriffen werden, wie sie bis dato für die Kündigung des Urhebers aus wichtigem Grund bei einem Wechsel des Unternehmensinhabers entwickelt worden sind, als bei einem Vorliegen der sich daraus ergebenden Voraus-

178

---

75 Wandtke/Bullinger/*Wandtke/Grunert* § 34 Rn. 27 m.w.N.
76 Vgl. *Wernicke/Kockentiedt* ZUM 2004, 348, 353, die entsprechend der ratio der Norm auch auf Änderungen der Beteiligungsverhältnisse an einer Holding-Gesellschaft, die Anteile an dem Unternehmen hält, mit dem der Urheber vertraglich verbunden ist, abstellen.
77 Zu den weiteren – denkbaren – Möglichkeiten der Treuhandlösung und der Sublizensierung vgl. *Raitz von Frentz/Masch* ZUM 2009, 354, 360 f.
78 Vgl. Dreier/*Schulze* § 34 Rn. 37.
79 *Wernicke/Kockentiedt* ZUM 2004, 348, 353.

setzungen jedenfalls vom Bestehen eines Rückrufsrechts auszugehen ist. Erst für den Fall, dass sich an diesen Maßstäben gemessen kein Rückrufsrecht ergeben sollte, stellt sich die Frage, ob die durch das Gesetz angeordnete Interessenabwägung möglicherweise zu einem anderen – für den Urheber günstigeren – Ergebnis führt. Dabei ist zu beachten, dass man aufgrund des aufgezeigten gesetzestechnischen und -historischen Hintergrunds tendenziell bei der Frage nach einer für den Urheber bestehenden Unzumutbarkeit der Rechteausübung durch den Erwerber von einer gewissen Verschiebung der Wertungsmaßstäbe zugunsten des Urhebers auszugehen haben wird.[80]

179 Das Erfordernis, dass die Rechteausübung durch den Erwerber für den Urheber unzumutbar sein muss, verbleibt aber weiterhin und über sein Vorliegen kann nur nach einer umfassenden Abwägung der widerstreitenden Interessen unter Berücksichtigung aller Umstände des Einzelfalls entschieden werden, wobei sich diese Unzumutbarkeit für den Urheber nicht nur aus seinen ideellen, sondern auch aus seinen materiellen Interessen ergeben kann. Typischerweise werden es jedoch eher persönlichkeitsrechtliche Aspekte sein, die eine für den Urheber unzumutbare Nutzung seiner Rechte durch den Erwerber markieren. Exemplarisch zu nennen sind insoweit abschätzige Äußerungen des Erwerbers gegenüber dem Urheber oder dessen Werk,[81] grundlegende Veränderungen der Ausrichtung des Unternehmens durch den Inhaberwechsel (z.B. ein nationalsozialistischer Verleger erwirbt eine linke Tageszeitung oder einen Lyrikverlag)[82] oder in Extremfällen auch Ruf und Ansehen des Erwerbers.[83] Neben solchen Situationen, bei denen die ideellen Interessen des Urhebers im Rahmen der Gesamtabwägung das Bestehen eines Rückrufsrechts begründen können, kommen aber auch Situationen in Betracht, bei denen materielle Interessen des Urhebers für sein Rückrufsrecht sprechen. Dies kann beispielsweise in Fällen gegeben sein, in denen ein Autor seine Werke plötzlich bei einem Billigverleger oder ein Softwareentwickler seine Software im Angebot eines Händlers, dessen Vertrieb als miserabel bekannt ist, sehen oder bei der Übernahme des Vertriebs durch einen Konkurrenten, wenn dies dazu führt, dass die Werke eines Autors – zu Gunsten von Werken dieses Konkurrenten – nicht mehr aktiv vertrieben werden.[84] Stets kann jedoch nur der konkrete Einzelfall darüber entscheiden, ob die Gesamtumstände das Vorliegen einer Unzumutbarkeit anzeigen, wobei selbstverständlich auch die Interessen des Erwerbers am Fortbestand seiner Nutzungsmöglichkeit im hinreichend gebotenen Maße zu berücksichtigen sind. So mögen beispielsweise Umstrukturierungen innerhalb einer Unternehmensgruppe oder Anteilsübertragungen im Rahmen der Implementierung von Holdingstrukturen[85] oder die Konzentration von bestimmten – abgrenzbaren – Fachbereichen und Kompetenzen innerhalb eines Konzerns in einzelnen Gesellschaften oder auch ein Outsourcing bei fortbestehender Konzernzugehörigkeit der outgesourcten Gesellschaft, zu Änderungen der Beteiligungsverhältnisse oder einer Übertragung von Teilen eines Unternehmens führen, jedoch wird in solchen Situationen ohne das Hinzutreten weiterer Umstände grundsätzlich von einem überwiegenden – wirtschaftlichen – Interesse des Erwerbers am Fortbestand seiner Nutzungsmöglichkeit auszugehen sein, wenn nicht konkrete Anhaltspunkte der oben genannten Art, aus denen sich eine Unzumutbarkeit für den Urheber ergibt, zusätzlich hinzutreten.

---

80 Vgl. Dreier/*Schulze* § 34 Rn. 37; *Wernicke/Kockentiedt* ZUM 2004, 348, 351.
81 Dreier/*Schulze* § 34 Rn. 37.
82 Wandtke/Bullinger/*Wandtke/Grunert* § 34 Rn. 25.
83 *Wernicke/Kockentiedt* ZUM 2004, 348, 351 m.w.N.
84 Vgl. *Joppich* K&R 2003, 211, 213.
85 Vgl. Wandtke/Bullinger/*Wandtke/Grunert* § 34 Rn. 25.

dd) Ausübung des Rückrufsrechts

Das aufgrund einer (Teil-)Unternehmensveräußerung oder einer Änderung der Beteiligungsverhältnisse entsprechend vorstehend aufgezeigten Grundsätzen zugunsten des Urhebers bestehende Rückrufsrecht stellt einen gestaltenden Rechtsbehelf eigener Art zum dinglichen Rückruf eines eingeräumten Nutzungsrechts dar.[86] Mangels entsprechender gesetzlicher Regelung ist seine Ausübung **nicht formbedürftig**, so dass es entsprechend den allgemeinen Grundsätzen zur Wirksamkeit einseitiger empfangsbedürftiger Willenserklärungen seine Wirkung mit Zugang der entsprechenden Erklärung bei dem jeweiligen Empfänger entfaltet.[87]

180

Auch sieht das Gesetz keine **(Ausschluss-)Frist** vor, binnen der der Urheber sein Rückrufsrecht geltend zu machen hat. Ungeachtet dessen besteht jedoch – im Ergebnis – weitgehend Einigkeit darüber, dass er aus Gründen der Rechtssicherheit, insbesondere auch für den Erwerber, sein Recht nicht zeitlich unlimitiert, sondern nur binnen einer angemessenen Frist, auszuüben berechtigt ist. Da es sich bei § 34 Abs. 2 Satz 2 und 3 UrhG um ein Gestaltungsrecht handelt, dürfte sich insoweit ein Abstellen auf die allgemeinen Verjährungsfristen verbieten.[88] Davon ausgehend wird eine solche zeitliche Begrenzung der Befugnis zur Ausübung des Rechts unter Heranziehung verschiedener anderer Aspekte – beispielsweise der Analogie zu § 613a Abs. 6 BGB – und dementsprechend mit jeweils unterschiedlichen Fristen diskutiert.[89] Vorzugswürdig dürfte insoweit jedoch auf das Rechtsinstitut der Verwirkung abzustellen sein, lässt es im einzelnen Fall doch hinreichend Raum dafür, unter Berücksichtigung der Einzelfallumstände einerseits dem Rechnung zu tragen, dass dem Urheber aufgrund der Eigenschaft als Gestaltungsrecht eine gewisse Zeit zur Überlegung einzuräumen ist, andererseits für den Erwerber nach einer angemessenen Zeit auch Rechtssicherheit bestehen muss. Vor diesem Hintergrund wird man sodann auch auf die Grundsätze zurückgreifen können, wie sie bis zur Novellierung des § 34 UrhG durch die Rechtsprechung zur fristlosen Kündigung des Nutzungsvertrages aus wichtigem Grund bei Unternehmensveräußerungen entwickelt worden sind. Je nach den Umständen des einzelnen Falles wird man dabei regelmäßig Fristen von ein bis zwei Monaten als angemessen anzusehen haben.[90]

181

Übt der Urheber sein Rückrufsrecht binnen dieser Frist aus, fällt das Nutzungsrecht dinglich – und ohne Pflicht zur Entschädigung[91] – auf ihn zurück.[92]

182

ee) Gesamtschuldnerische Haftung und abweichende Vereinbarungen

Gemäß § 34 Abs. 4 UrhG haftet der Erwerber des Nutzungsrechts gesamtschuldnerisch für die Erfüllung der sich aus dem Vertrag mit dem Urheber ergebenden Verpflichtungen des Veräußerers, wenn der Urheber der Übertragung des Nutzungsrechts nicht im Einzelfall ausdrücklich zugestimmt hat. Diese gesamtschuldnerische Haftung des Erwerbers tritt neben die des Veräußerers und erfasst nicht nur alle Haupt-, sondern auch alle Nebenansprüche aus dem Vertrag, z.B. Honoraransprüche oder auch Ansprüche auf

183

---

86 Vgl. *Joppich* K&R 2003, 211, 214; Wandtke/Bullinger/*Wandtke/Grunert* § 34 Rn. 24.
87 Vgl. Wandtke/Bullinger/*Wandtke/Grunert* § 34 Rn. 24.
88 A.A. Dreier/*Schulze* § 34 Rn. 39, mit dem Argument, dass durch den Urheber ein Unterlassen verlangt werde, so dass die regelmäßige Verjährungsfrist gelte, nämlich drei Jahre ab Kenntnis von der Gesamtveräußerung und den Umständen, die ein Rückrufsrecht rechtfertigen, und ohne Rücksicht auf die Kenntnis in zehn Jahren (vgl. §§ 195, 199 BGB).
89 Vgl. dazu die Darstellungen bei *Wernicke/Kockentiedt* ZUM 2004, 348, 351; *Joppich* K&R 2003, 211, 216; Wandtke/Bullinger/*Wandtke/Grunert* § 34 Rn. 24.
90 Vgl. BGH GRUR 1990, 443, 446 – Musikverleger IV; GRUR 1971, 35, 40 – Maske in Blau.
91 Str., vgl. Wandtke/Bullinger/*Wandtke/Grunert* § 34 Rn. 24.
92 Zur Frage der Auswirkungen der Ausübung des Rückrufsrechts auf sog. Enkelrechte beachte insbesondere auch BGH GRUR 2009, 946 ff. – Reifen Progressiv; dazu auch *Pahlow* GRUR 2010, 112 ff.

Ausübung des Nutzungsrechts.[93] Geschützt wird durch diese Haftungserweiterung allerdings nur der Urheber. Die Haftungsregelung erfasst lediglich die Konstellation, dass zwischen dem Urheber und dem Veräußerer eine unmittelbare vertragliche Beziehung besteht, nicht aber beispielsweise den Fall, dass dem Veräußerer die Nutzungsrechte durch einen früheren Veräußerer, beispielsweise durch einen Zwischenhändler, übertragen wurden. Zugunsten eines solchen früheren Veräußerers kommt aufgrund des Sinn und Zwecks der Regelungen des § 34 UrhG und in Anbetracht des Wortlauts des § 34 Abs. 4 UrhG auch eine analoge Anwendung nicht in Betracht.[94] Ein Vorausverzicht des Urhebers auf diese Haftung, insbesondere in seinen vertraglichen Vereinbarungen mit dem Veräußerer, ist aufgrund der ausdrücklichen Regelung des **§ 34 Abs. 5 Satz 1 UrhG** ebenso nicht möglich, wie auch ein Vorausverzicht auf sein Rückrufsrecht.[95]

184 Ausgeschlossen ist die gesamtschuldnerische Haftung gemäß § 34 Abs. 4 UrhG mithin nur dann, wenn der Urheber der Übertragung des Nutzungsrechts im konkreten Einzelfall und ausdrücklich zugestimmt hat. Gestattet der Urheber die Übertragung der Nutzungsrechte durch den Veräußerer auf einen Dritten, so erfordert dies dann jedoch eine entsprechende individuelle einzelvertragliche Vereinbarung. In der Praxis bei Unternehmenskäufen im Medienbereich wird diese Möglichkeit jedoch nicht selten nur von geringem Wert sein, da pauschale oder formularvertragliche Zustimmungen des Urhebers dazu als nicht ausreichend erachtet werden.[96] Insbesondere muss der betroffene Urheber auch über die wesentlichen Umstände der Übertragung der Nutzungsrechte, über die Person des Erwerbers und die künftige Verwertung informiert sein.[97] In der Situation einer Unternehmensveräußerung im Medienbereich wird ein entsprechendes Vorgehen aufgrund der faktischen Gegebenheiten oftmals an der Vielzahl der Berechtigten, von denen solche – individuellen – Zustimmungen eingeholt werden müssten, scheitern.

185 Ungeachtet dessen ist zu berücksichtigen, dass Urheber und Veräußerer in ihrer vertraglichen Beziehung zueinander zwar auf das grundsätzliche Zustimmungserfordernis gemäß § 34 Abs. 1 UrhG verzichtet haben können, so dass § 34 Abs. 3 Satz 1 UrhG insoweit nicht mehr relevant wird. Hierbei wird sich allerdings sehr häufig die Frage nach einer Wirksamkeit der getroffenen Regelungen stellen. Sehen AGB formularmäßig die Weiterübertragbarkeit des Nutzungsrechts vor, ohne dass es einer Zustimmung des Urhebers bedarf, werden diese Klauseln regelmäßig gegen § 307 Abs. 2 Nr. 1 BGB verstoßen, da sie vom gesetzlichen Leitbild – der Weiterübertragung mit Zustimmung – abweichen.[98] In diesen Fällen verbleibt es dann wieder bei der gesetzlichen Regelung. Aber auch in den Fällen, in denen die Parteien wirksame Regelungen dazu getroffen haben, dass der Veräußerer Nutzungsrechte ohne Zustimmung auf einen Dritten übertragen darf, bleiben das Rückrufsrecht gemäß § 34 Abs. 3 UrhG und die gesamtschuldnerische Haftung gemäß § 34 Abs. 4 UrhG aufgrund der zwingenden Regelung des § 34 Abs. 5 Satz 1 UrhG bestehen.[99]

186 Schließlich werden die Parteien bei einem Unternehmenskauf regelmäßig zu beachten haben, dass vertraglich ebenso auch ein Ausschluss der Übertragbarkeit der Nutzungs-

---

93 Dreier/*Schulze* § 34 Rn. 42.
94 Vgl. Dreier/*Schulze* § 34 Rn. 42; *Raitz von Frentz/Masch* ZUM 2009, 354, 359.
95 Ein nachträglicher Verzicht ist demgegenüber möglich, vgl. Wandtke/Bullinger/*Wandtke/Grunert* § 34 Rn. 47 m.w.N.
96 Vgl. auch Amtl. Begr. BT-Drs. 14/6433, 50.
97 *Wernicke/Kockentiedt* ZUM 2004, 348, 354. Hat der Urheber der Übernahme des dem übertragenen Nutzungsrecht zugrunde liegenden Nutzungsvertrages im Rahmen des Vollzugs eines Asset Deals zugestimmt, ist hierin in aller Regel auch ohne ausdrückliche Erwähnung die Zustimmung zur Übertragung des Nutzungsrechts enthalten, Wandtke/Bullinger/*Wandtke/Grunert* § 34 Rn. 33.
98 Wandtke/Bullinger/*Wandtke/Grunert* § 34 Rn. 51 m.w.N.
99 Vgl. Dreier/*Schulze* § 34 Rn. 46 f., 48 m.w.N.

rechte vereinbart worden sein kann, wie abweichend von § 34 Abs. 3 UrhG zusätzlich vereinbart worden sein könnte, dass in diesen Fällen ein Zustimmungserfordernis zugunsten des Urhebers besteht.[100] Zwar werden sich solche Fälle in der Praxis eher selten finden, jedoch bedarf die Prüfung, ob derartige Regelungen getroffen wurden, gerade bei einem Unternehmenskauf im Medienbereich eines besonderen Augenmerks der Parteien, da ein vertraglicher Ausschluss der Übertragbarkeit nicht nur schuldrechtliche Wirkung hat, sondern als mögliche Verfügungsbeschränkung absolut und gegen jedermann wirkt.[101]

ff) Besonderheiten im Film- und Laufbildbereich

Sofern und soweit der Unternehmenskauf oder die -beteiligung des Erwerbers Bezüge zum Film-/Fernsehsektor aufweist, ist im vorliegenden Zusammenhang die Sonderregelung gemäß § 90 UrhG zu beachten. Nach § 90 Satz 1 UrhG finden u.a. die Regelungen über die Übertragung von Nutzungsrechten (§ 34 UrhG) und über die Einräumung weiterer Nutzungsrechte (§ 35 UrhG) auf die in § 88 Abs. 1 UrhG und § 89 Abs. 1 UrhG bezeichneten Rechte am Filmwerk keine Anwendung.[102] Der in §§ 34, 35 UrhG statuierte Grundsatz der Zustimmungsbedürftigkeit greift insoweit mithin nicht. Entsprechendes gilt aufgrund der Verweisung gemäß § 95 UrhG auch für den Fall, dass es sich lediglich um geschützte Laufbilder handelt. In der Praxis werden die Beteiligten eines Unternehmenskaufs die entsprechenden Regelungen gemäß §§ 34, 35 UrhG jedoch dennoch stets zu beachten haben. 187

Zum einen gilt dies im Hinblick auf § 90 Satz 2 UrhG, wonach für das Recht zur Verfilmung bis zum Beginn der Dreharbeiten § 90 Satz 1 UrhG keine Anwendung findet. Auf Übertragungen dieses Rechts bis zu diesem Zeitpunkt finden die Vorschriften der §§ 34, 35 UrhG mithin uneingeschränkt Anwendung. 188

Zum anderen ergibt sich die fortbestehende Relevanz der §§ 34, 35 UrhG in der Praxis auch unter dem Gesichtspunkt, dass den Gegenstand der Rechteübertragung in diesem Zusammenhang regelmäßig nicht nur die bloßen Nutzungsrechte am Filmwerk gemäß §§ 88 Abs. 1, 89 Abs. 1 UrhG bilden, sondern vielmehr auch eine Vielzahl von damit im Zusammenhang stehenden Rechten, z.B. Merchandisingrechte oder auch Nutzungsrechte an vorbestehenden Werken gemäß § 89 Abs. 3 UrhG. 189

4. Der Kaufpreis

Als Gegenleistung des Käufers für den Kaufgegenstand steht der Kaufpreis stets im Mittelpunkt der Vertragsverhandlungen. Letztendlich stellen der Kaufpreis und seine konkrete vertragliche Ausgestaltung regelmäßig das Ergebnis der vorausgegangenen Verhandlungen und der situativen Gegebenheiten des jeweiligen Falles dar. Die vertragliche Regelung des Kaufpreises ist stets das Spiegelbild verschiedenster Faktoren. Das Ergebnis der Verhandlungen darüber mündet nicht nur in die (bloße) Höhe des Kaufpreises, sondern in eine weitere Vielzahl von Regelungen des Unternehmenskaufvertrages ein. 190

a) Kaufpreisermittlung – Grundlagen der Unternehmensbewertung

Zentrales Element der vertraglichen Regelung zum Kaufpreis wird stets die Frage sein, welchen Wert der konkrete Kaufgegenstand hat. Dessen Höhe steht naturgemäß in Abhängigkeit von einer Vielzahl von Faktoren, die sich aus der Unterschiedlichkeit der 191

---

100 Vgl. Wandtke/Bullinger/*Wandtke/Grunert* § 34 Rn. 37.
101 Wandtke/Bullinger/*Wandtke/Grunert* § 34 Rn. 39.
102 Dies gilt ebenso für das Rückrufsrecht wegen Nichtausübung (§ 41 UrhG) und wegen gewandelter Überzeugung (§ 42 UrhG).

jeweiligen Situation ergeben, d.h. beispielsweise, ob es sich auf Seiten des Erwerbers um eine reine Finanzinvestition oder aber ein wettbewerbliches/strategisches Investment handelt oder ob eine Vielzahl von Interessenten vorhanden ist. Weiterhin hängt der Kaufpreis von der Chancen- und Risikoeinschätzung der Parteien ab. Nicht zuletzt wird auch stets das Verhandlungsgeschick der Parteien und die allgemeine oder konkrete Marktsituation von entscheidender Bedeutung sein. Werden individuelle Besonderheiten oder Marktgegebenheiten, die im Einzelfall manchmal zu rational nicht mehr nachvollziehbaren Kaufpreisen führen können (vgl. z.B. die Diskussionen um den Wert von »Web-2.0«-Unternehmen), einmal außer Betracht gelassen, wird die konkrete Kaufpreisfindung stets ihre Grundlage insbesondere in einer nach anerkannten Methoden durchgeführten Unternehmensbewertung finden. Insoweit steht heute eine Vielzahl solcher Bewertungsmethoden zur Auswahl. Da dieser Bereich nicht zur Kerntätigkeit des in die Transaktion involvierten Anwalts gehören wird, seien sie im Nachfolgenden nur kurz und kursorisch skizziert:

aa) Ertragswertverfahren

192 Die Ermittlung des Unternehmenswertes nach dem sog. Ertragswertverfahren stellt heute eine der gebräuchlichsten Methoden dar. Sie basiert im Wesentlichen auf der Überlegung, dass sich der Wert des Unternehmens aus seinen zukünftigen Gewinnen ergibt. Dabei sind zwei Faktoren von ausschlaggebender Bedeutung: Zum einen geht es um die Prognose der zukünftigen Erträge, also der zu erwartenden Überschüsse, die durch das Unternehmen erwirtschaftet werden. Dies wird anhand einer Analyse der Erträge in der Vergangenheit ermittelt, wobei regelmäßig ein Zeitraum von fünf Jahren zugrunde gelegt wird. Darauf aufbauend erfolgt eine Zukunftsprognose. Zum anderen wird dann in einem zweiten Schritt eine Abzinsung des so prognostizierten Ertragswertes mit dem sog. Kapitalisierungszinssatz vorgenommen. Durch diesen Schritt erhält der Erwerber die Möglichkeit, eine Vergleichbarkeit seiner Investition in das Bewertungsobjekt mit anderen Anlagemöglichkeiten und ihren Renditen herzustellen.[103]

bb) Discounted Cash Flow-Verfahren (DCF-Verfahren)

193 Dem Ertragswertverfahren nicht unähnlich ist das aus der anglo-amerikanischen Bewertungspraxis stammende »Discounted Cash Flow«-Verfahren (kurz: DCF-Verfahren), welches heute eine ebenso starke Verbreitung hat. Im Gegensatz zum Ertragswertverfahren, bei dem der aktuelle Wert des Unternehmens anhand der zukünftig zu erwartenden Erträge ermittelt wird, stellt das DCF-Verfahren auf den zukünftigen Cash Flow des Unternehmens ab, wobei unter dem Cash Flow der sich ergebende Überschuss aus Einzahlungen und Auszahlungen zu verstehen ist. Dieser Cash Flow wird gleichfalls mit einem Kapitalisierungszinssatz abgezinst (»Discounted«). Zur Ermittlung des konkreten Cash Flows stehen sich dabei zwei methodische Ansätze gegenüber: Nach dem sog. Equity Approach, auch Netto-Ansatz genannt, ergibt sich der Cash Flow aus den dem Eigentümer des Unternehmens zukünftig – voraussichtlich – zufließenden Ausschüttungen. Besonderheiten im Vergleich zur Ertragswertmethode ergeben sich hierbei aus einer unterschiedlichen Behandlung der Unternehmenssteuern. Dem Equity Approach gegenüber steht dabei der sog. Entity Approach, auch Brutto-Ansatz genannt. Hier geht es nicht nur um eine Betrachtung des »arbeitenden Eigenkapitals«, sondern des gesamten »arbeitenden Kapitals«. Erfasst werden nicht nur die Zahlungen an die Eigenkapitalgeber, sondern auch die Zahlungsströme gegenüber Fremdkapitalgebern. Beide Ansätze

---

103 Zu weiteren Details dieser – hier vergröbert dargestellten – Bewertungsmethode vgl. beispielsweise bei *Beisel/Klumpp* Kap. 3 Rn. 33 ff.

unterscheiden sich sodann auch nochmals durch eine unterschiedliche Ermittlung des Kapitalisierungszinssatzes.[104]

cc) Substanzwertmethode

Die Substanzwertmethode ist heute im Gegensatz zu den beiden vorerwähnten Bewertungsmethoden kaum noch verbreitet, wenngleich sie für die Parteien einen gewissen Anhalt im Vergleich zu anderen Methoden geben kann. Bei der Substanzwertmethode ergibt sich der Wert des Unternehmens aus dem Gesamtwert der dem Unternehmen gehörenden Vermögensgegenstände abzüglich der Höhe aller Verbindlichkeiten.[105] **194**

dd) Marktwertverfahren (Multiplikatorverfahren)

Anders als bei börsennotierten Aktiengesellschaften, bei denen sich der Marktwert aus dem Gesamtwert aller Aktien – unter Berücksichtigung entsprechender Schwankungen – ableiten lässt, gibt es bei anderen Gesellschaften keine solche Börse, die den Marktwert entsprechend markiert. Der »Markwert« eines nicht börsennotierten Unternehmens lässt sich daher lediglich anhand von Vergleichswerten aus ähnlichen, vergleichbaren Transaktionen ableiten. Ausgehend von einer grundsätzlichen Vergleichbarkeit haben sich in der Praxis teilweise Marktwertermittlungen daraus ergeben, dass eine bestimmte Bezugsgröße (z.B. EBITDA, EBIT, Umsatz, etc.) mit einem bestimmten Multiplikator (»Multiple«) versehen wird. Hier haben sich, je nach Größe der Unternehmensbranche, entsprechend unterschiedliche Multiplikatoren entwickelt.[106] Diese Methode zur Unternehmensbewertung wird regelmäßig eine Grundlage für die Kaufpreisbestimmung bilden. Ob und inwieweit der tatsächliche Kaufpreis, wie er im Vertrag festgeschrieben wird, dem Ergebnis einer solchen Bewertung entspricht, hängt regelmäßig davon ab, ob und inwieweit die eingangs genannten Faktoren und besonderen Situationen kaufpreisreduzierend oder -erhöhend wirken. **195**

b) Regelungen zum Kaufpreis im Vertrag

Hinsichtlich des Kaufpreises ist es in der Praxis des Unternehmenskaufvertrages nicht damit getan, auf Basis einer der oben genannten Methoden den Kaufpreis zu ermitteln, vielmehr werden sich aus der jeweiligen Situation Erfordernisse dahingehend ergeben, sowohl zur Kaufpreishöhe, als auch zu den Modalitäten seiner Auszahlung und seiner Sicherung weitere Regelungen vorzusehen. **196**

aa) Kaufpreisvereinbarungen

Von entscheidender Bedeutung bei der Kaufpreisgestaltung ist, dass es sich bei einem Unternehmen um einen »lebenden« Gegenstand handelt, d.h. dass sich dieser – und damit einhergehend auch sein Wert – ständig während des Verlaufs der Verhandlungen und auch nach Vertragsschluss im Vergleich zum konkreten Überprüfungszeitpunkt verändert. Dies gilt es, entsprechend bei der vertraglichen Gestaltung zu berücksichtigen. Dabei bestehen im Wesentlichen folgende Regelungsmöglichkeiten: **197**

Die Vereinbarung eines Festkaufpreises stellt die einfachste Form der Fixierung des Kaufpreises dar. Insbesondere bei kleineren Transaktionen werden sich die Parteien nicht **198**

---

104 Vgl. *Hesse/Stratz*, in: Hettler/Stratz/Hörtnagl, Becksches Mandatshandbuch Unternehmenskauf, § 3 Rn. 193 ff. Es würde den Rahmen dieser Darstellung gänzlich sprengen, auf alle Details des DCF-Verfahrens einzugehen, daher sei hier exemplarisch auf die vorgenannte ausführliche Darstellung verwiesen.
105 Zu näheren Details vgl. exemplarisch *Beisel/Klumpp* Kap. 3 Rn. 88 ff.
106 Vertiefend dazu *Hesse/Stratz* § 3 Rn. 310 ff. m.w.N.

selten auf einen solchen Festkaufpreis verständigen, wobei dann in die konkrete Preisbestimmung regelmäßig schon Überlegungen mit einfließen, die die sich aus der Natur der Sache ergebende Variabilität des Wertes zu berücksichtigen haben. Insoweit wird es regelmäßig zu einer gewissen Risikoallokation kommen, und diese Risiken werden im Rahmen der Vereinbarung des Kaufpreises entsprechend auf die Parteien verteilt. Ein fixer Kaufpreis ist für die Parteien das größtmögliche Maß an Klarheit. Dies gilt insbesondere für den Verkäufer, da »Anpassungen« später nur noch aufgrund eines Mangels und entsprechend dem Gewährleistungsregime des Vertrages bzw. den gesetzlichen Regelungen möglich sind.

199 Bei der Festlegung eines festen Kaufpreises wird sehr häufig für die Parteien das Bedürfnis entstehen, ausgehend von ihren Annahmen während des Verlaufs der Verhandlungen eine Lösung dafür zu finden, dass sich der Wert des Unternehmens nicht nur während der Verhandlungsphase, sondern auch noch nach Unterzeichnung (»Signing«) des Vertrages bis zum dinglichen Vollzug (»Closing«) verändern kann. Zum anderen kann sich das Bedürfnis für eine Variabilität des Kaufpreises auch daraus ergeben, dass Veräußerer und Erwerber – fast schon naturgemäß – unterschiedliche Prognosen hinsichtlich der Ertragskraft des Unternehmens in der Zukunft aufstellen. Der Veräußerer wird hier regelmäßig wesentlich »optimistischer« sein als der Erwerber. Vor diesen Hintergründen sind in der Praxis beispielsweise folgende Kaufpreismodelle üblich:

200 Die Parteien vereinbaren einen vorläufigen Kaufpreis, der auch konkret beziffert wird, mit Anpassung zum Vollzugsstichtag. Dabei wird in der Regel so vorgegangen, dass ein bestimmter – regelmäßig überwiegender – Teil des Kaufpreises fixiert und mit dem dinglichen Vollzug (»Closing«) durch den Erwerber zu zahlen ist. Der Erwerber behält jedoch zu diesem Zeitpunkt einen gewissen Anteil des Kaufpreises ein (»Hold-Back«). Die Auszahlung des einbehaltenen Anteils wird dann von den Ergebnissen einer später zum Closing zu erstellenden Stichtagsbilanz abhängig gemacht. In dieser Stichtagsbilanz (Abrechnungsbilanz, »Closing Accounts«) sollen insbesondere die den Kaufpreis beeinflussenden Vermögenswerte des Unternehmens zum Stichtag exakt erfasst werden. Besonders im Focus steht dabei regelmäßig das Eigenkapital (»Equity«) bzw. seine Entwicklung seit der letzten Feststellung. Da sich im Gegensatz zu anderen preisbestimmenden Faktoren hier am ehesten – insbesondere auch messbare – Veränderungen ergeben, wird das Eigenkapital regelmäßig zur Bezugsgröße für die Preisanpassungsklausel gewählt. Bei einer solchen Anpassungsklausel ist zwecks Vermeidung zukünftiger Konflikte darauf zu achten, dass zum einen die Bezugspunkte für die Anpassung klar definiert werden, zum anderen auch geregelt wird, in welcher konkreten Form die »Messung« zum Stichtag zu erfolgen hat. Dabei werden sich die Parteien auch darauf zu verständigen haben, auf welcher Basis bzw. mit welchem Standard die Abrechnungsbilanz zu erstellen ist (GoB, IFRS). Darüber hinaus werden häufig auch Regelungen dazu getroffen, wie innerhalb dieses gesetzten Rahmens bestimmte Bilanzpositionen (weiter) behandelt werden bzw. welche Bewertungsgrundsätze gelten sollen. Da Preisanpassungsklauseln regelmäßig besonderes Konfliktpotenzial aufweisen, sollten zudem auch Regelungen zur Lösung derartiger Konflikte geschaffen werden, so z.B. durch Einholung von Schiedsgutachten neutraler Stellen.

201 Denkbar, jedoch weniger anzuraten und in der Praxis daher auch seltener anzutreffen, ist die Vereinbarung eines gänzlich variablen Kaufpreises anhand zuvor definierter Parameter. Deren Erfüllung wird zum Stichtag überprüft und aus den Ergebnissen der Überprüfung wird sodann der Kaufpreis abgeleitet. Bereitet in der Praxis schon oftmals die vertragliche Ausgestaltung eines variablen Teils des Kaufpreises nicht unerhebliche Schwierigkeiten, ist das Konfliktpotenzial bei der Vereinbarung eines gänzlich variablen Kaufpreises naturgemäß noch erheblich höher einzustufen.

Wesentlich häufiger werden die Parteien bei einem variablen Kaufpreis(anteil) auf die **202**
zukünftige Entwicklung des Unternehmens nach seinem Übergang auf den Erwerber
abstellen. Hierbei gehen die Parteien in der Regel so vor, dass sie entsprechend vorstehend dargestellten Möglichkeiten entweder einen festen oder einen variablen Kaufpreis
vereinbaren und einen weiteren Kaufpreisanteil von der zukünftigen – wirtschaftlichen –
Entwicklung des Unternehmens, insbesondere seiner Ertragslage, abhängig machen.
Dabei wird eine zeitliche Periode nach dem Closing festgelegt und die Auszahlung des
weiteren Kaufpreisanteils richtet sich nach der Erfüllung bestimmter Kennwerte innerhalb bzw. zum Abschluss dieser Periode.

▶ **Beispiel für eine solche Kaufpreisregelung:** **203**

»Der Kaufpreis beträgt bis zu € 10,5 Mio. und setzt sich zusammen aus drei Teilen:
(1) dem festen Kaufpreis I in Höhe von € 8 Mio. und
(2) dem sich ggf. zu mindernden Kaufpreis II in Höhe von € 1 Mio., der dem Käufer innerhalb von zwei Jahren nach dem Übertragungsstichtag als Sicherheit dient (Hold Back) und sich mindert, soweit innerhalb dieses Zeitraums Lizenzeinkaufsverträge deswegen enden, weil der jeweilige Vertragspartner unter Berufung auf seine fehlende Zustimmung zum Kontrollwechsel auf den Käufer kündigt, und
(3) dem variablen Kaufpreis III (Earn Out) in Höhe von bis zu € 1,5 Mio., dessen Höhe davon abhängt, wie weit der EBITDA[107] der Zielgesellschaft in den auf den Verkauf folgenden drei Kalenderjahren im jeweiligen Referenzjahr den für das Referenzjahr festgelegten Schwellenwert überschreitet.«

So »beliebt« diese sog. »Earn Out-Klauseln« bzw. »Hold Back-Klauseln« sind, wie sie **204**
sich auch in dem oben genannten Beispiel finden, so hoch ist das ihnen regelmäßig innewohnende Konfliktpotenzial. Liegt nicht gerade der Ausnahmefall vor, dass der Veräußerer weiterhin im Unternehmen an verantwortlich leitender Stelle tätig ist, hat er weder
darauf Einfluss, ob die prognostizierte Entwicklung auch tatsächlich eintritt, noch auf
die Art und Weise, wie die maßgeblichen Faktoren ermittelt werden. Daher bedarf es bei
solchen Earn Out-Klauseln sorgfältigster und detaillierter Regelungen, welche Faktoren
(z.B. Umsatz, Ertrag) unter welchen Voraussetzungen zu welchem Zeitpunkt zu einer
Auszahlung des variablen Kaufpreisanteils führen sollen. Auch wird festzulegen sein,
dass und welche bestimmten unternehmerischen Prinzipien und/oder Bewertungsgrundsätze für den definierten Betrachtungszeitraum gelten, um so die Zahl möglicher Konfliktfälle zu reduzieren. Entsprechendes gilt für Hold Back-Klauseln. Dass der Erwerber
dem naturgemäß nur wenig abgewinnen kann, liegt auf der Hand, wird er doch – trotz
seiner Stellung als neuer Inhaber des Unternehmens – in seinem unternehmerischen Tun
entsprechend den vertraglich aufgestellten Regeln zumindest teilweise eingeschränkt.

bb) Weitere Zahlungsmodalitäten und Sicherungsvereinbarungen

Regelmäßig werden die Parteien auch noch weitere Regelungen zur Sicherung und zur **205**
konkreten Zahlung des Kaufpreises treffen:

Für die Sicherung der Kaufpreiszahlung zugunsten des **Verkäufers** ist dabei zum einen **206**
an die typischen Sicherungsmittel zu denken, wie beispielsweise Bankbürgschaften,
Patronatserklärungen (z.B. eines Konzernunternehmens des Käufers), zum anderen aber
auch an Klauseln zum Ausschluss von Aufrechnungs- und/oder Zurückbehaltungsrechten des Käufers.

---

107 EBITDA bedeutet Earnings before Interest, Taxes, Depreciation and Amortisation, d.h. Ergebnis der gewöhnlichen Geschäftstätigkeit.

207 ▶ **Beispiel für eine Bankbürgschaft:**

»Wir [die Bank] verbürgen uns hiermit gemäß §§ 765, 767 BGB selbstschuldnerisch unter Verzicht auf die Einreden der Anfechtbarkeit, der Aufrechenbarkeit und der Vorausklage (§§ 770, 771 BGB) zur Sicherung des Kaufpreises nebst Zinsen und zur Sicherung der Schadensersatzansprüche aus § ... des Kaufvertrages nebst Zinsen bis zu einem Höchstbetrag von € ... (in Worten: Euro ...).
Dieser Höchstbetrag verringert sich mit Wirkung vom ... auf einen Höchstbetrag von € ... (in Worten: Euro ...).
Diese Reduzierung gilt jedoch nicht, wenn und soweit der Käufer bis zum ... seine Rechte aus der Bürgschaft durch schriftliche Zahlungsaufforderung geltend gemacht hat.
Unbeschadet der vorstehenden Regelung verringert sich der jeweilige Höchstbetrag automatisch um diejenigen Beträge, die der Käufer nach Maßgabe des Kaufvertrages als Kaufpreis oder Schadensersatz zuzüglich Zinsen an den Verkäufer zahlt. Als Nachweis der Zahlung gilt eine entsprechende schriftliche Bestätigung des Verkäufers.
Wir verpflichten uns, auf erstes schriftliches Anfordern des Verkäufers Zahlung bis zur Höhe der vorgenannten Höchstbeträge, gegebenenfalls verringert nach Maßgabe der vorstehenden Regelungen, zu leisten.
Die Zahlungsaufforderung muss eine Erklärung enthalten, dass der Käufer seine Verpflichtung zur Leistung des Kaufpreises nebst Zinsen bzw. des Schadensersatzes aus § ... des Kaufvertrags nebst Zinsen bei Fälligkeit nicht erfüllt hat, und muss die Höhe der Forderung spezifizieren. Ein Muster für diese Zahlungsaufforderung ist als *Anlage* beigefügt.
Die Bürgschaft wird nur mit Aushändigung des von uns unterschriebenen Originals der Bürgschaftsurkunde wirksam.
Diese Bürgschaft erlischt, wenn uns diese Bürgschaftsurkunde zurückgegeben wird, spätestens aber mit Ablauf des ..., wenn und soweit der Käufer bis zu diesem Tag seine Rechte aus der Bürgschaft nicht durch schriftliche Zahlungsaufforderung geltend gemacht hat.
Anlage: Zahlungsaufforderung an die Bank
Sehr geehrte Damen und Herren,
wir beziehen uns auf Ihre uns erteilte Bürgschaft vom .... Die darin im Einzelnen definierten Begriffe werden nachstehend mit der jeweils definierten Bedeutung verwendet.
Der Käufer hat seine durch die genannte Bürgschaft besicherte Verpflichtung ... bei Fälligkeit am ... in Höhe von € ... nicht erfüllt.
Wir fordern Sie hiermit auf, den Betrag von € ... unverzüglich auf folgendes Bankkonto zu zahlen: ...«

208 Wenngleich in der Praxis doch eher unüblich, kann sich der Verkäufer ferner auch dadurch absichern, dass er sich Rechte am Unternehmen vorbehält und deren Übergang – im Wege der Bedingung – an die Zahlung des Kaufpreises knüpft. Des Weiteren kommt auch die Einschaltung eines Notars als Treuhänder in Betracht. Auch hierbei ist zu beachten, dass die Voraussetzungen einer Auszahlung des Kaufpreises in der Treuhandvereinbarung (sog. Escrow Agreement) möglichst klar und formalistisch definiert werden müssen, damit für den Treuhänder ohne Weiteres ersichtlich ist, ob er eine Auszahlung des (weiteren) Kaufpreises vorzunehmen berechtigt ist oder nicht.

209 Zugunsten des **Käufers** kommen folgende Vereinbarungen in Bezug auf den Kaufpreis in Betracht:

210 Ist der Käufer nicht dazu bereit – oder in der Lage – den Kaufpreis kurzfristig – gegebenenfalls nach Erfüllung weiterer Voraussetzungen (siehe oben Rdn. 196 ff.) – zu leisten, können die Parteien eine Stundungsvereinbarung treffen. Hierbei ist darauf zu achten, erforderlichenfalls Regelungen zur Wertsicherung oder ggf. zu Wechselkursrisiken zu treffen.

Im Hinblick auf möglicherweise entstehende Gewährleistungs-/Garantieansprüche des Käufers können ferner durch den Verkäufer zu erbringende Sicherheiten (z.B. Bankbürgschaft) vereinbart werden. 211

Ebenso kann vorgesehen werden, dass der Käufer für die Dauer der Gewährleistung oder bestimmter Garantien einen Teil des Kaufpreises einbehält oder treuhänderisch bei einem Notar hinterlegt. Auch in diesem Fall ist an Regelungen zur Wertsicherung, zu den Hinterlegungsmodalitäten oder gegebenenfalls auch zum Wechselkursrisiko zu denken. 212

cc) Sonderfall: Zahlung des Kaufpreises mit eigenen Anteilen

Als besondere »Spielart« der Kaufpreiszahlung kommt ferner in Betracht, dass sich der Käufer dazu verpflichtet, den Kaufpreis – ganz oder in Teilen – mit Anteilen am eigenen Unternehmen zu zahlen. Sämtliche vorstehenden Ausführungen zur Unternehmensbewertung gelten dann spiegelbildlich auch für das Unternehmen des Käufers, d.h. der Verkäufer wird entsprechende Bewertungen des Käuferunternehmens anzustellen haben, so dass sich der Kaufpreis entsprechend in der Gegenleistung des Käufers widerspiegelt. 213

Rechtlich liegen dann insoweit regelmäßig die Voraussetzungen eines Tauschvertrages[108] vor, auf den nach § 515 BGB die Regelungen zum Kaufvertrag entsprechend anzuwenden sind. 214

5. Stichtagsregelungen und der dingliche Vollzug (»Closing«)

Von besonderer Bedeutung für die Parteien des Unternehmenskaufvertrages sind zum einen der Vertragsschluss, also die Begründung der schuldrechtlichen Verpflichtungen der Parteien, und zum anderen der Zeitpunkt, ab dem das Zielunternehmen aus dem Eigentum bzw. der Inhaberschaft des Verkäufers in die entsprechende Sphäre des Käufers übergeht. Da letzteres zumeist nicht »automatisch« mit dem Vertragsschluss verbunden ist, kommt es darauf an, was die Parteien im Einzelnen dazu vereinbart haben. 215

a) Begrifflichkeiten

In der M&A-Praxis wird regelmäßig zwischen dem sog. Signing und dem sog. Closing unterschieden. In Anlehnung an das anglo-amerikanische Recht unterscheidet man zwischen dem Zeitpunkt der Unterzeichnung des Kaufvertrages (»Signing«) und dem Zeitpunkt der dinglichen Übertragung des Unternehmens (»Closing«) auf den Erwerber zu einem bestimmten Stichtag. Dieser Stichtag (»Übergangsstichtag«) definiert dabei den Zeitpunkt, zu dem die für den Übergang des Unternehmens erforderlichen dinglichen Vollzugsakte wirksam werden sollen. 216

Bei kleineren Transaktionen können Signing und Closing zeitlich zusammenfallen. Bei größeren und/oder komplexeren Transaktionen fallen Signing und Closing regelmäßig zeitlich auseinander. Die Erforderlichkeit für dieses Auseinanderfallen ergibt sich daraus, dass der Eintritt des dinglichen, also (sachen-)rechtlichen Übergangs des Unternehmens aufgrund der vorgefundenen Gegebenheiten bzw. dem Willen der Parteien erst dann eintreten soll, wenn bestimmte Bedingungen (»Closing Conditions«) erfüllt sind. Solche Bedingungen können insbesondere in einzuholenden Genehmigungen oder sonstigen Erfordernissen bestehen, von denen die Wirksamkeit des beabsichtigten Inhaberwechsels 217

---

[108] Vgl. *Holzapfel/Pöllath* Rn. 326 m.w.N.

abhängig ist (vgl. dazu nachfolgend unter Rdn. 226 ff.), oder sich aus bestimmten tatsächlichen Voraussetzungen ergeben, die es nach dem Signing noch zu schaffen gilt, so z.B. Maßnahmen in Bezug auf die Beschaffenheit des Zielunternehmens. Die im wechselseitigen Verhältnis zueinander stehenden Verpflichtungen der Parteien werden so zu einem bestimmten Zeitpunkt so in ein Verhältnis gesetzt, dass sie Zug um Zug erfüllt werden.

b) Der dingliche Übertragungsakt

218 Das zentrale Element der Regelungen für das Closing sind die Rechtsgeschäfte, die den kaufvertraglichen Verpflichtungen entsprechend dinglich erfüllt werden (müssen). Diese Rechtsgeschäfte werden auf der dinglichen Ebene hinsichtlich ihrer Wirksamkeit auf den Zeitpunkt des Closing bezogen. Sie können entweder in eine gesonderte Vereinbarung aufgenommen werden oder Bestandteil des Kaufvertrages sein. Ein separates Closing, durch welches ggf. aufgrund der Verpflichtung zur Schaffung einer weiteren notariellen Urkunde auch weitere Kosten anfallen können, wird regelmäßig dann entbehrlich sein, wenn die zu erfüllenden – aufschiebenden – Bedingungen von den Parteien als einfach, leicht dokumentierbar und »problemlos« angesehen werden.

219 Eine eigenständige Closing-Vereinbarung/-Urkunde hat für die Parteien den Vorteil, dass ihr Abschluss Klarheit darüber schafft, ob die im Kaufvertrag vereinbarten Bedingungen (»Closing Conditions«) eingetreten/erfüllt sind, so dass der dingliche Übertragungsakt wirksam werden kann. Ist beispielsweise ein großer Katalog von Bedingungen vereinbart, empfiehlt sich der Abschluss einer solchen – gesonderten – Closing-Vereinbarung.

220 ▶ **Beispiel für eine eigenständige Closing-Regelung:**

»§ ... Dinglicher Vollzug (»Closing«)
1. Der dingliche Vollzug der Abtretung gemäß § ... dieser Vereinbarung (»Closing«) findet am vierten Bankarbeitstag um ... Uhr nach Freigabe des Erwerbs der Geschäftsanteile durch das Bundeskartellamt – oder Vorliegen der sonstigen Voraussetzungen für eine fusionskontrollrechtliche Freigabe (gemäß § ...) – in den Räumen von ... oder zu einem anderen zwischen den Parteien schriftlich vereinbarten Zeitpunkt (»Vollzugstag«) statt.
2. Am oder bis zum Vollzugstag sind folgende Handlungen durch die Parteien vorzunehmen:
   a) Die Zahlung des Vorläufigen Kaufpreises gemäß § ... durch den Käufer;
   b) Aufhebung des Beratervertrages zwischen der Gesellschaft und Herrn ... vom ... mit Wirkung zum Stichtag;
   c) Aufhebung des Geschäftsführeranstellungsvertrages mit Herrn ... mit Wirkung zum Closing;
   d) Aufhebung des Anstellungsvertrages zwischen Herrn ... und der Gesellschaft mit Wirkung zum Stichtag;
   e) Ablösung des durch den Verkäufer gemäß vertraglicher Vereinbarung vom ... der Gesellschaft gewährten Darlehens in Höhe von € ... durch den Käufer.«

221 Der eigentliche dingliche Übertragungsakt, wie er der schuldrechtlichen Verpflichtung des Verkäufers entspricht und wie er an das Closing-Datum gekoppelt ist, folgt den jeweiligen sachenrechtlichen Vorschriften. Zur Wirksamkeit des (dinglichen) Übertragungsaktes müssen daher die entsprechenden Rechtsgeschäfte auf der dinglichen Ebene – unter Beachtung der dafür ggf. vorgeschriebenen Form (siehe dazu unten unter Rdn. 251 ff.) – vorgenommen werden, d.h. bei beweglichen Sachen und Sachgesamtheiten ist den §§ 929 ff. BGB zu genügen, bei Grundstücken und Grundstücksrechten sind die §§ 873, 925 BGB einzuhalten, bei Forderungen und ähnlich zu behandelnden Rechtspositionen (insbesondere Immaterialrechtsgütern) und bei Gesellschaftsbeteiligungen (falls nicht ausnahmsweise, wie bei Aktien, gemäß §§ 929 ff. BGB) sind die Voraussetzungen der §§ 398 ff., 413 BGB zu erfüllen.

Auf die sich aus dem Bestimmtheitsgrundsatz in diesem Zusammenhang ergebenden besonderen Erfordernisse ist bereits in den Ausführungen zum Kaufgegenstand (siehe dazu oben unter Rdn. 140 ff.) hingewiesen worden. 222

▶ **Beispiel für die einfache Abtretung von GmbH-Geschäftsanteilen:** 223

»§ ... Abtretung von Geschäftsanteilen
1. Der Verkäufer tritt hiermit seine Geschäftsanteile Nrn. ... bis ... an der Gesellschaft im Nennwert von insgesamt € ... mit allen zugehörigen Rechten und Pflichten an Käufer ab. Der Käufer nimmt diese Abtretung dieser Geschäftsanteile an.
2. Die Abtretung der Geschäftsanteile steht unter den folgenden aufschiebenden Bedingungen:
   a) Zahlung des Vorläufigen Kaufpreises gemäß § ... dieses Vertrages und
   b) kartellrechtliche Freigabe des Erwerbs der Geschäftsanteile durch die Verkäuferin gemäß § ... dieses Vertrages.«

c) Weitere Regelungen zwischen Signing und Closing

Fallen Signing und Closing auseinander, werden häufig weitere Vereinbarungen getroffen, die insbesondere Regelungen für den Übergangszeitraum vorsehen (sog. Transitional Agreements). So können konkrete Pflichten der Parteien festgelegt werden (sog. Covenants, d.h. »Versprechen«), wonach sich beispielsweise der Veräußerer verpflichtet, das Zielunternehmen im Übergangszeitraum in der bisherigen Weise fortzuführen. 224

▶ **Beispiel für ein Transitional Agreement für eine Transaktion ohne Fusionskontrollvorbehalt:** 225

»§ ... Zustimmungsbedürftige Geschäfte und Verhalten des Verkäufers nach Beurkundung
1. Der Verkäufer verpflichtet sich, dafür Sorge zu tragen, dass die für die Gesellschaft Handelnden in der Zeit zwischen der Beurkundung dieses Vertrags und dem Closing die nachstehend genannten Geschäfte nicht ohne vorherige Zustimmung des Käufers vornehmen:
   a) Kaufverträge über Grundstücke und grundstücksgleiche Rechte (einschließlich Erbbaurechte) sowie die Bewilligung dinglicher Belastungen von Grundstücken; neue Miet- und Pachtverträge mit einer Zahllast von mehr als € ... p.a.;
   b) Bürgschaften, Garantien, Haftungen für Dritte außerhalb des gewöhnlichen Geschäftsgangs;
   c) Investitionen von mehr als € ...;
   d) Aufnahme und Gewährung von Darlehen;
   e) Aufnahme von Tätigkeiten in neuen Geschäftsbereichen;
   f) Gründung und Schließung von Zweigniederlassungen/Betriebsstätten, soweit diese nicht bereits am Tage der Unterzeichnung dieses Vertrages geplant waren;
   g) Erwerb und Veräußerung von Betrieben, Teilbetrieben und/oder Beteiligungen;
   h) Abschluss, Beendigung und Änderung von Verträgen mit einem Auftragsvolumen von mehr als € ... im Einzelfall;
   i) Abschluss und/oder Kündigung von wesentlichen Verträgen im Sinne von § ..., es sei denn im gewöhnlichen Geschäftsbetrieb;
   j) Einleitung von Prozessen und Verfahren vor Schiedsgerichten oder Schieds- bzw. Einigungsstellen; Beendigung von Rechtsstreitigkeiten oder Abstand nehmen von Rechtsstreitigkeiten, deren Streitwert € ... übersteigt;

k) Verzögerung oder Beschleunigung der Beitreibung von Forderungen oder der Zahlung von Verbindlichkeiten;
l) Verträge mit den Verkäufern oder verbundenen Unternehmen der Verkäufer;
m) Gewährung oder Zusage von Gehaltserhöhungen oder sonstigen Leistungen für alle internen Mitarbeiter der Gesellschaft und der Beteiligungsgesellschaften;
n) Gewährung von Nachlässen an Kunden der Gesellschaft, die zu einer Verlagerung von Umsätzen, die normalerweise nach dem Vollzugstag erzielt worden wären, in den Zeitraum vor dem Vollzugstag führen;
o) generell Geschäfte und Maßnahmen außerhalb des gewöhnlichen Geschäftsgangs der Gesellschaft.
2. Während des Zeitraums zwischen der Beurkundung dieses Vertrags und dem Closing wird der Verkäufer zudem auf die Gesellschaft einwirken, den Käufer über alle wesentlichen Entwicklungen der geschäftlichen Angelegenheiten der Gesellschaft, insbesondere auch wesentliche Änderungen in Bezug auf ..., zu informieren.«

6. Wirksamkeitshindernisse

226 Als Wirksamkeitshindernisse eines Unternehmenskaufs kommen zum einen fehlende Zustimmungen oder Genehmigungen, wie sie sich aus dem öffentlichen Recht oder dem Privatrecht ergeben können, in Betracht. Zum anderen können der Wirksamkeit nicht eingehaltene Formvorschriften entgegenstehen. Solange solchen Erfordernissen nicht genügt wird, laufen die Parteien Gefahr, dass sich ihr Vertragsverhältnis als nichtig oder zumindest schwebend unwirksam erweist.

227 Von besonderer Bedeutung sind in diesem Zusammenhang die fusionskontrollrechtlichen Regelungen, auf die in einem gesonderten Abschnitt eingegangen wird (siehe unten unter Rdn. 311 ff.).

a) Verfügungsbeschränkungen und Zustimmungserfordernisse

228 Wird ein Unternehmen veräußert, können sich einer Wirksamkeit der Vereinbarungen entgegenstehende Beschränkungen oder Zustimmungserfordernisse aus einer Vielzahl von Bereichen ergeben. Im Einzelnen:

aa) Öffentlich-rechtliche Beschränkungen

229 So wird sich zunächst stets die Frage stellen, ob der Betrieb dieses Unternehmens einer öffentlich-rechtlichen Genehmigung bedarf. Dabei ist danach zu unterscheiden, ob solche Erlaubnisse (Konzessionen) personenbezogen oder betriebsbezogen oder möglicherweise auch personen- und betriebsbezogen sind. Dies kann auch Auswirkungen auf die Strukturierung der Transaktion als Share Deal oder Asset Deal haben.

230 Ist eine personenbezogene Konzession erforderlich, die (nur) an den Inhaber des Gewerbebetriebes anknüpft, nicht jedoch an die dahinter stehenden natürlichen Personen, wird sich ein Share Deal regelmäßig als »unkritisch« erweisen, da bei ihm der konzessionierte Träger des Unternehmens unverändert bleibt. Bei einem Asset Deal müsste der Erwerber demgegenüber eine entsprechende Konzession – für sich – neu beantragen, da diese beim Veräußerer verbleibt.[109] Erhält der Erwerber keine solche Konzession, hat der Unternehmenskauf für ihn keinen wirtschaftlichen Sinn mehr. Im Kaufvertrag ist für diesen Fall daher entsprechend Vorsorge zu treffen. Das kann beispielsweise durch Ausgestaltung der Konzessionsgewährung an den Käufer als aufschiebende Bedingung geschehen.

---

109 Vgl. *Knott/Mielke* Rn. 180.

231 Bedarf es einer (nur) betriebsbezogenen Konzession, die nicht an den Betriebsinhaber, sondern an die sachliche Ausstattung des Gewerbebetriebes anknüpft, wird diese von einer Übertragung des Unternehmens regelmäßig nicht berührt unabhängig davon, ob das Unternehmen durch einen Share Deal oder einen Asset Deal übertragen wird, falls letzterer nicht ausnahmsweise alle für die betriebsbezogene Konzession erforderlichen Betriebsmittel erfasst.[110]

232 Ist eine personen- und betriebsbezogene Konzession erforderlich, gilt insoweit das zu einer personbezogenen Konzession Ausgeführte.

233 Im Medienbereich bedürfen beispielsweise private Rundfunkunternehmen, die einen Fernseh- oder Radiosender betreiben wollen, einer entsprechenden Zulassung (»Sendeerlaubnis«). Die Voraussetzungen für die Erteilung dieser Sendeerlaubnis sind in § 20 oder § 20a RStV in Verbindung mit den nach dem jeweiligen Landes-Mediengesetz geltenden Bestimmungen[111] ausführlichst geregelt. Zu beachten ist, dass ein privates Unternehmen auch dann einen solchen Zulassungsantrag zu stellen haben kann, wenn es einen elektronischen Kommunikations- und Informationsdienst betreibt, der als Rundfunk einzuordnen ist.

bb) Gesellschaftsrechtliche Zustimmungserfordernisse

234 Gesellschaftsrechtliche Zustimmungs- bzw. Genehmigungserfordernisse hängen von der Rechtsform des jeweiligen Zielunternehmens ab und können sich beim Unternehmenskauf insbesondere aus folgenden Regelungen ergeben:

235 Bei **Personengesellschaften** gilt, dass die Veräußerung von Anteilen an einer Personengesellschaft grundsätzlich gemäß §§ 719 Abs. 1 BGB (gegebenenfalls i.V.m. § 105 Abs. 3, § 161 Abs. 2 HGB) der Zustimmung aller Gesellschafter bedarf, falls im Gesellschaftsvertrag nicht etwas anderes geregelt ist. Das Verpflichtungsgeschäft »Share Deal« ist bis zur Erteilung dieser Zustimmung zunächst schwebend unwirksam bzw. wird mit Verweigerung endgültig unwirksam.[112]

236 Ist im Gesellschaftsvertrag einer Personengesellschaft nichts Abweichendes geregelt, bedarf die Veräußerung des gesamten Unternehmens im Wege des Asset Deals regelmäßig der Zustimmung aller Gesellschafter. Dies gilt auch für die Kommanditisten einer KG.[113] Die Veräußerung des gesamten Geschäftsbetriebes wird regelmäßig als außergewöhnliches Geschäft i.S.d. §§ 116 Abs. 1, 164 HGB anzusehen sein. Obwohl ein Verstoß gegen diese, die Geschäftsführungsbefugnisse betreffenden Regelungen nicht »automatisch« auch einen Mangel der Vertretungsmacht des handelnden Geschäftsführers bewirkt, nimmt die wohl h.M. an, dass der Geschäftsführer den gesamten Geschäftsbetrieb nicht rechtswirksam ohne Zustimmung aller Gesellschafter veräußern kann.[114]

237 Soll die Firma einer Personengesellschaft veräußert werden, ist gemäß §§ 17, 22 HGB die Einwilligung »der bisherigen Geschäftsinhaber« erforderlich.

238 Sind **GmbH**-Geschäftsanteile Gegenstand des Unternehmenskaufvertrages, ist die Regelung des § 15 Abs. 5 GmbHG zu beachten. Danach kann der Gesellschaftsvertrag die freie Veräußerlichkeit gemäß § 15 Abs. 1 GmbHG beschränken und vorsehen, dass die Abtretung von Geschäftsanteilen von Voraussetzungen abhängig ist, wie insbesondere der Genehmigung der Gesellschaft (sog. Vinkulierung). Bis zur Erteilung dieser Geneh-

---

110 Vgl. *Knott/Mielke* Rn. 180.
111 Vgl. z.B. §§ 4 ff. LMG NRW oder §§ 23 ff. MStV Berlin/Brandenburg.
112 Vgl. BGHZ 13, 179, 187.
113 Vgl. *Knott/Mielke* Rn. 307 m.w.N.
114 Vgl. *Beisel/Klumpp* Kap. 8 Rn. 57 m.w.N.

migung ist das Verpflichtungsgeschäft schwebend unwirksam bzw. bei Verweigerung endgültig unwirksam.[115]

239 Zu beachten sein kann ferner auch § 46 Nr. 4 GmbHG, wonach die Teilung eines Geschäftsanteils der Zustimmung der Gesellschafter bedarf.

240 Aktien einer **Aktiengesellschaft** sind grundsätzlich frei veräußerlich. Etwas anderes gilt nur für vinkulierte Namensaktien gemäß § 68 Abs. 2 AktG, bei denen die Übertragung der Zustimmung der Gesellschaft bedarf.

241 Ist das Unternehmen einer Aktiengesellschaft Gegenstand eines Asset Deals, ist § 179a AktG zu beachten. Danach bedarf es eines Beschlusses der Hauptversammlung gemäß § 179 AktG mit der dort bezeichneten drei Viertel-Mehrheit, falls sich die Aktiengesellschaft vertraglich zur Übertragung ihres ganzen oder des ganz überwiegenden Teils ihres Gesellschaftsvermögens verpflichtet.[116]

242 Zu beachten ist bei der Aktiengesellschaft des Weiteren, dass gemäß § 111 Abs. 4 Satz 2 AktG durch die Satzung Maßnahmen der Geschäftsführung unter einen Vorbehalt der Zustimmung des Aufsichtsrats gestellt werden können, so dass es dann seiner entsprechenden Zustimmung bedarf bzw. im Falle der Verweigerung der Zustimmung eine Entscheidung der Hauptversammlung herbeigeführt werden muss.

cc) Familien- und vormundschaftsrechtliche Beschränkungen

243 Zustimmungserfordernisse können sich beim Unternehmenskauf auch aus familien- und vormundschaftsrechtlichen Beschränkungen ergeben: Nach § 1365 Abs. 1 BGB können sich Ehegatten, die im gesetzlichen Güterstand der Zugewinngemeinschaft leben, nur mit Einwilligung des anderen Ehegatten dazu verpflichten, über ihr Vermögen »im Ganzen« zu verfügen. Verpflichtet sich ein Ehegatte ohne Zustimmung des anderen Ehegatten, kann er die Verpflichtung nur erfüllen, wenn der andere Ehegatte die Verpflichtung genehmigt. Bei einem Unternehmensverkauf wird diese Vorschrift häufig anwendbar sein, da allgemein anerkannt ist, dass Vermögen »im Ganzen« nicht wörtlich, sondern wirtschaftlich zu verstehen ist; § 1365 Abs. 1 BGB ist daher auf einen Unternehmenskauf auch anwendbar, wenn wirtschaftlich unbedeutende Vermögensbestandteile beim veräußernden Ehegatten verbleiben.[117]

244 Im Falle der Gütergemeinschaft gilt es zu prüfen, ob das Unternehmen zum Gesamtgut der Ehegatten gehört. In diesem Fall sind sie gemäß § 1450 BGB nur gemeinschaftlich berechtigt, über das Gesamtgut zu verfügen.

245 Beschränkungen, die sich aus der Minderjährigkeit oder der beschränkten Geschäftsfähigkeit einer Partei ergeben können, sind ebenfalls zu beachten. Insoweit gelten die allgemeinen Grundsätze. Im Falle einer möglicherweise bestehenden Vormundschaft sind die vormundschaftsgerichtlichen Genehmigungserfordernisse gemäß §§ 1821 ff. BGB zu beachten.[118]

---

115 Vgl. BGHZ 48, 163, 166.
116 Entsprechendes gilt nach der Rechtsprechung des BGH immer dann, wenn die Veräußerung oder der Erwerb einer Beteiligung durch die Aktiengesellschaft dazu führt, dass sich ihre grundlegende Unternehmensstruktur verändert, so dass der Vorstand vernünftigerweise nicht annehmen kann, ohne die Zustimmung der Hauptversammlung handeln zu dürfen (vgl. BGHZ 83, 122 ff. – Holzmüller; NJW 2004, 1860).
117 Vgl. Palandt/*Brudermüller* § 1365 Rn. 4 ff. m.w.N., wonach je nach Vermögensgröße auf dem Ehegatten verbleibenden 10 bis 15 % abzustellen ist.
118 Vgl. ausführlich zu diesen Beschränkungen: *Beisel/Klumpp* Kap. 8 Rn. 27 ff.

dd) Erbrechtliche Beschränkungen

Auch aus dem Erbrecht können sich Geschäftsführungsbeschränkungen ergeben, die Zustimmungserfordernisse begründen. Das kann bei der Erbengemeinschaft (§ 2040 Abs. 1 BGB), für den Nacherben bei nicht befreitem Vorerben (§ 2113 Abs. 2 BGB), bei Testamentsvollstreckung (§§ 2211 ff. BGB), bei Vermächtnissen (§ 2191 BGB) sowie bei Nachlasspflegschaft, Nachlassverwaltung bzw. Nachlassinsolvenz (§§ 1975 ff. BGB) gelten. Hier ist im Einzelfall zu prüfen, ob und inwieweit Beschränkungen zu beachten sind.[119]

246

ee) »Change of Control«-Klauseln

Change of Control-Klauseln, die nicht selten in Verträgen über Dauerschuldverhältnisse (z.B. insbesondere auch in Lizenzverträgen) enthalten sind, knüpfen an den Tatbestand eines Wechsels der Kontrolle über den Vertragspartner bestimmte Rechtsfolgen. In einer Due Diligence gilt es, diese Klauseln möglichst vollständig zu erfassen, um ihre Bedeutung für die Transaktion bewerten zu können. Change of Control-Klauseln können sowohl auf der Tatbestandsebene als auch auf der Rechtsfolgenseite sehr unterschiedlich ausgestaltet sein. Regelmäßig definieren sie, welche Sachverhalte als »Change of Control« anzusehen sind und knüpfen auf der Rechtsfolgenseite daran meistens Zustimmungserfordernisse bzw. Sonderkündigungsrechte des Vertragspartners. Sind sie in für den Betrieb des Unternehmens essentiellen Dauerschuldverhältnissen enthalten, kommt ihnen eine besondere Bedeutung zu. Dies gilt insbesondere im Hinblick auf den Share Deal, bei dem der Käufer regelmäßig von einem Fortbestand der vertraglichen Verhältnisse mit Dritten ausgehen wird.[120] Daher ist vertraglich entsprechend Vorsorge für den Fall zu treffen, dass der Vertragspartner seine Zustimmung verweigert oder ein Sonderkündigungsrecht ausübt.

247

ff) Sonstige Beschränkungen schuld- und sachenrechtlicher Art

Sonstige Beschränkungen schuld- und sachenrechtlicher Art können sich ergeben aus Eigentumsvorbehalten, Sicherungsübereignungen, dingliche Sicherheiten an Immobilien oder Vorkaufsrechten (§ 463 ff. BGB).

248

Das gilt insbesondere für die Übertragung von Gesellschaftsanteilen, hinsichtlich derer in Gesellschaftsverträgen regelmäßig Vorkaufs-, Vorerwerbs- oder Optionsrechte, etc. vereinbart sind. Gleiches gilt bezüglich etwaiger Rechte Dritter an Gesellschaftsanteilen, z.B. Pfandrechte, Sicherungsübereignungen, Treuhandverhältnisse, Nießbrauchsrechte, stille Beteiligungen oder Unterbeteiligungen. Derartige Rechte verhindern zwar nicht die Veräußerung der Gesellschaftsanteile, gehen jedoch auf den Erwerber über, da ein gutgläubiger – lastenfreier – Erwerb von Gesellschaftsanteilen grundsätzlich nicht möglich ist.[121]

249

Besondere Bestimmungen können des Weiteren im Hinblick auf den konkreten Geschäftsbetrieb, so insbesondere im Bereich der freien Berufe, zu beachten sein.[122]

250

---

119 Vgl. ausführlich dazu: *Beisel/Klumpp* Kap. 8 Rn. 37 ff.
120 Zu solchen Change of Control-Klauseln vgl. insbesondere *Mielke/Nguyen-Viet* DB 2004, 2515.
121 Vgl. *Knott/Mielke* Rn. 309 m.w.N.
122 So ist es beispielsweise anerkannt, dass es bei der Übertragung des Geschäftsbetriebes eines freiberuflichen Unternehmens hinsichtlich der dazu stets erforderlichen Übertragung von Unterlagen mit personenbezogenen Daten der Mandanten, Patienten, etc. deren Zustimmung bedarf, vgl. *Knott/Mielke* Rn. 299 m.w.N.

b) Formerfordernisse

251 Für die Wirksamkeit eines Unternehmenskaufs relevant sind nicht nur die vorstehenden Zustimmungs- und Genehmigungserfordnisse, etc. zu beachten, sondern es können auch Formerfordernisse einzuhalten sein. Hierbei ist, sofern sich Formerfordernisse nicht bereits aus den vorstehenden Beschränkungen (vgl. oben unter Rdn. 228 ff.) ergeben, entsprechend den beiden Grundtypen des Unternehmenskaufs wie folgt zu unterscheiden:

aa) Asset Deal

252 Der Verkauf eines Unternehmens im Wege des Asset Deals ist grundsätzlich formfrei. In Abhängigkeit vom jeweiligen Kaufgegenstand kann sich jedoch eine Formbedürftigkeit ergeben.

253 Dies gilt primär bei der Veräußerung von Immobilien. Hier besteht gemäß § 311b Abs. 1 BGB bereits für das Verpflichtungsgeschäft das Erfordernis einer notariellen Beurkundung, die sich nicht nur auf das Grundstück, sondern alle vertraglichen Bestimmungen erstreckt, die mit der Grundstücksübertragung ein einheitliches und nicht voneinander trennbares Geschäft bilden, so dass die verschiedenen vertraglichen Bestimmungen miteinander »stehen und fallen«.[123] Wenn eine Immobilie zu den »Assets« gehört, die übertragen werden sollen, trifft die Beurkundungspflicht den gesamten Unternehmenskaufvertrag.[124] Werden nicht sämtliche den Unternehmenskauf betreffenden Regelungen (einschließlich z.B. »Side Letters«) beurkundet, ist der Vertrag unwirksam, falls der Formmangel nicht durch Auflassung und Eintragung gemäß § 311b Abs. 1 Satz 2 BGB geheilt wird. Die Pflicht zur notariellen Beurkundung besteht bei Immobilien gemäß § 873 Abs. 2 BGB auch für die dingliche Einigung (Auflassung) und ist bei einem in Deutschland belegenen Grundstück zwingend durch einen deutschen Notar vorzunehmen.[125]

254 Eine Pflicht zur notariellen Beurkundung kann sich bei einem Asset Deal auch aus § 311b Abs. 3 BGB ergeben, wenn sich der Verkäufer dazu verpflichtet, sein gegenwärtiges Vermögen oder einen Bruchteil davon zu übertragen. Der praktische Anwendungsbereich dieser Vorschrift ist nicht ganz unumstritten. Werden die verkaufsgegenständlichen »Assets« im Vertrag einzeln oder als Sachgesamtheiten bezeichnet, soll die Norm auch dann nicht anwendbar sein, wenn diese Gegenstände praktisch das gesamte Vermögen ausmachen; entscheidend für die Geltung der Norm soll jedenfalls sein, ob der Wille der Parteien darauf gerichtet ist, das gesamte Vermögen »in Bausch und Bogen« zu übertragen.[126]

255 Gehören zu den veräußerten »Assets« auch gesellschaftsrechtliche Beteiligungen, können sich auch daraus besondere Formerfordernisse ergeben (dazu nachfolgend unter Rdn. 256 ff.).

bb) Share Deal

256 Betrifft der Unternehmenskauf den Erwerb von **GmbH-Geschäftsanteilen** im Wege des Share Deals, besteht sowohl für das Verpflichtungsgeschäft – gemäß § 15 Abs. 4 GmbHG – als auch für die dingliche Verfügung (Abtretung) – gemäß § 15 Abs. 3 GmbHG – eine Verpflichtung zur notariellen Beurkundung. Auch in diesen Fällen erstreckt sich die Beurkundungspflicht regelmäßig auf alle weiteren Vereinbarungen, die als Teil der Gesamttransaktion anzusehen sind, um das Risiko einer etwaigen Unwirk-

---

[123] Vgl. Palandt/*Grüneberg* § 311b, Rn. 25 m.w.N.
[124] Zu Ausnahmen von diesem Grundsatz vgl. BGH BB 1979, 598, 599 sowie BGH NJW 1981, 222.
[125] Vgl. Palandt/*Heldrich* Art. 11 EGBGB, Rn. 9, 20.
[126] Vgl. Palandt/*Grüneberg* § 311b Rn. 66 m.w.N.

samkeit zu vermeiden.[127] Allerdings wird der Mangel der Form des Verpflichtungsgeschäftes durch eine formwirksame Abtretung (§ 15 Abs. 3 GmbHG) geheilt (§ 15 Abs. 4 Satz 2 GmbHG).

Im Gegensatz zur Auflassung bei Grundstücken kommt eine notarielle Beurkundung der Veräußerung und Abtretung von GmbH-Geschäftsanteilen durch einen ausländischen Notar in Betracht. Eine oft kostengünstigere Auslandsbeurkundung wird dann als ausreichend erachtet, wenn sie gegenüber einer deutschen Beurkundung als gleichwertig anzusehen ist. Ob und in welchen Ländern dieses Erfordernis erfüllt wird, ist im Einzelnen umstritten.[128] Als höchstrichterlich anerkannt wird man insoweit bislang (wohl) lediglich Beurkundungen vor einem Notar in den deutschsprachigen Kantonen der Schweiz anzusehen haben.[129] 257

Soweit der Share Deal die Übertragung von **Aktien** zum Gegenstand hat, hängt eine Formbedürftigkeit von der Art der Aktien und ihrer Verwahrung ab.[130] Eine Formbedürftigkeit kann sich auch daraus ergeben, dass der Aktienkaufvertrag Teil eines Gesamtgeschäfts ist, für welches aus anderen Gründen eine Beurkundungspflicht besteht (z.B. bei einer AG & Co. KG). 258

Die Übertragung von **Anteilen an Personengesellschaften** bedarf keiner besonderen Form. Eine Formbedürftigkeit kann sich nur dann ergeben, falls der Share Deal lediglich einen Teil einer weiterreichenderen Transaktion darstellt, die ihrerseits formbedürftig ist, oder wenn die Anteile an einer GmbH & Co. KG Gegenstand des Share Deals sind. Hier ergibt sich die Pflicht zur notariellen Beurkundung daraus, dass in der Regel zusammen mit der Kommanditbeteiligung zugleich auch die Geschäftsanteile an der Komplementär-GmbH übertragen werden und beides ein einheitliches Geschäft darstellt.[131] 259

7. Leistungsstörungen – Gewährleistung und Garantien des Verkäufers

Verträge, die einen Unternehmenskauf zum Gegenstand haben, unterfallen dem Kaufrecht, so dass sich die grundsätzlichen Rechte und Pflichten der Parteien entsprechend nach §§ 433 ff. BGB bestimmen. Im Hinblick auf das anwendbare Gewährleistungsrecht gilt dies sowohl für den Unternehmenskauf in Form eines Share Deals als auch in Form eines Asset Deals. Letzterer wird als Kauf von »sonstigen Rechten« i.S.d. § 453 Abs. 1 BGB angesehen.[132] Dabei gelten nicht nur beim Asset Deal die Vorschriften über den Sachkauf, sondern gemäß § 453 Abs. 1 BGB auch beim Share Deal als Rechtskauf, »soweit diese passen«.[133] Ausgangspunkt der gesetzlichen Gewährleistungsregelungen sind beim Unternehmenskauf damit einheitlich für beide Formen des Verkaufs die §§ 437 ff. BGB. 260

a) Grundlagen der gesetzlichen Gewährleistungsansprüche

Von zentraler Bedeutung für den Unternehmenskauf ist die Frage, ob das vertragsgegenständliche Unternehmen mangelbehaftet ist. Das ist für den Fall eines Sachmangels nach § 434 BGB und für den Fall eines Rechtsmangels nach § 435 BGB zu beurteilen. 261

---

127 Vgl. BGH NJW 2002, 142, 143.
128 Vgl. exemplarisch die Darstellungen bei *Holzapfel/Pöllath* Rn. 1320 ff., und bei *Knott/Mielke* Rn. 341, jeweils m.w.N.
129 Vgl. BGH DB 1989, 1718.
130 Zu weiteren Einzelheiten und Besonderheiten vgl. beispielsweise *Holzapfel/Pöllath* Rn. 545 ff. m.w.N.; *Knott/Mielke* Rn. 342.
131 Vgl. BGH NZG 2010, 154.
132 So ausdrücklich der RegE SchuRMoG, BT-Drs. 14/6040, S. 242.
133 Vgl. amtliche Begründung, BT-Drs. 14/6040, S. 242.

aa) Begriff und Bedeutung des Mangels beim Unternehmenskauf

262 Ob ein Sachmangel vorliegt, richtet sich gemäß § 434 Abs. 1 Satz 1 BGB danach, ob der Kaufgegenstand die »vereinbarte« Beschaffenheit aufweist. Von entscheidender Bedeutung ist mithin auch für den Unternehmenskauf, was die Parteien vertraglich vereinbart haben. Soweit die Beschaffenheit dort nicht weiter geregelt ist, liegt gemäß § 434 Abs. 1 Satz 2 Nr. 1 BGB ein Sachmangel vor, wenn es an der Eignung zu der nach dem Vertrag vorausgesetzten Verwendung fehlt. Lässt sich dies nicht feststellen, sind die in § 434 Abs. 1 Satz 2 Nr. 2 BGB aufgeführten Kriterien (u.a. gewöhnliche Verwendung und übliche Beschaffenheit) maßgeblich.

263 Der Begriff der Beschaffenheit ist weit zu verstehen.[134] Im Gegensatz zur Rechtslage bei Unternehmenskäufen vor der Schuldrechtsreform können danach auch solche Umstände mangelbegründend sein, die dem Unternehmen nicht auf Dauer anhaften, etc., wie dies beispielsweise für Umsatz-, Ertrags- oder ähnliche wirtschaftliche Angaben zum Zielunternehmen gilt.

264 Lässt sich ein Umstand nicht als Sachmangel i.S.d. § 434 BGB qualifizieren, bleibt nur der Rückgriff auf die in § 311 Abs. 2 Nr. 2 BGB geregelte verschuldensabhängige c.i.c.-Haftung.

265 Noch nicht abschließend geklärt ist die Frage, ob bzw. unter welchen Voraussetzungen die §§ 434 ff. BGB bei einem Share Deal Anwendung finden, bei dem der Käufer die Anteile des Zielunternehmens nicht vollständig übernimmt, also beim bloßen Beteiligungskauf. Entschieden ist jedenfalls, dass eine Übernahme von mindestens 75 % der Anteile der Zielgesellschaft dafür ausreicht, den Vertrag dem Sachmangelrecht unterfallen zu lassen.[135]

bb) Rechtsfolgen

266 Weist das den Gegenstand des Kaufvertrags bildende Unternehmen entsprechend Vorstehendem einen Sach- oder Rechtsmangel auf, ergeben sich die Rechtsfolgen nach der Gesetzeslage aus § 437 BGB, d.h. der Käufer kann unter den entsprechenden weiteren Voraussetzungen primär Nacherfüllung (§§ 437 Nr. 1, 439 BGB) verlangen, also Mangelbeseitigung oder Lieferung einer mangelfreien Sache, wobei bei einem Unternehmenskauf nur die Mangelbeseitigung in Betracht zu ziehen ist.

267 Wird nicht nacherfüllt, stehen dem Käufer Sekundäransprüche zu, soweit die dazu jeweils erforderlichen weiteren Voraussetzungen vorliegen, also Rücktritt (§§ 437 Nr. 2, 1. Alt., 440, 323 BGB), Minderung (§§ 437 Nr. 2, 2. Alt., 441 BGB), Schadensersatz (§§ 437 Nr. 3, 280 ff. BGB) und Aufwendungsersatz (§§ 437 Nr. 3, 284 BGB). So klar diese gesetzlichen Rechtsfolgenregelungen grundsätzlich sind, so sehr werden sie in der Praxis jedoch ganz überwiegend als nur wenig geeignet empfunden, den Spezifika eines Unternehmenskaufs gerecht zu werden:

268 So stellt sich insbesondere der Rücktritt bei einem Unternehmenskauf als kaum geeignete Rechtsfolgenregelung dar. Mit Übergang des Unternehmens auf den Erwerber unterliegt es nicht länger der Einflusssphäre des Veräußerers, sondern wird ab diesem Zeitpunkt

---

[134] Vgl. *Holzapfel/Pöllath* Rn. 760 m.w.N. Vor der Schuldrechtsreform war die Rechtsprechung beim Unternehmenskauf durch einen tendenziell eher restriktiveren Fehlerbegriff geprägt, d.h. z.B. dass nur solche Eigenschaften des Unternehmens einen Fehler begründen konnten, die dem Kaufgegenstand auf Dauer ohne weiteres unmittelbar anhafteten, vgl. *Knott/Mielke* Rn. 115 m.w.N. Zur Diskussion vgl. z.B. auch *Berger* JZ 2004, 276; *Häublein* NJW 2003, 388.

[135] Vgl. dazu ausführlich *Holzapfel/Pöllath* Rn. 774 m.w.N., die weitergehend einfache Mehrheit ausreichen lassen; *Barnert* WM 2003, 416 ff.

erfahrungsgemäß durch den Erwerber in vielfältiger Weise verändert. Der Verkäufer würde daher bei einem Rücktritt des Käufers nicht mehr »sein« bzw. das »alte« Unternehmen zurückerhalten. Dies gilt insbesondere im Hinblick darauf, dass sich eine streitige Auseinandersetzung der Parteien zu den Voraussetzungen des Rücktritts möglicherweise so lange hinzieht, dass der Verkäufer sein ursprüngliches Unternehmen schlichtweg nicht mehr wiedererkennt bzw. dieses möglicherweise so in die Sphäre des Erwerbers integriert ist, dass eine Herauslösung schon faktisch kaum noch möglich erscheint. Regelmäßig wird der Rücktritt daher nicht als geeignete Rechtsfolge beim Unternehmenskauf angesehen.

Auch ein Minderungsanspruch des Käufers wird den Interessen der Parteien bei einem Unternehmenskauf oftmals nicht gerecht, da aufgrund der entsprechenden Schwierigkeiten und der Komplexität der Erfassung und Darstellung in der Praxis eine exakte Berechnung seiner Höhe nur selten möglich sein wird. **269**

Die gesetzlichen Regelungen zum Schadensersatz werden den Spezifika des Unternehmenskaufs ebenfalls sehr oft nicht hinreichend gerecht werden. Der Schadensersatzanspruch setzt nach § 280 Abs. 1 BGB voraus, dass der Verkäufer den Mangel zu vertreten hat, also insoweit ein vorsätzliches oder zumindest fahrlässiges Verhalten seinerseits vorliegen muss. Der Schadensersatzanspruch berechtigt sodann entweder zum Ersatz des Mangelschadens, wenn der Käufer den Kaufgegenstand behält (sog. kleiner Schadensersatz) bzw. zum Ersatz des Nichterfüllungsschadens, wenn der Käufer den Kaufgegenstand zurückgibt (sog. großer Schadensersatz), wobei letzterer gemäß § 281 Abs. 1 Satz 3 BGB nur dann möglich ist, wenn ein »erheblicher« Mangel vorliegt. Selbst wenn die Voraussetzungen für einen großen Schadensersatz bei einem Unternehmenskauf erfüllt sein sollten, wird er aus den bereits genannten Gründen regelmäßig außer Betracht zu bleiben haben, da auch insoweit das zum Rücktritt Gesagte gilt. Hinsichtlich des sog. kleinen Schadensersatzes ergeben sich demgegenüber die gleichen oder ähnliche Schwierigkeiten bei der Festlegung des Minderwertes des Unternehmens, wie sie auch bei einer Minderung bestehen. **270**

Vor diesem Hintergrund verbleibt als letzte Möglichkeit nur der Anspruch auf Aufwendungsersatz. Auch dies dürfte jedoch als wenig interessengerecht anzusehen sein, da sich der Anspruch des Käufers insoweit lediglich auf den Ersatz seiner Aufwendungen (sog. frustrierte Aufwendungen) beschränkt, was der durch ihn vorgefundenen Situation dann aber ebenfalls nicht gerecht würde. **271**

Die gesetzliche Sach- oder Rechtsmängelhaftung ist zudem gemäß § 442 BGB ausgeschlossen, wenn der Käufer bei Vertragsschluss entweder Kenntnis von dem Mangel hatte oder aber ihm der Mangel infolge grober Fahrlässigkeit unbekannt geblieben ist und der Käufer diesen Mangel weder arglistig verschwiegen noch eine diesbezügliche Garantie übernommen hat. Wurde eine Due Diligence durchgeführt, können sich daraus erhebliche Einschränkungen der Gewährleistungsrechte des Käufers ergeben (dazu siehe oben Rdn. 120 ff.). Auch dies wird oftmals von den Parteien als nicht sachgerecht empfunden werden. **272**

Begrenzt ist die Geltendmachung der gesetzlichen Gewährleistungsrechte des Verkäufers des Weiteren durch die Verjährungsbestimmung des § 438 Abs. 1 Nr. 3 BGB, deren zweijährige Frist gemäß § 438 Abs. 2 BGB mit der »Ablieferung der Sache«, also der Übergabe des Unternehmens zu laufen beginnt. Im Falle eines arglistigen Verschweigens eines Mangels gilt gemäß § 438 Abs. 3 Satz 1 BGB die allgemeine dreijährige Verjährungsfrist gemäß § 195 BGB, d.h. dass der Beginn dieser Frist sich nach § 199 Abs. 1 BGB bestimmt. Auch diese Verjährungsfristen werden von den Parteien eines Unternehmenskaufvertrages nicht immer als sachgerecht empfunden, so z.B. hinsichtlich etwaiger Steuerverpflich- **273** tungen, die ihre Ursache in Umständen vor dem Closing haben und sich dann aber erst sehr viel später herausstellen.

b) Vertragliche Ausgestaltung der Gewährleistung, Haftung und der Rechtsfolgen

274 Vor den oben genannten Hintergründen erweisen sich bei einem Unternehmenskauf die gesetzlichen Gewährleistungsregeln gemäß §§ 434 ff. BGB in der Praxis oftmals als wenig geeignet, hier eine den Parteien und der Situation adäquate Lösung des »Problems« zu bieten. Demgemäß ist es bei Unternehmenskaufverträgen in der Praxis üblich, ein eigenständiges Gewährleistungs- und Haftungsregime vertraglich zu vereinbaren, welches den individuellen Besonderheiten des jeweiligen Falles angepasst wird und welches als eigenständiges und abschließendes Regelungswerk das gesetzliche System weitgehend ersetzen soll. § 444 BGB steht spätestens seit seiner Änderung im Jahre 2004[136] mit der Einfügung des Wortes »soweit« der Kreierung eines solchen beschränkten Haftungssystems durch die Parteien nicht mehr entgegen.[137]

275 Geprägt ist dieses Gewährleistungs- und Haftungssystem zunächst dadurch, dass verschiedene Kataloge von Beschreibungen in Bezug auf die Beschaffenheit des Unternehmens aufgestellt und sonstige Angaben des Käufers, die für seine Kaufentscheidung relevant sind, aufgenommen werden. Dabei erfolgt in der Regel eine Unterteilung in solche Angaben, die als bloße Beschaffenheitsangaben (§ 434 Abs. 1 BGB) anzusehen sind, und solche, die als selbstständige Garantien ausgestaltet werden. An diese Kategorisierung werden dann konkrete – eigenständige – Rechtsfolgen geknüpft oder wird – wesentlich seltener in der Praxis – auf gesetzliche Rechtsfolgen verwiesen.

276 Soweit die Parteien – wie regelmäßig – Garantien vereinbaren, sind diese als selbstständige Garantieversprechen auszugestalten, um sie von bloßen Beschaffenheitsangaben abgrenzen zu können. Selbstständige Garantieversprechen begründen eine verschuldensunabhängige Einstandspflicht des Verkäufers für den entsprechend bezeichneten Umstand und verpflichten den Garantiegeber ausschließlich zum Schadensersatz gegenüber dem Garantienehmer.

277 Diese Garantien werden regelmäßig auf einen konkreten Zeitpunkt bezogen, wobei dieser nach den individuellen Gegebenheiten variieren kann (z.B. Signing, Closing, wirtschaftlicher Übertragungsstichtag). Inhaltlich sind sie in den Verhandlungen regelmäßig besonders umstritten und nehmen entsprechende Verhandlungszeit in Anspruch. Kompromisslösungen bestehen oft darin, dass hinsichtlich der in Frage stehenden Verkäuferangaben vom »reinen« System der Garantie oder der (bloßen) Beschaffenheitsangabe dadurch abgewichen wird, dass subjektive Komponenten in die »Garantie«-Zusagen des Verkäufers einfließen. Typischerweise geschieht dies durch Formulierungen wie beispielsweise »nach bestem Wissen« oder »nach seiner Kenntnis«. Dadurch kann ein sehr nuanciertes »Garantie«-System geschaffen werden. Wird derart von der »harten«, objektiven – verschuldensunabhängigen – Garantie abgewichen, ist zu empfehlen, dass durch die Parteien dann nach Möglichkeit auch definiert wird, was z.B. unter »bestem Wissen« zu verstehen ist bzw. wie die Parteien diese subjektive Komponente insbesondere im Hinblick auf die Rechtsfolgen(-durchsetzung) verstehen. So bedarf es dann insbesondere ergänzender Regelungen dazu, auf wessen Kenntnis auf Seiten des Garantiegebers abzustellen ist (Verhandlungsführer, Organe, bestimmte Mitarbeiter, etc.), ob unter »Kenntnis« nur die positive Kenntnis oder auch (grob) fahrlässige Unkenntnis zu verstehen ist und wer die Beweislast für die Kenntnis/Unkenntnis trägt.

---

[136] Geändert durch das Gesetz zur Änderung der Vorschriften über Fernabsatzverträge bei Finanzdienstleistungen vom 2.12.2004, BGBl. I 2004, 3102.
[137] Vgl. *Söbbing* S. 211 f. m.w.N.

Typische Regelungsbereiche von Garantie- bzw. Beschaffenheitskatalogen sind:[138]   **278**
- Bestand und Inhalt von Rechten,
- Belastungen und Verpflichtungen,
- Abschlüsse der Gesellschaft und
- sonstige konkrete für die Transaktion bedeutsame Umstände.

Innerhalb des Regelungsbereichs »Bestand und Inhalt von Rechten« geht es zum einen   **279**
um die gesellschaftsrechtlichen Verhältnisse, d.h. die Gesellschaftsanteile (d.h. Bestand, Verfügungsberechtigung, Unterbeteiligungen, Belastungen, etc.), die vollständige Einzahlung auf die Einlagen bzw. keine Rückzahlungen, Verluste oder Minderungen durch Entnahmen und etwaige Nebenabreden zum Gesellschaftsvertrag. Zum anderen ist einzugehen auf finanzielle Verhältnisse (z.B. keine Insolvenzgründe bzw. kein Insolvenzverfahren) und öffentlich rechtliche Verhältnisse, d.h. das Vorliegen öffentlich- und/oder privatrechtlicher Genehmigungen, das Fehlen von Untersagungs- oder Aufhebungsverfügungen, das Nichtbestehen von Aufhebungsgründen (Rücknahme, Widerruf) und sonstigen Umständen, die eine Aufhebung rechtfertigen könnten. Weiterhin werden hier z.B. gewerbliche Schutzrechte, Wettbewerbsverbote, Verfügungsbeschränkungen und die Vollständigkeit der Verträge behandelt.

Bei Transaktionen im Medienbereich können beispielsweise Sendelizenzen, Frequenzzu-   **280**
teilungen, die zum Betrieb von Satellitenübertragungsfahrzeugen (sog. SNG)[139] erforderlich sind, Marken, Rechtekataloge, etc. zum Gegenstand der Regelung gemacht werden.

▶ **Beispiel für eine Garantieregelung für Lizenz- und Agenturverträge:**   **281**

»Die Zielgesellschaft ist zum Beurkundungsstichtag Partei der in der Anlage ... aufgeführten Lizenzeinkaufsverträge (Notices of Assignment für noch offene Vorauszahlungsverpflichtungen sind gesondert kenntlich gemacht), Lizenzverkaufs- und Agenturverträge. Weitere Verträge dieser Art bestehen nach bestem Wissen des Verkäufers zum Beurkundungsstichtag nicht. Es liegen der Zielgesellschaft und den Tochtergesellschaften keine Mahnungen wegen verspäteter oder unvollständiger Zahlungen auf Verpflichtungen aus den Lizenzeinkaufs- und Agenturverträgen vor. Der Zielgesellschaft und den Tochtergesellschaften liegen keine Widersprüche gegen die Unter- oder Weiterlizensierung von lizensierten Filmrechten vor. Der Lizenzverkaufsvertrag mit ... enthält eine Abnahmeverpflichtung der ... für qualifizierte Filme; diese Abnahmeverpflichtung umfasst nach dem Stand der Vertragserfüllung am Beurkundungsstichtag noch ... Filme mit Lizenzgebühren von insgesamt USD ... Millionen.«

▶ **Beispiel für eine Garantieregelung bezüglich geistiger Eigentumsrechte und**   **282**
Informationstechnologie:

»1. Die Ziel-Gesellschaft ist Inhaberin oder Erwerberin gültiger Lizenzen an allen geistigen Eigentumsrechten und ähnlichen Rechten, gleich ob eingetragen oder nicht eingetragen, sowie von Anmeldungen für solche Rechte, einschließlich, ohne Beschränkung, Marken, Internet-Domainnamen, insbesondere der CommunityDomains, geschäftlichen Bezeichnungen, Geschmacksmusterrechten, Urheberrechten (einschließlich Rechten an Computersoftware und Datenbankrechten) und damit verbundener Rechten (Leistungsschutzrechten) sowie sonstiger geistiger

---

138 Vgl. so beispielsweise die »Check-Liste« für Garantien bei *Hettler/Stratz/Hörtnagl*, § 4 Rn. 124.
139 SNG bedeutet »Satellite News Gathering«. Nach § 63 Abs. 2 Nr. 4 TKG kann eine Frequenzzuteilung von der Bundesnetzagentur für Elektrizität, Gas, Telekommunikation, Post und Eisenbahnen u.a. widerrufen werden, wenn durch eine Änderung der Eigentumsverhältnisse in der Person des Inhabers der Frequenzzuteilung eine Verzerrung des Wettbewerbs auf dem sachlich und räumlich relevanten Markt zu besorgen ist.

Eigentumsrechte sowie sämtlicher Rechte mit gleicher oder ähnlicher Wirkung in einem anderen Land weltweit (gemeinsam die »Geistigen Eigentumsrechte«), die die Ziel-Gesellschaft benötigt, um ihre Geschäfte in der gegenwärtigen Weise und in der gegenwärtig für die Zukunft vorgesehenen Weise fortzuführen.

2. Die Ziel-Gesellschaft hält das unbelastete Eigentumsrecht an allen Geistigen Eigentumsrechten der Ziel-Gesellschaft und alle diese Geistigen Eigentumsrechte werden ordnungsgemäß aufrechterhalten. Keines der Geistigen Eigentumsrechte ist von Dritten angegriffen worden (einschließlich, ohne Beschränkung, Eintragungsbehörden). Nach bestem Wissen des Verkäufers sind die Geistigen Eigentumsrechte auch nicht von Dritten verletzt worden. Lizenzen für die von der Ziel-Gesellschaft gehaltenen Geistigen Eigentumsrechte wurden nicht an Dritte erteilt. Die Ziel-Gesellschaft hat weder in der Vergangenheit noch gegenwärtig irgendwelche Geistigen Eigentumsrechte Dritter verletzt.

3. Die Ziel-Gesellschaft ist Inhaberin oder Erwerberin eines gültigen Rechts oder einer gültigen Lizenz zur Nutzung sämtlicher Computerhardware, Software, Kommunikationssysteme, Netzwerke und sonstiger Informationstechnologie (gemeinsam die »Informationstechnologie«), die die Ziel-Gesellschaft benötigt, um ihre Geschäfte in der gegenwärtigen Weise und in der gegenwärtig für die Zukunft vorgesehenen Weise fortzuführen.

4. Die Ziel-Gesellschaft hat Zugang zu sämtlichem Know-how, das die Ziel-Gesellschaft benötigt, um ihre Geschäfte in der gegenwärtigen Weise und in der gegenwärtig für die Zukunft vorgesehenen Weise fortzuführen, und kann dieses Know-how ohne Einschränkung nutzen.

5. Die Durchführung der gemäß dieser Vereinbarung vorgesehenen Transaktionen führt nicht zum Verlust oder zur Beeinträchtigung der Eigentums- oder Nutzungsrechte an den Geistigen Eigentumsrechten, der Informationstechnologie und/oder dem Know-how, noch erfordert diese Durchführung die Zustimmung eines Dritten im Hinblick auf Geistige Eigentumsrechte, die Informationstechnologie und/oder das Know-how.

6. Die Ziel-Gesellschaft hält alle anwendbaren Gesetze, Richtlinien und Branchenstandards zum Datenschutz ein; der Verkäufer und die Ziel-Gesellschaft haben keine Mitteilungen oder Behauptungen erhalten, dass die Ziel-Gesellschaft diesen zuwidergehandelt hätte.

7. Soweit die Ziel-Gesellschaft noch nicht Inhaberin der Rechte nach Ziff. 1 oder 3 ist, wird der Verkäufer diese Rechte, soweit rechtlich möglich, der Ziel-Gesellschaft unverzüglich unentgeltlich übertragen. Soweit eine Übertragung der vorgenannten Rechte nicht möglich ist, räumt der Verkäufer der Ziel-Gesellschaft ausschließliche, räumlich, zeitlich und gegenständlich unbegrenzte Nutzungs-, Verwertung- und Bearbeitungsrechte hieran unentgeltlich ein.«

283 Innerhalb des Regelungsbereichs »Belastungen und Verpflichtungen« geht es z.B. um Fragen nach offenen Steuerverbindlichkeiten, der Existenz von Beherrschungs-/Gewinnabführungsverträgen oder Gewinnverwendungsbeschlüssen, ob ausreichende Rückstellungen gebildet wurden und dem Bestand an Arbeitnehmern.

284 ▶ **Beispiel für eine Garantie in Bezug auf Verfahrensrisiken:**

»Der Streitwert sämtlicher Mahn- und Klageverfahren gegen Kinobetreiber beträgt zum Beurkundungsstichtag insgesamt nicht mehr als € ....«

▶ **Beispiel für eine Garantie in Bezug auf Vertragsverbindlichkeiten:** 285

»Es bestehen keine Verbindlichkeiten und Abrechnungsverpflichtungen der Zielgesellschaft und/oder ihrer Tochtergesellschaften im Zusammenhang mit den in der Anlage aufgeführten Lizenzeinkaufsverträgen, die nicht in den geprüften Jahresabschlüssen zum 31.12. ausgewiesen oder zurückgestellt sind und die den Gesamtbetrag von € … übersteigen.«

Innerhalb des Regelungsbereichs »Abschlüsse der Gesellschaft« geht es primär um den oder die letzten Jahresabschlüsse, ob diese entsprechend GoB erstellt sind und dabei Bilanz- und Bewertungsstetigkeit gewahrt wurde, ob die ausgewiesenen Verbindlichkeiten vollständig sind oder es Verbindlichkeiten gibt, die nicht bilanziell erfasst wurden. Auch Eigenkapitalgarantien und Vorabausschüttungen gehören in diesen Zusammenhang. 286

Innerhalb des Regelungsbereichs »sonstige Umstände« werden beispielsweise Fragen nach dem Versicherungsschutz (u.a. keine Prämienrückstände), gerichtlichen Verfahren und außergewöhnlichen Geschäftsvorfällen angesprochen. Gleiches gilt für die Frage, ob das Zielunternehmen ordnungsgemäß geführt wurde. 287

▶ **Beispiel für eine umfassende Garantieregelung:** 288

»§ x Garantien des Verkäufers
Der Verkäufer gewährleistet gegenüber dem Käufer in der Form eines selbstständigen Garantieversprechens gemäß § 311 Abs. 1 BGB, dass die folgenden Angaben sowohl zum Zeitpunkt der Beurkundung dieses Vertrages als auch zum Zeitpunkt des Wirksamwerdens der Abtretung der Geschäftsanteile richtig und vollständig sind:
1. Sämtliche Ausführungen in der Präambel dieses Vertrages in Bezug auf den Verkäufer und die Zielgesellschaft sowie ihre rechtlichen Verhältnisse.
2. Die Zielgesellschaft ist eine nach dem Recht der Bundesrepublik Deutschland ordnungsgemäß errichtete und gemäß ihrer Satzung wirksam bestehende Gesellschaft mit beschränkter Haftung. Es existieren weder satzungsändernde Gesellschafterbeschlüsse, die nicht im Handelsregister eingetragen sind, noch sich auf die Verfassung und Organisation der Zielgesellschaft beziehende Nebenvereinbarungen.
3. Anlage x.3 zu diesem Vertrag enthält eine vollständige und richtige Darstellung der Entwicklung des Stammkapitals und des Gesellschafterbestandes der Zielgesellschaft seit ihrer Gründung unter Angabe aller notariellen Urkunden, mit denen die Zielgesellschaft gegründet oder ihr Stammkapital erhöht oder herabgesetzt worden ist, sowie aller notariellen Urkunden, mit denen bis heute Geschäftsanteile an der Zielgesellschaft übernommen, übertragen oder diese in sonstiger Form tangiert worden sind.
4. Alle Geschäftsanteile sind voll eingezahlt. Es gab und gibt weder offene noch verdeckte Rückzahlungen von Stammeinlagen an den/die Gesellschafter.
5. Der Verkäufer ist der alleinige rechtliche und wirtschaftliche Eigentümer aller Geschäftsanteile, die ebenso frei von jeglichen Belastungen wie auch von anderen zugunsten Dritter bestellten Rechten sind. Er hat das Recht, über alle Geschäftsanteile frei zu verfügen, ohne dass es dazu der Zustimmung eines Dritten bedarf oder eine solche Verfügung Rechte Dritter verletzt.
6. Die Zielgesellschaft hält [außer …] keine Beteiligungen an anderen Unternehmen und ist auch nicht verpflichtet, solche Beteiligungen zu erwerben.
7. Es bestehen in Bezug auf die Zielgesellschaft keine Unternehmensverträge i.S.d. §§ 291 ff. AktG und/oder auch keine Verträge über die Begründung einer stillen Gesellschaft und/oder von Unterbeteiligungen.

8. Sowohl gegen den Verkäufer als auch gegen die Zielgesellschaft sind keine Insolvenzverfahren beantragt worden. Auch sind keine Umstände ersichtlich, die die Einleitung solcher Verfahren in Zukunft rechtfertigen könnten.
9. Die Zielgesellschaft hat kein Grundeigentum.
10. Alle Jahresabschlüsse sind unter Beachtung der Grundsätze ordnungsgemäßer Buchführung sowie unter Wahrung der Bilanzierungs- und Bewertungskontinuität erstellt und vermitteln ein den tatsächlichen Verhältnissen entsprechendes Bild der Vermögens-, Finanz- und Ertragslage der Zielgesellschaft.
11. Anlage x.11 ist eine vollständige und richtige Auflistung aller Bankkonten der Zielgesellschaft und aller dafür jeweils Unterschriftsberechtigten.
12. Anlage x.12 gibt alle von der Zielgesellschaft erteilten und nicht aus dem als Anlage x.12.a) beigefügten Handelsregisterauszug ersichtlichen Vollmachten wieder.
13. Die Zielgesellschaft unterhält einen ungekündigten Versicherungsschutz hinsichtlich der in Anlage x.13 genannten Versicherungsverträge. Bis zum Stichtag sind gegenüber der Zielgesellschaft keine Ansprüche geltend gemacht worden, die einzeln oder kumuliert die jeweilige Deckungssumme übersteigen oder zu einem Ausschluss der Haftung des Versicherers gegenüber der Zielgesellschaft führen. Die Zielgesellschaft hat keine – zu einem etwaigen Haftungsausschluss oder zu einer etwaigen Haftungsbeschränkung führenden – Obliegenheitsverletzungen gegenüber den Versicherern begangen. Sämtliche fälligen Prämien sind bezahlt. Der Versicherungsschutz gemäß Anlage x.13 ist für den gewöhnlichen Geschäftsbetrieb der Zielgesellschaft ausreichend.
14. Anlage x.14 enthält eine vollständige und richtige Aufstellung aller gewerblichen Schutzrechte (Marken, Patente, Gebrauchsmuster, Geschmacksmuster), Urheber- und Leistungsschutzrechte, deren Inhaber die Zielgesellschaft ist bzw. an denen ihr durch Dritte Nutzungsrechte eingeräumt worden sind, sowie in Bezug auf solche Rechte, an denen ihr Nutzungsrechte eingeräumt worden sind, auch eine Auflistung aller entsprechenden Verträge. Außer den in Anlage x.14 aufgeführten Rechten nutzt die Zielgesellschaft keine anderen gewerblichen Schutzrechte, Urheber- oder Leistungsschutzrechte. An keinem von der Zielgesellschaft genutzten gewerblichen Schutzrechten, Urheber- oder Leistungsschutzrechten sind nach bestem Wissen des Verkäufers durch Dritte außergerichtlich und/oder gerichtlich Rechte gegen den Verkäufer geltend gemacht worden.
15. Anlage x.15 enthält eine vollständige und richtige Auflistung der fünfzig wichtigsten und größten Kunden der Zielgesellschaft.
16. Anlage x.16 stellt eine vollständige und richtige Auflistung aller wichtigen Verträge der Zielgesellschaft dar. »Wichtig« in diesem Sinne sind alle Verträge, die die nachfolgend genannten Kriterien aufweisen:
    a) Pacht-, Miet- oder Leasing-Verträge oder – falls sie nicht einer anderen Kategorie der nachfolgenden Auflistung wichtiger Verträge unterfallen – Verträge über Dauerschuldverhältnisse, sofern die sich daraus ergebende jährliche Zahlungspflicht (exklusive Umsatzsteuer) € ... im Einzelfall oder zusammengenommen € ... übersteigt;
    b) Lizenzverträge, die die Zielgesellschaft als Lizenzgeber oder Lizenznehmer eingegangen ist, sofern die sich daraus ergebende jährliche Zahlungspflicht (exklusive Umsatzsteuer) € ... im Einzelfall oder zusammengenommen € ... übersteigt;
    c) Kreditverträge, die die Zielgesellschaft als Kreditgeber oder Kreditnehmer eingegangen ist, sowie alle Factoring-Verträge;

d) Verträge mit Mitarbeitern, die im jeweiligen Einzelfall eine jährliche Gesamtvergütung von mehr als € ... aufweisen;
e) Verträge mit Beratern, sofern die sich daraus ergebende jährliche Zahlungspflicht (exklusive Umsatzsteuer) € ... im Einzelfall oder zusammengenommen € ... übersteigt;
f) Verträge und Verpflichtungen, durch die die Zielgesellschaft zu Umsatzbeteiligungen, Gewinnbeteiligungen, Erfolgsprämien, Pensionen, Sozialleistungen oder ähnliche Leistungen verpflichtet wird, sofern und soweit sie nicht zu den unter lit. d) oder e) aufgeführten Verträgen gehören;
g) Tarifverträge und Betriebsvereinbarungen, durch die die Zielgesellschaft entsprechend gebunden ist;
h) Kooperationsverträge oder ähnliche Verträge, insbesondere solche mit wettbewerbsbeschränkenden Inhalten;
i) Verträge oder Verpflichtungen der Zielgesellschaft außerhalb ihres gewöhnlichen Geschäftsbetriebes;
j) sonstige Verträge oder Verpflichtungen der Zielgesellschaft, aus denen sich eine Zahlungspflicht im Einzelfall von mehr als € ... (exklusive Umsatzsteuer) oder jährlich von mehr als € ... (exklusive Umsatzsteuer) ergibt.

Weder ist einer der vorgenannten wichtigen Verträge nach dem besten Wissen des Verkäufers gekündigt, angefochten, nichtig oder aus sonstigem Grunde unwirksam, noch wurde seine Wirksamkeit durch eine der jeweiligen Parteien in Frage gestellt. Nach dem besten Wissen des Verkäufers haben die Parteien des jeweiligen Vertrages auch nicht gegen die darin jeweils enthaltenen Verpflichtungen verstoßen.

17. Anlage x.17 bezeichnet alle Dienstverhältnisse, die zwischen Mitarbeitern und der Zielgesellschaft bestehen. Nach dem besten Wissen des Verkäufers hat kein in dieser Aufstellung als wichtig gekennzeichneter Mitarbeiter seine Absicht kundgetan oder sonst wie zu erkennen gegeben, dass er das Vertragsverhältnis mit der Zielgesellschaft zu beenden gedenkt.
18. Die Zielgesellschaft hat keine öffentliche Zuschüsse oder ähnliche Leistungen erhalten.
19. Anlage x.19 beinhaltet eine Auflistung sämtlicher Rechtsstreitigkeiten und sämtlicher behördlichen Verfahren, an denen die Zielgesellschaft Partei oder sonst wie beteiligt ist. Nach dem besten Wissen des Verkäufers sind darüber hinaus weder solche Rechtsstreitigkeiten oder behördlichen Verfahren angekündigt oder geplant, noch liegen Umstände vor, die die Einleitung solcher Rechtsstreitigkeiten oder Verfahren anzeigen.
20. Die Zielgesellschaft verfügt über alle behördlichen Erlaubnisse, die für die Führung und die Fortsetzung ihres Geschäftsbetriebes erforderlich sind. Nach bestem Wissen des Verkäufers stehen weder ein Widerruf noch Einschränkungen dieser Erlaubnisse bevor.
21. Seit dem Stichtag wurde der Geschäftsbetrieb der Zielgesellschaft ausschließlich im Rahmen des gewöhnlichen Geschäftsbetriebes sowie in Übereinstimmung mit allen gesetzlichen Bestimmungen sowie auf Basis einer vorsichtigen Geschäftspraxis geführt. Ferner haben sich seit dem Stichtag keine Änderungen oder sonstige Umstände ergeben, die sich als nachteilig für die Vermögens-, Finanz- oder Ertragslage der Zielgesellschaft oder ihre wesentlichen Vermögensgegenstände oder Verträge darstellen. Seit dem Stichtag wurden auch weder Gewinnausschüttungen, einschließlich vorläufiger und verdeckter Ausschüttungen, vorgenommen, noch wurden außer im Rahmen des gewöhnlichen Geschäftsbetriebes stille Reserven aufgelöst oder entzogen.

> 22. Nach bestem Wissen des Verkäufers sind alle dem Käufer und seinen Beratern durch den Verkäufer oder seine Berater zur Verfügung gestellten Informationen und Unterlagen in Bezug auf die Zielgesellschaft und ihre rechtlichen und wirtschaftlichen Verhältnisse vollständig, richtig und nicht irreführend. Nach bestem Wissen des Verkäufers hat er insbesondere auch keine solchen Tatsachen in Bezug auf die Zielgesellschaft und ihre rechtlichen und wirtschaftlichen Verhältnisse verschwiegen, die der Käufer für eine ordnungsgemäße Beurteilung der erhaltenen Informationen und Unterlagen kennen sollte.«

289 Ebenso wie in den Katalogen zu Garantien bzw. Beschaffenheitsangaben die tatbestandlichen Voraussetzungen individuell an die Gegebenheiten des konkreten Falles angepasst werden, geschieht dies auch für die Rechtsfolgenregelungen. Diese sind regelmäßig dadurch geprägt, dass sie als abschließend vereinbart werden, d.h. insoweit die gesetzlichen Rechtsfolgen überhaupt nicht zur Anwendung kommen sollen und Entsprechendes auch ausdrücklich festgehalten wird.

290 Ausgangspunkt dieser Rechtsfolgenregelungen ist dabei stets eine Bestimmung, wonach für den Fall des Nichtvorliegens des garantierten Zustandes der Verkäufer dazu verpflichtet ist, innerhalb einer bestimmten Frist auf entsprechendes Verlangen des Käufers den Zustand herzustellen, der bestehen würde, wenn die entsprechende Angabe zutreffend gewesen wäre. Dies entspricht dem Grundsatz der Naturalrestitution. Davon ausgehend wird sodann regelmäßig vereinbart, dass für den Fall der Unmöglichkeit oder Verweigerung der Naturalrestitution durch den Verkäufer Schadensersatz in Geld gemäß §§ 249 ff. BGB die weitere Rechtsfolge darstellt. Darüber hinaus finden sich nicht selten auch Regelungen zur konkreten Schadensberechnung, so beispielsweise dazu, dass und inwieweit erfolgte Rückstellungen in der Zielgesellschaft als schadensmindernd zu berücksichtigen sind. Falls das Rücktrittsrecht nicht gänzlich ausgeschlossen wird, werden die Parteien im Einzelnen regeln, unter welchen exakten Voraussetzungen und in welcher Form – ausnahmsweise – ein Rücktritt des Käufers vom Vertrag als Rechtsfolge möglich sein soll.

291 ▶ **Beispiel für eine Rechtsfolgenregelung:**

> »Sofern und soweit Angaben, für die der Verkäufer gemäß § ... dieses Vertrags eine Garantie übernommen hat, nicht zutreffend sind, können der Käufer und die Zielgesellschaft verlangen, dass der Verkäufer innerhalb einer angemessenen Frist, spätestens aber innerhalb einer Frist von .... Wochen ab Zugang des entsprechenden Verlangens, den Zustand herstellt, der bestehen würde, wenn die Angabe(n) zutreffend wäre(n). Stellt der Verkäufer innerhalb der gesetzten Frist nicht den vertragsgemäßen Zustand her oder ist ihm die Herstellung des vertragsgemäßen Zustandes nicht möglich, sind der Käufer und die Zielgesellschaft berechtigt, vom Verkäufer Schadensersatz in Geld zu verlangen. Hängt die Haftung des Verkäufers von der Kenntnis bzw. dem Kennenmüssen bestimmter Umstände ab, ist insoweit auf die Kenntnis oder das Kennenmüssen des/der Geschäftsführer der Zielgesellschaft abzustellen.«

c) Begrenzung von Gewährleistung und Haftung

292 Üblicherweise umfasst das individuelle Rechtsfolgensystem eines Unternehmenskaufvertrages insbesondere auch Regelungen, durch die die Gewährleistung und die Haftung des Verkäufers begrenzt werden.

293 Diese Haftungsbegrenzungen oder gar Haftungsausschlüsse, insbesondere im Hinblick auf die gewährten »Garantien«, sind durch die gesetzlichen Regelungen der §§ 434 ff. BGB nicht ausgeschlossen. Zu beachten ist allerdings § 444 BGB, wonach solche Verein-

barungen unwirksam sind, soweit der Verkäufer eine Garantie für die Beschaffenheit der Sache übernommen hat. Der Gesetzeswortlaut des § 444 BGB[140] stellt klar, dass in diesem Fall eine Haftungsbegrenzung unwirksam sein kann, dies jedoch nicht die Unwirksamkeit des gesamten Vertrages zur Folge hat.

Häufig umstritten ist in der Praxis des Unternehmenskaufs die Frage, ob und inwieweit die bereits angesprochene Regelung des § 442 BGB (siehe oben unter Rdn. 121) gelten soll oder nicht. Dies wird oftmals so gelöst, dass im Rahmen der Ausgestaltung der Garantien in bestimmten Bereichen – entsprechend den aufgezeigten Möglichkeiten – Modifikationen vorgenommen werden und § 442 BGB ausgeschlossen wird. **294**

Während die Regelung des § 442 BGB zugunsten des Verkäufers wirkt, also seine Haftung einschränkt, falls ihre Anwendung aufrechterhalten bleibt, werden in der Praxis darüber hinausgehend regelmäßig weitere Einschränkungen der Haftung des Verkäufers vereinbart. Typisch sind insoweit Haftungsobergrenzen (»Caps«). Sie begrenzen die Haftung des Verkäufers auf einen bestimmten Höchstbetrag, der beispielsweise auch als Prozentsatz des Kaufpreises festgelegt sein kann. Des Weiteren werden häufig Bagatellgrenzen (»Baskets«) festgelegt, die bezwecken, die Haftung des Verkäufers bei Bagatellschäden oder -mängeln einzuschränken. Die Haftung des Veräußerers soll erst dann eintreten, wenn eine bestimmte Bagatellgrenze überschritten ist. Basket-Klauseln, auch »De-minimis-Klauseln« genannt, werden entweder als Freibetrag oder als Freigrenze vereinbart. Wird ein Freibetrag vereinbart, besteht ein Anspruch des Käufers nur bezüglich des die Freibetragsgrenze übersteigenden Betrages. Wird eine Freigrenze vorgesehen, hat der Käufer bei ihrer Überschreitung Anspruch auf Zahlung des gesamten Betrages. **295**

Soweit durch die Parteien im Vertrag – ausnahmsweise – der Rücktritt als Rechtsfolge nicht vollständig ausgeschlossen wurde, wird dem Käufer die Befugnis zum Rücktritt dort nur unter sehr eingeschränkten Voraussetzungen ermöglicht. Dies betrifft insbesondere die sog. Material-Adverse-Change-Fälle (sog. MAC-Klauseln), also Fälle der Nichteinhaltung solcher Garantien, die für den Käufer eine so herausragende Bedeutung haben, so dass er nicht dazu bereit ist, insofern auf sein Rücktrittsrecht zu verzichten. Dabei wird zwischen unternehmensbezogenen, kapitalmarktbezogenen und Force Majeure MAC-Klauseln unterschieden.[141] Eingehend und dezidiert geregelt ist dann typischerweise, nach welchen »Spielregeln« sich der Vollzug des Rücktritts zu richten hat. **296**

Schließlich wird regelmäßig klargestellt, dass die im Vertrag getroffenen Bestimmungen bezüglich der Gewährleistungs-/Garantiefälle und Haftungsregeln abschließenden Charakter haben, d.h. über die im Vertrag vereinbarten Ansprüche hinaus keinerlei gesetzlichen Ansprüche des Käufers gegenüber dem Verkäufer bestehen. **297**

▶ **Beispiel für eine Regelung zur Begrenzung von Gewährleistung und Haftung:** **298**

»1. Der Käufer und die Zielgesellschaft können Schadensersatzansprüche aufgrund der Nichterfüllung der gemäß § ... dieses Vertrages vom Verkäufer übernommenen Garantien nur geltend machen, soweit der einzelne Anspruch einen Betrag von mehr als € ... ausmacht. Ferner ist die Haftung des Verkäufers ausgeschlossen, soweit die Summe aller Ansprüche nicht den Betrag von € ... (Schwellenwert) übersteigt. Sofern letztgenannter Betrag überschritten wird, haftet der Verkäufer in vollem Umfang, d.h. ohne Abzug dieses Schwellenwertes, jedoch ist die Haftung des Verkäufers auch in diesem Fall insgesamt auf den Betrag des Gesamtkaufprei-

---

140 In der durch das Gesetz zur Änderung der Vorschriften über Fernabsatzverträge bei Finanzdienstleistungen vom 2.12.2004, BGBl. I 2004, 3102, geänderten Fassung.
141 Vgl. im Einzelnen *Holzapfel/Pöllath* Rn. 71.

ses beschränkt. Vorstehende Beschränkungen gelten nicht hinsichtlich der Haftung des Verkäufers für Rechtsmängel der verkauften Anteile.

2. Dieser Vertrag regelt die Gewährleistung des Verkäufers abschließend. Jegliche sonstigen Gewährleistungsrechte, insbesondere etwaige Ansprüche auf Nacherfüllung, Rücktritt, Minderung, Schadensersatz, Ersatz vergeblicher Aufwendungen sowie Ansprüche aus einem rechtsgeschäftsähnlichen Schuldverhältnis gemäß § 311 Abs. 2 BGB, aus Anfechtung, aus Störung der Geschäftsgrundlage gemäß § 313 BGB und aus § 275 Abs. 2 BGB sind ausgeschlossen. Dies gilt nicht für eine etwaige Haftung des Verkäufers wegen Vorsatzes.«

d) Verjährungsregelungen

299 Auch die gesetzlichen Regelungen zur Verjährung werden in Unternehmenskaufverträgen durch die Parteien regelmäßig modifiziert. Beträgt die gesetzliche Verjährungsfrist bei Ansprüchen des Verkäufers aus Sach- oder Rechtsmängeln gemäß § 438 BGB grundsätzlich zwei Jahre, tritt die Verjährung bei selbstständigen Garantien erst nach Ablauf der gesetzlichen Regelverjährungsfrist gemäß § 195 BGB von drei Jahren ein.

300 In der Praxis werden im Hinblick auf die Bereiche, in denen der Verkäufer zumeist objektive Garantien abgegeben hat, also beispielsweise im Zusammenhang mit den gesellschaftsrechtlichen Verhältnissen, etc. oftmals wesentlich längere Verjährungsfristen vereinbart. Von den gesetzlichen Regelungen abweichende Vereinbarungen werden regelmäßig auch im Bereich solcher Beschaffenheitsangaben oder Garantien vereinbart, die die steuerlichen Verhältnisse der Zielgesellschaft betreffen. Typischerweise wird hier der Beginn der Verjährungsfristen an die Bestandskraft des Steuerbescheides geknüpft, der die steuerliche Situation der Zielgesellschaft bis zu ihrem Übergang auf den Käufer zum Gegenstand hat. Gleiches gilt beispielsweise für bestimmte öffentlich-rechtliche Verhältnisse. Auch insoweit wird der Beginn der Verjährung häufig an die Bestandskraft entsprechender Bescheide geknüpft.

301 ▶ **Beispiel für eine Verjährungsregelung:**

»Sämtliche Ansprüche des Käufers aufgrund dieses § ... unterliegen einer Verjährungsfrist von ... Jahren. Für Rechtsmängel der verkauften Anteile sowie gilt eine Verjährungsfrist von ... Jahren. Diese Verjährungsfristen beginnen jeweils mit dem Stichtag. Die Verjährung wird nicht dadurch gehemmt, dass die Beteiligten über den Anspruch oder die den Anspruch begründenden Umstände verhandeln, falls sie darüber insoweit nicht eine Vereinbarung anderen Inhalts treffen. Letztgenannte Vereinbarung bedarf der Schriftform. § 203 BGB ist ausgeschlossen. Im Übrigen gelten die gesetzlichen Bestimmungen.«

8. Freistellungen des Erwerbers

302 Nicht selten verlangt der Erwerber ausdrücklich Freistellungen für bestimmte Risiken, die sich im Verlauf der Transaktion, insbesondere bei der Due Diligence, gezeigt haben. Auch kommt es vor, dass der Verkäufer Freistellungen anstelle von Garantien anbietet. Dies wird insbesondere dann der Fall sein, wenn sich das Risiko aus Sicht des Verkäufers als überschaubarer darstellt als aus Sicht des Käufers.

303 Geregelt wird in diesen Fällen nicht nur genau der Tatbestand, der den Verkäufer freistellungspflichtig macht, sondern auch das Procedere, das bei Eintritt eines solchen Falles einzuhalten ist. Typischerweise werden Freistellungen für steuerliche Tatbestände vereinbart, die ihre Grundlage in der Zeit vor dem Inhaberwechsel haben. Nicht selten werden auch Risiken, die sich aus den Regelungen zum Betriebsübergang gemäß § 613a BGB ergeben, mit solchen Freistellungen geregelt.

▶ **Beispiel für eine Freistellungsregelung:** 304

»1. Der Verkäufer stellt den Käufer und die Zielgesellschaft von allen Steuern und Sozialversicherungsbeiträgen der Zielgesellschaft für den Zeitraum bis zum Stichtag frei. Diese Verpflichtung besteht nicht, sofern und soweit Tatbestände, die für den Zeitraum bis einschließlich zum Stichtag bei der Zielgesellschaft zu höheren Steuern führen, in der Zeit nach dem Stichtag zu niedrigeren Steuern bei der Zielgesellschaft führen. Die Verpflichtung des Verkäufers gemäß Satz 1 besteht auch nicht für Steuern für Zeiträume bis einschließlich zum Stichtag, die auf nach dem Stichtag von der Zielgesellschaft vorgenommenen Änderungen der bisherigen Bilanzierungs- oder der Besteuerungspraxis der Zielgesellschaft (einschließlich der Praxis bei der Einreichung von Steuererklärungen) beruhen, sofern diese Änderungen nicht aufgrund zwingenden Rechts oder der Grundsätze ordnungsmäßiger Buchführung erforderlich sind. Ein Anspruch der Käuferin auf Freistellung gemäß Satz 1 ist auch ausgeschlossen, wenn und soweit die Steuer oder der Sozialversicherungsbeitrag im Stichtagsabschluss als Rückstellung berücksichtigt wurde.
2. Der Veräußerer stellt den Erwerber und die Zielgesellschaft ferner von allen Ansprüchen verbundener Unternehmen frei, die vor dem heutigen Tage begründet worden sind. Als »verbundene Unternehmen« gelten alle Gesellschaften, die gegenwärtig oder künftig mit dem Verkäufer im Sinne des §15 AktG verbunden sind, sowie deren Einzel- und Gesamtrechtsnachfolger. Der Begriff der »Begründung« von Ansprüchen gemäß Satz 1 ist wie in §303 Abs. 1 Satz 1 AktG zu verstehen.
3. Als Steuern im Sinne dieses § ... gelten alle Steuern gemäß §3 AO, sämtliche Steueräquivalente (einschließlich Steuerausgleichs- oder -umlagezahlungen in steuerlichen Organschaftsverhältnissen oder aufgrund sonstiger gesetzlicher oder vertraglicher Regelungen), alle öffentlichen Gebühren und Abgaben sowie alle diesbezüglichen Straf- und Bußgelder, Zinsen, Säumniszuschläge, Gebühren, Kosten und vergleichbare Zahlungen. Entsprechendes gilt für Sozialversicherungsbeiträge.
4. Sämtliche Steuererstattungsansprüche der Zielgesellschaft, die sich auf den Zeitraum bis einschließlich zum Stichtag beziehen, stehen dem Verkäufer zu. Entsprechende Beträge sind dem Verkäufer vom Käufer zu erstatten, nachdem die Steuererstattung an die Zielgesellschaft erfolgt ist. Sofern sich aus vorstehender Regelung Erstattungsansprüche des Verkäufers gegenüber dem Käufer ergeben, ist der Käufer dazu berechtigt, diese mit seinen Ansprüchen aufgrund dieses Vertrages aufzurechnen.
5. Ansprüche aus diesem § ... verjähren ... Monate nach Vorliegen eines endgültigen, d.h. unanfechtbaren Steuerbescheids für die betroffenen Steuern und den betroffenen Veranlagungszeitraum; dies gilt nicht für Fälle der Steuerhinterziehung und leichtfertigen Steuerverkürzung.
6. Der Käufer wird dafür sorgen, dass die Zielgesellschaft dem Verkäufer und seinen Beratern, die zu einer der Berufsverschwiegenheit unterliegenden Berufsgruppe gehören (z.B. Rechtsanwälte, Steuerberater und Wirtschaftsprüfer), die Gelegenheit gegeben wird, an allen steuerlichen Außenprüfungen der Zielgesellschaft für den Zeitraum bis zum Stichtag mitzuwirken. Der Käufer stellt sicher, dass die Zielgesellschaft den Verkäufer unverzüglich über die Ankündigung bzw. den Beginn solcher Prüfungen informiert. Kann kein Einverständnis über das Ergebnis einer Betriebsprüfung erzielt werden, wird der Käufer auf Wunsch des Verkäufers dafür Sorge tragen, dass die Zielgesellschaft Rechtsmittel oder -behelfe gegen entsprechende Steuerbescheide einlegt und auf Wunsch des Verkäufers und nach dessen Weisungen entsprechende Rechtsstreite oder Rechtsbehelfsverfahren nach seinen Weisungen führt. Die Kosten solcher gerichtlichen und/oder außergerichtlichen Verfahren gehen zu Lasten des Verkäufers.

7. Führen steuerliche Veranlagungen, insbesondere als Folge von Außenprüfungen, zu einer Veränderung der steuerlichen Wertansätze bei der Zielgesellschaft für Zeiträume bis zum Stichtag, so hat dies keinen Einfluss auf den Kaufpreis.
8. Der Veräußerer stellt ferner sicher, dass mit Wirkung zum Übertragungsstichtag:
   a) alle Mitglieder von Beiräten oder Aufsichtsräten, die die Zielgesellschaft hat, ihre Ämter niederlegen,
   b) Herr ... und Frau ... ihre Ämter als Geschäftsführer der Zielgesellschaft niederlegen und ihre Dienstverhältnisse mit der Zielgesellschaft und alle sonstigen Rechtsverhältnisse zwischen ihnen und der Zielgesellschaft (einschließlich etwaiger Pensionsansprüche) aufgehoben werden, ohne dass der Zielgesellschaft daraus Kosten entstehen; andernfalls stellt er den Käufer von diesen Kosten frei.«

9. Nachvertragliche Pflichten des Verkäufers und Wettbewerbsverbot

305 Zur Sicherung des beabsichtigten wirtschaftlichen Erfolgs des Unternehmenskaufvertrages werden häufig Regelungen im Vertrag zu bestimmten nachvertraglichen Verpflichtungen des Verkäufers vorgesehen. Dies kann beispielsweise bestimmte Mitwirkungspflichten des Verkäufers zur Integration des Unternehmens in die Sphäre des Käufers oder Mitwirkungspflichten bzw. Beteiligung des Verkäufers in gewährleistungsrelevanten Bereichen betreffen. Von besonderer Bedeutung sind hier Wettbewerbsverbote zu Lasten des Veräußerers.

306 Die Zulässigkeit der Vereinbarung eines Wettbewerbsverbots bestimmt sich nach den insoweit geltenden allgemeinen Grundsätzen, d.h. es ist der durch § 138 BGB, § 1 GWB sowie Art. 81 EG-Vertrag gezogene rechtliche Rahmen zu beachten. Ein Wettbewerbsverbot ist daher gegenständlich auf den Bereich zu begrenzen, der die Tätigkeit des Zielunternehmens betrifft; in räumlicher Hinsicht ist es auf den Markt des Zielunternehmens zu beschränken. In zeitlicher Hinsicht ist ein solches Wettbewerbsverbot regelmäßig unbedenklich, wenn es nicht über einen Zeitraum von zwei Jahren hinaus erstreckt wird. Ist eine längere Dauer vereinbart, hängt die Wirksamkeit des Wettbewerbsverbots davon ab, ob es für diese längere Dauer einen triftigen sachlichen Grund gibt. Jedoch wird man auch dann zu berücksichtigen haben, dass es eine deutliche Tendenz in der Rechtsprechung gibt, die Grenze bei zwei Jahren zu ziehen.[142] Üblicherweise wird die Einhaltung solcher Wettbewerbsverbote im Vertrag dann durch Vertragsstrafen abgesichert.

307 ▶ **Beispiel für eine Klausel mit nachvertraglichem Wettbewerbsverbot:**

»1. Der Verkäufer verpflichtet sich, im Zeitraum bis ... weder indirekt noch direkt Aktivitäten, gleich welcher Art, aufzunehmen, die im Wettbewerb mit den Geschäftsfeldern der Zielgesellschaft stehen. Der Verkäufer verpflichtet sich weiter, während dieses Zeitraums kein Unternehmen, das Wettbewerbstätigkeiten der vorgenannten Art ausführt, zu gründen oder zu erwerben oder sich an einem solchen Unternehmen mittelbar oder unmittelbar zu beteiligen oder ein solches Unternehmen zu beraten. Hiervon ausgenommen sind die vom Verkäufer unter dem Gewerbe »...« ausgeübten Tätigkeiten sowie der Erwerb von Anteilen von höchstens 10 % an börsennotierten Gesellschaften.
2. Ferner wird sich der Verkäufer bis zum ... jeglicher abträglicher Äußerungen, Handlungen oder sonstiger Aktivitäten enthalten, die für den Goodwill der Zielgesellschaft oder des Geschäfts der Käuferin nachteilig sein könnten, insbesondere wird der Verkäufer keine Geschäftspartner der Zielgesellschaft veranlassen, die Geschäftsbeziehung mit der Zielgesellschaft oder der Käuferin zu beenden, oder

---
142 Vgl. *Beisel/Klumpp* Kap. 12 Rn. 45 m.w.N.

eigene Geschäfte mit Kunden, Lieferanten oder ehemaligen Mitarbeitern der Zielgesellschaft betreiben oder unter der Bezeichnung ... (oder ähnliche) Geschäfte betreiben.
3. Verstößt der Verkäufer gegen seine Verpflichtungen gemäß Abs. 1 oder Abs. 2 und setzt der Verkäufer solche Verstöße trotz schriftlicher Abmahnung durch den Käufer oder die Zielgesellschaft fort, so hat der Verkäufer dem Käufer eine Vertragsstrafe in Höhe von € ... (in Worten: Euro ...) zu zahlen. Dauert die Verletzungshandlung an, hat der Verkäufer für jeden weiteren Monat der Verletzung eine weitere Vertragsstrafe in Höhe von € ... (in Worten: Euro ...) an den Käufer zu zahlen. Das Recht des Käufers, einen ihm und/oder der Zielgesellschaft entstehenden weiteren Schaden geltend zu machen und Einstellung des verbotenen Verhaltens zu fordern, bleibt davon unberührt.«

10. Sonstige Vertragsbestimmungen

Schließlich beinhaltet jeder Unternehmenskaufvertrag auch noch eine weitere Vielzahl von Regelungen, typischerweise Bestimmungen zu nachfolgenden Bereichen: 308
- Geheimhaltungsregelungen
- Mitteilungen an die Öffentlichkeit,
- Mitteilungs- und Anzeigepflichten,
- Abtretungsverbot und Aufrechnungsausschluss,
- Rechtswahl,
- Gerichts- und Schiedsklauseln,
- Kosten und
- salvatorische Klausel.

▶ **Beispiel für sonstige Vertragsbestimmungen:** 309

»§...Unterrichtungspflichten, Mitwirkungsrechte des Verkäufers
Verkäufer und Käufer sind verpflichtet, sich gegenseitig alle Auskünfte zu erteilen und an allen Geschäften und Rechtshandlungen mitzuwirken, die zur Durchführung dieses Vertrags erforderlich sind. Der Verkäufer wird den Käufer über die Angelegenheiten der Zielgesellschaft aus der Zeit vor dem Abschluss dieses Vertrags – sofern es ihm, dem Verkäufer, möglich ist – auf Verlangen Auskunft erteilen, soweit dies bei verständiger Beurteilung im Interesse der Zielgesellschaft oder des Käufers erforderlich ist. Der Verkäufer wird sich nach besten Kräften und auf eigene Kosten bemühen, dass geeignete Auskunftspersonen zur Verfügung stehen, falls er selbst, gleich aus welchem Grund, zu den genannten Handlungen nicht in der Lage sein sollte.
§ ... Stillschweigen, Pressemitteilung
1. Die Vertragsparteien werden über den Inhalt der getroffenen Vereinbarungen, insbesondere den Kaufpreis, Stillschweigen bewahren, soweit nicht eine Offenlegung aufgrund börsenrechtlicher Vorschriften sowie gegenüber den Steuerbehörden oder dem Bundeskartellamt zwingend geboten ist.
2. Eine Veröffentlichung des vorliegenden Unternehmenskaufs in der Presse wird zwischen den Parteien nach Inhalt und Zeitpunkt abgestimmt.
§ ... Kosten
1. Die Kosten der Beurkundung dieses Vertrags trägt der Käufer. Die Kosten des Fusionskontrollverfahrens (§ ...) tragen die Parteien jeweils zur Hälfte.
2. Im Übrigen trägt jede Seite die Kosten für ihre anwaltliche und wirtschaftliche Beratung selbst.
§ ... Gerichtsstand
Ausschließlicher Gerichtsstand für alle Streitigkeiten, die sich aus und im Zusammenhang mit dem vorliegenden Vertrag und/oder über seine Gültigkeit ergeben, ist ....

§ ... Schlussbestimmungen
1. Die Überschriften in diesem Vertrag und seinen Anlagen, gleich zu welchem Gliederungspunkt, sind nur als Orientierung gedacht; sie sind nicht Vertragsbestandteil und insbesondere weder Inhaltsregelung noch Beschränkung von Rechten und Pflichten.
2. Alle zwischen den Vertragsparteien vor dem Abschluss dieses Vertrages in Bezug auf den Verkauf des Unternehmens des Verkäufers getroffenen Vereinbarungen sind durch den Abschluss dieses Vertrages überholt und entfalten keine Wirkung mehr. Dies gilt nicht für die am ... vereinbarte Verschwiegenheitserklärung der Parteien, deren Inhalt weiter uneingeschränkt gilt.
3. Dieser Vertrag und alle Streitigkeiten aus oder im Zusammenhang mit diesem Vertrag richten sich nach deutschem Recht.
4. Sollten sich einzelne Bestimmungen dieses Vertrags oder ein Teil einer Bestimmung als unwirksam erweisen, so wird die Wirksamkeit der Bestimmungen im Übrigen nicht davon berührt. Die Parteien sind verpflichtet, in einem solchen Fall anstelle der unwirksamen oder unvollständigen Bestimmung(en) oder des Teils einer Bestimmung eine andere zu vereinbaren, die nach Inhalt und Zweck der weggefallenen Bestimmung in zulässiger Weise am nächsten kommt. Gleiches gilt für den Fall einer Lücke des Vertrages.
5. Änderungen und Ergänzungen dieses Vertrags bedürfen der Schriftform, soweit nicht gesetzlich eine strengere Form vorgeschrieben ist. Dies gilt auch für die Abänderung des Schriftformerfordernisses.
6. Nebenvereinbarungen wurden nicht getroffen.
7. Erklärungen, die nach Maßgabe dieses Vertrags abzugeben sind oder abgegeben werden können, sind zu richten an:
Erklärungen des Verkäufers: ...
a) an ... und
b) an ...
Erklärungen des Käufers:
a) an ... und
b) an ...
Für den Zugang von Erklärungen und dessen Zeitpunkt ist der Zugang bei den jeweils unter lit. b) Genannten maßgebend.«

VII. Transaktionsbegleitende Verträge

310 Im Zusammenhang mit einem Unternehmenskaufvertrag, der regelmäßig das »Kernstück« der Transaktion bildet, werden häufig auch noch weitere Verträge in das Vertragswerk eingebunden. Exemplarisch zu nennen sind insoweit folgende Verträge:

Verträge des Erwerbers mit der Zielgesellschaft dienen zur Integration des Zielunternehmens in das wirtschaftliche Gefüge auf Erwerberseite, so z.B. Zulieferverträge, Lizenzverträge, Dienstverträge, etc. Der Veräußerer wird davon regelmäßig wenig betroffen sein.

Verträge mit dem Management der Zielgesellschaft verfolgen den Zweck, das Management der Zielgesellschaft zu erhalten. Üblicherweise wird dessen Verbleib mit einer »Incentivierungsvereinbarung« abgesichert. Gleiches kann beispielsweise auch für »Schlüsselmitarbeiter« gelten. Solche Vereinbarungen betreffen den Veräußerer, der in ihren Abschluss einzubeziehen ist.

Verträge mit den Gesellschaftern der Zielgesellschaft werden regelmäßig geschlossen, wenn das Zielunternehmen als Joint Venture weiterbetrieben werden soll. Dann werden die wechselseitigen Rechte und Pflichten, auch bzgl. der Zielgesellschaft, vertraglich geregelt, wobei die Bezeichnungen variieren (z.B. Joint Venture-Vertrag, Konsortialvertrag, Gesellschaftervereinbarung, etc.). Verträge mit Gesellschaftern der Zielgesellschaft können des Weiteren erforderlich sein, weil sie im Betrieb des Zielunternehmens eine bestimmte Position bekleiden und Regelungen dazu getroffen werden müssen, ob und inwieweit dies auch zukünftig der Fall sein soll. Die Erforderlichkeit solcher Verträge kann sich auch daraus ergeben, dass vertragliche Beziehungen zwischen der Zielgesellschaft und ihren Gesellschaftern bestehen, deren Erhalt für den weiteren Betrieb der Zielgesellschaft notwendig ist, wie beispielsweise bei Immaterialgüterrechten, die als solche selbst nicht übertragbar sind (z.B. Urheberrechte), so dass entsprechende Nutzungsverträge geschlossen werden müssen, falls und soweit diese noch nicht bestehen (gerade bei inhabergeführten Unternehmen ist dies nicht selten der Fall). Schließlich kommt es teilweise auch vor, dass die Verkäuferseite für einen bestimmten Zeitraum noch mit einem Beratervertrag an die Zielgesellschaft oder die Käuferseite gebunden werden soll. Die Gründe dafür können verschiedenster Natur sein, so z.B. um die Integration des Zielunternehmens in die eigenen Unternehmungen durch den Zugriff auf das Know How des Verkäufers zu erleichtern.

VIII. Kartellrechtliche und medienkonzentrationsrechtliche Rahmenbedingungen

1. Kartellrechtliche Voraussetzungen

Sobald die geplante Transaktion aufgrund der Umsatzgrößen der beteiligten Unternehmen eine bestimmte Dimension erreicht, werden die Beteiligten die kartellrechtlichen Implikationen des Vorhabens im Hinblick auf die nationale und europäische Fusionskontrolle zu beachten haben. 311

Stets ist zu prüfen, ob der beabsichtigte Unternehmenskauf fusionskontrollrechtliche Relevanz hat. Das ist der Fall, wenn die an der geplanten Transaktion beteiligten Unternehmen bestimmte Umsatzschwellenwerte überschreiten. Dabei ist zu beachten, dass das europäische Fusionskontrollrecht den nationalen Regelungen des Gesetzes gegen Wettbewerbsbeschränkungen (GWB) vorgeht, d.h. eine Prüfung nach nationalem Recht findet nur dann statt, wenn keine Zuständigkeit der EU-Kommission begründet ist. 312

Da die Aufgreifschwellen nach der insoweit einschlägigen Verordnung (EG) Nr. 139/2004 vom 20.1.2004 über die Kontrolle von Unternehmenszusammenschlüssen (»EG-Fusionskontrollverordnung«) – nachfolgend kurz: FKVO – wesentlich höher sind als diejenigen nach dem GWB, wird im Nachfolgenden aufgrund der damit einhergehenden größeren Relevanz der nationalen Vorschriften zunächst auf diese eingegangen. 313

a) Nationale Fusionskontrolle nach dem GWB

Die Vorschriften der §§ 35 ff. GWB zur Zusammenschlusskontrolle finden dann Anwendung, wenn folgende Voraussetzungen in Bezug auf das geplante Zusammenschlussvorhaben erfüllt sind: Die beteiligten Unternehmen haben insgesamt weltweit Umsatzerlöse von mehr als € 500 Mio. erzielt (§ 35 Abs. 1 Nr. 1 GWB) und die inländischen Umsatzerlöse von mindestens einem beteiligten Unternehmen betragen mehr als € 25 Mio. und die eines anderen beteiligten Unternehmens mehr als € 5 Mio. (§ 35 Abs. 1 Nr. 2 GWB) und das Vorhaben hat Auswirkungen in Deutschland (§ 130 Abs. 2 GWB). 314

Eine Zusammenschlusskontrolle findet gemäß § 35 Abs. 2 GWB jedoch nicht statt, wenn an dem Vorhaben ein – nicht abhängiges (vgl. § 36 Abs. 2 GWB) – Unternehmen beteiligt ist, welches im letzten Geschäftsjahr weltweit Umsatzerlöse von weniger als € 10 Mio. erzielt hat (§ 35 Abs. 2 Nr. 1 GWB, »De-minimis-Klausel«), oder durch das Vorhaben ein 315

Markt betroffen ist, auf dem seit mindestens fünf Jahren Waren oder gewerbliche Leistungen angeboten werden und auf dem dabei in dem letzten Kalenderjahr weniger als € 15 Mio. umgesetzt wurden (§ 35 Abs. 2 Nr. 2 GWB, sog. Bagatellmarktklausel). Dabei ist im Medienbereich ferner zu beachten, dass die De-minimis-Klausel gemäß § 35 Abs. 2 Satz 2 GWB nicht anwendbar ist, soweit durch den Zusammenschluss der Wettbewerb beim Verlag, bei der Herstellung oder beim Vertrieb von Zeitungen oder Zeitschriften oder deren Bestandteilen beschränkt wird.

316 Die Berechnung der Umsatzerlöse erfolgt nach Maßgabe des § 38 GWB. Dabei ist als Sonderregelung für Medienunternehmen zu beachten, dass gemäß § 38 Abs. 3 GWB für den Verlag, die Herstellung und den Vertrieb von Zeitungen, Zeitschriften und deren Bestandteilen, die Herstellung, den Vertrieb und die Veranstaltung von Rundfunkprogrammen und den Absatz von Rundfunkwerbezeiten das Zwanzigfache der relevanten Umsatzerlöse in Ansatz zu bringen ist. Überschreiten die an dem Unternehmenskauf beteiligten Unternehmen die vorstehenden Umsatzschwellen, wird sich der Unternehmenskauf in der Regel als anmeldepflichtiger Zusammenschluss darstellen.

317 Nach § 37 GWB liegt ein anmeldepflichtiger Zusammenschluss in folgenden Fällen vor: (i) Erwerb des Vermögens eines anderen Unternehmens ganz oder zu einem wesentlichen Teil (vgl. § 37 Abs. 1 Nr. 1 GWB). Diese Voraussetzung wird bei einem Asset Deal häufig erfüllt sein. Wann ein wesentlicher Teil veräußert wird, ist nicht quantitativ, sondern qualitativ zu ermitteln: Wesentlich ist jede betriebliche Teileinheit, die im Rahmen der gesamten nach außen gerichteten wirtschaftlichen Tätigkeit des Veräußerers unabhängig von dessen Größe qualitativ eine eigene Bedeutung hat.[143]

318 (ii) Erwerb von Anteilen an einem anderen Unternehmen, wenn die Anteile allein oder zusammen mit sonstigen, dem erwerbenden Unternehmen bereits gehörenden Anteilen 50 % oder 25 % des Kapitals oder der Stimmrechte des anderen Unternehmens erreichen (vgl. § 37 Abs. 1 Nr. 3 GWB). Dies betrifft stets den Share Deal.

319 (iii) Sog. Kontrollerwerb, d.h. der Erwerb der unmittelbaren oder mittelbaren Kontrolle über die Gesamtheit oder Teile eines anderen Unternehmens durch Rechte, Verträge oder andere Mittel, die den Erwerber in die Lage versetzen, einen bestimmenden Einfluss auf die Tätigkeit des anderen Unternehmens auszuüben (vgl. § 37 Abs. 1 Nr. 2 GWB). Ein Kontrollerwerb kann danach beispielsweise vorliegen, wenn eine Lizenz tragende Grundlage der bestehenden Marktstellung eines Unternehmens ist und diese Marktstellung durch Vertrag auf einen Lizenznehmer übertragen wird.[144]

320 (iv) Sonstige Verbindungen von Unternehmen, aufgrund deren ein wettbewerblich erheblicher Einfluss auf das andere Unternehmen ausgeübt werden kann (vgl. § 37 Abs. 1 Nr. 4 GWB).

321 Ist der Anwendungsbereich der Zusammenschlusskontrolle nach nationalem Recht eröffnet, hat eine Anmeldung des geplanten Vorhabens gemäß § 39 Abs. 1 GWB zu erfolgen. Zur Anmeldung verpflichtet sind dabei gemäß § 39 Abs. 2 GWB die am Zusammenschluss beteiligten Unternehmen sowie in den Fällen des Asset Deals (§ 37 Abs. 1 Nr. 1 GWB) und des Share Deals (§ 37 Abs. 1 Nr. 3 GWB) auch der Veräußerer. Die Anmeldung hat die in § 39 Abs. 3 GWB aufgeführten Pflichtangaben zu enthalten.

322 Nach Eingang der Anmeldung hat das Bundeskartellamt den beabsichtigten Zusammenschluss zu überprüfen, wobei es binnen einer Ausschlussfrist von einem Monat mitteilen muss, ob es in das Hauptprüfverfahren eintritt (sog. Monatsbrief, § 40 Abs. 1 GWB). Ver-

---

[143] BGH NJW 1980, 1389 – Zementmahlanlage II.
[144] BGH, Urt. v. 10.10.2006, KVR 32/05 – National Geograhic I.

streicht diese Frist ereignislos, darf das Bundeskartellamt den Zusammenschluss nicht mehr untersagen, er gilt vielmehr als freigegeben.

Teilt das Bundeskartellamt den Beteiligten durch den Monatsbrief mit, dass es in das Hauptprüfverfahren eintritt, hat die Entscheidung binnen einer Frist von weiteren vier Monaten nach Eingang der vollständigen Anmeldung zu erfolgen, da der Zusammenschluss anderenfalls gemäß § 40 Abs. 2 GWB als freigegeben gilt, falls nicht die Ausnahmen des § 40 Abs. 2 Satz 4 GWB (Zustimmung zur Fristverlängerung, unrichtige Angaben, etc.) vorliegen. 323

Im Rahmen des Hauptprüfverfahrens hat das Bundeskartellamt darüber zu entscheiden, ob durch den geplanten Zusammenschluss eine marktbeherrschende Stellung (§ 19 Abs. 2, Abs. 3 GWB) eines Unternehmens entsteht oder verstärkt wird. Ist das der Fall, hat das Bundeskartellamt weiterhin zu prüfen, ob durch die beteiligten Unternehmen gemäß § 36 Abs. 1 GWB der Nachweis geführt wurde, dass durch den Zusammenschluss auch Verbesserungen der Wettbewerbsbedingungen eintreten und diese Verbesserungen die Nachteile der Marktbeherrschung überwiegen. Von besonderer Bedeutung ist stets die Bestimmung des »relevanten Markts«, den es festzulegen gilt, um darüber entscheiden zu können, ob durch den beabsichtigen Zusammenschluss eine marktbeherrschende Stellung entsteht oder verstärkt wird.[145] 324

Nach entsprechender Beurteilung des Vorhabens im Hauptprüfverfahren entscheidet das Bundeskartellamt entweder durch Freigabeverfügung, Untersagungsverfügung oder Freigabe mit Bedingungen und Auflagen (vgl. § 40 Abs. 3 GWB). 325

Während der Prüfung durch das Bundeskartellamt gilt das sog. Vollzugsverbot (§ 41 GWB), d.h. die Unternehmen dürfen einen Zusammenschluss, der vom Bundeskartellamt nicht freigegeben ist, nicht vor Ablauf der Monatsfrist (§ 40 Abs. 1 GWB) bzw. 4-Monatsfrist (§ 40 Abs. 2 Satz 2 GWB) vollziehen. Verstöße gegen das Vollzugsverbot stellen eine Ordnungswidrigkeit gemäß § 81 Abs. 2 Nr. 1 GWB dar, die mit einer Geldbuße von € 1 Mio. und mehr geahndet werden kann (vgl. § 81 Abs. 4 GWB). Rechtsgeschäfte, die gegen das Vollzugsverbot verstoßen, sind gemäß § 41 Abs. 1 Satz 2 GWB unwirksam, es sei denn, ihre Unwirksamkeit wurde durch Eintragung im Grundbuch oder Handelsregister geheilt (§ 41 Abs. 1 Satz 3 GWB). Vor diesem Hintergrund wird die Wirksamkeit eines Unternehmenskaufvertrages regelmäßig aufschiebend bedingt durch seine fusionskontrollrechtliche Unbedenklichkeit. 326

▶ Beispiel für die Regelung eines Fusionskontrollvorbehalts: 327

»1. Die Abtretung der Geschäftsanteile gemäß § ... steht unter der aufschiebenden Bedingung, dass das Bundeskartellamt den Erwerb der Geschäftsanteile durch den Käufer freigibt. Diese Bedingung tritt ein, wenn
a) das Bundeskartellamt den beabsichtigten Erwerb gemäß § 40 Abs. 2 Satz 1 GWB freigibt oder
b) schriftlich mitteilt, dass die Voraussetzungen für eine Untersagung nach § 36 GWB nicht vorliegen, oder
c) die Einmonatsfrist gemäß § 40 Abs. 1 Satz 1 GWB verstreicht, ohne dass das Bundeskartellamt den Eintritt in das Hauptprüfverfahren mitgeteilt hat, oder
d) die viermonatige Untersagungsfrist des § 40 Abs. 2 Satz 2 GWB verstreicht, ohne dass das Bundeskartellamt (i) das Zusammenschlussvorhaben gemäß § 40 Abs. 2 Satz 1 GWB untersagt oder (ii) mit den am Zusammenschluss beteiligten Unternehmen gemäß § 40 Abs. 2 Satz 3 Ziff. 1 GWB eine Fristverlängerung vereinbart hat oder

---

145 Vgl. dazu beispielsweise *Knott/Mielke* Rn. 273 ff.

e) eine nach § 40 Abs. 2 Satz 3 Ziff. 1 GWB vereinbarte Fristverlängerung abläuft, ohne dass eines der in vorstehenden lit. d) (i) oder (ii) genannten Ereignisse eingetreten ist, oder

f) das Bundeskartellamt mitteilt, dass das Zusammenschlussvorhaben nicht fusionskontrollpflichtig ist.

2. Weder der Verkäufer noch der Käufer werden gegenüber dem Bundeskartellamt einer Fristverlängerung ohne die vorherige schriftliche Zustimmung der jeweils anderen Partei zustimmen.

3. Die Anmeldung des Verkaufs der Geschäftsanteile an den Käufer als Zusammenschlussvorhaben werden die Parteien unverzüglich nach Beurkundung dieses Vertrages gemeinschaftlich vornehmen. Für den Fall, dass das Bundeskartellamt den Erwerb der Geschäftsanteile durch den Käufer untersagt, hat jede Partei das Recht, vom vorliegenden Vertrag zurückzutreten. Gleiches gilt auch für den Fall, dass die vorstehende Bedingung nicht spätestens bis vier Monate nach Anmeldung der Transaktion beim Bundeskartellamt eingetreten ist.«

328 Erfolgt die Freigabe des Zusammenschlusses durch das Bundeskartellamt oder verstreicht eine der vorgenannten Fristen ereignislos, so dass das Vorhaben als freigegeben gilt, haben die beteiligten Unternehmen dem Bundeskartellamt den Vollzug des Zusammenschlusses unverzüglich anzuzeigen (§ 39 Abs. 6 GWB).

329 Verweigert das Bundeskartellamt die Freigabe des Zusammenschlusses und entscheidet durch entsprechende Untersagungsverfügung, so steht den Beteiligten (vgl. § 54 Abs. 2 GWB) der Weg der Beschwerde gemäß § 63 GWB offen. Zum anderen besteht auch die Möglichkeit, die sog. Ministererlaubnis gemäß § 42 GWB zu beantragen.

b) Europäische Fusionskontrolle

330 Die europäische Fusionskontrolle nach der Fusionskontrollverordnung (FKVO)[146] wird relevant, wenn dem beabsichtigten Zusammenschluss eine gemeinschaftsweite Bedeutung (vgl. Art. 1 Abs. 1 FKVO) zukommt. In diesem Fall geht die europäische Fusionskontrolle der nationalen Fusionskontrolle vor, d.h. die EU-Kommission hat insoweit die ausschließliche Zuständigkeit und die Anwendung nationalen Rechts ist ausgeschlossen (vgl. Art. 21 Abs. 3 FKVO).

331 Eine gemeinschaftsweite Bedeutung i.S.d. Art. 1 Abs. 1 FKVO besteht gemäß Art. 1 Abs. 2 FKVO, wenn alle beteiligten Unternehmen zusammen einen weltweiten Gesamtumsatz von mehr als € 5 Milliarden haben und mindestens zwei der beteiligten Unternehmen einen gemeinschaftsweiten Gesamtumsatz von jeweils mehr als € 250 Mio. aufweisen.

332 Auch bei Erreichen dieser Umsatzschwellen ist keine Zuständigkeit der Kommission gegeben, wenn die sog. zwei Drittel-Klausel des Art. 1 Abs. 2 FKVO greift, d.h. wenn die beteiligten Unternehmen jeweils mehr als zwei Drittel ihres gemeinschaftsweiten Gesamtumsatzes in ein und demselben Mitgliedstaat erzielen.

333 Werden die oben genannten Umatzschwellen des Art. 1 Abs. 2 FKVO nicht erreicht, ist dennoch gemäß Art. 1 Abs. 3 FKVO von einer gemeinschaftsweiten Bedeutung und mithin einer Zuständigkeit der EU-Kommission auszugehen, wenn der weltweite Umsatz aller beteiligten Unternehmen zusammen mehr als € 2,5 Milliarden beträgt, der Gesamt-

---

146 Verordnung (EG) Nr. 139/2004 des Rates vom 20.1.2004 über die Kontrolle von Unternehmenszusammenschlüssen, nachlesbar als pdf-Datei unter http://eur-lex.europa.eu/LexUriServ/LexUriServ.do?uri=OJ:L:2004:024:0001:0022:DE:PDF oder als html-Dokument unter http://eur-lex.europa.eu/LexUriServ/LexUriServ.do?uri=CELEX:32004R0139:DE:HTML.

umsatz aller beteiligten Unternehmen in mindestens drei Mitgliedstaaten jeweils € 100 Mio. übersteigt, in jedem von mindestens drei der von Vorstehendem erfassten Mitgliedstaaten der Gesamtumsatz von mindestens zwei beteiligten Unternehmen mehr als € 25 Mio. beträgt und der gemeinschaftsweite Gesamtumsatz von mindestens zwei beteiligten Unternehmen jeweils € 100 Mio. übersteigt. Zudem darf auch insoweit die oben genannte zwei Drittel-Klausel nicht greifen.[147]

Werden relevante Umsatzschwellen überschritten, wird in Fällen eines Unternehmenskaufs regelmäßig eine entsprechende Genehmigungspflichtigkeit vorliegen. Nach Art. 3 Abs. 1 FKVO liegt ein genehmigungspflichtiger Zusammenschluss entweder vor, wenn bislang unabhängige Unternehmen fusionieren, oder »ein oder mehrere Unternehmen durch den Erwerb von Anteilsrechten oder Vermögenswerten, durch Vertrag oder in sonstiger Weise die unmittelbare oder mittelbare Kontrolle über die Gesamtheit oder über Teile eines oder mehrerer anderer Unternehmen erwerben«. 334

Ist nach Vorstehendem von einem Zusammenschluss mit gemeinschaftsweiter Bedeutung auszugehen, so ist dieser gemäß Art. 4 FKVO vor seinem Vollzug bei der EU-Kommission anzumelden. Ebenso wie im nationalen Recht besteht auch nach der FKVO ein Vollzugsverbot (Art. 7 FKVO), dessen Nichtbeachtung Zwangsgelder und die Unwirksamkeit dagegen verstoßender Rechtsgeschäfte nach sich ziehen kann. Nach Anmeldung des Zusammenschlusses tritt die EU-Kommission in eine sog. erste Prüfungsphase ein, die grundsätzlich nicht mehr als 25 Arbeitstage dauern darf (vgl. Art. 10 Abs. 1 FKVO), und teilt den Beteiligten mit, ob Bedenken gegen den Zusammenschluss bestehen oder nicht. Sollten entsprechende Bedenken bestehen, tritt die EU-Kommission in die sog. zweite Prüfungsphase ein, deren Dauer grundsätzlich 90 Arbeitstage beträgt (vgl. Art. 10 Abs. 3 FKVO). 335

Prüfungsmaßstab für die Entscheidung der Kommission ist die Frage, ob durch den Zusammenschluss ein wirksamer Wettbewerb im Gemeinsamen Markt oder in einem wesentlichen Teil desselben erheblich behindert wird, insbesondere durch Begründung oder Verstärkung einer beherrschenden Stellung (vgl. Art. 2 Abs. 2, Abs. 3 FKVO), wobei die Beurteilung unter Berücksichtigung der Kriterien gemäß Art. 2 Abs. 1 und Abs. 5 FKVO erfolgt.[148] 336

2. Medienkonzentrationsrechtliche Zulässigkeit

Die medienkonzentrationsrechtliche Zulässigkeit wird relevant, wenn eine Transaktion im Medienbereich zur Folge hat, dass sich Veränderungen in den Einflussmöglichkeiten auf ein privates Rundfunkunternehmen (Hörfunk oder Fernsehen) ergeben. 337

a) Anzeige bei der zuständigen Landesmedienbehörde

Jede geplante Veränderung von Beteiligungsverhältnissen oder sonstigen Einflüssen muss bei der zuständigen Landesmedienbehörde vor ihrem Vollzug schriftlich angemeldet werden (§ 29 RStV). Zuständig ist die Landesmedienbehörde, die die betreffende Rundfunklizenz erteilt hat. Ziel ist zu verhindern, dass konzentrationsrechtliche Bestimmungen und Vorgaben nachträglich unterlaufen werden.[149] 338

---

147 Vgl. Art. 1 Abs. 3 FKVO.
148 Zu weiteren Einzelheiten der materiellen Fusionskontrolle, vgl. beispielsweise *Knott/Mielke* Rn. 241 ff.
149 Vgl. z.B. die Erläuterungen dazu von der Medienanstalt Berlin-Brandenburg unter http://www.mabb.de/aufsicht.html.

339 Der Überprüfung bedarf es nur dann nicht, wenn die Veränderung lediglich geringfügig ist, d.h. weniger als 5 % der Kapital- oder Stimmanteile betrifft, und wenn sich die Veränderung auf ein im In- oder Ausland börsennotiertes Unternehmen auswirkt und wenn keiner der sonstigen Ausschlussgründe für die Anwendbarkeit dieser Ausnahme vorliegt.[150]

340 Anmeldepflichtig sind auch konzerninterne Umstrukturierungen oder konzerninterne Rechtsformwechsel.[151]

b) Einbindung der KEK

341 Betrifft die Veränderung in der Gesellschafterstruktur ein privates Fernsehunternehmen, ist grundsätzlich auch die Kommission zur Ermittlung der Konzentration im Medienbereich (KEK) einzubinden.

342 Aufgabe der KEK ist es, »für die abschließende Beurteilung von Fragestellungen der Sicherung von Meinungsvielfalt im Zusammenhang mit der bundesweiten Veranstaltung von Fernsehprogrammen« (§ 36 Abs. 4 Satz 1 RStV) zu sorgen, d.h. die Einhaltung der Bestimmungen zur Sicherung der Meinungsvielfalt im Fernsehen zu überprüfen und die entsprechenden Entscheidungen zu treffen. Dabei wird die KEK jeweils für die Landesmedienanstalt tätig, bei der der betroffene Veranstalter lizenziert ist, und beurteilt bei Veränderungen der Beteiligungsverhältnisse an Fernsehveranstaltern, ob ein Unternehmen durch diese Veränderung vorherrschende Meinungsmacht erlangt. Zur Durchführung einer bundeseinheitlichen Konzentrationskontrolle ist ihr diese Aufgabe als Beschlussorgan und Vermittlungsinstanz für alle Landesmedienanstalten zugewiesen worden. Die Beurteilung der KEK ist gegenüber den anderen Organen der jeweils zuständigen Landesmedienanstalt bindend.

343 Im Mittelpunkt der Prüfung von Fragestellungen der Sicherung der Meinungsvielfalt durch die KEK stehen § 26 RStV und die Anknüpfung an den Zuschaueranteil. Danach ist es einem Unternehmen erlaubt, selbst oder durch ihm zurechenbare Unternehmen bundesweit im Fernsehen eine unbegrenzte Anzahl von Programmen zu veranstalten, solange das Unternehmen dadurch keine vorherrschende Meinungsmacht erlangt. Vorherrschende Meinungsmacht wird nach § 26 Abs. 2 RStV vermutet, wenn die einem Unternehmen zurechenbaren Programme im Jahresdurchschnitt einen Zuschaueranteil von 30 % erreichen. Maßgeblich für die Ermittlung des Zuschaueranteils sind die Zuschauer ab drei Jahren. Vorherrschende Meinungsmacht wird des Weiteren beim Erreichen eines Zuschaueranteils von 25 % vermutet, sofern das Unternehmen auf einem medienrelevanten verwandten Markt eine marktbeherrschende Stellung hat oder eine Gesamtbeurteilung seiner Aktivitäten im Fernsehen und auf medienrelevanten verwandten Märkten ergibt, dass der dadurch erzielte Meinungseinfluss einem Zuschaueranteil von 30 % entspricht. Die letztgenannten Kriterien fanden Anwendung bei der Beurteilung der KEK, ob die Axel Springer AG die ProSiebenSat.1 Media AG übernehmen durfte. Die Entscheidung fiel bekanntlich negativ aus, insbesondere mit der Begründung, dass den Zuschauermarktanteilen der zur ProSiebenSat.1 Media gehörenden Fernsehsender die Reichweiten der Medien der Axel Springer AG (vor allem der Bild-Zeitung)

---

150 Vgl. im Einzelnen die »Richtlinie nach § 29 Satz 5 RStV zur Ausnahme von der Anmeldepflicht bei Veränderung von Beteiligungsverhältnissen« vom 14.7.1997 unter http://www.kek-online.de/kek/information/publikation/richtlinie.pdf.
151 Vgl. z.B. den Beschluss der KEK vom 8.12.2009 – KEK 592 unter http://www.kek-online.de/cgi-bin/resi/v-ent/842.html.

zuzurechnen seien, was den im Rahmen ihrer Prüfung relevanten Zuschaueranteil auf nicht genehmigungsfähige über 40 % erhöhte.[152]

Nach einer Bonusregelung (vgl. § 26 Abs. 2 i.V.m. § 25 Abs. 4 RStV) können bei der Berechnung des maßgeblichen Zuschaueranteils vom tatsächlichen Zuschaueranteil für die Aufnahme von Regionalfensterprogrammen[153] in das reichweitenstärkste Vollprogramm zwei bzw. drei weitere Prozentpunkte für die gleichzeitige Aufnahme von Sendezeiten für Dritte[154] in das reichweitenstärkste Vollprogramm in Abzug gebracht werden. 344

Vorherrschende Meinungsmacht kann darüber hinaus auch nach dem Grundtatbestand des § 26 Abs. 1 RStV festgestellt werden, indem beispielsweise über nahe Angehörigenverhältnisse zwischen beherrschenden Gesellschaftern und beweisbare Interessengleichläufe Zurechnungen vorzunehmen sind.[155] 345

▶ **Beispiel für die Regelung eines Vorbehalts bzgl. der medienrechtlichen Freigabe:** 346

»Den Vertragspartnern ist bewusst, dass das Vorhaben von der Freigabe durch die Kommission zur Ermittlung der Konzentration im Medienbereich (KEK) und von der Genehmigung der zuständigen deutschen Landesmedienanstalt abhängig ist (nachstehend zusammenfassend »medienrechtliche Freigabe« genannt). Sie stellen die Durchführung dieses Vertrages daher ausdrücklich unter die aufschiebende Bedingung der medienrechtlichen Freigabe durch die zuständigen Stellen. Alle Vertragspartner verpflichten sich, sich nach besten Kräften unverzüglich für die schnellstmögliche Erteilung der medienrechtlichen Freigabe – einschließlich der Mitwirkung in Rechtsmittelverfahren – einzusetzen und den jeweiligen zuständigen Stellen bzw. den zuständigen Gerichten unverzüglich sämtliche von diesen geforderten Informationen und Unterlagen zur Verfügung zu stellen.«

c) Exkurs: österreichische Medienkonzentrationskontrolle

Hat das Vorhaben Auswirkungen auf Österreich, ist zu beachten, dass auch eine medienkonzentrationsrechtliche Anmeldung nach österreichischem Kartellgesetz (KartG)[156] bei der dortigen sog. Bundeswettbewerbsbehörde erforderlich sein kann. Das ist der Fall, wenn ein Zusammenschluss i.S.d. § 7 KartG vorliegt, der als Medienzusammenschluss i.S.d. § 8 KartG zu qualifizieren ist und dessen Anmeldepflichtigkeit aus der Erreichung der relevanten Umsatzerlösschwellenwerte gemäß § 9 KartG folgt. 347

Die Definition eines Medienzusammenschlusses ist weit gefasst: Darunter fallen nicht nur Medienunternehmen i.S.d. § 8 Abs. 1 Nr. 1 KartG, sondern auch Medienhilfsunternehmen, die in § 8 Abs. 2 KartG legal definiert sind, sowie gemäß § 8 Abs. 1 Nr. 3 KartG auch Unternehmen, die an Medien- oder Medienhilfsunternehmen unmittelbar oder mittelbar mit mindestens einer Schachtelbeteiligung (d.h. 25 %) beteiligt sind. 348

Besonderes Augenmerk ist auch auf die Ermittlung der relevanten Umsatzerlösschwellenwerte zu legen, da gemäß § 9 Abs. 3 KartG die maßgeblichen Umsatzerlöse von Medienunternehmen mit 200 und von Medienhilfsunternehmen mit 20 zu multiplizieren sind, so dass eine an sich nicht gegebene Anmeldepflichtigkeit eines Zusammenschlusses durch 349

---

152 Vgl. den Beschluss der KEK vom 10.1.2006 – KEK 293-1 bis 5 unter http://www.kek-online.de/cgi-bin/resi/v-ent/416.html, insbes. S. 87 ff.
153 Vgl. z.B. den Beschluss der KEK vom 19.8.2008 – KEK 505 unter http://www.kek-online.de/cgi-bin/resi/v-ent/725.html.
154 Vgl. z.B. den Beschluss der KEK vom 10.6.2008 – KEK 461-4 unter http://www.kek-online.de/cgi-bin/resi/v-ent/723.html.
155 Vgl. z.B. den Beschluss der KEK vom 26.1.1999 – KEK 007 und KEK 029 unter http://www.kek-online.de/cgi-bin/resi/v-ent/72.html.
156 Nachzulesen z.B. unter http://www.jusline.at/Kartellgesetz_(KartG)_Langversion.html.

die Multiplikation der Umsatzerlösschwellenwerte bei einem Medienzusammenschluss doch gegeben sein kann.

350 Formal ist die Anmeldung gemäß § 10 KartG zu gestalten. Dabei kann nach dem »Formblatt für die Anmeldung von Zusammenschlüssen«[157] vorgegangen werden, wobei ggf. nur die Angaben für eine vereinfachte Anmeldung notwendig sind. Bei der Prüfung des Vorhabens ist insbesondere § 13 KartG zu beachten.

IX. Arbeitsrechtliche Fragestellungen

351 Arbeitsrechtliche Aspekte eines Unternehmenskaufs sind stets von großer Bedeutung für die gesamte Transaktion. Regelmäßig möchte der Veräußerer sichergestellt wissen, dass er – soweit wie möglich – von seinen entsprechenden Verpflichtungen entbunden wird, wohingegen der Erwerber entweder gesichert wissen möchte, dass ihm alle zur Fortführung des Unternehmens benötigten Arbeitnehmer zur Verfügung stehen, oder sein Interesse geht dahin, dass er nur eine möglichst geringere Zahl von Arbeitnehmern bzw. entsprechenden Verpflichtungen aus den Arbeitsverhältnissen übernimmt.

352 Die wichtigste gesetzliche Regelung für den Fall eines Unternehmensverkaufs sind die Bestimmungen zum Betriebsübergang gemäß § 613a BGB. Daneben können betriebsverfassungsrechtliche Vorschriften ebenso zu beachten sein wie etwaige Konsequenzen des Unternehmenskaufs in mitbestimmungsrechtlicher Hinsicht.

353 Zu unterscheiden ist dabei stets danach, ob der Unternehmenskauf im Wege des Asset Deals oder des Share Deals vollzogen werden soll, da sich daraus unterschiedliche Konsequenzen – und Möglichkeiten – ergeben.

1. Share Deal

354 Erfolgt der Unternehmenskauf im Wege des Share Deals, ändern sich die Eigentumsverhältnisse an dem Zielunternehmen. Die vertraglichen und/oder gesetzlichen Beziehungen, die zwischen dem Zielunternehmen und seinen Arbeitnehmern bestehen, bleiben unverändert. Es wird lediglich der Inhaber ihres Arbeitgebers »ausgetauscht«, nicht jedoch ihr Arbeitgeber selbst. Auf das Arbeitsverhältnis selbst hat dieser »Austausch« keine Auswirkungen.[158]

355 Hat ein Share Deal allerdings Anteile an einer Personengesellschaft zum Gegenstand und war der Veräußerer persönlich haftender Gesellschafter dieser Gesellschaft, bleibt der Veräußerer den Ansprüchen seiner ehemaligen Arbeitnehmer entsprechend den Regelungen zur Nachhaftung verhaftet (siehe unten unter Rdn. 390 ff.).

2. Asset Deal

356 Bei einem Asset Deal ergeben sich regelmäßig aus § 613a BGB, der den Betriebsübergang – bzw. Betriebsteilübergang – regelt, diverse Probleme. § 613a BGB bestimmt, dass bei einem Wechsel des Inhabers eines Betriebs – oder Betriebsteils – durch Rechtsgeschäft der neue Inhaber in die Rechte und Pflichten aus den Arbeitsverhältnissen eintritt, die zum Zeitpunkt des Übergangs bestehen (vgl. § 613a Abs. 1 Satz 1 BGB).

357 Dieser Vorschrift stehen die oftmals widerstreitenden Interessen der Parteien gegenüber. Die »Unbekannte« stellt dabei das Verhalten der betroffenen Arbeitnehmer dar, da sich

---

[157] Abrufbar bei der österreichischen Bundeswettbewerbsbehörde (BWB) unter http://www.bwb.gv.at/BWB/Service/Formblaetter/fbz010106.htm.
[158] Möglicherweise bestehende »change of control«-Klauseln in Dienstverträgen des Managements sollen an dieser Stelle unberücksichtigt bleiben.

häufig nicht prognostizieren lässt, ob diese sich durch Ausübung oder Nichtausübung ihres Widerspruchsrechts gemäß § 613a Abs. 6 BGB dazu entschließen, bei ihrem »alten« Arbeitgeber zu verbleiben oder aber zum Erwerber als neuen Arbeitgeber zu »wechseln«. Dabei ist des Weiteren zu beachten, dass eine Kündigung der Arbeitsverhältnisse wegen des Übergangs des Betriebes nach § 613a Abs. 4 BGB für den Veräußerer ebenso ausgeschlossen ist wie für den Erwerber.

Für den Erwerber eines Unternehmens bedeutet dies, dass er – vereinfacht ausgedrückt – »eins zu eins« in die Rolle des Arbeitgebers tritt, die zuvor der Veräußerer inne hatte. Diese Folge tritt jedoch dann nicht ein, wenn einzelne, mehrere oder alle Arbeitnehmer des Zielunternehmens dem Übergang ihres Arbeitsverhältnisses auf den Erwerber widersprechen (vgl. § 613a Abs. 6 BGB). Dann bestehen die Arbeitsverhältnisse mit dem Veräußerer unverändert fort. 358

a) Voraussetzungen des Betriebsübergangs gemäß § 613a BGB

Entscheidende Voraussetzung für die Anwendbarkeit der Regelungen gemäß § 613a BGB ist das Vorliegen eines Betriebes oder Betriebsteils, der durch Rechtsgeschäft auf einen neuen Inhaber übertragen wird. Wann von einem Betriebsübergang i.S.d. § 613a BGB auszugehen ist, gehört mit zu den am heftigsten umstrittenen Fragen des Arbeitsrechts, die der Rechtsprechung viel Gelegenheit zu relevanten Konkretisierungen gegeben hat. 359

Nach der Rechtsprechung des BAG, welche sich insoweit der des EuGH[159] angeschlossen hat, setzt der Betriebsübergang i.S.d. § 613a BGB voraus, dass die Identität der betroffenen wirtschaftlichen Einheit gewahrt bleibt. Der Begriff der wirtschaftlichen Einheit bezieht sich dabei auf eine organisierte Gesamtheit von Personen und Sachen zur auf Dauer angelegten Ausübung einer wirtschaftlichen Tätigkeit mit eigener Zielsetzung.[160] Von entscheidender Bedeutung ist mithin beim Asset Deal, ob von einer Wahrung der Identität der wirtschaftlichen Einheit auszugehen ist oder nicht, was sich nur im Einzelfall anhand einer Gesamtwürdigung der den Asset Deal kennzeichnenden Umstände ermitteln lässt. Dabei sind insbesondere folgende Teilaspekte relevant: 360
- Art des betroffenen Unternehmens,
- materielle Betriebsmittel (Gebäude, bewegliche Güter),
- Wert der übernommenen materiellen Aktiva,
- Übernahme der Belegschaft (Anzahl, Bedeutung),
- Übertragung des Kundenstamms,
- Ähnlichkeit der Tätigkeiten vor und nach Übergang und Dauer der eventuellen Unterbrechung dieser Tätigkeiten.[161]

Wenngleich in diesem Zusammenhang in der praktischen Anwendung der Norm immer wieder sehr viele Einzelfragen im Hinblick auf die einschlägige Rechtsprechung auftreten, so insbesondere vor dem Hintergrund, dass eine reine Funktionsnachfolge einen Betriebsübergang nicht zu begründen vermag,[162] wird unter Berücksichtigung der oben genannten Maßstäbe bei einem »klassischen« Asset Deal, der zumindest den Erwerb der wesentlichen Betriebsmittel umfasst, regelmäßig vom Vorliegen eines Betriebsübergangs i.S.d. § 613a BGB auszugehen sein.[163] 361

---

159 Vgl. EuGH NJW 1994, 2343 – Christel Schmidt; DB 1997, 628 – Ayse Süzen.
160 Vgl. BAG NZA 1998, 253.
161 So die st. Rspr. des BAG, vgl. BAG NZA 2000, 369 ff.
162 Vgl. insbesondere EuGH DB 1997, 628 – Ayse Süzen.
163 Zu näheren Einzelheiten vgl. beispielsweise die zusammenfassende Darstellung bei: *Beisel/Klumpp* Kap. 10 Rn. 3 ff.

362 Vorstehendes gilt entsprechend auch für die Übernahme eines Betriebsteils. Ein solcher liegt nach der Rechtsprechung des BAG vor, wenn es sich um einen selbstständig abtrennbaren, organisatorisch zusammengefassten Anteil von sächlichen und immateriellen Betriebsmitteln handelt, mit dem innerhalb des betrieblichen Gesamtzwecks ein Teilzweck verfolgt wird, wobei das Merkmal des Teilzwecks lediglich der Abgrenzung der organisatorischen Einheit dient, d.h. im Teilbetrieb müssen nicht andere Zwecke als im übrigen Betrieb verfolgt werden.[164] Betriebsteile sind daher organisatorische Einheiten, wie dies typischerweise bei einer »Abteilung« der Fall ist (z.B. Lizenzabteilung, Marketingabteilung, etc.).

363 Da auch das Tatbestandsmerkmal »durch Rechtsgeschäft«, welches lediglich der Abgrenzung der damit zum Ausdruck gebrachten Einzelrechtsnachfolge von der Gesamtrechtsnachfolge dient, bei einem Unternehmenskauf regelmäßig erfüllt sein wird, ist bei den meisten Asset Deals davon auszugehen, dass ein Betriebsübergang i.S.d. § 613a BGB vorliegt.

b) Rechtsfolgen des Betriebsübergangs

364 Liegen die Voraussetzungen eines Betriebs(teil)übergangs vor, gehen gemäß § 613a Abs. 1 Satz 1 BGB sämtliche zum Zeitpunkt des Übergangs bestehenden Arbeitsverhältnisse auf den Erwerber über, d.h. auch Teilzeitbeschäftigte, Auszubildende, befristet Beschäftigte, leitende Angestellte oder Personen, mit denen lediglich ein faktisches Arbeitsverhältnis besteht. Etwas anderes gilt lediglich für solche Personen, die nicht dem Arbeitnehmerbegriff unterfallen (z.B. insbesondere die Organe juristischer Personen, Berater).

365 Diese Arbeitsverhältnisse gehen auf den Erwerber mit allen Rechten und Pflichten über, d.h. grundsätzlich unabhängig davon, woraus sich diese Rechte und Pflichten im Einzelfall ergeben (Arbeitsvertrag, betriebliche Übung, Betriebsvereinbarung, Tarifverträge, etc.). Sie werden Inhalt des Arbeitsverhältnisses mit dem neuen Betriebsinhaber und dürfen innerhalb des ersten Jahres nach Betriebsübergang nicht zu Lasten des Arbeitnehmers geändert werden. Etwas anderes gilt gemäß § 613a Abs. 1 Satz 3 BGB nur dann, wenn im Betrieb des Erwerbers insoweit bereits andere tarifvertragliche Regelungen oder Betriebsvereinbarungen gelten.[165]

366 Für den Erwerber ebenso wie für den Veräußerer besteht gemäß § 613a Abs. 4 Satz 1 BGB das Verbot einer Kündigung »wegen des Übergangs«. Eine Kündigung ist damit unwirksam, wenn der Betriebsübergang der wesentlich mitbestimmende Grund für die Kündigung war.[166] Gemäß § 613a Abs. 4 Satz 2 BGB unberührt bleibt das Recht zur Kündigung des Arbeitsverhältnisses »aus anderen Gründen«. Das Kündigungsverbot »wegen des Übergangs« steht einer Kündigung nur anlässlich, nicht aber wegen eines Betriebsübergangs, für die es einen sachlichen Grund gibt (z.B. Betriebsstilllegung), folglich nicht entgegen.[167]

367 Die Arbeitnehmer können dem Übergang ihres Arbeitsverhältnisses auf den Erwerber durch entsprechende Erklärung entweder gegenüber dem bisherigen Arbeitgeber oder aber gegenüber dem neuen Betriebsinhaber gemäß § 613a Abs. 6 BGB widersprechen. Der Widerspruch ist gemäß § 613a Abs. 6 BGB binnen eines Monats zu erklären, nachdem der Arbeitnehmer über den Betriebsübergang informiert worden ist. Die Information hat gemäß § 613a Abs. 5 BGB durch entsprechende Unterrichtung durch den bisherigen Arbeitgeber oder durch den neuen Inhaber zu erfolgen. Der Arbeitnehmer ist – in

---

164 Vgl. BAG NZA 2002, 1207.
165 Vgl. zu weiteren Einzelheiten beispielsweise Hettler/Stratz/Hörtnagl/*Lücke* § 6 Rn. 86 ff.
166 Vgl. BAG NJW 1984, 627.
167 Vgl. BAG NZA 2000, 1180.

Textform (§ 126b BGB) – zu unterrichten über den Zeitpunkt oder geplanten Zeitpunkt des Übergangs, den Grund für den Übergang, die rechtlichen, wirtschaftlichen und sozialen Folgen des Übergangs für die Arbeitnehmer und die hinsichtlich der Arbeitnehmer in Aussicht genommenen Maßnahmen. Genügt die Unterrichtung der Arbeitnehmer nicht diesen Erfordernissen, wird die Monatsfrist des § 613a Abs. 6 BGB nicht ausgelöst und das Widerspruchsrecht besteht fort. Eine zeitliche Grenze kommt allenfalls nach den Grundsätzen der Verwirkung in Betracht.[168]

Der Veräußerer bleibt gemäß § 613a Abs. 2 BGB den Arbeitnehmern als Gesamtschuldner neben dem neuen Betriebsinhaber für solche Ansprüche verhaftet, die vor dem Betriebsübergang entstanden sind und spätestens im Laufe eines Jahres danach fällig werden. 368

c) Rechte des Betriebsrats und Mitbestimmung

Betriebsverfassungsrechtlich oder mitbestimmungsrechtlich hat ein Unternehmenskauf wenig Auswirkungen: Besteht im Zielunternehmen ein Betriebsrat, wird dessen Stellung weder durch eine Veräußerung des Betriebs im Wege des Share Deals noch im Wege des Asset Deals tangiert. 369

Wird ein Betriebsteil veräußert, ist § 21a BetrVG zu beachten, der das sog. Übergangsmandat regelt, wonach im Fall der Spaltung eines Betriebes dessen Betriebsrat im Amt bleibt und die Geschäfte für die bislang zugeordneten Betriebsteile weiter führt, sofern diese einzelnen Betriebsteile ihrerseits betriebsratsfähig (vgl. § 1 Abs. 1 Satz 1 BetrVG) sind und nicht in einen Betrieb eingegliedert werden, in dem ein Betriebsrat besteht. Das Übergangsmandat endet dann, sobald in den Betriebsteilen ein neuer Betriebsrat gewählt wurde, grundsätzlich jedoch spätestens sechs Monate nach Wirksamwerden der Spaltung. 370

Kollektivarbeitsrechtliche Konsequenzen können sich bei beiden Gestaltungsformen des Unternehmenskaufs unter folgenden Gesichtspunkten ergeben: Hat das Zielunternehmen einen Wirtschaftsausschuss (§ 106 BetrVG), also in Unternehmen mit mehr als hundert Arbeitnehmern, so ist dieser »rechtzeitig und umfassend«, d.h. insbesondere vor dem geplanten Vorhaben über die Transaktion zu unterrichten, da ein Inhaberwechsel regelmäßig als sonstiges Vorhaben, welches die Interessen der Arbeitnehmer des Unternehmens wesentlich berühren kann (§ 106 Abs. 3 Nr. 10 BetrVG), anzusehen ist. 371

Für den Fall, dass das Zielunternehmen mit weiteren Unternehmen auf Seiten des Erwerbers in einen Konzernverbund (vgl. § 18 AktG) tritt, ist zu prüfen, ob sich aufgrund der Zusammenrechnung der Arbeitnehmer des Zielunternehmens und der Arbeitnehmer auf Seiten des Erwerbers Konsequenzen im Hinblick auf die Schwellenwerte der Mitbestimmungsgesetze ergeben. 372

Tritt das Zielunternehmen in einen Konzernverbund ein, besteht schließlich für ggf. vorhandene Betriebsräte die Möglichkeit der Errichtung eines Konzernbetriebsrates (§ 54 BetrVG) und innerhalb von in der Europäischen Union tätigen Konzernen die Möglichkeit der Errichtung eines Europäischen Betriebsrats (§§ 9 ff. EBRG).[169] 373

Im Medienbereich ist in diesem Zusammenhang besonders darauf hinzuweisen, dass für den Fall, dass es sich bei der Zielgesellschaft um ein Tendenzunternehmen handelt, die Bildung eines Wirtschaftsausschusses ausgeschlossen ist und die §§ 111 ff. BetrVG bzw. §§ 32, 33 EBRG nur insoweit anwendbar sind, als sie den Ausgleich oder die Milderung der wirtschaftlichen Nachteile für die Arbeitnehmer infolge von Unternehmens- oder 374

---

168 Vgl. ErfK/*Preis* § 613a BGB Rn. 101a m.w.N.
169 Vgl. Gesetz über Europäische Betriebsräte vom 28.10.1996, BGBl. I, S. 1548, im HTML-Format unter http://bundesrecht.juris.de/ebrg/BJNR154810996.html und im pdf-Format unter http://bundesrecht.juris.de/bundesrecht/ebrg/gesamt.pdf.

Betriebsänderungen betreffen (vgl. § 118 Abs. 1 Satz 2 BetrVG bzw. § 34 EBRG). Zu Tendenzunternehmen, auch Tendenzbetriebe genannt, zählen insbesondere Unternehmen und Betriebe, die unmittelbar und überwiegend Zwecken der Berichterstattung oder Meinungsäußerung, auf die Art. 5 Abs. 1 Satz 2 GG Anwendung findet, dienen (vgl. § 118 Abs. 1 Nr. 2 BetrVG), also beispielsweise Zeitungsverlage oder Rundfunkveranstalter.

X. Die Haftung des Erwerbers

375 Erwirbt der Käufer das Zielunternehmen, wird stets in Frage stehen, ob und inwieweit damit auch eine Übernahme der bis dahin bestehenden Verbindlichkeiten des Unternehmens verbunden sein soll. Von besonderer Bedeutung sind dabei solche Haftungstatbestände, die sich für diesen Fall aufgrund zwingender gesetzlicher Vorschriften ergeben, mithin durch die Parteien des Unternehmenskaufvertrages nicht vertraglich abbedungen werden können.

376 Zwar werden die Parteien auch insoweit regelmäßig entsprechende Vereinbarungen im Unternehmenskaufvertrag treffen, jedoch können diese zugunsten des Erwerbers regelmäßig nur so ausgestaltet werden, dass der Veräußerer diesbezüglich entweder Garantien gibt oder den Erwerber freistellt. Damit wird in diesem Bereich gesetzlich nicht abdingbarer Haftung des Erwerbers zwar das wirtschaftliche Risiko auf den Veräußerer verlagert, die Außenhaftung bleibt jedoch bestehen. Vor dem Hintergrund des Insolvenzrisikos in Bezug auf den Veräußerer verbleibt für den Erwerber damit stets ein gewisses Restrisiko.

377 Solche Haftungsrisiken gilt es mithin frühzeitig, insbesondere im Rahmen der Due Diligence, auszumachen, um im Unternehmenskaufvertrag dazu adäquate Regelungen treffen zu können. Dabei ist entsprechend den beiden Grundtypen des Unternehmenskaufs wie folgt zu unterscheiden:

1. Asset Deal

378 Ein ganz wesentliches Haftungsrisiko ergibt sich für den Erwerber bei einem Asset Deal aus § 613a BGB, wenn der Unternehmenskauf die Voraussetzungen für einen Betriebsübergang oder Betriebsteilübergang erfüllt (siehe oben unter Rdn. 356 ff.). Daneben werden in der Praxis regelmäßig jedoch auch folgende Risiken zu berücksichtigen sein:

a) Firmenfortführung, § 25 HGB

379 Nach § 25 Abs. 1 HGB haftet der Erwerber eines unter Lebenden erworbenen Handelsgeschäfts für alle im Betrieb des früheren Geschäftsinhabers begründeten Verbindlichkeiten, wenn er das Handelsgeschäft »unter der bisherigen Firma« fortführt, wobei es keinen Unterschied macht, ob die Firma mit oder ohne Beifügung eines das Nachfolgeverhältnis andeutenden Zusatzes fortgeführt wird.

380 Voraussetzung für diese Haftung ist zunächst, dass ein »Handelsgeschäft« erworben wurde. Diese Voraussetzung ist bei der Übernahme aller Unternehmen erfüllt, die die Kaufmannseigenschaft nach dem HGB besitzen. Ausgenommen sind lediglich die Unternehmen eines Nichtkaufmanns, also typischerweise solche von Freiberuflern oder von nicht im Handelsregister eingetragenen Kleingewerbebetreibenden. Ist die Voraussetzung eines »Handelsgeschäfts« gegeben, ist § 25 HGB auch dann anwendbar, wenn es sich lediglich um den Erwerb eines Unternehmensteils, so insbesondere einer selbstständigen

Zweigniederlassung handelt, wenn bezüglich dieses Unternehmensteils eine selbstständige Geschäftsorganisation vorgelegen hat.[170]

Die Haftung gemäß § 25 Abs. 1 Satz 1 HGB setzt weiterhin voraus, dass das Handelsgeschäft durch den Erwerber unter der bisherigen Firma (mit oder ohne Nachfolgezusatz) fortgeführt wird. Entscheidend ist, ob sich nach der Verkehrsanschauung eine Firmenidentität ergibt.[171] 381

Der Annahme einer Firmenfortführung steht dabei nicht entgegen, wenn der Veräußerer die Firma möglicherweise gleichfalls fortführt.[172] Festzuhalten gilt es jedoch, dass für die Übernahme eines Unternehmens – oder selbstständigen Unternehmensteils – im Wege des Asset Deals diese Voraussetzungen regelmäßig erfüllt sein werden, als sich nach außen hin eine Kontinuität des Unternehmens darstellt, also insbesondere die wesentlichen Firmenbestandteile durch den Erwerber weiter eingesetzt werden. Voraussetzung bleibt aber stets, dass auch die bisherige Firma – zumindest im Wesentlichen unverändert – durch den Erwerber fortgeführt wird. 382

Sind die Voraussetzungen des § 25 Abs. 1 Satz 1 HGB erfüllt, kann die Haftung des Erwerbers durch Vereinbarung mit dem Veräußerer ausgeschlossen werden. Dritten gegenüber entfaltet diese Vereinbarung nur Wirksamkeit, wenn der Haftungsausschluss ihnen entweder mitgeteilt oder in das Handelsregister eingetragen wurde. 383

Wird die Firma des Veräußerers nicht fortgeführt, haftet der Erwerber gemäß § 25 Abs. 3 HGB für die früheren Geschäftsverbindlichkeiten nur dann, wenn ein besonderer Verpflichtungsgrund vorliegt, insbesondere wenn die Übernahme der Verbindlichkeiten durch den Erwerber Dritten gegenüber in handelsüblicher Form bekannt gemacht worden ist. 384

b) Betriebssteuern, § 75 AO

Etwaige Haftungsrisiken des Erwerbers können sich aus der Regelung des § 75 Abgabenordnung (AO) ergeben. Danach haftet der Erwerber eines Unternehmens für sämtliche schon vor der Übernahme begründeten Betriebssteuern des Unternehmens, also insbesondere Gewerbe- und Umsatzsteuer sowie betriebsbezogene Verbrauchssteuern. Gleiches gilt auch für Steuerabzugsbeträge, also insbesondere Lohnsteuer oder Kapitalertragsteuer. Von der Haftung des § 75 AO nicht erfasst sind die persönlichen Steuern des Veräußerers; auf Erwerbe aus einer Insolvenzmasse ist die Regelung nicht anwendbar (§ 75 Abs. 2 AO). 385

Als Voraussetzung für eine entsprechende Haftung des Erwerbers statuiert § 75 AO entweder die Übereignung eines Unternehmens oder eines in der Gliederung des Unternehmens gesondert geführten Betriebes im Ganzen. Entscheidend ist insoweit, dass alle wesentlichen Betriebsgrundlagen des Betriebs bzw. Teilbetriebs erworben werden, wobei dies auch durch mehrere zeitlich aufeinander erfolgende Übertragungen geschehen kann, wenn sich diese als wirtschaftlich einheitlicher Vorgang darstellen.[173] Bei der Übernahme eines Unternehmens im Wege des Asset Deals wird diese Voraussetzung regelmäßig erfüllt sein. 386

Die Haftung erstreckt sich nur auf solche Steuern, die seit Beginn des letzten vor der Übereignung liegenden Kalenderjahres entstanden sind und bis zum Ablauf von einem Jahr nach Anmeldung des Betriebes durch den Erwerber festgesetzt oder angemeldet 387

---

170 Vgl. *Beisel/Klumpp* Kap. 9 Rn. 47 f. m.w.N.
171 Vgl. BGH NJW 1992, 911.
172 Vgl. OLG Hamm GmbHR 1999, 77 f.
173 Vgl. *Beisel/Klumpp* Kap. 15 Rn. 191.

werden (§ 75 Abs. 1 Satz 1, letzter Halbsatz AO), und beschränkt sich auf den Bestand des übernommenen Vermögens (§ 75 Abs. 1 Satz 2 AO).

c) Versicherungsprämien, § 95 VVG

388 Nicht unerwähnt bleiben soll schließlich die Regelung des § 95 Versicherungsvertragsgesetz (VVG). Danach tritt bei Veräußerung einer versicherten Sache der Erwerber anstelle des Veräußerers in die entsprechenden Rechte und Pflichten aus dem Versicherungsverhältnis (§ 95 Abs. 1 VVG) und für die Prämie, welche auf die zur Zeit des Eintritts laufende Versicherungsperiode entfällt, haften Veräußerer und Erwerber dem Versicherer gegenüber als Gesamtschuldner (§ 95 Abs. 2 VVG).

d) Erwerb von Nutzungsrechten, § 34 Abs. 4 UrhG

389 Von besonderer Bedeutung für die Haftung bei Transaktionen im Medienbereich ist die Vorschrift des § 34 Abs. 4 UrhG. Danach haftet der Erwerber eines Nutzungsrechts gesamtschuldnerisch für die Erfüllung der sich aus dem Vertrag mit dem Urheber ergebenden Verpflichtungen des Veräußerers, wenn der Urheber der Übertragung des Nutzungsrechts nicht im Einzelfall ausdrücklich zugestimmt hat (vgl. dazu oben unter Rdn. 183 ff.).

2. Share Deal

390 Durch einen Unternehmenskauf im Wege des Share Deals ändert sich grundsätzlich nichts an den Rechtsbeziehungen des Zielunternehmens nach außen zu Dritten dadurch, dass der Erwerber die Rolle des Inhabers übernimmt.

391 Allerdings können sich in Abhängigkeit von der Rechtsform des Zielunternehmens Risiken des Erwerbers entweder dergestalt ergeben, dass er auch außen stehenden Dritten gegenüber haftet, oder ihn Verpflichtungen im Innenverhältnis zur Zielgesellschaft treffen.

a) Personengesellschaften

392 Mit Eintritt in eine Personengesellschaft übernimmt der Erwerber die Rolle des Veräußerers, die – mit Ausnahme der Kommanditistenstellung bei der KG – regelmäßig durch eine persönliche Haftung des Gesellschafters geprägt ist. In diesem Zusammenhang stellt sich insbesondere die Frage, ob und inwieweit der Erwerber – sprich: neue Gesellschafter – auch für Verbindlichkeiten einzustehen hat, die vor seinem Eintritt begründet wurden (sog. Altschulden).

aa) Gesellschaft bürgerlichen Rechts

393 Die Rechtsprechung des BGH hat die Gesellschaft bürgerlichen Rechts (GbR) seit einigen Jahren in der praktischen Rechtshandhabung immer mehr der OHG angenähert, so insbesondere durch die Anerkennung ihrer (Teil-)Rechtsfähigkeit.[174]

394 Hinsichtlich der Haftung des eintretenden Gesellschafters für Altschulden gilt heute, dass für diese Altschulden nicht nur das Gesellschaftsvermögen uneingeschränkt haftet, sondern vielmehr auch der in die GbR eintretende Gesellschafter persönlich, der ggf. gesamtschuldnerisch neben den bisherigen Gesellschaftern dafür aufzukommen hat.[175]

---

174 Vgl. BGH BB 2001, 374 ff.
175 Vgl. BGHZ 154, 370 ff., wobei der BGH im Hinblick auf § 8 Abs. 2 PartGG offen gelassen hat, ob dies auch für Fälle gelten soll, in denen die Altschulden aus beruflichen Haftungsfällen resultieren.

Die vorstehend wiedergegebenen Haftungsfolgen des eintretenden Gesellschafters im 395
Außenverhältnis gelten auch im Innenverhältnis.[176] Als Rechtsnachfolger des Veräußerers
rückt der Erwerber im Innenverhältnis zu den übrigen Gesellschaftern voll in dessen
zum Zeitpunkt des Wirksamwerdens der Übertragung bestehende Rechtsstellung als
Gesellschafter ein.[177] Solche Verpflichtungen können beispielsweise aus (teilweise) nicht
erbrachten Einlagen oder auch Verlusttragungspflichten resultieren.

bb) Offene Handelsgesellschaft

Für die Haftung des in eine OHG eintretenden Gesellschafters gilt Ähnliches wie für 396
den Fall bei einer GbR mit dem Unterschied, dass dies ausdrücklich gesetzlich geregelt
ist. Gemäß § 130 Abs. 1 HGB haftet der in eine OHG eintretende Gesellschafter nach
Maßgabe der §§ 128, 129 HGB auch für die vor seinem Eintritt begründeten Verbindlichkeiten der Gesellschaft unabhängig davon, ob die Firma geändert wird oder nicht.
Gemäß § 130 Abs. 2 HBG entfaltet eine dem entgegenstehende Vereinbarung zwischen
dem eintretenden und dem austretenden Gesellschafter gegenüber Dritten keine Wirksamkeit. Bezüglich einer etwaigen Haftung des eintretenden Gesellschafters im Innenverhältnis gilt das zuvor zur GbR Gesagte entsprechend.

cc) Kommanditgesellschaft

Tritt der Erwerber des Unternehmenskaufsvertrages in die Position des Komplementärs 397
einer KG ein, gelten vorstehende Ausführungen zur OHG entsprechend, vgl. § 161
Abs. 2 HGB.

Tritt der Erwerber in die Stellung des Kommanditisten ein, richtet sich seine Haftung 398
nach den allgemeinen Grundsätzen gemäß § 171 HGB. Maßgeblich ist demnach, ob die
(Haft-)Einlage geleistet ist bzw. ob und inwieweit sie – möglicherweise – vor dem Eintritt des Erwerbers zurückgewährt wurde mit der Folge, dass sie in dem Umfang des
Zurückgewährten wieder auflebt und entsprechend – wieder – eine Haftung des Erwerbers begründet.

Von besonderer Bedeutung ist in diesem Zusammenhang die Vorschrift des § 176 HGB, 399
wonach der in eine Kommanditgesellschaft eintretende Kommanditist für solche Verbindlichkeiten der KG gleich allen persönlich haftenden Gesellschaftern haftet, die in der
Zeit zwischen seinem Eintritt in die Gesellschaft und der Eintragung dieses Eintritts in
das Handelsregister begründet werden. Deswegen wird die dingliche Wirksamkeit des
Erwerbs eines Kommanditistenanteils regelmäßig aufschiebend bedingt durch seine Eintragung in das Handelsregister.

b) Kapitalgesellschaften

Bei Kapitalgesellschaften ergeben sich für den eintretenden Gesellschafter wesentlich 400
geringere Risiken als bei Personengesellschaften.

aa) Gesellschaft mit beschränkter Haftung

Übernimmt der Erwerber durch den Unternehmenskaufvertrag die GmbH-Geschäftsanteile des Veräußerers, ist dies in Bezug auf seine Haftung gegenüber Gläubigern der 401
GmbH irrelevant; den GmbH-Gläubigern gegenüber haftet grundsätzlich stets nur das
Gesellschaftsvermögen. Etwas anderes gilt, wenn der Erwerber aufgrund entsprechender

---

176 Str., vgl. Palandt/*Sprau* § 719 Rn. 7 m.w.N.
177 Vgl. BGH NJW 1999, 715.

Vereinbarungen mit dem Veräußerer auch in persönliche Verpflichtungen eintritt, die dieser gegenüber Gläubigern der Gesellschaft übernommen hat (z.B. Bürgschaft).

402 Im Übrigen kann sich eine persönliche Haftung des Erwerbers daraus ergeben, dass der Veräußerer in Bezug auf die von ihm gehaltenen Geschäftsanteile an die Gesellschaft nicht die vereinbarten Leistungen erbracht hat. Gemäß § 16 Abs. 2 GmbHG haftet der Erwerber für rückständige Leistungen neben dem Veräußerer, die zu dem Zeitpunkt nicht erbracht sind, in dem der Erwerb im Verhältnis zur Gesellschaft Wirksamkeit erlangt. Hat der Veräußerer also keine (vollständige) Einzahlung auf die von ihm gehaltenen Geschäftsanteile geleistet, kann die Gesellschaft auch den Erwerber in Anspruch nehmen, wenn die Einzahlung noch in dem Moment rückständig ist, in dem die den Erwerber ausweisende Gesellschafterliste im Handelsregister aufgenommen wird (§ 16 Abs. 1 Satz 1 GmbHG).

403 Ein weiteres Risiko besteht für den Erwerber, wenn Zahlungen der Gesellschaft an einen Gesellschafter gegen § 30 GmbHG verstoßen haben, so dass sie gemäß § 31 Abs. 1 GmbHG an die Gesellschaft zurückzuerstatten sind. Ist die Rückerstattung von dem Empfänger der gegen § 30 GmbHG verstoßenden Zahlung nicht zu erlangen, haftet der Erwerber – zusammen mit den übrigen Gesellschaftern – gemäß § 31 Abs. 3 GmbHG der Gesellschaft gegenüber persönlich.

404 Der Erwerber sichert sich gegen diese Risiken im Unternehmenskaufvertrag regelmäßig durch entsprechende Garantien des Veräußerers, die seine persönliche Haftung im Verhältnis zur Gesellschaft jedoch unberührt lassen, so dass das Insolvenzrisiko des Veräußerers beim Erwerber verbleibt.

bb) Aktiengesellschaft

405 Ebenso wie bei der GmbH trifft auch den Erwerber von Aktien regelmäßig kein Risiko in Bezug auf eine etwaige eigene Haftung gegenüber Gläubigern der Gesellschaft.

406 Allerdings gilt bei einer Aktiengesellschaft im Hinblick auf möglicherweise auf eine Bareinlage noch nicht erbrachte Leistungen Ähnliches wie bei der GmbH: Der Erwerber einer Aktie tritt mit dem Erwerb auch in die Hauptverpflichtung der Aktionäre zur Leistung der Einlage gemäß § 54 AktG ein. Soweit die zu leistende Einlage durch den Veräußerer noch nicht vollständig erbracht wurde, kann der Erwerber für diese Verpflichtung nach Übergang der Gesellschafterstellung von der Aktiengesellschaft in Anspruch genommen werden.[178] Der Erwerber sichert sich gegen dieses Risiko regelmäßig dadurch ab, dass er sich die vollständige Leistung des Veräußerers auf seine Einlage garantieren lässt.

XI. Besondere Arten und Situationen des Unternehmenskaufs

407 Wie bereits eingangs dargestellt, gibt es nicht den Unternehmenskauf. In Abhängigkeit von den Unterschiedlichkeiten hinsichtlich der Parteien, ihrer Interessen und sich daraus ergebender Erfordernisse kann die Ausgestaltung der Transaktion sehr variieren und es haben sich – mehr oder weniger – verschiedene Sonderformen und -situationen des Unternehmenskaufs herausentwickelt. Wenngleich auch insoweit keine schematisierende Betrachtung möglich ist, sollen im Nachfolgenden jedoch einige der sich daraus ergebenden Spezifika kurz dargestellt werden.

---

178 Vgl. *Hüffer* AktG, § 54 Rn. 4 m.w.N.

B. Unternehmenskauf im Medienbereich

1. Venture Capital- und Private Equity-Investoren

Besonderheiten können sich insbesondere durch eine spezifische Interessenlage auf Seiten des Erwerbers ergeben. Das ist regelmäßig der Fall bei Unternehmenserwerben durch Venture Capital- oder Private Equity-Investoren. Im Medienbereich lässt sich als Beispiel die Übernahme der ProSiebenSat.1-Gruppe durch die Private Equity-Gesellschaften Kohlberg Kravis Roberts & Co. L.P. (KKR) und Permira Holdings Ltd. (Permira) anführen.[179]

408

Im Gegensatz zum »klassischen« Unternehmenskauf durch beispielsweise einen Wettbewerber, der sich durch den Erwerb des Unternehmens Synergie-, Know-how- oder Marktvorteile verspricht, steht bei Venture Capital- und Private Equity-Investoren regelmäßig das finanzielle Investment im Vordergrund, das mit der Absicht eingegangen wird, sich davon nach einer bestimmten Zeit wieder gewinnbringend zu trennen.

409

Unter dem Begriff »Private Equity« versteht man regelmäßig nicht börsennotiertes (»Private«) Eigenkapital (»Equity«). Solche Investoren beteiligen sich durch Einbringung entsprechenden Eigenkapitals an Unternehmen, um die erworbenen Gesellschaftsanteile später – gewinnbringend – wieder weiter zu veräußern.

410

Eine ähnliche Intention verfolgen auch Venture Capital-Investoren. Im Gegensatz zu Private Equity-Investoren beteiligen sie sich jedoch schwerpunktmäßig an eher jungen Unternehmen, die zur Realisierung ihres Wachstums einen hohen Kapitalbedarf aufweisen. Eher ausnahmsweise erfolgt eine Beteiligung an solchen Unternehmen auch aus strategischen Gründen (»Corporate Venturing«). Eine Investition in solche jungen, »aufstrebenden« Unternehmen ist regelmäßig risikobehaftet (»Venture« = »Wagnis« bzw. »Risiko«). Venture Capital-Gesellschaften unterscheiden ihr Investment nach Zeitpunkt und Ziel dabei u.a. in folgende Investitionsphasen: Seed Finance, Early Stage Finance und Growth Finance. Das Risiko ist umso größer, je früher investiert wird.

411

Abgesehen von einem Einstieg in die Zielgesellschaft durch Abschluss eines Unternehmenskaufvertrages mit bisherigen Gesellschaftern, beteiligen sich Venture Capital-Gesellschaften regelmäßig (auch) durch eine Kapitalerhöhung, bei der sie allein zur Übernahme der neuen Gesellschaftsanteile zugelassen werden.[180]

412

Auch wenn die neuen Gesellschafter ihre Beteiligung primär als Investment ansehen und daher eher selten in das laufende Geschäft des Zielunternehmens eingreifen, wollen sie jedoch gesichert wissen, dass sie durch das Management informiert und ihnen Mitspracherechte in strategischen Fragen der weiteren Entwicklung der Gesellschaft eingeräumt werden. Regelmäßig geschieht dies dergestalt, dass zusätzlich zum Gesellschaftsvertrag eine Gesellschaftervereinbarung (sog. Shareholders, Agreement) abgeschlossen wird, in der entsprechende Rechte verankert werden. Zugleich werden in einem Shareholders, Agreement regelmäßig auch die Weichen für die zukünftige Entwicklung der Gesellschaft und damit einhergehende Rechte der Investoren geregelt. Das gilt insbesondere im Hinblick auf einen möglichen Einstieg weiterer Investoren, bei dem die Erstinvestoren stets ihren Einfluss weitestgehend gesichert wissen wollen, und im Hinblick auf den Ausstieg (»Exit«) des Investors, dessen Voraussetzungen regelmäßig ausführlich geregelt werden. Typischerweise werden hinsichtlich eines Exits Mitverkaufsrechte (»Tag along rights«) und/oder Mitverkaufspflichten (»Drag along rights«) vereinbart. Für den Fall des Einstiegs weiterer Investoren werden üblicherweise Regelungen zum Verwässerungsschutz (»Dilution protection«) vorgesehen.

413

---

179 Vgl. Pressemitteilung der ProSiebenSat.1 Media AG vom 14.12.2006 unter http://www.prosiebensat1.com/pressezentrum/prosiebensat1mediaag/2006/12/x02184/.
180 Vgl. zu dieser Form des »Unternehmenskaufs« durch Kapitalerhöhung z.B. *Knott/Mielke* Rn. 465 ff.

2. Management Buy-Out (MBO) und Management Buy-In (MBI)

414 Unter einem Management Buy-Out (MBO) wird die Übernahme des Unternehmens durch das bereits vorhandene Management verstanden. Demgegenüber bezeichnet der Management Buy-In (MBI) die Übernahme des Unternehmens durch externe Manager, die sich als tätige Unternehmer in das Unternehmen einbringen.

415 Aktuelles Beispiel für einen MBO im Medienbereich ist der Erwerb des Nachrichtensenders N24 unter anderem durch seinen bisherigen Geschäftsführer, mit dem auch ein MBI verbunden ist, da einige Gesellschafter der Erwerberin ebenfalls Medienmanager sind, die sich in N24 engagieren wollen.[181]

416 Während beim MBI regelmäßig keine »Besonderheiten« im Vergleich zum Normalfall des Eintritts eines Unternehmensexternen bestehen, ist der MBO vorrangig dadurch geprägt, dass das bereits vorhandene Management aufgrund seiner Funktion intimste Kenntnisse über das Unternehmen hat, was zu einem latenten Interessenkonflikt führt: Einerseits stehen den beteiligten Personen alle Informationen – mehr oder weniger – uneingeschränkt zur Verfügung, andererseits ist es den auf Seiten des Managements Handelnden strikt untersagt, diese Informationen an Dritte weiter zu geben (vgl. § 17 UWG, § 85 GmbHG, § 404 AktG). Die Weitergabe solcher Informationen wird jedoch regelmäßig insbesondere im Hinblick auf eine Finanzierung des MBO erforderlich sein, was entsprechende Probleme mit sich bringen kann.

3. Leveraged Buy-Out (LBO)

417 Bei einem sog. Leveraged Buy-Out (LBO) handelt es sich um eine Unternehmensübernahme, die dadurch gekennzeichnet ist, dass sie überwiegend mit Fremdkapital finanziert wird, für dessen Rückzahlung Vermögenswerte des Zielunternehmens eingesetzt werden. Die Bezeichnung resultiert aus der Struktur des Erwerbes: Die Verzinsung des im Unternehmen eingesetzten Eigenkapitals soll den Zins für das für die Übernahme verwendete Fremdkapital übersteigen (Leverage-Effekt). Die von dem Erwerber aufgenommenen Fremdmittel sollen dabei im Wesentlichen aus dem zukünftigen Cash-Flow des Zielunternehmens zurückgezahlt werden. Der LBO ermöglicht es damit, unter Einsatz von relativ wenig Eigenkapital ein Unternehmen zu erwerben.[182] Die Vermögenswerte des Zielunternehmens können dabei in vielfältigster Form für die Finanzierung eingesetzt werden, so beispielsweise durch Gewinnausschüttungen, Darlehensgewährungen der Gesellschaft an den Erwerber oder Absicherung solcher Darlehen des Erwerbers mit Mitteln des Zielunternehmens. Ein LBO kommt regelmäßig in Betracht, wenn das Zielunternehmen über ausreichende Mittel verfügt.

418 Während sich – unabhängig von der Rechtsform – die Nutzung etwaiger Gewinnausschüttungen zur Finanzierung der Transaktion stets als unproblematisch darstellt, gilt es bei allen anderen Formen der Nutzung von Vermögenswerten der Zielgesellschaft durch den Erwerber, bei Zielgesellschaften in der Rechtsform einer Kapitalgesellschaft die Kapitalerhaltungsvorschriften genauestens im Auge zu behalten. Dies gilt primär für die Aktiengesellschaft, bei der gemäß § 57 AktG jegliche Rückgewähr von »Einlagen« außerhalb einer Gewinnausschüttung unzulässig ist. Geschützt sind nach § 57 AktG nicht nur die Einlagen im eigentlichen Sinne, sondern vielmehr das gesamte Gesellschaftsvermögen, welches wertmäßig nicht beeinträchtigt werden soll.[183] Zwar folgt aus § 57 AktG

---

[181] Vgl. die entsprechende Ad Hoc-Meldung vom 16.6.2010 unter http://www.prosiebensat1.com/pressezentrum/prosiebensat1mediaag/meldung/index.php?method=pmview&pmid=28670&plattform=prosiebensat1mediaag.
[182] Vgl. *Knott/Mielke* Rn. 360 m.w.N.
[183] Vgl. *Hüffer* § 57 Rn. 3 m.w.N.

kein Verbot von Rechtsgeschäften zwischen dem Aktionär und der Gesellschaft, jedoch ist bei solchen stets zu beachten, dass kein objektives Missverhältnis zwischen Leistung und Gegenleistung besteht, da sie andernfalls eine verdeckte Leistung an den Aktionär darstellen.[184] Die Leistungen der Gesellschaft an den Aktionär müssen daher einem Drittvergleich (»at arms, length«) standhalten können. Ein Verstoß gegen das Verbot der Einlagenrückgewähr bewirkt zum einen die Rückerstattungspflicht des Aktionärs an die Gesellschaft gemäß § 62 Abs. 1 AktG. Zum anderen kann der Vorstand dadurch gemäß § 93 Abs. 3 Nr. 1 AktG eine Pflichtverletzung begehen, die ihn der Gesellschaft gegenüber schadensersatzpflichtig macht. Schließlich ist zu berücksichtigen, dass § 71a AktG die Gewährung eines Vorschusses oder eines Darlehens oder die Leistung einer Sicherheit durch die Aktiengesellschaft an einen anderen zum Zwecke des Erwerbs von Aktien an der Gesellschaft verbietet, so dass eine entsprechende Vereinbarung nichtig ist.

419 Während die Kapitalerhaltungsvorschriften bei der Aktiengesellschaft deren gesamtes Vermögen schützen, unterliegt diesem Schutz bei der GmbH nur das zur Erhaltung des Stammkapitals notwendige Vermögen. Insoweit ist auf die §§ 30, 31 GmbHG abzustellen. Entscheidend ist bei der GmbH, dass das zur Erhaltung des Stammkapitals erforderliche Vermögen der Gesellschaft »unangetastet« bleibt (vgl. § 30 Abs. 1 GmbHG). Dabei ist zu beachten, dass nach der Rechtsprechung des BGH nicht nur unmittelbare Zahlungen der Gesellschaft an den Gesellschafter dem Verbot des § 30 Abs. 1 GmbHG unterfallen können, sondern bereits jedwede Darlehensgewährung an Gesellschafter, die nicht aus Rücklagen oder Gewinnvorträgen, sondern zu Lasten des Stammkapitals erfolgt, auch dann als Verstoß gegen § 30 Abs. 1 GmbHG angesehen wird, wenn der Rückzahlungsanspruch gegen den Gesellschafter vollwertig sein sollte.[185] Bleibt das gemäß § 30 Abs. 1 GmbHG gebundene Vermögen der GmbH jedoch entsprechend vorgenannter Rechtsprechung »unangetastet«, kann darüber hinausgehendes Vermögen grundsätzlich für Zwecke eines LBO eingesetzt werden.

4. Auktion

420 Der Unternehmensverkauf kann auch in der Form durchgeführt werden, dass dem eigentlichen Kauf ein Auktionsverfahren vorgeschaltet ist (sog. Controlled Auction). Regelmäßig wird ein Auktionsverfahren auf der Verkäuferseite durch M & A-Berater oder Investmentbanken begleitet. Diese gestalten die Transaktion nach ihren »Spielregeln« und stellen üblicherweise einen Zeitplan auf.

421 Zunächst werden die in Betracht kommenden Erwerber (Bieter) in einer sog. Long List zusammengestellt. Das von den Bietern einzuhaltende Verfahren wird regelmäßig in sog. Procedure Letters zusammengefasst. Begleitend erhalten die Bieter ein Informationsmemorandum, in dem ihnen eine – mehr oder weniger – zusammengefasste Darstellung des Zielunternehmens gegeben wird. Die Bieter, die grundsätzliches Interesse bekunden, werden dazu aufgefordert, ein erstes unverbindliches Angebot (»Indicative Offer«) abzugeben, welches nicht nur einen vorläufigen Kaufpreis aufweisen, sondern zudem auch nähere Angaben zur Finanzierung, den strategischen Absichten, etc. enthalten soll.

422 Nach Sichtung der unverbindlichen »Angebote« wird den Bietern, die in die engere Auswahl kommen, gestattet, eine Due Diligence durchzuführen, und es wird ihnen die Gelegenheit gegeben, die Zielgesellschaft durch eine Präsentation ihres Managements besser kennen zu lernen. Teilweise wird den Bietern auch eine bereits verkäuferseitig durchgeführte Due Diligence (»Vendor‚s Due Diligence«) präsentiert und ihnen erst später die Gelegenheit zu einer eigenen Due Diligence eingeräumt.

---

184 Vgl. *Hüffer* § 57 Rn. 8 m.w.N.
185 Vgl. BGH NJW 2004, 1111 f.

423 Die »Kandidaten« der engeren Auswahl, die regelmäßig auf einer sog. Short List zusammengefasst werden, erhalten zudem regelmäßig einen Kaufvertragsentwurf vom Verkäufer und werden aufgefordert, ein sog. Binding Offer abzugeben, welches allerdings – entgegen der verwendeten Terminologie – regelmäßig noch nicht rechtsverbindlich ist, und den in der Regel vom Verkäufer vorbereiteten Kaufvertragsentwurf nach ihren Vorstellungen abzuändern.

424 Nach Sichtung der Binding Offer und der geänderten Kaufvertragsentwürfe tritt der Veräußerer mit den Bietern in Verhandlungen, die in die engste Wahl gekommen sind.

5. Kauf in der Krise und aus der Insolvenz

425 Soll das Zielunternehmen zu einem Zeitpunkt erworben werden, in welchem es sich in einer Insolvenzsituation befindet, ist im Hinblick auf die damit verbundenen Risiken entsprechend den unterschiedlichen Phasen wie folgt zu unterscheiden:

a) Erwerb vor dem Insolvenzantrag in der Krise

426 Befindet sich das Zielunternehmen – im Rechtssinne – in einer »Krise«, ohne bereits einen Insolvenzantrag gestellt zu haben (vgl. §§ 15 f. InsO), gilt Folgendes:

427 Erfolgt die Transaktion im Wege des Asset Deals, veräußert das »Krisen«-Unternehmen seinen gesamten Betrieb oder entsprechende Betriebsteile, kann sich der Erwerber für den Fall, dass die Gesellschaft später insolvent wird, Anfechtungen des Insolvenzverwalters ausgesetzt sehen, d.h. insbesondere der Anfechtung gemäß § 130 InsO, falls die Zielgesellschaft zum Zeitpunkt des Verkaufs zahlungsunfähig war und der Käufer davon auch Kenntnis hatte, und gemäß § 133 InsO für den Fall, dass die Vermögensübertragung eine Gläubigerbenachteiligung darstellte.

428 Diesen Gefahren sieht sich der Käufer beim Erwerb im Wege des Share Deals zwar nicht ausgesetzt, aber er bzw. die für ihn in der Gesellschaft als Geschäftsführer oder Vorstand agierenden Personen können sich im Hinblick auf eine mögliche Insolvenzsituation der Gesellschaft schadensersatzpflichtig machen, wenn sie ihre Pflichten nicht erfüllt haben, also insbesondere die Pflicht zur Stellung eines Insolvenzantrages.

b) Erwerb im Insolvenzeröffnungsverfahren

429 Ist der Insolvenzantrag gestellt, über ihn jedoch noch nicht entschieden, befindet sich die Zielgesellschaft im Insolvenzeröffnungsverfahren. In dieser Phase bestehen regelmäßig noch alle Risiken uneingeschränkt, wie sie sich beispielsweise aus § 613a BGB, § 25 HGB oder § 75 AO ergeben können (siehe oben unter Rdn. 352 ff. und Rdn. 379 ff.). Grundsätzlich wird hier nur ein Erwerb in Form des Asset Deals in Betracht kommen, es sei denn, der Asset Deal hat das Unternehmen im Ganzen zum Gegenstand. In diesem Fall entspricht es der wohl ganz h.M., dass der vorläufige Insolvenzverwalter zu einer solchen Maßnahme vor dem Eröffnungsbeschluss nicht befugt ist.[186]

430 Zwar ist es – theoretisch – denkbar, dass der Erwerber die Gesellschaft auch in dieser Phase im Wege des Share Deals erwirbt, jedoch hat dies keinen Einfluss auf den Fortgang des Insolvenzeröffnungsverfahrens. Um dies zu ändern, ist erforderlich, dass der Erwerber den Insolvenzgrund beseitigt, Gläubiger befriedigt und sodann den Insolvenzantrag zurücknimmt. Letzteres ist grundsätzlich bis zum Insolvenzeröffnungsbeschluss möglich (vgl. § 13 Abs. 2 InsO).

---

186 Vgl. *Vallender* GmbHR 2004, 543 ff., m.w.N.

c) Erwerb nach Insolvenzeröffnung

Sobald das Insolvenzverfahren durch entsprechenden Beschluss gemäß § 27 InsO eröffnet worden ist, geht die Verfügungsbefugnis über das Vermögen der Gesellschaft auf den Insolvenzverwalter über, der jedoch für bestimmte Verfügungen die Zustimmung des Gläubigerausschusses bzw. der Gläubigerversammlung benötigt, was bei Unternehmenskäufen oft der Fall sein wird (vgl. § 160 Abs. 2 Nr. 1 InsO). **431**

Die Veräußerung wird regelmäßig im Wege des Asset Deals erfolgen. Für den Käufer bringt der Erwerb des insolventen Unternehmens nach Eröffnung des Insolvenzverfahrens den Vorteil, dass § 25 HGB in diesem Fall nach ganz h.M. nicht mehr greift[187] und auch § 75 AO ausdrücklich gemäß § 75 Abs. 2 AO nicht zum Tragen kommt. Anwendbar bleibt hingegen § 613a BGB, wenngleich sich für den Erwerber insoweit eine »Erleichterung« daraus ergibt, dass etwaige Ansprüche der Arbeitnehmer aus dem Zeitraum vor Eröffnung des Insolvenzverfahrens ausschließlich im Rahmen dieses Verfahrens befriedigt werden. Ungeachtet dessen wird der Unternehmenskaufvertrag mit dem Insolvenzverwalter regelmäßig einige Besonderheiten aufweisen. Exemplarisch sind die folgenden Punkte zu nennen: Der Insolvenzverwalter wird regelmäßig keine Gewährleistung und Haftung übernehmen. Der Insolvenzverwalter wird möglicherweise Arbeitsplatzgarantien verlangen. Die Parteien werden Regelungen zur »Rettung« erforderlicher Vertragsbeziehungen treffen. **432**

Ein Share Deal wird in dieser Phase aus den gleichen Gründen außer Betracht zu bleiben haben, die auch für das Insolvenzeröffnungsverfahren aufgezeigt worden sind. **433**

6. Öffentliches Übernahmeangebot

Sofern die Übernahme eines börsennotierten Unternehmens beabsichtigt ist, können die Regelungen im Wertpapiererwerbs- und Übernahmegesetz (WpÜG) bedeutsam werden. Das WpÜG findet Anwendung auf solche Aktien, die an einem organisierten Markt zugelassen sind. Dies sind der regulierte Markt an einer Börse im Inland und der geregelte Markt in einem anderen Staat des Europäischen Wirtschaftsraums (vgl. § 2 Abs. 7 WpÜG), mithin nicht Aktien, die im sog. Freiverkehr gehandelt werden. **434**

Will der Erwerber die Kontrolle über das Zielunternehmen im Wege eines öffentlichen Angebots erlangen, hat sich das weitere Procedere nach den Bestimmungen des WpÜG zu richten.[188] Das WpÜG verfolgt dabei das Ziel, die Übernahme börsennotierter Unternehmen transparent zu gestalten und auch die Interessen von Minderheitsaktionären durch ausreichende Informationen zu wahren sowie die zügige Abwicklung und einheitliche Behandlung der Wertpapierinhaber (vgl. § 3 WpÜG). **435**

---

187 Vgl. Baumbach/*Hopt* HGB, § 25 Rn. 4 m.w.N. (arg. andernfalls Unveräußerlichkeit des Unternehmens).
188 Vgl. dazu beispielsweise die zusammenfassende Darstellung bei: *Knott/Mielke* Rn. 366 ff. nebst Muster eines Übernahmeangebots unter Rn. 1491 ff.

Kapitel 20
Urheberrecht in der Insolvenz

Übersicht
Rdn.

A. Einführung 1
B. Insolvenz des Urhebers (Lizenzgebers) 3
 I. Wirkungen der Verfahrenseröffnung 3
 II. Umfang der Insolvenzmasse 6
  1. Der Massebegriff im Allgemeinen 6
  2. Umfang der Masse bei Urheber- und Leistungsschutzrechten 9
   a) Grundsatz 9
   b) Insolvenzfreie Rechte 11
   c) Massezugehörige Rechte 15
 III. Die Behandlung von Lizenzen in der Insolvenz des Urhebers und Lizenzgebers .. 16
  1. Interessenlage 16
  2. Begriff und Rechtsnatur der Lizenz im Bereich der gewerblichen Schutzrechte .. 19
   a) Begriff 19
   b) Rechtsnatur 20
  3. Gegenstand und Bedeutung der Lizenz im Bereich des Urheber- und Leistungsschutzrechts 22
   a) Gegenstand der Lizenz 22
   b) Wirtschaftliche Bedeutung des Lizenzvertrags 25
  4. Die Behandlung von Lizenzverträgen in der Insolvenz des Lizenzgebers 26
   a) Rechtslage nach der Konkurs- und Gesamtvollstreckungsordnung 26
   b) Die Insolvenzrechtsreform 27
   c) Insolvenzfestigkeit durch analoge Anwendung des § 108 InsO? 28
   d) Ableitung einer Insolvenzfestigkeit aus der dinglichen Rechtsnatur der Lizenz? .. 29
   e) Folgen der fehlenden Insolvenzfestigkeit 31
    aa) Voraussetzungen des Wahlrechts des Insolvenzverwalters 31
    bb) Erfüllungswahl des Insolvenzverwalters 37
    cc) Erfüllungsablehnung des Insolvenzverwalters 38
  5. Problemlösung durch Ausgestaltung des Lizenzvertrags? 43
   a) Kündigungs- und Lösungsklauseln 43
   b) Aufschiebend bedingte Nutzungsrechtseinräumung 45
   c) Nießbrauch 46
   d) Pfandrecht 48
   e) Doppeltreuhand 50
   f) Veränderung der Zahlungsmodalitäten 54
   g) Übertragung auf eine Holdinggesellschaft 55
   h) Lösungen bei gewerblichen Schutzrechten 56
  6. Exkurs: Lizenzverträge im internationalen Kontext 57
  7. Die Forderung nach der Insolvenzfestigkeit von Lizenzen 59
   a) Allgemeines 59
   b) Der Vorschlag zur Regelung der Insolvenzfestigkeit von Lizenzen 60
    aa) Das Schicksal des Regierungsentwurfs eines Gesetzes zur Entschuldung mittelloser Personen, zur Stärkung der Gläubigerrechte sowie zur Regelung der Insolvenzfestigkeit von Lizenzen 60
    bb) Der Regelungsvorschlag des § 108a RegE-InsO im Einzelnen 62
    cc) Kritik an § 108a RegE-InsO 65
    dd) Ausblick 69
C. Insolvenz des Inhabers von Nutzungsrechten (Lizenznehmers) 70
 I. Die Insolvenz im Regelfall 70
  1. Umfang der Insolvenzmasse 70
  2. Das Schicksal von Lizenzverträgen 72
 II. Sonderregelungen für die Insolvenz des Verlegers 76
  1. Insolvenzmasse 76

20. Kapitel   Urheberrecht in der Insolvenz

Rdn.

   2. Sonderregelungen für den Verlagsvertrag 77
      a) Erweiterung des Wahlrechts des Insolvenzverwalters 77
      b) Folgen der Ausübung des Wahlrechts 78
      c) Rücktrittsrecht des Urhebers 80

A. Einführung

1   Die Eröffnung des Insolvenzverfahrens über das Vermögen des Schuldners stellt einen tiefen Einschnitt in seine rechtlichen und wirtschaftlichen Verhältnisse dar. Von der Eröffnung des Insolvenzverfahrens betroffen ist aber nicht nur der Schuldner, sondern auch sein Vertragspartner, für den die Insolvenzeröffnung – wie die unten dargestellte Problematik der Lizenzverträge zeigt[1] – unter Umständen so schwerwiegende wirtschaftliche Folgen haben kann, dass sogar der Schutz ausländischer Rechtsordnungen gesucht wird, die eine Insolvenzfestigkeit von Lizenzverträgen gewährleisten. Die Auswirkungen solcher Vermeidungsstrategien auf die inländische Volkswirtschaft werden als beachtlich eingeschätzt.[2]

2   Aus den vorstehenden Ausführungen mag bereits deutlich geworden sein, dass jede Betrachtung von Urheber- und Leistungsschutzrechten in einem insolvenzrechtlichen Kontext von der Person des jeweiligen Insolvenzschuldners auszugehen hat. Je nachdem, ob der Urheber und Lizenzgeber (dazu unten B.) oder sein Vertragspartner und Lizenznehmer (dazu unten C.) insolvent wird, sind insbesondere die wirtschaftlichen Folgen der Verfahrenseröffnung höchst unterschiedlich. Die folgenden Ausführungen orientieren sich an dieser Vorgabe; dabei werden die mit der Anordnung der vorläufigen Insolvenzverwaltung gem. §§ 21, 22 InsO verbundenen Probleme bewußt ausgeklammert, weil dem »starken« vorläufigen Insolvenzverwalter, dem bereits vor Verfahrenseröffnung das Verwaltungs- und Verfügungsrecht über die Insolvenzmasse zusteht, das im Bereich der Lizenzverträge zu Problemen führende Wahlrecht nach § 103 Abs. 1 InsO nicht zur Verfügung steht.[3] Nicht zu behandeln ist auch die so genannte Eigenverwaltung, bei der gem. § 270 Abs. 1 Satz 1 InsO ein Übergang der Verwaltungs- und Verfügungsbefugnis auf den Sachwalter nicht eintritt und der Schuldner unter dessen Aufsicht weiterhin berechtigt ist, die Insolvenzmasse zu verwalten und über sie zu verfügen.

B. Insolvenz des Urhebers (Lizenzgebers)

I. Wirkungen der Verfahrenseröffnung

3   Ist der Schuldner zahlungsunfähig (§ 17 InsO), droht er es zu werden (§ 18 InsO) oder ist er als juristische Person überschuldet (§ 19 InsO), sind seine Vermögenswerte und wirtschaftlichen Ressourcen in einem Maße verfallen, dass der einzelne Gläubiger seine Ansprüche im Wege der Mobiliarvollstreckung, Forderungspfändung oder Zwangsversteigerung kaum noch mit Erfolg durchsetzen kann. Die Chance des einzelnen Gläubigers auf eine individuelle Befriedigung seiner Forderungen schwindet bei dem Vorliegen eines Eröffnungsgrundes so stark, dass es angebracht ist, dem Schuldner die vorhandenen Vermögenswerte zu entziehen und sie durch einen von dem Insolvenzgericht ausgewähl-

---
1   Vgl. unten Rdn. 16 ff.
2   Allgemeine Begründung zum RegE, in: Regierungsentwurf eines Gesetzes zur Entschuldung mittelloser Personen, zur Stärkung der Gläubigerrechte sowie zur Regelung der Insolvenzfestigkeit von Lizenzen, BT-Drs. 16/7416 = ZVI 2007, Beilage 2, S. 31; vgl. auch *Koehler/Ludwig* NZI 2007, 79, 80.
3   *Kübler/Prütting/Bork/Pape* § 22 Rn. 64; FK-InsO/*Wegener* § 103 Rn. 4a.

ten Insolvenzverwalter[4] an die Insolvenzgläubiger nach vorgegebenen Regeln gleichmäßig und gerecht zu verteilen.

Mit der Eröffnung des Insolvenzverfahrens geht deshalb nach § 80 Abs. 1 Satz 1 InsO das Recht des Schuldners, das zur Insolvenzmasse gehörende Vermögen (§ 35 Abs. 1 InsO) zu verwalten und über dieses zu verfügen, auf den mit dem gerichtlichen Eröffnungsbeschluss (§ 27 Abs. 1 Satz 1 InsO) bestellten Insolvenzverwalter über. Zweck dieses Übergangs ist die haftungsrechtliche Zuordnung des schuldnerischen Vermögens an die Gesamtheit der Insolvenzgläubiger; diese müssen gem. § 38 InsO einen vor Verfahrenseröffnung begründenden Vermögensanspruch gegen den Schuldner haben und sind im Insolvenzverfahren in einer Haftungs- und Verlustgemeinschaft kraft Gesetzes miteinander verbunden.[5] **4**

In dem Übergang der Verwaltungs- und Verfügungsbefugnis auf den Insolvenzverwalter kommt auch die Beschlagnahme des schuldnerischen Vermögens zum Ausdruck. Die Beschlagnahme tangiert die Stellung des Schuldners als Eigentümer nicht; zur gemeinschaftlichen Befriedigung der Insolvenzgläubiger ist es jedoch erforderlich, den Schuldner von allen Einwirkungsmöglichkeiten über sein Vermögen auszuschließen und damit den Insolvenzverwalter zu betrauen. § 81 Abs. 1 InsO bestimmt deshalb, dass Verfügungen des Schuldners über Gegenstände der Insolvenzmasse zwar nicht nichtig, wohl aber unwirksam sind. Der Schuldner kann sich gleichwohl weiterhin wirksam verpflichten; solche Verpflichtungsgeschäfte begründen jedoch lediglich eine persönliche Verbindlichkeit des Schuldners, und keine solche, die aus der Masse zu erfüllen ist. Die Gläubiger solcher Geschäfte sind daher weder Massegläubiger (§ 55 Abs. 1 Nr. 1 InsO) noch Insolvenzgläubiger nach § 38 InsO. Mit Verfahrenseröffnung wird ferner die Bestimmung des § 91 InsO anwendbar, die den Rechtserwerb an Gegenständen der Insolvenzmasse ausschließt. Die Eröffnung des Insolvenzverfahrens hat auch zur Folge, dass die Drittschuldner nach § 28 Abs. 3 InsO nicht mehr an den Schuldner, sondern nur noch an den Insolvenzverwalter leisten dürfen.[6] Entscheidend für den wirtschaftlichen Erfolg der Verfahrenseröffnung ist der Umfang der über das Vermögen des Schuldners eingetretenen Beschlagswirkung; ob von diesen Wirkungen auch Urheber- und Leistungsschutzrechte des Schuldners betroffen sind, hängt von der Ausgestaltung des insolvenzrechtlichen Massebegriffs ab. **5**

II. Umfang der Insolvenzmasse

1. Der Massebegriff im Allgemeinen

Die gemeinschaftliche Befriedigung der Insolvenzgläubiger erfolgt durch Gesamtvollstreckung in das ihnen haftungsrechtlich zugewiesene Vermögen des Schuldners. Der Umfang dieses Vermögen muss aus verfassungsrechtlichen Gründen (Art. 14 Abs. 1 GG) rechtlich bestimmbar sein; es wird als Insolvenzmasse bezeichnet. Eine grundlegende Definition des Massebegriffs sowie eine rudimentäre Bestimmung der gegenständlichen Grenzen der Insolvenzmasse nimmt § 35 Abs. 1 InsO vor. § 36 Abs. 1 InsO engt den grundsätzlich umfassenden Massebegriff des § 35 Abs. 1 InsO auf Gegenstände ein, die der Zwangsvollstreckung unterliegen, macht hiervon aber in Abs. 2 und 3 wiederum Ausnahmen.[7] **6**

---

[4] Zum Auswahlverfahren vgl. *Holzer*, Entscheidungsträger im Insolvenzverfahren, Rn. 197 ff.
[5] Beck/Depré/*Holzer* § 3 Rn. 56 ff., 96.
[6] Beck/Depré/*Holzer* § 7 Rn. 2 ff.
[7] Vgl. nur FK-InsO/*Schumacher* § 36 Rn. 1.

7 Die Insolvenzmasse umfasst nach § 35 Abs. 1 InsO auch den so genannten Neuerwerb, d.h., das durch den Schuldner nach Eröffnung des Insolvenzverfahrens erworbene Vermögen. Dadurch wird die den Insolvenzgläubigern zur Verfügung stehende Masse erhöht und die Möglichkeit ihrer Befriedigung verbessert. Für diejenigen Personen, deren Forderungen nach Verfahrenseröffnung begründet werden – die so genannten Neugläubiger – steht dadurch jedoch keine Haftungsmasse mehr zur Verfügung. Da die Neugläubiger keine Insolvenzgläubiger nach § 38 InsO sind und ihre Forderungen im Verfahren nicht geltend machen können, sind sie ausschließlich auf das insolvenzfreie Vermögen des Schuldners angewiesen und können kaum mit einer Befriedigung ihrer Forderungen rechnen. Dies erscheint aus verfassungsrechtlichen Gründen (Art. 14 Abs. 1 GG) bedenklich.[8]

8 Zur Insolvenzmasse gehören nach § 35 Abs. 1 InsO auch Rechte des Schuldners. Nach § 36 Abs. 1 Satz 1 InsO gilt dies jedoch nur insoweit, als diese der Zwangsvollstreckung unterliegen.[9]

2. Umfang der Masse bei Urheber- und Leistungsschutzrechten

a) Grundsatz

9 Das Urheberrecht stellt ein Schutzrecht des Schöpfers an Werken der Literatur, Wissenschaft und Kunst dar (vgl. § 1 UrhG). Nach der sog. »monistischen Theorie« beinhaltet das Urheberrecht als vermögensrechtlichen Bestandteil die Urheberverwertungsrechte sowie als persönlichkeitsrechtlichen Bestandteil das Urheberpersönlichkeitsrecht.[10] § 11 Abs. 1 Satz 1 UrhG schützt den Urheber darin in den geistigen und persönlichen Beziehungen zu seinem Werk und in der Nutzung seines Werkes. Urheberrechtlich geschützt sind die in § 2 Abs. 1 UrhG beispielhaft aufgezählten geschützen Werke.[11] Der Urheber kann deshalb den Umfang der Rechtsübertragung nicht bestimmen und somit sein Insolvenzrisiko nicht beeinflussen.[12]

10 Im Hinblick auf Urheberrechte folgt aus der Anwendung des § 35 Abs. 1 InsO, dass die an den urheberrechtlich geschützen Werken bestehenden Urheberverwertungsrechte im Insolvenzverfahren des Urhebers grundsätzlich zur Insolvenzmasse gehören.[13] Das gilt auch für Urheberrechte, die Gegenstand einer Vertragslizenz sind[14] sowie für Leistungsschutzrechte.[15] Dieser Grundsatz erfährt jedoch nach § 36 Abs. 1 Satz 1 InsO eine wichtige Ausnahme: Soweit die vorgenannten Rechte gem. §§ 113 bis 118 UrhG unpfändbar sind, gehören sie nicht zur Insolvenzmasse;[16] der Schuldner kann daher, soweit eine Unpfändbarkeit vorliegt, auch nach Eröffnung des Insolvenzverfahrens über diese frei verfügen.

b) Insolvenzfreie Rechte

11 Nach § 113 Satz 1 UrhG (ggfs. i.V.m. § 118 UrhG) ist die Einzelzwangsvollstreckung wegen Geldforderungen in das Urheberrecht und damit die Zugehörigkeit zur Insolvenzmasse nur insoweit zulässig, als der Urheber bzw. Leistungsschutzberechtigte Nut-

---

8 Dazu Kübler/Prütting/Bork/*Holzer* § 35 Rn. 34, 37.
9 Dazu unten Rdn. 10.
10 *Schricker/Loewenheim* UrhG, 3. Aufl., § 11 Rn. 2.
11 Vgl. zu den Schutzvoraussetzungen nur *Schricker/Loewenheim* UrhG, 2. Aufl., § 2 Rn. 11.
12 *McGuire* GRUR 2009, 13.
13 *Jaeger/Henckel* InsO, § 35 Rn. 42 f.; Kübler/Prütting/Bork/*Holzer* § 35 Rn. 95; *Heim* NZI 2008, 338; *Hoffmann* ZInsO 2003, 732, 734.
14 *Wiedemann*, Lizenzen und Lizenzverträge in der Insolvenz, Rn. 464 ff.
15 *Schack* Rn. 773.
16 Kübler/Prütting/Bork/*Holzer* § 35 Rn. 95.

zungsrechte gem. § 31 UrhG einräumen kann. Diese Nutzung kann einzelne oder alle Nutzungsarten betreffen (§ 31 Abs. 1 Satz 1 UrhG) und als einfaches oder ausschließliches Recht ausgestaltet sowie räumlich, zeitlich oder inhaltlich beschränkt werden (§ 31 Abs. 1 Satz 2 UrhG).[17] Die durch § 113 ff. UrhG bestehenden Einschränkungen der Pfändbarkeit unterliegen nicht der Disposition des Schuldners und können deshalb nicht durch eine etwa erklärte Einwilligung aufgehoben werden.[18]

Bedeutsam ist auch die Bestimmung des § 114 Abs. 1 Satz 1 UrhG, nach dem die Zwangsvollstreckung in die dem Schuldner gehörenden Originale von Werken (z.B. Manuskripte) nur mit seiner Zustimmung möglich ist. Der Insolvenzverwalter kann diese Werke gem. § 36 Abs. 1 Satz 1 InsO somit nur dann zur Insolvenzmasse ziehen und verwerten, wenn der Schuldner damit einverstanden ist. Der Schuldner kann seine Zustimmung auch nach Eröffnung des Insolvenzverfahrens erklären; sie wirkt auf den Zeitpunkt der Verfahrenseröffnung zurück.[19] Zu beachten sind allerdings die Einschränkungen des § 114 Abs. 2 Satz 1 UrhG; so ist beispielsweise die Einwilligung des Schuldners nicht erforderlich, wenn die Zwangsvollstreckung in ein Original eines Werkes der Baukunst erfolgt (§ 114 Abs. 2 Satz 1 Nr. 2 UrhG). Der Architekt eines Bauwerks kann deshalb die Zwangsversteigerung nicht verhindern, auch wenn das von ihm entworfene Gebäude oder einzelne Teile davon (z.B. die Fassade) urheberrechtlich geschützt sind. Die in den §§ 113 f. UrhG enthaltenen Grundsätze gelten im Wesentlichen auch für die Rechtsnachfolger des Schuldners (§§ 115 ff. UrhG). **12**

Nach § 119 Abs. 1 UrhG unterliegen Vorrichtungen, die ausschließlich zur Vervielfältigung oder Funksendung eines Werkes bestimmt sind (z.B. Platten, Steine, Druckstöcke, Matritzen, Formen, Negative, Datenträger jeder Art) der Zwangsvollstreckung wegen Geldforderungen und damit gem. § 36 Abs. 1 Satz 1 InsO auch dem Insolvenzbeschlag nur insoweit, als der Gläubiger zur Nutzung des Werks durch Verwendung dieser Vorrichtungen berechtigt ist.[20] **13**

Nicht zur Insolvenzmasse gehören auch alle höchstpersönlichen Rechte des Schuldners. Außerhalb des Urheberrechts sind etwa das Namensrecht, das allgemeine Persönlichkeitsrecht sowie das Recht am eigenen Bild unpfändbar und daher insolvenzfrei; gleiches gilt für die aus dem Urheberpersönlichkeitsrecht des Schuldners (z.B. aus § 42 UrhG) folgenden Befugnisse.[21] **14**

c) Massezugehörige Rechte

Von den §§ 113 ff. UrhG nicht tangiert sind sämtliche Ansprüche des Schuldners auf Schadensersatz wegen Verletzung des Urheberrechts und – in der Praxis weitaus wichtiger – auch seine Vergütungsansprüche.[22] Zu letzteren gehören nicht nur die aus der Einräumung von Nutzungsrechten nach § 31 UrhG resultierenden Ansprüche (z.B. die Honorarforderung des Schriftstellers gegen seinen Verleger), sondern auch die Vergütungsansprüche, die nach dem Gesetz nur durch eine Verwertungsgesellschaft geltend gemacht werden können (z.B. nach §§ 26 Abs. 6, 27 Abs. 3, 52a Abs. 4 Satz 2, 52b Satz 4, 53a Abs. 2 Satz 2 UrhG). Selbstverständlich ist auch der Insolvenzverwalter nicht berechtigt, die zuletzt genannten Ansprüche selbst wahrzunehmen und wie der Urheber gezwungen, diese bei einer Verwertungsgesellschaft geltend zu machen; die von dieser **15**

---

17 Dazu Schricker/*Schricker* 3. Aufl., § 31 Rn. 4 ff., 7 ff.
18 Kübler/Prütting/Bork/*Holzer* § 35 Rn. 95.
19 *Schack* Rn. 773.
20 Dazu Kübler/Prütting/Bork/*Holzer* § 35 Rn. 60.
21 *Schack* Rn. 771.
22 *Hoffmann* ZInsO 2003, 732, 735; *Schwab* KTS 1999, 49, 51.

gezahlten Tantiemen fallen in die Insolvenzmasse.[23] Für Unterlassungsansprüche des Schuldners gegen Dritte wegen Verletzung des Urheberrechts gilt dies jedoch in aller Regel nicht, weil mit solchen Ansprüchen meist kein eigener Vermögenswert verbunden ist, der zur Insolvenzmasse gezogen werden könnte.[24]

III. Die Behandlung von Lizenzen in der Insolvenz des Urhebers und Lizenzgebers

1. Interessenlage

16 Weil das Urheberrecht gem. § 29 UrhG unter Lebenden nicht übertragen werden kann, sondern nur die Einräumung von Nutzungsrechten zulässig ist (§ 31 UrhG), erlangt die Lizenz im Insolvenzrecht besondere Bedeutung.[25] Die Bestimmung des Umfangs der Insolvenzmasse stellt sich ansonsten aufgrund des reibungslosen Ineinandergreifens der Schnittstellen zwischen Insolvenz- und Urheberrecht (§§ 35 Abs. 1, 36 Abs. 1 Satz 1 InsO und §§ 113 ff. UrhG) weitgehend problemlos dar.[26] Wie bereits am Beginn dieses Kapitels angedeutet, bestehen die eigentlichen Probleme im Zusammenhang mit den von dem Schuldner erteilten Lizenzen; hier treffen höchst unterschiedliche und wirtschaftlich bedeutende Interessen des Insolvenzverwalters über das Vermögen des Urhebers und Lizenzgebers sowie des Lizenznehmers aufeinander.

17 Der Insolvenzverwalter des lizenzierenden Urhebers kann ein Interesse daran haben, sich zur Entlastung der Insolvenzmasse von einem bestehenden Lizenzvertrag zu lösen und neue, günstigere Lizenzierungsmöglichkeiten zu suchen. Er wird in vielen Fällen geneigt sein, die Erfüllung des Lizenzvertrags abzulehnen, weil sich die rasche Veräußerung oft als günstiger für die Insolvenzmasse darstellt als eine Weiterführung des Lizenzvertrags.[27] Ein Festhalten am Lizenzvertrag hätte demgegenüber geringere, aber kontinuierliche Massezuflüsse zur Folge; jedoch muss das Insolvenzverfahren in der Regel über längere Zeit fortgeführt werden, auch wenn es sich (z.B. bei einer Liquidation oder einer übertragenden Sanierung) um den einzigen verbleibenden Vermögensgegenstand handelt. Der Lizenznehmer hat als Nutzungsberechtigter hingegen ein hohes wirtschaftliches Interesse am Fortbestand der ihm eingeräumten Nutzungsrechte, für die oft hohe Investitionen getätigt wurden. Diese Investitionen rechnen sich meist nur dann, wenn die Nutzung der Rechte über einen längeren Zeitraum hinweg möglich ist.[28] Inwieweit das Wahlrecht des Insolvenzverwalters durch die Gestaltung des Lizenzvertrags unattraktiv gemacht oder gar ausgeschlossen werden kann, wird an anderer Stelle dargelegt.[29]

18 Die nach heutigem Insolvenzrecht gegebene Rechtslage unterscheidet sich wesentlich von dem früheren Konkursrecht, dessen kurze Erläuterung den insolvenzrechtlichen Ausführungen zum besseren Verständnis vorangestellt werden soll. Zuvor ist jedoch der in den folgenden Ausführungen vorausgesetzte Begriff der Lizenz zu bestimmen und zu definieren, weil sich Lizenzen nicht nur auf die unterschiedlichsten Gegenstände beziehen, sondern der allgemeine Sprachgebrauch den Begriff der Lizenz in einem weiteren, vom geistigen Eigentum losgelösten Sinn verwendet, über den das Thema der folgenden

---

23 Kübler/Prütting/Bork/*Holzer* § 35 Rn. 95a.
24 Kübler/Prütting/Bork/*Holzer* § 38 Rn. 18, 29b; vgl. dazu auch BGH ZIP 2003, 1550, 1553.
25 Dazu *Smid/Lieder* DZWIR 2005, 7.
26 Dazu oben Rdn. 9 ff.
27 *Schleich/Götz* DZWIR 2008, 58, 59.
28 Kübler/Prütting/Bork/*Tintelnot* § 108 Rn. 11a; *Fezer* WRP 2004, 793, 802; *Schleich/Götz* DZWIR 2008, 58, 59; Scherenberg, Lizenzverträge in der Insolvenz des Lizenzgebers unter besonderer Berücksichtigung des Wahlrechts des Insolvenzverwalters nach § 103 Abs. 1 InsO, 2005, S. 19.
29 Dazu unten Rdn. 43 ff.

Darstellung hinausgeht (z.B. Spiellizenzen für Sportvereine, Übertragungslizenzen für Funk- und Fernsehsender).[30]

2. Begriff und Rechtsnatur der Lizenz im Bereich der gewerblichen Schutzrechte

a) Begriff

Im Bereich der gewerblichen Schutzrechte wird mit dem Begriff der »Lizenz« die von dem Inhaber eines nicht-körperlichen, geistigen Guts (Immaterialgut) einem Dritten eingeräumte Befugnis bezeichnet, das Immaterialgut in Bezug auf einzelne oder alle Nutzungsarten zu nutzen oder zu verwerten.[31] Eine Legaldefinition bzw. Merkmale zur Konkretisierung des Lizenzbegriffs finden sich auch im UrhG nicht; der Lizenzvertrag weist je nach Ausgestaltung enge Berührungspunkte mit diversen Vertragstypen des Bürgerlichen Rechts auf, insbesondere mit dem Miet-, Pacht- und Kaufvertrag. Diese Vertragstypen reichen jedoch nicht hin, um Inhalt und Wesen des im Grunde auf eine Überlassung des Nutzungsrechts gerichteten Lizenzvertrags auszufüllen; es handelt sich vielmehr um einen gemischttypischen Vertrag eigener Art i.S.d. § 311 Abs. 1 BGB,[32] bei dem je nach Vertragsgegenstand der eine oder andere Vertragstyp des BGB überwiegt. Insolvenzrechtlich von Bedeutung ist, dass es sich meist um ein Dauerschuldverhältnis handelt.[33]

19

b) Rechtsnatur

Die ausschließliche Lizenz, die den Lizenznehmer zur alleinigen und exklusiven Nutzung des Rechts berechtigt, entfaltet nach ganz h.M. in Rechtsprechung[34] und Literatur[35] dingliche, zumindest aber quasi-dingliche Wirkungen,[36] weil sie dem Lizenznehmer ein gegen jedermann wirkendes Ausschlussrecht zur Verfügung stellt. Der Lizenzgeber ist somit nicht berechtigt, weitere Lizenzen zu vergeben und verpflichtet, das lizenzierte Recht aufrecht zu erhalten.[37] Diese Sichtweise ist mit dem numerus clausus der Sachenrechte vereinbar und folgt aus den §§ 31 Abs. 1 Satz 2 UrhG sowie den §§ 15 Abs. 1 Satz 2, Abs. 2 PatG, 31 Abs. 1 Satz 2 GeschmMG, 30 Abs. 1 MarkenG und § 22 Abs. 1 Satz 2, Abs. 2 Satz 1 GebrMG, die sämtlich eine räumliche und inhaltliche Abspaltung beschränkter dinglicher Rechte erlauben.[38] Der Inhaber einer ausschließlichen Lizenz kann an Dritte Unterlizenzen vergeben, ohne dass es hierzu einer ausdrücklichen Genehmigung durch den Lizenzgeber bedarf.[39]

20

Im Gegensatz zur ausschließlichen Lizenz beinhaltet die sog. »einfache Lizenz« keine Befugnis zur ausschließlichen Nutzung des Urheberrechts. Der Lizenzgeber kann somit mehrere Nutzungsrechte für denselben Bereich vergeben. Die Rechtsnatur der einfachen Lizenz ist allerdings umstritten; ein Teil der Literatur will auch der einfachen Lizenz zum Zweck der Abgrenzung zur bloßen (schuldrechtlich wirkenden) Gebrauchsüberlas-

21

---

30 *Wiedemann* Rn. 10.
31 *Wiedemann* Rn. 12.
32 FA-GewRS/*Bartenbach/Kunzmann* Kap. 9 Rn. 8 ff.; *Abel* NZI 2003, 121; *Wiedemann* Rn. 30; *Wallner* NZI 2002, 70, 78.
33 *Limper* NJW 2007, 3217, 3218.
34 BGH GRUR 1959, 200, 202 – Der Heiligenhof; BGHZ 83, 251, 256; OLG München MDR 1997, 771, 772.
35 *Wiedemann* Rn. 13; *Scherenberg* S. 23; *Kummer* GRUR 2009, 293, 294; *Smid/Lieder* DZWIR 2005, 7; *Wallner* NZI 2002, 70, 71.
36 FA-GewRS/*Bartenbach/Kunzmann* Kap. 9 Rn. 13; *Abel* NZI 2003, 121, 122; *Bausch* NZI 2005, 289, 290, 293; *Ullmann*, Mitt. 2008, 49, 52.
37 FA-GewRS/*Bartenbach/Kunzmann* Kap. 9 Rn. 14.
38 Vgl. nur *Wiedemann* Rn. 13.
39 FA-GewRS/*Bartenbach/Kunzmann* Kap. 9 Rn. 21, 25.

sung dingliche oder quasi-dingliche Natur beimessen,⁴⁰ während die die Rechtsprechung⁴¹ und die herrschende Literatur⁴² zu Recht von rein schuldrechtlichen Wirkungen ausgehen. Nach der in § 31 Abs. 5 UrhG normierten »Zweckübertragungslehre« ist davon auszugehen, dass die Parteien im Zweifel keine ausschließliche Lizenz, sondern lediglich die Einräumung eines einfachen Nutzungsrechts vereinbart haben.⁴³ Die Entscheidung des BGH im Fall »Reifen Progressiv«, nach der das einfache Nutzungsrecht – wie auch das ausschließliche Nutzungsrecht – keinen schuldrechtlichen, sondern dinglichen Charakter haben soll,⁴⁴ ist angesichts der bisherigen Rechtsprechung überraschend; sie scheint allerdings nicht dazu gedacht gewesen zu sein, die vorgenannte Rechtsprechung zu ändern oder gar aufzugeben.⁴⁵ Der mit der einfachen Lizenz verbundene schuldrechtliche Anspruch des Lizenznehmers auf die Benutzung des lizenzierten Rechts umfasst die Erteilung von Unterlizenzen jedenfalls nicht.⁴⁶

3. Gegenstand und Bedeutung der Lizenz im Bereich des Urheber- und Leistungsschutzrechts

a) Gegenstand der Lizenz

22 Wie bereits angedeutet, sind Lizenzen an allen gewerblichen Schutzrechten wie Patenten (§ 15 Abs. 2 PatG), Gebrauchsmustern (§ 22 Abs. 2 GebrMG), Geschmacksmustern (§ 31 Abs. 1 GeschmMG) und Marken (§ 30 Abs. 1 MarkenG) möglich.⁴⁷ Für die hier interessierenden Urheberrechte folgt die Befugnis zur Erteilung von Lizenzen aus § 31 Abs. 1 UrhG; denn das Urheberrecht kann als solches gem. § 29 Abs. 1 UrhG nicht auf Dritte übertragen werden.⁴⁸ Es bedarf deshalb spezieller Regelungen in den §§ 31 ff. UrhG, die die Übertragung von bestimmten Nutzungsrechten an Dritte betreffen und es dem Urheber gestatten, sein Werk hierdurch wirtschaftlich zu verwerten. § 15 UrhG enthält eine Aufzählung der übertragbaren Nutzungs- bzw. Verwertungsrechte.⁴⁹ Die §§ 88 ff. UrhG enthalten Sondervorschriften für die Lizenzierung von Filmwerken i.S.d. § 2 Abs. 1 Nr. 6 UrhG, während für die Vergabe von Nutzungsrechten an urheberrechtlich geschützten Werken der Literatur und der Tonkunst die – allerdings dispositiven – §§ 1 ff. VerlG zu beachten sind.

23 Bestimmte geistige Werke erfüllen zwar nicht die Voraussetzungen des § 2 UrhG hinsichtlich ihrer Gestaltungshöhe und Individualität; sie werden jedoch als Leistungsschutzrechte gleichwohl gesetzlich geschützt, weil hinter diesen Werken oft eine hohe wirtschaftliche oder organisatorische Leistung des Betroffenen steht, die regelmäßig auch von künstlerischer Bedeutung ist.⁵⁰ So können gem. § 95 UrhG an sog. »Laufbildern«, d.h., Bildfolgen und Bild-/Tonfolgen, die nicht von § 2 Abs. 1 Nr. 5 UrhG erfasst sind (z.B. Dokumentar- oder Naturfilme), nach §§ 88, 89 Abs. 4, 90 UrhG Lizenzen vergeben werden.

24 Leistungsschutzrechte stehen auch den Herstellern von Tonträgern (§ 85 UrhG), Verfassern wissenschaftlicher Ausgaben (§ 70 UrhG), Verfassern von Ausgaben nachgelassener Werke (§ 71 UrhG), Herstellern von Lichtbildern (§ 72 UrhG), ausübenden Künstlern

---

40 *Scherenberg* S. 26; *Wallner* NZI 2002, 70, 77.
41 BGHZ 62, 272, 276 – Anlagengeschäft; BGHZ 83, 251, 256.
42 *Abel* NZI 2003, 121, 122; *Wiedemann* Rn. 23.
43 FA-GewRS/*Bartenbach/Kunzmann* Kap. 9 Rn. 13, 17.
44 BGH GRUR 2009, 852 ff.
45 *Dieselhorst* CuR 2010, 69, 72 f.
46 FA-GewRS/*Bartenbach/Kunzmann* Kap. 9 Rn. 26 ff.
47 FA-GewRS/*Bartenbach/Kunzmann* Kap. 9 Rn. 38 ff.
48 *Wiedemann* Rn. 34.
49 Vgl. dazu Schricker/*Schricker* § 15 Rn. 40 ff.
50 *Fromm/Nordemann* Vor § 70 Rn. 1.

(§§ 73 ff. UrhG), Filmherstellern (§ 94 UrhG), Veranstaltern (§ 81 UrhG), Sendeunternehmen (§ 87 UrhG) und Datenbankherstellern (§§ 87a ff. UrhG) zu. Die Lizenzierbarkeit der Leistungsschutzrechte ist zwar im Gesetz nur für die Rechte der ausübenden Künstler, der Tonträgerhersteller, der Sendeunternehmen und der Filmhersteller erwähnt (§§ 79 Abs. 2 Satz 1, 85 Abs. 2 Satz 2, 87 Abs. 2 Satz 2, 94 Abs. 2 Satz 2 UrhG), darüber hinaus jedoch für alle Leistungsschutzrechte anerkannt.[51]

b) Wirtschaftliche Bedeutung des Lizenzvertrags

Die größte wirtschaftliche Bedeutung haben wegen der immensen Entwicklungskosten von Arzneimitteln sicherlich Patentlizenzen im Bereich der pharmazeutischen Industrie, auf die sich die Insolvenz des Lizenzgebers besonders gravierend auswirkt. Die insolvenzrechtlichen Problemstellungen sind jedoch, abgesehen von ihrer wirtschaftlichen Dimension, bei allen Lizenzen im Bereich des gewerblichen Rechtsschutzes nahezu identisch.[52] Im Bereich des Urheberrechts[53] sind Lizenzierungen insbesondere von Werken der Literatur, Musik- und Filmkunst[54] von Bedeutung. Die Lizenzierung von Werberechten dürfte nach der Anerkennung einer entsprechenden Nutzungsart durch den BGH[55] in Verbindung mit Musik- und Filmwerken an wirtschaftlicher Bedeutung gewinnen. 25

4. Die Behandlung von Lizenzverträgen in der Insolvenz des Lizenzgebers

a) Rechtslage nach der Konkurs- und Gesamtvollstreckungsordnung

Die gem. Art. 110 Abs. 1 EGInsO bis zum 31.12.1998 geltende Konkursordnung und die in den neuen Bundesländern geltende Gesamtvollstreckungsordnung sahen wie das heutige Recht den Übergang der Verwaltungs- und Verfügungsbefugnis des Gemeinschuldners auf den Verwalter vor (§§ 6 KO, 8 Abs. 2 GesO). § 21 KO und § 9 Abs. 3 Satz 1 GesO ordneten nach Eröffnung des Verfahrens das Fortbestehen von den als Dauerschuldverhältnis betrachteten Miet- und Pachtverträgen und damit deren Wirksamkeit gegenüber der Masse an. Diese Bestimmungen wurden auf die ebenfalls als Dauerschuldverhältnis betrachteten Lizenzverträge[56] unabhängig davon angewandt, ob diese ausschließliche oder einfache Lizenzen zum Gegenstand hatten. Das dem Lizenznehmer zustehende Recht war damit von dem Konkurs des Lizenzgebers nicht tangiert; es war als »konkursfest« anzusehen.[57] 26

b) Die Insolvenzrechtsreform

Die zuvor dargestellte Konkursfestigkeit des Lizenzvertrags stand bei den Reformarbeiten zur Insolvenzordnung zunächst nicht zur Diskussion. Sowohl der auf den Empfehlungen der Kommission für Insolvenzrecht beruhende § 115 Abs. 1 des Diskussionsentwurfs[58] als auch § 115 Abs. 1 des Referentenentwurfs[59] übernahmen die Regelung des § 21 KO fast wörtlich. Erst in § 108 Abs. 1 Satz 1 des Regierungsentwurfs wurde die Insolvenzfestigkeit auf Miet- und Pachtverhältnisse des Schuldners über unbewegliche Gegen- 27

---

51 *Wiedemann* Rn. 42 m.w.N.
52 Dazu *Berger* GRUR 2004, 20.
53 Zu Lizenzverträgen in anderen Bereichen des gewerblichen Rechtsschutzes vgl. *Wiedemann* Rn. 30.
54 Vgl. dazu *Abel* NZI 2003, 121.
55 BGH ZUM 2010, 174, 175; dazu kritisch *Riesenhuber* ZUM 2010, 137, 139.
56 *Fezer* WRP 2004, 793, 795.
57 *Bausch* NZI 2005, 289; *Fezer* WRP 2004, 793, 795; *Kummer* GRUR 2009, 293, 294; *Schleich/Götz* DZWIR 2008, 58; *Ullmann* Mitt. 2008, 49, 50.
58 Bundesministerium der Justiz (Hrsg.), Diskussionsentwurf Gesetz zur Reform des Insolvenzrechts, 1988, S. 56, B 91.
59 Bundesministerium der Justiz (Hrsg.), Referentenentwurf Gesetz zur Reform des Insolvenzrechts, 1989, S. 66, B 114.

stände oder Räume sowie Dienstverhältnisse des Schuldners beschränkt. Die zur erleichterten Verwertung beweglicher Sachen geschaffene Regelung erwähnt Rechte als Gegenstand von Dauerschuldverhältnissen nicht,[60] obwohl keine Anhaltspunkte dafür bestehen, dass der Gesetzgeber die Lizenzverträge entgegen den Ergebnissen der Reformarbeiten nicht als insolvenzfest angesehen hat. § 108 InsO ist nach der eindeutigen, wohl nicht dem Willen des Gesetzgebers entsprechenden Fassung der Vorschrift nicht auf Lizenzverträge anzuwenden;[61] es soll sich um ein Redaktionsversehen handeln.[62]

c) Insolvenzfestigkeit durch analoge Anwendung des § 108 InsO?

28 Die Annahme eines Redaktionsversehens legt es nahe, die planwidrige Gesetzeslücke durch eine analoge Anwendung des § 108 InsO zu schließen. Diese Ansicht wird von einigen Autoren mit nachvollziehbarer Begründung vertreten.[63] Die ganz herrschende insolvenz- und urheberrechtliche Literatur[64] sowie die Rechtsprechung[65] lehnen hingegen eine Analogie zu § 108 InsO und damit eine Insolvenzfestigkeit von Lizenzen nach geltendem Recht ab. In diesem Zusammenhang hilft auch der »Legislative Guide on Insolvency Law« der UNCITRAL nicht weiter, der eine Insolvenzfestigkeit von Lizenzverträgen als sinnvoll ansieht;[66] denn hierbei handelt es sich nur um Empfehlungen an die Staaten der Welt für die Ausgestaltung ihrer nationalen Insolvenzrechte,[67] die lediglich einen rechtspolitisch höchst beachtenswerten Ansatz, aber keine Verpflichtung der einzelnen Staaten zu ihrer Umsetzung darstellt. Obwohl dies rechtspolitisch wünschenswert erscheint,[68] muss als Zwischenergebnis davon ausgegangen werden, dass derzeit eine Insolvenzfestigkeit von Lizenzverträgen nicht besteht.

d) Ableitung einer Insolvenzfestigkeit aus der dinglichen Rechtsnatur der Lizenz?

29 Wie bereits dargestellt,[69] ist auch im Urheberrecht von der Dinglichkeit der ausschließlichen Lizenz auszugehen. Der Schluss, dass deren dingliche Rechtsnatur auch im Insolvenzverfahren Bestand haben und zu einer Aussonderung nach § 47 InsO führen könnte,[70] wäre nur dann zulässig, wenn eine Erfüllungsablehnung des Insolvenzverwalters das dingliche Recht unangetastet lassen würde. Das wäre nur dann der Fall, wenn im Urheberrecht wie allgemein im Bürgerlichen Recht das Abstraktionsprinzip zur Geltung kommen würde.[71] Dies ist jedoch nicht der Fall: Bei Verlagsverträgen gilt das Abstraktionsprinzip nach § 9 Abs. 1 VerlG nicht; vielmehr ist von einer kausalen Gestaltung des Rechtsverhältnisses auszugehen. Obwohl es sich bei § 9 Abs. 1 VerlG um eine Sonderbestimmung handelt, ist ihre analoge Anwendung zum Schutz des Urhebers auf alle urhe-

---

60 Vgl. Begründung zu § 108 RegE-InsO, in: *Kübler/Prütting*, Das neue Insolvenzrecht, S. 299 f.
61 *Schleich/Götz* DZWIR 2008, 58, 59.
62 *Fezer* WRP 2004, 793, 800 f.; *Schleich/Götz* DZWIR 2008, 58, 59.
63 *Bausch* NZI 2005, 289, 293; *Fezer* WRP 2004, 793, 803; *Koehler/Ludwig* NZI 2007, 79, 81.
64 *Kübler/Prütting/Bork/Tintelnot* § 108 Rn. 6b, 11a f.; *Graf-Schlicker/Breitenbücher* InsO, § 108 Rn. 5; *McGuire* GRUR 2009, 13, 15; *Heim* NZI 2008, 338, 339; *Smid/Lieder* DZWIR 2005, 7 ff.; *Ullmann* Mitt. 2008, 49, 50.
65 BGH NJW 2006, 915, 916 f.
66 United Nations Commission on International Trade Law (Hrsg.), Legislative Guide on Insolvency Law, 2005, Rn. 143; vgl. dazu und zum Beschluss des Weltkongresses der Internationalen Vereinigung für den Schutz des geistigen Eigentums (AIPPI) vom 10.10.2006 *McGuire* GRUR 2009, 13, 14.
67 Dazu FA-InsO/*Holzer* Kap. 11 Rn. 79 f.
68 Dazu unten Rdn. 60 ff.
69 Siehe oben Rdn. 20.
70 Dazu *Koehler/Ludwig* NZI 2007, 79, 80 f.
71 Dazu *McGuire* GRUR 2009, 13, 16.

berrechtlichen Sachverhalte geboten.[72] Außerhalb des Urheberrechts fehlt allerdings die Rechtfertigung für eine analoge Anwendung des § 9 Abs. 1 VerlG, so dass das Abstraktionsprinzip zum Tragen kommen muss. Eine Erfüllungsablehnung des Insolvenzverwalters nach § 103 Abs. 1 InsO tangierte nach der früher vom BGH vertretenen »Erlöschenstheorie«[73] jedenfalls bei der Annahme einer kausalen Gestaltung des Vertrags auch das dingliche Recht, so dass jedenfalls im Bereich des Verlags- und Urheberrechts nicht von einer Insolvenzfestigkeit der ausschließlichen Lizenz nach § 47 InsO ausgegangen werden konnte.[74] Ob dies auch nach der von der heutigen Rechtsprechung vorgenommenen Auslegung des § 103 Abs. 1 InsO der Fall ist, ist wird bestritten. Zum Schutz des Urhebers wird zu Recht vorgeschlagen, dass § 9 Abs. 1 VerlG auch nach der Änderung der insolvenzrechtlichen Rechtsprechung des BGH analog zur Anwendung kommt,[75] so dass eine Insolvenzfestigkeit der Lizenz nach § 47 InsO weiterhin nicht gegeben ist.[76]

Trotz der Entscheidung des BGH im Fall »Reifen Progressiv« erscheint die Anwendung des § 47 InsO auf einfache Nutzungsrechte nach wie vor nicht geboten, weil nicht davon auszugehen ist, dass der BGH mit dieser Entscheidung von der seit jeher von der Rechtsprechung vorgenommenen rein schuldrechtlichen Qualifizierung nicht ausschließlicher Nutzungsrechte abweichen wollte.[77] 30

e) Folgen der fehlenden Insolvenzfestigkeit

aa) Voraussetzungen des Wahlrechts des Insolvenzverwalters

Wer den Lizenzvertrag nicht als insolvenzfest ansieht, muss in Übereinstimmung mit der herrschenden Literatur[78] und der Rechtsprechung[79] zu dem Ergebnis kommen, dass dem Insolvenzverwalter über das Vermögen des Lizenzgebers ein Wahlrecht nach § 103 Abs. 1 InsO zusteht. Der Insolvenzverwalter wird dieses Wahlrecht vor allem vor dem wirtschaftlichen Hintergrund der Anreicherung der Masse ausüben.[80] 31

Voraussetzung einer Anwendung des § 103 Abs. 1 InsO ist,[81] dass es sich um einen zweiseitig verpflichtenden Vertrag (»funktionelles Synallagma«) handelt. Dies ist bei Lizenzverträgen in aller Regel der Fall, weil die Gewährung von Nutzungsrechten nur gegen entsprechende Zahlungen erfolgt. Zu welcher Zeit ein Lizenzvertrag vollständig erfüllt ist und damit dem Wahlrecht des Insolvenzverwalters nach § 103 Abs. 1 InsO von vornherein nicht unterfällt, beurteilt sich nach dem konkreten Vertragsverhältnis. Aus der Rechtsnatur des Lizenzvertrags kann jedenfalls nicht von vornherein der Schluss gezogen werden, dass dieser vor seinem Ablauf nie einseitig erfüllt werde. Je nach Ausgestaltung des konkreten Vertragsverhältnisses kann das durchaus der Fall sein; dies ist etwa dann denkbar, wenn dem Lizenznehmer ein ausschließliches, unbeschänktes und unwiderrufli- 32

---

72 OLG Karlsruhe ZUM-RD 2007, 76 ff.; OLG Köln ZUM 2006, 927 ff.; *Köhler/Ludwig* NZI 2007, 79, 83; *McGuire* GRUR 2009, 13, 16; *Smid/Lieder* DZWIR 2005, 7 ff.; a.A. *Abel* NZI 2003, 121, 126; *Wallner* NZI 2002, 70, 73, 79.
73 Dazu unten Rdn. 40.
74 *Koehler/Ludwig* NZI 2007, 79, 84; *Wallner* NZI 2002, 70, 72 f.
75 LG Mannheim DZWIR 2003, 479 ff.; *Koehler/Ludwig* NZI 2007, 79, 83.
76 *Smid/Lieder* DZWIR 2005, 7 ff.; a.A. LG Hamburg NJW 2007, 3215, 3217; *Adam* DZWIR 2003, 482 ff.; *Wallner* NZI 2002, 70, 72 f., 79.
77 *Dieselhorst* CuR 2010, 69, 74 f.; dazu auch oben Rdn. 43.
78 Kübler/Prütting/Bork/*Tintelnot* § 108 Rn. 11a; FA-InsO/*Wagner*, Kap. 5 Rn. 6; *Abel* NZI 2003, 121, 124; *Berger* ZInsO 2007, 1142; *Hoffmann* ZInsO 2003, 732, 737; *McGuire* GRUR 2009, 13, 14; *Heim* NZI 2008, 338; *Hombrecher* WRP 2006, 219, 220; *Paulus* ZIP 1996, 2, 6; *Slopek* GRUR 2009, 128; *Smid/Lieder* DZWIR 2005, 7 ff.
79 BGH NJW 2005, 915, 916 f.; ebenso LG München I ZIP 2008, 751 f.
80 Dazu unten Rdn. 54, 72.
81 Dazu FA-InsO/*Wagner* Kap. 5 Rn. 4, 8 ff.

ches urheberrechtliches Nutzungsrecht eingeräumt wird, bei dem sich die vertragliche Verpflichtung des Schuldners beispielsweise in der (schenkungsähnlichen) unentgeltlichen Einräumung des Nutzungsrechts erschöpft, so dass der Lizenzvertrag von dem Schuldner zu Vertragsbeginn vollständig erfüllt ist und ein Wahlrecht des Insolvenzverwalters nach § 103 Abs. 1 InsO von vornherein nicht besteht.[82] Dies ist etwa bei sog. »Open-Source«-Softwarelizenzen der Fall. Denkbar sind ferner kaufähnlich ausgestaltete Verträge, bei denen die Einräumung des Nutzungsrechts gegen eine Einmalzahlung erfolgt.[83] Die Rechtslage erscheint in diesem Bereich jedoch weitgehend ungeklärt.

33 § 103 Abs. 1 InsO ist nur anwendbar, wenn der Lizenzvertrag von keiner Vertragspartei vollständig erfüllt worden ist; eine Erfüllung durch eine Vertragspartei ist dabei ausreichend. Streitig ist, ob die nicht vollständige Erfüllung nur im Hinblick auf die Hauptpflichten besteht, oder ob auch die nicht vollständige Erfüllung von Nebenpflichten das Wahlrecht des § 103 Abs. 1 InsO auslöst.

34 Eine Ansicht stellt darauf ab, ob alle Haupt- und Nebenpflichten erfüllt wurden.[84] Diese Auffassung berücksichtigt allerdings zu wenig, dass es Nebenpflichten geben kann, die derart untergeordnet sind, dass die Forderung nach ihrer Erfüllung der Interessenlage aller Beteiligten nicht gerecht werden würde. Nach zutreffender Auffassung ist vielmehr in erster Linie auf das »funktionelle Synallagma« und damit in erster Line auf die Nichterfüllung der Hauptpflichten sowie der wesentlichen Nebenpflichten abzustellen.[85] Diese Ansicht erscheint praktikabler, weil sich die Einordnung in Haupt- oder Nebenpflichten je nach Ausgestaltung des Lizenzvertrags als durchaus problematisch erweisen kann. Es kann deshalb nicht auf die rechtliche Qualifizierung von Vertragspflichten als Haupt- oder Nebenpflichten, sondern alleine auf ihren Wert für die Mehrung der Insolvenzmasse ankommen,[86] wobei nur die Pflichten während der Vertragslaufzeit von Bedeutung sind.[87] Eine nicht vollständige Erfüllung des Lizenzvertrags kann somit auch dann vorliegen, wenn beide Vertragsparteien zwar ihre Hauptpflichten erfüllt haben, aber für die Insolvenzmasse bedeutsame Nebenpflichten noch nicht erfüllt sind. Weil diese Nebenpflichten oft als Dauerpflichten ausgestaltet sind (z.B. die Pflicht des Lizenzgebers zur Duldung der Nutzung des Rechts), dürften die Voraussetzungen des Wahlrechts nach § 103 Abs. 1 InsO bei Lizenzverträgen in aller Regel gegeben sein.[88]

35 Als Hauptpflicht des Lizenzvertrags ist auf Seiten des Lizenzgebers (Schuldners) die Pflicht zur Verschaffung der Nutzungsrechte sowie je nach Ausgestaltung des Vertrags die dauerhafte Pflicht anzusehen, die Ausübung der Nutzungsrechte durch den Lizenznehmer während der Laufzeit des Lizenzvertrags nicht zu beeinträchtigen. Die Hauptpflicht des Lizenznehmers besteht in der Zahlung der Lizenzgebühren. Dabei ist zu beachten, dass bei einer Einmalzahlung bereits Erfüllung eintreten kann; in der Regel sind die Zahlungspflichten jedoch periodisch zu erfüllen, was auch insolvenzrechtlich von Interesse ist.[89] Nach der Entscheidung des BGH im Fall »Reifen Progressiv«[90] kann man trotz der meist bestehenden Qualifikation des Lizenzvertrags als Dauerschuldverhältnis nicht mehr davon ausgehen, dass die Einräumung des Nutzungsrechts im insolvenzrechtlichen Sinn als ein sich wiederholender Vorgang im Sinne eines »Wiederkehr-

---

82 FA-InsO/*Wagner* Kap. 5 Rn. 11.
83 *Abel* NZI 2003, 121, 124; *Schleich/Götz* DZWIR 2008, 58, 60.
84 *Abel* NZI 2003, 121, 124.
85 Kübler/Prütting/Bork/*Tintelnot* § 103 Rn. 37; *Dieselhorst* CuR 2010, 69, 75; ähnlich LG Mannheim DZWIR 2003, 479 ff.
86 FA-InsO/*Wagner* Kap. 5 Rn. 10.
87 *Limper* NJW 2007, 3217, 3218.
88 *Heim* NZI 2008, 338, 339; *Hoffmann* ZInsO 2003, 732, 738.
89 Dazu unten Rdn. 74.
90 Dazu oben Rdn. 30.

schuldverhältnisses« zusehen ist; vielmehr handelt es sich um einen einmaligen Akt der Einräumung des Nutzungsrechts. Dies eröffnet dem Lizenzgeber überhaupt erst die Möglichkeit, den Lizenzvertrag vollständig zu erfüllen und führt das Wahlrecht des Insolvenzverwalters nach § 103 Abs. 1 InsO auf eine auch für die Insolvenzpraxis sinnvolle Ebene zurück.[91]

Als vertragliche Nebenpflichten kommen auf Seiten des Lizenzgebers (Schuldners), die Durchführung von Schulungen, Wartung und Pflege (z.B. bei Softwarelizenzen), die Aufrechterhaltung des Schutzes (z.B. bei Markenlizenzen), die Verteidigung gegen Angriffe Dritter, die Überlassung von Manuskripten, Hintergrundmaterial oder Andienung weiterer Werke (z.B. bei Urheberlizenzen) in Betracht.[92] Der Lizenznehmer kann die Pflicht zur Ausübung der Lizenz, zur Abführung einer Erlösbeteiligung an den Lizenzgeber, zur Abrechnung, zur Nichtbeeinträchtigung des Schutzrechts (z.B. bei Markenlizenzen) oder zur Beibehaltung des © – Vermerks haben. 36

bb) Erfüllungswahl des Insolvenzverwalters

Wählt der Insolvenzverwalter die Erfüllung des Lizenzvertrags, muss dieser von beiden Seiten voll erfüllt werden; die Verpflichtungen des Schuldners (Lizenzgebers) stellen dabei Masseverbindlichkeiten dar.[93] Eine ausschließliche Lizenz ist pfändbar (§§ 851 Abs. 1, 857 Abs. 1 ZPO) und fällt daher nach Insolvenzeröffnung in die Masse.[94] 37

cc) Erfüllungsablehnung des Insolvenzverwalters

Lehnt der Insolvenzverwalter die Erfüllung des (nicht vollständig erfüllten) Lizenzvertrags nach § 103 Abs. 1 InsO ab,[95] so ist hinsichtlich der eintretenden Rechtsfolgen die unterschiedliche Ausprägung der höchstrichterlichen Rechtsprechung zu beachten. Die ältere Rechtsprechung war der Auffassung, dass die Erfüllungsablehnung des Insolvenzverwalters zwar nicht das Vertragsverhältnis insgesamt, wohl aber die daraus folgenden (synallagmatischen) Erfüllungsansprüche zum Erlöschen bringe (sog. »Erlöschenstheorie«). Der Erfüllungsanspruch des Vertragspartners – hier des Lizenznehmers – verwandelte sich infolge der Ablehnungserklärung des Insolvenzverwalters in einen Anspruch auf Schadensersatz wegen Nichterfüllung.[96] Erbrachte Teilleistungen des Schuldners konnten vom Insolvenzverwalter zurückgefordert werden, während der Vertragspartner seine Leistungen allenfalls zur Insolvenztabelle anmelden musste.[97] 38

Nach neuerer Rechtsprechung des BGH[98] erlöschen die Ansprüche der Vertragsparteien mit der Eröffnung des Insolvenzverfahrens nicht; die noch nicht erfüllten Ansprüche verlieren lediglich ihre Durchsetzbarkeit, soweit sie nicht auf anteilige Gegenleistung für vor Verfahrenseröffnung erbrachte Leistungen gerichtet sind. Die Eröffnung des Insolvenzverfahrens führt danach nicht zu einer materiell-rechtlichen Umgestaltung des Lizenzvertrags, sondern hindert nur dessen Durchsetzbarkeit;[99] der Erfüllungsanspruch des 39

---

91 *Dieselhorst* CuR 2010, 69, 75.
92 Dazu FA-GewRS/*Bartenbach/Kunzmann* Kap. 9 Rn. 115 ff.
93 *Abel* NZI 2003, 121, 124; *Schleich/Götz* DZWIR 2008, 58, 59.
94 *Hoffmann* ZInsO 2003, 732, 739.
95 Zu den Gründen hierfür siehe oben Rdn. 31.
96 BGHZ 68, 379, 380; BGHZ 106, 236, 242 f.; 116, 156, 158; BGH JZ 1987, 355, 358.
97 HK-InsO/*Marotzke* § 103 Rn. 38.
98 BGH ZInsO 2002, 577, 579; ZInsO 2001, 1100, 1102; NJW 2005, 915, 916 f.; FA-InsO/*Gietl* Kap. 5 Rn. 15; *Tintelnot* ZIP 1995, 616, 618 f.
99 *Koehler/Ludwig* NZI 2007, 79, 83.

Vertragspartners – hier des Lizenznehmers – kann als Schadensersatzanspruch nach § 103 Abs. 2 InsO zur Insolvenztabelle angemeldet werden.[100]

40 Die Änderung der höchstrichterlichen Rechtsprechung wirkt sich indes auf das rechtliche Schicksal der von der Insolvenz betroffenen urheberrechtlichen Lizenzverträge kaum aus. Nach der »Erlöschenstheorie« entfiel der schuldrechtliche Teil des Lizenzvertrags; wegen der analog § 9 Abs. 1 VerlG eintretenden Folgen[101] wurde auch das dingliche Rechtsgeschäft erfasst, so dass der Lizenznehmer das Recht zur weiteren Nutzung der ihm übertragenen Rechte verlor.[102]

41 Nach neuerer Rechtsprechung des BGH bewirkt zwar die Eröffnung des Insolvenzverfahrens keine materiell-rechtliche Umgestaltung des teilweise erfüllten Lizenzvertrags; jedoch kann der Lizenznehmer seine Ansprüche gegen den Lizenzgeber nicht mehr durchsetzen und ist darauf verwiesen, einen in der Regel mit einer entsprechend geringen Quote befriedigten und daher wirtschaftlich wertlosen Schadensersatzanspruch nach § 103 Abs. 2 InsO zur Insolvenztabelle anmelden. Darauf, ob die Erfüllungsablehnung auch das dingliche Rechtsgeschäft erfasst, kommt es aus insolvenzrechtlicher Sicht nicht mehr an.[103] In der Literatur wird deshalb in Zweifel gezogen, ob es zu einem Rückfall des Nutzungsrechts an den Urheber kommt.[104] Die instanzgerichtliche Rechtsprechung hat dies aufgrund einer analogen Anwendung des § 9 Abs. 1 VerlG zu Recht bejaht.[105] Ob dieser die Nutzungsrechte weiterhin ausüben oder zurückfordern[106] darf, ist höchstrichterlich nicht geklärt. Der BGH hat sich in seiner Grundsatzentscheidung vom 17.11.2005[107] zu diesem Problem nicht geäußert.

42 In welcher Weise neben der Hauptlizenz auch die im Verlauf der »Lizenzkette« erteilten Unterlizenzen tangiert werden[108] und ob der Lizenznehmer mit Zahlungen der Unterlizenznehmer ausfällt, aber seinerseits möglicherweise zum Schadensersatz verpflichtet ist,[109] ist ebenfalls in der obergerichtlichen Rechtsprechung ungeklärt. Da der urheberrechtliche Lizenzvertrag nicht dem Abstraktionsprinzip unterworfen ist, kann man nicht davon ausgehen, dass die Beendigung des Hauptlizenzvertrags auf Unterlizenzen keine Auswirkungen hat.[110] Auch bei einer kausalen Gestaltung analog § 9 Abs. 1 VerlG tangiert die Erfüllungsablehnung des Insolvenzverwalters hinsichtlich der Hauptlizenz die Unterlizenz nur nach der inzwischen aufgegebenen »Erlöschenstheorie« des BGH, nicht aber nach dessen neuerer insolvenzrechtlicher Rechtsprechung.[111] Ob ein Fortbestand der Unterlizenz unabhängig von der vorstehenden insolvenzrechtlichen Betrachtung auch aus der Entscheidung des BGH im Fall »Reifen Progressiv«[112] entnommen werden kann, in der der Fortbestand von Unterlizenzen bei einem Rückruf der Hauptlizenz wegen Nichtausübung nach § 41 UrhG angenommen worden war, erscheint derzeit offen.[113] Abgesehen von den dargestellten rechtlichen Schwierigkeiten sind die wirtschaftlichen Auswirkungen der Erfüllungsablehnung des Verwalters mitunter so gravie-

---

100 FA-InsO/*Gietl* Kap. 5 Rn. 16; *Hoffmann* ZInsO 2003, 732, 739; *Schleich/Götz* DZWIR 2008, 58, 59.
101 Dazu oben Rdn. 29.
102 *Berger* NZI 2006, 380, 381; ders., ZInsO 2007, 1142.
103 Anders wohl *Berger* ZInsO 2007, 1142.
104 *Abel* NZI 2003, 121, 126; *Hoffmann* ZInsO 2003, 732, 739.
105 LG Mannheim DZWIR 2003, 479 ff.; a.A. LG Hamburg NJW 2007, 3215, 3217.
106 *Abel* NZI 2003, 121, 126.
107 BGH NJW 2005, 915, 916 f.
108 *Abel* NZI 2003, 121, 126.
109 So noch *Berger* NZI 2006, 380, 381.
110 Anders *Hoffmann* ZInsO 2003, 732, 740.
111 So im Ergebnis auch *Abel* NZI 2003, 121, 127; vgl. auch oben Rdn. 40.
112 BGH ZUM 2009, 852 ff.
113 *Dieselhorst* CuR 2010, 69, 70 f.

rend, dass es manche Lizenznehmer von vornherein vorziehen, sich solchen Rechtsordnungen zu unterstellen, die eine Insolvenzfestigkeit des Lizenzvertrags gewährleisten.[114]

5. Problemlösung durch Ausgestaltung des Lizenzvertrags?

a) Kündigungs- und Lösungsklauseln

Es fragt sich, ob die mit der Erfüllungsablehnung des Insolvenzverwalters verbundenen negativen Auswirkungen durch eine entsprechende Ausgestaltung des Lizenzvertrags vermieden werden können. Denkbar ist etwa die Aufnahme von Kündigungs- und Lösungsklauseln in den Lizenzvertrag. Danach wird ein Kündigungs- bzw. Rücktrittsrecht bei der Eröffnung eines Insolvenzverfahrens über das Vermögen des Lizenzgebers vereinbart oder eine auflösende Bedingung für die Beendigung des Lizenzvertrags für den vorgenannten Fall in den Vertrag aufgenommen, nach der das Nutzungsrecht automatisch an den Lizenzgeber zurückfällt. 43

Problematisch erscheint dabei, dass die Beendigung des Lizenzvertrags weder der Interessenlage des Lizenznehmers noch der Insolvenzmasse entspricht; dem Lizenznehmer ist in der Regel an einer Fortführung des Lizenzvertrags gelegen, während der Insolvenzmasse nicht zugemutet werden kann, sich von einem unter Umständen günstigen Lizenzvertrag zu lösen. Zudem sind nach § 119 InsO Regelungen zur Umgehung der §§ 103 ff. InsO unwirksam – und gerade das wäre der Zweck einer derartigen Klausel. § 119 InsO tangiert allerdings nicht Kündigungs- und Lösungsklauseln, die nicht auf den Fall der Insolvenz abstellen (z.B. Unzumutbarkeit der Fortsetzung des Vertrags, Verletzung von Ausübungspflichten, Unterschreitung von Mindestumsätzen, Vermögensverschlechterung des Lizenzgebers, Verzug des Lizenznehmers mit der Zahlung von Lizenzgebühren u.a.). Derartige Kündigungs- und Lösungsklauseln können je nach Vertragstyp und Interessenlage sinnvoll sein, tangieren aber nicht das durch die Erfüllungsablehnung des Insolvenzverwalters bestehende Grundproblem. Zudem besteht die Gefahr, dass die Rechtsprechung im Einzelfall gleichwohl eine Umgehung des § 119 InsO annimmt.[115] 44

b) Aufschiebend bedingte Nutzungsrechtseinräumung

Eine aufschiebend bedingte Einräumung des Nutzungsrechts, die mit einer Kündigung bei Vorliegen eines wichtigen Grunds verbunden ist (z.B. Unzumutbarkeit des Festhaltens am Lizenzvertrag) und die auch in dem der BGH-Entscheidung vom 17.11.2005 zugrundeliegenden Fall vereinbart worden war,[116] unterliegt im Hinblick auf § 119 InsO denselben Problemen und Risiken wie andere Lösungsklauseln. § 119 InsO greift dann nicht, wenn die Kündigung weder an die Eröffnung des Insolvenzverfahrens noch an die Ausübung des Wahlrechts nach § 103 Abs. 1 InsO geknüpft ist.[117] Ob es gelingt, die der BGH-Entscheidung zugrunde liegende, sehr spezielle Fallkonstellation auf andere Lizenzverträge zu übertragen, muss abgewartet werden. 45

c) Nießbrauch

Ein gelegentlich vorgeschlagener Lizenzierungsnießbrauch[118] an Rechten und Forderungen ist grundsätzlich möglich (§§ 1068 Abs. 1, 1074 BGB). Der Nießbrauch gewährt dem 46

---

114 Dazu oben Rdn. 1, unten Rdn. 55.
115 Dazu *Abel* NZI 2003, 121, 124; Adam, DZWIR 2003, 482; *Hoffmann* ZInsO 2003, 732, 737; *Schleich/Götz* DZWIR 2008, 58, 61.
116 BGH NJW 2005, 915, 916 f.; dazu *McGuire* GRUR 2009, 13, 15.
117 Dazu auch oben Rdn. 44.
118 *Berger* NZI 2006, 380, 381; ders., GRUR 2004, 20, 21 f.; ders., ZInsO 2007, 1142; *Schleich/Götz* DZWIR 2008, 58, 60.

Lizenznehmer ein umfassendes, gegenüber jedermann wirkendes Nutzungsrecht, das in der Insolvenz des Lizenzgebers gem. § 47 InsO zur Aussonderung berechtigt, auch wenn der Lizenzvertrag dem Wahlrecht des Insolvenzverwalters nach § 103 Abs. 1 InsO unterliegt.[119] Der Nießbrauch kann jedoch nur bestellt werden, wenn eine Übertragbarkeit des Rechts möglich ist (§ 1069 Abs. 2 BGB). Dabei ist zu beachten, dass das Urheberrecht selbst gem. § 29 Abs. 1 UrhG nicht übertragbar ist und bei der Übertragung von urheberrechtlichen Nutzungsrechten ein Zustimmungsvorbehalt des Urhebers nach § 34 Abs. 1 UrhG besteht. Anders ist dies bei Urheberrechten an Software (§ 69b Abs. 1 UrhG) und Filmwerken (§ 90 UrhG).

47 Die grundlegende Schwierigkeit bei dieser Konstruktion besteht darin, Nießbrauch und Lizenzvertrag zur Deckung zu bringen. Zwar ist eine Beschränkung des dinglichen Nießbrauchs gem. § 1030 Abs. 2 BGB möglich, jedoch darf dabei dessen Charakter als umfassendes Nutzungsrecht nicht verloren gehen.[120] Es ist deshalb fraglich, ob der Ausschluss einzelner Nutzungen oder aller Nutzungen bis auf eine Nutzungsart zulässig ist. Es spricht vielmehr viel dafür, dass die wesentlichen Nutzungsarten erhalten bleiben müssen und nur eine oder wenige, nicht hauptsächliche Nutzungsarten ausgeschlossen werden können. Es steht zu befürchten, dass eine entsprechende schuldrechtliche Sicherungsabrede, die eine Verpflichtung zur Nutzung nur im Umfang des Lizenzvertrags gestattet, gegen § 119 InsO verstößt.[121]

d) Pfandrecht

48 Die gelegentlich vorgeschlagene Bestellung eines Pfandrechts, das auch an Forderungen und Rechten möglich ist (§§ 1273 Abs. 1, 1279 BGB), führt nach § 50 InsO zu einem insolvenzfesten Absonderungsrecht, die allerdings nur eine geldwerte Befriedigung des Lizenznehmers aus dem Verwertungserlös zur Folge hat.[122] Zwar ist eine Übertragung des belasteten Rechts bzw. der Forderung möglich (§ 1274 Abs. 2 BGB), jedoch nur unter denselben Einschränkungen wie bei einem Nießbrauch (§§ 29 Abs. 1, 34 Abs. 1 UrhG).

49 Als Nachteil des Pfandrechts ist neben seiner strengen Akzessorietät die im Insolvenzfall lediglich auf eine Geldleistung gerichtete Befriedigung des Lizenznehmers zu nennen, die nicht seinem Interesse – der ungehinderten Ausübung des Nutzungsrechts – entspricht. Die Verwertung erfolgt zudem nach den Regeln der Zwangsvollstreckung, die dem Lizenznehmer keine Garantie bietet, die Lizenz selbst erwerben zu können. Ferner ist bei dem Zusammentreffen mehrerer Sicherungsrechte das Prioritätsprinzip zu beachten, das anders als bei unbeweglichen Gegenständen keiner Publizität unterliegt und deshalb unkalkulierbare Risiken beinhaltet. Vermutlich verstößt auch diese Gestaltung gegen die Vorschrift des § 119 InsO.[123]

e) Doppeltreuhand

50 In der Literatur wird auch die in der Rechtsprechung anerkannte[124] sog. »Doppeltreuhand-Lösung« vorgeschlagen,[125] nach der der Lizenzgeber und der Lizenznehmer die Lizenz auf denselben Treuhänder übertragen. Der Treuhänder handelt dabei sowohl im Interesse des Lizenzgebers als auch des Lizenznehmers. Diese Konstruktion ist nur dann

---

119 *Schleich/Götz* DZWIR 2008, 58, 61.
120 *Palandt* BGB, 68. Aufl., § 1030 Rn. 6.
121 *Heim* NZI 2008, 338, 339; *Hombrecher* WRP 2006, 219, 223, a.A. *Berger* GRUR 2004, 20, 22.
122 *Hombrecher* WRP 2006, 219, 222.
123 *Heim* NZI 2008, 338, 339.
124 BGH MDR 1990, 238, 239; OLG Karlsruhe ZIP 1991, 43, 44.
125 *Berger* NZI 2006, 380, 381; *ders.*, GRUR 2004, 20, 21; *ders.*, ZInsO 2007, 1142; *Bork* NZI 1999, 337, 338 mit Beispiel; *Hombrecher* WRP 2006, 219, 222; ähnlich *Paulus* CuR 2003, 237, 242 ff.

B. Insolvenz des Urhebers (Lizenzgebers)

gem. § 47 InsO insolvenzfest,[126] wenn die Treuhand im Verhältnis zum Lizenznehmer als sog. »echte« Treuhand ausgestaltet ist, bei der das Nutzungsrecht aus dem Vermögen des Lizenzgebers ausscheidet. Im Verhältnis zum Lizenzgeber ist es hingegen ausreichend, wenn es sich um eine bloße Verwaltungstreuhand handelt.[127]

Dabei ist zu beachten, dass es einen typischen »Treuhandvertrag« nicht gibt; das zwischen Treuhänder und Treugeber bestehende schuldrechtliche Rechtsverhältnis bestimmt sich vielmehr nach den Umständen des Einzelfalls, insbesondere nach dem dem Treuhandverhältnis zugrunde liegenden Auftrag.[128] Eine allgemeine »Theorie der Treuhand«[129] existiert somit nicht; jedoch sind die grundlegenden Begrifflichkeiten seit langem geklärt. Treuhänder ist danach eine natürliche oder juristische Person, die Vermögensrechte von einem anderen bzw. für einen anderen zu eigenem Recht erworben hat, diese aber aufgrund des Treuhandvertrags nicht oder nicht ausschließlich im eigenen Interesse ausüben darf. Diese »echte« Treuhand wird durch eine formal überschießende Rechtsmacht des Treuhänders im Außenverhältnis geprägt, die im Innenverhältnis auf Grund einer schuldrechtlichen Abrede besonderen Beschränkungen unterliegt.[130] 51

Die seit langem in unterschiedlicher Ausprägung anerkannte Verdinglichung des Außenverhältnisses der Treuhand wurde jüngst in § 7e Abs. 2 SGB IV n.F. gesetzlich anerkannt[131] und als wesentliches Element eines Schutzes der Arbeitnehmer für ihre im Hinblick auf eine Altersteilzeit »angesparten« Guthaben vor einer Insolvenz des Arbeitgebers angesehen.[132] Seit fast einhundert Jahren[133] ist die Rechtsprechung der Auffassung, dass ein »echtes« Treuhandverhältnis nur dann vorliegt, »wenn der eine (Treugeber) aus seinem Vermögen dem anderen (Treuhänder) einen Gegenstand zu treuen Händen anvertraut, d.h., übereignet.« Als wesentlich wird dabei sowohl vom RG[134] als auch vom BGH[135] angesehen, dass der übertragene Gegenstand rechtlich, wenn auch nicht notwendig wirtschaftlich, aus dem Vermögen des Treugebers ausscheidet, weil andernfalls der Begriff des Treuhandverhältnisses »ins Unbestimmte zerfließen« könne.[136] In jüngerer Zeit wird die dingliche Komponente der Treuhand gelegentlich als »Unmittelbarkeit« bezeichnet;[137] das dahinter stehende Prinzip der Dinglichkeit wird auch von der herrschenden Literatur[138] nicht bezweifelt. Dabei ist es nicht notwendig, dass die Übereignung direkt von dem Treugeber auf den Treuhänder erfolgt, vielmehr ist die Zwischenschaltung eines Dritten möglich.[139] 52

Die Treuhandabrede sollte so ausgestaltet werden, dass das dingliche Nutzungsrecht durch Einigung mit dem verfügungsberechtigten Treuhänder begründet wird, der zu 53

---

126 Dazu oben Rdn. 29.
127 *Bork* NZI 1999, 337, 338.
128 So bereits RGZ 127, 341, 345.
129 Dazu *Henssler* AcP 196 (1996), 37.
130 RGZ 153, 366, 368 f.; BGH ZIP 2003, 1613, 1615; *Henssler* AcP 196 (1996), 37, 41 f.; MüKo-InsO/*Ganter* § 47 Rn. 355.
131 Vgl. Gesetz zur Verbesserung der Rahmenbedingungen für die Absicherung flexibler Arbeitszeitregelungen und zur Änderung anderer Gesetze« (sog. »Flexi-Gesetz«) vom 21.12.2008, BGBl. I, 2940.
132 Dazu *Koller-van Delden* DStR 2008, 1835.
133 Erstmals RGZ 84, 214, 217.
134 RGZ 133, 84, 89; RGZ 91, 12, 16; RGZ 94, 305, 307; RGZ 127, 340, 344; RGZ 133, 84, 87 ff.; RGZ 153, 366, 369; RG JW 1925, 1760, 1762; RG JW 1928, 1653; RG Gruch. 54, 623, 626; RG Gruch. 66, 590, 591.
135 BGH NJW 1959, 1223, 1224; BGH ZIP 1993, 213, 214; BGH ZIP 1993, 1185, 1186; BGH NJW 1959, 1223, 1224; BGH ZIP 2003, 1613, 1614.
136 RGZ 133, 84, 89.
137 So BGH ZIP 1993, 1185, 1186; BGH ZIP 2003, 1613, 1614; FK-InsO/*Imberger* § 47 Rn. 47; *Holzer* ZIP 2009, 2324, 2326 f.
138 Vgl. nur MüKo-InsO/*Ganter* § 47 Rn. 356c; *Lange* NJW 2007, 2513, 2515.
139 Dazu *Holzer* ZIP 2009, 2324, 2326.

Unterlizenzierungen berechtigt ist.[140] Die nach § 34 Abs. 1 UrhG erforderliche Zustimmung des Urhebers kann im Treuhandvertrag erteilt werden.[141] Die »Doppeltreuhand-Lösung« hat sicherlich bei bestimmungsgemäßem Verhalten aller Beteiligten und insbesondere des Treuhänders den Vorteil der größtmöglichen Insolvenzsicherheit für den Lizenznehmer in der Insolvenz des Urhebers. Probleme treten allerdings dann auf, wenn der Treuhänder mißbräuchlich handelt; in diesem Fall entfällt die aufgrund des Treuhandverhältnisses vorgesehene Behandlung des Lizenzvertrags mit der Konsequenz, dass dieser in das Vermögen des Treuhänders fällt.[142] Der Lizenznehmer ist dadurch wiederum einem Insolvenzrisiko ausgesetzt; die Wahl der Person des Treuhänders ist daher bei dieser Konstruktion entscheidend.

f) Veränderung der Zahlungsmodalitäten

54 Vorgeschlagen wird ferner die Vereinbarung von Einmalzahlungen[143] bzw. der Verzicht auf Vorauszahlungen[144] sowie die sofortige Erfüllung aller sonstigen lizenzvertraglichen Pflichten.[145] Wie oben dargestellt, wird damit eine vollständige Erfüllung jedenfalls der Hauptpflichten erreicht, die – je nach Ausgestaltung des Lizenzvertrags – die Anwendung des § 103 Abs. 1 InsO ausschließen kann. Es wird sogar vertreten, dass solche Verträge, falls sie die Überlassung von Software zum Gegenstand haben, wegen ihres vorwiegend kaufrechtlichen Charakters überhaupt nicht den Regeln für Lizenzverträge unterliegen würden.[146] Auch wenn diese Ansicht zu weit gegriffen erscheint, kann die Veränderung der Zahlungsmodalitäten nicht für alle Lizenzverträge sinnvoll sein; in vielen Fällen wird weder der Lizenzgeber noch der Lizenznehmer ein Interesse an einer Einmalzahlung bei Vertragsbeginn haben, so dass diese Konstruktion nur ausnahmsweise in Betracht kommen dürfte. Die Vereinbarung einer hohen Zahlung zu Beginn der Vertragslaufzeit und geringerer Zahlungen in der Zeit danach wird den Insolvenzverwalter hingegen geradezu zu einer Ablehnung der Erfüllung des Lizenzvertrags zwingen, um bei einer Neuvergabe der Lizenz für die Insolvenzmasse entsprechende Leistungen zu erwirtschaften.[147] Sinnvoller erscheint es daher, regelmäßige Zahlungen in gleicher Höhe zu vereinbaren; nach einer gewissen Laufzeit des Vertrags dürfte eine Kündigung des Lizenzvertrags für den Insolvenzverwalter wirtschaftlich nicht mehr sinnvoll sein.

g) Übertragung auf eine Holdinggesellschaft

55 In der Praxis bietet sich auch eine gesellschaftsrechtliche Lösung an, die zu ähnlichen Ergebnissen wie die »Doppeltreuhand-Lösung« führt. Danach bringt der Lizenzgeber das Schutzrecht in eine von ihm gegründete Holdinggesellschaft ein, von der der Lizenznehmer einen (geringen) Anteil übernimmt und gleichzeitig die Lizenz erwirbt. Die einzige Geschäftstätigkeit der die Lizenz vergebenden Holdinggesellschaft ist die Verwaltung des Schutzrechts; hierdurch wird ein aus anderen Geschäftsbereichen stammendes Insolvenzrisiko weitgehend ausgeschlossen.[148] Im Falle der Insolvenz des ursprünglichen Lizenzgebers wachsen die Anteile an der Gesellschaft dem Lizenznehmer an, der hierfür eine Vergütung an den Insolvenzverwalter abführt. Diese Konstruktion dürfte in der

---

140 An der Treuhandlösung zweifelnd *Berger* GRUR 2004, 20, 21.
141 *Bork* NZI 1999, 337, 339.
142 *Holzer*, ZIP 2009, 2324, 2328 m.w.N.
143 *Abel* NZI 2003, 121, 124; *Hoffmann* ZInsO 2003, 732, 738; *Hombrecher* WRP 2006, 219, 224; *Schleich/Götz* DZWIR 2008, 58, 60 und oben Rdn. 17.
144 *Berger* NZI 2006, 380, 381; *ders*., ZInsO 2007, 1142.
145 Dazu *Paulus* CuR 1987, 651, 659.
146 *McGuire* GRUR 2009, 13, 21.
147 So die Aussage des Sachverständigen *Bullinger* in der Anhörung des BT-RA am 23.4.2008, Protokoll der 97. Sitzung des BT-RA, S. 4; ebenso *Berger* ZInsO 2007, 1142.
148 *Schleich/Götz* DZWIR 2008, 58, 61.

B. Insolvenz des Urhebers (Lizenzgebers)

Insolvenz des ursprünglichen Lizenzgebers insolvenzfest sein, wobei jedoch die Geltendmachung von Anfechtungsansprüchen gem. §§ 129 ff. InsO nicht ausgeschlossen werden kann. Das Insolvenzrisiko der Gesellschaft kann durch die von den Mitgesellschaftern ausgeübte Kontrolle minimiert werden. Durch die Gründung der Gesellschaft in einem Staat, der eine Insolvenzfestigkeit von Lizenzen vorsieht (z.B. USA[149] oder Japan)[150] kann die Sicherheit für den Lizenznehmer noch verstärkt werden. Diese Konstruktion erfordert einen großen finanziellen Aufwand und dürfte sich nur bei Lizenzverträgen mit hohem Aufkommen rechnen (z.B. bei Patentlizenzen von Arzneimitteln).

h) Lösungen bei gewerblichen Schutzrechten

Weitere für den Bereich der gewerblichen Schutzrechte vorgeschlagene Lösungen (z.B. Sicherungsabtretung,[151] Sicherungsdienstbarkeit)[152] erscheinen auf den Bereich des Urheberrechts kaum übertragbar und werden deshalb an dieser Stelle nicht weiter behandelt.

6. Exkurs: Lizenzverträge im internationalen Kontext

Erwirbt ein ausländisches Unternehmen die Lizenz von einem im Inland ansässigen Lizenzgeber, so findet im Falle der Insolvenz des Lizenzgebers die lex fori, d.h., deutsches Insolvenzrecht, Anwendung. Nach welchem Recht der Lizenzvertrag vereinbart wurde, ist für diese Frage unerheblich.[153] Damit ist die von einem ausländischen Unternehmen von einem im Inland ansässigen Lizenzgeber erworbene Lizenz nicht insolvenzfest. Im Inland etwa vereinbarte dingliche Sicherheiten wie ein Nießbrauch richten sich nach der im internationalen Urheberrecht herrschenden »Schutzlandtheorie«[154] nach deutschem Recht, dessen Wirkungen nicht darüber hinaus reichen.[155]

In der Praxis hat es Fälle gegeben, in denen ausländische Unternehmen alleine aus diesem Grund von einem Vertragsschluss mit inländischen Lizenzgebern abgesehen haben. Es ist nicht von der Hand zu weisen, dass dies einen erheblichen Standortnachteil für im Inland ansässige Urheber und sonstige Lizenzgeber bedeutet;[156] hierdurch wird gleichzeitig die deutsche Volkswirtschaft in einem hohen Maße benachteiligt.

7. Die Forderung nach der Insolvenzfestigkeit von Lizenzen

a) Allgemeines

Die vorstehenden Ausführungen haben gezeigt, dass der einer Insolvenzfestigkeit von Lizenzverträgen gleichstehende Schutz auf vertraglichem Wege nicht herbeigeführt werden kann.[157] Jede der aufgezeigten Lösungen birgt entweder rechtliche Risiken (z.B. die Vereinbarung von Kündigungs- und Lösungsklauseln im Hinblick auf § 119 InsO), verschiebt das Insolvenzrisiko in eine andere Richtung (z.B. die »Doppeltreuhand-Lösung«), ist mit hohem Aufwand verbunden (z.B. die gesellschaftsrechtliche Lösung) oder wird der Interessenlage der Vertragspartner nicht immer gerecht (z.B. die Vereinbarung einer Einmalzahlung). Die für die Ausgestaltung der komplexen rechtlichen Bezie-

---

149 *Scherenberg* S. 94 ff., 120; *Schleich/Götz* DZWIR 2008, 58, 60.
150 *Schleich/Götz* DZWIR 2008, 58, 59; vgl. auch Allgemeine Begründung, in: Regierungsentwurf eines Gesetzes zur Entschuldung mittelloser Personen, zur Stärkung der Gläubigerrechte sowie zur Regelung der Insolvenzfestigkeit von Lizenzen, ZVI 2007, Beilage 2, S. 31.
151 Dazu *Hombrecher* WRP 2006, 219, 220 ff.; *Heim* NZI 2008, 338, 339.
152 Dazu *Berger* GRUR 2004, 20, 21.
153 *Bausch* NZI 2005, 289, 290.
154 Vgl. nur BGH GRUR 2001, 1134, 1136.
155 *Heim* NZI 2008, 338, 339.
156 *Bausch* NZI 2005, 289, 290.
157 Ebenso *Schleich/Götz* DZWIR 2008, 58, 61.

hungen eines Lizenzvertrags notwendige Flexibilität wird durch jede der dargestellten Lösungen in irgendeiner Form eingeengt, so dass sie allenfalls für spezielle Konstellationen in Betracht kommen. Angesichts dieser Probleme ist es nur zu verständlich, dass seit geraumer Zeit die rechtspolitische Forderung nach einer Insolvenzfestigkeit von Lizenzverträgen erhoben wird.[158]

b) Der Vorschlag zur Regelung der Insolvenzfestigkeit von Lizenzen

aa) Das Schicksal des Regierungsentwurfs eines Gesetzes zur Entschuldung mittelloser Personen, zur Stärkung der Gläubigerrechte sowie zur Regelung der Insolvenzfestigkeit von Lizenzen

60 Die Bundesregierung ist den Forderungen nach einer Insolvenzfestigkeit von Lizenzen durch den Vorschlag eines § 108a RegE-InsO nachgekommen und hat dafür dringenden Handlungsbedarf gesehen. Durch diesen Regelungsvorschlag sollten eine Abwanderung von Unternehmen in das Ausland und Verluste im Insolvenzfall verhindert sowie der inländische Wirtschaftsstandort gestärkt, gleichzeitig aber die Interessen aller am Insolvenzverfahren Beteiligten sichergestellt werden.[159]

61 Eine entsprechende Bestimmung wurde bislang nicht in die Insolvenzordnung eingefügt, weil der Deutsche Bundestag den Gesetzentwurf nicht weiter behandelt hat und er nach dem Ende der 16. Wahlperiode dem Grundsatz der Diskontinuität anheimfiel. Ursächlich hierfür war auch die in der Sachverständigenanhörung durch den Rechtsausschuss des Deutschen Bundestags geübte Kritik der Befürworter einer Insolvenzfestigkeit, denen die von der Bundesregierung vorgeschlagene Lösung nicht weit genug ging. Zum Scheitern der Bestimmung führten wohl letztlich systematische Bedenken im Hinblick auf die Gleichbehandlung der Insolvenzgläubiger bei der durch § 108a RegE-InsO vorgesehenen Erweiterung der Insolvenzfestigkeit. Dem § 108a RegE-InsO wurde letztlich die Suche nach einer perfekten Lösung zum Verhängnis; dabei wurde im Gesetzgebungsverfahren nicht berücksichtigt, dass § 108a RegE-InsO die in diesem Kapitel bislang dargestellten rechtlichen und wirtschaftlichen Probleme weitgehend gelöst hätte und allenfalls im Detail zu verbessern gewesen wäre. Trotz aller Kritik[160] stellt § 108a RegE-InsO eine tragfähige Lösung der dargestellten Problematik dar, die das Vorbild für künftig notwendige Regelungen sein kann und in der Folge erläutert werden soll.

bb) Der Regelungsvorschlag des § 108a RegE-InsO im Einzelnen

62 Der »Regierungsentwurf eines Gesetzes zur Entschuldung mittelloser Personen, zur Stärkung der Gläubigerrechte sowie zur Regelung der Insolvenzfestigkeit von Lizenzen« schlug vor, an systematisch passender Stelle nach § 108 InsO eine neue Bestimmung mit der Überschrift »Schuldner als Lizenzgeber« in das Gesetz einzufügen. Der Regelungsvorschlag des § 108a RegE-InsO lautete:

63 »Ein vom Schuldner als Lizenzgeber geschlossener Lizenzvertrag über ein Recht am geistigen Eigentum besteht mit Wirkung für die Insolvenzmasse fort. Dies gilt für vertragliche Nebenpflichten nur in dem Umfang, als deren Erfüllung zwingend geboten ist, um dem Lizenznehmer eine Nutzung des geschützten Rechts zu ermöglichen. Besteht zwischen der

---

158 *Bausch* NZI 2005, 289, *Berger* NZI 2006, 380, 383; *Schleich/Götz* DZWIR 2008, 58, 61; anders *Ullmann* Mitt. 2008, 49, 53 ff.
159 Allgemeine Begründung sowie Begründung zu § 108a RegE-InsO in: Regierungsentwurf eines Gesetzes zur Entschuldung mittelloser Personen, zur Stärkung der Gläubigerrechte sowie zur Regelung der Insolvenzfestigkeit von Lizenzen, ZVI 2007, Beilage 2, S. 31, 37; *McGuire* GRUR 2009, 13, 18; *Holzer* ZVI 2007, 393, 397; ebenso So die Aussage des Sachverständigen *Bullinger* in der Anhörung des BT-RA am 23.4.2008, Protokoll der 97. Sitzung des BT-RA, S. 41.
160 Dazu unten Rdn. 65 ff.

im Lizenzvertrag vereinbarten Vergütung und einer marktgerechten Vergütung ein auffälliges Missverhältnis, so kann der Insolvenzverwalter eine Anpassung der Vergütung verlangen; in diesem Fall kann der Lizenznehmer den Vertrag fristlos kündigen.«

Der vom Verständnis des Lizenzvertrags als eigenen Vertragstyp ausgehende Regierungsentwurf[161] unterstellte, dass das zentrale Interesse des Lizenznehmers darauf gerichtet sei, auch nach Eröffnung des Insolvenzverfahrens ein ungestörtes Weiterlaufen des Lizenzvertrags zu erreichen. Hierzu gehöre auch, dass die Aufwendungen zur Erfüllung der Nebenpflichten aus der Masse aufgebracht werden. Weil dies zu Lasten der Insolvenzgläubiger gehen würde, sollte dem Lizenznehmer zwar weiterhin das Nutzungsrecht zustehen (Hauptpflicht); von einer weiteren Erfüllung der Nebenpflichten sollte jedoch Abstand genommen werden. Auch bei einer unzureichenden Vergütung könne dem Insolvenzverwalter unter diesem Aspekt ein Festhalten am Lizenzvertrag zugemutet werden.[162] 64

cc) Kritik an § 108a RegE-InsO

In rechtspolitischer Hinsicht stellt sich zunächst die Frage, ob die Ausdehnung der Insolvenzfestigkeit über die Regelung des § 108 InsO hinaus überhaupt wünschenswert ist.[163] Hiergegen lässt sich einwenden, dass jede Ausdehnung des Insolvenzschutzes von Vertragsverhältnissen die Insolvenzmasse schmälern und die Befriedigung der Insolvenzgläubiger beeinträchtigen kann, weil dem Insolvenzverwalter damit die ihm sonst nach § 103 Abs. 1 InsO zur Verfügung stehende Möglichkeit genommen wird, sich von einem wirtschaftlich ungünstigen Vertrag zu lösen, um durch einen besseren Vertragsschluss die Insolvenzmasse zu mehren. Wie bereits ausgeführt,[164] sind speziell bei Lizenzverträgen die gesamtwirtschaftlichen Nachteile einer fehlenden Insolvenzfestigkeit weitaus höher als die mögliche wirtschaftliche Beeinträchtigung der Insolvenzgläubiger, denen die im Lizenzvertrag vereinbarte Vergütung ja weiterhin zufließt. Genommen wird ihnen durch eine Insolvenzfestigkeit der Lizenz lediglich die Chance auf eine bessere Verwertung der Lizenz durch einen Neuabschluss des Insolvenzverwalters. Bei Vorliegen eines besonderen Mißverhältnisses hatte § 108a Satz 3 RegE-InsO im Übrigen eine entsprechende Anpassung des Lizenzvertrags vorgesehen, so dass sich die Beeinträchtigung der Insolvenzgläubiger in vertretbaren Grenzen gehalten hätte. Die marktgerechte Vergütung lässt sich im Übrigen im Zivilrechtsstreit auf Grundlage eines entsprechenden Gutachtens durchaus bestimmen.[165] 65

Weil § 108a RegE-InsO lediglich eine Regelung für den Fall der Insolvenz des Lizenzgebers vorsah, wurden Lücken bei Lizenzketten gesehen.[166] Nach Ansicht der Literatur hätte der Insolvenzverwalter die von dem Lizenznehmer erteilte Unterlizenz trotz der Regelung des § 108a RegE-InsO nach § 103 Abs. 1 InsO beenden können, so dass auch der Unterlizenznehmer die Befugnis zur Nutzung des lizenzierten Rechts verloren hätte.[167] Ob dieses Argument durch die Entscheidung BGH im Fall »Reifen Progressiv«, 66

---

161 *McGuire* GRUR 2009, 13, 20.
162 Begründung zu § 108a RegE-InsO in: Regierungsentwurf eines Gesetzes zur Entschuldung mittelloser Personen, zur Stärkung der Gläubigerrechte sowie zur Regelung der Insolvenzfestigkeit von Lizenzen, ZVI 2007, Beilage 2, S. 38; dazu auch *Schleich/Götz* DZWIR 2008, 58, 61.
163 So *Heim* NZI 2008, 338, 343; ebenso die Aussagen der Sachverständigen *Hirte* und *Pannen* in der Anhörung des BT-RA am 23.4.2008, Protokoll der 97. Sitzung des BT-RA, S. 7 f., 20.
164 Dazu oben Rdn. 1, 42.
165 Kritisch hierzu *Berger* ZInsO 2007, 1142, 1144; *Heim* NZI 2008, 338, 342; *Schleich/Götz* DZWIR 2008, 58, 62; *Slopek* GRUR 2009, 128, 131; ebenso der Sachverständigen Pannen in der Anhörung des BT-RA am 23.4.2008, Protokoll der 97. Sitzung des BT-RA, S. 21 f.
166 *Berger* ZInsO 2007, 1142, 1143 f.; *Heim* NZI 2008, 338, 340.
167 *Dahl/Schmitz* NZI 2008, 424, 425; *Heim* NZI 2008, 338, 340; *Slopek* GRUR 2009, 128, 129.

nach der Unterlizenzen vom Bestand der Hauptlizenz in einer bestimmten Fallkonstellation nicht tangiert werden,[168] entkräftet werden kann, bleibt abzuwarten.

67 Abgrenzungsschwierigkeiten wurden auch hinsichtlich der vertraglichen Nebenpfichten befürchtet.[169] Dies betraf einerseits den Begriff der Nebenpflicht, andererseits die Frage, wann die Erfüllung der Nebenpflichten zwingend geboten sind, um dem Lizenznehmer eine Nutzung des geschützten Rechts zu ermöglichen.

68 Abgesehen von der bis in die Begrifflichkeit reichende[170] Detailkritik an § 108a RegE-InsO wurde auch die Frage aufgeworfen, ob statt einer Regelung in der Insolvenzordnung nicht gesonderte (materiell-rechtliche) Regelungen in den spezifischen Gesetzen des Immaterialgüterrechts vorzugswürdig seien, mit denen den Besonderheiten der einzelnen Schutzrechte angemessen Rechnung getragen werden könnte.[171] Da Lizenzen auch Gegenstände betreffen können, die zurzeit im materiellen Recht nicht geregelt sind, erscheint eine für alle denkbaren Lizenzgegenstände passende Regelung im Insolvenzrecht sinnvoll, die zudem weitgehend parallele Bestimmungen in diversen Gesetzen vermeidet.[172]

dd) Ausblick

69 Das weitere Schicksal der Insolvenzfestigkeit von Lizenzen ist ungewiss. Darüber, ob der dargestellte Gesetzentwurf in der 17. Wahlperiode nochmals aufgegriffen werden wird, kann nur spekuliert werden. Bei aller Kritik an § 108a RegE-InsO ist bemerkenswert, dass in der Literatur keine praktikablen bzw. alle geäußerten Kritikpunkte ausräumenden Gegenvorschläge gemacht wurden.[173] Angesichts der enormen Bedeutung von Lizenzverträgen für die inländische Wirtschaft wird die Forderung nach einer Insolvenzfestigkeit für Lizenzen immer wieder erhoben werden. Im Laufe zukünftiger Diskussionen wird man sich entscheiden müssen, ob für die Suche nach einer »perfekten« Lösung noch Jahre ins Land gehen sollen oder ob nicht eine einfacher strukturierte Regelung zu bevorzugen ist, die letztlich zum gleichen Ergebnis führt.

C. Insolvenz des Inhabers von Nutzungsrechten (Lizenznehmers)

I. Die Insolvenz im Regelfall

1. Umfang der Insolvenzmasse

70 Wird der Inhaber von Nutzungsrechten (Lizenznehmer) insolvent, so fallen die von ihm erworbenen Nutzungsrechte in die Insolvenzmasse. Das gilt unabhängig davon, ob der Lizenznehmer gem. §§ 34 f. UrhG nur mit Zustimmung des Urhebers über das Nutzungsrecht verfügen darf. Verfügt der Insolvenzverwalter allerdings über das Nutzungsrecht, so muss er die Zustimmung des Urhebers einholen. Nach § 34 Abs. 3 UrhG ist die Zustimmung des Urhebers jedoch entbehrlich, wenn das Nutzungsrecht im Rahmen der

---

168 Dazu oben Rdn. 42.
169 *Berger* ZInsO 2007, 1142, 1143; *Heim* NZI 2008, 338, 341; *Kummer* GRUR 2009, 293, 295; *Slopek* GRUR 2009, 128, 130.
170 Z.B. hinsichtlich der Definitionen des »geistigen Eigentums« und des »Lizenzvertrags«, vgl. *Heim* NZI 2008, 338, 341; *Berger* ZInsO 2007, 1142, 1143.
171 *Dahl/Schmitz* NZI 2008, 424, 425; Stellungnahme der GRUR zur Frage der Insolvenzfestigkeit von Lizenzen, in GRUR 2008, 138, 139.
172 Ebenso *McGuire* GRUR 2009, 13, 19.
173 Vgl. dazu *Berger* ZInsO 2007, 1142, 1145 f.; *Heim* NZI 2008, 338, 344; *Kummer* GRUR 2009, 293, 295; *Slopek* GRUR 2009, 128, 133; *Ullmann* Mitt. 2008, 49, 55.

C. Insolvenz des Inhabers von Nutzungsrechten (Lizenznehmers)

Gesamt- oder Teilveräußerung des Unternehmens übertragen wird (vgl. § 160 Abs. 2 Nr. 1 InsO).[174]

Zu beachten ist, dass die (weitere) Einräumung bzw. Übertragung von Nutzungsrechten durch den Lizenznehmer der Insolvenzanfechtung gem. §§ 129 ff. InsO[175] unterliegt, wenn dadurch die Insolvenzgläubiger (§ 38 InsO) benachteiligt werden. Dies kann dann der Fall sein, wenn die Lizenz unter Wert (weiter) übertragen wurde, so dass der Insolvenzmasse kein entsprechender Gegenwert zugeflossen ist. **71**

2. Das Schicksal von Lizenzverträgen

Die fehlende Insolvenzfestigkeit von Lizenzverträgen betrifft auch die Insolvenz des Lizenznehmers. Die wirtschaftlichen Folgen der auch hier möglichen Erfüllungsablehnung durch den Insolvenzverwalter nach § 103 Abs. 1 InsO[176] sind allerdings in diesem Fall weitaus weniger gravierend als in der Insolvenz des Lizenzgebers. Der Insolvenzverwalter wird die weitere Erfüllung des Lizenzvertrags etwa dann ablehnen, wenn das Nutzungsrecht für die weitere Fortführung des Betriebs nicht mehr benötigt wird, eine Liquidation des Betriebs erfolgen soll oder der Lizenzvertrag zu ungünstigen Bedingungen für die Insolvenzmasse abgeschlossen worden ist. Zudem enthalten manche Lizenzverträge Lösungsklauseln für den Fall der Insolvenz des Lizenznehmers.[177] **72**

Zu beachten ist § 105 InsO, der grundsätzlich auf Lizenzverträge anwendbar ist. Danach muss der Lizenzgeber die ihm für die Zeit vor der Verfahrenseröffnung zustehenden Lizenzgebühren als Insolvenzforderung zur Tabelle anmelden; er ist insoweit Insolvenzgläubiger nach § 38 InsO. Masseverbindlichkeiten sind nach § 55 Abs. 1 Nr. 2 InsO nur solche Ansprüche auf Zahlung von Lizenzgebühren, die eine Gegenleistung für nach Verfahrenseröffnung erbrachte Leistungen des Vertragspartners darstellen.[178] **73**

Das größte Risiko für den Lizenzgeber ist damit bei einer Konstellation gegeben, die für den Lizenznehmer zur Ausschaltung des Wahlrechts des Insolvenzverwalters nach § 103 Abs. 1 InsO wünschenswert ist: Wird eine Einmalzahlung vereinbart, die bei bestimmten Typen von Lizenzverträgen zur vollständigen Erfüllung der vertraglichen Pflichten führen kann,[179] so verliert der Lizenzgeber seinen Vergütungsanspruch durch ihre Einordnung als Insolvenzforderung und die geringen Befriedigungsquoten im Insolvenzverfahren faktisch ganz, wenn der Lizenznehmer zwischen dem Vertragsschluss und der Zahlung insolvent wird. Bei einem solchen Inhalt des Lizenzvertrags kann schwerlich mit dem Vorliegen eines Schuldverhältnisses argumentiert werden, das in Leistungszeiträume vor und nach Verfahrenseröffnung aufgeteilt werden kann.[180] Der Lizenzgeber hat in einem solchen Fall keine Möglichkeit, wenigstens einen Teil seiner Vergütung durch ihre Einordnung als Masseverbindlichkeit für die nach Verfahrenseröffnung liegenden Zeiträume zu »retten«. Hier bleibt nur, bei der Vertragsgestaltung auf die Zahlung von möglichst gleich hohen Teilbeträgen zu achten.[181] **74**

Auch in dieser Konstellation wäre die nach § 108a RegE-InsO vorgeschlagene Insolvenzfestigkeit des Lizenzvertrags vorteilhaft gewesen. Auch wenn die Bestimmung vor allem auf die Insolvenz des Lizenznehmers in der Insolvenz des Lizenzgebers abgezielt hat, so wäre die grundsätzlich angeordnete Insolvenzfestigkeit des Lizenzvertrags auch dem Lizenzgeber in der Insolvenz seines Vertragspartners zu Gute gekommen. **75**

---

174 *Schack* Rn. 774.
175 Dazu *Beck/Depré/Holzer* § 9 Rn. 48 ff.
176 *Wiedemann* Rn. 1203.
177 Dazu *Hoffmann* ZInsO 2003, 732, 735.
178 *Wiedemann* S. 1204.
179 Dazu oben Rdn. 54.
180 Dazu bereits RGZ 148, 326, 330 und oben Rdn. 35.
181 Dazu oben Rdn. 54.

II. Sonderregelungen für die Insolvenz des Verlegers

1. Insolvenzmasse

76 Hinsichtlich der Verlegerrechte (§§ 30 ff. VerlG) wird vertreten, dass diese ohne Rücksicht auf die Übertragungsbeschränkungen in die Insolvenzmasse fallen.[182] § 36 Abs. 1 Satz 1 InsO gilt hier also nicht.

2. Sonderregelungen für den Verlagsvertrag

a) Erweiterung des Wahlrechts des Insolvenzverwalters

77 In der Insolvenz des Verlegers (nicht des Selbst- und Kommissionsverlegers)[183] erweitert § 36 Abs. 1 VerlG das Wahlrecht des Insolvenzverwalters nach § 103 Abs. 1 InsO. Wie bereits ausgeführt,[184] setzt diese Bestimmung voraus, dass der gegenseitige Vertrag von keiner Partei vollständig erfüllt worden ist. § 36 Abs. 1 VerlG räumt dem Insolvenzverwalter das Wahlrecht nach § 103 Abs. 1 InsO hingegen auch dann ein, wenn der Urheber das Werk bereits abgeliefert und damit seine Hauptvertragspflicht aus § 1 Satz 1 VerlG vollständig erfüllt hat. Zwar hat der Urheber nach § 2 Abs. 1 VerlG die Pflicht, sich während der gesamten Laufzeit des Vertrags jeder Vervielfältigung und Verbreitung des Werks zu enthalten; dabei handelt es sich jedoch um eine untergeordnete Nebenpflicht, die die Ausübung des Wahlrechts des Insolvenzverwalters nicht hindert.[185] Hat der Verleger jedoch mit der Vervielfältigung zum Zeitpunkt der Verfahrenseröffnung bereits begonnen, ist dem Urheber ein Festhalten an dem Verlagsvertrag zuzumuten. Der Insolvenzverwalter hat in diesem Fall kein Wahlrecht nach § 103 Abs. 1 InsO.[186]

b) Folgen der Ausübung des Wahlrechts

78 Lehnt der Insolvenzverwalter eine Erfüllung des Verlagsvertrages ab, so erlischt der Verlagsvertrag nach § 9 Abs. 1 VerlG. Der Urheber kann sein Werk (z.B. Manuskript) nach § 47 InsO im Wege der Aussonderung von dem Insolvenzverwalter herausverlangen. Ein vor Verfahrenseröffnung bezahltes Honorar ist von dem Urheber nicht an die Masse zurückzuerstatten.[187] Zu den weiteren Wirkungen des § 103 Abs. 1 InsO wird auf die obigen Ausführungen verwiesen.[188]

79 Besteht der Insolvenzverwalter hingegen auf einer Erfüllung des Vertrags, so entstehen die durch den Schuldner begründeten Ansprüche als originäre Masseverbindlichkeiten bzw. -Schulden nach neuerer Rechtsprechung nicht neu;[189] der Insolvenzverwalter ist vielmehr aufgrund des fortbestehenden Verlagsvertrages weiterhin zur Erfüllung (z.B. Vervielfältigung des Werks, Honorarzahlung) verpflichtet.[190] Bei Übertragung der Rechte des Verlegers auf einen anderen (z.B. im Wege der übertragenden Sanierung, der Betriebsfortführung oder der Einzelrechtsübertragung) tritt dieser nach § 36 Abs. 2 Satz 1 VerlG in die Rechte des insolventen Verlegers ein. Zum Schutz des Urhebers, der die Veräußerung der Rechte an einen anderen Verleger nicht verhindern kann, haftet die Insolvenzmasse jedoch bei Nichterfüllung der Verpflichtungen für die daraus entstandenen Schäden wie ein selbstschuldnerischer Bürge, der auf die Einrede der Vorausklage

---

182 *Schwab* KTS 1999, 49, 52.
183 *Schwab* KTS 1999, 49, 54.
184 Dazu oben Rdn. 33.
185 *Schack* Rn. 776.
186 *Schwab* KTS 1999, 49, 53.
187 *Schwab* KTS 1999, 49, 54.
188 Dazu oben Rdn. 33 ff.
189 Anders *Schack* Rn. 777.
190 *Schwab* KTS 1999, 49, 53.

C. Insolvenz des Inhabers von Nutzungsrechten (Lizenznehmers)

(§ 771 BGB) verzichtet hat (§ 36 Abs. 2 Satz 2 VerlG). Bei einer »Aufhebung« des Insolvenzverfahrens – insbesondere der Einstellung nach Anzeige der Masseunzulänglichkeit nach § 208 InsO – sind die Haftungsansprüche gegen die Masse sicherzustellen (§ 36 Abs. 2 Satz 3 VerlG), z.B. durch Hinterlegung einer entsprechenden Summe. Versäumt der Insolvenzverwalter dies, so macht er sich unter Umständen gem. § 60 InsO schadensersatzpflichtig.

c) Rücktrittsrecht des Urhebers

§ 36 Abs. 3 VerlG ermöglicht es dem Urheber, in der Insolvenz des Verlegers von dem Vertrag zurückzutreten, wenn zur Zeit der Verfahrenseröffnung mit der Vervielfältigung seines Werks noch nicht begonnen worden ist. Der Rücktritt erfolgt durch einseitige, empfangsbedürftige Willenserklärung (§ 349 BGB) gegenüber dem Insolvenzverwalter; er löst den Verlagsvertrag gem. § 37 UrhG i.V.m. §§ 346 ff. BGB ex tunc auf. Der Urheber erhält dadurch die unbeschränkte Verfügungsbefugnis über sein Urheberrecht zurück; beide Vertragsparteien haben sich die ausgetauschten Leistungen zurückzugewähren. Der Urheber kann seine aus dem Rücktritt resultierenden Ansprüche als Insolvenzforderungen[191] i.S.d. § 38 InsO lediglich zur Tabelle anmelden, hinsichtlich seines Werks (z.B. Manuskript) jedoch Aussonderung nach § 47 InsO verlangen.[192]

80

§ 36 Abs. 3 VerlG schützt den Urheber vor den unkalkulierbaren Risiken, die die Vervielfältigung seines Werks in der Insolvenz des Verlegers begleiten würden. Da noch keine Aufwendungen für die Vervielfältigung getätigt wurden, ist der Insolvenzmasse trotz bereits angefallener anderer Aufwendungen (z.B. für Lektorierung und Herstellung) zuzumuten, auf die Vervielfältigung zu verzichten. Ob der Urheber in einem solchen Fall den Rücktritt wählt, kommt darauf an, wie hoch die von ihm als Folge des Rücktritts zu beanspruchenden Forderungen sind. Die bei einer Anmeldung zur Insolvenztabelle erzielbaren Quoten sind in aller Regel gering, so dass der Urheber möglicherweise eine weitere Verwertung seines Werks trotz eines vielleicht geringeren Honorars vorziehen wird.

81

Der Urheber kann folglich den Lizenzvertrag möglicherweise auch aus wichtigem Grund gem. § 314 Abs. 1 BGB kündigen, ohne dass dem die Kündigungssperre analog § 112 InsO entgegensteht.[193]

82

---

191 Zum Begriff der Insolvenzforderung Kübler/Prütting/Bork/*Holzer* § 38 Rn. 2.
192 *Schwab* KTS 1999, 49, 53.
193 So zutreffend *Schack* Rn. 777 m.w.N. auch abweichender Ansichten.

Teil 5
Verfahrensrecht

Kapitel 21
Urheberrechtliche Verletzungsansprüche und ihre zivilrechtliche Durchsetzung

Übersicht

	Rdn.
A. Einführung	1
B. Die Verletzungsansprüche	3
I. Die Ansprüche in der Übersicht	3
II. Die gemeinsamen Voraussetzungen der Ansprüche	4
1. Urheberrecht oder verwandtes Schutzrecht	6
a) Urheberrechtlicher Schutz des Klagemusters	7
aa) Werke	8
bb) Schutz von Computerprogrammen	16
cc) Verwandte Schutzrechte	19
b) Schutzfrist	29
2. Aktivlegitimation	30
a) Urheberpersönlichkeitsrechte	31
b) Urheberverwertungsrechte	33
c) Feststellung der Urheberschaft	37
d) Feststellung der Rechteinhaberschaft eines Lizenznehmers	39
e) Leistungsschutz- und Filmherstellerrechte	40
3. Verletzungshandlung	41
a) Urheberpersönlichkeitsrechtsverletzungen	42
b) Verwertung von Werken	45
4. Widerrechtlichkeit der Rechtsverletzung	49
5. Passivlegitimation	50
a) Täter und Teilnehmer	51
b) Störer	52
c) Inhaberhaftung	53
d) Haftung bei Rechtsverletzungen im Internet	54
e) Mehrere Verletzer	64
III. Der Unterlassungsanspruch	65
1. Wiederholungs- und Begehungsgefahr	66
a) Wiederholungsgefahr	67
b) Begehungsgefahr	68
2. Der Klageantrag beim Unterlassungsanspruch	69
3. Einzelfälle von Antragsfassungen	73
4. Abwendungsbefugnis des Verletzers	79
IV. Der Beseitigungsanspruch	80
V. Der materielle Schadensersatzanspruch	81
1. Verschulden	82
2. Die Schadensberechnung	85
a) Der konkrete Schaden	86
b) Schadensberechnung nach der Lizenzanalogie	87
aa) Grundlagen	87
bb) Verletzerzuschlag	92
cc) Höhe der Lizenz	93
dd) Aufschlag wegen unterlassener Urhebernennung	99
ee) Zinsen	100
c) Herausgabe des Verletzergewinns	101
d) Das Verhältnis der Schadensberechnungsarten untereinander	103
e) Schadensersatzansprüche in Vertriebsketten	105
VI. Der immaterielle Schadensersatzanspruch	110
1. Aktivlegitimation	112
2. Anspruch dem Grunde nach	113
3. Höhe des Anspruchs	114
VII. Anspruch auf Bereicherungsausgleich	115

21. Kapitel   Urheberrechtliche Verletzungsansprüche und ihre zivilrechtliche Durchsetzung

Rdn.

VIII. Auskunft und Rechnungslegung 118
   1. Übersicht über die Ansprüche 118
   2. Allgemeiner Anspruch gegen den Verletzer auf Auskunftserteilung und Rechnungslegung 119
      a) Anspruchsvoraussetzungen 119
      b) Umfang und Inhalt des Anspruchs 120
   3. Anspruch auf Auskunft über Dritte 125
      a) Anspruch auf Auskunft gegen den Verletzer über Dritte 126
      b) Anspruch auf Auskunft gegen Dritte, die nicht Verletzer sind 127
         aa) Allgemeine Anspruchsvoraussetzungen 127
         bb) Offensichtlichkeit der Rechtsverletzung oder Klagerhebung 128
         cc) Passivlegitimation 129
         dd) Auskunftsverweigerungsrecht 130
         ee) Aufwendungsersatz 131
      c) Verhältnismäßigkeit 132
      d) Inhalt der Auskunft 133
      e) Schadensersatz bei falscher Auskunft 135
      f) Schadensersatz bei richtiger Auskunft 136
      g) Verwertungsverbot der Auskunft im Straf- und Bußgeldverfahren 137
   4. Auskunft im Wege der einstweiligen Verfügung 138
   5. Durchsetzung eines Auskunftstitels 139
   6. Eidesstattliche Versicherung 140
   7. Auskunft unter Verwendung von Verkehrsdaten 141
      a) Problemstellung 141
      b) Zweistufiges Verfahren 144
      c) Materielle Voraussetzungen der Zulässigkeitsentscheidung 145
      d) Gerichtliches Anordnungsverfahren 146
      e) Der Anspruch in der Praxis 150
IX. Der Anspruch auf Vorlage und Besichtigung 152
   1. Einführung 152
   2. Inhalt des Anspruchs auf Vorlage und Besichtigung 153
   3. Anspruchsvoraussetzungen 155
      a) Aktiv- und Passivlegitimation 155
      b) Hinreichend wahrscheinliche Rechtsverletzung 156
      c) Gegenstand der Vorlage und Besichtigung 157
      d) Verfügungsgewalt des Anspruchsgegners 158
      e) Erforderlichkeit der Besichtigung 159
      f) Geheimhaltungsinteressen des Schuldners 160
      g) Verhältnismäßigkeit 161
      h) Gewerbliches Ausmaß bei Bank-, Finanz- oder Handelsunterlagen 162
   4. Bestimmtheit des Antrages 163
   5. Gefahr und Kosten 164
   6. Verwertungsverbot der Auskunft im Straf- und Bußgeldverfahren 165
   7. Anspruchsdurchsetzung 166
      a) Erkenntnisverfahren 166
      b) Selbständiges Beweisverfahren 167
      c) Einstweiliges Verfügungsverfahren 168
      d) Möglichkeiten der verfahrensrechtlichen Umsetzung 170
X. Vernichtung, Überlassung, Rückruf, Entfernung 174
   1. Der Anspruch auf Vernichtung 174
      a) Inhalt des Anspruchs 174
      b) Anspruchsvoraussetzungen 175
         aa) Allgemeine Voraussetzungen 175
         bb) Gegenstand der Vernichtung 176
         cc) Verhältnismäßigkeit 177
      c) Anspruchsdurchsetzung 178
         aa) Erkenntnisverfahren 178
         bb) Einstweilige Verfügung 179
         cc) Verzicht auf Abmahnung 182

	Rdn.

         2. Der Überlassungsanspruch 183
         3. Rückruf und Entfernen aus den Vertriebswegen 184
            a) Intention der Regelung 184
            b) Inhalt und Verhältnis der Ansprüche 185
            c) Voraussetzungen der Ansprüche 187
               aa) Allgemeine Voraussetzungen 187
               bb) Rückrufempfänger 188
               cc) Möglichkeit des Rückrufs 189
            d) Anspruchsdurchsetzung 190
         4. Abwendungsbefugnis nach § 100 UrhG 193
   XI. Sicherung von Schadensersatzansprüchen 194
         1. Einführung 194
         2. Anspruchsvoraussetzungen 195
         3. Rechtsfolge 201
         4. Durchsetzung des Anspruchs 202
         5. Beweisverwertungsverbot im Straf- und Bußgeldverfahren 204
   XII. Urteilsbekanntmachung 205
         1. Anspruchsvoraussetzungen 205
         2. Die Bekanntmachung 206
   XIII. Anspruch auf Aufwendungsersatz/Abmahnkosten 207
         1. Abmahnung 208
            a) Begriff 208
            b) Berechtigte Abmahnung 209
            c) Wirksame Abmahnung 210
               aa) Notwendiger Inhalt 210
               bb) Form 213
               cc) Zugang 214
               dd) Vollmacht 215
         2. Aufwendungsersatz 216
         3. Deckelung des Aufwendungsersatzes 221
   XIV. Umgehung technischer Schutzvorrichtungen 227
         1. Einführung 227
         2. Wirksame technische Schutzmaßnahme 228
         3. Die Verbotstatbestände 231
            a) Gemeinsame Voraussetzungen 231
            b) Das Umgehungsverbot 232
               aa) Rechtswidrige Umgehungshandlung 232
               bb) Passivlegitimation 234
            c) Verbotene Handlungen im Vorfeld der Umgehung 235
         4. Geltendmachung der Verbote und Rechtsfolgen 238

C. **Durchsetzung der Verletzungsansprüche** 239
   I.   Vorgerichtliche Maßnahmen 239
         1. Beweismittelsicherung 239
         2. Berechtigungsanfrage, Abmahnung oder einstweilige Verfügung 240
         3. Entbehrlichkeit der Abmahnung 244
         4. Reaktion des Abgemahnten 245
         5. Unberechtigte Abmahnung 247
   II. Gerichtliche Geltendmachung 248
         1. Wahl des Gerichts 248
            a) Rechtsweg 248
            b) Sachliche Zuständigkeit 249
               aa) Allgemeines 249
               bb) Streitwertbemessung 251
            c) Örtliche Zuständigkeit 257
               aa) Gerichte für Urheberrechtssachen 257
               bb) Die Gerichtsstände 258
            d) Gerichtswahl 264
         2. Das Verfahren der einstweilen Verfügung 265
            a) Allgemeines 265
            b) Vorherige Abmahnung 267
            c) Verfügungsanspruch 268

21. Kapitel   Urheberrechtliche Verletzungsansprüche und ihre zivilrechtliche Durchsetzung

Rdn.
d) Verfügungsgrund 269
e) Verfügungsantrag 272
f) Entscheidung... 273
g) Vollziehung der Beschlussverfügung 276
h) Verteidigung des Antragsgegners gegen eine Beschlussverfügung 277
i) Urteile im ersten Rechtszug 278
j) Sonderfall Grenzbeschlagnahme 279

A. Einführung

1   Vorrangige Ansprüche sind auch im Urheberrecht solche aus Verträgen. Bei der Geltendmachung derartiger Ansprüche gibt es regelmäßig keine Besonderheiten gegenüber anderen vertraglichen Ansprüchen des Zivilrechts. Hier geht es um die Ansprüche wegen einer Verletzung von Rechten aus dem UrhG aufgrund gesetzlicher Schuldverhältnisse. Die für diese Ansprüche maßgeblichen Bestimmungen finden sich in den **deliktischen Ansprüchen der §§ 97 ff.** UrhG. **Ansprüche** aus anderen gesetzlichen Vorschriften bleiben nach § 102a UrhG unberührt. Wegen des umfassenden Regelungsgehalts bedarf es aber keines Rückgriffs auf das allgemeine Deliktsrecht des BGB.

2   Die Ansprüche nach den §§ 97 ff. UrhG sind mit Wirkung vom 1.9.2008 aufgrund der Umsetzung der Enforcement-Richtlinie[1] durch das Gesetz zur Verbesserung der Durchsetzung von Rechten des geistigen Eigentums vom 7.7.2008[2] teilweise modifiziert worden, einige Ansprüche sind völlig neu hinzu gekommen. Die Umsetzung führte parallel zu weitgehend entsprechenden Änderungen im Patentgesetz, Gebrauchsmustergesetz, Markengesetz, Geschmacksmustergesetz, Sortenschutzgesetz und Halbleiterschutzgesetz. Damit sind die bestehenden Strukturen beibehalten und es ist kein »Allgemeines Gesetz gegen Produktpiraterie« geschaffen worden, wie ursprünglich angedacht worden war. Auch geht das Gesetz – mit Ausnahme der Auskunftsansprüche – nicht über den (Mindest-) Rahmen der Enforcement-Richtlinie hinaus.

B. Die Verletzungsansprüche

I. Die Ansprüche in der Übersicht

3

Begehrte Rechtsfolge	Anspruchsgrundlage	Änderung seit 1.9.2008
Unterlassung	§ 97 Abs. 1[3]	Begehungsgefahr im Text
Beseitigung der Beeinträchtigung	§ 97 Abs. 1	unverändert
materieller Schadensersatz	§ 97 Abs. 2 Satz 1–3	von § 97 Abs. 1 in § 97 Abs. 2 Satz 1–3 verlagert, neuer Wortlaut zur Herausgabe des Verletzerge- winns (Satz 2) und Regelung des Schadenersatzes nach der Lizenzanalogie (Satz 3)

---

1 Richtlinie 2004/48/EG des Europäischen Parlaments und des Rates v. 29.4.2004 zur Durchsetzung der Rechte am geistigen Eigentum – ABl. L 195/16 v. 30.4.2004.
2 Gesetz zur Verbesserung der Durchsetzung der Rechte des geistigen Eigentums v. 11.7.2008, BGBl. I, 1191 ff.
3 Paragrafen in der Übersicht ohne Gesetzesnennung sind solche des UrhG.

B. Die Verletzungsansprüche

Begehrte Rechtsfolge	Anspruchsgrundlage	Änderung seit 1.9.2008
immaterieller Schadensersatz	§ 97 Abs. 2 Satz 4	Zuvor § 97 Abs. 2 Satz 1
Bereicherungsausgleich	§§ 812 Abs. 1, 818 Abs. 2 BGB	unverändert
Abmahnkosten, Deckelung Abmahnkosten	§ 97a Abs. 1, § 97a Abs. 2	neuer Anspruch; bisher GoA und § 97 Abs. 1
Vernichtung rechtsverletzender Erzeugnisse	§ 98 Abs. 1	Die bisher in §§ 98 Abs. 1 und 99 getrennt geregelten Ansprüche auf Vernichtung von rechtsverletzenden Erzeugnissen und Vorrichtungen werden in § 98 Abs. 1 zusammengefasst. Der unveränderte Anspruch auf Überlassung ist von Abs. 2 in Abs. 3 verlagert worden.
Vernichtung von Vorrichtungen	§ 98 Abs. 1	
Überlassung von rechtsverletzenden Erzeugnissen und Vorrichtungen	§ 98 Abs. 3	
Rückruf oder Entfernung rechtsverletzender Erzeugnisse aus den Vertriebswegen	§ 98 Abs. 2	Der Anspruch auf Rückruf und Entfernung in § 98 Abs. 2 ist völlig neu
Drittauskunft	§ 101	bisher § 101a, erhebliche Erweiterung der Ansprüche auf Dritte, die nicht Verletzer sind, u.a. werden Provider erfasst
Rechnungslegung Verletzergewinn		Ist in § 97 Abs. 1 Satz 2 gestrichen worden
Auskunft und Rechnungslegung zur Anspruchsermittlung und eid. Versicherung	§§ 242, 259 Abs. 1, 260 Abs. 1 BGB bzw. §§ 259 Abs. 2, 260 Abs. 2 BGB	unverändert
Vorlage und Besichtigungsanspruch	§ 101a und §§ 809, 810 BGB	neuer Anspruch, der die bisherige Rspr. zu §§ 809, 810 BGB aufnimmt und erweitert
Sicherung von Schadensersatzansprüchen	§ 101b	neuer Anspruch
Urteilsbekanntmachung	§ 103	nur Textänderungen
Verbot Umgehung technischer Schutzmaßnahmen 95a	§§ 823 Abs. 2, 1004 BGB oder §§ 97 ff.	unverändert
Verwertungsverbot § 96	§§ 97 ff.	unverändert

II. Die gemeinsamen Voraussetzungen der Ansprüche

4 Die gemeinsamen Voraussetzungen aller Ansprüche ergeben sich aus § 97 Abs. 1 UrhG:
1. Urheberrecht oder verwandtes Schutzrecht
2. Aktivlegitimation
3. Verletzungshandlung
4. Widerrechtlichkeit der Verletzungshandlung
5. Passivlegitimation

5 Bei der folgenden Darstellung der Behandlung der einzelnen Voraussetzungen im Erkenntnisverfahren wird bei den Parteirollen Kläger und Beklagter von einer Klage im Verletzungsprozess ausgegangen. Bei einer negativen Feststellungsklage sind nur die Parteirollen vertauscht, an der Darlegungs- und Beweislast ändert sich aber nichts.

1. Urheberrecht oder verwandtes Schutzrecht

6 Gegenstand der geltend gemachten Verletzung muss ein Urheberrecht, also ein aus einem geschützten Werk im Sinne der §§ 2 bis 4 und 69a ff. UrhG ausfließendes Recht, oder ein verwandtes Schutzrecht, also ein Recht aus den §§ 70 bis 95 UrhG sein. Das setzt das Vorliegen eines geschützten Werks oder einer anderen geschützten Leistung voraus und die Schutzfrist darf nicht abgelaufen sein.

a) Urheberrechtlicher Schutz des Klagemusters

7 Das Werk oder die Leistung, für die Schutz geltend gemacht wird, ist das Klagemuster. Die urheberrechtliche Schutzfähigkeit des Klagemusters steht nicht zur Disposition der Parteien, kann also nicht unstreitig gestellt werden. Vielmehr ist der einen urheberrechtlichen Schutz begründende Sachverhalt von dem Kläger darzulegen und zu beweisen.[4] Der Kläger hat dazu das Klagemuster in den Rechtsstreit einzuführen und entsprechend vorzutragen.

aa) Werke

8 Dem Kläger obliegt die Darlegung der den Werkschutz begründenden Gestaltungselemente des Klagemusters. Dazu gehört grundsätzlich auch ein Eingehen auf den vorbekannten Formenschatz und eine Darlegung des eigenschöpferischen Schritts, der die Gestaltung des Klagemusters von diesem Formenschatz abhebt.[5]

9 Die **Werkprüfung** selbst erfolgt regelmäßig in zwei Schritten. Im ersten Schritt findet eine negative Abgrenzung in der Form statt, dass unter Berücksichtigung der im Zeitpunkt der Werkerstellung vorbekannten Gestaltungselemente – literarisches oder künstlerisches Gemeingut, technische Notwendigkeiten, Logik, Zweckmäßigkeitserwägungen, Fachterminologie, Üblichkeit in dem Schaffensbereich – festgestellt wird, ob überhaupt noch Spielraum für eigenes geistiges Schaffen bestand.[6] Wenn im ersten Schritt Schaffensspielraum bejaht worden ist, wird im zweiten Schritt geprüft, ob bei dem Werk bei zusammenfassender Beurteilung aller gestalterischen Element von dem Spielraum in einer Weise Gebrauch gemacht worden ist, dass ein eigenschöpferischer Schritt vorliegt. Die Antwort soll ein Vergleich mit dem »durchschnittlichen Schaffen« bringen.[7]

---

[4] Dreier/*Schulze* § 2 Rn. 69, 70, 250 m.w.N.
[5] BGH GRUR 1974, 740, 741 – Sessel; GRUR 1991, 449, 450 – Betriebssystem; GRUR 2003, 231 – Staatsbibliothek.
[6] Fromm/Nordemann/*Nordemann* § 2 Rn. 41; Schricker/*Loewenheim* § 2 Rn. 28.
[7] Schricker/*Loewenheim* § 2 Rn. 26, 27.

B. Die Verletzungsansprüche

Im Einzelfall können sich die Anforderungen an die Darlegungslast des Klägers allerdings erheblich unterscheiden, was oft von der Werkart abhängt.[8] Bei Werken, bei denen ein Schutz nahe liegt, sind keine überhöhten Anforderungen an die Darlegungslast zu stellen. Hier wird häufig die Vorlage des Werkexemplars genügen und der sich dann aus der Betrachtung der wesentlichen Formmerkmale ergebende Gesamteindruck.[9] Das dürfte bei Werken der Literatur, der Musik, der bildenden Kunst, Lichtbildwerken und Filmwerken in der Regel der Fall sein, zumal hier die kleine Münze reicht. Bei Lichtbildwerken kommt hinzu, dass die begehrte Rechtsfolge in der Mehrzahl der Fälle auch über den Lichtbildschutz des § 72 UrhG erreicht wird. Auf den Werkschutz wird hier nur zurückgegriffen werden müssen, wenn der kürzere Lichtbildschutz abgelaufen ist oder wenn es um ein nachgestelltes Foto[10] geht.

10

Die Anforderungen an die Darlegungs- und Beweislast erhöhen sich, wenn ein Schutz nicht ohne weiteres angenommen werden kann. Das wird regelmäßig bei Klagemustern der Fall sein, bei denen Schutz als Werk der angewandten Kunst in Anspruch genommen werden soll. Denn bei solchen Werken überlässt der BGH den Bereich der kleinen Münze dem Geschmacksmusterschutz und verlangt für den Urheberrechtsschutz einen deutlich höheren schöpferischen Eigentümlichkeitsgrad als bei nur geschmacksmusterfähigen Gegenständen, wobei die Grenze zwischen beiden nicht zu niedrig angesetzt werden darf.[11] Hier wird erwartet, dass der Kläger konkret darlegt, was den hinreichenden schöpferischen Eigentümlichkeitsgrad des Klagemusters begründet. Ob diese Stufentheorie des BGH unter Geltung des neuen Geschmacksmusterrechts Bestand haben kann, welches nicht mehr auf die Gestaltungshöhe, sondern auf die Unterscheidungskraft zu vorbekannten Einzelmustern abstellt, bleibt abzuwarten. Bis auf weiteres gebietet die anwaltliche Vorsicht bei Werken der angewandten Kunst in jedem Fall besonderen Vortrag.

11

Das wird ebenso bei Klagemustern der Fall sein, bei denen sich die Individualität nicht ohne weiteres erschließt. Als Beispiele seien Gebrauchsanweisungen oder Regelwerke genannt, bei denen ohne Erläuterungen nicht erkennbar ist, inwieweit sie nur gemeinfreies technisches Wissen vermitteln und worin die Individualität liegt.[12] Gleiches gilt etwa für AGB, bei denen nicht erkennbar ist, wodurch sie sich von anderen AGB individuell abheben. Die Relevanz von solchen Alltags- und Gebrauchstexten hat in der Praxis erheblich durch Leistungsübernahmen im Internet zugenommen.

12

Wenn der Kläger die Schutzvoraussetzungen dargelegt und gegebenenfalls bewiesen hat und er sich darauf beruft, weiterer vorbekannter Formenschatz sei ihm nicht bekannt und habe der Gestaltung des Klagemusters nicht zugrunde gelegen, so ist es Sache des Beklagten, durch Vorlage von Entgegenhaltungen darzulegen und ggf. zu beweisen, dass es vorbekannten Formenschatz gibt, unter dessen Berücksichtigung entweder die konkrete Gestaltung des Klagemusters vorbekannt war oder jedenfalls die prägenden Gestaltungsmerkmale in einem solchem Umfang bereits bekannt waren, dass der Schritt zur Gestaltung des Klagemusters nicht mehr als hinreichend individuell angesehen werden kann.[13]

13

Bei einem Streit um die Werkqualität wird auch die Einholung eines Sachverständigengutachtens in Betracht gezogen werden müssen. Geht es etwa bei einem Musikstück um die Schutzfähigkeit eines Werkteils oder wird geltend macht, es handele sich um eine unfreie Bearbeitung eines vorbekannten Musikstücks, wird eine Entscheidung ohne Gut-

14

---

8 BGH GRUR 1991, 449, 450 – Betriebssystem.
9 BGH GRUR 2003, 231 – Staatsbibliothek.
10 OLG Köln GRUR 2000, 43 – Klammerpose.
11 BGH GRUR 1995, 581, 582 – Silberdistel.
12 BGH GRUR 2002, 958, 960 – Technische Lieferbedingungen.
13 BGH GRUR 2002, 958, 960 – Technische Lieferbedingungen, m.w.N.

achten kaum in Betracht kommen. Ähnlich wird es bei Streit über Schutzfähigkeit von Software sein. Zu beachten ist, dass die pauschale Bezugnahme auf ein Sachverständigengutachten den erforderlichen eigenen Vortrag auch hier nicht zu ersetzen vermag und das Risiko birgt, als unzulässiger Ausforschungsbeweis angesehen zu werden.

15 Liegt die geltend gemachte Verletzung in der Übernahme von einem Werkteil, so muss dieses Teil für sich genommen Werkcharakter haben. Dabei sind dieselben Anforderungen zu stellen wie bei der Schutzfähigkeit des Gesamtwerks.[14]

bb) Schutz von Computerprogrammen

16 Bei der Beurteilung der Schutzfähigkeit von Computerprogrammen gab es lange Irritationen. Das lag einmal sicherlich daran, dass diese Materie vom fachlichen Verständnis schwerer zugänglich ist als andere Werkarten. Das lag aber auch an der Inkasso-Programm-Entscheidung des BGH aus dem Jahre 1985,[15] in der die Schutzanforderungen sehr hoch angesetzt wurden (das Leistungsergebnis muss das Schaffen eines Durchschnittsprogrammierers erheblich übersteigen). Das entsprach der Rspr. zur angewandten Kunst und nahm die kleine Münze bei Computerprogrammen aus dem Schutz heraus. Diese Entscheidung wurde weder dem berechtigten Schutzinteresse der Hersteller von Computerprogrammen gerecht noch fügte sie sich in die deutlich geringeren Schutzanforderungen anderer Industrienationen ein. Um jedenfalls für die EU einheitliche Schutzanforderungen zu erhalten, wurde am 14.1.1991 durch den Rat die Computerprogramm-Richtlinie verabschiedet.[16] Diese verfolgt das Ziel, die Unsicherheiten über den urheberrechtlichen Schutz von Computerprogrammen abzustellen, um Investitionen eine sichere gesetzliche Grundlage zu bieten, um einheitliche Wettbewerbsbedingungen und einen einheitlichen, einer uniformen Lizenzpraxis im Binnenmarkt entgegenkommenden Rechtsrahmen zu schaffen.[17] In Umsetzung dieser Richtlinie wurden die §§ 69a bis 69g in das UrhG eingefügt.

17 Unter Geltung der Regelung des § 69a Abs. 3 UrhG sind Computerprogramme nunmehr geschützt, wenn sie individuelle Werke in dem Sinne darstellen, dass sie das Ergebnis der eigenen geistigen Schöpfung ihres Urhebers sind. Zur Bestimmung ihrer Schutzfähigkeit sind keine anderen Kriterien, insbesondere nicht qualitative oder ästhetische, anzuwenden. Bei gebotener richtlinienkonformer Auslegung im Hinblick auf die Ziele der Computerprogramm-Richtlinie ist das die (ganz) kleine Münze. Denn wenn die Investition und der faire Wettbewerb geschützt werden sollen, dürfen keine besonderen Anforderungen an die Eigentümlichkeit der Leistungen gestellt werden.[18] Alle etwas komplexeren Programme dürften danach ohne weiteres geschützt sein; das gilt aber auch für einfache Programme, sofern sie nicht völlig trivial oder banal sind. Es ist aber nicht ausreichend, die Individualität als »statistische Einmaligkeit« zu verstehen oder etwa überhaupt keine Schöpfungshöhe zu verlangen. Insbesondere sind die Schutzvoraussetzungen nicht zu vermuten, sondern bedürfen der Darlegung durch die Partei, die daraus Rechte herleitet.[19] Es obliegt also auch bei Computerprogrammen grundsätzlich dem Kläger, die – wenn auch geringen – Schutzvoraussetzungen darzutun.[20]

---

14 KG GRUR-RR 2002, 313 – Übernahme nicht genehmigter Zitate aus Tagebüchern und Briefen in eine Biografie – m.w.N.
15 BGH GRUR 1985, 1041 – Inkasso-Programm.
16 Richtlinie 91/250 EWG des Rates vom 14.5.1991 – ABl. EG Nr. L 122/42 v. 17.5.1991.
17 Vgl. zu allem anschaulich: Wandtke/Bullinger/*Grützmacher* Vorbem. §§ 69a ff. Rn. 1–5.
18 *Dreier*/Schulze § 69a Rn. 25; Wandtke/Bullinger/*Grützmacher* Vorbem. §§ 69a ff. Rn. 7.
19 OLG Hamburg GRUR-RR 2002, 217, 218 – CT-Klassenbibliothek.
20 Vgl. BGH GRUR 2005, 860 – Fash 2000.

Der Darlegungslast selbst wird im Normalfall bereits durch eine globale Beschreibung des **18**
Programms genüge getan, aus der hervorgeht, dass es sich nicht um eine völlig banale Gestaltung handelt und nicht lediglich das Programm eines anderen nachgeahmt wird.[21] Auch der unbestrittene Vortrag, das streitgegenständliche Programm sei auf der Messe CeBit als »Software-Innovation des Jahres« ausgezeichnet worden, ist als ausreichend angesehen worden.[22] Kommt allerdings der Einwand, das Klagemuster sei eine unfreie Bearbeitung eines vorbekannten Programms, wird trotz der geringen Anforderungen an die Individualität häufig nur ein Sachverständigengutachten weiterhelfen, weil die Richter im Regelfall nicht über die erforderliche Sachkunde für eine eigene Beurteilung verfügen.

cc) Verwandte Schutzrechte

Für die verwandten Schutzrechte der §§ 70 ff. UrhG gilt hinsichtlich der Darlegungs- und **19**
Beweislast nichts anderes als bei Werken. Sie obliegt dem Kläger.

Macht der Kläger Ansprüche aus einer **wissenschaftlichen Ausgabe** – § 70 UrhG – gel- **20**
tend, hat er die Darlegungs- und Beweislast dafür, dass das Klagemuster eine nach wissenschaftlichen Methoden gesichtete, geordnete und dargestellte Ausgabe gemeinfreier Werke oder Texte ist. Sofern davon auszugehen ist und er geltend macht, dass es zuvor keine ähnliche Ausgabe gab, obliegt es dem Beklagten, eine Entgegenhaltung einzuführen, von der sich das Klagemuster nicht wesentlich unterscheidet.

Macht der Kläger Ansprüche aus einem **nachgelassenen Werk** – § 71 UrhG – geltend, hat **21**
er die Darlegungs- und Beweislast dafür, dass es sich um ein bisher nicht erschienenes Werk handelt, für das die Schutzfrist abgelaufen ist oder welches nach dem UrhG niemals geschützt war, dessen Urheber seit mehr als 70 Jahren tot ist, und das der behauptete Rechtsinhaber erstmals erlaubterweise hat erscheinen oder öffentlich wiedergeben lassen. Ist der Urheber nicht bekannt, soll eine Vermutung für letztere Voraussetzung sprechen.[23]

Beim **Lichtbildschutz** – § 72 UrhG – genügt unter Berücksichtigung der minimalen **22**
Schutzvoraussetzungen regelmäßig die Vorlage des Lichtbilds, um die Schutzfähigkeit darzulegen. Denn für den Lichtbildschutz ist kein eigenschöpferisches Schaffen im Sinne des § 2 Abs. 2 UrhG erforderlich; es genügt vielmehr ein Mindestmaß an persönlicher geistiger Leistung, wie es in der Regel schon bei einfachen Fotografien gegeben ist.[24]

Werden Ansprüche aus dem **Recht eines ausübenden Künstlers** – § 73 UrhG – geltend **23**
gemacht, ist nur darzulegen, dass ein Werk oder eine Ausdrucksform der Volkskunst dargeboten oder an der Darbietung künstlerisch mitgewirkt worden ist. Davon hängt dann auch der **Veranstalterschutz** – § 81 UrhG – ab.

Werden **Tonträgerherstellerrechte** – § 85 UrhG – geltend gemacht, bedarf es für die **24**
Entstehung dieser Rechte regelmäßig nur der Darlegung des Vorhandenseins der Tonaufnahme. Hier liegen in der Praxis die Probleme bei der Aktivlegitimation, d.h. bei der Frage, ob dem Kläger die Rechte zustehen.

Wer Rechte aus dem **Schutz des Sendeunternehmens** – § 87 UrhG – geltend macht, **25**
muss lediglich darlegen, dass es sich um eine Sendung des betreffenden Senders handelt.

Komplexer ist die Darlegungs- und Beweislast bei einer **Datenbank** – § 87a UrhG. Hier **26**
wird regelmäßig detailliert unter Berücksichtigung der in den letzten Jahren ergangenen

---

21 OLG München CR 1999, 688, 689.
22 OLG Frankfurt a.M. CR 1998, 525 f.
23 *Dreier*/Schulze § 71 Rn. 6 m.w.N.
24 BGH NJW-RR 2000, 343, 344 – Werbefotos.

Entscheidungen des EuGH,[25] des BGH[26] und anderer deutscher Obergerichte[27] zu den Voraussetzungen zum Vorliegen einer Datenbank vorzutragen sein, wobei folgende Fragen beantwortet sein müssen und aufgrund der Antworten eine Datenbank vorliegen muss:

- Welche Elemente sind in welcher Weise gesammelt worden?
- In welcher Weise sind die Elemente systematisch oder methodisch angeordnet?
- In welcher Weise sind die Elemente einzeln zugänglich?
- Welche Investitionen sind in finanzieller Hinsicht und/oder durch Arbeitsaufwand für Beschaffung, Überprüfung oder Darstellung getätigt worden?

27 Bei der Prüfung ist grds. von einem weiten Datenbankbegriff auszugehen, der einen Schutz für nahezu jede geordnete Sammlung eröffnet. Eine wesentliche Weiche wird aber bei der Investition gestellt. Relevant sind nur Investitionen zum Auffinden und Sammeln der Daten in der Datenbank, nicht aber Investitionen, um die Daten der Datenbank überhaupt erst zu erzeugen.[28]

28 Werden **Filmherstellerrechte** – § 94 UrhG – geltend gemacht, bedarf es der Feststellung, dass ein Filmwerk vorliegt – die §§ 88 bis 94 UrhG gelten nur für Filmwerke – zumeist nicht, da Laufbilder – § 95 UrhG – weitgehend wie Filmwerke geschützt sind und der Laufbildschutz im Regelfall ausreicht. Es gibt jedoch auch Sachverhalte, bei denen es darauf ankommt, ob ein Filmwerk vorliegt. So gibt es beispielsweise in Deutschland nur dann einen Laufbildschutz für Produktionen außerhalb von EU- und EFTA-Staaten, wenn die Laufbilder nicht länger als 30 Tage vor ihrem Erscheinen in diesen Staaten anderweitig erschienen sind. Das folgt aus den Regelungen der §§ 128 Abs. 2, 126 Abs. 2 UrhG. Staatsverträge im Sinne des § 126 Abs. 3 UrhG, welche für Laufbilder einen weitergehenden Schutz für EU-/EFTA-Ausländer gewähren, gibt es nicht. Einen solchen Schutz gewährt das RBÜ[29] nur für Filmwerke. Wer Schutz erlangen will, muss also darlegen, dass ein Filmwerk vorliegt. Relevanz hat dieses Problem dadurch bekommen, dass Auswerter begonnen haben, diese Schutzlücke für Liveaufnahmen von Musikkonzerten im EU-/EFTA-Ausland zu nutzen.[30]

b) Schutzfrist

29 Der Schutz endet mit Ablauf der jeweiligen Schutzfrist. Anders als bei Verjährungsfristen, deren Ablauf einredehalber geltend gemacht werden muss, gehört der Nichtablauf der Schutzfrist zur Darlegung des Rechts. Der Kläger muss daher einen Sachverhalt darlegen und beweisen, aufgrund dessen die jeweils geltende Schutzfrist nicht abgelaufen ist. Das wird in der Praxis allerdings nur in den Fällen erforderlich sein, in denen der Beklagte den Fortbestand des Schutzes in Abrede stellt oder es Anhaltspunkte für den Ablauf der Schutzfrist gibt.

---

25 EuGH GRUR 2005, 244 – BHB-Pferdewetten; GRUR 2005, 252 – Fixtures-Fußballspielpläne I; GRUR 2005, 254 – Fixtures-Fußballspielpläne II.
26 BGH GRUR 1999, 923 – Tele-Info-CD; GRUR 2005, 857 – Hitbilanz; GRUR 2007, 685 – Gedichttitelliste I.
27 Siehe die Auflistung bei *Dreier*/Schulze § 87a Rn. 10.
28 EuGH GRUR 2005, 244, 247 – BHB-Pferdewetten; GRUR 2005, 254, 255 – Fixtures-Fußballspielpläne II.
29 Revidierte Berner Übereinkunft zum Schutz von Werken der Literatur und Kunst vom 9.9.1986.
30 LG Hamburg, Urt. v. 28.9.2005, 308 O 365/05.

2. Aktivlegitimation

Aktivlegitimiert ist, wer befugt ist, die Verletzung gerichtlich geltend zu machen. 30

a) Urheberpersönlichkeitsrechte

Bei einer Verletzung von Urheberpersönlichkeitsrechten und geschützten Persönlichkeitsrechten von Inhabern verwandter Schutzrechte sind der Urheber und der Schutzrechtrechtsinhaber (siehe die Auflistung in § 97 Abs. 2 Satz 4 UrhG) als originär Berechtigte grundsätzlich immer nur selbst aktivlegitimiert. 31

Eine Geltendmachung durch Dritte im Wege der gewillkürten Prozessstandschaft kommt nur insoweit in Betracht, als das betroffene Persönlichkeitsrecht übertragen werden kann. Das scheidet für einen unverzichtbaren Kern des Urheberpersönlichkeitsrechts aus. Im Übrigen können mit der Einräumung von Nutzungsrechten auch persönlichkeitsrechtliche Befugnisse eingeräumt oder zur Ausübung überlassen werden. Das folgt daraus, dass die persönlichkeitsrechtlichen Befugnisse häufig gar nicht von den vermögensrechtlichen Befugnissen getrennt werden können und die vereinbarte Nutzung ohne persönlichkeitsrechtliche Befugnisse gar nicht möglich wäre.[31] Von daher ist es nicht zu beanstanden, wenn Urheber ihren Lizenznehmern das Recht zur Erstveröffentlichung einräumen sowie in einem gewissen Umfang Werkänderungen gestatten, auch wenn diese über § 39 Abs. 2 UrhG hinausgehen. Gleiches gilt, wenn sie den Lizenznehmer ermächtigen, Persönlichkeitsrechtsverletzungen im Wege der gewillkürten Prozessstandschaft in eigenem Namen zu verfolgen, welche auch die Werkauswertung beeinträchtigen, wie etwa die Verletzung des Urhebernennungsrechts bzgl. des zur Auswertung überlassenen Werks. Eine pauschale Ermächtigung zur Geltendmachung der Ansprüche durch Dritte ist allerdings unzureichend.[32] 32

b) Urheberverwertungsrechte

Bei der Verletzung von Verwertungsrechten nach den §§ 15 ff. UrhG ist der Urheber als originärer und ausschließlicher Rechtsinhaber zunächst allein aktivlegitimiert. 33

Sind Rechte einem Dritten nach den §§ 31 ff. UrhG eingeräumt worden, hängt dessen Aktivlegitimation davon ab, ob es sich um ausschließliche Nutzungsrechte handelt. Denn § 97 Abs. 1 UrhG schützt nur absolute Rechte (»sonstige Rechte« im Sinne des § 823 Abs. 1 BGB), die gegenüber jedermann wirken. Das ist nur bei ausschließlichen Nutzungsrechten mit dinglicher Wirkung gegenüber Dritten der Fall. Die Aktivlegitimation reicht dann soweit, wie Rechte übertragen worden sind. Sind z.B. nur ausschließliche Vertriebsrechte übertragen worden, besteht eine Aktivlegitimation nur bei Verletzungen des Verbreitungsrechts, nicht aber auch des Vervielfältigungsrechts. 34

Ist der Nutzungsberechtigte nur einfacher Lizenznehmer, kann er nicht aus eigenem Recht klagen; aktivlegitimiert bleibt weiterhin der Urheber oder ein anderer ausschließlicher Nutzungsberechtigter, der sein Recht vom Urheber herleitet. Dem einfachen Nutzungsberechtigten bleibt nur die Möglichkeit, sich von dem ausschließlich Berechtigten ermächtigen zu lassen und im Wege der gewillkürten Prozessstandschaft vorzugehen. Dazu bedarf er der Ermächtigung durch den Inhaber des ausschließlichen Nutzungsrechts und ein eigenes schutzwürdiges Interesse.[33] Letzteres ist zu bejahen, wenn die Rechtsverletzung die dem Lizenznehmer eingeräumten Rechte berührt.[34] 35

---

31 Vgl. Dreier/*Schulze* Vor § 12 Rn. 12.
32 Dreier/*Schulze* Vor § 12 Rn. 12.
33 BGH GRUR 1998, 376 – Coverversion.
34 BGH GRUR 1981, 652 – Stühle und Tische; siehe weitere Nachweise bei Schricker/*Wild* § 97 Rn. 33.

36 Der Urheber kann auch neben einem ausschließlichen Lizenznehmer anspruchsberechtigt bleiben, vor allem für Abwehransprüche, wenn er ein fortbestehendes eigenes schutzwürdiges Interesse hat. Das ist zu bejahen, wenn er an den Verkaufserlösen des Lizenznehmers beteiligt ist,[35] wobei es nicht der Feststellung bedarf, dass die Lizenzeinnahmen durch die Verletzungshandlung tatsächlich beeinträchtigt sind. Gleiches gilt auch für den Inhaber eines ausschließlichen Nutzungsrechts; er bleibt nach Weiterlizenzierung an einen Dritten aktivlegitimiert, wenn er als Unterlizenzgeber an den Verkaufserlösen des Unterlizenznehmers beteiligt ist.[36] Beim Schadensersatzanspruch selbst bleibt es allerdings beim Anspruch des Rechtenehmers, an dessen Ergebnis der Rechtegeber allerdings dann partizipiert.

c) Feststellung der Urheberschaft

37 Wird die vom Kläger behauptete Urheberschaft bestritten, muss er sie darlegen und ggf. beweisen. Das kann im Einzelfall durchaus schwierig sein, wenn der Urheber, wie häufig, bei der Werkerstellung allein war. Er muss dann alle Indiztatsachen einführen, aus denen auf seine Urheberschaft geschlossen werden kann, und die Tatsachenbehauptungen bei Bestreiten beweisen. Die Vorlage eines Originalwerks kann einen Anscheinsbeweis auslösen. So war es früher bei dem »Masterband« einer Tonaufnahme oder beim Original-Dia oder einem Originalnegativ eines Fotos. Häufig hilft es, den Zeitpunkt der Werkerstellung und dessen Offenbarung gegenüber Dritten darzulegen und zu beweisen. Zur Urheberschaft bei digitalen Fotos kann die Vorlage von Parallelschüssen einen Anscheinsbeweis auslösen.[37]

38 Die Vermutungswirkung des § 10 Abs. 1 UrhG setzt voraus, dass die Urheberbezeichnung sich auf einem körperlichen Werkexemplar befindet. Darstellungen und Ausdrucke im Internet reichen nicht aus.[38] Als ausreichend für die Vermutung der Fotografeneigenschaft für Fotodateien auf einer CD-R wird es angesehen, wenn sich aus einem beigefügten Text ergibt, wer der Urheber ist.[39]

d) Feststellung der Rechteinhaberschaft eines Lizenznehmers

39 Der Lizenznehmer muss darlegen und beweisen, dass ihm die Rechte zur ausschließlichen Nutzung übertragen worden sind, deren Verletzung er geltend macht. Die ihm obliegende Darlegung und der Beweis der Aktivlegitimation kann in Prozessen, in denen es um alte Rechte und Rechte aus anderen Ländern geht, erhebliche Probleme bereiten. Verlangt wird eine geschlossene Rechtekette vom originären Rechtsinhaber bis zum Kläger. Das verdeutlichen Entscheidungen aus dem Bereich der Unterhaltungsmusik,[40] des Films[41] und Werken der angewandten Kunst.[42] Hier kann heute insbesondere die Vermutungswirkung des neuen § 10 Abs. 3 UrhG helfen, die für Verfahren der einstweiligen Verfügung und Unterlassungsansprüche gilt.

---

35 BGH GRUR 1992, 697, 699 – ALF; GRUR 199, 984, 985 – Laras Tochter.
36 BGH GRUR 1999, 984 – Laras Tochter.
37 LG München I MMR 2008, 622.
38 Dreier/*Schulze* § 10 Rn. 6.
39 LG Kiel NJOZ 2005, 126; mehr zum ©-Vermerk bei Fromm/Nordemann/*Nordemann* § 10 Rn. 13.
40 Vgl. OLG Hamburg GRUR-RR 2001, 73 – Frank Sinatra; GRUR-RR 2001, 121 – Cat Stevens; GRUR-RR 2003, 135 – Bryan Adams; LG Mannheim MMR 2007, 335 – Vermutungswirkung eines Vermerks auf einem CD-Cover.
41 LG München I NJOZ 2007, 2918.
42 OLG Hamburg GRUR 1999, 714 – Bauhaus-Glasleuchte.

e) Leistungsschutz- und Filmherstellerrechte

Hier gilt grundsätzlich gleiches wie bei den Urheberrechten. Der Kläger muss darlegen und ggf. beweisen, wer originärer Rechteinhaber ist und, wenn aus abgeleitetem Recht vorgegangen wird, dass er aufgrund einer geschlossenen Rechtekette Inhaber der ausschließlichen Nutzungsrechte an dem geltend gemachten Recht ist oder dass die Voraussetzungen einer gewillkürten Prozessstandschaft vorliegen. Auch hier kann die Vermutungswirkung des § 10 Abs. 3 UrhG helfen. **40**

3. Verletzungshandlung

Die beanstandete Nutzung des Verletzungsmusters muss ein von der Aktivlegitimation des Klägers umfasstes Recht aus dem Klagemuster verletzen. Das muss der Kläger darlegen und beweisen, was im Regelfall die Vorlage des Verletzungsmusters als Gegenstück zum Klagemuster bedingt. **41**

a) Urheberpersönlichkeitsrechtsverletzungen

Die Geltendmachung einer Verletzung des Erstveröffentlichungsrechts gemäß § 12 UrhG bedarf der Darlegung und ggf. des Nachweises der Veröffentlichungshandlung durch den Beklagten zu einem Zeitpunkt vor einer Veröffentlichung durch einen Berechtigten im Sinne des § 6 Abs. 1 UrhG. **42**

Die Mehrzahl der Urheberpersönlichkeitsrechtsverletzungen erfolgen durch Unterlassen der Anerkennung der Urheberschaft – § 13 UrhG. Entweder wird der Urheber nicht genannt oder es ist ein anderer als Urheber angegeben. Hier muss sich aus dem vorgelegten Verletzungsmuster die geltend gemachte Verletzung ergeben. **43**

Wird eine Entstellung – § 14 UrhG – geltend gemacht, bedarf es anhand einer Gegenüberstellung von Klage- und Verletzungsmuster der Darlegung der Umstände, aus denen der Kläger eine Entstellung herleitet. **44**

b) Verwertung von Werken

Aus dem Vergleich zwischen Klage- und Verletzungsmuster muss sich ergeben, dass das Verletzungsmuster in den Schutzbereich des Klagemusters fällt. Das wird bei identischen Leistungsübernahmen nicht in Frage stehen. **45**

Bei Unterschieden zwischen Klage- und Verletzungsmuster kann sich aber die Frage stellen, ob das Verletzungsmuster eine unerlaubte **unfreie Bearbeitung** (§ 23 UrhG) oder eine erlaubte **freie Benutzung** (§ 24 UrhG) darstellt. Das hängt vom Schutzumfang des Klagemusters ab, der wiederum vom Grad der Individualität abhängt.[43] Die Prüfung erfolgt dabei in folgenden Schritten und knüpft an die Prüfung der Schutzfähigkeit an: **46**
1. Welche Merkmale prägen unter Berücksichtigung des vorbekannten Formenschatzes den ästhetischen Gesamteindruck des Klagemusters? Die Antwort ergibt den Schutzbereich. Je weiter der Abstand zum vorbekannten Formenschatz ist, je mehr Merkmale sind zu berücksichtigen und je größer ist der Schutzbereich. Ein geringer Abstand zu vorbekannten Formenschatz führt zum umgekehrten Ergebnis.
2. Welche der Merkmale finden sich in dem Verletzungsmuster wieder?
3. Kommt diesen Übereinstimmungen Werkcharakter zu?

Maßgebend sind danach grundsätzlich die Übereinstimmungen und nicht die Unterschiede.[44]

---

[43] Anschaulich Fromm/*Nordemann* § 24 Rn. 28, zum Stufensystem von der Vervielfältigung bis zur freien Benutzung.
[44] Fromm/Nordemann/*Nordemann* § 24 Rn. 45 ff.

47 Bei der Verletzungsprüfung kann sich auch die Frage der **Erschöpfung des Verbreitungsrechts** nach § 17 Abs. 2 UrhG 2stellen. Die Voraussetzungen für das Vorliegen dieses Ausnahmetatbestandes muss der Verletzer darlegen und beweisen.[45]

48 Beim Einwand der **Doppelschöpfung** macht der Verletzer geltend, das Verletzungsmuster sei ohne Kenntnis des Klagemusters geschaffen worden. Da im Urheberrecht anders als überwiegend in den gewerblichen Schutzrechten das Prioritätsprinzip nicht gilt, ist der Einwand erheblich und steht der Annahme einer Verletzung entgegen. Zur Behandlung des Einwands kann auf die vergleichbare Sachlage zu Art. 19 Abs. 2 GGV[46] bzw. § 1 GeschmMG a.F. verwiesen werden, wonach das Verletzungsmuster das Ergebnis einer Nachahmung des Klagemusters sein muss.[47] Zunächst besteht kein Anlass, von dem Grundsatz abzuweichen, dass der Kläger die Voraussetzungen für seinen Anspruch darzulegen und ggf. zu beweisen hat. Bei einer Möglichkeit der Kenntnis vom Klagemuster bei Schaffung des Verletzungsmusters und bei Übernahme der prägenden Merkmale wird ein Anscheinsbeweis jedenfalls dafür sprechen, dass das Klagemuster als Vorlage gedient hat. Diesen Anscheinsbeweis muss der Verletzer erschüttern.[48] Dabei gilt: Je individueller die Gestaltung des Klagemusters ist, umso weniger wahrscheinlich ist eine Doppelschöpfung. In der Praxis gelingt die Erschütterung des Anscheinsbeweises zumeist nicht. In Betracht gezogen werden kann dabei auch ein Fall der unbewussten Entlehnung, die aber gleichfalls widerrechtlich wäre.

4. Widerrechtlichkeit der Rechtsverletzung

49 Eine Verletzung ist widerrechtlich, wenn die Nutzung nicht vom Berechtigten gestattet war oder ist, keine Schrankenregelung greift und kein besonderer Rechtfertigungsgrund vorliegt. Die Darlegungs- und Beweislast hat der Verletzer.

5. Passivlegitimation

50 Passivlegitimiert ist der Verletzer. Das ist jeder, der für die streitgegenständliche Verletzung einzustehen hat. Das sind Täter und Teilnehmer und im Hinblick auf die negatorischen Ansprüche auf Unterlassung und Beseitigung auch der bloße Störer.

a) Täter und Teilnehmer

51 Täter ist jeder, der die Rechtsverletzung begeht, sofern zwischen dem Verhalten und der Rechtsverletzung ein adäquater Kausalzusammenhang besteht. Dabei genügt es, dass der Verantwortliche eine von mehreren Ursachen setzt, es sei denn, es ist nach der Lebenserfahrung unwahrscheinlich, dass gerade diese Ursache zu einem solchen Erfolg geführt hat.[49] Der Teilnehmer beteiligt sich an der vorsätzlichen rechtswidrigen Tat des Täters. Eine Teilnahme an einer fremden Rechtsverletzung erfordert in Bezug auf die Haupttat einen tatbestandlichen Vorsatz, der das Bewusstsein der Rechtswidrigkeit einschließt. Eine bloß fahrlässige Teilnahme oder eine Teilnahme an einer fahrlässigen Haupttat scheidet daher aus.[50]

---

45 H.M.; vgl. EuGH GRUR Int. 2007, 237 – Laserdisken; BGH GRUR 1981, 587 – Schallplattenimport.
46 VO (EG) 6/2002 – EG-GemeinschaftsgeschmacksmusterVO.
47 *Rahlf/Gottschalk* GRUR Int. 2004, 821, 822.
48 BGH NJW-RR 1991, 812, 814 – Brown Girl II.
49 *Dreier*/Schulze § 97 Rn. 23; Wandtke/Bullinger/*v. Wolff* § 97 Rn. 14 m.w.N.
50 *Dreier*/Schulze § 97 Rn. 23 m.w.N.

b) Störer

Im Rahmen des Unterlassungsanspruchs haftet danach in entsprechender Anwendung des § 1004 BGB jeder als Störer für eine Schutzrechtsverletzung, wer – ohne selbst Täter oder Teilnehmer zu sein – in irgendeiner Weise willentlich und adäquat kausal an der rechtswidrigen Beeinträchtigung mitgewirkt hat. Um eine solche Haftung nicht über Gebühr auf Dritte zu erstrecken, die nicht selbst die rechtswidrige Beeinträchtigung vorgenommen haben, setzt die Haftung des Störers die Verletzung von Prüfungspflichten voraus. Deren Umfang bestimmt sich danach, ob und inwieweit dem als Störer in Anspruch Genommenen nach den Umständen eine Prüfung zuzumuten ist,[51] wobei sich die Art und der Umfang der gebotenen Prüf- und Kontrollmaßnahmen nach Treu und Glauben bestimmen.[52] So hat sich auch die Verpflichtung, geeignete Vorkehrungen zu treffen, durch welche die Rechtsverletzungen soweit wie möglich verhindert werden, im Rahmen des Zumutbaren und Erforderlichen zu halten.[53]

c) Inhaberhaftung

Nach § 99 UrhG (§ 100 UrhG a.F.) haftet der Inhaber des Unternehmens für durch widerrechtliche Urheberrechtsverletzungen von Arbeitnehmern oder Beauftragten ausgelöste Ansprüche nach den §§ 97-98 UrhG unter Ausnahme des Schadensersatzes. Der Begriff der Arbeitnehmer und Beauftragten ist weit zu fassen. Es muss sich bei der Verletzung um eine unternehmensbezogene Tätigkeit handeln.[54] Als Inhaber des Unternehmens bei einer Einzelfirma ist der Kaufmann anzusehen, bei den Personengesellschaften sowohl die Gesellschaft selbst als auch die persönlich haftenden Gesellschafter, bei juristischen Personen die juristische Person selbst. Auch Parteien und Vereine sind als Unternehmensinhaber[55] anzusehen.

d) Haftung bei Rechtsverletzungen im Internet

Die Passivlegitimation bei Rechtsverletzungen im Internet gehört zu den aktuellen Problemen im Urheberrecht und gewerblichen Rechtsschutz.[56]

Grundsätzlich gilt: Für eigene Inhalte haftet jeder Internetdienstleister (§ 7 Abs. 1 TMG). Eigene Inhalte sind auch solche, die ein Dritter hochgeladen hat und die sich der Internetdienstleister zu Eigen gemacht hat.[57] Die Haftungsprivilegien der §§ 7 Abs. 2 bis 10 TMG finden auch für fremde Inhalte keine Anwendung auf Unterlassungsansprüche. Dies gilt nicht nur für den auf eine bereits geschehene Verletzung gestützten Unterlassungsanspruch, sondern auch für den vorbeugenden Unterlassungsanspruch.[58] Den Diensteanbieter treffen für fremde Inhalte grundsätzlich keine proaktiven Prüfpflichten.[59] Er ist aber verpflichtet, den verletzenden Inhalt nach Kenntniserlangung unverzüglich zu entfernen und Vorsorge zu treffen gegen weitere gleichartige Verletzungen.[60]

---

51 BGH GRUR 2004, 860, 864 – Internet-Versteigerung I; GRUR 2007, 708 – Internetversteigerung II.
52 Wandtke/Bullinger/v. Wolff § 97 Rn. 15.
53 BGH GRUR 1984, 54, 55 – Kopierläden.
54 BGH GRUR 2005, 864 – Meissner Dekor II; GRUR 2007, 994 – Gefälligkeit.
55 OLG Bremen GRUR 1985, 536 – Asterix-Plagiate.
56 *Köhler* GRUR 2008, 1 ff.
57 Zur Abgrenzung siehe OLG Hamburg MMR 2008, 881 – chefkoch.de und MMR 2009, 479 – Mettenden.
58 BGH GRUR 2004, 860 – Internet-Versteigerung I.; BGH GRUR 2007, 724 – Meinungsforum.
59 BGH GRUR 2004, 860 – Internet-Versteigerung I; OLG Zweibrücken MMR 2009, 541 m.w.N.
60 BGH GRUR 2007, 724 – Meinungsforum; OLG Hamburg MMR 2009, 479 – Mettenden; OLG Hamburg MMR 2008, 881 – chefkoch.de; OLG Hamburg GRUR-RR 2009, 218 – Long Island Tea.

56 Diese Grundsätze sind im Wesentlichen entwickelt worden für die Betreiber von **Internetverkaufsplattformen**[61] und **Internetforen**,[62] also für Hostprovider.

57 Ob und inwieweit **Access-Provider** als neutrale technische Zugangsvermittler ins Internet zivilrechtlich als Störer auf Sperrung von Internetseiten mit rechtsverletzenden Inhalten in Anspruch genommen werden können, wie Rechteinhaber (Musikindustrie, Filmindustrie, Spiele- und Softwarehersteller) verlangen, ist umstritten.[63] Von den Gerichten sind solche Ansprüche gegen Access-Provider zuletzt abgelehnt worden. Teilweise wurde bereits die Störereigenschaft verneint, weil der Access-Provider nicht für Inhalte des Internets verantwortlich sei.[64] In anderen Entscheidungen wird die Zumutbarkeit der Sperren im Hinblick auf die Umgehungsmöglichkeiten verneint.[65] Schließlich wird die Auffassung vertreten, die derzeit in Betracht kommenden Filter und Sperren würden in das Fernmeldegeheimnis eingreifen, wofür es einer gesetzlichen Grundlage gemäß Art. 10 Abs. 2, 19 GG bedürfe,[66] wie es beim ZugangserschwerungsG[67] auch gemacht worden ist. Damit würde es derzeit an einer zivilrechtlichen Anspruchsgrundlage fehlen.[68]

58 Die Haftung des **Zugangsvermittlers zum Usenet**, der als Cache-Provider einzuordnen ist, wird uneinheitlich behandelt. Das OLG Düsseldorf[69] hat eine Haftung abgelehnt, weil es dem Cache-Provider nicht zumutbar sei, sämtliches urheberrechtlich geschütztes Material von legalen Inhalten zu unterscheiden und den Zugang dazu zu unterbinden. Das OLG Hamburg bejaht eine Haftung, wenn über die Zugangsvermittlung hinaus die Inanspruchnahme des Dienstes mit der Möglichkeit von Rechtsverletzungen aktiv und offensiv beworben wird.[70]

59 Der Betreiber einer **Suchmaschine** ist nicht verpflichtet, ohne konkreten Anlass alle Internetauftritte, die von der Suchmaschine bei Eingabe eines Begriffes gefunden werden, daraufhin zu untersuchen, ob sie eine Schutzrechtsverletzung enthalten. Er könnte allenfalls verpflichtet sein, das Nachweisen einzelner Fundstellen zu rechtsverletzenden Inhalten zu unterlassen, nachdem ihm konkrete Kenntnis vermittelt worden ist.[71] Die rechtliche Behandlung der Aufrufbarkeit von geschützten Bildern in der Bildersuche von Suchmaschinen ohne Einwilligung des Rechteinhabers ist umstritten. Die Instanzgerichte haben das Abspeichern auf den Servern von Suchmaschinen überwiegend als widerrechtliches Vervielfältigen im Sinne des § 16 UrhG gewertet (für das die deutschen Gerichte international nicht entscheidungszuständig sind) und das Aufrufbarmachen als ein widerrechtliches öffentliches Zugänglichmachen.[72] Das OLG Jena hat die Geltendmachung von Verletzungsansprüchen allerdings als rechtsmissbräuchlich angesehen, wenn der Rechteinhaber sein Bild suchmaschinenoptimiert ins Internet gestellt hat.[73] Der BGH hat das in seinem Revisionsurteil zur Jenaer Entscheidung anders gesehen. Danach kann der Suchma-

---

61 BGH GRUR 2004, 860, 864 – Internetversteigerung I; GRUR 2007, 708 – Internetversteigerung II.
62 BGH GRUR 2007, 724 – Meinungsforum; OLG Hamburg MMR 2009, 479 – Mettenden; MMR 2008, 881 – chefkoch.de; GRUR-RR 2009, 218 – Long Island Tea.
63 *Frey* MMR 2009, 221; *Schnabel* MMR 2008, 281; *Marberth-Kubicki* NJW 2009, 1792.
64 LG Frankfurt MMR 2008, 121, unter Verneinung der Störereigenschaft des Access-Providers.
65 LG Kiel MMR 2008, 123; LG Hamburg NJOZ 2010, 443.
66 *Frey/Rudolph*, »Evaluierung des Haftungsregimes für Host- und Access-Provider im Bereich der Telemedien«, www.bvdw.org; *Sieber/Nolde*, Sperrverfügungen im Internet – Nationale Rechtsdurchsetzung im globalen Cyberspace?, 2008.
67 BGBl. 2010 I, S. 78.
68 LG Hamburg, Urt. v. 12.3.2010, 308 O 640/08.
69 OLG Düsseldorf MMR 2008, 254.
70 OLG Hamburg MMR 2009, 405 – alphaload; MMR 2009, 631 – Spring nicht – usenet I.
71 OLG Hamburg MMR 2010, 141.
72 OLG Jena MMR 2008, 408; LG Hamburg, MMR 2009, 55 – Google-Bildersuche; LG Hamburg, MMR 2004, 558 – Thumbnails; a.A. LG Erfurt MMR 2007, 393.
73 OLG Jena MMR 2008, 408, 413.

schinenbetreiber von einer »schlichten Einwilligung« des Rechteinhabers ausgehen, weil dieser sein Bild ins Internet gestellt hat, ohne von technischen Schutzmaßnahmen (Verschlüsselung, robot.txt) Gebrauch gemacht zu haben, um die Abbildung in Bildersuchen zu verhindern. Diese Einwilligung könne auch nicht einfach für die Zukunft widerrufen werden; vielmehr müsse der Rechteinhaber die vorhandenen technischen Schutzmaßnahmen ergreifen.[74] In einem obiter dictum wird eine Haftung des Suchmaschinenbetreibers bei Bildern, die von Nichtberechtigten ins Internet gestellt wurden, erst ab Kenntnis von der Rechtswidrigkeit der gespeicherten Information in Betracht gezogen.[75]

Nach Auffassung des LG Hamburg[76] macht sich das **Internetvideoportal** YouTube die dort von den Nutzern hochgeladenen Inhalte zu Eigen. Daraus folgten »erhöhte Prüfpflichten" im Hinblick auf die Inhalte der Videos. Die formularmäßige Versicherung des jeweiligen Nutzers, er habe alle erforderlichen Rechte an dem Video, entbinde YouTube nicht von der Pflicht, sich von dem Nutzer im Einzelfall nachweisen zu lassen, dass er über die erforderlichen Rechte tatsächlich verfügt. Dies gilt erst recht vor dem Hintergrund, dass Anwender die Möglichkeit hätten, die Plattform anonym zu nutzen. In dem konkreten Fall wird eine täterschaftliche Haftung von YouTube bejaht. 60

Die **Haftung des Internetanschlussinhabers** für das urheberrechtswidrige Kopieren und öffentliche Zugänglichmachen von geschützten Leistungen in Peer-To-Peer Netzwerken (**Tauschbörsen**) wird grundsätzlich bejaht, allerdings wird hinsichtlich der Prüfpflichten differenziert.[77] Der Anschlussinhaber haftet auch bei Rechtsverletzungen durch W-Lan-Missbrauch, wenn der Zugang nicht hinreichend verschlüsselt ist.[78] 61

Eine Vielzahl von Rechtsverletzungen wird über **Webhosterdienste** begangen. Solche Dienste (auch Sharehoster, One-Click-Hoster oder Filehoster genannt) stellen dem Nutzer Speicherplatz zur Verfügung. Dort kann der Nutzer Dateien unmittelbar und ohne vorherige Anmeldeprozedur speichern. Nach dem Upload erhält der Anwender eine URL, unter der die Datei angezeigt bzw. heruntergeladen werden kann. Dort werden vielfältig verletzende Inhalte gespeichert und die URL wird in einschlägigen Foren veröffentlicht, so dass jeder Nutzer dieser Foren die Möglichkeit des Zugriffs auf den Inhalts und dessen Download hat. Hier wird zum Teil eine Störerhaftung des Webhosters bejaht, wenn keine Vorsorge gegen wiederholte Verletzungen getroffen wird,[79] zum Teil wird das als unzumutbar angelehnt.[80] 62

Ein **Domaininhaber**, der nicht auch Betreiber der Website ist, haftet nicht allein aufgrund seiner Inhaberstellung für rechtswidrige Inhalte auf der unter der Domain betriebenen Website. Eine Haftung kommt vielmehr erst ab Kenntniserlangung von der Rechtsverletzung in Betracht oder wenn konkrete Anhaltspunkte für (drohende) Rechtsverletzungen bestehen, welche Prüfpflichten auslösen.[81] Der **Admin-C** haftet ebenfalls nicht allein aufgrund dieser Funktion für rechtswidrige Inhalte. Wann für ihn eine solche Haftung begründet sein kann, wird nicht einheitlich beurteilt. Prüfpflichten im Hinblick auf die Inhalte werden überwiegend verneint.[82] Nach Auffassung des KG[83] kommt 63

---

74 BGH GRUR 2010, 628, 631f – Vorschaubilder; zustimmend: *Bullinger/Garbers-von Boehm* GRUR-Prax 2010, 257.
75 BGH GRUR 2010, 628, 633 – Vorschaubilder.
76 LG Hamburg, Urt. v. 3.9.2010, 308 O 27/09 – YouTube.
77 OLG Frankfurt MMR 2008, 603; LG Hamburg MMR 2007, 131; LG Mannheim MMR 2007, 267; LG Mannheim MMR 2007, 459; LG Düsseldorf MMR 2008, 684.
78 BGH GRUR 2010, 633 – Sommer unseres Lebens; kritisch: *Knopp* DuD 2010, 653.
79 OLG Hamburg NJOZ 2008, 4927 – Rapidshare.
80 OLG Düsseldorf, Urt. v. 27.4.2010, I-20 U 166/09.
81 BGH GRUR 2009, 1093 – Focus Online.
82 OLG Hamburg MMR 2007, 601; LG Dresden MMR 2007, 394.
83 KG MMR 2006, 392.

jedoch eine subsidiäre Haftung in Betracht, wenn der ausländische Domaininhaber den rechtswidrigen Inhalt nach Aufforderung nicht entfernt und davon auszugehen ist, dass die Störung nur durch eine Aufhebung der Registrierung des Domainnamens unterbunden werden kann.

e) Mehrere Verletzer

64 Mehrere Verletzer in einer Verletzungsebene schulden jeweils selbständig Unterlassung und Beseitigung, für Geldersatzansprüche haften sie jedoch gesamtschuldnerisch nach §§ 830, 840 BGB.

III. Der Unterlassungsanspruch

65 Die Regelung des Unterlassungsanspruchs in § 97 Abs. 1 UrhG entspricht dem verschuldenslosen negatorischen Unterlassungsanspruch aus § 1004 BGB, der vor Inkrafttreten des UrhG (in entsprechender Anwendung) Grundlage für den Unterlassungsanspruch gegenüber Beeinträchtigungen des Urheberrechts war. Zunächst müssen für jeden Unterlassungsanspruch die zuvor genannten gemeinsamen Voraussetzungen vorliegen.

1. Wiederholungs- und Begehungsgefahr

66 Der Unterlassungsanspruch zielt auf die Verhinderung künftiger neuer Verstöße, die mit dem schon begangenen Verstoß (im Kern) übereinstimmen, oder in Gestalt des vorbeugenden Unterlassungsanspruchs auf die Verhinderung erstmaliger Verstöße. Ob die Voraussetzungen für die Annahme einer Wiederholungs- bzw. Begehungsgefahr vorliegen, beurteilt sich nach den Verhältnissen zum Zeitpunkt der letzten mündlichen Verhandlung in der Tatsacheninstanz. Fehlt es hieran, ist die Klage als unbegründet abzuweisen. Zu beachten ist, dass es sich bei einem auf eine Wiederholungsgefahr sowie auf eine Erstbegehungsgefahr gestützten Unterlassungsanspruch um zwei verschiedene Streitgegenstände handelt.[84]

a) Wiederholungsgefahr

67 Eine begangene Verletzungshandlung begründet eine tatsächliche Vermutung, dass eine Wiederholungsgefahr besteht.[85] Dabei besteht die Wiederholungsgefahr nicht nur hinsichtlich der konkreten Verletzungshandlung, sondern auch hinsichtlich leicht abgewandelter, aber in ihrem Kern gleicher Handlungen.[86] Die tatsächliche Vermutung der Wiederholungsgefahr kann nach ständiger Rechtsprechung grundsätzlich nur durch die Abgabe einer hinreichend strafbewehrten Unterlassungserklärung beseitigt werden. Diese strengen Anforderungen gelten im Bereich des gewerblichen Rechtsschutzes einschließlich des Urheberrechts.[87] Die bloße Zusage, das beanstandete Verhalten zukünftig zu unterlassen reicht ebenso wenig wie die Änderung der tatsächlichen Verhältnisse.[88]

b) Begehungsgefahr

68 Die jetzt in § 97 Abs. 1 UrhG ebenfalls ausdrückliche geregelte Erstbegehungsgefahr besteht, wenn konkrete Anhaltspunkte dafür vorhanden sind, dass der Beklagte in naher Zukunft bestimmte rechtswidrige Handlungen vornehmen wird. Insoweit bedarf es der

---

84 BGH GRUR 2006, 429 – Schlank-Kapseln.
85 BVerfG, Beschl. v. 26.8.2003; BGH NJW 1994, 1281, 1283; Köhler/*Bornkamm* § 8 Rn. 1.33 m.w.N.
86 Köhler/*Bornkamm* § 8 Rn. 1.36 m.w.N.
87 Köhler/*Bornkamm* § 8 Rn. 1.38 m.w.N; Schricker/*Wild* § 97 Rn. 42 m.w.N.
88 Köhler/*Bornkamm* § 8 Rn. 1.39 ff. m.w.N.

Darlegung entsprechender objektiver tatsächlicher Umstände.[89] Solche Umstände können eine Berühmung der Berechtigung sein, eine bestimmte Handlung vornehmen zu dürfen.[90] Die nur im Rahmen einer Rechtsverteidigung einer Partei im Prozess erfolgte Berühmung begründet als solche keine Erstbegehungsgefahr.[91] Für den Wegfall der Erstbegehungsgefahr bedarf es, anders als bei der Wiederholungsgefahr, nicht der Abgabe einer strafbewehrten Unterlassungserklärung. Ausreichend ist eine eindeutige Aufgabe einer Berühmung,[92] und für den Fall, dass bereits mit Vorbereitungshandlungen begonnen worden war, eine umfassende Rückgängigmachung dieser Vorbereitungen.[93]

2. Der Klageantrag beim Unterlassungsanspruch

Der Antrag stellt im Regelfall auf die **konkrete Verletzungsform** ab. Das geschieht zumeist in der Weise, dass beantragt wird, bestimmte Handlungen in Bezug auf das Verletzungsmuster zu untersagen; das Verletzungsmuster wird dabei zum Gegenstand des Antrages gemacht.[94] Soweit es um mit den Augen wahrnehmbare Erzeugnisse geht, sind Abbildungen des Verletzungsmusters zum Gegenstand des Antrages zu machen. Dabei sollten die Abbildungen alle Merkmale wiedergeben, welche den Gesamteindruck des Verletzungsmusters bestimmen; denn mit dem Antrag bestimmt der Kläger Umfang, Inhalt und Grenzen des begehrten Verbots. Auf in den Abbildungen nicht sichtbare Merkmale – wegen schlechter Abbildungen oder etwa auf einer nicht dargestellten Rückseite des Verletzungsmusters – würde sich ein Verbot dann nicht erstrecken. Daher sollten qualitativ gute Abbildungen und bei dreidimensionalen Verletzungsmustern Abbildungen von allen Seiten verwendet werden. 69

Bei der **Umschreibung der angegriffenen Verhaltensweisen** empfiehlt es sich, auf die im Gesetz geregelten Benutzungsformen der §§ 15 ff. abzustellen und diese im Antrag aufzunehmen. Zu beachten ist allerdings, dass die Wiederholung des Wortlauts eines gesetzlichen Verbotstatbestands grundsätzlich nicht für die Bestimmtheit des Unterlassungsantrags genügt.[95] Allein die Verwendung des Begriffes »zu benutzen« wäre danach zu unbestimmt; das wäre nur im Zusammenhang mit der beanstandeten Handlungsbeschreibung hinnehmbar (Beispiel: »..., wie durch Anbieten und Verkaufen über die Verkaufsplattform eBay und anschließendes Liefern geschehen«). Ansonsten ist eine Verwendung der Begriffe Herstellen, Anbieten, Inverkehrbringen, Einführen, Ausführen und Besitz zu diesen Zwecken nicht zu beanstanden, weil die jeweilige Bedeutung dieser Begriffe nicht zweifelhaft ist. Werden Handlungen in den Antrag aufgenommen, für die keine Wiederholungs- oder Begehungsgefahr besteht, ist die Klage insoweit mit Kostenfolgen nach § 92 Abs. 1 ZPO abzuweisen. So wird einem deutschen Händler, der aus China importiert, kein »Herstellen« verboten werden können. 70

Muster für das Fallbeispiel, dass ein Stadtplanausschnitt des Klägers in einem anderen Internetauftritt genutzt wurde: 71

> Es wird beantragt, den/die Beklagte/n zu verurteilen,
> es bei Meidung ... [Ordnungsmittel des § 890 ZPO] ... zu unterlassen, ...
> einen Stadtplanausschnitt gemäß der nachfolgend wiedergegebenen Abbildung [Abbildung Verletzungsmuster] zu vervielfältigen und/oder öffentlich zugänglich zu machen, wie im Internetauftritt http://www.xyc.de geschehen.

---

89 Köhler/*Bornkamm* § 8 Rn. 1.17 m.w.N.
90 BGH GRUR 1987, 125 – Berühmung.
91 BGH GRUR 2001, 1174, 1176 – Berühmungsaufgabe.
92 BGH GRUR 2001, 1174, 1176 – Berühmungsaufgabe.
93 BGH GRUR 1992, 116, 117 – Topfgucker-Scheck.
94 BGH GRUR 2003, 786, 787 – Innungsprogramm; GRUR 1985, 1041, 1044 – Inkassoprogramm.
95 BGH GRUR 2000, 438, 440 – Gesetzeswiederholende Unterlassungsanträge.

Die Abbildung wäre eine Kopie der Abbildung des Stadtplanausschnittes aus dem beanstandeten Internetauftritt. Es kann auch Bezug genommen werden auf eine Anlage mit dem Ausdruck eines Screenshots der beanstandeten Webseite. Solche Abbildungen sollten gleich mit der Klage in genügender Anzahl als Verbindungsanlagen für Entscheidungsausfertigungen eingereicht werden. Bei vielen Gerichten (vorher erkundigen) kann auch ein digitaler Bilddatenträger mit den Abbildungen zum Kopieren in eine Entscheidung beigefügt werden. Im Musterantrag ist neben der offensichtlichen Verletzungshandlung des öffentlichen Zugänglichmachens nach § 19a UrhG ein Vervielfältigen nach § 16 UrhG aufgenommen worden, weil das Foto nur durch einen Kopiervorgang in das angegriffene Angebot gelangt sein kann.

72 Teilweise wird allein mit der Darstellung des Verletzungsmusters dem Rechtsschutzziel des Klägers aber nicht genügt, weil die Gefahr besteht, dass schon kleinere Abweichungen bei der Gestaltung des Verletzungsmusters nicht mehr von dem durch die Abbildungen bestimmten Umfang des Verbots erfasst sind. Da sich die Vermutung der Wiederholungsgefahr sich nicht nur auf die Wiederholung der konkreten Verletzungshandlung, sondern auch auf im Kern gleiche Verhaltensweisen erstreckt,[96] kann sich eine Erweiterung des Antrags auf kerngleiche Verletzungen anbieten. Das geschieht üblicherweise so, dass in den Antrag eine Merkmalsbeschreibung eingestellt wird, die den Verbotskern abdeckt, und dass das Verletzungsmuster danach in einem »Insbesondere-Satz« antragsgegenständlich gemacht.

▶ **Beispiel:**

Es wird beantragt, den/die Beklagte/n zu verurteilen,
es bei Meidung ... [Ordnungsmittel des § 890 ZPO] ... zu unterlassen, ...
ein/e ... [Gattungsbezeichnung] ... herzustellen, anzubieten und/oder in Verkehr zu bringen und/oder diese Handlungen durch Dritte ausführen zu lassen, die folgende Merkmale in Kombination aufweisen: ...
[Auflistung der Merkmale]
insbesondere wenn es sich um ... [Gattungsbezeichnung] ... mit der aus den folgenden Abbildungen ersichtlichen Gestaltung handelt:
[Abbildung Verletzungsmuster]

Eine solche Merkmalsliste ist allerdings mit größter Sorgfalt aufzustellen. Finden sich darin Merkmale, welche das Klagemuster nicht aufweist, geht der Antrag zu weit und kann teilweise abgewiesen werden. Übersieht die Liste Merkmale des Klagemusters, wird der Kernbereich eher unnötig eingeengt. In der Praxis zeigt sich, dass in der weitaus überwiegenden Mehrzahl der Fälle die Darstellung des Verletzungsmusters ausreicht.

3. Einzelfälle von Antragsfassungen

73 **Sprachwerke:** Handelt es sich um ein Buch mit unerlaubten Textübernahmen, ist das Buch mit Titel, Verfasser, Verlag, Auflage und ISBN-Nr. zu bezeichnen. Auch wenn nur eine Textpassage in einem Buch zu beanstanden ist, kann die Nutzung des gesamten Buches, sofern dies verhältnismäßig ist, als konkrete Verletzungsform verboten werden. Das kann aber in den Fällen, in denen mehrere Textpassagen beanstandet werden, aber dazu führen, dass das Gericht bei Bejahung der Verletzung durch nur eine Beanstandung das Buch verbietet, ohne das Klarheit über die weiteren Beanstandungen besteht.[97] Will man eine Entscheidung über alle Beanstandungen erreichen, muss man diese einzeln in den Antrag aufnehmen.[98] Handelt es sich um sonstige Textübernahmen, die in ihrer

---

[96] Köhler/*Bornkamm* § 8 Rn. 1.36 m.w.N.
[97] BGH GRUR 1999, 984, 989 – Laras Tochter.
[98] Loewenheim/*Rojahn* § 94 Rn. 24.

Gesamtheit nicht als unverwechselbar bezeichnet werden können, so empfiehlt es sich, den ganzen Text des Verletzungsmusters zum Gegenstand des Klageantrages zu machen.

Musik: Einzelne Aufnahmen oder Titel: Unverwechselbar bezeichnen mit Titel, Interpret, Komponist, Tonträger. Tonträger mit mehreren Aufnahmen: Genaue Bezeichnung des angegriffenen Tonträgers; auch hier gilt, dass der gesamte Tonträger als konkrete Verletzungsform verboten werden kann, wenn nur eine Aufnahme darauf eine Rechtsverletzung darstellt. Soll die Aufnahme selbst angegriffen werden, dann muss sie auch isoliert genannt werden.[99] 74

Bildende und angewandte Kunst, Fotografien: Abbildungen der Verletzungsmuster verwenden und diese zum Gegenstand des Antrages machen wie im oben dargestellten Antragsmuster, da hier oftmals die Verletzungsform nur visuell zu erfassen ist. 75

Filme oder Bühnenaufführungen bzw. Teile davon: Auch hier sind der Film oder die Aufführung möglichst genau zu beschreiben. Wenn es auf Einzelheiten des Inhalts ankommt, wird die Vorlage einer Aufzeichnung auf DVD erforderlich sein.[100] 76

Software: Da Software laufend verändert werden kann, bereitet es Probleme, das Verletzungsmuster unverwechselbar darzustellen. Nur bei Plagiaten von Standardsoftware reicht es aus, auf die Standardsoftware in der konkreten Version Bezug zu nehmen. Ansonsten hilft es häufig nur, das Programm im Ausdruck oder, wenn dieser zu umfangreich wäre, auf CD-Rom zum Gegenstand des Antrags zu machen.[101] Ggf. muss das Programm zuvor über eine Besichtigung nach § 101a UrhG beschafft werden. 77

Datenbank: Hier gilt dasselbe wie bei der Software: Ausdruck oder CD-Rom. 78

4. Abwendungsbefugnis des Verletzers

Nach § 100 UrhG (§ 101 a.F.) kann dem Verletzer eine Abwendungsbefugnis gegenüber den Ansprüchen aus §§ 97 und 98 UrhG durch Geldentschädigung zustehen, wenn er ohne Verschulden gehandelt hat, wenn ihm durch die Erfüllung der Ansprüche unverhältnismäßig großer Schaden entstehen würde, und wenn dem Verletzten die Abfindung in Geld zuzumuten ist. Da Schadensersatzansprüche Verschulden voraussetzen, greift diese Regelung gegenüber solchen Ansprüchen aus § 97 Abs. 2 UrhG nicht. Im Übrigen kann eine Abwendung eines Geldersatzanspruches gegen Entschädigung auch nicht Sinn dieser Regelung sein. Im Übrigen wird angeführt, dass die Regelung dort greifen könnte, wo ein Verletzer es innerhalb eines Gemeinschaftswerkes versäumt hat, sich ein Nutzungsrecht einräumen zu lassen mit der Folge, dass ein Rechtsinhaber das gesamte Werk blockieren und einen hohen wirtschaftlichen Schaden verursachen könne, wie etwa bei einem Filmwerk.[102] Aber auch ein solcher Sachverhalt begründet regelmäßig bereits ein Verschulden in Form der Fahrlässigkeit. Deshalb sind kaum Sachverhalte vorstellbar, bei denen die Norm eingreift. In Betracht zu ziehen könnten allenfalls Fälle einer mittelbaren Störerhaftung sein, wobei aber selbst dort in der Regel Prüf- oder Kontrollpflichten verletzt werden. Aber auch die weiteren Voraussetzungen der Abwendungsbefugnis sind nur schwer darzutun. So sind an die Unverhältnismäßigkeit hohe Anforderungen zu stellen, ein bloßes Missverhältnis wird dem Ausnahmecharakter der Vorschrift nicht gerecht.[103] Ob die Ablösung in Geld dem Verletzten zumutbar ist, wird durch eine Abwägung der beiderseitigen Interessen festgestellt.[104] Dabei sind die Intensität und 79

---

99 OLG Hamburg, Beschl. v. 7.5.2007, 5 W 23/07, Mitt. 2007, 521 LS.
100 Loewenheim/*Rojahn* § 94 Rn. 25.
101 BGH GRUR 2003, 786, 787 – Innungsprogramm.
102 Wandtke/Bullinger/*Bohne* § 101 Rn. 1.
103 *Dreier*/Schulze § 101 Rn. 4; Wandtke/Bullinger/*Bohne* § 101 Rn. 6.
104 BGH GRUR 1976, 317, 321 – Unsterbliche Stimmen.

Dauer der widerrechtlichen Nutzung, die Beeinträchtigung des Verletzten in seinen eigenen Verwertungsrechten und die Höhe der üblicherweise zu entrichtenden Vergütung zu berücksichtigen. Allgemein wird angenommen, dass eine Ablösung dann zuzumuten ist, wenn eine Nutzung auch ansonsten üblicherweise gegen Entgelt eingeräumt wird.[105] Die Höhe der Entschädigung hat der gemäß § 287 ZPO zu schätzenden angemessenen Lizenz zu entsprechen. Mit deren Zahlung gilt dann nach § 101 UrhG (gesetzliche Fiktion) die Einwilligung des Verletzten zur Nutzung im üblichen Umfang als erteilt.

IV. Der Beseitigungsanspruch

80 Der in § 97 Abs. 1 UrhG geregelte Anspruch auf Beseitigung betrifft fortdauernde Störungen, die vom Unterlassungsanspruch nicht mehr erfasst werden. Ein Beispiel ist die Entfernung der entstellenden Bemalung einer Skulptur.[106] Der Anspruch hat in der Praxis eher eine geringe Bedeutung, weil es für die wesentlichen Folgenbeseitigungsansprüche Sonderregelungen gibt wie Vernichtung, Rückruf und Urteilsbekanntmachung.

V. Der materielle Schadensersatzanspruch

81 Dem Grunde nach setzt der jetzt in § 97 Abs. 2 Satz 1 bis 3 UrhG geregelte materielle Schadensersatzanspruch neben den dargestellten gemeinsamen Voraussetzungen weiter ein Verschulden voraus.

1. Verschulden

82 Schuldhaft handelt, wer ein Urheberrecht vorsätzlich oder fahrlässig im Sinne des § 276 BGB verletzt. Da der Verletzer in beiden Fällen gleichermaßen haftet, weil es im Urheberrecht keine abgestufte Haftung wie etwa nach § 42 Abs. 2 Satz 2 GeschmMG oder nach § 139 Abs. 2 Satz 2 PatG gibt, kommt es auf die Abgrenzung zwischen den Schuldformen an dieser Stelle nicht an.

83 In den Fällen der bewussten Übernahme einer fremden Leistung, insbesondere bei Produktpiraterie, liegt Vorsatz vor. Wer mit einer Rechtsverletzung rechnet, gleichwohl die Augen davor verschließt und rechtsverletzend vertreibt, handelt bedingt vorsätzlich. In Produktbereichen, in denen Plagiate kursieren und in denen auch der Preis auf ein Plagiat hinweist, handelt derjenige, der sich seines Rechts nicht vergewissert und rechtsverletzend vertreibt, m.E. auch bedingt vorsätzlich und nicht lediglich bewusst fahrlässig.[107]

84 Im Übrigen wird in der Mehrzahl der Verletzungsfälle jedenfalls Fahrlässigkeit zu bejahen sein. Denn wie ansonsten im gewerblichen Rechtsschutz werden auch im Urheberrecht hohe Anforderungen an die Beachtung der im Verkehr erforderlichen Sorgfalt gestellt. Maßstab ist die erforderliche Sorgfalt, nicht die übliche Sorgfalt; haben sich im Verkehr Unsitten eingeschlichen, ändert das den Sorgfaltsmaßstab nicht.[108] Auch der Einwand von Wiederverkäufern mit einer großen Produktpalette, wie etwa große Versandunternehmen oder Kaufhäuser, es sei Ihnen faktisch nicht möglich, die Nutzungsberechtigung in jedem Einzelfall zu prüfen, ist nicht erheblich.[109] Für sie gilt wie für jeden anderen Nutzer: Wer eine fremde Leistung nutzt, die zugunsten eines Anderen geschützt sein könnte, hat die Prüfpflicht, sich über den Bestand des Schutzes und seine Nutzungsbe-

---

105 Wandtke/Bullinger/*Bohne* § 101 Rn. 7 m.w.N.
106 Weitere Beispiele bei Wandtke/Bullinger/*v. Wolff* § 97 Rn. 45.
107 BGH GRUR 1958, 613, 614 – Tonmöbel.
108 BGH GRUR 1991, 332, 333 – Lizenzmangel.
109 OLG Hamburg ZUM-RD 2007, 13.

rechtigung zu vergewissern, also eine Pflicht zur Recherche. Bleiben aufgrund der Recherche Unsicherheiten, darf nicht genutzt werden. Dabei darf sich der Nutzer auch nicht auf bloße Zusicherungen seines Lieferanten verlassen, sondern ist gehalten, sich prüfbare Unterlagen vorlegen zu lassen.[110] In gleicher Weise gehen Tatsachen- und Rechtsirrtümer zu Lasten des Nutzers.[111]

2. Die Schadensberechnung

Es gibt drei Arten der Schadensberechnung: 85
1. Konkreter Schaden
2. Schadensberechnung nach der Lizenzanalogie
3. Herausgabe des Verletzergewinns

a) Der konkrete Schaden

Der konkrete Schaden einschließlich des entgangenen Gewinns ist der herkömmliche 86 kausale Schaden nach den §§ 249 ff. BGB. Die wesentliche Schadensposition wird hier zumeist der entgangene Gewinn sein. Aber selbst unter Berücksichtigung der Beweiserleichterung des § 252 Satz 2 BGB wird dieser in der großen Mehrzahl der Fälle nur schwer zu ermitteln sein. Auch für eine Schätzung nach § 287 ZPO können häufig keine hinreichenden Anhaltspunkte vorgetragen werden. Nur in Ausnahmefällen wird davon ausgegangen werden können, dass für jedes verkaufte Verletzungsprodukt ein Originalprodukt weniger verkauft worden ist. Das wird etwa dann in Betracht kommen, wenn der Verletzer gezielt auch an Kunden des Verletzten verkauft hat oder wenn es sich um einen überschaubaren Kundenkreis handelt und das Verletzungsprodukt gleichwertig ist. Die Kausalität von Umsatzrückgängen wird häufig auch nur schwer auf den Verkauf des Verletzungsprodukts zurückgeführt werden können, weil diese verschiedene Ursachen haben kann. Oft wird schon aufgrund des deutlich geringeren Preises des Verletzungsprodukts eine völlig andere Käuferschicht erreicht als mit dem Originalprodukt.

b) Schadensberechnung nach der Lizenzanalogie

aa) Grundlagen

Diese zuvor gewohnheitsrechtlich anerkannte Berechnungsart wird nunmehr ausdrück- 87 lich in § 97 Abs. 2 Satz 3 genannt. Hier hat der Verletzer eine fiktive Lizenz zu erstatten. Bei deren Berechnung ist darauf abzustellen, was bei vertraglicher Einräumung ein vernünftiger Lizenzgeber gefordert und ein vernünftiger Lizenznehmer gewährt hätte, wenn beide die im Zeitpunkt der Entscheidung gegebene Sachlage gekannt hätten.[112] Dabei kommt es allein auf den objektiven, sachlich angemessenen Wert einer solchen Benutzungsberechtigung an und der Verletzer ist grundsätzlich weder schlechter und noch besser zu stellen als ein vertraglicher Lizenznehmer.[113] Das bedingt umgekehrt, dass dem Verletzten auch nur der durch die unterbliebene Lizenzierung entstandene Vermögensnachteil ausgeglichen werden soll. Der Sache nach handelt es sich bei dieser Berechnung um einen dem Bereicherungsanspruch nach §§ 812 Abs. 1 Satz 1 2. Alt., 818 Abs. 2 BGB entsprechenden Anspruch.[114] Darauf, ob der Verletzte tatsächlich einen konkreten Schaden in dem Umfang des Nutzungswerts erlitten hat, kommt es nicht an.[115]

---

110 BGH GRUR 1988, 373, 375 – Schallplattenimport III.
111 BGH GRUR 1988, 373, 375 – Schallplattenimport III; GRUR 1998, 568, 569 – Beatles-Doppel-CD.
112 BGH GRUR 1990, 1008, 1009 – Lizenzanalogie.
113 BGH GRUR 1962, 509, 513 – Dia-Rähmchen II; GRUR 1993, 55, 58 – Tchibo/Rolex II.
114 BGH GRUR 2006, 143, 146 – Catwalk m.w.N.
115 BGH GRUR 1987, 37, 39 – Videolizenzvertrag.

88 Die Einwendungen,
- der Verletzte wäre zu einer Lizenzierung nicht bereit oder wegen ausschließlicher Lizenzierung eines Dritten nicht in der Lage gewesen,
- der Verletzer hätte für das Verletzungsprodukt nie selbst um eine Lizenz nachgesucht, weil sich die Nutzung des Verletzungsprodukts mit angemessener Lizenz nicht gerechnet hätte,
- weil er auch sonst wirtschaftlich nicht in der Lage gewesen wäre, die angemessene Lizenz zu zahlen,

sind dem Verletzer als rechtsmissbräuchlich verwehrt; er muss sich daran festhalten lassen, dass er in fremde Rechte eingegriffen hat.[116]

89 Die Lizenzanalogie kommt in allen Fällen in Betracht, in denen das verletzte Recht vermögenswert genutzt wird und die Überlassung von ausschließlichen Rechten zur Nutzung durch Dritte gegen Entgelt rechtlich möglich und verkehrsüblich ist. Denn niemand soll durch den unerlaubten Eingriff in geldwerte Rechte besser gestellt werden, als er im Fall einer ordnungsgemäß nachgesuchten und erteilten Erlaubnis durch den Rechtsinhaber gestanden hätte.[117] In einer insoweit zu wenig beachteten Entscheidung vom 23.6.2005 hat der BGH sich mit einen Schadensersatz nach der Lizenzanalogie bei der Abbildung von Plagiaten eines Geschmacksmusters in einem Katalog losgelöst von einem Inverkehrbringen befasst, die Anwendbarkeit bejaht und Hinweise zur Bemessung gegeben.[118] Nur in Fällen, in denen der Rechtseingriff üblicherweise auch gegen Entgelt nicht gestattet oder hingenommen wird, wie regelmäßig bei schwerwiegenden Beeinträchtigungen des Persönlichkeitsrechts, deren Gestattung den Verletzten in eine unwürdige Lage bringen würde, scheidet die Lizenzanalogie aus.[119]

90 Die Zubilligung einer fiktiven Lizenz führt nicht zum Abschluss eines Lizenzvertrages mit rückwirkender Einräumung eines Nutzungsrechts.[120] Die frühere gegenteilige Auffassung verkannte, dass es hier nur darum geht, den angemessenen Wert der unerlaubten Nutzung festzustellen, nicht aber auch einen Vertrag zu fingieren.

91 Die Zahlung von Schadensersatz nach der Lizenzanalogie in einer Handelskette kann dazu führen, dass jedenfalls bis zur Höhe des gezahlten Betrages keine Ansprüche des Verletzten gegen Abnehmer und Vorlieferanten mehr bestehen.[121] Das dürfte notwendige Folge dessen sein, dass auch dem Verletzten nur der durch die unterbliebene Lizenzierung entstandene Vermögensnachteil ausgeglichen werden soll.

bb) Verletzerzuschlag

92 Es gibt nach geltendem Recht keinen Verletzerzuschlag und es ist auch nicht abzusehen, dass es einen solchen Zuschlag in absehbarer Zeit geben wird. Der Verletzerzuschlag, eine Art Strafzuschlag für die Verletzungshandlung, wird hartnäckig gerichtlich geltend gemacht, vor allem bei Rechtsverletzungen gegenüber Fotografen. Zitiert wird regelmäßig eine Entscheidung des LG Düsseldorf aus dem Jahre 1993,[122] die aber ein Einzelfall geblieben ist. Es mag auch dahingestellt bleiben, ob und in welcher Form so ein Verletzerzuschlag aus präventiven Gesichtspunkten rechtspolitisch zu befürworten ist.[123] Der

---

116 BGH GRUR 1962, 509, 513 – Dia-Rähmchen II; GRUR 1990, 1008, 1009 – Lizenzanalogie; GRUR 1993, 55, 58 – Tchibo/Rolex II.
117 BGH GRUR 1990, 1008, 1009 – Lizenzanalogie.
118 BGH GRUR 2006, 143, 145 f. – Catwalk.
119 BGH GRUR 1958, 408 409 – Herrenreiter.
120 BGH GRUR 2002, 248 – Spiegel-CD-ROM.
121 LG Hamburg GRUR-RR 2004, 288 – Handelskette.
122 LG Düsseldorf GRUR 1993, 664 – Urheberbenennung bei Foto.
123 *Dreier/Schulze* § 97 Rn. 59.

BGH hat bislang nur der GEMA einen 100-prozentigen Aufschlag auf die tarifliche Lizenz als Schadensersatz zugebilligt[124] und eine Übertragung auf andere Verletzungsfälle unter Betonung des Ausnahmecharakters der GEMA-Entscheidung abgelehnt.[125] Anzeichen dafür, dass eine Änderung der Rspr. des BGH zu erwarten ist oder dass der Gesetzgeber sich veranlasst sieht, insoweit tätig zu werden, gibt es nicht. Das gilt umso mehr, als der Regierungsentwurf zum Gesetz zur Verbesserung der Durchsetzung von Rechten des geistigen Eigentums einem Verletzerzuschlag eine klare Absage erteilt hat, weil das zivile Schadensersatzrecht im Gegensatz zur strafrechtlichen Sanktionierung solcher Rechtsverletzungen im System des deutschen Rechts die Funktion habe, konkret entstandene Schäden auszugleichen und gerade nicht auf Bestrafung des Schädigers ausgerichtet sei. Daher sei es mit dem Grundgedanken des BGB unvereinbar, Strafschadensersatz zuzubilligen. Auch die Richtlinie bezwecke nach ihrem Erwägungsgrund 26 eine Ausgleichsentschädigung für den Rechtsinhaber und nicht die Einführung eines auf Strafe angelegten Schadensersatzes.[126]

cc) Höhe der Lizenz

Die Bestimmung der Höhe der fiktiven angemessenen Lizenz ist das eigentliche Problem. Die Lizenz ist vom Gericht gem. § 287 ZPO in freier Beweiswürdigung zu bestimmen.[127] Maßstab der Schätzung ist das, was ein ordnungsgemäßer Lizenznehmer nach objektiven Kriterien zu zahlen hätte. Die erforderlichen Schätzungsgrundlagen hat der Verletzte in den Prozess einzuführen. Sofern er dafür auf Auskünfte des Verletzers angewiesen ist, ist dieser zur Erteilung der erforderlichen Auskünfte verpflichtet. Fehlt dem Gericht trotz ausreichender Darlegung die Sachkunde für eine eigene Schätzung, hat es ein angebotenes Sachverständigengutachten einzuholen.[128] 93

Die Ermittlung der üblichen Lizenz als angemessene Lizenz ist entbehrlich, wenn der Verletzte ein eigenes Vergütungsmodell hat und darlegen und ggf. beweisen kann, dass er seine Preise am Markt durchsetzt, etwa durch Vorlage von Lizenzverträgen. In einem solchen Fall kommt es grundsätzlich nicht darauf an, ob die durchgesetzten Preise und sonstigen Konditionen des Verletzten für das streitige Produkt allgemein üblich und objektiv angemessen sind. Soweit der Verletzte seine Preise verlangt und erhält, rechtfertigt dieser Umstand die Feststellung, dass vernünftige Vertragsparteien bei vertraglicher Lizenzeinräumung eine entsprechende Vergütung vereinbart hätten.[129] In diese Richtung gehen auch die Erwägungen im Regierungsentwurf zum Gesetz zur Verbesserung der Durchsetzung von Rechten des geistigen Eigentums zum Lizenzschaden. Danach soll es die Formulierung in § 97 Abs. 2 Satz 3 UrhG erlauben, im Einzelfall den Schadensersatz höher als die niedrigste Lizenzgebühr zu bemessen, sofern dies zum sachgerechten Schadensausgleich angemessen ist. Daraus wird gefolgert, dass die »angemessene Vergütung« also durchaus noch über der Vergütung liegen kann, die der Verletzte zum Beispiel im Rahmen seines Geschäfts oder Vermarktungsmodells von Dritten verlangt.[130] Damit ist man zwar noch lange nicht beim Verletzerzuschlag. Eröffnet ist aber die Möglichkeit für einen größeren Schätzungsfreiraum. 94

Wenn der Verletzte kein Vergütungsmodell hat oder er nicht beweisen kann, dass seine Preise bezahlt werden, dann ist auf andere Schätzungsgrundlagen zur Ermittlung der 95

---

124 BGH GRUR 1973, 379 – Doppelte Tarifgebühr.
125 BGH GRUR 1986, 376, 380 – Filmmusik; GRUR 1990, 353, 355 – Raubkopien.
126 BT-Drs. 16/5048, S. 37.
127 BGH GRUR 1962, 509, 513 – Dia-Rähmchen II.
128 BVerfG NJW 2003, 1655.
129 BGH GRUR 1987, 36, 37 – Liedtextwiedergabe II; GRUR 2009, 660, 663 – Resellervertrag; vgl. *Dreier*/Schulze § 97 UrhG Rn. 64.
130 BT-Drs. 16/5048, S. 37.

üblichen Lizenz zurückzugreifen. Dabei gibt es teilweise Tarifwerke, an welche sich die Schätzungen anlehnen können. An erster Stelle stehen hier die Tarife der Wahrnehmungsgesellschaften. Diese treffen aber häufig nicht die konkrete Art der Nutzung und können allenfalls Indizwirkung haben und helfen, den Rahmen nach unten abzustecken, in dem die Lizenz liegen wird.

96 Mittlerweile gibt es »Gemeinsame Vergütungsregeln für Autoren belletristischer Werke in deutscher Sprache«, auf die sich Vertreter des Verbands deutscher Schriftsteller (VS) sowie eine repräsentative Anzahl deutscher Belletristikverlage im Januar 2006 nach § 36 UrhG geeinigt haben. Diese Regeln werden als angemessene Mindestvergütung im Sinne des § 32 UrhG anzusehen sein und demgemäß für diesen Bereich als Schätzungsgrundlage gelten können, möglicherweise auch über den Bereich der Belletristik hinaus. Seit dem 5.1.2010 gibt es gemeinsame Vergütungsregeln für freie Journalistinnen und Journalisten an Tageszeitungen.[131] Diese Regeln können Anhaltspunkte für den Nutzungswert bei Textübernahmen bieten.

97 Bei Fotografien werden häufig die Honorarempfehlungen der Mittelstandsgemeinschaft Fotomarketing (MfM) herangezogen. Der BGH hat dazu jedoch klargestellt, dass nicht ohne weiteres davon ausgegangen werden könne, dass sich aus diesen Empfehlungen die angemessene und übliche Lizenzgebühr ergebe (in dem zu entscheidenden Fall für die Jahre 1995 bis 1998).[132] Gleichwohl werden die Richtlinien von einigen Gerichten ohne besondere Begründung angewendet.[133]

98 Für die Praxis wird für jeden Nutzungsbereich abzuklären sein, welche Art von Lizenz üblich ist – nutzungsabhängig oder pauschal – auf welche Berechnungsgrundlagen abzustellen ist und was das umgesetzt auf die konkret streitgegenständliche Nutzung bedeutet.[134]

dd) Aufschlag wegen unterlassener Urhebernennung

99 Von einem pauschalen Lizenzaufschlag wird oft auch im Zusammenhang mit einer unterlassenen Urhebernennung gesprochen. Das stellt der Sache nach zunächst aber eine Verletzung des Urheberpersönlichkeitsrechts dar, die gesondert über § 97 Abs. 2 Satz 4 UrhG entschädigt wird, dessen Voraussetzungen aber zumeist nicht vorliegen. Eine unterlassene Urhebernennung kann aber auch zu einem materiellen nach § 97 Abs. 2 Satz 1 bis 3 UrhG auszugleichenden Schaden geführt haben. Allerdings wird es dem Verletzten in Praxis kaum möglich sein, einen kausalen Schaden darzulegen. Soweit teilweise ein pauschaler Aufschlag von 100 % wegen einer unterlassenen Urhebernennung zubilligt, weil das der »Verkehrsüblichkeit« entsprechen soll,[135] ist nicht nachvollziehbar, woraus eine solche Verkehrsüblichkeit folgt. Vorgesehen ist ein solcher Aufschlag in den vom Bundesverband der Pressebild-Agenturen und Bildarchive e.V. (BVPA) empfohlenen »Allgemeinen Geschäfts- und Lieferbedingungen«, dort unter E.2. Die Empfehlung dieser AGB vermag aber eine Verkehrsüblichkeit nicht zu begründen; dazu bedürfte es der begründeten Feststellung, dass die AGB sich bei Fotografen und Lizenznehmern als üblich durchgesetzt haben, wovon bisher nicht ausgegangen werden kann. Ein Schaden lässt sich aber auch anders begründen. Kann der Verletzte darlegen und ggf. beweisen, dass sein Vergütungsmodell Preisaufschläge für eine Nutzung ohne Urhebernennung beinhaltet und er diese am Markt auch durchsetzt, so wird er diesen Preisaufschlag im Verletzungsfall auch als Lizenzschaden geltend machen können; denn dann ist davon

---

131 Aufrufbar über http://www.djv.de/fileadmin/DJV/Tipps_und_Infos_fuer_Freie_NEU/Gem-Verg%C3%BCtungsregeln-endg.pdf.
132 BGH GRUR 2006, 136, 138, – Pressefotos.
133 OLG Düsseldorf GRUR-RR 2006, 393, 394 – Informationsbroschüre.
134 Gute Übersicht in Fromm/Nordemann/*Nordemann* § 97 Rn. 109 bis 115.
135 OLG Düsseldorf GRUR-RR 2006, 393 – Informationsbroschüre.

auszugehen, dass der Preisaufschlag Bestandteil der angemessenen Lizenz geworden wäre. Das gilt auch, wenn der Verletzte darlegen und ggf. beweisen kann, dass seine AGB, die er gleichfalls am Markt durchsetzt, Verletzungszuschläge für den Fall unterbliebener Urhebernennung beinhalten; dann ist ebenfalls davon auszugehen, dass die AGB in den fiktiven Lizenzvertrag einbezogen worden wären. Es gibt weiter Fälle, bei denen das genutzte Werk eine so große Verbreitung oder einen so großen Aufmerksamkeitswert hatte, dass eine Namensnennung für die Reputation und den Geschäftsbetrieb mit so hoher Wahrscheinlichkeit Vorteile gebracht hätte, dass auch von einem materiellen Schaden ausgegangen werden kann, der zwar nicht konkret kausal dargelegt werden kann, aber pauschale Aufschläge auf die Grundlizenz rechtfertigt.[136] Dabei kann daran angeknüpft werden, dass bei einer Verletzung von Nutzungsrechten bereits der Eingriff in die allein dem Rechtsinhaber zugewiesene Nutzungsmöglichkeit als solcher zu einem Schaden im Sinne des Schadensersatzrechts führt.[137] Dieser Eingriffsschaden dürfte eine am Einzelfall orientierte Schätzung tragen, die je nach Verbreitung und Aufmerksamkeitswert der verletzenden Nutzung durchaus zu Aufschlägen bis zu 100 % führen kann.

ee) Zinsen

Oft übersehen: Zinsen sind für die Zeit ab Rechtsverletzung zu zahlen.[138] **100**

c) Herausgabe des Verletzergewinns

Der Anspruch auf Herausgabe des Verletzergewinns findet sich in § 97 Abs. 2 Satz 2 **101** UrhG. Die etwas andere Formulierung gegenüber der Altfassung bedingt keine Veränderung des Anspruchs. Die Abschöpfung des Verletzergewinns dient zugleich sowohl der Sanktionierung als auch der Prävention.[139] Der Grundsatz ist einfach: Der Verletzer hat den Gewinn herauszugeben, der kausal auf seine verletzende Tätigkeit zurückgeht.[140] Wird nur ein Teil eines Werks in ein neues Gesamtprodukt übernommen, ist auch nur der durch diesen Teil erzielte Gewinn herauszugeben.[141] Dabei können auch vorhandene Unterschiede zwischen Klage- und Verletzungsmuster zu einem Abschlag führen, wenn davon auszugehen ist, dass diese Unterschiede die Kaufentscheidung zugunsten des Verletzungsmusters beeinflusst.[142] Ob der Verletzte einen dem Gewinn entsprechenden Schaden erlitten hat oder ob auch er einen entsprechenden Gewinn hätte erzielen können, ist unerheblich. Die erforderlichen Berechnungsgrundlagen hat der Verletzte in den Prozess einzuführen. Sofern er dafür auf Auskünfte des Verletzers angewiesen ist, ist dieser zur Erteilung der Auskünfte verpflichtet.

Die Probleme liegen in der Gewinnberechnung, im Wesentlichen bei der Frage, welche **102** Kosten der Verletzer absetzen darf. Nach früherer Rspr. waren sämtliche betriebswirtschaftlich dem Verletzungsprodukt zurechenbaren Kosten einschließlich aller anteiligen Gemeinkosten abzugsfähig.[143] Das änderte sich durch die Gemeinkosten-Entscheidung des BGH vom 2.11.2000.[144] Der Kernsatz der Entscheidung lautet wie folgt:

---

136 Fromm/Nordemann/*Nordemann* § 97 Rn. 101 m.w.N.
137 BGH GRUR 2009, 856, 863 Rn. 69 – Tripp-Trapp-Stuhl; so auch BT-Drs. 16/5048, S. 37.
138 BGH GRUR 1982, 301, 304 – Kunststoffhohlprofil II; GRUR 1982, 286, 289 – Fersenabstützvorrichtung.
139 BGH GRUR 2001, 329, 330 – Gemeinkostenanteil.
140 BGH GRUR 2001, 329, 330 – Gemeinkostenanteil.
141 BGH GRUR 1959, 379, 382 – Gasparone.
142 BGH GRUR 2009, 856, 860 ff. – Tripp-Trapp-Stuhl.
143 BGH GRUR 1959, 379. 382 f. – Dia-Rähmchen II.
144 BGH GRUR 2001, 329, 331 – Gemeinkostenanteil.

»Nach Sinn und Zweck des Anspruchs auf Herausgabe des Verletzergewinns ist es grundsätzlich gerechtfertigt, bei der Ermittlung des Verletzergewinns von den erzielten Erlösen nur die variablen (d.h. vom Beschäftigungsgrad abhängigen) Kosten für die Herstellung und den Vertrieb der schutzrechtsverletzenden Gegenstände abzuziehen, nicht auch Fixkosten, d.h. solche Kosten, die von der jeweiligen Beschäftigung unabhängig sind.«[145]

Abzugsfähig sind danach neben den eindeutig produktbezogenen Aufwendungen wie Erwerbskosten, Materialbeschaffung, Produktversicherung usw. nur noch angefallene Gemeinkosten, welche unmittelbar der Herstellung der schutzrechtsverletzenden Produkte zugerechnet werden können. Ist die Herstellung etwa durch eigene ohnehin vorhandene Arbeitnehmer erfolgt, können keine anteiligen Lohnkosten abgezogen werden. Erfolgte die Lagerung in einer Halle, die ohnehin angemietet war, können keine anteiligen Mietkosten in Abzug gebracht werden. Die Darlegungs- und Beweislast dafür, dass Positionen abzugsfähig sind, liegt beim Verletzer.[146]

d) Das Verhältnis der Schadensberechnungsarten untereinander

103 Die drei Bemessungsarten sind keine verschiedenen Ansprüche, es handelt sich lediglich um unterschiedliche Möglichkeiten der Ermittlung des gleichen einheitlichen Schadens. Der Verletzte kann daher zwei oder alle drei Berechnungsarten nebeneinander oder in einem Eventualverhältnis gelten machen, jeden Anspruch begründen, und es dem Gericht überlassen, den Anspruch nach der für ihn günstigsten Berechnungsart zuzustehen.[147] Er kann auch so lange von einer Berechnungsart zur anderen wechseln, bis der nach einer bestimmten Berechnungsweise geltend gemachte Anspruch entweder erfüllt oder rechtskräftig zuerkannt worden ist.[148] Ein Wechsel von einer Berechnungsart zur anderen kann also auch im laufenden Prozess erfolgen.[149]

104 Zwischen den drei Schadensberechnungsarten besteht ein Verquickungsverbot.[150] Ausgenommen vom Verquickungsverbot sind die Kosten der Rechtsverfolgung[151] und der Diskreditierungs- und Marktverwirrungsschaden.[152]

e) Schadensersatzansprüche in Vertriebsketten

105 Mehrere Verletzer haften grundsätzlich für den jeweils von ihnen verursachten gleichen Schaden unabhängig von der Berechnungsart gesamtschuldnerisch nach Maßgabe der §§ 830, 840 BGB. Das gilt aber nur für die jeweilige Nutzung in der jeweiligen Handelsstufe.

106 Zwischen Verletzern in verschiedenen Handelsstufen besteht keine Gesamtschuld,[153] so dass die Leistung von Schadensersatz in einer Handelsstufe nicht bereits deshalb zum Erlöschen der entsprechenden Schuld in einer anderen Handelsstufe führt.

107 Der konkrete Schaden wird nur einmal verlangt werden können. Hier könnten allerdings in verschiedenen Stufen unterschiedliche Rechtsverfolgungskosten angefallen sein.

---

145 BGH GRUR 2001, 329, 331 – Gemeinkostenanteil.
146 BGH GRUR 2001, 329, 332 – Gemeinkostenanteil.
147 BGH GRUR 1993, 55, 58 – Tchibo/Rolex II.
148 BGH GRUR 2008, 93 – Zerkleinerungsvorrichtung.
149 BGH GRUR 1993, 55, 57 – Tchibo/Rolex II.
150 BGH GRUR 1993, 55, 58 – Tchibo/Rolex II.
151 *Dreier*/Schulze § 97 Rn. 58; Wandtke/Bullinger/*v. Wolff* § 97 Rn. 79.
152 BGH GRUR 1966, 375, 377 – Meßmer-Tee II.
153 LG Hamburg GRUR-RR 2004, 288 – Handelskette.

Die Zahlung von Schadensersatz nach der Lizenzanalogie durch eine Handelsstufe in **108**
einer Vertriebskette führt dazu, dass jedenfalls bis zur Höhe des gezahlten Betrages keine
Ansprüche des Verletzten gegen Abnehmer und Vorlieferanten mehr bestehen.[154]

Der Verletzte kann innerhalb einer Verletzerkette auf jeder Handelsstufe den dort erziel- **109**
ten Verletzergewinn abschöpfen.[155] Allerdings wird der vom Lieferanten/Hersteller an
den Verletzten herauszugebende Gewinn durch die Ersatzzahlungen gemindert, die der
Lieferant seinen Abnehmern wegen deren Inanspruchnahme durch den Verletzten
erbringt. Hat der Hersteller seinen Abnehmern wegen deren Inanspruchnahme durch
den Rechtsinhaber bereits Schadensersatz geleistet, bevor er vom Rechtsinhaber auf
Herausgabe des Verletzergewinns in Anspruch genommen wird, ist der von dem Hersteller an den Rechtsinhaber als Schadensersatz herauszugebende Verletzergewinn von
vornherein um den an die Abnehmer gezahlten Schadensersatz gemindert. Hat der Lieferant dem Rechtsinhaber den Verletzergewinn herausgegeben, bevor er seinen Abnehmern
wegen deren Inanspruchnahme durch den Rechtsinhaber Schadensersatz leistet, kann er
vom Rechtsinhaber wegen späteren Wegfalls des rechtlichen Grundes für die Leistung
gemäß § 812 Abs. 1 Satz 2 Fall 1 BGB die Herausgabe des überzahlten Verletzergewinns
beanspruchen. Dieser Bereicherungsanspruch des Herstellers entsteht mit der Erfüllung
der Regressforderung der Abnehmer; er ist, soweit erforderlich, in einem gesonderten
Prozess – gegebenenfalls im Wege der Vollstreckungsgegenklage – geltend zu machen.[156]

VI. Der immaterielle Schadensersatzanspruch

§ 97 Abs. 2 Satz 4 UrhG (§ 97 Abs. 2 UrhG a.F.) regelt einen Anspruch auf Billigkeitsent- **110**
schädigung bei Verletzung des Urheberpersönlichkeitsrechts und des Persönlichkeitsrecht bestimmter Leistungsschutzberechtigter.

Anspruchsvoraussetzungen: Zunächst müssen die bereits dargestellten gemeinsamen **111**
Voraussetzungen aller Verletzungsansprüche vorliegen sowie ein Verschulden. Weiter
muss eine Geldentschädigung der Billigkeit entsprechen.

1. Aktivlegitimation

Aktivlegitimiert sind nur die originär Berechtigten, denen das UrhG auch besonderen per- **112**
sönlichkeitsrechtlichen Schutz zugesteht. Das sind einmal die Urheber mit den in den
§§ 12-14 UrhG geregelten Urheberpersönlichkeitsrechten. Das sind weiter die in § 97
Abs. 2 S. 4 UrhG genannten Verfasser wissenschaftlicher Ausgaben (§ 70 UrhG), Lichtbildner (§ 72 UrhG) und ausübenden Künstler (§ 73 UrhG) als natürliche Personen.
Dabei ist allein das Persönlichkeitsrecht des ausübenden Künstlers nochmals ausdrücklich geregelt, nämlich in den §§ 74 UrhG (Anerkennung als ausübender Künstler), § 75
UrhG (Schutz vor Beeinträchtigung der Darbietung) und § 76 UrhG (Schutzdauer
50 Jahre nach der Darbietung, bei früherem Versterben nicht vor Ablauf der Schutzfrist
des § 82 UrhG für das Verwertungsrecht). Der Schutz gegen Entstellung ist bei (gestatteter) Verwertung der geschützten Leistungen im Rahmen eines Filmwerks gemäß § 93
UrhG eingeschränkt auf gröbliche Entstellungen.

---

154 LG Hamburg GRUR-RR 2004, 288 – Handelskette; *Dreier*/Schulze § 97 Rn. 70.
155 BGH GRUR 2009, 856, 862ff – Tripp-Trapp-Stuhl.
156 BGH GRUR 2009, 856, 862ff – Tripp-Trapp-Stuhl.

Der Anspruch ist nicht abtretbar. Nur unter bestimmten Voraussetzungen ist die Geltendmachung des Anspruchs durch Dritte im Wege der gewillkürten Prozessstandschaft möglich.[157]

2. Anspruch dem Grunde nach

113 Eine Entschädigung in Geld muss der Billigkeit entsprechen. Das ist beim Vorliegen folgender Voraussetzungen[158] anzunehmen:

Es muss ein so schwerwiegender Eingriff vorliegen, dass die anderen Ansprüche nach den §§ 97 ff. UrhG zur Beseitigung der Beeinträchtigung nicht ausreichen. Der schwerwiegende Eingriff beurteilt sich insbesondere nach Art und Schwere der zugefügten Beeinträchtigung, das Ausmaß ihrer Verbreitung, die Folgen für die Interessen und den Ruf des Urhebers, dessen künstlerischer Rang, die Bedeutung der Missachtung seiner Entschließungsfreiheit und Anlass und Beweggrund des Verletzers.

Bei vorsätzlichen oder grob fahrlässigen Verletzungen des Persönlichkeitsrechts sollte die Zubilligung einer Entschädigung der Regelfall sein, ebenso, unabhängig vom Verschuldensgrad, bei einer Entstellung eines Werks oder einer Leistung. Bei anderen fahrlässigen Verstößen wird auf den Einzelfall abzustellen sein, insbesondere auf die Auswirkungen für den Rechtsinhaber.[159] Tatsächlich verfahren die Gerichte in der Praxis mit der Bejahung der Voraussetzungen eher zurückhaltend.[160] Bei einer anwaltlichen Beratung wird jedenfalls auf die großen Risiken bei der Geltendmachung eines solchen Anspruchs hingewiesen werden müssen.

3. Höhe des Anspruchs

114 Ist die Hürde des Anspruchsgrundes überstanden, sind die Gerichte bei der Höhe der Entschädigung ebenfalls überwiegend zurückhaltend. Teilweise werden pauschale Zuschläge von bis zu 100 % zum üblichen Nutzungsentgelt zuerkannt.[161] Das dürfte seine Ursache darin haben, dass viele Berufsfotografen in ihren Tarifen einen solchen pauschalen Zuschlag bei unterlassener Urhebernennung und teilweise auch für andere Verletzungen vorsehen[162] und, soweit es gelingt, durch AGB in die Nutzungsverträge einbeziehen. Das OLG Frankfurt hat in einem Falle einer verkürzenden Entstellung eines Filmwerks gleichfalls das Nutzungsentgelt verdoppelt.[163] Ansonsten wird auf den Einzelfall abzustellen sein. Dabei wird die Entwicklung der Rspr. zu Persönlichkeitsrechtsverletzungen in Pressesachen zu beachten sein, in denen bei Gewinnerzielungsabsicht deutlich höhere Entschädigungen zuerkannt worden sind.[164] Das dürfte sich ohne weiteres auf das Urheberpersönlichkeitsrecht übertragen lassen.

VII. Anspruch auf Bereicherungsausgleich

115 Die nach der Lizenzanalogie ermittelte Vergütung kann der Verletzte auch im Wege einer Eingriffskondiktion nach §§ 812 Abs. 1 Satz 1 2. Alt., 818 Abs. 2 BGB heraus verlangen. Dieser Anspruch kann nach § 102a UrhG neben den urheberrechtlichen Verletzungsansprüchen geltend gemacht werden. Die Voraussetzungen sind dadurch erfüllt, dass der

---

157 Dazu oben Rdn. 32.
158 Übersicht bei Fromm/Nordemann/*Nordemann* § 97 Rn. 122.
159 *W. Nordemann* GRUR 1980, 434; ebenso *Dreier*/Schulze § 97 Rn. 75.
160 Z.B. OLG Hamburg GRUR 1990, 36 – Schmerzensgeld.
161 Fromm/Nordemann/*Nordemann* § 97 Rn. 122 m.w.N.
162 Vgl. Wandtke/Bullinger/*v. Wolff* § 97 Rn. 73.
163 OLG Frankfurt GRUR 1989, 203 – Wüstenflug.
164 BGH GRUR 1995, 224 – Caroline von Monaco.

Verletzer durch den rechtswidrigen Eingriff den Gebrauch des immateriellen Schutzgegenstandes erlangt, der allein dem Verletzten zugewiesen war. Da der Gebrauch nicht herausgegeben werden kann, ist dessen Wert zu ersetzen.[165] Liegen die gemeinsamen Voraussetzungen für die Ansprüche aus den §§ 97 ff. UrhG vor, ist auch dieser Anspruch dem Grunde nach gegeben. Der Wert, der Anspruch der Höhe nach, ist in gleicher Weise wie die Höhe der fiktiven Lizenz zu ermitteln.[166] Zinsen sind für die Zeit ab Rechtsverletzung zu zahlen.[167]

Dem Verletzer ist der Einwand der Entreicherung nach § 818 Abs. 3 BGB verwehrt. **116** Denn das Erlangte, der Gebrauch des Schutzgegenstandes, kann nicht mehr entfallen, und um eine dafür nicht gezahlte Vergütung kann man nicht entreichert sein (sog. Ersparnisbereicherung).[168]

Der Bereicherungsanspruch hat gegenüber dem Schadensersatzanspruch den Vorteil, dass **117** er kein Verschulden voraussetzt. Wer also ohnehin nur den Lizenzschaden ersetzt haben will, kann den Anspruch auch allein darauf stützen.

VIII. Auskunft und Rechnungslegung

1. Übersicht über die Ansprüche

Die Verletzungshandlungen spielen sich zumeist in der Sphäre des Verletzers ab. Um **118** gegen die Rechtsverletzung wirksam vorgehen zu können und Schadensersatz- oder Bereicherungsansprüche beziffern zu können, ist der Verletzte auf Mitwirkung des Verletzers angewiesen. Um das Informationsgefälle zwischen Verletzer und Verletztem auszugleichen, sind mit dem Gesetz zur Verbesserung der Durchsetzung von Rechten des geistigen Eigentums die Ansprüche des Verletzten erweitert worden. In § 101 UrhG gibt das Gesetz dem Verletzten einen Anspruch auf Auskunft hinsichtlich Dritter (Vertriebsweg, Vorbesitzer und Abnehmer), und zwar auch gegen bestimmte nichtverletzende Dritte. Weiter gibt es in § 101a Abs. 1 UrhG einen Urkundenvorlageanspruch, der bei einer Rechtsverletzung in gewerblichem Ausmaß auch die Vorlage von Bank-, Finanz- und Handelsunterlagen erfasst. Schließlich ist ein allgemeiner Anspruch auf Auskunftserteilung und Rechnungslegung über alle zur Berechnung eines Ersatzanspruches erforderlichen Angaben gewohnheitsrechtlich anerkannt.

2. Allgemeiner Anspruch gegen den Verletzer auf Auskunftserteilung und Rechnungslegung

a) Anspruchsvoraussetzungen

Dieser Anspruch ist auf § 242 BGB i.V.m. einer erweiterten Anwendung des § 259 BGB **119** gestützt und wird damit begründet, dass der Verletzte in entschuldbarer Weise über den Umfang der Verletzung und damit über Bestehen und Umfang seines Ersatzanspruchs im Unklaren ist, während der Verletzer unschwer Aufklärung geben kann.[169] Der Anspruch besteht dem Grunde nach, wenn die dargestellten gemeinsamen Voraussetzungen für alle Ansprüche vorliegen. Dient der Anspruch nur der Vorbereitung eines Bereicherungsanspruchs, bedarf es keines Verschuldens, dient er der Vorbereitung von Schadensersatzansprüchen, wird auch ein Verschulden vorausgesetzt.

---

165 BGH GRUR 1982, 301, 303f – Kunststoffhohlprofil II.
166 BGH GRUR 1992, 599, 600 – Teleskopzylinder.
167 BGH GRUR 1982, 301, 304 – Kunststoffhohlprofil II.
168 BGH GRUR 1971, 522, 524 – Gasparone II; streitig: siehe *Dreier*/Schulze § 97 Rn. 89.
169 BGH GRUR 1980, 227, 232 – Monumenta Germanae Historica.

b) Umfang und Inhalt des Anspruchs

120 Die Auskunft – § 260 BGB – ist eine Wissenserklärung. Die Rechnungslegung entspricht der Rechenschaftspflicht in § 259 BGB und erfordert die Erteilung einer geordneten Zusammenstellung aller für die Berechnung des Ersatzanspruches maßgeblichen Einnahmen und Ausgaben und, soweit üblich, die Vorlage von Belegen. Was konkret geschuldet wird, darüber entscheiden Informationsbedürfnis, Zumutbarkeit und Verhältnismäßigkeit.

121 Grundsätzlich wird der Verletzte einen Anspruch auf Auskunft und Rechnungslegung über alle Angaben haben, welche er zur Schadensberechnung nach allen drei Berechnungsarten benötigt. Dazu gehört regelmäßig die Vorlage eines Verzeichnisses, aus dem zeitlich gegliederte Angaben über Lieferpreise, Lieferorte und Liefermengen ersichtlich sind. Um dem Verletzten eine Nachprüfung der Rechnungslegung zu ermöglichen, sind zudem die Namen und Anschriften der Abnehmer anzugeben.[170] Es empfiehlt sich, auch Auskunft über produktbezogene Kosten des Verletzers zu verlangen einschließlich produktbezogener Gemeinkosten. Zwar sind solche Kosten seit der Gemeinkosten-Entscheidung des BGH nur noch eingeschränkt abzugsfähig. Zur Berechnung des eigenen Anspruchs ist der Verletzte gleichwohl darauf angewiesen, zu erfahren, welche Abzugspositionen der Verletzer ihm entgegenhalten wird. Denn wenn er ohne Berücksichtigung berechtigter Abzüge zu viel einklagt, läuft er in ein Teilunterliegen und damit in ein Kostenrisiko.

122 Der Auskunftsanspruch ist seinem Inhalt nach auf die Erteilung von Auskünften über den konkreten Verletzungsfall, d.h. über die konkrete Verletzungshandlung einschließlich solcher Handlungen, die ihr im Kern gleichartig sind, beschränkt.[171] Ein Anspruch auf Auskunftserteilung besteht dagegen nicht auch über mögliche andere Verletzungsfälle, weil das auf eine unzulässige Ausforschung hinausliefe.[172]

123 Der Verletzer ist zur Erfüllung des Auskunftsanspruches grundsätzlich verpflichtet, in zumutbarem Umfang alle ihm zur Verfügung stehenden Möglichkeiten der Information auszuschöpfen. Er muss seine Geschäftsunterlagen durchsehen und alle ihm sonst zugänglichen Informationen aus seinem Unternehmensbereich zur Erteilung einer vollständigen Auskunft heranzuziehen. Wenn dies nicht ausreicht, muss er sich gegebenenfalls durch Nachfrage bei seinen Lieferanten um Aufklärung bemühen.[173] Weitergehende Nachforschungspflichten, insbesondere zu Ermittlungen bei Dritten, bestehen dagegen nicht.[174]

124 Bei der Vorlage von Belegen ist die Rspr. eher zurückhaltend.[175] Eine Verpflichtung zur Vorlage von Belegen sieht das Gesetz in den allgemeinen Vorschriften über Auskunft und Rechnungslegung nur in § 259 Abs. 1 BGB vor, soweit das üblich ist, vor. Der BGH billigt im Rahmen des aus Treu und Glauben abgeleiteten Auskunftsanspruchs ausnahmsweise auch einen Anspruch auf Vorlage von Belegen zu, wenn der Gläubiger hierauf angewiesen ist und dem Schuldner diese zusätzliche Verpflichtung zugemutet werden kann.[176] Für den Anspruch auf Drittauskunft wird diese Voraussetzungen regelmäßig gegeben sein, weil der Gläubiger häufig erst durch die Einsicht in die Einkaufs- oder Verkaufsbelege die Auskunft überprüfen kann und eine eidesstattliche Versicherung des

---

170 BGH GRUR 1980, 227, 233 – Monumenta Germanae Historica; Gesetzesbegründung BT-Drs. 16/5048, 48.
171 BGH GRUR 2002, 709, 711 – Entfernung der Herstellungsnummer III; GRUR 2006, 504 – Parfümtestkäufe.
172 BGH GRUR 2002, 709, 711 – Entfernung der Herstellungsnummer III.
173 BGH GRUR 2006, 504 – Parfümtestkäufe.
174 BGH GRUR 2003, 433, 434 – Cartier-Ring.
175 OLG Köln GRUR 1995, 676, 677 – Vorlage von Geschäftsunterlagen.
176 BGH GRUR 2002, 709, 712 – Entfernung der Herstellungsnummer III.

Schuldners über die Richtigkeit der erteilten Auskunft überflüssig werden kann.[177] Enthalten die Belege Daten, hinsichtlich deren einerseits ein berechtigtes Geheimhaltungsinteresse des Schuldners besteht, kann dem durch einen Wirtschaftsprüfervorbehalt Rechnung getragen werden,[178] also die Einsichtnahme in die Belege eine Vertrauensperson übertragen werden, die Auskunft und Belege abgleicht und die hinsichtlich anderer Inhalte der Belege zur Verschwiegenheit verpflichtet ist. Schützenswerten Interessen des Auskunftsschuldners kann auch dadurch begegnet werden, dass anstelle der Belege beglaubigte Kopien vorgelegt werden, bei denen die entsprechenden Daten abgedeckt oder geschwärzt sind.[179] Soweit eine Auskunft nach § 101 UrhG geschuldet wird, ist die Auskunft im Umfang des § 101 Abs. 3 UrhG dem Verletzer aufgrund einer Vorwertung des Gesetzgebers grundsätzlich ohne Wirtschaftsprüfervorbehalt und ohne Schwärzungen zuzumuten.

3. Anspruch auf Auskunft über Dritte

Der Auskunftsanspruch über Dritte ist in dem seit dem 1.9.2008 geltenden § 101 UrhG geregelt, der den § 101a UrhG a.F. ersetzt und erweitert. Der § 101a UrhG a.F. – war durch das Produktpirateriegesetz (PrPG) v. 7.3.1990[180] in das UrhG eingefügt worden. Ermöglicht werden soll eine effektive Rechtsverfolgung bei einer Schutzrechtsverletzung und eine schnelle Zugriffsmöglichkeit auf Hersteller und Lieferanten sowie gewerbliche Abnehmer, um weitere Vervielfältigungs- und Verbreitungshandlungen zu verhindern. § 101 UrhG ist ein selbstständiger, nicht akzessorischer Anspruch, der sich nahezu wortgleich in den anderen Immaterialgüterschutzgesetzen findet. Um schnell und effektiv gegen Hersteller, Lieferanten und gewerblichen Abnehmer vorgehen zu können, wird in § 101 Abs. 7 UrhG die Möglichkeit eröffnet, den Auskunftsanspruch im Wege einer einstweiligen Verfügung, also einer eigentlich vorläufigen Maßnahme, deren Erfüllung nicht mehr rückgängig gemacht werden kann, geltend zu machen. Besonders in der Diskussion ist der Anspruch gegen Provider über Namen und Anschrift von Internetanschlussinhabern unter Verwendung von Verkehrsdaten.

a) Anspruch auf Auskunft gegen den Verletzer über Dritte

Der Anspruch richtet sich gegen einen Verletzer. Zunächst müssen die gemeinsamen Voraussetzungen aller Verletzungsansprüche vorliegen. Eines Verschuldens bedarf es nicht. Allerdings muss die **Verletzung im »*gewerblichen Ausmaß*«** erfolgt sein. Das gewerbliche Ausmaß kann sich nach der Definition in § 101 Abs. 1 Satz 2 UrhG *sowohl aus der Anzahl der Rechtsverletzungen als auch aus der Schwere der Rechtsverletzung ergeben*. Zum Verständnis des Begriffs »gewerbliches Ausmaß« ist Erwägungsgrund 14 der Enforcement-Richtlinie heranzuziehen. Kennzeichen des »gewerblichen Ausmaßes« ist danach, dass die Verletzungshandlung *»zwecks Erlangung eines unmittelbaren oder mittelbaren wirtschaftlichen oder kommerziellen Vorteils vorgenommen (wird); dies schließt in der Regel Handlungen aus, die in gutem Glauben von Endverbrauchern vorgenommen werden«*. Grundsätzlich können danach also auch Handlungen von privaten Endverbrauchern erfasst werden. Das wird auch daraus deutlich, dass in der Regierungsentwurf des Gesetzes zur Verbesserung der Durchsetzung von Rechten des geistigen Eigentums zunächst in § 101 Abs. 1 UrhG auf den aus dem UWG übernommenen Begriff des geschäftlichen Handelns abstellte[181] und erst in der Endfassung des Gesetzes auf das

---

177 So auch OLG Köln GRUR-RR 2006, 159, 161 – Buchstabe als Reißverschlussanhänger.
178 BGH GRUR 1980, 227, 233 – Monumenta Germaniae Historica.
179 BGH GRUR 2002, 709, 712 – Entfernung der Herstellungsnummer III; GRUR 2006, 962, 967 Rn. 42 – Restschadstoffentfernung.
180 BGBl. 1990 I S. 442.
181 BT-Drs. 16/5048 S. 49.

gewerbliche Ausmaß. Damit sollten vor allem auch Rechtsverletzungen durch das öffentliche Zugänglichmachen von Musik-, Film- und Spieldateien in Peer-to-Peer-Systemen (»Tauschbörsen«) erfasst werden. Daraus folgt, dass die Anforderungen geringer sind als beim geschäftlichen Handeln, das bereits weit zu fassen ist. Ein »Powerseller« bei Ebay handelt im Regelfall geschäftlich,[182] also in jedem Falle auch gewerblich. Wird bei Ebay Neuware in einer Menge angeboten, die über den eigenen Bedarf hinaus geht, wird im Zweifel auch kein privates Handeln mehr vorliegen. Nach der Beschlussempfehlung des Gesetzes zur Verbesserung der Durchsetzung von Rechten des geistigen Eigentums kann ein gewerbliches Ausmaß bereits vorliegen, wenn nur eine besonders umfangreiche Datei wie ein Kinofilm, ein Musikalbum oder ein Hörbuch vor oder kurz nach der Veröffentlichung widerrechtlich im Internet angeboten wird.[183] Erfasst werden dürften damit alle Nutzungshandlungen von sonst nicht gewerblich tätigen Personen, die nicht mehr unter eine Bagatellgrenze gefasst werden können. Dem ist die Mehrzahl der Gerichte gefolgt und hat ein Handeln im gewerblichen Ausmaß bei dem Angebot z.B. eines aktuellen Musikalbums bejaht.[184] Andere Gerichte gehen jedoch von deutlich höheren Anforderungen aus.[185]

b) Anspruch auf Auskunft gegen Dritte, die nicht Verletzer sind

aa) Allgemeine Anspruchsvoraussetzungen

127 § 101 Abs. 2 UrhG erweitert den Kreis der Verpflichteten auf selbst nicht wegen der Rechtsverletzung haftende Dritte. Für diesen Anspruch gelten zunächst die allgemeinen Voraussetzungen der Aktivlegitimation und einer widerrechtlichen Schutzrechtsverletzung im gewerblichen Ausmaß wie beim Anspruch gegen den Verletzer.

bb) Offensichtlichkeit der Rechtsverletzung oder Klagerhebung

128 Der Anspruch hat zunächst zwei alternative Einstiegsvoraussetzungen: Die Rechtsverletzung muss offensichtlich sein oder es muss eine Klage gegen den Verletzer erhoben sein.

Eine offensichtliche Rechtsverletzung liegt vor, wenn »die Rechtsverletzung so eindeutig ist, dass eine Fehlentscheidung oder eine andere Beurteilung im Rahmen des richterlichen Ermessens und damit eine ungerechtfertigte Belastung des Antragsgegners kaum möglich ist«, was sowohl hinsichtlich der tatsächlichen Grundlagen als auch hinsichtlich der rechtlichen Beurteilung der Fall sein muss.[186]

Die alternativ vorausgesetzte Klage muss rechtshängig und noch anhängig sein und das auskunftspflichtige Erzeugnis wenigstens einen Anspruch wegen der Rechtsverletzung zum Gegenstand haben. Ein Antrag auf Erlass einer einstweiligen Verfügung reicht nicht aus. Der Auskunftsanspruch gegen den Dritten kann in einem separaten Verfahren oder im Wege der Klagenhäufung sogleich mit der Verletzungsklage geltend gemacht werden. Die Hauptklage kann auf Antrag des Verletzten bis zur Erledigung der Auskunftsklage ausgesetzt werden.

---

182 OLG Frankfurt MMR 2007, 378.
183 BT-Drs. 16/8783 S. 50.
184 OLG Köln MMR 2009, 334 – Die schöne Müllerin; OLG Hamburg MMR 2010, 338, 339.
185 OLG Zweibrücken GRUR-RR 2009, 12 – Internet-Tauschbörse.
186 KG GRUR 1997, 129, 130; BT-Drs. 11/4792, S. 32.

cc) Passivlegitimation

Grundsätzlich können Auskunftspersonen nur solche sein, die in dem zuvor dargestellten gewerblichem Ausmaß[187] gehandelt haben. Bei Vorliegen dieser Voraussetzungen sind auskunftspflichtig: **129**

Frühere Besitzer des rechtsverletzenden Erzeugnisses (§ 101 Abs. 2 Satz 1 Nr. 1 UrhG). Jede Art von Besitz genügt – unmittelbarer oder mittelbarer, Allein- oder Mitbesitz; nicht erfasst ist der Besitzdiener. Auskunftspersonen können hier beispielsweise Spediteure sein, die rechtsverletzende Erzeugnisse transportiert haben, oder Lagerhalter, bei denen diese eingelagert waren.

Wer rechtsverletzende Dienstleistungen in Anspruch genommen hat (§ 101 Abs. 2 Satz 1 Nr. 2 UrhG), also deren Nutznießer ist. Erfasst werden Dienstleistungen jeglicher Art. Eine rechtsgeschäftliche Grundlage ist ebenso wenig erforderlich wie eine Entgeltlichkeit. Beispiel: Die Inanspruchnahme von Informationen, die der Informant durch eine widerrechtliche Auswertung einer Datenbank erlangt hat.

Wer Dienstleistungen erbracht hat, die für rechtsverletzende Tätigkeiten genutzt wurden (§ 101 Abs. 2 Satz 1 Nr. 3 UrhG). Hier wird der Erbringer der Dienstleistung in die Pflicht genommen. Es reicht, dass die Verletzung durch die Dienstleistung in irgendeiner Hinsicht gefördert worden ist. Der Hauptanwendungsfall ist die Inanspruchnahme der Internetprovider auf Auskunft über Kunden, deren Anschluss zur Begehung einer Rechtsverletzung genutzt wurde.

Nach § 101 Abs. 2 Satz 1 Nr. 4 UrhG ist auch auskunftspflichtig, wer von einem Auskunftsperson nach Nr. 1-3 als Beteiligter benannt worden ist an der Herstellung, Erzeugung oder am Vertrieb eines die Auskunftspflicht nach Nr. 1 begründenden Erzeugnisses oder an der Erbringung einer die Auskunftspflicht nach Nr. 3 begründenden Dienstleistung. Beteiligung setzt kein deliktisches Mitwirken voraus, sondern nur einen tatsächlichen Beitrag, der die Herstellung, Erzeugung, den Vertrieb oder die Leistungserbringung gefördert hat.

dd) Auskunftsverweigerungsrecht

Der Auskunftsschuldner kann die Auskunft verweigern, wenn er nach den §§ 383 bis 385 ZPO im Prozess gegen den Verletzer zur Zeugnisverweigerung berechtigt ist. **130**

ee) Aufwendungsersatz

Nach § 101 Abs. 2 Satz 3 UrhG hat der Auskunftsschuldner einen Aufwendungsersatzanspruch gegen den Auskunftsgläubiger. Eine Vorschusspflicht des Verletzten besteht mangels gesetzlicher Grundlage nicht. Demgemäß kann auch kein Zurückbehaltungsrecht an der Auskunft geltend gemacht werden. Gemäß § 256 BGB können Zinsen verlangt werden. **131**

c) Verhältnismäßigkeit

Nach Erwägungsgrund 14 der Enforcement-Richtlinie soll die Verhältnismäßigkeitsprüfung der Korrektur unbilliger Ergebnisse dienen. Allerdings muss aufgrund einer Vorwertung des Gesetzgebers das Interesse des Verletzers an einer Geheimhaltung von Drittpersonen in aller Regel hinter dem Interesse des Verletzten zurücktreten.[188] Das gilt jedenfalls dann, wenn der Verletzte vor weiteren Verletzungen nicht sicher sein kann (Spezial- und Generalprävention) oder es um nennenswerte Ersatz- oder Bereicherungs- **132**

---

187 Definition oben Rdn. 126.
188 BGH GRUR 1994, 630, 633 – Cartier-Armreif.

ansprüche geht, die der Verletzte möglicherweise in Erfahrung bringen kann. Zudem ist der Auskunftsschuldner durch das strafrechtliche Verwertungsverbot gemäß Absatz 8, die Auskunftsperson nach Abs. 2 zudem durch das Zeugnisverweigerungsrecht in Abs. 2 Satz 1 letzter Halbsatz und den Aufwendungsersatzanspruch in Abs. 2 Satz 2 geschützt. Insgesamt wird daher nur selten eine Unverhältnismäßigkeit anzunehmen sein.

d) Inhalt der Auskunft

133 Der Inhalt des Anspruchs ergibt sich aus dem Wortlaut des § 101 Abs. 3 UrhG. Es empfiehlt sich, den Wortlaut dieser Norm in einen Antrag zu übernehmen.

> **Muster:**
> ... zu verurteilen, dem Kläger Auskunft über die Herkunft und den Vertriebsweg der Vervielfältigungsstücke des ... (Verletzungsmuster) ... zu erteilen durch Angaben über
> 1. Namen und Anschrift der Hersteller, Lieferanten und anderer Vorbesitzer der Erzeugnisse oder der Nutzer der Dienstleistungen sowie der gewerblichen Abnehmer und Verkaufsstellen, für die sie bestimmt waren, und
> 2. die Menge der hergestellten, ausgelieferten, erhaltenen oder bestellten Vervielfältigungsstücke oder sonstigen Erzeugnisse sowie über die Preise, die für die betreffenden Vervielfältigungsstücke oder sonstigen Erzeugnisse bezahlt wurden.

134 Die Auskünfte sind uneingeschränkt zu erteilen. Die Möglichkeit eines Wirtschaftsprüfervorbehalts, die einem schützenswerten Interesse des Verletzers daran, seinen Kundenstamm vor dem Verletzten, mit dem ein Wettbewerbsverhältnis besteht, nicht offen legen zu müssen, Rechnung tragen soll,[189] hat kaum noch Bedeutung. Denn die Auskünfte über Dritte sind nach der Intention des Gesetzes zum Zwecke einer effektiven Rechtsverfolgung uneingeschränkt zu erteilen und damit ist ein Wirtschaftprüfervorbehalt nicht zu vereinbaren.[190] Die Auskunft ist über »Vervielfältigungsstücke und sonstige Erzeugnisse« zu erteilen. Mit den Erzeugnissen werden nunmehr auch Vorrichtungen zur Herstellung rechtswidriger Vervielfältigungsstücke im Sinne des § 98 Abs. 1 UrhG erfasst sowie Umgehungsvorrichtungen im Sinne des § 95a UrhG. Der Anspruch erstreckt sich allerdings nicht auf private Abnehmer. Zum einen gehören diese nicht mehr zum »Vertriebsweg«, zum anderen ist der Anspruch ausdrücklich beschränkt auf »gewerbliche Abnehmer und Verkaufsstellen«. Eine analoge Anwendung auf Fälle, in denen sich die Rechtsverletzung beim privaten Abnehmer fortsetzt, etwa beim Einsatz von Umgehungsvorrichtungen im Sinne des § 95a UrhG, dürfte nicht in Betracht kommen.[191]

e) Schadensersatz bei falscher Auskunft

135 Eine schuldhaft falsche oder unvollständige Auskunft verpflichtet den Schuldner gemäß § 101 Abs. 5 UrhG zum Schadenersatz gegenüber dem Auskunftsgläubiger.

f) Schadensersatz bei richtiger Auskunft

136 § 101 Abs. 6 UrhG enthält eine Haftungsbeschränkung auf Vorsatz für eine Auskunftsperson, die unberechtigt auf Drittauskunft in Anspruch genommen wurde und eine wahre Auskunft erteilt hat, sich dadurch aber gegenüber einem Dritten schadensersatzpflichtig gemacht hat, etwa weil er durch seine Auskunft eine zugunsten des Dritten bestehende gesetzliche oder schuldrechtlich vereinbarte Geheimhaltungspflicht verletzt

---

189 BGH GRUR 1980, 227, 233 – Monumenta Germania Historica.
190 BGH GRUR 1995, 338 – Kleiderbügel.
191 LG Hamburg, Urt. v. 14.4.2010, 308 O 261/08 – Modships.

hat. Die Schadensersatzpflicht tritt danach nur dann ein, wenn die Auskunftsperson wusste, dass sie nicht zur Auskunftserteilung verpflichtet war.

g) Verwertungsverbot der Auskunft im Straf- und Bußgeldverfahren

Nach Abs. 8 dürfen die in dem Auskunftsverfahren erlangten Erkenntnisse in einem Strafverfahren oder in einem Verfahren nach dem Gesetz über Ordnungswidrigkeiten wegen einer vor der Erteilung der Auskunft begangenen Tat gegen den Auskunftsschuldner oder gegen einen in § 52 Abs. 1 StPO bezeichneten Angehörigen nur mit dessen Zustimmung verwertet werden. 137

4. Auskunft im Wege der einstweiligen Verfügung

Der gewünschte effektive Rechtsschutz wird in der Praxis am besten über die in § 101 Abs. 7 UrhG für die Auskunftsansprüche aus § 101 UrhG eröffnete Möglichkeit der einstweiligen Verfügung erreicht werden können. Diese Möglichkeit gilt nicht für den allgemeinen Anspruch auf Auskunftserteilung und Rechnungslegung. Allerdings deckt der Inhalt des Anspruchs aus § 101 Abs. 3 UrhG, vor allem durch die Ausweitung auf Preise, schon einen großen Teil dessen ab, was für die Schadensberechnung benötigt wird. Zusätzliche zu den allgemeinen Voraussetzungen einer einstweiligen Verfügung nach den §§ 935 ff. ZPO wird hier das Vorliegen einer offensichtlichen Rechtsverletzung verlangt.[192] 138

5. Durchsetzung eines Auskunftstitels

Es handelt sich um eine unvertretbare Handlung, die gemäß § 888 ZPO durch Zwangsmittel erzwungen werden kann. Ist der Auskunftstitel eine einstweilige Verfügung, in der üblicherweise, anders als beim Titel mit Ordnungsmitteln nach § 890 ZPO, keine Zwangsmittel angedroht werden, so ist zu beachten, dass teilweise die Auffassung vertreten wird, dass bei Zustellung einer solchen einstweiligen Verfügung auf Auskunft der Wille, diese notfalls auch zwangsweise durchzusetzen, nicht unmissverständlich zum Ausdruck kommt, so dass keine Vollziehung gemäß § 929 ZPO vorliegt.[193] Erforderlich ist es danach, dem Schuldner noch während der Vollziehungsfrist einen Zwangsmittelantrag zustellen zu lassen. Insgesamt kann das Verfahren nach § 888 ZPO ein Hemmschuh sein. Denn auch wenn schnell eine einstweilige Verfügung erlangt worden ist, handelt es sich bei der Vollstreckung um ein Erkenntnisverfahren. Es kann zwar ohne mündliche Verhandlung durch Beschluss entschieden werden. Zuvor ist gleichwohl mit angemessener Frist rechtliches Gehör zu gewähren. Zudem kann der Schuldner Zwangsmittel bis zu deren Beitreibung durch Auskunftserteilung abwenden, also bis zuletzt zuwarten. Ein Schuldner, der verdunkeln und vereiteln will, wird das Verfahren einige Wochen hinziehen können. 139

6. Eidesstattliche Versicherung

Besteht nach erteilter Auskunft Grund für die Annahme, dass die Angaben nicht mit der erforderlichen Sorgfalt gemacht worden sind, kann der Verletzte eine eidesstattliche Versicherung nach den §§ 259 Abs. 2, 260 Abs. 2 BGB verlangen. Dazu muss der Verletzte Umstände vortragen, welche die Annahme der Unrichtigkeit und/oder Unvollständigkeit der erteilten Auskunft nahe legen.[194] 140

---

192 Definition oben Rdn. 128.
193 OLG Hamburg GRUR 1997, 147; a.A. OLG Frankfurt a.M. NJW-RR 1998, 1007.
194 BGH GRUR 1960, 247 – Krankenwagen.

7. Auskunft unter Verwendung von Verkehrsdaten

a) Problemstellung

141 Eine Vielzahl von geschützten geistigen Leistungen können digital dargestellt werden. Alles was digitalisiert ist, kann auch über das Internet verbreitet werden. Eine Art der Verbreitung erfolgt im Wege des Filesharing (deutsch »Dateifreigabe« oder »gemeinsamer Dateizugriff«, wörtlich »Dateien teilen«). Dabei werden Dateien zwischen Benutzern des Internets unter Verwendung eines Peer-to-Peer (P2P) Netzwerks direkt weitergegeben. Sucht ein Benutzer ein Musikstück, stehen ihm alle Online gestellten Dateien der anderen Teilnehmer zum Download zur Verfügung, gleichzeitig können die anderen Teilnehmer auf alle Online gestellten Dateien des eigenen Rechners zugreifen. Die für die Teilnahme an einem solchen Netzwerk erforderliche Software wird kostenlos im Internet angeboten werden. Die Dateien sind überwiegend ohne Zustimmung der Rechteinhaber und damit widerrechtlich in das Netzwerk eingestell. Denn die Auswerter von nachgefragten geldwerten geistigen Leistungen haben kein Interesse an einer derartig unkontrollierten Verbreitung ihrer Produkte. Das fing an mit Musik (Musiktauschbörse) und wird heute mit allem praktiziert, was gefragt ist. Neben Musikaufnahmen geht es insbesondere geht es um Filme, Spiele und Software. Rechtsverletzungen werden auch dadurch begangen, dass Plagiate auf Servern abgelegt werden und die Adressen in Foren veröffentlicht werden. Dann kann sie jedermann von dort Downloaden.

142 Das Problem des Verletzten ist: Er kann zwar die Verletzung im Internet nachvollziehen, etwa wenn er selbst am Filesharing teilnimmt; Namen und Anschriften der Verletzers findet er aber nicht. Was er finden kann, sind sog. IP-Adressen. Eine IP-Adresse (IP = Internetprotokoll) ist eine Internetadresse, die einem Anschlussinhaber fest (statische IP) zugewiesen ist, oder – der Regelfall – die ihm von seinem Provider für jede Verbindung mit dem Netz neu zugewiesen wird (dynamische IP). Der jeweilige Provider bei Vorhaltung der Verbindungsdaten erkennen, welche IP-Adresse welchem Anschlussinhaber zu einer bestimmten Zeit zugeordnet war. Der Verletzte benötigt also die Auskunft des Providers, um feststellen zu können, wer der Verletzer ist. Der Provider ist allerdings gesetzlich gehindert, die begehrte Auskunft über solche Daten zu erteilen. Denn die Verkehrsdaten unterliegen dem Fernmeldegeheimnis. Bisher eröffnete § 14 Abs. 2 TMG eine Auskunftsmöglichkeit nur, soweit dies für Zwecke der Strafverfolgung, zur Gefahrenabwehr durch die Polizeibehörden der Länder, zur Erfüllung der gesetzlichen Aufgaben der Verfassungsschutzbehörden des Bundes und der Länder, des Bundesnachrichtendienstes oder des Militärischen Abschirmdienstes oder zur Durchsetzung der Rechte am geistigen Eigentum erforderlich ist. Für einen zivilrechtlichen Auskunftsanspruch gab es keine Anspruchsgrundlage.

143 Diese Anspruchsgrundlage findet sich jetzt in § 101 Abs. 2 UrhG. Denn der Provider ist bezüglich der von ihm vermittelten Verbindung, im Rahmen derer eine Rechtsverletzung stattfindet, Dienstleister im Sinne des Abs. 2 Satz 1 Nr. 3. Die Auskunft darf er aber erst erteilen, wenn ihm die Verwendung der Verkehrsdaten gestattet ist. Dazu ist ein besonderes Verfahren in Abs. 9 eingeführt worden, welches – Abs. 10 – das Fernmeldegeheimnis des Art. 10 GG einschränkt.

b) Zweistufiges Verfahren

144 Das Verfahren ist zweistufig gestaltet. Zunächst bedarf es einer richterlichen Entscheidung über die Zulässigkeit der Verwendung der Verkehrsdaten in dem in Absatz 9 vorgesehenen FGG-Verfahren. Erst wenn in diesem Verfahren rechtskräftig festgestellt worden ist, dass die Verwendung der Verkehrsdaten zulässig ist, kann der zivilrechtliche Auskunftsanspruch nach Absatz 2 zum Tragen kommen, weil die Erfüllung der Auskunft sonst wegen des entgegen stehenden Fernmeldegeheimnisses rechtlich unmöglich ist. Dieses Verständnis von dem Verfahren schließt eine Gestattung im Verfahren der einstweiligen Anordnung aus.[195]

c) Materielle Voraussetzungen der Zulässigkeitsentscheidung

Es müssen alle zuvor dargestellten Voraussetzungen für einen Auskunftsanspruch nach 101 Abs. 1 oder 2 UrhG gegen den in Anspruch genommenen Auskunftspflichtigen vorliegen. Dabei gibt es in der Praxis die meisten Probleme bei der Aktivlegitimation, hier bedarf es ggf. der Darlegung der Rechtekette, und bei der Feststellung der Verletzung des gewerblichen Ausmaßes. Weiter ist es erforderlich, dass Gegenstand der Auskunft (auch) Verkehrsdaten im Sinne von § 3 Nr. 30 TKG sind (alle Daten, die bei der Erbringung eines Telekommunikationsdienstes erhoben, verarbeitet oder genutzt werden), und dass dem Verletzten keine anderen zumutbaren Erkenntnisquellen zur Verfügung steht, um die erforderliche Auskunft zu erlangen.

145

d) Gerichtliches Anordnungsverfahren

Ausschließlich sachlich und örtlich zuständig ist nach Abs. 9 Satz 2 das für den Wohnsitz, Sitz oder einer Niederlassung des Auskunftsschuldners zuständige Landgericht. Nach richtiger Ansicht kommt der Niederlassungsgerichtsstand dabei nach den zu § 21 ZPO entwickelten Grundsätzen nur in Betracht, wenn in der Niederlassung ein wesentlicher Beitrag zu den die Auskunftspflicht begründenden Dienstleistungen geleistet wurde.[196] Funktionell zuständig sind die Zivilkammern (Absatz 9 Satz 3).

146

Für das Verfahren gelten die Vorschriften des FamFG entsprechend. Verfahrensvoraussetzung ist ein Antrag, wobei der Auskunftsgläubiger Antragsteller ist und der Auskunftsschuldner Beteiligter. Es besteht kein Anwaltszwang. Der Beteiligte ist anzuhören. Es gilt Amtsermittlungsgrundsatz, Anerkenntnis, Verzicht und Säumnis können daher nicht Grundlage der gerichtlichen Entscheidung sein. Entschieden wird durch Beschluss ohne mündliche Verhandlung. Der Beschluss ist nach Abs. 9 Satz 6, 7 binnen 2 Wochen ab Zustellung mit der Beschwerde an das OLG anfechtbar.

147

> **Musterantrag nach § 101 Abs. 9 UrhG**
>
> In dem Anordnungsverfahren gemäß § 101 Abs. 9 UrhG
> Antragsteller/in: ...
> Beteiligte/r: ...
> wird beantragt, dem/der Beteiligten zu gestatten, dem/der/Antragstellerin unter Verwendung von Verkehrsdaten Auskunft über Namen und Anschriften derjenigen Kunden zu erteilen, denen die aus der Anlage zu diesem Beschluss ersichtlichen IP-Adressen zu den jeweils dazu genannten Zeiten zugeordnet waren.

148

Die Kosten der Anordnung trägt nach Absatz 9 Satz 5 der Verletzte. Die Gerichtsgebühr für die Anordnung beträgt nach § 128e Abs. 1 Nr. 4 KostO 200 € und nach § 128e Abs. 2 KostO 50 € bei Antragsrücknahme. Unter Anordnung sind sowohl die antragsgemäße Entscheidung und die Abweisung zu verstehen. Wird dabei in einem Antrag für dasselbe urheberrechtlich geschützte Werk die Zulässigkeit der Verwendung der Verkehrsdaten für mehrere IP-Adressen geltend gemacht, so wird unabhängig von der Zahl der IP-Adressen nur eine Gerichtsgebühr fällig.[197] Der Streitwert für die Rechtsanwaltskosten

149

---

195 So auch OLG Köln MMR 2008, 820.
196 OLG Düsseldorf MMR 2009, 186; großzügiger LG Frankfurt a.M. GRUR-RR 2009, 15.
197 OLG Düsseldorf MMR 2009, 476.

beträgt 3.000 €. Dabei wird, wie bei der Gerichtsgebühr, ebenfalls nicht auf die Zahl der IP-Adressen abgestellt.[198]

e) Der Anspruch in der Praxis

150 Der Gesetzgeber ist offenbar davon ausgegangen, dass die nachgefragten Verkehrsdaten bei den Providern vorhanden sind. Das ist aber nicht der Fall. Denn Verkehrsdaten dürfen nach § 96 Abs. 1 TKG nur verwendet werden, soweit dies für dort in Satz 1 genannte Zwecke oder durch andere gesetzliche Vorschriften begründete Zwecke oder zum Aufbau weiterer Verbindungen erforderlich ist; im Übrigen sind Verkehrsdaten vom Diensteanbieter nach Beendigung der Verbindung unverzüglich zu löschen. Da in Flatrate-Zeiten die Verkehrsdaten nach Verbindungsende regelmäßig für die in § 96 TKG genannten Zwecke nicht mehr benötigt werden, halten die Provider die Verkehrsdaten nach Verbindungsende entweder nur noch wenige Tage vor oder sie löschen diese, wie datenschutzrechtlich vorgegeben, automatisch mit Beendigung der Verbindung. Da ein Zugriff auf – zur Zeit ohnehin nicht vorhandene – Vorratsdaten im Sinne des § 113a TKG unzulässig ist,[199] muss der Verletzte Wege suchen, die für ihn relevanten Verkehrsdaten zu erhalten. Bei den Providern, welche die Daten noch einige Tage vorhalten, kann im unverzüglich einzuleitenden Antragsverfahren nach Abs. 9 eine einstweilige Anordnung erlassen werden, mit der dem beteiligten Provider aufgegeben wird, die Verkehrsdaten bis zur Auskunft vorzuhalten.[200] Davon wird regelmäßig Gebrauch gemacht. Bei den Providern, welche die Daten sofort löschen, eröffnet das OLG Hamburg die Möglichkeit, im Wege einer einstweiligen Verfügung gegen den Provider ein Vorhalten der Verkehrsdaten in der Weise zu erwirken, dass diesem verboten wird, Verkehrsdaten bis zur Auskunft zu löschen, bezüglich derer ihm aus der laufenden Verbindung heraus die Verletzung mitgeteilt wird.[201] Das OLG Frankfurt a.M. hat zuvor eine solche Speicherpflicht auf Zuruf abgelehnt.[202] Insgesamt wird die Entscheidung des OLG Hamburg eher kritisch bewertet.[203]

151 Zusammengefasst hat der dem Verletzten zugestandene Anspruch auf Auskunft unter Verwendung von Verkehrsdaten bisher nicht den gewünschten Erfolg. Es beginnt mit der aufwändigen Ermittlung und gerichtsverwertbaren Dokumentation der Verletzung und der IP-Adressen durch Fachfirmen. Das können sich nur finanzstarke Verletzte erlauben. Dann folgt das Verfahren nach § 101 Abs. 9 UrhG mit den oben dargestellten Problemen. Weitere Probleme sind im Hinblick auf die im Auskunftsverfahren ermittelten IP-Adressen entstanden. Das schweizerische Bundesgericht hat am 8.9.2010 (1 C 285/09) entschieden, dass IP-Adressen Personendaten sind und dass deren gewerbliche Ermittlung und Weitergabe gegen das Schweizer Datenschutzrecht verstößt.[204] Da das BDSG dem Schweizer Datenschutzgesetz im Wesentlichen entspricht, wird das auch in Deutschland eine neue Diskussion im Hinblick auf die Verwertbarkeit solcher Daten eröffnen. Der BGH hat in der Verwertung der IP-Adresse in der Entscheidung »Sommer unseres Lebens« allerdings kein Problem gesehen. Er hat dabei die IP-Adresse, anders als die wohl h.M., als Bestandsdatum und nicht als Verkehrsdatum eingeordnet.[205] Ob diese Auffassung sich durchsetzen wird und welche Relevanz das hätte, ist noch nicht absehbar.[206]

---

198 OLG Köln MMR 2009, 125.
199 OLG Frankfurt GRUR-RR 2009, 297.
200 OLG Köln MMR 2008, 820.
201 OLG Hamburg MMR 2010, 338.
202 OLG Frankfurt a.M. MMR 2010, 91.
203 Gute Übersicht bei *Moos/Gosche* CR 2010, 499.
204 Gründe lagen bei Redaktionsschluss noch nicht vor.
205 BGH GRUR 633, 635 Rn. 29.
206 Kritisch Urteilsanmerkung von *Knopp* DuD 2010, 653, 655.

IX. Der Anspruch auf Vorlage und Besichtigung

1. Einführung

Mit dieser in Umsetzung der Enforcement-Richtlinie seit dem 1.9.2008 in Kraft stehenden Regelung findet der von der Rechtsprechung vor allem in Patent- und Urheberrechtssachen zu den §§ 809, 810 BGB entwickelte Vorlage- und Besichtigungsanspruch Eingang in die Immaterialgüterschutzgesetze. Neu ist, dass sich der Anspruch auf Besichtigung bei einer in gewerblichem Ausmaß begangenen Rechtsverletzung auch auf die Vorlage von Bank-, Finanz- oder Handelsunterlagen erstreckt. Auch dieser Anspruch dient dem Ausgleich des Informationsgefälles zwischen Verletzer und Verletztem. Dem Anspruchsteller soll die Möglichkeit eröffnet werden, den Verdacht einer Rechtsverletzung in tatsächlicher Hinsicht verifizieren und etwaige Beweise für ihre Begehung sichern können, um im Anschluss daran, gestützt auf die Vorlage- und/oder Besichtigungsergebnisse, seine Verletzungsansprüche dem Grunde und dem Umfang nach durchsetzen zu können. Dieser Anspruch hat im Urheberrecht beachtliche Relevanz bei Software und Datenbankverletzungen. Daneben bestehen die Ansprüche auf Besichtigung nach §§ 809, 810 BGB unverändert fort.[207] Allerdings dürften diese wegen der weitergehenden Möglichkeiten, die § 101a UrhG eröffnet, kaum noch praktische Relevanz haben. Eine Urkundenvorlage durch eine Partei oder einen Dritten kann allerdings auch nach § 142 ZPO in Betracht kommen.[208]

152

2. Inhalt des Anspruchs auf Vorlage und Besichtigung

Zur Besichtigung gehört jede Maßnahme, die für die Beurteilung des Vorliegens der in Frage stehenden Rechtsverletzung notwendig ist. Dazu kann eine Augenscheineinnahme genügen, das kann aber auch nähere Untersuchungen bis hin zu Substanzeingriffen in Sachen erfordern.[209] Stehen ein Softwareplagiat in Frage oder eine Datenbankübernahme, wird häufig etwa der Zugang zu Rechnern und die Einsicht in Dateien notwendig sein. Im Einzelfall können auch Untersuchungen mit der Folge von Substanzverletzungen erforderlich sein. Auch das ist im Rahmen der Besichtigung zulässig, sofern sich nur auf diese Weise die gebotene Sachaufklärung erreichen lässt und ein überwiegendes Integritätsinteresse des vermeintlichen Verletzers nicht besteht. Vorlage einer Urkunde oder von Geschäftspapieren bedeutet, dass diese so vorzuzeigen sind, so dass von ihrem Inhalt Kenntnis genommen werden kann. Bei gerichtlicher Gestattung werden üblicherweise auf Kosten des Gläubigers Kopien angefertigt werden dürfen.

153

Vorgelegt und besichtigt wird gemäß §§ 101a Abs. 4 UrhG, 811 Abs. 1 BGB grundsätzlich dort, wo sich die Sache oder die vorzulegende Unterlage befindet. Die Vorlage kann aus wichtigem Grund von jeder Partei auch woanders verlangt werden.

154

3. Anspruchsvoraussetzungen

a) Aktiv- und Passivlegitimation

Anspruchsberechtigt ist, wer aufklärungs- oder beweissicherungsbedürftige Ansprüche im Hinblick auf ein geschütztes Recht geltend machen kann. Das Gesetz redet von dem »vermeintlichen Verletzer«. Das ist jeder, der für die fragliche Rechtsverletzung passivlegitimiert wäre.

155

---

207 Dazu BGH GRUR 2002, 1046 – Faxkarte.
208 BGH GRUR 2006, 962 – Restschadstoffentfernung.
209 BT-Drs. 16/5048, S. 41; BGH GRUR 2002, 1046, 1049 -Faxkarte.

b) Hinreichend wahrscheinliche Rechtsverletzung

156 Die Rechtsverletzung muss hinreichend wahrscheinlich sein;[210] die früher geforderte erhebliche Wahrscheinlichkeit[211] wird nicht mehr verlangt. Danach müssen vom Anspruchsteller Indiztatsachen vorgetragen werden, die für die Möglichkeit einer Rechtsverletzung mit einer gewissen Wahrscheinlichkeit sprechen. Wann die Wahrscheinlichkeit »hinreichend« ist, lässt sich nicht an einem Prozentsatz festmachen. Vielmehr ist auf den Einzelfall abzustellen und bereits bei der Prüfung dieser Voraussetzung eine allgemeine Interessenabwägung unter Einbeziehung der in Betracht kommenden Besichtigungsmaßnahmen und der berechtigten Interessen des Anspruchsgegners vorzunehmen. Je stärker die Eingriffsintensität der Besichtigungsmaßnahme ist und je größer das Geheimhaltungsinteresse des Anspruchsgegners, umso höher wird der Grad der Wahrscheinlichkeit sein müssen, wobei geeignete Maßnahmen zur Wahrung der Geheimhaltung den Grad wieder mindern können. Das kann dazu führen, dass im Einzelfall eine »hinreichende« Wahrscheinlichkeit erforderlich ist, die dem Grad der früher verlangten erheblichen Wahrscheinlichkeit entspricht.[212]

c) Gegenstand der Vorlage und Besichtigung

157 Eine »Sache« ist jeder körperliche Gegenstand. Auch elektronische Daten auf einem Datenträger und elektronische Dokumente sind darunter zu fassen. Eine »Urkunde« ist jede durch Niederschrift verkörperte Gedankenerklärung, die im Hinblick auf das Ziel der Vorlage aufgrund ihres Inhalts als Beweismittel geeignet sind. Bank-, Finanz- und Handelsunterlagen können sein Kontoauszüge, Buchführungsunterlagen, Buchungsbelege, Bilanz, Jahres- und Einzelabschluss, Inventar, Handelsbriefe, Kreditverträge, Kosten- und Gewinnkalkulationen. Die äußere Form ist unerheblich. Liegen die Unterlagen elektronisch gespeichert vor, geht der Vorlageanspruch dahin, die Daten auf einen Träger zu speichern und diesen auszuhändigen. Bank-, Finanz- und Handelsunterlagen werden im Regelfall für die Feststellung einer Verletzungshandlung keinen Aufschluss liefern können. Eine Vorlage wird aber zur Aufklärung über den Umfang eines Anspruchs wegen einer Verletzung in Betracht kommen. Dabei ist jedoch zu beachten, dass möglicherweise die Verletzung dem Grunde nach noch unklar ist, so dass auf Geheimhaltungsinteressen besonders Rücksicht genommen werden muss.

d) Verfügungsgewalt des Anspruchsgegners

158 Verfügungsgewalt liegt vor, wenn dem Anspruchsgegner aufgrund Allein- oder Mitbesitzes oder mittelbaren Besitzes mit einem Herausgabeanspruch gegen den unmittelbaren Besitzer die Überlassung zur Besichtigung möglich ist.[213] Auf die Rechtmäßigkeit der Besitzposition kommt es nicht an.

e) Erforderlichkeit der Besichtigung

159 Erforderlichkeit setzt voraus, dass dem Anspruchsteller keine anderen zumutbaren Möglichkeiten zur Beschaffung der Beweismittel oder zur Aufklärung zur Verfügung stehen, was er darlegen muss. Andere Möglichkeiten können Recherchen im Internet, Nachforschungen bei Abnehmern oder etwa die Auswertung von Werbematerial sein.[214]

---

210 So schon die Rspr. zu § 809 BGB seit BGH GRUR 2002, 1046 -Faxkarte.
211 BGH GRUR 1985, 512 – Druckbalken.
212 Wandtke/Bullinger/*Ohst* § 101a Rn. 10, 11 m.w.N.
213 BT-Drs. 16/5048, S. 40.
214 *Zöllner* GRUR-Prax 2010, 74.

f) Geheimhaltungsinteressen des Schuldners

Auf berechtigte Geheimhaltungsinteressen des Besichtigungsschuldners ist nach der ausdrücklichen Regelung in § 101a Abs. 1 Satz 2 UrhG besonders Rücksicht zu nehmen. Dabei sind nicht nur Geheimhaltungsinteressen am Besichtigungsobjekt zu berücksichtigen, sondern auch solche, die bei Gelegenheit der Besichtigung, die häufig in den Geschäftsräumen des Anspruchsgegners stattfindet, in Erfahrung gebracht werden. Auf Geheimhaltungsinteressen Dritter kann sich der Anspruchsgegner berufen, wenn er diesen gegenüber zur Geheimhaltung verpflichtet ist. Geheimhaltungsinteressen können aber im Regelfall dadurch gewahrt werden, dass zunächst nicht dem Anspruchsteller selbst die Besichtigung gestattet wird bzw. die Unterlagen vorgelegt werden, sondern dass an seine Stelle zur Verschwiegenheit verpflichtete Personen treten wie Sachverständige oder Wirtschaftsprüfer.[215] Der an der Besichtigung teilnehmende Rechtsanwalt des Anspruchstellers wird durch das Gericht ebenfalls zur Verschwiegenheit verpflichtet, und zwar auch im Verhältnis zu seinem Mandanten.[216] Das Ergebnis der Vorlage oder Besichtigung ist im Regelfall ein Gutachten des Sachverständigen oder Wirtschaftsprüfers. Dieses ist zunächst dem Anspruchsgegner auszuhändigen, damit dieser geltend machen kann, ob und inwieweit eine Aushändigung an den Anspruchsteller seine Interessen verletzen kann. Das Gericht entscheidet dann darüber, ob und inwieweit das Gutachten dem Anspruchsteller ausgehändigt werden kann. Gegen diese Entscheidung kann der Anspruchsgegner eine sofortige Beschwerde einlegen. Erst mit Rechtskraft der Entscheidung erhält auch der Anspruchsteller das Gutachten ganz oder in dem Umfang, in dem ihm Einsicht gestattet worden ist.[217]

160

g) Verhältnismäßigkeit

Bei der nach § 101a Abs. 2 UrhG vorzunehmenden Verhältnismäßigkeitsprüfung sind nochmals, wie bereits bei der hinreichenden Wahrscheinlichkeit, die Interessen der Parteien abzuwägen. Der Regelfall wird dabei die Verhältnismäßigkeit sein, denn es sind bei Bejahung der hinreichenden Wahrscheinlichkeit kaum Fälle denkbar, bei denen das Geheimhaltungsinteresse des Anspruchsgegners nicht durch geeignete Maßnahmen gewahrt werden kann; zudem hat der Anspruchsteller auch die Gefahr und die Kosten der Besichtigung zu tragen. Nur in Fällen von geringfügigen Verletzungen werden umfangreiche Besichtigungs- und/oder Vorlageansprüche eher unverhältnismäßig sein.[218]

161

h) Gewerbliches Ausmaß bei Bank-, Finanz- oder Handelsunterlagen

Die Vorlage von Bank-, Finanz- oder Handelsunterlagen setzt zusätzlich voraus, dass die in Frage stehende Rechtsverletzung eine solche im gewerblichen Ausmaß[219] sein muss.

162

4. Bestimmtheit des Antrages

Die Urkunde, Sache oder Unterlage muss im Besichtigungsantrag so eindeutig bezeichnet werden, dass Zweifel über die Identität des Besichtigungsgegenstandes nicht auftreten können. Anzugeben ist stets der aktuelle Standort der Sache/Urkunde/Unterlage. Welche weitergehenden Identifizierungsangaben erforderlich sind, hängt vom Einzelfall ab. Probleme kann es bei der Bestimmung von Bank-, Finanz- und Handelsunterlagen geben, weil häufig nicht klar sein wird, was beim Anspruchsgegner vorhanden ist. Denkbare

163

---

215 BT-Drs. 16/5048, S. 41; BGH GRUR 2002, 1046, 1048 -Faxkarte.
216 BGH GRUR 2010, 318, 320f – Lichtbogenschnürung.
217 *Kühnen* GRUR 2005, 185 ff.
218 BT-Drs. 16/5048, S. 41.
219 Zum gewerblichen Ausmaß siehe oben Rdn. 126.

Identifizierungsmittel bei Urkunden/Unterlagen sind Bezeichnungen der Gattung nach, von Aussteller, Ausstellungsdatum, Urkunden- oder Unterlageninhalt. Zwar ist zur Gewährleistung eines effektiven Rechtsschutzes ein großzügiger Maßstab anzulegen. Andererseits darf der Anspruch nicht unter Aufgabe des Bestimmtheitsgrundsatzes zu reinen Ausforschungen führen wie etwa bei einer umfassenden staatsanwaltschaftlichen Durchsuchung. Weiter ist im Antrag genau darzustellen, welche Besichtigungshandlungen erforderlich sind. Ferner ist anzugeben, ob es erforderlich ist, Kopien von Dateien, Urkunden und Unterlagen zu fertigen oder Fotos zu machen und mitzunehmen. Denn das Gericht muss detailliert darüber befinden, was der Anspruchsgegner bei der Vorlage und Besichtigung zu dulden hat.

5. Gefahr und Kosten

164 Nach § 101a Abs. 4 UrhG i.V.m. § 811 BGB hat der Schuldner die Gefahr und die Kosten der Vorlage und Besichtigung zu tragen. Auf Verlangen des Anspruchsgegners besteht die Pflicht zur Sicherheitsleistung; bis dahin hat dieser ein Verweigerungsrecht.

6. Verwertungsverbot der Auskunft im Straf- und Bußgeldverfahren

165 Nach § 101a Abs. 4 i.V.m. § 101 Abs. 8 UrhG dürfen die durch die Vorlage und Besichtigung erlangten Erkenntnisse in einem Strafverfahren oder in einem Verfahren nach dem Gesetz über Ordnungswidrigkeiten wegen einer zuvor begangenen Tat gegen den Anspruchsgegner oder gegen einen in § 52 Abs. 1 StPO bezeichneten Angehörigen nur mit dessen Zustimmung verwertet werden.

7. Anspruchsdurchsetzung

a) Erkenntnisverfahren

166 Ein Vorlage- bzw. Besichtigungsanspruch kann in einem Hauptsacheverfahren parallel zu den Unterlassungs- und Schadenersatzansprüchen geltend gemacht werden.[220] Zunächst würde dann durch Teilurteil über den Besichtigungsanspruch entschieden und die Besichtigung durchgeführt werden. Ergibt sich daraus keine Verletzung, wird die Klage insgesamt abgewiesen. Wird eine Verletzung festgestellt, werden die anderen Verletzungsansprüche weiter verfolgt. Dieses Verfahren erscheint eher umständlich. Gerät der Kläger allerdings in einem (normalen) Verletzungsprozess in Beweisnot, sollte er die Möglichkeit einer Klagerweiterung im Hinblick auf einen Vorlage- bzw. Besichtigungsanspruch in Betracht ziehen.

b) Selbständiges Beweisverfahren

167 Die Besichtigung und die erforderlichen Untersuchungen können auch im Wege des selbständigen Beweisverfahrens nach § 485 ZPO angeordnet werden. Befindet sich der Besichtigungsgegenstand in den Geschäftsräumen des Anspruchsgegners oder ist die Frage der Verletzung nicht schon durch eine Augenscheinseinnahme erkennbar, hilft das selbständige Beweisverfahren nicht weiter, weil es keine Zwangsmaßnahmen kennt und zulässt.

c) Einstweiliges Verfügungsverfahren

168 Ein einstweiliges Verfügungsverfahren bringt schneller Klarheit über das Vorliegen oder Nichtvorliegen einer Rechtsverletzung und verhindert Manipulationen am Besichtigungsgegenstand. Die Rechtsgrundlage für ein einstweiliges Verfügungsverfahren findet

---

220 BGH GRUR 2002, 1046, 1047 – Faxkarte.

B. Die Verletzungsansprüche

sich in § 101a Abs. 3 Satz 1 UrhG. Da darin nur von der »Verpflichtung zur Vorlage einer Urkunde oder zur Duldung der Besichtigung einer Sache« die Rede ist, gilt das allerdings nicht auch für die Vorlage von Bank-, Finanz- oder Handelsunterlagen.

Der Anspruchsteller hat in seinem Antrag auch die Voraussetzungen für den Verfügungs- **169** grund einschließlich der Eilbedürftigkeit darzulegen. Dies ist zum Teil bezweifelt worden, da Art. 7 der Enforcement-Richtlinie die Eilbedürftigkeit für den Erlass einer beweissichernden Maßnahme nicht voraussetzt.[221] Der deutsche Gesetzgeber hat sich diesem Einwand nicht angeschlossen und nach der Begründung im Regierungsentwurf zum Gesetz zur Verbesserung der Durchsetzung der Rechte des geistigen Eigentums in § 101a Abs. 3 Satz 1 UrhG allein geregelt, dass der Erlass einer einstweiligen Verfügung nicht am Verbot der Vorwegnahme der Hauptsache scheitert.[222] Von einer vorherigen Anhörung des vermeintlichen Verletzers kann und wird üblicherweise zur Vermeidung von Manipulationen abgesehen werden. Dann sind aber besondere Maßnahmen zur Wahrung von Geheimhaltungsinteressen erforderlich, die das Gericht anzuordnen hat.

d) Möglichkeiten der verfahrensrechtlichen Umsetzung

Da § 101a UrhG den gesamten Vorlage- und Besichtigungsanspruch im Wege der einst- **170** weiligen Verfügung ermöglicht, können in einem solchen Verfahren grundsätzlich auch alle Anordnungen getroffen werden. Das Problem liegt darin, dass ein dabei erstelltes Gutachten keinen vollen Beweiswert im Hauptverfahren hätte.

Ein häufig praktiziertes Modell der Umsetzung des Besichtigungsanspruchs ist das zum **171** Anspruch nach § 809 BGB entwickelte Verfahren nach »Düsseldorfer Praxis«. Es ist eine Kombination aus einem selbständigen Beweisverfahren nach den §§ 485 ff. ZPO, im Rahmen dessen die Besichtigung erfolgt, und einem einstweiligen Verfügungsverfahren, in dem, soweit erforderlich, dem vermeintlichen Verletzer aufgegeben wird, die erforderlichen Maßnahmen zu dulden.[223] Diese Anordnungen ergehen in aller Regel ohne vorherige Anhörung, weil nur auf diese Weise ein effektiver Rechtsschutz gewährt werden kann. Das Gericht trifft die zur Wahrung der Geheimhaltung erforderlichen Maßnahmen.[224]

Eine andere Möglichkeit wäre, im Wege der einstweiligen Verfügung nur die Urkunde **172** oder die zu besichtigende Sache zu sichern, etwa durch Herausgabe an einen Gerichtsvollzieher zur Verwahrung. Gleichzeitig wird dem vermeintlich Verletzten eine Frist gesetzt zur Einleitung eines selbständigen Beweisverfahrens, im Rahmen dessen dann vorgelegt oder besichtigt werden kann. Dieses Verfahren würde der Vorgabe der Enforcementrichtlinie in Art. 7 Abs. 1 entsprechen, wonach ein Eilverfahren nur für die Sicherung der Beweismittel vorgesehen ist, nicht aber für die Vorlage oder Besichtigung selbst. In der einstweiligen Verfügung würde dem Schuldner aufgegeben werden, die zur Beweissicherung erforderlichen Maßnahmen zu dulden. Da es um Dateien geht, wird geduldet werden müssen, dass der Sachverständige davon Kopien fertigt, die er mitnimmt und zunächst verwahrt. Bei zu erwartendem Widerstand des Schuldners bietet es sich an, dem Gerichtsvollzieher zu gestatten, nach § 892 ZPO zu verfahren. In dem selbständigen Beweisverfahren kann dann der Anspruchsgegner beteiligt werden und seine Positionen einbringen. Dieses Verfahren ist bei den im Urheberrecht relevanten Software- und Datenbankverletzungen durchaus praktikabel und vorzugswürdig.

---

221 *Kühnen* GRUR 2005, 185, 194.
222 BT-Drs. 16/5048 S. 28; so auch OLG Köln, ZUM-RD 2009, 427; OLG Hamm, Beschl. v. 20.8.2009, BeckRS 2010, 02645.
223 Ausführlich und mit Musterbeschluss im Patentverfahren siehe *Kühnen* GRUR 2005, 185, 187 ff.; *Zöllner* GRUR-Prax 2010, 74 ff.
224 Siehe oben Rdn. 160.

173 Die Vollziehung kann von einer Sicherheitsleistung abhängig gemacht werden. Je nach Intensität des Eingriffs sollte das bei diesem Verfahren durchaus in Betracht gezogen werden.

X. Vernichtung, Überlassung, Rückruf, Entfernung

1. Der Anspruch auf Vernichtung

a) Inhalt des Anspruchs

174 Der in § 98 Abs. 1 UrhG geregelte Anspruch auf Vernichtung ist ein gesondert ausgestalteter Folgenbeseitigungsanspruch, der verhindern soll, dass widerrechtlich hergestellte Erzeugnisse weiter in den Umlauf auf den Vertriebswegen gebracht werden und die Vorrichtungen zur Herstellung weiterer rechtsverletzender Erzeugnisse genutzt werden können. Nach dem Wortlaut des § 98 Abs. 1 UrhG kann der Verletzte vom Verletzer die Vernichtung verlangen, der diese dann durchzuführen und nachzuweisen hat. Ein Anspruch des Verletzten auf Herausgabe an den Verletzten zur Vernichtung besteht grundsätzlich nicht und kann nur bei Vorliegen besonderer Voraussetzungen zugebilligt werden.[225] Vernichtung kann aber über den Wortlaut der Anspruchsnorm hinaus auch in der Form verlangt werden, dass Herausgabe an einen Gerichtsvollzieher zum Zwecke der Vernichtung verlangt wird; die Vernichtung erfolgt dann durch den Gerichtsvollzieher.[226] Das ist der sicherste Weg für den Verletzten und das heute übliche Vorgehen.

b) Anspruchsvoraussetzungen

aa) Allgemeine Voraussetzungen

175 Es müssen zunächst die gemeinsamen Voraussetzungen für alle Verletzungsprozesse vorliegen. Passivlegitimiert ist nur der Verletzer. Die teilweise befürwortete Möglichkeit, diesen Anspruch auch auf Dritte zu erstrecken, die zwar Besitz haben, aber nicht Verletzer sind,[227] hat bereits keinen Eingang in die Enforcement-Richtlinie gefunden. Etwas anderes gilt nach § 69f. UrhG nur bei Softwareplagiaten. Verschulden wird nicht verlangt.

bb) Gegenstand der Vernichtung

176 Gegenstand der Vernichtung sind einmal alle widerrechtlich hergestellten Vervielfältigungsstücke, die der Verletzer entweder im Eigentum oder im Besitz, nicht notwendig unmittelbaren Besitz, hat. Gegenstand der Vernichtung sind weiter die Vorrichtungen, die im Eigentum des Verletzers stehen und jedenfalls potentiell zur Herstellung der schutzrechtsverletzenden Erzeugnisse geeignet sein. Es können Maschinen, Spezialwerkzeuge, Platten, Steine, Druckstöcke, Negative, Matrizen, CD-Brenner, Kopiergeräte, Disketten und Videorekorder sein, also auch handelsübliche Geräte, die auch rechtmäßig genutzt werden können.[228] Maßgeblich ist die vorwiegende tatsächliche Benutzung oder die vorwiegende subjektive Bestimmung zur Herstellung der schutzrechtsverletzenden Erzeugnisse. Häufig wird neben einer GmbH zu Unrecht auch deren Geschäftsführer auf Vernichtung in Anspruch genommen. Denn der Geschäftsführer hat als Organ der GmbH keinen Besitz an den Sachen der GmbH.[229]

---

225 BGH GRUR 1997, 899 – Vernichtungsanspruch – bei Besitz eines Dritten aufgrund zuvor erfolgten Beschlagnahme.
226 BGH NJW 2003, 668, 670 – P-Vermerk.
227 *Patnaik* GRUR 2004, 191, 196.
228 *Dreier*/Schulze § 99 Rn. 4; Wandtke/Bullinger/*Bohne* § 99 Rn. 4.
229 BGH NJW 2004, 217, 219.

cc) Verhältnismäßigkeit

Die Vernichtung darf nach § 98 Abs. 4 UrhG nicht unverhältnismäßig sein, wobei auch die Interessen Dritter zu berücksichtigen sind. Dabei stellt die Vernichtung die Regelmaßnahme dar und eine Unverhältnismäßigkeit ist die Ausnahme, wobei es auch durchaus hinzunehmen ist, dass über das zur Folgenbeseitigung Nötige hinausgegangen wird.[230] Das Schutzrechtsinteresse des Verletzten muss ausnahmsweise nur dann zurücktreten, wenn eine Verhältnismäßigkeitsprüfung im Einzelfall ein überwiegendes Erhaltungsinteresse des Verletzers und/oder – insoweit neu – eines Dritten ergibt. Die Vernichtung kann danach regelmäßig nur in den Fällen unverhältnismäßig sein, wenn sich der der Erfolg auch durch weniger einschneidende Maßnahmen erreichen lässt. Das wird bei den Piraterieprodukten selbst nur in seltenen Fällen der Fall sein; diese müssen im Regelfall endgültig aus dem Verkehr gezogen werden. Vom Produkt selbst zu unterscheiden sind jedoch Maßnahmen der Bewerbung und des Anbietens. Hier sind eher Fälle denkbar, in denen aus Gründen der Verhältnismäßigkeit auf geeignete andere Mittel zurückgegriffen werden kann. Wird etwa das verletzende Erzeugnis in Katalogen neben vielen anderen Produkten des Verletzers offeriert und kann der Erfolg auch etwa durch Schwärzungen erreicht werden, so wäre das gegenüber dem Einstampfen oder Schreddern der Kataloge ein milderes und gleichwohl geeignetes Mittel. Lediglich die Kennzeichnung eines Plagiats als Fälschung reicht allerdings nicht aus.[231] Im Übrigen werden Schuldlosigkeit oder der Grad der Schuld des Verletzers zu beachten sein; wer vorsätzlich oder grob fahrlässig verletzt, wird auch empfindliche Eingriffe hinnehmen müssen. Die Berücksichtigung berechtigter Interessen von Dritten dürfte bei verletzenden Erzeugnissen in der Praxis nur eine untergeordnete Rolle spielen. Sind die Dritten gewerblich in der Handelskette tätig, sind sie im Regelfall selbst Verletzer. Nach Erwägungsgrund 24 der Enforcement-Richtlinie soll hier den Interessen »insbesondere der in gutem Glauben handelnden Verbraucher und privaten Parteien« Rechnung getragen werden.[232] Das kann etwa ein gutgläubiger privater Erwerber sein, der vom Verletzer unter Eigentumsvorbehalt erworben hat. Aber auch hier wird im Einzelfall zu berücksichtigen sein, ob und inwieweit der Dritte sich beim Verletzer erholen kann und ob dem Verletzten der Fortbestand des Erzeugnisses zuzumuten ist. Da die Vernichtung die Regelmaßnahme ist, muss der Verletzer das Vorliegen der Voraussetzungen des Ausnahmetatbestandes der Unverhältnismäßigkeit darlegen und ggf. beweisen. § 98 Abs. 5 UrhG enthält eine Vorabwertung zur Verhältnismäßigkeit. Wesentliche Bestandteile von Gebäuden nach § 93 BGB sowie ausscheidbare Teile von Erzeugnissen und Vorrichtungen, deren Herstellung und Verbreitung nicht rechtswidrig ist, unterliegen nicht den in den Absätzen 1 bis 3 vorgesehenen Maßnahmen.

177

c) Anspruchsdurchsetzung

aa) Erkenntnisverfahren

Im Erkenntnisverfahren wird auf Herausgabe der näher bezeichneten Erzeugnisse, die im Besitz und/oder Eigentum des Beklagten stehen, oder der Vorrichtungen, die in dessen Eigentum stehen, an einen Gerichtsvollzieher zum Zwecke der Vernichtung geklagt werden. Eine solche Antragsfassung genügt auch insoweit dem Bestimmtheitsgebot des § 253 Abs. 2 Nr. 2 ZPO, als einer Sache nicht anzusehen ist, ob sie im Besitz oder Eigentum einer Person steht. Denn die »Anforderungen an die Bestimmtheit des Klageantrags sind ... in Abwägung des zu schützenden Interesses des Bekl., sich gegen die Klage erschöpfend verteidigen zu können, sowie seines Interesses an Rechtsklarheit und Rechtssicher-

178

---

230 BGH GRUR 1997, 899, 900 – Vernichtungsanspruch.
231 OLG Hamburg NJW-RR 1999, 1133, 1136.
232 Abl. L195/18.

heit hinsichtlich der Entscheidungswirkungen mit dem ebenfalls schutzwürdigen Interesse des Kl. an einem wirksamen Rechtsschutz festzulegen«. Danach erfordert es der gewollte wirksame Rechtsschutz, im Einzelfall auch Unsicherheiten im Antrag als »unvermeidlich und im Interesse eines wirksamen Rechtsschutzes hinzunehmen«.[233] Der BGH billigt den Anspruch auf Herausgabe zum Zweck der Vernichtung auch ohne Beweisaufnahme über die Fortdauer des Eigentums des Verletzers an den einzelnen Vervielfältigungsstücken zu und überlässt die Frage des Eigentums an bestimmten Vervielfältigungsstücken erst nach Feststellung des weiteren Vorhandenseins solcher Gegenstände dem Vollstreckungsverfahren.[234] Die Kosten der Vernichtung hat der Verletzer zu tragen. Es sind Kosten der Zwangsvollstreckung.[235]

bb) Einstweilige Verfügung

179 Das Erkenntnisverfahren allein wird dem Vernichtungsanspruch häufig nicht gerecht. Denn bei flüchtiger Ware wird der Verletzer vorgewarnt, das Verfahren dauert und die Gefahr der Anspruchsvereitelung durch Beiseiteschaffen ist groß. Eine nicht mehr rückgängig zu machende Vernichtung selbst kann allerdings nicht im Wege der einstweiligen Verfügung geltend gemacht werden. Die Möglichkeit der Sicherung eines Vernichtungsanspruchs im Wege der einstweiligen Verfügung durch Anordnung der Herausgabe von Gegenständen an den Gerichtsvollzieher zur Verwahrung bis zur Entscheidung über einen Vernichtungsanspruch ist seit langem anerkannt und alltägliche Praxis.[236] Demgemäß wurde hinsichtlich der Vorgabe in Art. 9 Abs. 1b) der Enforcement-Richtlinie, die Möglichkeit einstweiliger Maßnahmen zur Anordnung der Beschlagnahme oder Herausgabe der Waren, bei denen der Verdacht auf Verletzung eines Rechts des geistigen Eigentums besteht, um deren Inverkehrbringen und Umlauf auf den Vertriebswegen zu verhindern, kein Umsetzungsbedarf gesehen. Vielmehr wurde darauf verwiesen, dass das geltende Verfahrensrecht mit den §§ 935 ff. ZPO solche Möglichkeiten hinreichend eröffnet und die zur Sicherung der Abhilfemaßnahmen erforderlichen Beschlagnahmen im Wege der Sequestration nach § 938 Abs. 2 ZPO angeordnet werden können.[237]

180 Teilweise wird dabei beantragt, dass die Sachen an den Gerichtsvollzieher als Sequester herauszugeben sind. Dabei wird übersehen, dass mit einer Sequestration über die Verwahrung hinaus auch eine Verwaltung gemeint ist. Zwar beinhaltet § 127 Abs. 3 GVGA[238] eine Regelung, dass im Zweifelsfall eine Verwahrung anzunehmen ist. Klarstellend sollte aber bereits der Antrag auf eine Verwahrung beschränkt werden.

181 ▶ **Formulierungsvorschlag für Antrag und Tenor einstweilige Verfügung**

Dem ... [Verletzer] ... wird aufgegeben,
die in seinem unmittelbaren oder mittelbaren Besitz oder Eigentum befindlichen, unter 1. bezeichneten Erzeugnisse ... [entweder genau beschreiben, häufig geht ein Unterlassungsantrag voran, dann kann auf die dortige Erzeugnisbeschreibung Bezug genommen werden] ... an einen von dem ... [Verletzten] ... zu beauftragenden Gerichtsvollzieher zur Verwahrung zum Zwecke der Sicherung eines Vernichtungsanspruchs herauszugeben.

---

233 BGH NJW 2003, 668, 670 – P-Vermerk.
234 BGH NJW 2003, 668, 670 – P-Vermerk.
235 Wandtke/Bullinger/*Bohne* § 98 Rn. 13.
236 Schricker/*Wild* UrhG, 3. Aufl., §§ 98, 99 Rn. 13 m.w.N.; Wandtke/Bullinger/*Bohne* § 98 Rn. 8.
237 Regierungsentwurf vom 24.1.2007, BT-Drs. 16/5048, S. 72 f.
238 Geschäftsanweisung für Gerichtsvollzieher.

cc) Verzicht auf Abmahnung

Da bei einer vorherigen Warnung des Schuldners die Gefahr besteht, dass der durchzusetzende Anspruch vereitelt wird, etwa in den Fällen der Sicherstellung von flüchtigen Waren, ist auf das Erfordernis der Abmahnung und Anhörung des in Anspruch genommenen Verletzers zu verzichten. Denn es geht gerade darum, dem Verletzer jede Möglichkeit zu nehmen, durch eine Weiterverbreitung betroffener Gegenstände eine weitere Vertiefung des rechtswidrigen Zustandes herbeizuführen. Ob eine derartige Gefahrenlage gegeben ist, bestimmt sich aus der maßgeblichen Sicht des potentiell Verletzten. Eine Abmahnung bleibt daher immer nur dann erforderlich, wenn im Einzelfall besondere Umstände hinzutreten, die eindeutig erkennen lassen, dass der Verletzer bereits einer außergerichtlichen Unterlassungsaufforderung nachkommen werde.[239] Ist danach eine Abmahnung für den Sicherungsanspruch zur Vernichtung entbehrlich, so gilt das auch für gleichzeitig im Wege der einstweiligen Verfügung verfolgte Ansprüche etwa auf Unterlassung und Auskunft, und, wie unten dargestellt werden wird, für den Rückrufanspruch.

182

2. Der Überlassungsanspruch

Der Anspruch auf Überlassung der Vervielfältigungsstücke gegen eine angemessene Vergütung hat in der Praxis nur ganz geringe Bedeutung. Er wird nur in Betracht kommen, wenn die Vervielfältigungsstücke qualitativ den Originalprodukten des Verletzten entsprechen. Gegenüber dem Vernichtungsanspruch ist hier zunächst zusätzlich erforderlich, dass der Verletzer auch Eigentümer der Vervielfältigungsstücke ist. Die Bemessung der angemessenen Vergütung kann in das Ermessen des Gerichtes nach § 287 ZPO gestellt werden. Die tatsächlichen Herstellungskosten des Verletzers sind dabei die Obergrenze. Über die Menge der Vervielfältigungsstücke und die Herstellungskosten sollte sich der Verletzte zunächst durch Geltendmachung eines Anspruchs auf Auskunft und Rechnungslegung vergewissern. Der Verletzte hat ein Wahlrecht zwischen Vernichtung und Überlassung gegen Entschädigung. Hat er dieses einmal ausgeübt, bleibt er daran gebunden.[240]

183

3. Rückruf und Entfernen aus den Vertriebswegen

a) Intention der Regelung

Intention der Regelung ist es, die rechtsverletzenden Erzeugnisse aus dem Handel nehmen zu können, solange ihr Weg noch verfolgt werden kann und ein Zugriff noch möglich ist. Die Regelung ergänzt den Vernichtungsanspruch. Der Vernichtungsanspruch erfasst die im Eigentum oder Besitz des Verletzers stehenden rechtsverletzenden Erzeugnisse. Rückruf und Entfernung zielen darauf ab, Verletzungsgegenstände, die den Verfügungsbereich des Verletzers bereits verlassen haben und sich in der nachgeordneten Vertriebskette befinden, wieder zurückzuholen oder zu entfernen, damit der Erwerber mit ihnen keine weiteren Schutzrechtsverletzungen begehen kann.[241]

184

b) Inhalt und Verhältnis der Ansprüche

Was mit Rückruf oder endgültiger Entfernung rechtsverletzender Erzeugnisse aus den Vertriebswegen gemeint ist, wird nicht näher definiert. Dem Wortlaut nach ist mit »Rückruf« die erforderliche Handlung des Verletzers gemeint, die rechtsverletzenden Gegenstände, die dieser in den Verkehr bzw. in den Vertriebsweg gebracht hat, zurück-

185

---

239 LG Hamburg GRUR-RR 2004, 191, 192 – Flüchtige Ware.
240 Wandtke/Bullinger/*Bohne* § 98 Rn. 10.
241 BT-Drs. 16/5048 S. 31 f.

zuholen, um den weiteren Warenumsatz an die Kunden zu verhindern. »Endgültiges Entfernen« hat sicherlich dasselbe Ziel, eröffnet aber mehr Möglichkeiten, indem alle rechtlich zulässigen Methoden erfasst werden, um die Vertriebswege zu bereinigen.[242] Das kann jede Handlung sein, die letztendlich ebenfalls dazu führt, dass sich die rechtsverletzenden Erzeugnisse gesichert nicht länger im Handel befinden. Möglicherweise kann dies eine freiwillige Vernichtung oder eine im einstweiligen Verfügungsverfahren freiwillige Übergabe an einen Gerichtsvollzieher mit einer Sequestrationsvereinbarung sein.

186 Zum Verhältnis der Ansprüche wird einmal vertreten, der Rückrufanspruch stelle einen speziellen Fall des Entfernungsanspruchs dar, wobei der Entfernungsanspruch vor allem dann in Betracht kommt, wenn die Warenrückgabe an den Verletzer unverhältnismäßig erscheint, weil sie z.B. mit hohen Kosten oder einem erheblichen organisatorischen Aufwand verbunden ist.[243] Nach anderer Auffassung stehen die Ansprüche selbständig nebeneinander.[244] Der Vorzug dürfte im Interesse des angestrebten effektiven Rechtsschutzes der letzteren Auffassung zu geben sein, die dem Verletzten größere Möglichkeiten der Anspruchsgestaltung eröffnet.

c) Voraussetzungen der Ansprüche

aa) Allgemeine Voraussetzungen

187 Es muss eine objektiv widerrechtliche Rechtsverletzung vorliegen, der Anspruchsteller muss aktivlegitimiert sein und der Anspruchsgegner ein Verletzer, der selbst rechtsverletzende Vervielfältigungsstücke in den Vertriebsweg gegeben hat oder dieses durch Dritte veranlasst hat. Weiter darf die Maßnahme nicht unverhältnismäßig sein. Bei der Verhältnismäßigkeitsprüfung ist der Rückruf die Regel, das Absehen davon die Ausnahme. Dass Interessen Dritter, »insbesondere der in gutem Glauben handelnden Verbraucher und privaten Parteien«[245] entgegen stehen können, ist hier kaum vorstellbar, da nur Personen in der Handelskette betroffen sind. Der Anspruch ist verschuldensunabhängig.

bb) Rückrufempfänger

188 Der Begriff Vertriebsweg sagt aus, dass Rückrufempfänger nur jemand sein soll, von dem noch ein weiterer Vertrieb zu erwarten ist, also nur Grossisten und Einzelhändler und keine Endnutzer. Soweit in Anlehnung an Erwägungsgrund 24 der Richtlinie, der explizit die Interessen von privaten Verbrauchern berücksichtigt, die Auffassung vertreten wird, dass auch ein Rückruf bei privaten Endabnehmern in Betracht kommt,[246] ist dem nicht zu folgen. Ein solcher Endabnehmer ist nicht mehr im »Vertriebsweg«.

cc) Möglichkeit des Rückrufs

189 In der Begründung des Regierungsentwurfs zum Gesetz zur Verbesserung der Durchsetzung der Rechte des geistigen Eigentums[247] heißt es ohne nähere Erläuterung, der Anspruch setze voraus, dass dem Verletzer der Rückruf oder die Entfernung aus den Vertriebswegen noch möglich ist. Danach würde der Verletzer nur einen Rückruf bei Abnehmern schulden, gegenüber denen ein Rechtsanspruch auf Rückgewähr bestünde. Das erscheint zu kurz gedacht und wird einem gewollten effektiven Rechtsschutz nicht

---

242 *Dörre/Maaßen* GRUR-RR 2008, 217, 219.
243 *Dörre/Maaßen* GRUR-RR 2008, 217, 219.
244 LG Düsseldorf, Urt. v. 9.6.2009, 4b O 172/08.
245 Erwägungsgrund 24 der Enforcement-Richtlinie, Abl. L195/18.
246 *Dreier* GRUR Int. 2004, 706, 712.
247 BT-Drs. 16/5048 S. 38.

gerecht. Der Verletzer schuldet danach nicht nur den Rückruf oder die Entfernung der rechtsverletzenden Erzeugnisse, auf deren Rückgewähr er einen durchsetzbaren Anspruch hat, sondern er hat in jedem Falle die Verpflichtung, Dritte unter Darlegung des Verletzungssachverhalts und des Angebots zur Rückabwicklung des Liefergeschäfts und Kostenübernahme zur Rückgewähr oder gegebenenfalls zur beweisbaren endgültigen Entfernung aus den Vertriebswegen aufzufordern.[248]

d) Anspruchsdurchsetzung

Eine Klage im Erkenntnisverfahren dürfte meistens nicht helfen, das Verfahren würde zu lange dauern. Helfen wird allein die Möglichkeit der Anordnung des Rückrufs im Eilverfahren, wie es auch die Enforcement-Richtlinie in Art. 9 ausdrücklich verlangt. In der Gesetzesbegründung wird, wie oben beim Vernichtungsanspruch ausgeführt, insoweit kein Umsetzungsbedarf gesehen, weil das geltende Verfahrensrecht mit den §§ 935 ff. ZPO zum Verfahren der einstweiligen Verfügung solche Möglichkeiten hinreichend eröffnet.[249] In der Praxis sind einige Gerichte eher zurückhaltend mit dem Erlass einer einstweiligen Verfügung, weil der Weg dahin nicht ausdrücklich geregelt ist wie etwa bei den Drittauskunfts- und Besichtigungsansprüchen. Hier sollte auf den in der Gesetzesbegründung klar zum Ausdruck kommenden Willen des Gesetzgebers hingewiesen werden.

190

▶ **Vorschlag für Antrag und Tenor einstweilige Verfügung**

191

Dem ... [Verletzer] ... wird aufgegeben,
von ihm bereits in Verkehr gebrachte Erzeugnisse ... [entweder genau beschreiben, häufig gehen ein Unterlassungsantrag oder Vernichtungsantrag voran, dann kann auf die dortige Erzeugnisbeschreibung Bezug genommen werden] ... gegenüber den gewerblichen Abnehmern unter Darlegung des rechtsverletzenden Zustandes der Erzeugnisse diese mit der verbindlichen Zusage zurückzurufen, etwaige Entgelte zu erstatten sowie notwendige Verpackungs- und Transportkosten zu übernehmen, den ... [Verletzten] ... laufend über die Maßnahmen und das Ergebnis seiner Rückrufaktion zu unterrichten, erstmals binnen 1 Woche nach Zustellung dieser Anordnung unter Vorlage des Inhalts seiner Rückrufsaufforderungen,[250]
und die Erzeugnisse nach erfolgter Rückgabe an einen von dem ... [Verletzten] ... zu beauftragenden Gerichtsvollzieher [häufig wird ein solcher bereits im Rahmen eines vorangehenden Antrags auf Herausgabe zur Sicherung des Vernichtungsanspruchs bezeichnet sein] zur Verwahrung zum Zwecke der Sicherung eines Vernichtungsanspruchs herauszugeben.

Die Vollstreckung eines Rückruftitels erfolgt nach § 888 ZPO. Sollte der Rückruf keinen Erfolg gehabt haben, wird der Schuldner darzulegen und zu beweisen haben, geboten zügig alles seinerseits Erforderliche zur Erfüllung der oben dargestellten Pflichten in die Wege geleitet zu haben. Es liegt an den Gerichten, hier zur Gewährleistung eines effektiven Rechtsschutzes entsprechend der Intention der Richtlinie zügig zu verfahren und insbesondere einer Verzögerungstaktik des Schuldners entgegenzuwirken.

192

4. Abwendungsbefugnis nach § 100 UrhG

Insoweit wird auf die Ausführungen beim Unterlassungsantrag verwiesen.[251]

193

---

248 LG Düsseldorf, Urt. v. 9.6.2009, 4b O 172/08.*Dörre/Maaßen* GRUR-RR 2008, 217, 219; *Czychowski* GRUR-RR 2008, 265, 267; *Peukert* GRUR Int 2006, 292, 295.
249 Oben Rdn. 179.
250 Bei ausbleibender Unterrichtung kann der Verletzte sofort nach § 888 ZPO vorgehen, ohne dem Risiko des Erfüllungseinwandes (ich habe schon alles gemacht) ausgesetzt zu sein.
251 Siehe oben Rdn. 79.

XI. Sicherung von Schadensersatzansprüchen

1. Einführung

194 Diesem Anspruch nach § 101b UrhG liegt die Vorgabe des Art. 9 Abs. 2 der Enforcement-Richtlinie[252] zugrunde. Danach soll bei Rechtsverletzungen in gewerblichem Ausmaß die Möglichkeit bestehen, die vorsorgliche Beschlagnahme beweglichen und unbeweglichen Vermögens des angeblichen Verletzers einschließlich der Sperrung seiner Bankkonten und der Beschlagnahme sonstiger Vermögenswerte zu erwirken, wenn die geschädigte Partei glaubhaft macht, dass die Erfüllung ihrer Schadensersatzforderung fraglich ist. Zu diesem Zweck soll die Anordnung der Übermittlung von Bank-, Finanz- oder Handelsunterlagen oder eines geeigneten Zugangs zu diesen erfolgen können. Es geht also der Sache nach um einen reinen Sicherungsanspruch. Deshalb hat der Regierungsentwurf hinsichtlich des ersten Satzes der Richtlinienvorgabe keinen Regelungsbedarf gesehen und insoweit auf die vorhandenen Arrestvorschriften der §§ 916 ff. ZPO abgestellt. Es hätte daher nahe gelegen, den zweiten Satz der Richtlinie wie folgt umzusetzen: »Im Falle einer Rechtsverletzung in gewerblichem Ausmaß kann das Arrestgericht nach Maßgabe der §§ 916 bis 917, 919 bis 929 und 934 der Zivilprozessordnung die Übermittlung von Bank-, Finanz- oder Handelsunterlagen oder einen geeigneten Zugang zu diesen Unterlagen anordnen«.[253] Tatsächlich ist mit § 101b UrhG ein eher komplizierter eigener Anspruch geschaffen worden.

2. Anspruchsvoraussetzungen

195 Es muss ein Schadensersatzanspruch aufgrund einer Rechtsverletzung in gewerblichem Ausmaß[254] bestehen. Dabei wird im Erkenntnisverfahren grundsätzlich das Vorliegen eines zumindest vorläufig vollstreckbaren Titels vorauszusetzen sein.

196 Es muss fraglich sein, ob die bekannten Vermögenswerte des Verletzers für die Erfüllung des Schadensersatzanspruches ausreichen. Dazu wird der Verletzte darzulegen haben, was er kennt und dass die ihm bekannten Vermögenswerte nicht ausreichen, eine Erfüllung des Schadensersatzanspruches zu gewährleisten.

197 Es muss Bank-, Finanz- oder Handelsunterlagen geben, die in der Verfügungsgewalt des Verletzers stehen. Dazu wird zunächst auf die entsprechenden Ausführungen beim Vorlageanspruch verwiesen.[255] Erfasst von dem Anspruch dürften nur solche Urkunden sein, die einen Hinweis auf Vermögenswerte geben. Da der Verletzte im Regelfall nicht wissen kann, was für Urkunden es gibt, stellen sich hier nachhaltige Probleme sowohl bei der Anspruchsbegründung als bei der Bestimmtheit des Antrags. Grundsätzlich wird man verlangen können, dass die Unterlagen so eindeutig bezeichnet werden, dass Zweifel über die Identität des Vorlagegegenstandes nicht auftreten können. Anzugeben ist weiter der aktuelle Standort der Unterlagen. Welche weitergehenden Identifizierungsangaben erforderlich sind, hängt vom Einzelfall ab. Wenn der Anspruch greifen soll, wird großzügig verfahren werden müssen. Wenn Anhaltspunkte für eine bestimmte Bankverbindung dargelegt werden, kann das möglicherweise ausreichen, um eine Vorlage der Bankauszüge für einen abgegrenzten Zeitraum anzuordnen. Andererseits darf der Anspruch nicht unter Aufgabe des Bestimmtheitsgrundsatzes zu reinen Ausforschungen führen wie etwa bei einer umfassenden staatsanwaltschaftlichen Durchsuchung.

---

252 ABl. L195/22.
253 *Peukert/Kur* GRUR Int. 2006, 292, 302.
254 Oben Rdn. 126.
255 Oben Rdn. 157.

Die Vorlage der Bank-, Finanz- oder Handelsunterlagen muss für die Durchsetzung des Schadensersatzanspruches erforderlich sein. Dazu wird dargelegt werden müssen, dass weitere Erkenntnisse ohne Vorlage von Unterlagen in zumutbarer Weise nicht möglich sind. 198

Nach § 101b Abs. 2 UrhG gilt der Grundsatz der Verhältnismäßigkeit im Einzelfall. Hier wird der Vorlageanspruch der Regelfall sein und das Absehen davon die Ausnahme. 199

Nach 101 b Abs. 3 Satz 2 UrhG muss auf die Geheimhaltungsinteressen des Anspruchsgegners besonders Rücksicht genommen werden, weshalb eine Vorlage an den Gläubiger regelmäßig nicht in Betracht kommt und die Geschäftsunterlagen zunächst einem neutralen Dritten, z.B. an eine vom Gericht zur Verschwiegenheit verpflichtete Person erfolgen, etwa einen Wirtschaftsprüfer, anzuordnen ist. 200

3. Rechtsfolge

Der Verletzer hat die Unterlagen dem Verletzten vorzulegen oder diesem in geeigneter Weise Zugang zu den Unterlagen zu verschaffen. Eine Einsichtnahme gewährleisten zu müssen, verpflichtet nicht zur Herausgabe. Es bedeutet aber auch nicht lediglich ein Ansehendürfen des Verletzten. Vielmehr ist diesem die Möglichkeit zu geben, die Unterlagen zu sichten, auf ihre Relevanz für eine Zwangsvollstreckung zu untersuchen und sich Aufzeichnungen zu machen, ggf. auch Kopien anzufertigen, wenn das aus Beweisgründen erforderlich sein sollte. 201

4. Durchsetzung des Anspruchs

Ein Erkenntnisverfahren dürfte kaum zur Sicherung von Schadensersatzansprüchen geeignet sein, zumal es hier der Sache nach um eine Ergänzung des Arrestanspruchs geht. 202

Nach § 101b Abs. 3 UrhG kann der Vorlageanspruch auch im Verfahren der einstweiligen Verfügung durchgesetzt werden, wenn der Schadensersatzanspruch offensichtlich besteht. Es gelten die allgemeinen Mittel der Glaubhaftmachung. 203

5. Beweisverwertungsverbot im Straf- und Bußgeldverfahren

Folgt aus § 101a Abs. 4 UrhG und dem dortigen Hinweis auf § 101 Abs. 8 UrhG. 204

XII. Urteilsbekanntmachung

1. Anspruchsvoraussetzungen

Der Anspruch auf Urteilsbekanntmachung auf Kosten des Verletzers gemäß § 103 führt ein Schattendasein und wird in der Praxis nur wenig geltend gemacht. Es handelt sich um einen Beseitigungsanspruch zum Ausgleich fortbestehender Beeinträchtigungen. Voraussetzung ist zunächst ein Obsiegen in einem Erkenntnisverfahren aufgrund der Vorschriften des UrhG. Hinzu kommen muss ein berechtigtes Interesse der obsiegenden Partei an der Bekanntmachung. »Die Bekanntmachung muss notwendig, geeignet und angemessen sein, um den beeinträchtigenden Eindruck in der Öffentlichkeit zu korrigieren.«[256] Hierbei sind auf der einen Seite die Schwere und der Umfang der Verletzung zu beachten, der Grad des Verschuldens, die Eignung der Bekanntmachung zur Erreichung des Teils der Öffentlichkeit, der erreicht werden soll. Auf der anderen Seite sind die Belange des Verletzers zu berücksichtigen. Diesem dürfen keine unangemessenen Nachteile durch eine 205

---

256 Dreier/*Schulze* § 103 Rn. 6.

Bekanntmachung entstehen und es darf keine unnötige Bloßstellung und Herabsetzung in der Öffentlichkeit stattfinden.[257]

2. Die Bekanntmachung

206 Art und Umfang der Bekanntmachung bestimmen sich danach, was zur Beseitigung der Beeinträchtigung erforderlich ist. Danach ist anhand des berechtigten Interesses an der Bekanntmachung festzustellen, was aus dem Urteil veröffentlicht werden darf. Nur selten wird hierfür die Veröffentlichung des ganzen Urteils notwendig sein, häufig wird der Tenor reichen oder ein vom Gericht zu bestimmender Teil. Beim Umfang der Bekanntmachung kommt es darauf an, welcher Teil der Öffentlichkeit erreicht werden soll. Hat sich die Verletzung in einem Nischenmarkt abgespielt und gibt es dafür eine Fachzeitschrift, reicht eine Bekanntmachung darin. Hat der Verletzer die Plagiate großflächig in bestimmten überregionalen Zeitungen angepriesen, so kann auch darin bekannt gemacht werden. In jedem Falle sind für die Bekanntmachung Art, Größe, Zahl, Ort und Teil des Urteils genau zu bestimmen. Die Bekanntmachung darf regelmäßig erst nach Rechtskraft der Entscheidung erfolgen, es sei denn, das Gericht hat etwas anderes bestimmt. Die Befugnis erlischt, wenn die Bekanntmachung nicht binnen drei Monaten nach Eintritt der Rechtskraft erfolgt.

XIII. Anspruch auf Aufwendungsersatz/Abmahnkosten

207 Mit der Einführung dieses Anspruchs in § 97a Abs. 1 UrhG hat die Anwendung der leidigen GoA-Konstruktion bei den Abmahnkosten endlich ein Ende. Der Wermutstropfen für die Anwälte ist die Deckelung in § 97a Abs. 2 UrhG, die aber in der Praxis nur in wenigen Fällen Anwendung finden wird. Der Anspruch auf Aufwendungsersatz für eine Abmahnung setzt eine berechtigte und wirksame Abmahnung voraus. Erstattet werden die erforderlichen Aufwendungen.

1. Abmahnung

a) Begriff

208 Eine Abmahnung (bei Schutzrechtsverletzungen herkömmlich als Verwarnung bezeichnet) i.S.d. Vorschrift ist die Mitteilung eines Verletzten an einen Verletzer, dass er durch eine im Einzelnen bezeichnete Handlung einen Urheberrechtsverstoß begangen habe, verbunden mit der Aufforderung, dieses Verhalten in Zukunft zu unterlassen und binnen einer bestimmten Frist eine strafbewehrte Unterlassungsklärung abzugeben.[258] Sie wird überwiegend als geschäftsähnliche Handlung eingeordnet, auf die die Vorschriften über Willenserklärungen entsprechend angewendet werden.[259]

b) Berechtigte Abmahnung

209 Eine Abmahnung ist berechtigt, wenn das darin geltend gemachte Unterlassungsbegehren begründet ist. Das setzt das Bestehen eines Unterlassungsanspruchs voraus.

---

257 Wandtke/Bullinger/*Bohne* § 103 Rn. 5 m.w.N.
258 BT-Drs. 16/5048, S. 48.
259 Köhler/*Bornkamm* § 12 Rn. 1.10.

c) Wirksame Abmahnung

aa) Notwendiger Inhalt

Die Abmahnung muss dem Abgemahnten alle erforderlichen Informationen über den Gegenstand der Beanstandung vermitteln und die Aufforderung enthalten, zur Vermeidung gerichtlicher Schritte binnen einer Frist eine Unterwerfungserklärung abzugeben.

210

Zu den erforderlichen Informationen gehören Angaben zur Aktivlegitimation, zum konkret beanstandeten Verhalten und zur Passivlegitimation. Der Abgemahnte muss durch die Informationen aber in die Lage versetzt sein, das beanstandete Verhalten rechtlich überprüfen zu können. Nachweise werden im Regelfall nicht geschuldet.

211

Dem Abmahnenden muss deutlich gemacht werden, dass er einer gerichtlichen Auseinandersetzung nur entgehen kann, wenn er fristgemäß eine Unterwerfungserklärung abgibt, im Falle einer Wiederholungsgefahr eine strafbewehrte Unterlassungserklärung bzw. im Falle einer Erstbegehungsgefahr eine nicht strafbewehrte Unterlassungserklärung. Auch wenn es gängige Praxis ist, muss keine vorformulierte Unterlassungserklärung mit übersandt werden. Es ist vielmehr Aufgabe des Unterlassungsschuldners, ggf. selbst eine Erklärung zu formulieren. Deshalb ist es auch unschädlich, wenn eine vorformulierte Unterlassungserklärung den Unterlassungsanspruch zu weit fasst oder eine zu hohe Vertragsstrafe fordert.[260] Ebenso unschädlich ist es, wenn neben der Unterwerfung im Hinblick auf den Unterlassungsanspruch auch weitergehende Erklärungen zu Folgeansprüchen verlangt werden, egal ob zu Recht oder zu Unrecht. Eine zu kurze Frist ist setzt eine angemessene Frist in Gang.[261]

212

bb) Form

Eine besondere Form wird nicht voraus gesetzt. Aus Beweisgründen empfiehlt sich die Schriftform.

213

cc) Zugang

Eine Abmahnung wird erst mit Zugang beim Abgemahnten wirksam. Zur Darlegungs- und Beweislast beim Zugang gilt folgendes: Stellt der »Abgemahnte« den Zugang in Abrede, muss der Abmahnende die genauen Umstände der Absendung der Abmahnung vortragen und gegebenenfalls unter Beweis zu stellen. Sodann ist es Sache des »Abgemahnten«, Indiztatsachen vorzutragen und nachzuweisen, aus denen sich ergibt, dass ihm die Abmahnung gleichwohl nicht zugegangen ist.[262] Da der Nachweis positiver Tatsachen wie eine Absendung eher zu führen ist als der einer negativen Tatsache wie ein Nichtzugang, ist der Abgemahnte in einer schlechteren Position. Unabhängig davon soll der Abmahnende Streit über den Zugang dadurch zu vermeiden versuchen, dass er eine Versandform wie Einschreiben mit Rückschein wählt oder in Eilfällen das Abmahnschreiben mit einfacher Post und parallel dazu noch per Telefax und/oder E-Mail übermittelt. In diesen Fällen würde ein Bestreiten des Zugang von vornherein in einem wenig glaubhaften Licht erscheinen.[263]

214

dd) Vollmacht

Ob die Abmahnung durch einen Rechtsanwalt gemäß § 174 BGB zurückgewiesen werden kann, wenn kein Vollmachtsnachweis beigefügt ist, ist streitig; nach wohl h.M. wird

215

---

260 Köhler/*Bornkamm* § 12 Rn. 1.16f; Wandtke/Bullinger/*Kefferpütz* § 97a Rn. 6.
261 BGH GRUR 1990, 381, 382 – Antwortpflicht des Abgemahnten.
262 BGH GRUR 2007, 629, 630 – Zugang des Abmahnschreibens.
263 BGH GRUR 2007, 629, 630 – Zugang des Abmahnschreibens.

das verneint.²⁶⁴ Die anwaltliche Vorsorge gebietet in einem solchen Fall immer die Beifügung einer Vollmacht. Sollte eine solche ausnahmsweise nicht zur Verfügung stehen und eine Zurückweisung nach § 174 BGB erfolgt sein, wird im Streitfall bei der Möglichkeit einer Gerichtswahl nach §§ 32, 35 ZPO ein Gericht ausgewählt werden, welches keinen Vollmachtsnachweis verlangt.

2. Aufwendungsersatz

216 Zu ersetzen sind nur die erforderlichen Aufwendungen. Dabei wird in Urheberrechtsstreitsachen die Hinzuziehung eines Rechtsanwalts regelmäßig erforderlich sein. Auch in der Gesetzesbegründung heißt es, dass der Verletzte im Regelfall die Anwaltskosten ersetzt erhalten kann.²⁶⁵ Eine Ausnahme kann bei Unternehmen mit eigener Rechtsabteilung und routinemäßiger Befassung mit Urheberrechtsverletzungen bestehen.²⁶⁶ Die Mitwirkung eines Patentanwalts wird nur in in ganz besonderen Fällen als erforderlich angesehen werden können, etwa wenn es um schwierige tatsächliche Fragen bei Computerprogrammen geht oder um Recherchen bei angewandter Kunst, die Geschmacksmusterrecherchen vergleichbar sind.

217 Zu erstatten sind nur die Kosten einer ersten Abmahnung. Hat die Partei selbst bereits abgemahnt, gibt es für eine weitere anwaltliche Abmahnung keinen Aufwendungsersatz.²⁶⁷

218 Zu erstatten sind die Kosten nach dem RVG. Ist der Anwalt nur mit der Abmahnung beauftragt worden, ist nach 2400 VV eine Geschäftsgebühr aus dem Rahmen zwischen 0,5 bis 2,5 Gebühren entstanden. Dabei ist eine über 1,3 hinausgehende Gebühr nur anzusetzen, wenn die Tätigkeit umfangreich und schwierig war. In der Praxis scheint sich eine 1,3 Gebühr als Regelgebühr durchzusetzen. Wenn nach der Vorbemerkung 3 Abs. 4 zu Nr. 3100 VV RVG eine wegen desselben Gegenstands entstandene Geschäftsgebühr anteilig auf die Verfahrensgebühr des gerichtlichen Verfahrens anzurechnen ist, vermindert sich die in dem anschließenden gerichtlichen Verfahren anfallende Verfahrensgebühr und nicht die bereits entstandene Geschäftsgebühr.²⁶⁸ Hat der Anwalt bei der Abmahnung bereits Klagauftrag für den Fall der Nichtunterwerfung, ist nur eine 1,3 Geschäftsgebühr entstanden, die voll auf die später entstehende gerichtliche Prozessgebühr anzurechnen ist.

219 Hat der Verletzte seinem Anwalt die Abmahnkosten noch nicht bezahlt, ist grundsätzlich auf Befreiung gemäß § 257 BGB zu klagen. Hat der Verletzer aber eindeutig zu erkennen gegeben, dass er die Erfüllung ablehnt, kann auch gleich auf Zahlung geklagt werden. Denn in diesem Fall verwandelt sich der zunächst bestehende Befreiungsanspruch nach § 249 BGB in einen Zahlungsanspruch.²⁶⁹

220 Werden die Abmahnkosten neben anderen Verletzungsansprüchen eingeklagt, handelt es sich um Nebenforderungen i.S.d. § 4 ZPO.²⁷⁰ Es werden jedoch streitwerterhöhende Kosten der Hauptsache, wenn die anderen Ansprüche für erledigt erklärt worden sind.²⁷¹

---

264 Köhler/*Bornkamm* § 12 UWG Rn. 1.25 f.
265 BT-Drs. 16/5048, S. 48.
266 *Dreier*/Schulze § 97a Rn. 13; a.A. Fromm/Nordemann/*Nordemann* § 97a Rn. 26.
267 BGH GRUR 2010, 354 – Kräutertee.
268 BGH NJW 2007, 2049, 2050.
269 BGH NJW 2004, 1868; LG Köln MMR 559, 560.
270 BGH NJW 2007, 3289.
271 BGH NJW 2008, 999.

3. Deckelung des Aufwendungsersatzes

§ 97a Abs. 2 UrhG beinhaltet die im Vorfeld lange diskutierte Kostendeckelung für die erstmalige Abmahnung in einfach gelagerten Fällen mit einer unerheblichen Rechtsverletzung außerhalb des geschäftlichen Verkehrs auf 100 €.[272] **221**

Ob eine **erstmalige Abmahnung** vorliegt, beurteilt sich aus der Sicht des Abmahnenden.[273] **222**

Nach der Gesetzesbegründung liegt ein **einfach gelagerter Fall** vor, wenn er nach Art und Umfang ohne größeren Arbeitsaufwand ist, also zur Routine gehört.[274] In der Beschlussempfehlung zum Gesetz werden drei Fallgestaltungen genannt, die von § 97a Abs. 2 UrhG erfasst werden sollen: das öffentliche Zugänglichmachen eines Stadtplanausschnitts auf einer privaten Homepage, das öffentliche Zugänglichmachen eines Liedtexts auf einer privaten Homepage und das Verwenden eines Lichtbilds in einem privaten Angebot einer Internetversteigerung.[275] Das sind Fälle, in denen es sich um einen tatsächlich und rechtlich offensichtlichen Rechtsverstoß handelt,[276] den der Anwalt ohne besonderen Prüfungsaufwand abmahnen kann. Dabei ist auf den Durchschnittsanwalt abzustellen und nicht auf einen Anwalt, der häufig solche Urheberrechtsverletzungen verfolgt. Denn es kann nicht zu Lasten des Verletzten gehen, wenn dieser sich durch eine in der Materie kompetente Person vertreten lässt. Dass sich der Fall aufgrund von Komplikationen nach der Abmahnung nicht mehr als einfach herausstellt, dürfte unerheblich sein. **223**

Eine **unerhebliche Rechtsverletzung** erfordert nach der Gesetzesbegründung ein geringes Ausmaß der Verletzung in qualitativer wie quantitativer Hinsicht, wobei es auf die Umstände des Einzelfalls ankommt.[277] Hier wird eine Gesamtbetrachtung durchzuführen sein, wobei als Maßstab auf die oben dargestellten Fallgestaltungen aus der Beschlussempfehlung verwiesen werden kann. Das Angebot von zwei gebrauchten Musik-CDs mit nicht-autorisierten Livemitschnitten bei Ebay ist danach nicht als unerhebliche Rechtsverletzung angesehen worden.[278] **224**

Bei der Voraussetzung des Handelns **außerhalb des geschäftlichen Verkehrs** ist nach der Gesetzesbegründung jede wirtschaftliche Tätigkeit auf dem Markt, die der Förderung eines eigenen oder fremden Geschäftszwecks zu dienen bestimmt ist, als Handeln im geschäftlichen Verkehr anzusehen, wobei der Begriff des geschäftlichen Verkehrs weit auszulegen ist.[279] Auch der handelt im geschäftlichen Verkehr, der nur Gegenstände in einer Internetauktion erwirbt, um sie mit Gewinn weiter zu veräußern.[280] Das häufige Auftreten als Verkäufer bei Ebay kann auch schon auf eine geschäftliche Tätigkeit hinweisen.[281] **225**

Nach der Gesetzesbegründung schließt der Betrag von 100 € Steuern und Auslagen wie Porto für den Abmahnvorgang ein. Sonstige Aufwendungen wie etwa notwendige Auslagen für die Ermittlung der Rechtsverletzung werden nicht erfasst.[282] **226**

---

272 Gute Übersicht über die Voraussetzungen bei *Faustmann/Ramsperger* MMR 2010, 662.
273 BT-Drs. 16/5048, S. 49; zu den Problemen *Ewert/von Hartz* MMR 2009, 84, 85 f.
274 BT-Drs. 16/5048, S. 49.
275 BT-Drs. 16/8783, S. 50.
276 *Ewert/von Hartz* MMR 2009, 84, 87.
277 BT-Drs. 16/5048, S. 49.
278 LG Hamburg, Urt. v. 30.4.2010, 308 S. 12/09.
279 BT-Drs. 16/5048, S. 49.
280 BGH MMR 2004, 668, 671 – Internetversteigerung – ROLEX.
281 BGH MMR 2004, 668, 671 – Internetversteigerung – ROLEX.
282 BT-Drs. 16/5048, S. 49.

XIV. Umgehung technischer Schutzvorrichtungen

1. Einführung

227 Nach dem UrhG geschützte Leistungen sind vor allem im digitalen und vernetzten Umfeld leicht dem Zugriff Nichtberechtigter ausgesetzt. Die Berechtigten sind daher zunehmend dazu übergegangen, technische Schutzvorrichtungen einzurichten, um einem solchen Zugriff zu begegnen. Die Regelungen unter § 95a UrhG sollen einen zusätzlichen rechtlichen Schutz gegen die Umgehung solcher Schutzvorrichtungen gewähren. Unter § 95a Abs. 1 UrhG wird die Umgehung selbst verboten und unter Abs. 3 werden Vorbereitungshandlungen zur Umgehung verboten. Daneben besteht ein Schutz nach dem ZKDSG,[283] der sich überschneidet, wenn es um den Zugang zu urheberrechtlich geschützten Werken und Leistungen geht. Nicht erfasst von § 95a UrhG sind Computerprogramme, für die § 69f. Abs. 2 UrhG eine Sonderregelung enthält.

2. Wirksame technische Schutzmaßnahme

228 § 95a Abs. 2 UrhG definiert den Begriff der »wirksamen technischen Maßnahmen«.

229 Technische Maßnahmen sind danach »Technologien, Vorrichtungen und Bestandteile, die im normalen Betrieb dazu bestimmt sind, geschützte Werke oder andere nach diesem Gesetz geschützte Schutzgegenstände betreffende Handlungen, die vom Rechtsinhaber nicht genehmigt sind, zu verhindern oder einzuschränken.« Nach der Gesetzesbegründung soll damit unabhängig von der verwendeten Technologie vor Umgehung geschützt und auch Software-implementierte Schutzmaßnahmen erfasst werden.[284] Im »normalen Betrieb dazu bestimmt« bedeutet, dass die verwendete Technologie anhand einer objektiven Zweckbestimmung im Wesentlichen dem Schutz dienen muss;[285] eine ausschließliche Zweckbestimmung (wie bei § 69d UrhG) ist nicht erforderlich. Typische Schutzvorrichtungen sind Passwörter und Verschlüsselungen, wie sie auch in § 95a Abs. 2 Satz 2 UrhG genannt werden.[286] Eine Schutzvorrichtung kann sich auch daraus ergeben, dass eine CD-R mit einem geschützten Spiel einen speziellen Bootcode enthält, der nur von der dazugehörigen Spielkonsole desselben Anbieters erkannt wird, so dass Spieleplagiate ohne diesen Bootcode nicht hochgeladen werden können.[287]

230 Technische Maßnahmen sind nach § 95a Abs. 2 UrhG wirksam, »soweit durch sie die Nutzung eines geschützten Werkes oder eines anderen nach diesem Gesetz geschützten Schutzgegenstandes von dem Rechtsinhaber durch eine Zugangskontrolle, einen Schutzmechanismus wie Verschlüsselung, Verzerrung oder sonstige Umwandlung oder einen Mechanismus zur Kontrolle der Vervielfältigung, die die Erreichung des Schutzziels sicherstellen, unter Kontrolle gehalten wird«. Der Gesetzesbegründung zufolge ist es der Regelung immanent, dass technische Maßnahmen grundsätzlich auch dann wirksam sein können, wenn ihre Umgehung möglich ist. Andernfalls würde das Umgehungsverbot jeweils mit der Umgehung technischer Maßnahmen infolge der dadurch erwiesenen Unwirksamkeit obsolet.[288] Abzustellen ist grundsätzlich auf den durchschnittlichen Nutzer, gegen den der Schutz wirken soll, nicht auf den Hacker.[289] Dabei sind jedoch die

---

[283] Gesetz über den Schutz von zugangskontrollierten Diensten und von Zugangskontrolldiensten v. 19.3.2002, BGBl. 2002 I, S. 1090.
[284] BT-Drs. 15/38, S. 26.
[285] OLG Hamburg CR 2010, 125.
[286] Dazu Beispiele in Fromm/Nordemann/*Czychowski* § 95a Rn. 15.
[287] LG München MMR 2008, 839 – Modships; MMR 2010, 341 – Umgehung technischer Schutzmaßnahmen.
[288] BT-Drs. 15/38, S. 26.
[289] OLG Hamburg CR 2010, 125 – Session-ID; LG Frankfurt/M. MMR 2006, 766, 767; Fromm/Nordemann/*Czychowski* § 95a Rn. 21; *Dreier*/Schulze § 95a Rn. 16.

Umstände des Einzelfalls zu berücksichtigen, insbesondere das Schutzziel und der davon betroffene Nutzerkreis. Ist eine Umgehung eines Schutzes nur für einen Nutzerkreis interessant, der über das Know-How zur Umgehung verfügt, fehlt die Eignung.[290]

3. Die Verbotstatbestände

a) Gemeinsame Voraussetzungen

Gemeinsame Voraussetzungen der Verbotstatbestände sind, dass Schutzgegenstand ein Werk oder eine andere nach dem UrhG geschützte Leistung sein muss, der Anspruchsteller Inhaber der ausschließlichen Nutzungsrechte an den in Frage stehenden Nutzungen des Schutzgegenstandes ist, und dass eine wirksame technische Schutzmaßnahme vorhanden ist. **231**

b) Das Umgehungsverbot

aa) Rechtswidrige Umgehungshandlung

Als Umgehungshandlung ist jede Maßnahme zu fassen, die die technische Schutzmaßnahme ausschaltet oder so manipuliert, dass der Zugang oder Nutzung des Schutzgegenstandes ermöglicht wird.[291] Dabei ist der Begriff im Interesse des Berechtigten weit zu verstehen, um auch neue technische Entwicklungen zu erfassen. Denn dem Einfallsreichtum der Hacker sind kaum Grenzen gesetzt. **232**

Eine Umgehungshandlung ist rechtswidrig, wenn der Rechtsinhaber der Umgehung nicht zugestimmt hat. Nach § 95b UrhG kann ein Nutzer gegen den Rechteinhaber einen gerichtlich durchsetzbaren Anspruch auf Ermöglichung einer Umgehung zur Durchsetzung von Schrankenbestimmungen haben. Daraus folgt aber kein Selbsthilfeanrecht. **233**

bb) Passivlegitimation

Passivlegitimiert ist der Handelnde, dem dabei bekannt sein musste oder dem es hätte den Umständen nach bekannt sein müssen, dass die Umgehung erfolgt, um den Zugang zu dem Schutzgegenstand oder dessen Nutzung zu ermöglichen. Hier wird zusätzlich ein subjektives Element der Bösgläubigkeit im Hinblick auf die Umgehung verlangt, und zwar auch für die Folgeansprüche aus der Umgehung, bei denen ansonsten die objektiv widerrechliche Störereigenschaft ausreicht.[292] Die Bösgläubigkeit bezieht sich aber nur auf die Umgehungshandlung, nicht auch darauf, dass diese verboten ist.[293] Im Übrigen reicht, nach richtiger Auffassung, leichte Fahrlässigkeit.[294] **234**

c) Verbotene Handlungen im Vorfeld der Umgehung

Nach § 95a Abs. 3 UrhG sind die Herstellung, die Einfuhr, die Verbreitung, die Vermietung, die Werbung im Hinblick auf Verkauf oder Vermietung und der gewerblichen Zwecken dienende Besitz von Vorrichtungen, Erzeugnissen oder Bestandteilen sowie die Erbringung von Dienstleistungen verboten, die **235**

Nr. 1. – Gegenstand einer Verkaufsförderung, Werbung oder Vermarktung mit dem Ziel der Umgehung wirksamer technischer Maßnahmen sind oder

---

290 OLG Hamburg CR 2010, 125 – Session-ID.
291 Fromm/Nordemann/*Czychowski* § 95a Rn. 37f; *Dreier*/Schulze § 95a Rn. 10.
292 BT-Drs. 15/38, S. 26.
293 Fromm/*Czychowski* § 95a Rn. 40.
294 So Fromm/*Czychowski* § 95a Rn. 37f m.w.N. auch zu anderen Auffassungen.

Nr. 2. – abgesehen von der Umgehung wirksamer technischer Maßnahmen nur einen begrenzten wirtschaftlichen Zweck oder Nutzen haben oder

Nr. 3. – hauptsächlich entworfen, hergestellt, angepasst oder erbracht werden, um die Umgehung wirksamer technischer Maßnahmen zu ermöglichen oder zu erleichtern.

236 Die Abgrenzungen der Nrn. 2 und 3 sollen das Verbot von Allzweckgeräten verhindern, mit denen auch Schutzmaßnahmen umgangen werden können.[295] Dabei wird eine Einzelfallprüfung nach objektiven Maßstäben zu erfolgen haben. Die Kontrollfrage dürfte sein, ob das Produkt oder die Dienstleistung bei Wegdenken der Umgehungskomponente noch einen wirtschaftlichen Zweck oder Nutzen hat.[296] Zu bedenken ist, dass Umgehungsmitteln häufig legale Alibifunktionen mitgegeben werden. Bei Nr. 3 ist der hauptsächliche Zweck zu ermitteln. Hier kann häufig auf die Bewerbung abgestellt werden. Helfen kann auch das Internet, in dem Umgehungsmittel in einschlägigen Foren diskutiert werden. Schließlich ist vielfach auch der Preis aussagekräftig, der sich für den Käufer oft nur wegen der Umgehungsfunktion rechnet, während die anderen legalen Funktionen sonst deutlich billiger zu haben sind.[297] Nr. 1 erfasst die Verkaufsförderung der Produkte und Dienstleistungen nach den Nrn. 2 und 3.

237 Ob die Handlungen nach Abs. 3 für ein Verbot Verschulden voraussetzen, ist umstritten. Nach dem Wortlaut wird ein solches, anders als in Abs. 1, nicht verlangt. Das LG Köln hält leichte Fahrlässigkeit für erforderlich,[298] die Literatur verneint das überwiegend.[299]

4. Geltendmachung der Verbote und Rechtsfolgen

238 § 95a UrhG stellt selbst keine Anspruchsgrundlage dar, sondern ist nur eine Verbotsnorm. § 97 UrhG setzt die Verletzung eines dinglich wirkenden Rechts voraus, die Verbote des § 95a Abs. 3 UrhG sollen dagegen nur der Verletzung eines dinglichen Rechts vorbeugen. Deshalb besteht Uneinigkeit, ob die §§ 97 ff. UrhG bei Verletzungen Anwendung findet.[300] Der BGH sieht in den Verboten des § 95a Abs. 3 UrhG Schutzgesetze und wendet bei Verletzungen §§ 823 Abs. 2, 1004 BGB an. Dabei hat er jedoch die Möglichkeit von Ansprüchen nach §§ 97 ff. UrhG ausdrücklich offen gelassen.[301] Das LG München I sieht in der Verletzung der Verbote des § 95a Abs. 3 UrhG eine Beihilfe zur späteren Verletzungshandlung des Endnutzers,[302] Das LG Hamburg hat demgegenüber Verletzungsansprüche nach den § 97 ff. UrhG zugestanden.[303] Der Streit kann sich dort auswirken, wo es um Folgeansprüche geht. Bei dem Weg über § 823 Abs. 2 BGB ergibt sich der Unterlassungsanspruch aus §§ 823 Abs. 2, 1004 BGB und der Schadensersatzanspruch folgt unmittelbar aus § 823 Abs. 2 BGB. Nicht geregelt sind aber die Ansprüche nach den §§ 98ff UrhG. Soweit es Folgenbeseitigungsansprüche wie Vernichtung, Rückruf und Entfernung und Urteilbekanntmachung betrifft, ließen sich diese auch unter §§ 823 Abs. 2, 1004 BGB subsummieren und der allgemeine Auskunftsanspruch unter §§ 242, 259 BGB. Bei den Drittauskunftsansprüchen des § 101 UrhG, der Vorlage und Besichtigung nach § 101a UrhG und dem Anspruch auf Sicherung von Schadensersatz käme aber nur eine analoge Anwendung in Betracht, die im Hinblick auf die Auskunftsansprüche gegen nicht verletzende Dritte und die Möglichkeiten der auf Erfüllung gerichteten einstweiligen Verfügungsverfahren durchaus problematisch erscheint.

---

295 *Von Lewinski* MMR 1998, 115, 118.
296 LG München MMR 2008, 839, 840.
297 LG Hamburg, Urt. v. 14.4.2010, 308 O 261/08 – Modships.
298 LG Köln MMR 2006, 412, 416.
299 Fromm/Nordemann/*Czychowski* § 95a Rn. 48; *Dreier*/Schulze § 95a Rn. 18 m.w.N.
300 *Arnold/Timmann* MMR 2008, 286.
301 BGH GRUR 2008, 996 – Clone-CD; zustimmend Fromm/Nordemann/*Czychowski* § 95a Rn. 51.
302 Ebenso LG München I MMR 2010, 341 – Umgehung technischer Schutzmaßnahmen.
303 LG Hamburg, Urt. v. 14.4.2010, 308 O 261/08 – Modships.

C. Durchsetzung der Verletzungsansprüche

I. Vorgerichtliche Maßnahmen

1. Beweismittelsicherung

Bei Entdeckung einer Verletzung muss schnell über das weitere Vorgehen entschieden werden. Zunächst sind Beweismittel zu sichern, vor allem das Verletzungsmuster, welches zur Feststellung der Verletzung zum Abgleich mit dem Klage- oder Verfügungsmuster grundsätzlich vorhanden sein muss. Dieses ist gegebenenfalls durch einen Testkauf zu beschaffen. Bei Verletzungen im Internet empfiehlt sich eine Dokumentation durch Screenshots mit einem nach Möglichkeit von zwei Personen gezeichneten Protokoll über die Downloads. Dann bedarf es der Klärung, wie sicher der Verletzte der eigenen Rechtsposition ist, d.h. des urheberrechtlichen Schutzes des Klage- oder Verfügungsmusters und der Aktivlegitimation, und der Verletzungshandlung. Auch insoweit sind die Beweismittel zu beschaffen. **239**

2. Berechtigungsanfrage, Abmahnung oder einstweilige Verfügung

Von dem Ergebnis der Vorprüfung und einer Risikoabwägung hängt ab, ob überhaupt etwas unternommen werden soll und ggf. was. In Frage stehen zunächst eine Berechtigungsanfrage oder eine Abmahnung oder ein sofortiger Antrag auf Erlass einer einstweiligen Verfügung oder eine Klage. **240**

Bei einer Berechtigungsanfrage tritt der Anfragende in einen Meinungsaustausch mit dem Adressaten über dessen Nutzungsberechtigung ein. Der Adressat wird ohne Aufforderung zur Unterlassung und ohne Bedrohung mit einem Gerichtsverfahren auf die eigene Rechtsposition hingewiesen und gebeten, seine Berechtigung im Hinblick auf das beanstandete Verhalten darzulegen. Klärt sich der Sachverhalt zu Gunsten des Adressaten, haben beide Parteien den sich abzeichnenden Streit vernünftig beigelegt. Dann zahlt jede Partei die Kosten eines eingeschalteten anwaltlichen Vertreters selbst. Unterwirft sich der Adressat, hat der Anfragende ebenfalls eine Klärung erreicht, die er erreichen wollte. Er muss aber auch dann die Kosten seines anwaltlichen Vertreters selbst tragen. Klärt sich für den Anfragenden der Sachverhalt so, dass eine Verletzung vorliegt, ohne dass der Adressat sich unterwirft, kann er immer noch abmahnen. Eine Berechtigungsanfrage sollte in den Fällen gewählt werden, in denen auf eine unverzügliche Rechtsdurchsetzung verzichtet werden kann und das Risiko gering gehalten werden soll.[304] **241**

Der Verletzte kann auch gleich abmahnen. Bei der berechtigten und wirksamen Abmahnung trägt der Abgemahnte die Kosten der Abmahnung nach § 97a UrhG.[305] Bei einer sofortigen unberechtigten Abmahnung riskiert der Abmahnende allerdings, dass der Abgemahnte sofort ohne eine vorherige Gegenabmahnung eine negative Feststellungsklage gegen ihn erheben kann.[306] Er sollte sich seiner Position also sehr sicher sein. **242**

Der Verletzte kann auch auf eine Abmahnung verzichten und sogleich den Erlass einer einstweiligen Verfügung beantragen. Ohne vorherige Abmahnung riskiert er aber ein sofortiges Anerkenntnis nach § 93 ZPO mit der Folge der Kostenlast, es sei denn, es liegt ein Fall vor, in dem ausnahmsweise eine Abmahnung entbehrlich ist. **243**

---

304 Eichmann/Kur/*Hess*, Designrecht, § 11 Rn. 3.
305 Siehe oben Rdn. 207 ff.
306 BGH GRUR 2006, 168 – Unberechtigte Abmahnung.

3. Entbehrlichkeit der Abmahnung

244 Einer vorherigen Abmahnung bedarf es zur Vermeidung der Kostennachteile dann nicht, wenn sich eine Abmahnung aus der ex-ante Sicht des Verletzten etwa aufgrund des vorangegangenen Verhaltens des Verletzers als zwecklos und reine Förmelei darstellt[307] oder wenn bei einer vorherigen Warnung des Schuldners die Gefahr besteht, dass der durchzusetzende Anspruch vereitelt wird, etwa in den Fällen der Sicherstellung von »flüchtiger Ware« zur Sicherung des Vernichtungsanspruchs aus § 98 Abs. 1 UrhG.[308] Dabei entfällt das Abmahnerfordernis nicht in Bezug auf den Vernichtungsanspruch, sondern auch für alle anderen Ansprüche.

4. Reaktion des Abgemahnten

245 Bleibt der Abgemahnte untätig, weist er die Abmahnung als unberechtigt zurück oder gibt er keine Unterlassungserklärung (UVE) ab, muss er damit rechnen, dass der Abmahnende Klage erheben bzw. einen Antrag auf Erlass einer einstweiligen Verfügung einreichen wird. In diesem Fall hat der Abgemahnte Veranlassung zum gerichtlichen Vorgehen im Sinne von § 93 ZPO gegeben.

246 Durch Abgabe einer Unterlassungsverpflichtungserklärung (UVE) entfällt die Wiederholungsgefahr als materiell-rechtliche Tatbestandsvoraussetzung unabhängig davon, ob sie vom Gläubiger angenommen wird.[309] Insoweit ist nur entscheidend, ob die UVE das beanstandete Verhalten umfasst, die Vertragsstrafe hinreichend bemessen ist und keine Umstände vorliegen, die an der Ernsthaftigkeit der Erklärung Zweifel aufkommen lassen.[310] Wird die UVE erst nach Ablauf der Frist aus der Abmahnung abgegeben, muss der Verletzte, wenn er bereits eine Klage oder einen Verfügungsantrag eingereicht hat, die Klage oder den Antrag zurücknehmen oder die Hauptsache für erledigt erklären und auf eine Kostenbelastung des Verletzers nach § 269 Abs. 3 Satz 3 ZPO oder nach § 91a ZPO hinwirken.

5. Unberechtigte Abmahnung

247 Eine auf ein Schutzrecht gestützte unberechtigte Abmahnung kann einen Eingriff in das Recht am eingerichteten und ausgeübten Gewerbebetrieb des Abgemahnten bzw. des Herstellers bei der Abnehmerverwarnung darstellen und bei schuldhaftem Handeln einen Schadensersatz nach § 823 Abs. 1 BGB begründen.[311]

II. Gerichtliche Geltendmachung

1. Wahl des Gerichts

a) Rechtsweg

248 Bei Urheberrechtsstreitsachen ist grundsätzlich der ordentliche Rechtsweg zu den Zivilgerichten gegeben. Nur bei Urheberrechtsstreitsachen aus Arbeits- oder Dienstverhältnissen, die ausschließlich Ansprüche auf Leistung einer vereinbarten Vergütung zum Gegenstand haben; bleibt der Rechtsweg zu den Gerichten für Arbeitssachen und der Verwaltungsrechtsweg unberührt (§ 104 UrhG).

---

307 Köhler/*Bornkamm* § 12 Rn. 1.49 f.
308 Köhler/*Bornkamm* § 12 Rn. 1.48 m.w.N.
309 BGH NJW 1996, 723 – Wegfall der Wiederholungsgefahr; BGH NJW-RR 1996, 554 – Wegfall der Wiederholungsgefahr II.
310 Siehe zu unzureichenden UVE: BGH GRUR 1993, 677 – Bedingte Unterwerfung; NJW 1997, 1152, 1154 – Bob Dylan.
311 BGH GRUR 2005, 882 – Unberechtigte Schutzrechtsverwarnung; zu den Folgen *Teplitzky* WRP 2005, 1433.

b) Sachliche Zuständigkeit

aa) Allgemeines

Für Urheberrechtsstreitsachen der ersten Instanz gilt, anders als bei anderen Immaterialgüterschutzrechten, die dem Landgericht zugewiesen sind, die streitwertabhängige Regelung der §§ 23 Nr. 1, 71 Abs. 1 GVG; bis 5.000 € ist das Amtsgericht zuständig und bei höheren Werten das Landgericht. Wird der Anspruch auch aus einem anderen Immaterialgüterschutzrecht hergeleitet, ist das Landgericht dagegen streitwertunabhängig ausschließlich zuständig. Das Landgericht entscheidet dann – nach dem Rechtsgedanken des § 17 Abs. 2 GVG – den Rechtsstreit unter allen in Betracht kommenden Gesichtspunkten, also auch über den urheberrechtlichen Anspruch. 249

Urheberrechtsstreitsachen sind keine Handelssachen wie Streitigkeiten des gewerblichen Rechtsschutzes. Da Urheberstreitsachen in der Auflistung des § 95 GVG nicht genannt sind, können sie auch nicht im Wege der Geschäftsverteilung den Kammern für Handelssachen zugewiesen werden.[312] Das gilt auch dann, wenn der Rechtsstreit wegen anderer Anspruchsgrundlagen oder Ansprüche eine Handelssache sein sollte.[313] 250

bb) Streitwertbemessung

An dieser Stelle wäre der Zuständigkeitsstreitwert (§ 2 ZPO) zu erörtern. Da der Gebührenstreitwert nach dem GKG aber regelmäßig nicht abweicht, gelten die Ausführungen auch insoweit. 251

In Verletzungsstreitigkeiten steht der Anspruch auf Unterlassung regelmäßig nicht nur in der Reihenfolge der Anträge, sondern auch in seiner wirtschaftlichen Bedeutung an erster Stelle. Der Wert wird – wie bei allen nichtbezifferten Zahlungsansprüchen – vom Gericht nach freiem Ermessen festgesetzt. Welchen Wert das Unterlassen einer Urheberrechtsverletzung hat, richtet sich nach denselben Grundsätzen wie bei anderen Schutzrechten. Bei der Unterlassungsklage ist allein das Interesse des Klägers an der Verhinderung künftiger Verletzungshandlungen für die Wertbemessung maßgeblich,[314] wobei nach (§ 4 ZPO und § 40 GKG) auf den Zeitpunkt der Einreichung der Klage abzustellen ist.[315] Der Wert dieses Interesses hängt von dem Wert des betroffenen Rechts und dem Angriffsfaktor der Verletzung ab. Letzterer ist dabei aus der Sicht des Verletzten im Zeitpunkt der gerichtlichen Geltendmachung zu beurteilen.[316] Bewirbt etwa ein Verletzer ein Verletzungsprodukt aufwendig im Internet, so legt das die Annahme eines erheblichen Angriffsfaktors nahe. Stellt sich im Nachhinein heraus, dass er nur über wenige Verletzungsmuster verfügte, ist das für die Wertbemessung unerheblich. Teilweise wird die Auffassung vertreten, dass generalpräventive Erwägungen zu berücksichtigen sind.[317] Mehr spricht jedoch für die gegenteilige Auffassung, wie sie u.a. das OLG Frankfurt[318] vertritt. In der Praxis orientieren sich die Gerichte an dem Streitwertvorschlag des Klägers, wenn entweder dieser Vorschlag innerhalb üblicher Grenzen liegt oder der Beklagte nicht substantiiert widerspricht.[319] Die Vorstellungen der Parteien sind zwar für das Gericht nicht verbindlich, häufig aber von indizieller Bedeutung.[320] Regelstreitwerte werden zwar praktiziert, dürften aber mit § 3 ZPO nicht zu vereinbaren sein. In der Praxis liegen die Werte bei 252

---

312 Wandtke/Bullinger/*Kefferpütz* § 104 Rn. 11; Harte/Henning/*Retzer* § 13 Rn. 18.
313 Zöller/*Gummer* § 95 GVG Rn. 2.
314 BGH GRUR 1990, 1052, 1053 – Streitwertbemessung.
315 OLG Frankfurt GRUR-RR 2004, 344.
316 BGH GRUR 1990, 1052, 1053 – Streitwertbemessung.
317 OLG Hamburg GRUR-RR 2004, 342 – Kartenausschnitte.
318 OLG Frankfurt a.M. GRUR-RR 2005, 71.
319 BGH GRUR 1985, 511, 512 – Stückgutverladeanlage.
320 BGH GRUR 1986, 93, 94 – Berufungssumme.

Unterlassungsklagen im Urheberrecht selten unter 5.000 €.[321] Werden gleichzeitig mehrere Personen auf Unterlassung verklagt, sind sie keine Gesamtschuldner, so dass es sich jeweils um selbständige Ansprüche und Streitgegenstände handelt mit der Folge, dass die Streitwerte zu addieren sind.[322] Ob es Abschläge im einstweiligen Verfügungsverfahren gibt oder ob der Hauptsachewert anzusetzen ist, ist umstritten. Die OLG München, Karlsruhe und Hamburg machen keine Abschläge, das KG und die OLG Koblenz und Oldenburg machen Abschläge zwischen 1/3 und 2/3 und die OLG Frankfurt, Köln und Stuttgart differenzieren.[323]

253 Für Schadensersatzfeststellungsklagen ist das aus der Sicht des Klägers zu schätzende Interesse des Klägers an der Feststellung maßgeblich, dass ihm ein Schaden entstanden sein kann. Bei künftigen Schäden ist nicht nur die mögliche Schadenshöhe, sondern auch die Wahrscheinlichkeit des Schadenseintritts zu berücksichtigen. Bei Klagenhäufung mit einer Unterlassungsklage wird vielfach ein Bruchteil des Streitwerts der Unterlassungsklage angesetzt, je nach den Umständen des Einzelfalls mit Quoten von 1/2 bis 1/5, aber auch von 1/10.[324]

254 Für Klagen auf Auskunft- und Rechnungslegung wird ebenfalls das vom Kläger darzulegende Interesse an der begehrten Mitteilung zugrunde gelegt. Da es sich regelmäßig um vorbereitende Ansprüche für den Schadensersatz handelt, bewertet sich das Interesse nach dem zu erwartenden Schaden. Der Wert der vorbereitenden Auskunftsansprüche wird dann mit einem Anteil des Wertes der Feststellungsklage bemessen, der in der Praxis zwischen 1/5 und 1/3 liegt. Teilweise wird auch hier ein Wert zwischen 1/8 bis 1/20 verbundenen Unterlassungsklage angesetzt.[325]

255 Bei Ansprüchen auf Vernichtung und Rückruf nach § 98 UrhG kommt es nicht auf den Wert der der rechtsverletzenden Erzeugnisse an, sondern auf das Interesse des Verletzten, diese endgültig aus dem Verkehr zu ziehen. Teilweise wird vertreten, dafür den Unterlassungsstreitwert anzusetzen,[326] was jedoch überzogen sein dürfte. Eher wird auf den Schaden abzustellen sein, der dem Verletzer dadurch droht, dass das die Produkte noch auf dem Markt sind.

256 Werden bei einer Verletzungsklage neben dem Hauptanspruch auch Abmahnkosten eingeklagt, erhöht das den Streitwert nicht, weil es sich um eine Nebenforderung im Sinne des § 4 Abs. 1 Satz 2 ZPO bzw. § 43 Abs. 1 GKG handelt.[327] Erledigt sich jedoch der Hauptanspruch durch übereinstimmende Erklärungen, werden die Abmahnkosten selbst zur Hauptforderung und sind werterhöhend zu berücksichtigen.[328]

c) Örtliche Zuständigkeit
aa) Gerichte für Urheberrechtssachen

257 Nach § 105 UrhG sind die Landesregierungen ermächtigt, Urheberrechtssachen für mehrere Gerichtsbezirke durch Rechtsverordnung auf bestimmte Gerichte zu konzentrieren.

---

321 Siehe die Beispiele für die Bemessungspraxis bei Fromm/Nordemann/*Nordemann* § 97 Rn. 223.
322 BGH GRUR-RR 2008, 460 – Tätigkeitsgegenstand.
323 Siehe die Darstellungen bei Götting/Nordemann/*Albert* § 12 Rn. 385 m.w.N., und bei Hasselblatt/*Rojahn* § 10 Rn. 26.
324 Hasselblatt/*Rojahn* § 12 Rn. 387 m.w.N.
325 Hasselblatt/*Rojahn* § 12 Rn. 388 m.w.N.
326 Fromm/Nordemann/*Nordemann* § 98 Rn. 36.
327 BGH NJW-RR 2008, 898.
328 BGH NJW 2008, 999.

Bis auf Bremen, Saarland und Schleswig-Holstein haben alle Länder von der Ermächtigung Gebrauch gemacht.³²⁹

bb) Die Gerichtsstände

Relevant sind neben dem allgemeinen Gerichtsstand die besonderen Gerichtsstände der Niederlassung (§ 21 ZPO), des Erfüllungsortes (§ 29 ZPO), der unerlaubten Handlung (§ 32 ZPO) und der Gerichtsstand der Widerklage (§ 33 ZPO); weiterhin ist der ausschließliche Gerichtsstand des § 17 WahrnG zu berücksichtigen. **258**

Von besonderer Bedeutung ist, wie auch sonst im gewerblichen Rechtsschutz, der Gerichtsstand der unerlaubten Handlung. Jede widerrechtliche Verletzung der durch das UrhG geschützten Rechte ist eine unerlaubte Handlung. Ein Verschulden ist dabei wie auch ansonsten im Deliktsrecht nicht vorausgesetzt. Abzugrenzen sind Vertragsverletzungen. Wenn diese, wie häufig im Urheberrecht, in der Überschreitung von eingeräumten Nutzungsrechten liegen, stellen sie gleichzeitig unerlaubte Handlungen dar. Für die Begründung der Zuständigkeit nach § 32 ZPO ist es dabei nicht erforderlich, dass ein Anspruch aus unerlaubter Handlung auch tatsächlich besteht. Es genügt dessen schlüssige Darlegung.³³⁰ § 32 ZPO begründet einen Gerichtsstand für das Gericht, »in dessen Bezirk die Handlung begangen ist«, knüpft also an den Begehungsort an. Das ist jeder Ort, an dem auch nur eines der wesentlichen Tatbestandsmerkmale verwirklicht worden ist. Das sind bei Begehungsdelikten der Ort, an dem der Täter gehandelt hat – Handlungsort – und der Ort, an dem in das geschützte Rechtsgut eingegriffen wird – Erfolgsort.³³¹ § 32 ZPO findet analog auch Anwendung auf drohende Rechtsverletzungen, welche eine Begehungsgefahr auslösen.³³² **259**

Im Urheberrecht und gewerblichen Rechtsschutz kommt es aufgrund verschiedener Erfolgsorte einer einheitlichen Handlung über § 32 ZPO häufig zur Begründung der örtlichen Zuständigkeit vieler Gerichte. Unter den damit zur Verfügung stehenden Gerichtsständen kann der Verletzte gemäß § 35 ZPO frei wählen. **260**

Bei einem bundesweiten Vertrieb eines rechtsverletzenden Produkts ist jedes sachlich zuständige Gericht im Bundesgebiet auch örtlich zuständig; denn dann besteht jedenfalls überall eine Begehungsgefahr. Ansonsten wird darauf abzustellen sein, wo das Produkt bestimmungsgemäß vertrieben wird. Eine Zuständigkeit kann auch durch provozierte Bestellungen für den Bestellort begründet werden.³³³ **261**

Gleiches gilt nach überwiegender Auffassung auch dann, wenn es über das Internet zu einer Rechtsverletzung kommt. Danach soll bei allen im Zusammenhang mit der Benutzung einer ».de-Domain« stehenden Rechtsverletzungen die örtliche Zuständigkeit aller deutschen Gerichte begründet sein. Dies gilt auch für andere Top Level Domains (z.B. ».com«, ».net« etc.), wenn sich deren rechtsverletzender Inhalt zumindest auch an das deutsche Publikum richtet.³³⁴ Dem liegt die Erwägung zugrunde, dass ein Verletzer, der die urheberrechtlich geschützte Leistung über das Internet und damit überall öffentlich zugänglich gemacht hat, sei es in Form von Abbildungen, sei es hörbar bei Musik oder Sprachwerken, es hinnehmen muss, auch überall verklagt zu werden, wo ein solches Verhalten eine widerrechtlich Nutzung darstellt. Die Grenze soll nur bei einer rechtsmiss- **262**

---

329 Siehe die Übersicht bei Dreier/*Schulze* § 105 Rn. 5.
330 BGH NJW 2002, 1425, 1426.
331 Wandtke/Bullinger/*Kefferpütz* § 105 Rn. 13; Zöller/*Vollkommer* § 32 Rn. 1.
332 Wandtke/Bullinger/*Kefferpütz* § 105 Rn. 17 m.w.N.; Dreier/*Schulze* § 105 Rn. 10.
333 BGH GRUR 1980, 227, 230 – Monumenta Germamae Historica.
334 Fromm/Nordemann/*Nordemann* § 105 Rn. 10; Wandtke/Bullinger/*Kefferpütz* § 105 Rn. 16 und Dreier/*Schulze* § 105 Rn. 9, jeweils m.w.N.

bräuchlichen Gerichtswahl zu ziehen sein. Dabei dürfte es nicht rechtsmissbräuchlich sein, wenn der Kläger ein Gericht wählt, weil es im Gegensatz zu anderen Gerichten eine für ihn günstige Rechtsauffassung vertritt. Diese sich daraus ergebende weitreichende Zuständigkeit steht allerdings in der Kritik. Bei lediglich regionalen Anbietern wird teilweise versucht, die Zuständigkeit wie beim Produkthandel auf einen Bereich einzugrenzen, in dem bestimmungsgemäß ein Aufruf des Internetauftritts mit der Rechtsverletzung erwartet werden kann.[335] Auch in der Literatur mehren sich die Stimmen für eine Einschränkung der »Allzuständigkeit«.[336]

263 Ist der Gerichtsstand der unerlaubten Handlung zu bejahen, so kommt dem danach zuständigen Gericht hinsichtlich des Klageanspruchs nach mittlerweile h.M. unter Berufung auf die in § 17 Abs. 2 GVG geregelte Konzentration der Entscheidungskompetenz eine umfassende Prüfungskompetenz auch für andere Anspruchsgrundlagen zu, die nicht auf einer unerlaubten Handlung beruhen.[337] Das gilt allerdings nur den Anspruch, aufgrund dessen die Zuständigkeit nach § 32 ZPO gegeben ist. Für andere prozessual selbständige Ansprüche, die nicht auf einer unerlaubten Handlung beruhen, ist das Deliktsgericht nicht zuständig.[338] Wird etwa ein auf Delikt beruhender Unterlassungsanspruch bei einem Deliktsgericht geltend gemacht, in dessen Bezirk der Schuldner nicht seinen ordentlichen Gerichtsstand hat, so wäre dieses Gericht nicht auch für einen Anspruch aus einem Vertragsstrafenvertrag ohne wirksame Gerichtsstandsvereinbarung zuständig.

d) Gerichtswahl

264 Stehen dem Verletzten mehrere Gerichtsstände nach § 35 ZPO zur Wahl, wird er sich das Gericht aussuchen, bei dem er sich den besten Erfolg verspricht. Der Verletzer kann dem nicht durch die Erhebung einer negativen Feststellungsklage bei einem Gericht seiner Wahl zuvorkommen. Denn deren Rechtshängigkeit kann der späteren Leistungsklage des Verletzten nicht gemäß § 261 Abs. 3 Nr. 1 ZPO entgegen gehalten werden, weil der Streitgegenstand der Leistungsklage weiter geht. Eine vor der Leistungsklage erhobene negative Feststellungsklage bei einem anderen Gericht erledigt sich daher in der Hauptsache, wenn die Leistungsklage nicht mehr einseitig zurückgenommen werden kann.[339]

2. Das Verfahren der einstweiligen Verfügung

a) Allgemeines

265 Die urheberrechtlichen Ansprüche können umfangreich im Eilverfahren geltend gemacht bzw. vorbereitet und gesichert werden. In den §§ 101 Abs. 7, 101a Abs. 3 und 101b Abs. 3 UrhG wird ausdrücklich die Möglichkeit von Verfahren der einstweiligen Verfügung eröffnet, obwohl die Ansprüche auch auf Erfüllung gerichtet sind. Dargestellt sind bereits die weiteren Möglichkeiten, zur Sicherung des Vernichtungsanspruches[340] und hinsichtlich des Rückrufanspruches[341] einstweilige Verfügungen erwirken zu können. Gleiches gilt auch für den Unterlassungsanspruch. Denn die Aufrechterhaltung einer andauernden Schutzrechtsverletzung bis zum Abschluss eines Erkenntnisverfahrens ist im Interesse eines effektiven Rechtsschutzes nicht hinnehmbar, zudem bereitet es regelmäßig Schwierigkeiten, im Nachhinein eine angemessene Kompensation für Verletzungs-

---

335 OLG München GRUR RR 2009, 320.
336 Jetzt auch Zöller/*Vollkommer* § 32 Rn. 17, anders noch in den Vorauflagen.
337 BGH NJW 2003, 828.
338 Wandtke/Bullinger/*Kefferpütz* § 105 Rn. 11; zu weitgehend: Fromm/Nordemann/*Nordemann* § 105 Rn. 12.
339 BGH NJW 1994, 3107, 3108.
340 Oben Rdn. 179.
341 Oben Rdn. 190.

handlungen zu erlangen.³⁴² Im Übrigen gelten für das Verfahren die allgemeinen Regelungen der §§ 916 ff. ZPO.

Sofern die Voraussetzungen für ein einstweiliges Verfügungsverfahren vorliegen, sollte von der Möglichkeit auch Gebrauch gemacht werden. Denn die schnelle gerichtliche Klärung von Streitfragen im Eilverfahren schafft häufig auch die Grundlage für eine frühzeitige Gesamtbeilegung des Streits durch einen Vergleich. **266**

b) Vorherige Abmahnung

Eine Abmahnung wird für das Verfahren der einstweiligen Verfügung nicht vorausgesetzt. Deshalb entscheidet die Mehrzahl der Gerichte auch ohne Abmahnung. Es gibt aber auch Gerichte, die für den Fall, dass nicht abgemahnt worden ist und kein Fall der Entbehrlichkeit einer Abmahnung vorliegt, dem Antragsteller Gelegenheit geben, eine Abmahnung nachzuholen, und ansonsten dem Antragsgegner rechtliches Gehör zur Antragsschrift gewähren. Dieses Verfahren ist ständige Praxis der Urheberrechtskammern des Landgerichts Hamburg, die mittlerweile auch von einigen Wettbewerbskammern übernommen worden ist. Der Grund für dieses Verfahren liegt darin, dass die im grünen Bereich üblichen Beschlussverfügungen in vielen Fällen nicht ohne weiteres mit § 937 Abs. 2 ZPO im Einklang stehen. Deshalb soll die Abmahnung das rechtliche Gehör ersetzen. Zudem wird mit dem Erfordernis der Abmahnung auch der Unsitte (aus Richtersicht) der Schubladenverfügung vorgebeugt.³⁴³ **267**

c) Verfügungsanspruch

Der Verfügungsanspruch ist der materiell-rechtlich durchzusetzende Anspruch, dessen Voraussetzungen vorliegen müssen. Zwar entspricht die Verteilung der Darlegungs- und Beweislast grundsätzlich der im Hauptverfahren. Da der Antragsteller aber im Regelfall eine Entscheidung ohne Anhörung des Antragsgegners und mündliche Verhandlung anstrebt, obliegt es ihm, nahe liegende Einwendungen des Antragsgegners selbst durch entsprechende Darlegungen bzw. Glaubhaftmachung zu entkräften.³⁴⁴ Als Glaubhaftmachungsmittel kommen alle präsenten Beweismittel in Betracht wie Augenscheinsobjekte, Urkunden, präsente Zeugen in der mündlichen Verhandlung, insbesondere aber eidesstattliche Versicherungen einschließlich anwaltlicher Versicherungen. **268**

d) Verfügungsgrund

Da die Dringlichkeitsvermutung des § 12 Abs. 2 UWG auf urheberrechtliche Ansprüche nach h.M. keine Anwendung findet,³⁴⁵ bedarf es der Darlegung und Glaubhaftmachung von Umständen, aus denen sich ein Bedürfnis nach einer schnellen Sicherung des Antragstellers ergibt. Dieses wird beim Unterlassungsanspruch regelmäßig gegeben sein, wenn eine Wiederholungsgefahr oder eine Begehungsgefahr besteht; denn daraus folgt die Gefahr von nicht hinzunehmenden Rechtsverletzungen. **269**

Eine Dringlichkeit wird aber gleichwohl nicht vorliegen, wenn der Antragsteller ab Kenntnis aller maßgeblichen Umstände die Sache selbst nicht geboten dringlich behandelt hat. Wann das der Fall ist, wird allerdings in den OLG-Bezirken uneinheitlich beurteilt. Daher ist es für den Anwalt unerlässlich, sich über die Rechtsprechung des fraglichen Landgerichts/Oberlandesgerichts zu informieren, bei dem er einen Verfü- **270**

---

342 Wandtke/Bullinger/*Kefferpütz* Vor §§ 97 ff. Rn. 94.
343 Vgl. Köhler/*Bornkamm* § 12 Rn. 1.59.
344 OLG Karlsruhe GRUR 1987, 845, 847 – Schutzrechtsverwarnung; Wandtke/Bullinger/*Kefferpütz* Vor §§ 97 ff. Rn. 91.
345 Wandtke/Bullinger/*Kefferpütz* Vor §§ 97 ff. Rn. 77 mit umfangreichen Nachw.

gungsantrag einreichen will, insbesondere über die jeweiligen Dringlichkeitsfristen, die zwischen einem und mehreren Monaten betragen können.[346] Wurde der Verfügungsantrag rechtzeitig gestellt, kann die Dringlichkeit auch noch zur zögerliches Verhalten im Laufe des weiteren Verfahrens verloren gehen, z.B. durch Nichterscheinen im Termin, Verlegungsanträge oder Flucht in die Säumnis.[347]

271 Das sog. »forum shopping« – Antragsrücknahme, wenn ein Gericht mündlich verhandeln will oder Bedenken geäußert hat, und Stellung des Antrages bei einem anderen Gericht – wird uneinheitlich beurteilt. Nach wohl überwiegender Auffassung entfällt das Rechtsschutzbedürfnis.[348]

e) Verfügungsantrag

272 Für den Verfügungsantrag gilt grundsätzlich dasselbe wie für einen Klageantrag. So müssen die Voraussetzungen des § 253 Abs. 2 ZPO vorliegen, wobei insbesondere beim Unterlassungsantrag dem Bestimmtheitserfordernis genüge getan werden muss.[349]

f) Entscheidung

273 Im Urheberrecht und im gewerblichen Rechtsschutz ist, durchaus nicht immer im Einklang mit § 937 Abs. 2 ZPO und dem hohen Anspruch auf rechtliches Gehör,[350] eine Entscheidung ohne mündliche Verhandlung und Anhörung des Antragsgegners (oft auch ohne vorherige Abmahnung) im Beschlusswege nahezu die Regel.[351] Bei der Entscheidung, ob im Beschlusswege ohne rechtliches Gehör, im Beschlusswege nach rechtlichem Gehör oder erst nach mündlicher Verhandlung entschieden werden soll, sind verschiedene Faktoren zu berücksichtigen. So wird von manchen Gerichten entweder überhaupt nicht oder nur sehr zurückhaltend im Beschlusswege entschieden, wenn der Antragsgegner vorher nicht abgemahnt wurde.[352] Weiter wird darauf abgestellt, ob und inwieweit naheliegende Verteidigungsmöglichkeiten des Antragsgegners gesehen werden. Wird ein Antwortschreiben auf eine Abmahnung vorgelegt und ergeben sich daraus keine erheblichen Einwendungen, wird voraussichtlich im Beschlussverfahren entschieden werden.

274 Der Beschluss bedarf keiner Begründung, wenn antragsgemäß entschieden wird, es sei denn, die Entscheidung soll im Ausland geltend gemacht werden (§§ 936, 922 Abs. 1 ZPO). Er wird dem Antragsteller zur Vollziehung im Parteiwege zugestellt.

275 Ein abweisender Beschluss ist nur dem Antragsteller zuzustellen (§§ 936, 922 Abs. 2 ZPO). Er kann dagegen eine sofortige Beschwerde nach § 567 ZPO einlegen.

g) Vollziehung der Beschlussverfügung

276 Die erlassene einstweilige Verfügung ist binnen Monatsfrist ab Zustellung an den Antragsteller durch diesen zu vollziehen (§§ 936, 929 Abs. 2 ZPO). Das gilt auch für Beschlussverfügungen des Rechtsmittelgerichts auf eine sofortige Beschwerde des Antragstellers nach Abweisung im ersten Rechtszug. Bei realen Maßnahmen wie einer Herausgabe liegt die Vollziehung in der Vornahme der Maßnahme durch den Gerichtsvollzieher.[353] Unterlassungs- oder Duldungsverfügungen sind innerhalb 1 Monats zuzustellen. Gleiches gilt

---

346 Übersicht bei *Köhler*/Bornkamm § 12 Rn. 3.15.
347 Vgl. *Köhler*/Bornkamm § 12 Rn. 3.16 m.w.N.
348 Vgl. *Köhler*/Bornkamm § 12 Rn. 3.16a m.w.N.
349 Siehe oben Rdn. 69 ff.
350 BVerfG NJW 2004, 2443.
351 *Teplitzky* Kap. 55 Rn. 2 f.
352 Siehe auch oben Rdn. 267.
353 *Teplitzky* Kap. 55 Rn. 40 f.

für Auskunftstitel. Da diese aber regelmäßig keine Zwangsmittelandrohung beinhalten, wird noch innerhalb der Vollziehungsfrist ein Vollstreckungsantrag nach § 888 ZPO für erforderlich gehalten, um den Vollstreckungswillen zum Ausdruck zu bringen.[354] Bei im Ausland ansässigen Antragsgegnern muss innerhalb der Vollziehungsfrist eine Zustellung zum Zwecke der Vollziehung nach § 183 ZPO beim Gericht beantragt werden. Welche Art der in § 183 ZPO vorgesehenen Zustellung in Betracht kommt, richtet sich nach den im jeweiligen Ausland geltenden Regelungen, häufig nach Abkommen mit dem jeweiligen Staat.

h) Verteidigung des Antragsgegners gegen eine Beschlussverfügung

Der Antragsgegner kann einen Widerspruch einlegen (§§ 936, 924 ZPO) und einen Antrag auf Aufhebung wegen veränderter Umstände stellen (§ 936, 927 ZPO). In beiden Fällen wird mündlich verhandelt und durch Urteil entschieden. Der Antragsgegner kann auch einen Antrag auf Anordnung der Klagerhebung zur Hauptsache stellen; wird die Klage nicht fristgemäß erhoben, ist die einstweilige Verfügung nach mündlicher Verhandlung durch Urteil aufzuheben (§ 926 ZPO).

277

i) Urteile im ersten Rechtszug

Urteile im ersten Rechtszug über einstweilige Verfügungen weisen gegenüber anderen Zivilurteilen keine Besonderheiten auf. Zu beachten ist, dass auch Urteilsverfügungen neben der gerichtlichen Zustellung von dem Antragsteller vollzogen werden müssen, weil nur dadurch der Vollstreckungswille deutlich wird.[355]

278

j) Sonderfall Grenzbeschlagnahme

Wenn der Verfügungsberechtigte einer von der Zollbehörde angeordneten Beschlagnahme (§ 111b Abs. 4 Satz 1 UrhG) widerspricht, muss der Antragsteller binnen 2 Wochen eine gerichtliche Entscheidung beantragt und längstens binnen weiterer 2 Wochen beibringen, die eine Anordnung der weiteren Verwahrung der beschlagnahmten Ware oder eine sonstige Verfügungsbeschränkung anordnet (§ 111b Abs. 4 Satz 4 UrhG). Das geht schon von den Zeitvorgaben her nur im Wege der einstweiligen Verfügung.[356]

279

---

354 *Teplitzky* Kap. 55 Rn. 40a.
355 *Teplitzky* Kap. 55 Rn. 38.
356 Wandtke/Bullinger/*Kefferpütz* § 111c Rn. 61 f. mit einer Antragsformulierung.

Stichwortverzeichnis

Zahl in Fettdruck = Kapitel

Zahl in Normaldruck = Randnummer

360-Grad-Deal **5** 195, 348 ff., 411 ff.
- active interest **5** 349
- passive interest **5** 350

Abbildung **6** 62
Abdruckanordnung **8** 468
Abdruckerlaubnis **6** 415
Abdruckverlangen **8** 457–458
Abgabe von Presseleistungen, unentgeltliche **17** 167 ff.
Abgabepflicht
- dem Grunde nach **15** 147
- der Höhe nach **15** 166

abhängige Schöpfungen **3** 115–131
- Bearbeitungen **3** 115–120
- freie Benutzung **3** 127–131
- Sammelwerke/Datenbankwerke **3** 121–126

Abhörgerät **8** 112, 116 ff.
Abkommen
- Film/Fernsehabkommen FFA **4** 173
- Internationale Co-Produktionsabkommen **4** 171, 172

Ablieferung **6** 33, 38, 38, 52, 89, 288
Ablieferungszeitpunkt **6** 41
Abmahnkosten **21** 207 ff.
- Befreiungsanspruch **21** 219
- Deckelung **21** 221 ff.
- Patentanwalt **21** 210
- Zahlungsanspruch **21** 219

Abmahnschreiben **13** 47
Abmahnung **21** 208, 209
- Angriffsfaktor **18** 76
- Bagatellklausel **18** 79
- Entbehrlichkeit **21** 243, 266
- Gebührendeckelung **18** 82
- Streitwert **18** 78

Abmahnung (presserechtliche Streitigkeiten)
- Annahmeerklärung **8** 417
- Form **8** 414
- Frist **8** 413
- Musterformulierung **8** 418
- Rechtsnatur **8** 416
- Streitgegenstand **8** 412

Abnahme **6** 94
Abonnentenwerbung **17** 175
Abopreise **8** 662
Abo-Vertrag **8** 681
- AGB **8** 688
- Fernabsatzvertrag **8** 681
- Widerrufsrecht **8** 691

Abo-Werbung **8** 705, 719, 721, 737, 739, 743
- Direktmarketing **8** 721
- Einzelfälle irreführender ~ **8** 739
- Gewinnspiele **8** 719
- Internet **8** 737
- mit kostenlosen Probeheften **8** 743

- mit Zugaben **8** 705
- schriftliche **8** 727
- telefonische **8** 721

Abrechnung **6** 284, 285, 468
- Abrechnung, titelanteilig **5** 295
- Abrechnungsbasis **5** 261; **6** 462
- Abrechnungsdaten **10** 136
- Abrechnungsmenge **5** 271
- Abrechnungsturnus **5** 296

Abrufdienste **1** 35
Abrufrechte **9** 234
- 7-Days-catch-up **9** 234
- Abrufdienst **9** 241

Absatzchance **6** 210
Absatzförderung **12** 41 ff., 49, 72, 74, 90
Absatzhonorar **6** 243, 289, 404, 449, 454
Absatzvergütung *siehe Vergütung*
Abschlusszwang **3** 521; **5** 28; **17** 38
Abschottung **3** 193
Abspielförderung **12** 45, 72
Abstraktionsprinzip **3** 533 ff.; **20** 29, 42
Abwägungsgrundsätze **8** 76 ff.
Abwehransprüche **9** 308, 310
- deliktischer Anspruch **9** 311
- dingliches Recht **9** 310
- Nutzungsrechte **9** 310
- Schutzlandprinzip **9** 309
- Sukzessionsschutz **9** 310
- Verbotsrecht **9** 227, 310, 311

Abwehrbefugnisse *siehe negatives Verbotsrecht*
Abwendungsbefugnis des Verletzers **21** 79
Abwicklungsvertrag, Sperrzeit **14** 146
Abzug der Künstlersozialabgabe **15** 189
Abzüge **6** 292
Administration von Musikwerken **5** 32
Adressbücher **3** 42
advance **6** 449
- payment **13** 66

Agent provocateur **8** 106
Agenturvertrag **13** 78
Aggregatorverträge **5** 420, 468 ff.
Aktivlegitimation **21** 30 ff.
- gewillkürte Prozessstandschaft **21** 35
- Lizenznehmer, ausschließlich **21** 34
- Lizenznehmer, einfach **21** 35
- Urheber neben ausschließlichem Lizenznehmer **21** 36
- bei Urheberpersönlichkeitsrechtsverletzung **21** 31 f., 112
- bei Urheberverwertungsrechten **21** 33 ff.

Aktualisierung **6** 403
Alkoholwerbung **17** 93
Alleinurheber **5** 14
Alleinvertriebsrecht **8** 622
Alles-oder-Nichts-Prinzip **8** 465

1471

Stichwortverzeichnis

Allgemeine Geschäftsbedingungen 3 36; 6 324; 13 209
- Transparenzgebot 5 185
- Überraschungsklausel 5 184

Allgemeine Gesetze 8 9
Allgemeinverbindlicher Tarifvertrag
- § 5 TVG 14 201

Alpensinfonie 5 46
Amazon 6 26, 28
amtliche Werke 3 716, 944
Ancillary Rights 9 245
Änderungskündigung 14 66
Änderungsrecht 3 614; 6 188
Anerkennung
- als ausübender Künstler 3 310
- in Fachkreisen 15 49

Anerkennungsrecht 3 157, 160–163
- als Abwehrrecht 3 160, 161
- Inhalt 3 160
- juristische Personen 3 162
- Pflicht zur Quellenangabe 3 161
- Verzicht 3 163

Angebotsumstellungsflexibilität 10 32
angemessene Vergütung siehe Vergütung
Angemessenheit 6 253
Animationsfilm 12 57, 97 f.
Ankündigungen 3 33
Anlage
- besondere 10 76

Annexansprüche 16 57
Anonymisierung siehe Identifizierbarkeit 10 135
Anonymität, Recht auf 3 164; 8 176, 217
- beim Bildnisschutz 8 327

Anspruchsgegner 9 119
Anspruchsgrundlage 10 142
Anstellungsvertrag 6 339, 340, 341
Anthologien 3 121
anwendbares Recht 9 327
- Kollisionsrecht 9 330
- lex rei sitae 9 331, 332
- ordre public 9 327
- Rechtswahlklausel 9 333, 333–334

Anzahl der Exemplare 6 177
Anzeige 8 527; 17 82
- kostenlose 17 178
- Recht an 8 527
- wettbewerbsrechtliche Schranken 8 555

Anzeigenbedingungen 8 546
Anzeigenblatt 8 755; 17 178, 189 ff.
Anzeigeninhalt 8 546
- Haftung 8 594

Anzeigenvertrag 8 527
- Anzeigenbedingungen 8 546
- Besonderheiten beim Vertragsschluss 8 535
- Gewährleistungsrechte 8 534
- Inhalt 8 546
- Kontrahierungszwang 8 541
- Rechtsnatur 8 529
- Vertragsgegenstand 8 527
- Werbeverbote 8 550

Anzeigenzeitschrift 8 589
App (application) 6 495

Apple 6 27, 219
Arbeitgeber 3 137; 14 1, 15
Arbeitnehmer 3 137; 14 1; 15 39, 97, 114
- Arbeitnehmerbegriff 14 19

arbeitnehmerähnliche Personen 14 43
- Arbeitsgericht 14 49
- Erholungsurlaub 14 49
- Streikrecht 14 49

Arbeitnehmerurheber 14 123
Arbeits- oder Dienstverhältnis 3 675 ff.
Arbeitseinkommen 15 118
- voraussichtliches 15 144

Arbeitsgemeinschaft Drama 11 100
Arbeitskampf im Tendenzbetrieb
- Art. 9 Abs. 3 GG 14 210–213
- Koalitionsfreiheit 14 210–213
- Zulässigkeit von Arbeitskämpfen in Presse- und Medienunternehmen 14 210–213

Arbeitslosengeld 15 130
Arbeitsorganisation 14 26, 33
Arbeitsrecht 14 1
Arbeitstitel 6 444
Arbeitsvertrag 14 14
- arbeitsvertragliche Pflichten 8 158 ff.
- Befristung 4 91–94
- Filmschaffende 4 90–112
- Produktionsleiter 4 105

Arbeitszeit
- Anordnung von Überstunden 14 169–170
- Dienst- und Schichtpläne 14 169–170
- Gleit- und Kernzeiten 14 169–170
- Lage der Pausenzeiten bei Bühnenbetrieben 14 169–170
- Pausen 14 169–170
- Redaktionszeiten 14 169–170
- Wochenendarbeit 14 169–170

Architekturpläne 6 364
ARD 9 44
- Gemeinschaftseinrichtungen 9 49
- Generalsekretariat 9 45
- Programmdirektor 9 46

ARD-Eckpunktepapier 4 167–169, 182, 183, 216, 217, 238, 256
Arrangeur 5 15
Art Law 7 1
Artist & Repertoire (A&R) 5 127, 129
ArtSys 11 128
Asset Deal
- Arbeitsrecht 19 356 ff.
- Begriff 19 13 ff.
- Betriebsübergang siehe dort
- Formerfordernisse 19 252 ff.
- Freistellungen 19 302 ff.
- Fusionskontrolle siehe dort
- Haftung Erwerber 19 378 ff.
- Haftungsbegrenzung 19 292 ff.
- Kaufgegenstand 19 153 ff.
- Kaufpreis 19 190 ff.
- Leistungsstörungen 19 260 ff.
- Medienkonzentrationsrecht siehe dort
- und Share Deal 19 163 f.
- Stichtagsregelungen 19 215 ff.

Stichwortverzeichnis

- Urheberrechte 19 165 ff.
- Verjährung 19 299 ff.
- Wirksamkeitshindernisse 19 226 ff.

audio book 6 421, 497
audio download 6 497
Audiorechte 6 421
audiovisuelle ausübende Künstler 3 970, 976
audiovisuelle Künstler 3 918
Aufbewahrung 6 99
Aufführung 3 206–208
- bühnenmäßige Aufführung 3 206–208
- große Aufführungsrechte 3 207
- kleine Aufführungsrechte 3 207
- konzertmäßige Aufführung 3 206, 207
- des Musikwerkes 5 11

Aufführungsvertrag 13 56
Aufhebungsvertrag
- Sperrzeit 14 146

Auflage 6 197, 292; 17 194 ff.
- Druck~ 17 196
- Lese~ 17 199
- verbreitete 17 196
- verkaufte 17 198, 202
- Werbung mit der ~ 17 194

Auflagen 6 480
auflösende Bedingung 14 107
Aufsicht 9 78 f.
Aufsichtsgremien 9 1
Auftraggeber 3 137
Auftragnehmer 3 137
Auftragsproduktion 4 166, 189–197, 208–217, 231–238, 247, 248, 249–251, 253–257; 12 101

Aufzeichnungen 3 98, 99
- Aufzeichnungspflichten 15 182

Auktion 7 23
- Abgeld 7 23
- Aufgeld 7 23
- Auktionsverkauf 19 420 ff.
- Internet 7 26

Ausführungsgenehmigung 13 141
Ausgabefähigkeit 6 77
Ausgewogenheit des Programms 9 109
Ausgleichsanspruch 10 83, 84
Ausgleichsvereinigungen 15 196
Auskunft 16 57, 58, 59, 60
- Übersicht über die Ansprüche 21 118 ff.

Auskunft gegen Provider 21 141 ff.
- Musterantrag 21 148

Auskunft über Dritte 21 125, 126
Auskunft und Rechnungslegung 21 119 ff.
- Belegvorlage 21 124
- Inhalt des Anspruchs 21 120 f.
- Umfang des Anspruchs 21 120 f.

Auskunft von Dritten 21 127 ff.
- Passivlegitimation 21 129 ff.

Auskunftsanspruch 8 169 ff.; 10 136; 18 33 f.
- Drittauskunft 18 42 f.
- gewerbliches Ausmaß 18 39, 46 f.
- vorbereitender 3 651

Auskunftsverfahren
- Gestattungsverfahren 18 56 f.

Auskunftsverweigerungsrecht 19 101
Ausland 15 140, 192

ausländische Datenbankhersteller 3 923, 925
ausländische Filmschaffende
- Besteuerung 4 112, 116, 130

ausländische Flüchtlinge 3 908
ausländische Urheber 3 873, 904, 911, 912
Auslandsberührung 8 525
Auslandsrechte 6 412
Auslandsrundfunk 9 39
Auslegungsmethode 3 994, 995, 996
Ausnutzung der Spiellust/ des Gewinnstrebens 17 131
Ausschreibung 14 5
Außenpluralität 1 21
äußere Eigenschaften 6 62
Äußerungen 8 183 ff.
- Auslegung von 8 183 ff.
- mehrdeutige *siehe Mehrdeutigkeit* 8 367
- verdeckte 8 185, 366

Äußerungen des täglichen Lebens 3 34
Aussonderung 20 29, 78, 80
Aussperrung
- Begriff 14 229–233
- Besonderheiten in tendenzgeschützten Unternehmen 14 229–233
- Zulässigkeit 14 229–233
- Zweck 14 229–233

Ausstattung 6 133
Ausstellungsrecht 3 198–200; 7 12, 72, 87
- Abgrenzung zur Verbreitung 3 198
- Beschränkung auf einige Werkarten 3 198
- Einschränkung 3 200
- Erlöschen 3 199
- Inhalt 3 198
- Rechtsnatur als Absicherung des Veröffentlichungsrechts 3 200
- Veräußerung des Originals 3 200

Ausstellungsvergütung 7 87
Ausstrahlen 3 215
Ausstrahlungen
- Prime Time 9 257
- Rerun 9 257

Austritt aus dem Arbeitgeberverband
- Ende der Tarifbindung 14 198
- Fortwirkung 14 198

ausübender Künstler 3 298, 917, 1008; 11 110
- Arbeitsverhältnis 3 349
- Aufnahmerecht 3 327
- Beeinträchtigung 3 318
- Beeinträchtigung Einzelfälle 3 322
- Beteiligungsrechte 3 340
- Beteiligungsumfang 3 354
- Darbietung 3 299, 303
- einheitliche Verwertbarkeit 3 355
- Entstellung 3 318
- Fotos 3 328
- Gruppenname 3 313
- indirekte Beeinträchtigung 3 323
- Interessenabwägung 3 324
- Kabelweitersendung 3 344
- künstlerische Interpretation 3 305
- Künstlermehrheit 3 325, 352
- minderwertiger Mitschnitt 3 382
- mittelbare Darbietung 3 304

1473

Stichwortverzeichnis

- Mitwirkung 3 307
- Namensnennung 3 311, 380
- Nutzungsrechte 3 326
- öffentlich Zugänglichmachen 3 384
- öffentliche Widergabe 3 331, 334
- praktische Bedeutung 3 336
- Prozessstandschaft 3 357 ff.
- Public Viewing 3 341
- Schöpfungshöhe 3 300
- Schranken 3 370
- Schutzfrist 3 370
- Schutzgegenstand 3 298
- Schutzumfang 3 309
- Schutzvoraussetzungen 21 23
- Senderecht 3 333
- Solist 3 316
- Urheberpersönlichkeitsrechte 3 312
- Urhebervertragsrecht 3 348
- Verbotsrecht 3 339
- Verkehrsfähigkeit 3 345
- Vervielfältigung und Verbreitung 3 329
- Verzicht 3 343
- Vorstand der Gruppe 3 314
- Zweckübertragungstheorie 3 348

Ausübungslast 3 595; 6 233
Ausübungsverpflichtung 6 11
Ausverkaufsfrist 6 478
Auswahlrichtlinie 14 5
Auswertungspflicht 4 255, 305
Auswertungspflicht (des Tonträgerherstellers) 5 256
Auszubildendenvertreter
- Übernahme nach Ausbildung 14 173

Auszüge des Werkes 6 208
Autorenexemplar 6 184
Autorenrabatt 6 509
Autorenreport 15 11

Bagatellmarkt-Klausel 19 315
Bahnhofsbuchhandel 8 630
Ballett-Tänzer 15 45
Bandübernahmevertrag 5 378 ff.
- Auswertungsdauer 5 391
- Auswertungsterritorium 5 392
- Demoaufnahmen 5 407
- Exklusivbindung des Künstlers 5 394
- GVL-Einnahmen 5 403
- Künstlerbrief 5 408 ff.
- Lieferumfang 5 384
- Optionen 5 407
- Rechteeinräumung 5 389 ff.
- Vergütung 5 399 ff.
- Verrechnung 5 404
- Vertragslaufzeit 5 405 ff.
- Vorauszahlung 5 402

Bankbürgschaft 19 207
Banknoten 3 77
Barsortiment 6 203
Basislizenz 5 280
Baugenehmigung 13 139
Bauwerk *siehe Werke der Baukunst*
Bayerischer Rundfunk 9 30
Bearbeiter 5 15

Bearbeiterurheberrecht 3 115
Bearbeitungen 3 115–120; 6 391
- Bearbeiterurheberrecht 3 115
- Begleitstimmen 3 118
- Begriff 3 115
- Begriff Übersetzung 3 115
- Bereichsausnahme 3 120
- Fingersätze 3 118
- freie Benutzung (Abgrenzung) 21 46
- GEMA 3 120
- Gestaltungsspielraum 3 118
- Individualität des Bearbeiters 3 117
- individuelle, schöpferische Leistung 3 116
- Prägung durch das Originalwerk 3 117
- Sonderbestimmung 3 120
- Synchronisation 9 244
- Textrevisionen 3 118
- Verhältnis der Urheber 3 119
- Verzierungen 3 118
- Voice over 9 248
- Volksmusik 3 120
- Werbespot 9 247
- Werkkürzungen, Werkanpassungen 3 118
- Zustimmungserfordernis der Urheber 3 119

Bearbeitungsgenehmigung 5 61, 369
Bearbeitungsrecht 3 171; 5 20, 27, 29, 47, 50, 61, 63, 65, 91; 6 499; 9 245
Beauftragter 16 39
Beauftragter für Kultur und Medien (BKM) 12 1, 14, 54, 56, 61
Bebauungspläne 3 109
Bedarfsmarktkonzept 10 32
Bedienungsanweisung
- urheberrechtlicher Schutz 17 13, 14

Bedingung
- auflösende 14 107

Beeinträchtigung des Musikwerkes 5 65
Beendigung des Tarifvertrages
- Ablösungsmöglichkeiten 14 196
- Nachwirkung des Tarifvertrages 14 196

Befristung
- Arbeitsverhältnisse 14 95

Begehungsgefahr 8 369
Begleiterrechtsprechung 8 299
Begleitmaterialien 9 15
Begleitstimmen 3 118
Behaupten 8 236 ff.
behinderte Menschen 3 735–740
Behinderungswettbewerb 17 162 ff.
Beihilferecht 12 2, 7 ff.
Beiträger 6 402
Beitrags-Autor 6 377
Beitragseinzugsverfahren 15 30
Beitragsüberwachungsverordnung 15 31
Beiwerk 8 306 ff.
bekannte Nutzungsarten 6 108
Belegexemplar 6 182, 509
Beleidigung 8 205 ff.
Belletristik 6 262
Bemusterung 5 273
Benutzeroberflächen 3 109
Benutzung
- markenmäßige 16 45

- titelmäßige 16 44
- Unternehmenskennzeichen 16 46
Benutzungsaufnahme 16 22
berechtigtes Interesse, entgegenstehendes 8 315 ff.; 9 116
Berechtigungsanfrage 21 240
Berechtigungsvertrag 5 23, 34, 71–84
- Alles-oder-Nichts-Prinzip 5 75, 79
- »(Altwerke)« Backkatalog 5 77
- Dauer des Berechtigungsvertrages 5 73
- Exklusivität 5 78
- Kontrahierungszwang 5 28, 41, 71
- Kündigung 5 73
- Neufassung 5 58
- (Rechterückfall) Rückruf von Rechten 5 29, 60, 80
- (Gegenseitigkeitsverträge) Schwestergesellschaften 5 74
- Sendeprivileg 5 82
- Tarife 5 42
- treuhänderische Wahrnehmung von Rechten 5 71
- übertragene Nutzungsrechte 5 76
- Verteilungsplan 5 83, 84, 114
- Verteilungsschlüssel 5 39
- Vorausverfügung 5 77
- Wahrnehmungsumfang 5 43
- Weiterübertragung von Nutzungsrechten 5 78
- Zweckübertragungslehre 5 72
Bereicherung
- ungerechtfertigte 16 71
Bereicherungsausgleich 8 356; 21 115
Bereithalten 9 63
Berichterstattung
- Archivberichte 2 8
Berichterstattung über Tagesereignisse 3 780–788
Berichtigung 8 358, 472–507
Berliner Modell 6 271, 272
Berufsanfänger 15 33, 123
Beschaffenheit 6 60, 66
Beschäftigungsverbot 14 109
Beschlagnahmeverbot 8 110, 173 f.
Beschränkung von Nutzungsrechten 3 489, 503 ff.
- inhaltlich 3 509
- räumlich 3 506 ff.
- schuldrechtlich 3 502
- zeitlich 3 505
Beschränkungen
- Exklusivität 9 227
- Mindeststandart 9 224
- unbekannte Nutzungsarten 9 226
- Zweckübertragungstheorie 9 224–227
Beseitigungsanspruch 21 80
Besicherung 12 5, 102 ff.
Besichtigungsanspruch 16 57, 62
- Bank-, Finanz-, Handelsunterlagen 21 157
- Düsseldorfer Praxis 21 171
Besitzrecht 6 98
besondere Bezeichnung eines Geschäftsbetriebs 16 105

Besprechungsexemplar 6 182
Bestands- und Entwicklungsgarantie 9 68
Bestandsdaten 10 121, 132, 136
Bestandsschutz 3 495
Bestellvertrag 6 360, 388 ff., 394
bestimmungsgemäßer Vertrieb 8 420
Bestsellerparagraf 3 645
Bestsellerregelung 6 453
Beteiligung von Presseunternehmen 1 21
- Doppelmonopol 1 21
- Unternehmen mit erheblicher Marktmacht 1 21
Beteiligungsgrundsatz 3 616
betriebliche Lohngestaltung
- Freiwillige Zulage 14 171
betriebliche Mitbestimmung 14 155–181
Betriebsstättenabgabe 9 61
Betriebsübergang 19 352 ff.
- Betriebsrat 19 369 ff.
- Konzernverbund 19 372 f.
- Rechtsfolgen 19 364 ff.
- Tendenzunternehmen 19 374
- Voraussetzungen 19 359 ff.
- Wirtschaftsausschuss 19 371, 374
Betroffenheit 8 176
- bei fiktionalen Werken 8 182
- mittelbare 8 180
Beweislast
- Informationsschutz 8 410
Bewerbung 14 12
Bibliothekstantieme 3 1008
BIEM 11 106
Bild 8 253
Bild- und Tonaufzeichnungen 3 188
Bildagentur 6 368, 375
Bildband 6 362
Bildbände 3 121
bildende Kunst 15 45
Bildmaterial
- neu zu schaffendes 6 364
Bildnis 8 253
- Anfertigen 8 122 ff.
- Begriff 8 253 ff.
- Bereich der Zeitgeschichte siehe Bereich der Zeitgeschichte
- höchstpersönlicher Lebensbereich 8 122 ff.
- Identifizierbarkeit 8 257 ff.
- Kontext mit Wortberichterstattung 8 132
- kontextneutrales 8 304 f.
- Veröffentlichung von 8 250 ff.
- Verstorbener 8 256
- Zeichnungen 8 129
Bildquellennachweis
- unterlassener 6 373
Bildrecht 5 222
Bildzeichen 3 109
Bindung an den Tarifvertrag 14 197
Binnenmarkt 3 992
Binnenpluralismus 9 69, 74
Biografie 3 29
Blackberry 6 29
Blindenschriftausgaben 3 738
Blockierungskosten 6 375

Stichwortverzeichnis

Blog 10 138
BNetzA (Bundesnetzagentur) 1 39; 10 30–36, 38, 39, 45, 48, 49, 51, 52, 54, 55, 57, 59, 62–68, 70, 72, 78; 13 166
Bogsch-Theorie 3 886, 1009
Bonus 6 452
– filmbezogen 6 453
Börsenverein des Deutschen Buchhandels 6 219, 268
Boykott
– Begriff 14 235–238
– Betriebsblockade 14 235–238
– Boykott eines Druckerzeugnisses 14 235–238
– Formen des Boykotts 14 235–238
– Rechtswidriger Boykott bei Aufruf zum Vertragsbruch 14 235–238
– Zulässigkeit 14 235–238
– Zweck 14 235–238
Boykottaufruf 8 165
Branchenübung 3 166, 543, 633
Branchenverzeichnisse 3 42
break up-Fee 19 44
Briefe 3 34
Briefgeheimnis 8 162
Briefmarken 3 77
Broschur 6 486
Browsing 3 185, 725
Brüsseler Satellitenabkommen von 1974 3 930, 933
Buch zum Film 4 271; 6 419 ff.
Buch, gebrauchtes 17 239
Buchausgabe 6 115
Buchclub-Ausgabe 6 486; 17 234
Bucheinsicht 6 470
Bücher 6 214
Büchergilde Gutenberg 6 486
Buchgemeinschaftsausgabe 6 116, 486
Buchpreisbindung 17 231 ff.
Buchpreisbindungsgesetz 6 183, 214, 218
Buchprüfungsrecht 5 301
– Verwirkung 5 304
Buchtitel 6 141
Buchveröffentlichung 6 148
Bühnenbilder 3 71
bühnenmäßige Aufführung 13 111
Bühnenwerke 16 11
Bundesamt für Wirtschaft und Ausfuhrkontrolle (BAFA) 12 91
Bundeskartellamt 17 229
Bundesnetzagentur siehe BNetzA
Bundesverband Musikindustrie e.V. 11 129
bundesweites Fernsehen 1 20
Bundeswettbewerbsbehörde 19 347
Bundeszuschuss 9 59; 15 14, 32
(Bank-/Konzern) Bürgschaft 4 210
Buy-Out 4 41, 42, 68; 6 404, 430, 461; 13 32, 83
– Angemessenheit 4 69–70
– Definition 13 32

Caching 3 185, 725; 10 167
Cap
– Deferred - 13 88
– Real - 13 88
– Royalty - 13 87
CD-ROM 6 222
CDs 3 197
CELAS 11 102
CEPT 10 46
Change of Control-Klauseln 19 247
charakteristische Leistung 3 898, 899; 6 10
Chiffreanzeigen 8 552
Chorleiter 15 45
Chorsänger 15 45
CISAC 11 105
Clipfish 10 138
Closing 19 218 ff.
Club Bertelsmann 6 486
Co-Entwicklungsvertrag 4 184–188
Co-Finanzierung 4 174
Comicfiguren 3 71, 106
Computerbilder 3 271
Computerfiguren 3 106
Computerprogramme siehe auch Software 3 30, 46–47, 138, 184, 960, 962, 965, 967, 1003, 1017; 16 14
– Sachverständigengutachten 21 18 f.
– Schutzvoraussetzungen 21 16 ff.
Computerprogramm-Richtlinie 3 838, 1002, 1003
Computersoftware 3 107
Computerspiele 3 105
Content-Anbieter siehe Content-Provider 10 138
Controlled Compositions Clause 5 346
Cookies 10 92
Co-Produktion 4 170–173, 189, 190, 198–207, 218–230, 238–246, 247, 248, 252, 258–262
Copyright 3 132
Copyright Lifetime 5 93
Copyrightvermerk 6 161
Cover-Version 5 20
Creative Commons 2 13
Cross-Collateralization 4 299

darstellende Kunst 15 45
Darstellervertrag 4 117–131
Darstellung der realen Umwelt 9 110
Das Erste 9 82
Data Room 19 89 ff.
Daten
– personenbezogene 10 94–96, 98–100, 102, 103, 105, 106, 108, 109, 111, 112, 114, 116, 119, 120, 130–133, 136
Datenbank 3 123, 960, 965, 1004
– Begriff der Datenbank 3 124
– Schutz des Datenbankherstellers 3 123
– Übernahme wesentlicher Teile 3 126
– wesentliche Investitionen 3 125
Datenbankhersteller 3 428
– alphabetische Anordnung 3 432
– einzelne Abrufbarkeit 3 432, 463
– Erschöpfung 3 441
– Grenzen der Unabhängigkeit 3 430
– Investition 3 433, 464
– Investitionsrisiko 3 459

- öffentliche Verfügbarmachung 3 442
- private Vervielfältigung 3 455
- Rechteinhaber 3 457
- Schranken 3 453
- Schutz als Ganzes 3 445
- Schutzfrist 3 436
- Schutzgegenstand 3 428
- Schutzumfang 3 437
- Umfang der Investition 3 434
- unabhängige Sammlung 3 430, 462
- Unterlassungsanspruch 3 463
- Unterlassungsantrag 3 462
- Urhebervermutung 3 461
- Verbreitungsrecht 3 441
- Verhältnis zu Datenbankwerk 3 460
- Verleihrecht 3 443
- Vervielfältigungshandlung 3 440
- Vervielfältigungsrecht 3 438
- wesentliche Teile 3 446, 466
- wiederholte systematische Übernahme 3 449
- wissenschaftlicher Gebrauch 3 456

Datenbank-Richtlinie 3 1002, 1004
Datenbankschutz
- Schutzvoraussetzungen 21 26, 27

Datenbankwerke 3 123–126; 17 33
- Abgrenzung zur Datenbank 3 123
- EG-Datenbank-Richtlinie 3 123
- individuell geprägte Anordnung 3 123

Datenerhebung 10 96, 103, 109, 134
Datenschutz 8 102; 10 20, 21, 24, 29, 92, 93, 95, 111, 112, 128–130
- bereichsspezifischer 10 99, 111

Datenschutzpanne 10 109
Datensparsamkeit 10 105
Datenspeicherung 10 96
Datenträger 6 32
Datenübermittlung 10 119
Datenübernahme 10 148
Datenverarbeitung 10 94, 107, 121, 130
Datenvermeidung 10 105, 106
Dauerschuldverhältnis 20 19, 26, 35
Dauerwerbesendung 9 14; 17 92
DCF-Verfahren 19 193
DDR 3 907
Deal Memo 4 19–22
Deep Link 10 150
Deliktsstatut 3 883
De-minimis-Klauseln 19 295, 315
Demoaufnahmen 5 407
Demonstrationsstreik 14 217
DENIC 10 59
Design 15 52
Deutsch-amerikanisches Abkommen von 1892 3 929
Deutsche Orchestervereinigung e.V. 11 129
Deutsche Rentenversicherung 15 37, 179, 193
Deutsche Welle 9 40
Deutscher Filmförderfonds (DFFF) 12 4f., 10, 54ff., 96
Deutschlandradio 9 41
Dialoge 3 33
Dichter 15 45
Dienstanweisungen 3 39

Diensteanbieter 10 26, 111, 120–123, 125, 127, 130, 132, 136–141, 143–145, 147, 148, 150, 155–159, 161, 165–167, 169, 170, 172, 175
- doppelregulierter 10 130

Dienstgeheimnis 8 109f.
Dienstleistungsvertrag 4 113–116
Dienstpläne 14 28
Dienstvertrag 6 339, 340, 341
Digital Rights Management (DRM) 3 713–714
digitale Bearbeitung 5 64
digitale Speicherung 3 184
Digitalisierung 3 514
Digitalvertriebsvertrag 5 445
- Abrechnung 5 472
- Content-Lieferung 5 470
- Metadaten-Lieferung 5 470
- Vergütung 5 472

dingliche Wirkungen
- Lizenz 20 20

dingliches Recht   siehe auch Abstraktionsprinzip 3 492
Direct-to-DVD 12 46
Direkterhebung 10 110
Direktionsrecht 14 66, 90
Direktmarketing 8 721
Direktorenkonferenz (DLM) 9 150
Direktverkauf 6 205
Dirigent 15 45
Disclaimer 10 152–154
Diskriminierungsverbot 17 216
Dispositionsrecht 8 612
Distanzierung
- inhaltliche 10 154

DJ 15 91
Dokumentarfilme 3 98
Dolmetscher 15 80
Domain-Names 5 224; 10 59
Domains 16 18
Doppelschöpfung 17 4; 21 48
Double-Opt-In 13 221
Download 6 421
downloadable audio recordings 6 497
dramatic audio book / edition 6 421
Dramatisierungs- und Filmrecht 6 498
Drehbuchautor 6 420
Drehbücher 3 90
- Förderung von 12 2, 37ff., 64, 67

Drehbuchvertrag 4 58–88
Drehgenehmigung 8 144
Dreiecksvertrag 4 83–85
Drei-Stufen-Test 3 705–712
Dreistufentest 3 954, 962; 9 105f.
Drittauskunft
- Einstweilige Verfügung 21 138
- Musterantrag 21 134
- Umfang 21 134

Dritte Fernsehprogramme 9 87
Drittschuldner 20 5
Druckauflage 17 196
Drucker 6 164
Druckkostenzuschuss 6 249
Druckschriften 16 10

Stichwortverzeichnis

duale Rundfunkordnung 1 6
duales Rundfunksystem 13 229
duales System 9 2
Duales System 9 125–129
dualistische Theorie 3 153
Due Diligence 19 72 ff.
- Beispiel Data Room-Nutzung 19 92
- Beispiele einer Request List 19 85, 116
- Data Room 19 89 ff.
- Gegenstände 19 79 ff.
- gesetzliche Rahmenbedingungen 19 96 ff.
- Grenzen der Informationsgewährung 19 97 ff.
- Grundsätzliches 19 77 ff.
- rechtliche Bedeutung 19 120 ff.
- Report 19 94 f., 113 ff., 118
- Request List 19 84 ff., 116
- typischer Inhalt 19 114
Duettklausel 5 294
Durchführungskosten 13 63
Durchsetzung 3 957, 1002
Durchsetzungsrichtlinie 3 1019
Durchsuchung 8 110
DVD-Verwertung 5 47

Earn Out-Klauseln 19 203 f.
ebay 10 138
E-Book 3 510; 6 26, 27, 128, 219, 223, 457, 493
- Honorar 6 457
- Mehrwertsteuer 6 457
Eckpunkte für ausgewogene Vertragsbedingungen für Produktionen im Auftrag der ARD-Landesrundfunkanstalten 4 167–169, 182, 183, 216, 217, 238, 256
Ehre 8 40 f.
- Schutz der 8 27
- Schutz der ~ bei Bildberichterstattung 8 322 f.
Eigenanteil/Eigenbeteiligung 12 23, 27, 89
Eigenartsklausel
- Eigenart des Betriebes 14 163
- Eigenart des Unternehmens 14 163
eigene geistige Schöpfung 3 1017
Eigenschaftstest, kultureller 12 59
eigenständige Nutzungsart 5 54
Eigentum
- gutgläubiger Erwerb 7 24, 34, 106 ff.
Eigenverwaltung 20 2
Ein- und Umgruppierung
- Einstufung in eine Lohn- und Gehaltsgruppe 14 176
einfaches Nutzungsrecht 3 494
Eingriffsnormen 3 900
Einheitstheorie 3 891
Einkommensschätzung 15 30
Einräumung *siehe Rechtseinräumung*
- von Nutzungsrechten 3 137, 192
Einrede des nicht erfüllten Vertrages 6 58, 79
Einstweilige Verfügung
- Dringlichkeit 8 423; 21 268 f.
- Forum Shopping 21 270
- Grenzbeschlagnahme 21 278
- vorherige Abmahnung 21 263, 266, 272

Einwilligung 5 44, 44, 65; 6 391; 8 267 ff.
- Anfechtung 8 281
- konkludente 8 273 ff.
- zu Werbezwecken 8 278
- Widerruf 8 282
Einzelhandel
- Sondervorteile 8 766
Einzelhandels-Marketing 8 746
Einzelverbindungsnachweis 10 127
Einzelwerk 6 403
electronic book 6 493
Elektronikversicherung 13 214
elektronische Leseplätze 3 814–829
Elektronisches Publizieren 6 421
E-Musik (-verlage) 5 30
Endnutzer 10 31, 37, 38, 43, 62, 64, 65, 125
Enforcement-Richtlinie 10 136; 18 14
Entgelte 15 160
Entgeltregulierung 10 30, 31, 38, 39
Enthaftung 10 152
Enthaltungspflicht 6 121
Entstehung des urheberrechtlichen Schutzes 3 132–134
- Berechnung der Schutzdauer 3 133
- Copyright 3 132
- maßgeblicher Zeitpunkt 3 132
- Schutzdauer, Schutzfrist 3 133, 154
- verwandte Schutzrechte 3 134
- Werkfixierung 3 132
Entstellung 5 206
- des Werks 3 167–175
Entstellungsverbot
- Beeinträchtigung in der Öffentlichkeit 3 173
- Beeinträchtigung in der Privatsphäre 3 173
- Eignung zur Interessengefährdung 3 168, 171
- Einräumung eines Bearbeitungsrechts 3 171
- Filmwerke 3 175
- Hinzufügungen 3 169
- Inhalt 3 167
- Integration in ein anderes Kunstwerk 3 169
- Integritätsinteresse des Urhebers 3 174
- Interessenabwägung 3 168
- Kern des Urheberpersönlichkeitsrechts 3 171
- Kritik 3 170
- Kürzung von Sprachwerken oder Filmen 3 169
- objektive Betrachtungsweise 3 168, 171, 172
- tatbestandausschließendes Einverständnis 3 171
- Tatbestandsprüfung 3 168
- tendenzverändernde Umgestaltungen 3 169
- unpassender Kontext 3 169
- Verstümmelung 3 169
- Werkvernichtung 3 169, 173
- Zustimmung zur Werkveränderung 3 171
Entwicklungsländer 3 950, 957, 958, 959
Entwicklungsvertrag 4 176–181
Entwürfe 3 72
EPG 9 231
Erbauseinandersetzung 3 474
Erbengemeinschaft 3 474
Erbenstellung 3 470 ff.

Erbschaftsteuer
- an Zahlung statt 7 31
Erfolgsort 3 882
Erfüllung (des Vertrages) 6 174, 229
Erfüllungsort 6 87
Erkennbarkeit siehe Identifizierbarkeit 6 72
Erlöschen der Enkelrechte 9 323, 324
Erlöschenstheorie 20 38, 40, 42
Eröffnungsbeschluss 20 4
Erschleichung eines fremden Betriebsgeheimnisses 17 161
Erschöpfung 3 191, 193, 194, 196, 241
Erschöpfungseinwand 21 47
Erschöpfungsgrundsatz 3 507, 989
Ersitzung 7 34, 115
Erstaufführung 12 28, 30, 49
Erstbegehungsgefahr 8 369–371; 16 41
Erstlingsfilme, Förderung von 12 31, 35 f., 56, 90
erstmaliges Inverkehrbringen 3 190
Erstmitteilung 9 115
Erstverwertung 13 255
Ertragswertverfahren 19 192
Erwerbsmäßigkeit 15 109
Escalator 6 452
Ethikregeln für Redakteure 14 168
EU-Kabel-Satellitenrichtlinie 4 242
Eurimages 12 1, 72, 79 ff., 97 ff.
Europäischen Konvention der Menschenrechte 8 84 ff.
Europäisches Übereinkommen über die Gemeinschaftsproduktion von Kinofilmen 12 59, 85, 92 ff., 98, 100
EU-Verordnung Nr. 44/2001 3 874
Event 13 5
EWR 3 908, 910, 911, 925, 967
Exclusive Rights 6 473
Exklusivität 6 473
Exklusivität, persönliche
- des Künstlers 5 240
- Freistellung 5 242
Exklusivitätsvereinbarung 19 54 ff., 168
Exklusivrecht siehe Nutzungsrecht, ausschließliches
Exklusivverträge 8 103
Expertisen
- Kunst 7 172 ff.

Fachzeitschrift 17 176, 178, 249
Fahrlässigkeit 21 83
Fairnessausgleich siehe auch Vergütung, Anspruch auf weitere Beteiligung 3 644 ff.; 6 318
Familie 8 40 f.
Fernabsatzvertrag 8 681
- Informationspflichten 8 683
Fernsehbilder 3 87
Fernsehformat
- alternative Streitbeilegung 17 332–337
- Definition 17 250–254
- fiktional 17 265
- Lizenzierung 17 317–324
- non-fiktional 17 266

- Schutz de lege ferenda 17 327–329
- Schutzbedürftigkeit 17 255–257
- Schutzmaßnahmen 17 330–331
- urheberrechtlicher Schutz 17 260–273
- vertraglicher Schutz 17 278–282
- wettbewerbsrechtlicher Schutz 17 274–277, 283–316
Fernsehgebühr 9 57
Fernsehrat 1 15; 9 73 f.
Fernsehrechte 9 239
Fernsehsendung 3 214
Fernsehurteil 9 1, 52
Fernsehwerbung 17 93, 114, 127
Fernsprechbücher 3 42
feste Freie 14 47
Festschriften 3 121, 143
Feststellungsklage 14 51
- negative 8 524–525
FFA
- Finanzierung, Filmabgabe 12 15, 51 ff.
- Organe, Zusammensetzung 12 14
- Vergabekommission 12 24
FFG 12 14 ff.
- Verfassungsmäßigkeit des 12 51 ff.
Figur, literarische 16 19
Filesharing 18 43; 21 141, 142
Filmförderung 4 203
- Arten 12 5 ff.
- europarechtlicher Rahmen 12 7 ff.
- Produktionsförderung 12 18 ff.
- Projektfilmförderung 12 22 ff., 42, 60, 89
Filmförderungsanstalt siehe FFA
Filmförderungsgesetz siehe FFG
Filmfreiheit siehe Medienfreiheiten 1 30 ff.
- Abwehrrecht 1 32
- Bild-Ton-Träger 1 31
- Nachzensur 1 32
- Vorzensur 1 32
- Zensurverbot 1 32
Filmhersteller 6 417
Filmherstellerschutz
- Schutzvoraussetzungen 21 28
Filmmusik 3 90
Filmträger 3 94
Filmurheberrecht 3 957
Filmversicherung 4 247
Filmwerke 3 89–107, 175; 16 11
- Abgrenzung zu Laufbildern 3 95
- Aneinanderreihung von Einzelbildern 3 96
- Aufnahmetechniken 3 91
- Aufzeichnungen 3 98, 99
- Begriff 3 89–90
- Computerfiguren 3 106
- Computersoftware 3 107
- Computerspiele 3 105
- Dokumentarfilme 3 98
- Drehbuch 3 90
- einheitliches Gesamtkunstwerk 3 90
- Filmarten 3 97–107
- Filmmusik 3 90
- Filmträger 3 94
- Formatschutz 3 101–104
- Körperliche Fixierung 3 93

Stichwortverzeichnis

- Schutz des Filmherstellers 3 94
- Sendeformate 3 101–104
- Sendereihen 16 11
- Shows, Interviews 3 98
- Sonderbestimmungen 3 107
- Spielfilme 3 98
- Sportfilme 3 99
- weite Auslegung 3 92
- Werbefilme, Werbespots 3 100
- Zeichentrickfilme 3 98

Filterfunktion 10 140
Filtersoftware 10 158
Finanzausgleich 9 8, 68, 68
Fingersätze 3 118
Firma 16 105
Firmenfortführung, § 25 HGB 19 379 ff.
Firmenlogo 17 39
First Option 6 503
Flashmob-Aktionen 14 239–247
- Begriff und Ziele 14 239
- neue Rechtsprechung des Bundesarbeitsgerichts 14 240–241
- Zulässigkeit 14 240–241

Flashmob-Aktionen in Medien- und Presseunternehmen
- Abwehrmöglichkeiten des Arbeitgebers 14 245–246
- Besitzschutz 14 245–246
- im Fernsehstudio 14 242–244
- Hausverbote 14 245–246
- Rechtmäßigkeit 14 242–244
- während einer Theateraufführung 14 242–244
- Verhältnismäßigkeit 14 245–246
- Zugangs- und Einlasskontrolle 14 245–246

Flickr 10 138
fliegender Gerichtsstand 8 420
Folgen des Rücktritts 6 50
Folgerecht 3 219–234, 888, 916, 949, 952, 1002; 7 19, 22, 25
- Anspruchsentstehung 3 232
- Anspruchshöhe 3 229
- Anspruchsinhaber 3 220
- Ausländischer Versteigerer 3 234
- Ausnahmetatbestand 3 221
- Begriff der Weiterveräußerung 3 226
- Begriff des Originals 3 222–224
- Folgerechtspflichtiger 3 220
- Haftung 3 232
- Indizwirkung der Signatur 3 225
- Inhalt 3 219
- kein Verzicht 3 233
- Kunsthändler 3 227
- Lichtbildwerk 3 221, 223
- Maximalbetrag 3 230
- Mindestgrenze 3 231
- Mitwirkungshandlung 3 228
- Rechtsnachfolger 3 220, 233
- Richtlinie 3 219
- Territorialgrundsatz 3 219
- Unveräußerlichkeit 3 233
- Veräußerung von Originalwerken 3 221
- Vermittlung 3 228
- Versteigerer 3 227–228
- Werke der angewandten Kunst 3 221
- Werke der Baukunst 3 221

Folgerechtsrichtlinie 3 1002, 1014
Foodfotos 6 370
Förderungsbescheid 12 24, 26, 34, 49
Forderungspfändung 20 3
Formalbeleidigung 8 206
Formatpauschale 5 275
Formatschutz 3 101–104
Formulare 3 35, 109
Fortsetzungsklauseln 6 190
Fotograf 6 155, 370, 374, 375; 15 63
Fotografenvertrag 6 363
Fotografien 6 364, 442
Fotokopie 3 272
Fragebogen zum Aktienbesitz von Redakteuren 14 168
Fragen 8 201
Fragerecht 14 9
FRAG-Urteil 9 2
FRAPA 17 325–335
freie Benutzung 3 127–131
- Abgrenzung zur unfreien Benutzung 3 127–129
- Ausbeutung 3 130
- Bearbeitung (Abgrenzung) 21 46
- Begriff 3 127
- Individualitätsgrad 3 129
- innerhalb derselben Kunstgattung 3 130
- Melodienschutz 3 131

freie Mitarbeiter 14 31
- Arbeitszeit 14 48
- Entgeltfortzahlung 14 48
- Lohnsteuer 14 48
- Mitbestimmung 14 48
- Pausen 14 48
- Ruhezeit 14 48
- Sozialabgaben 14 48
- Urlaub 14 48
- Urlaubsgeld 14 48

freie Werknutzung 3 717–718
Freier Warenverkehr 3 987
Freiexemplar 6 182
Freihaltebedürftigkeit 6 143
Freiheit des Warenverkehrs 3 191
Freistellung (des Künstlers) 5 242
Freiwillige Selbstkontrolle 1 27
Freiwillige Selbstkontrolle (FSF und FSK) 9 168, 173–174
Fremdenrecht 3 875, 881, 904, 905, 922, 925, 991
Frequenzknappheit 10 49–51, 55
Frequenzordnung 10 42, 45, 46, 60
Friedenspflicht
- Streik während der Laufzeit bestehender Tarifverträge 14 218

Fristdauer 6 42
Fristsetzung 6 41
Füllanzeige 17 180
Füllanzeigen 8 562
funktionsgerechte Finanzierung 9 54

Fusionskontrolle 17 214, 217; 19 311 ff.
- Beispiel Fusionskontrollvorbehalt 19 327
- deutsche ~ nach GWB 19 314 ff.
- europäische ~ nach FKVO 19 330 ff.
- Umsatzschwellen 19 314 f., 331 ff.
- Voraussetzungen 19 311 ff.

Gagen 15 160
Galerie
- Kauf 7 18
- Provision 7 18

Garantiehonorar 6 404, 449
Garantieklausel 6 508
Garantievereinbarung 6 116
Garantievorschuss 6 449
Garantie(-zahlung) 6 243, 251; 13 73
Gartenarchitektur 3 79
Gastspiel 13 22
Gastspieldirektion 13 23
Gastspielvertrag 13 70
Gebrauchsanweisung 3 34
- urheberrechtlicher Schutz 17 13, 14

Gebrauchskunst, urheberrechtlicher Schutz 17 23
Gebühr
- Buchungs- 13 244
- Service- 13 244
- System- 13 244

Gebührenbeauftragte 9 60
Gebühreneinzugszentrale 9 60
Gegendarstellung 2 22, 25, 27, 29; 6 73; 8 356, 358, 429–471; 9 115, 115
- Abdruckverlangen 8 458–458
- Anspruchsberechtigte 8 435–437
- Anspruchsverpflichtete 8 438
- Formerfordernisse 8 454–458
- Fristen 8 459
- Recht zur Lüge 8 449
- Rechtsgrundlagen 8 431–433
- Redaktionsschwanz 8 430
- unabweisbare Schlussfolgerung 8 441
- Zitat 8 446

Gegenseitigkeitsverträge 5 74
- der Leistungsschutzgesellschaften 11 126

Gegenstand des VerlG 6 7
Geheimhaltungsvereinbarung *siehe NDA*
Geheimnisse, Verrat von 8 152 ff.
Geheimnissphäre 8 50 ff.
- bei Wortberichterstattung 8 223 f.

Geistiges Eigentum 2 5, 9
Geldentschädigung 6 73; 8 356, 360, 511–519
gelegentliche Auftragserteilung 15 152
GEMA 3 120, 203, 207; 4 142–145; 5 16, 34, 37–42, 57; 11 47–108; 13 13
- Auskunftsanspruch 5 40
- Berechtigungsvertrag 11 80–85
- GEMA-Mitglied 5 97, 102
- Kündigung 5 103
- Mitgliederversammlung 5 57
- Rechtsform 11 60
- Tarife 11 92–93
- Tarifüberprüfung 11 94
- Verteilungsplan 11 86–87

- Wertungsverfahren 11 88
- Zweck 11 61

GEMA-Berechtigungsvertrag 17 37
Gemälde 6 364
GEMA-Mitgliedschaft
- angeschlossenes Mitglied 11 64
- außerordentliches Mitglied 11 65
- ordentliches Mitglied 11 66–69

GEMA-Organe
- Aufsichtsrat 11 76–77
- ordentliche Mitgliederversammlung 11 71–75
- Vorstand 11 78–79

GEMA-Vermutung 11 95
Gemeinfreiheit 7 84, 102 ff.
gemeinsame Vergütungsregeln 6 256, 261, 265
Gemeinschaftsprogramme 9 85, 85
Genehmigungsverfahren 13 135
Generalklausel 10 14, 97, 99
Genfer Tonträgerabkommen von 1971 3 930, 931, 933
Geo-Blocking 4 243
Geräteabgabe 11 146
Gerichtsberichterstattung 8 337 ff.
Gerichtsentscheidungen 3 38
Gerichtsverhandlungen, Filmaufnahmen von 8 146 ff.
Geringfügigkeitsgrenze 15 115
German Spend 12 58
GESAC 11 107
»Gesamtauflage« 17 206
gesamthänderische Bindung 3 147
Gesamthandsgemeinschaft 5 16; 6 378
- urheberrechtlich modifizierte 3 147

Gesamtidee 3 142
Gesamtschuldner 14 72
geschäftliche Handlung 8 89
Geschäfts- und Betriebsgeheimnisse *siehe Geheimnisse*
Geschäftsabzeichen 16 105
Geschäftsbücher 6 289
Geschäftsgeheimnis 8 549
Geschmacksmuster 17 25, 141
- nicht eingetragenes 17 141
- ~schutz 17 25

geschützte Personen 3 135–151
- Miturheber 3 142–148
- Urheber 3 135–141
- Urheber verbundener Werke 3 149–151

Gesellschaft bürgerlichen Rechts 3 150; 5 17
Gesellschaft für Verwertung von Leistungsschutzrechten mbH (GVL) 13 172
gesellschaftlich relevante Gruppen 9 74
Gesellschaftsvertrag 3 150; 6 346, 346, 347
Gesetzes- und Entscheidungssammlungen 3 121
gesetzliche Lizenz 3 702, 704
gesetzliches Verbot 6 68
Gestaltungsfreiheit 6 388
Gestaltungshöhe *siehe auch Schöpfungshöhe* 3 13–14; 5 7; 20 23
- Alltagserzeugnisse 3 13
- Computerprogramme 3 14
- Mindestgrad 3 13

Stichwortverzeichnis

Gestattungserlaubnis 10 100, 101
gewandelte Überzeugung *siehe Rückrufsrecht*
Gewerbeordnung 10 27
gewerbliches Ausmaß 21 126
gewerkschaftlich organisierter Streik 14 214
gewillkürte Prozessstandschaft
- bei Lizenznehmer, einfach 21 35
- bei Urheberpersönlichkeitsrechtsverletzung 21 31 f.

gewillkürte Rechtewarhnehmung 5 22, 34
Gewinnbeteiligung 13 86
Gewinnspiel 8 90, 719; 9 22; 17 120 ff., 130 ff.
- im Heft 8 761
- Koppelung des Erwerbs an die Teilnahme 17 130 ff.

GEZ 9 60
Ghostwriter 6 157
Ghostwritervertrag 6 380 ff.
Globalzession 12 105
Glücksspiel 17 121
GmbH-Gesellschafter-Geschäftsführer 15 94
Google 6 27
Grammatik 6 185
Graphiker 15 45
Gremienvorsitzendenkonferenz (GVK) 9 151
grenzüberschreitende Verkaufsvorgänge 6 224
grenzüberschreitende Verletzungshandlungen 3 884, 885
großes Recht 13 112
Großhandel 6 203
Großhandelspreis 5 266
Grundbuch, Einsicht in 8 171
Grundgebühr 9 57
Grundrechtscharta 8 88
Grundrisse 6 364
Grundsätze sparsamer Wirtschaftsführung 4 203, 294
Grundstockvermögen
- staatliches 7 16

Gründungszuschuss 15 142
Grundvergütung 6 273
Grundversorgung 9 2
Grundversorgungsauftrag 1 6
Guerilla-Marketing 13 162
gute Sitten 6 68
Gütergemeinschaft 19 244
Gutglaubensschutz 19 63
gutgläubiger Rechtserwerb 3 571
Gutschein-System 17 244
GVK *siehe Gremienvorsitzendenkonferenz*
GVL 4 152; 11 109–133

Haftung 3 570; 13 192
- Anschlussinhaber 18 86
- außervertragliche - 13 203
- Chefredakteur 8 396
- Darlegungslast 18 92
- Herausgeber 8 396
- im Internet 8 246 ff.
- ohne Verschulden 7 74
- Störerhaftung 18 87
- für Werbeinhalte 17 187

- WLAN 18 87 f.
- Zufall 7 73
Haftungsausschluss 10 153
Haftungserleichterung *siehe Haftungsprivilegierung* 10 137
Haftungsprivilegierung 2 5, 30; 10 140, 158, 160, 161, 165, 167, 171, 175
Haftungstatbestände bei Transaktionen
- AG 19 405 f.
- Betriebssteuern 19 385 ff.
- c.i.c. 19 31, 42 ff., 66 ff.
- Firmenfortführung 19 379 ff.
- GbR 19 393 ff.
- GmbH 19 401 ff.
- KG 19 397 ff.
- OHG 19 396
- urheberrechtliche Nutzungsrechte 19 389
- Versicherungsprämien 19 388
- vertragliche Gestaltung 19 274 ff.
- vorvertragliche Phase 19 65 ff.

Hallenbetreiber 13 35
Hamburger Brauch 8 383
Handbücher 3 121
Handeln 17 238
- geschäftsmäßiges 17 238
- gewerbsmäßiges 17 238

Handelsvertreter 6 206
Händlerabgabepreis (HAP) 5 262, 262; 6 424, 429, 459, 459
Handlungsort 3 882
Handy-Logo 3 78
Hardback 6 486
Hardcover Edition 3 490, 510; 6 116, 273, 486, 486
Harmonisierung 3 987, 992, 993, 1017
Hauptrecht 6 112, 483
Haushaltsabgabe 9 61, 61
Haushaltsplan 9 75
Hausmagazin 8 592
Hausrecht 8 141 ff.; 13 46
Hehlerei 7 26
Herausgeber 6 377, 399, 403
Herausgebervertrag 6 399 ff.
Herkunftslandprinzip 10 26
Herkunftstäuschung 17 152 ff.
Herstellerbegriff 12 100 f.
Herstellung 6 181
Herstellungsgenehmigung 13 141
Herstellungskosten 12 2, 12, 22 f., 26 f., 31, 57 ff., 60, 82, 88, 92 ff., 99
Herstellungsrechte 5 49
Hessischer Rundfunk 9 31
Hintergrundmusik 3 217
Hinzufügungen 3 169
Hold Back-Klauseln 19 203 f.
Home Video 9 238
- Home-Video-Rental 9 238
- Home-Video-Sell-Thru 9 238
- Sperrfristen 9 238

Homepage 10 28, 145; 16 18
Homepage-Gestaltungen 3 77
Honorar 15 160
- ereignisbezogenes 6 452

Stichwortverzeichnis

Honorarzahlungspflicht 6 237
Hörbuch 6 273, 421
Hörbuchhonorar 6 458
Hörbuchlabel 6 423
Hörbuchproduktion 6 422
Hörbuchverlag 6 423
Hörbuchvertrag 6 421
Hörfunk 9 89, 89 f.
Hörfunkrat 9 73 f.
Hörfunksendung 3 214; 6 497
Hörspiel 6 421
Host-Provider 18 93
Hyperlink 3 187; 10 138, 151

Idee, urheberrechtlicher Schutz 17 6
Identifizierbarkeit 8 176
Illustrationen 6 364, 442
Illustrator 6 155
Illustratorenvertrag 6 363
immaterieller Schaden
- Aktivlegitimation 21 31 f., 112
- Anspruchshöhe 21 114
- Anspruchsvoraussetzungen 21 113
Impressum-Angaben 6 161
Impressumpflicht 2 2, 25, 26
Impressumseite 6 167
Impressumspflicht 10 28
Imprimatur 6 196
Imprint 6 439
Inbezugnahmeklauseln im Arbeitsvertrag
- Ablösungsmöglichkeiten 14 199
- große dynamische Bezugnahmeklausel 14 199
- kleine dynamische Bezugnahmeklausel 14 199
- schuldrechtliche Wirkung des Tarifvertrages 14 199
- statische Inbezugnahmeklausel 14 199
- Verbandsaustritt des Arbeitgebers 14 199
Individualität 3 8–12
- eigenschöpferische Gestaltung 3 9
- maßgeblicher Zeitpunkt 3 12
- schöpferische Eigentümlichkeit 3 9
- subjektive Neuheit 3 10
- vorbestehende Ausdrucksformen 3 11
individuelle Rechtewahrnehmung 5 22, 26, 44, 48, 112
Inducement Letter 5 408
Information 10 22, 28, 62, 67, 92, 109, 114, 137, 144–148, 154, 155, 157–159, 161, 162, 164, 166, 167, 170, 172–175
- Durchleitung von 10 159
- eigene 10 141, 142, 145, 147, 151, 164
- fremde 10 139, 144, 147, 152, 159, 162, 169, 170
- zu eigen gemachte 10 147, 148, 151, 152, 164
informationelle Selbstbestimmung, Recht auf siehe Datenschutz
Informationen über die Rechtewahrnehmung 3 968, 983, 1002, 1018
Informationsfreiheit 8 6; 9 5
Informationsgesellschafts-Richtlinie 3 1015
Informationsinteresse 1 23

Informationsinteresse der Allgemeinheit 8 81 ff.
- bei abgeschlossenen Strafverfahren 8 349 ff.
- bei Bildberichterstattung siehe Zeitgeschichte
- bei Verdachtsberichterstattung 8 341 ff.
Informationsinteresse der Öffentlichkeit siehe Informationsinteresse der Allgemeinheit
Informationspflicht 10 21, 24, 109, 123
Informationsschutz 8 410
Inhalt
- nutzergenerierter siehe auch User Generated Content 10 138
Inhaltskontrolle 3 620, 646
Inhaltsverzeichnis 6 388
Inkassostelle Kabelweitersendung 11 101
Inländerbehandlung 3 877, 929, 937, 938, 943, 946, 947, 970, 971, 977
innere Tatsachen 9 115
Insolvenz 6 349 ff.
- Lizenzkette 9 318
Insolvenzgläubiger 20 3, 4, 5, 7, 61, 65, 71, 74
Insolvenzgrund
- drohende Zahlungsunfähigkeit 20 3
- Überschuldung 20 3
- Zahlungsunfähigkeit 20 3
Insolvenzmasse
- Begriff 20 5, 6
- Neuerwerb 20 7
- Umfang 20 6, 8, 10, 11, 15, 31, 70, 76, 79
Insolvenzrisiko 20 9
Insolvenzverfahren
- Aufhebung 20 79
- Eröffnung 20 1, 5
- Haftungs- und Verlustgemeinschaft 20 4
- haftungsrechtliche Zuordnung des Vermögens 20 4, 5, 6, 13
- Lizenzgeber 20 3–69
- Lizenznehmer 20 70–75
- Lizenzvertrag 20 27
- Schuldner 20 1
- wirtschaftliche Folgen 20 1, 2
Insolvenzverwalter 6 351, 355
- Ablehnung der Vertragserfüllung 20 17, 29, 38, 39, 42, 72
- Auswahl 20 3
- Verwaltungs- und Verfügungsbefugnis 20 2, 4, 5
- Wahlrecht 20 17, 31, 32, 35, 37, 41, 44, 74, 77, 78, 79
Inszenierung 13 129
Integritätsinteresse 3 174
Intendant 9 70 f.
Intendantenprinzip 9 69
Intendantenverfassung 9 51
Interessenabwägung 3 168
Interessengefährdung, Eignung zur 3 168, 171
Internationale Abkommen 3 875, 919
Internationale Verträge 3 931
- Anknüpfungspunkte 3 942
- Formalitätenverbot 3 937
- innerstaatliche Anwendbarkeit 3 935
- Mindestrechte 3 937

Stichwortverzeichnis

– persönlicher Anwendungsbereich 3 942
– sachlicher Anwendungsbereich 3 942
– zeitlicher Anwendungsbereich 3 942
Internet 17 181
Internet-Domains 5 224
Internetpiraterie 18 2
– Ausmaß 18 4
Internetregulierung 1 40, 41
Internetseite 10 149
– urheberrechtlicher Schutz 17 24 f.
Internetwerbung 17 119
Interviews 3 33, 98
Intimsphäre 8 30 ff.
– beim Bildnisschutz 8 319 f.
Inverkehrbringen 3 189
Inverssuche 10 127
iPad 6 27, 219
IPAdresse 10 59, 92
IP-Adresse 21 141, 142
iPhone 6 27
IPTV
– Closed Network 9 233
– DSL-Leitung 9 231
– Mobilfunkstandart 9 233
– Set-Top-Box 9 231
– Triple Play 9 233
ITU 10 46, 47, 60

Jahresarbeitseinkommen 15 30
Jahresmeldung 15 170
Journalist 15 45
journalistische Sorgfaltspflicht 9 109, 116
Jugendarbeitsschutzgesetz 13 161
Jugendmedienschutzstaatsvertrag 1 37
Jugendschutz 2 6, 23; 9 168–176
juristische Personen 3 162, 468; 8 19; 15 163
– Recht am eigenen Bild 8 255
– als Träger des Persönlichkeitsrechts siehe Träger des Persönlichkeitsrechts
juristischer Kommentar 3 143

Kabarettisten 15 45
Kabelfernsehen 3 214
Kabelverbreitung 9 138
Kabelweiterleitung 3 952, 988, 1010
Kabelweitersendung 3 1007; 11 113
Kapitalgesellschaften
– Haftung Erwerber 19 400 ff.
– Kaufgegenstand 19 146 ff.
– Typen 19 401 ff.
– Verfügungsbeschränkungen 19 238 ff., 249
Karikaturen 6 364
Kartellverbot 17 214
Karten 3 109; 6 364
kartografischen Produkte 6 214
Katalogberufe 15 45
Katalogbildfreiheit 7 91 ff.
Kauf
– Kunstwerk 7 14
– Rechtsmangel 7 21
– Sachmangel 7 17, 20
Kauf auf Probe 3 197
Kauf mit Rückgabeoption 3 197

Kaufvertrag 6 345
kausale Gestaltung
– Lizenzvertrag 20 29, 40, 42
KEF 9 57
KEK siehe Kommission zur Ermittlung der Konzentration im Medienbereich
Kenntniserlangung, unredliche 17 161 ff.
Kennzeichnungskraft 16 24, 50
Kennzeichnungspflichten 2 29
Kinderfilme, Förderung 12 18, 35, 90
Kindle 6 219
Kino
– Closed Circuit 9 236
– Public Video 9 236
Kinofilm, programmfüllender 12 18, 19 ff., 28, 34, 38, 41, 43, 56 f., 56 f., 85, 88, 93, 95, 97
Kinomitteilung der Kommission 12 8 ff., 20, 53
Kirchen- und Unterrichtsgebrauch 3 741 ff.
– Vergütung 3 749
KJM 9 176
Kleine Münze 5 9; 17 3, 13, 25
Kleines Recht 13 112
Kleines Senderecht 11 152
Kleinlizenzen 6 415
Klingeltonentscheidung 5 62
Kofinanzierung, internationale 12 87, 96
kollektive Rechtewahrnehmung 5 35, 44, 71, 113
Kommission für Zulassung und Aufsicht (ZAK) 9 134, 149
Kommission zur Ermittlung der Konzentration im Medienbereich (KEK) 1 20; 9 135; 19 341 ff.
– Beschlussorgan der Landesmedienanstalten 1 20
– Vermittlungsinstanz für alle Landesmedienanstalten 1 20
Kommission zur Ermittlung des Finanbedarfs 9 57
Kommissionsverlagsvertrag 6 343, 344
Kommunikation 10 28, 37, 59
Kommunikationsdienst 10 22
Kommunikationsfreiheiten 1 3
– Fernmeldegeheimnis 1 3
– Filmfreiheit 1 3
– Informationsfreiheit 1 3
– Kunstfreiheit 1 3
– Meinungsfreiheit 1 3
– Pressefreiheit 1 3
– Rundfunkfreiheit 1 3
Kommunikationsnetz 10 144, 159, 161, 167
Komponist 15 45
Konferenz der Gremienvorsitzenden 9 46
Kongresse 16 16
konkrete Kunst 3 67
Konkurrenzschutzklausel 6 511
Konkursordnung 20 18, 26
Kontrahierungszwang 5 41
– Anzeigenvertrag 8 541
– Presse-Grosso 8 623
Konvergenz 1 4
konvergierende Musikverwertungen 5 4

Konzept, urheberrechtlicher Schutz 17 6 ff.
Konzertdirektion 13 23
Konzertvertrag 13 55
Kopierwerk 4 190
Kopplungsverbot 10 130, 132
Koproduktion, Förderung 12 59, 70, 80 f., 82 ff.
körperliche elektronische Ausgabe 6 496
körperliche Hörbuchausgabe 6 497
Korrekturpflicht 6 193
Kostenerstattung
- äußerungsrechtliche Ansprüche 8 520–522
kostenloser Vertrieb 8 746
Kranken- und Pflegeversicherung 15 130
Krankengeld 15 15
Krankheit 8 34
Kreative 5 2
Kritiker 15 45
Kulturgüterschutz
- Abwanderungsschutz 7 184
- Ausfuhrgenehmigung 7 183
- Denkmalschutzrecht 7 37, 44, 187
- Haager Abkommen 7 180
- Kulturgüterrückgabe 7 185 f.
- UNESCO Übereinkommen 7 181
- UNIDROIT Abkommen 7 180
- Zielsetzung 7 179
Kulturhoheit der Länder 12 53
Kundenbindungssystem 17 116
Kundenrundschreiben 3 35
Kundenzeitschrift 8 589
Kündigung 9 312–313
- AGB 9 326
- aus wichtigem Grund 3 615
- Beteiligungsrechte des Betriebsrates nach § 102 BetrVG 14 177–178
- Bruch in Lizenzkette 9 322–326
- Cross Default 9 316
- Enkelrecht 9 318
- Ermessen 9 313
- Event of Default 9 315
- Genehmigung 9 315
- Heilung 9 314
- Kündigung eines Betriebsratsmitgliedes 14 177–178
- Kündigung von Tendenzträgern 14 177–178
- Lizenzinhaber 9 318
- Minderung 9 313
- Mutterrecht 9 318
- OPD 9 317
- Rückruf wegen Nichtausübung 9 318
- Unterlizenz 9 324–325
- Unterrichtung und Anhörung des Betriebsrates 14 177–178
- Verfügungsbefugnis 9 324–325
- Verpflichtung 9 313
- Vertragsauslegung 9 324–325
- Volume Deal 9 317
- Weiterbeschäftigungspflicht nach Kündigung 14 177–178
- Widerspruchsrechte des Betriebsrats 14 177–178
- Zahlungsunfähigkeit 9 321

künftige Werke 3 572 ff., 691; 6 320
Kunst, Bildnisse im höheren Interesse der 8 314
Kunstbegriff 3 63
Kunstfreiheit 2 3; 7 4; 8 10, 83
- Betroffenheit 8 182
- Schranken 7 6
- Werkbereich 7 5
- Wirkbereich 7 5
Kunsthandel
- Kauf 7 20
Kunsthändler 3 227
Kunsthandwerk 15 47
Künstler 13 33; 15 41
- Gestaltungsfreiheit 7 11, 198
Künstler- oder Engagementvertrag 13 69
Künstlerbrief 5 408
Künstlerreport 15 11
Künstlersozialabgabe 13 186; 15 12, 15, 19, 147
Künstlersozialkasse 13 189; 15 15
Künstlersozialversicherung 13 182
Künstlervertrag 5 170 ff.
- Allgemeine Geschäftsbedingungen 5 181 ff.
- Arbeitnehmer 5 178
- Ausländersteuer 5 308
- Auswertungsdauer 5 236
- Direktionsrecht 5 192
- Exklusivbindung 5 240
- Kündigungsrechte 5 336 ff.
- Künstlerquittung 5 171
- Merchandising 5 226 ff.
- Online-Rechte 5 210 ff.
- Optionen 5 329
- Produktionsumfang 5 191
- Rechteübertragung 5 193 ff.
- Sittenwidrigkeit 5 187
- Sublizenzierung 5 237
- Titelvertrag 5 171
- Umsatzbeteiligung 5 257
- Vergütung, angemessene 5 285
- Verlagsklausel 5 342
- Vertragsfreiheit 5 179
- Vertragsgebiet 5 243
- Vertragslaufzeit 5 328 ff.
- Vertragsübertragung 5 238
- Werbepartnerschaften 5 230
- Zustimmungsrechte 5 200
Kunstrecht 7 1
- Definition 7 3
Kunstverlag 6 98
Kunstverlagsvertrag 6 361
Kunstwerk
- Fälschung 7 20
- Original 7 17, 20, 86
- Unikat 7 17
Kurzberichterstattungsrecht 8 151
Kurzfilme, Förderung 12 35 f., 90

Ladenverkaufspreis 6 211, 462
Lagerbestandsverzeichnis 5 463
Lagerrisiko 5 441
Lagerschwund 5 442
Lampen 3 75

Stichwortverzeichnis

LAN 10 167
Landesmedienanstalten 1 18; 9 146
- Direktorenkonferenz (DLM) 9 150
- Struktur einer ~ (Schaubild) 9 147
Landesrundfunkanstalten 9 29, 86
Landkarten 3 109
Leerkassettenabgabe 3 376
Lehre von Kunst 15 98
Lehre von Publizistik 15 45
leichte Unterhaltung 9 27, 28
Leihe
- außerordentliche Kündigung 7 63, 80
- Dauerleihe 7 75 ff., 146
- Haftung Leihgeber 7 71
- Haftung Leihnehmer 7 73 ff., 125
- Kosten 7 59
- Leihgebühr 7 61
- Rechtswahl 7 48 ff.
- Rückgabezusage 7 43, 69 f.
- Schriftform 7 54
- Unentgeltlichkeit 7 58, 81
- Vertrag 7 47, 82
Leistungsablehnung 6 55
Leistungsschutzberechtigte 3 873, 875, 905, 909, 910, 920
- Datenbankhersteller 3 910
- Lichtbilder 3 910
- Nachgelassene Werke 3 910
- Wissenschaftliche Ausgaben 3 910
Leistungsschutzrechte 13 33; 20 10, 22, 24
- Begriff 3 245
- Kabelweitersendung 9 122
- Künstler 5 153, 154
- öffentlich-rechtlicher Rundfunkanstalten 9 120
- organisatorischer Aufwand 3 247
- schöpfungsähnliche Tätigkeit 3 246
- unterschiedliche Schutzgegenstände 3 249
- Verhältnis zu Urheberrechten 3 248
- Verleger 1 41
Leistungsstörung 13 195
Leitbild 6 327
leitender Angestellter 14 5
Lektor 6 437; 15 45
Leseexemplar 6 207
Leseranalyse 17 209
Lesereise 6 207
Lesezirkel 8 644
Lesung 6 421
Lesungen 3 33
Letter of Intent 4 19–22
Letztabnehmer 6 217
Leveraged Buy-Out (LBO) 19 417
Lexika 3 42, 121
Lichtbild 3 270; 6 364
- Abgrenzung Lichtbildwerk 3 273
- digitale Bildbearbeitung 3 274
- doppelte Lizenzgebühr 3 295, 298
- Erschöpfung 3 277
- Knipsbild 3 272
- Lizenzanalogie 3 297
- MFM 3 291
- Miturheber 3 284
- Motivschutz 3 276
- Passbildautomat 3 283
- Rechteinhaber 3 273, 283
- Schadensersatzansprüche 3 291
- Schutz von Teilen 3 277
- Schutzdauer 3 282
- Schutzumfang 3 275
- thumbnails 3 279
- Urheberbenennung 3 293
- Verletzerzuschlag 3 295
Lichtbildschutz
- Schutzvoraussetzungen 21 22
Lichtbildwerke 3 82–88; 6 364
- Abgrenzung zu einfachen Lichtbildern 3 83–84
- Begriff 3 82
- Computeranfertigung 3 88
- digitale Nachbearbeitung 3 88
- Fernsehbilder, Standbilder, Videobilder 3 87
- Reproduktionsfotografien, reproduzierende Fotografien 3 85, 109
- Verfahrenstechnik 3 86
Liedtext 5 12
- Abdruck eines Liedtextes 5 25
- Übersetzung eines Liedtextes 5 25
Link
- embedded 10 138
Literaturagenten/-agenturen 6 437
Livegeschäft 5 3
Livesendungen 3 215
Lizenz 6 405
Lizenzanalogie 8 509
- Anwendungsbereich 21 89
- Handelskette 21 91
- Höhe der Lizenz 21 93 ff.
- unterlassene Urheberbenennung 21 99
- Vergütungsregeln 21 96
- Verletzerzuschlag 21 92
- Zinsen 21 100, 115
Lizenzen 15 160
Lizenzerhöhungen 5 287
Lizenzerlöse 6 465
Lizenzgeber 6 405, 411
Lizenzgebühr, fiktive 2 20; 6 373
Lizenzgebühren 13 84
Lizenzgegenstand 9 205–209
- Abnahmevolumen 9 208
- FSK-Freigabe 9 205
- IPTV 9 210, 231–233
- Kabel- und Satellitenrichtlinien 9 214
- Overspill 9 211
- Qualifier 9 205
Lizenzierungsmodell 13 32
Lizenzkette 20 42, 66
Lizenznehmer 6 405, 411
Lizenzreduzierungen 5 288
Lizenzvergütung
- All-Rights-Vertrag 9 200
- Boni 9 276
- Buy-Out 9 200
- Cross-Collateralization 9 279
- Deal Memo 9 192
- Direct-to-Video 9 202

- Flat Fee 9 275
- Freistellungserklärung 9 204
- Garantiezahlung 9 278
- Holdback 9 203, 260
- Lizenzen 9 194
- Minimumgarantie 9 278
- Miniserien 9 202
- Nutzungsarten 9 196
- Nutzungsrechte 9 196
- Output 9 203
- Pre-Sale 9 201
- Querverrechnung 9 278
- Rating Bonus 9 277
- Sperrzeit 9 203, 260
- Treatment 9 201
- TV-Movie 9 202
- Vertragsparteien 9 204

Lizenzvertrag 4 175; 5 378; 6 11, 342, 405; 13 84
- aufschiebend bedingte Nutzungsrechtseinräumung 20 45, 46, 47
- Ausgestaltung 20 43–58, 64, 74
- ausschließliche Lizenz 20 20
- Begriff und Bedeutung 20 16, 18, 19, 21, 22, 25, 58
- Doppeltreuhand 20 50, 51, 52, 53, 59
- einfache Lizenz 20 21
- Erfüllung 20 32, 33
- gewerbliche Schutzrechte 20 22, 55
- Hauptpflicht 20 33, 34, 35, 54, 64
- Holdinggesellschaft 20 55
- Insolvenzfestigkeit 20 27, 28, 29, 55, 59, 60, 61, 62, 63, 64, 65, 67, 68, 74
- Konkursfestigkeit 20 26
- Kündigungs- und Lösungsklauseln 20 43, 72
- Nebenpflicht 20 34, 36, 64, 67
- Nießbrauch 20 46, 47
- Pfandrecht 20 48, 49
- Sicherungsabtretung 20 56
- Sicherungsdienstbarkeit 20 56
- Urheberrecht 20 22, 25
- Wirkungen 20 20, 21
- Zahlungsmodalitäten 20 32, 35, 54, 59, 73, 74

Location 13 35
Location Based Services 10 125
Lohnsteuer 14 71
LOI (Letter of Intent) 19 40 ff.
- Beispiel 19 46
- typischer Inhalt 19 41 ff.

lokaler/regionaler Rundfunk 1 21
- LMG-NRW §§ 33 ff. 1 21

Lösungsrecht 7 114

Making of - Publikation 6 419
Makulierung 6 227, 509
Maler 15 45
Management Buy-In (MBI) 19 414
Management Buy-Out (MBO) 19 414 ff.
Managementvertrag 13 80
Mandatsbearbeitung 1 2
Mangel 6 40, 81
Mängelexemplar 17 242
Mängelrüge 6 93

Manuskript 6 99
Manuskriptablieferung 6 33, 38, 52, 89, 288, 504

Marke
- Abgrenzungsvereinbarung 16 180
- Ansprüche 16 191
- Ausbeutung 16 123, 205 f.
- Bedeutung des Schutzes 16 125 ff.
- Beeinträchtigung 16 123
- Bekanntheit 16 123, 203
- Benutzungspflicht 16 130
- Definition 16 104
- Doppelidentität 16 194, 203
- Eintragung 16 119
- Gemeinschaftsmarke 16 167
- Herkunftsfunktion 16 122
- Internationale Registrierung 16 168
- Klassifizierung 16 159
- Markenformen 16 109
- Markenkreation 16 171 f.
- markenmäßig Benutzung 16 197
- Notorietät 16 119
- Recherche 16 173 ff.
- Rufschädigung 16 207 f.
- Schutzfähigkeit von Personengruppennamen als Marke 16 153 f.
- Schutzfähigkeit von Personennamen als Marke 16 149 ff.
- Schutzfähigkeit von Veranstaltungsbezeichnungen als Marke 16 155 ff.
- Schutzfähigkeit von Werktiteln als Marke 16 141 ff.
- Überwachung 16 189
- Unterscheidungskraft, abstrakt 16 112, 113
- Unterscheidungskraft, konkret 16 112, 116
- Verkehrsgeltung 16 119
- Verwässerung 16 209 f.
- Verwechslungsgefahr 16 122, 194
- Waren und Dienstleistungen 16 158
- Werbefunktion 16 123

Markengesetz 6 141
Markennennung 8 176
Marketing-Manual 13 218
Markt
- relevanter 10 32, 52, 55

Marktanalyse 10 31, 33, 35–37
Marktdefinition 10 31, 35–37, 40
Märkteempfehlung 10 32, 36
Marktmacht 10 31, 33, 36, 37, 39, 40
Marktregulierung 10 30
Marktwertverfahren 19 195
Masken 3 71
Mass Market Paperback 6 486
Masse siehe Insolvenzmasse
Massegläubiger 20 5
Masseschulden 6 353
Masseunzulänglichkeit 20 79
Masseverbindlichkeit 20 37, 79
Material
- Cleanfeed 9 266, 267
- Copy Protection 9 270
- DVB-C 9 269
- DVB-H 9 269

Stichwortverzeichnis

- DVB-S 9 269
- DVB-T 9 269
- Ersatzmaterial 9 274
- HDTV 9 269
- Kopierschutz 9 271
- Mängel 9 273
- Material defekt 9 274
- Music Cue Sheet 9 266, 267
- Nennungsverpflichtung 9 266
- OAR 9 267
- Prüffristen 9 272

materielle Gegenseitigkeit 3 916, 1013
mechanisches Vervielfältigungsrecht 5 84
MEDIA desks 12 78
MEDIA-Programm 12 1, 8, 72 ff.
Mediatheken 11 124
Medienboard Berlin-Brandenburg (MBB) 12 65 ff.
Mediendienst 10 18, 29
Medienfreiheiten 8 7
Medienkartellrecht 17 211 ff.
Medienkonzentration 9 177–181
- vorherrschende Meinungsmacht 9 179–181

Medienkonzentrationsrecht 1 41; 19 337 ff.
- Anzeige Transaktion 19 338 ff.
- Beispiel Vorbehaltsklausel 19 346
- Einbindung KEK 19 341 ff.
- Exkurs: österreichische Regelung 19 347 ff.

Medienrecht
- Abgrenzung 2 1
- Definition 2 1

Mehr-Autoren-Vertrag 6 377, 383, 450
Mehr-Buch-Vertrag 6 450, 505
Mehrdeutigkeit von Äußerungen 8 189 ff., 367
Mehrfachbesicherung 12 104
Mehrfachreduzierungen 5 290
Mehrheitsbeschluss 6 379
Meinungs- und Pressefreiheit 17 79
- Beschränkung 17 79

Meinungsäußerung 8 4, 204 ff.
- Abgrenzung zur Tatsachenbehauptung 8 194

Meinungsvielfalt 9 8
Meistbegünstigungsklausel 3 961, 963, 978
Meldedatenabgleich 9 64
Meldepflichten 15 170
Melodienschutz 3 55, 131
Mengenpreise 6 216
Merchandising 4 270; 5 225
- urheberrechtlicher Schutz 17 46 ff.

Merchandisingrecht 5 195; 6 503
Merkblätter 3 34, 35
Messen 16 16
Miete 7 53
Minderjährige
- Einsichtsfähigkeit 6 432
- model release Vereinbarung 6 432
- Schutz 8 41
- Schutz ~ bei Wortberichterstattung 8 222
- Schutz ~ beim Bildnisschutz 8 324

Mindesteinkommen 15 33
minimal Art 3 67
Minimumgarantie 4 288

Ministererlaubnis 17 230
Mischtätigkeiten 15 75
Missbrauchsaufsicht 10 30, 31, 38, 40; 17 214
Mitarbeiter
- eingegliederte 14 33
- programmgestaltende 14 37

Mitautor 6 156
Mitbestimmung
- Einstellung eines Redakteurs 14 174–175
- Gestaltung von Arbeitsplätzen, Arbeitsablauf und Arbeitsumgebung 14 172
- Versetzung eines Redakteurs 14 174–175

Mitbestimmung bei Betriebsänderungen in Tendenzunternehmen
- Interessenausgleich 14 181
- Nachteilsausgleich 14 181
- Sozialplan 14 181
- Unterrichtungs- und Beratungspflichten gegenüber dem Betriebsrat 14 181

Mitbestimmung im Tendenzunternehmen
- betriebliche Mitbestimmung 14 155 ff.
- unternehmerische Mitbestimmung 14 186 ff.

Mitbestimmung in personellen Angelegenheiten 14 173–179
- allgemeine personelle Angelegenheiten 14 174

Mitbestimmung in sozialen Angelegenheiten 14 167–172
Mitbestimmung in wirtschaftlichen Angelegenheiten
- Richtlinie 2002/14/EG vom 11.03.2002 14 180
- Unterrichtung Betriebsrat 14 180
- Wirtschaftsausschuss 14 180

Mithören, heimliches 8 117
Mitschneiden des gesprochenen Worts 8 112 ff.
Mitteldeutscher Rundfunk 9 32
Mittelstandsgemeinschaft Fotomarketing (MFM) 6 372
Mittler 5 2
Mittlerfunktion 5 40
Miturheber 3 142–148; 5 13, 14, 16, 131; 6 378, 383
- Abgrenzung zum Auftraggeber 3 146
- Abgrenzung zum Gehilfen 3 146
- Abgrenzung zur Bearbeitung eines bestehenden Werks 3 145
- Abgrenzung zur Erstellung eines Sammelwerks 3 145
- Abgrenzung zur Werkverbindung 3 145
- Beiträge innerhalb derselben Werkart 3 144
- Festschrift 3 143
- gemeinsame Schöpfung 3 142
- gesamthänderische Bindung 3 147
- Gesamtidee 3 142
- juristischer Kommentar 3 143
- kraft Gesetzes 3 142
- Nutzungserträge 3 148
- Rechtsgemeinschaft 3 147
- schöpferisches Zusammenwirken 3 146
- separate wirtschaftliche Verwertbarkeit 3 143
- Umfang der Mitwirkung 3 148

- Unterscheidung von Urheberverwertungs- und Urheberpersönlichkeitsrechten 3 147
- urheberrechtlich modifizierte Gesamthandsgemeinschaft 3 147

Mitwirkung im öffentlichen Dienst
- Bundes- und Landespersonalvertretungsrecht 14 184–185
- öffentlich-rechtlicher Rundfunk 14 184–185
- Vergleichbarkeit mit betriebsverfassungsrechtlichen Normen 14 184–185

Möbel 3 75
Mobiliarvollstreckung 20 3
Modeerzeugnis 17 149
Model Release-Vereinbarung 6 431 ff.
- Minderjährige 6 432
- Zweckübertragungsregel 6 433

Modelldarstellungen 3 109
Moderator 15 45
Modeschöpfungen 3 76
Monatsbrief 19 322
monistische Theorie 3 153, 477
Monopolkommission 17 230
Motivvertrag 4 161–164
MOU (Memorandum of Understanding) 19 47 ff.
multimediale Form 3 516
Multimedia-Richtlinie 3 711–712, 720, 735
Multiple Rights Deal 5 349
Multiplikatorverfahren 19 195
Münchener Modell 6 271
Musical-Gala 13 112
Musicalsänger 15 45
Musicbox 3 217
Musik 15 45
Musikbearbeiter, Arrangeur 15 45
Musiker 6 421; 11 110
Musikkünstler 5 158
Musiknoten 3 77; 6 214
Musikproduzent 5 170
Musikverlag 5 29, 127, 135
Musikvertrag 4 132–160
Musikwerk 5 7, 87, 149
- Auswertung 5 31, 32, 50
- einfachste Melodien 5 10
- individuell gestaltete Tonfolge 5 8
- künftige Werke 5 77, 122
- Verwertung von Musikwerken 5 43, 85
- Verwertungsrecht 5 21
- Wahrnehmbarmachung 5 11
- Werkcharakter 5 9

Musikwerke 3 48–55
- absoluter Melodienschutz 3 55
- Begriff 3 48–49
- Beispiele für Musikwerke 3 49
- Entstehung des Schutzes 3 53
- Gestaltungshöhe 3 51
- individuelle Komposition 3 50
- Sound-Sampling 3 54
- vom Menschen gesteuert 3 52
- weite Auslegung 3 49

Mustervertrag 6 328
Mutterschaft 15 143
Mutterschaftsgeld 15 15

MySpace 10 138

N.N. 6 444
Nachabdruck 6 501
Nachahmung 17 147 ff.
Nachahmungsschutz, lauterkeitsrechtlicher 17 139
Nachfrageverschiebung 8 679
Nachfrist 6 80, 176
nachgelassene Werke 3 262
- Beweislast für Nichterscheinen 3 264
- Erlöschen des Urheberrechts 3 266
- Erscheinungsort 3 263
- Gleichstellung mit Werkurheber 3 268
- nicht erschienene Werke 3 263
- Rechteinhaber 3 267
- Schutzdauer 3 269
- Schutzvoraussetzungen 21 21
- Schutzzweck 3 263
- Verhältnis zu § 70 UrhG 3 262

Nachlass *siehe Vererbung*
Name 16 105
- Verwendung des eigenen Namens 8 218

Namensnennungsrecht 3 157, 164–166; 6 425; 8 176
- Bezugsobjekt 3 165
- branchenübliche Einschränkungen 3 166
- Inhalt 3 164
- Pseudonym 3 164
- Recht auf Anonymität 3 164
- Straftatbestand 3 165
- Werke der bildenden Kunst 3 165

Namensrecht 20 14
- Verzicht 6 385

Naming Right Sponsorship 13 252
Nationalvertrieb 8 648
Naturalrabatte 5 274
NDA (Non Disclosure Agreement) 19 33 ff.
- Beispiele 19 36, 38
- typischer Inhalt 19 34
- Verstöße 19 35

Nebenkosten 15 161
Nebenmärkte 6 204
Nebenrecht 6 112, 231, 483
Nebenrechtserlöse 6 249, 273
Nebentätigkeiten 14 88
negatives Verbotsrecht 3 480, 497 f., 498
- des ausschließlichen Nutzungsrechtsinhabers 3 498
- des einfachen Nutzungsrechtsinhabers 3 497
- des Urhebers 3 480

Nennungsrecht 3 526
Net Realised Price 5 267
NetGB 1 41
Nettodetailverkaufspreis 5 264
Netto-Downloadpreis 6 459
Netto-Ladenpreis 6 462
Nettoladenpreisumsatz 6 244
Nettoumsatzbeteiligungsrate 5 279
Netto-Verlagserlös 6 459
Networkprovider 10 156
Netzwerk, lokales 10 167
Neugläubiger 20 7

Stichwortverzeichnis

Neutralitätspflicht 8 622
nicht-amtliche Leitsätze 3 37
nicht-amtliche technische Normenwerke 3 38
Nichtausübung *siehe Rückrufsrecht*
Nicht-Diskriminierung 3 986
Nichterfüllung 6 80
Niedersachsen-Urteil 9 2
Norddeutscher Rundfunk 9 33
Normvertrag *siehe Vergütung*
Notendruck 5 30
Notendruckrecht 5 91
Notice-and-Take-Down-Verfahren 10 158
Nötigung 8 164
Notwehr 8 167
Null-Honorar 6 249, 260
Nullvergütung 6 249, 260
Nummernordnung 10 59
Nutzung des Musikwerkes als Ruftonmelodie 5 43, 62, 65
Nutzung/Verwertung von Musikwerken zu Werbezwecken 5 43, 51, 54, 59, 81, 91
Nutzungsänderungsgenehmigung 13 142
Nutzungsart 3 486, 489 f., 509 ff., 580 ff.
Nutzungsarten, unbekannte 5 217
Nutzungsdaten 10 132, 136
Nutzungserträge 3 148
Nutzungsgenehmigung 13 139
Nutzungsrecht 3 485 ff.
– Arten 3 489
– Aufspaltung 3 503 f.
– ausschließliches 3 489, 492 ff., 498 ff.; 6 406; 20 11
– ausschließliches, exklusives 6 473
– beschränktes *siehe Beschränkung von Nutzungsrechten*
– Bündel an Nutzungsrechten 3 491
– einfaches 3 489, 492 ff., 494 ff.; 6 406; 20 11, 30
– eingeschränkt ausschließliches 3 499
– Einräumung 3 479, 488, 533, 558
– Lizenz 20 16, 32, 70
– Rückfall 3 488, 569, 579, 602, 612
– Übertragung 3 486, 493, 534, 556 ff.
– weitere Nutzungsrechtseinräumung 3 500
Nutzungsrechte an einem Musikwerk 5 53
– Aufführungs- und Senderecht 5 91
– Bühnenaufführungsrecht 5 91
– einfache Nutzungsrechte 5 37, 78
– Erträge aus der Nutzung 5 16
– Exklusivrechte 5 35
– Filmsynchronisationsrecht 5 29, 47, 48, 50, 79, 91
– große Rechte 5 36
– kleine Rechte 5 36
– mechanisches Vervielfältigungsrecht 5 84, 91
– Multimedia-, Datenbank- und Telekommunikationsrecht 5 91
– Übertragung von Nutzungsrechten 5 75, 76, 90
– Vervielfältigungs- und Senderecht 5 53
Nutzungsrechte des Lichtbildners 3 285
– Arbeitsverhältnis 3 285
– Vermutung der Inhaberschaft 3 286

objektive Anknüpfung 3 898
obligatorische Rechtewahrnehmung 5 34
offensichtliche Rechtsverletzung 21 128
öffentliche Reden 3 760–765
öffentliche Wiedergabe 3 200–211; 11 113
– Anzahl der Personen 3 201
– Begriff der Öffentlichkeit 3 201
– Einzelbeispiele 3 202
– GEMA 3 203
– Inhalt 3 201
– Persönliche Beziehungen 3 201
– Vorführungsrecht 3 210, 211
– Vortrags- und Aufführungsrecht 3 204–209
– Wiedergabe von Rundfunksendungen 3 203
öffentliche Zugänglichmachung 3 212, 213
– Content-Porvider 3 212
– Inhalt 3 212
– Online-Nutzung 3 212
– Unselbstständige Vervielfältigungshandlungen 3 213
– Unterrichtsgebrauch 3 741 ff.
– Verwertungshandlung 3 212
öffentliches Anbieten 3 189
öffentliches Interesse *siehe Informationsinteresse der Allgemeinheit*
Öffentlichkeit 3 201
Öffentlichkeitsarbeit 15 87
öffentlich-rechtlicher Rundfunk 1 14; 9 1
– Entstehungsgeschichte 9 1
– Körperschaft des öffentlichen Rechts 1 14
Offering Memorandum 19 25, 29 ff.
Offertenblätter 8 755
Online-Archive 8 352
Online-Foren 10 138
Online-Nutzung 3 212, 515, 887
Online-Portal 10 149
Online-Retail-Marketing 5 471
Open Access 2 12
Opern-, Operettensänger 15 45
Optionen 6 503; 9 300–303
– einfache 5 329
– Erstanbietungsverpflichtung 9 303
– First Look 9 303
– Last Refusal 9 303
– Meistbegünstigung 9 303
– Prequel 9 300
– qualifizierte 5 329
– Sequel 9 300
Options- und Verfilmungsverträge 6 417
Optionsklausel 6 503
Optionsrechte 19 61 ff.
Optionsvertrag 3 573
– qualifizierte Option 4 12
– unechte Option 4 13
Orchestermusiker 15 45
ordentliche Kündigung 6 305, 306, 307
Ordre Public 3 903
Organisation der Betriebsverfassungsorgane
– Amtszeit des Betriebsrates 14 166
– Gesamtbetriebsrat 14 166
– Geschäftsführung des Betriebsrates 14 166
– Konzernbetriebsrat 14 166
– Rechtsstellung Betriebsratmitglieder 14 166

- Wahl des Betriebsrates 14 166
Original 3 535, 551
Originalwerk 3 221, 222–224
Override 5 242

P2P-Netzwerk *siehe Peer-to-Peer-Netzwerk*
Pädagoge 15 45
PAECOL 11 103
Panoramafreiheit 7 98 ff.
Paperback 6 486
Papiergestaltung 3 76
Parallelimporte 3 990
Parteifähigkeit 8 393
Partieexemplar 6 182
Passivlegitimation 21 50 ff.
- Accessprovider 21 57
- Admin-C 21 63
- Domaininhaber 21 63
- Inhaber 21 53
- Internet 21 54 ff.
- Internet, Grundsätze 21 55
- Internetanschlussinhaber 21 61
- Internetforum 21 56
- Internetverkaufsplattform 21 56
- Störer 21 52
- Täter 21 51
- Teilnehmer 21 51
- Usenet; Zugangsvermittler 21 58
- Videoportale 21 60
- Webhoster 21 62
Pauschalbetrag 6 246
pauschale Rechtseinräumung 3 585
Pauschalhonorar *siehe Vergütung* 6 371
Pauschalvergütung 6 243, 248, 404
Peer-to-Peer-Netzwerk 10 138; 21 141
Periodika 16 29, 48
Personengesellschaften
- Haftung Erwerber 19 392 ff.
- Kaufgegenstand 19 143 ff.
- Typen 19 393 ff.
- Verfügungsbeschränkungen 19 235 ff., 249
Personenmehrheit 6 377
persönlich geistige Schöpfung 5 7
Persönliche Darbietung 3 204
Persönliche Daten 10 92
Persönliche geistige Schöpfung *siehe Schöpfung*
Persönlichkeitsrecht 6 69; 8 12 ff.; 17 50 ff.
- abgebildeter Personen 6 368
- Abschwächung wegen Vorverhaltens 8 30, 284
- Allgemeines 10 94
- Berichterstattung über Strafverfahren 2 19
- besondere 8 25 ff.
- Ehre 2 17
- Gestaltungsvertrag 4 51–57
- Inhalt 2 14
- Intimsphäre *siehe Intimsphäre*
- juristische Personen 8 391
- juristische Personen des öffentlichen Rechts 8 392
- Minderjährige 8 390
- postmortales 8 62

- Privatsphäre *siehe Privatsphäre* 2 19
- Recht am eigenen Bild 2 15, 16
- Sanktionen 2 20
- Sexualität 8 32
- Sphärentheorie 8 28 f.
- Tod 8 33
- Träger des 8 19 ff.
- Übertragbarkeit des 8 61 ff.
- Unwahre Tatsachbehauptungen 2 18
- vermögensrechtliche Bestandteile des 8 17 ff.
- zivilrechtliches 8 15 ff.
Pflichtexemplar 6 182
Phil Collins 3 991
Piktogramme 3 109
Ping Anruf 10 67
Pläne 3 109
Plastische Darstellungen 3 109
Plattform
- Social Media 10 138
Platzierungswünsche 8 582
Pluralismusgebot 1 11
Politiker, Kritik an 8 210
politische Rede 3 944
politischer Streik 14 217
Polizeibeamten, Bildnisse von 8 312
Poollösung *siehe Gerichtsverhandlungen*
positives Benutzungsrecht 3 495, 498
Potsdamer Protokoll 6 233
PPD 5 262
Prämienwerbung 8 713
Preis 17 234
- Mengen~ 17 234
- Serien~ 17 234
- Subskriptions~ 17 234
Preisausschreiben 17 120 ff.
Preisbindung 6 503; 8 614, 652; 17 231 ff.
- Ausnahmen 17 242 ff.
- Buch~ 17 231 ff.
- CD-ROM 17 236
- »E-Book« 17 236
- Form 8 657
- Missbrauch / Diskriminierung 8 658
- Musiknoten 17 235
- System 8 652
- Zeitungen und Zeitschriften 17 247
Preisbindungsfähigkeit 6 220, 222
Preisbindungspflicht 6 222
Preisbindungstreuhänder 6 219; 17 246
Preise 4 248
Preislinientreue 8 555
Preislisten 3 35
Preisrätsel 3 109; 8 585
Presale 4 175
Presse 1 23 ff.; 2 23
Pressefreiheit *siehe Medienfreiheiten* 1 23
- individuelle 1 23
- institutionelle 1 23
Pressefusionskontrolle 17 222
Pressegesetz, hamburgisches 17 80
Pressegesetze 1 25
- journalistische Sorgfaltspflichten 1 26
- Landespressegesetze 1 25
- Pressemustergesetz 1 25

Stichwortverzeichnis

- Trennung von redaktionellem Teil und Werbung 1 26
- Zulassungsfreiheit 1 26
- **Presse-Grosso** 8 602; 17 248
- **Pressemitteilung von öffentlichen Stellen** *siehe privilegierte Quellen*
- **Presseprivileg** 17 193
- **Presserat** 1 27
- Beschwerde beim 1 29
- Pressekodex 1 28
- »**Presserechenklausel**« 17 219
- **Pressespiegel** 3 773 ff.
- Vergütung 11 147
- **Pressevertrieb** 8 601
- Preisbindung 8 652
- System 8 601
- wettbewerbsrechtliche Rahmenbedingungen 8 681
- **Print on Demand (PoD)** 6 25, 181
- **Printwerbung** 17 114
- **Priorität** 16 38, 83
- **Prioritätsprinzip** 10 76
- **Privatbibliotheken** 3 243
- **Private Equity-Investor** 19 408 ff.
- **private Vervielfältigung** 3 981
- **privater Rundfunk** 1 17
- Landesmediengesetze 1 17
- Zulassung 1 17
- **Privatsphäre** 2 19; 8 36 ff.
- beim Bildnisschutz 8 321
- Ort räumlicher Abgeschiedenheit 8 38 f.
- bei Wortberichterstattung 8 221 ff.
- **privilegierte Quelle** 8 231 ff., 372
- **Privilegierung nach § 118 Abs. 1 Satz 1 Nr. 2 BetrVG** 14 155–156
- **Pro Rata Titulis** 5 295
- **Probeabonnements** 8 667
- **Probehefte** 8 743
- **Probestücke** 8 750
- **Producer Royalty** 13 132
- **Product Placement** 13 228
- **Product placement**
- privater Rundfunk 9 166–167
- **Product-Placement**
- in Rundfunk und Fernsehen 17 95 ff.
- **Produktion** 13 14
- »Ensuite« 13 14
- »Sit-down« 13 14
- **Produktionsgesellschaft** 6 417
- **Produktionskosten** 13 63
- **Produktionsvorbereitungsvertrag** 4 176–181
- **Produktplatzierung** 9 25
- Kennzeichnungspflicht 2 29
- **Produzent** 13 27
- künstlerischer 5 356
- wirtschaftlich, organisatorischer 5 360
- **Produzentenvertrag** 5 362 ff.
- Produktion 5 364
- Rechteclearing 5 368
- Rechteübertragung 5 366
- Remix-Vertrag 5 373
- Umsatzbeteiligung 5 370

- Vergütung 5 370 f.
- Vorauszahlung 5 371
- **Prognosen** 8 200
- **Programmabfolge** 3 43
- **Programmauftrag** 9 81
- **Programmautonomie** 9 57
- **Programmbeirat** 9 47, 83
- **Programmbeschwerde** 9 118 f.
- **Programmdirektion Deutsches Fernsehen** 9 47
- **Programmfreiheit** 1 12
- **programmfüllende Filme** 12 18, 19 ff., 28, 34, 38, 41, 43, 56 f., 56 f., 85, 88, 97
- **Programmgrundsätze** 9 75, 109
- Verletzung 9 118
- **Programmrechte** 9 143
- **Programmverantwortung** 9 70 f.
- **Prominente**
- Bildnisschutz 8 291 ff.
- **Protokollerklärung** 3 996
- **Provenienz** 7 21
- **Provider** 10 117, 138, 143, 167
- Access-~ 10 138, 139, 143, 144, 156, 158, 162
- Auskunft 18 18, 56
- Bestandsdatenabfrage 18 20 f.
- Content-~ 10 139, 143, 145, 151
- Einsteilige Verfügung 18 70
- Gestattungsanordnung 18 56, 67
- Haftung 8 240, 246 ff.
- Host-~ 10 138, 139, 143, 144, 156, 169, 170
- Trias der 10 143
- **(Verleih-/Vertriebs-) Provision** 4 293–295
- **Proxy-Caching** 10 167
- **Proxy-Server** 10 167
- **Prüfungspflicht** 10 140, 158
- **Pseudonym** 3 164; 6 444
- **Pseudonymisierung** 10 106, 135
- **Public Domain Software** 3 483
- **Publikum** 3 204
- **Publizist** 15 41, 71
- **Publizistik** 15 45, 71
- **Punktuation** 19 47 ff.

- **Qualifikation** 3 890
- **Quellenangabe** 3 161
- **Querschnittsmaterie** 1 1
- **Querverrechenbarkeit** 4 299; 5 318

- **Rabatte** 5 274
- **Radio Bremen** 9 34
- **Radio Reading Rights** 6 497
- **Ramsch** 6 509
- **Randnutzung** 9 67
- **Ratenzahlung** 15 190
- **Räumungsverkauf** 17 242
- **Ready-mades** 3 69–70
- als Teil eines Kunstwerks 3 70
- **Realakt** 3 139
- **Recherchemaßnahmen** 8 370
- **Rechnungsrabatte** 5 274
- **Recht am eigenen Bild** 6 431; 20 14
- **Recht der öffentlichen Wiedergabe** 3 546

Stichwortverzeichnis

Recht der öffentlichen Zugänglichmachung 3 968, 1015
Recht zur Nutzung in einer Sammlung 3 547
Rechte 9 229–246
- Rundfunk 9 230

Rechtegarantie 6 508
- Folgeschäden 9 304
- GEMA 9 305
- Musik 9 305
- Rechtsverteidigung 9 304
- work made for hire 9 305

Rechtegewährleistung
- »Warranty« 9 304

Rechteinhaberschaft
- bei Leistungsschutzrechten 21 40
- bei Lizenznehmern 21 39

Rechtekatalog 6 471, 483

Rechtenachweis
- Abwehransprüche 9 308
- Archivierung 9 307
- deutsches Urheberrecht 9 308
- Fahrlässigkeit 9 307
- Nachweis 9 307

Rechtsaufsicht 9 6
- eingeschränkte 9 78

Rechtsbehelf 6 38
Rechtsbehelfe des Verfassers 6 174
Rechtschreibung 6 185
Rechtseinräumung 3 529 ff.; 6 471 ff.
- ergänzende Auslegungsregeln 3 544 ff.
- Nutzungsrechte siehe Nutzungsrecht, Einräumung
- Recht der öffentlichen Wiedergabe 3 546
- Recht zur Nutzung einer Sammlung 3 547
- Vervielfältigungsrecht 3 545
- Zweckübertragungslehre siehe Zweckübertragungslehre

Rechtsgemeinschaft 3 147
Rechtsnachfolger 3 220, 233
Rechtsstreitigkeiten
- Beschlussverfahren 14 165
- Urteilsverfahren 14 165

Rechtsstreitigkeiten über Flashmob-Aktionen
- Einstweiliges Verfügungsverfahren 14 247
- Klage aus Besitzstörung 14 247
- örtliche Zuständigkeit der Gerichte (Gerichtsstand) 14 247
- Zuständigkeit der Arbeitsgerichte 14 247
- Zuständigkeit der ordentlichen Gerichtsbarkeit 14 247

Rechtsübertragung siehe Übertragung

Rechtsverhältnis
- zwischen Grosso und Einzelhandel 8 627
- zwischen Grosso und Verlag 8 617

Rechtswahl 3 883, 895, 896, 898, 899, 901
Rechtswahrnehmung 3 521
Rechtswidriger Streik in Medien- und Presseunternehmen
- nachhaltige Gefährdung der Pressefreiheit 14 222

Recoupment 13 84
- Double - 13 85

Redakteur 15 45

redaktionelle Werbung 17 71 ff., 75 ff., 81, 90 ff., 103
- im Internet 17 103
- in Rundfunk und Fernsehen 17 90 ff.

redaktioneller Widerruf 8 387
Redaktionsgeheimnis 9 6
Redaktionsschwanz 8 359, 430
Redaktionsstatute
- Kündigung von Redaktionsstatuten 14 182–183
- Mitbestimmungsrechte der Redaktion 14 182–183
- Rechtsgrundlage 14 182–183
- zulässiger Inhalt 14 182–183

Reden 3 30
Reden in Gerichtsverhandlungen 3 944
Referenzfilm 12 16, 29, 42, 56
Referenzfilmförderung 12 29 ff., 42, 89
Referenzpunkte/Referenzwert 12 29 ff., 42
Regale 3 75
Regelsammlung 4 83–85
Regelungen
- bereichsspezifische 10 96, 99, 112, 129

Regievertrag 4 106–110
Regionaleffekt 12 68
Regisseur 15 45
Regulierung
- sektorspezifische 10 31

Regulierung (privater Rundfunk)
- Jugendschutz 9 168–176
- Medienkonzentration 9 177–181
- Rechtsgrundlagen 9 154–156
- Rechtsschutz 9 182–189
- Regulierungsobjekte 9 157–181
- Regulierungsorgane 9 146–153

Reichweite 17 199
Reichweite, irreführende Angaben 17 208
Reifen-Progressiv
- BGH-Entscheidung 20 21, 30, 35, 42, 66

Reihentitel 16 10, 17
Reinzeichnungen 6 365
religiöse Überzeugung 8 43
Remission 6 244, 463
Remissionsrecht 8 608
Remissionsrückstellung 6 469
Remixer 5 374
Remix-Vertrag 5 373 f.
Rentenversicherung 15 128
Repertoire-Theater 13 22
Reproduktionsfotografien 3 85, 109
Resozialisierung 8 349 ff.
retail price 6 462
Retouren 5 298
Retourenreserve 5 298
Revidierte Berner Übereinkunft (RBÜ) 3 879, 907, 916, 921, 926, 931, 932, 933, 934, 937, 940, 943–957, 960, 961, 962, 963, 965, 966, 967, 975, 976, 980, 982, 1014; 6 162

Rezensionsexemplar 6 207
Rezeptsammlung 10 149
Reziprozität 3 971, 1014
Richtigstellung 8 387
Richtlinie 3 993

Stichwortverzeichnis

Richtlinien für Abschluss und Auslegung von Verträgen zwischen bildenden Künstlern und Verlegern 6 362
Ricordi 3 991
Rider, Artistic- 13 66
Rider, Technical- 13 66
Rights Clearing 13 95
Risk Management 13 210
Rom II 3 880, 882, 883
Rom I-Verordnung 3 892, 894, 895, 896, 898, 898, 900, 903
Rom-Abkommen 1961 3 930, 933, 960
Romanverfilmung 6 417
Routing 10 162
Royalty 6 449
Royalty Fee 6 449
Rückgewähr-Schuldverhältnis 6 50
Rückruf 16 57, 72
– Einstweilige Verfügung 21 190
– Musterantrag 21 191
Rückruf/Entfernung 21 184 ff.
Rückrufsrecht 3 593 ff.; 6 509; 19 177 ff.
– bei Unternehmenskauf *siehe Urheberrechte als Gegenstand eines Unternehmenskaufs* 3 563
– wegen gewandelter Überzeugung 3 473, 605 ff.
– wegen Nichtausübung 3 593 ff., 697
Rückrufsrecht bei Unternehmensverkauf *siehe Urheberrechte als Gegenstand eines Unternehmenskaufs* 6 319
Rückrufsrecht wegen gewandelter Überzeugung 6 322
Rückrufsrecht wegen Nichtausübung 6 200
Rücktritt 6 53, 53, 176
– Insolvenz des Verlegers 20 81
Rücktritt wegen nicht rechtzeitiger Ablieferung 6 39
Rücktritt wegen veränderter Umstände 6 302
Rücktrittserklärung 6 47
Rücktrittsrecht 6 200
Rücktrittsrecht (§ 30 VerlG) 6 38, 60, 311
Rücktrittsrecht (§§ 322 ff. BGB) 6 54
Rückzahlung 12 26 ff., 34, 39, 99, 104
Rufausbeutung 17 159
Rufbeeinträchtigung 17 159
Rufnummer 10 59–61, 122, 127
Rufnummernanzeige 10 127
Rundfunk 1 5 ff.; 9 230; 10 22, 25, 47, 49, 55; 17 223
– Kabel 9 230
– Satellit 9 230
– terrestrisch 9 230
Rundfunk Berlin-Brandenburg 9 35
Rundfunk- und Fernsehprogramme 3 33
Rundfunk, privater
– Kabelverbreitung und Plattformbetrieb 9 138–139
– Programmrechte 9 143
– rechtliche Voraussetzungen 9 130–145
– Regulierung *siehe auch Regulierung (privater Rundfunk)* 9 146–189
– Übertragungstechnik 9 140–142

– Verbreitungswege und technische Reichweiten 9 131
– Vermarktung 9 144–145
– Zulassung 9 132–135
– Zuordnung von Übertragungskapazitäten 9 136
Rundfunkbegriff 1 5
– einfachgesetzlicher 1 5
– verfassungsrechtlicher 1 5
Rundfunkdienst 10 52, 53
Rundfunkentscheidungen 1 6
Rundfunkfinanzierung 1 22
– Haushaltsabgabe 1 22
– Rundfunkgebühren (ör Rundfunk) 1 22
– Sponsoring 1 22
– Werbeeinnahmen (privater Rundfunk) 1 22
– Werbung 1 22
Rundfunkfreiheit *siehe Medienfreiheiten* 1 6; 14 36; 17 225
– dienende Freiheit 1 7
– Strukturprinzipien 1 9
– Träger der 1 8
Rundfunkgebühren
– Neuordnung 9 21, 61
Rundfunkkommentare 3 766–779
Rundfunkrat 1 15; 9 73 f.
– Beihilfekompromiss 1 15
– Drei-Stufen-Test 1 15
Rundfunkregulierung 1 13
– binnenplurales Regulierungsmodell 1 14
Rundfunkstaatsvertrag 1 5; 9 7, 155–156; 13 228; 17 90
– Gewinnspiele 9 22
– Produktplatzierung 9 25
– Rundfunk 9 10
– Sponsoring 9 19
– Telemedien 9 11
– Werbung 9 14
Rundfunkvermittlungsanlagen 3 214

Saarländischer Rundfunk 9 36
Sachaufnahmen *siehe Bild*
Sachbücher 16 30
Sachrecht 3 875, 904
Sachregister 6 388
Sachverständige
– Haftung 7 177 f.
– Kunst 7 168 ff.
– öffentlich bestellt und vereidigt 7 169
Sachwalter 20 2
Sales Agent 4 266
Sammelrevers-System 17 231
Sammelwerk 6 377, 388, 403; 17 5
Sammelwerke/Datenbankwerke 3 121–126
– Abgrenzung zur Miturheberschaft 3 122
– als eigene Schutzobjekte 3 122
– Anthologien 3 121
– Begriff 3 121
– Bildbände 3 121
– bloße Aneinanderreihung 3 121
– Datenbankwerke 3 123
– eigenschöpferische Leistung 3 121
– Festschriften 3 121

- Gesamtausgabe 3 121
- Gesetzes- und Entscheidungssammlungen 3 121
- Handbücher 3 121
- Lexika 3 121
- Tageszeitungen 3 121
- Zeitschriften 3 121
- Zustimmung anderer Urheber 3 122

Sammlungen 11 117
Sampling 5 10
Satelliten- und Kabelrichtlinie 3 1002, 1009
Satire 8 353 ff.
- beim Bildnisschutz 8 323 f.

Satzkosten 6 195
Säumniszuschläge 15 187
SCAPR 11 126
Schadensarten 13 193
Schadensberechnungsarten 21 85
- Verhältnis zueinander 21 103 f.

Schadensersatz 8 356, 360, 508–510; 16 57, 67
- Berechnung 16 67
- Berechnungsmethoden 18 30
- Eigenschaden 16 68
- Herausgabe des Verletzergewinns 21 101 ff.
- Lizenzanalogie 18 30
- Lizenzgebühr 16 71
- pauschalierter 6 375
- Sicherungsanspruch 21 193 ff.
- Verletzergewinn 16 69; 18 30
- in Vertriebsketten 21 105 ff.

Schadensersatzanspruch 6 68, 80, 175; 10 83, 84, 140, 153, 170
- Fahrlässigkeit 21 83
- immaterieller Schaden 21 110 ff.
- konkreter Schaden 21 86
- Lizenzanalogie 21 87 ff.
- materieller Schaden 21 81 ff.
- Verschulden 21 82 ff.
- Vorsatz 21 82

Schankerlaubnis 13 159
Schatzfund 7 36
Schatzregal 7 37
Schätzung der KSA 15 176
Schaubilder 3 109
Schauspieler 11 110; 15 45, 106
Schenkung 7 28, 53
- Unentgeltlichkeit 7 28, 81
- Zuwendungsbestätigung 7 28

Schenkungsversprechen 7 29, 30
Schlagzeilen, Auslegung von 8 188
Schleichbezug 13 247
Schleichwerbung *siehe Trennung von Werbung und redaktionellen Inhalten* 9 16, 25; 13 231; 17 71 ff., 90 ff., 96
- Abgrenzung zur redaktionellen Berichterstattung 8 574
- Anzeigenzeitschrift 8 589
- in Rundfunk und Fernsehen 17 90 ff.
- Kopplung von redaktionellem Text und Anzeigenschaltung 8 580
- Kundenzeitschrift 8 589
- Preisrätsel 8 585

- privater Rundfunk 9 166–167
- Verbot 8 566; 17 96

Schlichtungsverfahren 3 670
Schlussprüfung 12 25, 38
Schmähkritik 8 206 ff.
Schmuckstücke 3 76
Schöpferisches Zusammenwirken 3 146
Schöpferprinzip 3 136–137, 139
Schöpfung 17 2, 3
- Einsatz von Hilfsmitteln 3 4
- Einsichtsfähigkeit des Urhebers 3 5
- Ergebnis eines Schaffensprozesses 3 4–5
- geistige 17 2
- Gestaltungshöhe 3 13–14
- Individualität des Werkes 3 8–12
- menschliche Leistung 3 4
- persönlich geistige 3 3–25
- persönliche 17 2
- Schöpfungsakt als Realakt 3 7
- wahrnehmbare Form 3 6
- Zufallsergebnisse 3 4

Schöpfungsakt 3 136
Schöpfungshöhe *siehe auch Gestaltungshöhe* 3 13–14, 13–14
- Alltagserzeugnisse 3 13
- Computerprogramme 3 14
- Mindestgrad 3 13

Schranken 3 701 ff., 883, 953, 954, 956, 962, 967, 968, 973, 977, 983, 992, 1003–1005, 1016
- Auslegungsregeln 3 705–712
- Ausschluss 3 716
- behinderte Menschen 3 735–740
- Berichterstattung über Tagesereignisse 3 780–788
- elektronische Leseplätze 3 814–829
- Kopienversand 3 868–871
- öffentliche Reden 3 760–765
- öffentliche Wiedergaben 3 799–804
- Pressespiegel 3 773 ff.
- Rechtspflege und öffentliche Sicherheit 3 726–734
- Sammlungen für Kirchen-, Schul- und Unterrichtsgebrauch 3 741–752
- unterschiedliche Intensität 3 715
- Vervielfältigung zum eigenen Gebrauch 3 830–861
- vorübergehende Vervielfältigungen 3 720–725
- Zitierfreiheit 3 789–798
- Zugänglichmachung für Unterricht und Forschung 3 805–813

Schranken des Lichtbildschutzes 3 280
- Tagesereignis 3 281
- Vervielfältigungen durch Besteller 3 280

Schreibweise der Urheber 6 160
Schriftform
- Gegendarstellung 8 454

Schriftformerfordernis 3 540, 574, 584
Schriftsätze 3 34
Schriftsteller 15 45
Schriftwerke 3 30
Schriftzeichen 3 77
Schulbuch 6 64

Stichwortverzeichnis

Schuldner 20 5, 12, 13
schuldrechtliche Gestattung 3 487
Schuldrechtsmodernisierungsgesetz 19 127 ff.
Schulfunksendungen 3 753–759
Schutz des Filmherstellers 3 94
Schutzbereich 16 33
– räumlich 16 33
– sachlich 16 8
Schutzdauer 3 133
Schutzdauerrichtlinie 3 920, 1011
Schutzfrist 3 133, 154
– Darlegungslast 21 29
Schutzfristenvergleich 3 918, 920, 948, 1013
Schutzland 3 876–884, 890, 891, 945
Schutzlandprinzip 3 876–883, 889, 891
– Rechtsverletzung 9 309
– USA 9 309
Schutzlandtheorie 20 57
Schutzmaßnahmen 3 968, 983
Schutzrechtsverwarnung, unberechtigte 17 166
Schutzschrift 8 523
Schwarze Liste 17 62, 76, 135
Seiten-Honorar 6 248
Sekundärnutzung 6 405
Selbständigkeit 15 103
Selbstbestimmung
– informationelle 10 94, 98, 103, 105, 108, 111, 128
Selbstständige 14 33
sell out period 6 478
Sendebegriff 3 214
Sendeempfang 3 215
Sendeformate 3 101–104
Sendeprivileg 5 82
Senderecht 3 214, 215
– Ausstrahlen 3 215
– Fernsehsendung 3 214
– Hörfunksendung 3 214
– Inhalt 3 214
– IPTV 9 229
– Kabelfernsehen 3 214
– Livesendungen 3 215
– Rundfunkvermittlungsanlagen 3 214
– Sendebegriff 3 214
– Sendeempfang 3 215
– Verteileranlagen 3 214
– Verwertungshandlung 3 215
– Videotextsendung 3 214
Sendeunternehmen 3 412, 886, 920, 921, 930, 952, 954, 969, 973, 976, 977, 1008, 1010, 1011
– Casting-Show 3 425
– digitaler Videorekorder 3 420
– Gaststätte 3 421
– Kabelweitersendung 3 426
– öffentliches Wahrnehmbarmachen 3 421
– Schranken 3 424
– Schutzfrist 3 423
– Schutzgegenstand 3 412
– Schutzumfang 3 416
– Schutzvorrichtungen 3 422
– Sendung 3 414
– Verschlüsselung 3 415

– Verteileranlage 3 418
– Weiterleitung 3 417
Sendeunternehmerschutz 21 25
Sendung 3 873, 886, 917, 920, 952, 1010
– erschienener Tonträger 11 113
Sendungsinhalte 9 158–160
Serienpreise 6 216
Share Deal
– Arbeitsrecht 19 354 f.
– Asset Deal 19 163 f.
– Begriff 19 13 ff.
– Formerfordernisse 19 256 ff.
– Freistellungen 19 302 ff.
– Fusionskontrolle *siehe dort*
– Haftung Erwerber 19 390 ff.
– Haftungsbegrenzung 19 292 ff.
– Kaufgegenstand 19 142 ff.
– Kaufpreis 19 190 ff.
– Leistungsstörungen 19 260 ff.
– Medienkonzentrationsrecht *siehe dort*
– Stichtagsregelungen 19 215 ff.
– Urheberrechte 19 165 ff.
– Verjährung 19 299 ff.
– Wirksamkeitshindernisse 19 226 ff.
Sharehosting 18 94
Shareware 3 483
Shows 3 98
Sicherheiten 12 5, 102 ff.
– Verwertung 12 105
Sicherheiten/Besicherung 12 5, 102 ff.
Sicherung der Meinungsvielfalt 1 19
– Verhinderung vorherrschender Meinungsmacht 1 19
Sicherung von Schadensersatz 21 193 ff.
Sing-Spielgenehmigung 13 158
Sitze 3 75
sitzungspolizeiliche Anordnungen *siehe Gerichtsverhandlungen*
Skizzen 3 109; 6 364
Social Networks 10 92
Software 3 483, 490, 511, 698
Sonderanknüpfung 3 902
Sonderausgabe 6 486
Sonderausgaben 6 204
Sonderpreise 6 216
Songbook 5 24
Sonstige Rechte des Urhebers 3 219–244
sonstige Rechte des Urhebers
– Folgerecht 3 219–234
– Vergütung für Vermietung und Verleihung 3 235–244
sonstige vergleichbare Werke 16 13
– Computerprogramme 16 14
Sorgfalt, journalistische 8 230
Sortimenter 6 203
Sortimentsbuchhandel 6 480
Soundtrack 4 272
Sozialbindung des Urheberrechts 3 701
Sozialsphäre 8 45 ff.
Sozialversicherungsbeiträge 14 69
Spalten-Honorar 6 248
Spaltungstheorie 3 891

1496

sparsame Wirtschaftsführung, Grundsätze
  12 26
Spartenprogramm 9 158–160
special edition 6 486
Special Purpose Vehicles, SPVs 12 32
Spendenaufrufe 9 14
Spendenwerbung 17 93
Sperrfristen 9 260; 12 49, 62
– Blockbuster 9 260
– Free-VOD 9 260
– Kannibalisierung 9 260
– Pay-TV 9 260
– Web-TV 9 260
Sperrzeitverkürzungsgenehmigung 13 167
Spezifizierungslast *siehe auch Zweckübertragungslehre* 3 537, 540; 6 108
Sphärentheorie *siehe Persönlichkeitsrecht*
Spiele 16 15
Spielfilme 3 98; 17 104
Spielregeln 3 40
Spitzentitel 6 447
Split-Screen 9 14
Sponsorhinweis 9 19 f.
Sponsoring 9 104
– in Rundfunk und Fernsehen 17 99 ff.
– privater Rundfunk 9 164–165
Sportfilme 3 99
Sprachaufnahmen 6 421
Sprache 3 27
Sprachfassung
– Exklusivität 9 263, 264
– Kosten 9 263, 264
– Originalfassung 9 263
– Synchronfassung 9 263, 264
– Zugriffsrecht 9 263, 264
Sprachfassungen
– Synchronfassung 9 263
Sprachwerke 3 27–47; 5 27
– Adressbücher 3 42
– Allgemeine Geschäftsbedingungen 3 36
– Ankündigungen 3 33
– Äußerungen des täglichen Lebens 3 34
– Begriff 3 27
– Biografie 3 29
– Branchenverzeichnisse 3 42
– Briefe 3 34
– Computerprogramme 3 30, 46–47
– Dialoge 3 33
– Dienstanweisungen 3 39
– Fernsprechbücher 3 42
– Formulare 3 35
– Gebrauchsanleitungen 3 34
– Gerichtsentscheidungen 3 38
– Interviews 3 33
– Kundenrundschreiben 3 35
– Lesungen 3 33
– Lexika 3 42
– Merkblätter 3 34, 35
– nicht-amtliche Leitsätze 3 37
– nicht-amtliche technische Normenwerke 3 38
– Preislisten 3 35
– Programmabfolge 3 43

– Reden 3 30
– Rundfunk- und Fernsehprogramme 3 33
– Schriftsätze 3 34
– Schriftwerke 3 30
– Schutzfähigkeit 3 28
– Spielregeln 3 40
– Tabellen 3 35
– Titelschutz 3 44–45
– Vordrucke 3 35
– Wanderführer 3 34
– Werbeaussagen 3 41
– Werbeunterlagen 3 35
– Wörterbücher 3 42
– Zeitungen/Zeitschriften 3 32
Sprecher 6 421, 426 ff., 460
Sprecherleistung 6 427
Sprechervertrag 6 427
Springer/ProSieben Sat. 1 1 20
Staatenlose 3 908
Staatsangehörigkeit 3 906, 909, 910, 917, 918
Staatsfreiheit 1 10
Staatsgarantie 7 126, 151 ff.
– Bund 7 152
– Europa 7 157 ff.
– International 7 160
– Länder 7 154 ff.
Staatshaftungsanspruch 3 1000
Staatsschutzbestimmungen 8 108 ff.
Stadtpläne 3 109
Staffelmodell 6 273
Staffelung 6 247
Stalking 8 163
Standbilder 3 87
ständige Programmkonferenz 9 47, 83
Standortdaten 10 125, 126
Statistiken, medizinische 3 109
Statusfeststellungsverfahren 15 108
Statusklage 14 51
Stelle
– ausländische 10 119
– verantwortliche 10 96, 108, 109
Stellenausschreibung 14 6
Stellung
– marktbeherrschende 10 33, 38
Stellvertretung 3 139
Steuern
– Quellensteuer 9 282
Stiche 6 364
stills 6 419
Stipendien 15 160
Störer 10 140, 158, 175; 16 39
Störerhaftung 10 140, 153, 158, 175
– Äußerungsrecht 2 21, 30
Strafgebühr 6 375
Strafverfahren
– abgeschlossene 8 349 ff.; 18 11 f.
– Bagatellgrenzen 18 14
Streaming 3 725
Streik 14 214–228
– in Medien- und Presseunternehmen 14 220–228

Stichwortverzeichnis

Streik als ultima ratio
- Ausschöpfung der Verhandlungsmöglichkeiten 14 219
- Scheitern der Tarifvertragsverhandlungen 14 219
- Verhältnismäßigkeitsgrundsatz 14 219

streikbedingte Informationsverknappung
- Mitwirkungspflicht der Arbeitnehmer an Notausgabe 14 221
- Streik im Verlag 14 221

Streitbeilegung zwischen Staaten 3 957, 964, 979

Streitwert
- Abmahnkosten 21 255
- Auskunft, Rechnungslegung 21 253
- Rückruf, Entfernung 21 254
- Schadensersatzfeststellung 21 252
- Unterlassung 8 427; 21 251
- Vernichtung 21 254

Student 15 126, 135
Stundung 15 190
Sublizenz 6 405; 9 291
- Assignment 9 292
- Change of Control 9 297

Sublizenzvertrag 4 175; 6 405
Subsidiary Rights 6 485
Subskriptionspreise 6 216
Substanzwertmethode 19 194
Substitutionsfunktion 6 221
Subventionen 12 2, 7 ff.
Subventionen/Beihilferecht 12 2, 7 ff.
Subverlagspartner 5 136
Subverlagsrecht 5 91, 116, 145
Subverlagsvertrag 5 31
Subverleger 6 405
Südwestrundfunk 9 37
Sukzessionsschutz 3 492
Synallagma 20 34
Synch-Right 13 109
Synchronisationsrecht 5 215
Szenenbilder 6 419

Tabellen 3 35, 109; 6 364
Tag-Eins-Verfahren 10 66
Tagesneuigkeiten 3 944
Tagesschau 9 33
Tagesthemen 9 33
Tageszeitungen 3 121
Tantiemen 15 160
Tanz 15 59
Tarifbezogenheit des Streiks 14 215–217
Tarife 5 42
Tarifsozialplan
- Arbeitskampf (Streik) um einen Tarifsozialplan 14 202–204
- Schutz der unternehmerischen Grundentscheidung im Tendenzunternehmen 14 202–204
- Sozialplan als Gegenstand eines Tarifvertrages 14 202–204
- Tarifsozialplan in Presse- und Medienunternehmen 14 202–204

Tarifvertrag 3 628, 657 ff.; 6 255

Tarifvertrag für Film – und Fernsehschaffende 4 95–100

Tarifverträge aus dem Bereich Fernsehprogrammveranstalter
- Norddeutscher Rundfunk 14 209
- Westdeutscher Rundfunk 14 209
- Zweites Deutsches Fernsehen 14 209

Tarifverträge aus dem Bereich Film-, Fernseh- und Rundfunkwirtschaft 14 207
Tarifverträge aus dem Bereich Filmtheater 14 208
Tarifverträge aus dem Bereich Presse 14 206
Tarifvertragsgesetz 14 194–201
Tarifvertragsrecht in Tendenzunternehmen 14 194–201
Tarnung einer Werbeaussage 17 71
Taschenabzug 5 275
Taschenbuch 3 490, 510; 6 116, 273, 486
Tätowierungen 3 71
Tatsachen, innere 8 196
Tatsachenbehauptung 8 5, 215 ff., 365; 9 115
- Abgrenzung zur Meinungsäußerung 8 194 ff.
- Gegendarstellung 8 439
- unwahre 8 226 ff.
- wahre 8 216

Tausch
- Kunstwerk 7 27

Tauschbörse 18 51, 77
- Download 18 52, 54
- Uploaden 18 51

Technikabzug 5 275
technische Schutzmaßnahmen 21 227 ff.
technische Zeichnungen 3 109
Teil- und Wellenstreik
- Auswirkungen in der Druck- und Verlagsbranche 14 225–228
- Begriff 14 225–228
- Betriebsstillegung 14 225–228
- Lohnrisiko 14 225–228
- Reaktionsmöglichkeiten des Arbeitgebers 14 225–228

Teilnehmer 10 43, 115, 117, 120, 121, 125, 127
Teledienst 10 19, 146
Telefonmehrwertdienste 9 22
Telefonwerbung 17 63
Telekommunikation 1 38 ff.; 10 23, 25, 42, 43, 59, 77, 111, 117, 118
Telekommunikationsdienst 10 22, 37, 40, 42, 62, 64, 65, 115, 117–119, 121–123, 125
Telekommunikationsdienste 9 11
Telekommunikationsdiensteanbieter 10 64, 65, 67
Telekommunikationsgesetz 1 38
- Bundesnetzagentur 1 39
- Entgeltregulierung 1 39
- Marktregulierung 1 39
- Wettbewerbssicherung 1 39
- Zugangsregulierung 1 39

Telekommunikationslinien 10 37
Telekommunikationsmarkt 10 30, 31, 33, 44, 71–76, 79, 80, 82, 85
Telekommunikationsnetz 10 37, 39, 40, 42, 44, 59, 62, 71, 72, 77, 85

Telekommunikationsregulierung 1 39
Telemedien 1 33 ff.; 9 9, 102 f.; 10 19–23, 25–28, 128, 130, 132, 133, 135, 139; 17 103
– Anmeldefreiheit 1 36
– Doppelregulierung (Telemediengesetz und RStV) 1 36
– einfachgesetzliche Abgrenzung 1 35
– lineares Angebot 1 35
– nicht lineares Angebot 1 35
– Regulierung der 1 36
– Rundfunk- und Pressebegriff 1 34
– Suggestivkraft 1 34
– verfassungsrechtliche Abgrenzung 1 34
– Zulassungsfreiheit 1 36
Telemediendienst 10 19, 21, 27, 117, 128, 137, 140, 151
Telemediengesetz 13 220
Telemedienkonzept 9 102
Teleshopping 17 94, 102
Telnehmerverzeichnis 10 37, 87, 127
Tendenzbetrieb 14 9, 158
Tendenzbezug der Kündigung
– Darlegungs- und Beweislast 14 179
Tendenzförderungspflicht 14 83
Tendenzfreiheit 9 1
Tendenzschutz 9 109; 14 11
– Gemeinschaftsbetrieb 14 158
– konzernabhängige Unternehmen 14 162
Tendenzträger 14 5, 10, 82
– Anzeigenredakteur 14 164
– Autoren 14 164
– Buchhalter 14 164
– Drucker 14 164
– Einfluss auf die Tendenzverwirklichung 14 164
– Film, Fernsehen und moderne Medien 14 164
– Konzertmeister 14 164
– Kündigung 14 177
– Kündigung eines Betriebsratsmitglieds 14 178
– Regisseure 14 164
– Schauspieler 14 164
– Sekretärin 14 164
– Setzer 14 164
– Zeitungszusteller 14 164
Tendenztreuepflicht 14 83
Tendenzunternehmen 14 158; 19 374
territorialer Anwendungsbereich des VerlG 6 9
Territorialgrundsatz 3 219
Territorialitätsprinzip 3 877, 878
Territorium 6 481
Testamentvollstreckung 3 472
Testkauf von Alkoholika durch Jugendliche 8 106
Textdichter, Librettist 15 45
Textilgestaltung 3 76
Textrechte 6 423
Textrevisionen 3 118
Thalia 6 219
Theaterdirektion 13 23
Theaterpädagoge 15 45

Thumbnails 3 186
Ticketingunternehmen 13 242
Titel 6 444
– bekannter 16 56
– Benutzung 16 44
– beschreibender 16 27
– Fantasietitel 16 26
– Inhaber 16 36
– Kennzeichnungsfähiger 16 24
– periodischer 16 29
– Übertragbarkeit 16 92
– Wertschätzung 16 56
Titelexklusivität 5 245
Titelkollision 6 145
Titelschutz 3 44–45; 6 149
– § 23 MarkenG 16 81
– Deliktsrecht 16 100
– Erlöschen 16 73
– Markenrecht 16 77
– Namensrecht 16 99
– Strafrecht 16 101
– Unternehmenskennzeichen 16 79
– Urheberrecht 16 80
– Verjährung 16 82
– Verwirkung 16 82
– Wettbewerbsrecht 16 98
Titelschutzanzeige 3 45; 6 146; 16 83
– anonyme 16 88
– Sammelanzeige 16 87
– Wiederholungsanzeige 16 91
TMG 8 395
Tochterrecht siehe Nutzungsrecht
Tod des Verfassers 6 298
Tonmeister 15 45
Tonregisseur 6 421
Tontechniker/Toningenieur 15 92
Tonträger- und Filmhersteller 3 920
Tonträgerhersteller 3 386; 6 421; 11 110
– ©-Vermerk 3 408
– Aufwand 3 393
– Erschöpfung 3 400
– Erste Festlegung 3 390
– Kauf auf Probe 3 400
– öffentliche Wiedergabe 3 398
– öffentliches Zugänglichmachen 3 401
– Rechteinhaber 3 403
– Rechtmäßigkeit der Aufnahme 3 389
– Remix 3 392
– Rundfunkanstalt 3 406
– Schutzgegenstand 3 386
– Schutzumfang 3 394
– Schutzvoraussetzungen 21 24
– Senderecht 3 397
– Technische Verbesserung 3 391
– Tonträger 3 388
– Übertragbarkeit 3 405
– Unterlassungsansprüche 3 410
– Urhebervermutung 3 408
– Wahrnehmung 3 399
– Werkteile 3 395
Tonträgerverträge 5 162
Tonwerke 16 11
Touchscreen 6 222

Stichwortverzeichnis

Tourneevertrag 13 62
Toursupport 5 325
Trade Paperback 6 486
Trailer-Werbung 17 43
transaktionsbegleitende Verträge 19 310
Transparenz 10 107, 134
Transparenzgebot 17 116, 120 ff.
Transparenzprinzip 10 109
Trauerfeier 8 311
Trauerredner 15 84
Treatment 12 37 f.
Trennungsgrundsatz 17 78
Trennungsrundsatz
– Werbung/redaktioneller Text 8 93 ff.; 9 110 f.; 17 75, 78
Treu und Glauben 6 185
Treuhand
– Begriff 20 51, 52, 53
– Doppeltreuhand 20 50
– Missbrauch 20 53
Treuhänder 3 471, 528
TRIPS-Übereinkommen 3 914, 916, 918, 921, 927, 928, 930, 933, 937, 960–965, 967, 968, 976, 977, 979–983, 1019
TriSys 11 127
Trivialfiguren 3 71
TV
– Abo 9 239
– Abruf 9 239
– Basic-Pay 9 239
– mobile Endgeräte 9 239
– Premium-TV 9 239, 241
TV-Produktion
– Förderung 12 46, 69, 72, 101
TV-Rechte 9 239–241
Twitter 10 92, 151

Überlassungsanspruch 21 183
Übernahme 17 147
– fast identische 17 147
– unmittelbare 17 147
Übernahmeangebot, öffentliches 19 434 f.
Überrumpelungsfälle 8 283
Übersetzer 5 116; 6 154; 15 80
Übersetzervertrag 6 391 ff., 412
Übersetzung 6 391
Übersetzung und Bearbeitung 3 952
Übersetzungsrecht 6 499
Übersicht über Tarifverträge 14 205–209
Übertragung 3 465 ff.
– Eigentum 3 535, 551 ff.
– Nutzungsrecht siehe Nutzungsrecht
– Urheberpersönlichkeitsrecht 3 522 ff.
– Urheberrecht 3 465 f., 477 ff.
– Vererbung 3 467 ff.
– Vergütungsanspruch 3 481, 520
Übertragungstechnik 9 140–142
Überwiegen des Dienens
– Mischbetrieb 14 161
– Mischunternehmen 14 161
UK Film Council 12 4
Umgestaltungen 3 169

Umsatzbeteiligung 6 244, 272, 273
– Vorauszahlung 5 310
U-Musik (-verlage) 5 30
unbekannte Nutzungsart 3 580 ff.; 6 502
unberechtigte Nutzung siehe negatives Verbotsrecht
Unerlaubte Handlungen 3 874, 882
Unfallkasse des Bundes 15 36
Universalitätsprinzip 3 878
unkörperliche elektronische Ausgabe 6 493
unkörperliche Hörbuchausgabe 6 497
unmittelbare Anwendbarkeit 3 900, 998, 999
unmittelbare und zwingende Wirkung des Tarifvertrages
– Abweichungen vom Tarifvertrag durch arbeitsvertragliche Vereinbarungen 14 195
– Günstigkeitsprinzip 14 195
– Öffnungsklauseln 14 195
Unmittelbarkeit des Dienens 14 160
Unselbstständige Vervielfältigungshandlungen 3 213
Untergang des Werkes 6 294
Unterhaltung 8 7, 81, 150, 292
Unterhaltungskunst 15 45, 88
Unterlassung 6 73; 8 356
Unterlassungsanspruch 10 84, 138, 140, 153, 158, 175; 16 35; 18 25; 21 65 ff.
– Antragsfassung 21 69 ff.
– Begehungsgefahr 21 68
– Einstweiliger Rechtsschutz 8 421
– bei Musik 21 74
– Streitwert 8 427
– Tatbeitrag 8 407
– Voraussetzungen 21 65, 66
– Wiederholungsgefahr 21 67
– Zwangsvollstreckung aus Unterlassungstitel 8 426
Unterlassungsansprüche 8 357; 20 15
– mehrdeutige Äußerungen 8 189
– unwahre, aber rechtmäßige Erstmeldung 8 234
Unterlassungsantrag
– Abbildungen 21 75
– bei Bühnenaufführungen 21 76
– bei Datenbanken 21 78
– bei Filmen 21 76
– konkrete Verletzungsform 21 69
– mit Merkmalsliste 21 72
– Musteranträge 21 71, 72
– bei Software 21 77
– bei Sprachwerken 21 73
Unterlassungsklage
– vorbeugende 8 399
Unterlassungsverpflichtungserklärung 8 377; 21 244
Unterlizenz 20 20, 21, 42
Unternehmen und Betriebe der Berichterstattung 14 159
Unternehmen und Betriebe der Meinungsäußerung 14 159
Unternehmen, Recht am 8 59 ff.; 15 147
– marktbeherrschendes 10 38, 39

Stichwortverzeichnis

Unternehmens- und Haustarifvertrag
- Firmentarifvertrag 14 200
- Nebeneinander von Verbands- und Haustarifvertrag 14 200
- Tarifkonkurrenz 14 200

Unternehmenskauf 3 563; 19 1 ff.
- Auktion 19 420 ff.
- Beispiele für Garantieregelungen 19 281 ff.
- besondere Arten 19 407 ff.
- Beteiligte 19 9 ff.
- Betriebssteuern, Haftung für 19 385 ff.
- Betriebsübergang *siehe dort*
- Change of Control 19 247
- Closing 19 215 ff.
- Data Room 19 90 ff.
- Due Diligence *siehe dort*
- Exklusivitätsvereinbarung 19 54 ff.
- Firmenfortführung 19 379 ff.
- Formerfordernisse 19 251 ff.
- Freistellungsregelungen 19 302 ff.
- Gewährleistungsregelungen und Garantien 19 261 ff.
- Grundlagen der Kaufpreisermittlung 19 191 ff.
- Haftungsbegrenzungen 19 292 ff.
- Haftungstatbestände *siehe Haftungstatbestände bei Transaktionen*
- Insolvenz 19 425 ff.
- Kartellrecht 19 311 ff.
- Kaufpreis 19 190 ff.
- Kaufvertrag 19 126 ff.
- LOI *siehe dort*
- nachvertragliche Verpflichtungen 19 305
- NDA *siehe dort*
- öffentlich-rechtliche Beschränkungen 19 229 ff.
- Optionsvereinbarung 19 61 ff.
- Rechtsfolgen von Garantieverstößen 19 289 ff.
- Signing 19 216 ff.
- strukturelle Überlegungen 19 12 ff.
- transaktionsbegleitende Verträge 19 310
- Transitional Agreements 19 224 f.
- typischer Ablauf 19 24 ff.
- typischer Inhalt 19 133 ff.
- Urheberrechte als Gegenstand eines Unternehmenskaufs *siehe dort*
- Verfügungsbeschränkungen *siehe dort*
- Verjährungsregelungen 19 299 ff.
- Versicherungsprämien, Haftung für 19 388
- Vorbereitung 19 29 ff.
- Vorvertrag 19 59 f., 65 ff.
- Wettbewerbsverbot 19 306 f.
- Wirksamkeitshindernisse 19 226 ff.
- Zustimmungserfordernisse 19 234 ff.

Unternehmensprüfung 15 179

Unternehmerische Mitbestimmung im Unternehmen und Konzern 14 186–193

Unternehmerische Mitbestimmung nach dem Drittelbeteiligungsgesetz
- Beteiligung der Arbeitnehmer im Aufsichtsrat 14 191–193
- Konzernsachverhalte mit Tendenzbezug 14 191–193

Unternehmerische Mitbestimmung nach dem Mitbestimmungsgesetz
- abhängiges Unternehmen 14 186–190
- Beteiligung der Arbeitnehmer im Aufsichtsrat 14 186–190
- BetrVG 1952 14 186–190
- Bildung eines paritätisch besetzten Aufsichtsrates 14 186–190
- herrschendes Unternehmen 14 186–190
- Konzernsachverhalte mit Tendenzbezug 14 186–190
- Mischkonzern 14 186–190
- Mitbestimmungsergänzungsgesetz 14 186–190
- Montanmitbestimmungsgesetz 14 186–190

Unterscheidungskraft 16 5, 112

unterscheidungskräftig 6 143

Unterstützungsstreik
- Sympathiestreik 14 216
- Unterstützung eines fremden Hauptarbeitskampfes 14 216

Unterstützungsstreik in der Druckindustrie 14 223–224

Unvollständige Berichterstattung 8 235

Upstream 5 465

Urheber 3 135–141
- Bereichsausnahme 3 138
- Computerprogramme 3 138
- geschützte Interessen 3 152
- höchstpersönliches Recht 3 136
- Realakt 3 139
- Schöpferprinzip 3 136–137, 139
- Schöpfungsakt 3 136
- Stellvertretung 3 139
- Urheberbezeichnung 3 140
- Urhebervermutung 3 140–141
- Verhältnis Arbeitgeber/Arbeitnehmer 3 137
- Verhältnis Auftraggeber/Auftragnehmer 3 137

Urheber/Musikurheber 5 127

Urheberbenennung 6 150

Urheberbezeichnung *siehe Namensnennungsrecht* 3 140

Urheberpersönlichkeitsrecht 3 155–178, 465, 470, 484, 522 ff., 694, 699, 902, 911, 951, 955, 958, 959, 962, 964, 982; 5 19, 27; 6 385
- Einwilligung in die Zwangsvollstreckung 3 158
- Entstellung des Werks 3 167–175
- geistige Interessen 3 156
- Gesetzessystematik 3 155
- Inhalt 3 155
- Integritätsschutz 3 157
- Interessen des Urhebers 3 155
- Persönliche Interessen 3 156
- Recht auf Anerkennung der Urheberschaft 3 160–163
- Recht auf Bestimmung der Urheberbezeichnung 3 164–166
- Rückrufsrechte 3 158
- Veröffentlichungsrecht 3 159

Stichwortverzeichnis

- Zugangsrecht 3 176–178
- **Urheberrecht** 3 152–244; 6 69
- Ausstellungsrecht 3 198–200
- Begriff 20 9
- Contentschutz 2 10
- digitales Rechtemanagement 2 11
- dualistische Theorie 3 153
- Entstellung des Werks 3 167–175
- Folgerecht 3 219–234
- geschützte Interessen 3 152
- Inhalt 3 152–244
- Lizenz 20 22, 46
- monistische Theorie 3 153
- Open Access 2 12
- Recht auf Anerkennung der Urheberschaft 3 160–163
- Recht auf Bestimmung der Urheberbezeichnung 3 164–166
- Recht der öffentlichen Wiedergabe 3 201–211
- Recht der öffentlichen Zugänglichmachung 3 212, 213
- Schranken 2 11; 7 89 ff.
- Schutzfrist 3 154
- Senderecht 3 214, 215
- Sonstige Rechte des Urhebers 3 219–244
- Urheberpersönlichkeitsrecht 20 9, 14
- Urheberpersönlichkeitsrechte 3 155–178
- Urheberverwertungsrecht 20 9, 10
- Verbreitungsrecht 3 189–195
- Vergütung für Vermietung und Verleihung 3 235–244
- Verletzung 20 15
- Vermietrecht 3 196, 197
- Veröffentlichungsrecht 3 159
- Vervielfältigungsrecht 3 182–188
- Verwertung in körperlicher Form 3 182–200
- Verwertung in unkörperlicher Form 3 201–218
- Verwertungsrechte 3 179–218
- Zugangsrecht 3 176–178
- Zweitverwertungsrechte 3 216–218

Urheberrechte als Gegenstand eines Unternehmenskaufs 19 165 ff.
- abweichende Vereinbarungen 19 183 ff.
- Änderung der Beteiligungsverhältnisse 19 176
- Film- und Laufbildbereich 19 187 ff.
- gesamtschuldnerische Haftung 19 183 ff., 389
- Rückrufsrecht 19 177 ff.
- Veräußerungstatbestände 19 172 ff.

urheberrechtlicher Nutzungsvertrag eigener Art 5 72

Urheberrechtsstatut 3 876, 890

Urheberschaft
- Feststellung im Streitfall 21 37 ff.
- Vermutung 21 38

Urhebervermutung 3 140–141

Ursprungsland 3 878, 931, 945, 946, 948, 949, 960

Urteilsbekanntmachung 21 205 ff.

Usenet 10 138

User Generated Content 10 92, 138

Venture Capital-Investor 19 408 ff.

Venue 13 35

ver.di 6 271

Veranstalter 3 919; 6 421; 13 17
- lokaler 13 18
- örtlicher 13 18

Veranstalter-Haftpflichtversicherung 13 213

Veranstalterschutz 3 362; 21 23
- Darbietung 3 363
- Gewerblichkeit 3 362
- Sportveranstaltung 3 364
- Veranstaltereigenschaft 3 366
- Verhältnis zu Künstler 3 367

Veranstaltung
- Eigen 13 36
- öffentliche 13 12
- private 13 11

Veranstaltungen 16 16

Veranstaltungsausfallversicherung 13 212

Veranstaltungskaufmann 13 21

Veranstaltungslieferungsvertrag 13 71

Verantwortlicher Redakteur 8 438

Verantwortlichkeit 10 21, 24, 29, 137–140, 142, 158, 165, 169, 175

Verantwortlichkeit der Presse 17 77

Verantwortung
- inhaltliche 10 149

Verband Deutscher Schriftsteller 6 266, 456

Verbandstarifvertrag 14 200

Verbot
- Erlaubnisvorbehalt *siehe auch Gestattungserlaubnis* 10 100, 113, 132

Verbot der Schleichwerbung und Produktplatzierung 4 196, 197, 207

Verbraucherkreditrecht 8 693
- Widerrufsrecht 8 693

Verbraucherleitbild 17 58 f.

Verbraucherschutz 10 28

Verbreitung 3 881, 885, 930, 952, 967, 982, 987, 989, 1002, 1007, 1008, 1015, 1016; 6 131, 201, 210; 8 236 ff.
- Bildnis 8 264 ff.

Verbreitungsgebiet, irreführende Angaben 17 205

Verbreitungsrecht 3 189–195
- Abschottung nationaler Märkte 3 193
- Einräumung des Nutzungsrechts 3 192
- Einschränkung des Nutzungsrechts 3 192
- Erschöpfung 3 191, 193, 194
- erstmaliges Inverkehrbringen 3 190
- Freiheit des Warenverkehrs 3 191
- Inhalt 3 189
- Inverkehrbringen 3 189
- öffentliches Anbieten 3 189
- Veräußerungsbegriff 3 195
- Voraussetzungen der Erschöpfung 3 194

Verbundene Werke *siehe Werkverbindung*

Verdachtsberichterstattung 8 337

verdeckte Äußerungen 8 366

Vereinbarung, wettbewerbsbeschränkende 17 213
- horizontale 17 213
- vertikale 17 213

Stichwortverzeichnis

Vereine 15 147
Vererbung 3 467 ff.
– Urheberrecht 3 467
– verwandte Schutzrechte 3 475 f.
Verfahrensrecht 3 874
Verfahrensverzeichnis 10 108
Verfasser 6 7, 18, 59, 350
Verfilmung 6 417
Verfilmungsoption 6 417
Verfilmungsrechte 6 417
Verfilmungsvertrag 4 23–50; 6 417
Verfügungsbeschränkungen 19 228 ff.
– Change of Control-Klauseln 19 247
– erbrechtliche 19 246
– familienrechtliche 19 243 ff.
– gesellschaftsrechtliche Zustimmungserfordernisse 19 234 ff.
– öffentlich-rechtliche 19 229 ff.
– sonstige 19 248 f.
– vormundschaftsrechtliche 19 243 ff.
Verfügungsgeschäft 3 891
Vergütung 3 481, 616 ff.; 6 195, 370
– Absatzvergütung 3 635; 6 243, 289 *siehe auch Absatzhonorar*
– angemessene 3 627 ff.; 5 21, 91; 6 238, 240, 241, 259, 327
– Anspruch auf angemessene - 3 616 ff.
– Anspruch auf Vertragsanpassung 3 620, 645
– Anspruch auf weitere Beteiligung 3 619, 625, 644 ff.
– Beteiligungsgrundsatz 3 616
– gemeinsame Vergütungsregeln 3 628, 659 ff.
– kollektive Vereinbarungen 3 654 ff.
– Normverträge 3 655
– Pauschalhonorar 3 636 f.
– Tarifvertrag 3 628, 657 ff.
Vergütung für Vermietung und Verleihung 3 235–244
– Abtretung 3 239
– andere Werkarten 3 236, 242
– Ausnahmetatbestand 3 242
– Begriff der Vermietung 3 236
– der Öffentlichkeit zugängliche Einrichtung 3 240, 243
– Erschöpfung 3 241
– Inhalt des Anspruchs 3 237
– kein Verzicht 3 239
– Privatbibliotheken 3 243
– Richtlinie 3 235
– Vermietung von Bild- und Tonträgern 3 236
– vermögensrechtlicher Anspruch eigener Art 3 244
– Verwertungsgesellschaft 3 244
– Voraussetzungen des Anspruchs 3 237
Vergütung, angemessene 5 285
Vergütungsanspruch *siehe auch Vergütung, Anspruch auf angemessene -* 3 518 ff.; 20 15
Vergütungsregelung 6 456
Vergütungsvereinbarung 6 241
Verjährung 5 306; 7 117
Verjährung Unternehmenskauf 19 299 ff.
Verjährungsfrist 14 70; 15 188
Verkauf, grenzüberschreitender 17 240

Verkaufsförderungsmaßnahme 17 105 ff.
Verkehrsdaten 10 121–124; 21 143, 145
Verkehrssitte 6 285, 330
Verlaggeber 6 18
Verlagsabonnement 8 636
Verlagsgesetz 6 358, 367
Verlagsrecht
– Insolvenz 6 356
Verlagsrecht im objektiven Sinne 6 6
Verlagsrecht im subjektiven Sinne 6 6
Verlagsumsatz 6 244
Verlagsvertrag *siehe auch Verleger* 6 236, 336, 358; 20 78
(Musik-) Verlagsverträge 5 68
– Abrechnung 5 125
– Abtretung 5 102
– Abtretungserklärung 5 142
– Administrationsgebühr 5 149
– Administrationsvertrag 5 147–149
– Administrator 5 147, 149
– at source 5 116
– Auswertung von Nutzungsrechten 5 90, 127, 146
– Auswertungsdauer 5 94, 110
– Autorenanteil 5 138
– Autorenexklusivvertrag 5 24, 33, 85–125
– Beendigung der Edition 5 144, 144
– Beendigung des Administrationsvertrages 5 149
– Beendigung des Co-Verlagsvertrages 5 146
– Buchprüfung 5 125
– Co-Verlagsvertrag 5 126, 128, 136, 140
– Editionär 5 133, 138
– Editionsvertrag 5 126, 127
– Einzeltitelvertrag 5 89
– Erlösteilung, Einnahmenverteilung/Verrechenbarkeit 5 111, 117, 137, 142, 149
– Erstzugriffsrecht 5 144
– faktischer Verleger 5 127
– Federführung 5 132, 135, 136
– Förderungspflicht der zur Auswertung stehenden Musikwerke 5 31, 104, 139
– Freigabeklausel 5 98, 98
– gemeinsame Verwertung 5 128
– Globalzession 5 118, 142
– Inkasso-Befugnis 5 146
– Inverlagnahme 5 133
– Kooperation 5 131
– Kosten (Verrechnung, Teilung) 5 139, 140, 142
– Kündigung 5 103, 121
– Kündigung (auch Beendigung und Rückruf, Rücktritt, Störung der Geschäftsgrundlage) 5 103, 109
– Kündigungsrecht 5 109
– Mindestablieferungsverpflichtung 5 88, 134
– Mitspracherecht 5 134
– Musikurheberreigenverlag 5 129, 129
– Nachfrist 5 123
– Nichtausübung des Verlagsrechts 5 123
– Optionen 5 109
– persönlich exklusiv 5 86, 133, 143
– projektbezogene Ausgestaltung 5 86

Stichwortverzeichnis

- qualifizierte Mindestablieferungs-verpflichtung 5 88, 118
- Rechtegarantie- und Freistellungsklausel 5 99, 99
- Refundierung 5 114
- Rolling Advance 5 118
- Rückruf, Rücktritt 5 121
- Rückzahlbarkeit 5 142
- salvatorische Klausel 5 125
- Schlechtausübung/Nichtausübung 5 123
- schriftliche Form 5 122
- Schutzdauer 5 104
- Signing-Fees 5 117
- Singularzession 5 120
- steuerliche Regelungen 5 125
- Subverlagspartner 5 136
- territoriale Beschränkung 5 95
- Untätigkeit 5 105
- Verlag im Verlag 5 127
- Verlagsanteil 5 115, 127, 138, 138, 142
- Verlagsrecht 5 91
- Verrechenbarkeit 5 142
- Vertragsdauer 5 107, 109
- Vertragslaufzeit 5 87, 118, 133, 134
- Vertretungsmacht im Außenverhältnis 5 135
- Vollmachtserteilung 5 125
- Vorschuss 5 96, 117, 119, 142
- weltweite Geltung 5 95
- Zahlungsbedingungen 5 125

Verleger 3 520; 6 7, 18, 97, 164, 211, 437
- Begriff 20 77
- Insolvenz 20 76, 77, 80
- Insolvenzverwalter 20 77, 78
- Kündigung bei Insolvenz 20 82
- Rücktritt bei Insolvenz 20 81
- Urheber 20 80

Verleih 4 264
Verleihförderung 12 2, 6, 41 ff., 64, 72, 90
Verleihung, Vergütung für *siehe auch Vergütung für Vermietung und Verleihung* 3 235–244
Verleihvertrag 4 273–310
Verletzergewinn
- Berechnung 21 102

Verletzerzuschlag 21 92
Verletzungsansprüche 21 3 ff.
- Übersicht 21 3

Verletzungshandlung 21 41 ff.
- Urheberpersönlichkeitsrecht 21 42 ff.

Vermarktung
- Rundfunk, privater 9 144–145

Vermietrecht 3 196, 197, 962, 967, 977, 988, 1007
- Ausnahmetatbestände 3 196
- CDs 3 197
- Entgeltlichkeit 3 197
- Erschöpfung 3 196
- Erwerbszwecke 3 197
- Inhalt 3 196
- Kauf auf Probe 3 197
- Kauf mit Rückgabeoption 3 197
- Vergütung 3 235–244
- Videos 3 197

Vermietrichtlinie 3 1002, 1007
Vermietung, Vergütung für *siehe auch Vergütung für Vermietung und Verleihung* 3 235–244, 236
Vermutung der freien Rede 8 208
Vermutung der Urheberinhaberschaft 3 140–141
Vernichtung 16 57, 72
Vernichtungsanspruch
- Einstweilige Verfügung 21 179
- Gegenstand 21 176
- Musterantrag 21 181

Veröffentlichung rechtswidrig beschaffter Informationen 8 333 ff.
Veröffentlichungsrecht 3 159
- Recht zur Erstveröffentlichung 3 159

Verpflichtungsgeschäft 3 891
Verramschen 6 226
Verrechenbarkeit von Garantie- und Vorschusszahlungen 6 251
Verrechnung 5 317
- Produktionskosten 5 320
- Remixkosten 5 327
- Toursupport 5 325
- Videoproduktionskosten 5 322

Versammlung, Bilder einer 8 310 ff.
Versammlungsstätte 13 144
Versammlungsstättenverordnung 13 144
Verschaffung des Verlagsrechtes 6 101
Verschleierung einer Werbemaßnahme 17 77
Verschulden
- Fahrlässigkeit 21 83

Versetzung 14 91
Versicherung
- Allgefahrendeckung 7 138
- Allgemeine Versicherungsbedingungen 7 127, 132
- Beschaffenheitsschaden 7 141
- feste Taxe 7 145, 149
- Generalpolice 7 133
- Hausratversicherung 7 127
- Höchstversicherungssumme 7 135
- Kunstversicherung 7 124 ff.
- laufende Versicherung 7 133
- Regressverzicht 7 150
- Risikoausschluss 7 139 ff.
- Selbstversicherungsgrundsatz 7 126
- Transportversicherung 7 128
- Unterversicherung 7 136
- Versehensklausel 7 134
- Versicherungsprämie 7 147
- Versicherungswert 7 144

Versicherungsfreiheit 15 128, 137
Versicherungspflicht
- Beginn, Ende 15 139, 146

Versteckte Kamera 8 334
Versteigerer 3 227–228
Versteigerung
- öffentliche *siehe Auktion* 7 24, 113

Verstorbener 6 72
Verstümmelung 3 169
Verteileranlagen 3 214

Verteilung
- GVL 11 127, 128

Verteilzeitungen
- anzeigenfinanzierte 8 760

Vertrag 15 147

Vertragsanpassung 3 620, 645; 6 313

Vertragsaufhebung 6 310

Vertragsauslegung *siehe auch Zweckübertragungslehre* 3 538 f., 540 ff.

Vertragslizenz 20 10

Vertragsparteien, Benennung 6 441

Vertragsschluss 6 253

Vertragsstatut 3 876, 889–891, 893, 898, 900

Vertragsstrafe 8 381–386

Vertragszweck *siehe auch Zweckübertragungslehre* 3 543; 5 55, 55

Vertrauensbruch 17 161

(Welt-) Vertrieb 4 265

Vertriebsvertrag 4 273–310; 5 419 ff.
- Abrechnung 5 452
- digitaler 5 420
- Digitalvertrieb 5 468
- Dispositionshoheit 5 431
- Exklusivität 5 423
- Gegenstand 5 419
- Lagerrisiko 5 441
- Leistungen der Vertriebsfirma 5 439 ff.
- Leistungen des Produzenten 5 428 ff.
- Marketing, Promotion 5 434
- Negativabrechnung 5 460
- Preisgestaltung 5 445
- Retouren 5 454
- Retourenreserve 5 459
- Retourenvergütung 5 457
- Schlussabrechnung 5 461
- Upstream 5 465
- Verkaufsabwicklung 5 444
- Vertragsdauer 5 463
- Vertriebskommission 5 449
- Vertriebswege 5 425

Vertriebsweg 3 510; 6 202

Vervielfältigung 3 884, 887, 952, 954, 955, 958, 971–973, 981, 982, 989, 1002, 1008, 1015–1017; 6 131, 201, 210, 350

Vervielfältigung des Musikwerkes 5 11

Vervielfältigung zum eigenen Gebrauch 3 830–861

Vervielfältigungen, vorübergehende 3 720–725

Vervielfältigungs- und Verbreitungspflicht 6 389, 394

Vervielfältigung(srecht) 3 182–188, 545
- Arbeitsspeicher 3 185
- Begriff 3 182, 183
- Bild- und Tonaufzeichnungen 3 188
- Browsing 3 185
- Caching 3 185
- Computerprogramme 3 184
- digitale Speicherung 3 184
- Hyperlinks 3 187
- Inhalt 3 182, 183
- Thumbnails 3 186
- vorübergehende digitale Speicherung 3 184
- vorübergehende Vervielfältigungshandlung 3 185

Vervielfältigungsstücke 6 202

Verwahrung 7 53

Verwaltungsrat 1 16; 9 76 f.

Verwechselungsgefahr 16 47
- erweiterte 16 56
- unmittelbare 16 47

Verwendung der Förderung 12 28, 42

Verwerter 5 2

Verwertung 12 26 f., 49, 105

Verwertungsform 3 489

Verwertungsgesellschaft 3 244, 481, 520, 521; 5 37; 17 38
- Bild-Kunst (VG Bild-Kunst) 6 376; 13 172
- Wort (VG Wort) 13 172

Verwertungsgesellschaften 11 1–182
- Definition 11 4–5
- Erstverwertungsrechte 11 24
- Gegenseitigkeitsverträge 11 35–37
- Geschichte 11 1–3
- Inkassozusammenschlüsse 11 29–34
- Kontrahierungszwang 11 10–12
- Kulturwerke 11 42
- rechtlicher Rahmen 11 6–12
- Sozialwerke 11 41
- Verteilungspläne 11 38–39, 43–46
- Verwertungsgesellschaftpflicht 11 18–22
- Wahrnehmungsvertrag 11 25–28

Verwertungsgesellschaftspflichtigkeit 3 719

Verwertungshandlung 3 215

Verwertungsrechte 3 179–218, 485; 5 18
- Ausstellungsrecht 3 198–200
- Beschränkungen 3 179–218
- gutgläubiger Erwerb 7 13
- Inhalt 3 179–218
- neue Verwertungsformen 3 179–218
- Recht der öffentlichen Wiedergabe 3 201–211
- Recht der öffentlichen Zugänglichmachung 3 212, 213
- Senderecht 3 214, 215
- Verbreitung 7 86
- Verbreitungsrecht 3 189–195
- Vermietrecht 3 196, 197
- Vervielfältigung 7 86
- Vervielfältigungsrecht 3 182–188
- Verwertung in körperlicher Form 3 182–200
- Verwertung in unkörperlicher Form 3 201–218
- Zweitverwertungsrechte 3 216–218

Verwertungsrechte, ausschließliche
- Aufhebung 3 717 ff.

Verwertungsrisiko 3 641

Verwirkung 7 116

Verzicht 3 163, 482, 482 ff., 484, 520, 653
- Anerkennung der Urheberschaft 6 385
- Anspruch auf angemessene Beteiligung 3 653
- Fristsetzung 6 44
- Namensnennung 6 380
- Urheberpersönlichkeitsrecht 3 484
- Urheberrecht 3 482 ff.
- Vergütungsanspruch 3 482, 520

Stichwortverzeichnis

Verzierungen 3 118
Verzug 6 175
VG Bild-Kunst 11 157–182
- Berufsgruppen 11 168–175
- Geschichte 11 165
- Organe 11 164
- Rechtsform 11 163
- Sozial- und Kulturwerke 11 178–183

VG Wort 11 134–161
- Autorenversorgungswerk 11 158
- Berechtigte 11 142–154
- Förderungs- und Beihilfefonds Wissenschaft 11 160
- Kleines Senderecht 11 152
- Pressespiegel 11 147
- Rechtsform und Gremien 11 135–141
- Sozialfonds 11 157

Videoaufzeichnung 3 218
Videobilder 3 87
Video-on-Demand 9 242–244; 12 43 f., 49
- CD 9 242, 244
- DTB 9 242, 244
- DTO 9 242, 244
- DTR 9 242, 244
- Subscription Video 9 244
- Videothek 9 242, 244

Videoproduktionskosten 5 322
Videorechte 9 238
Videos 3 197
Videotextsendung 3 214
Vielfaltsicherung 17 227
Visagist 15 67
Volksmusik 3 120
Volkszählungsurteil 10 94, 134
Vollziehung Einstweilige Verfügung
- Auskunftstitel 21 139, 275
- im Ausland 21 244

Vollzugsdefizit 15 37
Vollzugsverbot 19 326, 335
Volontär, Praktikant
- Übernahme nach Ausbildung 14 173

Vorabdruckrecht 6 465, 501
Vorabendprogramm 9 18, 66
Vorausverfügung 5 77
Vorauszahlung 5 310 ff.; 15 172
- Querverrechenbarkeit 5 318
- Verrechnung 5 317

Vorbereitungsphase 16 22
- Titelschutzanzeige 16 22

vorbeugenden Unterlassungsklage 8 399
Vordrucke 3 35
Vorführungsrecht 3 210, 211
- Abgrenzung zum Aufführungsrecht 3 210
- Ausnahmetatbestand 3 211
- Filmwerke 3 210
- Funksendungen 3 211
- Inhalt 3 210
- Lichtbildwerke 3 210
- Unterscheidungsmerkmal zu Funksendungen 3 211
- zweidimensionale Präsentation 3 210

Vorherrschende Meinungsmacht 1 11
(Verleih-/Vertriebs) Vorkosten 4 296–298

Vorläufige Insolvenzverwaltung 20 2
Vorrang des Verteilungsplans 5 114
Vorratsdatenspeicherung 18 16
Vorrichtung
- Vervielfältigung und Funksendung 20 13

Vorsatz 21 82
Vorschuss 5 310 ff.
Vorschuss(-zahlung) 6 243, 251, 449
Vorstellungsgespräch 14 7
Vorstellungskosten 14 12
Vortäuschen 17 86 ff., 89
- neutrale Berichterstattung 17 86
- objektive Berichterstattung 17 89
- redaktioneller Beitrag 17 80

Vorteilsannahme 14 86
Vortrags- und Aufführungsrecht 3 204–209
- Abgrenzung zum Senderecht 3 204
- Abgrenzung zum Übermittlungsrecht 3 204
- Abgrenzung zum Vorführungsrecht 3 204
- Aufführung durch technische Einrichtungen außerhalb des Veranstaltungsraumes 3 209
- Bezugspunkt des Aufführungsrecht 3 206
- Bezugspunkt des Vortragsrechts 3 205
- bühnenmäßige Aufführung 3 206–208
- GEMA 3 207
- große Aufführungsrechte 3 207
- kleine Aufführungsrechte 3 207
- konzertmäßige Aufführung 3 206, 207
- persönliche Darbietung 3 204
- Publikum 3 204
- Schranken des Urheberrechts 3 207

Vortragsrecht
- Inhalt 3 204

Vorverhalten *siehe Persönlichkeitsrecht*
Vorveröffentlichungen in anderen Medien 8 233 f.
Vorverkauf 13 241
Vorvertrag 3 573; 19 49 f.
Vorzugsexemplar 6 182

Wahlrecht 6 351, 355
Wahrnehmung berechtigter Interessen 8 229 ff.
Wahrnehmungsberechtigte 8 62 ff., 252
Wahrnehmungsgesellschaft
- GEMA 9 305

Wahrnehmungsvertrag 5 33; 6 376
- allgemein 11 25–28
- Bühnenverlagsvertrag 7 189
- GEMA 11 80–85
- GVL 11 125, 125

Wahrnehmungszwang 3 521
Wanderführer 3 34
Warentest 8 199
Warnstreik
- kurzzeitige Arbeitsniederlegung 14 219
- Zulässigkeit 14 219

warranty clause 6 508
Web 2.0 10 92
Webcasting 11 123
Webdesigner 15 69
Weblog 10 138
Websitekommerzialisierung 5 234

Wechsel in die OT-Mitgliedschaft
– Ende der Tarifbindung 14 198
– Fortwirkung 14 198
Wechselwirkungslehre 8 9, 204
Wegerecht 10 42, 71–73, 78, 81, 84
Wegfall der Geschäftsgrundlage 3 615
weitere Beteiligung *siehe Vergütung, Anspruch auf weitere Beteiligung* 6 242
Weiterübertragung *siehe Übertragung*
Welturheberrechtsabkommen (WUA) 3 926, 931, 937, 958, 959; 6 162
Werbeanzeige 6 207
Werbeaussagen 3 41
Werbebroschüre, urheberrechtlicher Schutz 17 28 ff.
Werbeexemplar 6 182
Werbefilme 3 100; 12 46
– urheberrechtlicher Schutz 17 35
Werbefoto
– urheberrechtlicher Schutz 17 39
Werbefoto,
– urheberrechtlicher Schutz 17 19 ff.
Werbefotograf 15 63
Werbefotografie 17 21
Werbegrafik 3 78
– urheberrechtlicher Schutz 17 22 ff.
Werbeidee
– urheberrechtlicher Schutz 17 6 ff., 7
Werbekonzept
– urheberrechtlicher Schutz 17 8, 9
Werbender Buch- und Zeitschriftenhandel 8 639
Werbeplakat
– urheberrechtlicher Schutz 17 26
Werberecht
– privater Rundfunk 9 161–167
Werbeslogan
– urheberrechtlicher Schutz 17 13 ff., 39
Werbespot 3 100; 5 29
Werbetechniken, neue 17 92
Werbetext
– urheberrechtlicher Schutz 17 13 ff.
Werbetöchter 9 17, 66
Werbeunterlagen 3 35
Werbung 6 206; 8 90 ff.; 9 14, 104; 15 62; 17 1 ff., 36 f., 43 ff., 46 ff., 50 ff., 71, 71 ff., 71 ff., 75 ff., 81, 90 ff., 90 ff., 93, 93, 96, 103, 114, 114, 118, 119, 127, 187, 194
– Alkohol 17 93
– AV-Mediendienste 9 250
– Beschränkungen 9 249
– Bildnis in der ~ 8 286, 329
– eigenständige Nutzungsart 17 36 f.
– Fernsehwerbung 17 93, 114, 127
– für das Werk 17 43 ff.
– Gesamtdauer 9 15
– Haftung für Werbeinhalte 17 187
– Heilmittel 17 90
– in Versform, urheberrechtlicher Schutz 17 17
– Internetwerbung 17 119
– Kennzeichnungspflicht 9 254
– Kindersendung 9 253
– Merchandising, urheberrechtlicher Schutz 17 46 ff.
– mit Auflage 17 194
– mit Sternchenhinweisen 17 118
– Persönlichkeitsrecht 17 50 ff.
– Printwerbung 17 114
– Product Placement 9 249–250
– redaktionelle ~ 17 71 ff., 75 ff., 81, 90 ff., 103
– Schleichwerbung 9 252; 17 71 ff., 90 ff., 96
– Schutzgegenstand des Urheberrechts 17 1 ff.
– Spendenwerbung 17 93
– Tarnung einer Werbeaussage 17 71
– Teleshopping 9 254
– virtuelle ~ 9 14
– Werbemaßnahme 9 249
– werberichtlinien-Fernsehen 9 254
– Werbeverbote 9 253
– ~ politischer, weltanschaulicher oder religiöser Art 17 93
Werbung und Öffentlichkeitsarbeit
– Unternehmen 15 152
Werk 16 21; 17 39, 43 ff., 140
– einheitliches 6 378
– Erscheinen 16 22
– Film 20 22, 46
– gemeinfreies 16 6, 73
– inländisches 16 23
– Laufbild 20 23
– Literatur 20 22
– Original 20 12
– Tonkunst 20 22
– Vorbereitung 16 22, 83
– vorbestehendes 6 417
– Werbung für das ~ 17 43 ff.
– zu Werbezwecken geschaffenes ~ 17 39
Werkanpassungen 3 118
Werkarten 3 26–114
– Filmwerke 3 89–107
– Lichtbildwerke 3 82–88
– pantomimische Werke 3 56–60
– Sprachwerke 3 27–47
– Werke der bildenden Künste 3 61–81
– Werke der Musik 3 48–55
– Werke der Tanzkunst 3 56–60
– wissenschaftliche und technische Darstellungen 3 108–114
Werkbegriff, urheberrechtlicher 3 3–25
– Beurteilungsformel 3 16–17
– Beurteilungszeitpunkt 3 18
– Gebrauchszweck 3 22
– Herstellungsaufwand 3 20
– nicht schutzfähige Elemente 3 24
– Rechtswidrigkeit des Inhalts 3 23
– Umfang des Werkes 3 21
– unbeachtliche Kriterien 3 19–23
– Veröffentlichung/Erscheinen 3 19
– Vorstufen des Werks 3 19
– Werkbegriff als Rechtsbegriff 3 15–18
– Werkteile 3 25
Werkbeitrag 6 399
Werkbeschaffenheit 6 388

Stichwortverzeichnis

Werke der angewandten Kunst 3 73–81, 944, 949, 1017; 17 140
- Anforderungen an die persönlich geistige Schöpfung 3 73
- Banknoten, Briefmarken 3 77
- Designgegenstände 3 73–78
- Gebrauchszweck 3 73
- Handy-Logo 3 78
- Homepage-Gestaltungen 3 77
- Möbel, Lampen, Sitze, Regale 3 75
- Modeschöpfungen, Schmuckstücke, Textil- und Papiergestaltungen 3 76
- Schriftzeichen, Musiknoten 3 77
- Werbegrafik 3 78

Werke der Baukunst 3 79
- Einbettung in die Landschaft 3 81
- Fassadengestaltung 3 80
- Gartenarchitektur 3 79
- Grundriss 3 80
- Raumausstattungen 3 79
- reine Zweckbauten 3 79
- Teil eines Bauwerks 3 80
- Zuordnung der Baukörper 3 81

Werke der bildenden Kunst 3 61–81, 165
- Ausdrucksmittel 3 65
- Begriff 3 61, 63
- bildende Kunst im engeren Sinne 3 62
- Bühnenbilder 3 71
- Comic/ Comicfiguren 3 71
- Einsatz eines Computers 3 66
- Entwürfe 3 72
- individuelle Gestaltung 3 64
- konkrete Kunst/ minimal Art 3 67
- Kunstbegriff 3 63
- Masken 3 71
- Moderne Kunst 3 68
- Ready-mades 3 69–70
- Tätowierungen 3 71
- Trivialfiguren 3 71
- unbeachtliche Kriterien 3 64
- Werke der angewandten Kunst 3 73–81
- Werke der Baukunst 3 79–81

Werke der Fotografie 3 968, 1017
Werke der Musik *siehe Musikwerke*
- Kirchen- und Unterrichtsgebrauch 3 747

Werke der Sprache *siehe Sprachwerke*
Werkentstellung 5 27
Werkkürzung 3 169
Werkkürzungen 3 118
Werklieferungsvertrag 17 40
- Kunstwerk 7 8
- Mitwirkungspflicht des Bestellers 7 10

Werknähe 16 52
Werkschutz 21 8 ff.
- AGB 21 12
- angewandte Kunst 21 11
- Beweislast 21 8, 10 ff.
- Darlegungslast 21 8, 10 ff.
- Entgegenhaltungen 21 13
- Gebrauchsanweisungen 21 12
- Prüfung 21 9
- Sachverständigengutachten 21 14
- Werkteil 21 15

Werktitel 16 1, 8, 10
- Abkürzungen 16 10
- Benutzung 16 44
- Buchreihen 16 10
- Druckschriften 16 10
- Inhaber 16 35, 36, 37
- Unterscheidungsfunktion 16 3
- Untertitel 16 10
- Vermögensgegenstand 16 92

Werkverbindung 3 149; 5 12
- Abgrenzung zum Sammelwerk 3 149
- Abgrenzung zur Miturheberschaft 3 150
- Einwilligung zur Verwertung 3 151
- gemeinsame Verwertung 3 149
- Gesellschaft bürgerlichen Rechts 3 150
- Gesellschaftsvertrag 3 150
- mehrere selbstständige Werke 3 149
- rechtsgeschäftliche Vereinbarung 3 149

Werkvernichtung 3 169, 173
Werkvertrag 4 113–116; 17 40
wertneutrale Falschbehauptung 8 368
Wertschätzung 17 159 ff.
- Ausnutzung oder Beeinträchtigung 17 159 ff.

Werturteil 8 365
Westdeutscher Rundfunk 9 38
wettbewerbliche Eigenart 17 142 ff.
Wettbewerbsförderungsabsicht 8 89
Wettbewerbsrecht 3 986, 990; 6 69; 8 89 ff.
Wettbewerbsregeln der Verbände 17 74, 74
Wettbewerbsverbot *siehe auch Unternehmenskauf* 5 241; 6 126, 511
Wettbewerbsvorsprung durch Rechtsbruch 17 182 ff.
Whistleblower *siehe auch Geheimnisse*
Widerrechtlichkeit der Verletzung 21 49
Widerruf 6 73; 8 356, 505
- eingeschränkter 8 491
- ergänzender 8 489
- vorläufiger 8 502

Widerrufsbelehrung 8 699
Widerrufsrecht 8 683, 685, 691, 693
Wiedergabe 3 216–218
- Bild- und Tonträger 3 217
- Funksendungen und öffentliche Zugänglichmachung 3 216

Wiederholungsgefahr 8 369, 372; 16 40
Wiederholungshonorare 4 67
Wiederkehrschuldverhältnis 20 35
Wildplakatieren 13 162
Windhundprinzip 10 66
Windows 9 222
- Holdback 9 222, 223

WIPO 3 927, 928, 930
- Schieds- und Mediationszentrum 17 334–337

WIPO Copyright Treaty (WCT) 3 914, 916, 928, 929, 930, 931, 933, 934, 937, 942, 954, 965–968, 982, 983, 1002, 1015, 1018
WIPO Performances and Phonograms Treaty (WPPT) 3 887, 918, 921, 930, 930, 931, 933, 937, 942, 954, 980–982, 984, 985, 1002, 1012, 1015, 1018
Wireless-Lan 10 163

Stichwortverzeichnis

Wissenschaftliche Ausgaben 3 252
- Ablauf der Schutzfrist 3 254
- amtliche Werke 3 254
- Ausgabe 3 255
- Gemeinfreiheit des Textes 3 254
- Gleichstellung des Schutzumfangs 3 258
- Rechteinhaber 3 260
- Schutzdauer 3 261
- Schutzgegenstand 3 253
- Schutzumfang 3 259
- Schutzvoraussetzungen 21 20
- wissenschaftlich sichtende Tätigkeit 3 256

Wissenschaftliche und technische Darstellungen 3 108–114
- 3-D-Modelle, Schaubilder 3 109
- Abgrenzung zu Werken der bildenden Kunst 3 112–113
- Bebauungspläne 3 109
- Begriff 3 108–110
- Benutzeroberflächen von Computerprogrammen 3 109
- Formel der Rechtsprechung 3 110
- Formulare 3 109
- Gestaltungshöhe 3 110
- Karten 3 109
- Landkarten, Stadtpläne 3 109
- Medizinische Statistiken 3 109
- medizinische, biologische, mathematische Modelldarstellungen 3 109
- Piktogramme, Bildzeichen 3 109
- Pläne 3 109
- plastische Darstellungen 3 109
- Preisrätsel 3 109
- Reproduktionsfotografien 3 109
- Schutzgegenstand 3 111, 113
- Skizzen 3 109
- Tabellen 3 109
- Techniken und Methoden 3 114
- Technische Zeichnungen 3 109
- Zeichnungen 3 109

Wissenschaftlicher Autor 15 75
Wissenschaftsfreiheit 8 10
Work made for hire 9 268, 305
- Copyright 9 268
- Moral Rights 9 268

Wort, nicht öffentlich gesprochenes 8 112 ff.
Wortberichterstattung 8 365
Wörterbücher 3 42
Würde des Menschen 8 12
- Angriff auf die - 8 213

YouTube 10 138

ZAK *siehe Kommission für Zulassung und Aufsicht*
ZBT 11 98, 113
ZDF 9 52
Zeichenähnlichkeit 16 51
- Dachtitel 16 52
Zeichensetzung 6 185
Zeichentrickfilme 3 98
Zeichnungen 3 109; 6 364
Zeilen-Honorar 6 248

Zeitgeschichte, Bereich der 8 286 ff.
- absolute Personen 8 291 ff.
- relative Personen 8 291 ff., 298 ff.
Zeitschriften 3 121
Zeitschriftenbeitrag 6 64
Zeitung, kostenlose Abgabe 17 173
Zeitungen/ Zeitschriften 3 32
Zeitungsartikel 3 766–779
Zensur 3 957
Zeugnisverweigerungsrecht 8 172 ff.
Ziehungsgenehmigung 4 190
Zielgruppe 6 64
Zitate 8 203
Zitatrecht
- Bildzitat 7 90
Zitierfreiheit 3 789–798
- Kleinzitat 3 796–798
- Musikzitat 3 798
- wissenschaftliches Großzitat 3 794–795
ZPÜ 11 97, 117
Zueigenmachen 3 288; 8 239; 10 150, 154
Zugabe 8 705; 17 112, 244
- verbotene 17 244
Zugang zu Räumlichkeiten, Anspruch auf 8 145 ff.
Zugänglichmachung
- für Unterricht und Forschung 3 805–813
- Recht der öffentlichen 7 88
Zugangspflicht 10 37
Zugangsrecht 3 176–178
- berechtigte Interessen des Besitzers 3 177
- Erhaltungsmaßnahmen 3 178
- gesetzliches Schuldverhältnis 3 178
- Inhalt 3 176
Zugangsregulierung 10 30, 37, 37
Zugangsverfahren 10 162
Zugewinngemeinschaft 19 243
Zurschaustellen 8 264 ff.
Zusammenschlusskontrolle *siehe Fusionskontrolle*
Zusammenwirken, kollusives 10 163
Zuschaueranteilsmodell 1 20
Zuschussexemplar 6 182
Zuschuss-Verlag 6 249
Zuständigkeit
- Klagehäufung Delikt/Vertrag 21 262
- bei Rechtsverletzungen im Internet 21 201
- unerlaubte Handlungen 21 258 ff.
Zustimmungserfordernis 3 558 ff.
ZVV 11 99, 113
Zwangslizenz 3 702
Zwangsvollstreckung 20 6, 8, 10, 11, 12, 49
- Unterlassung 8 426
Zweckbauten 3 79
Zweckbindung 10 133
Zweckbindung der Förderung 12 42 f., 48, 71
Zweckbindungsgrundsatz 10 103, 104
Zweckübertragungslehre 3 467, 484, 536 ff.; 6 108, 368, 471; 17 42
Zweckübertragungsvorschrift 5 72

Stichwortverzeichnis

zweistufige Lizenzierung 5 53, 64
Zweites Deutsches Fernsehen 9 52
Zweitverwertung 13 256
Zweitverwertungsrechte 3 216–218
– Abgrenzung zum Vorführungsrecht 3 218
– Hintergrundmusik 3 217
– Musicbox 3 217
– Recht der Wiedergabe durch Bild- und Tonträger 3 216

– Recht der Wiedergabe von Funksendungen und Recht der öffentlichen Zugänglichmachung 3 217
– Videoaufzeichnung 3 218
– Zustimmung des Senderechtsinhabers 3 218
Zwischenfinanzierung 12 48, 60
Zwischenspeicherung 10 166–169